国家哲学社会科学基金"八五"规划重点项目
"中国近现代民族史"最终研究成果
中央民族大学国家"十一五""211工程"建设项目

中国近现代民族史

陈连开　杨荆楚　胡绍华　方素梅／主编

中央民族大学出版社
China Minzu University Press

图书在版编目(CIP)数据

中国近现代民族史/陈连开等主编. —北京:中央民族大学出版社,2011.9

ISBN 978-7-81108-965-3

Ⅰ.①中… Ⅱ.①陈… Ⅲ.①中华民族—民族历史—近代 ②中华民族—民族历史—现代 Ⅳ.①K28

中国版本图书馆 CIP 数据核字(2011)第 025182 号

中国近现代民族史

主　　编	陈连开　杨荆楚　胡绍华　方素梅
责任编辑	黄修义
封面设计	布拉格
出 版 者	中央民族大学出版社
	北京市海淀区中关村南大街 27 号　邮编:100081
	电话:68472815(发行部)　传真:68932751(发行部)
	68932218(总编室)　　　68932447(办公室)
发 行 者	全国各地新华书店
印 刷 者	北京宏伟双华印刷有限公司
开　　本	787×960(毫米) 1/16　印张:63
字　　数	1500 千字
版　　次	2011 年 9 月第 1 版　2011 年 9 月第 1 次印刷
书　　号	ISBN 978-7-81108-965-3
定　　价	290.00 元(精装)

版权所有　翻印必究

序　言

　　进入21世纪的中国,向世界呈现了一幅国家繁荣、民族振兴的恢宏图景。尤其是新世纪第一个10年的发展,使遭受金融危机冲击的世界对中国保持健康、平稳和持续增长的经济社会发展成就,不得不刮目相看。有关"中国崛起"、"中国模式"的论说也再度纷至沓来,其中也不乏"中国威胁论"的话语。然而,观察当代中国的发展,预测未来中国的走向,不能离开历史,尤其是近代以来的历史。陈连开先生等编著的这部《中国近现代民族史》,即是从民族学的视角对中国这个古老的统一多民族国家近代以来历史经历的记述。多民族是中国的历史国情,也是现实国情。在民族成分复杂的国度构建现代民族国家,是对西方传统民族主义的重大挑战,而中国的现实发展正在遵循实现国家民族——中华民族伟大复兴的历史轨道不断前进。然而,走上这样一条有中国特色的道路,不仅来之不易,而且异常艰难。因为近代以来的中国,曾遭遇了帝国主义列强侵略的屈辱经历,这一经历所造成的后果及其影响,至今仍未完全消除。今天中国的繁荣发展,正是在不断消除历史遗留下来的问题,进而不断开创中华民族自立于世界民族之林的未来。中华民族的伟大复兴,是中国建设和谐社会的必然要求。中华民族自立于世界民族之林,是中国倡导和谐世界的题中之义。通过对中国近现代民族史的认知,无疑可以更深刻地理解中国今天的发展和未来的走向。

　　中国自古就是一个多民族密切互动的国度,先秦文献记录的"五方之民"的"天下"格局,虽有"夷夏"之别、方位之分,但是"修其教不易其俗,齐其政不易其宜"的观念奠定了中国"天下统一"、"因俗而治"、"和而不同"的历史发展基础。历史上无论是"诸夏"源流的汉族,还是"东夷、南蛮、西戎、北狄"源流的各个少数民族,在政治、经济、文化和社会生活的互动关系中,无不以谋求"天下统一"为目标,因此才出现了元朝、清朝的大一统。这不仅是中国文明传承不懈的根本原因,而且也是中国形成统一的多民族国家的内在动力。但是,历史的脉络从来就不是一条直线,尤其对一个多民族、多文化、多宗教交织互动的"天下"国家,处理、协调和解决这种互动关系中的矛盾也必然成为历朝各代的重大政治事务。用现代民族国家的主权观念讲,这类重大政治事务属于国家内政,也就是我们今天所说的民族事务。但是,在19世纪中叶,随着大清王朝与大英帝国之间从"礼仪之争"到鸦片战争的东西方交锋,中国延续2000多年的封建社会也在殖民地、半殖民地的特征中走进了近代历史的门槛。古老、传统的中国在冷兵器对抗火炮、枪弹的较量中,被纳入了西方主导的世界体系。而纷至沓来的帝国主义列强,面对地域辽阔、人口众多、地域环境和民族特征迥异的庞大国度,帝国主义在世界各地惯用的"分而治之"就成为它们施加于中国的基本手段,肢解领土、利用民族矛盾制造分裂,进而达到殖民统治的目的。这一因素成为影响中国近代历史,乃至现代历史民族事务中不可忽视的重大问题。

　　从1840年鸦片战争爆发到1945年抗日战争胜利的一个多世纪,中国遭受着帝国主义列强持续不断的侵略、掠夺、肢解和殖民统治。在此期间，1911年爆发的辛亥革命，推翻了清王朝的统治，实现了中国历史从古代王朝国家向现代民族国家的转变。但是，辛亥革命胜利后的中国，如何继承统一的多民族国家历史基础，怎样构建一个现代统一的多民族国家，仍是一项艰巨的任务。封建势力的复辟、军阀割据的混战、帝国主义势力的侵略等一系列关系到国家、民族命运的重大危难，考验着中国各民族人民，考验着中国的仁人志士，考验着中国的现代政治力量。从晚清到民国，国家民族、民族主义等源自西方的民族政治学理论和概念交相传入中国，1917年俄国"十月革命"胜利和第一个社会主义国家的诞生使马克思列宁主义在中国广为传播，资本主义思想体系和社会主义思想体系在中国的互动和交锋，成为中国前途、中华民族命运的最终抉择。1949年中国共产党领导的中华人民共和国成立，昭示了中国各民族人民对国家、民族前途命运的选择。但是，新中国的独立自主不仅面临着纷繁复杂的国际环境，而且长期面对着消除历史上，特别是近代历史留给中国的各种"遗产"的艰巨任务，这些遗产涉及主权、领土和民族等重大问题。

从1945年台湾回归祖国，到1997年香港、1999年澳门回归祖国，中华民族在进入21世纪之前才洗刷掉帝国主义强加于中国的殖民统治屈辱。这样算来，近代以来帝国主义侵略中国和留给中国的殖民地"历史遗产"持续了150多年。然而，像台湾、香港、澳门这样的殖民地"历史遗产"虽然已经消除，但是长久以来帝国主义列强利用中国民族问题分裂中国、肢解领土的"历史遗产"仍在继续"发酵"。从19世纪后期到20世纪中叶，帝国主义列强在突破中国的海防之后，对中国的陆路边疆地区实施了一系列侵略、渗透活动，其中西藏地区遭受大英帝国的侵略，领土遭到肢解，并且制造"西藏独立"；中国的东北地区在日本帝国主义占领下建立了"满洲国"，进而策动内蒙古地区的独立；中国的新疆地区也先后在英国、苏联支持下出现了"东突厥斯坦共和国"，等等。虽然这些活动未能达到殖民、分裂中国的目的，但是帝国主义等大国势力利用民族问题分裂中国的行径，培植了一些民族分裂主义势力，为现代中国留下了一份十分复杂的"历史遗产"。这份"历史遗产"培植的当代政治流亡势力，在西方一些势力的支持下继续谋求着历史上没有实现的目标，乃至出现了2008年西藏拉萨"3·14"、2009年新疆乌鲁木齐"7·5"两起严重的恶性暴力事件。因此，解读这些"历史遗产"及其对当代中国的影响，必须把握近代以来中国的历史，特别是中国各民族的历史，因为这是中国迈入现代民族国家时代、建立统一的多民族现代国家、构建中华民族、实现中华民族伟大复兴的历史基础和历史过程。

近代中国的历史，是中国各民族人民反帝反封建、从封建帝国走向现代民族国家的历史。实践这一历史使命，如同中国形成统一的多民族国家的古代历史一样，没有"五方之民"及其后裔的共同参与是不可能。在中国近代的历史进程中，无论是东南沿海、中原内地的汉族聚居地区，还是陆路边疆的少数民族聚居地区，中国各民族人民遭受着同样的阶级压迫、民族压迫和帝国主义压迫，肩负着反帝反封建的共同任务。其中，一些边疆地区的少数民族还面对着帝国主义势力利用民族矛盾、调唆民族关系、策动民族独立、制造国家分裂的特殊问题。因此，不仅少数民族反帝反封建斗争中包括了维护国家统一、领土完整的必然要求，而且汉族反帝反封建斗争中同样包括了这一必然要求，并在中国社会的思想领域、学术研究和边疆治理等方面展开了更加广泛和深入的社会动员实践。正是这种共识造就了中国最广泛的抗日民族统一战线，确立了现代统一的多民族国家观念，即"允许蒙、回、藏、苗、瑶、夷、番各民族与汉族有平等权利,在共同对日原则之下,有自己管理自己事务之权,同时与汉族联合建立统一的国家"①。实现了中国国家民族——中华民族内涵的完整,即"中国是一个多民族的国家,中华民族是代表中国境内各民族之总称,四万万五千万人民是共同祖国的同胞,是生死存亡利害一致的"②。由此也决定了中华人民共和国解决民族问题的基本政治制度,即在少数民族聚居地区实行民族区域自治制度。

古往今来,中国历代王朝都不可避免地要面对统一的多民族国家内部的民族事务,而清王朝在民族事务治理方面,较之前朝历代在体制、机构、则例、律法、措施等方面都形成了较完备的体系,但是晚清王朝面对的民族问题形势也最为复杂,尤其是帝国主义势力的介入使中国的内部事务遭受了外来势力的严重侵蚀、干涉。这一因素在加剧民族矛盾的同时,也加速了清王朝的衰落和终结。民国建立后的民族事务治理,经历了思想观念方面的彷徨,从"排满"的种族建国到"五族共和"的联邦建国;从国家有"中国本部"和"蒙、藏、回疆"之分,到民族有"中华民族"与"少数民族"之别;从源流同一的"宗族论"到"中华民族是一个"的历史"融合论",一直未能把握住统一的多民族国家基本国情,未能确立多民族构成的中华民族这一国家民族地位。在民族事务的实践中,仍局限于传统的"蒙藏回疆",而无视民族众多的现实和民族平等的真实,无法改变阶级压迫、民族压迫的社会实质,所以也未能遏制境外泛伊斯兰主义、泛突厥主义在新疆的传播和出现两次"东突厥斯坦共和国"的分裂活动。在争取国家独立、民族解放的运动中,中国共产党领导的新民主主义运动把握了中国的历史和现实国情,走出了一条马克思主义与中国实际相结合的道路,实现了从"工农共和国"向"人民共和国"的转变,最终做出了在统一的多民族国家实行民族区域自治的抉择,开启了中国民族事务的新纪元。

中华人民共和国的民族事务是建立在各民族一律平等、真正平等基础上的一项社会事业,其基本宗旨就是通过确认中国各民族的政治地位、社会地位,通过民族区域自治的制度安排和法律保障,实现各民族人民在政治、经济、文化和社会生活中的平等。实现这一目标,不仅需要思想理论、制度设计、法律规范、政策措施的先进性,而且需要把这些思想、制度、法律和政策付诸经济社会发展、各民族共同繁荣进步的实践。这正是新中国建立以来,尤其是改革开放以来,中国民族事务所致力的目标。《中国近现代民族史》截止于2000年,也是中国以经济建设为中心的改革开放事业从东部率先发展向西部大开发战略转移的开端。中国的西部地区是一个经济地理概念,也就是经济社会发展水平滞后、自我发展能力不足的内陆、边疆地区。纳入西部大开发战略的12个省、市、自治区,国土面积达686.7万平方公里,占全国面积的71.5%。其中绝大部分地区都属于实行民族区域自治制度的少数民族聚居地区,少数民族人口占全国少数民族总人口的75%左右。由此可见,西部大开发战略突出了民族自治地方、少数民族人民的发展问题。这种发展已经形成了国家大力扶持、东部地区积极支援、西部地区各族人民自力更生的共同团结奋斗、共同繁荣发展机制,其目的就是加快提高西部地区的自我发展能力,特别是提高民族自治地方的自我发展能力、提高少数民族人民的自我发展能力,实现以人为本的人的发展。当

---

① 毛泽东:《论新阶段》,中共中央统战部编《民族问题文献汇编》,第595页,中共中央党校出版社,1991年。
② 《抗日战士政治课本》,中共中央统战部编《民族问题文献汇编》,第808页,中共中央党校出版社,1991年。

然，实现这一发展目标是一项前所未有的艰巨任务，加快消除历史遗留的经济社会发展差距，有效缩小现实扩大的经济社会发展差距，实现2020年全面建设小康社会的目标，还面临着一系列严峻的挑战。其中包括那些影响社会稳定、破坏发展环境、损害民族关系、诋毁中国形象的"历史遗产"，中国解决民族问题的内部事务，仍然面对着来自境外和西方一些势力的影响和干涉。

即将付梓的这部著作，由于种种原因未能早日面世。但是，作为历史研究，目的是解读历史，从这个意义上说这部著作上起1840年、下至2000年，对中国近代以来的各民族反帝反封建斗争，共同开创国家独立、民族解放的现代历史，共同走上中华民族伟大复兴之路的历程进行了160年的梳理，比较全面地勾勒了这一时段中国各民族的历史经历，展示了新中国民族事务的特色和各民族共同发展繁荣的步伐，为中国近现代史的民族学视角提供了一份新的成果。同时，历史研究还包括了资政现实、昭示未来的功能，对中国近代以来民族历史的研究，对世人深刻认识中国的基本国情、珍惜来之不易的现实发展、坚定实现中华民族伟大复兴的信念，无疑具有重要的现实意义。

近些年来，有关中国近代史的研究为国内外学界高度关注。其中有关近代民族国家、民族主义、国家民族、中华民族等方面的研究已经成为热点，著述颇丰。这些深入到社会思想观念领域的研究，为我们展开了观察中国近代历史的新视野。虽然这部著作在交付出版前难以吸收这些新的研究成果，但是作为推进中国近现代民族史研究来说，这部著作在学术研究方面具有的阶段性特点仍旧是鲜明的。2011年是辛亥革命爆发100周年，这部著作能够在这一具有重大历史纪念意义的年份问世，可谓生逢其时。

郝时远

2010年12月15日于北京

目 录

绪论 …………………………………………………………………………………… (1)
  一、中华民族奋力抗争走向伟大复兴的历史 ………………………………… (1)
  二、中国近现代民族史的主要内容 …………………………………………… (4)
  三、中国近现代化民族史的基本特点与启示 ………………………………… (9)

上卷（1840—1911）

第一编 清朝后期政府的民族政策和各族社会 ……………………………… (15)
  第一章 清朝后期民族政策的演变 …………………………………………… (15)
    第一节 清政府的民族管理机构 …………………………………………… (15)
    第二节 清政府在少数民族地区的统治制度 …………………………… (22)
    第三节 清代有关少数民族的法规 ……………………………………… (31)
      一、清代历朝所修《理藩院则例》 ……………………………………… (32)
      二、《蒙古律例》 ………………………………………………………… (34)
      三、《回疆则例》 ………………………………………………………… (35)
      四、有关青海地区少数民族的特别法规 ……………………………… (36)
      五、有关西藏地方的法规 ……………………………………………… (37)
      六、有关苗疆地区的法规 ……………………………………………… (39)
    第四节 清政府的民族压迫政策 …………………………………………… (41)
      一、对汉族的政策 ……………………………………………………… (41)
      二、对蒙古族的政策 …………………………………………………… (43)
      三、对藏族的政策 ……………………………………………………… (45)
      四、对信仰伊斯兰教民族的政策 ……………………………………… (47)
      五、对南方各民族的政策 ……………………………………………… (49)
  第二章 少数民族的社会与经济 ……………………………………………… (51)
    第一节 东北（东三省）各族的社会与经济 ……………………………… (51)
      一、社会制度 …………………………………………………………… (51)
      二、农业、牧业与手工业 ……………………………………………… (53)
      三、商业与交通 ………………………………………………………… (56)
    第二节 蒙古族的社会与经济 …………………………………………… (57)
      一、社会制度 …………………………………………………………… (57)
      二、农业、牧业与手工业 ……………………………………………… (59)
      三、商业与交通 ………………………………………………………… (62)
    第三节 西北各族的社会与经济 …………………………………………… (64)

一、社会制度 ·· (64)
　　　二、农业、牧业、林业与手工业 ··· (66)
　　　三、商业与交通 ·· (73)
　第四节　藏族的社会与经济 ·· (76)
　　　一、农奴制 ··· (76)
　　　二、千百户制 ·· (78)
　　　三、寺庙经济 ·· (81)
　第五节　西南各民族的社会与经济 ··· (83)
　　　一、原始社会的残余 ··· (83)
　　　二、蓄奴制与农隶制 ··· (88)
　　　三、农奴制 ··· (91)
　第六节　中东南各民族的社会与经济 ·· (94)
　　　一、地主经济的最后形成 ·· (94)
　　　二、农业、牧业与手工业 ·· (98)
　　　三、商业与交通 ·· (103)
第三章　各民族的文化与宗教 ·· (107)
　第一节　东北各民族的文化与宗教 ··· (107)
　　　一、东北各民族的文化 ·· (107)
　　　二、东北各民族的宗教 ·· (115)
　第二节　蒙古族的文化与宗教 ·· (118)
　　　一、蒙古族的文化 ··· (118)
　　　二、蒙古族的宗教 ··· (123)
　第三节　西北各民族的文化与宗教 ··· (125)
　　　一、西北地区各民族的文化 ··· (125)
　　　二、西北地区各民族的宗教 ··· (130)
　第四节　藏族的文化与宗教 ··· (134)
　　　一、藏族的文化 ·· (134)
　　　二、藏族的宗教 ·· (137)
　第五节　西南各民族的文化与宗教 ··· (138)
　　　一、西南各民族的文化 ·· (138)
　　　二、西南各民族的宗教信仰 ··· (154)
　第六节　中东南各民族的文化与宗教 ·· (159)
　　　一、中东南各民族的文化 ··· (159)
　　　二、中东南各民族的宗教信仰 ·· (177)

第二编　外国资本主义入侵后的民族地区 ····································· (180)
　第一章　外国势力对各民族地区的入侵 ····································· (180)
　　第一节　外国势力全面侵入各民族地区 ·································· (180)

  一、外国的经济入侵与渗透 …………………………………（180）
  二、外国的武装入侵 ………………………………………（186）
 第二节　清政府对外政策的变化 ………………………………（188）
  一、闭关锁国的对内、对外政策 …………………………（189）
  二、对外来侵略的初步抵抗及失败 ………………………（192）
  三、抵抗失败后的对外卖国投降政策 ……………………（194）
  四、对苗、瑶、壮、傣各民族的政策 ……………………（197）
  五、清政府民族压迫政策的实质 …………………………（200）
第二章　各族人民反帝反封建斗争 …………………………………（203）
 第一节　外国入侵战争中的少数民族 …………………………（203）
  一、沉重的经济剥削激化了少数民族地区的阶级矛盾与民族矛盾 …（203）
  二、外国资本主义对民族地区的经济侵略 ………………（204）
  三、中国少数民族近代反封建斗争的兴起 ………………（208）
  四、各族人民反对外国教会侵略的斗争 …………………（209）
 第二节　各族人民反对沙俄入侵的斗争 ………………………（212）
  一、沙俄侵略中国东北地区与东北各族人民的抗俄斗争 …（212）
  二、沙俄侵略中国西北地区与西北各族人民的抗俄斗争 …（214）
  三、沙俄侵略蒙古地区与北方民族的抗俄斗争 …………（217）
  四、沙俄染指西藏和藏族人民的反俄侵略斗争 …………（219）
 第三节　新疆各族人民反对阿古柏的斗争 ……………………（220）
  一、阿古柏入侵新疆的经过 ………………………………（220）
  二、阿古柏在南疆及乌鲁木齐的残暴统治 ………………（222）
  三、新疆各族人民反阿古柏的斗争 ………………………（223）
  四、驱逐阿古柏侵略者的新疆之战 ………………………（225）
 第四节　西藏人民的抗英战争 …………………………………（226）
  一、1888年的第一次抗英战争 ……………………………（226）
  二、1904年的第二次抗英战争 ……………………………（228）
 第五节　西南和中东南人民的反帝斗争 ………………………（230）
  一、捍卫民族权益的斗争 …………………………………（230）
  二、保卫边疆领土的斗争 …………………………………（235）
  三、抗法援越战争 …………………………………………（239）
 第六节　各民族参加太平天国革命运动 ………………………（241）
  一、太平天国革命运动在民族地区的酝酿 ………………（241）
  二、太平天国革命运动中各少数民族的革命活动 ………（242）
  三、太平天国反对民族压迫的纲领和实践 ………………（245）
 第七节　东北各族人民的反封建斗争 …………………………（249）
  一、朝鲜族人民的反封建斗争 ……………………………（249）
  二、满族人民的反封建斗争 ………………………………（251）

三、鄂伦春族人民的反封建斗争 ……………………………… (252)
　第八节　蒙古族的独贵龙运动 …………………………………… (253)
　　一、独贵龙运动爆发的背景 ……………………………………… (253)
　　二、独贵龙运动的经过 …………………………………………… (254)
　　三、独贵龙运动的失败与历史意义 ……………………………… (255)
　第九节　西北回民起义 ……………………………………………… (256)
　　一、陕西回民起义 ………………………………………………… (257)
　　二、甘宁青回民起义 ……………………………………………… (258)
　　三、新疆各族人民起义 …………………………………………… (261)
　第十节　咸同年间南方各族人民的起义 ………………………… (263)
　　一、杜文秀领导的回民起义 ……………………………………… (263)
　　二、哀牢山各族起义 ……………………………………………… (266)
　　三、布依族、水族人民的起义 …………………………………… (268)
　　四、张秀眉领导的苗族起义 ……………………………………… (269)
　　五、姜映芳领导的侗族人民起义 ………………………………… (271)
　　六、瑶族人民的反抗斗争 ………………………………………… (272)
　第三章　民族地区社会经济的演变 ……………………………… (273)
　第一节　资本主义工商业的萌芽 ………………………………… (273)
　　一、东北、内蒙古地区 …………………………………………… (273)
　　二、西北地区 ……………………………………………………… (274)
　　三、南方、西藏地区 ……………………………………………… (275)
　第二节　外国资本主义对民族地区经济的影响 ………………… (276)
　　一、帝国主义的侵略及其对民族地区经济的冲击 ……………… (276)
　　二、少数民族地区半殖民地半封建经济的形成 ………………… (286)
　　三、少数民族地区与国外经济联系的加强和与内地经济关系的削弱 …… (287)

第三编　资产阶级革命时期的民族地区 ……………………………… (290)
　第一章　清政府的新政 …………………………………………… (290)
　第一节　新政出台的背景及其性质 ……………………………… (290)
　　一、新政出台的背景 ……………………………………………… (290)
　　二、新政的基本内容及性质 ……………………………………… (291)
　第二节　新疆建省 ………………………………………………… (295)
　　一、建省的背景 …………………………………………………… (295)
　　二、建省的经过与改革措施 ……………………………………… (296)
　　三、建省的意义 …………………………………………………… (298)
　第三节　三多在内蒙古、外蒙古的改革 ………………………… (299)
　　一、改革的背景 …………………………………………………… (299)
　　二、改革的经过和措施 …………………………………………… (300)

三、改革带来的负面影响 …………………………………………………… (302)
　第四节　在南方民族地区的新政措施 ……………………………………… (303)
　　一、清末新政对南方各民族的影响 ………………………………………… (303)
　　二、台湾建省 ………………………………………………………………… (305)
　　三、"改土归流"的继续 ……………………………………………………… (310)
　第五节　清季西藏新政 ……………………………………………………… (312)
　　一、张荫棠的新政 …………………………………………………………… (312)
　　二、联豫的新政 ……………………………………………………………… (314)
　第六节　在东北的新政 ……………………………………………………… (316)
　　一、东北的开禁 ……………………………………………………………… (316)
　　二、东北建省 ………………………………………………………………… (320)
第二章　辛亥革命与少数民族 ………………………………………………… (323)
　第一节　孙中山民族主义思想的提出 ……………………………………… (323)
　　一、孙中山民族主义思想产生的原因与渊源 ……………………………… (323)
　　二、孙中山民族主义思想对辛亥革命的影响 ……………………………… (325)
　第二节　辛亥革命思潮在各民族地区的影响 ……………………………… (328)
　　一、民族平等、民族独立和民主思想在少数民族地区的传播 …………… (328)
　　二、民族民主思想在少数民族地区的影响 ………………………………… (330)
　第三节　各族人民参加辛亥革命 …………………………………………… (337)
　　一、北方少数民族地区 ……………………………………………………… (337)
　　二、南方少数民族地区 ……………………………………………………… (340)

中卷（1912—1949）

第四编　民国初期（1912—1930） …………………………………… (347)
第一章　各民族拥护民国，反对分裂与复辟 ………………………………… (347)
　第一节　民国建立与孙中山的民族主义和"五族共和"的思想 …………… (347)
　　一、南京临时政府的建立 …………………………………………………… (347)
　　二、中国国内民族关系的新变化 …………………………………………… (350)
　　三、孙中山的民族主义主张和赞成"五族共和" …………………………… (351)
　第二节　宗社党的复辟活动及其失败 ……………………………………… (353)
　　一、满族社会地位的衰落 …………………………………………………… (353)
　　二、宗社党的成立 …………………………………………………………… (356)
　　三、宗社党参与策划复辟帝制 ……………………………………………… (358)
　第三节　蒙古、西藏、新疆等地各民族反对分裂，维护祖国统一 ………… (359)
　　一、蒙古"独立自治"始末 …………………………………………………… (359)
　　二、西藏地区的动乱 ………………………………………………………… (365)
　　三、"策勒村事件"与新疆人民反对分裂的斗争 …………………………… (367)

第二章　民国初年的民族事务机构与民族政策 …………………………………（370）
　第一节　南京临时政府的民族政策 ………………………………………………（370）
　　一、对满族皇室的优待政策 ………………………………………………………（370）
　　二、《总统就职宣言书》和《临时约法》与民族政策方针 ………………………（371）
　第二节　北洋政府的民族政策与施政 ……………………………………………（374）
　　一、"蒙藏院"和民族政策的变化 …………………………………………………（374）
　　二、川军西征 ………………………………………………………………………（376）
　　三、北洋政府对蒙古的施政 ………………………………………………………（378）
　　四、"北京政变"与溥仪出宫 ………………………………………………………（381）
　第三节　西北、西南地方政权对当地各民族的政策与施政 …………………（381）
　　一、马氏家族在西北的施政 ………………………………………………………（381）
　　二、杨增新在新疆的施政 …………………………………………………………（385）
　　三、唐继尧在云贵川的施政 ………………………………………………………（389）
　　四、陆荣廷在两广的施政 …………………………………………………………（391）
　第四节　军阀混战对民族地区的影响 ……………………………………………（394）
　　一、川边军阀混战及其影响 ………………………………………………………（394）
　　二、西南军阀混战及其影响 ………………………………………………………（395）
第三章　民族地区殖民地、半殖民地程度的加深 ………………………………（397）
　第一节　东北、蒙古地区 ……………………………………………………………（397）
　　一、日本对东北的大规模扩张 ……………………………………………………（397）
　　二、俄国对蒙古的侵略 ……………………………………………………………（400）
　第二节　西藏地区 ……………………………………………………………………（403）
　　一、英国分裂西藏的阴谋与"西姆拉会议"的破产 ………………………………（403）
　　二、九世班禅出走内地 ……………………………………………………………（407）
　第三节　西北地区 ……………………………………………………………………（410）
　　一、英国策动分裂新疆 ……………………………………………………………（410）
　　二、白俄残部窜入新疆 ……………………………………………………………（413）
　第四节　西南与中东南地区 ………………………………………………………（415）
　　一、日本在台湾的殖民统治 ………………………………………………………（415）
　　二、英国扩大对云南的侵略与片马事件、江心坡事件 …………………………（418）
　　三、传教势力在西南民族中的扩张 ………………………………………………（421）
第四章　新民主主义革命向民族地区的发展 ……………………………………（424）
　第一节　中国共产党对民族理论的初步探索 …………………………………（424）
　　一、"五四运动"与少数民族 ………………………………………………………（424）
　　二、中国共产党民族理论的基本思想和初步阐释 ………………………………（430）
　　三、马克思主义在民族地区的传播 ………………………………………………（432）
　第二节　国共合作与孙中山对民族主义的重新解释 …………………………（435）
　　一、中国共产党与中国国民党的合作 ……………………………………………（435）

二、民族主义的新发展和意义 …………………………………………（439）
　　三、蒋介石对民族主义的歪曲 …………………………………………（442）
 第三节　各民族人民反抗军阀的暴虐统治 …………………………………（443）
　　一、蒙古伊克昭盟的"独贵龙"运动 …………………………………（443）
　　二、甘肃"河州事件" …………………………………………………（444）
　　三、青海藏民与马家军的斗争 …………………………………………（446）
 第四节　民族地区的农民运动和红色革命根据地 …………………………（447）
　　一、南方各族农民运动蓬勃兴起 ………………………………………（447）
　　二、北方各族农民运动的开展 …………………………………………（450）
　　三、民族地区革命形势的逆转 …………………………………………（451）
　　四、民族地区革命根据地的建立 ………………………………………（453）

第五章　民族地区经济文化的艰难发展 ………………………………………（460）
 第一节　资本主义工商业的萌芽及其艰难发展 ……………………………（460）
　　一、内蒙古近代工商业的初步萌芽 ……………………………………（460）
　　二、十三世达赖喇嘛的新政 ……………………………………………（462）
　　三、以矿业为龙头的云贵近代工商业 …………………………………（465）
　　四、东北民族地区的近代工商业 ………………………………………（468）
 第二节　东北、内蒙古的垦荒浪潮及其影响 ………………………………（471）
　　一、延边朝鲜族人民的垦荒 ……………………………………………（471）
　　二、内蒙古的垦荒运动 …………………………………………………（473）
 第三节　各民族社团活动与教育的初步发展 ………………………………（475）
　　一、回族的社团活动 ……………………………………………………（475）
　　二、其他各族的社团活动及文化教育的初步发展 ……………………（478）

第五编　抗日战争时期（1931—1945）…………………………………………（482）
 第一章　日本军国主义的全面侵华战争与分裂中华民族的罪恶活动 ……（482）
 第一节　中华民族空前的民族危机与国内民族关系的变化 ………………（482）
　　一、从"九一八"到"八一三" ………………………………………（482）
　　二、国内民族关系的变化 ………………………………………………（485）
 第二节　伪满洲国与德王伪政权 ……………………………………………（489）
　　一、溥仪与伪满洲国 ……………………………………………………（489）
　　二、甘珠尔扎布策划内蒙古"独立"与内蒙古东部地区的伪政权 …（492）
　　三、西部蒙古封建上层的"高度自治"活动与德王的"蒙古军政府" …（494）
　　四、伪"蒙疆政府"的出笼 ……………………………………………（498）
 第三节　帝国主义在其他民族地区的分裂阴谋与活动 ……………………（501）
　　一、"东土耳其斯坦伊斯兰共和国" …………………………………（501）
　　二、"班洪事件" ………………………………………………………（503）
　　三、日本炮制的"中华回教总联合会"与"中国回教青年团" ……（507）

第四节 日寇对沦陷区的殖民统治 …………………………………（508）
　一、日寇在东北的殖民统治 ……………………………………（508）
　二、日寇在海南的殖民统治 ……………………………………（513）
　三、日寇在内蒙古的殖民统治 …………………………………（516）
　四、台湾被纳入战争经济轨道 …………………………………（518）
第二章 国民政府的民族事务机构与民族政策 ……………………（520）
第一节 国民政府的蒙藏事务管理制度与立法 ……………………（520）
　一、蒙藏委员会的成立 …………………………………………（520）
　二、蒙藏委员会对蒙藏事务的管理 ……………………………（523）
第二节 国民政府在民族地区的施政及其影响 ……………………（527）
　一、热河、察哈尔、绥远、宁夏、青海、西康建省 …………（527）
　二、十三世达赖喇嘛圆寂与黄慕松、吴忠信入藏 ……………（529）
　三、盛世才治疆 …………………………………………………（534）
　四、"琼崖抚黎专员公署"与"剿抚兼施"的民族政策 ………（536）
第三节 国民政府的民族宗教政策 …………………………………（538）
　一、对蒙藏的宗教政策 …………………………………………（538）
　二、对伊斯兰教的政策 …………………………………………（539）
第三章 中国共产党的民族政策与民族工作 ………………………（543）
第一节 长征途中的民族政策与民族工作 …………………………（543）
　一、刘伯承与果基小约旦会盟 …………………………………（543）
　二、《关于苗族问题的决议》 …………………………………（546）
　三、中华苏维埃博巴政府 ………………………………………（548）
第二节 抗日民族统一战线的形成 …………………………………（553）
　一、中国共产党抗日民族统一战线的主张和少数民族抗日斗争的兴起 …（553）
　二、各族人民拥护抗日民族统一战线 …………………………（556）
第三节 延安边区政府的民族政策与民族工作 ……………………（559）
　一、中国共产党的民族理论和民族政策的发展 ………………（559）
　二、民族区域自治的实践 ………………………………………（561）
　三、联合各民族人民进行全面抗战 ……………………………（563）
第四章 各民族全面的抗日战争和反对封建统治的斗争 …………（565）
第一节 东北地区（以抗日民主联军为主体） ……………………（565）
　一、东北抗日联军的抗日斗争 …………………………………（565）
　二、东北各族人民抗日斗争的发展 ……………………………（567）
第二节 内蒙古地区（以大青山革命根据地为主体） ……………（569）
　一、内蒙古地区蒙汉各族人民的抗日斗争 ……………………（569）
　二、百灵庙起义和绥远抗战 ……………………………………（572）
　三、大青山抗日游击根据地 ……………………………………（575）
　四、"伊克昭盟事件" …………………………………………（577）

第三节　西北地区（海固回民起义及西北各省抗日活动） …………… (579)
　　一、新疆抗日民族统一战线的形成 ………………………………………… (579)
　　二、阿山哈萨克牧民暴动 …………………………………………………… (582)
　　三、海固回民起义（海固事变） …………………………………………… (587)
　　四、马本斋领导的回民支队 ………………………………………………… (591)
　　五、甘南各族农民起义 ……………………………………………………… (595)
第四节　西南和中东南——抗日游击战争及抗日活动，西南各民族对远征军的支援等 ……………………………………………………………… (597)
　　一、藏族人民支援抗战 ……………………………………………………… (597)
　　二、琼崖抗日独立队的抗日活动与白沙起义 ……………………………… (599)
　　三、西南各族人民的抗战活动 ……………………………………………… (604)
　　四、台湾各族人民的抗战活动 ……………………………………………… (608)
　　五、中东南各族人民的抗战活动 …………………………………………… (610)
　　六、各族人民的反封建斗争 ………………………………………………… (611)
第五章　沿海内地经济文化事业向民族地区的迁移及其影响 ………………… (615)
第一节　经济文化重心的迁移与西北民族地区经济文化的发展及其影响 … (615)
　　一、经济文化重心向西北民族地区的迁移 ………………………………… (615)
　　二、西北民族地区经济文化的发展及其影响 ……………………………… (617)
第二节　经济文化重心的迁移与西南民族地区经济文化的发展及其影响 … (621)
　　一、经济重心向西南民族地区的迁移 ……………………………………… (621)
　　二、文化重心向西南民族地区的迁移 ……………………………………… (624)
　　三、西南民族地区经济的发展和影响 ……………………………………… (625)
　　四、西南民族地区文化的发展和影响 ……………………………………… (630)
第三节　经济文化重心的迁移与中南民族地区经济文化的发展及其影响 … (631)
　　一、经济文化重心向中南民族地区的迁移 ………………………………… (631)
　　二、中南民族地区经济的发展和影响 ……………………………………… (633)
　　三、中南民族地区文化的发展和影响 ……………………………………… (636)

第六编　解放战争时期（1946—1949） ………………………………………… (639)
第一章　中国两种命运的决战与国内民族问题 ………………………………… (639)
第一节　中国共产党民族政策与民族理论的成熟与发展 …………………… (639)
　　一、《共同纲领》及其意义 ………………………………………………… (639)
　　二、民族区域自治理论和政策的制定及实施 ……………………………… (640)
第二节　内蒙古自治区的建立及其影响 ………………………………………… (642)
　　一、内蒙古自治区的建立及其伟大意义 …………………………………… (642)
　　二、民族区域自治实践的扩大 ……………………………………………… (645)
第三节　国民政府民族政策的失败 …………………………………………… (647)
　　一、国民政府的民族压迫与民族歧视政策 ………………………………… (647)

二、国民政府民族政策的失败 …………………………………………（648）
　第二章　各民族共同缔造中华人民共和国 ……………………………………（649）
　　第一节　东北、内蒙古各民族的解放 ………………………………………（649）
　　　一、东北、内蒙古地区的土改运动 ………………………………………（649）
　　　二、东北、内蒙古各族人民参加解放战争 ………………………………（652）
　　第二节　新疆三区革命 ………………………………………………………（653）
　　　一、伊宁起义与三区临时政府的成立 ……………………………………（653）
　　　二、民族军的创建及其军事活动 …………………………………………（657）
　　　三、包尔汉主新与新疆和平解放 …………………………………………（662）
　　第三节　西藏热振活佛维护祖国统一的努力与"热振事件" ………………（666）
　　　一、"西藏外交局事件"与"泛亚洲会议"的风波 ………………………（666）
　　　二、"热振事件" ……………………………………………………………（670）
　　　三、十世班禅坐床及其通电 ………………………………………………（672）
　　第四节　其他民族地区革命斗争的发展 ……………………………………（674）
　　　一、南方各族人民的反"三征"斗争和武装起义 ………………………（674）
　　　二、南方各族人民积极参加中国人民解放军滇桂黔边纵队 ……………（677）
　　　三、海南岛各族人民迎接解放的斗争 ……………………………………（680）

下卷（1949—2000）

第七编　中华人民共和国成立、社会经济恢复和发展时期（1949.10—1957）
………………………………………………………………………………（685）
　第一章　少数民族地区的解放 …………………………………………………（685）
　　第一节　中华人民共和国成立前的全国形势 ………………………………（685）
　　　一、中国人民政治协商会议第一届会议召开 ……………………………（685）
　　　二、《中国人民政治协商会议共同纲领》中有关民族问题的规定 ……（686）
　　第二节　西南、西北等民族地区相继解放 …………………………………（687）
　　　一、和平解放云南和西康等地区 …………………………………………（687）
　　　二、中国人民解放军解放湖南、广西、海南等民族地区 ………………（687）
　　　三、青海、宁夏、新疆等西北地区的解放 ………………………………（688）
　　　四、清匪反霸、肃清国民党残余势力 ……………………………………（690）
　　第三节　西藏的解放 …………………………………………………………（691）
　　　一、解放前夕西藏上层内部的矛盾及英、美、印阴谋策划的驱汉事件 …（691）
　　　二、昌都战役 ………………………………………………………………（692）
　　　三、《中央人民政府和西藏地方政府关于和平解放西藏办法的协议》
　　　　　的签订 …………………………………………………………………（693）
　　　四、十世班禅额尔德尼·确吉坚赞回归西藏 ……………………………（694）
　　　五、中国人民解放军和平进藏 ……………………………………………（696）

第二章 民族工作机构的设置、民族区域自治政策和一些基本政策的
　　　　制定及其实施 ……………………………………………………（698）
　第一节 民族工作机构的设置 ……………………………………………（698）
　　一、新中国成立前中国共产党的民族工作机构设置 …………………（698）
　　二、建立中央人民政府民族事务委员会和地方民族工作机构 ………（698）
　　三、民族工作机构的任务 ………………………………………………（699）
　第二节 疏通民族关系，消除民族隔阂 …………………………………（700）
　　一、中央慰问团、访问团遍访民族地区 ………………………………（700）
　　二、各地方政府派出民族贸易工作队、医疗卫生队到少数民族地区
　　　　开展工作 ……………………………………………………………（701）
　　三、少数民族上层参观团、观礼团到国内各地参观 …………………（702）
　　四、制定实行民族平等的基本政策 ……………………………………（703）
　　五、新解放民族地区开展工作 …………………………………………（704）
　　六、少数民族地区建立人民政府 ………………………………………（706）
　第三节 民族区域自治制度的确立和实施 ………………………………（707）
　　一、实行民族区域自治 …………………………………………………（707）
　　二、全国各地民族自治地方的建立 ……………………………………（708）
　第四节 民族识别 …………………………………………………………（709）
　　一、新中国成立初期中国少数民族状况 ………………………………（709）
　　二、民族识别的依据 ……………………………………………………（709）
　　三、民族识别工作的全面展开 …………………………………………（710）
　　四、对民族的认定 ………………………………………………………（711）
第三章 少数民族地区民主改革与社会主义改造 …………………………（712）
　第一节 不同社会形态和政治制度 ………………………………………（712）
　　一、社会改革前各民族的生产和生活状况 ……………………………（712）
　　二、民族地区的不同社会形态 …………………………………………（713）
　　三、不同民族中的传统政治制度 ………………………………………（714）
　第二节 各民族的宗教信仰和宗教制度 …………………………………（716）
　　一、各民族宗教信仰状况 ………………………………………………（716）
　　二、寺庙观堂的经济和僧人的生活 ……………………………………（716）
　　三、各种宗教组织和宗教制度 …………………………………………（718）
　　四、宗教与少数民族文化、历史、社会、生产和生活的关系 ………（719）
　第三节 少数民族地区的社会改革 ………………………………………（720）
　　一、实行"慎重稳进"的方针 …………………………………………（720）
　　二、在封建地主制占主导的地区消灭封建地主制度 …………………（721）
　　三、在奴隶制农奴制地区实行和平协商改革 …………………………（722）
　　四、存在浓厚原始社会残余的民族地区采取直接向社会主义制度
　　　　过渡的政策 …………………………………………………………（724）

五、牧业区民主改革实行"赎买"和"不斗不分不划阶级和牧工牧主
　　　　两利"的政策 …………………………………………………………（725）
　　六、废除宗教寺庙的特权和剥削压迫制度 ………………………………（726）
　　七、全面实现农业合作化 …………………………………………………（727）
　　八、牧区和私营工商业的社会主义改造 …………………………………（728）
第四章　少数民族地区经济文化的恢复与发展 …………………………………（730）
　第一节　国家对民族地区的开发与扶持 ………………………………………（730）
　　一、中国共产党和人民政府帮助少数民族发展生产，改善生活 ………（730）
　　二、大量的汉族干部、技术人员和工人到民族地区参加经济文化建设 …（731）
　　三、人民政府在政策、资金、物力等方面对少数民族地区的照顾与
　　　　支援 …………………………………………………………………（732）
　第二节　少数民族地区经济的恢复与发展 ……………………………………（733）
　　一、民族地区的基础工业初步建立起来 …………………………………（733）
　　二、交通运输业有了较快的发展 …………………………………………（734）
　　三、农牧业的发展 …………………………………………………………（735）
　第三节　少数民族生产、生活方式的变化 ……………………………………（735）
　　一、部分少数民族走出深山老林，部分游牧游猎民族开始定居 ………（736）
　　二、少数民族生活水平的改善与提高 ……………………………………（736）
　　三、少数民族人口稳步增长 ………………………………………………（737）
　第四节　少数民族的教育和文化 ………………………………………………（738）
　　一、少数民族基础教育的发展 ……………………………………………（738）
　　二、中央和地方建立一批民族学院 ………………………………………（739）
　　三、继承、整理与弘扬对民族传统文化，加强民族研究 ………………（740）
　　四、建立民族医疗卫生机构 ………………………………………………（741）
　　五、开展民族体育运动 ……………………………………………………（742）
　第五节　开展对少数民族的社会历史和语言的大调查 ………………………（743）
　　一、少数民族社会历史调查 ………………………………………………（743）
　　二、少数民族语言调查 ……………………………………………………（744）
　　三、少数民族社会历史语言调查的丰硕成果 ……………………………（745）
　第六节　民族政策大检查和民族政策教育 ……………………………………（746）
　　一、中共中央发出学习民族政策的通知 …………………………………（746）
　　二、1952 年、1956 年的两次民族政策大检查 …………………………（747）
　　三、总结民族工作经验教训和青岛民族工作座谈会 ……………………（748）

第八编　全面建设社会主义时期（1958—1965） …………………………（750）
　第一章　部分民族地区武装叛乱的平息及西藏社会改革 ……………………（750）
　　第一节　平息四川、云南、青海等部分地区的叛乱 ……………………（750）
　　　一、民主改革和社会主义改造中部分民族地区发生武装叛乱 ………（750）

二、叛乱的平息 ………………………………………………………（752）
　第二节　平息西藏叛乱 …………………………………………………（754）
　　一、西藏叛乱的起因 …………………………………………………（754）
　　二、平息叛乱的过程 …………………………………………………（757）
　　三、十四世达赖喇嘛出走 ……………………………………………（758）
　　四、印度及美国政府借西藏问题干涉中国内政 ……………………（760）
　　五、平息叛乱的善后工作 ……………………………………………（761）
　第三节　西藏的社会改革 ………………………………………………（762）
　　一、废除"政教合一"制度 …………………………………………（762）
　　二、实行"三反两减"和"三反两利"政策 ………………………（763）
　　三、民主改革与和平"赎买" ………………………………………（764）
　　四、西藏合作化和人民公社的建立 …………………………………（765）
　　五、西藏社会改造的善后工作 ………………………………………（766）
　第四节　建立西藏自治区 ………………………………………………（768）
　　一、西藏自治区建立的历史背景和条件 ……………………………（768）
　　二、成立西藏自治区筹备委员会 ……………………………………（769）
　　三、西藏自治区正式成立 ……………………………………………（770）
第二章　民族地区人民公社化与社会变革 ………………………………（771）
　第一节　民族地区"大跃进"和"人民公社化" ……………………（771）
　　一、民族地区"大跃进"和"人民公社化"的开展 ………………（771）
　　二、"大跃进"和"人民公社化"对少数民族地区经济建设的冲击 …（772）
　　三、少数民族群众生活水平下降 ……………………………………（774）
　　四、"民族融合风"及其影响 ………………………………………（775）
　第二节　民族地区反右、反地方民族主义斗争扩大化 ………………（777）
　　一、民族工作中"左"倾思想及其影响 ……………………………（777）
　　二、错划一批"右派"和"地方民族主义分子" …………………（777）
　　三、反右和反地方民族主义斗争扩大化造成的损失 ………………（778）
　　四、中共中央着手纠正民族工作中"左"的错误 …………………（779）
　第三节　新疆伊犁、塔城事件和中印之战 ……………………………（781）
　　一、云南省边民外流 …………………………………………………（781）
　　二、伊塔事件 …………………………………………………………（783）
　　三、中印边境之战 ……………………………………………………（784）
　第四节　全面推行民族区域自治政策 …………………………………（785）
　　一、广西、宁夏建立省级民族自治区 ………………………………（785）
　　二、撤销或新建民族自治地方，调整行政区划 ……………………（787）
　　三、民族自治地方制定自治条例和单行条例 ………………………（789）
第三章　少数民族和民族地区经济文化建设 ……………………………（792）
　第一节　民族地区的农业和牧业 ………………………………………（792）

一、独龙、基诺、佤等民族改变传统生产方式 ………………………………（792）
　　二、内蒙古、甘肃、新疆、青海、四川等牧区少数民族开始多种经营 …（793）
　　三、少数民族地区的三年困难时期 …………………………………………（794）
　　四、内蒙古草原蒙古族牧民抚育3000名上海孤儿 …………………………（796）
　　五、包产到户和少数民族地区农牧业生产的恢复 …………………………（797）
　第二节　工业和交通运输业 …………………………………………………（798）
　　一、"三线"建设促进了少数民族地区工业发展 ……………………………（798）
　　二、工、交、邮电全面发展 …………………………………………………（800）
　第三节　民族地区教育文化事业的发展 ……………………………………（801）
　　一、基础教育开始普及 ………………………………………………………（801）
　　二、文化卫生事业的发展 ……………………………………………………（803）
　　三、少数民族地区科技和高等教育的奠基与发展 …………………………（806）
　　四、少数民族语言文字的使用与发展 ………………………………………（808）

第九编　"文化大革命"十年动乱时期（1966—1976）…………………（810）
　第一章　民族地区的社会与政治动乱 ………………………………………（810）
　　第一节　民族地区全面动乱 …………………………………………………（810）
　　第二节　民族区域自治名存实亡 ……………………………………………（811）
　　第三节　推行极"左"路线，制造大量冤假错案 ……………………………（813）
　　　一、大搞"政治边防"和"划线站队" ………………………………………（813）
　　　二、重划阶级成分 …………………………………………………………（814）
　　　三、人为制造大批冤、假、错案 …………………………………………（815）
　　　四、大批少数民族干部、知识分子、民族、宗教代表人物被迫害致死 …（818）
　第二章　"文化大革命"期间的民族工作 ……………………………………（821）
　　第一节　林彪、"四人帮"批判党的民族政策，否定十七年民族工作
　　　　　　的成就 ……………………………………………………………（821）
　　第二节　进行民族政策检查，开展民族政策再教育 ………………………（822）
　　第三节　民族工作初步恢复 …………………………………………………（825）
　第三章　"文化大革命"期间民族自治地方的经济与文化 …………………（828）
　　第一节　民族地区工农（牧）业生产有一定的发展 ………………………（828）
　　　一、工农业生产略有增长 …………………………………………………（828）
　　　二、兴建一批工业和基础设施建设项目 …………………………………（829）
　　第二节　民族地区社会发展的进步 …………………………………………（832）
　　　一、民族自治地方教育、卫生事业在困境中求发展 ……………………（832）
　　　二、民族自治地方财政赤字增加，各族人民实际生活水平和质量下降 …（833）

第十编　恢复和调整时期（1976—1984）…………………………………（835）
　第一章　中国共产党十一届三中全会重新确立正确的路线、方针、政策

　　　　及其实施 …………………………………………………………………… (835)
　第一节　恢复各级民族工作机构 ……………………………………………… (835)
　　一、恢复国家民族事务委员会 ……………………………………………… (835)
　　二、恢复全国人大民族委员会 ……………………………………………… (836)
　第二节　全面恢复民族工作 …………………………………………………… (837)
　　一、为统战、民族、宗教、工作部门"执行投降主义路线"平反 ………… (837)
　　二、召开全国性的有关民族工作会议 ……………………………………… (837)
　　三、中共中央书记处听取西藏、云南、新疆、内蒙古民族工作汇报 …… (838)
　第三节　慎重处理民族地区"反右"和"平叛"中的遗留问题，平反
　　　　"文化大革命"中的冤、假、错案 ……………………………………… (839)
　　一、处理"反右"和"平叛"中的遗留问题 ………………………………… (839)
　　二、平反"文化大革命"中的冤、假、错案 ………………………………… (840)
第二章　执政党民族理论的发展和创新 …………………………………………… (845)
　第一节　否定社会主义时期"民族问题的实质是阶级问题" ………………… (845)
　第二节　民族问题的长期性、重要性 ………………………………………… (846)
　　一、民族问题的概念与内涵 ………………………………………………… (846)
　　二、民族问题的重要性和长期性 …………………………………………… (846)
　第三节　社会主义民族关系的形成、特征和性质 …………………………… (847)
　　一、社会主义民族关系的形成 ……………………………………………… (847)
　　二、社会主义民族关系的特征和内涵 ……………………………………… (848)
　　三、社会主义民族关系的性质 ……………………………………………… (849)
　第四节　重新探索民族之间事实上的不平等 ………………………………… (849)
　第五节　民族关系新发展，"两个离不开"到"三个离不开" ………………… (850)
第三章　继续开展民族识别，重建民族科研机构，民族研究取得了重大
　　　　的新发展 …………………………………………………………………… (853)
　第一节　继续开展民族识别 …………………………………………………… (853)
　　一、确立基诺族为单一民族 ………………………………………………… (853)
　　二、民族识别的有关文件和政策规定 ……………………………………… (853)
　　三、民族识别工作的继续开展 ……………………………………………… (854)
　　四、民族识别工作的成就和不足 …………………………………………… (854)
　第二节　恢复和组建民族科研、教学机构 …………………………………… (855)
　　一、民族研究机构的恢复和发展 …………………………………………… (855)
　　二、民族科研工作重大的新进展 …………………………………………… (857)
　　三、建立各级学会和研究会 ………………………………………………… (860)
第四章　全面恢复宗教信仰自由政策 ……………………………………………… (861)
　第一节　纠正"文化大革命"中的"左"倾错误，实施宗教信仰自由
　　　　政策 ………………………………………………………………………… (861)
　第二节　恢复各级宗教机构，开展正常的宗教活动 ………………………… (862)

一、恢复各级宗教机构 …………………………………（862）
　　二、开展正常的宗教工作 ………………………………（862）
　第三节　全面恢复和落实党的宗教政策 ………………………（864）
　　一、实事求是地平反冤假错案 …………………………（864）
　　二、开放宗教活动场所，维修宗教寺庙 ………………（865）
　　三、开办宗教学校，培养年轻职业宗教人员 …………（866）
　　四、出版宗教书刊，开展对外交流 ……………………（867）
　第五章　恢复和完善民族区域自治制度 …………………………（870）
　第一节　民族自治地方区划变动情况 …………………………（870）
　　一、内蒙古行政区划三次重大变动 ……………………（870）
　　二、四川、新疆、广西民族自治地方行政区划的变动 …（870）
　第二节　新建一批民族自治地方 ………………………………（871）
　　一、建立黔西南和鄂西两个自治州 ……………………（871）
　　二、新建61个民族自治县 ………………………………（873）
　　三、恢复和新建民族乡（镇） …………………………（873）
　第三节　加强民族自治地方和散杂居地区民族法制建设 ……（877）
　　一、制定实施《民族区域自治法》 ……………………（877）
　　二、全面贯彻《民族区域自治法》 ……………………（882）
　　三、民族立法保障散居地区少数民族的平等权利 ……（884）

第十一编　改革开放和全面发展时期（1984—2000）………………（888）
　第一章　民族地区的改革开放与发展（1984—1991）…………（888）
　　第一节　民族地区的改革 ………………………………………（888）
　　　一、少数民族农业区的改革 ……………………………（888）
　　　二、少数民族牧业区的改革 ……………………………（890）
　　　三、少数民族地区财政改革 ……………………………（893）
　　　四、民族商贸企业 ………………………………………（894）
　　　五、少数民族地区改革的成就与问题 …………………（895）
　　第二节　民族地区的开放 ………………………………………（896）
　　　一、开放的历史背景 ……………………………………（896）
　　　二、民族地区的沿边开放 ………………………………（898）
　　　三、民族地区的沿海开放 ………………………………（903）
　　　四、民族地区的内陆开放 ………………………………（903）
　　　五、民族地区初步形成开放的新格局 …………………（905）
　　第三节　改革开放促进民族地区的发展 ………………………（905）
　　　一、民族地区产业结构日趋合理 ………………………（905）
　　　二、民族地区农、牧、林业稳步发展 …………………（906）
　　　三、工、交和通信事业的发展 …………………………（906）

四、民族自治地方财政收入增加，金融和商业日趋繁荣 …………………（907）
　　五、逐步消除贫困，各族人民生活水平提高，传统生产生活方式
　　　　开始发生变化 ……………………………………………………………（907）
第二章　少数民族文化、教育、卫生事业的发展 ……………………………………（908）
　第一节　少数民族艺术节与民族文化的发展 ……………………………………（908）
　　一、建立健全民族文化工作机构，举办全国少数民族艺术节 ……………（908）
　　二、举办少数民族传统体育运动会，发展民族体育事业 …………………（910）
　　三、"民族问题五种丛书"的编辑出版和民族图书出版事业的发展 ………（911）
　　四、民族古籍挖掘、整理和保护 ……………………………………………（912）
　　五、开展国际文化交流 ………………………………………………………（915）
　第二节　建立民族教育体系 ………………………………………………………（916）
　　一、国家对民族教育制定特殊政策 …………………………………………（916）
　　二、民族教育体系初步形成 …………………………………………………（919）
　　三、召开全国民族语言文字工作会议 ………………………………………（921）
　第三节　民族地区医疗卫生事业日益发展 ………………………………………（922）
　　一、建立医疗体系 ……………………………………………………………（922）
　　二、少数民族医疗卫生技术人员的成长 ……………………………………（923）
　　三、少数民族传统医药得到发展 ……………………………………………（924）
　　四、少数民族健康水平提高，人均寿命延长 ………………………………（926）
第三章　中央民族工作会议的召开和社会主义民族关系的巩固与发展 …………（928）
　第一节　中共中央国务院召开全国民族工作会议 ………………………………（928）
　　一、中央召开首次全国民族工作会议 ………………………………………（928）
　　二、中央召开第二次民族工作会议 …………………………………………（929）
　第二节　中央召开西藏工作座谈会议 ……………………………………………（930）
　第三节　社会主义民族关系日益加强 ……………………………………………（932）
　　一、东西部横向经济联合不断发展 …………………………………………（932）
　　二、智力支边与干部双向交流 ………………………………………………（935）
　　三、汉族与少数民族人口双向流动，族际婚姻增多 ………………………（938）
　　四、全国开展民族团结进步表彰活动 ………………………………………（940）
　第四节　反对民族分裂斗争 ………………………………………………………（943）
　　一、西藏拉萨骚乱事件的起因及平息 ………………………………………（943）
　　二、评定新疆阿克陶县巴仁乡反革命武装叛乱 ……………………………（945）
　　三、挫败达赖阴谋，第十一世班禅继任 ……………………………………（946）
　　四、反对"东突"恐怖主义 ……………………………………………………（948）
　　五、正确处理民族地区两类不同性质的矛盾 ………………………………（952）
第四章　民族地区社会主义市场经济的建立和发展 ………………………………（953）
　第一节　邓小平南巡讲话促进了民族地区全面的改革开放 ……………………（953）
　第二节　民族地区市场经济的现状与发展 ………………………………………（956）

一、民族地区国有企业的改革与发展 …………………………………（956）
　　二、乡镇企业快速发展 ……………………………………………………（957）
　　三、加快发展私营个体经济 ………………………………………………（959）
　　四、民族地区初步建立市场体系 …………………………………………（960）
　　五、市场观念的转变 ………………………………………………………（962）
　第三节　边境贸易带动了民族地区的发展 …………………………………（963）
　　一、边境贸易搞活了边疆民族地区经济 …………………………………（963）
　　二、边境贸易带动了第三产业的发展 ……………………………………（965）
　第四节　全面形成统一的社会主义市场 ……………………………………（967）
第五章　全面实施西部大开发战略 ……………………………………………（970）
　第一节　中央决定实施西部大开发 …………………………………………（970）
　第二节　加大基础设施建设的投入 …………………………………………（970）
　　一、铁路建设八纵八横 ……………………………………………………（970）
　　二、公路建设五纵七横 ……………………………………………………（971）
　第三节　西部大开发三大标志性工程 ………………………………………（973）
　　一、西电东送 ………………………………………………………………（973）
　　二、西气东输 ………………………………………………………………（975）
　　三、青藏铁路 ………………………………………………………………（977）
　　四、生态环境建设 …………………………………………………………（978）
　第四节　民族地区发展加快，人民生活水平提高 …………………………（979）
后记 ………………………………………………………………………………（981）

绪　论

自 1840 年鸦片战争爆发以来的一部中国近现代史，是中华民族遭受帝国主义列强侵略、奴役、瓜分及封建主义压迫的灾难深重的历史，也是中国各族人民争取中华民族的独立和解放、追求自由和幸福的革命斗争史，更是中华各族儿女艰难探索民族国家建构现代化道路、努力实现中华民族伟大复兴的历史。这样一部厚重的历史，在中国几千年的社会发展进程中，占有极其重要的位置。中国历史由中国各族人民共同缔造，中国近现代民族史是中国近现代史不可缺少的重要组成部分，对其开展全面深入的研究，具有重要的学术价值和社会意义。

一、中华民族奋力抗争走向伟大复兴的历史

时光追溯到 17 世纪、18 世纪，当清王朝建立起一个屹立于东亚的庞大帝国时，中国封建社会发展所取得的辉煌在世界独占鳌头。康雍乾时期所实施的政治和社会制度曾赢得许多位欧洲著名哲学家的赞誉，法国启蒙思想家伏尔泰写道："由于它是世界上最古老的民族，它在伦理道德和治国理政方面，堪称首屈一指。"① 经济发展也达到历史最高水平，法国汉学家谢和耐认为："中国的农业于 18 世纪达到了其最高发展水平，由于该国的农业技术、农作物品种的多样化和单位面积的产量，其农业看来是近代农业科学出现以前历史上最科学和最发达者。"② 然而，这种辉煌掩盖了它内部体制的陈旧和弊端，当时的中国不代表先进生产力方向，也不是世界最先进的国家。据学界研究，13 世纪、14 世纪英国的农业劳动生产率为每户 2369 公斤，至封建社会解体的 15 世纪、16 世纪上升到每户 5520 公斤，商品性农业大量发展，为资本主义的原始积累和工业化发展提供了必不可少的市场、资金、原料和剩余劳动力。但中国直到 19 世纪初农业劳动生产率仅为每户 2651 公斤，与 13 世纪、14 世纪时期并无大的区别。手工业尽管有复杂精巧的工艺技术，但仍是手工劳动，不是机器生产，仍没有摆脱对自然能源的依赖③。从 18 世纪后期开始，各种因素导致清王朝的发展停滞并逐渐走向衰败，只是朝野上下没有人看到这一迹象。

当睡狮一样的大清帝国沉浸在无比的辉煌和自满之中，西方的政治、经济、社会和科学领域出现了巨大的进展。早在 15 世纪、16 世纪，世界历史就发生了重大转折。欧洲走出了中世纪的隔绝与黑暗，西班牙、葡萄牙、意大利、英格兰、法国等率先进入资本主义萌芽阶段，并不断得到发展。文艺复兴运动、地理大发现、宗教改革运动成为西

---

① 转引自金冲及：《20 世纪中国历程的启示——写在新中国成立 60 周年之际》，《人民日报》2009 年 8 月 4 日。
② 转引自戴逸：《18 世纪的中国与世界》导言卷，第 14 - 15 页，辽海出版社，1999 年。
③ 转引自戴逸：《18 世纪的中国与世界》导言卷，第 18 页，辽海出版社，1999 年。

欧封建社会母体内催生资本主义生产方式的助产婆。特别是"由于海道大通、新大陆发现，整个世界因此而连成一片，浩瀚的大海变成了坦荡通途，世界在地理上第一次成了一个整体的世界，这就为世界历史走向整体发展创造了起码的条件"①。17世纪40年代之后的100多年间，随着英国资产阶级革命和产业革命的先后爆发，世界历史发展进入了一个崭新的时代。法国通过大革命，美国通过独立战争，德国和意大利通过国内统一战争，俄罗斯通过改革，荷兰、比利时、卢森堡、丹麦、瑞典、瑞士等欧洲小国则在英、法等国的带动下，相继跨入资本主义门槛；远在亚洲的日本，也通过明治维新迅速成为新兴的资本主义强国。世界强国进入了一个技术发展、民族主义、向外扩张、资本主义和帝国主义的时代，欧洲上空弥漫着进步的气息。总之，自资本主义体系建立以后，世界逐渐连成一个整体。不管是情愿也好，不情愿也罢，世界上绝大多数国家和民族都先后卷入这个整体世界之中。

位于亚欧大陆东侧的中国，在地理位置上是一个相对独立、完整的地理单元，几千年来按照固有的轨迹运行，很少受到外部世界的冲击。随着地理大发现时代的来临，葡萄牙和西班牙的探险家和使节于16世纪开始经新航路抵达中国的华南地区，商人和传教士随之接踵而至；17世纪中叶俄罗斯人也跨越西伯利亚到达满洲。这些事件对中国来说不啻是划时代性的，因为它们打开了中国悠久的孤立局面，开启了东西方之间的直接接触。不过这种交往在一开始时并不显著，而且步履维艰，直到18世纪，中华帝国对外部世界尤其是蓬勃发展的西方资本主义世界仍然没有多少印象。18世纪末，在工业革命中遥遥领先的英国，为了扭转与中国进出口贸易的逆差，派出了以马嘎尔尼勋爵为首脑的庞大使团，企图与清朝建立正式的外交关系，拓展英国的对华贸易。但是，傲慢的清廷并没有看重来自遥远西方的使节，马嘎尔尼在短暂的觐见之后便被要求率领使团匆匆离开中国，无功而返。

马嘎尔尼的外交失败对以英国为首的西方列强是一种打击，也是一种刺激。在马嘎尔尼的描述中，中华帝国已经成为"一艘古老破旧、正在摇摇欲坠的一等战舰"②，因此，号称"日不落"的大英帝国决心用强硬的方式解决与中国的外交问题。1840年，为了维护对中国的非法鸦片贸易，英国政府对中国发动了一场侵略战争。这场被称之为"鸦片战争"的战争进行了两年，它彻底改变了中国历史的进程，直接推动了中国社会的转型。不论愿意与否，古老、传统的中国被强行拉入世界资本主义的漩涡之中，逐步走上成为世界列强从属国的道路。此后一直到20世纪40年代末期，帝国主义列强不断从军事、政治、经济、社会、文化各方面侵略中国。如英法联军攻占北京、火烧圆明园，八国联军镇压义和团运动、侵占北京，日本帝国主义制造卢沟桥事变、发动全面侵略中国战争，至今令中国人民没齿难忘。

面对西方列强的坚船利炮，骄傲自满的大清帝国在军事、外交等方面竟然不堪一击，接连败下阵来，签署了一系列丧权辱国的条约，中国的领土被割裂，主权完整遭到破坏，逐步由封建社会转变为半殖民地半封建社会，中华民族越来越沦入被帝国主义列

---

① 刘景华：《人类六千年》下册，第65页，花城出版社，2000年。
② 马嘎尔尼：《出使中国》，第212页，伦敦，朗曼，1962年版。

强恣意掠夺和压榨的悲惨境地。可悲的是，屡屡挨打的清王朝却没有意识到与西方的差距及自体的病入膏肓，直至大厦将倾才相继进行所谓的变法和新政，只是为时已晚，挽救不了行将覆亡的命运。

西方资本主义的大肆侵略和扩张对中华民族而言，无疑是一场巨大的灾难和震撼，从而引发了前所未有的民族危机意识。一方面，从林则徐的虎门销烟开始，中国各族人民满怀爱国主义精神，不屈不挠地与外国侵略者进行坚决的斗争。在反对帝国主义列强侵略的同时，各族儿女也不断掀起推翻以清王朝为代表的封建统治的斗争。众多的仁人志士前赴后继，一次革命失败了，又给下一次的革命开辟了前进的道路。另一方面，"对当时的中国人来说，无论是至高无上的皇帝，还是束缚于田亩的农民，这一历史变故造成了巨大的心理落差；从泱泱'天朝上国'的骄傲落入了丧权辱国的屈辱，从文化博大的优越落入了技不如人的自卑。这一切迫使中国人'睁眼看世界'，并涌现了一大批救亡图存的先驱者。他们开始翻译和介绍西方的资料，为中国人打开了世界视野……西方文化中的'民主'、'科学'概念和各种政治理论、学术思想开始大量传入中国。这就是对中国近代历史影响巨大的'西学东渐'。西方民族学知识的传入，为中国人认识自身的文化多样性和国家统一性产生了重大影响。一种新的民族观念开始形成。具有现代意义的民族（nation）概念及其理论话语传到了中国。'民族'一词的广为使用，与中国在沉沦中崛起和寻求建立现代民族国家的历史过程直接相关。"① 正是在这个充满屈辱、血泪和痛苦的过程中，古老的农业大国一步步踏上了通往现代化的苦难历程。

民族国家建构是近代世界的一个潮流。在中国被迫卷入世界体系的过程中，面对此"三千余年一大变局"，有识之士纷纷认识到中国社会的变革已到了十分必要和十分紧迫的关头。从太平天国革命到洋务运动、戊戌维新等，无论是普通民众还是政府高官，都有仁人志士对变革进行不懈的探索。历史的教训证明，清王朝的软弱和腐败以及绵延2000多年的封建专制政治才是阻碍中国社会发展的真正原因。因此，打破传统皇权统治秩序、建构现代民族国家同样成为中国奋起的必经之路。"由于中国是一个历史悠久的多民族国家，其皇权统治的'天下思想'所依托的社会基础和文化基础与西方—民族—国家的原理根本相悖。直至甲午战争爆发中国被日本打败之后，建立民族国家的思想才像潮水一般喷涌起来，特别是清末民初的革命家们明确提出了建设'民族国家'的具体设想，中国的民族国家建设开始进入一种自觉的状态"。②

1911年，资产阶级革命党人在武昌发动起义，一场以推翻清王朝封建专制统治为目标的辛亥革命就此爆发，并在全国各地的响应下取得了胜利。它一举推翻了清王朝和统治中国2000多年的封建君主专制，扫除了中华民族前进道路上的最大障碍。1912年1月，中华民国临时政府在南京建立，中国历史上第一个资产阶级民主共和国诞生。中华民国的成立具有划时代的意义，它是中国封建专制政治和帝制结束的象征，也是民主政治的开创。然而，辛亥革命的胜利并没有触动原有的经济基础，上层建筑也没有发生

---

① 郝时远：《"中国田野"中的人类学与民族学》，载《民族研究》2009年第5期。
② 王柯：《从"天下国家"走向"民族国家"——中国近代的"国家"疆界与"民族"疆界》，待刊稿。

彻底的改变。人们一度为之欣喜若狂的中华民国，随着孙中山的退位及袁世凯的上台，便很快有名无实。其后的北洋政府和国民政府同样没能完成反帝反封建的民主革命任务，中国社会的基本矛盾依然没有得到根本解决。

1949年10月1日，中华人民共和国成立，这是中国近代史上一个伟大的转折点。这个转折点结束了鸦片战争以来中华民族所遭受的压迫和苦难，从根本上改变了中国在国际关系中的地位和格局。中国不仅获得了主权的独立，而且真正实现了王朝国家向现代民族国家的转型。新中国成立前夜，毛泽东响亮地宣布："我们的民族将从此列入爱好和平自由的世界各民族的大家庭，以勇敢而勤劳的姿态工作着，创造自己的文明和幸福，同时也促进世界的和平和自由。我们的民族将再也不是一个被人侮辱的民族了，我们已经站起来了。"① 中国各族人民终于迈出了实现中华民族伟大复兴的坚实步伐。尽管其中有过失误有过曲折，但是在中国共产党的领导下，中国各族人民一直为中华民族的伟大复兴而不懈地努力奋斗着。特别是20世纪70年代末实行改革开放以来，中国特色社会主义逐步形成并日趋完善，成为举世瞩目的最大的发展中国家，国内生产总值和进出口贸易居于世界前列，国家面貌焕然一新，中华民族昂然屹立于世界民族之林。

综观1840年鸦片战争爆发以来，特别是进入20世纪以来的中国近现代史，反抗帝国主义的侵略和封建主义的统治，谋求民族独立和人民解放，实现国家繁荣富强和人民共同富裕，实现中华民族的伟大复兴，一直是中华民族面对的重大历史任务，一直是中国无数志士仁人顽强追求的目标，一直是时代潮流的主题。著名学者金冲及对此进行了很好的概括："中国的革命也好、建设也好、改革也好，归根到底都是为了实现这个目标。这可以说是贯穿20世纪中国历史的基本线索。"②

二、中国近现代民族史的主要内容

中国是一个历史悠久的多民族国家，各民族人民在推动中国历史发展以及开发、建设和保卫祖国方面，都作出了应有的贡献。特别是少数民族在开发边疆、保卫边疆方面，起到了特殊的历史作用，至今这种作用仍十分明显。在中华民族的形成与发展过程中，少数民族不仅作出了历史贡献，就是汉族的形成与发展，如果没有少数民族也是难以想象的。中国又是统一的多民族国家，包括各少数民族地区在内都是我们伟大祖国领土不可分割的一部分。为维护祖国领土完整和国家统一，反对民族分裂，少数民族也作出了巨大的贡献。因此，光辉灿烂的中华民族历史文化是各民族共同创造的，各民族不论人口多少都是中国这个大家庭的重要成员。

在漫长的历史发展进程中，中国传统的史学研究始终关照着多民族国家这一国情特点。因此，民族史研究可谓源远流长。在甲骨文、金文、《诗》、《书》、《春秋》、经传、《竹书纪年》、诸子书以及《天问》、《山海经》等古代史籍中，就有关于先秦民族的许多记载。尤其是司马迁《史记》开辟"匈奴传"、"西南夷列传"等以来，历代官

---

①② 金冲及：《20世纪中国历程的启示——写在新中国成立60周年之际》，载《人民日报》2009年8月4日。

修正史都有记录少数民族社会历史文化的专篇,在其他的篇章中也有许多相关的记载,而《魏书》、《北史》、《旧五代史》、《新五代史》、《辽史》、《金史》、《元史》以及《清史稿》等,则详述了历史上周边少数民族在中原王朝体系中建立政权、统一国家的史实。历代官家编纂或私人著述的各种汉文类书、丛书、方志、游记、笔记、碑铭、野史中,也有大量少数民族的内容,其中一些著作已经具有民族史专著的性质。尽管古代史学中的民族史研究存在正统一元史观的民族歧视与偏见,但却体现了中国自古以来"五方之民"互动不断的历史国情,也决定了民族史在中国历史学发展中不可或缺的地位。进入20世纪以后,在西方现代史学及严重的民族危机和社会危机影响下,通过学术界的努力,中国民族史研究在学科理论、研究领域、研究方法、学科体系等方面均发生了根本性的变化,民族史作为一门现代学科得到构建和阐释。

1949年10月新中国成立以前,研究中国近代史的学者对于中国近代史、中国现代史没有明确区分,也就是说没有形成有关中国近代史和中国现代史的明确概念。那时候的学者基本上认为中国近代史、中国现代史是同一个含义。从20世纪50年代开始,关于中国近代史的分期曾经掀起较大的争论,其中著名学者胡绳率先提出的以1919年作为近现代史分界线的观点占据主导地位长达30多年。进入20世纪80年代以后,这一状况有了改变。学者们认为,中华人民共和国的成立标志着近代以来中国人受侵略、受欺侮的时代一去不复返了,标志着近代中国半殖民地半封建社会的结束,中国开始进入社会主义现代化建设时期。这就是说,这一事件标志着中国近代史的结束、中国现代史的开端,标志着旧时代的结束、新时代的开始,标志着资本主义发展道路的终结、社会主义发展道路的开端。① 因此,主张以半殖民地半封建社会的1840—1949年为中国近代史的呼声越来越高涨。胡绳在所著《从鸦片战争到五四运动》一书的序言中也说道:"这本书所讲的是中国半殖民地半封建社会中的前一段,即无产阶级领导的新民主主义革命开始以前一段的历史。虽然多年来大家习惯称这一段为中国近代史,但是早已有人建议,把中国近代史规定为从1840年鸦片战争到1949年中华人民共和国成立前的110年的历史,而把中国民主革命胜利,摆脱了半殖民地、半封建的社会以后,进入社会主义时代的历史称为中国现代史。在中华人民共和国成立已经超过30年的时候,按社会性质来划分中国近代史和中国现代史,看来是更加适当了。"② 陈旭麓、李侃、张海鹏等知名学者更是纷纷撰文,提倡采用这一分期法。③ 目前,主张以1949年中华人民共和国成立作为中国近代史和现代史的分期已经成为中国学术界的主流认识。

20世纪50年代以来,学术界关于中国近代史基本线索的讨论也掀起过几次高潮,各个时期讨论的焦点不尽一致,但都特别关注中国近代史的重要内容和基本规律,都属于对基本理论问题的探索。进入20世纪八九十年代以后,探索问题的视角更为广泛,从阶级斗争、社会主要矛盾、社会经济等逐渐扩展到对近代社会的不同发展趋向,近代

---

① 张海鹏:《中国近代史和中国现代史的分期问题》,载《人民日报》2009年11月20日。
② 胡绳:《从鸦片战争到五四运动》"序言",第1页,人民出版社,1981年。
③ 陈旭麓:《关于中国近代史线索的思考》,载《历史研究》1988年第3期;李侃:《在中国近代"终"于何时》,载《光明日报》1982年11月17日;张海鹏:《关于中国近代史的分期及其"沉沦"与"上升"诸问题》,载《近代史研究》1998年第2期。

民族运动的走向,中国社会革命的性质、任务、前途,反帝反封建的过程,资本主义近代化等问题的思考,通过这些不同的视角来探求中国近代史的基本线索,给人们更多的启发,有助于对问题全面深入的理解。① 中国共产党第十五次代表大会报告明确指出:"鸦片战争后,中国成为半殖民地半封建国家。中华民族面对着两大历史任务:一个是求得民族独立和人民解放;一个是实现国家繁荣富强和人民共同富裕。前一任务是为后一任务扫清障碍,创造必要的前提。"我们认为,这是对中国近代以来社会发展历史基本线索的高度概括和总结,可以帮助我们更好地理解中国近现代历史的本质和特点。

中国近现代民族史是中国近现代史不可缺少的重要组成部分,中国近现代史的基本线索也是少数民族近现代史的基本线索。因此,我们在编写本书时,力图将中国近现代民族史置于中国近现代史基本走向的大背景下进行阐述,重点突出少数民族在中国社会历史发展中的地位和作用。

首先,在反对帝国主义侵略和封建主义压迫、争取中华民族独立和解放的斗争行列中,少数民族儿女始终是一支不可或缺的重要力量。他们前赴后继,不畏牺牲,与广大汉族人民并肩浴血奋战,终于赢得了人民民主革命的胜利,开创了中华民族历史的新纪元。

今天生活在中国境内的56个民族,在进入近代以前已基本形成。少数民族的人口虽然不多,但分布的地区却很广,其中大多数位于边疆。早在鸦片战争以前,外国列强即不断地图谋侵略中国,少数民族聚居的边疆地区更是首当其冲。如17世纪初,荷兰和西班牙殖民者相继侵入台湾;17世纪中叶,沙皇俄国不断向黑龙江、乌苏里江地区进行侵略;18世纪下半叶,英国以印度为据点,两次派人进入西藏活动;19世纪初,英国又支持流亡在浩罕的张格尔潜回新疆发动叛乱,妄图建立傀儡政权,以为英国殖民地印度的屏障。在当地少数民族和汉族人民的坚决抵抗及清朝政府的抗议和反击下,外国列强的上述侵略都以失败而告终,它们的图谋活动没有得逞。②

鸦片战争以后,帝国主义列强借助坚船利炮打开了中国的大门,掀起了瓜分中国的狂潮。少数民族地区同样难逃列强的魔爪,如沙皇俄国和日本对东北和内蒙古、沙皇俄国和英国对新疆、英国对西藏、法国对云南和广西、日本对台湾等,都进行了侵略和渗透,使这些地区一步步成为它们各自的势力范围。即使是四川、贵州、湖南、湖北、甘肃、宁夏等内地少数民族地区,也无一例外地成为帝国主义列强侵略、压迫和掠夺的对象。外国列强通过设立领事馆、攫取领事裁判权和开采矿山、砍伐森林、修筑铁路、开埠通商、自由传教等一系列特权及输入外国商品,破坏中国关税,排挤中国民族工业,掠夺当地农副土特产品等活动和手段,破坏了少数民族地区的政治、经济和文化。帝国主义列强的侵略,使中国少数民族地区和汉族地区一样,逐步沦为半殖民地或殖民地社会。民族地区的社会矛盾发生了新的变化,中华民族与帝国主义的矛盾成为各种矛盾中最主要的矛盾,帝国主义成为中华民族的共同敌人。而在帝国主义列强侵略面前,以清王朝和中华民国政府为代表的统治阶级在国内民族问题上却不同程度地继续执行民族压迫政策,少数民族人民在经

---

① 梁景和:《中国近代史分期与基本线索论战述评》,载《史学理论研究》2007年第1期。
② 本书编写组:《中国少数民族革命史》(1840—1949)"前言",广西民族出版社,2000年。

济上遭受剥削和掠夺，在政治上遭受歧视甚至遭到镇压和迫害，各民族社会发展不平衡的现象更加突出，各民族人民同封建统治阶级的矛盾更加激化。

在帝国主义列强的侵略和封建统治阶级的压迫下，有着共同命运的中国各族人民没有屈服；相反，他们逐步认清了中华民族整体和根本利益的一致性，促进了中华民族的觉醒和联合，从而为了民族的生存与复兴而不断奋起抗争。从鸦片战争爆发到中华人民共和国成立的100多年间，中国各族人民为反对帝国主义列强的侵略和封建主义的压迫，进行了无数次不屈不挠、艰苦卓绝的斗争，充分表现了他们英勇无畏的革命精神。在反对外来侵略方面，各少数民族人民或是参加政府组织的抗击，或是自发抵制帝国主义的侵略。如鸦片战争爆发后，中国军队中有相当数量的蒙古、满、藏、土家、羌、苗、回等少数民族官兵参战，部分藏、羌等族土司和土兵也奉调赴浙江抗英。在沙皇俄国对东北、内蒙古和新疆，英国对新疆、西藏和云南，法国对云南、广西和贵州，日本对东北、台湾、海南岛及中国其他边疆民族地区分别进行武装侵略和渗透的过程中，都遭到了当地各族人民的坚决抵抗。特别是日本帝国主义发动全面侵略中国的战争以后，中华各族儿女更加紧密地凝聚成一个利益与共、命运与共的整体，在以国共两党合作为主体的抗日民族统一战线的指引下，各民族人民以鲜血和生命的巨大代价，取得了这场反法西斯战争的胜利。

在反对封建主义压迫方面，全国各族人民掀起的斗争连绵不断，起义遍及壮、瑶、苗、侗、布依、彝、回、东乡、撒拉、维吾尔、哈萨克、蒙古、哈尼、白、傣、黎等民族广大地区。特别是在中国共产党的直接领导和影响下，中国少数民族的革命运动进入了一个新的发展时期。少数民族人民波澜壮阔的革命斗争和汉族人民的革命斗争结合在一起，沉重打击了封建统治，为中华民族的觉醒和人民民主革命的最终胜利创造了条件，奠定了基础。

综观鸦片战争至中华人民共和国成立前夕中国少数民族的革命斗争，其性质是反对阶级压迫和民族压迫、反对封建落后统治、反对民族分裂、反对帝国主义侵略和阴谋活动。这些斗争，是近代中国社会进步的力量源泉之一，也是近代历史留给中国人民的宝贵财富；它以确凿的历史事实说明，自1840年以来，中国各族人民无论大小，都为推翻旧制度、建立人民民主专政的新中国和维护祖国统一作出了贡献。其次，在实现国家繁荣富强、人民共同富裕的现代化征途上，少数民族也进行了艰苦的探索和努力，逐步使社会政治、经济、思想和文化等领域不断发生改旧换新的变化，为加快伟大祖国和民族地区的现代化进程作出了应有的贡献。古代中国是一个典型的以农立国的国家，生活在这个泱泱大国的广大百姓数千年来追寻着男耕女织、自给自足的田园诗般的理想。鸦片战争爆发后，中国便从一个闭关自守的封建帝国不得不一步步进入了世界范围之内，于是第一次面临历史上前所未有的巨大难题即近代中国的社会转型问题，也就是要从一个封建落后的农业国家转变为一个先进的近代工业国家，从一个封建专制的国家转变为一个具有现代意义上的民主法制的国家，从一个有着几千年封建传统的大国转变为一个有着现代民主平等意识的新型国家，这是以往中国历史上从来不曾有过的。① 因此，一

---

① 刘惠君：《试论近代中国的社会转型》，中华文史网（http://www.historychina.net），2009年6月19日。

些先进的中国人被迫开始探索中国寻求独立解放与实现现代化的艰难历程。刘大年先生说得好:"中国近代110年的历史基本问题是两个。一是民族不独立,要求在外国侵略压迫下解放出来;二是社会生产落后,要求工业化、近代化。两个问题内容不一样,又息息相关,不能分离。""没有民族独立,不能实现近代化;没有近代化,政治、经济、文化永远落后,不能实现真正的民族独立。中国人民百折不回追求民族独立,最终目的仍在追求国家的近代化。"①

实现国家现代化,是几代中国人的共同梦想。鸦片战争爆发以来的一个多世纪,无数仁人志士、各种社会阶层在探求中国现代化的道路上进行了无数殚精竭虑的思索和不屈不挠的实践。从林则徐、魏源的开眼看世界,倡导"师夷长技以制夷",到洋务派对西方资本主义强国各种军事技术、近代工艺、科学文化的学习,中国在技术层面上对西方进行了努力的学习和探索;从康梁变法试图在中国建立君主立宪制的资本主义国家,到孙中山先生领导辛亥革命进行资本主义民主共和制度的尝试,中国在制度层面上对西方进行积极学习。其中,不乏少数民族的精英和杰出代表。"但是行不通,理想总是不能实现……国家的情况一天一天坏,环境迫使人民活不下去。怀疑产生了,增长了,发展了。"② 历史的事实证明,由于外来资本主义列强在政治、经济、文化各方面的疯狂侵略和高压控制,以及中国半殖民地半封建社会特有的落后状况和民族间发展的不平衡,中华民族在获得民族独立解放以前不可能实现各民族的共同繁荣与现代化。幸运的是,1917年俄国十月革命的发生和1919年五四运动的爆发,加速了马克思主义在中国的传播,从而为中国共产党的成立奠定了基础。中国共产党从成立之日起,就以劳动人民的解放和国家富强作为根本任务。中华人民共和国成立后,发展经济、实行人民民主、建设现代化的国家,一直是中国共产党和人民政府始终不渝的宗旨和奋斗目标。特别是中国共产党十一届三中全会以来,经过30多年的改革和发展,使中国社会发生了极为深刻的变化,中国已经进入世界经济大国的行列,正在逐步走向现代化。

实现中国各民族的共同富裕和共同繁荣,这是国家现代化的重要基石。因为,在中华民族大家庭里,各民族的前途命运与祖国的前途命运始终紧密联系在一起。少数民族和民族地区的经济社会发展,直接关系到整个现代化建设目标的顺利实现。民族地区的现代化同全国其他地区的现代化,少数民族的振兴同整个中华民族的振兴,密不可分、互相促进。因此,加快少数民族和民族地区的发展,缩小差距,实现地区之间、民族之间的协调发展,实现各民族的共同富裕、共同繁荣,就成为中华人民共和国成立后中国共产党担负起的历史重任。

一方面,实现各民族的共同富裕、共同繁荣,是中国共产党和中国政府在解决民族问题上的根本立场,是社会主义的本质要求,也是实现中华民族伟大复兴的必然要求。社会主义革命和建设的根本目的就是要使各民族人民过上幸福生活。贫穷不是社会主义,平均主义也不是社会主义。只有极大地解放和发展生产力,实现各地区共同富裕、

---

① 刘大年:《当前近代史研究的几个理论问题》,《刘大年集》,第5、第7页,社会科学文献出版社,2000年。

② 毛泽东:《论人民民主专政》,《毛泽东选集》第4卷,第1470页,人民出版社,1991年。

各民族共同繁荣,才是社会主义的优越性。邓小平指出:"社会主义的本质,是解放生产力,发展生产力,消灭剥削,消除两极分化,最终达到共同富裕","如果搞两极分化,情况就不同了,民族矛盾、区域间矛盾、阶级矛盾都会发展,相应的中央和地方矛盾也会发展,就可能出乱子。"① 江泽民也指出:"少数民族和民族地区的经济社会发展,直接关系到我国整个现代化建设目标的顺利实现。民族地区的现代化同全国其他地区的现代化,少数民族的振兴同整个中华民族的振兴,是密不可分、互相促进的。"② 可见,实现各民族的共同繁荣和现代化,是社会主义的本质要求,是巩固社会主义制度的要求,也是实现中华民族伟大复兴的必然要求。

另一方面,实现各民族的共同富裕和共同繁荣,就是坚持改革开放,坚持走现代化之路。这是历史和时代的要求。综观历史,中华民族在古代建立了世界上最强大的统一的多民族国家,创造出世界一流的中华文明,但在近代资本主义发展的大潮中逐渐落后。鸦片战争爆发至中华人民共和国成立的100多年间,资本主义列强以武装侵略开路,对中国进行了无孔不入的侵略,或妄图灭亡中国使中国沦为其独占殖民地,或阴谋瓜分中国;另一方面,中华民族逐步觉醒,坚持反抗侵略争取中华民族的独立和解放,但此后在现代化建设中走了不少弯路。直到中国共产党十一届三中全会后,中国选择了改革开放之路,才使中国的社会主义现代化建设进入了快速发展时期。30多年的实践充分表明,改革开放是中国强盛、人民富裕的唯一出路,是中国实现现代化的唯一出路,也是实现各民族繁荣的唯一出路。正如邓小平所说:"不搞改革,少数民族的贫困就不能消灭。"③ "真正兴旺发达的民族,是开放的民族"。④

从21世纪开始,中国特色的社会主义事业进入了加快推进现代化、全面建设小康社会的新的发展阶段,中国各民族人民在中国共产党的领导下,更加紧密地团结在一起,为实现祖国完全统一,实现各民族的共同繁荣和现代化,实现中华民族的伟大复兴而努力奋斗!

三、中国近现代民族史的基本特点和启示

如前所述,1840年鸦片战争爆发以来的一个多世纪,是中华民族历史发生巨大变化的时期。汉族和各少数民族共同经历了帝国主义的入侵和反帝反封建斗争的空前高潮,民主、民族革命的兴起和胜利,辛亥革命的成功和中华人民共和国的成立,社会经济的演变和社会主义现代化建设等一系列重大历史事件。同时,在中国近现代历史进程中,少数民族又具有各自的社会发展规律。总结起来,我们认为近现代时期少数民族社会历史发展具有如下一些基本特点和启示:

第一,我们伟大的祖国是各族人民共同缔造的,古今各少数民族为中国政治、经

---

① 《邓小平文选》第3卷,第373-364页,人民出版社,1993年。
② 国家民族事务委员会编:《中国共产党主要领导人论民族问题》,第250页,民族出版社,1994年。
③ 《邓小平文选》第1卷,第164页,人民出版社,1989年。
④ 《邓小平文选》第3卷,第372页,人民出版社,1993年。

济、文化和社会的发展作出了历史贡献。因此，少数民族历史是中国历史发展不可缺少的重要组成部分，是推动中国社会历史发展的重要因素之一。鸦片战争爆发以后，各民族在共同反抗帝国主义侵略和封建主义压迫的斗争中，休戚相关，荣辱与共，结成了更加紧密团结的整体，实现了中华民族从自在的民族实体向自觉的民族实体的伟大转变。正如费孝通先生所指出的："中华民族作为一个自觉的民族实体，是在近百年来中国和西方列强的对抗中出现的，但作为一个自在的民族实体，则是几千年的历史过程所形成的。"[①] 中华人民共和国的成立，更标志中华民族的完全成熟。中华人民共和国建立以来的半个世纪中，由56个民族构成的中华民族，真正实现了国家统一和民族平等，各民族的融合也发展到崭新的阶段。

第二，中国少数民族社会历史发展既具有中国社会历史发展的一般特征和规律，又体现出多种类型、多种层次、多种关系、多种发展途径的特征。由于幅员广阔，民族众多，以及历史、地理、政治、文化等诸多方面的原因，中国少数民族经历了相当复杂的社会发展过程，在政治、经济、文化方面不仅与内地存在较大的差别，各民族之间甚至一个民族内部也出现发展不平衡的状态。一方面，在帝国主义的侵略下，中国民族地区的大部分地方也同内地一样，形成了半殖民地经济或程度不同地半殖民地化，并开始了资本主义化或近代化的过程。另一方面，一直到中华人民共和国成立初期的20世纪50年代，在各民族社会中既有处于原始社会末期向阶级社会过过渡形态的民族，也有处于蓄奴制和奴隶制社会发展阶段的民族，还有大部分处于封建领主制或地主力量发展阶段的民族。中华人民共和国成立后，通过民主改革和社会主义改造，各民族共同迈入了一个社会历史发展的崭新时代。

第三，在中国几千年的历史上，不同民族之间的关系一直处于一种共存和矛盾的状态之中。一方面，在封建中央集权的统治下，汉族和少数民族以及部分少数民族之间，历来存在着冲突、对抗和压迫；另一方面，在各族人民之间和部分民族政权之间，也保持着较为紧密的政治、经济、文化的交流和联系。中华民国的成立，使国内民族关系发生了新变化。它第一次在法律上规定各民族一律平等，这是历史的一大进步。但是，少数民族受歧视和压迫的状况并没有得到根本改变，少数民族地区社会发展不平衡的现象仍然十分突出。中华人民共和国成立后，在中国共产党民族政策的指导下，经过60多年的不断实践，各民族在政治经济文化各个方面真正实现了民族平等，逐步建立起平等、团结、互助、和谐的社会主义民族关系。

第四，在现代化的大潮中，通过各民族人民的共同努力，各少数民族和民族地区的社会经济、文化都有所发展。一方面，清朝政府的新政以及民国政府的一些民族政策，在一程度上促进了少数民族地区社会经济的变化。如清朝政府在东北地区建立东三省以及在新疆和台湾建省，建省及建省后所推行的一系列政策，使一部分少数民族的社会秩序得到相对的安定，这无疑对少数民族地区各民族政治、经济、文化的发展是有益的。另一方面，由于受到内地和外来的各种经济文化的影响，各民族地区的农业、牧业、手工业、商业和交通都有一定的发展，带有资本主义性质的生产开始在少数民族地区兴

[①] 费孝通主编：《中华民族多元一体格局》（修订本），第3页，中央民族大学出版社，1999年。

起，这种新兴的生产形式对各民族社会经济文化的发展有着重要的意义。但是，这种发展是有限的。中华人民共和国成立后，特别是改革开放以来，少数民族和民族地区才取得了翻天覆地的变化。

第五，我国已经进入了加快推进现代化、全面建设小康社会的新的发展阶段。在这种情况下，社会和政治生活如何实现现代化？中华民族文化如何得到继承和弘扬？也已引起社会各界和各民族人民的思考和探索。中华民族现代化的进展是不可阻挡的，同一性肯定会日益加强，但可以肯定各民族的文化特点不会因此而消失，而且不同民族的现代化也会有不同的形式和特点。因此，在中华民族全面现代化进程中，会长期存在"多元"与"一体"并存的辩证统一关系。中华民族这种历史上存在和发展的多元一体格局，在现代化进程中仍将继续得到弘扬光大，也会对世界经济一体化进程中不同民族、不同国家文化与制度的多元化，提供有益的借鉴。

我们在编写本书时，努力运用马克思主义的唯物史观作指导，在广泛搜集资料和吸收已有研究成果的基础上，结合历史学、民族学等多学科的理论与方法，对鸦片战争爆发以后至20世纪末的中国少数民族历史进行了全面贯通的综合性研究，内容包括政治、经济、社会、文化等各个方面，是目前第一部有关中国少数民族近现代历史研究的通史性专著。我们期望通过历史事实，阐述我国各民族共创中华、共同缔造伟大祖国的历史过程，从一个更加宏观的角度和视野构建和阐释中国历史的多样性、特殊性、复杂性及其内在的相互联系，为统一的多民族国家历史因素的复杂性、多样性提供新的话语资源，从而对统一的多民族国家这一历史格局形成更加全面和深刻的理解，以进一步加强中华民族的凝聚力，推动中华民族的伟大复兴。另一方面，我们期望通过本书的研究，进一步丰富中国近现代民族史乃至中国近现代史的内涵，为从宏观视野开展中国近现代民族通史研究奠定初步的基础。

中国近现代民族史 上卷
（1840—1911）

第一编 清朝后期政府的民族政策和各族社会

第一章 清朝后期民族政策的演变

第一节 清政府的民族管理机构

我国自古以来就是一个多民族的统一国家,历代统治者为加强对周边各族人民的统治,大都设有兼职官员或专门机构处理边疆地区的民族事务,如秦王朝时期的典客,汉代的大鸿胪,隋、唐时期的鸿胪寺卿,以及元代的宣政院等。清王朝是我国多民族国家最后稳定和巩固时期,从其崛起之日就非常重视对各族的争取和联络工作,尤其是对蒙古、藏族更为重视。除了在各少数民族聚居地区设置基层行政组织和专管官员外,在中央还特设了专门管理少数民族事务的机构——理藩院。

明朝正统年间(1436—1449)开始,政治日益腐败,阶级矛盾不断激化。到万历、天启年间(1573—1627)全国各地的农民起义风起云涌,明王朝的统治摇摇欲坠。为维护行将崩溃的封建统治,明朝统治者全力以赴镇压中原地区的农民起义,而无暇顾及边疆地区。这样就为生活在白山黑水之间的满族的崛起提供了机会。1583年(明万历十一年),努尔哈赤以十三副铠甲起兵反明,并于1616年(万历四十四年)建立了后金地方政权。此外,当时与明朝和后金地方政权形成鼎足之势的还有北方蒙古各部。明朝时期的蒙古分西北厄鲁特蒙古、漠北蒙古和漠南蒙古三大部。从明中叶起,厄鲁特蒙古准噶尔部虽然势力发展迅速,但远离明朝和后金,战略意义不十分突出。当时与明朝和后金的兴衰休戚相关的是漠南蒙古。漠南蒙古不仅与明朝接壤,又和后金为邻,而且当时察哈尔部的林丹汗兵强马壮,成为明朝和后金政权争取的主要对象。林丹汗接受明朝的封赐,与努尔哈赤相抗。但由于他对漠南蒙古其他各部采取"从者收之,拒者被杀"的残酷政策,引起漠南蒙古诸部的不满。努尔哈赤充分利用这种有利形势,采取恩威并用、孤立林丹汗的政策,使漠南蒙古的其他各部先后归附后金。皇太极即位后彻底击溃林丹汗,统一了漠南蒙古。为更好地管理漠南蒙古诸部,并争取蒙古其他部落的早日归顺,1636年(崇德元年),皇太极设立了蒙古衙门。[①] 1638年(崇德三年),

---
① 《清史稿》卷115《职官志二》,第3300页,中华书局标点本,1976年。

更名理藩院。①

如上所述，初设理藩院，主要是专管蒙古事务。随着清朝统治范围的不断扩大，理藩院成为综合管理内蒙古、外蒙古、察哈尔、青海、西藏、新疆以及西南土司地区各少数民族事务的机构。因此，康熙皇帝曾有这样的追述："太宗文皇帝时，蒙古部落尽来归附，设立理藩院，专管外藩事务。"② 另外，理藩院还办理部分与外国通商事宜。具体讲，理藩院有下述6个方面的职掌：

掌管蒙、回、诸番部王公、土司等官员的封袭、年班、进贡、随围、宴赏、给俸等事，并派遣该院司员、笔帖式等到少数民族聚居地区管事，定期更换。

办理满、蒙联姻事宜。凡遇皇帝下嫁公主、指配额附之事，由宗人府会同理藩院共同办理。

管理西藏、蒙古、四川和甘肃、青海等藏区的藏传佛教喇嘛事务，保护格鲁派。

管理西北厄鲁特蒙古、北方漠南蒙古和漠北蒙古各旗会盟、划界、驿道、商业贸易等事务。

修订惩治少数民族的法律，参加审理刑名案件。如修订《理藩院则例》、《蒙古律》、《回律》、《番律》、《苗例》等。理藩院驻各地司员，参加对该地区民族案件的判决。凡判遣罪以上者，均须报理藩院，会同刑部或三法司审定执行。

掌管部分外交、通商事务。康熙年间，清朝和俄国商定在恰克图贸易，由理藩院派员管理。乾隆年间，廓尔喀（今尼泊尔）要求进贡，亦由理藩院负责接待安排。咸丰年间，成立了总理各国事务衙门，理藩院不再担负外事任务。

蒙古衙门时期，设有承正三四员，其余皆为参政，官止二等。崇德三年改为理藩院后，设承政1人，左、右参政各1人，副理事官8人，启心郎1人。1639年（崇德四年），后金政权大范围调整统治机构，增设理藩院每旗章京1人。1644年（顺治元年），清朝统治者仿明制定内外文武官职，承政一律改为尚书，参政改为侍郎，副理事官改名员外郎。作为部院之一的理藩院也做了相应的变动，设尚书1人，满洲、蒙古补授（一品），左、右侍郎各1人，满蒙补授（二品），员外郎21人（四品），满洲启心郎1人，汉军启心郎2人，堂主事2人，校正汉文官2人（于内阁、翰林院侍读学士、侍读等官内奏委，3年一换），满、汉司务各1人，汉副使1人，满洲笔帖式11人，蒙古笔帖式41人，汉军笔帖式2人，1648年（顺治五年），增设汉院判1人，汉知事1人。1658年（顺治十五年），裁满洲启心郎1人，汉军启心郎2人。

1659年（顺治十六年），以礼部尚书衔掌理藩院事，以礼部侍郎协理理藩院事；改尚书为二品，侍郎为三品。至1661年（顺治十八年）谕吏部、礼部："理藩院专管外藩事务，责任重大，作礼部所属，于旧制未合，嗣后不必兼礼部衔。"③ 仍称理藩院尚书、理藩院侍郎。并再次补谕："理藩院职司外藩王、贝勒、公主等事务及礼仪、刑名各项，责任重大，凡官制体统，应与六部相同，理藩院尚书照六部尚书入议政之列。该

---

① 《清史稿》卷115《职官志二》，第3300页，中华书局标点本，1976年。
②③ 《清会典事例》卷20《吏部四·官制》，第263页，中华书局，1991年。

衙门向无郎中，今著照六部设郎中官。"① 从此，理藩院设录勋、宾客、柔远、理刑4司，添设满、蒙郎中11人掌管；又设满洲主事4人，汉主事4人；并规定理藩院位列工部之后。1681年（康熙二十年），增设满、蒙员外8人，蒙古文主事2人。1689年（康熙二十八年），增设汉主事2人，汉文笔帖式每旗各1人，汉军笔帖式每翼各2人。1699年（康熙三十八年），清王朝在全国各级政府机构中裁员，理藩院裁撤的有：满洲、蒙古司务各1人，汉院判、知事、副使各1人，各司汉主事共4人。1701年（康熙四十年），分柔远司为柔远前司、柔远后司。1707年（康熙四十六年），设银库郎中、员外郎各1人，司库1人，笔帖式2人，库使4人。次年，设神木、宁夏理事司员各1人。至此，理藩院的组织机构渐趋完善。康熙末年理藩院的组织机构状况是：尚书1人（满洲），左、右侍郎各1人（满、蒙补授），郎中11人，员外郎29人，堂主事6人，满文笔帖式19人，汉军笔帖式6员，蒙古笔帖式41人。

1723年（雍正元年）规定以王公、大学士兼理藩院事，并裁库使1人，设察哈尔游牧处理事员外郎16人。1726年（雍正四年），设哈密驻扎司官、笔帖式各1人。1727年（雍正五年），设恰克图、库伦管理买卖司员、笔帖式各1人，西藏买卖司员、笔帖式各1人。1729年（雍正七年），理藩院设巡按游牧御使。1732年（雍正十年），增设满洲笔帖式17人，蒙古笔帖式14人分隶各司。

1736年（乾隆元年），理藩院设西宁驻扎司官1人，笔帖式3人，瓜州、吐鲁番驻扎司官、笔帖式1人。1748年（乾隆十三年），设乌兰哈达、三座塔、八沟、塔丁沟驻扎司官各1人。次年，木兰围场划归理藩院管辖。1753年（乾隆十八年），设木兰围场翼长等官职。1757年（乾隆二十二年），改录勋司为典属司，宾客司为王会司，柔远后司为旗籍司，柔远前司为柔远。1761年（乾隆二十六年），并旗籍、柔远两司为一司，增设徕远司，专管回部事务，改定尚书为一品，侍郎为二品，郎中从五品，员外郎从五品。第二年仍分旗籍、柔远为二司。1764年（乾隆二十九年），改原典属司为旗籍司，原旗籍司为典属司。1777年（乾隆四十二年），裁蒙古员外郎2人，增设蒙古郎中2人。1784年（乾隆四十九年），裁满洲郎中2人，员外郎6人，主事6人，增设蒙古郎中6人，员外郎6人，主事2人。

经过顺治、康熙、雍正、乾隆四朝的不断调整和完善，理藩院的组织机构在乾隆末年基本定型。理藩院共设有旗籍、王会、典属、柔远、徕远和理刑六清吏司，以及满档房、汉档房、蒙古房、司务厅、当月处、督催处、银库、饭银处、俸档房等机构。额设职官及书吏皂役人员为：尚书1人（满从一品），左、右侍郎各1人（满二品），额外蒙古侍郎1人（二品），选择蒙古贝勒子孙中贤能者担任。郎中12人（宗室1人，满3人，蒙古8人，正五品），员外郎36人（宗室1人，满10人，蒙古25人，从五品），堂主事6人（满2人，蒙古3人，汉1人），校正汉文官汉2人，司务2人（满、蒙古各1人），各司主事10人（满2人，蒙古8人），银库司官、司库、库使5人（俱为满族），笔帖式95人（满34人，蒙古55人，汉6人）。共设职官172人，其中，满62人（包括宗室2人），蒙古101人，汉9人，书吏26人，帖写书吏6人。此外，还额设吏

---

① 《清会典事例》卷20《吏部四·官制》，第263页，中华书局，1991年。

役147人，其中领催80名，员外郎4名，蒙古通事2人，鞭子手2名，楼军6名，皂役53名。

理藩院六司的人员配置及具体职掌：

旗籍清吏司

旗籍清吏司设郎中3人（满1人，蒙古2人），员外郎4人（宗室1人，满1人，蒙古2人），主事满1人，笔帖式15人（满5人，蒙古10人），经承2人，帖写书吏2人。掌管内札萨克蒙古24部落共49旗事务，包括划定疆域、封爵、会盟、驿递、军旅等事，以及归化城土默特部和达呼尔3旗任免引见事宜。具体职掌是：

划定内札萨克蒙古各部、旗游牧疆域。凡各部、旗交界处，皆以山河为界，无山河者叠石为志，称之为"鄂博"。各部、旗只能在划定的区域内游牧，不得越界，违者处罚。

掌管内札萨克蒙古各部、旗亲王、郡王、贝勒、贝子、镇国公、辅国公以及台吉、塔布囊（塔布囊与台吉爵位同，分一等至四等）等的封袭。每隔10年，具奏修编一次各蒙古王公谱系。

各旗札萨克之下，设有协理台吉、管旗章京、副章京、参领、佐领、骁骑校等官，管理该旗的户籍、徭赋、婚嫁、赏恤、禁约等事。

掌管会盟事宜。内蒙古各部、旗划分为6盟，每盟设盟长1人，副盟长1人，哲里木、卓索图、昭乌达、伊克昭还设有帮办1—2人，协助盟长管理一盟之旗务。盟长、帮办等均由理藩院择同盟之札萨克或闲散王公报请皇帝简放。会盟的地点、时间和任务由旗籍司负责，一般规定3年一盟，其主要任务是清理刑名、编审丁旗等。会盟后，结果报理藩院审核。各旗兵丁每年检阅一次，征战时由盟长统一调动指挥。

掌管内蒙古驿站事务。由喜峰口、古北口、独石口、张家口、杀虎口五道，各设内蒙古站，通往六盟各旗。各站设蒙古章京、骁骑校等官，负责接递公文事。驰驿者的乌拉票，由旗籍司发给。

管理直属理藩院的归化城土默特左、右翼游牧人及黑龙江打牲处的达斡尔、索伦、鄂伦春、毕拉尔等事务。各旗的参领、骁骑校以及通理达斡尔、索伦、鄂伦春、毕拉尔的总管，分别由绥远将军、黑龙江将军选拟送院引见任用。

王会清吏司

王会清吏司设郎中3人（满1人，蒙古2人），员外郎5人（满2人，蒙古3人），主事蒙古3人，笔帖式11人（满3人，蒙古8人），经承2人，帖写书吏1人。其具体职掌是：

颁发内札萨克王公、下嫁蒙古之公主、格格及额附等的俸禄，俸禄有俸银、俸帛（缎匹）两种。于公俸禄共分7等，最高的亲王每年俸银2500两，俸缎40匹；最低的台吉，俸银100两，俸缎4匹。公主、格格也分成7等，最高的固伦公主每年俸银1000两，俸缎30匹；最低的乡君俸银40两，俸缎5匹。额附随公主分等级，最高的每年俸银300两，俸缎10匹；最低的每年俸银40两，俸缎5匹。每年12月15日前由理藩院统计造册，转年正月内颁放，王公犯罪应惩者，全数在本年应领俸缎内扣除。

核定内札萨克王公等年班名单、贡单，并组织他们参加朝会、筵宴、典礼等活动。

札萨克王公等每年轮班来京朝贡，称为"年班"，3年一轮。一般台吉，视其名额多少，分班入贡。来贡之人，先列出名单及贡单上报理藩院核定。入贡时，须持该旗印文前来。留京日期，各有定限。每年12月25日前，来贡之札萨克王公等必须到齐。每旗贡羊一只，乳酒一瓶。一般台吉贡羊贡猪自便，由内膳房选收。遇朝会、筵宴、祭祀，理藩院负责教来贡之人学习礼仪，参加有关典礼。

下嫁之公主、格格等每10年来京一次。不足10年欲来京者，由札萨克或母家王公报理藩院，奏准后，方可回京。

负责发给内札萨克入贡随员银米并赏赐衣物等。按其爵位高低及规定人数，供给入贡人员在京所需银米等项，离京时发给路费。赏赐给入贡人员的衣帽、撒袋、腰袋、鞍辔、缎匹、茶布等物，一般均照例折银发给。

此外，王会司还安排皇帝热河行围时札萨克、王公等围班，负责分派管围、随围事。皇帝每年到木兰行围，札萨克王公等按其年班到热河朝觐，并随皇帝行围，称之"围班"。分别派令管围、随围王公。并由围场附近的卓索图、昭乌达两盟所属各旗，就近率官兵参加围猎。

典属司：郎中2人（满、蒙古各1人），员外郎8人（满2人、蒙古6人），主事满、蒙古各1人，笔帖式10人（满4人，蒙古6人），经承1人，帖写书吏2人。其职掌为：

掌管外札萨克①划定边界、会盟、屯戍、封袭、驿递等事。外札萨克各部旗，以山河、鄂博为界游牧。边界及要隘处所设卡伦，由官兵驻守瞭望。外札萨克划分13盟，但阿拉善、额济纳土尔扈特、科布多之和硕特三旗不设盟。1823年（道年三年）以前，青海盟由西宁办事大臣管理，也不设盟长。外札萨克会盟事与内札萨克同。外札萨克之兵，由驻京大臣、将军统领，每年检阅一次。乌里雅苏台、科布多二地，分别征调蒙古各部官兵戍守畜牧，定期更换。外札萨克的封爵与内札萨克基本相同。但另设"汗"爵，其位列王、贝勒、贝子、公之后，但实际上地位高于亲王。外札萨克不设塔布囊，第七等爵位只有台吉。凡此等爵位，皆为世袭，其家谱10年一修。各旗札萨克之属官，与内札萨克同。通往外札萨克的驿道有二：北路驿站由阿尔泰军台管理，西路则由内地驿站递送。

管理蒙藏各地藏传佛教事务。此处主要指藏传佛教教派之一的格鲁派（dge—lugs－Pa），俗称黄教。格鲁派兴起于明永乐年间，到清朝时已为蒙藏地方群众普遍信仰。为加强对藏传佛教的管理，清王朝把喇嘛分为驻京喇嘛、西藏喇嘛、西番喇嘛（甘肃、四川及西藏边境地方者）、游牧喇嘛（内、外蒙古者）等。各地喇嘛均须造册送理藩院审定，不准增设。达赖喇嘛、班禅额尔德尼等藏地大喇嘛圆寂后，其呼毕勒汗须通过供在拉萨大昭寺内的金瓶掣定。内外札萨克蒙古所信呼图克图的呼毕勒汗则须通过供奉在北京雍和宫内的金瓶掣定。清朝在西藏地方特设驻藏大臣二人，负责前后藏的军务、财赋和刑惩等事宜。西藏每年遣使进贡一次，由达赖喇嘛、班禅额尔德尼及其他呼图克图轮流入贡。

---

① 外札萨克包括外蒙古，青海蒙古，河套蒙古新疆金山、天山各部。

管理少数民族地区贸易及中俄恰克图贸易、廓尔喀入贡等事宜。1694年（康熙三十三年），中俄商定在恰克图贸易，由理藩院派员管理。1792年（乾隆五十七年），廓尔喀开始5年进贡一次，由理藩院负责办理接待。此外，理藩院还管理乌里雅苏台、伊犁等处贸易。

直接管理察哈尔等处各族游牧人事。察哈尔、扎哈沁、明阿特、乌梁海、达术、哈萨克等处游牧人分为若干佐领，分隶蒙藏各地将军、都统、大臣等管理，遇事直接向理藩院汇报。

柔远清吏司

柔远清吏司设郎中宗室1人，员外郎7人（满2人、蒙古9人），主事蒙古1人，笔帖式11人（满2人、蒙古9人），经承1人。主要职掌是：

颁发外札萨克的俸禄。外札萨克汗爵每年俸银2500两、俸缎40匹，其余亲王等俸禄与内札萨克同。此外，有世袭公、台吉及有功加达尔汗号者，另有食俸规定。西藏额设噶布伦4人，总办藏务，各给俸银100两。喇嘛兼任噶布伦者，亦发给口粮银100两。驻京喇嘛，按其随从人数，每月发给月粮银两。

安排外札萨克年班、朝贡、赏赐等事宜。外札萨克王公等朝贡班次不等，每年由理藩院按班具题，指名咨调。凡袭者未及18岁必参加年班，热河围班亦同。蒙古、藏各地喇嘛，按驻地同，分别按1年、3年或5年轮流入贡。外札萨克和喇嘛的贡物除个别地方外，没有定额。来京后，参加筵宴、赏赐物品及离京路费等，均与内札萨克同。

徕远清吏司

"徕"同"赉"，抚其至为"徕"。徕远清吏司设郎中蒙古1人，员外郎5人（满1人、蒙古4人），经承2人，其具体职掌是：

管理回部札萨克的封袭、朝贡等事宜。回部封爵有王、贝勒、贝子、台吉等，为世职，俸禄与蒙古同。新疆回部仅有哈密、吐鲁番设有札萨克，其余地方由伊犁将军统辖。1885年（光绪十一年），新疆改为行省后，设厅、州、县管理，不再隶属理藩院。回部札萨克每年朝贡一次，照例进贡粮石、布匹、皮张、瓜果等物。贡使来京，照例也赏赐缎、布等物。

掌管同城卡伦外各部落的朝贡、给衔等事宜。同城卡伦外游牧的布鲁特人，有归附者都酌给官衔，规定其每年进贡马匹1—2次。哈萨克、霍罕、博罗尔等部，入京朝贡无定期。

掌四川土司年班等事。清朝统一全国后，在西南地区保留了明代的土司制度。康熙、雍正以后，逐渐实行"改土归流"政策。乾隆在平定四川大、小金川后，规定西、南两路金川附近的土司，列入年班，按期入贡。每年由四川总督酌派具奏，理藩院负责接待供给。

理刑清吏司

徕远清吏司设郎中蒙古2人，员外郎6人（满2人、蒙古4人），主事蒙古1人，笔帖式7人（满2人、蒙古5人），经承1人，掌管外藩各部的刑惩事。

为加强对全国少数民族的严格控制，清朝统治者在《大清律》之外，又制定了《回律》、《番律》、《蒙古律》、《苗律》和《西宁番子治罪条例》（又名《西宁青海番夷成例》或《番例条款》）等。这些都是清朝统治对蒙藏等族人民治罪的专门条款。

蒙古人犯罪，首先罚牲畜（牛、马等），牲畜不足者鞭打。实无牲畜者，鞭打一百，然后令其台吉或佐领或管旗章京设誓，如有隐匿，加倍惩罚。各项案件先由所属札萨克审办，札萨克不能决者，报盟长听断，再不能决者，报理藩院定案。

凡驻有理藩院司官的地方，由该官会同札萨克审办当地案件。不设札萨克者，由驻防的将军、都统、大臣等就近审办。重案报理藩院查核。与汉民发生诉讼者，则由札萨克或理藩院派出之司官会同附近的地方官审理。人犯寄监于地方监狱。

除六司外，理藩院还有满档房、汉档房、蒙古房、司务厅、当月处、督催处、银库、饭银处、俸档房，以及内馆、外馆、俄罗斯学、蒙古官学、唐古特学、托忒学等附属机构。

1900年（光绪二十六年），为挽救日益衰落的清王朝，清朝统治者下令在全国范围内实行所谓的"新政"。1906年（光绪二十二年），清政府宣布预备立宪，并开始厘定各级官职。中央各部院机构纷纷改头换名，以示改革。在这种形势下，理藩院也相应做了改变，由理藩院更名为理藩部。改革后的理藩部仍保留旗籍、典属、柔远、王会、徕远和理刑6司，以及司务厅、当月处、银库、饭银处和喇嘛印务处等。将满档房、汉档房、俸档房、督催处等合并，改称领办处，又把蒙古学扩充为藩言馆。原设司务厅、当月处、银库、喇嘛印务处等官员设置及派出各差照旧。1907年，奏定理藩部官职，又新设调查、编纂两局，并附入领办处，后改归宪政筹备处。奏定后的理藩部官职情况如下：

尚书满1人，左、右侍郎2人，额外侍郎1人，领办处领办2人（由郎中、员外郎充任），主事8人，笔帖式28人，稽核文稿、管理喇嘛印务处、稽查咸安宫学务各2人，总看奏折、委署主事、正缮写、承办雍和宫奏折各4人，领班章京6人，副缮写8人，国史馆提调1人。旗籍司设郎中3人，员外郎4人，主事1人，笔帖式15人，掌印1人，帮印、主稿各2人，委属主事、正缮写、副缮写各4人。典属司设郎中2人，员外郎8人，主事2人，笔帖式10人，掌印1人，帮办、主稿各2人，委属主事、正缮写、副缮写各4人。王会司设郎中3人，员外郎5人，主事2人，笔帖式11人，掌印1人，帮印、主稿各2人，委属主事、正缮写各4人，副缮写3人。柔远司设郎中1人，员外郎7人，主事1人，笔帖式11人，掌印1人，帮印、主稿各2人，委属主事3人，正缮写、副缮写各4人。徕远司设郎中1人，员外郎5人，主事2人，笔帖式8人，掌印、帮印、主稿各1人，委属主事3人，正缮写、副缮写各4人。理刑司设郎中2人，员外郎6人，主事1人，笔帖式7人，掌印、帮印、主稿各1人，委属主事2人，正缮写、副缮写各3人。①

六司之外其他附属机构官职的设置情况是：司务厅设司务2人，笔帖式4人，掌印、帮印各1人，委属主事2人，正缮写、副缮写各3人。当月处设当月官12人，监印官10人，委属主事、正缮写、副缮写各4人。银库设司库1人，笔帖式、库使、掌官防各2人。唐古特学设司业、助教各1人。蒙古学设管理学务3人，帮办学务1人，

---

① 《理藩部第一次统计表》，抄本。

教习2人。调查、编纂局设正管股2人，副管股、翻译官各4人，监管官、监行官各2人。①

1911年辛亥革命推翻了中国近2000年的封建帝制。随着清王朝的灭亡，理藩部也易名为蒙藏院（后又更名为蒙藏事务局、蒙藏委员会），成为中华民国中央政府的下属机构。

第二节　清政府在少数民族地区的统治制度

清王朝在统一全国的过程中，针对边疆各少数民族地区不同的社会历史发展状况，采取因俗而治、因地制宜的政策，设置了相应的统治机构，制定实行了不同的管理措施。随着统一事业的完成和清朝多民族国家的进一步巩固发展，这些相应的机构和措施也不断得以调整和完善。

东北地区是清王朝的发祥地，也是清代满族的主要聚居区，清朝统治者十分重视在这一地区的行政建设。清代东北包括现在的辽宁、吉林、黑龙江三省和内蒙古东部的昭乌达盟、哲里木盟、呼伦贝尔盟，以及今属俄罗斯的黑龙江以北、外兴安岭以南地区和乌苏里江以东至海，包括库页岛在内的广大地区。在这片广袤的土地上，除满族外，当时还生活栖息着蒙古、索伦、达斡尔、锡伯、鄂伦春、鄂温克、虎哈尔、赫哲、费雅哈、库页等少数民族。这些少数民族早在清朝入关前，就已经归附清朝。后来除少部分编入八旗随大军进关外，绝大部分仍居住在东北地区。清朝在这一地区实行特别的军府制度。

1644年（顺治元年）8月，清朝决定迁都北京，令正黄旗内大臣何洛会为盛京总管，镶黄旗梅勒章京阿哈尼堪统左翼，正红旗梅勒章京硕詹统右翼，驻防盛京。1645年6月，清朝宣布废除明朝陪都南京，奉盛京（今沈阳）为陪都，建奉天府为京府。同时规定盛京总管为正二品，同梅勒章京。1646年（顺治三年），授叶克书为昂邦章京，镇守盛京，为正一品。1653年（顺治十年），授一等男沙尔虎达为昂邦章京，镇守宁古塔地方。1662年（康熙元年），改镇守盛京昂邦章京为镇守辽东等处将军，改镇守宁古塔昂邦章京为镇守宁古塔等处将军。1665年（康熙四年），又改辽东将军为镇守奉天等处将军。1676年（康熙十五年），宁古塔将军巴海奉命移驻吉林。1683年（康熙二十二年），增设镇守黑龙江等处将军。此后，奉天将军改称盛京将军，宁古塔将军改称吉林将军。这样就最后确定了东北地区的三将军体制。

盛京将军统辖奉天全省驻军，共有官兵1.7万多人，衙门有主事1人，笔帖式11人，办理所属事务。吉林将军统辖吉林全省驻军，共有官兵1.2万多人，其衙门有主事1人，助教1人，笔帖式1人，书吏2人，并设理刑司、银库等附属机构。黑龙江将军驻齐齐哈尔，统辖黑龙江全省驻防，共有官兵1.2万多人，其衙门有主事3人，笔帖式2人，内部机构有银库等。

将军之下设有副都统。东北三将军确立初期，盛京地区副都统有4人，吉林有5

---

① 《理藩部第一次统计表》，抄本。

人，黑龙江有4人，但后来其数目历有变化。

从明代末年起，我国北方的蒙古族以大漠为中心，分为三大部分。大漠以南称为漠南蒙古，包括科尔沁、扎赉特、杜尔伯特、巴林、札鲁特、奈曼、喀尔喀、茂明安、乌拉特、喀喇沁、乌珠穆沁、察哈尔、土默特、鄂尔多斯等部，其分布范围"东接盛京、黑龙江，西接伊犁东路，南至长城，北逾绝漠，袤延万余里"。① 大漠以北各部称喀尔喀蒙古，其属有车辰汗、土谢图汗、赛音诺颜、札萨克图汗等部，分布在"东至黑龙江呼伦贝尔城（今内蒙古自治区境），南至瀚海，西至阿尔泰山（今新疆维吾尔自治区境），北至俄罗斯"② 的广袤土地上。大漠以西称漠西蒙古，亦即卫拉特蒙古，包括准噶尔、和硕特、土尔扈特、杜尔伯特利辉特部，其分布地区东至阿尔泰山，西至伊犁河流域。上述各部经济上过着逐水草而居的生活，政治上互不统属，而且为了争夺牲畜、土地、财产和属民，征伐不息。

在蒙古三大部中，漠南蒙古最早归属清王朝。努尔哈赤时期，科尔沁等部落就纷纷与后金政权遣使通好，往来不绝。但当时漠南蒙古中势力最强的察哈尔部首领林丹汗接受明朝的分封和赏赐，与后金政权相抗衡。林丹汗控制着东起辽河，西至洮河的广大地区，兵强马壮，威震漠南。但他对所属诸部威胁挟持，实行残酷统治，致使各部封建主对其不满。努尔哈赤充分利用林丹汗与各部封建主之间的矛盾和对立，采取政治联姻、军事打击等相结合的手段，使漠南蒙古其他各部纷纷归属后金。皇太极继位后，加快了统一漠南蒙古的步伐。1628年（明崇祯元年，后金天聪二年）、1632年（明崇祯五年、后金天聪六年），皇太极先后两次大规模征伐察哈尔，林丹汗被迫逃亡青海。1634年（明崇祯七年，后金天聪八年），林丹汗客死青海，其母率部降金。1635年，皇太极俘获林丹汗之妻，察哈尔所属喀喇沁、土默特和鄂尔多斯等部皆尽归附，后金统一漠南蒙古。1636年（明崇祯九年，清崇德元年），漠南蒙古16部49个封建主，奉皇太极为可汗，并奉上"博克达彻辰汗"的尊号。

清朝统一漠南蒙古对其他蒙古各部震动很大，漠西蒙古和喀尔喀蒙古的封建主们采取向后金政权纳贡和好的政策。但1670年（康熙九年）噶尔丹掌握了准噶尔的统治权后，形势发生了根本性的变化。噶尔丹为了实现称霸蒙古的野心，对厄鲁特及邻近蒙古各部发动了一系列的兼并战争。经过十余年的征战，其势力迅速膨胀，成为清朝强大的对手。1690年（康熙二十九年），噶尔丹长驱直入，深入到距北京只有700里的乌兰布通。清朝野大惊，康熙皇帝率大军亲征，噶尔丹遭到重创。为孤立噶尔丹，实现对蒙古地区的早日统一，1691年（康熙三十年），康熙皇帝在多伦诺尔（汉名七星潭，在上都河与额尔屯河之间）召集漠南蒙古49旗王公、漠北蒙古各部之王公举行会盟。会上康熙宣布在漠北蒙古实行盟旗制，这样漠北蒙古就正式隶属于清朝。

1696年（康熙三十五年），清军在昭莫多打败噶尔丹。1697年康熙皇帝亲征准噶尔，噶尔丹兵败身亡。之后，清王朝与历任准噶尔统治者之间展开了长达60余年的战争。直到1757年（乾隆二十二年），乾隆皇帝才最后平定漠西蒙古。

---

① 《大清一统志》卷534，《外藩蒙古统部》。
② 《清史稿》卷78，《地理志》，第2422页，中华书局标点本，1976年。

清朝统一漠南、喀尔喀和漠西三大蒙古各部后，在蒙古地区进行了重大的政治、军事改革，实行军府制度和盟旗制度。在漠南蒙古、漠北蒙古和漠西蒙古相继派遣将军、都统、副都统、总管、大臣等，统领当地驻防八旗，加强对蒙古地区的统治；同时在蒙古原有的政治制度基础上，建立盟旗制度，使其为清朝统治蒙古服务。

清代管理内蒙古（漠南）地区游牧部落的驻防八旗，主要设有察哈尔驻防都统、副都统、热河都统及归化副城都统等官职。

1. 察哈尔驻防都统1人，驻张家口，副都统1人，掌察哈尔的军政、游牧等事。

1675年（康熙十四年），置口外游牧察哈尔8旗，设有总管、副总管等统带，隶属在京蒙古八旗都统。1761年（乾隆二十六年），察哈尔改设都统1人、副都统2人，1766年（乾隆三十一年）省副都统1人。都统、副都统之下设有：总管8人（每旗1人），参领、副参领各8人，佐领、骁骑校各120人，护军校115人，亲军校4人，捕盗官4人。总管以下各员，均由察哈尔都统选拟。此外，还设有八旗游牧满洲理事官8人，八旗蒙古理事官9人，护理都统关防笔帖式2人，护理军站印务笔帖式1人。

2. 热河驻防都统1人，驻扎热河。

1724年（雍正二年）设总管，后改设副都统1人，1779年（乾隆四十四年）始设都统。除掌管围场事务外，兼管热河地区（今部分属内蒙古自治区，部分属河北省）蒙古人民事务。其衙门设有随同办理理藩院司员1人，刑部司员1人，理刑笔帖式2人，主事1人，印房笔帖式2人。热河都统下设总管1人，副总管1人，参领1人，佐领骁骑校各2人。1779年（乾隆四十四年），理藩院派到八沟、塔子沟、二座塔、乌兰哈大4处征税的司员、笔帖式都改为蒙古理事官，属热河都统管辖。

3. 归化城副都统1人，驻扎杀虎口外之归化城（今呼和浩特），隶属于绥远将军，掌归化城土默特之军政。

土默特部1634年（天聪八年）归附清王朝，1636年（崇德元年）编为二翼，以其部长为左、右翼都统，并予以世袭。1763年（乾隆二十八年），裁去都统，旗务归绥远城将军掌管，归化城则有驻防副都统管理其部落亦不列入内蒙古49旗之中。但仍分左、右翼2旗，左翼旗设参领5人、佐领强25人、骁骑校25人；右翼旗设参领5人、佐领24人、骁骑校24人。其任补，皆由绥远城将军选拟送理藩院引见。

1636年（崇德元年），清朝就开始在内蒙古喀尔喀等24部中推行盟旗制度。清朝对蒙古各部进行编旗，小部落合为一旗，大部落分为数旗，各旗互不统属。除亲王、郡王、贝勒、贝子、镇国公、辅国公、台吉等封爵外，各旗设有札萨克（旗长）1人管理旗务。旗下基层组织为佐，凡年满18岁至60岁者都要编册入籍。每150人为1佐，喇嘛可免入册。平时1/3牧民服役，2/3牧民从事生产。札萨克为世袭职务，其下设协理台吉、章京、副章京、参领、佐领、骁骑校等官职，分别管理旗内的军事、司法、行政、土地等事务。其不设札萨克的各部族，则有各地将军、大臣等直接管辖。并在各族设族长1人，稽查本族内一切事务。

各旗之上，尚有盟的组织，初为临时性质的会盟，以后则变为固定组织。盟设盟长和副盟长各1人，从各旗的札萨克中选出，由理藩院奏报任命。盟长的主要职责是会同各旗札萨克处理重大事务，接受上诉和会审案件，检阅各旗军事力量，组织3年一次的会盟。

清王朝在漠南蒙古24部中共建立了6盟49旗,其名称为:科尔沁部6旗,扎赉特部1旗,杜尔伯特1旗,郭尔罗斯2旗,属哲里木盟;喀喇沁部3旗,土默特部2旗,属卓索图盟;敖汉1旗,奈曼1旗,巴林部2旗,札鲁特部2旗,阿鲁科尔沁部1旗,翁牛特部2旗,克什克腾部1旗,喀尔喀左翼旗,属昭乌达盟;乌珠穆沁部2旗,浩齐特部2旗,苏尼特2旗,阿巴噶部2旗,阿巴哈勒尔部2旗,属锡林郭勒盟;四子部落1旗,茂明安1旗,乌喇特部3旗,喀尔喀右翼1旗,属乌兰察布盟;鄂尔多斯7旗属伊克昭盟。①

清王朝在外蒙古地区的游牧各部也设八旗驻防,其统领大员有:

1. 乌里雅苏台将军

乌里雅苏台将军原为喀尔喀军营定边左副将军,因驻乌里雅苏台城,故又称乌里雅苏台将军,这是清朝在喀尔喀蒙古地区的最高军政建制,1731年(雍正九年)设。乌里雅苏台将军主要掌管喀尔喀4部及唐努乌梁海部的军政,下设参赞大臣2人(其中1人由蒙古王公、台吉兼任)。喀尔喀4部之兵也归乌里雅苏台将军统辖,每部设副将军1人,参赞1人,管理本部军务。

2. 科布多参赞大臣、办事大臣

1761年(乾隆二十六年),置科布多参赞大臣1人,办事大臣1人,掌札哈沁、明阿特、额鲁特各1旗,阿尔泰乌梁海部9旗,兼辖杜尔伯特部14旗,所附辉特部2旗,新土尔扈特部2旗,共8部31旗的军政。设兵部、户部、理藩院司员1人。

3. 库伦办事大臣、帮办大臣

1731年(雍正九年),清朝在库伦设司员1人,专管通商事务,后改为办事大臣,负责监督恰克图与俄国之商务。1749年(乾隆十四年),增设帮办大臣1人,以蒙古王公、台吉兼任。库伦帮办大臣协助办事大臣掌库伦贸易诸事,并稽查奸凶、办理诉讼。库伦办事大臣下设印务处印房章京、笔帖式、蒙古笔齐业郎、理刑司员、管理商民事务司员等官员。此外,在恰克图也分设司员1人。

库伦办事大臣没有所辖之蒙古部落,专掌稽查互市事宜。

多伦会盟,康熙皇帝宣布在漠北蒙古实行旗制,后来又数次进行了编制。而漠西蒙古设旗编佐多在乾隆年间清王朝平定准噶尔部前后。1759年(乾隆二十四年),外蒙古最后定为86旗。其封爵最高为汗,以下与内蒙古同。除个别旗增设总管外,每旗均设札萨克,性质与内蒙古诸旗同。其不设札萨克者,由将军、大臣等直接管辖。

外蒙古喀尔喀86旗组成4盟:土谢图汗部20旗,属汗阿林盟;赛音诺颜部22旗、厄鲁特2旗,属齐齐尔里克盟;车辰汗部23旗,属克鲁伦巴尔和屯盟;札萨克图汗部18旗、辉特1旗,属札克毕拉色钦毕都尔诺尔盟。此外,杜尔伯特部10旗、辉特部1旗,属赛因济雅哈图左翼盟;杜尔伯特部3旗、辉特部1旗,属赛因济雅哈尔图右翼盟。以上为杜尔伯特部2盟。②

---

① 乾隆:《钦定大清会典》卷79,理藩条。
② [清]张穆:《蒙古游牧记》卷7—10。

六盟之建制与内蒙古诸盟同。各盟设盟长1人、副盟长1人，由理藩院在札萨克或闲散蒙古王公内拣选，报请皇帝简放。每次会盟均由朝廷特派人员参加。1751年（乾隆十六年），令各札萨克自行办理会盟诸事，但须上报理藩院查核通过，朝廷不再派员参加会盟。

1754年（乾隆十九年），清朝统一漠西蒙古后，准噶尔部不复旧称，而附牧于喀尔喀及青海地区。1771年（乾隆三十六年），原先迁往伏尔加河流域的土尔扈特部，在其首领渥巴锡的率领下历尽千辛万苦终于返回祖国故土伊犁河流域，清王朝把他们安置在今新疆天山南北，并编旗设盟。当时，在新疆游牧的蒙古部落有旧土尔扈特10旗，和硕特3旗和新土尔扈特2旗，共15旗，称"天山厄鲁特"。天山厄鲁特诸旗之官制与内、外蒙古同。每旗设札萨克1人管理旗务。此外，还设置协理台吉2人或4人管旗掌京1人，副章京2人及参领、佐领、骁骑校、领催、什长等官职。

天山厄鲁特15旗共编为6盟：今新疆巴音郭楞蒙古自治州境内的旧土尔扈特4旗编为南路乌纳恩素珠克图盟；今和布克赛尔蒙古族自治州境内的旧土尔扈特3旗为北路乌纳恩素珠克图盟；今乌苏境内的旧土尔扈特2旗为东路乌纳恩素珠克图盟；今博尔塔拉蒙古族自治在同盟札萨克内警旨简放。西路乌纳恩素珠克图因仅有1旗，故其盟长印信，交东路乌纳恩素克图盟盟长管理。其盟长等职掌均与内、外蒙古同。

天山厄鲁特各部之封爵与外蒙古喀尔喀相同。

自明朝中叶始，青海地区就成为蒙古诸部激烈争夺的焦点。到清初，活动在这一地区的蒙古各部主要有和硕特、绰罗斯、辉特、土尔扈特和喀尔喀五部，一般通称青海蒙古。1736年（乾隆元年），清朝设西宁办事大臣，驻扎西宁，统辖青海蒙古五部之军政，并节制西宁镇、道文武官员，兼管贵德、循化地方。西宁办事大臣由理藩院在散秩大臣、八旗护军统领、副统领及各部院侍郎内谙练蒙古事务者简任，其所属有理藩院司员1人，笔帖式3人，每三年一换，采取官官交错更换的办法。

1725年（雍正三年）青海蒙古五部编为29旗，即和硕特21旗，绰罗斯部2旗，辉特部1旗，土尔扈特部4旗，喀尔喀部1旗，青海蒙古受爵有郡王4人、贝勒2人、贝子3人、辅国公4人，各旗亦设札萨克1人管理旗务，其所属官员的设置与内蒙古同。

青海五部29旗与内蒙古的察汗诺门罕共组成1盟，西宁办事大臣兼任盟长，并主持会盟。1823年（道光三年），分黄河以北24旗为左右翼，每翼设正、副盟长各1人，负责处理日常事务。

此外，在贵德、循化二地设千户10人，百户40人，百总86人，副总400人，负责管辖当地藏民贸易等事务。青海沿边各厅、州、县设有叫做"歇家"的组织，管理蒙藏等民族间贸易事务，由各地文武官员稽查。

除了以上所述漠南蒙古、漠北喀尔喀蒙古、漠西蒙古和青海蒙古外，尚有西套厄鲁特蒙古。康熙年间，清王朝先后在阿拉善地区厄鲁特蒙古和额济纳土尔扈特蒙古建立札萨克旗，但不设盟。

新疆历来是我国多民族聚集区。清初，天山以北主要是厄鲁特蒙古各部的游牧地，而天山以南则主要是维吾尔族居住地，清代称回部。如前所述，1754年（乾隆十九年），清朝平定准噶尔，统一了厄鲁特部。但回部之首领又相继叛清。1759年（乾隆二十四年），清王朝平定回部首领大小和卓叛乱，最后完成了对新疆的统一。针对新疆地区的实际情况，清王朝在这一地区实行了军府制、盟旗制和伯克制。清朝在天山厄鲁特蒙古诸部推行的盟旗制前已述及，下面主要介绍清朝在新疆地区的军府制和伯克制。

清朝设将军、都统、副都统、大臣等，分驻各地，统辖新疆地区的八旗驻防。其中伊犁将军的地位最高，乌鲁木齐都统与将军略同，其次是各地参赞大臣与办事大臣，再次是领队大臣。其具体设置及职掌情况是：

1. 伊犁将军

1762年（乾隆二十七年）设，初称"总管伊犁等处将军"，驻防伊犁（今伊宁市）。伊犁将军下设参赞大臣1人为辅，总揽新疆地区之一切军政事务，天山南北悉听其节制。此外，还下设领队大臣4人及总管、副总管、协领、佐领、防御、骁骑校等若干人，分驻惠宁城及惠远城，分别管理锡伯、索伦、察哈尔、厄鲁特等各部游牧之事。

伊犁将军衙门设有印房、粮饷处、驼马处等机构，有卡伦侍卫12人。

2. 乌鲁木齐都统及副都统

1777年（乾隆四十二年）设，掌乌鲁木齐之军政，并在吐鲁番、巴里坤、古城和库尔喀喇乌苏（今乌苏县）各设领队大臣1人。所属有协领、佐领、防御、骁骑校等官职，分别管理各城军政事务，共统步甲360名。

3. 哈密办事大臣

哈密为新疆南北之门户，1777年（乾隆四十二年），清朝在此设办事大臣1人，帮办大臣1人。办事大臣印文虽为"哈密办理粮饷大臣"，实际掌管哈密地方的粮饷、军政等各项事务。其所属有印房章京1人，办理粮饷官1人，笔帖式6人，驻防骁骑校1人，满洲兵100名。

4. 塔尔巴哈台副都统

1765年（乾隆三十年），设参赞大臣、领队大臣各1人，驻雅尔，后移之塔尔巴哈台。1888年（光绪十四年），改由伊犁副都统1人驻防，凡塔尔巴哈台所属各部，仍统于伊犁将军。除塔尔巴哈台之军政外，还掌管厄鲁特部游牧事。所属有印房章京3人，笔帖式3人，管理粮饷官1人。

5. 喀什噶尔参赞大臣

1759年（乾隆二十四年），清朝在喀什噶尔（今喀什市）设参赞大臣1人，协办大臣1人，总理回城事务。喀什噶尔参赞大臣总理喀什噶尔、英吉沙尔、叶尔羌、和阗、乌什、阿克苏、库车、喀喇沙尔八城事务。其所属回城设置是：英吉沙尔领队大臣一、叶尔羌办事大臣一、协办大臣一；和阗办事大臣一、领队大臣一；乌什办事大臣一；阿克苏办事大臣一，库车办事大臣一，喀喇沙尔办事大臣一。参赞大臣所属有总管、参领、防御、骁骑校等官。衙门所属有印房、回务处、粮饷局等机构，设有章京、笔帖式等官。

1884年（光绪十年），新疆建省，除伊犁将军和塔尔巴哈台参赞大臣外，其余军政设施都裁撤。

新疆回部的札萨克与伯克制度：

哈密、吐鲁番是新疆回部中最早内附的二部，清王朝在这两个地区实行札萨克制度。1697年（康熙三十六年），哈密内附，清朝编为一旗，以其部长为札萨克，以后进为郡王、贝勒。1754年（乾隆十九年），吐鲁番亦内附，另编一旗，封其部长为札萨克，后亦进为郡王。此二旗之郡王皆为世袭，其制一如蒙古，札萨克下设协理台吉、管旗章京、副章京、参领、佐领等官职。此二地郡王负责处理本旗日常军政事务，但须听驻防大臣节制。

伯克制度是新疆维吾尔族社会长期发展所形成的一种政治制度。"伯克"一词原意为"首领"，指军事指挥长官，后来凡回部之地方长官统称为"伯克"。清朝统一回部后，在南疆各城和北疆伊犁维吾尔聚居区因俗而治，设伯克一职管理当地事务。据不完全统计，清代新疆回部保留下来的伯克职名有35种左右，主要的有15种之多。"查回部头目曰阿齐木，总理一城；曰伊沙罕，协办阿齐木事；曰商伯克，管理租赋；曰哈子，管理刑名；曰密喇布，管理水利；曰讷克布，管理匠役；曰帕察沙布，查拿盗贼；曰茂特色布，承办经教；曰木特翰里，管理田宅；曰都官，管理馆译；曰巴齐格尔，管理税课；曰阿尔巴布，派差催科；曰市珲，协办都官事；曰巴克迈塔尔，专管园林；曰明伯克，其职如千总。"① 上述15种伯克中，最高为阿齐木伯克，总理回务，由三品到七品。其次是伊沙罕伯克，赞理回务，由四品至六品。其余伯克由五品至七品不等。各种名目的伯克，按品级不同占有不同数量的土地和种地人。最高的（三品）给地200亩，种地人100名。最低的（七品）给地30亩，种地人8名。② 清朝在南疆31个城镇先后任命了260余名各级伯克。

为加强中央集权，清王朝对传统的伯克制度做了一系列的改革。首先废除伯克世袭制，改由朝廷掌握任免升调。三品至五品伯克由本城大臣报送喀什噶尔参赞大臣复核，然后奏报皇帝批准，而六品至七品伯克咨报参赞大臣补放即可。对清朝效忠有功者，首先授封赐爵。其次，清朝规定实行回避制度。高中级伯克回避本城，下级伯克回避本庄。这样，就比较有效地限制了盘根错节的地方势力的形成。再次，制定品级，颁发印信。不同等级的伯克享受不同的特权。最后，行政上各城伯克均隶属于本城驻扎大臣。各城大臣不但有权监督、过问和直接参与民政事务，而且，有权决定当地伯克的升迁任免。

1884年（光绪十年），新疆建省，各城分别改为府、县，除阿齐木伯克和伊沙罕伯克外，其余各种名目的伯克皆被裁撤。

作为西南边疆的门户，历代中央王朝都十分重视对西藏地方的治理。清继元、明两代封建王朝，派大员常驻西藏，并根据西藏地方的实际情况，因俗而治，确立了"政教合一"的政治制度，进一步加强了对西藏地方的统治。

1727年（雍正五年），清王朝在西藏设西藏办事大臣2人，常驻拉萨。后改为办事大臣1人，帮办大臣1人，分驻前、后藏。驻藏大臣在满、蒙古重臣中特旨简放，3年更换，是清王朝派驻西藏的最高官员，全面管理藏务，包括考察唐古特官、喇嘛官、操

---

① 《清高宗实录》卷593，乾隆二十四年七月下。
② ［清］傅恒等撰：《西域图志》卷30。

练藏兵、防守边隘、考核财赋、评议刑惩、拟定法制等。1793（乾隆五十八年）颁行的"藏内善后章程二十九条"中明确规定："驻藏大臣督办藏内事务，应与达赖喇嘛、班禅额尔德尼平等，自噶布伦以下番目及管事喇嘛，分系属员，事无大小，均应命驻藏大臣办理。至札什伦布诸务，亦俱一体秉命驻藏大臣办理，仍于巡边之便，就近稽查管束。"①

驻藏大臣所属绿营兵有1400多名，分驻布达拉（拉萨）、札什伦布（日喀则）、定日、江孜各城及打箭炉（四川康定）至前藏各粮台，设游击、都司、守备、千总、把总等官统领。以上官兵皆从四川谙营调派。西藏地方军队额设3000名，前后藏各驻1000名，定日、江孜各驻500名，其操演、训练，都由驻藏大臣掌管。每年五六月间，驻藏大臣巡幸检阅一次。此外，达木蒙古八旗500余户，也归驻藏大臣指挥。

驻藏大臣衙门，有理藩院司官1人、掌印笔帖式1人办理藏务。粮务1人，管理仓库、粮饷，承办驻藏大臣委审之案件。副粮务1人，专司监造银钱。通事译字4人，分管唐古特、廓尔喀文之翻译事务。此外，清朝还在札什伦布、拉里、查木多各设粮员1人，分别管理各该处支放兵饷及委审案件等事宜。以上官员皆三年更换一次。

1910年（宣统二年），驻藏大臣、帮办大臣改设左、右参赞各1人，左参赞驻前藏，右参赞则监督江孜、噶大克和亚东三埠通商事宜。另设翻泽、书记等官，协办事务。

由于蒙古、藏民族全民信仰藏传佛教，宗教势力在蒙古、西藏社会的政治、经济生活中发挥着极其重要的作用，所以，未入关前，清朝统治者就确立了优待喇嘛、尊崇格鲁派的宗教政策。入关后，进一步推行格鲁派而安众蒙古的统治政策，在蒙古、藏族地区大力提倡和扶植格鲁派势力，使格鲁派势力得到了空前的发展。

1653年（顺治十年），第五世达赖喇嘛阿旺罗桑嘉措进京朝觐，清廷封其为"西天大善自在佛所领天下释教普通瓦赤喇怛喇达赖喇嘛"，并赐以金册金印，②确认了达赖喇嘛在藏传佛教中的最高宗教地位。同年，顺治皇帝派专人携金册、金印入藏，册封当时西藏地方的实际统治者、蒙古和硕特的首领顾始汗为"遵行文义敏慧固始汗"，让其掌管西藏地方。③ 1713年（康熙五十二年），清廷又封第五世班禅罗桑益西为"班禅额尔德尼"。这样，就正式建立了格鲁派最大的两个活佛转世系统，即达赖喇嘛和班禅额尔德尼活佛转世系统。

从清初至康熙末年，西藏地方的政局一直动荡不已。1705年（康熙四十四年），和硕特部的首领拉藏汗擒杀了第巴桑结嘉措。1717年（康熙五十六年），新疆准噶尔部入侵西藏，使西藏人民蒙受了一场巨大的灾难。1720年（康熙五十九年），清朝首次派大军入藏驱逐了入侵的准噶尔军队，并保护第七世达赖喇嘛在布达拉宫坐床，受到西藏人民的热烈欢迎。1721—1727年（康熙六十一年至雍正五年），西藏地方政权由清王朝先后任命的五名噶伦执掌。1728年（雍正六年），雍正皇帝派大军进藏平定西藏地方的

---

① 《卫藏通志》卷12。
② 《清世宗实录》卷74，顺治十四年四月丁巳条。
③ 吴永章：《中国土司制度渊源与发展史》，第218—219页，四川民族出版社，1988年。

内乱，移七世达赖喇嘛至四川里塘，任命颇罗鼐·索南多结（1689—1747）掌管西藏地方一切政务。1750年（乾隆十五年），清朝派军进藏平定珠尔墨特那木扎勒叛乱后，建立噶厦地方政府，并授权七世达赖喇嘛掌管西藏政教事务，在西藏地方正式确立了政教合一制度。

噶厦地方政府设有三品噶伦4人，其中俗官3人，僧官1人，僧官噶伦不给顶戴。四品仔本3人，商卓特巴2人，掌库务。五品叶尔仓巴2人，管粮食。五品朗子辖2人，管街道。五品协尔帮2人，掌刑名。五品硕第巴2人，管理布达拉一带藏民。六品达2人，管理马场。六品仲译2人，卓尼尔3人，七品小仲译3人，掌办噶伦事务。又设第巴13人，分学门卫、账目、牛羊、草薪等事务。

管理西藏地方各城之官，名为"营官"，前藏有五品边营官23人，五品大营官19人，六品中营官59人，七品小营官25人。后藏有二品大营官4人，六品中营官17人，七品小营官16人。

西藏地方的武职官员有戴本（四品）6人，如本（五品）12人，甲本（六品）24人，定本（七品）120人。此外，西藏尚设喇嘛官。前藏有济仲喇嘛，在噶厦及商上办事。后藏有岁本喇嘛、森本喇嘛等，也在商上办事。喇嘛官皆不给顶戴。

以上西藏地方官员，初皆由达赖喇嘛和班禅额尔德尼自行派署。噶伦等大员，亦由达赖喇嘛选定，再移交驻藏大臣具奏。1793年（乾隆五十八年），清朝颁布《藏内善后章程二十九条》，明确规定凡西藏地方噶伦以下大小文武官员，一律由驻藏大臣会同达赖和班禅拣选，由驻藏大臣奏请任命。

中国自古以来就是一个多民族国家，除以上所述东北、内外蒙古、新疆、西藏、青海等地外，其他省区，尤其是西南地区亦有众多少数民族聚居区。清统一全国后，沿元、明之制，在这些地区设置土官，治理所属地方军民。所谓土官，就是以世居土著治本地方之事。被授为土官者，均为当地民族之头人豪贵，其官为世职，以子弟承袭。此外，跟随清王朝征战有功之少数民族人士，也有被封为土官者。

土官有文武职之分。文职官有：土知府、土同知、土通判、土经历、土知事、土知州、土州同、土州判、土推官、土吏目、土知县、土县丞、土主簿、土典史、土巡监、土驿丞等官，隶属于吏部验封司，而由当地府、厅、州、县管辖。武职官有：宣慰使、宣抚使、安抚使、招讨使、长官、副长官、指挥同知、指挥事、指挥副事、千户、百户、百长等官，隶属于兵部武选司，而由各省督府、大臣等分别管辖。各土司子弟承袭，须将其支派宗图报部，查验明确，方准世袭。

清代土司主要分布在云南、贵州、广西、四川四省区。此外甘肃、青海、西藏、湖南、湖北等地也有相当数量的土司。由于土司世代盘踞其地，掌管地方的军政民事，所以，许多土司作威一方，鱼肉百姓，专横不法，为所欲为，有些土司甚至违抗朝命，兴兵作乱。鉴于此，清朝自1726年（雍正四年）起，采用招抚与军事镇压相结合的办法，实行全国范围内的大规模"改土归流"，即废除少数民族地区的土官，改为与内地统一的地方官职。到1731年（雍正九年），基本上完成了对云南、贵州、广西三省的"改土归流"，并使湖南、湖北全部改为流官统治。经过雍正时期的大规模"改土归流"，乾隆年间尚存文武土官708人，其中文职土官112人，武职土官596人，主要分布地区仍为云南、贵州、广西和四川。

雍正时期以后，清王朝仍推行"改土归流"政策，直到宣统末年。清末仍存的土官设置情况如下：①

甘肃地区有指挥使5人，指挥同知6人，指挥佥事6人，千户7人，副千户2人，百户9人，土守备1人，土千总11人，土把总15人。青海地区有指挥使3人，指挥同知1人，指挥佥事2人，千户1人，百户23人，百长26人，土千总5人，土把总5人。西藏地区有百户15人，百长25人。

四川地区武职土官有：宣慰使7人，宣抚使5人，安抚使16人，安抚副使2人，长官37人，副长官1人，千户41人，百户159人。文职土官有：土通判2人，土知事1人，土巡检2人，副巡检1人。土游击1人，土都司1人，土千总7人，屯守备12人，屯千总19人，屯把总34人。

云南地区武职土官有：指挥使2人，指挥同知1人，宣慰使1人，宣抚使7人，宣抚副使3人，安抚使2人，长官3人，副长官2人，土千户1人。文职武官有：土知府2人，土同知1人，土知州4人，土州同3人，土州判2人，土知事1人，土县丞5人，土主簿2人，土典史1人，土巡检19人，土通判2人，正八品土官1人，土都司1人，土守备5人，土千总18人，土把总36人。又云南有非世袭土守备3人，土千总7人，土把总15人，土官26人。

贵州地区武职土官有：长官65人，副长官19人。文职土官有：土同知2人，土通判2人，土推官1人，土县丞5人，土主簿2人，土吏目1人，土巡检2人。另设正六品、正七品土官各1人，正八品土官3人，正九品、从九品土官各2人，均不管理本地方民族事务。贵州土兵官职有：土千总10人，土把总1人，六品武土官2人，七品武土官4人。

广西地区武职土官有：长官2人，副长官2人。文职土官有：土知州25人，土州同1人，土知县4人，土州判1人，土巡检9人。另设从九品土官1人，正六品土官2人，从六品、正八品、正九品土官各1人，从九品土官1人，未入流土官1人，均不理本地方民族事务。

1912年，中华民国成立后，继续在有土司制度残余的民族地区推行"改土归流"政策。

第三节　清代有关少数民族的法规

清朝对少数民族地区的治理较之前代有两个显著特点：一是因地制宜，因俗而治，针对不同地区不同的社会历史及经济发展状况，建立了一系列完整而行之有效的统治制度，如蒙古地区的盟旗制、新疆回部的伯克制、西藏地方的政教合一制和西南地区的土司制等；二是在不同的少数民族地区，制定颁行了不同的法规，使对少数民族地区的统治纳入了法制化轨道。虽然这些法规是清王朝为维护其在民族地区的统治而制定的，但

---

① 余贻泽：《中国土司制度》，第89—132页，中央民族大学图书馆藏铅印本。

客观上为清朝多民族国家的巩固和统一,为各少数民族地区的发展起到了积极作用,对当今我国民族地区的法制化建设仍有一定的借鉴意义。

一、清代历朝所修《理藩院则例》

前已述及,理藩院是清朝管理西部、北方地区少数民族事务的中央统治机构,《理藩院则例》则是清朝治理西部、北方少数民族地区,尤其是蒙古族、藏族地区的重要法规。清朝历代统治者十分重视对《理藩院则例》的修订,从嘉庆年间起,先后四次对其进行了修纂,下面分而述之。

1. 乾隆时期内务府抄本《理藩院则例》

按清朝一般定制,六部各有办事则例,并根据实际情况的变化,每10年修纂补充一次。理藩院虽与六部并列,自1638年(崇德三年)成立后,很长一段时间内没有则例。顺治、康熙年间有旧例209条,但多系远年成例及军政会盟等款,现行之例不多。1756年(乾隆二十一年),内务府把当时有关旧例编纂成书,即今天我们所见之抄本《理藩院则例》,但这仅是稿案本,不是正式文本。1789年(乾隆五十四年),理藩院奉旨开馆编修则例,但由于人员不足,未能进行。只增添数条内容而已。稿案本《理藩院则例》共8册,不分卷,按理藩院所属五司的职掌编纂如下:①

录勋清吏司上:疆理、归化城土默特疆理、八旗游牧、察哈尔疆理、旗制、封爵有五等台吉、敕诰、谱系、仪从、设官、移驻、索伦等处授官、八旗游牧察哈尔随围、印信、军功。

录勋清吏司下:会盟、六会防秋、会盟仪注、军律、制买骑仪、优恤、比丁、随丁、陪嫁、守牧、族长、什长、立嗣、婚姻、征收、田宅、游牧、斥堠、防察、捕逃、驿站、驿官、驿丁、驿马、驿使、供应、开采、贡貂。

宾客清吏司:朝觐、朝仪、班次、叙次、贡物、贡道、禁约、骑从、宾馆、限期、教养、廪给刍牧折价、廪给定数、增给燕食、赏赉、行围、俸币、额附封号、赈恤。

柔远清吏左(前)司上:疆理、旗制、肇封、特封、设官、驻扎、会盟、敕印、禁令、随围、恤啴、胡伦布俞尔授官、俄罗斯互市、准噶尔互市。

柔远清吏左(前)司下:唐古特学、敕封喇嘛、喇嘛进贡、京师番僧、后黄寺、分驻番僧、喇嘛服色、喇嘛册牒、喇嘛禁例、西番各寺。

柔远清吏右(后)司:朝贡分班、礼仪座次、贡物、贡道、廪给、教养、赏赉、俸币、禁约、喀尔喀泽卜、尊丹巴胡图克图朝贡、额给京师喇嘛钱粮、西番各寺。

理刑清吏司:名例、盗贼、疏脱罪凶、发冢、违禁采捕、失火、犯奸、略卖、杂犯、审断。

银库:主守、支领、奏销。

以上五司加银库之下共计114条,其中有5条款目相重,所以,实际条款为109条。对内蒙古和外蒙古地区的行政设施、职官建设、喇嘛权力、驿站交通、刑法诉讼、朝觐入贡乃至婚丧嫁娶等都做了比较具体的规定。此外,部分内容还涉及有关西藏地方的事务、京师喇嘛的特权及俄罗斯与清朝、准噶尔与内地贸易的规定等。同后来正式颁

---

① 《清代理藩院资料辑录》,中国社会科学院中国边疆史地研究中心编,1988年。

行的《理藩院则例》相比，乾隆时期的稿案本《理藩院则例》突出了以下三个方面的内容：

第一，明确规定了蒙古各部各旗之间的疆理，严禁彼此逾越放牧，违者严惩，这是清王朝为稳定蒙古社会秩序而采取的重要措施。虽然这一措施极大地限制了蒙古各地以及蒙古各部与其他民族之间的经济、文化交流，但为今天我们研究清代蒙古地方的社会经济、历史地理提供了宝贵材料。

第二，驿站是联系蒙古地方与清中央王朝之间的重要枢纽，稿案本《理藩院则例》具体而系统地规定了蒙古地区的驿站制度。虽然后来正式修订的《理藩院则例》中也有关于驿站的法规，但都没有稿案本详细。

第三，对准噶尔部同中原互市的时间、地点、贸易程序等都做了明确的规定。清朝前期虽然准噶尔部与清朝之间战争不断，但其与中原地区的互市未受大的影响，且一直比较频繁。但清朝其他文献中对此记载不详，所以，稿案本的记载是今天不可多得的珍贵材料。

乾隆时期抄本《理藩院则例》虽属稿案本，未正式修订颁行，但它为后来嘉庆时期《理藩院则例》的编纂奠定了基础，提供了蓝本。

2. 嘉庆时期《理藩院则例》

经过顺治、康熙、雍正、乾隆四代的励精图治，到嘉庆初年，清王朝已厘定边疆、统一全国，进入了其繁荣发展时期。随着清朝统一进程的深入，理藩院的管理范围和职责也在不断扩大，原有的则例已经不能适应形势的发展。"有旧例4条，其中除远年成例及军政会盟等款外，现行之例不过百余条。虽于乾隆五十四年奏修一次，其时仅添数条，并未开馆将阖院应遵照之稿案全行纂辑。是以办理事件多系援引稿案。"① 1811年（嘉庆十六年），嘉庆皇帝钦准管理理藩院大学士等所请，令理藩院开馆编纂则例。

经过将近四年的编纂，1815年（嘉庆二十年），《理藩院则例》汉文本修成。原有209条中，删除20余条，修改178条，修并2条，增纂526条，共713条。② 嘉庆朝所修《理藩院则例》分"通例"上、下两卷和"旗分"等63门，每门一卷。63卷之名称如下：

旗分、品秩、袭职上、袭职下、职守、设官、擢授、奖惩、比丁、地母、仓储、征赋、俸银俸缎、廪饩上、廪饩下、朝觐、贡输、宴赍上、宴赍下、扈从事例上、扈从事例中、扈从事例下、仪制、印信、婚礼、赐祭、旌表、优恤、军政、会盟、邮政上、邮政中、邮政下、边禁、人命、强劫、偷窃上、偷窃下、发冢、犯奸、略卖略买、首告、审断、罪罚、入誓、疏脱、捕亡、监禁、递解、留养、收赎、遇赦、违禁、限期、杂犯、喇嘛事例一、喇嘛事例二、喇嘛事例四、喇嘛事例五、西藏通制上、西藏通制下、俄罗斯事例。③

嘉庆时期《理藩院则例》全面翔实地把蒙古地区的札萨克盟旗制度、台吉等各级官员的升降袭替、户婚田土、贡输、朝觐以及各种管理制度、刑法司法制度从法律上做

---

① ② 嘉庆二十年刻本《理藩院则例》卷1，原奏。
③ 嘉庆二十年刻本《理藩院则例》总目。

了明确的规定。清朝采取优待藏传佛教格鲁派、优待喇嘛的宗教政策，以藏传佛教为安定蒙、藏地方的重要工具。但它又吸收元、明两朝的教训，制定和采取了一系列措施对藏传佛教予以限制。乾隆皇帝就曾直言：

"朕与黄教素虽爱护，但必于奉教守法之喇嘛等方以恩遇。若为教中败类，罪在不赦者，即当明正典刑，断不稍为袒护。设如元季供养喇嘛，一意崇奉，漫无区别，致有詈骂者割舌、殴打者割手之事，令喇嘛等所忌惮，尚复成何政体。"[①]

《理藩院则例》中对各地喇嘛的特权、地位、朝贡、年班以及各级呼图克图的灵童转世、职衔、名号、印信等都做了明确的规定。甚至于驻京呼图克图的服饰、坐轿等都一一明文规定。把喇嘛事务的管理付诸法制化的轨道，这在中国历史上还是第一次。

除了 63 门中涉及西藏事务的有关规定外，《理藩院则例》第 61、第 62 两卷专门叙述关于西藏事务的规定。《理藩院则例》中的"西藏通制"是在充分吸收了顺治、康熙、雍正、乾隆四朝为治理西藏地方而颁行的各种规章制度后形成的，而且较之前面的规章更加全面和翔实，为后世处理西藏事务提供了各种法律依据。

3. 道光七年《理藩院则例》

1823 年（道光三年），清朝开始对嘉庆朝《理藩院则例》增纂。1827 年（道光七年）全部修纂工作结束，并再次颁行。增纂本共有 1454 条，分为 65 门。[②] 但此部《理藩院则例》后来失传，所增两门究竟为何内容，迄今不明。

4. 道光二十三年《理藩院则例》

1833 年（道光十三年），虽然按例 10 年的间隔未到，但随着帝国主义侵略势力的不断干预，加上清王朝的腐败没落，边疆危急日益加深，因此，清政府下令提前修纂《理藩院则例》。1837 年（道光十七年），汉文本黄册稿成。1843 年（道光二十三年），刻印本问世。道光二十三年修纂的《理藩院则例》体例与嘉庆二十年的编纂本完全一样，共 63 卷，只是具体条文增加至 880 条。

5. 《理藩部则例》

1890 年至 1891 年（光绪十六年至十七年），清廷重新修纂了《理藩院则例》。1900 年（光绪二十六年），为挽救濒临灭亡的清王朝，清政府在全国范围内展开了所谓的"新政"和"立宪"运动。理藩院相应地更名为理藩部，而《理藩院则例》改为《理藩部则例》。《理藩部则例》在体系上有所扩展，增加了"捐输"一门，共有旗分等 64 门（卷），965 条。

《理藩院则例》是中国历代民族立法之集大成，也是清王朝处理边疆民族问题的根本大法，它主次分明，条理清晰，结构严谨，为我国古代民族立法史上体系最为庞大的一部法规。《理藩院则例》从法律上确定了我国各少数民族的地位、相互关系、宗教政策以及中央王朝与地方的关系，是研究清代各民族社会、历史的重要依据。

二、《蒙古律例》

清朝对少数民族的立法最早始于对蒙古地区的立法。皇太极努尔哈赤时就已注意到

---

① 《清实录·高宗实录》卷 1393，第 716—717 页，中华书局，1986 年。
② 光绪《理藩院则例》卷 1，原奏。

了少数民族地区的特殊性。为争取蒙古各部势力的早日归属，皇太极针对蒙古族笃信藏传佛教的习俗，注意保护蒙古地区的寺院和喇嘛，并制定了处理蒙古地区事务的专门法规《蒙古律书》。1696年（康熙三十五年），理藩院把清太宗以来陆续颁布的有关蒙古族的法令汇编成《则例》，作为处理蒙古事务，调整、巩固蒙古封建主对清朝的臣属关系和蒙古社会内部的阶级关系，以及维护蒙古社会秩序的法律依据。①《则例》共有125条，都是为蒙古族地区制定的。

1789年（乾隆五十四年），经过多次的增修，《蒙古律例》修成问世。《蒙古律例》共12卷，12门，209条。12门的名称是：官衔、朝贡、户口差役、会盟行军、边境哨卡、盗贼、人命、首告、捕亡、杂犯、喇嘛例和断狱。② 顾名思义，《蒙古律例》是专为蒙古地区制定的法律，它是清朝开国以来内容最多、体系最为庞大的一部民族法规。

清入关后，经过顺治、康熙、雍正、乾隆四代的励精图治，巩固了辽阔的边疆，实现了全国各族人民空前的大统一。《蒙古律例》已不能完全适用处理广大的蒙古及西北边疆事务。1811年（嘉庆十六年），理藩院奉旨开馆修纂《理藩院则例》。1817年（嘉庆二十二年），在《蒙古律例》基础上修纂而成的《理藩院则例》刊刻问世。如前所述，它不仅详细规定了蒙古地区的各种制度，而且也规定了西藏、青海等地的重要制度。

三、《回疆则例》

1759年（乾隆二十四年），清朝平定大小和卓的叛乱，统一了新疆回部后，即着手在这一地区的立法工作。同年7月，定边将军兆惠等上奏"喀什噶尔设官定制、征粮铸钱及驻兵分防各事宜"，乾隆皇帝钦准颁行。"事宜"共6条，主要确定了在维吾尔族集中的地区实行传统的伯克制度，按内地之法重铸回部钱文，派兵驻防喀什噶尔等。③ 这是清朝在维吾尔族地区颁行的第一部比较系统的法律文书。

1765年（乾隆三十年），清朝派兵镇压了乌什维吾尔族的反抗斗争后，乾隆皇帝责成当时的伊犁将军明瑞等制定章程，以昭法守。明瑞等拟定了"将回部各城应行更正之处"8条，奏准后颁行。其主要内容是限制分散阿齐木之权、取消名为"格纳坦"的税、回人赋役平均、伯克等官职之补用宜公开、限制伯克等之亲随、明确赋役定额、回民与内地商民不得杂居以及伯克等与大臣相见应执之礼等。④

以上两次立法为清王朝后来编纂颁行《回疆则例》奠定了基础。1811年（嘉庆十六年），理藩院奉旨开始编纂《回疆则例》。1814年（嘉庆十九年），初编告成。1837年（道光十七年），理藩院按例修纂《回疆则例》。1842年（道光二十二年）修纂完毕，经道光皇帝审批后，正式刊刻刷印颁行。

与清朝统一回疆初期的立法相比，《回疆则例》在实行伯克制、统一货币等重大问题上继承了初期立法的基本内容。但又有许多方面的补充和发展。这些补充发展的内容

---

① 《蒙古族简史》，第218页，内蒙古人民出版社，1985年。
② 《理藩院则例》卷1，原奏，嘉庆二十年刻本。
③ 《清高宗实录》卷593，乾隆二十四年七月下。
④ 《平定准噶尔方略续编》卷32。

主要有：详细规定了回疆地区的职官制度，凡回疆地方官职的设置、职掌、品秩、承袭、任用、休致等一一作了规定。对回疆地区的各种管理制度如年班、赏赉、度量衡、货币、赋役、贸易、驻军等都作了专门的规定。总之，《回疆则例》较之清朝统一新疆初期在这一地区实行的各种法制更加全面、细致和系统化。

《回疆则例》是一部体系完整、内容丰富的民族立法，为清王朝对新疆回部立法之集大成。对治理新疆、稳定西北边疆起到了十分重要的作用。1883年（光绪九年），清政府下令在新疆地区废除伯克制度，建立行省，推行郡县制。这样就使新疆地方的立法逐渐内地化。

四、有关青海地区少数民族的特别法规

青海地区在历代中央王朝治理西藏地方的过程中，发挥着特殊的重要作用。从明朝中叶起，青海成为蒙古各部落争夺的焦点。清初，同其他藏族地区一样，和硕特蒙古最后统治了青海地方。雍正时期以前，青海和硕特蒙古与清中央王朝的联系十分松散。直到雍正皇帝登基后，清王朝才开始在青海地方设置行政机构、颁布法律法规。清王朝在青海地方先后进行了3次大规模的立法活动，并相应的颁行了3部特别法规。

1. 《青海善后事宜十三条》

1723年（雍正元年），青海和硕特蒙古贵族首领罗布藏丹津起兵反清。清朝任命川陕总督年羹尧为抚远大将军率大军前往镇压。1724年5月，年羹尧平定青海，并上奏《青海善后事宜十三条》，请旨定夺。经总理王大臣会议讨论、雍正皇帝批准后，正式颁行青海地区。《青海善后事宜十三条》的主要内容有：规定青海蒙古族地方实行札萨克制度和定期会盟制度，规定了青海地方的朝贡和互市制度，青海藏族地方仍依明代实行土司制度，减轻青海藏族百姓的赋税负担，严格限制青海地方的寺院规模及寺院人数（每座寺院房不得过200间，喇嘛多者300人，少者数十人），详细规定了青海地方的驻防和屯垦制度。①

总之，《青海善后事宜十三条》是清王朝在青海地方颁行的第一部法规。从内容分析，虽然仅是一部行政法规，而没有涉及青海地方的刑事和民事法律制度，且有许多待完善之处，但它为恢复、稳定当时青海地方的社会秩序、发展青海地方的经济起到了积极的作用。

2. 《禁约青海事宜十二事》

在批准颁行《青海善后事宜十三条》的同时，雍正皇帝也批准了年羹尧上奏的《禁约青海事宜十二事》。《禁约青海事宜十二事》共12条，前6条内容是对《青海善后事宜十三条》部分内容的进一步强调，后6条内容是："一背负恩泽，必行剿灭。一内地差遣官员，不论品级大小，若捧谕旨，王公等俱行跪接；其余相见，俱行宾主礼。一恪守分地，不许强占。一差官商贾往过，不许抢掠。一父殁不许娶继母及强娶兄弟之妇。一察罕诺门汗、喇嘛庙内，不得妄聚议事。"② 同《青海善后事宜十三条》相比，《禁约青海事宜十二事》增加了民事及刑事方面的内容。

---

① 《清实录·世宗实录》卷20，第330—335页，中华书局标点本，1986年。
② 《清实录·世宗实录》卷20，第336页，中华书局标点本，1986年。

3.《西宁青海番夷成例》

又称《番例条款》或《番例》,1733 年(雍正十一年),清王朝令当时的西宁办事大臣达鼐等人编纂而成,共 68 条,一直实行至民国年间。《番例》以《蒙古律例》为蓝本编纂而成,以刑事法规为主,间有少量的军事法规和个别的民事法规。对偷盗、杀人、伤人、逃人、诉讼等涉及民事方面的事宜都做了比较详细的规定。①

五、有关西藏地方的法规

1642 年(明崇祯十五年),西藏地方派代表团到盛京与清王朝建立了关系。1653 年(顺治十年),顺治皇帝邀请第五世达赖喇嘛到北京,并封其为"西天大善自在佛所领天下释教普通瓦赤喇怛喇达赖喇嘛",同时又封当时统治西藏地方的蒙古和硕特首领顾始汗为"遵行文义敏慧固始汗",② 正式确立了西藏地方对清中央王朝的隶属关系。1728 年(雍正六年),清朝在西藏地方设驻藏大臣办事衙门,实现了对西藏地方的直接统治。从乾隆年间,清朝开始对西藏地方制定系统性的法律法规。清朝对西藏地方的法律主要以各种章程形式颁行,除了前面我们已涉及的《理藩院则例》中有关西藏地方的法规外,清朝先后对西藏地方颁行的重要章程有六部:

1.《酌定西藏善后章程》

1750 年(乾隆十五年),西藏郡王珠尔墨特那木扎勒叛清,四川总督策楞奉命率军进藏平息叛乱。1751 年,策楞等根据乾隆皇帝的旨意,制定了《酌定西藏善后章程》,章程共 13 条,主要内容是:其一,确立了西藏地方的职官制度,凡西藏地方各级官制的设置、选任、革除等方面都做了具体的规定。根据章程,西藏正式建立了噶厦地方政府,实行三俗一僧的四噶伦负责制。其二,规定了西藏地方的差徭制度。严格限制乱派差徭,不得随便发放乌拉牌票。其三,达木蒙古属驻藏大臣指挥。③

2.《设站定界事宜》和《酌定藏中各事宜》

1788 年(乾隆五十三年),廓尔喀(今尼泊尔)军队借故入侵西藏,乾隆皇帝命四川成都将军鄂辉等人率军入藏反击。鄂辉等人于 1789(乾隆五十四年)年收复了被廓尔喀占领的地方,并先后制定了《设站定界事宜》和《酌定藏中各事宜》两部章程。

《设站定界事宜》共 19 条,对西藏地方的驻防、贸易和司法等都做了比较详细的规定。该章程最突出的特点是关于西藏地方实行会审制度的规定。它规定此后凡涉及汉、回、外番的案件必须上报驻藏大臣,由驻藏大臣拣员会同西藏地方专管刑事的机构郎孜辖共同审理。这样就初步确立了清王朝在西藏地方的司法管辖权。④

《酌定藏中各事宜》共 10 条,基本上是对前面两个章程的修订和补充,其突出特点是加强了驻藏大臣和达赖喇嘛的管理权,进一步提高了驻藏大臣的地位。《酌定藏中各事宜》明确规定,凡噶伦以下官员如戴本、第巴等的补放、提升、革除等,必须首先上报驻藏大臣查验,然后由达赖喇嘛处发给执照。发放免差印照、抄没田产等重大问

---

① 《西宁青海番夷成例》的详细内容见周希武撰《玉树调查记》,第 70—72 页,青海人民出版社,1986 年。
② 《清世祖实录》卷 74,第 18—20 页,中华书局标点本,1986 年。
③ 张其勤原稿,吴丰培增辑:《清代藏事辑要》,第 179—183 页,西藏人民出版社,1983 年。
④ 张其勤原稿,吴丰培增辑:《清代藏事辑要》,第 238—241 页,西藏人民出版社,1983 年。

题上，首先必须征得驻藏大臣的同意然后才能执行。①

上述两个章程的颁行，使清王朝在西藏地方的立法更加具体化和系统化。但由于鄂辉等人对廓尔喀人委曲求全、将就了事，给廓尔喀的继续入侵留下了借口。实际上，两个章程并未完全付诸实际。

3.《钦定西藏章程》

又称《钦定藏内善后章程二十九条》或《钦定章程》。1791年（乾隆五十六年），廓尔喀再次入侵西藏，乾隆皇帝任命福康安为大将军率兵进藏反击侵略者。1793年（乾隆五十八年），驱逐廓尔喀的战争取得彻底胜利后，福康安会同达赖喇嘛和班禅方面的有关人员共同议定了《钦定藏内善后章程二十九条》，经乾隆皇帝钦准后颁行。

《钦定西藏章程》共29条，主要内容可归纳为10个方面：（一）关于达赖、班禅及其他呼图克图灵童转世问题的规定；（二）关于达赖、班禅与驻藏大臣的相互关系及职权问题的规定；（三）关于西藏地方政府（噶厦）官员任免、升降、待遇等问题的规定；（四）关于建立西藏地方部队（藏军）问题的规定；（五）关于西藏地方币制问题的规定；（六）关于西藏地方财政、税收、乌拉差役等问题的规定；（七）关于减免负担、减免旧欠赋税地租等问题的规定；（八）关于整顿司法和建立诉讼手续的规定；（九）关于寺庙的管理、堪布的任免、僧众供养以及青海、蒙古迎请西藏活佛的批准手续等问题的规定；（十）关于外事、外侨管理、对外贸易以及边界出入检查等问题的规定。②

《钦定西藏章程》最突出的特点是：创制了确认灵童转世的"金瓶掣签"制度；全面提高和加强了驻藏大臣的权力和地位；统一了西藏地方的财政税收制度；完善了西藏地方的军事制度；严格了西藏地方的官制制度。章程的颁行标志着清王朝对西藏地方的治理达到了其最高阶段。章程对后世乃至今天产生了巨大的影响。

4.《酌拟裁禁商上积弊章程》

1751年清朝在西藏地方正式确立了政教合一制度，并规定达赖喇嘛圆寂后，在其转世灵童未满18岁之前，西藏地方的僧俗大权由清王朝任命的摄政（通称商上）掌握。随着帝国主义势力的不断入侵和清王朝全国统治力量的衰落，商上的权力越来越大。八世至十二世达赖喇嘛皆未满法定掌权年龄便夭折。为限制商上日益膨胀的权力，1844年（道光二十四年），驻藏大臣琦善、钟方等奏定颁行《酌拟裁禁商上积弊章程》。该章程共28条，主要强调了驻藏大臣的地位和其处理外交事务的权力，对僧俗官员的数额、任免等做了比较详细的规定。尤其是对僧官的任免程序和标准都做了严格的规定。③但琦善等人为了推卸责任，先是奏请放弃驻藏大臣稽核西藏地方财政税收的大权，接着又把西藏地方军队操练和驻防的职责交由地方官员。所以，该章程虽然在某些程度上补充和严密了乾隆五十八年章程的内容，但在重大原则问题上，损害了驻藏大臣的权力，削弱了清王朝在西藏地方的统治。

---

① 张其勤原稿，吴丰培增辑：《清代藏事辑要》，第246—248页，西藏人民出版社，1983年。
② 牙含章：《达赖喇嘛传》，第71—72页，人民出版社，1984年。
③ 《元以来西藏地方与中央政府关系档案史料汇编》，第417—430页，中国藏学出版社，1994年。

5.《新治藏政策大纲》

清末，为挽救日益濒临灭亡的命运，清政府在全国范围内先后开展了"新政"、"立宪"等活动。当时西藏地方内政腐败、外患严重，清政府在这一地区的统治同样也处在风雨飘摇之中。1906年（光绪三十二年），清政府任命张荫棠为五品京堂候补、副都统前往西藏，查办藏事。张荫棠到藏后惩治腐败、整顿吏治，赢得了当地僧俗民众的支持和拥护。此外，张荫棠还训练藏军，兴办教育，修筑公路，架设电线，设置银行，创办汉文白话报，试种茶树，设置巡警等。①

《新治藏政策大纲》颁布后不久，张荫棠就被调离西藏。大纲的部分内容后来由驻藏大臣联豫付诸实践。随着辛亥革命的爆发，清王朝在西藏地方的新政也寿终正寝。该大纲是清王朝治理西藏地方的最后一份重要法律文件。

六、有关苗疆地区的法规

清代的"苗疆"有广义和狭义之分。广义上的"苗疆"泛指今天西南三省、两湖、两广等省的少数民族居住地区；而狭义上的"苗疆"仅指贵州东部以古州为中心的苗族聚居区。本文所言"苗疆"是从广义而言。清代把居住在"苗疆"地区的少数民族统称为"苗民"，因此"苗民"的含义也很广，不单指苗族，但凡居住在西南三省、两湖、两广等地的少数民族多称为苗民。

清代把苗疆地区传统的习惯法称为"苗例"，在大规模推行"改土归流"之前，大部分的诉讼案件都通过"苗例"裁定。雍正时期以后，清政府加强了苗疆地区的立法活动，使苗疆地区的法规不断内地化。清王朝主要通过颁布条例、禁苗条约、章程等形式，实现对苗疆地区的法制化统治。

（一）条例。条例是清朝治理苗疆地区的重要法律形式，主要是根据皇帝给官员处理苗疆事务的谕旨和地方官员的有关奏议而制定。条例的内容包括刑事法规、行政法规和民事法规，其中以刑事法规所占比重较大。清朝关于苗疆地区的条例都收集在1740年编纂的《大清律例》中，共有24条，对苗疆地区土官的任免处惩、苗民的仇杀劫掠、苗民与内地人民的来往、案件的审理程序等都做了严格而详细的规定。②《读例存疑》中载有清王朝制定的有关苗疆的条例36条，其中24条同《大清律例》中的记载一致，其余12条是乾隆五年以后的补充规定。③

（二）则例。则例是清代经过系统编纂的法规之一，前面已谈及清代为管理蒙藏等少数民族地区专门编纂的《理藩院则例》、《回疆则例》等，对苗疆地区的少数民族清王朝没有编纂专门的则例。但在《吏部则例》中有关于苗疆地方土官的专门规定，这些规定主要包括7个方面的内容：土官承袭、土官支庶授职、土官缘事、土官降罚、土官阵亡议给世职、土官请封和土官额缺。④

（三）禁约。禁约是清朝对边疆少数民族地区制定的较早的一种法律形式。与条

---

① 吴丰培辑：《清代筹藏奏牍》第3册，《张荫棠奏牍》卷1。
② 参见《大清律例》卷4—6、卷19、卷24—25、卷31、卷35、卷37等。
③ 薛允升：《读例存疑》卷10，乾隆二十四年定例。
④ 嘉庆《钦定吏部则例》。

例、则例和章程稍有不同的是，禁约一般以布告的形式公布，名称有告示、晓谕等，内容以刑事法律规范为主。禁约大部分由清王朝的各级官员制定，无须经过皇帝谕批就可付之实行，因此具有很大的随意性。此外，禁约的内容还包括当地头人酋长等制定的乡规民约。清代苗疆地区的禁约很多，见之于文献记载由清政府制定的禁约主要有以下3个：

1. 《晓谕苗人告示》

1703 年（康熙四十二年），湖广提督俞益谟制定。当时湖南红苗起兵反清，俞益谟奉命率兵进剿，此禁约就是在这种历史条件下颁布的。此禁约不分条款，主要内容是警告苗民投诚后，不得反复，否则不但出兵剿灭之，而且男女老少皆尽诛戮，田产房屋皆尽刈毁。① 告示中充满了威吓的语言。

2. 《戒苗条约》

1703 年俞益谟制定。该禁约共 8 条，主要内容是禁止苗民出边劫杀抢掠，禁止苗民再制造兵器或执兵器行走；勒令苗民纳粮当差，为苗民指出改过自新谋求生存的办法。② 较之前面的《晓谕苗人告示》，此条约的语气威胁之辞外，也不乏和缓的劝道之语。

3. 1711 年（康熙五十年）9 月，湖广总督鄂海制定的禁约。此禁约未加标题，也不分条款，是向湖广一带的五寨司城、凤凰营、乾州等地发布的，主要内容是禁止内地人民擅处塘汛，进入苗疆滋生事端。同时也禁止塘汛之外的苗民擅入民地，以免引起争端。③ 禁止各族人民之间自由交往，这是清朝统治者常用的统治手段之一。

（四）章程。章程是由地方官员针对当地的实际情况拟定上奏，经皇帝审批后交兵部或军机处等相关机构议决批准后而颁布实行的一种法律形式。清朝在苗疆地区颁布的章程很多，几乎每个时期都有，雍正时期最为集中，其中对后世影响较大的有以下几部：

1. 《苗边九款》

1703 年（康熙四十二年）由偏沅巡抚赵申乔奏定，这是清朝在苗疆地区颁布的最早的章程。该章程对苗疆地方官员的责权、苗民的法律试用程度和防范措施以及苗疆地区的教化制度都做了比较详细的规定。

2. 《云贵总督鄂尔泰疏奏经理仲苗事宜十条》

1727 年（雍正五年）鄂尔泰在镇压了贵州长寨等地苗民反抗后奏定颁行，其主要内容是：采取减免赋税、从宽处理参加反抗活动的苗民等抚恤措施；订立地契文书、建造户口清册、编立保甲制度、严禁私造兵器，强化对苗民的管理措施。该章程是清王朝治理苗疆地区较早、较系统的一个章程，它对后来清王朝在苗疆地区的立法产生了很大影响。

雍正时期在苗疆地区颁行的章程还有：《湖广总督福敏条奏防范苗疆事宜五条》（1727 年）、《川陕总督岳钟琪条奏川省苗疆善后事宜十二条》（1728 年）、《云贵广西

---

① 《清圣祖实录》卷 213，康熙四十二年九月。
② 严如熤：《苗防备览》卷 21。
③ 严如熤：《苗防备览》卷 19。

总督尹继善疏奏黔省九股新辟苗疆善后事宜八款》(1734年)。

3.《乾隆三年章程》

由贵州总督兼巡抚张广泗拟定奏准。主要内容如下：加强对苗民兵役、屯军的管理约束，在苗疆地方安设屯堡、增设官员；确立苗寨头人以专责成；革除苗疆滥役之弊和塘夫派累之弊。该章程是乾隆时期在苗疆地区颁行的一个重要章程。

4.《会筹黔省苗疆善后条款》

1798年（嘉庆三年）贵州总督鄂辉等奏定，主要内容包括保护苗民利益的各种措施，设置苗官管理苗民等。此外，嘉庆时期在苗疆地区颁行的比较重要的章程还有《湖南苗疆均屯经久章程八条》（1805年）等。

5.《筹办云南永北、大姚善后事宜十四条》

1821年（道光元年）制定，主要内容为：平息永北、大姚一带苗民起事后的安抚和司法管辖措施；整顿苗民基层政权组织，设立保甲制度；减轻苗民负担、保护教化苗民；建立土司定期会哨的制度、添设官兵以加强弹压。[1]

6.《道光十三年章程》由四川总督鄂山等针对四川苗疆事宜奏定，共10条，主要内容如下：规定四川凉山一带安设屯练、添筑峒堡等驻防制度；整顿凉山地区的职官制度，加强对土官的管理；规定了凉山地区的经济管理及审判管辖制度。[2]

清朝在边疆地区的立法涉及时间长、跨度大，内容极其丰富，以上仅就清朝历代所修《理藩院则例》的主要内容及清王朝在边疆少数民族地区的立法活动做了简单的论述。

第四节　清政府的民族压迫政策

清王朝是以满族贵族为主，联合汉族上层人士和蒙古贵族的统治。这就决定了其统治各民族的政策具有新的鲜明的特点。但清代又是中国历史上最后一个封建王朝，其统治政策又不可避免地具有延续性和继承性。具体地讲就是，清王朝继承了中国历代封建王朝大民族主义的民族观，实行的是民族压迫和阶级压迫政策。对于政治上的异己力量，无论是反清的各族上层的活动，还是广大各族人民的起义，清王朝都进行残酷的血腥镇压，既是对分裂割据势力的铲除，也伴随着对广大无辜人民的屠杀。

一、对汉族的政策

满族统治者早在入关前就大量吸收汉族地主阶级知识分子及明朝官吏参与政权建设，注意吸收汉族先进的生产方式及科学文化。入关以后，更是广泛接纳汉族地主阶级加入统治机构，形成了满汉联盟。但对于广大的汉族人民，清朝仍然实行残酷的剥削和压迫统治。清朝在统一全国的过程中，对汉族人民的反抗进行了惨无人道的大屠杀。扬州被攻破之日，清兵尽屠全城百姓，于是"清兵屠旧城，男子无少长皆死，妇女尽缚

---

[1] 《清实录·宣宗实录》卷246，第712页，中华书局标点本，1986年。
[2] 查继左：《国寿录》卷2。

归营"①。接着，苏州、嘉定、嘉兴、宁都、海宁、广州之屠，使无数无辜百姓惨遭杀戮。统一南方后颁行"剃发令"，令剃头匠负担行走于市，凡见蓄发者就地剃尽，稍遇抵抗，即遭杀戮，于是有"留头不留发，留发不留头"之说。而清朝初年实行的圈地令使京城附近500里内汉人的土地，尽归八旗将士。从1645年（顺治二年）颁布圈地令到1669年（康熙八年）被迫取消圈地令，仅北京附近就有16多万顷土地被圈占。②许许多多的农民失去了赖以生存的土地，或被迫流离失所，背井离乡，或被迫沦为贵族庄园里的农奴。此外，清朝初年还颁布"逃人法"、"投充法"等严酷法令，严惩逃亡农民，任意勒逼汉人投充旗下为奴。

康熙中叶以后，随着社会经济的日益发展和统治政权的日益巩固，封建社会末期地主阶级的腐朽性、反动性开始暴露，对劳动人民的剥削日益残酷。尤其是雍正、乾隆、嘉庆、道光时期，土地兼并日甚一日，愈来愈多的农民失去土地沦为佃农。在地主的疯狂掠夺下，广大农民通过明末农民战争得到的土地和通过辛勤劳动而开垦出来的土地又逐渐丧失，据记载，当时"一邑之中，有田者什一，无田者什九。"③清朝初年，为了稳定新兴政权，清朝统治者实行轻敛薄赋的养民政策，使社会经济逐渐恢复和发展。但随着时间的推移，各种苛捐杂税纷纷而至；农民负担越来越重。同历代封建王朝一样，清朝以田赋为最主要的税收，而田赋中最大宗的是地丁。自康熙末年实行"摊丁入亩"制度以后，地丁银的总数在不断增加。如顺治末年每年为2100余万两；康熙中每年为2400余万两；雍正初每年为2600余万两；乾隆末年每年为2900余万两；嘉庆以后至清末，每年为3000万两左右。④除地丁银外，广大农民还要负担漕运、"鼠耗"、"雀耗"、"火耗"等各种名目繁多的杂税。此外，清朝中叶以后，吏治腐败，贪污贿赂成风，地主阶级依靠广大农民创造的财富过着骄奢淫逸的生活。由于不堪清朝统治者的重压，广大农民纷纷揭竿而起进行反封建斗争。清朝中前期著名的农民起义有：1721年（康熙六十年）台湾朱一贵起义，1774年（乾隆三十九年）山东王伦起义，1786年（乾隆五十一年）台湾林爽文起义，1796年（嘉庆元年）川楚陕白莲教起义，1813年（嘉庆十八年）北方天理教起义。这些汉族农民起义加上同时期边疆各族人民的反抗斗争，沉重打击了腐朽的封建统治。

1842年（道光二十二年）第一次鸦片战争以后，中国开始一步步沦为半殖民地半封建社会。清政府为了支付庞大的军费开支和巨额的战争赔款，竭尽所能进行搜刮。鸦片输入年年激增，白银外流，银贵钱贱等问题日益严重。地主、官僚、贵族更加剧了对土地的兼并，地租剥削率很高，这些都使劳动人民的负担更加沉重。加上各地天灾人祸不断，广大人民群众生活在水深火热之中。封建主义和帝国主义的双重压迫和剥削迫使各族人民群众走上了反抗的道路。从第一次鸦片战争爆发到辛亥革命推翻腐朽的清王朝，期间人民群众的反抗斗争此起彼伏连绵不断。太平天国革命（1856—1861）、捻军

---

① 查继左：《国寿录》卷2。
② 刘泽华等编著：《中国古代史》（下），第372页，人民出版社，1979年。
③ 邱家穗：《丁役议》，贺长龄、魏源等编：《清经世文编》卷30，第737页，中华书局，1992年。
④ 张传玺主编：《中国古代史纲》（下），第542页，北京大学出版社，1989年。

起义（1855—1868）、义和团运动（1900）等这些以汉族为主体的声势浩大的农民起义，虽然最终都被中外反动势力所绞杀，但从根本上动摇了清王朝的反动统治。

清王朝对汉族的压迫政策还表现在思想意识形态领域。清朝统治者实行文化专制主义统治，对那些在思想文化方面表示出对满族贵族的统治稍有不满的汉族知识分子进行血腥镇压。仅康熙、雍正、乾隆年间发生的"文字狱"有七八十次，许多文化典籍遭到焚毁，大量知识分子惨遭杀害。如康熙年间的"明史狱"，作者庄廷龙被开棺焚骨，凡作序者、校阅者、读者、藏书者均被处死，先后因此狱牵连被杀者70余人，被充军边疆者达几百人。"南山集狱"也波及数百人。而雍正进期的"查嗣廷狱"、"吕留良、曾静狱"等也轰动一时。鸦片战争，尤其是中日甲午战争以后，伴随着中国民族资本主义的初步发展，中国资产阶级也作为新的政治力量，开始登上政治舞台。1898年（光绪二十四年），以慈禧太后为首的清政府血腥镇压了资产阶级的维新运动。1901年（光绪二十七年）9月，帝国主义胁迫清政府签订了丧权辱国的《辛丑条约》，从此，清政府完全成为"洋人的朝廷"。对于迅速传播的资产阶级民主革命思想，清政府勾结帝国主义势力进行了残酷的镇压，"苏报案"便是著名一例。1911年，孙中山先生领导的辛亥革命终于推翻了腐朽的清王朝，结束了中国近2000年的封建帝制。

二、对蒙古族的政策

清朝是我国空前统一的多民族国家，对边疆少数地区的统治政策基本遵循"恩威并施"、"因俗而治"和"分而治之"的方针，但在具体的操作过程中，又对不同地区的不同民族实行不同的政策。在清王朝崛起和统一全国的过程中，蒙古骑兵发挥了很大的作用。而全国统一以后，清王朝以蒙古为其北部的屏障，更加重视对蒙古地区的治理。早在努尔哈赤之时就确立了对毗邻的蒙古各部联盟、联姻的基本政策。以后的历代清朝皇帝基本上遵循了这一政策。对效忠清王朝，为清朝东征西讨的蒙古王公贵族，清朝授予高官厚爵，而对于那些敢于与清王朝向对抗者坚决予以镇压。

清朝在蒙古地区实行盟旗制度，改变了清王朝与蒙古各部之间的关系，使统一的多民族国家更加巩固和壮大。但另一方面，盟旗制度的实行，限制了蒙古族的发展，使势力强大的蒙古各部分散地固定在一定的范围之内，成为若干互不统属的单位，很难形成一个政治整体。为达到分而治之的目的，清王朝规定在各盟旗之间均须树立鄂博，或建卡仑，彼此之间不得逾越，否则严惩不贷。为防止蒙古族与汉族联盟反对其统治，或蒙古族学习和掌握汉族先进的生产技术和知识，清王朝严禁蒙汉两族之间通婚，不准内地汉民到蒙古地区贸易耕种，蒙古族不得学习汉语言和文化，蒙古族不得延请内地书吏，违者重罪等。

清王朝虽然对归顺的蒙古王公贵族授予高官厚爵，赐予种种特权，但仍采取牵制、监视等措施，加以防范。首先，清朝在蒙古地区设置将军、都统、大臣等加强对蒙古各部的控制。这些将军、都统、大臣等在重要的地方建城驻兵，从军事上控制蒙古各部。其次，清朝充分利用长期以来蒙古各部之间的矛盾和冲突，让蒙古各部彼此牵制，互相监督。例如，顺治皇帝就曾特别嘱咐科尔沁严密监视漠南蒙古各部的动向。[①]

---

① 《中国北方民族关系史》，第406页，中国社会科学出版社，1987年。

蒙藏民族笃信藏传佛教，藏传佛教势力对蒙藏社会的政治、经济有巨大的影响，达赖喇嘛和班禅额尔德尼在蒙藏人民中享有崇高的地位，清朝统治者对此认识的十分清楚。因此，制定了充分利用藏传佛教统治蒙藏民族的基本政策，其目的正如清人所言："国家宠信黄僧，并非崇信其教以祈福祥也。只以蒙古诸部敬信黄教已久，故以神道设教，借仗其徒，使其诚心归附，以障藩篱。"① 清朝给予藏传佛教各级活佛种种优厚待遇，大力支持在蒙藏地方修建藏传佛教寺院，鼓励蒙藏贵族乃至百姓弟子出家为僧，使藏传佛教势力得到了空前的发展。至清末，内蒙古有藏传佛教寺庙1000余座，外蒙古有740多；青海、甘肃、四川、新疆等地也有五六百座。② 藏传佛教的蔓延，麻痹、削弱了蒙藏民族的斗志，大大减少了蒙藏民族的人口，严重阻碍了蒙藏社会的发展。近代蒙藏社会的远远落后于其他先进民族，与清王朝奉行的藏传佛教政策分不开。

第一次鸦片战争以后，同全国各族人民一样，蒙古族人民开始遭受封建主义、帝国主义的双重压迫。尤其是太平天国革命爆发后，为了镇压这次农民起义，清政府加紧了对蒙古人民的经济勒索，军事征调也更加频繁。清政府以"抽厘助捐"、"广开捐输"等为名，命蒙古王公贵族捐输银两、骆驼，并实行了开放蒙地的政策。各阶层蒙古王公借此乘机大肆搜刮民脂民膏，不但中饱私囊，而且以人民的血汗换取其主子的赏识。如伊克昭盟盟长巴达尔虎两次即捐银3.23万两；③ 锡林郭勒盟盟长齐旺札布等捐马3000匹，阿巴噶札萨克杜噶尔布木捐马1200匹。④ 此外，清政府还在内蒙进行大量的军事征调，加强内地防止或镇压农民起义的军事力量。清政府连年不断的军事征调和蒙古王公贵族的无度压榨，加上各地各种天灾频频，蒙古各族人民生活在水深火热之中。在太平天国革命运动的影响下，他们奋起抗争，展开了一系列的反封建、反压迫斗争。虽然这些革命斗争最终都以失败而告终，但他们牵制了清政府的兵力，客观上有力支援了太平天国运动，沉重打击了清政府在内蒙古地区的反动统治。

自明朝中叶以后，青海地区就成了蒙古各部争夺的焦点。这不仅因为青海地区水草丰美，是天然的优良牧场，还因为青海地区又是通往西藏的要道，谁掌握了青海，谁就可以控制西藏，控制西藏的宗教势力，进而号令蒙藏地区。清朝初年新疆和硕特蒙古正是按照这一方式实现了对全部藏族地区的统治。清朝对青海蒙藏两族，采取了分化、隔离和歧视的政策。入关之初，鉴于当时国内严峻的形势与和硕特蒙古在藏族地区的强大势力，清朝默认了和硕特首领顾始汗（1582—1654）对西藏的统治，但对青海的蒙古族势力采取了抑制政策。1723年（雍正元年），青海和硕特蒙古首领罗布藏丹津起兵反清，雍正皇帝令年羹尧率大军进剿。罗布藏丹津叛乱的平定，虽然有利于实现清朝对青海地区的直接统治，但年羹尧在进军过程中，滥杀无辜，烧毁寺院，许多当时藏族文化界很有名的高僧大都惨遭杀戮，多座千年古刹被焚于一旦，青海地区的藏族经济、文化遭到了极大的破坏。之后，年羹尧颁布《青海善后事宜十三条》和《禁约青海事宜十

---

① 昭梿：《啸亭杂录》卷10，中华书局，1980年。
② 《中国北方民族关系史》，第427页，中国社会科学出版社，1987年。
③ 《中国北方民族关系史》，第489页，中国社会科学出版社，1987年。
④ 《中国北方民族关系史》，第490页，中国社会科学出版社，1987年。

二事》，严格限制青海藏传佛教寺院的发展数量和规模，限制蒙藏民族及青海蒙古各部之间的互相来往。接着又设西宁办事大臣，严密监视和硕特蒙古的动向。①

1731年（雍正九年），清朝规定以黄河为界，河南为藏族生活地，河北为蒙古族放牧地，彼此不得逾越放牧或居住。这样，基本上就把蒙藏两个民族隔离开来，也为日后蒙藏两族间长达数百年的矛盾和冲突埋下了祸根。清王朝正是利用这种形势，起初扶植藏族与蒙古族对抗。但到嘉庆、道光时期以后，由于蒙古族势力衰落，无法抵抗藏族的不断向河北推进，所以又采取了压制藏族势力，加强蒙古族势力的政策。道光年间，那彦成甚至采取封锁盐粮的措施，逼迫藏族渡河而南。清朝对青海蒙藏两族的分化、隔离、歧视和压迫，造成民族间的长期矛盾，而它自己则"火中取栗"②，坐收渔人之利。清朝历史文献中，有关青海地方官员借调解蒙藏民族间的冲突大量搜刮银两、马、牛、羊等的记载屡见不鲜。

三、对藏族的政策

蒙藏民族的关系具有很长的历史渊源，尤其是元代以后，蒙藏民族间的许多政治关系都是通过宗教活动而表现的。正因为这样，清朝统治者制定了兴格鲁派以安蒙古和西藏的基本政策。乾隆年间，西藏仅达赖喇嘛所属寺院就有3150座，僧人30.25万有余，属民121438户；班禅额尔德尼所属寺院237座，僧人1.37万，属民60750户。若按每户五口人计算，西藏达赖喇嘛和班禅额尔德尼的属民为64万多人，而喇嘛总人数为31.6万多，相当于百姓人数1/2。③ 清王朝在西藏大力支持和发展藏传佛教的结果是大大削弱了藏民族的勇武精神，大量的青壮年进入寺院，不但浪费了大量的劳动力，阻碍了西藏社会经济的进步，而且使藏族人口锐减，人口出生率始终很低。清代，西藏的人口总数始终徘徊在90—100万之间，就是这个原因。

清朝在贯彻执行扶植发展藏传佛教政策的过程中始终遵循"众建以分其力"的原则，从宗教上对蒙藏地方分而治之。从顺治年间开始，先后在蒙藏地区建立了达赖喇嘛、班禅额尔德尼、帕巴拉、哲布尊丹巴和章嘉五大活佛转世系统。每位大活佛之下又有许多中、小活佛。各大活佛互不统属，彼此牵制。清朝在授予藏传佛教各大首领众多特权的同时，又制定了"喇嘛禁令"和"金瓶掣签"等法令，对于那些敢于违背清朝皇帝旨意者严惩不贷。此外，清朝还制造和利用各大活佛之间的矛盾和冲突，或抑此扶彼，或抑彼扶此，以此加强它对蒙藏地区的统治。1923年，由于与达赖喇嘛的矛盾日益尖锐，九世班禅被迫逃亡内地。这件事虽然发生在民国年间，但实际根源在于清朝。为限制达赖喇嘛的势力，清朝多次欲以班禅额尔德尼取代达赖喇嘛，或人为地在两大活佛之间制造冲突，致使长期以来西藏两大集团之间矛盾重重，最后发展为公开的冲突。

1727年（雍正五年），西藏统治阶级内部发生内讧，清朝派军进藏安抚，在西藏地方确立了郡王制。同时，清朝决定分化和削弱西藏地方的统治力量。雍正皇帝下令将康区东部的康定、理塘、巴塘等地划归四川管理；将康区南部的中甸、维西、德钦等地划

---

① 王辅仁、索文清编著：《藏族史要》，第116页，四川民族出版社，1982年。
② 那彦成：《平番奏议》。
③ 黄奋生：《藏族史略》，第264页，民族出版社，1985年。

归云南管理；又将日喀则以西一直到阿里划归五世班禅管辖。五世班禅出于政治上的考虑，只接受了拉孜、昂仁、彭错林三个地方。① 这次调整虽然有利于巩固清王朝在西藏的统治和西藏地方的安定，但从另一个侧面也反映了清朝分而治之的大民族主义举措，同时也为西藏两大封建农奴主之间的矛盾和冲突埋下了种子。

1728年（雍正六年），清朝正式在西藏设置驻藏大臣衙门。根据1793年（乾隆五十八年）的《藏内善后章程二十九条》，驻藏大臣与达赖喇嘛和班禅额尔德尼地位平等。但实际上，只有驻藏大臣才有权直接向皇帝上奏，达赖喇嘛和班禅额尔德尼必须通过驻藏大臣才能向清中央王朝反映西藏地方的情况。这样就使得驻藏大臣利用手中大权为所欲为，毫无顾忌。尤其是1840年第一次鸦片战争以后，清政府派往西藏的大多是昏庸无能之辈，他们在西藏贪赃枉法，卖官鬻爵，乱派乌拉差役，竭其所能，鱼肉百姓。清末，西藏地方和清政府的关系一直比较紧张，与驻藏大臣的贪污腐化、昏庸无能有直接的关系。1888年、1904年，西藏人民先后两次奋起抗击英帝国主义的入侵。驻藏大臣非但没有有效地支持和指挥西藏人民的抗英斗争，反而奉清朝主子之命，压制、阻挠甚至破坏西藏人民的爱国斗争，导致了西藏人民抗英失败。

1751年（乾隆十六年），清王朝在西藏建立噶厦地方政府，任命噶伦等各级地方官吏。但除噶伦由清朝支给俸禄和由达赖喇嘛拨给庄园外，其余各官吏均无固定俸给，由西藏地方政府自行解决，从而大大加重了人民的负担。这也从一个方面反映了清王朝民族压迫和民族歧视政策。

除政治压迫和经济剥削外，清王朝还对藏族地区采取军事压制政策，尤其是在治理西南藏族地区的过程中，清朝对藏族人民的反抗进行了血腥镇压。清初承明制，在西南地区继续推行土司制度，并陆续加封了川、康一带的藏族土司，其中大、小金川土司势力较强，影响较大。为了剪除痈患，1747年（乾隆十二年）、1771年（乾隆三十六年）、1776年（乾隆四十一年）清朝先后两次借大、小金川土司内部的矛盾，几乎倾全国财力、物力进行镇压，使当地藏族人民遭受了巨大的灾难，并极大地破坏了当地经济。魏源对乾隆两次血腥镇压大小金川就曾这样评述："乾隆二十年平准、回两部，辟地二万余里，用兵五年，用银三千余万两；金川地仅千里，不及准、回两部十之一二，而用兵亦五年，用银至七千万，事倍而功半者，则以天时之多雨久雪，地势之万夫莫前，人心之同恶誓死，兼三难而有之。"②

清末，为挽救日益濒临灭亡的命运，清政府在全国展开了所谓的"新政"运动，藏族地区也不例外。1906年（光绪三十二年），张荫棠奉命查办藏事。张荫棠到藏后提出了治藏大纲24款，积极主张锐意改革、整顿吏治，加强国防建设，巩固清中央政府对西藏的主权，赢得了西藏人民的拥护和好感。但张荫棠的治藏大纲同样无法摆脱清朝统治阶级对少数民族人民歧视、压迫的内容。例如他主张收回政权，以汉官监视藏官，派军队弹压；强迫藏族学习汉族的伦理道德、语言文字等，而放弃本民族风俗习惯、语言文字、道德标准、生活方式及宗教信仰等，这些都是大民族主义的具体表现。

---

① 王辅仁、索文清编著：《藏族史要》，第116页，四川民族出版社，1982年。
② 魏源：《圣武记·乾隆再定金川土司记》，中华书局，1984年。

与此同时,清政府任命赵尔丰为川滇边务大臣,在康区进行大规模的"改土归流"。赵尔丰通过强硬的军事、政治措施,先后废除了明正(康定)、德格、巴塘、瞻对、察木多(昌都)、乍丫(察雅)等大小土司及其他地方势力,并在这些地方设置了府、所、州、县,加强了这些地方同中央政府的联系。但赵尔丰在"改土归流"过程中采取军事高压的手段,实行大民族主义强制同化政策。如强令藏族子弟进汉文学堂、改用汉姓,又硬行规定凡官府文稿,必须用汉文,藏民诉讼,限用汉语。此外,赵尔丰还把藏族的婚嫁丧葬等风俗习惯一概斥之为"野蛮",强迫藏族人民接受孔孟之道的"礼仪"和"教化"等。①

四、对信仰伊斯兰教民族的政策

清代把信仰伊斯兰教的维吾尔族称为"回部",而把今天信仰伊斯兰教的回族、撒拉族等通称为"回回"。清初,新疆北部主要是蒙古卫拉特四部,南部则以维吾尔为主体的叶尔羌汗国。1760年(乾隆二十五年),清朝统一天山南北之后,对生活在新疆地区的蒙古族和维吾尔族实行了不同的统治制度。在维吾尔族集中的南疆和伊犁地区推行维吾尔族传统的伯克制度。在清王朝的直接统治下,维吾尔族人民所遭受的政治压迫和经济剥削虽然有所缓和,但劳动人民的处境,仍然没有根本性的改变。

清朝统一新疆后,对准噶尔时期的赋税制度进行了改革,相对减轻了维吾尔族人民的负担。例如,喀什噶尔所属共10城和7个村庄,有1.6万余户,人口数10万,岁征粮4000帕特玛、钱6000腾格、金10两、葡萄1000斤、棉花1463察喇克、红花365察喇克。② 叶尔羌所属27城村,计3万户,人口10万余,须交杂粮1400帕特玛、钱1.2万腾格。③ 这些赋税虽然比准噶尔统治时期减轻了许多,但长期战乱后,这些负担并不轻。实际上,当时维吾尔族劳动人民的负担远不止这些。清朝派到新疆地区的各级官员,往往借战胜之威随意摊捐派税,鱼肉百姓。而清王朝也乘机大肆搜刮民脂民膏,强迫维吾尔族进贡玉石、毡裘、缎布等新疆特产。如乾隆年间,新疆地区采了一个像屋子大小的玉石进贡,为此专门制造了一辆二十四轮的马车,用百匹马运送。当时,千夫挥鞭,马匹奔腾,许多夫役被踢死或压死。④ 此外,清王朝虽然采取了一系列措施,对各级伯克的政治、经济特权进行了一定的限制。但伯克们仍然拥有很大的特权,他们除了配合清朝派到新疆的各级官吏肆意剥削奴役劳动人民外,还私自增加占有土地和种地人户,把持水源,操纵粮价,按丁索富,甚至课及同树。⑤

由于不堪日益加重的封建剥削和压迫,清朝统一新疆后不久,广大维吾尔族人民就忍无可忍,纷纷奋起反抗。其中,1765年(乾隆三十年),赖黑木图拉、赖色木图拉父子领导的乌什起义,是维吾尔族人民第一次大规模的武装反清斗争。起义军杀死"阿奇木伯克"及乌什大臣,屡次挫败清军的镇压。这次起义最后虽然以失败而告终,但

---

① 《藏族简史》,第340页,西藏人民出版社,1986年。
② 《清高宗实录》卷88,按当时维吾尔族的计量法,1帕特玛准折官石4.5石,1察喇克准官秤10斤,1腾格准银1两。
③ 《清高宗实录》卷593,乾隆二十四年七月下。
④ 孟森:《清史讲义》,第157页,上海书店,1992年。
⑤ 马寅主编:《中国少数民族》,第179页,人民出版社,1981年。

迫使清王朝重新调整和制定了治理新疆的政策，在一定程度上不得不减轻对维吾尔族人民的压迫和剥削。也就是乌什起义以后，清朝批准伊犁将军明瑞"民回之居处宜别"的奏请，在新疆推行民族隔离政策。具体措施是实行汉回分城居住，即清朝官吏、军队及内地商人驻汉城，伯克等维吾尔族人民驻回城，甚至在英吉沙尔城中间修一堵墙，墙南由维吾尔族居住，墙北由清朝官兵和汉人居住。① 这是清王朝民族压迫民族歧视政策在新疆地区的集中体现。

各地王公伯克在清王朝的支持下，肆意奴役属下百姓，并不断加强对属下百姓的封建徭役制压迫。各地农民反抗差役的斗争风起云涌，延绵不绝。1864年（同治三年），库车的维吾尔族和回族人民首先发起武装暴动。乌鲁木齐、莎车、伊犁、巴里坤、昌吉等地的各族人民也纷纷响应，一时间新疆几乎全被暴动群众占领。这次新疆各族人民大起义的果实虽然最后被一小撮民族和宗教上层篡夺，但它震撼了清王朝在新疆的统治。② 1884年（光绪十年）新疆建省，新疆与内地的联系更加密切，维吾尔族人民和各族人民在反帝反封建的斗争中也愈加团结一致。1907年（光绪三十三年）、1912年，哈密维吾尔族人民曾先后两次揭竿而起，反抗维吾尔族封建主的繁重徭役和沉重压迫。清代以维吾尔族和回族为主力军的各族农民自发的武装暴动，一定程度上打击和削弱了清政府在新疆的反动统治。

清代，回族分布在全国各地，保持着"大分散，小聚居"的特点，甘肃、宁夏、青海、云南等地都有回族比较集中的集居区。清王朝虽然允许回族上层科举入仕、封官晋爵，如率军出征立功，还可荣任要职，但对广大的回族群众实行民族压迫和民族歧视政策，有意制造回汉隔离，并利用宗教问题，制造民族矛盾，分化、瓦解回族。有些清朝官员甚至主张把"回回"强行安置在边远地区，让其以耕牧为主，以便磨灭回族的犷悍之性，削弱回族对清王朝的反抗。

因回族信仰伊斯兰教，所以，回族广大劳动人民除受封建政府和私人地主世俗盘剥外，还有沉重的经济负担，这就使得他们的生活更加贫困。清朝采取"以回治回"的政策，利用少数上层担任各级官吏，从而实现对回族的统治。这些少数上层人士倚仗清王朝的支持，鱼肉百姓，无恶不作，过着骄奢淫逸的生活。清初，在当时西北的回族聚居区出现了门宦制度，这是一种教主兼地主的制度。在这种制度下，占有大片土地、享有种种特权的伊斯兰教主被神化，并且其职世代相替。门宦制度的建立，加强了封建地主阶级对回族人民的控制。

撒拉族也信仰伊斯兰教，他们主要分布在青海东南黄河岸边的循化县，从事农业、皮筏和榨油业。清政府对人口稀少的撒拉族人民同样进行横征暴敛。1739年（乾隆四年）规定，每一石种子的水田赋粮一斗五，旱田赋粮一斗。1743年（乾隆八年）设循化营，加强对循化的控制。1761年（乾隆二十六年），安定（今定西县）回族马明新创立新教，提出革除门宦和消灭土司等口号，受到撒拉族人民的热烈响应。清朝充分利用新、旧教之间的矛盾，采取"帮扶旧教"、"尽洗新教"和"赦一剿一"等挑拨分化

---

① 马汝珩、马大正主编：《清代的边疆政策》，第83页，中国社会科学院出版社，1988年。
② 马寅主编：《中国少数民族》，第180页，人民出版社，1981年。

政策，破坏回族内部团结。回族和撒拉族人民对清王朝的压迫忍无可忍，1781年（乾隆四十六年）在新教徒苏四十三和韩二领导下举行武装起义。起义军杀死兰州知府和旧教户长韩三十八，攻占河州（今甘肃临夏市），并包围了兰州。清朝先后派大批精锐部队赴甘才最后镇压了这次声势浩大的起义。接着清朝实行大规模的反攻倒算，疯狂迫害撒拉族、回族中的新教徒，把大批撒拉族妇女送到新疆伊犁为奴，把新教徒的田产分给旧教军官，使新、旧教之间的矛盾和冲突更加尖锐。此外，清朝把原驻西安的陕西提督移驻固原，将固原总兵移驻河州，加强对回族和撒拉族地区的军事控制。① 但回族和撒拉族人民并未就此屈服，之后又举行了多次武装起义，沉重打击了清王朝在西北地区的反动统治。

第一次鸦片战争以后，清政府为了镇压太平天国运动和支付巨额的战争赔款，变本加厉地压迫和剥削全国人民，回族人民的生活更加艰难。随着各种阶级矛盾和民族矛盾的进一步激化，全国各地的回族人民联合当地的各族人民掀起了大规模的武装反清起义。其中著名的回族大起义有：杜文秀领导的云南回民起义（1856—1874），西北回民大起义（1862—1874），新疆回回妥明领导的回、维吾尔族联合起义等。这些起义虽然最后都被残暴的清政府血腥镇压，但它们从根本上动摇了腐朽的封建统治，成为当时全国各族人民大规模反清斗争不可缺少的一部分。

五、对南方各民族的政策

南方是我国少数民族分布相对比较集中的地区，尤其是四川、云南和贵州西南三省，我国人口较少的民族大都分布在这一地区。西南地区有藏、羌、彝、苗、白、傣等25个少数民族，而中南、东南地区也有壮、土家、瑶、黎等9个少数民族。清初，这些少数民族地区尚处在不同的社会历史发展阶段。清朝前期，由于全国尚未最后平定，所以在南方少数民族地区仍承明制，推行和维护土司制度。如清初，云南共有土司90家，其中88家属于承明制者，广西48家土司都得到清朝的承认；贵州115家土司大多数也得到了清朝的正式承认。②

雍正初年，全国大局已定，南方，尤其是西南地区的土司问题便提到了议事日程。土司名义上听从中央王朝的号令，实际上割据一方，拥兵自重，作威作福，不但使朝廷政令难以畅通，而且还不时起兵反清，对中央政权构成威胁。因此，土司制度的存在实际上已成为统一的多民族国家进一步发展的障碍。于是，1726年（雍正四年），清朝接受当时云贵总督鄂尔泰的建议，开始大规模的"改土归流"，直至清末，"改土归流"仍在进行。雍正年间是清朝"改土归流"的高潮，共革除土司160余家，其中贵州15家，云南18家，湖广48家，四川70家。③ "改土归流"使清朝多民族统一国家得到进一步的巩固，促进了"改土归流"地区各民族社会经济文化的发展，这是其主要积极方面。但清朝在"改土归流"过程中以大民族主义的姿态，采取军事高压手段，对南方少数民族进行残酷的血腥镇压，并不顾少数民族地区的实际情况，施行赤裸裸的民族

---

① 马汝珩、马大正主编：《清代的边疆政策》，第382—383页，中国社会科学院出版社，1988年。
② 刘泽华等编著：《中国古代史》（下），第372、第475页，人民出版社，1979年。
③ 马汝珩、马大正主编：《清代的边疆政策》，第391页，中国社会科学出版社，1988年。

压迫政策,这是应该否定批判的。

"改土归流"之初,清政府就认为土司世代拥有土地、百姓和武装,要他们"去封号、徼兵械、纳土称臣,解甲门田,帖然受命改流,是不可能的事。故鄂尔泰受命之日,即移兵攻贵州广顺之长寨,终于古州,首位用兵凡五六载。"① 先是对东川、乌蒙、镇雄用兵,进而改置乌蒙、乌撒、镇雄、东川四流官府。继后,对云南镇源、威远、恩乐、车里、茶山、孟养等地用兵,将这些地区亦尊设为流官。1726 年(雍正四年)至 1729 年(雍正七年),鄂尔泰对贵州广顺长寨连续用兵 3 年,设流官地区计有 1298 寨,5978 户,男妇 35982 口,地方 600 公里。② 1727 年(雍正五年),鄂尔泰攻占谬冲,谬冲为贵州、湖北交界处势力最大的苗族土司。1728 年(雍正六年)至 1730 年(雍正八年)清军占领贵州八寨、丹江、九股、清水江、八方古州等地,将这些地区改置流官。1728 年(雍正六年),清军攻占广西八达寨,改归西隆州管辖。1731 年(雍正九年),清军又攻占广西邓横寨,将其地改流。③

对于清王朝残酷的经济剥削和经济压迫,南方各族人民一直进行着前仆后继的英勇斗争。"改土归流"之后,湖南、贵州等地的苗族人民不但受苗族地主的统治,而且还要受汉、满地主的民族压迫和封建剥削。各族地主阶级巧取豪夺,拥有越来越多的土地,而大批的苗族农民则沦为他们的佃户或雇工。1795 年(乾隆六十年),贵州和湖南爆发了由石柳邓、石三保和吴八月等人领导的苗民大起义,史称"乾嘉苗民起义"。起义军坚持斗争前后大约 3 年之久。此外,嘉庆年间著名的南方少数民族起义还有:布依族人民的南笼起义(1797),土家族地区的白莲教起义(1796),云南大理等地的各民族起义(1796—1817),滇西北恒乍绷领导的傈僳、怒、白等各族人民的起义(1801—1803)和永北唐贵等领导的傈僳、彝、回等各族人民起义(1820—1821 年)等。鸦片战争以后,南方各族人民积极地投入到波澜壮阔的太平天国革命运动和捻军起义等反帝反封建斗争,沉重打击了帝国主义和封建主义势力,动摇了腐朽的清王朝在南方少数民族地区的反动统治。

---

①②③ 王锺翰:《雍正西南改土归流始末》,载《清史新考》,第 191—204 页,辽宁大学出版社,1990 年。

第二章 少数民族的社会与经济

第一节 东北（东三省）各族的社会与经济

第一次鸦片战争后，资本主义列强用重炮打开了我国东北的大门，从根本上动摇了清朝对东北的长期的封禁政策，使东北地区陷入了半殖民地半封建的深渊之中。由此，东北各民族地区，以及各少数民族的社会与经济也发生了一系列重大变化。他们遭受着资本帝国主义和封建主义在政治、经济、文化上的沉重压迫和剥削。与此同时，他们一方面继续保持着本民族的传统的社会经济方式；另一方面，尽管各民族社会经济发展程度大不相同，但无一例外地受到了商品市场大潮的深刻影响。满族、朝鲜族中商品交换已较为普遍。赫哲族、鄂伦春族中的商品交换也呈现出逐渐上升的趋势。

一、社会制度

1840年（道光二十年）鸦片战争以后，清王朝同西方资本主义国家签订了《南京条约》等一系列不平等条约。从此，中国从独立的封建国家逐步演变为半殖民地、半封建国家。西方资本主义国家从南方海上入侵，接着沙俄从北方陆地入侵东北，中国丧失了东北的大片国土。1861年（咸丰十一年），牛庄（营口）开港，东北地区开始直接卷入世界资本主义市场。闭关自守的中国，被西方资本主义国家用炮舰打开了大门，并从根本上动摇了清朝对东北的封锁政策，东北地区在痛苦中开始了半殖民地、殖民地的历程。从1840年到1911年清朝灭亡的70多年时间，列强在互相激烈争夺中，逐步加深了对东北的政治、军事、经济和文化侵略。与此同时，反对外来侵略势力的斗争逐步高涨，清朝对东北地区的统治，在衰弱中挣扎，直至最后灭亡。

这一期间，各少数民族地区也未能摆脱逐渐沦为半殖民地、殖民地的命运。但是，东北各少数民族，由于其历史发展水平不一样，所处的地理环境不一样，相互之间的关系以及同汉族接触的程度不一样等原因，其社会制度也很不一样。

满族，在资本主义列强侵略下，与全国人民一起沦入半殖民地、殖民地社会，自给自足的自然经济遭到破坏，封建生产方式逐渐解体，阶级分化进一步加深。当时，满族人民仍然处在八旗制度的束缚之下。八旗制度是清太祖努尔哈赤为便于军事和狩猎活动而建立起来的一种兵农合一的制度。努尔哈赤规定每300人编一牛录，置一牛录额其（汉名佐领），每5牛录编一甲喇，置五牛录主（即甲喇额其，汉名参领），每5甲喇构成一个固山，即旗，置固山额其（汉名都统）。有正红、正黄、正白、正蓝、镶红、镶黄、镶白、镶蓝八旗。1840年以后，由于资本主义侵略，阶级分化进一步加深，服役的八旗兵缺饷，丧失土地的人户增多，分化出更多的佃户、雇工、手工业者，出现了少数近代产业工人。少数满族统治者还兼营近代工矿企业。满族的产业工人早于资本家出现，几乎和汉族工人同时出现、发展和壮大起来。在资本帝国主义的政治经济侵略下，封建经济逐渐解体，满族贵族的皇庄、王庄进一步瓦解。在这样的情况下，一部分满族贵族开始转向农业，经营土地成为地主。在满族社会中，奴才是社会地位最低的阶层，他们受主人的剥削和压迫。奴才为主人看坟、耕种祭田。

在满族社会中，仍保留着氏族制度的一些残余，如同姓中有"莫昆达"，即族长。"莫昆达"是本族中辈分高，有威望的人，由选举产生，负责管理本族事务，族人见到他，一定要毕恭毕敬。

朝鲜族来源于朝鲜半岛。18世纪初，朝鲜贫苦边民不堪忍受封建剥削与灾荒饥馑之苦，便不断冒禁越鸭绿江、图们江潜入中国东北。19世纪中叶开始大批迁入，在同各族人民共同开发建设东北边疆，长期进行反帝反封建斗争中逐渐形成为中国的一个少数民族。

1885年，清政府废止封禁后，把图们江以北长达700里，宽四五十里的地区划为专垦区。清政府改设和龙峪、光霁峪、西步江三处通商局卡为越垦局，兼理朝鲜垦民事务，为朝鲜垦民大批迁入延边和开发延边提供了有利条件。后来又成立了垦荒社，安抚朝鲜垦民并发挥其戍边和生产积极性。

这一时期，朝鲜族人民同其他各族人民一样，在开发东北边疆的过程中，饱受清政府和封建军阀势力的残酷压迫与剥削。清政府虽然废除封禁制度，实行移民实边，但对朝鲜族人民推行民族同化政策，强迫朝鲜族人民"剃发异服、归化入籍"，否则就剥夺其土地和财产所有权，甚至驱逐出境。

封建地主对朝鲜族农民进行残酷剥削，名目繁多，地租有"活租"和"定租"。活租随收随缴，一般是收获的三成至五成。定租则不论丰歉一律按契约缴租，其租率高达3/10—4/10。同时还对佃农进行超经济剥削，强迫他们无偿地为地主"帮工"等。

地方的乡约、牌头依仗官府势力肆意掠夺农民，地方官府向朝鲜族农民征收了30余种苛捐杂税，其中"水利税"、"养牛税"、"入籍税"等许多种税明显带有民族歧视性质。

这一时期，朝鲜族工人为数不多，除少数人在煤矿、银矿等矿山做工外，多数在地方封建业主经营的小矿里从事季节性的副业生产，个别人则从事筑路、采伐等劳动。

朝鲜族迁入初期一贫如洗，为了生存，他们自发地组织了邻里互助组织——"契"。如为拓荒垦种，普遍建立互助契，并组织"荒度"、"都列"等劳动组织，从事开垦整地、修筑灌溉、插秧、除草等生产劳动。后来又出现了邻居间的"换工"和"牛契"等互助形式。

赫哲族，早在清初便被编入八旗。1882年（光绪八年），清在嘎尔当设协领衙门，下设四个佐领、领催等，收买和利用赫哲族首领，封官赐爵，这时赫哲族内部封建等级制度逐步建立。在赫哲族中，出现了大土地占有者和枪主、马主。到了光绪（1875—1908）初年，赫哲族大部分人与汉、满族人民交错杂居，其政治、经济、文化等事业逐渐发展，出现农业，渔猎产品大量商品化，从而进一步加速了阶级分化，民族首领成为地方官吏和富裕人家，剥削贫苦人。

这一时期，赫哲族过着氏族组织生活。他们称氏族组织为"哈拉莫昆"，是管理本氏族内部事务的组织形式。"哈拉"是"姓氏"之意，即氏族，氏族长称"哈拉达"。

"莫昆"是"族"之意，即家族，亦称宗族，家族长（宗族长）称"莫昆达"。"哈拉莫昆"是由同姓有血缘关系的各家族所组成的，有10户8户家族。氏族长和家族长，经选举在有才能、有威望、办事公正的人中产生。20世纪初，居住在松花江下游的赫哲族中尚有毕日达奇哈拉、吴丁一克哈拉、尤坑哈拉、卢日热哈拉、葛依克勒哈拉、舒穆鲁哈拉、傅特哈哈拉7个氏族。各氏族名称，大部分以氏族所住地方而得名，亦有因图腾崇拜而起名的。比如毕日达奇哈拉是从毕拉河得名的。每个氏族都与一个或几个氏族相互联系，联系的纽带是共同起源于一个远祖的血缘关系。赫哲族氏族实行氏族外婚制。

氏族内部有许多不成文的法规，如同纽带一样，维系氏族的存在，使氏族全体成员形成统一的整体。"哈拉莫昆"内部成员都是平等的，虽然在乌苏里江流域及东部沿海一带，氏族经济和地域特性不存在了，以血缘关系为纽带的氏族联系基本消失了，但20世纪初期许多宗法氏族关系残余仍较明显。

如上所述氏族首领，选举年事高、辈分大、有渔猎生产经验的、德高望重的人担任，负责管理内部生产、生活、婚姻、丧葬等诸多事宜。后来，逐渐演变由其子担任首领，只有其子不能胜任时，另选他人担任。这种方式具有一定程度的世袭制成分。

鄂伦春族被清朝征服后，被分为摩凌阿鄂伦春和雅发罕鄂伦春。摩凌阿鄂伦春人被编入八旗充当官兵（摩凌阿意为"马上"），雅发罕鄂伦春即广大猎户（雅发罕意为"步行"）。这两部分人均受布特哈总管衙门统治。鄂伦春人对清廷负担贡纳貂皮和服兵役两大义务。1882年，清廷撤销步特哈总管衙门，设兴安城总管衙门，专管鄂伦春族。1894年清廷废兴安城总管衙门，由黑龙江、墨尔根、呼伦贝尔三城副都统分管鄂伦春族。

鄂伦春社会广泛存在具有村社性质的父系大家族——乌力楞公社。"乌力楞"意为"子孙们"，指同一祖先所传的几代子孙，包括三代到四代同一祖先的后裔。若干乌力楞组成一个氏族。一个乌力楞一般有几个到十几个"斜仁柱"（鄂伦春族原始居室，俗称"撮罗子"）。乌力楞家族长叫"塔坦达"，民主选举品质优良、有丰富的狩猎经验和智慧的人担任。乌力楞是鄂伦春社会的基本的经济单位，内部生产资料公有，共同劳动，产品开始按人平均分配，后来按户平均分配。氏族和部落首领及老年人受尊重。后来，由于使用铁器、枪支、马匹等，生产力提高了，交换发展了，出现了私有财产，再加上周围其他民族的影响，鄂伦春社会经济发生了深刻的变化，一夫一妻制小家庭逐渐从家族公社中分离出来，成为社会经济的基本单位，乌力楞也就逐渐由血缘组织发展成为地缘组织。

鄂伦春氏族内部实行严格的族外婚制，崇奉共同的祖先神，而且有公共墓地。氏族长叫"哈拉达"，负责管理本氏族的"族谱"，督促氏族成员遵守氏族习惯法，主持氏族内的婚丧仪式，调节处理氏族内部纠纷，对外代表本氏族。除履行上述职能外，哈拉达没有任何特权，同样参加劳动，自食其力，如不称职，氏族全体成员可以随时将其撤换。

二、农业、牧业与手工业

农业：1840年（道光二十年）至清末的东北地区，在资本主义经济势力日益深入的同时，传统的封建自然经济逐步瓦解。清廷对东北的封禁国策遭到破产，开始大规模开拓土地，城镇工商业蓬勃兴起，民族资本主义初步发展，东北地区社会经济面貌出现了一系列的变化。但是，就整个东北地区而言，封建主义生产关系仍然占据统治地位，虽然出现了资本主义萌芽，但在外国资本主义和封建主义的双重压迫下，成长十分困难。

1861年正式开辟牛庄为通商口岸，这样资本主义国家对东北地区经济的侵略活动就逐步猖獗起来，农产品卷入商品流通领域，大量输出国外，于是大豆、柞蚕、烟、麻等为出口所需要的经济作物面积开始扩大。奉天、吉林生产大豆的州县，其播种面积约占全部耕地面积的十分之二三，包括大量的旗地在内。柞蚕主要产地是盖平、凤城、岫岩，柞蚕树多在八旗的旗界山中。种植大豆和放养柞蚕的人主要是满族和汉族。他们是国外洋行掠夺的对象。

这一时期，清廷不得不先后开禁放荒，招民开垦。1860年（咸丰十年）局部开禁，1895年（光绪二十年）全面开禁，伴随着大规模移垦，大量官地、旗地向民地转化，东北地区的满族正身旗人，皇庄、王庄的壮丁和佃户，在清廷的横征暴敛之下，封建剥削负担几乎增加了一倍。清廷为了解决"旗民生计艰难"问题，于1852年（咸丰二年）公布《旗民交产章程》，允许旗地也可以出卖。占有旗地的满族自耕农户，因生活所迫大量典卖土地。这些丧失土地的人丁，有的到吉林、黑龙江开垦营生。官庄制度的崩溃已成定局，满族农民日益贫穷，加速了土地兼并过程。满族的农业经济已经发展到了地主经济发展阶段。

朝鲜族人民迁入东北各地后，为开发东北边疆，特别是在水稻栽培中作出了非常重要的贡献。朝鲜族农民不畏严寒，不避艰险，刨草甸，挖水渠，修池埂，引河水，开发水田，种植水稻。1846年（道光二十六年）朝鲜族农民在浑江流域种植水稻。1875年（光绪元年）朝鲜族农民在吉林通化下甸子开垦沼泽地、涝洼地，试种水稻获得成功。1880年（光绪六年）朝鲜族农民在辽宁安东（今丹东）汤山城和凤城沙里寨等地开发了水田。1883年（光绪九年）在吉林柳河试种水稻成功。① 上述地区是开发水田较早的地区，并由此使水稻种植迅速扩展到其他朝鲜族居住地区。1900（光绪二十六年）年吉林柳河朝鲜族农民迁移到海龙、东丰、西丰和开原等地开发水田，使这些地区逐渐成为水稻盛产区。1908年（光绪三十四年），朝鲜族农民到吉林永吉县开发水田，后又沿松花江、辉发河到辉南、磐石、蛟河开发水田。同年，辽宁新民县朝鲜族农民开发水田，获得丰收。从而使奉天（今沈阳）、新民地区也成为著名的产稻区。

1910年（宣统二年）黑龙江省东宁县朝鲜族农民开发水田，但因霜灾未收。翌年，这一地区朝鲜族农民齐心协力开发水田，获得成功，从而使水稻种植面积扩展到绥芬河、虻牛河和牡丹江流域的东宁、穆棱、海林和宁安等地区。

这一时期，吉林延边地区的朝鲜族农民也种植水稻获得成功。1890年（光绪十六年）图们江北岸钟城崴子（今龙井市光开乡）开始种植水稻。1900年（光绪二十六年），延吉县（今龙井市）海兰江流域种植水稻，后来逐渐扩展到延边各地。朝鲜族农

---

① 《朝鲜族简史》，第9页，延边人民出版社，1986年。

民为了开发水田，依靠集体力量开凿出一条条水渠，发展水利灌溉工程。1906年延吉县智新乡农民开掘水渠1300多米，引河水灌溉33垧水田。直至1910年，东北的水田大多是朝鲜族农民开发出来的。朝鲜族居住地区多为山区和丘陵，气候寒冷，无霜期短，而且都是野草弥漫，树根盘绕的荒原，或沼泽地带，一般不宜种植水稻。但朝鲜族农民以顽强的精神和智慧同大自然进行斗争，克服种种困难，用自己的艰辛劳动和血汗终于使朝鲜族地区成为中国北方著名的"水稻之乡"。

赫哲族的农业，作为辅助经济于19世纪中叶出现了。农业生产与渔猎生产一样，都是以一个家庭为一个生产单位。从事农业生产的畜力主要是马。在光绪（1875—1908）末之前，主要从三姓（今黑龙江依兰）购买犁铧及镰刀、锄头、锹、镐、三齿叉、二齿钩等小农具。

从事农业生产的劳动力主要是妇女，她们在自己的房前屋后，种植蔬菜和烟叶。后来又种植玉米、大豆、谷子、小豆等农作物。但是，就整体而言，赫哲族不重视农业经济，因此对农耕季节掌握的不够精确，农耕粗放，产量低，粮食不能自给自足。

鄂伦春族地区出现农业，那是19世纪末叶的事。清朝政府于咸丰年间（1851—1855），鉴于沙俄日益进逼，废除封禁令，实行"移民实边"政策。由此，关内移民纷纷涌入，鄂伦春族狩猎区周围的爱辉、逊克、嫩江、西布特哈、讷河、甘南等地荒地均先后开放。与此同时，与鄂伦春族相邻而居的达斡尔族、鄂温克族地区的农业生产，也得到了相应的发展。在这些因素的作用下，鄂伦春族狩猎区的边缘地带，开始出现了一些零散的农业。

1883年，黑龙江将军文绪在其奏文中说，"且该牲丁附近黑龙江城，多通汉语，亦颇有因捕猎日艰，讲习农事者。"① 这一史料中记载的时间和史实，与有关研究者的调查所得基本相符，因而是可信的。但当时鄂伦春族的农业生产仍处于一种极不稳定的萌芽状态中，他们对农业生产没多大兴趣，对这种劳动还没养成习惯。所以，耕作水平长期处于粗放型状态，通常是，春天耕地以后，把种子漫撒在地里，既不施肥，也不除草，就等着秋收。其结果，当然就不能保障农作物的丰收，从而造成了农业生产的不稳定性和落后性。

手工业：19世纪下半叶，由于满族"八旗生计"极为困难，清廷于1864年（同治三年）不得不放松了八旗制度对满族人民的束缚，取消了逃旗佣工的限制。在城镇中，从事小商小贩、手工业的旗人迅速增加。在土木建筑、纺织刺绣、特种工艺等行业，都有满族学徒和工匠。从1906年开始，清廷先后在北京、热河、奉天、锦州、吉林、珲春、黑龙江等地设立八旗工厂，有木、漆、铁、布、毯、染、缝、陶、纸、皮革、玻璃等工种。这样，满族人民从事手工业的人数迅速增加，而且有的人还进入中外资本家经营的工厂、铁路、矿山做工。

赫哲族的手工业没有从渔猎经济中分离出来成为独立的行业，而是与家庭手工业结合在一起。男人从事加工铁制工具、编制等劳动，妇女们从事皮革加工、用桦树皮制作各种日用器皿等劳动。他们以自己的聪明才智和勤劳的双手，制作多种生产工具和日用品。

---

① 《黑龙江志稿》卷26，黑龙江人民出版社，1992年。

他们加工鱼皮、兽皮，制作耐用、抗寒、不易磨损的皮衣。赫哲族没有专门从事木工的人，但是渔船、拖拉乞（即狗拉雪橇）、住房门窗等木工活，全是由心灵手巧的人完成。他们用桦树皮制作精致、美观、轻便、耐用的木箱、盒子、饭碗、木桶、木盆、木勺等各种日用家具。在箱子、盆等上刻有纭纹，有的还染成五颜六色，富有民族艺术特点。赫哲族没有冶铁业，只有铁器加工。

鄂伦春族的手工业，主要有两种，一种是兽皮加工；另一种是桦树皮制作。另外，还有一些小器物制造。总的来说，鄂伦春族的手工业，还没有形成独立的行业，依然与狩猎、采集紧密地结合在一起，是随着狩猎和采集的发展，随着生活的需要，逐步得到发展的。在鄂伦春族中，从事手工业劳动的大多数是妇女，她们把鹿、狍子、猞猁和灰鼠等各种粗细毛野兽皮，熟制成皮张，并缝制为皮袍、皮裤、套裤、皮靴、皮帽和其他生活用品，有的在这些服装上面绣以美丽的花纹。鄂伦春族妇女还利用兽骨、兽角制作一些简单的用具。如用鹿骨、狳骨制作指环，使用弓箭时把它戴在大拇指上，可以使手指有劲，同时又是一种装饰品。鄂伦春族的桦树皮制品种类繁多，造型别致，是北半球特有的桦树皮文化的典型代表之一。他们首先对桦树皮进行不同程度的加工，然后以此制作大的如桦树皮船、桦树皮围子，小的如桦树皮篓、桦树皮箱、水桶、针线盒、碗等器具。桦树皮用具结实耐用，迁徙时不易损坏，存放在地上也不怕潮湿，适合于鄂伦春族的游猎生活。

三、商业与交通

清代东北地区，随着社会经济的发展，关内至关外的商业往来日益频繁。贸易的规模不断扩大。关外的人参、皮毛、柞蚕等特产以及大豆和豆制品等各种农产品，大量销往关内。关内的布匹、绸缎、陶瓷、茶叶等日用品，源源不断地运往关外。

清廷招民开垦，工商业的发展，使东北三省的城镇迅速兴起，清末东北万人以上的城市共计50座，这些迅速发展起来的城镇，大多处于铁路沿线或河流沿岸，大多是农产品的加工和集散地。奉天是东北最大的城市。1910年奉天集散的粮食计114万石，其中近一半转运往营口、大连后外销。这一年仅大豆集散就达到30万石，而满族是大豆的主要生产者之一。

1860年以后，随着资本帝国主义经济侵略的逐步深入，东北的货币、金融不断发生变化。特别是中日甲午战争之后，日、俄、英、法、美等帝国主义各国，向东北输出资本，经营企业，开发银行，致使外币泛滥，造成东北货币与金融的极大混乱。

鄂伦春族内部没有交换关系。鄂伦春族与周边民族的交换关系，首先是由清廷的"贡貂"制度与"谙达"制度而引起并逐步发展起来的。鄂伦春族将貂皮选好之后，到齐齐哈尔参加"纳貂互市"。这种纳貂互市叫"楚勒罕"，是各族人民进行物资交流的盛大集市。鄂伦春人就是通过这种集市了解和接触其他各族人民，并通过这一渠道把先进民族的生产资料和生活资料引进鄂伦春社会。后来，清朝官吏往往从中作弊，乘机敲诈，引起鄂伦春人对贡貂的不满。1894年（光绪二十年）根据黑龙江将军的奏请，清廷不得不取消了贡貂制度。

谙达是鄂伦春人与外界进行交换的重要媒介。谙达最初是清廷派到下面去征收貂皮的税吏。在征收貂皮的过程中，他们往往带些粮食、布匹、酒类和其他日用生活品和鄂伦春人进行物物交易。从此谙达便有税吏和商人双重身份。谙达实际上控制了鄂伦春人与外界的交换。谙达从中进行不等价交换。1882年（光绪八年）清廷撤销了谙达对鄂伦春人的控制。官方谙达取消了，但民间谙达继续存在。民间谙达根据鄂伦春人的狩猎和生活需要，定期进山。他们带去粮食、弹药、酒、烟、盐以及少量棉布，换走鹿茸、鹿鞭、鹿犴皮以及肉干和灰鼠、猞猁、狐狸、水獭等细毛皮张。早期，鄂伦春人与民间谙达之间，互不计价，互不记账。商品货币经济的渗入，加速了猎获物的商品化，加速了鄂伦春族私有制的发展。到了清朝末年贫富分化在鄂伦春族社会中已经开始出现。

赫哲族渔猎产品与其他副业产品的交易，对赫哲族社会发展起了一定的作用。赫哲族内部交易不发达。赫哲族毛皮交易都是以物易物的原始交换方式进行。赫哲族将渔猎产品运到三姓（依兰）、宁古塔（宁安）等地，同满汉商人以物易物，换回铁锅、刀、斧、针、棉线和少量食盐、布匹、小米等。19世纪下半叶，狩猎产品已经商品化，赫哲族与满、汉、俄等商人交易。1882年左右他们用细毛兽皮从俄商那里换回火绳枪。鹿茸价值较高，但获利最多的是人参。1879年（光绪五年），有一株野生人参售价1500卢布。

清朝末年，由于航行在黑龙江、乌苏里江、松花江上的轮船的燃料是木劈柴，因此木劈柴的交易曾一度兴旺起来。同江县街津口、勤得利有两家赫哲族人，每户饲养几十匹马，雇工装车或用雪橇从事木劈柴生产和运输，卖给轮船作燃料，从中谋利。赫哲族妇女制作狍皮大衣和皮毛出售，卖出好价钱。赫哲族的鱼皮靰鞡也博得附近各族购买者的欢迎，极为畅销。

赫哲族早年行路和搬运的工具主要有：拖拉乞、滑雪板、雪橇、桦树皮船、快马子等。冬季用拖拉乞运东西，出猎用滑雪板。春夏季用木船运送。每个拖拉乞可套狗三四只或八九只，有的甚至套几十只，奔驰如飞，可日行200余里。

鄂伦春人的马是重要的狩猎工具，乘骑追赶野兽都离不开马，同时马是鄂伦春人的唯一的交通工具。

第二节　蒙古族的社会与经济

一、社会制度

1840年，英国侵略者发动第一次鸦片战争，以武力打开中国的门户。随之，法、俄、美、德以及后期的日本等帝国主义相继对中国进行侵略。从此，中国古老的封建社会开始转化成为半殖民地半封建社会。蒙古族聚居的我国北部边疆地区，也遭受到帝国主义的侵略，发生了巨大的社会变化。

面对东三省和蒙古地区已处于日、俄等帝国主义侵略吞并的危机，从而严重地威胁着清朝统治者祖宗发祥"龙兴圣地"的存亡攸关。同时，在外患内忧日益严重的情势下，国内各种错综复杂的阶级矛盾与民族矛盾更趋尖锐，清王朝的统治在政治上更加孤立。为此，清廷朝野上下，再次掀起了挽救北部边疆地区危亡，"保全"大清江山统一的舆论。于是在1902年（光绪二十八年），清朝政府对蒙古政策作了划时代的转变，宣布取消其曾经维护长达250余年的"封禁"政策，在蒙古地区大力实施"移民实边"

和"新政"。

早在嘉庆年间，由于内地封建剥削压迫惨重，土地不足，饥民日增，大批破产农民不顾清朝政府的禁令，便纷纷涌向关外的蒙古地区来谋生。当时清朝政府鉴于内地社会矛盾日益加深的严重情势，就将内蒙古哲里木盟西拉木伦河（西辽河）以南的科尔沁左翼前、中、后三旗（积宾图王、达尔罕王、博王三旗）大片的土地，化为"借地养民"区，供从内地流亡而来的破产汉族农民耕种。其后，清朝政府又开放了郭尔罗斯前旗南部地区和昭乌达盟南部的围场一带地区，并宣布免税放荒，鼓励内地农民移居蒙地开垦。此时，蒙古各旗封建王公，为了贪得放垦土地所得的押荒和租银，来满足其经济和物质的利益，对于流离失所跋涉而来的内地流民群，都主动出荒招租，容留定居，以使其有"押租可收，田租可得"。随着"借地养民"政策的实施，内地流民群蜂拥而至，垦地面积，日益拓展，清朝政府便相继在原哲里木盟辖境内，新设置了昌图、梨树、法库、怀德、辽源等县治，实行蒙民归旗、汉民归县的分治管辖。

随后，内蒙古东部各盟旗也被逐步放垦。放垦的地区主要有黑龙江省辖境的扎赉特、杜尔伯特、后郭尔罗斯三旗及依克明安公属地；吉林省辖境的郭尔罗斯前旗长岭子地区；奉天省辖境的科尔沁右翼三旗及科左中旗的采哈新甸地区；热河都统辖境的巴林二旗、札鲁特二旗、阿鲁科尔沁旗和其他部分地区。据粗略统计，自1902年至1908年，即全面放垦蒙地的高潮时期，内蒙古两部共垦丈757万余垧，东部哲里木盟七旗共放垦245万余垧。

清末的大规模"移民实边"，不顾蒙古地区各阶层的普遍反对，强制推行放垦蒙旗土地，搜刮巨额押荒银，严重激化了民族矛盾和阶级矛盾，造成了社会动荡。充实边防的目的不但没有达到，反而使危机日益加深，给俄日、帝国主义对蒙古封建上层的蛊惑煽动以可乘之机。

1906年（光绪三十二年），光绪帝发布"上谕"，又提出在蒙古地区实行以"筹蒙殖民"、"改革图强"的"新政"。其"新政"的主要内容有：开放边禁，大举移民垦殖；开设银行、邮政，兴办工厂、交通；加强警政、司法；广置厅县、改设行省等。作为改善财政的"新政"，清政府开办户部银行，即大清银行。大清银行陆续在库伦、乌里雅苏台设立了分行、支行。对封建上层发放贷款，这在一定程度上刺激了非生产性的消费，使蒙古王公的生活更加奢侈，使蒙古人民的债务负担更加沉重。至1911年（宣统三年），外蒙古封建上层积欠大清银行的债款，本息相加达白银上百万两。兴办工矿企业是清末"新政"的主要内容之一，清政府允许官方或私人与外商合资兴办工矿企业，外蒙古也有了与俄商合办的金矿公司。1910年，清朝政府在库伦举办"新政"，设置了兵备处、宪政筹备处、巡防营和交涉、垦务、实业、商务、卫生、募捐、车驮捐等局20余所新机构，而将这些机构的开办费用，日常需用的柴炭、器具、铺垫、马匹等各项杂费，全部责令蒙旗供给，以及兵备处构筑兵营建房400余间，耗银16万两，工料费用也向蒙旗摄取征收。这种强征暴敛，使广大蒙民难以忍受，致使他们对"新政"产生恶感，也招致蒙古王公和宗教上层的不满和反对，从而导致许多蒙古封建王公与清朝统治者离心离德、貌合神离的关系愈趋严重。

清朝在蒙古地区推行"新政"，虽然对于开发蒙古地区不无一定的积极意义，但从实质上来说，它并没有革除蒙古族封建特权统治的积弊。一些筹边改制建议中有利于改善和发展蒙古族的政治、经济、文化，有利于巩固边防的措施，都因积重难返和清政府官僚机构的极端腐败，很少得到真正的实施，而一些邀功幸进的地方官吏，望风承旨，不分轻重缓急，一律强制推行，过多地限制乃至削弱和剥夺了蒙古族的传统权益，从而破坏了民族关系，加剧了民族矛盾，并且使某些封建上层在帝国主义的诱惑下产生了离心倾向。

蒙古族社会各个方面日益加重的危机，使一些王公上层不得不考虑自己的出路。在洋务运动、变法维新、新政改制潮流的影响和推动下，个别接触先进经济文化较多的蒙古族王公，也有了改革图强实行"新政"的要求。其代表人物有内蒙古东部的喀喇沁郡王贡桑诺尔布（贡王）。他从1902年起，陆续在本旗兴办了蒙古族第一所新式学校"崇正学堂"，以及女校、军校（武学堂），由内地和日本延聘教师，设史地、数学、自然、音乐、体育、美术、外语等课程；选送蒙古族青年去内地或日本学习师范、军事、纺织、测绘等；兴办了邮政业务；开办了生产染料和染织、制毡毯、肥皂、蜡烛的综合性工厂；开设了出售本旗工厂产品及其他洋广杂货的商店；创办了石印报纸；编练了旗属军队、警察和民团。此外，棍楚克苏隆及科左后旗的执政官员（札萨克阿穆尔灵常驻北京），也在本旗兴办过新式学校。清朝末年，还出现了蒙古族上层和地主、官僚开办的具有一定资本主义性质的企业。如在北京开办的"蒙古实业公司"。该公司筹办过张家口至库伦的汽车运输和盐务等。虽然带有很大的局限性，其性质和背景也十分复杂，然而它毕竟说明蒙古族王公的一些"新政"和"蒙古实业公司"都是蒙古族历史上的新事物，标志着蒙古族社会本身已经出现了近代资本主义的因素，在蒙古族社会发展史上，显然具有一定的进步意义。

二、农业、牧业与手工业

1. 农业

19世纪后期，内地社会矛盾加剧迫使大量农民进入蒙古族地区开垦耕种，促进了农业的较快发展。清初，蒙古族分为三大部，即漠南蒙古（包括察哈尔、归化城土默特、鄂尔多斯、巴林、札鲁特、奈曼、翁牛特、喀喇沁、土默特等部落）、漠北喀尔喀蒙古（土谢图汗部、札萨克图汗部和车臣汗部等三部）、漠西厄鲁特蒙古（包括准噶尔部、杜尔伯特部、和硕特部、土尔扈特部等四部）。漠南、漠北、漠西蒙古先后统一于清王朝。清朝政府为了加强对蒙古族地区的控制，在中央设立理藩院，在地方设将军、都统、大臣，在蒙古地区实行盟旗制度。"旗"是蒙古地区的基本军事、行政单位，又是蒙古族封建主的世袭领地。蒙古族封建主仍然是蒙古社会的统治阶级，广大蒙古族人民继续受他们的压迫和剥削。在统一的封建国家内，蒙古地区逐渐形成多种经济。

漠南蒙古地区的农业，早在16—17世纪时，已有一定的发展。到清代，情况发生了很大变化。一批批破产流民群涌入蒙古地区谋生，其势是由近及远，首先是从黄河流域和长城沿边地带的伊克昭盟河套地区、乌拉特前、中、后三旗南部的后套地区和归化土默特旗所辖的土默川和察哈尔右翼四旗所辖的丘陵滩地；漠南东部地区的昭乌达盟、卓索图盟和哲里木盟南部各旗的西拉木伦河（西辽河）流域，以及松花江、嫩江流域的郭尔罗斯前旗和后旗、杜尔伯特旗辖境地区。这些地区河流纵横，土壤肥沃，适宜农业种植物生长。特别是在内蒙古西部的后套地区（今巴彦淖尔盟河套地区），到清代后期已经发展水利灌溉，标志着农业生产已经得到了进一步的发展。据《承德府志》所载，热河管辖内1872年有汉人883897人。

随着农耕地的拓展扩大，蒙古族游牧民渐渐懂得经营农业生产的利益，在汉族农民熏染下积极学习农业耕作技术，兼种少量农田为辅助生产。由于出租土地或兼营少量农业，使人畜有了足够的粮食、饲草料等，所以这里的蒙民甚至发展到了改变"人随畜迁"的游牧生活，很多人实行农牧兼营或弃牧就农。也有些地方辟牧地为农田，变游牧为定居，耕地面积日益扩大。到了18—19世纪之交，农业便在蒙古族地区正式形成了独立的经济部门。

农业的开发还有一个趋势：在人口增加、荒地尽辟、地租剥削日益加重的情况下，垦荒的人就不断向北、向蒙古族腹地深入。至鸦片战争后，大量涌入蒙古族腹地的流民则根据先来后到的原则，纷纷涌向阴山以北的丘陵草地或锡林郭勒盟和呼伦贝尔南部辽阔草原，以及阿拉善旗南部和额济纳旗的弱水流域地区。这些土地多数与牧场交叉混杂，只好条块耕种，大小参差不齐。但是为了谋生，流民开荒拓垦，不畏艰险，甚至深入到喀尔喀蒙古族地区或进入荒山野岭，开发零星片块土地。虽然旷野荒凉，但能摆脱苛政的残酷剥削压迫（相对而言，这些地区租赋负担轻微，土地随意开垦），重建家园，颇有"天高皇帝远"之感。

这里的蒙民禀性淳厚，多从事粗放的游牧业生产，少部分牧民有机会接触到汉族农民，在其影响、习染下，开始关注农业生产，出现了"靠天田"："既播种，四出游牧，及秋乃归，听其自生自长"。[①] 到清代后期，在新疆伊犁河流域的厄鲁特蒙古地区和漠北喀尔喀克鲁伦河流域地区等，都已出现牧农混杂的半农半牧地区。农牧兼存，互相调剂，不仅在经济上相得益彰地发展起来，而且促进了蒙汉友好关系的发展。这对蒙古族社会生产力的解放和多种经济类型的发展，是具有积极意义的。

随着蒙古地区的大量开垦，汉人的流入成为不可遏止的潮流，引起了蒙古族社会政治、经济的重大变化。社会政治上最重大的变化是蒙古地区府、厅、州、县的设置和世袭的蒙古封建领主制的削弱；经济上最重大的变化是封建王公土地占有制的动摇和新的生产关系的出现。

2. 牧业

清朝的大统一，结束了蒙古族封建主与明朝长达200余年的抗争和蒙古族内部封建统治者之间的纷争内讧局面。在蒙古高原看不到"烽火狼烟"，牧业经济能够在和平安定的环境中得到发展。同时，清政府采取一系列保护畜牧业生产发展的政策和措施。

第一，实行编旗划界，固定了各旗蒙古族封建主的领地管辖范围，相互不准越界游牧，消除蒙古族封建主之间为争夺牧地而发生内讧的战争根源，使广大蒙古族牧民在其封建主指定的牧场上"务求营生之道"，从事畜牧业生产。

18世纪中叶以后，仅准噶尔商队先后来肃州、东科尔等地与中原商贾的8次贸易中，赶来交换的羊共有36.6万只、马1.3万匹、牛7199头、骆驼9424峰，此外，还

---

① 卢明辉：《清代蒙古史》，第263页，天津古籍出版社，1990年。

有大批牲畜赶到归化城、张家口等地进行定期的贸易互市。从进行贸易交换赶来的牲畜的数量，可以反映当时准噶尔部的畜牧业经济已经有了一定规模的发展。

第二，实行轻徭薄赋，使蒙古族牧民得到休养生息。

18世纪前期，喀尔喀蒙古族封建主不顾牧民死活，强行重徭厚赋引起大批牧民逃亡，致使畜群无人牧放，牲畜大批死亡，畜牧业遭到严重破坏。清政府在《理藩院则例》中严格规定了蒙古族封建主征收贡赋的具体数量，违者予以处罚，客观上对恢复和发展畜牧业经济起到了保护作用。

同时，随着生产技术和经营管理的不断改进，在牧区打井、搭棚、筑圈、保护牧草，储备牧草、饲料，建立冬营地等多方面改善畜牧业生产的技术。到清代中期，无论是在漠南还是在漠北蒙古地区，畜牧业生产得到进一步发展，牲畜存栏头数有了稳定的增长。当时蒙古人往往将畜群赶到山谷中估量牲畜的头数，清代有"牧牛羊量论谷"的诗句，从而反映牲畜数量之多。特别是农区和半农半牧区的形成，使一部分蒙古族牧民除经营畜牧业生产之外，亦兼营少量粗放的农垦种植，促进了生产和生活的发展。

19世纪以后，在边远的北疆萨彦岭南部和唐努山脉北麓的盆地，以及在唐努乌梁海地区的克木赤克河、乌鲁克河和贝克木禾流域的贝子旗、克木赤克旗、唐努旗和萨拉吉克旗辖境内，有的蒙古族牧民亦选择土地肥沃的地方开垦播种谷物。尽管在这些地区发展农业，其耕作方法还很原始粗放，但在风调雨顺年景，已能收获一定数量粮食和饲草料，成为供养人畜食料所需的基地，为发展畜牧业生产，开创了有利的条件。

3. 手工业

鸦片战争以前，蒙古族社会是以粗放的畜牧业和牧民家庭小手工业相结合的、自给自足的自然经济占统治地位。这种经济结合的具体表现是畜牧业生产劳动与制造日常生活必需品（皮张加工、擀制毛毡、蒙古包、乳食品、马鞍等）相结合，是维持其简单再生产所必需的最基本的生活。

清代后期，随着农业生产的发展，定居和城镇的繁荣，内地各种手工业品都随同汉民北上而涌入，以商品性生产为主的独立手工业也得到了发展。蒙古族地区手工业者，多从山西、直隶、山东、河南而来，有铁匠、木匠、泥瓦匠、铜匠、银匠和皮毛工匠等，他们定居于此，就地取材，就地加工生产，便于蒙古族牧民就地获得自己所需要的手工业品。在城镇和人口聚居的集市点，出现了汉商经营的手工作坊，制革、鞣皮、擀毡、皮绳、簪笼等日常生活和生产所必需的手工业产品，因地制宜地被生产出来，深受蒙古牧民的欢迎，达到了生产者与消费者互利。

还有许多建筑工程的各种专业制作场，有的按行业组织社团，如烧砖、制瓦、烧石灰窑；泥瓦、铁、石、铜匠店铺和彩绘雕塑团体，直接承揽建筑寺庙、王府官邸、军营城堡以及城镇房屋等服务。在归化城、张家口、多伦诺尔、库伦、乌里雅苏台等城市，有许多汉商经营的手工业作坊，制造镰、锄、犁、耙、锹、镐、鞍具、皮靴、铜器、银器、锡器、蒙古刀、板锹、火钳、哈纳架、篱栏等农畜牧业生产和生活用品，以及金银首饰、宗教活动用的法器、佛像、蜡烛、线香等手工业产品。清代后期，由于蒙古地区封建领主制的自然经济基础发生了很大的变化，使一部分破产的蒙古族牧民有的改牧从农，有的流入城镇，拜汉人手工业者为师，学会各种手工业生产技术，转化为职业铜匠、铁匠、木匠、鞣革、制皮、制毡业等工匠，在蒙古族中产生了一批专业的手工业者，如多伦诺尔、张家口、归化城等地从事宗教用品生产的铜匠和佛像彩绘画匠等，有许多人就是蒙古族工匠，生产制造大量商品性手工业品。

随着农业的发展，粮食加工业在蒙古族地区也有了很大的发展。清代以后，在漠南蒙古各地农村出现了许多酿酒的烧锅，这些烧锅的业主往往经营商业，在蒙古族社会经济中有很大影响。同时，还有榨油、制粉、豆腐、酱油、醋等食品业作坊。手工业生产的发展，对蒙古族地区社会经济发展有很大的影响，特别是商品性的手工业品大量生产，对促进畜牧业和农业经济发展，都具有很大的推动作用。

三、商业与交通

1. 商业

鸦片战争以后，外国资本势力侵入，使蒙古族各地变成了它们的商品倾销市场，从而使封建领主制的自给自足的自然经济受到了破坏。当时，商业发展已不只限于通贡、互市的狭窄范围（19世纪中叶以前蒙古族地区的商业，主要起着沟通蒙古与内地物质交流的积极作用），而是有大批商人深入蒙古族地区进行贸易。特别是俄国商人根据1851年《伊犁塔尔巴哈台通商章程》和1869年《陆路通商章程》等一系列不平等条约，疯狂地进行经济掠夺。当时目睹这种情况的沙俄学者波兹德涅夫说："1868年后，因俄国人的竞争，中国茶叶商年年赔本。西伯利亚最大茶商莫勒恰诺夫在中国的经营，使归化城好几十家华人茶都破了产。"[1]《陆路通商章程》亦规定："俄商小本营生，准许前往中国所属设官之蒙古各处及该官所属之各盟贸易，亦不纳税，其不设官之蒙古地方，如该商欲前往贸易，中国亦断不拦阻"等，牟取巨额暴力，刺激了蒙古族社会经济的重大变化。

第一，商业城镇的繁荣。

清代的统一，扩大了对蒙古族地区的贸易，山西帮形成较早，以归化城为中心，垄断蒙古族西部市场，北京帮多去热河和外蒙古；山东、河北的商人则去内蒙古东部，他们从内蒙古收购原料及畜产品，贩卖各种各样的日常必需品。久而久之，形成固定地点，例如，张家口、归化城、多伦诺尔和外蒙古的库伦、恰克图等地，在短短的几十年迅速发展为繁荣的商业城市，以此形成了内、外蒙古的贸易中心。同时有更多的内地汉回商贾和俄罗斯商人远道跋涉，开辟了科布多、乌里雅苏台、呼伦不雨尔（海拉尔）、卜奎（齐齐哈尔）、乌兰哈达（赤峰）、洮南、通辽、郑家屯、包头、东胜、百灵庙以及新疆厄鲁特蒙古地区的伊犁、塔尔巴哈台等地为主要贸易城镇。

此外，还有一种重要的贸易形式——定期的集市，通常是在寺庙和兵营周围形成规模较大的集市中心，在内蒙古有甘珠尔庙（呼伦贝尔）、经棚喇嘛庙（克什克腾旗）、贝子庙（锡林郭勒）、准噶尔庙（鄂尔多斯）等；外蒙古有额尔德尼昭等。集市时，商人和蒙古族牧民蜂拥而至，周围数十里，驮马牛羊云集，"颇极一时之胜"。[2] 19世纪70年代，每年以漠西（厄鲁特蒙古地区）和漠北（喀尔喀蒙古地区）两路输入归化城

---

[1] 波兹德涅夫：《蒙古与蒙古人》，第75页，圣彼得堡，1898年。
[2] 呼伦贝尔盟史志编纂委员会：《呼伦贝尔盟志》，内蒙古文化出版社，1999年。

市场上销售的畜产品和土特产品货物,价值达 2000 万两白银以上。

第二,商号和钱庄。

山西帮和北京帮的商人到 19 世纪初,逐渐与清朝封建官僚上层利益结合起来,导致清政府开始放松蒙汉贸易的限制。据估计,大盛魁有资本 2000 万两;天义德有资本 200 万两;源盛德有资本 70 万两,"三大号"的实力由此可见一斑。其他有资本 10 万两以上的还有十来家。他们不仅与清政府的官员有关系,到 19 世纪后期,有些蒙古族王公和寺庙的上层喇嘛也直接参与旅盟商合股经营商业或放高利贷活动。大商人相互联合起来,建立商会,逐渐形成了巨大的商号和钱庄。20 世纪初,仅山西帮在外蒙古和西北厄鲁特蒙古各地开设的永久性的商号已达 500 家左右,从事商贸人数达 20 万人。他们经营商品范围"上自绸缎,下至葱蒜",无所不包。商行或独立的小贩深入蒙古族地方进行流动买卖,他们使用不等价交换的手段,换取牲畜,畜产品,"茶一斤易一羊,十斤易一牛",而且常把商品赊出去,按价折成小羊或母羊,一年或数年后,则按小羊或母羊计利息并加上复利,对穷苦牧民进行残酷沉重的高利贷盘剥。

第三,外资渗透,货币流通。

19 世纪 60 年代以后,外国金融资本势力在蒙古地区进一步扩张。俄商在外蒙古地区的固定商号已达 45 家之多,其中在乌里雅苏台、科布多城开设洋行有 26 家:大肆发行货币、操纵物价,加剧了商品的不等价交换。当时除了俄国"华俄道胜银行"设于张家口、海拉尔、库伦、乌里雅苏台等地的分行外,日本"正金银行"等帝国主义金融资本势力也积极向蒙古地区渗透。1904 年,英、美、德资本也直接在库伦等地开设洋行。在内蒙古的归化城、张家口、多伦诺尔等地也有俄、英、美、法、德、日的洋行共达 60 余家,致使内地旅蒙商贾在外国资本势力的压制下,有许多商号因亏缺严重而被迫破产。到 20 世纪初,蒙古地区的俄帖、卢布、鹰洋(墨西哥银圆)等外国"洋钱"和内地的银圆、铜币以及银锭等,都成为商品交换关系中流通的货币。由于钱币种类甚杂,折算不一,便使尚无使用货币常识的蒙古人吃亏受害甚大。到光绪后期,外国金融资本势力在外蒙古地区恶性膨胀,形成了俄国卢布压倒中国银圆的严重形势,从而使蒙古地区成为外国资本势力角逐竞争的国际市场的一部分。

2. 交通

蒙古高原地区的驿道,古已有之,元代已趋完善,清代重新进行了大规模的恢复建立。驿传设置,可分内蒙古、外蒙古和西蒙古三个地区,这三个地区的驿站是在不同历史时期逐渐设置的。鸦片战争以后,清朝政府为了加强北部边疆防务,充实驿站、卡伦,当时在外蒙古地区有官驿道:(1)库伦经张家口到北京;(2)卡伦至恰克图;(3)库伦经乌里雅苏台至科布多。这些驿道"十九世纪末,有一百二十个驿站,每站有二十四家牧户服役,其中十四家担任主要驿役,十家担任辅助役,十家担任守卫。"①并征用帐幕、骆驼、马和羊供居舍、驮运和食用。除了清政府管辖的驿道外,各盟旗之间还有经常性驿路。1866 年,又新增辟了由科布多经塔尔巴哈台至伊犁;由伊犁经塔

---

① 策·那顺巴拉珠尔:《在清朝统治时期的驿站义务》,载《科学》,第 3—4 期,蒙古人民共和国科学委员会出版,1952 年。

尔巴哈台、古城、额济纳、阿拉善、归化城至北京的南北两条纵贯新疆、内外蒙古地区的新驿路。在这两条驿路上服役的蒙古牧民驿丁数以万计，维持驿站交通，加重了蒙古族牧民的负担。戍守卡伦，征调数千名蒙古牧民赶着畜群离开自己的游牧地到指定的边境卡伦地区去服劳役。还得负担为驻防军队驮运给养、军需等物资及担负其他强制性劳役，造成了蒙古族社会畜牧业生产劳动力的严重缺乏。

但是，蒙古族地区设置驿站，不仅形成了北部边疆严密的国防交通运输网，而且加强了清朝对蒙古族各盟旗的控制，也沟通清朝统治者和蒙古族王公封建主的联系，客观上融交通和通信于一体。蒙古的驿站承担清政府的政令、军令的传递，使臣和官员的往返，运输物资和押送犯人等。特别是旅蒙商贾，深入蒙古族地区进行交易活动，就是沿着这些驿路交通从事蒙古族商业贸易活动的。驿站既加强了内地与蒙古族高原的蒙汉民族间经济贸易联系，又把遥远的边疆地区同清王朝的政治统治中心北京紧密连接起来。它对巩固清朝政府在蒙古地区的统治秩序，维护多民族国家的统一，起到了极为重要的作用。

第三节 西北各族的社会与经济

一、社会制度

清政府在西北甘、宁、青的回、藏、撒拉、东乡、保安、土、裕固、蒙古等民族地区实施一套完整、严密的土司制度，是以封授当地民族首领世袭官职进行统治的一种地方行政制度。

土司制度主要体现在两个方面：一方面，中央王朝对归附的各少数民族或部族首领假以爵禄，宠之名号，使之仍按旧俗管理其原辖地区，即通过当地民族首领对其地实行间接统治；另一方面，各民族或部族首领须服从中央王朝的领导和调遣，并须按期上交数量不等的贡纳，即承担一定的政治、经济、军事等义务。[①] 土司制度实际上是历代王朝统治者一贯奉行"羁縻之道"的延续发展和具体实施。清雍正"改土归流"后，土司制度逐渐衰微。近代以后，土司制度逐步废除，但甘肃卓尼土司藏族杨家独存，直至新中国成立进行民主改革后才正式废除。

土司制度的本质虽是维护封建王朝在民族地区的统治地位，但在当时的历史条件下，它对我国统一的多民族国家的形成与发展，起到了一定的积极作用。它的产生、发展乃至消亡，都是当时中国社会政治、经济、文化、军事诸因素综合作用的结果。

1726—1731 年，清政府实施"改土归流"政策，在全国实行统一之举。但因对西北边远地区"鞭长莫及"，力所不逮，只得羁縻，故而仍旧采取间接统治方式——土司制度，还不可能全面废除这一制度。再者，有些土司在帮助中央王朝平定叛乱中出了大力，仍需要继续羁縻。如：撒拉族土司制度直至 1896 年才予以废除，改为乡约制。而土族地区土司制度则一直延续到 20 世纪 30 年代。1930 年，青海省政府废除了土族的

---

① 转引自杨策、彭武麟主编：《中国近代民族关系史》，第 28 页，中央民族大学出版社，1999 年。

土司制。① 1938年8月由南京政府宣布废除土司制度，至此在土族地区延续几百年的土司制度才正式废除。"改土归流"消除了土司的割据状态，加强了中央政府对民族地区的管辖，有利于国家的统一；有利于国内各民族间经济文化的交流，有利于少数民族地区的社会经济发展，这是我国历史发展的必然趋势。

清政府根据新疆各民族地区的不同情况，分别实行军府制统治下的州县制、札萨克制、伯克制三种行政制度。

在南疆维吾尔、柯尔克孜、塔吉克、乌孜别克等民族聚居的地区，沿用了当地原有的伯克制。伯克，本为对官员的称呼，掌印回务，原世袭。至清朝废世袭，而伯克的旧称不改。南路八大城，即东四城的喀喇沙尔、库车、阿克苏、乌什和西四城的喀什噶尔、英吉沙尔、叶尔羌、和田均设有伯克，为驻地的行政军事官员，后来因司掌职权不同，伯克之名号相异。每个城区总管各种事务的长官称为阿奇木伯克，其下分设管粮赋、司法、水利、治安、宗教、商业等各种事务的伯克多人，佐理诸事。②

在天山以北的游牧民族蒙古、哈萨克、塔塔尔、达斡尔等聚居的牧业区，以及哈密、吐鲁番等维吾尔族农业区，实行札萨克制。札萨克，是蒙古音译，部落首领、行政官员之意。各部由札萨克统治其所属部族。札萨克各以清朝政府赐封的亲王、郡王、贝勒、贝子、镇国公、辅国王、台吉等充任，均为世袭。札萨克管理其所辖地区的行政司法事物。清政府不向札萨克统辖部族人民征收任何徭役赋税。哈密、吐鲁番之所以实行札萨克制，是因为该两地的维吾尔族首领在帮助政府平定准噶尔部贵族的叛乱中有功，清廷因而特予封土赐爵，予以一种政治特权。

在迪化以东的汉、回、满等民族聚居区域实行与内地相同的州县制，即设镇迪道，隶属于甘肃省。镇迪道下辖一府一直隶州一直隶厅，即镇西府、迪化直隶州、吐鲁番直隶厅。镇西府设于巴里坤，辖宜禾（巴里坤）、奇台两县。迪化直隶州辖昌吉、绥来（今玛纳斯）、阜康三县与呼图壁巡检、吉木萨尔县巡检。吐鲁番直隶厅属于甘肃省管辖。

清朝后期，1884年在新疆正式建立行省，废军府制，行郡县制。经过历任巡抚的调整添设，到1902年，新疆全省共建镇迪道、阿克苏道、喀什噶尔道、伊塔道四个道，下辖6个府、10个厅、3个州、23个县和分县。③ 伊犁将军一职虽仍保留，职权大易，主要负责伊塔边防，不复是全疆的最高军事行政长官。锡伯族、满族聚居伊犁河畔，由于与俄国的接壤线长，而且在戍边方面，锡伯营、满洲营仍然是主要力量。因此，对锡伯营、满洲营建置并无触动，而且恢复了旧的建置，营设领队大臣一员，总管、副总管各一员，佐领8员。领队大臣受伊犁将军节制。

在东乡族、保安族地区，"改土归流"后，继续采用"会社制度"，会设练总（后改为乡约）一人，会长三四人，社设社长一人，社下每10户设什长一人，什长由各家轮流担任，每年轮换一次。"会社制度"一直延续到民国年间。

---

① 高士荣：《西北土司制度研究》，第218页，民族出版社，1999年。
② 《新疆地方史》，第170页，新疆大学出版社，1992年。
③ 袁大化总裁，王树枬、王学曾总纂：《新疆图志》第1卷，上海古籍出版社，1992年。

二、农业、牧业、林业与手工业

西北少数民族地区主要是农牧业经济，1840年以来，西北少数民族地区的农林牧业在传统的经营方式基础上，都有了不同程度的发展，农牧业经济发展水平有所提高，从而带动了大西北地区整个国民经济的发展。

1. 屯田与水利事业

鸦片战争后，清政府为了解决财政窘境，在西北甘肃、新疆等少数民族地区，开荒屯田，兴办水利。1844年（道光二十四年）的一份上谕指出："西陲地面辽阔，隙地必多，果能将开垦事宜实心筹办，当可以岁入之数，供兵食之需，实为经久有益。"①1845年（道光二十五年），经时任甘肃布政使的邓廷桢"亲历周勘，设法招垦"，在甘肃等蒙、藏、回等民族地区"共查出荒熟地一万九千四百余顷，又宁夏镇马厂归公地一百余顷，分别差等，酌量升科"。②1846年（道光二十六年）新疆"镇西府所属回、汉、满民族居住的昌吉、阜康、绥来、吉木萨尔、呼图壁六处开垦地四万五千六百亩，噶逊所属柴节博一带开垦地三千一百五十亩，库尔喀拉乌苏所属奎屯等处开垦地一万零一百一十亩，精河所属托克托台等处开垦地三千零九十亩，共十一处，开垦地八万六千五百一十九亩。"③

1845年1月，林则徐开始了南疆勘垦的活动。他遍历南疆八城，实地勘察当地水利、丈量可耕地亩，共勘得可耕土地近60万亩。其中库车6.8万亩，乌什10.3万亩，阿克苏10万亩，和阗10.01万亩，叶尔羌9.8万亩，喀什噶尔8.33万亩。④

到同治光绪年间，左宗棠平息阿古柏叛乱后，继续垦荒兴屯。当嵩武军张曜部驻扎哈密时，左宗棠即命他积极开渠引水，大办屯田，取得了很大成绩，1875年，报垦荒地1.9万亩，1876年，收获毛粮5160余石，扣去种子和各项耗费外，足够该军吃四五个月。新疆其他各地在左宗棠的倡导下，大规模屯垦使耕地面积扩大，财政收入逐年增加。

1884年（光绪十年）新疆建省，首任巡抚刘锦棠为了招徕劳动力，发展农业生产，采取了以下的措施：

裁兵分屯。将荒地分给退伍士兵，并且要求他们按照民屯的办法向清政府交纳租赋，这样，不但减轻了兵屯对士兵的沉重负担，也可刺激屯丁的生产积极性。

鼓励失地农民前来新疆，移民实边，垦荒屯田。新疆建省以后，内地汉、回等各族劳动人民迁居新疆者日益增多，屯垦的地区不断扩大，新疆的农业生产得到迅速发展。

2. 农林牧业

近代的西北少数民族地区的农业，虽然屡遭战乱破坏，但由于传统农业生产经济的长期积累，大力开发水利与垦荒屯田事业，使西北农业又焕发了生机，得到发展。

砂田耕作法是甘肃中部劳动人民在长期农耕劳作实践中，为战胜干旱少雨而创新的一种农田耕作方法。正如人们所说："利用荒滩僻壤压沙耕种，化不毛之地为良田，是

---

① 《清宣宗实录》卷420，第16页。
②③ 转引自魏永理、李宗植、张寿彭主编：《中国西北近代开发史》，第48页，甘肃人民出版社，1993年。
④ 周轩：《林则徐与南疆勘地》，载《新疆社会科学》，1989年第4期。

田鼠之启迪,而成富国利民之宏图。"① 这是近代西北农业生产技术的一项成就,砂田分旱砂田(土砂田)和水砂田(小砂田)两类,旱砂田多用以播种粮食作物,水砂田多用以播种瓜类、蔬菜、棉花等农作物。

清末,"左宗棠不惜挪动西北用饷库银,借款给农民广铺砂田,陇中砂田面积在同治年间有所扩大"。② 砂田具有旱涝保收之特效,其耕作方式一直延续至今。

盐碱地是西北地区农业一大祸害,新疆维、汉、回农民在治理盐碱地过程中,积累了丰富的技术与经验。新疆广大地区有轮荒改良盐碱地的经验,土地休耕多年,水往下降,土壤腐殖质增加,再恢复种植,必然丰收。

近代以来,由于棉花、烟草等经济作物在西北地区的广泛种植,左宗棠编了《棉书》,将棉花的生产技术引入新疆。兰州引种美国花旗烟叶,在农民精耕细作下,叶厚质佳,以此为原料的兰州水烟成为甘肃名牌产品。

西北的园艺业特别发达,清代以来,从国外、内地引进多种水果品种,在广大农村栽培成功,落户西北,使西北地区传统的葡萄、西瓜、哈密瓜、无花果、苹果、桃、李、杏、梨的园艺技术有所提高,种植面积也不断扩大。园艺业已成为西北地区农业发展的主要产业之一。

3. 水利事业

鸦片战争后,回、汉、满聚居较多的宁夏的水利开发取得进展。1849年(道光二十九年),秦渠渠口长下坝的猪嘴码头被冲毁,以后"险工迭出,河水溢东,崩毁日盛"。1908年(光绪三十四年),灵州知州陈必淮修复猪嘴码头,以土堆筑,使河水复归古道,并在堤上栽植树木,盘根固堤。1909年宁夏都统志锐为了解决旗民的生计问题,请准清政府拨发帑银在宁朔县靖益堡唐徕埧渠西开湛恩渠一道,浇灌唐徕埧渠以西荒地。③

清政府在新疆实行屯田制,为了解决灌溉用水之事,除动员屯垦士兵兴修水利外,清代还允许废员捐办农田水利工程。道光年间伊犁将军布彦泰拟引喀什河水灌溉阿齐乌苏旗屯废地,经奏准,由谪戍新疆的林则徐承办最艰巨的因喀什河水入锡伯营地的阿齐乌苏大渠的龙口工程。林则徐曾协办黄河河工,有丰富的治水经验,他亲自督工修建,先后历时四个月,"用饷50余万有零",完成了这一关键性的工程。直到现在,这条著名的察布查尔锡伯族聚居地的大皇渠还是伊犁最主要的灌溉渠道,还在为后人造福。④

当左宗棠收复新疆之后,为了恢复农业经济,随即开展了大规模的兴修水利的活动。经过几年的辛勤劳动,到1880年,修复了哈密石城子渠,巴里坤大泉东渠,乌鲁木齐的永丰、太平、安宁等渠;吐鲁番除修复水渠外,更掏浚了坎儿井百十处;玛纳斯、库尔勒、库车等地也各修治水渠数十里。⑤到1881年,喀什噶尔河修治完工,叶尔羌河也已"堵筑决口,挑挖沙洲,并将老岸及长堤加高加厚"。⑥

---

① 张鹤年:《论农田压砂之利》,载《甘肃省建设年刊》,1935年。
② 张波:《西北农牧史》,第362页,陕西科技出版社,1989年。
③ 魏永理、李宗植、张寿彭主编:《中国西北近代开发史》,第60—61页,甘肃人民出版社,1993年。
④⑤ 新疆社会科学院民族研究所编著:《新疆简史》第2册,第243—244页,新疆人民出版社,1975年。
⑥ 《刘襄勤公奏稿》第2卷,第56页。

西北地区的少数民族地区，近代以来，水利开发也取得了一定的成就。兰州地区的黄河水车是开发利用黄河水利的一大创举。

兰州地区黄河沿岸的水车，据《皋兰县志》记载，是明代嘉靖年间当地段家湾段续所首创。至清代，已广泛利用。如清代道光年间，仅皋兰县境内就有大小水车近150盘，共灌地27420余亩，① 使兰州黄河两岸及上下诸滩都能得到灌溉。清代末期，仍有水车157盘，灌地19932亩。②

19世纪60—70年代，左宗棠任陕甘总督，他对泾河的治理，为甘肃的水利开发做出成绩。此外，他还在平凉县开凿一条长渠——湟渠，灌溉平凉的大片土地。他又"饬宋得禄、刘风清相地为之，如泾水上源，亦照凿坎井"。③ 这是新疆维吾尔族兴修水利的做法，在泾河上源修坎儿井，导引地下水灌溉田地。为了积水防旱，左宗棠还主张在陕甘部分地区凿井。办法是以工代赈，把凿井和赈济饥民结合起来。

1896年，陕西巡抚魏光焘动议修关中二华水利工程，排泄华阴、华州诸河积水，他的施工方案是"拟将河渠淤塞处所，逐段挑浚，浅者深之，狭者广之，所挑之土，即以筑堤培路。其水冲沙积地亩，应一律恢复"，1897年2月关中二华水利工程动工，仅半年排灌工程全部竣工。④

西北地区森林资源少，而畜牧资源却十分丰富，草原和畜群是西北资源的巨大优势。西北地区的自然地理环境各地差别很大，气候各异，森林分布各有特点。新疆森林分为山区森林、平原乔灌木林及南疆胡杨林三种类型，其中山区森林所占比重最高。在山区森林中，又以天山森林为最多，约占山区森林的60%以上。平原乔灌木林分为天山北麓林区，指乌鲁木齐—乌苏—精河—三台一线；和天山南麓林区，指吐鲁番—阿克苏—巴楚一线。沿南疆的塔克拉玛干沙漠边缘的塔里木河、和田河、叶尔羌河两岸生长着大片胡杨林。塔克拉玛干沙漠中盐碱成分很重，一般耐盐碱差的植物很难成活，而胡杨最耐盐碱，还具有很强的抗旱本领。据调查统计塔克拉玛干沙漠中的胡杨林有数百万亩之多。

陕西的森林主要分布在崂山、黄龙山、桥山（子午岭）、陇山、秦岭、大巴山等山区，主要用材林有：云杉、冷杉、柏类、落叶松、华山松、白皮松、马尾松、刺槐、泡桐等，在镇巴、西产、紫阳等县还有大片竹林分布。

在甘肃、青海、宁夏地区，山地森林主要分布在祁连山、子午岭、西秦岭、马衔山、西倾山、阿尼马卿山、巴颜喀拉山和唐古拉山、六盘山等山系。青海境内自东北至东南依次分布有：祁连山、大通河、湟水、黄河上游下段、隆务河、黄河上游上段、玛可河、多柯河等林区。今宁夏六盘山区有数十万亩原始森林和大片的次生林带，贺兰山的山阴处也有原始森林和灌木林区。山地森林的主要树种有冷杉、云杉、栎类、杨类、桦类、油松、华山松等。荒漠灌丛林主要分布在甘肃河西走廊的戈壁荒漠及青海柴达木盆地、青海湖盆地和海南台地的半干旱沙地上，主要为柽柳、杨梭、沙拐枣、麻黄、枸

---

① ② 转引自杨重绮主编：《兰州经济史》，第44页，兰州大学出版社，1991年。
③ 《左宗棠全集》，第14册，第12508—12509页，上海书店，1986年。
④ 转引自魏永理、李宗植、张寿彭主编：《中国西北近代开发史》，第68页，甘肃人民出版社，1993年。

杞、白刺胡杨等耐盐碱、耐干旱的植物。①

近代以来，西北地区战祸不断，社会经济遭到很大破坏，左宗棠在用兵西北和进军新疆的过程中，为了支持军事行动的需要，十分重视筑路植树的工作。他规定凡筑路两旁"植树一行两行，乃至四五行。"其用意："一是巩固路基，二是限戎马之足，三是供给夏时行旅的荫蔽。"② 据记载，光是从陕西长武境界起到甘肃会宁县止，600多里间，历年植活的树就达26.4万多株。1879年，杨昌浚应左宗棠之约西行，见到大路两旁遍植树木，感慨良多，吟诗一首："大将筹边尚未还，湖湘子弟满天山。新栽杨柳三千里，引得春风度玉关"。在当时条件下，能在干旱的甘肃从东到西植树千余里，确非易事。左宗棠植树的成功实践，被载入西北近代史的光辉史册。③

清代为了西北驻军戍边和开垦兴屯的需要，曾在甘肃、新疆各地广设官营牧场，这在历史上对发展西北畜牧业起了推进作用。乾隆年间，清政府先后在甘州提标、肃州、凉州、西宁设马场4座；在新疆的伊犁、迪化（乌鲁木齐）、巴里坤、塔尔巴哈台设马场4座，调购马牛群养群牧。另外，在一些边远地区还设有小规模的马场，主要为当地驻军提供马匹。鸦片战争后，西北各地官营的牧场大部分荒废。直到1884年（光绪十年）新疆建省以后伊犁将军长庚提出恢复旧有牧场，"奏拨经费银七万二千两，购买孳生马羊，分交蒙兵放牧"。④ 虽然伊犁、巴里坤马场又重建起来，但是，鸦片战争后新疆官营牧场再也没有恢复到以前的规模。

西北的大部分地区多属于干旱半干旱区域，这里分布着多种类型的草场。在这些天然草场中，主要有沼泽草场、荒漠草场、草原草场、灌丛草甸草场、森林草场和草甸草场等类型。其中沼泽草场和荒漠草场主要分布在鄂尔多斯盆地、酒泉盆地、柴达木盆地、准噶尔盆地和塔里木盆地中的滩地的低洼处、河流两岸的阶地和河溪流源头地带及地势平坦、气候温暖干燥的滩地之上。草甸草场、森林草场、灌丛草甸草场主要分布在祁连山、阿尔金山、昆仑山、天山、阿尔泰山山脉的山地及沟谷地带。其他草甸草场优良牧草多，牧草生长茂盛，覆盖率大，营养成分高。

西北地区牧业发展，经过多少年代的驯养、繁殖与改良，培育出了一批优良的牲畜品种。如甘肃和青海的河曲马、西宁的大通马、新疆的伊犁马、巴里坤马、福海大尾羊、库车羔皮羊和宁夏的滩羊等，近代以来，均享誉国内外。

4. 工业、矿业、手工业

西北地区的手工业有悠久的历史，在地方经济中占重要地位。1840年鸦片战争以来，外国商品的涌入，使西北手工行业陷入困境，但具有特色的手工业和作为农村副业的家庭手工业，仍有其重要的地位。近代西北地区的一些新兴机器工业采矿业也有所发展，但远远不敌手工业在西北地区经济发展中具有的重要作用。

清政府在西北发展工业是从创办近代军事工业起始的。1869年陕甘总督左宗棠在

---

① 魏永理、李宗植、张寿彭主编：《中国西北近代开发史》，第98页，甘肃人民出版社，1993年。
② 秦翰才：《左文襄公在西北》，第162页，岳麓书社，1984年。
③ 魏永理、李宗植、张寿彭主编：《中国西北近代开发史》，第100—101页，甘肃人民出版社，1993年。
④ 袁大化总裁，王树枏、王学曾总纂：《新疆图志》实业卷，第13页，上海古籍出版社，1992年。

陕西开办西安机器局，到 1897 年，陕、甘、新三省先后开办过规模不等的军火工厂 5 家。西安机器局规模很小，仅能自造洋枪、铜帽、开花子弹等。1865 年，中亚浩罕国军官阿古柏侵入新疆，很快占领了南疆全部和北疆大部，成为英、俄分裂新疆的工具。清政府决定出兵新疆，1872 年左宗棠为钦差大臣，督办新疆军务，将西安机器局迁至兰州，改为兰州制造局。兰州制造局为扩大生产规模，左宗棠曾委托上海候补道台胡光镛向英国汇丰银行借白银 400 万两，用以在德国"泰西银行"购置一批机器，兰州制造局用这批机器扩大了生产能力。兰州制造局成批制造的产品主要是铜引、铜帽、大小开花子弹，还有一种仿造法国七响后膛枪和后膛进子螺丝大炮。左宗棠摧毁阿古柏政权，所用的主要武器就是由兰州制造局提供的。

1894 年，甲午战争爆发，经陕西巡抚鹿传麟奏准，将兰州机器局停产后的存机运陕，在西安设立陕西机器制造局，募工试制枪械，以济军用。

"新疆建省后，巡抚饶应祺认为，新疆毗邻俄英，为巩固边防，应注意武器装备，倘靠内地供应或从外国购买则多有困难。于是呈请自筹资金购置设备生产武器，得到清廷批准。1897 年从上海购买法国礼和洋行机器，安装在迪化南梁三甬碑，利用水力推动车轮带动机床，正式成立新疆机器局，修理和制造子弹、枪械等。"①

清政府于 19 世纪 70 年代起，在西北创办的近代军事工业，规模有限，数量不多，然而它却顺应了中国社会历史发展趋势，成为中国西北近代工业发展的开端。

随着军事工业的兴办，民用工业也发展起来。这个变化使近代工业领域扩大，逐渐扩展到了纺织、燃料、采矿、制茶、毛皮加工、火柴等与民生密切相关的部门。而且吸引了一些地主、官僚、商人等投资近代工业，这是西北近代工业结构的一次变化和经济的发展。左宗棠在 1878 年（光绪四年）创建了兰州机器织呢局，从德国购置机器 60 余架，计有 24 匹和 32 匹马力蒸汽机各一架，织机 20 架，纱锭 1080 个，开创了中国近代毛纺织业的先河。

1905 年陕西延长石油官厂设立，成为西北石油工业开发的先驱，从此结束了中国内地不产石油的历史。1907 年，新疆巡抚联魁创办独山子石油公司，新疆商务总局由俄国购进炼油设备安装在乌鲁木齐工艺厂内，购进一台钻机运至独山子，试验生产。

此外，于 1906—1910 年，先后建立的甘肃窑街官铜厂、陕西制革厂、塔城金矿、伊犁玉山巴依制革厂、甘肃光明火柴股份有限公司等都是西北近代民用工业发展的先驱，为后来西北工业的迅速发展起了奠基石的作用。

西北地区的采矿业在鸦片战争后一度衰败。

光绪初年（19 世纪 70 年代），左宗棠制定了"官办开其先，商办承其后"的原则，鼓励开采金、铁等矿，使甘肃各地的采矿业有所恢复。② 1885 年知州叶恩沛设炭厂于黄家坎山麓。③ 1885 年兰州阿干镇煤矿，徽县、成县、天水、平凉等地的铁矿也相继

---

① 魏永理、李宗植、张寿彭主编：《中国西北近代开发史》，第 184 页，甘肃人民出版社，1993 年。
② 秦翰才：《左文襄公在西北》，第 250—251 页，岳麓书社，1984 年。
③ 叶恩沛：《阶州直隶州续志》卷 14，《物产》，兰州大学出版社，1987 年重印。

被开采，并用土法冶炼生铁，铸造锅、铧和日常用具。① 当时白银矿山已成为甘肃的唯一大矿，其冶炼产品有磺、矾、金、银等。20世纪初期，又相继开采皋兰和永登白杨沟铁矿、窑街煤铁矿等10余处。

19世纪末20世纪初，陕西冶铁和土盐生产也得到恢复和开发。

在新疆，矿冶业首先得到恢复的是金矿和铜矿的生产。因过去这两种矿的开采受官府的严格控制。19世纪80年代，官府一度在于阗设金课局，开采当地金矿。1887年，"乃裁金课局，改由民自采。经县官发价收买"。② 1894年之后，新疆地方政府由于受维新运动和20世纪初"新政"的影响，矿业开发相继出现了一批商办、官督商办、官办的矿场和矿业公司。这期间，南疆"康连格、奥伊塔格、康苏、库车等地方的煤炭都在开采，乌鲁木齐附近出产各种煤炭，伊犁河右岸紧靠伊犁城的9个煤井也在开采"。③ 各地区相继设立了一系列大、小公司与矿厂，其中较大的是官督商办的焉耆铜矿股份有限公司。

此外，还有1900年由中俄合办的塔城金矿公司，1902年由喀什道设立的喀什噶尔金矿公司、孚远水西沟铁厂、乌苏独山子石油公司、库尔喀喇乌苏四棵树银矿、哈密柳树泉煤矿、乌什库鲁克铅矿等。这些矿厂、公司大多数因资金短缺，设备简陋，经营不善，亏损严重而倒闭，但它们已开始成为具有资本主义性质的工矿企业。

西北地区的手工业，无论河陇大地，还是天山南北，都已成为关系西北各族人民国计民生的重要社会经济组成部分。农牧林业产品的生产加工和手工纺织具有重要市场价值与社会价值。

西北地区向来以畜牧业发达著称，有丰富的羊毛原料，因此，毛纺制品较棉布、丝绸历史久远。织褐、擀毡手工业遍及陕、甘、新各地。西北人民利用当地农牧生产原料，开发了毛、棉、丝、麻等手工纺织业。鸦片战争后，外国棉纺制品大量涌入，西北纺织业受到沉重打击，但由于中国自然经济具有顽强抗争能力，广大西北地区的手工纺织业仍然占着优势地位，并得到继续发展。

光绪年间（19世纪下半叶），陕西三原县令刘青黎"致力蚕桑，倡率劝导，无微不至"。他亲自编辑《蚕桑备要》一书，使"三原蚕丝大起，野则树桑日广，城则茧丝盈布"。④ 1890年，泾阳县在味经书院刊书处，"创立复幽机馆，昂价收茧，纺织色绸，以开风气"。⑤ 此时陕南、安康的丝织业也较发达，所产的巴绸及花丝络很有名气，畅销关中及西北各省。⑥

清朝末年，陕西植棉者日渐增多。据记载，当时渭南是产棉的中心地区，轧棉遍布秦川大地，棉花成了陕西重要的输出品之一。

西北植桑养蚕的历史也颇悠久。州官刘名在宁羌教民采桑叶喂养山蚕，取茧织绸，

---

① 丁焕章等：《甘肃近现代史》，第175—176页，兰州大学出版社，1989年。
② 袁大化总裁，王树枏、王学曾总纂：《新疆图志》卷29，第7页，上海古籍出版社，1992年。
③ [苏]尼·维·鲍戈亚夫连斯基：《长城外的中国西部地区》，第144—146页，商务印书馆，1980年。
④ 刘光：《烟霞草堂文集》卷2，第223页。
⑤ 《泾阳县志》卷8，第3页。
⑥ 魏永理、李宗植、张寿彭主编：《中国西北近代开发史》，第162—163页，甘肃人民出版社，1993年。

号"刘公茧"。凤翔通判张文结、兴平监生杨皆在当地率先种桑养蚕,"远近效法亦众"。巡抚陈宏谋分别在省城西安和凤翔、三原设蚕馆,买桑养蚕,并收买民间零茧零丝。逐渐关中、陕南一带养蚕之风日盛。同时在西安设织局,招集南方机匠,织成秦缎、秦土绸、秦棉绸、秦绫、秦缣纱,年年供进贡之用,逐渐通行远近,民间从事丝织的人也不断增多,"皆能织各色绸缎"。①

新疆棉纺织业始于汉代。1840年后,新疆天山以南各地种棉织布更加普遍。吐鲁番出产的棉花,"不但能供邻境,并有运入关内者"。棉花种植以喀什噶尔、叶尔羌、和田三处最多,因此这里赋税除征收钱粮外,还征调棉花、布等。② 20世纪初,在喀什、叶尔羌、和田、阿克苏等地,"每个村镇都纺花织布,有的村子甚至人人都纺织"。"织布主要是妇女的活,完全是手工操作,一个家庭就是一个生产单位,一户人家每年织出数量不多的布,然后卖给收购商","生产者完全受制于这些收购商"。③ 南疆土布不仅销往省内各地,并且大量出口到中亚地区。1878年左宗棠平定阿古柏叛乱和1884年新疆建省后,丝织业也逐渐复苏。"为了广开蚕桑之利,左宗棠特地从浙江湖州招募熟习蚕务者60人,携带桑秧、蚕种及蚕具到新疆,先后在哈密、吐鲁番、库车、阿克苏,后来又在喀什、和田等地设立蚕桑局,浙江工匠以授徒不苛等方式,向各地民众系统传授江南地区栽桑、养蚕、缫丝、织绸的先进技术,促进了蚕桑业在南疆的普及,生丝产量有所增加,丝织技术也得到了改进"。④

西北地区农牧林业产品加工手工业也相当发达,其中兰州水烟是有悠久历史的甘肃土特产品之一,19世纪90年代至20世纪初是兰州水烟的极盛时期。兰州水烟依色泽有青烟、黄烟之分,另外还有棉烟、麻烟两个品种。水烟的主要原料是烟叶,其种植地区以兰州、皋兰、榆中、靖远为主。由于甘肃全省几乎宜于种植,从而为水烟生产提供了充分的原料。承担水烟加工制造的手工作坊称烟坊。由于生产过程配料一项直接关系烟丝的成色质量,各烟坊配料均有自己不同的祖传秘方,秘不外传,这就影响到水烟业技术的整体提高。兰州水烟是甘肃传统的大宗外销商品,其销售从松辽到闽粤,由新疆至苏浙,市场广袤,几乎遍布全国。

在自然经济占统治地位条件下,粮油食品加工业是国计民生最基本的手工部门。西北地区水利资源丰富,因此,以水为动力的粮油加工业十分普遍。其中又以甘肃为最多。水磨征课,也为甘肃所特有。据清《赋役全书》所载,1907年(宣统二年),甘肃清理财政,水磨征课经清理增收4000余两。榨油业基本上是用传统的手工方式,多为农村副业生产。

在青海湟水流域农业区,植物油产量也很大。历史上,生产兰州水烟所需清油,许多都来自于这一地区。在甘、青等省,有不少回族和其他少数民族群众经营磨坊、油坊,如甘肃临潭县著名的回教堂——西道堂,其经营规模较大,并远近驰名。

---

① 魏永理、李宗植、张寿彭主编:《中国西北近代开发史》,第162—163页,甘肃人民出版社,1993年。
② 新疆社会科学院民族研究所编著:《新疆简史》第1册,第21页,新疆人民出版社,1975年。
③ [苏]尼·维·鲍戈亚夫连斯基:《长城外的中国西部地区》,第154、第197页,商务印书馆,1980年。
④ 魏永理、李宗植、张寿彭主编:《中国西北近代开发史》,第162页,甘肃人民出版社,1993年。

陕西、甘肃等省的酿酒业兴起于清末，凤翔、徽县都是酒坊较为集中的地方，人们以青稞为原料，配制"茗流酿"。互助县威远镇民间用土法酿酒，以青稞为原材，用当地草药制成酒曲拌和，经过发酵后酿制茗流酒，再经三五年的深埋贮藏，就成为质高味醇的名贵"陈茗流酒"。

西北地区畜牧业十分发达，羊、牛、马、骆驼等家畜种类繁多，为皮毛加工业提供了丰富的原料。因此，西北各地皮毛加工和制革成为一项十分普及的手工业，特别是羊毛及羊皮、牛皮的加工制作，几乎遍及全区城镇。

甘肃与宁夏人工选育的各种名贵羊裘皮闻名全国。主要有分布于靖远、环县等地的滩羊，分布于景泰、白银一带的羔皮用山羊，分布于洮河流域的岷县黑羊等。滩羊因放牧于干旱戈壁滩而得名，以滩羊皮、羔皮最为名贵。甘肃制裘历史悠久，加工作坊工艺精湛，具有很高的声誉。

新疆制革业包括制造皮帽、皮靴、皮衣、马鞍等。新疆地区气候寒冷，冬季长达半年之久，居民御寒服装，北疆以皮制品为主。这样制革业、制帽便成为最普遍的一项手工业，其中以伊犁皮鞋、阿勒泰皮衣、马鞍、阿克苏与喀什皮鞋最负盛名。

三、商业与交通

1. 商业、金融业

在西北地区，由于沟通中西贸易往来的丝绸之路横亘其间，丝路沿线的商贸、金融业曾一度繁荣。1840年鸦片战争后，内乱不止，外患不断，西北的商贸业受到很大影响。1901年1月，清政府在西安发布上谕，宣布"刷新政事"，"振兴工商"，1903年9月7日，又降谕设立商部，1904年1月，颁布《商会简明章程》，并在京师倡设商会，推动商业重振复兴。

在清政府的倡导下，全国各省会、中小城市或商业中心地区，普遍设立商会。在西北地区，1908年甘肃兰州设立商务总会，由政府委派官员办理。1910年，商会改归商办，由商人公举商董，专司其事。远在边陲的新疆，1911年4月，也在省会迪化成立了新疆省总商会。每行业分别设有分会，分管行业内部事务。大小商号分定班次交纳会费，以维系商会组织本身的运转。

新疆作为全国商业市场的一个组成部分，在这里从事贸易活动的"商帮"的形成，及遍布新疆各地的商业城镇的兴起，无不与清代数次用兵新疆有很大的关系。

清末，在新疆经商的内地商人共分为八个帮，特别是"晋商"，由于其在西北经商多年，他们在新疆市场上有深厚的基础。晋商还在新疆经营票号，如蔚丰厚、天成亨和协同庆等，专营汇兑和存放款业务。晋商几乎垄断了新疆的砖茶市场。

"津帮"以天津杨柳青人为主，原为随湘军"赶大营"的小商贩，由于在战争中发了财，战后成了新疆的一大商帮。在迪化、伊犁、塔城、阿克苏、喀什、莎车、和田等大小县城，均有其开设的商号。"津帮"商人的服务对象主要是满汉族官吏、地主等，他们从内地购进公文纸张、笔墨、朝服靴鞋及宴客所需海味珍馐，供高官享用。

"湘帮"是随左宗棠西征湘军的势力而在新疆发展起来的一个商帮。"湘人从征功最多，势亦称盛，朋党比周，不下于津人"，平叛结束后，"湘帮"夺取晋茶专利。

清末时期，各级各行业商会的设立，对维护商人的利益，发展商品经济曾起到一定作用。①

西北地区的金融业在1840年的鸦片战争之后，便逐步走向衰落。自19世纪70年代以后，山西商人经营的票号在西北各省已有了相当的势力，"如陕西、甘肃、新疆等地，差不多为蔚丰厚、协同庆、天成亨三家所均分"。② 这些票号均经营存放款及汇兑业务。由于西北地区商品经济发展的滞后性，因此这些票号更多的是为清政府的政治、军事活动服务，主要是在支持左宗棠用兵西北方面发挥了汇兑协饷、集资融资的作用。清光绪末年，西北地区的票号盛极一时，业务范围已扩大到存放款、借贷、信托等领域。这一时期，由于西北工商业的发展，商业汇兑收入十分可观。如当时兰州每年出产的水烟数量就有1万到2万担（460斤/担）左右，每担在上海的售价是45两银子，因而每年仅从上海汇回兰州的烟款就有90多万两。③ 其他行业，如布业、茶业之汇款，亦为数不少。与此同时，钱庄业也开始兴盛起来。西安最早的钱庄是同治八年（1869）成立的"天福同"和"永兴庆"两家。④ 到光绪年间，西安钱庄猛增到140家，其主要业务是经营银两、银圆和制钱之间的兑换、各地联号的汇兑以及存放款。清末，钱庄在甘肃也一度兴盛起来，甘肃的钱庄又以兰州为中心，大致有门市钱庄、驻庄钱庄和普通钱庄。⑤

青海、宁夏亦有钱庄，但经营范围较窄。由于青海、宁夏地区商品经济落后，钱庄的业务不易开展，多是开业不久即歇业，对当地的经济开发活动影响不大。

官银钱号，是清代兑换银钱、调节钱价和熔铸银锭的金融机构。

1894年（光绪二十年）后，各省陆续招商设立官银钱号，西北各省的官银钱号也同时设立。如陕西官银局——秦丰官银钱号于1894年（光绪二十年）9月17日在西安复业。

1895年，陕西官银钱局又在汉中、兴安（今安康）府设官钱分局。

兰州官银钱局始创于1906年（光绪三十二年）。兰州官银钱局发行的银票和钱票，由于信用较好，颇得商民的信任，由于出现了银票价高于现银的现象，新疆于1885年（光绪十一年）在迪化设立官钱局。1908年（光绪三十四年），新疆藩司王树改组官钱局，并在镇迪、伊塔、阿克苏、喀什四道各设大局，在各府、厅、州设立分局。总局由藩司督办，大局由各道府督办，分局由地方官聘请当地绅商为董事，这样，新疆金融业几乎完全处于官方控制之下。

2. 交通与邮电

1840年以来，随着西北社会经济各部门的变迁，西北地区的交通邮电事业也有了一定的发展。著名的古"丝绸之路"虽几度兴衰，但到清末沿"丝绸之路"故道而形成的陕甘新官道（又称驿道），仍是沟通西北地区的主要交通命脉。清末，西北地区的其他驿道干线也得到调整修复，还修建了以西安、兰州、迪化等城市为中心辐射内地各

---

① 魏永理、李宗植、张寿彭主编：《中国西北近代开发史》，第251页，甘肃人民出版社，1993年。
② 参见张国辉：《清代前期的钱庄和票号》，载《中国经济史研究》，1987年第4期。
③ 左宗棠：《答刘克庵》（光绪二年正月讫六月），《左文襄公文集·书牍》卷16。
④ 秦孝仪主编：《革命文献》第74辑，第415页，（台北）中央文物供应社，1978年。
⑤ 潘益民：《兰州金融之今昔》，载《建国月刊》第14卷，1936年2月28日，第3期。

省,四川、青海、西藏、宁夏、天山南北、科布多等地区支线与交通驿站。驿站的普遍设置,使清王朝的政令能够迅速传达到遥远的边疆地区,从而加强了对边疆少数民族地区的联系,巩固了清朝多民族国家的统一。清末西北地区驿道的运输工具却十分落后,肩挑、车载、畜驮是基本的运输形式。官方大宗货物多以车运,民间商贸运输多为驮运。甘肃的骆驼运输在古代交通运输业中占有重要地位。到近代,甘肃民勤通往内蒙古阿拉善一带的驼道还一直畅通,即使是位于崇山峻岭的黄河沿岸的驼运业也同样十分兴盛。驼运在新疆与内地的贸易中,也起着重要的作用。清末年间,新疆商人多取道外蒙古,将货物驼运到绥远或包头,然后经京绥铁路运至天津。由于骆驼在西北的交通运输业中占有如此重要的地位,历代政府对骆驼的牧养都采取了积极鼓励的政策。1863年,"同治二年,府宪转饬令于镇地,导民养驼,以裕地富民,计莫优于斯焉"。① 清政府有时还拨专款以扶持养驼业的发展,"秋季,有司奖银一千五百两,谕令变买草秣辅助越冬,县署派员专司其事,按各处驼膘情,配发不等额银两"。②

清政府于1866年9月,调左宗棠任陕甘总督,率湘军赴西北镇压回民起义;1875年3月,左宗棠又奉命督办新疆军务,平息阿古柏叛乱。在担负西北军务期间,左宗棠认识到"筹饷难于筹兵,筹粮难于筹饷,筹运难于筹粮"。③ 为了解决交通运输落后对军事行动造成的不利,左宗棠十分重视对西北道路的整治。故整治道路从潼关开始,横贯陕甘两省直达新疆。主要是进一步完善交通设施,确保转运畅通。经过整治的道路,宽3丈至10丈,可供两辆大车往来并行,路旁植树一至二行,最多的地方有四五行,目的在于巩固路基和方便行旅,西北的老百姓称这条横贯陕、甘、新的道路为"左公大道"④。

中国近代邮政开始于海关兼办邮政。第二次鸦片战争后,中国海关完全被英国侵略者所控制。1896年3月20日,光绪皇帝正式批准设立清政府国家邮政,从此,"大清邮政"正式开办,总理衙门委令中国海关最高领导英人赫德为"总邮政司","专司其事"。

"大清邮政"建立之后,即以通商口岸为依托,根据海关的管辖区域,将全国划分为35个邮界(区),每邮界设一邮政总局。因陕西未设邮界,西安邮局由四川邮界重庆总局派员负责筹办,于1902年9月20日正式设局并开办邮政业务。1903年,开辟了西安至潼关、商县、凤翔三条邮路。1904年西安成立副邮界,设立西安府副总局,管理陕西、甘肃兰州府,平凉府邮务,隶属于汉口总局。

1907年西宁分局正式成立并开始营业。1909年新疆邮政开始运行。1910年,从甘肃嘉峪关接通到迪化的骑差邮路,长达3100华里。这条邮路昼夜兼程,邮程为6天6小时。接着又将邮路从迪化向西延伸到塔城,计1600华里,邮程4天又18小时。⑤

清末,西北地区才建立电报通信事业。1889年,陕甘总督杨昌浚向清政府提出发

---

①② 《镇蕃遗事历鉴》,转引自吴景山:《甘肃交通史研究述议》,载《西北史地》,1988年第1期。
③ 《左文襄公全集·书牍》卷10,第16页。
④ 魏永理、李宗植、张寿彭主编:《中国西北近代开发史》,第408页,甘肃人民出版社,1993年。
⑤ 参见《中国近代邮政史》,第124—125页,人民邮电出版社,1984年。

展西北地区电讯的请求，李鸿章遂令电报局提出发展方案，从此开始了西北架设通信电线的工作。1889 年冬天便动工建设，1890 年冬竣工。从西安到肃州的电报业务随即开通。

1893 年清政府拨白银 28 万两，架设以迪化为中心的新疆电报线路。东线接通甘肃肃州，西线直达边境伊犁，西北能到塔城，南线衔接喀什噶尔，在乌鲁木齐设有电报总局。新疆全省电报业务于 1894 年全部开通。[①]

第四节　藏族的社会与经济

一、农奴制

9 世纪晚期至 13 世纪，经过数百年历史的演变，以西藏为主的藏族社会形态，由吐蕃奴隶制社会逐步进入到了封建领主庄园制的农奴社会。这一时期的封建领主对其领地的占有和对农奴人身的不完全占有，较之吐蕃时代赞普（藏王）、奴隶主对土地和奴隶人身的完全占有相比，无疑是一个跨时代的历史进步。

时过境迁，及至 17 世纪以后，农奴制度已获得了充分的发展。在政治上，管理西藏地方的各级主要僧俗首领均由清中央政府统领敕封。1653 年（顺治十年），清廷在邀请五世达赖莅京之际，以金册金印封之为"西天大善自在佛所领天下释教普通瓦赤喇怛喇达赖喇嘛"。同一年，又册封了已经掌握了藏政的蒙古和硕特部首领顾始汗以"遵行文义敏慧顾实汗"，命他"作朕屏辅，辑乃封圻"。[②] 统管全国佛教事务的权力和西藏世俗大权交由两人执掌，反映了清廷政教有别，分人不同治理的良苦用心。数年之后，为平抑前藏地方势力，朝廷又于后藏册封了罗桑益西为"班禅额尔德尼"，[③] 使之成为全藏区两大宗教首领之一。与此同时，原先处于分割状态的卫藏地区统辖于噶厦政府，各地方行政事务由该政府派官管理。

在经济上，西藏的土地占有权虽已被确定，由两位大领主所拥有，但是土地的最高所有权归大清皇帝，即清王朝所有。这是因为掌管地方僧俗大权、占有土地的人——固始汗及其后裔和达赖、班禅喇嘛等都必须得到中央政府的批准，只有这样才有可能占有土地。通常土地占有量是经过逐级分封的程序实现的。先是清朝皇帝将地方行政大权授予当地政府及达赖、班禅、帕巴拉呼图克图[④]等，使之握有所辖区域的实际控制权，即成为全地区最大的土地占有者；然后再由他们以封地文书的形式将土地分封给属下（辖区）有功的贵族、活佛或寺院。当然，地方政府也直接经营相当一部分庄园土地，对封地有封赐和没收的权力，而受封者转移、赏赐、布施土地，还必须经过西藏地方政府批准。享有封地的贵族和寺庙，一般只要"继续效忠政府"，或者在地方封建政权的

---

① 参见《中国近代邮政史》，第 124—125 页，人民邮电出版社，1984 年。
② 《清世祖实录》卷 74，第 18 页，顺治十年四月丁巳（1653 年 5 月 18 日）。此句意为协助清朝皇帝，妥善地安辑治理边疆封地。
③ "班"，班智达的简称，梵文，学者之意；"禅"，藏语大之意，"班禅"意即大学者；"额尔德尼"，满语，意为宝。
④ "呼图克图"，蒙语，意为圣者、活佛。

内部斗争中没有沦为牺牲品的,其领地就会"世代继承"。反之,不仅自身性命难保,土地庄园也一律充公。例如1899年,十三世达赖喇嘛以谋害罪遣人暗杀了九世第穆活佛(辞职之摄政),其所属丹吉林寺的大小200余庄园、5万多克(一克土地约一市亩)土地、几十个牧场悉被没收。

清代,由地方政府、寺庙的上层僧侣、世俗贵族三类农奴主(即三大领主)的封建土地庄园占有制和农奴主对农奴的人身占有制,是西藏封建农奴制的基础。当时的全部土地,包括耕地、牧场、森林、山脉、河流都是属于三大领主的。在数百万克的土地中,地方政府和贵族各占30%的土地,寺庙占40%的土地。18世纪中叶以后,西藏有世俗贵族、僧官贵族各175户(这350户贵族中有20余户大贵族),他们每户占有几处至几十处庄园、上万克甚至几万克土地。贵族的世袭庄园土地中有祖业地,有向政府缴纳的差岗地,还有薪俸地等。而全藏2700余座大小寺庙,所占土地达110万克,一些寺庙的活佛和上层当权派,除掌握寺庙的庄园之外,地方政府还封给他们私人占有的庄园。地方政府直接管辖的庄园,一部分给政府官员作薪俸田;一部分承租给大差巴,再由大差巴转租给农奴耕种等。总之,占人口不到2%的农奴主,占有全部的土地和农奴;占人口90%以上的农奴没有土地,人身依附于农奴主;占人口3%的农奴主代理人,代表农奴主统治着广大农奴。

近代西藏农奴阶级分为"差巴"和"堆穷"两个等级。"差巴"意为支差役份地的人,这一阶层的人在农奴中社会地位较高,这是因为他们在领主庄园内,领种政府"差岗地"(每40克土地为1差岗),靠为农奴主支差(包括支应劳役、交纳实物和货币)为生。其中极少数的人由于领种的差地面积较多,占有优越的土质和水利条件,拥有一定数量的耕畜、农具,自身经济生活条件较好,所以他们又把土地转租给其他农奴耕种,由此成为上等差巴户,即大差巴。大差巴虽有一些剥削,但人身仍依附于领主,受其剥削,所以还是奴隶。中等差巴户支领有一定数量的差地和差税,耕畜、农具仅仅够用,劳力也不缺,生活维持在勉强温饱阶段,少数中等差巴甚至不及于此。下等差巴户人数占差巴总人口的绝大部分,他们所领差地少,生产条件差,牲畜、农具甚至劳力缺乏,差役重、债务多,年复一日入不敷出,有些则破产沦为下一等级的奴隶。"堆穷"意为小户,社会地位比差巴低,他们在封建农奴制社会中,依附于农奴主,毫无人身自由,世世代代被束缚在领土庄园内。每户堆穷依其经济情况、所负差税轻重及生产劳动性能可分几种。第一种以无偿地给农奴主的自营地支应劳役为代价,领有少量租地,用以维持最低的生活。第二种靠租大差巴的租地、交纳实物地租和向自己所属领主交人役税为生。第三种没有租地可种,终年以当雇工为生,每年还要向农奴主交人役税,生活极苦。第四种专门以从事手工艺、出卖劳动力或向农奴主支工艺差营生,当然也不例外要交纳人役税等。

19世纪的西藏,根据封建农奴主制定的法律,农奴是没有土地占有权的。因此,农奴主们将他们占有的土地分为两种:一种是将肥沃的土地作为"自营地";另外一种是把较为瘠薄的土地作为"份地"租给农奴们耕种,农奴以此赖以生存。当时农奴的份地只占农奴主土地的25%—30%,自营地的全部生产劳作(支内差,即徭役劳动)不仅由农奴无偿承担外,还要负担名目繁多的差役和苛捐杂税(支外差,即劳役和实物地租)。农奴们世世代代饱受着三大领主的残酷剥削。内差主要由堆穷等级的农奴负担,其支差的数量,根据种份地的多少来计算,一般种 10 克(每克 25 斤)种子的份地,要以一个劳动力终年在领主庄园上劳动,占该农奴全家劳力的大半,内差剥削率为 68.9%—81.5%。内差绝不仅此,农奴主有时还肆意规定和摊派差役,如并吞没收差岗地、农奴的抵债地或私开荒地等各种办法,不断扩大自营地,增加内差,加重了对农奴的剥削。外差大部分由差巴等级的农奴负担,主要是乌拉差役,包括向政府缴纳的实物、货币、劳役地租税。这其中以劳役差为主,大约占 60%。外差有支应服兵役的"马岗"差役,即种一马岗地(约种 40 克种子的土地),出一名藏军并供给其生活来源;有驿差地,即以差岗地为地方政府专门支应驿差;还有一般日常所支的都岗差等。种岗差地的农奴,几乎负担了政府的一切需索,无偿供应持有官府执照人员往来,货物运输所需的人力、畜力、食宿。无偿供应政府所需的食物,如柴草、肉类、土特产等。外差十分沉重,不论农忙、农闲,有的甚至常年奔波在外,导致份地荒芜。外差税则多如牛毛,(有些税如清代驻藏大臣用粮税、取暖用的木炭税、信使马费税等,清王朝覆灭后这几项差税仍继续征收、直到西藏民主改革前的 1958 年。) 一年支应的差役要占一家劳动力的 30%—50%,支付实物和货币的名目极为庞杂,占全家收入的 20%—30%。[①]

牧区的情况和农区大致相同。牧场和牲畜是牧民们的重要生产和生活资料,然而他们是没有占有权的。三大领主分别完全占有中央政府赐予地方政府的牧场,在占有牧场的同时也就占有了牧场上居住的部落牧奴的人身,还大部分地占有了牲畜。牧奴们虽然占有极少量的私有牲畜,但是,放牧在三大领主占有的牧场上,牧奴们占有牲畜的多少,便成了领主支派差役的依据。所以,牧奴私有的所谓牲畜,实际上是没有完全的所有权的。封建农奴制下的牧租,实际上即牧业生产中的地租。所有的牧区部落都要向地方政府支应乌拉差役,牧奴除了对地方政府支应劳役外,还要交纳酥油、牛羊肉、皮张、羊毛等实物和藏银。牧区的乌拉差役与农区有所不同,绝大多数是领主按牲畜数量强迫征派,实物为主,兼派劳役,不得违抗,这些充分说明领主或领主代理人兼牧主,在牧区生产和剥削过程中有很高的封建特权。

二、千百户制

千百户制是清政府在青海、甘肃、康区及西藏三十九族藏族聚居地的广大牧区部落中实行的一种统治措施。该制始于康熙年间。当时驻四川钦差大臣相继疏言:"打箭炉、木雅等处番民一万九千余户归顺,请增设……土百户四十五,以专管辖"。"雅陇江滨瞻对、喇衮、革布什咱、绰斯甲布诸土目各率所属户口投诚,奏请授五品安抚司,其副为六品土百户。从之。"[②] 及至雍正初年,清廷在勘定青海罗布藏丹津叛乱事件后,大将军年羹尧在《善后事宜》中又上奏:"西番人等,宜属内地管辖……将番人心服之头目,给予土司千百户……职衔分管。"由此朝廷沿袭前制,决定在藏区收缴前明所发

[①] 转引自吴从众编:《西藏封建农奴制论文选》,第 29—30 页,中国藏学出版社,1991 年。
[②] 《清史稿》卷 276,《贝和诺传》,第 10072 页;《清史稿》卷 281,《费扬古传》,第 10143 页,中华书局标点本,1976 年。

国师、禅师等印敕，从名义上废除了政教合一制度的同时，清查户口、划定地界，"因俗设官"，承认和封授土司，确立千百户制度，并分别赐予千户、百户头衔，由四川总督、青海办事大臣等发给委札，呈报清廷。一个地区设一"总千户"，每千户委一"千户"，每百户委一"百户"，俱由兵部颁给印信号纸（土司赖以"统摄"其部属的权力凭证），准其世袭。不足百户者设"百长"或"干保"，每十户设一什长。后来，清廷觉得"番中一族有千余户，其势甚大，万一有枭雄纠合数族，则万众之聚"，① 对自己的统治构成极大威胁，遂"令千户管三百户"，其余不变。如此至清末，青海藏族地区世袭总千户1人，其中玉树二十五族千户1人、百户31人、百长69人、干保若干人；环海八族千户10余人、百户71人、干保若干人；果洛九族千户3人、百户若干人；河湟各族百户2人，百长和什长若干人；贵德各族百户7人，百长若干人；其他各族不详。总计有千户14人多、百户110人，百长、干保、什长等不计其数。② 他们分别被拨归清朝的道、厅、卫、所衙门辖治。在康巴藏族地区，清政府分封土司达120员，其中明正宣慰司土千户1人，土百户48人；霍耳朱倭安抚司土千户1人、土百户1人；上瞻对土千户2人；下瞻对土百户2人；霍耳章谷安抚司土百户4人；霍耳孔撒安抚司土百户4人；霍耳麻书安抚司土百户2人；霍耳咱安抚司土百户2人；德格宣慰司（辖今四川甘孜、西藏昌都、青海玉树部分地区）土百户5人；理塘宣抚司土百户2人；巴塘宣抚司（辖今四川巴塘及西藏芒康）土百户7人。③ 综上设土千户4人、土百户75人，百长等不计其数。藏族地区部落头脑人物，由于其统治下的部落多寡不一，因而其属民户数也有很大差异，最大者竟可达2.74万余户，最小的有些材料记载仅几户，④ 它们之间显然过于悬殊，不可相提并论。

　　土司内部的组织及其名称不仅各个藏族地区不尽相同，且农业区与牧业区的土司称谓也有差别。如甘南卓尼藏族地区杨土司之下，设旗长、总管、头人等，从表面上属于政教两方面组织，"政属于土司，教属于教纲。兄任民长，管理政务；弟任寺主，主持宗教；土司长子例袭土司，次子例袭僧纲。遇独子时，土司得兼僧纲，政教合而为一"。再如青海玉树"番酋管民务，寺僧管政务，各不相干。如百户为僧时，寺务亦得预闻"。"歇武百长为喇嘛兼"⑤。可见政教之间关系密切，关键时刻即合二为一了。四川阿坝、松潘、壤塘、红原等牧区部落之间，互不统属，但部落统治者往往彼此结为联盟，以相攻守。部落首领千百户也就是原来的部落头人，其政权机构直接建立在原有部落组织的基础上。千百户之下，设有老民（年长辈高者）掌管部落和寨内政权，他仅备千百户咨询。老民之下有寨首。一般千百户并不设衙署和官员，其家宅就是办事处，有关部落重大事务，由千百户召集老民、寨首开会决定。但是较大一些的部落里，由于事务繁多，其机构也较复杂。西藏北部三十九族地区，自雍正年实行千百户制至清末，

---

① [清]那彦成：《平番奏议上降堂尚书论番事书》。
② 《青海地方民族史研究文选》第一辑，第100页，青海民族学院民族研究所，1986年。
③ 《甘孜藏族自治州民族志》，第38页，当代中国出版社，1994年。
④ 陈庆英主编：《藏族部落制度研究》，第118页，中国藏学出版社，1995年；《甘孜藏族自治州民族志》，第38页，当代中国出版社，1994年。
⑤ 黎宗华：《安多藏族史略》，第154页，青海民族出版社，1992年。

其最高首领号称"霍尔王"、"总千户",管理体制庞大。"霍尔王"之下,有千户2人、百户13人、百长40人,有"八大内相"、"四大外相"和强佐(大总管)、涅巴(管家)、仲译(文书)等数名官弁及180名侍卫等。霍尔王将其直属的三十九个部落称为"内部落",以别于附属或被征服的"外部落"。千百户分文职、武职两种。千户为正五品,副千户从五品,百户为正六品,副百户正七品,余无品级。千百户们作为朝廷的命官受到敕封,统领一方水土,除承担"世守地方,保境安民"的职责外,尚须缴贡纳赋。清政府规定:"或比年一贡,或三年一贡,各因其土产……牛马皮布皆以折银,而会计于户部"。① 贡品虽须按期缴贡,但朝廷也总是以超越贡品的价值回赐土司。千百户拥有清政府授予的合法权力,既是各部落酋长,又是中央王朝统治各地的代理人与工具,握有武装和监狱,对广大农牧奴实行最残酷的统治。诚如青海囊谦千户扎西才旺多杰所言:"玉树二十五族,是雍正皇帝封给我的。在此之内我有役使人差、征收实物、支配草山、确定地权、统领百户、管理寺院、保护众庶、出兵打仗等政治、经济、宗教、军事的一切权力。"② 于是,处于封建农奴制时代的四川大金川土司,竟有将活人当做物品进贡之事,但却遭到了朝廷的拒绝。③ 另外,作为部落首领的千百户、百户长们对封建王朝还有承担士兵制的义务。但凡千里广袤荒漠草地上,运藏粮饷、驿卒文报、往来官弁、交通要道的护送、戍守、巡防、缉拿"夹坝"(土匪)、地方治安等,他们均有不可推卸的责任,否则何地发生事端,清廷"唯该土司头人是问"。

　　清朝中央政府对甘、青、川、藏等藏族部落实行的统治方略,在当时收到了安抚上层,稳定当地社会,强化清朝与藏族地方的联系等,起到了较好的效果。此制表面上看,似乎有"自治"的影子,但实际上是承袭了前人的某些做法,以"分而治之"的手段达到为政治服务的目的,这也正是他们奉行千百户制度的实质所在。可是,随着社会经济的发展及时代的向前,一些土司(包括千百户)抗命朝廷,暴戾恣睢,鱼肉百姓,割据征战,日益成为保守消极势力,阻碍了社会生产力的发展,与国家统一格格不入。所以近代清政府在全国范围内实行了"改土归流",藏族地区自不例外,当然这也是历史发展的必然。关于藏族地区"改土归流"史载比较详明:"清鉴前辙,迭议归流。曩昔土司隶外番二、隶行省七。康雍之盛……四川建昌、松潘、天全、打箭炉……云南丽江……因时损益,遍置流官。乾隆以降,大小金川重烦兵力。光宣之际,四川巴塘、理塘、德尔格忒、高日、春科、瞻对、察木多(西藏昌都)置吏一依古事……"④ 改流后,一些地方遏制了土司势力,强化了中央集权统治,促进了藏族社会某些方面的发展。但相当一部分地方虽然形式变了,中央政府派去了流官,名称上也有所改动,如将千户长或千户贬为"本"(官之意),将百户和百长降级一等,称为"甲本"(相当连长)或"定本"(相当排长),但这只是换汤不换药,实质并未变,政教大权依然操掌在土司、千百户手中,他们实际上对藏族社会依然起着举足轻重的作用,直至20世

---

① [清]魏源:《圣武记》卷7,第297页,中华书局,1984年。
② 《玉树藏族自治州概况》编写组:《玉树藏族自治州概况》,第48页,青海人民出版社,1985年。
③ 详见《清高宗实录》卷335,第25页,乾隆十四年二月丁未(1749年4月15日)。
④ 《清史稿》卷117《职官四》,第3410页,中华书局标点本,1976年。

纪前半叶。

三、寺庙经济

寺庙经济是封建奴隶制阶段藏族社会的基本经济形式之一，它是随着佛教的发展而形成的。清代，由于中央政府扶植、尊崇藏传佛教格鲁派的政策，因此广大藏族地区寺庙林立，僧侣云集。仅乾隆初年达赖喇嘛属寺即有3150余座，僧侣达302560人；班禅喇嘛属寺有327座，僧侣13670人。至清朝，青海有小大寺543座，宗教职业人员5万多；甘南拉卜楞寺及其属寺有108座，僧侣总数2万余人；四川甘孜、阿坝两州有寺庙430余座，僧侣6万余人；云南迪庆仅中甸归化寺有僧侣1329人。这些众多的寺庙有着严密的组织机构和严格的封建等级秩序。格鲁派寺庙组织一般分为喇吉（全寺最高管委会）、扎仓（僧众集团）、康村（同籍贯的喇嘛组织）三级，每级统领为活佛、堪布等人（依寺庙规模大小，活佛、堪布也有大小之分）。喇吉、扎仓、康村都有自己的财产，包括黠卡（即庄园，属于寺庙的黠卡藏语称为"曲黠"，意为供养佛、宣扬佛教的庄园）、土地、牧场、房屋、农牧奴、牲畜、经商与放高利贷的银两等，均有专人管理经济。当然，所有这些经济来源均为世俗封建主的封赐、布施、赠送及其他经济手段获取的。寺院庄园加上活佛、大喇嘛的私人庄园，从而逐渐形成了藏族地区区别于其他经济系统的寺院经济体系。该经济体系在藏族地区地方政府、世俗贵族、寺院三大经济体系中，不但具有独立地位，而且到近代越来越占有主导地位。综合近代藏族地区寺院经济结构为：

——地方政府的财物资助。有材料表明，20世纪初叶，仅拉萨三大寺的佛事活动，包括喇嘛每天念经时用茶及袈裟等费用，均由藏政府贴款补助。当时三大寺有寺僧1.65万人，据最低计算年需茶叶2000余包、酥油17.5万余斤，粮食、服装、柴、盐等大量生活开支不计其数，年共需大洋174.5万余元，宗教开支占全藏各项开支的69.5%。[①] 充分说明了藏族地区寺院经济主要依赖政府，也说明寺院是一个庞大的特权寄生阶层。

——发放高利贷。藏族地区寺庙，无论大小几乎无不施放高利贷，且为三大领主中放贷最高者，约占80%。不仅寺庙放债，许多活佛、堪布、吉索等高僧也放私债，由此广大农牧奴背负着沉重的高利贷债务，过着艰辛的生活。以西藏寺庙放贷最多的哲蚌寺为例，其历年放出的高利贷达1.6亿斤，银圆达1亿多元，放贷利息高达20%。再如康区理塘寺，到20世纪中叶前除按常规放粮贷、银贷外，还放空头债（百姓承诺的布施无力交付转为债务，年索利息）、商品债（百姓所"购"寺贩商品，无力付款转为高利贷者），甚至硬派债务，放贷利额之高更是惊人。货币借贷月利5%，年利45%；粮、盐、酥油放贷春借秋还，利息分别为25%、66.6%和70%。[②] 综上无论是西藏还是康区寺庙所放的高利贷，都远远地超过了地方政府、贵族或土司、头人。

——农、牧、手工业及商贸经济收入。占有大量土地和农牧奴的"曲黠"，是寺庙经营农牧业的重要生产基地，寺庙庄园领主通过收取劳役地租、实物地租和货币地租等

---

① 《藏族史论文集》，第271页，四川民族出版社，1988年。
② 《中国社会科学》，1990年第3期，第12页。

方式，将粮食、酥油、奶制品、牛羊毛、食盐等绝大部分劳动产品以及寺属庄园手工作坊生产的纺织品等盘剥，除大部分用于寺庙宗教活动支出及活佛高僧自己消费外，少量用于市场交换。而商贸方面，清代西藏尽管商业及民间贸易极不发达，但所有经营权为三大领主所垄断。当时，稍具规模的寺庙多兼营羊毛、皮张、牦牛尾、名贵药材等土特产与内地交换茶叶、绸缎、棉布及其他日用品。个别实力雄厚的寺庙与域外印度有进出口贸易。其他藏族地区，因与汉等其他民族毗邻杂处，交往频繁，因此寺庙商品经济较西藏普遍和活跃。仅四川阿坝、松潘一带，各寺拥有商业资本400余万银圆，寺庙商人日上市交易的有千余人，交易6000银圆至1万银圆。有些寺庙还将资本交予头脑精明、善于经商的"济娃"（寺奴）经营，年交利润5%。交易品为畜产品、药材、茶叶、盐粮、民族及宗教用品甚至是枪弹、鸦片等。云南中甸的归化寺则大量从事滇、藏、印之间的三角贸易。

——宗教活动及其他来源。出家人外出化缘、善男信女兴佛布施、寺庙通过为民众生丧做祈祷、卜卦、出售"神药"、举办法会等一系列佛事活动，为寺庙经济注入了源源不断的肥水。在西藏，以三大寺的收入最为丰厚，哲蚌寺年布施收入即有青稞1100克（每克25斤），酥油850克，藏银310万两（每两约合人民币1元）之多。① 甘肃拉卜楞寺每年一次的法会收入也在10万元以上，全部为寺庙所得。青海塔尔寺每年夏季派大批僧人赴本省牧区及内蒙古、甘肃等地化缘，秋季均满载而归。此外，各寺庙活佛坐床、圆寂，赴拉萨学经、佛法节日等，百姓均须送礼。统治者（一般为大贵族）为表示崇神敬佛、达到政教联盟、巩固统治等目的，也常常愿意为寺庙慷慨解囊，布施的具体形式是多种多样的，有钱币、衣物、食品，还有土地、奴隶等。

——征收苛捐杂税。历史上由于藏族全民信教的原因，故寺庙及高僧享有至高无上的威望。同时还享有政治、经济、宗教上的特权，可以直接向百姓随心所欲地摊派各种苛捐杂税。以扎什伦布寺为例，农奴常年向寺庙要交纳炭差、肉差、盐差、鸡蛋差、人差、毛线差、房子差、清洁差、石头差、牦牛尾巴差等上百种差税。有些地方还要交下雪税、拾牛粪税、辫子税、耳朵税，小农奴出生要交出生税，年老残废交免差税，乞丐交乞丐税，甚至入狱要交入狱税。寺庙通过各项苛捐杂税既聚敛了农奴大量钱物，又将其紧紧地束缚在"曲谿"内。

藏族地区寺庙经济是藏传佛教向社会经济生活渗透的产物。它对藏族社会的政治生活、经济生活和文化生活具有一定的导向作用，也就是说既有利也有弊。利的一面是寺院集中了大量不事农业生产的僧人，扩大了藏族地区脑力劳动与体力劳动的分工，使得一部分喇嘛得以专门从事佛经翻译、文学、绘画、雕塑、建筑、历算、藏医等方面研究和创作，为弘传藏族文化作出了巨大的贡献，而这些都必须是以雄厚的寺庙经济基础为保障的。再则近代藏族地区商品经济极不发达，可是一些大的寺庙为前往朝佛的香客推销寺庙工场、作坊生产的手工艺及佛教用品，其后各地香客或商贩相继云集在寺院周围开设商铺，久而久之形成了集镇贸易，这种以寺院经济带动城乡贸易和集镇商品发展的现象，在西藏大昭寺、青海塔尔寺、四川理塘长青春科尔寺、甘孜

---

① 《中国藏学》，1988年第1期，第34页。

寺、云南归化寺等寺庙周围都有最好的例证。但是，寺庙经济又是不利的，这是因为"首先高度集中土地的寺庙，由于佛教教义的缘故，不仅大量僧人不参加生产劳动，成为寄生阶层，给社会带来了沉重的经济负担"；而且寺庙的许多清规戒律和禁忌，如不能开种神山、神地、挖矿伐木，不准捕鱼、打猎、除虫、兴修水利，以免杀生，农耕收割时打卦决定等，严重地束缚了生产力的发展，亦为原始落后的自然经济提供了保护。其次，落后的生产力和寺庙惊人的高利贷利息和多如牛毛的杂税，残酷地剥削农牧奴，造成他们生活极端贫困，阶级矛盾尖锐、消极怠工，抗租抗税时有发生，致使劳动生产率极低，经济衰败。而另一方面，寺庙利息免税特权，无偿地征用劳力负担运输任务，用低价进高价出、大升进小升出等手段，利用自己领地设有的税官、管事、法庭、监狱、甚至僧人组成的军队等一整套统治机器，进行商品掠夺，不断扩充寺庙经济，其结果仅仅是为极少数活佛、高僧奢侈生活服务，将大量有限的财富无端地消耗于宗教活动中。再者，以寺庙经济作后盾的寺院垄断了藏族文化，占 90% 的广大百姓不但得不到教育，就是少部分有机会受教育者所受到的知识多限于佛学为基本的内容（寺院文化活动的经济开支都主要服务于佛教的兴盛），禁锢了人们的思想，近代科学文化知识被拒之于寺门之外，这就从根本上限制和不利于藏族文化教育事业的发展。总之，寺庙经济弊大于利。

第五节 西南各民族的社会与经济

一、原始社会的残余

19 世纪 20—30 年代，清朝统治彻底走向衰落，进入其统治的后期阶段，特别是鸦片战争的爆发，对清朝统治及各族社会生活产生了深远影响，一些民族也由此进入到半殖民地半封建社会阶段。但在西南地区，部分少数民族由于历史和地理诸方面的原因，还顽强地保留着较为浓厚的原始社会残余。这种社会现象的存在，深刻反映了西南各少数民族发展过程中的不平衡性与复杂性。

西南少数民族原始社会残余的存在，主要从社会组织、经济形态、生产方式、土地制度、婚姻家庭等几个方面表现出来。

社会组织是人类维持生产生活秩序的基础，是社会形态最直接的表现形式之一。清代后期，西南地区的一些少数民族尽管已处于别的民族的封建统治之下，但其社会组织依然带有原始社会的残余，其中以德宏地区的德昂族、阿昌族、景颇族，以及基诺族等少数民族较为典型。德宏地区德昂族的发展极不平衡，在政治、经济、文化上都受到傣、汉、景颇等族的巨大影响，尤以受傣族的影响较深。近代以来，德昂族的社会组织一直被纳入到当地傣族的封建土司制度之中，德昂族头人多由其任免或世袭，德昂族头人接受傣族土司委任的官职，负责管理本族村寨，为傣族封建领主收纳贡赋。德昂族头人有一套完整的社会组织，权力最大的是"达岗"（总伙头），负责管理若干村寨，其下设有"达吉岗"（伙头），负责管理一个村寨，在其下又设"达朴隆"、"达基格"等，协同达吉岗处理寨内事务，其实他们原先都是村社内民主推选为寨民办公共事务之人，他们经傣族土司委任后，就成了他们的爪牙。① 德宏地区的阿昌族同样残存着原始农村公社组织，其政治机构为"村社议事会"，其头人"乌蒙作"（意为寨子老人）和"佐借"（意为好儿子）原先是由群众选举产生，并为村社服务的，后来在当地土司的统治利用下，"乌蒙作"和"佐借"接受土司封委，成了村寨的头人和土司的助手。"村社议事会"也因被土司利用成为土司的基层组织，已经失去了它原有的原始民主色彩，只是保留了它的躯壳而已。② 在已经进入封建社会的傣族社会里，也同样保留有原始社会的某些残余。西双版纳地区的傣族存在名义上的"寨公田"，其实质已为封建领主所有，并以公社作为封建专制统治的基础，傣族封建领主利用公社的躯壳，对居民进行劳动编制，使公社负责管理农民，履行一切封建义务。而公社集会，因设在封建庄园内，变成了庄园的议事庭，公社所推荐的人，成了封建庄园的代表和封建领主的负责者。除头人外，管庄园的还有领主所委派的"波郎"。这样，近代的傣族公社组织在封建的庄园内虽然仍旧保存，但已丧失了它原有作用而沦为封建领主加强统治的工具了。③ 德宏地区景颇族社会虽已进入到封建领主社会，但原始农村公社的残余在一定程度上依然存在，农村公社制度长期保存于阶级社会之中。一个村社由一个山官统辖，每个村社又包括若干个家庭，每个家庭可以拥有一定数量的牲畜、农具、房屋、衣物、种子等私有财产，可是其土地占有方式却完整保留了村社公有制的形态。而一些少数民族因为地处偏远，仍然处于完全原始的氏族公社阶段。如近代独龙族社会存在一种父系家庭公社的组织，独龙语称为"其拉"，每个其拉有公共的山林、猎场、鱼口子和祭祀场，也有公共耕地。家族成员通过共耕的形式，从事集体耕作，收获归集体所有，分配和管理具有原始共产制的特点。近代基诺族社会组织中，村社长老制占重要地位，大多数村社都有一个"卓巴"（寨父）和"卓生"（寨母）他们虽无特权，但威望很高，他们负责全村寨的宗教祭祀、测算日子等活动。类似的家庭公社，在拉祜族、布朗族等都普遍存在。

家庭和婚姻是社会发展形态最直接最生动的反映。近代独龙族在家庭上保留有原始的母系氏族制遗存，母子（女）连名制的存在就是最为明显的反映，在生活中的"主妇分食制"和"主妇管仓"长期存在，称谓上独龙族同辈一切可婚女子称"濮玛"（妻子、女人），同辈一切可婚的男子则称"楞拉"（丈夫、男子）。这种称谓的亲属制正是母权制时代血缘家庭的直接体现。④ 云南澜沧拉祜族也保留母系氏族公社家庭，当地称为"卡"，它是由有血缘亲属关系的人们在经济生活、社会组织上的集合体，在其内部有经过氏族成员推选出来的女首领"卡些"，她负责处理母系氏族家庭的生产生活事务，对外行使职权，但属义务性质，没有特权，遇有重大事件，须经公众议事会商讨决定。⑤ 清代后期，云南孟连等地的佤族尽管已经进入到封建社会，但有血缘关系的母

---

① 参阅《德宏史志资料》第4集，《民族简介资料》。
② 参阅龚佩华：《阿昌族》，第24—25页，民族出版社，1989年。
③ 全国人民代表大会民族委员会办公室编：《版纳景洪曼鸾典寨土地关系调查》，《云南省西双版纳傣族自治州社会概况》，第14—15页。
④ 参阅刘达成：《独龙族》，第20—21页，民族出版社，1998年。
⑤ 参阅杜国林：《中国西南诸民族氏族公社的历史考察》，载《思想战线》，1980年第1期。

系氏族村落还完整保存着,属于腾绍氏族的血缘村落有芒哈、永木兰和巴格拉,属于腾吴氏族的村落有永利等,当时这种血缘母系氏族称"尼阿赛",在其下按母系血缘近亲,通常是姊妹及其女儿组成的"尼阿布林",意为母系或本家。每个"尼阿布林",又包括若干临时家庭。① 云南永宁纳西族的母系氏族家庭称为"斯日",在其下有数个或多个个体家庭,这都是出自同一始祖母的血缘亲属集团。在西南一些地方,原始社会残余则体现在父系家庭的存在。云南镇康的德昂族,历史上隶属于耿马的傣族封建领主统治,因为地处深山,环境闭塞,受外界影响较小,清朝后期,他们还处在由父系家族公社,即父系大家庭向小家庭过渡阶段。父系大家庭,一般表现为三四代不分家,由家长为自己的儿子娶妻,或为女儿招婿组成。同时也有因先辈死后,叔伯兄弟不分家形成的。这种父系家庭规模都比较大,由五六对夫妻至10多对夫妻不等,家庭成员一般在三四十人至八九十人不等。家庭中祖父辈是领导核心,长兄是家庭总管,负责安排生活生产,家庭成员依体力及掌握的生产技术进行具体分工。劳动成果归整个大家庭所有,每个成员不论贡献大小,或者从事何种生产,都是大家庭的消费者,由大家庭统一分配,年终分配一定的衣服和装饰品等,一些生活必需品由大家庭统一采购后,然后以小家庭为单位进行平均分配。各小家庭有余缺则可进行无代价的调剂。这种家庭从社会生产到产品的分配等方面考察,无不体现出原始平均主义的色彩。后来随着商品经济的传入,德昂族的父系家庭才逐渐被瓦解。② 与德昂族情况相似的还有西双版纳地区布朗族和哈尼族的父系家庭公社,大家庭称为"卡滚",下面有若干小家庭,大家庭的家长负责分配土地,主持祭祀等事宜,只是这种父系大家庭到近代时已濒临瓦解了。近代哈尼族社会的父系氏族公社大家庭的残余形态,主要体现在其家庭成员多至二三十人或三四十人,他们在农忙季节住在地里的田间房屋,仅在农闲、节日才回到家里住,生产由父亲或长子负责组织安排,家务等则由母亲或大儿媳负责。③ 大家庭内统一生产,统一收获和统一生活。丽江的部分纳西族父系家庭的痕迹主要体现在连名制上,清代晚期,还一直盛行,史载其"无姓氏,以祖名末一字,父名末一字,加一字为名,递承而下,以志亲疏"④。

一定的家庭总与一定的婚姻形式相联系,清代晚期西南民族在婚姻形式上保留有浓厚的原始社会残余。云南西北地区的藏族,清时称为古宗,清后期存在的共妻制,即为原始群婚制残余。"古宗,西番之别种……兄弟三四人共妻一妻,由兄及弟指各有觖,入户则系之门以为志,不紊不争。其生子三四人,仍共妻,至六七人娶二妻。或欲独妻,群谓之不友,而女家不许。以其地寒,不产五谷,乃如此……然故土官头目非不裕,亦共聚,兄弟之子女,即互配,华人通其妻,亦莫之问,下此可知也,交易皆与妇人,妇人辨物高下不爽,持珠会计极捷,西吴秦人为商于其地,皆租妇执贸易,去则

---

① 宋常恩:《盂连县海东和公良佤族的家庭制度》,《云南少数民族社会调查研究》下集,第44页,云南人民出版社,1980年。
② 参阅桑耀华:《德昂族》,第26—31页,民族出版社,1986年。
③ 宋常恩:《西双版纳哈尼族的氏族和家庭婚姻》,《云南少数民族社会调查研究》下集,第80页,云南人民出版社,1980年。
④ 光绪《云南通志》卷203,《南蛮志三·种人三》。

还，而古宗收其所生之子女为酬焉。"普米族在清代称为"西番"，也称为"巴苴"，则保存了原始的转房制，史载其"婚丧信佛与磨些无异，唯兄弟死嫂及弟妇归于一人，俗颇劣于磨些"。① 傈僳族的婚姻同样残存着原始社会的痕迹，所谓"婚配不论尊卑，不分同族"。② 云南永宁纳西族"男不娶，女不嫁"的阿注婚形式，则是原始对偶婚的典型。一些地方少数民族虽然进入到封建社会阶段，但其婚姻习俗也保留了原始社会的某些特点。如东川府部分彝族地区盛行的抢婚习俗，"婚姻唯其种类，以牛马为聘，及期，聚众讧于女家，夺其女而归。"③ 阿昌族近代的婚后"坐娘家"习俗以及西双版纳傣族封建制度下的从妻居现象都是原始社会母系氏族婚姻的残余。

  西南地区部分民族残存的原始社会组织，以及在家庭、婚姻制度上体现的原始社会特征，也是和清代后期他们的社会生产力水平相联系的，表现在一些少数民族由于生产力水平低下，保留有浓厚的原始经济形态和生产方式。在景颇族内部，清代后期存在较为浓厚的原始社会残余。景颇族由于经济极不发达，在历史上也曾长期从事采集、狩猎，直至新中国成立初在生活中依然保留有这种痕迹，这些残余可从经济作物芋的种植和采集可以体现出来，景颇族一些古老的姓氏和种芋密切相关。祭祀亡魂时他们用芋，并在坟上画上芋的图形，生动地反映了从采集到人工栽培的艰辛过程。他们在种植旱谷、玉米、荞等经济作物时，使用极其原始的工具，如用木棒挖穴点种，用竹帚扫土覆盖。这种原始的生产工具在其宗教仪式中仍然可以看到。这是因为生产力极为低下，景颇族必须实行共同劳动才能开垦大片荒地，战胜自然，同时也必须实行平均分配，才能维持每个成员的生命，因此当时实行的是原始共产主义的经济。④ 基诺族由于居住环境闭塞，社会生产较为落后，与其他民族相比，保留了较多的原始社会的残余，其生产方式主要以刀耕火种的原始耕作手段为主，耕作的土地并不固定，每年他们许多时间都是砍树刈草，将晒干的草木烧掉后便在草木灰上点旱谷，一般耕种一年至两年就要抛荒，虽然他们有不少水牛和黄牛，但大多不用牛耕。生产工具是砍刀，和手掌般大的小手锄，以及小剁铲为主。可以说，清代后期，基诺族还只是西南地区的一个原始部落，其社会形态还处于原始社会末期向阶级社会过渡的农村公社阶段。⑤ 其他民族因居住环境恶劣，生产力低下，采用原始的耕作方式的为数不少，史书上多把他们描述成"蓬头跣足，衣不浣濯"，如史籍记载云南广南府的"黑濮喇（佤族）""刀耕火种"，"常数易其土，以养地力焉"。"白猓猡"（彝族）则"刀耕火耨"⑥，东川的部分彝族"皆刀耕火种，农隙则荞牧渔猎"⑦，过着原始的耕猎生活。在独龙江两岸居住的"俅人"（独龙族），地处边陲，山高谷深，环境艰险，交通十分闭塞，经济文化极为贫困落后，长期处于刀耕火种，穴居、食不果腹，树叶为衣的原始状态。其生产生活方式在近代还完全处于原始社会状态，史载其"不通内地语言，无贡税，更有居山岩中者，衣木叶，

---

①② 光绪《云南通志》卷203，《南蛮志三·种人三》。
③⑦ 光绪《云南通志》卷199，《南蛮志一·种人一》。
④ 参阅龚庆进：《景颇族》，第29页，民族出版社，1988年。
⑤ 参阅杜玉亭：《基诺族》，第2—6页，民族出版社，1989年。
⑥ 道光《广南府志》卷2，《风俗》，光绪三十一年重抄本，成文出版社印行。

茹毛饮血，宛然太古之民"①。道光《云南通志》卷185引《清职贡图》也载："俅人……其居处结草为庐，或以树皮复之。""房屋系随结竹木，盖以茅草。"对独龙族落后的生产生活状况做了较为真实的描述。其生产工具主要为竹、木、石制成，采集、渔猎仍是重要的生产活动，虽有牛，却以锄耕为主，男女只有自然分工，交换仍处于以物易物阶段。② 云南思茅、威远、景东等地的苦聪人，完全处于原始社会状态，过着原始的渔猎、采集生活，对此史籍有不少记载。"苦葱，爨蛮之别种……弩猎野兽为食，妇女短衣长裙，常负竹笼入山采药"③，光绪《云南通志》卷204还引《思茅厅采访》载当地苦聪人"打猎为生，居无常，山荒则徙"。景东的拉祜族，清后期时称为"小古猔"，生活上也还处于原始社会状态，史载其"以叶构棚，无定居，略种杂粮，取山芋以为食。"丽江地区的傈僳族，清代后期，还是"崖居穴处，或架木为巢，跣足高鼻，深眼猎取禽兽为食，居无定所"，④ 过着原始社会的生活。部分被称为"喇鲁"的彝族也处于原始社会阶段，以原始的狩猎为生，史载"喇鲁，性悍，居岩穴，衣麻布，捕山禽野兽为食"。⑤

原始落后的生产力水平，也使西南地区部分民族的土地占有和分配形式保留有较多的原始社会残余。云南景洪基诺族一般实行以村寨为单位的村社土地所有制，以姓氏为单位的氏族占有制和以个体家庭为单位的私人占有制。其中又以村社土地公有制占主导地位。在公有制的村寨中，每年烧山时，要以姓氏为单位重新分配土地，盛行伙耕伙种，收获时则按劳动力平均分配。⑥ 而在独龙族社会中，每一个氏族大家庭都有自己的共耕土地，也就是说土地由大家庭占有使用，凡是大家庭成员参与共同耕作，收获当然也归集体所有。粮食则由年长主户管理，吃饭由其平均分配。这种土地公有共耕与平均分配的方式，独龙语称"夺木枯"，随着近代内部私有制的不断发展，公有共耕土地不断减少，私有土地不断增多，独龙族的家族公有共耕最后表现为原始集体生产的一种残余形式。⑦ 在清晚期的景颇族内部，虽然已进入到阶级社会，产生了私有制，出现了山官制，但土地包括森林、牧场、荒山，仍然归农村公社集体占有，私营可以以号地的方式，占有使用，但收割后要归还村寨。这种土地公有方式，直到清末随着生产力的发展才逐步被私有制完全取代。清末在部分怒族聚居区，存在的伙耕制度，是怒族处于原始社会末期向私有制过渡时期的现实反映。它的主要形式是既有各户单独占有的私有制土地存在，也有属于氏族、家庭的公有土地，即伙种土地的存在，伙种土地的分配方式是按当年参加耕种的家庭平均分配。⑧ 景洪地区的部分哈尼族，其土地所有制在傣族封建领主的最高所有权之下，也存在较多的原始农村公社土地所有制的特点，每个村寨都有一定的土地范围，相互间不得越界砍伐耕种，个体家庭只拥有少量水田、茶园，大部分

---

① ③ 光绪《云南通志》卷204，《南蛮志四·种人四》。
② 参阅刘达成：《独龙族》，第18—19页，民族出版社，1998年。
④ ⑤ 光绪《云南通志》卷203，《南蛮志三·种人三》。
⑥ 参阅杜玉亭：《基诺族》，第2—6页，民族出版社，1989年。
⑦ 参阅刘达成：《独龙族》，第28—29页，民族出版社，1998年。
⑧ 参阅段伶：《怒族》，第22—24页，民族出版社，1991年。

山地归村寨公有，各村按姓氏或家庭定期分配土地，个人只有使用权，没有所有权。①

从以上几个方面，不难看出，西南各民族在清代晚期保留的原始社会残余还是较为普遍的，但因生产力水平和自然条件的差异，各族发展并不平衡，处在边远山区，经济文化较为落后的民族，原始社会残余就相对要多；受汉文化影响大，生产力水平较高的民族，其内部原始社会的残余就相对要少。

二、蓄奴制与奴隶制

西南地区各民族发展水平的不平衡，也体现在不同民族所处的社会阶段不同，社会制度存在较大差异，清代晚期，在一些民族还处于原始社会末期时，一些民族却已进入到阶级社会之中，蓄奴制与奴隶制盛行。

蓄奴制主要是西南地区部分民族随着私有制发展，刚跨入奴隶社会初期的一种剥削制度，它与奴隶制相比，发展并不充分，但具备了奴隶制的基本特征，属于早期的奴隶社会阶段。清代晚期，处于奴隶制早期阶段的以德宏地区的景颇族较有代表性。但这里景颇族内部的发展并不平衡，一部分还处在原始社会末期，一部分则开始向阶级社会迈进，进入到奴隶社会的早期阶段。在奴隶制相对发达的地区，景颇族的统治者山官随着私人财富的增长，日益贪婪起来，为抢夺财产和掳掠人口，不断挑起部族间的战争，并把俘虏变为自己的奴隶，从而形成了早期的蓄奴制。在部分景颇族部落，一些大山官、头人和富裕户，蓄奴常达数十人至百余人，奴隶成为主要劳动力，承担了全部的生产劳动。民国初年出版的《野人山调查记》记载了有关奴隶的情况，说当时景颇族"蓄奴风盛，且压制如牛马，凡官长头目及富而强者，一家数十奴婢或百余。间有汉人独行深山中被野人所见，即掳去谓之拾得，穷者转卖与富人，即蓄为奴，耕种山地，劳苦异常。"从来源和使用看，当时景颇族奴隶主要分为两类，一类为家内奴隶，一类为家外奴隶。家内奴隶以女性奴隶为主，她们通常是作为主人聘娶或陪嫁的礼物，住在主人家，虽称主人为父母，随主人姓，但没有人身自由，主人可以随时转卖给他人。而家外奴隶来源稍广，有俘虏为奴的，有由百姓负债降为奴的，他们主要为主人耕种山地，放牧牛羊等，他们一般有自己的家室，有一定的财产，如房屋等，他们有的还组成一个村寨，在主人分给的土地上劳动，向主人缴纳极其繁重的实物贡赋，承担繁重的劳役。奴隶由于地位低下，一般自由人不与奴隶通婚，否则要降为奴隶，奴隶受主人责骂，社会的歧视，甚至一些山官死后还要用奴隶殉葬。而在一些景颇族地区，奴隶的使用只限于父权制家庭范围，奴隶与家庭成员一起劳动，一起食宿，称家长为父母，属于家长父权奴役制。总体来看，景颇族的奴隶制并没有得到充分的发展，主要是景颇族受当地汉族、傣族封建势力的强大影响，封建因素得到发展，生产力不断提高，农业生产得到发展，有效地阻止了奴隶制的进一步发展。同时当地的地形有利于奴隶逃跑，景颇族山官在无法向外族掳掠奴隶的情况下，奴隶不断减少。另外，受旧的习惯法及村社土地公有制残余的影响，景颇族贫困群众还不至于完全丧失生产资料，沦为一无所有的奴隶。还有就是奴隶的不断反抗，在近代爆发的反对山官特权的古姆朗起义，得到各地景颇族群众的响应，打击了早期的奴隶制。此外，近代英国人侵景颇族地区，为了自己的目的，

---

① 参阅毛佑全、李斯博：《哈尼族》，第23页，民族出版社，1989年。

强迫山官释放奴隶，也导致景颇族早期奴隶制的衰落。①

还有一些民族，在清朝灭亡前夕，由于私有制的发展，也产生了蓄奴制。独龙族的蓄奴制刚刚产生，其奴隶来源一是通过血族复仇，抢夺战败氏族妇女做妻妾，将俘虏作为蓄养或用来与外族交换的奴隶；二是因为经济上的债务而沦为抵债的奴隶，但是这种蓄奴还只局限在少数富裕户的小范围内。西盟的佤族社会在清末时，也出现了蓄奴制。主要是随着佤族内部贫富分化的加剧，一些氏族成员因为破产而被抵押为奴，因此佤族的蓄奴制普遍具有人质抵押的性质，一有条件，便可赎身。② 这种家长奴隶制是原始社会末期的产物，它带有一定程度的血缘关系色彩，又具有向奴隶占有制发展过渡的趋向。傈僳族的蓄奴制情况大体类似。

总之，西南地区一些民族在清代晚期出现的蓄奴制，属于奴隶社会的早期形态，从其产生的原因看主要是战争与债务关系，由于发展晚，又受封建经济、奴隶反抗和原始社会残余等社会因素的影响，这种蓄奴制发展很不充分。一些民族存在的蓄奴制有许多相似之处，如奴隶在整个社会生产中不占主导地位，奴隶主与奴隶还保留着一层氏族家庭成员关系的面纱等，与成熟的奴隶制相比，蓄奴制下的奴隶的人身依附关系稍为松弛。

西南地区处于奴隶制阶段的民族中以彝族最具代表性，尤其是大小凉山地区的彝族，奴隶制最为持久，发展程度较深，整个近代至新中国成立前夕，奴隶制还完整保存，奴隶制在其政治、经济上打下了较深的烙印。彝族奴隶制主要体现在其森严的等级制度上，关于其森严的等级奴隶制度，史书上有大量的记载。一般而言，彝族奴隶制大致可分为两大对立阶级，奴隶主和奴隶，黑彝是奴隶主，又叫黑骨头，人口较少，却拥有大量的生产生活资料，白彝（又叫白骨头）是奴隶阶级。《清史稿》卷513《土司二》载："凉山夷猓猡者，居宁远、越嶲、峨边、雷波、浅山，部落头目属于土司。深入则凉山，数百里皆夷地。生夷黑骨头为贵种，白骨头者为熟夷，执贱役。"嘉庆《雷波厅志·风俗·夷俗》也载凉山彝族"分黑白二种，黑骨头为蛮酋之嫡派，白骨头乃部落之遗种，黑少白多，黑主白奴"。这些史料很清楚地说明了凉山彝族在清中晚期处于奴隶社会的基本情况。

彝族奴隶主以黑骨头自居，自以为是本民族传统崇尚黑色的纯正血统者，而把被统治的本民族部落群众贬斥于所贵黑色传统之外，被贬为卑贱的白骨头，而置于受奴役地位。③ 黑彝奴隶主享有特权，为了获得更多奴隶，大量掳掠人口为奴，抢夺财产，以壮大自己的经济实力，对此史书有不少记载。如"黑猓猡，于夷为贵……常勾连东川乌蒙沿边滋事，绑虏人畜"④，又载"黑彝一种，生于冷山寒谷之中……性情顽野……以

---

① 参阅龚庆进：《景颇族》，第32—35页，民族出版社，1988年。
② 参阅宋常恩：《云南少数民族社会与家庭形态调查研究》，第15—16、第46—49页，云南大学历史研究所民族组1975年编。
③ 参阅刘尧汉：《彝族社会历史调查研究文集·从凉山彝族系谱看它的父系氏族制和氏族奴隶制》，第137页，民族出版社，1980年。
④ 光绪《沾益州志》卷2，《风俗》。

抢劫为荣"①。通过掳掠抢夺，一些黑彝奴隶主拥有成百上千的奴隶，如云南东川府被称为"披沙夷"的部分彝族奴隶主，"形态凶恶，语言与熟夷不同，好抢掳，不知法度，其大户别无蓄积，唯牛羊奴仆百十，随时迁徙。"② 而广大的"白彝"则是处于下层的奴隶阶级，受"黑骨头"的奴役。尽管史书中称"白猓猡，于夷种为贱，云南等府及开化景东皆有之"③，但最贱的其实是被称为"乾猓猡"的部分彝族，他们的地位比"白猓猡"还要低下，"乾猓猡，于夷人中最贱苦"④，在宣威，"乾猓猡"呼"黑白猓猡为主，见即跪拜，侧不敢坐"⑤，"乾猓猡"与他们之间有严格的等级鸿沟，不能与其通婚。彝族奴隶制在清初大规模的"改土归流"中，受到一定影响，但在彝族聚居的山区腹地，奴隶制顽强保存下来，并在近代以来得到发展，主要表现是奴隶数量不断增加，家支制度较完整。

19世纪初期，彝族私有制得到发展，贫富分化进一步加剧，光绪《越嶲厅全志·夷俗》载"猓罗以畜牛马养之多寡，论家之贫富"，黑彝奴隶主为了积累更多财富，以抢劫为荣，不断外出抢劫，掳掠人口为奴，光绪《越嶲厅全志·边防》又载黑彝则"专掠汉人代耕"，在掳掠的人口中，既有本族人口，也有汉族等其他民族人口。道光以后，不少四川、湖广等地的汉族贫民，前往彝区周围开荒，这部分垦荒的汉人自然就成了他们掳掠的对象，所谓"叛则出掠汉民作奴，遇兵则匿"，⑥ 而且随着黑彝奴隶主贪欲的不断增长，其外出劫掠活动也越演越烈。道光十二年（1832）四川总督鄂山上奏朝廷，称凉山各地黑彝"任意抢掠，毫无顾忌"，⑦ 道光十八年（1838）成都将军凯章也奏称黑彝"数年来则千百成群，直入乡村市镇，恣意焚掳……约计被捆男女，以数千计。"⑧ 同治年间之后，黑彝奴隶主的劫掠活动更加猖獗，所掳掠的人口不断增多，"积年滋扰，所掳各边丁口，不下万余人，皆役属为奴。"⑨ 频繁而大规模的外出劫掠汉人为奴，引起了清廷大军的征讨，同治末年，清军进剿越嶲彝族，当地的靖远、刷兹、林加、布约、尼钱、交脚等黑彝家支被迫投降，清朝于靖远设新老两营，当地的黑彝土千户竟"出汉奴数万"。⑩ 黑彝奴隶主的野蛮劫掠活动，使奴隶数量不断增多。在大小凉山彝族聚居区，有血缘关系的家支制度的存在，是彝族奴隶制的一大特色。在那里，彝族"分数百支，不相统属"⑪。整个家支社会大致可以划分为五个等级，即兹莫、诺合、曲诺、阿加和呷西。兹莫和诺合属奴隶主统治阶级，其中兹莫是早期的彝族部族首领，往往受封为土司或土目，诺合即史书常称的"黑彝"，最先兹莫通过各诺合家支来维持奴隶统治，后来兹莫统治崩溃，诺合家支势力急剧发展，诺合成了实际的统治者，呈现出各家支互不统属，各自为政的局面。兹莫和诺合人口不到彝族

---

① 光绪《续修永北直隶厅志》卷7，《蒗蕖土知州所属夷人种类》。
② 光绪《云南通志》卷204，《南蛮志四·种人四》。
③⑤ 光绪《云南通志》卷199，《南蛮志一·种人一》。
④ 光绪《沾益州志》卷2，《风俗》。
⑥ 《清史稿》卷513，《土司二》，第14226页，中华书局标点本，1976年。
⑦ 道光十二年三月初二日，《四川总督鄂山奏》（朱批），故宫明清档案部。
⑧ 光绪《雷波厅全志》卷28，《边防》。
⑨ 光绪《叙州府志》卷43，《纪事》。
⑩⑪ 《清史稿》卷513，《土司二》，第14226页，中华书局标点本，1976年。

总人口的 1/10，却统治凉山 9/10 的地区。曲诺即"白彝"，人口约占凉山彝族人口的 50%，他们要受兹莫和诺合统治，不论是财产和人身权利上都受其限制，而且也要向其承担隶属性负担，但他们是被统治阶级中地位最高的等级，他们经济上相对独立，也有一定的人身自由，有一定的土地和其他生产资料。在其之下，还有被称为"娃子"的两个等级，一为阿加，又称"安家娃子"，彝语称"主子寨旁的奴"，他们被整个统治阶级以及富裕的曲诺所有，他们没有人身权利，主人有权抽其子女为呷西，将他们出卖和赠送他人，甚至处死。阿加通常被限制住在主人旁边，常年为主人从事田间劳动，以及家务劳动，为了让阿加生存下去，主人也给其小块土地耕食，主人可以任意索取他们的财产。二为呷西，呷西即汉语所称"锅庄娃子"，地位最低，没有自己的财产，没有任何人身权利，主人可以任意奴役和屠杀。① 这些"娃子"不少是当地彝族奴隶，也有不少汉人。至于那些被掳掠来的人口，往往成为最低下的阿加或呷西，据调查，太平天国革命时期，翼王石达开在大渡河覆没后，一些战士的子孙就流落到凉山地区，沦为阿加或呷西。② 宣统初年，清朝再次出动大军征讨凉山彝族家支奴隶主，"征服浅山白母子、呜哒拉、拖二合等支……于是加拉及吉狄马加等支先后降……于是（赵）尔巽议禁黑彝蓄奴"③，但不久清廷灭亡，禁奴之议最终无法执行，彝族奴隶制继续保存发展。

彝族奴隶制在清代晚期保持存在和发展，和其相对封闭的环境分不开，而血缘关系与家支统治的束缚也是一个不可忽视的因素。在奴隶制下，黑彝奴隶主依靠残酷奴役和剥削奴隶，过着奢华腐朽的生活，而广大奴隶不仅没有人身权、财产权，甚至连婚配权也没有，处境异常悲惨。

三、农奴制

清代晚期，西南地区一些民族跨入了封建社会的门槛，产生了新的剥削阶级封建领主，封建领主经济占主导地位，与之相对应，农奴制也随之出现。而发展较快的一些民族如傣族社会早已处于农奴制阶段之中。

由于进入封建社会较早，傣族的农奴制较有代表性，也较成熟，傣族社会有完整的封建领主阶级和农奴阶级，社会等级分明，封建领主经济发达，并占主导地位。清代晚期，西双版纳地区傣族处于"车里宣慰使司"的统治之下，"宣慰"就是傣族土司头目，在当地称为"召片领"，是西双版纳的最高统治者和最高领主，召片领之下，有大大小小的各级官吏，分别管辖着不同的地盘和人口，他们构成了封建农奴制的统治阶级。"僰夷……种类数十，风俗稍别，名号亦殊。其俗称宣慰曰昭，华言主人也。其官属有叨孟、昭录、昭纲，递相臣属。叨孟总统政事，兼领军民，多者数十万，少者则数万，余人赏罚，皆任其意。昭纲千人，递减至十人，又有昭录调遣，统领数千人以行。其近侍名立者亦领数百户。"④ 作为召片领，拥有至高无上的权威，各地官吏必须绝对

---

① 参阅李绍明、冯敏：《彝族》，第 23—24 页，民族出版社，1993 年。
② 参阅刘尧汉：《彝族社会历史调查研究文集·从凉山彝族系谱看它的父系氏族制和氏族奴隶制》，第 139 页，民族出版社，1980 年。
③ 《清史稿》卷 513《土司二》，第 14226—14227 页，中华书局标点本，1976 年。
④ 光绪《云南通志》卷 200，《南蛮志二·种人二》。

听从他的号令，同时各地方官吏之间有严格的等级界限，"叨孟见宣慰，莫敢仰视，凡有问对则膝行而前，三步一拜，退亦如之，贱见贵，少见长，皆然。侍贵人之侧，或过其前，必躬身而趋。"① 为加强对农奴的统治，傣族召片领建立了完善的封建领主政权，宣慰使司是最高统治机构，其中的大小官吏各司其职，爵位、禄位等级分明。之下设有内外两个议事庭，即"司廊乃"和"司廊婼"。"司廊乃"主要负责管理宫廷内部事务，直接向召片领负责。"司廊婼"是召片领的议事机构，讨论各级官吏的任免，制度兴废，对外的战和问题，争端的处理等。召片领之下的"勐"地方政权也设有同级的议事庭，"勐"之下是"陇"，"陇"之下分为若干"火西"，"火西"是傣族封建领主的一级政权，也是分配封建负担的单位，"火西"之下是村社政权"曼"，它是封建领主专制政权的基层组织，其日常事务由封建领主册封官职的"波曼"（寨父）、"咪曼"（寨母）管理。为了监督各级头人，召片领还实行"波郎制度"，将议事庭大小官员派往各地做"波郎"（钦差大臣），凌驾于各级地方政权之上，召片领按"波郎"职位高低，授予其一定数量的土地，以使其收租自给自养。同时为了保障封建领主的特权，召片领还建立了一整套军事组织，组建了一支武装力量，制定了一套法律法规，设有法庭、监狱等专政工具。处于下层，作为封建等级基础的是广大的农奴，其内部又分为三个等级，即"滚很召"、"傣勐"以及"召庄"，他们按村社居住，不准混杂。"滚很召"意为"主子家内的人"，其来源复杂，有家内奴隶转变而来，有因俘虏或因犯罪沦为农奴，有召勐赠送的家奴，还有收容外地投奔的人等。他们没有土地，主要靠租种封建领主的土地维持生活，要向领主承担非农业性的劳役，交纳实物地租和贡赋。"傣勐"主要由村社自由农民演变而来，他们耕种村社土地，主要负担农业性劳役，"召庄"是贵族"翁"级的后裔，拥有一定的私有土地，进行个体性质的耕作，一些人通过买卖和典当，失去土地后，沦为雇工，有的转而从事商业或手工业，他们不用承担封建负担，只负责为召片领或召勐担当侍卫。

在召片领封建领主的统治下，傣族地区所有土地，不论江河山林，还是沼泽、水田和旱地，都属召片领所有，这种大土地所有制是封建农奴制的社会基础。召片领和各召勐常常将自己辖区以内的土地，以及村社的农奴分封给自己的家属臣僚，而家属臣僚则以等级的高低决定占有土地的多寡，他们对土地并无所有权，靠土地征收租赋作为俸禄。②

历史上，召片领为了扩大统治地盘，增加盘剥人口，也发动征服外族的战争，被其征服的哈尼族、基诺族、布朗族、德昂族等山区民族，也因而被纳入到农奴制统治之下。召片领通过对山区各族设置许多"波郎"，间接实现统治，自己坐在宣慰街遥为节制。这些"波郎"就成了各族的直接封建领主，各族要向波郎交纳贡赋，一般为替其开山一块（不论大小），若种谷子，每年交半开银币一元或等价谷物，若种棉花，每年交五斤。打得野兽要分别送交鹿茸、熊胆、猪肉等，各族遇有重要事件，则由波郎负责

---

① 光绪《云南通志》卷200，《南蛮志二·种人二》。
② 参阅高立士：《西双版纳傣族的历史与文化·西双版纳傣族农奴制》，第1—24页，云南民族出版社，1992年。

解决处理。①

在西双版纳以外的孟连、耿马、陇川、瑞丽等地傣族居住区，也同样存在农奴制，当地的土司即农奴主，拥有辖区内土地的最高所有权和支配权，土司通过其委派的村寨头人，把土地以份地的形式分配给农民耕种，农民耕种的份地并不能自由买卖，耕种了份地就和土司建立了依附关系，必须向土司提供劳役贡赋。②

傣族封建领主依靠世袭特权，大量占有土地田宅，不断加强对农奴的盘剥，广大农奴要租地种，买水吃，买路走，买地住家，捕获的野兽要交纳一半给封建领主，捕获的鱼要将最大的或第一次捕获的献给领主，此外还要服无数劳役，交纳沉重的租赋，过着艰辛的生活。可是傣族大大小小的封建领主却根本不顾农奴死活，"取用无节制，上下僭奢，微名薄职，辄系缎花金银宝带"，讲究奢侈排场，过着腐朽荒淫的生活，"凡部长出，象马兵戈及木榻器皿，仆妾财宝之类皆从，动辄数百人，随处宴乐，山民苦之"，"头目之妻百数，婢亦数百，少者数十。"③ 这些史料都生动地反映了傣族封建农奴制的腐朽本质。

除此之外，西南地区还有一些民族在明代，已开始进入到封建农奴制阶段。部分磨些人（纳西族），在清代晚期，已明显具有封建农奴制的某种特征。史载磨些人"二三百户，或百余户，或数十户一头目，建设时地大户繁者为土千总，把总为头人，次为乡约，次为火头，皆各子其民，子继弟及，世守莫易。称为木瓜，犹华言官也，对之称为那哈，犹华言主也，所属磨些，见皆跪拜，奉物及对，则屈一膝……农时助头目二三月，谷将熟，取其青若蒸而舂脱粟，曰扁米。"④很显然，那些千总、头人、乡约和火头就是封建领主，他们依仗权力，占有土地，强迫农奴为其无偿服役，进贡谷米等物。在四川羌族居住区，道光年间之后，"改土归流"虽然完成，确立了封建地主经济，但封建农奴制一直残存到同治年间，主要体现在部分地区土地的转让须经羌族土司同意，而且转让后还必须履行对土司的所有纳粮服役义务。静州，在土司统辖之下，同治八年（1869）仍规定"差田不得买卖，如不得已出卖，粮跟地走，差同地行，差田不得少欠，违者田定充公。"⑤ 不难看出，作为封建农奴制基础的领主土地所有制，并没有完全改变，封建领主仍有对土地的控制权，仍要想方设法保持对农奴的剥削。一部分彝族也存在农奴制，并一直保存到新中国成立前夕。清初人檀萃《农部琐录·种人》载云南罗婺彝族"蛮长有庆事，令头目人村寨，计丁而派之，游行所至，合寨为供。张少长出，罗拜马前。邻寨在数十里内者，皆以鸡黍馈。"这则史料生动地描述了彝族封建领主盘剥农奴的情景，据一些学者调查，在当地直到新中国成立前夕，这种封建剥削，一直是存在的。⑥ 这说明，农奴制在清代晚期同样存在。而在云南兰坪的部分白族聚居

---

① 参阅全国人民代表大会民族委员会办公室编：《云南省西双版纳傣族自治州社会概况·版纳景洪曼鸾典寨土地关系调查》，第22页。

② 参阅曹成章：《傣族农奴制和宗教婚姻》，第88页，中国社会科学出版社，1986年。

③④ 光绪《云南通志》卷200，《南蛮志二·种人二》。

⑤ 冉光荣、李绍明、周锡银著：《羌族史》引静州土司同治八年石碑告示，第255页，四川民族出版社，1985年。

⑥ 参阅何耀华：《武定凤氏本末笺证》，第4页，云南民族出版社，1986年。

区，由于社会发展的不平衡，当地在近代保留有完整的封建农奴制，这里土司是最高统治者，也是土地的所有者，耕种土地的农民，实际上就是农奴，农民对土地可以耕种，但无权自由转让和买卖，农民耕种土地，必须承担名目繁多的劳役，交纳沉重的赋税。至于云南的部分壮族和藏族地区存在的农奴制，其形式都相差不大，在此就不一一细述了。

农奴制是清代晚期西南民族地区存在的一种重要社会经济形态，综观西南各族的农奴制，从不成熟，到较为成熟，各种形式具备，集中体现了清代晚期各族的社会发展不平衡性和复杂性。

第六节 中东南各族的社会与经济

一、地主经济的最后形成

清朝统治中期以后，随着大规模"改土归流"的完成，对促进中东南各族的封建化进程产生了积极的影响，有力地推动了各族社会向封建制发展。同时由于大量汉族移民的迁入，带去了先进的生产工具和生产技术，中东南各族与汉族的关系日益加深，影响不断加强，在不断的交往中，各族社会生产力明显提高，社会经济得到较快发展。虽然中东南各族的社会发展并不平衡，有的民族早已进入了地主经济阶段，而有的民族还保留有浓厚的封建农奴制痕迹，但在鸦片战争之后，大部分民族都已进入到封建制社会，地主经济已经形成，并占主导地位。

地主经济形成的重要标志就是土地的私人占有，并可以自由买卖、转让和租佃，地租由原来的服劳役，转变为交纳实物或交纳银两。租种者与土地占有者没有人身依附关系，无地者有是否租佃土地的自由，土地占有者也有是否给予租种的自由。从清代晚期的中东南各族土地占有制度看，大多具备了这种基本条件，地主经济最终形成。中东南地区是壮、瑶、苗、侗、水、毛南、仫佬、京、回、仡佬、土家、黎、畲、高山等十几个少数民族的聚居地。"改土归流"前，各地发展水平不一，有的地方早已确立封建地主经济。如怀集县，是瑶族和壮族的重要分布地，明万历年间即已进入到地主经济阶段，史载"知县林春茂将瑶壮所据之古城，并金鹅、松柏……等处田亩归官，即分给各处耕兵、抚民领种，轻其租税，以当军饷"[①]，这种土地租佃形式的改变，表明当地瑶族地区已经开始产生了地主经济。在一些平原民族地区，地主经济确立的时间更早。清代大规模的"改土归流"运动，主要为偏远地区各族向封建地主经济过渡起到了积极的推动作用。至清朝晚期，各民族地区地主经济最终得以确立。因此，中东南地区各民族地主经济的完成是一个漫长的历史过程。

广西是中东南民族分布最多的地区，一般认为广西民族地区自乾隆以后出现了新的剥削方式，清末时普遍得到推广，所谓"在一些土州便出现按亩收取租谷或钱粮银、地粮银的新例……到了光绪、宣统期间，大多数的土州都以粮银代劳役，实现了由劳役

---

① 民国《怀集县志》卷2，《赋税志·田赋》。

地租敛实物地租（或货币地租）的变革……地主经济、流官制度继之而兴。"① 清朝晚期时，广西大部分地区的民族都已处于地主经济阶段，但总体来看，广西东部和中部民族地区进入较早，地主经济较为完善发达，西部和北部稍晚，如前述怀集县的瑶族和壮族，因与汉族杂居，所受影响大，地主经济就较为发展。"壮俗轻悍……治木货以供日食，居处峒者与民杂，深山者与瑶杂，易于纠合为乱，近虽稍变蛮习，供税县官，目颇习字"，当地的八排瑶生产落后，"居无定所，斫山种畬，猎兽以助食"，他们与壮族一样，辛勤开垦土地，但"所耕地，华人狡者认为山主，渔其租税，而虐使之"，咸丰年间，当地的汉族地主还"每欺凌之，而阴夺其利"②。这是汉族地主强行霸占少数民族耕地，实行地主阶级剥削方式的典型例证。平乐府恭城和昭平、荔浦等地的瑶族和壮族早已纳入到地主经济范畴，而且其地主经济在清晚期已得到充分发展。恭城南坪、东寨一带有周家湾、东寨、西寨、小东寨等数十个壮族村寨，封建官府已将他们编户入籍，对其田地征收租赋，额度为"壮田亩九厘，折色米五升二合，每石折银四钱一分四厘四毫，差银一钱。"③ 由于长期受封建统治的影响，他们汉化程度较高，一部分壮族通过各种途径成为封建官僚地主。"今诸壮咸弃卉服而袭冠裳，挟诗书而讲礼义，游庠食饩不乏其人。且复好义，从戎勇于出力者，而蒙给顶戴者亦随处皆有"。那里的瑶族有"生瑶"和"熟瑶"之分，"生瑶"中"间有纳税，亦百中之一，不当差役"，"熟瑶"则接受封建统治，所谓"今则在东北两乡诸瑶咸编户受约，委顺服从，尽皆纳税"④，完全实现了向地主经济的转变。昭平壮族早在清乾隆年间即已进入地主经济，史载当地"廖当毅等祖遗粮田一千六百余亩，坐落山口地方，历系壮人莫胜隆等祖父佃耕完租"，说明早在清中期，当地壮族就已被纳入到地主经济之中，至清朝晚期，地主经济日益发展，封建官府向他们征收固定的税收。"上则壮田七十四项七十六亩六分四厘零，原不征本色，条编每亩征银九厘，折色米三升三合五勺，每石征公费四钱，折粮三钱五分正。""下则壮田税四项三十九亩零九厘七毫零，原不征本色，条编每亩征银九厘，折色米二升二合二勺五抄，每石征公费银四钱，折银二钱五分零。"⑤ 荔浦的瑶族在清同治年间之后，土地租佃现象较为普遍，如"荔浦县三色村瑶民陆本义等将荒山租佃给冯金龙等，押批价钱一十四千文，连年长租钱六百文。宣统年间，陆运英等又将荒田冲租给冯金明等，数年后，又长租钱一千六百文。"⑥ 义宁县（今龙胜县地）是桂东北山区多民族重要分布区，当地的苗、侗等族在道光年间即已确立了地主经济，道光《龙胜厅志·田赋》有"义宁县江觧苗粮额丁折银八十三两一钱一分"的记载，同时还记载了其他各族的田地按上等田和下等田收取赋税的具体情况。桂中地区的瑶壮少数民族，有不少也被归于封建统治之下，如马平县（今柳城），"县城十里外则有壮，百里

---

① 参阅戈德华、李炳东编著：《广西农业经济史稿》，第67—68页，广西民族出版社，1985年。
② 民国《怀集县志》卷10《杂事志·瑶壮》。
③ 光绪《恭城县志》卷4《钱粮》。
④ 光绪《恭城县志》卷4《瑶壮》。
⑤ 民国《昭平县志》卷3《田赋·钱粮》。
⑥ 广西少数民族社会历史调查组：《广西壮族自治区荔浦县茶城人民公社瑶族社会历史调查》，1963年印刷。

外则有瑶，耕田输赋皆熟瑶熟壮也"。① 但在金秀大瑶山地区，当地瑶族进入地主经济的时间较晚。清末，清政府对当地瑶族的统治有所加强，宣统元年（1909），右江道总镇李国治带兵进入瑶山，把大瑶山分为金秀、滴水、六巷、罗香四团，委派团总统治，初步建立了一套统治地方机构。那些曾经帮助清军放哨把卡或冲锋陷阵的瑶族石牌头人，不少被委任为团总，得到清朝五品军功以下的赏赐，这样大瑶山瑶族内部在清末产生了军功地主，另外大瑶山东北的岭祖、巴勒两处，当地瑶族因不堪金秀、白沙两村石牌的约束，参加了附近汉族地区忠良一带的太和团，对蒙山县交纳粮赋了。除此之外，整个大瑶山地区的瑶族并没有列为清朝的编户，也不向当时的官府供役纳赋。② 这种情况说明，近代大瑶山地区的瑶族进入地主经济阶段的是个别现象。桂西各地是壮族的重要分布地，进入地主经济的时间稍晚，且主要随着"改土归流"的完成，地主经济才得以最终确立。田州，明代以来一直是壮族土司统治，光绪元年（1875），"田州改土归流，升百色同知为直隶厅"③。镇安府（今德保、田阳等地）的壮族在清晚期，才初步进入到地主经济阶段，史载其"钱粮亦肯完纳"，④ 表明地方官府已成功对其实行了地主经济剥削，以地主经济取代了领主制。而在靠近中越边境的民族地区，长期处于封建土司的统治之下，"改土归流"较晚，直到民国初年地主制才最后完成，如凭祥在民国六年（1917）才废除土司，确立地主经济。广西北部河池、罗城、环江等地的毛南族、仫佬族，在清中叶以后，阶级分化加快，土地日益集中到少数地主手中，封建地主土地所有制确立。清末时，毛南族最大的地主是卢姓豪绅，同治时小贩卢汉章以积蓄投放高利贷，逐年夺取农民土地而富，清末其子卢建元又任下南区团总，利用特权，向村寨内外疯狂兼并和掠夺土地，霸占了上百亩土地。民国初年，其子卢九皋任民团局长，仗势抢占了更多的山林田地。他的堂弟卢显邦、卢显积、卢显忠也都是占有大量土地的豪强地主，这样卢氏地主成为清朝晚期毛南族地区最大的地主家族。此外，中南乡毛南族的谭姓地主占有的土地也很广，他们向农民剥削的方式，是出租土地，收取实物地租，也借各种名目，强迫佃户为自己无偿劳动，进行超经济剥削。当然，由于社会发展的不平衡，近代以来毛南族的封建地主经济只在中南、下南等地区占统治地位，而在景阳、下塘等山区，经济发展水平落后，并没有产生地主经济。清朝在仫佬族聚居区推行团甲制度，加强国家行政管理，借用其原先存在的社会组织，设立了基层的"里"、"冬"统治机构，每"冬"约10余户，若干个"冬"组成"里"，委任"冬头"为村长、甲长，负责为政府征粮派款。这样，仫佬族在清代过渡到地主经济发展阶段，自给自足的小农经济占主导地位。京族在迁到防城三岛前，已处于封建社会发展阶段，租佃剥削是近代京族社会存在的主要剥削方式。

布依族、苗族、水族、侗族和仡佬族主要分布于贵州、广西、湖南等省区，清代晚期已处于地主经济发展阶段。布依族地区在明末清初时，随着生产力的发展，汉族移民

---

① 光绪《马平县志》卷2，《瑶壮》。
② 《广西大瑶山瑶族社会历史情况调查初稿》，第13页，全国人民代表大会民族委员办公室1958年4月编。
③ 光绪《百色厅志》卷5，《经政》。
④ 光绪《镇安府志》卷8，《风俗》。

的不断迁入，商品经济得到发展，民间土地买卖发展起来，两极分化严重。一些土司、头人、商人和高利贷者依靠自己的政治、经济特权，大量兼并土地，成了布依族新兴的地主阶级。清中期后，随着"改土归流"的完成，地主经济逐渐取代了封建领主制，清末时，由于布依族民间典让、买卖土地、山林的活动十分频繁，许多布依族农民失去了土地，沦为地主的长工、短工，受尽了地主的剥削。苗族地区进入地主经济的情形也与布依族差不多，都是随着流官制度的实行而建立。贵州南部和湘西地区的苗族，清乾隆年间以后，人民可以自由开垦土司原来占有的荒地，汉族地主大量涌入，民间土地买卖盛行，都极大地促进了地主经济的发展，尤其是汉族地主从各省进入当地苗族地区后，不断兼并土地，利用高利贷、放新谷等手段进行盘剥，使苗族农民不断失去土地，据《苗防备览》卷22《杂识》载，"秋收甫毕，盎无余粒，此债未清，又欠彼债，盘剥既久，田产倾尽。"许多苗族农民往往被逼，以房屋、田地等折价，卖与地主，自己再转求佃耕，"听其奴役，生死唯命"①。贵州丹寨县扬武乡硃砂苗族村寨，在清末时就有李姓、马姓、龙姓等四户地主，他们依靠官府互相勾结，采取放高利贷等各种手段，霸占了大量土地，对周围苗族群众进行残酷剥削。②黔南黔东南地区的水族，其地主经济的确立在清雍正年间，在19世纪中叶以后的清晚期，水族地区的封建地主经济得到进一步发展，普遍采用高利贷、实物地租、雇工等形式进行超经济剥削，清朝也在水族地区设府、厅、州、县和营、汛、屯、堡一整套行政军事机构。侗族和土家族地区都是在土司制度废除后，地主经济才得以初步确立的，清朝统治晚期时，地主经济已有相当程度的发展。

广东、福建、江西等地，是畲族的主要分布地，由于和汉族长期杂居相处，在政治、经济和文化上联系紧密，社会发展阶段与周围的汉族基本相同，清代晚期时，其地主经济发展较快。主要是畲族租汉族地主的土地，给汉族地主做长工、短工，接受其经济剥削。台湾的高山族在近代时发展水平并不一致，其中以新港等地的高山族平埔人发展较快，早在乾隆年间，即出现了典当田园、买卖土地等现象，并留有典当土地产生纠纷，经土目调停订立的契约，"将田依原约典与地（大）加卉管耕"，这说明乾隆时高山族平埔人的土地私有制已经存在，封建的生产关系产生，地主经济清中期时已经确立。③海南省的黎族在清代发展水平也很不平衡，居住在五指山腹地的黎族，受汉族地主经济的影响较少，封建统治还没有真正建立，而大部分的黎族在清朝中期时，贫富分化较为严重，"以牛之有无多寡计贫富"④，土地的买卖和典当十分盛行，使大量土地集中到黎族的地主阶级手里，汉族地主也大肆夺占黎族土地，黎汉地主对广大黎族人民进行田租、牛租和雇佣劳动等形式的超经济剥削，地主经济已经确立。至清代晚期，随着商业资本的发展，高利贷剥削，黎族的土地迅速集中到少数地主阶级手里。不论是汉族

---

① 严如熤：《苗防备览》卷8，《风俗》。
② 中国科学院民族研究所贵州少数民族社会历史调查组：《贵州丹寨县扬武乡硃砂村苗族封建大地主调查资料》，第1—3页，1964年印刷。
③ 参阅陈国强：《台湾高山族研究》，第156—157页，上海三联书店，1988年。
④ ［清］张庆长：《黎岐纪闻》，《小方壶斋舆地丛钞》第9帙，第338页，南清河王氏铸版，上海著易堂印行。

地主,还是黎族上层,都占有大量土地,所谓"富有之黎人,往往山岭田园相连数里或数十里",黎族内部的土地买卖、典当较为普遍,在部分黎族地区还出现了土地买卖的契约,现已发现道光、咸丰以至宣统年间的不少民间土地买卖契约文书,黎汉地主通过种种方式,对黎族人民进行残酷的剥削,地主经济进一步发展。

综观清代晚期,中东南地区各民族地主经济的完全形成,经历了上百年的漫长历程,由于社会发展的不平衡,各族在向封建地主经济发展过程中呈现出时间上有先后,地区上有差别的显著特点,即使是在同一民族内部,进入到封建地主经济的时间也有早有晚,并不统一。这种不平衡还表现在由于受自然环境等诸多因素的影响,不同民族地主经济发展的程度并不相同。促使这一地区各族进入到地主经济发展阶段的,有多方面的因素,民族交融和清代的"改土归流"对推动各族向封建地主经济发展具有极其重要的作用。

二、农业、牧业与手工业

清代晚期,中东南各族地主经济的形成,使社会生产力得到进一步提高,农业、牧业和手工业得到不断发展。

农业的发展,主要体现在耕地的开垦,耕地面积扩大,许多边远的民族地区得到进一步开发,耕作技术不断提高,农作物品种和产量增加,水利得到兴修等几个方面。在农田的开垦上,中东南各族由于居处深山,自然条件较差,为了生存发展,各族付出了艰辛的努力,披荆斩棘,开垦出一片片土地。广西的壮族和瑶族自明代以来,一直努力开垦荒田,使大片荒地变成了良田。在平乐府的平乐、恭城、富川、昭平、荔浦等地,属府江的中心地带,这一带壮族和瑶族分布极广,明时杨芳在《平乐府图说》就称"瑶壮十居七八",这里的生产条件稍好,当地少数民族的开发也较有成效。恭城瑶族有背髻、蝶板、高山、平地、胡北、大梁、抚七种,他们"喜居山源,自开水田"①。富川县的瑶族以"上、下二排瑶人,莲花村最大,居住平原,余皆烟火相望,其田甚沃",那里的壮族则以"古田、六寨壮人,老凄湾长村为人,依山面水,其田甚腴"②,无疑这些肥沃的水田都是当地瑶族和壮族长期努力开垦耕耘的结果。昭平,史称"民少壮多",县境四周山岭,瑶族和壮族交错杂居。他们或以"耕山采樵为业"③,或以租种田地为生,以自己的辛劳的汗水浇灌田地。而在府江两岸平原地带,经过壮族的长期开发,早已成了良田沃野。甚至边远的民族地区也得到不同程度的开发。如广西龙胜、资源、三江地处高寒山区,自然条件恶劣,所谓"地皆高山",交通极为不便,当地的瑶、壮、侗、苗等族,因"稻田无几"④,生活较为贫苦。但他们不畏艰难,以简陋的工具,披荆斩棘,开垦荒地,经过长期不懈的努力,开垦出了大片良田。龙胜龙脊梯田就是当地的壮族从明代万历年间迁至此地之后,持续不断地开垦的结果,如今龙脊梯田不仅是著名的旅游胜地,也是壮族辛勤耕作的历史见证。三江,旧称怀远县,以侗族居

---

① 民国《恭城县志》卷4,《瑶壮》。
② 民国《富平县志》卷12,《瑶壮》。
③ 民国《昭平县志》卷7,《夷民部》。
④ 道光《龙胜厅志·风俗》。

多，苗、瑶、壮次之。当地瑶族"垦地互相换工，每集男女百数十人，新衣美服，混杂排列……男女互唱情歌，藉聊情会，其家人亦不加干涉，故多劳而忘倦，开垦甚速"①。经过当地各族的大力开垦，不少坡地变成了农田。而在武鸣、邕宁等地，近代以来，当地壮族人民也开垦了大量田地，据民国《邕宁县志》卷2《食货志二》记载，清光绪年间当地官府就组织壮民开垦了馒头塘等垦场。镇安府的天保县（今德保县），道光年间有不断开垦荒地的报告。如道光十五年（1835）广西巡抚惠吉疏报"天保县开垦水田一伯一什有奇"；② 道光二十四年（1844）广西巡抚周之琦疏报"天保县开垦水田一十一玮一伯"。③ 这虽然存在地方官吏为炫耀政绩夸大垦田数字的可能性，但多少反映了桂西壮族地区耕田不断扩大的事实。在毛南族、仫佬族、布依族、水族和苗族以及土家族地区，各族人民对开垦耕田同样十分努力。如环江毛南山乡，近代以来就一直有"大米古宾（今环江川山乡）产，钱财毛南出"的歌谣，说明在近代以来，毛南族人民已将当地的一些山区坝子开垦成肥沃的良田。④ 贵州榕江拉力寨的水族，在清晚期时从三都迁入，利用锄头等简陋工具，根据当地自然环境的特点，砍树开山，顺山势挖成一丘一丘的腰带式梯田。⑤ 又如黔东南、湘西南侗族地区，当地侗族辛勤劳作开垦的坝子有天柱大坝、兰田大坝、高酿大坝、古州大坝、中潮大坝、敦寨大坝、临口大坝等，都是侗族历代开垦出的大片田园，有"侗乡粮仓"之称。浙南地区的畲族自清代以来，对开发当地作出了很大贡献，他们带着工具，积极垦田，尽力耕耘，把浙南山区的山间荒地开为陇亩，云和《汝南蓝氏宗谱》载"蓝、雷、钟等新畲民入境，垦复田土，粮增收过半"，道光十五年（1835）撰修的《遂昌县志》也载有诗称畲族"茅居偏向陇头结，佃种无辞荒处开。"⑥ 海南岛的黎族开垦的田地也不少，史载其"田土平旷"⑦，"膏腴田地尽为黎有"⑧。

清代晚期，由于与汉族交往日益加强，民族融合加深，许多先进的生产工具和耕作技术传入，推动了中东南地区各少数民族的农业耕作技术的进步，粮食产量有所增加。生产工具主要是铁制工具广泛得到推广使用，如锄头、镰刀、碓、耙、犁等，汉族地区的先进生产工具不断传入。广西金秀大瑶山，当地瑶族生产工具落后，耕作效率较低，在清末时由汉族地区传入一种半月形的"刮子"，叫"月刮"，因由进瑶山姓蓝的汉人传入，故又称为"蓝刮"，提高了耕作效率。当地的茶山瑶普遍使用树叶肥田，即将山上的巴芝叶、嫩蕨叶和山莲叶踩入田中。⑨ 在灵山县，当地壮族施肥更加科学，据民国

---

① 民国《三江县志》卷2，《社会》。
② 《清宣宗实录》卷271，道光十五年九月。
③ 《清宣宗实录》卷411，道光二十四年十一月。
④ 参阅覃永绵等：《毛南族研究文集》，第103页，广西民族出版社，1987年。
⑤ 参阅陈国安：《水族》，第39页，民族出版社，1993年。
⑥ 参阅吕锡生：《明清时期畲族对浙南山区的开发》，施联朱主编：《畲族研究论文集》，第288—289页，民族出版社，1987年。
⑦ 道光《琼州府志》卷21，《关隘》。
⑧ 光绪《崖州志》卷13，《黎情》。
⑨ 《广西大瑶山瑶族社会历史情况调查初稿》经济生活部分，全国人民代表大会民族委员会办公室1958年编。

初年《灵山县志》载当地耕种"有用柴草灰、草皮灰者……然有以牛骨化灰者,力最厚……牛粪不如猪(粪),猪粪不如牛骨(灰),又视其地之肥瘠,力之勤惰为优劣焉"。在耕作上,清晚期中东南地区的民族除因高山田小,不便使用畜力外,基本上都知道使用牛耕。此外一些民族还知道选种,并引进、培育出农作物良种。如广西郁林州(今玉林)的壮族种植的名叫"宾州红"谷子,即由宾州(今宾阳)引进,还有一种叫"广东红"的谷子是从广东引进。光绪年间,广西镇安府的壮族还自己培养出了早稻优良品种。为了提高产量,近代中东南民族不断向汉族学习先进的生产经验,兴修了一些简易的水利设施,用以灌溉农田。全州建乡焦江源的瑶族"沟水通得江陂、麻子渡诸处,筑堰灌田"①。龙胜、三江等少数民族聚居区,山高水寒,地势陡峭,无法修建大的水利工程,当地民族便充分利用地势,在山腰开沟凿渠,引水灌溉。或通过竹制、木制的水槽把沟渠连接起来,一些地方使用水车或戽斗进行简单的灌溉。但从总的来看,这一带少数民族所修的水利设施较为简陋,数量也不多。尽管如此,水利工程的兴修,为推动农业生产的发展还是起到了一定作用,粮食产量有了提高。在一些富庶的民族地区,粮食不仅可以自给,还有余粮卖到外地。据《琼黎一览图说·琼州黎岐风俗》载"崖、陵一带,尚有黎米出籴"。光绪年间,胡传甚至详细记录了当时崖州地区的米价,说"乐安(今乐东)米每升重二十两,计钱十四文,琼州米莫贱于此处"。②在环江毛南族地区,出现了不少贩米的毛南族人,他们成群结队,从下南六圩、中南三圩、隆盛(今上南)八圩,将大米、黄豆挑到金城江、怀远(今三江)出售。③这也说明当地粮食产量有了提高,有了较多的余粮。黔南地区的侗族,清晚期由于水利兴修,自然条件优越,耕作技术进步,粮食产量大为提高,据《黔南识略·黎平府》载当地的侗族"收获稻米,除纳赋之外,皆运售楚省。"④而广西东南的壮族地区,粮食一直销售至广东。

为了进一步发展经济,改善生产条件,中东南地区的少数民族注意因地制宜,大力种植经济作物,发展多种农副产业。居住在灵川、阳朔边远山区的少数民族,深受当地汉族的影响,生产较为灵活。居于广西灵川县七都的壮族"种粟、芋、豆、薯,或以养蜜、剖瓢以为生",而散居"东西江及流风江、溶江、淦江各山岭"的瑶族则根据当地情况,"种桐、茶、毛竹、薯、粱、粟、黍、旱稻、百合、冬菰、芋头、大粽叶、梭桐等"作物。⑤龙胜、三江等高寒山区,水稻一年只能一熟,难以满足生活需要,因而当地瑶壮等少数民族格外重视种植经济作物,用以弥补食粮不足。他们"常以黏米作粥,时时歠之","田皆种稻,地种杂粮",这些杂粮主要是粟、豆和芋头,所谓"水田之中多喜栽食芋,可当饭也"。⑥间或种茶,制成茶叶贩卖,以换取生活所需粮食。龙胜龙脊附近壮族和瑶族在陡坡上就种下了不少茶树,清时当地流传的《茶歌》对此有

---

① 嘉庆《广西通志》卷117,《山川略二十四》。
② [清]胡传:《游历琼州黎峒行程日记》。
③ 参阅覃永绵:《毛南族研究文集》,第103页,广西民族出版社,1987年。
④ 参阅冯祖贻、朱俊明等:《侗族文化研究》,第22页,贵州人民出版社,1999年。
⑤ 民国《灵川县志》卷4。
⑥ 道光《龙胜厅志·风俗》。

所反映，歌中写道："龙脊山势真豪雄，岩关关外青茏苁。茶树终古照山谷，山南山北皆芳丛……气姑芽开谷雨早，瑶童蛮女争提笼。"① 他们生产的龙脊茶品质优良，是清廷指定的贡品。桂东北南部少数民族聚居区，他们种植经济作物种类更多，不再局限于粮食作物。富川瑶族"所居之处，前后左右丘埠林麓，皆为所据，多种棉花、豆、麦、苎麻"。② 恭城瑶族则"多种豆、麻、菽、粟以资生"。③ 环江毛南族近代除种植高粱、玉米、红薯、芋头等经济作物外，还普遍种植油菜、芝麻、甘蔗、花生等作物。黔东南的苗族、布依族则种植麻、棉花、蓝靛等经济作物。其他民族根据自然条件的不同，种植不同的经济作物，但总的来说中东南各族所种植的经济作物大体相同。经济作物的种植，为畜牧业和手工业的发展创造了条件。

由于中东南地区的各民族大多生活在山区、平地，草山草坡较多，水草丰美，非常利于畜牧业的发展，同时又由于一些地区农业生产不足，畜牧业成了农业的重要补充而得到发展。耕田，养猪过年，喂鸡喂鸭换油盐的俗语，说明养殖业在清晚期有所发展。近代中东南各族普遍饲养鸡、鸭、鹅等家禽，以及猪、狗、马、牛、羊等家畜。苗族一直有养牛的习惯，培育出体质健壮、繁殖力较强的腊尔山黄牛。另外，还有以皮薄肉嫩著称，产于黔南都柳江流域的"香猪"，以及膘肥、肉细、毛皮优良的黔西威宁细毛羊。④ 在环江毛南族地区，畜牧业生产是近代毛南族社会经济的重要来源，当地毛南族人民拥有较高的饲养技术，饲养的菜牛、猪都较有名。环江县的下塘、才门、玉环、希远、景阳、中南、上南等地毛南村采用"圈养法"饲养菜牛，少则一头，多则数头，长大后宰杀出卖，以博厚利。此外，他们以增加经济收入为目的，饲养鸡、鸭、鹅、羊、猪等家禽家畜，专门用于出卖和交换，补贴家用。特别是他们生产的家禽，数量多，质量好，远销到附近的汉、壮民族地区。据调查，清末时下南乡六圩，每个圩日上市的猪有三四百头，牛几十头，鸡鸭鹅行延伸有半里之长，⑤ 这说明清晚期毛南族的畜牧业发展已有相当的规模。贵州仡佬族的畜牧业在近代也较发达，所饲养的水牛和黄牛主要用作耕牛，其本地生产的青毛猪、黄毛猪虽然个体不大，但油质好。黔南、黔东南以及广西地区的侗族畜牧业在清晚期也得到较快发展，当地侗族利用温湿多雨、多塘、溪的优越自然条件，喂养家畜家禽，并培育出一些优良品种。如贵州从江香猪，在清时远销柳州、广州，锦屏、黎平、镇远、台江等地侗族生产的大花猪和白洗猪是侗族自己培养出来的良种。同时当地侗族还注意从外地引进优良品种，天柱县的香鸭就是光绪年间从外地引进的品种。水族对养牛较为重视，富裕人家有牛几十头甚至上百头，咸丰年间贵州三都中和地区杨姓富户在3天的宗教活动中，就宰杀了水牛40头。至于土家、壮、瑶、畲、黎等族饲养家畜家禽，都是十分普遍的，但多以个体家庭饲养为主，规模都不大，还不能形成专门的产业，始终依附于农业的发展。从目的看，除了用作生产、食用和售卖外，也用于宗教的祭祀活动与民间的娱乐活动，以商业为目的，发展畜牧业

---

① 道光《义宁县志》卷6。
② 民国《富川县志》卷12，《瑶壮》。
③ 民国《恭城县志》卷4，《瑶壮》。
④ 参阅《苗族简史》，第122页，贵州民族出版社，1985年。
⑤ 参阅覃永绵等：《毛南族研究文集》，第104页，广西民族出版社，1987年。

还不多见。

清代晚期,中东南的一些民族地区,手工业有了较为明显的发展,一些手工业在汉族中产生了较大影响。

纺织业。近代以来,随着种棉技术的不断发展,中东南民族地区的纺织业继续得到发展,不少民族的纺织技术得到提高,影响不断扩大。壮族的壮锦与"侬人青",是著名的纺织品,壮锦在清末民初之时,制作工艺、图案就十分精良,尤以天保、忻城壮族地区所产的壮锦为佳,是壮女出嫁的必备品。"侬人青"以苎麻为原料,色泽光亮,织工精细,为壮族女性着装上品,民国年间学者刘锡蕃在《岭表纪蛮》指出"此等布匹,非其情悃热者,不得易之。欲购者,虽重价,不卖也。"贵县壮族地区纺织在清晚期也较发达,史载清光绪以前,当地"衣料多用土货,县属比户纺织,砧声四彻,一丝一缕,多由自给,于时以服自织布为贵。布质密致,耐用,平民一袭之衣,可御数载。"①布依族和苗族的蜡染布,一直享有盛名。贵州安顺地区布依族的蜡染布,图案美观大方,线条明快,深受当地人民喜爱,有"仲家布"之称。湘西与松桃苗族所织的"斑布",史称"精致古雅,坚韧耐用"②,黔西北苗族所织毛毡也较有名。广西三江苗族"男女服以青布,绣花极工巧"③。侗族的纺织技术也较高,侗锦早在汉族地区就享有美名,其挑花刺绣,图案花纹,无不精绝。海南岛黎族的纺织技术一直拥有较高水平,在汉族地区有较大影响。其生产的帐、绒毡等做工精美,史载"黎岐""以绒织毡,甚精"④。台湾高山族最有特色的是麻布上加红色刺绣,缀以贝壳珠,人称"贝珠衣"。

铁器生产。广西的壮族擅长锻造铁器,龙州壮族的青龙菜刀,锻工精湛,锋利而耐用,清末时远销两广及东南亚等地。环江毛南族的铁器生产,在家庭手工业中占有重要地位,从业人数较多。清中叶以来,由于一些湖南等地的铁匠来到毛南族地区,带动了打铁技术的提高。据民国《思恩县志》载,清朝咸丰年间,当地毛南族制造家用的刀、锹、耙、普通镰刀和细齿镰刀等最精美,并销往河池、东兰各地壮汉族地区。⑤湘西、贵州的苗族铁器打制亦较发达,特别是黔东南和湘西的苗族擅长打制鸟枪。

造纸。广西灵川东江河、西江河等地的部分瑶族在清晚期以"制纸为生"⑥,后将技术传至龙胜,使龙胜瑶壮民族的制纸业迅速发展。而红水河流域的都安、隆山等地壮族的"纱纸"生产规模大,产量高,大量销往广东、港澳和东南亚,其中的"贡川纸"、"安定纸"、"加言纸"、"白山纸"、"金钗纸"是质地优良的名品。

竹器编织。中东南少数民族地区竹林资源丰富,为竹器编制业的发展提供了得天独厚的自然条件。清朝中后期,桂林的回族发展起竹器手工业,制作出的竹器,如竹席、竹筐、竹筷等行销广西省内外。隆安壮族生产的竹凉席是清末广西名品。此外,毛南族、水族、苗族、布依族、畲族和瑶族的竹帽编织也是重要的家庭手工业,毛南族的竹

---

① 民国《贵县志》卷2,《社会》。
② 道光《松桃直隶厅志》卷6。
③ 道光《龙胜厅志·风俗》。
④ 光绪《临高县志》卷15,《黎岐类》。
⑤ 参阅覃立新编:《毛南族史志概要》,第32页,广西师范大学出版社,1992年。
⑥ 民国《灵川县志》卷4。

编手工业在近代发展较快，不少毛南族农民精通竹编技术，专门从事竹编生产，生产的花竹帽、竹筐、竹篓、竹箩、米筛等成为广受周围汉、壮族群众喜爱购买的产品。

木工修造。中东南不少民族的木工技术高明。广西龙胜的壮、瑶、侗族木匠擅长房屋修理，桂林官府请他们维修府衙。三江侗族木工修造技术先进，建造的风雨桥和鼓楼，天下称奇。湘西、鄂西一带的土家族的木工修建技术娴熟，从业人数较多。永顺县建房造桥"工匠日以千计"①，保靖县"土、木、竹、石、裁缝、机匠之属各有所司"②。

除此之外，侗族、水族和布依族、畲族的剪纸，水族、苗族的银饰打制，壮族和毛南族的陶器生产都是清代晚期不断发展起来的重要手工业。

三、商业与交通

随着农业与手工业的发展，也因为"改土归流"的完成，中东南民族地区封闭的状况发生了较大改变，至清代晚期，中东南地区各民族的商业和交通都有所发展，主要表现在商业意识有所加强，交换物品增多，集市不断兴起，以及水陆交通的发展等几个方面。

由于种种原因，中东南地区大部分少数民族的商业在历史上一直较为落后，在经济生活中不占重要地位，其商业意识甚为淡薄。如史载瑶、壮等族原来"多务耕种，不喜工商"③。但随着与汉族交往的增多，汉族商人来到民族地区进行频繁的购销活动，不仅促进了中东南民族地区商业经济的繁荣，更重要的是提高了各民族的商业意识。至清晚期，各族的商业意识普遍有所增强，常常主动参与商品交易，将自己的土产挑到集市上售卖，以换取各种生产生活用品，如铁制农具、家具、布匹及粮食等。

广西壮族、瑶族地区的商业在清晚期得到发展，主要体现在农村集市普遍兴起，少数民族参与商业贸易频繁。据统计，在壮族分布较多的武鸣、宾阳、天保、靖西四地，清末时发展起来的圩镇分别有45、33、27、31个，而在瑶族较为集中的富川、桂平、平南等地，发展起来的圩镇分别有21、39、26个。④ 龙州、宜山、柳州则分别是桂西南、桂北、桂中的商贸中心重镇，民族地区的药材、八角、木材、香菇、木耳等源源不断地输往市镇里销售。在这些兴起的圩镇里从事商业贸易的，不仅有各地的汉族商人，也有当地的壮族、瑶族人民。特别是在浔江、郁江、左江和右江沿线的圩镇上，广东商人开设的商号、店铺林立，有"无东不成市"之谚。在商品经济的浪潮冲击下，不少壮族群众放弃不经商的旧观念，主动参与到商业活动中来，如民国《迁江县志》有诗载当地壮族妇女频繁参加商业活动的情况，"三日一圩两日忙，担妇挑夫脚力强；昨夜才从河里返，明朝又去赶平阳。"⑤ 一些地区的壮族地主，在高额利润的刺激下，也投资开设店铺，参与经商买卖。较为出名的有天峨白定乡壮族地主王愿在当地低价收购艾粉，雇人运往百色、贵州，获利丰厚。环江才院村壮族地主莫如谦、莫如忠兄弟在道光

---

① 民国《永顺县志》卷32，《艺文志》。
② 民国《保靖县志》卷1，《风俗》。
③ 道光《义宁县志》卷6。
④ 参阅钟文典主编：《近代广西圩镇研究》，第32—33页，广西师范大学出版社，1998年。
⑤ 参阅范宏贵、顾有识：《壮族历史与文化》，第187页，广西民族出版社，1997年。

年间时就在当地开设店铺,其子孙后在雅峒五圩建立店铺,经营布匹、杂货,成了暴发户。总之,清晚期在广西各地城圩,都有一些壮族因经商而发家的,甚至在柳州、南宁这样的大城市里,也有壮族人开设的店铺。① 广西环江毛南族地区在近代也形成了下南六圩、中南三圩、上南八圩等 10 余个贸易市场,贸易的商品十分丰富,有棉花、玉米、山药、牛皮、土布、牛肉、猪肉等。其中下南六圩在清末时发展成为毛南山乡最大的圩市,附近的壮、瑶、苗、汉各族人民均在此进行产品交换。一些毛南族专门从事小贩活动,将毛南山区的农副土产挑往外地出售。在防城京族居住区的江平镇,清光绪年间商业发展,有长寿街、安阳街、南甲街等,其中南甲街商业最为繁荣,资本家最多。镇上有各种商店,还有打铁店、木器店、纺织店等,尤以纺织店最为活跃。住在街上的京族妇女一边纺织,一边做生意。② 广东连县的八排瑶,在近代出现了零星的小商贩,当地所需商品大部分由外地的汉商包揽。海南岛黎族地区的商业贸易在清晚期也得到一定发展,黎、汉贸易的集市较多。道光《琼州府志》卷 20《村峒》载"三更村与安定县黎峒接界,黎人贸易皆在安南间市、岑门墟诸处",陵水县"生黎","其贸易聚集,皆在宝停弓",崖州"熟黎""日往来城市中,有无相易",崖州安乐城"城风民黎错处,互相贸易"。光绪《崖州志》卷 13《黎防志·黎情》也载当地黎人:"深居山谷中,以盐为命,以铁为资","与人贸易,不欺,亦不受人欺。相信则视如至亲,借贷不吝。或负约,见其村人,即擒为质,架以横木。负者来偿始释。负钱一缗,偿谷一秤,岁加一倍,有无底止。"可见其商业意识在与汉族商人的经贸往来中,有了较大提高。

福建、浙江一带的畲族,主要以耕作农业为主,商业意识淡薄,商品经济也不发达,没有形成自己的经济中心和交易市场,但在近代以来,由于与汉族交往的增多,其商品经济有所发展。部分畲族开始积极投身商品交易,卖出木炭、木材、药材等农副产品,以换取盐、米、布、农具等生活生产用品,在福建闽侯一带,还有少数畲民到福州买回咸鱼,挑至连江、罗源等地,与当地畲族进行简单的物物交易。③ 贵州、湖南一带的苗族、土家族和布依族地区,商品经济在清晚期也有一定的发展。"改土归流"完成以后,各省商人进入他们的居住区,从事商品的购销活动,从而带动了当地商品经济的发展。贵州的镇远、清江、施洞、古州等地,湖南的保靖、龙山等地,商旅云集,百货齐全。当地的苗族、土家族赶圩出售柴草、山楂、香菇、木材等土产山货,运往外地的商品主要以木材、桐油、茶油和各类土产为大宗。

商业的发展,也带动了交通的发展,清晚期,中东南民族地区的交通状况有了一定改观。一些道路、桥梁得到修建,河道得到治理、疏浚,有利于各地人民往来,经济交往和商品交换。

广西壮、瑶等各族地区道路交通的大规模修筑始于明代,清代中后期以来得到继续发展。庆远府所辖的东兰、南丹、河池、环江、宜山等地,是壮族、瑶族、毛南族、仫

---

① 参阅覃国生、梁庭望、韦星朗:《壮族》,第 31 页,民族出版社,1984 年。
② 中国科学院民族研究所广东少数民族社会历史调查组编:《京族社会历史与情况》,第 20 页,1964 年。
③ 参阅施联朱编著:《畲族风俗志》,第 31 页,中央民族学院出版社,1989 年。

佬族的主要聚居地，史称"多夷种，散布四境"①。宋以后曾开凿了一条由贵州通往广西省会桂林的交通主干道，叫黔桂驿道。它由贵州境内南下，经东兰过南丹、河池、宜山，通往柳州府，总长300多千米。至清中后期，道路残破不堪，不少地段极其险峻，人马难行，所谓"峰峦叠起，悬崖绝壁，道路最险。"②清雍正、乾隆年间曾对道路多次修拓。此后在此基础上，修筑了州治通往各地的支线，不过大多因陋就简，仅用石砌阶梯，沙石铺面。尽管如此，这一地区陆路交通在近代还是有所改观，往北可进入贵州，往东可达省会桂林，往南可达邕州。右江流域的百色、田阳、田林等地，清代中后期新辟了两条驿道，一由百色西上，经平圩、刚圩至云南广南府富州（今富宁县）剥隘圩界；二从百色北上至泗城府的凌云县二渡桥。龙州、凭祥、宁明、扶绥等桂西南地区，地处边陲，道路交通落后。清光绪十四年（1888）时，出于抗击侵略的军事需要，广西提督苏元春才重新筹资扩建以龙州为中心，通往镇南关、水口、平而、崇左以及宁明等地的道路，并拓通了龙州至靖西的驿道，使这一地区的交通有所发展。如宁明州（今宁明县），已有道路通往龙州、土思州、下石州等地。③至于桂东地区，道路交通相对发达，各县乡之间已有完善的道路交通网。

贵州、湖南布依族、苗族、侗族、水族、土家族等地区的陆路交通在清晚期也有所发展。苗山险峻崎岖，道路难行，贵州、湖南的苗族人民在近代以来为改善道路交通状况，付出了很大努力。如道光初年，永绥厅紫儿寨的富绅石文魁自出资金，建桥数十座，开凿道路数十里，将艰险的矮山坡劈石开为大道，方便了川、湘苗族的联系。

桥梁和渡口是重要的交通设施，广西各地在清后期修建的不少。而在偏远的桂北及桂西北等地，明清时期除了官府时常兴修桥梁外，私人捐资修桥也成时尚。据《庆远府志》载，南丹州境内在清代就建有达围桥、双桂桥、至禅桥、攀柱桥等，达围桥为道光六年（1826）莫天锡、岑起富等倡建，袭南丹州正堂由莫芳圃筹划，并带头捐纹银100两。一些地方囿于财力不足，就建简易的浮桥、木桥以改善交通。这些桥梁的修建，对改变当地的交通起到了积极作用。贵州一些苗族在清末还创制了独特的绳桥，作为简单的交通设施，20世纪20—30年代还较为普遍，近人刘锡蕃在其《苗荒小纪序引》中提到苗族于"山涧深壑之处，多架绳桥，其法立桩两岸，以绳两端系之。上下两绳相距四尺许，行者攀上踏下，俯视万仞深壑，目眩神摇，然苗人不惧也"。渡口是解决河流两岸交通往来的基础设施，对溪流众多，交通相对落后的民族地区而言，渡口的地位十分重要，因此各地均投入了一定的财力和人力进行维护，在清后期依然发挥着巨大作用。如广西恭城县有樟木渡、丁滩渡、卢家渡等渡口，昭平县则建有明源渡、马江口渡、上仰渡等，庆远府的东兰州有红泥渡，忻城县有罗墨渡和高阳渡，其中高阳渡是忻城通往宜山的必经之渡，明朝莫氏土司统治时，专配渡夫一名，付给少量酬资。清光绪年间改为收费渡，只有竹排一张，仅能渡人。柳州府的怀远县有北江渡、东江渡等，融县则有浮石渡、长安渡等。贵州、湘西民族地区这样的渡口也不少，这在各地的县志中有大量的记载。虽然不少渡口并不始建于清晚期，但绝大多数在清晚期依然为当

---

① ② 道光《天河县志》卷上。
③ 光绪《宁明州志》卷上，《疆域纪》。

水路方面，得到发展的表现就是疏通了河道，沟通了各地联系。广西桂江既是桂林与梧州联系的重要水上通道，也是两岸各地瑶壮人民往来的重要途径。但河道礁多滩险，航运不便。清代，当地的少数民族担负起疏浚河道的艰苦工作，所谓"雇募人多系苗壮"，但官府只按"每站银一钱"[1]，付给他们极少的报酬。清朝光绪年间，两广总督亲自筹措资金，用炸药整治府江险滩30余处，使桂江航道得以畅通。恭城是府江地区主要的民族聚居区，境内有两条支流汇注茶江，于平乐与桂江相汇，明清时通过船运，可达各地。旧县志载"西南水路二里，冬热岭；又二十九里，沙子铺平乐界……镇峡寨巡检驻扎县北，陆路六十里，水路八十五里"。[2] 融江是桂北苗、侗等少数民族地区的主要水上航道，连通桂东北的资源县与贵州，自古就通木帆船，资源及黔东南许多物资即靠此江外运，广东等地鱼盐及商品也由此销往贵州等地。尽管江水流急，但经明清两代当地各族人民的整治，航道通畅，至清后期，船运繁忙。融县至怀远（今三江县）陆路崎岖，道路难行，只有沿融江逆浔江水路方为迅捷，由县城出发，过铁坑塘、长安塘等地，逆水行125里即达怀远界。柳江由融江与龙江于柳城汇合而成，流经马平县（今柳江县地），通象州。清后期这里居住着不少壮、瑶等民族，境内水运发达。道光《马平县志》卷2《驿站》载："北去水路由城上水二十五里至冷饭塘，十里至古零塘……与柳城县交界；东南水路由城下水三里至豆豉村，二十二里至油榨塘，三十五里至七里塘，十里至龙村塘……与雒容交界。"湘西、黔东、川东南地区的土家族、苗族地区水路交通相对方便，经水路由沅水、酉水，可到永顺府，由长江、清江可达施南府、鹤峰州、石柱厅，溯乌江而上则可达秀山、酉阳、黔江等地。

水陆交通的发展，对中东南民族地区经济，特别是商品经济的发展起到了积极作用，另外商业的发展也为交通发展奠定了物质基础，可以说两者互相促进。清晚期中东南不少民族地区交通发展起来后，圩镇不断兴起，商业繁荣。如广西桂江、黔江、柳江、浔江、融江、龙江的航道开通后，大量商品物资即沿河而上，输入各民族地区，一些大米等大宗物资通过船只运至各地，有效地解决了民族地区的粮食不足问题。广西少数民族地区的物产通过开辟出来的水陆交通得以源源不断地转运至省外。然而从总体看，清代后期中东南一些民族地区的水陆交通尽管有了一定发展，但并不宜估计过高，在大苗山、大瑶山等民族地区，交通依然十分闭塞落后，商业、交通发展十分缓慢。

---

[1] 嘉庆《广西通志》卷174，《政经略二十四》。
[2] 光绪《茶城县志》卷1，《津梁》。

第三章 各民族的文化与宗教

第一节 东北各民族的文化与宗教

鸦片战争后，东北同全国一样，经受了资本主义列强侵略的痛苦历程。同时，东北各族人民逐渐觉醒，奋起斗争，力求自强，这一点在思想文化上有充分的反映。列强不仅进行军事、政治、经济殖民扩张，在思想文化领域也向东北各族人民进行侵略。从此，反对资本帝国主义、反对封建主义压迫的新文化应运而生，这在清朝最后岁月里表现得尤为突出。而且，各民族在近代文明的影响下，从文学艺术到风俗习惯，各方面都逐步发生着变化。其中，朝鲜族、满族已创办了近代新式学校，对青少年进行近代科学文化知识的教育。

在宗教上，东北各少数民族，如满族、朝鲜族、赫哲族、鄂伦春族等都普遍存在祖宗崇拜，都十分重视祭祖活动。而且，各民族中都存在萨满教信仰，有的则几乎是全民族信仰萨满教。另外，不同民族又有自己独特的民族宗教。在朝鲜族等一些民族中基督教、天主教也得到了较为迅速的传播。

一、东北各民族的文化

满族作家燕北闲人文康（1798—1872）写了长篇小说《儿女英雄传》，此书约成书于咸丰（1851—1861）之后，最初只有抄本，光绪年间才有活字本刊行。小说宣扬忠孝节义等封建伦理道德，但作者写出了当时的社会状况，北京满族人的习俗和使用语言的风貌等。

满族女词人顾太清（1799—1877）才华横溢，其书法与其词、画并称三绝。诗集有《天游阁集》，词集有《东海渔歌》。顾太清是一位杰出的词人，其词笔端豪迈而无妇人纤艳之习，艺术造诣极高。

晚清满族诗人庆康亲眼看到1840年后鸦片毒害更为严重的情况，大声疾呼"西洋用此毒中华"，并写了一首《鸦片烟行》。这首诗具体揭示了鸦片对中国人民身心健康及国家兴亡的严重威胁，是继龚自珍、魏源之后由满族诗人写下的一篇有价值的反鸦片文学作品。

满族贵族宝廷（1840—1890）写了《五日读离骚》、《吊灵均》等诗，吐露了国家危亡在即的痛苦心情。

宗室诗人盛昱（1850—1899）编了《八旗文经》，全书共56卷，收有赋、论、表、赞、序、跋、墓志、传状等各体文章650篇，共收作者197人。其诗文作品在他卒后由友人刊印成《郁华阁遗集》、《意园文略》。

这一时期，满族从事戏曲工作的人迅速增加，并在创作和表演方面都取得了很高的成就。其中最著名的创作家和表演艺术家是汪笑侬（1858—1918）。他主持正义，维护民众利益，因而被革职。在戊戌六君子被杀之后编写《党人碑》，八国联军进驻北京后编写《哭祖庙》。他以"国破家亡，死了干净"这一词句，抒发爱国热情，感动爱国人士。他还写了许多政治性诗文来反映其愤世嫉俗的思想感情。

1862年（同治元年），清廷设立同文馆，招收八旗满洲、蒙古年龄在15岁上下者，培养通晓外国语的翻译人才和外交人员。1866年又添设天文算学馆，学习中外天文、算学课程。这样，在满族中出现了一批学习外国语文和外国科学技术、军事技术的学生。1898年筹办京师大学堂，规定招收大员子弟、八旗世职和各省武职后裔入学。接着在各省、府、厅、州、县设立中、小学堂，八旗官学和义学也都改为学堂。满族贵族、官僚、地主纷纷送子女入学或出国留学。当时按人口比例计算，满族留学生、大学生和中学生与各族相比是最多的。

满族的风俗习惯也变了，居住在关内各地的满族人与当地汉人很少有差别。东北满汉杂居的地方也是如此。满、汉风俗的同一过程，是两族人民长期杂居共处，互相影响，互相吸收，自然融合的结果。总的来说，满人仿效汉俗，比汉人仿效满俗的成分更多。如"满人祭礼，本有跳神之仪，乃今日满俗，竟不复见"。①

朝鲜族历来重视教育。19世纪末，清廷废除封禁，居住在延边和东边道的朝鲜族人民开始兴办学校。当时只能办简陋的私塾、书堂，进行朝鲜语文和《千字文》、四书五经之类封建伦理教育。随着近代文明的输入，朝鲜族人民痛切地认识到只有提高民族文化素质才能动员人们为民族的独立和解放而战斗，才能免遭侵略和欺压。从而开始重视文化，开办近代学校。

1906年，朝鲜族在龙井创办"瑞甸书塾"。翌年，瑞甸书塾被日本统监府间岛派出所取缔，于是师生们便分赴各地创办私立学校。1908年，在局子街（今延吉）西部建立了"昌东讲习所"，在东部建立了"光成讲习所"。同年4月，在龙井建立了"明东讲习所"。这些学校，反对封建伦理道德教育和日本帝国主义的奴化教育，进行近代文化教育，并进行军事训练，培养民族解放斗争的骨干。1909年，在局子街创办了"垦民教育会"，发行"月报"。与此同时，辽宁、黑龙江及通化、吉林等地的朝鲜族也积极创办学校。1908年在柳河县创办"新兴学校"，既教文化，又进行军事训练，培养了不少反日军事人才。接着在通化、新宾、安东、辑安（今集安）、宽甸、临江、长白、东宁、密山、宁安等地的朝鲜族人民也相继创办了新式学校。

迁入初期，朝鲜族的文学艺术由于历史和地理原因，主要是继承和移植朝鲜文化遗产。后来，在本民族文化遗产的基础上不断汲取兄弟民族的文化精华，创作出反映现实生活并具有民族特色的新的民族文学艺术。初期，以口头文学为主。口头文学在朝鲜族中有悠久的历史和丰富的内容，民谣就有传统民谣、诗歌和新民谣等，其内容十分丰富。起源最早，数量最多，富有传统特点的是反映人民生活和劳动的歌谣。《越江曲》、《盼君调》，反映朝鲜族人民迁入初期"冒禁潜耕"的情景；《摇篮曲》，反映母爱；《太福悲歌》，反映女儿追悼已故母亲的哀思；还有反映骨肉深情的口头童谣《月亮，月亮》等。《阿里郎》，是在朝鲜族中流传最广泛的歌谣。它描写因生活所迫，丈夫离

---

① 《满族简史》，第185页，中华书局，1979年。

别家乡,妻子攀山越岭泪送郎君的悲惨情景,是在封建压迫剥削下朝鲜族人民家破人亡、妻离子散、背井离乡的悲惨生活的真实写照。《阿里郎》因时因地之异即有不同的形式和内容。《插秧歌》是庞大的歌谣群,反映插秧时朝鲜族农民的勤劳风貌和乐观性格。《农夫歌》也是反映农民生产劳动的歌谣。《墨册谣》、《阿也歌》、《牛大吼》,是讽刺封建统治阶级的贪官污吏的歌谣。还有不少描写青年男女在劳动中建立纯真爱情的歌谣等。

这一时期,朝鲜族中还流传故事和"民谭"等口头文学。其内容和形式丰富多彩。《金达莱》、《海兰江》、《红松与人参》、《大力气的小伙子》、《烧炭的小伙子》、《沈清的故事》、《春香与李道令》等反映封建剥削制度下,朝鲜族人民的悲惨遭遇和反抗封建统治,铲除邪恶势力与表现劳动人民智慧和聪明才智,憧憬幸福生活的殷切希望。《金达莱》赞美铲除邪恶而坚强不屈的英雄和善良的人们。《红松与人参》歌颂朝鲜族劳动人民正直、善良、勤劳的品德。

历代统治者对赫哲族人民实行愚民政策,根本谈不上教育。到了清朝末期,在松花江沿岸的苏苏屯、大屯、噶尔当和乌苏里江沿岸的西通等地设立了学校。这样,附近地方的少数富裕的赫哲族人将子女送到学校去,主要学习满文和满族礼节。

赫哲族在长期的渔猎生活中,靠自己的聪明才智创造了丰富多彩的民间文学。在赫哲族的民间文学中,流传最广、影响最大的当数"依玛坎"。"依玛坎",故事之意,是一种口耳相传的古老的民间说唱文学形式,长的十天半个月也唱不完,短的也要说唱几天。"依玛坎"的内容十分丰富,古代历史、民族英雄、男女爱情、民俗风情、渔猎生活、萨满求神等,包罗万象,无所没有。其艺术特色主要有三点,一是语言朴素、简洁、明白、易听易记;二是讲究"音斗鲁",即"会形容"、"加花点",绘声绘色,颇具感染力;三是语言悦耳动听,具有强烈的节奏感,合辙押韵。

赫哲族的神话,赫哲语叫"斯俄温说胡力",直译是"神的故事",是该民族先民解释自然,反映社会的早期文学,是以当时的渔猎生活为基础进行想象的产物。赫哲族神话,按其内容可分为族源神话、自然神话、鱼龙神话、萨满神话四种,以丰富的想象、奇特的夸张、浓郁的浪漫主义色彩为显著特征,并刻有渔猎经济的深刻烙印。

"嫁令阔",译成汉语是民歌之意。按音调分,有赫尼哪、白本出、依玛坎、萨满、老头、少女、喜调、悲调等;按民歌形式分,有酒歌、对歌、散歌等;按内容分,有古歌、萨满歌、渔歌、猎歌、悲歌、喜歌、节令歌、礼俗歌、情歌、叙事歌、摇篮歌等。嫁令阔是在赫哲族的渔猎生产、生活中产生的,其音调和节奏具有江水的起伏,渔船的摇摆,雪橇的飞奔,悠扬宛转,激昂动听,给人以美的享受。另外,赫哲族民间文学中,还有"特伦固"(民间传说),包括祖先传说、莫日根传说、风物传说、风俗传说、动植物传说、斗争传说等;又有"说胡力"(民间故事),包括动植物故事、童话故事、魔怪故事、寓言故事、生活故事、爱情故事、笑话故事等。

鄂伦春族的民间文学包括有神话、传说、故事、童话、谚语、谜语、歌谣和笑话等多种形式。鄂伦春族的民间故事,种类繁多、数量丰富,有同猛兽搏斗的惊险故事,有悲欢离合的爱情故事,有同恶势力斗争的英雄故事,有宣传道德规范的民俗故事,有使人毛骨悚然的鬼神故事,有生动有趣的动物故事,有历史久远的古代历史故事,也有内容新颖的近代生活故事等。这些故事,有长有短,长的几十天也讲不完,短的只有三言两语,故事不仅生动有趣,而且形象突出。

在鄂伦春族口头文学中,歌谣占有重要地位。鄂伦春族是善歌的民族,无论是节庆喜日还是日常生活中,男女老少都喜欢引吭高歌,甚至在悲哀伤心的时候也要唱歌,以歌表达自己的思想和感情。鄂伦春族的歌谣,曲调一般都是固定的,但歌词则大多是即兴之作,其题材十分广泛,有情歌、颂歌、猎歌、酒歌、苦歌、婚歌、丧歌及神歌等。

鄂伦春族谚语,在民间流传很广,具有鲜明的民族特色,不仅富有浓郁的趣味性,而且包含着深刻的哲理性,能给人以启发和教育。谜语是鄂伦春族人民,尤其是青少年十分喜爱的一种口头文学形式,其题材来自于他们身边的各种具体事物,尤其是与狩猎生活保持着密切的联系,听起来既形象生动,又符合实际。

在衣饰、饮食、住房以及节日等方面,东北各少数民族,一方面保持着古老的传统;另一方面又吸收着近代文明,处在一种逐渐变化发展的演变过程中。其中,满族、朝鲜族吸收近代文明比较早、比较多一些,而赫哲族、鄂伦春族则保持民族传统方面比较多一些。

满族服饰中,最具特色、最有影响的当属旗袍。旗袍,是汉名,满语叫"衣介",古时泛指满洲、蒙古、汉军八旗男女穿的袍服。其传统样式的特点是,圆领、大襟、左衽、四面开衩、束腰、有扣袢、窄袖(有的带箭袖),这种衣着便于上下坐骑,马上动作,适合于骑射民族的生活习尚。左衽和束腰,不仅能紧身保暖,有利于马上活动,而且使人的自然体态得到完美的表现。近代旗袍,由于受汉族"大领大袖"的影响,加上生产劳动的需要,箭袖由肥变瘦,四面开衩变为左右开衩,甚至根本不开衩,下摆也由宽大变为收敛。但满族贵族和有身份的人仍穿着带箭袖的旗袍,百姓也以箭袖袍为礼服。和旗袍相配穿着的是马褂,其样式特点是,圆领、对襟、有开衩、有扣袢、身长齐脐、袖长及肘、四面开衩。马褂可分为短袖和长袖两类。短袖马褂又分对襟马褂、大襟马褂、琵琶襟马褂数种。长袖马褂,对襟、身长、袖长,俗称"卧龙装",满族作家文康(1798—1872)的小说《儿女英雄传》里有这种"卧龙装"马褂的精彩描写。

近代以来,满族的主食与当地汉族比较相近,但在吃法和喜好上仍有自己的特点。满族人爱吃用小米、黄米、稗子米、高粱米和玉米做成的干饭、稀饭、水饭和黏饭。满族饮食的特点是,酸、黏、酥、凉。满族主食中面食种类繁多、风味独特。酸汤子是满族最常见的主食之一。其做法是,把玉米加水沤泡至酸,连水磨推成水粉,用吊包布滤出渣滓,滤过得水粉经沉淀后,用草木灰吸干水分,加温水和成面团,手指上戴以汤子套,将面团擩成面条状,下入沸水锅中煮熟,捞出盛在碗内,拌以作料或菜卤而食。其味酸中带香,滑嫩爽口,物美价廉,深受人们欢迎。满汉全席,又名"满汉燕翅烧烤全席",形成于清朝中叶,它不仅是满汉饮食的集萃,也吸收了蒙古、回、藏等民族食品的精华,原产生于清代官府,因而肴馔繁多精美、场面豪华。熊掌、飞龙、猴头、人参、鹿尾、鹿筋等满族土特产为席上珍肴,其做法仍是满族传统的烧、烤、煮、蒸。满族风味的烧烤、蜜饯、锅类烹法以及甜点粥品成了满汉全席的基础。在居住方面,近代满族的住宅,一般有四方形的宽敞院落,其中坐北向南的住宅为正房,通常是三间,中间开门,进门为堂屋,内置锅、火、饮食用具,西间为尊,称"上房",一般由家中长辈居住，东屋供晚辈人居住。至清末民初，一般的满族人家，一进大门便可看见一段墙形建筑物，它叫"影壁"，或砖砌、或木栅，讲究的影壁塑有日出云海、龙凤呈祥等美丽图案。影壁后面竖一根长至九尺，碗口粗细的木杆子，木杆上端贯一锡斗（或木斗、或草把），此杆称为"索罗杆"，是祭天用的。满族卧室布局的最大特点是，环室三面筑火炕，这种炕叫蔓字炕，或"万字炕"，一般南、北炕为大炕，西炕为窄炕，其上端供着"窝撤库"——祖宗板。因此，西炕一般人不能坐卧，贵宾挚友也不例外。

朝鲜族在服饰方面，历来喜欢穿白衣素服，故有"白衣民族"之称。日常男女服装，多为白色的上衣，白色的裤子、裙子，即使是艳丽的婚装或童装，其领口、袖口处往往缀以白边。一说源于崇拜太阳的原始信仰，把白色作为阳光的象征加以神圣化，乃至爱好。近代朝鲜族同从前一样，喜欢穿着白色的上衣、裤子和外衣。男装上衣的特点是，斜襟、无纽扣，以长布带打结。男装裤子的特点是裤裆比较宽大，便于盘腿席坐，裤脚系丝带。劳动时，在上衣外面罩上"背褂"，裤子外面套上劳动裤。20世纪初，男子开始穿西服，但只有城市中的少数富裕人家、知识分子才穿。19世纪末以前，朝鲜族男子普遍戴笠。青少年在婚前一律留辫子，婚后束发髻戴笠。平时只戴网巾，或宕巾，外出时才戴笠。女装上衣同男装一样，斜襟、无纽扣，以长布带打结。19世纪末以前，女装上衣既短又瘦，20世纪初开始逐渐加长加肥，袖子也由原来窄而短逐渐加长加肥。年轻妇女经常穿着"半回装"上衣，是由古代沿袭下来的"三回装"改成的，其特点是在袖口、衣襟、腋下均镶以赤色、紫色等鲜艳的绸缎边，用各种花色的绸缎做又长又宽的飘带打结。19世纪末和20世纪初，女装裙子由长而肥变为比较瘦短，逐渐变成了缠裙，其式样是带有宽腰带，有许多细褶，长及脚跟，有分衩，穿时把下身裹一边后，把裙子下摆的一端提上来掖在腰带里。穿缠裙时，必须在里边加穿素白色的衬裙。近代朝鲜族妇女还开始穿起筒裙，是一种缝合的筒式裙子，其特点是腰间有许多细褶，达到合腰身为止，上端还连上一个白布小背心，前胸开口扣纽扣，穿时从头部往下套，裙长过膝盖，便于劳动、行走。幼儿上衣，不分男女，袖筒多使用"七色缎"（七种颜色相配的绸缎）面料，穿起来好像彩虹在身。朝鲜族一向认为彩虹是光明和美丽的象征，穿这种衣服意在让幼儿们更加美丽幸福。

朝鲜族饮食可分为家常便饭和特别饮食。家常便饭一般包括米饭、汤、菜等。米饭以大米、小米为主。汤是日常饮食中必备的，其种类多达30种。朝鲜族喜食牛肉、鸡肉和海味等，不喜吃羊、鸭、鹅，以及油腻的食物。狗肉是朝鲜族喜欢吃的肉食之一，一般熬汤吃，多在三伏天吃，认为这样可以滋补身体，但有一个禁忌，婚丧及佳节不杀狗、不吃狗肉。泡菜是朝鲜族饮食中很有特色的冬季必备的副食品。腌泡菜的方法依各地习惯有所不同。一般的腌法是，选出包心较好的秋白菜，去掉外层菜帮，洗净后放进淡盐水缸里，泡两三天，然后用清水洗净，再把白菜叶一片一片掰开，抹匀调味品。这些调味品是用捣碎的蒜头、生姜、辣椒面、食盐等和水拌成的。如在调料中放一些虾米、干贝、牡蛎、明太鱼、黄花鱼等新鲜海味，以及梨、苹果、松子、栗子等干鲜果品，其味更佳。最后，把这些涂抹好调料的菜，腌渍在大缸里加以密封，存放约半个月就可以食用。其味酸辣甘甜，清爽可口，开胃下饭，易于消化。冷面，是朝鲜族最有特色的风味面食，系节庆喜宴的必备品。民间有正月初四的中午，吃冷面的习俗，说是这一天吃了冷面,就会长命百岁,取其纤细绵长,故称之为"长寿面"。冷面的制作方法是,将荞麦面(或白面、玉米面)和成面团,铁锅上安置压面机,将水烧沸、压面,随压随煮,煮熟即捞出,用冷水冲两三次。将精牛肉或鸡肉煮成清汤。冷却,撇油、放入适量辣椒面、芝麻、香油、酱油、盐等,做成冷面汤待用。将冷面盛于碗中,放入泡菜、牛肉片(或鸡肉、鸡蛋丝)、苹果片等,最后倒入冷面汤,即可食用。冬季则可以放热汤食用,称之为"热面"。冷面味道,甜酸辣适宜,清凉爽口。

朝鲜族住宅,一般建筑在幽静的山麓下,背靠山、面朝阳。房屋一般是木架,屋顶通常有4个斜坡的"船型",也有"宇、殿、阁"型,用稻草、谷草或瓦片覆盖。墙壁多为泥墙,春秋均刷以黄泥浆或白灰浆,以保持整洁和温暖。每栋房子一般是3间,也有单间、双间、4间的。每个房间都有一扇门直通屋外,各房间之间也开有一扇小门。门窗,从上到下均用细木格做棂,糊上窗纸,以取阳光。朝鲜族卧室的最大特点是,满屋都是火炕,进屋就得脱鞋,炕面上铺以芦席或用高粱秆编制的席子。

渔猎历来是赫哲族经济生活的主要来源,他们用各种鲜鱼、兽肉制作食物,用鱼皮、兽皮制作衣饰。在赫哲族的衣饰当中,鱼皮服饰具有鲜明的民族特色。它以鱼皮为面料制作,主要有鱼皮衣、鱼皮套裤和鱼皮靰鞡。鱼皮的加工过程是,先将十几斤至数十斤重的大鱼稍微晾干,把皮完整地剥下来,平展地撑开挂在屋内阴干,其次将鱼皮板卷紧,放在木砧床上,用木槌反复捶打,直到它变得柔软如棉为止,最后用花汁染成蓝、黄、绿、红等颜色备用。鱼皮主要用大马哈鱼、哲罗鱼、鳇鱼、胖头鱼、狗鱼、怀头鱼等大鱼制作。鱼皮衣,赫哲语称"乌提库",将数张鱼皮缀连为一大张,剪裁缝制。多为女长衣,其样式与旗袍大致相同,腰身稍窄,身长过膝,下身肥大,呈扇面形。袖子肥大且很短,一般没有领子,只有领窝。襟边、袖口、前胸和后背多用经过染色的鹿皮或鱼皮衬缀为云纹和野兽图案,有的还镶上花边,有的还将贝壳链缝在衣服下缘。鱼皮裤分男式和女式,男式鱼皮裤赫哲语称"敖约刻",上端齐口,裤脚下沿镶黑边,女式鱼皮裤上端是斜口,裤脚上绣有各色花纹,上端用鱼皮折成贴边,边口有一环,上扣带,或用皮条扎结。除夏季外,春、秋、冬三季均穿之,冬天穿之狩猎抗寒耐磨,春秋穿之捕鱼防水护膝。鱼皮靰鞡,由身、脸、靿三个部分组成,用一张鱼皮缝为一体连成的底和身,前脸抽褶缝成半圆形,用较薄的鱼皮沿靰鞡口缝上高约30厘米的靿子,串上皮条做带。鱼皮靰鞡做工精细、用料讲究,具有轻便、结实、不滑、保暖、防寒的效用,穿之虽行于冰雪之上数小时,既不灌雪,也不打滑,还不透霜,足不知冷。

在赫哲族食物中,用鲜鱼制作的菜肴占很大比重,且富有民族风味。拌菜生鱼,赫哲语叫"他拉克阿",用当地特产的鲟、鳇、鲤、草根、白鱼等新鲜鱼做原料,放血后,剔下鱼肉,切成细丝,拌上野生的"姜葱"和"野辣椒",加上醋和盐就可食用,没有醋时也可以把野樱桃捣成浆汁拌上。此菜鲜嫩可口,增人食欲,以此下酒,酒量大增。炒鱼毛,赫哲语叫"他斯恨",主要原料是鲤、怀头、草根、青根、白鱼、鳇鱼等大鱼,鱼越肥越好。炒鱼毛的制作方法是,剖腹去掉内脏洗净,切成大块放在锅里煮熟,挑出鱼骨、鱼刺,把肉捣碎,等凉后再炒。炒时火候要适当,炒到颜色焦黄,不粘锅、酥脆而喷香时取出,即成鱼毛。炒好的鱼毛,必须存放在坛子或桦皮箱子里,用炒好的鱼油浸泡，封好口，放在阴凉处或埋在地下储藏起来，以备长期食用，不致变质。如若坛内放进一些晒干的稠李子饼或山丁粒，其味道更加鲜美，是招待客人的佳肴。

近代赫哲族的居住形式，继承古老的传统，分成较为固定的穴居式房子地窨和临时性住所"昂库"两种。地窨，赫哲语叫"胡日布"，是供冬天居住的，其建造方法是向地下挖3尺深的长方形土坑，土坑中间前后立上柱脚，架上檩子，椽子上端搭在檩子上，下端直接戳在挖好的坑内约60厘米处，形成人字形架，在上面辅以笤条和草，培上五六寸厚的土即可。门开在向阳面，门旁留个简单的窗户，用去鳞的鲢鱼皮糊窗户。屋内有的搭铺，有的搭炕。这种地窨比较暖和，但最多住两年，一般只住一年，第二年入冬以前重盖。临时性居室"昂库"类型比较多，主要有渔猎时住的撮罗昂库，冬季狩猎时住的温特合。撮罗昂库，是尖的窝棚的意思，用数十根木杆搭起上尖下粗的圆锥形架子，上面绑上多道横条子，从底部向上一圈一圈地苦草，苦一圈即绑上一道细条子压住草根，防止苦草脱落，一直苦到尖顶，用草绳或树皮绳扎住即可。门开在南面，用草帘子盖门，没有窗户。昂库的里面，东、西、北三面就地摆好木杆，上面铺上一层厚草，再铺上兽皮和褥子即可住人，但不能过冬。北面是上位，是老人坐卧处，东、西两侧是青壮年坐卧处。近代赫哲族的住房，除地窨和昂库外，还有马架和土草房。马架是地窨的进一步发展，赫哲语叫"卓"，其搭盖方法与一般住房基本相同，是盖在平地上，用土坯砌起来，所不同的是马架的山墙都是向南背北，房门开在南山墙上，门的两侧各有一扇窗户，房内的东、西两边搭火炕，厨灶设在火炕的南端。土草房又是马架的更进一步发展，与满族的万字炕居室大致相同。

长期以来，鄂伦春族过着以狩猎为主，采集、捕鱼为辅的经济生活，因此他们的衣饰与饮食主要来自兽皮和兽肉。皮衣不仅耐磨，而且能御寒，完全适合于北方寒冷的气候和终年爬山穿林的游猎生活。皮衣主要是用狍皮、鹿皮和犴皮制作。皮袍，鄂伦春语叫"苏恩"，属于冬装，用冬季猎获的狍皮制作，不分男女老幼都穿它过冬。冬季的狍皮有很厚的绒毛，非常暖和，并很轻便。鄂伦春族的皮袍，其式样很有讲究，一般为大襟，襟边、袖口等部位都镶有黑色薄皮云字边，有的还镶有猞猁或狐狸皮领边。既耐磨，又美观。女皮袍，大多绣有云字花纹，更加精美。男皮袍稍短，一般到膝盖，女皮袍比较长，一般都过膝，有的长及脚面。为了便于骑马都有开襟，男的前后开，女的两侧开。纽扣用兽骨或硬木刻制而成。穿皮袍时，不分男女都要扎上腰带。鄂伦春男子，不管大人小孩都喜欢戴狍头皮帽，鄂伦春语叫"灭日塔"（或称"灭塔哈"），很有特色。其制作方法是，将狍子头皮完整地剥下来，狍子的眼睛、鼻子、耳朵，甚至两只角也都保留下来，晒干，鞣软，按原状镶缝上布和皮，在眼睛的两个圆洞上镶上黑皮，使两只角和耳朵照原样上翘，下边再接一圈皮子做帽耳即可。戴上"灭日塔"，即暖和又别致，十分招人喜欢。

鄂伦春族在长期的游猎生活中形成了自己独特的饮食习惯，他们有很多食用兽肉的方法，在兽肉的烧、烤、煮、熏、炖中表现出了鲜明的民族特色。如熊肉的吃法（鄂伦春语叫"阿素木"）就很特殊，很有代表性。吃熊肉时，一定要召集全"乌力楞"的人共同聚餐，这时候人们往往像过节一样喜气洋洋。他们先把熊肉切成大块煮熟，再把熟肉切成小丁，加上野葱、野韭菜和盐，浇上烧熟的熊油，搅拌调好后，趁热食用。

"阿素木"肉嫩味鲜,油而不腻,老少皆喜欢吃,但不能多吃,熊肉较其他兽肉有后劲,体弱力单的人吃多了会心跳加快,消化不良。鹿、野猪等大动物的腿骨内有许多骨髓油,不仅好吃,而且营养价值很高。因此,鄂伦春族猎人们每当猎到大动物后,都要把腿骨的肉剔光,放在火堆旁烤熟,然后砸碎取出骨髓来吃。小孩尤其爱吃,所以猎人们出猎归来时都要给孩子们带回许多骨髓油。骨髓油即可食用,也可做护肤油,在寒冷干燥的季节搽在手上和脸上,能使皮肤保持柔嫩光滑。灌血清,鄂伦春语叫"步油色",是鄂伦春族猎人们很考究的一种吃法。血清的制作方法是,猎到鹿和野猪之后,把胸腔打开,并用猎刀在肋骨上划几道,停放一小时左右,待鲜血慢慢沉积下来,上面便浮起一层清澈透明的液体,这就是血清。将血清轻轻灌进收拾好的肠子里,加些盐和野韭菜等作料,煮熟食用。这样煮熟的血清又白又嫩,是招待客人的上等佳肴。

鄂伦春族在长期的野外狩猎生活中,形成了自己独特的居住方式,各种房舍都是根据一年四季的变化而建造的,不仅能适应季节和气候的变化,而且适应于游猎生活。"斜仁柱",也称"仙人柱",汉语称"撮罗子",是一种很简陋的圆锥形住房。一般建在背风、朝阳、有水、干柴多、打猎方便的地方,先用三四十根五六米长的直杆搭盖木架。冬季覆以用狍子皮缝制的3块扇形围子,鄂伦春语称之为"额勒敦"。其中2块是大的,分别约用25张皮缝制,围在木架的两侧;1块是小的约用10张皮缝制,围在木架后面。覆盖时把钉在围子上的带子系在木杆上即可。为了保护皮张,有的还在皮围上面覆盖草帘子。夏季通常覆以叫"铁克沙"的桦树皮围子。桦树皮围子的制作方法是,先把桦树皮蒸煮一下,使其柔韧,然后将六七块1米见方的桦树皮用马尾或鹿、犴筋缝合起来,用薄桦树皮镶上边,共制成十几张这样的围子。覆盖时,要一层压合一层,用缝在围子四角上的皮带子将其固定在木架上即可。斜仁柱的顶端都要留一个空隙,一可透烟,二可采光。门一般留在南侧或东南侧,挂上狍皮门帘或蒿秆、柳条门帘。柱内一般有3个铺位,朝门的铺位叫"玛路",是供奉诸神的地方,只许男性客人和男主人坐卧;左右两侧的铺位叫"奥路",右边是长辈的,左边是晚辈的。铺位有两种,一种是席铺,即在地面上铺上干草、桦树皮、再铺上皮褥子为床;另一种是木架铺,即在地面上立4根1尺左右高的小柱,上面搭上两根横木,在横木上铺以木杆,再铺以干草、狍皮。地中央生着一堆火,用以取暖做饭。

岁时节日方面,近代东北满族、朝鲜族与汉族一样,大多过春节、端午节、中秋节等,但过节的方式却不尽一致。朝鲜族在除夕日贴上"十长生",其为山、水、石、云、太阳、松、不老草、龟、鹤、鹿等为内容的年画。初一拂晓前祭祖,在祠堂或祖先灵位前摆上肉、鱼、饭、菜、酒等祭品,烧香磕头祭拜。然后,由每个子孙向家中老人跪拜致以"岁拜",祝老人健康长寿,老人通常给幼小的子孙"岁拜钱"。应节食品主要有打糕、米糕、蒸糕、"满德固"(一种饼汤)、大黄米饭,以及各种鱼肉、山菜等。节日早晨一般喝"屠苏酒",是用桔梗、防风、山椒、肉桂等泡制的一种药酒,习俗认为春节喝屠苏酒可以除邪长生。早饭后,给邻居和本村老人登门致以岁拜。家家备以"岁拜桌"款待客人。白天,人们分别进行拔河、射箭、跳板、放风筝等竞技活动。入夜后,有的纵歌跳舞,有的玩"栖戏"、"花斗"(一种纸牌)、猜谜语等游戏。"栖戏"一般用木栖,将两根长15—20厘米,直径3—5厘米的硬木分别劈为两半,修边加工即成。二三人或十数人，数十人分组进行，将木梱握于手中抛空落地，视其仰卧决定步数，率先走完一定棋子者为胜。棋盘由29个圆圈组成，形成一个有对角线的正方形，用子走步，有一定规则，富于变化，须用脑斗智。朝鲜族在元宵节进行各种节庆活动，其中"迎月"颇具特色。是日吃过晚饭，全村男女老少，手举火把，争攀东山顶，待元月欲升，将火把插地，各自合掌叩首祈愿，观赏元月。亦有先迎月，后叩首、点火把的。据传，先看到元月者最为吉利。还根据月亮的色泽、高低，算卜年景。色白为涝之征兆，色红为干旱，色深为丰收，色阴为歉收；月亮偏南为沿海地区丰收，偏北则为山区丰收等。

赫哲族也有过春节的习俗。除夕晚上，家家户户要祭祖"烧包袱"，先烧一些打发走过路的鬼神，然后烧给自己死去的亲人。所谓"包袱"就是用金箔叠成元宝形的锞子，与印有铜钱痕迹的黄表纸，共同放进糊成口袋形的"搭子"中，用茅草或劈柴烧之，最后在上面洒些饭汤，以表示给死者送钱、送饭。烧完包袱，还要供奉祖宗三代，在西墙炕上放一张桌子，上面供上食品，摆放5天后才撤下。除夕晚上，全家人还要向火神磕头。初一早晨，姑娘、媳妇和孩子们换上新做的狍皮衣裤、鹿皮衣袢，先给家里的老人磕头拜年，然后纷纷到亲戚朋友和邻居家串门拜年。村里"依玛坎"（故事之意）歌手家最为热闹，村中老年人都前来敬酒，请他讲动人的民间传说和故事，演唱"依玛坎"。赫哲族在农历九月九日过"鹿神节"。即日，村里的萨满穿上神服，敲起神鼓，全村的男女老少都跟着鼓点，跳起欢快的鹿神舞。过鹿神节，跳鹿神舞，是为了祭祀虎神，祈求出猎如意，祝愿部族人丁兴亡。这个节日源于虎神崇拜。赫哲族视老虎为山神爷，因为祭虎神时全村的人都跟着萨满跳鹿神舞，所以叫鹿神节。

鄂伦春族的传统节日也是春节。除夕夜晚各户过团圆节，太阳一落山便在门前燃起一堆篝火，一是表示以后的日子像烈火一样红火；二是表示要驱走蚊蝇疾病。饭前老人们把各种神龛打开，全家老少给诸神烧香、上供、磕头，然后全家围坐在一起吃团圆饭。这顿饭都要吃得饱饱的，连猎狗、猎马也要喂饱，意在新的一年里都有饭吃。吃完团圆饭，一边玩各种游戏，一边守岁。初一早晨，全家人走出房屋向东或向南给"白纳恰"（山神）磕头，以求多多赏予猎物。回屋后，长辈们坐在上座，子女们便斟酒磕头拜年。先拜爷爷、奶奶，再拜父母以及其他长辈，弟弟、妹妹也要给哥哥、姐姐拜年。太阳出来后，人们便穿上新衣服，一家人带着烟酒挨家拜年，先到氏族或家族中最年长的老人家磕头拜年，其次再到其他家拜年。初一早晨人们还要朝着东方太阳升起的方向磕头拜太阳神。而后才互相拜年，你来我往，热热闹闹。

二、东北各民族的宗教

满族信仰萨满教。"萨满"为通古斯语，意为"疯狂的人"，即巫师。萨满分宫廷萨满和民间萨满。清朝皇帝举行各种神典，都用满语诵经跳神。民间萨满分为两种，即跳神的萨满和管理祭祀的萨满。跳神的萨满一村只有一个，以跳神为主，不参加劳动。满族农民信巫不信医，有病请萨满跳神，萨满跳神，头戴尖帽，缀五色纸条，外悬小镜，身穿长布裙，腰系铜铃，击鼓而舞，口中念念有词。管理祭祀的萨满在各姓氏中都有一名。祭祀祖先时跳神唱歌，歌颂祖先的功德。

满族还盛行祭祖祭天。宫廷萨满设堂子祭天，朝廷出兵或凯旋之后，都由萨满祭天神。满语祭祖叫"渥辙库"。祭祖时放神刀和箭，表示祖先用过的东西，在西墙上置一祖宗板。祭祖前，先将祖宗板接到西炕，摆3桌供黄米饽饽。全家人按辈分叩3个响头后分别到南北炕或外屋。此时萨满穿裙子，系腰铃，戴神帽，手持鼓在祖先前祈祷，跳神。跳时先转3圈，向后退3步，边念边舞，一般要跳3昼夜。

祭祖的第二天祭天。满族家院中有影壁，影壁后立高杆，称"索罗杆"，顶端贯一猪颈骨。祭索罗杆时，杀全身无杂毛的黑公猪，将肠和膀胱等物放入杆子斗里，让乌鸦来吃。3天之内吃光为吉。把猪肉切碎，和小米一起煮粥称为小米肉粥，请亲友、邻居和过路人来吃肉粥。吃肉粥必须在屋外，当天吃完最好。

朝鲜族信仰多种宗教。除信仰基督教、天主教外，还信仰东学教系统的天道教、侍天教、济愚教、水云教和青林教；檀君教系统的檀君教、大倧教和元倧教；吁哆教系统的太乙教、普天教等。同时还信仰佛教和儒教。

基督教，大约从1867年开始在朝鲜族中传播。1910年前后，信仰基督教的反日民族主义者迁入吉林柳河和辽宁兴京一带定居，这样基督教传教士也随之迁来在朝鲜族中布教。1903年前后，基督教在延边地区开始传播。1906—1910年，传教士们以俄、中、朝三国传道会名义在延边传播基督教，并利用基督教创办学校，进行反日活动。

天主教，于1899年前后传入延边地区。1905年在龙井、和龙县设天主教教堂。天主教神父经常到农村布教，巡视教会活动，并开办了海星学校、主日学校，教会势力日渐兴旺。

由于清朝末年和民国初期，儒教和佛教逐渐失去民心，天主教和基督教乘虚而入，在朝鲜族中广泛传播开来了。传教士们以"自由、平等、博爱"、"来世天国"之类说教和创办各种"慈善事业"来诱惑群众。这对苦难中的朝鲜族人民确有一定的迷惑力。幻想信仰天主教、基督教获得精神安慰。19世纪以后，欧美资本主义列强对日本垄断东北极为不满。欧美传教士们代表欧美资本主义国家利益，妄图利用朝鲜族人民的反日运动达到"以韩制日"的目的，而朝鲜族反日人士也想利用宗教进行反日斗争，以宗教做掩护进行反日斗争。因此，基督教和天主教在朝鲜族中较早而广泛地传播开来，其影响亦较深。

天道教，于1907年前后开始在朝鲜族地区传播。天道教崇拜天，认为天存在于人性人心之中，主张"人乃天"，"事人如天"和人与人之间的平等思想，强调人的尊严。天道教把人的幸福寄托在现实世界。只要人们"自心自觉"，自我修养，就能发挥无穷无尽的力量，把世界改造成为"地上乐园"。主张以"人乃天主义"来辅国安民，布德天下，广济苍生，建设地上乐园，以达到"四海同胞，同归一体"的改造世界主义。1908年天道教在局子街开办韩明义塾，积极扩展势力。

侍天教，于1907年东学教内亲日分子组织"一进会"搞亲日活动被开除后，为了对抗天道教而成立的。1907年侍天教以"一进会"、侍天教的名义到朝鲜族居住地区传教，一时不明真相的群众信仰侍天教。但遭到朝鲜族人民的强烈反对，被迷惑的群众纷纷离教。

儒教在朝鲜族中有长期而广泛的影响，在社会上占统治地位。儒教派反日人士在辽宁、延边和东边道地区开设私塾，对朝鲜族青少年讲授"四书五经"，宣传反日思想，激发朝鲜族人民的反日斗志。

佛教，在朝鲜族中也有悠久历史。佛教的某些礼仪和习俗早已渗透人民生活之中，成为朝鲜族民族风俗。如农历四月初八的燃灯节，不仅众多信徒到寺庙烧香拜佛，而且非教徒也去赶庙会。19世纪后半叶以后，信徒逐渐减少。

朝鲜族原始宗教有图腾崇拜、祖先崇拜等。萨满教在朝鲜族中也曾经流行过。萨满即巫师，朝鲜语称"巫堂"，男女都有，但女的当巫堂的多。

赫哲族信仰萨满教。他们崇拜鬼神、崇拜自然界，相信万物有灵。神主宰天、地、日、月、星、山、川、草木、水、火、雷、电等一切自然物。赫哲族对火爱护备至，并有许多禁忌。火有火神爷爷。他们认为每种动物都有神在主宰，因而崇拜动物。有马神、野猪神、猪神、龟神等动物之神。

萨满领的诸神约有19种，普通人家供奉的神约有15种，共34种，其中鸟类2种，兽类13种，人形偶11种，爬虫2种，器物4种，鱼类2种。

赫哲人相信灵魂不死。他们认为人有生动灵魂、思想灵魂和转生灵魂三种灵魂。

赫哲人崇拜祖先。他们相信人与动物都有灵魂，灵魂不死。还有图腾崇拜、灵物崇拜、偶像崇拜。

赫哲族萨满有派别，也有品级，其派别以神帽上的鹿角支数多少而定，品级以其神帽上的鹿角叉数多寡而分高低。鹿角叉多者高，少者低。鹿角叉数分3叉、5叉、7叉、9叉、12叉、15叉共有六级。从初级神帽升至3叉鹿角神帽，要经过两三年时间，升至15叉神帽，经过四五十年时间。萨满共分三派：河神派，神帽鹿角各一支；独角龙派，神帽鹿角左、右各2支；江神派，神帽鹿角左、右各3支。萨满之间有分工，巴奇朗，可卜卦，治一般的病；阿合子法，神术较大，领许多神，能治各种精神病、时疫、传染病等；达克苏特亦，只能治一般的病，主管送魂；佛日朗，专管祈祷、祝告神灵，可以代人向神讲话，向神请求推迟还愿日期，但不能跳神治病。

萨满跳神治病，一般都在晚上熄灯之后。萨满全副神装，胸前背后挂铜镜，系腰铃，手拿神鼓以通神。还有神刀、神杖、龙头杖等神具和祭具。萨满还代人找魂求子。女人过30岁不生育者，便请萨满找魂求子。

萨满于春、秋时节"跳鹿神"，亦称跳太平神，是求神驱鬼消灾求福，保护全村人口兴旺，祈求渔猎丰收，群众集体参加，是很隆重的宗教仪式。

鄂伦春人最原始的宗教形式是图腾信仰。他们把某些动物从一般动物中分离出来，相信这些动物与他们的亲族集团有关。熊是他们崇拜的图腾之一。尊称熊为"太帖"（祖母）、"阿玛哈"（舅父）、"雅亚"（祖父），不能直呼其名。猎熊以后有一特殊仪式，熊头不能吃，须留在猎获的地方。猎人们假哭着把熊抬回乌力楞，集合全乌力楞的人举行吃熊肉仪式，吃完再假哭。然后把熊骨收集好与熊头一起安葬在树架上。人们哭祭，口中念念有词：我们不是故意杀死你，而是误杀了你，不要降祸于我们，保佑我们多打野兽。分配熊皮也有一套仪式。

自然崇拜是继图腾崇拜之后出现的一种宗教仪式。他们崇拜火神"透欧博如坎"，山神"白那恰"和天体。后来又出现了偶像崇拜，他们用兽皮、树木制成各种偶像，或在纸上、布上画各种神像加以崇拜。这些神像种类繁多，有几十种，且互不统属，

"八仙过海，各显神通"。

萨满原来都由妇女充任，后来到了近代才有男人当萨满的。萨满跳神仪式充满浓厚的神秘色彩。萨满穿好缀满铜铃、铜镜、贝壳和各色布条、珠串的神衣神帽，左手持手鼓，右手持鼓槌，击鼓跳跃，边唱边舞。跳神时间短则半个小时，长则通宵达旦。

第二节 蒙古族的文化与宗教

一、蒙古族的文化

12世纪末13世纪初，铁木真统一了蒙古高原的各部落，建立了以蒙古族为主体的国家形式，历史上称之为蒙古汗国。蒙古汗国的继承者们后来南入中原，建立了元朝。在历史的进程中，元朝虽然灭亡，但从此形成的蒙古民族一直繁衍生息，并形成相当稳定的文化群体。从文化属性来讲，蒙古族传统文化属于游牧文化范畴，基本保持"逐水草而居"的生存方式，与之相适应的文学艺术亦十分发达：优秀民间叙事诗《成吉思汗的两匹骏马》、《孤儿传》，抒情歌谣《母子歌》（即《金宫桦皮书》）、《阿莱钦柏之歌》等的出现，标志着作家文学的兴起和各类民间文学的持续繁荣。在文学史上第一篇短篇小说《乌巴会洪吉台》和带有浓厚文学色彩的史书《黄金史》，以及传记式长篇英雄史诗《江格尔》、《格斯尔传》，也经过长期口头流传而形成书面作品。

清代蒙古族作家尹湛纳希用蒙古文著有《一层楼》、《泣江亭》等名作，还继承父志续完了章回历史小说《青史演义》，这些都为我国文学宝库增添了新的内容。

蒙古族的史学历史久远，《蒙古秘史》，除了它的文学价值外，可称是13世纪用蒙古文字撰写的第一部历史巨著。元代由脱脱主持编修的《宋史》、《辽史》、《金史》以及《大元一统志》等，都有不少蒙古人参加。明清时期，蒙古族史学著作比较重要的有《黄金史纲》、《蒙古源流》，是蒙古编年史的代表作，对于研究14—17世纪蒙古社会的方方面面，提供了很有价值的史料，一直为后人称道。

蒙古族一向有"音乐民族"、"诗歌民族"之称。河套地区流传有这样一句话："河套的民歌牛毛多，唱了三年，唱了一只牛耳朵"，反映了蒙古民歌之多。蒙古民歌具有民族声乐的独有风格，不论高亢嘹亮，还是低吟回荡，都充分表现了蒙古族人民质朴、爽朗、热情、豪放的性格。蒙古族长调民歌，以辽阔自由、舒展悠长为特色，在不同地区又各有自己的特点，如呼伦贝尔盟民歌为明快、开朗，锡林郭勒盟民歌则婉转、悠扬，而伊克昭盟民歌却跳跃、豪放。与长调相对而言，还有短调民歌。其曲式较为短小，结构较为严整，音调简洁，节奏明快，旋律较平和。

蒙古族民间舞久负盛名，传统的有安代舞、盅碗舞、筷子舞、牧马舞等。安代舞是一种群体的自娱舞蹈，其特点是手甩彩巾踏步跳，通常以歌伴奏。盅碗舞多由女性单人表演，其特点是上半身特别是肩部的动作最丰富，在乐器伴奏下，整个舞蹈动作显出典雅质朴、刚柔相济的风格。筷子舞由男艺人在婚礼、喜庆节日筵宴之际单人表演，各种动作基本上保持着半蹲的舞姿，手、肩的动作突出，绕圆动律感强，具有欢快、热烈、矫健的特点。牧马舞的特点，是模拟马的各种姿态和动作，或舒缓轻行，或纵马飞驰，淋漓尽致地表现了牧马生活的场景。

蒙古族的乐器主要有胡笳、火不思、四胡、四弦琴、马头琴、碰盅、太平鼓、三弦、蒙古筝、蒙古琵琶、笛子、扬琴等。其中最富民族特色的拉弦乐器是马头琴，因琴头雕饰有马头而得名。琴身和弓杆用硬木制作，音箱扁平而多呈梯形、长方形，两面蒙以绘有图案的马皮或羊皮，用两缕马尾为弦。音色圆润、浑厚，高音区则清脆厚实。除了独奏，也用于说书和民歌伴奏。

蒙古族的书画，早在元代就有了很高的造诣，蒙古族有的善画墨竹，有的善画肖像，有的善画鹿，也先贴木儿善画山水，伯颜守仁喜写竹。忽必烈嫡子真金善书法，尤以篆、隶著称。明代，宫廷太监陈喜的工笔人物鸟兽；而俺答汗致明朝皇帝的表文附图也是一件极为珍贵的艺术品，图中描绘精致、细节入微，如七孔桥洞、城楼、和城墙、宫廷建筑等都十分逼真，绘画笔法有独到之处。至清代又有很大的发展，蒙古族法式善，既善书画，又是篆刻家，其画《蛮山同绎秋图》现存日本；布颜图是著名山水画家，所著《画学心法问答》一书阐述了画论中诸多问题，其画繁而不乱，简而能厚；璧昌能诗善画，以画虎为绝技。蒙古族的民间雕刻分石、木、骨雕三类。建于清雍正年间的五塔寺雕刻，其纯熟的技艺不仅表现在新颖独特的造型上，而且体现在其每一部分的细部，综合采用了圆雕、浮雕和线刻等表现手法，堪称石雕艺术的佳作。木雕、骨雕或单一或合并用于蒙古族的刀具、酒器、茶具、鞍鞯、乐器、号角、首饰匣、盘碗等方面，其中有的还利用了镶嵌手法。蒙古族的传统民间工艺，包括马鞍，金银器皿制作和擀毡制毯、制革等。如：马鞍具的制作精美细致，款式多样，多用金银装饰，称为上品。用桦树根旋空成型，再用银片镶成的银碗，闪光锃亮，人见人爱。锡林郭勒盟织造的绣花毡，构图丰富，色彩以蓝为主，既是蒙古族的实用之物，又是闻名的民间工艺品。

回顾蒙古族的科学技术史，古代曾处于世界先进行列，如在天文历法、农牧业、医药学、数理化、兵器制造等方面，都涌现出了不少杰出人才和成果。

元朝蒙古族统治者对天文历法的研究很重视。1271年，在元世祖忽必烈主持下，于上都（今内蒙古正蓝旗境内）兴建了一座天文台，1276年还批准兴建了登封（今河南省登封县）天文台、大都（今北京）天文台。这些天文台建筑规模宏大，设备仪器完善，为天文观测研究提供了比较理想的物质条件。除了上述3个天文台外，还建了24处观测所。当时元大都天文台是世界上规模最大、设备最完善、管理最科学的天文台之一。由于众多科学家的努力，使元朝天文观测在测定黄赤大距和恒星观察方面，取得了突出成就。

到清代，在呼和浩特五塔寺墙壁上，有一幅石刻蒙文天文图，署"钦大监绘制"，这幅内容全面的"盖天图"——天文图是目前发现的唯一的一幅石刻蒙文天文图。内蒙古图书馆藏有几种蒙文天文书抄本，其中之一名为《天文学》，共2册，书中附有全天星图，是该书最有价值的内容之一。星图由黄道分开，南北天图各一幅。每幅图上除有黄极外，还有赤极。这种天文图在我国历史上很少见。

在医药学，尤其是外科学方面，蒙古族结合本民族的生活特点，把自己善于治疗跌打损伤的外科医疗技术带进中原，在中国医学史上第一次出现了正骨科。当时在接合股骨的手术中，已经采用了冰冻麻醉法。著名蒙医绰尔济墨尔根治疗骨伤和外伤的疗法有独到之处。到了明清两代，蒙古族医学体系渐趋完整，出现不少蒙医著作。乌珠穆沁人布扎布编著的蒙文《药方》和益希班觉编著的《甘露之泉》，对病理、诊断、治疗等方面作了系统阐述，并收录380多种药，对每种药都作了解释。同时，还用蒙古文翻译了藏医名著《四部医典》。蒙古族医学在诊断方面采取望、问、切，有消、解、温、补、和、汗、吐、下、静、养等方法，治病多用成药，并总结出食疗、灸疗、罨疗、瑟博素疗、皮疗、温泉疗、针刺放血疗、按摩疗等疗术，对中国医学作了贡献。当时，蒙古骨科在世界范围内处于领先地位。

蒙古族在数学研究方面成就突出。最先研究欧几里得《几何原本》的是蒙哥汗。著名数学家明安图则用30年时间进行研究，证明求圆周率公式，题名为《割圆密率捷法》流传至今，这是一部有重要学术价值的数学著作。蒙古族数学家都伦著有《贻笑大方算草》（又名《少广章初编》）一书，对中国数学的发展也起了积极作用。

蒙古族早期教育的特点是在实践中接受教育，即口传身教。忽必烈建立元朝，在京师设立国子学，这是元朝的最高学府，主要以《通鉴节要》译成蒙古语文教之，以后增授《帝范》、《资治通鉴》、《大学衍义》《贞观政要》等蒙文本或节要本和四书、五经。学习成绩优秀者可以升为高等生员。明清两代到民国时期，蒙古地方私塾教育盛行。在北京最早成立的是满蒙文高等学堂，创办于清光绪三十三年（1907），从蒙古各地招收学生，学习期限分预科2年，正科3年。这是一所专门培养满、蒙文通才的学校，学习满蒙语文、地理、历史，分普通、法政、测绘各科。此外还有旗学，即清代蒙古八旗的学校。辛亥革命后，蒙古地区的新式学校逐步取代了私塾，20世纪30年代后中小学、师范学校已普及到各盟旗。特别是1913年在北京开办的蒙藏学校，先后有千余名蒙古族学生，培养出不少优秀知识分子和革命家。

蒙古族的生产方式是以游牧为主，其服饰习俗受生产方式的制约，无论男女老幼都喜欢穿长袍，腰间扎长绸带，这种长袍俗称"蒙古袍"。多用红、黄、深蓝色的布料或绒布，在衣领、袖口、下摆等处绣上精美的花边。

蒙古袍比较肥大，乘马时，可以用袍护膝御寒；夜里安歇，蒙古袍又成了被子。其袖细而长，在乘马持缰时，冬天可用袍袖御寒，夏天可用袍袖赶除蚊虫，一袍多用。穿蒙古袍时必须系腰带，系腰带的方式极有讲究。腰带所用的质料有布、绸、缎等。腰带的颜色要和蒙古袍的色彩相协调。束腰带，能使腰胁骨保持垂直稳定，能解除人们骑乘的疲劳，而且还有着极为重要的装饰作用，更是未婚女子的标志和饰物。

蒙古族无论男女老幼都喜欢穿皮靴，这种靴子乘马伸镫方便，离马在草地上徒步行走，阻力小，靴子的立筒既能防寒防风，又能防止小腿和镫皮摩擦。蒙古族妇女最有民族特色的饰物是"哈布特格"，这是蒙古族妇女挂在袍子的右上襟纽扣上的一种囊式小饰物。一般长为3寸，宽约2寸，其形状各式各样，有正方形、长方形、三角形的，也有圆形、椭圆形的。这种状如荷包的"哈布特格"，是采用浆过的硬布，中间纳以棉花，外边裹以绸缎，缝成空心小夹。外面用金银线绣上蒙古民族最喜爱的图案，如美丽的山丹、莲花或飞禽走兽。上边开口，下端缀以穗带，中抽丝带，用时可上下抽动。里边可装香料、药物、鼻烟壶、烟草及针线等物。"哈布特格"不仅是游牧生活中很有实用价值的饰物，同时又是蒙古族用以表达友谊和爱情的信物。

蒙古族男子还有"三不离身"的佩饰习俗，这三种不离身的佩物是木碗、腰刀和火镰。蒙古族喜用木制器皿，木碗是用原木制成，大部分用银包镶，其花纹很美观。吃饭时，即使是一家人，也是各用各碗，客人也是用自己的碗来就餐。凡是身边不带碗者，就要被人耻笑。木碗、腰刀、火镰三不离身的习俗，可能是由于长期的游牧生活和历史上屡遭战乱所形成的。蒙古族在服饰色彩上崇尚白色，以此象征圣洁、长寿。每逢年节，就穿上白袍，相互问候，以示喜庆。服饰作为一种文化现象，是历史的产物，它本身也随社会的发展，进步而变化。这种变化主要表现为质料以及服装款式，及装饰艺术等方面的变化。

饮食是人类生存的第一需要，作为一种文化，各民族的饮食受生态环境、自然资源和社会生产力发展水平的制约，呈现出色、香、味各种特色的菜系食谱。以内蒙古地区为例：蒙古族长期生息在北方草原，以牧业为主，创造了独具民族特色的饮食传承文化。他们的主要食品，除炒米之外，还有"白食"与"红食"之说。

"白食"分为食品、饮料两种，奶制饮料有鲜奶、酸奶、奶酒、生熟酵酸奶、混合回锅酒等；奶制食品有：奶豆腐、酸奶豆腐、奶酪、奶酥、奶皮、奶油、黄油、奶渣子、黄油渣子、白奶豆腐等。"白食"是蒙古族人民喜欢吃的奶食品，是纯洁的意思。蒙古族崇尚白色，招待尊贵的客人，主人首先要敬献白食待客。逢喜庆宴席或逢年过节，也要先端出一盘洁白的奶豆腐或奶皮子，让客人品尝，表示良好的祝愿；如有亲人出门远行，也要用白食祝福一路平安。

"红食"是肉食品，其原料主要是牛羊肉，其次是山羊肉和骆驼肉，马肉很少吃，白马肉绝对不吃。其吃法多种多样，通常是手把肉；也吃炖羊肉、烤羊肉，宴席则是摆整羊席，特别高级的是蒙古八珍。

穹庐居是游牧民族的创造。它的优点是易拆易装，便于搬迁，既能减少对暴风雪的阻力，又能冬暖夏凉。非常适应逐水草而居的游牧生活。关于穹庐居的历史，在内蒙古阴山岩画的《穹庐居》中已有记载。从清代到现代蒙古族中仍在传承着，俗称"蒙古包"。其外形像一把撑开的伞，在顶端的中央留有天窗，作为通气、采光和生火时出烟的通口，下部四周用圆形的毡墙，上与"伞"檐相接，下端直立于地上，整个包都用白毡搭铺而成，然后用绳索从四面缚定。一般高七八尺，直径约丈余。蒙古包的大小可分"六十头"、"八十头"、"九十头"不等。包内的骨架结构都是以柳木杆，编成平行四边形的带有网眼的墙壁，像网兜一样可以拉开和收合，每块高四五尺，拉开时宽六七尺，由若干块壁便可连接成圆墙架。连接的块壁多，"头"数也就越多，包的大小就是由此决定的。在圆形天窗和包架之间，用柳木房杆，以天窗为中心，放射线式地向下部四周围墙杆头固定支撑。"蒙古包"设门，木门用绳索固定在两边的网壁上，外边再加上毛毡，这样便成了完整的蒙古包。蒙古包方向朝东南，这不仅与崇尚太阳有关，更多的是为抵御严寒的风雪，因为北方草原地处高寒带，冬季多刮西北风。蒙古包的建筑表现了蒙古人民的智慧和创造。按照传统习惯，草原牧民的作息时间，通常是根据蒙古包大窗射进来的阳光的影子来判断确定的。据专家们研究，面向东南方向搭盖的"六十头"的蒙古包，共有60根椽子，两个椽子之间形成6°角，恰好与现代时钟的时间刻度相符合。这说明，在生活实践中掌握了几何学原理的蒙古族，已将天文学知识应用于居住建筑艺术和实际生活之中。

蒙古族牧民，游牧生活的主要交通工具是马。无论游牧、狩猎、作战都必备马，人一旦离开了马就无法行动。正因为"逐水草放牧"，大群牲畜不可能长年在有限的同一地点放牧，必须经常移动。因此，马匹成了最重要的交通工具，生活的好"帮手"。所以，蒙古族牧民倍加爱护它们，对马有一种特殊的感情。

抢亲，又称"掠夺婚"，是人类社会中普遍流行的一种婚姻方式。成吉思汗说："男子最大乐事，在于压服敌众和战胜敌人，将其根绝……骑其骏马，纳其美貌之妻妾以侍寝席。"充分地表现了这时期男人的精神风貌。抢已婚的娇妻认为是合情合理的英雄行为，而被抢的新娘及其父母，也为有一个英雄作为女婿而骄傲。

收继婚，俗称"转房婚"，即死了丈夫的女子有再嫁给亡夫家族的兄弟或其他男子的义务或权利，而亡夫的兄弟或家族中的其他男子也有娶她为妻的权利和义务。

历史上蒙古族实行族外婚，娶妻必须到外氏族去物色，嫁入本氏族的女子，是夫家的一个成员，因为有的是用全氏族的力量合伙抢来的，有的是全氏族资助彩礼聘来的，来之不易，必须把她们约束在本氏族之内。夫死后妻若改嫁，必须嫁给夫系家族成员。直至清代还保留"兄弟死则收其妻"的风俗。明代的俺答汗死后，他的宠妾三娘子先后下嫁给他的长子及长孙。在平民阶层，更多的是未婚的幼弟"娶寡嫂"，这样既省彩礼又合人情。

在游牧时期蒙古人没有固定的墓地，在丧葬习俗中实行的是"野葬"。"野葬"的仪式是人死以后，把尸体放在勒勒车上，载着尸体在草原上周游，什么时候尸体被颠落草地，什么时候就算落葬。然后赶车回蒙古包，葬仪即告结束。"原地葬"即亲人死后，便把尸体存放原处，祭悼后举家迁往别处，这种葬仪其实也是野葬。

清代蒙古族由于受到了汉族和其他民族的影响，也开始有了固定的墓地，一般人死亡实行土葬，非正常死亡者实行火葬。葬具用木棺，棺木的样式有两种：一种为卧棺，一般人死后用卧棺；另一种是坐棺，坐棺的样式很特别，外形样式像座小庙，分为3层，上部是檐式的庙顶，中层为长方形，底座为扁方形，入殓时让死者盘腿坐在坐棺里，臀部以下在底层，身腰部在中层，头部在顶层。只有活佛、葛根、喇嘛、尼姑以及对佛特别虔诚的人，死后才能用坐棺。

蒙古人实行土葬以后，亲人死后有的在家停灵，祭三天、五天、七天才送葬。送葬的方式是老年人死后灵柩用人抬，中年人和青少年死后是用车送到墓地。

蒙古族最大的传统节日是"那达慕大会"，它在蒙古族人民心目中既古老又神圣。这个节日于每年农历七八月牧草繁茂、牲畜肥壮的时节举行。那达慕大会，意为"娱乐"、"游玩"，会期三五天或六七天不等，要根据大会的规模而定。那达慕大会一般与祭敖包同时举行。

那达慕大会有着悠久的历史。史籍记载：成吉思汗为了庆贺征服花剌子模的胜利，在布哈苏齐海举行了一次盛大的那达慕大会。会上举行了射箭比赛。经过元、明两代的发展，射箭、摔跤和赛马形成男子三项那达慕大会比赛的固定形式。到了清代，那达慕大会逐步变成定期召集的有组织、有目的的游艺活动，有摔跤、射箭、赛马、射击等传统项目。射箭和赛马是最引人注目的项目，夺冠的摔跤手被誉为雄鹰，受到人们的崇敬；最先到达终点的射手，成为草原上最受赞誉的健儿。

蒙古族还有两个属于全民性的重要节日：大年（春节）和小年。蒙古族以春节为上节。大年三十，草原牧民，全家团圆吃"手扒肉"。晚上守岁，下蒙古棋、听艺人演奏马头琴、说书，妇女、儿童玩"嘎拉卡"（羊骨拐子）、唱歌等；黎明将至时，晚辈要向长辈敬"辞岁酒"，接着全家围着火炉吃饺子。大年初一人们穿上艳丽的民族服装，烧香放鞭炮，骑着马儿玩乐或去亲友家拜年。小年于每年农历腊月二十三日过节，这一天正好是送"灶神爷"上天的日子，故又称作"祭灶"或"祭火"。各户要在灶边烧一堆火，烧香敬供。供品有"白食"和"红食"。祭祀时，全家人向火神爷跪拜、磕头，长者还要念祷词，祈求庇护。

蒙古族的摔跤作为体育项目之一，最具特色。蒙古族有句俗话说，"草原上的男子有三艺，摔跤、赛马和射箭"。摔跤是"三艺"中的头一项。摔跤是蒙古族人民勇敢机智性格的象征，充满生机活力，民族特色浓郁。据文献记载，早在13世纪，摔跤活动就已盛行于蒙古族地区，当时，既是一种军事体育运动，又是一种群众性的娱乐活动。其仪式隆重，场面热烈。比赛前，先由德高望重的老人按摔跤手的体质和年龄进行编组和配对。盛大的比赛，摔跤手云集在草原上，多时达百人以上，加上众多的热情观众，比赛场面十分壮观。摔跤手的打扮，呈现着一种威武的形象；身着牛皮（或驼皮）紧身半袖背心，边沿镶有花色图案的黑色裤，脚蹬黑色皮靴。有的摔跤手在脖子上套着许多彩带，那是历次比赛获胜的标志，也是个人实力的一种显示。比赛是有一定程序的。比赛开始时，摔跤手在长老的带领下雄赳赳地跳跃入场。长老们唱着"啊"字歌为摔跤手祝福，这时四周的观众唱起模仿马头琴声的"朝日歌"。在摔跤手互相鞠躬敬礼后，比赛正式开始。

二、蒙古族的宗教

清朝初期对藏传佛教持否定态度。并指责"蒙古唯信喇嘛，一切不顾，罄其家资，此皆愚人偏信祸福之说，而不知其终无益也。"[①] 但是，清朝后期出于对蒙古统治的需要，改对藏传佛教的否定，积极提倡、鼓励发展藏传佛教，采取"以黄教柔顺蒙古"的策略。

首先，对在社会上影响较大的上层喇嘛，授予同蒙古各部封建王公相同品级的特权。《理藩院则例》规定："喇嘛之辖众者，令治其事如札萨克。"喇嘛寺院距其500里之外，僧众超过八百者，其呼图克图（活佛）均给予印信，可以独立行使行政、司法权力。同时，为了鼓励蒙古人出家当喇嘛，《理藩院则例》规定：免除喇嘛的兵役、赋税和差徭等，每一个蒙古阿拉特（平民）家庭，必须有一男丁去寺庙剃度为喇嘛。

其次，在蒙古地区建置喇嘛旗：内蒙古锡呼图库伦札萨克喇嘛旗、喀尔喀蒙古哲部尊丹巴呼图克图旗、额尔德尼班第达呼图克图旗、咱雅班第达呼图克图旗、青苏珠克图诺们罕旗、那鲁班禅呼图克图旗和青海的察汗诺们罕旗。这七个喇嘛旗的行政地位与札萨克旗相同，除军事外，对宗教事务和领地行政、司法、税课、丁口管理等事项，均由寺院住持自行处置，而寺院的住持则由清政府钦命认可的呼图克呼（活佛）担任，从

---

① ［日］田山茂：《清代蒙古社会制度》，商务印书馆，1987年。

而使藏传佛教占据绝对的优势。喇嘛在蒙古人心目中是神佛的代表，凡移营、婚嫁、生老病死都要请喇嘛卜凶问吉；遇到灾难，则请喇嘛念经，求神保佑。从朝廷到蒙古王公贵族和旗民百姓，都给寺庙布施牲畜、钱银，甚至土地和属民等，形成独立的封建领地，出现了新的剥削阶层。藏传佛教在蒙古地区得到迅速广泛的传播，成为清政府和蒙古各级官吏统治蒙古人民的可靠精神支柱。

其实，蒙古人原信萨满教。萨满，又作"珊蛮"，意为巫师。它的主要内容是对自然现象、动物图腾和鬼神灵魂的崇拜。天——蒙古人最高的崇拜对象。以天为一切权力和力量的来源。"每事必敬天。闻雷声则恐惧，不敢行师，曰：'天叫也'。"① 相信天操纵着自然界和人类的命运。入关之后，虽然在不同程度上受到多宗教的影响，但中原一带，源于萨满信仰的各种"国俗旧礼"未尝废弃。直到 16 世纪 70 年代，藏传佛教再度传入蒙古之后，萨满教才开始衰落。

藏传佛教，俗称喇嘛教，为释迦牟尼佛教的别支。明代，西藏的佛教在宗喀巴大师倡导下发起改革，创立了著名的格鲁派。格鲁派为了表示革新起见，以代表功德圆满的黄色为尚，其僧人头戴尖项黄帽，通称黄帽派，又称黄教。而把未改革的其他宗派都统称为红教。宗喀巴圆寂后，他的两个大弟子主持教务。这就是后来西藏佛教的两个领袖——达赖与班禅。其经典主要用藏文记录，称《甘珠尔》和《丹珠尔》。蒙古在贵由汗统治时期，才开始接触藏传佛教。

早在 1244 年，迫于蒙古军队的压力，吐蕃萨斯迦派首领萨迦班弥悻带侄子八思巴北上，1246 年抵达凉州与蒙古宗王阔端会见，向蒙古表示归顺，并使阔端皈依佛教。1251 年八思巴继为萨斯迦教派法主，在六盘山会见忽必烈，并在 1258 年上都佛、道两教辩论中驳倒道教。忽必烈继位后，封八思巴为"国师"，后又封为"帝师"。形成帝师制度，统领佛教。"累朝皇帝，先授佛戒九次，方正大宝。"② 尽管如此，藏传佛教只是在上层蒙古贵族中传播，未能广泛普及于民间。

"蒙古敬信黄教，实始于俺答"，③ 土默特部的俺达汗 16 世纪势力强盛起来，成为右翼蒙古的首领，并向西北发展，于 1558 年在出征撒里畏兀儿途中，首次接触到藏传佛教。1571 年，格鲁派高僧阿兴喇嘛与俺达汗会晤，他给俺达汗讲佛传经，劝导他信奉格鲁派，"因而俺达汗、钟金哈屯（三娘子）以下举国部属始皈佛教"。④ 1575 年，俺达汗在青海湖畔兴建了规模宏大的格鲁派寺院（明神宗赐名"仰华寺"）。从此，格鲁派在俺达汗的支持下，开始在蒙古地区再度广泛传播。

清天聪八年（1634），皇太极击溃察哈尔部林丹汗后，该部墨尔根喇嘛，奉元代八思巴喇嘛献给忽必烈的用千金铸成的"喇哈噶嘛"佛像前来归顺，当时，皇太极为了笼络蒙古各部，敕旨于盛京（今沈阳）城西建寺庙供奉，崇德二年（1638）八月，筑庙告竣，皇太极钦赐额名"莲花净土实胜寺"，用满、蒙古、汉和藏文铭刻石碑二通，

---

① 《中国古代北方民族文化史》（民族文化卷），第 387 页，黑龙江人民出版社，1993 年。
② 《中国古代北方民族文化史》（民族文化卷），第 389 页，黑龙江人民出版社，1993 年。
③ ［清］魏源：《圣武记》，中华书局，1984 年。
④ 《俺答汗传》（蒙文），民族出版社，1984 年。

以记其事，并亲自率领内外王、贝勒、三顺王和八旗的官将，至实胜寺叩拜，敬献礼品。从此，清朝统治者为利用藏传佛教来安抚蒙古，便积极鼓励、提倡其发展，并号召在蒙古地区大建藏传佛教寺庙。顺治、康熙年间修建，扩建北京的西黄寺，多伦诺尔的惠宗寺，归化城的崇福寺、延寿寺（席力图召），乌兰察布草原上的规模宏大的广福寺等。雍正时修建惠远寺，供七世达赖居住。又在归化城修建慈灯寺（五塔寺），在多伦诺尔修建善因寺，在青海修建佑宁寺和广惠寺。乾隆时在承德"避暑山庄"兴建普宁寺、普佑寺、安远庙和宏伟壮丽的普陀宗乘之庙等八处藏传佛教寺院及须弥福寿之庙（班禅行宫）。寺庙成了蒙古人宗教活动的中心，如：1750 年（乾隆十五年）哲布尊丹巴呼图克图除拥有辽阔的领地、数十万牲畜外，并领有为其牧放牲畜和从事其他劳役的沙必那尔（寺庙牧奴）人数达到 3 万人以上。据不完全统计，至清末，漠南蒙古各地兴建寺庙有千余座，漠北蒙古地区有 800 余座，青海、甘肃、四川、新疆等蒙古和藏族聚居地区有 600 余座寺院。一般来说，在庙喇嘛人数，大庙（昭、寺）约 2000 人，小庙也有 10 余人。仅喀尔喀蒙古地区各寺庙就拥有喇嘛达 105577 名，约占当时蒙古男性人口总数的 44%。藏传佛教鼎盛时，喇嘛在庙人数高达蒙古总人口的 1/3 左右。

由于清政府大力提倡、鼓励藏传佛教发展，从而使蒙古人形成了"笃信喇嘛，久已惑溺，家家供养"① 的局面，致使蒙古社会物质生产和人种繁衍都大大下降。又因为喇嘛免除的各赋税和差役，全部转嫁到牧民身上，使牧民负担加重。喇嘛不准娶妻生子，导致蒙古人口逐年减少。到清朝中叶，蒙古地区几乎每家都有男丁当喇嘛，蒙古男性的 1/3 乃至 1/2 成为不牧不耕的僧侣。这种恶果的相互作用，造成蒙古社会日益陷入贫困和落后的境地。尽管如此，在特定的历史条件下，藏传佛教也曾起到过某些积极作用。过去萨满主张用活人殉葬或杀生殉葬，藏传佛教主张火化办丧葬，禁止人殉和杀牲。藏传佛教主张和平，针对蒙古封建主之间的纷争和内讧，起着息弥战争、安定社会的作用。同时，随着藏传佛教的传播，西藏的医学、天文历法等方面的知识也传入蒙古。特别是从西藏翻译了很多佛教经典，如《甘珠尔经》对蒙古语言文化的发展产生了重要影响。

第三节 西北各民族的文化与宗教

一、西北地区各民族的文化

清朝自建立以来，多次对西北地区用兵，先后平定了西北各割据势力，使西北地区实现了统一。1840 年的鸦片战争，打破了中国封建统治者"天朝上国"的迷梦，打开了紧锁的中国大门。甘肃（时包括宁夏、青海）、陕西、新疆等中国的西北地区遭到了外国侵略者残酷的蹂躏，为挽回失去的强力，加强自己的统治，清朝加强对西北各地的设官建制、驻兵戍守。清朝对西北地区统治的进一步加强，使西北与中原各地在文化上的联系更加密切，且西北地区各民族之间的文化联系也得到加强，各民族本身的交往、杂居和聚居格局的形成，都使当时脆弱的西北各地文化得到进一步发展。

---

① 卢明辉：《清代蒙古史》，天津古籍出版社，1990 年。

1. 近代西北地区的教育

随着西北边患问题的严重，清朝对西北地区的重视不断增强。西北各地区在政治上与中央的联系进一步加强，经济上也得到了长足发展，但由于交通不便，加之历史上西北文化的落后，西北各地区文化较其他地区仍然落后。为了加强中央政府对西北地区各民族的控制，加快西北地区全面发展，稳定中国西北边陲，西北地区的教育问题被提上了日程，掀起了从上到下重视教育发展的局面。

首先让我们看看从1840年鸦片战争后到1911年辛亥革命前甘肃省（时包括宁夏、青海）的教育情况。清代，科举考试仍是朝廷选拔官吏的主要途径，也是知识分子入仕的必经之路。但在广袤的西北地区，乡试的考场却只限于陕西西安贡院一处。每当举行乡试，新疆以及当时隶属于甘肃的宁夏、河西等地的学子，也只能千里迢迢到西安应试，其间有的因路途遥远，中途放弃而返回；有的因路费耗尽，抑郁成疾，不得生还；也有的长期勤奋攻读，但终其一生也无力去应试。所有这些原因导致当时甘肃地区真正能够去应试的人数，仅占应该去考试人数的十之二三。① 甘肃自康熙二年（1663）已经从陕西分出，自称一省，但200多年间乡试仍旧和陕西合并举行的状况，严重阻碍了当地文化教育事业的发展。1866年9月（同治五年）左宗棠为陕甘总督，为巩固清王朝在西北的统治，有效地为封建政权选拔人才，他力主陕甘分闱，并重教兴学。

1873年（同治十二年）左宗棠在给皇帝的奏折中写道："甘省距陕道阻且长，而乡试必须赴陕。""士人赴陕应试，非月余两月之久不达；所需车驮雇价、饮食刍秣诸费，旅费、卷费，少者数十金，多者百数十金……故诸生附府州县学籍后，竟有毕生不能乡试者。穷《经》皓首，一试无缘，良可慨矣。"② 正因为如此，左宗棠奏请"皇上一视同仁，轸念士人赴试艰难，恩允分闱取中，俾边缴寒微，得照各省一律就近应试，则投戈讲艺，士气奋兴，文治之隆，可计日而待也。"③ 为了保证分闱后甘肃乡试能够正常举行，他还奏请朝廷在甘肃设立正副考官各一员，甘肃学政一员。清中央政府在认真考虑左宗棠的奏请后，于1874年（同治十三年）允准了他在甘肃独立设置乡试考场的奏折。并使甘肃乡试中科名额由原来的10名增加到当时的42名（旧制陕甘合闱时，两省中科人数共计64名，甘肃当时仅占10名）。在得到朝廷恩允后，左宗棠在甘肃省又制定了领地承粮、入籍应试、回生乡试另编字号的优奖制度。1875年9月（同治十四年）甘肃举行陕甘分闱后第一次乡试，席试者人约3000人，比以往到陕西乡试者多出两三倍。左宗棠陕甘分闱的改革，使科举制度在西北地区有所推广和普及。这从以下资料得到说明：如1645年（顺治二年）到1840年（道光二十年）的195年间，甘肃考中文武进士举人者为3532人，平均每年中第18人；而从1840—1905年（光绪三十一年）的66年间，甘肃共考中文武进士举人2200人，平均每年中第33人，中第人数后期比前期平均高83%。④

与此同时，左宗棠还命令甘肃省省属各府州县兴办"私塾"、"义学"，设立"学

---

① 慕寿祺：《甘宁青史略正编》卷24，第14页，兰州俊华印书馆本。
②③ 《请分甘肃乡闱并设学政折》，《左文襄公奏稿》，卷44。
④ 魏永理、李宗植、张寿彭主编：《中国西北近代开发史》，第499—500页，甘肃人民出版社，1993年。

院"，尤其是在回民聚居的兰州县更是要求地方官吏要专筹资金，多设义学，并用优厚的待遇吸引和延请各地品学兼优的秀才为师，督促和吸纳各阶层年轻人入学读书。在左宗棠的积极倡导下，甘肃省内办学之风盛行一时，兰州城关附近很快修复和新建私塾、义学 10 多所，肃州城内也有义学 4 所，其他州县也都新建和修复私塾和义学数量不等。在近代学校出现之前，书院是所在地的最高学府，当时甘肃省内也在大量兴建书院。如 1873—1875 年的两三年间，恢复扩建和新办的书院遍布各地，除重新扩建兰州的兰山书院外，又新建了南华书院，此外还有新建或重修了河阴书院、五峰书院、湟中书院、银川书院、柳湖书院、育英书院、鸣沙书院、陇南书院、南华书院、陇川书院等共 20 余所，这在甘肃历史上是前所未有的。

从上面的叙述中可见，甘肃府州县厅的文教事务主要是由儒学或书院代办，这主要是因为在当时学校教育主要是为科举考试服务，学而优则仕，固定成俗的科举考试模式束缚了学子探求科学的视野，当时的学习课程也已严重与社会脱节，因而清代末期，科举制度遭到国内有识之士的批判，处在衰亡阶段。就是这样一种落后的教育方式，在西北地区却才得到推广和普及，这对发展西北地区的封建教育，选拔为封建制度服务的人才，具有积极的作用。

1900 年《辛丑条约》的签订，中国面临被瓜分的危险，为了维护摇摇欲坠的封建统治，清政府不得不在 1901 年 1 月 29 日（光绪二十六年十二月初十日）宣布实行所谓的"新政"。在教育方面，由上到下废除科举考试的呼声日益强烈，迫于形势清政府于 1905 年（光绪三十一年）下令废除在中国实行了 1300 多年的科举制度。在甘肃自 1876 年（光绪二年）举行第一次陕甘分闱后的乡试到 1905 年科举制的废除为止，共实行了 29 年，随着科举制的废除，甘肃省的教育事业同全国其他地区一样迈进了一个新的阶段。

实际上早在 1903 年（光绪二十九年）清政府已颁布《奏定学堂章程》，对学校系统、课程设置、学校管理等都做了具体规定，并经法令形式公布在全国范围内实行。章程在甘肃的落实，使甘肃教育面临一个亟待解决的问题，即应设立一个专门的机构负责省属各地区的教育事务。迫于形势需求才由最早办起的高等学堂兼办一切有关教育行政的事宜。1905 年设立了专门负责管理教育的学务处，1906 年清政府下令各省裁撤提督学政，正式设立提学使司，统辖全省教育。甘肃于是改学务处为提学使司，下设省视学 6 人，督导地方教育。① 同年，甘肃提学使司按照学部规定通令府州县厅设立劝学所，各劝学所设总董 1 人，下设数名劝学员，以劝导地方建立学堂，推广教育。根据学部统计，到 1909 年，甘肃全省已经有劝学所 75 个，总董 75 人，劝学员 381 人。从 1903 年《奏定学堂章程》颁布后到辛亥革命爆发前，甘肃在全省各地推行新学制，陆续兴办了一批新式学堂。据统计，到 1909 年止，甘肃全省（包括宁夏、青海）共设有新式学堂 1243 所，有学生 23830 人，② 但与同时期的陕西省相比，陕西有学堂 2953 所，有学生 59196 人，可见当时的甘肃教育虽然较以前是有所发展，但相比较而言，它的发展仍是

---

① 甘肃省参事室编：《甘肃解放前四十年的教育史料》。
② 清学部《第三次教育统计图表》（1909 年），转引自《近代史研究》，1987 年第 3 期。

落后的。

在看完甘肃省教育情况后，让我们再来看看新疆在1840年鸦片战争后到辛亥革命前的教育状况。新疆地处我国的西北边陲，历来受到各中原王朝的重视，但是由于种种原因，中原政府都不太热衷于发展新疆的教育事业。1840年的鸦片战争使中国封建统治者认识到，要巩固自己在新疆地区的统治，不发展教育是不行的。光绪六年（1880）五月二十五日，左宗棠在向朝廷报告新疆善后事宜的时候，将教育（义塾）列为善后工作的七大重点工作之一。他说："新疆勘定已久，而汉回彼此格格不入，官民隔阂，政令难施，一切条教均藉回目宣传，壅蔽特甚。将欲化彼殊俗同我华风，非分建义塾，令回童读书识字，通晓语言不可。"① 左宗棠非常重视当地的义塾教育，当时义塾的启蒙教育是刊发《千字文》、《三字经》、《百家姓》等，仅1880年建成的义塾就有37处之多，"其父兄竟以子弟读书为荣，群相矜宠，并请增建学舍，颁发诗、经、论、孟，资其讲习。局员送阅各塾蒙童临摹仿本，笔姿颇秀，并使蒙童试颂告示，皆能上口。"② 由于政府的重视，到光绪九年（1883）七月，新疆义学增加到77处。其中，哈密所属设立义学五堂，吐鲁番所属设立义学六堂，库车所属设立义学五堂，阿克苏所属设立义学五堂，乌什所属设立义学三堂，喀什噶尔所属设立义学五堂，马纳巴什巴楚所属设立义学三堂，英吉沙所属设立义学三堂，叶尔羌所属设立义学七堂，和田所属设立义学四堂，每堂义学有学童15—20名不等，学童使用的教材以及各种文具均由当地地方政府提供。③ 每处义学配备塾师一名，塾师的酬劳以月计算，月薪银20两，此外，每月发给塾师笔、墨、油、烛等用品津贴银四两，每位塾师配备一名佣人，佣人的工资按日计算。这样的优厚待遇在当时的情况下是非常优厚的，从另一方面也反映了政府对新疆教育的重视。

1884年11月17日（光绪十年九月三十日）新疆改设为行省，刘锦棠为第一任巡抚。作为新疆的行政长官，刘锦棠也非常重视发展新疆的地方教育。1886年（光绪十二年），他建议将维吾尔学童中"能诵经书，讲解文艺者，取作佾生"。④ 同年，十月十九日，光绪皇帝批准了他的建议，从而开辟了维吾尔学童"学而优则仕"的途径。特别是在"新政"推行之后，由于政府的高度重视，新疆教育进入了一个新的发展阶段。例如，伊犁长庚将军先后创办武备速成学堂、商务学校、绥定初等学校等，在塔城设立养正学堂，吸收满族、汉族、蒙古族、哈萨克族的子弟入学。为培养与俄国交涉的人才，还设立了俄专一类的学校。1903年开始，伊犁每年选派10名学生到俄国留学。1905年施行新学制后，新疆把原有的书院改为学堂，在课程设置上增设了俄、英、德、法等外文，俄文列入初等学堂的必修课。1906年，新疆设立提学使，在首任提学使重视教育的思想影响下，省城开设了高等学堂，府州县厅设初等学堂，还创立了省立政法学堂、省立实验教育讲习所、省立巡警学堂等。

除公立学校外，在维吾尔族世俗教育中起开创作用的是扎伊提，他在宁远（今伊

---

①② 《左文襄公奏稿》卷56。
③ 刘志霄：《维吾尔族历史》（中编），中国社会科学出版社，1996年。
④ 《新疆大记补编》卷9，第29页下。

宁市）创立了第一所维吾尔世俗学校，并取名为"伊犁学校"。与此同时，在天山南部，也兴办了一系列世俗学校。其中，著名的有阿图什的"玉赛音尼亚学校"，是由当地的绅士玉赛音·穆萨巴耶夫于1885年（光绪十一年）创办的，学校在讲授宗教课程的同时也讲授科学知识，课程设置有语言、算术、地理、自然、体育、音乐、美术、俄语、阿拉伯语、波斯语等。① 塔塔尔族的文化士人对新疆世俗教育事业的发展作出了重大贡献，尤其是在伊犁地区，当时世俗学校的算术课程几乎都是由塔塔尔学者担任教师，出现在这一时期的维吾尔族世俗教育，虽然对社会覆盖面积不大，但这些世俗学校的设立对其他地区新式学校的创建起了积极推动作用。在世俗教育发展同时，19世纪末到20世纪初，先后在吐鲁番、鄯善、古城、哈密、伊宁、库车等地都开办了新式学堂，为培养适应时代要求的新式知识分子作出了重大贡献。

确切地讲，此时的伊斯兰教对新疆教育事业的参与，仍然是居重要地位，绝大部分初等教育是由各地伊斯兰教机构承担。清朝地方当局对伊斯兰教机构在新疆教育领域所拥有的影响是有认识的，因此，在对新疆伊斯兰教实施诸多限制措施的时候，却有意识默认了伊斯兰教机构在新疆地区实施教育的权利。在这样政治背景下，各地高等学府——麦德力斯，诸如喀什噶尔的皇家麦德力斯、叶尔羌的阿勒同麦德力斯、和田的加迈麦德力斯、库车的萨克麦德力斯等继续得以保留，并得到了相应的发展。

在西北地区，清末除甘肃和新疆的教育有了很大发展外，陕西由于原先教育水平就比较高，"新政"的实施，更使当地教育获得了长足进步。据统计，1901年以后，陕西省均撤去书院改设中学堂，全省91个县各设高等小学堂，还设立了当时较有名气的"游艺学塾"、"武备学堂"、"第一师范学堂"等，② 促进了教育进一步发展。

2. 西北近代文学与科技

随着鸦片战争的爆发，西北社会进入了近代时期。1864年中俄《勘分西北界约记》和1881年《伊犁条约》两个不平等条约的签订，中国西北地区广大人民陷入更为水深火热之中。在为封建统治者承担各种繁杂义务的同时，还要受到帝国主义列强的屈辱压迫，政治的黑暗和经济的落后，使得社会无法进步，人民生活痛苦难言。因而在近代西北各民族的文学作品中，反映了人民对现实的不满和企盼幸福生活的愿望。

19世纪后半叶到20世纪初，在中国哈萨克族中虽没有小说家，但却有艾赛提、库特拜、阿斯力汗等诗人和歌手。他们用自己作品对现实社会中存在的各种问题进行评论，猛烈抨击封建主的残酷统治，对号召人民起来反抗封建统治起了积极推动作用。其中最为著名的是艾赛提·乃曼特，他是哈萨克族近代文学的创始人之一。他通晓阿拉伯语、波斯语，运用诗歌的形式改编民间故事和民间传说，写出了人们喜闻乐见的叙事长诗《木马》、《努赫曼与纳合木》、《法兰西国王》、《努素甫汗》等，通过作品展现了人民群众不畏强暴誓死与反动统治阶级进行英勇斗争。在写作的同时，他还走访了新疆的阿尔泰、伊犁等地区，遍访民情，通过与最下层民众的接触，使他更加了解了人们的要求，也使自己的作品更接近于现实世界。

---

① 刘志霄：《维吾尔族历史》（中编），中国社会科学出版社，1996年。
② 魏永理、李宗植、张寿彭主编：《中国西北近代开发史》，第508页，甘肃人民出版社，1993年。

19世纪中叶以后，在维吾尔族文学史上出现了反抗清朝统治，反抗沙俄入侵的诗篇和歌谣。如1822年出生的维吾尔族诗人毛拉比拉力·宾·毛拉玉素甫，在亲眼目睹了1864年伊犁维吾尔族人民反清起义后，写了著名的长篇叙事史诗《清代的农民战争》。在这部长诗中，诗人运用朴素的语言，深刻地揭露了清朝统治者对劳动人民的残酷统治，热情歌颂了维吾尔族人民反抗清朝反动统治的英勇精神。同时，也无情地抨击了本民族统治者为了互相争夺权力而进行的无耻行径。这部诗集为我们研究维吾尔族近代史提供了许多珍贵的史实。又如诗人赛义提·穆合买提生活在新疆动乱、伊犁被沙皇俄国霸占的时期。诗人在了解了1864年伊犁的农民战争后，目睹沙俄对伊犁各族人民的奴役，经历了被沙俄裹胁到七河省的艰难，写出了长诗《贪图与毁灭》及一些短小的抒情诗。诗人用火热的语言，血的事实，指出了在黑暗的封建社会，向当权的统治阶级乞求和平和安详是不可能的。他明确指出，贪图安宁，忍受折磨并不是真正的英雄，真正的英雄应该高贵的死去。斗争虽然招致"毁灭"，但只有处在穷苦地位的人民团结一致，胜利才会光顾受苦的人群。诗人站在人民的立场，真实而全面地反映了处在重重压迫下的人民群众的思想感情，向统治人民的反动势力举起了斗争到底的旗帜，更为可贵的是在诗人作品中，诗人充分维护祖国统一和维护民族团结。①

1840年鸦片战争后到1911年的辛亥革命期间，西方近代科技开始传入西北，并获得初步缓慢的发展。然而就整体而言，清末民初西北近代科技仍处在开始产生的阶段，主要以引进西方机器设备、技术和兴办科技教育为主要内容。

近代工业科技是在洋务运动中随着兴办近代工业而传入西北的。洋务运动的主要代表人物左宗棠到西北任职后十分注重发展西北的科技，兴办洋务运动。1869年在西安设立机器局，1872年随湘军西进，西安机器局迁至兰州。1880年在兰州创办机器织呢局，随着新式工业的开办，使近代机器设备和技术也传到了西北地区。1890年，北洋大臣李鸿章和陕甘总督杨昌浚联合设立甘肃电报局，这使电讯技术传入西北，并得到了很大的推广。

伴随着西北近代工业的兴起，西北近代的技术教育也发展起来。1892年，甘肃电报局附设电报学堂，首开西北专门技术教育先声。陕西筹办"游艺学院"，除开设经史及算学课程外，还开设电、化、声、光、农、工、商、地、英语等选修课。1902年，甘肃成立高等学堂，开设了算、理、化、植物、地理和英、日、俄等外国语。此外，西北还分别开设了师范、武备、法政、工矿等实业学院，他们的开办，对西北传播近代科技知识、培养近代科技人才起了重要作用。②

二、西北地区各民族的宗教

西北地区历来是一个多民族多宗教的地区。清代末期聚居在此地，如回族和维吾尔族等十几个民族主要以信仰伊斯兰教为主，而蒙古族和藏族等则主要信仰藏传佛教中的格鲁派，当然，随着外国侵略者的不断入侵，此时基督教的各派系也相继在西北地区得到传播，但由于当时西北各民族的强烈反抗，进展并不明显。此时的西北各民族中原始

---

① 《维吾尔族简史》编写组编：《维吾尔族简史》，第333页，新疆人民出版社，1991年。
② 魏永理、李宗植、张寿彭主编：《中国西北近代开发史》，第527—528页，甘肃人民出版社，1993年。

萨满教的习俗仍有一些遗留，这在当地人民的生产生活中都有体现。

1. 伊斯兰教

清朝末期，由于陕甘宁等地不断爆发回民穆斯林起义，清朝统治者制定了"以回治回"的治理策略，对穆斯林进行分化瓦解和对起义队伍残酷镇压。在这一时期，清初政府确立的"齐其政而不易其俗"的伊斯兰教政策的重心也失去了往日的平衡，从原先对穆斯林和伊斯兰教事务的宽容政策，转变为严厉的政治管制和军事高压手段，以维持自身摇摇欲坠的封建专制统治制度。此时的清政府对待伊斯兰教经常使用的手段是"以回治回"、"恩威并用"，虽然没有公开的禁绝伊斯兰教，但是对伊斯兰教和穆斯林的歧视与限制已经远远超出了前期。

道光、咸丰年间，清政府在陕甘宁等地区有意偏袒汉民，制造回汉矛盾，凡是遇到回汉之间的争斗，无论是非曲直都是压制回民。一旦发生回汉之间的械斗，清政府又采取帮助汉民攻杀回民的措施。在清统治者的眼中，回民就是土匪，是应该剿灭的，而汉民则应该去团结，因为他们可以帮助官兵剿匪。例如同治元年（1862）陕西回民起义之前，关中各地的地主武装组织团练，就是在政府"剿回"、"灭回"的号召下进行的。清朝统治者在经过鸦片战争后，开始与外国资本主义列强相互勾结，在西北地区，清朝将其主力用于对付陕甘宁等地的回民起义。在清政府的排挤和压迫下，自1862年5月到1873年11月爆发了陕甘回民大起义，虽然起义最后以失败告终，但严重削弱了清朝的统治力量，动摇了清朝在西北地区的统治。

经过对西北回族起义的镇压，为了加强对穆斯林的防范和镇压措施，清政府采取了强迫陕甘回民离开故土，让他们去开辟新的荒僻地区，同时还颁布有关管理宗教及回民社会的一些限制性措施，如被迁回民不能聚居一处，不得私自迁走，在回族村实行联甲制度，严禁回民私藏枪炮军火。在回民中"复其古教"，禁绝新教，对老教要求建清真寺"例所不禁"，但规定"高不得过二丈四尺，宽不得逾十丈"，"墙厚不得过二尺五寸"，防止用于军事。① 清朝对陕甘回民的镇压和限制，虽然在一定程度上维护伊斯兰教政策的基本精神，但同时也加强了对伊斯兰教的管制，挑拨了汉回关系，破坏了回族社会政治经济和文化的发展。

在对待新疆伊斯兰教问题上，清政府对维吾尔族与其他各族人民举行的反压迫反剥削斗争，同样采取"分化瓦解"、"恩威并用"的打击镇压手段。但由于新疆战略地位十分重要，自汉代以来，凡是中央政府都比较注意经营此地，作为统一多民族国家的西北边陲，新疆获得了较之前代更为重要的战略地位，因而如何巩固统一成果和切实加强对这一地区的有效管理这个十分迫切的重大课题，就摆在了清朝政权的面前。清朝后期，和卓复辟势力不断侵扰对新疆的统治。如1847年的七和卓之乱，1857年的倭里罕和卓之乱，1865年阿古柏入侵新疆。鉴于这种形势，清朝政权在处理由和卓等宗教势力引发的边疆问题时，面对外国侵略势力和国内分裂分子打着宗教旗号进行的捣乱破坏，为了维护其政权稳定和所统治的领土完整，清政府能根据各族人民共同的意愿，坚

---

① 王天奖：《也谈左宗棠对陕甘回军的镇压》，载《湖南师范大学学报》，1985年第6期。

持"安定边疆"和"维护统一"的策略方针，对叛乱分子和入侵者给予坚决打击。①

1884年新疆建省，这从一方面来说也是清政府进一步加强对伊斯兰教限制的重要措施。此时，各种势力以宗教为借口进行反清活动，严重威胁到清朝在此地的统治，这使清朝统治阶级意识到，伊斯兰教干预政治对自己的统治是一种极大的威胁，于是清政府强调对伊斯兰教"齐其政"，在行政体制方面使伊斯兰教同世俗行政完全分离，仅作为一种宗教在地方政府的管辖下进行活动。对于伊斯兰教自身的宗教活动内容，清政府基本上是不给予干预，继续贯彻其"不易其俗"的伊斯兰教政策。虽然，清朝的政策策略是为了削弱伊斯兰教对维吾尔族、回族的影响，但伊斯兰教干预司法、干预教育的特权现象一直存在，以至于清朝最后在任命官员时，一方面是政府官员；另一方面他们也是宗教法庭法官或宗教教育界人士。

西北地区回族伊斯兰教历史悠久，其内部的教派与门宦比较复杂，在明中叶之前只有格迪目一派，清末伊赫瓦尼派和西道堂等相继形成，并称中国伊斯兰教的三大教派。格迪目系阿拉伯语"古老"的意思。它在回族伊斯兰教派运动中，为了与后来分化产生的其他教派相区别，而自称其为格迪目，汉语称"老教"或"尊古派"，都表示它的正统性和长期发展的历史。因为它将法定的干功只看做是一种副功，认为今世和后世是一个统一的整体，所以他又是一个入世派，这一教派在中国历史最悠久，深受儒家思想影响，对教派关系主张中庸、调和，处理问题也比较宽容；伊赫瓦尼，即"同教兄弟"，通称新教，19世纪90年代由著名阿訇马万福创建于河州，后分裂为"苏派"和"白派"；西道堂是马启西于20世纪初创建于临潭。

清初，伊斯兰教神秘主义苏非派传入中国后，它渐渐与中国传统儒家思想相结合，加之随着回族聚居区域封建经济的发展，于是形成一种权力更集中，组织更严密的宗教制度——门宦制度，它是中国伊斯兰教特有的组织形式。1840—1911年，在回族伊斯兰教最有名的门宦有四个，即虎夫耶、哲赫忍耶、嘎的忍耶和库卜林耶门宦，他们合称四大门宦。门宦加深了伊斯兰教内部的演化，造成教派同门宦之间和各门宦之间的矛盾冲突和斗争，使得伊斯兰教内部的关系更加复杂化。各门宦在发展过程中不断扩大，内部也不断分化，形成多个支系。如虎夫耶门宦在清末已有花寺、穆夫提等21个支系，哲赫忍耶门宦有北山、南川等4个支系，嘎的忍耶门宦有大拱门、香源堂等5个支系，库卜林耶门宦也在发展中形成多个支系。

新疆维吾尔族穆斯林主要属于正统主义逊尼派，但苏非主义流派在维吾尔族穆斯林中也有传布，维吾尔族穆斯林把陕甘宁等地的"门宦"称为"依禅派"。

2. 佛教

聚居在西北地区的藏族、土族、蒙古族和少数部分汉族群众信仰藏传佛教。有清一代，中央政府把利用和限制此地藏传佛教作为治理此地区的一项基本政策，实行了"兴黄教（属藏传佛教中的格鲁派），即所以安众蒙古"②的政策。为有效治理西北佛教信徒，清政府采取了与伊斯兰教相同的"齐其政不易其俗"的政策，使藏传佛教成

---

① 余振贵：《中国历代政权与伊斯兰教》，第212页，宁夏人民出版社，1996年。
② 《卫藏通忠》卷首，《御制喇嘛说》。

为密切藏、蒙古、汉、土等民族关系的纽带。

清代末期，中央政府对藏传佛教采取了比较切合实际的政策，在继续保持前代对佛教优厚待遇的同时，对佛教上层人士更加加以笼络，利用宗教控制人民。但与此同时，到了清代末期，西北地区佛教与前代比较而言，信仰已经发生了急剧变化，这种变化在湟水流域与甘青交界地带的黄河流域更为明显。当时此地寺院规模不断变小。到了清朝后期，各寺院经过长期发展，分布和派属已基本定局，此时很少有新建寺院出现，而原来寺院又没有大的发展，僧人数量呈现减少趋势，一些规模较小的寺院由于无法维持正常生计而被迫撤销。如位于今民和县转导乡的弘化寺僧人从明代500多人减少到清末的300多人，当然对于藏族人口相对集中的贵德和循化等地区佛教发展仍是很快。寺院规模变小的同时，佛教原来严格地讲经学法制度也在减弱，历史上那种活佛大师讲经说法的宏伟场面当时已不再存在，社会的动荡和学风的败落，讲经学法似乎已被忽视，寺院也只是一般性的宗教活动场所。特别是在鸦片战争以后，外国侵略者的不断入侵，加重了原本生活并不太平的劳苦大众的负担，不断强化的汉化现象，佛教强调的"因果报应"和"六道轮回"开始被人们怀疑，这也使佛教对社会影响进一步减弱。当然，直到辛亥革命之前，由于社会生产力低下及西北地区佛教历史悠久，佛教在当时人们生产生活中影响仍然很大，面对日益复杂环境，佛教也不断进行一些改革，以促进自身不断发展。

3. 基督教

清末民初，西北地区基督教传播进入了一个新的开始阶段。不但原来天主教派得到发展，而且随着西方资本主义列强入侵，基督教新教（简称"新教"）和东正教派也传入西北地区。但由于信仰东正教派的主要是随着俄国侵略者进入中国的俄国侨民，而他们也不向当地的非俄侨传教，当时西北地区基本没有信仰此派的中国民众。

天主教特别是天主教的圣母圣心会早在唐朝时已传入我国西北地区。当时许多虔诚的教徒不辞辛苦来到西北地区传播福音，创办许多社会福利事业。随着鸦片战争的爆发，西方传教士再次进入中国，他们中间虽然不乏许多虔诚传教者，但更多的传教士是为本国侵略服务的。"案查新疆教堂之设，实始于光绪十三年（1887），法国神甫石天基、梁萌德于宁远（今伊宁）城外东梁上设天主教堂"。[①] 当时之所以在新疆设立教堂，就是因为新疆与蒙古地区接壤，传教士想通过福音传播达到入侵蒙古和中国北部边疆的目的。青海地区由于交通不便，天主教虽然有传播，信仰者并不多，大规模传教活动在1911年之前并没有开始。而此地基督新教和东正教此时也没有传入。清中叶以前，甘肃的教务由陕西教区管辖，到1878年才脱离陕西教区，成立了甘北教区。1882年罗马教廷派比利时圣母圣心会神甫韩默理带领教士进入甘肃，接管甘肃教务，主教堂设在武威城西松树庄，1901年成立陇南教区（天水教区），陇西至河西一带为兰州教区。伴随着《辛丑条约》的签订，西北天主教也开始由单纯的传教变成为帝国主义侵略服务的工具，此时西北教务由帝国主义分子把持，教会占有大片土地，对广大人民进行剥削和奴役，教会利用各种特权，干预当地司法和行政，包庇不法教民，制造许多教案。

---

① 《新疆图志》卷57，《交涉志》。

西北地区基督新教在清末也已传入，信奉者多是汉族，与天主教一样，此时的基督新教也是帝国主义侵略的产物，特别是在一系列不平等条约的保护下，各帝国主义国家纷纷派遣大批传教士来华，传教士足迹不仅遍布各大城市，而且深入到西北广大农村的少数民族，但直到辛亥革命之前，基督新教在西北地区没有得到大的发展。

第四节 藏族的文化与宗教

一、藏族的文化

有着悠久历史、其品类多样的藏族文学内容极为丰富。近代藏族文学较出色的、在教派史及传记文学方面有扎贡巴·丹巴若吉的《安多政教史》、多仁·丹增班觉的《多仁班智达传》、鲁崩·喜饶嘉措的《阿旺土登格桑丹白卓麦传》、《阿旺土登嘉措全集》、《久·米旁朗杰嘉措全集》等。这些著作有的叙述了佛教传入西藏的经过、教义、各派传承及佛教与本教的斗争情况；有的记录了高僧大德的业绩，内容涉及很多重要的民族领袖人物、佛教与政治、经济、文化的密切联系等。因此，它又是藏族历史的重要典籍。这些作品中还有很多关于藏族诗歌、医药、语言文字、天文历算、工艺、音乐、绘画、雕塑、因明学（逻辑）等方面的论述，是十分有价值的文学遗产。此期，藏族学者们还写出了一批寓言体短篇小说，如西藏多仁·丹增班觉的《猴鸟的故事》、甘南夏河贡却嘉措的《牦牛、绵羊、山羊和猪的故事》、康巴乌金吉美却吉旺波的《莲苑歌舞》，被称为藏族寓言小说三大名著。此外还有《禅师与鼠》、《白公鸡》、《茶酒夸功》、《花猫母子》、《梦中女郎》等。这些作品多借动物形象，影射嘲讽了当时社会生活弊端，笔锋犀利，语言生动，抒发了人民的爱与憎，迄今还屡屡选入学生的教科书。

藏族向有能歌善舞的美称。其音乐大体有"鲁"（山歌或牧歌，演唱风格高亢、激越）、"谐"（配乐歌舞曲）两大类。歌舞种类繁多："果谐"（又称"锅庄"）——流行拉萨、山南、日喀则及川滇藏族地区，舞者单行或集体手拉手围着圆圈边唱边舞。"堆谐"（踢踏舞）——流行于日喀则、阿里地区，单人或多人伴以六弦琴等器乐舞蹈。"朗玛"（内部舞）——清代限于达赖宫廷及贵族府邸内部演唱。"康谐"（弦子舞）——流行于康藏地区，由一人手执二胡率众边拉边唱边舞。"热巴"——流传藏东、藏北及川滇藏区的铃鼓舞。除外农区牧区和寺庙里还盛行"腔谐"（酒歌）、"卓鲁"（牧歌）、"噶尔"（宫廷舞）和"羌姆"（跳神）等。藏戏是在藏族诗歌、音乐、故事、小说等艺术形式基础上发展起来的一门综合艺术。18世纪，五世达赖喇嘛将此艺术从开场前的宗教仪式中分离出来，并推上了年复一次的拉萨会演台上，使之内容形式不断丰富提高。近代著名的传统八大藏戏是《文成公主》、《朗萨唯蚌》、《苏吉尼玛》、《卓娃桑姆》、《诺桑王子》、《白马文巴》、《顿月顿珠》、《赤美滚登》等。

清代，以藏传佛教内容为中心，具有浓郁民族文化特点的藏族美术创作，包括壁画、酥油花、唐卡画、木刻、雕塑等有了很大的发展。是时，藏族地区一些大小寺院、宫殿、贵族府邸、领主庄园里，形成了绘制、悬挂这些艺术品的习惯。其题材广泛，有历史事件、人物肖像、风土民情、神话故事、动物花卉，内容涉及宗教、政治、经济、文艺、体育、建筑、社会生活各个领域，一些著名的大寺庙可谓是一座艺术博物馆。其中壁画形式的代表作有《固始汗与第巴桑结嘉措》、《五世达赖觐见顺治皇帝》等。藏族的唐卡画在中华民族艺术宝库中独树一帜，它以布、绢、绸等为制作材料，用人工绘画勾勒、刺绣、织锦、缂丝、帖花、木刻填色等方法完成作品，还有以无数珠宝等串联构成图画的。此期，用彩色酥油为原料制成的酥油花是藏族艺术的又一朵奇葩，它渊源于泥塑，类同中原地区的捏面人。然而其表现手法不仅是人物、动物肖像，还包括花草树木的造型乃至系列故事等。

依藏族地区各地自然地理形态、气候特点、生活习惯、建筑材料及建造目的，藏族的建筑艺术也很丰富，类型各异。但总体分为寺院建筑和民居建筑。闻名世界的布达拉宫完工于18世纪，这座容藏、汉、印度、尼泊尔等民族和国家建筑风格为一体的建筑群，上下13层，有大小殿堂2万余间，不愧为是世界建筑艺术的精品。与此前后藏区还建成了其他一些寺院，这些寺院建筑规模及技巧同样蔚为壮观精美，横看连绵起伏，鳞次栉比；竖瞧层楼叠阁，高耸入云。寺内不仅有数千僧众学习吃住其间，成为藏族社会政教活动的中心，而且有街道、私宅、集市等，俨如一座山城。历辈达赖喇嘛读书学习，处理政教事务、举行典礼、消夏避暑的罗布林卡（宝贝园林）是清代藏族园林建筑的杰作。园林内建筑物、树木、花草组成了若干个景区，其中由三组建筑组成的宫殿，殿内楼、台、亭、榭、壁画及装饰美不胜收，既富丽堂皇，又幽雅别致，充分体现了藏族能工巧匠们的智慧和汗水。

由于历史的原因，近代藏族教育比较独特，教育大多为寺院所控制，掌文化者均为寺庙活佛僧侣。当时有"舍寺院外无学校，舍宗教外无教育"的说法。其教育机构有几种形式：第一种是官办的僧官学校，设在布达拉宫及扎什伦布寺内，学员来自三大寺及其藏族地区寺僧，几年招生一次，规模不大，常年在校生仅几十人。学制10—15年，课程有藏文文法、诗歌、辞藻、应用公文、佛经、算术、梵文、医药及占卜术。毕业后可充任地方政府僧官。第二种是官办的俗官学校，生源全部来自大贵族、大农奴主和高级官吏的子弟，常年在校生约30人，学制5年，学习内容同前。毕业后可充任政府官员。第三种为各教派寺庙自办的学校，学生来自社会各阶层，学习内容除藏文及佛经外，还注重具有鲜明藏文化特色的大小五明的学习，它包括内明（哲学）、因明（伦理学）、声明（文学）、工巧明（工艺学）、医方明（医学）、诗词、韵律、修辞、歌舞、星算等。此类以寺庙教育为主的学校在藏族地区各地都有，尤其是一些大的寺庙。第四种为城镇兴办的一些民办性质的私塾（其中有的附设于寺院内），有些规模较大，实际上就是私立学校。据统计在西藏就有这类学校80余所，学生多为上层贵族、商贾及富裕城镇居民的子女，农奴的后代几乎是没有的。[①] 除外也有农奴主私聘或强派学者上门教授自己的子女的，称为家馆。私塾中的学生从几人至几十人不等。学期4年，所学内容为藏文、算术、修辞、应用公文等，教学方式注重朗读、书法和背诵。值得一书的是，清季驻藏大臣赵尔丰、联豫等人，在实行"改土归流"、推行新政的同时，大办教育，大力兴学，旨在开启民智，抵御帝国主义的文化侵略。赵尔丰在川边藏族地区数县

---

① 多杰才旦主编：《西藏封建农奴制社会形态》，第362页，中国藏学出版社，1995年。

建校 200 余所，入校生 2000 余人，① 聘任内地教员，讲授现代科学知识，如历史、地理、算术、格致、国文、修身、读经、体操、官话等。难为可贵的是，特别注重培养学生掌握一两门生产生活技能，如养蚕、架设电线、皮革、陶瓷、雕刻、园林果木、手工艺制作、农业生产等。与此同时，联豫在拉萨、达木、工布、靖西、山南等地也建立了 4—5 年制的学堂 16 所，还创办了一所陆军小学堂等。总之，他们为创办现代意义上的藏族地区教育立下了汗马功劳。

藏族的衣食住行与高原特别的自然环境、经济、文化关系密切。宽体长袍、大襟广袖，以氆氇呢料、动物皮毛等缝制的藏袍是藏族人民的主要衣着。男性腰间常系大小刀、火镰刀、烟荷包等物，胸挂"嘎乌"（佛龛），头顶毡帽，足蹬藏靴。妇女则腰束五彩"帮典"（围腰）。藏族食品以糌粑为主（有青稞、豌豆、玉米、燕麦等粮食作物炒制和磨制之别），佐以酥油茶、肉类、青稞酒、奶制品及少量蔬菜等，或食用以糌粑、面粉加萝卜、圆根、土豆煮成的"土巴"（面粥）。当然广大农牧奴食不果腹，衣不蔽身，生活苦不堪言。贵族领主、殷富大家或巨贾居所多为石质"碉楼"，三四层至八九层不等，围高两三丈，林荫四周，内室雕梁画栋，十分奢华。百姓则以泥土、石块砌成的平顶陋屋为家，室内黑暗窄小。牧民长年以牦牛毛缝制的黑色帐篷为侣。人们外出多以马、骡代步，运输依靠牦牛、马、驴等，遇河则以溜索桥、铁索吊桥、藤圈、牛皮船、木排等为渡。

近代藏族婚姻形式多样，领主内部讲究"门当户对"。屠夫、猎人、葬尸者、铁匠等受到歧视，因此婚姻只能彼此苟且结合。城镇以一夫一妻制最为普遍。贵族、富商、土司家庭流行一夫多妻制，这有其扩大部落势力范围的政治需要。此种婚姻不同中原，妇女们地位平等，不分妻妾。农区世家贵族及贫民中还有一妻多夫制的，他们或兄弟或朋友共妻，选择这种婚姻是基于经济上的考虑，即对于贵族不因弟兄间分家各立门户而财产分散；对于农奴可集中劳力，兼顾支差和自家生产劳动。

藏族是一个重礼节、有礼貌的民族。但在封建农奴制社会里，阶级地位的不同，施礼方式各异。觐见达赖、班禅行跪叩礼。遇到达官贵人则退于道边低头伸舌躬身，表示敬畏，说话要用敬语。若系平交，彼此礼让，互敬哈达。对长辈则谦恭敬重，对来客热情款待挽留。对待乞丐，笃信佛教的藏家户户必予施舍。藏族有崇白习俗，视白为高尚、纯洁、吉祥，一些地区屋脊四角、道口或嘛呢堆上有放置白石的习惯。除外带角牛羊头骨、刻有六字真言的石片（板）及"煨桑"（燃烧松枝祭拜天神）、禁食马、驴、骡、狗、鱼肉，严禁杀生等都是藏胞们崇拜、祭祀和禁忌的习俗。

封建农奴制下的藏族丧葬，按阶级等级界限凡分 5 种。以药物和香料进行脱水处理，而后安放于镶有无数珠宝、外裹金银的特制灵塔内，供信徒瞻拜的高规格塔葬，仅限于达赖、班禅及地位崇高的大活佛。火葬多用于大喇嘛及一般活佛。天葬流行于整个藏族地区，即将尸骨肢解拌以糌粑喂鹰（秃鹫），以食净为吉利，此葬与宗教信仰有关，被认为如此可升"极乐世界"，可以赎毕生罪孽。水葬即弃尸（或碎尸）于江河，此葬西藏地区大多施行于乞丐及鳏寡孤独或穷困人家，以为不幸，康区则认为乃利益众

---

① 朱解琳：《藏族近现代教育史略》，第 57 页，青海人民出版社，1990 年。

生之善事。土葬对象为麻风病、天花等恶性传染病或械斗、凶杀及被处死的罪犯,前者旨在防止传染,后者为谢罪神灵。

二、藏族的宗教

藏族地区的宗教,除原始本教(黑教)外,藏传佛教还形成了许多独有的教派,有宁玛派(红教)、萨迦派(花教)、噶举派(白教)等。至15世纪后,宗喀巴实行宗教改革,创立了格鲁派(黄教),他创建了每年一度的拉萨传昭大法会,建立了格鲁派著名寺院——甘丹寺。宗喀巴圆寂后,其门徒甲曹结、凯朱结(一世班禅)、根敦珠巴(一世达赖)等人继承了他的衣钵。以后弟子们世代相传,相继在藏族地区建成了哲蚌寺、色拉寺、扎什伦布寺、塔尔寺和拉卜楞寺,形成了格鲁派六大寺院,使格鲁派的影响面扩展到西藏、四川、青海、甘肃、云南、蒙古等地区,并成为藏蒙等民族地区政治、经济、宗教势力最为雄厚的教派。相反,其他一些教派寺僧,或改宗皈依格鲁派,或悄然无声,寡居一隅。

格鲁派戒律严格,禁止僧人结婚,宗教首领如达赖、班禅等活佛则采取转世相承的办法。格鲁派教义以宗喀巴的《菩提道次第广论》为中心的教法,立"三士道",贯通戒、定、慧三学。"戒"即要求出家人坚决恪守格鲁派戒律;"定"即强调思想要修到禅定的境界,抛弃世俗观念;"慧"即在前两者的基础上,达到"一切智",从而成佛。格鲁派在修行中注重出离心,菩提心、空性见三要。出离心要求在行动上出家,在思想上扔掉俗念;菩提心讲出家人以慈悲为怀,普度众生;空性见说的是确立空性的世界观等。格鲁派修行次序为先显宗后密宗,以实修为主,依次进行修习。其中修习显宗以《释量论》(讲因明学)、《现观庄严论》(启入佛境)、《入中论》(讲中观学)、《戒律本论》(强调格鲁派戒律)和《惧舍论》(阐释佛法总论)这五部大论为必修课程。还要研习其他典籍。密宗修习除经、律、论三藏外,有仪轨藏,诵咒、供养、设坛等各项修习仪式,还需依次由传法师授灌顶仪式入密教,再授身(手势),语(念咒)、意(观想)三密,由此方可成佛。

格鲁派内部组织机构,以拉萨三大寺为例,分为三级。第一级喇吉是全寺性的组织,由一名资深博学的活佛担任赤巴堪布(总法台),下有两名至四名吉索(大总管),两名大铁棒喇嘛等寺僧协助管理全寺事务。第二级扎仓(僧学院)是一个完整自主的组织机构,内部经济独立,有土地、房屋、农奴等。扎仓有大小贫富之别,按其学习内容分为显宗、密宗、宗教、哲学、天文、历算、医学等扎仓,扎仓的主持是堪布(方丈),权力颇大。其下有强佐(总管)、格贵(铁棒喇嘛)、翁则(领经人)等。第三级是康村,它是寺庙的基层组织,每一位相同地域出生的僧人被编排到一个康村中,僧众一起食宿起居,习经修佛,其负责人称吉根,手下也有数名基层僧官。

活佛转世制度是格鲁派的重要特点,也是它与汉地佛教乃至国外佛教就接班人而言的一个重要区别。所谓活佛转世就是当前一位活佛圆寂后,按照本人生前提供的各种"灵异"及他人指示的线索,按照一定的宗教仪式,寻找并确认其转世"灵童",报经中央政府批准册封,使之成为该活佛接班人。这项制度创始于藏传佛教噶玛噶举派。16世纪中叶,格鲁派为解决僧人禁婚无嗣,后继无人的问题,而采用沿袭了该项制度。当然,活佛转世制度不单是宗教问题,更重要的是在封建农奴制基础上,政权和神权紧密地结合在一起，高僧大活佛既是一寺宗教首领，又是当地大农奴主、大贵族，形成了僧侣贵族联合专政的"政教合一"的制度。

上述所言由僧侣上层和世俗贵族的联合专政，绝不是江山各半，平分秋色。宗教的神权势力实际上操纵控制政权，并对藏族地区的社会经济文化等起着重要的作用。政治上历世达赖、班禅不仅是西藏宗教领袖，而且是最大的农奴主，也是地方政府首领。转世达赖灵童年幼未亲政前，只有三大寺的赤巴（住持）才有资格担任摄政王管理全藏事务。噶厦地方政府中，无论是设置几位噶伦，还是政府下属各办事机关和基巧（地级）、宗（县级）行政机构，领头者必定由僧官担任，即僧官为正职，俗官为副职。藏族地区许多有名望的高僧，他们在地方政府中都占有一席之地（名誉地位）。如拉萨三大寺的堪布、堪苏等都有一定的官衔，均可正式出席或列席噶厦会议，直接干预政事。三大寺还可以直接向辖区派官，与地方政府所遣官吏共执政令等。不仅如此，西藏一切重大问题的处理，地方政府还需先取得三大寺的同意和支持，否则将无法执行。宗教对政治干预的另一方面还表现在法律上，佛教教义和"神佛旨意"是制定法律的依据，具有至高无上宗教特权的寺庙，拥有法庭、监狱、刑具乃至武装力量。寺庙法庭或上层喇嘛可以直接受理民事、刑事案件并作出判决，且与地方政府判决具有同等的法律效力。产生于17世纪并影响近代西藏的《十六法典》和《十三法典》，将意识形态领域里的神权思想容纳于严肃的法庭上，判明是非曲直的试金石竟然以毫无科学而言的用手从熬油（或烫开水）中取石子的方式来"神断"。宗教还垄断了藏族文化，劳动人民长期在社会实践中创造出来的科学知识，被宗教蒙上了一层神秘的外衣，这其中包括藏族历史、经济、文学、天文、历算、医学、教育等各个领域。当然，这种垄断，使寺庙保存了藏民族大量的文化遗产，并刺激了具有很深宗教影响的藏族文化在某些方面有了一定发展。但是，佛教的教规教义制约了人民，人们的一举一动无不以"神旨"规范人生观、社会观和道德观；无不以"神旨"规范自己的一切行事，正是这些精神枷锁，严重地妨碍了广大群众去进行改造自然，改造社会的斗争，从而也阻碍了藏族地区的发展。

第五节　西南各民族的文化与宗教

一、西南各民族的文化

1. 语言文字

语言是一个民族文化的重要特征和交流工具，也是一个民族文化传承的重要载体，它是各民族人民在长期的历史发展中逐渐形成的。我国西南各民族都有自己的语言，按照历史来源和亲属关系，大致分属于两大语系、四个语族（如图所示）。

历史上，由于山川阻隔，西南地区民族间的交往大多局限于本民族内部和周围几个经济、政治往来较为密切的民族，其语言的使用也基本局限在一定的区域内。一般说来，在民族杂居区，政治、经济、文化发达，民族的语言往往对经济、文化相对落后的民族影响大。如在一些地区，傣语通常是各西南边地少数民族的公共语言，傈僳语则是滇西北地区少数民族的公共语言。

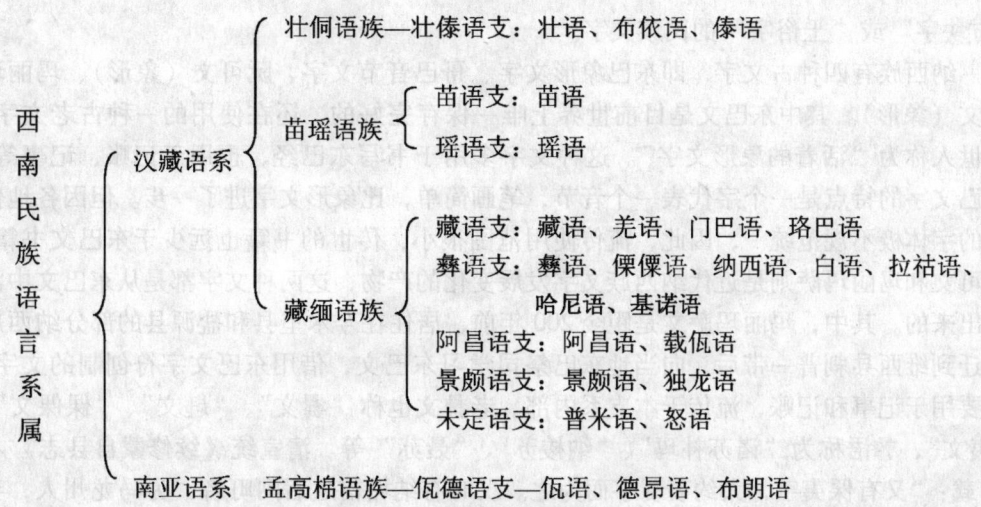

近代以来，随着西南民族地区矿冶、商业贸易的发展及人口的频繁流动和往来，民族间语言的学习、借用日趋广泛。一些民族不仅会使用本民族的语言，而且还掌握了其他民族语言，尤其是汉语言，夷汉双语的广泛使用和发展成为近代西南地区民族语言变化的一个显著特点。在许多地区，夷汉语言互相借用的情况非常普遍，如民国《思茅县地志》载："思茅地处极边，旧辖九江八猛，种族固多，今则沿边设治，区域划分，地面甚小，人民亦稀，仅有摆夷、倮罗、窝泥、苦宗数种。语言各不相同，亦能通汉语。"据在云南西双版纳曼乃的调查，本人无本民族文字，近代以来因与汉族、彝族相交杂处，受汉族、彝族经济文化影响很大，已多讲汉语、彝语了。这一时期，一方面，汉语渐渐成为一些地区民族间相互交往的通用语言，特别是那些交通便利、商业贸易发达、人流往来较频繁的地区更是如此，甚至过去通用某一少数民族语言为公共交际用语的地方，也逐渐改为汉语；另一方面，在边远少数民族地区生活的汉族，为了能更好地与当地少数民族互通有无，也学会使用当地一种或几种少数民族语言。与此同时，一些汉语词汇也逐渐融入一些少数民族语言中，成为其语言的一个组成部分。这种情况一直延续至现代。

文字是记录和表达语言的书写符号。由于社会历史发展的历程不同，西南各民族的文字使用直至近现代仍呈现不平衡的状况，有的民族文字发展成熟，使用范围广泛；有的仅局于一定的人群中；有的还处于文字发展的初级阶段，甚至还有的以物代言、刻木结绳记事及以简单的刻画符号记事、记账、传播信息等，如西盟佤族，若商定在几天之后举行一次祭祀，就在竹片上刻几个刀口，一个口代表一天，过一天削去一个，剩下最后一个时，便是举行祭祀的日子；独龙族出远门时，以结绳来计算日子，亲朋好友相互邀约时则各持一根打同样结的绳子，一天解一个结，直到最后一个结就是相会的日子；云南的普米族则用"O"表示东方，太阳升起的地方，"Ɔ"表示南方，"∧"表示西方，"×"表示北方。

在西南地区众多的民族中，只有极少数几个民族有自己传统的古文字，如纳西族、彝族、傣族等，白族、壮族、瑶族、布依族等民族则借用汉字及其变体创制了被称为

"方块字"或"土俗字"的民族文字。

纳西族有四种古文字,即东巴象形文字、哥巴音节文字、阮可文(象形)、玛丽玛萨文(象形)。其中东巴文是目前世界上唯一保存完好的、还在使用的一种古老文字,被世人称为"活着的象形文字"。这种文字多用于书写东巴经,也用于记账、记事等。哥巴文字的特点是一个字代表一个音节,笔画简单,比象形文字进了一步。但因各地使用的字体极不规范统一,因此,流传使用范围很小,传世的书籍也远少于东巴文书籍。阮可文和玛丽玛萨则是近代纳西族文字发展变化的产物,这两种文字都是从东巴文中派生出来的。其中,玛丽玛萨文是距今200年前,居住在今木里县和盐源县的部分纳西族南迁到维西县剌普一带后,向当地东巴祭司学习东巴文,借用东巴文字符创制的文字,主要用于记事和记账,流传于本支系内部。老彝文也称"爨文"、"韪文"、"倮倮文"、"夷文",彝语称为"诺苏补玛"、"纳梭苏"、"聂苏"等。清宣统《续修蒙自县志》卷12 载:"又有倮夷字,大约袭爨字而为之。汉时有纳垢酋之后阿町者,为马龙州人,弃职隐山谷,撰爨字如蝌蚪,二年始成,字母七千八百四十有奇,谓之韪书,夷人号为书祖。"关于彝文的创制年代说法不一,一说汉代,一说唐代,甚至更遥远的远古时期。彝文通常被认为是一种超方言的表意文字,主要由彝族巫师"毕摩"使用。长期以来,彝族先民用这种文字记载了卷帙浩繁的彝文典籍,除了宗教方面的作祭、占卜、超度、百解等外,还有大量关于社会历史、文学艺术、天文历法、风俗习惯、医药卫生、农牧业等方面的文献,著名文献有《西南彝志》、《勒俄特依》、《六祖魂光辉》、《阿诗玛》、《爨文丛刻》、《彝文诗文论》、《洪水泛滥史》、《创世纪》、《水西制度》等。其中《西南彝志》被誉为彝文的"百科全书"式著作,全书长27.8万字,涉及了哲学、史学、科学知识、宗教等各个方面的内容。近代时,法国教会势力沿昆河铁路北上,为了对铁路沿线彝族地区进行宗教渗透,传教士们研习老彝文,并用彝文编译了大量宗教经典在彝族教徒中散发,在一些彝文书籍中留下了不少天主教的内容。

傣文是西南地区民间使用范围最广、现存文献最多的一种文字,大约在明代时随小乘佛教传入我国,是一种由印度婆罗米字母演化而来的拼音文字,书写格式由左向右。道光《云南通志》引《缅宁厅采访》说:"僰夷(按:即摆夷),不事诗书,崇信释教,诵经谓之讽坦,写字谓之细利,其字横行。"傣文的学习通常在佛寺里进行,但其使用却遍及政治、经济、文化等方面,如官方行文、民间交际、创作和翻译文学作品等。民国《思茅县地志》载:"摆夷有文字、经文,以贝叶书写,不能人人皆识,必须自幼送为缅和尚者,始能学习通晓。"[1] 傣文有4种文字类型,即傣泐文(西双版纳)、傣哪文(德宏等地)、傣绷文(瑞丽、澜沧、耿马等地)、傣端文(金平等地),其中傣泐文和傣哪文使用较广泛。傣文典籍过去多契刻在当地所产的一种叫"贝叶"的植物上,故称之"贝叶经"。傣文文献包括了宗教、历史、政治、法律、文学艺术、天文历法、医药、农田水利等,对传承傣族的历史和文化起到了重要作用。

由于傣族在西南边疆政治、经济、文化的影响,布朗、阿昌、德昂等邻近民族也信仰了小乘佛教,傣文亦逐渐为这些民族所用。

---

[1] [民国] 赵国兴:《思茅县地志》,1911年。

在近代，西南民族地区文字状况的显著特点还表现为：增加了4种传教士创制的民族文字。这几种文字主要在信教的群众中流传，且多用于宗教经典的记录和印制上，它们是：1895年美国传教士汉逊在景颇族地区创制的景颇文；1904年英国传教士柏格理在滇东北、黔西北地区创制的苗文；1910年美国传教士属下克伦人巴托创制的拉祜文；1912年缅克伦族讲道者耶巴多传教士富雷塞创制的老傈僳文。

2. 科技文化

在长期的生产和生活实践中，西南各民族人民逐渐积累了丰富的科技文化知识，主要表现于天文历法、医药知识等方面。

（1）天文历法：古代西南许多民族在社会实践中逐渐认识到动植物的生长规律与自然环境和气候的关系，同时还能根据各种自然现象作长期或短期的气象预测，以便更好地安排生产活动。在知识积累的基础上，不少民族创制出古老的天文历法。

物候历是一种根据草木衰荣确定一年中四季的历法。佤、傈僳、拉祜、独龙、基诺等民族人民，依据生产过程和自然的变化，创造出适合于自身生产特点和生活习惯的物候历。如独龙族把一年称为"极友"，指从今年大雪封山到次年大雪封山止；每月称为"数郎"，指从月亮最圆的那天起至第二次月亮最圆时止。基诺族也依据物候将一年分为不同的月份，并依之安排生产，如"借宝"落叶毕；"吉个老"叫了，上山砍树芟草，苦笋发芽；"拉查巴布"，门叫了，放火烧山，备耕；"借宝"盛开白花，撒包谷，种棉花，等等。佤族将一年分为10个月，分别称为建寨月、盖房月、播种月、发芽月、催忙月、大忙月、吐穗月、空碓月、祭谷月、收谷月。

随着生产实践的发展和实际生活的需要，彝族、纳西族等族人民逐渐发现：日、月、星辰变化周期所确定的时间比花草树木的繁茂与枯萎所标示的时间更为准确，于是总结出一套根据天象来安排农事和生活的历法。彝族先民创制的历法称为"十月太阳历"。按照这种历法，无大小月之分，每月36天，共有360天，余下5天为年节日。这种历法科学简明，结构整齐，使用方便。现流行于彝族地区的火把节和彝族年，最初便是根据太阳历制定的。近代以来，纳西族先民不仅以一些自然景物的变化来计算一年的季节和预测气候，并在东巴经中记载了有关天干地支的运用，年月日的推算方法，十二生肖的来历及如何观察星星的运行等。他们将一年分为12个月，双月30天，单月29天。以十二属相纪日，其名称顺序与汉族完全一样，即：鼠、牛、虎、兔、龙、蛇、马、羊、猴、鸡、狗、猪，以十干支纪年：木、火、铁、水、土配上阴阳，即阳木（甲）、阴木（乙）、阳火（丙）、阴火（丁）、阳铁（戊）、阴铁（己）、阳水（庚）、阴（辛）、阳土（壬）、阴土（癸），与十二生肖相配，即形成六十花甲推算法。纳西族还用象形文字标示二十八星宿图，并且同一星座的各个恒星间还以短线相连，这在中国少数民族中是较少见的科学成就。

傣族是西南地区稻作农耕历史较为悠久的民族之一，不断发展的农业生产需要，使傣族的天文历法在古代就达到了一定水平，近代时已发展成为一种有较完整体系的历法。傣历，傣语称为"祖腊萨哈"，是以太阳年和朔望月相结合的阴阳合历，它将一年分为12个月，单月30天，双月29天，共354天或355天。19年置七闰，固定在九月。傣历年的元旦以太阳运行的位置来定，其岁首与月亮圆缺变化无关。傣历年的交替以泼水节为标志。泼水节在历法上的意义就是傣族辞旧迎新的日子。傣历于638年3月22日建元,这一天为傣历7月1日,首年之元旦,即傣历零年。此外,傣历还有较完整的纪年月日系统。它以十天干和十二地支相互排列组合60个数,以此来纪年和日,同时用十二地支纪月。傣族还有十二生肖纪时法,即以十二生肖纪年月日,并用身体来比喻年月日,称年为"骨",月为"血",日为"皮"。纪元纪时法是傣族特有的纪年月日法,638年3月22日为傣历建元之日,即傣历0年7月1日,其纪年纪月纪日就此顺序累计,是傣族安排历法和天文运算的关键。只要有纪元年数,傣族人就可以通过一定的公式求出该年元旦的纪元积月数和纪元积日数,并进而求出元旦的具体日期,每天的日序、周日、干支日等,一年的历书也就可排出。傣族人对黄道经度的概念也相当明确,准确地掌握了太阳、月亮以及五星在黄道上的运转位置,并能预报日月食。在傣族社会中,有专门掌管历算的人员和大量记载天文历法的文献,如《苏定》、《苏定牙》、《西坦》、《胡腊》、《历法星卜要略》等。

(2)医学知识:在与自然和疾病的斗争中,西南各族人民积累了丰富的医学知识。傣族医药是我国少数民族四大医药之一,其医药理论、药物、治疗方法等方面都具有本民族特色。傣族民间有许多懂医药的人,称为"摩雅",即医生。他们是傣族传统医药知识的重要保存者和传承者。在医学理论的指导下,傣医给人看病治疗时,也与中医一样,多采用望、闻、问、切的诊断方法,然后再根据其肤色,不同病名及不同致病原因选择不同的药物或物理治疗方法,如他们利用药物,或再配以针刺、放血、拔火罐、按摩、刮痧、熏蒸等手法,能治疗疟疾、霍乱、创伤、麻疹、哮喘、瘫痪、吐血、抽风、难产、夜盲、精神失常、骨折、痢疾、风湿、胃病、牙痛、痔疮、感冒等多种疾病。彝族、白族、纳西族、哈尼族、羌族、阿昌族、佤族、基诺族、傈僳族等西南民族人民在长期的社会实践中,也形成了自己独特的诊断和治疗方法。一般而言,他们主要用当地所产的中草药炖、煮服用,或用草药捣烂治疗外伤。此外,还普遍采用放血、刮痧、拔火罐、熏洗、扎针等方法治疗常见的内外科疾病。

在丰富的临床经验基础上,有的民族还撰写了自己的医药验方和医学理论书籍,如白族孙荣福的《病家十戒医学合刊》,赵子罗的《本草别解》、《救疫奇方》,奚毓崧的《训蒙医略》、《伤寒逆症赋》,李钟甫的《医学辑要》;彝族的《寻药找医》、《齐书苏》、《彝族医药书》、《聂苏诺期》;傣族的《腕纳巴微特》(医经)、《档哈雅》;纳西族的《玉龙本草》,等等。

3. 民间文学

民间文学是广大劳动人民在长期的历史发展过程中创造和流传,反映其生产生活和思想情感,表现其审美观念和艺术情趣的一种文学艺术形式。在长期的社会实践和生产实践中,西南各族人民与其他地区人民一样,创造了浩如烟海富有浓郁民族特色的民间文学作品,其题材广泛,体裁多样,主要有神话、传说故事、歌谣、史诗、叙事诗、谚语、谜语等。进入近现代,这些文学作品的创造更为成熟,内容更为丰富,是祖国文学宝库中不可多得的财富。由于西南各族社会发展不平衡,文字的使用不普遍,故民间文学的流传主要为口承,仅有少数载于书籍中,如傣、纳西、彝、白等民族,且所占比重不大。

神话是产生于人类远古时期的一种民间文学体裁，是原始人类在同自然、社会及自身的斗争过程中所创造的具有幻想性的故事，它从一个侧面表现了原始人类的精神活动和社会生活。在神话里，自然物和自然力都被人格化，人与自然的斗争成为其中的主要内容。由于远古时代人类的各种意识形态尚未完全分化，神话因此成为各种原始意识的统一体和载体，包含了人类早期的哲学、历史、宗教、习俗、伦理、文学艺术、自然科学等多方面的内容。西南民族的神话较为丰富，从开天辟地到远古人类的起源、民族内部各支系的血缘关系、民族的迁徙、人类与恶势力的斗争等方面均有涉及，其中又以创世神话和人类起源神话较为丰富，如彝族的《阿霹刹、洪水和人的祖先》，傣族的《因帕雅创世纪》、《山神树的故事》，纳西族的《创世纪》、《休曲苏埃》，独龙族的《大蚂蚁把大地分开》，佤族的《司岗里》，阿昌族的《遮帕麻和遮米麻》，基诺族的《小北阿嫫》，拉祜族的《牡帕密帕》，布朗族的《人祖起源》，德昂族的《宝葫芦》，哈尼族的《创世纪》，傈僳族的《洪水滔天和兄妹成家》，怒族的《腊普和亚妞》，普米族的《洪水朝天》，羌族的《开天辟地》、《山沟和平坝的形成》、《造人类》等。其中洪水神话在西南民族的人类起源神话中最为普遍，从一个侧面也反映了人们对远古时期血缘婚的朦胧记忆。

民间传说故事是由广大劳动人民创作并传播的，具有假想（或虚构）的内容，又以一定的历史或现实生活背景为基础，并经过取舍、夸张、渲染等艺术加工而形成的散文形式的口头文学作品。从西南民族的民间传说来看，可谓浩如烟海，异彩纷呈，涉及历史事件、历史人物、地方风物、自然风物、社会习尚、衣食住行等。根据其主要内容，可分为人物传说故事、动植物传说故事、风物民俗传说故事、史事传说故事等。人物传说故事有：纳西族的《阿一旦的故事》、哈尼族的《沙依的故事》、傣族的《召法弄磨罕》、布朗族的《艾峻传》、白族的《阿南夫人》、怒族的《大力士阿洪》、傈僳族的《木必帕》等；动植物传说故事有：阿昌族的《狗的故事》、布朗族的《鹭鸶告状》、德昂族的《松鼠和老虎》、独龙族的《星星姑娘》、纳西族的《蜈蚣、马鹿和公鸡》、傣族的《光身鸟》等；风物民俗传说事有：傣族的《流沙河的传说》、纳西族的《北岳庙会》、佤族的《水酒、谷子的来历》、傈僳族的《俄勒和长衫的来历》、羌族的《撂官岩》等；史事传说故事有：阿昌族的《选头人的故事》、独龙族的《痛打土司管家》、拉祜族的《闷抗渡》、傈僳族的《虎氏族的来历》、羌族的《羌戈大战》和《黑虎将军》等。此外，在西南民族的传说故事中，还有不少反映现实生活的故事，具有浓厚的生活气息和鲜明的阶级倾向性。该类故事讴歌和赞美了人民群众的勤劳、勇敢、纯朴、真挚、机智，讽刺和鞭挞了剥削阶级的贪婪、丑恶、凶狠。对劳动群众的一些缺点，在不少故事中也提出了善意的批评。

以诗言志，以歌抒情，诗与歌融为一体，在许多西南民族的文学创作中司空见惯。由于没有文字记载，这些民族多以吟唱的方式将许多诗篇流传于世，成为民间文学宝库的重要内容。从近代西南民族流传的诗歌来看，尤以史诗和叙事诗成就辉煌，影响广泛，涉及面广，表现的思想性强，创作手法精巧。较著名的史诗有：彝族的《阿细的先基》、《糯伍特衣》、《梅葛》，纳西族的《崇邦统》、《黑白之战》，佤族的《司岗里》，拉祜族的《牡帕密帕》，阿昌族的《遮帕麻和遮米麻》，布朗族的《仁爱的王子》,傣族的《厘俸》等。在西南民族的叙事诗中,以傣族的长篇叙事诗最为丰富,有数百部之多。流传较广泛的有:《吾沙梦罗》、《布桑孩与亚桑孩》、《兰嘎西贺》、《叭阿拉武射金鹿》、《召树屯与南诺娜》、《娥并与桑洛》、《巴塔麻嘎捧尚罗》、《相勐》等。其他较著名的叙事诗如有:彝族的《阿诗玛》,纳西族的《鲁般鲁饶》,布朗族的《道高朗》等。

民间歌谣是民歌、民谣和儿歌、童谣的总称,是人类历史上产生的最早语言艺术之一,也是最为古老的文学形式之一。其语言简练,押韵上口,风格清朗,便于传诵,数千年来一直为广大群众所喜闻乐见。谚语是各民族人民语言的精华,它以其短小的形式、精练语言、生动形象的比喻,浓缩和总结了千百年来各民族人民丰富的生产知识和生活经验。它寓意深刻,富有哲理,启迪愚顽。这些民间文学形式也构成了西南各民族民间文学的重要部分。

由于长期与汉民族交往,尤其是清代"改土归流"以来,中央王朝和地方政府在边疆少数民族地区设置了不少"府学"、"学馆"、"书院"等传播汉文化,近代在一些少数民族中出现了许多以汉文创作的文学作品。光绪《丽江府志稿·选举志》载:"丽于滇,为西北边地,观光独迟。然自雍正初改流而后,士之争自濯磨,出类拔萃者,胪有其人。未百年间,掇科捷南宫者,相继接踵,而后先辉映焉。"在此基础上,在纳西族社会产生了一批用汉文创作的作家,如周之松、李洋、桑映斗、牛焘、杨竹庐、杨昌等。白族自唐宋以来就受到了汉文化较深的影响,近代在白族社会中不仅出现了文学成就显著的作家,如李于阳、李惮、曹奚琇等,而且还出现了造诣较高的文学理论家,如王崧、赵藩,他们的作品和思想对白族的文学产生了一定影响。

4. 民间艺术

(1) 音乐舞蹈:西南各民族能歌善舞,歌舞融入了他们社会生活的诸多方面,清婉、悠扬、高亢的歌声,优美、粗犷的舞蹈,展示了西南各族聪颖的智慧,非凡的创造才能,表达了他们的喜怒哀乐及对生活的热情和美好向往与追求。

民歌是一种广为流传的音乐形式,无论是节日喜庆,还是田间地头,或是悲伤之时,西南各族群众都喜欢通过唱歌对调来表达他们心中的欢乐或忧愁。这一艺术形式成了各族人民社会生活和精神生活不可分割的一部分。他们在以歌抒情之时,还形成了各具特色的民歌形式及曲调,如古歌曲调浑厚练达、节拍分明;情歌曲调轻柔深情、纯朴自然;祭歌曲调稳重舒缓、严肃柔和;生产劳动歌曲调则情感激昂、豪迈奔放、催人奋进,散发出浓烈的生活气息。民歌的内容丰富多彩,种类繁多,语言生动,比喻贴切,如有创世歌、叙事歌、生产歌、婚礼歌、丧葬歌、酒歌、战歌、情歌、风俗歌、祝福歌、颂歌、迎客歌、苦歌、盖房歌、迁徙歌、相会歌,等等,各具风格和特点,几乎所有的生产、生活场合都有歌声伴随。歌唱的形式或独唱,或对唱,或合唱,或领唱,时间长短不一,唱词也可以根据一定的曲调随编,触景生情,灵活而机动。

西南各民族的舞蹈多源于生产、日常生活和宗教活动,还有不少是模仿一些动物形象而创作的。如怒族的狩猎舞、佤族的舂米舞、彝族的点包谷舞、布朗族的采茶舞、傣族的孔雀舞、哈尼族的猴子舞、拉祜族的小米雀舞等。舞蹈形式有独舞、双人舞、集体舞等,尤其以集体舞富有浓郁的民族特色。在许多节日喜庆的场合,各民族群众或围成圆圈，或列成长队，蹈足摆臂，曲旋进退，沉醉在节日的气氛里。如彝族的锅庄舞、纳西族的喂麦达舞、傈僳族的洼克克、哈尼族的哈瑟、佤族的圆圈舞、景颇族的目脑纵歌、羌族的跳沙朗、普米族的初歹、傣族的呼拉荷等。这些舞蹈表现了西南各族群众乐观、开朗、豪爽、豁达的性格，增强了他们团结的集体意识和克服困难的信心。

吹拉弹奏各种乐器，也是西南各民族人民喜爱的一项娱乐活动。他们的乐器种类繁多，民族特色浓厚，大体可分为体鸣乐器，如木鼓、铓锣、口弦、铜鼓、响铃等；膜鸣乐器，如水鼓、皮鼓、象脚鼓、锣等；气鸣乐器，如角、葫芦笙、葫芦丝、芦笙、唢呐、笛、箫等；弦鸣乐器，如竹筒琴、琵琶、三弦、胡琴、月琴等。

（2）戏剧：这是一种由演员扮演角色，在舞台（或场地）上当众表演故事情节的一种艺术形式，是由古代的歌舞、伎艺及祭祀活动逐渐演变发展而来的，融合了民族文学、表演、音乐、美术等多种艺术成分在其中。西南民族的戏剧发展较晚，来源亦不统一，有的根植于本民族土壤，有的吸收了其他民族的成果而形成具有本民族特色的一种艺术形式。

傣剧是西南民族地区较为有特色的戏剧之一，主要流行于云南德宏和保山地区，形成于清代道光、咸丰年间的干崖（今盈江县），主要源于傣族的原始歌舞、佛教和汉族民间戏剧等。道光年间，干崖第十八任土司刀如意从京城带回皮影戏戏箱，在干崖新旧城相继建立了皮影戏班，土司司署属官刀如安又将某些皮影剧目译成傣语，以"转转唱"的形式演唱，深受当地百姓喜爱，是为最早的傣剧。此后，干崖人丙贺、第二十任土司刀盈庭及一些文人、佛爷相继用傣文写出不少剧本，傣剧也不断得到发展。在傣族上层人士的大力倡导下，到清末民国初，盈江傣剧大盛，并以之为中心，逐渐向四周传播，从而推动了傣剧的发展，成为当地傣族喜闻乐见的一种艺术形式。

白族的戏剧起源较早，大约始于明代的说唱曲艺"大本曲"已具有戏剧的萌芽。"大本曲"是在白族民歌形式的基础上发展而来的。白族剧种"吹吹腔"则是在"大本曲"的基础上形成的。至近代，白族的戏剧已发展较为成熟，其唱腔较多，剧目丰富，内容有的取材于本民族民间故事，有的取材于汉族传统民间故事，表演的场面也较宏大，深受广大群众的喜爱和欢迎。

阿昌族也有自己的戏剧，内容多取材于民间传说故事，宗教色彩浓厚，表演形式以说唱为主，语言生动诙谐，为群众所喜闻乐见。

（3）绘画和雕塑：西南民族的绘画历史悠久，南诏时期王奉宗所作的南诏中兴二年画卷、大理国时期的张胜温画卷，即是古代白族、彝族先民的绘画精品。近代以来，白族人民的绘画艺术更为精湛，许多描绘山水、人物题材的壁画、版画深受世人赞赏。纳西族也是一个擅长绘画艺术的民族，他们的绘画风格别具一格，在本民族特色的基础上兼收并蓄，糅杂了汉、藏等民族的绘画艺术特点，有很强的社会性和生活气息。傣族的绘画民族特色浓郁，其内容多与佛教有关。绘画形式主要有壁画、连环画、年画、佛经和书籍的封面、插图等。《天堂地狱图》（《善恶图》、《福罪图》）是傣族佛寺壁画的代表，它们色彩多样，手法生动，充分反映了佛教关于因果报应的思想。西南其他民族的绘画艺术，如佤、羌、阿昌、基诺、拉祜、普米、傈僳、哈尼等民族，虽然技艺简单，色彩平淡，但形象逼真，古朴无华，内容多取自人们生产生活中所熟悉的工具、动植物、房舍等，其中不少包含了原始宗教信仰的内涵。

西南民族的雕塑艺术亦具有浓厚的民族特色，主要表现为石雕和木雕，少数为银雕、玉雕等。如傣族，其雕塑艺术与绘画艺术一样，也多与宗教信仰有关，主要表现在宗教用品和宗教建筑方面。佛像雕塑，佛寺、佛塔上的浮雕，无论在选材上还是在造型、色彩上，可谓独具匠心。而白族人民的雕塑艺术在唐宋的基础上，近代又有了一定的发展。其雕塑主要用于宗教和民居方面，题材多选取人物、山水、动植物等，图案精美、古朴大方、造型逼真，显示了白族人民高超的艺术造诣。此外，其他一些民族的雕塑也多用于宗教信仰、民居装饰等方面，如纳西族、佤族等。受汉文化的影响，近代以来，一些民族也十分重视坟墓的装饰，坟墓上的石雕飞禽走兽，花草锦簇，形象生动。

（4）民间工艺：西南民族的民间工艺绚丽多彩，制作精美，线条明快，主要有刺绣、挑花、竹编、纺织、漆器、金属器打制等。

刺绣是西南各民族的传统工艺，为各民族妇女所擅长。刺绣的针法很多，主要有平绣、辫绣、缠绣、抽花等。各族妇女常在劳作之余，以娴熟的技艺，多变的针法，不同的丝线或棉线，在衣、被、鞋、帽、裙、包、裤、背带等处绣以各种美丽的图案，如飞禽走兽、花卉草木、亭台楼阁、浮云红日、人物百态、民族风情、几何图案等，既美观大方，又增强了绣品的耐磨性。挑花也是各民族妇女擅长的一种传统工艺，它是在布的经纬交叉圆点上，用针以"十"字连缀方式绣出各种图案，具有工整严谨、形象逼真、构图简练、概括性强等特点。其选题与刺绣一样，凡是人们喜爱之物，妇女们均能以灵巧之手绘制于绣品中。如羌、傣、白、纳西、彝等民族的挑花刺绣，秀丽精致，栩栩如生，显示了各族妇女勤劳、智慧和别具一格的艺术才能。

西南民族的纺织工艺自古就声名远扬。早在几千年前，居住在那里的西南各族先民就知道利用一些植物纤维如葛麻、大麻、木棉、火草等，以及蚕丝为原料，纺织布帛、锦缎。云南晋宁石寨山出土的一件铜贮贝器盖上，铸有一立体的纺织场面，形象而生动地再现了汉代时滇人织造的方法。他们当时采用的是"踞织"式纺织，即织布者席地而坐，把经纱的一端绕在木棍上，用脚掌紧蹬，另一头系于腰部，双手用木刀引纬打纬而织。这种古老的纺织工艺，直到近现代仍在西南许多民族中沿用，如佤、拉祜、德昂、布朗、基诺、独龙、怒、傈僳、景颇、彝、哈尼、羌、阿昌等。道光《普洱府志》卷十八说"黑窝泥……男勤耕耘，女务织纺，采薪入市交易。"又光绪《云南通志》引《伯麟图说》说："黑窝泥，性绌，采茶卖柴其业也。女子勤绩缕，虽行路不去手。"所织之布，纹路缜密，素雅大方，结实耐用，是各族群众主要的衣料来源。与西南其他民族相比较，傣族的纺织技术较发展，采用的是木架织机，其织布工艺一般有投梭机开口、投梭、打纬、移综、放经和卷布等步骤。早在清乾隆《腾越州志》中就有描绘傣族织锦的，"干崖锦，摆夷妇女有巧者，能为花卉鸟兽之形，织成锦缎，有极致者。"道光《普洱府志·人种志》亦载："摆夷，又名僰夷，盖声近而讹也……男种田捕鱼，女工织纺。"近代以来，傣族的毛纺织业也得到了逐渐发展，所织地毯别具匠心，图案多为象征幸福吉祥的孔雀、白象等珍禽异兽。一些具有地方特色的名花异草、山川也被灵巧的傣族妇女织入地毯中，既是日常用品，又是精美的艺术品。

西南民族居住的地区，竹林环绕，绿树成荫，各民族群众充分利用大自然之物，制作各种各样的生产、生活用具，将竹制品广泛用于衣、食、住、行及其他的生产、生活需要中，如簸箕、筐、箩、碗、桌、椅、席、榻、帽、杯、桥、筷、房，等等，工艺甚为精巧。道光《元江州志》卷2载，哈尼族支系"黑铺"说："性巧慧，善作官室，元江器用竹几、竹床、竹棹、竹凳、竹梯备极精巧，虽汉人不能过。"直到现代，竹制品的使用在西南民族社会中仍然十分普遍。

金属制作在一些西南民族中较为发达。纳西族所制作的铜制品，如锅、盆、瓢、甑、勺等，远销许多地区。傣族、彝族、羌族等民族所打制铁金银器工艺品，花色品种较多，精巧美观，多用于妇女们的服饰和某些物品的装饰上。近代以来，在傣族的许多村寨还形成了以打制银制品为业的工匠"张锂"，他们不仅能制作一般的饰品，而且还以丰富的想象力和长期经验的积累，精雕细刻出千变万化的图案，如大象、孔雀等珍禽异兽和千姿百态的花草。所制银器，不仅为本民族群众所喜爱，也为其他民族群众喜爱。在长期经验积累的基础上，阿昌族所制作的"阿昌刀"近代又有了发展。在云南陇川的户腊撒坝，几乎家家户户都会打制刀、锄等铁制工具，所打制的刀具，炼制精纯，具有锋利、坚韧、耐用等特点，史称"精巧美观，柔可绕指，剁铁如泥，锐不可当。"①

漆器制作是一些西南民族较负盛名的民间工艺，其民族特色浓郁，工艺独特，精美耐用。如凉山彝族漆器，多以黑、红、黄三色绘制成几何花纹图案，形制主要有碗、壶、酒具、果盘、勺等。而白族的漆器在古代就因其色泽、光滑的艺术造诣被视为珍品，有"宋剔"之美誉。

5. 风俗习惯

（1）服饰：服饰是一个民族的重要标志，在古代和近现代不少民族的自称或他称中，都可看到这种以服饰识别民族风习，如"金齿蛮"、"黑齿蛮"、"绣面蛮"、"绣脚蛮"、"尾濮"、"花腰傣"等。近代西南各民族的服饰随着社会的发展，较古代更为丰富多彩。大体说来，各民族服饰可归纳为两种类型：裙装和裤装。其衣料以麻、棉为主，多为黑、白、蓝、青等素色。

居住在西南边境一线的傣、佤、拉祜、景颇、阿昌、布朗、德昂、傈僳等民族妇女由于气候炎热，湿润多雨，适应自然环境，他们的服饰也显得简洁。其下装多着筒裙，或长及脚面，或短至膝盖，做工简单，素雅大方；上身多穿紧身无领对襟或右衽短衫。一般说来，这些民族的装饰较少。李煦龄纂修的道光《普洱府志》卷18载，傣族先民说："摆夷，又名僰夷，称百夷……性情柔懦，男子穿青蓝布短衣裤，女穿青白布短衣，丝棉花布筒裙，喜食糯米、槟榔及酸辣之味。"同书载布朗族先民："蒲蛮，又名蒲人……男穿青蓝布短衣裤，女穿麻布短衣，蓝布筒裙，腰系布带……"又载基诺先民"男穿麻布短衣裤，女穿麻布短衣筒裙。男以红黑藤缠腰及手足。"光绪《续修永北直隶厅志》卷7称：（傈僳族）"男子赤足包头，持弓射猎；女人短衣筒裙。"而部分彝、普米、纳西、拉祜等民族妇女，上多穿对襟或左衽或右衽短衣，下穿长及脚面的褶裙。民国《中甸县志稿》卷下载："摩些（纳西）衣服多用麻布，次大布，次毛布，亦

---

① 张笏：《腾越边地状况及殖边刍言》，云南省立昆华民众教育馆《云南边地问题研究》上卷，1933年5月。

问有氆氇者，男子多长衫系带，半薙辫发，戴帽著履者甚少，妇女皆系有百褶麻布长裙……"除着裙外，西南各民族的男子及部分妇女下装则为裤装。裤装有窄裤、中裤、大裤管及短裤之分。窄裤裤管紧裹腿，大裤裤管则似裙，民国《马关县志》卷2，当地花倮罗男子"裤管亦大尺余"。短裤一般及膝或大腿。由于西南许多民族居住在山区或半山区，气候寒冷，日温差较大，故不少民族有穿马甲或披羊褂子的习惯，如羌、彝、白等民族。道光《大姚县志》卷7《种人志》载："僳僳，性强悍。披羊皮，挂左插，持弩射击猎，每取山禽野兽并松明苦片等入市货卖。"现代的藏缅语族许多民族迄今还保留了此习惯，如彝族的"擦尔瓦"、纳西族妇女的"披星戴月"、白族的坎肩、羌族的羊皮褂子等。因社会发展较滞后，近代西南还有一些民族仍处于以叶蔽体，以皮毛遮身的阶段。光绪《丽江府志稿》卷1载："俅人，男女皆披发，徒面苍黑，不知栉沐，树叶之大者为衣……"

在长期的社会发展中，基于社会发展和审美意识的不同，西南各民族群众还形成了风格各异的装饰习俗。几乎所有的妇女及部分男子有戴耳环、耳坠、耳管、手镯、项圈、戒指等装饰物的习惯。傣族、基诺族、布朗族、阿昌族等民族的男子，独龙族等民族的妇女还有文身的习俗。光绪《腾越厅志稿》卷15说："大伯夷，在陇川以西，男子薙发文身，妇人跣足染齿，布裹其首。"傣族男子文身的习俗至今仍在部分傣族地区保留。漆齿之俗（即嚼橙榔等渐将牙齿染黑）在西南许多民族中也较为普遍，傣族、佤族、布朗族、基诺族等民族并保留至今。以藤缠腰也是西南一些民族的装饰之俗，道光《普洱府志》卷18说："三撮毛（今基诺族）……男以红黑藤缠腰及手足。"道光《他郎厅志》说，时哈尼族支系"阿卡""男女以红藤缠腰，耕稼之外，亦事畋猎。"光绪《普洱府志》卷46亦载"阿卡""男女服青蓝，以红藤系腰"。德昂族还传说，远古时期女人满天飞，男子用藤圈做成腰箍套在女人身上，女人才不再满天飞，所以至今德昂族妇女仍保留着戴藤篾腰箍的习俗。

纷繁复杂的头部装饰是近代西南民族的一大特色。有的民族如羌族、彝族等民族的男子喜蓄发绾髻于脑后或头顶，有的民族则裹帕戴帽；而有的民族妇女喜剃光头戴帕，有的叠帕层层于头顶，还有的则束发绾髻于脑后、头顶，简洁清爽。不少民族妇女和男子还喜在发辫、头帕上饰以各种装饰物，别具特色。光绪《续修永北直隶厅志》卷7条说："西番（普米族）……女人发髻细辫，上绾玛瑙砗磲。"民国《马关县志》卷2说当地彝族"花仆喇"妇女"头帕上横，勒杂色珠一串，珥坠形如陀罗（螺），以海巴（海贝）为美饰，尤多佩戴之。"同书又载："牛尾巴仆喇……妇人以毛绳杂于发而束之，粗如几臂，盘曲成圆，以绳维索，平戴于头上，径大尺余。"民国《维西县志》卷2载当地傈僳族"男绾髻带簪，编麦草为璎珞，缀于发间，黄铜勒束额，耳带铜环，常衣杂以麻绵布，出入常佩利刃"。同书又说纳西族"麽些多以专布缠头，视盘领白襕，不袭不裹，绵布裤不掩膝。妇髻向前，顶束布勒如菱角，耳环粗藤……"

（2）饮食：饮食习俗的形成与各民族的居住环境、社会发展状况有密切的关系。近代西南民族多以稻米、小麦、荞子、青稞、稗、燕麦等为主食，清道光《云南通志》卷184载，"力些"（傈僳）"妇女短衣长裙，跣足，负竹筐出入，种荞稗，随地输赋。"道光《云南通志》卷185引《伯麟图说》载，东川彝族支系"披沙夷"说"男妇共收,随地多结草屋,种荞以食"。光绪《续修永北直隶厅志》卷7顺州条载,普米族:"西番一种……刀耕火种,荞麦充饥,砍伐竹木,编织篾器营生。"民国《中甸县志稿》卷下载当地纳西族说:"摩些族粮食以包谷稗子为大宗,米次之,荞麦、小麦又次之……"这时期,高产的包谷(玉米)土豆(洋芋)也已由国外传入了西南民族地区,并在部分地区逐渐取代麦、荞子、青稞、稗、燕麦等,成为主要的粮食作物。由于生产技术较落后,采集和狩猎在许多民族社会中仍占相当比重。光绪《丽江府志稿》卷1载,"怒人""以射猎为生涯,或采黄连为业。"西南民族居住的地区,动植物种类繁多,在长期的生产和生活实践中,许多民族群众还形成了生食和食异物的习俗,如光绪《续修顺宁府志》卷34载:"大倮黑……所食荞稗即为上品,其他草子、芭蕉、树枝、野菜及葛根、蛇虫、蜂蚁、蝉、鼠、竹鼠、禽鸟,遇之生瞰。"各种食物的烹调以煮、炖、烧、烤、舂、凉拌、炒等为主,大多喜食酸辣味。

茶、酒是西南许多民族普遍喜爱的饮料,道光《普洱府志》卷18载,"倮黑……嗜酒,并喜食生牛马肉。"光绪《丽江府志稿》卷1载,傈僳族"其性嗜酒,每获麝香、鹿茸等货,辄与汉人易一醉以去,故有汉人与傈僳贸易而致富者。"酒多用粮食作物酿制,有度数较低的水酒和度数较高的烧酒,是许多民族日常生活、待客和节日喜庆不可缺少之物。茶叶种植在西南民族中具有悠久的历史,道光《普洱府志》卷18载,"黑窝泥""在思茅者,采茶为生"。傣族、布朗族、哈尼族、基诺族等民族居住的西双版纳六大茶山,是清代、民国时期西南地区的主要产茶区之一,闻名遐迩的"普洱茶"即产于此,茶叶贸易曾盛极一时。饮茶之俗也成为当地民族生活的重要组成部分,罐罐茶、竹筒茶、酥油茶、酸茶等,既能解渴消暑,又能提神解乏。

(3)居住:西南民族的居住式样视各民族的生存环境和社会发展状况而定。从史书记载来看,这时期西南民族的住房一般有竹楼、木楞房、瓦房、掌房等。竹楼、掌房多为干栏型,即房屋建筑结构为两层,上层住人,下层圈养牲畜,堆放杂物和农具,材料为竹、木或竹木、土木混合。一般来说,竹楼屋顶多为双斜面,以草覆顶,有走廊和阳台,光绪《腾越厅志稿》卷15载,当地傣族"其土下湿夜寒,俗滨江为竹楼以居,一日数浴。"这种居住形式以傣、佤、布朗、德昂等民族为典型。掌房多为平顶,以草、泥等混合覆盖,道光《普洱府志》卷18载,哈尼族"所住上楼下屋,人住楼上,畜置楼下,名为掌子楼。"这种格局的民居以红河地区哈尼、彝等民族为普遍。木楞房则是以圆木四围相垒为墙,以木板覆顶,民国《中甸县志稿》卷下载:"摩些族住宅以木楞为墙,板片为瓦,湫隘狭窄,席地坐卧,饮食在火塘周围……"随着与汉民族交往的增多,近代以来,在许多地区尤其是靠内地的彝、白、纳西等民族地区出现了瓦房。这种房屋一般以木、土、石为材料建造,上覆瓦片,以房、壁围成院落,门、窗、壁多雕或绘以各种山水图案,房屋的格局一般分为正房、配房,正房为起居之处,配房或为厨房,或为放养畜禽处。至今,他们仍旧保留着这种建筑形式,且技艺更为精湛。碉楼是羌族较有特色的建筑物,早在汉代就有"依山居止,垒石为室,高者至十余丈"之载。[①] 近现代,在不少羌族地区仍然保留着这一特色建筑。其房呈正方形,2—10层

---

① 《后汉书·西南夷列传》。

不等，木石结构，平顶。墙面光滑平整无缝隙，冬暖夏凉，坚固耐用。以木板盖顶，在近代西南民族的民居中较为普遍，史载甚多。如道光《元江州志》卷2载："山苏，居于山巅，无陶瓦，木片覆屋。"李瀚湘《维西县志》卷3亦载："土人麽西亦转于营造，其修住宅屋二三所四所……屋上多用木板，渐有瓦者，与汉人屋宇不甚悬殊。"由于社会发展较滞后，直至近代，还有一些西南民族居无定处，或巢居或穴居，居处甚为简陋。道光《云南通志》卷185载："俅人居澜沧江大雪山外，系鹤庆、丽江、西域外野夷，其居处结草为庐，或以树皮覆之。"这种情况今已有改变。

（4）由于居处偏僻，地形地势复杂，自古西南地区的交通就极为不便，人背肩挑马拉牛驮是常见的载负方式。在一些险要之处及江河之地，除了使用天梯、简易的舟和竹木桥外，有的民族还使用溜索。民国尹明德《云南北界勘察记》曾记载，独龙族"俅人不知为船以渡，只用篾索三根，平系两峰，虽以木槽溜梆，衔索系腰，仍须手挽足登，方能徐渡。"可见其交通之艰难。这一渡河方式在羌族地区也较为普遍。索桥，也叫绳桥，是在溜索的原理上更进一步的发展和应用，在羌、怒、傈僳、独龙等民族地区常见。民国《汶川县志》卷7《艺文志》亦载："行见长江夹两山，危桥悬跨锁重关。索垂断岸千寻蠹，板衬中腰一带弯。踏处晃摇风漾漾，凌虚缥缈水潺潺……"以形容渡索桥的飘然感觉。

（5）节日：在长期的生产生活实践中，西南各民族人民形成了丰富多彩的节日。这些节日有的源于人们的生产活动，有的源于宗教信仰，有的源于对某一历史人物或历史事件的纪念，还有的是在岁时变化中，源于人们对来年人畜平安、五谷丰登的祈盼。彝族、白族、哈尼族、阿昌族、傈僳族、纳西族等民族有过火把节或星回节之俗。张无咎修（雍正）《临安府志》卷7曾载："（星回节）即六月二十四日点火炬。相传汉时有夷妇阿南，其夫为人所杀，南誓不从贼，以是日赴火死节，国人哀之，因为此会……"近代时，火把节仍盛行于彝、白等民族中。侯允钦（咸丰）《邓川州志》卷4载，当地白族民俗"（六月）二十有五日名火把节，傍晚束松枝为树，高数丈婪，鼓乐醵饮于下，儿童手持小炬，捣松脂末，向人洒烧，火光腾耀日烧痢气，是节或以为悼慈善，或以为悼阿南，或以为武侯是日擒孟获，侵夜入城，父老设燎却迎，遂沿为俗，或以为照岁，持说纷纷，存而不论可也。"民国《马关县志》卷驻亦载："倮有数种，为滇南旧有之种族……夏历六月二十四为火把节，是夜燃火炬，击羊皮鼓，绕行田间以及园圃、果树，谓光顾所及，则收获丰而虫害少。照毕陈酒脯，集男女行歌互答，进酒为欢。"直到现代，该节仍为这些民族所重视。

傣族、布朗族、德昂族等民族信仰小乘佛教，宗教节日在其社会生活中占有重要地位，主要有"泼水节"、"开门节"、"关门节"等节日。光绪《续修顺宁府志》卷34《杂志一·种人》载，当地梗夷（傣族）民俗"以春季为岁首，男妇老幼，俱著新衣，摘取各种山花，并以糯米蒸熟，染成五色斋供，齐赴缅寺鸣鼓击钵，供献佛前，听缅僧诵经，名为担佛。施以各种山花，插于堆沙之上，名为堆沙。又男女均以竹筒取水，互相洒泼，以湿衣为乐。"李煦龄纂修的（道光）《普洱府志》卷18也有同样的记载。

除了一些较为重大、隆重且为多民族共享的节日外，西南许多民族几乎每月都还有可过的节日，其中有的是受汉族的影响而为之，如中秋节、中元节、重阳节、春节等；

有的是本民族在长期的历史发展中形成的,如白族的绕三灵和三月街,阿昌族的窝罗节、景颇族的目脑纵歌、哈尼族的苦扎扎、独龙族的卡雀哇、纳西族的"七月骡马会"、羌族的"祭山会"、佤族的"拉木鼓"等。在一些节日中,除了歌舞等娱乐活动和相互走亲串友外,宗教祭祀成为其中的主要内容之一。如纳西族过春节时,要进行隆重的"祭天"活动,光绪《丽江府志》卷16《风俗》对之记载道:"元旦家皆斋戒,祀百神或谒庙焚香。次日以后,村间族党择洁地为坛,植松柏栗各一,陈豕供祭米,请刀巴(东巴)祝嘏。"白族的各种节日宗教活动也较频繁,"……自元旦至岁除,皆有所事,元旦备素馈供天地、祖先,往来贺岁,接期各郇先后迎神、演剧,谓之春台。又元旦至望,择期墓祭,清明日插柳于门仍墓祭。四月初八,善男女作浴佛会,立夏日以灶灰撒墙根,却虺毒,端阳以蒲为剑插诸门,悬艾,食角黍,饮雄黄酒,用五色丝线作续命缕,约不儿腕。六月塑日至六日礼南斗祈福。二十有五日名火把节……七月七夕,妇女以针飘盂中,就镫视影媸妍,此诸七巧。中元节前数日,家各奉先祖影神于中堂,朝夕祭,至十四日设祭焚冥储,新丧之家亲族具庶馐冥衣楮锱往焉,冥衣昔用布,刺史李公文培禁之,令用纸矣。中秋为渔潭坡会,百货咸集,月出时村人各陈糕饼瓜果,望月遥拜,相酹馈。九月朔日至十九日礼北斗,祈年,重阳饮菊花酒登高。十月祭慕,长至日相贺以粢饼互馈。腊月念四日祀灶,除夕饰门丞楹联,燃爆竹,以酒脯祭先、祭灶竟夜围炉守岁。"① 农历十月初一过小年时,羌族人要停止劳动,由巫师宰牛、羊祭祀天神,然后抬白石遍游村寨,以祈福驱邪。

(6)丧葬:受宗教观念的影响,西南民族对丧葬仪式极为重视,葬仪繁简视各民族社会发展水平和外来文化影响而异,其葬式主要有土葬和火葬两种形式,以土葬为普遍。

火葬曾是一些西南民族如彝、羌、哈尼、纳西、拉祜、普米、白、傈僳等民族较流行的葬式,这些民族与古代的氐羌族系有渊源关系。史书曾载:"氐羌之民,其虏也,不忧其系累,而忧其死而不焚也。"② 这种葬俗在近代的彝、哈尼、羌等民族中,或部分保持,或保存其残余。如道光《元江州志》卷2载,哈尼族丧葬"丧无棺,死击锣鼓摇铃跳舞,名曰洗鬼,忽泣忽饮三日,采松为架焚之"。道光《云南通志》引《恩乐县志》记拉祜族丧葬习俗说:(古宗)"丧葬火化,不拾骨,即于焚处掩土葬之。"又光绪《续修永北直隶厅志》卷7载,傈僳族丧葬"殁后用火焚化";"死后火化,抛弃骸骨。"同书卷7载,普米族丧俗(西番)"殁后不用棺椁,以麻布缠裹火化,并无坟冢"。缪凤章纂修光绪《罗平州乡土志》卷5载,对当地彝族支系"鲁屋倮罗"的丧俗描述道:"丧无棺,布裹置户外,别盖小屋于上,亲朋悼祭,则子侄之媳皆彩衣盛妆罗立,曰'站场'。二三日扛于野焚之,掩其骨,悉招生者之魂而后归。"此外,傣等民族亦有火葬之俗,受宗教影响,多用于佛僧过世。而独龙等民族的火葬则行于非正常死亡者,如传染病、难产、跌死等。

近代以来,在汉族影响和清政府的干预下,绝大多数西南民族的葬俗以棺木土葬为

---

① 侯允钦:(咸丰)《邓川州志》卷4。
② 《吕氏春秋·义赏》。

主，同时受经济发展水平、地理环境及民族心理、宗教信仰等方面因素影响，各民族在葬仪上表现出不同的民族特色。缪云章在其编纂的民国《邱北县志·种人》中，称当地彝族支系"阿兀"，"多与汉族杂处……近日进化，婚丧概从汉族礼。"黄德巽所纂修的民国《罗平县志》亦称"白倮罗"曾行火葬，"近则火葬已改。"顺宁，为今之云南临沧等地，多为傣、彝、佤、拉祜等民族居住。清代"改土归流"后，汉族渐迁境内者增多，当地居民风俗在汉族的影响下，也渐渐发生了变迁，故民国张问德所修《顺宁县志初稿·礼俗》中说："顺宁自改设流官后，外来之人，逐渐增加，风习逐渐汉化，故今之一切丧礼，与外省外县无大差异。至旧志所载，乃数百年前夷风尚未脱尽者。姑存之，以见时代进化，风习变迁之痕迹。"书中并对当地居民的丧仪如入殓、丧服、治丧、安葬、丧祭等均有较详描述。居住在滇西南等地的傣族，其丧俗较繁杂，道光《云南通志》引《恩乐县志》说："僰夷（摆夷），多姓刀……丧祭，如亲没，以击铜鼓为号，闻声亲戚毕至，孝子用笋叶帽，上束红花、白棉花条戴之，每日束草人穿平时衣服为尸，浴于河岸二次，祭用牛猪……葬后每二日送饭往墓上祭献，或一年或三月乃止，自后即以亲（丧）日为忌日，百事不作。"独龙、佤、怒等民族也行土葬，经济条件好者葬有棺，贫者则以麻布或竹席裹尸而葬，一般第二日或第三日下葬。人死至葬，亲友多送粮食、酒、鸡等以示哀悼，并杀牲禽举行各种祭祀活动，家人或寨人且有多样禁忌，以祈平安。

6. 教育

西南少数民族学校教育起步较晚，近代以前，除了白、纳西、彝等民族有学校教育和本民族的知识分子外，绝大多数的西南民族尚未发展起本民族的学校教育，有的甚至处于结绳刻木的社会发展状态，尤其是沿边一带的独龙、佤、傈僳、怒、基诺、布朗等山区少数民族，学校教育更是一片空白。

关于白、纳西等民族的教育，近代以前的史籍不乏记载，如《明成祖永乐实录》卷91载："永乐十二年三月丙戌，云南临安府嶍峨县丞周成言：'境内僰夷民人、罗罗、百夷、普葛、和泥，其类不一。而僰人子弟，多有俊秀，宜建学校教之，使习诗、知礼义。'从之。"康熙《大理府志》称："大理四州、三县，山川各异，而风俗大略相同……明嘉万间，科甲繁盛，文章理学实冠南中。"乾隆《赵州志》卷一《风俗附种人》亦载："白人，一称民家，多白国张乐进求之裔，及赵氏、杨氏、段氏之后……习礼教，通仕籍，与汉人无异。"明清时期，白、纳西等民族聚居的大理、丽江等地，书院、私塾、义学遍设，不少学生还参加了科举考试，促进了当地教育的发展和汉文化的传播。

光绪二十一年（1905），清政府废除了科举制度，大力兴办学校，创立新式学堂，学校教育在一些边疆地区也逐渐发展起来。宣统元年（1909），护理云贵总督沈秉堃向朝廷上奏章说："滇省沿边土司，地方数千里，往往因音语习尚不同，与内地人民隔阂，非先施之教育不为功"，要求朝廷准许云南建立"土民学堂"，"以兴学为安边之计"。其具体计划为：在顺宁（今凤庆）、永昌（今保山）、普洱三府和镇边直隶厅（今南涧）建立一种与内地初等小学不同的"简易识字学塾"（简称"学塾"），并根据少数民族的情况，课程设置"自廊以国文为主科，先之以音读、讲解、习问；继之以抄写、默写；终之以缀字成文。其外助科目，则以习礼、谈话、算数、体操、唱歌、农业六者为限。"通过这些课程的学习以达到"改良其习惯语言，锻炼其心思脑力"，"使其服从规律，陶冶性情，增益智识"，最后达到"觉以尊亲爱国之大义，作巩固国防之用"的目的。奏章获得了清政府的批准，并同意从藩库中拨出白银2万两作为民族教育经费。随后，沈秉堃又奏请建立了一个管理边疆少数民族学校教育的机构——"永顺普镇沿边学务局"，并对开展边疆民族教育卓有成效者，"择优褒奖，以示鼓励"。从而大大地刺激了地方官员士绅办学的积极性。经过一年多的努力，在永顺普镇沿边地区创设了"土民简易识字学塾"128所，使原来比较落后的边疆民族地区开始有了朗朗的读书声，这也是西南边疆民族教育史上亘古未有的创举。[①] 丽江纳西族地区这时期即在原书院、义学的基础上，建立了高等小学堂和"丽江府中学堂"，招收府属各县学生入校学习。至1929年，丽江已有公立初小、高小91所，到1936年，则发展到230余所。[②] 白族地区的不少州、县在这时期也设立了"两等小学堂"（高小和初小），各府成立了"中学堂"，妇女们也开始进入学校学习。"五四"运动后，大理地区设立了师范，各县遍设小学和中学，白族的学校教育进一步发展。

对于许多民族来说，近代以来虽然创办了一些学校，但由于资金、师资、官吏漠视、人民生活困难等方面的原因，文化教育并未得到应有的发展，文盲仍占有极大的比例，尤其是妇女，有的几无识文断字者，学校教育往往有名无实。教会教育的引入是近代西南民族教育的重要事件，它的出现与西方帝国主义的文化侵略密切相关。鸦片战争后，西方基督教、天主教传教士凭借一系列不平等条约的保护，肆无忌惮地深入西南一些民族地区，进行传教、办学校、办医院、吸引留学生等文化渗透性的活动。至20世纪初，外国传教士的足迹仅在云南就达30余个县，如易门、曲靖、路南、文山、永仁等，神职人员100多名，教徒3万多人。他们以昆明、大理、昭通等地为基地，然后向云南全省其他地区扩张。1907年，美籍牧师永伟里从缅甸进入云南沿边的澜沧、沧源、双江、临沧等地传教，其后其子永文生（即杨文森）也到了这一地区，父子两人从此定居不走。他们先后在阿佤山一带建立学校17所，福音宣讲所90多处，拥有教徒2.3万多人。其中在澜沧糯福的一所学校，拥有男女民族学生200多人，其他学校多者百余人，少则数十人。在西双版纳的车里县（今景洪县），通晓傣文的英国牧师古德诺也在那里创办了教会学校。学校开设缅文、算术、地理、音乐、《圣经》五门课，授课时间每天一二小时或五六小时不等，授课地点除了固定的缅寺、教堂或专门开辟的棚屋外，还采取巡回的教学方法，在树林或旷野草地上讲课，以吸引偏僻的村寨儿童上学。此外，学校还聘用有文化的汉人或当地受过一定教育的民族人士授课。同时，为了便于传教，古德诺等人还将《圣经》翻译成装帧精美、图文并茂的傣文出版，深受广大信徒的欢迎。在滇越铁路沿线的少数民族地区，法国的神甫也创办了不少学校。在路南彝族聚居区的教会学校，对那些学习成绩优异者，教会便会保送其攻读法语，送到国外留

[①] 刘光智：《云南教育简史》，第156—157页，贵州人民出版社，1993年。
[②] 《教育局长七年半的经验谈》，载《丽江旅游学会会刊》第1期，1938年。

学，如 1931—1932 年，法国传教士曾用教会公费资送 11 名彝族子弟到巴黎留学。[①] 近代外国传教士在西南民族地区的办学活动，尽管其目的不是为了发展当地的民族教育，但客观上对于当地群众文化知识水平的提高起到了一定的促进作用。

二、西南各民族的宗教信仰

宗教是一种意识形态，是外部世界在人们头脑中虚幻的反映，是人们对外部世界及自身不确知的认识结果。作为一种文化现象，宗教信仰在西南各民族社会中也有不同程度的表现和影响。西南民族的宗教信仰主要有：原始宗教、大乘佛教、小乘佛教、藏传佛教、基督教、天主教等。

1. 原始宗教

西南各民族都在不同程度上信仰原始宗教。许多民族认为，人是有灵魂存在的。他们相信，人死后，灵魂也随之离开身体，但它同时也具有人的形象和人的喜怒哀乐，也像人一样有自己的生活。在他们看来，生活中的人可以通过一定的宗教仪式来感应灵魂，沟通灵魂，以求得灵魂的护佑。在这种灵魂观念的影响下，他们推己及物，认为大自然的万事万物如日、月、星、风、山、水、树木、花草、雨、雷、鸟、兽、电，甚至房屋、工具、衣物、庄稼，等等，也和人一样有灵魂，称之为"鬼神"。这些鬼神也有善恶之分，它们在冥冥之中指导着人间的一切，既能赐福于人，也能降祸于人，只有对它们膜拜祭祀，方能消灾弭难，化凶为吉，获得祥福，并由此衍生出丰富多彩的宗教活动。道光《他郎厅志》说"卡惰"（哈尼族支系）"病不服药，唯卜鸡卦媚鬼神祷祝而已。"光绪《普洱府志》载当地彝族支系"利米"习俗说："每年秋后，宰牲祝神，吹笙跳舞而歌，谓之祭庄稼。"在许多民族社会中，巫术活动十分频繁，每个民族还有专门从事宗教活动的人员，虽然他们的名称不一，但都起到了充当人与鬼神之间的媒介作用，并享有较高的社会地位，对人们的日常生活产生了较大影响。从近代西南民族原始宗教信仰来看，主要表现为自然崇拜、祖先崇拜、鬼魂崇拜、图腾崇拜、灵物崇拜等形式。由于受到各种内外因素的影响，有的民族宗教还表现为复杂的信仰内涵。

本主崇拜是白族特有的原始宗教信仰形式。本主，即白族村邑、氏族或家族的保护神，有自然崇拜之神，也有英雄、祖先崇拜之神。一般白族的本主崇拜以地缘或亲缘关系为纽带，凡同居一区域的人们都奉同一位本主，通过宗教的力量使社会和生产、生活的各种关系协调起来。本主庙是每个村社宗教祭祀、日常娱乐、节日活动的公共场所，也是对联、塑像、绘画、碑刻、建筑、书法的荟萃之处，以及文化教育的中心、社会信息的传播场所。每年春天，村社要举行"迎神"活动，每一位村社成员都积极投入其中，盛大的宗教活动使人们的村社集体意识得到强化。同时，本主崇拜也影响到人们生产、生活的诸多方面，如生育、播种、婚丧等，届时人们往往到本主庙中祭奉，祈求本主保佑平安，人畜兴旺，风调雨顺，五谷丰登。长期以来，由于白族地区特殊的地理位置和白族人民与汉族人民的交往，佛教、道教等宗教也逐渐渗透白族群众的意识领域，与本主崇拜相互糅杂，形成了将释、道、儒三祖一同供奉的现象，正如咸丰《邓川州志》卷 4 所载："关圣帝君，十室之邑必择地营殿宇，恭值诞期，牺牲虔祭。而文昌、

---

① 刘光智：《云南教育简史》，第 154 页，贵州人民出版社，1993 年。

洞经会里巷间尤如意整饬，各立社规。凡道家所谓神诞，日必肃衣冠就祠庙部署经坛讽诵竟日。妙香国为神僧灵迹，鸡足山为迦叶道场，疆域毗连，故佛院僧察远近相望，修斋设醮，视为资福。疾病医药外多或于巫，邱墟丛莽间垒垒跪祷，半淫祀也，盖爨遗俗，未能悉化云。"本主崇拜迄今在白族地区仍较为盛行。

东巴教是纳西族群众信仰的一种原始宗教，因其祭司叫"东巴"而得名。"东巴"是纳西族社会中交通神与人的媒介，下传神旨，上达民意，没有任何特权。但因其学识、能力、威望而有地位高低之分，也不脱离生产劳动，人们日常生活中的许多活动如祭天、婚丧、驱鬼、节庆、求医算卦等，都邀请东巴去跳神诵经。民国时期，"摩些族所在村落，必于附近高阜筑一天坛，定于每年岁旧历正月初四日、五日、九日集众酿金延请东跋（东巴），杀牲祭天一次。嗣秋收前，又择日祭天一次，其祭天之东跋，必须先期选定。凡遇人畜病疫，死亡，即延请东跋，于大树或岩石下念经，或祭风，或送鬼，招魂。"[1] 东巴教在形成、发展的过程中虽然受到了藏传佛教的影响，但它仍主要宣扬"万物有灵，灵魂不灭"的思想，崇拜自然物、鬼神、祖行，举行各种仪式祈福禳灾。由于历史上复杂的原因，如方言上的差异、经济文化发展不平衡、自称不同等，东巴教在形成、发展的过程中也形成了不同的支系，主要为"东巴"和"达巴"两个较大的支系，其中以信仰"东巴"的人数较多。为便于传教，纳西族的东巴还使用一种古老的象形文字书写经书，内容涉及宗教、文学、历史、医药、艺术、天文历算等方面的内容，可谓纳西族的"百科全书"，对于传承纳西族传统文化起到了重要的载体作用。

2. 佛教

佛教，相传在公元前6世纪至公元前5世纪，由古印度迦毗罗卫国王子乔答摩·悉达多创立。大约在公元前1世纪，佛教传入我国。此后，在其沿传的过程中，逐渐与我国一些民族的原始宗教相互吸引、融合，形成了具有民族特色的宗教信仰，并对这些民族的社会生活产生了一定的影响。佛教在西南民族地区的影响主要有三大派别：大乘佛教、小乘佛教、藏传佛教。

（1）大乘佛教：信仰大乘佛教的西南民族主要有白、纳西、彝、拉祜等民族。早在唐代，佛教就在一些西南民族地区传播，"晟罗皮立，是为太宗王。开元二年遣其相张建成入朝，玄宗厚礼之，赐浮图像，云南始有佛书"。[2] 最先传入西南地区的大乘佛教派别是密宗，尤以密宗阿叱力派为盛。阿叱力派仪轨中的设坛、对神祇的供奉以及一些巫术活动等，因与当时乌蛮、白蛮所信奉的巫鬼教极为相似而被广大群众所接受。宋元时期，禅宗传入西南地区，大乘佛教的影响日盛，元李京《云南志略》记载当时的大理地区"佛教甚盛，戒律精严者名得道，俗甚重之；有家壹者名师僧，童子多读佛教，少知六经者。段氏而上，选官置吏皆出此辈。"其时寺塔林立，大理国22王中即有9王禅位出家。大理时还被称为"妙香古国"、"佛国"。

进入近代以后，由于战争的蹂躏及儒、道思想的冲击，大乘佛教的影响逐渐衰弱，

---

[1] ［民国］段绶滋：《中甸县志稿》卷下。
[2] ［元］李京：《云南志略》。

佛教曾盛行几百年的大理白族地区，寺庙的兴建也越来越少，佛塔的修建也不如以往高耸。不过，在滇西南的拉祜族地区，大乘佛教却在这一时期兴盛起来，成为拉祜族信仰较为广泛的宗教。在澜沧地区，大多数的拉祜族，甚至一些佤族村寨都有佛教的传播活动，且信徒日众，并已形成了36个政权合一的组织，号称"三十六尊佛"。在佛教传播期间，汉族的佛教经典、历法、草医学、水稻种植技术、牛耕技术和打铁技术，以及父系家庭意识和有关的亲属称谓，也广泛传入拉祜族地区，对拉祜族的政治、经济、文化等方面产生了重大的影响。

（2）藏传佛教：也叫"藏地佛教"，俗称"喇嘛教"。大约在7—10世纪时期，汉地佛教与藏族地区的原始宗教——本教，经过长期的相互斗争、吸引、融合，逐渐形成一种新的佛教形式——藏传佛教。大约在11世纪，藏传佛教的噶举派和宁玛派传入西南民族地区，经元、明两代，逐渐得到了广泛发展。约13世纪，藏传佛教的萨迦派也传到了菠蒌、永宁等地的纳西族（摩梭人）、普米族中，并逐渐兴盛起来，修建了许多寺院。清代，封建王朝大力扶持藏传佛教格鲁教派。至近代，该派也逐渐成为西南民族地区最为兴盛的藏传佛教派。这时期，在滇西北的藏族地区就有归化寺、东竹林寺、德钦寺、红坡寺等12个寺院属于格鲁派。民国《云南阿墩子行政区地志资料》记载格鲁派在德钦的活动情况："佛教以喇嘛为主，有寺二，德钦各一，僧徒二百余人，经典悉用藏文，每寺教主一，相传以原魂转生，能知过去未来，即所谓活佛也。每年底二十九日，众僧演跳一次，名曰鬼跳。悉演魑魅魍魉，生死、善恶、苦乐之报应，虽曰迷信，亦可以助王化之所不及。"藏传佛教传入纳西族和普米族地区后，在许多方面对纳西族和普米族社会文化产生深刻的影响，尤其是社会生活和风俗习惯，与藏传佛教有着密切的联系，具有浓厚的藏传佛教色彩。与西藏的藏传佛教派一样，该地区的藏传佛教也有一套完整的寺院组织机构和僧侣等级制，寺院拥有自己的行政、经济、宗教组织人员及人员分工，占有土地、牧场、农牧奴，有的甚至还拥有武装，实行"政教合一"的统治。当地群众在疾病、生死、年节，以及其他重大的社会活动中，也都要请僧侣念经做佛事。在永宁地区，凡是有3个男子的家庭，必须有两个要入寺为僧；两个男子的亦至少有一人为僧。民国时期李根源《永昌府文征》卷40记载："摩娑为永宁属之土著，秉性温柔，崇敬喇嘛教，一切以模仿西藏为荣……及之喇嘛塔，家家户户供敬。"当地群众信奉藏传佛教风气之盛，为其他纳西族地区所不及。

（3）小乘佛教：又称"南传佛教"或"上座部佛教"，为佛教的一支系。西南地区主要有傣族、布朗族、阿昌族、德昂族、部分佤族信仰。大约在元、明时期，小乘佛教就已传入傣族地区，由于该教中所宣传的慈悲为怀、处世平和等思想，适应了当时傣族社会的历史状况，迎合了广大群众渴求慰藉、渴求安宁的精神需要，使之很快兴盛起来，并逐渐波及其他民族地区。光绪《永昌府志》卷57《种人》载："摆夷，有水旱二种，居平坝烟瘴之地……崇佛教，以米蒸熟斋供缅佛，听僧诵经顶礼最虔。"小乘佛教的传入，对信教民族的社会生活产生了重大的影响。

传入西南民族地区的小乘佛教派别主要有：润派、摆奘派、多列派和左抵派四派。尽管派别不同，但各派的教义基本相同，仅在所持戒律的宽严程度和某些仪礼上有所差别。小乘佛教和藏传佛教一样，也有严格的寺院和僧侣等级制度。在西双版纳傣族地区，位于景洪宣慰街的总佛寺，统辖着全西双版纳的所有佛寺，从上到下层层隶属，形成一套严密的佛寺组织系统；其僧侣等级一般分为帕、佛爷、都比图、祜巴、沙弥、桑哈拉鲊、帕召古、松领、阿戛门里等11个等级。耿马地区的僧侣则分为内拉多、早凡、早、早丈和早尚5个等级。僧侣在社会中享有很高的威望，他们既是佛的代言人，又是民族文化的传承者。在傣族社会，许多有知识有文化的学者往往出自于僧侣阶层。长期以来，封建统治阶级为了达到统治人民的目的，不失时机地与僧侣相勾结，以神权来麻痹人民的思想；而僧侣为了宣扬佛教思想，扩大其社会影响，也趋附于统治者的需要，在一些地区于是形成了"政教相依"的制度。

在近代的傣族、布朗族社会，几乎村村寨寨都有佛寺，一般男孩子长到八九岁，都要进入佛寺当和尚，少则数月、一年，多则三五年，有的甚至终生为僧。没有入寺的男孩则往往被认为还是"野孩子"，不懂得规矩，今后娶妻成家也困难。入寺的男孩在寺院中学习傣文、佛经，接受基本戒律，支持宗教活动。近代地方政府曾在一些傣族地区设立了小学堂，由于男孩子多入寺院为僧，进校念书的往往是女孩。在傣族等民族社会，妇女们虽然不入寺，但都是虔诚的佛教徒，遵循着各种教规，从事着宗教活动。在信仰小乘佛教社会中，人们将祭献神佛的活动称为"赕佛"（史书中有的写为"担佛"，音译不同），且十分频繁。道光《普洱府志·人种志》说："摆夷，又名僰夷，称百夷，盖声近而讹也……以季春为岁首，男妇老幼俱着新衣，采取各种山花，并以糯米蒸熟染成五色斋供，齐赴缅佛寺，鸣鼓击钵供献佛前，听缅僧诵经，名为担佛……"民国《思茅县地志》亦载："摆夷以季春为岁首，老幼俱着新衣，采取山花果实，供献面佛前，听缅僧诵经，名为赕佛。""赕佛"有大赕、小赕之分。小赕限于本村本寨，经常举行，随即解散；大赕则时间长、耗费大，要邀请众多的亲朋好友参加，还要请人抄写经书送到佛寺请佛爷诵念，然后献给佛寺保存。上了50岁的人更是专注于事佛，每天早晨起床后，许多中老年妇女的第一件事就是赕佛，对佛的虔敬成为生活中不可分割的一部分。

在小乘佛教传入的过程中，许多佛教经典也传入傣族社会。这些经典或为纯粹的佛教经典，或为经过加工、发挥的经典，其中融入了大量的民间故事、神话传说、医药、天文历算、历史等方面的内容。僧侣们将这些经典刻写在当地所产的一种植物贝叶上，故称"贝叶经"。近代以来又兼用纸张书写，保存了大量的社会历史、文学艺术、自然科学等方面的资料，堪称傣族的"百科全书"。

3. 基督教、天主教

近代西南民族宗教信仰的一大特点是部分群众在信仰原始宗教的同时，又归皈基督教或天主教。基督教在西南民族地区的传播约始于19世纪，主要为傈僳、景颇、哈尼、拉祜、彝、怒、白、佤等民族中的部分群众所信仰。民国十七年（1928），云南双江县县长刘臣尧对双江民族信仰基督教的情况曾调查到："全县计有教堂49个，教民1500余户，共约4000人。入教的计有倮黑全部、蒙化子及卡瓦大部，濮蛮小部，唯汉人与摆夷则全无"。[①] 从19世纪末到20世纪初，随着西方帝国主义对我国西南地区侵略的

---

① 彭桂萼：《双江一瞥》，民国二十五年。

深入，基督教也逐渐渗透许多民族社会中，形成了不少传教据点，建立了传教组织。这时期在西南民族地区传教的基督教教派主要有：内地会、循道公会、神召会、五旬节会、浸礼会、浸信会、基督会、路德会和信义会等。传播的地点和对象主要为一些偏僻山区和社会生产相对落后的民族。传教士们往往通过引诱利用、行医、办学、建立慈善机构等方式来传教，同时有的传教士还创制文字，翻译经书，以吸引信教群众。民国年间曾在澜沧县任区长的萧君云："光绪年间英国牧师初到澜沧传教，境内人民不识洋人为何种，入教为何事。牧师引诱聪颖儿童数十，拐带而去，告诸政府。时政府唯恐发生教案，隐不敢问，后始知此辈儿童携至孟艮，使其入教，授以洋字拼音之倮黑书。数年后，令其四处传教，得为撒拉。倮民初以洋牧师不入教，后则倮黑传教，入教者渐夥也"。① 如前述的景颇文、傈僳文、柏格理苗文、拉祜文等，均为传教士所创制。不可否认，基督教的传入在一定程度上提高了信教群众的文化素质，改变了一些不良的生活习惯。如彭桂萼在其《双江一瞥》中对基督教在双江的传播情况曾这样概括道："……以上是耶教势力在双江形成上的表现，至其精神上的收获尚有如下几点：第一，破除夷民迷信。倮黑、卡瓦自来崇信树、猎神、死鬼，随时有隆重的祭典，卡瓦复崇拜诸葛孔明，但自耶稣跑来以后，昔日迷信已崩溃渐尽，只知耶稣是最高真神。第二，转变夷民生活。倮黑、卡瓦嗜酒如命，男女妇孺自小即以此为日常作业，乃入教以来竟多戒除，比我们汉人的'禁烟要政'还厉行得彻底些；从来肮脏恶陋的容貌服饰，亦知清洁修整，日渐洋化。第三，提高夷民知识。永氏用英文就倮黑原音拼成字母，译出圣经来教导他们，连10多岁的小姑娘都有能读书识字通信者，有一部分男子且兼通汉、英、黑三种文字，俨然成为汉洋间的'外交家'，是有交涉时即出席充当教会的代表或翻译员。"

但我们还要看到，传教士传播基督教的目的并不是要改变这些民族的生活方式，提高他们的文化知识水平，而是要麻痹各民族群众的思想，为帝国主义侵略服务。在许多地区，一些外国传教士不仅破坏民族关系，强迫群众改变某些传统的生产生活习惯，禁止教徒与非教徒通婚，不准他们唱民族歌，跳民族舞，霸占土地，盘剥欺压群众，甚至还依仗帝国主义的势力干涉地方行政事务，干涉诉讼，进行殖民活动，致使这时期各种教案不断发生，民族间的友好关系遭到破坏，群众负担加重，造成了极恶劣的影响。在滇西南的佤族、拉祜族地区，传教士恐吓群众说："耶稣有天兵，谁不信耶稣，就派天兵打谁。"还有的传教士收买头人，通过头人强迫群众入教。如在沧源县永和部头人规定："哪个青年不信耶稣，不唱耶稣歌，就不准他结婚。"② 1905年，法国神甫魏雅丰在德钦县纳姑村，诬指村民抢了教堂财物，将藏族一妇女斩首挖心。清政府将这个杀人犯移交法国驻蒙自领事馆审理，法领事竟然宣布魏雅丰无罪释放，并护送回国。外国传教士的胡作非为，激起了各族群众的愤慨，他们以各种方式来反抗传教士们的恶行，或驱逐，或痛打，或烧毁教堂，甚至于武装斗争，形成了近代中国各族人民轰轰烈烈的反洋教斗争。

---

① 方国瑜：《滇西边区考察记》之《傈山族行记》，国立云南大学西南文化研究室，1943年。
② 云南少数民族社会历史调查组编：《佤族简史简志合编》，第42页，中国科学院民族研究所，1963年。

第六节 中东南各民族的文化与宗教

一、中东南各民族的文化

1. 语言文字

中东南各民族都有自己的语言，根据历史发展源流和语言系属关系，大致分属于两大语系，4个语族，即：汉藏语系的壮侗语族、苗瑶语族、藏缅语族和南岛语系的印度尼西亚语族。其民族语言系属见下表：

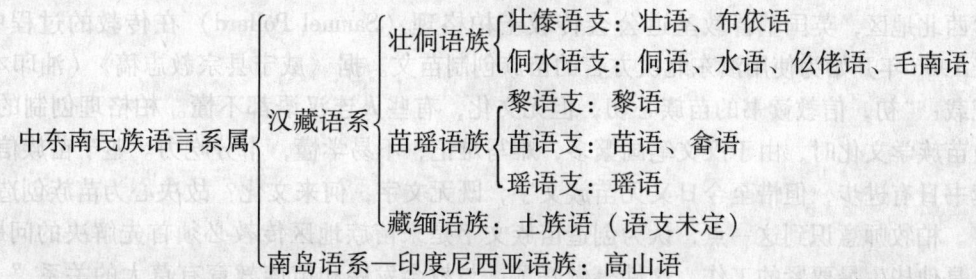

另有汉藏语系的仡佬语语族未定；京语暂定汉藏语系，语族、语支未定。

清朝雍正年间大规模"改土归流"后，中东南民族地区基本都纳入了中央王朝的直接统治之下，民族间政治、经济、文化交流也更加频繁。表现在语言上，汉语的学习和借用在各民族地区日趋广泛深入，使各民族的语言词汇更加丰富。道光《龙胜厅志·风俗》条载："（苟瑶）说汉话，亦另有瑶语。"又民国《龙山县志·人口》说："至于瑶人，多能操汉语正音，且知入校求学，与汉人为伍。"畲族、土家族等民族甚至以汉语文为传达信息和交际的主要工具。近代中东南各民族语言间的不断互通往来，进一步密切了人们之间的相互了解，促进了各民族社会政治、经济、文化的发展。

文字是一个民族社会发展到一定阶段或民族间政治、经济、文化交流的结果。由于各民族社会发展历程不同，文字的创制和使用在中东南各民族社会亦参差不齐。除了土家、畲、京、瑶、侗、仡佬、仫佬、毛南等民族使用汉字外，一些中东南民族也创造了具有本民族特色的文字。如壮族群众在学习使用汉语言同时，一些地区的壮族文人根据本民族语言的特点，采用汉字壮读，或模仿汉字"六书"造字法，对汉字加以特别的改造，从而形成一种新的文字，用来记录本民族的人名、地名、歌曲、故事等，这种文字就叫"方块壮字"或"土俗字"。关于这种文字，早在宋代范成大的《桂海虞衡志》中就有记载。近代后，使用这种文字来记录的地名、称谓及民间文学资料则更为丰富，如《布伯》、《百鸟衣》、《刘三姐》等许多优秀的壮族民间故事和民歌集子《俍歌》和《僮歌》，就是民间艺人用"方块壮字"记录、整理或改编并流传下来的。水族民间也有一种古老的文字，称为"水字"或"水书"，水族自己称为"泐虽"。大约在宋代，这种文字就已定型。现存"水书"约有400个字，按其结构，可分为四类：一为象形字；二为会意字；三为谐音字；四为假借汉字。一些假借字由于间有仿汉字的倒写或反写,故"水书"又称"反书"。① 水族群众用"水书"记录了水族的原始宗教、天文地理、气象历法、语言文字、文学艺术、生活习俗、历史哲学等,是研究水族历史文化的重要史料。另外,侗、毛南、瑶、布依等民族也曾借用汉字注音的办法,传抄歌本等。

近代以来,随着苗族地区文化教育的发展和知识分子的增多,一些苗族知识分子进行了苗文创制的尝试。清朝末年,湘西苗族秀才石板塘曾借用汉文造字的规律,以汉字的音、形、意,对汉字进行拆组,创制出一套湘西苗语方言的方块字苗文,并编成一本苗汉对照的《苗文字典》。这种文字因多种原因而未能在广大群众中推广。这一时期随着外国传教士的进入,一些传教士为了传教的方便,也在一些苗族地区创制了苗文。在黔西北地区,英国基督教圣道公会传教士柏格理(Samuel Pollard)在传教的过程中,于1906年开始为使用滇东北次方言的苗族创制苗文。据《威宁县宗教志稿》(油印本)记载:"初,信教读书的苗族心切,但无文化,有些人连汉语都不懂。柏格理创制的在教苗族学文化时,由于汉文笔画繁多,难写难记,不易学懂,十分吃力。鉴于苗族信徒读书日有进步,但惜至今又无苗族文字,既无文字,何来文化?故决心为苗族创造文字。柏牧师意识到这一点,认为创造苗族文字是来苗族地区传教必须首先解决的问题,也是他毕生最要紧的工作,这件事做好了,与教会发展和苗族教育有莫大的关系。"这种文字经不断改进,得到逐步完善和推广。柏格理创制的苗文根据苗民文化的特点,采用苗族服饰的某些图案、物象及某些外国拼音形体字,创制出大小拼音苗文字。教会用这套苗文编写了一些苗文课本,刊行了苗文报纸,还翻译了宗教书刊和圣经《新约全书》。不少苗族学生和群众学会后,用来记事、通信,记录苗族历史传说、民间故事和民歌等,对苗族文化的传承起到了一定的作用。此外,英国传教士克拉克(Samuel R Clarke)于1896年在贵州为黔东苗语创制了拉丁字母的苗文;1908年,英国传教士党居仁(Adam J·R)于1908年为贵州安顺地区的苗族创制了一套拉丁字母的拼音文字;约1920年后,澳大利亚传教士胡致中(Maurice H Hutton)用汉语注音字母为贵州凯里旁海地区的苗族创制了苗文。但这几种文字的使用均不如柏格理苗文广泛。

2. 科技文化

(1) 天文历法:中东南民族主要从事稻作农耕,生产的季节性较强,他们通过长期的观察和实践,积累了丰富的天文历法知识,如苗、瑶、畲等民族常根据草木荣枯的物候历来安排农事活动,"草木黄落,烈山泽,雨瀑灰,浏田遂肥饶,播种布谷,不耘籽而获"。② 观象授时历法则是各民族群众在进一步总结物候历的基础上,根据天象来判断农事季节时间的历法。在水族的"水书"中就保留了一套较为完整的观象授时天文历法资料。该历法以阳历九月为岁首,第二年的八月为岁末,并分春、夏、秋、冬四季。水历的纪年以干支为主结合纪年历法,或用十二地支纪年。此外,水历中还有恒星二十八宿的划分、"九星"说、六十甲子、天干地支、四时五方、七元历制以及水历正月建戌等内容,都是水族先民观测天象、制定历法的基本依据。

(2) 医药知识:随着对社会、自然及其自身认识的深入,近代以来,中东南各族

---

① 陈国安:《水族》,第83—85页,民族出版社,1993年。
② 光绪《长汀县志》卷33。

群众的医药知识也不断得到丰富，有的民族还形成了较为系统医药知识，对祖国传统的医药发展作出了贡献。有关苗族医药的记载早在西汉时期就已见诸于史籍。苗族的医药内容广泛，自成体系。在诊断方面有与中医相类似的"四诊"，即：望、号、问、触。在辨病立症上，把人体的疾病分内科36症、外科72疾，包括了人体的消化、呼吸、神经、生殖、内分泌等10大系统。在治疗方面，创造了经济、简便、速效的方法20余种，如"桐油点烧法"、"蒸熏法"、"巴附罐法"、"药热敷法"等，临床效果都较好。其中又以伤科、骨科的治疗备受世人赞誉。据1938年《湘西乡土调查汇编》载，湘西苗医医术高明，有"刀伤枪伤，痛不可支，一经敷药，血痛立止，肿胀渐消，不数日而愈"的技术。而其骨科之"正骨"术，据民国《马关县志》卷2《风俗篇》载：滇东南边地的"苗人……有良药接骨生筋，其效如神。"在药学方面，苗族医药品种也较繁多，包括植物、动物、矿物和微生物类共1000余种。从药的种类到采摘、炮制、使用及药性，苗医都极为讲究，苗族民间有"春用尖叶夏花枝，秋采根芊冬挖兜，乔木多取茎皮果，灌小适当用全株，鲜花植物取花苞，草本藤本全株收，须根植物地上采，块根植物取根头。"又有"藤本中空能消风，对枝支叶洗涤红，多毛多刺消炎肿，亮面多浆败毒凶"等药用之说。

在长期的实践中，瑶族人民对于各种草木、禽兽、矿物资源的药用价值逐渐谙悉，形成了具有本民族特色的医药知识。同治《城步县志·民俗》卷4载：瑶人"采药无分四时"，光绪《新宁县忠·疆里表》卷3亦载，瑶人"间负都笼下附近乡村小市间卖药，治风疠等病多验。"瑶医根据药物的性味功能及其治疗的疾病，总结出独具一格的"五虎"、"九牛"、"十八钻"、"七十二风"等104种常用药。在治疗方法上，瑶医还常使用针灸、磁灸、骨灸、蛋灸、火灸、艾叶灸、拔火罐、按摩、刮痧等方法治疗疾病。瑶族的保健养身之法也较为独特，他们常以药茶、药浴、药酒来养身治病。

壮族人民近代以来在接受外来医药知识的基础上，也不断发展自己的民间医药知识，自成体系。壮族所生活的地区，瘴湿毒气（恶性疟疾）严重，长期的生活实践，使其形成了一套治疗疟疾的方法，如以针刺加中药予以治疗。对于跌打损伤和疮疡的治疗，壮族群众也有自己独特的方法，民国刘锡蕃《岭表纪蛮·杂述》载："蛮人以草药医治跌打损伤及痈疽疮毒外科一些杂症，每有奇效。"壮族治疗疾病的方法较多，主要有草药内服、外洗、熏贴、佩药、骨刮、角疗、灸法、挑针、陶针、金针、席垫、鼻饮等10余种。这时期在一些壮族地区还形成了药市，每年农历五月初五，村寨的壮医药农以及懂得一方一药的群众，纷纷将自采的多种药材拿到城中出售，渐成药市。

土家、侗、水、布依、毛南、仡佬、仫佬、高山、京、畲、黎等民族人民在长期的社会实践中，也积累了丰富的医药知识和经验。如侗族民间草医很早就形成了朴素辩证的论治方法，认识到人体疾病最基本的病理变化是由虚、实、寒、热之间互相作用、互相渗透，共生共存的关系，并由浅入深、由表及里不断变化发展。在医疗实践中，各民族的民间草医们用药敷、刮痧、拔罐、蒸熏、针刺、放血、药浴等方法治疗多种疾病，并取了良好效果。有的民族在治疗某些疾病上还有自己独到之处，如黎族治疗蛇虫咬伤、骨折、"百日咳"等，布依族治疗骨科、外伤等，疗效都较好。除了能治疗一般的疾病外，不少民族的民间草医还能治疗一些较复杂的疾病，如伤寒、瘫痪、精神病、恶性疟疾等。

3. 民间文学

民间文学的创作和日益丰富是各民族社会不断发展的结果。近代以来，随着各民族间交往交流的逐渐频繁，中东南民族的民间文学创作更加丰富多彩。除了口承文学，书面文学逐渐成为一些民族文学的重要组成部分，如土家族、壮族、苗族等民族文人的一些诗作，不仅创作水平高，而且在社会中享有较高的声誉。与此同时，在不少民族中不仅广为流传着汉族的一些民间传说故事，如《梁山伯与祝英台》、《杨家将》、《三国演义》等，而且，在他们的文学创作中，还出现了不少以汉族民间流传故事改编的文学作品，反映了各民族间往来之频繁。这一时期，由于国内阶级矛盾异常尖锐和帝国主义的入侵，导致了各民族反帝反封建斗争风起云涌，反映在文学创作上，出现了大量以此为背景的作品。总的说来，这时期中东南民族的民间文学体裁仍主要有传说故事、诗歌、神话、歌谣等。

神话是民间文学的一种重要体裁，它反映了人们探索大自然、人类自身及与自然灾害、鬼神作斗争的远古社会生活。"盘古"神话曾广泛流传在南方许多民族社会，如苗、瑶、畲等民族崇奉盘古，把盘古看成是自己民族的祖先；壮、侗、布依、仫佬、毛南、仡佬等民族也盛传盘古神话，把盘古看做开天辟地的人类始祖。"洪水"神话也是许多中东南民族广为流传的创世神话，说的是一场洪水过后仅剩兄妹俩人，在神的旨意下，为了繁衍人类，他们不得不婚配，如土家族的《雍尼·不索尼》、布依族的《极老多采青石盖天》、侗族的《洪水滔天》、壮族的《布伯》、苗族的《阿培果木》和《兄妹结婚》、仫佬族的《洪水漫天的故事》、仡佬族的《兄妹开亲制人烟》等。除此，各民族还有许多具有民族特色的神话，如壮族的《特康射太阳》、水族的《人类起源》、毛南族的《格射太阳》、仡佬族的《创造天地》、侗族的《起源之歌》、布依族的《卜丁射太阳》、土家族的《张果老与李果老》、黎族的《大力神》、苗族的《枫木歌》、瑶族的《密洛陀》、高山族的《神膝相擦生出了人类》、畲族的《高辛创造日月和世间万物》、仫佬族的《凤凰山》等。

中东南各民族的民间传说故事浩如烟海，异彩纷呈，多以历史事件、历史人物、阶级斗争、爱情生活、风物、民俗、动植物等为题材并加以渲染、夸张、美化而成，具有较强的生活性、群众性、艺术性，引人入胜。其内容涉及他们生活生产的方方面面，有的反映了各族人民与自然作斗争、营建家园的故事，如布依族的《三兄弟找水》、仡佬族的《降水》、京族的《镇海大王造宝岛》等；有的反映了各族人民不畏强暴，与反动派、权贵、妖魔鬼怪作斗争的故事，揭露和鞭挞了反动势力的虚伪、奸诈、贪婪，歌颂了广大劳动群众的勇敢、机智聪慧、爱憎分明，这类传说故事包括了历史事件和历史人物传说故事，如苗族的《项崇周的故事》、瑶族的《桐木江拜旗》、土家族的《颜长顺的故事》、水族的《简大王的故事》、壮族的《刘二打番鬼》和《刘三姐》、仡佬族的《长工与地主》、毛南族的《卢道一过堂》等；有的反映了男女之间坚贞不渝的纯真爱情故事，如京族的《金仲与阿翘》、壮族的《孤儿与龙女》、瑶族的《吉冬诺》、苗族的《仙女的故事》、侗族的《珠郎娘美》、黎族的《诺实和玉丹》、仡佬族的《相思杉》、布依族的《无娘儿》等；还有的反映了某些习俗、风物的来源等，如布依族的

《黄果树瀑布的传说》、高山族的《纹面的起源》、黎族的《鹿回头》、畲族的《祭祖会的由来》、毛南族的《顶卡花》、壮族的《壮锦》、仫佬族的《"依饭"节的来历》、水族的《端节的来历》，等等。

诗歌是中东南民族广为流传的一种文学体裁，内容广泛且丰富，他们的许多社会历史往往因之而得到传承。由于没有文字，许多民族多以吟唱的方式传唱诗篇，使诗与歌融为一体。近代以来，民族矛盾和阶级矛盾日益激化，民族交往更加频繁，这些都为各民族诗歌的创作提供丰富的素材源泉。这时期除传统的史诗、叙事诗，如苗族的《开天辟地》、畲族的《高皇歌》、瑶族的《盘王歌》、布依族的《安王和祖王》、壮族的《布洛陀》、土家族的《锦鸡》等外，又创作了许多反映该时期历史事件、历史人物及社会生活的诗歌，如壮族的《中法战争史歌》、《辛亥革命歌》，苗族的《张秀眉之歌》、《当伕役歌》，侗族的《姜映芳歌》，土家族的《白莲教的传说》等。

在中东南各民族的民间文学作品中，还有不少形式短小精悍，寓意深刻的谚语、格言，它们是广大人民在长期的生产生活实践中逐渐观察、总结和提炼出来的宝贵经验。思想内容丰富的童话、寓言，常以生动诙谐的语言、丰富的想象和深刻的寓意，通过拟人化的手法，赋予了许多动植物以各种各样的形象，来表达他们对美丑、善恶的歌颂和憎恨，是各民族群众喜闻乐见的一种民间文学形式。

4. 民间艺术

中东南民族的民间艺术源远流长，近代以来，其内容愈加丰富，技艺更加精湛，主要表现为音乐舞蹈、戏剧、雕刻绘画等。

（1）音乐舞蹈：能歌善唱是中东南各民族的一个共同特征，一些民族地区还有"歌海"、"歌乡"的美誉。其民歌内容广泛，曲调丰富，歌词优美，形式多样，情感朴实感人，生活气息、民族特色浓郁，大致可分为历史歌、生活歌、情歌、儿歌、时政歌、生产劳动歌、苦歌、风俗歌、仪式歌、叙事歌等。歌唱形式有独唱、合唱、对唱、和声歌唱、轮唱等。

"一斗芝麻撒上天，土家山歌万万千"，说的是土家族人喜歌爱唱。土家族的民歌选材广泛，语言精练，常运用对比、排比、对应、比喻等手法，来增加歌的感染力。在土家族社会，几乎所有的男女老幼都会唱，他们往往触景生情，即兴编唱。同治《来凤县志》卷28载当地土家族："四五月耘草，数家共趋一家，多至三四十人，一家耘毕，复趋一家，一人击鼓，以作气力，一人鸣钲，以节劳逸，随耘随歌，自叶音节，谓之薅草鼓。"这是土家族有名的"薅草锣鼓歌"。

侗族喜歌，其歌旋律优美，善于抒情，以琵琶歌、大歌为著。琵琶歌因以乐器琵琶伴奏而得名。大歌是群众性歌曲，属支声复调声乐范畴。演唱形式有领唱、合唱。合唱为多声部，有高、中、低三部，也有高、低两个声部。其和声完美和谐，曲调优美，节奏自由，缓急有序，富于抒情。

信歌，也称寄歌、放歌、传歌，即以歌代信，传递消息，表达情感，是瑶族的一种歌谣形式。信歌一般为七言体，也有三言、五言的句子。一首歌数十行至百行，不分章节，一气呵成。其内容主要有民族迁徙、寻找亲族、求援救急、诉说苦情、传递思念等。一般用汉文书写，其间也不时夹用汉字记瑶音或自创字。语言质朴易懂、感人。

壮族的民歌别具特色，擅长比喻和生动的描写。民国《桂平县志·纪政·风俗》卷31亦载：壮人"于村之庙宇附近，地段空阔之处，男女相聚会，攒簇成堆，歌唱互答"。壮族人爱唱歌，无论田间地头还是悲欢离合的场合，都喜用歌声来表达内心的情感。刘锡蕃《岭表纪蛮》云："壮乡无论男女，皆以歌唱为其人生观上之主要问题，人之不能唱歌，在社会上即孤寂寡欢，即缺乏恋爱求偶之可能性，即不能通今博古，而为一蠢冢之顽民。"流传在民间的"刘三姐"故事，反映了壮族人民对歌的喜爱和情感。

歌谣也是苗、畲、仫佬、京、水、布依、毛南、仡佬、高山、黎等民族喜闻乐见的一种艺术形式以及曲调，各民族所处的环境不同，由此也形成了各具特色的歌体或歌唱形式以及曲调，如苗族的"飞歌"、畲族的"双条落"、仫佬族的"句歌"和"字歌"、京族的"上下句"和"唱六八"、布依族的"大歌"和"小歌"、水族的"双歌"、仡佬族的"打闹歌"、高山族的"那路弯调"和"依路弯调"以及黎族的各种民歌，等等。

歌相随，舞相伴，在许多中东南民族社会中极为普遍。集体舞是中东南民族较为普遍的一种舞蹈形式。侗族有"多耶"，舞者手牵手或只手搭肩，围成圆圈，用整齐和有节奏的步伐，边走边唱，甩手作拍。土家族的摆手歌，是跳摆手舞时所唱的歌。摆手舞也是一种大型的集体舞，通过摆手等动作，形成各式各样的图案，表现一个完整的情节。其主要内容有反映军事战争场面的，有反映生产劳动的，有反映日常生活的等。高山族泰雅人的"密集舞"、阿美人的"马兰社舞"、雅美人的"土木土"等也是较为普遍的集体舞。以乐器伴舞是中东南民族喜爱的一种舞蹈形式，舞蹈名称多以乐器命名，如芦笙舞、小鼓舞、铜鼓舞等。民国《阳江县志》卷7有瑶族"击长鼓，歌舞以为乐"之载。同治湖南《永绥厅志》记黔东北和湘西苗族的芦笙舞说："……男外旋，女内旋，皆举手顿足，其身摇动，舞袖相连，而芦笙之音与歌相应，悠扬高下，并堪入耳。"清代徐家干《苗疆闻见录》"踩鼓"条说："苗有踩鼓之俗，每于平地，置鼓中央，以老妇击之，年幼男妇则皆周环行走，且歌且笑，亦蹈亦舞……又谓之跳月。"在中东南民族的舞蹈中，还有为数较多的模拟动物和源于生产生活以及宗教活动的舞蹈，如壮族的"捞虾舞"、"斑鸠舞"，高山族的"蝴蝶舞"等。台湾日月潭平埔人的杵舞，是源于生产劳动的一种舞蹈。古代这种舞蹈常在屋内举行，近代以后逐渐移至室外。舞时五六位妇女围着石臼而立，手持2米许的木杵，和着杵音和歌声，做各种捣粟的动作。其舞奔放和谐，具有浓郁的生活气息。

乐器的使用在中东南民族中有着悠久的历史。其乐器主要有：体鸣乐器，如铜鼓、口弦等；膜鸣乐器，如皮鼓、黄泥鼓、腰鼓等；气鸣乐器，如角、唢呐、芦笙、箫、笛等；弦鸣乐器，如琵琶、牛腿琴、独弦琴等。

铜鼓的使用在中东南民族中有着悠久的历史，《后汉书·马援传》载："援……于交趾得骆越铜鼓，乃铸为马式。"骆越为古代百越人的一支，与今壮、侗、黎、布依等民族有历史的渊源关系。从汉代以后，有关铜鼓的记载就不绝于史籍。直到近现代，中东南许多民族仍有使用铜鼓的习俗。民国《柳江县志》曾载壮族"椎牛酌酒欢相嚎，春秋赛社击铜鼓"。道光《庆远府志》亦载："徭僮俱尚铜鼓，而所用之时不同。有用之于吉礼，有用之于凶礼。南丹唯丧事用之，犹须卜卜，可击则击，不可击则止……道光五年（1825），宜邑龙门司交椅村民在铜鼓岩前田内掘得一铜鼓，重一百六十斤。太平墟人争购，经宜山县断令，舁至神庙安置，以留古迹。"光绪《续云南通志稿》卷161引《开化府志》说："花土僚……自正月至二月末，击铜鼓跳舞为乐，谓之过小年。"花土僚即今之文山壮族。苗瑶民族使用铜鼓的记载也较多，清徐家干《苗疆闻见录》亦载："苗疆有铜鼓，形圆有耳，面径一尺四五寸，高尺许，其平面上之纹缕不一，间亦有十二辰者，与汉之十二辰鉴仿佛相类。俗传为诸葛遗器，可避瘟，呼曰'诸葛铜鼓'。用兵苗疆，时恒获之。"清张澍《黔中纪闻》亦载："仡佬……又有斜纹布，名'顺水班'。盖模取铜鼓文以蜡刻板印布者。出独山州斓土司。"可见清代贵州独山的仡佬族有以铜鼓纹饰为蜡染布装饰之俗。今广西博物馆收藏铜鼓500多面，多为当地出土，反映了历史上该地区民族使用铜鼓之普遍。

长鼓，是瑶族较有特色的乐器，因涂以黄泥，故又称"土鼓"。民国《阳江县志》卷7引道光志说："迎春入城市面上，妇女操瑶音，男击土鼓以和之，官府犒鱼盐以归。"

芦笙是苗、瑶、侗等民族传统且常使用的乐器，民国初年刘锡蕃《苗荒小记》载，广西融水、怀远及贵州下江山区苗民，好芦笙，喜铜鼓，"笙长数尺或一二不等。"民国《马关县志》亦称苗人每年初春"自初一日起，来者日众，累百盈千，肩摩踵接……场中芦笙者既歌且舞，屈其腰而昂首，盘旋往复。"清徐家干著《苗疆闻见录》亦载：（苗人）"好吹芦笙，其制以指入芦竹如笙式编成，因名之曰芦笙。凡唱歌以笙和之，高下疾徐，各有其节，身在苗疆，亦觉可听。"时至今日，芦笙仍在许多民族地区使用，且享有盛誉。

独弦琴是京族独有的乐器，其结构简单，以半边长大的竹筒作琴身，在琴左侧钉上一条小柱，柱上系一条弦线，由高至低拉向右侧。演奏时用左手按着小柱，右手以小竹片弹拨，能够奏出四个音和装饰音、长颤音，琴音配着曲调，音色十分幽雅。鼻笛、弓琴是高山族较有特色的民族乐器。鼻笛是用竹管制成，两支26厘米单管竹笛绑得很紧即成双管鼻笛，有三音孔或四音孔，利用鼻息吹奏，发音微弱。弓琴多以竹片为弓，月桃草的纤维作弦，弓长约2尺。演奏时将上端衔于口中，左手握弓的下端，大小两指抓住弓背，食指、中指、无名指等按在弦上，次第按放，使弦松紧，来变换琴音的高低。右手拇指和食指弹弦作音，使弦的振动传到口腔内，以扩大声音。侗族的牛腿琴因形似水牛大腿，故名。其琴长一般为50厘米，用整块杉木制成，下端挖空，以薄桐木蒙面作鸣箱，上端装有两个木轸，采用铜丝弦，用马尾或麻弓拉奏。演奏时，将琴的尾端放在左胸前，左手执琴，右手执弓拉奏，音色低沉委婉。

（2）戏剧：戏剧的出现是各民族社会发展到一定历史阶段的产物，是文学、艺术、音乐、美术等多种艺术成分的综合体。随着民族交往的日益频繁和各民族社会政治、经济、文化的发展，近代以来，在一些民族社会中出现了戏剧这种综合艺术形式，而另一些民族的戏剧在这时期内容则更为丰富。

侗戏，侗语称为"戏更"，是流行于贵州、广西、湖南侗族地区的戏剧。大约在元代，在侗族地区出现了侗族传统艺术形式"垒"（念词）和"嘎"（歌）结合起来叙述故事、塑造人物形象，并由一人自拉乐器或自弹琵琶伴奏的唱演相结合的"锦"。明末清初，一些汉族剧种湘戏、桂戏、彩调等，逐渐传入侗族地区，它们在丰富侗族群众生活的同时，也影响和推动了侗戏的形成。

清道光年间，贵州黎平茅贡知识分子吴文彩（1799—1845）于道光八年（1828）至道光十八年（1838）间，根据汉族传书《朱砂记》和《薛刚反唐》翻译改编成用侗语演唱的侗戏剧本《李旦凤姣》和《梅良玉》，同时设计了侗戏平板唱腔，侗戏由此诞生。此后，一些地区的歌师戏师仿效吴文彩，相继编写了《毛宏玉英》、《门龙绍女》、《山伯英台》、《陈胜吴广》、《陈世美》等侗戏剧本。同时还根据侗族民间故事传说或民间叙事诗编成侗戏剧目，如《珠郎娘美》、《三郎五妹》、《元童》、《甫桃奶桃》、《郎福》等，进一步扩大了侗戏的影响。

傩戏，也叫"师道戏"、"脸壳戏"、"傩堂戏"、"傩愿戏"、"跳神戏"等，是流传于苗、土家、布依、侗、瑶、仡佬等民族社会中的一种古老剧种。傩戏最初产生于中原地区，大概源于远古时期人们的驱恶鬼逐疾病的祭祀活动。约在北宋时期，由巫觋主持和代表的原始巫教活动中的娱神、娱人等思想和行为相互协调、融合，形成了傩戏。随着南方民族与中原地区及汉民族交往的日渐广泛和深入，傩戏也逐渐传入许多南方民族地区，并结合当地的民族传统文化，形成了具有民族特色的傩戏文化。

傩戏在表演上的重要特点是以面具为主要道具。由于不少民族都有傩戏，他们在表演上也各具特色。如分布在黔东北的土家族，傩戏活动以"坛"为单位进行，故又称"傩坛戏"，或"傩堂戏"。演出时有固定的场地，搭台子，每个戏都有场次、唱本，表演多以历史故事和神话传说为主要内容。表演主要分"开坛"、"开洞"和"扫坛"三个部分。表演者多蒙红布，身着法衣，面戴脸壳，生动而有趣。每个坛还设有"掌坛师"，他们既是宗教活动者，又是扮演者，有广泛的群众基础，为土家人民所尊敬。又道光《鹤峰州志》载："又有祀罗神者，为木面具二，其像一黑一白，每岁于夜间祀之，名为还罗（傩）愿。"侗族傩戏被称为"咚咚推"或"嘎傩"，其面具称为"交目"，共有36个交目。其唱腔由侗族民歌吸收花灯、阳戏的唱腔演化而成，以鼓、锣、钹等伴奏。表演时，演员不断沿着三角形跳动，也采用一些汉族戏曲的身段，迄今仍为一些地方的群众所喜闻乐见。

布依戏是布依族民间的传统剧种，它也是在布依族一些原始戏剧形式和其他一些民族的剧种影响下而形成的。大约在清嘉庆年间，贵州贞丰必克寨布依族陆姓、韦姓二人到安顺赶考，在看了汉族戏剧的表演后受到启发。回乡后，二人取板凳戏、八音坐弹戏等戏之长，演出了一个剧目名为"谷给兰"，此即成为第一个布依戏。此后，布依戏不断发展，并向其他布依族地区传播，至道光、咸丰年间，已有了戏班、戏楼，表演内容和表演形式不断丰富。

壮戏，又可分为师公戏、马隘壮戏、田林壮戏、隆林壮戏、富宁壮戏、广南壮戏等种类。这其中有的在近代以前就已产生，有的产生于近代以后。师公戏主要流传于广西的河池、来宾、宜山、武鸣等地，是在师公"跳神"的基础上发展而来的。大约在清同治年间，就具有戏剧的雏形。其时的师公戏，演员穿红衣袍，主要以蜂鼓击拍伴奏。后来逐渐分行当，使用管弦乐及其他锣鼓等伴奏，深受群众喜爱。德保马隘壮戏也形成于近代，是由当地的"马隘调"、"汉龙调"和吸收了靖西木偶戏的基础上逐渐发展形成的。在其发展的过程中,又吸收了邕剧、粤剧演唱合一和表演艺术上的长处,成为较完整的剧种。壮戏主要用地方方言演出,唱腔曲调丰富,大多以当地民歌和曲调为基础改造而成。壮戏的表演手法富于变化,往往将壮族的民间歌舞、跳神、游戏等活动糅杂在其中,别具特色。

(3) 民间工艺:中东南各民族是智慧的民族,在长期的历史发展过程中,他们创造了丰富多彩、技艺精湛的民间工艺品,主要表现在纺织、竹编、刺绣、金属打制等方面。纺织是中东南各民族妇女擅长的手工艺,许多纺织品蜚声海内外。清人沈日霖在《粤西琐记》中写道:"壮妇手艺颇工,染丝织锦五彩烂然,与缂丝无异,可为裯褥。凡贵贵官富商,莫不争购之。"民国刘锡蕃《岭表纪蛮》亦载:"……各种蛮族,所着衣裙,完全为其手制,故蛮人妇女,无人不善纺织。其工细者,数月而成匹,曰'娘子布'。其质为苎麻,染青色,九洗九染,布敝布色尤新,侬人尤所优为,故'侬人青'之名,见于社会。此等布匹,非其情爱素熟者,不易得之。欲购者,虽重价,不卖也。东兰凤山之僮女,所织花布,亦称工致。天保忻城等处,善以丝棉织'僮锦',花纹灿烂,采饰纤缛,可数十年敝。"历史悠久的壮锦,是壮族的传统手工艺品,宋代汉文史籍中即有记载。近代时,其花色品种更加斑斓多姿,在省内外均享有极高盛誉。壮锦均以手工编织,一般以棉线为经,丝线为纬织就。图案主要有几何纹、各种动植物等。侗族织锦亦技艺精巧,早在嘉庆初年张澍所撰的《续黔书》卷6就有记载:"锦之以花木名者,芙蓉也,蒲桃也,牡丹也,葵花也,蘘荷也,樱桃也,茱萸也,林檎也,芝草也,皂木也。以鸟兽名者,对凤也,翔鸾也,翻鸿也,仙鹤也,孔雀也,鸳鸯也,飞燕也,麒麟也……以器物名者,楼阁也,拷蒲也,绶带也……"又载:"黎平之曹滴司出洞锦,以五色绒为之,亦有花木禽兽各样,精甲他郡。涑之水不败,渍之油不污,是夜郎苗妇之手,可与尧时海人争妙也。又有诸葛锦,出古州,皆黄红锦纱所织。"直至近现代,侗锦仍以其古朴典雅、民族特色浓郁而为世人所赞。其图案多为几何抽象形,主要用于头帕、被面、垫毯、背带等。侗锦以黎平、通道、三江、龙胜等地所产为著。土家织锦,土家语称为"西兰卡普",以红、蓝、白等色棉线各自作经线,自由选择各色棉线或丝线作纬线,采取通经断纬,用一支牛骨针反面挑织而成。清乾隆《永顺府志·物产》就有:"土妇颇善纺织,布用麻,工与汉人等。土锦或丝经棉纬,一手织纬,一手挑花,遂成五色"的记载。土家织锦图案丰富,主要以花草、动物、民族风情、历史故事、神话传说等为题材,结构严谨,色彩艳丽,既实用,又可作装饰。苗锦纹饰精巧,色彩大方,道光《遵义府志·物产》载当时黔东南和遵义府属的苗族妇女所纺织的"苗锦"说:"大似苎布,巾尤佳,其妇女衣缘领袖,皆缀杂组,藻采云霞,悉非近致,谓之花练,土俗珍之。"云南《马关县志》卷2亦载:"苗妇勤劳要为人类第一,其所负劳作之力甚多,自朝至暮无休息,夫妻子女之服装皆由苗妇种麻、绩线、自纺、自织、自裁、自缝。最难者,绩麻时间乃利用负柴负水,或赶街行路时间为之,不耗费正当时间也,绘绣花纹甚为古雅,非他族所能为。"宋代时,黎族妇女所织"崖州被"就远销中原,成为当时宫廷的贡品;元代黄道婆流落黎族地区,不仅从黎族妇女那里学会了纺织五彩斑斓的黎锦,而且还将黎族精湛的纺织技艺带到了东南地区。近代黎锦更是享誉中外,其图案多以飞禽走兽、花卉草木、人物及几何图案为主,色彩协调，纹饰精巧。近代台湾高山族的纺织业也有了一定程度的发展，平埔人的"达戈纹"（一名"卓戈纹"）即为其中之一种，道光《噶玛兰厅志》说："以树皮合葛丝，及染过五彩狗毛织毯，名曰'达戈纹'"。时人对之尤其贵重。

水族、布依族的纺织业也开始较早。隋唐时，水族先民已能利用葛麻等植物纤维纺织出各种精美的葛布、斑布、竹布、苎布等。近代时，水族地区出产的花椒布、斜纹布、回纹布等青布，成为当地士绅官吏制作衣服的布料和向上司纳贡之物。布依族土布又称"仲家布"，以棉纱织就，厚实耐磨舒适。蜡染是苗、布依、壮等民族极富特色的纺织工艺品，为妇女们所擅长。其蜡染之法是先把蜜蜡溶成蜡汁，用铜刀蘸汁在白布上绘制各种图案，再放进蓝靛缸中渍染，最后煮布清洗即成蜡染花布。图案或为几何形，或为自然界的动植物等，风格因地而异，多用于服饰、床单、被面、帐檐等。"缬染"是海南岛美孚黎较为有特色的一种染色法，即先在经线上扎成花纹，然后染色再织成布。仡佬族妇女也极擅长纺织，所织丝绸"铁笛布"精细柔美，清人《续黔书》称之"其纤美似蜀之黄润，其精致似吴之白越，其柔软似波戈之香荃，其缜密似金齿之漂叠"。

纺纱织布由各族妇女们承担，有脚踏的木构件织机，如苗、侗、壮、土家、水等民族；也有较简单的腰织机，如台湾土著居民。清乾隆年间六十七所撰《番社采风图考》曾记载台湾土著的织机说："机杼以大木如栲栳，凿空其中，横穿以竹，使可转，缠结于上，刮木为轴系于腰，穿梭而织之。"在简单的工具上能织出许多质密细厚、色彩斑斓的织品，表明台湾土著居民已有较高的纺织技术。近代时，中东南各民族妇女仍多以其传统的工具纺纱织布，以供日常所需。

刺绣、挑花也是中东南许多民族古老的手工工艺，并以风格独特、技艺精湛而久负盛名。光绪《湖南通志·杂志》引《小琅环园诗录·蛮笑集》说时湘西苗族"衣被靡诸花样，有梅花十二度、三串柳、回文格、云驭花等名，斑斓陆离，文采溢目。"一些地区苗族因服饰刺绣较多而有"花苗"之称。黎族的"双面绣"也极富特色，多用作上衣的装饰。在中东南许多民族社会中，当姑娘们10岁左右时，便在母亲和其他女性长辈的指导下开始学绣花，至出嫁，均能绣出美观大方、朴素雅致、线条清晰的绣品来。刺绣、挑花的针法较多，取材广泛，花水鸟兽、浮云红日、高山流水、民族风情、历史传说、几何图案等均可绘于绣品中。其绣品主要用于服饰、被面、背带、帐檐、头帕、鞋面、围腰、腰带、荷包等的装饰。

近代中东南民族的编织工艺在古代的基础上又有了发展，这主要表现在竹编工艺等方面，如毛南族的"花竹帽"、苗族的"马尾斗笠"、布依族的竹席、土家族的竹篓等，都是较为精细的竹编工艺品。竹器编织在中东南民族社会中，是一项较为普遍的家庭手工业，多由男子承担，所编制品，广泛用于生产、生活的诸多方面。其制品朴素大方，典雅别致，既实用又美观。

中东南各民族的金属制作技艺在这时期也有了进一步的发展，主要表现在金银器的打制上。由于中东南地区的一些民族喜爱银饰，并视之为美与财富的一种象征，故银器打制尤为普遍，如民国初年刘锡蕃《苗荒小记》称广西、贵州一些地区的苗族妇女说："尤好银饰，胸悬银牌，大逾掌，颈套银圈，耳垂珰，手戴戒指及银钏，富者带圈数只,带钏十数只……以此骄人。"清同治年间徐家干之《苗疆见闻录》载贵州苗人说:"喜饰银器。无论男妇,戴用耳环项圈。妇女并戴手钏。富幼妇女有戴手钏五六对者。其项圈之重,或竟多至一百两。炫富争妍,自成风气。"又民国初年《永顺县志》续载当地苗族妇女"喜垂耳圈……项圈、手圈、足圈以示富。"在一些苗族地区甚至出现了专门的银匠,如贵州雷山的孔拜村,许多人家都能从事银器制作。在壮族、侗族、瑶族、布依族、水族等民族中,也都有专门的银匠,他们打制的各种银制品,如项圈、簪钗、戒指、耳环、银泡、银冠、银链、银花、银角、银牌、手镯等,纹式独特,精致美观。铁器的打制主要是生产工具,如锄、刀、犁、耙等。如清人张澍《续黔书》曾载贵州境内的"苗刀"说:"苗人制刀,必经数十锻,故钴锐无比。其试刀,尝于路旁,伺水牛过,一挥牛首落地,其牛尚行十许步才仆。盖犀利极,牛猝未觉也。"而惠水摆金扣摆一带的苗族因善制铁农具而有"打铁苗"之称。又据清人陈浩《八十二种苗图并说》"披袍仡佬"条载:"性淳谨,勤耕作,每以打铁作生涯。"近代,中东南许多民族的铁器打制又有了进一步发展,民国《桂平县志·风俗》卷 31 载:"近日瑶人已易刀箭为枪炮矣。枪炮亦俱自制,发则必中。"说明当地瑶人的铁器打制较为发达。

(4) 雕刻:毛南、高山、水、布依等民族的雕刻别具民族特色,以石雕和木雕为著。民国《思恩县志》载:"后区……毛难及牛峒内囊村,下干之下肥、下沙等处,石工对于房屋、坟茔各项亦能建造。"毛南族的雕刻以石、木为主,尤以石雕为著。题材有动植物、人物、神像等。高山族雕刻则以木雕为著,如在排湾人和鲁凯人的贵族房屋中,有许多雕刻装饰,主要有立柱雕饰、板壁雕饰、檐桁雕饰和槛楣雕饰等。题材有人像、动物纹等,有的色彩艳丽,有的古朴典雅。

5. 风俗习惯

(1) 衣食住行:服饰是一个民族的重要特征之一,从一定程度上反映了一个民族的经济、文化发展状况以及该民族的审美情趣。由于民族之间往来日益频繁和中央王朝统治的渐趋深入,尤其是清雍正年间大规模"改土归流"后,政府对一些民族地区的生活方式逐渐改革,近代以来,在一些中东南民族中,服饰较前有了一定的变化,如土家族、仡佬族、畲族等。福州《华美报》己亥(清光绪二十五年)四月,刊福建按察使司盐法道余为示谕事:"有一种山民纳粮考试,与百姓无异,唯装束不同,群呼为畲。山民不服,特起争端",因此,"劝改装束与众一律,便函可免此称为,无不踊跃乐从。"在政府的劝导或强制下,不少地区的民族服饰有了较大的改变。民国郑翘松《永春县志·礼俗志》卷 15 载当地畲人:"今多同化于汉人,与华族无异矣。"在一些土家族地区,"尔民一村一寨内,或有二三人家,仰蓬遵劝谕,即将衣履改换,不过数月,邻里亲族无不相尚移易。"[①] 清朝末年,在广西一些地区的壮族也渐染华风,"壮与蜒家久习华风,渐更夷俗。其衣装则已改矣,其语言则已通矣。"[②] 又光绪《安平县杂记》载台湾土著居民服饰说:"四社番衣服,当未化熟之时,一切与生番无异。迄化熟后,凡属番民所穿之衣,与台人闽人一律。"而有的地方虽政府一再下令改装之禁,但

---

① 同治《保靖县志·示禁短衣赤足》。
② 同治《象州志·纪人》卷下。

民众亦有不相从者。如清人徐家干《苗疆见闻录》"椎髻跣足"条载:"肃清苗疆时,原有责令剃发改装之禁,经营数年,卒不能一律如约。异俗惯常,积重难化,用夏变蛮诚不易也。"总的说来,这一时期在大多数民族社会中,仍旧保持着具有本民族特色的服饰,尤其是妇女服饰,其特色尤为浓郁。

由于千余年来的不断迁徙,至近代,苗族、瑶族已逐渐分布在南方许多省区,形成了不同的支系,而其服饰也因地域和支系的不同表现出多姿多彩的景观。道光罗绕典《黔南职方纪略》载:(白苗)"衣尚白,短仅及膝。男子科头赤足,妇人盘髻长簪";(青苗)"妇人经青布制如华山巾蒙首,衣止及腰,裙长掩膝";(黑苗)"衣短尚黑。妇人绾长簪,耳垂大环,挂银圈于项,以五色锦缘袖。"徐家干《苗疆见闻录》亦说:"苗人衣短衣,尚青色。其妇女所服则皆小袖无襟,下体围裙,无衷衣。其裙以青棉布为之,如百褶裙式。腰束以带。冬夏无异。"民国《邱北县志》载:"苗人有青黑白三种,各以服色分……"众多地区的苗族妇女都有戴银饰的喜好,史书上对之也记载颇多。瑶族服饰也纷繁多彩,如因服饰不同而有箭瑶、板瑶、尖顶瑶、平顶瑶、白裤瑶、红头瑶等称。一般而言,瑶族妇女多着短衣,绣花为饰,"外穿丝线织成花布长褂,五色线边",① 裙裤各地相异,喜打绑腿。银饰亦为瑶人所好,"男子编白雉插首,银环穿耳,银箍匝额,银环饰项,腕带银钏,多至二三双"。②

壮族的服饰也因地不同而异,如居住在武鸣一带的壮族,妇女上身多着无领阑干衣,下穿长裤,铜扣或布扣,以黑色布为主,头绾髻,插簪。男子服饰则与汉族人大体相同。毛南族服饰与周围壮族的服饰相似,妇女多着大襟或对襟上衣,喜戴银饰。仫佬族在近代,男子多着"琵琶襟"上衣,袖长过手,妇女穿大襟无领阑干上衣,长可及膝。近代水族、土家族、布依族、侗族等民族妇女多穿对襟无领上衣,下穿百褶裙或筒裙,或绾发梳髻,或青布包头,或插簪。畲族的服饰虽因地区不同而有差异,但一般而言,男女椎髻跣足,衣尚青蓝色,为白织麻布。男子短衫,"不巾不帽",女子高髻垂缨,头戴竹冠蒙布,饰璎珞状。同治《景宁县志》载畲族妇女:"跣脚椎结,断竹为冠,裹以布,布斑斑;饰以珠,珠累累,皆五色椒珠。"京族约在15世纪从今越南海防等地迁到了广西防城港一带。近代以来,其服饰虽受到了邻近汉族的影响,但仍有部分群众还保持着本民族的服饰,如妇女上身内挂一块菱形的遮胸布,外穿一件窄袖紧身、对襟无领短上衣,下穿长而宽的深色裤子。男子喜穿长至膝、窄袖袒胸上衣,长宽裤子,腰间束带,跣足。近代的黎族服饰也因地因支系而异,但一般男女上穿无领对开襟衣,女下穿无褶筒裙,一些地区的男子下身则围以前后两幅布的"吊襜",喜戴耳环、项圈、手镯等饰品。有些地区的妇女还有文面和文身的习俗。高山族的服饰丰富多彩,不同的地区不同的族群有不同的着装,如男子,居住在北部地区的泰雅人、赛夏人和阿美人,上着无袖或长或短胴衣,长及膝,短及腹,腰缠条纹麻布为腰裙;中部地区的曹人、布农人,上穿鹿皮敞胸背心,斜挂方形斜折绣花胸袋,腰部所挂斜折腰袋遮盖下部;南部地区的排湾人、阿美人,上穿对襟长袖衣,腰系腰裙或系腰带并垂其两端为

---

① 道光《龙胜厅志·风俗》。
② [同治] 黄钧宰:《金壶七墨》卷5,清代笔记丛刊本。

前裙。而女子则或短衣长裙,对襟长袖,或长衣下裳,长衣窄袖,服饰繁简不一。

饮食习惯的形成与各民族的生产活动、经济发展水平、生活自然环境及其他民族的影响有关。中东南民族多居南方坝区或山区,以农业生产为主。坝区多以水稻种植为主,并以之为主食;山区则多种植旱稻、麦类、红薯、玉米、土豆等。经济作物如有甘蔗、花生、棉、麻、豆类、烟草、瓜果等。蔬菜种植在一些民族如壮、侗、仫佬、布依、土家、水、毛南、仡佬等族中较为普遍。畜禽的饲养多为牛、羊、猪、鸡、鸭等。民国广西《三江县志》载:"(僮人)日三餐,夏日农忙时四餐。佐膳品菜有猪肉鱼虾,款客有鸡、鹅、鸭等馔。蔬菜有四时瓜豆及青菜、白菜、萝卜、春冬竹笋之类。"食野菜和猎食山间动物,是中东南民族饮食的特色之一,如清土家族诗人彭勇行曾用竹枝词写道:"三月山蕨初苗芽,枞林九月菌生桠;秋岭红熟累累果,玉面狸肥味更佳。"由于中东南民族多居住在潮湿、炎热之地,喜食酸辣为其日常所需。道光《黔南职方纪略》载当地民族:"得羔、豚、鸡、犬、鹅、鸭……置之瓮中……名曰醋菜,珍为异味。"又道光《白山司志》载广西南宁地区土人:"饮食嗜酸辣。四五月采苦笋,去壳置瓦坛中,以清水浸之,久之味变酸,其气臭甚,过者掩鼻,土人以为香。以小鱼煮之,为食中美品。其笋浸至数年者,治热病如神,土人犹为珍惜。又有酸糟,乃以米汁浸熟饭为之。"① 在长期的生活实践中,不少民族还形成了别具特色的食品,如壮、侗、土家、水、苗、毛南、黎族、仡佬等民族的腌酸(酸肉、酸鱼、酸辣椒、酸菜、酸骨酱等)、腌腊肉,侗、瑶、苗等民族的"油茶",壮、毛南、仫佬等族的"鸭酱",毛南族的"毛南饭",畲族的"番薯丝饭"等。喜食糯米,曾是一些地区苗、瑶、侗、壮、水等民族的主食,光绪《黎平府志》载当地"高坡苗"说:"常食糯米,蒸饭捏团,以手掬食,无匙箸,食蔬菜,少用盐。"民国刘锡蕃《苗荒小记》一书记载广西、贵州一些地区的苗族饮食说:"苗地水寒,唯宜糯稻,所食多为糯米。"又说:"食不用箸,甑饭既熟,倾而摊于盆中,家人环集,以手掬而食之,蔬菜鱼肉,盛于竹筒瓦缶,虽宴嘉宾,亦若是也。"民国《融县志·社会·风俗》第二编载:"出产宜糯米,故食以糯米为主。"又民国《罗城县志·民族》条载:(瑶人)"以糯米为主,以手捻食。"时人还以糯米制成特殊之食,以作他用,如荔波瑶、僮在四月初八日,"以枫叶揉碎渍水染糯米为饭,曰黑饭,古名青精饭。土人以饭和肉饲牛,俗谓报牛之力,使得脱化,理或然与"。② 用糯米或大米制成的糍粑、粽子等,是中东南民族年节常食的食品,也是馈赠亲友的佳品。

茶、酒是中东南民族喜爱的饮料。民国年间,沈作乾在浙江丽水调查,曾对畲民的生活描述道:"以番薯为正粮,玉蜀次之,常年食米者,寥若晨星……尤喜饮酒。"③ 徐家干《苗疆见闻录》称:"苗妇多好饮。或置酒召之,则老幼偕至。饮次,唱歌为乐,群以酒奉召者受之饮,则兴高色喜。否则歌止,随罢而去。"而光绪《德庆州志》卷15中说瑶人"沉湎酒食"。民国《乐昌县志·风俗》卷3亦载:(瑶人)"喜饮酒,多货

---

① 转引自《广西历代史料荟萃》,广西民族出版社,1986年。
② 光绪《荔波县志·风土》卷11。
③ [民国]沈作乾:《括苍畲民调查记》。

来市，十人多以酒笼络之。"关于高山族的饮酒，史载较多，如康熙年间郁永河所撰《稗海纪游》曾载："番人无分男女皆嗜酒，酒熟，各携所酿，聚男女酣歌，歌呼如沸，累三日夜不辍。余虽既罄，虽饥不悔。"这一习俗至近代仍未有多大改变。对于土家先民的喝酒习俗，嘉庆年间鄂西土家诗人彭淦曾赋诗曰：蛮酒酿成扑鼻香，竹竿一吸胜壶觞；过桥猪肉莲花碗，人妇开坛劝君尝。此饮法即"咂酒"，黎、高山、仡佬等民族亦有。其所饮酒，多以粮食自制。台湾泰雅人还有以未嫁女嚼糯米为曲酿酒之俗。各民族制酒之法一般是将米、黍、粟、玉米、麦等粮食作物蒸熟，然后拌上酒曲，置于容器内发酵成酒。饮时，有的掺入水，即为水酒，度数较低，如进行蒸馏，则为烧酒，度数较高。道光《白山司志》说南宁土人："酒有单熬、双熬、三四熬之分，皆沽之于市，其价以次递增。富厚家恒双熬，待客三四熬。贫人第次，知单熬，名曰烧酒，又名水思，冲言其味如水也，淡若南酒，并烧则唯司官有之。"

饮茶之俗在中东南民族中亦不尽相同。如上所述，侗、瑶、苗、土家等民族喜喝"油茶"，其制法是先用油炒茶叶，而后冲入水煮沸，再放入盐、姜、炒米、花生、芝麻、姜等即成。罐罐茶为仡佬族人所喜好，即在火旁置一小罐，放入茶叶烤黄，然后冲水煮沸而成。近代一些中东南民族不仅饮茶，而且种茶，如畲族。其地山高雾重，宜于种茶，所产"惠明茶"，闻名遐迩，曾为贡物，并在1915年巴拿马万国博览会上荣获一等证书和金质奖章。

此外，黎、高山、京、壮等民族还喜嚼槟榔，常把烟丝、石灰等和槟榔一起嚼，使齿不断被染黑。据称经常嚼食槟榔有开胃、保护牙齿之效。

居住与饮食一样，反映了一个民族社会经济发展水平和生存的自然环境状况。近代以来，一些中东南民族逐渐定居，居住形式也发生一定变化；而一些早期定居民族，其民居较古代更为美观、精致，建筑艺术更为精湛。从史料记载看，这时期中东南民族的居住多为竹木或草木结构的"干栏"建筑，即上层住人，下层放养家畜、堆放杂物等，"人居楼上，畜养楼下"。如民国《桂平县志·风俗》卷31所载："昔年瑶俗，依山架木，覆以青茅，人栖其上，下顿牛畜。"又民国《罗城县志·民族》载："结木为楼，上覆以瓦，楼上居人，楼下蓄畜。"黎族有一种颇具特色的"船形屋"，为竹木构架，因其屋顶起拱如船形，故名。该住所亦为"干栏"式建筑所演变，且保留了"人居楼上，畜养楼下"的特点。直到现在，在一些壮、侗、水、苗、瑶、黎、土家、仡佬等民族社会中，仍保留着这种古老的居住形式。台湾的土著居民支系繁多，表现在居住上，也呈现出不同的风格。依建筑材料，可分为木屋、竹屋、茅屋、石屋、草顶地下房屋等形式。此外，这时期由于受汉族影响，不少地区的中东南民族在居住风格上也随当地汉人，如民国《汝城县志·社会习尚》卷21所载："平地瑶自乾隆二十一年改称新民，与民杂处，仰沐抚绥作育深仁，凡耕读赋役丧祭服食居处，俱与民。"受社会生产力发展的影响，近代仍有少部分的中东南民族还处在居无定处的状态，其居住形式亦甚为简陋，如畲民，时多"依山结茅为居，迁徙无常……"①

行即指交通，近代中东南民族的交通状况与古代变化不大，肩挑人背马驮仍是各民

---

① 光绪《饶平县志·户口》卷4。

族主要的运载方式。由于近水而居，一些民族水上交通工具的使用极为普遍。以葫芦涉水，为台湾高山族所用，道光《噶玛兰厅志》载："番之行具，家置一葫芦，容数斗，出则粮衣毯皆纳其中，遇雨不濡，遇水则浮。"独木舟也是台湾土著人常用的交通工具，同治《东瀛识略》说："（番人）渡水无舟，刳独木空其中，边翼以板。用藤缚之，名曰艋舺，恰两三人而已。""风雨桥"是侗族人精湛建筑艺术的表现，多为亭阁长廊形，砖木石结构，架于村寨边的溪河上。建于民国五年（1916年）的广西三江程阳风雨桥，长76米，宽3.4米，高10.6米，楼阁和廊檐绘有各种精美图案，为侗族"风雨桥"之精品。

（2）节日：清雍正年间在南方少数民族地区实行大规模"改土归流"后，又在一些地区进行习俗改革，使各民族的风俗习惯发生了或多或少的变化。与此同时，随着各民族与汉族交往的日益频繁，至近代，不少民族的习俗渐与汉族相类或趋同，节日也不例外。汉族所过的春节、端午节、中元节、中秋节、重阳节等节日，在许多民族中均有影响，并演变成各民族节日习俗的重要组成部分。除此，这一时期各民族还保留着不少本民族传统的节日习俗。"苗年"是许多地区苗族的盛大节日，各地过节时间不一。在贵州八寨的"短裙苗""以冬月第一卯日为年节，以十五日为限，择适中平坦之地，吹笙跳月，男则吹笙导于前，女则牵裙跃于后，走马者团团围绕于外。"①"跳月"，或称"踩花山"，贵州、广西等地苗族喜爱的一种节日，同治徐家干《苗疆见闻录》载："苗有踩堂之俗。每于平地，置鼓中央，以老妇击之。年幼男妇则皆周环行走，且歌且笑，亦蹈亦舞，甚或为委琐之状而不之禁。故又谓之跳月。"又民国《马关县志》称苗人"踩花山"，每年初春，"自初一日起，来者日众，累百盈千，肩摩踵接……场中芦笙者既歌且舞，屈其腰而昂首，盘旋往复……歌声弱弱，笙韵悠悠。如是数日，唱酬既恰，男女相悦。""四月八"是壮、苗、瑶、侗、布依、水、仫佬、畲等民族的传统节日，"是日也，以枫叶揉碎渍水染糯米为饭，曰黑饭，古名青精饭。土人以饭和肉饲牛，俗谓报牛之力，使得脱化，理或然与。"②"三月三"也是壮、畲、瑶、侗、布依、黎、仫佬等民族喜爱的节日，在该节日中，一些民族常做"乌米饭"以祭祀祖先，如同治《藤县志·舆地·风俗》卷5载：（瑶人）"清明插柳门楣，前后一日取枫木叶渍米炊乌饭，具牲醴扫墓，少长集饮于墓所。三月三日上巳，亦作乌米饭相饷。"土家族也在三月过清明，清光绪《古丈坪厅志》卷10载："土人旧俗，每岁三月清明，杀白羊击鼓吹笙以祀鬼。"在中东南许多民族中，还有"吃新节"的习俗，多在收获新谷时过。届时往往举行祭祀活动，吃新米，载歌载舞。

"唱哈节"是京族最隆重的传统节日，节期各地不一。其时要举行迎神、祭祖、歌舞等活动，以祈人畜平安、五谷丰登。支系繁多的台湾土著居民，节日亦丰富多彩，且多与农事祭祀等生产活动有关，如平埔人的"粟作祭"、"稻作祭"，阿美人的"祈年祭"、"新年祭"，泰雅人的"开垦祭"、"收割祭"，排湾人的"五年祭"，雅美人的"飞鱼祭"，赛夏人的"矮灵祭"，等等。

---

① 民国初年《八寨访册》。
② 光绪《荔波县志·风土》卷11。

(3) 婚姻家庭：近代中东南民族的婚姻家庭多实行一夫一妻制，一夫多妻主要是富贵之家所为。这一时期，各民族的婚姻仍以民族内婚为主，"嫁娶必同类，不与人通婚姻"①。婚姻缔结过程等亦各具民族特色，许多民族还流行着姑舅表婚、不落夫家之俗。如民国《溆浦县志·风俗》卷8载溆浦瑶："女子初嫁仍居母家，岁余及生育后，则于腊月二十五六日归夫家。"但随着与外来民族交往日盛，传统的婚俗也逐渐被打破，出现了与汉族相同或相类似的婚俗，民族之间的通婚也越来越普遍，"因文化之深，而婚姻互通亦有以致之。"②"壮女嫁与儒童、秀才，则婚夕即成夫妇。"③ 在台湾，清代以来，由于汉人不断进入，番女与汉人通婚的事例也日益增多。如早在清初黄叔璥所撰《台海使槎录》卷5《番俗六考》中称，番女与汉人"牵手"（当地土著一种婚姻缔结习俗）者日多，往来倍亲密；"琅峤一社，喜与汉人为婚，以青布四匹，小铁铛一口，米珠斤许为聘。"由于番女与汉人通婚者较多，使当地男子缺妻少偶的现象也日益突出，引起了一些社会矛盾。乾隆年间，为缓和矛盾，当地政府也曾实行了禁婚令，以保护土著人的权益。但此举仍未能禁锢汉人与番人的通婚。同治十三年（1874），钦差大臣沈葆桢上疏请开旧禁，汉人与番人的通婚才再无禁制。

(4) 丧葬：与其他习俗一样，近代一些中东南民族的丧葬习俗在其他民族的影响下较前时期也发生了一定的变化，同时本民族固有的一些传统文化因子仍继续保留。土葬是各民族普遍流行的葬式，道光《连山绥瑶厅志·风俗》卷4载瑶人丧俗说："亲始死，先相地掘坎，市棺置坎侧，以尸僵坐秤之，有倚者绳缚之，邻里为之舁。子妇服丧服，披麻，辟踊哭泣，哀而送之。至坎，延瑶道面尸诵章乃殓，殓毕而穴，封毕而归。"光绪《上林县志》卷6说当地壮族："父母殁……富贵之家，则盛以美材，停诸外室，必择吉地而始葬，谓之大葬。"民国刘锡蕃《苗荒小记》一书记当时广西怀远、融水和贵州下江山区苗民丧葬，亦称："病者死，家人始入山伐木，踞为片断，安置塘间，其形略似棺材，但工作简单，且无斗榫。于是宾朋咸吊，用梯昇尸其间，封土为冢。"具体到丧仪上，由于各民族对生死的认识不同，以及贫富差异，其仪式的繁简亦不一。一般而言，对正常死亡者，有报丧、入殓、守灵、停棺、出殡、下葬等过程。民国《三江县志》载："僮人丧，量家之有无，富者厚殓，锦衾裯，绸袍袴，至三四套。其衾裯及亲友所需之帛，则出于女，故为之女者，率于平日预备，并织土白布一二十匹以待。贫者装殓从俭，设奠日亲友往吊，女婿须备猪羊，皆如六甲人。在昔均傍柩在堂，必请堪舆家择吉地，及延僧巫超度。富者三天四餐，曰打斋。贫者亦一二日，曰开路道场。送柩上山后，必具盛馔享客，亦曰宝贵酒。葬后立灵位于家，奉祀三年。"至于恶死者，一般都草草掩埋。埋葬的地点，许多民族葬于村寨外，有的葬于公共墓地，垒土或垒石为坟。居住在台湾的一些族群，则有葬于屋中之俗。如鲁凯人将在家中的病死者，易上盛装，下肢屈于胸前作蹲状，再用布包裹，在两肩打结，然后从床上移于室内石床上，在室内揭开地面石板，掘一墓穴，移尸入内，面向东，盖上石板和泥土。

---

① 道光《开建县志·风俗》卷7。
② 民国《桂平县志·纪政·风俗》卷31。
③ 民国《榕江县志·民族》第2编。

除土葬外，近代的一些中东南民族还有火葬之俗。如《贵溪县志》载当地畲族说："遭亲丧，舁棺至山麓火化之，拾其骨，请于所求隙地葬之，不起坟。"又如龙胜瑶"葬用火化"①，兴宁瑶"多有焚化"②等。此外，壮族、仫佬族、水族、侗族等民族还有二次葬或捡骨葬的习俗，即先行土葬，数年后待尸体腐化便行捡骨，装入小棺木或瓮中，择吉日、吉地埋入土里或放入岩穴安葬。

6. 教育

随着各民族社会经济的发展，中央王朝统治的不断深入，以及各民族间往来的日益频繁，近代中东南民族的文化教育，除了私塾、各种书院外，新式的学校教育也逐步发展起来。清雍正年间"改土归流"之后，为加强对南方少数民族的统治，清政府就在许多地区设立了"义学"、书院，增加了科举名额，如在永顺府，雍正七年（1729），"永顺新辟苗疆，应先设立义学，择本省贡生生员，令其心教诲，量予廪饩。"③ 此后，各县纷纷设立义学。时永顺有义学3处，保靖4处，龙山2处，桑植3处。至近代，义学的设置更加普遍。同治十二年（1873），地方政府在八寨（今贵州丹寨）设城乡义学11所，都江厅（今都江）在同治年间创办义学13所，丹江厅于光绪元年（1875）设义学32所，古州厅（今贵州榕江）设义学11所等④。又据道光《宝庆府志·礼志》卷93载湖南宝庆地区："瑶学者，乾隆五年（1740）平城步瑶以后，议准增设者也，凡瑶疆皆有之。"徐家干《苗疆见闻录》亦载："……以苗疆绝逆产业充作义学赀费，因地置馆，延师设教，牖以诗书，导以礼义，使之日染月化，则数十百年后习俗混同，斯乱机遮遏已矣。"书院的兴建也蔚然成风，如古州（今榕江）的榕城书院，怀远的丹州书院，锦屏的养正书院，丹江厅的丹阳书院，台拱厅的三台书院，莲花书院，彭水的摩云书院，汉霞书院，酉阳的凤台书院、龙地书院，咸丰的蔚文书院，宣恩的龙洞书院等。义学、书院的教学均以传播汉文化为主，推行与官府统治相符合的价值体系，如四书、十三经、朱子全书等。史载："苗人习尚不同，性情靡定……尤在经理有方，使之沐浴于诗书礼义之中，徐改其桀骜顽劣之习……细访苗疆各有土司……而于教训苗人读书一事，或视为儒术迂疏，不能认真办事。殊不知读书可以变化气质，果其料理得法，自可事观厥效。"⑤随着学校规模的不断扩大，各民族习文识字者也不断增多，至于秀才举人，从道光到光绪，亦可谓代不乏人。光绪《新宁县志·疆里表》卷3载诸瑶峒："子弟之秀良，皆得以入学以冠带为荣，而以椎髻白衫为耻。"又民国《蓝山县图志·礼俗》14载当地诸族："有不靳重资，聘老师儒宿，训迪子弟。有援例纳资，通籍出仕者。迄兴学堂，建立学校，留学衡、湘者，颇不乏人。"又如光绪年间中举之苗人，有永绥厅龙廷镶、龙纳言，保靖县行昌松，凤凰厅龙骧、田应达、熊希龄，松桃厅贺增龄，天柱县吴鹤书、吴见举，锦屏县姜德全，四川彭水的聋基亨，等等。至光绪年间，毛南族已有文武秀才20余人。古州（今榕江）侗族吴洪仁、杨廷芳也在这时期中了举

---

① 道光《龙胜厅志·风俗》。
②⑤ 光绪《兴宁县志·疆域·瑶峒》。
③ 乾隆《永顺府志·学校志》卷5。
④ 民国《贵州通志·学校志四》。

人。① 光绪五年中举的荔波县布依族人何金龄,曾在山东等地任职,"有政声"②。这时期在壮族社会中出现了许多文人墨客,如道光进士象州人郑献甫,曾著《补学轩散骈文集》12 卷、《补学轩诗集》16 卷等书,是壮族著名的诗人。湘西、鄂西、渝东土家族受汉文化影响较早较深,文人辈出,其成就主要表现在诗歌和散文方面。这一时期著名的文人如有彭秋潭、田泰斗、陈汝燮、陈景星、彭勇行、陈光泰、田金楠、温朝钟等等。

清光绪三十一年(1905),清廷废科举,设学校,创办新学,在许多地区办了小学堂,各地的书院也陆续改为高等学堂(小学),聘请教师讲授国语、算术、历史、地理、图画、英文和一些自然科学等课程。各地农村的私塾,也相继改为初等学堂,不少地区还开办了女子学校、师范学校、初级中学等学校。这些学堂大多由官办,也有由士绅倡导、地方官署协助创办或个人出资、集资建办的。在政府"新政"的推动下,中东南民族所在的许多地区也兴办了学堂。据不完全统计,永顺县在辛亥革命前后设立的学校就达 23 所之多。辛亥革命后,公立、私立学校的设立更加普遍,据民国《湖南各县调查笔记》记载,至 1915 年,仅古丈县设立的私立小学就达 50 余所。在布依族、水族、侗族、苗族、瑶族、毛南族等民族居住的地区,办学也成为一种风尚,如永绥厅在光绪二十九年至宣统元年办初等小学 37 所,宣统元年后办启蒙小学 42 所。③ 女子学校的设立是近代教育的一大特色。1907 年,巴东县建立了高低两等女子小学堂;1911 年,永顺县建立女子学校。与小学的兴办相比,中等教育的规模则显得相对较小,如恩施仅有中学堂 2 所。光绪二十八年(1902),中央政府在广西创办了广西大学堂。1905 年,新政推行后,清政府在桂林先后创办了农业学堂、优级师范、陆军小学、干部学堂等。光绪三十一年(1905),贵州兴义府建兴义中学,都匀府将速成师范改为中学堂,1913 年十县中学创建于都匀,④ 这是民国年间布依族地区创建的最早中学之一。这时期,在一些地区,外国传教士为其传教目的,先后在一些民族地区创办了学校,其中又以英国基督教圣道公会和内地会在黔西北及安顺等苗族地区办的学校较多,如 1888 年,英国牧师党居仁先后在安顺城内开办了"安顺苗民义务学校"和"乐育高等学校",以招收苗民学生为主,此后他又在水城厅、郎岱厅、织金县、普定县等苗族居住的地区开办了学校;1906 年,内地会在葛布(今属贵州赫章县)建初级小学 1 所,1913 年、1914 年增设高级小学甲、乙班,同时开办女子初等小学,并逐步发展成为黔西北苗民教育中心;1905 年,圣道公会在贵州威宁石门坎开办"石门坎光华小学",从云南昭通聘请教师任教,开设汉文、新创苗文、算术、音乐、图画等课程,成为当时滇、黔、川三省边区苗民的教育中心,也是当时全国苗民地区最大的新式学校。随着该小学的建立,教会下辖的教堂也纷纷开办光华小学分校 10 余所。近代学校的建立为各民族增添了许多有文化的知识分子,对推动各民族教育和社会的发展起到了重要作用。

---

① 光绪《黎平府志》卷 7《人物》。
② 民国《荔波县稿》卷 8,手抄本。
③ 宣统《永绥厅志》卷 11。
④ 民国《都匀县志稿》学校篇。十县即原都匀府属的都匀、八寨、独山、麻哈、清平、荔波、平舟、三合、都江、丹江。

二、中东南各民族的宗教信仰

"宗教是在最原始的时代从人们关于自己本身的自然和周围的外部自然的错误的、最原始的观念中产生的。"① 世界许多民族在长期的社会发展中，基于不同的认识，产生了各具特色的宗教观念。从信仰形式看，近代中东南民族主要信仰原始宗教、道教、基督教、佛教、天主教等。在许多民族看来，自然界的花草树木、鱼虫鸟兽，山石水土以及天上的日月星辰等，都和人界一样，有好坏善恶美丑之分，有鬼神附着或控制着。同时对人类自身生死、疾病、梦境及某些行为的不理解，也使各民族群众产生了内涵不一的鬼神观念。为了让人世的一切生产生活顺达，各民族群众还形成了一整套的信仰观念和仪式，以趋吉避凶，祈求福祉。

原始宗教信仰是中东南民族普遍存在的一种信仰形式。据光绪《湖南通志·杂志》引《小琅環园诗录·蛮笑集》载，时湘西及黔东北、川东、鄂西等地苗民风俗说："俗以五月子丑二日祭鬼，忌青草树叶入屋。所畜鸡豕猫犬，必先期驱崖洞中。谓闻其声，则不利，名曰躲五月。其余祭鬼事甚多。鬼有保洞、破茶、簸箕等名，不可胜纪。"在贵州东南部等地，对苗族的信仰，道光年间罗绕典的《黔南职方纪略》、同治年间徐家干的《苗疆见闻录》、民国《贵州通志·土民》等书多有记载，称其"病不服药，唯祈鬼信巫"，"俗信鬼尚巫。有病不用医药，辄延巫宰牛禳之。"又据民国《龙津县志·民族》第四篇载当地苗、瑶民族信仰："苗、瑶迷信甚笃，片石尺木或以为神，即相戒不敢侵犯。"民国十年《黄平县志·风俗》亦称："苗巫无寨不有，病不服药，唯听巫卜，或以草，或以鸡子，或以木梳、草鞋、鸡骨等物卜之。所卜之鬼与祭鬼之物甚多。病愈则归功于巫卜之甚灵，病死则归咎于祭鬼之未遍。"民国《马关县志》卷10在谈及当地侬人（壮族）的信仰时说："有病不求医，而求白马（夷巫之称）。不拘贫富，家有病，辄曰送鬼，杀鸡、鸭、犬、马甚多，必至病者痊或死而后已。白马以草签或鸡膀骨为卦，能卜吉凶，查鬼祟，笃信为深。"鬼神崇拜在土家人中亦同样盛行，据同治《保靖县志》载当地土人说："祀青草鬼，忌带青草入室……每岁三月，杀白羊击鼓吹笙以祀鬼；四月八日夜祀祖；九月九日合寨宰牲祀重阳，以报土功；年终于十二月二十八日夜祀祖，名曰敬鬼……他若疾病，不信医，宰牛以祀神，歌丧哭嫁，崇尚巫鬼。"瑶、畲、苗等民族有信仰盘瓠之俗，尊之为先祖，并以祭之为大典，刘锡蕃《岭表纪蛮》说："瑶人祀盘古，三年一醮会。招族类，设道场，行七献之礼。男女歌舞，称盛一时，数日而后散。三年内所畜鸡犬，尽于此会。"又民国《乐昌县志·风俗》卷3载：（瑶人）"清明前十日祭祖，大族上坟，人各提铜锣，义有乐官鼓子；小族否。"可见在一些地区，祭祖规模大小与宗族大小有关。祭祖为畲民所重视，不仅祭同姓本族先祖，亦重祭祀盘瓠，民间所绘"祖图"和所编唱之"高皇歌"，反映了畲人对盘瓠的尊崇，清（道光）十五年重修《遂昌县志》载周应枚《畲民诗》曾云："九族推尊缘祭祖，一家珍重是生孩。"出于对祖先的崇拜，壮、土家、侗、水、仡佬、布依、京、黎、高山、仫佬、毛南等民族也极为重视对祖先的祭祀，如许多民族中元节以祭祀祖先为主要

---

① 恩格斯：《路德维希·费尔巴哈和德国古典哲学的终结》，《马克思恩格斯选集》第4卷，第250页，人民出版社，1972年。

活动，侗族有祭女祖母"萨"，正安县石井乡冯氏仡佬族祭祀"雌狐"，仫佬族有依饭节"还祖愿"，高山族有象征祖灵的人体雕刻等。不少民族还效仿汉族，在家中设祖宗灵位，以贡奉祈求。由于神灵的信仰极为普遍，所以，台湾等地的土著民族还形成了节日与祭祀活动相混的习俗。

对鬼神的信仰，在各民族社会中不仅产生了各种各样的膜拜仪式和禁忌习俗，而且还产生了以沟通人鬼神的媒介——巫师。一般来说，这时期的巫师主要为兼职，尚未脱离生产劳动，当社会或某个家族、家庭需要举行宗教活动或仪式时，这些人方来扮演这一特殊的职业。对巫师的称呼，各民族亦不相同，如壮、毛南、仫佬、瑶等民族称为布摩"师公"或"道公"，京族称为"师傅"或"喃么佬"，土家族称为"土老司"或"梯玛"、黎族称为"道公"和"娘母"、水族称为"哎播"和"尼薅"等。他们施行各种巫术手段，替人念咒祈祷、驱除邪恶、医治疫病等，在社会中享有较高的地位。

由于长期与汉族人民交往，汉族人民所信仰的道教、佛教也逐渐为瑶、壮、土家、仫佬、毛南、苗、京、侗、水等民族所接受，并与本民族固有的一些信仰相结合，形成具有浓厚民族特色的宗教信仰形式。大约在元、宋时期，道教传入瑶族地区，直至近现代，该种宗教仍为瑶人所信奉，而道、巫相结合，成为瑶族宗教信仰的突出特点。据道光《连山绥瑶厅志·风俗》卷4载："瑶道自教，亦有科仪，其义不可晓，学优者则延诸道为受箓，受箓者服朱衣。凡瑶之有疾病者疮疡者造焉，使其众分而祷禜之。有愈有不愈，其不愈者，则曰神所恶，非祷之不诚也。"佛教在一些中东南民族地区也有一定影响。如何子星《畲民问题》记载畲族："又信佛教，亦有受洋人宣传的影响而信基督教的，然甚寥寥。"① 而在永顺等地的土家族地区，民国时期，当地群众"对于释道二教并视之，除僧尼而外，膜拜偶像者甚稀……然于疾病时，亦有请僧尼诵经、巫师驱鬼者"。②

鸦片战争后，随着帝国主义政治、军事、经济、文化侵略的不断深入和一系列不平等条约的签订，基督教、天主教等西方宗教势力也进一步深入壮、瑶、苗、京、黎、布依等中东南民族地区。据光绪三十三年（1907）统计，时广西全境有天主教教堂50座，基督教教堂29座，其中相当一部分分布在壮族地区③。大约在道光末年，天主教传入贵州布依族地区，他们采取威逼、利诱、欺骗等手段，强迫布依族群众入教。至同治年间，形成"教友特多，教堂亦盛"④ 的局面。这时期，在江平一带的京族地区，不少群众也信仰了天主教，对当地群众的生产生活产生了一定影响。而在苗族地区，教会的势力也不断发展，许多苗族分布的州县乡村，都留下了外国传教士的足迹。在贵州、四川、广西、云南等省区，法国天主教都建立了自己的教区。如在开化府等地，大约光绪二十六年（1900），法国天主教始传教，不几年，教徒发展到千余人，"半系侬人（壮族），其余汉、仆、苗、僚又半之"。⑤ 基督教虽较天主教晚深入，但其势力发展也

---

① 载民国《东方杂志》第30卷，第13号。
② 《土家族简史》，第279页，湖南人民出版社，1986年。
③ 《壮族简史》，第134页，广西人民出版社，1980年。
④ 民国《镇宁县志》。
⑤ 民国《文山县志·宗教》。

较快，如光绪三年（1877），内地会英国牧师祝扬名在贵阳建立了教堂；光绪十年（1884），内地会牧师白礼德到安顺传教，1888年，复加派教士党仁居也到安顺传教，该年圣道公会也在云南昭通等地建立了教堂；1896年，英国牧师明鉴光等人在黔东南的旁海等地建立了教堂，许多苗族信仰了基督教。外国传教士在传教的过程中，为了吸引当地群众入教，他们还建立了学校、医院、保育院等机构，同时对当地群众的一些不良的风俗习惯加以引导，这些均在一定程度上改变了当地民族的教育、医疗卫生状况。当然，他们传教的目的并不在此，而是为了控制各民族群众的思想意识形态，许多传教士以本国侵华势力为依靠，采取威逼、利诱等手段，强迫群众入教，有的甚至在某些官府的支持下，强占群众土地、民宅，干预群众正常的生产生活，殴打甚至杀害群众，从而也激起了各民族群众一次又一次的反对教会斗争。

第二编　外国资本主义入侵后的民族地区

第一章　外国势力对各民族地区的入侵

第一节　外国势力全面侵入各民族地区

1840年第一次鸦片战争后，资本帝国主义列强用重炮和鸦片打开了中国大门。他们从东北三省、内蒙古到宁夏、甘肃、青海、云南、贵州、四川、广西，一直到新疆、西藏、台湾，全面侵入了各民族地区。他们在各民族地区，不仅大量地掠夺原料、倾销商品、办厂开矿、修筑铁路、开设银行、发行货币，使各民族地区成了外国列强的原材料基地和商品、资本市场。各国列强还加紧了对各民族地区的武装入侵，其中沙俄对我国东北、内蒙古、新疆等地，英国对西藏、云南等地，法国对云南、广西等地，以及英、法、美、日等对台湾的侵略活动，由来已久，最为突出。他们吞并了我民族地区的大片良田沃土，残杀了大批无辜群众，犯下了种种不可饶恕的罪行。

一、外国的经济入侵与渗透

第一次鸦片战争后，各国列强胁迫清政府签订一个又一个不平等条约，获得了深入中国内地，以至对各民族地区进行剥削与掠夺的各种特权。列强控制着中国的海关、对外贸易，可以到各地办厂开矿、修筑铁路、开设银行、发行钞票，使中国沦落为一个半殖民地国家。

外国列强的大规模经济入侵，是以迫使清政府开设通商口岸区域为突破口的。我国少数民族聚居区多为边远地带，交通不便、经济落后，被打开通商关口的时间，比沿海一带普遍要晚一些，始于19世纪50年代。沙皇俄国是撞开民族地区经济侵略通道的急先锋。早在1858年，沙俄就与英法等国相互勾结，迫使清政府草签《天津条约》，特别规定中俄两国"合办"由恰克图经过内外蒙古至北京的邮政，率先打开了入侵内蒙古的通道。接着1861年，英国通过《中英天津条约》迫使清政府开放辽宁的牛庄（今营口）为通商口岸，东北三省的大门由此打开。次年，沙俄又同清政府订立《陆路通商章程》，俄商取得减免税收的特权，开创了陆路对外贸易减免税的先例，以后英、法、美、日、德等国相继效尤，破坏了我国陆路贸易关税自主权。沙俄敲开新疆通商大门的时间比内蒙古还要早好几年。1851年（咸丰元年）8月，它就迫使清政府签订

《伊犁、塔尔巴哈台通商章程》，规定伊犁、塔城两地为商埠，俄商可以在这两地居住、建立贸易圈，两国通商彼此不抽税。这是在我国少数民族地区开设的最早的通商处所。到1881年，沙俄在蒙古、新疆的国境线上迫使清政府先后开放35处卡伦，准许俄商由此自由出入。英国和法国殖民主义势力在侵占印度、缅甸和印度支那三国之后，进一步向我国云南、广西等地进行经济入侵和渗透，其主要手段就是开埠通商、建立海关，以此作为巩固的经济侵略据点。早在1875年"马嘉里事件"之后，英国驻北京公使就向清政府提出五点照会要求，1876年又签订《烟台条约》，规定英国得派员到云南调查，准备商订滇缅边界及通商章程；英国派员到重庆、大理等地驻居；中国得多开商埠与英国通商；英国可以派人前往甘肃、青海、四川等地，以及由印度进入西藏；增开广东北海（今属广西）等处为通商口岸。从此，英国就得以侵入我国云南、广西，以及甘肃、青海、四川、西藏等广大民族地区。但是，英国殖民者并不满足于这些权益，他们还要取得更大的侵华特权，还需要建立更加巩固的侵略据点。1894年3月，英国迫使清政府签订《中英续议界务商务条款》，共20条，1897年2月，英国再威逼清政府订立《中缅条约附款》，共19条。根据上述历次条约，1902年，英国在云南的蛮允建立海关及领事馆（不久迁驻腾越），并在云南思茅建立海关。法国殖民者也不甘落后。从1882—1887年，法国强迫清政府签订《中法续议商务专条》等4个通商条约，迫使清政府向其开放广西的龙州、云南的蒙自等地为通商处所。接着，1889年8月，法国进而在云南蒙自建立海关，1897年1月，又在云南思茅建立海关，当年7月，法国在云南的河口又建立一分关，属蒙自正关管辖。20世纪初，随着滇越铁路的修筑和对华贸易的扩大，法国又迫使清政府将云南府（今昆明）"自行开放"为商埠，并于1905年建立昆明分关，归蒙自正关管辖。根据上述开埠通商的协定，法国于1903年以后便在蒙自建立了龙东公司、徐壁雅洋行、安兴洋行、哥卢士洋行等商行，进行商业贸易；英国在蒙自建立了其昌洋行。1910年滇越铁路全线通车至昆明以后，上述法、英两国的洋行又迁至昆明。与此同时，美国也在昆明设立慎昌洋行，德国设立礼合洋行、谦逊洋行，希腊设立若利玛洋行，日本设立保田洋行、府上洋行，英国设立卜内门公司、亚细亚水火油公司，美国还在昆明、蒙自两地设立了三达水火油公司（又称美孚油公司）。就这样，在我国民族地区通商口岸和商埠，以及海关、洋行连年增多，遍布各地，西方列强得以从四面八方蜂拥而至，把各民族地区变成了他们低价搜刮原料，高价倾销商品，大量输出资本，进行经济掠夺的殖民场所。

商品输出，是垄断前资本主义的一大特征。各国列强向民族地区输出的商品，除鸦片外，以棉纱、棉布为主要货物。在东北三省和内蒙古，最早有俄国商品大量涌入，日本虽落后一些年，但发展迅速，很快取代俄国并取得了垄断地位。到20世纪初，东北的情况是："近复交通四辟，远来品物，充斥市廛……其大而精者无论已，即粗如布匹，小如纸张，尚不能不仰给于外方之输入。"[①] 内蒙古的状况也是这样。据俄国税关统计，俄中恰克图贸易输出入平均额，1840—1849年为936.6万元；1850—1859年为1035.7万元，而到1863年一年即已达806.9万元。内蒙古呼和浩特是维系内、外蒙古

---

① 《满族简史》，第149页，中华书局，1979年。

以及内地经济的枢纽。而该地"销售和运出的棉布及纺织品几乎全是外国货"。到20世纪初内蒙古地区的日用品计有153种,其中121种为洋货,约占整个市场商品的80%,连蒙古人供奉的铜佛像也由外国进口①。青藏高原虽交通不便,洋货却照样涌入进来。仅从亚东海关输入的外国商品的总值,1889—1894年约为236万卢比,1895—1902年已增至约556万卢比,比前期增加近1倍②。再看看我国少数民族成分最多的云南省,英、法、美、德、日等国在云南各地建立洋行公司后,大量输入棉纱、羽绸、呢绒、洋布、机器、电气、煤油、纸烟、火柴、肥皂、海味等物。其中,特别是棉纱、羽绸、煤油、肥皂、火柴,几乎垄断了整个云南省的消费需要。其结果,云南贸易由出超一下子变为入超,贸易逆差十分严重。仅腾冲一关,开关10年间,由此输入的洋货增加了345%,对外贸易入超额也随之大幅度增加。据《海关华洋贸易清册》记载,蒙自关1899—1911年间入超1259万海关两,思茅关1897—1911年间入超214万海关两,腾冲关1902—1911年间入超896万海关两。另据统计,到1919年云南省进口洋货已达236种,输入国家有10多个,洋货充斥于全省各地。清末民初,贵州、湖南的苗族、布依族地区已形成三条洋货通道。即以贵阳为中心,有湖南路线（日本货的通路）、广西路线（英国货的通路）、云南路线（法国货的通路）。黄草坝（今兴义县）是当时黔西南最大的织布中心,每年在这里销售的洋纱有1000多包（每包重400磅）,洋纱（主要是英国的印度纱）把土纱几乎全部排挤,占领并控制了棉纱市场。广西是法国的势力范围。中法战争后,法国货通过龙州、靖西、河口、北海、梧州、南宁等地源源不断地输入进来。1895年,广西巡抚张联桂惊呼:"穷乡僻壤,未有不用洋货者。"③ 这不仅是广西一地的状况,也是全国各民族地区的普遍现象,说明外国商品已广泛、深入地渗透到我国各民族的经济生活领域。

掠夺原料,是各国列强进行经济侵略的主要内容之一。他们通过垄断市场、低价收购等方法,从我国民族地区疯狂地掠走了粮食、茶叶、生丝、皮毛、肉类、药材等农副产品和土特产品。在东北和内蒙古,大量的粮食、木材、畜产品被日夜运往俄、日等国。仅1911—1917年,经由东清铁路运入俄境的粮食即达14.4亿多斤。④ 有的粮食如小麦,俄国并不直接运走,而是先运到在哈尔滨等地建立的18家蒸汽面粉厂就地加工,每天可加工1400吨,然后再运回国内或转售各地。沙俄还滥加砍伐我国森林,1904年后每年仅运往哈尔滨、满洲里等地的木材价值即达大洋10万余元。据初步统计,第一次世界大战前俄国每年从中国掠走的木材价值约有1亿元以上。日本的掠夺也不亚于俄国。以内蒙古东部洮南地区为例,"输出之货,以元豆、牛马皮及羊狗、狐狸、牛马为大宗。行销日本占十分之六,各国占十分之二"。⑤ 青藏高原出产的羊毛,品质优良、驰名中外,是俄、德、美、英各国竞相抢购的对象。1910年,青海等蒙藏地区的羊毛年购销量即达一百数十万公斤。英国在西藏常年掠走大量的畜产品和珍贵药材。据亚东

---

① 内蒙古社会科学院历史所:《蒙古族通史》,第841、第844页,民族出版社,1991年。
② 中央民族学院科研处:《中国少数民族经济概论》,第68页,1981年3月。
③ 《张中丞奏议》卷3。
④ 孙毓棠:《中国近代工业史资料》第2辑上册,第289页,科学出版社,1957年。
⑤ 《蒙古鉴》卷3,第393页。

海关统计，1889—1894 年他们从西藏掠走的原料总值为 154 多万卢比，1895—1902 年掠去的原料总值为 617.5 万卢比，比前期增加 3 倍多。麝香是极为珍贵的药材，1895—1898 年平均每年被掠走 2801 托拉①。英国在西藏收购原料，其利润均在百分之百到百分之几百。如羊毛的收购价比英国低 4 倍，皮张的价格低 11 倍。在西南苗、瑶、侗、傣、土家、布依等民族地区，英、法、美、日等国掠走的原料，主要是桐油、茶叶、木材、药材等土特产品。美商为了掠夺这里的桐油，在沅江各口岸如常德、沅陵、所里、洪江等地均设有油行和榨油厂，专门收购和加工桐油。这些油厂每年加工的桐油多达四五万斤。仅永顺一地每年被美商掠走的桐油就有 260 万斤。这些土特产品的收购价格均被压得很低。1892—1911 年间，美商在这里出售的煤油的价格是每斤制钱 60—80 文，而他们所收购的桐油的价格也一直是 60—80 文。众所周知，桐油的生产成本要比煤油高出很多。

资本输出，是帝国主义的经济特征之一。甲午战争后，外国资本长驱直入，广泛深入到了各民族地区。

首先，在办厂开矿方面。列强的投资方向几乎全都是初级加工业和开采业，初级加工业又集中于榨油、木材、米面、屠宰、皮革等行业，明显反映出掠夺原料的经济特征。以海拉尔一带为例，外商在这里设有七家洗毛厂，进行漂洗、打包羊毛的初加工；在海拉尔附近德商建有羊肠公司，专门加工、腌渍小肠出口；不列颠出口公司在这里也设有屠宰厂，他们将肉类冷冻包装后运往国外。各国列强在民族地区开采的矿山到处可见。东北和内蒙古地区有日本的天宝山公利公司、抚顺煤矿，俄国的札赉诺尔煤矿，英国在热河霍家地等处开挖有金银矿。俄国在呼伦贝尔地区大肆抢占并野蛮开采。著名的吉拉林金矿、奇乾河金矿等均被他们强行采占。奇乾河金矿面积有 300 平方里，其中奇厂脉长 40 余里、宽 3 里，产金甚旺，每人日采金量有至十数两者。1910 年前后，俄国在额尔古纳河矿区雇佣采金员工达万人以上，年产沙金数万两。由于俄国的掠夺性疯狂开采，许多矿区很快报废。在新疆，俄商与地方当局"合办"塔城金矿，投资白银 5 万两，开工试产后每日可碾砂石二三万斤，不到 9 个月的时间洗得净金 500 余两。在西南民族地区，1888 年日本矿帅到云南昭通开采铜、铅等矿，以后又开采威宁铅矿。1895 年，英、法合办的水银公司在铜仁万山，强占我朱砂矿区，到处钻探、野蛮开采 10 年，同时又在八寨厅开采水银。1899 年，德商与华商组成协成、黔兴、福源等公司，在梵净山开采锑矿，并在铜仁设厂炼锑。

其次，在修筑铁路方面。1896 年沙俄取得了在东北及内蒙古修筑东清铁路，以及驻军护路、采矿垦荒的特权。东清铁路把西伯利亚铁路引入满洲里，穿过黑龙江、吉林两省，途经齐齐哈尔、哈尔滨等城市，直达海参崴，全长 2800 公里。两年后，俄国又取得由哈尔滨至旅顺和大连的南满铁路修筑权。这两条铁路修成联结后形成"丁"字形，纵横东北和内蒙古东部地区，使长城以北地区尽入俄国势力范围。1907 年 4 月，日本在大连成立"南满铁道株式会社"，由日本政府直接控制，是日本对东北和内蒙古进行经济侵略的总机关。它不仅经营南满铁路（不久经营东北铁路的大部分），而且从

---

① 中央民族学院科研处：《中国少数民族经济概论》，第 73 页，1981 年 3 月。

事煤炭、木材、钢铁等业,属下有大型企业 80 多家,1919 年各企业总投资额达 3.7 亿元①。在西南,早在 1897 年(光绪二十三年),法国驻华公使就向清政府提出了由越南至云南昆明的铁路修筑权的要求。第二年,法国再次提出这一要求,清政府批复为,"可允照办"。这样,法国首先取得了在西南地区筑路的优先权。据此,1900 年法国派员来云南勘测路线,第二年 9 月正式成立滇越铁路法国公司。1904 年,正式动工修筑该铁路,1910 年 4 月全线通车至昆明,全长 854 公里。这些铁路的修通空前加大了列强对民族经济的掠夺,为帝国主义列强带来了巨额的利润。如法国在滇越铁路修通后,仅 1916—1919 年所得的纯收入就高达 394.68 万法郎②。

再次,开设银行,垄断金融市场方面。这是帝国主义列强进行经济侵略的重要手段。沙俄控制的华俄道胜银行成立于 1895 年,在华发行金卢布纸币、银两纸币和银圆纸币三种货币。它在东北、内蒙古和西北各地均设有分支机构,大量发行上述货币,在许多地区占有垄断地位。东清铁路修通后,"俄之卢布羌帖遂通行于线路所经各地,操纵财权,市间不见官币"③。继俄国之后,日本的正金银行、横滨银行、朝鲜银行等金融势力也进入了东北、内蒙古各地。在新疆,道胜银行发行的纸币达 500 万卢布,英国的汇丰银行则控制了南疆的金融市场。在西南、东南地区,成立于 1875 年的法国东方汇理银行抛出大量法纸、法光等货币,其流通范围包括云南、广西、贵州、西藏、青海、西康等广大地区。早在 1903 年,滇越铁路公司成立后,便使用法国东方汇理银行在越南发行的纸币(越币)及银洋(即板椿),并在蒙自购料建房,曾一次就流通达 7 万元之巨。不久,滇越铁路正式动工,该公司又以越币、法洋作为筑路工人的工资。工程进展到哪里,越南银圆和纸币就流通到哪里,仅 1904—1907 年 4 年间就有价值相当于关平银 717.6 万多两的银圆流入云南,成为滇越铁路沿线的正式货币,自由流通④。后来,东方汇理银行在昆明设立分行,很快就控制了全省的金融活动。它的纸币在云南的流通价格,比该省唯一的省银行富滇新银行的纸币价格高出 10 倍以上,凡往来于越南和云南之间的客商均须使用该行发行的纸币。东方汇理银行在广西龙州也设有分行,其货币不仅在龙州及中越边境一带流通,而且深入到左江、右江及云贵边境,几乎完全代替了银圆等旧有货币,凡是大众交易,甚至婚嫁受聘,均使用法光。这些外国银行资金雄厚,可以吸收大量的社会游资,转而发放高利贷,牟取暴利,大大加强了其经济侵略范围和渗透能力。他们还享有代理收存中国政府税款,印制发行货币,投资筑路办厂,控制进出口贸易、对外汇兑和外汇牌价等各种特权,在各民族地区控制着广大的财经和金融市场。这样,他们得以大量掠去民族地区的金银财宝与自然资源。

资本帝国主义列强的疯狂掠夺,给民族经济带来了灾难性的影响。

第一,使民族地区的农牧业经济受到严重打击和破坏,造成大批农牧民与手工业者的破产。贵州天柱县及清水江两岸苗民原生产土布的很多,但英国棉纱棉布大量输入

---

① 内蒙古社会科学院历史所:《蒙古族通史》,第 866 页,民族出版社,1991 年。
② 中央民族学院科研处:《中国少数民族经济概论》,第 70—71 页,1981 年 3 月。
③ 《东三省政略》"币制篇"。
④ 杨毓才:《云南各民族经济发展史》,第 344 页,云南民族出版社,1989 年。

后,农家纺织业迅速衰落,由此进一步导致棉农的破产,"种棉者以无利益不得不改而它图"。内蒙古哲里木盟原是有名的产马区,自日俄战争后"营运战备,贱购强取,十去四五,日人购马约三万匹,俄国则十倍之,骊黄之迁,几至空群"。①

第二,原本微弱的民族资本主义遭到摧残,民族工商企业纷纷倒闭。云南省的个旧锡矿,早在明代就已开采,驰名中外,办锡矿者有彝、白、汉等各民族。外国金融资本侵入后,操纵锡价、垄断市场,致使个旧大批存锡滞销,许多厂商先后倒闭,或被兼并。1813年以后,满族人希拉布、赫松林等8家先后开采的辽阳煤窑和烟台煤窑,到1898年已被俄国资本家收购5家。抚顺矿区内原有的几家满族人开采的煤矿,以及珲春的天宝山银矿等均被日本帝国主义强行掠夺。

第三,民族地区成为外国货币自由流通的市场,民族资本遭到严重打击。19世纪末以来,仅在云南境内使用过的货币,大的来说,有资本主义国家的美元、法郎、马克,有殖民地国家的印度卢比、越南板庄、越南纸币、墨西哥鹰洋,还有中国的黄金、银锭、铜圆、制钱、纸币等;小的来说,仅是银圆就有10几种,有越南银圆(板庄钱)、印度卢比银圆、墨西哥银圆(鹰洋),以及中国的香港银圆、湖北龙元、四川龙元、广东龙元、云南龙元、云南半开银圆、袁大头等。真是形形色色、无所不有,并且都能在市场上自由流通或半流通,这就造成了云南银行货币业的无序、混乱状态,这是半殖民地半封建社会金融货币状况的一个典型表现。外国列强就是利用这种银行货币的特权,剥夺了民族地区财政金融自主权,进而控制了民族经济的命脉,使民族资本遭到了致命的打击。

第四,造成民族经济的畸形发展,最为突出、危害极深的是大面积地种植鸦片。在云、贵、川、粤、桂、湘、闽、陕、甘、宁等民族地区的好田、好地、好肥大量用于种植鸦片,致使"罂粟遍植于野","连畦接畛"。贵州、云南两省的鸦片种植面积最多时竟占总耕地面积的2/3。1890年,有外国人曾作估计,贵州的鸦片年产量达4万担,仅次于四川、云南,居全国第3位,1906年已增至4.8万担,在全国仍居前列②。1888年,宁夏也约有1/3的耕地种植罂粟。

总之,外国资本主义列强采取各种卑劣的手段牟取暴利,巧取豪夺,残酷地剥削、吸吮了各民族人民的血汗,掠走了大批的农副土特产品和自然资源,使民族地区成了外国资产阶级的原料种植园、商品市场和投资场所,成了世界资本主义经济的附庸,造成了民族地区农业、手工业和民族工商业的衰弱与破产,使民族经济受到了致命的打击。当然,另一方面由于外国资本主义的入侵,加速了民族地区自给自足的自然经济的解体,同时也引进了一些外国先进的机器设备、科学技术和管理手段,因而在客观上促进了民族地区资本主义因素的产生和发展。拿滇西来说,1902年以后,由于英国的殖民经济入侵该地,资本主义经营方式也深入到各大商帮,引起各商帮内部的分化。有的在激烈的竞争中迅速败北,甚至破产,但有的也得到生存和发展。其中,以经营黄丝、茶叶、粉丝、火腿、石磺、纸张、皮革为主要出口业的鹤庄、喜洲、腾冲商人,在缅甸销

---

① 内蒙古社会科学院历史所:《蒙古族通史》,第849页,民族出版社,1991年。
② 《苗族简史》,第184页,贵州民族出版社,1985年。

售土特产后，又向缅甸高利贷商人贷款，用以大量购买洋纱、洋布、毛呢、煤油、百货等，运至滇西及昆明、四川等地倾销。由于有《中缅商务优惠协议》，进口关税优惠，因而获利达数倍。从1902—1912年10来年间，滇西形成了以白族为主的喜洲帮、以彝族为主的鹤庄帮，以汉族为主的腾冲帮，他们成了滇西后起的三大商业集团。其中，喜洲白族商业集团，包括有4大商业资本家，8个中等资本家和12个小资本家，跃居滇西三大商业集团之首，成为滇西乃至云南最大的商业集团。

二、外国的武装入侵

鸦片战争后，各国列强把侵略的矛头纷纷指向我国边疆民族地区，各民族人民世代居住生息的领地遭到了空前的劫夺，各族人民的生命财产遭受了野蛮的蹂躏，辽阔的祖国边疆出现了严重的危机。

长期以来，俄国对中国的领土一直抱有野心。早在1858年5月，沙俄就用武力强迫清政府签订《瑷珲条约》，继之又签订《北京条约》，将中国黑龙江以北、大兴安岭以南的60多万平方公里，乌苏里江以东、直到海边包括库页岛在内的约40万平方公里的广大领域全部强行吞并。1897年，沙俄首先借机出兵占领旅顺口和大连，接着用重金收买清朝大臣李鸿章，"租界"辽东半岛及旅顺、大连25年，当年8月就把辽东半岛租借地改称为"关东省"，按照俄国行政制度设总督，把东北三省变成了其势力范围。义和团运动兴起后，沙俄于1900年6月趁机侵入黑龙江、吉林境内，并从旅顺、大连地区沿铁路线向北攻击。6月下旬，俄军在进攻瑷珲时，把黑龙江北岸海兰泡的中国居民5000多人驱逐过江，使他们几乎全部溺死于江中。接着俄军又在江东六十四屯血腥屠杀和驱赶中国居民，造成了死亡2000多人的大血案。当年7月底，沙俄调动4个军团、17万人的侵略军，打着保护中东铁路的幌子，分兵7路大举入侵东北，只用两个多月的时间就占领了几乎东北三省的所有主要城市。在入侵过程中，俄军逢人便杀、见房就烧、见财物就抢。齐齐哈尔城横尸遍野，饷银30多万两被抢劫一空，古城瑷珲被烧成一片瓦砾，哈尔滨一带"遭害者不下数千村，被烧者不下万户"①。这是帝国主义侵华史上空前惨绝人寰的暴行。1894年8月，日本大举发动侵华战争，10月下旬就分兵两路，一路由朝鲜义州附近渡过鸭绿江，接连占领九连城、安东（今丹东）、凤凰城、宽甸、岫岩、海城，进逼辽阳，另一路从辽东半岛花园口登陆，占领金州，从后路包抄攻陷大连、旅顺。次年3月又相继攻占牛庄、营口等地。日军在侵占过程中，同沙俄一样疯狂地烧杀劫掠、无恶不作。仅在旅顺，他们就连续4天进行大屠杀，旅顺街头尸体堆积如山，全市人民仅存36人。1905年日本在日俄战争中取得胜利，从此全面推行蓄谋已久的"满蒙计划"，首先从俄国人手中转租到旅大，并夺得南满铁路的控制权，确立了在东北南部的特权地位，继而又取得了在内蒙古东部的"特殊利益"。据此，日本设立了所谓的"关东州都督府"，对旅大地区实行殖民统治，又以保护南满铁路为名派驻关东军，直接控制南满和内蒙古东、南部地区，并向这些地区不断组织移民，强化其殖民统治。

沙俄对我国新疆早已垂涎三尺。中国西部边界原在巴尔喀什湖地区。1846年，俄

---

① 转引自李资源：《中国近代少数民族革命史要》，第115页，中央民族大学出版社，1995年版。

军强行占领了该湖东南部的喀拉塔勒、伊犁等七条河流地区，后又侵占阿拉木图，占据了伊犁河下游地区。1864年9月，沙俄派出全副武装的军队驻扎于塔城，威逼清政府签订《中俄勘分西北界约记》（又称《塔城条约》），一下子割占了巴尔喀什湖以东、以南约44万平方公里的中国领土。1865年，中亚浩罕汗国军官阿古柏乘新疆纷乱的时机率军侵入喀什噶尔，到1870年已占据了天山南北的大部分地区。他在占领区内，敲骨吸髓地剥削各族人民，豢养一支包括骑兵、步兵和炮兵在内的五六万人的武装，实行残暴的殖民统治。那时，英、俄两国都力图在新疆扩大侵略势力，因而竞相勾结和支持阿古柏。1868年，英国派遣间谍带着大批武器弹药到喀什，与阿古柏阴谋勾结。1870年，英国派特使到喀什将英国女王的亲笔信交给阿古柏，信中非法承认阿古柏政权为"合法的独立王国"，当年英国还送给阿古柏1万支洋枪和若干大炮。1873年，他们通过为其附庸的土耳其送给阿古柏步枪3000支、大炮30门，同年又通过印度送步枪几千支。① 这样，英国就把阿古柏一伙变成了自己的傀儡势力。1871年6月，俄军近2000人分兵三路悍然侵占伊犁九城地区，非法建立殖民政权，声称"伊犁永远归俄国管辖"，对当地各族人民进行殖民统治。1876年，清军出师新疆，在当地各族人民大力支持下打败阿古柏入侵势力，收复了被其侵占的地方。1881年，中俄签订不平等的《伊犁条约》，后又连续签订《伊犁界约》等5个界约。根据这些条约，我国虽然收回伊犁，但伊犁西境7万多平方公里的中国领土被沙俄割占。

19世纪中叶以来，英、法、俄等国以游历、探险为名不断派人进入西藏进行阴谋活动。1876年《烟台条约》签订后，英国就变本加厉地策划入侵西藏。1883年，英国派军侵入隆吐山阵地，被西藏军民击退。次年，英国的大批武装人员从锡金越境，闯入后藏，企图挑拨班禅与达赖的关系。1888年，英国调集2000名侵略军再次向隆吐山发动武装进攻，以猛烈的炮火轰击我防御工事，相继占领隆吐山、纳汤等地，并准备继续内犯。在强大武力威胁下，清政府被迫与英国先后签订《藏印条约》与《藏印续约》，开放亚东为商埠，英国在亚东享有治外法权等特权，终于将侵略势力伸进了西藏。1903年12月，英国再次发动了对西藏的武装入侵。他们集结3000余名兵力，配备大量的轻重武器，分兵两路，强行越过中印边界，先行占领了通向江孜的战略要地——春坯和帕里。次年3月，英军大举向江孜方向推进。藏军3000人在曲米新古分兵占据制高点进行顽强阻击。英军诈称停火谈判，暗中调兵三面包围藏军，突然发动猛烈的攻势，藏军中计，受到惨重损失，但全军将士宁死不屈、无一投降。4月11日，英军进抵、攻陷江孜，后又占据宗山、白居寺和紫金寺。当年8月又进踞西藏政治、经济中心拉萨，武力胁迫西藏部分宗教领袖订立非法的《拉萨条约》。

我国西南边陲，是英、法等国长期觊觎的对象。1863年，英国派人到云南德宏地区进行阴谋活动。1868年，他们再次派出"探险队"，从八莫闯入德宏而到达腾越（今腾冲），进行勘察铁路线的非法活动。1874年，英国组织近200人的武装"远征队"，驻北京公使馆专门派出翻译官马嘉理前往缅甸接应。次年2月，他们分兵两路向德宏边境进发。先由马嘉理率一部分先头部队闯入我国国境。当他们经蛮允，行至户宋河边

---

① 《中国近代史》，第190、第194页，中华书局，1979年。

时,遭到景颇族人民的盘询和阻拦。马嘉理竟开枪挑衅,当场击伤多人。各族群众被迫进行自卫反击,打死马嘉理,赶走其余人。已侵入班西山的英军主力闻讯后,不敢贸然北上,被迫逃回缅甸。1890年,英国组织两个探路队,一路沿大金沙江进入德宏地区,另一路拥兵500多人经阿瓦山、孟连、勐遮、勐海进犯允景洪。在孟连和允景洪,他们竟明目张胆地把英国国旗竖起来,被傣族群众扯下、撕碎。1894年,英国武力胁迫清政府签订《缅甸续约》,硬把德宏的大片傣族居住区划归英国。与此同时,法国也处心积虑地入侵我云南、广西边疆。1866年法国的一支探查团从越南的西贡出发,沿湄公河水陆并进,到云南境内的思茅,经会泽到四川宜宾,最后抵达上海。

1871年后,法国又多次经过红河运军火到云南,送给镇压杜文秀回民起义的清军总兵马如龙。

1883年,法国在完全占领越南后,悍然武装入侵云南开化府安平厅(今马关县)内猛洞、麻栗坡(今属麻栗坡县)一带约7000多平方公里的领土,并在这里修筑碉堡,建立兵营,对当地苗、瑶、壮、汉各民族人民实行殖民统治。中法战争爆发后,1885年2月法军大举进犯、占据中越边境上的重镇——镇南关(今广西友谊关),血腥屠杀当地各族人民。不久,法军迫于中国军民的强大声势,炸毁镇南关后退到关外30里驻扎。3月23日,法军分兵三路再次进犯镇南关,攻陷东岭的3座炮台,继之向长墙发动猛攻,冯子材督师迎敌,激战两天两夜,击毙法军2000多人,取得镇南关大捷。但清政府却发布停战令,签订不平等条约,抗法战争不败而败,广西、云南两省的边境危机空前加剧。

英、法、美、日等对台湾的侵略活动由来已久。1867年,美国派出两艘军舰在琅峤(今恒春)登陆,被高山族人民击退。1874年,日本在美国的怂恿、支持下,由陆军中将率领3000多名侵略军在琅峤登陆,分道进袭竹社、枫港、石山等地,与高山族抵抗力量相持半年之久后才被迫退兵。1884年8月,法军派3艘军舰进犯台湾吉隆,向守军投递劝降书,遭到严正拒绝。法军就炮击轰毁吉隆炮台,派出海军陆战队进行强行登陆,企图占领吉隆城,深入内地抢夺吉隆煤矿。台湾守军英勇抵御,赶走侵略者。9月中旬法军派5艘战舰再次进犯台湾,占领吉隆,10月初又转攻淡水,炮轰淡水炮台,派兵800多人强行登陆。当地各族军民奋勇杀敌,迫使敌人狼狈逃回海上。1895年4月,清政府与日本签订屈辱卖国的《马关条约》,割让台湾等地。据此,当年5月底日军分兵两路进攻台湾,一路从三貂角,另一路从吉隆大举登陆。台湾各族人民据险抵抗,血战5个月。日军先后动用3个近代化师团、1支海军舰队,付出伤亡包括陆军中将北白川能久亲王在内的3.2万多人的惨重代价,才占领台湾全岛。① 从此开始了长达50年的殖民统治。

第二节　清政府对外政策的变化

清王朝的对外政策,有一个变化的过程。鸦片战争以前,他们曾长期实行严厉的闭

---

① 《中国近代史》,第250页,中华书局,1979年。

关锁国政策；鸦片战争后，在各国列强重炮的接连轰炸下，被迫打开了大门。对资本帝国主义列强的武装入侵，清朝统治者一般在开始时进行了一些抵抗，但抵抗失败后，很快就妥协投降，一次次重蹈了抵抗——失败——妥协投降的老路。最后，1900年八国联军侵华战争爆发，中外反动势力彻底勾结起来，清王朝就成了一个"洋人的朝廷"。

对内，清王朝实行了残酷的民族压迫政策，主要是笼络和争取各民族的上层人物顺从和支持朝廷。其中，对西南地区各民族的政策，主要是实行极少数满、汉、苗、瑶、壮、傣民族统治阶级对各民族人民进行的联合压迫与剥削。

一、闭关锁国的对内、对外政策

自古以来，我国就有与外国进行和平贸易和友好交往的悠久历史。但到了清朝时期，封建统治者却推行了严厉的闭关锁国的政策。这一方面是外国殖民侵略者逼出来的，更主要的是封建社会的内在因素所决定的。

第一，自给自足的封建性自然经济，为闭关锁国政策提供了经济基础。我国封建时代的社会经济基础是以个体小农业和家庭手工业紧紧地结合在一起为基本特征的。一家一户的"男耕女织"，依旧是社会生产的主要形式。这种封建的小农自然经济为封建统治阶级提供了他们所需要的绝大部分的财政、经济、物质需要，为封建专制统治奠定了经济基础，而且为闭关锁国政策提供了物质条件。难怪乾隆帝在给英国国王的信中宣称："天朝物产丰盈，无所不有，原不籍外夷货物以通有无。"[①]

第二，闭关锁国成了对付殖民侵略的一种防御武器。从16世纪起，欧洲的殖民主义者以经商为名一批又一批地来到了中国。他们并不是进行和平贸易的正当商人，而是为了掠夺财富而来的海盗式的冒险家。他们所到之处，"掠买良民，筑室立寨"，"大造火铳，为攻战具，杀人抢船，势甚猖獗"。[②] 1910年，一位曾任驻华公使的美国作家在其著作中概括地描绘了这些人的所作所为。他说："这些人不断骚扰中国南部海岸，抢劫、破坏城镇，几十、几百地杀死无辜的男女和儿童，然后'和平地'扬帆而去。或者，他们登上大陆，强迫中国人给他们筑堡垒，以最粗野的兽性掳走妇女，强夺当地人的所有财物，践踏了人道与文明的一切准则。"[③] 在外国殖民主义者越来越猖獗的侵扰与劫掠面前，腐朽的封建统治者不是用巩固海防，加紧备战，坚决抵御的积极手段抗击来犯者，而是采取了即简单省事又笨拙消极的防范、自卫措施，即严格限制和拒绝与外国交往，以至闭关锁国的保守政策。

第三，闭关锁国成了防备与镇压各族人民反清斗争的重要手段。清政府十分害怕人民群众的反抗斗争，害怕所谓"内忧外患"一起发生，尤其害怕"外患"势力与"内乱"力量相互联合起来。因此，早在清朝初期就实行了严厉的海禁政策。"康乾盛世"过后，清朝统治由盛到衰、日趋腐朽没落，国内阶级矛盾与民族矛盾极为尖锐，各族人民的反清起义此起彼伏、风起云涌。因此，清朝统治者怀抱着对人民的极度恐惧、敌视心理，采取了严厉的闭关锁国政策。对此，马克思曾指出："与外界完全隔绝曾是保存

---

① 戴逸：《中国近代史稿》第1卷，第58页，人民出版社，1958年。
② 胡绳：《从鸦片战争到五四运动》，第15页，人民出版社，1981年。
③ 胡绳：《从鸦片战争到五四运动》，第19页，人民出版社，1981年。

旧中国的首要条件。"①

第四，妄自尊大是闭关锁国政策在思想文化上的根源。几千年来，中国是世界上一个强盛、富裕的东方大国。久而久之，封建统治者养成了一种虚骄心理，自我陶醉于"天朝上国"的尊荣和"神明华胄"的光耀，把世界上许多与之打交道的国家称为渺不足道的"夷狄蛮貊"，把他们来到中国视作"倾心向化"、"万方来朝"。结果，封建统治者，尤其是清朝政府夜郎自大、闭目塞听、不顾时势、安于现状、因循守旧，没有任何时代感，对西方近代文明不屑于一顾，更不去认真研究学习，以致距离越拉越大，成了世界上最为贫穷落后的国家之一，只好"竭力以天朝尽善尽美的幻想自欺"。②

闭关锁国政策的形成和强化，有一个历史发展过程。16世纪中叶，为防犯外国殖民主义者的海盗式劫掠，明朝政府最初颁行禁止外国船到广州，只许在澳门等地贸易的规定。清初，为了消灭占据台湾和福建沿海的郑家势力，清廷颁布了禁海令和迁海令，强令广东、福建、浙江、江苏等沿海省份的濒海居民内迁50里，焚烧沿海城郭、庐舍及船只，不准耕种濒海田地，有越界者立斩，禁止航海贸易、下海捕鱼，命令"片板不许下海"。康熙帝亲政后，国势强盛，郑氏败亡，于康熙二十三年（1684）废除禁海令，次年又开设广东的澳门（及广州）、福建的漳州、浙江的宁波、江苏的云台山（今连云港附近）四地为对外通商口岸。但是，外国殖民主义者打着通商的旗子来到中国后却进行海盗的活动，甚至违反禁令挟带鸟枪、大炮等武器，占领炮台、扰乱海防。1755年，英国商人擅自驾船闯入宁波、定海，以至天津等地。

鉴于西方海盗商人多年来猖獗的违法行为，清政府于乾隆二十二年（1757），再次下令取消漳州、宁波、云台山3个通商口岸，"洋船只准在广州停泊"、做买卖，并制定了《防夷五事》。但是以英国为首的外国殖民主义者，把清廷的这些禁令并不放在眼里，蓄意捣乱和破坏，加上贪污受贿成性的清朝官吏与之勾结进行阻挠，因此清廷的禁令几乎成了一纸空文，海防危机日趋严重。尤其是1808年，英国派出舰队公然侵扰我国东南沿海，强行登陆澳门，占领炮台多处，赖了3个月才撤走。于是第2年清廷就颁布了《民夷交易章程》，道光十一年（1831），又制定《防范夷人章程》和《八条章程》，形成了对外贸易、交流方面极严厉的统治政策。与此同时，清朝政府还规定了以与世隔绝、盲目排外为主要内容的政治、经济、思想、文化各方面的封闭政策。这样就形成了严密而系统的对内、对外闭关锁国的政策。

其中对外方面的主要内容有：

（1）外国兵船不准驶入黄浦口内，商船中如果携有炮位，在进入黄浦前须卸下，返航时再归还。禁止外商偷运武器弹药来中国。"夷船"停泊的地方，派中国兵丁进行巡查。

（2）严加管束外商在广州的行动。他们的买卖必须经过官方特许的商人（即"洋行"）来经办，后来又组成垄断性质的组织"公行"（即"十三行"）居间经办。外商只许在由洋行修建的"夷馆"内居住，在广州的起居行动都由洋行负责照管和约束，

---

① 《马克思恩格斯全集》第9卷，第111页，人民出版社，1961年。
② 《马克思恩格斯选集》第1卷，第716页，人民出版社，1995年。

除一定的规定日期外不得随意离开"夷馆"闲逛、购物,也不许他们在广州过冬(每年 5 月、6 月进口,9 月、10 月间出去)。不准他们携带妇女到广州。

(3) "夷船"到中国后,不入口纳税,而在外洋湾停泊,如果走私漏税、贩卖鸦片,立时予以驱逐。

(4) 不许外商私雇中国人,尤其禁止他们雇买中国仆妇。

(5) 禁止行商拖欠外商银两,不准中国人向外国人借贷资本。一经查出行商拖欠外商巨款,即将其革职充军,将其全部房物田财折变抵债。

对内方面的主要内容有:

(1) 清朝统治者对西方政治思想、文化知识大多采取不屑一顾、深闭固据的态度,拒绝一切改革与借鉴。乾隆帝把英国使臣带来的天文仪、地球仪、望远镜等物根本不放在眼里,认为他们只不过是贡品,绝对不可仿行。他们甚至对西方的"坚船利炮"也不肯认真看一眼。英使邀请清朝将军福康安检阅使团卫队演习新式枪械时,福大人意颇冷淡,岸然答曰:"看亦可,不看亦可。这火器操法,谅来没有什么稀罕。"[①] 这不仅仅是因为蒙昧无知,更主要的是由于对那些西方文化抱有敌视排斥的心理。

(2) 封建遗老们视近代科学技术、机器工业为"形而下器"、"奇技淫巧",认为它们一旦传到中国就会"乱我人心"、"变夏为夷"。1876 年,外国资产阶级为了扩大侵华利益,修了一条从上海到吴淞的铁路,封建统治者竟然花高价把它买下来全部破坏,还把铁轨运到海岛上毁掉。

(3) 禁止中国人与外国人接触、交往。广州的"夷馆",除"洋行"商人外,不准中国人出入,内商与外商之间的贸易往来也由行商居间承办。甚至政府官员、海关人员也不能直接与外商发生关系,均由洋行经办,政府的法令、公文,由公行转达,外商进出口货物的海关税、外商的意见和禀帖等均由公行转递。

(4) 严格限制国产货物的出口。粮食、铁及铁器、硫黄、硝等均严禁出口。丝及丝织品、茶叶、大黄等严加限制出口量。中国的史书也属于禁止出口之列。

(5) 百般限制华商的对外贸易活动。长期实行"禁海"政策,不准华商出洋贸易,海禁解除后,对出国华商及海外华侨采取猜忌、歧视和迫害的政策。严格限制商船规模,只许用双桅,梁头不得超过 18 尺,载重不得超过 500 石,禁止在外国打造船只带回国内。

综上所述,尽管闭关锁国政策中的一些条文出于民族自卫意识,在一定程度上起了防范、限制外国殖民侵略的作用,具有正当合理的一面。但它毕竟是封建专制统治的产物,它保护了落后的封建经济,压制了我国民族资本主义的发展,禁锢了人们的思想,使中国长期处于与世隔绝的状态,严重地阻碍了中国人民学习世界先进思想文化与科学技术。同时,它助长了封建统治者盲目虚骄的习性,使他们对世界大势茫然无知。以至在很长时间里,他们还不知道葡萄牙与西班牙是哪个国家,它们的地理位置究竟在哪里,分不清荷兰与英国,分别不出这两个国家谁是谁。更可笑的是,鸦片战争已经打了两年了,道光皇帝还发出上谕问道:"究竟该国地方周围几许?所属国共有若干?……

---

① 马戛尔尼著,刘复译:《乾隆英使觐见记》中卷,第 27 页。

英吉利至回疆各部有无旱路可通？平素有无往来？"① 其昏聩程度可见一斑。

二、对外来侵略的初步抵抗及失败

1840年，英国殖民者为了保护其肮脏的鸦片走私，为了把中国变为其自由开放的殖民地市场，发动了第一次鸦片战争。当年6月，英军来到广东海面，企图进犯广东，但因广东军民在林则徐领导下做了抵抗侵略的准备，英军不能得逞。6月底，英军转攻福建厦门，又被闽浙总督邓廷桢所率军民击退。7月，英军抵达天津的白河口，清廷看到英军已逼近京畿，十分紧张，急忙派琦善去大沽口，以屈辱的条件乞求英军退兵。英军同意到广州谈判。清廷任命琦善为钦差大臣、两广总督，前往广州同英军进一步谈判。

英军在谈判桌上没能满足其侵略欲望，因而在1840年12月，他们以突然袭击的手段，向虎门外的沙角、大角两个炮台发动猛攻。水师提督关天培率守军进行顽强的抵抗，使敌人遭到较多的伤亡。但因琦善不发援兵，众寡悬殊，年近七旬的副将陈连升（土家族）力战身亡，其子武举人陈长鹏亦投江殉国，我军伤亡惨重，炮台失陷。这时，琦善慌忙向敌人乞和，按照英方要求擅自订立《穿鼻条约》，答应割让香港、赔偿烟款600万元、开放广州。英军随即占领了香港。

道光皇帝得知英军已攻占大角、沙角炮台，并要割地赔款后，又决定打仗。1841年1月，他发布上谕通告中外，声讨英国的侵略，并表示调动兵力，在广东和浙江把英军"痛加剿洗、聚而歼旃"。随即，他派遣自己的侄子奕山为靖逆将军赴广州作战，并下令把琦善革职锁拿、查抄家产。英军闻悉清政府调兵遣将，决定先发制人，向虎门各炮台发动猛攻。2月25日，敌军攻陷横档炮台，守将达里保（满族）战死。次日，敌军继续大举进攻其他炮台，老将关天培亲守靖远炮台，督率将士殊死战斗，守卫要塞。经半日激战，重创敌舰3艘，而关天培"身受数十创，鲜血淋漓，衣甲尽湿"，终因弹尽援绝、寡不敌众，和400名官兵一同阵亡，靖远陷落。接着，镇远、威远等炮台相继失守，虎门天险落入敌手。4月初，奕山姗姗到达广州。5月21日夜，他在毫无切实军事部署的情况下，贸然出动1700余名官兵，分三路乘小船去焚烧英舰，并围攻洋馆。但"火攻"并未奏效，倒是西炮台上的大炮打伤敌舰一艘，官兵们临时在商馆广场上架起的火炮又重创敌舰两艘。次日天明，英军组织反攻，先后仅仅打了7天，广州城外的炮台全部失陷，1.8万多名清军溃散。正当英军准备发动攻城时，奕山急忙挂出白旗向敌人求降。5月27日，在奕山主持下订立了可耻的《广州条约》，答应奕山本人及中国军队在6天之内退出广州60英里外，7天内交付"赎城费"600万元。

但是英国侵略者并不满足于这些既得利益。他们决定进一步扩大侵华战争。8月下旬，英军攻占厦门，9月底进攻定海，后又接连占领了镇海和宁波。在镇海保卫战中，钦差大臣、两江总督裕谦（蒙古族）在战前集众宣誓：决不退却，决不议和，誓与镇海城共存亡。在激烈的血战中，他亲自登城督战，力战不支，投水自尽，履行了自己的誓言。由于英军进一步扩大战争，道光帝只好重整旗鼓，继续应战。10月，他派另一个皇侄奕经为扬威将军赴浙江主持军务。奕经虽然也主战，但他企图一战而侥幸取胜，

---

① 《筹办夷务始末》（道光朝），第4册，第1776页。

在完全不了解敌情和毫无准备的情况下，仓促制定了一个盲目的出击计划，进而于1842年3月10日夜间，派出1.3万多名兵力反攻宁波、镇海。但因英军早有准备，清军大败而归。奕经仓皇逃回杭州，从此不敢再战，并派人求和。英军却决意继续扩大战争，当年5月出动2000余人进攻江浙两省海防重镇乍浦。驻守乍浦的陕甘军和满营官兵进行顽强的抵抗。在天尊庙血战中，佐领隆福（满族）率领近300名满兵不畏强敌、拼死作战，连续击退敌人5次进攻，敌军死伤累累，英军一上校也被击毙。气急败坏的英军纵火焚烧庙宇，隆福从烈火中冲出来，挥舞佩刀连砍数敌，最后自刎而死，其余官兵大多也在烈火与枪炮中殊死搏斗，流尽了最后一滴血。破城后，八旗驻防军家属也视死如归，慷慨殉节。6月，大批英军海陆配合猛攻吴淞口，老将陈化成统率5000名官兵奋勇抵抗，最后壮烈牺牲。7月，英军沿江西犯，集中近7000人的陆军和20余艘战舰进攻中国南北水路交通要道镇江。副都统海龄（满族）率领守城满族官兵2400人进行英勇阻击。英军架设云梯蚁附而上。守城官兵与敌展开短兵相接的肉搏战，有的用大刀、长矛砍杀、冲刺敌人，有的徒手将敌人踢出墙外，有的抱住敌人一起跳下城墙，同归于尽。由于我军寡不敌众，敌人终于突破缺口得以缘梯而上。城墙上的满兵决心与阵地共存亡，"用卫所和岗哨作掩蔽，步步为营、誓死抵抗"。有一英军军官记载说：中国官兵"寸土必争，因此每一个城角和炮眼都是短兵接战而攻陷的"①。城破后，海龄在城中旗营里召集从各处退下来的满兵，鼓励大家战死疆场、决不投降。说完，他就骑上战马，率领部众冲向敌人，拼命砍杀。后来，海龄夫妇举火自焚，其余将士大多战死，许多满族妇女也壮烈殉节。恩格斯对镇江守军的"勇气和奋发精神"加以高度评价。他说："如果这些侵略者到处都遭到同样的抵抗，他们绝对到不了南京。"②

但在这时，清朝政府已决定妥协议和。道光帝密谕原盛京将军耆英等人一定要"俯顺夷情"，"不必虑有掣肘，以致中存畏忌"。8月，英舰开到南京下关，扬言先攻下南京，然后北上天津。在侵略者的威逼下，清朝政府彻底屈服，全盘接受敌人提出的和约条款，不敢有任何异议，订立了可耻的城下之盟《南京条约》。

第一次鸦片战争后，各资本主义列强为了把中国变为其广阔的殖民地市场，为了把清朝政府变为对其百依百顺的奴才，又接连发动了一系列侵华战争。总的来说，清朝政府在这些战争的初期和中期，为了挽救他们摇摇欲坠的封建统治，为了维护其"天朝上国"的尊严，一般都组织了一定程度的抵抗。如在中法战争中以西太后为首的封建统治者一方面希望尽快大事化小、苟安目前，因而支持李鸿章的求和主张与活动，但另一方面由于外受法国的步步逼近，内受各族人民抗法斗争呼声的强大压力，也曾一度增兵边防，奖励刘永福黑旗军的抗法斗争，并将主持总理衙门的奕䜣撤职，更换全部军机大臣，她还明发上谕，如法人前来攻逼，即着督饬官军，竭力捍御，并于1884年8月26日下诏对法宣战。但是封建统治者既没有决心，更没有能力把反侵略战争进行到底，因此其结果每次战争都是以惨重的失败而告终。

---

① 《英军在华作战记》第7章，《鸦片战争》第5册，第305页，上海人民出版社、上海书店出版社，2000年。

② 《马克思恩格斯全集》第12卷，第190页，人民出版社，1961年。

三、抵抗失败后的对外卖国投降政策

在近代中国，比较大的反侵略战争共有5次。在这些战争中，处在封建社会末期的清朝政府，它那腐朽没落的封建专制主义政治，自给自足的小农自然经济，以及由此产生的用破旧落后的武器装备起来的腐朽的军队，无法与具有先进的政治制度和科学技术和强盛的经济实力与军事力量的西方列强相抗衡，这就注定了清军在反侵略战争中惨遭失败的命运，决定了清朝统治者在对外战争中的妥协性与投降性。

第一次鸦片战争中，定海失守后清朝统治集团内的投降派便乘机抬头，英舰开到天津白河口后，连道光帝也一心想迅速议和了事。琦善为代表的投降派更是推波助澜、急于媾和。琦善身兼钦差大臣、两广总督二职来到广州后，迫不及待地下令裁撤军队，把林则徐所募集训练的数千水勇和大批武装船只予以遣散，将林则徐布置好的所有防御设施拆除，把许多海防重炮也炸毁，后来又擅自答应割地赔款，企图用这种卑鄙的献媚讨好、出卖主权来换取敌人的让步，得到敌人恩赐的和平。但是琦善的乞和，并没有得到英军的青睐，他们根本不予理会，为了掠得更多的中国主权，他们继续扩大侵华战争。清朝当局只好手忙脚乱地调兵遣将、布置抵抗，但又和战不定、动摇妥协，结果是处处被动挨打，惨遭失败。英军进入长江后，道光皇帝连一天也不想继续打下去了。他急忙派人投降议和。这时，有人奏请在南京的上游及早设防堵御，道光朱批："只知照例防堵，兵数又单，实不可靠。一谋弗展，奈何！"有人奏请将沿江商民盐枭组织起来抵抗，道光朱批："无人，无兵，无船，奈何，奈何！"还有人奏请在议和前设法调兵（朱批为："无用之物"）防守南京，道光朱批："必无一策！"① 作为一国之主处于如此一筹莫展、无可奈何的状态，其结果可想而知，只能是丧权辱国、卖国投降了。1842年8月29日，清政府与英国签订了近代中国第一个不平等条约《南京条约》。其主要内容有：中国割让香港，赔款2100万元，开放5个通商口岸，中英"协定关税"，取消"公行"制度，实行自由贸易等。随后，中英间又签订了两个补充条约。英方进一步得到了领事裁判权、片面最惠国待遇和在通商口岸租地造房（即后来的租界）的特权。接着，美、法等国步英国的后尘，强迫清政府先后签订《望厦条约》、《黄埔条约》等一系列不平等条约，得到与英国同等或更多的特权。以此为契机，西方资本主义列强开始大规模地侵入中国，中国便开始了沦落为半殖民地社会的屈辱历程。

1856年10月，英、法两国发动第二次鸦片战争。当时，太平天国革命运动正进入全盛时期，清朝统治摇摇欲坠。因此，战争之初清朝统治者就力求同侵略者妥协了事，极力避免同他们决裂。这是第二次鸦片战争的一个特点。两广总督叶名琛不做任何应战准备，其部僚请求调兵设防，他不准；请求团练自卫，他又不准；请求侦察敌情，他还是不准。敌舰已侵入省河，他却下令"不可放炮还击"。次年12月，英法联军发起猛烈攻击，仅两天时间便占领广州。叶名琛等在广州的清朝官员全部被俘或投降。原广东巡抚柏贵则当上了傀儡巡抚②。1858年5月，为夺得更多的侵华特权，英、法、美三国侵略军相继驱舰北上，直奔大沽口，兵临天津，威胁北京城。但清朝统治者仍丝毫没有

---

① 陈振江、邱远猷：《中国近代史新编》上册，第115页，人民出版社，1981年。
② 胡绳：《从鸦片战争到五四运动》，第154页，人民出版社，1981年。

付诸武力进行抵抗的打算,企图用"柔远之方"、"羁縻之计",说服侵略者降低条件,息兵罢战,而实际上是完全屈服于敌人的武力威胁之下。于是,他们急忙派出大学士桂良等到天津屈膝求和,接受侵略者提出的一切要求,与英、法、美、俄四国分别签订了《天津条约》。1860年7月底,英法联军再次窜抵大沽口外,8月在北塘登陆,继陷大沽,进占天津,9月攻陷通州以西的八里桥,逼近北京。咸丰皇帝仓皇逃往热河,他的弟弟恭亲王奕䜣被任命为钦差大臣"督办和局"。10月,英法联军闯入被誉为"万园之园"的大型皇家园林圆明园,洗劫、焚烧一空。随后,北京陷落,吓破了胆的清朝统治者只能彻底投降,对侵略者所提出的蛮横要求连一个字也不敢驳回。按咸丰帝的话说:"业已入城,一经驳斥,必致决裂,只可委曲将就,以期保全大局。"① 当年10月,清政府与英、法、俄分别签订《北京条约》、《瑷珲条约》等一系列不平等条约。在这场第二次鸦片战争中,外国列强强迫清朝政府签订了一连串的不平等条约,把它们综合起来有如下内容:(1)割让九龙给英国。(2)开放天津等11处为通商口岸。(3)确定低额的"子口税"制度,以及外国人管理中国海关税务合法化。(4)外国船只,包括兵舰可以自由出入长江和各通商口岸,外国人可以自由地到内地游历、传教、通商。(5)鸦片贸易合法化与掠卖华工合法化。(6)向英、法两国分别赔款800万两。(7)外国公使进驻北京。(8)俄国吞并我国大片领土。这是继第一次鸦片战争后外国侵略者对中国领土主权的一次空前大掠夺,也是清政府对中国领土主权的一次空前大出卖。第二次鸦片战争的另一个重要结果是加速了中外反动势力的勾结。通过这场战争,外国侵略者认识到与其彻底打垮软弱无能、腐朽没落的清朝统治者,还不如把它扶植起来,驯化成为他们侵略中国服务的忠实奴才。而清朝统治者也认识到那些"外夷"并不打算伤害他们的"宗庙社稷",也没有取代其统治的野心,只要做到"外敦信睦","中外同心,以灭贼为志",清朝的统治就可平安无事,而且那些洋人还愿意以实力帮助他们镇压太平军,解除其"心腹之患"。于是,清朝政府就秉承外国侵略者的意愿,于1861年1月设立"总理各国事务衙门",由极尽媚外卖国之能事的奕䜣主持,专门办理对外事务。当年11月,西太后与奕䜣相勾结,在外国侵略势力的支持下发动政变,掌握清朝统治权,开始实行"垂帘听政"的黑暗政治。次年2月,清政府正式确立"借夷剿贼","借师助剿"的反动方针,将共同镇压太平天国革命选择为理想的合作点。他们的合作方式主要有两个:一是在通商口岸及其附近地区,让外国侵略军直接出兵镇压太平军;二是招募中国人充当士兵,由洋人加以训练和指挥,用洋枪洋炮武装起来组成像"常胜军"、"常捷军"之类的武装,参加镇压太平天国的战争。"借师助剿"方针的确定以及实施,是清朝政府成为外国侵略者统治中国工具的开始,说明中外反动势力开始勾结在一起共同维护着中国半殖民地半封建社会的统治秩序。

1883—1885年的中法战争中,清朝政府派出一贯实行投降主义的李鸿章为代表,自始至终进行了乞降活动。甚至70岁老将冯子材率部取得镇南关大捷,一举歼灭侵略军1000多人,引起法国政府倒台,抗法斗争胜利在望的关键时刻,清政府居然把它作为乞和活动的资本,急忙发布了停战令。其结果,清政府以军事上的胜利换取了不平等

---

① 《咸丰夷务》卷66,第14页。

条约《巴黎停战协定》的签订,法国则在战场上失利的形势下仍然达到了发动这场侵略战争的所有目的。

1894年夏,中日甲午战争爆发。尽管左宝贵(回族)、邓世昌等清军爱国将士临危不惧,与凶残的敌人进行拼死的战斗,用血肉之躯致敌以重创,但由于清朝统治者腐败透顶、昏庸无能,加上部分将士畏敌如虎、不战自逃,清军陆军损失严重、丧师失地,北洋海军更是全军覆灭、一败涂地。甲午战争又以中国的战败而告终。虽老大帝国败于东邻小国,也只好派出"钦差头等全权大臣"李鸿章到日本乞和,按照日本提出的条件签订了屈辱的《马关条约》。其主要内容为,中国割让辽东半岛、台湾和澎湖列岛,赔款2亿两白银,这笔巨款相当于日本当时全年收入的4倍,增开沙市等4个通商口岸,日本可以在中国任意投资设厂。这样,清政府就向各国帝国主义敞开了资本输出的大门。从此,列强各国纷纷拥入中国投资办厂、筑路开矿、开设银行,并掀起了在中国划分势力范围的狂潮。

民族危机的空前加深,激起了中国人民对外国侵略者的刻骨仇恨,终于引发了声势浩大的义和团反帝爱国运动。为了保护和扩大他们在中国的既得利益,镇压中国人民的反抗,1900年6月,列强各国组成八国联军,发动大规模的侵华战争,先后占领大沽口、天津,不久又一夜之间占领了北京城。这次八国联军侵华战争有一个显著特点,就是战争一开始帝国主义便公开表明,他们与"中国政府保持和平,故决非对中国政府进兵","此次进兵之目的,在讨伐以义和团之名欲颠覆中国政府之有力叛徒"。[①] 在列强的威逼利诱下,清政府虽然在表面上曾发布宣战诏书,而实际上并没有任何应战的决心,更始终没有停止投降乞和活动。8月7日西太后即正式任命李鸿章为全权议和大臣,逃往西安途中她又再三催促李鸿章与列强媾和,并命令官军对义和团"痛加铲除",以此作为向帝国主义投降的献礼。次年9月,清政府与列强各国签订了灭亡中国的《辛丑条约》。其主要内容是:(1)由清廷严令永远禁止中国人民反对外国侵略的斗争;(2)勒索中国巨额赔款,其总数为白银4.5亿两,加上利息高达9.8亿多两,这是近代中国历史上数额最多的赔款;(3)各国可以在北京、天津、山海关等战略要地驻扎军队,北京的外国使馆区由各国的"常留兵队"守卫。《辛丑条约》的签订,实际上是迫使清政府给自己立下了一张卖身契。从此,清政府就完全彻底地向帝国主义投降,再也不敢言战,并表示"量中华之物力,结与国之欢心",心甘情愿地充当帝国主义的忠实奴仆。这表明,帝国主义已彻底控制了清政府,清朝政府已完全成了"洋人的朝廷",外国帝国主义和中国封建主义已紧密结合在一起,近代中国沦为半殖民地半封建社会的格局已基本形成。

综上所述,晚清统治集团在近代反侵略战争中有一个规律性的行迹。这就是战争初期一般是主战,或者是被迫应战,也组织了一些抵抗,但腐朽的清军屡战屡败,他们只好屈膝就范、罢兵言和、妥协投降,签订了一个个丧权辱国的不平等条约,大量出卖国家领土主权,卖身苟安,经历了一个抵抗——战败——投降卖国——再抵抗——再战败——再投降卖国——最后与帝国主义完全勾结的过程。这是清朝封建统治者腐朽无能

---

① 王芸生:《六十年来中国与日本》第4卷,第10—11页,天津《大公报》社,1932年版。

的现实和反动没落的本性所决定的,是不可避免的历史逻辑。

四、对苗、瑶、壮、傣各民族的政策

清朝时期管理少数民族的中央机构是"理藩院"。其官员全部任用满族和蒙古族人,没有汉官参与。理藩院的职权是全面管理各地的少数民族事务,"掌内外藩蒙古、回部及诸番部,制爵禄,定朝会,正刑罚,控驭抚绥,以固邦汉"。[①] 理藩院先后编纂了统治蒙古族、藏族的《理藩院则例》,统治维吾尔等民族的《回疆则例》,其内容包括有关各少数民族政治经济生活的诉讼、土田、游牧、贡纳、封爵等项章程和事例。这些则例是我国封建王朝史上最为完备的民族法典。

清朝的民族政策,主要是争取各民族上层人物顺从和支持朝廷,以加强中央政府对各地少数民族人民的统治。其中,对西南地区苗、瑶、壮、傣各民族的政策,主要是全面实行"改土归流",也就是废除世袭土官(土司、土目)改行临时任命的流官(地州县官)统治。所谓土司制度,是始于唐代的羁縻府、州、县制度的进一步发展。它最早始于南宋,普遍实施于元代,明代发展完备,清初继续传承,是当时封建王朝统治南方各少数民族的主要制度。各地各民族的土司均有他们的辖区和属民,统揽大权、发号施令,是本辖区内独一无二的土皇帝,加之其领地与官职世代相袭,年长月久就形成了自恃雄长、独霸一方、强暴恣横、骄奢淫逸、贪得无厌、唯利是图的腐朽反动的统治阶层。他们对当地各族人民为所欲为,"取其牛马,夺其子女,生杀任性","千百年来,夷法荼毒,控诉无门"。因此,早在明代中期土司制度就已呈现出阻碍社会发展的迹象。到了清初,不少地区由于封建经济的发展,这种落后的政治制度已不再适应社会经济生活,严重地阻碍着社会生产力的发展,引起当地各族人民的强烈不满与反对。这样,"改土归流"在客观上已具备了必要的条件。也就是说,用封建王朝直接任命的有"功名"、有职俸,但不世袭、不占有土地和人民,随时可以调动、撤换的流官来代替独霸一方的土司已成为历史发展的必然趋势。

"改土归流"早在明代中叶以来已开始逐步施行,而且其方式方法也多种多样。清初,对西南各民族的统治,基本上沿袭明代的土司制度,同时又用各种方法不断进行"改土归流"。早在顺治十六年(1659),清廷就乘平定南明抗清势力的机会,在云南元江进行了"改土归流"。当时,元江的那嵩是忠于南明的一个主要支柱,清军集中全力攻打元江,那嵩拼死抵抗失败后全家殉明,世袭了400年的元江土官至此绝嗣,清廷就乘机革除元江土官而改设流官,并将西双版纳北部地带(今普洱地区)划属元江府管辖。这是清朝在云南进行"改土归流"的开始。到康熙、雍正、乾隆年间(1662—1795),"改土归流"普遍推行,各地较大的土府、土州、土县,均于此时被革除,由清王朝派遣的流官进行直接统治。雍正四年(1726),云贵总督鄂尔泰在上奏中详细提出了"改土归流"的目的、方略,以及具体计谋等。他说:"云贵大患,如无苗蛮,欲安民必先制夷,欲制夷必改土归流","苗疆多与邻省犬牙相错,又必归并事权,始可一劳永逸"。他还说:改流的办法,应"勒兵深入,遍加剿抚不可","计擒为上,兵剿

---

① 史筏:《民族事务管理制度》,第23页,吉林教育出版社,1991年。

次之；令其自首为上，勒献次之"。① 清廷一一准许了鄂尔泰的奏议，把原属四川的乌蒙、东川、芒部划归云南，并令其兼制广西，由他全权行使在云南、贵州、广西三省各民族地区进行的"改土归流"的各项事宜。由此，"改土归流"由逐步推行转入大刀阔斧地厉行，在苗、瑶、壮、傣各民族聚居区全面展开，达到高潮。当时"改土归流"的基本做法是以武力为强大后盾，缴其印信，夺其官职，迁其族人，进而新置流官。这种高压强制的做法，理所当然地遇到了强大的阻力和不断的反抗，因而清廷不得不采取更加灵活的方法，并大大放松了改流的步伐，在一些势不能改的地区甚至允许土司继续存在。概括起来，清朝时期施行"改土归流"的方法大体有以下五种。

1. 派兵"进剿"的方法

这种军事强制的手段，是清代"改土归流"初、中期曾大量采用的主要方法。康熙四十二年（1703）冬，清廷命令礼部侍郎席尔达、湖广总督喻成龙等统领湖南、广西、贵州3省官兵进攻腊尔山区，先后用兵两月，迫使苗族人民编户纳粮，将下四里苗寨设乾州厅（今湖南吉首市辖区），又改凤凰镇为凤凰营（后又改为凤凰厅）。雍正四年，鄂尔泰首先用兵于云南省境内的乌蒙、东川、芒部三土府，击破各土司的联合反抗，在这一地区分别设置乌蒙府、东川府和镇雄州，并将已投降的禄鼎坤等3名土司远徙河南、江西，以绝后患，对受战争影响而流离失所的苗、彝各族人民，则一律招抚。当初，鄂尔泰在上疏改流时就断言，贵州"苗患甚于土司，而苗疆四周几三千余里"，"非用大兵不可"。因此，清廷对黔东南地区进行改流时采取了极为残暴的屠杀政策。雍正六年（1728）夏，贵州巡抚张广泗奉鄂尔泰之命，由贵阳率大军至都匀，以突然袭击的手段，向八寨发动猛攻，疯狂进行烧杀，焚烧苗寨数十个。随后，他又进军丹江，还是烧杀不止，历时半年才结束。接着他把屠刀转向清江苗族地区，连续烧杀5个多月。在古州，张广泗的屠杀政策遭到了苗、侗两族人民的有组织的抵抗，使清军受到不少损失。张广泗恼羞成怒，连烧苗、侗各民族的村寨450多个，许多著名大寨变为一片废墟。总计，清廷仅在黔东南地区用兵6年，先后设置八寨厅（今丹寨县）、丹江厅（今雷山县）、古州厅（今榕江县）、清江厅（今剑河县）、都江厅（今三都县）、台拱厅（今台江县），总称"新设六厅"或"新疆六厅"，分属镇远、黎平、都匀三府。除了上述那种直接用兵、残暴"进剿"的方法外，清廷还经常采用了借机用兵加以改流的办法。如有的土司绝嗣，其宗族内部为承袭其职权而发生内讧时，或者有的临近土司之间因互相侵地、仇杀发生纷争时，清廷就趁机派兵进行镇压，裁革土官，设置流官。雍正元年（1723），云南元江府扬武坝的大头目普有才与另一彝族头目发生仇杀，清廷就从昆明调集大军前来镇压，经过两个月的战争，普有才败北，率余部突围进西双版纳匿迹。次年，知州刘宏度、游击杨国华等借办理盐井事务为名来到威远，设计把土知州刀光焕擒拿，硬给他加上"知情藏匿罪人"、"纵匪野贼"、"先匪后纵"等罪名，把他参革解省，抄没其家产，后又将其全家老少流放到江西省。随即，清廷裁撤威远土州，改设威远直隶厅，委刘宏度为抚夷清饷同知。

---

① 江应樑：《傣族史》，第362—364页，四川民族出版社，1983年。

2. "剿抚兼用"的方法

这种用兵"进剿"与招抚纳降相结合的办法，较之单纯"进剿"的方法给人民造成的灾难有所轻一些，但它仍以野蛮的军事镇压作为前提，以强大的军事力量作为后盾。雍正四年夏，鄂尔泰向黔南大举进兵，进攻广顺的长寨（今长顺县），先行镇压苗族、布依族人民的联合抵抗，继派总兵石礼哈率军围剿，以强大军事力量作威慑，相继招抚当地苗、布依、仡佬各族村寨680余个，随后他又以兵威先后"招抚"镇宁、永宁、安顺一带土司和各族村寨共1398个①。雍正五年至七年（1727—1729），鄂尔泰在云南还是用这种剿抚兼施的手段，先后废除了沾益土州、镇沅土府、者乐长官司及威远州、广南府内各土目，在这些地方均安置了流官。

3. 招抚的办法

这是一种比较温和的改流方法，一般对当地各族群众不造成灾难。康熙五十年（1711），湖广总督鄂海与湖南巡抚潘宗洛到湘西巡边，招抚毛都塘等52寨。雍正六年，鄂尔泰采用剿抚兼施的手段，先在云南沾益、镇沅、者乐等地进行"改土归流"，接着"进剿"澜沧江内各土司区，将江内地全部加以改流，在这基础上他把普洱升为府，派元江协副将移驻于此，在思茅橄榄坝分别设官戍兵，以扼景、缅、老挝门户，于是广南府（今广南县）土同知，富州（今富宁县）土知州慌忙表示投顺，"各愿增岁粮二三千石，并捐建府州城垣；蒙琏土司献银厂；怒江野夷输皮币"。②

4. 自愿改流的办法

这是因为西南民族地区封建地主经济已有相当发展，在人民群众与土司之间的阶级矛盾十分尖锐的情况下，顺其自然地进行的改流。自康熙年以来，湘、鄂、川边境的各族人民不断反抗土司统治，纷纷向官府控告，强烈要求"改土归流"。雍正五年，永顺、保靖苗族奔走呼号，要求废除土司制度，桑植苗族也"公吁改土归流"。于是，湖广总督迈柱利用这一有利形势，"恩威并用"，一方面支持人民要求，罗列土司罪状，调兵遣将，胁以兵威；另一方面对土司晓以利害，诱以利禄，争取他们自动交出政权。用这种方法从雍正五年到十二年（1727—1735），在鄂西先后设置了施南府和恩施、宣恩、来凤、咸丰、利川、建始6个县，在湘西设置了永顺府和永顺、龙山、桑植、保靖4个县，在川东设置了酉阳直隶州，辖秀山、黔江、彭水等县。光绪元年（1875），田州（辖境相当于今广西百色、田阳、田东等县地）土知州病故无子，族人争袭，分党仇杀，人民群众饱受祸乱，民不聊生，便聚众到云贵总督刘长祐处哭诉告状，申请"改土归流"。刘长祐把此事上奏朝廷，清廷以"从民之请"为名，革去田州土官的世袭职位，于次年将田州所属燕峒地方置恩隆县，裁去土知州，并改奉议州为流州。这种自愿改流的方法，顺乎民情、符合当地实际，实属人势所趋，所以实行起来阻力较小，进展比较顺利，效果也显著。

5. "存土置流"的方法

这是折中缓急的过渡性措施。在"改土归流"的条件尚不成熟、势不能改的地区

---

① 《苗族简史》，第108页，贵州民族出版社，1985年。
② 江应樑：《傣族史》，第365页，四川民族出版社，1983年。

一方面允许土官土司继续存在,另一方面创造条件设置流官政权,从而达到削弱土司权势,加强中央集权的目的。光绪初年,镇压云南孟连宣抚司辖境内民族纷争后,清廷在这里"先后设立上、下改心两地,不归孟连管辖。另委是役有功之人,为各地土司及里粮目。故澜沧有十八土司之称"①。于是,在孟连原土司辖区里新委任的18名土司与原孟连土司并存,大大削弱了原土司的势力。接着,于光绪十三年(1887)夏,在该辖境内"设置镇边直隶厅,归迤南道管辖,建厅署于猛朗,委官治理"②。光绪二十三年(1907),云南镇康土府屡遭兵灾,在位土司、护印妇又相继病亡,清廷决定趁机改流。改流时,与民约法三章:"(一)除国家钱粮正供外,毫不苛派分文;(二)大丛为总团,经猛、圈猛改为团长,伙头、即目改为甲长;(二)缅寺、稽神悉仍其旧。"移交改建事由继任护印妇亲自办理,原土州印给她留作纪念③。这样,经土、流双方达成协议,清廷就"不用一兵一卒,不杀一人",在这里正式设置了由流官充任的镇康府。同时,原土司下属"大丛"等土目也取得了合法统治地位。清朝政府在形式上"存土置流"的同时,采取加委许多小土司,使各土司间相互牵制等方法,逐步削弱分化了土司的势力范围和各种特权。

另外,由于客观条件不成熟,加上清朝统治者力不从心,西南民族地区的"改土归流"事业并不彻底,有些地区的土司制度基本上原封未动,大小土司无一被废除,行政区划也未作调整。如贵州就有62个长官司和更多的土目、土舍被保留下来,而滇西的土司就几乎没有触动过,这一局面一直保持到近代也没有发生重大变化,有的甚至到民国时期,以至到国民党时期始才改变。

"改土归流"总的来说是一项进步的改革。在政治上,消除了由土司势力独霸一方的割据状态,普遍建立了与汉族地区相同的政治制度,设置府厅州县,任用流官,并编查户口、设立保甲、组织乡勇,从而加强了中央对边缘民族地区的直接统治,巩固了祖国的疆土,加强了全国的统一。在经济上,封建地主制代替腐朽的领主制,使自给自足的自然经济得以确立和发展。加上,开始时一般实行轻徭薄赋政策,明令废除土司时期名目繁多的苛派赋税,乾隆初年还一再重申"永不加赋"的诏令,从而在一定程度上减轻了人民的负担。同时,由于废除了领主制土地关系和人身依附关系,使农民和手工业者有了较大的人身自由。这就解放了劳动生产力,构成了民族地区社会经济发展的新动力,促进了少数民族封建经济的发展。在文化教育上,由于兴科学、办义学,使读书识字者逐年增多起来,培养出了一批知识人才,促进了少数民族文化的发展。总之,"改土归流"的实施加强了内地与边疆各民族之间的联系与交流,适应社会历史发展的客观需要,符合人民群众的要求,促进了西南民族地区政治、经济、文化的发展。

五、清政府民族压迫政策的实质

清朝政府所推行的民族压迫政策,是极少数满汉统治阶级对国内各民族人民所联合实行的政治压迫与经济剥削制度的产物,它在本质上依然是封建君主专制的一种统治手段。

同历代剥削阶级一样,清代统治阶级把各族人民的政治权利剥夺得一干二净,不给

---

① ② ③ 王文成:《近代云南边疆民族地区改土归流论述》,载《思想战线》,1992年第6期。

他们以丝毫的民主与自由,对各族人民的反抗斗争更是进行了残暴的血腥镇压。"改土归流"本来是一种历史的进步,但清朝政府进行"改土归流"的目的是为了对西南少数民族加强统治与剥削,因此不仅废除大小土司,而且压服少数民族人民,有的地区甚至以镇压少数民族人民为主,大肆进行了残暴的烧杀抢劫。如前所述,对黔东南地区进行"改土归流"时,清廷认为"苗患甚于土司","非用大兵不可",因而调动大批军队"进剿",采取了惨无人道的屠杀政策。雍正六年(1728),为了在云南西双版纳橄榄坝(今勐罕境内)进行"改土归流",清朝统治者先诬以当地土司刀正彦指使他人杀死一茶商,然后打着"平乱"的名义派副将张应宗等率兵进入该地,引起当地傣族、哈尼族人民的强烈不满与反抗,这时云南督抚增派重兵入境镇压,战事一直延续到次年3月,造成大批百姓家破人亡、流离失所,深受其害。清政府对各族人民反抗斗争的武装镇压更是惨绝人寰、令人发指。雍正六年(1728),在镇压云南镇沅府傣族刀如珍领导的傣、哈尼、拉祜、彝、汉等各族人民起义时,清廷派大军入境擒缚刀如珍等100余人解省,并先后逮捕5000多人,将刀如珍等6人以"叛逆"罪杀害于昆明,对其他人员也分别加以各种罪刑。随后,清廷认为与威沅紧邻的威远境内的拉祜等族人民多有"同谋为变",又派大军"进剿",向逃入深山箐林中的群众发炮轰击,造成惨死数千人的血案。雍正十三年(1735),黔东南地区爆发了大规模的农民武装斗争"雍乾起义",清廷派数万精兵"围剿"起义群众,生俘大小首领400余人押解到贵阳杀害,并大批捕杀一般起义群众。仅黄平一带被杀苗族起义群众达1.76万多人,被俘者有2.5万多人,这些被俘者中有一半人员后来又被杀害。"杀戮十之七八,数十百寨无一人"。总计,在这次起义中苗族人民被杀被围困饿死者不下30万人,被烧毁的村寨有1224个,占苗寨总数的75%,有1.36万多名起义军家属被发配为奴,被迫逃亡他乡,流离失所的更是无法统计。①

民族分裂政策,是清朝统治阶级加强对少数民族专制统治的卑劣手段之一。他们故意制造民族不平等,公然规定回民犯法"加等科罪",官府在审判词讼时总是"护汉抑回",极力制造民族恶感,挑拨民族仇恨,甚至纵容民族仇杀与械斗,从中渔利。1845年10月,云南保山地痞蓄意制造事端,夷平回民村落50多个,当地官府不仅不严惩凶手,反而与之勾结,纵其进城屠杀回民群众达8000人。被害回民派代表进京向督察院控告,要求惩办凶手,清廷却置之不理。1856年,临安汉族恶霸与官绅相勾结,煽动一些人在南安州等地大肆捕杀回民,"老弱鲜得免者"。楚雄府的官绅也残杀回民,被害人数竟达6000多人。接着,临安恶霸又企图前往昆明逞凶。新兴回民聚众自卫,暂免于难。但是清廷颠倒是非,诬蔑回民群众为"纠众谋逆"、"阴谋作乱",由云南巡抚和团练大臣下令"饬各府厅州县聚众杀回,须横直剿灭八百里"。② 这种惨绝人寰的野蛮行径,激起了云南全省回民激烈的反抗斗争,终于引发了杜文秀回民大起义。

在经济上,清政府曾经实行轻徭薄赋政策,还明令"永不加赋",一定程度上减轻了人民负担,促进了民族地区农业生产的发展。但好景不长,随着封建统治与剥削的日

---

① 《苗族简史》,第114页,贵州民族出版社,1985年。
② 李资源:《中国近现代少数民族革命史要》,第67页,中央民族大学出版社,1995年。

益加重，广大少数民族人民重新陷入了极度贫困与苦难之中。在西南民族地区实行"改土归流"后，清廷派驻和安置大批的绿营军和屯军屯民，强占了少数民族的大片良田。以黔东南"新设六厅"为例，雍正年间安置清军9个营、29个汛、78个塘，派驻绿营兵共6000多人。到乾隆二年，续建凯里、鸡讲（西江）、柳罗、朗洞等汛，派驻绿营军增到1.5万人。另建屯堡109座，安置屯军8939户，连同家属约有4万余人。① 屯军按户给田，"每户所耕之田，约可收谷六十石"，照此计算六厅之内被占耕地达53.6万石，加上其他地区的屯军，被占田地总数就更大，在贵州至少有六七十万贫苦农民的田地被屯军抢占。这些屯田全是良田肥地，各地"其田之上者，尽属屯军，余之田皆山头地角，水易湿而旱易干"②。各地官吏与封建地主对各族人民的压榨与剥削也与日俱增。自康熙三十二年（1693）清丈田地后，湘桂边区各县的田赋不断增加，仅湖南省城步县，就由893石猛增到1700多石，致使苗族人民"难堪苦累，老幼嗟号"。而负责派夫派款的各级官吏又层层盘剥，"借端勒索"，"诈骗其财物"，稍有不遂就"设计吞噬，或倾一家，或败一族"。再加上各民族内部的剥削阶级也百般进行敲诈勒索，各族人民群众"四时不能得一粟入口"，过着牛马不如的生活。又以黔东南苗民地区为例，"苗疆定后，尚有土司通事其人，助官为虐，挟其诈力，朘剥无已。一切食米、烟火、丧葬、娶嫁、夫马供应之费，无不取之于苗民。此外，又复千百其术，藉事勒索，不倾其家不止，而苗民之生机绝矣"。③ 鸦片战争以后，一次次屈辱卖国的对外巨额赔款，以各省分摊的形式不断转嫁到各族人民身上。仅为了偿还庚子赔款分摊到贵州的数额就达20万两，湖南为17万两。其结果，钱粮正赋、抽厘助饷和苛捐杂税连年增加。贵州省的田赋征收率，过去一般是产量的1/10，到19世纪60年代已增至产量的1/3，增加了好几倍。随着封建剥削的加深，土地兼并现象日益严重，触目惊心。仅湘西永绥、凤凰、乾州三厅，从康熙四十二年"改土归流"到乾隆末年的92年中，满汉地主侵占田地达4万多亩。永绥厅城外的土地原来全归苗族农民所有，改流60多年后已"尽占为民地"。那些贪官污吏、豪门权贵更是明目张胆地抢占农民土地。云南镇沅知府刘宏度于雍正五年（1727）任职以后，下令对全境土地进行清理丈量，山陬水滢，均不能免，并勒限3月为期，依照丈量亩积上价，逾限不上价便没收田地、入官变卖。以此手段他强占了傣、哈尼、拉祜等民族的大批良田。除了上述种种封建剥削外，各族人民还要备受厘金的豪夺，高利贷的重利盘剥等种种剥削与掠夺。所有这一切，使各族人民往往是终年辛勤劳作而"秋收甫毕，盎无余粒，此债未清，又欠彼债，盘剥既久，田产倾尽"④，使他们处于水深火热之中，长年过着衣不蔽体、食不果腹的悲惨生活。

---

① 《苗族简史》，第118页，贵州民族出版社，1985年。
② 《苗族简史》，第119页，贵州民族出版社，1985年。
③ 范文澜：《中国近代史》上册，第159页，人民出版社，1955年。
④ 《苗防备览》卷22，《杂识》。

第二章 各族人民反帝反封建斗争

第一节 外国入侵战争中的少数民族

19世纪初叶，英、法、美等西方主要资本主义国家先后完成了资产阶级革命，因而带来资本主义经济的迅速发展。西方列强争先恐后向外扩张，争夺商品市场和原料供应地，地大物博的中国就成为它们向东侵略的重要目标。两次鸦片战争后，使地处边疆的中国少数民族深受其害，从此，少数民族地区与沿海各省同步开始了封建社会解体，而逐步走向半殖民地半封建社会。

一、沉重的经济剥削激化了少数民族地区的阶级矛盾与民族矛盾

（1）鸦片战争失败后，清政府为了弥补战争军费支出和偿还对外赔款，便加重搜刮和压榨各民族人民，把军费和赔款转嫁到各族群众头上，使各少数民族人民的经济负担增加，生活更加贫困。如内蒙古地区，1856年，清政府对蒙古王公颁布了旨在搜刮钱财的《捐输银两和捐输驼马议叙章程》，向蒙古王公、贵族、官吏、上层喇嘛勒索银两和驼马，并把捐纳多寡当做加官晋爵的标准，有些蒙古王公捐输的银两多达5000两以上，驼马800余匹。他们不择手段地剥削压榨蒙古阿拉特①，搜刮掠夺大量的银两、货币以及驼、马、羊等牲畜，使贫困的劳动人民生活更是雪上加霜。

在新疆地区，清政府的赋税不断加码。除粮食、布匹等正项赋税外，在1852—1860年，又先后开征了商税、盐课、茶税、棉花税等。在牧区，有封爵的牧主除通常的畜牧业剥削外，还要每年向所属牧民私征成百上千只羊。各族人民负担着日益沉重的各种经济剥削。

"1860年4月，阿克苏办事大臣绵性自行更改税制，'变通私征，改为公用'，将原由阿奇木伯克私征的税款——每户每年2串至3串制钱——改为每人每月交普尔钱2文；三品至七品阿奇木伯克，按品级每人每月交普尔钱50文到30文不等，税款全部转归'公用'。与此同时，绵性还向在阿克苏经商的中亚商人每月挨名征收所谓的'吃饭盐钱'。他在阿克苏私自增税造成严重后果，以致回（维吾尔）众惊颖，几酿巨案。"②

为了摆脱财政拮据困境，1862年新疆地方政权喀什噶尔参赞大臣建议清政府实行卖官鬻爵的"捐输"措施，颁布了《回部捐输奖叙章程》，公开规定各级官吏的卖价。一位捐银200两的维吾尔人噶依特就被补放伯克，委以实职。在清中央备案捐输官职的就有库尔勒的三品阿奇木伯克、阿克苏的四品伊什罕伯克、巴尔楚克的粮员等一批人。

（2）土地财产的加速集中，田赋地租日趋加重，封建势力与外国资本势力的勾结，

---

① 阿拉特：蒙古语"百姓"读音。
② 新疆历史教材编写组：《新疆地方史》，第200页，新疆大学出版社，1992年。

加强了对少数民族地区人民的压榨与剥削。据广西和云南壮族地区有关史料记载，占90%的壮族农民，仅占有20%的土地，而少数地主却霸占了80%以上的土地，广西浔州府属的桂平、贵县、平南、武宣等县，收租万斤至10多万斤以上的大地主就有十几家。农民失去了田地，只能耕种屯田、私田或山坡瘠地。而所负担的地租却不断增加。广西的地租率从鸦片战争前的"百种千租"（100斤种子的田收1000斤租谷）到战后激增为"百种两千租"。尤其是山区，佃种田少，租纳更为严重，加上白银大量外流引起银价上涨，人民的负担无形中增加了一倍。在贵州，苗族、布依族、水族、侗族人民耕种屯田，每年需缴纳六成以上的"定额屯租"。后来连屯田也没有了，只好耕种坡间瘠地。从而造成少数民族地区人民的生活日趋贫困，广大劳动人民挣扎在饥寒交迫的死亡线上。

（3）加深了中国社会的民族矛盾。由于历代反动统治阶级为加强其封建统治，长期推行民族歧视、民族压迫的政策，少数民族与汉族之间存在着严重的民族隔阂。外国传教士挑拨中国国内各民族之间的关系，制造民族矛盾和仇杀，破坏民族团结，恶意歪曲、捏造民族历史。如在云南传教士们以研究白族历史为名，篡改白族历史，提出了"白泰同源"，南诏、大理国是"泰人建立的"等奇谈怪论，为其殖民侵略服务。他们还蓄意挑拨少数民族与汉民族的关系，制造民族纠纷。在内蒙古等地不断挑起满、蒙和汉民族的争端。在贵州册亨的秧庆，有一座法国天主教堂收养的一个布依族孤女，在病危时被逐出教堂，冻死在山上，附近村寨群众对此十分愤恨，纷纷取下圣像，摆上家神，拒做礼拜，断绝与教堂和神甫的关系。为了转移群众视线，法国传教士甘有为暗中在册亨城内活动，散布谣言，对城里的汉族人说："者七寨的布依族要杀汉兴夷。"对者七寨的布依族群众又说："城里的汉人要杀夷兴汉。"挑起民族间的仇杀，使无辜的百姓惨死在血泊之中。①

二、外国资本主义对民族地区的经济侵略

鸦片战争后，外国资本主义对中国少数民族地区的经济侵略，主要是输出商品和掠夺原料。除此而外，还派出大批间谍、军事人员、传教士到民族地区从事"调查"，盗窃文物，收集经济与政治情报。

1. 在民族地区从事输出商品和掠夺原料的经济侵略活动

沙俄为了使其商品打入蒙古和新疆地区，并取得居留和免税的特权，于1851年胁迫清政府与之签订了《伊犁塔尔巴哈台通商章程》。条约规定，俄国商人可以在伊犁、塔尔巴哈台（今塔城）建造房屋，自由居住，仓储存货，彼此通商，两不抽税等内容。这是中国陆路贸易，也是少数民族地区被迫对外国资本主义货物免税的开始。

1860年，沙俄通过中俄《北京条约》，又获得了在我国蒙古地区的大量经济特权。根据《条约》规定，（1）"俄国商人除在恰克图贸易外，其由恰克图照旧到京，经过之库伦、张家口地方，如有零星货物，亦准行销"。（2）"俄罗斯国可以在通商之处设立领事馆，除伊犁、塔尔巴哈台等三处已设馆外，并在喀什噶尔、库伦设立领事馆"。（3）"在喀什噶尔与伊犁、塔尔巴哈台贸易区中国给予可盖房屋，建造堆房、圣堂等

---

① 李资源：《中国近现代少数民族革命史要》，第134页，中央民族大学出版社，1995年。

地，以便俄罗斯商人居住。并给予设立坟茔之地。并可照伊犁、塔尔巴哈台给予空旷之地一块，以便牧放牲畜"。①（4）在蒙古、新疆地区具有领事裁判权。沙俄商民在该地区"若有杀人、抢夺、重伤、谋杀、故烧房屋等重案"，②都不受中国政府的法律约束和拘管。

1860 年，清朝政府与沙俄签订了中俄《陆路通商章程》。章程规定：俄国商人在"两国边界贸易在百里之内，均不纳税"。"俄商小本营生，准许前往中国所属设官之蒙古各处及该官所属之各盟贸易，亦不纳税，其不设官之蒙古地方，如该商欲前往贸易，中国亦断不拦阻"等③。从而使我国新疆和蒙古地区变成了沙俄独占的无税贸易区。1881 年，沙俄在与清政府签订中俄《改订伊犁条约》的同时，还强迫它签订了中俄《改订陆路通商章程》。从而使沙俄进一步扩大了它在蒙古和新疆所得到的权益。《改订陆路通商章程》规定，两国边界百里之内准中俄商人任其贸易，均不抽税；在新疆及蒙古中俄边界，中国开放 35 处卡伦，准俄商经此到中国贸易。中俄《改订伊犁条约》中规定，俄商在天山南北贸易暂不纳税等，从此，我国新疆和蒙古都成了俄商的自由贸易区和免税区。

在这些不平等条约的保护下，俄国在新疆及内外蒙古地区大力推销布匹、呢绒、绸缎、糖、火柴、玻璃、钟表、皮革制品等工业品，收购皮毛、羊肠衣、棉花、生丝、毡毯等原料及土特产品。到 19 世纪 80 年代后期，乌里雅苏台（今蒙古国扎布哈郎特）市场上的俄国棉织品，占中外制品的 3/4④。1860 年以前，在买卖城（中俄边界恰克图南面的中国市场，在今蒙古国境内）经商的山西行庄有百余家之多，1868 年，只剩 4 家。原因就是俄商享有陆路贸易的种种特权，他们从内地运茶叶至此，税负比中国商人轻 20%，中国商人难以与之竞争。⑤

1860 年，英国商人开始通过华商代理人在蒙古地区为其收购驼毛。之后，英、美等国资本家来蒙古地区一些盟旗所在地开设商行，直接收购驼毛等畜产品原料。到 19 世纪 70 年代，漠南蒙古地区的驼毛贸易，基本上被外国商人所控制，驼毛的出口量迅速增长。

19 世纪 80 年代，西方国家的资本势力逐渐伸向蒙古和新疆、青海地区。他们通过其代理人——洋行、买办等，在内蒙古、新疆、青海地区大量倾销各种商品，搜刮各种牲畜、皮张、驼毛、羊毛等畜产品原料，从而扼杀了这些地区商品经济的发展，同时，也破坏了已经发展起来的城镇手工业和家庭手工业的生产。

在西藏地区，19 世纪 80 年代，随着印度的铁路、公路修到大吉岭和噶伦堡，英国就陆续向前后藏输入棉、毛制品及金银首饰、珠宝、钟表等轻工业产品，又从西藏掠走羊毛、牦牛尾、沙金、麝香、药材等原料及土特产品。1893 年，英国通过中英《会议藏印条约》，迫使清政府开放亚东为商埠，并对进口货物免征税 5 年，使西藏成为英、印伸向喜马拉雅山北麓的商品市场，从而加速了西藏地区的半殖民地化。

在云南、广西地区。沙俄已在新疆、内蒙古开陆路贸易免税、减税先例，法、英两

---

① ②③ 《中俄立约始末记》，第 12 页，宪法新闻社编译，铅印本，北京宪法新闻社民国二年（1913）。
④⑤ 况浩林：《中国近代少数民族经济史稿》，第 32—33 页，民族出版社，1992 年。

国侵入我国云南、广西边疆，也跟着效法。1886 年，法国胁迫清政府签订了中法《越南边界通商章程》，章程规定，洋货经保河以上，谅山以北两处边关进入云南、广西，按中国通商税则减 1/5 收纳正税；经此两处边关运土货出云南、广西减 1/3 征出口正税。次年又通过中法《续议商务专约》，将税额又进一步减少。英国也在 1894 年胁迫清政府签订中英《续议滇缅界约商务条款》，规定 6 年之内，经旱道出口土货除盐外，进口洋货除米外，概不纳税；经曼允、盏西两路进口洋货则减 3/10 征税，出口土货则减 4/10 征税。云南下关白族地区，1875 年后已成为西方资本主义商品市场集散地。经常输入的英国货有棉纱、棉布、棉花、香烟、洋蜡、火柴、绸缎、鸦片等；德国货有颜料、毛巾、香水及各种日用品等；日本货有棉纱、棉布、成衣、肥皂及玩具等；美国货主要有煤油。从这里掠走大量黄丝、石磺等土特产品及麝香等名贵药材。①

其他民族地区也同样成为外国商品的倾销市场，如福建、浙江的畲族地区，台湾的高山族地区、广西壮族地区、海南岛的黎族和苗族地区，由于地处沿海，很快就受到外国资本主义的经济侵略。外货大量涌入、充斥市场，乃至"穷乡僻壤，未有不用洋货者"。由于少数民族地区多为边远山区，交通不便，商品经济极不发达，自然经济更为牢固，西洋货的大量输入，以及本地土特产品被掠走，破坏了那里固有的民族经济，桎梏了各民族城镇手工业和农民家庭手工业的发展，使中国少数民族地区的社会经济也开始走向半殖民地化经济。

2. 在民族地区开辟商埠，打开侵略民族地区的门户

鸦片战争以后，西方列强通过一系列不平等条约，在中国沿海、长江流域及内地从南到北，从东到西开辟了一批商埠作为输出商品、掠夺原料的侵略基地，使中国从一个封闭型的封建社会逐步走向半封建半殖民地社会。由于清政府屈服于资本主义殖民国家的威慑与压力，使它们更加有恃无恐、肆无忌惮地把侵略魔掌伸向全中国各少数民族地区，它们通过"修约"、"续约"、"商约"等一些手段在少数民族地区连续开辟商埠、贸易圈，打开了侵略中国少数民族地区的门户。从 1852 年将伊犁、塔尔巴哈台（塔城）辟为商埠之后，相继在民族地区开辟商埠计 38 处之多，其中主要有：

通过中俄条约开辟的商埠有：

《伊犁塔尔巴哈台通商章程》（1852 年 10 月）开辟伊犁、塔尔巴哈台（塔城）两地；《北京续增条约》（1860 年 11 月）开辟喀什噶尔（喀什）、库伦（今乌兰巴托）两地；《改订伊犁条约》（1881 年 2 月）开辟迪化（今乌鲁木齐）、吐鲁番、哈密、古城（今奇台）、乌里雅苏台（今蒙古国扎布哈郎特）、肃州（嘉峪关）6 地。

通过中英条约开辟的商埠有：

《天津条约》（1858 年 6 月）开辟台湾（今台南）、琼州（海口）两地；

《烟台会议条款》（1876 年 9 月）开辟北海；

《会议藏印条约》（1873 年 12 月）开辟亚东；

《中缅条约》（1897 年 2 月）开辟梧州、腾越（今腾冲）两地；

《拉萨条约》（1904 年 9 月）开辟江孜、噶大克两地。

---

① 况浩林：《中国近代少数民族经济史稿》，第 33 页，民族出版社，1992 年。

通过中法条约开辟的商埠有：

《天津条约》（1858年6月）开辟淡水（今新竹）；

《续议商约专条》（1889年6月）开辟龙州、蒙自两地；

《续议商约专条附章》（1895年5月）开辟河口、思茅两地。

通过中日条约开辟的商埠有：

《会议东三省事宜条约》（1905年12月）开辟满洲里、海拉尔、瑷珲（今黑河）、宁古塔、三姓（今依兰）、珲春6地；

《图们江界务条款》（1909年9月）开辟局子街（今延吉）、龙井村（今龙井县）、头道沟、百草沟等6地。

3. 派遣各种专职人员到民族地区搜集经济、政治情报

自1840年开始，俄、英、法、德、日、瑞典、美等国派出大批间谍、军事人员及各种专职人员以"探险"、"旅游"、"考察"为名前来新疆、西藏、青海、内蒙古、云南、贵州、四川、台湾等地搜集情报，勘测地形、盗窃文物等活动。

1840—1841年，俄国人卡列林与基利洛夫等人潜入塔尔巴哈台山区、勒布什河、阿克苏河上游及阿拉套山区侦察。1841年秋，沙俄少校军官柯瓦列夫斯基进入伊、塔地区搜集商业、矿产及自然资源情报。与此同时，施伦克等人窜入巴尔喀什湖、萨司克湖、阿拉湖、伊塞克湖、伊犁河南岸及塔尔巴哈台山区以收集植物标本为名，窃取情报。1842—1843年，沙俄上校西利维列姆等人非法武装偷测北起额尔齐斯河，南至楚河之间的地形。1847年沙俄军官尼凡季耶夫测绘巴尔喀什湖以南和伊塞克湖附近地图。19世纪50年代以后，沙俄对巴尔喀什湖以东的考察、测绘及搜集经济、政治、军事情报工作愈加频繁。1856年，沙俄军官谢苗诺夫斯基率哥萨克入侵招哈山口，登上汗腾格里山，潜入特克斯河上游，窥测伊犁通往南疆喀什噶尔的通道穆素尔山口，到天山中部考察。[①]

1890年，英印政府派遣鲍尔大尉从帕米尔入境，在南疆喀什、莎车、阿克苏地区搜集情报，并盗走库车千佛洞一批公元四五世纪的古写本桦皮书佛典。1892年，法国格林勒从和田盗走一批公元2世纪的梵文佛经残片。

19世纪末至20世纪初，西方列强的"探险家"、"旅游者"、"考察团"从新疆劫掠的文物之多让人触目惊心。俄国的罗波罗夫斯基和科兹洛夫于1893—1895年、克利门兹于1897年、奥登堡于1909年先后在新疆和敦煌收集大量文物和文献，仅是现藏于俄罗斯科学院东方研究所的文书就不下1.2万件。英国的斯坦因于1900—1933年，前后4次对西北几省"考察"，仅在新疆劫去的文物就不下1万件。还从敦煌石窟窃去了珍藏了千余年的佛教绘画、版画等。德国的格伦威德尔和勒寇克，于1902—1914年，先后4次来新疆"探险"，据不完全统计，劫去古物907箱，包括新疆和田、若羌、吐鲁番等地石窟和文化遗址中的壁画、文书、器皿、古钱币、丝毛织品等。其中现存的回鹘文书计达8000件。法国的伯希和，于1906—1909年，在敦煌和库车获得大批珍贵文物。日本的火谷光瑞于1902—1904年，桔瑞超于1908—1914年，也从西域获得众多文

[①] 新疆历史教材编写组：《新疆地方史》，第194页，新疆大学出版社，1992年。

物,仅公布的"大谷文书"即达7733件。瑞典的斯文·赫定于1896—1935年3次来新疆,芬兰的曼涅尔海姆于1906—1908年来新疆,都获得不少文物,其中回鹘文献分别为41件和71件。①

在青藏高原,从1844年起,法国、沙俄、英国、日本、瑞典、德国、美国的特工人员和军人,不断前往调查青海湖和柴达木的资源,绘制地图,掠夺文物。1858年英国撤销了东印度公司直接统治印度后,它在印度的殖民政府又训练了一批印度人和喜马拉雅山居民充当所谓"勘测密探员",对我青藏地区进行系统的秘密调查。1872年,沙俄派遣贝大特科夫和科兹洛夫到青海、昌都、德格、巴塘等地窥测矿产与自然资源。1889年,沙俄派遣科布伦奇夫斯基和波达诺维奇先后潜入西藏进行间谍活动。此后,俄人入藏者日益增多,在这里勘察矿山,测量地形。②

在云贵高原,"1868年,英国派遣斯拉顿测量了缅甸八莫至我国腾越的路线,企图寻找一条滇缅之间的交通线。1874年,英国又一次在缅甸组织了由上校军官柏朗率领的约有200人的武装'探险队',到我国云南勘察,并派使馆翻译官马嘉理前往接应。马嘉理经汉口、昆明、保山、腾冲入缅,沿途探测地形,窃取情报。""1883年,英国《泰晤士报》'驻中国特访员'葛洪,又擅自深入我国西南各省勘察。法国的所谓'专家'、'学者'也遍游云南各地,深入到个旧、东川、弥勒等地区,调查矿产资源。""1866年,法国派遣特拉格米、安邺率领的探测队,入云南勘测由越南进入云南的通道。1871年,又派出冒险家堵布义赴云南'探险'、勘察地形、绘制地图。"③

在其他少数民族地区也到处留下了西方国家"探险者"、"专家"、"学者"的足迹。1847年,美国多次派船舰前往台湾勘测港口,勘察煤矿。第二次鸦片战争期间,英国人施卫诺也到台湾基隆地区煤矿考察,并搜集情报。1862年,法国专职人员就到康藏地区打箭炉、巴塘、道孚探险、考察、传教。1878年,英国派遣军人吉尔上尉和麦士尼,窜入茂州羌族地区窥探、窃取情报。1906—1907年英国人费格生两次潜入理番、汉源、打箭炉、茂州等地勘测、绘图;等等。④西方资本主义殖民者之所以派各种专职人员到中国少数民族地区搜集经济、政治情报,主要目的是为配合完成它们的侵略目的服务的。

三、中国少数民族近代反封建斗争的兴起

鸦片战争以后,灾难深重的中国各族人民继承和发扬反封建斗争的光荣革命传统,同封建统治者进行了不屈不挠的斗争。中国少数民族反封建斗争的熊熊烈火燃遍民族地区各个角落,其势汹潮云涌,此起彼伏,与全国各地的反封建斗争汇成了一股洪流,锐不可当。

1844年,湘西乾州大新苗族农民不堪忍受高额屯租和种种苛索,在石观保的发动下起义,1000多名农民抗交屯租,他们捉拿了苗族把总石吞贵,向乾州厅当局提出免租的要求,开始了近代以来湖南苗族第一次武装反清反封建斗争。

1848年,广西横州天地会壮族首领陈亚贵率壮、瑶、苗等民族群众发动起义,转

---

① 牛汝极:《维吾尔古文字与古文献导论》,第13页,新疆人民出版社,1997年。
②③ 况浩林:《中国近代少数民族经济史稿》,第40页,民族出版社,1992年。
④ 况浩林:《中国近代少数民族经济史稿》,第33页,民族出版社,1992年。

战浔州、象州一带，"掳富钱粮，搬不尽者，沿途分送"给贫民。①

1849年11月，湖南新宁县天地会首领李沅发领导的各族起义军，进攻新宁县城，杀死县令万鼎恩，打开囚房，释放被押群众，将所获物资分给各族农民，后来转战大瑶山一带的广大瑶族、壮族地区，起义队伍发展到四五千人，给清军以沉重打击。

上述起义和斗争，表明鸦片战争后，中国社会阶级矛盾和民族矛盾日趋复杂，因而爆发了广西、贵州、湖南、云南、内蒙古、新疆、陕西、甘肃等地的反清、反封建斗争的大规模起义。同时，还应该看到，鸦片战争后，随着外国资本入侵和社会性质的转变，也使中国社会基本矛盾发生了新的变化，除了原有的封建主义和人民大众的矛盾外，又加上了外国资本主义侵略者和中华民族的矛盾，成为各种矛盾中最主要的矛盾。而中国少数民族近代反对外国资本主义侵略和反对封建主义的革命斗争正是在此基础上日益发展起来的，它已成为中国近现代革命史的一个不可分割的重要组成部分。

四、各族人民反对外国教会侵略的斗争

资本主义列强在吞食中国领土的同时，各国传教士依仗不平等条约，争先恐后来华传教，披着传教的外衣，进行文化侵略。外国教会势力长驱直入，进入中国各民族地区，进行从教为名的侵略活动。他们侵占土地，修建教堂，盗窃文物，甚至插手军事、经济和政治侵略，引起了各族人民的强烈反抗，从而有力地震撼和打击了外国教会的侵略。

1. 外国列强利用教会在少数民族地区进行侵略活动

鸦片战争后，随着外国列强的入侵，宗教就成为它们侵略中国的一个重要工具。自清政府与英、法、俄、美等殖民主义国家签订一系列不平等条约后，各国传教士就纷至沓来，边疆少数民族地区成为"十字架征服中国"的前沿阵地。

在西南地区，从19世纪中叶起，随着法国势力进入印度支那半岛，它的天主教传教士便以此为据点不断涌进西南等省。到1861年，法国派大批传教士随罗马教廷的一名主教，从四川、云南进入西康，并在康定、巴塘、道孚等处建立据点，并准备到拉萨去建立教区。英、美传教士亦步法国传教士的后尘，进入川边藏族地区，在康定、巴塘等地建立教堂。法国天主教在云南设立了"昆明传道会"，并到大理白族地区传教，遍设教堂。英、美接踵而至，使大理成为外国列强在滇西侵略活动的大本营。

与此同时，法国传教士及后来的英、美传教士都先后进入贵州，在1847—1849年间，前往贞丰、兴义、镇宁、安龙等布依族、苗族地区传教，并成立了安龙教区，管辖今黔、桂两省的75个县。1862年，法国传教士来到四川东部土家族地区酉阳州建立教堂，几年之后，各国教会与传教士相继到来，深入到川鄂湘接壤的土家族、苗族等民族聚居地区，以宗教为诱饵来征服这里的少数民族人民。

在长江以南各省少数民族地区，外国教会势力发展很快，法、英、美等国传教士在广西龙州、西林、百色、桂平等壮族地区，海南的乐东、琼中、保亭等黎苗地区，福建的丽水、汀州、平阳、福安、霞浦等畲族地区，台湾的新港社、菁垵社等高山族地区都留下了深深的足迹。他们所建教堂和布道所遍布穷乡僻壤，教会以"救世主"自居，

---

① 覃元苏：《象州乱略记》。

横行乡里、鱼肉百姓，成为少数民族地区的太上皇。

在西北各地，自19世纪中叶以后，西方传教士在宁夏、青海、新疆等地传教，基督教在皋兰、宁夏等地设立了布道区，英国在西宁建立了福音堂，英、俄等国传教士先后在乌鲁木齐、伊犁、塔城、喀什、莎车等地设立教堂，开办医院、学校，从事间谍活动。

在东北地区，沙俄、英、美等国利用宗教配合经济、军事侵略活动，在东北各省建立起强大的布教网。沙俄更是捷足先登，东正教很快在哈尔滨、海拉尔、旅顺、大连、沈阳等地及中东铁路沿线修建教堂，仅哈尔滨就设有教堂19座之多。

在蒙古地区，1864年，梵蒂冈罗马教廷设立"蒙古教区"，指定该教区为比利时"圣母圣心会"的传教区域，同年12月，比利时司铎（神甫）南怀仁率领5名传教士到达西湾子教堂，主持"蒙古教区"。该地区把北至西伯利亚边境，东到满洲，南至直隶、山西、陕西、甘肃，西至新疆等长城以北广大地区都划入这一教区。派遣传教士深入大青山北部的后坝地区（武川县、四子王旗一带）和土默特、鄂尔多斯等蒙古地区一些盟旗进行"传教"活动，劝说蒙民"归奉圣教"。尽管这些传教士们竭尽全力拉拢蒙古王公，并用小恩小惠诱骗蒙民，但是，由于蒙古人信仰藏传佛教，对于天主教传教士的"传教"活动，抱有"强烈的反感"，使布教活动效果微乎其微。

外国教会和传教士在西方列强侵略中国的过程中起了急先锋作用，他们打着传播宗教的幌子，通过各种文化活动，为外国资本主义对中国进行政治、经济、文化侵略服务。他们在中国进行了一系列的罪恶活动：凭借宗教特权，大量兼并土地，剥削和掠夺各族人民；利用在中国获得的治外法权，任意践踏中国的主权，干涉地方政府内政；包揽诉讼、私设刑堂、监狱，残害各族百姓；搜集中国少数民族地区政治、经济、军事情报，绘制地图，为军事侵略服务；挑拨中国各族之间的关系，制造民族矛盾和仇杀；盗窃中国民族地区的文物遗产，破坏名胜古迹；通过教堂办学校、医院、育婴堂、报刊等手段，"施展其半麻半醉之侵略教化，以愚我不识不知之贫民。"①

2. 各族人民反对外国教会侵略的斗争

外国势力与传教士侵入中国少数民族地区后，一部分披着传教外衣的不法教士在教区内愚弄百姓，仗势欺人，作恶多端，引起各族人民的强烈反抗，各族人民反对外国教会的斗争遍及贵州、云南、西藏、四川、湖北、福建、内蒙古等各个地区。

（1）贵阳教案（即青岩教案和开州教案）。② 1861年端午节，距贵阳城南50里的青岩镇，各族人民按照传统习惯到郊区野游（俗称"游百病"）。当一部分群众走到姚家关天主教大修院门前时，修院的守门人和修士们依仗教会势力，冲出门外驱赶辱骂群众，发生冲突。事后，青岩团防局长赵畏三根据提督田光恕的授意，逮捕了依仗教会、气焰嚣张的肇事教民4人，进行处决，并将大修院焚毁。这一事件，推动了贵阳附近反教会运动的发展。1862年2月13日（农历正月十五日），在贵阳城北百余里的开州

---

① 李资源：《中国近现代少数民族革命史要》，第134页，中央民族大学出版社，1995年。
② "贵阳教案"、"酉阳教案"、"宜施教案"均引自李资源《中国近现代少数民族革命史要》，部分内容作了调整、删减。

(即今开阳县）夹沙龙地方群众扎龙灯，遭到天主教教徒的拒绝，双方发生冲突。开州知州戴鹿芝，把洋人、洋教违抗中国礼教，传教士文乃尔经常化装到四乡煽惑百姓等情况，报告田光恕。田当即表示："辑案就地正法。" 2 月 18 日，戴鹿芝令开州团总办周国璋率团练，逮捕了法籍传教士文乃尔及教徒张天申等为首闹事的 4 人，并凌迟处死。这就是被称作"贵阳教案"的事件。

贵阳教案以清政府省级地方官府动员、发起并直接参与行动的特殊方式，推动了各族人民群众中自发的反教会斗争，抑制了刚刚签署不久的不平等条约中有关教会特权的条款，大灭了外国侵略者的威风，激发了中国人民反侵略的爱国热情。

(2) 酉阳教案。鸦片战争后，西方传教士各携带一本法国公使发的护照，进入四川彝族、苗族、土家族、羌族、藏族等少数民族地区，修教堂、建学校、鱼肉乡民、欺压百姓，引起人民的不满，从而引发了川东家喻户晓的酉阳教案。1862 年，法国传教士邓司铎到达川东土家族、苗族聚居的酉阳州，在距城 20 公里的小摇坝建"公信堂"，强迫人民信教，造成乡民与教会矛盾日益激化。1865 年 2 月 2 日，四乡民众在农民刘胜超率领下，一举捣毁公信堂。从此，揭开了土家族地区各族人民反教会斗争的序幕。随后，斗争风潮继续发展，酉阳城内各族人民张旗执械，与教会严阵对峙。8 月初，酉阳人民在土家族首领冉从之的率领下，将作恶多端的法国传教士冯弼乐殴毙于城隍庙。此次事件被称作"酉阳教案"。

1868 年又爆发了第二次"酉阳教案"，即"何彩打教"。何彩是民团首领，他对教士教民的胡作非为恨之入骨，兼之其母被无赖教民龙秀元捆殴受辱，积愤不能平，遂四处联络，密谋义举，得到各族各界人民的支持。恰逢龙秀元又肇"逼勒朱永泰退婚"一事，抢掠家财，烧毁民屋，激起民愤，1868 年 11 月 2 日，何彩便率领群众先焚烧石垭教堂，继而捣毁酉阳城的法国天主堂，烧死司铎李国安及教民多人。

发生在川东土家族、苗族地区的反教会斗争，虽被外国教会与清政府联合镇压下去，但各族人民强烈反抗外国教会斗争的怒火却是永远不会熄灭的。

(3) 宜施教案和施南教案。地处湖北西北的宜昌、恩施两府，教会势力极大，教士教民斗争十分猖獗，土家族等族人民的反洋教斗争也极为激烈，并在长期的斗争中形成了群众性的反帝组织——哥老会，在斗争中起着组织和领导群众的作用，使鄂西的反教会侵略的武装斗争迅速发展。1898 年 7 月，四川大足县余栋臣发动反对外国教会侵略的武装斗争，鄂西与四川省毗连各县纷纷响应。是年 9 月底，利川县的哥老会聚集群众数百人，假托余栋臣旗号，焚毁野荣坝、李子槽等处教堂、育婴堂及不法教民的房屋。10 月，长乐县会党首领向策安（土家族）聚众打死逼迫他人休妻的不法教民毕开榜，焚毁教堂，波及长阳、巴东等县。接着他又集合江湖会众 1000 余人，进发长乐、巴东等地，杀死比利时教士董若望及其他不法教民教士 10 余人，占据了巴东县小垧地方。鄂西打教斗争爆发后，得到川、湘边界土家族、苗族和汉族人民的响应，声势大震。各支反教会军队在长乐、巴东、长阳等县横扫教会势力，长乐县城、宗溪、巴东塞口与小麦田等地的教堂均被捣毁，反抗群众还曾一度攻入湖南石门县子良坪一带，反教会群众一面准备入川与余栋臣会合，一面要渡江直捣宜昌府城，宜昌城内，"华洋震恐"，荆州、沙市也人心惶惶。宜昌英国领事、汉口法国领事多次致函清政府，请求派兵保护。这就是被称为鄂西人民反教会斗争的"宜施教案"。

1904年，鄂西又爆发了"施南教案"。1904年6月初，法国荆州宜施主教德希圣带教士德希贤、董明德和教民贾澄清往施南府施恩县沙子地游览，路经红花背地方时，农民向元新与贾澄清发生口角，向姓户首向光锡慑于主教势力，向德希圣求情道歉，德希圣仍要向元新于翌日在沙子地天主教教民李家炳家办酒席8桌，放鞭炮6万响，以示赔礼。向元新只好按此办理，但德希圣仍不罢休，借口鞭炮数目不足，勒令向姓将鞭炮补足，沿途燃放。这种蛮横无理的要求，激起了周围土家、汉族群众的极大愤慨，在土家族向夑堂的带领下，愤怒的群众将德希圣、德希贤、董明德及教民贾澄清等人"一并杀毙"，并放火烧了不法教民李家炳、陈汉科等人的房屋。

(4) 蒙古族人民反对教堂霸占土地的斗争。1884年，天主教在鄂尔多斯地区建立教堂，霸占大片土地，激起蒙古族人民的强烈不满。伊克昭盟达拉特旗章京色力格巴拉，率领蒙古民众一举烧毁了设在达拉特旗的天主教堂。1886年，天主教"中蒙古教区"主教巴齐贤为开辟一个新"教友之区"，依靠教会势力强行霸占、开垦察哈尔镶黄旗七苏木土地，激起蒙古族群众的强烈反对，他们联合集宁地区的汉族农民，放火烧了天主教堂所强行掠夺的土地上的青禾，显示了蒙汉人民反对外国教会侵略的英勇抗争精神，当时在蒙古地区产生巨大反响，一个反对外国教会的斗争风起云涌地在蒙古地区扩展起来。

除此之外，全国各地少数民族地区凡有教堂与传教士的地方，都先后爆发了反对外国教会势力侵略的斗争，给外国侵略者以有力地打击，表现了中国少数民族人民的爱国主义与顽强斗争精神；它在中国近代反封建斗争史上写下了光辉的一页。

第二节 各族人民反对沙俄入侵的斗争

19世纪中叶，沙皇俄国腐朽的农奴制走向崩溃，资本主义工业有了一定的发展，因此，它与西方新兴列强开始向外扩展，争夺领地。在两次鸦片战争期间，它通过各种卑劣手段，连续强迫清朝政府签订一系列不平等条约，割去中国东北、西北、蒙古大片领土，因而激起中国人民的强烈反对。从东北到西北的各民族人民为捍卫祖国神圣领土，反对沙俄的侵略与殖民统治，进行了不屈不挠的英勇斗争，表现了中华各民族儿女的不畏强暴的崇高的爱国主义精神。

一、沙俄侵略中国东北地区与东北各族人民的抗俄斗争

中俄东段边界早经1689年9月中俄《尼布楚条约》予以确认，但沙皇俄国却无视该条约，仍然处心积虑侵占中国东北领土。1850年7月，沙俄派遣海上考察船只侵入黑龙江口，非法强占庙街，改名为"尼古拉也夫斯克"。1853年，沙俄又侵占了黑龙江下游的阔吞屯，改名为"马林斯克"。同年4月23日，尼古拉一世悍然下令侵占中国的库页岛。以后又多次派遣侵略军乘船闯入黑龙江，逐渐控制了黑龙江上游、中游以北的中国领土。1856年，英法发动了侵略中国的第二次鸦片战争，沙俄趁火打劫，以实现它蓄谋已久的侵略计划。1857年年初，沙皇亚历山大二世派出海军上将普提亚廷出使中国，向清政府提出划黑龙江和乌苏里江为中俄边界的无理要求，清政府根据1689

年中俄《尼布楚条约》的有关条文,予以严词拒绝。1857年,俄国东西伯利亚总督穆拉维约夫在中国黑龙江和蒙古边境集结重兵,5月22日,穆拉维约夫率领兵船直趋瑷珲,提出要以黑龙江和乌苏里江为两国"最适合的天然疆界",并出动军舰在黑龙江上示威,鸣枪放炮。清朝黑龙江将军奕山在俄国武力威胁下,竟于5月28日和穆拉维约夫签订了不平等的《瑷珲条约》。该条约规定:黑龙江北岸60多万平方公里中国领土割归俄国,只有"江东六十四屯"仍由中国人"永远居住",归中国官员管理;乌苏里江以东的中国领土由中俄"共管"。这样,黑龙江以北,外兴安岭以南的60多万平方公里的中国领土,被沙俄无理割去。乌苏里江以东约40万平方公里的中国领土,划归中俄"共管",其实这也只不过是沙俄吞并这一地区的过渡步骤而已。对如此丧权辱国的《瑷珲条约》,当时清政府没有承认。1857年6月,穆拉维约夫将瑷珲北岸的海兰泡改名为布拉戈维申斯克(意为"报喜城")。1858年6月,穆拉维约夫又率军队占领乌苏里江口的伯力,后更名为哈巴罗夫斯克。1860年6月,沙俄强占中国重要港口海参崴,改名为符拉迪沃斯托克(意为"控制东方")。这样,沙俄就实现了对乌苏里江以东地区的军事控制。

1860年10月,英、法联军攻占北京,清政府在武力胁迫下,签订了丧权的中英、中法《北京条约》。这时,俄国代表伊格纳切夫也乘机强迫清政府签订了中俄《北京条约》,迫使清政府承认了《瑷珲条约》,又将条约中规定的由中俄双方共管的乌苏里江以东的中国领土全部划归给俄国。对于沙俄对中国领土的掠夺,马克思、恩格斯曾给以严厉谴责。1858年,马克思在评论《瑷珲条约》时指出:"由于进行了第二次鸦片战争,帮助俄国获得了鞑靼海峡和贝加尔湖之间最富庶的地域。"[①] 同年,恩格斯也说:沙俄"除了分沾英法所得的一切明显的利益以外,还得到了黑龙江沿岸地区",它"从中国夺取了一块大小等于法德两国面积的领土和一条同多瑙河一样长的河流"。[②]沙俄强行割占中国东北大片领土和大规模武装入侵,激起了东北各族人民极大愤慨。为了反对沙俄的侵略和压迫,保卫祖国神圣领土,东北满、蒙、汉、鄂伦春、赫哲、达斡尔等各族人民拿起武器进行了顽强的斗争。

当沙俄侵略军的铁蹄一踏上中国领土,就处处受到东北各族人民的敌视与反抗。早在1852年1月7日,当俄国水兵入侵黑龙江口时,当地满、汉人民就表示要把俄国入侵者"斩尽杀绝",使俄国侵略者胆战心惊,惶惶不可终日。1854年,沙俄侵入黑龙江腹地,赫哲族渔民坚持拒绝为侵略者引路和提供无偿的劳役,自动地组织起来设置营卡,自筹粮食,巡守边疆。1857年10月,俄军侵入黑龙江和松花江汇流处,并溯松花江上犯,吉林将军派军队阻击。赫哲族人民闻讯后,驾桦皮舟前来支援,迫使俄军撤回。1859年,以施沙穆勒夫为首的俄国侵略者窜到黑龙江左岸,烧杀抢掠、毁坏中国哨所,激起居住在黑龙江沿岸的鄂伦春、赫哲、费雅喀等中国人民的无比仇恨。他们纷纷组织民间团练,与沙俄侵略者顽强战斗。他们平时"无事则寓兵于农,不露声色,有事则众志成城,足资御侮",形成了一支声势浩大的反侵略力量,他们有的还自备器

---

①② 《中国和英国的条约》,《马克思恩格斯选集》第2卷,第34页,人民出版社,1972年。

械、带上口粮到珲春、绥芬一带，以捕鱼为名，视机打击侵略者。① 原居住在乌苏里江以东、滨海地区的我国各族人民，在沙俄侵略军进犯后，立即散发传单，互相串联，积极组织抗俄人民武装，在短短两三个月时间里，从乌苏里江到东南濒海地区的苏城一带，人民武装设营卡150多座，人数不下万余人，他们向清政府请战，并愤怒地表示："俄夷肆逞，是欲绝生路，同仇敌忾，义所必然，情甘出力。"②

1860年2月，一伙俄国侵略者进犯黑龙江彪尔廓地方，当地赫哲族人民奋起反抗，打得侵略者落荒而逃。3月15日，俄军100多人，分驾爬犁18挂，装载武器，由奇吉进犯乌苏里江口，并逼进南山清军哨所，抢掠官兵食物，赫哲族人民得知后，立即前来守卡，抗击入侵者。由于"俄夷肆扰，日不安向"，1860年春，世居黑龙江北岸的赫哲族居民30多户迁回松花江一带居住。居住在乌苏里江以东苏城一带，以渔猎为生的恰喀拉居民37户集体迁到珲春谋生。此外，不少汉族人民出于对"祖国的热爱"，也迁到乌苏里江西岸居住。而留居被割占地区的满、汉、赫哲、鄂伦春、恰喀拉、费雅喀等各族人民，则继续坚持反抗沙俄殖民统治的斗争。1868年，组织了以黄岛（在海参崴附近，今俄罗斯境内阿斯科岛）一带各民族人民为主体的抗俄武装起义军，他们不堪忍受沙俄的残暴统治，纷纷起来杀俄官、毁俄卡，一时将黄岛、石子、蛤蟆塘一带的俄卡全行焚毁，打得守卡俄兵，非死即伤，狼狈逃逸。起义队伍很快发展到两三千人，使沙俄侵略者受到了应得的惩罚。③

东北各族人民反抗沙俄侵略的斗争，大大削弱了沙俄的殖民统治。直到19世纪90年代，当地居住的中国各族人民，仍然顽强地坚持中国的风俗习惯，不服从俄国的殖民统治。

二、沙俄侵略中国西北地区与西北各族人民的抗俄斗争

16世纪30年代，沙俄的东部疆界在里海。19世纪中叶沙俄建立起近代工业，就开始越过里海向中亚扩张，先后吞并了中亚希瓦、布哈拉、浩罕三个汗国，继而把侵略魔爪伸向中国西北地区。

第一次鸦片战争后，沙俄以"筑垒移民"实现其扩张政策，19世纪50年代，从北到南经科帕尔（今哈萨克斯坦塔尔迪库尔干附近）和维尔内（今阿拉木图），深入中国境内巴尔喀什湖以东、以西长达750公里领土，切断了我国伊犁与塔尔巴哈台间的巡边通道。1851年8月6日，沙俄代表科瓦列夫斯基挟制清伊犁将军奕山、参赞大臣布彦泰签订《中俄伊犁塔尔巴哈台通商章程》，其内容包括开放伊犁、塔尔巴哈台（即今塔城）口岸，俄国在两地设贸易圈（实为租借地）并实行免税贸易，允许俄国单方面设立领事，并享有领事裁判权。这个条约是中俄关系史上的第一个不平等条约，也是中俄关系史性质发生变化的重要标志。

中俄《北京条约》签订不久，沙俄政府援引条约中有关中俄西段边界的条款，以沙宾达巴哈（唐努乌梁海西北地区）、斋桑湖、天山、特穆尔湖（伊塞克湖）和浩罕边

---

① 《筹办夷务始末》（咸丰朝）卷44，第2—3页。
② 《筹办夷务始末》（咸丰朝）卷50，第11—12页。
③ 《近代中国史稿》编写组：《近代中国史稿》，第132页，人民出版社，1976年。

界为五个划界点,用武力占领了中国常驻卡伦以外的伊犁地区的土地,造成既成事实的边界线。① 1864年10月,俄国代表巴布科夫与扎哈罗夫率军队向中国纵深地带伊犁河流域的常驻卡伦推进,"逼兵挟制"清政府乌苏里台将军明谊签订《中俄勘分西北界约纪》,割去中国西北部44万多平方公里的领土②。连《北京条约》规定为界湖的伊塞克湖也划为沙俄的内湖。

1871年,沙俄趁中亚浩罕国军官阿古柏入侵中国新疆之机,出兵强占伊犁地区。清政府多次向俄方交涉,于1881年2月24日签订了中俄《伊犁条约》,伊犁虽然收回,但是伊犁霍尔果斯河以西和斋桑湖以东地区却被俄国强行割去。在1882—1884年三年内又连续强迫清政府签订了一系列勘界协定书,又割去了中国西部7万多平方公里的土地。沙俄的扩张野心是没有止境的,1892年,沙俄违背1884年6月3日《中俄续勘喀什噶尔界约》,公然派兵侵占了我国帕米尔地区萨雷阔勒岭以西2万多平方公里的中国领土。中国历届政府多次声明,从来不承认沙俄对上述地区的侵占。

西北边疆各族军民对清政府的妥协投降政策极为不满,他们拒不撤让驻守生活多少世纪的中国土地,在沙俄的疯狂侵略面前表现出无畏的英勇气概。19世纪中叶以后,随着沙俄侵略势力向新疆腹地的逐步深入,维吾尔、哈萨克、满、回、汉、柯尔克孜、达斡尔、锡伯、厄鲁特蒙古等各民族人民的抗俄斗争就此起彼伏,连续不断,他们是反对沙俄侵略新疆的重要力量。

1847年,"俄军侵入中国境内库克乌河和勒布什河流域,强行修建了科帕尔城堡。次年,沙皇下令在科帕尔设置"大玉兹监护官",负责"管理"中国境内的哈萨克族。中国哈萨克族对沙俄的入侵进行了英勇的反抗斗争,他们自动集合起六七千人,向科帕尔发起进攻,他们在夜里袭击哥萨克的巡逻队,烧毁了居民点,牵走了马匹。③ 1850年,科帕尔的俄军入侵伊犁河南,当地居住的中国哈萨克族数千人包围了俄军,在哈萨克族的沉重打击下,侵略军溃不成军,狼狈逃回科帕尔。④

1853年,沙俄侵略军侵占我国特穆尔图淖尔(即伊塞克湖)南岸、伊犁河下游一带时,又遭到当地哈萨克、柯尔克孜族人民的强烈反对,当沙俄侵略军强迫当地居民给他们预备乌拉时,我国哈萨克族人民当即予以拒绝,并说:"我们并未归顺你国,无中国吩咐,不能预备。"⑤

1855年2月间,沙俄出动大批军队,侵入塔城西南雅尔噶图(今哈萨克斯坦阿拉湖附近),沙俄西西伯利亚总督转咨伊犁将军,声称雅尔噶图山是俄国所属地方,要求将中国矿工"急速撤回,勿令复入",并威胁"不然,日后不和之事起与不起,我们不

---

① 当时,中国西北边界,东起《中俄恰克图条约》规定的中俄东段边界的最西端——沙宾达巴哈,往西经阿穆哈河、察罕米哈尔河、阿勒坦河、哈屯河、白河,向西南到达额尔齐斯河,再往西南经喀尔满岭,沿爱古斯河到巴尔喀什湖的北岸,从巴尔喀什湖北岸到塔拉斯河西端,又沿塔拉斯西南的哈喇布拉岭到达纳林河。这段边界只有从额尔齐斯河上的锲格尔图喇以东和沙俄交界;锲格尔图喇以西,则分别与哈萨克中帐、大帐和浩罕交界。
② 清代的伊犁地区包括伊犁河流域及周围地区。伊犁河发源于天山,全长1000多公里,注入巴尔喀什湖,流域面积约14万平方公里,以霍尔果斯河为界,伊犁分为东、西两路,是新疆最长的一条内陆河。
③④ 《哈萨克共和国史》(俄文),第246页,阿拉木图,1943年。
⑤ 《筹办夷务始末》(咸丰朝)卷16,第2页。

保……"① 雅尔噶图金矿是我国境内的矿藏,该山"至莫多巴尔鲁克卡伦不过七八十里,原在开齐之内","是塔尔巴哈台每年春秋应祭之所",②不少中国矿工早就在山中淘金谋生。"1853 年,塔尔巴哈台参赞大臣丰绅奏准在这里正式设厂。"③ 各族矿工对沙俄的威胁置之不理,继续坚持在雅尔噶图山中开挖金矿。"侵略军把中国矿工围困在山上,绳捆枪打,血腥屠杀。矿工陈兴等六人被俄军堵于矿洞,烧熏致死。矿工安玉贤等六人赴雅尔噶图,被枪杀五人,唯有安玉贤一人生还。在这次屠杀中,中国矿工先后有 200 余人惨遭杀害,沙俄侵略军将他们的尸体抛入河中,销毁罪证。"④ 目睹此惨案的塔城各族人民义愤填膺,在矿工徐大尧、安玉贤领导下,奋起保卫雅尔噶图金矿主权,包围并烧毁沙俄在塔城的贸易圈,赶走了俄国驻塔城领事,使沙俄在塔城地区的侵略势力受到沉重打击。

1863 年 4 月,沙俄"塔城部队"侵入塔城巴克图卡伦以西,准备建立据点,吞并此地。5 月中旬,沙俄"伊犁部队"分三路侵入伊犁附近。当地驻防的中国锡伯、达斡尔、厄鲁特等族官兵以及各族人民奋起自卫,英勇反击,歼灭俄军百余名。遭到惨败的俄军转而攻击霍尔果斯卡伦,驻卡伦清军在哈萨克族的配合下,多次击退敌军。这次保卫战延续两个多月,杀敌数百名,俄军被迫后撤。在巴尔喀什湖以东以南游牧的柯尔克孜、哈萨克等民族,也群起反对沙俄割占中国领土,反对沙俄对他们的奴役。"1863 年夏,柯尔克孜族首领奥斯满、查尔根率领 1 万余名柯尔克孜族战士,在伊塞克湖西南包围入侵的俄军。俄军被围困三昼夜,损失惨重,仓皇逃回"。⑤ 蒙古族札萨克台吉图布新可什克挑选精壮巴图 1000 名,说:"一旦俄人逞兵内衅,我们即带兵丁前来助守。"⑥ 哈萨克族迪纳扎尔·苏勒坦台吉说:"关于守边兵丁,我们已经预备好了,只要一声令下,立即来城助守。"⑦ 居住在伊犁一带的哈萨克、布鲁特、蒙古等各族人民,在沙俄发动的侵略战争面前,团结一致,给来犯的侵略者以致命的打击。

1871 年 3 月,在沙俄侵略军武装入侵伊犁时,遭到伊犁地区土尔扈特蒙古族人民的强烈反抗。他们在伊犁河南北两岸开辟了两个战场,同当地锡伯、满、达斡尔、哈萨克、塔兰奇等各族群众一道,进行了不屈不挠的斗争。他们还提供驼、马,支援清军驻防营抗击沙俄侵略者。同时,有许多蒙古王公、喇嘛也都起来参加抗俄斗争队伍行列。

1871 年 5 月 17 日,沙俄博罗呼吉尔部队派出一个步兵连和 90 名哥萨克组成的前卫分队入犯霍尔果斯河西岸,攻占了麻扎尔堡。伊犁军民采取断绝水源、坚壁清野、割断俄军与博罗呼吉尔的供应联系,迫使俄军放弃了麻扎尔堡,退回博罗呼吉尔。5 月 19 日,俄军天山部队一部沿克特缅山入犯伊犁南境。在克特缅山地区,遇到伊犁军民的顽强抵抗,战斗从上午一直持续到下午,伊犁军民不畏强敌,勇敢出击,甚至迂回到俄军侧翼,包抄进犯之敌。但在俄军猛烈的炮火下,伊犁军民受到严重损失,被迫退守。各

---

①② 《清代中俄关系档案史料选编》第 3 编,上册《英秀等奏塔城人焚烧俄贸易圈缘由及俄方尚无动静析》。
③④ 杨建新、马曼丽主编:《西北民族关系史》,第 496—498 页,民族出版社,1990 年。
⑤ 杨建新、马曼丽主编:《西北民族关系史》,第 501 页,民族出版社,1990 年。
⑥ 《筹办夷务始末》(同治朝)卷 21,第 33 页。
⑦ 《筹办夷务始末》(同治朝)卷 24,第 27 页。

族军民协同作战,前仆后继,表现出罕见的顽强。战场上倒下的伊犁军民中,"除塔兰奇(维吾尔族)人外,还发现有很多汉人、卡尔梅克人、吉尔吉斯人和东干人"。①

1871年5月20日,俄国土尔克斯坦总督考夫曼命七河省省长、驻军司令科尔伯科夫斯基少将率兵进犯伊犁地区,他们一踏上中国领土,便遭到伊犁各族人民和清驻军的英勇抵抗,打死打伤俄军10余人。6月12日,抗俄武装相继袭击盘踞在克特门村的俄军,在当日的战斗中,就打死打伤俄军38人,收复了被俄军占领的克特门村。

西北各族人民反抗沙俄侵略的斗争,充分体现了中国各族人民热爱祖国,不畏强暴,不甘屈服于帝国主义压迫的顽强的反抗精神。他们为捍卫祖国领土主权,维护祖国统一而斗争的英勇事迹,永远为中国人民所纪念。

三、沙俄侵略蒙古地区与北方民族的抗俄斗争

鸦片战争时期,沙俄趁火打劫,加紧对中国北部和西北蒙古地区的侵略活动,疯狂掠夺中国领土,遭到当地蒙古、达斡尔等民族强烈的反抗。第二次鸦片战争以后,沙俄对外蒙古和新疆厄鲁特蒙古的侵占,并通过签订一系列不平等条约,加深殖民奴役压迫,激起北方各族人民的反侵略、反奴役的抗俄武装斗争。

1847年,沙皇任命穆拉维约夫为东部西伯利亚总督。他上任伊始,筹谋一套庞大的侵略中国北方大片领土的计划,立即着手筹建"外贝加尔哥萨克军",并"陈兵"外贝加尔地区,"以威慑中国",②并派沙俄海军少校涅维尔斯克伊率武装人员潜入黑龙江石勒喀河地区"探险",为鲸吞中国北方领土开路。

清政府的腐败软弱在帝国主义侵略者的炮舰政策下暴露无遗。沙俄政府认为吞并蒙古地区的时机到来。沙皇尼古拉一世训示穆拉维约夫总督,要他"注意恰克图贸易"并训示他首先从经济上控制蒙古地区,然后逐步达到从政治上全面控制蒙古的目的。穆拉维约夫根据训示,首先通过调查了解蒙古地区的情况,搜集情报,分析形势,制定出吞并蒙古地区的"穆拉维约夫计划"。沙俄派间谍潜入蒙古地区,煽动蒙古王公脱离清朝,接受沙俄的"保护"。

第二次鸦片战争后,穆拉维约夫乘机以武力威胁,强迫清政府签订中俄《瑷珲条约》,并上书沙皇,建议:清朝"一旦发生政变,也不应允许中国新政府把权力扩张到蒙古,蒙古应受到我国的保护。假如蒙古明确表示希望加入俄国国籍的意愿,我们就没有理由不让我国毗邻的地区的人民实现这一正当要求"。③并积极促使沙俄采取军事行动,迅速占领蒙古的库伦和满洲地区。与此同时,继中英、中法《北京条约》签订后,沙俄以"调停人"身份,强迫清政府订立中俄《北京条约》,从而取得在库伦地区(今蒙古国乌兰巴托)的免税贸易权,并设立领事与享有领事裁判权,并规定了沙俄提出的中俄西部边界走向,为日后进一步侵占中国北方唐努乌梁海地区17万平方公里的土地制造条约根据。④

---

① 《征服中亚史》中译本第2卷,第39页。卡尔梅克人即厄鲁特蒙古人,东干人即回族人,吉尔吉斯人即包括了吉尔吉斯人,又包括了哈萨克人,当时误认为哈萨克都是吉尔吉斯。
② 巴尔苏科夫:《穆拉维约夫——阿穆尔斯基伯爵》第2卷,莫斯科出版社,1891年。
③ 巴尔苏科夫:《穆拉维约夫——阿穆尔斯基伯爵》第2卷,第113页,莫斯科出版社,1891年。
④ 根据1727年《布连斯奇条约》唐努乌梁海地区属中国领土。

1854年5月，穆拉维约夫亲自率领船队，运载哥萨克兵1000余人和大批枪炮弹药，从后贝加尔地区沿石勒喀河闯入黑龙江地区。1855年5月，俄船100余艘，运载哥萨克兵3000人，以及大批俄国移民，再次侵入黑龙江流域的蒙古、达斡尔、鄂伦春等民族地区，蓄意屯田居住，永久侵占，引起当地各族人民的强烈不满与反抗，他们自动组织起来，坚决阻止俄国移民的强行迁入，使俄国人惶惶不可终日，最后不得不远远离去。

1856年春，沙俄侵略军1600余人，乘大小船只100余艘，武装侵入黑龙江，并在北岸中游、上游地区建立侵略据点，驱逐当地蒙古、汉、达斡尔等民族的居民，遭到当地居民的反抗，他们义正词严地向沙俄侵略者指出，这是中国的领土，我们绝对不会离开自己世代居住的家园。他们不畏强暴，勇于斗争的爱国主义精神为后人代代相传。

1857年，穆拉维约夫在黑龙江上游和外蒙古边境地区，调集步兵、骑兵、炮兵两万余人，武装侵入黑龙江流域，加紧在中游、上游地区推行武装殖民政策。"同年3月，他指示沙俄伊尔库茨克驻军司令卡尔萨科夫，要他在谈判若破裂，立即派出两支部队，一路攻取库伦，另一路攻取瑷珲。还可派出一支不带步兵的部队，从祖鲁海图跨过额尔古纳河，径取海拉尔、玛尔克么（墨尔根）和契吉利亚尔（齐齐哈尔）。"①

沙俄多次进行武装移民，强占黑龙江流域和蒙古地区，推行殖民压迫政策，引起世代居住在黑龙江中游、上游和精奇里江、石勒喀河地区的蒙古族、达斡尔族、汉族人民不畏侵略者的武装镇压，进行了一次又一次的英勇反抗，给沙俄侵略者以沉重的打击。同时，对入侵的哥萨克武装，当地居民不给他们粮食吃，并把他们关押起来，直到其屈服认罪，从而大灭了侵略者的威风。

1860年10月，中俄《北京条约》签订后，沙俄借口《北京条约》第二条中关于中俄西部边界划分地名不详，无理要求将属于中国境内的唐努乌梁海、阿勒淖尔乌梁海、阿拉坦乌梁海等蒙古游牧区割让给沙俄。1863年，沙俄又派遣数千名哥萨克兵武装强占阿勒泰厄鲁特蒙古地区，并进行殴打、绑架、枪杀当地居民，拆毁边界卡伦，抢劫财物等武装侵略挑衅。同年3月，沙俄哥萨克侵略军百余名，闯入科布多地区昌吉斯台、霍尼迈扈卡伦等处，勒逼驻卡伦兵民移卡，拆毁他们居住的房屋、蒙古包、帐篷，抢去武器、牲畜，并胁迫在卡伦附近游牧的哈萨克牧民加入俄国籍，强行索要手印、字具。1863年4—7月间，沙俄派遣大批哥萨克兵，多次侵入扎哈苏淖尔、胡苏图、玛尼图、噶图勒干、乌里雅苏图、巴克图等10余处卡伦，强迫驻卡伦兵民，移卡伦内迁。②这些地区是清军厄鲁特营、索伦营的驻防地和蒙古、达斡尔、柯尔克孜等民族牧民的游牧地。沙俄侵略者接连数次入侵，遭到当地军民的顽强抵抗，击毙侵略军安东诺夫中尉和哥萨克士兵150多人，将沙俄侵略军驱逐到卡伦之外。

蒙古地区各族边防军民反抗沙俄侵略军入侵，保卫边境的斗争，体现了北方各族人民共同反对沙俄侵略的英勇气概，以及与祖国患难与共的向心凝聚力。

---

① 卢明辉：《清代蒙古史》，第305页，天津古籍出版社，1990年。
② 卢明辉：《清代蒙古史》，第306—307页，天津古籍出版社，1990年。

四、沙俄染指西藏和藏族人民的反俄侵略斗争

西藏是藏、门巴、珞巴等民族世世代代居住的地方，自古以来就是中国的领土。鸦片战争以后，英、俄两国在中亚的扩张日趋激烈。沙俄为了取得通向印度洋的不冻的港口，把魔爪伸向阿富汗，同时，以"游历"、"调查"、"通商"为名，也加紧了对西藏地区的侵略活动。从1870年开始，10多年间，沙俄政府派遣陆军上校普列热瓦斯基率领"调查团"，马队、驼队、枪支弹药、粮草给养、翻译、侍卫等一应俱全，浩浩荡荡先后潜入我国西部新疆、青海、甘肃地区活动，其中曾两度侵入西藏境内，收集情报，窥探清政府在藏族地区的行政、军事设置与部署。1879年"调查团"一度深入到距拉萨不远的地方，藏族人民阻止了他们的去路，被西藏地方官吏强令离境。19世纪90年代初，沙俄又派出多支团队，以"科学考察"、"旅行"、"访问"等名义频繁窜入西藏地区进行罪恶活动，其中以沙俄总参谋部军官科兹洛夫率领的"探险队"活动范围最广，时间最长，获取西藏地区大量情报材料，这充分暴露了沙俄企图侵略我国领土西藏的狂妄野心。

1893年，由布里亚特蒙古人巴德玛制定"和平地并入俄国版图的蒙、藏、汉之全部东方的计划"出笼，它立即受到沙皇亚历山大的重视与批准。沙皇政府认为，如果巴德玛计划得以实现，俄国就可以控制从太平洋到喜马拉雅山的大片土地。但此计划的罪恶行径还未出台，在西藏人民反对英、俄侵略的震慑中，就胎死腹中。

沙俄除了直接派遣人员潜入西藏进行所谓"调查"、"探险"外，还利用宗教手段进行侵略活动。贝加尔湖东部乌兰乌德地区居住的布里亚特蒙古人，信仰藏传佛教格鲁派，经常有喇嘛到西藏去求经拜佛。沙俄政府就在布里亚特蒙古人中物色侵略帮凶。有个名叫德尔智的俄籍布里亚特蒙古人，早在彼得堡就学时，即被沙俄政府看中，受到沙皇特别赏赐。1880年，他受沙皇的秘密指示，潜入西藏。他在拉萨日久，居然当上了十三世达赖的"侍讲"，对年幼的达赖喇嘛大力灌输投靠俄国的思想，宣扬俄国强大；把沙皇说成是藏传佛教的唯一保护人。他频繁来往于彼得堡和拉萨之间，传递"信件"，积极图谋实现赶在英人之前夺取我国西藏的计划。

此时，沙俄看到英国吞并了哲孟雄和取得了开辟西藏亚东为商埠的特权，不甘心把西藏丢到英国人手中，又急忙把刚从西藏返国的布里亚特蒙古人德尔智再派到西藏活动，要达赖投靠沙俄，遭到西藏地方政府与藏族人民的反对，结果这一阴谋未能得逞。1899年，德尔智再次来到西藏，他携带沙皇给达赖的亲笔信，要达赖派"使者"访问俄国。在沙皇的诱骗下，达赖的"使者"先后于1900年和1901年两次到达俄国，并受到沙皇的亲自接见。俄国的报纸对此更是大肆宣扬。沙皇还暗示达赖的"使者"，只要接受俄国的"保护"，俄国可以"毁灭英人的诡计"。沙皇这种指使怂恿达赖分裂我们祖国的罪恶活动，是沙俄妄图吞并我国西藏的铁证。1903年，英国侵略军非法闯进西藏边境干坝宗时，沙俄俨然以西藏的太上皇自居，向英国发出警告说，它将"采取一切手段以保护该处（指西藏）俄人之利益"，[①] 与英国侵略者争夺西藏。[②] 但是，这时沙俄不仅由于同英国争夺阿富汗遭到失败而受到了重创，而且更重要的是，西藏人民为

---

① ［英］荣赫鹏著，孙熙初译：《英国侵略西藏史》，第67页，（台北）台湾学生书局，1981年。
② 《近代中国史稿》编写组：《近代中国史稿》，第421页，人民出版社，1976年。

保卫祖国神圣领土，保卫自己的家园，展开了一场反对英俄侵略的轰轰烈烈的斗争，使沙皇俄国企图分割中国西藏领土的阴谋未能得逞，以失败而告终。

第三节 新疆各族人民反对阿古柏的斗争

一、阿古柏入侵新疆的经过

19世纪60年代，英、俄、法等资本主义列强，利用不平等的《北京条约》，大肆扩展在华不平等权益，同时在中国周边制造事端，强占领土。与此同时，中亚浩罕汗国也趁机进犯新疆喀什噶尔，给新疆造成相当深重的危害。

1864年，新疆爆发反清大起义，起义浪潮席卷天山南北，清政府在新疆各地的衙门、台站、卡伦被摧毁。伊犁惠远城被起义军民攻占，清政府在新疆最高军政长官伊犁将军明谊自尽。至此，清政府在新疆的统治已摇摇欲坠。这一时期新疆各地出现许多大大小小割据政权，主要有：库车的热西丁"汗和卓"政权、乌鲁木齐的妥得磷"清真王"政权、和阗的海比布拉"帕夏"政权和伊犁"苏丹"政权。① 喀什噶尔地区更为复杂，喀什噶尔白山宗头目托合提马木提、塔什米力克布鲁特头目斯的克、伽师回民头目金相印为争夺喀什噶尔回城发生混战。而清驻扎大臣奎英、绿营守备何步云则龟缩在疏勒汉城，形成分庭割据、相互抗争的局面。

当时寄居喀什噶尔回城的浩罕商人乘机插手其间，策反部分伯克、阿訇投书浩罕，要求浩罕出兵驱逐斯的克。而斯的克为了控制喀什噶尔，也派使者金相印去浩罕联络，企图将流亡浩罕的南疆白山宗和卓后裔布素鲁克接回喀什噶尔，以增强自己的地位。当时浩罕正处在对抗沙俄入侵的斗争中，俄军兵临塔什干城下，浩罕已面临亡国的危险，但其王公统治者仍不愿放弃这一次机会，浩罕摄政王毛拉阿里木库里召见匿居的张格尔之子布素鲁克，任命他为喀什噶尔汗，同时责令浩罕军官阿古柏率军随同前往喀什噶尔。阿古柏全名为穆罕默德·阿古柏，中亚浩罕国乌孜别克人。1820年生于浩罕国的塔什干匹斯坎特镇。他出身并不显赫，但因在浩罕动荡的政局中善变投机而扶摇直上。此次，阿古柏被封为"库什伯克"（地位仅次于艾米尔的高级军职），委以"艾司凯尔巴什"（意为总司令），挟和卓后裔布素鲁克从塔什干出发东进。

1865年1月，阿古柏纠集了一批亲信士卒，由金相印引路侵入喀什噶尔。他们借和卓后裔布素鲁克的名义，沿途不断纠合民众，扩大侵略队伍。斯的克把和卓后裔布素鲁克迎进喀什噶尔回城，但面对人数众多的浩罕入侵军，又使他感到严重不安。他与阿古柏之间很快爆发冲突。1865年3月，斯的克从英吉沙起兵，包围了阿古柏占据的喀什噶尔回城，但在决战中，斯的克败北，被迫流亡塔什干。

19世纪20年代以来，浩罕曾多次挟持和卓后裔蹂躏南疆，各族人民对他们的暴行和给当地社会造成的危害记忆犹新。此次阿古柏入侵喀什噶尔并没有得到什么响应与支持，他只能坐守喀什噶尔回城，不敢轻举妄动。但南疆封建宗教割据势力相互争斗残杀，使阿古柏得以在喀什噶尔立足，并向四处伸出侵略的魔爪。

---

① 潘志平：《中亚浩罕国与清代新疆》，第164页，中国社会科学出版社，1991年。

叶尔羌城宗教统治头目阿奇木伯克·尼牙孜受到当地回民军和库车的热西丁和卓势力的联合围攻，速向喀什噶尔汗布素鲁克求救，阿古柏乘机率入侵军进军叶尔羌。当地回民军与库车联军以优势兵力向阿古柏发起了反攻，浩罕侵略军全线溃退。阿古柏率残兵败将连夜向喀什噶尔后撤。当阿古柏率败军退至英吉沙时，围攻回城的入侵军已经得手，正进入英吉沙汉城。阿古柏便增加兵力，加紧围攻汉城。守城清军不支，开门投降。英吉沙的陷落大大助长了阿古柏入侵军的气焰。阿古柏立即向浩罕请功，并扶植布素鲁克正式登基称汗，以掩饰其侵略者的面目。至1865年6月，阿古柏陆续招纳了从浩罕来的"安集延人"400多名，他们被阿古柏委以要职重任，成为入侵的中坚。这批后续入侵力量，主要是在浩罕汗国宫廷倾轧中失势的官员，其中包括宫廷侍臣玉努斯江、塔什干浩罕军总指挥比克·穆罕默德等重臣。他们挟持着倭里罕等和卓后裔，率领在塔什干战役中败于俄军的7000名浩罕军侵入喀什噶尔，企图在南疆建立自己的统治。经过短期的较量，这一批入侵者决定加入阿古柏扶植的喀什噶尔汗政权，并随即参加攻打汉城的战役。①绿营守备何步云在重金贿买下，向阿古柏投降。敌军占领汉城后，大杀大掠，城内"连续七天遭洗劫"。此时，阿古柏势力大增，羽翼已丰，便杀掉倭里罕，并以朝拜麦加为借口，将布素鲁克排挤出境，自封"巴达吾来特阿孜"，开始筹谋在新疆建立自己统治的王国。

1866年，阿古柏占领巴尔楚克，再次挥师南下入犯叶尔羌，由于回、汉两城三方貌合神离，不能密切合作，回城的尼牙孜部队首先倒戈，以伊斯哈克为首的库车军与汉城回民军亦先后投降，阿古柏则轻而易举占领了叶尔羌城。

阿古柏在叶尔羌站住脚后，1866年12月又率军进犯和田海比布拉"帕夏"政权。当行军至叶尔羌与和田交界时，阿古柏采取了宗教欺骗手段，令军队停止前进。他派使者请求海比布拉准许他到和田朝觐圣陵——乌鲁克麻扎。海比布拉出城以礼相迎，并被"邀入阿古柏军营"，受骗被擒，阿古柏军进入和田城。城内军民奋起反击，由于群龙无首，又缺乏思想准备，导致失败。从此，阿古柏基本上控制了南疆西四城。

1867年5月，阿古柏向库车的热西丁汗和卓政权发动进攻。首克阿克苏，入侵军遂长驱直入东进，招降哈木丁率领的库车援军，夺取拜城，逼近库车城。库车城军民对阿古柏军的强攻进行了拼死抵抗，给入侵者造成了重大伤亡。热西丁汗和卓在战斗中身亡。入侵军占领库车城后，驻守在喀剌沙尔的被阿古柏从叶尔羌放回的伊斯哈克献城投降。至此，南疆七城全部沦陷。阿古柏自鸣得意，野心进一步膨胀，在南疆七城不断强化自己的统治，扩充军队，俨然以"哲德沙尔政权"汗自居。②

1870年5月，阿古柏继续东征，一路杀向乌鲁木齐、吐鲁番、玛纳斯。托克逊城很快被攻下。吐鲁番回民军对阿古柏入侵军进行了殊死抵抗，城池被围攻半年之久，入侵军伤亡3.3万多人。后守将马仲临危背叛，出卖了吐鲁番军民的抗战，致使城池陷落。阿古柏得手吐鲁番后，于1870年11月，进犯乌鲁木齐的妥德磷"清真王"政权。

---

① 新疆历史教材编写组：《新疆地方史》，第212页，新疆大学出版社，1992年。
② "哲德沙尔"一词是维吾尔语音译，语意是"七座城池"。指喀什噶尔、英吉沙（有人认为是喀拉沙尔）、叶尔羌（今莎车）、和田、阿克苏、乌什、库车七城。

清真王组织回族军民出城迎战,并向阿古柏侵略军多次发动进攻,但由于指挥失误,战斗最终失利,妥德磷(又名妥明)开城投降,阿古柏将乌鲁木齐也纳入自己的统治之下。这样,阿古柏就攫取了大半个新疆。但其野心仍无止境,又做起了鲸吞北疆的美梦。他派使者前往伊犁,在给伊犁苏丹政权艾拉汗的信中,声称意欲前往拜谒苏丹外依斯圣陵,弦外之意是问鼎伊犁,占领整个新疆。沙俄意识到阿古柏的魔爪已伸向自己的势力范围,就以"代收代守"的名义,于1871年春侵入伊犁地区,灭"苏丹"政权,抢先一步占领伊犁,才制止住阿古柏侵略军北进,未能实现他统治全疆的梦想。

阿古柏自1865年年初入侵南疆,到1878年1月清军将领左宗棠收复南疆西四城,阿古柏入侵势力被彻底从新疆驱逐,长达13年之久。阿古柏所代表的中亚浩罕汗国势力在我国新疆,所造成的危害是惨重的。

二、阿古柏在南疆及乌鲁木齐的残暴统治

从1865年年初阿古柏侵入南疆,至1872年东征占领吐鲁番、乌鲁木齐,最后建立起"哲德沙尔汗国"的统治,阿古柏采用了军事镇压、血腥屠杀、搜刮掠夺、乞灵宗教等手段,不断加强与巩固自己的殖民政权,给新疆各族人民带来的灾难是相当沉重的,其主要表现是:

1. 军事镇压与血腥屠杀

阿古柏是用暴力和血洗手段把南疆各个城市的统治权夺到手的,因此他不能得到百姓们的同情与支持,于是他从自己统治的最初年头就决定依靠侵略军的枪弹与屠刀扩大势力范围,支撑着阿古柏对占领区各族人民的殖民统治。据维吾尔史料记载,阿古柏入侵者,从南疆一直杀到北疆,到处一片凄惨景象。但侵略军占领喀什噶尔汉城后,烧杀抢掠,城内"连续七天遭洗劫"。《伊米德史》载,阿古柏进入和田城"屠杀持续了一个多月,5万多和田军民惨死在阿古柏的屠刀下"。一部佚名作者的手抄本也说"费尔干纳入残杀和田老百姓,他们把和田人从家中拉出来杀掉,不论男女老少都成了他们屠杀的对象"。① 西方史料中也有类似记载。包罗杰说:"在库车以东的地方,如果还有人居住的话,那也不过是由于执行了阿古柏代表的命令而剩下的孑遗。"② 维吾尔史料载:阿古柏军队在托克逊"纵马于大街小巷,不分青红皂白地乱砍乱杀,天明之前,全城男女老幼都被杀光"。③ 进犯乌鲁木齐"一路烧杀抢掠,屠乌城垣回、汉,迁其壮者于南疆"。"哲德沙尔"政权强行伊斯兰化,对不愿加入伊斯兰教的汉人,连军人和平民在内,一共被屠杀4万多人。④ 阿古柏杀人之多,现已无法精确计算。毛拉木沙估计:有20万人之多的东干人(回族)死于其战刀下,而维吾尔人仅在和田就有5万人被屠杀。但可以肯定的是,阿古柏的大屠杀给新疆人民带来的灾难是空前的。

2. 横征暴敛,巧取豪夺

阿古柏的入侵军以浩罕及中亚一带的外籍军人为骨干,他们大多掠夺成性,抱着发财

---

① 转引自《东土耳其斯坦之革命和伊力亚斯和加汗之牺牲以及伯克门的独立》汉译本。
② [英]包罗杰著,商务印书馆翻译组译:《阿古柏伯克传》,第101页,商务印书馆,1976年。
③ 《阿古柏入侵新疆纪略》,载《新疆宗教资料》第6辑。
④ 江地:《清史与近代史论稿》,第520—521页,重庆出版社,1988年。

梦而亡命入寇新疆。最初，他们追随阿古柏发动侵略喀什噶尔的战争，到处烧杀劫掠，横行乡里，胡作非为，竞相搜刮民脂民膏，对占领区内的各族人民实行野蛮残暴的奴役和敲骨吸髓的剥削。继而，由于军队成为支撑着阿古柏对占领区内各族人民的统治和奴役的工具，便在南疆实行军事封建采邑制，把侵占的土地分封给军人，军官们按不同级别领有采邑，采邑内的各族人民成为新领主的农奴，采邑内赋税等各项收入均归受封者本人，受封人抽出部分收入以贡赋的名义"奉献"给他们的上司。《伊米德史》说："阿古柏的官兵无所不为，为非作歹……他的官吏无度地鱼肉庶民，践踏百姓"，"他们给庶民不断派下各种名目的苛捐，不论负担多重，不论是20天罡或30天罡，白天应交的不得拖到晚上，今晚应纳的不得拖到破晓。这样紧迫而沉重的负担，使庶民难以承受。阿古柏的官员们征收税额要比法定要求高三倍之多。要求种田人在未付地租之前，就把约三分之一的收成上缴。"① 占领区百姓常年负担的"正项税收包括：农业税、牧业税、商业税、捐税，棉田、果园及苜蓿税，农业附加税、遗产税、军需税、草税等。另有每星期征收一次的警察捐。各族人民3/4以上的劳动成果被阿古柏以各种税收巧取豪夺。此外，人民还负担着各种无偿劳役，包括为军队提供民夫、运输工具，为兵营、官家及其他'公共房屋'提供柴草燃料，为各级官员耕种土地，为过往官方人员及使者提供食宿及交通工具等等"。② 这样沉重的负担，使得各族人民倾家荡产，颠沛流离。

3. 乞灵宗教，以伊斯兰教教规禁锢人民

阿古柏政权的另一根支柱是宗教势力。在入侵新疆的战争中，阿古柏即打着"伊斯兰教解放者"的旗号，把侵略战争鼓吹为"伊斯兰圣战"，驱逐卡皮尔，③ 煽动宗教狂热，蛊惑民族仇杀，为其侵略扩张服务。在占领大半个新疆之后，阿古柏又把自己扮成伊斯兰教的"救世主"，大力推行伊斯兰教法典，加强和扩大宗教法庭的权力，推行政教合一的封建君权统治，以伊斯兰教教规来禁锢人民。强行推行伊斯兰教，汉民及其他异教徒如不皈依伊斯兰教，要满门抄斩。并到处兴建清真寺，大力扩展伊斯兰教寺院的土地和财产，给予各地伊斯兰教会以广泛的权力。若干乡任命一名哈孜（宗教法官），乡以下的每个村庄派一名卡孜热伊斯（宗教执法官）。各地清真寺的掌教伊玛木、哈提甫、穆安津等也由阿古柏亲自委派。企图建立一个独立的伊斯兰汗国。以加强阿古柏侵略势力在新疆的非法统治。

三、新疆各族人民反阿古柏的斗争

由中亚浩罕汗国封建主派遣的，并得到英俄殖民主义者扶植的阿古柏政权，是侵略者的殖民政权。④ 阿古柏政权的支柱——军队是"从浩罕、布哈拉、塔什干、安集延，甚至印度、阿富汗聚集的逃亡者。"⑤ 他们到处烧杀抢掠，横征暴敛，无恶不作，必然激起新疆各族人民的强烈反抗。维吾尔史料记载：人民不堪忍受阿古柏入侵者的残暴统

---

① [英] 包罗杰著，商务印书馆翻译组译：《阿古柏伯克传》，第116页，商务印书馆，1976年。
② 新疆历史教材编写组：《新疆地方史》，第216页，新疆大学出版社，1992年。
③ 卡皮尔，即异教徒，指不信仰伊斯兰教的其他民族百姓。
④ 新免康：《阿古柏政权性质的考察》，载日本《史学杂志》第96编第4号。
⑤ [俄] 杜勃罗文著，吉林大学外语系俄语专业翻译组译：《普尔热瓦尔斯基传》，第48页，商务印书馆，1978年。

治，纷纷起来反抗，他们高喊"杀掉安集延人"的口号，同阿古柏侵略军战斗、拼杀。"最先举起反侵略大旗的是具有反对外来侵略传统的柯尔克孜族人民，当他们认清了阿古柏扶植白山派后裔布素鲁克返里是假，侵略是真的庐山面目后，毫不犹豫地在入侵者踏上中国喀什噶尔领土后，打响了新疆人民抗击阿古柏入侵战争的第一枪"。①

19世纪20年代以来，浩罕曾多次挟持南疆和卓后裔蹂躏喀什噶尔等广大地区，南疆各族人民对他们的残暴统治深恶痛绝。所以，此次阿古柏又挟持和卓后裔布素鲁克入侵南疆，并没有得到各方势力与人民的响应与支持。他们自我意识到四面楚歌的孤立状态，只好龟缩喀什噶尔回城，不敢恣意妄为。后来，适逢叶尔羌城的阿奇木伯克尼牙孜受到当地回民军与库车热西丁和卓势力的联合围攻，急向喀什噶尔的布素鲁克求援，阿古柏认为时机已到，便率领一支入侵军进军叶尔羌，但还未落营扎寨，就被回民军与库车联军打得落荒而逃，阿古柏率残兵败将连夜撤回喀什噶尔回城。不久，阿古柏向叶尔羌发动第二次进犯，据守叶尔羌汉城的回民军在强敌面前毫无惧色，他们首先策反了阿古柏军中的部分同族民军，里应外合，对入侵军发动突然袭击，敌军中的柯尔克孜族军也乘机倒戈，大败阿古柏军。

在和田，阿古柏采取宗教欺骗的卑鄙伎俩，使入侵军开进和田城。城内军民义愤填膺，同仇敌忾，分期打击阿古柏军，甚至妇女也拿起武器参加战斗。入侵军的屠杀持续了一个多月，不屈的和田人的反抗斗争也持续了一个月。他们以热血谱写可歌可泣的反抗侵略的壮丽诗篇。

阿古柏入侵军占领南疆西四城后，把侵略矛头又指向南疆东四城。当敌军兵临库车城下时，库车城内虽已兵力空虚，但库车城军民仍对阿古柏军的进攻进行了顽强、拼死的抵抗，给入侵军造成重大伤亡。当敌军强攻入城后，一场激烈的巷战在大街小巷打响，库车军民不畏强暴，视死如归，以血和肉筑成一道道防线，大伤阿古柏军的元气，延缓了东进的日程。

在阿古柏占领库车两年后，经过休整与扩充军队，又继续向东进军，首先，在吐鲁番又遇一场遭遇战。吐鲁番回民军经过精心的准备，在维吾尔、回、汉等民族的支援下，"对阿古柏军进行了殊死抵抗，城池被围攻半年之久，入侵军伤亡3.3万多人"②，给阿古柏军以沉重的打击。

阿古柏入侵军进犯乌鲁木齐，同样遭到乌鲁木齐满城、汉城各族军民的抗击，经过3次攻坚战，最后才将乌鲁木齐置入自己的统治之下。第一次进犯时，乌鲁木齐和吐鲁番的妥明清真王组织了10万各地回族民军主动出城迎战，向阿古柏军发动了大规模、全方位的进攻。但由于指挥不当，战斗最终失利。乌鲁木齐各族人民并没有向阿古柏入侵军屈服，乌鲁木齐汉族民团首领徐学功联络各地民团向入侵军发动反击，收复乌鲁木齐满城，进而围攻汉城（迪化），生擒阿古柏的傀儡头目马仲。阿古柏再次纠集1万多人马进犯乌鲁木齐后，乌鲁木齐回族人民又起兵反抗，他们与汉族民团徐学功、赵兴体等部联合，向阿古柏入侵军发动围攻，使阿古柏军连连失利，节节败退。

---

① 新疆历史教材编写组：《新疆地方史》，第211页，新疆大学出版社，1992年。
② 新疆历史教材编写组：《新疆地方史》，第214页，新疆大学出版社，1992年。

自 1865 年年初阿古柏入侵南疆至 1872 年镇压乌鲁木齐汉、回等各族人民的反抗，经过了 7 年之久，最终建立了自己的入侵统治。具有反侵略传统的新疆各族人民对阿古柏的入侵进行了殊死抵抗，表现了新疆各族人民英勇不屈的英雄气概，在中国近代民族反侵略斗争的史册上留下了光辉的篇章。

四、驱逐阿古柏侵略者的新疆之战

新疆各族人民不甘忍受阿古柏的殖民政权统治，翘首期盼清政府出兵驱逐入侵之敌。清政府也在筹划收复新疆的战略部署。1875 年 5 月，清廷任命左宗棠为钦差大臣督办新疆军务，任命金顺为帮办新疆军务，总统收复新疆国土事宜。左宗棠率大军出关，至 1876 年 6 月，进入新疆的清军已达七八十营，连同原有整编后清军总人数已达 6 万人之多。左宗棠制定了在战略上"先南后北"，在战役上"先北后南"的用兵方案。即先征讨南路阿古柏，然后，集中力量于北路解决伊犁问题；具体作战计划则是"先北路而后南路"，"在阿古柏占据的北疆古牧地（今米泉）和乌鲁木齐，挫其凶锋，然后取达坂城，挥兵南路，直下喀什噶尔，全歼入侵之敌"。①

清军入疆，攻克哈密，长驱直入吐鲁番，阿古柏亲自前往托克逊布防，先后在达坂城、吐鲁番、托克逊设三道防线，调集重兵协同防守，负隅顽抗。1876 年，清军出于战术考虑，先绕北路西上，主力部队转向乌鲁木齐，在古牧地打响了驱逐阿古柏的第一仗。敌军重兵严守黄田水源，企图置清军于戈壁，不战自溃。清军前敌指挥刘锦棠走戈壁，暗袭黄田，一举攻占黄田，迅速包抄攻克古牧地、辑怀城（今米泉县城），乘势夺取乌鲁木齐满汉二城，再连续作战，克昌吉、呼图壁、玛纳斯南北城。到 11 月，北疆阿古柏势力全部肃清，为清军收复南疆创造了有利条件。

1877 年 4 月，清军集中步兵、骑兵 3 万多人，挥军南下，兵临南疆的大门吐鲁番，在阿古柏政权内部引起混乱，互相倾轧，从浩罕招来的入侵匪徒，开始准备携带掠劫的钱财逃离出境；被胁迫的人们也纷纷投奔清军。甚至阿古柏的"噶杂纳齐"司库官吾守尔阿訇也携部投奔清军。

清军于 1877 年 4 月 20 日，攻达坂城。在城内维吾尔族人民的大力支持下，以迅雷不及掩耳之势迅克达坂城。随后连克托克逊、胜金口及吐鲁番，彻底摧毁了阿古柏利用天山关隘的三道防线，打开了通向南疆的门户。阿古柏感到末日即将来临，再次向英国求救。英方通过中国驻英公使郭嵩焘要求清军停止西征，允许阿古柏政权"作为属国，只隶版图，不必朝贡"。② 英方的要求遭到清政府的严厉拒绝。沙俄则企图借阿古柏政权再次攫取中国西域领土，以库罗帕特金为首的俄国使团急促直往库尔勒，要求与阿占柏"谈判双方边界问题"。但在清军压境的关头，英国与俄国的支持与插手都为时已晚。不能挽救阿古柏入侵者注定要失败的命运。阿古柏见大势已去，侵略军内部也分崩离析，方寸已乱，在伤感与绝望中猝死。③

---

① 新疆历史教材编写组：《新疆地方史》，第 226 页，新疆大学出版社，1992 年。
② 《李文忠公全书·译署函稿》第 6 卷，第 28 页。
③ ［俄］库罗帕特金著，中国社会科学院近代史研究所翻译室译：《喀什噶尔》，第 225—226 页，商务印书馆，1982 年。

1877年8月25日，清军向南疆八城的占领军发起总攻。10月7日收复喀喇沙尔。在蒙古族和维吾尔族人民的支援下，顺利越过敌军决开的开都河洪水，收复库尔勒，攻取库车城。清军乘胜向西挺进，拜城、阿克苏两地的维吾尔、回等各族人民10多万人占据城池，击退敌军的连续反扑。乌什、阿合奇两地的柯尔克孜族牧民也接连向阿古柏军发动攻击。10月下旬，清军分别进驻拜城、阿克苏、乌什及阿合奇。仅两个月，在各族人民的大力协助下，清军几乎是兵不血刃地接连收复南疆东部四城。

此时，南疆西部四城浩罕残余势力已如惊弓之鸟，纷纷作鸟兽散。和田尼亚孜越戈壁投奔清军；喀什噶尔汉城守将何步云宣布反正，迎接西征清军。1877年12月，清军分兵三路挺进喀什噶尔、叶尔羌、英吉沙尔，至1878年1月2日相继收复西四城，浩罕殖民政权土崩瓦解，阿古柏入侵势力被彻底从新疆驱逐，英俄殖民主义者的如意算盘也化为泡影。

收复新疆的战役进展得如此顺利，连西征统帅左宗棠也不曾料及，"戎机顺迅，近罕其比"。其中根本原因是清军反击阿古柏入侵，收复失地的西征是一场正义的战争，大军所到之处，得到了新疆各族人民的全力支持。左宗棠奏请清政府对大力支援西征的维吾尔等各族人民给予奖励。① 维吾尔史籍记载：清军从吐鲁番出发到喀什噶尔沿途，没有遇到任何阻碍，没有一个城镇向清西征大军射过一颗子弹，相反很多城镇的百姓还为清军作了力所能及的事务。② 汉文史料也有记载：当地人民"或为向导，或随同攻伐"。此外，长期在新疆坚持反侵略斗争的汉族民团、蒙古族将士等也在收复新疆中发挥了重要作用。

清军西征驱逐外寇阿古柏，收复新疆，这是近代中国统一事业的一件大事。西征统帅左宗棠，力排众议，坚持收复新疆，呕心沥血，精心策划西征。前敌总指挥刘锦棠率领西征将士冲锋陷阵，横扫阿古柏入侵势力。他们在收复新疆的统一伟业中应占有一定的地位。入疆西征的清军主力湘军、豫军、蜀军及满族八旗军、回族旌善五骑、吉林马队、黑龙江马队等内地汉族和各少数民族，不远万里，出关西征，长途跋涉，风餐露宿，出生入死，收复新疆，他们在统一祖国伟业中的功绩也应当载入史册。③

第四节　西藏人民的抗英战争

一、1888年的第一次抗英战争

19世纪40年代起，中国一步步地沦为半殖民地半封建社会。及至清季，江河日下，朝政颓废，政府无能，日趋日甚。相反，世界各帝国主义国家，尤其是老牌的"日不落帝国"——英国，仰仗其刺刀大炮的威慑力量，在弱肉强食、肆无忌惮地将西南亚弱小国家廓尔喀（尼泊尔）、克什米尔、布鲁克巴（不丹）、哲孟雄（锡金）吞并后，虎视眈眈，借着中英签订的《烟台条约》中可以到西藏去"探访路程"的不平等

---

① 《左文襄公奏稿》卷51。
② 毛拉木沙：《伊米德史》（维吾尔文）下册，民族出版社。
③ 新疆历史教材编写组：《新疆地方史》，第228—229页，新疆大学出版社，1992年。

条约,将侵略的魔爪伸向了我国领土西藏。当然,英帝国主义觊觎西藏的目的不单是图谋其经济利益,即将西藏的物产、森林、水产和农产四大富源以及"最惹英人注意的金矿"① 剥削掠夺过去,其最终霸占西藏,将之作为殖民地的政治目的也是昭然若揭的。在这一过程中,开始英帝以"传教"、"游历"、"通商"等惯用伎俩渗透西藏,遭到了西藏人民的坚决反对后,他们加强了武装入侵的阴谋活动。1886年(光绪十二年),英帝公然派军队到卓木(亚东)以南的西藏边界拓路修建驿站,引起了藏族人民的警觉。

为防患于未然,1886年西藏地方政府断然采取措施,在藏哲边界我方一侧的热纳宗以北隆吐山上建卡设防,修起了高大的堡垒炮台,并派出200名官兵日夜守护。可是,这种正当的防卫措施,却成了英人入侵西藏的借口。英政府大耍无赖手段,先是诬指藏军在隆吐山设卡"意在阻止通商";接着又说是"横截廓尔喀东通印度之路"。翌年(1887年),英人又照会清政府,毫无根据地说隆吐山是受其"保护"的哲孟雄领土,藏军在该处设防是"越界戍守",并横蛮地限期撤卡退兵,拆毁炮台,否则以武力解决。懦弱的晚清政府不问青红皂白,立即下令驻藏大臣文硕强迫藏军从隆吐山撤回。

但是,面对英帝的强盗行径和清政府的妥协政策,阖藏僧俗民众非常气愤,进行了坚决的斗争。西藏地方官员及三大寺僧侣多次联名上禀,驳斥了英帝的无耻谰言,理直气壮地指出:"此地(隆吐山)实是藏治本境门户,并非甲噶尔(印度)与廓尔喀等互相往来的大路,我守我境,自保疆土,既无越界惹事之曲⋯⋯"② 一针见血地戳穿了"英人阴鸷性成,志在土地"的诡计,坚决拒绝撤卡,并表示英军胆敢再次进犯,全藏人民"纵有男尽女绝之忧,唯当复仇抵御,永远力阻,别无所思"。③ 如此气壮山河的豪言壮语充分地反映了西藏人民反帝爱国的坚强决心。与此同时,文硕也为藏族人民的热情和斗志所感动,几次上奏,不赞成朝廷对外屈服洋人,对内压制藏胞的做法,陈述了外国列强长期图谋西藏乃至整个中国的事实。奏曰:"隆吐山自古确属藏地,藏人戍守设卡该地为正义之举,英人所言纯系诬说。若强令撤卡退让,势如开门揖盗,自古及今,可有疆域门户让人之理乎?!"④ 驻藏大臣文硕在上书朝廷,提出筹饷、筹兵、筹将之计的同时,还为西藏地方政府面授机宜:派遣高级官员督战,"不取坚硬接战之法",不集中兵力迎面对敌。应半途或昏夜伏击,断敌粮饷军需"以柔克刚",同时还"要知民利,本自拮据",不可一味苛敛百姓,挠害地方等等。这些抗英正确主张,极大地鼓舞了藏族同胞的反帝斗志。

1888年3月19日,英帝国主义调集重兵,悍然向我隆吐山阵地发起进攻。西藏人民由此拉开了第一次抗英斗争的序幕。他们凭借着火绳枪、弓箭、刀矛和"果多"(抛石器)等落后的武器,利用险要地势及高山屏障,以弱战强,以少战多,顽强地抗击着装备精良的英侵略军,连续打退了敌人数次的进攻,伤毙百余名。数日后,英军不甘心首战失败,调来大批援军和重型武器,向隆吐山猛烈轰击,藏族守军将士临危不惧,

---

① [印]达斯:《英国侵略西藏史》中译本,第39—40页。
②③ 吴丰培辑:《清季筹藏奏牍》第1册,卷4,页6,(香港)商务出版社,1938年。
④ 吴丰培辑:《清季筹藏奏牍》卷4,文硕奏牍,第25—27页,(香港)商务出版社,1938年。

凭倚石块筑起的四五里长的墙垣堡垒，坚决阻击敌人。在弹尽粮绝、箭支用完之时，西藏军民又勇敢地拿起石块、刀矛、棍棒与侵略军展开了殊死的决斗。然终因寡不敌众，隆吐山失守。西藏地方政府并未因家园的沦陷而气馁，相反积极地组织准备反攻，下令征调后藏及康区各地兵力，总计万余人的增援部队开赴前线，与敌人展开了一次次的夺回失地的战斗。

正当西藏人民抗英斗争的节骨眼上，昏懦的清政府却以"识见乖谬、不顾大局"、"胆大妄为"等理由，将力主抗英的文硕罢官诏京。文硕被撤罢官，以昏聩无能的升泰接任驻藏帮办大臣，他完全执行了清政府妥协让步政策，下令"罢兵定界"，不许藏军进行反击，并致电英政府，自己还亲往前线与英帝代表商谈议和。升泰的可耻行为，不仅挫伤了藏军士气，而且助长了侵略者的嚣张气焰，西藏人民第一次抗英斗争最终因清政府屈辱的卖国投降政策；因升泰对外媚和，对内瓦解人心、压制抗英力量；还因为地方武装落后等因素最终导致失败。战后，升泰作为清政府代表赴加尔各答，与英印总督兰斯顿签订了《中英会议藏印条约》。主要内容是划定哲孟雄边界，由此西藏的热纳、隆吐山、则利拉三处地方被英国强占，确定了哲孟雄为英国的保护国（以前为藏地藩属），其内政外交均由英国一国经办等。事至如此，清政府出卖国家民族利益并未能满足侵略者的欲壑，3年后（1893年），清政府在英帝的压力下，与之又签订了一个《中英会议藏印续约》，其主要内容是：开亚东为商埠，允许英人入藏经商和派员驻扎，英国在亚东享有"治外法权"，规定5年内从藏哲边界进口的英、印货物一律免税。而西藏湖盐能否运销哲孟雄地方，藏胞在分水岭以南能否继续放牧则被推到以后再议。很显然，上述两个条约的签订，使中国的主权蒙受了严重的损失，加深了我国半殖民地化的进程，为英帝侵占我国西藏领土，并进一步渗透图谋我国四川、云南、青海藏族地区提供了方便。但是，藏族人民一致反对和谴责这两个不平等的条约。他们既不愿意割地，也不承认新划藏哲边界，继续放牧原地，拆毁英立界碑，筑墙于亚东商埠以北，限制英人活动等等，与外国人侵者继续展开了不屈不挠的斗争。

二、1904年的第二次抗英战争

19世纪末至20世纪初，英、美、俄、法、德、日等帝国主义列强开始了重新分割世界的角逐。就我国西藏而言，英帝在与沙俄互斗竞争中是激烈的。英印总督寇松为了试探亲政不久的十三世达赖喇嘛对英态度，无视中国对西藏的主权，三番五次写信收买拉拢他，妄图与西藏地方政府单独谈判，订立一个所谓的条约，以此将西藏从中国领土中分裂出去。英人的无理要求和非分之心遭到了西藏地方政府及达赖喇嘛本人的坚决拒绝，并将原信一一退回。1899年，英人仍不死心，故伎重演，被达赖喇嘛再次拒绝，理由是"没有和驻藏大臣及噶厦商议以前，按照以往的规定，他不能与外国政府通信"。[①] 表现了他比过去更为坚定的抗英决心。但是，达赖喇嘛却向中央政府提出了将

---

① 《英国蓝皮书》帙192，第125页，转引自周伟洲：《英俄侵略我国西藏史略》，第114页，陕西人民出版社，1984年。

瞻对（四川新龙）和驻藏大臣管辖的三十九族地方①以及达木蒙古八旗②索地扩土、受自己管辖的要求，以致与四川总督、驻藏大臣之间产生了矛盾。此时早已打入达赖喇嘛身边为侍读堪布的沙俄布里雅特喇嘛德尔智，乘机拉拢达赖喇嘛，鼓动其亲俄。达赖喇嘛遂提出了"与其同有仇之英国议和，莫若与无仇之俄人通好"的主张。英帝鉴于此不利形势，以防止沙俄入藏、西藏人不履行条约等为借口，迫不及待地发起了抢占西藏的进攻。

1902年夏，英派怀特率兵200余人，驮马300匹左右，无理地侵占后藏干坝宗所属甲冈地方，拆毁定界石堆——鄂博，驱逐了守界藏兵，抢走了当地牧民的数千只牛羊，肆意进行挑衅。翌年，英帝玩弄和谈骗局，遣英军上校荣赫鹏为首的300名英军再次侵入干坝宗，要挟中国政府派员就地谈判通商划界问题。驻藏大臣派出了三品知府何光燮等为首的谈判官员，可是英帝无意谈判，存心制造纠纷，寻找侵略口实，无理声言我谈判官员品级太低，不配谈判，并蓄意鞭打藏兵，侮辱藏官，甚至派间谍赴日喀则一带刺探情报，致使干坝宗会谈破裂。其后，英军盘踞干坝宗数月，又另派数千英兵携带重炮、机枪、来复枪等，由臭名昭著的英军头目荣赫鹏率领，从边境重镇亚东，迅速地向西藏腹心地带进犯。同年12月至1904年3月，敌军越过则利拉、仁进岗，疯狂地攻占了春丕、帕里、堆纳、骨鲁、绍岗、江孜等地，西藏人民第二次抗英战争正式爆发。

大敌当前，西藏人民同仇敌忾，前赴后继。于英军入侵之初，西藏地方政府积极进行了自卫反击准备工作。颁布了征兵命令，规定各贵族、寺庙、地方政府及所属民人均应承担兵役及武器弹药、夫马粮饷等军需差役，并下达了战争动员令，还竭力阻止驻藏大臣赴边境谈判……而西藏人民更是自认为与英人"唯性教道全不相同，实为冰炭"，并共同宣誓："凡我藏众男女，誓不与英人共天地，有渝此誓者，众共殛之。"他们纷纷拿起弓箭、土枪、刀、矛、石块等各种原始武器，出没于高山、峡谷、密林、道路旁边，以自己的血肉之躯，到处给侵略者以沉重打击，谱写了一曲曲保卫家园的可歌可泣的英勇事迹。在帕里，当地人民满怀深仇大恨，坚决拒绝为侵略军提供任何物品，并不顾敌人重炮洋枪的淫威，手持棍棒、刀镰、石块等围攻砍砸其驻地；在推纳，藏胞们一次次或设计诱杀，或乘夜直闯英军营地刀砍斧劈，杀得侵略军闻风丧胆；在其他前线，当地百姓均自动组织起来，拦截敌人军火、军粮、军邮、破坏交通，切断其后勤给养，给予敌人以沉重打击。由于藏族人民的奋力抵抗，英军入侵受阻，荣赫鹏遂采用卑鄙的手段，于1904年（光绪三十年）3月在喜马拉雅山脚下、拉莫湖畔的曲米新古地方，制造骗局，提出首先熄火，然后与藏军谈判。藏军未识其诈，老老实实地熄灭了土枪的火绳。于是，荣氏一面假意伴装谈判，稳住我方；一面令英军诱骗山上的藏族守军集聚山下。其后侵略者架起机枪大炮，突然发动袭击，计屠杀包括藏军正副指挥莱丁色和朗色林等四位代本（团长）在内的藏族同胞700余人。敌人的血腥罪行更加激起了人民的愤恨。不久，西藏、青海各地民兵被重新动员起来，1.6万多人的藏军聚集戍守在后藏至拉萨的沿线大道上，藏族近代史上著名的《江孜保卫战》由此拉开了帷幕。同年4

---

① 三十九族地方即西藏与青海交界的三十九个部落，大部分分布于西藏那曲草原。
② 达木蒙古八旗驻牧今西藏当雄县境内。

月,英军攻入江孜,**烧杀劫掠**十分猖狂,西藏军民在做好充分准备后向侵略军反攻,收复了失守的江孜堡垒。与此同时,另一支藏族军民袭击了英军大本营,敌军仓皇溃遁,司令官荣赫鹏险些被俘毙。6—7月,英军在大量增援下,向宗山江孜堡垒发起进攻,5000余名藏族将士不畏猛烈炮火的轰炸,进行了极为顽强的日夜激战,他们以火药枪、"果多"、石头等武器打退了敌人的一次次进攻,坚守了一个多月。山上的水喝干了,就将绳索捆绑身上吊取山下污水饮用,甚至喝自己的尿……最后,敌人的炮火轰毁了一段墙垣,山上的火药库也不慎引爆,藏族士兵在弹尽粮绝之际,仍以石块坚持战斗3昼夜,使侵略军付出了惨重代价。当英军攻上宗堡,许多藏族战士又与敌人徒手进行了殊死的搏斗,来不及突围的就跳崖自尽,壮烈牺牲,为保卫祖国神圣的领土流尽了最后一滴血。藏族军民大无畏顽强斗争精神连英国随军记者也不得不承认"西藏人民的英勇是无可争辩的"。

江孜失陷后,英军向拉萨逼进,尽管藏族人民不甘屈服,部分地方仍继续发生一些小规模的抗英斗争,但也无法挽回局面。在清廷媚外屈服和西藏少数投降派的作用下,8月英军入侵拉萨,达赖出逃库伦。9月在英军大炮刺刀的淫威下,英帝迫使西藏地方政府签订了《拉萨条约》,企图将西藏置于它的实际控制之下。然而,全国人民坚决反对这个非法的条约。清中央政府不仅未在条约上签字,在以后的谈判中迫使英国承允不兼并藏境及不干涉西藏一切政治,并在事实上承认了中国对西藏的主权。

第五节 西南和中东南人民的反帝斗争

1840年,西方殖民主义国家以坚船利炮轰开了"闭关锁国"的"天朝"大门,从此,中国陷入了半殖民地半封建社会的深渊。帝国主义列强在一系列不平等条约的保护下,更加肆无忌惮地对中国的政治、经济、文化等方面进行渗透,加速了中国的半殖民地半封建化过程,也使近代中国的民族矛盾和阶级矛盾异常尖锐,加重了社会危机。外国势力的入侵及其所造成的灾难,激起了中国各族人民的强烈不满和极大愤慨,迫使他们走上了反抗的道路,并以各种方式和手段,保疆守土,捍卫国家和民族的利益。

一、捍卫民族权益的斗争

19世纪50—60年代后,西方帝国主义列强凭借着他们从不平等条约中所攫取的种种特权,逐步加强了对中国的经济、文化侵略。1849年,英国殖民者占领印度,印度沦为其殖民地。与此同时,英印总督府的殖民势力又伸向缅甸,将缅甸变为其殖民地;1859年,法国、西班牙联军借口发生教案,攻占西贡,随后,法国殖民者于1884年将越南置于它的殖民统治之下。英、法两国殖民者在侵占印度、缅甸、越南三国后,又进一步将魔爪伸向与之临近的中国边疆地区。此后,他们通过一系列不平等条约,取得了在这些地区开埠通商、建立海关、修筑铁路、成立银行等权利,对中东南和西南民族进行殖民统治和剥削,吮吸了各民族大量的血汗,并将该地区变成了其原料供给地和商品倾销地,使这些民族传统的自给自足经济遭到破坏。西方殖民者的入侵行为,激起了中东南、西南各族人民的强烈反抗。从殖民者进入该地区的那天起,中东南和西南各民族人民就从未放弃过反对侵略、反对掠夺的斗争。

1. 反对法国殖民者修筑滇越铁路的斗争

光绪二十三年（1897）秋，法国驻华公使吕班向清政府总理各国事务衙门要求得到修筑由越南至云南昆明的铁路修筑权。次年，吕班又向清政府总理各国事务衙门提出照会，同时法国驻越南总督杜美派军事勘测军官玫巴、杜富等率勘测人员深入云南分东、西两线测绘地图。1901年，杜美又派法国人古德尔孟到云南秘密调查，绘制地图，了解各民族社会经济、文化状况。一年后古德尔孟回国，并在1906年出版了《云南游记》一书。从该书序言中，我们可窥见法国殖民者修筑滇越铁路目的之一斑。他说："云南之气候温和，尤似法国南境，于法人尤为相宜。其矿田之富，物产之饶，较诸越南，奚啻霄壤。借沃壤之余，以养瘠地之不足，此云南所以不独为越南之屏藩，而且为越南之仓库矣。"又说："吾望他日火车游行云南时，吾法之权力随之而达于云南全省，吾尤望云南铁路告成之日……则席卷云南，如探囊取物矣。"光绪二十七年（1901）9月，滇越铁路法国公司正式成立，并积极开工。光绪二十九年（1903）在蒙自成立了清政府协助法国修筑滇越铁路的滇越铁路总局，由法国人机耶任总办，德富任会办，同时从红河沿线招募哈尼、彝、苗、壮、瑶和汉等民族筑路工2万余人，又从天津、济南等地招募华工6000余人。在筑路过程中，无数良田被霸占，民房被拆毁，有的工人因水土不服或返乡或伤亡，留下者受尽了殖民者的残酷虐待，这条由中国各族群众血肉所筑成的铁路于宣统二年（1910）4月1日全线通车至昆明，全长854公里。

滇越铁路通车后，为了控制铁路的运输大权，法国驻越南总督向其政府的报告书说："云南为中国天府之地，气候物产之优，甲于各行省，滇越铁路不仅可扩张商务，而关系殖民政策尤深，宜速揽其开办权，以收大效"[①]。此后，法国殖民者便通过这根"吸血管"，对中国西南、中东南民族地区进行疯狂的殖民掠夺，获得了以武力所达不到的目的。

与此同时，从滇越铁路的勘测到全线通车，沿线各族人民和筑路工人反殖民侵略的斗争也从未停止过。法国殖民者在设计和勘测之初，原打算通过云南经济发展水平较高的平坝和重要城镇，以便进行经济掠夺。但在勘测中，遭到了沿线各族人民的强烈反对。1902年，在农民出身的矿工杨自元领导下，各族群众攻打了蒙自县的衙门和法国路斯洋关，放火烧毁了蒙自税务司。再加上工程技术上的困难，迫使殖民者另择新线。筑路之时，沿线各族群众又纷纷起来，拿起锄头、镰刀、木棒等，毁坏路桩，挖毁路基，不愿为法人筑路。筑路工人虽然在殖民者武力监督和威胁下劳动，但他们也时常利用种种机会，或消极怠工，或破坏工具，或毁坏电讯设备等，甚至打死打伤殖民者的监工和路警，如残暴虐待工人的法国工程师瓦尔孜等人，就被忍无可忍的工人所打死。1908年，云南留日学生强烈呼吁废除滇越铁路条约，收回路权。这年4月，云南各界人士还在昆明召开了"赎滇越路救亡国民义务募捐大会"，当场捐得白银20万余两，表达了云南各族人民要求收回路权、反抗侵略的强烈愿望。同时，各族人民的反抗斗争，在一定程度上也打击了殖民侵略者的嚣张气焰。

---

① 威襄予：《法国对华侵略之滇越铁路》，载《新亚细亚月刊》3卷第6期。

2. 反对西方帝国主义掠夺矿藏的斗争

鸦片战争后,中国成为西方帝国主义列强任意宰割、肉食的对象,南方地区丰富的矿藏资源亦成为一些殖民主义者垂涎三尺的猎取物。1900年,法国驻滇总领事方苏雅偷运大批军火入昆,遭到了昆明人民声势浩大的反抗运动,包围了法国驻昆领事馆,捣毁了藏匿武器的法国教堂和法国工程师住宅。法国乘八国联军入侵中国之机,借此胁迫云南当局赔款,并获得在云南开采矿藏的权利。而英国即以"利益均沾"为由,要求共享在云南开矿的权利。1902年6月,英法隆兴公司总办弥乐石(法驻滇总领事)与云南地方当局签订了《云南隆兴公司承办七属矿务章程》。按此章程,云南澄江、临安、开化、楚雄府、元江州和永北厅等7处矿藏,可由英法殖民者任意开采,这其中包括了闻名于世的个旧锡矿、易门铜矿和永北米里铜矿,以及"七府矿产"中其他的矿产种类,如金、银、铁、宝石、朱砂等等。殖民者的强取豪夺和清政府官吏的昏庸腐败及卖国行为,激起了云南各族人民的强烈反对。

1903年3月,在个旧矿区爆发了周云祥领导的各族矿工和农民武装起义,起义军提出了"抗官仇洋"、"拒洋修路、阻洋占厂"等口号。在各族群众的支持下,义军很快攻占了个旧、临安府城建水、石屏,并进而向阿迷州(今开远)、熠峨(今峨山)、河西、江川、宁州(今华宁)、弥勒、广西州(今泸西)、元江等10余个州县发展。义军的声势使昆明城大震,大局摇动。清政府急调大军"围剿",不久起义失败。之后不久,云南各族人民和各界人士又掀起了声势浩大的"保矿运动",要求废除《矿务章程》。1908年1月1日,云南留日学生100余人在日本东京举行《云南》杂志周年庆祝会,提出"废除七属矿约,收回滇越铁路",把英、法侵略者赶出红河以外的要求。[①]1910年,当滇越铁路通车之时,昆明学生连日集会游行,要求收回矿权和路权。云南各界人士还成立"云南死绝会"和"保存云南矿产会"(简称"保矿会"),组织各界人士集会游行,呼吁各界采取强硬手段,收回路权和矿权。有的人甚至引刀割臂断指,强烈要求废约,收回矿权。云南各族人民的不懈斗争,终于迫使清政府在1911年8月议定赎回云南七府矿产,废除了《云南隆兴公司承办七属矿务章程》。

3. 各族人民反洋教运动

1840年中英鸦片战争后,随着西方帝国主义军事、政治、经济侵略的不断深入,文化侵略也逐渐渗透了我国许多民族地区,这主要表现为西方宗教的传入和渗透。这时期,英、美、法等国的传教士,凭借一系列不平等条约的保护,"合法"地活动于中国的城镇与山区,并以办学校、医院、报纸、慈善机构及吸引学生留学等为诱饵,骗取善良的中国人信教。作为帝国主义侵华势力的一个组成部分,教会的目的显然不是为了要改善中国某些地区的落后状况,而是要麻痹人们的思想意识,为帝国主义的侵略服务。美国宗教刊物《基督教世纪》曾承认:"关于他们(美在华的传教士)进行特务活动的控告,是很难否认的……他们好些人曾在美军中服务……人们确实知道,他们向情报机

---

① 李根源:《云南杂志选辑·序》,中国科学出版社,1958年。

关提供情报。"① 法国天主教云南总主教区设有"华明通讯社",自称它编印的东西"已被确认为突出的,有独一无二的农作、社情、教育及福利工作等消息的泉源"。② 受到了罗马教廷和一些西方国家的重视。有些传教士甚至公然叫嚣:"基督教占领中国","圣经传到哪里,国旗就插到哪里。"有些传教士深入民族地区,不仅搜集情报,而且干涉当地群众的生活习俗,强占土地,包揽诉讼,欺压百姓,挑拨民族关系,制造民族隔阂,无恶不作。由此激起了各族群众强烈不满和极大愤慨,反洋教运动此起彼伏。

法国天主教司铎张若望在大理洱源等县传教时,常勾结地主豪绅,"勒民入教,有不从者,捆缚威胁"③,敲诈勒索当地群众,私定教规强迫群众遵守,甚至抢夺民女到教堂奸污,肆意作恶。1883年,他抢掠洱源下齐村村民文太顺、余秋二人之妻及吴大发妻、女到教堂蹂躏,激起了当地乡民的极大愤慨,他们杀死张若望及其帮凶,放火烧毁了教堂。在洱源人民反洋教斗争鼓舞下,蒙化厅(今巍山)、永平县等地的民众也愤然而起,他们驱逐洋教士,烧毁教堂,形成了一股反洋教斗争的洪流。

云南昭通地区的石门坎是英国基督教循道公会、圣经公会、圣道公会等教派传教布道的重点区域之一,教会的势力往往凌驾于当地行政权力之上。传教士也往往凭借教会的强大势力,任意地欺压百姓。1905—1908年间,当地彝、汉等族群众在忍无可忍的情况下,多次群起捣毁教堂,痛打英国内地会牧师柏格理、索仁里及其走狗颇拉德等人。当地官府却助纣为虐,竟然出兵镇压反抗群众,使群众的反洋教斗争进而发展成反清武装斗争。他们举起"灭洋"大旗,抗击清军,捣毁教堂,驱逐外国传教士。当地政府报告称:"凡信奉耶教之村庄,悉被焚毁",依附教会作恶的教民"无家可归。"④ 1905年,在云南贡山县丙中洛爆发了一场声势浩大的怒、藏、傈僳、独龙等民族人民驱逐法国传教士,"怒烧洋教堂"的事件。清光绪二十三年(1897),在西藏察瓦隆一带传教的法国天主教司铎任安守,因遭当地喇嘛及群众反对,被驱逐出察瓦隆,逃到贡山,在丙中洛地区的白汉罗村修建教堂传教。在清朝地方政府的保护下,任安守有恃无恐,禁止当地人民信奉藏传佛教,诱骗和强迫人民信仰天主教。他还规定,教徒与非教徒之间不许通婚,并挑拨民族关系,强派民工修建教堂,肆虐人民。愤怒的各族群众在忍无可忍的情况下,于1905年7月20日,身背弩弓、火枪、手持长矛、砍刀等武器,一举烧毁了洋教堂,任安守吓得躲入了森林,沉重打击了其嚣张气焰。

1907年,英帝国主义雇用美籍牧师永伟里等人从缅甸非法潜入云南边境的澜沧、沧源、临沧等地,搜集我国边疆情报和各少数民族宗教生活情况,从此盘踞不走。后来,其子永亨乐、永文生也来到中国,从事间谍活动,向英国政府提供我国边疆情报。在华期间,他们披着宗教外衣,进行各种特务活动,挑拨民族关系,进行反动宣传,破坏我国各族人民抗击侵略的斗争,不尊重我边疆民族传统风俗习惯等。永伟里父子的行为,遭到了当地拉祜、佤、傣等民族人民的反对。当永伟里在澜沧县东回班利传教时,

---

① 江文汉:《关于帝国主义利用基督教》,《中国基督教三自爱国运动委员会第十次扩大会议专辑》,转引自《云南近代史》,云南人民出版社,1993年。
② 云南省宗教事务处档案《天主教概况》。
③ 光绪《云南通志稿》卷87。
④ 中国近代资料丛刊《辛亥革命》(四),第486—487页,上海人民出版社,1957年。

被当地拉祜族群众断然拒绝，其后他因偷运西盟新厂银矿，被发现后逃出国境。永伟里长子永亨乐在澜沧糯福传教时，奸污妇女，无恶不作，被当地拉祜族群众驱逐出境。

贵州水族、布依族地区，是法国天主教"垦荒布道"的重要区域之一。鸦片战争后，形形色色的法国传教士身披着宗教外衣，充当帝国主义侵略的急先锋，先后进入贵州的水族、布依族等民族地区，在安龙、册亨、贞丰、望谟、罗甸、兴义、光仁、晴隆、普安、盘县、独山、都匀、荔波、三合、都江等地修建教堂，进行传教活动。这些传教士还与当地的土豪劣绅相勾结，对广大群众巧取豪夺，百般欺诈，为所欲为。如在贵阳、安顺、镇宁三个地区的天主教堂就占有4550亩的田地；绥阳县天主教堂岁收田租就达千二三百担，进行50%—70%的高额地租剥削，大大加重了当地群众的负担。① 有的传教士还奸污民女，破坏民族团结，利用传教进行情报收集活动。这些罄竹难书的罪行，激起了广大各族群众和一些地方官员的强烈愤慨。1861年，贵州地方官田兴恕因抵制贵阳教区法国主教胡缚理的胡作非为与之发生冲突，于是他便密令各府、州、县："天主教这异端邪说，最为害民"，"近乃肆行无忌，心实叵测"。并严令各级官员见有教士"淆惑人心者，务希随时驱逐。不必直说系天主教，以外来匪人回之，不得容留。倘若借故处之以法，尤为妥善。"② 这纸密令点燃了贵州官民反侵略的烈火，在贵州爆发了连续10余年的反对法国天主教斗争，如青岩教案、兴义教案、永宁教案、贵定教案、独山教案等。1890年8月，四川大足县龙水镇发生了余栋臣为首的武装起义，他们打出"顺清灭洋"、"除教安民"等旗号，捣毁教堂，用武力驱赶洋人。在其影响下，贵州遵义府各县"闻风效尤"，纷纷起来围攻教堂，开展武装斗争，以后又波及省内其他地区。突出的有务川、仁怀、桐梓、贵定、都匀等地的反对清朝和教会侵略的斗争。光绪二十三年（1897），都匀等地的水族、苗族、布依族群众，以"联团灭教"、"灭洋兴汉"相号召，并联络贵定、独山、荔波、都江、八寨、丹江等地群众，举行武装起义。他们攻陷都匀，捣毁教堂，惩罚那些欺压百姓的教徒。起义群众一度曾达10余万众，威震黔南等地。虽然这次起义在侵略者的威慑下遭到清政府的残酷镇压，但极大地鼓舞了广大人民反抗外来侵略势力的斗志，在近代反帝斗争史上写下了光辉篇章。

早在咸丰十年（1860），法国天主教传教士就在四川大凉山的彝族地区进行传教活动，随后英、美等国的基督教传教士也进入该地区，在此修建大小教堂几十余处。在传教的过程中，由于传教士们的胡作非为，曾多次与当地群众发生矛盾，也多次激起彝族群众的反洋教斗争。1908年，英国传教士布洛克等人由马边进入凉山"探险"，行至美姑时与当地彝族群众发生冲突，布洛克开枪打死阿侯家一名青年，结果导致"彝众惊哗"，愤而将布洛克杀死。1911年，凉山会理的彝、汉群众积愤难忍，将作恶多端的法国神甫贾元贞杀死。这次事件虽然遭到了法国侵略者和清政府的镇压，但彝、汉群众并未因此而被吓倒，不久，西昌彝、汉群众在张耀堂的领导下举行了武装起义，提出了"杀贪官、灭洋人"，"推翻满清"等革命口号，一些土司也加入起义队伍。义军一度攻

---

① 周春元、何长凤、张祥光主编：《贵州近代史》，第69页，贵州人民出版社，1987年。
② 《筹办夷务始末》（同治朝），卷6。

入了西昌城，杀死了县令，极大地打击了侵略者的嚣张气焰。

"酉阳教案"是发生在渝东土家族地区、延缓时间长、影响较大的一次教案。早在清朝初年，在土家族地区就有外国传教者，鸦片战争后，西方传教士更是凭借一系列不平等条约的保护，深入土家族地区。至19世纪末20世纪初，天主教、基督教传教士的足迹已遍布土家族居住的许多城镇和山区。其时，在土家族地区，教堂林立，传教士横行。同治元年，法国天主教传教士邓司铎到酉阳传教，修建教堂，大肆网络不法之徒入教，横行乡里，欺压百姓，随意寻机制造诉讼案，以至于民间积愤难平，因怨成仇。同治四年（1865）春节，酉阳数百家土家、汉等民族乡民在一些富绅的督率下，相约捣毁教堂，捉打不法教民。7月，群众情绪更加高昂，斗争愈来愈激烈，大家强烈要求"诛灭天主教，斩草除根"，群情激奋中，土家族人冉从之率众将法国传教士冯弼乐打死。"酉阳教案"震惊全国。在法国公使柏尔德的恫吓和威逼之下，媚外屈膝的清政府将这次声势浩大的反洋教运动残酷地镇压下去了。① 清政府的可耻行为，又助长了外国传教士和不法教徒的嚣张气焰，他们更加肆无忌惮地为非作歹，如抢劫财物，奸污妇女，制造诉讼，残暴乡民。传教士及不法教民的种种暴行，激起了广大酉阳人民的强烈愤慨。同治七年（1868），积愤难平的酉阳群众在民团首领何彩的领导下，焚毁了火石垭教堂，爆发了第二次"酉阳教案"。在这次反洋教运动中，广大的酉阳群众踊跃参加，他们烧毁教堂，严惩不法教民，与教会武装展开搏斗，斗争的烈火燃遍了酉阳城乡。"教案"发生后，清政府又在法帝国主义的威逼和恫吓下，将这次反洋教运动镇压下去。

尽管土家等族群众一次又一次的反洋教运动失败了，但英勇的人民并未因此而屈服。光绪二十四年（1898），四川大足县的余栋臣再次发动了反对外国教会侵略的武装起义，川东所属州县的群众闻风而起，与之相毗邻的利川、巴东、长乐、长阳等地土家族、汉族群众亦揭竿而起，遥相呼应，形成了较为有组织、有规模、声势浩大的武装起义。义军竖起"灭洋"大旗，发布檄文，痛斥帝国主义传教士的侵略行为，焚毁教堂和不法教民的房屋，殴毙作恶多端的外国传教士，惩罚不法教民，杀差抗官，进攻城池。一时"华洋震恐"，教民惊慌，"洋人尤甚"②，沿长江上下，大为惊扰。惶惶不安的帝国主义和清政府急调军队镇压，一些地主豪绅亦闻讯迅速组织武装，追堵义军。由于敌我力量悬殊，加之义军各支孤立流动作战，缺乏密切配合而惨遭失败。

二、保卫边疆领土的斗争

1840年中英鸦片战争后，随着西方帝国主义列强侵略的进一步深入，我国广大的边疆地区日益成为他们激烈争夺的对象，并妄图将之变为他们可以任意宰割的殖民地。面对帝国主义的侵略，边疆各族人民进行了英勇顽强的保家守土的斗争，捍卫了祖国领土的完整和民族的利益。

1. 马嘉里事件

1852年，英国殖民者占领缅甸后，就将侵略的矛头指向与之毗邻的我国西南地区。

---

① 《筹办夷务始末》（同治朝），卷35。
② 《张文襄公全集》卷157。

1874年8月，英国驻华使馆派遣翻译马嘉里前往中缅边境接应由陆军上校柏郎率领的所谓"探路队"，到云南等地"游历"。这支"探路队"实为到我国搜集情报，为英国殖民者入侵云南等地做好准备。1875年1月，马嘉里到达腾越后，便擅自深入城郊险要关隘叠水河，绘制地形图和拍摄照片。当地绅众见其行为不轨，乃喝令他交出照片。2月初，马嘉里和柏郎率领"探路队"，在未预先知照我当地政府的情况下，便从缅甸八莫启程，非法越过中缅界河南滨河（红蚌河），侵入我国云南境内。21日，马嘉里带领柏郎的部分武装人员行至蛮允以南的户宋河边时，非但不听我景颇、汉、回、傣等各族边民和爱国官兵100多人警告，反而态度蛮横，无视中国的主权，竟然首先开枪打死、打伤我边民多人。马嘉里的嚣张气焰和无理行径，激起了我国群众的极大愤慨，他们手持刀、矛、棍棒等奋起反击，将马嘉里及随从5人打死。柏郎率领的其他武装人员进入我国境后，也遭到了我边民的阻止，并将其赶回了缅甸。这就是中国近代史上著名的"马嘉里事件"。这次事件是我边民捍卫祖国神圣领土的一次正义行动。但是，英国侵略者却以之为借口，威逼清政府于1876年9月13日签订了丧权辱国的中英《烟台条约》，该《条约》使英国获得了进一步在华侵略的特权，达到了其用武力所达不到的可耻目的。

2. 片马事件

片马位于今云南省怒江州泸水县境内，自古就是中国领土不可分割的一部分。其地西通印度，北达西藏，东可去四川，地理位置十分重要。英国侵占缅甸后，这里遂成为它侵入我国西南地区重要的门户之一。1910年，保山县属登埂土司与所辖片马地方的汉商徐麟祥、伍嘉源等人因杉板税发生冲突，徐、伍等人即外求英人庇护，此事于是成了"片马事件"的导火线。对此地窥视、蓄谋已久的英国殖民者，不顾我国的反对，由英驻缅甸密支那军官郝滋上校等率军1000余人，辎重骡马2000余匹，沿恩梅开江进入拖角，东渡小江，于1911年1月4日侵占了片马，并分兵驻扎岗房、鱼洞。英军的悍然入侵，激起了当地傈僳、景颇、彝、白、汉等族群众的强烈反抗。他们在傈僳族人勒墨夺拔的领导下，配合登埂、六库等土司的常备军，手持弓弩等原始武器，利用熟悉的地形，伏击英军，使英军狼狈逃窜。

英军入侵片马的消息传入内地后，全国舆论一片哗然。人民群众纷纷集会游行，抗议侵略者，要求清政府立即派兵前往收复失地。昆明各界也成立了"保界会"，以为政府后援。在全国人民的强烈要求下，云贵总督和清政府向英国进行了严正交涉。由于各种历史原因，直到1961年，片马地区，包括古浪、岗房等在内的160平分公里的土地才回到祖国怀抱。广大各族群众几十年的英勇顽强斗争，终于有了结果。

3. 勐乌、乌得人民的抗法斗争

1895年中日战争后，法国以迫日本归还中国辽东"有功"为借口，要挟清政府，索取中老边界我方一侧的勐乌、乌得等地。该地原为西双版纳十二版纳之一，历史上一直属勐乌、乌得两傣族土司所管辖。其境内多盐井，有道路通茶山地，十分富饶，法国人早就对此垂涎三尺，心怀吞并之意。这一年，法国殖民者不顾勐乌、乌得为我国领土的历史事实，强行派兵占领了两地。侵略者的野蛮行径，激起了当地傣、汉等族人民的极大愤慨。当法军进入时，当地群众相约一齐撤离村寨，全部转入山林，使敌人遭到了坚壁清野的抵抗，粮草无着落。当地土司和汉族首领还秘密组织抗法队伍，准备武装抵抗，但不幸走漏风声，一些领导人被捕。傣、汉等族群众又立即组织起来，围攻入侵法军，救出被捕人员。侵略者恼羞成怒，兽性大发，对当地群众进行了疯狂的报复。但人民的反抗斗争并未停止。李翠庭、陈玉成等人又多次率领傣、汉等族群众打击法国殖民军，使他们无法实施安稳的统治。

4. 傣、景颇、阿昌、傈僳等族人民的抗英斗争

1890年，英军500余人以勘界为名，强行通过我国西南边疆芒莫和干崖土司辖区间的洗帕界河，入侵干崖所属铁壁关和盏达所属昔董一带。英军的侵略行为激起了当地各族群众的强烈愤慨。1891年，时干崖第二十任世袭宣抚使刀盈廷及其儿子刀安仁，动员组织了包括傣、景颇、傈僳等族群众在内的各族土司军队，开抵铁壁关外的大青树营盘扎营，与虎踞关一带的盆干景颇族共同协作，抗击英军。1893年，刀盈廷奉命固守虎踞关，与腾冲所属七土司、山官、清军协同防守边关。各族土司兵虽武器装备不足，但他们英勇善战，巧妙运用"护蜂窝"战术，诱敌深入，多次同攻敌军，将侵略者赶出国境。

1898年12月，中英双方开始勘定中缅边界。在此之前，英国侵略者已做了大量的准备，潜入我边地勘测、绘图，搜集有关情报。在勘界过程中，侵略者利用我方所派官员对边界地理的不熟悉，大行欺骗伎俩，企图将陇川坝的大片领土以及自古就属我国的著名关隘铁壁关、虎踞关、天马关和汉龙关划归英属缅甸。英军殖民者的这一侵略行径，激起了边地各族人民的无比愤怒。陇川景颇、傣、汉等各族民众闻讯后，纷纷赶到勘界现场，群起阻止英军的入侵。陇川王子树景颇族山官早东乐也约集垒良、孟谷、邦外、弄恒等地的景颇族山官、头人，率众将英国人驱逐出境，刀安仁也率土司军积极配合，据守四关。这些行动使英军殖民者看到了中国边民极大的爱国热忱和不畏强暴的气概，他们不敢再派人深入这一带地区，并停止了第一次勘界。

英国殖民者占领缅甸后，对中缅交界的我国北段地区一直垂涎三尺，并时常寻机企图占领。1900年1月，英军侵略军1000余人悍然侵入中国西南边地的他戛（拖角）、滚马、茨竹、派赖等景颇族、傈僳族和汉族村寨，公开抢劫烧杀、逼降，无恶不作。时腾越明光隘阿昌族世袭土守备左孝臣闻讯后，率领兵勇600余人，在甘稗一带隘口分兵防守，抗击英国侵略者，并多次严正拒绝了英军的劝降。恼羞成怒的英军见劝降不成，便开枪开炮向甘稗疯狂地进攻。左孝臣率阿昌、景颇、傈僳、汉等族人民顽强抵抗，浴血奋战。由于敌人武器优良，敌我力量悬殊，致使我方伤亡惨重。左孝臣身中八弹，英勇牺牲，为捍卫祖国的领土完整献出了宝贵的生命。

5. 高山族人民抗击侵略者的斗争

台湾地处祖国东南沿海，美丽而富饶。对这一宝岛，一些帝国主义殖民者早就垂涎三尺，觊觎已久。鸦片战争后，英、美、法、日等外国侵略势力曾多次寻机入侵，企图将它变为他们在太平洋地区的殖民地，但都遭到了台湾人民的英勇抵抗。同治六年（1867）二月，美国三桅帆船"罗佛号"（The Rover）在台湾南端的七星岩触礁沉没，船长韩德等人划小船漂到琅峤龟仔角登陆时，遭到土著排湾人的袭击，13人被杀死，仅一名中国水手逃脱。4月，美驻厦门领事李仙得（Le Gendre）闻讯后即赴福州交涉，要求清政府惩办。6月19日，美国亚细亚舰队司令贝尔（Bell）率军舰两艘从上海起航

赴台，5月12日美海军陆战队181人在龟仔角登陆，偷袭当地群众，结果反被群众引诱上山，从后袭击，副舰长麦肯基（Mckenzie）受伤毙命，美兵伤者数人，遭到了当地高山族人民的迎头痛击。

美军受挫回上海后，即向清政府交涉。腐败无能的清政府怕事态扩大，就令闽浙总督和台湾道查办。9月27日，李仙得在清兵的护送下到达琅峤，英勇的高山族人民旋即组织起600名战士准备应战。李仙得见势不妙，改称来"议和"。10月10日，李仙得和当地排湾人首领卓杞笃会见。卓杞笃严正地告诉李仙得，他们这次杀白人，是正当的自卫和报仇，并表示：如果你们将来还要战争，我们一定起来坚决反抗。反之，我们则愿意保持一个永久的和平。台湾各族人民的英勇气概沉重打击了侵略者的嚣张气焰。最后双方约定：此后凡对漂流或和平登陆的外人的生命财产，善以保护；如美国船舶需要供给，必须先挂红旗，如不见岸上有红旗答应，则不能登陆。

"罗佛号"事件四年后，同治十年（1871），琉球船民因台风漂到台东县八瑶湾，误入牡丹社，被土著俘获，杀死54人，其余12人幸免生还。时琉球还是中国的属地，此事亦属中国的内政。次年，日本即企图制造琉球是日本属地的假象，以实现其吞并琉球、侵占台湾的阴谋。在美国人支持下，日本于同治十二年（1873）三月向清政府总理衙门交涉。正在这时，又发生了日本小山县民四人漂到台湾东部，被当地土著劫掠的事件。这四人虽后被救出，但日本侵略者的侵台叫嚣更为激烈。1874年4月5日，日本政府在长崎设"台湾番地事务局"，并出动3000多人，图谋从台湾南端下手，侵占台湾东部。5月，日本军舰先后在社寮、琅峤等地登陆，设本营于龟山。日本殖民者的侵略行径，激起了台湾高山族人民的强烈愤慨。当日军登陆，就不断遭到当地高山族人民英勇、顽强的抵抗。在石门要隘的战斗中，牡丹社领袖阿碌父子及社众30多人壮烈牺牲，用生命捍卫了祖国领土的完整。日本侵略军在台半年，虽恃其枪炮犀利，肆意杀害当地土著，但高山族人民都予以了坚决的抵御。

1895年，中日甲午战争后，清政府被迫与日本签订了丧权辱国的《中日马关条约》。据此，清政府割让台湾本岛及其所属各岛屿。从此，日本帝国主义侵占我宝岛台湾长达半个世纪之久。50年来，日本帝国主义对台湾实行了残酷的殖民统治，台湾广大人民也不屈不挠地坚持斗争50年，反侵略浪潮汹涌澎湃，连绵不断。据不完全统计，仅从1895—1915年的20年中，台湾人民的反侵略斗争就达100余次；而从1896—1930年的35年中，台湾少数民族共击毙日警达5500人。① 规模较大的如有1896年大鲁阁泰雅人的反日斗争、1900—1912年大嵙崁泰雅人的反日斗争、1911年和1920年北势泰雅人的反日斗争、1915年和1917年花莲港厅布农人抗日斗争等。其中规模最大、影响较广的是发生于1930年的"雾社起义"。这次起义虽然最后被日寇疯狂镇压下去，但这一可歌可泣的武装抗日斗争将永载史册。1945年日本屈膝投降，台湾光复，台湾人民终于摆脱了日本帝国主义的殖民统治，回到了祖国大家庭的怀抱。

6. 项崇周领导的抗法保土斗争

项崇周，苗族，云南西畴县么洒锅底塘村人，8岁时随家人迁至麻栗坡县扣林山脚

---

① 陈李田：《高山族人民反对日寇的革命斗争史略》，载《民族研究》，1960年第3期。

的猛洞居住，此地位于中越交界的国境线上。他自幼习武，机智勇猛，深受乡人敬重。光绪初年，在众人的拥戴下，做了猛洞"寨老"。这时期正值法国殖民者侵占越南，随后进而将侵略矛头指向与之毗邻的我国西南边地，用武力侵占了安平厅南部（今马关县和麻栗坡境内）约7000多平方公里的土地，烧杀抢劫，无恶不作。面对此情，项崇周气愤难平。光绪十年（1884），他召集了十余名亲朋好友，"一起饮鸡血酒，发誓同心协力，卫国安民"①，并号召和发动附近受法国侵略者欺压的苗、瑶、壮、傣、汉等民族群众，举起了抗法大旗。义军又很快得到文山等地群众的支持和响应，队伍迅速扩展到320多人。他们拿着长矛、大刀、毒弩、火铳、滚石檑木等原始武器，利用熟悉的地形，展开多种形式的抗法斗争。1885年春，为配合陆路战场的抗法斗争，项崇周主动进攻盘踞在船头的法军据点，将侵略者赶出了国境，同时还粉碎了侵略者企图重新侵占麻栗坡、马关等地的阴谋。由于功勋卓著，项崇周被清政府封为南防统带，负责麻栗坡、马关、河口一带的边防。

光绪十六年（1890），法国侵略者妄想用金钱收买项崇周，以达到战场上所达不到的可耻目的，结果遭到项崇周的断然拒绝与怒斥。恼羞成怒的侵略者于是就偷移界碑，企图占领我国更多的领土。结果界碑早已被项崇周派人监护，又及时地将界碑移回原处，并将武装移碑者消灭。如此反复10余次。最后，项崇周迫使法国驻河口的官员在第十号碑前赌咒发誓，并以宰杀鸡、狗头为示，义正词严地警告侵略者：如果再胆敢偷移界碑，其结果如鸡、狗一般下场！此后，侵略者再也不敢移动界碑。光绪十八年（1902），为表彰项崇周捍卫疆土的爱国热忱，清政府授予他一面锦旗，上书："边防如铁桶，苗中之豪杰。"

三、抗法援越战争

我国的云南、广西等地与越南山水相连。19世纪80年代，法国殖民者侵吞越南后，以之为跳板，将侵略矛头指向与越南毗连的我国西南地区，企图掠夺那里富饶的资源，将其变为他们可任意宰割的殖民地。世代居住在这里的壮、苗、京、傣、瑶、汉等族人民于是处在了抗法援越斗争的最前线。

在中越两国人民共同抗击法国侵略者的斗争中，刘永福领导的由壮、汉、瑶、京等族群众组成的"黑旗军"，可谓立下了卓著功勋。

"黑旗军"是太平天国革命运动失败后，退到中越边界保胜（今越南老街）一带的一支农民起义军余部。因以七星黑旗为军旗，故称"黑旗军"。这支队伍在刘永福的领导下，由最初的300多人发展到3000余人。他们军纪严明，训练有素，耕种自给，安分营生，种植贸易，不扰民众。1873年11月，法国海军上尉安邺率领一支侵略军攻占了越南的河内、海阳、宁平、南定等地，烧杀掳掠。对法军的侵略行径，刘永福早已深恶痛绝，也深感侵略军的活动对祖国安全的威胁。当越南嗣德王派人请求他去帮助解河内之围时，刘永福接受了。他从"黑旗军"中挑选出1000多名精兵悍将，组成抗法突击队，沿羊肠小道，日夜兼程，出其不意地来到河内城外，与越南北圻军务大统督黄佐炎率领的越南军协同作战。12月21日，经激烈战斗，大败

---

① 胡兴义：《项崇周传略》，载《云南地方志通讯》，1984年第3期。

法军于河内西城外,击毙法军头目安邺,歼敌数百人,缴获枪支数百支,把侵略者赶出了河内及红河三角洲。刘永福黑旗军首战告捷,越南国王破格授予其三宣副提督职务,掌管宣光、兴化、山西三省军务。这次胜利,有力地打击了法国殖民者的侵略气焰,支援了越南人民的抗法斗争。

1882—1883年间,法国侵略者又发动了第二次侵略越南的战争。越南阮氏王朝由于局势岌岌可危,只得再次邀请刘永福"黑旗军"协助抗击法国侵略者。刘永福于是率3000名"黑旗军"沿红河而下,直抵河内城郊,在那里举行了第二次援越抗法誓师会,并发布《谕黑旗将士檄》说:"贼与我势不两立,我与贼义不惧生。今与尔众,共伸天讨,各奋神威,转战无前,有进勿退。"① 还声明:"黑旗军""用兵于越南,无异用兵于中国也。"② 1883年5月19日,在越南黄佐炎部的配合下,"黑旗军"与法军在河内城西的纸桥展开了激战。"黑旗军"将士勇猛顽强,舍身杀敌,杨著恩身中数弹,两腿折断,仍坐地指挥,直到壮烈牺牲;壮族勇将黄守忠与法军接阵对战,坚守不退。"黑旗军"用长矛、大刀与敌军鏖战了3个多小时,大败法军,击毙敌军主帅李威利,斩杀敌军军官30余名,兵士200余人,还缴获了大量的马匹、武器,取得了第二次抗法战争的胜利,"黑旗军"也因此威震中外。这次斗争的胜利,极大地鼓舞了中越人民的抗法斗志。刘永福因其功绩,被越南国王授予"三宣提督义良男爵"。

纸桥战役的第二次失败,使法帝国主义殖民者恼羞成怒,于是决定进一步扩大对越南的侵略。1883年8—9月间,法东京陆军司令波特率3000多名侵略军乘兵船进犯"黑旗军"驻守的怀德、丹凤等地。"黑旗军"与法军在丹凤激战了3昼夜,击毙法官兵80余人,击伤200余人,阻止了法军的进一步进攻。在这次战役中,"黑旗军"也有1000多名各族将士血洒越北。12月,法驻东京海军司令孤拔率6000多名侵略军进攻红河中游重镇山西。时驻山西的清军唐炯部未经抵抗即自行溃退,"黑旗军"仍顽强予以抵抗。但终因孤立无援、寡不敌众而被迫撤退,使山西陷于敌手。接着兴化、宣光等地也被法军占领,战火烧到越南北部,中国的西南边疆受到了严重威胁。

1884年8月,迫于全国人民的压力,清政府发布了向法国殖民者宣战的意旨,并授予刘永福"记名提督","赏给花翎",要他率军打击越南的法军,收复被法军占领的城市。从1884年12月至1885年3月,刘永福领导的"黑旗军"与岑毓英所率之滇军配合,同攻宣光长达3个月,负责截断敌人的后援。接着,"黑旗军"又先后参加了攻克临洮、广威府、黄风、屯鹤江等数十州县的战斗,取得了越南战场西线的胜利。与此同时,老将冯子材领导的清军在东线也取得了谅山、镇南关大捷,重创法军。从此,越南战场上的形势大为改观,中越人民的抗法斗争取得了胜利。遗憾的是,清政府却"不败而败",将各族将士以鲜血换来的胜利当做求和的砝码,于1885年6月与法国签订了丧权辱国的《中法天津条约》,断送了中法人民抗法斗争的胜利果实。

---

① 刘永福:《谕黑旗军将士檄》,见阿英《中法战争文学》,第403页,北京古籍出版社,1957年。
② 刘永福:《布告天下檄文》,见阿英《中法战争文学》,第401页,北京古籍出版社,1957年。

第六节 各民族参加太平天国革命运动

太平天国运动是中国农民反抗斗争的顶峰,其举旗于广西,旋定鼎金陵,后北伐西征,继而抚有苏浙,以急风暴雨之势,雷霆万钧之力,先后攻克六百余城,席卷半个中国,建立了与清朝封建政权对峙达14年之久的政权。其规模之巨大,时间之久长,制度之完备,影响之深远,为历代农民起义所仅有。这场轰轰烈烈的革命,发生在鸦片战争后中外民族矛盾、阶级矛盾和国内民族关系交织激荡的时代,是各族人民反抗清朝封建地主阶级残酷统治和清政府民族压迫政策斗争的总爆发,它不仅爆发于民族地区,而且少数民族人民在这场运动中发挥了十分重要的作用,各族儿女在运动中建立了卓著的功勋,而太平天国领导人顺应形势,制定了相应的反民族压迫的纲领并付诸实践,谱写了各民族人民团结斗争的灿烂篇章。

一、太平天国革命运动在民族地区的酝酿

太平天国运动爆发于1851年1月11日的广西桂平金田村,但这一历史时刻的到来是经过长期的酝酿准备的结果。

鸦片战争后,中国开始沦为半殖民地半封建社会,随着统治阶级的日益腐朽和外国资本主义的侵入,劳动人民所受的压迫与剥削更加残酷,神州大地危机四伏,民不聊生,中华民族面临空前的民族危机,社会矛盾达到了异常尖锐的程度。而道光末年天灾人祸不断,广大人民的生存权几乎被剥夺殆尽,他们走投无路,逃避无门,被迫铤而走险,反抗斗争此起彼伏,愈演愈烈。仅从《东华录》宣宗朝最后十年所记载的情况看,汉、壮、回、瑶、苗、藏、彝等各族的反抗斗争就达110起,这些大大小小的起义斗争几乎遍及全国各地。太平天国运动正是在这样的历史背景下酝酿发生的。而这个酝酿的过程是在清政府统治薄弱的广西进行的。

洪秀全与冯云山创立拜上帝教,毅然走上传教救世道路后,由于在家乡广东花县传教受挫,便决意进入粤北瑶族聚居的八排山区传教,继而于1844年辗转至汉、壮、瑶族杂居的广西桂平、贵县地区,以紫荆山为中心进行传教活动,在传教期间得到广大壮、瑶族人民的帮助,创立拜上帝会,吸收大量饱受阶级剥削和民族压迫之苦的壮、瑶族人民入会。拜上帝会遍及紫荆山的20多个壮村瑶寨,紫荆山区最初入会的2000多名会众中,大多数是瑶族。

此外,平南县的花洲、大瑶山的罗香等地参加拜上帝会的瑶族也不少,而且"土人来人相杀各无所依者,尽皆携幼来归"①。总之,拜上帝会拥有为数众多的少数民族会众。而且许多壮族、瑶族人为拜上帝会的发展做出了特殊贡献,从1845—1848年间,壮族人萧朝贵、卢六、韦昌辉、石达开、蒙得恩等先后加入拜上帝会,并成为拜上帝会的骨干。1847年9月,拜上帝会的活动由秘密转为公开,卢六的家成为总部所在地。同年10月,卢六等壮瑶会众不仅参加了洪秀全、冯云山等领导捣毁象州甘王庙偶像这

---

① 《洪秀全来历》,中国史学会主编"中国近代史料丛刊"之《太平天国》第2册,第690页,神州国光社,1952年(以下简注为《太平天国》)。

一"传播甚远,信从愈众"的活动,而且卢六还领导会众救出被团练抓走的冯云山,后在与团练的斗争中献出自己的生命。而当拜上帝会群龙无首,面临瓦解的危险时,萧朝贵、杨秀清利用壮族"降童"的迷信风俗,借天父、天兄下凡传言,发号施令,稳定人心,并设法营救冯云山,度危为安,使拜上帝会得以继续发展壮大。到金田起义前,参加拜上帝会的壮、瑶群众越来越多,包括壮、瑶等族群众在内的革命群众估计已达 2 万多人。道光三十年(1850)七月,洪秀全看到时机基本成熟,于是发布"团营"令,各地骨干萧朝贵、韦昌辉、石达开、蒙得恩得令后纷纷召集武宣、桂平、贵县、平南等地汉、壮、瑶等族群众加入革命队伍,会聚金田村。1850 年 12 月蒙得恩率精锐数百人发起"迎主之战",将被清军围困在平南花洲的洪秀全、冯云山解救并迎接至金田。1851 年 1 月 11 日,宣布举旗起义,建号太平天国。

如上所述,洪秀全、冯云山等人是以清朝统治薄弱的少数民族地区为根据地,并充分依靠具有联合斗争传统的壮、瑶各族人民,团结发动他们成为革命的力量,也正是有了这支可以依靠的队伍,才使洪秀全最终下定反清的决心,义无反顾地走上革命的道路。

二、太平天国革命运动中各少数民族的革命活动

长期以来,清朝统治者对各少数民族人民一贯实行民族歧视和民族压迫政策,一方面纵容满汉官僚地主强占各族人民的土地,残酷盘剥各族劳动人民;另一方面,利用各族统治阶级或民族上层压榨人民,诸如"以苗制苗"、"以回制回"等,各族人民在此双重压迫下,过着艰难悲惨的生活。太平天国运动爆发后,清统治者为筹措巨额军费,加紧对各族人民的勒索朘削,各族人民不堪其苦,于是继太平天国起义之后,纷纷举起反抗的旗帜。因此太平天国运动是鸦片战争后全国各族人民反抗剥削压迫斗争的总爆发,太平天国史实际上是一部各民族团结斗争的历史。这主要表现在以下两个方面:

其一,在太平天国运动的影响下,各地各族人民纷纷揭竿响应,而由于清政府专力镇压太平天国,无力他顾,削弱了对其他地区人民反抗斗争弹压的力度,使各地各族斗争迅猛发展,与太平天国运动一道掀起了一场轰轰烈烈的反清高潮。太平天国时期各地少数民族的反抗斗争,可谓遍地烽火,在太平天国首义的广西有壮族李文彩领导的永淳农民起义,壮族李锦贵领导的上林农民起义,壮族吴凌云领导的新宁农民起义,壮族黄鼎凤领导的贵县农民起义,陈开、李文茂领导的大成国;在西北从董志原、金积堡以至整个陕甘河西走廊,回族人民用鲜血举行了抗清自卫斗争;在长城外阴山脚下,蒙古族人民的"独贵龙"运动如火如荼;在贵州有张秀眉领导的苗民起义、姜应芳领导的侗族人民的大起义和潘新简领导的水族农民起义;云南滇西回民则在杜文秀的领导下建立革命政权,号令达 50 余城,历时 18 年之久;其他如西陲天山南北,东北松花江两岸,维吾尔、哈萨克、满、蒙古各族也都先后举起反抗封建统治的义旗。这些以少数民族为主的起义,普遍提出了鲜明的反民族压迫的口号,如滇西回民起义提出"恢复中华,剪除贪污,出民水火"[①] 的响亮口号,主张回、汉、彝各族团结一致,"齐驱满贼";贵

---

① 《永昌府保山县汉回互斗及杜文秀实行革命之缘起》,中国史学会主编"中国近代史料丛刊"之《回民起义》第 1 册,第 80 页,神州国光社,1952—1953 年(以下简注为《回民起义》)。

州张秀眉起义,将其辖区内的屯田和汉、苗逃亡地主的土地分给苗、汉农民耕种;哀牢山李文学的主张更为鲜明,号召"彝、汉庶民共襄义举","铲尽满清赃官,杀尽汉家庄主"。① 同时,许多支少数民族起义军还明确表示自己的斗争与太平天国紧密相连。如杜文秀宣布"遥奉太平天国南京号召,革命满清,改正朔,蓄全发,易衣冠"②,并"时与江南洪秀全通好"③;广西李锦贵领导的壮、汉各族起义,始终奉行太平天国年号,1857年克上林后,即"蓄发变服,遍张伪示,用太平天国年号"④;另外朱红英、崩有禄在桂北领导起义,1854年10月取灌阳后,建立了与太平天国国号相似的"升平天国",并封王建制。

这些规模巨大的反清起义,动辄数万乃至数十万人,他们不仅是继太平天国而后起,而且有的"遥奉太平天国正朔"或仿效于太平天国,有的与太平军直接联系,并肩作战,写下了无数团结奋战的宝贵篇章。再者各支少数民族起义军的命运也与太平天国休戚相关,浮沉相随。因此他们在很大程度上是受太平天国运动鼓舞影响的结果。

其二,在太平天国革命军队所到之处和太平天国势力控制区内,各族人民踊跃参加革命,成为这场运动革命力量的重要组成部分,并在斗争中屡建殊勋,做出了突出的贡献。

太平天国金田起义后,紫荆山区及贵县赐谷村、龙山山区、武宣、象州等地(这些地区既有最大的瑶族聚居区,又有星罗棋布的壮族村落,还有汉、壮、瑶各族杂居区),各族人民踊跃参军,正如光绪《广西昭忠录》中所说:"洪秀全乱起金田,土贼应之。"韦昌辉所率领的队伍主要由壮族组成,石达开的队伍里也有不少贵县龙山、奇石、中和及桂平武平、庆丰的壮族。其中有几个村落尤为典型,桂平县的军营村(壮族聚居村),全村约1000人,几乎全部参加了太平军;石龙县新寨村,全村都是壮族,参加太平军的有80%;大瑶山石龙村1000多名壮族也全都参加了太平军;平南县奔腾村共400多户,大多为盘、梁二姓,盘姓瑶族,梁姓壮族,此二姓大半加入了太平军。而信上帝者,往往是全家整族地参加,如武宣东乡有百壮族参加,其中曾天养弃□产200多亩,全家人"毁家从军"。据估计,起义初参加太平军的少数民族约占太平军总人数的1/4~1/3。⑤ 后来永安突围时,经由瑶族地区,又有不少当地瑶民参加,北上入湘南时,"大招土马,一路土民乐从"⑥,又有不少苗、瑶、土家族人参加。到南京时,太平军中尚有"苗子三千"⑦,这里的苗子当泛指太平军中的各少数民族将士,虽然此数未必准确,但从中可知太平军虽屡经挫损,而到天京仍有相当数量的少数民族将士。

---

① 夏正寅:《哀劳山夷雄列传·李文学传一》,《近代史料》1957年第2期,第24页。
② 赵清:《辩冤解冤录》,《回民起义》第1册,第52页,神州国光社,1952—1953年。
③ 徐文华:《咸同野获篇》,《回民起义》第1册,第283页,神州国光社,1952—1953年。
④ 《股匪总录》卷1,第8页,南京图书馆藏刻本。
⑤ 据饶任坤、陈仁华编:《太平天国在广西调查资料全编》(广西人民出版社1989年版)及有关材料归纳统计。
⑥ 《洪仁玕自述》,《太平天国》第2册,第851页,神州国光社,1952年。
⑦ 《英国蓝皮书中的太平天国史料》,《太平天国》第6册,第907页,神州国光社,1952年。

不仅如此，他们还是太平军中的生力军，呤唎在《太平天国革命亲历记》中记述说："忠王军是太平军全军中最精锐最勇敢的部队，他们是所有军事组织中的精华，主要系由最初参加革命的久经战阵的老兵组成，其中包括了绝大部分革命运动初期的骨干，均为两广人和苗族"①，而且忠王卫队"是我平生所见唯一劲旅，他们都来自忠王的故乡广西省，大多数是山区的苗族"②（此处苗族当泛指壮、瑶、苗等少数民族）。此外，少数民族妇女在太平军中亦不少，据《贼情汇纂》载："贼素有女军，皆伪王亲属，瑶壮丑类，生长洞穴，赤足裹头，攀援岩谷，勇健过男子"。③汪堃《盾鼻随闻录》亦有载："卞三娘所统1000余太平军女兵，俱广西大脚蛮婆，全用黑旗，杀戮最惨。"④由以上记载，可知少数民族将士是太平军的重要组成部分。

以上是少数民族参加太平天国革命的情况。而在太平天国14年的斗争中，广大少数民族官兵不仅冲锋陷阵，立下汗马功劳，而且在太平天国的各项事业中均有突出作为，涌现出许多杰出的代表。其中有酝酿时期为拜上帝会骨干、太平天国早期领袖之一西王萧朝贵。萧朝贵是武宣上武兰村壮族，拜上帝会成立初期，即举家信从，并积极为拜上帝会的发展奔走于武宣、象州、桂平等地，动员大批山民入会；在冯云山被捕下狱，洪秀全回粤之际，拜上帝会大小事务悉由萧朝贵主持，与杨秀清假托天父天兄下凡传言，稳定会众，使拜上帝会转危为安；在决定起义后萧朝贵积极参与策划，并秘密传令团营，亲自率壮、汉等族组成的队伍进踞武宣东乡，声援反清失利的陈亚贵，接应前来会合的天地会苏三娘、邱二嫂部，使革命队伍发展壮大；在起义前由于物资粮食的困难，队伍人心不稳时，他又托天兄下凡传言，再定众心；1851年元旦，与围攻金田的清军激战，手刃清将伊克坦布，取得蔡村江大捷，声名大振，为起义创造了有利条件。金田起义后，萧朝贵率部屡败清军，3月洪秀全武宣称王，萧朝贵被任命为前军主将，在广西转战期间屡建奇功，并在军纪制度方面作出贡献；9月，率领壮、汉等族官兵，先是在平南县取得官村大捷，继而一举攻克永安城。永安建制，被封为西王。在1852年2月的永安突围战中，突破清军设下的"铜关铁卡"，歼敌5000余人，毙敌总兵4名，乘胜北上围攻桂林。后在主动撤离桂林进入湘南期间，与杨秀清会衔发布"讨胡"与"救世安民"檄文，历数清统治者的罪行，号召广大穷苦人民参加革命的行列，为建立太平之世建功立业。9月，率部2000人，趋攻长沙，破敌连营七八里，毙敌2000余人，12日在攻打长沙南门时，身先士卒，中炮牺牲，为太平天国的革命事业献出了生命。再如壮族将领林凤祥、李开芳曾随萧朝贵冲锋陷阵，由普通士兵成长为太平天国的悍将，不仅在攻打岳州、武昌和金陵的战役中担当主力，继而挥师东进，夺镇江、扬州，使天京北面得到屏护。而当太平天国政局初定，又被委以重任，奉命出师北伐，不怕艰辛，不畏强敌，竭力奋战，并献出生命。像这样不怕牺牲，浴血奋战的少数民族将士不胜枚举，他们的忠诚和奉献在太平天国历史上写下了光辉篇章。

---

① 呤唎、王维周：《太平天国革命亲历记》下册，第499页，中华书局，1961年。
② 呤唎、王维周：《太平天国革命亲历记》上册，第187页，中华书局，1961年。
③ 张德坚：《贼情汇纂》卷3，《太平天国》第3册，第111页，神州国光社，1952年。
④ 汪堃：《盾鼻随闻录》，《太平天国》第4册，第367页，神州国光社，1952年。

三、太平天国反民族压迫的纲领和实践

太平天国运动时期是中国封建制度日趋衰败的时期，当时主宰中国的是兴起于东北，继而入主中原的满洲贵族，其所建立的全国性的政权，除一面沿袭并加强封建专制的政治体制外，为了维护满洲贵族的特权利益，不仅实行了保证满洲贵族特权、力保民族差别的一系列政策措施，而且长期以来，清朝统治者对各少数民族人民一贯实行民族歧视和民族压迫政策，一方面纵容满汉官僚地主强占各族人民的土地，残酷盘剥各族劳动人民；另一方面，利用各族统治阶级或民族上层压榨人民，诸如"以苗制苗"、"以回制回"等。各族人民在此双重压迫下，过着艰难悲惨的生活。导致了满洲贵族统治者与汉族及其他各族人民之间的隔阂和仇视，激起了相互之间的民族对立情绪和斗争。此外由于历史上各民族都有着有别于其他民族的特点，诸如生产水平、文化水平、生活方式、风俗习惯等的不平衡与不一致。这种民族间的差异，同样是造成相互矛盾的因素。这种矛盾（主要是汉族与各少数民族之间的矛盾）在当时也很突出。

对于以上两方面的民族问题，太平天国都有自己相应的主张和政策，这些主张和政策在太平天国的一些诏谕文告和主要领导人的思想著作中均有所体现，而且极其鲜明和别具特色，在实践中也不同程度地加以贯彻。主要体现在以下两个方面：

第一，反满复汉，分化孤立清统治者。

满洲贵族实行的一系列民族压迫和民族隔离政策，使满洲权贵与汉族及其他少数民族之间的矛盾从清初开始就一直非常尖锐。到19世纪中叶，由于鸦片战争的失败，清政府对人民更加肆意压迫和剥削，其腐朽和残酷性充分暴露出来，民族矛盾在新的历史条件下变得异常尖锐，各民族的反抗斗争此起彼伏，在全国有利的革命形势下，太平天国以推翻清政府统治为目标，"创义旗以剿妖胡"[①]，"尊周攘夷以复中华之盛治"[②]，毅然树起反满复汉的反民族压迫的旗帜。为使天下人尽知晓太平天国的宗旨，并把广大的汉族士绅民人等统一组织于这一旗帜之下，太平天国采取了强有力的政治宣传攻势。首先，划明界限，分清敌我，把满洲与以汉族为主的其他各族划分为两大阵营。在其诏谕文告中，称满洲为"夷狄"、"胡虏"、"异族"、"妖胡"、"夷人"、"异类"等等，将清朝称为"妖朝"，将当时清朝最高统治者咸丰皇帝称为"妖首咸丰"，称清朝官吏为"胡官"、"妖将"、"勒狗"，称其官爵封号为"鬼号"、"鬼名"，称清统治者所居之地为"妖穴"、"魔窟"等。而对汉族则称"华人"、"花人"、"天朝人"，称汉族所居之地为"中土"、"中国"、"神州"等，并明确指出满洲"乃我中国之世仇"。[③] 在将满洲树立为天下公敌的同时，历数满洲贵族之罪状：政治上，窃据中华，"扰害中国二百余年"[④]，使"兵权尽属满洲，大权尽归妖总"，"钳制兵民"，"刑禁法维无所不至，而一切英雄豪杰莫不为其所制"[⑤]，政治待遇"满肥华瘠，满尊华卑"[⑥]，而且在满洲贵族统

---

① 杨秀清、萧朝贵：《安抚四民诰谕》，南京太平天国历史博物馆编：《太平天国文汇编》，第110页，中华书局，1979年（以下简注为《太平天国文汇编》）。
②④ 《安民告示》，《太平天国》第2册，第703页，神州国光社，1952年。
③ 杨秀清、萧朝贵：《奉天诛妖救出安民谕》，《太平天国文书汇编》，第107页，中华书局，1979年。
⑤⑥ 洪仁玕：《诛妖檄文》，《太平天国》第2册，第624页，神州国光社，1952年。

治下,"官以贿得,刑以钱免"①,"种种弊端,不堪枚举";经济上,"以渔课化我花粉,每年定例八百万两,胡梓里之长白山,每年亦定收八百万,既盗我邦之珍宝,又毒我国之生灵,年耗五千万银之鸦片烟"②,不仅不体恤人民疾苦,"坐视其饿莩流离,暴露如芥"③,而且听任贪官污吏,布满天下,"浮收民粮,逼勒民捐"④,使"我中国屯粮津,增银两,尽供各省鞑狗虚糜"⑤;生活习俗方面,痛斥清统治者实行的各种违背汉族及其他各族人民意愿的民族隔离、民族歧视的做法,即"废我毛发,毁我冠裳,辱我祖宗……变我华人,口其言语,家其伦类,几乎流而莫返矣"⑥;在精神信仰方面,"率民拜邪神而弃真神,叛逆上帝"⑦,"欲驱我中国悉变妖魔"⑧。再者,因满洲贵族有如上罄竹难书之罪,而将其所居之北京贬为"妖穴",将"妖穴"所在之直隶贬为"罪隶省",目的在于使"天下万国同知妖胡为天父上帝所深谴所必诛之罪人"⑨。以上这些宣传,使广大汉族及少数民族士民清醒地认识到所受的民族压迫,从而激发对满洲贵族的仇恨。在此基础上,一面号召被压迫的所有上帝之子女,"同心戮力……上为上帝报瞒天之分,下为中国解下首之苦,务期肃清胡氛,共享太平之乐"⑩。另一方面,劝谕清方汉族官兵,迷途知返,弃暗投明,并指出,"凡我中华之人,皆鞑妖之世仇,所宜共奋义怒,歼此丑夷,恢复旧疆"⑪。这样不仅可以"尽革夷狄之面目,复中国之规模"⑫,而且可以"各建殊勋,今时则荣光永享,后世则竹帛昭垂"⑬。这就是太平天国针对当时满洲贵族与汉族及其他少数民族之间的民族矛盾所采取的以"反满复汉"相号召,政治上孤立分化清统治者的策略。

  从以上所述我们可以看到,太平天国反满的态度一直很坚决,大有不"犁其廷而锄共穴,食其肉而剥其皮"⑭誓不罢休之势,而且始终没有放弃"复汉"的旗号。因此,太平天国运动既是一场反封建的阶级斗争,同时也具有反民族压迫的一面。"反满复汉"所包含的内容较之阶级斗争远为复杂和特殊,它所引起的社会反响就不仅限于深受民族压迫之苦的各族劳苦人民,而且不同程度地引起了汉族各阶级、阶层的共鸣,从而在某种意义上带有全民族的色彩,它比单纯的反阶级压迫的号召具有更大的感召力,其辐射的范围更大,所动员的社会力量更为广泛。一方面它极大地鼓舞和影响了各少数民族的反抗斗争。前面所述的自1853年后,各族人民起义的烽火,旋即燃遍全国,除活动于江北河南之间的捻军和上海小刀会等起义外,在广西、贵州、云南、陕西、甘肃等地爆发了以少数民族为主的反抗起义,次数之多,规模之大,前所未有,这种情况

---

① 杨秀清、萧朝贵:《奉天讨胡檄布四方谕》,《太平天国文书汇编》,第105页,中华书局,1979年。
② 洪仁玕:《诛妖檄文》,《太平天国》第2册,第622页,神州国光社,1952年。
④ 《安民告示》,《太平天国》第2册,第703页,神州国光社,1952年。
⑤ 洪仁玕:《诛妖檄文》,《太平天国》第2册,第623页,神州国光社,1952年。
⑥ 洪仁玕:《诛妖檄文》,《太平天国》第2册,第624页,神州国光社,1952年。
⑦ 杨秀清、萧朝贵:《奉天讨胡檄布四方谕》,《太平天国文书汇编》,第110页,中华书局,1979年。
⑨ 《天王诏旨:贬直隶为罪隶省诏》,《太平天国文书汇编》第441页,中华书局,1979年。
⑩ 杨秀清、萧朝贵:《奉天讨胡檄布四方谕》,《太平天国文书汇编》,第107页,中华书局,1979年。
⑪⑫ 洪仁玕:《诛妖檄文》,《太平天国》第2册,第627页,神州国光社,1952年。
⑬ 洪仁玕:《诛妖檄文》,《太平天国》第2册,第627页,神州国光社,1952年。
⑭ 吴容宽:《贬妖穴为罪隶论》,《太平天国》第1册,第284页,神州国光社,1952年。

的出现，绝非偶然，在很大程度上是太平天国"反满复汉"的号召和行动鼓舞影响的结果。另一方面在一定程度上孤立和分化了清统治阶级。在号召广大人民反抗纷起的情况下使其陷入孤立境地的同时，也使统治集团内部产生一种离心力。清统治者始终没有放弃民族歧视和民族隔离政策，汉族官吏多受排挤，不被重用，二者的合作不是平等的，更不是权利的平分。太平天国领导人看到清统治阶级内部这一矛盾，在揭露清统治者民族压迫的同时，以积极的态度争取清朝的官吏将士，指出"尔等官兵人等，虽现为妖官妖兵，亦皆是天父之子女，不过从前误为妖用，不能不听其驱使，遂至助妖为害，同天打斗，迹虽可恨，情实可原"①。而且"凡属华裔，悉是夏宗，皆系天堂子女，无非一脉昆弟"②。劝谕凡是为清朝效命者，或起义或投诚，或引退，"有才放胆来受职，有勇趁时早投诚……劝尔归家作百姓，莫帮满洲鞑妖精"③，即参加太平天国或放弃对清朝的支持和随从。同时还表示，对敢于倒戈相向，或献城纳款，以及归队或同情太平天国者，均视为"脱鬼成人"、"英杰归真"将予封赏或予礼遇，或予出路。《钦定英杰归真》中记述了一个"红顶双翎"的清朝官员，归顺太平天国，受干王洪仁玕礼遇，劝化而归真的故事。而且从很多其他文献记载中，我们也可以看到，太平天国的基层政权中吸收了不少士绅和降将充任乡官，这种情况的出现虽然有多种因素促成，但其中反民族压迫的因素可以说是极为主要的。可见太平天国的"反满复汉"，争取到了一些地主阶级及清军中官兵投奔到太平天国义旗下。这样，一方面壮大了革命力量，另一方面分化瓦解了敌人，孤立了清朝统治者，其积极作用是不容忽视的。

第二，一视同仁，团结一切可以团结的力量。

由于历史的原因，各民族在经济、文化、语言、习俗等方面都有自己的特色，由此而形成的各民族之间的尤其是汉族与各少数民族之间的差异性矛盾由来已久，对于这一问题，太平天国同样有鲜明的态度和处理的方针。概括地说，就是对待各少数民族一视同仁，不歧视、不排斥，为了共同的利益团结奋斗。这便是太平天国处理汉族与各少数民族之间矛盾的基本原则，它主要体现在太平天国领袖洪秀全等人的思想著作中，在太平天国的一些文告及典制中也有所反映。洪秀全在3篇《原道》中强调世间所有矛盾冲突俱由"私"字引起，劝导人们敬拜上帝，去私为公，在《原道觉世训》指出"天下多男子，尽是兄弟之辈；天下多女子，尽是姊妹之群"，"天下总一家，凡间皆兄弟"，这是太平天国"一视同仁"民族平等思想的基础。这一思想在太平天国的诰谕中得到具体阐发，在杨秀清、萧朝贵所发的《奉天讨胡檄布四方谕》中指出："公等世居中国，谁非上帝子女，倘能奉天诛妖……在世英雄无比，在天荣耀无疆。"在《奉天诛妖救世安民谕》中也强调："尔四民人等，原是中国人民，须知天生真主，亟宜同心同力以灭妖。"在《钦定英杰归真》中洪仁玕更是极其详尽，不厌其烦地阐述这一主张，其谓"我天王恩高德厚，援救苍生，凡能敬天识主，倾心归附，莫不一视同仁"，且

---

① 洪仁玕：《诛妖檄文》，《太平天国》第2册，第625页，神州国光社，1952年。
② 洪仁玕：《诛妖檄文》，《太平天国》第2册，第622页，神州国光社，1952年。
③ 《醒世文》，《太平天国》第2册，第506页，神州国光社，1952年。

"我天朝廓达大度,胞与为怀,不分新旧兄弟,皆是视同一体"。① 可见,太平天国对待天下人,是以对太平天国事业的顺逆为标准的,而且不因民族的不同而态度各异,礼遇有差。在太平天国颁行的《天朝田亩制度》这一建国纲领中,这一思想作为一个总原则得到体现,其"有田同耕,有饭同食,有衣同穿,有钱同使"的主张,与清政府兼并抢夺少数民族土地,浮收勒折,肆意朘削形成鲜明的对比。

太平天国民族平等思想产生于酝酿之时,在起义后得到发扬光大,且始终如一地贯彻执行。早在洪秀全、冯云山最初传教时,便不避艰难,于1844年先到广东北部瑶区的八排(瑶族聚居村)通过汉族私塾向瑶民传教,并与瑶民为友,后又转向广西赐谷村,最后把瑶、壮等族聚居的紫荆山一带作为根据地,而且洪秀全曾借寓壮族卢六家,这些说明洪秀全、冯云山对少数民族并不歧视,而是以友好的态度平等相待,并互相依靠。再者,在处理土客关系上,也贯彻了民族平等的思想。太平天国起义之地浔州一带,是土客杂居的地区,广西土籍和广东迁入的客家之间的纷争(主要是由于土地问题引起)由来已久,土客械斗时有发生。土客之争是一个阶级矛盾与民族矛盾相互交织的问题,它也是道光年间广西社会生活中最为严重的问题之一,清统治者对此采取挑拨和扩大土客之争,以分化土客联合反抗的政策,在这一政策作用下,土客矛盾愈演愈烈。以洪秀全为首的太平天国对此问题,不仅坚决反对清政府的反动政策,而且以博大的胸襟,劝告世人放弃此疆界之分,互助互爱,而且明确提出了"真主为王事事公,客家本地总相同"②的思想主张,并以此作为消除民族间的隔阂,联合起来进行反抗斗争。后来,对于因主客之争而无所归依的土人、客家,凡来入会投军者,在接受拜上帝教教义、遵守太平军纪律的前提下,均予接纳,一体相待。

由于洪秀全、冯云山等自传教开始时,就一贯坚持民族平等的主张,并把这一思想同反抗压迫的革命要求结合起来,广泛宣传,付诸实施,在各族人民心目中树立了很高的威信,极大地调动了各族人民的革命积极性,才有金田起义后,紫荆山区及贵县赐谷村、龙山山区、武宣、象州等地各族人民的踊跃参军,以及后来所到之处各族贫苦农民相率影从,纷起响应,投身于太平天国革命事业,并成为太平军中的一支不可忽视的力量。

由上述两方面我们看到,太平天国领导者们不仅能正视当时客观存在的民族矛盾,并从革命的需要出发,较为妥当地予以处理,而且其所奉行的原则及采取的措施,在斗争中产生了较大的作用。

太平天国反民族压迫的纲领在实践中产生了显著的社会效果,对太平天国革命事业的蓬勃发展起到了积极的推动作用。但是,由于时代的限制和阶级的局限性,不仅不能做到一以贯之,使其积极作用不能得到应有发挥,而且太平天国所制定的反对民族压迫的斗争纲领本身存在着一些弱点,有的甚至是严重的失误。

就其宗旨而言,太平天国"反满复汉"的主张是正义的、革命的,是为了推翻清王朝的腐朽统治而提出的。但是,其"反满"的概念笼统,这使其或多或少冲淡了阶

---

① 洪仁玕:《诛妖檄文》,《太平天国》第2册,第627页,神州国光社,1952年。
② 《王长次兄共证福音书》,《太平天国》第2册,第516页,神州国光社,1952年。

级斗争的内容。一方面，他们是因其反满的形象而被接纳的，但他们的阶级实质没有改变，他们背叛清朝加入太平军往往带着一定的个人目的，他们在得到一定的权力后，对太平天国革命起了一定的腐蚀作用，在太平天国中埋下一些潜在的危险因素，这种情况在后期较为严重；另一方面，对满洲贵族和满族人民不能加以分别，所以"反满"在一定程度上伤害了满族人民的感情，反而被清朝统治者用来作为加强清军反对太平天国的工具，清朝八旗兵拼死相抗，而满族响应太平天国的也绝少，便是证明。

至于太平天国一视同仁、团结斗争的原则，似乎只限于太平天国内部，而没有广泛地将其运用于处理太平天国与其外部的民族关系上。太平天国"一视同仁"表明了其对各少数民族的态度，它虽然在客观上产生了很大的社会效果，但在具体实践中联合各族起义军共同斗争的工作却做得很不够。尽管太平天国与各少数民族人民的起义之间，有着遥相呼应、相互配合和支援的关系，然而太平天国却没有主动地同各支起义军联络而汇集成一支统一的革命力量。在整个革命斗争中，除主动争取捻军的协同作战外，对两广、西南、西北各族人民起义军基本上没有做任何联系争取工作，太平天国旧部李学东、王泰阶到云南哀牢山帮助彝族人民发动起义，并不是太平天国派遣的；而石达开转战广西、云贵等地，只是清军阻挡了他往四川的去路，所以他在这一带与各族人民起义军联合斗争时，还是志在入川，并没有考虑如何积极地与当地义军配合斗争，重开局面。同时，石达开自出走后基本上脱离了太平天国的整体斗争，自然与少数民族义军共同战争的事实，也不能说成是太平天国领导集团主观努力的结果。直到太平天国将要覆亡时，陈得才准备在西北发展势力，而此时天京形势已十分紧张，陈得才只得回援天京，仅有的一次主动联合也未能实现。正因为太平天国没能经常地自动地与各少数民族起义军进行联系，使得太平天国既没能在天京事变后，利用各族起义军牵制清军以尽快恢复元气，重振雄风，也没能在天京危急时借助于各地起义军的力量以期东山再起，而这一切本来是很有可能做到的。因为在太平天国局势日趋紧张之际，正是各少数民族起义方兴未艾之时，从石达开部进入广西与各少数民族起义军联合斗争，在广西曾掀起一次反抗斗争高潮的事实中可见一斑。这样，不仅太平天国错失复兴之良机，在势衰无援的情况下最后遭到失败，而且使各地少数民族起义军也随之被清军各个击破。这一教训是值得认真总结和深深记取的。

第七节 东北各族人民的反封建斗争

近代以来，东北各族人民一方面遭受外国资本帝国主义列强的野蛮侵掠；另一方面遭受封建统治阶级的残酷压迫和剥削，饱受兵患匪祸之苦。因此，走投无路的东北各民族人民被迫揭竿而起，进行了一场场反对封建压迫与剥削的斗争。其中，较为著名的有，朝鲜族的天宝山银矿斗争，满族的"抗山荒"斗争，鄂伦春族的嫩江士兵暴动等。

一、朝鲜族人民的反封建斗争

中国的朝鲜族，原是18世纪初以来从鸭绿江、图们江以南的朝鲜半岛迁移过来的"越境民族"。他们不辞艰辛、披荆斩棘、垦荒耕种，为开发建设东北边疆做出了卓越的贡献。然而在清朝封建统治下，朝鲜族人民备受民族压迫与封建剥削，迫使他们不断聚众"造反",走上了反封建斗争的道路。

当时,朝鲜族农民交纳的地租一般为"对半开",也就是收成的50%。除此之外,他们还得为地主无偿地打柴、种地、打场、修房、铡草,遭受各种超经济的剥削。封建高利贷的剥削更为残酷,年利通常都在60%以上,有的农民甚至春荒时借1斗玉米,秋收后得还4斗5升,其盘剥程度实在令人发指。清政府所征收的苛捐杂税名目繁多,一般有30多种,耕种水田者得附加"水利税",饲养耕牛者要拿"养牛税",出入衙门要交"门槛税",被人雇用还得交"雇用税"。另外还因为朝鲜族住房的烟囱高而交纳的"烟囱税",以及"人头税"、"入籍费"、"迁移证书费"等,这些捐税则带有对朝鲜族人民的民族歧视性质。因而,朝鲜族人民虽终年披星戴月、辛勤劳动而朝不保夕、饥寒交迫,过着凄楚悲惨的生活。

朝鲜族人民的反封建斗争,首先是从反抗清政府的民族压迫、民族同化政策开始的。清政府规定,朝鲜族农民只有"剃发易服、归化入籍",才能授田为民,否则就剥夺其土地所有权和所有财产,甚至武力驱逐出境。朝鲜族农民不肯接受这种野蛮的民族歧视与侮辱。他们有的借已入籍的或汉族人的名义买荒地开垦、租熟地耕种,以此勉强维持生计;有的采取在家时穿民族服装,外出或地方官员来村时临时改为"辫发胡服"的办法巧妙对付;还有的甚至宁肯丧失用自己的血汗换来的土地财产,被落为雇农或佃户,也不肯"剃发易服",依然保持"白衣黑冠"的民族传统服饰。他们为保持民族的自尊与纯洁做出了重大的个人牺牲。

19世纪末,吉林省珲春县天宝山银矿的朝鲜族、汉族工人进行了轰轰烈烈的反封建勒索斗争。天宝山银矿,是延边最大的半官半商的银矿,其股东主要为吉林将军、珲春副都统等清朝官员,李鸿章也加以一定资助。1899年年初,矿主连续4个月不发工人工资,矿工们无法维持生计,怨声载道、民心思变。同年春,朝鲜族矿工朴善等率领各族矿工为争取生存权揭竿而起。他们在矿山附近的老君庙"磕头盟誓"后,待到天黑便率领200多名各族矿工蜂拥闯进矿山代理人梁翰的公馆,拳打脚踢痛打一阵梁翰,接连放火烧毁梁公馆和矿主程光弟的公馆。接着,他们分成几路,有的去砸炼银炉,有的去烧毁仓库。事后,为了躲避清政府的血腥镇压,大部分矿工迁移离散,银矿也只好关门。矿主程光弟则以"办矿不力,抚民无方,逼民暴乱"的罪名,被清政府罢官革职。受此影响,原为天宝山银矿供煤的老头沟煤矿也被迫停止开采。这样,1890—1898年的9年间,总计生产出300多万两白银,在东北最为著名的天宝山银矿终于停业,给当地封建统治势力以沉重的打击。

清朝时期,吉林省延边地区的基层官吏,主要有各乡的乡约和各屯的牌头,他们是各乡、屯的土皇帝,依仗官府的势力肆意对各族农民进行敲诈、掠夺。因此,反对那些罪恶多端的乡约、牌头,就成了当时东北朝鲜族人民反封建斗争的又一主要内容。1908年,局子街(今延吉)北郊一带的朝鲜族农民,不堪忍受当地乡约、牌头的欺诈勒索,聚众到延边边务公署请愿,要求惩办乡约、牌头等贪官污吏,取消各种非法摊派。在群众的压力下,官府不得不革除了民愤极大的局子街北郊乡约、牌头的职务。次年1月24日,吉林省和龙县开泰社湖泉浦(今属龙井市)的200多名朝鲜族农民一齐到怀庆街"派办所",控告当地总乡约和开泰社社长强征赋税的罪行,要求当局惩办总乡约和社长。接着，1月25日和26日村民们又连续两天到"派办所"示威，要求归还多征的赋税，禁止不法征税。地方当局被迫革除总乡约的职务，并给予他罚款的处分，当地朝鲜族农民的反封建斗争取得了初步胜利。

二、满族人民的反封建斗争

满族是一个历史悠久，勤劳勇敢的东北少数民族。16世纪至19世纪末，在中国历史上占有显要的地位。在近现代革命史中，满族人民积极参加反帝反封建斗争，孕育出许多杰出人物，为民族独立与人民解放事业作出了重要的贡献。清朝中叶以后，满族贵族阶层日益腐败，对内实行残酷的封建专制与经济压榨，使广大满族劳动人民同其他各民族人民一样遭受沉重的封建压迫与剥削，出现了越来越严重的"八旗生计"问题。鸦片战争以后，满族社会内部阶级分化进一步加深，土地兼并越来越厉害，到20世纪初期，畿辅地方的旗地已经典卖十之七八，"现在旗人手内交租者，大抵十无二三"；奉天地方则是"从前旗户皆有地产，今者大抵典兑于人"；吉林地方的旗户也是如此，"原有产业，半皆转相典售"，其结果是"旗人生计日艰，困苦已极"，连驻防各地的八旗人丁也日益贫困。青州旗人"因粮饷缺乏，已将所有物件变卖糊口。现在无可折变，衣敝履穿，形同乞丐"。入冬以后，他们更是饥寒交迫，"男妇赴乡乞食，死者甚多"。①于是，满族社会内部的阶级矛盾日趋尖锐化，满族人民的反封建斗争也随之由小到大逐渐高涨起来了。先是官庄壮丁逃亡，丁佃抗租抗税等零星分散的斗争，后来发展到旗、民（满、汉民族）携手联合、共同开展声势浩大的抗租抗税斗争。与此同时，正身旗人也由个别旗兵闹饷，逐步发展到铤而走险，投身于各族人民的反清武装起义。

1844年，盛京（今沈阳）内务府庄佃吴逢春、吴锦春二人，耕种官地八日（垧），秋收后"硬行抗违，永不给租"。1854年，辽宁省牛庄（今海城县西部）一带的丁佃联合起来，概不交纳官租。同年，辽宁省辽阳满族佃农黄玉发与汉族佃农周永兴等一起，组织满汉各族群众抗拒交纳马厂伍田官租。1852年，辽宁抚顺满族王佩环与汉族农民刘福等人发动满汉各族群众"反抗庄头勒索，率领数十人手持火枪大刀"，"抢夺官租地契"，官兵前来镇压，他们又"聚众拘捕"。1859年，辽宁省广宁（今北镇县）满族耿福与汉族刘会等人率领满汉各族妇女六七十人，到内务府监生汪承封家公开进行"抢粮分食"的斗争。上述分散零星，且连续不断，以抗租抢粮为主要内容的"滋事"事件，愈演愈烈，后来终于发展成了武装反抗清朝统治者横征暴敛的强大群众运动。

满族人移入辽宁凤城、岫岩、安东（今丹东）等地后，开垦无主的荒地和山林为农田，以此为业。这种人家当时被称为"占山户"。光绪年间，清朝政府为扩大税源，拟丈量山荒，征收捐税，引起满族农民和其他各族农民的强烈不满与反抗。1906年，清廷由奉天派官员到凤城等地开始丈量山荒地亩，并确定每百亩征收50两银子。如此苛重的山荒税各族农民难以承受，人心惶惶，凤城满族鲍化南等乘势发动各族群众进行反抗，号召"打山荒不服者，到时集齐，上县城找官府算账"。

鲍化南（1876—1926）辽宁省凤城县鸡冠山镇白菜地村人，青少年时代善于骑马射猎，曾被推为凤城北乡联庄会首领，抗山荒斗争时为主要领导者，后加入同盟会，参

---

① 《满族简史》，第150—152页，中华书局，1979年。

加辛亥革命，组织国民革命军，在小黑山、八道河、三岔子一带打击清军，终因孤军奋战失利被迫退入关内。1913年春，他回乡继续从事革命活动，被军阀当局3次抄家，有一次抄家时他的弟弟鲍化桥被捕遇害。鲍化南再次被迫离开凤城，前往营口、天津等地，后病故。

鲍化南的抗山荒斗争号召，立即得到满、蒙古、汉各族群众的热烈响应。当年10月21日，他与满族人伊品山、郎振恒等人一起组织各民族农民数百人，进入凤凰城包围垦局，要求废除苛重的山荒税。他们派出代表当面质问凤凰厅同知谭国桓说："小民饥寒交迫，民不聊生，怎好纳起山荒税?"① 谭国桓一面假意表示，要"申详上宪，减免捐税"，暗地里却密令警察局局长派警察夜袭手无寸铁的农民，驱逐请愿群众，结果当场有2名农民被打死，各族农民被迫退出凤凰城，各自回家，这次斗争以失败而告终。

次年2月，奉天清丈局又派员下乡清丈山荒，各族群众自动起来进行抵制，有7名清丈人员被群众捆绑，凤凰厅便派兵前往镇压。鲍化南再次领导各族人民拿起武器进行自卫反击，打死打伤官兵3人。这样，抗山荒斗争终于发展成为武装起义。鲍化南再次以"转牌"的方式联合各族群众，凤城、安东、岫岩等地的满、蒙古、汉各族群众一致响应。鲍化南组织三四千名起义群众，包围和封锁凤凰城，不准粮米柴草进城，坚决要求禁止清丈，赔偿人命，免除警、学各捐。凤凰厅同知又派出军警进行武装镇压，打死三四名农民，更加激起农民群众极大愤怒，这次斗争先后坚持20多天。他们的斗争还得到城内工商学界的同情与支持，城内商人以罢市、学生以罢课进行声援。起义群众又派出代表，进京向朝廷申诉。最后，清政府被迫答应群众要求，宣布撤销垦局，停止清丈，出钱抚恤死伤农民。至此，"抗山荒"斗争终于取得初步胜利。

在凤城"抗山荒"斗争胜利的影响下，1907年6月底，辽宁省辽阳一带的满、汉各族农民掀起了更为声势浩大的反抗牛马捐的斗争。为了加强对农民的剥削，辽阳税捐局派收税员到乡下，"视牛马之大小，任意断捐钱之多寡"。满、汉各族农民愤愤不平，民怨沸腾。这时，满族比较集中的辽阳东南乡吉洞峪、兴隆沟、亮甲山等村屯的满汉各族农民在王九阳等人的领导下，一致动员起来，决心采取联合行动，拒不交纳牛马捐。各乡农民一下子聚集成有2万人的队伍，集体到城中税捐局请愿，遂与巡警发生冲突，更加激起各族农民的强烈义愤。于是，他们决定推出领导人，"户出一人"，集队前往省城到总督衙门请愿。农民们"带米作炊，架棚为宿"，从"辽阳城南八里庄起，至省城南五里台子，沿途络绎不绝"。② 东三省总督徐世昌急忙派遣朱统领，带领一营官兵前往阻止弹压，逮捕请愿领导人，袭击赤手空拳的各族农民，强力解散请愿群众。其结果，这次抗牛马捐斗争终于被徐世昌武力镇压下去。

三、鄂伦春族人民的反封建斗争

清朝统治者，从康熙年间（1662—1722）开始将鄂伦春族划归布特哈总管衙门管辖，并将其分为两部分，其中被编入布特哈八旗，"充官兵者"，称作"摩凌阿鄂伦春"

---

① 《满族简史》，第161页，中华书局，1979年。
② 《满族简史》，第161—162页，中华书局，1979年。

（骑马的鄂伦春人），其余没有编入布特哈八旗，"戈猎山薮仅供纳貂役者"，称作"雅发罕鄂伦春"（步行的鄂伦春人）。后者分设五路八佐，每佐设鄂伦春族佐领一人，每年派出叫"谙达"的人到当地去征收貂皮。光绪八年（1882），清政府设兴安城总管衙门，专管鄂伦春族。光绪十九年，兴安城总管衙门裁撤，改由黑龙江、摩尔根、布特哈、呼伦贝尔四城副都统分别管辖。

原有的五路八佐，改为四路八旗十六佐。直到清末，鄂伦春族一直属于八旗的组织系统，为清朝统治者服兵役，贡纳貂皮，备受压迫与剥削。尤其是服兵役，编入布特哈八旗的官兵，被派到新疆、云南、台湾等地去征战，伤亡惨重，幸存者无几。在本地贡纳貂皮者，则要受到"谙达"的盘剥和掠夺。为了反抗清朝的封建统治，鄂伦春族人民进行了很长时间的斗争。

这一斗争，迫使清朝统治者在撤销布特哈总管衙门的同时，不得不宣布废除"谙达"制度。19世纪末，清朝统治者在嫩江上游筑兵营，集中训练鄂伦春族青壮年300余人，3年之久不许回家，并加以百般虐待。鄂伦春族士兵奋起反抗，组织暴动，终于迫使清朝统治者接受条件，解散兵营，释放他们回家，取得了斗争的胜利。

第八节 蒙古族的独贵龙运动

一、独贵龙运动爆发的背景

鸦片战争的失败和清朝政府与西方列强签订一系列不平等条约，给中国蒙古地区带来极大的影响，从此蒙古地区也开始进入半殖民地半封建社会。由于我国北方领土被蚕食、割占，库伦（今乌兰巴托）、乌里雅苏台（今蒙古国扎布哈朗特）、归化（今呼和浩特）、满洲里、海拉尔、多伦诺尔（今多伦）等蒙古地区的经济、政治、文化中心被辟为商埠开放，关税、司法等主权被破坏，外国资本主义肆无忌惮扩大侵略，西洋产品源源不断地涌入，蒙古地区的农牧土特产品、皮张、绒毛、麝香、药材、矿产资源等被掠夺出口，从而破坏了蒙古地区的自给自足自然经济基础，严重打击并摧毁了蒙古族的城乡手工业，促使并加快了蒙古地区封建社会的解体，从而成为西方列强的商品销售市场和原料榨取地，沦为沙俄继续侵略中国腹地的桥头堡。

随着蒙古地区社会性质的改变，蒙古族社会原有的和新出现的各种矛盾相互交织一起，并日益尖锐化。首先是外国资本主义与教会势力对蒙古地区的侵略，从而产生了蒙古族人民同外国侵略势力之间的民族矛盾，并一度上升为主要矛盾。其次，清政府媚外屈膝求荣的政策，使本来就不宽裕的财政更加吃紧，把对外赔偿的巨额银两转嫁到中国劳动人民身上，蒙古族人民也深受其害，沉重的负担使蒙古地区逐水草而居的自然游牧经济如同雪上加霜，逐步走向破产，进而加剧了清朝统治者与蒙古族人民之间的矛盾。最后，蒙古地区的僧侣封建主对广大农牧民的压迫、奴役与盘剥，也随着社会经济生活的变化而日益加重。由于蒙古族的封建社会中，长久存在着同样壁垒森严的封建等级制度，清代藏传佛教格鲁派的兴盛，在蒙古社会中形成了一个数量庞大的僧侣集团。藏传佛教不仅在精神上奴役蒙古牧民，而且蒙古牧民还要直接承担繁重的赋税与长年无偿的劳役，负担僧侣封建主所有牲畜的放牧及土地耕种，蒙古族劳动人民创造的劳动成果绝大部分被僧侣封建主集团吞噬挥霍。这就进一步激化了蒙古族内部、僧侣封建主与广大农牧民的矛盾。

随着中国社会的半殖民地半封建化，清朝政府逐步转变了对蒙古地区的政策。1902年（光绪二十八年），清朝政府任命贻谷为内蒙古西部地区"督办蒙旗垦务大臣"。他到任后，强行垦放蒙地，激起蒙古族人民的强烈不满。当时蒙旗垦务局规定，蒙古王公报垦土地，每亩押荒地价银三钱，而他却辗转渔利，转手放荒每亩浮收八钱。对"垦熟之地，亦复勒缴地价；甚至房基、庐舍、铺面、街道亦勒交租价，每亩竟多至三百数十两"①以上。从而遭到蒙古族人民的反对，各地纷纷组织"独贵龙"进行反抗，一个声势浩大的"独贵龙"运动在伊克昭盟兴起，迅速扩大到蒙古族各地。

二、独贵龙运动的经过

从19世纪50年代开始，内蒙古伊克昭盟的蒙古族群众不断掀起了以"独贵龙"②为组织形式的反抗斗争。1858年，伊克昭盟王公贵族为晋爵邀官纷纷向清政府捐献大量驼马银两，加上清政府的征兵派役，使广大牧民难以承受各种沉重的实物征敛、捐税、劳役的负担，乌审旗蒙古牧民在巴拉吉尔等人的率领下，首先发动了"独贵龙"运动。他们向旗札萨克提出了不得强占土地、滥征捐租、苛派差役、迫使牧民代偿高利贷债务等要求。在"独贵龙"组织斗争下，王公贵族被迫作出让步。

在乌审旗"独贵龙"运动的鼓舞和推动下，伊克昭盟人民接连不断地掀起了反抗斗争。1866年，鄂托克旗蒙古群众组织"独贵龙"，反抗旗札萨克的横征暴敛。1879年，乌审旗以牧民伊得木札布、通那为首的"独贵龙"，发动300多人联名具状，控告该旗王公官吏的欺压勒索行为，并宣布拒交各项官差摊派。虽然几次有影响的"独贵龙"运动都被王公札萨克镇压下去，但它们却给蒙古族人民播下了革命斗争的火种。清朝末年，在蒙古族各地同时爆发了反对王公札萨克的苛敛和暴政以及拒绝为旗府和札萨克代偿债务的斗争。

当时外蒙古影响最大的人民反抗斗争，是札萨克图汗部中右翼左旗阿尤希领导的"阿拉特运动"。斗争的起因，即是由于旗札萨克将欠下的债款转嫁给旗内牧民群众。转嫁的债务，平均每个牧民每年要负担银子2000两。1903年，阿尤希等人为此向上控告，之后，他又领导该旗牧民发起反抗旗札萨克的斗争，两次被捕，后经群众营救出狱。于1912年春，阿尤希带领牧民群众组织"独贵龙"运动，占领旗内的红金阿木地区，拒绝服从盟、旗的命令，抗交所有课税摊派。与王公札萨克坚持多年斗争，给封建主、官吏以有力的打击。

1902年（光绪二十八年）年初，清政府开始强行垦放蒙旗土地，结果迅速激化了同蒙古族各个阶层的矛盾，蒙古族人民抗垦斗争的烽火很快燃遍了内蒙古各地。

当清朝垦务大臣贻谷开始放垦归化城土默特和察哈尔各旗时，由于该地区一直受清

---

① 《东华录》光绪朝15，卷2。
② "独贵"，蒙语意为"圆"。"独贵龙"，环形的意思。用这种形式进行反抗斗争，这种反抗组织称为"独贵龙"。参加"独贵龙"的人在聚会和文书上签名时，环列成一圆圈，以表示成员的平等并不易暴露组织的领导人。

政府的直接控制，而且其属境的大部分地区先已农耕化，因此未受到很大阻碍。然而，当迫使乌兰察布盟6旗和伊克昭盟7旗垦放时，就立即遭到蒙古各阶层的普遍反对，使该二盟的垦务被迫停顿。

1903年，清朝政府根据贻谷等上奏建议，对蒙古王公施加压力，并以多报放垦土地加官晋爵等，诱惑蒙旗札萨克王公。伊克昭盟乌审旗札萨克查克都尔色楞等，为了争宠于清廷，并捞取更多的经济利益，报垦最为积极，先实行全旗报垦，激怒了蒙古族人民。于是，该旗人民组织起来，发动"独贵龙"运动，进行武装抗垦斗争，虽然遭到清政府的镇压，但是，反抗的蒙古族群众并没有在清军的威胁下屈服。1905年，贻谷派遣的垦务局官吏，在军队护卫下进行丈放土地，并强行驱赶蒙民迁离划定的放垦区域时，全旗12个"独贵龙"组织，在白音赛音、巴图、五喇嘛等人领导下，聚众2000余人进行抗垦斗争，驱逐垦务官吏，收缴、焚毁放地文契，使贻谷等在乌审旗的放垦计划遭到破坏。

1905年，杭锦旗札萨克兼伊克昭盟盟长阿尔宾巴雅尔因同情"独贵龙"运动，阻挠放垦，经贻谷参奏，清朝政府敕命革去其盟长职务，后来，屈于压力，同意报垦。但是，垦务官员前去清丈土地时，该旗蒙民在昌汗卜罗、那素楚等人领导下，组织起许多"独贵龙"，发动武装抗垦斗争，阻止垦丈，驱逐垦务官员。他们又联合达拉特旗"独贵龙"运动，收集枪支，团结汉族农民共同进行斗争。驻该旗的垦务官员，"闻者莫不惊骇"，又一次给予贻谷的垦丈计划以沉重的打击。

在伊克昭盟7旗中，准噶尔旗是最后一个报垦的旗。垦务官员到该旗放垦时，激起该旗人民的反对。1904年8月，准噶尔旗的朝格都仍等人联合王旗的抗垦群众，组织"独贵龙"运动，手持武装抗拒丈放。

1905年，准噶尔旗札萨克贝子珊济密特都布将该旗属地呈报开垦，并决定从应收土地押荒银中偿还垦务局在教案赔款中代垫的2.7万两银白银。该旗协理台吉丹丕尔等坚决反对，并发动蒙汉牧民群众，拒绝向垦务局报垦或认种土地，拒绝缴纳押荒地价银。

1905年夏，丹丕尔领导反垦队伍，与该旗门肯吉亚等率领的"独贵龙"反垦运动联合起来汇集全旗六七百武装反垦队伍，攻打垦务局，驱逐垦务官员，放火焚烧有关放垦土地的文牍、账簿等。之后，丹丕尔还联络乌审旗、达拉特旗、札萨克旗等的"独贵龙"反垦队伍，准备发动伊克昭盟7旗范围，武装抗垦起义斗争。清政府闻讯立即革去了丹丕尔的协理台吉职务，并派兵前往镇压。从1905年10月起，抗垦武装几次英勇地抵抗了清军的进攻。1906年年初，抗垦武装终因寡不敌众被镇压下去。

清政府残酷镇压蒙古多旗的"独贵龙"武装抗垦，使广大蒙古族人民的反抗怒火越加炽烈，造成了"势将激变"的形势。由于害怕酿成巨变，为平息蒙古族人民武装抗垦的愤怒，清政府于1908年春，被迫以"纵勇滥杀"、"贪残相继"、"败坏边局"、"欺蒙巧取"的罪名，将督办蒙旗垦务大臣兼绥远城将军贻谷撤职查办。至此，清朝政府在内蒙古西部地区的垦务也完全陷于停顿。

三、独贵龙运动的失败与历史意义

清朝政府督办蒙旗垦务官员与蒙古王公贵族、札萨克等封建主上层相互勾结，在共同利益驱动下，强行垦放蒙地，"苛索巧取"、"辗转渔利"。他们用清朝政府一道道敕令，对"独贵龙"运动抗垦的蒙古族农牧民进行严酷的镇压，在满蒙旗军的滥捕、滥杀下，各地的"独贵龙"运动领导者几乎无一幸免，导致抗垦斗争群龙无首的局面，从而导致失败。但"独贵龙"运动使它在当时的历史时期内，完全取代和掩盖了本民族内部的阶级矛盾。这些与日俱增，复杂交错发展的阶级矛盾和民族矛盾，导致了清政府对蒙古地区的封建专制统治，处于危机四伏、驾驭无方的地步。蒙古族人民群众性反封建、反清武装斗争，犹如燎原之火，彼伏此起，在蒙古地区兴起。

由于蒙古地区僧侣封建领主制度根深蒂固，广大蒙古族农牧民分别被束缚在较小的封建领地上，蒙古族人民的"独贵龙"运动往往是分散进行的，规模不大，斗争目的和手段也较为单纯，因而导致失败。但是，这种以土地为中心的武装斗争，却是对清朝统治者与蒙古族传统的王公贵族，札萨克的封建特权统治的严重挑战。而且，随着斗争的逐步发展，尤其是受到内地农民起义的影响，蒙古族人民反清、反封建斗争在规模、形式和手段上都有了迅速的发展和提高，融汇于全国反清、反封建斗争的大潮中去。

由于历史的局限，"独贵龙"运动中也出现了不利于民族团结和共同对敌的潜流。抗垦队伍中的个别首领，在封建主义思想的长期桎梏下，抱有极端的民族主义思想。他们率领的屯垦队伍在反对垦丈、打击垦务官员、揽头和地商的同时，也无辜地伤害了普通的汉族劳动人民和小本经营的商人，给蒙汉劳动人民之间的关系，带来了不利的影响。因而使抗垦队伍处于孤立作战、无援的境地。这也是抗垦斗争导致失败的原因之一。历史的经验教训告诉我们，只有团结各民族人民联合起来，共同斗争，才能使反对清朝封建专制的统治和蒙古地区王公贵族的剥削与压迫，步入正确的轨道，取得胜利。

第九节 西北回民起义

1862年（清同治元年），在太平天国革命和捻军起义的影响下，继云南回民起义之后，在中国西北的陕甘等地，爆发了以回族为主的各族人民武装起义。这次起义遍及陕西、甘肃、青海、宁夏的大部分地区，时间长达12年之久。它是当时全国轰轰烈烈反清革命洪流的一个组成部分。

陕甘宁青回民起义的原因：[①]

其一，清朝封建统治者对回民实行反动的民族歧视和压迫政策的结果。陕甘宁青都是回民比较集中的地区之一，在历史上回、汉等族劳动人民杂居，虽然宗教信仰和风俗习惯不同，但都处于被剥削被压迫地位，"平日本无嫌隙"。而清朝政府为维护其封建统治，人为地制造民族矛盾、挑拨回汉关系，以达到分而治之："以夷制夷"的目的。一方面笼络汉族地主阶级作为中下级官吏直接对回族人民进行统治和剥削，即所谓"以汉制回"政策，使回族人民的仇恨直接针对着汉族官吏；另一方面，又利用回汉人民不同的宗教信仰和生活习惯，从中挑拨回汉人民的感情，实行所谓"护汉抑回"，因而就使回汉人民互相仇视，甚至经常发生械斗，清统治者再从中操纵。根据记载，当

[①] 李资源：《中国近代少数民族革命史要》，第75页，中央民族大学出版社，1995年。

时,回汉冲突发生最早而又激烈的地方在渭南、大荔交界一带。这正是西北回民起义的发源地。

其二,清朝政府的各种捐税勒索。陕甘等地历来贫困,主要靠各省的协饷支援才能勉强维持局面,自从咸丰以来,为了镇压太平天国革命,协饷已经不及原来的 1/10,而越来越多的军政饷需沉重压在西北各族人民头上,仅陕西每月向京师解饷数万两外,还要协济用兵各省的大量军饷,甘肃也不例外。由于西北协饷加重,正税不够供给,于是苛捐杂税相继繁兴,贪官污吏乘机敲诈勒索。加之 1861 年,西北各地,如甘肃不少地方,包括宁夏、宁朔、灵州、平罗等府县又发生了严重的自然灾害,清朝政府虽然明令缓征受灾地区的额赋,实际上各种捐输勒派却丝毫没有减缓。而军政败坏,吏治腐朽,无不带给各族人民深重的灾难。人民群众无以为生,被迫"聚众抗官"。1861 年,靠近省城西安的临潼就发生过杨生华"聚众抗粮"的斗争。

其三,随着太平天国革命势力的发展,清朝的封建统治已摇摇欲坠,陕甘的清军被大批外调,造成了大西北严重的防务空虚,也给回族人民斗争造成了可乘之机。1862 年 3 月,川滇农民军蓝大顺部由四川进入汉中,接着太平军扶王陈得才部也联合捻军闯过武关,直指渭南,给正处于水深火热之中的回民群众带来了希望。陕西统治者速派数百"回勇"(即以回民组织的团练)由马四贤等带领进驻渭河渡口以防太平军。当太平军即将抵达渭南时,他们便"不遣自散",部分"回勇"参加了回民起义队伍。在太平军入陕,回民起义军又增加了受过正规训练的团练将士情况下,一场声势浩大的回民起义在西北爆发了。

一、陕西回民起义

1862 年 4 月 17 日,华州回民首举义旗,得到了渭河两岸大荔、渭南、高陵、临潼等县回民的响应,揭开了陕西回民起义的序幕。领导起义的回民领袖任武、赫明堂曾参加过云南回民起义。5 月 21 日,太平军抵达渭南,正值华州发生回汉之间的竹竿事件,以此构成导火线,同州府渭河两岸回民奋起反抗清政府地方团练的镇压与迫害,合众起义,杀死渭南训导赵权中,并派人专程到太平军陈得才处联系。太平军由回民充当向导一举攻克渭南城,杀死县官曹士鹤,接着又攻下了华州,起义迅速向西安府、凤翔府扩展,波及十数州县。

回民起义迅速发展,清政府急派团练大臣张沛率部前往"招谕",以图劝导回汉息斗。当他抵达临潼时就被回民起义军擒获,在渭南的仓渡镇被处死。同州府渭河两岸回民起义后,便以回民聚居的大荔县的王阁村,羌白镇和渭南的仓头镇为根据地,继续壮大起义队伍,使回民起义的烽火很快遍及八百里秦川,起义队伍扩大至十八大营,近 20 万人,先后攻占了高陵、富平、咸阳、醴泉、乾州、武功、凤翔等地,并固守潼关要塞,包围了西安。

陕西回民起义的迅速发展,动摇了清王朝在西北的统治基础。"1862 年 11 月,清政府急遣荆州将军多隆阿率领提督雷正绾由湖北进入陕西,1863 年春,多隆阿集中大量兵力进攻回民起义军的重要据点王阁村和羌白镇。起义军采取游击战法,不断袭扰敌人,并用骑兵截击清军运输线,使其饷械皆缺,进攻受阻。多隆阿一面筹办军火粮食,一面派人至王阁村'招抚'。"①

由于起义军内部彼此争权夺利，矛盾激化，军心已乱，相互厮杀，清军轻而易举攻占了羌白镇、王阁村和仓头镇，起义军遭到巨大挫折。

"回民起义军根据地王阁村、羌白镇和仓头镇失守后，陕西东部地区的回民起义军向西转移，集中于泾阳、高陵、咸阳一带，他们与西安地区的回民起义军相配合，加紧围西安攻凤翔。清政府令陕西巡抚瑛棨援凤翔，被击溃，败师回西安，被清帝革职遣戍。清政府改任四川布政使刘蓉为陕西巡抚。1863年9月初，多隆阿到达西安，10月，连占临潼、三原、泾阳，部将陶茂林解凤翔之围，曹克忠攻克邠州。陕西回民起义军损失较重，于是分南、北两路退入甘肃。南路以铁正国、崔伟为首的南八营，从陕西凤翔退入甘肃东部地区；北路由白彦虎、余得彦、马生彦、马政和、杨文治等率领，从陕西三原退至甘肃的董志原。从此，陕西回民起义的中心由陕西转到甘肃，陕西回民起义斗争转入低潮。"②

二、甘宁青回民起义

清朝时的甘肃省包括今甘肃、宁夏、青海三省区，回民聚居集中，人数较多。陕西回民起义，对甘肃回民影响很大。当陕西回民起义发展到陕甘边境时，甘肃各地回民蜂拥而起，积极响应，很快起义烽火就扩大到甘肃全境。1864年年初，陕西回民起义军陆续进入甘肃，甘肃回民起义的声势更加壮大，在甘肃回民起义军形成了四个反清中心：一是马化龙领导的回民起义军，以金积堡为中心，占有宁夏至秦安，包括灵州、固录、平凉等地；二是马占鳌领导的以河州为中心的回、撒拉、东乡族起义军，占据东至狭道、西至西宁的地域；三是由马文义、马桂源、马丰源先后领导的以西宁为中心的东乡族和撒拉族起义军，占有河州和西宁地区；四是马文禄领导的回民起义军，占有以肃州为中心的区域。回民起义军不断向清军进攻，省城兰州处于孤立地位，清王朝在甘肃的统治处于风雨飘摇之中。

清政府决定派遣左宗棠接任陕甘总督，以挽败局。1867年6月，左宗棠督军进入潼关。当时他统帅的兵力，除陕甘原有的地方军外，还有新调到陕甘的楚军、川军、黔军、湘军、皖军，又有吉林马队和黑龙江马队，兵力共有120营。

左宗棠进军甘肃的序幕是从收复董志原开始的。董志原在甘肃宁州境内的马莲河两岸，纵150里，横280里，扼陕、甘两省的要冲，是历史重镇，又是陇东的主要粮仓。陕西回民起义军退踞董志原后，把它作为抗清斗争的根据地。由于左宗棠派兵首先攻下正宁、邠州的回民起义军据点，回民起义军在清重兵压境、作战失利、损失惨重的情况下，由白彦虎、崔伟、余得彦、马政和为改编后四大营领导的指挥下，回民起义军撤出董志原，清军占据了董志原一带，为其西进甘肃打开通道。

1. 宁夏回民起义

1862年9月，盐茶厅（今宁夏海原县）同知屈升之在百姓已经缴纳捐输之后，又带领兵役勒令再捐银两，激起回民群众强烈不满，担任把总的回民马兆元在平远所（预

---

① 李资源：《中国近代少数民族革命史要》，第27页，中央民族大学出版社，1995年。
② 李资源：《中国近代少数民族革命史要》，第78页，中央民族大学出版社，1995年。

望城，今宁夏同心县）发动起义，灵州所辖的同心城、金积堡；宁夏府所辖的通昌、通贵；平罗所辖的宝丰、石嘴山等处回民纷起义响应，率先举起了宁夏回民武装反抗的义旗。1863 年秋，陕西起义回民军陆续北来，进一步激发了宁夏回民的斗志，于 12 月上旬，回民起义军相继攻占了宁夏府城和灵州城。1864 年 9 月，固原州城也被陕西回民起义军孙玉宝部攻占，宁夏回民抗清斗争走向高潮。

1869 年 5 月，左宗棠进驻泾州，决定大军进攻甘肃。当时甘肃四支较大的回民抗清队伍中，以宁夏府灵州金积堡为中心，马化龙为领袖的宁夏回民军最为重要。左宗棠的军队也是首先从攻夺金积堡着手，进而镇压甘肃各地回民起义的。金积堡是灵州的一个村镇，在秦汉两渠之间，堡寨多至 450 余所。金积堡墙高 4 丈，厚 3 丈，周围 9 里，仿佛郡县的城郭，到处墙廊纵横，渠水环复。当地农民起义领袖马化龙是伊斯兰教中新教的首领，世居金积堡，在回民中有较高的威望。于 1862 年时，他曾领导当地回民起义后，陕甘回民纷纷投奔金积堡，势力大振，多次大败清军。

1869 年 9 月，左宗棠遣清军提督刘松山部进兵灵州，合围金积堡、吴忠等回民堡寨。马化龙一再向左宗棠和刘松山呈词求抚，刘松山秉承左宗棠"痛剿以慑服其心"的思想，以突袭吴忠堡开始，对秦渠、汉渠周围 500 多座回民堡寨发动了进攻。激起金积堡各寨回民再度自卫起义，形成新的抗清高潮。以马化龙为首的回民起义军和留在那里的陕西回民军一道，凭借着纵横的沟渠和坚厚的碉堡，同清军展开殊死搏斗。1870 年年末，金积堡外围的多数回民堡寨被清军攻陷，加之粮援俱绝，马化龙被迫亲赴刘锦棠军营投降。1871 年 3 月 5 日（同治十年正月十三日）回民起义军被镇压下去，马化龙父子及义军将士惨遭杀害。金积堡战斗及整个宁夏地区的抗清斗争至此悲壮地结束。

2. 河州回民起义

河州在兰州西南，西乡和南乡是回民聚居地区，东乡为信仰伊斯兰教的东乡族所居。"咸丰末到同治元年二年之间，先是西宁地区回族、撒拉族中因教派矛盾引起械斗，随之而来在碾伯、米拉沟、狄道州及安定、皋兰、金县交界地区陆续发生团练武装无端杀回事件，加之陕西回民起义军不断西来，于是，被兵荒马乱、捐输差役长期困扰的河州回族和东乡等族，于 1863 年 9 月在东乡族首领马尕大（即马悟真）等率领下发动起义，12 月，回族首领马占鳌被推举为主帅。1864 年 2 月，攻占了河州城。11 月间一度占领金县，威胁靖远，铁骑驰骋于兰州周围的清水驿、秤钩驿、阿干镇、沙尼镇，造成兰州戒严，'文报不通'的局面。"① 1867 年秋，以河州东乡族为主力的起义队伍由阿干镇、焦家湾等地出发攻打兰州，使清军主部受挫，提督周保和被击毙。1871 年年初，河州回民起义军乘驻甘南清军范铭部倒戈之机，出击会宁、清水、秦州等地清军，致使兰州清统治者处在风雨飘摇的危难之中。

1871 年 9 月左宗棠率部进驻安定，分兵三路逼近河州。河州回族、东乡族和撒拉族起义军凭借山峦屏障在三甲集、黑山头、董家山、谢家坪筑垒力拒，给清军以重创。1872 年 1 月，清军进占太子寺南 20 里的新路坡，以马占鳌为首的起义军，环太子寺掘长壕，依山傍水，修筑堡垒，以挫来犯的清军。起义军还派小股部队从沙泥渡至河东袭

---

① 马寿千：《同治年间陕甘回民自卫抗清斗争述略》，中央民族大学民族所。

击清军运粮部队，截夺军粮。1872年2月（同治十一年正月），马占鳌派马海晏率回民军优秀射击手数百人乘夜暗潜入清军阵地，连夜筑堡垒三座，震动清军。清军统领傅先宗率部猛攻三垒，马海晏沉着应战，与防守滥泥沟的回民起义军两面夹击，清军弃垒逃跑，统领傅先宗、徐文秀被击毙。这是左宗棠在西北最大的一次惨败，不仅损兵折将，丁勇逃亡，而且粮运梗阻，所谓"贼势复张，兵威顿挫，而粮饷又不能继后，事殊不可言"。①

马占鳌乘大胜之机，力排众议，派遣部下到三甲集求见清总理营务处陈湜求抚，并尽缴马匹、器械，表示永不反复。马占鳌投降后，将部队按楚军的编制改编为三旗马队，转过头来镇压西宁、肃州等地的回民起义军。

3. 西宁回民起义

西宁是清朝甘肃省的一个府治，管辖西宁、碾伯、大通3个县和贵德、循化、巴燕戎格、丹噶尔4个厅。1862年2月，碾伯县团练无端杀死巴燕戎格回民3人，又欲血洗米拉沟回民。于是巴燕戎格和米拉沟回民联合循化撒拉族，在马文义领导下起义。1863年4月，西宁回族中又发生花寺教派与临潼教派之间的械斗，回民总约马归源纠合花寺教民数千人将西宁东关及北关一带临洮教民杀伤过半，械斗波及丹噶尔、南川营及米拉沟一带。加之清军对西宁械斗的回民在"进剿之时，往往妄行杀戮，乘机抢掠"，以致无辜回民也"无以自存"。② 加之，受陕西回民起义军西进的影响，西宁各地回族、撒拉族因教派矛盾引起的械斗业已转化为联合抗清自卫的斗争。回民起义军力量迅速发展，屡次击败清军和团练的"进剿"。随着革命形势的发展，西宁知府马归源，代行总兵职务的马本源等回族上层分子也卷入了反清斗争行列，西宁完全为回民军所控制，成为甘肃回民起义军另一个重要基地。

1872年9月以刘锦棠为主帅的清军包括提督何作霖、谭和义、苏大德等由碾伯向西宁进犯。碾伯到西宁"两山对峙，湟水中流"，"由大峡口抵小峡口数十里，高峰危耸，中通一径"，"南北沟岔纷歧"。③ 清军入境如同瓮中之鳖，被回民起义军截住进路，损兵折将，溃不成军。

但由于循化遭到清军的猛攻和西宁回绅的背叛，使回民起义军腹背受敌，西宁、大通等地相继为清军所占。马归源、马本源率众携眷退至巴燕戎格，在1873年3月巴燕戎格之役中，在东山被俘，后被杀害。陕甘回民军白彦虎、崔伟等率众2000余人越祁连山向河西肃州退却。西宁回民起义宣告失败。

4. 肃州回民起义

1865年年初，陕甘回民起义浪潮波及河西走廊，凉州回民首先起义，接着马文禄在肃州起义，占据嘉峪关和肃州城，势力不断壮大，有力配合了甘肃各地的反清斗争。1869年1月清军提督成禄、杨占鳌率军围攻肃州，回民起义军首领马文禄求抚。成禄委派马文禄为肃州回民头目以安抚局势。1872年，清军在镇压了河州、西宁回民起义

---

① 《平定关陇纪略》卷11。
② 《清穆宗实录》卷209。
③ 《豫师青海奏稿》，转引自马寿千《同治年间陕甘回民自卫抗清斗争述略》。

军后,又派大军向肃州进攻,马文禄便再次起义反清,率领回民军顽强抵抗,肃州城外100余座堡寨失守。1873年3月,白彦虎率部由西宁退至河西,与马文禄会合,共同作战,使清军伤亡很大。由于清军截击,白彦虎无法突破清军的防线,难以进驻肃州,而率部经文殊山西进嘉峪关外的大罩滩、黑山峡,由敦煌奔向哈密。

肃州回民军既无望得到外援,又不能弃城突围,只有困守孤城拼死抵抗。1873年8月,清军攻占肃州东关,两军对峙两个半月,10月下旬,清军刘锦棠由西宁经永安至甘州,派湘军五营赶赴肃州增援。在兵临城下的严峻形势面前,于11月4日马文禄开城投降。清领纵兵冲进城内,不仅将马文禄、马永福等9名回民起义军首领施以酷刑,而且"清军又分屠客回与土回7000余人,肃州回徒尽歼,所余者仅老弱男女而已"。

三、新疆各族人民起义

在太平天国革命运动和陕甘宁青回民起义影响下,于1863年春,伊犁绥定城(今霍城)三道河子村回民杨三星及革兵马知林等,"聚三道河回人200余名,爬越塔尔奇营城垣,扭锁开城,蜂拥而入,轰燃火药,将库存军械抢去,杀毙兵丁多名……"① 此次起义虽被伊犁将军常青派兵镇压下去,但其激起的反清浪潮席卷天山南北,势如破竹,锐不可当。

1864年6月,新疆库车各族人民举行了反对清朝腐败统治的起义,起义军攻克库车城。随后,新疆各地的各族人民相继响应,清政府在新疆的统治机构基本瘫痪,处于土崩瓦解的地步。

1864年春,库车渭干河畔修渠开荒的农民,许多劳力由于冻饿、劳累而死,农民托乎提尼牙孜等人聚众起义,杀死两名地方官吏、10多名伯克,旋即向库车进军。库车城的维吾尔族、汉族、回族起而响应。当地回民马隆、马二保等率众焚烧托和奈、阿尔巴特两军台,围困库车城。于6月6日,攻陷库车城。由于库车首先点燃起义火种,因此,在1864年席卷天山南北的农民起义中,库车起义居有重要的地位。起义者推举热西丁为领袖,尊号为"圣人后裔、热西丁汗和卓"。②

热西丁称汗后向库车以西出征,沿途队伍不断扩大,经拜城、阿克苏、乌什等战役,于同年11月进兵喀什噶尔城。

1865年春,热西丁长子谢赫·纳扎尔率领7000名库车起义军向叶尔羌(现莎车)进发。途经巴楚,约200名当地屯田的回族和汉族农民加入了起义队伍。叶尔羌的农民群众虽然承认谢赫·纳扎尔的和卓地位,但纳扎尔在当地一直未能建立起自己的政权,叶尔羌实际上是处于各派势力的割据下。1866年,热西丁又两次发起叶尔羌战役,但皆无建树,受挫而返。

1865年6月,热西丁又组织了对库车以东的出征,由伊斯哈克指挥。东征的库车起义军曾先后攻克吐鲁番、乌鲁木齐、玛纳斯、奇台、哈密等地。库车起义军的征战活动,震动天山南北,各地各族人民相继响应,一场轰轰烈烈、规模更大的起义在新疆波涛汹涌地兴起。

---

① 《平定陕西甘肃新疆回匪方略》卷44。
② 新疆历史教材编写组:《新疆地方史》,第205页,新疆大学出版社,1992年。

"1864年（清同治三年）7月13日，乌鲁木齐南山回民起义，攻占达坂城。7月15日，回族阿訇妥明（妥得璘，经名达吾提）与乌鲁木齐绿营中军参将索焕章，乘清军援救库车之机，率众攻破了乌鲁木齐汉城。同一天昌吉回民攻占县城。7月22日，回民铁福元起兵于玛纳斯，次日古城人民'四面放火，乘势攻城'。9月29日，哈密回族与维吾尔族联合起义。木垒、吉木萨尔、呼图壁、喀喇沙尔（今焉耆）、库尔喀喇乌苏（今乌苏）等地人民也相继起义。10月3日，起义军攻占乌鲁木齐满城。1865年3月，妥明在乌鲁木齐自称'清真王'，随后将索焕章降为散目，放逐于吐鲁番。妥明为了扩张其势力范围，也四处征战，派兵出击吐鲁番、哈密。1867年3月，妥明又派兵去伊犁，协助伊犁回族首领马万信等人，为争夺伊犁苏丹权位而进行厮杀。"① 使起义军力量消耗过大，失去起义初期的活力。

此时的南疆喀什噶尔地区，一场轰轰烈烈的反抗清政府腐败统治的大起义蜕变为封建割据大混战。"喀什噶尔白山派首领托合提马木提艾来姆，占据回城称王。伽师回族封建主金相印父子，勾结柯尔克孜族部落头目司迪克，赶走托合提马木提艾来姆，夺取王位。7月26日，叶尔羌阿奇木伯克率兵攻占回城。7月29日，英吉沙尔绿营守备蓝春发、喀什噶尔把总王得春等人，联合当地回民起义，攻占汉城。"② 各派势力相互火并、厮杀。司迪克为控制喀什噶尔，派人赴中亚浩罕汗国，请来和卓后裔张格尔之子布鲁素克，借以稳定其统治，从而导致引狼入室，给新疆各族人民带来灾难。

库车起义后不久，和田也爆发反清抗清的起义。原拜城阿奇木伯克铁木尔哈孜在库车起义的强大威慑下，转道阿克苏，返回和田。将库车起义的消息广为传播，联络刚由麦加朝觐回国的伊斯兰教法官艾比布拉，宣传伊斯兰教。艾比布拉被推举为领袖，自称"帕夏"（即王国的汗），率领伊斯兰教徒，夺取清朝地方政权，置和田地区于自己手中。

清朝在新疆统治中心伊犁，也爆发回族、维吾尔族联合起义。回族头目马万信（经名牙库尔）串联阿奇木伯克阿布都鲁苏勒等共同起事，举起"官逼民反"的旗帜，焚烧官署，攻占宁远城（今伊宁市）。哈萨克族也远来参加起义。伊犁各族人民反清队伍很快发展到3万多人，以宁远城为基地，攻打惠远城。继任伊犁将军明绪，便放出已被革职的阿奇木伯克买孜木扎特到宁远招抚起义群众。迈孜木扎特借机混入起义队伍，窃取了领导权。1866年3月8日，起义军攻占惠远城。已革伊犁将军常青献绥定城投降，伊犁九城遂全为起义军占领。

伊犁起义后，买孜木扎特自称苏丹。不久，伊犁起义军内讧迭起，阿富汗人麻合木提勾结阿合买提汗戕杀买孜木扎特，自立为苏丹。麻合木提仅掌权36天，即被赶下台，伊斯兰教教规诠释官穆夫提·毛拉肖开提被推为苏丹。后来，艾米尔艾拉汗又将毛拉肖开提推翻，担任了伊犁起义军政权苏丹。③ 从此，伊犁起义军内部处于相互倾轧，尔虞我诈的混乱局面。

1864年掀起的新疆回回等各民族的起义，由于阶级与社会的局限性，起义军队伍

---

① ② 新疆历史教材编写组：《新疆地方史》，第208页，新疆大学出版社，1992年。
③ 新疆历史教材编写组：《新疆地方史》，第207页，新疆大学出版社，1992年。

内部的复杂性，最后蜕变为封建割据。争夺统治权与势力范围的大混战，为境外侵略势力造成可乘之机，均败在入侵者的屠刀下。西北回民起义，从1862年关中爆发起义到1873年肃州城破，起义斗争延续了十几年之久，作为太平天国革命的余波，又予以清朝的腐朽统治以极其沉重的打击。这次起义是中国人民近百年来革命史上光辉的一页，也是回族人民反封建统治、反民族压迫革命史上光辉的一页。这次起义也带有回汉相杀的悲剧色彩，这是清朝统治者施行民族压迫、民族挑拨政策的恶果，是我国各族人民应当牢记住的一次历史教训。

第十节 咸同年间南方各族人民的起义

1851年，在广西金田村，爆发了中国近代史上第一次大规模的农民革命运动——太平天国革命运动。这次革命运动波及半个中国，震撼了清王朝的统治。在它的影响下，南方许多地区的少数民族纷纷起来，投身到这股强大的革命洪流中，形成了近代史上第一次反对清王朝统治斗争的革命高潮，在中国反帝反封建革命斗争史上写下了光辉的篇章。

一、杜文秀领导的回民起义

清咸丰六年（1856）四月，在云南西部爆发了以杜文秀为首的回民大起义，这次起义的主要原因是由于清政府的一些地方官员多次挑起回汉之争和残杀回民而引起的。

杜文秀，回族，字云焕，号百香，道光三年（1823）出生在云南省永昌府保山县上村。杜文秀天资聪颖，品貌俊逸，擅长文墨，16岁时中了秀才。后为村私塾教师，极受乡人敬重，在群众中享有一定威望。杜文秀所生活的时代，是一个阶级矛盾和民族矛盾异常复杂尖锐的时代。西方帝国主义的入侵，更加重了清政府的政治、经济危机。为了筹集钱财，封建王朝一方面加重了对广大人民群众的压迫剥削；另一方面对一些地区的矿业弛禁，听民开采，由此引起了多种矛盾的进一步激化。在云南，良莠不齐的开矿者云集各矿山，拜香结盟，自成派系。一些强暴无赖之徒也乘乱之时，常常滋事挑衅，引起口角之争乃至械斗。从道光十九年（1839）到咸丰六年（1856），云南回汉之争的事件愈演愈烈，残杀无辜回民的事件也不断发生。1839年的"缅宁（今临沧）事件"，使1700余人被杀害，清真寺和回民住房化为焦土，并波及数十、数百里外的回民村寨。[①] 道光二十五年（1845）发生的"永昌（今保山）惨案"，10余村寨的众多回民老幼被杀，清真寺、房屋被烧毁。[②]

1847年，杜文秀曾被公推为保山回民代表，上京向都察院控告一些汉人地方武装和暴徒滥杀无辜的罪行，但清政府却耍两面手段，一些地方官员亦心怀叵测，挑拨离间，更加激化了回汉之间的矛盾。咸丰四年（1854），楚雄南安州（今双柏）石羊厂因债务问题发生了回汉冲突。由于知州兼厂委挑拨其中，"汉盛助汉，回盛助回"，导致了大规模的流血械斗。咸丰六年（1856），地方豪强黄鹤年指使恶霸黄殿魁、潘德、周

---

① 《缅宁回民叩阍稿》，见白寿彝编：《回民起义》第1册，神州国光社，1952年。
② 荆德新编：《云南回民起义史料》，第65页，云南民族出版社，1986年。

铁嘴等,带领临安厂客和骠练上万人,尽屠南安、楚雄、三井、武定、广通、禄丰等地回族,并扬言要进省城搜杀从楚雄逃至昆明的回民①,事态还在不断扩大,回汉之争的矛盾达到了白热化的程度。但当时的云南巡抚舒阿兴却不问是非,竟诬蔑回民"阴谋作乱",并与团练大臣黄琮密谋,在全省发出了"严饬各府厅州县聚团杀回,须横直剿灭八百里,""不论良莠男女老幼,悉殄灭之"②的惨绝人寰的密令。在全省范围内进行了空前的野蛮大屠杀,致使民族关系进一步恶化。各地回民亦聚众纷纷自保。1856年,马金保起于姚州、马如龙起于临安、马复初起于新兴、徐元吉起于澂江等。在申冤无望和血的事实面前,以及在太平天国起义的影响下,杜文秀与其他回民秘密结盟,决定走武装反抗清王朝统治的道路。

1856年4月,杜文秀联合巍山回民马金保、马朝珍,赵州回民马名魁,大理回民杜万荣等人,在蒙化(即今云南巍山)举起了反清义旗。在回、汉、白、彝、纳西、傈僳等族群众的支持下,起义军攻城陷池,杀贪官,消灭地方武装,于当年10月攻占了滇西重镇——大理,并在那里建立起农民革命政权。杜文秀以其威望被推举为"总统兵马大元帅"。③大理政权建立后,义军打出了"救民伐暴"的旗号,提出了"杀官安民"、"安汉反清"的口号,制定了"遥奉太平天国南京号召,革命满清,改正朔,蓄全发,易衣冠。田赋征粮米,除丁银。诉讼速审判,禁羁押。"④和"联回汉一体,竖立义旗,驱逐鞑虏,恢复中华,剪除贪污,出民水火"⑤的革命纲领。同时,大理政权的决策者们还从农业、手工业、商业以及民族关系等方面,颁布了一系列有利于人民生活安定、生产发展和民族团结的政策、措施。农业上采取轻赋税、重视农业生产发展的政策。大理政权废除了清政府强加给广大农民的丁赋、米折、厘谷等各种苛捐杂税,规定"田赋征粮米,除丁银"⑥,"地方税课,旧有例者方准抽收。不得私加名目,妄自征收"。⑦鼓励和帮助农民发展生产,兴修水利,招民垦荒,"给耕牛,发籽种,以助农兴"。⑧制定了保护农业生产的措施,对那些破坏庄稼和生产的行为予以惩罚,"纵放牲口,践踏田间粮食,或事出无意,得牲口充公,人治罪;若系故意纵放牲畜,践踏田禾者,立斩"。⑨商业上采取了减免商税、鼓励商人经商等措施。杜文秀曾生活在一个商人家庭,深知商业对一个地区、一个民族发展的重要性。在大理政权得到一定程度的稳定后,他和其他领导者即采取了许多重商政策,如整修道路桥梁,"建行店,肆市廛,以安商贾"。⑩他还派军队驻守重要地段,保护商人往来之安全,免除行商小贩的零售税,商人不当兵、不服役等。在手工业方面,大理政权也采取了重视发展的措施,

---

① 参见杨兆钧主编:《云南回族史》,第111页,云南民族出版社,1989年。
② 《回民起义》第2册,神州国光社,1952年。
③ 周宗麟等修:《大理县志稿》卷9,民国四年排印本。
④ 赵清:《辩冤解冤录》,《回民起义》第1册,第61页,神州国光社,1952年。
⑤ 李元丙:《永昌府保山县汉回互斗及杜文秀实行革命之缘起》,《回民起义》第1册,神州国光社,1952年。
⑥ 《回民起义》第1册,第29页,神州国光社,1952年。
⑦ 《回民起义》第1册,第112页,神州国光社,1952年。
⑧⑩ 《回民起义》第1册,第47页,神州国光社,1952年。
⑨ 《回民起义》第2册,第119页,神州国光社,1952年。

如鼓励从事纺织业、开采矿藏等。这些措施极大地鼓舞了人们经商和从事手工业的积极性，使大理地区的经济出现了繁荣盛况。大理政权极为重视民族关系的改善。杜文秀起义的一个重要原因是因回汉之争而起。鉴于此，义军在兴师檄文中就提出了"窃思滇南一省，回、汉、夷三教杂处，已千百年矣，出入相友，守望相助，何尝有畛域之分"，"不忍无辜之回为汉所杀，更不忍无辜之汉被回所伤。爰举义师，以清妖孽，志在救劫救民，心存安回安汉"①思想。主张各民族群众要共同友好相处，一致反抗清王朝的反动统治。在大理政权许多条例中，还明文规定了各民族间应平等相宜、不准相互凌辱，同时委任一些汉族和其他少数民族知识分子、土司、头人等以官职，共同参与大理政权的领导集团。新政权在《管理军政条例》中规定："族分三教，各有根本，各行其是，均宜一视同仁，不准互相欺虐，违者，不拘官兵，从重治罪。"②在其297名统属职官中，汉、白、彝、景颇、傈僳、纳西等族官员就有284名，体现了其平等的民族政策。

此外，为了稳定社会秩序，廉洁吏治，使人民能够安定地生产、生活，起义后不久，杜文秀即公布了《军政管理条例》70条，规定"各衙门，不准多养闲人"，"一切猾吏，不准任用"，倘有"私索民财"、"受贿"、"轻价估买"者，视其情节，除追缴外，"拟绞"或"拟斩"。对那些"奸淫抢掳"，"妄动（百姓）一草一木"，"故意纵放牲畜，践踏田禾者"，均要"立斩"。③ 对于知识分子，大理政权还采取重用政策，如规定凡读书为儒之家，可以不当兵、不服役，对于一些有"功名"的少数民族知识分子竭力招抚，授予官职。

上述政策措施的实施，对大理政权所辖地区经济的发展、人民生活生产的稳定起到了积极的作用，得到了广大人民群众的支持和拥护，于大理政权的巩固也起到了一定的保障作用。据史载，大理政权在其全盛时期，占领云南城镇50余座，在滇西出现了"百姓安居乐业"④的景象。其影响还波及云南其他地方及贵州等地，"燎原之势，几覆全滇"，有力地打击了清王朝在云南的统治。当时的云贵总督恒春惊恐万状，为逃避责任而自尽。

正当革命形势高涨之时，清王朝采取恩威并用、剿抚兼施的手段，先后收买了迤东、迤南的回民起义军首领马德新、马如龙，使革命力量受到较大的损失。同治六年（1867）十月，杜文秀乘清政府对云南防务空虚之际，命蔡廷栋、于凤英率十八司，20余万大军东征昆明等地。东征军沿途攻占了楚雄等20余座城池，并于次年从西、南、北三面围攻昆明城。但当时全国的革命形势已逐渐进入低潮，1864年，太平天国首都天京在中外反动势力的围攻下陷落，从而使清政府得以抽调更多的人力、物力、财力对云南各族人民起义进行镇压，加之义军战略失当、指挥失策及久攻昆明不下而产生的伤亡较重、士气低落等消极因素的影响，致使东征军内部发生分裂。1869年，东征军终

---

① 《回民起义》第2册，第131页，神州国光社，1952年。
② 《回民起义》第2册，第118页，神州国光社，1952年。
③ 参见杨兆钧主编：《云南回族史》，第125页，云南民族出版社，1989年。
④ 赵清：《辩冤解冤录》，《回民起义》第1册，神州国光社，1952年。

因寡不敌众而全军覆灭,许多将士被俘被杀,严重削弱了大理政权的实力,不得不退兵据守滇西,从此,被迫从战略进攻转为战略防御。同治十一年(1872),清军在岑毓英的指挥下,依仗洋枪洋炮,一路剿杀至滇西,先后攻占了"楪榆门户"赵州(今凤仪县)、滇西重镇上关和下关,兵临大理城下。11月25日,清军掘地道,用地雷轰塌了大理东南城垣,并在"开花炮"的配合下大举攻城。面临着大理城生灵将被涂炭之际,杜文秀与清军达成协议,愿以自己的生命换取全城百姓的生命安全,"情愿拼舍一身,以救数万生灵",① 随即在26日全家服毒自尽。但岑毓英却背信弃义,屠杀了全部降将,血洗大理城,使数以万计的无辜百姓惨遭屠戮。杜文秀死后,大司空李国纶带领起义军余部转战腾越一带,继续抗清斗争。同治十三年(1874)五月,由于叛徒出卖,李国纶被俘牺牲。至此,杜文秀领导的回民大起义以失败而告终。

杜文秀领导的回民大起义,从咸丰六年(1856)开始,至同治十一年(1872)十一月大理失守,再至同治十三年(1874)起义失败,共经历18年之久。其影响波及云南全省和贵州等省,多次粉碎了清政府的镇压,沉重打击了清政府在滇西等地的统治,是云南近代史上第一次人民革命斗争的高潮,在近代各族人民革命斗争史上写下了光辉的篇章。

二、哀牢山各族起义

哀牢山位于云南省的西南部,伸入印度支那半岛,海拔3000米,全长800多公里。该地区居住的民族众多,除汉族外,还有彝、哈尼、傈僳、白、回、苗、布朗、傣等民族,其中以汉族、彝族人口占多数。清咸丰三年(1853)秋,哈尼族人田政(即田四浪)和彝族人普顺义联合哀牢山中段镇沅、新平等地的哈尼族、彝族群众约3000人,在他郎厅(今墨江县)凹壁村附近的四迭岩举行起义。同时,在哀牢山镇南州锈水塘村,杞彩顺、杞彩云兄弟领导彝、汉两族农民500余人也举行了起义,揭开了清咸同年间哀牢山各族人民起义的序幕。三年后,即咸丰六年(1856),彝族人李文学等聚众约5000人,在弥渡县瓦卢山天生营举起了义旗,李文学被拥举为"彝家兵马大元帅",将哀牢山各族人民大起义推向一个新的高潮。

李文学,又名正学,1826年出生在哀牢山弥渡县瓦卢村一个贫苦的彝族农民家庭。8岁起就到地主家中做了10余年的奴仆,受尽了各种虐待和欺凌。离开地主家后,他又靠背卖石头、帮人砌铺石路等苦工谋生。青少年时期的苦难生活,锻炼了他坚强不屈的性格和大无畏的反抗精神。田政,外号"田四浪",生年不详,出生于镇沅县凹壁村一个贫苦的哈尼族农民家庭。青年时曾在地主家中做过帮工,后又做过一段时间的肩挑盐贩,历尽了艰辛。他身材魁梧,臂力过人,见义勇为,在当地哈尼族中很有威望,也深为豪绅恶霸所痛恨。

1840年鸦片战争以后,随着西方帝国主义侵略的进一步深入,清政府为了应付巨额的赔款和庞大的军费支出,以及统治阶级的挥霍滥用,更加紧了对广大劳动人民的压迫和剥削。地主豪强此时也乘机疯狂掠夺土地,残酷地盘剥和压榨广大的各族人民群众。繁重的赋役,使各族劳动人民苦不堪言,"夷人终岁苦作,不得自食,尽以偿债,

---

① 《回民起义》第1册,第42页,神州国光社,1952年。

饥寒交迫",①"清赋暴戾,遍地皆怨,滇夷尤不堪其苦"②。咸丰五年(1855),哀牢山地区遭受严重的旱灾,地里庄稼颗粒无收,可庄主、豪绅、官吏仍不管群众的死活,照常催交租赋,横征暴敛,敲诈勒索。天灾人祸使各族劳动群众无以为生,陷入绝望的边缘。困苦中各族人民被迫走上了武装反抗封建统治的道路。1853年,田政、普顺义领导镇沅、新平等地的哈尼族、彝族群众3000余人举起了义旗,并很快占领了镇沅全境和新平县哀牢山西麓,队伍扩大到5000余人,极大地鼓舞了哀牢山地区的其他各族群众。1854年,太平天国翼王石达开的帐前文书王泰阶(四川汉族)和侍卫长李学东(四川凉山彝族)来到哀牢山地区进行反清宣传活动,旨在"促彝起义,应援天国"。他们还与在群众中享有较高威望的李文学、杞绍兴、徐东位等人联系,激励他们"拔刀而起,杀满贼戮庄主"。③在王泰阶和李学东的鼓励和帮助下,1856年5月10日,李文学等人聚众5000余人,在弥渡县瓦卢山天生营举起了义旗,王泰阶、杞绍兴被任命为正、副参军,李学东、鲁德盛为正、副上将军。义军在白色的大旗上写着:"铲尽清朝赃官,杀绝汉家庄主"。在广大人民群众的支持和拥护下,起义军很快攻下了弥渡县的蜜滴村,打倒了那里的恶霸地主,并在此建立起义军帅府和农民革命政权。誓师不到10天,起义军队伍很快扩大到近万人,声威大震。李文学领导彝族等族群众在哀牢山起义时,云南省的革命形势已如燎原烈火。为了进一步扩大革命力量,有机地打击敌人,李文学还与杜文秀领导的滇西回民军和田政等领导的哈尼族、彝族起义军及其他民族的起义军联合,多次粉碎了清军欲消灭革命力量的企图。1856年6月,清政府调集大军围攻大理,妄图一举消灭回民起义军。李文学闻讯,即亲率主力支援,在迤西孔道、哀牢山东北的一重镇——红岩,成功地围歼敌军5000余人,粉碎了敌军消灭回民义军的阴谋,使大理政权转危为安,哀牢山义军声势也因此大振。当时云贵总督张亮基、云南巡抚徐之铭在奏章中写道:"榆城逆回,勾结夷匪,同时骚动……回民之敢于滋事者,全仗勾结夷民"。④清朝贡生王衮亦说:"是役之后,王师每闻夷匪,辄色变。夷匪虽寡,常为王师心腹之患。杜逆得夷匪之助,声势益振"。⑤杜文秀对哀牢山彝军的援助极为感激,他在李文学访问大理时说:"蒙乐、哀牢、六诏诸山之夷望,成归将军;今将军以二千之众,破满军二万余,满贼震恐。我因将军之助,危得解,声势益壮"。⑥李文学也因之被杜文秀任命为"第十八大司藩"。1857年6月,李文学领导的彝族起义军与田政等领导的哈尼族、彝族义军合编后,曾取得了戛色、通哨关、他郎厅等战役的胜利,田政被李文学封为"夷家兵马副元帅",从而壮大了哀牢山抗清队伍的力量,沉重打击了清王朝在云南的统治。

李文学领导的彝族起义军在建立政权后,还根据当时的情况,制定了一系列巩固新政权的方针政策。在政治方面,健全了行政组织机构。哀牢山农民革命政权的最高权力机关是大元帅府,首脑为大元帅,次为副帅。帅府设参军(文官首领)和上将军(武

---

① 民国《景东县志稿·杂录志》卷22。
②③ 夏正寅:《哀牢夷雄列传》,《云南史料丛刊》第14辑,云南大学编,内部刊。
④ 《回民起义》第1册,神州国光社,1952年。
⑤ 王衮:《爱乐夷变纪略》,《近代史资料》,1975年2期。
⑥ 《回民族的历史与现状》,王天玺、何兆伯:《论哀牢山彝族起义》,第29页,云南人民出版社,1993年。

官首领)、左右将军、副将军（负责治安保卫)、督粮官等职。帅府之下设都督府分管各地区的军政事务，基层组织为营盘，有的还在营盘下设哨。当时哀牢山农民政权有8个都督府：猪街、鼠街、者干、安彝、锷嘉、阿雄、南靖、杨明。在政权组织中，还体现"不别夷汉，汉夷同利"的原则，强调各民族间的平等团结。在经济上，针对广大群众对土地的强烈要求，新兴的革命政权采取"耕者有其田"的措施，鼓励农民发展农牧业、手工业、商业，"满贼断我盐铁，庶民苦之，我必励我民以事牧、纺、猎，由帅府总收皮、毛、麻布与汉商贸易盐铁"。① 发动群众开梯田、修沟渠、设置水碓、水碾等，确实做到"山野养民之道"，"致富强兵之道"。为了减轻农民负担，增强群众战斗力，农民政权还实行寓兵于农、寓农于兵、耕战相结合的制度，"帅府得养常军二千，都督府养常军一千，常备军总数不得逾五千（指初期）；收庄主田亩耕之，则军不忘农，可以战；粮不全取于民，民得以养。"② 并将18—40岁的男女集中起来，"必练以战阵，战则集之，不战则耕；男任战，女任远，男女各有职，力可专。"③ 这些措施的实施，得到了群众的拥护和支持，山区的经济逐渐发展起来，义军的势力也日益壮大。在其全盛时期，所辖地区的面积达3万多平方公里，人口50余万人，包括了彝、汉、哈尼、白、回、苗、傣、布朗、傈僳等10余个民族在内。

正当哀牢山各族起义军势力发展之时，全国的战争形势却发生了激剧变化。清王朝借助洋枪洋炮，于1864年镇压了太平天国革命军，接着又以残酷的手段集中力量对全国其他地区的各族起义军进行"围剿"。1869年，杜文秀领导的滇西回民起义军在东征失败后即处于极其艰难的境地。1870年10月，清军2万多人在孙世恒、李应元的统率下，攻占了哀牢山地区战略要地——通哨关，义军损失1000余名将士，王泰阶也因伤势过重而牺牲。1871年年初，清军围攻红岩据点，田政率军突围不幸被俘牺牲，使哀牢山义军失去了有力的支持。1871年（同治十年）年底，云南巡抚岑毓英、总兵杨玉科率大军围攻大理，李文学率军援救时遭到清军袭击，因叛徒出卖而被俘。1874年5月，李文学被清军杀害。之后，哀牢山起义军余部在李学东的领导下坚持战斗，直至1876年（光绪二年）李学东病故，哀牢山各族起义才最后失败。

1853—1876年，哀牢山各族起义坚持战斗20余年，沉重打击了清政府在这一地区的统治，在近代中国各族人民反封建斗争史上写下了光辉的一页。

三、布依族、水族人民的起义

布依族、水族人民主要居住在贵州东南部、南部、西北部及云南省的东南部等地，是南方古老的民族之一。19世纪中期以来，由于帝国主义的入侵，布依族和水族地区与全国许多民族地区一样，阶级矛盾和民族矛盾也十分尖锐。清政府为了填补巨额的对外赔款和鸦片贸易引起的财政亏空，不断增加捐税，地主阶级、高利贷者也乘机不断兼并土地，对广大各族群众进行敲骨吸髓的盘剥，由此也激起了各族群众的强烈不满和极大愤慨，革命斗争一触即发。1851年在广西金田村爆发的太平天国革命运动正如火如荼，极大地鼓舞了各族人民走武装反抗之路，以求得生存之道，摆脱被欺凌的境地。

咸丰四年（1854），布依族、苗族、水族、汉族等族群众，在独山丰宁下司人杨元

---

① ② ③ 夏正寅：《哀牢夷雄传》，《云南史料丛刊》第14辑，云南大学编，内部刊。

保（布依族）的领导下，向丰宁上司发起了进攻，进而围攻独山县城，揭开了贵州咸同年间各族人民大起义的序幕。接着，义军由播让、拉旺等地出发，先后进攻八寨、独山、都匀等地，并占据了通往独山、罗甸、大塘和广西南丹的要道，声势威震这些地区。贵州巡抚蒋蔚远急调贵州、广西清军围攻义军。经过多次的浴血奋战，在敌我力量悬殊的情况下，杨元保被迫带领义军退守广西南丹州属的昔里山，后终因寡不敌众而失败，杨元保被俘后在贵阳惨遭杀害。其余部有的参加其他起义队伍，继续战斗在黔北、黔东南等地。

咸丰四年（1854）十月，在布依族杨元保起义后不久，水族潘新简、覃朝刚等人在黔南荔波的九阡地区领导了水族人民起义，这次起义是水族历史上规模最大、范围最广、时间最长的一次农民起义。潘新简，水族，1820年出生于贵州荔波县九阡里梅采村一个农民家庭。少年时，曾到地主家放牛，备受欺辱。在贫穷困苦中成长起来的潘新简，性情豁达，爱打抱不平，从而也锻炼了他坚强的意志和不屈的性格。

潘新简等人领导荔波等地水族群众起义后，针对当时清政府和地主阶级的横征暴敛，明确提出了"不缴粮，不纳税，打倒清朝享太平"的口号，赢得了广大群众的拥护和响应，纷纷加入起义队伍，使义军很快发展到万余人，革命的烈火席卷了大半个荔波县。随后，潘新简领导水族义军与古州（今贵州榕江）"七十二寨"的苗族、侗族起义军联合，同攻荔波县城并在水错、白杨一带歼灭清军5个营，击毙荔波知县蒋嘉谷及大小官员10余名。此后，这起义队伍还多次与其他民族或地区的起义军互相配合，转战于荔波、独山、三都、古州及广西的南丹、思恩等地，不断给予清军以沉重打击。同治五年（1866），清政府依仗洋枪洋炮的帮助，残酷地镇压了太平天国革命军，随即就调集了湖南、广西、四川等省的清军，入黔镇压水族等民族的起义军。在敌人强大的攻势下，荔波失守，潘新简被迫带领义军退守九阡，继续坚持战斗。1869年，清军又集中优势兵力"围剿"九阡义军。经过激烈的战斗，义军伤亡惨重，潘新简也因叛徒的出卖而被俘牺牲。坚持斗争18年之久的水族人民起义最后以失败而告终。但是，水族人民勇于反抗恶势力和英勇顽强的革命精神，在近代中国革命史上写下了可歌可泣的篇章。

四、张秀眉领导的苗族起义

贵州是苗族居住较为集中的地区之一。千百年来，苗族人民在那里辛勤劳动，生息繁衍，开发了那片土地，创造了光辉灿烂的历史文化。鸦片战争后，随着帝国主义势力的不断扩张，中国社会内部的阶级矛盾和民族矛盾更加激化。腐朽的清王朝为了庞大的军费支出和赔款，加紧了对各族群众的压迫和剥削，地主阶级也乘机盘剥、敲诈勒索百姓。许多苗族群众不得不迁往崇山峻岭，过着衣不蔽体、食不果腹的悲惨生活。咸丰五年（1855），贵州东南部的台拱地区遭受严重的自然灾害，广大群众要求减免新增赋税，但当地官府不允许，仍要求按旧例纳粮，引起了群众的强烈不满和极大愤慨，他们在张秀眉的领导下，走上了一条武装反抗反动政府和地主阶级压迫的道路。

张秀眉，清道光二年（1822）出生在贵州省台拱厅仰岗寨（今贵州剑河县台拱乡板凳下寨）一个贫苦的苗族家庭。少年时父母因病而亡，为了生活，他被迫到一户张姓地主家劳动，饱受了欺压和凌辱，从此在其心灵深处埋下了对剥削阶级的深仇大恨，也增强了他的反抗精神和革命意志。咸丰元年（1851），洪秀全在广西桂平县金田村领导了太平天国起义。在其影响下，咸丰三年（1853），苗族群众在台拱厅的翁安揭竿而起，张秀眉被推举为"椰党"首领，参加群众曾达二三万人，后因机密泄露而被清政府镇压。但起义群众并不屈服，富于反抗精神和组织才能的张秀眉总结经验，深入广大群众中进行宣传和动员，号召广大苗族群众联合起来，拿起武器，通过革命的方式寻求生存之路。

咸丰五年（1855）三月十五日，张秀眉再次领导苗族群众在台拱厅起义，他们以刻木加鸡毛、火炭等原始方式传檄各寨，于是千里苗疆一时形成燎原之势。起义队伍迅速壮大，并以破竹之势攻城夺池，先后攻占了清军驻防的一些汛堡以及丹江厅、凯里、黄平、施秉、清江、台拱、都匀、朗洞、麻哈、镇远等州县，进逼省城贵阳，使清政府在贵州的统治处于风雨飘摇之中。至同治元年（1862），张秀眉领导的苗族起义军势力已发展到湘黔交界的邛水、思州、玉屏、晃州、会同、靖州等地。

在攻城夺池的同时，为了扩大和巩固起义成果，张秀眉领导苗族义军以台拱为中心建立起革命根据地，并采取了一系列的政治、经济、军事措施。在经济上，实行"分田而食"，将屯田和地主的田地分给贫苦的农民耕种，鼓励群众开荒种地，扩大耕地面积；废除苛捐杂税，减轻农民负担；发展商业，保护商人，开放集市。在政治上，张秀眉自称大元帅，下设元帅、将军等武官职，又设管理地方政务的文官，颁布了一系列有利于人民生产生活稳定和民族团结的措施、法令。在军事上，除建立一支拥有相当数量的勇猛善战的常备军外，还采取了寓兵于农的措施，将全体成年农民都编为后备军，战时从征，平时生产，使革命发展有可靠的保证力量，等等。由于采取了这些有效的措施，起义军控制区内出现了社会秩序相对稳定、人民安居乐业的景象。

为了壮大革命力量，增强战斗力，张秀眉领导的苗民起义军还与潘新简领导的水族农民起义军、姜映芳领导的侗族农民起义军、张凌翔领导的回民起义军以及太平军等义军联合，协同作战，形成互为掎角之势，共同打击敌人。

1864年，轰轰烈烈的太平天国革命运动在中外反动势力的联合剿杀下惨遭失败，全国农民革命运动逐渐陷于低潮。张秀眉领导的苗族起义形势开始出现逆转。同治五年至六年（1866—1867），清政府先后调遣镇压太平天国革命的刽子手李元度、席宝田率配备洋枪洋炮的湘军1万余人入黔，大肆剿杀苗民起义军。在沅州，义军曾袭击清军，歼敌3000余人。同治八年（1869），清政府又调集湘、黔、川三省重兵，在席宝田的率领下开赴苗疆，对苗族义军进行了长达两年的血腥镇压。在形势极其不利的情况下，张秀眉率义军转战各地，利用险要地形地势，采取灵活机动的战略战术，用滚木、礌石、飞炮等原始武器伏击敌军，曾取得黄飘、都匀等战役的胜利。但由于清军武器占优势，敌我力量悬殊，革命形势愈来愈不利。同治十一年（1872）二月，清军围攻雷公山乌鸦坡，在此次战役中，义军损失惨重。四月，在敌人的围追堵截中，张秀眉率苗族义军在乌东山一带又与清军进行了浴血奋战，最后力竭为清军所俘，次月在长沙惨遭杀害。

张秀眉领导的苗民起义是在太平天国影响下以苗族群众为主体的一次革命大起义，它坚持斗争18年之久，势力波及黔东南、湘西南等地，沉重打击了清王朝在这些地区的统治。这次起义虽然失败了，但苗家英雄张秀眉及其所领导的苗民大起义将永载史册。

五、姜映芳领导的侗族人民起义

姜映芳，一作姜应芳，1833 年出生在贵州省天柱县一个贫苦的侗族农民家庭。姜映芳生长的年代，正是国家内忧外患、阶级矛盾和民族矛盾日益激化、各民族人民武装反抗斗争风起云涌的年代。腐朽的清王朝为了支付庞大的军费和赔款，更加重了对广大各族群众的压迫和剥削，地主阶级、官绅也乘机大肆敲诈勒索百姓。与许多贫苦的各族群众一样，姜映芳从小就过着悲惨的生活。10 岁那年，父亲姜老毛因抗租而被地主送押官府投入监牢，不久含恨死去。迫于生活，童年的姜映芳不得不离家去帮地主放牛。14 岁时随一个卖艺人到了湘西一带，并结识了不少江湖艺人。从他们那里，他不仅学到了许多本领，练就了一身武艺，而且也开阔了视野，铸就了不屈的反抗精神。

1851 年，姜映芳从湘西回到了家乡。这一年，在广西桂平县金田村爆发了震撼全国的太平天国革命，并很快波及全国其他地区，极大地鼓舞了受压迫受剥削的各族人民群众。清政府为了维护其反动腐朽的统治，仍不断将危机转嫁到各族人民头上。在贵州，农民的负担异常沉重，许多侗族群众被迫卖儿鬻女，土地丧失殆尽，无以为生。对那些抗粮的农民，地主武装则"或枭首，或活埋"①。面对封建政府的暴政和各种不平等的社会现象，富有正义感和反抗精神的姜映芳十分愤慨。他以传授武艺为名，走村串寨，发动群众，宣传革命，广泛结交有志之士和贫苦农民，欲以武装起义的方式来谋求生存之路。

咸丰五年（1855）五月，姜映芳与陈大陆、龙海宽等人，仿照天地会的形式，成立了"金兰会"，将数以百计的侗族贫苦农民组织起来，在天柱县抵营乡举起了"灭清复明"、"打富救贫"的义旗，夺地主、豪绅粮食和财物分给贫苦农民。之后，姜映芳率义军攻城夺寨，取得节节胜利。1857—1860 年，姜映芳领导的侗族义军，还多次与"教军"、"大成国军"、张秀眉领导的苗民义军联合，夺取了许多地方，姜映芳还被苗族、侗族义军推举为"奉天伐暴灭清复明统领义师定平王"。在起义的过程中，姜映芳吸取一些侗族的传统文化因素，逐渐形成了独树一帜的平等思想。针对社会财富的不均，他明确提出了"大户人家欠我钱，中户人家你莫言，小户人家跟我走，打倒大户来分田"。此口号的提出，得到了广大群众的支持和拥护，纷纷参加起义队伍。同时，在起义军内部，姜映芳以侗族传统的社会组织形式"款"为模式，保持着一种朴素的平等关系，没有等级高低、特权大小之分，民主协商军政大事，使队伍充盈着民主、和谐的气氛。

同治元年（1862）二月，姜映芳与张秀眉领导的苗族义军联合，攻下了天柱的汉寨汛，姜映芳即以此为根据地，定名为"九龙山"。为保障和巩固革命成果，姜映芳还在根据地采取了安定社会秩序、实行公平买卖、建立常备军、保护耕牛发展生产、平均地权等措施，使"九龙山"根据地一时生机勃勃，百姓安居乐业。随后，姜映芳率侗族义军转战于黔东南、湘西南一些地区，曾攻克了天柱、瓦寨、邛水汛（今属贵州三穗县）和青

---

① 光绪《天柱县志·兵燹纪略》。

㵲（今属贵州镇远县）等地，进逼湖南的晃州、黔阳、会同等地。六月，在玉屏西郊与湘军的大战中，起义军英勇顽强，歼敌3000余人，沉重打击了敌人的嚣张气焰。

正当姜映芳率义军在湘西与敌人鏖战之时，七月，清政府乘机急调湖南巡抚毛鸿宾带领装备精良的湘军，勾结天柱地主豪绅，分数路抄袭天柱和镇远，围攻义军九龙山根据地，迫使义军回援，结果义军不幸在款场（今属贵州天柱县）遭到清军的袭击，伤亡惨重，被迫退守九龙山。经过两个多月的激烈战斗，义军终因寡不敌众而退到南洞司属的高丘、高拐一带。姜映芳在突围的过程中被清军俘获，十月在铜仁惨遭杀害。义军余部先后在陈大陆、姜应灵的领导下，继续坚持战斗，直至同治十三年（1874）姜应灵牺牲。坚持斗争20余年的侗族人民大起义虽然失败了，但他们英勇顽强的革命精神，在中国近代各民族革命斗争史上写下了光辉的一页。

六、瑶族人民的反抗斗争

近代以来，瑶族人民的反抗斗争连绵不断，这主要与清政府的残酷压迫和地主阶级的盘剥欺凌有着直接的关系。早在清康乾时期，广东、广西、贵州、湖南等地的瑶族就不断举行反抗活动。道光十一年（1831）十二月，湖南过山瑶人赵金龙、广东连山瑶人赵子青等人以巫教、道教相号召，领导瑶族群众举行起义。义军发布文告，制红蓝等旗帜，定年号为金陇元年，以九疑山为根据地，向清政府发起了进攻。他们攻城夺池，阻击清军，取得了许多战役的胜利，并波及广东、广西、湖南等省区的瑶、苗等民族地区。面对义军的凌厉攻势，清政府急忙调兵遣将，前往镇压，下令"其广东、广西毗连处所，现又飞饬该督、抚、提、镇于交界地方，一律防堵。其各府、州、县，凡有瑶民杂处地方，一律严密防范，妥为抚绥。俾免煽惑勾连，别生枝节，以致滋蔓。"① 但义军利用熟悉地形的有利条件，采取设伏突然袭击等战术，多次打退了清军的围攻，使其声势更加大振，队伍一度发展到万余人。随后，清政府命湖广总督卢坤、湖北提督罗思举、贵州提督余步云率军全力镇压。在敌人强大的攻势前，义军终因寡不敌众而惨遭失败。

继赵金龙、赵子青起义之后，宁远过山瑶人盘均华、连州八排瑶人房大第六、沈烧酒、盘麻三、李成意，新宁瑶人蓝正樽、雷再浩等人也举行了起义。② 史载："瑶山周围四百余里，岗险箐密，军无侦探，瑶铲要路，伏隘狼突，官兵惊溃，自相挤附，三路皆败，游击、都司以下死者数十，士卒死者千计"③，他们"拥进县城，戕害官兵"，"打毁衙署监狱"④，给予清朝地方政府和清军以沉重打击。但这些起义在湖南、贵州等省区清军"堵缉"、"堵拿"的剿杀下均失败了。咸丰、同治、光绪年间，瑶人起义斗争仍此伏彼起，如广东高要、高明等地的瑶人起义，湖南江华瑶的反抗斗争，粤北八排瑶起兵等。这些反抗斗争虽然最后都以失败而告终，但他们都在不同程度上打击了清政府的腐朽统治，使清政府不得不暂时减轻了对当地群众的剥削，从而也促进了当地生产的恢复和发展。

---

① 《清宣宗实录》卷205，道光十二年二月戊寅条。
② 参见吴永章：《瑶族史》，第611—613页，四川民族出版社，1993年。
③ 《圣武记·道光湖粤平瑶记》。
④ 《清宣宗实录》卷474，道光二十九年十一月甲午条。

第三章　民族地区社会经济的演变

第一节　资本主义工商业的萌芽

鸦片战争后，中国开始沦为半殖民地半封建社会，在外国资本主义经济的冲击渗透之下，随着中国资本主义工商业的产生和发展，民族地区的资本主义工商业也开始产生并得到缓慢的发展，其进程虽然和全国一样产生于甲午战争前，发展于甲午战争之后，但少数民族地区的资本主义工商业无论在规模上还是在水平上，都远远落后于经济发达地区。此外由于历史原因和所受外来影响的不同，不同民族地区的情形又各不相同，千差万别。

一、东北、内蒙古地区

东北和内蒙古地区，由于清政府实行封禁政策（间有适度开禁），与外界的经济交流十分有限，社会经济发展停滞不前。只是到了近代，沙俄不断侵犯边境，在"移民实边"的强烈呼声下，才解除禁令，大批移民的涌入，大兴垦殖，东北、内蒙古地区经济才有了一个明显的发展，但直到近代后期，在洋务运动的推动和外国资本主义的影响下，资本主义工商业才开始萌芽，出现了具有资本主义生产方式经营的企业。

在东北主要有洋务运动中兴办的少数企业，且主要是采矿业，如1887年李鸿章与黑龙江将军恭镗在黑龙江共同创办的漠河金矿，1890年吉林将军长顺委程光第堪办的吉林天宝山银矿，1894年吉林将军奏委宋春鳌开办的三姓（今依兰）金矿等。这些主要是官僚资本企业，至于私营资本企业，由于东北近代开发较晚，当地经济较为落后，内地民族资本很少投向东北，而满族、蒙古族等较先进的东北少数民族尚处于从封建领主向地主经济发展的封建经济上升阶段，而一些小民族还刚从原始状态过渡到阶级社会或刚进入封建时代，根本谈不上资本主义因素的产生与发展。

在内蒙古，随着农业、手工业、商业的发展，不仅有洋务运动中兴办的官僚资本采矿企业，如1881年北洋大臣李鸿章与热河都统崇琦奏办的热河平泉铜矿，1892年李鸿章札委徐润堪办的热河建平金矿，而且在其他行业也出现了资本主义因素。早在清中期开始就有蒙古王公贵族等牧主出租土地招工垦种的情况；而在旅蒙商和外商通过高利贷或抵押贷款取得的土地上，除继续借土地原主人之手进行搜刮外，还将土地出租给一些地商（揽头），这些地商承租大片土地，取得永佃权，或转手出租，或招民榜青，直接经营。到清末还出现地局、垦务公司等从生产到销售统一经营的实体。而当时随着封建领主制的瓦解、人身依附关系的逐渐松弛，加之内蒙古地区大量流民的存在，自由身份的雇工队伍日益扩大，形成一定规模的劳动力市场，使土地所有者利用土地剥削无产者剩余劳动的活动得以实现，早在清中叶就已有牧主向雇工发放工钱的个案。到清末这种现象则更是屡见不鲜，如据清档案光绪元年十月十九日刑科题本记载，热河建昌县有宋青禾，原籍山东，于同治五年（1866）将家产折卖得银 200 两，到围场领租荒地五六顷，雇工连年开垦耕种。外国资本在内蒙古地区工业企业的生产关系已无须论说，而严格意义上的蒙古族民族资本主义则主要存在于煤炭、黄金等开采业和皮毛加工、地毯、制毡、酿酒业等手工业。清末在"新政"的影响下，蒙古王公、官吏亦纷纷或集资或与外商、汉商合资创办实业。由于长期封禁，清代内蒙古地区的矿山开采是在外国资本主义势力侵入和掠夺过程中才逐渐放开的。煤矿开采方面，道光十五年（1835）在手工基础上，开发建设了万元窑煤矿；同治三年（1864）开发建设辛家沟、吉庆沟等煤矿；光绪三十四年（1908）土默特旗开发石拐煤厘局。煤矿一般由私人投资，具有私人民族资本主义性质，并且都形成了工业性生产。煤在清代各种矿产中管理最松弛，课税也最轻，故民间得以经营，发展也较快。金矿也是在鸦片战争后才得以开发的。1892年（光绪十八年）在敖汉旗设立官营金矿总局，加大黄金开采，也形成了工业性生产。至于蒙古王公、官吏创办的"实业"则多出现在 20 世纪初，如 1905 年喀喇沁旗梅伦蒙古人阜得胜、札萨克图旗佐领吉祥筹集蒙旗资金白银 1.6 万两，在大兴安岭索伦地区创办的祥裕木植公司，主营木材砍伐、销售；1906—1909 年，喀喇沁郡王贡桑诺尔布先后从北京隆茂号、俄国道胜银行、日本正金银行和英国汇丰银行贷款 11 万余两，在旗内大办新政，其中开设一所综合性工厂，生产肥皂、蜡烛、绒毯、染料等；1906 年，哲里木盟盟长、和硕亲王齐克庄与汉商合资创建长春天惠造碱实业公司，采用机器生产，产品远销京津、江浙和日本；1910 年，巴林郡王扎嘎尔道尔吉与日本人片谷川藏合资兴办东蒙古怡殖盛德公司，经营范围涉及"开垦荒地，酿造烧酒，开采矿苗，经营牧畜，收买畜品，批趸杂货，发行钱贴"；同年，由科尔沁亲王穆尔灵圭召集，由外蒙古赛音诺颜汗部札萨克亲王贡桑诺尔布等七王公共同发起的蒙古实业公司在京成立，该公司主营公路、水路运输，采用股份制方式拟融资 100 万两，除发起人认购 20% 股权 20 万两外，其余 80 万两由大清银行、交通银行等金融机构向全国代理发行，大有仰仗清朝政府的支持和扶植，垄断整个内蒙古地区各业开发的势头。这些实业虽然在不长的时间内纷纷倒闭破产，陷入萧条境地，但蒙古王公、官吏创办"实业"的活动，在蒙古族社会经济生活中具有重要意义，它不仅改变了蒙古社会单一的经济结构，而且它所借鉴的西方国家以资本经济为中心的经营模式，对于蒙古族思想观念和经济体系的变化无疑起了一定的积极作用。

二、西北地区

在西北地区，由于甘、宁、青等地方，不仅原本社会发展较落后，而外来的冲击相对较小，因此，这些地区资本主义的因素可以说是微乎其微。而新疆的情况却十分突出，也最具代表性。在沙俄入侵和新疆建省、清末新政等内外因素的作用下，随着新疆社会经济的发展，特别是清末新政的推行，新疆也产生了近代的新式商业及工矿企业。其中既有外国资本的企业，如服务于垄断资本的买办企业以"洋行"的名义出现在新疆各地，这些洋行不仅从事高价倾销工业品和低价收购农副土产的业务，而且还附设牧场，收养大量牲畜，用中国的人力物力在中国土地上直接生产他们所需的原料，并经营服务出口的加工工业，如羊毛的洗刷、打包等，还在伊犁、和阗等地开设工厂经营制毛、制皮、制粉、制造毛毯、绸缎，在塔城、和阗参与开采金矿等。也有清政府主持设立各类公司企业，如为抵制俄、英的经济侵夺，以收回权利，应伊犁将军的请求，1906年在宁远城设立皮毛公司，用砖茶缯布交换羔犊皮毛，出口外销；1910年塔城"仿照伊犁招商集股办法"也设立官商合办的皮毛公司；为抵制茶叶走私，伊犁将军成立官商合办的伊塔茶务有限公司，享有茶叶专卖的权利，后改商办。此外，为从根本上抵制"俄英外来之利"，新疆地方当局一方面在迪化、和阗、洛浦、库尔喀拉乌苏等地设立工艺厂、劝工所、工艺局、织造局等，讲求工艺，鼓励实业；另一方面派人到"俄、德各国考求工艺，延匠购机以归"，设法开办新式工矿企业，采用机器生产。先是从采矿和冶铸开始，如库尔喀拉乌苏的独山子油矿、塔城喀图山金矿最具代表。后扩大到火柴、电灯和胰油制造等。还有少数民族上层及富商开办的企业，如经商致富的维吾尔族商人玉山巴依在清朝官府的支持下，投资30余万两创办的伊犁制革厂，以及继其后建成的塔塔尔族艾里艾赫迈德赛迪的天山皮革厂、巴亚雪夫的皮革厂和土拉洪·毛拉阿吉的皮革厂等。

从这些企业的经营情况看，不仅新式工矿业采用机器生产，雇佣工人劳动，特别是像伊犁制革厂的出现，不仅使维吾尔族等少数民族中产生了像玉山巴依、艾里艾赫迈德·赛迪等资本家，而且由于这些企业使用工人劳动，如伊犁制革厂雇工100余人，多为维吾尔族。而从关于喀图山金矿俄国技术人员及"矿夫工资较中国加昂数倍"①的记载，也可以看出，资本主义剥削方式的存在也就是说产生了少数民族的产业工人。此外在买办洋行附设的牧场和哈萨克牧主的牧场中都产生了一定数量的牧工，而在各种外资皮毛加工织造的企业中，雇佣当地各族工人进行生产已不新鲜。以上情况虽不典型，规模数量也很小，但足以说明到清末，新疆少数民族社会中产生了资本主义的萌芽。

三、南方、西藏地区

总体而言，南方民族不同地区，虽然在时间上有先后，但在近代都陷入了半殖民地的旋涡。但是南方民族地区，地域辽阔，民族众多，不仅社会发展水平不一，而且所受外来侵略程度和影响不同，因此不同地区、不同民族资本主义因素产生和发展的情况差异很大。有些僻处边地、交通不便的、落后的民族地区，不仅不可能有资本主义的因素，即便是封建地主经济尚未出现，因此，南方民族地区资本主义的萌芽主要出现于受帝国主义势力侵略和渗透程度较深、清政府比较关注并采取相应的治理措施，对当地社会经济均产生影响较大的地区，具体地说，就是台、琼二岛和西南边疆以及一些交通便利的大中城镇。

南方民族地区资本主义企业的产生，也主要集中在采矿业。最早当属1875年刘铭传在高山族聚居的台湾北部兴办的基隆煤矿。在甲午战争前具有代表性的官僚资本企业还有1886年贵州巡抚潘蔚在贵州筹办的清溪铁厂，1887年云南督办矿务大臣唐炯在云南东川办的东川官商公司（经营采铜）等。这些企业虽采用了资本主义的经营方式，但和清政府创办的其他企业一样，由于资金、交通、人才、技术、管理等原因，大都失败。民族资本或以民族资本为主的企业有：1880年开办的广西贺县煤矿，1882年朱季云开办的湖北鹤峰铜矿，同年王辉远创办的湖北施宜铜矿，1889年谢光琦创办的广西

---

① 袁大化总裁，王树枬、王学曾总纂：《新疆图志》卷29，上海古籍出版社，1992年影印本。

贵县天平寨银矿等。这类企业则由于与洋务企业同样的原因，加之规模小，均以倒闭停办而告终。甲午战争后，在全国资本主义经济发展的影响下，也有所发展，但仍以采矿业为主。据统计，甲午战争后至清朝灭亡前后，少数民族地区开办的资本在万元以上的有 12 家，其中南方有 10 家，且主要集中在西南的滇、桂两省，其中包括：四川冕宁的麻哈金矿（1895 年由道员赖鹤年创办，官办招商集股性质，资本 41.9 万元），广西贵县的三岔银矿（1896 年由谭日章等创办，商办性质，资本 40 万元），云南蒙自的蒙自官商公司（1904 年开办，采银洞等九处锡矿，官商合办性质，资本 69.9 万元，1909 午改为个旧锡务公司，资本官商合计 250 万元），云南囊充等地的福寿公司铜铅矿（1906 年开办，商办性质，资本 16.8 万元），广西梧州的梧州炼锑厂（1906 年开办，官办性质，资本 27.9 万元），广西富川贺县的西湾煤矿（1907 年由补用知县胡铭槃创办，官办性质，资本 59.5 万元），云南文山等地的宝华锑矿公司（1909 年开办，官商合办性质，资本 23.4 万元），贵州铜仁的铜仁官矿局（采锑矿，1910 年开办，官商合办性质，资本 7.9 万元），广西南丹的南丹锡矿（1912 年开办，商办性质，资本 10 万元），云南东川的东川矿务公司（1913 年开办，开采铜矿及铅锌矿，官商合办性质，资本 30 万元）。① 此外，少数民族地区主要是广西省，近代航运企业也有所发展。1908 年，广西梧州周字贤等开办了华商西江航运公司；1913 年，龙州又有四大商家集资开办了启泰公司，经营左江航运。

至于西藏地区，在晚清的数十年里，帝国主义的侵略，虽然客观上给西藏社会带来许多新生事物，对西藏传统的社会经济有所触动，但由于长期封闭，社会经济发展滞后，清政府对西藏的开发较晚，"新政"时期的开发又没有取得成功，近代西藏经济始终处于缓慢发展的状态，社会生产关系并未发生任何改变，西藏封建农奴制长期存留，因此由于不具备必要的内因和外部条件，西藏地区并没有资本主义萌芽的产生。

总之，随着外国资本主义的侵入和全国资本主义经济的发展，少数民族地区出现了资本主义萌芽，但是，少数民族地区资本主义企业不仅产生稍晚，数量有限，规模偏小，而且在地域、行业分布上也极不平衡，发展艰难，具有明显的时代特征和半殖民地的烙印。

第二节 外国资本主义对民族地区经济的影响

如本编第一章所述，随着帝国主义侵略的深入，外国资本主义在中国的渗透和发展，其势力由沿海逐渐深入内地，由边境不断进入边疆腹地，对广大民族地区经济产生了重大的影响，具体表现在以下几个方面：

一、帝国主义的侵略及其对民族地区经济的冲击

近代外国资本主义对民族地区经济的冲击，是伴随着武装掠夺与经济渗透进行的，从地域上说，所有民族地区无一例外。而从形式和内容上，在甲午战争前（以《马关条约》签订为界）主要是掠夺原料和商品倾销，甲午战争后，不仅继续进行商品倾销

---

① 据汪敬虞编：《中国近代工业史资料》第 2 辑（1895—1914）下册，中华书局，1962 年；陈真等编：《中国近代工业史资料》第 1 辑，《民族资本创办和经营的工业》，生活·读书·新知三联书店，1957 年。

和掠夺原料,而且通过资本输出,控制中国的经济命脉。而从后果上看,少数民族地区半殖民地经济形成并逐步加深。

如前所述,帝国主义对民族地区的经济侵略以甲午战争为界分成两个阶段,而侵略的过程是通过不平等条约,开辟商埠开始的。1851年,俄国胁迫清政府签订《伊犁、塔尔巴哈台通商章程》,使这两个城市成为民族地区开辟最早的商埠,拉开了外国资本主义对我国民族地区经济侵略的序幕。据统计,1852—1921年,资本主义列强通过各种不平等条约,在少数民族地区开辟商埠共38处,其中在西北有:伊犁、塔尔巴哈台、喀什噶尔、迪化、吐鲁番等;在蒙古地区有:库伦、乌里雅苏台、满洲里、海拉尔、归化、赤峰、包头等;在东北有:瑷珲、宁古塔等;在南方有:淡水、台南、琼州、北海、南宁、龙州、蒙自、河口、思茅、腾越、亚东、江孜等。西方列强正是以这些商埠作为居留地和据点,实施掠夺原料和倾销商品,以及进行资本输出。

1. 新疆及蒙古地区

继《伊犁、塔尔巴哈台通商章程》取得在新疆伊犁、塔尔巴哈台两城货物免税之后,1862年,沙俄趁清政府忙于镇压太平天国革命之机,又胁迫它签订了中俄《陆路通商章程》。这个章程划蒙古为"小本营生"的俄商自由贸易区,并规定俄商运俄货至张家口或天津,进口正税照各国税则减1/2。1869年,沙俄与清政府在修订这一章程时,取消了在蒙古地区自由贸易的俄商只限于小本经营的规定,即以后凡是俄商都可以自由进入蒙古地区贸易。1881年,沙俄在与清政府签订中俄《改订伊犁条约》的同时,还强迫它签订了中俄《改订陆路通商章程》。通过这个不平等条约,沙俄进一步扩大了它在1869年修订中俄《陆路通商章程》时所得到的侵略权益和利益。中俄《改订陆路通商章程》规定:两国边界百里之内准中俄人民自由贸易,均不抽税,在新疆及蒙古中俄边界,中国开放35处卡伦,准俄商经此到中国贸易,而俄国对中国商人只开放27处卡伦;俄商自陆路运来俄货,自陆路至天津、肃州(即嘉峪关)者,照税则所载正税三分减一交纳,在张家口购买货物回国,只纳一子税(即正税之半)等等。中俄《改订伊犁条约》中也规定:俄商在天山南北路贸易暂不纳税,俄商得以在张家口设立行栈,等等,从此,我国新疆和蒙古成了俄商的自由贸易区和免税区。

(1) 俄英在新疆的经济侵略和影响

在不平等条约的保护下,俄国攫取了通商、设立领事等特权,俄国一方面在新疆大力推销布匹、呢绒、绸缎、糖、火柴、玻璃、钟表、皮革制品等工业品。另一方面大量收购皮毛、羊肠衣、棉花、生丝、毡毯等原料及土特产品。同时还进行其他非法侵夺活动。俄国侵略者的行径和对新疆经济的影响主要表现在:

肆无忌惮地破坏当地的税种和税率,在伊犁地区强征户口税、自治捐,不仅税率高,而且迫使伊犁百姓用卢布缴纳赋税,百姓不得不以制钱换白银,再用白银兑卢布,致使银价腾涨,人民备受亏折之苦,出售卢布的俄商则坐收暴利。据统计,俄国占领伊犁期间,每年在伊犁征得的税款"不下数十万两"[①],俄商还极力压低当地农副产品和

---

① 李去麟:《西陲事略》,王彦威、王亮纂:《清季外交史料·同治朝》卷19,第49页,北京书目文献出版社影印本。

畜产品的价格，抬高俄国工业品的价格，通过价差牟利。

在伊犁开埠至《中俄伊犁条约》签订之前，俄商的活动就已超出伊犁地区，延伸到喀拉乌苏一带，俄商在喀拉乌苏经营的商店就有80多处，仅1879年俄商在该地的经营额就达200万卢布。1884年新疆建省后，百废待兴，俄国商品迅速占领新疆市场，俄商建立了遍布新疆的贸易网，组成拥有数十万至数百万卢布资金的商行，包揽了货物进出口和土畜产品收购、转运等各项业务。到19世纪末20世纪初，新疆已沦为俄国垄断资本的销售市场和原料供应地。沙俄利用不平等条约，以在新疆各重要城市设立的贸易圈为基地，不断扩张渗透。据俄国人自己的统计（见斯拉特科夫斯基《苏中经济关系概要》，第121、第163、第166页），1850年沙俄在新疆的贸易总额为74.2万卢布，1884年增至210万卢布，到1893年达582.86万卢布，是1884年的2倍，是1850年的8倍。而1893向新疆出口额达303.64万卢布，从新疆进口额达279.22万卢布，分别是1850年的14.36倍和5.26倍。从俄国输入的商品主要是工业品，在数量和价值上占首位的是棉纺织品和一定数量的呢绒，占第二位的是铁和铁制品，其他商品有食糖、火柴、纸张、煤油、瓷器、玻璃器皿等。从新疆输出的主要是工业原料和土特产品，如棉花、皮毛、丝绸、瓷器、茶叶、干果、毡子等。

为服务于在新疆的经济掠夺，沙俄还在伊犁、塔城、喀什噶尔、乌鲁木齐等地设立道胜银行分行，办理存款、借贷和汇兑业务，非法发行大量纸币，垄断新疆的金融和财政。

特别值得一提的是，俄国利用《中俄伊犁条约》有关条款，强迫迁徙伊犁地区维吾尔族居民7万余人，不仅极大伤害了中国的国家主权和被迁徙居民的民族感情，而且使新疆失去了大批的劳动力，对当地的农业发展无疑是一个严重的破坏。

继俄国之后，英国也染指新疆，先是支持浩罕国在南疆的侵略活动，继而援引沙俄在新疆的经济特权，极力打入新疆，攫取商业利益。1895年，英国政府派"游历官"驻喀什噶尔，1908年改游历官为领事，在喀什噶尔正式设领事馆。英商的活动主要在南疆各地，他们一度从各地向新疆运销染料、布匹、金丝绒、胡椒、药材、熟皮和鸦片，从新疆收购缁羔皮、羊肠衣、旱獭皮、生丝、毡毯和现银等。到清末英国对新疆的贸易额相当于沙俄的1/3。此外英国在喀什噶尔设立汇丰银行控制南疆金融。

帝国主义势力的侵入，给新疆各族人民带来了巨大灾难，经济上造成严重破坏，但在一定程度上刺激了新疆商品经济的发展，缫丝、纺织、制毯等行业得到迅速发展。据《新疆图志·实业志》统计，清末南疆一带蚕丝年产量由30多万斤增至70万斤，"和阗境内植桑200万株，岁销英俄两国茧27万斤，丝8万斤。阖属织户共1200余家。"皮山县茧产量逐年猛增，1908年一年土茧出口销售就达32万余斤。由于外国商人争相购买，当地各族人民争事蚕茧。其他方面，年产大布70余万匹，地毯1.7万余条，毛毯7.8万余条。各地因之出现了一些较大规模的手工工业。也产生了服务于外国垄断资本的买办"洋行"和一批中国商人。洋行不仅在一地有贸易机构，而且在各地设有分号，直接为外国资本推销工业品，收购土特产和工业原料。而此阶段出现的中国商人其经营活动与洋行买办类似，所不同的是与外国资本的关系是代销洋货和转卖工业原料的关系。商业资本的发展，使少数商业资本开始向工业资本转化，如1908年维吾尔族商人玉山巴依以1000只羊的价格从德国购进制革机器,在伊犁开设皮革厂,1910年投入生产,有工人250人。而随着商品经济的发展,一些重要城镇如喀什噶尔、莎车、叶城、乌鲁木齐、伊犁、塔城、奇台等,因集散土特产、洋货,逐渐变为更加繁荣的商业城市。

(2) 沙俄在蒙古地区的经济侵略与影响

大量收购土特产品。外商在蒙古地区主要收购牲畜、羊毛、皮张、药材、粮食等,和旅蒙商收购商品是为了转销牟利,不同的是,这种收购主要是直接为工业生产提供原料,无须特别的挑选,即所谓"在出售俄国产品时普遍接受任何蒙古原料及所有牲畜",也不必受季节限制,因此收购量之大绝非旅蒙商可比。据统计,1879年由天津出口的蒙古驼毛近万担(每担50公斤),1889年达2.5万担;1875年主要产自蒙古地区经天津出口的羊毛仅41担,1882年达2300担,1885年增至2万担,1894年达20余万担。1911年产自蒙古地区的各类绒毛出口量剧增至50余万担。19世纪末,每年内蒙古东部地区输往俄国和日本的羊皮为100万—200万张,牛皮7万—10万张,马皮5万—7万张,驼皮300万—500张。其他土特产品的收购数量也是惊人的。显然,在近代历史条件下,蒙古地区和全国其他地区一样,在经济上陷入殖民经济的旋涡,各族人民的农牧业生产逐步成为为西方资本主义经济的附庸。

倾销工业品。在大量收购土特产品的同时,外商大量倾销本国的工业品,他们先后把呼伦、满洲里、多伦、归化、包头等地辟为商埠,以这些商埠为基地,向四周辐射,使洋货充斥蒙古各地市场,俄人波兹德涅耶夫在其旅行记中记述道:"到1880年的下半年,乌里雅苏台周围地区的草原上至少已有四分之三的居民穿的都是俄国棉布做的衣服",在当时归化城的市面上不仅"出售的布匹都是外国货",而且还有欧洲的座钟、灯、自动玩具、小盒子和俄国的梳妆盒。此外,在倾销本国工业品的同时,俄商还垄断蒙古地区的茶叶贸易。茶叶虽来自中国本土,但对蒙古地区而言,亦是外来商品。茶叶贸易本是旅蒙商的大宗生意,利润十分可观。俄商看到茶叶贸易的暴利所在,利用不平等条约,在中国产茶区购置地产,设立茶厂,并在汉口、天津、张家口等地设中转货栈,至1904年,俄商在汉口设有8家茶叶大商号,在张家口建有斯太齐夫、巴太尼夫两个转运和销售公司。经营额也逐渐扩大,据统计,到20世纪初,每年由俄商"输至西伯利亚及欧洲的茶叶,约计7400万俄磅(40俄磅等于英磅常衡36磅),输至蒙古地区的约计900万俄磅",可以说基本上垄断了蒙古地区的茶叶市场。结果"中国商人因俄国人的竞争而在这些茶叶的贸易上连年赔本。现在归化城人人都知道俄国西伯利亚最大茶商勒恰诺夫的名字,据说他的经营使归化城好几十家商人破了产"。可见,倾销工业品和垄断大宗贸易,不仅对广大农牧民是一种剥削和掠夺,而且对中国的民族工商业的发展造成了极大危害。

掠夺矿产。近代以来,西方殖民者不仅疯狂掠夺蒙古地区的地上资源,而且利用不平等条约掠采地下资源。蒙古地区蕴藏着丰富的矿产资源,俄国人早就盯上了这一地区的地下财富,俄国官员巴德玛耶夫在其报告中称蒙古是一个"极其富庶的地区",除宝石和贵重金属外,还有其他自然资源,"其中最主要的是煤和石油",由于已有包括日本、欧洲的各国实业家和俄国实业家"想方设法获得这个地区自然资源的开采权",因此建议俄国政府应给清政府施压以获得开采权,并抓紧建设铁路,为将此地资源外运提供条件。1898年,俄国资本家集资500万卢布,计划开采外蒙古地区金矿。受贿的乌里雅苏台将军连顺于是奏报朝廷称"蒙古地方金苗畅旺,亟宜招商开采,以裕财源而尽地利",清政府在经济利益的诱惑下,竟允许"官督商办",准许在土谢图汗、车臣汗部设厂采金。此事遭到当地民众反对,"各蒙古纷纷呈诉,恐于生计有碍",清政府进退两难,而蛮横无理的俄商竟不顾一切,"购买机器,招募天津工人,赴库(伦)开采。在沙俄的淫威下,清政府被迫妥协,自此,俄商在蒙古地区开始大规模掠夺矿产资源的活动。据统计,以柯乐德为首的"蒙古金矿公司",1898—1919年,在外蒙古地区陆续探明金矿21处,开采15处,1906—1911年共采得黄金163476.63两,除交官税2452.49两,蒙古王公提成3269.53两外,6年间共掠走135685.57两黄金。1900年,俄国军队强占并开采吉拉林河流域的吉拉林砂金矿、利乌玛砂金矿;1901年,沙俄强行与黑龙江政府缔结协议,开采黑龙江上游北至牛尔河,南至呼伦湖,8万—9万平方公里地域内的金矿,截至日俄战争爆发,该地区产黄金3—4千两。此外,1904年喀拉沁札萨克郡王贡桑诺尔布陈请与荷兰人白克耳合资开办巴达尔胡川金矿;1907年英人尹德与汉商王治林在热河霍农家地等处合资开办金银矿。

除黄金外,西方殖民者还掠夺了蒙古地区的煤炭资源,1903年俄国人发现并开采呼伦贝尔著名的扎赉诺尔煤田,1907年俄国中东铁路公司以"铁路用煤"为由,与黑龙江政府缔结协定,取得该矿区勘探开采煤矿权,次年即开矿井14处,全年产煤2000万余斤。同年,该公司又擅自开采呼伦贝尔境内的太平山煤矿,1910年,该公司又强行在呼伦贝尔察汉敖拉勘察煤矿。

殖民者的掠采,使蒙古地区的矿产资源受到极大损失和破坏,而且完全变成了西方列强的原料基地。

设立金融机构,实行资本剥削,为殖民掠夺提供便利条件。为配合对华殖民政策,西方各大银行纷纷在华设立分支机构,并培植了一批买办。到19世纪末,俄、英、法、日、美等国在归化、包头、海拉尔等地开办的洋行达21家,洋行不仅直接倾销商品,而且向清中央政府、地方政府发放贷款,或以合资名义开办工厂、矿山,或资助各国在华的运输、邮电等行业的开发。在蒙古地区的主要商埠,如张家口、归化、海拉尔、满洲里、库伦、乌里雅苏台等城市均有外国银行或办事处,在各国银行中,又以沙俄的银行影响最大,危害最深。如华俄道胜银行扶持中东铁路的修建,为殖民者掠夺资源和倾销商品提供极为便利的条件;在蒙古地区推动俄币的流通使用,造成蒙古地区流通秩序的混乱和白银的大量外流;向蒙古王公发放抵押贷款,当蒙古王公无力还贷则以土地、矿山等作抵押,随即通过开采矿藏和将土地转租获取更大利益。这一侵略行为直接导致外国资本、洋行买办在内、外蒙古地区都占据了大片水草丰盛的牧场或已开垦的良田,他们变成了这些土地所有权的实际支配者,只要蒙古王公不能将债务还清,他们就可以一直利用这些土地作为他们的羊马场牧场或饲草料基地,每年借蒙古王公之手,从蒙古牧民身上搜刮大批牲畜,抵作债务的利息。他们深知这种搜刮比商品贸易更为有利,因此他们永远不会让蒙古王公偿清债务,牧民则成了最终的受害者,正如苏联历史学家卡利尼科夫所说:"外蒙古的牧民成为商业高利贷资本的无法偿还的债务人。1911年时,该地区的全部债务达到一千一百万两的巨额，在许多旗有半数以上牧民的牲畜是外国洋行的。"致使广大蒙古地区牧民成了外国资本和旅蒙商高利贷者的永久放牧人，他们虽然仍操旧业，但他们的主人已不再是原来的封建主。

帝国主义列强的掠夺，使蒙汉各族人民在经济上陷入一贫如洗的悲惨境地，最终集中表现为蒙古社会阶级矛盾的尖锐和社会的动荡不安。19世纪末20世纪初，蒙古地区大规模的阿勒特起义此起彼伏，从斗争内容上看是反封建压迫和剥削，但究其深层根源则在于帝国主义列强的掠夺。

2. 西藏地区

英俄侵略者对西藏觊觎已久。从19世纪70年代后，随着英俄之间争夺中亚和我国西北、西南矛盾的尖锐，俄国加紧对西藏侵略的步伐，不惜巨金接连不断派所谓的"科学考察队"入藏活动，与此同时派遣间谍以宗教为掩护，打入西藏地方上层，煽动、拉拢达赖喇嘛和一些身居要职的西藏贵族，从事分裂活动。为达到其殖民目的，竟悍然发动两次侵藏战争，最终迫使清政府签订不平等的《拉萨条约》。英俄之所以不择手段地对我国西藏进行侵略和渗透，其中一个主要的原因就是为倾销商品和掠夺西藏地区的原材料。与俄国相比，英国对西藏的经济侵略方面尤为突出，近代英国侵略者当时对西藏的经济侵略，是以政治、军事、外交为先导，利用不平等条约，通过倾销商品、低价购买各种原料等方式进行的。

倾销商品。俄国商品很早就打入西藏市场，清代西藏与俄国之间的贸易主要是通过迁居伏尔加河流域的厄鲁特蒙古中的土尔扈特人进行的，每年有相当多人携带妻室儿女往西藏朝佛，并用骆驼驮着大批俄国商品到西藏出售。此外俄国西伯利亚的许多商品是通过布里亚特蒙古人从西宁输入西藏的。后因西藏对外贸易重心南移打箭炉（今四川康定），以及英国对西藏贸易的扩大，俄国输往西藏的商品便大大下降，对西藏贸易逐渐萎缩。

清代真正在西藏对外贸易中占主导地位的是英国对西藏的贸易，但这种贸易是带有明显的殖民掠夺性质的。早在清前期，英国商品就通过尼泊尔和不丹输入西藏，且达到一定数量，但英国殖民者并不满足，于1888年发动第一次侵藏战争，战后清政府委派驻藏大臣升泰就通商问题与英国谈判，1893年签订的《中英藏印续约》规定：亚东开埠，英国商民可以自由前往经商；印度官府可以随意派员驻寓亚东查看贸易事宜；英国商民可以在亚东租赁住房栈所；亚东开埠头5年内除军火、盐、酒等应禁物品外，其余各货免进口税，5年后由两国酌定税则等。1904年英军第二次侵藏战争后，英国侵略者与西藏地方政府非法签订《拉萨条约》，规定江孜和噶大克两处增为商埠，后来清政府屈服于英国的压力而予以承认，1908年签订的《中英修订藏印通商章程》15款，规定英国商民可以在江孜商埠内租地建造房屋货栈，英国可以在江孜、亚东商务代办处派驻名为卫队的武装部队等。随着西藏亚东等地商埠的开辟，英国输往西藏的商品数急剧增加，据英国官方的统计，英属印度向西藏输入商品价值额在1889—1890年为1314.58卢比，在1890—1891年为19.9788万卢比，在1891—1892年为20.3131万卢比，1892—1893年为22.9177万卢比，1893—1894年为33.1613万卢比，1894—1895年为44.7802万卢比。可见英属印度在1889—1895年向西藏输入的商品数额在逐年增长，其年平均增长率为22.7%。

低价收购西藏各种原料。鸦片战争后，英国侵略者掠夺我国西藏原料的意图已十分明显。当时西藏的羊毛比英国便宜5倍，皮革便宜12倍，黄金、麝香、硼砂等稀有物品也质优价廉，为英国资本家所垂涎。因此，英国侵略者视西藏为理想的原料供应地，因而千方百计向西藏渗透。据载，自第一次侵藏战争后，英国殖民者开始大量掠夺西藏各类物产，其数量逐年递增，只有少数年份如1904年因战争原因有大幅下降（参见下表）。

1889—1907年亚东出口商品总值统计对照表

年份	商品出口总值（万卢比）	年份	商品出口总值（万卢比）
1889	13.1548	1899	82.2760
1890	19.9788	1900	71.12
1891	20.3131	1901	78.3480
1892	22.9117	1902	81.5338
1893	33.1613	1903	67.8324
1894	44.7802	1904	18.6654
1895	63.4080	1905	90.2595
1896	78.1269	1906	114.336
1897	82.300	1907	146.1383
1898	81.7851		

从输出原料的类别看，主要是羊毛和牛皮，即何藻翔《藏语》中所说的"印藏贸易以羊毛牛皮为大宗"。其他还有麝香、牛尾、羊皮、骡马等。

殖民者的经济侵略，给西藏的经济和藏族人民的生活带来了极大的影响。主要表现在以下几个方面：

直接破坏。一方面英军的侵略战争使西藏人民在经济上直接蒙受巨大损失。据江孜地区冲萨溪本及百姓代表的一份呈报记载："木龙年五月十五日，大队英军侵入江热村扎营。到二十四日，我江热、文秀一带的一百多克（西藏的计量单位，一克约为23市斤）庄稼被英国军马连吃带踩，后又被割去喂马。英军还火烧房屋、拉走牲畜、抢劫财物。"① 在英军第二次侵藏战争中，中等贵族扎君巴一家的损失折合藏银1570.2两，中等差巴仲桑康巴一家的损失折合藏银943.2两，孜雪村鲁康·扎西丁一家的损失折合藏银2009.79两。西藏地方官府给予因在第二次英军侵藏战争中禾苗损坏而没有收成的灾民进行救济的青稞达5600克（合11万斤）之多，足见英军侵藏战争对西藏社会经济破坏力之巨大。

对藏族日常生活和地区经济发展的冲击。英国侵略者不遗余力地扩大其对西藏的商

---

① 《西藏文史资料选辑》第7辑，第105页，西藏自治区政协文史资料研究委员会编印。

品出口额，造成了英国商品在西藏市场的充斥。据 1900 年曾到过西藏的俄国间谍崔比科夫记述，从英国及英属印度输入的呢绒、细棉布、粗白布、搪瓷器皿等廉价的英国商品在西藏极为畅销，有的英国商品甚至被转运到四川出售。英国侵略者在西藏的大量倾销商品使西藏变成了英国工业产品的销售市场，使西藏的无数钱财滚滚落入英国资本家的腰包。由于商品的倾销，西方风尚的逐渐传入，一些时兴的消费品为西藏封建农奴主尤其是西藏上层人物所喜用，影响了西藏地区消费水平和社会经济生活内容。西藏农奴主为了满足自己的奢侈生活，积极扩大出口贸易，采取一些措施发展经济。与此同时，西藏农奴主也由此加强对劳动人民的剥削强度，从而促使西藏劳动人民日益贫困化，导致西藏社会经济机制的运行陷于一种恶性循环之中而难以自拔。

随着英国在西藏倾销商品的发展，西藏地区的民族经济受到沉重打击与压力。由于英国资产阶级具有较高的从事商业活动的素质和极为强烈的冒险精神，且有雄厚的资本和先进的技术。因此，尽管英国资产阶级与西藏贸易伊始处于入超地位，但它在西藏市场的竞争力日益明显地不断得到加强，使工具简陋、技术落后的西藏手工业在洋货大量流入的冲击下纷纷破产，发展面临的严峻形势。例如，西藏的纺织是西藏手工业的主要部门之一，在尼泊尔、不丹、锡金等国中享有较高声誉。然而随着英国毛毯的大量输入，西藏的纺织手工业因此而相形见绌，生产规模渐趋缩小，使西藏的氆氇出口额从 1898 年的 8262 码减少到 1899 年的 818 码。英国机器化大工业生产和西藏民族手工业的优劣落差甚大，西藏民族手工业在英国侵略者倾销政策压力下自然难以立足。英国向西藏地区大量输入的工业产品，严重打击了西藏地区纺织等传统民族手工业，阻碍了西藏社会经济的自主发展。

导致西藏经济结构的变异。在英国经济侵略的冲击下，西藏的经济结构逐渐朝着适应殖民掠夺需要的方向发展而开始产生某些变异。据史料记载，西藏亚东自开辟为商埠以后，该地区附近 1/3 的人口抛弃了农业生产而从事运输、旅馆、堆栈各业。有资金者自行开业，无资金者充当这些行业的雇工或佣仆。每年用于商业队运输的骡马大约有二三千匹，致使亚东出现草比粮贵的现象，所需要的粮食必须从国外进口。这种情况的出现使西藏的农业萧条，许多牧民和牲畜都被抽出驮运外货，一定程度上阻碍了西藏农牧业生产规模的维持、扩大和农牧业生产技术的改进，亚东一带藏族人民从农业转向比农业获利更多的运输等行业，且商业经济方面的就业人数急剧增加，标志着英国的经济侵略已经在一定地区触动了西藏由来已久的社会经济结构。

此外，在清代，英国向西藏输出的主要是工业产品，西藏向英国输出的主要是原料产品。由于英国和西藏的产业等级不同，英国机械大工业的劳动生产率大大高于西藏手工操作的劳动生产率，因此，英国与西藏之间进出口商品的比价必然不利于西藏，两者之间存在着严重的"剪刀差"。这种"剪刀差"造成了英国与西藏之间越来越明显的"马太效应"，加速了英国的财富积累，使西藏经济越来越依附于英国。

对西藏金融的影响。随着英国侵略的深入，印度的卢比开始在西藏大量流通，严重地破坏了西藏地方的财政和金融。据光绪二十四年（1898）《国闻报》报道：在西藏地区，"印度之卢比、洋钱各处皆能行用，东自打箭炉，西到靖西至聂拉木各地皆出入无少窒碍。"远在西藏东部的朱倭、麻书、孔撒、白利等月纳 70—80 卢比不等，由此足见卢比渗透西藏经济程度之深。卢比在西藏的大量流通不仅使广大西藏农牧民在经济上遭受严重损失，而且削弱了西藏与内地的经济联系。在《藏輶随记》中，陶思曾这样说："窃闻藏印未通商以前，番商之贸易川省者，多愿预缴息金，向粮台划兑官款，今日时势则大相反矣。"

由以上情况可见，英国对西藏经济侵略所造成的影响是全面而深刻的。

3. 南方地区

在近代，侵略我国南方地区的主要是法、英两国，通过不平等条约或帝国主义的要求，先后开放淡水（今新竹）、台湾（今台南）、琼州（今海口）、龙州、蒙自、河口、思茅、梧州、腾越（今腾冲）、南宁等地为商埠，与此同时规定了有关减免关税的条款。如1886年签订中法《越南边界通商章程》中规定，洋货经保胜以上、谅山以北两处边关进入云南、广西，减征进口正税1/5，而经此两处运出土货，减征1/3出口正税。次年的中法《续议商务专条》，进一步减征税额，由北圻入中国之洋货减3/10收税，出口至北圻的中国土货，减4/10收税；再如1894年英国胁迫清政府签订的《续议滇缅界约商务专条》规定，六年之内，经旱道出口之土货（盐除外），进口之货物（米除外），概不纳税，经曼允、盏西两路进口洋货照海关税则减3/10征税，出口货物减4/10征税。

商品倾销和掠夺原料。在不平等条约的保护和减免税的刺激下，滇、桂两省边境进入西南民族地区的洋货日益增多。据统计，蒙自1889年进口额仅62300海关两，1891年增至744396海关两，1893年增至1524290海关两，5年间增长25倍多；广西龙州关1889年洋货进口值为10863海关两，1894年增至108361海关两；北海关1877年洋货进口值为7900海关两，1893年激增至3386496海关两。云南下关地区，在光绪年间（1875—1908年），已成为洋货的集散地，输入的洋货有英、法、德、日、美等国的商品，品种包括棉纱、棉布、棉花、衣服、香烟、洋蜡、煤油、鸦片、火柴、绸缎、颜料、毛巾、肥皂、香水、玩具和及其他各种日常用品。在海南岛地区，琼州关1876年洋货进口总值为303866海关两，1894年增至1816989海关两，其中洋纱和煤油数量增幅较大，1876年进口洋纱仅39担，1891年激增至17184担。煤油1882年进口量不及7000加仑，1890年增至近50000加仑。此外，鸦片也是帝国主义向南方民族地区大量输入的商品之一，如1886年海南岛进口鸦片1916担，价值149万两，占全岛进口货物总值的65%。西南地区因当地广泛种植后，进口量因而减少。

在掠夺原料方面，英、法等国资本主义主要从西南地区掠夺铜、锡等矿产资源和生丝（以产于四川的黄丝数量最大）、石磺、茶叶、猪鬃等土特产品以及麝香等名贵药材。据统计广西龙州关1889年土货出口1708海关两，1894年增至44772海关两，北海关1877年土货出口值3814海关两，1893年增至876631海关两。而在海南岛，帝国主义主要掠夺当地的槟榔、益智、牛只等土特产。据统计，1876年出口土货总值为316411海关两，1894年增至1283821海关两。

甲午战争后，帝国主义在少数民族地区进行资本输出的同时，加紧对这些地区的商品倾销和原料掠夺。

在云南地区，自1901年滇越铁路通车后，为帝国主义的商品倾销提供了更便利的条件，进口额迅速增长。蒙自关 1909 年进口棉货仅 57660 担，次年即增至 84791 担；腾越关自 1902 年开关后的十年间外国商品输入总值增加 345%。大理白族地区，清末已是"商所售，售洋货；人所市，市洋货"。就连地处腹地的昭通府城的商店，也都充斥着洋货，不仅有洋布，而且还有外国钟表、洋铁器、伯明翰纽扣和高丽参、西洋参等。该时期输入的货物仍以洋纱为大宗。1903 年，蒙自关发往省内销售的货物中，洋纱占 70%，而发往贵州的占 94%，发往四川的全是洋纱。与此同时帝国主义通过不等价交换等方式从云南地区掠夺大量的锡、石磺、黄丝、茶叶、牛羊皮、药材、猪鬃、火腿等矿产品和农副产品。1908 年后，西双版纳全地区所产六七万斤紫梗及景洪、勐海、勐遮三县年产八九万斤樟脑，被帝国主义大部或全部套购运走；普洱茶也大部分被运到缅甸。由于出口货物多是低价套购，而进口洋货迅速增加，以至云南各关对外贸易连年入超，且有日益严重的趋势。据统计，蒙自关 1899—1911 年入超 1259 万海关两；腾越关 1906 年出口货值不及进口货值的 17%，在 1902—1911 年，共入超 896 万海关两，其中仅 1911 年就入超 100 万海关两；思茅关 1897—1911 年入超 214 万海关两。在经济发展相对落后的民族地区，这些数据是十分可观的。

在广西地区，帝国主义倾销商品的情况也非常突出，据 1895 年巡抚张联桂奏称"穷乡僻壤，未有不用洋货者"。而资源掠夺方面，从广西地区主要是掠夺大量的粮食、油类、牲口和矿砂。其中以油类和牲口数量最大，占出口额的一半以上。据统计 1912 年梧州、南宁、龙州三关进口货值 1900 余万元，出口货值 1100 万元，入超 800 余万元。

在南方其他交通便利之处，帝国主义商品倾销的情况大体相同，只是一些偏远地方，因交通不便，商品经济不发达，外国资本主义商品侵入的时间比发达地区和边疆商埠周边稍晚而已，但总的趋势是逐步渗透并成为普遍现象。

资本输出。19 世纪末至 20 世纪初，资本主义进入垄断阶段，而甲午战争后，帝国主义取得了在华投资办厂等权利，于是列强之间互相争夺，掀起瓜分中国的狂潮，除划分势力范围外，最突出的便是资本的输出，其中筑路开矿对西南民族地区经济影响尤著。

先是法国以干涉"还辽"有功，胁迫清政府签订《续议商务专条》，规定中国在滇桂开采矿山时，须与法国的工业家和工程师商议；越南的铁路要接到中国西南境内。实际上攫取了在中国西南的筑路权和开矿优先权。为便于经济掠夺，法国拟订了在西南地区庞大的筑路计划，并于 1903—1909 年修成全长 464 公里的滇越铁路。该路不仅是一条由西南为主的各族人民血肉筑成的屈辱之路（征逼各族群众数十万，死难达 8 万余人），而且是法国殖民者伸入中国西南的一条吸血管，通车后把云南与法国统治下的越南紧密联系起来，使法国得以从经济、政治上控制云南，取得了向我国西南各省倾销商品和掠夺原料的更大便利，并通过铁路本身的运营获取高额垄断利润。继而英国不甘心法国独吞我国西南的利益，于 1897 年的中英《续议缅甸条约附款》中，胁迫清政府同意将来修筑云南省境内的铁路时，须与缅甸的铁路接轨。次年又要挟清政府同意缅甸的铁路得以延长到中国境内，进一步扩大其权益。在此基础上，英国侵略者组织了一个名为"云南公司"的殖民组织，并派出"旅行队"企图勘测从缅甸至云南下关、大理直达四川宜宾的路线。此外，英国还打算修通云南经贵州安顺、贵阳，东出广西桂林、梧州至广东、香港的铁路，以及四川经云南、西藏至印度的铁路，并成立"印藏滇蜀铁道公司"公开集股。但直到第一次世界大战爆发，所有这些计划并未得以实施。

在开采矿山方面，1899年英、法联合组成英法水银公司，在贵州铜仁、万山开采水银及朱砂。该公司资本达28万元，1904年时，有矿工1000余人。1901年，英、法又合资5000万两，组成隆兴公司，次年与清政府签订《云南隆兴公司承办七属矿务章程》，规定该公司得以开采云南省内云南、临安、开化、楚雄等7个府州厅的各种矿产，后因遭到云南各族人民的坚决反对，清政府于1911年以赔偿150万两关平银的代价，收回该项权利。此外还有法国资本的大罗公司于1906年在贵州平远（今织金）开采云母、锑矿，资本达200万元。

金融的渗透。甲午战争后帝国主义在华金融资本迅速膨胀，并开始伸入民族地区，到20世纪初，法国就控制了云南的金融和外汇市场，据1904年的统计，自越南河内输入云南的法国货币（俗称"法纸"），每年约200万两，约占云南全省收入的一半。滇越铁路修筑过程中，以"法纸"支付路工工资。铁路通车后，沿线收支均以法国货币为准；英国的金融势力则由缅甸侵入云南腾越厅、永昌府一带，其殖民地货币缅甸卢比在这些地区广泛流通。英、法两国金融资本利用其垄断地位，左右货币兑换价格（如蓄意抬高"法纸"和缅甸卢比与中国银圆的兑换价格，套取中国银圆，然后运银出境至越南、缅甸购货）以从中渔利，而因此造成市场的混乱，"金贵银贱，使云南逆超增大，物价昂贵"，给各族人民的生活造成严重影响，"生产事业受物价和头寸的影响，反而减退"，各族人民因亏折而陷入极贫的窘境者不在少数。

在近代，在南方有一个特殊的地区，那就是台湾。自甲午战争后，通过《马关条约》日本割占了台湾，台湾成了殖民地。日本占领台湾后，在岛上实行反动的殖民统治，对当地的少数民族（高山族）更是在政治、文化上实行极端歧视政策，视高山族为"劣等民族"和妨害日本开拓台湾岛的障碍，通过设"隘勇线"、驻军、设警察机构、利用高山族原有村社头目"强行组织头目势力者会"、"家长会"等，对高山族人民实行残酷镇压和严密控制。在经济上实行野蛮的掠夺和剥削，先是通过"讨伐"，焚毁大部分高山族村庄，将高山族赶至硗薄的山区，继而占有他们开垦的土地，并经常强征他们为殖民者无偿服各种劳役。侵略者的殖民统治，不仅使高山族人民的生命财产遭到巨大的损失和破坏，而且在经济上完全纳入为殖民经济服务的范畴，陷入备受剥削的深渊，高山族各业均受到空前摧残，因此根本谈不上民族经济自主发展。

二、少数民族地区半殖民地半封建经济的形成

如前所述，在帝国主义经济侵略的冲击和经济渗透的影响下，民族地区的经济一方面逐渐依附于外国资本主义和世界市场；另一方面又在客观上导致了少数民族地区商业贸易的较快发展和资本主义工业的微弱发展。这使得我国大部分少数民族地区，即那些已经进入封建社会发展阶段的少数民族地区，社会经济也同全国多数地区一样，形成了半殖民地半封建经济。中国半殖民地的显著特征形式上是国家政权未被推翻，社会经济仍然保持着独立、完整的外壳，实际上由于国家的财政和经济命脉已为帝国主义所操纵，已丧失其独立性。少数民族地区社会经济的半殖民地性质，不仅由全国的财政和经

济命脉为帝国主义操纵所决定，就其自身来看，也明显表现出来。

帝国主义凭借不平等条约获得的种种特权，操控民族地区的经济命脉。如在关税的免税、减税，以及采矿、修筑铁路、设立银行等，不仅在政治上为殖民者提供了可靠的保证，而且使外国资本主义得以借助资金、技术、经营方式的优势，肆无忌惮地大量倾销商品和掠夺原料，并野心勃勃地进行资本输出，以获取更大的利益。特别是到甲午战争后，台湾成为日本的殖民地，东北、内蒙古、新疆等地的经济完全在沙俄掌握之中，而西藏成了英国殖民者获取财富的乐园，西南边疆民族地区则成为被法国殖民者服务的巨大市场。在这些地区，殖民者控制金融、操控市场、巧取豪夺，为所欲为，一切以殖民者的需要为导向，经济发展的主宰不再是清朝及其地方政府。伴随着这一变化，出现了资本主义廉价工业品充斥民族地区市场，民族地区传统手工业萎缩，各地土特产品和矿产等资源大量出口，刺激了我国少数民族地区如新疆、内蒙古、西藏、云南、广西等地对外商业贸易和商品农产品的种植的扩大，以及出口的手工业品和畜产品加工业的发展。这种发展又往往因外国资本主义的需要而变化，因世界市场变化而波动，这不是当地生产力发展的结果，也不是当地民族经济发展的自然走向，而是由于经济上依附于外国资本主义，经济生产以服务原料掠夺为导向的畸形发展，是被动的非自主性的变化，带有明显的半殖民地特征。这对于此后民族地区社会经济的发展具有重大深远的影响，这种状况到民国时期并没有根本改变。

三、少数民族地区与国外经济联系的加强和与内地经济关系的削弱

外国资本主义侵略对民族地区的另一个影响就是使民族地区与国内外的经济关系发生了巨大的变化，具体地说，就是与外国的经济联系逐步加强，与内地的经济关系大大削弱。在近代以前，少数民族地区大多处于封闭、落后状态，不仅极少与外国进行经济联系，就是与汉族发达地区的经济联系也十分有限。但是自鸦片战争国门被迫打开后，随着帝国主义侵略的日益加深，中国逐渐沦为半殖民地半封建社会，中国经济也随之卷入世界殖民经济的旋涡，民族地区也不例外，只是时间上稍晚于沿海地区而已。如上所述，少数民族地区经济半殖民地化的一个突出表现就是成为世界资本主义经济的组成部分，对外贸易扩大，与外国联系的逐渐加强。例如在新疆，自《伊犁、塔尔巴哈台通商章程》签订后，新疆与俄国的贸易开始扩大，到新疆建省后，俄商更是迅速占领新疆市场，建立遍布新疆的商业网，组建资金雄厚的商行，包揽了货物进出口和土畜产品收购、转运等各项业务。到19世纪末20世纪初，新疆已沦为俄国垄断资本的销售市场和原料供应地。沙俄利用不平等条约，以在新疆各重要城市设立的贸易圈为基地，不断扩张渗透，使俄国的经济在新疆取得了几乎是独占的地位。据俄国人自己的统计（斯拉特科夫斯基《苏中经济关系概要》，第121、第163、第166页）：1850年沙俄在新疆的贸易总额为74.2万卢布，1884年增至210万卢布，到1893年达582.86万卢布，是1884年的2倍，是1850年的8倍。而1893年向新疆出口额达303.64万卢布，从新疆进口额达279.22万卢布，分别是1850年的14.36倍和5.26倍。此外随着对外贸易的发展，刺激了新疆商品经济的发展，更多的农牧民和手工业者参与到对外贸易的相关环节之中，并产生了服务于外国垄断资本的买办洋行，直接为外国资本推销商品和收购土特产和工业原料。在蒙古地区，俄国同样利用不平等条约大肆掠夺原料和倾销工业品，

据统计1879年由天津出口的蒙古驼毛近万担（每担50公斤），1889年达2.5万担；1875年主要产自蒙古地区经天津出口的羊毛仅41担，1882年达2300担，1885年增至2万担，1894年达20余万担。1911年产自蒙古地区的各类绒毛出口量剧增至50余万担。19世纪末，每年内蒙古东部地区输往俄国和日本的羊皮100万—200万张，牛皮7万—10万张，马皮5万—7万张，驼皮300—500张。其他土特产品的收购数量也是惊人的。在大量收购土特产品的同时，外商大量倾销本国的工业品，他们先后把呼伦、满洲里、多伦、归化、包头等地辟为商埠，以这些商埠为基地，向四周辐射，使洋货充斥蒙古各地市场，极大影响和改变了各族人民日常生活，如前文所述1880年的下半年，乌里雅苏台周围地区的草原上至少已有3/4的居民穿的都是俄国棉布做的衣服，在当时归化城的市面上不仅出售的布匹都是外国货，还有欧洲的座钟等生活用品，同时俄商还垄断蒙古地区的茶叶贸易。在西藏，随着亚东等地商埠的开辟，英国输往西藏的商品数急剧增加，据英国官方的统计，英属印度向西藏输入商品价值额在1889—1890年为1314.58卢比，在1890—1891年为199788卢比，在1891—1892年为203131卢比，1892—1893年为229177卢比，1893—1894年为331613卢比，1894—1895年为447802卢比。可见英属印度在1889—1895年向西藏输入的商品数额在逐年增长，其年平均增长率为22.7%。与此同时，由于西藏物产质优价廉，英国侵略者视西藏为理想的原料供应地，因而千方百计向西藏渗透。自第一次侵藏战争后，英国殖民者开始大量掠夺西藏各类物产，其数量逐年递增（参见前文"1889—1907年亚东山口商品总值统计对照表"），使英国商品充斥西藏市场，从英国及英属印度输入的呢绒、细棉布、粗白布、搪瓷器皿等廉价的英国商品在西藏极为畅销，一些时兴的消费品为西藏封建农奴主，尤其是西藏上层人物所喜用，西藏农奴主为了满足自己的奢侈生活，采取某些措施发展经济，积极扩大出口贸易，进一步扩大了西藏的对外贸易。在南方地区，不仅自西南滇桂至东南台、琼二岛均开有对外商埠，而且还有海路和铁路在交通上的便利，而日本夺占台湾，英、法对打开和扩大西南对外贸易千方百计，不遗余力，使近代南方民族地区与外国的经济联系从某种意义上说比北方民族地区更深入和广泛。不仅广西"穷乡僻壤，未有不用洋货者"和云南大理"商所售，售洋货；人所市，市洋货"，而且从南方掠走的土特产和矿产等资源也是逐年增加，数量十分可观（参见本节前文）。

由以上情况不难看出，近代以来，随着帝国主义经济侵略和渗透的逐步扩大，我国民族地区被强行卷入世界资本主义经济的旋涡，不得不扩大对外的经济交往，这虽然是被动的，但与近代以前相比，对外经济联系的确发生了前所未有的变化。而与这一变化相对应，民族地区与内地的经济交往却大大削弱了。例如，在蒙古地区，在近代以前主要是旅蒙商经营内地与草原的贸易，以调剂牧区的有无，可以说在外国侵略势力进入以前，旅蒙商几乎发挥着在蒙古地区内、外贸易的不可替代的作用，但自从俄国势力进入后，俄商迅速取代了旅蒙商的地位，对俄、对日贸易迅速取代了与内地的经济联系成为蒙古地区与外界经济交往的主要内容，对外贸易额逐年上升，而与内地的贸易则大大萎缩，显得微不足道。就连原本是旅蒙商大宗生意的茶叶贸易也被俄商所垄断，许多旅蒙商在传统经营艰难的情况下纷纷破产，有的则转化为为俄国洋行服务的买办，主要从事推销外国工业品和代为收购土特产品。在新疆，虽然建省前后，清政府采取一系列措施发展经济，包括加强区内经济交流以及与内地的经济联系，并收到一定效果。但整个近代，特别是19世纪末20世纪初，其对内对外贸易的情况与蒙古地区大体相似，不仅沙俄通过不平等条约扩大对新疆的贸易，而在对外贸易刺激下，当地商品经济得到一定发展，又进一步推动了对外贸易，因此出现了对俄贸易独占新疆市场的局面。再者新疆对于内地商人来说，道途险远，新疆与内地间的贸易成本高、周期长，无利可图。而与俄国的贸易则正好相反，不仅便捷，而且利厚，致使大量原来经营内地贸易的华商转而经营对俄贸易，或设法取得洋商资格（寄属俄国洋行名下），或成为买办，或从事走私。至于新疆与内地的贸易往来更是不值一提。在西藏，英国入侵以前，西藏地区与内地的经济联系十分密切，西藏与内地的贸易是西藏与外界区域贸易的主体。英国驻成都领事霍集估计，在19世纪末，由我国内地运往西藏的货物总值每年约为白银105.3491万两。据史料记载，当时西藏与内地的商品贸易总额比通过中印边界西藏地区的全部交易额高出4倍以上。但到20世纪初英国商品大量流入西藏后，西藏与我国内地的经济联系遭到严重削弱。这种经济联系的削弱可以从以下的统计材料中得到反映。在19世纪末，西藏运往内地的羊毛数量急剧减少，以致引起打箭炉一带羊毛价格的上涨；西藏运往打箭炉的黄金在19世纪90年代由原来的8000盎司减少到4000盎司，减少一半。与此同时，西藏从内地输入的商品额也人为减少。根据霍集的估计，1883年西藏从内地输入的茶叶总值为15万—20万英镑，而到1913年降为11万英镑。茶叶贸易是维系西藏与内地经济联系的重要纽带之一，随着西藏与内地茶叶贸易的减少，西藏经济的重心明显向西移动，主要转向与印度、东南亚的贸易，而西藏东部联系内地的商路沿线一带经济萧条，出现了动荡不安等社会问题。在广大的南方民族地区，情形也是几乎相同。台湾岛在被日本占领后，与内地的经济联系断绝自不必说，在西南地区由于英、法势力的控制，特别是通过金融控制和修筑铁路等，使西南贸易转向帝国主义控制的东南亚地区，无形中人为地割断或削弱与内地的经济联系，西南丝绸之路的重要地位已成昨日辉煌。同样使得对外出口（掠夺廉价工业原料）和从外国进口（倾销廉价工业品）成为西南与外界经济联系的主体，与内地的贸易则因被对外贸易的"繁荣"所掩盖而被人们所忽略乃至淡忘。

第三编 资产阶级革命时期的民族地区

第一章 清政府的新政

第一节 新政出台的背景及其性质

一、新政出台的背景

1902年1月7日，慈禧太后一行从西安回到北京。美驻华公使康格记述道："当西太后乘舆经过使馆人员站立的阳台时，她在轿中欠起身来，以非常和蔼的态度向他们回礼。"1月28日接见各国使节，"召见从头到尾是在格外多礼、格外庄严和给予外国代表以前所未有的更大敬意的情形下进行的；这件事之所以特别值得注意，乃是因为这是西太后第一次在召见中公开露面"，而不是在纱布后面。2月1日接见使节夫人，她对那些经受过围困之苦的使节夫人表示出极大的同情。慈禧太后对洋人的态度前后变化如此之大，反映她因列强允许她继续执掌政权统治中国而"结与国之欢心"，甘愿为列强效劳的卑劣心态。

令人惊奇的是，慈禧太后公然打出3年之前还拼死反对的"维新变法"的旗号，大张旗鼓地推行新政。实际上，这反映了八国联军攻占北京和义和团运动后，慈禧太后及其统治集团，害怕帝国主义列强把其视为"祸首"而受到惩罚，国内民心丧失而难以统治下去了。

第一，震惊世界的义和团反帝爱国运动，虽然在中外反动势力的联合绞杀下失败了，但在这场风暴中，中国人民的铁拳，粉碎了帝国主义列强妄图瓜分中国的迷梦，使他们不得不承认中国人民仍然意志坚强。在义和团运动中，腐败的清王朝也受到沉重的打击，帝国主义者权衡利弊，认识到，与其摧毁当时尚在统治中国的清王朝，不如保留和控制它，使它成为自己利益的代言人。这样更有利于维护自己已经攫取到手的侵略特权，并有利于进一步掠夺更大的利益，于是便采取了扶持清王朝继续维持下去的政策，使其成为他们"以华治华"的工具。因此，《辛丑条约》签订后，以慈禧太后为首的清政府，虽以统治者身份回到北京，中国在形式上仍然保持了独立和统一，但在事实上，中国已成为一个在列强共管下的半殖民地国家，以慈禧太后为首的清政府也就成了列强共管中国的工具。因为一个过于颠顶腐朽的封建朝廷并不符合其利益，他们要求清政府有所振作,以便能承担其代理人的职责。为了使清政府能成为列强共管中国的有力工具,帝国主义采取了"保全领土,敦促变革"的政策,总税务司赫德警告清政府说,"认真改革才是最好的办法",并为之拟订《更新节略》。①

第二,清政府的国家机器已经运转不灵,衰败腐朽至极。一系列的事实证明,其军队不仅不足以抗击外国侵略军,甚至也无力镇压像义和团这样的农民起义。其财税制度也已千疮百孔,不仅有列强操纵海关税收,中央各部以及各省政府各行其是,截留财税。再加上巨额战争赔款,使得清政府财政日益拮据,难以为继。而在庚子之役中,南方汉族督府竟然违抗朝命,联合发起"东南互保",更暴露出统治阶级内部满汉矛盾的表面化和中央集权制度的严重削弱。整肃朝纲,加强国家机器,已成为清政府维持统治的当务之急。

第三,为了保住岌岌可危的权位,清政府不惜签订丧权辱国的《辛丑条约》,甘作城下之盟。这个不平等条约单是赔款就高达4.5亿两,加上利息近10亿两。这是帝国主义者通过清政府强加给中国人民一笔极为沉重的负担。民族危机空前严重,清政府的昏聩腐朽与丧权辱国的行径,已大违人心。广大人民逐渐认识到,高居在北京城里的清政府只不过是"洋人的朝廷",对它的信赖和维护,得到的不是御侮图强,而是更多的耻辱。人们从义和团运动和《辛丑条约》中得到的深刻教训是,再不能对这个卖国的政府寄予希望,要救亡图存,要认真考虑国家、民族的出路,就不得不采取新的革命斗争手段和奋斗途径。各地人民的反抗斗争,特别是资产阶级革命思潮已日渐兴起。同时,随着20世纪初期民族资本主义的发展,原遭压抑的资产阶级上层要求变法的呼声也重新高昂起来。

清王朝具有200余年的统治经验,面对内外的压力,光恃镇压是难以维持其统治的。在当时革命风潮激荡的形势下,为避免覆灭的厄运,笼络人心,抵御革命,也不能不注意改变自己顽固守旧的形象和适当满足资产阶级上层的要求,必须着重使用欺骗的一手,着力装出一副愿意革新的面孔,以便缓和阶级矛盾,维护其反动统治。当时的舆论界已经看到了这一点:"及乎拳祸猝起,两宫蒙尘,即内恐舆论之反侧,又外惧邻之责言,乃取戊己两年初举之而复废之政,陆续施行,以表明国家实有维新之意。"②

二、新政的基本内容及性质

清政府的"新政"始于1901年1月29日,慈禧用光绪帝名义,颁布改弦更法诏,大张旗鼓地推行新政。1901年4月21日,清政府成立督办政务处,作为新政筹划机构,派奕劻、李鸿章、荣禄、昆冈、王文韶、鹿传霖为督办政务大臣,刘坤一、张之洞遥为参与,综理"新政"各项事宜。各大臣接到变法谕旨时,各就所见,纷纷条陈上奏,其中两江总督刘坤一、湖广总督张之洞联衔发出的三个奏折,即《江楚会奏变法三折》影响最大,系统地提出了兴学校、练新军、奖励工商实业、减冗员等内容,成为清廷变法的蓝本。1901—1905年,清政府陆续颁布了"新政"措施约30余项,其主要内容有:

---

① 郑师渠主编:《中国近代史》,第304页,北京师范大学出版社,1994年。
② 《论中国必革政制始能维新》,载《中外日报》,光绪二十九年十二月。

政治方面：主要是增设新机构、裁撤冗官冗衙、整顿官制、改革刑律。光绪二十七年六月九日（1901年7月24日），根据《辛丑条约》第十二款要求，谕令改总理各国事务衙门为外务部。这道上谕称："现当重定和约之时，首以邦交为重，一切讲信修睦，尤赖得人而理"，总理各国事务衙门改为外务部，"班列六部之首"，简派庆亲王奕劻总理外务部事务，大学士王文韶授为会办大臣，工部尚书瞿鸿禨调补外务部尚书兼会办大臣，徐寿朋、联方补授外务部左右侍郎。光绪二十九年八月（1903年9月），设商部；十一月（12月），设学部。先后裁撤的冗官冗衙有：东河河道总督、湖北、云南、广东三省巡抚，詹事府、通政司、太常寺、太仆寺、光禄寺、鸿胪寺等衙门。清政府在革新吏治方面，相继采取了一些措施，如省案卷、去书吏、汰差役，停止捐纳实官，废除题本制度和裁"陋规"、定"公费"等。从光绪二十八年（1902）起，革新法律的工作也陆续展开。1902年5月，命沈家本、伍廷芳将一切现行律例，按照交涉情形，参酌各国法律，悉心考订，妥为拟议，务期中外通行，有裨治理，俟修订呈览，侯旨颁行。《大清律例》是历代刑律中最繁苛的一部法典，沈家本、伍廷芳对它进行了较大的修改，废除了凌迟、枭首、戮尸等酷刑；宽免缘坐，将刑律缘坐各条，除知情者仍治罪外，其不知情者，悉予宽免；废除刺字，凡盗窃皆令收所习艺，按罪名轻重，定以年限。此外，为了缓和满汉矛盾，1902年，满族男子与汉族妇女通婚的禁令解除了；1904年（满族）将军和都统的职位以及海关上的某些职位也可以让汉人担任了。1906年的行政改革使中央各部开始实行新的一长制，即不分种族，满人和汉人均可担任各部唯一的大臣。在以前，所有满人的生计都有着落；他们不经营农业和商业，以使他们能够集中力量服兵役；1907年，政府废除了这种特殊待遇，也给他们土地，并令他们与汉人一样种地，自食其力。在这一年，法定的礼仪和刑罚改为对满族和汉族同等待遇。光绪二十年五月（1904年6月），还借慈禧七十"万寿"之年，赦免了"戊戌变法"时的一般维新派人物，骤然看来，清政府的这一做法，颇为宽厚开明，但究其实际，能杀的早已杀了，未杀掉的重要人物也早已逃亡海外，清政府也无从缉拿。慈禧企图以一纸空文来冲洗血污，淡化矛盾，并换取维新派人物的信任和拥戴。

经济方面：振兴商务、奖励实业。这是新政的一项重要内容。光绪二十八年正月十六日（1902年2月23日），清廷颁发上谕，申明"工商业为富强之根本，自应及时振兴"，并责成各督抚"各就地方情形，详筹办理"。① 清政府连续颁布具体措施：参酌各国通行律例，制定保护和发展工矿、铁路和商务等事业的律例，做到以法振兴农工商务。光绪二十九年八月（1903年9月），正式成立商部，掌管商务、工矿、铁路、邮政、银行、货币、农桑、畜牧等事务，并把以前的路矿总局主管的路矿事务并入商部，奕劻之子载振为尚书，并聘请资产阶级上层代表人物张謇等充头等顾问；饬令各省设立路矿、农务、工艺各项公司，力行保商之政。在传统的中国，积极提高人民的福利使之生活比较充裕，并不是统治者的正业，所以政府并不为促进农业、工业和商业而操心。但是，此时大家承认国家富强是为了强兵，而富国就需要促进农、工、商业。自商部成立以后，颁发了一些有关商务和奖励商业的法律、法规和章程。光绪二十九年

---

① 张岂之主编：《中国历史》晚清民国卷，第107页，高等教育出版社，2001年。

(1903—1904）十一月，清政府批准了商部制定的《商会简明章程》。该章程共 26 条款，第 1—第 6 款规定商会宗旨是"保护商业，开通商情"，并要求各省设立商务总会、分会、公推总理、协理、会董组成常设机构，按章活动；第 7—第 25 款，详细开列了商会工作细则，如商会财务管理、协调商业政策、交流中外商情、调节商人纠纷、平抑商品价格，扶持公司等；第 26 款是鼓励商人发明创造，规定凡商人有能制造新器或编辑新书或将中外原有货品改制精良者，均准商会报明商部，给予专照年限，以示鼓励。同年十二月，颁发了《大清商律》第一编《商人通例》、第二编《公司律》。商人通例》共九款，从法律上肯定了经商者的合法地位，规定了商人必须遵守的条例。《公司律》计 131 条，分为公司分类、股份、董事、账目等，共 11 节，较大幅度地糅进了西方资本主义商法的内容。光绪三十年（1904）二月，商部厘定的《公司注册章程》获清政府批准。章程分为合资公司、合资有限公司、股份公司、股份有限公司的注册呈式，注册条例，享有权利等 4 节 18 款。同年五月，商部奏定《矿物章程》38 条。此章程对光绪二十四年十二月路矿总局制定的《矿物章程十九条》，做了修改、增补。比《旧矿章》前进了一步，体现了鼓励民族资本、保护国家资源主权的宗旨。1905 年 1 月，设立商标局、劝工陈列所和矿政抽查局，颁布《奖励公司章程》等。光绪二十九年，直隶设北洋工艺总局，袁世凯委任周学熙为总办，下设工艺学堂、实习工厂和考工厂。工艺学堂培养工艺技术人才，实习工厂培训织、染、木、刺绣等 12 科工徒、匠目，分发各地，充当骨干。同时清政府又认为商之本在工，工之本在农，非先振兴农务，则始基不立，工商亦无以为资。于是，清朝政府特提出清查地亩，辨别土宜及兴修水利，发展畜牧，设立农务学堂和农事试验场等。为适应发展工商业和整顿财政的需要，1903 年 7 月，设立银钱总厂，12 月在天津试办户部银行。1908 年改为大清银行。

军事方面：裁汰制兵练勇，练兵筹饷，举办警政。清政府的主要改革之一就是要整编腐化堕落的旧式军队，建立一支强大的新式军队。改革之前清朝的正规军队由八旗和绿营组成，但是到了 19 世纪，尤其是绿营军已基本无甚战斗力了。结果，继李鸿章之后统帅北洋军队的袁世凯在华北着手组织一支"新建陆军"，张之洞也在长江地区组织了他的"自强军"，两支军队都是洋式的。义和团事件的经验进一步表明需要这样的军队。

光绪二十七年七月（1901 年 8 月），谕令全国停止武科科举考试；八月（9 月）通令各省设武备学堂，它们的毕业生就被任命为新军的军官。增减将才，裁汰制兵练勇，编练新军。即在原有各营中精选若干营，分为常备、续备、巡警等军，一律操习新式枪炮。各省皆起练新军，即仿照欧美军制编练陆军。或就防军改编，或用新法操练。为划一军制，于光绪二十九年十一月（1903 年 12 月）在京师设立练兵处，作为练兵总汇之所，派庆亲王奕劻总理练兵事务，袁世凯为会办大臣，铁良帮同办理。各省设立练兵督练公所，主管练兵事务，有督抚、将军、督统兼任督办。1904 年练兵处和兵部合同奏定《新军营制饷章》和《陆军学堂办法》，计划全国编练新军 36 个镇，限 2—5 年完成，每镇有官兵 1.25 万人，总数将有 45 万人，组成常备军。除此之外，还组成了第一次征用的续备军和第二次征用的后备军。"非练兵无以自强，而练兵必先筹饷"，[①] 练兵

[①] 郑师渠主编：《中国近代史》，第 305 页，北京师范大学出版社，1994 年。

与筹饷是新政的两大重点,筹饷尤为先着。清政府既要偿付《辛丑条约》规定的巨额战争赔款,又要办"新政",财政竭蹶愈甚。为此,它千方百计地加捐加税。例如,1903年便强制采取了两项措施:一是用摊派法,勒令各省州县官吏每年上缴中饱浮费320万两;二是根据袁世凯在直隶筹集烟酒税80万两的谎报,命令各省认真稽征烟酒税,摊定各省每年共缴640万两,两项合计近1000万两。① 开办警政是新政的又一重要内容,也是有成效的新政项目之一。中国本无警察,有关社会治安、捕盗、民刑等均由保甲局等管理。光绪二十八年七月(1902年8月),袁世凯仿照西法创设保定警务局,招募巡警3000名,由赵秉钧训练,并设警务学堂培养警务骨干以推行警政。1905年8月,设立巡警部,以署兵部左侍郎徐世昌为尚书,赵秉钧等为侍郎,并谕令各省设立巡警,此年,罢北京工巡局,改置京师巡警厅。各省相继举办警政。

文教方面:废科举、颁行新学制、设立各新式学堂、广派留学生。废科举和兴学育才是新政的一项重要内容。洋务运动后期的首领人物张之洞和袁世凯也热衷于兴办新式教育,倡导废科举、兴学堂。在他们的左右下,清政府于1901—1905年先后颁布了一系列改革科举和兴办学堂的谕令和章程。1901年8月,废除八股程式,乡试、会试等均试策论,并停止武科。代替它的是要求更清楚地解说《四书》、《五经》以及论述中国历史、政治和西方政治及学术的文章,并在1902年的各省考试中开始实行。清政府认识到需要一种西式公立学校制度,决定把书院改建为西式公立学堂。自甲午战争以来,张之洞和盛宣怀就提倡过这种学堂,而且他们在武昌、天津和上海也建立了这种学堂。1906年9月,谕令各省所有书院改为学堂,在省城、各府及直隶州、各州县均设立学堂,教法以《四书》、《五经》、纲常大义为主,以历代史鉴及中外政治艺学为辅。后来,清廷又颁布《学堂选举鼓励章程》,规定凡为学堂毕业考试合格者,给予贡生、举人、进士等出身。1904年,清政府正式颁布了由张之洞、荣庆、张百熙在壬寅学制基础上删繁就简和增补而成的《奏定学堂章程》,又称《癸卯学制》,在全国推行这一新型的学校教育制度。此学制共分为3段7级,第一段为初等教育,第二段为中等教育,第三段为高等教育。《癸卯学制》还详细规定了管理体制。新学制的颁行,标志着中国近代教育体制与教学宗旨的确定,而且教育成为国家的要政之一。在日俄战争期间,越来越多的人主张废除科举。1905年9月,在日本的胜利已成定局时,清政府决定在下一年废除科举。当这一持续了约有1300年之久的科举制度完全被废除时,它确实是一件划时代的大事。此后,新式学堂的毕业生在政府中占有重要的位置,代替了传统的有功名的人。1905年12月,设立学部,作为中央的教育行政机构,置学务大臣;各省设学务处,置提学史;各州县设劝学所。学制和主管机构的建立与完备,以及相应的兴学措施的推行,使各地各类学堂纷纷建立起来。此外,在新政时期,赴日、美留学运动也迅速兴起。清政府也鼓励学生去外国学习,因为将要在中国建立起来的新式学堂中缺乏合格的师资。因此,较快的办法就是派遣中国学生出国。特别是鼓励到日本去留学,与去西方相比较,去日本的旅费和生活费都便宜得多,习俗亦相近,等等。留日学生多学习政法、师范,以应举办新政之所需;留美学生大多学习工程技术及其他理工科

---

① 郑师渠主编:《中国近代史》,第306页,北京师范大学出版社,1994年。

专业，以期报效于祖国的近代化事业。

总之，新式教育体制的确立，新学堂的大批涌现和派遣留学生，形成了重视西方科学技术与西方社会政治学说的风气，培养了一些科技、政法、教育、军事等人才。

清政府举办的"新政"，是在不改变封建制度的前提下，做了一些改革。从表面上看，"新政"的内容与戊戌变法有许多相似之处，但实质上它与资产阶级维新派的变法，二者性质不同。清政府推行"新政"的目的是为了加强自身统治和讨好帝国主义。1901年1月，慈禧太后在西安发出"新政"上谕时，即规定了它的性质，强调封建主义的根本原则不能改变，能"变"的只是某些内容。"新政"只是求在具体的统治方法上有所变通。清政府推行"新政"不可能使国家出现新气象，不过借此掩饰国民的耳目，讨好洋人的喜欢罢了；不但没有放出一线光明，黑暗反倒加了几倍。

第二节 新疆建省

新疆建省，是中国民族近代史上的一件大事，是新疆与祖国内地在政治、经济、文化诸方面长期交往的必然结果，是新疆历史发展的必然趋势。新疆省的建立加强了新疆各族人民之间的交往和团结，促进了新疆政治、经济、文化的全面发展，有利于抵抗俄、英帝国主义的侵略和稳定边疆、巩固国防、维护祖国的统一。

19世纪中下叶，新疆各族人民反对清政府腐败统治的武装斗争，使清朝在新疆的统治机构摇摇欲坠；沙俄和中亚浩罕汗国阿古柏匪帮的入侵，更使新疆的生产力遭到极大破坏。清军与新疆各族人民驱逐出侵略者，收复后的新疆，到处是一片经济萧条、田地荒芜、满目疮痍的凄凉景象。

在驱逐外来侵略者过程中，清政府为恢复收复地区的生产，救济受难的各民族群众及维持社会秩序，先后在各地设立了"善后局"，作为各地临时的统治机构，这为后来提供了一套必备的政权机制基础。

一、建省的背景

清朝自乾隆二十四年（1759）清军平定大和卓布拉尼敦与小和卓霍集占兄弟发动的叛乱至1884年新疆改为行省止，新疆归清政府专门管理蒙古、西藏及新疆等地少数民族事务的中央机构理藩院管辖。清政府在新疆设伊犁将军，下设都统、参赞、办事、领队等各级大臣，以及隶属于甘肃省的府、厅、州、县和绿营驻防，实施其统治。各个地区的政体不同，北疆地区实行宗法封建制。隶属甘肃省的哈密、吐鲁番及土尔扈特、和硕特称镇迪道，实行世袭的札萨克制。南疆地区广布绿营驻防，承袭了当地的封建农奴制，实行伯克制。当时新疆的经济结构是以维吾尔族为主体的领主制庄园和以汉、满、回、锡伯等族为代表的屯垦型（包括民屯、军屯、旗屯、回屯等）的农业经济结构以及以哈萨克族、蒙古族、柯尔克孜族、塔吉克族为主体的畜牧经济结构。但后两种经济结构在南疆维吾尔族地区的伯克制与东疆的札萨克制及其他各种停滞不前的社会制度制约下，都处于非常落后的状态。伯克制在南疆地区已经延续了上千年，它严重束缚了维吾尔族经济的发展。主要表现为农奴没有人身自由，在各级伯克与和卓的残酷剥削下，没有生产积极性。虽然乾隆年间在平定准噶尔叛乱及大小和卓的叛乱之后，清政府宣布废除伯克的世袭制,限制伯克占有土地及农奴的数量,但是,作为地方长官的阿奇木伯克并不执行。他们任意占用土地,占有的农奴多至数百户。1842 年林则徐谪戍新疆后,在伊犁兴修水利,同时,把吐鲁番的坎儿井水利技术大力推广,但掌握水利命脉的大权却落在伯克、札萨克手中。他们还操纵粮食市场,借以盘剥农民与农奴。在征收政府赋税时,也要层层加码,从中勒索。这就加深了维吾尔族社会的阶级矛盾,破坏了新疆地区的生产力。

中亚浩罕汗国阿古柏集团的入侵,加剧了新疆政治的分化与经济的破坏。阿古柏在南疆建立的所谓"哲德沙尔汗国"得到沙俄与英国的支持。1868 年英国与阿古柏以协定协议的方式确定了阿古柏政权对英国的从属地位,阿古柏并根据英国的安排,依附于英国的走狗奥斯曼土耳其,企图借助其政治、宗教影响,欺骗与奴役新疆各族人民。与此同时,英国也不断以军火支持阿古柏,并委派大批顾问为阿古柏训练军队,支持其向北疆继续扩张。1874 年,英国又与阿古柏签订条约,攫取了在新疆输入商品、经营商业、购买土地、治外法权等特权。1866—1868 年,沙俄也先后派遣军官到喀什噶尔,为其训练军队。沙俄为阻止英国的势力随着阿古柏的军队北进而扩张到北疆,在 1871 年出兵消灭了伊犁的苏丹政权,悍然占领了我国领土伊犁。但沙俄并不因此改变它支持和利用阿古柏政权的初衷,1872 年,又与他订立条约,承认他是"独立国君主"。阿古柏则承认沙俄在南疆的某些特权。这以后,英、俄争夺新疆的矛盾日益加深,最后,形成英与沙俄在新疆南北对峙、分割南、北疆的局面。

阿古柏对外仰英、俄的鼻息,对内极力残酷剥削和奴役新疆各族人民。"他将中世纪中亚地区的一套封建制度完全搬到新疆:把土地分封给他的爪牙;各级官吏的俸禄直接取之于封地的劳动人民,他们可以随意向人民索取钱财,并强征劳动人民服无偿劳役;政府的税收没有成文的规定,需要时便征收,征收量也由经手官吏随意规定。当时经常收的税目有'哈拉哲'(收成的十分之一)、'旦那晋'(果园、棉田、马料、菜园税)、'夏盖特'(牲畜与商品税)、'萨曼普'('哈那哲'的附加税)、'卡分'(收税人的所得税)、'塔拉'(遗产税),等等。"① 此外,阿古柏还实行宗教歧视与民族压迫政策,并强迫人民承担他扩张野心的沉重兵差。

阿古柏的入侵,使得新疆的各种社会矛盾发生了变化:人民群众与清朝之间的反压迫与压迫的阶级矛盾,退居次要地位,而与沙俄、英帝国主义及其走狗阿古柏之间的反侵略与侵略的民族矛盾,上升到了主要地位;阿古柏与新疆原来的封建主伯克、札萨克因为利益冲突,也矛盾重重;阿古柏所推行的暴政,更激起人民群众的切齿痛恨。因此,他所到之处,都遭到群众的反抗。南北疆各地原来的封建主也拒绝执行阿古柏的命令。新疆各族人民心向中央政府,盼望清军到来,以解倒悬之苦。②

二、建省的经过与改革措施

新疆建省之议,早在 19 世纪 30 年代清朝平定张格尔的叛乱后,由龚自珍等率先提出的。1820 年,龚自珍著文《西域置行省议》,便郑重提出西域(新疆)建立行省,

---

① 况浩林:《中国近代少数民族经济史稿》,第 191 页,民族出版社,1992 年。
② 况浩林:《中国近代少数民族经济史稿》,第 190 页,民族出版社,1992 年。

以实现全国大统一，抵御日益严重的西北边患。

1877 年 6 月，督办新疆军务大臣左宗棠奉命统筹战后新疆全局，为了有效地抵御沙俄的侵略，为了新疆生产力的恢复和发展，在驱逐阿古柏入侵者、收复新疆的过程中，左宗棠向清政府重提新疆建省的问题："为新疆划久安长治之策，纾朝廷西顾之忧，则设行省，改郡县，事有不容易已者。"① 但清政府对此问题未加可否搁置起来。1878 年新疆军民驱逐阿古柏匪帮后，左宗棠再次提出新疆建省之议，并奏折清廷将新疆建省交廷臣大员会议决策。由于当时伊犁仍处在沙俄占领之下，清政府命令左宗棠"就近详细酌度，因时制宜。如果改设行省、郡县，实有裨于大局，即著拟定建省方案，呈报朝廷。再饬廷臣悉心会议，候旨定夺。"② 清廷内部对新疆建省议论不一，意见相左。"翰林院编修刘海鳌称：新疆地广人稀，改设郡县制亦属虚名，以财政支绌为由反对建省。内阁各衙门则大多附和陕甘总督谭钟麟的建省方案，同意南疆各地设立道、厅、州、县，但主张缓议建省。由于意见分歧，清廷一时难以决策，既两存其说，就其易者行之，而其难者姑俟后图。新疆建省似有夭折的危险。"③ 1882 年清军进驻伊犁，中国军民收复新疆的反侵略斗争基本结束。这时已调任两江总督的左宗棠再次上疏，力促清政府早日就新疆建省作出决策。他认为目前新疆设立行省有以下几方面的有利条件：④

第一，可乘边疆收复之盛势。"天山南北两路还隶版图，气象一新，中外群属，耳目诚及……取我固有之地而治之，疆索固然"，有利于加强中央对边疆的管辖。

第二，可乘防营未撤之兵威。新疆底定，西征数万名清军驻防各地，"既可壮疆臣之声威，即将来（建省后）设立制兵，京可就中挑选久经战阵之才，错落布置其间，士气既扬，军威自壮"。有利于巩固建省后的新疆边防。

第三，安定社会，顺应民心。新疆甫经收复，刚才摆脱外辱。百姓"新出水火"，民心思定。此时建省，有利于稳定社会和恢复生产，顺应民心。

第四，旧制荡然，百废待举，为施行建省新制提供了良机。一旦设立道县，"督、抚睹闻亲切，黜陟分明，乐事劝功，人知自奋，污染渐涤"。

第五，边疆建省，与内地划一，有利于祖国统一和杜外敌觊觎之心。倘若一味拖延建省，"万一强邻窥伺，暗煽拼飞，后患方兴，前功尽弃。与其抢忧于事后，曷若审慎于几先"。

与此同时，陕甘总督谭钟麟、接任左宗棠督办新疆军务的刘锦棠等人，都请奏清廷在新疆建省。刘锦棠并在左宗棠原建省方案的基础上，重新提出来一个建省方案。在左宗棠等的督促下，1882 年 12 月，清政府批准以刘锦棠建省方案为本，并由刘锦棠逐步实施，首先在南北疆设道、厅、州、县各级统治机构，就近任命一批地方官吏，并拟定各道、厅、州、县界址。新疆行政体制改革在天山南北同时展开。1883 年 6 月，刘锦棠奏请裁撤都统及参赞、办事、领队各大臣。1884 年 11 月 17 日（光绪十年九月三十

---

① 《左文襄公奏稿》卷 50，第 77 页。
② 《清德宗实录》卷 66，第 6 页。
③④ 参阅新疆历史教材编写组：《新疆地方史》，第 235—236 页，新疆大学出版社，1992 年。

日),清政府正式决定新疆建省。并任命刘锦棠为首任新疆巡抚,魏光焘为新疆布政使,省会定在迪化(乌鲁木齐)。新疆建省终于冲破内外重重困难和阻力得以实现。全省设镇迪、阿克苏、喀什噶尔、伊塔4个道、下辖6个府、10个厅、3个州、23个县或分县。新疆建省,为清末中国边疆治理制度的改革建立了一个良好的开端。

新疆建省后,清政府采取因地制宜方针并参照内地的情况,推行了一些政治、经济的改革措施。主要包括①:

第一,取消南疆一带实行的伯克制,代之以府、州、县制。伯克原来的养廉地亩收归官有,招佃承租。原来实行札萨克制的地区,除吐鲁番改设厅、县外,哈密、土尔扈特、和硕特等地,维持原制不变,贵族的王、公、贝勒、贝子等爵位仍然世袭,但权力受限制。

第二,在南疆改按丁征收人头税为丈量土地,按地征收田赋。

第三,大力引进内地先进的农业生产技术及蚕桑技术,疏浚修筑河渠,兴修农田水利,鼓励开荒造田和养蚕植桑,招抚流散人口,妥善安置,关内各族人民也"携眷承垦络绎相属",到新疆安家落户,大力发展农业和蚕桑生产。

第四,改革屯田制度。清代新疆屯田,主要分布在北疆,有民屯、回屯、旗屯、兵屯、犯屯等多种名目。各种屯田税收制度不同且重。1886年,刘锦棠等人制定了《新疆屯垦章程》,鼓励各族军民屯垦,将耕地分给屯兵,犯屯待遇等同民屯,民屯升科交粮年限展宽,各种屯垦人员的生产积极性普遍提高。

第五,发展交通、邮政,将原来的军台营塘改为驿站,驿站全程261站,总长2万多里。1893年(光绪十九年),又在迪化创办电报局,下设16处分局,线长8000余里,分南、北两线,与南、北疆重镇相连。1909年(宣统元年),又创设邮政局,在迪化设总局,各县设分局22处。

第六,复兴商业,发展手工业生产。1907年,省府在迪化设商务总局,负责全省商务。1908年,又置官钱局,统一币制,发放资本100万两白银至各府、州、县,以较低的利息贷给商民。沟通与内地的商业交往,内地的绸缎、茶叶、瓷器等产品大批运入新疆,与新疆的毛皮、瓜果、棉花等物品交换量日益增多。

总之,新疆建省后,刘锦棠等采取了许多措施恢复和发展生产,使新疆的生产力得到很大程度的提高。

三、建省的意义

新疆建立行省是清朝政府统治新疆政策的重大变革,也是一项巩固边疆,抵御沙俄等侵略势力的重大举措,其战略意义是深远的。

新疆建省后,对政治、经济进行的改革,其核心和实质是变伯克领主制经济为地主制经济。从政治上看,取消伯克制度,实行郡县制度,削弱了南疆地区的各级大小伯克的权利,消除封建割据局面,加速了新疆封建农奴制度的瓦解过程,在很大程度上使维吾尔族人民摆脱了农奴制的枷锁。在北疆取消了军府制度,代之以新疆巡抚,原设伊犁将军虽仍存在,但权力已大大削弱。撤销北疆各地设置的参赞、办事、领队大臣等统兵

---

① 况浩林:《中国近代少数民族经济史稿》,第193页,民族出版社,1992年。

大员，代之以道、府、州、县等地方行政官员。政治制度的改革，使中央政府对新疆地区的统治一体化，从而加强了新疆地区与内地各省的密切联系。从经济领域来看，清朝政府也出台了一些相应的有力举措，包括改革田赋制度，整顿币制，发展邮电、交通，兴修水利、开荒屯垦，设立蚕桑局，发展蚕丝业，引进内地开采、冶炼技术，发展手工采金业，并开办了生产枪支弹药与铸造银币的新疆机器局与第一个资本主义工业企业伊犁制革厂等。使新疆萌生了资本主义经济成分，这正是近代中国社会经济发展的历史任务。由于这些改革措施从根本上说，还是顺应新疆各族人民、特别是维吾尔族的经济发展趋势的，也是维吾尔族及伯克统治下的其他各族人民早就渴望的。改变伯克制度后，全省的体制走向统一，发展农业生产的措施易于推广，使商品流通的渠道更加畅通，促进了新疆经济的发展。

总之，新疆建省后，不仅加强了中央政府对新疆地区的统治，也为新疆的自身发展创造了较好的形势与条件，大大促进了新疆与内地的政治、经济、文化联系，加强了各族人民之间的友好往来，改善了民族关系，增强了新疆抵御外来侵略的能力。这在当时历史条件下产生的积极意义与历史作用是巨大而深远的。因此，坚持收复新疆并提出改建行省的建议和改革措施的左宗棠与刘锦棠，在维护祖国领土完整和促进新疆经济发展方面的功绩，是应该载入史册的。

第三节 三多在内蒙古、外蒙古的改革

19世纪末，由于帝国主义列强的侵略，特别是沙俄和日本对蒙古地区的吞并和殖民活动，使蒙古社会危机日益加剧。清朝统治者从维护大清帝国的统治和保护蒙疆安全出发，提出改变治蒙政策，宣布取消其维护了250多年的蒙禁政策，实行"移民实边"和"新政"的序幕。清朝政府任命库伦办事大臣三多主办"新政"，从此，拉开了清朝政府在蒙古地区推行"新政"的序幕。

一、改革的背景

1. 1894年甲午中日战争和1900年八国联军发动侵华战争以后，列强强迫清朝政府签订了丧权辱国的《马关条约》、《辛丑和约》等，清朝政府向帝国主义列强赔款4.5亿两白银。当时清朝政府面临国库空虚，外债累累的严峻局面，在"外侮益剧，部臣失策，国势日危，民不聊生"的情况下，朝野上下都纷纷议论边疆危机，清朝政府迫于危机的形势和舆论的压迫，为了继续维持清朝的统治，对涉及国危民安的蒙疆的境况，有必要顺应民意，改革延续百年的治蒙政策。

2. 清朝末年，由于外国侵略势力进入蒙古地区，全面进行侵略和渗透，清朝在蒙古地区实行有效统治的蒙古王公贵族，札萨克、台吉等上层人士，产生了离心倾向。1900年，八国联军侵华战争期间，沙俄军队公然进驻外蒙古库伦等地，并武装侵占了内蒙古东部大片土地，激起蒙古族人民的极大愤怒与顽强的反抗。再者，全国各地日益加深与激化的民族矛盾和阶级矛盾引起的社会动荡对蒙古地区产生了直接影响。在蒙古族内部，封建统治阶级越来越腐败，农牧民的反抗斗争也此伏彼起，蒙古地区已不再是清政府安定的后方和稳固的边疆。

3. 鸦片战争后，清朝政府对蒙古地区的原有种种禁令，由于内外危机紧迫，也逐步松弛。

（1）随着外国资本侵略势力进入蒙古地区，取得自由贸易、关税、领事等特权，清政府也放松了对内地旅蒙商人的种种限制。沙俄迫使清政府取消了在天津征收子口税（沿岸贸易税）的规定以后，大大加强了俄商在贸易竞争中的地位。1873年，清政府为了维护国内旅蒙商人的利益，也相应地取消了他们应在天津缴纳的关税。

（2）1852年，清政府为镇压太平天国筹措军饷，开放"矿禁"，采取官办招商开采金矿、银矿，同时，在蒙古地区也试办开采各旗境内的一些矿藏，蒙旗有权自行招商开采，其利润可以自行截留一半，另一半上缴。采矿权一经开禁，清政府也只好顺应形势，任其发展了。

（3）禁垦蒙旗土地的政策也较前放宽了。对于清中叶以来个别邻近汉地的蒙旗王公私自招流民垦种的事实，清政府更多地采取默认态度，并开始允许个别招垦。"事实上早在嘉庆年间，由于内地封建剥削压迫惨重，土地不足，饥民日增，大批破产农民不顾清政府的禁令，便纷纷涌向关外的蒙古地区来谋生。当时清政府鉴于内地社会矛盾日益加深的严重情势，就将内蒙古哲里木盟西辽河以南大片土地，划为'借地养民'区，供从内地流亡而来的破产汉族农民耕种。其后，清政府又开放了郭尔罗斯前旗南部地区和昭乌达盟南部的围场一带地区，并宣布免税放荒，鼓励内地农民移民蒙地开垦。此时，蒙古各旗封建王公，为了贪得放垦土地所得的押荒和租银，对于流离失所跋涉而来的内地移民，都主动出荒招租，容留定居，以使其有'押租可收，田租可得'①。随着清政府对蒙地采取了时禁时弛的灵活政策和'借地养民'政策的实施，内地破产农民蜂拥而至，垦地面积日益拓展。清政府便对汉族垦户集中的地区及时设置地方治所，相继在原哲里木盟辖境内，新设置了昌图、梨树、怀德、康平、辽源等县治，实行蒙民归旗，汉民归县的分治管辖。"

由于松弛对蒙古地区的商禁、矿禁、垦禁，清政府对蒙古的封禁政策，已经名存实亡了。

二、改革的经过和措施

清政府于1901年决定推行"新政"，要求中央和地区大员提出"新政"的具体方案。一些针对蒙古等边疆少数民族地区的"新政"建议于是纷纷上达清廷，其中包括个别蒙古王公"变革图强"的条陈。当年张之洞、刘坤一等就奏折提出改变治蒙政策，主张由内地移民到蒙地边疆开垦定居，以加强边疆开发等建议。同年，山西巡抚岑春煊提出《筹议开垦蒙地》具体办法奏折。

事实上，早在19世纪80年代以后，就有不少清朝的大臣、疆吏们提出过许多筹边改制、放垦蒙地的建议，"1880年，内阁学士张之洞就曾提出：'蒙古强则我只候遮也，蒙古弱则彼之鱼肉也'。要求充实边防，增强蒙古各盟旗的实力，以抵御日、俄虎视眈眈的侵略野心；1897年山西巡抚刚毅、胡聘之，以及护理黑龙江将军增祺、国子监司业黄思永等奏请开放蒙禁，实行屯垦或放垦蒙地，'以兴屯利，而固边防'等建议。但

---

① 卢明辉：《清代蒙古史》，第216页，天津古籍出版社，1990年。

是，由于事关改变清政府原有治蒙政策，并遭到一些蒙旗王公的反对，这些建议当时都未能得到清政府的批准实施。"①

光绪帝载湉钦定了这些建议，遂于光绪二十八年（1902），在蒙古地区大力推行"移民实边"和"新政"。从此，清政府治蒙政策发生了根本性的变化。从1902年开始，清政府对蒙古地区实行"移民实边"政策，其宗旨是把汉族地区农民移入蒙古族地区，开发蒙荒，并通过拍卖荒地来筹饷练兵，借以达到充实边疆，抵制日、俄侵略势力的目的。"移民实边"，在当时北部边疆处于日、俄帝国主义侵略、并吞的威胁和少数蒙古王公开始投靠外国势力的严重局面下，不能不说是一项妥当的政策。

清朝政府实行"移民实边"政策后，解除了对蒙古的"封禁"，客观上增加了蒙汉等各族人民之间接触与联系的机会。同时，清政府大力鼓励内地移民携眷到蒙古地区定居开垦；并在清廷垦务局的主持下，允许蒙古王公放荒招垦，从而进一步扩大了土地开发耕种面积，在一定程度上适应了蒙古地区农业经济发展的需要。同时，清政府并主张学习西方资本主义的大农业，由清政府或"直省大资本家纠集股本，组织殖民开垦公司"。这种资本主义的经营管理方式，在蒙古地区的实施，无疑对促进蒙古社会经济发展会有一定裨益的。

1906年，清政府委派肃亲王善耆前往内蒙古东部各盟旗实地考察，筹拟"新政"措施。同年，军机大臣徐世昌奉命巡视东三省，也负有考察蒙古、条陈经营之策的使命。清朝大员们筹蒙奏议的主要内容有：开放边禁，大举移民垦殖；开设银行、邮政；兴办厂矿、交通；加强警政、司法；广置厅县、改设行省等。根据这些建议，同年，光绪帝发布"上谕"又提出在蒙古地区实行以"筹蒙殖民"、"改革图强"为内容的"新政"。从此，清朝政府陆续出台一些新的政策措施。

1. 1906年，作为改善财政的"新政"，清朝政府开办户部银行，即大清银行。大清银行陆续在库伦、乌里雅苏台设立了分行、支行。

2. 兴办工矿企业是清末"新政"的主要内容之一。清政府允许官方或私人与外商合资兴办工矿企业，从此，外蒙古出现了与俄商合办的金矿公司。

3. 库伦办事大臣三多主办"新政"，陆续增设了兵备处、宪政筹备处、巡防营和实业局、商务局、卫生局、垦务局、交涉科、承宣厅、评议厅等二十余所新机构。

4. 随着"新政"的推行，清政府进一步在内蒙古地区广设厅、府、州、县等地方治所。并在呼伦厅设呼伦兵备道、辽源州设洮（南）昌（图）兵备道以加强管辖。与过去蒙汉人民由旗县分治的制度有所不同的是，一些新设的道、府、州、县兼有辖治蒙旗、蒙民的权利。如洮昌道除管辖洮南、昌图两府各州县外，还兼管科尔沁六旗事务；设于1877年（光绪三年）的奉化、怀德、康平等县均有兼理境内蒙民的职权。

5. 1905年（光绪三十一年），清政府转发给事中左绍佐提出的改蒙古为行省的建议，要求有关疆吏予以审议，提出方案。除了在外蒙古缓议设省外，清政府积极准备在内蒙古分设热河、察哈尔、绥远三个行省。原属伊犁将军统辖的漠西蒙古土尔扈特、和硕特等部各盟旗，清政府则将其并入1883年（光绪九年）改设的新疆省，而且在各盟

---

① 卢明辉：《清代蒙古史》，第215页，天津古籍出版社，1990年。

旗的游牧地域陆续设置了喀喇沙尔（后改焉耆府）、库尔喀喇乌苏、精河、塔尔巴哈台等直隶厅。

6. 1901年（宣统二年），清政府宣布彻底开放蒙禁，允许蒙汉之间进行土地买卖、互通婚姻，蒙古人可用汉文教读、行文、命名，等等。

三、改革带来的负面影响

在日、俄加紧对蒙古地区大肆进行吞并侵略活动与煽动、诱惑一些蒙古封建上层进行分裂活动的严重局势下，继"移民实边"政策之后，清政府又在蒙古地区实行"新政"，这在当时情势下应当视为是具有积极意义的筹边政策。但是，从实质上来说，它并没有革除蒙古封建特权统治的积弊。一些筹边改制建议中有利于改善和发展蒙古的政治、经济、文化，有利于巩固边防的措施，都因积重难返和清政府官僚机构的极端腐败，很少能够得到真正的实施，而一些邀功幸进的地方官吏，望风承旨，不分轻重缓急，一律强制推行，过多地限制乃至削弱和剥夺了蒙古族的传统权益，从而破坏了民族关系，加剧了民族矛盾。再者，清朝政府和一些筹蒙官吏们，在推行"移民实边"和"新政"的实施过程中，完全同内地"练兵筹饷"的"立宪新政"一样，其着眼点主要是从增辟财源，以挽救清政府日趋严重恶化的经济危机方面出发。因此，清政府在蒙古地区实行"移民实边"和"新政"，便成了通过大量放垦蒙地和开发蒙古资源，以达到敛财济困的目的。进而使这项新政策完全失去了"实边"、"筹蒙"的重大意义。

1. 1902年，光绪帝推行"移民实边"政策时，清政府已处于国库空虚、外债累累、岌岌不可终日的严重政治、经济危机之中，为了急于筹款，把实施"移民实边"的重点，完全放在放荒筹款上，没有注重边防的实效，及时解决"移民实边"政策中暴露出的"蒙垦弊端"等各种矛盾。

放垦蒙地的最大受益者，是清政府承办垦务的官吏和包揽领荒的地商。放垦地区的蒙古牧民则失去原有牧场，有的转移到荒山沙碱地带放牧，有的不得已改务陌生的农耕。已经务农的蒙古族垦户，有的迁徙到未放垦地区，有的甚至也被勒索了押荒银。随着牧地日渐缩小，负担日益加重，造成大批蒙古游牧民生活愈加贫困化，乃至完全破产，严重地损害了广大牧民的生计。少数蒙古封建王公虽从放垦土地中得到利益，但是，由于其封建领主制的世袭领地日渐缩小，各项封建特权和既得利益被剥夺，清政府"既收其地，复分其租"，对"官放蒙荒"亦深表不满和怨恨。正如法部尚书戴鸿慈奏蒙垦失败原因指出："顾垦务至今，迄无起色者，则以放荒者只计荒价之多寡，不问垦殖之兴衰；揽荒者只求垦断以居奇，不恤领户之艰窘"①，致使"蒙垦"弊端百出。

2. 清朝政府在蒙古地区开办银行，于某种程度上遏制了外国资本控制蒙古金融的局面，对蒙古地区发放贷款，在一定程度上刺激了商业、手工业、采矿业的复兴。然而，未能阻挡住外国资本深入介入蒙古族地区的趋势，发放的贷款中饱私囊，大多数款项交入蒙古封建主上层手中，使蒙古王公的生活更加奢侈，而蒙古人民的债务负担更加沉重。迄于1911年，外蒙古封建上层积欠大清银行的债款，本息相加达白银上百万两。

3. 实行"新政"，设置许多新的机构，其初衷是好的。但是，有些机构的设置事与

---

① 《宣统政纪》卷18。

愿违，多数不顾客观条件，一哄而起，无所事事，"新政"的实效未见，而各盟旗却要为此负担大量的开支，这些机构的开办费用，日常需用的柴炭、器具、铺垫、马匹等各项杂费，全部责令盟旗供给。兵备处构筑兵营，建房 400 余间，耗银 16 万两，工料费用亦向盟旗摄取征收。这种强征暴敛，使广大蒙民难以承担，致使他们对"新政"产生恶感，也招致蒙古王公和宗教上层的不满和反对。

4. 自清朝政府在蒙古地区放垦以来，清政府试图将蒙古社会实行了 260 余年的蒙古封建领主占有制，改变为封建地主所有制的郡县统治。就必须首先收回盟旗封建领主"札萨克土地、人民"的统治权。由于府、厅、州、县的设置，使许多盟旗辖境的范围已大大缩小，有的盟旗的土地已大部分被分割，有的盟旗则基本上被划为府县辖治后而名存实亡。这种治蒙政策的重大转变，蒙古札萨克的行政统治权力，已大都为道、府、州、县的官吏所取代，大大削弱乃至剥夺了蒙古札萨克王公的原有权益，必然引起蒙古封建王公的不满。

5. 清朝政府拟议在内蒙古设置行省的方案，虽然有利于蒙古地区经济发展与边疆的安定，但是，其将进一步使盟旗体制和蒙古封建领主的统治特权地位被大大削弱，从而引起蒙古封建王公的强烈反对，清朝政府难以贯彻实施，只得暂作罢议。

第四节 在南方民族地区的新政措施

一、清末新政对南方各民族的影响

进入光绪年间以后，清统治者继续同治自 19 世纪 60 年代开始的洋务新政，并由"求强"向"求富"发展。光绪中期，资本主义列强加紧对我国边疆地区和邻邦的殖民侵略，在南方民族区域表现最为突出的是，日本企图霸占我台湾，英、俄则觊觎我西藏。中日甲午战争以后，资产阶级维新派促成了"戊戌变法"运动，但是很快就被以慈禧太后为首的反动封建顽固势力所扼杀。随之就是一场利用爱国反帝的义和团群众的盲目排外运动，结果造成以中华民族空前浩劫的《辛丑和约》而告终。

光绪二十六年（1900）下半年，面对严重的统治危机，迫于国内外的压力，慈禧先后下"罪己诏"、"改弦更法诏"，由此推出光绪、宣统两朝的"新政"。清末新政的内容，广泛涵盖了中国社会的各个领域和层面，自然也对南方民族地区产生了巨大而复杂的影响。

就清朝决策者的本意而言，是为了维持其岌岌可危的统治才推行新政。由于庞大的军费、赔款、债款、新政开支与财政赤字，促使清政府一改"量入为出"的财政原则，转变为"量出为入"、"找米下锅"。从光绪中后期以降，朝廷的赋税制度发生了三个方面的变化："一是继续由实物税向货币税转化；二是由单一的农业税为主向农、工、商并重的多元化税制转化；三是由直接税向间接税转化。"① 这种转嫁危机的做法，使光绪中后期与宣统时期中央税收的总额连年大幅度增长，同时也使全国人民进一步贫困化。资本主义列强的商品倾销，清廷竭泽而渔的增税苛敛，导致南方民族地区的农村经

---

① 刘可祥主编：《清代全史》第 10 卷，第 567—568 页，辽宁人民出版社，1993 年。

济日益破产，激化了社会矛盾，引发了人民的强烈反抗。光绪、宣统两朝期间，西南、中南、东南各少数民族的抗税抗捐斗争、反洋教斗争从未停止，并且愈演愈烈，动摇了清王朝的统治根基。

例如，在四川彝族的聚居中心凉山，"西昌县令章庆，是借新政之名肆意搜括民财的典型事例。章庆'莅任以来，视民如仇，暴利剥削，滥罚勒捐，三月累万。'（《帝国日报》辛亥年六月初七）据《民主报》报道，章庆在西昌'阳借新政名目'，任意苛派，无孔不入：'贫民刈草一背，只售钱二三十文'，他以'马草捐'之名'按十抽五'；'每茶一碗，售钱三文，章令以茶桌一张，勒令每月缴二百文'；他'借禁烟为名至德昌，闻人有烟，即令差勇按户搜查，有烟之户，罚款十倍，而无烟之家，也被骚扰不堪'（《民主报》1911年8月8日）。"在辛亥革命的大潮中'凉山回、藏、彝、汉各族群众组成的起义军提出了"推翻清朝，废除新政，杀贪官，没洋人"① 的口号。章庆即被起义军处死。

不管清政府推行新政的主观动机是什么，新政毕竟有其"新"，即顺应历史潮流的改良方面的内容。新政编练新军、整顿海防、兴工商、奖励实业、废科举、办学堂、派留学等措施，在不同程度上改变了南方社会的面貌，也对各少数民族产生了影响，他们自给自足的自然经济进一步解体，白族、彝族、壮族、苗族、土家族等民族中，开始出现资本主义萌芽并缓慢发展。

南方的大多数少数民族以此为契机，开启了本民族的近代教育事业，此举具有深远意义。如，海南黎族"在教育方面，1903年（光绪二十九年），两广总督岑春煊曾为黎人特设学额两名，取入生员两人，都是陵水县属的黎族。清末期间，兴隆黎团总长钟启桢（奇曾）曾在兴隆市创办四黎学校，招收黎苗青少年入学。"② 又如，广西壮族，"光绪二十八年（1902），封建统治者在广西创办广西大学堂。1904年，光绪帝下诏令废科举、兴学堂后，在桂林先后创办了农业学堂、优级师范、陆军小学、干部学堂等等；各地的书院也陆续改为高等学堂（小学），聘请教师教授汉文、算学、英文和一些自然科学。各地农村的私塾，也相继改为初等学堂。"③ 再如，侗族方面，"光绪二十四年（1898），'戊戌变法'，更科举，兴学堂。继而又于光绪三十三年（1897）明令兴办学校。从此，侗族地区的教育事业走向了新的阶段，所属府、厅、县各级书院、义学悉改为高等或初等小学堂。至宣统年间，黎平境内即开办高等小学四所，初等小学二十七所；古州厅有高等小学两所，初等小学六所；永从县有高等小学一所；大柱县有高、初等小学各一所。晃州有小学四所。有的学堂，明确提出教育宗旨：'专以培养国民之善性，扩充国民之知识，强壮国民之气体'。"④

光绪台湾建省与宣统川西"改土归流"，是清朝后期新政中有关南方民族地区的两大举措，对我国近现代历史的发展产生了重要影响。

---

① 吴康零主编：《四川通史》第6册，第324页，四川大学出版社，1994年。
② 《黎族简史》，第92页，广东人民出版社，1982年。
③ 黄现璠、黄增庆、张一民：《壮族通史》，第540页，广西民族出版社，1988年。
④ 《侗族简史》，第78页，贵州民族出版社，1985年。

二、台湾建省

1. 台湾善后与台湾建省

台湾自古即为中国的领土。《后汉书·东夷列传》称之为"夷州"。《三国志·吴书》称台湾为"亶洲",《隋书》中记台湾为"流求",立《流求传》。唐宋沿用"流求"称谓。《元史·外夷三》中有《瑠求传》;至正二十年(1360),元朝在台湾地区设澎湖巡检司,是中央政府对台湾设官行使行政职权的开始。《明史》因"基隆"之音撰《鸡笼传》,较详尽地记叙了台湾少数民族社会的情况。

顺治十八年(1662)十月,在台湾人民的支持下,郑成功率军驱逐在台湾盘踞了38年的荷兰殖民者。康熙二十二年(1683),台湾正式归入清朝中央政府的统治。清廷在台湾设台湾府,归福建省管辖,下设台湾、凤山、诸罗三县,并在台湾、澎湖驻兵防守。台湾是明治维新后日本侵略扩张的首要目标之一。同治十三年(1874)四月,日军公然侵入台湾,剿杀我高山族居民。中国准备派大军援台,抗击日本侵略。九月,经中日谈判后,日方不得已召回侵台军队。

此后,政府开始重视台事善后事宜,洋务新政的重要人物沈葆桢、丁日昌先后主政台湾,推行各种改革、建设措施,启动了台湾的近代化步伐。

"十三年,日军以军讨生番,命福建船政大臣沈葆桢视事台湾。事平,奏开番地移驻巡抚,筹划善后事宜。"① 沈葆桢利用他在台湾善后不足 1 年时间里,有效地加强了海防建设,进行了经济开发与招抚高山族的活动。加强海防。"沈葆桢赴台之时,正值日本侵台之际,为加强台湾的海防力量,他派人赶赴欧洲购买铁甲船、水雷、洋炮、洋枪等西洋新式武器,装备驻台清军。接着,聘请外国工程师,在安平、旗后等处修筑炮台,安放新式大炮,其中安平炮台规模最大。"②

开办基隆煤矿。沈葆桢利用西方先进技术设备,以官营的方式进行大规模开采,"他雇洋工程师翟萨勘探矿位,引进西洋开采设备,坚持'权自我操'的原则,经营基隆煤矿。1877 年,煤矿成为洋务运动时期台湾第一家近代企业。"③

推行"开山抚番",发展垦殖业。沈葆桢认为,台湾的开发离不了原住的少数民族群众,"夫欲开山而不先抚番,则开山无从下手,欲抚番而不先开山,则抚番仍属空谈。"④ 于是集中驻台兵勇的力量,在一年的时间里开辟出南、北、中 3 条大路,初步打通了台湾岛东西部的联系。同时他还设立招抚局以"抚番",具体而言,"今欲抚番,则曰设土目,曰查番户,曰定番业,曰通语言,曰禁仇杀,曰教耕稼,曰修道涂,曰给茶盐,曰易冠服,曰设番学,曰变风俗。"⑤ 在沈葆桢的力促下,光绪元年(1875)正月初十,清廷废除了内地人民入台耕垦的禁令。"诏曰:福建台湾全岛自隶版图以来,因后山各番社(指台湾东部山区高山族部落)习俗各异,曾禁止内地人民渡台及私入'番境',以杜滋事端。现经沈葆桢等将后山地面设法开辟,旷土亟须招垦,一切规制

---

① 连横:《台湾通史》上册,第 63 页,商务印书馆,1983 年修订第 2 版。
② 田珏编:《台湾史纲要》,第 135—136 页,福建人民出版社,2000 年。
③ 田珏编:《台湾史纲要》,第 136 页,福建人民出版社,2000 年。
④ 连横:《台湾通史》上册,第 103 页,商务印书馆,1983 年修订第 2 版。
⑤ 连横:《台湾通史》上册,第 103—104 页,商务印书馆,1983 年修订第 2 版。

自宜因变通。所有从前内地民人渡台各禁例，著悉予开除，其贩买铁、竹两项，并著一律弛禁，以光招徕。"① 此举导致大批熟悉农耕技术的大陆移民加入到台湾开发的行列中去。

光绪元年七月，沈葆桢调任两江总督。沈葆桢之后主持过台湾政务的数人中，丁日昌建树较大。"清廷命丁日昌为福建巡抚。丁大力开发台湾，转年（二年）十二月，力疾巡视台湾，率兵讨平凤山县境几个番社，赏给其居民银牌、哔吱、布匹等，并雇用汉民为不善耕种的高山族居民代耕，传播农业生产技术，设立义学，传播文化。丁日昌还罢免台湾渔税，鼓励渔业；增添了旗后（今高雄）炮台炮位，加强了防御力量。"② "1877年10月，丁日昌主持架设台南至安平、旗后的陆上电线，计47.5公里，同时设台南、安平、旗后电报局，于11月对外营业。这是我国自办的最早电讯业。"③ 丁日昌还是首倡修筑台湾铁路的人，但因经费问题无法实施。

在中法战争中，台湾成为主要战场之一。光绪十年（1884）夏，法国舰队入侵台湾基隆。台防大臣刘铭传亲临督战，守军奋勇杀敌百余名，法军败退。不久，法军专攻沪尾（淡水），刘铭传力排众议，放弃基隆，同守沪尾。八月二十日（10月8日），法军企图登陆沪尾，刘铭传指挥清军迎敌，漳州镇总兵孙开华勇往直前，斩将夺旗，守军士气大作，猛烈杀敌，法军大败。"是役，'我军阵亡哨官三员，死伤兵勇百余人；法军被斩首二十五级（内将校两员）枪杀三百余名，又俘获法兵十四名'。史称'沪尾大捷'。"④

日本于同治十三年入寇台湾后，沈葆桢即提出将福建巡抚移驻台湾以加强防务的建议。经廷议后朝廷决定，福建巡抚每岁以半年时间驻台北。

光绪二年十二月（1877年年初），刑部侍郎袁保恒上疏，请改福建巡抚为台湾巡抚。他认为："福建之台湾，僻处海澨，物产丰饶，民番逼处，非专驻大臣，镇以重兵，孚以威信，举民风、吏治、营制、乡团、军事实力整顿，未易成功。若以福建巡抚每岁半载驻台，恐闽中全省之政务，道路悬隔，而转就抛荒；台湾甫定之规模，去往无常，而终为具文。请改福建巡抚为台湾巡抚，驻台湾，而以总督办福建全省事，各专责成。"⑤ 惜这个颇有远见的台湾建省之首倡，未能得到朝廷的应有重视。

中法战争使台湾的战略地位显得日益重要，引起清朝有识之士的警觉。中法议和后，光绪十一年（1885）夏秋之际，台湾建省的呼吁再次高涨。督办福建军务的左宗棠起到了重要的作用。"先是光绪朝元年定福建巡抚冬春驻台湾，夏秋驻福州之制，本年七月，大学士左宗棠遗书建议将福建巡抚改为台湾巡抚，所有台澎一切应办事宜，概归该抚经理，以固东南海防门户，开发台岛内陆山区。"⑥ 在其他有关台湾善后的奏议中，贵州按察使李元度也提出以福建巡抚专驻台湾的建议。

---

① 潘向明主编：《清史编年》第11卷，第1页，中国人民大学出版社，2000年。
② 徐彻、董守义主编：《清代大全》第9卷，第72页，辽宁人民出版社，1993年。
③ 田珏主编：《台湾史纲要》，第138页，福建人民出版社，2000年。
④ 潘向明主编：《清史编年》第11卷，第338页，中国人民大学出版社，2000年。
⑤ 萧一山：《清代通史》（三）卷下，第956页，中华书局，1985年。
⑥ 潘向明主编：《清史编年》第11卷，第400页，中国人民大学出版社，2000年。

光绪十年（1885）九月初五（10月12日），慈禧太后懿旨命将福建巡抚改为台湾巡抚。刘铭传为首任台湾巡抚。此即台湾建省之始。

清廷下旨台湾建省，刘铭传闻讯后立即上呈《台湾暂难改省折》，要求缓3年再建，在他陈述的种种理由中，最为关键的是台湾的财政难以自立。清廷驳回刘铭传的请求后，为解决这个问题，"经刘铭传与闽浙总督杨昌濬互访协商议定，在1886年7月14日（光绪十二年六月十三日）会衔上奏，正式提出闽台分省方案，谕准施行，主要内容有台湾巡抚名为福建台湾巡抚；建省经费由福建省和粤海、江海、浙江、九江、江汉5关协拨，年80万两，以5年为期；增设府县，由原来的2府8县4厅，改为3府1州，领11县5厅。"① 新建制的台湾府（今台中）位于彰化桥仔头，作为省会。

"1887年清政府改建台湾为行省，下设台湾、台南、台北三府及台东直隶州。这样，台湾就成为当时全国行省之一了。"②

2. 建省后的台湾建设与高山族

刘铭传（1836—1895），字省三，安徽合肥人。为淮军名将。他对西方列强的侵略怀有高度的防范心理，主张采用西方的军事技术、行实业、筑铁路，以强兵、富国。

受任台湾巡抚后，他表示："恨不能倍日经营，保固海疆门户。前车不远，后患方长，不敢视为缓图，致资强敌。"并决心"以一岛基国之富强，奉一隅之设施，为全国之范。"③

建省后的刘铭传治台方略有三："办防以御外侮，抚番以清内患，清赋以裕饷需，此三事均为急不可缓。"④他于台湾巡抚任内，在沈葆桢、丁日昌初创的基础上，以此"三事"为重点，推出一系列更具广度与深度的新政措施，使经济与国防建设日新月异。

（1）以加强海防为中心的近代化建设

刘铭传认为："台湾为七省门户，各国无不垂涎，每有衅端，咸思吞噬。前车可鉴，来轸方遒。"⑤ 所以，他推行诸项新政实业的目的，或直接加强防务，或加速全面近代化以增强台湾省的综合实力。即"夫铭传之治台，不独办防练兵已也，造铁路以通之，行邮船以辅之，振产业以裕之，辟财源以养之，改内政以新之，设教育以明之，使民能知义，国无患贫，而兵乃可用。"⑥此间主要的业绩有：

防务建设。刘铭传上任后，经过设法筹资，"使筑成钢筋洋灰炮台十座，配以英制阿姆士顿人炮三十一尊，水雷八十具。"⑦ 由于澎湖列岛乃台湾的门户，将澎湖副将提升为总兵，驻军4000余人。为防因外敌封锁造成军火接济困难，1885年在台北开设机器制造局，生产炮弹、枪弹。整顿驻台清军，汰除老弱，编成35营，装备新式军械，以西法操练、考核。另设团练总局、分局，组织训练民间丁壮，成为国防准军事后备力量。这样，提高了台湾的整体防卫能力。

---

① 田珏主编：《台湾史纲要》，第134页，福建人民出版社，2000年。
② 施联朱：《台湾史略》（修订本），第69页，福建人民出版社，1987年。
③④ 萧一山：《清代通史》（三）卷下，第958页，中华书局，1985年。
⑤⑥ 连横：《台湾通史》下册，第643页，上册，第218页，商务印书馆，1983年修订第2版。
⑦ 萧一山：《清代通史》（三）卷下，第962页，中华书局，1985年。

通信邮政事业。1886年在台北设电报总局。1887年铺设台湾至澎湖再至福州的水底电线，台、闽开始通报。1888年3月台北、台南、基隆、沪尾陆路电线接通，新增澎湖、彰化、台北、沪尾电报局。同年在台北设邮政总局，辖正站、腰站及旁站43处，辟邮路760公里，发行邮票，邮递公、私函件。台湾邮政总局置有两艘轮船，定期往返于台湾与大陆之间，将邮政延伸至厦门、福州、上海、广州、香港等地。

交通业。刘铭传曾倡议在大陆修铁路以富国，因朝中保守派的反对而受挫，就任台湾巡抚后，仍极力主张修筑台湾的铁路。他向朝廷陈述："台湾一岛孤悬海外，现在建省设防，截然为南洋屏障，必须开浚利源使经费不难自给，南北防勇征调可以灵通，方能永保岩疆，自成一省。""台湾四面皆海，除后山无须设防外，其余防不胜防。基、安、沪、旗四口，现已购炮筑台，可资守御，其余新竹、彰化一带，海口分歧，万难遍布军队概行设守，若修铁路既成，调兵极便，何处有警，瞬息长驱。伏念铁路为国家血脉，富强至计，舍此莫由，如蒙准开办，所裨于台湾大局，实非浅鲜。"① 由于经费问题，筑路工程困难重重。1891年基隆至台北段20英里（32公里）通车，刘铭传去职后又2年，台北至新竹段42英里（67.6公里）通车。此路乃国人自己集资修成，为中国最早的铁路之一。为发展海运业，刘铭传先后向德国、香港购置轮船6艘，又由南洋侨商集资购轮船2艘，以此开通台湾至上海、香港、西贡、新加坡、吕宋等港的航线。同时，开始修筑基隆港口。

工矿企业。刘铭传采取种种措施，促使台湾的制糖、樟脑和硫黄等业采用新设备、新技术，由传统手工方式向近代化发展，并取得一些成绩。在台湾重要的工业与交通业能源基地基隆煤矿的经营上，由于朝廷守旧势力的掣肘，加之管理不善，长期陷于停滞状态，最终成为刘铭传于光绪十七年（1891）被开缺的主要原因之一。

农业与商业。台湾建省后，土地大面积得以开垦，刘铭传等大力提倡种植茶、桑、蔗、烟等经济作物，并积极为这些产品寻找销路。于1886年成立商务总局，推动台湾外贸发展。乌龙茶、砂糖、樟脑等成为台湾出口的大宗商品。同时岛内贸易也明显活跃，商业城镇不断增加。

教育业。刘铭传注重兴办新式教育，为台湾培养近代化所需人才。1887年在台北开设新学堂，教授中国经史、外文、史地、算术、物理、化学等课程；1890年又建电报学堂，培养电讯事业技术人员；还设立培养高山族弟子的学校。

（2）以高山族为对象的抚慰事业

清代台湾岛上的各少数民族部落被统称为"番"。据萧一山《清代通史》中的数据，建省时"台湾番社约八百有余，人数二十余万"。② 刘铭传之所以把"抚番"作为一大要务来抓，是因他"查台湾生番从前多在外山，因遭闽、粤客民愈来愈多，日侵月削，逼入内山，种类繁多，近亦耕稼为生，各有统属，平居无事。"③ 而不法之徒，及土匪盗贼，出没番地，聚集番界，侵占番族田庐，诓骗番民财货，奸民被杀，则诉冤

---

① 潘向明主编：《清史编年》第11卷，第458页，中国人民大学出版社，2000年。
② 萧一山：《清代通史》（三）卷下，第958页，中华书局，1985年。
③ 连横：《台湾通史》下册，第642页，商务印书馆，1983年修订第2版。

于官，官辄兴师剿办，番族被冤，则无官可诉，类多集众复仇，杀掠多系良民。若不悉心规划，终于民番俱毖，防海又须防番。诚令全番归化，内乱无虞，外患虽来，尚可驱之御侮。即可减防节饷，又可伐内山之木，以裕饷源。进而辟地广垦，财用有出，民番生活，随之改善，宜一举而数得也。"① 由此坚定了他对高山族的抚慰思想。

光绪十二年，刘铭传亲率部下招抚400余"番"社，归化7万多人。十三年，副将张兆连招抚218社。"番"丁5万多人；提督章高元招抚260余社，"番"丁3.8万人。在进行招抚的同时。驻台兵勇抓紧扩展横贯台湾山脉的中、北、南几条道路，用时1年，共筑新路429.5公里。② 此举大大加快了高山族各"社"走出原始生活的步伐。光绪十五年（1889）三月，刘铭传等奏，全台'生番'一律归化。"③ "抚番"取得初步成果，新建的台湾行省的秩序总体趋于安定。

为巩固"抚番"成果，刘铭传制定了若干保护高山族群众的措施，如："'番社'地界，各归各业，不许其他居民任意侵犯；""'番'地子弟，必须入学读书，习汉文，学台语；""'番'地推行保甲制，设社长为首领，与地方行政长官，共同管辖'番'地。"④他对高山族的民族教育尤为重视，"自1887年起，先后创办了楠仔脚蔓番学、峦大社番学、大嵙崁番学、恒春县义塾、顶破布乌庄番学等，1890年又设立台北番学堂。这些番学堂招收原住民子弟入学，授以汉文、算术、官话、台湾语和汉族起居礼节等知识。"⑤ 常有上千名高山族子弟在这些学校中就读。

刘铭传还派人招徕福建贫苦农民，与高山族人杂居相处，借以推广汉族先进生产技术。在较大的"番区"设抚垦局、立番市。抚垦局设有专教原住民耕织的技术人员及医生。

以上"抚番"的措施，大大推动了高山族的经济发展与社会进步。对于稳定台湾秩序，团结各族人民共御外侮，起到了良好作用。

（3）以清理财政来解决建设资金

建省之前，台湾年财政收入仅90万两。豪绅、外商、奸商逃避赋税现象严重，老百姓负担偏重。建省后，急需大量近代化建设资金，而福建年80万两的"协饷"只为期5年。因此，刘铭传就任后即将"清赋"作为要务，其重点一是清赋，二是查税。

光绪十二年四月，刘铭传在台北、台南两府设置清赋总局，进行全省范围的清丈土地、清理田赋。至光绪十六年闰二月，"福建台湾巡抚刘铭传奏，全台田亩清丈完竣，年额征银五十一万二千九百六十两零，加之随征各项，全年共征银六十七万余两，较之旧额多出四十八万八千余两，应请作为定额。"⑥ 通过这次清赋，国家的赋额大增，而小民的负担却有所减轻。

第二次鸦片战争后，台湾成为对外通商口岸，列强大量倾销商品，外国商人与本地奸商偷税、漏税，关税流失严重。刘铭传下力整治，派员对各类洋货照章征税；设局对

---

① 萧一山：《清代通史》（三）卷下，第959页，中华书局，1985年。
②④ 施联朱：《台湾史略》（修订本），第109页，福建人民出版社，1987年。
③ 潘向明主编：《清史编年》第11卷，第519页，中国人民大学出版社，2000年。
⑤ 田珏主编：《台湾史纲要》，第144—145页，福建人民出版社，2000年。
⑥ 潘向明主编：《清史编年》第11卷，第547页，中国人民大学出版社，2000年。

樟脑、硫黄等实行官买官卖；设立官银局制造银币；加强管理等，使税收大幅度增加。"在他苦心经营下，台湾财政收入逐年增长，税收从九十万两增至二百万两，为进一步建设台湾打下坚实的经济基础。"[①]

台湾建行省之后，首任巡抚刘铭传全力推行新政7年，使台湾的大量土地得以开垦，近代工业初具规模，高山族社会以超常速度发展，海防实力明显增强。但由于改革触犯了地方绅商富户的利益，遭到怨恨，而朝中的保守势力也对他多加指责，加上他积劳成疾，终于导致了他的去职。而台湾的新政建设也陷于停顿，竟把《马关条约》割让台湾前4年宝贵的自强与备战时间白白浪费。

三、"改土归流"的继续

1. 清末川边西藏地区的形势

西藏地区是清朝治理重要地区之一，其政治区划划分为前藏、后藏、康、拉西4部分。康位于四川以西，首府为察木多。与康毗邻的四川西部也分布着许多藏族土司。西藏为中国西南的屏障，川边西藏地区则是内地出入西藏的咽喉，具有重要的国防战略意义。

鸦片战争以后，英国和沙俄日益加紧对西藏的侵略与争夺。1888年、1903年，英国先后发动两次侵藏战争，以获取在西藏进行经济掠夺和军事占领的特权。沙俄则不断组织间谍、武装人员闯进西藏"考察"，并派出俄籍蒙古人德尔智深入西藏上层活动。英、俄的侵略活动，助长了西藏上层分子中的分裂倾向，两国之间的钩心斗角，又促使分裂分子形成亲英、亲俄两派。

在这种背景之下，西藏地方与中央政府的关系更加恶化，土司与朝廷官员、藏族与汉族之间的关系日趋紧张，反叛事件不断发生。如川边西藏地区，"近年瞻对番官日肆横暴，侵陵各土司地界。而土司遇有争袭寻衅之事，往往附势滋闹。"当时恰恰"西藏又值危急之秋"。[②] 于是，朝廷中将川边土司制度革除、巩固四川门户与稳定西藏的呼声日高。因此出现了鹿传霖、凤全的两次不成功的"改土归流"尝试。

光绪二十二年（1896）"四月十九日，四川总督鹿传霖奏道，川西瞻对上中下三土司因同治四年土司叛乱，前藏奉旨平叛有功而赏给达赖喇嘛派藏官管辖。"[③] "光绪十八年，瞻对附近之章谷、朱窝两土司因承位事起纠纷，瞻对助朱窝而抗中央政府。二十二年四月，鹿传霖派员赴该地查办，瞻对番官复纠众滋扰，占据章谷土司之地，勒令章谷土司投彼，并不听鹿传霖所派官员之调解。五月，终与官军冲突开战，鹿传霖乃命川军在附近土司配合之下进攻。六月，乘胜派兵进剿瞻对。至九月二十六日平定全瞻。"[④] 鹿传霖竭力主张乘势对当地"改土归流"，但朝中意见不一。次年九月，反令鹿传霖开缺回京。十一月，重将瞻对赏给达赖。

在英军第二次入侵西藏以后，光绪三十年（1904），朝廷决定增设驻藏帮办大臣，

---

① 施联朱：《台湾史略》（修订本），第112页，福建人民出版社，1987年。
② 朱寿朋编，张静庐等校点：《光绪朝东华录》第4册，第3788页，中华书局，1958年。
③ 徐彻、董守义主编：《清代全史》第9卷，第83页，辽宁人民出版社，1993年。
④ 迟云飞编著：《清代编年》第12卷，第15页，中国人民大学出版社，2000年。

移驻察木多。受此任的凤全于年底抵达川边。就任后,凤全在立足未稳、未谙形势的情况下,匆匆推出 3 项改革措施:"收回川、藏交界的三瞻";"广开屯垦,改土归流";"限制寺庙喇嘛人数"。① 这些措施的大方向不错,但却操之过急,受土司、喇嘛煽动群众的借口。导致次年三月,"是月,川藏交界之巴塘地区喇嘛寺及土司暴动,杀驻藏帮办大臣凤全及其随从人员百余人,并杀死法国传教士两名。"② 此案的发生与外国侵略及西藏上层分裂势力密切相关,不是单纯的反洋教或反清事件。

2. 川边"改土归流"与藏区的发展

巴塘事件使清廷大为震惊,立即派兵厉行剿办。参与进剿的建昌道赵尔丰提出"改土归流"建议。川督锡良、成都将军绰给布会衔上奏朝廷云:"征之前事,藏侵瞻对,川不能救,英兵入藏,川不闻战,藏危边乱,牵制全局者,皆边疆不治,道途中梗之所致也……臣等详筹,乘此改土归流,照宁夏、青海之例,先置川滇边务大臣,驻扎巴塘练兵,以为西藏声援,整理地方为后盾。川、滇、边、藏声气相通,联为一致,一劳永逸,此西南之计也。"③ 清廷采纳此议,光绪三十二年(1906)七月初三,"设川滇边务大臣,以赵尔丰任之。上谕谓:'四川、云南两省毗连西藏,边务至为紧要。若与该两省边疆开办屯垦,广兴地利,选练新兵,足以固川滇之门户,即足以保西藏之藩篱,实为今日必不可缓之举。'"④

光绪三十四年(1908),"为了加强中央政府对边疆的统治,赵尔丰开始在康区强行改土归流,收缴土司印信号纸,废除土司制,由清政府派流官管理。"⑤ 赵尔丰"改巴塘为巴安府,改三坝为三坝厅,改盐井为盐井县,改乡城为定乡县,均隶于巴安府。又将打箭炉改为康定府,黑塘改为理化厅,稻坝改为稻城县,在贡嘎噶岭设县丞,隶于稻城县,改中渡为河口县,均隶于康定府。设康定盐茶道,统辖新设各府厅县。"⑥

宣统元年(1909),赵尔丰在德格、春科、高日等土司辖地改流,设登科府、德化州、白玉州、石渠县、同普县,设北边道统辖之。

宣统二年,赵尔丰率边军护送川军入藏,他奏请将康地首府察木多改为昌都府,下辖新改的察雅、恩达、贡、宁静、科麦、察隅 6 县。改妥坝为归化州,辖新改的原梯县、木牛甲卜县丞。

宣统三年,将孔撒、麻书土司地改流;收缴大批土司印信;改瞻对为怀柔县、甘孜为甘孜县、炉霍为炉霍县。并拟请在改土归流后的川边建西康省。

至此,"据史书记载,赵尔丰'巡行川滇边凡六年,所至改土归流,设道二,府四、州、县三十五,各治四十余部落'。'东西三千里,南北四千里,设治者三十余区'。"⑦ 川边西藏地区"改土归流"之后,废除了世袭的土司制度,改为政府的流官

---

① 吴康零主编:《四川通史》第 6 册,第 328 页,四川大学出版社,1994 年。
② 迟云飞编著:《清代编年》第 12 卷,第 373 页,中国人民大学出版社,2000 年。
③ 四川省民族研究所编:《清末川滇边务档案史料》(上),第 90 页,中华书局,1989 年。
④ 迟云飞编著:《清代编年》第 12 卷,第 421 页,中国人民大学出版社,2000 年。
⑤ 《甘孜州志》(上),第 154 页,四川人民出版社,1997 年。
⑥ 徐彻、董守义主编:《清代全史》第 9 卷,第 85 页,辽宁人民出版社,1993 年。
⑦ 吴康零主编:《四川通史》第 6 册,第 331 页,四川大学出版社,1994 年。

管理，进行了较广泛的社会改革，推行新政，推动了经济发展与社会进步。

在政治上。实行了流官管理体制，官吏按日领取"公费"为俸禄；实行政教分离，限制寺庙僧额；废除土司和喇嘛寺残酷的刑法。因此在一定程度上减轻了广大农奴的负担和压迫。在川边编练的新军，对于抗英、拒俄及稳定地方都起到了必要的威慑作用。

在经济上。招募四川农民赴边垦殖，带来先进的生产技术。修筑入边的商道，沿途修建旅店；架设电线，设电报局；招商承办茶叶、药材等土特产品的收购与运输；铸造被称为"藏圆"的银圆及铜圆；开办金矿及其他企业。使川边商贸开始活跃，人民生活改善，地方财政收入增加。

在教育上。光绪三十三年（1907），赵尔丰设"关外学务局"，专司川边各地筹建学校和推进教育事业。编订了若干优惠政策，经宣传后，许多藏民欣然送子弟入学。"到1911年，据巴塘、里塘、盐井、定乡、河口、稻城6地统计，学校有200余所，学生9000余人。"①

川边的"改土归流"，采取了强行的武力手段，也实行过一些不尊重藏族群众风俗习惯的措施，留下了相应的历史教训。但从主流上看，它对于维护祖国的统一，粉碎英、俄的侵略企图，遏制某些西藏上层贵族的分裂活动，推动川边各民族经济的发展，都起到了重要的作用。

第五节 清季西藏新政

一、张荫棠的新政

清季，英、俄等帝国主义图谋吞并我国西藏的阴谋日甚一日，西藏地方局势岌岌可危。在朝廷有识之士及西藏僧俗人员的奋力疾呼下，促使清政府感到若不采取措施整顿藏政，几年之后，不仅西藏难保，其毗邻川、滇、甘、青也防无虚日，其关系大局不堪设想。基于此，1906年4月（光绪二十二年四月）钦命五品京堂后补张荫棠往藏"查办事件"。张莅任后，他再次忠告朝廷："今不极力整顿，十年后西藏恐非我所有。非以重兵保藏，改定官制，方能固我主权。"同时积极着手整饬西藏事务，首先揭劾了驻藏大臣有泰等人对外乞怜于敌，丧权辱国；对内贪污腐化，鱼肉藏民，营私舞弊的丑恶行径。接着他又参革了西藏地方十余名满、藏、汉族贪官污吏，使之得到了应有的惩处，这一行动顿时引起全藏震动，积弊为之一清，大快民心，得到了人民的拥护，为推行新政也奠定了基础。

其后，曾出洋任职美国、西班牙等国多年，受到欧美资产阶级产业革命的影响，并颇具有爱国主义思想和远见卓识的汉官张荫棠，强烈地意识到效法欧美资产阶级变法图强，收回政权，添练新兵，实行政治、经济等方面的改革，方能救藏安民，巩固兴盛边隅。因此，1907年元月（光绪二十三年一月），他在向清政府提出了治藏建议19条，又治藏大纲（即"善后问题二十四条"）得到采纳后，在藏开始实行他所主张的新政政策。

---

① 吴康零主编：《四川通史》第6册，第337页，四川大学出版社，1994年。

——政权体制上裁撤驻藏办事与帮办大臣两缺，改设行部大臣统治全藏，下设左右参赞、参议四缺，分理内治外交各局事务。行部大臣衙署内设立交涉、督练、财政、学务、巡警、裁判、工商、路矿、盐茶、农务等局，作为新的常设机构。除外裁撤亚东、江孜、阿里、扎什伦布、察木多、工布、噶达、三瞻、巴塘、三十九族等处粮台，改设道府同知，由陆军堂毕业生代理巡警裁判，督率藏官治理。优待达赖、班禅，但在西藏地方政权内实行政教分离，恢复藏王体制。其下噶伦、代本等必须在行部大臣衙署内"禀承办公"，以利汉官监督，强化中央政令。

——改革按亩征兵及缺乏训练、纪律松懈、"殆同儿戏"的藏军体制。同督练局具体负责，选派数千名年富力强南北洋武备生进藏训练藏兵10万。配置伍、队、团、营、镇各级体制，大量购置毛瑟枪、格林枪、过山炮等现代化武器装备军队，以资抵御外侮。

——振兴经济为强国之本。发展经济，必先发展交通，故路矿局当务之急是赶修打箭炉至拉萨、拉萨至江孜、后藏道路，以利商运。而后由专事负责经济事务的农务、工商等局，自内地采买机器，开办工厂，革除苛政，废除乌拉差役，允准汉、藏军民开发当地矿产资源，重点发展民族手工业，如织毛毯、氆氇、制作皮革、采集各种药材，以兹出口"获大利"。除之要试种茶树，开发盐业生产，满足藏区茶盐需求，抵制印茶输入，于各盐区设局征税，旨在节省外汇。农牧业经济上，明定荒山废坡皆"可招民领耕"，给予优厚的政策。垦荒前两年免予纳租，其后年仅纳1/10。提倡鼓励农牧民发展经济作物，如种棉、养蚕、改良牛羊品种，"以广畜牧之业"。为赈济百姓，张荫棠还下令西藏各庄园领主减低租税，详定其额度至多不能超出收获物的二成，更不能任意勒索百姓等。

——提高改善文教卫生。"开民智"、"激发爱国之心、增进新知识"是张荫棠的一项重要举措。为此，他指示成立了学务局，责成前后藏3000余座寺庙自筹经费，各立汉文蒙学堂一所，教习由内地选派，强令7岁以上孩童入校学习算学、兵式体操、汉语汉文、兼习英文，学制六年。还提出设立武备学堂，医学堂和工艺学堂等专门学校，培养专门人才。对于学习优秀者赐予秀才、举人、进士文凭，选送国外留学或提拔入仕。同时在西藏设立报馆，创立汉藏文白话报纸，广泛进行文化交流，增进对国内外形势的了解。由于历史宗教等因素，藏地例禁嫁娶，抑制了人口的发展，自乾隆至清末百余年间，西藏地方人丁锐减70万两。为改变这一状况，要求放宽僧尼嫁娶之禁，任民自便。同时号召人们以"洁净为卫生之要求"，大力发展藏区医药卫生事业，设立医学堂，"招聪颖藏童数十人，教以西医诸法，五年毕业，学成俾往各属地治病谋生，以广传授"。①

其他方面如设立银行、改良风俗、开办社会福利事业、发展外交等，张荫棠还有许多独到的见解及拟订实施的新政措施，在其撰写并广泛散发社会的《训俗浅言》和《藏俗改良》两本小册子里，也反映了一系列他的主张和思想。首先应该肯定，张荫棠的新政本质是好的，主流是积极进步的，即坚决维护中央王朝对藏主权，防御外敌入侵，发展西藏经济文化等。可是，限于历史条件，也不避免地存在消极或错误的东西，

---

① 吴丰培、曾国庆编撰：《清代驻藏大臣传略》，第268—270页，西藏人民出版社，1985年。

他幻想在不变革西藏封建农奴制基础上，对西藏实行改革，这种想（做）法既不切合实际，也是注定要失败的；其次，清季列强纷纷入侵中国，国内革命风起云涌，清政权朝不保夕，更无暇西顾，张荫棠孤军奋战遥远的边疆，因此其改革难免是要"流产"的；最后，他的一些新政措施极大地触动了西藏大农奴主阶级的利益，引起了他们的恐慌和暗地里对抗，更有甚者导致了朝廷部分封建官僚、驻藏官员之间的嫉恨、猜忌、诬告甚至是英政府的无理抗议。懦弱的清政府深恐操之过蹙，激成事变，遂于1907年将张荫棠调离西藏，命其赴印度与英谈判修订《西藏通商章程》。至此，其新政措施从他提出到卸任仅仅数月被迫夭折，可谓昙花一现。

二、联豫的新政

联豫，满洲正黄旗人，早年曾跟随著名的维新派代表人物薛福成出使过英、法、意、比等欧洲国家达数年之久，西方近代工业文明的熏陶深深地影响了他，使之成为"通晓洋务"的行家。1905年（光绪三十年）他被派为驻藏帮办大臣。次年底，朝廷命张荫棠为驻藏帮办大臣，张荫棠因故力辞不就，专门"查办藏事"，开办商埠各事宜。联豫遂以驻藏办事大臣正职兼任帮办大臣，从此"大权独揽"。张荫棠离藏后，联豫挑起了继承、调整其筹藏革新，并努力加以付诸实践的重任。

为达到目的，联豫认为必须"先行练兵，以树声威，而资震慑"。也就是说在英、俄争夺西藏的危急关头，只有训练出一支作战有素、装备精良的现代化军队，才能捍卫祖国领土不受帝国主义列强的侵略和踩躏。因此，1906年12月，他奏请在西藏编练新军6000人（其中察木多常驻1000人，前后藏各分驻3000人至2000人不等）。除外再训练数千藏兵，如此西藏常备兵可达万人。为此他边向中央政府筹得数十万元白银，购买枪弹装备，建造营房，添置器械；边在拉萨设立了第一所武备速成学堂，自川内武备、将弁两学堂调派教习，并注意培养当地民族军事教官。这样到1910年联豫以调进西藏的1700名川军为基础，加上就地征募编练的新军及卫队，共约3000人，组成混成1协，下辖步队3营、马队1营、炮兵1营、军乐1营、合之原练兵1营，将他们分驻于拉萨、亚东、江孜、日喀则、工布、察木多及二十九族等地成防。是年，联豫大臣还创设了巡警总局，在拉萨、江孜、亚东等商埠口岸增设步马警兵160余人，督察过往商民，行使国家主权和维护社会治安，这些无疑对国内分裂势力及国外扩张入侵者起到了威慑防御作用。"不兴实业，不施我国家保护之实权，则虽日恃口舌辩论，文牍往还，虚与委蛇，无益也"。[①] 联豫强烈地意识到西藏经济的振兴发展，不能空泛地纸上谈兵，必须脚踏实地解决一个个具体问题。因此，他大力提倡民族商贸手工业的生产，增强抵制外国经济势力的侵入，针对当地兽皮、牛羊毛、竹林、矿产资源丰富的特点，采用走出去，请进来的办法，或选派数十名优秀藏胞去川省学习工艺制造；或请内地工艺师、技师等赴藏讲授知识，展示其工艺成果，以此培养人才。对于发展经济中的资金严重短缺问题，联豫以"招商承办"、"集股开采"的办法，向藏内外甚至南洋富商广泛集股。对于贫瘠落后的西藏农业经济，他号召人们大力垦荒"以广生计"。派人到内地购置农业机械和优良品种，以改善当地农业生产条件等。再有，货币的发行不仅是国家主权的

---

① 吴丰培主编：《联豫驻藏奏稿》，第191页，西藏人民出版社，1979年。

体现，更能够对当地经济发展起着制约的作用。有鉴于西藏货币混乱，英人卢比及西藏地方官员私造劣质藏圆泛滥当地，谋取巨额利润等流弊，联豫下令整饬西藏金融市场，于1910年由官办铸造流通"宣统宝藏"银圆。新币铸就后，"商民领用，极形踊跃"。

推行新政，实行改革的过程中，藏胞自身的文化素质及思想意识的提高是至关重要的，否则将遇到巨大的障碍。诚如联豫所言："今拟逐事振兴，非先通文字，明其义理，去其扞格不可。而欲先通文字，非设立学堂以诱化之不可。"① 为此他"劝令蕃民选送子弟入学"，鼓励学习，实行免费教育。经过几年努力，先后在西藏各地共建立初级小学堂16所，在校生数百人，课程内容包括汉藏文、数学、天文、地理等现代知识。对于优等毕业生选送他们入四川中学堂继续深造。至于解决藏汉文互不相通的鸿沟问题，他专门在拉萨创办了藏文传习所和汉文传习所，培养了一批既通汉文、又懂藏文的翻译人才。为开民智、化迷信、拓眼界，以笔代舌，让近代西方文明冲破西藏保守封闭落后的桎梏，1907年联豫在藏设立了印书局，从印度购置了印刷机器及铅铸藏文字丁，首批译印了《圣谕广训》等书。同年还奏请正式创办了西藏第一所藏文白话报馆，可谓开近代西藏报纸之先河，此项重在文化思想领域的宣传教育在当地引起了极大反响。据史载，初次出版的数百份《西藏白话报》受到了西藏僧俗百姓的热烈欢迎，抢购一空。以后陆续刊行也非常畅销，然而却遭到了英国殖民者的诋毁和非难，由此可见该报作用之一斑。

改定官制，开埠通商，对外交涉等关系国家主权大事，联豫更加重视。1906年起，为"渐收地方管辖之权"，办理一切事宜，他首先奏裁了粮员，改设理事官。以后又设驻地委员，专门负责管理刑名词讼，清查赋税、举办学堂、振兴学务工艺、招练商贾，调查矿产、盐场等事宜。至清末，驻藏大臣衙门组织越发不适应形势要求，不仅各项事务日繁，且"不肖者各逞己见，遇事掣肘，浸至百端皆废"，引得内外民人轻藐讪笑，故联豫再奏裁撤了驻藏帮办大臣，设左右参赞，分驻前后藏，协理驻藏办事大臣主政。衙门内部组织机构则改原办公各房为各科，细订职权，强化责任。有关边境口岸事宜，自办亚东、江孜、噶达克三税关，各关分设办事人员数十人，掌货物进口稽查、征税、裁判、巡警、工程、外事及其他事务，事任綦重，大大超出了现代意义上的海关职权范围。

综观近代联豫在西藏实行的新政，他是在世界一些高速发展的资本主义逐渐演化为帝国主义并四处扩张侵略，我国面临帝国列强条块宰割、吞并的危急关头，特别是西藏地方一小撮民族分裂势力对外勾结、阴谋分裂十分猖獗的形势下实行的一次大的举措，也是清政府在西藏最后一次改革。尽管我们说联豫之举与前一次改革一样，因历史局限未能从根本上触动西藏落后的封建农奴制度，其手段也过于简单，一些言行过于僵硬、激化，最后因为国内民族矛盾的加剧和清政府的垮台导致半途而废。但是他知难而进，本着维护国家主权、抵制外国入侵、反对分裂祖国、开发建设西藏这一目的，主动适应时代需要和发展趋势，敢于同当时国际国内不利的形势挑战，同闭塞保守顽固的封建农奴制斗争，大胆地提出并实施一系列诸如练兵兴学、务农开矿、讲求实业、便利交通、

---

① 吴丰培主编：《联豫驻藏奏稿》，第16页，西藏人民出版社，1979年。

改良官制、整饬庶政等各方面的革新，这些措施犹如一缕春风，将近代内地维新改良的思想和工业文明的气息吹进了千年雪山环绕的高原，使西藏地区朝政为之震动，一些新政成果如学校、邮电等设施得以保留下来，一些新政措施及改革思路虽在当时未能付诸实施，但不无可取之处，西藏前进的步伐并没有因此而停止。相反，对十三世达赖喇嘛推举的新政，对后来西藏的发展是大有裨益和借鉴作用的，也产生了很深远的意义。

第六节　在东北的新政

一、东北的开禁

1. 东北的封禁

清廷对其"龙兴之地"东北实行封禁政策，其根本原因是为了保存"满族之本习"，是想把东北的广大沃土，作为专供满洲八旗的养生田产。为了让满洲贵族垄断人参、貂皮和珍珠的采捕权，同时也是为了维持分区居住的民族隔离政策。清朝统治者非常害怕作为异族的汉人大量涌入东北影响他们视为自己后院的东北的安定，这也是清廷对东北实行封禁政策的重要原因。

清政府的这项政策酝酿于康熙、乾隆年间（17世纪后半期至18世纪前半期），而厉行于乾隆、嘉庆之时（18世纪中叶至19世纪初）。乾隆五年（1740）朝廷颁旨："奉天沿海地方官多拨官兵稽查，不许内地流民再行偷越出口。山海关、喜峰口及九处边门……严行禁阻"。乾隆二十七年（1762）朝廷又颁布《宁古塔等处禁止流民条例》，对柳条边外的吉林、黑龙江地区实行严厉的封禁，乾隆三十七年（1772）清廷颁旨对柳条边以西、以北的蒙古王公领地严行封禁，① 从而对东北地区实行了全面封禁。

2. 东北的局部开禁

清政府在东北实行的封禁政策，不但遭到广大人民群众的强烈反对，而且形势的发展变化也迫使清政府做出一些让步，在局部地区实行开禁，以缓和矛盾。导致清政府进行局部开禁，主要有以下几点原因：

（1）东北三省本来就地广人稀，非常缺少劳动力，尤其是在封禁时期情况更是如此。东北众多的旗人庄主迫切需要大量劳力，所以他们就千方百计地吸引关内饥民到关外谋生。在《逸斋随笔》中写道："庄园主一向是渴望人工的，不但不加拒绝反而极尽招徕之能事。于是借垫牛粮籽种，白住房屋。能下田的去下田，能伐木的去伐木，能种菜的去种菜，能放羊的去放羊，能养猪的去喂猪，铁匠送到铁匠炉，木匠送到木匠铺，念过书的功名人则留在房里，教少东家念书，伴老东家清谈。"

（2）咸丰、同治年间，山东、直隶等地农民，由于不堪连年战争和灾荒的重负，纷纷艰苦跋涉，有的从古北口、喜峰口进入东北，也有的自天津、登州上船过海到达东北。为了避免发生祸端，清政府只能拨给他们土地耕种，入籍纳粮。

（3）随着沙俄入侵东北以及牛庄口岸的开放，加深了民族危机，东北的边防险恶。因此一些官员主张，招民垦种，充实边防。如有的地方官员认为："……旷地既有居

---

① 佟冬主编：《中国东北史》第5卷，第50—51页，吉林文史出版社，1999年。

民，预防俄人窥伺，并可借资抵御。"

（4）为了解决地方财政困难，东北三省的地方大员也不认真执行清政府的封禁政策，相反，他们多次上奏朝廷要求放荒，或者清丈私垦地亩起赋。

近代东北的局部开禁，始于咸丰、同治之际。咸丰七年（1857），大凌河牧场开禁。咸丰十年（1860）吉林的夹信沟也放荒十余万垧，成效显著。此后，吉、江二省的呼兰河流域、拉林河流域、伊通河流域等也都陆续开禁。

3. 东北的扩大开禁

自1860年清政府对奉天、吉林、黑龙江三省实行局部开禁后，大批关内流民纷纷向关外涌来。奉天东边外、大凌河牧场、养息牧场、奉天围场附近等地成了流民首当其冲的流入地。吉林的夹信沟、阿勒楚喀、双城堡、伊通河等地，流民也大量涌入。光绪七年（1881），吴大澂督边采取的一项重要措施就是招民垦荒。在吉林东部乌苏里江、绥芬河及图们江我境沿岸地区，吸引流民开垦，成绩卓著。黑龙江等地也有大量流民进入。所以整个东北三省人口激增。据统计，从19世纪50年代至80年代，奉天人口增加近一倍，达到445.1万人，吉林地区的人口也增加了1/3，达到44.9万人，到1887年，黑龙江人口也达到25万人。[①] 东北地区最重要的一次开禁是继1860年柳条边开禁之后的盛京东边外开禁。1875年宋三好领导的起义失败之后，崇世上奏清廷说："……自东沟至通沟……历年以来，聚处之众，垦种之多……大有剿之不可，驱之不能之势。"因此他认为"只有就地升科，设官分治之一法"。于是清廷谕示："所有大东沟一带已垦地亩，着准其一律升科。无论旗民，凡认地开荒者，一律编入户籍。"[②] 从此以后，东边外进入迅速开发时期。

4. 东北封禁令的废除

（1）边疆危机的加深

由于列强已经侵入到东北的政治、经济、军事、文化等各个领域里，使东北边疆处于全面危机之中。由于清政府对东北长期实行封禁政策，使得东北边备空虚，因此，面对资本主义的侵略，清政府也无能为力，无论在军事上，还是外交上，都连连遭到失败。两次鸦片战争，使英、法等国取得了在辽东沿海地区的商业贸易特权。沙俄也乘机侵略我国北部边疆，大肆攫取我国的领土，通过《瑷珲条约》、《北京条约》这些不平等条约，沙俄攫取了我国黑龙江以北、乌苏里江以东约100万平方公里的土地。在列强侵略我国东北的过程中，日本也不甘落后，如在1892年，日本三井物产株式会社侵入营口，专营对外贸易。外国资本主义势力在东北极力扩张鸦片输入，倾销商品，争夺市场，掠夺原料。资本主义列强的天主教、基督教、东正教等的传教士们，打着传教的旗号，深入东北内地，窃取我国政治、经济、军事、文化等情报，进行文化侵略。边疆告急，清政府处于被动挨打的境地，造成严重的边事危机。

（2）财政危机

清廷对东北长期实行封禁政策，严重阻碍了边疆地区土地的开发和生产力的发展。

---

① 转引自作者王魁喜、吴文衔等：《近代东北史》，第101页，黑龙江人民出版社，1984年。
② 佟冬主编：《中国东北史》第5卷，第87页，吉林文史出版社，1999年。

由于东北地多人少,财政经费向来不能自给。原由户部直拨,咸丰初年,改为各省调拨,解至盛京各部,三省分别领取。后来,各地人民起义发生后,山东、直隶等省也因财政困难,无力负担。自同治以后,各省拨济东北三省的经费,年年拖欠。东北地区财政危机的出现,削弱了东北的对外防御力量,客观上也造成了边疆的危机。鉴于此,在地方官吏的建议下,清朝统治者也不得不面对现实,考虑废除封禁政策。

(3) 人民的反对

由于阶级压迫、民族压迫以及自然灾害,百姓负担过重,因此流民纷纷进入东北。面对清廷的封禁政策,广大汉族人民十分痛恨,一直坚持反封禁斗争,他们不顾当局的禁令,成群结伴冒险闯关东。他们不约而同从祖国的四面八方奔赴东北。流民们反封禁的斗争,多数情况下是自发进行的。封禁政策失败的原因除了人民的反抗斗争之外,还有其他方面的原因。如清朝的地方官吏不认真执行禁令,不认真查办流民,蒙古的封建王公大臣也希望流民的到来,招佃取租,东北各族人民也希望汉族来帮助其耕种生产。与此同时,清廷也实行比较灵活的封禁政策。这一切都促使了封禁政策的失败。

(4) 仁人志士主张废除封禁

东三省号称祖宗的"龙兴之地",大好河山,千里沃野,却地广人稀,边备空虚,人才两乏,流民难驱。所以如此,是清政府长期推行封禁政策的结果。面对列强对东北的侵略造成的边疆危机,朝廷内外的有识之士急呼,加强防务,开禁实边,招民垦荒,力保国土。道光二十年(1840)十二月,给事中朱成烈上奏朝廷,希望开垦盛京、吉林、阿勒楚喀和双城堡地。咸丰年间,御史吴焯、吉林将军景淳、黑龙江将军特普钦等也上奏朝廷开禁东北。经过咸丰年间数位东北地方将军的多次奏请,咸丰皇帝才勉强同意局部地区弛禁放垦。咸丰之后,同治、光绪、宣统时期,大量流民从关内迁徙到东北,移民实边之议,接连上奏,解禁地区也越来越多。上奏之风,一直坚持到清末。中心内容在于解禁开放,移民实边,防患于未然。帮办吉林事务、负责吉林珲春地区勘界的吴大成、著名学者曹廷杰以及在抗俄斗争中以身殉国的寿山将军,等等,都在倡导清末移民实边的思想潮流中做出了重大贡献。

清政府迫于国际形势,国内舆论的压力,不得不逐步开放东北荒地,移民实边,以缓和国内外矛盾。最终在光绪三十年(1904)东北全面开禁。

5. 东北的土地开发

东北封禁令被废除后,给东北地区开发带来了机会,在很短的时间内使东北地区的许多地方得到开发,使人口增多,经济发展。开禁后开发最突出的地区是:

(1) 奉天地区的开发

奉天地区地处东北南部,属于辽河流域农业发展区。自古以来开发较早。明朝时就得到开发。清朝前期辽东招民开垦条例颁布后,取得了显著成果。从道光至光绪年间,山东、河南等省,由于多次发生虫涝旱灾害,大量灾民逃到东北,首当其冲之地是奉天地区。道光末年,以岫岩为中心的东部山区农业生产欣欣向荣,外来移民分布在大孤山、花园口、尖山子等12个大的村镇。随着南部州县所在地区人口的大量增加,辽东半岛耕地面积也不断增长。乾隆六年(1741)辽东人口总数为13.819万人,到嘉庆末年（1820）达到131.4971万人，80年间，辽东人口增长10倍。① 同治二年（1863）御史吴台寿上奏清政府称，奉省闲旷之地，未垦实多，锦州、广宁、义州一带，官荒马厂，尽可设法变通，以开利源。东边外是指奉天省东南部，自龙岗山脉以南，鸭绿江以北，柳条边以东，包括今凤城、安东（丹东）、桓仁、通化、临江等县地。早在嘉庆、道光时期就有流民潜入该地，开垦荒地，渐成村落。吴台寿提出开垦奉天荒地后，盛京将军玉明奉命调查禁荒，发现在调查区内人皆流徙，聚集甚众。同治六年（1867）边外移民呈请升科。清政府派人实地勘察发现由于移民的不断开垦，整个东边外地区已无大段闲荒。于是在光绪年间，为加强对地方的控制，设置州县管理。辽东沿海地区也得到进一步的开发。清政府还在辽东地区设置了厅、县，用以管辖当地户口民人。

（2）吉林地区的开发

吉林地区招民开垦始于咸丰十年（1860），为了开荒筹饷，清廷放垦吉林舒兰以北土门子一带禁荒10万亩，省西围场约8万余垧等。所得赋税用于接济京饷。光绪八年（1880），吴大城奉命督办吉林防务，推行开垦边荒，充实边防的政策。在延吉、珲春、汪清、和龙、三岔口等地分别设立了招垦总局。招垦对象以山东和辽南的流民为主体，另外，乌苏里江以东地区的流民自愿内迁者，也安置于珲春境内垦种。垦民采取驻兵屯田的办法进行编制。至光绪二十年（1894），吉林的一些荒地已陆续招民垦种。光绪年间还对牡丹江中游阿克敦地区的土地进行查明造册、升科，并在该地设置敦化县，隶属于吉林府，是该地区第一个管理民人事务的地方民署，开始了安官设治的历史。清代的伯都讷地区开发的也较早，后由于流人的潜入，至道光年间，吉林将军富俊大力倡导屯田，有计划移民形成高潮，建立新城屯。

（3）黑龙江地区的开发

黑龙江弛禁开始于开放呼兰地区，以呼兰为中心，通肯（海伦）、克音（绥化）、柞树冈（青冈）等地区也部分开放。以呼兰平原为中心，土地肥沃，物产丰富。自嘉庆、咸丰以来，广大汉族农民和山东、直隶的游民大量进入该地。即使是在封禁时期，呼兰地区民垦土地已经很多。早在咸丰年间之前，就有开放呼兰的上奏。咸丰帝要求黑龙江将军做好调查，再研究奏报，以解决俸饷问题。《北京条约》签订后，清政府在政治上的失败和经济上的困难，迫使清政府终于同意招民放垦呼兰荒地。开垦取得了初步成效。呼兰地区自1861年以后，垦地增加。咸同时期，还放垦绥芬、乌苏里等处的山场。

（4）蒙旗游牧地区的开发

清代的蒙旗游牧地区是重点的封禁地区之一，除了游牧地之外，都是一片荒地。但是随着汉族流民的进入，也逐渐得到了开发。1791年，郭尔罗斯前旗札萨克公、恭格拉不坦，就向清政府提议，愿以游牧之地，招民垦种，招佃收租，以资助蒙古生计。1800年，清廷准许民人耕种纳租。以此为开端，其他各旗，也纷纷招垦开荒，一直持续到近代时期。道光、光绪年间，科左中旗、郭尔罗斯前旗、准噶尔科左后旗、科右前旗等地都先后进行移民招垦，效果显著。由于蒙地的开发，郭尔罗斯前旗南部形成了以长春为中心的一大农业区；科左三旗南部形成了以昌图为中心的，沿西辽河两岸到新开

---

① 佟东主编：《中国东北史》第5卷，第156页，吉林文史出版社，1999年。

河流域的另一大农业区，构成了当时东北重要的产粮区之一。

二、东北建省

1. 东北三将军的设立

东北三省为清廷皇室的发祥地，历代均将其放在特殊地位。从历史上看，沙俄对我国东北的侵略绵绵不断。因此，清廷对东北地区实行了特殊的政策，即设立东北三将军来管理东三省。盛京将军：1644年年初设留守盛京内大臣，管辖东北地区。1646年改为奉大昂邦章京，给镇守东北总管印。1662年改称镇守辽东等处将军，1665年改称镇守奉天等处将军。1747年又改称镇守盛京等处将军。吉林将军：1653年清朝在宁古塔增设昂邦章京一员，治所在宁古塔（今黑龙江宁安）。1662年改称为镇守宁古塔等处将军。1676年移驻吉林乌拉城，1683年改为镇守吉林等处将军，但仍称宁古塔将军，直到1757年才改称吉林将军。黑龙江将军：为了加强对沙俄侵略势力的反击，1683年，设置黑龙江将军，将吉林将军所属的西北地区划归黑龙江将军管辖，将军初驻扎在瑷珲旧城（黑龙江北），后移至黑龙江城（今黑龙江爱辉），故又称瑷珲将军。1690年自黑龙江城移驻摩尔根城（今黑龙江嫩江县），1699年再迁驻齐齐哈尔城。由此，东北形成了盛京、吉林、黑龙江三将军的设置并由他们共同镇守、管理和开发的格局。这种军政一体的管理体制与内地的督府制大不相同，意在便于防卫、保卫国土，是根据当时的国防环境而制定的。

2. 东北建省的原因

东北三省既为清廷的"龙兴之地"，对其实行有别于全国的三将军设置，清王朝对其重视程度可想而知。但是近代以来，随着英、法等列强大举侵华，沙俄也大举侵入东北，通过与清政府签订的《天津条约》、《瑷珲条约》及《北京条约》三个不平等条约，在中国割走了约150万平方公里的大好河山。日本也不示弱，甲午战争中中国战败，日本随即侵入东北，占领了辽东半岛。1904年，日、俄在中国领土上开战。结果，中日签订了《中日东三省事宜条约》：中国承认俄国让与日本之满洲各项权利；增开奉大省的凤凰城、辽阳、新民屯、铁岭、通江子、法库门；吉林省的长春、吉林、宁古塔、珲春、三姓；黑龙江省的哈尔滨、齐齐哈尔、海拉尔、瑷珲、满洲里等16处为商埠；安奉铁路由日本人管理，期限为15年，等等。

东三省大片国土沦丧，权利外溢，东三省几乎成了日、俄的殖民地。东北三省惨遭日、俄等列强入侵，满目疮痍，祸患日深等种种严峻危机形势迫使清政府在日俄战争后，1906年11月，派商部尚书载振，民政部尚书徐世昌到东北考察。徐世昌考察后在《密陈考察东三省情形折》中写道："揆度时势，必须加大改革，于用人行政诸大端，破除成例。"要"树新政之风声"①。

3. 东北建省

光绪三十三年三月初八日（1907年4月20日）发布上谕："盛京将军著改为东三省总督，兼管三省将军事务，随时分驻三省行台，奉天、吉林、黑龙江各设巡抚一缺，

---

① 《退耕堂政书》卷5；《东三省政略》卷5《官制》。

以资治理。"① 同时清廷下召：徐世昌"著补授东三省总督兼管三省将军事务，并授为钦差大臣"。② 之后，清政府又批准了《东三省督抚办法纲要》、《东三省职司官职章程》，从而废除了奉、吉、黑三省驻防将军，使东北同关内诸省一样，建立了行省制。

根据东三省行省官制规定，行省公署内设承宣厅、咨议厅。其中承宣厅设左参赞1人（秩从二品），秉承督抚意志，执掌全省机要总汇、考核用人各事；咨议厅设右参赞1人（从二品），执掌议定法令、章制诸事。同时，将原将军衙门的各司、署、局、处改设为交涉、旗务、民政、提学、度支、劝业、蒙务7司，各设司使一员总理司务。承宣厅及诸司又分设诸科，各署佥事迹科员等缺。咨议厅不设固定编制，置议员、副议员、顾问员、额外议员等。此外，置提法使，执掌司法行政兼理裁判诸务，已达到行政与司法分权的目的；专设督练处，执掌并操练新军、整顿防军诸务。③

（1）奉天省：光绪三十三年三月己亥（1907年4月20日）清廷裁撤盛京将军，设东三省总督（首任徐世昌），并增设奉天巡抚一员（首任唐绍仪）。至此，奉天正式建省。于是，奉天成为奉天省城。而各个新设立的市政机构，如度支司、提学司、交涉司、提法司、民政司等，也分别开始在这里办公。光绪三十三年七月（1907年8月）置法库门直隶厅。三十四年九月二十日（1908年10月6日）置长白府。宣统元年三月十六日（1909年5月5日）升营口厅为直隶厅、兴京直隶厅为府。是年三月丙子（1909年5月16日）置辉南直隶厅。至清末，奉天省领有奉天、锦州、新民、兴京、长白、海龙、昌图、洮南8府，法库门、营口、凤凰、庄河、辉南5直隶厅。另有京城将军1处、副都统4处、守尉9处、协领1处、总管1处。10三级散厅，6散州，设33线。地域包括今辽宁和吉林的一部分。民国十八年（1929）奉天省易名为辽宁省。

（2）吉林省：光绪三十三年己亥（1907年4月20日）改吉林将军为吉林巡抚，撤销吉林分巡道。至此，吉林正式建省，治所吉林府。在吉林公署下设五司一道二处，即度支司、提法司、题学司、交涉司、民政司、劝业道、旗务处、蒙务处。是年十二月二十六日（1908年1月29日）于蜂蜜山地置密（蜜）山府。宣统元年闰四月十五日（1909年6月2日）升伊通州为直隶州；升榆树纤为直隶厅；升双城、宾州、延吉等直隶厅为府；升绥芬直隶厅为府；并徙府治于宁古塔（次年更名为宁安府）；升伊兰府署临江州为临江府；于哈尔滨地置宾江直隶厅。是年八月甲申（1909年9月21日）伊通直隶厅直属西南路道；榆树、宾江二直隶厅直属西北路道。至清末，吉林省辖吉林、长春、新城、双城、五常、宁安、伊兰、临江、密山、宾州、延吉11府，5散厅，3散州，另设将军1处、副都统6处、协领4处，设18县。地域相当于今天吉林、黑龙江东部大部和被沙俄占领的黑龙江下游西岸及库页岛地区。

（3）黑龙江省：光绪三十三年己亥（1907年4月20日）裁撤黑龙江将军，改置黑龙江巡抚，治所龙江府。至此，黑龙江正式建省。1907年12月23日，根据东三省总督徐世昌和黑龙江巡抚德全的奏请，清政府决定黑龙江省暂设民政、提学、度支、提法

---

① 辛培林、张凤鸣、高晓燕主编：《黑龙江开发史》，第612页，黑龙江人民出版社，1999年。
② 郭剑林：《北洋灵魂——徐世昌》，第88页，兰州大学出版社，1997年。
③ 辛培林、张凤鸣、高晓燕主编：《黑龙江开发史》，第613页，黑龙江人民出版社，1999年。

4司，其余诸司暂从缓设置；应设立承宣、恣意二厅，事务由文案处执掌。黑龙江行省公署还设有下列直属机构：旗务处、税务总局、交涉总局、垦务总局、官盐总局、兵备分处、巡防营务处、清理财政局、裁判处、高等审判厅、高等检察厅、铁路交涉总局、文报局、电报局、官运局、官报局等。此外，还设有官银号。光绪三十四年五月丁末（1908年6月26日）分吉林伊兰府属之大通、汤原二县来属于兴东道。是年七月初九日（1908年8月5日）升海伦、黑水二直隶厅为府，改黑水为龙江府；置嫩江、黑河、胪滨7府，讷河、瑷珲、呼伦、肇州、大赉、安达6直隶厅，设7县。地域相当于今黑龙江大部、内蒙古东北部及沙俄占领的黑龙江北岸的大片地区。

第二章 辛亥革命与少数民族

第一节 孙中山民族主义思想的提出

孙中山民族主义是在中国陷入半殖民地半封建社会的历史条件下产生的，年轻的民族资产阶级是其产生的阶级基础，优秀的中华传统文化是其产生的历史渊源，西方的民族主义学说则为其赋予了新的时代精神。民族主义是三民主义中位居首位的重要思想，是孙中山一生中宣传最力、影响最大的一个主义。它为伟大的辛亥革命运动的兴起和高涨，提供了有力的思想武器，在中国近代史上起到了不可磨灭的历史作用。

一、孙中山民族主义思想产生的原因与渊源

孙中山民族主义思想的产生，并不是偶然的，它是近代中国政治、经济、民族、阶级各方面因素综合反映的结果。

帝国主义的疯狂侵略、清朝政府的腐败无能、日益严重的民族危机，是孙中山民族主义产生的社会政治原因。第一次鸦片战争以后，资本主义列强迫使清朝政府签订了一个又一个不平等条约，从而勒索了中国大量的赔款，占领了大片的中国国土，操纵着中国的海关、对外贸易和内外交通，拥有在中国各地开矿办厂、开设银行、发行钞票，以致在战略要地长年驻扎军队的特权。在穷凶极恶的侵略者面前，清政府一味执行屈膝投降的卖国政策，无耻地推行"宁赠友邦，勿与家奴"、"量中华之物力，结与国之欢心"的反动方针，甘心充当"洋人的朝廷"、"帝国主义的奴仆"，使中国陷入了任人宰割、岌岌可危的境地。孙中山在开始革命生涯时，中国社会正是国内民族危机空前严重的时期，民族问题是当时我国政治生活中的核心问题之一，中华大地呼唤着指导民族救亡斗争的革命理论的产生。这时，孙中山就顺应时代的要求，首先高举"民族革命"的旗帜，将争取民族独立与民族解放作为首要任务，展开了英勇的斗争。由此，孙中山民族主义便应运而生。

我国民族资产阶级队伍的发展及其觉醒，是孙中山民族主义产生的阶级基础。伴随着我国半殖民地半封建社会的形成和发展，一个新兴的阶级——民族资产阶级产生并得到了发展。据不完全统计，1901—1911 年，全国新开厂矿 340 家、资本达 1 亿元。10 年间新设的厂矿及其新增的资本，是过去 20 多年间的 2 倍。其中纯粹商办的厂矿 277 家，约占资本总额的 60%。[①] 这表明，民族资本已有了长足的发展，并在当时的新式工业中占有相当的比重。随着民族资本的发展，民族资产阶级的经济基础和社会力量也得到了相应的增长，成了对中国社会产生重大影响的一支新兴政治力量。他们不甘心受帝国主义和封建主义沉重压迫的状况，要求改变自己的政治、经济地位，求得能够自由广

[①] 国家教委社科司组编：《中国革命史》，第 58 页，高等教育出版社，1993 年。

泛地发展商品生产的权利，以保证资本主义经济的迅速发展。而在当时，对民族资产阶级来说当务之急就是实现国家独立与民族解放，变封建专制国家为资本主义性质的独立的民族国家，为资本主义在我国的发展开辟前进道路。上述民族资产阶级力量的壮大，他们在经济上的要求和政治上的觉醒，为孙中山民族主义的产生准备了阶级土壤，提供了物质力量。

中华民族的传统思想与民族意识，为孙中山民族主义提供了丰富的养料。孙中山（1866—1925），广东香山县（今中山市）人，幼名帝象，后名文，字德名，号逸仙，1897年化名中山樵，从此被人称为孙中山。因出生于农民家庭，从小就砍柴割草、除草放牛、驾船出海，"早知稼穑之艰难"。10岁入村塾读书，初步接触《三字经》、《千字文》等儒家学说，开始受到中国传统思想文化的熏陶。村塾的"教师为洪杨中人，尝从容讲演当年历史。有太平天国败亡后仅存一老军者，亦尝至塾中伴谈，所言尤多感慨"。他经常"详述当年战争，及洪秀全之为人"。孙中山听了之后，"英气溢于眉间，有时原原本本，抵掌而谈，使后来者咸得闻之"。那时，孙中山常以"洪秀全第二"自居，"视为无上之荣"。后来，他又多次称赞洪秀全为"反清第一英雄"①。这样，洪秀全的革命故事在孙中山幼小的心灵里埋下了反清的革命种子。青年时代，孙中山在广州、香港等地过读书生活，开始潜心阅读中国古代书籍，学习"先民"的强烈民族意识，从中摄取丰富的营养。他还进行广泛的社交活动，同与洪门会、三合会等会党有密切联系的爱国青年陆皓东、郑士良、尤列、陈少白、杨鹤龄等结为挚友，受到他们反清复汉思想的影响。以致后来，他在制定兴中会誓词及同盟会纲领时，还直接引用了明末清初各派会党普遍使用的"驱除鞑虏，恢复中华"的老口号。这表明，中国"先民"的传统思想，尤其是民族反抗意识对孙中山产生了很大的影响。他自己也曾说，他的民族主义"实吾先民所遗留"，"有因袭吾国固有之思想者"②。当然，孙中山在继承先民的传统思想时，对它进行了"发挥而光大之；且改良其缺点"③的工作，把它改造成资产阶级的语言，对它赋予了资产阶级思想的新内涵。

西方的民族主义学说，为孙中山民族主义提供了具有时代精神的新内容。1878年，年仅12岁的孙中山随母亲远渡重洋来到美国檀香山，与哥哥孙眉（华侨资本家）一起生活。在此5年间，他先后入英国和美国教会学校读书，学到了西方社会政治学说和科学文化知识，涉猎了华盛顿、林肯等美国资产阶级革命家的传记，还取得了资本主义社会的实际生活经验。就在这时，在他的心中萌发了"改良祖国"的思想。他曾回忆说，"至檀香山，就傅西校，见其教法之善，远胜吾乡。故每课暇，辄与同国同学诸人，相谈衷曲，而改良祖国，拯救同群之愿，于是乎生"④。1886—1892年，孙中山在广州南华医校和香港西医书院先后读六年大学，除主修医学之外，还潜心研读了西方国家的政治学、经济学、历史学以及科学技术方面的著作，这是孙中山接受西方资产阶级民族革命学说，初步形成自己的民族主义思想的时期。1896年10月，孙中山在伦敦蒙难脱险

---

① 孙占元：《孙中山与辛亥革命》，第28—29页，山东人民出版社，1991年。
②③《孙中山全集》第7卷，第60页，中华书局，1985年。
④《孙中山全集》第2卷，第359页，中华书局，1982年。

后，在英国住下来实地考察西方的政治制度、经济生活和社会风情，广泛阅读了政治、外交、法律、军事等各方面的书籍，认真研读了有关资产阶级民族革命的理论著作，如孟德斯鸠的《万法精理》、卢梭的《民约论》、斯宾塞尔的《政治进化论》、甄克思的《社会通诠》、伯伦知理的《国法泛论》等名著。孙中山的民族主义，就是在这一时期得到基本确立的。同时他还形成了把民族、民权、民生三大问题同时解决的观念。如他所说，"伦敦脱险后，则暂留欧洲，所见所闻，殊多心得……予欲为一劳永逸之计，乃采取民生主义，以与民族、民权问题同时解决。此三民主义之主张所由完成也"①。上述情况表明，孙中山民族主义的理论渊源、学说基础，主要来自于西方资产阶级的民族主义思想，也就是"有规抚欧洲之学说事迹者"。但是，孙中山在学习、吸收西方民族主义思想的时候，对它进行了力所能及的比较、审视和选择，把西方的民族独立、民族解放思想同中国先民的民族反抗精神融会贯通、融为一体，形成了自己独特的思想体系。也就是说，它"实在是集合中外的学说，顺应世界的潮流，在政治上所得的一个结晶"。

用革命的暴力推翻清朝统治，这是孙中山民族主义的一个重要内容。而清朝统治者在外国侵略者面前所暴露的腐朽反动性，则是萌发这种革命暴力思想的一个要因。1883年中法战争爆发，中国在这场战争中不败而败的严酷现实，深深地刺痛了年轻的孙中山，给他留下了不可磨灭的印象。对此，他曾多次说过，"予自乙酉中法战败之年，始决倾覆清廷、创建民国'之志'"②，"余自乙酉中法战后，始有志于革命"③。1894年，孙中山上书李鸿章，提出和平改良的计划，遭到冷遇，他只好"闷闷不乐"地离开天津。这件事给孙中山以当头一棒，使他醒悟到"和平之法，无可复施"。这是他的政治思想由改良上升为革命的一个重要契机。当年7月，中日甲午战争爆发，结果清军一败涂地，再次暴露了清朝统治者的反动和腐朽。在严峻的现实面前，孙中山深刻认识到清政府"腐败贪黩，养成积习，外患既逼，则一败涂地矣。因此人民怨望之心愈推愈远，愈积愈深，多有慷慨自矢，徐图所以倾覆而变更之者"。④ 这样，孙中山就得出了在中国改良主义的道路走不通，只有采用暴力的手段才能完成民族革命的重任，才能推翻清朝政府的正确结论。从此，孙中山就毅然走上了以武装斗争为主要手段的民族革命的道路。

二、孙中山民族主义思想对辛亥革命的影响

民族主义，是孙中山三民主义中位居首位的重要思想。在孙中山一生的事业中，宣传最力、影响最大、旗帜举得最高的就是民族主义。他把民族主义作为"国家图发达和种族图生存的宝贝"⑤ 予以高度重视，为实现民族主义理想奋斗了终生。孙中山民族主义，作为一个指导思想、理论武器，对辛亥革命的兴起和高涨起了重要的作用、深远的影响。

---

① 《孙中山全集》第6卷，第232页，中华书局，1985年。
② 《孙中山全集》第6卷，第229页，中华书局，1985年。
③ 《孙中山全集》第7卷，第59页，中华书局，1985年。
④ 《孙中山全集》第1卷，第52页，中华书局，1981年。
⑤ 《孙中山全集》第9卷，第210页，中华书局，1986年。

1894年秋，孙中山在美国檀香山按照自己当时的民族思想创立了我国历史上第一个资产阶级革命小团体"兴中会"。这时，孙中山的民族思想是以"排满"为主要内容的。他把满族人叫做"鞑虏"，把清朝入主中原说成中国的"亡国"，把国家的衰弱、政治的腐败归咎于"异族人"的统治。因而，他把"驱除鞑虏"，也就是将满族人从中原大地驱逐出去；"恢复中国"，也就是恢复汉族人的政权，作为民族革命的直接目标、首要任务。他认为"非先倒满洲政府，则无挽救之法也"。这就是孙中山最初的民族思想。他的这种"排满"民族思想，在当时是具有广泛动员意义的响亮口号。"各团体群趋于革命，一言排满，举国同声"①。因此，兴中会成立时，很自然地把孙中山提出的"振兴中华、维持国体"作为立会宗旨，把"驱除鞑虏，恢复中国，创立合众政府"作为秘密誓词，全盘接受了孙中山的"排满"民族主张。兴中会的成立，是孙中山民族思想所结出的最初的实践成果，标志着孙中山领导的资产阶级民族革命运动的正式开始。

随着民族革命实践的深化，孙中山的民族思想发生了重大变化。主要是由"排满"转向"反清"。1903年8月，他在东京创立青山军校，第一次提出"驱除鞑虏，恢复中华，创立民国，平均地权"的革命宗旨，标志着孙中山民族主义的初步确立。1905年7月，孙中山与黄兴、宋教仁、陈天华等，筹备成立中国第一个资产阶级革命政党同盟会。在讨论名称时，有人提出取名为"对满同盟会"，孙中山反对这个意见，而主张使用"革命同盟会"这一旗帜鲜明的名称。这是孙中山的民族思想由"排满"转向"反清"的一个明显表现。同盟会接受了孙中山的这一正确主张，并一致同意把孙中山提出的上述16字方针作为革命宗旨和政治纲领写进章程之中。同盟会成立后，会员人数发展迅速，不到一年时间即达1万人以上。同时涌现了一大批日知会、文学社等接受孙中山民族思想的革命团体。这表明，孙中山的民族主义已经产生了巨大的社会影响，已被多数革命党人所接受，成了他们一致的行动纲领、奋斗目标。同盟会的成立，是中国革命进程中的一件大事。从此，资产阶级革命派就有了全国统一的指挥中心，有了协商一致的革命纲领，为辛亥革命的到来做了必要的组织准备。

同盟会成立之后，孙中山的民族主义得到进一步发展。1905年10月，他在《民报》发刊词中第一次把同盟会的16字纲领阐释、发展为民族、民权、民生三大主义。次年6月，他发表《同盟会宣言》、《三民主义与中国前途》等，对三民主义的内容做了系统的说明。1906年12月，孙中山在《民报》创刊一周年纪念会上发表演说，更明确地表述了他的思想由"排满"转向"反清"的根本变化。他说，"民族主义，并非是遇着不同族的人便要排斥他"，"兄弟曾听见人说，民族革命是要尽灭满洲民族，这话大错"，"我们并不是恨满洲人，是恨害汉人的满洲人。"② 在同一演讲中，他还进一步提出了把民族革命与政治革命紧密结合的思想。他说，"我们推倒满洲政府，从驱除满人那一面说是民族革命，从颠覆君主政体那一面说是政治革命，并不是把来分作两次去做。"③ 这说明，孙中山的民族主义，已经突破了传统的华夏民族意识的藩篱及其单纯

---

① 《孙中山全集》第2卷，第332页，中华书局，1982年。
② 《孙中山全集》第1卷，第324页，中华书局，1981年。
③ 《孙中山全集》第1卷，第325页，中华书局，1981年。

排满的历史局限性,已经把民族革命的对象主要是以政治为准,而不是以民族为准,使民族革命的内涵具有较为明确的反对民族压迫与阶级压迫,反对清王朝封建专制统治的积极意义。这样,孙中山的民族主义就正确反映了时代的进步潮流,成了近代中国第一个比较完备的民族革命思想,为辛亥革命运动提供了有力的思想理论武器。

同盟会成立后,以孙中山为首的资产阶级革命派立即生气勃勃地投入了战斗。他们奔走各地,遍设宣传机构,大量刊印散发革命书报杂志,系统地宣传自己的政治纲领和主张,广造民族民主革命舆论,决心把三民主义"输灌于人心,而化为常识"。其结果,孙中山的社会影响迅速扩大,他的民族主义得到了广泛传播。如他所说,"鄙人往年提倡民族主义,应而和之者特会党耳,至于中流社会以上之人,实为寥寥。乃曾几何时,思想进步,民族主义大有一日千里之势,充布于各种社会之中,殆无不认革命为必要者"。[①] 这时,以康有为、梁启超为首的保皇派,摇唇鼓舌,极力鼓吹君主立宪,诋毁革命,成了革命道路上的一大障碍。于是革命派同保皇派展开了一场中国近代史上规模空前的思想论战。论战的焦点是要不要用暴力革命推翻清朝统治,建立一个资产阶级民主共和国的问题。在论战中,孙中山亲自挥笔上阵,指挥战斗,成了革命派的旗手。1906年12月,他在一个演说中指出,"因不愿少数满洲人专利,故要民族革命;不愿君主一人专利,故要政治革命;不愿少数富人专利,故要社会革命"。[②] 孙中山的这一基本论点,成了革命派进行论战的指导思想。他们用无可辩驳的事实,揭露清朝政府对内残酷实行民族压迫与阶级压迫,重征浮收、滥刑苛法、敲骨吸髓,对外则屈膝卖国,把中国弄得四分五裂、鲜血淋漓的罪行,强调指出只有以暴力革命的手段推翻反动卖国的清朝政府,完成民族革命,国家才有出路,民族才能解放。革命派的论点,符合时代的潮流和人民的心愿,因而声势越来越大,使得保皇派陷于孤立败下阵来。这场论战从1906年始历时两年,规模浩大、内容广泛、影响深远。通过论战,明了是非,伸张了民族革命的主张,扩大了民族革命阵营,广泛传播了孙中山民族主义,为辛亥革命的发生做了舆论准备和思想发动。

策划和组织反清武装起义,是孙中山从事民族革命的主要实践活动。1895年10月,他亲自发动了广州起义,这是资产阶级革命派武装反清的第一次壮举。同盟会成立后,孙中山更频繁地发动了反清起义。其中主要的有1906年12月萍(乡)浏(阳)醴(陵)起义,1907年5月潮州黄冈起义、6月惠州七女湖起义、9月防城起义、12月镇南关起义,1908年3月钦州马笃山起义、4月河口起义,1910年2月广州新军起义,1911年4月广州黄花岗起义等。这些起义或是依靠会党、新军的力量,或是借助群众的自发斗争,大多规模不大,持续时间不长,旋起旋落,终归失败。但他们在政治上给清朝统治以不断打击,扩大了民族革命的影响,唤醒了各民族群众,为辛亥革命的胜利打下了广大的群众基础。特别是黄花岗起义,对于辛亥革命的爆发起到了直接的动员作用。席卷全国的保路风潮则又把民族革命斗争推向前进,成了武昌起义的直接导火线。这样,一场汹涌澎湃、势不可挡的民族民主革命风暴终于到来了。

---

① 《孙中山全集》第1卷,第282页,中华书局,1981年。
② 《孙中山全集》第1卷,第329页,中华书局,1981年。

第二节　辛亥革命思潮在各民族地区的影响

孙中山的民族民主革命思想，反映了各族人民的共同革命要求，因而受到了各族人民的热烈欢迎，在民族地区得到了广泛的传播。在这个过程中，少数民族先进知识分子起到了重要的桥梁作用。他们在各民族地区，一方面创立新式学校，传播新知识、新学问、新思想；另一方面通过著书立说、兴办报刊，大力宣传革命思想，广造革命舆论，进而创立了各种革命团体，把各族群众组织起来了。与此同时，各民族的革命志士发动了一次次反清武装起义，沉重地打击了清政府的封建统治，为民族地区辛亥革命的爆发奠定了坚实的基础。

一、民族平等、民族独立和民主思想在少数民族地区的传播

孙中山的民族平等、民族独立和民主主义思想，反映了时代的潮流，人民群众的共同的根本利益和革命要求，因而受到各族人民的热烈欢迎和拥护，在民族地区得到了广泛的传播。

随着我国民族资本主义的发展，在少数民族中也产生了一股新的社会力量，这就是少数民族出身的资产阶级知识分子群。他们感受民族危机敏锐，救国救民心情急迫，具有强烈的民族使命感与社会责任感，成了站在民族民主革命前列的最先觉悟者，传播民族平等、民族独立、民主思想的先驱者。他们在各地，一方面通过创立新式学校，传播新知识、新学问、新思想；另一方面通过著书立说、兴办报刊，大力宣传革命思想，广造革命舆论，为民族民主革命思想在民族地区的传播起到了桥梁的作用，作出了突出的贡献。

少数民族先进知识分子创办的新式学校，是传播民族民主革命思想的一个重要渠道和重要阵地。朝鲜族最早的近代学校是瑞甸书塾，由李相离、李东宁等人于1906年8月在吉林省延吉县龙井村开办的。随后，金跃渊、朴贞瑞等人创办的明东书塾、李时荣等人创办的新兴讲习所等一批新式学校出现在东北各地朝鲜族聚居区。"逐水草而居，以游牧为生"的蒙古族，是在"蒙旗兴学"的口号下开始兴办近代学校教育的。1902年冬，卓索图盟喀喇沁右旗札萨克多罗郡王贡桑诺尔布率先在内蒙古创立了近代学校"崇正学堂"。次年，他赴日本考察归国后，又创办"守正武备学堂"、"毓正女学堂"，并聘请日本男女教师任教。1905年，科尔沁左翼后旗札萨克亲王在马家屯建房30间，建立麦林希伯小学堂。同年7月，在昌图府城外先忠亲王祠开设公立蒙古小学堂一处，在开鲁创办私立国民小学堂一所，次年又建立科尔沁左翼三旗蒙汉小学堂一所。1905年，云南傣族土司刀安仁在自己的家乡滇西干崖创办军国民学堂，聘请兴中会会员秦力山主持校务，招收30余名傣族学生教授新式课程。1908年，他赴日留学归国后，又开办技术训练班，培养技术工人和科技人才，还从日本聘请专家和技术人员来干崖任教。回族的新式学校几近遍布全国各地。1903年，成都东鹅市街清真学堂率先问世。次年，童琮创办镇江清真穆原学堂。1905年，马刚候创办汉口清真学堂。同年，另有安徽和县清真学堂、安庆清真学堂相继问世。1906年，安铭创办北京宛平民立初级小学、马邻翼创办湖南邵阳偕进小学、张之歧创办辽宁营口清真小学、郭荣桂创办河北大名县金

滩镇初等小学堂。在各地回民新式学校中属王浩然（王宽）创办的北京回文师范学堂（1907）、北京清真初等、高等小学堂最为有名。除上述几个民族外，其他各少数民族也相继兴办了自己的近代教育。这些近代学校与旧式私塾具有根本的区别。它们是由资产阶级知识分子亲手创办，或在他们提出的"教育救国"、"科学救国"主张的影响下兴办的，大多采用西方先进国家的教育制度，尤其在教学内容上新设了算术、汉语、历史、地理、法律、音乐、体育等新式课程，格外重视民族意识、爱国主义和近代科学知识的教育。这样，通过近代学校教育，不仅传播了新知识、新学问、新思想，而且培养了一批又一批知识新颖、眼光敏锐、思想进步、民族意识强的新型少数民族人才。

创办报刊、编译书籍，是各民族的先进知识分子在传播民族民主革命思想的过程中普遍采用的一个重要宣传手段。回族爱国知识分子丁竹园、丁宝臣兄弟抱着"真理救国"的满腔热忱，在北京、天津参加了我国早期的新闻事业。起初他们为京津地区的报刊撰写白话演说稿。随后，于 1904 年由丁宝臣在北京首先创办《正宗爱国报》，继之 1907 年丁竹园在天津创办《竹园白话报》。1908 年，回族历史上第一份近代刊物《醒回篇》在日本由留日回族学生革命团体"留东清真教育会"创办问世。朝鲜族最早的近代报纸《教育报》创刊于 1909 年。随后，《青年》月报、《大震》月报等朝鲜族近代报刊在东北三省、北京、上海等地相继问世。20 世纪初，在新疆由革命党人创刊了汉、满、蒙古、回 4 种文字的《伊犁白话报》，西藏也创办了白话报，用汉、藏两种文字刊印。在广西，先后创办发行的刊物有《漓江潮》、《独秀峰》、《武学报》、《广西日报》、《梧州日报》、《西江报》等。在云南各地曾创办发行《云南日报》、《云南公报》、《国粹学报》、《汉声》、《南风报》、《云南》等。另外，在各民族地区曾大量传入或翻印《民报》、《猛回头》、《警世钟》、《革命军》等革命派刊发的进步书报刊物。上述这些出版物，或是介绍孙中山的民族、民权主义，或是鼓吹西方资产阶级的政治理论、社会学说，或是谴责资本帝国主义列强的疯狂侵略和清朝政府的腐朽没落、卖国求荣的罪行，或是号召人们为争取民族独立、民主权利而奋斗。总之，它们为民族民主革命斗争大唱赞歌，在民族地区广造了民族民主革命的舆论。

在民族民主革命思想的传播过程中，由同盟会等组织直接派遣的各民族的革命党人的活动占有重要的地位，起到了先锋骨干的作用。他们不怕挫折失败、流血牺牲，进行了大量有成效的工作。1903 年 6 月，鄂西知识分子吕大森等在武汉组织乐群印刷社，专门印制革命书籍，先后刊印了《猛回头》、《革命军》、《警世钟》等书刊。鄂西留日学生范藤霄则节省自己的学资，购买《民报》、《革命军》等革命书刊 4000 余份寄回国内，分赠新军中的同乡和家乡的好友。[①] 土家族同盟会员温朝钟、黄玉山、裴从之等人在黔江翻印"《革命军》万余册"，散发到各邻邑，[②] 利用乡村集场期、群众婚丧嫁娶的时机，常常慷慨激昂、声泪俱下地发表演讲，鼓吹革命，进行思想启蒙和组织群众的工作。

各民族的革命党人和先进知识分子，经过自己多渠道、多方面、艰苦的宣传鼓动工

---

① 朱秀武：《辛亥革命在鄂西》，载《中南民族学院学报》，1986 年第 1 期。
② 谷谦：《辛亥革命在土家族地区》，载《中央民族学院学报》，1991 年第 2 期。

作，向少数民族人民展示了一种前所未闻的政治目标、社会理想、思想意识，使他们的耳目为之一新，"振聩起聋，开通民智"，开阔视野，解放思想，使资产阶级民族民主革命思想得到较为广泛的传播，并深入人心。这就为各革命团体在少数民族地区的产生及其活动，提供了厚实的思想基础与群众条件。

二、民族民主思想在少数民族地区的影响

孙中山民族民主革命思想在民族地区的广泛传播，引起了少数民族人民思想意识的重大变化，由此产生了巨大的社会效应。首先，它向少数民族人民提供了强大的思想武器、精神力量，激发了他们的民族意识和爱国热情。其次，在少数民族地区形成了创立团体、奋起革命、不屈反抗的强大社会风潮，不可抗拒的时代潮流。随着"西学"的传播，出国留学特别是就近到日本留学蔚然成风。仅1905年一年内到日本去留学的即达8000人以上。在这些留学生中，也有不少少数民族的爱国青年。比如，1905—1906年冬，内蒙古先后有两批8名蒙古族学生去日本留学，其中有3名是女生。傣族民族革命的先驱者刀安仁，于1906年年初携带兴中会会员秦力山致孙中山、黄兴的信，带领10余名傣族男女青年东渡日本留学，刀安仁入法政大学学习，其他人分别就读于各类专业学校。在日本时，刀安仁同孙中山、黄兴、宋教仁相互结为知遇，积极参加革命活动，很快就加入了同盟会。到1907年，在日本各地有来自全国14个省的36名回族男女学生，其中湖南籍的苏成璋是读过36本大经的阿訇，东北籍的杨启东是女学生。[①]这批各民族的留学生，由于接触到新的世界潮流，受到西方资产阶级学说的影响，思想日趋革命。他们极为关心国家和民族的命运，喜欢阅读革命书刊、纵谈国事，其中许多人相继走上反清民族革命的道路，加入同盟会，成了少数民族的革命党人。据不完全统计，至武昌起义前，满族、蒙古族、朝鲜族、回族、壮族、土家族、苗族、傣族、彝族等许多少数民族中都已有了自己的同盟会会员，有的则是早期的同盟会员。如，回族的赵钟奇、罗云五，傣族的刀安仁，彝族的安健，土家族的温朝钟、田应全，壮族的王和顺、韦云卿，苗族的谢龙光等。这批少数民族的同盟会会员，后来大多成了各地革命党的主要领导人或骨干力量。他们在各民族地区，组织革命团体，进行革命宣传与发动群众的工作，为辛亥革命的到来作出了特殊的贡献。

随着民族民主革命潮流的不断高涨，在各少数民族中资产阶级的革命团体如雨后春笋般地发展起来了。1909年，朝鲜族最早的反日革命团体垦民教育会在延边宣告成立。随后，朝鲜族的李相龙在柳河县组建耕学社，徐日在汪清县组建重光团。朴殷植、申圭植在北京组织了同济社。1906年，童琮在镇江发起组织回族第一个进步社团东亚穆民教育总会，后易名为东亚清真教育总会。次年6月，赵钟奇、黄镇磐、保廷梁等发起组织有国内14省留日回族学生参加的留东清真教育会。辛亥革命前后，四川成都清真保路同志协会、汉口清真自治公益会、上海清真董事会、兰州回教劝学所，以及中国回教俱进会等回民爱国团体相继成立。1907年后，日知会会员刘先质、彭大寿，同盟会会员黎兆枚等陆续来到甘肃，先后组建西北革命同盟会支部、宁夏革命同盟会支部，深入青年学生、新军、绿营和回军中开展工作，发展了回、蒙古、满、汉等各民族的革命党

---

① 答振益：《辛亥革命与回族的振兴和发展》，载《中南民族学院学报》，1991年第5期。

人。1904 年,革命党人、湖北新军协统杨赞绪,奉调前往新疆伊犁,同行的还有日知会会员冯特民、冯大树等人。到达伊犁后,他们秘密组织同盟会,在军队、机关、学校、群众和会党中开展宣传和组织工作,建立了"汉、满、蒙、回、藏五族共进会"。1904 年 4 月,吕大森创建湖北第一个革命团体科学补习所,范藤霄、康秉均等土家族知识分子成为其骨干,次年又都转入日知会。不久,吕大森、康秉均等人回鄂西开展工作,组织天赐会,把它作为日知会在鄂西的通讯机关。土家族同盟会会员温朝钟于 1907 年带着《革命军》等进步书籍返回鄂川边,从事革命活动,将土家族的黄玉山、裴从之、谈茂林,苗族的杨松柏,汉族的王克明等志士吸收为同盟会会员。随后,以这些革命党人为骨干秘密结成"铁血英雄会",作为革命的领导机关。1909 年,铁血英雄会改组为"川鄂湘黔铁血联英会"。为了广泛争取群众,他们还组织了会党组织——"社会",数月内参加"社会"的群众多达数万人,遍及鄂川边各地。1908 年年初,同盟会会员刀安仁,与王群等人回到云南干崖,新建一座土司衙门(时称"新衙门")作为革命党人聚会场所,同原在腾越的同盟会会员张文光等人一起创立了"腾越自治同志会",会员有士绅、会党分子、青年学生和农民群众,由刀安仁任会长。在湘西苗族群众中,则以"反满兴汉"为宗旨的会党组织"哥老会"获得广泛发展,十分活跃,许多苗族人士还担任了大小头领。如新寨的龙凤山、龙角洞的龙廷贵、满家坨的龙义臣、牛岩的吴正明等苗族代表人物,都是哥老会的大小头领。另外,苗族民族革命的先驱者王宪章,早年参与组织贵州公社,1904 年前后又与张铭等人一起创建了贵州最早的激进革命团体科学会。1907 年,张百麟在贵阳组织"贵州自治学社",实为同盟会贵州分会。他们注意在哥老会、下层社会与各少数民族中发展成员,又把各革命团体联合起来,不到 3 年时间便有正式成员 14.8 万余人,其势力深入军、政、学、农各界,遍及全省各州县城乡。其中有不少骨干分子是少数民族志士。① 如大定分社的陈永锡是彝族,镇远分社的潘德明是苗族。不久,自治学社的全体成员一同加入同盟会。上述这些革命社团,尤其是同盟会成立后产生的各革命团体,大多是接受了同盟会的 16 字纲领的资产阶级革命组织。如铁血联英会提出了"义联英俊,协和万帮;推翻满清,打倒列强;复兴汉族,实行共和"②的政治纲领,这是比 16 字纲领更为进步的较为明确的反帝反封建的民族民主革命纲领,表明了其组织的资产阶级革命性。这些革命组织一经产生,就积极开展宣传鼓动工作,大造民族革命的舆论,把民族民主革命思想传布到各民族人民群众之中,为辛亥革命的到来创造了有利的条件。如在祖国边陲新疆,各族人民的革命热情很高,新满营、锡伯营、索伦营等投书报馆表示赞成民主共和,"察哈尔、额鲁特、哈萨克亦不能落在人后",连民族上层人士,如维吾尔族地方头目阿齐木伯克、商人玉山巴依、牙合甫巴依,蒙古族的察哈尔总管索太、旧土尔扈特亲王帕勒塔和额鲁特总管,以及哈萨克族千户长等,都表示愿以人力、物力、财力支持革命党人的反清斗争。

对腐朽没落的清朝统治者不断发起武装进攻,这是资产阶级革命派的一大优点。仅

---

① 李资源:《中国近现代少数民族革命史要》,第 166 页,中央民族大学出版社,1995 年。
② 梅兴元:《辛亥革命时期鄂川边区的反清起义》,载《中央民族学院学报》,1987 年第 5 期。

同盟会成立后孙中山就接连发动了 10 余起反清武装起义。在这些起义中，由少数民族直接指挥或参与指挥的主要有：

（1）防城起义。1906 年冬，广西钦州三那（那彭、那思、那丽）的壮、汉族人民掀起武装抗捐斗争，遭清军镇压失败后，退入十万大山，派代表去河内请求孙中山予以帮助、共同斗争。次年春，孙中山遂任命壮族同盟会会员王和顺为"中华国民军南军都督"，派往钦州三那地区开展工作。王和顺是 1903—1905 年广西会党起义的领导人之一，是孙中山在 1907 年年初到越南吸收他加入同盟会的。受命后，王和顺就与黄兴一起来到三那地区，深入群众进行发动组织工作，各乡革命军数百人也前来会合，很快就组成了壮、水、汉各民族参加的起义军近千人，声势颇盛。是年 9 月，王和顺按照孙中山的部署，亲自率领 200 多人进袭防城，得到防城驻军响应，攻城成功，杀死知县，乘胜出击钦州、灵山，起义队伍发展到 3000 多人。起义过程中，王和顺发布《告粤省同胞书》、《告海外同胞书》，并将孙中山制定的《革命方略》中的《招降满洲将士布告》大量翻印散发，宣布起义的目标是"以自由、平等、博爱为根本，扫专制不平之政治，建立民主立宪政体"。① 后起义失败，其余部退入十万大山。

（2）镇南关起义。1907 年 10 月，孙中山分别任命壮族黄明堂、李佑卿为镇南关都督、副都督，负责策划起义事宜。当年 11 月初，黄、李二人率领起义军 100 余人突袭镇南关，得到镇南关炮台部分士兵的内应，一举占领镇南关三座炮台，夺得大小大炮 14 门，步枪 400 余支。孙中山闻讯后，立即偕黄兴、胡汉民等前往犒赏，鼓励起义将士："我们的革命一定成功，大家努力吧！"② 随后，孙中山等返回越南境内张罗筹集枪械接济，黄明堂等率部坚守待援。镇南关失守后，清廷急调 4000 名大军轮番进攻。黄明堂部与清军激战七昼夜，终因弹饷不继，被迫退入越南境内。

（3）河口起义。镇南关起义失败后，按照孙中山的部署，黄明堂率余部百余人，秘密转入云南河口附近少数民族地区潜伏下来。1908 年 4 月 29 日，黄明堂在王和顺协助下，率领 100 余人，偷袭河口，因为事先已买通清军中的一些官兵内应，所以攻城进展顺利，清军驻守的另外 4 个炮台不久也被起义部队攻克。黄明堂以"中华国民军南军都督"的名义发布文告，安抚百姓，严申军纪，使商贾各安其业，各族群众欢心鼓舞。接着，他们分兵两路，分别沿着铁路向蒙自方向和经新街、蛮耗向个旧方向发动进攻。沿途得到哈尼、彝、瑶、汉各民族群众的大力支持与积极响应，并招收一些投降的兵士，起义队伍数目大增。回族商人罗云五也远道赶来参加起义。罗云五原在南洋经商，受孙中山民族革命思想影响，加入同盟会。他携带经商积蓄的大宗款项及多数枪械、炸弹，准备入内地到迤西一带参加革命大举，不意事机不秘，械、弹均被暹罗海关扣留，并遭清政府通缉。但他仍冒着生命危险潜入河口参加了起义。起义爆发后，清廷急调各地军队合力"围剿"，黄明堂率部苦战 20 多天，弹尽援绝，被迫率所部 600 余人退入越南。法国人缴了他们的械，并把他们遣送出境。历时一个月的河口起义终归败。

---

① 《中日日报》，1907 年 9 月 28 日。
② 《壮族简史》，第 108 页，广西人民出版社，1980 年。

（4）干崖起义。河口起义失败后，孙中山先后派杜韩甫、杨振鸿等大批同盟会会员来到干崖，与先期返回干崖开展革命工作的傣族同盟会会员刀安仁等会合，准备发动滇西起义。他们有的深入乡绅、会党中活动，有的召集士兵加以训练，有的发动和组织群众，终于在干崖组成了有傣、景颇、傈僳、汉等各民族参加的革命民团。得此消息，孙中山亲笔写信嘉奖，复派胡汉民、汪精卫等人至仰光，策勉干崖各革命同志。在干崖同盟会的努力下，南起干崖、北至片马的怒江和高黎贡山以西的广大少数民族地区，出现了较好的革命形势。1908年12月，在永昌开展工作的同盟会会员何畏，结集党人及起义军两三千人，准备在永昌发动武装起义。杨振鸿闻讯，从仰光兼程赶往永昌。他在沿途大力宣传革命，深受各族群众欢迎，傣、傈僳、汉各族青年纷纷参加革命行列。过马岭寨时，队伍已达千余人。行至何家寨，与何畏部相遇会合。二人商定迅即发兵进取永昌城。但因起义准备欠周，缺乏统一领导，永昌起义军与干崖革命民团失去联系，未能得到他们的呼应、增援，加之清军先悉情报，戒备森严，起义失败。

（5）鄂川边起义。土家族同盟会员温朝钟、黄玉山等在鄂川边土家族、苗族聚住区，以铁血英雄会为骨干，组成会党组织——"社会"后，参照新军的建制方式，将所有社众，"隐以兵法布列其同党"，"五人为伍，十人为班，五班为一朋，五朋为一社，五社为联社"。几年内，参加者遍及鄂川边的咸丰、利川、黔江、彭水、酉阳等地，"近邑不入其党者，盖益鲜矣"。① 1910年，他们在彭水之李家营、咸丰之蛇盘溪、活龙坪等地秘密赶制刀矛土炮，黄玉山又将家财慷慨捐出暗购军火器械，准备发动大规模武装起义。1911年1月，温朝钟及铁血联英会众首领率领200余人在朝阳寺誓师起义。温朝钟等把起义军，稍加编制训练，"誓同一死，乃剃发下山"，高举"奉天承命，扫清灭洋"的大旗，向黔江县城进发。途中与黄玉山、王克明率领的起义军500余人会合，加之沿途发动，参加者众至千余人。1月7日，起义军分兵两路，一路由裴从之（土家族）率领，翻越八面山，扬旗放炮，虚张声势，吸引和牵制许瀛州部清军；一路由温朝钟亲自率领，直夺大垭口清军阵地，清兵如鸟兽散，知县及豪绅更是闻风逃遁。起义军乘胜攻陷黔江县城，开狱放人，没收官财，捣毁衙署、天主教堂及百货厘金局，此外则秋毫无犯。占据黔江城后，起义军在县衙门前广场召集市民大会，温朝钟发表演说，揭露"专制政体之暴横，与各处官吏之贪污，人民之苦楚"，号召各族人民"凡有血气者，皆宜起而自强自治，闻者泪下"。②次日，起义军主动撤出黔江县城，转移至两会坝，温朝钟等分赴各乡发动群众，应者七八千人。按照《革命方略》的原则，温朝钟等把起义军改编为"国民军"。全军将士均剪掉发辫，戴白袖章，外衣前后印上"国民军"3个字。温朝钟自任总司令，王克明为副司令，谈茂林（土家族）为军需部长，庞耀廷（苗族）为第一师师长，黄玉山为第二师师长。清廷得报黔江被陷，极为震惊，由军机处下令四川总督赵尔巽，"迅速调拨就近营队，并著电催鄂湘黔各督抚调派邻近队伍，即速认真合力兜剿……所有匪众迅即扑灭，毋任蔓延为患"。③ 于是川、鄂、湘、黔四省清军星夜向起义军扑来。1月12日，起义军转往咸丰，行至上沙坝受清军伏击，

---

①② 梅兴元：《辛亥革命时期鄂川边区的反清起义》，载《中央民族学院学报》，1987年第5期。
③ 《四川民变档案》，《中国近代史资料丛刊·辛亥革命》（三）。

数百名手持刀矛土枪的各民族健儿,不畏强暴,与装备优越的清军顽强奋战,终因力量悬殊而失败,70多人阵亡,大部溃散,温朝钟率余部60多人退守八角庙,四省清兵联军追至四面合围。温朝钟见已无法突围,为保护部众,焚烧其会员名册后,自身一人趋至官军前大声叱呼,"我温某也,一切皆我所为,不与他人事"。① 清军枪炮齐施,起义军30余名当场中弹牺牲,温朝钟等25人被俘。随后,温朝钟、王克明、黄玉山等起义军骨干相继被捕杀,参加起义的土家、苗、汉各族群众有数百人被残杀,一场轰轰烈烈的反清武装起义终归失败。

(6) 保路风潮及其武装起义。清朝统治者的垮台实际上是从保路风潮开始的。1911年5月9日,清朝统治者悍然宣布全国铁路"均归国有",然后又把路权出卖给帝国主义。这就引起了一场席卷全国的保路风潮。在这场斗争中,各地少数民族均积极投身参加,作出了重要的贡献。6月1日,四川成都的回族群众在苏元泰、马德等22人的发起下,组织成立了成都清真保路同志协会。6月3日,该协会召开全体大会,到会者400余人,会上"言者激烈,闻者感愤",一致强烈反对清政府"送路权于异族,蝇营狗苟,误国殃民"的反动政策。② 在他们的影响下,四川各地相继成立清真保路同志协会20余处。9月7日,骇人听闻的成都血案发生,有10多名回民群众为保路运动英勇献身。血案发生后,在革命党人的领导下保路斗争迅即转向革命,全省各地"几乎没有一个角落没有同志军起义"。在川东,保路风潮迅速波及到土家族地区,长寿、万县、夔府等地的土家族纷纷加入同志军,同清军展开血战。在川西南,原籍西昌的同盟会会员李宅安等人奉命回籍宣传革命,秘密组织西昌同盟分会、保路同志会西昌分会,发动广大彝、羌、藏、汉各族人民进行反清斗争。在川西北,灌县、汶川、茂州的藏、羌、回、汉各族人民,利用松茂清军奉调南下,当地"城防疏薄","大局动摇,同志军蔓延各属"的有利条件,率先举起义旗,攻城逐令,"灌县不守,知县被禁,汶川有匪数千,烧毁县署,知县无着"。③ 起义军相继克复控制灌县、汶川、威州、茂州、理番等地的战略要地,割断了成都与松潘的联系。与此同时,各族起义军在松茂通道上阻击从松潘奉命南下救援成都的清军,打得清兵进退无路,溃不成军,有的被迫表示愿意归附接受起义军节制,有的驱逐官吏宣布反正,就连清廷派驻松潘镇的马队也被迫开赴茂州向起义军缴械投诚。趁此机会,松潘县的各族群众在黄占鳌领导下,传木刻为号,齐集茨坝石河桥宣布起义。其人数多达五六千人,声威大震,清军溃散,官绅惊恐,"同知携眷率僚逃雪布寺",起义军很快就夺取了三边(川、甘、青三省)重镇松潘及其要隘漳腊。在各族群众起义的影响下,一些开明土司也参加了反清斗争。尤其是汶川藏族瓦寺土司索代兴、索代赓二人,在川西北各县人民的保路斗争中发挥了重要作用。8月下旬,他们毅然率领土兵300多人赴灌县参加起义。9月中旬,灌县起义军派兵进攻灌茂通道上的重要关口娘子岭。这时,索代兴率领汶川、茂州的藏、羌各族军民,与灌县起义军密切配合,前后夹击,一举占领娘子岭。清军溃不成军,狼狈逃窜,两路起

---

① 朱秀武:《辛亥革命在鄂西》,载《中南民族学院学报》,1986年第1期。
② 答振益:《辛亥革命与回族的振兴和发展》,载《中南民族学院学报》,1991年第5期。
③ 周锡银:《辛亥革命时期四川松茂各族人民的反清起义》,载《思想战线》,1986年第4期。

义军乘胜追击,直逼威州。守城屯兵已闻风逃散,威州守备应索代兴之约,乘势反正。接着,索代兴派人到理番与哥老会首领陈鹏九联系,陈鹏九即刻率领哥老会及民众将当地清军包围缴械,理番县官见势不妙,又接到索代兴之信,被迫表示愿意归附,接受民军节制。随后,索代兴又派人前往懋功、绥靖屯等地策动反正,驱逐官吏。这样,在索代兴、索代赓的有力参与配合下起义军完全控制了松潘、理番、茂州、汶川各地。另外,茂州羌族陇木土司何燮功亦写信表示愿意把"每年实收粮石夫马约千余金,全数捐入保路同志会,以助保路之资"。① 当时,《保路同志会报告》曾以《土司热诚,石人泪下》为题,报道了这一正义举动。汶川瓦寺土司与五屯守备属下的 300 余名藏族、羌族官兵,在保路同志军的统一领导下,与川西起义军一起,转战于成都外围的郫县、温江、崇宁、灌县等地英勇杀敌,给清军以屡屡重创,先后牺牲者达 200 余人,其余部一直战斗到全川光复。② 各族群众参加的保路风潮实际上敲响了清朝统治者的丧钟。

(7) 各地各族人民自发的武装起义。辛亥革命前 10 年间,各族人民自发的反清斗争此起彼伏、持续高涨。他们在各地蜂拥而起,抢米抗漕、抗捐抗税,高举"扫清灭洋"的旗帜,与革命党人直接领导的反清斗争遥相呼应,相互支持,奏出了反清斗争大合唱的壮烈乐章。在东北,1906 年冬春爆发了"抗山荒"斗争。奉天凤城县满族鲍化南、伊品三等人,为反抗苛重的三荒税和警、学各捐,发动满、蒙古、汉各族群众三四千人,拿起武器,包围凤凰县城,断绝粮柴出入,坚持斗争达 20 多天,迫使清政府撤销垦局,暂缓三荒税。1907 年 6 月,辽阳的满汉人民在凤城抗山荒斗争的鼓舞下,举行了抗牛马捐斗争。他们聚众 2 万多人,包围辽阳捐税局,与巡警发生冲突,遂集队前往省城总督衙门请愿。1908 年,吉林延边的朝鲜族人民掀起了反对贪赃枉法的"乡约"、"牌头"的斗争。他们群集、包围延吉边务公署进行请愿,迫使官府答应了群众的要求。在内蒙古,哲里木盟各旗蒙汉群众于 1906 年 9 月举行武装抗垦斗争,起义军在陶克陶③领导下连续砸毁二龙索口、卜敦宝力嘎等地的垦务局,转战东蒙各地到处抗击清军。次年 9 月,陶克陶部与白音达赉所率另一起义军会合,联合抵抗张作霖部重兵"进剿",杀伤敌兵 700 多人,最后杀开血路冲出重围,退入索伦山。1908 年年初,张作霖亲自带兵入山追击,用大炮轰击。起义军被迫退出索伦山,在蒙汉各族人民支持下,四处流动抗击清军,一直坚持到 1910 年 4 月。④ 在河南,1903 年 3 月,孟县、温县的回汉各族群众相继举行反对加赋改征的斗争。"各村聚众至十余万人",焚烧衙署,扬言要"与官兵力抗",散布揭帖要"先抢怀庆,后再灭洋",进军至怀庆府。临近各县回汉群众"相继效之",威震豫西北各府县。次年秋,开封回族李元庆领导六七万回汉群众,再次进行大规模抗粮罢市斗争。⑤ 在西北,1907 年新疆哈密维吾尔族人民在吐尔帕克兄弟的领导下举行暴动,反对哈密王的繁重徭役,1000 余名群众冲向哈密王府,高呼"不做回王的奴隶!""王爷滚蛋!"的口号,其声势之大在哈密地区实属罕见。1910

---

①② 周锡银:《辛亥革命时期四川松茂各族人民的反清起义》,载《思想战线》,1986 年第 4 期。
③ 1910 年后,陶克陶先后参加了沙俄策动的外蒙古和呼伦贝尔"独立"、"自治"等分裂祖国的活动。
④ 内蒙古社会科学院历史所:《蒙古族通史》,第 1075—1078 页,民族出版社,1991 年。
⑤ 马寿千:《辛亥革命时期回族人民的革命斗争》,载《民族研究》,1981 年第 5 期。

年秋，青海西宁丹噶尔地区的蒙古、藏、回、汉各族人民不堪忍受沉重的封建剥削，掀起了"抄盐局"、杀贪官的斗争。在西南，1903 年云南镇边厅的彝、佤、拉祜等族群众进行了反对官府"派捐抽税"的斗争。他们在彝族张朝文和佤族李三明、刀文林的领导下，揭竿而起，参加人数几至上万人，"分扰数百余里"，惩罚贪官污吏，与前来镇压的清军展开激战，击毙清军参将 1 名，后退入深山，分兵骚扰，前后坚持 9 年之久。1906 年 4 月，贵州黔南各族群众为反抗贪官污吏"依势作威，抑勒苛派"的罪行，奋起暴动，起义群众在苗族农民李阿友、张老七率领下，一举攻入都匀府署，造成极大声势，波及远近各府县。贵定、独山、都江、定番、麻哈等地的各族群众，在布依族农民罗法先、苗族农民吴人杰的领导下，起义响应，与李阿友部"联成一气"，"几有燎原之势"，一度攻入都江厅城，"分扰凯口、牙舟、者密等处。"① 在广西，1904 年大规模的农民起义以柳州、南宁为中心向各地深入发展。陆亚发在柳州发动起义，关闭城门击败城内各处驻军，占领电话局和府衙，打开监狱放出囚犯，缴获饷银 20 万两和一些枪支。后撤出柳州四处活动，壮、瑶、苗、汉各族人民纷纷加入，几个月内队伍扩大到 1 万余人，曾攻克柳城、罗城、中渡等县，直逼省城桂林。② 著名会党领袖、壮族人王和顺在南宁地区，率领 3000 多名各族起义军，转战于泗城、镇安（今靖西）、柳州、庆远、思恩、南宁六府，并和其他起义军相联络，机智勇敢地与清军周旋长达六七年。这次广西壮、瑶、汉各族农民起义，席卷广西全境，波及云、贵、湘、粤四省，清政府调集七省数十万大军，历时数年，支付军费 380 余万两，才把它镇压下去。③ 1907 年，广西怀远 100 余村的侗族农民，联合壮、苗、瑶、汉各族群众，开展了反对加捐增税的武装斗争。他们曾攻占古宜，拆毁县分署及税所，坚持斗争达 3 年之久。值得特别一提的是，广西各族起义军中，都有许多少数民族妇女参加。如壮族妇女黄九姑率领的抗捐起义军中，仅庆远苗族妇女就有 1000 多人，她们占地防城，作战英勇、机智多谋，有的成了名声显赫的起义领袖。如庆远的黄九姑，南宁的胡大嫂、顾二嫂，隆安的覃五氏等，都是著名的壮族巾帼英雄。

上述 20 世纪初以来，全国各地各民族参加的反清武装起义，有的是孙中山亲自任命首领或委派组织者发动，有的则是同盟会及其革命党人直接策划和组织，他们均与资产阶级民族民主革命运动有直接的组织上、思想上的联系。还有的虽然没有这种联系，是自发的群众斗争，但其锋芒都是针对清朝封建统治，都是反对民族压迫与阶级压迫的，因而就成了资产阶级民族革命的一个组成部分。这些到处风起云涌、汹涌澎湃、一浪高过一浪的少数民族反清斗争表明，孙中山民族主义在少数民族地区不仅已播下了种子，发出了芽，长出了根，而且已开花结果，变为各族群众的自觉行动，成了他们的斗争武器、行动纲领、指导思想。同时，这些斗争严重地打击了清朝专制政权，动摇了他们的统治基础，锻炼和提高了少数民族人民，更加激发了他们的革命热情，有力地推动了全国民族革命形势的深入高涨，为辛亥革命的胜利创造了极为有利的条件。

---

① 王继平：《略论少数民族在辛亥革命时期的革命斗争》，载《贵州民族研究》，1987 年第 4 期。
② 《壮族简史》，第 105 页，广西人民出版社，1980 年。
③ 《壮族简史》，第 107 页，广西人民出版社，1980 年。

第三节　各族人民参加辛亥革命

孙中山领导的辛亥革命，是一场完全意义上的近代民族民主革命运动，它使中国人民在 20 世纪前进道路上发生了第一次历史性巨变。武昌起义爆发后，北方各省的满、蒙古、回、维吾尔、哈萨克、柯尔克孜、锡伯族人民，南方各省的苗、侗、土家、傣、白、景颇、傈僳、德昂、壮、彝、藏、羌族人民，同全国各地的汉族人民一起，发动武装起义，光复各民族地区，有力地促进了辛亥革命在全国的胜利，为中华民族革命史写下了光辉的篇章。

一、北方少数民族地区

1911 年 10 月 10 日，武昌的革命士兵们发动震惊中外的武装起义，一夜之间取得了起义的胜利。这一消息，如闪电雷鸣迅速传遍神州大地。全国各地闻风响应，纷纷独立。这是各族人民反清斗争持续高涨的必然结果，也是孙中山民族主义思想所结出的丰硕的胜利果实。

武昌起义的消息传到东北，各族人民"为共和谋进步，于义师表同情，呼号奔走，纷纷若狂"。[①] 11 月 17 日，汉军旗人、同盟会会员张榕等人在沈阳率先成立"联合急进会"，秘密开展革命活动，不少满族革命志士积极加入急进会。如急进会的主要成员、张榕的得力助手宝昆和田亚斌就是满族人。宝昆的祖先与清太祖努尔哈赤有姻亲关系，父亲是知府，可谓"代受国恩"。但他接受民族革命思想，加入联合急进会，为革命党人"筹谋划策"，四方联络各地进步人士，成为当地最活跃的人物之一，并在经济上经常支持革命活动，其住宅成了革命党人聚会的秘密地点之一。因此，反动派把他们二人视为眼中钉、肉中刺。张作霖在给赵尔巽的呈文上说，"闻（张榕）党羽甚多，以满洲人宝昆、田亚斌为死友。一切结会通匪，多系宝昆为之主谋，田亚斌辅之"。赵尔巽更是在张作霖的呈文上批道，"宝昆满洲世仆，辄敢包藏祸心，联合逆党，与田亚斌一犯，同恶相济，亦复罪不容诛"。[②] 1912 年 1 月 23 日晚，张作霖在派便衣枪杀张榕的同时，派军警"分赴各处查拿"宝昆、田亚斌等人。军警来到时，宝昆知事不好，便从楼上开枪阻击，最后毅然从楼窗跳下，不幸被军警格杀。联合急进会成立后，张榕、宝昆等人先后派人到庄河、宁远、辽阳、安东、凤城，以及吉林、齐齐哈尔等地扩展会务，运动军警，组织民军，策划武装起义。革命党人杨大实奉命来到庄河，发动各族群众起义，提出了"除莠党而成新政，去酷吏而享自由"，"使满、汉、回、蒙共建之中华民国，永享安夷"的口号[③]。满族同盟会会员何秀斋及其同志奉命来到凤城，组织武装起义，联合会满族首领鲍化南率先在雪里站招兵买马，征集武器，竖起革命义旗响应，满汉群众纷纷剪掉辫子，拿起武器投奔起义军，仅几天工夫就组织了 200 多人的队伍。当他们积极练兵、准备攻打凤凰城时，因走漏消息，满族志士何秀斋、王双益等

[①] 郭孝成：《东三省革命纪事》，中国近代资料丛刊《辛亥革命》（七），第 398 页，上海人民出版社，1957 年。
[②] 原东北档案馆藏：奉天省公署辛兵字 1386 号档案。
[③] 《盛京时报》，宣统三年十二月五日。

27人被清军捕杀。11月27日，鲍化南仓促率部起义，奔袭凤凰城，与清兵发生激战，起义军官兵牺牲10余名，因弹尽援绝被迫退至庄河。凤城铁路巡警局的满族志士何宗齐，在"安奉铁路沿线各地鼓吹革命思想"，在城东鸡冠山小屯组织革命军时，不幸于11月27日，"被官宪拿获，当即正法"。在吉林，满族革命志士松毓，大力"鼓吹共和主义"，首先组织成立联合急进分会，被推为会长，进而联合农工商学各界代表，成立吉林省团体联合会，试图通过成立临时省议会，实现吉林独立。另有满族爱国青年恩溥、承志等，曾参与密谋中的吉林起义，不幸事泄失败，英勇牺牲。在黑龙江，各界革命志士组织了"新民爱国委员会"，满族人文璞任副会长兼组织部长，满族人荣采臣、福继五等23人任委员。委员会成立后，派人深入商、学、军、警各界，发展革命力量，号召"满、汉、回、蒙及索伦、达呼哩各族，化除私见，共失公忠"，一致联合起来，响应武昌起义，实现黑龙江独立。齐齐哈尔的革命形势亦不断高涨，满、蒙古、达斡尔、汉各族青年广为散发传单，宣传革命，呼吁成立国民联合会，脱离清廷而独立。在势不可挡的革命形势面前，黑龙江巡抚周树模被迫向清廷电陈，"江省形势危机，若不独立，必有意外，各署已将龙旗尽撤，以待信音"。①

在内蒙古，武昌起义爆发后，蒙古族最早的同盟会会员云亨、经权、安祥等与其他革命志士一起，立即"驰赴绥远、包头，运动军队，响应起义"。11月16日，在革命党人的策划下归化城东北陶林厅的警察部队举行起义，与当地的农民起义军里应外合，接连攻占了陶林厅、宁远城。武昌起义前，丰镇已有以张占魁为首，包括蒙古族的武刀义、回族的马有才等人的反清组织"独立队"。武昌起义爆发后，为援助太原起义军，解大同之围，张占魁于当年12月举兵进攻丰镇，击溃守军，焚烧衙署，成立了分军政府。1912年1月，山西革命军乘胜北上，云亨、经权等组织蒙古、汉各族人民进行策应。革命军一举攻克包头、萨拉奇等地，"提取税款，充实进攻归化城的力量"，打开监狱、释放囚犯、组织"敢死队"，深入各民族群众中扩大兵力，革命军部下的回族军官马占元和李德懋前往石拐沟一带，招抚回族人民参加革命军，回、蒙古、汉各族群众广为响应。内蒙古各地光复后，孙中山特意任命云亨为绥远城将军，经权为归化城都统，安祥为归绥道道尹。

在西北，陕西是在全国最早响应武昌起义的省区之一，10月22日即打响起义枪声，27日就成立军政府。陕西回民参加辛亥革命，带有广泛的群众性，仅西安一地就有一两千人参加武装起义。西安新军回族士兵马玉贵，原是哥老会的头目，起义前即在新军与回民中积极进行秘密发动和组织活动，起义中更是率领革命军及回民起义军冲锋在前、奋勇作战，为攻克满城立下汗马功劳。陕西光复后，马玉贵被推举为军政府总理粮饷兼军务都督，同时还兼任秦陇复汉军第二协协统。他所率领的回、汉各族士兵在乾州战役中给清军以有力打击，由数百名回族组成的马玉贵卫队参加抗击河南清军反扑，保卫潼关的战斗，立下功劳。在宁夏，革命党人刘先质在灵州率先发动武装起义，1000多名回、蒙古、满、汉各族起义军攻入守备衙门夺取枪械弹药武装自己，继而围攻占领衙署，州官及守备狼狈逃走，起义一举成功。几天后，11月19日各族起义军分兵三路

---

① 《盛京时报》，宣统三年十月十日。

攻入宁夏府城，与潜伏城内的哥老会里应外合，激战街巷，一夜之间占领府城各衙署及营府衙门，击毙大小反动官吏数百人。趁此良机，回族人哈明（原是平罗县哥老会头目，起义前加入同盟会）、哈八虎兄弟在保丰、黄梁桥一带回民聚居区组织回民群众，运动当地驻军，率众起义，一举光复平罗，后组织一支以回族为主体的步骑大队，驰援宁夏，助攻满营。宁夏各地起义后，11月23日正式成立宁夏革命军政府，"支那革命大元帅孙"的大旗，高高飘扬在府城中心的钟鼓楼上空。在甘肃，经革命党人广泛"鼓吹新知，号召同志"，武昌起义前夕河西、西宁一带已到处流传孙中山的"讨满檄文"、"反满复汉"的口号深入人心。1912年3月10日，黄钺率领所属清军2000多人，在秦州发动起义，占领筹防局、州署衙门、游击衙署和军械火药库，宣告成立甘肃临时军政府，推动了甘肃全境的光复。另外，散居于北方各地的回族爱国志士也积极参加了辛亥革命。河南开封的革命党人，在秘密筹组武装起义时，由于奸人告密，数十人被清军逮捕，其中有回族志士单鹏彦、崔德聚二人。单鹏彦是开封回族青年，素有革命大志，参加河南反清秘密组织仁义会，任该会区分部首领。起义前夕，他率众500余人参加起义军，被起义总司令部任命为敢死队队长。崔德聚，是开封富商，受民族革命思想影响，加入同盟会，为革命党人慷慨提供活动费20万元，被起义总司令部任命为各路民军总招待①。单鹏彦、崔德聚二人于当年12月24日，同其他革命者一起被反动派杀害。北京郊外通州张家湾的回族商人王汝川，是通县辛亥革命的一位主要参加者。八国联军侵华战争时，通州遭到列强欺凌，王汝川目睹其惨状，深受刺激，遂决心参加革命。他平时为家乡回、汉群众宣传救亡图存的道理，又往来于北京、天津等地，广泛结交革命志士，参加同盟会从事反清活动。武昌起义后，王汝川与革命党人共同计议，出清廷不意，在通州倡举义旗，联合滦军各同志，直捣北京，使清军首尾不能相顾。王汝川倾其家资，供给革命之需。革命党人以张家湾王宅为秘密活动总机关，秘密赶制旗帜印信，购买枪械弹药，准备大举。后因奸人告发，王汝川与另外几位革命党人同时被捕，就义于通州市街。

在新疆，省城乌鲁木齐的革命党人与部分会党成员一起，于12月27日举帜起义，打响辛亥革命在新疆的第一枪。仅过10天，1912年1月7日，伊犁爆发更为大规模的武装起义。起义军一举攻占军械库夺得大批枪支弹药，攻破将军署，击毙伊犁将军志锐，顺利取得起义胜利。这次起义，得到各族人民的热烈响应。2000多名锡伯族子弟参加西湖、精河一带的战斗，100多人在战斗中牺牲。博尔塔拉地区的蒙古族也组织骑兵部队参加作战。回族马尔思、马大鼻子等率众数百人参加起义，新军回族军官马凌霄，起义前负责发动回族群众工作，起义中率领协标军参加攻城，同清军力战。伊犁起义胜利后，各族革命志士组织"汉、蒙、满、回、藏五族共进会"，宣布成立临时都督府，实行"五族共和"政策，在九城树旗招兵，维吾尔、哈萨克、柯尔克孜、锡伯、蒙古、回、满、汉各族群众踊跃报名参加，几天之内革命军人数已达7000人之众。这时，清廷余孽网络大批军队，兵分几路气势汹汹向伊犁反扑过来，扬言要与革命政府"兵戎相见"。伊犁起义军与反动清军在精河展开一场血战，经过四五个月的拼死较量，

---

① 马寿千：《辛亥革命时期回族人民的革命斗争》，载《民族研究》，1981年第5期。

终于击退敌人的猖狂进攻，保卫了革命胜利果实。在伊犁起义的影响下，1912年1月哈密的维吾尔族农奴铁木尔，鼓动刚刚被征集装备，准备开赴省城的新军500人，倒戈起义，附近各族群众纷纷前来投奔，一两天内便汇成几千人的队伍。起义军连连打败前来镇压的清军，声威东疆，产生了巨大反响。1912年6月，新疆全省正式宣布实行民族共和政体，清朝在新疆的统治最终结束。

二、南方少数民族地区

武昌起义时，在武汉三镇的各少数民族革命志士都全身心地投入了战斗。他们冒着枪林弹雨，冲锋陷阵、浴血奋战，为这次首义的胜利作出了贡献。早在辛亥革命之前，武昌新军中的一批回族爱国官兵已加入日知会、共进会、军队同盟会等革命团体，秘密开展了反清活动。其中，回族革命志士马骥云、沙金海是军队同盟会的重要活动分子，他们二人都参加了起义前革命党人的各种秘密筹备会议，为起义的各项准备工作献策献计，马骥云在武昌县华林的住宅成了革命党人经常聚会的重要活动场所之一。马骥云，原籍河南，是军队同盟会登记组的负责人，9月24日革命党人召开会议，内定革命后的军政府组织名单时，他即被推为军政府司勋兼军务筹备员。起义枪声打响后，他参加了进攻督署辕门的战斗。起义胜利后，他又参加了革命的领导核心谋略处的工作。由于他作为武昌起义的策划者之一，功绩卓著，被列为辛亥首义685名有功人员之中，名列甲种第35名。[①] 沙金海在起义中担任独立机关枪一队队长，率队参加汉口大智门战役等与清军的血战。土家族的爱国青年，也有许多人参加了武昌起义。共进会骨干邓玉麟，是孙武联络军队的得力助手。首义前，他将家产悉数变卖献出，以接济革命之急，因把衣服典尽，只好3个人共穿1件长衫。首义之夜，他率领炮队第八标整队由中和门入城，在楚望台、蛇山布置阵地，投入攻克督署的战斗。鄂军都督府成立后，他先为谋略处主要成员之一，继之任军务部参议，后为第七协统领。土家族共进会会员田飞凤，武昌起义时在都督府任职，因忙于文告竟半个月之久没能解衣就枕。鄂军都督府军务部书记官、土家族共进会会员田采堂，驱孙事变发生后别无他顾，独抱阵亡官兵名册不放，表现了对革命事业的忠贞不贰。土家族志士田道生，原在武昌二十九标当兵，因参加共进会被开除军籍，遂改投汉口巡警署任巡警。武昌起义第二天，他聚合同志起而响应，在汉口战役中冲锋陷阵，奋勇杀敌，立下战功。土家族共进会会员王训民，武昌起义中奉命率100多人抢夺敌人的大炮，后在汉阳战役中任决死队队长，将生死置之度外，奋力拼杀不止。远在日本的土家族留日学生王琨荖，毕业于日本内务省传染病院研究所，听到武昌起义的消息后，立即向友人借钱500元购买一些药品和医疗器械，星夜起程回国，到达汉口后马不停蹄火速赶到汉阳前线，抢救起义军伤病员。贵州籍的少数民族也有不少人参加了武昌起义。安龙苗族王宪章，是武昌起义的组织领导者之一。起义前，他即在新军中组建将校团，被推为团长，1911年该团并入武昌起义的主要组织领导机关之一文学社，他又出任副社长。首义的第二天，他潜入汉阳隆登堤军营，指挥部众光复汉阳，任总指挥兼标统。11月27日汉阳失陷，他奉黄兴之密令随协司令宋锡全移军岳州，后出任湖北军政府参议，次年春改任第二师师长。天柱县侗族李世荣，曾

---

① 王希隆：《近代回族社会进步思潮和革命斗争》，载《青海社会科学》，1988年第4期。

是黎元洪手下的一名副官,王天培也是天柱县侗族人,曾是黎元洪部龟山炮台的下级军官。他们二人都参加了武昌起义。广西籍的壮族革命志士,早在黄花岗之役时已有不少人参加,"黄花岗七十二烈士"中就包括韦云卿及韦树模兄弟四人等。武昌起义时,设在武昌的陆军第三中学的广西籍各族学生160余人直接投入了战斗。

在鄂西,来凤土家族共进会会员向炳焜于1911年9月下旬奉组织之命,假借办学务为名返回恩施,即刻与革命党人吕大森等人组织秘密机关,联络会党,运动军队,准备起义。当时派驻施南的清军共有3营,其中李汝魁任管带的新军第三营兵力最强。向炳焜派人了解情况后,重点做李汝魁的工作。另外,湖北军政府于10月15日即电令李汝魁反正,但李汝魁仍犹豫不决。在这种情况下,向炳焜等革命党人先以乡绅名义致函李汝魁,敦促其下顺舆情迅速反正,继以革命机关特派员名义写信给李汝魁,劝其迅即反正立功国民。但李汝魁仍取观望态度。于是向炳焜又亲自出面与李汝魁面谈,"晓以大势,动以祸福,反复慷慨言之"。恰在这时,与施南毗连的宜昌,已由革命党人、驻军司令唐牺支领导于10月19日实行起义,先期光复。即日,唐牺支即致电李汝魁敦其反正,又派人前往施南策动。经多方劝说,李汝魁终于决定反正,10月28日,向炳焜、李汝魁等数十人集议于自治局,宣布响应武昌起义,公举李汝魁为驻施分司令部部长,向炳焜为参谋长兼秘书。随后,他们"出示晓谕商民,悬张义旗,禁止枪杀、奸淫、造谣等事,分兵据守要塞",①开狱释放在押革命党人及无辜群众,于府城南岳宫召开群众大会,宣讲革命道理。10月31日,分司令部勒令各"道、府、县缴销印符,以为推倒满清之证据",并"颁发七属知事木质印启用",又派专人前往各地劝促,使所属各府县"兵不血刃"相继光复。这次"施南光复,炳焜之功最高。"②

湖南是在全国最早响应武昌起义的省区之一。10月22日,共进会会员焦大峰等率领会党、联络新军举帜起义,宣告成立"中华民国湖南军政府",全省各府县"皆闻风归顺",和平光复,唯有统治湘西的清朝道台朱益濬、总兵周瑞龙等企图扼守凤凰厅负隅顽抗。湘西土家族同盟会会员田应全等不危艰险,奔走各地,多方联络,策动湘西起义。他们一方面通过反清帮会哥老会发动各族人民群众;另一方面派人深入清军下级官兵争取他们转向革命。经他们多方工作,哥老会的唐力成(即唐世钧)、龙义臣、吴正明、龙廷贵、龙凤山、唐世国、杨春元、吴玉山等苗族八大首领,以及贵州松桃厅樟桂溪的哥老会首领汉族张尚轩、苗族龙胜斌、龙福二等,均决定参加起义,分赴乡下发动组织苗、汉各族群众。田应全在得到哥老会众首领支持,争取到部分守城官兵反正后,立即派人到长宜哨与哥老会首领唐力成一起组织光复军,派出亲信分赴各苗寨与苗族会党首领联络,进一步动员群众。广大革命群众热烈响应、踊跃参加,在不到10天的时间里就组织了有5000多人的队伍,还有许多正远道赴义的各族群众,其绝大部分是苗族,另有土家族、汉族等。与此同时,他们还派专人到贵州松桃与张尚轩接合,张尚轩立即邀约哥老会拜把兄弟,分头到各苗寨联络,7天之内便组织了以苗族为主的2000多人的队伍,又连夜赶制铁矛、竹矛武装起来。准备好后,由张尚轩率领星夜赶至长宜

---

① 朱秀武:《辛亥革命在鄂西》,载《中南民族学院学报》,1986年第1期。
② 李资源:《中国近现代少数民族革命史要》,第175页,中央民族大学出版社,1995年。

哨待命。这样，以苗族为主体的起义队伍迅速形成。10 月 28 日，湘西起义正式爆发，起义军分兵三路向凤凰厅发动进攻。他们人人手持长矛、梭镖、镰刀等原始武器，冒着枪林弹雨，奋勇前进。但因准备仓促，计划欠周，加之 27 日晨城内的清军突然调换布防，打乱了起义军与城内附义官兵里应外合的计划，因此攻城失利，170 多名各族革命志士壮烈牺牲，在撤退途中又有 300 多人被捕，其中 70 多人不久亦被杀害。随后，清军又在四乡大肆捕杀起义群众，几天之内先后有 1300 多人惨遭杀害，其中 70% 以上是苗族。① 在敌人的血腥镇压面前，湘西各族人民毫不退缩，酝酿着更大规模的武装起义，"誓斩满奴朱益濬"的呼声越来越高涨，弄得凤凰城内一夕数惊，朱益濬更是如热锅上的蚂蚁，惶惶不可终日。趁此机会，田应全等革命党人，派人在城内四处张贴反清传单、标语，瓦解敌军士气，严重警告朱益濬悬崖勒马，否则将抄斩全家，并组织城内各族群众，将干柴、火药数十桶堆积在道台衙门外，声言朱益濬如果继续顽抗下去，即焚烧衙门，斩其全家。这时，镇台周瑞龙也在其长子、革命党人周相生的力劝及革命形势的影响下，公开表示不再接受朱益濬的调遣。12 月底，田应全等人联名给朱益濬写信，令其迅即表态。朱益濬见大势已去，被迫于 12 月 30 日交出政权。1912 年元旦，凤凰全城悬旗鸣炮、锣鼓喧天，"湘西军政分府"正式宣告成立。军政分府成立之后，即派人到泸溪、古丈、乾城、永绥、永顺、保靖、桑植 7 县传檄，各县官绅即刻易帜反正，湘西全境相继光复，清朝封建统治在湖南的最后一个堡垒终于被攻克。

  1909 年始，同盟会再次调集革命党人入云南干崖开展革命活动。他们一方面在各地组织兵运、串联会党，通过腾越自治同志会深入傣、景颇、傈僳、德昂、汉各族群众中，宣传革命，组织革命力量，操练队伍；另一方面分赴各傣族土司区发动土司筹备武装器械。傣族同盟会会员刀安仁又把当卖土司领地和官租所得慷慨捐出，购买军需。缅甸同盟会也向华侨募捐，聚资购买军火，从暹罗运抵干崖。1911 年 10 月上旬，革命党人张文光、刀安仁等在干崖新衙门举行会议，以孙中山的《革命方略》为指导，制定了反清武装起义方案。会议拟订先在腾越发动起义，刀安仁当即允诺腾越起义爆发时，即可发兵支援，并将备作他用的 5000 元大洋，交张文光作起义活动费用。10 月 27 日，张文光等集合以自治同志会为主体组成的起义军一队（敢死队），在驻腾越新军内爱国官兵的有力配合下，一举包围攻克了腾越总镇兵署、军械局和全部军政机关，经一昼夜激战，完全控制了腾越城。起义胜利后，10 月 29 日起义军首领们在腾越自治局开会，决定成立滇西都督府，公推张文光为都督。听到腾越起义消息后，刀安仁即刻率领干崖起义军，分兵两路向腾越进军，第一路由刀安仁之五弟刀安靖带领，第二路由刀安仁本人亲自带领。腾越、干崖二路起义军会合后，根据张文光的提议，改组都督府，张文光任第一都督，刀安仁任第二都督，分别驻守原镇台衙门和道台衙门，张文光主持军政，刀安仁负责宣传和地方秩序，刀安靖则任后军都指挥。腾越起义，早于云南省城昆明重九（10 月 30 日）起义 3 天，是全国各地响应武昌起义最早者之一。随后，起义军分兵三路进攻永昌、顺中、云龙，会攻大理。行军途中，各族群众争先恐后地加入，旬日间就发展到有傣、白、景颇、傈僳、德昂、回、汉等各民族参加的共 23 个营、约 1.2 万

---

① 《苗族简史》，第 197 页，贵州民族出版社，1985 年。

人的队伍，全面控制腾冲、保山、龙陵、凤庆、云县、临沧、云龙、永平等滇西广大地区，声威远播。在昆明，同盟会利用握有云南讲武堂领导权的有利条件，培养一批批革命骨干安插到各地新军中，争取下层官兵，掌握一部分兵权，为辛亥起义打下了良好的基础。10月30日，昆明爱国军民在蔡锷领导下举行武装起义，各族革命志士踊跃参加。回族民主人士马聪（伯安）在"云南辛亥'重九起义'时，他与唐继尧受命围攻督署，亲率七十四标第一营猛攻总督衙门，为推翻满清专制，为云南光复立下了战功"。① 10月31日，云南宣布独立，新军协统蔡锷任都督。不久，大理的白族等各族人民也乘机举行起义，成立"迤西自治机关总部"，冲击当地清朝机关，打开牢门释放被押群众，迫使大理官绅接受省城昆明的电令，"通行各署，宣告反正"。昆明光复后，在昆明读书的10几名剑川白族学生火速回乡宣传革命，发动群众，冲击当地清朝衙门，冲进监狱烧毁刑具、释放被押群众。滇南蒙自一带驻军中的各族战士，也在全省反清起义的鼓舞下，发动兵变，驱逐了当地的反动军官和官吏。

在贵州，早在武昌起义前贵州革命组织自治学社就曾接到彝族民族革命先驱者安健的秘密函告。安健，朗岱人，1905年东渡日本寻求救国救民之道，当年加入同盟会，多次秘密回国进行革命活动，先后参加孙中山领导的钦廉、河口、广州等武装起义，受到孙中山和同盟会的称赞。1911年武昌起义前夕，他在日本同盟会总部与贵州自治学社联系，秘函下达孙中山的指令，告知同盟会将发难于长江，令他们速作准备，配合起义。武昌首义的消息传到贵阳后，自治学社立即派人分头行动，将工作重心放在加速军队的运动上，促成新军、陆军小学一致拥护起义，另有会党、乡兵、警察、学校，以及安顺绿营等亦准备响应。全省起义，由陆军小学首先发难，新军、巡抚卫队等相继响应。在四面压力下，贵州巡抚孙瑜庆被迫交出政权。11月4日，贵州各界人士召集会议，组织军政府，宣告独立。军政府成立后，十分重视处理好民族关系，专门颁布《军政府都督关于苗族问题的牌示》，安抚和号召各族人民。牌示指出，这次革命是政治革命，并不是种族革命，"本军政府一视同仁，不分种族，凡尔苗族，无非黄帝孙子，血脉所系，手足相关"②。革命党人张百麟还亲自深入民族地区，宣传阐释军政府政策，发动少数民族同胞加入自治学社。军政府的此举得到各族人民的拥护和响应。是年冬，大定府的苗、彝、汉各族人民1000多人，在彝族知识分子黄济舟领导下发动起义，进攻府署，将知府赶走。清江厅的同盟会会员穆邦荣于贵阳光复后，争取到巡捕谭义芝倾向革命，组织民军攻占衙署，在苗族人民的参加下，先后打下柳霁、南嘉等地，清水江北岸的苗族首领潘笑山也率部参加，清江厅境西部的苗族群众更是热烈响应，使清江厅全境得到迅速光复。

武昌首义后，四川各地迅即响应，纷纷独立。当时，派驻重庆的新旧清军有六营，他们当中回族官兵约占半数，在回族先进人士的影响、工作下，爱国官兵激发革命热情，发动兵变，促成重庆起义成功。11月22日，重庆宣布独立，成立蜀军政府。在成都，当革命党人发动新军举行起义时，满族知识分子赵慧民、满族哥老会首领赵石卿等

---

① 王希隆：《近代回族社会进步思潮和革命斗争》，载《青海社会科学》，1988年第4期。
② 李资源：《中国近现代少数民族革命史要》，第183页，中央民族大学出版社，1995年。

人共同作满族人的工作，发动满族群众响应新军起义，并迫使成都满族将军玉崑接受和平解决方案。11月27日，成都宣告独立。重庆、成都光复后，酉阳、秀山、黔江等县"同声响应"。酉阳同志会会长刘扬，与土家族会员白锦桢、彭安国等一起，密谋起义，组织起义军，以白锦桢为统领，彭藻、彭灿为副统领，酉阳的"江西大贾瑞太利损万金济饷"，资助起义，当地团兵和绿林也被收编成军。起义军兵分两路，向驻防清军发动进攻。白锦桢亲自率领一路队伍直攻秀山，与清军统带高玉林所率巡防军激战于酉阳和秀山交界的石堤，战斗中白锦桢父子英勇献身。另一路起义军由彭灿带领，攻打酉阳龙潭，清军分兵死守抗拒。正当两军相持不下时，当地的土家、苗、汉各族群众群起而围攻清军，断其后援，给清军以出其不意的打击。在各民族起义军民的联合围攻下，清军孤立无援、狼狈逃走。起义军民乘胜进击，兵临酉阳城，城中各族人民自动起来内应，城内开明士绅乘势迫令知州卸职。11月中旬，刘扬、彭灿率领起义军胜利入城。继之，秀山、黔江相继光复。12月25日，西昌的藏、彝、回、汉各族人民在地方民团团总彝族张耀堂的领导下，举行武装起义，宣布"推翻清朝，废除'新政'，杀贪官，杀洋人"为起义宗旨，西昌及其周围十几个区乡的各族人民，以及阿硕、阿史、海味、尔姑、莫西等家支的彝族群众共计5000多人一致参加起义。起义军攻入西昌县城，杀死西昌知县章庆及其爪牙20余人，捣毁教堂驱逐传教士，造成极大声势。一时间，各县纷纷响应，德昌发生"攻城逐令"事件，德昌县佐被起义者杀死，川边的乡城、理塘、丹巴等地的藏族高举义旗，参加战斗。这样，仅4个月时间就摧毁了清王朝在四川的腐朽统治。

散居于南方各地的少数民族也积极参加了反清起义。在上海，早在1911年4月，回族革命志士、同盟会会员底奇峰召集回族工商界人士，组织成立清真商团，武昌起义爆发后，该商团与其他商团协力合作，参加了光复上海之役和进攻南京的战斗。在南京，前述回族同盟会会员、留日学生赵钟奇，参加了驱逐提督张勋、将军铁良的战斗，江苏光复后他又出任江苏陆军第七步兵师第二十五团团长，为保卫革命胜利果实作出贡献。在广州，前述河口起义时任革命军都督的壮族黄明堂，起义失败后回粤桂边境组织革命武装，得知武昌起义的消息后，立即率领部队东进广州，连克数县，有力地推动了广东全境的光复。广东光复后，黄明堂被任命为镇统、招抚使等职，驻防海南岛。在福州，福州将军朴寿抗拒革命，拒绝革命军提出的和平解决条件，清军败北后，他匆忙"走避旗卒家"，被八旗兵丁"告发被执"。

辛亥革命，是孙中山领导的伟大的资产阶级民族民主革命运动。孙中山创立的民族、民权两大主义，为这场革命运动提供了有力的思想武器与理论指导。全国各地的少数民族人民，与汉族人民紧密团结在一起，高举着民族民主革命的旗帜，积极献身于这场神圣的革命洪流中，有力地推动了辛亥革命运动的兴起、发展及其胜利，他们用自己的实际行动，用自己的鲜血和生命，为中华民族的革命斗争史写下了光辉的篇章。

中国近现代民族史　中卷
（1912—1949）

第四编　民国初期（1912—1930）

第一章　各民族拥护民国，反对分裂与复辟

第一节　民国建立与孙中山的民族主义和
"五族共和"的思想

一、南京临时政府的成立

革命的根本问题是政权问题。孙中山领导的资产阶级革命的奋斗目标主要有两个：一是推翻清朝封建专制政权；二是建立资产阶级民主共和国。按孙中山的民族主义和民权主义结合的思想，这两个目标是在一个过程中完成的。正如他自己所说："我们推翻满洲政府，从驱逐满人那一面说，是民族革命；从颠覆君主政体那一面说，是政治革命，并不是把它来分作两次去做。"① 武昌起义的成功和全国响应的胜利为资产阶级革命政权的建立奠定了基础。

武昌起义和全国各地的响应，已使清王朝在地方的统治机构瓦解，反清的革命政权从地方旧政权的废墟上开始建立起来。于是建立全国统一的民国中央政权的活动以武昌和上海为中心开展起来。尽管资产阶级革命派在以哪个地方革命政权为中心建立中央政权问题上存在分歧，但对于即将建立的民国政体，各地方革命政权与孙中山领导的资产阶级革命派建立政权的目标是有一致性的。上海方面的陈其美在邀请各省代表来沪的通电中表达了仿美利坚合众国制度建立资产阶级共和政体的思想："自武昌起义，各省响应，共和政治，已为全国所公认。然事必有所取，则功乃易于观成。美利坚合众国之制当为我国他日之规模。"② 孙中山先生也几乎在同时表达了这样的思想："中国于地理上分为二十二个行省，加以三大属地蒙古、西藏、新疆是也，其面积实较全欧为大。各省气候不同，故人民之习惯、性质亦各随气候而为差异。似此情形，于政治上，万不宜于中央集权，倘用北美联邦制度实最相宜。每省对于内政各有其完全自由，各负其整理统

---

① 《孙中山文集》上，第23页，团结出版社，1997年。
② 李新：《中华民国史》第一编全一卷（下），第417页，中华书局，1982年。

御之责;但于各省上建设一中央政府,专管军事、外交、财政,则气息自联贯矣。""此新政府之成立,不必改换其历史上传来之组织,如现时各省本设一督或一抚以治理之联邦办法,大至亦复如是。但昔之督、抚为君主任命,后此当由民间选举。即以本省之民,自为主人,形式仍旧,而精神改变,则效果不同矣。"①孙中山甚至从世界历史发展大势的角度把握中国政体变更,它也利于说明孙中山的民族主义与民权主义的关系:"倘以一中国君主而易去满洲君主,与近世文明进化相背,决非人民所欲,故唯有共和联邦政体为最完备,舍此别无他法也。"②

这样,各省筹组中央临时政府的代表于1911年12月3日正式通过《中华民国临时政府组织大纲》(以下简称《大纲》),规定了临时大总统产生办法、职权、参议院、政府行政各部门等各自职能、权力运行方式,《大纲》成为中华民国宪法成立之前过渡性质的、具有宪法效力的纲领。

1912年元旦,是中华民国成立和孙中山在南京任中华民国临时大总统的就职之日。孙中山在就职宣誓的誓词中说:"颠覆满清专制政府,巩固中华民国,图谋民生幸福,此国民之公意,文实遵之,以忠于国,为众服务。至专制政府既倒,国内无变乱,民国卓立于世界,为列邦公认斯时,文当解临时大总统之职,谨此以誓于国民。"③ 在《临时大总统宣言书》和《告全国同胞书》中,孙中山提出了中华民国临时政府的任务:尽扫专制之流毒,确定共和,以达革命之宗旨。规定对内方针为:"民族之统一"、"领土之统一"、"军政之统一"、"内治之统一"、"财政之统一"。所谓"民族之统一"表达了孙中山团结全国各族人民统一共建民国的方略,亦可称为中华民国临时政府的民族政策:"废除满清时代的民族歧视和民族压迫,全国各民族一律平等","合汉、满、蒙、回、藏等五族为一人,是曰民族之统一;合汉、满、蒙、回、藏诸地为一国,是曰领土之统一"。④ 关于内治统一原则,宣言书中曰:"国家幅员辽阔,各省自有其风气所宜,前此清廷虽以中央集权之法行之,遂其伪立宪之术;今者各省联合,互谋自治;此后行政,期于中央政府与各省之关系,调剂得宜,大纲既絜,条目自举,是曰内治之统一。"⑤ 宣言之后,孙中山宣布使用"中华民国"国号和改用阳历,正朔的更定标志着中华民国纪元的开始。

大总统就职后,根据《大纲》以及对大纲的修订法而产生了副总统、政府中央行政各部门人选,宣告以孙中山为首的南京临时政府的成立。随后立即着手组织临时参议院,1912年1月28日,临时参议院开正式大会,组成了民国的立法机构。孙中山对这一资产阶级共和政体标志之一的参议院十分重视。他在参议院成立大会上说:"所议者国家无穷之基;所创者亘古未有之制。其得也,五族之人受其福;其失也,五族之人受其祸。"⑥ 参议院组成后,提出国会组织法大纲及选举法大纲,它体现了鲜明的以美国国会为蓝本的西方资产阶级参众两院制的民主精髓。

---

①② 王俯民:《孙中山详传》上册,第586页,中国广播电视出版社,1993年。
③ 《孙中山全集》(二),第902页,中华书局,1981年。
④ 《临时政府公报》1号。
⑤ 王俯民:《孙中山详传》上册,第601页,中国广播电视出版社,1993年。
⑥ 李新:《中华民国史》第一编全一卷(下),第434页,中华书局,1982年。

当各省革命的地方政权发展成统一的民国临时政府时，从地方政权开始瓦解的清政府还保留着中央专制政权的躯壳，此时存在着两个性质的政权的对峙。但清朝封建政权并不是自行退出历史舞台的，也不是革命派"直捣幽燕"，用武装力量摧毁的，而是革命派依靠业已形成的袁世凯的军阀力量逼迫清廷、以南北和谈的办法解决的。在隆裕太后的主持下，通过4次御前会议，清王朝于1912年2月12日最后通过"清帝逊位"的办法"体面"地退出了历史舞台。南北和谈的交换条件是把大总统的宝座交给袁世凯和优待清室的保证。尽管这两个交换条件使民国临时政府的革命性大打折扣，但孙中山的两个革命目标，在反满的一个过程中要完成推翻清王朝的专制统治和建立民国的任务都实现了。

为了用法律的形式把资产阶级共和国的国体和政体确定下来，巩固国基，以防后患，临时政府立法机关即临时参议院依法律程序，于1912年3月11日颁布了《中华民国临时约法》，这部具有宪法效力的约法规定："中华民国由中国人民组织之"，"中华民国之主权，属于国民全体"；"中华民国领土，为二十二行省，内蒙古、西藏、青海"；"中华民国人民，一律平等，无种族、阶级、宗教之区别"；约法既规定了参议院、临时大总统、国务员、法院以三权分立原则行使统治权，又规定了人民享有的基本权利和义务。① 通过这部约法，中华民国临时政府的国体、政体、各地方包括民族地方与中央政府之间的关系等都确定下来。

南京临时政府成立后，即开始征集国歌。2月下旬，最后把沈恩孚词、沈彭年曲二人合作的作品定为国歌："亚东开化中华早，揖美追欧旧邦新造，飘扬五色旗，民国荣光，锦绣山河普照吾同胞。鼓舞文明世界，和平永保。"从国歌的"飘扬五色旗"歌词中看出，五色旗是重新确定的国旗。鉴于清代的黄龙旗从颜色到图案都代表不了国家，而只代表帝国，参议院在讨论国旗图案时曾收到《大总统复参议会论国旗函》，其中说道："今全国同胞……群起解除专制，并非仇满，实欲合全国人民，无分汉、满、蒙、回、藏，相与共享人类之自由。究之国体虽更，国犹是国。故稍有知识之满人，亦莫不赞同恐后。"② 因为五族共和思想已被大多数人接受，五色旗代表着"五族共和"，五色旗便成为被大多数人接受的"图腾"。民国国歌与国旗以不同的寓意共同表达了"国家和民族至上的观念，也使得民国第一次具有近代国家外观"。③

中华民国中央临时政府的成立有巨大的意义，它是中国封建专制政治和帝制结束的象征，也是民主政治的开始。在2132年的时间里，中国一直是"君权神授"、"朕即国家"的时代。帝王之下没有独立的个体，只有依附的臣民。民国临时政府否定了几千年的中国皇帝专制政治制度，开创了资产阶级的政治民主制度，而民主观念、独立的国民意识的强化，推动着近代民族国家的建立。支持着"朕即国家"、"君权神授"的一切意识形态和理念遭到彻底的否定。这对于促进人民觉醒、促进民族关系和民族观念的

---

① 见《中华民国临时约法》第一章"总纲"、第二章"人民"，夏新华等编《近代中国宪政历程：史料荟萃》，第156页，中国政法大学出版社，2004年。
② 王俯民：《孙中山详传》上册，第634页，中国广播电视出版社，1993年。
③ 陈旭麓：《近代中国社会的新陈代谢》，第315页，上海人民出版社，1992年。

变化都起着重大的作用。

二、中国国内民族关系的新变化

近代以来，中华民族深受双重的民族压迫，外受帝国主义的侵略与奴役，内受满族封建统治者压迫与统治，而满族贵族又沦为帝国主义的走狗，因而成为国内民族矛盾的主要方面。因此要挽救中华民族的危亡，拯救斯民于水火，必须先推翻以满族贵族为主的清朝政府，解决国内民族矛盾的主要方面。随着清朝的被推翻和民国建立，清朝末年国内主要民族矛盾得以解决，民国的国体与政体都较清朝发生了根本变化，导致民族关系出现新变化。具体来说，导致国内民族关系发生变化的主要因素有：原来国内矛盾的主要方面满族贵族作为统治者和特权阶层的地位消失；清朝皇帝作为中国各族"臣民"的皇帝身份的消失；中央集权的统治方式消失；代之而起的民国政府在国家政权建构模式、民族政策、民族观念、民族立法等方面都发生了变化，因而导致政府与地方关系、国家政权与各民族的关系、各民族之间的关系都相应发生了变化。

由于清朝统治被推翻，满族贵族对国内各族人民的压迫、剥削和民族歧视已不复存在，民国国家建立的基础就是承认主权属于人民，中华民国人民一律平等。民族平等是人权平等的自然延伸，所以民国临时政府在成立之初，孙中山大总统在《告全国同胞书》中就提出了基本的民族政策："废除满清时代的民族歧视和民族压迫，全国各民族一律平等"；"合汉、满、蒙、回、藏等五族为一人，是曰民族之统一，合汉、满、蒙、回、藏诸地为一国，是曰领土之统一。"此后，国内各民族一律平等和领土统一这些规定国内民族关系的基本内容被写入《中华民国临时约法》，因此成为规定民族关系和民族立法的基本依据。所以从各民族政治平等的观念出发，国内各少数民族都有与汉族平等地参与政治的权利。在《中华民国临时约法》中对蒙、藏等民族地方选派参议院代表的名额、办法做了具体规定。这些少数民族地方一般与各省一样，选派5人参加参议院"共商国事"[①]。1912年8月的《中华民国国会组织法》和议员"选举法"不仅规定民族地方选举参议员，同时为了体现民族地方广泛的代表权利，在《众议院选举法》中规定蒙、藏等民族地区也选举众议员，使之能"引起蒙、藏人民政治上之观念，而真正代表蒙、藏人民，蒙、藏政治可臻于改良之地步。"[②]

各民族走向联合是民国时期民族关系的又一个动向。这种联合既是近代以来各民族联合反对帝国主义压迫和奴役的中华民族革命斗争的继续，又是辛亥革命以来各民族反对清朝封建专制制度的结果。尽管"反满"可以成为资产阶级革命派推翻清朝封建专制的思想武器，但由于孙中山解释民族主义时说得很清楚，反满革命不是"反对所有满族人"，而是反对民族压迫的统治者，所以在清王朝土崩瓦解时，从历史文献的记载可见，并没有发生过满、汉两族的仇杀，而是在"不分满汉"、"一律看待"、"共同反清"的前提下，包括满族人在内的各民族一致联合推翻清王朝。满族革命家张榕在1911年组织成立奉天联合急进会，以"尊重人道主义，建设满汉联合共和政体"为宗旨，吸收了满汉等各族人民3万多人为会员。黑龙江省在响应辛亥革命时，由各界学生

---

① 陈荷夫：《中国宪法类编》下编，第377页，中国社会科学出版社，1980年。
② 转引自徐辉琪：《论第一次国会选举》，载《中国近代史》，1988年第2期。

发起组成"黑龙江国民联合会",在通告书中号召满、汉、回、蒙古、索伦、达斡尔各族联合起来,"化除私见,共矢公忠"实行独立,拥护共和。[①]使清政府在黑龙江省的地方统治受到极大冲击。各地方的独立和反清斗争正如孙中山所说:"于清廷为脱离,于各省为联合。"民国建立后,孙中山把各民族的联合基础概括为"五族共和",满、蒙古、回、藏等各民族都纷纷表示拥护共和,且在二次革命、护国战争、护法战争中各民族团结一致,为维护共和而战,使五族共和思想得到了某种程度的实现。

当然,法律上的民族平等不等于事实上的民族平等,清朝末年的民族关系和民族矛盾也不会瞬间消失,而民国国体政体的改变,中央与地方关系的角色突然变化,使得国内民族关系除了发生上述总体变化之外,也有中央与地方之间、民族之间关系更加复杂化的一面。

满汉关系并没有因为辛亥革命作为一次"反满"革命而恶化与破裂,相反由于民国建立时满族高于全国各族人民的民族地位随之消失,解散八旗兵丁、取消驻防制度、"田赋划一"政策的实施,使满族贵族官僚平民化,满族各地驻防旗人冲破八旗制度的限制而走向劳动化,满汉界线进一步被打破,他们的经济、政治、文化生活日益一致,从而实现了满汉融合。而满族贵族则由于其"家天下"和特权的丧失而对民国国体政体势不两立,决不愿加入"国民"阵营之中,而时刻想从复辟中恢复往日的荣光。

满族与蒙古族、藏族的关系被民国中央政府与蒙藏地方政府的关系所取代。清朝末年,尽管蒙古族、藏族由于不满于清朝的"新政"政策从而与清政府产生矛盾,但他们并不想割断与清王朝的纽带,并不想脱离与清王朝之间的政治统一体。辛亥革命和民国建立,使蒙藏与清王朝之间君臣关系的纽带、中央与地方关系的纽带、蒙古王公与满族贵族的姻亲纽带及联盟纽带一时断裂,尽管民国政府继承了清王朝的遗产,并以法律形式宣布了领土统一原则、民族平等原则、五族共和原则,重新确定了中央政府与地方的关系,但在民国中央政府对民族地区的控制能力尚未达到时,在国际分裂势力的怂恿和破坏下,使民国中央与地方关系、民族关系一度扭曲。

三、孙中山的民族主义主张和赞成"五族共和"

任何革命都需要理论武器,而理论武器既来源于社会现实,又来源于理论家对社会主要矛盾和奋斗目标的把握。资产阶级革命家孙中山在近代社会民族危机不断、社会矛盾错综复杂的情况下,清醒地认识到中华民族面临双重民族压迫:即外受帝国主义的侵略和压迫,内受满族贵族的统治和压迫。双重民族矛盾的存在是中国近代社会的基本国情,它在很大程度上制约着中国历史的发展进程,也对孙中山提出革命理论和革命纲领产生了深刻的影响。帝国主义不断侵略,中华民族危机日益深化,孙中山忧心如焚,而清朝又已经成为"洋人的朝廷",中华民族欲摆脱双重民族压迫,必须先解决国内民族矛盾的主要方面:即只有推翻清王朝的封建专制统治,才能挽救中华民族的危机。孙中山试图从反满入手,推翻腐朽清朝,建立新的国家政权,达到缓和中外民族矛盾并进而解决此民族矛盾,而完成救亡的目的。因此,孙中山把民族主义——"驱逐鞑虏,恢复中华"作为资产阶级革命的主要任务提了出来,民族主义的具体内容是主张以暴力

---

① 关捷、李燕光主编:《满族通史》,第630页,辽宁民族出版社,1991年。

推翻清朝封建专制，解除满族的民族压迫，光复中华民族国家。

孙中山提出排满革命即所谓"驱逐鞑虏"，可以说他抓住了满汉矛盾这一中国社会基本矛盾。如果说"扬州十日"、"嘉定屠城"已成为历史，那么清末满族人享有民族特权、并对汉族一直实行民族压迫政策却也是事实。满族统治的基本点在于防范和压制全国人口绝大多数且在国内尚称先进的汉族为主，而且以消极心理对待改革，敷衍塞责，抱残守缺，生怕因改革而大权旁落。所以孙中山说："虏朝常图自保以安反侧，防民之法加密，汉满之界尤严。其施政之策务以灭绝汉种爱国之心，涣散汉种合群之志"，对于维新变法，"满人曰'汉人之利，满人之害'，又曰'宁赠之强邻，不愿失之家贼'，满人忌汉人之深如此，又何能期之同心协力，以共济时艰哉！"① 由此看来，孙中山的民族主义的目的并非只为排满与种族革命，而是因为满汉矛盾既是历史又是现实；满族统治者既腐败又卖国。只是广大人民对满族统治者的民族压迫和民族歧视政策更有"切肤之痛"，反满口号最能触动人心，"人民才热心来附和"②。可见反满口号可以成为策略性的政治动员，这个口号的提出有其历史必然性和合理性。

但"排满革命"的民族主义理论也一度使一些激进派产生偏激的看法，认为满人不是中国人，满人入主中原是中国的"亡国"，把满族称为"野番"、"贱种"，甚至要"诛绝500万有奇之满洲人"。以反满为形式和口号的资产阶级革命有满汉两族种族仇杀的危险。梁启超、康有为等看到排满革命的缺陷，借用西方资产阶级的政治观和民族观，从新的角度考察了中国的民族问题，从民族的角度提出满族皇帝就是中国皇帝，满族人也是中国人；从政治角度提出拥戴满族皇帝，实行君主立宪，反对民主共和。孙中山等革命家既修正了自己对满族的贱视态度，又深入探索了清王朝的腐朽本质，鉴于清廷既腐败又卖国，说明满汉矛盾已成为中华儿女谋求国家独立和自由幸福的障碍。孙中山眼睛盯着的不仅仅是满汉矛盾，而是把满族的腐败与封建专制联系起来，而且他所看到的不仅是清朝的专制主义，而是中国数千年的专制主义。而清王朝既是中国数千年君主专制统治的代表者和体现者，它也必须在孙中山领导的民主革命面前充当中国君主专制主义的殉葬品。所以孙中山的民族主义是与民主主义紧密结合的。正如他在制定《中国同盟会革命方略》中所宣布的那样："非唯除满洲二百六十年之苛政，且举中国数千年来君主专制之治一扫空之"。并解释道革命不是种族复仇，而是要推翻专制统治。"就算汉人为君主，也不能不革命"，"我们并不是恨满洲人，而是恨害汉人的满洲人"。承认满人也是中国人，也就否定了只有汉人才是中国人的观点。即满人是中国人，蒙古、藏、回、苗族都是中国人。这一民族观对近代中华民族的自觉过程有着重大的意义。

孙中山的民族主义不但与民权主义相结合，民族平等思想也是其民族主义的核心。所以不少满、蒙古、回、藏、壮、苗、土家等族都参加了革命组织和从事革命活动。在辛亥革命时期，上述各民族甚至包括维吾尔、哈萨克等民族都参加了反对封建王朝的斗争，响应革命，成为推翻清王朝、建立民主共和国的一支不可忽视的

---

① 《支那保全分割合论》，《孙中山全集》（一），第221页，中华书局，1981年。
② 《三民主义民权主义》，《孙中山选集》，第717页，人民出版社，1981年。

力量。辛亥革命从单纯的汉人反满和以汉人为主体发展到团结各民族，共同反对专制的资产阶级革命，从这个角度来看，中华民国也是各民族共同建立的。满族贵族的被推翻，使反满革命的民族主义口号完成其历史使命，五族共和成为当时民族关系的主流。孙中山在后来的回忆中说："辛亥武昌起义，举国应之，五族共和，遂深注于四亿同胞之心。""今日之中华民国，乃五族同胞合力造成。"① 所以民国创立伊始，孙中山便大力提倡五族共和。

"五族共和"口号的提出既是对民国初年民族关系现状的一种高度概括，也是民族关系发展的一种趋势，所以得到各族人民的拥护和支持。残存的清朝统治者在革命党人和袁世凯的压力下，在"五族共和"口号的感召下，被迫交出政权，并接受了"五族共和"的口号和事实。在隆裕太后颁布的《退位诏书》中表示："全国人民心理多倾向共和……特率皇帝将统治权公诸全国，定为立宪共和国体……总期人民安堵，海宇乂安，仍合满蒙汉回藏五族完全领土为一大中华民国。"② 在外蒙古的哲布尊丹巴企图分裂中国，宣布"独立"时，内蒙古王公则反对"独立"，并明确表示："数百年来，汉蒙久成一家"，"共和新立，五族一家……我蒙同系中华民族，自宜一体出力，维持民国。"③ 此外，新疆的革命党人、旧式官僚杨增新也接受了"五族共和"的口号与现实，就连在英帝国主义指使下一度谋求过"西藏独立"的十三世达赖喇嘛在民国政府改善与西藏的关系、反对帝国主义分裂阴谋的努力下，也明确表达了"同谋五族幸福"的愿望。

孙中山的民族主义是发展的。当北洋政府的统治既失去"共和"政体的精髓，又不实行"五族平等"、而依然实行民族压迫和封建统治政策时，孙中山对"五族共和"的追求便进一步表现为切实追求民族平等、民族独立，并提出实现这一目标的方法。他于民国初年曾说："今者五族一家，立于平等地位……所望以后五大民族同心协力，共策国事之进行，使中国进入世界第一文明大国。"后来他又说："余之民族主义……对于世界诸民族，务保持吾民族的独立地位，发扬吾固有之文化，且吸收世界之文化而光大之，以期与诸国并驱于世界……此谓民族主义对世界之诸民族也。"④ 根据这一思想，孙中山在国民党"一大"上把民族主义发展为"中华民族争取独立解放"、"国内各民族一律平等"的民族主义思想，这一思想成为国民革命的纲领。

第二节 宗社党的复辟活动及其失败

一、满族社会地位的衰落

辛亥革命推翻了清王朝的封建专制政权，满族旗人在政治上和法律上完全失去了其优等民族或者高贵民族的地位，而成为中华民族中普通的一员。民族地位的丧失成为满

---

① 《孙中山选集》，第100页，人民出版社，1981年。
② 《清实录·宣统政纪》第70卷，第1293页。
③ 费孝通主编：《中华民族多元一体格局》，第349页，中央民族大学出版社，1999年。
④ 《孙中山全集》（七），第60页，中华书局，1981年。

族旗人政治、经济地位变迁的转折点，使旗人社会在晚清已经发生变迁的基础上发生更深刻的变化。

1912年2月，清朝末代皇帝溥仪退位，根据《优待皇室条件》和《关于清皇室待遇之条件》规定：清帝不废尊号，王公保存世爵；皇室、皇族私产，一体保护。虽然清朝末代皇帝依然是"皇帝"，以"八铁帽王"为首的"世袭罔替"的亲郡王仍然保留世爵，但这些帝号和王爵所赋予的直接统治全国人民的政治权力却完全丧失，其特权所赋予的经济权益也随之丧失。其现有的私产虽然"一体保护"，但在辛亥革命运动中，由于农民群众反封建斗争日益高涨，皇庄内的"壮丁"和佃户都参加了这一运动，皇庄已无法维持。满族贵族凭借庄田继续进行封建剥削遇到了困难。有的将"各处有租之地，一律将租价变卖"，① 如郑亲王府、安郡王府都陆续拍卖了一部分庄田，绝大部分王庄依照奉天省官地清丈局制定的《查丈王公庄地章程》，清丈田庄，分别由庄头、壮丁、典主、佃户交价承领，成为本人的私有土地。收取的地价银钱，一部分作为行政费用，一部分交给庄田原主（内务府或各王府）。这样，关内外的皇庄、王庄大部分丈放收价，少数庄田仍归原佃承租。宗室王公封建剥削收入日益减少，昔日高额的俸饷又全部裁停，满族贵族的经济地位急剧下降，便不得不自谋出路。一部分贵族将大部分财产转移，经营企事业，而且经营面很广，比如：开当铺、银行、商行、旅馆、澡堂等企业。内务府总管大臣的后人于1913年在天津开办了3个当铺，每年利润收入3万银元，后来当铺就发展到40多个。原军机大臣那桐之后人成了北平银行的董事，并经营3个规模相当大的当铺，成为北京有名的富翁之一。② 一些王公虽保留了家产，却无本经营，又不愿放弃过去"阔富"的生活方式，坐吃山空，继而开始拍卖家产、浮财，在银行存款吃息。一些破产的贵族竟至一贫如洗，庄王的后代饿死在南横街的一个空房子里；睿王的后代钟氏兄弟因生活无着而私掘祖坟。③ 一部分贵族因为政治、经济地位的突然下降，深感"亡国之痛"，甚至少数的"宗社党"分子做起复辟的美梦来。

北京和关内各地驻防的普通八旗人丁，在这一社会转型过程中则承受着更多的痛苦和辛酸。辛亥革命后，除了按《皇室优待条件》规定，"原有禁卫军归中华民国陆军部编制，其额数俸饷，仍归其旧"外，解散了八旗兵丁，取消驻防制度，这既是对八旗兵丁的一次解放，使旗人职业多元化的过程，又是其痛苦的沦落过程。

八旗兵作为职业兵，是政治法律上拥有特权、生活负担全由国家包办的群体。它的特权随着满族统治的强大而强大，也随着满族统治的衰落而衰落。当清朝的统治走向衰落时，不仅意味着他们失去了生活保障，相反由于职业的限制而备受艰辛。所以"筹安六君子"之一的杨度从这个意义上，重新审视八旗兵的权利与地位时，认为："凡八旗之人，人人各负世袭终身兵役之义务……然与普通人民比较权利，则此为兵彼为民，彼有转移之自由，而此无之；彼有营业之自由，而此无之。其权利远在平民之下数等，

---

① 沈阳辽宁档案馆藏：《东北各官署底契表册》第22捆941号，转引自《满族简史》，第177页，中华书局，1986年第2版。
② 《满族社会历史调查》，第95页，辽宁人民出版社，1985年。
③ 《满族社会历史调查》，第96页，辽宁人民出版社，1985年。

此皆由兵制而来。兵制之中，固以不自由为其精神；此无论古今东西皆然者也。""因此，八旗不撤，旗人权利不伸，即永不与汉人平等"，"八旗不撤，旗人不生"。① 在旗人生计已经出现严重问题的情况下，取消八旗驻防制度，解散八旗兵丁，为其自由选择职业谋求生计创造了条件。根据《关于满、蒙、回、藏各族待遇之条件》，不仅从法律上规定各民族与汉族享有平等的权利，还规定："先筹八旗生计，于未筹定之前，八旗兵弁俸饷，仍旧支放。"② 但实际情况不尽如人意。由于当时新政府财政极端困难，许多驻防城市在革命军占领不久，即停发旗饷，裁撤旗营。北京虽到1924年最后一次发放，但粮食在民国二三年就不再发了。即使发饷，也只有节日才发，发饷变成了变相的救济款。俸饷无着，许多旗人除了拿枪不懂其他技术，无法谋生，使清末已经困顿的旗人生计更是雪上加霜。陷入绝境的旗人被迫在"民族平等"、"自由入籍营生"、"化兵为农"的政策下艰难地独闯生路，甚至连满族妇女和学龄儿童都为吃饱肚子而奔走。满族民众进一步劳动化，其所从事的职业虽然以小商小贩、零散工、拉人力车、当警察居多，但职业范围比辛亥革命前扩大了，如驾车、修理车、修理钟表、镶牙等技术工，卖水果、茶水、豆汁、烧饼等小商小贩，还有旧社会人们最瞧不起的打执事、鼓手、捡煤核、捡破烂，可以说五花八门，应有尽有。这一过程彻底完成了满族从高贵民族向普通民族的转化，旗人这一特殊的群体也融入普通的民众社会之中。

那些没有被解散而由"民国改编"的禁卫军"饷额如旧"的规定也没有实现。不仅如此，而且由于民族矛盾并没有化解，加之北洋政府的民族歧视政策，使禁卫军的境遇更糟。饷额不仅不发，使旗兵生活贫困，民国政府还采取了阴险的手段，"设法削弱或消灭八旗中的劲旅"。③ 当时，正值外蒙古宣布"独立"，民国政府成立后，曾调八旗兵讨伐，并命令在沙漠中日行军百里，少一里就枪毙其营长。时值隆冬季节，讨伐军在外蒙古的滂江吃了败仗，兵员死伤惨重。"讨伐外蒙虽然失败，但消灭八旗兵却达到了几成目的。若不是后来从民国军嘴里说出来，淳朴的八旗兵还被蒙在鼓里呢"。④ 由于生活无着，一些本该得到"抚恤金"的"八旗寡妇"首先到北京请愿，毫无结果；接着出现京旗和外三营索饷，依然什么也得不到。于是引发大规模的请愿运动，请愿队伍直奔总统府（中南海），他们一面喊着"饿！饿！我饿呀！"一面在经过新华门附近时，把那里卖烧饼、馒头的铺子抢劫一空。⑤ 当初在八旗军队中地位最高的禁军八旗竟沦落到如此地步。

满洲各阶层社会地位的全面下降除了政权更替、满族民族优势地位丧失、八旗制度留下的后遗症、民国政府财政危机等因素外，也与当时的民族歧视有一定关系。在排满革命的影响下，辛亥革命后学校里出现的歧视、排斥满族风气很盛，学生从满族的日常生活习惯中取材，污辱满族。比如将满族妇女当马骑，满族学生忍无可忍，以致引起斗殴，直到老师前来呵斥为止。甚至编出什么笑话"老子骑马你敢骑（旗）人"，"你敢

---

① 关捷、李燕光主编：《满族通史》，第638页，辽宁民族出版社，1991年。
② 《清实录·宣统政纪》卷70，第19页。
③ 金启孮：《北京郊区的满族》，第68页，内蒙古大学出版社，1989年。
④ 金启孮：《北京郊区的满族》，第69页，内蒙古大学出版社，1989年。
⑤ 金启孮：《北京郊区的满族》，第69—70页，内蒙古大学出版社，1989年。

再骑（在旗），老子就再打"，不知伤了多少旗人的心。当时连一些汉军旗人也遭到歧视，连当了民国大官的原汉军官僚也设法为自己消除旗档。① 驻防的旗人有的四处逃散，有的不得不隐瞒自己的民族成分，有的甚至隐姓埋名。满族社会地位的下降给满族人心理留下了深深的阴影和伤害。

二、宗社党的成立

在清末民初满族的社会地位和社会生活经历巨变之际，一部分满族的皇室宗亲不甘心满族特权和统治地位的丧失，拼凑起所谓的宗社党。在宣统帝未退位前，清代的封建专制统治难以为继，民主共和国的建立成为大势所趋，宗社党仍然顽固地主张保守君主制，反对共和制；在清廷退位后，宗社党人又策动复辟帝制，最终遭到了可耻的失败。

宗社党的存在大致经历了两个阶段。第一阶段是在宣统三年（1911），当反清的辛亥革命从武昌向全国扩展，袁世凯施展两面派手段，向清廷施加压力，要求其和平退出历史舞台，并可享受优待条件时，清廷召开了4次御前会议。会上，皇室宗亲恭亲王溥伟、肃新王善耆、辅国公载泽、满族镶白旗旗人良弼、满族镶白旗旗人、陆军部尚书铁良反对议和、退位，反对共和，在历史转折的最后关头，抱残守缺，企图作阻碍历史潮流的最后一搏，时人称之为"宗社党"。他们甚至企图在东北重建政权，作为顽抗革命的大本营，潜谋独立，策划在共和发表之际，即由恭亲王溥伟即皇帝位，以赵尔巽为总理，在东北另立小朝廷。② 由于良弼被革命党人炸死，最后清廷还是决定接受优待条件，宣布退位，宗社党被隆裕太后解散。

宗社党的组织虽然被解散，但民国初年宗社党人复辟的野心却仍然存在，所以尽管有的"宗社党"头子已经退居到别处，却又开始了拼凑宗社组织的第二阶段。由于民国已经建立，满族宗室和统治者的特权和高贵地位已经丧失，一些皇室宗亲们便借助于外国势力，即日本帝国主义的势力重组宗社党，并开始复辟帝制的活动。

组织第二阶段宗社党的主要大头目是肃亲王、清太宗皇太极第十代直系子孙、清室八大世袭家族之一出身的善耆。由于政体初变，袁世凯的统治并不稳定，日本帝国主义正想把宗社党人置于羽翼之下，乘清朝崩溃、民国初年政权未稳之际，利用满汉民族矛盾和满族宗室的复辟势力分裂中国。肃亲王便投靠了日本帝国主义，企图借日本的力量实现复辟野心。

早在1900年八国联军入侵北京时，担任清廷民政部尚书的善耆就通过日本"浪人"、"中国通"川岛浪速与日本占领军勾结，镇压北京人民的反帝斗争，善耆还把川岛聘为民政部顾问。宣统皇帝退位后，善耆等偷偷地跑到天津，不愿接受民国的统治。这时川岛浪速见缝插针，劝他到旅顺，并与驻旅顺的关东军都督福岛安正大将联络，答应为善耆的再起提供帮助。这样，善耆便把自己的复辟梦想与日本帝国主义的帮助联系起来。在赴旅顺的途中，他这样写道："幽燕非故国，长啸返辽东；回首看烽火，中原落照红。"③ 此后，在旅顺、大连一带，善耆又开始联络亡清的禁烟大臣、恭亲王溥伟，

---

① 金启孮：《北京郊区的满族》，第125页，辽宁民族出版社，1998年。
② 《盛京时报》民国元年2月4日。
③ 文史资料研究委员会编：《晚清宫廷生活见闻》，第309页，文史资料出版社，1982年。

原陆军部尚书铁良等，企图重组宗社党。但善耆等宗社党人与日本的勾结可以说是同床异梦。宗社党人梦想的是清室复辟，而日本只不过利用其复辟的欲望，实现其建立由日本人控制的"满蒙王国"的目的，一方面抗衡"东渐南侵"的俄国，建立日本对亚洲的领导权；另一方面解决日本"人口问题"，掠夺大陆经济资源。①

当肃亲王在旅顺、宗社党的组织尚未建成时，日本就开始迫不及待地密谋解决发动叛乱——"满蒙独立运动"的关键问题，即兵源与武器。日本参谋本部介入其中，拟议的办法是策动肃亲王的妹夫喀喇沁王同巴林、宾图等蒙古王公一道行动，先由日本人偕同喀喇沁王逃离北京，赴内蒙古招兵买马，组织蒙军，再进入东北接受武器，最后返回喀喇沁王府受训和待机。但当公主岭一带的日本守备队勾结日本浪人、土匪薄益三等100余人帮助运输武器之时，于1912年6月7日在沈阳附近的郑家屯与东北地方军队吴俊升部遭遇，结果，全员被歼，军火俱毁。宗社党组织还未建成、复辟帝制活动尚未展开，便抢先被日本利用发动了一次未成功的"满蒙独立运动"。

1915年大隈重信组阁后，在川岛浪速的四处活动下，便决定进一步利用善耆等宗社党人的复辟活动，并策划组织了宗社党组织。具体由善耆的二子宪德赴日本，代表善耆向大隈重信表示感谢，并组织宗社党，解决经费问题。宗社党的本部设在东京，在大连、海拉尔设有支部。其主要成员除了它的大头目善耆外，还有恭亲王溥伟，原陕甘总督、蒙古族人允升，原青海省办事长官、满族人廉兴，善耆的儿女等。陕甘总督允升虽不是要谋求蒙古人的"独立"，却是复辟清室的死硬分子。辛亥革命后，允升被赶下台，在逃往俄国时曾这样写道："老臣犹在此，幼主竟如何？倘遇上林雁，或逢苏武书。"他把自己比作忠心溥仪的"苏武"，足见其对皇室的"忠心"。所以他经西伯利亚、哈尔滨、朝鲜到了东京，终于参加了宗社党。② 其中不少日本人虽不是满皇室宗亲，却是真正的宗社党成员。

宗社党的活动经费由日本大财阀大仓喜八郎提供，在大隈重信以首相名义担保的情况下，借给肃亲王100万日元，条件是答应大仓开采东北的森林与矿产。此后"满蒙独立运动"又死灰复燃。在日本帝国主义策动下，宗社党除了进行政治活动外，又将蒙匪巴布扎布拉入宗社党营垒。巴布扎布在日俄战争时就曾为日本侵略者效力，清朝覆灭后，他率领为数不多的土匪到处与民国为敌，并同外蒙分裂势力相勾结。川岛浪速把他拉入宗社党后，巴布扎布先把自己的两个儿子农乃和甘珠尔扎布送到肃王家上学；肃王则把自己的七子宪奎送到巴布扎布的军中。③ 他们其实是相互交换人质。同时川岛浪速也派了几个日本人与宪奎一道来到哈拉哈河巴布扎布军中。通过川岛浪速和巴布扎布大肆召纳匪徒，终于拼凑了2000多人的"宗社党勤王军"。

1922年，宗社党的头目善耆死后，宗社党虽然还存在，但已缺乏灵魂，宗社党的复辟活动越来越多地被日本人利用。加上其力量的分散，复辟的希望越来越小，复辟渐渐地为叛国所代替。

---

① 解学诗：《伪满洲国史新编》，第12页，人民出版社，1995年。
② 文史资料研究委员会编：《晚清宫廷生活见闻》，第311页，文史资料出版社，1982年。
③ 文史资料研究委员会编：《晚清宫廷生活见闻》，第312页，文史资料出版社，1982年。

三、宗社党参与策划复辟帝制

从宗社党组织的建立及武装力量的拼凑过程来看，它既完全不代表全体满族人的利益，也没有任何社会基础；既是少数的、反动的、顽固的皇室宗亲的逆流而动，其组织本身又没有任何力量和组织上的独立性，因而成为强权力量——日本侵略势力的依附者。从其所从事的活动来看，尽管它建立的最终目的是复辟清皇室，但是民国政治体制进步的事实和民族融合的大趋势决定着他们目标只能是遥远的梦想，所以他们所从事的活动最多是试图破坏民国政府的统治或反对袁世凯的统治。或者打着"满蒙独立"的招牌，实际上只能为人利用，直至沦为日本侵略中国的工具而已。

民国初年，宗社党筹划建立时被日本帝国主义利用发动了一场失败的叛乱后，由于没有强有力的组织和力量，所以其在中国北方所从事的一些颠覆性活动都遭到失败。如伊犁将军志锐和陕甘总督允升密商，欲割据潼关以西，"联络新甘蒙古为一气，拥溥仪西迁"①；盛京内务府旗人德都护企图组织"勤王军"，"南征勤王"，但都在没发动时就告失败。民国二年（1913），曾和允升联络密谋的青海省办事长官廉兴被人告发，尽管"查无实据"，但还是去职；在山西从事口头联络和文字宣传的五台县人、清末主事王锡山被人告发后，被阎锡山枪决；原督办垦务大臣贻谷的侄子钟某兄弟在北京策动过反袁复清，后来因与善耆有多年关系而加入宗社党，借以倒袁，至1914年被袁世凯处死。②

宗社党在建立起自己的组织、有了充足的经费、拼凑起武装之后，很快就确定了发动叛乱的时间。但宗社党毕竟不是"皇室宗亲"的独立的组织，而是一个依附于日本帝国主义的组织，所以它的复辟活动要受日本"满蒙独立"政策的制约。

策动"满蒙独立"是日本的既定政策，但在利用谁做代理人的问题上日本国内出现分歧。原来支持宗社党、并成为"宗社党勤王军"幕后指挥的日本参谋本部次长田中义一和外相石井菊次郎转而支持张作霖，认为操纵张作霖更切实可行。这样，宗社党的"独立"活动既少了支持力量，又多了张作霖这样的阻碍力量。1916年7月1日，袁世凯刚刚离世，川岛浪速与善耆便按原定计划行动。蒙古匪首巴布扎布与肃亲王之子宪奎扯起"勤王之师扶国军"的破旗，率3000名蒙古骑兵，举行叛乱。这股叛军从拉哈拉河出发，经索伦向洮南进发，7月22日到达内蒙古突泉附近，妄图与善耆的宗社党勤王军会合，并约期先攻占长春、沈阳，再进攻北京。日本预备役大尉入江钟矩率领土匪控制辽阳东部的千山，牵制民国军队，蒙古骑兵侵入各地煽动造反。但巴布扎布匪帮在突泉境内遭到洮南镇守使吴俊升部的阻击，其伪装败退，强行南下，又在郑家屯遭到张作霖手下冯麟阁部的重创。8月10日，巴布扎布匪帮窜至满铁附属地郭家店时，驻公主岭日本独立守备队积极为之提供枪支弹药，策应其推翻张作霖政权，并为其提供庇护。但当亲日的段祺瑞出任国务总理时，日本改讨袁方针为援段方针。作为善后处理，日本政府与川岛浪速等谈判"勤王之师扶国军"退出南满铁路的日本势力圈。关东军在拨给巴布扎布匪帮一些军火后护送其返回内蒙古。9月，该匪帮退至西林后，被

---

① 《盛京时报》民国元年12月19日。
② 文史资料研究委员会编：《晚清宫廷生活见闻》，第88页，文史资料出版社，1982年。

张作霖部下重兵包围,巴布扎布饮弹身亡,其所部全被击溃。宗社党人和日本共同策动的又一次"满蒙独立"告败。

经过这次失败后,宗社党势力一蹶不振,再也没有主动策动过复辟帝制。1917年,张勋复辟时,与溥伟、允升等宗社党人往来密切。宗社党只是参与拥立废皇溥仪复辟,但已基本没有实力介入。当段祺瑞组织"讨逆军"攻进北京时,张勋的5000"辫子军"被击败,宗社党的复辟梦想又一次化为泡影。

1922年善耆死后,宗社党失去了主要头目。善耆临终前,把复辟的希望寄托在子女们身上。由于宗社党既没有力量,又少了"灵魂",其复辟的希望越来越渺茫,而善耆的子女们甚至干脆把"复辟"与叛国混为一谈。他们曾全被善耆送进日本学校学习,接受日本的奴化教育。后来,善耆的七子金壁东(宪奎)就任伪铁道守备队中将司令;善耆的女儿金壁辉(川岛芳子)成了著名的日本间谍。①

"九一八"事变后不久,日本想把溥仪抬出来组织一个受日本人控制的"独立的"伪政权,善耆的儿子们在日本人的要求下,替日本人到溥仪那里做说客,说服溥仪与日本"合作",并且都参加了叛国活动。金壁东先后成为黑龙江省省长、长春特别市市长;宪原、宪基分别成为伪满洲国步兵上校参谋长、上校参谋;宪均成了伪满洲国的军队少将职军医。允升在"九一八"事变后几天死在日本租界里;溥伟曾在日本人支持下一度搞起了一场拼凑"明光帝国"的闹剧。溥伟作为道光皇帝的第六子恭亲奕䜣的嫡孙,是有继承光绪做皇帝资格的,他本人也有这个野心。"九一八"事变后,日本侵略者把溥伟"保护"到沈阳祭陵,日军驱使数千人前往"观礼"。溥伟等人在陵前三拜九叩,三呼"中日亲善万岁",发誓要"仰仗祖宗威灵及日本正义","恢复祖宗之产业"②,并召开谋划"明光帝国"的筹划会,欲把自己推上帝位。但这时日本正在谋划让溥仪上台,让他必须立即中止祭陵,返回大连。他周围的一群人也被日本驱散了,溥伟的复辟活动成了宗社党人复辟活动的尾声。至伪满洲国建立之后,宗社党人别说"恢复祖宗的产业",其成员反而变成了十足的日本人手中的奴隶。

由此可见,民国以后宗社党的复辟活动不再具有满汉民族矛盾的特点,宗社党也从来不是满族贵族复辟的独立组织,它没有独立地筹划过复辟帝制和"满蒙独立",而主要是复辟活动的参与者,或者说是日本人手中的工具。宗社党人的复辟活动,主要更深刻地反映着中日民族矛盾的隐患。

第三节 蒙古、西藏、新疆等地各民族
反对分裂,维护祖国统一

一、蒙古"独立自治"始末

1. 蒙古"独立"、"自治"

---

① 文史资料研究委员会编:《晚清宫廷生活见闻》,第315页,文史资料出版社,1982年。
② 《中华民国史资料丛稿·大事记》第17辑,第193页。

辛亥革命爆发前夜，中国蒙古地区政局动荡。由于清政府在蒙古地区的"新政"加重了当地人民的负担，造成了蒙古族人对清廷的不满。而以推翻清王朝、建立民主共和为目的的辛亥革命同样没有引起蒙古封建上层的共鸣，他们中的一些人怀着对辛亥革命恐惧、仇视的心理，反对民主共和。外蒙古三音诺颜部亲王那彦图和内蒙古科尔沁左翼后旗亲王阿穆尔灵圭等联络在京各旗王公上书清政府，表示忠于清廷，反对共和。而把势力向蒙古地区渗透、反对清廷加强对蒙古地区的统治、巩固边防的"新政"的沙俄帝国主义已经与外蒙王公勾结起来，直接策动和导演了外蒙古"独立"运动，并企图趁辛亥革命席卷中国大地、中国政权交替之际瓜分中国并吞并蒙古。

1911年7月10日，外蒙古库伦活佛哲布尊丹巴以举行喀尔喀四部王公会盟为名，召集杭达多尔济、察克都尔扎布、棍布苏伦车林齐密等18个王公、上层喇嘛和沙俄驻库伦总领事刘巴举行秘密会议，策划外蒙古"独立"，由哲布尊丹巴等署名致函沙皇，请求援助外蒙古"独立"。沙皇尼古拉二世、俄内阁总理大臣等会见了哲布尊丹巴"钦命外交大臣"杭达多尔济率领的"蒙古代表团"，一方面公然表示支持外蒙古"独立"；另一方面给哲布尊丹巴集团拨付枪支弹药，并派遣步骑兵以保护俄国驻库伦领事馆为名开进库伦。库伦地区完全处于俄国侵略军的控制之下。武昌起义爆发后，俄国赶紧就"满蒙问题"达成谅解，加紧实现外蒙古"独立"，煽动外蒙古僧俗封建主"不要放过中国发生革命这个非常有利的机会来保证喀尔喀的独立发展"。① 当杭达多尔济秘密回库伦后，即组成"临时总理蒙古国务衙门"，11月30日，向清朝驻库伦办事大臣递交文书，宣布外蒙古"独立"："现又由四盟公推本哲布尊丹巴呼图克图为大蒙古国独立国大皇帝，不日即当御极。库伦地方，已无需中国官吏之处，自应即时全数驱逐，以杜后患。"② 12月1日，在沙俄驻库伦领事刘巴的亲自指挥下，外蒙古叛乱集团与沙俄军队包围库伦办事大臣衙门，武力驱逐清朝驻库伦办事大臣三多。次日，蒙古军队2000余人也"突然出现库伦，所携皆俄国新式快枪"。3日，俄兵强行收械解散三多的卫队，"其行辕由俄兵会同蒙兵看管。局所衙署，如印务处，兵备处，电报局等均以蒙俄兵守之"。③ 28日，哲布尊丹巴举行"登极"仪式，自称"大蒙古帝国日光皇帝"。以"共戴"为年号，"独立"的政府部门一并设立。

为使库伦当局控制整个外蒙古，沙俄一面唆使各地王公参加叛乱，一面出兵强占外蒙古各地。1912年1月，沙俄驻乌里雅苏台领事策划该地札萨克图汗发生叛乱，并派哥萨克骑兵强行将清朝乌里雅苏台将军奎芳押解出境，致使库伦丧失，叛军占领了乌里雅苏台。5月，沙俄支持下的库伦叛军5000余人进攻科布多，在与科布多守军大战几十天后占领了科布多，从而使沙俄操纵的蒙古伪政权控制了外蒙古全境。随后，沙俄采取外交与武力结合的办法，确立它在外蒙古的"保护权"，强迫外蒙古傀儡政府与之签订《俄蒙协约》及其附约《俄蒙商务专条》，确立沙俄在外蒙古傀儡政府中的军事、经

---

① 《帝国主义时代国际关系》第二辑第19卷，上册，第177页。
② 陈崇祖：《外蒙古近世史》第一编，北京商务印书馆，1922年。
③ 唐在礼、唐在章：《蒙古风云录》，吕一燃编：《北洋政府时期的蒙古地区历史资料》，第21页，黑龙江教育出版社，1999年。

济、政治特权地位。

外蒙古擅自宣布"独立"后，哲布尊丹巴以"蒙古君主"名义煽动内蒙古王公响应库伦"独立"，不断发布《檄文》和《布告》，甚至为笼络内蒙古王公"归顺库伦政府"，不惜颁布《致内蒙古王公八项优待条件》，以封官、加俸、晋级等办法煽动内蒙王公"一体归顺"。另一方面，沙俄在辛亥革命前就阴谋侵占呼伦贝尔地方，并在哈尔滨设立"蒙务机关"，笼络呼伦贝尔蒙旗上层人物并进行军事部署，策动"独立"，呼伦贝尔额鲁特总管胜福、陈巴尔虎旗总管车和扎、索伦旗总管成德等叛乱集团在沙俄驻呼伦贝尔领事乌萨蒂的操纵、指使和支持下首先起事。他们调集各旗蒙兵1000余人，用沙俄援助的500支枪武装起来，以反对共和为名，组成"大清帝国义军"，声言进攻呼伦城（今海拉尔），"军队商民各挂白旗，否则全行攻杀"。① 1912年1月15日，占领了呼伦城的叛军宣告"独立"，成立了隶属于库伦政府所谓"自治政府"。哲布尊丹巴以大蒙古国皇帝的名义任命胜福为"参赞大臣"和"大蒙古国驻呼伦总督"。宣称"恢复满清时代之副都统衙门以为呼伦贝尔临时最高机关"②，并以呼伦贝尔旗属官兵等全体名义发出电告："革命起事，各省附和，仇杀旗人，将覆大清。我呼伦贝尔旗人亦系满清之一小部分，保守疆土，决不承认共和，亦不受汉官管制。"③ 从电文中可以看出，呼伦贝尔"独立"并非蒙古族人想叛离国家，而是由于政体的转换，断绝了其忠诚于大清的旧式标识。而且呼伦贝尔改设民治，以呼伦兵备道直辖黑龙江，"实与内地民治无异，不但与外蒙绝不相同，即较之省所辖内蒙各旗情形，亦大悬殊。前此该处独立，只能认为内乱，决不能因其附和库伦视同一律"。④ 所以黑龙江省督抚力主劝抚为主的解决方针。但由于"呼伦自治政府"拒绝劝抚，使黑龙江省官府终于认识到其处处受俄人指使，若不断绝外援，无论如何，收抚终归无效。俄国人表面上所谓"遵守中立"，暗中派兵并帮助、武装蒙古叛军合攻胪滨府（今满洲里）。随后叛军侵入额尔古纳河上游一带，致使吉拉林金厂两度被俄蒙武装力量所占，并进而控制了呼伦贝尔全境。

外蒙库伦当局的煽动也在哲里木盟副盟长、科尔沁右翼前旗札萨克郡王乌泰那里引起反响。曾经"丢官欠债，十分窘迫"的乌泰早在1901年就被沙俄收买，1912年8月，他联合科尔沁右翼后旗札萨克镇国公拉喜敏珠尔等发动武装叛乱，宣布"独立"，驱逐汉官。8月20日，乌泰在葛根庙发表《东蒙古独立宣言》，宣称"蒙古以牧为主，中国殖民必夺蒙古生业，共和实有害于蒙古，今库伦皇帝遣人劝导加盟，俄国复以兵器弹药相助，兹即宣布独立，以绝中国"。⑤ 当天，叛军分兵三路向洮南、开通、突泉等地进攻。8月26日，东三省都督赵尔巽奉民国政府国务院"以兵力从事"的命令，立

---

① 军机处电报档：《黑龙江巡抚周树模致内阁军谘府陆军部理藩部电》，宣统三年十一月二十七日，中国近代史资料丛刊《辛亥革命》七，第306页，上海人民出版社、上海书店出版社，1981年。
② 《呼伦贝尔概要》上册，第34页。
③ 中国近代史资料丛刊《辛亥革命》七，第306页，上海人民出版社、上海书店出版社，1981年。
④ 《外交部交涉节要》民国二年十一月，第3—4页，吕一燃编：《北洋政府时期的蒙古地区历史资料》，第11页，黑龙江教育出版社，1999年。
⑤ 和志田：《乌泰传记》，《中国蒙古史学会论文选集》，第340页，内蒙古人民出版社，1980年。

即派兵镇压。9月上旬,民国政府任命张锡銮为"东三省西边宣抚使",对以乌泰为首的各旗叛军采取"剿抚"策略,在洮南、镇东一带经过激烈的战斗,击溃叛军,攻下乌泰王府和科右后旗,又在葛根庙给叛军以毁灭性打击。之后,民国政府发布了《革科尔沁右翼前旗札萨克郡王乌泰爵》的决议,同时对东部蒙旗做了大量善后工作。

2. 蒙古族人民反对蒙古"独立"、"自治"的斗争

外蒙古封建上层在沙俄操纵下宣布"独立",激起了外蒙古广大人民群众的反抗,也引起了不少上层王公和喇嘛的不满和反对。宗教上层商卓巴特喇嘛巴德玛多尔济虽参加了18个王公喇嘛的秘密会议,但他反对外蒙古脱离中国而"独立",拒绝在请沙皇援助"独立"的信上签名,并如实将哲布尊丹巴集团叛国投俄阴谋告知清王朝驻库伦办事大臣三多,要求速筹善策,挽回局势。库伦政府谈判代表、外务大臣车林齐密特被迫与俄国进行俄蒙协约谈判时,敢于直指俄国强加的缔约草案对蒙古族人并无实利可言,而"勒令蒙古无条件地接受俄国要求",是"使蒙古成为布哈拉和高丽第二而已"。[①] 恼羞成怒的沙俄迫使哲布尊丹巴取消了他的谈判资格。

《俄蒙协约》签订后,外蒙古土谢图汗部王公发表声明,不承认《俄蒙协约》。内蒙古的一些王公、台吉屡次开会反对库伦"独立",反对《俄蒙协约》的呼声更高。在京的内外蒙各盟旗王公组织——"蒙古王公联合会"也发表声明,指出《俄蒙协约》的任何条款一律无效。1912年10月,哲里木盟10旗王公在长春召开"第一次东蒙古王公会议",王公们在"取消库伦独立劝诱书"上签了字。会后,盟长齐默色特木不勒代表哲盟10旗发表通电,赞成五族共和,拥护民国,警告哲布尊丹巴集团必须在年内取消"独立"。在这次会议的影响下,1913年年初,内蒙古西部22部34旗王公在归绥召开西蒙古王公会议,一致决议联合东蒙古,反对库伦"独立"。如果库伦伪政府执迷不悟,要求民国政府用武力解决。会后,乌兰察布盟和伊克昭盟各旗札萨克联合通电:"数百年来,汉蒙久成一家","我蒙同系中华民族,自宜一体出力,维持民国"。所有这些不仅说明了孙中山的五族共和思想已为多数蒙古族人所接受,其"中华民族"意识的凸现更说明了几千年来的民族融合在近代结出了硕果。

蒙古族人民也以各种形式反对外蒙古"独立"。当哲布尊丹巴集团派"使者"游说科布多,劝其归附伪政府时,当地牧民将煽动者绑送办事长官处,以叛国罪处斩。1912年6月,沙俄侵略军和库伦叛军进攻科布多,当地蒙古族人武装起来,协助守军奋起反击,殊死抵抗。在反对呼伦贝尔"独立"势力、坚守胪滨府的战斗中,在镇压乌泰叛乱的斗争中,在抗击沙俄和外蒙叛军窜犯内蒙古的一系列战斗中,内蒙古各族人民均以各种形式投入战斗。伊克昭盟乌审旗人民在著名喇嘛锡尼的领导下发起蒙古族特有的"独贵龙"运动,旗帜鲜明地反对外蒙古"独立",并捉拿了串通外蒙、准备叛逃的乌审旗札萨克察克都尔色楞一伙,使其阴谋未能得逞。

全国各地群众纷纷集会痛斥沙俄侵占外蒙古,各政党团体也纷纷通电反对外蒙古"独立"。各地还以实际行动成立"救蒙会"、"抵制团",不为俄人服务,抵制俄货。

---

① 廓索维慈著,王光祈译:《库伦条约之始末》,第64页,中华书局,1930年。

3. 从自治到撤治

民国政府从孙中山就任大总统时就坚决反对外蒙古独立,并提出五族共和的口号。袁世凯就任大总统后,致电哲布尊丹巴:"外蒙古同为中华民族,数百年来俨如一家,现在时局阽危,边事日棘,万无可分之理。"① 袁世凯还多次致电哲布尊丹巴劝其取消"独立";同时民国政府还制定了《蒙古优待条例》,以示对蒙古民族上层的关怀。沙俄胁迫外蒙古签订《俄蒙协约》后便向北洋政府施加压力迫使其承认。1912 年 11 月,中国政府一面通过驻俄公使就俄国与库伦当局私立"协约"表示抗议,一面照会俄驻华公使向俄国政府提出抗议:"蒙古为中国领土,现虽地方不靖,万无与各外国订条约之资格。兹特正式声明无论贵国与蒙古订何种条款,中国政府概不承认。"② 围绕着外蒙古主权问题,中俄之间展开了激烈的外交斗争。沙俄政府企图以承认中国政府对外蒙古的所谓"宗主权"为诱饵,从煽惑外蒙古"独立"到争取"自治",以换取中国政府对《俄蒙协约》的承认。但中国政府代表陆征祥毅然坚持要俄国"承认中国政府在蒙古之主权","蒙古为中国的一部分"。俄国威胁中国说:"如不承认俄蒙协约,俄国将正式承认外蒙独立","提高它的国际地位"。③ 1913 年 5 月 20 日,中俄两国签订协议:俄国承认蒙古为中国领土不可分割的一部分;中国确认不更动外蒙古历来所有之地方自治制度,允许外蒙古有组织军队及警察的专有权,允许外蒙古有拒绝非蒙古人在其境内殖民之权,承认沙俄在外蒙古的特权。后来俄国政府推翻前议,中断交涉。至 10 月中俄双方在北京重开谈判,11 月 5 日签署了《中俄声明》规定:俄国承认中国在蒙古的"宗主权",中国政府承认外蒙古的"自治权"。根据《中俄声明》的规定,1914 年 9 月 8 日,中蒙俄两国三方代表在恰克图举行会谈,于 1915 年 6 月 7 日签订《中俄蒙协约》,全文 23 条,主要内容有:外蒙古承认中国宗主权。中国、俄国承认外蒙古自治,为中国领土之一部分。自治外蒙古无权与外国订立关于政治及土地关系的国际条约。外蒙古哲布尊丹巴呼图克图汗的名号由中华民国大总统册封;中国、俄国承认外蒙古自治官府有办理一切内政之专权,有与各国订立关于自治外蒙古工商事业、国际条约及协约之专权;中国、俄国承担不干涉外蒙古现有自治行政制度。中国政府可在库伦设办事大员公署,在恰克图等地设佐理员公署。外蒙古"独立"在名义上取消,进入"自治"时期。但实际上,外蒙古仍然处于沙俄控制之下。

11 月 6 日,中俄双方经多次交涉,在北京签订《中俄会订呼伦贝尔条件》八条,亦称《呼伦条约》,主要内容为:呼伦贝尔为"特别区",直接归中国中央政府节制,并受黑龙江省长监督。呼伦贝尔副都统由中国大总统策令任命之,并享有省长的职权。但由于规定"在呼伦贝尔修筑铁路须借外债时,中国政府应先与俄国商办",实际上也承认了俄国在呼伦贝尔的特权,俄国仍然控制着呼伦贝尔。

1915 年 6 月,北洋政府任命陈箓为都护使,充任库伦办事大员,陈毅为都护副使,兼乌里雅苏台佐理员,10 月 4 日启行,26 日抵库伦。外蒙古经历了 4 年的"独立",

---

① 程道德编:《中华民国外交史资料选编》(一),第 86 页,北京大学出版社,1988 年。
② 陈崇祖:《外蒙古近世史》,第 44 页,商务印书馆,1922 年。
③ 引自《蒙古族通史》下卷,第 298 页,民族出版社,2001 年。

代表中国政府的官员才重返外蒙古地区。1916年1月，哲布尊丹巴派代表到北京，向民国总统和中央政府赠送礼物，表示愿意恢复国家统一。7月，举行中国大总统册封哲布尊丹巴呼图克图的典礼，象征着中国对外蒙古拥有宗主权。而陈箓、陈毅任库伦办事大员期间，切实采取措施，加强内地与外蒙地区的通信联络、交通运输、商品货物贸易，并成立外蒙总商会，保护蒙民和汉商的利益和生命财产安全，打击沙俄势力，维护了中国主权。① 十月革命后，外蒙流通的俄币卢布大跌，外蒙商人苦不堪言，陈毅在库伦设立中国银行，中国银行货币正式取代俄币，外蒙地方官府因商业关系发生借贷，须向中国分行借款，中国银行以张家口为兑现之处。中国不仅掌握了外蒙地区的金融，也使外蒙与内地经济联为一体。华商成为外蒙所需商品的主要供应者，也是外蒙牲畜原料的主要主顾。比之于外蒙"独立"期间，俄国非法排斥华商，控制外蒙经济、又完全不能满足外蒙人民商品需求的情形，外蒙对内地经济的依赖也增强了外蒙人民的内向之心。

　　1917年十月革命后，新生的苏维埃政权声明废除沙俄政府与日本、中国所缔结的一切密约，放弃在华夺取的权益，外蒙王公喇嘛凭借旧沙俄所维持的外蒙名为"自治"、实为"独立"的地位面临考验。此时外蒙的边患不断发生。日本支持白俄谢米诺夫窜入外蒙，极力想取代旧俄国在外蒙的地位，煽动外蒙"独立"，妄想联合布里雅特、内外蒙古、呼伦贝尔，成立由日本控制的"大蒙古帝国"，并以武力相威胁。库伦当局感到，如果接受谢米诺夫的要求，则陷外蒙于万劫不复；要强硬拒绝又缺乏实力，防备空虚。1919年4月，外蒙自治政府照会库伦办事大员陈毅："此事关系甚重……应请贵都护使转报中央政府，迅速筹定办法。"② 6月，自治政府外务总长对陈毅表示："民族自由，须自身有自由之力。若借日本人求自由，有何好处？外蒙立国，不独于中央有损，并于外蒙为害无穷，外蒙何苦为之……"③ 7月18日，北洋政府任命皖系徐树铮为西北筹边使兼西北边防总司令，将北洋军队陆续开到外蒙，加强了在外蒙的力量。8月4日，外蒙王公在库伦大会上首次向都护使陈毅表示愿取消自治，归向中央。陈毅和徐树铮分别向外蒙王公和喇嘛交涉，王公、喇嘛都表示愿意撤治，归向中央。11月17日，外蒙王公上层和自治政府的大臣联名上书中华民国政府总统，决定废除中俄蒙一切条约、协定，撤销"自治"。22日民国政府发布政令，正式撤销外蒙古"自治"。这样，由《中俄蒙协约》确定的名为"自治"、实为独立的外蒙古政权体制被新确立的中央对外蒙古名副其实的主权关系取代。中央政府得以再度在外蒙古设官，驻扎军队，行使对这一地区的管辖与治理权。

　　外蒙古的回归，在政治上对呼伦贝尔产生了积极的影响，带动呼伦贝尔迅速做出正确选择。1920年1月16日，呼伦贝尔副都统衙门及各盟旗公署致电中央政府，要求取消呼伦贝尔特别区域，"全体诚意，会议多次，均称取消特别区域"，"《中俄会订呼伦贝尔条件》原为特别区域而设。今既自愿取消特别区域权分，则民国四年会订，当然

---

① 陈箓：《蒙事随笔》，第67、第76、第105—107页，上海商务印书馆，1934年。
② 《东方杂志》第16卷5号。
③ 《中俄关系史料——外蒙古》，第415页，（台北）中央研究院近代史研究所编印。

无效, 应请中央政府主持作废。"① 1 月 28 日, 中央政府"令取消呼伦贝尔特别区域, 并取消《中俄会订呼伦贝尔条件》"。此后呼伦贝尔的护路、国防、外交、财政等重大事项归黑龙江省督军负责掌理, 有关蒙古各旗治理权责仍归呼伦贝尔副都统衙门掌理。

二、西藏地区的动乱

清朝末年, 清政府在西藏推行的"新政"和川边"改土归流"给西藏地区留下了深刻的社会矛盾和民族矛盾, 英、俄帝国主义各自对西藏的野心、争夺和策动西藏"独立"的阴谋更是西藏地区社会动荡的根源, 辛亥革命爆发和民国政府与清政府之间的政权交替使西藏地区的矛盾更加复杂。

其中主要矛盾之一表现在西藏喇嘛、噶厦由于反对清政府的某些新政措施和宗教政策而与清驻藏大臣联豫、川军统领钟颖率领的进藏川军产生矛盾与对立, 而四川保路运动和辛亥革命的爆发又引起了川军内部的迅速分化。在进藏的川军中,"有许多人参加了同盟会",② 川军中袍哥组织势力亦极大, 他们都赞同推翻清朝并准备迅速起事。1911 年 11 月 13 日, 极力主张反满革命的驻藏大臣秘书何光燮、标部书记官金范、兵备处书记官李治平、哥老会首领叶纶三等串联发动, 树起革命旗帜, 要推翻清朝及其在西藏的机构衙门和清朝在西藏的代理人联豫等驻藏官, 并制定了起义部队的纪律:"禁剽掠, 禁戕杀满汉官, 优待番民以免防害将来的藏事。"③ 起义部队先攻占了兵备处, 又攻占了驻藏大臣衙门, 并拘捕了驻藏大臣联豫。后藏、江孜、波密等地驻军亦闻讯而动, 在革命党人排满革命的影响下, 树起了"大汉革命"字样的旗帜。由于西藏各地起义没有领导核心, 起义者斗争目标不一致, 加之哥老会派性严重, 成分复杂, 最终由于钟颖、联豫等清朝官吏对其软硬兼施、分化瓦解而导致失败。起义的领导者一一被杀。川军既在藏族人中不得人心, 清朝的饷械久不到达, 起义又遭失败, 于是川军失控, 秩序紊乱, 法纪荡然, 四处抢掠, 驻亚东的川军也相继哗变, 给西藏地区造成动乱。

藏族喇嘛及藏军与川军往日矛盾未解, 川军的行为又在藏军和喇嘛中引起公愤, 导致藏军与川军战乱又起。英帝国主义见机而作。1907 年英国与俄国争夺西藏而彼此妥协的产物《英俄协约》的《西藏协定》中规定: 双方"承认中国对西藏的宗主权的原则", 这既限制了对方独霸西藏的野心, 又达到了偷梁换柱的目的: 把中国对西藏的主权偷偷地换下了中国对西藏的宗主权, 妄图以此否定中国对西藏的主权。西藏发生辛亥革命的消息传到英国统治下的印度后, 英印总督明托专程到大吉岭, 对十三世达赖极尽挑拨之能事, 由达赖的亲信达桑占东潜返西藏策动各地的反汉暴动。1912 年 2 月, 达桑占东在各地各寺庙积极活动, 迅速组成万余名卫藏民军, 他自己亲自担任卫藏民军总司令, 统一指挥民军围攻拉萨、日喀则、江孜等地的川军, 西藏地区的动乱有愈演愈烈之势。这场带有全藏性质的冲突既隐藏着英帝国主义分裂中国, 策动西藏"独立"的大阴谋, 又包含着多种错综复杂的矛盾。藏军自称的"反汉"并不代表藏汉矛盾激化, 而是大部分藏族上层和达赖等地方政权由反对清朝代理人联豫等而与满族统治者之间矛

---

① 陈崇祖:《外蒙古近世史》, 第 9 页, 商务印书馆, 1922 年。
②③ 丁善文:《试论辛亥西藏起义》,《藏学研究论丛》第 1 辑, 第 156 页, 西藏人民出版社, 1989 年。

盾激化；班禅系统、丹吉林寺、哲蚌寺最大的扎仓和堪布等与达赖等的矛盾与其说是"亲汉派"与"反汉派"的矛盾，不如说是一场分裂与反分裂的斗争。西藏地区地方上层与清统治者之间的矛盾也表现在康区，在西藏冲突的影响下，康区也发生了动乱。随着1911年冬赵尔丰的被处死，许多在几年前因"改土归流"失去权力的土司、寺庙纷纷策动藏民起来杀掉或赶走清政府委任的官员与军队，攻占县城，恢复了土司、喇嘛原有的权力。从分裂与反分裂的斗争来说，尽管达赖的内心处于矛盾与彷徨状态，但他毕竟在英帝国主义唆使下政治态度由以前的坚决抗英变为借助英国的势力反对清政府，甚至反对民国政府。但是西藏许多僧俗上层（包括一些贵族和寺院僧人）与民众却以各种形式反对达赖的活动，他们支持川军，甚至与之一同战斗，反对藏军和民军，表明了自己对祖国的忠心。班禅系统、丹吉林寺及哲蚌寺最大的扎仓和堪布元典喇嘛等暗中或公开地反对分裂西藏，支持中央。连当时正在侵略西藏的英国老牌殖民者查尔斯·贝尔也不得不承认："班禅喇嘛的政府与中国人有秘密关系，甚至他几乎被兵力所迫仍不帮助其拉萨的同胞。西藏最大的哲蚌寺的上万喇嘛一直站在中国人方面，直到他们的领导僧人被处决仍不全心支持其信仰之主（即达赖喇嘛），因为该寺最大的扎仓之僧人是来自中国境内的，决不与庇护其家人的政权作战。丹吉林寺院之前首领，在达赖掌权时被捕入狱致死，财产被查封，因此他们为中国人而战斗。"[①] 而藏族农牧民更是"不喜藏官而愿中国之复返。"[②]

当西藏局势对地方政府十分有利时，达赖喇嘛于1912年藏历5月10日从印度噶伦堡启程返藏，到达西藏后，他曾主持召开了宗奚谷以上的僧俗官员会议，征求大家的意见。经过反复讨论，大部分僧俗官员只是不赞成清朝推行的治藏政策，并没有使西藏脱离祖国版图的想法。处境危殆的联豫与钟颖也请求达赖派代表赴拉萨议定解决冲突的办法。尽管达赖一心想组织藏军抵抗川军，但关键时刻他比较清醒，并派3个代表去拉萨谈判，几经反复，于7月底达成议和条件。规定除驻藏大臣等官员的少数侍卫外，川军经印度遣返；除驻藏大臣必需的武器外，其他武器封存于西藏地方政府的武器库中。看来噶厦本意只是要求川军出藏，对于中央派驻的驻藏大臣、陆军统领等则无太大妨碍，驻藏大臣可"照旧驻藏"。

为了维护祖国统一，袁世凯任大总统时也于4月22日发表命令："现在五族共和，凡蒙、藏、回疆各地方同我中华民国领土，则蒙、藏、回疆各民族即同为我中华民国国民。""在地方制度未经划一规定以前，蒙、藏、回疆应办事宜，均各照向例办理。"在川、滇、青各省地方长官和各族人民的呼吁下，为稳定西藏局势，5月9日，中央政府任命正在西藏的原陆军协统钟颖为民国西藏办事长官；派官员杨芬等人于6月10日启程前往印度大吉岭与达赖喇嘛联系；不久又任命四川都督尹昌衡为征西军总司令，进入康区平乱，滇军蔡锷部也出兵配合。

在西藏动乱趋向缓和的情况下，达赖主动给蒙藏事务局总裁蒙古科尔沁王爷贡桑诺尔布写信，转达内向之意。民国政府的对藏政策也发生了变化。9月18日，民国总理

---

① [英]麦克唐纳著，孙梅生、黄决书译：《旅藏二十年》，第93页，商务出版社，1936年。
② 贝尔著，宫廷璋译：《西藏之过去与现在》，第214页，商务印书馆，1930年。

赵秉钧在政府参议员秘密会上说："（一）藏人不欲实行新政，故民国在西藏不实施新制，悉依上法，以定方针；（二）承认达赖之归藏，及其复其封号……"陆军总长段祺瑞也表示，今后对于西藏不主用兵，西藏问题当直接与达赖喇嘛交涉。①袁世凯接到达赖的信后，即于10月28日发表恢复十三世达赖名号的命令："现在共和成立，五族一家，前达赖喇嘛诚心内向，从前误解自应捐释，应即复封为诚顺赞化西天大善自在佛，以期维持黄教，赞翊民国，同我太平。"②达赖喇嘛也于12月下旬发出复电："威宜福佑袁大总统鉴：嘉悦仁明之贵总统摄政，以联豫撤任及退官兵。敝之封号仍还，藏戢干戈，五族人民永远相安，贵意美极无上，然敝赴北京时致贡桑诺尔布称藏事前后，并未求封号，事原汉番佛主之间意图藏归汉属，寺宇多毁，汉番失和之根，阖藏大众意见不合，汉官员如果尽退，时其藏非比别国，政教比如鱼水不离，各国通知，贵总统亦洞鉴也。紧因汉番相交之法，由电及文折请续陈。达赖喇嘛印。"③杨芬到达大吉岭后，达赖已经返藏，但杨芬仍决定赴藏完成与达赖联系的使命，结果被英国人阻挡。杨芬还是千方百计与达赖取得了信函联系，并从达赖的信件中看出"达赖喇嘛还是有内向和拥护共和的可能"。④12月8日，民国政府任温宗尧、王人文为西藏宣抚使，大总统还给达赖致电，表示和平之意，并连续致电尹昌衡、蔡锷："勿授外人口实，致于外交牵动为要"，"先行肃清川边，万勿越境深入，致启外衅"，"时局多艰，外交棘手，自当谨遵电令，暂勿令川军过江达以西"。⑤达赖喇嘛也做出了积极反应，派充边务大喇嘛洛桑吉麦郎结致文云南蔡都督，表示已经下令藏军官兵不得继续争战，并恳请委员到境查办。

达赖返藏后，无论是西藏地方政府还是中央政府的态度，都使西藏地区紧张关系趋向缓和，中央与西藏地方关系趋向正常。

三、"策勒村事件"与新疆人民反对分裂的斗争

辛亥革命后，新疆形势动荡不安。革命的新政权"伊新大都督府"立足未稳；南疆有哥老会的活动；东面有哈密维吾尔族农民起义；北面的阿尔泰处于"独立"的外蒙古势力威胁之下。沙俄公然向伊犁、喀什、阿尔泰三地出兵，并叫嚣要"占领与俄国接壤的中国几个省份"⑥。为实现把新疆变成其殖民地的目的，披着合法外衣的俄国驻新疆领事一时成为侵略的急先锋，他们通过《中俄北京条约》和《中俄伊犁条约》攫取领事裁判权和通商免税权，不断在领事区非法建立和扩大武装卫队，怂恿包庇俄侨在我国境内为非作歹，进行各种犯罪活动；并通过出卖免税通商票，非法发展俄侨，诱骗、胁迫我国居民加入俄籍，以便扩大其在中国的社会基础，为非法占领中国领土制造借口和契机。沙俄领事还在未设领事的地方非法指派"商约"（指沙俄在新疆商务代理人），充当沙俄在新疆各个地方的爪牙和坐探。而这些爪牙和走狗们更是狐假虎威，无

---

① 喜饶尼玛：《近代藏事研究》，第74页，西藏人民出版社，2000年。
② 西藏自治区政协文史资料委员会编：《西藏文史资料选辑》第11辑，第127页，民族出版社，1989年。
③ 《元以来西藏地方与中央政府关系档案史料汇编》，第2365页，中国藏学出版社，1995年。
④ 祝启源、喜饶尼玛：《中华民国时期中央政府与西藏地方的关系》，第25页，西藏人民出版社，1986年。
⑤ 《民元藏事电稿》，第63、第71、第85页，西藏人民出版社，1985年。
⑥ 廓索维慈著、王光祈译：《库伦条约之始末》，第11页，中华书局，1930年。

恶不作，鱼肉新疆人民，公然为俄国的侵略效力，不断激起新疆各族人民的反抗。1912年年初，喀什道玛喇尔巴什、叶尔羌城（今莎车）及和阗州等地各族人民，相继掀起了反抗沙俄侵略分子的斗争，各族人民的斗争烈火越烧越旺，终于在1912年6月在于阗县爆发了轰动中外的"策勒村事件"，它是辛亥革命后新疆各族人民反抗沙俄侵略，维护祖国统一的爱国斗争的一个组成部分。

策勒村（今策勒县）属于南疆于阗县管辖。《伊犁条约》签订后沙俄势力就伸向这里。辛亥革命前，喀什总领事索柯夫曾3次到达于阗策勒等地，指使"商约"煽动新疆人民投俄。1907年，沙俄又把原和阗维吾尔族（一说乌孜别克族）、后加入俄籍的俄国间谍色依提·阿吉以俄国乌孜别克商人的身份派到策勒村，阴谋进行分裂中国的活动。色依提就地扎根，娶了当地富商阿不列孜卡热的女儿为妻，并在策勒村安了家，准备长期从事分裂中国的罪恶活动。他依仗沙俄势力，垄断地毯、丝绸贸易，广置田产，霸占水渠，还大量出售"通商票"，以这种由俄国发给本国商人到中国的商贸执照充作"俄国护照"，非法发展俄侨，成立"俄侨组织"，横行乡里，俨然以殖民政府行事。1912年伊犁革命爆发后，在沙皇尼古拉二世的"不要错过机会"的命令下，沙俄加紧颠覆分裂中国的活动。色依提更是到处散布"中国发生了混乱"的谣言，煽惑群众"从速投俄"，接受俄国的保护，甚至逼令群众"买票投俄"。色依提还迫不及待地从沙俄领事馆领取武器弹药，拼凑起"俄侨"武装，成立所谓的司令部，打起俄国国旗，图谋发动叛乱，分裂新疆。

色依提的罪恶行为激起了当地各族人民的极大愤怒，忍无可忍的群众在农民苏朴尔格带领下，集体前往于阗县控告色依提，又转告到和阗。地方官慑于沙俄的淫威，将色依提交给俄国驻喀什领事馆处理。领事馆包庇色依提，以"人证不齐"为由将其释放。6月15日，在喀什领事的授意下，气焰嚣张的色依提重返策勒村，并令其爪牙夹道欢迎，鸣枪示威，并开始疯狂报复。当晚色依提带领流氓武装闯进苏朴尔格家，先是威胁，不准干涉他们的侵略活动，继之是金钱收买。苏朴尔格愤怒地把钱摔在地上，驳斥道："策勒是中国的领土，放任不管是耻辱。"色依提软硬兼施均无效，便毒打支持苏朴尔格的群众，并强迫购买通商票，不从者非关即打。苏朴尔格率群众到喀什讨回公道，在斗争关键时刻，喀什的哥老会勇敢地站在群众一边。为支持策勒人民的正义斗争，会籍将领边永福派哥老会成员、驻叶尔羌参将熊高升和赵大胜来到和阗处理这一案件。6月21日，熊高升率30多余士兵赶到策勒，几次传讯色依提。但到24日，色依提不仅拒绝传讯，还殴打前往传讯之人和群众，并按沙俄旨意纠集百余爪牙全副武装，在阿不列孜卡热院内驻守待战。在此情况下，熊高升亲自带领士兵前去谈判，策勒村人民500多人不约而同地赶来，抗俄斗争迅速席卷了策勒四乡，许多农民纷纷前来助战，很快形成了一支三四千人的抗议队伍。被胁迫买票投俄的"侨民"有的逃出据点，有的自动交出或撕毁"俄侨证"。狂妄的色依提竟然令爪牙开枪打死了喊话的军士周树棠和两名群众，打伤数人。群众的怒火终于爆发，他们缠着红布条，手持木棒、坎土曼等农具蜂拥而上，围攻色依提的巢穴，然后放火焚烧。色依提化装逃跑，他的爪牙31人或被当场击毙，或葬身火海。接着，策勒村人民把斗争矛头指向沙俄侵略者及其非法机构，乘胜捣毁了非法"商约"机构，取缔了为沙俄殖民主义教育服务的所谓"新式学堂"。在策勒村事件的影响下,喀什、和阗、皮山、叶城、莎车等地各族人民纷纷掀起反抗沙俄侵略的斗争浪潮,打击了沙俄在新疆的气焰,捍卫了祖国和民族尊严。

策勒村事件发生后,沙俄驻喀什领事索柯夫立即报告沙皇政府,加紧侵略部署,并威胁说要亲带 200 名哥萨克兵去策勒镇压抗俄群众,并向喀什地方政府提出处死 180 人的无理要求。沙俄驻喀什副领事贝伦斯带领 20 多名哥萨克兵到策勒村,编造证据,将苏朴尔格、熊高升等 170 多人押往喀什接受"审讯"。1913 年 2 月下旬,喀什道尹、提督和喀什新城知府在喀什"庭审"策勒村事件。苏朴尔格等以大量铁的事实愤怒控诉了色依提等人的种种罪行,驳得索柯夫等理屈词穷,狼狈不堪,"原告"成了被告。但是袁世凯内惧于国内革命,外屈于沙俄的军事压力,不顾事实,竟与沙俄达成妥协,于 1913 年 10 月,通过杨增新地方政府责成喀什方面与沙俄签订了《中俄策勒村协定》,判处熊高升、苏朴尔格等 12 年徒刑(未完全执行),同情支持反俄斗争的有关地方官吏和 40 名群众也分别受到处罚,中国向沙俄赔偿 7 万两白银。

策勒村事件虽然以袁世凯政府的屈辱妥协而告终,但新疆人民维护国家主权和领土完整的抗俄斗争并未结束。苏朴尔格等出狱后,受到策勒村人民英雄般的欢迎,继续带领群众向各种反动势力做不屈不挠的斗争。策勒村人民的正义也得到了全国人民的声援,南疆各族人民纷纷组织团勇,到处掀起反抗怒潮。而熊高升在 1914 年以哥老会身份继续在喀什一带活动,喀什哥老会众还编成新军,改成抗俄爱国武装,积极备战,严阵以待。天山南北在策勒村人民斗争精神鼓舞下到处发生反俄侵略斗争,标志着新疆各族人民的觉醒。

第二章 民国初年的民族事务机构与民族政策

第一节 南京临时政府的民族政策

一、对满族皇室的优待政策

1911年武昌起义后，南京临时政府成立了。同时，地方各省纷纷宣布"独立"，清朝统治迅速土崩瓦解。面对这种局势，各派势力积极谋划，以维护自身利益和争夺全国的统治权。大地主大资产阶级的代表袁世凯已掌握了清廷军政大权，但袁世凯感到这种全国性的革命浪潮非他一人所能控制，民心的背向，更非武力所能改变，于是提出和平统一方案；在南京临时政府内部，革命派不敢彻底发动群众将革命进行到底，退让和妥协的思想逐渐猖獗，立宪派和混入革命队伍的旧官僚从中蛊惑，积极支持议和。各国帝国主义也加紧磋商，决定"调停"南北两方，使革命党人与袁世凯为首的反革命势力"和解"。孙中山起初也不愿意妥协，但他回国之前革命派已与袁世凯达成初步协议，因此，孙中山当选临时大总统之后，也表示"暂时承之，而虚位以待"，待清帝退位后，让袁世凯当大总统。于是，南北两方开始议和。

1911年12月7日，袁世凯派唐绍仪为全权代表南下议和。在此之间，袁世凯企图用武力挑衅，孙中山临危不惧，力主北伐，并取得北伐的局部胜利，但由于北伐军队不统一，议和派的反对和帝国主义的破坏，北伐没能持久。议和一开始的中心问题就是怎样结束南北两个政权，建立由袁世凯任总统的统一中央政府。袁世凯主张清政府与南京临时政府同时解散，由他另立共和政府。这一方案遭到南方代表伍廷芳等的坚决反对。孙中山虽然不同意取消南京临时政府，但在内外交困的压力下，被迫再次让步，表示："如清帝实行退位，宣布共和，则临时政府决不食言，文即可正式宣布解职，以功以能首推袁氏。"清帝退位势在必行，但清室以取得优待为条件。北方代表遵照袁世凯的意见提出皇室优待条件，包括皇帝称号不废、世世相承，皇帝原有的私产由民国特别保护等。对此，孙中山、黄兴等革命党人不予接受，于1912年1月18日致电伍廷芳说明清帝退位及优待皇室的条件："一、清帝退位，其一切政权同时消灭，不得授予其臣。二、在北京不得更设临时政府。三、得北京退位电，即由民国政府以清帝退位之故电问各国，要求承认中华民国彼各国之回章。四、文即向参议院辞职，宣布定期解职。五、请参议院公举袁世凯为大总统。"①

袁世凯并不以取得南京临时总统为满足，要求清帝退位后，南京临时政府也即行解散。南京临时政府识破了袁世凯"非徒欲去满清政府，且欲取消民国政府"的险恶用

---

① 《孙中山全集》第2卷，第26页，中华书局，1982年。

心。1月22日，孙中山发表声明指出："前电言清帝退位，临时大总统即日辞职，意以袁能与满清政府断绝一切关系，变为民国国民，故许以即时举袁。嗣就后来各电观之，袁意不独欲去满政府，并须同时取消民国政府，自在北京另行组织临时政府……若袁能实行断绝满政府关系，变为民国国民之条件，则文当仍践前言也。"并且提出五项具体办法：（1）清帝退位，由袁同时知照驻京各国公使，电知民国政府。（2）袁世凯须宣布政见，绝对赞同共和主义。（3）孙中山接到清帝退位公告后，即行辞职。（4）由参议院举袁为临时总统。（5）袁世凯须宣誓遵守参议院所定之宪法，乃能接受事权。① 袁世凯得到南京临时政府让权的确切保证后，也就不再坚持其他条件，转而逼迫清帝退位。2月6日，南京临时政府参议院正式通过优待皇室条件。其内容如下：②

甲、关于大清皇帝辞位之后优待条件

今因大清皇帝宣布赞成共和国体，中华民国于大清皇帝辞退之后优待条件如下：

第一款 大清皇帝辞位之后，尊号仍存不废，中华民国以待各外国君主之礼相待。

第二款 大清皇帝辞位之后，岁用四百万两，俟改铸新币后改为四百万元，此款由中华民国拨用。

第三款 大清皇帝辞位之后，暂居宫禁，日后移居颐和园，侍卫人等照常留用。

第四款 大清皇帝辞位之后，其宗庙、陵寝永远奉祀，由中华民国酌设卫兵妥慎保护。

第五款 德宗崇陵未完工程，如制妥修，其奉安典礼仍如旧制，所有实用经费，均由中华民国支出。

第六款 以前宫内所用各项执事人员可照常留用，唯以后不得再招阉人。

第七款 大清皇帝辞位之后，其原有之私产，由中华民国特别保护。

第八款 原有之禁卫军归中华民国陆军部编制，额数俸饷仍如其旧。

乙、关于清皇族待遇之条件

一、清王公世爵概仍其旧。

二、清皇族对于中华民国国家之公权及私权与国民同等。

三、清皇族私产一律保护。

四、清皇族免当兵之义务。

2月12日清廷宣布接受优待条件，正式退位，统治中国268年的清王朝彻底垮台了。

二、《总统就职宣言书》和《临时约法》与民族政策方针

1912年1月1日，孙中山在就任中华民国临时大总统时发表了《中华民国临时大总统就职宣言书》，提出了自己的施政纲领，就建国方略问题提出了5个统一，即民族、领土、军政、内治、财政之统一。中华民国，是包括中国境内各民族在内的统一的多民族国家，孙中山为此批准了象征"五族共和"的五色旗为中华民国国旗。之后，为了防止袁世凯的阴谋活动，贯彻上述政治主张，孙中山主持制定了《中华民国临时

---

① 《孙中山全集》第2卷，第34页，中华书局，1982年。

② 《中华民国史档案资料汇编》（第一、第二辑），第73—75页，江苏古籍出版社，1991年。

约法》，该约法共7章56条。同时声明，在正式宪法未产生前，"其效力与宪法相等"。这是我国历史上第一次以宪法形式宣布将资产阶级民主原则规定下来，不仅对以往的皇权进行完全否定，而且为日后的反对帝制复辟的斗争提供了法律依据和思想武器，因而具有划时代的意义。

南京临时政府成立后，以孙中山为代表的资产阶级民主革命派认为"今日满清退位，中华民国成立，民族、民权的主义俱达到……"① 因而在民族政策方面，顺时应势，认为"排满"已经过去，而主张"五族共和"。其民族政策方针主要有：

第一，主张国家统一，反对分裂。孙中山在《中华民国临时大总统就职宣言书》中提出："国家之本，在于人民，合汉、满、蒙、回、藏诸地为一国，即合汉、满、蒙、回、藏诸族为一人——是曰民族之统一。"1912年1月28日，他又发表《致贡桑诺尔布等蒙古各王公电》宣布："今全国同胞见及于此，群起解除专制，并非仇满，实欲合全国人民，无分汉、满、蒙、回、藏，相于共享人类之自由。究之政体虽更，国犹是国。"② "共和民国，系结合汉、满、蒙、回、藏五大种族，同谋幸福，安有自分南北之理，更有苛遇满族之理。"③ 国家大事由五族共同商定，反对南北分裂。为此，《中华民国临时约法》第一章"总纲"第三条规定："中华民国领土，为二十一省，内外蒙古、西藏、青海。"④ 也就是说，包括民族地区在内的广阔土地都是中华民国领土的组成部分，而不是可以分裂的领土。《临时约法》这一规定向全世界庄严宣布中国是一个领土完整、主权独立、统一的多民族国家，它体现了以孙中山为代表的资产阶级革命派高度的爱国主义精神，反映了中国人民反侵略、争取国家独立的强烈要求。此后，孙中山在自己的革命生涯中，也多次为反对分裂进行了不屈的斗争。

第二，承认民族平等。《中华民国临时约法》第二章"人民"第五条规定："中华民国人民，一律平等，无种族、阶级、宗教之区别。"宣布中华民国乃"合五族而成"，中国各民族主要是汉、满、蒙古、回、藏五族"共享国家的权利、共担国家之义务"，主张"凡属蒙古、藏、青海、回疆同胞，在昔之受压制于一部者，今皆得为国家主体，皆得为共和国之主人翁"。在第三章第十八条中还规定："参议员每行省、内蒙古、外蒙古、西藏各选派五人，青海选派一人，其选派方法由各地方自定之。"⑤ 保障了各民族有平等的参政权。为了实现各民族的平等，孙中山在主持南京临时政府时，还着手处理了一些有关民族方面的问题，如在中央机构里取消清朝时的理藩院，改在临时政府内务部内设立蒙藏经理局，作为中央专门处理蒙藏事务的行政机构；批准成立蒙藏统一政治改良会，以团结蒙藏各族人民；支持黄兴等人倡议的在临时政府内设立中华民国五族大同会，以开展民族工作。这些措施，为实现各民族平等提供了组织基础。

第三，重视边疆民族地区建设。孙中山认为经济实力的增强是中华民族跻身于世界之林的必要条件。因此，他坚决主张实业救国，提出了一整套建国方略，其中发展少数

---

① 《孙中山全集》第2卷，第319页，中华书局，1982年。
② 《孙中山全集》第2卷，第48页，中华书局，1982年。
③ 《孙中山全集》第2卷，第60页，中华书局，1982年。
④ 夏新华等编《近代中国宪政历程：史料荟萃》，第156页，中国政法大学出版社，2004年。
⑤ 夏新华等编《近代中国宪政历程：史料荟萃》，第156—157页，中国政法大学出版社，2004年。

民族经济和文化建设在其宏伟规划中占有重要的地位。他设想把边疆民族地区与内地用铁路连接起来，还要发展新疆、蒙古的水利灌溉，促进边疆民族地区的繁荣。在孙中山看来，要发展少数民族地区的经济，最重要的莫过于铁路建设。他说："振兴实业，当先以交通为重要。计划交通，当先以铁道为重要。建筑铁路，应先以干路为重要。谋议干路，尤当先以沟通极不交通之干路为重要。"① 针对我国少数民族地区交通状况，孙中山当时提出3条沟通全国的铁路干线："一、南路：起点于南海，由广东而广西、贵州，走云南、四川间，通入西藏，绕至天山之南。二、中路：起点于扬子江口，由江苏而安徽，而河南，而陕西、甘肃，超新疆而迄于伊犁。三、北路：起点于秦皇岛，绕辽东，折入于内蒙古，直穿于外蒙古，以达于乌梁海。"② 1913年1月，孙中山还提出要修一铁路贯通蒙藏地区，"其路线自西藏拉萨首城起，经过木鲁，直达蒙古车臣汗，名为萨臣铁路。"③ 为了开发少数民族地区，孙中山还主张移民垦殖。他认为，"吾国民族生聚于东南，而凋零于西北，致生聚之地人口有过剩之虞，凋零之地区物产无丰阜之望，过与不及，两失其宜，甚非所以致富图强之道。"④ 尽管这些措施没有付诸实施，却充分反映了孙中山对少数民族地区建设的高度重视。

第四，尊重少数民族宗教信仰自由。《中华民国临时约法》明确规定"人民有信教之自由"。孙中山认为："政治既经改良，不唯五族人民平等，即五族宗教亦平等。"⑤ 1912年9月，他在北京回教俱进会欢迎会上的演说中指出："贵教宜以宗教之感情，联络全国教徒，格外发出一种爱国思想，辅助国家，促政治之进行，并扩充贵教势力，振顿贵教精神，恢复从前贵教势力之状态。"⑥ 孙中山所持的态度和所采取的政策表明，他不仅主张尊重少数民族宗教信仰自由，而且认为各民族宗教之间是平等的。

南京临时政府在其存在的短暂时间里，颁布了一些民族政策，充分表达了资产阶级革命派在国内民族问题方面的政治主张，基本上是以资产阶级民主为准绳，以民族共和的方式实现各民族的统一和领土的统一，坚持民族平等保护和尊重少数民族的权益，从而使之与以往历代封建统治者的民族政策有了本质区别，有利于民族团结和国家统一，有利于建立一个新型的民族国家，因而具有一定的进步意义。但临时政府的民族政策除了强调汉、满、蒙古、回、藏五族共和之外，没有其他针对性的政策，缺乏明确的具体的内容，也只停留在要求各民族上层对临时政府的支持、拥护，因此它不可能把各民族广大人民群众的革命热情变为支持临时政府的实际行动，所以南京临时政府的民族政策基本上是停留在纸上的空谈。而这些政策也主要针对满、蒙古、藏、回等几个人口较多的少数民族，而对其他少数民族很少顾及，显示其民族政策的片面性和局限性。

---

① 《孙中山全集》第2卷，第297页，中华书局，1982年。
② 《孙中山集外集》，第454页，上海人民出版社，1990年。
③ 《孙中山全集》第2卷，第383—384页，中华书局，1982年。
④ 《孙中山全集》第2卷，第384页，中华书局，1982年。
⑤ 《孙中山全集》第5卷，第431—432页，中华书局，1985年。
⑥ 《孙中山全集》第8卷，第534页，中华书局，1986年。

第二节 北洋政府的民族政策与施政

1912年3月，袁世凯在北京就任中华民国临时大总统之后，中央政权先后由袁世凯、段祺瑞等掌握，因其皆属北洋系统，故通常也把这时的中央政府称为北洋政府。这一时期，虽是有中央政权，但地方也存在不同的军阀实力派。各国帝国主义列强为了控制中国，实现自己的利益，争夺势力范围，积极拉拢各派军阀以培植自己的代理人。而各派军阀为了扩充地盘，保存和壮大实力，也以列强为靠山，求得它们的支持和庇护。各派军阀连年混战，中国社会陷入了战乱频仍状态。在这种形势下，边疆民族地区出现了较为复杂的局面。

一、"蒙藏院"和民族政策的变化

袁世凯上台后，对充满危机的边疆民族地区也表示了关注，建立了管理边疆民族事务的机构，筹划并制定了对少数民族的一系列政策。

1912年3月，袁世凯宣布废除清廷理藩部；在内务部下设蒙藏事务处，负责处理边疆事务。4月10日，袁世凯任命原奉天民政使张元奇为内务部次长，"专事蒙藏事务"；4月21日，袁世凯又发布大总统令："现在五族共和……自不能如帝政时代，再有藩属名称。此后蒙藏回疆等，自应统筹规划，以谋内政之统一，而冀民族之大同。民国政府于理藩不设专部，原系视蒙藏回疆与内地各省平等，将来各族地方一切政治，俱属内务行政范围。现在统一政府业已成立，其理藩部事务，着即归并内务部接管……"①5月21日，袁世凯在内务部下设蒙藏事务处；7月，经参议院决定，又将蒙藏事务处改为蒙藏事务局，并公布官制。"因蒙藏地方一切例政，与各省迥异，且规划设治，事属创行，自应另设专局，直隶于国务总理，以便统筹。"②规定"蒙藏事务局直隶于国务总理，掌管蒙藏一切例政，并规划蒙藏设治事宜。"③任命姚锡光为蒙藏事务局副总裁并兼署总裁，附设"蒙藏研究会，掌研究调查蒙藏一切事宜"。9月，北洋政府又任命卓索图盟喀喇沁右旗札萨克多罗都楞郡王、兼卓索图盟盟长贡桑诺尔布为总裁。

1914年5月1日，袁世凯废除了《中华民国临时约法》，公布《中华民国宪法》，集军政大权于一身，实行个人独裁统治。5月4日，袁世凯政府改蒙藏事务局为蒙藏院，直属大总统管理。次日，任命贡桑诺尔布为总裁，熙彦为副总裁。接着，正式公布蒙藏院官制。设总裁1人，总理院务，监督所属职员；副总裁1人，辅助总裁整理院务。蒙藏院内设总务厅、秘书厅、第一司、第二司。总务厅设编纂、统计、文牍、会计、出纳、庶务6科，以参事2人、编纂4人等员组成，参事承长官之命，掌拟订关于本院主管之法律命令案事务，编纂承长官之命，掌编纂事务。秘书厅分机要、翻译、承值3科，以秘书2人等员组成，秘书承总裁之命，掌机要事务，因院务需要时，参事奉令可兼办秘书厅事务。第一司设民治、劝业、边卫3科，第二司设封叙、宗教、典礼3

---

① 《东方杂志》第8卷，第12号《中国大事记》。
②③ 中国第二历史档案馆：《国务会议审议蒙藏事务局官制及其理由》。

科。科设科长1人，科员无定额。二司以司长2人、佥事12人、主事24人、翻译官10人等员组成。司长承长官之命，分掌各司事务；佥事承长官之命，分理各司事务；主事承长官之命，助理各司事务；翻译承长官之命，掌理翻译事务。此外，如有必要时，蒙藏院可酌设雇员。①

蒙藏院实际上是北洋军阀政府统治国内少数民族的中央机构，其职权范围是主管蒙藏地方和回部土司的典仪、宗教、封叙、边卫、交涉、咨照、会商、劝业、民治等行政事务。自袁世凯政府起，历届北洋政府均设有这一机构。它虽然权力有限，但对北洋政府治理边疆民族事务，特别是对沟通与少数民族上层的感情联络和推行民族政策方面，起了一定的积极作用。

北洋政府在建立其对边疆民族事务的管理制度的同时，还制定、推行了一系列统治少数民族的政策和措施。

第一，笼络少数民族上层，实行羁縻政策。1912年8月，袁世凯政府首先公布了《蒙古待遇条例》，这个条例是根据那彦图等在京蒙古王公拟订的《蒙古待遇条件》11条，经袁世凯政府决议、参议院讨论通过的。"蒙古待遇条例"规定："内外蒙古汗、王公、台吉、世爵各位号应予照旧承袭，其在本旗所享之特权亦照旧无异。""各蒙古王公原有之管辖治理权一律照旧。"② 1912年10月，袁世凯政府又命令恢复西藏第十三世达赖喇嘛的名号。

第二，吸收少数民族上层参与政治管理。在1912年8月10日公布的参议员选举法中，对边疆民族地区参议员的产生和名额分配列有专门条款。在蒙古和青海地区参议员的分配是：哲里木盟2名、卓索图盟2名、昭乌达盟2名、锡林郭勒盟2名、乌兰察布盟2名、伊克昭盟2名、土谢图汗部2名、车臣汗部2名、三音诺颜部2名、札萨克图汗部2名、乌梁海2名、科布多3名、阿拉善1名、额济纳1名、前藏5名、后藏5名、青海3名。在蒙古、青海选举会以各族王公世爵或世职组织之。同日公布的众议院选举法，规定蒙古、西藏、青海议员的选举，其名额与参议员同。无论参议员或众议员，其候选资格照顾到民族地区实际可加以变通。如资格之一，为有值500元以上不动产者，而在蒙古、西藏、青海则可以动产计算，但须通晓汉语。在整个北洋政府时期，少数民族的参议员中蒙古有阿穆尔灵圭等24人，青海有洛藏达等3人，西藏有扎希土噶等7人。众议员中蒙古有富勒珲等27人，青海有花力旦等3人，西藏有一喜托等8人。

第三，维持少数民族上层原有管辖治理和民族地区旧制度，沿袭双轨官制。北洋政府根据民国建立前南北谈判时与清政府订立的《关于满蒙回藏各属待遇之条件》，对这些民族的贵族保留其世袭职位和享有某些特权。在行政区划和行政制度原则上，对蒙古原有的蒙旗制度和王公制度以及西藏的政教合一农奴制度等都予以保留。对西南少数民族中的土司制度虽予以废除，但并不彻底。此外，北洋政府采用清代一直沿用的双轨官制，即以监督为主的政府派遣官员和直接统治的地方官吏搭配组成民族地区统治机构。

这些政策措施从表面上看似乎承认各民族的平等权利，但实际上仍是历代封建王朝

---

① 《蒙藏院官制》、《蒙藏院办事规程》，载《政府公报》，1914年5月8日。
② 《东方杂志》第9卷，第19页。

对少数民族实行羁縻政策的翻版。一方面原封不动地保留了清王朝遗留下来的王公贵族制度和封建特权统治；另一方面使少数民族上层在政治上依靠北洋政府，对各民族人民的统治更为加强。而广大的少数民族群众并没有得到民族平等的权利，他们不仅遭受到本民族上层的统治，而且遭到各军阀、官僚势力的压迫和剥削，在政治、经济上陷入了更加受压迫受剥削的境地。

二、川军西征

清末以来，随着英、俄两国加紧了对我国西藏地区的侵略活动，为稳定西藏局势，强化对川、滇边的管理，清政府决定派赵尔丰在川边实施"改土归流"，推行一系列所谓新政。又在1906年另外委派了了解洋务运动的张荫棠和联豫去整顿西藏地方，张荫棠有感于西藏时局之弊，以维新思想为蓝本，进行了一系列改革，但收效甚微，反遭不满。于是联豫即从驻藏大臣兼署帮办大臣，权重一时。但由于多年以来，驻藏大臣系统在西藏地方当局因在与英、俄帝国主义的关系和治藏政策方面存在严重分歧，几乎接近于公开对立。

1909年，联豫一面奏请催促十三世达赖喇嘛返回西藏，一面奏派四川新军（简称川军）1000余人入藏。西藏僧俗上层鉴于赵尔丰在川边的"改土归流"，主张阻止川军入藏。因此，当新军从昌都西南的恩达西进时，沿途就遇到部分藏军的阻击。1910年2月初，川军前锋逼进拉萨，局势顿趋紧张。在英国侵略者的诱惑下，回西藏不久的十三世达赖喇嘛于2月12日夜逃往印度。

武昌起义后，各省宣布"独立"，西藏军民也积极行动，拥护共和，推翻清王朝的统治。在驻藏军队中出现了主张共和与拥护帝制两派。1911年年底，一部分拉萨驻军首先发难，以追索积欠军饷为由，接收了兵备处的军械粮饷，并把驻藏大臣联豫拘禁在军营，另推首领，响应革命。继而新军内部分化，派系林立，原来的军事组织，顿时瓦解，人心浮动。拉萨驻军的动乱很快也使日喀则、江孜、帕里、来东各地的驻军陷入混乱，分崩离析之势已成定局。

此时，西藏农奴主内部也分成两派，一派以西藏大农奴主组织"勤王军"，以清政府原驻藏大臣联豫为"元帅"；另一派以西藏大农奴主则以达赖名义发布"驱汉"命令，达赖与印总督密商，派达桑占东潜回西藏，组织以达桑占东为总司令的"民军"，围攻拉萨、日喀则、江孜的川军，对清政府驻藏的军政系统开始了有组织的对抗。随着驻藏川军困守拉萨的西南一隅，孤立无援，西藏的局势继续恶化，十三世达赖喇嘛等决意把所有清政府势力驱逐净尽。英帝国主义则把由于中国中央政权的更替而造成西藏政局的混乱，视为策划分裂阴谋的大好时机，调动军队驻扎印藏边境，配合藏军的行动，伺机准备武装干涉，以"护送"达赖回西藏执政为名，积极策动"西藏独立"活动。1912年6月，十三世达赖喇嘛由英国军队"护送"返藏，12月，达赖喇嘛回到拉萨。同时，联豫一行离开拉萨，从印度撤回内地。

在川西、川北地区，松潘、瓦寺等地的藏族群众起来反抗清政府的驻军，乡城、理塘、丹巴等地的藏族群众也起来反抗，更推动了其他广大藏族地区打倒清政权残余的斗争。特别是在赵尔丰推行"改土归流"中被废除的土司、头人和寺院上层更乘机而动，以图恢复旧制，清末一度准备实施的所谓西康建省计划以及推行的改革和建设被摧毁无遗,川边地区陷入混乱。

鉴于西藏局势十分恶化,云南都督蔡锷于1912年4月30日致电北京,分电四川,指出:"西藏为我国雄藩,外人垂涎已久,非亟早经营,则藏卫终非我有。西防一撤后患何穷,应请大总统早为规划,以固边圉而弭后患,大局幸甚。"5月6日,蔡锷再电北洋政府称"后藏江、亚已失,拉萨危在旦夕,务恳火速救援",表示滇军愿派兵出师西藏。北洋政府在蔡锷的催促下,决定用军事手段维护国家统一,派兵西征,乃复电同意滇军"简将出师"。5月12日,四川都督尹昌衡也致电北洋政府称:"边藏警报,一日数传……拉萨危在旦夕,乞速派兵赴援。"① 随着西藏战事日益紧张,6月7日,四川政务处会议决定请川督尹昌衡率兵入藏平乱。6月11日,尹昌衡出任征藏军总司令。

在袁世凯北洋政府的协调和安排下,援藏部队以川军为主,尹昌衡任司令,兵分两路进击,北路循道孚、炉霍、德格抵昌都;南路出河口、理塘,进巴塘。滇军为援藏偏师,由殷承带领,拟从维西进击,经察隅、珞瑜直抵拉萨,解围驻藏川军。8月10日,滇军到达大理,分兵两个纵队。8月15日,滇军西征军左纵队与藏兵相战于溜筒江附近,藏军死40余人,伤30余人,滇军无一伤亡。由于巴塘等地告急,滇军改道,于8月26日攻克盐井。滇军攻克盐井后,川滇两军之间疑忌复起,矛盾丛生。川督尹昌衡先后3次发电,阻止滇军前进,甚至致电袁世凯,借口于英人干涉,如滇军轻进,恐酿交涉。

由于川、滇军节节胜利,英国见势不利,立即出面进行干涉。8月17日,英国驻华公使朱尔典奉命向中国政府外交部提出五点要求,粗暴干涉北洋政府对西藏行使主权,英国进一步威胁说:"中国若进兵西藏,必与英有直接之冲突。"② 同时还怂恿俄国加紧分裂蒙古的活动,给北洋政府施加双重压力。

英国的战争恫吓给脆弱的袁世凯北洋政府以巨大的压力,加之达赖也表示希望和平解决争端,而且,川、滇军队相互不和,贻误战机。9月20日,袁世凯下令:"援藏一节,现款难筹。英人干涉,民国初建,岂容轻启外衅,已交国务院速议方法,保我领土主权。至川边抚剿,尹督既自任专办,筹兵筹饷,悉由该督经营,滇自不必争。刻下昌都等处均驻川兵,殷司令切勿轻进,转生枝节。"③ 9月24日,国务院电令川军暂缓西进,巩固川边。10月28日,宣布恢复达赖名号,并派员安抚藏族地区僧民,面见达赖,寻求化解矛盾。同时,北洋政府仿清季川滇边务大臣旧制,设立川边镇抚府,由尹昌衡担任镇抚使。年底更名为川边经略府,下设边东、边西两观察使。在滇西边地区也积极推行"改土归流",加强统治。1913年4月任命陆兴祺为驻藏办事长官,6月,又任命尹昌衡为川边经略使,陈贻范、胡汉民为西藏宣抚使,积极进行和解工作。

北洋政府的一系列措施,对英国制造"西藏独立"的分裂活动给予了沉重的打击。但是,英国并不甘心,一方面禁止中国官员假道印度入藏;另一方面加紧策划新的分裂中国的阴谋。

---

① 《民元藏事电稿》,第7页,西藏人民出版社,1983年。
② 《民元藏事电稿》,第66页,西藏人民出版社,1983年。
③ 《民元藏事电稿》,第65—66页,西藏人民出版社,1983年。

1914年"西姆拉会议"破裂后,英帝国主义企图用外交手段分裂中国西藏的阴谋落空,又转而极力支持西藏地方当局实行"新政",建立"新军",并策划藏军东侵川边,阴谋搞大西藏国。川边地区位于西藏与四川之间,是出入西藏的通道,为应援西藏,保卫四川的重要地区。历来办理川、藏者,皆以川边为根本。

1914年9月,达赖委派噶伦喇嘛为西康总管,并积极布兵。当时川军统领彭日升带领3个营的兵力驻防昌都、类吾齐和三十九族一带,武器比较精锐,川、藏两军在类吾齐附近对峙,互不相让。1917年9月,川军类吾齐炮队余金海因割草与藏军开衅,遂擒藏兵2名,边军统领彭日升斩之,从而引发第二次川边战事。

此时,正值第一次世界大战,国内南北军阀混战,四川和云南军阀也在内战,国际、国内都无力顾及康藏问题。英国认为这是唆使藏军进攻西康地区的最好时机,即向藏方接济枪5000支、子弹500万发,唆使藏军于1917年9月开始进攻,川军连续战败,昌都为藏军占领,彭日升等驻军全部投降,金沙江以西地区为藏军占领。1918年4月,藏军渡过金沙江,分南北两路向川边军队进攻,边军望风溃降,藏军占领了金沙江以东德格等7县并一直进犯到甘孜附近。7月,川军指挥官朱宪文大战藏军于甘孜的绒坝岔,血战20余日,方阻止住藏军的进攻。

英国看到藏军不仅占领了金沙江以西地区,而且还占领了金沙江以东部分地区,已达到了它所主张的"外藏自治"的界线,还夺取了"内藏"大片土地,加之这时川边镇守使陈遐龄向达赖发出了息兵休战,听候中央解决的紧急呼吁,达赖也复函陈遐龄,表示愿息兵议和。于是英国指使前往甘肃调查的英驻华使馆副领事台克满出面"调停"。1918年8月,川军和藏军在台克满的"斡旋"下,在昌都签订了《停战协定》。

英帝国主义利用《停战协定》条款,胁迫北洋政府承认藏军占据西康土地的既成事实,但遭到周边各省的强烈反对。英国又指使台克满到北京协同英国驻华公使朱尔典一同向中国政府交涉,建议重开中、英、藏三方会议,继续解决西藏问题。朱尔典在向中国政府的交涉中提出:"拟将内外藏名称取消,所有原计划归内藏之地,划分为二,将巴塘、理塘、打箭炉、道孚、炉霍、瞻对、甘孜诸地,划归中国,德格以西划归西藏"①。这些内容实际就是英国在"西姆拉会议"上所炮制的内、外藏疆界的翻版。

北洋政府披露了中、英双方有关西藏问题的交涉经过后,全国人民和海外侨胞纷纷集会抗议,严厉谴责英帝国主义干涉我国内政、分割我国领土西藏的罪恶阴谋。在举国一致的声讨和抗议下,北洋政府中止了有关西藏问题的一切交涉,使英帝国主义分割西藏脱离中国的阴谋再一次遭到失败。

三、北洋政府对蒙古的施政

北洋政府十分重视对蒙古地区的经营,采取了许多措施,除在中央设立蒙藏院管理蒙古事务外,对蒙古地区主要施政有:

第一,笼络蒙古王公的羁縻政策。

北洋政府1912年8月,首先公布了《蒙古待遇条例》,其具体内容如下②:

---

① 张云侠:《康藏大事记年》,第379页,重庆出版社,1983年。
② 《东方杂志》第9卷,第19—20页。

1. 嗣后各蒙古，均不以藩属待遇，应与内地一律。中央对于蒙古行政机关，亦不用理藩、殖民、拓殖等字样。
2. 各蒙古王公原有之管辖治理权，一律照旧。
3. 内外蒙古大汗、王公、台吉世爵各位号，应予照旧承袭，其在本旗所享有之特权，亦照旧无异。
4. 唐努乌梁海五旗，阿尔泰乌梁海七旗，原系副都统及总管治理，应就原来副都统及总管承接职任之人，改为世爵。
5. 蒙古各地呼图克图、喇嘛等原有之封号，概仍其旧。
6. 各蒙古之对外交涉及边防事务，自应归中央政府办理。但中央政府认为关系地方重要事情者，得随时交地方行政机关参议，然后施行。
7. 蒙古王公世爵俸饷，应从优支给。
8. 察哈尔之上都牧权，牛羊群地方，除已垦设治之处，仍旧设置外，可为蒙古王公筹划生计之用。
9. 蒙古通晓汉文并合法定资格者，得任用京外文武各职。

《蒙古待遇条例》的施行标志着蒙古王公统治蒙古人民的特权地位和蒙古封建秩序已基本确立。此后，蒙古封建统治阶级和汉族地主、军阀势力逐步结合起来，在共同利益的基础上，继续残酷剥削和压迫蒙古族人民。

北洋政府为积极笼络蒙古上层，1915年1月3日，袁世凯命蒙藏院拟订了《驳蒙说帖》，5月6日，又公布了《蒙人服官内地办法》，9月23日，又制定了《特赏蒙古荣典条目》，之后又正式申令："现在国体业经全国国民代表大会总代表代行立法院，决定君主立宪。所有满、蒙、回、藏待遇条件，载在约法，将来制定宪法时，自应一并列入宪法，继续有效。"① 就这样，北洋政府把优待蒙古封建王公的条件用法律形式固定下来了。

北洋政府在外蒙古地区也推行了羁縻政策。1915年6月，袁世凯政府特任徐绍桢、荣勋为册封专使，册封哲布尊丹巴呼图克图为外蒙古博克多哲布尊丹巴呼图克图汗。并策令"所有外蒙现充各札萨克汗、王、贝勒、贝子、公、台吉等爵职，及喇嘛各名号，无论沿袭前清及得自外蒙古者，均著一仍其旧，仍候查明优进封秩，以绥远服。"② 16日，袁世凯特任陈箓为都护使，为驻扎库伦办事大员，管辖土谢图汗、车臣汗两部事务。直至外蒙古独立后，北洋政府在外蒙古的统治遂告终结。

第二，加强蒙古地区的行政管理。

民国初年，袁世凯为加强对蒙古地区的统治，首先在内蒙古划3个特别区，即绥远特别区、热河特别区、察哈尔特别区。特别区各设都统一员，并下设道尹一缺。"各该道尹，均治民政，兼受蒙旗事务，以专责成"③。1914年7月6日，北洋政府明确规定绥远、热河、察哈尔3个特别行政区，各设都统一员，为蒙古地方行政最高长官，直接

---

① 《东方杂志》第13卷，第1号《中国大事记》。
② 唐在礼：《辛亥以后的袁世凯》，《北洋军阀史料选辑》上册，第118页。
③ 《东方杂志》第11卷，第2号《中国大事记》。

由"都统统辖所部军队,管理该管区域内军政、民政事务";还规定了都统有"征兵、整旅、调遣","督饬训练"和"维持军纪"之权,"民政各官、巡防警备、监督财政、司法行政、地方安宁、官吏奖惩"等皆由都统管辖。同时规定都统行事应"承大总统之命","受陆军部、参谋本部之监督"。① 北洋政府在内蒙古所设3个特别区,各设都统实行行政管理,为后来国民党政府在内蒙古所设热河省、察哈尔省、绥远省奠定了基础。

第三,放垦蒙地政策。

1915年11月24日,北洋政府制定了《禁止私放蒙荒通则》,还颁布了《垦辟蒙荒奖励办法》。其主要目的是把蒙古族的土地所有权完全归于北洋军阀政府所有,禁止土地自由买卖,增加北洋政府的财政收入。具体规定:"凡蒙旗出入荒地,无论公有私有",应"报经中央核准,照例由政府出放,否则以私放论"②,"各蒙旗愿将各该旗地亩报垦或自行招放者,及领垦蒙荒者的给予奖励"③。同时,《禁止私放蒙荒通则》还规定各地大员可以根据其需要制定新的细则,从而把放垦蒙荒的规模扩大到整个蒙古族地区。这样剥夺了蒙古王公的土地所有权及其统治地域和经济利益,造成蒙古封建集团和北洋军阀之间的矛盾。之后,盘踞蒙古地区的大小军阀纷纷效仿,掀起了一场大规模的"开垦蒙荒"活动,仅绥远地区从清末到1928年,就放垦荒地98492顷,放垦荒地使军阀官僚地主成为巨富,蒙古民众的草场、土地被大量剥夺。

第四,承认外蒙古"自治"权利。

沙俄对中国的外蒙古垂涎已久,一直想把它变为俄国的殖民地。1912年11月3日,沙俄逼迫库伦当局在《俄蒙协约》和附属"商务专条"上签了字,变相吞并外蒙古,遭到了袁世凯政府的反对。1913年,南方爆发了反对袁世凯的"二次革命",为了换取帝国主义各国的支持援助,袁世凯答应了沙俄关于外蒙古"自治"的要求。二次革命遭到镇压以后,1913年10月,中俄双方在北京重开谈判,11月5日,签订了《中俄声明》,规定:"中国承认外蒙古之自治权"、"中国承认外蒙古享有自治办理自治外蒙古之内政,并整理本境一切工商事宜之专权,中国允许不干涉以上各节、不在外蒙古驻军队及安置文武官员,且不办殖民之举"④。这实际上是丧失了中国的外蒙古主权,使得外蒙古成为沙俄的殖民地。1914年9月,中、俄、"蒙"三方代表在恰克图举行会谈,1915年6月签订了《中俄蒙协约》(《恰克图协约》),规定:"中国、俄国承认外蒙古自治,为中国之一部分","中国、俄国承认外蒙古自治官府有办理一切内政并与各外国订立关于'自治外蒙古'工商事宜、国际条约及协约之专权。中国、俄国担保不干涉外蒙古现有自治内政制度。"⑤《中俄蒙协约》虽然规定外蒙古是中国领土的一部分,"承认中国宗主权",但事实上,中国无权管理驻军和工商行政事务,外蒙古"自治"政府却有权与外国订立工商行政事务的国际条约、协定。因此,这个条约事实上

---

① 《东方杂志》第11卷,第2号《中国大事记》。
② 《东方杂志》第13卷,第1号《法令》。
③ 《绥远通志》第22卷,第16页。
④ 《中外旧约章汇编》第2册,第947页,生活·读书·新知三联书店,1959年。
⑤ 《中外旧约章汇编》第2册,第1116页,生活·读书·新知三联书店,1959年。

承认了沙俄对外蒙古的全面控制,使得外蒙古完全成为沙俄的殖民地。

四、"北京政变"与溥仪出宫

直系军阀联合奉系军阀在打败皖系军阀后,掌握了北京政权,但由于各自利益的冲突和所依靠的帝国主义之间的矛盾,直奉联合是暂时的,1922年4月爆发了第一次直奉战争,并以奉系失败而告终。之后,吴佩孚积极推行武力统一政策,制造"二七"惨案,逼走黎元洪,曹锟贿选大总统。直系的倒行逆施,引发了全国人民的反直运动。在这个运动中,各派军阀趁火打劫,利用反直来扩大自己的势力。

1924年9月间,奉系军阀由东北分三路入关,发动第二次直奉战争。大总统曹锟立即调直系军阀吴佩孚到京坐镇,分兵三路迎击。其中,第三路由冯玉祥率领,经古北口到热河迎击奉军。三路出兵后,北京城防空虚,冯玉祥乘直系后方空虚,星夜回师北京,将曹锟囚禁在中南海内。这就是第二次北京政变,简称"北京政变"。冯玉祥所以发动政变,首先因为冯玉祥与吴佩孚争夺权力的利害冲突。冯玉祥的军队原来在河南为直系立过战功,论功行赏,河南督军应当是冯玉祥。但吴佩孚却建议曹锟调冯玉祥到北京任陆军检阅使,明升暗降,而用吴佩孚的亲信掌握河南大权,使冯玉祥非常愤恨。其次,冯玉祥受南方孙中山革命势力的影响,受全国人民反直运动的影响,从而促成了冯玉祥的政变。冯玉祥占据北京后,吴佩孚腹背受敌,不得不率残部从大沽口沿海南下,从此,直系主力退到长江流域。

冯玉祥发动北京政变,改称自己的部队为国民军,表示拥护南方革命,派鹿钟麟从故宫里逐出溥仪。鹿钟麟让溥仪选择或是做中华民国公民,或是继续在故宫里做皇帝。如果是前者就受保护,如果是后者就武力解决,溥仪只好表示愿意做公民。于是,溥仪从此出宫,先是在其父摄政王府居住,后移居天津。冯玉祥发表通电,邀请全国的军政领袖、名流学者包括孙中山、段祺瑞等人,到北京共商大计,张作霖也从东北入关。冯玉祥在京成立了中华民国临时执政府,段祺瑞捷足先登被推为"临时总执政"。

段祺瑞和张作霖都是日本的侵华工具,在他们把持北京中央政权后,不仅将即将抵京的孙中山排斥在领导层之外,连冯玉祥自己也屡遭排斥,国民军被撤销了,冯玉祥被派到张家口去担任西北边防督办。段祺瑞则大权独揽,继续推行北洋军阀的独裁统治。

第三节 西北、西南地方政权对当地各民族的政策与施政

一、马氏家族在西北的施政

马氏家族军阀是经过前后几代人的经营而形成的地方军阀势力。1862年,甘肃(包括今宁夏、青海)爆发了回民起义,1872年,河州马占鳌在太子寺大败清军后背叛了回民起义军,向清廷钦差大臣左宗棠投降。马千龄、马海晏家族也先后降服,充当朝廷镇压各族人民起义的鹰犬。之后,在1895年"河湟事变"和1900年"庚子事变"中,西北马氏军阀的第二代马安良、马麒、马福祥等人抓住时机,积极效忠清廷,1902年,马安良被任命为甘肃提督,坐镇兰州。1906年7月,马安良保荐马麒为其循化营

参将，领花翎副将衔，马麒取得了自己在青海一带独立发展的基本地盘；马福祥也被授予相应官职，逐渐在宁夏形成了坐镇一方的军事集团。这样，西北马氏三大军阀初步形成了。

1911年辛亥革命爆发之初，陕西革命党人率先响应，西北震动，清廷陕甘总督长庚积极组织甘军镇压，马安良、马麒、马福祥则充当急先锋，并扑灭了宁夏会党起义。1912年年初，南北议和，清帝退位，于是诸马也宣布"拥护共和"，马福祥还因促进共和被袁世凯授予青海办事长官兼西宁镇总兵的职务。

在马安良、马福祥、马麒三大军阀派系中，军事实力最强的首推马安良，即所谓"甘马"，他一心想掌握甘肃军政大权，而甘肃是历届中央军阀政府控制西北的基地，因而争夺十分激烈，地方军阀马安良、马廷襄父子与中央政府任命的军阀张广建、冯玉祥几经斗争，均以失败告终，1929年"甘马"被彻底消灭。马福祥是其家族封建军阀势力形成、割据、扩张的奠基者和开拓者。1912年8月，袁世凯正式任命马福祥为甘肃宁夏镇总兵，因宁夏时为西北较富庶地区之一，素有"塞北江南"之称，马福祥既得委任，遂率所部"昭武军"13营2500余众赴任，次年，又被任命为宁夏护军使，至此，一个以家族成员为中心的回族封建军阀集团在清帝国母体中孕育发展起来了，自马福祥始，经其侄马鸿宾，至其子马鸿逵，马福祥家族在宁夏地区的统治达30年之久，成为当时影响整个西北地区政治的主要力量之一，即所谓"宁马"。辛亥革命爆发时，马麒依附于"西北天子"马安良，任马安良部"精锐西军"帮统。不久，马麒继任西宁镇总兵官，筹建宁海军，排斥异己，逐渐使青海军政归于一统，成为青海地区的最高统治者。自马麒始，经其弟马麟，至其子马步芳，马步芳家族军阀集团统治青海达40年之久，即所谓"青马"。

在北洋军阀时期，马氏军阀为维护其统治，在西北采取了一系列施政措施。

第一，积极扩充军队，实行封建军事专政。

与中国其他军阀一样，西北马氏军阀在混战与争斗中认识到，要保住自己的势力范围，巩固自己在割据区域内的统治地位，必须建立自己的军队。马安良、马福祥分别拥有"精锐西军"、"昭武军"。1912年冬，马麒组建"宁海军"，起初只有步兵660多人，毛瑟枪380多支。之后，马麒一直不断地对其进行扩充，至1923年，增编骑兵9营、步兵2营，共计46营；步兵3000多人，马1500多匹，各种枪支2500多支，轻机枪12挺，使宁海军在甘肃各镇中独占鳌头。这支军队以马氏家族为核心，全军从总统、帮统、统领到营长46人中，其家族成员共占32人。因此，宁海军成了马氏军阀事业的重要支柱。之后，他们积极扩军，"宁马"、"青马"一度达到各有10万人的军队。

在马氏家族强大的军事力量干预下，各级地方行政机构甚至北洋政府在当地的派出机构都形同虚设，马氏军人几乎插手经办了一切。依靠强大的军事力量，西北马氏军阀在自己统治区域内通过残酷镇压各族群众的反抗取得了相对的稳定和统一。

第二，抢占地盘，建立自己的统治基地。

西北马氏军阀在其诞生和发展过程中，都牢牢控制住一方区域作为自己的统治区域。马麒、马福祥因马安良势力非常强大，发展无望，于是抓住时机，避其锋芒，在青海、宁夏建立自己的统治基地。

马麒到青海后,为改变清末以来青海地区军政仍不统一,西宁镇、西宁府、青海办事大臣三权并立,各布政令的状况,于1913年8月主持例行的秋祭大典,会盟青海蒙古各王公于海滨神庙,使马家的权力扩张到青海蒙古族地区。北洋政府为了利用地方实力派,裁撤了青海办事长官,事务改由青海蒙番宣慰使马麒兼办,并改西宁镇总兵为镇守使。从此,马麒集青海的军政大权于一身,结束了有清数百年间青海地区三权分治、政令不统一的历史。

1913年春,川边经略使尹昌衡报请北洋政府,要求将囊谦划归四川,马麒以玉树地区为自己的防地,上书反对。北洋政府因不察实情,命令"隆庆归四川,囊谦归甘肃"。1914年3月,经北洋政府批准,派周务学为勘界委员,会同勘界,查实囊谦、隆庆实是一个族名,不能分隔。北洋政府据此明令玉树仍归甘肃,解决了川青边界纠纷。1915年12月,马麒成立了宁海军玉树防务支队司令部,任命马麟为司令,率宁海军驻防,并先后在玉树、都兰设置了理事,主办民政事务,在西宁、玉树沿途设置驿站。从此,马麒牢牢地控制了玉树地区。

1918年6月,马麒派兵对拉卜楞寺进行镇压,史称"拉卜楞寺事件",使当地藏民和寺院遭受了极大损失。马麒还对青海其他藏族地区、蒙古族部落进行大肆镇压,以巩固其在青海的统治。

1912年9月,马福祥初到宁夏时宁夏仅为甘肃一镇,地方不大,正值内蒙古活佛王德尼玛在库伦宣告独立,袁世凯曾派大批军队"进剿",但遭失败。遂于1913年7月派马福祥和塔王前去说和。马福祥明为讲和,暗为捉拿,将王德尼玛押解到北京,由此,内蒙古境内一时无事。袁世凯以马福祥"智勇兼备",改马福祥为宁夏护军使,节制阿拉善、乌审、鄂托克三旗,使其统治范围达到内蒙古一带。1920年,马福祥被任命为绥远都统,其侄马鸿宾被任命为宁夏镇守使,其地盘从宁夏扩展到绥远。

第三,利用宗教巩固其军阀统治。

西北马氏军阀的统治区域是回族聚居的区域,也是伊斯兰教势力最大的地方。西北马氏军阀都是出生回族的地方军阀,深知伊斯兰教在西北回族、撒拉族等民族中有着巨大影响,他们都极力将自己的军权、政权与教权相结合,以便利用宗教巩固马氏家族的统治。"青马"在马麒时期就成立了"宁海回教促进会",由马麒任理事长,统管当地的宗教事务。西北马氏军阀主要是通过对宗教思想传播者阿訇及其未来的继承者满拉的控制来实现其对广大人民的统治,甚至在军营中也配置有阿訇,以阿訇监军,把军权与教权紧紧结合在一起。他们又以"保教"的名义,高举新月旗,进行争夺和保护地盘的战争。他们借用"安拉"的力量来迫使人民盲目服从和接受他们的封建统治,比其他地方小军阀单纯利用政治军事压力统治人民有利得多,这也是西北马氏军阀回族势力能够通过政治军事力量进行割据和扩张的重要原因之一。

第四,注重民族关系,维护国家统一。

清末以来,西北地区民族纠纷时有发生,回汉矛盾十分突出。西北马氏军阀在各种矛盾的争斗中逐渐壮大,尽管他们总是首先考虑自身利益,但在一些重大利害冲突,特别是涉及回汉关系的问题时,往往注重维持回汉民族和睦相处,在一定程度上维护了西北社会的相对稳定。

1914 年，袁世凯任命其亲信张广建为甘肃督军。张广建上台后网罗亲信，排挤异己，与诸马军阀发生了严重冲突，引发了多次驱张斗争，要求撤换甘督，回汉上层之间的民族矛盾更趋激化。1920 年，以马福祥为首的西北马氏军阀再次展开武装驱张运动，形成所谓"五马驱张"局面，事件开始后，因担心引起民族矛盾，马福祥遂放弃武装驱张的策略，改为以和平手段施加压力，迫使张广建离开甘。尽管有诸多因素，但在关键时刻，马氏军阀能以民族利益为重，放弃争夺是十分难能可贵的。

　　同时，西北马氏军阀还在自己的统治范围内，积极维护国家统一。1917 年 9 月，类吾齐地区发生川藏部队冲突，结果川军大败，金沙江以西地区全被藏军占领，西藏方面在英国的指使下，拟将这些地区划归西藏。北洋政府迫于全国压力，难以全盘接受英方的意见，于是在 1919 年 9 月 5 日，北洋政府将英方提出的划分"内、外藏"的方案的主要内容，通电与西藏毗连的各省征询意见，即所谓"歌电"①。马麒发出"艳电"，称："西藏本国属土，年来与川边构怨，譬犹兄弟阋墙，自应由兄弟解决，万不能任他人从旁干预。吾国苟有一息生气，所有划界会议，应从根本否认。此约一签，终古难复，大好河山，一笔断送，凡属五族，谁不解体？"其据理力争，得到川、滇、甘各省广泛响应，迫使北洋政府对西藏问题的谈判未敢再议。之后，马麒又上书甘肃都督和北洋政府，建议遣使入藏，和平谈判解决争端。在取得批准后，马麒遂邀请甘青藏族地区佛教著名代表人物会同督署人员入藏谈判，会谈取得了圆满成功，促成北洋政府派代表入藏慰问，恢复并密切了中央政府同西藏地方政府的关系，挫败了英帝国主义分离中国的阴谋，维护了国家的领土主权的完整，起到了积极的作用。

　　1930 年，马福祥被任命为蒙藏委员会委员长。他以捍卫国家主权，维护祖国领土完整为己任，做了许多卓有成效的工作。

　　第五，积极采取措施，改变地方面貌。

　　马麒在青海积极推行"拓海殖边"政策，兴办学校，振兴实业。1917—1925 年，前后设立各级各类的新式学校近百所，试办玛沁雪山金矿，建立新式邮政体系，设立粮茶局统一征税，禁种鸦片，放垦荒地，增加商业销售网点等。② 马福祥积极倡办回民教育，1918 年，他出资于宁夏府城设立蒙回师范学校，并设"蒙回教育劝导所"。在 1918—1920 年，他先后在宁夏道所属各县倡办回民小学 59 所。其中，高级中学 10 所，初级小学 49 所。1929 年，马福祥在上海创办了伊斯兰回文师范学校，创办《月华》杂志，重视回族宗教学者的伊斯兰教汉文译著。此外，积极资助教育，回民子弟中的不少人得马福祥的资助而免于辍学。③

　　西北马氏军阀在统治西北时期，虽然在稳定地方政治，发展地方经济，提倡地方民族文化和开通地方风气等方面也做了一些工作，造成了一定的影响，对西北地区在近代化有一定的作用。但是，其家族政治的落后性、局限性决定了他们根本不可能主动地去

---

① 当时邮电以电报所发日期的汉字声韵为代日韵目，并以此汉字来称电文。这年 9 月 5 日的代日韵目为"歌"，故称"歌电"。
② 杨效平：《马步芳家族的兴衰》，第 71 页，青海人民出版社，1986 年。
③ 《月华》第 4 卷，第 25—27 期合刊。

改变西北地区的落后面貌和反动军阀统治。随着北洋政府的结束，国民党统治时期的开始，冯玉祥国民军进入西北后，严重地动摇了西北马氏军阀的根基，马福祥、马麒最终投靠了蒋介石集团，标志着西北马氏军阀开始向新军阀转变。

二、杨增新在新疆的施政

武昌起义的胜利极大地鼓舞了新疆的革命党人，1911年年底新疆先后爆发了迪化起义、伊犁起义，伊犁革命最终推翻了清王朝在新疆的统治。但由于中国资产阶级革命党人的软弱、妥协以及当时中国社会的历史局限性，辛亥革命的胜利果实很快被封建军阀袁世凯窃取。在新疆，伊犁革命的成果也被旧官僚杨增新夺得。

杨增新，云南省蒙自县人，生于1860年，1883年考中举人，次年为进士，历任甘肃县知事、知州、知府、道尹等职，1907年调至新疆。在1911年新疆政局动荡之中，以其狡诈的政治手腕，利用形势，摇身一变，由新疆巡抚袁大化保荐任新疆都督，并为袁世凯政府任命。从此，新疆进入杨增新统治时期。

杨增新上台之日，内忧外患，危机重重，东有哈密、吐鲁番两地的农民起义，西有伊犁锡伯族人民的反封建压迫斗争，南有哥老会在南疆各地发动的戕官活动，北有沙俄和由其唆使的外蒙古库伦傀儡政权出兵强占科布多、进而向阿勒泰逼近，再加之沙俄对伊犁、喀什的不断入侵和新疆"协饷"的突然断绝，等等，使得杨增新政权陷入了严重的政治与社会危机之中。为稳定当时的新疆局势，巩固其统治地位，杨增新在政治、经济、文化、宗教、外交等方面采取了一些具体政策措施，使新疆出现了暂时稳定的局面。

第一，整顿吏治，实行民生政策。

为了防止辛亥革命和十月革命这类"暴民革命"的发生，杨增新主张"改良政治"，实行"民生政策"、"保护政策"和"养民政策"。为此，他曾责成"各道尹督饬各知事、县佐，实行保民政策，实行养民政策，作根本之计划"①。在行政建制、吏治和财政方面进行了整顿和改革。为了便于控制，他从喀什、阿克苏两道中分出和田道与焉耆道，并先后创设了墨玉、泽普、麦盖提、叶尔羌、且末等县级行政单位，这样，使清季新疆的4道6府40余厅、州县增加近一倍，进一步完善了新疆的行政建制。

新疆吏治腐败至清末已达极点。杨增新深知"政务在得人心，安民必先察吏"，因此，他积极整顿吏治作为安定大局的当务之急，一方面拒绝北洋政府往新疆派遣各级官吏，以澄清仕途；另一方面提高各级知事的官俸，以资养廉，打击贪官污吏，规定凡有贪污失职者，准许人民邮递呈控，"邮禀朝发，查令夕至。一经查实，轻则解任革职，重则枪毙徒刑"②。杨增新还对以前新疆的弊政也进行了一些改革，如严禁贩卖乡约、裁革门丁、革除稽查侦探巡长等。

第二，闭关自守，实行愚民政策。

杨增新的闭关自守政策源于"老子之道"，所谓"国之小，民虽寡，尤足以闭关而治。"在"闭关而治"的思想支配下，他反对对外开放，反对大机器生产，反对近代

---

① 杨增新：《补过斋文牍续编》卷9。
② 杨增新：《补过斋文牍》辛集2，第16页。

化。在与中央政府的关系上,杨增新始终抱着"认庙不认神"的态度,北京中央政府屡易其主,杨增新不管当政者是何人,都表示承认,在名义上的大一统下,在新疆我行我素。民国以来,中央对各省首脑的名称屡有变更,杨的官衔也由都督兼民政长变为将军兼巡按使再变为督军兼省长,最后变为省主席兼边防督办。但是,他始终在新疆独行其是,用他自己的话说,就是"嘉峪关外,唯我独尊"。

杨增新以老子"民之难治,以其智多"为依据,反对"开通民智"。他说:"天下之事,出于愚者恒少,出于智者恒多。"① 因此,他主张实行愚民政策,达到其"以静制动"、"无为而治"的目的。为实行愚民政策,实行拆检信件、封锁新闻、提倡宗教等措施,省内没有新闻出版机构,没有报纸,更没有剧院、文化馆。对寄入新疆的报纸、书籍、信件等进行严格检查,内地的《申报》、《新闻报》、《大公报》则根本不准在新疆发行。他还反对人民学习一切知识,不热心办教育。杨增新时期新疆全省只有迪化、伊犁两地有中学,各县虽有一两所小学,学生人数很少,更谈不上女子教育、民族教育。由于教育极不发达,所带来的严重后果是"人才奇缺",给新疆的政治、经济、文化、外交带来了一系列问题,直接影响了杨增新在新疆的统治。迫于形势的需要,从1916年起,杨增新不得不在新疆设立少量的学校和各种短期训练班性质的研究所,以解决人才的需要。

第三,推行分散弱兵的治军政策。

杨增新说:"窃恐武人专制久必变为暴民专制。"② 认为治理新疆不在于军事,而在于政治,甚至只需要他"一颗脑袋,一支笔管"即可。因此,他把当时新疆的军队分为巡防营、陆军和新军三种建制,其编制、指挥系统各不相同,分散而不统一,以便于其相互牵制。同时,杨增新主张积极裁兵和不练兵。因此,在内地军阀连年混战、拥兵自重的年代,他不主张扩充军队,而主张裁军,曾几次呈文北洋政府呼吁裁军,并在新疆积极推行。1921年,新疆局势相对稳定后,杨增新几次大量裁兵,至1927年,新疆实际兵员不足1万人,成为当时拥兵最少的一个省。其军队从不训练,军纪废弛,衣履破烂,就连杨增新的卫队,也是囚首垢面,衣冠不整,行列不齐。至于军队的武器,更是破烂不堪,大炮不但奇少,而且"又皆旧式,几若废物"。因此,新疆军队毫无战斗力可言。

第四,实行抚绥与牵制的民族宗教政策。

新疆局势的动荡往往伴随着教派纷争、民族宗教势力的推波助澜。杨增新认为:"欲求新疆长安久治,不外利用新疆各族之人,以保新疆,实为万全之策。"③ 杨增新上台后,一方面,拉拢各族封建上层王公,对他们不仅在政治上予以支持,而且在物质上也给予优待;另一方面,力图通过某些改良措施来减轻对各族人民的剥夺。同时,采取牵制政策,"以土著牵制游民,以回缠牵制汉人,即以汉人牵制回缠,更以内地此省之

---

① 杨增新:《补过斋日记》卷19。
② 杨增新:《补过斋日记》卷17。
③ 杨增新:《补过斋文牍》,甲集下。

人牵制内地彼省之人，使各有所瞻顾，不敢轻发。"①

对宗教问题的处理，杨增新一方面不主张用行政力量干预宗教活动，反对地方官委派阿訇，坚持政教分离；另一方面又严防"教争"，利用宗教为自己服务。杨增新认为门宦教派"易起争端"，是肇乱的根源，因此严禁甘、青两省门宦教派入新传教，并规定除新疆原有礼拜寺外，一概不准再建新寺。1924 年，他假手新教教主马绍武杀掉旧教首领马福兴，然后把马绍武安置在南疆，利用他在宗教上的地位来进行控制。另外，杨增新极力阻止外国人利用宗教关系染指新疆。他不准聘请外国人到新疆充当阿訇或"教习"，不准外国人在新疆开设宗教学校，对于外国人利用宗教策动暴乱，则予以坚决镇压。1918 年 5 月，英国策动买买铁力汗和阿吉和卓以"剪除汉人"为名在库车举行暴动，② 结果被杨增新迅速镇压。由于其政策处理得当，在杨增新督新时期，新疆没有因民族宗教问题发生大的动乱影响全局。

第五，实行灵活务实的对外政策。

近代以来，外患叠至，新疆成为英、俄等列强进行殖民争夺的重要目标，尤其是沙俄通过胁迫清政府先后签订了一系列不平等条约，割占了我国西北边疆 50 多万平方公里的领土，攫取了在新疆设领、免税贸易等特权。外国侵略者还利用民族宗教关系在新疆不断制造颠覆分裂活动。因此，为使新疆安定，就必须妥善解决对外交涉问题。

杨增新主新后，采取了一系列措施以维护国家主权。1916 年和 1919 年，杨增新两次通令全疆各属，凡在新疆境内非法霸占牧场、拒不纳税的俄、英商人，"一律照章完税"。③ 为了阻止外国侨民利用婚姻关系侵占中国土地，特颁法令，规定出嫁外国人的中国妇女其不动产不得归外籍。他还多次下令，中国居民不得将不动产出卖或抵押给外国人，违者论罪。对此，俄、英商人竟提出"抗议"，要求取消这一法令。杨增新态度坚决，严正声明："此为中国主权，不容外人干涉"，此令"实与我国主权大有妨碍，万难取消。"④ 针对长期以来俄、英领事用公开"登记"和滥发"通商票"的手段引诱中国居民改变国籍的情况，杨增新多次通令全疆各道、县官吏会同俄、英领事，清查国籍，订立册簿，经双方认可者发给国籍票与通商票，无票根者一律视为中国居民。

俄国十月革命后，英、日等对俄国悍然进行武装干涉，北洋军阀政府也为虎作伥。当时，白俄将军高尔察克、杜托夫部在苏联红军的追击下，于 1918 年 8 月陆续败退到俄国中亚地区，后又聚集到同我国新疆邻近的地带，沙俄驻新疆五地领事积极支持这些白俄残部，并怂恿新疆当局出兵中亚，帮助白匪。英、日等国也企图把新疆拉入反苏阵营。英国驻喀什领事怂恿喀什提督马福兴督兵入俄。

面临如此严峻的形势，杨增新审时度势，采取了"严守局外中立"的不干涉主义。他拒绝为白匪提供任何方便，以"新疆国防由中国自行担任"拒绝日本派兵来新疆，并阻止喀什马福兴企图耀兵中亚的计划。杨增新认为："俄国新旧两党战事，是俄国内

---

① 杨增新：《补过斋日记》卷 12，第 47 页。
② 杨增新：《补过斋文牍》，乙集 1，第 57 页。
③ 杨增新：《补过斋文牍》，庚集 2，第 58 页。
④ 杨增新：《补过斋文牍》，庚集 1，第 57 页。

乱，我国万无干涉之理。若助新党，必得罪旧党，若助旧党，必得罪新党。无论得罪何党，均于中国地方不利。故本督军始终抱定不干涉主义，以求保全地方之安宁。"① 认为俄国革命起源于贫富不均，"旧者退化而新者必胜。"② 认识到帝国主义干涉俄国革命是"假协助之名，行侵略之实"，新疆出兵则是"为人鹰犬"，让帝国主义者"收渔人之利"③。因此，杨增新多次拒绝北洋政府要他支持俄国旧政权、反对苏联红军的指示。相反，逐渐扩大与苏联新政权的接触，建立友好关系，以希望俄国内战结束后，可利用新党来战胜帝俄在新疆的侵略势力，收回沙俄侵占的主权。

1920—1921年，俄国中亚地区的白匪军残部三四万人先后窜犯新疆伊犁、塔城边境，严重危及新疆安全。对此，杨增新没有听从北洋政府"以武力对待"的指示，根据新疆的实际情况，力主中立和平的政策，采取妥善安置、严密监视的措施，"严行禁止，勿令入卡"，"万一阻止不住，则收缴武器"，积极与苏维埃政权合作，动员其回国。1920年5—6月，经过新疆当局和塔什干苏维埃政府的努力，窜入伊犁、塔城边区的白俄官兵万余人陆续回国。1921年5月，窜扰塔城地区的白匪诺为阔夫部与巴奇赤部会合，巴奇赤部已达万人之众，企图发动暴动夺取北疆，并公开扬言要攻打乌苏、绥来，东进迪化，形势十分严峻。杨增新决定与苏联红军联合进剿。5月24日，苏联红军2000余人由苇塘子入境到达塔城，进攻巴奇赤部。巴奇赤部败退，窜据阿山（阿尔泰），准备以此为基地，伺机反扑。8月，杨增新再次与苏联红军商定共同进兵，巴奇赤部在中苏军队的联合夹击下，被迫退出布尔津、承化寺，伤亡惨重，巴奇赤率残部逃往外蒙古的科布多，阿山战乱就此结束。9月末，苏联红军全部退出境外。面对白俄匪军的窜扰，由于杨增新处理得当，维护了国家安全，使新疆避免了一场灾难。

此外，杨增新为缓和财政压力，也采取了一些措施。民国建立后，北洋政府和各省政府在财政上自顾不暇，根本无力给历来靠"协饷"维持的新疆拨款，杨增新只得"就地筹款"，努力在财政上"自立"以维持自己的政权。他首先整顿税收，于1912年9月设立临时理财政所，负责清查全省财政收支，统一全省财权。同时颁布征收粮草章程，整顿田赋，从而使税收有所增加。1915年开始，又在新疆实行开渠垦荒政策，使许多地方耕地倍增，水利发展，人员得以安置，客观上缓和了财政危机。不过即使这样，仍不能解决收支不平的问题，为了弥补亏空，只得滥印纸币。结果"随印随发，司库无存"，"一日之所制，不敷一日之所用。"④ 滥印纸币并不能挽救杨增新政权的财政危机，反而引起了"纸币贬值"，直接影响物价的稳定。

杨增新主政新疆17年，惨淡经营，使新疆没有卷入军阀混战的旋涡，社会相对安定，积极维护国家的安全与统一，应该说杨增新是有一定的功劳的。但由于阶级和时代的局限，他特别是其"无为而治"的思想出发，忽视新疆社会经济的发展，使新疆社会陷入了停滞、愚昧的状态，新疆社会矛盾日益加剧，其统治阶段内部矛盾日益激化，

---

① 杨增新：《补过斋文牍》癸集4，第32页。
② 杨增新：《补过斋文牍》癸集8，第41页。
③ 杨增新：《补过斋文牍》癸集4，第13页。
④ 杨增新：《补过斋文牍》壬集下。

在统治权的争夺中，杨增新于1928年7月7日被杀，其政权也随之垮台。

三、唐继尧在云贵川的施政

唐继尧，云南会泽人。生于1833年，21岁时被选派为公费留日学生，在日本期间加入同盟会，1909年回到云南，担任新军管带、云南陆军讲武堂教官等。

1911年辛亥武昌起义后，唐继尧积极参加了昆明新军响应起义的秘密会议，成为云南辛亥重九起义的重要策划人之一。昆明起义后建立的云南军政府，以蔡锷为都督，唐继尧担任军政府军政部、参谋部两部次长。1912年3月，唐继尧率北伐滇军与贵州立宪政会等相勾结，突袭贵阳，颠覆了贵州新政权。唐继尧即被任命为贵州都督。"二次革命"中唐继尧追随袁世凯，甚至派兵入川，攻打响应"二次革命"的川军熊克武部。1913年年底，蔡锷离开云南，唐继尧返回滇任云南都督，继续支持袁世凯，为袁世凯所封。

当袁世凯复辟帝制的活动公开化后，滇军中的部分军官与返滇的中华革命党人多次密议，决定武装讨袁。唐继尧最初顾虑大，后迫于形势，参加反袁斗争的行列。1915年12月25日，唐继尧、蔡锷等人宣布云南独立，成立了中华民国云南都督府，标志着护国战争的爆发。随即宣布出师北伐，以蔡锷为护国军第一军总司令，率兵入川；以李烈钧为护国军第二军总司令，率兵入桂；以唐继尧为护国军第三军总司令兼云南护国军政府都督，留守并相机出击。云南护国起义，揭穿了袁世凯企图当"中华帝国皇帝"的政治大骗局，打乱了袁世凯称帝的政治计划，增强了中国人民坚持民主共和制度、反对复辟帝制的决心，在国内外产生了重大的影响。

护国战争进展顺利，全国各地纷纷响应。袁世凯被迫于1916年3月22日宣布取消帝制。独立各省于5月8日在广州肇庆成立护国军军务院，推唐继尧为军务院抚军长。6月6日，袁世凯病死，护国战争结束。唐继尧、蔡锷等实力派则积极寻求与北洋军阀段祺瑞等妥协分赃，并达成了协议。唐继尧利用护国战争的声威，开始其军阀生涯。从1917年开始，唐继尧联合黔军进攻川军。从此，西南地区进入了滇系军阀割据称雄时期。

段祺瑞掌握北京政权后，以"再造共和"的元勋自居，决心推行"武力统一"，孙中山奋起护法。段祺瑞于1917年7月24日任命倾向北洋系的川军师长周道刚为代理四川督军，公开支持刘存厚川军，希望以此来推行其"武力统一"，阻止唐继尧的滇军向四川的推进。这样，唐继尧等人与北洋政府妥协分赃的幻想完全破灭，于是，唐继尧于8月11日发出了"护法通电"，谴责段祺瑞"以复辟儿戏之事，冒为厅迹"，宣布"不承认非法内阁之命令，自行堪定川乱"①，为夺回滇军在四川丢掉的既得利益，改滇军为"靖国军"，自任总司令，组织滇黔军队对四川进行讨伐。

唐继尧为首的滇系军阀在中华民国的共和制度再次遭受北洋军阀破坏，孙中山奋起护法的关键时刻，公开宣布"护法"，是对孙中山倡导的护法运动的支持，同时也是对北洋军阀的一次沉重打击，具有一定的积极作用。但是，唐继尧宣布"护法"，是利用"护法"旗号，反抗段祺瑞皖系军阀的"武力统一"，并以"护法"为条件，换取孙中

---

① 《唐继尧决心自主通电》（1917年8月11日），云南省档案资料。

山支持进兵夺取四川。因而滇系的"护法"是假,"图川"是真。事实上,唐继尧乘护法之机,用"靖国"、"护法"之名,达到了夺取四川,割据滇、黔、川三省的目的,使滇系军阀实力大增。12月,他以滇、黔靖国联军总司令的名义召开了"重庆联军会议",并就任广州护法军政府总裁,俨然以"西南王"自居。

随着护法运动的发展,孙中山南下成立护法军政府,军政府推孙中山为大元帅,唐继尧、陆荣廷等为元帅,唐继尧始终拒不接受元帅职。滇桂军阀与孙中山护法派的矛盾日益尖锐,于是,他们改组军政府,排斥孙中山,导致了第一次护法运动的失败。

唐继尧以数万之众,多年在四川进行争战,这不仅引起四川人民的反对,而且滇军内部也日益厌战,1920年滇黔军阀与川军熊克武部发生混战,2月6日,驻川滇军第一军军长顾品珍战败后,退回云南寻甸,发出讨唐通电。8日晨,唐继尧离开昆明出境,避居香港。9日,顾品珍进入昆明,被各界拥为滇军总司令。

唐继尧并不甘心失败,秘密进行回滇准备,1922年1月,唐继尧在柳州设滇军总司令部,不顾孙中山的北伐大计,决定兵分两路,向云南进发,并与滇南大土匪吴学显等勾结,向顾品珍发起进攻,趁势夺回昆明。顾品珍阵亡,其余部推张开儒为总司令,经黔入桂,拥护孙中山,成为第二次驻粤滇军。4月8日,唐继尧被选为省长,再次统治云南,实现"二次回滇"。"唐顾之争"虽然各有旗号,但实质上是他们个人之间的权力之争。

唐继尧再次督滇后,积极鼓吹联省自治,废督裁军。可他不仅兵未裁,反而将滇军扩编为20个团,以组织建国军为名,又将滇军编为6个军,另编侦飞军4个军。其鼓吹的联省自治主要是为了维护他的割据统治,并向贵州扩张。1923年1月,唐继尧组织滇黔联军出兵贵州,赶走贵州省长袁祖铭,推刘显世为省长,进一步将贵州置于滇军的军事统治之下。同时,应川军熊克武等人的要求,唐继尧遣滇军入川,1924年3月,熊克武部川军和入川滇军大败,北洋政府以袁祖铭为川黔边防督办,刘湘为川滇边防督办,乘胜进逼,云南受到直接威胁。驻粤滇军见唐继尧军事受挫,准备回滇逐唐,唐继尧发现自己南北受敌,乃于9月派人向孙中山表示愿意北伐讨吴,会师武汉。孙中山以大元帅名义授唐继尧为副元帅兼川、滇、黔联军总司令,令其统率北伐。唐继尧改滇军为建国军,却不就副元帅职,而在昆明召集有川、滇、黔等7省军队代表参加的联军会议,自称七省联军总司令。

1924年9月,第二次直奉战争爆发,直系军阀惨败,12月,孙中山应邀到达北京。唐继尧认为主客观条件已经具备,勾结陈炯明、杨希闵和刘震寰等地方军阀,必欲取孙中山而代之,分三路向广西进兵。1925年3月12日,孙中山不幸在北京逝世。18日,唐继尧在昆明就任副元帅职,妄图坐升大元帅,窃取国民党最高领导权,国民党中央执行委员会拒不承认,鲁、湘、浙、沪等地的国民党纷纷致电声讨,唐继尧在政治上陷于孤立的地位。

唐继尧遣兵入桂,矛盾直指改组后的国民党和国共合作的统一战线,企图颠覆广州的革命政府,其实质反对革命,维持和扩大他的军阀割据局面,其结果不免大败回滇。这次战争后,唐继尧在云南的独裁统治已经处于朝不保夕的困境之中。此后几年唐继尧曾派兵入川、入桂,均遭失败。

唐继尧的施政主要是进行一系列的军事活动，实质是军阀混战。唐继尧连年用兵，使军务开支巨大，只能滥发纸币，造成物价上涨，人民贫困。同时，开放烟禁，放任农民种植鸦片，按亩收捐，允许商人运销鸦片，收取罚金。逐渐地，鸦片成为云南地方财政的主要收入之一。1921 年，这种两项罚金总收入 152 万元滇币，占地方财政其他各项赋税收入的 28.9%；1922 年 220 万元，占 55.3%；1923 年 441 万元，占 79.2%；1924 年 600 万元，占 104.7%；1925 年 720 万元，占 74.9%；1926 年 720 万元，占 69.8%；1927 年 770 万元，占 91%。①

唐继尧在云南执政期间也实施了一些促进经济文化发展的政策。在经济方面，整顿盐业生产，扩大销路，制定云南矿务暂行章程，鼓励和保护矿业开发，尤其着力于个旧锡矿和东川铜矿的保护和开发，使锡和铜的产量有较大的增长，成为云南地方财政的一大支柱。重视农林牧业生产，设立农业局、农务总会、蚕林实业团，制定垦荒、森林、畜牧章程。建立试验农场，对省内、省外、国外的农作物和蔬菜品种进行引种栽培试验，取得经验后进行推广。为解决个旧锡矿的运输问题，省政府支持工商业者修筑碧石铁路。1914 年动工兴建，1918 年个旧、蒙自、碧色寨段建成，以后又续修到建水、石屏、宝秀。这是用云南的资金和人力修建的铁路，对个旧锡业和滇南经济发展起了促进作用。在文化方面，注重人才培养，先后选送留学生到国外深造者达 600 名之多。同时，大力创办学校，仅中等学校就有 100 多所，其中农校 50 多所，工校近 10 所，师范几十所。最值得一提的是于 1922 年创办的私立东陆大学，为云南的教育、文化、科技发展作出了一定的贡献，为云南的近代化打下了一定的基础。②

唐继尧在其统治期间，为推翻清政府，反对北洋政府的武力统治，支持孙中山领导的资产阶级革命做过一些贡献，但由于历史的局限，特别是在其统治后期，为达到做"东大陆主人"、"西南王"的个人目的，几乎连年军事行动不绝，给贵州、四川、广西等省人民带来了深重的灾难，造成了整个大西南地区政局的长期动荡不安，也使云南陷入水深火热之中。其倒行逆施使阶级矛盾不断激化，1927 年 2 月 6 日，在云南人民反唐斗争高涨的形势下，龙云、胡若愚、张汝骥、李选廷四镇守使联合发动"二六政变"，推翻了唐继尧对云南 14 年的统治。

四、陆荣廷在两广的施政

陆荣廷，壮族，广西武鸣人，生于 1895 年。年幼而孤，后加入会党成为小首领。中法战争爆发后，率众加入清军，名声渐起，中法战争后被遣散后，主要活动在左右江及中越边境一带，后又被清廷招抚，历任管带、统领。1898—1905 年，广西爆发了会党、游勇和人民大起义，达数十万之众。清廷震惊，派岑春煊为两广总督兼办广西军务，前往镇压。在两广总督岑春煊的重用和扶持下，陆荣廷奉命随龙济光进剿，一方面招抚会党首领，同时也积极镇压各地会党起义，深得清廷赏识，势力逐渐做大。1911 年 6 月，清廷任陆荣廷为广西提督。

辛亥革命后，广西巡抚沈秉堃于 1911 年 11 月 7 日宣布广西独立，在桂林成立军政

---

① 刘光顺主编：《唐继尧研究集》，第 443 页，云南民族出版社，1996 年。
② 刘光顺主编：《唐继尧研究集》，第 615—617 页，云南民族出版社，1996 年。

府，沈被推举为都督，王芝祥、陆荣廷为副都督。立宪派旧官僚攫取了革命的成果，引起革命党人的强烈不满。南宁的革命党人提出"桂人治桂"，组织民军，与拥有重兵的地方实力派陆荣廷谈判，11月9日，桂林军队哗变，沈秉堃逃匿。南宁方面推陆为广西都督，11月24日，陆荣廷通电各省，宣布就任广西都督，组成军政府，率军北伐。1912年2月，陆荣廷率兵北上到桂林，改军政府为都督府，正式就任广西都督，并迁省会于南宁，陆荣廷登上了广西最高统治地位，以其为首的桂系军阀集团形成。在当时的历史条件下，陆荣廷在一定程度上顺应了历史发展，实现了广西独立，具有一定的进步性。

为了巩固自己的地位，陆荣廷加强了与孙中山革命党人的联系，积极支持孙中山的活动，并以广西都督府的名义公布了《广西临时约法》，规定"人民一律平等"。但不久，陆便投靠了袁世凯，镇压广西"二次革命"。1913年，袁世凯正式任命陆荣廷为广西都督，改都督府为督军府。陆荣廷积极加强对广西的建设，颁布《广西官制大纲》，重新规定全省建制，将清廷广西11府改为6道，道下设县，在壮族地区继续推行"改土归流"政策，"改土归流"后设县。逐步剿灭各地会党武装，对旧有的军队，实行改编，旧军为两师一旅，成为桂系军阀的主干力量，其余的巡防队一律改为国民军，共编为7军，将原有的水师4军改为水上警察厅，分属3厅。此时，整个桂系共有兵员2.6万人，布防于广西各地。

1915年12月，袁世凯企图复辟帝制，遭到全国人民的强烈反对，蔡锷在云南起兵护国，出兵川、黔、桂，全国各地纷纷响应，各省先后宣布独立。陆荣廷于1916年3月通电全国，宣布广西独立，发布讨袁檄文，就任两广护国军总司令职，派兵进击袁世凯所属龙济光部，迫使龙济光部缴械投降。4月初，陆荣廷下令桂军30个营由莫荣新率领挥师入粤，5月，两广护国军都司令部在广东成立，后改为西南军务院，推岑春煊、陆荣廷、刘显世等为抚军，唐继尧为抚军长，组成护国军6军1旅，陆荣廷任粤桂联军总司令，命其部进军湖南，并电令莫荣新进军广州，将袁世凯龙济光部赶到海南岛。6月6日袁世凯在全国人民的唾骂讨伐声中死去。黎元洪继任总统，段祺瑞为国务总理，为嘉奖陆荣廷"再造共和"之功，授予"勋一位"和"一等大授嘉禾章"。1917年3月，北洋政府任命陆荣廷为两广巡阅使，谭浩明为广西督军，陈炳焜为广东督军。陆荣廷在广西起兵护国，客观上给西南各省护国军以极大的支持和鼓舞，使护国战争取得了关键性的胜利。同时，也使桂系军阀势力扩展到广东，实力进一步增强，此时，桂系兵力已达7万人。

段祺瑞控制北洋政府后，极力推行"武力统一"方针，于是1917年9月，孙中山在广州成立护法军政府，召开非常国会会议，孙中山被选举为大元帅，唐继尧、陆荣廷为元帅，号召恢复《临时约法》，开展护法战争。尽管陆荣廷始终未就位，但却为扩大地盘，遣军北伐，10月，陆荣廷派谭浩明领兵进军湖南，北洋军败退，段祺瑞辞职，大总统冯国璋电请全国"悬兵息争"。11月，陆荣廷通电停战，谭浩明宣布兼任湖南军民政事，将湖南纳入桂系统治范围。这时，桂系军阀与孙中山的矛盾越来越大，1918年1月3日，孙中山"炮教莫荣新"，矛盾激化。4月，非常国会提出改组大元帅，设总裁，排斥孙中山。孙中山斥"吾国之大患莫大于吾人之争雄，南北如一丘之貉"，愤然离粤。之后，南北议和，护法战争结束，桂系却在这一系列斗争中实力大增，统治桂、粤、湘3省，兵力增至15万人，成为号令西南的地方军阀集团。

桂系控制广东军政大权后，大肆搜刮，引起广东军民的不满，"粤人治粤"之声迭起。同时，驻粤滇军和援闽粤军陈炯明部也不满陆荣廷的专权，为争夺地盘，桂粤矛盾逐步升级。1920年7月，桂军在莫荣新统帅下，由马济、林虎、沈红英等率10万兵力，分三路向驻福建漳州的陈炯明部发动进攻。陈炯明以"粤人治粤"、"广东人不打广东人"为号召，奋起反击，桂系中粤籍官兵纷纷倒戈，加之桂系内部将帅失和，军心离散，很快陷入失败之中。这时，孙中山则电请湘军谭延闿部和海南岛军队夹击桂军。10月，桂系退回广西，陈炯明占领广州。粤桂战争以桂系失败而告终。

1921年4月，非常国会在广州召开，孙中山当选为中华民国大总统，陆荣廷与北洋政府一致反对，孙中山率粤军陈炯明部、许崇智部出兵广西，同时，湘军、黔军、滇军也积极配合出兵，合击桂系。这样，部分桂系将领相继降粤或者宣布独立。7月16日，陆荣廷在南宁通电下野。8月，粤军占领南宁，陆荣廷残部遁入越南，陆荣廷流亡上海，这样，以陆荣廷为首的桂系军阀集团崩溃瓦解。

陆荣廷治桂10年，主要进行了一系列的军阀战争，同时，也采取了一系列措施，使广西的资本主义得到了一定的发展。

首先，积极搞好经济建设。1912年9月，桂林成立广西实业协会，从此广西实业有了更大的发展。1915年，广西当局呈准省内人民自由开采锑矿，民办矿业得到更进一步发展，广西出现了办矿业和民办工业热。1913年7月30日，广西省议会议决成立广西殖业银行，各县设分行，同时整顿税务，发展经济，繁荣商业，增加财政收入。1920年，陆荣廷、谭浩明有感于洋布、洋纱大量输入，而本省棉业等于零，特通令各县种棉。设立"垦殖公司"发展开发性农业生产，主要有"崇实种植公司"、"广利种植公司"。同时，开展对广西公路交通建设。1915年，陆荣廷调遣陆军工兵修建全长52公里的邕宁至武鸣的邕武公路。1917年，陆部将广西督军谭浩明用军饷修建了33.5公里的龙州至水口公路。1920年，修建水口街铁桥。1921年，陆荣廷下令修建龙州至镇南关公路。陆荣廷是广西公路建设史上先行者，邕武公路为广西第一条公路，龙州铁桥为广西第一座公路桥。公路建设风气一开，促进了广西经济建设的发展。

此外，陆荣廷还兴办了部分文化教育事业。1912年2月公布的《广西临时约法》中规定：教育司管理一切教育行政事务，下设总务科、普通科、专门科。这一时期广西各县均有管理教育的机构。通过一系列措施使广西教育有了一定的发展。1909年广西有小学堂1078所，学生45507人。1916年广西全省已有小学1470所，到1923年增至4797所，学生185233名。1911年全省有中学16所，1922年有中学30所，学生3938人，较安徽（2208人）、云南（2959人）、河南（3311人）三省强。这样，在民国初年广西第一次做到了县县有小学，这与民国以前广西办学情况相比是一个巨大的变化，广西受教育儿童占学龄儿童总数的百分比（1.7%）高居全国第九名。[①] 1918年改小学堂为国民学校，兴办中小学，设省立中等学校。同时，也注重派留学生到国外学习。据

---

① 《陆荣廷新论》，第114—119页，广西民族出版社，1996年。

不完全统计,从 1912—1921 年,广西出国留学生共 155 人次,其中留日 117 人,留美 18 人,留法 13 人,留英 2 人,留德 3 人,留比利时 2 人。①

第四节　军阀混战对民族地区的影响

一、川边军阀混战及其影响

1930 年 5 月,西康甘孜所属大金寺和白利土司之间发生纠纷。大金寺、白利乡是甘孜所辖地,但各有其管理的土司,白利属白利土司,大金寺则属朱倭土司。白利土司辖有春则、白利、亚拉 3 个喇嘛寺。因白利土司所辖 3 寺之间的内部矛盾,屡起争端,亚拉寺主持智古迁归大金寺,并将白利老土司前拨与当差之 15 户转赠大金寺,引起白利土司不满,双方争执不下,告官处理,县署却不作处理,遂酿成事变。② 5 月 21 日,大金寺喇嘛大肆焚掠白利,当地知事报请派兵防范。当地驻防川军站在白利土司一边,当地藏军站在大金寺一边。川军第四十二团团长马成龙被委为征甘先遣司令,7 月进驻亚拉寺;同时,达赖也派兵兼程前往甘孜,战事一触即发。

这时,国民政府以及四川当局力主和平解决,多次致电达赖希望制止争端,并由蒙藏委员会派员至川康前线加以协调,可在甘孜县已大兵云集,川军已达 2000 余人,并挑衅藏军。12 月,藏军援军到达。1931 年 2 月,藏军开始进攻,川军一战即溃,败退甘孜。之后,藏军乘胜前进,占领瞻化、理化等地,俘获瞻化张知事等。③ 与西康省政府主席刘文辉所部对峙于金沙江两岸,达赖派琼让与川军议和,并于 1931 年 11 月达成初步停战协议。藏军在西康受阻后,转而向北面青海玉树地区进攻。

1930 年,在青海玉树苏尔莽地区的藏传佛教格鲁派寺院尕旦寺与该地区的萨迦派寺院德赛寺,因抢收附近藏民的庄稼,发生纠葛。青海驻玉树部队支持德赛寺,而尕旦寺便求援于西藏地方政府军队,于是藏军出兵玉树。达赖于 1932 年 3 月命克色本为总司令,率其驻扎在昌都的 4000 名藏军空袭玉树苏尔莽,拆毁了大小苏尔莽之间的桥梁,击退了当地驻军。接着又进攻囊谦、拉秀等地,攻占禅古寺,进抵结古镇。此时,藏军已增至五六千人。

玉树是西藏入青门户,历来为青海马氏军阀所重视。但此时,驻玉树马彪所辖新编第九师步兵 3 旅仅 400 余人,众寡悬殊,节节败退,藏军扬言要把玉树 25 族地区的青海部队悉数驱逐。青海方面先是谋求和平解决,避免事态扩大。当地部落头人和广大藏民则积极起来反抗,并坚决要求协助青海部队平息藏军的叛乱活动。

马步芳于 1932 年 5 月从西宁派出援兵,8 月 20 日在结古击败藏军,进军囊谦、拉秀,10 月初又抵达金沙江西岸的当头寺、春科寺,与西康刘文辉部会合,联合进攻,逼近昌都,致使西康的军事形势发生了重大变化,占领甘孜等地的藏军怕后方补给和运

---

① 陈春源:《广西留学史》,第 12 页,广西省政府教育厅 1934 年 11 月印。
② 中国第二历史档案馆、中国藏学研究中心合编:《康藏纠纷档案选编》,第 1 页,中国藏学出版社,2000 年。
③ 中国第二历史档案馆、中国藏学研究中心合编:《康藏纠纷档案选编》,第 491—492 页,中国藏学出版社,2000 年。

输路线被青海骑兵切断,从甘孜、瞻化、德格等地撤退到金沙江以西。至此,金沙江以东被藏军占领的地方完全收复。

此时,马步芳曾致电蒋介石和刘文辉,提出青康两军乘胜夹击,收复昌都。① 当时达赖看到藏军接连溃败,西藏内部因连年战争民穷财乏,人民的反战情绪高涨,于是向国民政府提议举行和谈。同时,英帝国主义也通过外交途径向国民政府施加压力,要求青康军队停止进攻与藏方进行和谈。

在这种情况下,蒋介石命令青康两方面停止进攻,等候与西藏方面和平谈判。1932年10月8日,川军代表邓骏与藏军代表琼让签订了《岗拖停战协定》,双方以金沙江为界停止战争。1932年10月19日,青海代表马彪、川军代表江有声与西藏代表司空代本开始在邓柯谈判,于1933年4月10日达成了《青海和约》8条协议,规定双方撤兵,各守地界,不相干涉;对尕旦寺之宗教活动,青海不加干涉,达赖派往该寺之堪布不得干预政治事务。

这次战争,对于打击英帝国主义的入侵和西藏分裂势力起到了一定的作用。同时,四川军阀刘文辉、青海军阀马步芳也在战争中捞得了一些好处。但这一区域的人民,特别是藏族人民深受其害,遭到大批的洗劫和杀害。

二、西南军阀混战及其影响

1911年辛亥革命后,重庆、成都先后独立,1912年12月成立了四川军政府,推尹昌衡为都督。根据南京临时大总统孙中山改革军制的命令,废镇改师,将川军编为5个师。1915年,袁世凯命令陈宦率北洋军入川,总揽四川军队大权,震慑滇黔。

1915年12月蔡锷、唐继尧宣布云南独立,通电讨袁,组织护国军,分兵出击川、黔和两广。四川国民党人熊克武等也积极响应,召集旧部,组成"四川招讨军",配合滇军,同北洋军及附袁川军作战,黔军也由贵州入川,直逼重庆。在四川人民的热情支持下,护国军节节取胜,1916年5月四川独立。袁世凯在全国人民的讨伐声中死去,护国战争结束。川军整编为5个师,分别以周道刚、刘存厚、钟体道、陈泽、熊克武为师长。由于这时中国出现了分裂割据局面,川军首脑人物无不乘机窃取和扩大军权,发展个人势力,并逐渐做大,割据一方,到护国战争结束后,四川军阀势力就基本形成了。

黔系军阀势力的形成是与刘显世分不开的。刘显世之父本来就是清廷军官,后为清政府办团练。1911年11月,贵州起义,宣布共和,刘显世任职贵州军政府。1912年1月,应贵州立宪派之邀,唐继尧率领滇军出兵贵州,推翻军政府,唐继尧任贵州都督。1913年11月,唐调任云南都督,刘显世被任命为贵州护军使(因贵州省小,袁世凯撤都督而设护军使)。袁世凯死后,北洋政府任命刘显世为贵州督军,戴戡为省长,后戴戡去川任职,刘显世兼任,这样,刘显世集贵州军政大权于一身,形成了以刘显世为首的黔系军阀集团,对内实行军事统治,对外依附滇系积极扩张。

袁世凯死后,黎元洪继任大总统,段祺瑞为国务总理,命蔡锷为四川督军兼督长。

---

① 中国第二历史档案馆、中国藏学研究中心合编:《康藏纠纷档案选编》,第301页,中国藏学出版社,2000年。

后因蔡锷病故，改任滇军总司令罗佩金为四川督军，黔军总司令戴戡为四川省省长。由于各自的支持者不同，罗佩金、戴戡两人明争暗斗，川军第二师师长刘存厚则心怀野心，三人都想独揽四川军政大权，战争势在必发。

这样，1917年在护国军旗帜下的滇、川、黔系西南军阀第一次混战在成都爆发，即"刘罗之战"、"刘戴之战"。借北洋政府裁军令，罗佩金编滇黔军为国军，川军为地方军，引起川军将领不满。在段祺瑞、戴戡的极力怂恿和罗佩金的逼迫下，刘存厚军与滇军于4月在成都爆发巷战，战后，滇军罗佩金部败退成都，退守川南。黔军总司令、四川省长戴戡接任四川督军，独揽大权，并下令查办刘存厚，引起刘存厚不满。7月1日，张勋在京复辟，为拉拢西南地方势力，任刘存厚为四川巡抚。戴戡以刘存厚附逆罪名，出兵讨伐。7月5日，"刘戴之战"在成都爆发，激战4天，黔军失败，戴戡自戕。这两次战争给四川人民造成巨大财产损失，之后，川、滇军继续在川南激战。这次战乱完全是非正义的战争，是西南军阀为争权夺利，扩张地盘而相互混战。

1917年7月，孙中山发起护法运动，在广州成立护法军政府，号召各省护法，抗击北洋军，进行护法战争。8月，云南督军唐继尧通电"护法"。不过，唐继尧为进一步扩大地盘，夺回其在四川的利益，别树一帜，号召"靖国"，改滇军为"靖国军"，自任总司令，进军四川，黔军也同时入川。由于川军一师、二师、三师计划周密，奋勇作战，滇黔军队连连失利，唐继尧见滇军在川作战不利，亲自出马督师。11月，滇黔军队再次失利，退至四川叙府、泸州以南，形势十分危急，唐继尧暗中拉拢川军第五师师长熊克武，使之倒戈。这样，12月3日，滇黔川军进占重庆，15日，组成三省靖国联军，唐继尧为联军总司令，熊克武为四川靖国各军总司令。当孙中山得知靖国军攻入重庆后，十分高兴，电请唐继尧、熊克武继续北伐，可北伐不过是唐继尧、熊克武的借口，争夺地盘和霸权才是他们真正的目的。于是，唐继尧、熊克武二人对孙中山之令置之不理。1918年1月，熊克武决定分兵进攻成都，讨伐刘存厚。2月，刘存厚部败退陕南，靖国战役结束。

1918年3月，四川议会推举熊克武为四川督军，杨庶堪为四川省长，使国民党人第一次掌握全省政权。熊克武继续整军，将川军扩编为8个师，各划防区。这样逐步形成军阀们的防区割据。在其防区内，军阀凭借其武装，控制该区的政治、军事、财政大权，形成军阀、官僚、地方三位一体的反动统治。

唐继尧在基本控制了川、滇、黔三省后，为进一步扩张陕西、湖北，他于1918年9月亲自到重庆，召开了川、滇、黔、鄂、豫五省联军会议，自任五省联军总司令。他一面与直系、桂系、湘系军阀勾结，谋求更大的势力，"和平"解决南北争端，叛离孙中山；另一面加强了对四川的控制，肆意奴役搜刮，挑起川内各军阀间的矛盾。1920年3月，唐继尧下令免去熊克武的四川靖国军总司令之职，由吕超、刘湘接任。5月下旬，新的川、滇、黔西南军阀战争爆发。9月，熊克武联合川军各部，分进合击，10月，滇黔军全面溃退，入川客军全部被逐出，滇军退至贵州毕节。入川黔军退回贵州后，贵州军阀内部混战不断，刘显世被解职、卢焘为黔军总司令、代省长，1922年卢焘又被袁祖铭所代替。1920年，驻黔滇军第一军军长顾品珍倒戈反唐，唐继尧被迫辞职，流落香港。

第三章 民族地区殖民地、半殖民地程度的加深

第一节 东北、蒙古地区

一、日本对东北的大规模扩张

日本发展资本主义的道路与发展军国主义的道路几乎是同步的。20 世纪初，日本完成资本主义工业化，成为世界上新兴的帝国主义国家，其主要的凭借正是通过侵略扩张，尤其是通过侵略中国攫得的各种特权和战争赔款作为资本。1905 年，日本在与俄国争夺中国东北的日俄战争中取胜，一跃成为中国东北南部的霸主。随后它把中国的辽东半岛改为"关东州"，并设立一个殖民统治机构——"关东都督府"，下设民政部和陆军部，分管行政事务与军事。日本两个师团长期驻扎东北（1919 年改为"关东军"，直属天皇），强化了日本在东北的军事力量，为其在东北的进一步扩张铺平了道路。1906 年年末，日本以经营南满铁路为名，在大连设立了"南满铁路股份公司"（简称"满铁"）。"满铁"的性质，正如其首任总裁后藤新平所说："不把满铁看成是一个营利的铁路事业，而拟使之成为帝国殖民政策和我国发展的先锋队，其本旨确实如此。"[①] "关东都督府"和"关东军"就是侵略的大本营和急先锋，"满铁"就是侵略计划的策划者和执行者，始建于 1906 年的日本驻奉天领事馆则以外交为掩护，从事各种公开的侵略和秘密的阴谋活动。这三家主要机构各有归属，但又相互勾结、相互补充，成为日本军国主义侵略东北的"三把刀子"。

日俄战争的胜利为日本在东北的进一步扩张奠定了"坚实的基础"，日本强迫清政府签订了《东三省事宜正约》及其"附约"，不仅强迫清政府承认俄国把辽东半岛的租借权和南满铁路"让与"日本，开放凤凰城、辽阳、铁岭、长春、吉林、哈尔滨、满洲里等 16 个城市为其通商和居住地方，还攫取了从丹东到沈阳的"安奉铁路"的直接控制权，以及鸭绿江右岸的木材采伐权等。1907 年及 1910 年两次日俄密约，使双方在分割"满蒙问题"上达成了妥协，日本在东北的扩张便更加"放开了手脚"。

"满铁"首先强制改筑安奉铁路和攫取吉长铁路权益，然后又控制其他各条铁路，最后沟通成侵略和控制中国东北的吸血网，并以铁路"附属地"名义，在铁路沿线霸占大片土地，奴役压榨中国人民，甚至行使行政、司法、征税、警察权。"满铁"已俨然成为中国人民头上的"太上皇"。"满铁"从正式开业到 1931 年 24 年间，共付给日本红利 1.45 亿多日元，付给股东红利 2 亿日元，付给英国及日本的公司的债利息 3 亿余日元，另有公积金 1.88 亿日元，4 项合计共 8.3 亿多日元。所以"满铁"也通过榨

[①] 转引自军事科学院：《中国抗日战争史》上，第 34 页，解放军出版社，1991 年。

取、控制东北经济的"职能"为日本全面控制东北提供服务,日本财团与政府和"满铁"相互配合,掠夺东北经济。如 1915 年,日本财团勾结中国地方势力和商人,在安东设鸭绿江制材公司。1917 年,三井、三菱等公司取得哈尔巴岭和张广才岭的森林采伐权,并以此为基础,成立造纸公司;还在五常、舒兰、安东、延边成立许多日本株式会社,掠夺中国原料和朝鲜族、汉族廉价劳动力。1923 年,日本财团在大连设立"满洲神福岛纺织株式会社",把金州、复州一带的满族和汉族农民变为工人,进行奴役,并引起过工人的罢工斗争和反对日本帝国主义的斗争;日本吞并朝鲜后,便凭借这一有利条件,企图对中国延边一带全面渗透和控制。1917 年,日本的朝鲜银行在龙井设立分行,其通过控制经济进而为全面侵略服务的险恶用心不打自招。在日本制定的《满蒙拓殖政策》中公然宣称:"延吉道是日本的势力范围,为朝鲜的延长。"① 其实,日本为了在政治、经济上控制延吉,早在 1907 年就已借口"保护间岛(即中国延吉一带)韩民的生命安全",公然派遣军队进驻龙井,在此设立"统监府派出所",1909 年改为"日本总领事馆",并在延吉、珲春等朝鲜族地区设立分馆、警察署。

"关东军"并不限于"驻守"铁路沿线,"关东军司令部"直辖日本铁路守备队和重炮大队,另有 1 个师团的野战军驻于辽阳,但守备队的后援部队也由关东军司令部指挥,分布于旅顺、辽阳、公主岭、沈阳、鞍山、大石桥、连山关、海城等重要城市,名义上保护日本侨民和铁路,实际上"关东军"与日本驻朝鲜军队相互配合,一方面为了镇压中国人民,另一方面是侵略、蚕食和阴谋吞并东北的急先锋。

1911—1916 年,"关东军"又伙同日本参谋本部在中国东北策划了"满蒙独立",妄图把东北和内蒙古从中国分离出去,建立日本控制下的傀儡政权,成为日本的殖民地。辛亥革命爆发后,他们先后派遣日本少壮军人和"浪人"潜入东北,笼络卓索图盟喀喇沁右旗札萨克贡桑诺尔布,策动武装叛乱。这些"蒙清朝恩宠"的蒙古王公先是在清王朝大厦将倾时想"力挽狂澜"、并为维护自身的利益极力奔走,保存君主,反对共和;继之又在中华民国成立、清朝覆灭不可逆转之际或投靠袁世凯,或另谋出路。在日本的支持下,极力反对共和的一部分王公大搞所谓民族"独立"运动。日本间谍、"浪人"川岛浪速全力支持贡王等蒙古王公,1912 年 1 月 29 日与贡桑诺尔布在北京缔结了"契约书",决定以贡王为首联合内蒙古各旗,"设立统一内蒙全部的机关",以川岛浪速为总顾问谋划内蒙古"独立"。"契约书"还规定:贡王准备以卓索图盟矿产资源的开发作保,从日本借款 20 万日元,然后再从日本购买枪支弹药。日方组织陆军军人和浪人运输武器弹药。但在这批武器弹药交接过程中被东北地方军吴俊升部查获,日本支持的贡王独立活动以失败而告终。

此后,日本策动"满蒙独立"的方案发生分化:日本外务省和参谋本部次长田中义一等主张以东北地方军队首领张作霖作为策动对象,扶之为傀儡,谋求"满蒙独立";在"关东军"内部,有人想维护张作霖,但"关东军"参谋长却认为张作霖不是理想的策动对象,想炸死张作霖再寻找合适人选;一些少壮军人和日本"浪人"策动的"满蒙独立"方案,以亡清肃亲王善耆为中心,搜罗一批清朝余孽和蒙汉土匪势力,

---

① 转引自况浩林:《中国近代少数民族经济史稿》,第 97 页,民族出版社,1992 年。

在东北和内蒙古东部组织起所谓"宗社党",组织反动武装,计划发动武装叛乱。日本的大仓财阀以 100 万日元的巨额贷款供给其豢养的肃亲王善耆,作为其叛国的基金。

结果,策动张作霖为傀儡的"满蒙独立"计划尚未实施,由关东军参谋长策划的炸死张作霖的阴谋也未实现,这次谋杀计划只炸死了张作霖的几名卫队骑兵,只有策动"宗社党"人的方案按计划进行。在搜罗"宗社党"反动武装时,日本军部指使一些日本军官和"浪人"在 1915 年 12 月前往贝加尔湖东畔的哈拉哈,勾引投靠过日本,又投靠库伦、被民国政府打败的内蒙古卓索图盟土默特左旗的巴布扎布武装残部,任命巴布扎布为"蒙古宗社党"头目,拼凑以巴布扎布为司令的所谓"勤王师扶王军"。巴布扎布在日本军界的支持下,与善耆、川岛浪速等组成死党,约期共同举兵,发动"满蒙独立"。在半年的时间内,日本帝国主义者将大批枪支弹药秘密运到哈拉哈庙,巴布扎布叛军武装发展到 5000 多人。1916 年 6 月底,他们正式树起所谓"勤王师扶王军"旗号,向内蒙古东部盟旗一带进犯,并约期与善耆"宗社党"的"勤王军"会合,妄图先占长春、奉天等地,再打入关内攻到北京。巴布扎布占领长春附近的郭家店,准备进犯沈阳时,驻公主岭日本独立守备队积极为之提供弹药,策应其推翻张作霖军阀政权,实现"满蒙独立",结果巴布扎布所部全被张作霖部击溃。日本策动的第二次"满蒙独立"宣告破产。

支持蒙古王公和满蒙"宗社党"人的"满蒙独立"失败后,日本改用另一方案,极力拉拢、利用张作霖,软硬兼施。但张作霖不愿做日本的傀儡,日本强迫张作霖签订卖国条约的阴谋也一直无法实现。为了加速侵略中国的步伐,1927 年 6 月,日本召开了"东方会议",抛出了臭名昭著的《田中奏折》,不仅提出了"征服满蒙"是征服中国和世界的第一步,还提出了"满蒙非中国领土"的谬论。其中说道:"内外蒙古既以王公旧制为治,其主权明明在王公手中,我如欲进出外蒙,可以与蒙古王公为对手,而缔结权利,便可绰绰机会,而增我国力于内外蒙也。""……到处安插退伍军人,经便操纵旧王公,因乘其领土主权未明了之时,且支那及赤俄尚未注意及此之候,我国预先密扶势力于其地,如是内外蒙古之土地多数被我买有之时,则蒙古为蒙古人之蒙古欤?抑或日本人之蒙古欤?"① 可见,"东方会议"的真正目的是使"满蒙"脱离中国,此后"满洲问题"成为日本迫切解决的问题,日本法西斯军人、财阀、政客都鼓吹"满蒙是日本的生命线",法西斯组织专门策划以武力解决"满蒙问题"。日本把"满蒙问题"的解决方式定位在"武力解决",至于解决之后,是把东北变成"日本领土的一部分",还是抓住"满蒙非中国领土",利用满蒙宗亲甚至逊位的皇帝,建立傀儡政权,则是另一个问题。从 1929 年起,日本"关东军"组织了 4 次以高级参谋板垣征四郎、参谋(作战主任)石原莞尔为中心的"参谋旅行",秘密到长春、哈尔滨、海拉尔、洮南、山海关、锦州等地侦察情况,暗中制订了侵略东北的作战方案。② 为了能"立于制其死命的地位",1931 年 6 月,日本秘密派陆军部、参谋本部有关人员制定了《解决满洲问题方案大纲》(以下简称《大纲》),确定了以武力侵略中国东北的原则,并秘密将《大纲》内容传

---

① 引自卢明辉:《蒙古"自治运动"始末》,第 11 页,中华书局,1980 年。
② [日]小林龙夫:《走向太平洋战争的道路·资料篇》,第 372 页,朝日新闻社,1963 年。

达给"关东军"司令员本庄繁,日本侵略东北的战争进入具体实施阶段。

二、俄国对蒙古的侵略

俄国作为一个封建军事帝国主义国家很早就开始了对中国的侵略,对于中国蒙古地区,则于1900年作为八国联军之一就出兵强占了东北三省和内蒙古地区。1904年日俄战争后,沙俄为取得在日俄战争中失败的"补偿",便进一步侵略蒙古地区。特别是1907年俄日签订第一次密约,重新划分了两国在东北和蒙古的势力范围以后,沙俄便向蒙古派遣大批商队和"考察队"、"探险队",深入蒙古腹地,广泛搜集情报,除研究和制定对蒙古的贸易政策外,还肆意挑拨蒙古上层王公与清朝的关系,煽动民族分裂,培植亲俄势力。1908年俄国驻华公使廓索维慈到库伦与俄驻库伦领事刘巴一起赠给哲布尊丹巴金银珠宝、钟表和各种俄式奢侈品,并为他造房屋,赠送快枪,使哲布尊丹巴逐渐成为亲俄分子,与俄国共同制造外蒙的"独立"活动。

1911年,辛亥革命爆发前夜,沙俄趁库伦政局动荡和外蒙王公对清末"新政"的强烈不满,策动18名蒙古王公和俄驻库伦领事一起在库伦举行秘密会议,具体策划外蒙"独立"。沙俄尼古拉二世和内阁总理大臣分别召见了赴俄的秘密会议的"代表",公开表示全力支持和援助外蒙古脱离中国而独立。沙俄无视中国主权,一面在外交上干涉清政府的"新政",向清廷表示:俄国认为中国政府在喀尔喀进行的军事和行政改革措施是"敌视俄国的行为"①;一面在军事上大动干戈,派800多名俄国步兵和哥萨克骑兵开进库伦,而且由恰克图一带来库伦之俄兵正相继而至。

辛亥革命爆发后,各省纷纷响应反清。沙俄认为这是实现蒙古独立的最佳时机,便煽动蒙古王公:"不要放过中国发生革命这个非常有利的机会来保证喀尔喀的独立发展。"② 尼古拉二世说:"把中国分成几个独立的国家,最适合我们的广泛的利益。"③沙俄的御用报纸《新时代》等亦叫嚷:"俄国应当迅速派遣国防军,进入中国各个已经倾向于俄国的地区","首先发难",与英、德、日等国"共同瓜分这个世界赘物"④。沙俄政府立即指使库伦领事策动哲布尊丹巴集团迅速独立,并说否则的话,内地革命成功,外蒙古将"立见奇祸"⑤。这样沙俄陆军部命令伊尔库茨克军区将步枪1.5万支、骑兵刀1.5万把、弹药750万发运往库伦,交给正准备叛乱的哲布尊丹巴集团,俄蒙边境地区的俄国驻军还扬言:如有必要,在旬日之内即可调动数万兵力,集结库伦。外蒙古叛军和一支沙俄军队包围库伦办事大臣衙门,强行收械衙门的卫队,并驱逐中国驻库伦办事大臣三多,占领了各要害机关和部门。1911年12月28日,哲布尊丹巴的"大蒙古国"终于在沙俄的全力支持和一手操纵下出笼。

为了全面控制外蒙古,沙俄策动其"独立"后,便强迫外蒙古统治者签订《俄蒙协约》,俄国通过诱吓的办法,于1912年11月3日迫使外蒙古代表在协约上签字。按《俄蒙协约》的规定,中国军队及华人移殖蒙地的权利被禁止,即中国主权几乎全面被

---

① 转引自《蒙古族通史》下卷,第291页,民族出版社,2001年。
②③ 转引自《蒙古族通史》下卷,第292页,民族出版社,2001年。
④ 《新时代》1911年11月30日。
⑤ 远东外交研究会:《最近十年中俄之交涉》,第134页,1923年。

排斥，外蒙古自身也没有什么实利可言，而俄国却可在外蒙古享有政治、军事、外交、商务等一切特权；其所附《专条》上还规定：俄国人在蒙古全境有居住、往来、经商等权利；俄国进出口商品一律免纳各项税捐；俄国有权在蒙古开设银行、买地、开垦耕地、开采各种资源等。协约几乎使外蒙古全境向俄国开放，使中国的外蒙古地区，成为俄国的殖民地。此后，俄国不仅疯狂掠夺外蒙古资源，还极力控制外蒙古经济，非法驱逐中国商人，将俄国商品毫无阻拦地输入外蒙古，以图牟取暴利。但俄国的商品既粗劣又奇贵，在外蒙古销路不好。而外蒙古人民急需的茶砖、褡裢布俄国又不能提供，以致引起货物恐慌。

中国政府绝不承认《俄蒙协约》，各族人民亦纷纷反对，中俄双方就《俄蒙协约》进行交涉。俄国对中国政府采取威胁、恐吓的办法，又利用北洋政府穷于应付二次革命之机，于1913年11月5日迫使中国政府与之签订《中俄声明》，把外蒙古从"独立"地位降至承认中国有宗主权的"自治"地位，即外蒙古在中国版图内有"自治权"。直到1915年6月7日中俄"蒙"三方签订《中俄蒙约》，外蒙古"独立"在形式上被取消，正式改称"自治"，并承认中国的"宗主权"，沙俄在实际上所攫取的殖民权益不限于《中俄蒙协约》所规定的条款，还包括它在策动外蒙古"独立"时攫取的殖民特权。《中俄蒙协约》仍是沙俄强加给中国的又一个不平等条约，外蒙古实际上仍是沙俄的殖民地。

沙俄策动外蒙古宣布"独立"后，便唆使哲布尊丹巴以"蒙古君主"名义打电报和写信给内蒙古少数王公和上层喇嘛，煽动他们予以响应。沙俄驻呼伦贝尔领事乌萨蒂更是直接操纵内蒙古王公，阴谋策动呼伦贝尔脱离中国而"独立"。呼伦贝尔是中国最好的天然大牧场，南北长约750公里，东西宽近400公里，土壤肥沃，可耕可牧，森林、矿藏资源极为丰富。沙俄早就觊觎此地，并积极侵占，19世纪末修筑中东路以来，侵略活动更加猖獗。他们肆意扩占呼伦贝尔土地，砍伐森林，淘金挖煤，20世纪初更日益加剧。据1908年2月22日《东三省总督徐与黑龙江巡抚程给外交部咨文》称："额尔古纳河南岸山谷之间，俄人越垦之地已至二千一百八十余垧，沿岸修有水磨二十四盘，容棚六十六所。"[①]沙俄趁中国发生辛亥革命之机策动外蒙古"独立"后，又利用呼伦贝尔王公与清政府之间的矛盾，诱使额鲁特总管胜福、陈巴尔虎旗总管车和札等人独立，以响应库伦，并具体策动了呼伦贝尔的"独立"。呼伦贝尔王虽然存在与清王朝之间的矛盾，但随着辛亥革命的发生，呼伦贝尔王公与清朝之间的矛盾变成了忠于清朝，反对共和、反对"汉官"的内部叛乱。但在乌萨蒂的挑动下，使这场内部反共和之乱变成了分裂中国之乱。1月15日，呼伦贝尔叛军组成"自治政府"，不是隶属于残存的清政府而是隶属于库伦当局。沙俄打着"严守中立"的幌子，但当胜福等在黑龙江巡抚的劝服下曾一度表示可以取消"独立"时，乌萨蒂立即恫吓胜福：如果取消独立，以后中国政府"欺凌"蒙境，俄国就不再袒护，并向胜福索取巨额的援助枪械费用。同时，沙俄还先以穿着蒙服的侵略与呼伦贝尔叛军联合作战，失败后沙俄公然出兵，直到使胜福伪政权控制呼伦贝尔全境。

---

① 转引自《蒙古族通史》下卷，第303页，民族出版社，2001年。

呼伦贝尔"独立"后，俄国极力破坏中俄边界，大量俄国移民进入中国境内，并对呼伦贝尔地区进行经济掠夺。据《呼伦贝尔志略》记载："俄民移住我界三百余户，延长三百余华里，宽约五十余华里。大举垦耕，略无顾忌。驻海拉尔领事吴萨带，复诱惑我蒙旗订立林、矿、渔、垦地皮各项合同五十余份。就合同之内容考之，意在举呼伦贝尔全境利权、主权，作一网打尽之计。"① 俄国逼呼伦贝尔伪政府签订计 54 项合同，把呼伦贝尔地区的主要资源，尤其是吉拉林金厂、察罕敖拉煤矿、海拉尔河、额尔古纳河、达来湖的渔产和林业资源全都囊括进去。1915 年 11 月 6 日，俄国迫使袁世凯政府与之签订《中俄会订呼伦贝尔条件》，虽然承认呼伦贝尔为中国政府节制的一特别区域，也规定"呼伦贝尔官吏若认为地方不靖，无力弹之时，中央可派兵前往"，但"唯先应通知俄国政府"，使俄国干涉中国内政成为合法化；在经济上俄国人仍享有此前与呼伦贝尔"自治政府"签订的 54 条经济合同的非法权利。呼伦贝尔特别区域实际上成为俄国的殖民地或次殖民地。

更有甚者，沙俄还指使哲布尊丹巴以"君主"名义直接出兵强占内蒙古，企图将内蒙古 6 盟 24 部"一律荡平"。中国政府命令热河、张家口、山西、绥远等地驻军进行反击，消灭外蒙古叛军有生力量，将其驱逐出内蒙古各地。沙俄仍未放弃吞并内蒙古的野心，不久又指使原内蒙古卓索图盟土默特左旗、并投靠过日本的土匪巴布扎布再次窜犯内蒙古锡林郭勒盟浩齐特旗一带和昭乌达盟，被民国政府驻多伦、林西部队驱逐出内蒙古。

除了策动蒙古"独立"叛乱，沙俄还武装强占了斋桑泊以东的唐努乌梁海地区。唐努乌梁海在沙俄占领之前一直隶属清朝驻乌里雅苏台将军和科布多参赞大臣管辖，这里富有金矿、煤矿、盐田，出产珍贵的毛皮，沙俄早想把这里变成"移民之天国"。1911 年年初，沙俄《新时代》杂志发表文章，公开叫嚣唐努乌梁海当属俄境，1911 年其策动外蒙古独立的目的之一也是想把唐努乌梁海与中国其他领土隔开。1912 年 2 月 28 日，沙俄外交大臣沙查诺夫在给沙皇的奏折中报告说：俄国驻华代办谢金主张"立即占领乌梁海边区"，而沙查诺夫自己却苦于"俄国在法律上没有权利占领乌梁海地区"。尼古拉二世认为外蒙古"独立"说明侵占乌梁海的时机已到，即使找不到法律根据，也要强占。因此，沙俄在乌梁海策动了暴乱，7—8 月，指使外蒙古傀儡集团出兵唐努乌梁海，强迫当地各族上层追随外蒙古"独立"，脱离中国。随后，沙俄公然宣布：唐努乌梁海在"俄国保护之下"，并在那里设立边疆特使，实施侵略性移民，强行占据。

1919 年 11 月 7 日，外蒙古宣布"前订中俄蒙三方条约及俄蒙商务专条、并中俄声明文件……概无效力"，并请撤治，22 日，中国政府正式取消外蒙古"自治"；12 月，呼伦贝尔也致电中央"因外蒙古将治权归还中央"，"呼伦贝尔所有区域……商请仿办"，并宣布《呼伦条约》无效。1921 年 1 月 28 日，中央政府取消呼伦贝尔特别区域，沙俄侵略蒙古主权的历史结束。

---

① 《呼伦贝尔志略》，《外交》第 83 页，转引自《蒙古族通史》下卷，第 312 页，民族出版社，2001 年。

第二节 西藏地区

一、英国分裂西藏的阴谋与"西姆拉会议"的破产

辛亥革命以后，西藏地方由于帝国主义从中作祟，一时间纷争不已，生灵涂炭。民国政府对此颇为关注，即派从事蒙藏事务的姚锡光、杨芬等人为宣慰员，专程前往印度，宣达中央旨意，劝慰十三世达赖喇嘛，希望他以国家民族为重，速返西藏地方主持政教事务。1912年6月，杨芬等人启程赴印度。但甫抵印度，十三世达赖喇嘛已返回西藏。当杨芬等人拟经印度到西藏时，被英印政府阻挠，发去的电报也被扣压。他们虽滞留印度，仍想尽办法与十三世达赖喇嘛派往印度的交涉官员扎喜旺堆等人接触，最终与西藏地方政府取得联系。达赖喇嘛在给杨芬的信中，痛斥原驻拉萨的川军无恶不作，希望杨芬如实向大总统禀告藏情。杨芬从信中看到了达赖喇嘛仍有内向和拥护"五族共和"的可能，但苦于受英国人阻挠，难以面谈，解惑释疑。

这期间，西藏发生了一件引起中外关注的事。1913年1月11日，十三世达赖喇嘛的古嘉村晓堪布阿旺罗桑（即俄国间谍布里亚特蒙古人德尔智）窜到蒙古库伦，擅自代表西藏地方与蒙古哲布尊丹巴签订了一个所谓《蒙藏协定》。它声称西藏和蒙古相互承认为"独立国家"。今后有事，将互相协助。但是，"任何一方当时没有、以后也从来没有正式发表过这个协定的全文"，"它似乎是俄国驻蒙古的殖民官员搞假情报的一个典型事例。"① 所以，此事一经披露，即遭到中国政府和各界舆论的严厉谴责。当时的中国外长陆徵祥斥其为"一种政治阴谋"，并指出："俄国僧侣德尔智是这一阴谋的策划者。"② 俄国外交大臣萨佐诺夫也急忙声明：俄国政府并不认为德尔智是十三世达赖喇嘛的官方代表，并说在他看来，此项协定是无效的。③ 英国人亦认为此协定毫无政治意义。④ 连十三世达赖喇嘛也在事后表示"未尝授德尔智以与蒙古订立任何条约之权，遗德尔智之书，系属普通信札，谨请其努力为佛教谋利益而已。"⑤ 这场风波就此平息了。如果达赖喇嘛真想独立，则没有必要、也不可能否认此事。

中央政府随后又以"册封十三世达赖喇嘛名号专使"名义，派马吉符、姚宝来取道印度入藏，也被英国人拦截。为尽快解决藏事，政府又于1913年6月派王鉴清为"执行正宣抚使事西藏副宣抚使"，从四川西部入藏。王鉴清遂于7月发布告示，表示希望西藏地方政府派员到昌都与他商谈，解决川藏纠纷。他还遵照中央政府绕过英人，直接解决藏事的指示，多次给达赖喇嘛等人去信，表达自己渴望尽快在昌都与噶厦代表会商的迫切心情及有关事宜。但由于英国人从中作梗，昌都会谈仍未能进行。

事实上，此时的英国正全力谋求"正式地永久地把中国权力排除出去，使西藏变

---

① 《元以来西藏地方与中央政府关系档案史料汇编》(6)，第2412页，中国藏学出版社，1995年。
② 《德国外交文书》，第413—414页，商务印书馆，1960年。
③④ 柏林：《阿旺德尔智堪布》，[苏]《新东方》第3期，第151页，转引自《藏学研究文集》，第144页，民族出版社，1985年。
⑤ 贝尔著，宫廷璋译：《西藏之过去与现在》，第137页，商务印书馆，1930年。

成缓冲国"①。在竭力阻挠中国中央政府与地方政府联系的同时,一再逼中国与其就西藏问题重新议约,并别有用心地提出,中英会谈必须有西藏地方参加。

民国政府基于对主权的维护,同时也顾及全国舆论的影响,在停止川滇军队西征后,不愿再作迁让。英驻华公使对此竟恼羞成怒,威胁中国外交总长陆徵祥"不订约恐怕办不到"。并提出"藏约未议结期内,中国不能由印度与藏交通",甚至说什么"来文宣布护理驻藏大臣一节,英政府不能承认,原文退回",还不许中国驻西藏办事长官陆兴祺与西藏官员通信联系,②陆兴祺迫于无奈,只好按中央批示,在印度暂设驻藏办事长官公署。

鉴于"善后大借款"即将进行,借款成否紧系民国存亡,而英国又以西藏问题作为承认民国的先决条件,中国方面只好于1913年3月17日正式通知英公使,表示同意会商。5月26日,英方通知中国外交部,提出在印度北方城市西姆拉召开中英及西藏地方政府参加的三方会议,会商订约,共同签字。中国政府对西藏派代表与会,表示强烈反对,指出这样做承认西藏有立约之权,而等于自立之国。③但英方置之不理。

1913年7月14日,英国署理公使艾斯敦在与中国外交部次长的会晤中,竟谈到英国已与西藏地方派定专员,到西姆拉参加谈判。次日,又告以西藏已与中国脱离关系,其代表无论以何名称任命均可。中国外交部在重申中国与西藏地方的关系后,指出西藏代表不能擅用全权大臣之名,不能以与中英代表平等的资格在会议文件上签字,不能承认西藏有立约之权。英国公使却蛮横地坚持"必无更改之理",提出无论中国是否参加,会议都将于10月6日如期举行。袁世凯苦于国内局势继续失控,《俄蒙协定》已有先例,不得不委曲求全同意由陈贻范为西藏会议条约全权专员,前往印度参加会议,只是提出西藏代表不称全权字样,可作为"掌权员,随同商议"。

西藏地方派出了以司伦夏扎·边觉多吉为首的谈判代表。在他们赴印之前,英印政府即派驻锡金行政长官柏尔在江孜与其秘密协商达3个月之久。柏尔为夏扎等人出谋划策,让他们搜集各类材料,以便向中央政府发难,并一起详细商讨了对付中央政府代表的办法。④ 在一阵紧锣密鼓之后,1913年10月13日,由中国、英国、西藏地方三方代表参加的"西姆拉会议"始告开幕。

英国以英印政府外务大臣麦克马洪为首席,他名义上作为一个"诚实的经纪人"调停纠纷,实际上始终操纵了整个会议的进程。连外国史学家也认为"英国代表团……同西藏人密切合作,差不多是互相勾结","夏扎司伦实际上是由英国代表团成员之一罗斯所代表"⑤。而中国代表陈贻范等人到印度后,英人又禁止西藏代表与之往来,西藏代表的一切举动都有英国派来的人陪侍,"名为招待,实无异监视"⑥。

---

① 马克斯韦尔:《印度对华战争》,第89页,生活·读书·新知三联书店,1972年。
② 吕秋文:《中英西藏交涉史》,第222页,(台北)1974年。
③ 吕秋文:《中英西藏交涉史》第238页,(台北)1974年。
④ 陆兴祺:《西藏交涉纪要》下篇,19页,铅印本。
⑤ 马克斯韦尔:《印度对华战争》,第61页,生活·读书·新知三联书店。
⑥ 陆兴祺:《西藏交涉纪要》下编,第19页,铅印本。

会议一开始，夏扎即按会前英国人柏尔的教唆，抛出6条声明，其核心就是要摆脱中央政府，搞"西藏独立"。他否认1866年《中印续订藏印条约》有效，要求更改1893年《中英会议藏印条款》和1908年《中英修订藏印通商章程》，扩大势力范围，包括青海及四川西部等地。中央代表陈贻范据理力争驳斥，指出：西藏是中国领土的一部分，中国政府将继续派官驻扎拉萨，并将派卫队1600名分驻西藏各地。陈贻范还强调，西藏的外交及军事事宜都应听从中央政府指示，西藏地方不得与外国擅订条约。他提出的7条意见，否定了"西藏独立"。此后，会议一直在如何划定西藏行政区域问题上断断续续进行了好几个月的争论，会议地点也从西姆拉移至德里。英方代表麦克马洪对此十分不满，遂以"调停"为名，走到了前台。

1914年2月，麦克马洪在会议上正式提出，在西藏划分所谓"内外藏"。3月，又就"内外藏"的具体划分，提出有11条条款的协议草案，这个草案与西藏地方所提意见实质上是一致的。所谓"外藏"，包括西藏地区及青海、川边大部。麦克马洪提出"外藏"的军政事务概由西藏地方政府掌理，中国政府只有"宗主权"，而不得干涉。他还谈到，中国政府代表除了带百人以下的卫队外，不得在西藏派驻军队和文武官员，西藏则不派代表参加中国议会或类似团体。但在这个草案中，英国商务委员却被赋予各种特权，包括卫队的驻扎，直接到拉萨的交涉权等。需要指出的是，英国所谓"内外藏"的划分，实际上是想用外藏自治之名行其分裂之实，效法沙俄在"内外蒙"问题上玩弄的花样。

3月20日，中国代表陈贻范奉命约见麦克马洪，表示中国政府完全拒绝英国的协议草案，特别对英"内外藏"划法提出异议。3月26日，英代表竟威胁陈贻范说，如果中国拒绝协约草案，英国将与西藏地方单独会谈。

其时，袁世凯正忙于镇压反袁的"二次革命"，急需列强的支持，故对英国所提议案，除"内外藏"划界问题外，相继作了让步。但英国代表仍不满足，进一步提出"在中国表示'一种比较讲道理的态度'以前"，将与中国的全权代表中止个人关系。[①]对于英国代表这种蛮横的态度和无理的要求，陈贻范受中国政府指令，于4月21日向英国代表宣称，中国不承认英国同西藏地方之间当时或将来可能签署的任何条约或类似文件。次日，陈贻范再次表示，中国政府不同意英国代表的要求。

4月27日，英国代表麦克马洪将略加修改的约稿带到会场，宣称签字与否，必须马上解决。同时暗做手脚，让夏扎先行签字，随后即以英、藏地方代表已签，中方再不签字就应退出会场，而西藏将成为一个"独立国家"。陈贻范遂被迫在草约及附图上草签，但声明"画行与签押，当截然分为两事"[②]，正式签字必须得到政府批准。中国政府闻讯后，立即作出强烈反应。28日，中国外交部电复陈贻范，"执事受迫画行，政府不能承认，立即声明取消"。[③]中国驻伦敦公使刘玉麟也奉命向英方提出抗议，并声明"（陈贻范）未奉政府训令，及属个人不正式之画行"，已电令取消。[④]

[①][③] 《西藏是中国不可分割的一部分》，第472页，西藏人民出版社，1986年。
[②] 周伟洲：《英俄侵略我国西藏史略》，第246页，陕西人民出版社，1984年。
[④] 陆兴祺：《西藏交涉纪要》下编，第19页，铅印本。

这期间，英国政府为避免引起也正觊觎我国西藏的沙俄干涉，加紧了相互勾结，他们为了各自的权益，公然违背"国际法"，将西藏作为讨价还价的筹码。由于第一次世界大战即将爆发，考虑到要共同对德作战，俄国也要在阿富汗、伊朗扩张势力，英国在藏利益便得到了"承认"。这场交易使英国在西藏问题上更加无所顾忌了。

7月2日，英国代表通知陈贻范，已决定在次日正式签订条约，如再拒绝签字，英国将与西藏订约。3日，陈贻范表示，中国政府不能同意英国的条约草案，并声明："凡英藏本日或他日所签之约，或类似文牍，本国政府一概不能承认。"① 最后，陈贻范被迫离开会场。麦克马洪遂与夏扎在英方提出的条约草案上进行草签，并发表了一个联合宣言。英国当局做贼心虚，一直不敢公布其内容，连草签的消息也未发布。中国外交部7月6日致英方照会，进一步强调"中国政府不能擅让领土，致不能同意签押，并不能承认未经中国承诺之英藏所签之约或类似之文牍。"② 此后，历届中国政府都拒绝承认这一非法条约，连西藏地方政府事后也在各种场合谈道，所谓"条约"可以另议，可以修改，以后还对英印政府强占我国察隅一带的侵略行为提出了强烈抗议。

"西姆拉会议"自始至终根本未涉及中国西藏地方与印度的边界问题。因此，当麦克马洪私下里将所谓地图交给夏扎时，他当即表示反对，指出该图将属于西藏的地区划到了印度，并声明"因未受西藏政府委托处理英藏划界问题，无从决定"，③ 须向拉萨请示。但狡猾的英国人竟以供给军火，支持其"独立"等为诱饵，迫使夏扎与其暗地会商，以秘密换文的方式，划了一条西自不丹东北，东至我国西藏、云南和缅甸交界处，包括了我国西藏的察隅、珞瑜及下察隅在内的分界线，把这三个地区的全部或大部约9万平方公里的土地划入印度管辖范围之内。这条分界线就是臭名昭著的"麦克马洪线"。这场私下的交易，不仅中国代表不知晓，连英印政府中的许多负责官员也不了解，完全没有法律效力。这一点，英国政府是清楚的。所以，1929年出版的记载印度同邻国签订条约、契约、文书的印度外交部官方文件集《艾奇逊条约集》只是说"西姆拉会议"试图就中国和西藏边界诸事获得一个解决办法，根本未提到什么"麦克马洪线"。但是，到了1938年，英国为了进一步实行侵略扩张政策，竟重印了经过篡改的版本，把这条线的走向写了进去，冒充为1929年版，同时收回旧版本。这种拙劣的行为也恰好说明"麦克马洪线"究竟是个什么货色。此外，英帝分子还在会议期间，与夏扎私下炮制了一个所谓《英藏通商章程》，据说这是根据《西姆拉条约》第七款制定的，它使英国商务代表等在西藏享有治外法权等。但是，正如中国政府所声明的，"未经中国政府承诺之英藏所签之约或类似之文牍"一概不予承认，只能是一纸空文。④

当时，中国中央政府代表陈贻范虽在草案上画押，但只是草签，与正式签署有本质

---

① 转引自《中华人民共和国对外关系文件集》1962年第9集，第29页，1984年。
② 见《西藏议约案》第五函，第十九册，民国三年七月六日外部致英使照会。转引自冯明珠《近代中英西藏交涉与川藏边情》，第339页，（台北）故宫博物院，1996年。
③ 见原西藏地方政府外交局档案。
④ 《元以来西藏地方与中央政府关系档案史料汇编》(6)，第2422页，中国藏学出版社，1995年。

区别，况且即使是签署，未经本国政府批准，条约也不能生效。连英国人内尔也认为《西姆拉条约》"纯属空谈"，"因为中国政府没有签字"，"所以现在是无效的①。"虽然英国和西藏私下草签了条约，但实际上正如一个外国人所说："西藏之签字本身正是它缺乏独立资格的一个例证。西藏毕竟没有别的选择，只有默认英国的要求。"② 当时，西藏代表"不会画地图"，"并不了解边界线是怎样被篡改的"。事后，夏扎也承认"正如所谓在特殊条件下，有时鸩毒也成良药"。③ 何况英人柏尔曾在西藏代表夏扎生病时代替他参加了会议。从档案材料看，西藏地方代表是在英国人威逼利诱下，干出错事的。如麦克马洪将所谓地图交与夏扎时，夏扎当即表示反对，指出该地图将属于西藏的部分划到了印度，并说明自己"因未受西藏政府委托处理与英划界问题，无从决定"，直到英国人允以"酌情给予武器"，方使夏扎在提出一些保留条件后表示同意。④ 需要指出的是，十三世达赖喇嘛这个当时西藏地方的统治者，也并不了解西姆拉会议的情况。⑤ 须知，此次会议英人极力想搞的重要议题即是"内、外藏问题"。达赖喇嘛真正对条约有进一步了解是在7年后经柏尔讲解。他坚持认为"西姆拉会议"英人与夏扎私下所签的条约是可以修改的。西藏地方政府也对此表示异议，并于1948年前后，多次向印度政府提出，要求归还在"西姆拉会议"后被英人依所谓"麦克马洪线"所强占的土地。

二、九世班禅出走内地

20世纪初期开始，十三世达赖喇嘛和九世班禅额尔德尼的关系进一步恶化。从大量事实看，这与英国人的挑拨离间是分不开的，早在1904年十三世达赖喇嘛出走期间，英帝分子便大力拉拢九世班禅，企图使他成为其控制西藏的代理人。1905年，当时英国驻江孜的商务代表鄂康诺（W. O. CONNOR）前往日喀则要求九世班禅到加尔各答会见英王储，"实密谋废达赖图藏"⑥。九世班禅虽被迫前往，但爱国之心不变，英人"始谋未遂，不得不厚礼送归"⑦。但此事在达赖喇嘛方面引起极大猜疑。1906年，英人柏尔又至札什伦布寺，停留约两个月，显然是为了拉拢九世班禅，他很清楚"拉萨与札什伦布寺之间，妒忌甚深"，因而不遗余力。以后，他见九世班禅内向之心颇坚，便又加紧与达赖喇嘛联系，竭尽挑拨拉拢之能事。

1910年2月，十三世达赖喇嘛因驻藏大臣的逼迫出走印度，清廷施行错误政策，废其名号，拟由九世班禅取而代之，暂摄藏政。班禅对此婉言拒绝，但因后来未随十三世达赖喇嘛去印度，反而受驻藏大臣所请，到拉萨主持了藏历新年仪式。引起噶厦在印度的官员大为不满。⑧ 至1912年，川军与藏军发生激战，钟颖抵敌不住，求援于九世班禅。九世班禅对十三世达赖喇嘛此举自然不满，于是"后藏僧民与汉军互相为援。

---

① 卡鲁纳卡尔·吉普塔：《麦克马洪线1911年至1945年——英国的遗产》，《中国季刊》1971年第47期，第524页。
② 谭·戈伦夫著，伍昆明等译：《现代西藏的诞生》，第95页，中国藏学出版社，1990年。
③④ 见原西藏地方政府外交局档案。
⑤ 柏尔著，冯其友等译：《十三世达赖喇嘛传》，第196页，铅印本。
⑥⑦ 《班禅赴印纪略》，《清代西藏史料丛刊》第一集，商务印书馆。
⑧ 《西藏文史资料选辑》第4辑，第59页。

一切饷糈，莫不臂助"①。九世班禅还"暗令哲蚌寺僧助之"②。1913年3月，九世班禅致电中央政府，恳拨巨款，以便协助川军与十三世达赖喇嘛抗衡，表示自反对达赖以来，多欠外债，请求中央代与偿还。民国政府允为代偿。③

1913年年底，十三达赖喇嘛回到西藏，即开始清除异己，首先惩办帮助过川军的僧俗官员，对九世班禅的内向之举，也嫉恨在心，双方关系更趋恶化。

这期间，西藏地方政府听信英人调唆，极力扩大藏军，大打内战，与川军作战耗资巨大。因此，为解决庞大的军费开支等诸多问题，十三世达赖喇嘛开始实施"新政"。噶厦即以此为由，向札什伦布寺提出按孜康列空原规定承担全藏军饷总额的1/4及骡马、差役的要求。这无论从其所辖土地、人口、收入等方面看都是很不合理的，侵犯了九世班禅的固有权力和地位。按清代成例，达赖、班禅在政治上的地位是平等的，都归清朝驻藏大臣节制；在民众中也有"天上的太阳月亮，地上的达赖班禅"的说法。九世班禅对此自然不能接受。

1915年4月，西藏地方政府在日喀则地区设立基宗（相当于地区行署），其职责除管理在后藏的宗豁外，还要管辖班禅所属的4个宗和所有豁卡。6月，他被迫给十三世达赖喇嘛去信，一方面申诉札什伦布寺的痛苦；另一方面要求去拉萨与达赖喇嘛面谈。达赖喇嘛在回信中虽然同意面谈，但提议推迟至翌年。而后，达赖喇嘛却宣布"闭关坐静"，婉拒晤面。

一直到1919年11月，九世班禅才获同意赴拉萨。他到拉萨时，达赖喇嘛在迎接的礼节上与班禅地位很不相称，使人们大感诧异。两人在拉萨虽然进行了多次晤谈，并未解决任何问题。九世班禅对此非常失望。

1921年，噶厦新设立的军粮局向札什伦布寺征收了约3万斤青稞和1万个银币的年附加税。1923年，噶厦所颁布的《水猪年法令》更为苛刻，竟规定札什伦布寺的所有农奴都必须支应噶厦所派的驮畜等差役，④以致使札什伦布的全体官民感到无法生存。面对这一切，九世班禅感到前途渺茫，"认为逃出西藏为最妥善"。他曾以去拉孜宗芒卡温泉沐浴为名，相机出走未遂。

1923年12月，一件突如其来的事终于促成了九世班禅的出走。当时，札什伦布寺的几名僧官突然被唤至拉萨，而被无故拘捕。九世班禅闻讯大惊，自觉噶厦在英人的指使下，可能加害于己，如不速走内地，性命难保。12月26日夜，九世班禅留下一封信表示，虽蒙达赖喇嘛多方关照，然而，军粮局官员没有公平合理地处理此事，反而指令札什伦布寺喇章的属民无偿地支应运输等差役。因此，他只好暂时秘密地离开札什伦布寺，以寻求康区和蒙古施主的帮助，并从各地佛教徒那里募集资金。⑤遂急率侍从15人离开札什伦布寺，往北而去。数日后，日喀则基宗穆霞始知其出走，派人至江孜，电告噶厦。达赖喇嘛闻讯，即令代本崔科率军千余人向北追赶，终未获。

---

① 白眉初：《西藏始末纪要》，第60页，北平图书馆，1930年。
② 朱绣：《西藏六十年大事记》，第26页，铅印本。
③ 《西藏文史资料选辑》第4辑，第59页。
④ 牙含章：《班禅额尔德尼传》，第241页，西藏人民出版社，1987年。
⑤ 牙含章：《班禅额尔德尼传》，第242页，西藏人民出版社，1987年。

九世班禅出走后，十三世达赖喇嘛令日喀则基宗彻底控制了后藏地区，直接过问札什伦布寺内各项事务。

1924年3月29日，九世班禅历经千辛万苦，始抵达甘肃安西县，自此他获得了内地各级官员及百姓的热烈欢迎。民国政府大总统曹锟得知九世班禅前来，遂电复甘肃兰州督军陆洪涛以前清迎六世班禅的规格接待。班禅在安西县县长的护送下，乘八抬大轿抵达兰州。督军陆洪涛率军民数千人至郊外迎接。从北京专程赶来的"迎护专员"李乃芬宣布了民国大总统令，授予九世班禅"致忠阐化"封号。8月，九世班禅在民国政府官员的护送下，取道西安赴北京。

1924年12月29日，九世班禅在西安就停止内战问题向全国发出通电，希望各界人士"彻底觉悟，共保和平，免阋墙之纷争，谋根本之建设"。① 通电是九世班禅抵达内地后，第一次公开表明自己政治态度的宣言，也在全国各族人民面前展示了一个爱国高僧的形象。

1925年2月2日，九世班禅在临时执政段祺瑞长子段宏业，蒙藏院代表贡桑诺尔布、章嘉呼图等人的陪同下，乘专列抵达北京，受到数万人热烈欢迎，而后下榻于中南海瀛台。次日，班禅大师与临时执政段祺瑞会面，"报告藏务及东来使命"。段祺瑞表示"一俟国内安定，藏事当可迎刃而解"。②

民国以来，军阀混战，外侮频仍，九世班禅冒险东来的爱国行为唤起全国人民的同情和敬意。在内地耳闻目睹的一切，也使他清楚地认识到，只要中国大地战乱绵延，藏事的解决就无从谈起。他于是竭尽心力，毫不气馁，大声呼吁"以博爱群生之旨，发存亡与共之言"③，反对内战，反对分裂，谋求建立一个统一而强大的祖国。

是月，民国政府召开"善后会议"，九世班禅指派代表罗桑坚赞参加了会议。出席会议的还有十三世达赖喇嘛指派的代表顿柱旺结。九世班禅在会前再次敦促各方不要因自私"酿出国内兵争，丧军民之生命，耗国家之金钱"，应"同心诚意，化出我见为基础"，"一心想中国往好处走，自然五族共助，人同此心，从此财政富足，民生安乐"。④在会议期间，他还递交意见书，号召"弭止战祸，实行五族共和"⑤。

8月1日，民国政府执政段祺瑞以九世班禅"远道来京，赞筹统一，精忠翊国，嘉慰良深"，授其"宣诚济世"封号，并颁金册金印。与此同时，九世班禅还报经临时执政批准，在北京福佑寺设立班禅驻京办事处，处长为罗桑坚赞。以后又在西宁、成都等地及印度成立办事处。后因北京始终处在动乱的中心，军阀混战不断，九世班禅遂应蒙古王公之邀至沈阳，并以黄寺为行辕驻地。因驻地邻近内蒙古，信教蒙古王公顶礼膜拜者甚多，九世班禅亦常至东部蒙古各地进行佛事活动，举行了数次时轮金刚法会。

1928年，国民政府成立后，九世班禅又在南京成立了班禅驻京办事处，以加强与中央政府的联系。1933年10月30日，十三世达赖喇嘛圆寂。九世班禅闻讯后，悲痛

---

①③④ 《九世班禅内地活动及返藏受阻档案选编》，第2页，中国藏学出版社，1992年。

② 牙含章：《班禅额尔德尼传》，第242页，西藏人民出版社，1987年。

⑤ 《九世班禅内地活动及返藏受阻档案选编》，第3页，中国藏学出版社，1992年。

万分，亲率僧人为达赖喇嘛诵经追荐。他在内地期间，为国家民族的利益鞠躬尽瘁。中央政府对他的爱国行为颇为赞赏，先后委任他为国民政府委员、西陲宣化使等职。以后，又被封为"护国宣化广慧大师"。

九世班禅为"陈述藏情，倾心祖国"，出走内地期间，为维护祖国统一、民族团结，辛勤奔波。他无时不在思念着西藏的土地和人民。

1935年3月，班禅提出回西藏计划，着手返西藏工作。但是由于英帝国主义的挑唆，西藏地方政府百般阻挠，九世班禅虽历经三个年头，却"壮志未酬身先死"。

1937年12月1日，著名的爱国主义者九世班禅隐忧成疾，圆寂于青海玉树寺甲拉颇章宫内，享年54岁。"弥留之际，遗嘱勉僚属以拥护中央为志"。九世班禅用他毕生的精力书写了一页爱国主义的新篇章。在他的遗嘱里，我们可以看到他溢于言表的爱国激情，"余生平所发宏图，为拥护中央，宣扬佛化，促成五族团结，共保国运昌隆"，"望吾藏官民僧俗，本中央五族建国精神，努力中藏和好"，并将宣化使署枪杆大部献给中央，以供抗日之需。① 九世班禅的一生，虽然历经坎坷，备尝艰辛，但光辉照人。他以其对祖国统一事业的孜孜追求，对民族团结的不懈努力，为我们留下了宝贵的精神财富。

中央政府得知九世班禅圆寂的消息后，尽管抗战军务紧急，仍发布追赠九世班禅的封号令，充分肯定了他"早岁翊赞统一，懋著功勋"，"特令褒扬，追赠护国宣化广慧圆觉大师封号，并著给治丧费一万元，特派考试院院长戴传贤前往康定致祭，用示国家笃念殊勋之至意"。②

第三节　西北地区

一、英国策动分裂新疆

新疆独特的地理位置和境内多民族的特点，决定着民国时期新疆的两个基本问题，一是维护国家统一；二是维护民族团结。从新疆独特的地理位置来说，它远离中国中央统治中心，民国初期中央政府对这里的控制力量弱，地方行政管理自主性强，使新疆的稳定、发展与地方统治及其推行的政策关系密切；与新疆接壤的国际势力主要有俄国（苏联）和控制着阿富汗、以印度为殖民地的英国，这两个国家分别是近代以来侵略新疆势力最强的国家。此外还有信仰伊斯兰教的土耳其国内的一些失意政客，他们想以新疆建立"独立"的国家。"新疆所面临的国际关系之复杂，较之民族问题有过之而无不及。"③ 民国以来，由于中央政府积弱，处于地方势力控制下的新疆不得不在英、俄（苏）势力的夹缝中小心翼翼地求生存。而民国政府或新疆地方政府的民族政策和新疆境内的民族关系的因素，常常是英、俄势力向新疆进行侵略时利用的工具。

民国初年，俄国仍然利用近代以来强迫中国政府签订的不平等条约，肆意对新疆进

---

① 《九世班禅圆寂致祭和十世班禅转世坐床档案选编》，第5页，中国藏学出版社，1991年。
② 《九世班禅圆寂致祭和十世班禅转世坐床档案选编》，第14—15页，中国藏学出版社，1991年。
③ 蒋君章：《新疆经营论》，第67页，中正书局，民国25年，铅印本。

行侵略、掠夺、分裂和破坏。在侵略、控制中国新疆的争夺中，英国虽然暂时竞争不过俄国，但也步俄后尘，在经济上以阿富汗和印度为基地，极力扶植和派遣大批商人到新疆发展势力，进行经济侵略。中英间原未签署有关新疆商务的条约，故最初英商在新疆须同华商一样照章纳税。后来英政府援引"利益均沾"之说，效仿俄商获得免税特权；俄国在新疆享有领事裁判权后，英国再度效尤，将其派驻喀什负责英国侨民旅游等事务的机构改为领事馆，同样享有领事裁判权。同时，英国借口保护"安全"，援引俄国先例在领事馆内增加武装卫队，与俄国在南疆的侵略活动相抗衡。英国为了同沙俄争夺南疆，在南疆中国人中非法发展侨民。1914年7月，英驻喀什领事马继业（George Macartney）在南疆"登记了六百五十一人，他通知在这个省北部要求当英国人的人们旅游到喀什噶尔，以便研究他们的国籍"①。随后，在南疆的库车、莎车、巴楚、叶城、英吉沙尔等地设立了商约或乡约，给非法的英侨签发免纳厘税的证明书，借以逃避征税。据《新疆图志》记载，英国商人遍及新疆各地。英国在新疆的这些侵略活动既为其在新疆的进一步侵略打下基础，又由于英国商人及英属印、阿商人在地理上不具有与俄国竞争的交通运输条件，加之在商品品种数量上英及英属阿、印等国远远落后于俄国，使英国对新疆的侵略改变策略，这就是利用新疆的民族问题和新疆统治者的民族政策。

十月革命的胜利使沙俄这个对中国新疆威胁最大的帝国主义彻底垮台，对英国来说，由于去掉了最大的竞争对手而加紧了对新疆的侵略活动。除了以往的经济侵略以外，就是日益加紧政治侵略，而政治侵略的常用手段就是利用新疆的民族问题。

新疆民族成分复杂，素有"亚洲人种博物馆"之称。左宗棠收复新疆过程中曾以大汉族主义对待当地少数民族，造成了一些民族隔阂。杨增新统治时期，对新疆境内的少数民族实行较为宽松的抚绥、羁縻、牵制政策，利用各民族的力量，"求新疆长治久安"，"以保新疆"②。他更十分注视占新疆人口2/3的伊斯兰教信仰者，并利用宗教因素以"稳定社会"。他说："查缠民笃信宗教，注重阿訇，为牢不可破之习惯，其愚处在此，其好处亦在此。假使缠回不信宗教，不敬阿訇，便不免无所忌惮。非专恃法律所能维持。"③英国利用伊斯兰民族的宗教信仰问题，积极在少数民族中培植亲英势力，引诱他们加入英籍，充当爪牙和代理人，并支持他们进行分裂的叛乱活动，妄图将新疆变成它的势力范围。

1918年5月，英国通过库车英侨头目奈依木及其他英国间谍供应库车巨商维吾尔族人买买铁力汗许多武器，买买铁力汗则以英国贩卖的通商免税商票为掩护，冒充英籍，让他的岳父、库车伊斯兰教大依禅阿吉和卓以宣传伊斯兰教为名，附会经典，煽惑人心，纠集徒众于库车南乡，暗中制作叛旗，秘密筹集枪弹军火，准备在伊斯兰教封斋日以"杀尽汉人，收复领土"为口号，发动叛乱。当时有英国间谍卡木旦巴图鲁等8人在买买铁力汗家中，秘密地对准备叛乱者进行军事训练。库车县知事陈宗器得知叛乱

---

① 新疆社会科学院民族研究所编著：《新疆简史》第二册，第359页，新疆人民出版社，1979年。
② 杨增新：《补过斋文牍》甲集下。
③ 杨增新：《补过斋文牍续编》卷14。

预谋,立即派军队前往镇压。买买铁力汗见阴谋败露,提前举事,抢劫邮差,砍断电线,率部众乘夜攻击库车县城。杨增新电令库车县知事予以清剿,在维吾尔族人民的配合下,叛乱被镇压,叛军头目买买铁力汗被击毙。

英帝国主义的颠覆活动并没有因为库车叛乱的失败而收敛,并继续以行商运货为名,经蒲犁等地向新疆大量偷运军火,策动民族分裂。这时他们借助了一个更具煽动性的武器——泛伊斯兰主义,或泛突厥主义、大土耳其主义。新疆的邻国土耳其国内的土耳其青年党在第一次世界大战前首先提出"泛突厥主义"的理论与口号,第一次世界大战后这一理论在穆斯林世界流传甚广,它主张所有信奉伊斯兰教的人不分民族和种族,应联合成为统一的伊斯兰教国家。这种抹杀阶级、国家界限,而只讲民族和宗教的理论极易引起宗教狂热和民族沙文主义,因而成为英帝国主义利用的工具,阴谋将我国新疆的维吾尔、哈萨克等族从新疆分裂出去。为此,英国雇用一些土耳其人冒充阿訇,深入到新疆各地的清真寺,充当间谍,以讲经为名,宣传大土耳其主义和泛伊斯兰主义,从思想上毒化新疆人民,借以挑动新疆伊斯兰教脱离中国,破坏中国民族团结和国家统一。英、日、德等帝国主义国家所豢养的一批中近东国家间谍专门对新疆出版反动书刊,秘密散发。他们不仅把自己打扮成伊斯兰教的卫道者,还别有用心地把新疆称为"东土耳其斯坦",妄图否认新疆是中国神圣领土的一部分,挑拨回汉关系,大肆叫嚣要消灭异教徒,建立伊斯兰教国家。杨增新早就看出英帝国主义的险恶用心,多次发布命令,严禁土耳其人在礼拜寺中传教,将不少犯有间谍罪行的土耳其人驱逐出境。但英帝利用大土耳其主义,使其在新疆泛滥,此后,大土耳其主义一直是英国在新疆煽动民族分裂的武器。

英国分裂新疆的另一种手段就是在经济上指使各地英国商约、乡约,引诱各族人民领取英国商票或加入英国国籍,再充当其爪牙,搞分裂活动。因为杨增新对各族人民实行的"羁縻统治"政策是保护各族头人的既得利益,尊重并承认他们的社会地位,这样来自封建地方官府、封建王公、农民封建主对各族人民的经济压迫依然很重。当官吏与乡约勾结漫无限制地"浮收粮草"时,各族农民不堪其累,不得不采取消极对抗形式。英帝乘机煽动和引诱中国农民"投入外籍","避纳赋税"。办法是用援引俄国而获得的免税特权,由英领事馆非法滥发通商免税商票卖给华商,华商持此小票也拒不向政府交税,甚至拿小票当成拥有英国国籍的凭证。俄国十月革命后,俄商的商票都已取消,而英国却继续贩卖小票抗税和发展侨民,与新疆地方官府不断发生冲突,既破坏了民族团结与社会稳定,又造成了一些人离心的媚外心理,如1917年9月和田商人胡大拜提由英国贩货入境,持英商小票贩货案;1918年英商人沙尾在新疆境内倒卖地方土货抗税案;1919年英国商人约夏买买提在温宿贩发小条案;1919年7月莎车英国商总提拉汗引诱中国居民克什米等请领英票案等[①],都是英国引诱离间的结果。英国通过政治手段和经济手段在新疆制造民族分裂说明了民国时期由于民国政府的软弱和中国国内的混乱致使中国进一步殖民地化,但因为新疆地方政府行政管理的相对自主性、杨增新民族政策的基本成功,新疆各族人民的反对分裂斗争而使英国的分裂活动没有得逞。

---

① 白振声等主编:《新疆现代社会政治史略》,第74页,中国社会科学出版社,1992年。

二、白俄残部窜入新疆

俄国十月革命胜利后,新生的苏维埃政权面临着外国的武装干涉和帝俄军事力量白卫军(与苏联红军对称)的顽抗与最后挣扎。外国干涉和白卫军力图把中国的新疆作为反共反苏的基地,并把新疆的统治者杨增新拉入反共反苏的阵营。英、日等帝国主义者和帝俄驻新疆领事以协约国的名义,一再拉拢杨增新参加外国武装干涉苏联的行列,派兵援俄,配合俄国白卫军攻打苏联红军,但被中国政府和杨增新拒绝。尽管杨增新有"嘉峪关外,唯我独尊"的对新疆的控制力,对中央政府采取"认庙不认神"的态度,但在对外关系上基本与中央政府保持协调一致,尤其在对旧俄势力与对新生的苏联政权的关系上,杨增新和北洋政府基本上都主张采取中立的外交方针和"不干涉主义"。原因是:其一,新疆军事力量虚弱,全疆军队不过1万多人,根本无力出兵援助白俄。其二,北洋政府认为:俄新政府虽未经各国承认,但新旧两党胜负难料;杨增新虽然也惧怕苏联社会主义革命,但认为帝俄必败,卷入俄国内战不仅会积怨布尔什维克党,更会引火烧身,使战祸波及新疆,造成不可收拾的局面。何况白俄势力"抵抗苏俄虽不足,扰乱新疆则有余"①。其三,由于民国以来中央与内地各省对新疆的财政援助完全断绝,北洋政府又忙于各派系的利益纷争而无暇顾及新疆,便把西北边防完全交给新疆地方来承担,国防变成了省防,北洋政府在制定新疆对苏俄政策时,既考虑新疆的军事实力的虚弱,又考虑杨增新的态度,使二者的对外政策有相互协调一致的可能。所以尽管北洋政府在协约国联合干涉苏联后对苏联的关系一度出现过动摇,但总的来说杨增新和北洋政府基本都想把和平外交作为保全新疆的主要手段。

协约国和帝俄领事关于"派兵援助"的阴谋破产后,1918年,白俄军官阿连阔夫所率败兵1200余人退至靠近新疆的俄国边境,沙俄领事又提出了"假道伊犁塔城进攻萨玛尔之赤党之说",阴谋占领伊犁等地,再进而把新疆变成其反苏基地。尽管当时民国政府外交部认为协约国合力剿杀俄国革命,苏俄军已开始"溃败",再不怕它"侵犯我境",希望杨增新批准"借道",但杨增新却认为,俄境处处有道,不必借道。否则一旦被苏联红军侦知,必先攻占白俄军队所必经的中国伊犁,这样新旧两党皆以新疆为战场,新疆将大局糜烂。外交部最终也同意杨增新的意见。虽然白俄的阴谋都没有得逞,但十月革命后俄国的内战直接影响到新疆边境地区的安全,白卫军在俄国与新疆长达数千里边境地带经常"侵我主权,扰我边地"②,使南起喀什噶尔,北至阿山(今阿勒泰),西到伊犁和塔城"无一处不吃紧,无一处不筹防"③。特别在伊犁和塔城地区俄国白卫军利用小股匪徒骚扰我边境地区,或进兵运械,或强行入境,甚至越境抢掠,直接威胁到我国新疆各族人民的安全。

1920年,苏联红军发动了对白俄军队的猛烈攻势,中亚地区的白卫军全线溃败,纷纷向外蒙古和新疆逃窜。其中谢米诺夫部一股窜到外蒙古库伦等地;阿连阔夫和巴奇赤部一股则分别窜入伊犁和塔城。在这两股白俄残部中,后者多于前者,于是伊犁、塔

---

① 杨增新《补过斋文牍》癸集四,第31页。
② 杨增新《补过斋文牍》癸集五,第8页。
③ 杨增新《补过斋文牍》癸集三,第31页。

城两地的白匪多达 1.5 万人，随逃的难民也在 1.5 万人以上。新疆面临着严重的边防危机。

对于逃到新疆的白俄残部，北洋政府主张"无论新旧党概勒令解除武装"，以免扰乱新疆；杨增新的应对方针也是"严行禁止，勿令入卡"，"万一阻止不住，即按照公法解收武装"，并将解除武装的败兵"择要安置"，解决食宿①。杨增新通过外交"疏导"的办法使一部分白俄败兵和难民返回俄国，对留在伊犁和塔城地区的阿连阔夫和巴奇赤等"死硬派"，则解除了武装暂行安置，但在伊犁和塔城地广人稀之地骤然增加了数万败兵和难民，大有喧宾夺主之势。为了控制和管理这些败兵和难民，杨增新一方面临时征蒙古族和哈萨克族青年入伍，协助边防；另一方面在蒙古牧民和哈萨克牧民中征集一批骑兵。这些蒙古、哈萨克族青壮年，人人自有马匹，而且精于骑射，熟悉地形，他们都将防范白俄败兵视为保卫自己的牧场和家园，在维持当地秩序中起了很大的作用。

白俄匪徒常借机闹事，时刻准备死灰复燃，回俄再战，成为伊犁和塔城地区的不安定因素。1920 年 6 月，阿连阔夫无理要求率部属 1000 余人经迪化转至喀什噶尔，然后前往英属印度，其真实的用意则是企图占领南疆，遭到新疆当局的断然拒绝。阿连阔夫在被杨增新移驻在省城迪化以后，经常节外生枝，向省政府要挟粮饷，并在俄商中勒索现金和财物。1920 年 10 月，他竟要求省政府负责向驻在塔城的巴奇赤索取巨款，否则就要"抢劫洋行"，占据省城。在被杨增新再度迁移到奇台之后，阿连阔夫仍积极准备卷土重来，派遣部分士兵秘密潜回国，取得偷埋在俄境的枪支弹药，计划先进攻奇台城，然后进占阿山的承化寺、吉木乃以及科布多等地，与在塔城和外蒙古的白卫军相呼应。人数更多的巴奇赤等匪帮联络科布多、库伦的白俄，企图另组政府，与苏维埃政权对抗。他们在塔城经常捣乱，借口败军"无衣无褐"，无理要求塔城道尹接济银票 4000万元。1921 年 5 月，白卫军的一股残匪诺为阔夫所部 2000 余人企图从北山口越境入新。巴奇赤不但违反新疆当局的禁令，反而派人为诺为阔夫残匪作向导，使之拥入额敏县，与巴奇赤会合，两股匪徒兵打一处合为万余人，在数量上大大超过了塔城驻军（3000 余人），新疆的祸患更为严重。

在北洋政府忙于军阀混战、无暇顾及新疆形势的情况下，杨增新只好"以省防为国防"，勉为其难。他以保卫国家的主权和新疆的安宁为宗旨，以中立政策和不干涉主义为武器。对于力量相对较弱的阿连阔夫匪帮，他以有限的兵力为后盾，集中各路援军归一处，统一指挥，充分利用各族人民的力量，尤其是蒙古族、哈萨克族的骑兵力量，再加上外交手段等各种综合力量，不战而屈人之兵，分化瓦解敌人阵营，瓦解敌人军心，最后迫使阿连阔夫放下武器，并最终用计谋解决了阿连阔夫匪患。而对于力量较强的巴奇赤股，尽管新疆当局仍希望像对待阿连阔夫股匪那样，利用综合力量解决，尽量避免苏联政府越境追击，以防战火扩大到新疆，但当看到巴奇赤股的顽固、敌我力量的悬殊、协约国干涉军被苏联红军打败的情况后，采取了更加务实的态度，重新部署兵力，与苏联红军联合消灭巴奇赤股，允许苏联红军入境追剿，终于把巴奇赤部彻底消

---

① 新疆社会科学院历史研究所编著：《新疆简史》第三册，第 8 页，新疆人民出版社，1987 年。

灭，只剩几百人逃到科布多，新疆境内的白俄残部全部肃清，苏联红军也如约全部退回本国境内。

第四节 西南与中东南地区

一、日本在台湾的殖民统治

日本占领台湾后，为了便于镇压台湾人民各种形式的反抗斗争，确立了总督体制的殖民统治机构，日本在台湾实施的法律赋予台湾总督以"律令制定权"，即立法权。台湾总督据此发布了一系列律令，残酷镇压台湾人民的抗日斗争，并将立法、行政、军事大权集于一身，掌握了台湾人民的生杀予夺权，成为台湾殖民地政治的一大特色。日本殖民统治初期，为镇压风起云涌的武装抗日浪潮，日本在台湾实施军政，并从1895年起，开始创设警察，从此，这一暴力机器遍布台湾社会各个角落。据1922年统计，同在日本治下，民众与警察的比例，日本内地为1228∶1，朝鲜为919∶1，台湾则高达547∶1。[①] 与警察制度相配合的是在台湾复活并强化了传统的保甲制度，以便于台湾人民自相牵制，"以台制台"。

在经济上，殖民政府在1898年以后提出了以"殖产兴业"为中心的20年财政计划，通过建立"基础工程"，为台湾殖民地经济奠定了基础。所谓"基础工程"，就是先进行殖民掠夺性质的土地、林野调查和整顿，建立台湾的金融和交通体系。通过土地调查，使总督府的赋课收入大量增加，改变了土地所有权分割的现象，确立了一地一主的近代土地制度；而在林野调查中，殖民当局于1895年公布"林野取缔规则"，规定"凡无地契及其他可资证明其所有权的山林原野，悉为官有"。据此，除土著居民居住的"番界"以外，将97万甲[②]林野中的916775甲没收为官有，民有的仅为56961甲，其中还有只被承认使用权，不被承认其所有权的林野。1914—1925年台湾当局整顿官有林野地，出卖其中的204912甲，从中获得5459863元的巨额收入。[③]

日本在台湾实行野蛮的殖民统治和残酷的经济掠夺使台湾人民不堪忍受剥削和凌辱，从日据初期到1915年进行了长达20年的以农民为主体的轰轰烈烈的抗日武装斗争。这些武装斗争得到了祖国大陆人民的积极支持，回归祖国也是台湾抗日人民的共同心声。台湾各地抗日的义旗上或写着"奉清征倭"的字样，或以"歼灭日本军，以回复清政"为号召，以恢复中国对台湾的主权的诉求，充分体现了台湾人民强烈的祖国意识。辛亥革命后，台湾的抗日斗争有些是在辛亥革命的影响下发生的，同盟会会员积极到台湾发展秘密组织，均以"驱逐日人，恢复台湾"为号召。1915年，台湾的起义领袖余清芳、罗俊、江定等人利用台湾人民的抗日热情和当地的宗教信仰，以台南西来庵为据点，广募党徒，筹集军费，鼓吹抗日，"恢复台湾"。但由于日本在台湾实行军政统治，暴力机构一一建立，暴力警察深入到全岛各地乃至穷乡僻壤，使台湾人民的武

---

① 黄昭堂：《台湾总督府》，第230页，（台北）自由时代出版社，1989年。
② 甲为土地面积单位，1甲等于11亩多。
③ 陈孔立：《台湾历史纲要》，第345页，九洲图书出版社，1996年。

装抗日斗争被日本殖民者残酷地镇压,自 1915 年"西来庵事件"后,台湾人民的抗日运动基本上从武装斗争转向非暴力抗争了。

由于日本在台湾的殖民统治已经走向稳定,台湾人民抗日斗争的形式也发生了变化,加之第一次世界大战末期抬头的民族自决思想蓬勃发展,1918—1919 年,日本的统治基调也发生了变化,从以警察政治式统治为基调转变为文治同化政策。1919 年,台湾实行文官总督制,提出"内地延长主义"政策,把治台政策从高压、专制转向试图通过文教、文治导化台湾人民,使台湾和台湾人成为日本帝国真正的领土和臣民。为了强化同化政策,规定日本国内部分法律适用于台湾。1921 年日本在台湾颁布法律第三号(简称法三号),限制了台湾总督的某些权力,只有在台湾地方需要而日本国内法律尚无明确规定时,总督才拥有律令权,但总督仍有"紧急命令权"。所以台湾总督的专制权力并没有实质性的改变。虽然自 1915 年以后台湾的武装抗日斗争基本停止,但根据总督"紧急命令权"制定的残酷镇压人民反抗的《匪徒刑罚令》一直延续至日据末期,反映出日本殖民者对台湾人民反抗意志的高度警觉及内心深处的恐惧。

日本在台湾统治初期"殖产兴业"的"基础工程"为日本官方和垄断财团的资本事业奠定了基础,至 1905 年日俄战争后,台湾总督府把国内急需寻找出路的资金引向台湾制糖业,在短短 20 多年中,日本垄断资本在台湾投资建立了许多庞大的制糖厂,使台湾的经济从具有殖民掠夺性质的"基础工程"转向培育资本主义产业。直到 20 世纪的前半期,台湾的经济以制糖业进入现代化的发达阶段,"不折不扣地成为单一作物生产形态的殖民地经济结构而被单一化"[①]。从 1910 年开始,总督府全力支持日资糖厂进行合并运动,主要是为了瓜分原料产地,而台湾本地资本被日本殖民当局用强权抑制参与糖业经营,台湾制糖业成为日本资本的一统天下。第一次世界大战后,日本在台湾经营的制糖业迎来了"黄金时代",日本国内糖消费量增长,糖价大增。但台湾本地蔗农并没有分享糖价上涨的利益,因为台湾当局采取糖原料区域制度,区域内的农民必须种蔗,并将甘蔗卖给制糖厂,且蔗价不取决于糖价,日资糖厂推行"米价比准法",即甘蔗收购价取决于米的价格,所以日资糖厂独吞制糖业暴利。然而甘蔗种植面积不能无限制扩大,第一次世界大战后日本因急剧的工业化和都市化,对粮食的需求与日俱增。1922 年蓬莱米在台湾驯化成功,并推广全岛,绝大部分输出日本。尽管价格低于日本本地米价,但却追随日本米的价格波动,使蓬莱米生产者获得好处。为此农户种米热情高,而影响到甘蔗的种植面积,于是出现所谓"米糖相克"。"所谓相克的实质就是台湾农民利益和日资糖业资本利润冲突问题"[②],而"米糖相克"的总根源是殖民者日本本身的需要:它既要台湾的糖,也要台湾的米。当米糖生产发生矛盾时,殖民当局或采取调整米糖比率的"价格政策",或采取控制水利系统的"水利政策",或采取"国家强权介入"的措施,[③] 维护日资糖厂的利益,而削弱土著地主的力量和抑制农民的利益。台湾的殖民地政治经济结构导致了殖民地化的社会结构与分配关系。阶级对立与民

[①] 涂照彦著,李明峻译:《日本帝国主义下的台湾》,第 55 页,(台北)人间出版社,1999 年。
[②] 周翔鹤:《日据时期台湾农家经济与米糖相克问题》,载《台湾研究》,1995 年第 2 期。
[③] 涂照彦著,李明峻译:《日本帝国主义下的台湾》,第 109 页,(台北)人间出版社,1999 年

族对立相互交错,"大体上日本人对台湾人的民族对立,同时也是政治上支配者与被支配者的对立,并与资本家对农民、劳动者的阶级对立一致"。①

日本在台湾的殖民教育政策主要目标是切断台湾人民与祖国大陆的联系,以教育的力量来同化台湾各族人民。学校教育分初等教育、中等教育、师范教育和高等教育。在初等教育中,专收台湾儿童的公立学校和专收土著民族儿童的"番童教育所"是以普及日语为主要目的;中等教育主要为适应在台湾日本人升学需求而开设的,在台湾士绅的呼吁下,由台湾人出资设立台中中学,收台湾子弟入学。教学目的是使学生获得作为日本国民须知的知识,教学内容侧重台湾地方的实用需要,以满足殖民地建设对中低人力资源的需要;师范教育办学宗旨是培养尊崇日本皇室,富于日本精神的教师,即先将为人师表的师范学生训练成日本帝国的忠实臣民,然后,通过他们去影响和训导下一代台湾儿童以达到同化的目的;高等教育包括实用专科学校和台北帝国大学,以培养殖民统治的助力或配合日本将来南进的需要。日本在台湾的基础教育侧重于民族同化,强令25岁以下的台湾青年不许说汉语,严禁印制中文报,强迫改用日本名,穿和服。在高山族地区,强制教授日语和修身(奴化思想教育),由警察局来主持,极力使台湾各族人民忘掉自己的民族语言,割断民族意识和民族文化。

日本帝国主义在台湾实行的政治、经济、文化等殖民统治政策遭到台湾工人、农民和资产阶级的反抗。与日本殖民统治初期台湾人民反抗特点不同,在民族自决思潮的影响下,在祖国"五四运动"、朝鲜独立起义、俄国十月革命的刺激下,台湾民族资产阶级和知识分子发动和领导了反抗日本殖民统治的民族运动和社会运动。这些运动以文化启蒙为起点,唤起民族的自觉,反对民族压迫,以全岛组织化活动为形式,以地主、资产阶级、农民、知识分子组成统一战线。他们组织了不同的社会团体和政党,如新民会、台湾文化协会,民众党、台湾共产党。在民族自决精神和政治启蒙火炬照耀下,1920年起,台湾地主资产阶级发起议会设置运动,反对总督府的专制制度和同化主义,要求设立一个由台湾居民选出的议员组成台湾议会,其本质是在殖民体制内寻找参政权,即台湾自治权。对于这种改良主义性质的社会政治运动,台湾总督府却极力反对,生怕民族自决之火一旦燃起,"则其追求解放之念不已,而实质上之解放,自非到达殖民地自治不可"②;认为请愿运动是以"支那的观念为中心而活动","民族意识极为强烈,向往支那,开口便是高调中国四千年之文化以激发民族自负心"③;总督府还认为"本运动愈趋高潮,民族意识亦必愈加旺盛,反抗气氛亦必愈加浓厚","对于本问题之解决在岛民之间不能以单纯之政治问题处理,必须更进一步非以民族问题处理不可"④。所以总督府对之采取"取缔方针"。1923年,日本殖民者以违反治安警察法为名拘押了

---

① 陈孔立:《台湾历史纲要》第377页,九洲图书出版社,1996年。
② 台湾总督府警务局:《台湾议会设置请愿运动的真相》,引自叶荣钟:《日据下台湾社会政治运动史》,第187页,(台中)晨星出版社,2000年。
③ 台湾总督府警务局:《台湾议会设置请愿运动的真相》,引自叶荣钟:《日据下台湾社会政治运动史》,第187—188页,(台中)晨星出版社,2000年。
④ 台湾总督府警务局:《台湾议会设置请愿运动的真相》,引自叶荣钟:《日据下台湾社会政治运动史》,第188—189页,(台中)晨星出版社,2000年。

参与运动的 49 人,制造了震惊一时的"治警事件"。同时,镇压分化瓦解文化协会,使文化协会走向分裂,一派仍主张自治请愿运动;一派主张进行阶级斗争,推翻日本殖民统治。在持续进行了 15 次请愿后,直到 1934 年,这种"哀求叩头"式的请愿以失败告终。在台湾工农运动蓬勃发展的情况下,1928 年台湾共产党在上海成立,它开始了台湾民族运动的新方向,即推翻日本帝国主义,实行土地革命。1931 年 7—8 月,总督府大肆搜捕台共,台共中央被破坏,台湾共产党从此陷入瘫痪状态。

台湾高山族的抗日斗争也是台湾民族运动的重要一环。日本对高山族的殖民统治是以武力威压为主,怀柔次之,以控制高山族,进而掠夺占全岛面积一半的高山族地区的森林、矿产等资源。总督府采用"隘勇线"的方法控制高山族人民,即在高山族要冲地带设立高压铁丝网作为封锁线,每隔不远就设一个隘寮,监视和戒备高山族人民。此外还掠夺高山族居民的土地和林地,进行各种资源和矿产"开发";诱迫土著居民组织"头目势力者会"、"家长会",利用各部落首领,达到"以蕃治蕃"的目的。高山族民众稍有不从,总督府就动用警察和军队来镇压。1910 年起,日本殖民者开始实施"五年讨蕃计划",动用全岛大部分警察,强制收夺高山族猎枪。更有甚者,又于 1917 年和 1920 年两次用飞机轰炸不归顺日本的部落。① 日本殖民者对台湾人民无情的掠夺、奴役和欺压使高山族人民感到生存的莫大威胁,积聚已久的民族仇恨烈火终于演成了一场反抗日本殖民统治的雾社起义。1930 年 10 月 27 日,雾社泰雅人民袭击警察所,杀死 130 多名日本人,夺取枪支。在各社群众的配合下,他们围攻日本统治雾社的机关、警察所、学校、邮局、日人商店、住宅,夺取弹药、粮食等物资,整个雾社区都形成了燎原的烈火。但日本殖民者调动了 5000 多名警察、3 架飞机和 1 个炮兵连,并施放毒气,终于在 12 月底将雾社起义镇压下去。

二、英国扩大对云南的侵略与片马事件、江心坡事件

英国吞并缅甸后,以缅甸为基地,把侵略矛头指向与缅甸接壤的云南,以便能从云南打开侵略中国的"后门"。20 世纪初期,英国曾对云南片马地区多次进行武装侵略,不断挑起边境冲突,形成了中缅北部边界问题。中缅北部的界务实际上包括以片马为中心的中国腾冲及其以北地区中缅接壤地区的界务问题,大约是从尖高山以北一直到江心坡一带。今天的片马是指云南省怒江傈僳自治州泸水县的一个乡,而历史上的片马地区实际上包括整个小江流域,位于高黎贡山以西距云南保山市 280 里。自古以来,片马地区就是中国领土不可分割的一部分,西汉时属益州郡,东汉时属永昌郡,元朝属云南行省龙甸军民府,明代为茶山里麻长官司地,清代归腾越管辖。《中英烟台条约》签订后,英国取得了"在滇游历调查"的权利,1886 年强迫中国签订《中英缅甸条约》,规定中英共同勘定中缅边境,暴露了其欲侵略中国云南边疆的野心。

1891 年,英国侵略者借口一个英国人被野人山(在迈立开江以西)的傈僳族人杀死,派兵进占傈僳族居住的野人山,江心坡的麻阳、垒弄等寨,烧毁了傈僳族人居住的汉董、户董等寨。次年又派兵占领了江心坡以南的景颇族、傈僳族居住的昔董、马董等地。英国得寸进尺的侵略行径激起了中国各族人民的义愤,终于引起了中国清政府与英

---

① 中华全国台湾同胞联谊会编:《台湾同胞抗日 50 周年纪实》,第 132 页,中国妇女出版社,1998 年。

国政府之间关于滇缅边界的交涉。1894年3月,中国驻英公使薛福成同英国外交大臣签订了《中英续议滇缅界务商务条款》,大致规定了尖高山以南的一段中缅边界,尖高山以北的中缅边界并未划定,为片马问题的发生埋下了隐患。

1898年以后,由于英、法争夺云南的斗争日趋激烈,加之中国政局日益动荡。英国一面用外交手段提出以高黎贡山作为中缅北段的边界线,企图把高黎贡山以西具有重要战略意义的片马、岗房、茨竹、派赖等地区划归英属缅甸;另一面对片马发动武装侵略,英军数百名和缅军千余人从缅甸向中国片马地区侵犯,并进攻清朝腾越厅所属的景颇、傈僳和汉等族人民居住的滚马、茨竹、派赖等村寨,激起了边疆各族人民的强烈反抗。茨竹寨土守备左孝臣、派赖寨土千总杨体荣率领500名傈僳、景颇、汉等族群众奋起反抗。由于敌强我弱,抵抗失败,左孝臣阵亡,中国军民伤亡达140余人。猖獗的英军进而"威逼土民归顺"。腾越总兵张松林、署腾越同知杨均闻警,派兵往援,云南提督冯子材也赶往腾越,布置防务,英军方退回缅甸。

此后,中英双方开始了长期的外交交涉,中国政府一直不接受英国提出的以高黎贡山为界的无理要求,建议由中英两国政府派员重勘此段边界。英国见外交途径难以达到目的,于是再度诉诸武力。1910年,保山县属登埂土司去所辖地片马地方征收杉板税,与当地汉商伍家源、徐麟祥发生冲突,有数间民房被烧毁。徐麟祥竟派人向缅甸英方求援。英国认为有机可乘,乘机指责登埂土司派兵越界,对所谓"缅甸居民"进行"烧杀",于是派军2000余名进驻高黎贡山西麓的片马,设营驻兵,对片马各山寨进行军事占领,这就是轰动一时的"片马事件"。

英军入侵片马遭到当地傈僳族、景颇族的猛烈反抗,傈僳族头人勒墨夺扒不为敌人拉拢,越过野人山,1911年1月多次与英军进行誓死顽强的斗争。他领导100多人的抗英队伍,身披蓑衣,手持刀弩,在古浪大寨袭击英军。全国各族人民闻讯后舆论沸腾,纷纷集会游行,要求清政府出兵收复失地。云南省城昆明各界组织"保界会",以为政府后援。云贵总督和清政府都向英国当局提出了严重交涉。怒江两岸的各族人民汇集了400多人的抗英弓弩队,配合泸水县属各土司派出的民团100多人,坚持在片马地区斗争第一线。

清政府只提出外交抗议和严重交涉,害怕发生武装冲突,因此未派政府军到片马前线,但命云南陆军讲武堂总办腾冲人李根源到片马地区调查。李根源将历时半年多的艰辛考察成果编绘成《滇西兵要界务图》126幅,并附有详细的说明,对每一个地方的历史、民族、文化、风俗、地理等均有详录,说明这些地方历史上曾归某个地方政权或土司管辖,证明是我国领土不可分割的一部分。① 清王朝被推翻后,云南都督府派遣第二师师长李根源到滇西,继续处理片马问题。李根源到达腾冲后,前往六库、登埂、鲁掌等地观察,将小江两岸5土司地划为行政区,名为"泸水行政委员会区",举六库土司段浩为领袖,并赠匾额书写"捍卫边徼"。此匾悬挂在六库土司衙门的二堂上。② 李根源

---

① 谢本书、李成森:《民国元老李根源》,第120页,云南教育出版社,1999年。
② 杨子亮:《李根源、段浩先生与片马事件》,《怒江文史资料选辑摘编》上卷,第409页,德宏民族出版社,1994年。

还派兵驻守泸水；同年4月，成立"怒俅殖边公署"，局址设于上帕，组织"殖边队"4个队。为统一军事行动，李根源又组织了怒俅边务委员会，任宗熙为委员长，景绍武、何泽远为副委员长，派兵三路进驻碧江、福山、贡山。何泽远率部入独龙河（俅江）下游乐玉池（与恩梅开江汇合处），与英军发生遭遇战。这是英军入侵片马后遭到我国政府军的第一次猛烈抗击。但民国初年，新建立的民主共和国政权不稳固，没有强有力的力量收复失地，云南更是多处用兵，殖边队缺乏后援，虽经苦战，仍处劣势，结果何泽远战死，余部退回贡山。第二年，景绍武及其率领的士兵亦遭杀害。至此，英军控制了片马、坎底等广大地区。1911—1913年，英人先后派兵向北占领茶山地及俅夷地，加强了对片马地区的控制，并修筑了片马通往西藏的公路。1913年年底又在坎底（葡萄）分兵两路，一路向东北进入独龙河下游；另一路向东侵入拱路、扩劳铺。1914年，英国殖民当局在迈立开江一带设立葡萄、拱路、孙布拉蚌三厅，在小江和恩梅开江间设立了拖角厅（相当于县级），其辖区东到高黎贡山片马垭口，并在片马、拖角等地设立了兵营。英侵略军头目郝滋上校因侵占我国领土有"功"，被授予男爵称号，成为中缅北段未定界地区的殖民长官。中国政府和中国各族人民始终没有承认英国在片马地区实行的殖民统治，中国各族人民不断进行反英侵略的不懈斗争。

1914年第一次世界大战爆发后，英国忙于应付欧洲战争，放松了对片马地区的控制，军队大部分撤走，但仍留下少数官员督率当地山官头人进行统治。欧战结束后，英国于1922年夏间再次派兵进入片马、九角塘河与小江会口以西的地方，接着又以武力占领江心坡。

江心坡在片马以西200余里，位于迈立开江与恩梅开江之间，全境纵深2000余里，东西宽700余里，是中国明朝里麻土司管辖区。1926年，英国殖民当局开始在江心坡查户口、编制门牌，设县治于格仔。江心坡景颇族、傈僳族人民奋起反抗，英军焚烧许多村寨，打死打伤景颇族人民300余人，同时增派侵略军掳走当地景颇族山官11人，据传至1927年，进占江心坡的英军有4000余人。[①]

英国侵占江心坡事件，再次引起中国人民的义愤。腾冲各界组织了滇缅界务研究会，派代表赴南京请愿，同时派代表到江心坡进行实际调查。江心坡有17个大山官，共议派出代表携木刻信物来到腾冲，宣言江心坡是中国领土，请求中国政府派兵支援抗英。云南省政府照会英国驻昆明领事，强烈抗议英军入侵江心坡。国民党政府外交部组织了滇缅界务研究会，主张重勘和拟定中缅界线。1929年10月，国民政府外交部和内政部派尹明德为滇缅界务调查专员，前往中缅北段未定界地区进行了为期11个月的调查，编制了《滇缅界务北段调查报告》，绘制了地图。在此基础上，提出了户拱——巴特开山为中英缅国界线。"尹明德建议线"为国民政府所采纳，1942年10月，通令绘制地图均以尹明德建议线为中缅北段未定线。

1941年，国民政府在与英国政府就中缅南段未定界达成协议后，希望一举解决中缅北段未定界问题。但由于第二次世界大战后国际局势复杂，中英关系微妙，这一问题未获解决。战后，英缅政府也极力回避问题，并在边界地区私立界碑，遭到边界各族人

[①] 《云南近代史》，第100页，云南人民出版社，1993年。

民的强烈反对。1948年1月，缅甸独立。中国与英缅政府的界务纠纷变成了中国与缅甸之间的边界纠纷。新中国成立后，中国政府本着既考虑历史背景，又考虑当前实际情况，互谅互让，友好协商的方针，直到1960年才与缅甸完满地解决了由于帝国主义侵略造成的边界悬案问题，使片马地区的片马、古浪、岗房等地在内的153万平方公里的土地重归中国。

三、传教势力在西南民族中的扩张

近代以来，西方资本主义的宗教对中国的文化侵略是与其政治经济侵略相表里的，传教士本身也扮演着双重身份，即"左手拿着宝剑，右手拿着十字架，在他们的道袍里面却藏着武士的全副盔甲。①"尽管他们凭借不平等条约和帝国主义的侵华势力强行在中国开展传教事业，并在全中国建立起众多教堂，培养了大批教徒和神职人员，但自1840—1900年中国大地上不断发生的1600余起反洋教的教案，尤其是席卷全国各地的义和团运动，宣告了西方帝国主义文化征服的破产。此后，传教士们调整了传教策略，从以城镇为依托，面向较为开化的城乡士农工商阶层和上层统治阶层转向边远农村，进入中国少数民族地区，也就是中国西南民族地区。从地理位置上看，这里地处云贵高原，向外紧邻缅甸、越南等国，通过缅甸与印度相通，向内往东由金沙江而入长江，沟通赣、湘、皖、苏数省，往北可入川、藏，战略地位十分重要。尤其是英、法这两个侵略国家分别把缅甸和越南占为殖民地，这为它们在中国西南地区的宗教扩张提供了基地和条件。

西方传教士在中国西南民族地区找到了较为理想的传教对象：受以封建统治阶级为代表的汉族文化的鄙视、生活在经济贫困中的少数民族。虽然历代统治阶级为了加强统治，向西南少数民族地区推行过"正统教育"，即书院和义学等教育形式，其目的也不过是使少数民族"一心向学"、"归化朝廷，归于王化"。这种带有明显民族歧视和民族同化性质的教育由于得不到少数民族意识形态深层次的认同，加之这些民族地区又远离中央统治中心，从而使中央政权对这里的政治、文化控制力和影响减弱。从宗教信仰上来说，除傣族、纳西族、藏族、回族外，西南大多数民族的宗教信仰都处于原始宗教阶段。其宗教信仰的具体形式和内容因各民族文化的差异而有所不同，但共同的特点是崇拜自然、崇拜鬼神、崇拜祖先，由于没有完备的高级的宗教体系，对外来的高级宗教没有天然的屏障。

在吸取了中国各民族不断发生反"洋教"斗争的"教训"的同时，传教士的传教手段和方法也进行了调整和变化。如从学习民族语言、了解当地民俗入手，在传教过程中使自己的服饰语言当地民族化，以便求得民族的认同；培养少数民族神职人员，实现"以苗传苗"；兴建学校和医院，从解决少数民族实际困难入手，根据少数民族缺医少药、烟毒盛行、病不延医的实际情况，实行免费行医和免费教育；利用西方帝国主义在中国的特权和利用半殖民地中国"官怕洋人"的社会现实，极力向少数民族灌输"教会不怕官府，入教可以免受压迫"、"你们弱小民族信仰基督教，就可以翻身，就可以

---

① 福塞斯：《山东——中国的神圣者》，第167页，转引自《义和团运动史论文集》，第255页，中国书局，1984年。

平等"的观念,借助列强的侵略势力和不平等条约为教民"打抱不平"。

经过传教手段的改头换面,西方天主教、基督教新教势力便涌进西南民族地区。从贵州来说,西方基督教势力从16世纪中期便开始向这里传教,但直至1860年以前天主教只在贵州十六七个州县建立传教点,发展各族教徒不过2000人;中法战争后,天主教势力不断向都匀、独山等民族地区传播,但1906年以前,苗、水、汉、布依等族仍不断发动"灭洋兴汉"、"杀洋人,灭洋教"的教案和起义。而自1904年英国基督教新教循道公会牧师柏格里实行了到偏僻的乌蒙山区苗族、彝族地区传教的新战略后,其在当地少数民族中发展了大批教徒,在威宁县石门坎建立教堂、医院、学校,使这里成为闻名中外的循道公会西南教区石门坎联区。此后柏格里决心把基督教传向整个苗疆,1906年,新教传教士开始向云南昭通、曲靖、会泽、寻甸等操滇东北次方言的苗族地区传播"福音"。其他教会如内地会、自立会、中华基督会、安息日会、神召会、耶稣会的传教士也以柏格里为典范,穿起民族服饰,口操民族语言和汉语,深入到从川滇交界的苗族、彝族聚居区到滇中腹地的宜良、陆良、武定、禄劝等昆明周围民族地区,从事传播活动。至1950年,苗、彝、傈僳等民族信教教徒和慕道友接近10万人。滇东北和滇中成为云南信仰基督教的最大连片教区。法国的天主教也在这一带建立了教堂,1896年,天主教传教士在路南路关邑建立了教堂;1914年,建立青山尾则教堂;1919年建立弥勒西山滥泥箐教堂;1920年建立海邑(青山)教堂,先后入教的彝族群众在万人以上。

与此同时,在滇西南、滇西北中缅边境地区,英、美等国传教士以缅甸为大本营,向这里的拉祜、佤、傈僳、景颇等族传教。1902年,美国浸信会传教士永伟里从缅甸景栋地区到中国云南,辗转于双江、澜沧(含今孟连、西盟两县)、沧源、耿马、镇康等县,发展拉祜、佤族信众万余人。1921年建立了以拉祜地区的福糯为中心、控制了上述地区和缅甸一侧的拉祜族、佤族社会的传教势力范围。在以后的20多年,永伟里在拉祜、佤族中共建立200多座教堂,发展教徒6万多人。一些拉祜族村庄几乎家家信教。大约在1900年,内地会传教士已致力于对怒江地区的傈僳族、怒族传教。经过10多年的经营,终于在泸水、碧江、福贡等地使大批傈僳族和怒族群众皈依基督教。1930年以后,滇藏基督会牧师和神召会牧师由丽江维西进入怒江,在贡山、福贡两县建立教会,培养了大量信众,至此基督教传遍了怒江峡谷。其中泸水县有7200余名傈僳族人信教,占该县傈僳族人口的80%以上。法国、英国、美国的浸礼会传教士在德宏县的景颇山寨中也使一部分景颇人皈依基督教。①

无可否认,基督教或天主教在向西南少数民族地区的传播过程中,在客观上产生过一定的积极作用。作为一种现代宗教,基督教本身包含一定的科学理性成分,传教士们通过兴办教育把一些现代科学知识传播到少数民族之中,把一种正规教育引入到少数民族之中,使少数民族实现了从原始教育向现代教育的过渡,并在一定程度上改变民族落后的风俗和习惯,这些都有进步意义。但是宗教传播说到底是一种文化征服,尽管它不像政治、经济侵略那样刀光剑影,尽管在方式方法上还有些脉脉温情,在帝国主义侵略

---

① 钱宁主编:《基督教与少数民族社会文化变迁》,第88—91页,云南大学出版社,1999年第二次印刷。

中国和中国社会半殖民地化这个大背景下，西方宗教向西南地区的扩张带有明显的文化征服的特性，因此也对民族文化和中华民族认同产生了恶劣的影响，对中国主权也造成了破坏。

西方宗教在民族地区的传播和宗教教育的介入，打击了少数民族的原始文化和宗教，在一定程度上造成了民族文化的断裂，培养了少数民族文化的掘墓人。因为基督教教规禁止少数民族唱民族歌谣，跳民族舞蹈。信教的西南大多数民族没有本民族文字，歌谣是民族历史与文化的载体，而民族舞蹈往往与民族宗教祭祀活动相联系，禁止民族歌舞是对民族历史文化的诋毁和破坏，在一定程度上割裂了受基督教教育者与本民族传统文化的联系，导致民族传统趋于衰落。这包含部分西方传教士们更阴险的目的：割断各民族与中华民族的认同与联系，使民族成员个体之间出现认同断裂，教徒与非教徒之间出现感情危机，教徒开始背弃传统，背弃民族文化，而只认同西方宗教文化。如传教士对拉祜族进行欺骗性宣传："洋人与裸黑，原是一家。洋人为舅父之子，裸黑为姑妈之子，同居西方，后来裸黑迁到东方，与汉人本无关系。"① 传教士还极力挑拨少数民族与汉人的关系，在教会的教科书上写着："上帝，汉人来了，我怕！"② 在西方宗教的干扰和影响下，一些少数民族群众对中华民族的认同出现障碍。在佤族和拉祜族中就有这样的说法："汉官多年不来转一转，看看他们的子孙牛马，可见是决心不要我们了。"相反，"他们过去只知道美国人好，上帝好，八莫、密支那好。"③ 由于不知不觉间成为上帝的子民，同时他们也是西方文明和政治的追捧者，以至于身在中国，不知中国为何物；只知有教会，不知有国家；作为中国人，不为中国政府所管束。教士们在中国无视中国官方的权力，干预地方诉讼，介入民间事务，使教会在某种程度上为传教士肆意干涉中国主权，欺压百姓，为非作歹提供了庇护所，因此也对中国国家和政府的权力形成挑战。

---

① 方国瑜：《滇西边区考察记》，第10页，中华民国三十二年出版。
② 覃光广等：《中国少数民族宗教概览》，第298页，中央民族学院出版社，1982年。
③ 钱宁主编：《基督教与少数民族社会文化变迁》，第115页，云南大学出版社，1999年第二次印刷。

第四章 新民主主义革命向民族地区的发展

第一节 中国共产党对民族理论的初步探索

一、"五四运动"与少数民族

"五四运动"是中国各族人民反帝反封建的爱国民主运动,它是由北京的各族爱国学生最先于1919年5月4日发动的,旋即遍布全国。至6月3日以后,运动的中心由北京转移到上海,广大的工人群众参加进来,形成一支强大的力量。散居和聚居在全国各地的各少数民族人民投身于"五四"爱国运动,声援北京学生的爱国斗争,成为"五四运动"不可分割的组成部分。

巴黎和会中国外交的失败是"五四运动"的导火线。1918年11月,第一次世界大战以协约国的胜利宣告结束。翌年1月,协约国集团在巴黎召开所谓"和平会议"。中国属于协约国成员,派代表出席了会议,并向和会提出:取消列强在华特权的七项条件;取消"二十一条";收回大战期间被日本占领的山东特权。这是维护我国领土、主权完整的正义要求。然而,前两项被英、美、法、日、意五国最高会议否决;最后一项也被规定:德国原在山东的领土、铁路、矿山和其他一切特权,均由日本继承。中国作为战胜国,不仅未能维护自己的主权,而且继续被人任意宰割。在这样屈辱的协定上,北洋军阀政府竟然准备签字认可。

巴黎和会中国外交失败的消息传到国内,全国各族人民义愤填膺。1919年5月3日,北京学、商、军、政各界分别集会。当晚,北京大学和其他十几所学校的学生代表1000余人聚会在北京大学法科礼堂,并决定:联合各界一致力争;通电巴黎专使,拒绝和约签字;通电全国各省市于5月7日国耻纪念日举行群众游行示威;5月4日齐集天安门举行北京学界大示威。

5月4日下午1时许,北京十几所学校3000多名各族学生齐集天安门。他们手持"外争国权、内惩国贼","拒绝和约签字","还我青岛、保我主权","诛卖国贼曹汝霖、章宗祥、陆宗舆"① 等各色小旗。各族爱国学生在天安门前发表演说,宣读宣言。会后,举行游行示威,游行队伍出中华门,向东交民巷使馆区进发,进至东交民巷西口时被外国巡捕阻挠,遂转往东长安街赵家楼胡同曹汝霖住宅。游行学生冲进曹宅后,痛打了正在曹宅的章宗祥,火烧了曹宅。这时大批军警赶来镇压,逮捕了32名爱国学生。

5月4日晚,各校学生游行示威遭军警镇压的消息传到清华园内。正在清华学校(今清华大学)念书的云南省洱源县白族学生施滉等倡议与全市各校一致行动,以罢

---

① 曹汝霖、章定祥、陆宗舆分别任交通总长、驻日公使和币制局总裁。

课、示威、演讲等形式继续斗争。施滉被誉为"清华园举火人中杰出的代表"。① 6月3日，施滉率领清华学生参加全市大游行，不幸被军警逮捕入狱，残酷的斗争，坚定了他寻求救国救民的决心。出狱后，施滉与几个进步青年组织"唯真学会"社团，提出了"改良社会，以求人类的真幸福"和"政治救国"的主张。② 他还组织编印了《劳动声》刊物与校刊《清华园刊》。通过社团和刊物，揭露了当时社会的黑暗，宣传了革命真理，引导青年关心国家大事。由于他品学兼优，被选为清华学生会会长。

5月6日晚，北京蒙藏学校全体学生致函《晨报》，称"吾蒙藏学校亦国家之分子"，定要肩负起国家兴亡之职责。③ 5月7日，《晨报》刊出《蒙藏学界之愤怒》的文章，将他们为拯救中华而战的决心公之于众。该校蒙古族学生荣耀先思想敏锐，富有组织能力，是该校学生运动的领导者之一。

发源于北京的"五四"爱国运动，迅速地传遍全国，各地的少数民族人民同汉族一道立即奋起响应，声援北京各族学生的爱国斗争。

在天津、济南地区，回族青年马骏、郭隆真、刘清扬，水族青年邓恩铭是"五四"爱国运动的著名领袖。5月5日，天津报纸刊载了北京学生游行示威与被捕的消息，大中学校的学生和社会各界人士纷纷致电北京大学，坚决支持北京学生的爱国行动。5月5—6日，郭隆真分别召开了天津直隶第一女子师范学校各班积极分子和各班代表会议，并决定发起组织妇女救国团体。5月7日，女师学生与男学生一道上街游行示威。在她们的影响下，又联合西中女中等学校的学生与各女子小学的教师，于5月25日成立了"天津女界爱国同志会"。刘清扬任会长，郭隆真任评议委员与讲演队副队长。她们认为，"救国不能单靠学生，必须唤醒同胞"④，于是各学校相继组织了讲演队。她们走街串巷，深入到贫民区讲演，揭露帝国主义的侵略行径和北洋军阀政府的卖国罪行；宣传解放妇女，争取妇女自由平等。她们还创办了《学生联合会报》、《女界爱国会周刊》等，报道各地学生运动的消息。

6月9日，马骏领导天津学生联合会召开了公民大会，参加会议的学生、商人等达1万余人。会议的宗旨是：要求商会罢市，保护各省爱国学生。马骏率众赴总商会，敦促商人罢市。天津总商会决定，6月10日罢市，但由于军阀政府代表和亲日分子的破坏，11日商会又开市。马骏立即率学生与商民去质问总商会：罢市的目的没达到，为何出尔反尔？这是"有违众意"。⑤ 商会又召开紧急会议，并邀请马骏列席。马骏在会上发言，称："公民大会公决罢市，为的是要求北京政府惩办卖国贼曹、陆、章及通令保护爱国学生，今仅免去曹、陆、章等职务，对于他们的卖国罪行则未依法惩办，关于通令保护爱国学生中央并无明文发表，因此我们的罢市目的未能达到，即行开市显然违背公决原案。应再罢市，非达目的不能罢休。"马骏还称："现在外交紧迫，一发千钧，

---

① 清华大学校史组编：《人物志》第一辑，第70页，清华大学出版社，1983年。
② 《革命文物》，1979年第3期，第31页。
③ 《晨报》，1919年5月7日。
④ 中国科学院历史研究所第三所编：《五四运动回忆录》，第86页，中华书局，1959年。
⑤ 天津《益世报》，1919年6月12日。

国家将亡",我"情愿牺牲,以谢国人。"① 话毕,便向会议厅的柱子撞去,幸被秘书长夏琴西抱住,才免于危险。他愿牺牲性命,以示爱国的行为,感动了在场的商董,并赞成第二次罢市。再次罢市,连英租界内的华商也参加了。

6月28日,是巴黎和会签字的日子。报界披露了北京政府电令出席巴黎和会专使准备在对德和约上签字的消息后,全国各地掀起了一场轰轰烈烈的拒签和约运动。天津各界联合会推举马骏为总代表,率郭隆真、刘清扬等10余人赴京,联合北京学生共30余人,于6月27日晨到总统府请愿,徐世昌不接见。马骏气愤地表示徐世昌一天不接见,请愿队伍就一天不解散;10天不接见,就等10天,不达目的不罢休。京津代表在新华门前坚持了两天,迫使徐世昌接见了请愿代表。接见时,马骏指责徐世昌:"你身为大总统,就有责任保护国家的领土和主权,你必须拒绝在丧权辱国的巴黎和约上签字。如果你接受了我们的请愿,全国学生和人民都愿作你的后盾,反对帝国主义的侵略!否则,全国人民誓必斗争到底!"②"我们决不允许肮脏的巴黎和约,把我国的山东主权转让给日本……尤其是所谓二十一条密约,必须否定……在国际会议上绝不能签订任何密约,以免丧权辱国。"在全国各族人民与旅居巴黎的中国学生、工人的积极斗争下,中国代表终于拒绝在和约上签字,斗争取得了胜利。

"五四运动"爆发的消息传到山东,5月7日上午,以学生为主在省议会内召开了国耻纪念大会。大会号召"到会省各速回家联络市民人等,组织小刀会,速杀日本人,非此做法,青岛实难挽回,而国耻非以血洗不可"。③ 当时,在济南一中学习的贵州荔波县水族青年邓恩铭被选为该校学生自治会负责人兼出版部部长,主编校报,显示了他的组织和宣传才能。④ 他作为济南学生代表团的成员之一,来到北京、天津活动,成为有较高声誉的学生领袖。

8月3日,北洋军阀政府指令山东军阀、济南镇守使马良(回族)屠杀爱国群众,捣毁了"回民救国后援会"等爱国团体,逮捕并枪杀了后援会会长马云亭和回族爱国领袖朱春涛和朱春祥,⑤ 并宣布戒严。马良的暴行不仅激起了山东学生和各界爱国人士的仇恨,而且引起了全国各族人民的公愤。山东派人到天津各界联合会报告惨案真相,要求给以支援。马骏听了报告之后,非常愤怒,认为马良是回族中的民族罪人,不能容忍。他立即联合郭隆真、刘清扬到回民小学和回民聚居的地带,揭露马良杀害回民爱国领袖的罪行。接着,又到清真寺门前,召开回民大会,进行演讲,回民愤怒,群起将马良给清真寺题写的金字大匾劈碎了。马骏敌我分明,坚决斗争的精神,受到了人们的特别敬佩。

8月23日,天津学生联合会为声援山东的斗争,派郭隆真、刘清扬等20人,与北京学生代表组成请愿团到总统府请愿,强烈要求惩办刽子手马良,徐世昌拒绝接见。郭隆真、刘清扬等在总统府门前演讲,痛斥卖国贼枪杀爱国领袖的罪行,并带领群众高呼

---

① 夏琴西:《天津商业两次罢市纪要》。
② 仲草:《冲破黑暗的雄鹰——马骏同志》,载《北京日报》,1980年5月3日。
③ 李澄:《五四运动在山东》,《五四运动回忆录》下册,第648页,中国社会科学出版社,1979年。
④ 李肇年:《民族的楷模》,载《光明日报》,1979年7月2日。
⑤ 李澄之:《五四运动在山东》,《五四运动回忆录》下册,第659—660页,中国社会科学出版社,1979年。

"打倒卖国贼"、"还我山东"等口号。郭隆真还站在石狮子上,面向总统府,质问道:"爱国有什么罪,能有人卖国,就不能有人爱国吗"?① 军警逮捕了请愿代表,将他们押到警察厅。厅长常朗斋是回族,他听说郭隆真也是回族,就命令从其厨房给郭隆真开饭,妄图以民族感情拉拢她。郭隆真和刘清扬揭露了常朗斋挑拨回、汉民族团结,分化瓦解请愿代表团的阴谋。刘清扬针对常朗斋宣布她可单独保释出狱,质问道:大家来请愿,同为救国,救国本应无罪,"应该释放我们全体代表,今天只放我一人是何用意?我现在只知有国,不知有家,既不放全体代表,我也不回家去。"② 北洋军阀政府又扬言要枪毙被捕代表。消息传出,京、津、济地区又发动了更大规模的请愿。

为了营救请愿代表,马骏率天津学生代表1000余人赴京,与北京学生联合请愿营救被捕代表。8月26日,马骏被京津等地学生推举为学生运动的总指挥。在天安门前,他指挥5000多名来自京、津、鲁、唐山、烟台等地的请愿代表,同反动军警进行英勇顽强的斗争。经过三天三夜的斗争,反动当局决定逮捕马骏。他们用枪口对准马骏的胸口,逼他解散示威队伍。马骏大义凛然,说我们已抱定牺牲的决心,坚持斗争,一定会胜利。消息传播开来,全国各族人民纷纷抗议。反动当局唯恐难以收场,只好释放被捕代表,请愿又一次取得了胜利。从此,马骏被誉为"马天安"。

随着"五四运动"的深入发展,马骏、刘清扬受天津各界人民的委托,赴上海发起成立全国各界联合会,以便统一领导全国各族人民的爱国运动。经过筹备,全国各界联合会于11月10日在上海正式成立,马骏、刘清扬分别被选为驻沪常务理事和调查科干事。会后举行游行示威,马骏任游行大队的总指挥。这次游行,打破了帝国主义不准在租界集会的禁律,是爱国运动的一次伟大胜利。马骏的组织指挥能力,善于演讲的口才,给上海人民和来自全国各地的代表留下了深刻的印象。不久,刘清扬肩负着全国各界联合会的重任,于1920年2月,经广州赴南洋等地,在华侨中进行爱国宣传,得到了海外侨胞的同情和支持,如南洋、马来亚、西贡等的华侨团体,均发电勉励。③

在东北,"五四运动"爆发的消息传来后,各族学生首先奋起响应。5月7日,永吉(今吉林市)的省立一中、第一师范、农业中学、毓文学校等"相率罢课",召开"五七"国耻纪念会,举行游行示威、演讲等。5月12日,永吉各学校、各界、各团体在省议会门前召开了国民大会。会上,第一师范的朝鲜族学生吴仁华首先发表演说,声讨了北洋军阀政府残酷镇压北京爱国学生的罪行,揭露了日本帝国主义妄图攫取吉会铁路修筑权的阴谋,号召各族人民声援北京学生的爱国运动,拒绝和约签字,取消不平等条约。会议决定:"一、游行市街,分头演说,鼓舞民气;二、谒见当道,合力电争青岛;三、军政长官如不许可,学校即相率罢课,商人相率罢市。"④ 大会还决定成立吉林省城学生团,分赴各地开展宣传活动,以进一步推动全省青年的爱国斗争。5月27日,长春第二师范、第二中学的学生召开了"救国大会"。会后,举行了游行示威,并

---

① 河北省民政厅编:《河北革命烈士史料》第一集,第55页,河北人民出版社,1959年。
② 马惠卿:《五四运动在天津》,《近代史资料》,1958年第2期。
③ 邓曾骧:《广州学生运动记》,《五四运动回忆录》下册,第834页,中国社会科学出版社,1979年。
④ 《时报》,1919年5月18日。

相继罢课。至6月中旬,学生、工人组成了"救国十人团",呼吁"同胞们快觉醒!莫忘我们祖国的羞耻和屈辱!""日本以暴风洪水的速度侵袭我们……我们不应坐而待毙"。

吉林省延边地区是中国朝鲜族的聚居地区。5月18日,延吉道立师范学校收到北京大学全体学生的《警告父老兄妹书》,立即开会,一致同意支持北京大学学生的爱国行动。接着,各校学生相继罢课,沿街讲演,游行示威。其中,道立中学的荆树智等3名学生在群众大会上,当场咬破手指,以鲜血在白布上书写"还我山河"、"竭力救国"的血书,表示其誓死救国的决心。而后,他们将这份血书寄到北京,表达延边地区各族学生同全国的各族学生团结战斗到底的决心。在爱国学生的激励下,延吉龙井村的朝鲜族人民,焚毁了日本总领事馆。①

奉天省是东北反动统治的中心,但沈阳的满族学生"假郊游之名,潜往城外",召开各校代表会,成立了奉天学生团。

在内蒙古地区,在京学习的蒙古族学生除直接参加北京学生的爱国运动外,有不少人昼夜兼程,赶回家乡。在他们的发动和组织下,归绥(今呼和浩特市)等地的蒙古、汉等族青年立即开展斗争。归绥中学、土默特高等小学校的学生及部分教师,举行游行示威,反对"巴黎和会",提出"废除二十一条"②、"收复失地"、"关税自主"、"抵制日货"等口号,并成立了归绥学生联合会。同时,以举办平民夜校等形式,传播新思想新文化,反对旧礼教,要求男女平等。李裕智、吉雅泰等蒙古族青年是内蒙古地区"五四运动"的骨干和领导者。

"五四运动"爆发的消息传到广西南宁、桂林、柳州等地后,各校的各族学生举行集会、游行、罢课、演讲等活动,并组织学生联合会,开展反帝爱国活动。6月30日,南宁召开了以学生为主体的各族各界国民大会。在会上,有一学生断指血书,"誓死救国"。灵川县的学生在通电中称:"释放学生,诛曹、章","愿投笔从戎,杀国贼,申义愤"。③ 甚至小学生也列队游行,以示爱国的赤诚之心。在学生爱国热情的鼓舞下,印刷工人连夜赶印学生会刊和《爱国报》等宣传品,邮电工人争分夺秒地将外地寄来的进步书刊和本省报刊及时送到读者手中;有的商人开展了抵制日货的斗争,组织了纠察队,检查各商店的存货及进出口船只,发现日货立即封存。商店的店员主动将推销日货的广告牌摘去,④以示永远不卖日货。武鸣县陆军混成旅步兵的一些官兵将备用的日货及日本造的各种武器烧毁。一个姓农的壮族团长称:"力劝同辈军人不用日货,以雪国耻。"他们还联络南宁的各军设立爱国军人会。

在湖南,长沙等地的土家族、苗族学生,同汉族学生一道,走街串巷,宣传演讲。5月27日,湖南省学生联合会成立。6月3日,长沙各校罢课。《罢课宣言》称:"国家将亡,急宜挽救","全体罢课,力行救国之职责,誓为外交之后盾"⑤。6月5日,

---

① 《晨报》,1919年5月13日。
② 1915年,日本提出的"二十一条",其中规定吞并内蒙古东部地区的种种特权。
③④ 《时报》,1919年6月1日。
⑤ 长沙《大公报》,1919年6月3—4日。

周南女校、省立第一女校学生亦开始罢课。她们称："生等虽属女流，誓死力为国人后盾。"① 其中，土家族向警予是湖南女青年的杰出代表。"五四运动"爆发后，她率领溆浦女校的师生上街游行，宣传反帝爱国思想，开展抵制日货运动。而后，她参加了毛泽东、蔡和森等组织的新民学会，寻求救民救国的真理。长沙的学潮迅速波及湘西，土家、苗等族人民和汉族人民一起，召开了群众大会，声讨了帝国主义和北洋军阀的罪行。与此同时，湘西临时参议会和商学各界在给北京、天津、上海等地的各群众组织和报馆的通电中称："青岛问题……疾首痛心，誓不承认……凡我国民，当为政府后盾，赴汤蹈火，皆所不辞。"② 这表明了湘西各族人民不畏强暴，反帝爱国的坚强决心。

中国有20多个少数民族聚居在云南省。当"五四运动"爆发的消息传到昆明后，云南省省立一中的学生印发了《缘起》传单，组织宣传队，宣传反帝爱国思想。6月4日，昆明市学生会与各界群众团体联合召开了国民大会。大会决定，要把"除奸、废约、反日、救国的斗争进行到底"③。6月8日，云南省学生爱国会成立。在白族聚居的大理，彝族聚居的蒙自、昭通等地，相继成立了分会。在学生爱国会的领导下，剑川、祥云、宾州等偏僻地区的各族青年和人民亦积极响应。在爱国学生的影响下，云南省议会在致北京、广州、上海军政界人士的通电中，要求释放被捕学生，严惩段祺瑞、徐树铮、曹汝霖、章宗祥、陆宗舆等卖国贼，"以慰人心，而救国危"④。

在日本和外省念书的云南籍各族学生，不仅投入了这场爱国运动，而且有的人起了领导作用。在日本留学的云南籍学生表示："宁为玉碎，不为瓦全。危亡在即，急不择言。"⑤ 剑川白族青年张伯简，"五四运动"前在广州求学，"五四运动"爆发后，广州工人、农民和学生的反帝爱国活动，使他受到了鼓舞，遂以满腔的革命热情投身于"五四运动"。1919年冬，他与周恩来、蔡和森、赵世炎等人一起，赴法勤工俭学，走上了革命道路。

在贵州，"五四运动"爆发后，各族人民积极响应。6月1日，各届召开大会，作出决议：通电出席和会的中国专使，力争青岛，取消"二十一条"；通电北京政府，诛卖国贼以谢天下，保全北京大学，释放被捕学生。并强调"吾国存亡在此一举。务祈举国一致，誓死力争"。⑥

全国各地各族学生的爱国热忱，唤起了民众，汇成了空前规模的革命洪流。特别是上海的"三罢"斗争，使中国工人阶级成了运动的主力，严重地威胁着北洋军阀政府的统治。6月5日，北洋政府释放了被捕学生。6月10日免去曹汝霖、章宗祥、陆宗舆的职务。6月28日，出席巴黎和会的中国代表声明"山东不保留，和约不签字"。至

---

① 中国科学院历史研究所第三所编：《五四爱国运动资料》1959年第1号，第107页，科学出版社，1959年。
② 中国科学院历史研究所第三所编：《五四爱国运动资料》1959年第1号，第152页，科学出版社，1959年。
③ 杨青田：《忆五四》，载《云南日报》，1979年5月2日。
④⑤ 中国科学院历史研究所第三所编：《五四爱国运动资料》1959年第1号，第154页，科学出版社，1959年。
⑥ 《时报》，1919年6月5日。

此,"五四"爱国运动取得了胜利。

二、中国共产党民族理论的基本思想和初步阐释

"五四运动"促进了马列主义与中国工人运动的结合,为中国共产党的诞生奠定了思想基础。1921 年 7 月 23 日,中国共产党第一次全国代表大会在上海召开。这次大会宣告了中国共产党的成立。

中国共产党十分重视国内少数民族问题,把它视为革命问题的一个重要组成部分,并根据反帝反封建的革命任务,在中国历史上破天荒第一次提出了解决民族问题的纲领和政策。中国共产党的民族纲领和民族政策是在中国革命实践中不断发展和完善的。

中国共产党民族理论的基本思想和初步阐释,体现在"一大"、"二大"等的纲领之中。在"一大"通过的《中国共产党的第一个纲领》中,明确规定:"凡承认本党党纲和政策,并愿成为忠实的党员者,经党员一人介绍,不分性别,不分民族都可以接收为党员,成为我们的同志。"① 接收党员不分民族,这就充分体现了中国共产党主张中国境内各民族一律平等的思想。

1922 年 7 月,中国共产党第二次全国代表大会在上海召开,中心议题是讨论中国革命的纲领问题。在《中国共产党第二次全国代表大会宣言》中提出了最高纲领和最低纲领,即以"组织无产阶级,用阶级斗争的手段,建立劳农专政的政治,铲除私有财产制度,渐次达到一个共产主义的社会"为其最高纲领,以"一、消除内乱,打倒军阀,建设国内和平;二、推翻帝国主义的压迫,达到中华民族完全独立;三、统一中国……为真正民主共和国"② 为其最低纲领。当时的中国内乱有增无减。中华民国成立 11 年,几乎年年有战争,不是军阀压迫民生主义革命战争,便是军阀内战,如直皖战争和直奉战争等,连绵不断,造成社会混乱,经济凋敝,人民贫穷困苦,不可言状。帝国主义在政治和经济上的压迫,更是中华民族与中国社会自由发展的障碍,"北京东交民巷公使团简直是中国之太上政府……在这样国际帝国主义政治的经济的侵略之下的中国,在名义上虽然是一个独立的共和国,在实质上几乎是列强的公共殖民地"。因此,中华民族对内必须铲除军阀,对外必须"反对国际帝国主义的侵略,努力把中国造成一个完全的真正独立的国家。"③ 要统一中国本部④为真正民主共和国,不推翻帝国主义的压迫,不铲除军阀的势力,是根本不可能实现的。

在中国共产党第二次全国代表大会上,还对中国的边疆地区和少数民族问题,根据列宁主义关于处理民族问题的理论,首次提出了处理中国民族问题的纲领,即"尊重边疆人民的自主,促成蒙古、西藏、回疆三自治邦,再联合成中华联邦共和国"⑤,具

---

① 中国人民大学中共党史系资料室编:《中共党史教学参考资料》党的创立时期,第 259 页,中国人民大学出版社,1979 年。
② 中国人民大学中共党史系资料室编:《中共党史教学参考资料》党的创立时期,第 339—340 页,中国人民大学出版社,1979 年。
③ 《向报》周报,1922 年 9 月 13 日。
④ 包括东三省在内的各省。
⑤ 中国人民大学中共党史系资料室编:《中共党史教学参考资料》党的创立时期,第 336 页,中国人民大学出版社,1979 年。

体措施是"蒙古、西藏、回疆三部实行自治,成为民主自治邦;用自由联邦制统一中国本部、蒙古、西藏、回疆,建立中华联邦共和国"。① 在这个民族纲领中,提出了"自治"、"民主自治邦"和建立"联邦共和国"等主张。

从中国共产党第二次全国代表大会开始,在第一、第二次国内革命战争时期,中国共产党的民族纲领强调民族自决权,主张实行联邦制。如1923年6月,中国共产党第三次全国代表大会通过的《党纲草案》规定:"西藏、蒙古、新疆、青海等地和中国本部的关系由各该族民族自决。"② 1924年1月,中国共产党人参加的中国国民党第一次全国代表大会通过的《宣言》,"承认中国以内各民族之自决权,于反对帝国主义及军阀之革命获得胜利以后,当组织自由统一的(各民族自由联合的)中华民国"。③ 这是国共两党共同制定的民族纲领。1928年6月7日,中国共产党第六次全国代表大会通过的《政治决议案》,提出了"统一中国,承认民族自决权"④ 的政治口号。1931年11月7日,中华苏维埃第一次全国代表大会通过的《中华苏维埃共和国宪法大纲》规定:"中国苏维埃政权承认中国境内少数民族的自决权,一直承认到各弱小民族有同中国脱离,自己成立独立的国家的权利。蒙、回、苗、高丽人等,凡是居住在中国地域内的,他们有完全自决权:加入或脱离中国苏维埃联邦,或建立自己的自治区域。"⑤ 1935年12月20日,中华苏维埃中央政府发出《对蒙古人民宣言》,指出内蒙古民族"有权与其他的民族结成联邦的关系,也有权完全分立起来"。⑥ 1936年8月24日,中共中央发出的《关于内蒙工作的指示信》,指出"中国苏维埃红军与共产党,坚决反对中国国民党对国内弱小民族的压迫,主张民族自决一直到弱小民族组织独立国家与政府。"⑦

中国共产党之所以强调民族自决权,主张实行联邦制,一是针对帝国主义的欺骗宣传。中国共产党第二次全国代表大会的宣言明确指出,帝国主义以民族平等、自决等好听名词,来掩盖压迫弱小民族的行为。中国各族人民积80年被压迫的经验,最懂得帝国主义所宣传的平等、自决是什么意思。非打倒帝国主义,即不能实现真正的民族平等和自决。这样,中国共产党就把民族自决提到了反帝斗争的高度。

一是针对国内军阀的封建割据。当时,国内的封建军阀中,势力大的企图以"武力统一"全国,势力小的则热衷于"联省自治"。直系军阀曹锟、吴佩孚奉行"武力统一"的政策,攘夺各省,各省军阀为了保住自己的地盘,则以"联省自治"来抵制"武力统一"政策。无论是"武力统一"还是"联省自治",都是在帝国主义卵翼下的军阀实行的封建割据,扩大其统治势力的手段。中国共产党既反对"武力统一",也反对封建军阀利用"联省自治"扩大割据,而主张由人民力量来实现真正民主主义的统

---

① 中国人民大学中共党史系资料室编:《中共党史教学参考资料》党的创立时期,第340页,中国人民大学出版社,1979年。
② 中共中央统战部编:《民族问题文献汇编》,第22页,中共中央党校出版社,1991年。
③ 中共中央统战部编:《民族问题文献汇编》,第28页,中共中央党校出版社,1991年。
④ 中共中央统战部编:《民族问题文献汇编》,第86页,中共中央党校出版社,1991年。
⑤ 中共中央统战部编:《民族问题文献汇编》,第166页,中共中央党校出版社,1991年。
⑥ 中共中央统战部编:《民族问题文献汇编》,第323页,中共中央党校出版社,1991年。
⑦ 中共中央统战部编:《民族问题文献汇编》,第418页,中共中央党校出版社,1991年。

一。中国共产党认为,当时中国本部还处在军阀割据、四分五裂的局面,如果以"武力统一"蒙古等地,则会使边疆少数民族成为军阀扩充势力的牺牲品,进而阻碍这些民族的发展。同时,"联省自治"一旦实行,则会有利于各帝国主义势力与其控制的军阀勾结起来,瓜分中国。因此,"武力统一"与"联省自治"均不利于中华各民族的解放事业。

中国共产党强调民族自决权,主张实行联邦制,目的在于争取边疆各民族参加到民族民主革命中来,共同谋求民族的独立与人民的解放。中国共产党承认民族自决直至分离的权利,只是因为它是反对一切民族压迫的彻底表现,而不是赞成一切分离、分散、成立小国家的要求。因此,"决不允许把民族有权分离的问题和某一个民族在某个时候分离是否适当的问题混为一谈。"① 新中国成立以前,中国是一个半殖民地半封建的国家。民族自决与分离的要求,是向帝国主义实行自决,同帝国主义的统治实行分离。不推翻帝国主义的统治,就不可能实现中华民族的独立和解放。因此,强调民族自决权,实行联邦制,旨在谋求各民族的真正平等、独立和解放,实现各民族的共同发展与繁荣。这是中国共产党解决我国民族问题的基本思想。

但是,我们应该承认,在第一、第二次国内革命战争时期,中国共产党还处于幼年阶段,受战争环境和小块红色地区的限制,对中国国情、民族问题状况缺乏周密的调查了解;在民族问题上,还不能将马列主义的原理同中国的具体历史条件正确地结合起来,几乎是全盘接受苏联解决民族问题的模式和经验,因而在某些时候不恰当地强调了民族自决权和联邦制。当然,历史地看问题,这又是不应该苛求的。

事实上,在中国革命胜利前或胜利后,中国各少数民族从来没有建立过像苏联那样的独立的民族国家。相反,于1947年5月1日建立了内蒙古自治区,为中国革命胜利后在全国范围内实行民族区域自治政策树立了榜样,积累了经验。这是因为在抗日战争和人民解放战争时期,中国共产党逐渐走向成熟,对我国的民族问题有了较多的了解,懂得了如何把马列主义普遍原理同中国革命的具体实践相结合,从而确立了民族区域自治的制度,作为解决国内民族问题的基本政策。实际上,中国的民族组成及其分布的情况,很难使各少数民族按民族区分来建立单独的民族国家。首先,民族国家的疆域就无法划分。其次,我国各少数民族地区,新中国成立前经济和文化都比较落后,没有或很少有现代工业,手工业也不发达,不能构成一个单独的完整的经济单位。另外,以联邦制作为中国各民族在政治上联合的形式是不必要的。因此,中国共产党"根据中国民族历史的发展、经济的发展和革命的发展,采取了最适当的民族区域自治政策,而不采取民族共和国的制度"。中国"也无法采取联邦制度"②。

三、马克思主义在民族地区的传播

"五四运动"后,随着马克思主义在中国的广泛传播,马克思主义也传到了少数民族地区。这是少数民族的先进分子学习、研究和宣传马克思主义的结果。在民族地区传

---

① 《列宁全集》第24卷,第269页,转引自中共中央统战部编:《民族问题文献汇编》前言第5页,中共中央党校出版社,1991年。

② 周恩来:《关于我国民族政策的几个问题》,《周恩来选集》下卷,第260页,人民出版社,1984年。

播马克思主义的途径是创办进步报刊，组织进步社团，兴办平民学校等。

1. 创办进步报刊，传播马克思主义。"五四运动"后，在全国各地宣传马克思主义的进步报刊如雨后春笋般不断涌现，这些报刊通过各种渠道传入了民族地区。同时，在民族地区也不同程度地兴起了创办和发行进步报刊的热潮。1925年，中共北方区委派吉雅泰、李裕智等到归绥、包头、察哈尔、热河等地工作，他们将《响导》、《中国青年》、《工人之路》等革命刊物，以张家口为中心散发到各地，马克思主义在内蒙古地区蒙古、汉等族人民中广泛地传播开来。多松年在北京创办了《蒙古农民》，为内蒙古蒙古、汉等族人民指明了解放的道路。李大钊称赞多松年说："真想不到，你能搞得这样漂亮，完全像个老手办的。"① 《蒙古农民》的问世，在内蒙古地区传播了马克思主义。

1919年9月，回族青年马骏、郭隆真、刘清扬在天津参与创办了《觉悟》刊物，周恩来任主编。马骏在创刊号上发表了《一个小蜘蛛》等寓言诗，以含蓄的语言号召人们，像蜘蛛不倦地织网一样，同帝国主义与反动军阀进行顽强的斗争。1922年，中共北方地方执行委员会派马骏到哈尔滨，进行反帝爱国宣传。翌年"二·七"大罢工后，马骏参加了《晨光报》的工作，还组织了哈尔滨通讯社，传播马克思主义，进行救国宣传。

在朝鲜族人民聚居的延边地区出版和发行了《真理报》、《先锋》、《工人之路》、《赤旗》等进步报刊，报道了"五四运动"情况；号召各族人民参加反帝爱国运动；提倡民主与科学，抨击军阀统治；宣扬个性解放，反对旧礼教、旧道德；介绍俄国十月革命，宣传马克思主义学说。

1924年，云南剑川白族青年张伯简在中共中央宣传部工作，负责《响导》、《中国青年》的送稿、印刷、发行工作。第一次国共合作后，张伯简担任《国民通讯社》的领导工作。是年冬，他任党中央出版局书记。他翻译和编写了《各时代社会经济结构原素表》和《社会发展简史》。这是中国共产党早期传播马克思主义的通俗读物。《社会发展简史》于1925年出版后，翌年毛泽东同志将它作为广州第6届农民运动讲习所的教材之一，发给学员学习，并传至内蒙古等民族地区。1925年，张伯简任《平民之友》的编辑，负责筹备《热血日报》。他在创办报纸、刊物和翻译、编写传播马克思主义的通俗读物方面发挥了先锋作用。

在"五四"时期，施滉、张伯简、赵琴仙、周保中等白族人民的优秀儿女，"经常把马克思、列宁的有关著作、进步报刊、资料寄回家乡，以他们的革命行动和先进思想影响白族青年，促进了白族地区的思想解放"。② 与此同时，在昆明创办了《云南学生爱国会周刊》等，在白族聚居的大理、剑川、祥云，彝族聚居的蒙自、昭通等地以及在外地求学的云南籍各族学生都创办了不少刊物。如《云南旅沪学生会刊》、《留日学生会刊》、《南强》、《曙滇》、《枪声》、《祥云》等在云南各地流传，传播了马克思主义，促进了云南各族人民的觉醒。

---

① 《塞原星火》第一集，《多松年》一文，1981年6月。
② 白族简史编写组：《白族简史》，第197—198页，云南人民出版社，1988年。

1920年，湖南溆浦县土家族女青年向警予在法国蒙达尼女子中学学习了法文版的《共产党宣言》与《家庭、私有制和国家的起源》等马克思、恩格斯的名著，并把阅读《资本论》的照片寄回湖南，受到了毛泽东等同志的称赞，在湘西广为流传。是年5月，她在李大钊主编的《少年中国》上发表了《女子解放与改造的商榷》一文，这是她运用马克思主义的观点研究妇女问题的早期著作。

　　1922年，向警予回国后，给从事妇女运动的女青年介绍《家庭、私有制和国家的起源》等马克思主义著作。她主编《妇女周报》，宣传马克思主义。"她先后在《响导》、《前锋》、《妇女周刊》、《妇女日报》、《妇女杂志》和《妇女年鉴》等报刊上，发表了《中国最近妇女运动》、《今后中国妇女之国民革命运动》、《中国妇女宣传运动之新纪元》、《妇女运动的基础》等一系列论述我国妇女解放运动的文章。她还为党中央妇女部起草了许多重要指导文件。在这些文章和文件中，比较系统地阐述了关于妇女解放的思想和理论"。① 1927年，她相继负责武汉总工会宣传部、汉口市委宣传部和湖北省委宣传部的工作。她主编党的秘密刊物《长江》，办得很出色。她不仅在湘西，而且在全国范围内传播了马克思主义。

　　在海南岛，革命先驱徐成章、冯平、符节在海口创办了《新琼岛报》，徐成章、王器民等出版了《琼崖旬刊》；许帮鸿、卢鸿兹在加积市出版了《良心月刊》。这些报刊在黎、苗等族人民中广泛流传，宣传了马克思主义。

　　2. 组织进步社团。"五四运动"前后，为寻找救国救民的真理，各地纷纷成立了社团。1918年4月，毛泽东、蔡和森在长沙建立了新民学会。其宗旨为"革新学术，砥砺品行"。1920年改为"改造中国与世界"。会员由10多人发展到68人。湘西土家族向警予是优秀的会员。

　　1919年9月，在周恩来的倡议下，成立了觉悟社。马骏、郭隆真、刘清扬是其重要的领导成员。

　　1919年11月，在济南成立了励新学会。水族青年邓恩铭是学会的重要领导成员。励新学会还创办了《励新》半月刊。邓恩铭经常在该刊上发表有关社会问题的文章。

　　在新民学会、觉悟社、励新学会的影响下，民族地区的进步学生相继成立了"救国会"、"读书会"、"修养会"、"青年会"、"同窗会"、"学友会"等进步社团。通过这些社团，以各种形式来研究马克思主义，并将马克思主义在民族地区广泛地传播开来。

　　3. 办平民学校。1921年1月，邓中夏等在长辛店机车厂创办了劳动补习学校。不少满、回等族工人通过学习文化，接受了马克思主义，提高了阶级觉悟，走上了革命的道路。满族工人王俊、回族工人吴祯等站在斗争的前列，5月1日，参加1000多人的集会和游行示威。成立工会时，分别被选为委员长和委员。工会后来改名为俱乐部时，王俊又被选为交际委员，负责对外联络工作。中国共产党成立后不久，他们成为该厂的第一批共产主义战士。在1923年京汉铁路工人大罢工中，回族工人吴祯竟被反动派杀害，为革命事业献出了宝贵的生命。

---

① 谷茨：《向警予》，中共党史人物研究会编：《中共党史人物传》第6卷，第77页，陕西人民出版社，1982年。

在民族地区，同样办起了类似的学校。如一批白族青年在剑川、巍山地区办起了农民夜校，妇女识字班；在海南岛办起了农工职业学校，后改名为仲恺农工学校。各族工人、农民不仅在这些学校里提高了文化，而且接受了马克思主义学说。

第二节 国共合作与孙中山对民族主义的重新解释

一、中国共产党与中国国民党的合作

中国共产党为了完成反对帝国主义和封建军阀的民族民主革命，在第二次全国代表大会上，通过了《关于民主联合战线的决议案》。1923年6月，中国共产党第三次全国代表大会正式决定同孙中山领导的国民党建立革命统一战线。孙中山同意与共产党合作，并着手改组了组织松懈、成分复杂的国民党。共产党员可以以个人资格加入国民党，为国民党输送了新鲜血液。

1924年1月，孙中山在广州主持召开了中国国民党第一次全国代表大会。这次大会通过了《中国国民党第一次全国代表大会宣言》（以下简称《宣言》），确立了"联俄、联共、扶助农工"的三大政策，重新解释了三民主义，使三民主义有了新的阐释，对民权主义、民生主义、民族主义的主张，同中国共产党民主革命的政纲、基本原则相一致。因此，三民主义就成为国共合作的政治基础，《宣言》就成为国共合作革命统一战线的共同纲领，国民党就成为工人、农民、小资产阶级和民族资产阶级的民主革命统一战线的组织形式。中国国民党第一次全国代表大会的召开标志着第一次国共合作正式形成。第一次国共合作，促进了中国民族民主革命的高涨和少数民族地区革命斗争的发展。

国共合作后，包括少数民族聚居区在内的全国工人运动和农民运动，呈现出蓬勃发展的新局面。

1925年，"五卅"运动爆发，并迅速扩大到全国各地，各族人民相继投入了运动。广西各民族的码头工人在店员和市民的协助下，组织了检查组，发现有英货、日货立即没收销毁。

由"五卅"运动引发的省港大罢工，其罢工委员会书记由白族青年张伯简担任。张伯简和张太雷、邓中夏、苏兆征等领导的这次罢工斗争，规模最大，时间最长，在世界工运史上实属罕见。省港大罢工支持了广东革命政府，支持了国民革命军第二次东征，促进了广东革命根据地的统一和巩固，为北伐战争准备了广泛的群众基础。

在省港大罢工中，广东惠阳县的畲族农民自卫军，为协助罢工工人纠察队检查英货、日货的输入，制止粮食偷运香港等工作，作出了贡献。

当南方的工人运动蓬勃发展之际，东北的各族工人亦站在斗争的最前列。1925年，东北各族工人的罢工次数达59次，参加的人数达8800多人；[1] 1927年罢工次数达94次，参加人数达22万余人。在中国共产党领导的许多次罢工中，以1926年大连福纺罢工的规模最大。

大连"满洲福岛纺织株式会社"是1923年3月由日本财阀建立的，工人几乎是从

---

[1] 《满族简史》，第203页，中华书局，1979年。

金、复两县农村招来的，而这两县又是满族居住较集中的地区，许多满族农民被招入厂。1926年，该厂的工人增至800余人，满族工人亦随着增多。是年爆发的大罢工，其导火线是日本资本家克扣工资。4月25日，几个满、汉女工发现工资被扣，便去质问日本老板，但没有结果。福纺工会会长、共产党员侯立鉴将此事报告了党组织，中共大连市特别支部决定领导福纺工人进行斗争。4月27日，侯立鉴等向厂方提出不许打骂工人、增加工资、缩短工时等6项要求，遭到拒绝。于是全厂工人宣布罢工，日本当局逮捕工人领袖和罢工工人，招收新工人来破坏罢工，但罢工工人在中华全国总工会和大连市工人的支持下，毫不屈服。经过100多天的罢工斗争，日本资本家答应了工人提出的6项要求，释放了被捕工人，罢工取得了胜利。在罢工期间，满族工人坚持斗争，并参加了"打工贼"、"放哨"、"送信"等工作。① 他们和汉族工人并肩战斗，显示了各族工人团结战斗的力量。

少数民族地区的农民运动也有了很大的发展。1924—1925年5月，广东省有22个县建立了农民协会，组织起来的农民达21万人以上。海南岛的黎族、苗族人民以及散居在增城、博罗、大埔、潮安、惠阳的畲族人民在中国共产党的领导和海丰农民运动的影响下，相继建立了农民协会和农民武装。在第一次东征中，海丰等县的各族农民在革命军到达前就占领了县城。增城等县的畲族农民自卫军同革命军一起进攻陈炯明部，收缴反动军警的枪械。② 在第二次东征中，各族农民为扫荡陈炯明部，巩固广东革命根据地作出了贡献。两次东征及平定杨希闵、刘震寰滇桂军阀的叛乱，使广东革命根据地得以基本统一，广东革命政权日益巩固。但是，军阀邓本殷统治着海南岛。1926年1月，国民革命军第十二师向海南岛进军。2月底，歼灭了邓本殷部，解放了海南岛各族人民。接着，在海口建立了中共琼崖地方委员会。

1926年春，中共广东区委派黎族黄振士等人到陵水县发动黎、汉各族人民，建立农民协会和共产党组织。5月1日，建立了中共陵水县委，黄振士任第一任县委书记。在中共陵水县委的领导下，相继建立了区、乡农民协会等。9月，中共陵水县委创办了农民运动训练所，培养农民运动的骨干。参加学习的50多个学员，黎族占了一半。在中共陵水县委的领导下，各族农民进行了反对土豪劣绅、反对苛捐杂税、反对粮食外运的斗争。数以千计的黎族、汉族农民以梭镖、弓箭、猎枪等，与武装的农民训练所学员相配合，齐集陵水县城，举行游行，陵水县县长畏罪潜逃。各族农民还在港口、交通要道封船、封车，截回准备偷运出境的粮食。这次声势浩大的斗争，为进一步开展农民运动奠定了基础。

1924年8月，壮族黄治峰领导广西奉议县的各族农民反对县知事黄炽秋对农民进行敲诈勒索，迫使广西当局将黄炽秋撤职查办。1925年9月，壮族韦拔群在武篆建立了东兰县农民协会，使一度低落的农民运动高涨起来。他还仿照广州农民运动讲习所，创办了广西农民运动讲习所，自任所长。广西农民运动讲习所所址在东兰县武篆区东里屯的北帝岩，后改为列宁岩。来自凤山、百色、凌云、奉议、思隆、思林、果德、都

---

① 见《辽宁少数民族社会历史调查组调查资料》。
② 福建少数民族社会历史调查组编：《畲族简史简志合编》（初稿），第44页，1963年。

安、河池、南丹、东兰等县的296个学员，都是农民运动的骨干和进步青年。是年12月，"东兰惨案"后，韦拔群转移到西山瑶族聚居区，建立了东兰县革命委员会，又将各族农民武装分散组成除奸团，灵活机动地打击敌人。

1926年，广西省农民部成立后，编辑了农民运动丛刊。3月和12月，在南宁相继举办了两期农民运动讲习所，培养了一批农民运动的骨干，并委派有农运经验的人以特派员身份到苍梧、桂平、思隆、果德等县开展工作。国民党中央还派易挽澜、陈鼓涛、陈炳堂、韦如山等毕业于广州农民运动讲习所的壮族学员回龙州、东兰、思隆等县工作，成为左、右江农民运动的骨干。1926年年底至1927年年初，省农民部相继在苍梧道、镇南道、田南道成立了农民运动办事处，指导所辖各县的农民运动。广西的农民运动又蓬勃地开展起来。

韦拔群在西山坚持斗争，革命队伍日益壮大。锄奸团恢复为农民自卫军，下辖3路，不断地对奉议的反动军队进行反击。在有利的形势下，韦拔群派陈伯民、陈守和赴南宁向省政府控告军阀、土豪劣绅制造"东兰惨案"的罪行。韦拔群还以东兰农民协会名义，给广州国民政府，国民党中央党部，广西党、政、军机关和报社发出《快邮代电》，揭露"东兰惨案"的真相，要求惩办肇事者。广东国民政府责成广西当局处理这件事。广西省政府才承认东兰农民运动的合法性，免征粮赋一年，"查核办理"制造"东兰惨案"的罪魁祸首龚寿仪等人。

1926年9月，韦拔群率1000多农民自卫军攻打东兰县城，县知事黄祖瑜、土豪劣绅陈儒珍、杜瑶甫率团警弃城而逃。第二次解放了东兰县城，重建了县农民协会，陈勉怒任主任，韦拔群、陈洪涛、陈鼓涛等为委员。韦拔群还任军事部长。东兰县革命委员会也迁至县城。接着，建立了县属各级农民协会。10月，韦拔群在武篆区育才小学，创办了第二届农民运动讲习所。1927年6月，韦拔群又举办了第三届农民运动讲习所。从1923年3月至1927年6月，农民运动讲习所共办3期，培养了一批又一批的农民干部，这为尔后坚持革命根据地的斗争，奠定了坚实的基础。

与此同时，广西思隆、奉议、凤山、凌云、左右江地区以及南宁市郊的农民运动也有相当程度的发展。

湖南省苗族、瑶族、土家族人民聚居区的农民运动，如火如荼地开展起来。1926年12月，在长沙召开了湖南省第一次农民代表大会。大会通过了一系列的重要决议案。其中，《解放苗瑶决议案》指出："设法使苗瑶等民族加入当地农民协会，或助其组织单独的苗瑶农民协会"，"颁布解放苗瑶的明令，使其与汉人政治经济一律平等"，"援助苗瑶解除土司酉长的残酷（压迫）"。[①] 这个决议，反映了苗、瑶等族人民渴望解放的意愿。这次大会推动了各少数民族地区农民运动的发展，各地相继建立了农民协会。1927年3月，湘西苗、土家、汉等族农民，在乾城召开群众大会，举行游行示威，惩治了几个罪大恶极的苗族地主。

全国各少数民族地区工人运动和农民运动的发展，沉重地打击了帝国主义和封建军

---

① 中国人民大学中共党史系资料室编：《中共党史教学参考资料》第一次国内革命战争时期（下），第250页，中国人民大学出版社，1979年。

阀，有力地支援了北伐战争。

1926年7月，国民革命军在东征、南征，平定刘震寰、杨希闵叛乱，统一和巩固广东革命根据地后，由广东出师北伐。北伐战争反映了全国各族人民的愿望，得到了各族人民的拥护和支援。当北伐军由广东出师北伐时，韶关、湘南等地的苗、瑶等族人民给北伐军送菜、送饭、烧茶、烧水。8月，北伐军主力挺进湖南。9月，城步县的苗族青年杨植廷、杨绍修、易明国等深入穷乡僻壤，以演讲、出布告、发传单、办夜校、演戏等方式进行宣传，广泛发动群众支援北伐军。1926年年底，活动在湘、鄂、川边由土家族庚万鹏领导的农民自卫军，在四川黔江两次打败被北伐军打散的军阀部队陆营长部，缴枪60余支。接着，又转战于湖北咸丰、宣恩、来凤，湖南龙山等地，继续配合北伐军作战，消灭流窜之敌。在内蒙古，内蒙古人民革命军在热河配合冯玉祥的国民军与奉系军阀作战，攻克了林西、赤峰等地，并配合国民军对奉、直、晋系军阀势力进行了多次战斗。在伊克昭盟，由锡尼喇嘛指挥的人民革命军第十二团转战于伊克昭盟各旗。内蒙古人民革命军在北方和南方的北伐军遥相呼应，分散了各派军阀的力量，在战略上配合国民革命军的北伐。

国民革命出师北伐时，在参军参战的将士中，有许多的少数民族，如蒙古族的荣耀先、云继先，朝鲜族的金俊燮，彝族的罗炳辉，白族的周保中，苗族的朱早观，维吾尔族的翦伯赞等。参加北伐战争还有回、苗、壮、土家等族的优秀儿女，如贺龙率领的国民革命军第二十军就有不少土家族、苗族的优秀儿女。这些少数民族的将士，有的在战场上英勇杀敌，立下了战功，有的献出了宝贵的生命。

荣耀先是蒙古族最早的共产党员，黄埔军校第一期学员。在北伐战争中，相继任排、连、营、团长等职。1927年2月，在一次战斗中英雄牺牲。

金俊燮任国民革命军第六军第五十五团机关枪连少校，为训练技术骨干，曾在广东惠阳县举办机关枪训练班。1927年7月，他随军北伐，曾参加著名的汀泗桥战役。11月，他在乐化车站的战斗中牺牲。

罗炳辉北伐时任国民革命军第三军第九师二十五团二营营长。二营是由朱培德的警卫营改编的，战斗力强。在第二次攻打南昌时，他率领二营担任主攻牛行车站的任务。在这场恶战中，全营官兵奋勇杀敌，终于攻克了牛行车站，为北伐军开辟了攻克南昌的通路，罗炳辉和二营立了头等功。

周保中北伐时任国民革命军第六军第五十六团上尉副官，相继转战湘北、鄂南。在多次的激战中，他英勇顽强，相继被提升为五十六团三营营长、副团长，在第六军中是骁勇善战的一名中级指挥员。1927年3月，周保中自告奋勇地担任奇袭南京雨花台精干部队的指挥，确保奇袭雨花台获得了成功。而后，他相继任第六军的师参谋长、先锋营营长、教导团团长等职，参加了保卫武汉革命政府的多次激烈战斗。

各族人民的支援是北伐军胜利进军的重要原因之一。北伐军的胜利进军进一步推动了工人运动和农民运动的发展。1926年10月至1927年3月，在中国共产党领导下，上海工人阶级为配合北伐的胜利进军，相继举行了3次武装起义。侗族龙大道任上海总工会秘书长、经济斗争部部长等职，参与周恩来等领导的上海工人第三次武装起义，将工人运动推向了高潮。由于他自始至终参加了领导起义，便成为工人阶级爱戴的领袖。这次起义的胜利,沉重地打击了帝国主义和封建军阀的统治。

在中国共产党的领导下,农民运动首先在湘、鄂、赣等省迅猛地发展起来。此外,河南、安徽、广西、浙江、四川、福建等省亦普遍建立了农民协会。至 1927 年 3 月,农民协会遍布了 16 个省 300 余县,会员近 1000 万人。少数民族地区的农民运动亦有了迅猛发展。1926 年 11 月,湖南少数民族较集中的一些县建立了各级农民协会,如泸溪县有区级农民协会 3 个,乡级农民协会 17 个,会员达 1306 人。溆浦县有区级农民协会 2 个,乡级农民协会 11 个,会员达 1965 人。城步县有区级农民协会 1 个,乡级农民协会 8 个,会员达 889 人。① 1927 年 3 月,湘西乾城县的苗族、土家族农民对土豪劣绅进行斗争,捣毁了乾嘉年间镇压苗民起义的刽子手傅鼎的塑像。②

二、民族主义的新发展和意义

孙中山是民族、民权、民生三大主义的创始人。三民主义是孙中山 19 世纪末走向革命后逐步形成的革命思想。三民主义有其发展过程,1894 年 11 月,孙中山在美国檀香山联合爱国华侨,创建了中国第一个资产阶级的革命团体兴中会。他在《檀香山兴中会盟书》中第一次提出"驱除鞑虏,恢复中国,创立合众政府"③ 的革命主张。1903 年,他在东京军事训练班誓词中又丰富了自己的思想,完整地提出"驱除鞑虏,恢复中华,创立民国,平均地权"的十六字纲领。④ 1905 年 8 月,中国同盟会在东京成立。在《同盟会章程》中,将 16 字的纲领规定为同盟会的宗旨和纲领。

按照孙中山的解释,"驱除鞑虏,恢复中华"具有双重的意义:第一是指反对满族统治阶层,即推翻清朝政府,改变其一贯推行的民族歧视与民族压迫的政策。他在许多文章中宣传和解释反对满族统治者,揭露与批判了清朝政府的罪恶,"满洲政府穷凶极恶,今已贯盈。义师所指,覆彼政府,还我主权。"⑤ 同时,他又将"种族革命"与"民族革命"区别开来。他指出:"民族主义,并非是遇着不同族的人便要排斥他……我们并不是恨满洲人,是恨害汉人的满洲人。假如我们实行革命的时候,那满洲人不来阻害我们,决无寻仇之理。"⑥ 他驳斥了民族革命是要灭尽"满洲民族"的错误观点。他甚至主张要联合满族人民共同革命。中国同盟会成立时,有人极力倡导种族革命,他持反对的态度。他认为,"满洲腐败,我辈所以革命,即令满人同情于我,亦可许其入党"⑦。他并没有将民族主义局限于"反满",而是把它与"创立共和"的民权主义联系在一起,"革命宗旨,不专在对满,其最终目的,尤在废除专制,创造共和"⑧。他还将民族主义与传统的华夷之辨的民族观区别开来。《军政府宣言》中说道:"我等今日与前代殊,于驱除鞑虏、恢复中华之外,国体民生尚当与民变革,虽纬经万端,要其一

---

① 《第一次国内革命战争时期的农民运动》,第 262 页。
② 贵州少数民族社会历史调查组编:《苗族简史简志合编》,第 139 页,1963 年铅印本。
③ 《孙中山全集》第 1 卷,第 20 页,中华书局,1981 年。
④ 《孙中山全集》第 1 卷,第 224 页,中华书局,1981 年。
⑤ 《孙中山全集》第 1 卷,第 297 页,中华书局,1981 年。
⑥ 《孙中山全集》第 1 卷,第 324—325 页,中华书局,1981 年。
⑦ 田桐:《同盟会成立》,《太平杂志》卷 1,第 1 期。
⑧ 邹鲁:《中国国民党史略》,第 24 页。

贯之精神则为自由、平等、博爱"。这里已孕育着民族平等的思想。

"驱除鞑虏，恢复中华"第二是指独立。所谓独立，是指反对满族统治者的统治和国际帝国主义的侵略，实现整个中华民族的独立，使半殖民地半封建的中国成为独立自主的中国。孙中山认为，"中国现今正处在一次伟大的民族运动的前夕"①，并称"中国者，中国人之中国，中国之政治，中国人任之"。诚然，他还未提出反对帝国主义的革命口号，但是，他解释的民族主义包含有反对帝国主义侵略，争取整个中华民族独立自主的思想。他揭露了帝国主义侵略中国的种种罪行，"方今强邻环列，虎视鹰瞵，久垂涎于中华五金之富、物产之繁。蚕食鲸吞，已效尤于踵接；瓜分豆剖，实堪虑于目前"②。他大声疾呼，"亟拯斯民于水火，切扶大厦之将倾，庶我子子孙孙，或免奴隶于他族"，"集志士以兴中，协贤豪而共济"。他号召中华儿女奋起反抗，"如不急起驱除之，外国列强则将在不久替我们赶走满族。那么，我们将成为另一统治民族的奴隶"③。

孙中山对民族主义的认识不断地发展。辛亥革命爆发后，他从各族人民参加反对清朝政府的革命实践中提出了各民族一律平等的主张，丰富了民族主义的内涵。他解释中华民族统一的思想。他说："国家之本，在于人民。合汉、满、蒙、回、藏诸地为一国，即合汉、满、蒙、回、藏诸族为一人，是曰民族之统一。"④"中华民国之建设，专为拥护亿兆国民之自由权利，合汉、满、蒙、回、藏为一家，相与和衷共济"⑤，"政治改革，五族一家，不分种族"⑥。"五族一家"，不仅包括汉、满、蒙、回、藏五族，而且包括了中国境内各个民族。这从各民族的知识分子相继加入中国资产阶级的革命政党，即中国同盟会，足以说明。彝族安健、回族罗云五、赵钟奇，傣族刀安仁，土家族田应全、田应诏、邓玉麟、温朝锦、黄玉山，壮族王和顺，都是早期同盟会会员。从1905—1907年，广西籍各族的留学生参加同盟会的达60多人。⑦

孙中山还提出了主权属于各民族，各民族一律平等的主张。他明确宣布中华民国为中国各民族所共有。"今我共和成立，凡属蒙、藏、青海、回疆同胞，在昔之受制于一部者，今皆得为国家主体"，"人人自由，五族平等"⑧。各民族一律平等载入了《中华民国临时约法》，"中华民国人民一律平等，无种族、阶级、宗教之区别"⑨。

孙中山三民主义的民族主义，与大汉族主义的"种族革命"不同，它代表了中国各族人民的利益，并得到了各族人民的拥护，是反对清王朝和捍卫中华民国的一面旗帜。但是，它毕竟没有明确提出中华民族反对帝国主义的主张。

---

① 《孙中山全集》第1卷，第254—255页，中华书局，1981年。
② 《香港兴中会章程》，《孙中山全集》第1卷，第21页，中华书局，1981年。
③ 《致苏汉忠函》，《孙中山全集》第1卷，第294页，中华书局，1981年。
④ 《临时大总统宣言》，《孙中山全集》第2卷，第2页，中华书局，1982年。
⑤ 《布告国民消融意见铲除畛域文》，《孙中山全集》第2卷，105页，中华书局，1982年。
⑥ 《孙中山全集》第2卷，第450页，中华书局，1982年。
⑦ 中国人民政治协商会议全国委员会文史资料研究委员会编：《辛亥革命回忆录》（2），第449—450页，文史资料出版社，1981年8月第2版。
⑧ 《孙中山全集》第2卷，第451页，中华书局，1982年。
⑨ 《孙中山全集》第2卷，第220页，中华书局，1982年。

辛亥革命推翻了封建帝制，建立了中华民国后，孙中山以为"民族民权两主义俱达到，唯有民生主义尚未着手"①，致使民族主义的发展经历了曲折的道路。

1914年7月，中华革命党成立，规定"以实行民权、民生两主义为宗旨"。1919年10月，孙中山将中华革命党改组为中国国民党，以"巩固共和，实行三民主义"为宗旨。对于恢复民族主义，他指出："有人说'清室推翻以后，民族主义可以不要'。这话实在错了！即如我们所住的租界，外国人就要把治外法权来压制中国人，这是前清造成的恶果。现在清室虽不能压制我们，但各国还是要压制的，所以我们还要积极的抵制……所以我们还是三民主义，缺一不可，这是确定不能改易的。"② 这样，在反对帝国主义的意义上恢复了民族主义。

孙中山的思想发展过程，在辛亥革命前，由民族而民权而民生，辛亥革命后则由民生而民权而民族，经历了一定的发展。

至1924年1月中国国民党第一次全国代表大会的召开，孙中山发展地解释了三民主义，赋予其新的内容。在解释民族主义时，他指出"有两方面之意义，一则中国民族自求解放，二则中国境内各民族一律平等"③。所谓中国民族自求解放，即从帝国主义的桎梏下解放出来，摆脱半殖民地的地位，求得独立、自由、平等的地位。要实现民族的自求解放，"则非排除帝国主义者政治经济等等之侵略不可"④。他提出了联合民众反抗帝国主义的主张，只有实现与民众的联合，"中国民族之真正之自由与独立，始有可望也"⑤。

所谓中国境内各民族一律平等，是指国内各民族之间的关系而言的。孙中山认为，辛亥革命后，由于军阀专制，国内没有实现民族平等，反而出现了民族分裂的严重问题。因此，他宣布"承认中国以内各民族之自决权，于反对帝国主义及军阀之革命获得胜利以后，当组织自由统一的（各民族自由联合的）中华民国"⑥。民族自决权的提出，是他对民族主义的重大发展，亦是实现国内各民族一律平等的理论根据。他还明确指出，民族自决权的行使必须与反对帝国主义、封建军阀和维护国家民族统一相结合。国内各民族的自决，必须服从于反对帝国主义和封建军阀的根本目标及建立自由统一的国家。他否定了以民族自决权为借口实行国家民族分裂的言行。由于他对民族主义认识的不断深化，主张"合汉、满、蒙、回、藏五族，为中华民族"，⑦ 发展了"中华民族"概念，提出了"少数民族"⑧的概念。

总之，孙中山对民族主义的新阐释，符合当时各民族的实际。他将反对帝国主义与

---

① 《在南京同盟会员饯别会的演说》，《孙中山选集》，第93页，人民出版社，1981年。
② 《救国之急务》，《总理全集》第2册《演讲》。
③ 中国人民大学中共党史系资料室编：《中共党史教学参考资料》第一次国内革命战争时期（上），第5页，中国人民大学出版社，1979年。
④ 邹鲁：《中国国民党史稿》，第1153页。
⑤ 中国人民大学中共党史系资料室编：《中共党史教学参考资料》第一次国内革命战争时期（上），第6页，中国人民大学出版社，1979年。
⑥⑧ 中国人民大学中共党史系资料室编：《中共党史教学参考资料》第一次国内革命战争时期（上），第7页，中国人民大学出版社，1979年。
⑦ 邹鲁：《中国国民党史稿》，第1154页。

封建军阀同争取整个中华民族的独立和解放结合起来,将实现中国境内各民族一律平等同国民革命运动结合起来,从而找到了解决中国民族问题的新道路。

三、蒋介石对民族主义的歪曲

1925年3月12日,中国民主革命的先驱孙中山因患肝病在北京与世长辞。全国各族人民十分悲痛,深切哀悼。全国各地举行了隆重的追悼活动,共产党人和国民党左派广泛地宣传孙中山"联俄、联共、扶助农工"的三大政策,反对帝国主义和封建军阀的革命主张。

孙中山逝世后,国民党内右派势力抬头。由于当时蒋介石还没有跻身于国民党的领袖地位,离不开苏联和中国共产党的帮助,而国民党右派的一些头面人物,都是一些国民党的"元老",因此打击右派,不仅无损于蒋介石这位资历浅、地位低的后辈,而且有利于他的高升。因此,他说:"国民党的同志,对于共产党的同志,尤其不可有反对,因为我们要晓得,'反共产'这口号,是帝国主义者用来中伤我们的。如果我们也跟着唱'反共产'的口号,这不是中了帝国主义者的毒计么?""总理容纳共产党加入本党,是要团结革命分子,如果我们反对这个主张,就是要拆散革命团体,岂不是革命党罪人?"[①]

西山会议后,蒋介石又发表《为西山会议告同志书》,谴责西山会议是"排除异己发抒私愤之褊心,而不惜阻挠国民革命之大业",强调"容纳共产党,此总理于本党改组以前几经郑重考虑而后毅然决定者也。改组迄今两年,成绩俱在","'联合世界上以平等待我之民族',尤总理于遗嘱中认与'唤起民众'为完成国民革命所'必须'者也。苏俄同志助成中国独立之国民革命,其诚意亦彰彰明甚"。他还说:"不为革命,便为叛逆。"[②]

但是,蒋介石在中国国民党第二次全国代表大会一跃而成为国民党的领袖人物后,他的"左派"面貌全非。他的得势和右转,使国民党新老右派向他靠拢,逐步形成了以他为代表的新右派集团。1927年,蒋介石发动"四·一二"反革命政变,葬送了国民革命。南京国民政府成立后,他标榜自己继承孙中山的革命遗志,实行三民主义,实际上是以三民主义为招牌推行其军阀专制。孙中山重新阐释的三民主义,"是联俄、联共、扶助农工三大政策的三民主义。没有三大政策,或三大政策缺一……就都是伪三民主义,或半三民主义"。[③] 这就是说,新三民主义与三大政策紧密相连,是不可分割的。因为新三民主义包含三大政策的部分内容。如民生主义关于"谋农夫、工人之解放",就是扶助农工政策的内容。同时,新三民主义是以三大政策为基础的。不联俄,反帝就是一句空话;不联共,民族解放和扶助农工等亦无法实现。三民主义的民族主义,是反对帝国主义以实现中华民族的独立和解放。可是,蒋介石及其政府却投靠帝国主义,抛弃了反对帝国主义的主张,牺牲中华民族的独立和解放,以保护其集团的权利。

---

① 蒋介石:《在黄埔军校特别党部第三届执行委员会演说词》,1925年9月。
② 中国人民解放军政治学院党史教研室编:《中共党史参考资料》第3册,第490、第492页。
③ 《毛泽东选集》第2卷,第650页,人民出版社,1967年1月第2版。

在国内民族问题上,蒋介石虽称:"我国民政府仍一本我国父之遗教……务使国内各宗族一律平等;并积极扶助边疆各族的自治能力和地位。"① 但是,他在《中国之命运》② 一书中,蓄意曲解中华民族的含义。他说:"我们中华民族是多数宗族融合而成的。这多数的宗族,本是一个种族和一个体系的分支。"③ 中国自古以来就是一个多民族的国家,是由汉族和几十个少数民族组合而成的。蒋介石宣扬中华民族为单一民族,这反映了他大汉族主义的民族观,这与孙中山的民族观大相径庭。蒋介石践踏孙中山倡导的中国境内各民族一律平等,在少数民族地区对各族人民实行残酷的政治压迫与经济剥削,大力推行强化政策。

蒋介石对民族主义的蓄意歪曲,是对孙中山新民族主义的背叛,必然遭到包括汉族在内的中国各族人民的坚决反对。

第三节 各民族人民反抗军阀的暴虐统治

一、内蒙古伊克昭盟的"独贵龙"运动

内蒙古伊克昭盟蒙古族人民反帝反封建的"独贵龙"④ 运动,自1858年由伊克昭盟乌审旗牧民丕勒杰、朱勒杰尔口戈拉等始创以来,经历了4个发展阶段。这里首先叙述1912—1919年这一时期反对封建军阀统治和蒙古王公的"独贵龙"运动。

1911年,孙中山领导的辛亥革命推翻了清王朝,结束了中国2000多年的封建君主专制制度。但是,革命的胜利果实被袁世凯窃夺了。辛亥革命的成果丧失了,帝国主义和封建主义依然统治着我国各族人民。

袁世凯北洋军阀政府继承清王朝统治蒙古族的各项反动政策。1912年8月19日颁布的《蒙古待遇条例》,不仅保存了蒙古王公的封建特权,而且使之更加强化。条例成了蒙古王公的待遇条例。蒙古王公成了北洋军阀政府统治蒙族人民的忠实奴仆。

北洋军阀政府相继设立了蒙藏事务处、蒙藏事务局等机构管理民族事务。1914年5月,又改称蒙藏事务院(简称蒙藏院)。

北洋军阀政府为了加强对内蒙古的控制,于1914年7月将内蒙古、热河、察哈尔、绥远地区划为特别区,由袁世凯派都统掌管各特区的军事、政治、经济和司法大权。强夺强垦伊克昭盟人民的土地和牧场,是北洋军阀的生财之道。1915—1928年,绥远垦务局在伊克昭盟开垦牧场达17340余顷。⑤ 地主巧取强夺,更使牧场大量丧失。"后袭境中部,自广漠之田产,以至密如蛛网之渠道水利,悉为王同春所独据"。⑥ 由于蒙古王公的俸饷减少或断绝,致使其残酷地剥削蒙古族人民,摊派官差徭役,强征苛捐杂

---

① 《中华民族》,《中国之命运》(增订本),中央训练团印行。
② 陶希圣所写,以蒋介石名义于1943年3月发表。
③ 蒋介石:《中国之命运》(增订本)第2页,中央训练团印行。
④ "独贵龙",亦作"多归轮"等。意为"环形"或"圈子"。近代蒙古族人民反帝反封建斗争的一种组织形式。因开会按环形席地而坐,签名成环形,故得此名。
⑤ 《绥远概况》第4篇,第7—13页。
⑥ 《重修绥远通志稿本》"基督教"篇,内蒙古图书馆藏。

税，蒙古人民负担逐年加重。民国四年、五年间，蒙古民出产牲畜、皮毛等，年须交纳3/10。乌审旗牧民"赖以生存的牧场土地"，几乎"无立锥之地"①。达拉特旗王公，性好挥霍，用度不支，重征其民，民多怨之；准格尔旗辅国公纳森达赖岁收租银两3万元，租谷8000石，佃户以倒四六交租。②

北洋军阀和蒙古王公的统治，激起了伊克昭盟蒙古族人民的"独贵龙"运动。辛亥革命期间，鄂托克旗的"独贵龙"群众为反对旗府和王府之横征暴敛，拒绝交纳一切摊派，将差役缴械或伤其性命。"独贵龙"进行的武装斗争，使"王府与旗府，常一夕数惊，岌岌可危，狡黠之事官，早已潜逃"③。在"'独贵龙'运动的打击下，鄂托克旗王公被迫停征畜产"④。

1912—1913年，后袭地区爆发了由厂汉卜罗和旺丹尼玛等人领导的"独贵龙"运动。1913年7月，宁夏总兵马福祥奉命率部镇压。诱捕了厂汉卜罗、旺丹尼玛，押至包头解交晋军阎锡山。厂汉卜罗等被反动军阀杀害，旺丹尼玛送到北京软禁起来。但这次武装斗争，震动了军阀势力的统治。

1912年，锡尼喇嘛领导的"独贵龙"运动成为伊克昭盟蒙族人民革命斗争的中心。他以60多个安达（盟兄弟）为核心，在乌审旗组织11个"独贵龙"，同该旗札萨克察克都尔色楞展开了激烈的斗争。他们提出：反对出卖土地牧场，严惩拍卖旗地的官吏臣佐；反对以土地来抵偿旗内的新旧债务；旗仓债务自行偿付；整理旗政，杜绝贪官，制定法规；荒歉年月，减免税课，不增额外摊派；严惩大哈屯的淫乱，欺压人民，败坏旗政的不道德行为，等等。为了鼓舞斗志，锡尼喇嘛还杀了民愤极大的那日格日勒，并将乌审旗的札萨克察克都尔色楞赶下台。"独贵龙"控制了全旗的一切大权。

但是，乌审旗管旗章京旺楚克热不丹纠合一部分歹徒，向"独贵龙"进行疯狂的反扑。他们控告锡尼喇嘛结党，组织"独贵龙"，破坏法规，抗交官差等。蒙藏院下令将锡尼喇嘛缉捕归案惩处，解散所聚蒙众。"独贵龙"也聚商对策。1919年，锡尼喇嘛及其安达数十人被捕，"独贵龙"运动暂遭挫折。

"独贵龙"运动是蒙古族人民同北洋军阀政府与蒙古族内部统治者之间矛盾尖锐化的产物，是蒙古族人民的一种团结对敌的方式。它由小到大，发展成为武装斗争。它的发展道路，表现了蒙古族人民反帝反封建的坚强意志，在蒙古族人民革命史上谱写了光辉的篇章。

伊克昭盟"独贵龙"运动的发展，为全国各族人民反帝反封建的革命斗争增添了一份力量。但是，它们没有形成统一的革命力量，结果一次又一次地以失败告终。

二、甘肃"河州事件"

1928年，甘肃河州（今临夏市）爆发了反对国民军刘郁芬的"河州事件"。

1926年，刘郁芬任甘肃代督办后，为了筹集国民军的粮饷，对各族人民进行掠夺

---

① 蒙古档案资料，内蒙古历史研究所藏。
② 中国人民政治协商会议内蒙古自治区委员会文史资料研究委员会编：《内蒙古文史资料》第1辑，第118页，内蒙古人民出版社，1962年。
③④ 《伊盟视察报告》第14号。

和搜刮。1926—1929 年，甘肃发生了严重的旱灾和瘟疫，各族人民实难负担国民军所需的大量银饷。刘郁芬的亲信王祯建议到河州去搜刮。刘郁芬便派第十七师师长赵席聘任河州镇守使，叶超任导河县县长，去河州搜刮。

赵席聘上任后，秉承刘郁芬的意旨，派粮征款，抓兵拉使，苛捐杂税多如牛毛。他还纵容部下官兵在回族聚居的八坊恣意横行，为所欲为，殴打回民，践踏回族的宗教信仰与风俗习惯，激起了回族各阶层的极大愤慨。

1928 年年初，河州的回族人民要求减免租税。赵席聘电告刘郁芬称，河州回民抗捐抗粮，图谋造反。刘郁芬电令赵席聘，若有抗捐抗税者，以军法从事，并将赴省府请愿的代表枪毙，进行血腥镇压。赵席聘根据刘郁芬的指令，以莫须有的罪名，将在押的马布哥等 7 名东乡族群众活埋，杀害了宁海军营长马宝。在马麒的怂恿下，马宝之子马仲英由西宁前往河州策划反抗国民军。马仲英带领马腾、马虎山、马仪、马古力拜、马七二、马丹尼等七人，于 1928 年农历三月初到达河州起事。开始仅有 7 人、7 匹马、7 支枪。他们路经循化时，捣毁了县衙，夺取了县政府所存的枪支弹药；进抵乌龙沟时，又缴获了国民军运往循化的一批枪械和军装。农历三月十一日，他们进抵麻尼沟，队伍发展到 40 余人。在甪藏，动员了被西军团长马全欣缴械遣送回家的一营人参加了义军。农历三月十三日，进抵三法观，从众已达四五百人。到达宁河，增至 1000 余人。这时赵席聘命令马全欣率部攻打马仲英。在宁定南山五家梁的战斗中，马全欣团哗变，归附了马仲英。马全欣及其随从逃回河州。马仲英又在河州西乡提出"不杀回，不杀汉，单杀国民军的办事员"的口号，要求各族团结起来，反对国民军。在这一口号下，马仲英部迅速发展到一两万人，编为 3 个旅，号称"黑虎吸冯军"，后改称"西北边防联盟军"，马仲英自任司令。

马仲英部整编后，军威大振。1928 年农历三月二十一日，他们兵分两路，一路包围宁河堡的国民军；另一路攻打河州城。赵席聘令邵兰亭率部反击，激战于北塬崔家坡，邵兰亭被击毙，全营被歼。赵席聘损兵折将，急向兰州求援。刘郁芬急派师长戴靖宇，旅长刘兆祥、李松昆率部增援河州赵席聘。在河州附近，遭马仲英部阻击，双方伤亡惨重。戴靖宇身负重伤，返回兰州。马仲英部退往西川、双城、韩集、甪藏一带休整。

不久，刘郁芬任命戴靖宇为河州卫戍司令。马仲英部休整后，于 1928 年农历五月十日再次围攻河州城。国民军旅长赵仲华中弹身亡，工兵营被烧杀殆尽。刘郁芬又急调赵席聘返回河州救援。马仲英部攻城不克，见援军已到，遂撤退西川、韩集一带。

1928 年 7 月初，马仲英部第三次攻打河州城。在北塬一带，战斗异常激烈，马仲英部伤亡数百人。攻城不克，马仲英部改变战略，在城西挖鸿沟为界，占据西川、宁定、宁河等农村，发展武装力量，做持久战的准备。其间，西军和部分宁海军哗变，使马仲英部发展到五六万人。国民军惶恐不安，刘郁芬亲率 7000 人前往征剿。

马仲英部三次攻打河州终于失败，流散在甘南藏区。1929 年年初，他们回青海，直趋贵德，贵德官绅赠送其大批牛羊财产。由于北进西宁受阻，遂奔向湟源。湟源驻军马步元相呼应，洗劫湟源。光当地房屋几乎被烧，民团伤亡殆尽，被杀者 2000 余人，伤 100 余人，财产被劫掠一空。在国民军的追击下，马仲英部向上五庄、大通一带流窜，然后进入河西走廊。马步元被国民军围困在住宅内，开枪自杀。

三、青海藏民与马家军的斗争

马家军阀系指马麒（回族）、马麟（马麒之弟）和马步芳（马麒之子）两代军阀。马麒是马海晏之子，马占鳌（回族）、马安良父子的部属。其父卒后，马麒为马安良部回兵的管带①之一，为清朝效力。辛亥革命爆发后，马麒任马安部"精锐西军"帮统。1912年3月，马麒被北洋军阀政府任命为西宁总兵，其"精锐西军"势力伸展到了青海东部地区。为了讨好袁世凯，马麒排挤西宁办事长官廉兴。1914年廉兴去职，马麒兼代青海办事长官。1915年，马麒被北洋军阀政府任命为蒙番宣慰使和甘边宁海镇守使，成为青海的最高统治者。从此，马家军阀开始了对青海地区的统治。

为了加强对玉树地区的统治，马麒派其弟马麟任玉树防守支队司令，并设置玉树理事。1916年，北洋军阀政府颁发了玉树千户、百户执照。

马麟任宁海镇守使兼蒙番宣慰使后，与凉州镇守使马廷襄相勾结，在马沁雪山开采金矿，引起了果洛藏民的反感。藏民认为开矿触怒山神，会遭到冰雹等灾害，又破坏了草场，因而与开矿人员经常发生冲突。1917年，马麒派民夫等300余人扩大采金规模。果洛贡麻仓部落头人尕日玛吐多率部落武装袭击矿场，杀害大部分开矿员工，并捣毁了矿场。

1920年8月，宁海军向玉树运送粮饷驮队返经巴颜喀拉山口时，500余头牦牛被尕日玛吐多截获，并被击伤哨官1人、士兵10余人。

马麒以维护政权和巩固边防为由，一面扩充兵力，建立宁海巡防马步全军13营，一面电呈北洋军阀政府称："麒以该番猖獗至此，若不及时申讨，不独粮运中断，玉兵坐困，将使各番觊觎中原，群起效尤，青海南部，将非国有……唯有乘春夏之交，边草未大，番马尚瘦之时，裹粮急趋，捣其巢穴，情见事绌，必易就范。"②并要求发给快枪千支、子弹50万发。1921年6月28日，马麒以马麟为"征果洛司令"，率3000余人，由西宁出发，并调驻玉树的宁海军第九营马彪部骑兵及玉树25旅藏兵，向果洛地区发起进攻。

1921年7月初，马麒部抵达朔罗山口③。果洛各部分别在马沁雪山东、西和拉加寺设防。尕日玛吐多之子丹智赫率贡麻仓部落为主力，据守马沁雪山东一带。马麟部直扑贡麻仓部落。7月23日，马麟兵分四路围攻贡麻仓部落驻守的山头，并以大炮轰击，藏民阵地被毁，伤亡600余人，丹智赫率部退至黄河岸。马麟部大肆屠杀，焚烧寺院，抢夺牛羊财物。此时，马麟邀约拉卜楞寺和拉加寺的大喇嘛前往各部落劝降。丹智赫拒绝投降，退入山区。马麟集中兵力追击。丹智赫率骑兵越黄河南去。8月8日，在香多，遭马彪部骑兵和玉树藏兵堵击，终被击溃。

1921年8月13日，在拉卜楞寺和拉加寺大喇嘛的劝降下，康赛、康午、红禾麻等部落头人以大批的牛羊、金银财物，向马麟纳款请降。马麟将他们扣押起来，要求他们交出尕日玛吐多父子。各部落将其40%~50%的牛羊财物交出，以赎回其头人。接着，

---

① 清末新军制，统辖一营兵力的长官称官带。海军的舰长亦用此称。
② 1921年4月21日，宁海镇守使马麒致北京国务总理、陆军总长电，原件现存南京档案馆史料整理处。
③ 即鄂拉山口，今青海省兴海县大河坝以南。

马麟又将然洛部落女头人勒德拘留。各部落被迫接受向马麒驻军缴纳赋税等条件,各部落头人才得以释放。丹智赫之母逃至拉卜楞,被马麒部拘获,各部落几乎将所有的牦牛交出,才将她保释出来。

马麒在果洛地区驻扎部队,索取贡赋,禁止贡麻仓部落返回原牧地,不许其他部落到贡麻仓草地放牧,使牧地荒废达 12 年之久。马麒还征服了阿木曲乎部落和尕楞藏部落。

1922 年,马麒派侄子马步元率骑兵镇压同德赛力克寺藏族僧俗等的抗税暴动,并焚烧该寺。公贡麻、夏卜让、瓜什则以及和日部落起来响应,毙伤马部官兵 100 余人,迫使其撤退。后来,马部反攻,击毙和日部落头人吾札更洛及其他部落牧民 100 余人,并解除了公贡麻等 3 个部落的武装。黄南藏族地区各部落从此与马家军结怨,在马麒之子马步芳时代又曾遭受多次镇压。这些藏族部落和果洛一样,对马家军都深恶痛绝。

第四节 民族地区的农民运动和红色革命根据地

一、南方各族农民运动蓬勃兴起

广东是我国农民运动开展最早、最好的省份之一。20 世纪 20 年代初期,彭湃领导海丰县的农民对土豪劣绅进行斗争。1924 年,国共合作,中国共产党派了许多干部,以农民特派员的身份赴各地开展农民运动。1924—1925 年 5 月,广东有农民协会的县达 22 个,有组织的农民达 21 万人以上。[①] 散居在增城、博罗、惠阳、大埔、潮安等县的畲族人民在中国共产党的领导和海丰农民运动的影响下,积极组织农会,同地主进行斗争。海丰县红罗村的畲族被反动派军队烧过 3 次,掠夺过五六次,但他们仍然积极地为革命搞通信,掩护革命同志。潮安县山犁、碗窑等村的畲族农民积极参加革命工作,以"放纸贴"的办法把传单送到各族,宣传革命的道理。

1925 年 2 月和 10 月,第一、第二次东征和平定杨希闵、刘震寰滇桂军阀的叛乱,基本上统一了广东革命根据地。但海南岛仍在军阀邓本殷的统治之下。1926 年 1 月,国民革命军第十二师向海南岛进军。2 月底,邓本殷部被歼。在中国共产党的领导下,各地的农会、工会、妇女协会等群众团体建立了起来,以发动海南岛各族人民进行革命斗争。

黎族聚居和杂居的陵水、陵万、陵崖县交界地区的农民运动发展迅速。1925 年陵水县遭受旱灾,人民在死亡线上挣扎。翌年,贪官污吏、土豪劣绅催租逼债,并同奸商套购粮食,偷运出境,牟取暴利,激起了各族人民的不满和愤怒。1926 年春,中共广东区委派陈贵清、黄振士(黎族)等回陵水,一面在县城进行宣传和组织工作,另一面深入农村,组织农民协会,建立党的组织,发展党员。是年夏,全县党员发展到 100 多人,并建立了中共陵水县委员会,黄振士任书记。在县委领导下,县、区、乡各级农会、妇女协会等相继建立。

8 月,在中国共产党领导下,海南岛各地掀起了反土豪劣绅、反租税、反粮食外运

---

① 《第一次国内革命战争时期的农民运动资料》,第 132 页,人民出版社,1983 年。

的斗争，数以千计的黎、汉族农民同农民训练所的学员相配合，举行游行示威，并把守港口要道，封船封车，截回出境粮食，迫使伪县长和土豪劣绅纷纷逃命。这次斗争的胜利，显示了农民运动的威力，鼓舞了各族人民的斗志。

1927年，蒋介石在上海发动了"四·一二"政变。4月21日，大屠杀扩展到了海南岛，部分干部和群众惨遭杀害。一时间土豪劣绅惨杀农民，琼山县里桥村被杀者达300余人，土地被霸占，房屋被焚毁，呈现一片白色恐怖。为了斗争的需要，陵水、崖县等地很快恢复了农民协会和农民武装。共产党还派一批党员深入到加峒、太平、榕木等黎族聚居区和杂居区进行革命活动，把黎族地区与整个海南岛的革命斗争紧密地联结起来。陵水县城附近坡村的黎族人民相继击退了国民党军队的多次进攻；当地党组织在斗争中发展了一批黎、汉族农民入党，至1927年秋，全县党员已有500多人，陵水地区的革命又迅速地发展起来，并向该县西北部地区扩展。

1927年农历七月二十一日，黎、汉族农军2000余人突击陵水县城，敌人弃城逃命，但不久又纠集残兵与地主武装向县城反扑。经过7天的激烈战斗，农军主动撤离县城，向陵水、保亭边境的黎亭、坡村、白茅、马岭、大艾肚、竹葵等村庄以及陵水、万宁边境的北风坡一带转移，以整训、扩大队伍，发动群众保卫秋收，迎接更大规模的斗争。

广西左右江地区的农民运动在韦拔群等人的领导下蓬勃兴起。1921年冬，韦拔群（壮族）在其家乡东兰县成立了"改造东兰同志会"，后改称"同盟会"、"公民会"。首批参加"改造东兰同志会"的有黄大权、陈伯民、黄书群、牙苏民等十几名壮、汉各族进步青年。他们成立讲演团，经常在武篆街上进行讲演，散发传单，大造革命舆论，号召壮、瑶、汉各族人民起来，"打破不平，救家乡、救广西、救中国"，"实行社会革命"。他们提出了"打倒土豪劣绅"、"铲除贪官污吏"、"取消苛捐杂税"等革命口号，并对武篆区的土豪劣绅杜瑶甫进行斗争。1923年5月，韦拔群率农民武装冲进县城，将六哨团总韦龙甫捉住，搜出许多金银财宝。但驻城的国民党军队又将韦龙甫劫走，并捕去武装的农民数人，更加激起了农民的愤怒。于是，韦拔群发动群众，组织武装力量3次攻打东兰县城。9月，驱逐了民国政府县官，占领了县署，取得了初步胜利。当时广西尚未建立共产党组织，东兰农民运动属于自发的斗争。

其后韦拔群前往广州，寻觅革命真理。1925年1月，他和战友陈伯民进入广州农民运动讲习所（第三届），学习革命理论和各地农民运动的经验。学习结业后，他以中央农民部委派的广西农民运动特派员的公开身份回到广西，在中国共产党的领导下，肩负起领导壮族地区农民运动的重任。毛泽东称赞他，"读了半本马列主义，红了半个中国"。他回到东兰后，组织农民，在很短的时间里，在全县建立农民协会70多个，会员达2万多人，并于9月30日成立了东兰县农民协会，使农民运动由低潮走向高潮。他发表了《敬告同胞书》，号召工、农、商、学、兵团结起来，反帝反军阀，实行国民革命，进而把壮族地区的农民运动推向新的发展阶段。

1925年9月，韦拔群仿照广州农民运动讲习所，在武篆区北帝岩（后改称列宁岩）创办了东兰农民运动讲习所，自任主任，陈伯民任副主任。第一期有来自右江地区的东兰、凤山、百色、凌云、奉议、恩隆、恩林、果德、都安、河池、南丹11个县的壮、汉、瑶学员 276 人。至 1927 年先后办了三期，共培养各族学员 500 余人。与此同时，余少杰（共产党员）在恩隆县亦办了农民运动讲习所。农民运动讲习所的学员结业后，回到右江地区组织农民协会和农民自卫军，多数人成为农民运动的领导骨干。在创办农民运动讲习所的同时，他们还举办了妇女训练班、妇女夜学班，各县、区、乡还建立了妇女协会。

地主豪绅和军阀为了破坏农民运动，多次进攻北帝岩。1925 年 10 月，军阀龚寿仪率一个团和地主武装，向东兰县发起进攻。敌人焚烧劫掠，制造了震惊广西省内外的"东兰惨案"，以扼杀农民运动。韦拔群率农民自卫军，以"守险伏击"战术，沉重地打击敌人。

1926 年，韦拔群利用国共合作的有利形势，向广东国民政府控告桂系军阀和土豪劣绅镇压农民运动的罪行，经过激烈复杂的斗争，广西省政府承认了农民运动的合法性，并免粮赋一年。是年 9 月，韦拔群率农民武装 1000 多人攻占了东兰县城，召开了县农民代表大会，成立了县农民协会。接着，县属各级农会普遍建立。是年冬，中国共产党派严敏、陈洪涛等来右江加强领导，农民运动更加蓬勃地发展起来。

左江地区的农民运动亦蓬勃兴起。1926 年 10 月，广西省农民部派陈霁、易挽澜（壮族）为农民运动特派员回龙州领导农民运动。易挽澜任国民党县党部农民部长，相继在下冻、布局、浓童、爱花、右庄、那造、巴孟、楞贡等乡建立了农民协会，会员达 2000 多人。陈霁在龙州城郊开展农运工作。1927 年 1 月 20 日，省农民部在龙州设立了镇南道农民运动办事处，组织了农民武装，并以下冻的大土豪赵盖述为斗争对象，推动了农民运动的发展。

1927 年春，农民协会同资本家、投机商进行了斗争；开办了"平民夜校"，掀起了反封建宗法制度与陈规陋习的斗争；解决了一些民事纠纷，农民协会成了农村中的权力机构。南宁附近的农民协会还组织队伍参加了南宁市反对英帝国主义的示威游行。

但是，"四·一二政变"后，桂系军阀扬言"三个月内全部消灭东兰农军"，疯狂地镇压农民运动。各县农民进行英勇的斗争，果德县数千农民进攻县城，赶走了伪县长，释放了被关的群众 100 多人。敌人进行反扑，农民武装坚持斗争 6 昼夜后，撤退转攻恩隆。8 月初，奉议农民起义。8 月中旬，数千农民进攻凤山县城。

1927 年冬，敌人以 4 个团的兵力，围剿右江地区。在敌强我弱的情况下，农民武装被迫转移到深山密林里坚持斗争。

湖南省苗、瑶、土家等族聚居区的农民运动亦如火如荼地开展起来。1926 年 11 月，泸溪县有 3 个区级农民协会，17 个乡级农民协会，会员达 1306 人。溆浦县 2 个区级农民协会，11 个乡级农民协会，会员达 1965 人。城步县有 1 个区级农民协会，8 个乡级农民协会，会员达 889 人。① 乾城（今吉首）、永绥（今花垣）等县亦建立了农民协会。12 月，中国共产党为了进一步发动农民参加革命，在长沙召开了湖南省第一次农民代表大会。大会通过了《解放苗瑶决议案》。决议的具体内容是："（一）设法使苗瑶等民族加入当地农民协会，或劝其组织单独的苗瑶农民协会。（二）严禁汉族侵占苗

---

① 《第一次国内革命战争时期的农民运动》，第 262 页，人民出版社，1983 年。

瑶土地。(三)开办苗瑶简易学校。(四)汉族不得故意诬造侮辱苗瑶的言论。(五)请政府严厉剿灭苗峒土匪。(六)请政府颁布解放苗瑶的明令,使其与汉人政治经济一律平等。(七)援助苗瑶解除土司酋长的残酷压迫。"① 这个决议充分表达了中国共产党在民族方面的主张,亦反映了苗、瑶等少数民族渴望解放的意愿。这次大会进一步推动了各少数民族地区农民运动的发展,各地农民协会纷纷建立。1927年3月,湘西苗、土家、汉等族农民,趁乾城县赶集的机会,在城关召开群众大会。大会主席台上悬挂着"弱小民族齐奋斗,无产阶级大联合"的对联。会后,与会人员举行盛大的示威游行,沿途高呼"打倒帝国主义"!"打倒军阀"!"铲除土豪劣绅"!"铲除贪官污吏"等口号。同时,还惩办了几个罪大恶极的苗族地主。

在多民族聚居的云南省亦兴起了农民运动。1926年11月,中共云南特委建立,在农民运动方面做了一些工作。中共云南地下党省临委建立后,继续推动农民运动的发展,成立了以李鑫为书记的农民运动委员会,领导农运工作。1927年2月,在省教育会内部举办了农民运动训练班。参加学习的党、团员达20余人。他们结业后,被分配到昆明、宜良、陆良等县、区,组织农民协会,开展农民运动。

为了宣传和组织农民,云南各地开办了农民义务学校、农运训练班,建立了乡村农民协会。为了开展工作,省委书记王德三②学习苗语,编写了《苗夷三字经》。③ 文中称:"……佃反主,苗亲夷……官坊田主是汉人,汉人还有工农兵,工农兵不分夷汉一条心,一条心,土地革命世界新。"至1927年3月底,昆明、呈贡、澄江、晋宁、昆阳、安宁、富民、嵩明、陆良、宜良、蒙自等县成立了县农民协会。是年4月10日,成立了云南省农民协会。

1927年8月以后,龙云掌握了云南政权,农民运动逐渐转入地下。云南地下党组织决定将工作的重点转到南部和东南的某些州县和农村,加强滇越铁路沿线和蒙自、文山、马关、陆良等地的农运工作。

二、北方各族农民运动的开展

在全国大革命迅猛发展的同时,内蒙古地区的农牧民运动在中国共产党的领导下蓬勃地开展起来。1925年,在热河、察哈尔、绥远地区建立了农民协会。是年2月,张家口近郊有区农民协会会员150人;万全县有区农民协会会员100人;张北县有村农民协会会员50人。是年10月,张家口有农民协会会员约600人。④ 尤其需要指出的,是年4月,由蒙古族的多松年等创办的《蒙古农民》,是中国共产党领导各少数民族农民进行革命斗争的重要刊物。它以通俗的语言、民歌、口号、漫画等形式,深刻地揭露了帝国主义、封建军阀、地主、封建王公对内蒙古人民的政治压迫和经济剥削,宣传了中国共产党对蒙古族解放事业的主张,指明了内蒙古地区各族农牧民求解放的正确道路。

1926年10月以后,在广州第六届农民运动讲习所毕业的贾力更、高博扎布、王建

---

① 中共中央统战部编:《民族问题文献汇编》,第52页,中共中央党校出版社,1991年。
② 王德三,云南祥云县人,名孟廷、正麟。在北京大学学习时,是"五四运动"的中坚分子。中国共产党早期党员,1930年被军阀杀害。
③ "夷"即彝。
④ 《第一次国内革命战争时期的农民运动资料》,第644页,人民出版社,1983年。

功等 17 名蒙古族青年，相继回到内蒙古地区，对农民运动的开展起了推动作用。到 1927 年上半年，热河、察哈尔、绥远地区的农民运动更加深入地开展。是年 4 月，热河建立 9 个县农民协会，13 个区农民协会，56 个乡及村农民协会，县、区、乡、村会员人数达 5423 人。① 在绥远以归绥为中心，包括丰镇、萨拉旗等区建立了相当于省级的农民协会。②

在中国共产党的领导下，内蒙古的各族农民对地主豪绅展开了激烈的斗争。归绥及其附近各县的农民协会在农村中取得了相当的权力，有的地方列出了土豪恶霸的名单。热河、赤峰等地的农民协会与工农兵大同盟相配合，多次进行反对豪绅、反对苛捐、反对烟捐的斗争，并捣毁了税捐局。察哈尔的农民以联庄会的形式进行分粮斗争。绥远的农民协会根据地主豪绅的恶劣程度，造册登记，进行有区别的斗争。

1927 年，在归绥爆发的"孤魂滩事件"③，是规模最大的一次农民运动。1926 年，晋系军阀反动政府在绥远设立"清丈局"，以清丈土地、发大照的手段来掠夺土地所有权，并向蒙古、汉各族农民搜刮清丈费。同时，开放烟禁，提倡种植鸦片，进行掠夺，麻痹人民的革命意志。这些激起了蒙古、汉等族人民的愤怒。中共绥远工委领导各族人民，经过充分的准备，于 1927 年 3 月 28 日，在"孤魂滩"召开归绥城、郊蒙古、汉各族农牧民、工人、学生和市民参加的规模空前的群众大会，声讨反动军阀政府清丈土地、开放烟禁的罪恶行径。会后，举行游行示威。愤怒的群众高呼"打倒清丈局"、"反对种大烟"等口号，并同反动军警展开了英勇的斗争，捣毁了清丈局，包围了政务厅。接着，他们冲进归绥县衙门，要求见绥远都统商震。商震拒不接见。第二天，群众要求进城请愿，商震被迫准许派代表进城谈判。15 名谈判代表经过一天的激烈斗争，迫使商震答应严禁种植鸦片、停止清丈土地、照发货币流通券等 6 项要求。这场斗争在中国共产党的领导下取得了胜利，鼓舞推动了农民运动的高涨。

三、民族地区革命形势的逆转

在中国共产党的推动下，全国各族工农运动蓬勃发展之际，蒋介石在帝国主义的支持下，于 1927 年 4 月 12 日发动了"四·一二政变"，4 月 18 日，成立了与武汉国民政府相对峙的南京"国民政府"。凡蒋介石反革命力量控制的地方，均处于白色恐怖之中，陈延年、赵世炎、肖楚女、汪寿华、熊雄等共产党员与工农领袖惨遭杀害。

在"四·一二"前后，奉系军阀张作霖逮捕了李大钊、范鸿吉、张挹兰等 35 名共产党员和国民党"左派"等。1927 年 4 月 28 日，他们以残酷的绞刑杀害了李大钊等 20 人。民族地区的反动势力紧步蒋介石的后尘，实行"清党"屠杀政策。

在广西，李宗仁、黄绍竑、白崇禧成立了"清党委员会"、"广西特种刑事法庭"，用以残杀共产党人和各族群众。仅南宁就逮捕 390 多人。其中，雷沛涛、罗为川、莫品佳等少数民族共产党员和共青团员惨遭杀害。共产党的组织被破坏，农会被解散，工农运动被宣布"非法"。黄绍竑对左江、右江地区实行"清剿"，大肆搜捕、烧杀和掠夺，

---

① 《第一次国内革命战争时期的农民运动资料》，第 643 页，人民出版社，1983 年。
② 共产党人吉雅泰、杨植霖为主要领导人。
③ 位于归绥城南，是清朝的一个刑场，亦是穷人埋葬尸体的一块荒凉的坟地。

叫嚣"石头也要过刀",还悬赏 500 元大洋通缉韦拔群。在敌人的镇压下,许多农会干部惨遭杀害。

在广东,国民党成立了"琼崖国民党清党委员会"。1927 年 4 月 21 日,叶肇发动了反革命政变,地主豪绅进行反攻倒算,残害各族群众,霸占农田,抢劫农民的财产,焚烧房屋。

在内蒙古,冯玉祥的国民军打起了"反共"旗帜,封闭了中共设在归绥等地的机关,解散了工会、学生会,大肆逮捕共产党员和革命志士,封建势力对农牧民进行阶级报复。接着,白云梯、郭道甫等投靠国民党,宣称"一切设施悉听中央政府之命令"①,并发表了"清党宣言"。内蒙古人民革命党被解散,"左派"领袖人物被通缉,农牧协会被取消,蒙古族的优秀共产党员多松年、李裕智被杀害。

在湖南、湖北、云南、贵州、福建和东北等少数民族地区的革命活动均遭镇压。

1927 年,汪精卫发动了"七·一五政变"。至此,轰轰烈烈的大革命终于失败。8 月,蒋介石、汪精卫宣布合作,在南京建立了以蒋介石为代表的新军阀军事专政政权。由于国民党新军阀和地方封建势力的残酷压迫和剥削,我国少数民族地区社会生产得不到发展,各族人民无任何民主权利可言,生活濒临绝境。

在广西左、右江地区,李宗仁、白崇禧、黄绍竑与蒋介石相勾结,推行保甲制度,实行土豪劣绅、地主与军阀的联合统治,各族人民受尽压迫和剥削。恩隆、平马一带土地多数被地主周壁生所占有。东兰的三山区和中和、平江的土地,被梁、杜两家地主所占有。无地或少地的农民,租种地主的土地,受其剥削。瑶族人民还要给地主服役,受地主的种种限制,他们不许穿白色衣服、穿鞋子、包头巾,被驱赶到荒山野岭上居住,过着凄凉的生活。

左江龙州的各族人民,除了遭受封建军阀、地主的压迫和剥削外,还要遭受法国殖民主义的统治。法国殖民主义者开办工厂,榨取各族人民的剩余劳动,掠夺左江的蔗糖、茴油等土特产。他们控制海关,凌辱各族人民。

在内蒙古地区,1928 年国民党设立了"蒙藏委员"。是年 9 月,将内蒙古的热河、察哈尔、绥远特别区,改为行省。同时,保持原有的盟旗制度及王公贵族的封建特权。省县和盟旗的并存,使内蒙古各族人民受着汉族官吏和蒙古王公贵族的双重压迫和剥削。

在湘西地区,国民党实行地主、官僚、土匪三位一体的统治②,人民遭受的苦难更加严重。古丈县匪首张平相继当了军官和县长,以其权势,霸占民田 2000 多亩,杀害农民 500 余人,杀绝 23 户,焚毁 6 个村寨。1930 年,国民党挑起了少数民族地主龙云飞与龙建章之间的械斗,用以排除异己,从中渔利。

在海南岛黎族、苗族地区,由于帝国主义的掠夺,国民党的敲诈,地主、奸商、高

---

① 《内蒙古竭诚拥护政府》,上海《民国日报》,1928 年 6 月 28 日。
② 国民党实行"招匪养匪"的政策,吸收匪首、地主参与政权、军权,形成了地主、官僚、土匪三位一体的统治。

利贷者的盘剥,黎族峒头①、村头的侵占与勒索,致使山林、土地集中在地主手中,阶级矛盾日益严重。在黎族聚居区出现了拥有1000亩土地,1000头牛的大地主。乐东县的韦大元霸占农田1800亩以上。农民交的地租、"礼品"与无偿劳役,超过田中出产的一半以上。交不起地租者,以牛抵押,或折作债务,接受高利贷剥削。有的农民倾家荡产,甚至关进私狱,被摧残至死。

在其他少数民族地区,各族人民同样遭受各种痛苦的折磨。尤其是国民党在一些少数民族地区颁布了强制民族同化的法令,不准少数民族讲本民族的语言及以本民族的语言、文字实施教育,以磨灭其民族意识,摧残其民族文化;禁止少数民族穿本民族的服装,违者遭到毒打,或以"奸匪"惩办。国民党推行的大汉族主义的民族歧视与民族压迫政策,激起了各少数民族人民无比的愤怒和强烈的反对。

国民党在各少数民族地区残酷地压迫和剥削各族人民,血腥地镇压各族人民的革命运动,使革命暂时转入了低潮。

四、民族地区革命根据地的建立

大革命的失败,证明"在中国,离开了武装斗争,就没有无产阶级的地位,就没有人民的地位,就没有共产党的地位,就没有革命的胜利"②。1927年8月1日,周恩来等领导了南昌起义,给国民党新军阀的屠杀政策以有力的回击。中国共产党召开的"八·七会议",确定了土地革命与武装起义推翻国民党反动统治的总方针,并决定在湖南、湖北、江西、广东发动农民举行秋收起义。从此,中国革命开始了创建工农红军,开辟农村革命根据地的新时期。

1. 广西左右江革命根据地

1927年,蒋介石发动"四·一二政变"后,桂系军阀在广西镇压革命运动,激起了各族人民的反抗,在右江地区相继发生武装暴动。1927年8月至1928年1月,有余少杰(共产党员)、黄治峰领导的"仓圩暴动";黄书祥领导的果德暴动;黄书祥等领导的那马暴动;黄永达、赵玉彻、张大愚等领导的镇结、恩林暴动;陈洪涛领导的向都暴动。这些农民武装暴动在一定程度上给国民党统治者以打击,分化、瓦解了敌人,使各族人民经受了考验和锻炼,并为创建右江革命根据地奠定了基础。

1928年年初,中国共产党陆续派了一批党员到广西,加强地下党的领导。是年5月,召开了广西省第一次党代表大会,成立了广西省委。此后,各地相继恢复了党的组织,右江地区的农民运动得以轰轰烈烈地开展起来。

1929年3月,桂系军阀在蒋桂战争中失败,国民党"左派"俞作柏、李明瑞掌握了广西军政大权。俞作柏、李明瑞因受中国共产党的影响,表示靠近革命,并要求中国共产党派干部协助其工作。是年6月,中国共产党相继派邓斌(邓小平)、张云逸等到南宁,领导广西的革命斗争。这样,中国共产党在广西实现了与俞作柏、李明瑞合作的局面,进行了一系列的统战工作。如帮助俞作柏、李明瑞支持开展农民运动;帮助俞作柏、李明瑞整顿军队。俞作柏解散了李宗仁、黄绍竑、白崇禧把持的国民党各级党部,

---

① 黎族地区残存的一种组织名称,分为大峒小峒,大峒辖几个小峒,小峒一般由2个自然村组成。
② 《毛泽东选集》第2卷,第573页,人民出版社,1967年1月第2版。

释放了被捕的共产党员、共青团员和进步人士，并加任用。中国共产党向俞作柏、李明瑞推荐一批共产党员、共青团员和进步人士到广西党政机关任职。如陈豪人任广西省政府机要秘书，龚楚任南宁市公安局局长，黄书祥、黄大权、潘宪甫、陈伯民等分别任果德、恩隆、奉议、河池等县县长。这样，右江各县的政权基本上被中国共产党所掌握，为恢复和发展广西以及右江地区共产党的组织，壮大革命的力量，创造了有利的条件。

1929年8月，召开了广西省农民代表大会，成立了广西省农民协会，雷经天任主任，韦拔群任副主任。俞作柏还同韦拔群商定以"右江护商大队"的名义，装备一个营的东兰农军。俞作柏、李明瑞还颁布"二五减租"的法令，推动了广西农民运动的恢复和发展。

建立革命武装是中国共产党在士兵中进行统战工作的重点。俞作柏、李明瑞举办了训练军官的教导总队，张云逸任总队长。接着，中国共产党又对旧军队进行整顿与改造，在部队发展党员，在连队建立秘密的党支部；撤换了各级的反动军官；吸收工人、农民、学生入伍；加强对士兵的教育，提高其思想觉悟。这样，中国共产党控制了3000余人的正规军，支撑了俞作柏、李明瑞政权，巩固和发展了同俞作柏、李明瑞的合作，并为尔后举行百色起义，建立红七军准备了条件。

1929年9月27日，俞作柏、李明瑞反蒋失败，桂系军阀又掌握了广西的政权。邓小平、张云逸率广西警备第四大队、教导总队开赴右江地区，发展农民武装，为百色起义做好准备。1929年11月，中共中央批准了在左右江地区举行武装起义，创建红军与革命根据地的计划。12月17日，在邓小平、张云逸、韦拔群等领导下，右江两岸的壮、汉、瑶等族人民，举行了百色起义，成立了红七军，军长张云逸，政委邓小平，下辖3个纵队，全军7000余人。韦拔群任第三纵队司令。

1929年12月17日，在平马召开了右江第一届工农兵代表大会。大会宣布右江工农民主政府成立，雷经天任主席，韦拔群、陈洪涛等为委员。接着，右江地区各县及其区、乡相继建立了苏维埃政府。这样，以恩隆、恩林、东兰、凤山、奉议、恩阳、百色、果德、隆安、向都、镇结等为中心区域的右江革命根据地形成了。

1930年2月1日，李明瑞、俞作豫率广西警备第五大队，在龙州起义，改编为中国工农红军第八军，俞作豫任军长，邓小平兼政委，李明瑞任红七军、红八军总指挥，下辖3个纵队，共3000人，并成立了左江革命军事委员会。接着，左江地区的龙州、宁明、崇善、左县、雷平、万承、养利等县，相继成立了革命委员会或县苏维埃政府。从此，左右江革命根据地连成了一片，拥有20余县、200多万人口。

左右江革命根据地的创建具有重大的意义：其一，体现了建立革命统一战线的正确性。周恩来指出："'六大'认为在长官中进行工作就是军事投机。后来的事实证明，敌军大部队的哗变和投降红军，都是由于我们在军官中进行了工作。如广西李明瑞的一个师变为红军。"[①]

其二，开创了中国共产党在少数民族地区实行工农武装割据的新局面。因少数民族地区实行工农武装割据，范围之广，人口之多，要算左右江革命根据地。它是中国共产

---

① 《周恩来选集》上卷，第183页，人民出版社，1980年。

党在少数民族地区创建的较大的革命根据地,全盛时期发展到 20 余县,拥有壮、汉、瑶、苗等族 200 多万人口。由于贯彻了中国共产党的民族政策,各族人民踊跃参军,支援前线。在红七军中,壮族士兵占了一半。① 红二十一师师长韦拔群、政委陈洪涛、副师长黄治峰和黄明春均是壮族人。红七军改编前,营以下连、排干部,多为少数民族。改编后,在右江坚持斗争的红二十一师,从师长到班长,几乎由少数民族担任。红七军有一独立连大部分是瑶族战士。少数民族人民为革命付出了巨大的牺牲。田东县牺牲的烈士达 383 人,东兰县达 1000 余人。韦拔群一家牺牲 6 人。陈洪涛及其父、母、妻、妹和幼子均遭敌杀害。

其三,为中国共产党农村包围城市,武装夺取政权的道路提供了经验。在广西边远山区左右江举行百色和龙州起义,走"朱德毛泽东式、方志敏式之有根据的,有计划地建设政权的,深入土地革命的,扩大人民武装的路线"②,创建左右江革命根据地,是完全正确的。1930 年 11 月,红七军在李立三"左倾"冒险主义的指导下,离开左右江革命根据,去攻打大城市,导致左右江革命根据地的丧失。

其四,对其他少数民族地区的武装斗争和根据地建设产生了影响。这个时期,江西、福建的畲族,海南岛的黎、苗族,陕甘的回族,内蒙古乌审旗、鄂托克旗的蒙古族,滇南蒙自山区的彝族等,分别参与了创建中央苏区和琼崖、陕甘宁等革命根据活动。少数民族人民参加的各地武装起义,除建立正规的红军,还建立了地方武装,进行土地革命。少数民族武装与革命根据地的建立,标志着少数民族地区的革命斗争进入了新的阶段。而广西左右江革命根据地是全国四大革命根据地之一;红七军与红八军是全国革命武装的重要组成部分。因此,对其他少数民族地区的武装斗争和革命根据地的建设必然产生相互的影响。

2. 海南岛琼崖革命根据地

1927 年 5 月,中国共产党琼崖地委根据中共两广区委的指导,恢复了琼崖地委领导机构与一些党的基层组织。在琼崖地委领导下,由黎、苗、汉等族人民组成的武装,举起了武装反抗国民党反动派的旗帜。是月底,广东省委特派员杨善集回到琼崖加强党的领导。6 月,琼崖地委召开紧急会议,根据广东省委的指示,即"当前的任务是组织武装,恢复农村工作以红色恐怖镇压反革命的'白色恐怖'",作出了组织、宣传和武装群众的决议,将琼崖地委改为琼崖特委,杨善集任特委书记兼军委主席。从此,琼崖各地的武装斗争开展起来。

8 月 21 日,陵水县的黎族、汉族农民 2000 余人在农军的配合下,攻占了县城,建立了人民委员会,黄振士(黎族)任主席。这是各族人民较早以武装斗争夺取政权的一次尝试,对中国共产党领导的人民革命具"有重大的意义"③。

9 月,琼崖特委和军委根据中共中央关于在湘、鄂、粤、赣四省举行秋收起义的指示,总结了武装斗争的经验和教训,将各族人民的武装改称工农讨逆军,成立了讨逆军

---

① 《广西日报》,1981 年 10 月 6 日。
② 《毛泽东选集》第 1 卷,第 95 页,人民出版社,1967 年 1 月第 2 版。
③ 中共中央统战部编:《民族问题文献汇编》,第 87 页,中共中央党校出版社,1991 年。

司令部,并于 10 月 1 日发动了全岛总暴动。但由于敌强我弱,讨逆军党代表杨善集、副司令陈永芹相继在战斗中牺牲,暴动被迫中止。为了坚持斗争,特委将队伍转移到敌人统治力量薄弱的少数民族聚居的山区。11 月,琼崖特委召开了首次扩大会议,根据广东省委的指示,作出了武装斗争、土地革命和建立工农民主政府的决定。从此,琼崖各族人民的革命斗争发展到了一个新的阶段。

接着,琼崖特委派一部分党员深入到吊罗山等地,向黎、苗等族人民宣传中国共产党的主张,利用苗族上层人物与国民党的矛盾,同一些头人建立了联系。1927 年冬,在中国共产党的领导下,苗族人民建立起太平乡苏维埃政权。琼崖特委组织 1000 多名黎、苗等族人民,在徐成章的率领下,配合讨逆军,再次攻克陵水。1928 年 1 月,讨逆军改编为工农革命军。2 月,中共陵水县委召开了全县工农兵代表大会,成立了少数民族地区第一个县工农民主政权。接着,崖县的黎、汉族农民配合讨逆军解放了藤桥,攻克了榆林、三亚,使乐会、琼东、万宁、陵水、崖县连成了一片,成为海南岛最大的革命根据地。与此同时,文昌、琼山、琼东、定安、澄迈等黎、苗、汉等族杂居的县相继建立了苏维埃政权。琼崖特委决定,"凡属我们革命势力范围之内须一律组织乡区苏维埃","凡组织苏维埃的地方,应即切实分配土地给农民"。① 于是,在琼崖特委和各级苏维埃的领导下,各族人民掀起了土地革命热潮。土地革命使各族农民获得了解放,他们努力发展生产,支援革命军作战。青年踊跃参军,壮大了工农革命军。另外,赤卫队、少先队、劳动童子团等组织也相继建立了起来,根据地一派新气象。

但是,从 1928 年春天开始,国民党集结大批军队,以烧、杀、抢的手段,向革命根据地进犯。敌强我弱,本应避敌之长,击其之短,琼崖特委却受到了"左倾"盲动主义思想的影响,错误地估计了革命形势,认为"夺取全琼崖"政权的时机到了,命令工农革命军和各族农民武装由敌人统治力量薄弱的少数民族地区,转向敌人重点控制的交通沿线和重要城镇附近举行暴动,结果失败了。接着,革命军又在环境异常险恶的情况下,同敌人硬拼,遭受更严重的损失。工农革命军仅剩下 100 余人,徐成章、许侠夫、周逸、冯平等琼崖特委和军委的领导干部相继牺牲。陵水、崖县、文昌、琼山、澄迈、琼东等根据地相继被国民党军队占领,各族人民被敌人镇压。仅文昌、琼山的各族群众被杀者约 2000 人,② 财产被劫无法计算。各族人民的革命斗争再次受挫,革命活动中心被迫转移到母瑞山上。

工农革命军撤到母瑞山区后,在黎族、苗族、汉族人民的配合下,机动灵活地打破了敌人的"清剿"。至 1929 年夏,在万宁县的新富、大理、加峒等乡建立了农民协会、妇女会、青年团等群众组织,新富乡还组织了 100 多人的黎族农民武装,吸收 10 多个黎族先进分子入党。大理乡实行了减租,争取了部分黎族上层人士。母瑞山革命根据地逐步得到了巩固,工农革命军扩充后,改为工农红军独立团,在山上办了 1 所军政学

---

① 《中共琼崖特委给省委的报告》,1928 年 4 月 10 日,《广东革命历史文件汇集》甲 23,中央档案馆、广东省档案馆编印,1984 年。

② 《中共琼崖特委给省委的报告》,1928 年 2 月 26 日,《广东革命历史文件汇集》甲 23,中央档案馆、广东省档案馆编印,1984 年。

校、1个兵械厂、1所医院和3个垦殖场。但特委机关又遭敌破坏,特委书记黄学增等被捕遭敌杀害,革命再次受挫。

1929年8月,特委委员王文明、冯白驹重建特委,革命形势开始好转。陵水、崖县等地农村重建了党和群众的组织,黎族、苗族、汉族人民参加赤卫队支援工农红军。是年秋,在黎族、苗族、汉族人民的配合下,工农红军第三次攻打陵水县城,救出了被捕的同志和群众,再次攻克了藤桥市。

1930年4月,琼崖特委根据中共中央和广东省委的指示,在母瑞山召开了中共琼崖第四次代表大会。大会通过了建立工农民主政权,实行土地革命,扩大红军等决议,选举了新的特委,冯白驹任书记。在特委的领导下,再次掀起了土地革命的高潮。各地在进行土地改革和健全县、区、乡政权的基础上,黎族、苗族、汉族人民配合红军击溃了民团,使革命根据地得以恢复和发展。1931年5—8月,恢复了琼山、定安、文昌、澄迈、琼东、乐会、万宁、陵水等县的工农民主政权,开辟了临高、儋县、崖县、昌感等新根据地,使根据地的人口达100万人,红军和赤卫队发展到近万人。8月1日,成立了工农红军琼崖独立师。海南岛琼崖革命根据地一跃成为全国主要的革命根据地之一。

1931年,万宁、乐会等地100多名苗族、汉族妇女组成了"红色娘子军"。她们在艰苦的对敌斗争中,大部分献出了年轻的生命。

1931年冬,国民党派陈汉光率军队至海南岛,纠集民团,以"剿抚兼施"的手段"围剿"黎族地区。敌人所到之处,实行"三光政策"。接着,陈汉光又抛出"组织黎境之计划",恢复统治黎族人民的"抚黎局"①,将五指山黎族地区划为白沙、保亭、乐东三县,实行保甲制度,执行"窝共者杀、济共者杀、通共者杀"的政策,妄图置红军于死地。但各族人民宁死不屈。1932年,100多名红军和各族群众被敌围困在六连岭山洞里,最后全部牺牲,无一人屈服。

海南岛各族人民的革命斗争,有过两次严重的挫折和许多次失败,但各族人民始终战斗在母瑞山、六连岭、尖峰岭上,革命红旗不倒。这是革命队伍及时转移到黎、苗族聚居和杂居区,积蓄和发展革命力量的结果。

3. 湘鄂西革命根据地

湘西、鄂西以土家族、苗族为主体的农民运动在革命失败后,处于低潮,但土家族、苗族的武装一直没有停止活动。

1927年年底,中共中央派贺龙、周逸群等到湘鄂西,以桑植、鹤峰为中心,在土家、苗、汉等族杂居区活动,很快建立了一支3000余人、2000多支枪的工农武装。1928年3月底,正式成立了工农革命军第四军,贺龙任军长。4月2日,他们发动武装起义,攻克了桑植县城,建立了中共桑植县委和人民政权。

1928年4月,国民党以1个旅的兵力,突然袭击桑植城和洪家关工农革命军活动的中心地区,桑植县城陷入敌手。土家族邓仁山为掩护贺龙转移,壮烈牺牲。桑植城失陷后,周逸群到湖北省的石首、沙市一带成立了鄂西特委,领导荆江两岸人民继续进行

---

① 《陈汉光组织黎境之计划》,载《广州国民日报》,民国22年7月29日。

斗争，1929年夏创建了洪湖革命根据地。贺龙率领工农革命军转移到桑植、鹤峰、石门交界的土家族聚居区打游击。1928年6月，收复了洪家关。贺龙旧部文南甫率部来归，工农革命军发展到1500余人。按照湖南省委的决定，成立了湘西前敌委员会，贺龙任书记。前委将部队编为工农革命军第八军，贺龙任军长。8月5日，贺龙率部支援石门的南乡暴动，两战失利，损失惨重。参谋长黄鳌、师长贺锦斋两名将领折损，骁将刘达式受重伤。突围后，只剩40余人，转战于大山之间。关键时刻，当地的土家、苗、汉各族人民给予了红军大力的支援。他们为红军作侦察、当向导、送粮食和食物；掩护红军，避开敌人搜山。土家族开明绅士向虞卿从外地购进大批食盐、布匹、药品转售给红军，还秘密地为红军制造手榴弹、修理枪支。宣恩的黄兴武带领土家族的农民武装数十人参加了红军。

1928年12月，红四军为扩大队伍，决定开展改造收编神兵①的工作。12月14日，红四军在汪营消灭了恶霸会首李长清，吸收了神兵入伍。12月24日，红军攻克建始城。1929年1月，经红四军多次做工作，鹤峰邬阳关神兵首领陈连振、陈宗瑜（土家族）父子接受了红军的改编。这支神兵被编为中国工农革命军特种大队，陈宗瑜任大队长，覃苏任副大队长。这是一支以土家族为主，有苗、彝、藏、汉等族参加的革命队伍。整编邬阳关的神兵，对创建湘鄂边根据地有着重要意义。特种大队在历次重大的战斗中，冲锋陷阵，屡建战功。

1929年1月，红四军攻克了鹤峰城，建立了鹤峰县苏维埃政权。3月，红四军粉碎了湘鄂边团防头子王文轩的首次"围剿"，击毙了王文轩总指挥。5月下旬，红四军主力南进桑植，再次攻克桑植县城，建立了第二届苏维埃政府。土家族覃辅臣率土著武装300余人投奔红军。6月中旬，陈渠珍调向子云旅及团防1万余人进攻红四军，陈宗瑜以避实就虚的战术，在赤溪河大战向子云部，敌方丢盔卸甲，溃不成军。在红军的追击下，向子云溺死于水中。赤溪河战役，歼敌3000余人，缴获长短枪1000余支。斯役是红四军的首次大捷。至此，桑植、鹤峰根据地连成了一片。

1929年秋，国民党调2万余人的兵力包围桑植，企图荡平湘鄂边革命根据。但红四军主力北上攻克了鄂南的五峰，成立了苏维埃及县、区、乡农民协会，土家族向发生任县农协主席。接着，又转战湘北松滋、长阳、巴东、建始、恩施、宣恩等地。至1930年1月，土家族聚居和杂居的湘西、鄂西革命根据地初步形成。这块革命根据地的创建为聚集和发展革命力量积累了经验，为中国共产党在革命处于低潮时期探索中国革命的道路作出了贡献。

1930年夏，贺龙等率红四军下洪湖与红六军②会合，组成红二军团。接着，成立了湘鄂西特委与湘鄂西联县政府。湘鄂西根据地与鄂豫皖、湘鄂赣根据地形成掎角，直接威胁着国民党的统治中心武汉、长沙等地区，成为具有重要战略地位的根据地之一。

红四军主力离开湘鄂西后，留守的红军与鹤峰、桑植等地的游击队、赤卫队编为红军警卫团，保卫着湘鄂西边区。

---

① 当地群众的一种团体，以神堂为单位，各堂互不隶属。平时务农，战时为兵，迷信刀枪不入，作战勇敢。
② 1929年7月成立，辖2个师，1100余人。

1930年10月，湘西、鄂西召开了第二次工农兵贫民代表大会，制定了"土地革命法"，开展了土地革命。

1932年秋，红三军①未能粉碎敌人的第四次"围剿"，离开洪湖地区，进入湘鄂边，转战四川酉阳、秀山、黔江、彭水及贵州沿河、印江、婺川等地，与湘鄂边红军警卫团会合后，在湘鄂川黔边境活动。

1934年10月，贺龙、关向应（满族）率红三军在印江与任弼时、萧克、王震率领的红六军团会合。11月，进入湘西，攻克了大庸、桑植县城，使永顺、大庸、桑植与龙山、澧县等部分地区又连成一片，成立了中华苏维埃共和国湘鄂川黔省政府，任弼时任省委书记，贺龙任省政府主席。接着，进行根据地建设和土地革命。还召开了黔东特区工农兵代表大会，作出了《关于苗族问题的决议》。与此同时，省委还抓紧培养少数民族干部，以发挥其积极任用。如土家族田永祥相继任乡党支部书记、赤卫队指导员、中共永顺县常委和县长。

1935年1月，蒋介石调10多个师的兵力，进犯湘鄂川黔根据地，围歼红二、红六军团。红二、红六军团相继粉碎了敌人130个团的"围剿"。牵制了国民党重兵，有力地支援了中央红军的长征。

1935年11月，红二、红六军团奉命长征。在湘鄂川黔特委的领导下，根据地的各族人民坚持斗争，为中国革命作出奉献。

除了广西左右江革命根据地、海南岛琼崖革命根据地、湘鄂西革命根据地，在滇南蒙自山区、内蒙古乌审旗、鄂托克旗、福建东部地区以及陕甘地区，也相继建立了革命根据地，实行武装斗争、土地革命和根据地建设。各族人民的中国革命，同样创造了光辉的业绩。

---

① 1931年3月，红二军团改成红三军。

第五章 民族地区经济文化的艰难发展

第一节 资本主义工商业的萌芽及其艰难发展

一、内蒙古近代工商业的初步萌芽

民国初期，蒙古族经济结构的变化不断发生。一方面，随着近代以来外国资本主义的经济侵略和外国商品向蒙古牧区的倾销，蒙古族具有小畜牧经济特点的畜牧业和自给自足的自然农业经济遭到破坏，同时也在一定程度上破坏了牧民的家庭手工业经济，造成了畜牧产品和农产品的商品化倾向。另一方面，由于清政府的移民实边政策，垦地扩展，流民增加，与农业和牧业相伴的手工业部门从农业牧业中分离出来，接着，诸多手工业部门逐渐独立形成。再有，清末新政中，官办和商办企业的出现，个别部门中出现了具有近代意义的民族工商业的萌芽。于是内蒙古地区的经济冲破了千百年来固定不变的经济模式，跨上了一个新台阶。

在国际市场需要、城市经济发展以及中东路的修筑诸因素刺激下，蒙古地区许多家庭手工业脱离农牧业，成为独立的手工业。在海拉尔、赤峰、归化城、包头等重要城镇，出现大量手工作坊和手工工场，榨油、酿造、制革、毛织等行业发展最为明显。归化、包头地区的皮制、毛织产品，如皮鞋、毛毯、皮袄、皮裤等产品大幅度增加，有许多运销外地，营业额都有较大增长。毛织业虽然出现晚，但发展快。至20世纪20年代初，仅包头城内就有数百名织毯工人，10人左右的织毯作坊有10余家，三五人的小作坊更是遍及大街小巷。①

在清末政府"振兴实业"的口号下，一些蒙古王公、商人和官僚开始创办具有近代意义的新兴手工业，少数大的手工工厂里采取了机器生产。首先在东蒙创办新兴手工业的是喀喇沁王爷贡桑诺尔布，他在该旗创办一所综合性工厂，工厂中已经拥有少量机器，当然主要是手工和半手工劳动。最著名的是由科尔沁亲王阿穆尔灵圭等人创办的"蒙古实业公司"，自辛亥革命前成立后，通过集资的办法计划先从张家口到库伦公路、张家口至绥远铁路等交通运输业入手，再向其他行业发展。但民国之后，由于政局不稳，加上外国资本的排斥和打击，以及北洋政府的捐税政策压迫，"蒙古实业公司"所筹办的实业均告破产，至1914年，宣告歇业。喀喇沁人阜海举办的"木植公司"也告破产。这些企业虽然未能发展起来，但却是蒙古经济生活的重要组成部分，为以后的机器生产培养了少量的技术工人，也为各地手工业发展造就了一批技术骨干。

大量手工作坊和手工工厂的产生，终于推动了蒙古近代工业的初步萌芽。1912年，萨拉齐一姓赵的商人首先以羊毛织布，这是将蒙古地区羊毛投入毛织生产的开始。1918

---

① 包头市地方史志编修办：《包头史料萃要》第7辑，第31页，1982年。

年，他又在归绥与人合办谦益工厂，毛织业由此开始发展。① 同时蒙古地区也开始了新式采矿企业，这种采矿企业从清末已经开始，民国时继续发展。有官办或商人独资的察哈尔左翼旗属张北县西北的土坝煤矿，喀喇沁右旗的五家煤矿、石头坟煤矿、九峰山煤矿，朝阳的三义店煤矿，赤峰的元宝山煤矿等。后因交通运输不便，用马车运煤又不能畅通，再遇上荒年，资金有限的企业于民国初年多半被迫停办。蒙古黄金公司开采了金矿，另有银矿和铜矿，内蒙古东部地区大布苏创办了制盐业。由于规模小，技术落后，机器使用量少，以手工生产为主，或由于管理不善，这些企业到民国期间纷纷破产。

农牧产品的商品化趋向、蒙垦设治和蒙古近代工业的萌芽的结果必然是商品市场的进一步扩大。表现在：一是新兴城镇的大批出现；二是从事对蒙贸易的内地市场增多。内蒙古东部地区出现了满洲里、海拉尔、牙克石、开鲁、赤峰、西林等40多座城镇；中西部也有陶林、兴和、武川、和林、托克托、萨拉齐、包头、定远营（今巴音浩特）等10余座城镇。所购销的商品以农牧产品的小麦、小米、高粱、荞麦、杂豆、马骡、牛羊以及近代手工业性质的皮革、毛绒、烟麻、土碱等类为大宗。资本构成既有一部分为外国企业推销产品，并为之掠夺农牧土特产产品的买办资本，又有专门从事推销洋货并收购农牧产品原料的汉族私人商业资本，还有推销国内和蒙古工业产品并为这些产品的工厂、作坊收购原材料的私人商业资本。

从商业规模来看，就张家口来说，民国初期已有商店3000余家，居民约万余户，商贾辐辏，十分繁华。大镜门外，专门做内、外蒙古生意的外地商人多达1500家，每年进出口约在平口银1200万两，出口货物为生烟、砖茶、鞍垫、杂货、河南绸之类；入口货物则系外八旗大中小自生口蘑、鹿茸、皮张、驼羊毛、墨晶石。1916年以后，张家口至库伦通行汽车，商务尤盛，旅蒙商人增至1600家，贸易额达1.5亿两，其中进口8000万两。京绥路通车后，南北洋货无一不备，商品专赖货帮运销，东面转运至多伦诺尔，西面可运到归化城，北部达库伦、乌里雅苏台、科布多一带。由本市汇集而来的蒙古农牧产品则由此转运至京津等地，以至海外。除张家口外，包头、归化城、多伦诺尔、库伦等城镇，商业贸易都维持繁荣局面。

垦殖的发展，使农业成为蒙古重要的经济部门，并带动了商业的发展。旅蒙商越来越多地来到内蒙古，转化成了坐商，其中开设于康熙年间的"大盛魁"，极盛时有职工六七千人，号称"半个归化城"，运载货物的骆驼有1.6万头，所拥有资本仅在外蒙古就有1000万两白银以上，业务活动重心在内、外蒙古，远及新疆、莫斯科。至1928年，因外国资本的排斥、外蒙古对其资本的没收才倒闭。归化城土默特地区黄河岸边一个小小的包头村，也因农业的发展崛起成为粮食和皮毛的集散中心。1925年，包头进出口总值达2000多万银元。1936年，集中在这里的毛绒在2000万斤以上。②

由于帝国主义国家在华资本的迅速膨胀，对我国国内民族资本压力很大，加上外资银行获利甚厚，刺激了我国近代银行业的发展。1907年，清政府在外蒙古开设大清银

---

① 内蒙文史资料委员会：《内蒙古文史资料》第2辑，第120页，内蒙古人民出版社，1979年。
② 况浩林：《近代少数民族经济史稿》，第153页，民族出版社，1992年。

行库伦分行,这是蒙古地区第一家官办银行。由于私贴盛行和财政空虚,又陆续在蒙古和东北地区设立了官银号。1915年,在内蒙古中西部成立绥远市官钱局等。一些内地银行也在内蒙古各重镇设立分支机构,在这些银行和钱庄中,极少数钱庄银号转向资本主义性质的存贷业务和银行活动,而改为银行。

从上述蒙古族近代工商业发展情况看,自然经济的解体,以商品化为目的的独立的手工作坊规模的扩大和商品市场的出现与发展,雇佣工人的使用,银行的出现,表明蒙古族近代性质的工商业萌芽的出现,近代工商业的产生似乎呼之欲出了。但这并不标志着内蒙古的经济形态已经踏上资本主义发展的轨道,相反,它的产生却因遭遇巨大的阻力而发展异常艰难。

首先,内蒙古地区自然经济的瓦解,并不是内部经济运行的结果,在很大程度是外国经济侵略的结果,内蒙古的工业资本和商业资本有相当部分被外资控制或具有买办性,国内市场也被外国资本主义商品霸占着,它给民族资本留下的空隙十分有限,这给内蒙古经济的发展带来很大的障碍。其次,在北洋军阀统治时期,由于军阀所特有的掠夺属性和短期行为,官僚资本比民族资本更为发达;而民族资本数量少,规模小,技术管理落后,在外国资本和国内官僚资本的压迫下,难于生存,更不可能沿着资本主义的轨道发展下去,只能在外资和官僚资本双重控制下,向两边倾倒,从而形成殖民地半殖民地经济。

二、十三世达赖喇嘛的新政

1903年11月英印政府发动了对我国西藏自1888年后的又一次侵略战争,并于1904年迫使西藏地方政府与其签订了所谓的《拉萨条约》①。西藏人民反英斗争的失败,迫使十三世达赖喇嘛出走库伦、北京等地。其间,他一方面耳闻目睹了国外的社会经济状况等,另一方面也了解了内地的革新派思潮和其他民族资产阶级的活动。同时,张荫棠入藏查办藏事及其新思想的提出,也给达赖喇嘛以较大的震动。

1908年,十三世达赖喇嘛返回拉萨。清朝驻藏大臣联豫的刚愎自用和川军入藏,又激化了他们之间的矛盾,达赖喇嘛再度出走,留居印度两年有余。两次出走的经历使他产生了改革西藏的新政思想。

西藏腐朽落后的政教合一制度使社会经济长期处于停滞状态。加之英印商品在我国西藏地区大量倾销,东印度公司制造的印度卢比也开始在西藏流通,西藏固有的自然经济无法抵御外国倾销的廉价商品,使英国货物充斥西藏市场,卢比逐渐垄断了流通市场。各种矛盾愈加尖锐,迫使达赖喇嘛采取革新措施,以缓和诸种矛盾,进一步巩固政教合一的制度。

自1899年十三世达赖喇嘛处死摄政后,他便威服全藏,全藏莫敢有违。这为其新政的实施奠定了较好的基础。

第一,政治上他注意整顿吏治,完善行政制度。如为进一步巩固统治、削弱噶伦的势力,设置了司伦一职,噶厦和各地方官员及其他的报告均须经司伦转呈达赖喇嘛。此

---

① 《光绪条约》卷83,英约,第5—12页,见《西藏地方是中国不可分割的一部分》,第419—424页,西藏人民出版社,1986年。

外，又着意提拔一批中下层年轻官员。他借鉴张荫棠等人的新思想，并有选择地付诸实践。如于1923年成立了拉萨警察局等机构①，加强了噶厦政府对拉萨社会治安的管理。

第二，十三世达赖喇嘛为了加强对各寺庙的控制和扩大宗教界在政府中的力量，多次发布各种训令改善寺院纪律和管理制度。②1913年达赖喇嘛又颁布了《关于西藏全体僧俗民众取舍条例》，其中第一、第二条是有关寺庙纪律的。其内容有不分教派，所有寺院均应齐心协力，善从传统供相和寺庙管理；师徒众僧，应潜心修习佛法，恪守寺院清规戒律等。③同时，还禁止僧俗官员曲解地方政府的命令，私设公堂拷打犯人等。以上措施的实施，进一步加强了其统治。

第三，十三世达赖喇嘛重视僧俗会议，改革吏税制度。随着政教地位的巩固，十三世达赖喇嘛在他晚年之际，也注意采纳包括下层百姓建议在内的一些不同意见，逐渐形成西藏僧俗会议制度，并具有一定的权力。同时，他又触动了西藏数百年来形成的贵族庄园免税的旧制，规定所有贵族庄园必须向政府缴纳赋税。

第四，效洋法练兵。十三世达赖喇嘛有过反侵略战争的经历，痛感西藏军事的落后和"练洋操"的重要性。达赖喇嘛深受张荫棠"采用西法，改用洋操，则庶敌人不敢觊觎侵侮"④思想的影响，注意扩充军队，改善藏军素质。并逐渐购置多种新式武器。应当指出，在国内政局动荡、军阀混战的时候，十三世达赖喇嘛的新兵主要布防在川藏边境上用于内战，起了消极的历史作用。

在经济方面，他也结合当时西藏的实际，进行了一些改良。主要表现在：

第一，抵制外币，初创金融业，成立造币厂。为了解决地方政府财政的困难，进一步抵制和打破英印卢比在西藏的垄断局面，加强噶厦对经济的控制，十三世达赖喇嘛于1912年下令成立了地方银行即欧康，并先后建立了造币厂和印刷厂等，铸造银币、铜币和印刷纸币、邮票，等等。⑤

第二，尝试兴办新型产业。1924年，十三世达赖喇嘛命人在罗布林卡东面修建了一座小型水力发电站，⑥供罗布林卡金色颇章照明及造币厂使用。⑦1925年，又成立扎康（邮政局）及电报局。⑧同时，在十三世达赖喇嘛的支持下，留英学习矿务工程回藏的僧人门冲·钦热罗布主持在拉萨北部乡村寻找金矿，并试图用先进的技术手段采矿。⑨以上这些机构虽然规模小，但因使用新式机器，雇用了一些工人，已不同于旧有的工厂手工业。

第三，引进技术，试种茶树。他派人到内地学习种茶技术，使一批受过培训的藏族技术员到今山南地区隆子县甲玉（日）区种植茶树。⑩经过3年的辛勤努力，终于

---

① 《西藏文史资料选辑》第11辑，第161页，民族出版社，1989年。
② 《西藏文史资料选辑》第11辑，第34—35页，民族出版社，1989年。
③ 《西藏文史资料选辑》第11辑，第128页，民族出版社，1989年。
④ 《张荫棠奏牍》卷3，见吴丰培辑《清季筹藏奏牍》第3册，国立北平研究院史学研究会，1938年。
⑤ 《西藏文史资料选辑》第11辑，第130页，民族出版社，1989年。
⑥ 肖怀远编著：《西藏地方货币史》，第55页，民族出版社，1987年。
⑦ 肖怀远编著：《西藏地方货币史》，第44页，民族出版社，1987年。
⑧⑨ 次央：《浅谈十三世达赖的新政措施》，载《西藏研究》，1986年第3期。
⑩ 《西藏文史资料选辑》第11辑，第159页，民族出版社，1989年。

取得成功。这是西藏历史上的一次创举,为以后西藏种茶业的发展提供了有益的借鉴。

第四,改革税收和借贷制度。十三世达赖喇嘛于 1913 年颁布了《关于西藏全体僧俗民众今后取舍条例》,指出:"各级官吏征税执法,主持公道,顾及官民双方均有所利。"① 此条例还规定,没有得到宗本许可,贵族世家的人不准随意捆打差民;限制地方官员巧立名目,额外征收差税;禁止随意征派乌拉,规定因公外出的官员必须持有"马牌"才能征派乌拉和马匹,通知各地各政府官员如无"马牌"不准派差,不准要供应等。② 条例还规定相应的优惠条件鼓励农民开荒垦地,凡在共有荒山野坡开荒造地、种植杨柳、谋求福利的勤劳门户,政府、贵族、寺庙三方不得阻拦,并免征三年差税。三年过后按土地面积和收获多寡,或征税、或租赁。在固定土地主人时,须官民双方共同认可。③ 十三世达赖喇嘛还多次派人到各地调查民情,统计税收,检查有关措施的执行情况。

以上一系列的政策措施,在一定程度上起了暂时缓和阶级矛盾及其他社会矛盾的作用。

在文化教育方面,十三世达赖喇嘛通过亲身体验感到,西藏落后的一个重要原因就在于极度缺乏有现代科学知识的人才,因此必须启发民智,兴办教育。十三世达赖喇嘛结合西藏的特点采取了以下措施:

首先,选派人才赴内地或国外学习军事、机电工程、电讯和采矿工程等专业。这些派出的人员学成后回拉萨后,发挥了较大的作用。④

其次,创办学校。在十三世达赖喇嘛的亲自过问下,1918 年拉萨成立了为政府各个分支机构培训俗官的仲科学校,学校由噶厦仔康(财政局)管理。1918 年前后,他又提出在西藏各宗兴办藏文小学,教员工资由地方政府供给。但由于经费不足等原因,不少学校开办不久就停办了。⑤ 1923 年,西藏地方政府在江孜办起了一所面向贵族子弟的藏英文学校。这所学校一共办了 3 年,后因西藏三大寺的反对及经费问题而停办。十三世达赖喇嘛启发民智、兴办教育的思想是值得称道的,他打破了西藏教育仅限于寺庙的格局,也首次实行多语种教学,具有一定进步意义。

十三世达赖喇嘛还较为重视西藏医疗卫生事业的发展,如成立藏医学院,普及藏医知识。1916 年 9 月,十三世达赖喇嘛下令在拉萨丹吉林寺附近新建了一所面向社会及各寺庙广收学员的藏医学校(藏语称作门孜康)。最初,学生由各宗选派到门孜康,还规定全藏一些乡间小寺也选派僧人到藏医学校学习,学成后回到原寺庙,为当地僧俗服务。⑥

1918 年十三世达赖喇嘛还发布了戒烟令。英帝国主义侵入西藏地方后,西藏察隅地区也开始产烟。因烟价极贱,西藏地方吸食之人较多,尤其是在上层中。清驻藏大臣

---

① ② ③ 《西藏文史资料选辑》第 11 辑,第 128 页,民族出版社,1989 年。
④ 参见夏格巴《西藏政治史》、麦克唐纳《旅藏二十年》、查尔斯·贝尔《十三世达赖喇嘛传》。
⑤ 次央:《浅谈十三世达赖喇嘛的新政措施》,载《西藏研究》,1986 年第 3 期。
⑥ 《西藏文史资料选辑》第 11 辑,第 141 页,民族出版社,1989 年。

曾在西藏设立禁烟局所,饬办戒烟事宜,但收效甚微。十三世达赖喇嘛为彻底根除烟害,发布了戒烟令,禁止任何人吸食鸦片及其他烟草,并提出在1923年内完成戒烟。[①]但未见明显效果。

十三世达赖喇嘛对西藏文化给予了较多的关注,先后多次下令修缮医典版本,以保护藏文古籍。例如,于1920年再次委派管理代表,将哲蚌寺印书院中未编目、失散或放置零乱不能使用的印版封存,其余则整理有序,并进行修补校订。为便于今后印制时取用,还在库房的门楣上张贴了所藏经版的详细书目。[②] 1924年,西藏成立了"利益雪域宝库印书院",并出版《布顿全集》。1924年,十三世达赖喇嘛命令噶伦把刻制藏文《大藏经》作为大事办理,以那塘版为基础开始了拉萨版藏文大藏经《甘珠尔》、《丹珠尔》的校订和书写版文。[③]

以上种种,足可见十三世达赖喇嘛"新政"的概貌。

我们看到经过几场战争之后,稍有喘息之机的十三世达赖喇嘛面对日暮途穷的封建农奴制,决心变法图强,冀于无可挽回之中稍图补救。他立志变革,幻想只动封建农奴制的皮毛,通过一些改良措施,巩固格鲁派统治集团的利益。作为封建农奴制的总代理人,他不可能、也不敢提出变革封建农奴制度的生产关系,也根本不可能想到如何组织民众促进"新政"的开展,这是其阶级本性所决定了的,也是时代的局限性所决定了的。他在"新政"的实施中,确实为百姓解决过一些具体问题。但这种"短期行为"对广大苦难深重的农奴只是杯水车薪,不可能从根本上解决矛盾。整个制度的腐朽,仅靠小修小补是无济于事的。苦难中的农奴对于"新政"闻所未闻,表面上的"改良"对他们的影响微乎其微。为达到改良的目的,他不得不采取与英国人以及那些依附于英帝、不同程度地控制了西藏的政治、经济和军事等方面的贵族集团"虚与周旋"的策略。这种做法虽是迫不得已,但也从根本上宣布了"新政"的失败。毕竟外国侵略者不可能"慈悲"地帮助西藏地方去发展。"醉翁之意不在酒",历史已经充分说明了这一点。加之"新政"实施时,新事物、新观念受到宗教思想和旧的传统观念的强烈排挤而无法深入,社会传统的阻力是很大的,连一些上层僧俗官员都不理解何为"新政",何为"改良",反视其为"异端",一些措施因种种原因遭到明拒暗抗。缺乏改良的基础,自然得不到民众的理解,更谈不上支持。这也是十三世达赖喇嘛新政失败的原因之一,于是"新政"便成了十三世达赖喇嘛与几个幕僚在深宫中指手画脚的蓝图,而不可能化成为广大民众的实践。即使有丁点实施,也不过是蜻蜓点水。这也就注定了他的这场"新政"只能以悲剧告终。当然,就其推行新政的主观愿望来说是值得肯定的,毕竟也为封闭的西藏地方带来了些许新的气息。

三、以矿业为龙头的云贵近代工商业

云贵民族地区蕴藏着丰富的矿产资源,它的经济地理为这一地区的经济发展奠定了自然基础。早在明清时期,云南的矿业产量便持续居全国之首。随着清代对云贵民族地

[①] 《西藏文史资料选辑》第11辑,第171页,民族出版社,1989年。
[②] 《西藏文史资料选辑》第11辑,第151页,民族出版社,1989年。
[③] 《西藏文史资料选辑》第11辑,第164页,民族出版社,1989年。

区的屯田和"改土归流",大量汉人流入该地区,在小农经济的普遍发展中,人口与土地资源关系的变化,把云贵民族地区的经济开发导向对新生产领域的开拓,即借助当地的地理资源,开展对矿业生产的初型工业化。① 显然,云贵地区的矿业开发,不发生在小农经济高度成熟的基础上,也不是以小农生产的多样化带动的,而是人力资源和地理资源相结合的产物,此后,冶矿开发成为独立于农业生产体系之外的工业生产部门。

甲午战争后,帝国主义加强了对民族地区的资本输出和掠夺。1899 年,英、法联合组成英法水银公司,在贵州铜仁、万山开采水银及朱砂,资本 28 万元。1914 年雇用矿丁达千余人。1902 年,英法又在合资 5000 万元成立兴隆公司的基础上与清政府订立矿务章程,规定:该公司得以在云南省内开采云南府、澂江府、临安府、开化府、楚雄府、元江直隶州、永北厅等各种矿产,盈利 25% 归中国政府,10% 归云南省政府,其余分配给股东。当年即开矿 59 处,包括银矿 27、铜矿 25、金矿 6、石矿 1,这 7 府、州、厅占云南省面积的一半,因此,清政府在云南各族人民的坚决反对下,于 1911 年以赔偿 150 万两关平银的代价,收回了这项权益。此外,法国大罗公司于 1906 年在贵州平远开采云母、锑矿,资本 200 万两;来福公司在贵州正安开采铅矿,资本 200 万两;来亨利公司在贵州思南府开采锑矿、银矿,资本 60 万两。1920 年后,美国在这一带的投资和掠夺也加强了。

从上述情况可以看出,帝国主义对云贵的投资主要是矿山投资,而没有兴办加工业,其目的主要在于掠夺当地丰富的自然资源,而不像在内地那样搞工业投资,所以对少数民族地区自然经济的瓦解远不如内地那样深刻,资本主义工业的发展非常缓慢,云贵地区近代工业的发展基本上限于矿业的畸形发展。

在以清代手工生产为主的冶矿工业生产部门的基础上,在外国资本主义矿业掠夺的刺激和冲击下,民族资本或以民族资本为主也在云贵投资了矿业。如 1904 年开办的云南蒙自官商公司,当时主要开采锡矿,官商资本 69.9 万元;1909 年,改为个旧锡务公司,官商资本合计 250 万元;1909 年开办的云南文山等宝华锑矿公司,官商合办资本 23.4 万元;1910 年开办的贵族铜仁官矿局,开采锑矿,官商合办资本 7.9 万元;1913 年开办的云南东川的东川矿务公司开采铜矿和铅锌矿,官商合办资本 30 万元。比起帝国主义投资的矿业,这些矿业民族资本的数额显得非常单薄,虽然开采规模比手工工厂时期为大,但资金的短缺,技术和人才的缺乏,现代交通运输业尚未兴起,运费昂贵,脚价多于货价等,在很大程度上限制着近代工矿业的发展,更难竞争过外国资本。

民国时期,尤其是第一次世界大战期间,由于主要帝国主义国家卷入战争,无暇东顾,中国民族资本受到的压迫大大减轻,而且在帝国主义国家战争的需要下,云贵民族地区的采矿业进入了发展的"黄金时代"。主要表现在帝国主义战争迫切需要的锡、铅、锌、汞等有色金属的世界市场价格猛涨,云贵少数民族地区便纷纷开采。云南个旧大锡的出口 1911—1917 年增长一倍左右,主要是私人以土法炼锡的大炉生产的。至 1924 年,个旧天元昌、兴盛祥等 55 家炉房共拥有大炉 51 座,而同时期官商合办的个

---

① 陈德庆:《云南民族经济在皇权中央集权制度下的开发进程》,载《云南社会科学》,1998 年 5 期。

旧的锡务公司只有大炉4座。1915—1919年云南开办的铅矿29家，锌矿有13家，其中规模最大的为会泽县的鑫泰公司，它的炼炉由1902年开办时的4座增加到1918年的10余座。云南锑的采炼在大战期间也达到1000吨以上，1915年曾达到1487吨。其中宝华锑矿公司在大战期间的一年，竟获利50万元以上。1918年贵州的民营汞矿也从10多家增至40多家，且贵州汞产量占全国出口量的90%以上，主要产区在铜仁、万山、八寨、三合、册亨、兴义、安龙等地。贵州锑矿业在大战期间也办了近10家以矿商为主的集股兴办的公司，估计共产锑200吨左右。①

贵州全省采汞的方法，"仍极幼稚，无非沿岩石内之含矿脉带，跟迹凿矿而已……各矿窿，约系小资本经营，由矿主招雇工……进行采掘。工头呼曰一把锤……所采之矿砂，矿主抽十分之二或三，余属锤首，通常抽十分之二的居多，即俗所谓'二八抽砂'是也"，"运出之矿石，由捶砂工人捶碎淘选"。②

采出汞后，炼水银的方法也大抵相同，虽然冶炼工人分烧灶、修灶、看灶3种，但每个环节的操作，基本都用手工。整个云贵地区的冶矿业基本都采取技术含量很低的手工土法操作。

第一次世界大战期间云贵矿业的发展，并不标志着矿业的真正发展与进步，它只是大战刺激和省内军阀混战需要的结果。因为没有政府力量介入，使这一段时期矿业发展特点为冶区较广，冶厂不少，但全系民族资本和小资本民营性分散性采炼，没有集中的公司或垄断性组织。随着战后有色金属价格的回跌，这些冶矿业便先后受其影响，使冶矿产量呈"马鞍形"变化，即战时多，战前和战后少，而且差距很悬殊。以贵州省来说，1918年，汞产量为285吨，此后基本逐渐下降，至1931年，不足1吨。

虽然锑、锡、锌等矿产品发现和冶炼的时间较晚，但从始至终都有近代资本主义的公司采冶。民国前期，贵州有兴黔等3家；民国后期，有民生等5家资本主义性的公司从事采冶，工人最多的多福利公司，有千余员工。从资本类型来看，云南省的冶矿业多属官商合办，官僚资本为多，且规模都较大。主要有1933年成立的云南炼锡公司（资本250万元，其中官股200万元）；1934年成立的云南矿业公司（资本500万元，官股在50%以上）；1936年在原宝华锑矿公司基础上成立的云南钨锑公司（下设个旧、平彝两个分公司，资本200万元，其中官股为140万元）。而在贵州，1935年，国民党中央势力进入贵州之后，开始了官僚资本主义对贵州矿业的垄断。尤其是抗日战争爆发后，汞、锑等矿产成为国防急需的原料。1938年国民政府资源委员会和贵州省政府开始打着"矿产国有"的招牌，四处掠夺采冶，并开始了对民营资本的吞并，使冶矿产量稳步上升，但民营资本份额越来越少。

然而，这些矿产企业仍然对云贵经济产生辐射性影响。首先，它推动交通体系的开辟以联系市场。如果说大战期间云贵矿业靠滇越铁路找市场的话，那么贵州修筑与邻省相连的公路和铁路则显得十分必要。1926年，黔系军阀周西成主持黔政时，成立"公路局"，开始发展公路交通，在古驿道基础上先后修通到铜梓，至黄果树，至广西六

---

① 杨开宇：《贵州资本主义的生产与发展》，第137页，贵州人民出版社，1982年。
② 林兴黔：《贵州工业发展史略》，第192—193页，四川省社会科学出版社，1988年。

寨、贵阳至惠水、至毕节以及陆家桥至下司镇接清水江水运的公路。1931年全省修路3700公里，通车里程2075公里。这一促进地方经济发展与维护军阀割据相结合的低标准公路建设仍然反过来刺激了云贵地区官僚资本和民族资本的活跃与发展。汞、锑、铅、锌、煤等矿藏开采回升，并产生了连带功能，造币厂、金属加工业发展起来，并向少数民族聚居的偏远地区延伸，许多新兴城镇在少数民族地区不断兴起。通过市场，逐渐形成云贵整体开发，并使生产格局转变了。

但云贵地区以矿业为龙头的工商业发展非常艰难，无法直接转向资本主义生产经营。从社会环境来说，在军阀统治时代，"黔滇界上，盗匪猖獗，民不安室"[1]使矿产企业不断减少。从管理和技术原因来看，官僚资本为主的矿业普遍存在近代以来的封建管理的落后和管理秩序的混乱，而民营企业，则主要立足于手工业生产技术。从资金来看，大多数资本投资商业，工业资金明显不足。当时著名的商号有汉、白、回、彝等族商人组成的鹤庆商帮的福春恒、兴盛和、庆正裕等，腾冲帮的洪盛祥、茂恒，滇东北彝族地区的昭通民众实业有限公司、福鹤公、永达等10余家企业所开设的银行、钱庄、当铺等。商业增长最快的有黔东南苗、侗族聚居区凯里镇，1919—1934年商户由200余户增至500余户；下司镇1919—1929年商户由50余户增至近1000户。贵州省专营或兼营鸦片的商帮就有9个，最大的安顺帮主要收购黔西南布依族、苗族聚居区的鸦片。从资本数量来看，福春恒、庆正裕、茂恒、洪盛祥、永昌祥以及其他一些大商号，拥资都达百万两以上，不仅大大超过民族资本矿业，而且超过了个旧锡务公司，超过云南矿业公司。而贵州鸦片商号锦盛隆，自光绪十年后，每年利润都在20万两白银以上。[2]甚至军阀们亲自筹组商号，既依附于帝国主义势力，又与封建官僚勾结，从事垄断掠夺式贸易，使云贵民族地区的工商业发展面临重重障碍。

四、东北民族地区的近代工商业

东北民族地区居住着满、朝鲜、鄂伦春、鄂温克、赫哲、达翰尔、锡伯、蒙古、汉等民族。在清朝统一后的民族融合中，少数民族经济在十分落后的基础上，在汉、朝鲜、满等先进民族经济的推动下向前发展。随着清代在东北移民实边的扩展和东北全境的相继开放，至民国前夕，东北民族地区人口迅速增加。此外，俄、日等国的经济势力向这里渗透，瓦解着农村自然经济基础，东北民族地区的近代工商业便在不同民族经济形态的相互作用下和外国资本的渗透下艰难地发展起来。

除了依附于自然经济的小商品生产发展外，蒙古东部等民族地区出现少量具有资本主义性质的手工业生产，但它只处于微弱的萌芽状态，从农牧业自然经济中脱壳不久，从一出生就遭遇外国大机器生产的压力。这决定着东北民族工商业发展的特点：既有对世界资本主义市场的依赖，又有行业间的联合；既有资本主义经营成分，又有浓厚的封建经营方式。

东北民族地区工商业的发展主要依靠当地的自然资源，主要有粮食资源、矿产资源、林业资源。这种就地取材的便利决定着东北民族工商业的产品结构。

---

[1] 林兴黔：《贵州工业发展史略》，第217页，四川省社会科学出版社，1988年。
[2] 况浩林：《中国近代少数民族经济史稿》，第109页，民族出版社，1992年。

随着民国初年以来政府的垦荒倡导和土地丈放，东北民族地区的耕地面积大幅增长。据1915年统计，黑龙江、吉林两省粮食总产量为144.144多亿斤，这为粮食生产的商品化倾向提供了基础，仅朝鲜族大米商品化比率就高达70%以上。第一次世界大战期间，由于国际市场的需求，粮价看涨，在产粮区、交通枢纽和大中城市，出现了一大批从事粮食贸易的商人。至1926年，仅拜泉县即有粮商约50家，次年，增至70家，两年后增至80多家。① 在粮食贸易的带动下，粮食加工企业得到了发展。1914年，瑷珲设有民族资本的永济面粉有限公司；延吉县的志仁乡设有14家面粉磨坊，守信乡6家；而双城双合盛火磨公司1917年拥有资本现洋100万元，每日制品1.25万斤，雇用工人达150万人；1917年，在赫哲、汉等民族杂居的富锦县出现民族资本合资的德祥东机磨面厂公司；1920年有商办的黑河万丰益面粉公司；1928年，扶余县商贾集合30万股本创办吉大机器面粉厂。同时以农产品为原料的制油坊和豆制品业也发展起来，1915—1916年，安东拥有较大的华商机器油坊11家，其中许多拥有资本2万—3万元；珠河县一面坡机器油坊有基金3万元；1915年，呼兰成立了呼兰糖厂，还有制酒厂、烧锅等厂。

东北民族地区蕴藏着丰富的矿产资源。早在清代，清政府为防止俄人对我国矿产的野心，曾在鄂伦春和鄂温克人居住地区设立过漠河金矿；1889年，珲春开设了官商合办的天宝山银铜矿和老头沟煤矿。进入民国后，民族资本矿业有了进一步的发展，尤其是采金业发展极为迅猛。漠河金矿继续开采，由黑龙江省官营；黑龙江省政府拨15万卢布充资本开办呼玛尔金矿；1915年珲春已开采的金矿与煤矿（官本商股）有三道沟金矿（每年出沙金100余两）、柳河子金矿、柞树沟金矿及庙儿岭煤矿、红旗河口煤矿、关门咀子煤矿、骆驼河子煤矿。另有磐石青石嘴和圈岭铜矿，矿地面积共700余亩。这些矿业公司虽规模不一，较大的如呼玛尔金厂雇用矿丁五六千人，但几乎实行包买主制，即矿主凭手中的优势资本将矿工集中在预定矿区进行开采，先付出一定资本收入，后收取产品，矿主即包买主，矿工出卖劳力，不取工资，"采得沙金，售于厂方"，不得卖与其他人。呼玛尔金厂即规定，凡金厂范围内各沟金税归厂局征收，矿丁需用的油、酒、米面归某公司（先是和济公司，后为广信公司）专卖，金沙归公司收买，不准他商私收。② 因为矿主的金沙收购价大大低于市价，矿主首先获取"金利"，其次设立店铺获取"货利"，此利直接取之于矿工。虽然列宁说"包买主制是最坏的资本主义体系"，但对于具有浓厚封建性官办企业来说，"如果制品的包买主开始以手工业者所需要的那些原材料来偿付，这就意味着在资本主义关系的发展上跨了很大一步"。"在商品资本的最高形式下，包买主把材料直接分配给手工业者使其为一定的报酬而生产，包买主的商业资本这里变成了工业资本"。③

清中叶以后，在农业开发的过程中，森林开发也随之发展。在东北边疆少数民族地区的一些大中城镇中，如墨尔根、拉哈、富拉尔基、哈尔滨、齐齐哈尔等地，出现了一

---

① 刘迎红：《民国时期东北北部民族工商业发展特点概述》，载《北方文物》，1998年第1期。
② 孔经纬：《新编中国东北地区经济史》，第173页，吉林教育出版社，1994年。
③ 列宁：《俄国资本主义的发展》，《列宁全集》第57卷，人民出版社，1990年。

批专门经营木材的大商店,又先后出现专门经营木材的大客商。清末,各地设立木材公司,木把大多受雇于木材公司或林木商人,领取一定的木价或佣金。如铁嫩公司雇用3000名木把,入山伐木,这些木把中既有汉族人,也有达斡尔族人和满族人,特别以嫩江流域和海拉尔一带的达斡尔族人为多。民国时期,林场经营有了一定程度的发展,从投资的目的和雇用林业工人情况看,也具有某种资本主义性质,其中渗透着官僚资本和民族资本的不同因素。1915年,延吉道尹直接经营茂森和华林等木材公司;1925年,辉南县城南关设有辉蒙木业股份有限公司,资本额奉大洋14万;1929年双城县有8个林场,全由私商经营;同年至1930年,敦化的松江林业公司和丹华公司共有资本20万元。林业公司除从事林业采伐、贸易外,也包括以木材为原料的造纸业。1915年,日本暗中利用地方势力和地方商人在安东设鸭绿江制材公司,资本100万元,是为中日"合办"制材、造纸公司;1917年11月,三井、三菱特别是其中的王子制纸公司在取得哈尔巴岭、张广才岭之间的森林采伐权的同时,并以原有林场为基础,成立吉林富宁造纸股份有限公司,资本100万元。另外,在五常、舒兰、安东、延边设立了许多日本株式会社,不仅掠夺中国原料,还使用中国朝鲜族、汉族廉价的劳动力。

上述东北民族地区工商业发展的事实说明,东北民族地区的工商业产品结构主要是对当地农林地矿产品的加工,谈不上完整的工业体系,又被纳入资本主义世界市场体系,失去了独立发展道路。从资本结构看,由于东北民族地区的资本原始积累不充分,投入工商业的资本有限,导致东北民族地区的工商业普遍存在资本少、规模小、技术落后的问题。而日本金融对这些地区具有某种垄断作用,使民族地区的工商业受到帝国主义和国内官僚资本的压迫。至"九一八事变"以前,日本在整个东北的投资额约为17.5亿日元,占日本在外国投资额的60%以上,并以运输业经营居首位,占30%;农林矿的投资为2.8亿日元,占16.2%;工业投资为16.22亿日元,占9.2%;其余属商业资本、金融及其他。其次是俄罗斯的投资,总数为5.9亿日元,占各国对东北投资总额的24.3%。① 在民族地区,1919年东北军阀张作霖与日本人大仓喜八郎签署的《中日合办兴发有限公司合同》规定,日本在内蒙古东部达尔汗旗丈放地与张作霖、孙烈臣、张景惠、张作相合伙经营钱家店附近农商业,投资400万日元;同年,日本人石川五郎与中国人王润清在开鲁西札鲁特旗"合办"隆育公司,资本1000万日元,后相继被日本东洋拓植公司和东亚劝业公司吞并和侵占。"九一八"前,中国的木材公司、矿业公司等纷纷被外资挤垮,或者以"合办"为名,或者干脆落入日本人手中。

而农产品及其加工业,也受外国资本压迫。如1924年,日商堀井觉太郎与中国朝鲜族人金东佑签署经营永吉县骡路街附近水田契约书,取得了农产品的控制权。以农业产品为原料的企业部门面对外国资本的侵略和商品倾销,采取了联合经营形式。如1911年瑷珲成立了商会,到1918年,加入商会的有48家商号,包括面粉业、火磨业、酿酒业;② 1919年,黑河有8家商号与哈尔滨市联合经营,其中经营杂货和面粉的双合盛、同记,在哈尔滨和巴彦设立两个分号,在关内外许多地方设有钱庄,1931年,联

---

① 孙经纬:《新编中国东北地区经济史》,第326页,吉林教育出版社,1994年。
② 孙经纬:《新编中国东北地区经济史》,第182页,吉林教育出版社,1994年。

号组织达 128 家。通过联营，东北民族地区的工商业总算比其他民族地区工商业稍多了一点基础，而且初步形成了以哈尔滨为中心的区域性商业网络。这对东北民族地区的资本主义生产关系有一定的促进作用。

而从东北民族地区商业与工业发展的比例关系来看，显示出商业与工业发展不协调，商过于工的特点。尤其是民族资本中单纯经营工业的甚少，大多以工厂经营为主者工商兼营，有的以商业为主者也是工商兼营。因为在东北民族地区工商业纳入世界资本市场的情况下，只有商业利润相对丰厚，且受市场影响较工业为小。有的工厂本身就是由商人兴办的。在主要的农业生产地区的安达、海伦等地，许多粮栈和杂货店利用原料优势兼营烧锅、油坊或面粉加工，这些试销对路产品不仅能赢利，还能扩大本店影响，提高信誉，使工商相辅相成。当国际市场需求增长时，从事粮食贸易当然大获其利，而在民族制粉业等工业不景气的情况下，搞原料买卖居然还有一定的盈余。"九一八"以前，齐齐哈尔的洪昌盛商场就在讷河设立大粮店，销售不错。商业的风险相对小，当然吸引着无数商家追逐利润，从而使商业与工业的比例关系确定在 8:2。另外，在官僚资本与外国资本包围中的民族资本为规避风险，宁愿将工商业的盈余部分投入到传统的购买土地，不放弃封建剥削关系，加上东北民族地区劳动力价格十分低廉，资本家宁愿用手工生产而不用大机器生产，因循传统落后的设备和工艺，所以不仅商业资本很难转化为工业资本，原有的工业资本投资的工商业也永远为资本少、规模小、技术落后的问题所困扰。这些都大大影响着东北民族地区工商业的发展。

第二节　东北、内蒙古的垦荒浪潮及其影响

一、延边朝鲜族人民的垦荒

清朝末年，随着东北"龙兴之地"的逐步解禁开放和移民的移入，东北南部的大部分土地已经得到了开垦，开发较晚的东蒙、吉林、黑龙江等地则有大量的旗地、屯田、禁山围场、牧场等官地和无人问津的荒地。尤其是长白山以北千余里土地，由于清政府实行 200 年的封禁，"南荒间旷地"——延边、"东边围场"——东边道几成为大树蔽天、野兽出没之地。为了防止沙俄势力随时入侵延边和增加政府的财政收入，1881 年，清政府下令开放了南荒禁山围场，实行移民实边政策，两年后在珲春设立招垦局，不仅承认冒禁入境开垦土地的朝鲜移民，还在朝鲜、内地、辽东招募移民。1885 年，又将图们江长 700 里、宽 40—50 里之海兰江以南地区作为韩民专垦区，让韩民越江垦荒。

1883 年，清政府发布《招民试垦》、《妥筹垦务》之后，地方官吏和地方豪绅为扩大收入，不仅在丈放官荒之际霸占大量土地，而且以荒价 5 年不收租，并提供房屋、粮食种子和一些农业资金等所谓优惠条件大批招徕朝鲜垦民，雇佣或者把荒地租给他们开垦。这对于不堪忍受朝鲜封建剥削、"三政之苛苦"，又一无所有的朝鲜贫民来说无疑具有吸引力，促使其纷纷越江迁入延边。据不完全统计，1893 年，珲春东五道沟管辖的 5 社就有朝鲜垦民 501 户，垦熟地 2417 垧；珲春和南岗（今延吉）抚局所辖 10 社有朝鲜垦民 529 户，垦熟地 4407 垧。仅 1894—1909 年，东北的朝鲜移民就从 6.5 万人增至 21 万人。

随着东北农业经济的发展,民国以后,盘踞东北的奉系军阀更着眼于增加财政收入,以扩充军备,在丈放原清朝官地的同时,大力推行招民开垦政策。把东边闲旷地和南荒禁围场等官荒地以每垧500文的廉价陆续丈放于民,延边全境进入大规模开发时期。而在1910年日本吞并朝鲜后,朝鲜实际上成为日本的殖民地,在日本疯狂的土地掠夺下,朝鲜破产农民急剧增加。1923—1931年,日本帝国主义在疯狂掠夺土地的同时,推行"产米增植计划",完全破产以求谋生的朝鲜农民和不愿当亡国奴的反日人士,背井离乡,纷纷迁入中国东北。并且移民人口不局限于延边,而分散到整个东北三省。1911年春,奉天当局设立奉天水利局,并在奉天、新民、黑山、抚顺等地设分局,并颁布《耕种水稻奖励章程》。1912—1914年,挖水渠引来浑河水,在奉天、新民一带之北陵、塔湾和太公堡等地广开水田。从此辽沈地区的汉族地主也纷纷招徕朝鲜农民广开水田。尤其是第一次世界大战期间及之后,在国际市场粮价大幅度上升的刺激下,东北各地的满族、汉族地主见有利可图,纷纷招募朝鲜农民垦荒和将旱地改为水田。直至20世纪20年代前期,民国政府一直对朝鲜移民采取招垦、抚垦、"归化入籍"、开放利用的方针。日本强迫北洋政府签订《二十一条》后,大肆掠夺东北土地,于1918—1922年成立东洋拓植会社支店和东亚劝业社,疯狂掠夺我国东北土地,大办农场,雇用不少朝鲜族农民耕作水田,或将土地租给朝鲜族农民,让其改种水田,朝鲜的一些土豪和资本家也"商租"不少荒地,募集朝鲜农民改种水田。

民国政府的招垦措施和朝鲜人的大量移民,不仅加快了民国垦荒进程,而且迅速扩大了东北水稻种植面积。1908—1932年24年间,仅延边4个县(延吉、和龙、汪清、珲春)的耕地面积就以年平均5500公顷的速度迅速增长;[①] 从区域上也使朝鲜垦民沿安奉铁路云集到奉天附近,向抚顺、开原、铁岭、吉林等地扩散,再从这些地方迁移到兴京、通化、西丰、海龙、公主岭、长春、桦甸、磐石、伊通、舒兰、蛟河、敦化、清原、辉南、东辽、永吉、安东等地,形成了安东、通化、抚顺、松树、开原、奉天等南满著名水稻区,并向西满的郑家屯和内蒙古的通辽、开鲁等西部地区发展。后来朝鲜族人民突破了水稻只能在平原、盆地种植的局限,在高寒山区试种成功。1917年,北满穆棱地区的朝鲜族试种"小代田"成功,解决了无霜期短等水稻栽培技术问题,使水稻栽培迅速扩展到中东路东线的牡丹江、穆棱河、蚂蚁河一带。至1920年,北满的水稻种植已达4000多垧。[②]

民国时期朝鲜族的移民与垦荒可以说是一个问题的两个方面。自1910年朝鲜沦为日本的殖民地以后,移入我国垦荒的朝鲜农民不断增加,尤其是安奉线与京义线、天图线与朝鲜铁路连接起来,朝鲜南部移民可直接通过铁路进入沈阳,再从沈阳移入南满或北满各地。而北部农民则通过铁路经延边,再移居宁安、吉林等地,朝鲜城市居民和工人也有不少移居到我国东北定居,并以延边为聚居区,形成了中国朝鲜民族共同体。

在东北军阀垦荒和丈放土地的政策下,实现了东北全境的开放,朝鲜农民的垦荒与

---

① 权力主编:《中国朝鲜族研究》,第12页,延边大学出版社,1993年。
② 《朝鲜族简史》编写组:《朝鲜族简史》,第24页,延边人民出版社,1986年。

汉族、蒙古族人民的垦荒一道,推动了东北农业的发展。而朝鲜垦荒运动,更改变了东北农业结构和提高了农业产量。东北水稻耕作自古渤海灭亡后便已绝迹,而朝鲜农民通过移民垦荒,再度把水稻引入东北的农业作物中。荒废的涝洼地和草甸地也改造成为良田,从而大大提高了东北土地的耕作率。1930年,北满的水田面积达1.5万亩;1944年,扩大到160万亩。而就整个东北而言,到20世纪20年代,由于朝鲜农民的辛勤劳动,水田耕作波及全东北的大小河流之两岸。1921年,水田耕地面积达4.8911万公顷;1944年,已达到32.6311万公顷。[①] 可以说,朝鲜移民来到哪里,就把水稻播种到哪里。随着大米产量的增长,大大促进了大米的商品化进程。大米也像大豆、小米一样,成为主要农业商品,出口到朝鲜、日本等地。尤其是由于资本主义经济渗透朝鲜族农村,加快了大米的商品化过程,到20世纪20年代后期,东北大米总产量的75%左右都成为商品粮。[②]

民国时东边闲旷地和南荒围场的继续廉价丈放,实现了东北土地关系的根本转变。国有土地向私有化转变,意味着包括朝鲜移民居住地区在内的东北地区封建土地所有制形式与关内广大地区正趋向一致。在这一过程中,东北军阀、地主、官吏以自身的特权和资金优势取得了土地占有权。而朝鲜移民80%以上未"归化入籍",他们不仅"法律"上没有土地所有权,而且也没钱购买以"方"、"井"为单位出售的土地,于是便以一个"归化入籍"者名义,合伙集资,购买土地,共享土地所有权,同时,向"归化入籍"者即名义地主交纳10%的土地或相当于这些地价的辛苦费,实为"佃民制度"。1920年以后,因为"佃民制"引起了土地问题的复杂和紊乱,和龙县先废除了佃民制,将佃民制下的土地一经手续归个人所有,发给土地执照,这个办法扩展到整个延边。这样,如1928年12月统计,在延边朝鲜族总农户58245户中,自耕农和半自耕民数为33225户,占总农户的57%。

随着日本垄断资本的侵入,朝鲜移民地区的小农经济逐渐被瓦解,农村的土地兼并越来越严重。生活很不稳定的自耕农和半自耕农为弥补生活费用和还债不得不廉价转卖耕地、典当家产或借高利贷,最终走向破产。大多数农民受雇于日本殖民公司所经营的农场,或租种地主土地而备受日本垄断资本和汉族地主的残酷剥削而沦为佃户。1932—1936年,日本侵略者先后建立了"土地局"、"土地调查委员会"、"地籍整理局",以丈量和整理土地为名,大量掠夺东北各族农民的土地,为其推行移民政策作准备。朝鲜移民和东北各族人民一样,处于日本殖民统治之下。

二、内蒙古的垦荒运动

在清帝退位前10年,由于沙俄和日本不断向我国蒙古地区进行经济侵略和渗透,加之清政府深受《马关条约》和《辛丑条约》的压迫而急需筹集粮饷,清政府对蒙古地区实行"移民实边"政策,宣布开放蒙荒,进而对蒙古东、西部全面放垦,使清初以来对蒙古实行招垦和汉族人口甚至一部分蒙古族人口的垦荒运动达到高潮。清末全面放垦对内蒙古的生产力、生产关系、人民的生活方式乃至生态环境都产生了极大的影响。据统计,在全面放垦期间,内蒙古西部的乌兰察布、伊克昭两盟及归化城土默特地

---

①② 林昌昱:《中国朝鲜族历史研究》,第106页,延边大学出版社,1995年。

区共丈放土地及永租地5.356万顷；察哈尔地区共丈放土地2.61万顷；内蒙古东部仅哲里木盟10个旗中的8个旗就丈放生荒203.19万垧，加上原来私垦熟地共211.76万垧，其中放垦较早的郭尔罗斯前旗"全旗竟无不垦不辟不耕不种之地"，放垦较晚的科右前旗也不仅将闲散荒地放尽，而后连台吉的自留牧地也放了。①

进入民国后，北洋政府在内蒙古及东北继续实行放垦政策，拟订了垦辟蒙荒的奖励办法。由于清末的垦荒因政府腐败而垦政中弊端丛生，垦放之地往往放而不垦，或垦而复荒。为将这些土地与生荒一同放垦，民国政府于1915年颁布《垦辟蒙荒奖励办法》，规定：凡各蒙旗愿将各该旗地亩报垦或自行招放者，及领垦蒙荒者得给予奖励。报垦1000方（每方45垧）以上者给予勋章，5000方以上者给予翎卫处各职衔，1万方以上者晋给爵衔。对爵位过崇无衔可加及业给过最高级勋章者，给匾额或别项荣典。② 同时，北洋政府内务、农商、财政三部与蒙藏院联合制定了《禁止私放蒙荒通则》，其中规定：凡蒙旗出放荒地，无论公有私有，一律应由札萨克行文该管地方行政长官，报经中央审核，照例由政府出放，否则以私放论。凡私放荒地，除系台吉壮丁所为者，应送该管札萨克分别惩处外，其余应按情节轻重，分别给予降爵、罚俸、罚牲处理。从以上两个法令可以看出，北洋政府的放垦政策，与清末放垦目的基本相同，尤其是从行政处罚令更清楚地看出，政府以"保全王公土地"为名，变私放为官垦，把蒙旗土地所有权完全归北洋政府所有，掠夺荒价，是以增加政府的财政收入为主要目的的。

政府的奖励措施一出台，汉族官僚、地主、土地商人大批进入内蒙古地区，北洋政府将热河、察哈尔、绥远三地划为特别区，在每个区内部都成立了垦务局。东北军阀张作霖也进入东蒙古，设立垦务局，对愿意移入开垦的农民，将发给旅费、种子及家具；新垦土地将免赋3年。1925年，张作霖曾在天津组织移民局，招纳内地汉人迁往内蒙古东部垦荒；民间也组织过移民放垦，其中规模最大的一次是同年山东王鸿一主持的山东往河套的移民，而且这次移民数量有600—1000户。此外，1925年西北边防督办冯玉祥、1931年山西军阀阎锡山在张家口和绥远等地组织过军队的屯垦。至国民党统治时期，由于热河、察哈尔、绥远地区经长期开垦已进入大量的汉族人，此地区蒙古族在生产和生活方式上发生了变化，已与汉族地区无大差别，便将上述三地区升格为省。

民国的垦殖是清末垦殖的继续和深化，同时也深化着清末垦殖的影响。第一是在内蒙古牧区、半农半牧区和农业区的经济结构中，农业的比重在增强。土地垦殖数量在增加，粮食产量也在增加，至1934年，归绥、萨拉齐、包头、和林、清水河、武川、托克托7县，年产粮食约290.88万石，后套五原、临河两县及安北设治局年产粮食约33.75万石，合8607.45万斤，人均有粮1300余斤。1946年农业人口已占总人口的88.8%，除汉族农业人口外，农业区内转牧为农的蒙古族也越来越多。第二是经营方式的变化。清政府为尽快搜刮押荒银和岁租（即地价和地租），设立名目繁多的垦务公司，从而加速对土地的包揽和兼并。垦务公司实际是包揽地荒、民间取利的地商组织，至民国时仍然存在，有些公司是以资本主义方式经营的。北洋政府农林工商总长张謇在

---

① 况浩林：《中国近代少数民族经济史稿》，第148页，民族出版社，1992年。
② 《绥远通志稿》卷22，《垦务》，内蒙古人民出版社，2007年。

河套组织"西通垦殖公司",在多伦多组织"兴华垦殖公司";张家口的汉商集合蒙古王公设立"张家口垦牧公司";察哈尔陶林有5家垦殖公司,陶林的大有丰垦牧公司领垦土地1000顷,1924年曾向哈尔滨美国万国农具公司购农机5部,种植莜麦、小麦、大麦、粟、豆、马铃薯等出售。而陶林永大垦务公司领垦土地200顷,1925年招集资本1万元以上,雇用工人27人,种植菜子。第三是生产关系进一步变化。如果说,清末垦殖使内蒙古租佃关系和土地变相买卖关系迅速发展起来,使内蒙古农业区封建领主制经济转化为封建地主所有制的话,那么民国后,则发展为大土地所有制,即土地日益集中在大地主大官僚手中。他们依仗权势,随意用低价强购、"丈量"等手段,公开掠夺农民土地,强占牧场。1916年张作霖强迫达尔汉亲王旗开发了辽河南北沃土4000余方,张作霖及其岳母王老太太、鲍贵卿、冯麟阁等各分得千余方;1924年,吴俊升也强迫博王旗(即科左后旗)将斯卜海土地2000坰租借99年;伊克昭盟后套中部大地主王同春占良田万顷。在察哈尔,一人领数十顷至百顷者乃其常事,领数百顷或千顷者,亦复不少。① 在河套地区,新兴的地主和地商均占有数千顷至万顷之多。第四是在农业发展基础上商业与手工业的发展。如山东民间移民因准备不周经费不足,移民到河套五原、临河县后,才发现房子、土地、种子一无所有,又无资金开渠引黄灌溉,只好另谋生路,成为流民。这些流民中不少人是手工业者,他们走到那里,就把手工业传播到哪里,为农产品加工及为农产品服务的手工业有烧锅(酿酒)、油坊、豆腐坊、粉坊、酱醋坊、铁匠炉、木匠铺等,制毡、制革业也得到发展,成为独立的手工业部门。第五是对生产力的破坏作用在加剧。因为北洋军阀在垦政中以移民实边为名,以快快捞钱为实,有时不征得蒙旗同意,任意丈卖,漫行丈放,不择手段,甚至将不适合耕作的土地也开垦,"取游牧之地而垦之而蒙民怨矣,夺垦熟之地而卖之而汉民怨矣",不仅增加了农民的沉重负担,影响了支柱产业畜牧业的发展,破坏了生产力,影响了生态环境,也大大抵消了劳动人民的垦殖成果,引起了社会矛盾的激化和更大规模的抗垦斗争。直到抗日战争开始,民国政府在内蒙古的垦荒才被迫停下来。

第三节 各民族社团活动与教育的初步发展

一、回族的社团活动

回族是个热爱祖国、自强不息的民族。清朝后期的回民起义被清政府镇压之后,回族既饱受歧视又灾难深重;与此同时,中华民族也陷入内忧外患的危机。但回族并没因此丧失信心,而是不断努力,实现回族民族自救,又为中华民族寻找救国救民的出路。在这一过程中,回族凭借它那强烈的认同意识和富有凝聚力的文化传统开始从社团建设中找到了出路。民国时期,回族社团数量多、分布广,在近代少数民族社团中既具有一定的代表性,又成为回族独特的文化现象。

就像历史上回族吸收中国传统文化,建设有中国特色的伊斯兰文化一样,随着中国民族主义的爱国分子组织团体,开始推翻清政府的革命运动的兴起,回族本民族的资产

---

① 李文治:《中国近代农业史资料》第1辑,第194页,生活·读书·新知三联书店,1957年。

阶级知识分子也同样抱着热爱中国的情怀，建立社会团体，开始了革命救国的历程。当然，回族社团的建立也肩负着振兴回族的使命。

因为回族的社团多在民族危机中诞生，所以它具有强烈的时代责任感和救国救民的政治意识。马克思主义在中国传播后，回族成立了革命性的政治组织。1919年6月，天津回族知识分子张绍山、时子周等组织天津回教联合会，并加入天津各界联合会；"五四运动"期间，回族马云亭在济南发起成立济南救国十人团，后来发起济南回族救国会。1922年，马骏在哈尔滨组织"救国唤醒团"，这些社团都以积极支持参加救国运动为宗旨。"五四运动"后，回族各界中民族意识进一步增长，维护民族团结，争取民族自由平等的权利成为回族同胞的共同要求。1929年6月，杨新民、薛文波联络北京各大学、中学回族青年知识分子成立伊斯兰学友会，1933年改名为"中国回族青年会"，提出站在中国回族之立场上，致力于中国回族自由与解放运动，主张各民族平等团结，反对大汉族主义。"九一八事变"后，西安回族知名人士马德涵发起成立西安回民抗日救国会。1933年，在冯梦麟领导的回教公会支持下，成立了陕西回教抗日救国会，随后，东北流亡北京的回族青年在曹重三领导下成立了"东北青年学社"。各社团同时开展抗日救国斗争。抗战爆发后，回族的抗日社会团体更如雨后春笋，遍布于全国各地。回族以其强烈的时代责任感和政治意识，始终如一地站在爱国运动前列，与祖国共命运。

除了政治性社团外，回族还建立了其他多样性社团。民国时期，在回族文化性社团中影响最大的社团是"中国回教俱进会"。民国成立后，中国始有正式设立团体之自由，这给回族社团的发展以一定的生存空间。1912年7月，著名大阿訇王宽率先在北京成立第一个全国性回教组织——中国回教俱进会，以"兴教育、固团体、回汉亲睦"为宗旨，致力于回族教育与各项事业。此后，全国大部分省都成立支、分部，到1936年，支、分部已达200多个，1936年被北平市政府强令停止活动。各地方的主要回教社团还有：1911年，热心地方民族教育的马毓良主持的甘肃临夏宣讲所；1913年云南回族俱进会下设立振学社，翻译经典，致力于云南回族教育；同年马邻翼在兰州组织回教劝学所；1917年张明德、赵振武、孙绳武、陈文举等在北平成立清真学社，提倡学术研究；1919年李仁山、蒴质辅在湖南常德建立的回族教育辅助会，成立常德伊斯兰教师范学校；1922年在青海西宁成立了以马麒、马骏分任正副会长的宁海回教教育促进会；1925年，哈成德、沙善余等在上海发起成立上海中国回教学会，提倡回民教育，研究伊斯兰教，开展中外伊斯兰教文化交流；1928年，马福祥等与南京各界回族人士建立了中国回教公会；1931年年底马福祥筹建，1933年正式建立的中国回民教育促进会，以促进回民教育之普及与健全为宗旨；1931年沈阳回族青年成立东北伊斯兰学友会；同年北京西北公学的学生闵毓华、冯万才等发起牛街回族青年学术团体——励进学会；1934年马天英在上海组织中国回教文化协会，发行出版学术刊物和书籍，沟通与伊斯兰各国的文化交流；西北回民聚居的社团有1935年年初在乌鲁木齐成立的新疆回族文化促进会，并成立伊宁、塔城、玛纳斯、额敏、吐鲁番、哈密、鄯善分会，开展新疆回民文化教育事业，抗战期间，还开展宣传抗战和支援抗战的活动。

与这些文化团体相联系的是它们出版的刊物和书籍。从民国初期《醒进报》、《清真月报》算起到"九一八"之前,共创办刊物 45 种,而整个民国期间则多达 131 种。[①]虽然这些刊物存在的时间有长有短,但数量与兄弟民族相比非常突出。其中影响最大、历时最长的当首推 1929 年 11 月由马福祥、马振武、唐柯三等人在北平创办的《月华》,该报以"启发西北回民知识"为宗旨,内容十分丰富,曾设史乘、经典、回民教育、教务、文艺、国内回民概况等栏目,并远销国外十几个国家。1926 年中国回教学会在上海创办的《中国回教学会月刊》是"最严肃最充实"的刊物,为中国回教教徒交换知识、互通声气起到了良好的媒介作用。此外,1922 年中国回教俱进会滇支部沙平安等创办的《清真旬刊》、《清真铎报》,1929 年王静斋在天津创办的《伊报》月报,1934 年在北平创刊的《成师月报》,1935 年由穆建业等在南京创编的《突崛》等都是重要的刊物。《突崛》以"唤醒中国回民,阐扬回教教育,倡导回教青年,联络回教民族"为办刊宗旨。这些刊物在发扬伊斯兰优良文化,研究回族切身问题,关切挽救民族危亡等方面起到了良好的作用。

作为全民信教的民族,回族社团不仅具有浓厚的宗教色彩,而且有些社团本身就是宗教性的。这些社团活动场所多在回民传统的政治、经济、文化中心的清真寺,社团的成员构成多为穆斯林群众,有些社团甚至规定全国回教人员皆为会员;其社团名称及其所办刊物名称多冠以明显的"回教"、"伊斯兰"或宗教特色鲜明的字样,其社团活动的内容和社团宗旨为弘扬伊斯兰文化,处理宗教事务,护民护教,倡导宗教改革,要求深入研究伊斯兰教教义,扩大伊斯兰教宣传,增强回民宗教意识,废除阿訇世袭制,改革经堂教育,增建清真寺等。1912 年 5 月,南京成立了回教联合会,金鼎为会长,宗旨为"团结回族,维持宗教,联络声气",以后陆续在全国各省、县设立支部 40 余处;1918 年又成立南京市清真董事会,马树廷为会长,该会力主宗教改革,倡导废除阿訇世袭制,扶持回民教育事业;同年,香港成立了香港中华回教博爱社,致力于宗教事务、文化教育和福利事业;北伐战争后,北平成立了"从事中国境内民族广义的团结"的"中华回民公会"组织,华北产生了以"精诚团结,维护本教荣誉"为宗旨的反对1932 年《南华文艺》和上海北新书局"侮教案"的组织——华北回民救护团。这两个组织在反对国民党民族压迫的护教斗争中冲锋在前,取得胜利。

此外,素来团结互助的回民还组织了社会公益性社团。民国初年,广州南胜清真寺创办了"回族济丧会",开展敬老爱老,回族老人互济互助,帮助丧葬活动,并设立安老所、寡妇房等机构。1929 年,陕西大旱,西安回教公会的冯瑞生会长奔走呼号,成立陕西回教救灾会,不分回汉,救济灾民。1914 年,由回族实业家陈经畬、蒋星阶等筹款设立"金陵北城送诊所",即临时送诊施药,1930 年改为常诊,为回民义务治疗疾病。1930 年,在安徽寿县,由教长刘俊岑倡议,续办了光绪年间曾开办过的庇寒所;在定远成立过板布会,当地回民 90% 以上是小商贩,生活贫困,遇有丧事,往往无力安葬,板布会组织捐款购买木板、白布 4 套,存于清真寺内供急需之用,传承着穆斯林的葬礼和文化风俗。

民国时期的回族社团是包括回族在内的中华民族面临生死存亡的威胁和国民党对回

[①] 邱树森主编:《中国回族史》,第 958—966 页表格资料统计,宁夏人民出版社,1997 年。

族民族压迫政策的产物。它的创立、发展及演变对中国社会历史进程和回族自身的历史发展都产生了深远的影响。

第一，社团唤起了回族的民族觉醒，为近代以来的民族解放运动和新民主主义革命的发展注入了活力。自清政府镇压回民起义后，回族的发展堕入低谷，"死气奄奄，毫无朝气"。其崇拜真主与崇拜君主的"二元忠诚"观念受到冲击，淡漠国事。而在中华民族危机和回族自身危机面前产生的社团，唤起了回族的觉醒，回族本民族自身命运与祖国命运的紧密联系使回族的仁人志士超出了狭隘的圈子，以改变中华民族命运为改变自身命运的先机。于是回族社会经历了一个发扬本民族优良传统，提倡新式教育，寻找民族自强出路，并投身于中华民族解放运动，探索国家前途的过程。热爱祖国与热爱本民族，中华民族解放与回族民族解放的追求同步进行，并熔为一炉，表现了回族积极进取的自觉性和清末以来前所未有的一种朝气和活力，并在"五四运动"、反对军阀的统治、抗日救亡甚至解放战争中回族社团都发挥了重要的作用，回族自身也完成了从长期受剥削压迫到自强解放的转变。

第二，增强了民族意识和民族凝聚力，维护了回族的合法权益。民国以来，北洋政府和国民党政府采取"以回治回"的政策，以回族是"宗教信仰不同的国民"为名，不承认回族的客观存在，并对回族实行政治上的歧视和镇压，利用宗教上层，挑起教派斗争，使之自相残杀。在这种政策下，各地侮辱回民、侮辱伊斯兰教的事件时有发生。而回族社团那鲜明的以"回民"、"回疆"命名的社团名称本身就是对压迫政策的一种反抗，护教团等组织在争取和保护回教权益方面都做了一些工作。同时通过宗教改革，使之适应时代的要求而维护了宗教信仰权利。而在回教内部，也通过扶贫济困，弘扬互助互济的优良传统，不仅解决了回族同胞的一些实际困难，也增强了回族的凝聚力。

第三，促进了回族文化教育事业的发展和中外伊斯兰文化的交流。近代以来，中国思想文化界所展现的是一种中西交汇、多元并存、广采博取的局面。回族社团所倡导的"回教文化运动"和"倡新运动"在很大程度上启发了广大回族的文化观念，增强了其文化意识。回族宗教知识界认为"愚贫是我回胞的两个通病，必须从治'愚'着手，以发展教育来解决回族之'愚'"。回族教育不振乃经常教育所至，从而开始酝酿教育改革。1925年，马松亭、穆华亭、唐柯三等人在济南创办"达成师范学校"，开启中国近代回民教育的新篇章；而中国回教救国协会安徽分会至1942年就已创办伊斯兰小学45所，有的社团还创办了幼稚园、女子学校、回民中学、师范学校；马福祥一生更是积极倡导，身体力行，并在甘宁青地区捐资、创办了70多所回民学校，算学、修身、地理、历史、国文、经学、英语、理科、体操、手工、图表、乐歌等学科引入了回民学校课堂，为回族教育开辟了新局面，提高了整个民族的文化素质。

二、其他各族的社团活动及文化教育的初步发展

民国以后，全国许多民族都纷纷建立了社团，其中朝鲜族社团不仅数量多，群众参与广泛，而且社团性质也是多样的。

1910年前后，日本在侵略和吞并朝鲜半岛的同时，也侵入中国延边地区，妄图把延边变成侵略中国东北的基地，把包括中国朝鲜族在内的所有朝鲜民族同化为大和民族的一个支族，这从客观上使中国朝鲜族和朝鲜人民的反日民族解放斗争一体化。许多不

堪日本殖民统治的朝鲜志士和一些共产主义者亡命到中国东北，把朝鲜族聚居地区作为朝鲜民族解放运动的基地，为此朝鲜组织了社团。同时我国的朝鲜族在定居、扎根后，作为中华民族的一员，其反帝斗争也有把日本帝国主义赶出中国东北，为解放自己的家乡——东北而斗争的含义，这使朝鲜族的反日运动肩负着既为朝鲜民族独立解放，又为中华民族独立解放而斗争的使命。朝鲜族建立的社团也正反映了其一身兼两任的历史使命。

朝鲜族早期的社团组织有1910年3月中国朝鲜族李同春、朴赞翊等人在延边建立的"垦民教育会"。这一社团的建立分别受朝鲜国内近代启蒙运动和清末新政期间清政府在东北和延边地区建立的近代学校的影响，这些极大地刺激了延边朝鲜族的兴学思想；加之日本侵入延边后为控制朝鲜，逼迫清政府与之签订《间岛协约》，围绕着朝鲜族问题，使中国与日本、朝鲜族与日本之间的矛盾日趋激化。朝鲜族想依靠中国政府摆脱日本帝国主义的统治，把延边建设成民族独立运动的基地。有觉悟的反日志士为推动朝鲜族反日启蒙运动，培养反日人才，在中国政府的认可下建立了垦民教育会。这一社团致力于朝鲜人民的教育事业，先后创办了各类学堂，培养师资，如正养学堂、吉东师范学校等。在面向大众进行启蒙教育的同时，灌输反日民族独立思想。该社团还创办《月报》、《大成团体》等刊物。垦民教育会在致力于发展朝鲜族反日民族教育的同时，与中国地方当局配合，争取和维护朝鲜人的合法权益，使中国地方政府保护入籍朝鲜人，并劝导一般朝鲜人归化入籍。这一时期，朝鲜人的民族教育得到迅速发展，至1914年，延边朝鲜人学校就有48所，学生达1160名。① 据1916年12月统计，延边4个县与密山、东宁等地有161所学校，学生多达4094名。南满的鸭绿江北岸和兴京、柳河等9个县也有76所学校，2177名学生。② 1913年2月，垦民教育会发展为垦民会，总会设在局子街，在龙井、汪清、和龙等地设立了分会。垦民会的性质正如中国地方政府理解的那样：以团结垦民团体，发达垦民教育，愿协助民国以冀得入民国国民为归宿。垦民会政治上倾向中国，想利用民国政府新公布的中国国籍法加入中国籍，以反对日本，在思想上崇尚民族维新，反对保守和复古，试图积极参与有关朝鲜人的地方行政事务，其目的在于从地方当局那里"分享"管理朝鲜人内部事务的权利，即自治权。虽然垦民会最终没能成为自治团体，但它为启发朝鲜族的反日意识，推动和发展民族教育，使朝鲜人社会走向健康发展道路打下了一定基础。

1919年，朝鲜人建立了"间岛大韩国民会"，它继承了垦民教育会、垦民会的反日精神和反日事业，动员组织延边的朝鲜民族，引导他们参加反日斗争，无论从其组织规模、活动的广泛性、稳固的群众基础等任何方面来看，都比延边其他反日团体更优越。从组织规模上，国民会以各地原有的组织为基础，建立国民会地方支会，扩大国民会组织。当时的基督教徒、天道会、孔教会、佛教会，以及一般民众纷纷加入各地支会；同时，在围绕着反日武装斗争的全局问题，国民会在承认其他团体以民众团体形式继续存在前提下，努力联合其他反日团体，起到了统一朝鲜各社团的作用。从国民会的活动内

---

① 姜德相等：《现代史资料》27，《朝鲜三》，第170页，三铃书房，1982年。
② 朴昌昱：《中国朝鲜族历史研究》，第63页，延边大学出版社，1995年。

容来看，第一派干部到各地组织并领导群众，以游行和集会方式，开展反日民族独立的斗争；第二贯彻武装斗争的方针，组织募集军资、购买武器、组织敢死队、组编国民会军；第三改善与中国地方政府之间的关系，争取朝鲜族的合法权利，进而达到中韩民族共同抵抗日本帝国主义的目的。除此之外，在1919年"三·一运动"后，延边和东边道成立了许多反日武装团体，准备对日作战。其中以范洪图为首的延边各个武装团体，在打击日本帝国主义的作战中成绩突出。

朝鲜族社团的性质从教育性、革命性、武装社团开始向组建政党发展。1928年，南满由旧民主主义者领导的社团逐步联合起来，成立朝鲜革命党；北满的反日社团联合起来，成立韩国独立党。1920年以后，由于马克思主义的传播，早期的共产主义者在东北组建了朝鲜共产党，并建立了众多革命团体。1930年朝鲜共产主义者与先进分子在"一党一团"的原则下，加入中国共产党。从此朝鲜先进分子所举的"为朝鲜独立和革命而斗争"的旗帜换成了"为中国革命的胜利而斗争"的旗帜。朝鲜族终于认清了不团结几亿中国人民争取中国革命的胜利，就不可能有朝鲜族的解放。从此在既为中国革命而斗争，又为朝鲜革命而斗争的双重使命中，朝鲜族社团的斗争更加英勇而自觉。

20世纪20年代，受到民国先进社会文化和政治思想影响的蒙古族知识分子和政界人士也纷纷创建书社，发行报刊，结成文化团体，弘扬宣传民族文化，启发和提高民智，传播时事，以求振兴蒙古民族。1924年，近代蒙古族著名文人特睦格图（汪睿昌）在北京创办了蒙文书社，该社主要从事编纂、翻译、印刷和销售教科书、文史古籍书，并承印蒙、藏、汉、英、法等多种文字的书刊。1926年，著名文人克兴额等在沈阳创办了东蒙书局，编撰出版了蒙文小学教科书和古籍等10余种。1928年，在克兴额、郭道甫（达斡尔族）等人的倡导下，得到部分上层支持，蒙古族知识界在沈阳成立了蒙古文化促进会。该会的宗旨是"促进文化，兴办教育，摆脱愚昧无知的状态"。除了促进蒙古文化教育事业的宗旨外，该会还计划搜集民族古籍等各种文化遗产，调查搜集民族风习和民间文学作品，筹办蒙古文化图书馆和文化俱乐部，编印教科书、创办刊物等等。"蒙古文化促进会"对1928年成立东北蒙旗师范学校起到了一定的推动作用。1931年，在青海当局的支持下，蒙藏上层人士在西宁成立了青海蒙藏文化促进会。该会以"唤醒蒙藏同胞，普及蒙藏教育，维系蒙藏生存"为宗旨，陆续开办了一些民族中小学和民族文化训练班。① 这些社团为推进蒙古民族的文化教育事业，为蒙古历史文化和现代科学知识的普及与传播作出了重大贡献。

达斡尔族作为与蒙古族语言文化接近的民族，除了郭道甫与蒙古族知名人士共同创办了"蒙古文化促进会"外，达斡尔族其他社会名流和知名人士也为民族的前途不辞辛苦，热心教育事业。1933年，由巴金保倡议，德古来、志达图、德树元等人在扎兰屯市组建了"东省蒙旗协进会"，该会的宗旨是为培养民族学生资助、募捐学费。该会对当时的沈阳兴安师范学校、齐齐哈尔蒙师范学校（现齐齐哈尔市民族中学的前身）和赴日留学生及私费生资助了部分学杂费。达斡尔族的文化社团通过推进民族教育，使

---

① 《蒙古族通史》编写组：《蒙古族通史》下卷，第487页，民族出版社，2001年。

达斡尔族学生开阔了自己的视野,从而认识到本民族的不足,注重引进、吸收其他民族的先进文化,使达斡尔族的文化水平得到了快速发展。

民国初年,现代教育开始在藏族地区出现,在"五四"新文化思想的影响下,藏族地区新教育思想也开始活跃,一些开明的土司头人和宗教上层开始兴办教育,并出现了文化教育社团。1926年,在甘肃省政府和藏族上层的努力下,成立了拉卜楞藏民文化促进会,推动了拉卜楞藏族地区第一所现代学校——拉卜楞藏民小学的建立。从此现代教学体系、现代教育课程、现代思想和文化开始向这一地区传播。1931年,青海省政府与蒙藏上层建立"蒙藏文化促进会"后,一些开明高僧也致力于推进民族文化教育事业。大通广惠寺活佛敏珠尔有感于内地文化的进步和科技的发展和藏族地区文化的落后,极力倡导发展蒙藏教育,并于1932年捐资创办广惠寺藏民小学,并资助当年的80余名学生。甘肃省政协副主席、藏族人黄正清于1936年创办"藏民文化促进会",创建藏民小学。在抗战前夕,除西藏外,其他藏族地区的初等教育都有很大发展,中学教育、师范教育、职业教育都有一定的发展。传统单一的封建教育结构,渐渐向多元化复杂教育结构发展。

新疆各族虽然因杨增新的愚民政策而使教育的发展受到遏制,但1917年杨增新为笼络蒙古族、哈萨克族头人在惠远小学设立的蒙古、哈萨克学生班却对哈萨克等族的教育起了积极的作用。在盛世才统治时期,强调新疆民族教育的发展,1936年新疆成立"哈萨克柯尔克孜文化促进会",惠远小学哈萨克班毕业的阿宝担任第一届会长。"哈萨克柯尔克孜文化促进会"创办了大量学校。据统计,1937年,哈萨克柯尔克孜文化会所办的学校有275所,在校生14322人,民族语文、算术、社会、地理、自然、政府政策、经文、汉语等适合民族特点和现代要求的课程开始出现。而在1933年前,哈萨克族只有一些陈旧的经文学校和私人学校,课程大多为宗教内容。

民国时期,各民族社团的出现和发展与民国科学文化思潮及民主理念密切相关,社团组织既得到了民国中央政府和地方政府的支持,也说明了民国时期中国各民族正在逐步觉醒和走向进步。各民族社团主要以文化社团为主,表明了民国时期科学与民主思潮的强大生命力,同时也表明了各民族文化教育事业正走向起步阶段。

第五编 抗日战争时期（1931—1945）

第一章 日本军国主义的全面侵华战争与分裂中华民族的罪恶活动

第一节 中华民族空前的民族危机与国内民族关系的变化

一、从"九一八"到"八一三"

"满蒙问题"是日本"欲征服支那，必先征服满蒙；如欲征服世界，必先征服支那"的"大陆政策"的核心问题，《田中奏折》中写道："所谓满蒙者，乃奉天、吉林、黑龙江及内外蒙古是也，广袤七万四千方里，人口二千八百万人。较我日本帝国国土（朝鲜及台湾除外）大逾三倍。其人口只有我国三分之一。不唯地广人稀令人羡慕，农矿、森林等物之丰富，世之无其匹敌……我对满蒙权利如何可真实地到我手，则以满蒙为根据，以贸易之假面具风靡支那四百余州；再则以满蒙之权利为司令塔，而攫取全支那之利源。以支那之富源而作征服印度及南洋各岛以及中小亚细亚欧罗巴之用，我大和民族之欲步武于亚细亚大陆者，握执满蒙权利乃其第一大关键也。"① 日本对我国东北权利的贪欲与征服的急迫跃然纸上。在日本确立了"满蒙是日本的生命线"的地位和以武力解决"满蒙问题"的方针后，中华民族的安全已黑云压顶，由此而引起的中国与日本之间的民族矛盾已不可避免。

为使对"满蒙问题"的解决更为有效，日本极力利用和挑拨中国国内的民族矛盾。在中国东北民族关系中，汉、满、蒙古、朝鲜、达斡尔、鄂伦春、鄂温克、赫哲、锡伯等民族尽管有各自的历史、文化和经济生产方式，但经过有清一代的民族交往、迁徙与融合，通过民国建立后民国政府对各民族尤其对满、蒙古民族上层实行的笼络政策、国民教育政策和由此产生的各民族文化、经济的互动，东北各民族已经形成了比较强烈的中华向心力。所存在的问题是：在满族从高贵民族向普通民族转化，与汉族融合的过程

---

① 《时事月报》第1卷第2期，南京，1929年12月。

中仍有一定的民族歧视存在，失去政权的清宗室存在复辟势力；民国政府和东北地方政府对蒙古地区的土地放垦和对蒙古民族同化政策、"分而治之"统治政策使蒙古人民发起反封建压迫斗争，部分蒙古上层王公也出现了分裂倾向；对于中国的朝鲜族或因日本移民 1910 年吞并朝鲜后大量进入东北的朝鲜移民，民国政府曾强迫其"归化入籍"，由此引起了朝鲜族的不满。而东北 80% 的未"归化入籍"的朝鲜移民由于在土地租佃上得不到中国法律的保护，而不得不与"归化者"合伙租佃，因此导致其与汉族地主、农民之间的土地所有关系复杂，朝汉之间产生一定的矛盾，许多朝鲜移民生计难筹。日本对中国东北的侵略便从这些民族问题入手，制造风波与纠纷，并推波助澜，以备动武。他们首先制造了挑拨朝鲜族与汉族关系的水利纠纷——"万宝山事件"。

万宝山位于长春以北 30 公里的长春县境内（今属吉林省德惠市），既不是"满铁"附属地，也不属于 1909 年签订的不平等条约《中日图们江界约》① 所定的特区。1931 年 4 月，"长农稻田公司"经理，与日本人往来密切的汉族人郝永德将非法在万宝山附近租得的土地 400 余垧擅自转租给韩侨李升熏等准备种稻。朝鲜农民想要引伊通河水灌溉，由于在挖引水渠时会使中国农民的良田受水害而遭到中国农民反对，从而引起了中国农民与朝鲜农民之间的纠纷。日本驻长春领事引来大批非中国籍的朝鲜人加紧挖渠，扩大矛盾，并增派 50 名警察镇压中国民众，终于激化中朝农民的矛盾，引起冲突。日本警察公然开枪，"保护"朝鲜农民，将中国农民多人打伤或逮捕，使沟坝强行修成并通水。日本进一步欺骗舆论，煽动仇华，在朝鲜国内发生了大批杀害华侨的流血惨案，暴力排华风潮使 4500 多受难同胞返回国内。日本帝国主义得寸进尺，7 月 14 日，日本领事奉政府之命向中方提出赔偿朝鲜人损失、赔偿朝鲜人当年生活费、任这批朝鲜人自由居住等无理要求，竭力推行民族离间政策，扩大事态，妄图以"保护韩侨"为借口，出兵东北，步步进逼。日本人还蛮横地叫嚣："我国在满蒙地方，享有同国民生存关系紧密的利益，为了保卫我国之生存权，必须不惜任何牺牲，毅然奋起。"② "万宝山事件"成为日本武装侵入东北的一个借口。8 月 3 日，日本陆军传达了在满洲作战计划，公开了武力解决"满蒙问题"的决定。9 月，日本人开始造谣"满蒙并非中国的领土，满洲作为清朝始祖即爱新觉罗氏的发祥地，是满洲的领土"。日本陆军飞行团空投了题目为《醒来吧，国防！》的传单，极力煽动军国主义狂热。日军参谋部中国组组长影佐昭祯妄称："作为东洋盟主的日本，为了惩治中国之恶行进而打击，是理所当然的！"③ 在一切舆论和战争具体准备完成之后，9 月 18 日，关东军终于制造了震惊中外的"九一八"事变。一直密布在中国人头顶上的黑云瞬间掀起了中日民族矛盾的暴风骤雨。

中华民族危机没有一下子使蒋介石改变对社会主要矛盾的判断并及时制定适应矛盾转化的政策。因为如前所述，中国不仅在民族关系方面存在一些问题，国民党政权内部军阀派系、地方势力还很严重，中国共产党更是蒋介石的心腹大患。所以在日军制造

---

① 条约规定划图们江以北的吉林省延吉、汪清、和龙、珲春 4 县为特区，允许朝鲜人垦殖。

② [日] 今井清一：《太平洋战争史》，第 260 页，转引自中国人民解放军军事科学院：《中国抗日战争史》上册，第 72 页，解放军出版社，1991 年。

③ [日] 小林龙夫：《走向太平洋战争之路》1，第 412 页，朝日新闻社，1963 年。

"万宝山事件"并蓄意挑衅时,蒋介石在 7 月 23 日发表的《告全国同胞书》中说:"唯攘外应先安内,去腐乃能防蠹……故不先消灭'共匪',则不能御侮。不先削平'粤匪',完成国家之统一,则不能攘外。"①"九一八"事变发生后,他告诫张学良:无论日军如何挑衅,我方须万万容忍,不可与之反抗,致酿事端。"九一八"事变发生时,蒋介石电令东北军:"力避冲突,以免事件扩大。"新军阀混战和"剿共"战争不仅已东北国防空虚,留在东北的东北军也没有做好准备,事变来临时束手无策,"士兵各持枪弹,怒眦欲裂,狂呼若雷,群情一战,甚有抱枪痛哭者,挥拳击壁者"。② 19 日晨,日军占领沈阳,关东军司令部随之迁来,日本驻沈阳特务机关长土肥原贤二亲任沈阳市"市长",日本国旗升起在沈阳市上空。随后,日军又攻占长春、营口、鞍山、抚顺、安东等 20 余座城市。至 1932 年 2 月,东三省全部沦陷。

"九一八"事变和日本侵略东北的整个过程中,中华各民族都遭到了极大的灾难。日本侵略军到处烧杀,无恶不作。他们从中国银行抢去白银 4000 万两,掠去东三省航空处积存的 300 架飞机,将唯一的金库所存现金 7000 万元洗劫一空,至 1932 年年底有 23662 名东北人被屠杀。

在对东北的殖民统治方式上,日本仍然利用民族矛盾,制造民族分裂,"以华制华",利用清朝复辟势力和清朝的末代皇帝溥仪建立一个脱离中国而由日本控制的"独立"国家。对于内蒙古地区和蒙古族人更是居心叵测,他们想把内蒙古变为扩大侵略中苏的特殊地带,利用民族性格强悍的蒙古民族军作为军事别动队,所以他们找到了早年在"满蒙独立"叛乱中毙命的蒙匪头子巴布扎布的两个儿子甘珠尔扎布、正珠尔扎布,以关东军为靠山,拼凑一支名为"内蒙独立军"的伪蒙军,作为日本侵略者在东北的帮凶,并进行武装叛乱活动。在建立地方伪政权方面,省一级伪政权由日本官吏控制下的伪政权实行高度的中央集权控制,并渐渐解除熙洽、臧式毅这样的汉奸及地方实力派的职务;在县、旗级地方机构方面,日本在统治力量有限、鞭长莫及时曾提出所谓的"县自治","县长未经中央正式任命","职员亦多县长任意采用"。但"遇有重要或疑难问题",伪县长不能单独处理,必须与日本参事官共同"裁夺",机要事项专由参事官办理,伪县长不得与闻其事。③

日本帝国主义侵占东北、制造伪满洲国傀儡政权,既从军事、政治、经济、文化等方面使东北彻底殖民地化,又使东北成为扩大侵华和称霸亚洲的基地。这两个方面是双管齐下,齐头并进的。1933 年 1 月,日军进犯山海关,大肆屠杀中国军民。2 月,日军硬说热河也是"满洲国"国土,长城是"满洲国"国界,纠合 10 万日伪军向热河进攻。关东军司令官还同时发表声明:只要中国方面进行抵抗,就"不得不将战祸波及到华北",这不啻为对中国的宣战书。日军占领承德后,进攻热河的关东军各部立即全线展开对长城各关口的进攻。在不抵抗政策影响下,热河各县城相继失陷。日军的侵略矛头已经伸向华北,中华民族的危机越发严重,"不抵抗政策"也走向末路,民国政府

---

① 《蒋总统秘录》第 7 册,第 185 页,(台北)中央日报社译印,1976 年。
② 《九一八事变真相》,载秦孝仪主编:《革命文献》第 34 辑,第 822 页,(台北)中央文物供应社,1978 年。
③ 参见解学诗:《伪满洲国史新编》,第 226 页,人民出版社,1995 年。

不得不提出"一面抵抗,一面交涉"的口号。所以当关东军更加疯狂地向具有战略意义的长城各口进攻时,在长城沿线上,既有中国军队的顽强抵抗,又有中国军队组织者何应钦为"交涉"的需要而下令撤退,至使日军攻占冀东22个县,平津危急。国民党当局与日本关东军代表、关东军参谋副长冈村宁次签订《塘沽协定》,事实上承认了日军占领东三省和热河为"合法",并承认长城一线为伪"满洲国"国界,我国主权进一步丧失。1935年,日军又通过制造"华北事变",侵占了冀省和察省,引发了中国人民的极大义愤和空前高涨的抗日爱国运动。日本为把国民党和国民政府全部排出华北,阴谋实行"以华治华"政策,策划河北、山东、山西、察哈尔、绥远"华北五省自治",既利用国民政府对蒙问题实行分而治之而导致的蒙人的不满来挑拨中国内部,又引诱反蒋旧军阀和地方实力派如孙传芳、吴佩孚、阎锡山等组织亲日的伪政权,但结果均未奏效。于是日本唆使几个汉奸拼凑"冀东防共政务委员会"并引诱宋哲元组织"冀察政务委员会"。但宋哲元并不是"亲日化"和傀儡化的人物,"华北五省自治"更是日本的一厢情愿。日军在侵略、割取华北的同时,在内蒙古西部地区也采取同样的利用民族矛盾的分化政策。1935年冬,日本利用蒙古狂热的民族分裂主义者、一直从事"蒙古高度自治"运动的德王,策划在内蒙古西部先搞起个"独立局面",继而成立"大蒙古国",并由关东军组织伪"蒙古军司令部",向绥西进犯。尽管伪蒙军的西犯遭到失败,但关东军组织伪蒙军西犯具有象征意义,它表明日本侵略者正在悄悄地从阴谋"自治"转向以武力侵略华北,而民族矛盾的空前激化不仅使冀察政务委员会非但没有亲日化,反而"对日态度日趋强硬",国民党地方实力派也向抵抗日本方向转化。张学良、杨虎城发动的"西安事变"和事变的和平解决,标志着民族矛盾的转化开始从国民政府的政策上表现出来。

为了使华北成为巩固的"防共、亲日满地带",1937年日本加快了侵略中国华北的步伐。4月,其外务、大藏、陆军、海军四大臣制定了《对中国实施的策略》和《指导华北的方针》,随即分别将天津驻屯军、冀东政务委员会的伪保安队、德王等的伪蒙军部署在北平的北、东北、西北方向,形成对北平的三面包围。在做好进一步扩大侵略战争的各种准备之后,日本侵略者于7月7日晚上制造了"卢沟桥事变",20多天后占领了平津。接着,日军按侵华的既定方针,分3路从平绥、平汉、津浦路向西向南进犯;8月13日,又以上海租界为据点,突然进攻上海闸北,制造"八一三事变",国民党统治的南北重心都遭受到日本帝国主义的严重侵略,国民政府的"一面抵抗,一面交涉"的方针也走到死胡同。8月14日,国民政府发表《对日自卫声明书》:"中国为日本无止境之侵略所逼迫,兹不得不实行自卫","地无分南北,人无分老幼,皆有抗日之天职"。民族矛盾的空前深化终于使国民政府将重心转向对日抵抗,从政策上完成了社会主要矛盾的转化,使中华民族的内部矛盾一时处于从属地位,形成全民族共同抗日的新局面。

二、国内民族关系的变化

民国以后,在五族共和的旗帜下,中国各民族关系的总体趋势是和谐互动,共同进步,当然也存在着一定的民族矛盾。如在满汉之间,存在着某种程度的汉族人对满族人的歧视,一部分满族贵族的民族意识与皇权意识紧密结合,时刻准备复辟帝制;蒙古族人民的抗垦斗争不断涌现，部分上层王公推动的要求蒙古高度自治运动开始掀起高潮；汉族和朝鲜族之间，在万宝山事件后，部分朝鲜族与部分汉族之间存在矛盾，民国政府的"归化入籍"政策，引起朝鲜族人民的不满。日本帝国主义在侵略中国过程中不断利用和挑拨中国国内民族矛盾，欲把中国国内民族关系从团结和谐的大趋势下引向民族关系的恶化与民族分裂，直至分裂疆土。但日本帝国主义对中华民族主权无止境的侵略给整个中华民族造成了深重灾难，所以，其实行殖民侵略和殖民统治时对中华民族的分裂政策反而激起了中华民族的觉醒，中国各族人民利益与命运的一致性使其一体性认同不断加强，并自觉地团结起来，共同抗击日本帝国主义的侵略，由此可见，中国国内民族关系的深刻变化与日本帝国主义的主观意愿完全相反。

日本帝国主义破坏中国国内民族关系的行径包括把满、蒙与国民政府、与汉族之间的局部矛盾无限夸大，并挑拨说"满洲是满族人的满洲"，"蒙古是蒙古人的蒙古"。因此，先利用满族复辟势力建立了"满洲国"，继之引诱积极主张蒙古高度自治的德王建立"大蒙古国"。为此，日本在"满洲国"内让溥仪当上了"皇帝"，让一些满族的复辟派郑孝胥、熙洽等都当上了"满洲国"的"政要"。在"蒙古军政府"内，日本极力笼络蒙古王公，维护内蒙古的原有体制，给蒙古王公充分的"自主权"，利用蒙古王公贵族对蒙古进行统治。但日本建立伪满洲国和伪蒙古军政府毕竟是为了实现其侵略目的，控制日本的"生命线"，并把满蒙变成征服中国的大基地；同时，利用性格剽悍的蒙古族，"使战马奔向帕米尔"。所以，伪满洲国政府完全由日本帝国主义控制和操纵。从日本人对伪满洲国的控制程度来看，据1935年统计，伪满中央机关的日本官吏已达3000多人，加上所谓"准官吏"总数超过6000人，日本官吏比例已超过50%，有的机关例如伪满道局竟达90%。① 至于一心做皇帝梦并想要复辟大清朝的溥仪，更是"出巡、接见宾客、训示臣民、举杯祝酒、点头微笑、见什么人、说什么话、出席什么会议都必须听日本人吩咐"的傀儡。② 日本侵略者在伪满洲国内的蒙古族中实行的"特殊行政"也不是真正的民族自治，因为蒙政实权操纵在日本次长、参与官和参事官手中。至于扶植德王建立的"蒙古军政府"，日本更把它作为"满洲国"的延长，既用伪满来影响伪蒙集团，又让以村谷彦治郎为首的顾问部掌握军政府的实权。当德王到伪满新京见到溥仪"皇帝"时，向溥仪发牢骚自己"样样不能做主"，两个"同病相怜"的人只能"互相安慰"。③

汉族与朝鲜族关系曾因万宝山事件一度恶化，民国地方政府强迫朝鲜人"归化入籍"也曾引起朝鲜人的反感。日本不仅把自己打扮成朝鲜人民的保护者，且自1910年日本吞并朝鲜后，为拉拢朝鲜人，称朝鲜人是"本质上"的"日本人"，把伪满洲国的朝鲜族人也当做"日本人"，当然仍与日本人相区别，称其为"半岛人"。实际上，无论在政治上还是在经济上，朝鲜人与日本人都不能相提并论。"本质上"的"日本人"

---

① 关东军参谋部第三课：《满洲国人事行政指导方针要纲》，1935年5月。[日]《现代史资料》11《续满洲事变》，第923页，美铃书房，1986年。
② 爱新觉罗·溥仪：《我的前半生》，第354页，群众出版社，1964年。
③ 爱新觉罗·溥仪：《我的前半生》，第348页，群众出版社，1964年。

主要指朝鲜族的上层而言。朝鲜族向来是反帝意识很强的民族，日本侵略者为政治上巩固统治，极力扶植朝鲜族上层为"核心的指导阶级"。日本侵略者对朝鲜族实行的政策是既榨取又利用的两面政策。对伪满洲国的朝鲜族，日本从解决困扰朝鲜族人民的土地关系入手，通过掠夺汉族土地，把土地贷款给朝鲜族，使之取得土地所有权，利用朝鲜族善种水稻的特点，在朝鲜族农民中扶植起比较富裕的中农阶层，作为其殖民统治的社会基础和经济基础。可见，日本"扶植"朝鲜族农民的目的毕竟是为了榨取，所以朝鲜族农民遭到日本殖民会社的残酷剥削，结果反而加剧了朝鲜族与日本帝国主义的矛盾。

为适应全面侵华的需要，日本开始把从中华民族中分离出来的从属国"满洲国"与日本之间的关系发展为所谓的"日满不可分"关系，就是"一体化"关系，要求伪满洲国同日本一道并入战时化体制，同时在内蒙古地区也推行"一体化"运动。"日满一心一德"口号让位于"日满一如"，即日满一体化。所谓"日满一如"，满洲国通讯社的解释直言不讳："名目上有国家之别，实质上是一个国家。"日本把彻底兼并满洲的过程公开化了。日本对伪满洲国中央机关进行大改组，满族亲日派权力被削夺，变为日本人高度的集权统治。对朝鲜族来说，因为朝鲜人"本质上"是"日本人"，所以日本在提出"日满一如"的同时，也提出了"鲜满一如"或者"日鲜满一如"、"日鲜满一体化"。其真正目的就是取消"满鲜"的国境线，使朝鲜族人包括在满朝鲜族人都成为忠良的"皇国臣民"，大力推行"皇民化"，驱使朝鲜族人当兵，朝鲜族女子进入"妇女挺进队"，充当慰安妇。为了从精神上控制伪满，日本强迫伪满境内的东北各族都信仰日本的"天照大神"，使中国人忘记自己的祖先。同时在教育上实行同化教育，把日语作为"国语"，禁止学习中国文化，禁止朝鲜族人学习自己民族语言。对于蒙古族人，日本也放弃了原来的"特殊行政"、"双重行政"、"属人主义"，取而代之的是"开放蒙地"和对锦热蒙地的所谓"上交"和"土地奉上"，随之县旗并存的双层行政制被废除，使蒙地行政也更加统一化了。蒙古上层和普通农牧民都遭到了赤裸裸的掠夺。蒙古上层王公中存在的蒙汉分治的幻想彻底破灭，蒙古也不再是"蒙古人的蒙古"。

日本在东北的殖民统治与民族分裂政策，不仅使满族、蒙古族、朝鲜族遭到深重的灾难，对殖民统治下的东北各族人民都是空前的灾难。1932年9月日本经营的抚顺煤矿遭辽宁民众自卫军袭击后，日本守卫队将附近满汉杂居的千斤堡子包围，用枪将全村男女老幼3000多人屠杀，"占这个堡子居民总数80%的满族居民全部遇难"[①]，村中的700余间房屋也全被烧为灰烬。在延边朝鲜族聚居区，1932年日本侵略者在那里杀害无辜群众4000余名，仅在延吉县海兰区，日寇从1932年春到1933年就对那里进行了94次大"讨伐"，有1700多抗日义士和普通百姓被枪杀。[②] 为防止东北各族人民的反抗，割断他们对抗日武装的支持与联系，日本殖民者向东北人民推行保甲连坐法和"集团部落建设"时是用极其残暴的杀人放火来推行的，对于不愿搬迁的居民一律枪杀，被

---

① 《满族简史》编写组：《满族简史》，第209页，中华书局，1979年。
② 《朝鲜族简史》编写组：《朝鲜族简史》，第100—101页，延边人民出版社，1986年。

迁村屯房屋尽数烧毁。仅通化县 1934—1936 年被烧房屋 1.4 万间，丢荒耕地 33 万亩，满、朝鲜、赫哲等少数民族有很多人在这一罪恶的"集团部落建设"中丧失生命和家园。为了改变东北的人口结构，把东北真正变成"日本的延长"，日本分别从国内和朝鲜大量进行武装移民，即习称的"开拓团"。为了这些"开拓团"，日本强占中国农民的耕地，如 1934 年在蒙古族聚居的吉林省郭尔罗前旗，有 8 万多垧熟地被"开拓团"看中，数以万计的农户在 3 个月内全部被迫迁离！①

日本对中国的侵略使中国国内的民族关系发生了深刻变化。首先，日本对中国的侵略使全体中华民族都遭到灭顶之灾，抗击日本帝国主义成为全国人民的生死安危所系，因此"九一八"前后存在于满汉、蒙汉、朝汉之间以及这些民族与国民政府之间的矛盾或降为次要地位，或得到缓解，国内民族关系不仅没有像日本所希望的那样恶化或分裂，相反，却走向团结。不论日本侵略者怎样拉拢中国各民族，怎样充当满、蒙古、朝鲜等民族的"保护者"，这些民族都没有得到任何"好处"。不仅没有建成真正独立的"满族国"、"蒙古国"，反而使中国各族人民变成了日本殖民统治下的奴隶。即使对于满族贵族来说，由于日本只利用他们，并不信任他们，因此他们在伪满的"权力"也不断被剥夺，"皇帝"溥仪也只能或出卖灵魂或与日本离心离德，战战兢兢地生活在日本的军刀下，"满洲国"成了部分满族王公破碎的梦；日本也不真心帮助蒙古族王公建立"大蒙古国"，而只建立附属于日本殖民统治的蒙疆政权，雄心勃勃的德王在日本的权力压制与跋扈政策下，也一度想另谋出路，投奔蒋介石；朝鲜族人民原来与汉族和与国民政府之间的矛盾趋向缓和，朝鲜族的斗争从维护朝鲜民族的权益、争取朝鲜人民在日本的统治下实现民族独立，变为依靠和团结绝大多数的汉族人民和全体中国人民。朝鲜族意识到只有先争取中华民族的解放，才能争取朝鲜民族的解放，从而既投身于中华民族的解放事业，又产生中华民族意识和向心力，实现了"一身兼二任"的历史使命。而灾难深重的广大东北各族人民，则团结起来，投入到抗日斗争的洪流之中。在满族人居住的辽东地区，朝鲜族居住的延边地区，赫哲、鄂伦春、鄂温克族等居住的三江平原及其附近地区，反日活动最活跃，他们一次次给日本侵略者以沉重的打击，日寇惊呼通化至延边一带成为"致癌区"。

其次，日本的殖民侵略和殖民统治也使中国各族人民的民族感情遭到空前的摧残与伤害。为使中国人亡宗灭族，日本侵略者禁止中国人学习中国文化，禁止朝鲜族学习本民族语言，强迫中国各族人民放弃民族原有信仰而信仰日本的"天照大神"，推行奴化教育，使中国人忘掉民族历史与民族特征。在巨大的精神伤害下，中国各民族意识空前觉醒；在此起彼伏的反日斗争中，各民族关系是逐渐走向合作，走向中华民族更巩固的联盟与认同，而且这种联盟与认同是自觉的。无论是共产党领导的游击队、东北人民革命军、抗日联军，还是自发形成的抗日义勇军、自卫军等各抗日组织都是东北各族人民共同参加，团结抗敌的。尽管随着日本侵华的扩大，日本不断地推行"以华治华"和民族离间政策，并拼凑蒙疆伪政权和汪伪政权，但日本赤裸裸的侵略和中华各族人民遭受的日益加深的灾难戳穿了日本的骗局，没有哪一个民族能够在日本的"帮助"下实

---

① 方素梅、蔡志纯等：《中国少数民族革命史》1840—1949，第 633 页，广西民族出版社，2000 年。

现"独立"、"民族复兴"或"民族幸福",各民族遭受同样的被侵略被奴役的命运,不论是哪个民族,不论是地方实力派还是普通中国人都从上到下迅速团结起来,一致对外,用生命和鲜血捍卫中华民族的独立与主权,捍卫中华民族的感情与尊严。共同的斗争、共同的命运把各族人民紧紧地团结在一起。抗战时期的民族文化也表现出中华民族认同的自觉性。各民族文化尽管是多样的别具特色的,但都具有一致的抗日主题,具有一致的"中国化、民族化、大众化"倾向,这种民族文化的自觉更强化了各族人民的中华民族意识,增强了民族凝聚力。

第二节 伪满洲国与德王伪政权

一、溥仪与伪满洲国

民国建立后,清朝在全国的统治地位丧失,而前清末代皇帝溥仪根据民国临时政府制定的清室优待条例依然以皇帝身份在紫禁城过着宫廷生活。1924年11月5日,冯玉祥发动"北京政变"后,进京"逼宫",溥仪不得不"永远废除皇帝尊号",并"即日移出宫禁",其政治生活发生了重大转折。在这个关键时刻,日本人开始向他伸手,把他送进天津日租界居住,并用各种方法拉拢和控制他。终日生活在孤臣孽子、遗老遗少、封建分子、亲日分子和日本人周围,溥仪的人格变得比任何人都政治化。他认为"中国所以有内战,就是因为没有帝制","没有帝制,天下不能定一";而"日本之所以富强,是因为它有帝制下的明治维新"①。于是他复辟的野心一日比一日强烈,而复辟的手段则必须借助于外力,日渐亲日的他当然指望借助于日本的势力。而日本发动"九一八"事变后,在手中把持多年的这张"牌"终于派上用场——溥仪成为日本统治东北的最理想的傀儡人物。

日本在发动"九一八"事变前就提出了对中国东北地区如何实行殖民统治的种种设想,即扶植卖国集团,成立亲日政权;建立脱离中国本土的"独立国",即扶植傀儡政权;吞并中国东北,将其划入日本版图。"九一八"事变后,关东军参谋部通过《满蒙问题解决方案》,迅速确定出选择方案,规定:建立受日本支持的以宣统帝为首脑的统辖东北各省和蒙古的新政权。于是满铁调查科、关东军参谋本部等就中国东北的殖民统治形式问题不断"献计献策",至1932年1月6日,日本陆军省、海军省、外务省根据关东军板垣的汇报,共同制定了所谓《中国问题处理方针纲要》,对《满蒙问题解决方案》作了具体补充,确立了新政权的三原则:"(1)使满蒙完全脱离中国本土。(2)一手统一满蒙。(3)表面上由中国人统治,但实质上要掌握在我方手里","至少要掌握军事、外交和交通实权"②。1月13日,板垣回到东北,按此《纲要》精神,加紧了拼凑伪满傀儡政权的活动。关东军一面向天津日军司令官发出电报,让他们把在日租界的溥仪"保护"起来,一面策动建立过渡性质的地方伪政权。

日本充分利用前清皇室宗亲、"宗社党人"的复辟心理和汉奸的恐日心理,指使他

---

① 参见中央档案馆编:《伪满洲国的统治与内幕》,第5页,中华书局,2000年。
② 关宽治、岛田俊彦:《满洲事变》,第418页,上海译文出版社,1983年。

们在东北搞"独立"运动。首先"独立"的是溥仪的远支宗亲、"宗社党"的巨头之一——熙洽,"九一八"事变时他身为东北边防军驻吉林副司令长官公署参谋兼吉林省政府委员。1931年9月26日,在日本的指使下,他宣布成立伪吉林省长官公署,自任会长,统辖军民两政;28日,声明同中华民国政府和张学良政权脱离关系。日本侵略者在辽宁指使组成了以恭亲王、"宗社党"头子溥伟为会长的"辽宁四民临时维持会",为其进一步拼凑整个东北傀儡政权大造舆论。对辽宁省,日军在占领沈阳后,由土肥原亲任沈阳"市长"。日本陆军中央认为关东军直接实行军政统治太为露骨,便于9月24日指使亲日派、汉奸赵伯欣和袁金铠出面组织"地方自治维持会",12月13日起用被软禁的前政府主席臧式毅为辽宁伪省长。16日,臧式毅宣布脱离国民政府,成立日本人控制下的"新政权"。在黑龙江,因碍于与苏联等的国际关系和黑龙江省复杂的政治情况,关东军采取控制哈尔滨以攫取全省的侵略方针。当时哈尔滨和中东铁路附属地属于东三省特别区管辖,日本便利用早与日本有勾结的东三省特别区长官张景惠秘密策划"自治"。9月27日,张景惠宣布组织"东省特别区治安维持会",自任会长,并招募"特区警备队",枪支弹药均由日本秘密提供。慑于哈尔滨周围的抗日武装和人民的抗日热情,直到1932年年初,张景惠才发表"独立宣言",公开叛国。

　　日本在策动东北及内蒙地方搞"独立"、"自治",拼凑地方傀儡政权的同时,另一方面加紧对溥仪的控制和威胁利诱,以便实现"把满蒙完全脱离中国"的阴谋。

　　自1931年9月22日关东军确定对东北殖民统治的形式是建立"独立"的傀儡国、起用溥仪时起,溥仪就被日本"保护"起来,关东军几次派人去劝诱溥仪,日军的土肥原也亲自到天津策动,"他说满洲是清朝的故乡,日本绝没有领土野心",让溥仪回东北"亲领这个国家","一切由宣统皇帝完全作主"。溥仪追问到底是什么样国家时,土肥原答称:"当然是帝国。"溥仪想"这是恢复满清的唯一机会,便答应了他的要求"。① 1931年11月,日本便把溥仪秘密地转移到旅顺。

　　1931年11月21日,国联大会决定组织调查团,赴中国东北调查"九一八"事变,日本政府为了造成既成事实,对付调查团,决定在调查团到达之前抢先建立伪满洲国。既然伪满洲国是脱离中国本土的名副其实的"独立国家",如果"由日本直接去做,使之从中国本土分离,无论是九国条约,还是国联约规都是不允许的,但由中国人自身从内部进行分离,与上述诸条约精神是不相背的。"② 所以建立伪满洲国的具体步骤要由日本操纵汉奸去做。自1932年2月10日起,关东军连续召开10次幕僚会议,确定伪满"建国"步骤,既要由地方伪政权"自发"地筹备,必要时还借用"民意"机关,"建国"的筹备工作包括:国号、国旗、宣言、人选分配和首都等。关东军未等筹备就绪就纠集各主要汉奸成立了伪政务委员会,后改为伪东北行政委员会,2月18日在日本的策动下,以汉奸张景惠的名义发表了关东军草拟的《满蒙新国家独立宣言》,宣称"从此与党国政府脱离关系"。2月20日,伪行政委员会讨论伪满国体、国号、国都等,产生分歧。皇族出身的熙洽,复辟思想严重,强烈主张帝制;臧式毅要求实行立宪民主

---

① 参见中央档案馆:《日本帝国主义侵华档案资料选编——九一八事变》,第369页,中华书局,1988年。
② 转引自解学诗:《伪满洲国史新编》,第71页,人民出版社,1995年。

制；而张景惠则表示哪种国体都无妨。其实他们的争论徒费口舌，最终的决定权在关东军手中。2月25日，日本军部和政府批准了关东军制订的方案，并以东北政务委员会的名义发表，所谓"新国家"叫"满洲国"，国家元首叫"执政"；国旗为"红蓝白黑满地黄的"五色旗，象征汉、满、蒙古、日、朝鲜是新"满洲国"的"五族"；首都长春改名为"新京"；"新国家"的政治为"民本主义"①。

"新国家"无疑是所谓的"共和国"。当关东军司令官本庄繁，派参谋板垣征四郎到旅顺请溥仪出任"执政"时，告诉溥仪"满洲国不是清朝复辟，是五族的新满洲国（汉满蒙日鲜）。因此日本人同样当满洲国吏"。②尽管溥仪不能接受，一再要求复辟帝制，但经板垣的威胁和汉奸郑孝胥、罗振玉的劝诱，溥仪还是抱着将来"复位登极"的幻想，答应出任"执政"。1932年3月1日，日本侵略者假借"满洲国"政府的名义，发表了一个所谓"建国宣言"，宣布了伪满洲国的成立。接着按关东军的要求，向溥仪"请驾"两次；9日，举行了溥仪的"就职典礼"，由汉奸张景惠、臧式毅两人向溥仪献了"执政印"，复辟派、汉奸郑孝胥代读《执政宣言》。关东军司令官本庄繁、参谋长三宅光治、参谋板垣征四郎、满铁总裁内田康哉和一批汉奸参加了仪式。

伪满洲国从一成立，就是日本侵略、分裂中国的一个工具。出任"执政"的第二天，溥仪根据关东军司令部提供的名单，任命了伪满洲国的官吏。1932年3月12日，根据板垣的事先安排，溥仪通过秘密形式与日本帝国主义签订了一个卖国条约，把日本对东北的军事占领固定化了。日本夺取了东北铁路等经济大动脉；通过对人事权的掌握，控制了伪满的各级政权，这些都充分暴露了伪满洲国的傀儡本性。1933年8月，日本内阁会议通过决议，把伪满洲国的性质由"适应日本国策的独立国家"变成"与日本帝国有着不可分关系的独立国家"。所谓"不可分关系"，就是伪满洲国的彻底从属化，它完全沦为日本帝国主义的附属国、殖民地。③

关东军在东北的武装占领固定化、合法化以后，日本还同时夺取了热河省，并在政治上建立起军事殖民主义的极权统治；在经济上通过夺取铁路、通信、海关，建立伪中央银行，统一币制，为殖民统治奠定了财政经济基础。日本在伪满实行的执政制——既非帝制又非共和的准帝制已完成了它的使命。日本当时实行执政制只是担心立即实行帝制可能会引起清朝复辟运动的燎原大火，以致不可收拾而采取的过渡步骤，并不希望这种制度长期下去走向共和，于是准备实施伪帝制的既定国策。这既可迎合溥仪，又堵塞了走向共和制的道路，同时也为日后版图上的彻底吞并做了铺垫。1933年12月，日本内阁决定"尽速改变现行执政制度，实行君主制"，以利于巩固伪满洲国的地位。④1934年，日本为了把伪满洲国打扮得更像个"王道国家"，改"满洲国"为"满洲帝国"，溥仪"执政"当了"皇帝"，年号为"康德"。这样日本更可以伪满皇帝的名义独断专行。正如1934年3月1日溥仪登基伪满皇帝的当日伪满与日本的秘密换文中所规定的

---

① ［日］《现代史资料》7《满洲事变》，第391—392页，美铃书房，1985年。
② 中央档案馆编：《伪满洲国的统治与内幕》，第11页，中华书局，2000年。
③④ 详见解说诗：《伪满洲国史新编》，第197、第207页，人民出版社，1995年。

那样：除《日满协议书》外，"关于满洲帝国有关外交事项，其他有关国家共同防卫上的必要事项，须预先同日本帝国妥为充分而无阂隔的协议"。① 伪满政体的改变清晰地表明了日本帝国主义对伪满洲国强化控制、操纵的过程。

长期做复辟梦的溥仪终于再次听到了"皇帝陛下万岁"的欢呼声，再次受到了"崇拜"。但对于日本帝国主义来说，并不是想让他实现"复辟大清"的皇帝梦，而是让他死心塌地地向日本靠拢。因此1935年4月，溥仪被日本安排访日，表达"日满亲善"之意。裕仁天皇的亲自迎接和给予溥仪"君主"的最高礼遇，让溥仪受宠若惊。他似乎感觉自己与日本天皇平起平坐了，所以在《回銮训民诏书》中说："朕与日本天皇精神如一体，满洲国人民应与日本一心一德"；在与天皇、天皇的母亲一起登山时还欣然作诗"此行岂仅览山水，两国申盟日月昭"。② 而日本既完全不把溥仪看做皇帝，也不把"满洲帝国"看做"独立国家"，按日本关东军司令部炮制的《满洲国的根本理念和协和会的本质》一文规定，溥仪是"基于天意，即天皇之意"而即位的，所以他必须"为皇道联邦的中心——天皇服务，以天皇之圣意为己心"。即伪满洲国只作为"皇道联邦"大帝国的一员，溥仪只是联盟一员的儿皇帝。文中把溥仪与裕仁天皇的关系形象地比喻为像月亮靠太阳一样。如果溥仪"不以圣意为己意"，则"将立即失去其地位"，而"关东军司令官作为天皇的代理人必须是皇帝的师傅和监督人"。③ 也就是说溥仪必须向日本交出领土主权，还要交出全部的灵魂。他的言论、行动、批阅的文书完全服于日本的殖民统治和殖民掠夺。尽管他戴上了皇冠，但他却完全失去了个人自由，更谈不上恢复"大清祖业"。

二、甘珠尔扎布策划内蒙古"独立"与内蒙古东部地区的伪政权

"九一八"事变爆发之初，尽管日本侵略者对"满蒙"地区的统治形式问题并没有一致的看法，但是极力挑拨民族关系，制造民族分裂，把中国民族地区的疆土一块块分离出去却是日本一贯的想法，《田中奏折》清楚地暴露出了这种野心。在"九一八"事变后，考虑制造一个"独立"的内蒙古是日本的既定政策，为此日本与内蒙古土默特旗甘珠尔扎布、正珠尔扎布兄弟保持着密切的联系。甘珠尔扎布兄弟是日本的走狗巴布扎布之子，毕业于日本陆军士官学校，也是日本长期豢养的亲日分子。"九一八"事变刚一发生，甘珠尔扎布兄弟就乘机联络蒙古族王公上层和青年知识分子，企图在关东军支持下实现蒙古的"独立"、"自治"。9月24日，甘珠尔扎布等急匆匆地赶到沈阳会见了日本关东军司令官本庄繁和高级参谋板垣征四郎，商谈"内蒙古独立"问题。日本表示支持"内蒙古独立"，并答应给予3000支步枪和20万发子弹。经与科左后旗统领包善一和科左中旗协理韩色旺等旗盟武装实力派联络，组成"内蒙古独立军"，由甘珠尔扎布任总司令，萨嘎拉扎布任参谋长，日本退伍中尉和田劲任顾问，正珠尔扎布负责与关东军联络。④ 但日本把分裂"蒙疆"与分裂"满洲"通盘考虑，在策划伪满洲

---

① [日]《现代史资料》11《续满洲事变》，第905—906页，美铃书房，1986年。
② 中央档案馆编：《伪满洲国的统治与内幕》，第15页，中华书局，2000年。
③ [日]《现代史资料》11《续满洲事变》，第908—911页，美铃书房，1986年。
④ 正珠尔扎布：《伪内蒙自治军始末》，《内蒙古文史资料》第19辑，内蒙古人民出版社，1985年。

国的过程中，估计到实现全内蒙古的"独立"无法一步完成，乃决定将已经占领的内蒙古东部地区划为一个"自治区域"，隶属于伪满洲国，作为最终建立伪蒙古国的第一步。甘珠尔扎布不敢有违"主子"的旨意，乃将所谓的"内蒙古独立军"改为"内蒙古自治军"。"内蒙古自治军"的"全班人马"包括：以包善一为司令的科左后旗地方武装拼凑成的"内蒙古自治军"第一军，人员不过200多人；以韩色旺为司令的科左中旗数百人的地方武装为基础，另外收罗一部分土匪武装拼凑成的第二军；以甘珠尔扎布自任司令的由青年学生和游杂土匪拼组的为数不多的第三军。这支既毫无民意基础、又无力量基础的"内蒙古自治军"内部又步调不一，包善一不听总司令甘珠尔扎布的指挥调度，甘珠尔扎布只好把总司令一职让给包善一，以便笼络他，自己自任参谋长。1931年10月13日，甘珠尔扎布率"内蒙古自治军"攻打松辽县城，被守军东北骑兵第三旅击退，损失惨重。尽管日本帝国主义者发给甘珠尔扎布枪支弹药，为之输血打气，但"内蒙古自治军"毕竟是一支乌合之众。日本顾问在失败后跑回沈阳，关东军改派退伍的佐松井清助任"自治军"顾问。

1932年1月，日本关东军攻陷了通辽县城；2月，松井清助率"自治军"一部进攻开鲁（当时属热河省），又被守军东北骑兵第十七旅和辽北蒙边义勇军击败，松井清助本人被击毙，这时，"自治军"基本失去战斗力。

12月中旬，在关东军派人鼓动和支持下，内蒙古东部蒙旗王公会议在泰米（今属黑龙江省）召开。关东军代表在会上传达了要在东北建立新国家（即伪满洲国），蒙古人要在新国家中"单独管理"兴安省等计划。蒙旗王公及其代表决定乘此机会"独立"，但欲在内蒙古全境范围"独立"，并决定尽快在郑家屯设立内蒙古自治筹备处，再次召开内蒙古王公会议。1932年2月18日，在日本帝国主义召开组建伪满洲国的"建国会议"时，"东蒙"各旗代表也在郑家屯开会。关东军代表宣布，"东蒙"地区将在满洲国内形成单独的行政系统，实行蒙汉分治等。① 尽管蒙古族的"独立"范围并不是内蒙古全境，但有"蒙汉分治"的许诺，与会代表也只好同意日本的安排。就这样，在1932年3月伪满洲国在长春成立后，内蒙古东部被划入伪满洲国的兴安省。伪国务院内设立兴安局，专管为蒙古人划定的特殊行政区域兴安省及兴安省外蒙旗事务。同年，兴安局又改为兴安总署，但职能机构未变。此后，日本为自己的统治需要，曾将内蒙古东部各盟部旗调整，改划为3个兴安分省——兴安东省、兴安南省、兴安北省。1933年5月，又设立了兴安西分省。各分省、旗公署均设有掌握实权的日本参与官或副职。随后，日本拼凑蒙古族人武装力量，以"内蒙自治军"的余部为基础，组建了兴安南警备军，以巴特玛拉布坦任司令，甘珠尔扎布任参谋长；兴安东分省和北分省也以当地民族武装为主成立了兴安东警备军和兴安北警备军，由绰罗巴图和乌尔金分别任司令；兴安西省成立后，又以投日的东北军第十七旅李守信所部蒙古族官兵为主成立了兴安西警备军，由乌古廷任司令。兴安警备军统称兴安军，是由蒙古族人（包括达斡尔、鄂温克等族人）组成的伪满洲国正规军，总兵力约1万人。兴安军各部队均设有

---

① 《蒙古族通史》编写组：《蒙古族通史》下卷，第432页，民族出版社，2001年。

日本顾问,甚至直接由日本人任主官。①

1934年12月,兴安总署改为蒙政部,同时将兴安四分省升格为兴安东、西、南、北四省。1937年7月伪满再次调整中央政府机构,撤销蒙政部,重设直属国务院总理大臣的兴安局,成为中央政府内有关蒙古事务的咨询协调机关。蒙古族人的所谓"自治"权利随着日本对蒙策略的变化而浮沉。而在日本人的控制下建立起来的蒙古族人的武装力量也越来越成为伪满洲国的武装体系中的依附力量。日本为侵略战争的进一步需要,从各兴安警备军中抽调主力编成野战性质的兴安师,1939年夏,将兴安师投入日本对苏联的试探性战役诺门坎(位于中蒙边境)战役中,结果损失惨重。1940年,日伪又将兴安警备军纳入伪满洲国的"国军"系统中,改为第九、第十军管区。1943年,日伪又将4个兴安省合并为兴安总省,由亲日王公博彦都满任省长,日本特务白滨任参与官,掌握着兴安总省的一切大权。兴安总省完全成为依附于伪满洲国的日本帝国主义统治内蒙古东部地区的傀儡政权。

日本帝国主义先是利用蒙古族人的民族意识,以建立"蒙古国"为诱饵,策动蒙古王公分裂中国。一旦日本在东北和东蒙古地区的殖民统治稳固,便极力压抑蒙古族人的民族意识,对蒙古族人实施残酷的殖民统治。1936年4月,日伪当局以"通苏"罪名逮捕处死了维护民族利益,抵制和反对日本操纵控制的兴安北省省长凌升等人。② 日本在蒙古族人民中实施奴化教育,办起育成学院、兴安学院、扎兰屯国民高等学校和伪满建国大学,广招蒙古族青年入学,教授日语和蒙语,灌输反共亲日、王道乐土、东亚共荣思想。伪满洲国通过一系列政治经济"体制改革",更是将王公的权力和蒙古族人的生计剥夺。对盟旗体制的改革表现在:取消原有贵族、平民等社会等级差别,连蒙古族人极力主张的"蒙汉分治"体制也一并取消。规定只要在旗内拥有住所,均享有旗民的权利和义务。只有伪满洲国政府任命的旗的行政官才是旗长,不再拥有王公札萨克或贵族领总管的领主性特权。1938年,在逐步改变旧制的基础上,日伪决定用赎买的办法,以蒙古王公"自治""将尚存之封建权益全部奉上国家"的形式,正式取消王权特权制度。还实施了"蒙地奉上",同样以赎买的办法由蒙旗方面"主动"将开放蒙地"奉献"给伪满国家,将这些土地的所有权收归"国有"。这一过程是日本殖民统治强化的过程,也是各盟旗原有自主自治权进一步被削弱的过程。在日本殖民统治之下,东部内蒙古地区的状况正如《田中奏折》所说的一样:"如是内外蒙古之土地多数被我买有之时,则蒙古为蒙古人之蒙古欤?抑或日本人之蒙古欤?"③

三、西部蒙古封建上层的"高度自治"活动与德王的"蒙古军政府"

1. 西部蒙古封建上层的"高度自治"活动

南京国民政府建立后,其实施的民族政策与孙中山提出的"五族共和"理论和"国内各民族一律平等"、"扶助弱小民族"的思想并不一致。国民政府继承了孙中山的"民族主义",但强调各民族的团结与同一,并用包含民族同化思想的"国族"一词来

---

① 详见《蒙古族通史》编写组:《蒙古族通史》下卷,第433页,民族出版社,2001年。
② 正珠尔扎布:《"凌升通苏事件"真相》,《内蒙古文史资料》第34辑,内蒙古人民出版社,1985年。
③ 引自卢明辉:《蒙古独立自治始末》,第11页,中华书局,1980年。

代替"中华民族"。它还继承民权主义,提出"增进国内各民族自治之能力",但其"自治"是力争实施孙中山提出的训政阶段以县自治为核心的地方自治,而非保障少数民族权利的民族自治。对蒙古的民族政策也以上述思想为指导,把蒙古的问题看作地方问题,淡化其作为民族问题特殊性的一面,其目标是在内蒙古建省置县,并把其纳入训政体制内。① 国民政府甚至在1928年就提出"划一省制废除特别区,划一市制度废除道及县佐",② 并下令将原有热河、察哈尔、绥远三个特别区和青海、西康、宁夏等边疆民族地区正式改为制同内地的省。这样内蒙古民族区域被分割划属为辽宁、吉林、黑龙江、热河、察哈尔、绥远和宁夏七省,这使蒙古族痛切地感到"内蒙古及青海蒙古等之名称不复存在"。③

国民政府的"建省置县"政策遭到蒙古族人民的反对,他们向中央提出取消热、察、绥改为行省的方案,并提交了《内蒙古及青海各盟自治暂行条例》。此后内蒙古各阶层不断集会和请愿,强烈要求保留盟旗制度,保障蒙古族人民的自治权,甚至提出建立统一的内蒙古自治机关——内蒙古地方政务委员会。面对内蒙古各界的强烈要求,并顾及日本帝国主义向内蒙渗透的形势,国民政府坚决反对内蒙"废省自治"和"跨省自治",但开始重视内蒙问题的特殊性,不再把它简单地看做一般的地方问题,而充分地注意到"蒙古位居华北,固为屏藩"这一边疆性,逐步修改原定计划,允准蒙旗在省下"低度自治"。1931年10月国民政府公布了《蒙古盟部旗组织法》,在法律上保留、延续了蒙古盟旗制度,使盟旗获得了与省县同等地位;盟旗的盟长、札萨克协理等官职设置和职权一仍其旧。但由于在实际上对管辖对象采取"属人主义",盟部旗只有管辖所属的蒙古族人,而其中的汉人仍归省县管辖。在这种"双轨体制"下,如何有效保障各盟旗权益没有明确规定。《组织法》曾受到蒙古族人的欢迎,但盟旗与省县"互不统属"的双轨制由于受到各省当局的阻挠、压制无法实施。"九一八"事变后内蒙古东部盟旗沦陷,使蒙古各阶层的危机感进一步加重,激发了一场规模更大的内蒙自治运动。

察哈尔省政府委员、锡林郭勒盟副盟长、苏尼特右旗札萨克亲王德穆楚克栋普鲁(德王)一开始就反对《蒙古盟部旗组织法》,由于他一直宣传"复兴蒙古",广泛结交、延揽蒙古各界人士,活动能力强、政治野心强而在蒙古人中很有影响,成为策划发动内蒙古自治运动组织者。④

1933年7月,德王领头与锡林郭勒盟、乌兰察布盟、伊古昭盟代表来到乌盟达尔罕旗百灵庙,主持召开第一次内蒙古自治会议,以三盟所有盟长、札萨克名义致电国民党中央、国民政府行政院、军委会、蒙藏委员会,要求中央许可内蒙古自治,成立统一的自治政府。其给南京政府的通电既强调俄日夺占外蒙、东蒙,蒙古内忧外患的深重危机,又大谈孙(中山)总理自决自治、五族共和之遗训,指责政府"始而开荒屯垦,

---

① 参见中国第二历史档案馆编:《中华民国史档案资料汇编》第5辑第1编"政治(二)",第84—85页,国民党"三大"通过的"蒙藏与新疆决议案",江苏古籍出版社,1994年。
② 秦孝仪主编:《革命文献》第71辑《抗战前国家建设史料——内政方面》,第15页,(台北)中央文物供应社,1985年。
③ 谭惕吾:《内蒙古之今昔》,第39页,商务印书馆,1935年。
④ 参见《德穆楚克栋普鲁自述》,第1—8页,《内蒙古文史资料》第13辑,内蒙古政协文史委员会,1984年。

继而设县置省","致民生益贫困,民族益衰弱",希望政府允许蒙古"组织自治政府,以符民意而救蒙古"。① 10月,德王又邀请、组织了西部各盟旗和北京、南京等各地蒙古族人参加规模更大的第二次内蒙古自治会议,在云端旺楚克(云王)、德王主持下,通过了《内蒙自治政府组织法》(以下简称《组织法》),选出了自治政府官员。并决定选派骑兵作为自治政府军队。《组织法》指出:内蒙古各盟部旗长官,应内蒙古现实之需要,援国民政府建国大纲国内各民族自决自治之规定,由内蒙各盟部旗长官召开全体会议,在国民政府领导之下,成立内蒙自治政府,制订内蒙自治政府组织法。组织法规定:(1)内蒙自治政府"总揽内蒙各盟、部、旗之治权";(2)以原有之内蒙各盟、部、旗之领域为范围;(3)除国际军事及外交事项由中央处理外,内蒙一切行政俱由本自治政府法律、命令行之。

百灵庙通电和两次内蒙古自治会议给国民政府和各界舆论造成了极大震动,如此大的声势是国民党中央始料未及的。国民党中央决定委派内政部长黄绍竑等巡视内蒙古并征求盟旗和各省意见。1934年1月,国民党中央政治会议根据黄绍竑等人的报告,制定并通过了《内蒙古自治办法十一条》,但既没有给内蒙古"独立的治权",也没有给其"完整的管辖权",而只同意在察哈尔、绥远省内自治,结果遭到内蒙古各方面的强烈反对。南京政府又派行政院院长汪精卫出面与在京蒙古族各界会谈,至2月28日,国民党中央通过了《蒙古自治办法原则八项》②,比较全面地回应了内蒙古一再要求解决的地方自治、保障蒙旗利益和蒙民生计等问题。3月7日,国民政府公布了《蒙古地方自治政务委员会暂行组织大纲》和《蒙古地方自治指导长官公署暂行条例》,决定"依国民政府颁布之蒙古地方自治办法原则",在百灵庙设立内蒙古地方自治政务委员会(简称蒙政协)。这次对中央和地方自治权进行了重新划分,内蒙古自治的范围几乎包括全内蒙古。4月23日,蒙政会在百灵庙正式成立,蒙政协秘书长德王宣誓就职。尽管内蒙古各盟旗一再要求的"废省自治"目标未达到,但组建一个内蒙古统一的地方自治机构的愿望基本实现了。历时10个月余的"内蒙古盟旗自治运动"落下帷幕。

2. 德王的"蒙古军政府"

蒙政会是深受蒙古人欢迎的民族自治机构,尽管德王有"复兴蒙古民族"的愿望,但其发起的内蒙古"高度自治"的目标是谋求在民国政府承认下的自治。不过蒙政会与有关各省之间的划分和权限区分等问题并没有得到明确解决,省县与盟旗并存的情况依旧,蒙政会与各省政府之间的权力和利益冲突开始连续发生。蒙政会与绥远省政府之间在鸦片过境税的归属与分配问题、西公旗札萨克继承问题上的矛盾与纠纷最为突出。而德王在百灵庙蒙政会成立后,影响日益扩大,日本趁占领热河之机,开始委派高级特务和军官极力收买和拉拢德王。德王一面对此加以利用,接受种种援助;另又把日本人拉拢一事秘密报与蒋,一想增加自己的身份,二想试探蒋介石。1935年,日本帝国主义侵略势力步步进逼,6月,逼迫察哈尔政府签订了《秦土协定》,而蒋介石仍在全力

---

① 参见卢明辉:《蒙古自治始末》,第34—35页,中华书局,1980年。
② 具体内容见中国第二历史档案馆:《中华民国史档案资料汇编》第5辑第1编"政治(五)",第75—76页,江苏古籍出版社,1994年。

"剿共"。德王见国民政府对日本的公然侵略如此妥协退让、软弱无能,对绥远当局与蒙政会的冲突、侵害蒙政会的行为放任不管,便开始与日本人勾结起来。德王领导的内蒙古盟旗自治运动开始变质,逐渐变为与日本帝国主义相勾结的民族分裂性质。国民政府与以德王为核心的蒙政会之间已不再是单纯的中央与地方之间的关系,而演变成维护国家统一力量与民族分裂势力之间的一场斗争。

1935年9月,德王应邀会见了日本关东军参谋长板垣征四郎,板垣为了收买德王,明确表示帮助其建立"独立的蒙古国"。12月,德王又应邀前往伪满新京长春,与关东军进行"日蒙合作"的勾结,双方商定建立"蒙古国"要分两步走:日本助德王在内蒙古西部地区的盟旗先搞一个"独立"局面,然后再建立一个独立的"蒙古国"。为此德王获得了日本"援助"的50万日元和5000支步枪,作为扩编蒙古族军队的经费和购买武器之用。① 1936年2月,德王从蒙政会调走一批亲信和骨干到苏尼特右旗,在德王府正式成立了"蒙古军司令部",并改用成吉思汗年号以纪年。这一"改元易帜"之举表明自己脱离中国的隶属,走上内蒙古"独立自主"的道路。其实这是背叛祖国,走上投靠日本帝国主义的罪恶道路。

如果说德王领导蒙古族在国民政府之下的高度自治尚有一定的民意基础的话,那么他勾结日本帝国主义则渐失去蒙古族人民的民心,从而招致蒙古族人民的反对。对国民政府来说,随着中日民族矛盾的尖锐化,国民政府日益把内蒙古问题同抗击日本帝国主义的中华民族解放运动联系在一起,内蒙古问题开始被国民政府纳入战时体制之中。而对于绥远省当局傅作义来说,蒙政会的存在一直是如鲠在喉,他一直找机会把内蒙古地方自治改为省内自治。1936年1月,国民党中央批准了傅作义等人提出的绥远省政府将蒙政会一分为二和乌、伊两盟王公札萨克"另定分区设治办法"的建议,决定设立绥远省境内蒙古各盟旗地方自治政务委员会(绥境蒙政会),实际上是将百灵庙蒙政会的辖区剜下去最重要的一大块,使蒙政会成为了空架子。同年7月,南京政府按照将蒙政会以省为单位一分为二的既定方针,公布了《察哈尔境内蒙古各盟旗地方自治政务委员会(察境蒙政会)暂时组织大纲》,并任命德王为委员长,同时宣布废止1934年蒙政会的《暂行组织大纲》。这实际上撤销了百灵庙的蒙政会,历经艰辛的内蒙古统一自治机构瞬间又解体。

此时日本正进一步控制德王。"蒙古军司令部"建立起来后,日本帝国主义者认为它既不是一个政权机构,也不能形成他们所要求的"独立"局面,示意德王从速建立一个"蒙古军政府"。为此,德王以蒙政会的名义召集各盟旗代表召开蒙古大会。1936年4月,在日本特务、顾问的直接参与下,第一次蒙古大会在锡林郭勒盟乌珠穆沁右旗的索王府召开,参加大会的除德王、索王、李守信外,主要是锡盟、察哈尔左翼各旗的王公札萨克和总管、德王亲信、亲日骨干。会议决定筹建"蒙古国",通过了"日蒙合作"成立"蒙古军政府"的决议,并将化德县改为德化市,作为军政府所在地。关东军代表田中隆吉在"贺词"中大谈"日蒙提携",并恶毒挑拨蒙汉民族关系:"成吉思汗的子孙,多年来受尽了汉人的压迫,大日本帝国政府体念蒙古民族的落后,要帮助蒙

---

① 卢明辉:《蒙古"自治运动"始末》,第99页,中华书局,1980年。

古独立进步,以继承成吉思汗的事业。"① 会议选举没到会的乌盟盟长云王、锡盟盟长索王、伊盟盟长沙克都尔扎布(沙王)为正副主席,德王为总裁,负实际责任,掌握军政大权,实行独裁制。5月12日,"蒙古军政府"正式在德化成立,"改元易帜",用成吉思汗诞生之年纪元,用黄蓝白赤白蓝黄四色七条旗为国旗。根据《蒙古军政府组织大纲》的规定,"蒙古军政府"是为筹建"蒙古国"而建立,是一个过渡性的政权,在"蒙古国"成立以后将改为"蒙古国政府"。

"蒙古军政府"成立后,德王便开始招募新兵,扩充军队,组建"蒙古军"。经过几个月的扩充,"蒙古军"共编成2个军9个师,以蒙奸李守信的军队为基础,从伪满"兴安军"里拉出一部分蒙古族骑兵,自察、绥两盟各旗招募了一些新兵,"蒙古军"就这样拼凑起来。全军皆为骑兵,军费、武装由关东军供给。

"蒙古军政府"的成立,不仅使日本侵略者在锡、察两盟建立起它的殖民统治,也为其侵占绥远开辟了一个战争基地。"蒙古军"的第一个"使命"就是充当日本侵略者进攻绥远的急先锋,德王也想借机在日本支持下占据整个内蒙古西部,实现其建立"蒙古国"的计划。这时绥西河套著名地主豪绅王英来张家口投靠日本,并拼凑起数千人的"大汉义军"。1936年11月,在日本特务、顾问田中隆吉策划下,德王以察境蒙政会委员会名义向傅作义发出最后通牒式电报,激烈抨击傅作义欺压蒙政会、破坏内蒙古自治,挑起了"绥远战役"。11月中旬,王英的伪"大汉义军"在田中隆吉指挥下大举进攻绥东要地红格尔图,被国民政府驻绥军在傅作义指挥下击退。这时全国各族人民掀起了积极的"援绥运动",支持绥远抗战,经过百灵庙、红格尔图、锡拉木伦庙等战役,击败了日伪军,取得了绥远抗战的胜利。

四、伪"蒙疆政府"的出笼

1937年"七七"事变爆发后,日本发动全面侵华战争,全中国人民的抗日战争开始。9月,傅作义率第三十五军奉命南下山西作战,大批日军经过多伦西进,陆续侵占张家口、大同。9月4日,日本操纵当地汉奸在张家口成立伪"察南自治政府";9月13日在大同成立伪"晋北自治政府"。德王、李守信积极指挥"蒙古军"配合日本进攻绥远,10月2日侵占百灵庙,14日和17日,又分别侵占了归绥(现呼和浩特)和包头,日本侵略中国的形势越来越严峻。

日本侵略的形势使德王感到把"蒙古军政府"发展成独立的"蒙古国"的时机快要到了,便与日本人商议内蒙古"独立"建国的问题。日本虽然曾答应过德王帮助他建立"蒙古国",但是目前要不要建立"独立蒙古国"并不取决于德王,而取决于日本的全盘战略计划。在建立伪政权问题上,日本授意德王,要他成立察南、晋北那样的"自治政府",以达到日本"分而治之"的目的。德王等认为既然内蒙古"独立建国"一时不能实现,就仍以"蒙古军政府"作为政权机构,因为内蒙古原有领土尚未恢复(伊盟尚未占领),现在仍是军事时期,正好适合"蒙古军政府"。但日本方面仍不同意,最后批准成立蒙古联盟自治政府。日本方面还指定德王任行政院院长,李守信任蒙

---

① 德穆楚克栋普鲁:《伪蒙军政府成立经过》,引自卢明辉:《蒙古"自治运动"始末》,第128页,中华书局,1980年。

古军总司令。10月28日，第二次蒙古大会在归绥召开，成立了"蒙古联盟自治政府"。关东军参谋长东条英机到会"致贺"。云王（未到会）被指定为"自治政府"主席，德王为副主席，日本最高顾问是金井章二。1938年，云王病逝后，通过"第三次蒙古大会"的形式，由德王任主席，李守信任副主席。

伪蒙古联盟自治政府下辖察哈尔（不含察南）、绥远二省日占区，德王将归绥县城恢复为蒙古旧称，汉文写作厚和豪特，升格为市，作为政府驻地，包头也一并升为市。①

蒙古、察南、晋北三个伪自治政府是为适应日本"分而治之"的侵华政策而成立，在行政上它们是互不统属、各自为政的。当日本为了加强对这里的殖民统治，便于掠夺这个地区丰富的资源，统一掌握这里的经济命脉时，便改"分而治之"的统治政策为"并零为整"的集中统辖政策。于是在关东军军部的操纵、指使下，蒙古、察南、晋北三个伪政权代表签订协议，在张家口成立了"蒙疆联合委员会"，目的是"为促进蒙疆三政权的相互善邻关系，加强相互关联的产业、金融、交通等重要事项的联络，达成3个自治政权紧密联合共同防共、民族协和和民生向上的协议。"② 三个伪政权的合流，也是为了增强日本对平绥铁路沿线地区的军事控制，以便加速对中国西北的侵略。日本帝国主义为了调和三个伪政权之间的权力角逐，决定"蒙疆联合委员会"不设委员长，仅以委员的名义，组合各伪政权，以利于供其驱使。金井章二任代理总务委员长兼最高顾问，凌驾于三个伪政权之上。德王对日本帝国主义这个"合而为一"的新措施非常不满，因为这使他从原来"蒙古联盟自治政府"的实权人物变成了名副其实的傀儡；另外德王一直打着"复兴蒙古民族"、"实现蒙古独立"这两块招牌作为号召蒙古族人、笼络青年的政治资本，所以他不喜欢"蒙疆"二字而喜欢"蒙古"。在他看来"蒙古"不仅代表着蒙古民族、土地和人民，而且是世界闻名的、在历史上就确定了的名称。而"蒙疆"这个名称，是日本军部为其"大陆政策"的需要而应用的，"蒙疆"意味着它是中国的边疆，不是独立的蒙古政权，这是德王不愿接受的。

1939年4月，日本为了笼络和利用德王，宣布德王为"蒙疆联合委员会"总务委员长。9月，日本不顾德王的反对，将三个伪政权正式合并为驻张家口的"蒙疆联合自治政府"，德王任主席，察南、晋北伪政权首脑于品卿、夏恭为副主席，金井章二仍为最高顾问，参议长、蒙古军总司令仍为吴鹤龄、李守信。"自治政府"仍用成吉思汗诞生之年纪元，只是将政权旗帜改为白黄蓝红（赤）蓝黄白四色七条旗，以红色居中象征日本，取"以日本为中心，大同协和汉、蒙、回各族之意"，③ 进一步暴露出伪政权的傀儡性质。另外，这个政权的傀儡性质从伪政权的机构中也清楚地表现出来。日本人以正式官吏身份出现在政权机构中，除了顾问外，开始有更多的日本人直接担任各部次长或职能机构主官，地方各盟、市、政厅也均有日籍次长或日本参与官。据1941年

---

① 《蒙古族通史》编写组：《蒙古族通史》下卷，第441页，民族出版社，2001年。
② 卢明辉：《蒙古"自治运动"始末》，第200页，中华书局，1980年。
③ 《蒙古族通史》编写组：《蒙古族通史》下卷，第442页，民族出版社，2001年。

《蒙疆年鉴》记载,傀儡身边的日本官史大大小小有566人之多。① "蒙疆联合自治政府"之上设立了日本帝国政府兴亚院联络部,也是高居于"自治政府"之上的太上皇。蒙疆政权所有重大决策,均须经日本驻蒙军司令部批准。军政机构之外,蒙疆各地还普遍设立警察、宪兵、特务组织,推行保甲连坐制度,对各族人民实行法西斯殖民统治。

"蒙疆地区"成了日本帝国主义推行"以战养战"政策,实行经济掠夺的基地。日本侵略者认为:"蒙疆的经济建设,无论从强化蒙疆本身的发展上考察,或从将来确立东亚自给圈的见地上考察,都是极为重要的。"② 蒙疆的金融、交通运输、邮电、资源开发和土畜特产、贸易等命脉均由日资公司或日本人操纵控制的官办公司、机构垄断经营。随着战争的扩大和漫延,日本进一步加强了对沦陷区人民的榨取与搜刮,蒙疆各族人民面临着深重的灾难。

为了进一步收买和控制伪政权的头面人物,德王、李守信、蒙疆各军政代表团曾多次受日本人的"邀请",受到日本天皇、内阁总理大臣等政要的接见。1940年,汪精卫在南京建立伪国民政府后,日本又指使伪蒙疆政权与汪伪政权签订协议,蒙疆承认汪伪为继承"正统"的新中央政府;汪伪政权则承认伪蒙疆政权为高度自治的地方政权,承认伪蒙政权沿用成吉思汗年号,承认"四色七条旗"为伪蒙"政权旗",承认伪蒙在长城各口有驻兵权。

由于"蒙疆地区"已经成为日本的殖民地,日本对这一地区的控制和高压逐步加强,已使一心想"复兴蒙古"、"独立建国"的德王心存不满,而与汪精卫的伪国民政府确立"中央"与"地方"的关系,更使德王感到这有违实现"蒙古建国"的愿望。尤其使德王不满的是汪精卫上台后承认伪"满洲国",却不承认"蒙古的独立",用德王自己的话来说,汪精卫做了日本人的"儿子",而日本人又叫他做汪精卫的"儿子",他不能做日本人"儿子的儿子"。③ 因此德王也经常与日方发生矛盾和争执,甚至萌生投靠蒋介石的念头。1939年冬至1940年春,中国正面战场发起了"冬季攻势",第八战区的傅作义部队连续发动了反攻绥远,反击日军进攻包头、绥西、五原三战役,给日伪统治以沉重的打击。德王想乘机"出走"投蒋,计划尚未实施,负责与德王联络的国民党特工人员就被日本宪兵捕获。但日本人认为德王的身份还有利用价值,故给予从宽处理。

为了满足德王"复兴蒙古民族"的心理,1941年,在德王的要求下伪政权又对内称"内蒙古自治邦政府"(蒙古语邦、国为同一词),但日本人从幕后的操纵人地位走到前台,直接担任伪政权的各级领导,把原来的一批伪蒙官吏从中、高级职位上排挤出去,并新设立一个"中央总务委员会",主任是日本武内哲夫,它的使命是凌驾于"蒙古自治邦政府"之上,对其中央组织各时期重要方针政策进行审查、监督。分布在各部、局、厅、会的党羽对伪政权中各项活动和人员的思想情况加以严密的监视和控制,以使伪政权、军队、各盟旗王公官吏等任日本摆布。1942年又增设了专管盟旗蒙古族人事务的兴蒙委员会、回教委员会,以体现日本"蒙汉回"分治政策,充分利用喇嘛

---

① 《蒙古族简史》编写组:《蒙古族简史》,第410页,内蒙古人民出版社,1985年。
② 《蒙古族简史》编写组:《蒙古族简史》,第411页,内蒙古人民出版社,1985年。
③ 卢明辉:《蒙古"自治运动"始末》,第243页,中华书局,1980年。

教和回教作为其统治的工具。

第三节 帝国主义在其他民族地区的分裂阴谋与活动

一、"东土耳其斯坦伊斯兰共和国"

当盛世才、张培元、马仲英三派在新疆北疆混战厮杀时，1933年11月在南疆喀什出现了一个由英帝国主义扶植并幕后操纵的分裂政权——"东土耳其斯坦伊斯兰共和国"。

20世纪30年代初，哈密农民暴动后，新疆南、北疆各族人民纷纷响应。但南疆各地起义队伍的领导权均被军政界上层人物所控制，他们以伊斯兰教为号召，煽动民族宗教情绪，制造民族仇杀。1933年1月，马仲英所部马世明派兵攻打库车，与当地脚夫揽头铁木尔联合，叫嚣"建立伊斯兰教国"、"灭汉兴回"。库车陷落后，其于2月挥军攻打阿克苏。2月5日，阿克苏被占。继而马世明派焉耆回族马占仓来阿克苏指挥，准备攻打喀什。

当时，驻扎喀什汉城（疏勒）的指挥官是金树仁的弟弟金树智。此人毫无军事才能，专事搜刮，不得人心。在他得知暴动队伍已进抵阿克苏的消息后，慌忙派兵前往迎敌，不料又闻和阗发生暴动，且派往阿克苏抵挡的军队败退巴楚，在走投无路的绝境下，金树智自杀身亡。喀什的军政大权遂落于行政长马绍武手中。此时，形势严峻，东有铁木尔部的威胁，南有暴动队伍，两面受敌，兵力单薄，防务空虚。在巴楚再败于铁木尔部后，马绍武遂招募柯尔克孜兵编为1团，约800人，配以快枪、大炮，加强防御。但这些兵士与铁木尔暗中联合，围攻行政长公署。5月2日，铁木尔、乌思满、穆罕默德·伊敏合力攻下喀什回汉两城，马占仓占据汉城，铁木尔等占据回城（疏附）。

时和阗地区的暴动初起于墨玉县。1933年年初，金树仁从印度拉达克运回一批军火，大毛拉和阗人穆罕默德·伊敏利用自己的宗教影响，率领墨玉群众截获了这批军火，并与阿图什人沙比提大毛拉一起领导发动了武装暴动。这两人打着"保护宗教"的旗号，攻下和阗，伊敏自封"和阗王"，称"爱弥尔"或"帕夏"，推举沙比提大毛拉为领袖。接着，又攻克皮山、叶城、泽普、莎车诸城，直达喀什。

这样，喀什地区便形成了四派势力，他们虽然均属穆斯林，以宗教为号召，但彼此却钩心斗角，争权夺利，都想扩充自己的实力。一是铁木尔的实力最强，属和加尼牙孜派。他自称师长，兼边防总司令，并委任吐鲁番维吾尔族尤努斯伯克（即郁文彬）为行政长。二是代表马仲英势力的马占仓，其部精锐，战斗力强，加之原行政长马绍武的依附，势力更不一般。三是乌斯满，其占地利之便，横行霸道，与铁木尔矛盾很深。四是沙比提大毛拉，其根据地在和阗，喀什也有部分兵力。他从小在喀什经文学堂学习，后在该校任教；曾去麦加朝圣，游历过土耳其、印度等伊斯兰国家。他很崇尚中世纪时期的伊斯兰教国家政体，早就图谋建立一个分裂的、独立于中国的"东土耳其斯坦共和国"。这几派势力明争暗斗，均想兼并对方。

1933年8月，铁木尔与马占仓联合欲杀乌思满。马假意应允，但却暗中伺机欲杀铁木尔以取而代之。8月9日，铁木尔追击乌思满返回途中，被马占仓伏兵袭杀，回城疏附遂为马占仓占领，马绍武复任行政长。沙比提大毛拉趁马占仓、马绍武立足未稳，联合铁木尔残部及乌思满于8月16日击溃马占仓部，夺回疏附。马占仓回守汉城疏勒。乌思满占据回城疏附后，势力大增，自称师长兼司令，掳掠民财，强占妇女。和阗王伊敏利用民怨沸腾，率部进抵喀什，拘捕乌思满，吞并了乌思满势力，复据回城，并推举沙比提大毛拉组织南疆独立政府。

为了收买人心，迷惑公众，沙比提大毛拉多次派人去阿克苏寻求在维吾尔族民众中享有声望和影响的和加尼牙孜的支持。和加尼牙孜曾在6月间乘马仲英部和盛世才部开战于紫泥泉之机占据了吐鲁番。马仲英沿木垒河南下夺回吐鲁番后，和加尼牙孜只得向西拓展领地，并顺利地继承了马占仓在阿克苏的地盘。为了渗透南疆，进一步扩充自己的势力范围，准备将来独霸南疆军政大权，和加尼牙孜接受了沙比提的邀请，并派遣麻木提部去疏附攻打马占仓。

沙比提大毛拉和伊敏在南疆所策划的建立"东土耳其斯坦伊斯兰共和国"的分裂活动，曾得到英帝国主义的支持。当时英国曾在印度北部的吉尔吉村设置军事机构，策划南疆独立，在南疆建立一个亲英政权，以作为其全面侵略亚洲总体战略计划的一部分。这样，沙比提大毛拉和穆罕默德·伊敏的分裂活动正中英帝国主义的下怀。1933年8月，英帝国主义通过印度政府派出间谍潜入喀什，利用印度商人与南疆各界有广泛联系的有利条件，收买当地人士成为英帝国主义的间谍和宣传员，大肆鼓吹"大土耳其主义"和"大伊斯兰主义"，并四处纠集、笼络封建主和宗教上层人士，为南疆的分裂活动作舆论准备。为实现其侵略计划，英国花费了51万卢比的经费。

1933年11月12日夜，在英国驻喀什领事的精心策划和导演下，"东土耳其斯坦伊斯兰共和国"宣告成立并通过了所谓的政府组织纲领、施政纲领及宪法等。他们不无得意地将这一天称之为"民族之夜"，宣称分裂的东土耳其斯坦为永久民主共和国，但实际上却极力鼓吹大土耳其主义、泛伊斯兰主义，煽动极端狭隘的民族主义情绪，主张仇视和屠杀维吾尔族以外的其他民族，即便是同一宗教信仰的回族也不例外；甚至鼓吹"东干回比汉人更为吾人之伊敌……对东干须小心防备，要激烈对付，绝不客气"。① 他们无视中国自古以来就是一个统一的多民族国家的事实，抹杀2000多年来中原地区和边疆各族人民友好往来，并在政治、经济、文化方面密切联系的事实，肆意篡改历史，妄言"黄汉人与东土耳其斯坦本无丝毫关系，黑东干亦无多大关系，东土耳其斯坦者乃东土耳其斯坦人之东土耳其斯坦"。②

这个所谓的"共和国"的组织纲领共30条。规定："中央政府"设总统1人，总统之下有国务院，国务院下设内政部、外交部、军政部、财政部、教育部、宗教司法部、教产管理部、农商部、卫生部九部。"总统"由和加尼牙孜担任，其当时在阿克苏，直至1934年1月31日方率部赴疏附就任。沙比提大毛拉自任"国务总理"，"内政部长"为和加尼牙孜的亲信尤努斯伯克，"外交部长"为英国间谍哈斯木江阿吉，"军政部长"为乌拉孜伯克，"财政部长"为喀什商界的暴发户阿里阿洪巴依，"教育部长"为商人阿不都克里木汗麻哈都目，"宗教司法部长"为宗教学者扎里夫·哈里阿

---

①② 洪涤尘：《新疆史地大纲》，第329页，正中书局，1935年。

吉,"教产管理部长"为喀什地主夏米西丁,"农商部长"为喀什大地方和商业资本家奥布尔·玉山阿吉(其与国外的大土耳其主义分子有着密切联系),"卫生部长"为中亚逃犯阿不都拉哈尼,"国务会议秘书长"为库车教工哈吉阿兰阿訇。就这些部长的成分而言,绝大多数是大地主、大商人、暴发户、宗教上层、大土耳其主义和泛伊斯兰主义者以及逃亡者等。

"东土耳其斯坦伊斯兰共和国"成立后,对外积极寻求军援,频繁派使者赴印度、阿富汗、伊朗、英国、美国、日本、德国、意大利以及苏联等国谋求给予外交承认和军援,甚至请求外国军队入境保护。在沙比提大毛拉给阿富汗国王巴图尔·穆罕默德·纳第尔汗的亲笔信中写道:"我们现在很需要教育和军火,为了抵抗敌人,需要大量的枪支、大炮、弹药。为此,我们请王宫在枪支、大炮和弹药方面给我们以援助……如果可能时,请派一支您的战无不胜的军队前来支援……如果您不愿意使我们失去您的指导和援助,那么,引导我们,把我们置于您的庇翼之下……"①他们用搜刮来的700头牛羊换取英帝国主义的枪支弹药,同时还得到了英国1万支来复枪和200名士兵的支援。尽管如此,由于该"共和国"对人民的压榨和盘剥,致使田地荒芜,市场萧条,经济凋敝。加之战火连绵,强行征兵征马,人民抗纳租税的斗争此起彼伏。为了维护其统治,他们还建立了宗教法庭,滥施刑罚,不按教规戴面纱的妇女甚至遭到枪杀。

1934年2月6日,马仲英所属马世明部进军喀什,与马绍武、马占仓部联合,攻占了疏附城,"东土耳其斯坦伊斯兰共和国"存在还不到3个月便寿终正寝。伪政权的领导人或被捕,或逃散。和加尼牙孜逃入山区,转往英吉沙,后接受盛世才条件回省任副主席,其旧部由留驻南疆交麻木提率领。麻曾力劝和加尼牙孜勿信盛世才之许诺,但和不听,最后为盛所害。沙比提大毛拉则逃往塔什库尔干边境。1934年5月和加尼牙孜在返迪化途中,在阿克苏的哈拉塔地方抓住了沙比提大毛拉,将其押往迪化,后沙死于狱中。伊敏逃到和阗,依附其兄满素尔帕夏的"伊斯兰教国"。1934年7月,马虎山率马仲英残部进军和田地区时消灭了"伊斯兰教国",于是伊敏又逃往印度。至于伪政府的柯尔克孜族官兵则大部逃往乌拉孜山。至此,"东土耳其斯坦伊斯兰共和国"灰飞烟灭,彻底灭亡了。

二、"班洪事件"

清末民初,英帝国主义制造"片马事件"和"江心坡事件",侵占中国片马和江心坡地区以后,又把侵略的目标对准了中缅边境的阿佤山区。

阿佤山区位于中国云南省临沧、思茅地区和缅甸接壤处,在澜沧江以西和怒江以东,处于东经990°—990°30′,北纬220°—220°30′,主要聚居着佤族,同时也有傣族和少量汉族杂居。至少从汉代开始,中国历代政府均对这一地区实行管理。阿佤山区气候宜人,宜于粮食和经济作物的生长,森林和金、银、铅等矿产资源也比较丰富,明清时期即有驰名省内外的茂隆银厂和波龙银厂。其中茂隆银厂位于班洪、班老、永邦三个佤族部落交界处的恭勐山,系清朝乾隆时期由汉人吴尚贤与管辖此地的班老建寨人蜂筑父

---

① 新疆历史研究所资料,第1800号,转引自《新疆简史》第3册,第201页,新疆人民出版社,1987年。

子订立木契所开。清嘉庆年间银厂关闭,班洪、班龙、永邦三部落相约,共同看守冶炼银矿的地方(后称炉房山),没有吴尚贤的木刻,任何人也不得进山开矿。

英帝国主义对阿佤山觊觎已久,于1885年占领缅甸之后,便不断派出勘测队、军队或传教士、商人进入阿佤山区,阿佤山从此失去了往日的宁静,被卷入陡然而起的边疆危机之中。英帝国主义还企图通过中缅划界,鲸吞中国领土。两国政府多次谈判均未能圆满解决,留下了两段悬而未决的"未定界"。其中北纬250°35′以北一段边界,即腾冲县北部尖高以北的边界,包括恩梅开、迈立江流域的江心坡、孟拱、坎底河谷,西至印度东北阿萨姆,东达高黎贡山,原属中国的广大领土,定为"北段未定界"(亦称"第一段未定界"),英帝国主义制造"片马事件"以后,强占了"北段未定界"内的大部分中国领土。

中缅"南段未定界"(亦称"第二段未定界"),自澜沧县属南帕河流入南定河对岸起(今属耿马傣族佤族自治县)至澜沧县属附近勐阿之南马河流入南卡江处止(今属孟连傣族拉祜族佤族自治县)。班洪、班老地区即处于"南段未定界"北部中方一侧。实际上,1894年中英签订的《续议滇缅界务商务条款》对阿佤山区的中缅边界作了规定。其第三条说:"……由此循英国所属之琐麦与中国所属之孟定分界处之江而行。仍随此两地土人所熟识之界线,至界线离此江登山处;以萨尔温江及湄江(即澜沧江)之支江水分流处为界线,约自格林尼址东经990°(北京西经170°30′)、北纬230°20′,约至格林尼址东经990°40′(北京西经160°50′)、北纬230°,将耿马、猛董、猛角归中国。在格林尼址东经990°40′(北京西经160°50′)、北纬230°处,边界线即上一高山岭,此山名公明山,循山岭向南而行,约至格林尼址东经990°30′(北京西经170°)、北纬220°30′,以镇边厅地方归中国。然后其线由之西斜坡而下至南卡江,即顺南卡江而行,约过纬度十分之路,以孟连归中国,孟仑归英国……"① 1897年中英再签《滇缅界务商务续议附款》时,英国从中国手中夺去了科干等地,然而阿佤山的边界线,仍然维持了1894年的条约规定。

但是,英国野心不死。它利用条约文字只指出了边界的大致走向而产生的具体问题,于1899—1900年又要求同中国政府对中缅界务南段进行会勘。英方勘界官员乔治·斯格德借口中方勘界官员所持界图经纬度与约文不符,擅自在图上用红色把中国的班洪、班老、猛戛、拱弄、小猛弄、猛拨、西盟等地,划入英属的缅甸境内。② 他的这条自划线,把边界线向中国方面推进了100公里左右,为英帝国主义日后图谋富饶的阿佤山班洪、班老地区的宝藏设下了玄机。

1911年,英国殖民者侵入阿佤山区原波龙银厂旧址开采的邦海银厂(英人命名为波顿银矿)矿源枯竭。英国"缅甸有限公司"总工程师伍波郎曾潜入炉房探察,并以高价收购炉房矿渣。经过化验,炉房矿渣含银高。英国人于是决定增资750万卢比,收购其矿渣,开采班洪银矿。③ 他们以每百斤矿渣英洋10元的重价,诱惑当地头人小麻

---

① 《新纂云南通志》卷166,1949年。
② 魏光焘:《缜缅界务镇边厅一段现议各划线互换请示折》,《清季外交史料》第152卷。
③ 余汉华:《英法两帝国主义夹攻之西南滇边》,《边事研究》创刊号。

哈（佤族）、马美廷（回族）、宋钟福（汉族）等人偷运原茂隆银厂矿渣出境。① 1933年，伍波郎又与这三人签订了一个"开办炉房银矿办法"。

英帝国主义的侵略行径一直遭到以班洪、班老各部落首领为代表的阿佤山各族人民的抵抗。班老部落首领曾帮助明朝军队征讨麓川叛乱，受封"班老王"成为阿佤山世袭总王。班洪部落首领参与过清政府的治边活动，1891年受封"土都司"。清末中缅会勘南段未定界时，班洪土司立场坚定，站在祖国一边，不准英方军队通过班洪地区，并与班老、永和头人等联合领导了抗击英军的斗争。因此班洪、班老部落在这一地区影响较大。面对英人对银厂的图谋，班洪王及班老王均发出命令，严禁任何人偷运茂隆银厂矿渣出境，并杀死了盗卖矿渣的马国兴等人。与此同时，云南省政府对银矿的开采表示了关注，决定组织开采班洪矿务，并派员前往调查。

在这种情况之下，英国殖民者唆使小麻哈等人向班洪、班老及永和等部落首领行贿，班洪王等严词拒绝，表示坚决反对英人侵地盗矿，宣称将以武力保护矿山。英国见利诱不成，遂准备以武力强占炉房。1933年，英帝国主义一面修筑通往班洪的公路和桥梁，一面在中缅边境两边的村寨修机场，建营房，储备物资，准备以武力进入班洪开矿。

1934年1月20日，英军以正规军250人为先头部队，自户板开出，经过孟混、班孔、班谷，占据户算、南大、金厂、炉房等地，构筑工事，建筑营房，开辟道路。接着，英军2000人入侵班洪，强行督工采掘矿砂，运往老银厂冶炼。

英帝国主义的侵略行径激起了阿佤山人民的强烈义愤。班洪王胡玉山等人在群众的支持下，紧急召集阿佤山17部落的首领会聚班洪，共商抗英事宜。各王接信后，除永邦王外，全都齐集班洪总管府。他们按习俗剽牛4条，歃血盟誓，决议集合各部落武装联合抗英，同时向各级政府和各土司报警求援。班洪王出资1500元半开，班老王出资100元半开，充作抗英的军费。他们一致决议，先攻打永邦、蛮和，杀死引狼入室的小麻哈，再对付英国人。会议估计可集结佤族武装士兵两三千人。因此决定兵分三路：新地方、公鸡、塔田、班老等攻打蛮相；蛮国、官中、小公鸡等攻打永邦；班洪、弄垮、嘎喜等攻打丫口寨、金厂坝。

1934年3月下旬，阿佤山各部落群众兵分三路，向英军占据的村寨出击，双方交战激烈，互有伤亡。因佤族武器装备差，缺乏训练，数日后英军攻破了班老下寨，恣意抢掠烧杀。为了保存力量，佤族武装和群众只得撤出班老各寨。英军顺势推进到丫口寨，于炉房附近的老厂、金河等寨纵火捣乱，威胁迫降。阿佤山人民没有屈服，他们不畏强暴，依靠刀、弩、箭和火药枪等武器，顽强抵抗英国人的进攻，双方一直相持到5月上旬。但此时英军已经依靠先进的武器，先后占领了班老地区和班洪的一部分，初步达到其强占阿佤山银矿的目的。

"班洪事件"引起了全国人民的关注。驻普洱的云南第二殖边督办公署派员到班洪，赠送火药等作战物资，鼓励边民保境爱国。镇康县长、勐董土司、澜沧县政府也分别给班洪地区边民物质支援和道义支援。昆明有20多个民众团体和部分爱国人士成立

---

① 张凤岐：《云南外交问题》，第284页，上海商务印书馆，1945年。

了"云南民众外交后援会",动员人民从各方面声援班洪地区人民的抗英斗争,并在各县成立分会。南京、上海、北京等地人民集会游行,示威请愿,组成了"划界促进委员会",在全国范围内掀起了声援班洪人民的反帝浪潮。

在声援班洪人民斗争的活动中,影响最大的是云南景谷县李占贤组织的"西南边防民众义勇军"的抗英行动。李占贤在云南第二殖边督办杨益谦的支持下,倾家资10万元,登高号召,景谷、景东、双江、缅宁、石屏、耿马、澜沧等地的汉、傣、佤、拉祜、彝、布朗等族群众纷纷响应,于1934年5月15日组成了这支有5个大队、15个中队、近2000人的队伍。西南边防民众义勇军成立次日,即开始向抗英前线进发,沿途得到各县政府和人民的大力支持。5月25日,义勇军赶到班洪边界信呵,得到班洪王和班洪地区各族人民的热烈欢迎。

5月30日拂晓,西南边防民众义勇军和阿佤山各族群众2200人,向侵入班老附近丫口寨的200多英军前锋发动攻击。通过左右夹攻和正面出击,使敌军陷于混乱,被迫后退。义勇军和各族群众击毙英军60多人,缴获枪械一批,收复了丫口寨、新寨、上下班老等地。英军被迫退回炉房。

5月31日,西南边防民众义勇军代表和班洪、班老等15个部落首领于公明山举行联合会议,订立抗英盟誓8条。盟誓明确规定,各王永远服从中国政府;炉房厂地为中国所有,他人不得侵占;义勇军与各王在抗击英人斗争中相互支持,不得投降英国或不服从中国政府命令,否则由各王共同诛灭之。①

6月6日,义勇军在阿佤山各族人民的支援下,攻破英军防守重地炉房,收复了被英军占领的班老附近的佤族村寨。班洪危局得到缓解。

自从3月下旬佤族人民向英军发动进攻,到义勇军收复丫口和炉房,班洪地区各部落抗英首领多次派人向云南省政府和地方政府求援请愿,此时国民政府在全国人民抗英浪潮的巨大压力之下,才向英国提出正式抗议。但因为英国政府诬告李占贤率人抢掠缅甸的果敢县,而要求中国政府剿办,所以国民政府又命令云南省主席龙云查办,并派员到班洪进行调查。此后在英国的外交压力下,国民政府饬令云南省政府制止边疆人民的抗英行动,并对李占贤进行通缉治罪。云南省政府命令澜沧县政府募集5万元,将义勇军和平遣散。由于失去粮食供给,义勇军于1934年9月10日撤离班洪并自行解散,结束了他们的抗英斗争。此后英军重占炉房。

由于中国人民的坚决抗争,英国驻华公使于1935年4月9日照会国民政府外交部,接受双方商议,设立一共同勘界委员会,重勘旧界。1937年4月达成初步协议,结束了中缅南段未定界的最后勘定。勘界期间,以班洪王胡玉山第二(1934年被云南省政府委任为"班洪总管")为首的阿佤山各部落首领派代表赴昆明请愿,发出《告祖国同胞书》,并致函勘界委员会主席伊斯林,指出阿佤地区"自昔远祖,世受中国抚绥。固定边疆,迄今数百年,世及弗替,不但载诸史册,即现存历朝颁给印信,可资凭证",英国"步步压迫,种种手腕,无所不用其极,必得我全佧佤山地,奴我佧佤山民而已"。阿佤山人民"宁血流成河,断不作英帝之奴隶;即剩一枪一弩、一妇一孺,头颅

---

① 《卡佤各王会议录》(1934年),中华民国政府外交部驻云南边事处档案:《英人在滇缅边界开矿卷》。

可碎，此心不渝"；① "佤佤山地与中国为一体，不能分割"。② 抗战爆发后，班洪王被委任为"班洪守备司令官"、"阿佤山游击支队指挥官"。

英帝国主义利用日军对中国的全面侵略，于1940年7月宣布封闭滇缅公路3个月，威胁定界，逼使国民政府让步，双方于1941年1月就中缅南段未定界达成了原则协议，6月18日交换照会，阿佤山的茂隆银厂、炉房矿区、永邦部落、公明山等被划归英国，中国只保留了阿佤山约1/4的地区。太平洋战争爆发后，日本占领缅甸，中英双方划定的界线只停留在换文阶段，定界手续并未完备。直到1960年，中缅两国签订《中华人民共和国和缅甸联邦边界条约》，才正式划定中缅边界，班洪也由此回归祖国。

三、日本炮制的"中华回教总联合会"与"中国回教青年团"

利用宗教和民族问题达到侵略中国的目的，是日本帝国主义的一贯策略。早在"七七"事变以前，日本即派遣大批所谓的"回教工作者"前来中国活动。他们宣称"回回本非中国人，来华以后，除遭受欺凌外，无它收获"，③ 并别有用心地列举清朝以来西北仇杀的事例，大肆渲染。"九一八"事变前，日本在华设置的所谓调查机构，规模最大、经费最多者，当属南满铁道会社调查部。该部就中国回教的各个方面进行了全面"调查"，包括人口、教育、生活、教派、历史等。其中尤其注重军事方面情报的搜集，如西北方面回教军事人物的出身、思想、家庭环境、统率人数、亲信以及教育程度、性格等。"九一八"事变后，日本在长春成立所谓"伊斯兰协会"，以图缓和占领区内回族人民的反日情绪。这是日本在我国成立的第一个伊斯兰组织。

"七七"事变后，日军以政治手段配合其大规模的军事进攻，试图从根本上动摇中国各民族的统一和团结，瓦解抗日力量，实现其"以华制华"的战略目标。这在民族与宗教问题上表现得尤为露骨。

日本不仅利用回族和汉族历史上存在的一些隔阂来破坏和阻止回族人民的抗战活动，同时还收买回奸，利用他们来进行欺骗活动。

1938年1月，日军侵占华北后，其华北方面军派顾问高垣信造和奸民刘锦标等，在北平（今北京）筹备组织所谓的"中华回教总联合会"，以位于广安门大街的东北大学旧址为会所。2月，在中南海怀仁堂宣布该会正式成立，定会旗为长方形，以星月为会徽，绿地白月。日本陆军特务机关长喜多诚一、茂川以及伪总联合会汉奸王克敏、汤尔和、朱深等参加了这次成立大会。

"中华回教总联合会"按地区下设华北、西北、外蒙古、华中、华南和西南6个联合部。其中华北联合总部又下设北京区、天津区、济南区、太原区、张家口区、包头区、河南区7个本部。虽然机构貌似庞大，但实则虚空。该机构是日本阴谋在中国炮制所谓的"回回国"的第一步，因此日本不惜财力，给予该机构大力支持。

"中华回教总联合会"直接听命于日本陆军特务部，其"宗旨"为：对外主张中日

---

① 《告祖国同胞书》，见《班洪抗英纪实》，第12页，云南民族出版社，1998年。
② 《阿佤山部落首领致中英会勘滇缅南段界务委员会主席书》，转引自方国瑜《滇西边区考察记》，云南人民出版社，2008年。
③ 杨敬之：《日本之回教政策》，第1页，商务印书馆，1943年。

"满"三国提携,坚决反对共产主义,绝对拥护新政府,发扬亚洲文化,维护固有之宗教;对内联络回教同胞等。而华北联合总部名义上由"委员"、"名誉委员"及"委员长"等负责,但实际上是由谘议、奸民刘锦标和主席顾问高垣信造二人把持操纵。伪联合会成立后,其工作的范围主要是加强对华北地区回民的政治思想控制,搜集有关当地回民的一切情报,并进一步设立、扩大和充实分支机构。同时为了加强亲日宣传和情报交流,伪联合会还编辑出版有会刊《回教》,内容分为图片资料、专论、回教人物志、调查记、回教世界、回教消息等栏目。

为了推行殖民政策,培植亲日势力,日本一直加紧对回民进行笼络,并计划编练伪回民军干部。1938年5月,日军在北平筹办"中国回教青年团","青年团"以高垣信造为主席顾问,小池定雄为顾问,刘锦标为主席,下设3个小队。招收对象为18—25岁的青年,每期2个月。其间,学员要接受极端的奴化教育,甚至"防共学"也被列为课程内容。其目的就是要在回族青年中灌输所谓的"回教独立政权"的思想,并为计划组建的伪回民军培养军事骨干。自成立以来,"中国回教青年团"先后"培训"了500名中国回族青年,其中学生约占20%,职业青年占半数以上。

第四节 日寇对沦陷区的殖民统治

一、日寇在东北的殖民统治

日本帝国主义发动"九一八事变",武装占领中国东北,建立伪满傀儡政权以后,便从政治、军事、经济、文化等各个领域入手,全面实施他们在东北地区建立殖民地体系的计划。日本侵略者为了掩人耳目和欺骗世界舆论,许多罪恶行径是让其扶植的伪满洲国充当工具出面进行的。

日本帝国主义对东北各族人民实行残酷的法西斯统治和镇压,以达到消灭抗日活动和抗日力量,建立殖民地统治秩序的目的。关东军是实行军事统治的主要力量,他们除了对其进行增派以外,又拼凑和设置了日伪两个系统的军警宪特,强迫、操纵和利用包括部分少数民族人口在内的一些反动武装及团体,充当日本军警宪特的帮凶,用以镇压东北各族人民的反抗和扩大侵华战争以及准备对苏作战。1934年9月和1938年2月,他们在朝鲜族聚居地区先后成立"间岛协助会"和"朝鲜人特设部队"。1937年,他们又在蒙古族聚居区组织"蒙古独立军",随后由其残部组成伪兴安军,1941年9月成立"武装谋略部队",1944年冬组成号称"铁石部队"、有两个团的蒙古族骑兵参加的伪军派遣军。在这些伪军队伍当中,主要由日本人任高级军官,负责指挥作战和活动。伪军主要参与侦察、搜捕、讨伐和围剿抗日联军队伍及抗日根据地,部分参与了日本帝国主义对中国其他地区的侵略和活动及对苏作战。

日本帝国主义依靠关东军和日伪两个系统的军警宪特,对东北各族人民展开了"治安肃正"、"集家并屯"、围剿与扫荡等一系列旨在扑灭抗日烈火及抗日活动的法西斯统治与镇压。如1932年9月公布《治安警察法》,1941年12月公布《治安维持法》,1944年6月公布《时局特别刑法》。根据这些法令,日伪军警可以以各种罪名解散集会,收缴销毁书刊,逮捕百姓,甚至枪杀无辜的民众。他们制造的一系列惨案事件,集中体现了法西斯统治的罪行。如1932年9月的平顶山惨案,1934年3月的土龙山惨案和1936年7月的白家堡子惨案,每次均有数百至数千名群众遭到屠杀。在少数民族地区,日本帝国主义同样制造了各种惨案和事件。如1932年间,日本侵略者在朝鲜族聚居的延边地区杀害无辜群众4000余名。仅在延吉县海兰区,日寇从1932年春到1933年对那里进行了94次讨伐,有1700多抗日义士和普通百姓被枪杀。[①] 1934年1月,满汉等族杂居的辽宁凤城后营子村满族关继林、王玉岐、王殿祥及其他农民13人因给反日自卫军送去肉、面,而被日军杀害。在此后的15个月中,日军对该村进行了10余次屠杀,50余名各族群众死于非命。[②] 19年,铁力县鄂伦春族猎人腾波在山里毙伤日军3人,作为报复,日寇抓走包括腾波在内的鄂伦春族民众40多人,严刑逼供,未达目的之后便将他们关在1所房子内烧死。[③] 1942年年初,珲春国民高等学校的23名学生及1名教师被抓去施以酷刑,缘由是这些学生曾经组织过"朝鲜文艺普及会"。经反复折磨,后有3名学生致死,8人被判刑。[④] 1943年2月,日本侵略者以"反满抗日"的罪名将伪兴安省新巴尔左旗镶白(旗)区的蒙古族佐领姜巴拉及其下属和来自西藏、甘肃的一些僧人共16人逮捕,后又将其中的多数人判刑。[⑤] 类似这样的例子,不胜枚举。

日本帝国主义为了弥补警察统治之不足,普遍推行"连坐法"来加强对东北城乡各族人民的控制。1934年3月,他们公布《暂时保甲法》,把居民按区域纳入牌、甲、保组织,一牌10家,一家、一甲有抗日"罪",各户连坐。同年12月,日本侵略者又通过伪满民政部发布"集团部落建设"文告,随后以烧房、枪杀等血腥手段,强迫分散居住在抗日武装活动地区的农民群众迁往指定地点,组成受日伪军警严密控制的大村落,以切断抗日武装和人民群众的联系。伪间岛、奉天、安东、吉林、滨江、三江等省都推行了集家并屯的政策,1935年时集团部落1136个,1936年末则达到4433个。[⑥] 居住在边境地区的少数民族受害尤深。从1938年起,黑龙江下游抚远县的赫哲族群众就被强迫集中居住在八岔屯,实行保甲连坐制,日夜受到监视。到1942年年初,日伪军警又强迫抚远、富锦、同江等县沿江从事渔业生产的赫哲族人在5日之内迁往百里之外的深山密林沼泽之中,组成3个各自相距100多里的部落,不准互相往来。[⑦] 为了防止与山上的抗日联军队伍有联系,日本人在赫哲族人聚居的富锦县街津口村筑起围墙,两个出口均由日本守备队把守。围墙四角还筑有炮台,上面设置岗哨。[⑧] 阿荣旗有7个村的鄂温克人也被强迫迁往"伊奇奴"开荒达6年之久。[⑨] 东部边境朝鲜族散居户,则被勒令迁离到40公里外的地区,建立集团部落。[⑩] 日本侵略者推行的集团部落政策,使

[①] 《朝鲜族简史》,第100—101页,延边人民出版社,1986年。
[②] 《满族社会历史调查》,第54页,辽宁人民出版社,1985年。
[③] 《鄂伦春族简史》,第133页,内蒙古人民出版社,1983年。
[④] 《延边文史资料》,第6辑,第127—136页,延边人民出版社,1988年。
[⑤] 《呼伦贝尔文史资料》第2辑,第31—32页,政协呼伦贝尔文史资料研究委员会编印,1985年。
[⑥] 高检院编:《关于日本帝国主义在我国东北地区实行"治安肃正"的材料》第3册。
[⑦] 《赫哲族简史》,第147页,黑龙江人民出版社,1984年。
[⑧] 《赫哲族社会历史调查》,第16页,黑龙江朝鲜民族出版社,1987年。
[⑨] 《鄂温克族简史》,第131页,内蒙古人民出版社,1983年。
[⑩] 《朝鲜族简史》,第133页,延边人民出版社,1986年。

成千上万的东北各族人民受尽离乡背井、丧失家园和财产的痛苦。

1932年7月,日本帝国主义在东北成立了实施殖民统治的重要工具——协和会。这是不折不扣的法西斯组织,其主要力量由一些侵华骨干分子组成,伪满政权提供活动经费和场所。协和会成立以后,协同日伪军警在东北各地进行大量所谓维持治安与安抚工作。日本帝国主义对协和会大力扶持,使其势力迅速扩大。1933年年末,协和会拥有会员30万人,而到1938年2月则突破100万人。①

"七七事变"及太平洋战争爆发以后,日本帝国主义妄图把中国东北变成其侵略中国和亚洲的基础和大后方,所以加强了法西斯统治,战时法令不断升级。1941年12月制定《治安维持法》,1943年9月制定《保安矫正法》和《思想矫正法》,对东北各族人民实施更为严酷的统治和迫害。居住在黑河地区的达斡尔族与苏联临江相望,所以受到日伪军警的严密控制。渔民捕鱼归来,必须把渔船抬到警察所存放,防止作为它用。人们不能聚在一起谈天说地,更不能提到抗日联军或苏联,否则即被冠以"通匪"或"反满抗日"的罪名投入监狱,或是送到思想矫正院或精神训练所加以迫害。② 从1937年开始,日本帝国主义在东北推行北边振兴计划,以加强对苏作战准备。居住在中苏、中蒙边境的赫哲、鄂伦春、鄂温克、达斡尔等几个人口较少的民族,更是成为日本人摧残和灭绝的对象。1938年侵略者出笼《指导纲要方案》,规定对鄂伦春人"不开化其文化,持续其原始生活";"不使其归农,当特殊民族实行隔离";"构成其独立生活道路,排除其依存生活习惯"。③ 并禁止他们与汉族及其他民族交往及通婚,对鄂温克人的规定也是如此。日本帝国主义还通过鸦片、烈酒专卖政策,在少数民族地区大肆推销鸦片与烈酒,以达到获取巨大经济利益,摧残各族人民精神与身体的目的。在呼玛县,年满20岁的鄂伦春人每月可以领取20份吸烟证,每份可购鸦片0.3钱。一些地方每人每天甚至可领1—3份吸烟证。鄂温克、赫哲等族同样成为日本人以鸦片毒害的目标。日本人还在鄂伦春族地区大量供应烈酒,使得一些人喝醉酒后发生意外或死亡事故。④ 吸食鸦片和酗酒使得上述民族人口健康受到损害,严重地影响了他们的生产和生活。

日本帝国主义在东北进行了灭绝人性的细菌试验,从事细菌试验的两支部队代号为731和100,试验基地分别设在哈尔滨附近的平房地区和长春南部的孟家屯一带。他们以中国的抗日英雄、苏联的爱国者和东北的无辜民众为试验对象,从事伤寒、霍乱、鼠疫、赤痢、炭疽、牛瘟等人、畜病菌的培育与生产,准备用于战争之中。被注射或传染上病菌的人受尽疾病的折磨后难逃一死,其情状惨不忍睹。在731部队的试验中,先后有3000余人死亡。⑤ 日本帝国主义曾将培育的细菌带到居民区散播,以检验效果。1942年冬,日军在呼玛县用80名鄂伦春族学生作细菌试验,结果造成40多人死亡。⑥ 1944年,日本军警在1名被关押的鄂温克人身上注射了毒剂,然后放回西辉河,结果

---

① 陈本善:《日本侵略中国东北史》,第422—423页,吉林大学出版社,1989年。
② 《达斡尔族简史》,第121页,内蒙古人民出版社,1986年。
③ 内蒙古东北少数民族社会历史调查组编译:《满洲鄂伦春族研究》,第83页,油印本,1957年。
④ 《鄂伦春族简史》,第123页,内蒙古人民出版社,1983年。
⑤ 陈本善主编:《日本侵略中国东北史》,第540页,吉林大学出版社,1989年。
⑥ 《黑龙江文史资料》第27辑,第12页,黑龙江人民出版社,1984年。

引起80多人死亡。①

日本帝国主义在东北实行全面的经济统制，以便最大限度地利用当地资源，为日本的"帝国国民经济发展"和侵略战争"作出贡献"。从工业、农业、交通、运输到金融、商贸，凡是日本帝国主义所需要的，无不被其强占、掳掠、操纵或"开发"。日本侵略者统制东北经济的机构和方式，主要分为3种。第一种是由日本帝国主义操纵下的伪满政府直接经营，即所谓国营；第二种是由"满铁"（后为"满业"）及其关系机关经营；第三种是由特殊公司及准特殊公司经营。特殊公司及准特殊公司统制经营的范围非常广泛，包括煤炭、石油、矿冶、采金、军械、汽车、化学、火药、制碱、电信、盐业、林业、银行、商贸等，尤其注重对军需工业、重工业和其他基础产业的统制。为了加速发展东北的殖民地经济，以满足日本国内和侵略战争的需要，日伪政权于1937年抛出《产业开发五年计划》，其结果是导致一部分重工业畸形发展，民用工业和农业则极速萎缩。1941年第二次《产业五年计划》跟着出笼，目的在于进一步加紧掠夺东北的资源，尤其是与军事侵略密切相关的基础资源产业及其附带产业，其中重点是煤炭和农产品。

从1932年9月开始，日本帝国主义开始推行移民实边计划，向中国东北地区进行集团移民和武装移民，即习称的"开拓团"，以加强日本在东北的统治力量，达到长期霸占东三省的目的。从第一批日本移民到达佳木斯开始，到1941年年末，进入东北的各类日本移民和开拓团已达11万多人。② 1945年日本投降时，"日本共向东北派遣开拓团1131个，移民270428人"。③ 他们主要分布在中苏边境、山林边缘地区以及重要政治经济军事和产业交通的中心地区，占领了东北人民大片的良田沃土，迫使大量的东北农民离乡背井，或是沦为日本移民的佃农。这些所谓开拓团占领东北农民耕地的方式，一是以极低的价格强买；二是强占。如在依兰县，不论生、熟荒地每垧一律只付给1元，而当时市价上等熟地为每垧120余元，次等熟地为50余元，荒地上等的一垧也卖40—60元。1934年，蒙古族聚居的吉林省郭尔罗斯前旗的土地被开拓团看中，他们便强迫数以万计的农民在3个月内全部迁离，强占了那里的8万余垧熟地。④ 从1937—1944年，嫩江流域1.2万余达斡尔族农民被迫离开他们耕耘多年的土地，迁往伪兴安省的布特哈旗、阿荣旗和喜扎嘎尔旗等地，由于水土不服，生活无着，许多人在贫病交加中死去，人口大为减少。

日本帝国主义大力攫取东北的劳动力资源，实行严格的劳动统制。他们开展所谓的"勤劳奉仕"运动和"勤劳奉公"制度，大规模驱使东北各族民众参与各种劳作与苦役，连花甲老人和青少年学生也不放过。太平洋战争爆发以后，这种劳动统制更为严格，日伪军警常以紧急就劳的名义，大肆抓捕、征集劳工。仅1941年，在"勤劳奉

---

① 《鄂温克族简史》，第130页，内蒙古人民出版社，1983年。
② 陈本善主编：《日本侵略中国东北史》，第517页表格，吉林大学出版社，1989年。
③ 依保中、廉晓梅：《日本移民侵略与东北殖民地土地占有关系》，载《北方文物》1997年第3期。
④ 常诚等：《现代东北史》第365页，黑龙江教育出版社，1986年。

仕"名义下被迫服劳役的东北民众即达 33 万余人。① 许多劳工因劳累、疾病、事故和非人折磨而被夺去生命。移居索伦地区的达斡尔族人计有 300 户，2000 余人，平均每户被征用劳工 1—2 名，严重影响了他们的生活。其中有 40 户人家因不堪被抓当劳工之苦，竟拖儿带女弃家逃走。② 凤城县白旗村的 273 户满族中，有 60% 的劳动力被征去当劳工。同县黄旗屯出劳工 170 人，其中 50 人丧生。③ 1940 年，日本人竟将 1000 多名蒙古族僧人诱骗到阜新煤矿挖煤。其征集劳工可谓到了挖空心思的地步。

日本帝国主义在东北实行物资统制，强制搜刮和掠夺东北各族人民的物质产品和物质资源。"七七事变"之后，伪满政权迎合日本的需要，制定了征发全部资源办法的法令，凡违反该法者要被严厉惩罚。物资统制包罗范围很广，太平洋战争爆发后，农副产品成为掠夺的重点。他们一方面实行粮谷出荷政策；另一方面实行配给制，以压低人民的生活消费。在出荷政策的摧残下，达斡尔族农民的粮食和牲畜都被低价收购而去，交不够数目者要受到各种形式的惩罚。达斡尔族的农牧业生产由此受到极大的破坏。牧区的蒙古族则被迫低价出售大量的出荷牛、羊，1942 年伪兴安南省东科尔沁左后旗上缴出荷牛 2000 头，到 1943 年则增至 1 万头，④ 致使该旗的好牛、大牛几乎被掠夺殆尽。受日伪严密控制的鄂伦春族，其狩猎产品必须由"满洲畜产株式会社"低价收购，个人不得私自出售。⑤ 到了伪满后期，日本侵略者的物质掠夺更为疯狂，许多产品连有限的一点现金也不付给，而是采取记账方式，或是配给少量的质量低劣的粮食与布匹。东北各族人民的生活陷入贫困的深渊。

日本帝国主义采取一系列方法和手段，从思想文化方面奴役东北各族人民。他们极力宣传殖民主义思想和殖民主义文化，鼓吹大和民族是优秀人种，是东方唯一的高文化；宣称东北不是中国的一部分，而与日本具有密不可分的联系。所以日本要把东北建成"日满亲善"的"王道乐土"。原先的公立学校全部遭到封闭，代之以由日本人任校长及教导主任的"日满学校"。私立学校也受到日本人的严密监督。日本侵略者还废止了原来的教学内容和教材，重新组织编写宣扬"日满一体"等殖民主义思想和封建道德的教材。规定日语与汉语同为国语，在教学中实际以日语为主。1937 年以后，日本人在东北推行所谓的"新学制"，以进一步突出思想奴化教育，降低文化知识教育，建立起殖民地的学校体系。达斡尔、赫哲、鄂伦春、满、回、蒙古、朝鲜等民族地区都推行了新学制，学生们必须使用日语，听不懂日语或使用本民族语言者要受到迫害。学生们还被迫信奉天照大神，遥拜日本天皇和皇宫。日本帝国主义企图通过这种方法，把东北各族人民的子弟培养成亲日分子和殖民地的顺民。

日本帝国主义侵略中国东北的 14 年中，东北各族人民在政治、经济、文化诸方面，受尽日伪统治者的压迫剥削，过着凄惨悲苦的生活。一些人口较少的民族濒临灭绝。由

---

① 《满洲评论》第 549 号，第 8 页。转引自中国社会科学院近代史研究所编：《日本侵华七十年史》，第 563 页，中国社会科学出版社，1992 年。
② 王希亮：《日本对中国东北的政治统治》，第 306—307 页，黑龙江人民出版社，1991 年。
③ 《满族简史》，第 217—218 页，中华书局，1979 年。
④ 《内蒙古文史资料》第 34 辑，第 168 页，政协内蒙古文史资料委员会编印，1989 年。
⑤ 《鄂伦春族简史》，第 129 页，内蒙古人民出版社，1983 年。

于贫困和劳累，鄂伦春族人民的体质下降，许多人都患有气管炎、胃肠炎、关节炎等慢性疾病，2/3 以上的妇女还患有妇科病，致使一旦有传染病流行，便有大批人死亡。如1938 年诺敏河地区流行肠伤寒，共有 98 人死亡，其中有 6 户是全家人死绝。① 1945 年阿荣旗查巴奇鄂温克族人受伤寒传染，一次就有 100 多个因吸食鸦片而体质衰弱的人死亡。妇女和儿童也极易受到疾病的侵害，婴儿死亡率很高。在日伪统治者的摧残下，这些少数民族的人口锐减，到 1945 年日本投降之前，呼玛、瑷辉、逊克几县的鄂伦春族人口由民国初年的 2731 人减为 1007 人，② 赫哲族人口也由近 3000 人降到 300 多人。③

二、日寇在海南的殖民统治

1939 年 2 月 10 日，日本帝国主义出动陆军台湾混成旅团 3000 余人，第三舰队大小舰艇 30 余艘以及第三联合航空队 50 架飞机，分别从澄迈和崖县等地登陆，大举进犯海南岛。中华民国政府守军根据布置退入岛中心的五指山地区，岛上的一些城镇及沿海平原地方陷入敌军之手，被日本人统治达 6 年之久。

海南岛位于我国南端，其北部与大陆雷州半岛只隔一条琼州海峡，东南滨海与菲律宾群岛相望，西南隔北部湾是印度支那半岛的越南，战略地位非常重要。1938 年 10 月日军攻占广州后，国际援助中国的主要通道由香港向南方转移，以越南的河内通道和缅甸通道为重点。日寇侵占海南岛，主要目的之一是将之作为南进基地，并实现对中国沿海的全面封锁，以断绝中国西南海上国际交通线，削弱中国的抗战能力。日本的战争狂人认为："要切断河内、缅甸两条援蒋通道，非航空兵攻击不可。""如果在海南岛建立航空作战基地，那就可以足够延长切断缅甸通道航空作战的纵深。"④ 除了重要的军事地理位置，海南岛丰富的资源也是引起日本帝国主义垂涎的主要原因。他们将这座拥有优质矿藏、丰富能源和亚热带资源产品的岛屿视为"天然资源宝库"，是实现"以战养战"的理想地方。

为了实现上述侵略目标，日军首先采取残酷的镇压政策，以维持他们在海南岛的统治。日军从登陆海南岛的那一天起，即表现出了赤裸裸的侵略者的凶残本性，一路不断枪杀无辜的黎、汉等族百姓。侵占海南岛的大部分地区以后，日本政府有关机构讨论出台了"治理"海南岛的方针政策，将海南岛作为日本新设的殖民地进行统治管理。全岛置海南厅，成为南洋厅的一部分；岛内划分 13 个县，基层设保甲制；黎族地区依照台湾的"理蕃政策"，设"抚黎署"进行管理。日本帝国主义企望用 10 年的时间把海南岛建成有如台湾统治水平的殖民地，所以对该岛的治安倾注了很大的力气。随着行政区域的划分，各县地方都建立了日伪警察系统，并强迫抽丁充当黑衣队、自警团成员，负责地方上的巡逻、站岗和放哨。岛上常年驻扎重兵。1945 年日本侵略者投降时，海南岛驻有日军 4 万人左右，而这还不是驻兵最多时的情况。

在维持治安的名义下，海南岛的黎、汉各族群众时常遭到日军的屠杀。1940 年下

---

① 《鄂伦春族简史》，第 180 页，内蒙古人民出版社，1983 年。
② 《黑龙江文史资料》第 27 辑，第 12 页。
③ 王希亮：《日本对中国东北的政治统治》第 309 页，黑龙江人民出版社，1991 年。
④ 《中华民国资料丛稿》之译稿《大本营陆军部》、《中国方面海军作战》，中华书局，1980 年。

半年，日军占领保亭县城后，对黎族地区各村庄进行清剿，强迫、引诱逃进山里去的黎族同胞出来当"顺民"，不服从者格杀勿论。日军进犯南圣村时，抓到"逆民"百余人，令其排成队，每人挖一 6 尺深坑，强迫第二人埋第一人，第三人埋第二人，依次活埋，无一幸免，制造了震惊琼崖的"南圣大屠杀事件"。[①] 1942 年，日军占领了定安县岭门圩，这个住有 350 多户黎、汉族居民的繁华镇子失去了往日的安宁，4 年中共有 1400 多人丧生于日军的魔爪之中。[②] 而对于那些与抗日活动有关，或是被日军怀疑与抗日活动有关的群众和村子，更是受到日军的血腥镇压。崖县羊栏是黎、汉杂居的地方，日本人以当地有人参与游击队活动为由，于一天夜里包围抓捕了妙山等几个村庄的 100 多名群众，并将其中的 30 多人残忍地杀害。[③] 1942 年农历三月初八，中共领导的一支抗日队伍路过陵水县黎寨狗尾吊村，并在此宿营。闻讯赶来的日军包围了村子，尽管抗日队伍早已撤走，日军还是兽性大发，向村中的百姓猛烈开枪。以琼崖抗日独立队为主的抗日力量一直在岛上坚持斗争，日军为了剿灭他们，曾多次对以五指山为中心的抗日根据地进行扫荡。太平洋战争爆发后，日军更是进行了命名为"y"作战的 9 次大规模的集团行动，企图把海南岛建成"太平洋永不沉没的航空母舰"，以便控制整个太平洋。在每次集团行动中，日军都以装甲车、坦克和飞机作配合，对根据地进行疯狂的蚕食和扫荡，给黎、汉各族民众造成了巨大的灾难。

在日寇对海南岛的烧杀抢淫活动中，妇女受害尤深。驻扎在海南岛各地的日军，经常到附近村寨抓来大批年轻妇女给他们洗衣服、挑水、舂米、做饭及供发泄性欲，稍有不从即可能遭到虐杀。有些妇女还被抓去当慰安妇。如 1941 年日军在廖次峒架马村附近设立军营后，当地黎族群众受尽了他们烧杀抢淫恶行的折磨，先后有 300 多名群众被杀害，有 25 名妇女被强奸，有数个村庄被烧毁。驻扎在岭门碑碣岭、登高岭两个据点的日军，也从附近村寨抓来 9 个青年妇女充当慰安妇。许多妇女在遭受日寇强暴以后，仍惨遭杀戮，有的被剖腹，有的被割掉乳房，有的阴部被插入木棍，其情状惨不忍睹。有的妇女不堪忍受日军的凌辱，自杀身亡。

日本帝国主义在海南岛进行了疯狂的经济掠夺。他们从日本派遣大批"技术人员"到岛上进行资源调查，同时组织动员日本国内的财团、商社到海南投资，并且制定所谓的"五年开发计划"，力图把海南岛建成其侵略战争的物资供应地。日本帝国主义占领海南的 6 年间，共投资 6 亿日元进行所谓"开发"，其中有 1.1 亿日元是日本政府国家预算中直接投入海南岛"开发"的奖金。在他们制订的所谓"开发方针"和"开发计划"中，完全以台湾的殖民统治为模式，将日本所需的"军事国防资材"及其"本国工业"所需的各种资源列为开发重点，并采取"统制管理"措施以保证供给。

根据日本帝国主义开发海南的原则，他们对工矿业、农业、道路交通、港湾建设等对国防军事工业具有重要意义的经济部门进行了重点开发，其中工业投资中仅采矿业即

---

① 程昭星：《黎族人民斗争史》，第 290—291 页，民族出版社，1999 年。
② 《岭门血案》，《海南协商报》1995 年 4 月 14 日。
③ 羊杰臣：《日军侵占崖县及其暴行纪实》，载《海南文史资料》第 6 辑，南海出版公司，1993 年。

达 2.6350 亿日元。① 海南的主要矿场，如田独铁矿、石禄铁矿、那大锡矿及羊角岭水晶矿，都被日本人进行了毁灭性的开发。仅是田独铁矿，日本人在 1939—1944 年的 5 年时间里，共开采出优质铁矿石 269 万吨，掠运回国 268.8 万吨。②

1943 年日本人在海南岛掠夺的铁矿石（单位：吨）③

矿 名	计划生产	实 绩	对日供应量
石禄矿	1,300,000	393,653	248,012
田独矿	1,062,000	918,511	829,534

6 年中，日本帝国主义从海南劫走超过 1000 万吨的矿砂，④ 其中大部分运往日本，对其国内工业起到了重要作用。

海南岛的农业资源也遭到疯狂的掠夺。日本侵略者认为，海南岛气候温暖，一年四季均适于耕作，如果以新式农具开发地利，一定会使农业产量增加数倍。他们在岛内遍设农业开发公司，夺取农民的土地建设农场，并提出所谓"增产"名目，强迫当地农民从事各种劳役，以生产日本本土当时甚为短缺的必需品，如纤维原料棉花、黄麻，车辆及航空工业须用的油脂等。据统计，日本人设于全岛的农场达 92 个，每个农场均设有农畜产品加工厂或化学工业、木材制造厂等，以就地加工日本侵略军所需的农副产品。日本侵占海南的几年中，各族农民遭受了巨大的经济损失，他们被掠走的耕牛达 25 万头，猪 37 万头，还有大量的粮食和其他畜禽。⑤

海南岛的林木、水产和盐业也是日本帝国主义掠夺的目标。他们在北黎及马鞍岭等 18 个地方设有木材制造厂，年采伐量约 1 万立方米，以供铁道、桥梁、军事设施、船舶运输等各种工程之用。太平洋战争爆发后，日军亟须补充军用船舶，乃在海南的新村、安游、榆林等地建立大型船厂，以供其在东南亚地区作战之需。榆林、红沙等 10 多个地方建有日本人的水产收买处，并配有冷冻设备，当地渔民每年被掠走的水产品难以数计。

日本帝国主义还在海南岛进行了修建机场、工厂、道路、港湾、桥梁、水利工程等具有殖民主义色彩的经济投资和经济侵略活动。他们的所有这些投资和侵略活动，建立在剥削岛内各族人民的辛勤劳动和血汗的基础之上。据统计，共有 10 多万黎汉各族群众被迫在各地的矿山、港湾、机场等地充当苦役，数量众多的农场也靠广大农民无偿提供劳动。从 1940—1945 年日本投降为止，岛内有 2 万名劳工被征集到矿山劳动，他们每天干活 10 多个小时，要挖矿石 8 吨，不完成任务不给饭吃，还要遭到毒打。当时日本人还从岛外征集了 68 批劳工共 2.5 万人。由于不堪劳累与折磨，许多劳工死于非命或是外逃。到抗战结束时，这些矿山的劳工仅剩 5000 多人。而一些参与修建军事工程

---

① 许明光：《抗日战争时期日本侵略者对海南岛经济掠夺的一些情况》，载《历史教学》1962 年第 11 期。
② 转引自程昭星：《黎族人民斗争史》，第 300 页，民族出版社，1999 年。
③ 君岛和彦：《日本帝国主义对中国矿产资源的掠夺过程》，《国外中国近代史研究》第 6 辑，中国社会科学出版社，1984 年。
④⑤ 许明光：《抗日战争时期日本侵略者对海南岛经济掠夺的一些情况》，载《历史教学》1962 年第 11 期。

的劳工，则遭到了日本侵略者无情的屠杀。

日本帝国主义还控制了海南的金融和流通领域。他们一方面从民间聚敛大量存银；另一方面对许多商品进行垄断、禁卖和不等价交换，通过物资统制手段把人们的生活降到最低水平。岛内的民族工商业遭受严重打击，人民的生活状况严重恶化。

三、日寇在内蒙古的殖民统治

自19世纪末20世纪初以来，日本帝国主义一直将我国的内蒙古地区作为其一个主要的侵略目标，并逐步形成了它的"满蒙政策"的构想。日俄战争以后，日本通过与俄国的瓜分，将我国东北南部和内蒙古东部地区视为自己的势力范围。1915年1月，日本帝国主义向袁世凯提出了"二十一条"的要求，其中第二部分"日本国在南满洲及东部内蒙古享有优越地位"的7条要求，有5条涉及内蒙古东部地区。日本不仅迫使袁世凯接受这"二十一条"，而且在5月25日签订了中日《南满洲及东部内蒙古之条约》，将上述7条要求以条约的形式确定下来。然而日本帝国主义并不因此而满足。1931年日军蓄意制造"九一八"事变，并以此为借口，相继侵占了我国东三省及内蒙古东部主要城镇及铁路沿线地区。1937年日军又发动"七七"事变，开始全面侵华战争，短短的几个月中，内蒙古西部地区除伊克昭盟和阿拉善、额济纳旗外，全部落入了日本帝国主义的魔掌。

日本帝国主义先后侵占内蒙古东部地区和西部地区以后，相继推行了一系列的殖民主义政策和措施。

1932年3月，日本帝国主义扶持成立伪满洲国。1933年3月，日军占领热河省。包括哲里木盟、昭乌达盟、卓索图盟以及呼伦贝尔、西布特哈地区在内的内蒙古东部地区，全部被纳入伪满洲国的版图之内。日本侵略者在伪满洲国的国务院内设兴安局（后曾改为兴安总署和蒙政部），专门负责处理有关蒙古民族事务。在地方上，取消东部地区原有的盟旗制度，重新确立省旗制，将哲里木盟、呼伦贝尔、西布特哈地区和昭乌达盟北部先后划为兴安南北东西4个省；把原卓索图盟和昭乌达盟南部各旗划入热河省和锦州省；把哲里木盟的郭尔罗斯前旗、郭尔罗斯后旗、杜尔伯特旗等划入新设的吉林、滨江、龙江等省。这些辖区内共有36个蒙古旗，有蒙古族人口近百万人。在各省、旗公署中，均配备有日本参事官，由其掌握实权。同时还在通辽、海拉尔设立2个军管区。关东军的一部分精锐部队驻扎在东内蒙古主要城镇及中蒙、中苏边境线一带，把东内蒙古地区作为入侵苏、蒙的前沿阵地。同时，成立以蒙古族人为主的兴安军，派日本人担任中高层军官，驱使其对内镇压人民的反抗，对外与抗联、八路军和苏、蒙军作战。日军侵占内蒙古西部的大部分地区后，在张家口成立了察南自治政府，在大同成立晋北自治政府，在归绥（今呼和浩特）成立了蒙古联盟自治政府，并在3个傀儡政权之上成立蒙疆联合委员会，作为其指导机关。1939年9月，上述3个伪自治政府合并为蒙古联合自治政府，1941年8月又改称蒙古自治邦，即人们通常所说的伪蒙疆政权。日本侵略者为了加强对内蒙古西部占领区的控制，专门成立了驻蒙军，驻扎在各主要城镇和铁路沿线。同时建立伪蒙古军和警察部队，将其作为对内实行法西斯统治、对外同八路军和国民党军队作战的工具。此外，日本侵略者还设立了遍布内蒙古西部各地的特务机关，形成了特务统治网。通过这些日伪军政机构，日本帝国主义加强了对内蒙古人民的残酷压榨和法西斯统治。

　　日本帝国主义推行"满蒙政策"的主要目的,是要把中国东北和内蒙古地区变成其重要原料供应地和"以战养战"的重要基地。在"二十一条"中,日本即向北洋政府提出:(1)日本人在内蒙古东部为建造工商业厂房和耕种,有土地租借权或所有权;(2)日本人有权在内蒙古东部随便往来居住,经营工商业;(3)日本人在内蒙古东部有矿藏开采权;(4)中国政府如允许他国在内蒙古东部铺设铁路,向他国借款,或以地方税课抵借外债,均须先经日本政府同意;(5)中国政府在内蒙古东部聘用政治、财政、军事顾问,必须先同日本政府商议。① 随后日本加大了对内蒙古地区的经济侵略,企图从财政金融、物产资源、工商企业、交通运输等各个方面,控制内蒙古的金融和经济命脉。第一,他们向内蒙古大力输出商品。在20世纪20年代前后短短的几年中,日本商品即充斥了内蒙古东部地区的市场。当时通辽市场上的棉织品日货占90%,1920年林西市场上的日货也达43种之多。② 第二,他们向内蒙古地区输出资本,相继建立了正金银行、蒙疆银行、晋北银行、察南银行等。第三,他们在内蒙古地区修筑铁路以扩张势力。1913年10月5日,中日签订了《满蒙五铁路借款预约》;1915年12月17日签订了《中日四郑铁路借款合同》;1919年9月8日签订了《中日四洮铁路借款合同》。而所谓满蒙五铁路中,有3条途经内蒙古地区。另外京绥铁路从张家口到包头段的修筑也向"日本东亚兴业公司"借款600万日元。1925年9月,"满铁"提出今后20年间的"满蒙开发铁路网",新建35条共计长2800公里的铁路,其中有11条与内蒙古东部地区有关。第四,从1918年开始,他们在内蒙古开办了满蒙毛织株式会社、蒙古产业公司、隆育公司、哈番农场、华兴公司、东蒙古拓殖盛德公司、佐佐江农场、早间农场、华峰公司等,对内蒙古的工商农牧等业进行操纵和控制。第五,他们打着"借地养民"的幌子,派遣所谓的"满蒙开拓团",在内蒙古地区垦荒种田,并设立荒务局等机构征收荒租。1938年,他们又指使伪满洲国强制推行所谓"土地奉上",把大量蒙古土地由王公所有变为日本控制的伪满洲国所有,使广大蒙古农牧民失去了从事农牧业的生存条件。第六,他们对人民生活必需的物资实行统制法,严禁随意买卖,并强迫农牧民"出荷"粮谷、牛羊等。如1945年,呼伦贝尔新巴尔虎左旗每100只羊要"出荷"25只;每300匹马"出荷"100匹;每20头牛"出荷"牛皮1张;每5只羊"出荷"羊皮1张。此外,更有数十种名目繁多的苛捐杂税,仅绥远省1938年的各种税收就高达955.9万元,1939年又增加到1336.5万余元。③

　　此外,日本帝国主义还大肆掠夺东蒙地区的森林、矿产资源,奖励农民种植罂粟,制造和贩卖鸦片。并在文化教育方面,实行奴化教育,向学生灌输"反苏反共"及"大东亚共荣圈"等反动思想,麻醉人民的反抗意识。在日本帝国主义的殖民统治下,内蒙古地区的经济遭到了毁灭性的掠夺。仅1938年和1939年,从"蒙疆"输出的各种

---

① 参见王芸生《六十年来中国与日本》第6卷第74—76页,三联书店,1980年。
② 郝维民主编《百年风云内蒙古》第74页,内蒙古教育出版社,2000年。
③ 参见《蒙古族简史》,第404、第413页,内蒙古人民出版社,1985年。

物资即高达2亿多日元。①

四、台湾被纳入战争经济轨道

"九一八"事变和"七七"事变爆发后，台湾成为日本侵略中国和东南亚地区的重要战略基地。日本帝国主义不仅加强了对台湾的军事统治，恢复由军人兼任总督的体制，还将台湾的经济和人力资源都动员起来，以配合日本侵略战争的需要，台湾被纳入战争经济轨道。

在农业方面，虽然日本国内自1930年起连年粮食丰收，但受经济危机的影响，农产品价格大幅下跌，为挽救其农村经济危机，日本政府遂改变过去以米、糖为中心的台湾农业本位政策，实行所谓"多角化"的农业生产。1933年，他们颁布了米谷统制法，限制台湾及朝鲜的种稻面积和输往日本的大米数量，在台湾推行栽种棉花、甘蔗、黄麻、苎麻、亚麻、花生、菠萝、香蕉、柑橘、咖啡、蔬菜等。居住在山区的高山族人，于1932年前后即被强迫下山开荒，种植日本所需要的工业原料，包括甘蔗、苎麻等。为了加强对台湾农业资源的掠夺，日本殖民者还以资本3000万日元成立"台湾拓殖会社"，经营垦荒、造林、土特产品栽培、土地改良、榨油、化学、纤维制造乃至移民贷款、投资、调查等项业务。日本统治者在鼓励和帮助日本国民和企业获得台湾土地的同时，却严格限制台湾人自己拥有土地。1939年，日本10家制糖公司和拓殖公司就拥有耕地14.52万甲，占台湾耕地总面积的17.5%。到1945年，日本人控制了台湾17.5万公顷的土地。

在工业方面，日本统治者提出了"工业化"的发展目标，以支持战争的需要。早在1931年11月，他们即恢复了停顿已久的日月潭水力发电兴建工程，并于1934年竣工，为工业生产的发展提供了丰富的电力资源。1938年，日本统治者开始实施"台湾生产力扩充五年计划"，促使台湾工业迅猛发展。尤其是各种国防军需工业，如硫酸、造纸、酸碱、纺织、钢铁、水泥、火柴、玻璃、铜及铅之精炼等近代工业企业，纷纷建立，台湾工业化程度显著提高。1937年台湾生产总值中，工业品产值占47%，1943年则提高到51%。从1938—1945年，台湾金属工业、制材工业、化学工业、机械器具工业和纺织工业的实收资本增长幅度最大。由于工业发展，1941年台湾工业总产值超过6亿日元，占全岛社会生产总值的一半。②

虽然战时台湾的工业有所发展，但从资本和技术两个方面看，台湾的民族工业没有进步。由于日本资本源源不断进入台湾，独占生产和流通的各个领域，台湾民族资本受到了排挤和吞并，从1938—1941年，台湾人所占资本比例逐年减少。在各类工厂企业中，所有的技术工人、专门技师和管理人员的职位几乎全由日本人担任，台湾人主要充当手工工人或半技术工人。

在矿业方面，为适应战时需要，日本加强了对台湾石油和金银铜煤等矿藏的开采，尤其重视对石油的开采。台湾总督府的钻井补助费由每年的30万元左右增加到100万

---

① 参见《蒙古族简史》，第412页，内蒙古人民出版社，1985年。
② 杜恂诚：《日本在旧中国的投资》，第61—62页，转引自刘国良：《中国工业史》（近代卷），第477页，江苏科学技术出版社，1992年。

元以上，至 1940 年竟达 260 万元。

战时台湾经济角色的转变，从贸易统计资料中也反映出来。在 1935—1939 年间，台湾资本输入（主要是工厂设备）按每年 27% 的速度增加，而同期工业品的输出的年平均增长率为 84%。甚至在随后的战争期间，工业品输出仍按每年 30% 的速度增长；而农产品的输出，却因严重台风灾害而减少为每年约仅增长 2%。①

为了应付战争的需要，日本统治者还采取其他一些经济手段，最大限度地掠夺台湾人民的财富。如他们强迫人们购买公债，从 1937—1942 年，共发行国债及其他债券 87609505 元，全部于岛内消化。又如他们通过扩大台湾银行券的发行量，制造通货膨胀。1937 年台湾银行券的发行额为 7500 万元，1945 年 7 月达到 14 亿元，同年 12 月更猛增到 29 亿元。从 1937—1945 年，台北市的物价上涨了 23 倍。再如他们实行专卖制度和苛捐杂税，先后宣布鸦片、食盐、樟脑、烟草、酒类等实行专卖；台湾人不仅要给土地、人口、家畜上税，还要给农具、渔网、水井等上税，从 1935—1940 年，捐税收入占台湾总督府每年收入的一半以上。而由于战争影响了台湾的对外贸易，军需又不断增加，物资供应日趋紧张，日本统治者乃加强推行战时经济统制，以充裕战略物资来源和限制民间消费，使台湾的生产和人民生活受到极大影响。②

太平洋战争爆发后，美、英参与对日作战，日本军队在远东节节败退，战争逐渐迫近日本本土及台湾外围，台湾的经济形势日益恶化。日本帝国主义为了挽救战争败局，在经济方面推行"全面经济动员"，使台湾由所谓"南进基地"变为"兵站补给基地"。但由于日本帝国主义在战争中已处于劣势，台湾经济形势显著恶化，物资严重匮乏，物价不断上涨，财政金融混乱达到极点，大批人力被驱赶到前线充当炮灰，重要生产设备遭受盟军空袭破坏，物资来源断绝，生产陷入停顿。至战争末期，台湾一切经济资源枯竭，整个经济活动陷入瘫痪状态。

---

① 刘克智：《台湾人口成长与经济发展》，第 59 页，（台北）联经出版事业公司，1979 年第 2 版。
② 台湾省文献委员会编：《台湾史》，第 638 页，（台北）众文图书公司，1984 年。

第二章　国民政府的民族事务机构与民族政策

第一节　国民政府的蒙藏事务管理制度与立法

一、蒙藏委员会的成立

1924年1月23日，中国国民党第一次全国代表大会在孙中山的主持下于广州开幕。大会制定了国民党的建国方略并提出对时局的看法。孙中山根据当时中国的国情，对他本人创立的三民主义作了新的解释。大会宣言在论及民族主义时指出："国民党之民族主义，有两方面之意义：一则中国民族自求解放；二则中国境内各民族一律平等。"① 孙中山关于"中国境内各民族一律平等"的思想，在当时已产生了积极的影响。但孙中山没有来得及实施自己的方案就与世长辞了。不久，国民党人与共产党人一道组成国民革命军，在广州誓师北伐，问鼎中原，清除北方封建军阀势力，试图建立孙中山提出的以新三民主义为蓝图的民主共和国。正当北伐军节节胜利之际，蒋介石却在1927年4月12日发动了震惊中外的反革命政变，篡夺了北伐革命的胜利果实，公开背叛了孙中山"联俄、联共、扶助农工"的三大政策。1927年4月18日，蒋介石在南京宣布另组中华民国国民政府。

1928年2月3日，国民党召开二届四中全会，重新议定了国民政府组织法，正式组成新的国民政府。7月，东北军张学良易帜，宣布接受国民政府领导。蒋介石逐步取得对全国的统治，虽然时有新军阀在帝国主义的支持下，不断进行新的内战，全国局势仍然处在混乱之中，但相对说来，南京国民政府举起孙中山"三民主义"旗帜，中央政府的权威较北洋时期进一步加强。

1929年3月，中国国民党第三次全国代表大会指出："今幸军阀之恶实力已被摧毁，中国境内之民族，应以互相亲爱、一致团结于三民主义之下。为达到完全排除外来帝国主义目的之唯一途径。诚以本党之三民主义，于民族主义上，乃求汉、满、蒙、回、藏人民密切的团结，成一强固有力之国族，对外争国际平等之地位。""本党敢郑重述明：吾人今后必力矫满清、军阀两时代愚弄蒙古、西藏及漠视新疆人民利益之恶政，诚心扶植各民族经济、政治、教育之发达。务期同进于文明进步之域，造成自由统一的中华民国。"②

国民政府首先以立法的形式明确了蒙古、西藏的地位，再一次重申了蒙古、西藏是中国领土这一原则立场。1931年《中华民国训政时期约法》"总纲"第一条指出"中

---

① 荣孟源主编：《中国国民党历次代表大会及中央全会资料》，第17页，光明日报社，1985年。
② 荣孟源主编：《中国国民党历次代表大会及中央全会资料》，第647页，光明日报社，1985年。

华民国领土为各省及蒙古、西藏"。它既坚持了历届中央政府对蒙古、西藏的原则立场,肯定了它们的主权归属,又揭示了其与一般行省不同的特殊性。这就对蒙古、西藏民众不无号召力。在第六条中强调"中华民国国民,无男女、种族、宗教、阶级之区别,在法律上一律平等"。关于蒙藏地方制度则表示:"就地方情形,另以法律定之。"①以后在1947年公布的《中华民国宪法》中又指出:"中华民国领土,依其固有之疆域,非经国民大会之决议,不得变更之。""西藏自治制度,应予以保障。"即不改为行省,而实行自治制度,以有别于其他地方。关于国民大会也有明确表述,"西藏选出代表,其名额以法律定之"。并规定以后国民大会、立法院、监察院等国家机构和政府部门都要有蒙古、西藏的代表参加。② 鉴于蒙古、西藏等民族地区情况复杂特殊,在未经颁布新的有关特别法规前,国民政府决定,可酌予援用清《理藩院则例》,也不是说沿袭清政府治藏原则、方法等,以稳定蒙藏地方局势。由于种种原因,国民政府对西藏问题采取的主要方针是"宜以政治为主,军事为辅,只要藏政归中央治理,不受外国牵制足矣"。

国民政府为实施"孙中山民族主义之遗教,因应国家当前之环境,必须扶助国内各民族文化经济之发展,培养其社会及家族仆人自治之能力,尊重其宗教信仰与社会组织之优点,以期巩固国家之统一,增进国族之团结"。③ 遗憾的是,由于众所周知的原因,国民党所定的这一"重边政,弘教化,以巩固国族而成统一"的纲领大多停留于纸上谈兵,未能真正落实下去。

国民政府为了加强对蒙古、西藏等少数民族地区的管理,统筹处理蒙藏等少数民族事宜,按组织法专门在行政院下设蒙藏委员会,于1928年7月在南京设处筹备。这一方案在8月8—15日召开的中国国民党第二届第五次中央全会上获得通过。1928年12月,阎锡山被任命为蒙藏委员会第一任委员长。1929年1月5日,阎锡山宣誓就职;2月1日启用印信,开始办公,并宣布从前北京之蒙藏院之一切职责消亡。该会颁布的训令称"……所有从前北京之蒙藏院当然早经消灭,此后关于蒙藏一切政治兴革及行政事宜,均由本会依照本党政纲统筹继续办理"。17日,国民政府公布了该会组织法(1933年12月2日修正公布),共28条。④ 1942年、1944年和1947年又多次修正、公布,但其性质职能始终保持不变,即掌理"关于蒙古、西藏之行政事务;关于蒙古、西藏之各种兴革事宜",只是在机构设置、官员配备等方面根据情况略有变化。

该组织法明确该会与各部同等,采取委员制。设正、副委员长各1人,委员初为9—15人,后增至20—27人。委员们每年轮流赴蒙藏各地巡视。凡议决案之执行及处理会内事务,以委员长名义行之,内设总务处、蒙事处、藏事处、参事室秘书室、编译室。蒙藏委员会专掌蒙藏地区和回疆行政事务,隶属行政院。国民政府对西藏、内蒙古等的施政,主要通过它来具体落实。如蒙藏委员会在内蒙古各盟旗设协赞专员,他们直

---

① 中国藏学研究中心、中国第二历史档案馆合编:《民国治藏行政法规》,第18页,五洲传播出版社,1999年。
② 中国藏学研究中心、中国第二历史档案馆合编:《民国治藏行政法规》,第17页,五洲传播出版社,1999年。
③ 《中国国民党第五次全国代表大会宣言》,见《中国国民党百年风云录》,第3610页,延边大学出版社,1993年。
④ 中国藏学研究中心、中国第二历史档案馆合编:《民国治藏行政法规》,第38页,五洲传播出版社,1999年。

接参与监督盟旗地方事务。蒙藏委员会还在地方设有驻藏办事处、驻北平办事处、察哈尔蒙旗特派员公署、蒙旗宣慰使公署、蒙旗宣化使公署、北平蒙藏学校、张家口牧场、杀虎口牧场、北平喇嘛寺庙整理委员会、蒙藏招待所、蒙藏政治训练班、蒙藏旬报社（后改为蒙藏月报社）、驻印通信处及张家口等地的台站管理局。此外，蒙藏委员会还设有一些临时性机构，如为主持十四世达赖喇嘛坐床典礼的蒙藏委员会委员长行辕等，事过后即予裁撤。由蒙藏委员会监督指导的地方驻京办事处还有：西藏驻京办事处、班禅驻京办事处、蒙古各盟旗联合驻京办事处、绥境蒙政会驻京办事处、章嘉呼图克图驻京办事处等。

由于蒙藏地方在民国时期的重要性、特殊性、复杂性，国民政府对蒙藏委员会委员长的人选极为重视，担任委员长的多是重要官员，如首任委员长阎锡山（曾任山西省政府主席，后任行政院院长）、黄慕松（曾任陆军大学校长、参谋本部次长）、吴忠信（曾任贵州、新疆等省政府主席，后任总统府秘书长）等。委员会内不乏蒙古、藏民族人士，如蒙藏委员会第一届委员中就有白云梯、格桑泽仁、罗桑囊嘉等，以后又增设了恩克巴图、班禅额尔德尼等。该会各机构中也有不少蒙古、藏族人士任职。

蒙藏委员会成立后，即把西藏、蒙古、新疆等地区的问题列为重点，拟订了详细、具体的方案送交国民政府。

1929年3月13日，蒙藏委员会正式行使其职权，给蒙藏地区各盟、旗、台站管理处下达训令，告知蒙藏委员会成立事宜，今后凡有关蒙藏地方政治兴革及行政事宜，均得报请蒙藏委员会处理。同月，该会还拟订了《开发建设康藏交通计划》，提出为了改善康藏地区的交通状况，"兹拟先从修治公路入手，一面扩张邮电，使往来不致梗阻，消息逐渐灵通。交通便利之处，即商贾云集之处，亦即政权达到之处，而风气自必豁然大开，新政不难次第实现"。这就不难看出，作为蒙藏委员会本身来说，建会伊始就想有所作为，后来的事实也证明，康区的交通邮政逐步有所改善。

除蒙藏委员会外，内政部在管理边疆民族事务上也发挥着重要的作用。国民政府中的其他部门也设有处理蒙藏事务的机构和人员。同时，国民政府还在民族地区派驻或设置一些机构，如西陲宣化使公署、蒙旗宣化使署等。

1929年6月，在国民党第三届二中全会上，专门讨论了"关于蒙、满、回、藏之待遇及扶助案"。大会于6月17日通过了由蒋介石等人起草的"关于蒙藏之决议案"，下达训令，由行政院执行。关于蒙藏自治问题的条款有第五条："蒙藏委员会应根据施政纲领及实施程序，积极筹办实施。在第一期内，应特别注意于调查蒙藏情况，革新行政制度，兴办教育，及筹备自治诸项"；第六条第四款："说明本党训政之意义，督促蒙藏人民积极培养自治之能力，完成自治之政府，并优先登录蒙藏人民参加地方行政，并奖励蒙藏民优秀分子来中央党政机关服务。"[①] 该议案决定召开蒙藏会议，主题是报告蒙藏情况，讨论蒙藏地方的改革事宜；派员宣慰蒙地区；振兴蒙藏经济、文化，发展教育事业等。为贯彻这一决议案，蒙藏委员会即筹备分别召开蒙、藏会议，并先行拟定了《西藏会议代表推选办法》。西藏地方在接到驻藏民办事长官函后，表示"京中原拟

---

① 中国第二历史档案馆：《中华民国史档案资料汇编》第5辑，第137—138页，江苏古籍出版社，1994年。

番五月内召集西藏会议,即派代表列席,协商藏中苦况,并请求恢复旧制各情,大有裨益,诚为金石之言,不胜铭感之至。当即转邀藏王暨达赖佛爷,恳请速派代表,已蒙允准"。① 后蒙古会议(西藏会议却因故搁延)如期举行,正是在这次会议上,决定根据蒙古特殊情形制定《蒙古盟部旗组织法》,并特别强调了内蒙古在巩固边防上的重要性,使内蒙古问题首先以边疆问题的形式凸显于全国。

二、蒙藏委员会对蒙藏事务的管理

蒙藏委员会成立后,同民国初年的蒙藏事务局一样,对蒙藏等政治、经济、文化教育给予关注,并在可能的情况下,有针对性地采取措施。主要包括如下内容:

第一,维护主权,稳定边疆。蒙藏委员会十分注意边疆地区的动态,通过其驻蒙古、西藏地区的机构及人员等,有时也派出专使至地方("九一八事变"后,为巩固边防,抚辑边民。1932年春,特派班禅额尔德尼为"西陲宣化使"。同年夏,特派章嘉呼图克图为"蒙旗宣慰使"。1934年,因十三世达赖喇嘛圆寂,黄慕松为致祭专使),尽力宣传中央对蒙、藏地区的政策,广泛联系地方上层人士。抗战时期,蒙藏人民和祖国各族人民一道,浴血奋战,为保卫祖国作出了自己的贡献,凡此种种,都与蒙藏委员会所做的大量工作是分不开的。

第二,进一步密切边疆民族与中央政府的关系。蒙藏委员会的职能之一就是管理蒙藏等少数民族王公、高僧等的朝觐、封爵、授勋等。蒙藏委员会还沿袭前清旧例,先后制定了《边疆宗教领袖来京展觐办法》、《达赖、班禅代表来京展觐办法》、《蒙藏人员参政考试及受勋各种办法》等,做到了有法可依,有章可循。

第三,管理蒙藏地方的宗教事务。考虑到藏传佛教在蒙藏地方的影响,为解决好特殊的民族、宗教问题,制定了诸如《管理喇嘛寺庙条例》、《喇嘛转世办法》、《修正喇嘛登记办法》、《管理喇嘛寺庙条例》等一系列条例。较早制定的是《管理喇嘛寺庙条例》。

在蒙藏地方,国民政府沿袭清代以来的政策。如在蒙古采取的是"尊重王公,崇信活佛",将王公贵族的世袭制度改为地方长官任命制,于是有了名目繁多的司令、宣抚使,乃至国民政府委员等。对于宗教人士则加封名号,格外青睐。如对章嘉呼图克图委以蒙旗宣化使之职,被选为国民党中央监察委员,还封赠"护国大师"名号。

西藏地方由于特殊情况,国民政府对十三世达赖喇嘛在政教上的权力等还是较为尊重。1936年,鉴于十三世达赖喇嘛圆寂,需要寻找其转世灵童。在喇嘛转世问题上如何处理是摆在国民政府面前的一个重要问题。蒙藏委员会再一次发挥了它的作用,几经考虑,按宗教仪轨和历史定制,参照历史上关于活佛转世的陈规和藏传佛教的实际,规定了上迄达赖、班禅、哲布尊丹巴,下至普通活佛转世的办法。制定了《喇嘛转世办法》,于1936年2月会令公布,1938年9月24日会令修正公布。这个文件对达赖喇嘛、班禅额尔德尼等高僧的转世作了较为明确的规定,起到了很好的效果。② 而此期间正是寻访第十三世达赖喇嘛转世灵童的关键时刻,足见中央政府对西藏事务的重视。

---
① 蒙藏委员会档案,引自《西藏地方是中国不可分割的一部分》,第493页,西藏人民出版社,1986年。
② 中国藏学研究中心、中国第二历史档案馆合编:《民国治藏行政法规》,第54页,五洲传播出版社,1999年。

1938年12月28日，国民政府行政院院长发布命令："特派蒙藏委员会委员长吴忠信会同热振呼图克图主持第十四辈达赖喇嘛转世事宜。"① 吴忠信到西藏后，情况却发生了变化。西藏方面认为青海灵童灵异显著，无须掣签。吴忠信坚持亲往看视灵童，面加考察，并要求热振活佛必须正式具文呈中央，获准后方能免于掣签。一切就绪后，吴忠信始致电中央，请求准予灵童拉木登珠免于掣签。

1940年2月5日，国民政府发布命令："青海灵童拉木登珠，慧性湛深，灵异特著，查系第十三辈达赖喇嘛转世，应即免予抽签，特准继认为第十四辈达赖喇嘛。"② 同时拨发40万元作为其坐床经费。至此，灵童始完成必须的认定手续，真正成为十三世达赖的转世灵童。2月22日晨，十四世达赖喇嘛坐床大典隆重举行。

蒙藏委员会在宗教管理上还做了很多的改进。如1936年与《喇嘛转世办法》同一天公布的《喇嘛登记办法》对藏传佛教僧人的管理又作了更加明确的要求。③ 这些办法和章程的制定和实施，使这一时期蒙藏地方在宗教问题方面基本上相安无事。

此外，蒙、藏地方凡遇重要事务，则由蒙藏委员会报请政府首脑，选派大员亲临解决。如九世班禅、章嘉呼图克图到蒙古，黄慕松、吴忠信入西藏，任务不同，宗旨为一，即行使主权、维护统一。

蒙藏委员会还通过设在边疆的机构，如西藏的办事处以及蒙藏地方设于南京等地的办事处（蒙藏委员会对此负有监督指导任务），加强与地方的联系，及时将地方事务上报中央，而将中央精神宣示地方。在一些全国性会议召开时，他们还协助蒙、藏地方做好代表选派及迎送工作。

蒙藏委员会在与地方政教领袖的广泛接触中，比较注意民族的风俗习惯，加深了民族间的信任与理解。其官员至边疆，尤其是西藏，虽风尘仆仆，但当天即要到大寺庙"拜谒"、"布施"，并发巨款修复寺庙。西藏热振寺的修复款项就有蒙藏委员会所拨大洋。黄慕松到西藏一次就拨给噶厦和大昭寺布施34550两藏银。蒙藏地方遭灾荒时，亦由蒙藏委员会出面，及时通达中央予以安抚，如1940年西藏亚东洪灾，死亡149人，国民政府即通过蒙藏委员会驻藏办事处拨大洋2万元整。蒙藏委员会还会同其他部门在蒙藏地方开办医院、气象台（站）、驿站。如会同教育部门拟就蒙藏教育实施方案，由行政院核定实施，在蒙藏地区设立学校，内地的南京、北平等城市也设有蒙藏特别班或蒙藏学校。当时不少蒙藏青年就读于这些学校。

蒙藏委员会对蒙藏等民族事务的重视，我们还可以清楚地从它在西藏的工作上看到这一点。

蒙藏委员会专门设有藏事处，处理西藏事务。这个处的处长由藏族或谙熟藏事的人士担任。

西藏地方政府对蒙藏委员会藏事处的工作也十分关注，曾对班禅的索本堪布罗桑坚赞担任蒙藏委员会藏事处处长一事十分不满，认为"现在蒙藏委员会藏事处，为班禅

―――――――――――
① 《十三世达赖圆寂致祭和十四世达赖转世坐床档案选编》，第163页，中国藏学出版社，1991年。
② 《十三世达赖圆寂致祭和十四世达赖转世坐床档案选编》，第290页，中国藏学出版社，1991年。
③ 中国藏学研究中心、中国第二历史档案馆合编：《民国治藏行政法规》，第26页，五洲传播出版社，1999年。

一派之办事处，而非我西藏之办事处"，甚至"请求政府将班禅的封号、职位、卫队、军火及驻京、驻康各办事处，概予撤销"。① 这一看法未免偏颇，但从另一角度来说，又反映了国民政府治藏政策的偏差。如由班禅部属罗桑坚赞担任蒙藏委员会藏事处处长，显然不太妥当（后来的蒙藏委员会委员长吴忠信解决了这个问题）。

蒙藏委员会对"对藏第一要务即在如何祛除中央与西藏之隔膜"。在处理西藏问题上，通过蒙藏委员会的工作，国民政府的意见是比较清楚的。这一点可从《国民政府特派护送班禅大师回藏专使入藏训条》中得以全面了解。其全文如下：

第一条　西藏对于中央应保持原来密切之关系，为中华民国领土之一部（照前清乾隆五十七年以后之办法，查照理藩则例并本党政策办理之）。

第二条　西藏不得与外国订立条约。

第三条　西藏与外国旧订之约，应提请中央政府处理。

第四条　中央政府在中央地方均权原则下允许西藏自治，其自治方案另订之。

第五条　西藏之军政、外交及其他有关全国一致性质之重大事项，由中央政府处理之。

第六条　中央政府得依西藏官员之愿望，允许维持其固有之政教制度。

第七条　中央政府尊崇西藏宗教。

第八条　达赖、班禅之待遇程序及在西藏政教上之职权，概仍旧制。

第九条　康藏驻军及行政区域，暂维现状，应即恢复交通，所有划界问题，可从长计议。

第十条　中央政府派大员常川驻藏，查照旧例并参酌自治情形执行国家行政，并指导地方自治各事宜。

第十一条　西藏得派专员在京设立办事处，并可由中央政府酌给办公费。②

不久，蒙藏委员会即报请上级机关批准，选派西藏驻北平雍和宫堪布贡觉仲尼担任"国民政府慰问专员"，带了蒋介石写给达赖喇嘛等人的信，并携有国府特派状及蒙藏委员会草拟的拟征询达赖喇嘛如何解决西藏问题的8条意见等进藏，③ 受到达赖喇嘛的热烈欢迎。贡觉仲尼回京后向蒙藏委员会递交了呈请设立西藏驻京、平、康三个办事处并拨解经费问题的报告，审批三个办事处正副处长人选和所拟办事处组织大纲。其实，早在民国初年，十三世达赖喇嘛就先后派出罗布桑车珠尔、顿柱旺结等人为其专门代表，至内地处理有关西藏事务。贡觉仲尼此次亲临南京组织西藏驻京办事处，将内地和西藏地方的关系向前推进了一大步。④

西藏驻京办事处是"受蒙藏委员会之监督指导"，个中缘由不言自明。该处处长中政绩显著的是原北平雍和宫堪布贡觉仲尼。他前后负责西藏地方与中央政府间的联络工作达12年，还担任过国民党中央执行委员等职。1930年，他受中央政府委派赴藏慰

---

① 《黄慕松等奉使办理藏事报告书》，第131页，中国藏学出版社，1993年。
② 中国藏学研究中心、中国第二历史档案馆合编：《民国治藏行政法规》，第37页，五洲传播出版社，1999年。
③ 蒙藏委员会档案，引自《西藏地方是中国不可分割的一部分》，第490页，西藏人民出版社，1986年。
④ 中国藏学研究中心、中国第二历史档案馆合编：《民国治藏行政法规》，第42页，五洲传播出版社，1999年。

问,受到西藏地方政府的热烈欢迎。后奉达赖喇嘛之命至京组建办事处。他还曾建议中央在西藏设置电台,保持通讯畅通,以利巩固边疆。在蒙藏委员会委员长吴忠信抵藏时,他虽已卸职返藏,但仍做了大量工作。在第二次世界大战期间,西藏驻京办事处还和其他在内地的西藏人士共同发起组织了"蒙回藏慰劳前方将士代表团",表现了西藏广大民众对祖国的赤诚之心。在国民政府召开的"国民大会"上,西藏驻京办事处处长都坐在主席台上,每遇中央与西藏地方出现误解时,他们都竭力解释,消除矛盾,做好工作,为加强地方与中央的关系作出了贡献。

1930年,尼泊尔受英国挑唆,借西藏地方政府征税案,小题大做,讨好英人,拟大举犯藏。十三世达赖喇嘛即以贡觉仲尼个人的名义拟一电文,大意为:"尼泊尔与西藏因通商事件发生纠纷,尼泊尔于一月二十六日派兵九千进藏,意似嫉忌中藏和好。西藏亦准备抵抗,请转呈中央请示办法,速电复。"达赖喇嘛让贡觉仲尼亲自到江孜交英国电台,明码发给蒙藏委员会专门委员谢国梁,由其转报中央。蒙藏委员会接谢国梁报告后,立即密呈国民政府,从而电告尼泊尔与西藏地方政府停止交战,并派蒙藏委员会参事巴文峻前往宣慰,借以调解。贡觉仲尼曾谈到达赖喇嘛此举"意在使英籍电员视作要电,密报英国当局,就会发生作用,即日遂办,效果甚佳"。此后,蒙藏委员会再次派该会专门委员谢国梁任"赴藏专使",以求与达赖喇嘛作更深层次的会谈。但他不幸病逝于拉萨附近的曲水。达赖喇嘛特为他举行了专门仪式。

必要时,蒙藏委员会委员长也亲自赴西藏。如1940年,吴忠信会同热振呼图克图主持达赖喇嘛转世事宜。他在西藏期间上报中央,免去青海拉木登珠的掣签手续,而为十四世达赖喇嘛。

蒙藏委员会还加强了与正在内地的九世班禅的联系,以谋求与西藏地方关系的彻底改善。九世班禅自抵达北京后,受到中央政府极高礼遇,各族信教群众争相朝拜供养,使他感受到了一种血浓于水的亲情,拥护中央之心益坚。国民政府成立后,他及时表明维护祖国统一的政治态度,国民政府也十分赞赏其行为,不仅批准其设立了驻京办事处,还按月拨给俸银1万元。1931年5月,班禅到南京,出席所谓"国民会议",达赖亦派其驻京总代表贡觉仲尼等出席。蒙藏委员会以为可乘此机会调处两方面的意见,因指派该会副委员长王之觉、处长雷格存等5人负责调处。继以当时召开会议的条件尚不成熟,乃同时分别致函达赖、班禅两方代表,请各以书面提出对于解决藏事之意见,以供研究;并推定负责人员,以俟定期召集会议,共同商讨。虽然效果不太明显,但仍可见国民政府对藏传佛教两大领袖的关注。以后,班禅又被任命为青海省政府委员、西陲宣化使。这是对九世班禅的厚遇,实际上也从一个侧面向达赖喇嘛表明中央对西藏问题的重视,促其变化。1949年,蒙藏委员会委员长关吉玉还曾赴青海主持十世班禅额尔德尼坐床典礼。

与此同时,蒙藏委员会还积极与达赖驻京代表沟通,就解决西藏问题提出了一系列极有价值的意见和建议,并有意识地将解决西藏问题的重点放在了十三世达赖喇嘛身上。为示公允,还将班禅九世属下调离蒙藏委员会藏事处处长一职。这种双管齐下,有所侧重的做法与民国以来历届政府的策略略有不同。使西藏问题较北京政府时期有了明显的改观。

1940年4月，蒙藏委员会委员长吴忠信入藏会同热振呼图克图主持达赖喇嘛转世事宜，并在留藏期间主持成立了蒙藏委员会驻藏办事处。这是国民政府治藏所采取的重大措施。第一任处长即由蒙藏委员会藏事处处长孔庆宗担任。以后，蒋介石侍从室官员沈宗濂（后出任上海市秘书长）也担任过此职。驻藏办事处官员为捍卫主权，进行了不懈的斗争，如蒋致余为英人在拉萨设置电台事，数次赴噶厦，"严催交涉"，并及时建议中央就英人侵我主权事提出抗议。1942年7月，西藏地方突然成立"外交局"，蒙藏委员会驻藏办事官员不顾个人安危，据理力争，在中央的支持下，粉碎了此次阴谋。他们还坚决支持内向祖国的九世班禅和热振呼图克图等，先后颁予他们"护国宣化广慧大师"、"辅国普化禅师"等名号，九世班禅还担任了国民政府委员，热振呼图克图担任了候补中央执行委员。

西藏地方亦通过蒙藏委员会报告藏情。1929年，西藏驻北平雍和宫堪布贡觉仲尼等即在太原向蒙藏委员会委员长阎锡山解释了三个问题："（1）达赖喇嘛无联英之事，不过境域相联，不得不与周旋；（2）达赖喇嘛无仇汉思想；（3）达赖喇嘛欢迎班禅额尔德尼回藏。"[①] 此次会面澄清了一些误会，使中央与西藏的关系达到了一个新的阶段。西藏达赖喇嘛去世及热振活佛摄政等均是蒙藏委员会通达政府首脑的。当西藏地方与邻近省份如西康、青海发生冲突时，西藏驻京办事处也及时向蒙藏委员会报告，争取得到中央政府的理解和帮助。

此外如十三世达赖喇嘛、九世班禅大师圆寂致祭，转世灵童寻访、坐床、封授达赖、班禅及高级僧官名号，核准热振、达札充任西藏摄政，以及任免和奖叙西藏地方僧俗官员等，均由蒙藏委员会具体负责办理。

此外，蒙藏委员会还与教育部蒙藏教育司，共同拟就蒙藏教育实施方案，由行政院核定实施。以后，在西藏设立了国立拉萨小学，在南京、北平设立蒙藏特别班或蒙藏学校，内地一些著名大学里也有西藏人。如十四世达赖的兄弟嘉乐顿珠即曾就读于中央政治大学。

蒙藏委员会自成立至1949年，作为国民政府负责民族宗教事务的专门机构，始终履行着自己的职责，西藏地方政府有关西藏与中央的事务，从未间断与蒙藏委员会来往联系。它在那个特殊的历史时期，尽管由于政治、历史等多方面的原因，不可能真正做到维护各民族人民的利益，但毕竟为抵御帝国主义的侵略、维护祖国统一的事业作出了贡献，这一点是值得我们肯定的。

第二节 国民政府在民族地区的施政及其影响

一、热河、察哈尔、绥远、宁夏、青海、西康建省

北洋政府统治时期，其地方行政机构大体承袭清代省制。民族地区在行政制度原则上，内蒙古、外蒙古、乌梁海、科布多及青海、宁夏、吉林和黑龙江的部分地区，实行盟旗制度；青海、甘肃、四川、云南、湖南、广西、贵州的部分地区，实行土司制度；

[①] 蒙藏委员会档案，引自《西藏地方是中国不可分割的一部分》，第486页，西藏人民出版社，1986年。

西藏则实行"政教合一"制度。在行政区域划分上,为了加强对民族地区的统治,北洋政府于1914年1—3月,在直隶、山西、内蒙古交界地区设绥远、察哈尔、热河三个特别行政区,析四川省置川边特别区。为了谋求内政统一,北洋政府曾计划在部分地区改制,设立省县。一些民族地区的行政建制因此发生了一定的变化,逐步趋同于内地。由于各方面的压力太大,北洋政府改设省县的计划最终没有完成。国民政府建立后,又将其提上了议事日程,希望通过建省置县,将边疆民族地区纳入国民政府中央集权体制之内。

在内蒙古地区,建省置县的动议由来已久,尽管反对的呼声很高,对这些地区进行改制的进程并没有停止。1928年,国民政府拟定《训政时期纲领》,规定当年就要"划一省制废除特别区,划一市县制废除道及县佐"。① 7月,国民党战地政务委员会主席蒋作宾提议把热河、察哈尔、绥远三个特别区改为行省。后经内政部正式提出改省建议。8月底,国民党中央政治会议决定在上述三省及青海、西康设立省治。依据内政部最后拟订改省方案,9月5日,国民政府第153次会议决议:热河、察哈尔、绥远、青海、西康改省治;五省府组织,委员暂定5名,设民政、财政二厅,并酌设教育、建设厅,余照省府组织法办理。② 随着这些行省的建立,内蒙古的昭乌达盟、卓索图盟划入热河省,锡林郭勒盟、察哈尔部划入察哈尔省,乌兰察布盟、伊克昭盟及土默特特别旗划入绥远省,阿拉善旗和额济纳旗划入宁夏省。加上清末划入东北三省的哲里木盟和呼伦贝尔部,至20世纪30年代初,清末以来历届中央政府准备在内蒙古地区设立行省,并将各盟旗分别划归各省管辖的计划得以实现。

在甘宁青地区,1929年以前这里在政区上为一个整体,同属甘肃省。甘肃原来统辖的区域辽阔,清末即有划分行省之议。民国建立后,又有人发表文章,提出在青海建省的动议。巡按使张广建和宁海镇守使马麒也都有将青海单独设治的想法。1925年秋,国民军控制了西北后,时任西北边防督办的冯玉祥采取了一个重大举措,将甘肃划分为甘肃、宁夏、青海三省。冯玉祥真正的考虑,一是由于诸马在宁夏与青海势力较大,冯玉祥欲借建省之机,由中央任命省政府主席等官员的办法,将国民军的势力合法地渗透进去。二是1928年蒋介石召集的编遣会议所定的缩编军队方案,每省保留3个师军队,如果增加宁夏、青海两省,即可增加军队编制。1929年9月,冯玉祥通过当时任南京国民政府内政部长的冯系人物薛笃弼,提出了甘肃省分治案,以宁夏、青海距离甘肃省省城太远,交通不便,不易发展为由,提出新设宁夏、青海两行省的提案。9月5日,国民党中央政治会议第153次会议通过了这一提案,决定"将青海改为行省,组织省政府"。10月17日,国民党中央政治会议第159次会议又根据第153次会议议决的甘肃分治案,决定将宁夏道旧属8县(即宁夏、平罗、中卫、灵武、金积、盐池、平远等县)和宁夏护军使辖地(即阿拉善旗和额济纳旗)合并建为宁夏省。在进行了一系列的准备工作之后,国民政府颁布第189号指令,宣告宁夏省于1929年1月1日正式

---

① 闫天灵:《试论抗战前十年国民政府对内蒙古的政策定位》,载《中国边疆史地研究》2001年第1期。
② 周竞红:《南京国民政府初期十年边疆民族事务管理机制与政策》,载《中国边疆史地研究》2005年第3期。

成立，同时全体政府委员宣誓就职视事。①

　　宁夏和青海建省既是冯玉祥巩固国民军在西北的统治、蒋介石力图削弱甘宁青地方军阀割据势力的打算下的结果，也是西北"宁马"和"青马"梦寐以求的政治目标。宁夏和青海设省之初，两省政权完全为国民军所掌控。南京国民政府根据冯玉祥的意见，任命国民军将领门致中任宁夏省政府主席，孙连仲任青海省政府主席。诸马的势力被压制，马家仅少数人任省政府委员或厅长等职务。另外，国民军对诸马仍采取笼络态度，对他们的民族与宗教资源亦企图改造利用。因此在表面上，"这一时期，马家始终站在中央这一方面，很合作的"。② 不过，诸马在曲意逢迎中也待机而动，等到国民军逐鹿中原失败，退出甘宁青以后，宁夏、青海设省的政治成果遂为诸马所攫取，成为其盘踞两地更大的政治资源。

　　西康于清末时亦拟建省，但未及实施。民国成立以来，先后由川边经略使、川边镇守使和西康屯垦使取代。国民政府建立后，由川康边防总指挥部和其下属的西康政务委员会负责西康的军事和行政事务。1928年9月，国民政府决议西康改省治后。1929年，国民党"三大"又通过了西康建省方案，并由行政院着手规划，但进展缓慢。第三次康藏纠纷发生后，国民政府看到解决纠纷的难度较大，决定加快西康建省的步伐。1932年9月，国民政府参谋本部会同外交部、军政部、蒙藏委员会及川康滇等处的官员召开会议，专门讨论康藏纠纷和巩固西部边防问题，形成了一些决议。其中一条就是"呈请国府，迅速筹办西康建省"。③ 1935年，国民政府设立"西康建省筹备委员会"，直辖于行政院，任命刘文辉等7人为委员。1936年，刘文辉被委任为"西康建省委员会委员长"。在《西康建省委员会成立宣言》中，列举了7项建省大事，即交通之开发，资源之调查，疆界之厘定，地方制度之确立，教育方针之确定，自卫能力之培养和各地人才之延揽。④ 此后，对西康建省的各种规划和广泛的调查研究与日俱增地开展起来。经过几年的筹备，到1939年1月1日，西康省政府正式建立。这对于推动康藏和解，巩固以四川为中心的大西南起到了积极作用。

二、十三世达赖喇嘛圆寂与黄慕松、吴忠信入藏

　　1933年12月17日，正当中央与西藏地方的关系健康发展之时，十三世达赖喇嘛土登嘉措过早圆寂，终年58岁。西藏地方及时通过驻京办事处将情况报告中央政府。同月21日，国民政府鉴于他"卫国安民，懋著勋绩"，追赠其"护国弘化普慈圆觉大师"封号，"一切褒崇典礼，务极优隆"。⑤

　　十三世达赖圆寂的消息通过西藏驻京办事处呈报中央后，国民政府颁其"护国弘化普慈圆觉大师"名号。1934年1月12日，中央政府颁布命令，特派参谋本部次长黄

---

① （宁）《国民政府公报》第80号，1929年1月31日。
② 刘凤翰编著：《孙连仲先生年谱长编》第2册，第757—758页，（台北）"国史馆"出版，1993年。
③ "西防会议"，载《蒙藏旬报》第5卷第3期。
④ 《西康建省委员会公报》，第48页，转引自翁独健主编：《中国民族关系史纲要》，第856页，中国社会科学出版社，1990年。
⑤ 《西藏地方是中国不可分割的一部分》，第504页，西藏人民出版社，1985年。

慕松为"致祭护国弘化普慈圆觉大师达赖喇嘛专使"。①

民国以来，由于英帝国主义的百般阻挠，驻藏办事长官及其他中央代表入藏多未成功。致祭十三世达赖的黄慕松此次入藏，责无旁贷地负有就如何解决西藏问题，与西藏地方政府直接交换意见之使命。热振活佛为首的僧俗官员在十三世达赖圆寂、局势不稳的情况下，也非常希望能与中央政府加强关系，对黄慕松入藏表示了空前的热情。

1934年4月26日，黄慕松一行离开南京，取道川康前往西藏，于是年8月28日抵达拉萨。西藏地方政府为迎接中央大员，事先派出官员往迎，并按与清朝驻藏大臣同样的规格，在拉萨郊外举行了盛大的欢迎仪式。黄慕松在八廓街南侧吉德大院下榻后，噶厦的四位噶伦立即前往拜会。他们对中央代表的到来表示衷心的感谢，并请代问中央政府长官安好，同时做好了一切接待工作。黄慕松对西藏地方政府的热情接待表示满意，并将此次到藏之目的及中央对藏政策作了详细说明。噶伦们感到异常欣慰。风尘仆仆的黄慕松按清时惯例，当日傍晚便去朝谒大昭寺。次日，他又与热振呼图克图进行了诚挚的会谈。以后，他又相继至哲蚌寺、色拉寺、甘丹寺朝谒。这期间，黄慕松携其随员与西藏僧俗上层进行了广泛的接触，宣达"五族共和"的思想。②

黄慕松此行任务之一是册封十三世达赖，以昭中央政府"怀远旌贤之至意"。但是，西藏地方政府则认为册封为大喜之事，在十三世达赖治丧期间，不宜举行，希望延期至十四世达赖转世后。黄慕松向噶厦郑重提出，此次来藏，是为了表彰十三世达赖的功绩，若不先举行册封典礼，不但有违中央派员入藏的初衷，而且也将影响到西藏政教事业。黄慕松通过广交朋友，剀切说明入藏册封致祭的诚意，积极争取了西藏地方政府及三大寺僧人的赞同，遂定于9月23日上午在布达拉宫正殿举行册封仪式。是日上午8时，黄慕松率专使行署全体官员着中央规定的礼服前往。西藏地方政府派出藏军前往迎接。藏方僧俗官员数百人也身着西藏最新礼服，齐集布达拉宫。9时许，册封典礼开始，由基巧堪布代领册印，"全场肃静无哗，礼节至为隆重"，③于11时半方结束。册封典礼的圆满结束，表明西藏地方政府对中央册封十三世达赖一事是非常拥护的，也充分说明中央政府派大员赴藏的决策是正确的。

随之而来的是"致祭"一事，西藏地方政府对此十分重视，按传统习俗，一再选择吉日，最后决定于10月1日在布达拉宫达赖灵堂举行。

10月1日上午9时，致祭十三世达赖大典隆重举行。④ 在此前后，黄慕松根据行前由国民政府行政院召集军委会、蒙藏委员会、内政部等合议之大员入藏训条，与西藏地方政府就中央与西藏的关系问题进行了会谈。会谈之初，西藏地方当局注重解决西康及班禅回藏等具体问题，中央代表则坚持应首先明确中央与西藏地方的关系。经过多次商谈，噶厦表示"对外西藏为中国之领土"，"西藏内外之大小权力暨法规等，无违害政教者，可以依从中国政府之谕"，"西藏与外国立约而洽商之重大事宜，则由汉藏共同

---

① 《西藏地方是中国不可分割的一部分》，第504页，西藏人民出版社，1985年。
② 《黄慕松、吴忠信、赵守钰、戴传贤奉使办理藏事报告书》，中国藏学出版社，1993年。
③ 《西藏地方是中国不可分割的一部分》，第505页，西藏人民出版社，1985年。
④ 《黄慕松、吴忠信、赵守钰、戴传贤奉使办理藏事报告书》，第25页，中国藏学出版社，1993年。

办理",①但仍在一些具体问题上坚持己见。由于诸多问题非一朝一夕所能解决，而且西藏进入10月以后将会大雪封山，交通不便，黄慕松乃电告中央获准后，准备返京。因黄慕松此次与拉萨当局坦诚相见，很受西藏官民欢迎，11月9日诸噶伦齐至专使行署驻地挽留黄慕松等人多住几日，再商西藏问题。黄慕松遂多次重申，西藏为中国领土，对外必须一致，这是原则；对内则允许西藏地方自治，不改变西藏地方现行制度，但外交、国防、交通及重要官员之任免均须由中央统筹办理；西藏可派员至南京任职，同时表明中央自然应派员驻藏，代表中央执行国家行政、监督地方自治。噶厦将此意见提交僧俗会议讨论后，于11月16日送来复函，其中"对于领土主权，较有相当认识，但条文共十项，颇多杆格矛盾处"。②于是，黄慕松一行遵中央令，不顾藏方一再挽留，决计离藏。

1934年11月25日，黄慕松等先至布达拉宫"朝山"，继而与摄政热振呼图克图、司伦朗敦贡嘎旺秋会晤辞行，并告知将留专使行署总参议刘朴忱、参议蒋致余留在西藏。热振呼图克图对中央致祭专使行署留员驻藏一事，甚为满意。他曾担心大员离藏，会引起西藏人民对噶厦的不满，现有总参议刘朴忱在，可以缓和人心，保持联络。当谈到正在内地准备返藏的九世班禅时，黄慕松提出，班禅不能走海道，至于卫队人数可以减少，途经青海、西康至西藏，西藏地方政府应切实保证安全，并须"一切照旧"，"尽力优待"。热振呼图克图等"咸以为然，允认保障之责"。

1934年11月28日，黄慕松一行离开拉萨，取道印度返回南京，噶厦在拉萨西郊举行了隆重的欢送仪式。黄慕松在西藏历时3月，完成册封、致祭十三世达赖事宜，并与西藏地方就若干问题进行会商，虽然进展不大，但也有一定成效。正如西藏驻京办事处处长贡觉仲尼所说："具仰中央对藏亲爱之意，至深且厚，感慰莫名。藏中正本和平意旨极力进行。此次自结泽热增司伦噶伦及烈参以上官员复蒙中央咸加厚赉，仰该代表等一并转陈谢悃。"③尤其是他遵蒋介石所授机宜，未撤专使行署，留刘朴忱、蒋致余常年驻藏，打破了西藏地方自辛亥以来相对封闭局面，沟通了其与中央的直接联系，意义十分重大。

1938年，热振呼图克图向中央提出按清时惯例，在达赖灵童举行掣签典礼之际，"为昭大信，悦遐迩计，中央应当派员参加"。④中央政府对此事十分重视，为更有利于西藏问题的顺利解决，坚持中央对西藏固有的主权，即于1938年12月28日发布训令："特派蒙藏委员会委员长吴忠信会同热振呼图克图，主持十四世达赖喇嘛转世事宜。"⑤西藏地方政府闻悉，即复电驻京办事处，表示"现吴委员长既拟亲莅拉萨，藏方因中藏感情日益融洽起见，极表欢迎。祈速转请吴委员长由海道入藏"。⑥国民政府拨护送费10万元，派出护送专员。10月7日，青海灵童抵拉萨，受到僧俗民众的热烈欢迎。吴忠信等人于1940年1月15日安抵拉萨。噶厦组织了隆重的欢迎仪

---

① 《黄慕松、吴忠信、赵守钰、戴传贤奉使办理藏事报告书》，第37页，中国藏学出版社，1993年。
②③ 《黄慕松、吴忠信、赵守钰、戴传贤奉使办理藏事报告书》，第38页，中国藏学出版社，1993年。
④ 《十三世达赖圆寂和十四世达赖转世坐床档案选编》，第158页，中国藏学出版社，1991年。
⑤ 《西藏地方是中国不可分割的一部分》，第508页，西藏人民出版社，1985年。
⑥ 《十三世达赖圆寂和十四世达赖转世坐床档案选编》，第188页，中国藏学出版社，1991年。

式，噶伦等各级官员70余人，驻拉萨藏军700余人，以及僧俗民众数千人夹道往迎，盛况空前。

吴忠信等人到拉萨后，便立即开展工作。按清朝惯例，灵童是需要进行"金瓶掣签"来最后确定的。而此时西藏地方原寻得3名灵童中，只剩来自青海的拉木登珠了。事实上，热振呼图克图在这以前已坚持认定青海灵童为真正的转世灵童，司伦朗敦贡嘎旺曲就是因为灵童之事与他意见不合，而被民众大会免职的。但是，灵童必须经"金瓶掣签"来确定，以昭大信，定人心。

当然，历史上也有"灵异特著者"不必经此手续，但须由地方政府具文呈驻藏大臣转请中央政府特准。民国二十五年（1936）国民政府厘定的《喇嘛转世办法》13条（两年以后又呈奉修正）也一再重申这一精神，即"缮写名签入于拉萨大昭供奉之金本巴瓶内，公同掣定"。① 这个问题关系重大，吴忠信自然不能轻率处理。他一方面坚持自己必须亲往"看视"灵童，面加考察；另一方面则告诫热振呼图克图，若确实灵异，必须正式具文呈请中央批准，方能免予抽签。热振呼图克图最终赞同吴忠信的意见，呈文中央说明青海拉木登珠的灵异之处，请求免于抽签。②

但是，临到"看视"之时，基巧堪布竟提出要吴忠信在灵童登座时，"上殿参拜"。这个安排旨在否定中央代表"察看"之权，因为既已坐殿，便无须"察看"了。吴忠信对此毫不妥协，"决中止往访"。③ 热振闻讯，次日即到行辕说明原委，希望消除误会，并表示察看的时间和地点概由吴委员长指定。吴忠信原拟先行对灵童面加考察，再予转呈，嗣以见面形式问题延误，遂决定先发转呈电。1月28日，他致电中央政府，报告"复查所述灵异各节，均属确实，拟请转呈国府颁布命令，准以该灵童拉木登珠继任第十四辈达赖喇嘛，俾得及时筹备坐床典礼，以昭郑重"。

1月31日晨，吴忠信在罗布林卡内的一座花亭内，与青海灵童见面，谈话约15分钟。灵童虽年仅4岁半，但显得十分老成，在与陌生人的交谈中"均能含笑作答"，"其举止行动均极沉着安闲"，④ 给吴忠信留下了深刻的印象。

2月5日，国民政府发布命令："青海灵童拉木登珠，慧性湛深，灵异特著，查系第十三辈达赖喇嘛转世，应即免予抽签，特准继任为第十四辈达赖喇嘛。"⑤ 同时还拨发40万元作为坐床经费，吴忠信接中央令后，即与热振呼图克图商定，在十四世达赖喇嘛坐床大典前，先办理中央册封热振活佛事。15日上午10时，在拉萨锡德寺正殿，吴忠信代表中央政府向热振活佛颁赐"辅国普化禅师"名号及金册金印（即1935年所颁册印，原拟由护送九世班禅专使来藏，未成），同时新授其二等采玉勋章。⑥ 仪式后，热振呼图克图等人即致电叩谢中央政府。⑦

但是，就在十四世达赖喇嘛坐床大典即将举行时，吴忠信的座位安排又出问题。

---

① 《民国治藏行政法规》，第54页，五洲传播出版社，1999年。
② 《十三世达赖圆寂和十四世达赖转世坐床档案选编》，第282—287页，中国藏学出版社，1991年。
③ 《黄慕松、吴忠信、赵守钰、戴传贤奉使办理藏事报告书》，第248页，中国藏学出版社，1993年。
④ 《黄慕松、吴忠信、赵守钰、戴传贤奉使办理藏事报告书》，第250页，中国藏学出版社，1993年。
⑤ 《十三世达赖圆寂和十四世达赖转世坐床档案选编》，第287页，中国藏学出版社，1991年。
⑥⑦ 《西藏地方是中国不可分割的一部分》，第517页，西藏人民出版社，1985年。

原来，英印政府在得知十四世达赖坐床典礼举行的日期后，便派出以锡金行政长官古德为首的 10 余人借"观礼"为名，于 2 月赶到拉萨，监视吴忠信的活动，并竭力挑拨中央与西藏地方的关系。他们唆使西藏地方政府的少数人将吴忠信在大典上的座位设于热振活佛对面，高低与司伦同，并将英印人员的座位与吴忠信排在一起，企图以此否认中央大员的权限和地位。吴忠信提出自己代表中央政府，又是管理蒙藏事务的长官，至少也应循清例设座。① 在热振活佛等人的支持下，噶厦被迫改变了原来的错误安排，座次风波始告平息。

2 月 22 日晨 5 时，达赖十四世坐床大典在布达拉宫隆重举行。中央大员吴忠信及其随员，西藏地方僧俗官员，西藏各大呼图克图，尼泊尔、不丹代表等约 500 人到会。吴忠信的座位按清时惯例，位于达赖喇嘛左方，坐北朝南，与之平行。英印代表因此恼羞成怒，没有参加庆典。大典历时 4 小时，热烈圆满。② 是日，拉萨市内举行了各种庆祝活动。

3 月 8 日，西藏地方政府为感戴中央派员入藏主持达赖喇嘛转世事宜，致电国民政府主席林森和委员长蒋介石，表示"承中央特派代表蒙藏委员会吴委员长亲临，并赠赐礼品，祥瑞十分，感戴无际，至于中日战事，现正由三大寺暨各寺喇嘛大举祈祷，祝祷中央胜利"。③

中央驻藏办事机构于辛亥鼎革之后，即告中断。因此，吴忠信到藏后，就"在拉萨设立驻藏办事大员"一事，与热振呼图克图多次洽谈，拟扩大黄慕松赴藏时所留专使行署为驻藏办事长官公署。但是，由于英国驻锡金行政长官古德等人的阴谋活动，热振呼图克图感到此事可能会遭到西藏地方上层少数人的反对，希望待时机成熟再行办理。行政院得报后，即批示可暂不设长官行署，而成立蒙藏委员会驻藏办事处。1944 年 4 月 1 日，国民政府蒙藏委员会驻藏办事处正式设立，这是国民政府采取的重大治藏措施。④

此外，吴忠信还就九世班禅灵柩移往日喀则等事与西藏地方政府取得一致意见。是年年底，西藏地方政府派代本等僧俗官员将班禅灵柩接奉入藏。

在西藏期间，吴忠信还到拉萨各大寺庙参观布施，并布施僧人藏银等。同时，他还与西藏地方的僧俗官员广交朋友，礼品即达 300 余驮。

由于"在藏办理各案现已完毕，而对藏之重大政治问题又不能作进一步之商榷"，吴忠信率专使行辕离开拉萨，仍由印度返回重庆。西藏地方政府举行了隆重的欢送仪式，并按惯例派札萨前往重庆，向中央政府致谢，并表达西藏僧俗民众支持抗日救国的决心。

蒙藏委员会委员长吴忠信此次入藏，代表中央政府对西藏地方行使主权，意义十分重大，连帝国主义分子黎吉生也不得不承认："总的来说，吴的出使巩固和改善了中国

---

① 《十三世达赖圆寂和十四世达赖转世坐床档案选编》，第 315 页，中国藏学出版社，1991 年。
② 《西藏地方是中国不可分割的一部分》，第 513 页，西藏人民出版社，1985 年。
③ 《西藏地方是中国不可分割的一部分》，第 514—515 页，西藏人民出版社，1985 年。
④ 《西藏地方是中国不可分割的一部分》，第 515 页，西藏人民出版社，1985 年。

在拉萨的立脚点，使它立于正常的基础之上。"①

三、盛世才治疆

1928 年 7 月 7 日，新疆发生政变，杨增新被刺身亡。金树仁借助平乱之功，攫取了新疆的统治权。1933 年 4 月 12 日，陶明樾等一批具有激进思想的青年官员因不满金树仁的腐败无能，联络驻防迪化的归化军发动军事政变，推翻了金树仁的统治。金树仁出逃，并于 24 日在塔城通电下野。新疆政局暂时由新疆临时维持委员会推举的临时主席刘文龙和临时边防督办盛世才主持。8 月 1 日，国民政府行政院通过了任命刘文龙为新疆省政府主席、盛世才为边防督办的决议。② 由此，新疆开始了盛世才统治时期。

盛世才治疆，其一贯立场是巩固他一统新疆的权力和地位。为了取得中央政府的信任和支持，盛世才一再向南京方面表示忠心，欲借中央以号令全疆。但国民政府对盛世才始终不放心，同时更希望直接掌握新疆的统治权，所以有意排挤他，双方一直存在激烈的权力之争。同时，马仲英等一些武装力量在新疆不断举行反政府活动。盛世才审时度势，权衡利害，认为只有取得苏联的支援和中国共产党的支持，才能巩固他在新疆的统治，于是采取了"亲苏联共"的方针。苏联从维护自身利益考虑，认为盛世才是国民政府任命的地方大员，而马仲英只不过是一股流寇，因此决定支持盛世才。1933 年 12 月和 1934 年 1 月，苏联军队两次乔装入境，先后击溃割据伊犁的张培元部和窜扰南疆的马仲英部。1937 年又出兵南疆消灭麻木提和马虎山二部，帮助盛世才稳固了政权。③ 1935 年，盛世才委派包尔汉为全权代表与苏联签订了 500 万卢布的贷款合同，其中 100 万用于修公路，其他用于购买武器和建造工厂。④ 1936 年，盛世才又和苏联签订了《聘请苏联专家待遇合同》，大批苏联顾问、专家于是来到新疆，帮助盛世才政权进行政治、军事、经济等方面的建设。另外，盛世才对中国共产党提出的关于建立抗日民族统一战线的主张表示欢迎。1938 年，中共中央在迪化设立了八路军驻新疆办事处，并应邀派遣了一批中共党员及爱国人士到新疆工作，对新疆的政治、经济、文化以及社会风气进行了卓有成效的改革，不仅使新疆一时成为重要的抗日后方基地，而且大大激发和培养了各族人民的爱国主义意识。⑤

盛世才为了争取民心，采取了一些办法和措施。1933 年 4 月其上台不久，盛世才就提出"反帝"，特别是"反对日本帝国主义"的口号，并大力组织宣传。1934 年 8 月 1 日，新疆省政府在迪化召开庆祝新疆和平统一纪念大会，同一天把新疆边防军命名为"反帝军"，并成立了"新疆民众反帝联合会"。盛世才对反帝会的成立及活动给予了特别的关照，希图通过反帝会的宣传扩大新疆的政治影响和取得民心。此后，盛世才在反帝、亲苏之外，又提出"民平（民族平等）、清廉、和平、建设"的口号，并形成

---

① 祝启源、喜饶尼玛：《中华民国时期中央政府与西藏地方的关系》，第 127 页，中国藏学出版社，1991 年。
② 南京《中央日报》，1933 年 8 月 2 日。
③ 白振声：《新疆现代政治社会史略》，第 232—233、第 242 页，中国社会科学出版社，1992 年。
④ 包尔汉：《盛世才上台后的新疆政局》，余骏升主编：《新疆文史资料精选》第 2 辑，第 104 页，新疆人民出版社，1998 年。
⑤ 方素梅、蔡志纯等：《中国少数民族革命史》（1840—1949），第 792 页，广西民族出版社，2000 年。

"六大政策"。由于这一政策比较真实地反映了新疆各族人民要求和平、民主和进步的愿望，客观上对促进新疆政治局势的稳定和社会、经济、文化事业的发展，起到了积极的作用。

盛世才还想方设法掌握和发展军事力量。杨增新时采取了弱兵政策，金树仁虽然大肆扩充军队，但其队伍缺乏训练，成分复杂，素质极低，所以新疆军队的战斗力十分薄弱。"九一八事变"后，部分东北抗日义勇军约3万人假道苏联陆续进入新疆，成为当地重要的军事力量。盛世才对此当然不会放过。1933年12月10日，盛世才借召开军事会议为名，将郑润成等东北军首领逮捕，不久处死，后又诱捕了十几名东北军的中级将领，控制了军权。为了笼络、瓦解和收买东北军，盛世才多次在军中讲话，提出了"亲苏反帝、建设西北、收复东北"的口号，①并将东北军化整为零，与新疆的其他武装力量一起进行整编，轻而易举地掌握了这支部队，使之成为巩固其统治的得力工具。②

依靠"亲苏联共"的方针和上述措施，盛世才逐步巩固了他在新疆的统治。但是盛世才也认为中共和苏联在新疆影响的扩大是对自己统治的威胁，而且抗日民族统一战线不利于他的独裁统治。为了牢牢控制新疆的政局，盛世才建立了严密的特务组织机关，包括督办公署侦探队、新疆政治监察管理局和公安管理处等，对广大民众进行监视和侦察。盛世才还制造了一系列的"阴谋暴动案"，以消灭异己，清除各种他认为有可能危及其统治地位的政治力量。1937年8月，他利用苏联进行清党和国内抗日战争全面爆发，苏共和中共都无暇顾及的机会，凭空捏造了一起"从东京到柏林，以国际托派运动和法西斯——托派阴谋家们为联系的影响深远的阴谋活动"的案件，陆续逮捕了一批苏联顾问、联共党员、金树仁时代的旧官僚和少数民族上层人士，其涉及面之广，刑讯之残酷，拘捕人数之多，罗织罪名之离奇，在新疆历史上实属空前。据统计，受害者不下一两千人。③ 1940—1941年，盛世才为了打击进步人士和亲苏亲共力量并限制中共党员的作用，制造了另一起"阴谋暴动案"，将著名爱国民主人士杜重远诬指为汉奸汪精卫在新疆的代理人，称其与苏联驻迪化总领事密谋推翻现政府，建立托派政权。④ 此案逮捕了1200多人，主要是民主人士和进步青年，其中一些是少数民族。1942年，国际反法西斯战争进入最艰难时期，国民政府又制造了"皖南事变"，掀起反共高潮。盛世才认为苏联和中国共产党都不可依靠了，于是想转而投靠国民党。他在同年4月制造了又一起"阴谋暴动案"，逮捕了150多名中共党员及其家属，几乎把在新疆的联共和中共力量一网打尽，作为他投靠国民党的见面礼。⑤

---

① 张凤仪：《东北抗日义勇军进入新疆十年的遭遇》，余骏升主编《新疆文史资料精选》第2辑，第127页，新疆人民出版社，1998年。
② 李砥平：《东北抗日义勇军在新疆》，余骏升主编《新疆文史资料精选》第2辑，第140—143页，新疆人民出版社，1998年。
③ 周东郊：《盛世才在新疆的特务统治》，《文史资料选辑》第45辑，第245页。
④ 参见晋庸：《四月革命的回顾与前瞻》，《新新疆》第1卷第1期，1943年4月。
⑤ 文斐然：《盛世才特务控制下的新疆》，余骏升主编《新疆文史资料精选》第2辑，第190页，新疆人民出版社，1998年；方素梅、蔡志纯等：《中国少数民族革命史》（1840—1949），第795页，广西民族出版社，2000年。

在盛世才制造的一系列"阴谋暴动案"中，有 10 万余名共产党员、民主进步人士、少数民族上层和青年知识分子遭到迫害。他们或被杀害，或被监禁，或被夺产，造成了一幕幕家破人亡、流离失所的惨剧，各族人民生活在极度恐怖的社会环境之中。新疆的经济、文化和教育等各项建设也遭到了打击和破坏，在苏联和中共帮助下取得的一些成果也随之付诸东流。

1941 年 6 月苏德战争爆发后，一向标榜亲苏的盛世才为了寻找新的靠山，转而投靠国民党中央政权。国民政府对此十分兴奋，利用这一时机向新疆全方位进军。一是派大员与盛世才频繁接触，采取封官拉拢手段，让盛世才死心塌地反苏反共到底。二是不断从内地往新疆调派外交、党务、政务、军事、特工、金融、文教各类人员，从各方面逐步取代盛世才的势力。三是加强国民党在新疆的组织建设，以达到逐步控制新疆的目的。除了重点进行政治渗透，国民政府还以各种手段对新疆的意识形态、外交、军事等进行控制。通过上述努力，国民党在新疆的影响逐渐扩大和加强。

1944 年，国际国内形势迅速发展，苏联反法西斯战争不断取得胜利，新疆爆发了三区革命。国民党以戡乱为由，把大批军队开进了新疆，国民政府直接控制新疆的条件逐步成熟。盛世才见机不妙，一方面向斯大林表示忏悔，希望一旦与国民政府的军队作战，可以取得苏联红军的援助；另一方面故伎重演，拟再次策划一起"阴谋暴动案"，将国民党军政大员逮捕起来，以阻止国民政府对新疆的直接控制，继续维持自己在新疆的统治，保住其"新疆王"的地位。但是这一次他的如意算盘没有打好。苏联对他失去了信任，国民政府也决心彻底解决盛世才。8 月 12 日，蒋介石接见蒙藏委员会委员长吴忠信，要他准备去新疆接替盛世才。16 日，朱绍良飞抵迪化，代表蒋介石要盛世才离开新疆，去重庆当农林部长。与此同时，国民政府军队也做好了应战准备。盛世才感到大势已去，不得不听从了中央政府的安排。8 月 27 日，中央社公布了国民党中央任命盛世才为农林部长，由朱绍良暂代新疆省政府主席的消息。9 月，盛世才离开新疆，朱绍良以西北长官坐镇新疆，负责新疆军事。至此，国民政府最终统一了新疆，结束了新疆长期的实际上的割据状态。

四、"琼崖抚黎专员公署"与"剿抚兼施"的民族政策

民国建立以后，国内一直处于政局动荡、军阀混战的形势之中，国民党新旧军阀龙济光、李根源、邓本殷等相继到海南岛施行苛政。当时的文章写道："自民国以来，政无宁日，代人专政，国事日非，琼属为其波及，以致盗匪为其充塞，愈聚愈众……农荒于野，工业废弃，商业凋敝，而军阀又借土匪之名，抽税勒捐，洗劫村舍，匪之过也如梳，兵之过也如枥，寡人妻、抓人子，独人父母。"① 1926 年年初，国民革命军登陆海南岛，赶走了邓本殷，成立了国民党琼崖特别委员会。为了加强对海南岛等民族地区的统治，改变当地社会状况，1927 年 6 月，国民党广东省政府正式通过《开化黎瑶民族案》，该案决定：在海南琼崖设立"化黎局"，在连阳设立"化瑶局"，并在黎瑶地区建立辟路局、警察保安队、人员养成所、土产交易所、储蓄银行、简易识字学校等，分期

---

① 载《琼东期刊》第 1 期，1924 年 6 月，转引自程昭星、邢诒孔：《黎族人民斗争史》，第 176 页，民族出版社，1999 年。

派遣宣传队进行政治、文化宣传。这个决议案，体现了国民党希图通过行政、贸易、保安、文教等手段，来加强对黎族和瑶族地区的控制和汉化的思想。

第一次国共合作实现以后，中国共产党通过国民党这个统一战线的形式，广泛发动群众，团结各族人民，进行反帝反封建的革命斗争，掀起了大革命高潮。海南岛各族人民积极投入到这场革命中，农民运动空前高涨。但是，蒋介石于1927年4月12日发动反革命政变，疯狂屠杀革命党人，大革命转入低潮。海南岛各族人民在中国共产党的领导下，拿起武器举行武装暴动，反击国民党政府的白色恐怖，建立了一批苏维埃政权。为达到消灭红军，扑灭琼崖土地革命烈火的目的，国民政府不断派军队进入海南岛。及至1932年4月，国民党第一集团军警卫旅旅长陈汉兴率所部3000多人登陆海南岛，开始其对岛内各族人民的镇压和统治。1933年3月，陈汉光受命兼任琼崖抚黎专员之职，同年9月成立"琼崖抚黎专员公署"。

陈汉光统治海南岛时期，对那里的黎族和苗族人民采取了"剿抚兼施"、"恩威并重"的政策。一旦这些民族聚居的地区有些风吹草动，他就会带领军队去弹压；即使是风平浪静的日子，他也会时常武装出巡，监视和检查各族人民的情况。1934年何凯贻被任命为昌江县县长时，陈汉光对他说："这里的人很野蛮，尤其是黎人，虽然经我惩办了一批，但还是不行，应当大镇特镇，你明天就职，先将我押在县监狱的7个黎人执行枪决，当作下马威。"何凯贻表示查清案由再办时，陈汉光竟然大为光火。为了显示淫威，陈汉光每到一地，都会把黎族群众集中起来，然后用枪对着树林或耕牛扫射，以向各族群众示威，要他们老老实实服从国民党的统治，不得有反抗的意图。有的资料记载，在当时的黎族聚居区里，小孩子夜间啼哭，一提陈汉光的名字，就立刻会静止下来，不敢再哭。① 可见其武力威慑的手段达到了何等残暴的程度。

另外，陈汉光采取了与以往国民党军阀不同的怀柔手段，对少数民族首领和上层人物实行招抚，委以职务，并分发一些证章给他们，企图以"攻心为上"的政策对其进行笼络。针对少数民族地区经济落后和物资短缺的状况，陈汉光鼓励和组织汉商向黎族和苗族聚居区输入布匹、针线、毛巾等物品。他还在黎族聚居区修建公路，其中一条较长的公路是从儋县经昌江县大风到东方县的新街乡，全长约80公里。当然，这些公路的修建是出于其军事行动的需要，而且是陈汉光强迫征用黎族群众修建的。此外，陈汉光还以改变黎族地区落后状态，发展黎族教育为名，在白沙县和乐东县周围联村建立学校，开办教师短期训练班，培养黎族知识分子和师资力量，学习费用由公家负担，按数量及学校档次配给。② 为了"开化"黎族同胞，他又组织黎族青年到广州等地，参观省政府、学校和工厂，游览名胜古迹，等等。

为了实现海南岛的政治一体化，陈汉光筹划将黎族和苗族聚居的五指山区划县分治。为此，他下大力气培养符合国民党统治需要的少数民族军政人才。1933年冬，在广州陈济棠创办的广东军事政治学校获准举办"化育班"，招收黎族及少量苗族青年

---

① 何凯贻：《陈汉光对海南少数民族的血腥统治》，载《昌江文史》第4辑，内部刊物。
② 程昭星、邢诒孔：《黎族人民斗争史》，第241页，民族出版社，1999年。

400多人（一说200多人）加以培训，为建县培养"以黎治黎"的民族干部。① 1934年初，陈汉光又借"开化"教育黎族和苗族青年为名，通告海南各地，举送一批黎族和苗族青年到海口学习。结果有300多名少数民族青年被录取，但他们不是去学习文化，而是被编入军队。② 1934年秋，陈汉光奉命调离海南，移防粤北。但他没有完全放弃对海南岛少数民族的"治黎"政策。1935年6月，陈汉光草拟方案经呈报广东省政府核准，把五指山地区划为白沙、保亭、乐东三县，与原汉族地区的13个县统属广东省第九行政督察专员公署。原管辖黎族和苗族地区的各地黎务局撤销。各地原有的社会组织"峒"改称"团"，成为地方基层组织，管理各团辖区的行政事务。团董终身任职，有的后来父子相袭。在团以上，还设有联系县府与团的办事处。当时，为了表示优抚少数民族，广东省政府还特许新设三县全部豁免田赋负担，县政府行政经费由广东省统筹供给。③

陈汉光对海南少数民族实行的"剿抚兼施"的政策，其实质是为了加强对黎族和苗族人民的统治，达到消灭中国共产党革命力量的目的。他所实行的武力征服和威慑的手段，激起了各族人民的强烈义愤。但他发展少数民族地区教育、交通和商业的做法，在客观上起到了一定的积极作用，加强了黎族和苗族地区与外界的联系。陈汉光调离海南岛后，其"剿抚兼施"的政策继续得到贯彻和实行。1939年2月，日本侵略者在海南岛登陆，海南岛沿海地区沦陷以后，国民党地方当局和军队纷纷逃入五指山区，对黎族和苗族人民实行了更为残酷的暴政，终于激起了各族人民的反抗，并在1943年爆发了震撼海南岛的黎族白沙起义，给国民党地方当局在海南岛的统治造成了沉重的打击。

第三节　国民政府的民族宗教政策

一、对蒙藏的宗教政策

中国绝大多数少数民族信仰宗教，宗教在少数民族社会发展中发挥着十分重要的作用。在中国历史上，宗教问题往往与民族问题紧密相连。处理好宗教问题，既关系到边疆民族地区政治、经济和文化的发展，也关系到国家的统一和民族的团结，所以在长期的社会发展过程中，宗教政策都是中国民族政策的重要组成部分。民国建立以后，在中央政府的民族政策中，宗教政策占有相当重要的地位。

由于蒙藏问题是民国时期国内最为重要的民族问题，蒙藏宗教问题也是摆在国内宗教问题的首位。国民政府成立后，十分重视蒙藏问题，除了设置蒙藏委员会统筹处理蒙藏等少数民族事务以外，还采取了一系列专门针对蒙藏等民族的宗教政策。这些政策从内容上来说可以分为几大类：

一是继续实行优崇藏传佛教的政策。藏传佛教是蒙藏等民族全民信仰的宗教。在这

---

① 林荟材：《在海南"剿共""抚黎""绥靖"的真相》，载《海南文史资料》第1辑，南海出版公司，1989年。
② 海南省政协文史办编：《海南文史资料》第7辑《黎族史料专辑》，第38—43页，南海出版公司，1993年。
③ 程昭星、邢诒孔：《黎族人民斗争史》，第243页，民族出版社，1999年。

些民族社会中，宗教领袖具有极大的威望和权力。国民政府蒙藏委员会为制定喇嘛转世办法呈行政院公文就说："查西藏以教导政，由来已久。宗教领袖兼管政治实权，故历辈达赖之贤不肖，均与西藏治乱及藏中关系之亲密与隔阂发生直接影响。"① 北洋政府在管理蒙古地区事务和处理西藏问题的过程中，即实行了一系列优崇藏传佛教的政策。国民政府继承这一传统，继续实行优崇藏传佛教的政策，具体做法包括维持西藏"政教合一"制度，以维护其宗教领袖及上层人士的政治与宗教权利；恢复及册封名号和发给薪俸与礼品，以笼络藏传佛教领袖，拉近蒙藏地区统治阶层与中央政权的关系；保留宗教上层人士的特权，吸收他们参加国家政治活动；派专使入藏致祭十三世达赖和主持十四达赖坐床大典；支持九世班禅在内地活动与返回西藏；在藏传佛教名寺熬茶礼佛和发放布施，扩大中央政权民族宗教政策的影响，争取藏传佛教广大僧侣的拥护，等等。

二是提倡尊重蒙藏民族宗教信仰和风俗习惯。国民政府成立后，在各种法规及公文中，一再强调信教自由和提倡尊重各民族宗教信仰和风俗习惯。如国民党四大通过的《确定边区建设方针并切实进行案》中指出："对于各地风俗习惯之记载，须和平诚恳，不可有动人恶感之文字。"五届八中全会通过的《关于加强国内各民族及宗教间之融洽团结，以达成抗战胜利建国成功目的之施政纲领案》中提出："尊重各民族之宗教信仰及优良社会的习惯，协调各民族之情感，以建立国族之统一之文化。"六大通过的宣言又强调："必以全力解除边疆各族所受日寇劫持之痛苦地，亦必以全力扶持边疆各族经济、文化之发展，尊重其固有之语言、宗教与习惯，并赋予外蒙、西藏以高度自治之权。"在具体处理蒙藏民族问题时，特别强调了这些方针和政策。曾任蒙藏委员会委员长的吴忠信就说："西藏政教、语言及风俗习惯，与内地不同，故应付之法，亦应因其习而施之。大抵初在勿触其忌，勿启其疑，施以恩，示之以信，晓之以厉害。而后在维持其政教之原则下，徐导其协作，进而使其服从。"② 在中央发给派往西藏人员的训令中，一般都有尊重藏族宗教风俗的条文，令其执行。

二、对伊斯兰教的政策

伊斯兰教在中国历史悠久，至民国时期信仰伊斯兰教的民族有10个，人口数量相当庞大。除了回族分布于全国各地外，其他民族主要聚居在西北的甘宁青和新疆等省。1944年以前新疆处于地方军阀半割据状态，国民政府不能直接控制新疆，其所实行的对伊斯兰教的政策主要体现在对回族的政策方面。

国民政府建立后，并不承认回族的民族地位，只承认有回教，把回族称作"宗教信仰不同的国民"或"内地生活习惯特殊之国民"。蒋介石在中国回教救国协会第一届全国代表大会开幕典礼上说："一般普通人对于回教、回民和回族几个名词分不清；一般人不明了真义，认为回教即回族。这种观念对于整个中华民族影响实大。"③ 受其思想影响，许多国民党的军政要员乃至回族军阀都否认回族的民族主体地位。马鸿逵曾

---

① 《十三世达赖圆寂致祭和十四世达赖转世坐床档案选编》，第144页，中国藏学出版社，1990年。
② 《十三世达赖圆寂致祭和十四世达赖转世坐床档案选编》，第228页，中国藏学出版社，1990年。
③ 《回民言论》，第2卷第2期，1939年7月。

说:"甘宁青的回教同胞和新疆的缠头,绝不相同,并且宗教是宗教,民族是民族,不能混为一谈。中国的人民,因信仰自由,信仰了回教,仍然还是中华民族,并不因信教而变成阿拉伯民族,这正好比中国信仰佛教信仰耶教,并不因为信教而变为印度人和犹太人是同样的道理。"① 仔细揣摩其关于回族与回教关系的论述,其真正目的并不是着眼于其中的学理考究,而是刻意迎合中央政权仅承认"回教"却否认回族的民族政策。马步芳在与中央政权的交往中,也有意识地淡化自己的"民族"色彩。1937年,国民党颁布国民大会代表选举办法,许多回族人士通电争取"回教民族"组成独立的团体,选举代表。马步芳却致电国民党中央,表示"中央所拟定及解释的办法是对的,因为回教人遍于各省,有知识地位的很不少,应该混合在一块,普遍的加以选举,不应该以前与汉族不分的,到这时候,反分离起来"。马步芳的真正意图是通过否认回族的民族地位来求得中央政权的信任。② 在国民政府这一错误思想和观念指导下,"自民国以来,一切政府所制定的宪法约法与宪法草案等,均未规定回族的政治地位与应享的权利;国民大会的选举法,没有回族代表的选举;一切政府所召开的主要会议与政府所设立的民意机关,有其他民族代表参加,但从来没有让公开代表回族的回民代表参加;中央政府没有管理回族事务的机关,中央至地方的各级政治机关,回族参加的机会绝少,虽然是回汉杂处甚至回民占多数的区域,回族也没有参加政权的机会,更谈不到自己管理自己事务的权利;回族人民没有各种民主自由,更没有权利以回族、回民的名义组织团体与发表言论"。③

回族是一个具有爱国主义热情的民族,近代以来为保卫祖国、抵御外国列强的侵略作出了极大的贡献。在民族危机日益加重的情况下,尤其是1937年日本发动全面侵略中国的战争以后,尽管国民政府不愿承认回族的民族地位,却不断加强宣传,以鼓励和激发回族的爱国主义热情。1938年10月17日,蒋介石在甘宁青抗敌救国宣传团代表西北回教军民举行的献旗典礼上,专门发表对全国回民的训示,表示:"回胞的人口增殖率甚大,逐渐占全国人数的重要部分,加之身体强壮,勇敢善战,在全国民众中亦甚杰出,尤其是有坚定的信仰与团结的精神,至为可以称述的民族优点","回教同胞,更要以对穆圣的信仰服膺三民主义,以爱护宗教的精神来捍卫国家"。④ 1939年7月26日,蒋介石在中国回教救国协会第一届全体会员代表大会开幕典礼上指出:"回教的精神对于国家特别忠诚,在任何地方,都发挥其大无畏之精神。"同月29日,他在回教救国协会举办的茶话会上提出:"回教是完满的宗教,是救人救世的宗教,他的使命,回教人自然要救,非回教人也要救,这样才能显出回教博大之精神。"⑤ 1940年年初,蒋介石在《告战区回教同胞书》中又说:回教同胞"其恪守正义与爱护国家之精神,实为历史上之珍贵记载","回教同胞,在国家为重要成员,在民族有伟大力量"。⑥ 通

---

① 马鸿逵:《西北两大问题》,载《开发西北》第1卷第6期,1934年。
② 刘进:《中心与边缘——国民党政权与甘宁青社会》,第224—225页,天津古籍出版社,2004年。
③ 《回回民族问题》,第69页,民族出版社,1980年。
④ 《回回言论》创刊号,1939年1月。
⑤ 《回回言论》第2卷第2期,1939年7月。
⑥ 《中国回教救国协会会刊》第1卷第11期,1940年3月。

过蒋介石的这些讲话和言论,可以看出国民政府尽管不承认回族的民族地位,但对于回民同胞在国家中的作用是十分重视的。

为了鼓励和激发回族人民的爱国主义热情,国民政府采取了一些针对伊斯兰教的政策与措施,其中一项内容是推动建立全国性的伊斯兰教群众团体,包括1934年发起组织成立的中华回教公会;1938年将中国回民抗日救国协会改组为中国回民救国协会,由白崇禧任理事长。包括蒋介石在内的许多国民政府要员都参加和支持该协会的活动。另一项内容则是提倡尊重伊斯兰教民族的宗教信仰和风俗习惯。1932年,上海与北平相继发生北新书局和《南华文艺》侮教案,引起回族同胞的抗议。经国民党中央执委会开会讨论,由国民政府宣布"尊重回民、维护宗教"。[①] 1938年10月17日,蒋介石在甘宁青抗敌救国宣传团代表西北回教军民举行的献旗典礼上发表的对全国回民的训示中,也提到中央政府对于回民的政策方面,包括"提倡回民教育,培植回教人才,尊重回民信仰,擢用回教贤能"等。[②] 抗战期间,国民党军事委员会特印制"清真寺内,禁止驻兵"的布告,普遍发给各地清真寺,以资保障,要求其士兵尊重伊斯兰教信仰,改善同穆斯林的关系。[③] 抗战胜利后,一些地方发生侮辱伊斯兰教事件,经中国回教协会呈请,国民政府行政院除分别查处外,于1947年11月24日向全国发布严禁侮辱宗教的通令:"查人民信教自由,宪法已有明文规定,回教传入中国,历时已久,早为我国主要宗教之一,自应尊重其习惯,不得任意侮蔑。乃查近来各地报纸,竟有无端歧视该教,妄肆诋毁者,非仅妨碍宗教之信仰,抑且昧于民族团结之大义。值此戡乱期间,亟应严加取缔,各地应即布告周知,禁止侮蔑宗教,以示团结,而固国本。"[④] 这些政策和措施对于消除民族隔阂、改善民族关系、维护回族人民的宗教感情起到了一定的积极作用。

回民政府除了颁布有关宗教寺院的管理规定外,又专门对清真寺的管理制定了条例和办法。1940年,由中国回教救国协会制定清真寺管理办法及寺董会组织条例,并附推行应注意事项8项,"通函全国清真寺一律遵照实行"。后进行修订,于1947年颁布《中国回教协会清真寺暂行办法》15项条款、《清真寺董事会组织通则》11条和《推行清真寺管理办法及清真寺董事会组织通则注意事项》8项,以加强对清真寺的管理。

在信仰伊斯兰教民族聚居的西北,由于各种因素的影响,这里的民族问题和宗教问题比较尖锐和激烈,具有严重性、复杂性和长期性的特点。然而,中央政权在西北的力量并不强固,诸马军阀才是甘宁青地区的地方实力派,具有绝对权威,正如时人所言:"青海、宁夏,虽回族领袖服从中央,而军民只知领袖,不知中央。"[⑤] 因此,国民政府对诸马一直采取笼络、合作、利用与防范的策略,以借助诸马的力量来共同维护其在西北的统治。受国民政府民族观和民族思想的影响,诸马军阀的思想上也表现出双重特征。他们一方面既保持浓厚的民族生活习俗和恪守伊斯兰教规;另一方面却又刻意回避

[①] 余振贵:《中国历代政权与伊斯兰教》,第301页,宁夏人民出版社,1996年。
[②] 《回民言论》创刊号,1939年1月。
[③] 余振贵:《中国历代政权与伊斯兰教》,第304页,宁夏人民出版社,1996年。
[④] 《中国回教协会会报》第7卷,第8—12期,1948年3月。
[⑤] 马鹤天:《开发西北与中国之前途》,载《西北问题季刊》(上海)第1卷第3期,1935年5月。

和淡化自己的民族意识和宗教倾向。同时，在宗教与国家的关系问题上，诸马往往强调国家高于宗教、宗教离不开国家的理念。马鸿逵在《宗教与国家演词》一文中就认为："西北省区的伊斯兰教胞，因多年之积习和教育落后的原故"，"国家观念较之一般国人更为淡薄"，"这实在是一种很大的错误"，因为"在偏重宗教漠视国家的人，以为宗教是宗教，国家是国家，两不相关的。谁知要讲信教自由，绝对不能离开国家，假使没有了国家，虽欲不问政治而专力信仰宗教以独善其身，也不能由得自己，所以我们很肯定的可以说，宗教是必要国家来保护的，倘若离开了国家，根本上就无宗教可言，也可以说，有国家方有宗教，无国家即无宗教"。① 当然，诸马军阀对西北民族问题的复杂与严重性是十分了解的，也清楚回汉之间的矛盾与隔阂是这些民族问题中的焦点。马步芳曾经说："过去，因为一部分人感情的作用，使西北的民族间不断地发生摩擦，诚属不幸。"② 因此，他们也努力采取一些措施，如笼络少数民族上层人士，注重伊斯兰教和兴办回族教育等，以维护自己在西北地区的统治。

---

① 马鸿逵：《宗教与国家演词》，《马氏族谱·艺文集》，第11—12页，1946年。
② 孙绳武：《第二时期抗战与西北》，载《回民言论》第1卷第6期，1939年3月。

第三章　中国共产党的民族政策与民族工作

第一节　长征途中的民族政策与民族工作

一、刘伯承与果基小约旦会盟

1935年5月，中央红军抵达泸沽后，为了打通北上抗日的道路，必须抢渡天险大渡河。由泸沽到大渡河只有两条路，一条是经越西到大树堡（今石棉县），由此渡河彼岸是富林（今汉源县城），这是一条通往雅安的大道，可直逼成都。另一条路是经冕宁到安顺场，这是崎岖的山路，尤其是要通过向来被人视为"畏途"的彝族聚居区。这条山路地势险峻，尤其是在漫长的岁月里，由于历来的统治者对彝族人民进行奴役和杀戮，以及汉族商人的欺诈和剥削，汉族人和军队要能过这一地区是很不容易的。1863年5月，太平军翼王石达开及其部下被清军围困消灭在大渡河畔，成为常被提起的历史借鉴之一。国民党军队曾数次到此，同样遭到彝族人民的沉重打击。因此，蒋介石错误地断定中央红军不敢通过彝族聚居区，即使通过也会重蹈石达开的覆辙。在中央红军渡过金沙江后，蒋介石急忙部署兵力，妄图凭借天险，将红军主力消灭在大渡河畔，他从反革命的战略观点出发，断定中央红军主力必然会走第一条路，急派薛岳、周浑元、晏奇伟率中央军尾追红军；命杨森增防雅安、荥经、芦山、宝兴，在前面堵截；急调刘湘所部王泽浚旅驻守富林和大树堡。而安顺场和泸定桥，仅有二十四军的一部分，兵力比较薄弱。毛泽东高瞻远瞩，运用高度灵活的军事艺术，果断地决定中央红军主力通过冕宁彝族聚居区，直插安顺场，把攻击点选在敌人的薄弱处。同时，派一支小部队经越西向大树堡前进，以迷惑牵制敌人，掩护红军主力。

根据毛泽东的决策，中央红军分两路向大渡河边挺进。中央红军要通过彝族聚居区，唯一的办法是靠中国共产党的民族政策。毛泽东、朱德、周恩来、刘伯承等率中央红军主力从泸沽出发的前夕，中共冕宁地下党组织派李祥云、向德伦、李发明到泸沽接头，为红军带路。中央红军由泸沽到冕宁沿途受到群众的热烈欢迎。1935年5月20日，红军先遣队进入冕宁县城，伪团长、伪县长和土豪劣绅早已逃窜。红军战士为了不惊动城里的老百姓，露宿在街檐下。

5月21日，彝族人民拥向街头，张灯结彩，大街小巷贴满了"打富济贫"、"活捉刘家军，拖死中央军，打倒小日本"、"红军不派款，不拉夫"、"拥护为民谋福利的红军"、"民族平等"等红绿标语。在鞭炮声中，毛泽东等中央红军大部队进了冕宁城。红军宣传队深入到群众中宣传中国共产党的民族政策。

短短几天，冕宁县建立了革命委员会、抗捐军，废除了换班坐质制度①，实行了"打富济贫"，冕宁旧貌换了新颜。

在向彝、汉族人民进行宣传的同时，红军中也开展了教育，要求全体指战员坚决执行中国共产党的民族政策。毛泽东在教育红军战士时指出，四川的彝族人民和广西的苗族人一样，他们都是受白军压迫的民族，所以他们也最恨白军。可是他们对我们就不同了，我们尊重他们，把他们看成我们的弟兄，要和他们团结起来共同反对白军压迫。

毛泽东在冕宁接见了彝族代表沽基达涅。沽基达涅向毛泽东汇报了从冕宁到大渡河一带各彝族家支及其头人果基小约旦、果基洛莫子、罗洪作一、罗洪点都等人的情况。毛泽东委托沽基达涅与他们联系，并转送红军送的礼物。

为了争取时间抢渡大渡河，以摆脱敌人的尾追堵截，军委决定由红军总参谋长刘伯承率先遣部队，于5月21日抵达冕宁大桥镇一带，准备通过彝族聚居区拖乌。

红军在冕宁的革命事迹及中国共产党的民族政策开始赢得人心，彝族、汉族人民迫切期待着红军把他们解放出来。所以，先遣队一到大桥镇，就受到彝族、汉族人民的欢迎。

5月22日，先遣部队由大桥镇出发，先经过彝族、汉族杂居区，然后进入彝族聚居区，当进到喇嘛房时，被一群彝民拦住去路。若要强行通过，势必引起冲突。这时，工兵连的架桥器材和工具被彝民搜尽，他们只好退回出发地。

先遣部队停止前进后，通过翻译向彝民宣传红军不抢劫、不害民，只是借道北上。正在这时彝族首领果基小约旦的四叔等骑着骡马直驰而来。先遣部队向他们宣传红军是为受压迫和剥削的劳苦人打天下的，来此只是借路北上抗日。同时，又告诉他们红军总参谋长刘伯承率大批人马北征，路过此地，愿与彝族首领结为兄弟。当时红军前进路上的两个彝族部落②正在械斗，借红军的力量可壮大其声势，于是果基小约旦欣然同意了。

先遣部队将这一情况向刘伯承、聂荣臻报告时，他俩正为继续前进可能引起冲突而焦虑。因为如果借路问题解决不了，将影响红军主力通过彝族聚居区。获悉这一喜讯，刘伯承立即骑上马，为了团结彝族同胞，为了红军主力得以顺利通过彝族聚居区，去担任结盟的主角。

刘伯承赶到部队的前面，果基小约旦和几位彝族首领趋前迎接。果基小约旦等一见到刘伯承就按旧习惯摘下头上的帕子，准备跪下叩头，刘伯承赶忙上前劝阻，亲切地将他们逐一扶起，并重申中央红军的来意，愿与果基小约旦结盟。

结盟仪式是在谷麻子附近的彝家海子举行的。因事前没有准备，没有酒，就由一个彝族同胞在海子里盛了水，将鸡血淋在两碗清清的水里。刘伯承和果基小约旦叔侄，虔诚地并排跪下。刘伯承端起碗，发誓："上有天，下有地……刘伯承愿与小约旦结为兄

---

① 换班坐质制度，始于清代咸丰以后。反动当局令彝族各家支头人轮流到县城里坐牢，作为人质，以确保其对彝族人民的压迫和剥削。

② 沽基与罗洪家支。

弟……"① 念完，一饮而尽。小约旦叔侄也把"盟酒"一饮而尽。这时天快黄昏，先遣司令部决定返回大桥镇宿营。刘伯承邀请小约旦等返回大桥镇，盛情招待他们。在大桥镇的米市（现今的小学校）重喝血酒。参加这次喝血酒的，又增加了罗洪作一和陈志喜。重新喝血酒，有着双重的意义，陈志喜是汉族，表示彝汉要团结；罗洪与果基家是冤家，发生过冲突，表示要和解，共同对付敌人。席间，刘伯承针对过去彝汉隔阂与彝族内部不团结，反复强调穷人不要打穷人，自己不要打自己，团结起来共同对敌。刘伯承还代表中国工农红军将写有"中国夷民红军沽鸡支队"的一面红旗和随身携带的手枪赠送给小约旦。

5月23日，在小约旦等人的护送下，刘伯承率红军先遣队从大桥镇出发，进入彝族聚居区。是日，满山遍野的彝族同胞，载歌载舞欢迎红军，红军向他们问寒问暖，宣传中国共产党的民族政策，并在沿途张贴由朱德总司令签署的中国工农红军布告，其内容是："中国工农红军，解放弱小民族；一切夷汉平民，都是兄弟骨肉。可恨四川军阀，压迫夷人太毒；苛捐杂税重重，又复妄加杀戮。红军万里长征，所向势如破竹；今已来到川西，尊重夷人风俗。纪律十分严明，不动一丝一木；粮食公平买卖，价钱交付十足。凡我夷人群众，切莫怀疑畏缩；赶快团结起来，共把军阀驱逐。设立夷人政府，夷族管理夷族；真正平等自由，再不受人欺辱。希望努力宣传，将此广播西蜀。"② 这张布告所主张的民族政策，在彝族人民中产生了重大影响，对于中央红军顺利地通过彝族聚居区起了巨大的作用。

红军先遣队来到小约旦的家乡——中心乡萨塔村，彝族同胞排成长队欢迎红军的到来。刘伯承嘱咐果基小约旦，一定要把全部红军安全地送过彝族地区，并坚持以后的艰苦斗争。同时，送了一批武器给彝民红军沽鸡支队，以便红军走后狠狠地打击敌人。果基小约旦等表示绝不辜负红军的殷切希望，他们将一匹最好的黑骡子送给刘伯承，以示对红军的热爱。刘伯承和果基小约旦等人告别后，率领红军先遣队经拖乌、鲁坝、铁寨子、查罗等抵达今石棉县安顺场大渡河边。

果基小约旦遵照刘伯承的委托，将彝族青年组织起来护送红军后续部队。经过七天七夜，红军迅速安全地通过了彝族聚居区，抵达了安顺场。

在毛泽东等率中央红军主力经冕宁向安顺场挺进的同时，左权、刘亚楼、张爱萍等率领另一支红军小部队由小泸沽经越西向大树堡疾进，以迷惑敌人，掩护红军主力。当他们进入喜德县登相营南麓时，遭到彝汉民团和伪正规军的阻击，红军打败了正规军，一个排的敌人投诚，民团立即溃散。接着，红军畅行无阻，直逼越西县城。5月22日，红军进入越西县城。根据彝族、汉族人民的要求，开展了打土豪的斗争，尤其是红军砸开伪监狱，释放了被关押的彝汉群众500余人，其中有彝族各家支换班坐质的头人。红军发给他们新衣服，备酒饭款待，发银圆作路费，他们感激不尽。红军还焚毁县政府的档案文件，宣布废除"换班坐质"制度。这些革命的举措深受彝族、汉族人民的拥护，

---

① 中国人民解放军战士出版社编：《〈星火燎原〉选编》（三），第125页，中国人民解放军战士出版社，1980年。

② 中共中央统战部编：《民族问题文献汇编》，第277页，中共中央党校出版社，1991年。

许多青年踊跃参加红军。如中华人民共和国成立后曾任凉山州委书记的阿尔木呷和曾任凉山军分区司令员的陈占英就是这时参加红军的。

这支红军小部队解放越西县城后又继续前进。在今甘洛县的海棠，红军消灭了伪军，活捉了逃窜的越西县伪县长。接着，进入汉源县境，翻越晒经关就是大树堡。红军在大树堡以东消灭敌人一个排，大树堡敌军1个营吓得慌忙渡河逃命。红军追敌至大渡河边，夺取渡船1只，活捉敌连长以下官兵数10人，占领了大树堡南岸渡口，沿岸搜集渡船和架桥材料，修筑工事，虚张声势，强渡大渡河、以攻取富林，进军雅安，解放成都。当蒋介石急调大军，妄图消灭红军主力时，毛泽东等率领中央红军主力部队已通过冕宁彝族地区顺利地抵达了安顺场，一军团第一师在安顺场取得了强渡大渡河的胜利。5月25日，在大树堡牵制敌人的红军，迅速撤离，经汉源县、甘洛县，赶往安顺场，与主力部队会合。

彝海结盟不仅在一定程度上消除了彝汉之间的民族隔阂，加强了彝族内部的团结，使中央红军主力顺利地通过了彝族地区，为强渡大渡河创造了前提，而且在彝族地区播下了革命的种子，对冕宁、越西一带尔后的革命斗争产生了深远的影响。

红军走后，彝族人民为了纪念红军，把当年出生的孩子取名为"红军子"或"红军妞"；并冒着生命危险，将红军留下来的东西，爱如珍宝，保存起来。冕宁县中心乡的彝族同胞每年过火把节，总是在彝家海子边跳锅庄，唱盼红军的歌。尤其是沽鸡支队的彝胞，他们举着红旗，拿起武器，坚持对敌斗争。果基小约旦联合倮伍、罗洪家支，于1935年8月在冕宁县中心乡萨塔村举行了反对国民党军阀的誓师大会，提出了"停止冤家械斗，一致对外"的口号，组织了号称1000余人的游击队，在野鸡洞、俄瓦垭口一带打败了军阀邓秀廷的多次进攻。

但是，邓秀廷又"以彝治彝"，破坏彝族内部的团结，致使倮伍、罗洪家支脱离反军阀的联盟，沽鸡支队孤单奋战。1941年，邓秀廷勾结罗洪家支黑彝奴隶主在大桥镇杀害了果基小约旦，但彝族人民的革命烈火是扑不灭的。1950年，中国人民解放了冕宁。果基小约旦的妻子和弟弟把藏在背筐最底层的"中国彝民红军沽鸡支队队旗献给了人民政府"①。这面红旗是红军与彝族人民深厚情谊的象征，记载着彝族人民的战斗风云。

二、《关于苗族问题的决议》

早在1926年12月，湖南省第一次农民代表大会通过了一个《解放苗瑶决议案》。其内容是："设法使苗瑶等民族加入当地农民协会，或助其组织单独的苗瑶农民协会。严禁汉族侵占苗瑶土地。开办苗瑶简易学校。汉族不得故意诬造侮辱苗瑶的言论。清政府严厉剿灭苗峒土匪。清政府颁布解放苗瑶的明令，使其与汉人政治经济一律平等。援助苗瑶解除土司首长的残酷压迫。"②

1934年5月中旬，红三军进入贵州，相继攻克了沿河、德江、印江、松桃、酉阳等县，建立了苏维埃政权。7月21—22日，在沿河县铅厂坝召开黔东特区第一次工农

---

① 《红军长征过四川》，第59—60页，四川省博物馆印（内部资料），1978年。
② 中共中央统战部编：《民族问题文献汇编》，第52页，中共中央党校出版社，1991年。

兵代表大会，宣布成立黔东特区革命委员会。主席由孙秀亮，副主席由秦育春、陈国正担任。

黔东特区第一次工农兵代表大会根据《中华苏维埃共和国宪法大纲》第十四条之"中国苏维埃政权承认中国境内少数民族的自决权，一直到承认各弱小民族有同中国脱离，自己成立独立的国家的权利。蒙、回、藏、苗、黎、高丽人等，凡是居住中国地域内的，他们有完全自决权：加入或脱离中国苏维埃联邦，或建立自己的自治区域。中国苏维埃政权出现在要努力帮助这些弱小民族脱离帝国主义、国民党、军阀、王公、喇嘛、土司等的压迫统治，而得到完全的自由民主。苏维埃政权更要在这些民族中发展他们自己的民族文化和民族语言"①的规定，尤其要反对国民党军阀白崇禧、王家烈、陈渠珍等对于苗族的屠杀，通过了6项决议，《关于苗族问题决议》是其中之一。决议指出，对于居住在贵州、湖南、四川境内之苗族，全力帮助他们获得解放与自由，须执行下列政治纲领：

（一）联合苗族反对帝国主义、国民党军阀、土司等的压迫。

（二）帮助苗族建立苏维埃制度的自治区域。承认他们有同中国脱离，建立自己的苏维埃国家的权利。他们有完全处决权加入或脱离苏维埃联邦。

（三）帮助苗族建立苗族工农红军。

（四）帮助苗族的农民完全得到土地。没收一切地主豪绅的土地和国家的土地（如屯田）并由贫农中农平均分配。

（五）用苗族自己的语言文字，发展苗族的文化。

（六）取消一切苛捐杂税。

（七）苗族与汉族的工农群众，建立亲密的联合，消除一切民族的界限和嫌隙。

（八）居住在苏区的苗族工农群众，完全享有苏维埃公民的一切权利。②

《关于苗族问题决议》是《中华苏维埃共和国宪法大纲》关于苗族问题的具体实施，鼓舞了湘、鄂、川、黔苗族人民的革命斗志，促使他们积极参加湘、鄂、川、黔工农民主政权的建设。

1934年11月29日，中国工农红军政治部③发出了《关于苗瑶民族中工作原则的指示》。该《指示》明确指出："我们对瑶民（或苗民）的基本主张，是反对一切汉族的压迫与剥削，汉民与瑶民的民族平等，给瑶民彻底的民族自决权（通俗些说，即瑶民的事由自己去决定，汉人不得干涉），在这一基本主张之下，并在精神上与物质上给他们以实际的帮助，争取瑶民弱小民族，对于苏维埃与红军的同情拥护与反对帝国主义国民党的协同动作。这一基本主张各级政治部必须依照各地不同的环境与不同的情况，加以具体化与通俗化。"④由于瑶民的上层阶层在瑶民中有威信，并领导瑶民同国民党军阀进行武装斗争。因此，苏维埃与红军应同他们订立各种政治的与军事的联盟，经过他

---

① 中共中央统战部编：《民族问题文献汇编》，第166页，中共中央党校出版社，1991年。
② 中共中央统战部编：《民族问题文献汇编》，第243页，中共中央党校出版社，1991年。
③ 系指红一方面军政治部。
④ 中共中央统战部编：《民族问题文献汇编》，第244页，中共中央党校出版社，1991年。

们去接近广大的瑶族人民,以推动广大的瑶族人民,进入革命斗争的阵线。苏维埃与红军是中国所有被压迫民族的人民的政权与武装力量。在苏维埃与红军中,既然已有许多弱小民族的代表参加,那么,就应该欢迎瑶民大批地到苏维埃政权中来,到红军中来,为着瑶族人民的彻底解放而斗争。至于瑶族人民在自己的区域内是否愿意建立苏维埃政府,自成为瑶民苏维埃共和国,或为中华苏维埃共和国的一个自治区域,或建立人民政府,那完全取决于瑶族人民,由瑶族人民决定。同样,瑶族人民有权利组织自己的工农红军或人民革命军。中国共产党应在瑶族人民中发展党的组织。

1934年12月21日,红一方面军总政治部在《关于创立川黔边新根据地工作的训令》中,再次要求"明确的执行本部对苗、瑶少数民族的指示"(即1934年11月29日红一方面军政治部《关于苗瑶民族中工作原则的指示》)。

以上所引用的三个文献,提及"各弱小民族有同中国脱离,自己成立独立的国家",或"建立自己的苏维埃国家",或"自成为瑶民苏维埃共和国"的权利。这表明中国共产党在第一、第二次国内革命战争时期的民族纲领是强调民族自决权,主张实行联邦制。其所以如此,归根到底,是中国共产党在那个时期对解决中国民族问题的具体历史条件还缺乏深入的了解,还不能将马列主义关于解决民族问题的原理同中国的具体历史条件正确地结合起来。

1934年12月24日,红一方面军总政治部在《关于红军沿途注意与苗民关系加强纪律检查的指示》中,要求各军团政治部,在红一方面军经过苗族地区时,要严格督促:"(一)明确传达与执行本部对苗民指示,不打苗民土豪,不杀苗民有信仰的甲长乡长。(二)山田牛少,居民视牛如命,绝不应杀牛,土豪牛要发给群众,严厉处罚乱杀牛者。(三)加强纪律检查队、收容队工作,在宿营地分段检查纪律。开展斗争,立即克服一切侵害群众、脱离群众行为。"①

由于红军指战员严格执行关于苗族的决议、指示,经过苗、瑶地区时,苗族人民称赞红军是"天底下最好的军队",大力支援红军,踊跃参加红军。中央红军经过黔西北时,有苗、回、彝等族青年五六千人参军。1934年12月,中央红军在湘黔边建立了苗、侗人民游击队,这支游击队配合红二方面军与敌作战达100余次,打退敌人100多个团"围剿",有力地支援了红军长征。咸宁苗族、汉族人民的自卫队在配合红二方面歼灭国民党第七十九师两个团的战役中,立下了战功,受到了红军的嘉奖。

三、中华苏维埃博巴政府

中华苏维埃博巴政府②是中国共产党领导的工农红军进行二万五千里长征,途经今四川省甘孜州期间,帮助藏族人民建立的红色政权。1935年8月5日,中共中央政治局会议通过的《中共中央关于一四方面军会合后的政治形势与任务的决议》指出:"估计到少数民族中阶级分化程度与社会经济发展的条件,我们不能到处把苏维埃的方式去组织民族的政权。在有些民族中,在斗争开始的阶段上,除少数上层分子外,还有民族统一战线的可能。在这种情形下,可以采取人民共和国及人民革命政府的形式。在另外

---

① 中共中央统战部编:《民族问题文献汇编》,第249页,中共中央党校出版社,1991年。
② 博巴为藏族自称,博巴政府亦称博巴人民共和国中央政府。

一种民族中,或在阶级斗争深入的阶段中,则可采取组织工农苏维埃或劳动苏维埃的形式。一般的组织工农民主专政苏维埃是不适当的。"① 中华苏维埃博巴政府属于人民革命政府的形式,红色政权的性质。

中国共产党和红军十分重视帮助少数民族建立自己的政权。中共中央在《告康藏西番民众书——进行西藏民族革命运动的斗争纲领》中指出:"康藏的民众要跳出这种水深火热的情况,只有照着现在中国苏维埃红军所做的事业去做,就是彻底的反对帝国主义中国军阀和本国的统治阶级,建立自己的革命政权。"②"这种政权是以广大的劳动群众为基础,但是不拒绝一切真正反对帝国主义国民党军阀的分子参加"③。同时,又指出康藏的民众要战胜英帝国主义、中国军阀、本地统治阶级,"必须武装起来组织赤色的游击队,自卫军,人民革命军",以"巩固革命的政权"④。

但是,中华苏维埃博巴政府又是张国焘所部红军所组织的。1935 年 6 月 15 日,红一方面军与红四方面军主力胜利会师于懋功。在红一、红四方面军会师前,中共中央和毛泽东就确定了会师后的战略方针是向东向北发展,在川陕甘建立革命根据地,以促进抗日民主运动新高潮的继续发展。6 月 16 日,中共中央给红四方面军领导人发出指示:"为着把苏维埃运动之发展放在更巩固有力的基础之上,今后我一、四方面军总的方针就是占领川陕甘三省,建立三省苏维埃政权,并于适当时期以一部组织远征军占领新疆。"至于目前的行动计划,四方面军和一方面军主力"均宜在岷江以东,对于即将到来的敌人新的大举进攻给以坚决的打破,向着岷、嘉西江之间发展。至发展受限制时,则以陕、甘各一部为战略机动地区。因此坚决的巩固茂县、北川、威州在我手中,并击破胡宗南之南进是这一计划的枢纽";"以懋功为中心之地区纵横千余里,均深山劣谷,人口稀少,给养困难。大渡河西岸直至峨眉山附近情形略同。至于西康情形更差。敌始封锁岷江上游(敌正进行此计划),则壮出机动极感困难。因此,邛崃山脉区域只能使用小部队活动,主力出此似非良策。"⑤

6 月 17 日,张国焘复电党中央,反对向东、向北发展的战略方针,主张向川康边以及甘肃、青海一带发展,如有困难,向南进攻。

为了解决红一、红四方面军会合后的战略方针问题,1935 年 6 月 26 日,在西河口召开了中央政治局会议。周恩来代表党中央和军委作报告,指出:"一、四方面军会合后,新的战略方针即是集中主力向北进攻,创造川陕甘革命根据地",首先占领甘南。⑥张国焘最后表示同意中央北上建立川陕甘革命根据地的方针。7 月 16 日,张国焘抵达芦花。7 月 18 日,在芦花召开了中央政治局常委扩大会议。会议决定,张国焘为红军总政治委员。7 月 28 日,红军主力到毛尔盖。

8 月 3 日,在距毛尔盖 10 公里的沙窝召开了中央政治局会议。8 月 9 日,中央印发

---

① 中共中央统战部编:《民族问题文献汇编》,第 306 页,中共中央党校出版社,1991 年。
② 中共中央统战部编:《民族问题文献汇编》,第 285 页,中共中央党校出版社,1991 年。
③④ 中共中央统战部编:《民族问题文献汇编》,第 288 页,中共中央党校出版社,1991 年。
⑤ 武国友主编:《红军长征全史》第 3 卷,第 210 页,东北师范大学出版社,1996 年。
⑥ 中共中央党校党史教研室资料组编:《中国共产党历次重要会议集》上,第 195 页,上海人民出版社,1982 年。

了会议通过的《中央关于一、四方面军会合后的政治形势和任务的决议》。该《决议》提出了一、四方面军会合后的基本任务是创造川陕甘革命根据地，肯定了中央"北上"的方针，否定了张国焘"西进"、"南下"的方针。8月15日中共中央在毛尔盖附近的叙藏村召开了红一、红四方面军团以上干部会议，决定走出草地。但张国焘坚持左路军西出阿坝的方针，甚至提出深入青海、宁夏、新疆的主张。

8月20日，中央政治局在毛尔盖召开了扩大会议。议题是向东（陕西）还是向西（青海、新疆）。但张国焘延至8月30日才发出左路军向班佑集中与右路军靠拢的命令。9月2日，已在草地上行军3天的左路军又被张国焘以噶曲河水正在上涨为由，不准过河北上，实际上是要南下。9月5日，张国焘强令左路军第一纵队由噶曲河畔返回阿坝，二过草地。9月9日，中共中央再次电告张国焘："北上方针绝对不应改变，左路军应速即北上，在东出不利时，可以西渡黄河，占领甘、青交通新地区，再向东发展。"①可是，张国焘仍强令大军南下，两大红军主力分道扬镳了。

9月12日，在召开中央政治局扩大会议的同时，张国焘在阿坝召开了川康省委及红军中党的活动分子会议，举起了反对党中央的旗帜。会议通过了《阿坝会议决定》。该《决定》称："当前我们的任务，应该是利用川、康边少数民族和有利地形条件，建立川、康革命根据地，准备迎接新的革命高潮到来。"②

9月15日，张国焘发布了《大举南进政治保障计划》。该《计划》提出了政治工作的5项要求。其中，提及要"运用一切方法争取少数民族群众，不伤害少数民族的宗教感情，不许毁坏庙宇经堂，不准到群众家乱翻，不准毁坏居民房屋，连新赤区内特别要注意保护群众的利益，加紧对经理和事务人员的教育和管理。各级政治部处要帮助地方党和政权机关组织苏维埃，少数民族中成立人民革命政府或苏维埃政府，成立游击队赤卫队并猛烈进行扩大红军的工作"③。

9月17日，张国焘发布了南下命令。命令右路军中的四军和三十军从巴西地区南返至卓克基、马尔康、松岗一带，左路军中的四方面军部队和原一方面军的第五、第九军团及军委纵队一部，从阿坝地区南下，回到马塘、松岗、党坝一带。9月下旬，部队穿过草地，到达毛尔盖。接着，部队沿着黑水、芦花以西，向党坝、松岗行进。

10月5日，张国焘在卓木碉召开了高级干部会议。组织"临时中央"、自任主席。还成立了"中央政府"、"中央军委"、"团中央"。与此同时，在大金成立了大金省委，下属丹巴、小金、道孚、马尔康、卓斯甲等地。

10月7日，张国焘发布了《绥丹崇懋战役计划》。次日，左、右两路纵队开始行动。12日克绥靖，16日克西康省境内的丹巴县城。左纵队15日占崇化，16日克抚边，20日克懋功。经过10余日的行动，结束了战役计划。接着，张国焘又发布了《天芦名雅邛大战役计划》。10月24日拉开战幕。11月1日攻占宝兴，直逼芦山城下。11月7

---

① 《中国工农红军第四方面军战史资料选编》（长征时期），第142—143页，解放军出版社，1992年。
② 武国友主编：《红军长征全史》第3卷，第299页，东北师范大学出版社，1996年。
③ 武国友主编：《红军长征全史》第3卷，第303页，东北师范大学出版社，1996年。

日，左纵队攻占大川场，右纵队攻克了金汤镇，向天全发起攻击。11月12日，红军占领芦山。但百丈决战失利，南下红军被迫转入战略防御，也标志着张国焘南下战略方针的破灭。

1936年2月中旬，南下红军制定了《康道炉战役计划》。红四方面军分三路，撤离天全、芦山、宝兴地区、向道孚、炉霍、甘孜进军。3月1日占领道孚，3月15日攻克炉霍。至4月上旬，红四方面军控制了东起丹巴，西至甘孜，南达瞻北、泰宁，北连草地的大片地区。这些地区是以藏民为主的藏汉杂居区域。藏族的土司、喇嘛权力很大，是统治者。由于封建军阀对藏民的剥削与压迫，他们仇恨汉人，对红军亦持仇恨态度。反动土司凭借武装，不断袭击和骚扰红军驻地，杀害红军派出去的工作人员，牵走红军的牛羊。

红四方面军根据党中央瓦窑堡会议制定的统一战线政策，相应地制定了对少数民族的政策和策略。如尊重藏民的宗教权利，提倡保护喇嘛和喇嘛寺、信教自由、还俗自由等，搞好与藏民的关系；向藏民宣传各民族一律平等、抗日反蒋、反对帝国主义瓜分中国等道理；帮助藏民生产，给他们治病；纪律严明，说话和气，买卖公平，尊重藏民的风俗习惯；利用一部分有名望有号召力的土司，争取其所属下层藏民；宣传党对土司和喇嘛的政策，通过和平谈判，令其停止武装抵抗；用借贷的方式，取得红军急需的军用物资；对于坚持反动立场、顽固抵抗者，则以武力解决之。根据这个政策，红军首先争取甘孜西部的大土司德格，使他同红军达成了互不侵犯协议，并捐献了一批粮食和牛羊，慰问红军。红军以枪支弹药，作为谢礼。这对于争取其他土司、喇嘛友好对待红军，产生了较大的影响。

由于红军指战员模范地执行三大纪律、八项注意，认真地宣传、贯彻中国共产党的民族政策，从而得到了藏族、汉族人民的拥护和欢迎，并一同进行了反对民族压迫和反封建的斗争。在群众觉悟的基础上，红军为了更好地宣传和组织藏族、汉族人民起来斗争，分别在藏族、汉族聚居区建立了博巴政府和苏维埃政权。

1935年11月初，红四方面军在泸定县岚安区召开了群众大会，成立了岚安区苏维埃政府，下辖5个乡苏维埃政府。区、乡苏维埃设主席、副主席、政治委员、游击队长、秘书、分配委员、司务长等职务。各级苏维埃还组织了童子团、少先队和游击队。在宝兴、天全、芦山、雅安、丹巴等地亦都分别建立了各级苏维埃政权，进行了反封建斗争。

在藏族聚居区，建立了藏族人民革命政府。1936年2月，红军在炉霍建立了有藏族劳动人民、爱国藏族上层和汉族劳动人民参加的炉霍县博巴政府及区、乡博巴政府。1936年2—5月，红军在道孚县建立了道孚县博巴政府及乡、村博巴政府，并成立了博巴独立团、游击队、赤卫队等武装，以保卫新生的红色政权。在甘孜，红军也帮助藏族人民建立了博巴政府及区、乡博巴政府。博巴政府的委员们深入基层，宣传中国共产党的民族政策，张贴告示、筹粮等。

在各县建立博巴政府的基础上，1936年4月15日成立了中央博巴政府。中央博巴政府设在甘孜孔萨大楼，下辖炉霍、道孚、甘孜等县博巴政府。共产党方面的领导人为李国荣，主席为格德活佛，副主席兼军事部长为夏克刀登。

各级博巴政府和苏维埃政府的主要任务是：为红军筹备粮食、柴草、羊毛；领导群众打土豪分田地；宣传中国共产党的政策；帮助群众生产，接济贫苦农民的口粮、种子；为红军派向导、翻译，为红军运输、筑路、抬伤员，安置红军留下的伤病员等。博巴政府还实行了保护宗教信仰自由的政策。如道孚县博巴政府发布了布告，保护尼甲活佛驻地，布告称：

来往部队同志们：

这个房子是佛都督喇嘛的，要求凡来往部队不要随便侵入此房，任意乱翻和毁坏及收拾经堂用具。

凡家内出一切东西，需要应用必须经过本人同意才能取去，绝不要强借。特此要求为荷。

道孚博巴独立政府

主　席　觉　洛
副主席　张德喜
　　　　荣　中

在红军的帮助下，有些博巴政府和苏维埃政府领导藏族、汉族人民进行了土地改革。如泸定县岚安乡于1935年年底实行土改，没收了地主的土地与财产，平均每人分得2亩地，没收的财产亦进行了分配。道孚县博巴政府派土地委员丈量土地，没收了地主、官僚、封建主、教堂的土地、山林、房屋、耕牛、农具、粮食，按人口多少分给土地，按贫富分给财产。炉霍、丹巴等地亦不例外。在岚安乡还镇压了恶霸地主高万有、龚万学、贾士林。

藏族、汉族人民获得了解放，积极支援红军。

一是给红军筹集粮草和各种物资。甘孜白利寺的僧俗群众半年内筹集粮食134石，豌豆22石，军马15匹，牦牛19头。乡城桑披喇嘛寺的活佛、僧众和藏民将筹集的青稞、小麦400余石及盐巴、茶叶、羊和酥油送给红军。丹巴县巴底乡贫苦藏民格达一先把家里仅有的玉米馍和留作种子用的3斤二季豆亦送给了红军，还用自家的麻为红军编了15双草鞋。①

二是救护红军伤病员。红军在藏族地区留下的伤病员最多。仅甘孜、道孚、炉霍就达三四千。藏族爱国进步人士格达活佛组织藏族群众，精心地保护了这批伤病员。

三是踊跃参加红军。在川康藏族地区，成批藏民参加红军，仅丹巴县巴底乡就有271人，党坝乡参加红军的少先队员达72人。

四是配合红军作战。红四方面军在甘孜一带，帮助藏族人民建立了革命武装，如博巴独立团、游击队、骑兵大队等。这些藏族人民的武装除配合红军作战，消灭敌人，还搜查山林草原，消灭散兵游匪，站岗放哨，组织运输队等。

五是当向导和翻译。红军在藏族地区爬雪山过草地，离不开向导和翻译。乡城桑披喇嘛寺派登珠等人给红六军团当向导和翻译。丹巴县巴底乡苏维埃委员兰尔及桑秋支，给红军当翻译，介绍情况，协助红军作战。巴塘县中响村的头人拉马拉波为红军带路至

---

① 肖华：《忆红军长征在少数民族地区》，载《民族团结》，1983年第3期。

甘孜，在返家途中竟被国民党残害。①

红军在甘孜还举办了藏族干部学校，以培养翻译、宣传、后勤和群众工作方面的民族干部。学员毕业后参加剿匪，筹办给养，组织骑兵等工作。天宝、杨东生、扎喜旺徐就是这个时期参加红军，在革命熔炉中锻炼成长为藏族领导干部的。

各级博巴政府的建立，对藏族人民的解放斗争以及支援红军等起了一定的作用。但是，要在甘孜、阿坝地区进一步建设革命根据地，因缺乏条件，是不适当的。实践证明，张国焘执意南下，建立川、康革命根据地的主张是错误的。最后张国焘不得不离开甘孜、阿坝地区，随红二、红四方面军北上。

第二节 抗日民族统一战线的形成

一、中国共产党抗日民族统一战线的主张和少数民族抗日斗争的兴起

1931年9月18日，盘踞在中国东北境内的日本侵略军向沈阳北大营中国驻军发起进攻，经百余日，就侵占了中国东北全境。蒋介石政府在国家和民族存亡之际，采取消极抵抗的态度，将大批东北军调入关内。在此危急关头，中国共产党挺身而出，肩负起拯救国家和民族免遭灭亡的重任，提出了抗日救国的主张，并随着时间的推移形成了中国共产党的抗日民族统一战线理论。

"九一八事变"后的第三天，中国共产党发表了反对日本帝国主义侵略中国的宣言。9月22日，中共中央又作出了《关于日本帝国主义强占满洲事变的决议》，提出"组织群众的反帝运动，发动群众斗争（北宁路、中东路、哈尔滨等），来反抗日本帝国主义的侵略，加紧在北满军队中的工作，组织它的兵变与游击战争，直接给日本帝国主义以严重的打击"②。

1934年7月，中国共产党为了实现抗日救国的主张，组成了中国工农红军北上抗日先遣队，发表了北上抗日宣言。③ 是年10月，中国工农红军开始了二万五千里长征。1935年5月，日本帝国主义侵略中国的华北，进一步加深了中华民族的危机。因此，中国共产党多次发出建立抗日民族统一战线的倡议。是年8月1日，中共中央和中华苏维埃政府发表了"八一宣言"，即《为抗日救国告全体同胞书》。宣言呼吁各党派、各界同胞、各军队"停止内战，以便集中一切国力（人力、物力、财力、武力等）去为抗日救国的神圣事业而奋斗"，"全体同胞有钱出钱，有枪出枪，有粮出粮，有力出力"，实行"全体同胞总动员"。④ 宣言号召一切同胞、党派、团体、侨胞和中国境内被压迫的蒙、回、朝鲜、藏、苗、瑶、黎、番等民族与苏维埃政府及东北各地抗日政府一起，组织统一的国防政府；与红军及东北人民革命军和各种反日义勇军一块，组织统一的抗日联军。建立抗日民族统一战线，全面抗击日本帝国主义的侵略。

---

① 《西康日报》，1951年7月26日。
② 中共中央统战部编：《民族问题文献汇编》，第160页，中共中央党校出版社，1991年。
③ 中共中央统战部编：《民族问题文献汇编》，第239页，中共中央党校出版社，1991年。
④ 中国人民大学中共党史系资料室编：《中共党史教学参考资料》"第二次国内革命战争时期（下）"，第52—54页，中国人民大学出版社，1980年。

1937年7月7日,日本侵略军进攻卢沟桥。8月13日,日军又侵略上海,企图灭亡整个中国。中日矛盾成为中国国内最主要的矛盾,日本帝国主义成为中国各族人民最主要的敌人。在中华民族危亡的关键时刻,由于中国共产党的倡导和努力,并通过谈判,终于实现了国共两党的第二次合作,建立了由各党派、各民族、各阶级、各阶层参加的抗日民族统一战线。

抗日民族统一战线,是包括中国各少数民族在内的广泛的统一战线。中国是一个多民族的国家,团结各少数民族人民参加抗日民族解放战争,这是抗日战争能否取得彻底胜利的至关重要的问题。1937年8月,在《中国共产党抗日救国十大纲领》中,提出了"抗日的民族团结"的问题,并"动员蒙民、回民及其他少数民族,在民族自决和民族自治的原则下,共同抗日。"①因为只有全民族的抗战,才能使抗战得到最后的胜利。

1938年11月,在中国共产党扩大的六届六中全会决议中,再次提出"团结中华各民族(汉、满、蒙、回、藏、苗、瑶、夷、番等)为统一的力量,共同抗日图存"。②毛泽东在扩大的六届六中全会上的报告中,详细地论述了团结中华各民族一致抗日的问题。他指出:"我们的抗日民族统一战线,不但是国内各个党派各个阶级的,而且是国内各个民族的"。将"团结各民族为一体,共同对付日寇"作为当前抗日的第十三个任务。为了完成这个任务,又制定了具体的政策:"第一,允许蒙、回、藏、苗、瑶、夷、番各民族与汉族有平等权利,在共同对日原则之下,有自己管理自己事务之权,同时与汉族联合建立统一的国家。第二,各少数民族与汉族杂居的地方,当地政府须设置由当地少数民族的人员组成的委员会,作为省县政府的一部门,管理和他们有关事务,调节各民族间的关系,在省县政府委员中应有他们的位置。第三,尊重各少数民族的文化、宗教、习惯,不但不应强迫他们学汉文汉语,而且应赞助他们发展用各族自己语言文字的文化教育。第四,纠正存在着的大汉族主义,提倡汉人用平等态度和各族接触,使日益亲善密切起来,同时禁止任何对他们带侮辱性与轻视性的语言、文字与行动。"③这些具体的政策,体现了中国共产党在抗日战争时期处理民族问题的基本方针,亦是抗日民族统一战线的重要内容之一。在抗日战争时期,中国共产党以团结国内各少数民族人民共同抗日的方针,妥善地解决了民族关系问题,动员了蒙古、回、藏、苗、瑶、壮、黎、朝鲜等各少数民族人民参加抗日,并成为赢得抗日民族解放战争彻底胜利的一支不可缺少的力量。

中国共产党建立抗日民族统一战线的主张得到了广泛的响应。在中国各族人民中兴起了抗日的热潮。东北汉、满、朝鲜等族人民迅速地组织救国军、义勇军、抗日会、红枪会等抗日的组织,抗击日本侵略者,这些抗日的武装曾发展到30万人以上。

中国共产党相继派罗登贤、杨靖宇、周保中(白族)、杨林等到东北,加强对东北抗日斗争的领导。1932—1933年春,东北延边人民游击队扩编为东满抗日游击队,李红光(朝鲜族)是南满抗日游击队的创始人之一;珠河中心县委领导的抗日武装正式

---

① 《毛泽东选集》第2卷,第327页,人民出版社,1967年1月第2版。
② 中共中央统战部编:《民族问题文献汇编》,第608页,中共中央党校出版社,1991年。
③ 中共中央统战部编:《民族问题文献汇编》,第595页,中共中央党校出版社,1991年。

建立了珠河游击队；汤原游击队亦具有相当的规模。至 1933 年年底，这些游击队已发展成为东北抗日游击战争的骨干力量。仅辽宁省的抗日游击队在 1934 年 6 月、7 月、8 月、12 月，进行的战斗分别为 709 次、759 次、1516 次和 1706 次。[①]

1935 年 9 月至 1936 年 11 月，东北抗日联军第一军至第七军相继建立，兵力达 3 万余人。这是中国共产党领导的东北抗日武装的基本队伍。尔后又相继建立了第八、第九、第十、第十二军，使抗日联军的兵力不断扩大。参加东北抗日联军的有汉、满、朝鲜、赫哲、达斡尔、蒙古、鄂温克、鄂伦春、白等民族。各民族的指战员紧密团结，并肩作战。在摩天岭的战役中，歼灭日军千余人，缴获大炮七八门，军威大振。到处流传的歌谣称："'十大联军'十万人，抗日救国一条心，步炮联合除倭寇，铁骑纵横扫妖气，但愿民族获解放，白山黑水庆升平。"[②] 在抗日联军中，少数民族担任了不少的领导职务，如抗日联军总司令部参谋长李红光，第一军第三师政治部主任柳万熙，第三军第三师政治部主任李福林、第三师政治部主任黄玉清，第五军第二师政治部主任李光林，第七军军长李学福、第三师政治部主任李一平，第八军政治部主任金根，第九军政委许亨植等，均是朝鲜族。第二军第二师师长陈翰章，第三军第三师师长关化新，第五军第二师师长傅显明、王光宇，第六军政委张兰生等是满族。第五军军长周保中是白族。至于各军中少数民族战士就更多了，抗联的 11 个军中都有朝鲜族战士，尤其是第一军和第七军朝鲜族的战士约占一半。在第三、第六、第九、第十一军中都有鄂伦春族的战士，其中第六军有 40 余名鄂伦春族战士，元宝、安得有是他们的优秀代表。[③] 赫哲、达斡尔、鄂温克等族人民也积极地参加和支援抗日联军，如为抗日联军运送粮食、侦察敌情、带路送信、协助渡江等，达斡尔的老船夫还为国捐躯。满族青年亦踊跃参军，佳木斯以西的满族地区一次参加抗日联军就达七八千人。[④] 1931—1937 年 "七七事变"前夕，东北抗日联军歼灭日伪军 14 万余人。[⑤]

东北各族人民的抗日游击战争，推动了全国抗日救亡运动的开展，推迟了日本侵略者对东北的占领与统治秩序的建立，鼓舞了全国各族人民战胜日本侵略者的斗志。

日本侵略者在侵占我国东北三省的同时，又侵占了内蒙古东部的呼伦贝尔盟、哲里木盟、卓索图等地区。接着，又侵占了内蒙古的昭乌达盟和热河地区。1933 年 5 月，《塘沽协定》的签订，不仅承认东北和内蒙古东部地区为日本的殖民地，而且把绥东、察北、冀东等地区划为非武装区。

日本帝国主义对内蒙古地区的残酷统治，激起了蒙古族人民的强烈反抗。"九一八"以后，内蒙古东部的各族人民组织义勇军、救国军、自卫军，抗击侵略者。1932 年 10 月，海拉尔、满洲里、扎赉诺尔的蒙古、汉族人民支援东北民众救国军同日军作战。1934 年 7 月，蒙古、汉族人民组织 500 余人的抗日救国军，反抗日本侵略者在哲

---

① 《巴黎救国时报》，1935 年第 6 期。
② 中国人民解放军战士出版社编：《〈星火燎原〉选编》（四），第 369 页，中国人民解放军战士出版社，1980 年。
③ 《鄂伦春族简史》，第 136—137 页，内蒙古人民出版社，1983 年。
④ 辽宁少数民族社会历史调查组编：《满族简史》（初稿），第 194 页，1963 年。
⑤ 《中国革命史》，第 197 页，武汉大学出版社，1986 年。

里木盟奈曼旗丈量土地，攻下了警察署，杀了7名日本地方官，占领了八仙洞。

在内蒙古西部地区，中国共产党于1932年领导蒙古、汉各族各阶层人民在绥远成立了"反帝大同盟"、"农民抗日十人团"。在热河、察哈尔等地成立了"蒙汉抗日同盟会"和"牧民抗日会"。9月15日，中共内蒙古特委发表《告蒙汉劳动群众书》，号召武装反对日本侵略者侵占热河地区。热河沦陷后，冯玉祥与中国共产党合作，在张家口建立了察哈尔民众抗日同盟军，实行"武装抗日"，同盟军由几千人迅速发展到10万余人。他们兵分三路，相继收复了张北、康保、宝昌、沽源、多伦等地，并一度将日军赶出察哈尔。绥远地区蒙古族地方武装老一团的部分官兵亦参加同盟军，开赴察哈尔前线对日作战。驻河套的晋军一一〇团九连在中国共产党的领导下，于1933年8月发动了祥太玉起义，实行武装抗日。与此同时，绥远地区的知识分子在中国共产党的影响下，开展了抗日救亡运动，宣传抗日救国。

1935年10月，内蒙古地区的抗日救亡运动有了发展。在中国工农红军长征胜利的影响下，中共西蒙工委的负责人乌兰夫、奎璧等针对德王的投降活动，在蒙旗保安队中开展工作，积极准备武装暴动。1936年1月下旬，乌兰夫给赵诚、云继先、朱实夫等人指出："德王投降日本，是民族的败类，是祖国的叛徒。一旦德王公然在日本操纵下搞起独立运动来，我们暴动时机就成熟了。暴动一搞成，就能给敌人以沉重打击。"① 2月21日，他们打响了蒙旗保安队暴动的第一枪。接着，兵分五路，袭击德王乌湴守备队，进攻军械车，捣毁电台，打开会计科的银柜。暴动成功后，数日内队伍发展到1100余人。起义部队原计划转移到河套，与陕北红军取得联系。但遭到了国民党驻绥远军队的袭击，起义部队发生了哗变，云继先被杀害。

1937年2月，国民党被迫将这支部队改编为蒙旗独立旅，乌兰夫任政治部主任。这支部队逐渐壮大，并在中国共产党的领导下，保持了革命的战斗精神。

二、各族人民拥护抗日民族统一战线

1937年9月，以国共合作为基础的各党派、各民族、各阶级、各阶层参加的抗日民族统一战线形成，中国共产党制定了各方面的具体政策。在政权建设中，实行了"三三制"②；在经济工作中，实行劳资两利，公私兼顾，停止没收地主土地，实行减租减息的政策；为了争取、吸收知识分子参加根据地的工作，作出了争取知识分子的决定。与此同时，为了团结各少数民族共同抗日，中国共产党制定了一系列的民族政策。如前所述，在《中央关于目前形势与党的任务的决定》、《中国共产党抗日救国十大纲领》、《论新阶段》、《中共扩大的六中全会政治决议案》等文件中，对中国共产党的抗日民族统一战线理论作了详细的阐述，或制定了基本的方针和具体的政策。随着已经发动的抗战发展为全面的全民族的抗战，中国共产党又相继作出了《关于蒙古混成旅工作的指示》、《关于绥蒙工作的决定》等，用以正确处理有关民族的问题。1940年4月和7月，中共中央西北、工作委员会相继拟定并经中央书记处批准的《关于回回民族问题的提纲》、《关于抗战中蒙古问题提纲》对回、蒙古民族的基本政策都有详细的规

---

① 乌兰夫：《纪念百灵庙暴动五十周年》，载《人民日报》，1986年6月28日。
② 抗日民主政府的组成人员，共产党员、非党的"左"派进步分子和中间分子各占1/3。

定。在根据地内，根据不同的情况又作了更具体的规定。如在《中共晋察冀边委目前施政纲领》中规定："边区各民族应相互尊重生活风俗及宗教习惯，在平等基础上亲密团结抗战，在民主选举中，应予回蒙满藏同胞以优待，对其贫苦无以为生者，特予救济。"① 1941年4月，在《中共中央北方局对晋冀豫边区目前建设的主张》中规定，"边区内所有各民族在政治、经济、文化、教育上一律享有平等自由权利：（一）互相尊重各民族之风俗习惯与宗教信仰。（二）在民主选举中，应予少数民族以优待，反对看不起少数民族的大汉族主义。"② 是年5月1日，中共边区中央局提出，经中共中央政治局批准的《陕甘宁边区施政纲领》规定，"为着进一步巩固边区，发展抗日的政治经济文化建设，以达坚持长期抗战增进人民福利之目的起见"，"依据民族平等原则，实行蒙回民族与汉族在政治、经济、文化上的平等权利，建立蒙回民族的自治区，尊重蒙回民族的宗教信仰与风俗习惯"。③

所有这些政策，不仅在文字上作了规定，而且尽力付诸实践。如1938年1月10—15日，晋察冀边区召开军政民代表大会时，就有蒙古、回、藏等少数民族的代表参加。1940年10月，在延安召开的陕甘宁边区回民第一次代表大会，吸收了少数民族的代表参政，并在一些地方相继建立了民族自治区与民族自治委员会。为了使各少数民族逐步摆脱落后的面貌，实现真正的平等，就需要大力帮助各少数民族发展文化教育与培养民族干部。为此，在延安成立了蒙古民族文化协会与回民文化协会。还开办了少数民族小学、中学、训练班及民族学院、蒙藏学院，培养民族干部。晋西北的临时参议会亦吸收满、回、朝鲜等民族的代表参加。

总之，从中央到各区、各地方都认真贯彻了中国共产党团结抗日的民族政策。毛泽东指出："多年以来，陕甘宁边区和华北各解放区对待蒙、回两民族的态度是正确的，其工作是有成绩的。"④ 各少数民族人民都表示拥护抗日民族统一战线。

在中国共产党全面抗战路线与抗日的民族团结方针指引下，各族人民纷纷组织抗日救亡团体，请缨抗战，踊跃参军，奔赴抗日的前线。后方的各族人民从精神到物质等方面支援抗战。1938年4月，蒙古、藏、回联合慰劳抗战将士代表团在通电中称："国内各民族绝对不可分，唯有团结一致，牺牲奋战，方可达到保国卫民的目的。"⑤ 冀中的回民亦说："我们回族是中华民族的组织部分之一，我们有抗日的先天任务。"⑥ 新疆的各族人民也表示：他们是中华民族不可分离的一部分，要尽力出钱出力与国人共同挽救国家民族。

"七七事变"后，日本侵略者相继侵占了内蒙古的百灵庙、归绥、包头。平绥铁路及锡林郭勒与乌兰察布盟的全部先后沦陷。这样，伊克昭盟与河套地区由后方变成了抗日的前线。

---

① 中共中央统战部编：《民族问题文献汇编》，第668页，中共中央党校出版社，1991年。
② 中共中央统战部编：《民族问题文献汇编》，第677页，中共中央党校出版社，1991年。
③ 中共中央统战部编：《民族问题文献汇编》，第678页，中共中央党校出版社，1991年。
④ 《毛泽东选集》合订本，第985页，人民出版社，1964年。
⑤ 《新华日报》，1938年4月24日社论。
⑥ 《新中华报》，1940年6月25日。

日本侵略者在内蒙古侵占区实行殖民统治,大力扶植伪蒙政权,将其侵占地区作为向华中进攻的基地,实现其"以战养战"的目的。对伊克昭盟与河套地区,他们一面企图以武力侵占,一面挑拨蒙古、汉民族关系,分化瓦解抗日民族统一战线,以便"分而治之"。日本侵略者侵占归绥后,蒙奸德穆楚克栋鲁普、李守信、陶克陶等召开"第二次蒙古大会",成立"蒙古联盟自治政府"傀儡政权。同时,日本侵略者不断派遣特务、蒙奸到伊克昭盟、河套、阿拉善旗、额尔南旗等地,诱胁蒙古王公贵族向日投降。1937年11月,达拉特旗保安司令森盖麟沁投敌,并于翌年3月21日在包头设立了"伊克昭盟公署"。同时,国民党军队节节溃退,伊克昭盟、河套地区的封建上层动摇,"伺机应变",形势十分危急。伊克昭盟、河套地区是陕甘宁边区的门户,是保卫大西北的战略要地。

中共陕北边区党委,在陕西和伊克昭盟交界的定边、安边、靖边地区成立了特别委员会。1938年11月,中共中央三边特区(包括三边、伊克昭盟和宁夏部分地区)召开会议,研究了内蒙古地区的形势,并派吉雅泰赴承德,组织群众抗日。同时,在乌审、群王、札萨克、杭锦、鄂托克等旗相继建立与发展共产党的组织,成立抗敌委员会、战地动员委员会等群众组织。在雁北地区(山西北部邻内蒙古的左云、右玉、平鲁偏关等地)和准格尔旗进行抗日活动。在河套地区建立了学生会、小学教师联合会等,在城镇和乡村宣传抗日,激发了蒙古、汉各族人民的爱国热忱。

蒙古族的一些上层人士纷纷起来抗日。如土默特旗肖总管,乌兰察布盟东公旗女王巴云英、西公旗女王奇俊峰、茂明安旗女王额仁庆达赖等相继抗击了日军。伊克昭盟的一些王公亦表示支持人民的抗日活动。蒙古族的各阶层动员起来了。

日本侵略者侵占华北后,为了破坏我国各族人民的团结抗日,组织了伪"中华回族总联合会"、"中国回教青年团"等组织,派遣特务潜入甘肃、宁夏、青海等回族聚居区,对西北的回族军政首领进行诱降。马良、王瑞兰、刘锦标等当了回奸。但各地回族同胞发表通电,开除了"中国回教公会"会长马良的教籍,另组织"中国回民救国协会"等,回民抗日团体,同全国各族人民一道投入抗日救亡运动。同时,号召回族人民参军参战,掀起了参军、献金、献粮等热潮。仅冀中就有1000多名回民入伍,献金20多万元,献粮690万斤,并建立了冀中回民支队和伊斯兰抗日先锋队等正规部队和地方武装。

在陕甘宁边区,1938年10月建立了中国回教救国会和陕甘宁边区分会,发动广大回民参加抗日。在甘肃省委和八路军驻兰州办事处的领导下,兰州市纷纷成立了抗日救亡团体。杨静仁、李维汉等以伊斯兰等学会组织群众进行抗日活动,后将其改建为兰州回族青年抗日救亡的进步组织。其他省份也组织了许多回民抗日团体,如中国回民救国协会,回民抗敌守土后援会等。

南京、北平、上海、天津等沦陷区的回族工人和知识分子,利用各种机会,打击侵略者,配合全国的抗日。山东济南的1000多名回族同胞在教长的率领下,击毙敌人1000余人,教长献出了宝贵的生命。

回族同胞还在海外的穆斯林中宣传抗日。1938年9月21日,西北回民在西安集会,通电全世界,声讨日本帝国主义的暴行。12月,又发表世界各伊斯兰兄弟书。中国回教近东访问团等，通过向海外的穆斯林进行宣传，以争取其对中国抗日的同情与帮助。

东北各族人民的抗日斗争，随着日本殖民统治的加强，日益高涨。延边朝鲜族人民重新组织游击队，紧密配合全国各族人民的抗日斗争。在东北抗日联军的11个军中，有大批的朝鲜族战士，在有些军中占到半数。抗日联军中的朝鲜、满、汉各族战士团结一致，并肩战斗，转战白山黑水间，顽强地抗击日军。对伪安东省敌人的进攻达370次之多；攻打伪通化省敌人达930次；在伪三江省，从10—12月攻打320次。在各次战斗中消灭日、伪军数万人。

"七七事变"后，新疆各族人民在"巩固后方，援助抗战前线"的口号下，自动组织后援会、反帝会、学生会、妇女协会等，进行宣传抗日、募捐……1937年9月至1938年6月，他们以募集的捐款，购买"新疆号"飞机一架和其他的军火，赠给抗日的战士。另外，他们为支援八路军和新四军，节衣缩食，于1938—1939年，购5万件皮大衣、大批医药和10吨白报纸运送到延安，转发给抗日前线的将士。

湖南的土家族、苗族人民，成立读书会、歌咏队、剧团、宣传队、学生会和妇女会等，开展抗日活动。1937年9月，湘西的苗族人民组织了苗民革屯抗日救国军，提出了"废屯归民"与"抗日救国"的口号。

贵州的各族人民，组织了抗日救国会。

广西的各族人民，在中国共产党领导下，利用各种合法形式开展抗日救亡运动。在各城镇建立救亡团体，以戏剧、歌咏等形式，宣传抗日。中共右江党委为了建立抗日民族统一战线，将打倒国民党、建立工农民主政府的口号，改为联合国民党共同抗日的口号；把打倒土豪分田地改为减租减息；把赤色游击队改为抗日义勇军。

云南的各族人民在中共云南省工作委员会的领导下，于抗日战争爆发后，掀起了抗日的高潮。各族人民踊跃地购买救国公债，仅洱源、云龙、弥渡、凤庆等县就认购15万余元。省工委争取滇军抗日，号召各族青年踊跃参军。漾濞、邓川、大理等县，一次应征者达500余人。在滇军第六十四军中，来自大理、邓川、洱源、剑川、兰坪等县的各族青年就达1000余人，其中剑川的白族青年达300余人。在杂居区的昭通、罗平、泸西、路西、弥勒、石屏、建水等县，彝、哈尼、汉各族人民不顾生活困难，购买救国公债、捐献物资、修筑滇缅、滇川公路，积极支援抗战。

在西藏地区，班禅和热振表示要为抗战出力。藏族的僧俗人员积极宣传抗日救国，甚至要求率兵上前线。有的扩充骑兵，有的召开僧官和部落首领会议，动员所属部下进行抗日救国。

总的来说，抗日救亡运动在全国各地轰轰烈烈地开展了起来，巩固和扩大了抗日民族统一战线，为创建少数民族的抗日武装，建立抗日根据地，奠定了坚实的基础。

第三节　延安边区政府的民族政策与民族工作

一、中国共产党的民族理论和民族政策的发展

从1922年7月中国共产党第二次全国代表大会开始，到第一、第二次国内革命战争时期，中国共产党的民族理论与民族政策是强调民族自决权，主张实行联邦制。所以如此，归根结底，是同中国共产党的成熟程度密切联系在一起来的。即在这个相当长的时期，中国共产党对解决我国民族问题的具体历史条件尚缺乏深入的了解，还不能将马列主义关于解决民族问题的原理同中国的具体历史条件正确地结合起来。

进入20世纪30年代以后，中国共产党逐步地提出了民族区域自治的主张。1931年11月，在中华工农兵苏维埃第一次全国代表大会通过的《关于中国境内少数民族问题的决议案》中，"号召少数民族的劳苦群众与中国的工农群众共同联合起来，打倒他们共同的剥削者与压迫者——帝国主义与一切民族的地主资本家的统治，建立工农兵的苏维埃政府"，"号召少数民族的劳苦群众，反对他们的剥削者与统治者利用任何民族的名义，以民族主义为借口反对苏维埃联邦共和国（即苏联）与中华苏维埃共和国"。至于"他们是否愿意和中华苏维埃共和国分离而另外单独成立自己的国家，还是愿意加入苏维埃联邦或者在中华苏维埃共和国内成立自治区"，① 由他们自己决定。这个决议案提出了建立自治区的问题。

1936年5月发表的《中华苏维埃中央政府对回族人民的宣言》中，指出："凡属回民的区域，由回民建立独立自主的政权，解决一切政治、经济、宗教、习惯、道德、教育以及其他一切事情。凡属回民占少数的区域，亦以乡村为单位，在民族平等的原则下，回民自己管理自己的事情，建立回民自治的政府。"② 这个宣言进一步提出了建立回民自治政府的主张。

1936年10月，中国工农红军长征到达陕北后，在陕甘宁建立了豫海县回民自治政府，以区域自治的形式，在中国共产党的领导下进行抗日斗争。诚然，这个自治政府存在的时间不长，但它是中国共产党成立以来建立的第一个县级自治政权。

在这个时期，由于中国共产党的民族理论尚未成熟，所以在主张实行民族区域自治的同时，仍然没有放弃民族自决权和联邦制的主张。1931年11月，在《中华苏维埃共和国宪法大纲》中仍然规定："中国苏维埃政权承认中国境内少数民族的自决权，一直承认到各弱小民族有同中国脱离，自己成立独立的国家的权利。蒙、回、藏、苗、黎、高丽人等，凡是居住中国地域内的，他们有完全自决权：加入或脱离中国苏维埃联邦，或建立自己的自治区域。"③ 1935年8月，在毛尔盖会议通过的《中共中央关于一、四方面军会合后的政治形势与任务的决议》中，又指出："中华苏维埃共和国中央政府应公开号召蒙、回、藏等民族起来为成立他们自己的独立国家而斗争，并给这种斗争以具体的实际的帮助。在他们成立了独立国家之后，则可以而且应该根据他们自愿的原则，同中华苏维埃共和国联合成立真正的民族平等与民族团结的中华苏维埃联邦，在这个时候，联邦的策略才是正确的。"④

到了抗日战争时期，中国共产党逐步地克服了教条主义，发展成为一个成熟的革命

---

① 中共中央统战部编：《民族问题文献汇编》，第170页，中共中央党校出版社，1991年。
② 中共中央统战部编：《民族问题文献汇编》，第367页，中共中央党校出版社，1991年。
③ 中共中央统战部编：《民族问题文献汇编》，第166页，中共中央党校出版社，1991年。
④ 中共中央统战部编：《民族问题文献汇编》，第307页，中共中央党校出版社，1991年。

政党。马列主义与中国革命的实践相结合,产生了指导中国革命走向胜利的唯一正确的指导思想,即毛泽东思想。中国共产党的民族理论与民族政策有了明显的发展与变化,即由强调民族自决权,主张实行联邦制,到强调民族自治权,主张各少数民族在共同抗日的原则下,实行区域自治。这是中国共产党在革命斗争的实践中,不断总结对解决国内民族问题的经验,将马列主义关于解决民族问题的原理与中国的国情相结合的结果。其历史依据是:

其一,中国自古以来就是一个统一的多民族的国家。诚然,历史上存在着民族压迫制度,民族之间曾发生过许多的冲突和战争,亦出现过分裂。然而,从总体上讲,各民族经济上的联系与文化上的交流越来越密切,政治上统一的时间亦较长。

其二,长期的历史发展,中国各民族的社会经济已连成一个整体,形成了经济中心,并且历史上长期存在着中央集权的制度。

其三,历史的发展形成了各民族的绝大多数人处于交错杂居和聚居的状况。少数民族人口仅占全国人口的 7% 左右,但分布地区占全国面积的 63.7% 以上。民族地区的自然资源丰富,但经济文化发展较落后。人口、资源的分布和经济发展的不平衡,决定了中国只有实行民族区域自治,才能实现各民族的团结与共同繁荣。

其四,在中国历史上各族人民是共同抵抗外来侵略的。1840 年鸦片战争以来,由于帝国主义的不断侵略,使中国封建社会一步一步地沦为了半殖民地半封建社会,帝国主义、封建主义和官僚资本主义的压迫与剥削,激起了各族人民的反抗斗争。中国革命的正确道路,是中国共产党开辟的农村包围城市的道路。在长期的革命斗争中,共同的目标把各族人民紧密地团结在一起。各民族的革命运动是中国革命的重要组成部分。

其五,中国共产党是领导全国各族人民进行长期革命斗争的领导核心。在旧中国,各少数民族的经济和文化相当落后,产业工人很少,有的民族没有产业工人,没有条件形成本民族的工作阶级队伍。在帝国主义和社会主义革命的时代,中国各族人民的解放运动只有在工人阶级及其政党——中国共产党的领导下才能取得胜利,才能解放被压迫的各族人民并帮助其摆脱贫穷落后。实行民族区域自治,则能把全国各族人民紧密地团结起来,在中国共产党的领导下夺取革命和建设的胜利。

其六,挽救中华民族的危亡是全国各族人民的共同的根本利益。日本帝国主义侵占我国东北后,向华北步步进逼,挽救民族的危亡是全国各族人民的根本利益所在。在国难当头的时候,再提民族自决权的口号与联邦制的方案,则不能激励全国各族人民共同反对国内外的敌人,反而会变成帝国主义与国内反动派用以分裂各民族的工具。

民族区域自治强调的民族自治权。民族自治权没有分离的含义,是以国家统一为前提的。民族自治权是在统一的国家内行使的。各民族自治地方都是中国不可分离的部分。也就是说,民族区域自治是在统一的多民族国家里,各少数民族聚居的地方,可以建立自治地方,由少数民族当家做主,管理本民族内部事务和参与管理国家大事。

实践证明,中国共产党实行的民族区域自治制度,是解决国内民族问题的最好形式和正确途径。而实行联邦制等主张,不符合中国的国情,在实践中亦是行不通的。

二、民族区域自治的实践

实行民族区域自治是中国共产党六届六中全会明确提出的主张。1938 年 10 月,毛泽东在《论新阶段》的报告中,代表中国共产党对民族区域自治政策及其内容进行了全面论述。1941年5月,经中共中央政治局批准的《陕甘宁边区施政纲领》规定:"依据民族平等原则,实行蒙回民族与汉族在政治、经济、文化上的平等权利,建立蒙回民族的自治区。"① 其后,分别在关中地区正宁县建立了回民自治乡,在城川建立了蒙民自治区。

1945年4月,毛泽东在《论联合政府》的政治报告中指出,要"改善国内少数民族的待遇,允许各少数民族有民族自治的权利","必须帮助各少数民族的广大人民群众,包括一切联系群众的领袖人物在内,争取他们在政治上、经济上、文化上的解放和发展";"他们的语言、文字、风俗、习惯和宗教信仰,应被尊重"。②

民族区域自治是在中国共产党统一领导下,各少数民族聚居的地方实行区域自治,设立自治机关,行使自治权。这一制度在中华人民共和国建立后得到了完善和发展。其特征是:

其一,自治地方的划分,是以少数民族聚居区为基础。一般分为三种类型,即以一个少数民族聚居区为基础建立的自治地方,实行区域自治的民族其人口占总人口的大多数,同时包括一些人口较少的民族;以一个大的少数民族聚居区为基础,包括一个或几个人口较少的少数民族所建立的自治地方,这些人口较少的民族在其聚居区内视条件亦可实行区域自治;以两个或两个以上少数民族聚居区为基础建立的自治地方,境内还包括其他一些人口较少的民族。自治地方的名称,除有"自治"二字外,一般都冠以地方与实行自治的民族的名称。民族自治地方,按照其人口的多寡,区域的大小及历史条件,分为自治县、自治州、自治区三级。当然,最早建立的自治乡、自治区是县级以下的自治地方。这样,大小不同的少数民族聚居区和分布交错的少数民族,都能享有管理本民族内部事务的权利。

其二,各民族自治地方,都是祖国不可分离的一部分。自治机关是地方国家机关,同别的地方国家机关一样,必须服从中央统一集中的领导。同时,各民族自治地方又享有宪法赋予的自治权利,如管理财政、制定自治条例和单行条例等。后来的宪法明确规定,"各少数民族聚居的地方实行区域自治"。"各民族自治地方都是中华人民共和国不可分离的部分"。③

其三,民族自治地方的自治机关,必须实行民族化。自治机关的民族化,一是必须以实行区域自治的民族的人员为主要组成成分;二是自治机关在执行职务时,依照自治地方自治条例之规定,使用本地通用的一种或几种语言文字;三是自治机关的形式,按照本地的具体情况和大多数人的意愿来确定。其中,干部民族化是中心环节。当然,以民族干部为主,并不排斥汉族和其他民族的干部。

其四,民族自治地方的自治机关,有高度的自治权。自治机关除行使一般地方国家机关的职权外,"同时依照宪法和本法以及其他法律规定的权限行使自治权,根据本地

---

① 中共中央统战部编:《民族问题文献汇编》,第678页,中共中央党校出版社,1991年。
② 中共中央统战部编:《民族问题文献汇编》,第742—743页,中共中央党校出版社,1991年。
③ 《中华人民共和国宪法》,转引自李维汉:《统一战线问题与民族问题》,第710页,人民出版社,1981年。

方的实际情况贯彻执行国家的法律、政策"。① 这是区别于同级国家地方政权机关的所在。如上级国家机关的决议、决定、命令和指示,不适合民族自治地方的实际情况,自治机关可报经上级国家机关批准,变通执行或停止执行。

总之,民族区域自治"是民族自治与区域自治的正确结合,是经济因素与政治因素的正确结合,不仅使聚居的民族能够享受到自治的权利,而且使杂居的民族也能够享受到自治权利,从人口多的民族到人口少的民族,从大聚居的民族到小聚居的民族,几乎都成了相当的自治单位,充分享受了民族自治权。这样的制度是史无前例的创举"。②

实行民族区域自治是中国共产党运用马列主义关于民族问题的理论解决我国民族问题的基本政策,也是中华人民共和国成立后的重要政治制度之一。它体现了党和国家尊重与保障各少数民族管理其内部事务的精神,坚持实行各民族平等、团结和共同繁荣的原则。实践证明,实行民族区域自治,既能保障各少数民族自主地管理本民族内部事务的权利,又能保障民族团结,国家的统一独立,抵御外来的侵略与颠覆。

三、联合各民族人民进行全面抗战

1937年9月22日和23日,国民党中央通讯社先后发表了《中共中央为公布国共合作宣言》和蒋介石承认中国共产党合法地位的谈话,抗日民族统一战线正式形成。

但是,抗日民族统一战线不是只限于国共两党。"它是全民族的统一战线,两个党仅是这个统一战线中的一部分。抗日民族统一战线是各党各派各界各军的统一战线。是工农兵学商一切爱国同胞的统一战线。现在的统一战线事实上还停止在两个党的范围之内,广大的工人、农民、兵士、城市小资产阶级及其他许多爱国同胞还没有被唤起,还没有被发动,还没有组织起来和武装起来"。③ 这就需要"唤起民众",把全国各族人民都动员起来加入到抗日民族统一战线中去,以扩大与巩固抗日民族统一战线。中国共产党联合各民族人民进行全面抗战是扩大与巩固抗日民族统一战线的体现。而国民党的统治、镇压是和"唤起民众"的原则相违背的。

抗日民族统一战线中存在着全面与片面两条不同的抗战路线。一条是中国共产党主张的全国军队和全国各族人民总动员,全民族参战,"实行有力出力,有钱出钱,有枪出枪,有知识出知识"④;实行必要的政治改革;废止国民党的一党专政,给人民以充分的抗日民主自由;适当地改善工农大众的生活,使抗日民族解放战争真正成为人民战争的全面抗战路线。另一条是国民党主张的单纯的政府和军队的抗战,不实行有利于抗日的民主改革,不给人民抗战自由,坚持一党专政,不许改善人民生活的片面抗战路线。这是国共两党抗战的原则分歧。

不同的抗战路线,导致不同的结果。实行中国共产党的全面抗战路线,"就一定能够打倒日本帝国主义。"⑤ 实行国民党的片面抗战路线,"是决然不能战胜日本帝国主

---

① 《当代中国的民族工作》(下),第543页,当代中国出版社,1993年。
② 《周恩来统一战线文选》,第373—374页,人民出版社,1984年。
③ 《毛泽东选集》合订本,第336—337页,人民出版社,1964年。
④ 中共中央统战部编:《民族问题文献汇编》,第557页,中共中央党校出版社,1991年。
⑤ 《毛泽东选集》合订本,第343页,人民出版社,1964年。

义的。"①

联合各民族人民进行全面抗战的关键,就在于实行正确的、抗日的民族团结政策。

其一,"团结中华各族一致抗日"。在日本帝国主义的侵略之下,中国各民族的命运是完全一致的。若不团结抗日,各族人民将成为日本侵略者的牛马奴隶。所以,中国共产党主张"团结中华各民族(汉、满、蒙、回、藏、苗、瑶、夷、番等)为统一的力量,共同抗日图存。"② "防共反共"则是日本帝国主义分裂中华民族团结抗日的阴谋。为了团结各少数民族共同抗日,必须停止一切"防共反共"的活动,把一切力量集中在抗日的宣传组织方面,揭破日寇及其傀儡在少数民族中的一切欺骗宣传,以各种办法去启发与提高少数民族上下层的抗日觉悟,并进行各种具体的抗战动员工作,积极争取与团结各族人民到抗日民族统一战线中来。

其二,应实行"国内各民族一律平等"的政策。要团结国内各族人民共同抗日,而不取消大汉族主义的压迫,不给各族人民以"一律平等"的地位那是不可能的。这是团结各少数民族人民共同抗日的必要条件。因此,国内各少数民族与汉族在政治、经济、文化等方面应享有平等的权利,在共同抗日的原则下,承认他们有管理自己本民族各种事务之权利,同时与汉族联合建立统一的国家。在各少数民族与汉族杂居的地方,应由当地政府设置由当地少数民族人员组成的委员会,管理与他们有关的事务,同时吸收这些少数民族的优秀分子参加当地政府,必须尊重各少数民族的文化、宗教、风俗习惯,坚决克服大汉族主义的各种表现,以实现各民族的团结抗日。

其三,应实行一定程度的民主改革与民主改善。要团结国内各少数民族人民共同抗日(包括团结其上层分子),对其悲惨的政治、经济、文化生活,不实行一定程度的改善,是不可能的。因此,应根据各少数民族内部的具体状况、人民目前的迫切要求,从上而下与从下而上的实行各种必要的民主改革与民主改善。如取消各种封建的徭役制度,给各阶层人民以抗日的言论、出版、集会、结社之自由,废除苛捐杂税与高利贷,减轻各种负担,救济灾民难民,倡办生产合作事业,帮助各少数民族发展农业、手工业等。

其四,纠正大汉族主义。提倡汉族人以平等态度和各少数民族接触,使其日益亲善密切起来。同时,禁止任何对各少数民族带侮辱性与轻视性的语言。

上述政策,各级政府应自动实施,各少数民族应团结起来争取实现,才能改善国内各民族之间的关系,达到真正团结抗日的目的。

---

① 《毛泽东选集》合订本,第337页,人民出版社,1964年。
② 中共中央统战部编:《民族问题文献汇编》,第608页,中共中央党校出版社,1991年。

第四章　各民族全面的抗日战争和反对封建统治的斗争

第一节　东北地区（以抗日民主联军为主体）

一、东北抗日联军的抗日斗争

1937年7月，日本帝国主义发动了卢沟桥事变；8月，又大举进攻上海。中国各族军民奋起抵抗。从此，中国各族人民的抗日民族解放战争全面开始了。

"七七事变"后，东北各族人民的抗日游击战争发展到了新的阶段。从1934年6月至1939年年初，东北抗日联军第一至第十一军，根据东北地区抗日斗争形势发展的需要，相继合编为第一、第二、第三路军。1934年6月，抗日联军第一、第二军合编的抗日联军第一路军，杨靖宇任总指挥兼政治部主任，王德泰任副总指挥，魏拯民任副总指挥兼政治部主任。在南满省委领导下，第一路军活动在南满一带。

1937年年底，吉东省委召开下江特委会议，决定把抗日联军第四、第五、第七、第八、第十军合编为抗日联军第二路军，由周保中任总指挥兼政委。在吉东省委领导下，第二路军活动在哈（尔滨）长（春）铁路东侧、牡丹江流域、松花江右岸、乌苏里江左岸。

1939年年初，北满省委决定将抗日联军第三、第六、第九、第十一军合编为抗日联军第三路军，李兆麟任总指挥，冯仲云任政委。在北满省委的领导下，抗日联军第三路军活动在松花江左岸、小兴安岭东西、黑龙江右岸及黑嫩平原。抗日联军第一、第二、第三路军分区活动，协同作战，发动群众，进行各种形式的抗日斗争。

东北抗日联军全盛时发展到4.5万人，这支抗日武装是整个抗日民族解放战争武装力量的一个组成部分。从1936年年初至1937年，其对日伪军作战上千次。"在敌人后方所起的削弱敌人、钳制敌人，妨碍敌人运输的作用，和给予全国正规军和全国人民精神上的鼓励等等，都在战略上配合了正规战争"。①

日本侵略者视东北抗日联军为"心腹之患"。为了解除其侵略中国内地的"后顾之忧"，从1938年起，向东北大量增兵，关东军由1934年的30万人激增至1938年的50万人，至1941年又增到70万人。他们对东北抗日联军和各族人民，以铁壁合围，篦梳山林、来回拉网等办法，企图将抗日联军一网打尽。日军对南满和松花江下游地区投入的兵力最多，"扫荡"的规模最大，进行长期反复的"扫荡"。对抗日联军的游击区，实行烧、杀、抢的"三光政策"，烧毁房屋数十万所，屠杀人民数以万计，造成大片的"无人区"。并实行"集团部落"与"保甲连坐法"，断绝各族人民同抗日联军的联系。

---

① 《毛泽东选集》第2卷，第385页，人民出版社，1967年1月第2版。

但是，东北抗日联军和各族人民的抗日意志是摧毁不了的。他们在中国共产党的坚强领导下，在全国各族军民的声援和推动下，对日军的进攻予以有力地反击。

1937年冬至1938年春，日军以20万人的兵力和100架飞机，对抗联军第一路军进行大"讨伐"。第一路军的各族指战员，发扬英勇作战的精神，进行反"讨伐"的游击战。其中，袭击辑安县老岭和伏击临江的战役最著名。老岭战役歼灭不少日军，在物资上使敌人受到重大损失，打击了敌人的嚣张气焰，扩大了抗日联军的政治影响。伏击临江的战役全歼伪军靖安军警旅，"东边道讨伐司令"邵本良被击毙。这次战役歼灭日军1000多人，敌人大为震惊。

1938年秋至1939年春，日军以10万余人的兵力对东边道地区再次进行"大讨伐"。抗日联军以化整为零、化零为整和隐蔽的战术，伏击敌人或对敌人薄弱点进行突击，在东满、南满地区对敌作战。1938年7月，杨靖宇率领警卫旅①在辑安县长岗与敌交战，歼灭伪军靖安军三十二、三十四团和一个蒙古骑兵旅。是年冬，第二方面军与敌战斗数百次，打破了敌人的冬季"讨伐"。第三方面军在敦化、蛟河、桦甸一带，亦不断对敌进行奇袭。尤其是袭击延吉县境内的天宝山钢铅矿，使日军的军工基地长期停止生产，"造成八十多万元的损失"。1939年1月，抗日联军第一路军经过激烈的战斗，歼敌数千人，有力地反击了敌人的"大讨伐"。8月，抗日联军袭击大沙河，毙、伤、俘日伪军500余人，缴获轻重机枪7挺、步枪300多支及大量物资。9月，又在寒葱岭伏击日军军车12辆，击毙日军少将司令松岛以下官兵270余人，缴获重机枪2挺、轻机枪4挺、迫击炮1门、步枪150多支、子弹70多箱及大量军服、粮食等。后又取得袭击额穆县城，火烧芦苇塘，智取百草沟等战役的胜利。

但是，抗日联军在1938—1939年的反"扫荡"斗争中，付出了很大的代价，队伍减少，只剩下1000多人了②，杨靖宇、李学福（朝鲜族）、张兰生（满族）、陈翰章（满族）、赵尚志、魏拯民、王光宇等将领相继阵亡。抗日联军面临着更加艰苦的斗争环境：日军以更多的兵力围攻抗日联军，战斗空前频繁；日军严密经济封锁，抗日联军的军需用品异常缺乏；日军加强"部落集团"制度，抗日联军与各族人民的联系被切断；日军实行政治诱降，抗日联军中极少数不坚定的分子动摇、逃跑和投敌叛变。

针对抗日联军所处的艰苦斗争环境，南满、北满、吉东三省委迅速确定了"逐渐收缩保存实力的方针"③，决定抗日联军三路军以支队为建制进行缩编，并划分活动地区。第一路军缩编为一、四、七3个支队。第二路军缩编为3个支队。第三路军缩编为4个支队。经过缩编，抗日联军更加机动灵活，增强了战斗力。尤其是第三路军各支队最为活跃，给敌人的打击最大。1940年秋，抗日联军向三肇地区远征，掀起了抗日的高潮，并进行了著名的"打三肇"。

1941年，日本帝国主义把我国东北作为它发动太平洋战争的后方基地，增兵百万，

---

① 1938年5月以后，抗日联军第一路军所辖的一军、二军和基于游击队合编为一、二、三方面军和一个总部警卫旅。

② 王明阁等编著：《东北抗日联军斗争史略》，第135页，哈尔滨师范大学《北方论丛》编辑部，1980年。

③ 中国人民解放军战士出版社编：《〈星火燎原〉选编》（四），第371页，中国人民解放军战士出版社，1980年。

对抗日联军进行"毁灭性的扫荡"。形势更加严峻,抗日联军弹尽粮绝,以菌类野草为食。为保存力量,抗日联军部分转入苏联境内,待机行动,重返东北战场。另一部在周保中领导下,分散隐蔽,组织秘密游击队,坚持斗争。

1942年上半年,抗日联军三个路军的主力,相继进入中苏边境,组成"边外野营",集结训练,以待时机。是年秋,三个路军整编为"国际红军特别独立八十八旅",周保中任旅长,张寿籛任副旅长兼政治委员。在教导旅设中共东北委员会。在集训期间,不断派小股部队返回东北战场,在北满、吉东、东满与辽吉边界、中朝边界开展游击战争,侦察敌情,宣传群众,袭击敌人。小部队的活动,一直坚持到苏联出兵东北。

1945年8月9日,苏联红军出兵东北,抗日联军帮助侦察敌情,当向导,袭击敌人的补给线,直接参加战斗。延边地区分遣小队在穆泉眼河战役中,歼敌700余人,缴获其全部武器。松花江下游的抗联部队参加了饶河、宝清、同江、富锦和汤元地区的战斗,并作出了很大的贡献。东北抗日联军配合苏联红军作战,歼灭了关东军,迫使日本投降,解放了东北全境。据不完全的统计,在长期的抗日民族解放战争中,抗日联军共毙敌伪18.37万人。① 抗日联军在东北进行的抗日游击战争是整个中国抗日民族解放战争的一个重要组成部分。

全国抗日战争开始后,东北抗日联军配合整个抗日民族解放战争的意义更加明显地表现出来了。"那里的游击队多打死一个敌兵,多消耗一个乱弹,多钳制一个敌兵使之不能入关南下,就算对整个抗战增加一分力量。至其给予整个敌军敌国以精神上的不利影响,给予整个我军和人民以精神上的良好影响,也是显而易见的"。②

二、东北各族人民抗日斗争的发展

"七七事变"后,由东北各族人民组成的抗日联军转战于白山黑水之间,并在斗争中发展壮大。日军为解除其"心腹之患",稳定其后方基地,从1938年起由日本国内和朝鲜向东北增兵,至1940年即增加到70万人,妄图消灭东北抗日联军,镇压东北各族人民日益发展壮大的抗日力量,将东北变为其扩大侵华战争的"巩固后方基地"。

日军首先是实行"大讨伐"。他们对抗日联军比较集中的南满和松花江下游地区用兵最多,"扫荡"的规模最大。在松花江下游,敌人以4个师团的兵力,实行长期的大"扫荡"。仅对依兰、刁翎地区,就以9000人"围剿",时间长达半年之久。与此同时,他们在政治上实行招降,引诱不坚定分子充当其奸细,从内部瓦解抗日联军,动摇各族人民抗日的意志。

日军其次是实行"三光政策",大量制造"无人区"。日军在游击区,大批地屠杀各族人民,烧毁村镇房屋,抢尽财物,使各族人民无法生活下去。吉林省抚松县有五六千户参农惨遭驱杀,长白山、兴安岭等山区的猎户亦被驱杀殆尽。1939年,日军烧毁伪三江省和牡丹江省的民房60万栋,屠杀的各族人民数以万计。

再有,日军实行"集团部落"和"保甲连坐法"。至1938年,东北各地有"集团部落"12565个,其中黑龙江省就有6000多个,使各族人民陷入了囚笼般的地狱生活。

---

① 魏宏运主编:《中国现代史稿》下,第103页,黑龙江人民出版社,1981年。
② 《毛泽东选集》第2卷,第385页,人民出版社,1967年。

此外，日军还实行"大检举"。这是日军"肃清反日分子"所采取的镇压手段。1938年在松花江下游地区实行"大检举"中，有上千人被捕，其中大多数被杀害，被判刑的大多死于狱中。至1940年，东北地区因"反满抗日"被定为"思想犯"惨遭杀害者达6.7万余人。

但是，东北各族人民并没有被日军的频繁"扫荡"、残酷镇压和招降瓦解所征服，反而更加激起了抗日的怒火。在中国共产党的领导下，东北各族人民的抗日斗争日益高涨。如延边朝鲜族人民重新组织起抗日游击队。在东北抗日联军的11个军中，都有大批的朝鲜族战士，在有些军中朝鲜族战士约占一半。① 同时，抗日联军中的朝鲜、满、汉等族战士团结一致，并肩战斗，以惊人的毅力转战于白山黑水之间，对日军进行着顽强的反击。如对伪安东省的敌人攻击的次数达370余次；攻打伪通化省敌人的次数达930余次。在各次战斗中，歼灭日伪军数万，创造了无数可歌可泣的英雄事迹。

1938年7—8月，第四军军长李延平、副军长王光宇（满族）率部向五常、舒兰进军时，遭强敌围攻，不幸牺牲。10月，部队露宿乌斯浑河下游的柞木岗山下，被敌发现。经激战大队转移，第五军妇女团和第四军女战士令云等8人被敌包围于乌斯浑河畔。敌人企图活捉她们，8位女战士背水而战，还击敌人。子弹打完了，她们宁死不屈、背扶起负伤的战友，手挽着手从容地跳入滚滚的乌斯浑河。"八女投江"② 的英雄事迹表现了中华儿女气壮山河的崇高气节，激励着抗联战士和东北各族人民与敌血战到底。

居住在松花江中、下游与牡丹江一带的满族人民，支持抗日联军对日作战，为抗日联军送给养、传递情报、当向导等。宁安县南部山区的满族农民还配合抗日联军作战。不少在地方工作的满族共产党员因领导群众抗日，惨遭敌人杀害，壮烈牺牲。

居住在小兴安岭地区的鄂伦春族人民有不少人参加了抗日联军。抗日联军第三、第六、第九、第十一等军中都有鄂伦春战士。第六军中有鄂伦春战士40余人，第三军指挥部的安得有、元宝是鄂伦春族战士，1941年，在嫩江战役中牺牲。鄂伦春族猎人于铁力、孟庆海等数人参加抗日联军后，在北安袭击日军的战斗中牺牲。③ 不少鄂伦春族群众在极端困难的条件下，仍然为抗日联军引路、送情报、侦察敌情、运输物资，配合抗日联军攻打日军的据点，袭击日军的"义和公司"，击毙日军军官数人。

锡伯、达斡尔、鄂温克等族人民在抗击日军的战争中，作出了奉献。

尤其要指出的是金日成领导的人民革命军在中国东北地区活动期间，不仅加深了中朝两国人民的战斗友谊，而且对深入发动东北朝鲜族人民参加抗日斗争，起了重要的作用。他们为打击共同的敌人，作出了国际主义的贡献。

朴吉松是东北抗日游击区的朝鲜族儿童团员，他参加抗日联军后，从东满转战到北满，屡建功勋。在庆城、铁骊间战斗中他不幸被俘，却坚贞不屈、慷慨就义。朝鲜族女战士朱新玉在转战东、北满的9年中，始终是一名优秀的机枪射手，在多次战斗中，击

---

① 抗日联军第一军、第七军。
② 八女中的安福顺和李凤善为朝鲜族。
③ 《中国少数民族革命运动史》（1919—1949），第108页，四川民族出版社，1990年。

毙大量的敌军。一次，她同 6 个女战士去太阳窝棚给部队取给养，被大股日军包围，为掩护其他战友突围不幸被捕。日军以严刑审讯她时，她大义凛然，怒斥敌人："凶手，野兽！你们失败了，你们摧毁不了我们中朝人民的抗日意志！""中朝人民不是好惹的，总有一天要跟你们算这笔血债！"① 敌人无法征服这位抗日女英雄，便以最凶狠的手段将她及其女伴们处死。临刑时，她们高唱《红旗歌》英勇就义。

在东满、南满各地，除了以朝鲜人民为主建立了各种义勇军、游击队之外，还有大批的朝鲜族群众参加了抗日联军各军。他们同汉族和其他民族的抗联战士一道，坚持长期抗战，转战于白山黑水之间，为发展东北各族人民的抗日游击战争作出了贡献。杨靖宇写道："热血沸腾，杀声冲天，民族联合，壮失断臂，争先恐后，共夺万年灯！旌旗以至，势同破竹，房焰自息影。阵容强化，战线巩固，优点早造定。联合呀！中韩民众！本赤诚，互相间。誓杀到敌人大本营！勇冲锋！"② 这是汉、朝鲜等族人民以鲜血凝成的英雄战歌。它谱写了民族团结、共赴国难、抗战到底的中华各民族的英勇气概。

东北各族人民大力支援和直接参加东北抗日联军对日作战，使抗日联军经受住了极其艰苦的抗日游击战争，坚持抗战 10 余年，在战略上牵制了日军从 1937 年 40 万人到 1944 年 100 万人的兵力，有力地配合了全国各族人民的抗日战争，并在 1945 年 8 月赢得了抗日民族解放战争的最后胜利。

第二节　内蒙古地区（以大青山革命根据地为主体）

一、内蒙古地区蒙汉各族人民的抗日斗争

1937 年"七七事变"后，日军在进攻华北、华中的同时，又向内蒙古西部地区进攻。10 月 2 日，百灵庙失守；10 月 14 日，归绥失守；10 月 17 日，包头失守。内蒙古西部城镇和锡林郭勒、乌兰察布盟的全部以及平绥铁路（今京包铁路）等相继沦陷。驻内蒙古西部地区的国民党军队望风溃逃。伊克昭盟和河套地区由抗日的后方变成了抗日的前线。

当日军疯狂进攻，国民党军队溃逃之时，杨植霖、高凤英等在归绥一带组织了一支蒙汉抗日游击队。在蒙汉民族人民的支持下，蒙汉抗日游击队在大青山南麓、平绥铁路沿线和归绥至武川的公路两侧，抗击日军，壮大队伍。1937 年 10 月，伪"蒙古联盟自治政府"成立后，日伪军加紧进攻蒙汉抗日游击队，企图动摇他们的抗日意志。

日军侵占归绥、包头等城镇与交通线后，大力扶植伪蒙政权，实行殖民统治。他们对伊克昭盟和河套等地，一面进行军事进攻，一面挑拨蒙汉民族关系，妄图分化瓦解中国共产党倡导的抗日民族统一战线，达到其侵占之目的。

1937 年 10 月 28 日，日军唆使蒙奸德穆楚克栋鲁普等，将"蒙古军政府"改组为"蒙古联盟自治政府"，加紧扶植内蒙古西部的伪蒙傀儡政权。与此同时，不断地向伊克昭盟、河套、阿拉善旗、额济纳旗等地派遣特务、蒙奸，进行"复兴蒙古"、"统一

---

①② 龚古今等主编：《中国抗日战争史稿》上，第 229 页，湖北人民出版社，1983 年。

蒙古"的欺骗宣传，诱胁蒙古王公贵族投降日本。1937年11月，达拉特旗蒙旗保安司令森盖麟沁投敌。在森盖麟沁的协助下，日军相继侵入杭锦、鄂托克、准格尔等旗。

1938年3月，日军在包头设立"伊克昭盟公署"，扶持阿拉坦鄂齐尔任傀儡"盟长"。当时，伊克昭盟和河套的国民党政府和军队没有力量抵抗日军的进攻。伊克昭盟等地很多蒙古族上层分子动摇。河套地区部分蒙古族和汉族地主、官僚、商人等，组织"维持会"，伺机投降。伊克昭盟、河套等地局势危急。伊克昭盟、河套等地是陕甘宁边区的门户，是阻止日军侵占大西北的战略要地。因此，保卫伊克昭盟、河套等地就成为中国共产党在内蒙古地区领导蒙汉各族人民进行抗日斗争的重要任务。

为了加强内蒙古各族人民保卫伊克昭盟、河套等地抗日斗争的领导，中共陕甘宁边区党委在三边①地区成立了三边特别委员会，并派工作组深入到札萨克、杭锦等旗开展工作。1938年1月，三边特区②党委召开会议，根据内蒙古地区，尤其是西部地区的形势，确定了中国共产党对内蒙古工作的方针和策略，指出当前内蒙古工作的中心任务，是发动蒙古民族各阶层人民与全国各族人民团结一致，共同抗日。会议提出了"蒙古平民王公团结一致抗日"、"蒙汉联合抗日"、"一切服从于抗日"的口号；主张组织广泛的抗日群众团体；决定把联络蒙古族上层和发动其下层相结合，建立广泛的抗日民族统一战线。

1938年4月，中国共产党在三边建立了绥蒙工作委员会。③ 三边特委和绥蒙工作委员会在伊克昭盟地区散发《中华苏维埃中央政府对内蒙古人民宣言》等文件，宣传中国共产党的民族政策和抗日民族统一战线政策，以发动群众和争取上层。5月，绥蒙工作委员会迁至桃力民后，成立了中共桃力民工作委员会，并建立了伊克昭盟战地动员委员会（亦称抗敌后援会）。同时，在乌审、郡王、札萨克、杭锦、鄂托克等旗建立和发展共产党的组织，成立抗敌后援会、战地动员委员会等群众组织。此外，雁北地区④的党组织在准格尔旗进行抗日活动。这样，就把蒙汉各族各阶层人民动员和组织了起来，并团结在中国共产党抗日的旗帜之下。

1938年5月，八路军警备骑兵第一团进入桃力民进行抗日斗争，蒙古族武装部队新编第三师驻伊克昭盟。由于乌兰夫长期的政治思想工作，新编第三师的干部不少是共产党员，名义上是国民党部队，实际上是在中国共产党影响下的一支抗日武装。骑兵第一团和新编第三师不断地打击日军和伪蒙军侵犯伊克昭盟的活动，保卫了伊克昭盟。同月，中共河套特别委员会成立后，在青年学生和知识分子中建立了学生会、小学教师联合会等公开的进步组织，在城镇和乡村宣传抗日。河套特别委员会还通过《临河公报》宣传抗日。在农村，则组织农民斗争反对抗日的土豪劣绅。

1938年，中国共产党派刘洪雄等在归绥建立了地下党部，组织了绥蒙抗日救国会。至1940年，"救国会"在蒙汉各族各阶层中发展会员近300人。是年7月，绥蒙救国会

---

① 陕西和伊克昭盟交界的定边、安边和靖边。
② 包括三边、伊克昭盟和宁夏部分地区。
③ 中国共产党绥蒙工作委员会，最初称绥远省工作委员会，白如彬任书记。
④ 指山西省北部邻近内蒙古如左云、右玉、平鲁、偏关一带地区。

被敌破坏。

1938年秋,八路军警备骑兵第一团在包头西中滩一带建立了一支100余人的抗日游击队。在中国共产党抗日民族统一战线政策和蒙古、汉族人民抗日斗争的影响下,一部分蒙古族中、上层人士参加了抗日斗争。如乌审旗保安队的营长那素滴勒盖,1940年从伊克昭盟投奔延安。1941年,他被聘为陕甘宁边区第二届国民参政会的参议员,并被选为陕甘宁边区政府的委员。

内蒙古东部地区各族人民在八路军、东北抗日联军的影响下,起来反抗日本的统治。1939年,东北抗日联军第三路军相继进入内蒙古东部地区的大兴安岭一带,进行抗日游击战争。达翰尔、鄂温克、鄂伦春等族人民的抗日联军送信带路,供给粮草等。有一次,达翰尔族老人巴成布帮助一支抗联队伍渡过讷莫河,避开了日军的追击。后来这位老人被敌逮捕,受尽严刑拷打,却没向敌人屈服。不少的达斡尔族农牧民和鄂温克、鄂伦春猎民参加了抗日联军。1939年夏,被日军胁迫作战的蒙古、达斡尔、鄂温克族士兵数千人举行了反日暴动,一部分投奔苏蒙联军,一部分在内蒙古东部地区组成游击队,进行抗日游击战争。

1940年夏,大青山骑兵支队帮助蒙古族人民建立了蒙古抗日游击队,高凤英任队长。这支抗日游击队与骑兵支队配合作战,打击敌人。

他们在蒙古族人民中宣传中国共产党的抗日民族统一战线政策,尤其是对于争取伪蒙军起了重要作用。

1941—1942年是抗日战争最困难的时期。内蒙古地区蒙汉各族人民既要反对日军和伪组织的军事和政治的进攻,又要反对国民党的军事和政治进攻。日本帝国主义把内蒙古西部沦陷区划为"蒙疆防共地带",推行"治安强化"运动和"施政跃进"运动。国民党在伊克昭盟、河套、阿拉善旗、额济纳旗等地实行大汉族主义的民族压迫政策,大肆掠夺蒙汉各族人民的财富。但是,蒙汉各族人民在中国共产党领导下,一直坚持大青山地区的抗日游击战争。

1942年夏,达拉特旗蒙古族人民连续4次发动"独贵龙"运动,反对国民党的横征暴敛和编制保甲。1943年3月26日,爆发了"伊(克昭)盟事件"。札萨克旗蒙古族保安队官兵和人民群众杀死几十名国民党的官僚、党棍、特务,掀起了武装反抗国民党的斗争。接着,乌审旗保安队的部分官兵和人民群众亦采取了同样的行动。鄂托克、杭锦、准格尔、郡王等旗亦准备响应。国民党进行血腥镇压,蒙古族人民惨遭杀害,财产被洗劫一空。但"伊(克昭)盟事件"后,不少蒙古族上层分子不满国民党的大汉族主义政策,不同程度地同情和支持反对国民党顽固派的斗争。奇金山①率领一支蒙古族武装,在乌审旗红柳河以南地区坚持抗日和反对国民党顽固派的斗争。

1943年,内蒙古各地各族人民的抗日斗争又发展起来。在东部敌占区,鄂温克、达斡尔、鄂伦春等族人民继续进行反抗敌人残暴统治的斗争。在大青山地区,人民的抗日力量得到迅速恢复和发展。1943年春,和林武工队有了较大的发展,建立了和林县政府。至1944年下半年,和林县有两个游击大队,人数达400人以上。在伊克昭盟,

---

① 奇金山,又名诺哈墨拉,蒙古族,乌审旗人,1945年年初被国民党暗杀。

1944年8月乌兰夫等在乌审旗红柳河以南地区建立了蒙汉联合自治抗日联合会。

1945年7月，绥察行署改名为绥蒙政府，乌兰夫、杨植霖分别任正、副主席，成立了绥蒙军区，迎接抗日民族解放战争胜利的到来。8月3日，八路军总部发布命令实行全线总反攻。大青山的抗日部队配合晋绥军区主力，收复了丰镇、集宁和绥南的清水河、凉城，并攻入归绥，解放了绥远东南部的大部分地区。晋察冀军区部队与苏蒙联军一起解放了锡林郭勒和察哈尔两盟。冀热辽军区部队与东北抗日联军一起，配合苏蒙联军，在收复东北的同时，解放了内蒙古东部地区。

8月15日，日本宣布无条件投降。内蒙古蒙汉各族人民终于取得了抗日民族解放战争的最后胜利。内蒙古东、西部大部分地区的蒙汉各族人民从日本帝国主义的殖民统治下获得了解放。

二、百灵庙起义和绥远抗战

1934年4月23日，百灵庙蒙古地方自治政务委员会成立（简称百灵庙蒙政会），云端旺楚克（云王）任委员长，索特那木拉布坦（索王）、沙克都尔扎布（沙王）任副委员长。德穆楚克栋鲁普（德王）任秘书长，掌握实权。日军以威胁利诱的办法与德王相勾结。

蒙政会成立前后，德王与傅作义争夺统治权的矛盾越来越大，这给日军以挑拨离间的机会。日本帝国主义收买德王，旨在进攻绥远和内蒙古西部地区。

针对德王的投降活动，中共西蒙工委负责人乌兰夫、奎璧等在蒙旗保安队中开展了一系列工作。蒙旗保安队有1000余人，第一中队是原有乌滂守备队，枪马配备齐全。其余几个中队是新兵，倾向进步，战斗力较强。中共西蒙工委加强与保安队一些教官的联络，利用招兵之机，把一些共产党员派进保安队。共产党员云清、赵诚等就是中共西蒙工委派进去的。中共西蒙工委还在一些进步青年中开展工作。通过他们在蒙旗保安队中进行反背叛的宣传活动，揭露日本帝国主义的侵略阴谋与德王出卖民族利益的罪恶行径，以准备发动武装起义。

1936年1月，赵诚、云继先、朱实夫、任秉钧、苏鲁岱等回归绥过春节，进行武装起义的策划工作。云清因患病，先回到土默特旗。他们都来找乌兰夫，向他汇报情况。乌兰夫说："德王投降日本，是民族的败类，是祖国的叛徒。一旦德王公然在日本操纵下搞起独立运动来，我们暴动时机就成熟了。暴动一搞成，就能给敌人以沉重打击。"① 当时，巴文峻从南京回来，为国民党中央做德王的工作。经大家商议，认为不找傅作义援助不行，而傅作义早有破坏德王力量的打算，一说即合。他们同傅作义决定举行武装起义的计划后，相继和绥远省政府秘书曾厚载、三十五军旅长金中和具体研究了起义方式、行动日期。当时约定起义的时候，由三十五军汽车队前往百灵庙附近接起义部队，曾厚载还和他们编定了密电码专作联络之用。

他们分别回到百灵庙蒙政会后，经过深入宣传，以私人关系，以民族大义，打通了军官的思想。然后，再由云继先和部分军官深入到士兵中，进行活动。这样，由少到多，由上到下，将全部官兵中的骨干力量联系起来后，便决定了起义的日期与步骤。

---

① 乌兰夫：《纪念百灵庙暴动五十周年》，载《人民日报》，1986年6月28日。

1936年2月21日深夜11时30分，教官云蔚击毙了顽抗的蒙政会稽查处主任李凤城，打响了武装起义的第一枪。接着，蒙旗保安队在云继先、朱实夫、云蔚等人的领导下，分五路出动：一路袭击德王的乌滂守备队，解除武装威胁；一路进攻军械库，夺取枪械；一路攻打稽查处的看守所，释放被押士兵；一路捣毁电台，断绝与德王的通讯（当时德王回到苏尼特右旗他的家里）；一路往会计科，打开银柜，焚毁账目。起义成功后，五路人马在南营盘会合，离开百灵庙向南而行。

他们在冰雪中步行50余里，遇到傅作义派来接应的12辆汽车。因车少人多，部分人乘车，部分人仍步行。他们行至达尔罕旗的黑沙图，遭到蒙政会派来的乌滂守备队和达尔罕旗的保商团骑兵的追袭。约战6小时，敌人始退去。次日，移驻武川县的二分子村，在这里与原驻乌拉特中旗的蒙旗保安队第二中队会合。至此全部官兵约900余人，暂编为两个大队，6个中队，两个特务队，组成一支装备较优、战斗力较强的部队。起义部队原计划转移到河套，以便与陕北红军联系。但部队在二分子村休整时，傅作义派三十军四二一团孙兰峰部秘密将其包围起来，让他们暂时缴枪，待驻地确定后，将枪械交还。缴枪后，徒步向大青山开拔，分驻萨拉齐县的水涧沟（村名）和归绥的三西（村名）。傅作义暂时给以"归绥县防共大队"、"萨拉齐县防共大队"名义。不久，由国民党中央给以蒙古保安总队的番号，月饷1万元，任命云继先为少将总队长，朱实夫为副总队长。

起义部队改编蒙旗保安总队后（国民党中央给以蒙古保安总队的番号，傅作义改为蒙旗保安总队），傅作义还以各种限制办法，缩减编制，将月饷1万元法币改换绥远省票，扣发被服和其他军用物品。同时，还派员到起义部队中进行挑拨离间，甚至煽动行刺。9月下旬，云继先被刺殒命。

正当起义部队面临瓦解的时候，中共西蒙工委决定乌兰夫、云清、赵诚等共产党员返回这支部队工作。1937年2月，在国共酝酿合作抗日的条件下，经中国共产党争取，国民党当局被迫将这支部队改编为蒙旗独立旅，即新编第三师的前身，乌兰夫任代理政治部主任。这支部队几经磨难，逐渐壮大，并在中国共产党的实际领导下，保持了革命的战斗精神。

1936年8—12月的绥远抗战，是中国军队在今内蒙古东北地区抗击日伪军的战役。是年1月，德王公开投降日本，成立伪蒙古军总司令部。5月，在嘉卜寺即今化德成立伪蒙古军政府。同时，汉奸王英组织"西北蒙汉防共自卫军"（后改称"大汉义军"）。是年秋，在日军的支持下，伪蒙军与王英伪军大举进犯绥远东北地区。绥远驻军傅作义等部奋起抗击。11月，傅作义部再次击败日伪军的联合进攻，收复百灵庙与大庙等地，粉碎了敌人占领绥远的企图。

绥远抗战分为红格尔图、百灵庙、大庙等战役。1936年11月5日，日军与德王在嘉卜寺召开军事会议。计划先攻占红格尔图，然后由百灵庙与兴和同时出动，一举攻占归绥市。再分兵进占绥东集宁、绥西包头及河套。

红格尔图属绥境陶林县，是商都通往百灵庙的重要据点，绥远东北的门户，敌伪军由商都进攻绥远省会的必经之地，战略上的军事要地。敌军进攻红格尔图，经一天的战斗，惨败撤退。田中隆吉与德王唯恐傅作义部捣其巢穴，抽调兵力增强商都和化德的防务。

百灵庙是日军侵犯绥远的策源地。红格尔图战役后,日军与德王派"大汉义军"金宪章、石玉山等部开往大庙增强百灵庙的防御力量,令伪蒙古军第七师沿百灵庙山顶、北腰、山脚,构筑防御工事。日军还向各伪军头目宣称"大日本皇军将以全力支持德王攻击绥远,赶走傅作义的军队,只要大家不泄气,胜利必属你们,希望争取胜利"。[①] 并派日本军官200余人,任伪军各级指挥官。

傅作义侦悉日军的兵力部署后,立即召开军事会议,决定收复百灵庙,并任骑兵旅长孙长胜为前敌总指挥,第二一一旅旅长孙兰峰为副总指挥。各部队先集结于百灵庙东南150余里的二分子、公胡同一带地区,决定于1936年11月24日上午7时务必攻克百灵庙。11月23日,各部队于当夜11时到达攻击位置。在各兵种的配合下,向敌人发起了拂晓总攻。激战至24日上午8时,全歼了敌伪军,收复了百灵庙。是役毙敌300余人(内有日军20余人),伤敌600余人,俘敌400余人,缴获步兵炮3门,迫击炮6门,日制三八式野炮4门,轻重机枪20余挺,步枪600余支,无线电3台,汽油500余桶,弹药1库房,面粉万余袋,其他军用器材及日伪重要文件、军用地图及战马无数。傅作义部亦伤亡300余人。

但日军一面派飞机连日向集宁、百灵庙侦察轰炸,一面以大庙作为反攻百灵庙的基地。12月2日晚,敌军由大庙出发,拟于次日晨6时向百灵庙发起攻击。从黎明至上午9时,激战3小时,由于伪军下级官兵均为中国同胞,不愿为日军卖命,几次冲击均未得逞。傅作义部乘机全线出击,伪军纷纷败退,终被击溃。是役打死打伤日伪军500余人,俘敌伪200余人,并当场击毙"大汉义军"副司令雷中田。

在击溃伪军反攻百灵庙后,傅作义又决意收复大庙。12月9日,金宪章、石玉山部反正,穆克登宝残部被缴械后,傅作义命令围攻大庙、次日上午10时收复了大庙。由于伪军仓皇溃退,傅作义部缴获了大庙的全部轻重弹药。

蒙古族和汉族军民在红格尔图、百灵庙等战役中表现了高度的爱国主义精神。如兴和县二区庆余乡的张子清不为金钱所动,诱敌落入我法网。红格尔图天主教堂司锋易世芳和大脑包教堂司锋刘成宪将80多名教民组成民团,协助守军作战。新安乡自卫队队长张杏元,副队长韩得功、张万贵及其队员不畏艰险,奋勇抗战。爱国同胞齐心自制土炮,给攻城的敌人很大的打击,对守城的将士鼓舞很大。蒙古族军民在百灵庙战役中给傅作义部带路,协助歼敌,捣毁逆巢。敌败退时,又沿途截击敌人。敌人增援百灵庙,回兵东撤时,被四子王旗的蒙古部队堵截。百灵庙的伪军溃退时,蒙民毙、伤、俘许多敌人。

在中国共产党"停止内战,一致对外"的感召下,傅作义部奋起抗战。红格尔图战役中,200名守军和100余名自卫团队打退了10倍于我的敌伪军。收复百灵庙的战役则鼓舞了各界爱国同胞的抗日信心。百灵庙等战役的胜利,是蒙汉民族军民近百年来对外战争史上的首次胜利,迫使敌人暂不敢侵犯绥远。"绥远抗战之役,不仅取得中华

---

① 《内蒙古文史资料》第6辑,第252—253页,内蒙古人民出版社,1979年。

民族史上光荣地位，且已成为中华民族史上重要的转折点，史迹昭垂，万世不磨"。①

三、大青山抗日游击根据地

大青山位于内蒙古西部，南麓连接土默川平原，北麓为草原。面积达2万多平方公里，杂居着蒙古、汉、回、满等族人民。它紧接归绥、包头、百灵庙等重要城镇和平绥铁路等交通要道。战略位置十分重要，是晋西北根据地的外翼、陕甘宁边区的屏障和通向大西北的门户，是我国和苏联、蒙古人民共和国的交通要道，物产、资源丰富。因此，"在平绥路以此，沿大青山脉建立游击根据地甚关重要"②，在那里"坚持长期游击战争建立游击根据地，完全可能，而且是中心任务"。③

1937年8月15日，中国共产党在《抗日救国十大纲领》中指出："动员蒙民、回民及其他少数民族在民族自决和自治的原则下，共同抗日。"10月，在归绥、包头沦陷的严重形势下，共产党人杨植霖、高凤英（蒙古族）、刘洪雄、贾力更（蒙古族）等经过艰苦努力，组织起一支蒙汉抗日游击队，在归绥、大青山一带开展抗日游击战争，为建立大青山抗日游击根据地奠定了基础。

1938年4—5月，中共中央决定建立大青山抗日游击根据地。贺龙、关向应决定，由一二〇师团和师直属骑兵连，组成"八路军大青山抗日游击支队"。李井泉任支队司令，姚喆任参谋长，彭大德任政治部主任。同时，派太原咸城中学师生组成的山西战地游击队第四支队及山西战地动员委员会的部分工作人员，由李井泉、姚喆率领，由晋西北（五寨）北上，开往大青山地区。他们在雁北和长城内外突破了敌人的多次封锁和围攻后，经汉山，越平绥铁路，于9月初到达了大青山，和杨植霖等领导的蒙汉抗日游击队会师。

中共中央对如何建立大青山抗日游击根据地与团结蒙古族抗日等问题，都有明确的指示。如根据民族和地区特点强调指出：大青山和绥远地区斗争的基本任务，是团结蒙汉人民联合抗日，由此出发，大青山和绥远地区的党组织和抗日武装应争取蒙古族封建王公抗日；应以团结蒙汉人民联合抗日的原则，公正地处理蒙汉土地纠纷；应尊重蒙古族的风俗习惯、宗教信仰，发扬蒙族文化，不得侵犯蒙古族人民的利益；应注意吸收蒙古族知识分子参加工作，大力培养蒙古族干部，扶植地方游击队，开展对蒙古民族的工作。

抗日战争进入相持阶段后，日军以半数以上的兵力和几乎全部的伪军，对付敌后根据地的抗日部队和各族人民，对国民党政府则以政治诱降为主，军事打击为辅。1938年9—12月，李井泉支队和当地游击队同敌人进行了多次的战斗。9月3日袭占陶林，10日攻克乌兰花；10月5日在石拐子击溃敌汽车队，7日袭击三道营车站；11月4日伏击归绥、武川间之敌，等等。11月，日军以大批的兵力对李井泉支队实行"扫荡"，但李井泉支队在蒙汉族人民的支持下，粉碎了敌人的进攻，开辟了大青山抗日游击根据地。李井泉支队逐步将游击战争扩大到绥西、绥中、绥南的大部分地区，并同晋西北根

---

① 《天津大公报》，1937年1月15日社论。
② 中共中央统战部编：《民族问题文献汇编》，第589—590页，中共中央党校出版社，1991年。
③ 中共中央统战部编：《民族问题文献汇编》，第553—554页，中共中央党校出版社，1991年。

据地连接起来,扩大为晋绥根据地。

李井泉支队在打击敌人的同时,还在大青山地区清剿危害人民的土匪,同蒙汉人民结成了亲密的关系。1938年冬,大青山及其附近地区成立了县、区、乡、村战地动员委员会的分会。战地动员委员会在群众中宣传中国共产党抗日民族统一战线的政策,提出了"蒙汉人民联合起来推翻日本帝国主义的统治"的口号。同时,战地动员委员会建立了农民救国会、商人救国会、青年救国会、妇女救国会、儿童救国会等群众团体,以支援大青山的抗日游击战争。

1939年3月,中国共产党在绥蒙工作委员会的基础上成立了绥远省委员会。绥远省委在绥西、绥中、绥南建立了地委及各地的基础组织。9月,在蒙古族聚居的土默特旗建立了中国共产党工作委员会。这样,在大青山及其附近地区形成了党的领导核心。

1939年以后,敌人对大青山的抗日游击队不断地进行"扫荡",实行"分兵合击"、"铁壁合围"的战术,但都被抗日游击队的反"扫荡"斗争粉碎了。同时,抗日游击队开展了反对国民党顽固派的反"摩擦"斗争。在反"扫荡"、反"摩擦"的斗争中,大青山抗日游击队迅速壮大起来。李井泉支队留在大青山坚持斗争的一个营①,发展为3个营。至1940年2月,又由3个营发展为3个团,并逐步由步兵发展为骑兵,即"大青山骑兵支队"。

大青山抗日游击队和蒙汉各族人民在反"扫荡"与反"摩擦"的斗争中建立了密切关系。蒙汉各族人民为游击队运送粮草、购买物资、护理伤病员、掩护干部、送信带路、传递情报等。抗日游击队争取各方面人士共同抗日。如组织抗日自卫队和民兵,配合骑兵支队"第二支队"在绥西作战,进行侦察、联络、伏击以及破坏公路、电线等活动。

1939年11月,中共绥远省委员会在绥中、绥西、绥南建立了县、区级的抗日政权,使抗日的武装斗争有了政权作依托,有了牢固的群众基础。乡村政权主要是改造伪乡公所,使之变成两面派政权。

大青山抗日游击根据地的党组织和抗日政权在蒙古族的聚居区土默特旗等地,贯彻"蒙汉平等,团结抗日"的方针,尊重蒙古族人民的风俗习惯和宗教信仰;不随意开垦土地,保护蒙古族人民的生命财产;实行公平交易,并以粮食、布匹、烟、茶等生活必需品帮助蒙古族人民解决困难;对牧户不征粮、不派款,对农民的征粮、派款亦低于汉族农民。对蒙汉族人民,废除一切苛捐杂税,征收爱国公粮。对地主、民族上层,实行抗日民族统一战线的政策,争取他们保持中立,或同情和支持抗日。对伪蒙军亦采取争取的政策。这样,军民团结一致地抗日,打击了敌人挑拨民族关系,破坏蒙汉团结抗日的阴谋。

1941年夏,日军在大青山周围修筑几十条公路和100多个据点,修筑许多碉堡、封锁沟、封锁墙,实行并乡并村和经济封锁,断绝通往大青山的交通,妄图长期围困大青山抗日游击根据地。

针对这种严重情况,1941年8月,绥察行署要求各级抗日政权,变敌人的"治安强化"运动为广泛地摧毁敌伪组织,巩固与扩大抗日游击根据地运动。

---

① 李井泉支队初到大青山为3个营,1938年12月2个营调往冀中。

1942年，绥远区党委将大青山地区的各级政权机关与游击队、游击小组密切结合，实行党、政、军一元化领导。县长兼游击队长，区长兼游击中队长或分队长，区县党的领导兼游击队政委；专署县级领导干部深入基层，帮助区政府开展工作，利用合法形式开展合法斗争。绥远党组织还派蒙古族干部到伪军和伪政权中进行隐蔽的工作。这样，就粉碎了敌人自1941年下半年以来对大青山地区多次大规模的"扫荡"和"清乡"。

1942年7—8月，日军对大青山地区又进行空前规模的大"扫荡"。敌人调集3万多日军，在重要村庄、道口、山头设立据点，分区"搜剿"；汽车队、骑兵、步兵来回穿梭，多方"堵截"。敌人所到之处，实行"三光政策"。敌相继"扫荡"绥中、绥南地区。但是，大青山骑兵支队和蒙汉各族人民团结一致进行反"扫荡"斗争。在蒙汉各族人民的掩护下，绥察行署和骑兵支队主力辗转战斗，重重突围，从大青山转移到了山西偏关。敌人歼灭骑兵支队的阴谋未能得逞。

1942年10月，中共绥远区党委改组为塞北工作委员会，高克林任书记，继续在偏关领导大青山和雁北地区的抗日斗争。留在绥西、绥中、绥南的党组织保持一支精干的游击队，坚持艰苦的对敌斗争。

1942年冬，中共塞北区委不断派武工队到绥中、绥南加强抗日游击战争。至1943年春，和林县武工队的工作有了很大的发展，逐步打通了与凉城、清水河和绥西的联系。1944年3—4月，建立了和林县政府。1944年下半年，和林县已有2个游击大队，400余人。

从1944年起，大青山地区的抗日游击战争开始了局部反攻。9月，攻克敌绥南地区的4个据点。11月，攻克绥西察素齐附近的敌据点。1945年又接连攻克绥中、绥东、绥南敌据点10余处。大青山抗日游击根据地逐渐恢复到1941年以前大发展的局面，绥南地区与晋西北又连成了一片。

1945年2月以后，中共中央和晋绥分局不断派部队到大青山地区加强武装力量。八路军的一个骑兵旅到大青山后，从国民党手中夺回了井儿沟。5月底，骑兵旅和大青山抗日游击队又连克武川、陶林等地敌据点8处，扩大解放区4万多平方公里。接着，攻克绥中敌据点多处，直逼归绥。1945年7月，绥察行署改为绥蒙政府，乌兰夫、杨植霖分别任正、副主席。同时，成立了绥蒙军区，准备迎接抗日战争的胜利。

1945年8月8日，苏联和蒙古人民共和国相继对日宣战。8月9日，毛泽东发表"对日寇最后一战"的声明。8月3日，八路军总部下令实行全线总反攻。大青山地区的抗日部队配合晋绥军区主力，截断平绥路，收复了铁路沿线的丰镇、集宁等城市和绥南的清水河、凉城，并一度攻入归绥，解放了绥远东南部的大部分地区。8月15日，日本宣布无条件投降。内蒙古西部地区的蒙汉各族人民同全国各族人民一样终于取得了抗日战争的最后胜利。

四、"伊盟克昭事件"

抗日战争时期，国民政府在处理少数民族问题上，仍然"继承清朝政府及北洋军阀的反动政策，压迫剥削，无所不至"[①]，迫使各族人民不得不奋起反抗。"伊克昭盟事

---

① 《毛泽东选集》合订本，第985页，人民出版社，1964年。

件",就是在国民党军队在内蒙古伊克昭盟强力推行武力垦荒的背景下发生的。

1942年,蒋介石在甘肃天水召开军事会议。会上,国民党伊克昭盟警备总司令陈长捷以解决驻军粮食问题为由,建议在伊盟开荒5万顷。蒋介石指示陈长捷试垦5000顷,以后再继续开垦,详细办法须与傅作义研究决定。但陈长捷不与傅作义商议,断然决定开荒1万顷,并提出"什么地好就开什么地"的口号。其中,包括各旗的敖包地、庙地、马场地、苏把汉会盟地和伊金霍洛的"禁地"。

陈长捷布置后,到札萨克旗会晤伊克昭盟盟长、绥境蒙政会委员长沙克都尔札布(沙王),通知要开荒。沙王答复:"此事关系全盟蒙民的生活问题,我一人不敢答应,要各旗的官民同意,才能决定,应该从长计议。"陈长捷竟然说,"此事委员长(蒋介石)已决定,无论如何,非开不可"。① 会晤不欢而散。

开垦牧场的消息传遍了全盟,蒙民一致反对。自清朝中叶伊克昭盟开荒以来,凡可开垦之地,已开垦殆尽。留下之地,绝大部分是沙碛之地,是蒙民赖以放牧牲畜的牧场,绝对不能再开。但陈长捷一意孤行,非开不可。

1942年阴历十月初三,沙王在伊金霍洛秘密召开各旗会议,决定集合各旗武装部队,于1943年3月26日祭祀成吉思汗之际,武装抗垦。

陈长捷利用沙王的亲信白音仓,破坏沙王的计划。1942年12月,沙王派白音仓与陈长捷谈判开荒问题,并嘱其只能同意开垦少量荒地,以示让步。但白音仓逢迎陈长捷,擅自做主,同意大量开垦荒地。鄂齐尔巴图、老瑞等与白音仓之间互为仇敌,打算消灭对方。1943年2月(阴历正月十七日),札萨克旗保安队第五连将白音仓击毙在榆林至札萨克旗的途中。陈长捷闻讯后,一面致电沙王速缉凶手,一面派国民党骑七师李连驻伊金霍洛,以武力威胁沙王。

国民党骑七师李连进驻伊金霍洛后,准备武力开荒,而札萨克旗的军民非武装反抗不可。1943年3月26日,伊克昭盟保安队在札萨克旗暴动,杀死白音仓的帮凶王兰友、顾兆忠,拘捕了国民党绥蒙党部主任特派员赵城璧(蒙古族),捣毁了国民党党部。4月2日,国民党骑七师包围沙王府,并用炮火轰击。守卫沙王府的30余名保安队战士英勇抗击。是日下午5时,沙王率30余名保安队和眷属撤出王府。4月3日,骑七师以1个团的兵力进袭沙勒刚勒和克奔图梁,同保安激战一日。保安队以少数兵力,诱敌围歼该团大部,缴获轻机枪20余挺,马枪无数。骑七师不敢追击,以后的战斗是零星的。在整个战斗过程中,札萨克旗保安队仅团副巴音呼、第五连连长巴图巴雅尔及士兵四五人牺牲,而骑七师则伤亡溃散近1个团。因此,陈长捷不得不设法停止战斗。

沙王撤至大沙漠后,曾派巴札尔布仁携函到巴图湾(解放区)和共产党联系。信函称:"我们反对国民党开垦,引起武装斗争,请你党协助我们反击国民党。"② 联系人同共产党的曹开诚、赵通儒取得了联系。为了安全,共产党决定让他们到西乌审旗西部章高图居住。同时,派了数十名武装队伍,护送他们到章高图。他们还派札萨克旗东协

---

① 《内蒙古文史资料》第2辑,第16页,内蒙古人民出版社,1979年第2版。
② 《内蒙古文史资料》第2辑,第9页,内蒙古人民出版社,1979年第2版。

理河木古朗到延安联系。毛泽东等接见了他,并给保安队补充了武器,计有步枪三四十支,弹药若干,供给了服装、给养,对上层人士每人赠送一身衣料和其他生活用品。是年秋,保安队和共产党的武装队伍合作,打了数月的游击战,给了敌人以沉重的打击。中国共产党为了顾全抗日的全局,关心照顾沙王并说服沙王返回札萨克旗。国民党中央下令撤销陈长捷伊盟警备总司令的职务,宣布停止对蒙旗的开垦。国民党中央于1944年2月恢复了沙王的绥境蒙政会委员长和伊克昭盟盟长的职务,但另加罪于鄂齐尔巴图和老瑞二人,撤销了鄂齐尔巴图的札萨克旗西协理职务,诱杀了老瑞。至此,震动一时的"伊盟事变"算是结束了。

"伊盟事变"是国民党伊克昭盟警备总司令陈长捷在国民党反共高潮中策划的。原想配合全国的反共形势,在伊克昭盟制造事变,从北面威胁陕甘宁边区。全国反共高潮被打退,"伊盟事变"亦不得不结束。陈长捷武力垦荒,实行法西斯统治的目的不仅未能得逞,而且损兵折将,本人也被撤职。"伊盟事件",经历半年以上,纵横数百余里,影响深远。

第三节 西北地区(海固回民起义及西北各省抗日活动)

一、新疆抗日民族统一战线的形成

新疆地处祖国西北边陲,毗邻苏联,在"七七事变"及"八一三事变"后,中国沿海地区及腹地相继沦陷的情况下,新疆作为战略大后方的地位无疑决定了它在抗日战争中所具有的重要作用。新疆不仅是中苏两国间联系和交往的通道,而且还是中国可靠的军事、物资基地和八路军培养、训练特种技术兵种的基地,同时也是大批因战争而无家可归、无依无靠的内地难民安置地。因此,随着抗战的发展,出于抗日统一战线的需要和新疆的特殊地位的考虑,中国共产党同意派干部赴新疆参加建设工作。

在此以前,即1936年10月,中共中央和中央军委为了夺取宁夏,完成打通苏联国际交通线,推动全国抗日运动的目的,命令中国工农红军第四方面军主力部队和红五军团约2万人西渡黄河。11月10日,过河部队成立了西路军。但由于张国焘的错误路线,西路军在甘肃境内蒙受严重损失,处境险恶,两万人的部队,最后只剩下2000余人。1937年3月,原红四方面军之第三十军千余人编为左支队,向西游击。4月底,在中共中央的安排和苏联的帮助下,西路军左支队400人在李卓然、程世才、李先念等的率领下,先后开进了甘肃与新疆交界处的星星峡。西路军之所以能够进入新疆,除中共中央的安排与苏联的帮助外,与盛世才的同意与安排也是分不开的。因为盛世才为了巩固其在新疆的统治地位,当时对苏联的意见是尊重的,加上当时麻木提在南疆叛乱,省军即将开赴南疆等因素,盛世才也想利用西路军的力量维持北疆和省城的安全。当时盛世才亲自向有关单位分别交代,如边务处只负责界外联系和边界迎接的任务,而对全盘计划则毫无所知。实际上,红军进入新疆只不是权宜之计,准备秘密休整一段时间后再返回陕北。

红军刚进入星星峡时,即遭到尧乐博斯部几十名骑兵的截击,企图对红军缴械,但由于红军与省军的协力反击,才使尧部败退而去。尧乐博斯自知前途不利,乃弃职投靠南京蒋介石。盛世才终于消除了一大隐患。哈密归属省府，红军为此立了一功。5月1日，中共中央特派陈云和滕代远经苏联进入新疆迎接西路军，并受到盛世才的款待。西路军左支队余部在星星峡稍事休整，于5月7日开赴迪化。这就是新疆第一支共产党的武装力量，陈云为党代表。

西路军进入新疆不久，爆发"七七事变"。为了打消盛世才的顾虑，同时也在于掩人耳目，有利于抗日民族统一战线的建立，中国共产党同意西路军左支队对外称为"新兵营"，意为新招募的军队。新兵营在新疆暂驻的任务是：加强军事技术和文化的学习，为创立八路军技术兵种培养骨干。他们在这里克服种种困难，不仅掌握了一定的文化知识，而且还学习了各兵种技术，如飞机、坦克、汽车、大炮、无线电通讯、医疗技术等，后来成为中国人民解放军技术兵种的骨干和领导人。同时随着国际国内形势的发展，中国共产党在内地许多大城市如南京、武汉、西安、重庆、太原、长沙、兰州、桂林等地，公开设立了八路军办事处，以推动全国各界爱国人士参加抗日，进一步发展和壮大抗日民族统一战线。这样为了保障新疆国际交通线的畅通，保持与苏联、共产国际的联系，把新疆建设成为巩固的抗日大后方，中共决定在迪化设立八路军办事处，当然这一决定也是与盛世才政府达成一致的结果。1937年10月，八路军总部派周小舟赴疆与盛世才联系，正式成立了八路军驻新疆办事处，滕代远（化名李广）任代表。但由于新疆情况的特殊性，办事处是一半公开性的代表机构，尚未正式挂牌，对外称南梁第三招待所。八路军驻新疆办事处的成立，标志着中共与盛世才政府的抗日民族统一战线正式形成。

新疆抗日民族统一战线的形成，是当时客观条件的必然产物，建立于双方基本一致利益基础上的。首先，盛世才政府实行的反帝、亲苏、民平（民族平等）、清廉、和平、建设等"六大政策"，具有一定的进步性，适合当时新疆的形势。其次，盛世才当时主张抗日，于1936年7月14日发表"七项救国纲领"，号召：（1）必须全国各族各界同胞一心一德精诚团结以救中国；（2）必须停止内战，以最坚决的斗争反对侵略与瓜分中国；（3）全国各族各界同胞必须与一切汉奸作坚决斗争；（4）对帝国主义必须抛弃不抵抗政策，而采取最坚决强硬之外交政策；（5）必须与外来之经济侵略及走私运货作坚决之斗争；（6）必须用一切力量发展本国经济与农工商业；（7）必须遵照孙中山先生遗嘱，联合世界上平等待我之民族，共同奋斗，以救中国之危亡。①尽管盛世才所实行的"六大政策"与发表的"七项救国纲领"是迫于形势，不得已而为之，但客观上却为建设新疆、支援抗日创造了一定的条件，同时也在一定程度上反映了国家、民族的利益和要求，具有一定的积极性和进步性。实践证明，新疆抗日民族统一战线的建立是符合我方利益的，而这也正是盛世才所最不愿意看到的。因此，抗日民族统一战线的最终破裂，其原因正在于它的成功。这是由盛世才的反动本性所决定的。

"六大政策"与"七项救国纲领"是中国共产党同盛世才合作建立新疆抗日民族统一战线的基础。应盛世才的请求，中共中央派陈潭秋、毛泽民、林基路等100余人来新

---

① 盛世才：《政府目前主要任务》第二部分，转引自《新疆简史》第3册，第259页，新疆人民出版社，1987年。

疆参加盛世才政府的工作，分别在行政、财政、民政、新闻、教育、文化等部门担任领导职务。如毛泽民任财政厅副厅长、代厅长，林基路任新疆学院教务长，杜重远任新疆学院院长，萨空了任《新疆日报》副社长等。

1938年1月，黄火青从"新兵营"调到新疆民众反帝联合会任秘书长，改组了反帝会，调入一批中共党员任部、科领导，将盛世才官办群众组织"反帝会"改造成为统一战线组织。除了反帝会，1937年8月，在迪化成立了新疆民众抗日救国后援会，各区设分会，各县均有抗日救亡团体，并组织了商会、妇女协会、学生联合会、工作救国联合会等民众团体。新疆各民众团体，通电全国称："新疆虽僻处边陲，抗日救国尤为吾人之素志，枕戈待旦，誓与国人共同奋斗。"①

反帝会、抗日后援会的任务是募捐，支援抗日前线。1936年11月，绥远抗战爆发后，省城各公务员以12月份两日的薪金捐助绥远抗日将士，军人与学生自由捐助。全面抗战爆发后，抗日救国后援会，在短期内募集新疆币200多万两。从1938年始，抗日救国后援会在新疆各族人民中开展了募捐运动。迪化裕丰隆商号将拍卖3天的货物，全部捐作抗日经费。是年8月，新疆以捐款152万余元（法币）购买10架战斗机，命名为"新疆号"，投入了武汉保卫战。是年10月，在反帝总会秘书长黄火青主持下，开展了为抗日前线募集寒衣活动，成立了募集寒衣委员会。各区分会、妇女协会、商会、各族文化促进会亦成立了募集寒衣委员会。是年11月，反帝总会成立了"抗日救国献金运动委员会"，发动全疆3日献金运动。在迪化市设献金台。一名70多岁的老太太含着热泪走上献金台，当场摘下自己唯一值钱的金耳环，双手捧献；一位小学生省下糖果费，为抗日捐献省票9000两；额敏县的人民减食3日，献出口粮；温宿县寡妇阿提可汗，将其夫留下的27个元宝全部捐出；库尔勒维吾尔族贫民艾沙无钱捐助，竟送子上前线；舞蹈艺术家康巴尔汗、走高绳的演员司迪克·阿西木祖孙等自发组织为抗战募演义演。真可谓"有钱出钱，有力出力，大家联合起来把日本强盗赶出中国去！"②是年底，迪化地区献金总额达法币9.4万元，另捐皮大衣20万件及许多其他物资。是年冬，为了给前线将士们以精神的鼓励，发起了写慰问信活动，数月集得10万封慰问信。1939年，又发起防毒募捐活动，截至是年7月，募款7万余元。至1940年，新疆捐款100余万元，捐款寒衣6.78万余元，献金9.4万余元，捐款防毒7万余元。以上四项捐款，除金银首饰不计外，现金总额达200余万元。

新疆捐献的物资有一部分送到了延安。1937年，新疆边务处派遣人员护送80余辆汽车运送黄面皮大衣和其他用品。毛泽东回赠钢笔和手表作纪念。③ 伍修权回忆称："新疆人民和爱国人士曾经支援了3万件老羊皮大衣给边区和八路军，用骆驼队长途运到兰州。"④

新疆与苏联毗邻，是重要的国际交通线。"七七事变"后，苏联是最早援助中国抗

---

① 转引自《西域研究》1995年第2期，第1页。
② 《新疆日报》，1938年11月30日。
③ 《新疆文史资料选辑》第6辑，第83页，新疆人民出版社，1992年。
④ 《新疆冤狱始末》，中国青年出版社，1991年。

战的国家。苏联援助中国的军用物资和援华人员，基本上都从新疆这条国际交通线通过。① 太平洋战争爆发后，日军封锁了滇缅公路，美国的援华物资乃由印度驿运。新疆组织人员与马匹去克什米尔的列城接运，运至新疆叶城，再由叶城转运到内地。1944年9月，新疆组织维吾尔族同胞160余人，驮马800多匹，开始国际驿运。至抗战胜利，先后共运汽车轮胎4444套，军需署军用布区782包，装油袋588件，呢料63捆及汽车零件和医疗器械等。②

二、阿山哈萨克牧民暴动

阿山（阿勒泰）地区下辖承化（阿勒泰）、柯克托海（富蕴）、福海、青河、吉木乃、布尔津、哈巴河7县，全区位于新疆北部，分别与苏联和外蒙古为邻。这里居住着哈萨克、汉、回、蒙古等民族，其中哈萨克族居多数。20世纪40年代初阿山哈萨克族牧民的武装斗争是盛世才政府破坏抗日民族统一战线、反苏反共、独裁统治的直接结果，也是盛世才政权潜在危机总爆发的前奏。

盛世才在新疆的统治是依靠特工机构维持的，公安管理处是其主要机构，拥有极大的权力，其分支机构遍及全疆，凌驾于当地政府之上，公安人员为所欲为，专横跋扈。在阿山地区，上自行政长沙里福汗，下至普通牧民均在阿山公安局监视之列。早在1937年盛世才蓄意制造的"阴谋暴动案"中，哈萨克族即受到牵连。先是任省民政厅副厅长的巴彦毛拉被捕入狱，接着哈萨克族首领在阿山区又被捕。1938年2月，阿山公安局按盛世才旨意逮捕了两个汉族机关首长、5个哈萨克族知识分子和1个"归化族"。8月，又逮捕了阿山行署秘书长满凯为首的哈萨克族30余人，并张贴布告，通电全疆，诬称他们是日本帝国主义的走狗、汉奸、托匪。他们被押解迪化，财产被没收。公安人员可随意传讯和扣押认为可疑之人。这在广大牧民中引起了极大的恐慌和不安，纷纷携畜向镇西、甘肃方向逃亡。对此，盛世才调派大批军队，配以飞机，对逃亡牧民前堵后追，狂轰滥炸。这就进一步加剧了政府与牧民的矛盾。1939年又发生了毛列夫案件，使阿山哈萨克族人民再遭苦难。毛列夫是苏军哈萨克族士兵，逃入新疆后苏联领事馆照会新疆省政府，要求协助缉拿。公安管理处认为阿山为哈萨克族聚居区，毛列夫必定逃到阿山无疑。遂于4月派员赴阿山侦破。据称，毛列夫藏匿于吉木乃县哈萨克族人阿尔登伯克处。阿尔登伯克遂遭逮捕，在毒刑拷打和诱供下，阿尔登伯克被迫诬称毛列夫系艾林郡王派人送来，后又将毛列夫送到奴尔塔扎处。因此，受株连被捕者达二三十人，有的不堪酷刑，在狱中自尽。但毛列夫依然毫无下落，遂重审阿尔登伯克，阿尔登伯克又被迫诬称沙里福汗在阿山组织反政府、反苏团体，直接受日本策动，毛列夫即日探，是由沙里福汗送到艾林郡王家的。区公安局徐有兴据此命人大肆搜捕，牧民、头人被捕者四五十人，酷刑致死及自尽者五六人。后毛列夫在阿克苏被捕，自供根本没去过阿山。这一案件，令全区牧民人人自危，更加重了人们对盛世才政府的不信任感。

1939年10月，盛世才政府主持的全疆蒙古、哈萨克、柯尔克孜代表大会在迪化召开，参加者多为以上三个游牧民族各部落的头人及知名人士。因事先已传闻盛世才政府

---

① 朱培民：《新疆革命史》，第94—95页，新疆人民出版社，1993年。
② 《新疆文史资料》第24辑，第212页，新疆人民出版社，1992年。

将趁机抓人,故阿山代表迟迟不敢前往。会议期间,成立了"蒙哈柯清理枪械委员会",沙里福汗任主任,喀什的柯尔克孜族阿不都恰迪尔与和布克赛尔的蒙古族夏力宛活佛任副主任,负责收缴民间的枪支,以防日后武装反抗。但在牧区,传统习惯上枪支既是牧民的生产工具,又是维护人身安全的防卫手段,对他们而言,枪支无异于第二生命,缴枪自然是很难接受的。11月,即参加蒙古、哈萨克、柯尔克孜代表会议的代表集中迪化后,驻青河边卡队2名边卡兵被杀,区公安局借此事件将青河县的巴彦拜、巴依喀里木、多南、布凯汗、萨咯依拜、加克斯拜等部落首领逮捕至承化,逼迫其供出沙里福汗组织反动团体,以阿合特阿吉大阿訇为主要领导人并拒绝缴械,准备暴动。12月,柯克托海县民间著名的诗人、宗教领袖,70多岁的阿合特阿吉被捕。阿合特阿吉在牧民中享有很高威信,被捕后家产被抄,几百册珍本《古兰经》和诗集被当众焚毁。这在阿山哈萨克族牧民中引起极大的震动,深感生命、宗教信仰受到威胁,除了奋起反抗外别无选择。

盛世才政府的暴政、特务统治、无视民族习惯和宗教信仰,是阿山哈萨克族牧民暴动的根本原因,而1939年年底的缴枪事件则是这次武装斗争的直接诱因。

1939年12月,盛世才政府组成了一个以督署参谋长周征锦为首的"阿山视察委员会",主要任务是收缴阿山民间的枪支。1940年1月,"阿山视察委员会"在承化召开阿山全区代表大会,要求各部落头领自报本部落现有的枪支数目,造册上报。并指定成立清枪委员会,会同政府军分东山、西山两路分头收枪。东山即柯克托海、青河二县,西山则指承化、布尔津、吉木乃、哈巴河、布伦托海、福海等县。

1940年2月12日夜,前往东山一路收枪的柯克托海县长徐尔麟、阿山视察委员会委员王明阁、清枪委员会委员刘成林等7人在哈拉布鲁红地方一牧民家中被柯克托海莫勒合部落中一个小头目叶斯木汗率领的一伙牧民杀死,并抢走了枪支。与此同时,哈拉哈斯部落中的头目阿合特开比率众杀死了前来收枪的6名警察。当夜,叶斯木汗派人与青河卡喀巴依部落头目艾尔斯汗、莫勒合部落的扎提里拜以及阿合特开比等人取得联系,率领二三百名牧民攻打柯克托海县城。攻入无驻军的县城后,杀死了县府内的汉族职员夫役,但在攻打公安局时受挫,被迫退回哈拉布鲁红。行前屠杀了当地的汉族居民,并强迫居住县城的哈萨克族群众全部随行。这反映了武装斗争的局限性和狭隘的民族主义情绪。随后,暴动队伍又联络布伦托海、青河等县以及柯克托海县夏库尔台、沙尔托海两地牧民参加暴动。2月21日,青河牧民以诺盖依副总管为首响应阿合特开比,并于24日占据哈依尔洪,封锁了承化至青河的主要交通要道。一时暴动队伍达2000余人,拥有步枪百余支,成立了以叶斯木汗和阿合特开比等人为首的军事指挥部,并组建了苏来曼、穆沙等为骨干的突击队。2月底,盛世才政府出动大批军队进剿。暴动队伍包括老人妇孺数千人以及牲畜家产等,他们在敌兵的追击下在冰天雪地的严酷环境中,沿乌伦古河通过沙尔托海和蒙奇克等地退到布尔根,然后向中蒙边界地区行进。途中,经历了查汗艾里格战斗、蒙奇特战争、布尔根战斗、特列克战斗、阿拉里战斗等,重创了敌军,缴获了许多武器。其中在布尔根突围战中,阿合特开比等人不幸牺牲。7月1日,暴动队伍第二次攻入柯克托海县城,大肆焚掠。次日撤退时,又将居住在县城附近的200余户哈萨克族牧民连同牲畜4万余头带到库维河一带。这时,阿山区的哈萨克族武装有以下3支：一支以叶斯木汗为首，活动在柯克托海东北的大山深处；另一支以苏来曼和艾尔斯汗为首，活动于青河县北山一带；第三支则活动于库围河一带。以上3支暴动队伍在与省政府军的反复交战、周旋过程中，不仅没有被消灭，反而力量逐渐有所充实。

盛世才见单纯依靠武力难以取胜，故决定提出和谈。而此时暴动队伍领导也感到寒冬将临，拖家驱畜同政府军作战十分艰难，所以同意谈判，并提出以下8项要求：(1) 取消公安局；(2) 保护宗教；(3) 现有武器不得收回；(4) 可以派汉族人当县长，但县长中也要有哈萨克人；(5) 部落头人的职权要保留；(6) 释放被捕的所有部落头人；(7) 退回阿合特阿吉的《古兰经》；(8) 交回被害者尸体。从以上要求可以看出，暴动牧民的斗争矛头主要指向盛世才政府在阿山的特务机构。正如一位战斗中被俘的名叫哈太的牧民所说："我们眼看着柯克托海公安局把我们的阿合特阿吉逮捕去，接着又派警兵克里木把清真寺内的《古兰经》驮了几骆驼，就走了。在这以前，东山谣传政府把哈萨克族的头人召到迪化去开会，四五个月了，一个也没回来，大概政府把他们都弄死了。宗教也没有了，头人也没有了，我们怎么活下去……我们活不下去，自然要暴动。"① 为了暂时平息暴动，盛世才被迫表面上答应他们的全部要求。1940年9月，省政府将在押的布哈特贝子（满凯之侄）、贾尼木汗、哈列勒台吉等当年参加蒙古族、哈萨克族、柯尔克孜族代表大会的阿山代表释放，由省民政厅厅长邱宗浚陪同回阿山，利用他们向暴动牧民"宣抚"。9月18日，柯克托海暴动牧民首领阿依木汗等30余名头目表示服从政府；24日，青河暴动牧民头目目尔斯汗等20余名头目向政府军缴械。省政府任命布哈特贝子为阿山行政长，贾尼木汗为副行政长，那孜尔为阿山区税务局长，达列里汗为承化县副县长，哈列勒台吉之子热合提为柯克托海县副县长，哈列勒台吉为柯克托海县哈萨克族文化促进会会长。同时，散发大批糖、茶、布匹，笼络人心。牧民们又回到了各自的部落，至此第一次柯克托海哈萨克族牧民暴动偃旗息鼓。

暴动牧民放下了武器，但他们所提出的要求实际上并未真正实现。和谈，不过是盛世才玩弄的花招而已。布哈特贝子虽然被任命为阿山行政长，但却受到更加严密的监视，实际上与傀儡无异。公安局则非但没能被取消，反而变本加厉地实行恐怖政策，原来被捕的哈萨克族头人、牧民，绝大多数仍在狱中。也就是说，暴动的根源依然存在。这时，又因苏联矿业地质工程人员进入柯克托海活动，哈列勒台吉等人乘机煽动牧民进行暴动。是为第二次柯克托海牧民暴动。

苏联矿业地质工程人员是从1935年开始进入新疆的。1940年省政府在伊犁成立了地质考察总局，以后，进入新疆的苏方矿业人员日益增多。1941年5月，省政府聘请的由苏联专家组成的矿业考察团进入承化，并征调3000多名牧民当辅助作业工，引起牧民的不安。哈列勒台吉与其子热合提乘机在牧民中煽动说，盛世才已经将阿山秘密出让给苏联，牧民将无法赖以为生，鼓动牧民再次暴动。一时间，柯克托海全县暴动，并迅速波及清河县等地。6月6日，苏联矿业考察团一行56人分乘20辆汽车抵达柯克托海，遭到以热合提为首的千余牧民的袭击，一辆汽车被焚烧，数名苏方专家及团长巴年

---

① 李英奇：《关于审讯柯青两县叛哈经过报告》，转引自周东郊：《新疆十年》，第172页，铅印本，1948年。

科夫被杀，事态进一步扩大。

盛世才得知柯克托海再次暴动后，立即电令布哈特贝子前往宣抚，并解释苏联矿业地质考察团系省政府聘请前来协助发展本省的矿业建设，不要轻信谣言。布哈特贝子派副行政长贾尼木汗前往柯克托海与暴动领导人谈判。暴动牧民提出5项要求：(1)柯克托海不准驻开矿队；(2)不准驻警察机关；(3)不准驻军队；(4)释放被押者，已死者将尸首交出；(5)不准修建柯克托海与承化间的公路。盛世才表示接受全部条件，但暗中却在调兵遣将，加紧军事"围剿"的准备工作。7月初，省政府组建了镇(西)阿(山)军区总指挥部，以蒋有芬为总指挥，统领第十六、第二十团、卫队团和炮兵、装甲兵、摩托兵各一部，从奇台北入阿山；另又任命柳正欣为承化城防司令，调机械化团经额敏前往布尔津、控制西山。当时，北疆精锐部队几乎均调阿山，盛世才亲自用无线电指挥前线战事，企图毕其功于一役。

第二次柯克托海暴动较之第一次在声势和规模上更加浩大，也显得更富战斗经验。其领导者主要为热合提等人。7—8月，政府军在柯克托海东部、南部及额尔齐斯河河谷一带与暴动队伍激战。牧民凭借地利，神出鬼没，与政府军周旋于山中，使政府军处处被动，难以实施有效的进攻。不得已，盛世才再派省府秘书长邱宗浚赴柯克托海谈判。8月31日，热合提等提出5项要求：(1)以前我们请求之撤回煽惑人民的、使人民受罪的工程师等人不再前来柯县、青河一带，请予实行；居住柯县之1000余户的民众和工程师，哪个较重要些呢？恳求民众的政府予以明裁；(2)凡是被捕去的人，生者要求放回，死者送回尸骨；(3)在此次事件中双方死亡与损失情形不加追究；(4)以后不能听信叛徒的话，在民众中随便抓人。如果有逮捕者，应当民众之面宣布罪状，执行枪决。停止逮捕杀人的现象；(5)撤回在阿山、青河一带使人民恐怖的军队与公安局。①

双方谈判前后达1个多月均未达成任何协议，战争依旧不断。其间，在塔尔卡特的一次战斗中苏来曼中弹牺牲。苏来曼作战骁勇，在第一次柯克托海暴动中屡立功，他的牺牲，无疑是暴动队伍的一大损失。10月间，阿山普降大雪，行将封山，暴动队伍无法隐蔽，在政府军飞机、人炮优势火力的攻击下，除少数人突围逃出外，绝大多数被包围于福海县的库开布拉克和萨尔布拉克等地。在走投无路的绝境下，暴动队伍被迫放下武器接受政府的劝降。其首领热合提、哈列勒台吉、伊不拉音汗乌库尔台、塔太合吉以及阿山行政长布哈特贝子等人被送往迪化，投入监狱。第二次柯克托海哈萨克牧民暴动在盛世才剿抚并用的策略下归于失败。

1941年柯克托海哈萨克族牧民的第二次暴动失败后，阿山各地哈萨克族头人几乎被一网打尽，多数后来被秘密处死，暴动武装元气大伤。只有乌斯满与达列里汗幸免厄运。

乌斯满率哈列勒台吉残部十几个人、四五条枪逃到青河县东部的布尔根河一带。这里山深林密，地形复杂，又处新疆和蒙古边界，省军不易到达，为保存和发展武装提供了良好的条件。因初时力量薄弱，所以他们不时四处抢劫，胁迫牧民入伙。1941年冬，

---

① 原件为哈萨克文，转引自周东郊：《新疆十年》，第175—176页，铅印本，1948年。

承化政府方面派青河的瓦提汗、柯克托海的马高亚扎冷、承化的马米拉赞根前来劝降，乌斯满怀疑其诚意，拒不投降，并没收其马匹。1942年年初，乌斯满获得来自外蒙古的军火支援，实力有所增强。3月，乌斯满被布肉甫哈甫的省政府骑兵大败于沙漠，损失惨重，遂萌生投降归顺之念，但又担心落入圈套，后几经交涉，省政府的言而无信使乌斯满决定继续武装反抗。10月，乌斯满部增加到40多人，他们行踪诡秘，飘忽不定，令政府军难以捉摸，虽经几次追捕，均无功而返。此后，哈拉哈斯部落的哈比、沙依甫（哈列勒台吉之子）、阿则孜、瓦里特等人杀死追警，携带枪支投奔乌斯满，加之外蒙古与苏联因与盛世才关系的恶化而对乌斯满的支持，乌斯满势力顿时大增，已具备与政府军正面作战的能力。

1943年，在苏联达2年之久并受过一定训练的达列里汗回到新疆，与乌斯满取得联系。6月，乌斯满与达列里汗开始联合行动，首先袭击了二台警察所，杀死全部警察，夺走步枪12支。盛世才派奇台驻军一个连进剿，又组织300多人的保安大队从迪化出征，均遭失败，不久乌斯满部转移到承化、富蕴、青河三县之山地夏季牧场。10月，乌斯满、达列里汗领导的队伍在青河的布尔根牧场召开大会。与会者除乌斯满、达列里汗的部属外，还包括一些部落头人、牧民以及苏联和外蒙古的顾问人员，会上号召牧民们拿起武器，反抗盛世才政权，并成立了"阿勒泰哈萨克族复兴委员会"，首领为乌斯满，达列里汗为副职。委员会下设组织、宣传、民政及司令部，以苏鲁巴依为司令，将部队编为10个大队。并制定统一的军事计划，接受外蒙古的军援。会后在以乌斯满的名义写给各部落牧民的公开信中，号召牧民来造反：(1) 忠实诚恳地参加我部；(2) 全体反对汉族，不借给他们马匹和骆驼，不执行汉族人的指示，同时把汉族军队的情形随时报告我部！此外，提出八项政治主张：(1) 争取自由挽救哈萨克族的危机；(2) 阿山东部各县由哈族人民自己来管理，自己组织政府；(3) 阿山组织哈萨克族军队；(4) 释放被捕的人；(5) 禁止政府随便动用牧民的牲畜；(6) 取消苛捐杂税；(7) 阿山禁止汉族人居住，不许汉族军队驻扎；(8) 从前做亲善的邻居国家仍要用土地换马匹迅速运到此地，并准许商人经商。

"青河会议"是阿山反盛世才势力由弱变强的一次转折，也是阿山、外蒙古与苏联三方反盛世才政府同盟形成的标志。这意味着暴动性质的国际化，从此暴动队伍将不仅获得来自苏联、外蒙古的较先进的武器援助，而且也拥有了可靠的战略活动纵深，能打则打，打不赢即退往苏联、外蒙古。1943年10月，省政府军2100余名，杂以其他兵力共计4640余名，配备大炮、坦克、飞机，在一二八师师长柳正欣统率下向沙尔托海大规模集结。11月，柳正欣挥师向温迪尔哈拉进发，在杜热和喀拉布勒根与乌斯满部遭遇。双方损失严重，乌斯满率部向东退却。12月初，至布尔根河与乌伦古河汇流处。1944年年初，阿山战事日趋频繁。乌斯满部围攻青河、富蕴，并裹胁了大批牧民。3月，乌斯满从外蒙古获得武器、弹药的补给后，继续同省政府军激战。其间，苏联、外蒙古出动轰炸机对政府军设在乌河的阿山总指挥部及驻军进行轰炸，并配以侦察机、驱逐机等，其中仅3月15日一天，竟先后出动飞机六七十多架次。同时，乌斯满部3000多人在苏联、外蒙古军官的指挥下，集中优势火力猛烈进攻，省骑兵三十一团、三十二团、暂三师的第七团损失惨重，奇台、迪化为之震动。国民政府外交部向苏联方提出抗议，但均被拒绝。于是国民政府要员朱绍良亲赴迪化进行军事部署。

1944年4月26日，第十八混成旅第一团夏禹卿团分乘汽车42辆由奇台开往沙尔托海驻扎，以防乌斯满部南撤；第二团马平林团继夏禹卿团后开进大布逊驻防。同时朱绍良又调动甘肃河西的新四十六师进驻哈密、镇西。

乌斯满部乌河之战得手后，乘胜攻打青河、富蕴。1944年4月，占领青河。柳正欣因病返回迪化，后被盛世才逮捕入狱。4月24日和5月18日、30日，乌斯满部3次攻打富蕴均未成功。5月31日，乌斯满部在吐勒贡惨败。6月2日，富蕴解围。乌斯满一部退至青河，一部窜至新金沟。后又围攻福海县城，未克，再西退。6月末，乌斯满部1000余人沿额尔齐斯河西进，入承化县境。与此同时，吉林乃、哈巴河两县的牧民也纷纷响应。7月10日，牧民游击队攻打县城，不下，退至边界。7月15日，又攻打县警察局，因政府军援军赶到，遂退至县城东南。8月上旬，百余牧民又多次进攻县城。其间，游击队多次得到苏联方面的武器支援。哈巴河方面，7月6日，该县第一区区长玉素甫昆召集铁列子附近牧民1000多人，勒令边卡派出所人员立即退出县城，否则将用大头棒一概打死。铁列子边卡只驻有一个排的兵力，因此被迫撤走。7月30日拂晓，千余武装牧民携轻重机枪、步枪进攻哈巴河县城。8月1日，县政府机关被手榴弹炸毁，警察局被围困。次日，省政府援军赶到，武装牧民已退至县北中苏边境。承化方面，9月间，武装牧民300余名在县城附近的阿维滩、红墩、克木齐、喇嘛昭一带频繁活动，并多次与省政府军激战，力量也不断壮大。由于牧民的武装斗争，阿山全区陷入空前的动荡之中，危机四伏，省政府顾此失彼，穷于应付。而且武装斗争开始遍及奇台、木垒河、孚远、阜康、乾德、昌吉、呼图壁、绥来一带，对省城构成极大威胁。一场更大规模的革命风暴即将来临。

三、海固回民起义（海固事变）

1938年12月至1942年5月，宁夏海原、固原（包括后来设置的西吉县）等地，爆发了3次反抗民族压迫的回民武装起义。虽然这三次起义以失败而告终，但却在回族革命史上谱写了一曲可歌可泣的光辉篇章。

海固回民第一次起义发生于1938年12月，其主要领导人为马国琳、马英贵、马国璠、马少敬等。马国琳是伊斯兰教"沙沟派"教主的后代，在回民中有一定声望。马英贵是当地的阿訇，以传教为职业，在回民中深孚众望。马国璠是马国琳的堂兄，马少敬则是马国琳的堂兄。这次回民起义的性质，主要是反对国民党政府的民族歧视和民族压迫政策，争取民族平等和宗教信仰自由，而起义的导火索却是县志编修事件。

长期以来，海固地区的回民即不堪当地政府征兵征粮和各种苛捐杂税的剥削，民怨沸腾。1937年春天，海原县县长贾从城无视民族感情，将回民聚居区海原大寨乡，即今西吉县白崖、沙沟地区擅自改名为"安化乡"，意为"安回融化"。这不禁勾起回民对过去屈辱历史的痛苦回忆。1938年贾从城在编修《海原县志》时，将县志中出现的回字一律加"犭"，写成"犭回"，并送交当地有文化的回民传阅，公然侮辱回族。此举激起当地回民的公愤。当时固原的沙沟、海原的白崖一带的回民联名提出书面抗议，其大概内容为：清朝帝制推翻，民国成立，实行三民主义、五族共和的民族平等国策，贾县长身为民国官员，竟用屠夫民贼清朝走狗左宗棠的口气，侮辱回民，将何以对三民主义，其居心何在？如不即早收回成命，改正错误，全体回民决不罢休，一定上告国民政府，一切不幸后果，均由贾县长负责。有言在先，切望三思。贾从城接到回民的抗议后，不但不承认错误，反而带领 100 多名常备队队员（后改为保安队）到沙沟、白崖一带逮捕控告他的回民群众，捆绑拷打。贾从城还在群众大会上公然辱骂："老回回历代造反，都落了血淋淋的人头落地，成了叛国逆贼，贼皮辈辈脱不了。你们又想造反，胆敢反抗政府，破坏抗战，仍免不了和你们祖先同样的下场。"① 口吻与清朝之所谓"回匪回贼，杀一回，少一贼"如出一辙。此外，常备队又借搜匪为名，到处抓打群众，抢掠财物，污辱妇女。甚至发生军队集体轮奸妇女的恶性事件。回民群众怒不可遏，回族青年马国瑞、马国琳兄弟挺身而出，联合当地的阿訇马英贵，回族青年马少敬、马国璠、马喜春等人，决定发动和领导海固地区的回民以武力反抗当局的民族压迫。他们提出"自己武装自己，杀官劫库，除奸救民"，"反蒋抗日，寻找民族活路"，"打倒欺回灭教、把回民当狗看待的国民党政府"，"官逼民反，民不得不反"，"暴政之下，不作顺民，杀贪官，灭土豪，打富济穷"②等口号，深得回民大众的响应和支持。

为了充分发动和组织回民起义，马国瑞兄弟脱离旧家庭，分别移居固原吾尔墩和海原上白崖子等地串联群众，积极准备武装起义。在此期间，马国琳、马英贵、马少敬、马喜春等人也分别在海原沙沟、白崖、石坡府下、固原中河等地开展活动。对此，国民党十分恐慌，为了扑灭酝酿中的起义，当时甘肃省主席、第八战区司令长官朱绍良急令马国瑞的堂伯父、甘肃省陇东交通司令马锡武写信给马国瑞，将马国瑞骗至兰州软禁起来。但起义的准备工作并未因此中止。马国瑞继续通过各种渠道保持与马少敬等人的联系。1938 年农历十一月二十五日清晨，马国琳、马英贵、马少敬、马喜春等人率众在沙沟、白崖、红崖堡三地同时发动起义，从而揭开了回民以武装斗争形式反抗民族压迫政策的序幕。

起义回民约 3000 人在马国琳的指挥下，手持刀、斧、矛、棒和少数枪支，兵分东、西两路，追捕县长贾从城。因消息走漏，贾从城连夜逃回海原。起义回民俘获民团团总王国义，没收其家产分给群众。接着又攻破海原、固原等地的许多土寨子，处决了一些平日作恶多端、横行乡里的民团头子和保长，大平民愤，大快人心，使国民党海固一带的基层组织陷于瘫痪。起义回民的行动得到当地群众的普遍拥护和支持，他们有的踊跃参加起义队伍，有的为起义军送粮送茶，探敌情，护伤员，保护回民家属等。起义队伍不到一个月即迅速发展壮大到八九千人，声威大震，编为 6 个团。马国琳任司令，马英贵、马少敬任副司令。嗣后，马英贵率领固原起义队伍攻打固原县城，未克，在城关外围与固原马明山的民团遭遇，击败其一个中队，双方均有伤亡。接着，马英贵率部退至固原西山一带休整，伺机再战。这时朱绍良闻报海固回民"造反"并围攻固原县城，急调国民党三十五师师长马鸿宾部、九十七师师长韩锡侯部、一九一师师长吴允周部、预备七师师长严明部等，分别由中宁、平凉、静宁三路进击，三面包围，企图将起义队伍消灭于海固山区。马国琳探知各路来军的情况后，决定就近迎击严明部，力求主动，

---

①② 宁夏区政协文史资料委员会：《宁夏文史资料》第 2 册，第 77 页，宁夏人民出版社，1988 年。

突破包围。于是亲率2000多人首先在隆德城外打垮了严明部一个团，消灭一个营，缴获一批枪支弹药。接着又在套马山庄与严明部两个团展开激烈的白刃战。激战两天，严明部失利，退守静宁。双方各伤亡200多人，马国琳受轻伤。马鸿宾、韩锡侯、吴允周等路国民党军队见起义队伍骁勇，严明败退，形势不利，不得不停止军事行动。

起义军的胜利以及力量的不断强大，使朱绍良认识到单靠武力将难以取胜，为了彻底消灭起义军，并防止起义军向固原东部的陕甘宁边区靠拢，朱绍良召集政府中的回族官员商讨对策，最终决定采取武力镇压与政治诱降相结合的方式平息起义。同时组成以国民党第八战区处长拜伟为团长，以四十四军参谋长马建新、陇东交通司令马锡武、第八战区参议郭南浦、陇海铁路专员王月波、平凉专员马继周、甘肃省政府参议郭怀恩等回族官员为成员的"宣抚慰问团"，到固原三营协同马鸿宾诱降起义军。

"宣抚慰问团"抵达三营后，随即四处张贴、散发八战区的"告民众书"和郭南浦私人的劝降书，开始大规模的诱降活动，既封官又许愿。同时对马国琳的父亲和哥哥施加压力，威胁如不劝马国琳投降，将拿其全家30多口为人质，并押送兰州。马国琳在内外劝降压力下被迫答应停战谈判，派马英贵为起义军全权代表前往海原大寨参加谈判。谈判中，拜伟等为了骗取起义军的信任，利用起义军首领虔诚的宗教信仰，高举《古兰经》起誓：不欺骗，不背信，以约为定，永不悔改；谁要是失信背约，指个人唯一珍贵的"伊麻尼"（良心）作证，将受到"安拉"的严惩。并假惺惺地表示完全接受起义军提出的释放马国瑞回固原；改编回民起义军为回民独立军；划海（原）、固（原）、隆（德）、化（化平，今泾源县）回民聚居区为起义军防地；不在设防地征兵、征粮、征款；枪毙侮辱和欺压回民的贪官贾从城等7项条件。作为交换，马英贵保证不与共产党发生任何联系。这样，起义军对"宣抚慰问团"的承诺信以为真，渐渐自行解散。然而就在这时，官方却暗中调动了五师、一九一师包围海固地区。同时，三营"剿匪指挥部"马鸿宾假称开会，设计诱杀了起义军首领马英贵。接着，朱绍良命令一九一师镇守固原，命八十一军军长马鸿宾率部进剿起义军。当时因起义军主要首领被杀，群龙无首，人心涣散，大部分人缴械投降，另有100多人被杀，历时40多天的第一次回民起义宣告失败。

国民党军队对海固地区回民的血腥镇压并没有使回族人民屈服。相反，更加激起了他们的仇恨。1939年农历四月，曾组织、策划第一次海固回民起义的马国瑞在兰州终于摆脱国民党特务的监视跟踪，重新回到海固地区。他派人四处联络，打探敌情，准备再次发动起义。并以"五族共和，打倒蒋贼"；"救国救民，受压迫的回汉人民是一家"；"打倒欺回灭教的国民党，为死难的回民同胞报仇"等口号为起义的行动纲领。同时决定：起义时间为农历初八；首先围攻八十一军驻固原王家庄马正川的骑兵营和海原榆木沟、小坡、石坡底下的步兵营、八只窑马文奎的骑兵营等5个据点；起义军直去泾源以大山林作根据地，再召集各地人马。这说明经过战斗的洗礼，回民起义军首领正在走向成熟。

1939年农历四月二十一日拂晓，马国瑞、马喜春、马正荣、王文杰等人分别在王家新庄（红崖）、小坡庄、艾壕湾等5个地点组织群众，同时向国民党军队发动进攻，攻破八十一军4个据点，歼敌两个连，缴获枪械60多支以及部分弹药。马国瑞的起义军首战告捷后，号称"崇义军"，人数发展到4000多人，编为一个旅，下辖4个团。马国瑞被推举为起义军司令，马喜春为旅长；马正荣、咸成华、马凤岐、王文杰分别担任一至四团团长；马喜春之子马思义担任司令部警卫排排长。并决定立即将部队拉到甘肃张家川的大麻子山一带的深山密林中，利用复杂的地形条件打击敌人。4月13日晚，起义队伍由艾壕湾向南转移，并派人到固原城张贴抗日标语。4月17日，起义军向固原和尚铺的守敌、国民党胡宗南九十七师的一个团发起猛攻。经一昼夜激战，除团长逃脱外，大部被歼，缴获汽车12辆及大批武器弹药。和尚铺战斗的胜利，大大鼓舞了当地居民，回族、汉族群众纷纷参加起义军，部队迅速发展到1万余人。起义军乘胜抵达泾源，消灭了为患当地的土匪武装60多人。马国瑞坐镇白面河南庄子，并在几座山头上布防，以此作为根据地，伺机出击。

对于日益壮大的起义队伍，朱绍良深恐起义军投奔陕甘宁边区革命根据地，为渊驱鱼，急令国民党九十七师一部及陇东交通司令部的一个骑兵团，跟踪追击，又调丁德隆的五十七军和高桂滋的部队合围起义军。同时，仍然采取"用回回制回回"的手法，由回族上层官员拜伟、马继周、郭南浦等10多人组成所谓的"甘肃省政府代表团"前往白面河与马国瑞谈判。谈判中，马国瑞提出3项条件：（1）在甘肃陇东成立回民自治政府；（2）给起义军配发装备给养；（3）撤走包围起义军的国民党军队。对以上条件，代表团借口请示上级，未作答复，有意拖延时间，麻痹对方，以便完成对起义军的包围。因此，当代表团估计包围马国瑞的军队已完全进入阵地后，便借故离开白面河，回到平凉。与此同时，国民党军队的优势兵力向起义军坚守的白面河两岸山头阵地发动猛攻。此时，马国瑞始发觉上当，只是为时已晚，只有突围，别无选择。在国民党军队重炮的轰击下，南山阵地失守，接着全线溃退，4000多名起义军被压缩在几无蔽遮的平川地带，而敌军则占领山头，居高临下。形势极为不利，危急关头，旅长马喜春、团长马凤岐组织队伍顽强反击，一度打退敌军的猛攻。双方连续激战13个昼夜，起义军终于寡不敌众，全线失守，领导人马国瑞、马喜春、马凤岐阵亡，起义军突出重围者不到1000人。国民党军队也为此付出了数倍于起义军伤亡的惨重代价。

起义军失败后，国民党军队会同当地民团在泾源下一带清乡，共搜捕起义军500多人，后由泾源县县长郝玉霖集体枪毙。在险恶的形势下，起义队伍军心涣散，大部人回家缴械，部队面临彻底解体的危险。在此关键时刻，只有以马思义为首的少数战士坚持不放下武器，发誓要战斗到底。他们几十个人隐蔽在清水县的大麻子山里，继续坚持斗争，从而为第三次回民起义积蓄了部分武装力量。

第一、第二次回民起义失败后，民国政府对回民的剥削和压迫更加残酷。1940年年底，第三次海固回民起义又在酝酿之中。马思义、冶富荣、王德云等人率十几名战士在沙沟、白崖一带处决了一大批作恶多端的保长和自卫队队长，并袭击地主武装和国民党小股部队。这次活动打击了国民党的地方政权，鼓舞了广大回民再次反抗暴政的勇气和信心。朱绍良复调四十二军杨德亮部开赴海固地区，镇压回族人民的反抗斗争。

1941年农历四月初八，固原县三营自卫队大队长马鸣山协同国民党九十七师某团的部分军队开奔上白崖子村，准备集体屠杀该村的群众。马思义、冶富荣等人闻讯，立即率众三路杀来,大败国民党军队和团丁,团长当场被击毙,海固回民第三次起义终于爆发。起义者乘胜攻占穆家营(今西吉县城)。这时,起义队伍迅速扩充到六七千人,编为10个营、1个团,马国琳任司令,马思义任团长。4月中旬,起义军再次向张家川进发。当队伍行至隆德时,已壮大到2万多人,声威大震。4月21日,起义军在张家川大麻子山与尾追的国民党一九一师、预备第七师严明部发生激战。历时2天,全歼一九一师1团1000多人,击溃两个团,俘虏100多名,并缴获大量武器弹药。起义军1/3的人有了枪,又扩编了一个骑兵营。

大麻子山之战后,民国政府调集军队增援清水。起义军为摆脱敌军的围追堵截,又回师海原。其间,几次与国民党正规军队及地方自卫队遭遇,多有损失。但起义军在马国琳、马思义的率领下,终于突破敌军的两面夹击,在固原马东山一带依山靠林,作进退两便之计,与一九一师、预备七师对峙。这里距陕甘宁边区不到百里,因此当朱绍良发现起义军有向边区靠拢的趋向时,大为惶恐,再次玩弄"以回制回、用回杀回"的故伎,第二次派拜伟、杨德亮、马继周、郭南浦、马锡武等人到固原与起义军谈判,企图诱降起义军。鉴于前两次血的教训,起义军断然拒绝投降。

6月上旬,起义军由张家川回至西吉县,在陈家大坪召开营以上干部会议,讨论今后的行动方案。马思义提出投奔边区的共产党,另有部分人反对,但会议最终还是决定投奔边区。6月中旬,起义军行至石蛤蟆,与国民党两个师及地方保安自卫队遭遇。经3昼夜激战,起义军寡不敌众,突围北撤。此战,使起义军元气大伤,2万人的队伍减至五六千人。6月下旬,起义军到达石砚子,马思义正式宣布投奔边区共产党。他说:愿去的就跟我走,不愿去的各讨方便,走与留自愿,不勉强。起义军中有一部分散去,另有300多人跟随马国琳留在当地坚持斗争,后马国琳被国民党诱降杀害,队伍彻底解散。只有200多人坚强的骨干在马思义等率领下奔向中国共产党领导的陕甘宁边区,从而走上了争取解放的正确道路。

四、马本斋领导的回民支队

1937年"卢沟桥事变"后,日寇大举进犯中国,担负正面作战的国民党军队全线溃退,华北形势危急。中国共产党提出了"与华北人民共存亡"的战斗口号,明确指出在敌后独立自主地开展游击战争和建立抗日根据地的极端重要性。华北地区的广大回族人民与其他各族人民一道,积极响应党的号召,纷纷拿起武器,组成抗日民族武装,勇敢地投入抗日游击战争的革命洪流。

随着中国共产党领导下的八路军、新四军向敌后的挺进,以及抗日根据地的开拓和扩大,抗日回民武装迅速发展和壮大起来。在河北方面,马本斋率领的回民支队,就是活跃于冀中一带,令日伪闻风丧胆的一支抗日武装,也是河北地区坚持抗日游击战争的回民武装的一面旗帜。

冀中回民支队是抗战初期在冀中平原发展壮大起来的一支回民武装,由马本斋亲自率领。其前身为1937年8月30日成立的"回民义勇队"。当时,日寇的铁蹄已经踏进华北地区,马本斋的家乡——河北省献县东辛庄——也遭到日寇的烧杀抢掠。目睹日寇的暴行,马本斋挺身而出,号召家乡的回民同胞迅速组织起来,同日本强盗作坚决的斗争。1937年8月30日上午,全村的热血青年在清真寺举行誓师大会,宣布"回民义勇队"正式成立。马本斋发表了慷慨激昂的动员演说："乡亲们，日本鬼子打过来了，杀我们的人，抢我们的东西，烧我们的房子，此仇不能不报！国民党军队在咱村河沙窝挖战壕，可没放一枪一弹就跑了。临跑前，还扒开河堤，淹了咱们的庄稼，他们不打日本，咱们自己干，不愿当亡国奴的，到我这里来报名！"① 于是，马上有六七十人报名加入义勇队，大家公推马本斋为队长。此时，他们的武器只有一杆汉阳造步枪和一支二十响盒子枪，其余都是大刀和长矛，力量还十分薄弱。为了打击日寇，武装自己，回民义勇队成立不久，就在马本斋的率领下成功地伏击了日本侵略军由河间开往沧州的一辆军用卡车，缴获了10余条枪和一批弹药。以后又接连打了几次小仗，打死打伤一些日伪军，缴获了部分枪支弹药，进一步充实了武装。很快，这支队伍打出了声威，赢得了更多回民的响应，两个多月扩充到200余人。

1937年年底至1938年年初，孟庆山受党中央之命在河北成立了抗日游击军，吕正操率领的抗日人民自卫军也在冀中广泛活动。马本斋久闻共产党领导的八路军是人民的军队，希望能早日取得联系。1938年2月，马本斋与孟庆山会晤，从而取得了党的领导，回民义勇队终于加入了八路军的战斗行列。在河北抗日游击军的帮助下，成立了八路军"回民教导队"，马本斋任队长，隶属河北抗日游击军。7月，冀中军区党委为了加强这支回民武装的战斗力，研究决定，将吕正操部队于1937年冬成立的"回民干部教导队"与马本斋的"回民教导队"合并，成立八路军冀中军区"回民教导总队"，由马本斋任总队长，刘汶负责部队的思想政治工作。

由于这支队伍成员的素质参差不齐，加上马本斋曾收编过几股流寇思想和游民习气很重的地方武装，所以部队的组织纪律性较差。开小差现象时有发生，部队发生严重减员，五六百人的部队最后只剩下三四百人。为了加强对这支部队的领导，使之真正成为人民的军队，在部队创建之初，即进行了必要的、及时的军政训练。首先是通过政治课等形式反复讲解共产党、八路军的宗旨，学习"抗日救国十大纲领"、"三大纪律八项注意"和"如何粉碎敌人的军事围攻"等，逐步提高干部、战士的思想认识和阶级觉悟。接着在各个战斗单位、伙食单位建立了党支部，马本斋也在1939年年初光荣地加入中国共产党。同时，对那些叛变投敌分子进行了清洗和惩处，下大力气整顿组织。马本斋处决叛徒马维洲就是一个典型事例。

经过整顿，部队的政治素质大为提高。马本斋和全体指战员还经常认真学习毛泽东同志战略思想及八路军的战术，并在实战中加以运用。这是回民武装在险恶的环境条件下得以有效地保存有生力量，争取和利用一切可能的条件打击敌人，使部队不断发展壮大的一个重要保证。

马本斋处处以身作则，严于律己，带领部队模范地遵守纪律，爱护人民的一草一木，不拿群众一针一线。为了尊重和保持回民的风俗习惯，马本斋还根据当时的条件在部队中设立了阿訇。因此，这支回民武装很快赢得了广大群众的拥护和信任，大批回族青年踊跃参军，队伍迅速扩大到六七百人。

随着部队成员的增加，武器数量严重不足，站岗放哨都是"换人不换枪"。为了解

---

① 姚维斗、于荣勋主编：《华北英烈传》，第156页，北京出版社，1987年。

决这一矛盾，马本斋决定发动群众，自己动手，打造兵器火药。大家群策群力，设计制造出一种土炮——二人抬的"大抬杆儿"。这种武器有两丈来长，炮口有茶杯粗细，射程四五米。尽管形体粗大笨重，但威力不小。其响声如雷，烟雾冲天，霰弹如雹，呈扇面展开。不仅可助声威，而且杀伤范围较大，常令敌人胆战心惊，敌人称之为"扫帚炮"。其次，解决武器的另一个主要来源就是从敌人手中夺取。从1938年8—11月，马本斋率领回民武装，采取机动灵活，出其不意的巧妙战术，在冀中平原与日寇先后战斗30多次，毁铁路、覆军车，打死打伤日伪军500多人，缴获敌人大量武器弹药，极大地武装了自己。同时，这些胜利也鼓舞了各地回民的抗日激情，纷纷参加这支回民武装，部队很快扩充到1500多人。同年冬天，日寇冀中平原发动了大规模的冬季扫荡，妄图一举消灭八路军及其他抗日武装。马本斋奉命率部配合八路军主力作战，取得了反扫荡斗争的胜利，部队进一步发展壮大。

1939年春，中共中央军委决定，将回民教导总队改编为三纵队回民支队，任命马本斋为司令员。之后，军委又派郭陆顺担任支队的政治委员。这一时期，正是日寇回师华北，冀中大城镇相继沦陷，形势极其复杂严峻的时期，马本斋率领回民支队与敌人周旋于河间、青县、沧州一带。7—8月，部队转移到定县、无极一带活动，神出鬼没，伺机歼敌，打了不少胜仗，回民支队和马本斋的名字传遍冀中大地。1939年冬，马本斋率部在无极、藁城公路伏击外出抢粮的敌人，歼敌300多人，炸毁汽车8辆，打破了敌人的抢粮计划，并缴获大批新式武器。

1940年春，马本斋率支队到深县以南开展工作。深县以南是日寇盘踞的大本营，南面是沧（州）石（家庄）公路，西南是平汉铁路，是联结冀、晋、鲁、豫的枢纽地区，也是日寇侵华战争的重要战略基地。侵华日军趁我八路军主力吕正操、程子华部奉命南下的机会，一面强迫老百姓筑堡、修路，妄图分割、封锁我冀中根据地；另一面实施"铁壁合围"、"梳篦扫荡"等战术，疯狂地"围剿"我八路军。就是在这种情况下，回民支队肩负重任，插入深县以南地区。

部队刚一抵达深县以南，就被千余敌人包围。马本斋沉着指挥部队应战，打退了敌人的数次进攻。鏖战5个小时，马本斋率部终于突出重围。这次战斗重创了敌人，支队本身也蒙受了不小损失。为了巧妙地打击敌人，以最小的代价赢得最大的胜利，同时适应新战斗环境和严酷形势，马本斋与郭陆顺政委决定对部队再次整顿。他们组织全体指战员，深入学习游击战的战略战术，反复阅读毛泽东的《论持久战》。通过学习，迅速提高了部队的整体战斗技术，马本斋的军事指挥才能也有了显著提高。他们紧密依靠群众，在斗争实践中切实贯彻"知己知彼，百战不殆"的军事原则，令敌人防不胜防，惶惶不可终日。

伏击战，是马本斋回民支队的惯用战术，康庄战斗就是成功运用这一战术的典范。

1940年5月30日凌晨，马本斋以少数兵力佯攻安家村据点，将主力埋伏在康庄一带。康庄是衡水至安家村敌人据点之间的一个村庄，也是两地往来的必经之地。安家村的敌人发现回民支队进攻，急忙电话向衡水之敌求援。待敌通话后，马本斋立即命令掐断电话线，使两地敌人失去联系，然后严阵以待增援敌人。上午10点钟，当衡水的日伪军200多名乘汽车进入伏击圈时,马本斋的回民支队枪炮齐发,以猛烈的火力突然袭击敌军。经过激烈的战斗,除少数敌人逃脱外,其余全部被歼。我军缴获一批轻重武器和弹药,并烧毁敌人军车数辆。

在敌强我弱的情况下,以机动灵活、多变的战术,出奇制胜,是马本斋回民支队的又一作战特点。深县南花盆战斗可以说是一个范例,南花盆临近德石铁路,距敌磨头据点约四五里,是敌人查路的必经之地。马本斋掌握敌人的活动规律后,计划打一次伏击。一次,磨头据点又出动20多个敌人查路,遭到马本斋预伏队伍出其不意的袭击。不到半个小时,敌人全部被歼,缴获机枪1挺、步枪10多支。敌人的查路活动一度中断。

回民支队的一连串胜利,令敌人恼羞成怒,回民支队的日益壮大也成为日寇的心腹之患。日寇痛恨回民支队,总想消灭回民支队。一次,日寇调集了1万多常备军,并配有300多辆汽车,向回民支队驻地景县以北孙镇一带合围。回民支队闻讯后,迅速转移到连城和高庄,避实击虚,让过汽车,集中火力猛攻敌人步兵,歼敌300余名。回民支队不仅未被消灭,反而更加强大。1941年,敌人开始对冀中采取"蚕食"战术,开展所谓的"总力战"。他们以容城为中心,多路配合,连续进剿。马本斋根据当时的形势,机动转移,避敌锐气,创造性地运用"推磨战术",绕容城转了一个大圈,突破了敌人的4个合击圈而转战于深泽、武强、饶阳、平安一带。终于粉碎了敌人吃掉回回民支队的企图,胜利地完成了坚持大清河斗争的任务。

几年里,这支英雄的回民武装在马本斋的率领下,足迹踏遍整个冀中大地,历经百战,不仅点燃了深县以南、大清河北等地的抗日烽火,收复了白洋淀周围的大片大地,还开辟了无极、藁城等抗日根据地。回民支队在血与火的斗争考验中成长壮大起来。

回民支队的骁勇善战赢得了人民的爱戴和拥护,也获得上级领导的嘉奖。冀中军区通报各部队"向回支看齐",并授予回民支队一面锦旗,上书:"攻无不克,无坚不摧,打不垮,拖不烂的铁军。"中共中央军委也颁布嘉奖令,表彰马本斋同志。

1941年夏,马本斋的回民支队奉命回到曾经转战多年的子牙河两岸。这次马本斋要对付的是他的老对手,驻河间的侵华日军联队队长山本。早在1938年年底至1939年初敌人对冀中实行合围时,马本斋就与山本有过交手。1939年1月底,山本联队攻占河间后,马本斋率部在城外与其周旋,袭日寇,炸军车,使山本疲于奔命,无计可施。这次回民支队一回来,马上又组织了系列战斗。他们在子牙河东北沧石路上先后5次伏击敌人,用地雷炸毁敌军车数十辆,消灭敌伪一部。山本惊恐不安,下令各据点,"百人以下的部队,不准走出据点大门"。同时派人送信给马本斋,称"有你马本斋就没有我山本,有我山本就没有你马本斋"。马本斋看后,马上回了一封信,针锋相对地说:"有你山本就没有我马本斋,有我马本斋就没有你山本"。① 山本气急败坏,见威胁不成,转而利用马本斋孝顺母亲的至情,于1941年农历七月初五凌晨,派日伪军200余人包围了东辛庄,将马本斋的母亲抓走,强逼马本斋母亲写信让儿子投降。马本斋母亲深明大义,怒斥敌人,以绝食至死回答敌人。马本斋母亲之死震动了冀中平原,全体军

---

① 姚维斗、于荣勋主编:《华北英烈传》,第164页,北京出版社,1987年。

民无不悲愤。同时,马本斋母亲的英勇不屈的精神更加激励了马本斋和回民支队全体战士的抗日激情,也更坚定了与日寇血战到底的革命斗志。1942年,他们根据军区指示,直插子牙河的青(县)、沧(州)、交(河)、景(县)一带。"五一大扫荡"时,面对敌人7万多兵力、100多辆汽车的合围,马本斋率队巧妙地摆脱敌人,从景县转移到阜城,冲出了敌人苦心策划的纵深合围,并消灭了前来搜捕的300多名日寇。经过半年多艰苦的拉锯战,回民支队同兄弟部队一起,终于战胜了山本联队,收复了河间、交河等县城。10月,回民支队奉命赴冀鲁豫开辟新区,马本斋任冀鲁豫军区三分区司令员,兼回民支队司令员,坚持在范县、濮阳、东明、冠县一带活动。

1944年2月7日,戎马倥偬、战功卓著的冀中回民支队的领导者马本斋,因积劳成疾,不幸去世,终年42岁。从此,我军失去了一位忠诚的、卓越的指挥员。但诚如中共中央西北局在追悼马本斋同志时所指出,英雄的回族人民和回民武装正踏着马本斋同志的足迹,紧紧地依靠着党的领导,继续进行着英勇的战斗。1944年4月18日,马本斋当年领导过的回民支队在杨得志率领下到达了延安,成为保卫边区、建设边区的一支生力军。

冀中回民支队威震冀中平原,并转战于冀鲁豫根据地。6年内,回民支队与日伪军进行大小战斗870多次,歼敌3.67万余人,攻克和破坏敌人碉堡、据点及铁路、桥梁数百处,缴获大批武器弹药和军用物资,取得了辉煌的战绩,在中国人民抗战史上写下了光辉的一页。

五、甘南各族农民起义

甘南各族农民起义是1943年春甘肃南部各县的汉、回、藏、东乡等族人民反抗国民党横征暴敛的大规模武装暴动。亦称"甘南事变"、"陇右暴动"等。

甘南各族农民起义是在中国共产党的影响下爆发的。中国工农红军第一、第二、第四方面军长征时,相继经过甘南地区,并曾宣传了北上抗日的方针及中国共产党的民族政策、宗教政策和建立抗日民族统一战线的政策。红军在临潭县新城建立了苏维埃政府,成立了县农民协会。各族青年纷纷参加红军,北上抗日。这给甘南各族人民留下了深刻的影响。因此,起义爆发后,藏族起义军明确提出:"先打新城……然后去延安接洽共产党。"

这次起义的导火线,是1943年1月康乐县回民马福善、马继祖父子和吕百元、东乡族农民马木个,因打丁率领群众在广河县排子坪和临洮县的东峪沟二十里铺,伏击国民党的接兵部队,夺取枪支,揭竿而起。国民党派保队一个支队至临洮县边家湾追捕,马继祖等人在回族、汉族群众协助下,击溃了保安队的进攻。这时,临洮县牙下集的贫苦农民王仲甲和肖焕章串联了一批贫苦农民,前来与马继祖会合,以"免粮免款"的口号,在牙下集、庙家山消灭了恶霸王杰人和沈进泉的地主武装,夺取枪支,开仓济贫。接着,在街子坪击溃保安团6个连。回、汉等族青年踊跃参加起义,手持大刀、长矛、棍棒等前来助战。经两战两捷后,转移至岷县。途中,在海川、唐家山连战连胜,士气大振。

甘南各县的汉、回、藏、东乡、保安、撒拉等族人民纷纷响应。肋巴佛(藏族)在卓尼县水磨川寺率领藏族农民起义,攻克了临潭县城,杀死了伪县长徐文华;杨华如在洮沙起义；黄作宾、王作宾在榆中县起义；安华雄在皋兰起义；刘化一在临洮县尧甸起义；毛得功、郭化如在陇西、渭源县起义；毛克让在马街山起义；王德一在武都县起义。各县的起义军陆续集结，参加到王仲甲领导的起义军内，组成了甘肃"抗日救国义勇军"，统一编制，统一领导，提出了"团结抗战"、"打倒贪官污吏、土豪劣绅"等口号。起义军转战于临洮、康乐、洮沙、会川、陇西、定西、榆中、漳县、岷县、武都等 20 余县，历时 10 个月。参加起义的人数最多时达 10 万余人。

国民党以"剿抚并用"的手段，镇压甘南各族农民起义。朱绍良、谷正伦调集 7 个步兵师、两个骑兵旅和青海马步芳的 3 个骑兵团、4 个保安队，并出动 1 个空军中队，"围剿"起义军。与此同时，又以第八战区政治部主任、特务头子赵锡光和兰州的豪绅裴建准、郭维屏为首的两个"宣抚团"进行分化瓦解。但是，起义军在具有军事指挥才能的王仲甲①、刘明②、王星垣③、史鼎新④的率领下，经过大小数十次战斗，"消灭了敌人正规军近 2000 多人，保安团队二分之一以上"。⑤ "宣抚团"的分化瓦解亦未得逞，"此次股匪竟尔以反往昔之常，回民与汉民合作，与帮会携手，其有才有谋者较多，故其势得以日渐猖獗，致征剿不如往昔之易耳"。⑥

这次规模巨大的起义，由于没有中国共产党的直接领导，没有形成坚强的领导核心；起义军各自为政，缺乏统一的指挥；缺枪少弹，后勤无援等，终被敌各个击破，遂遭失败。

这次起义具有反帝的民族革命与反封建的民主革命的性质。在起义的酝酿阶段，就提出要建立"西北抗日民族复兴军"、"西北抗日义勇军"。起义后，各县的起义军又提出了"西北人民总动员起来参加抗日"、"我军为了救国救民而奋斗到底"等抗日口号。草川崖会师后，各县的起义军统称"西北各民族抗日义勇军"，始终把斗争的矛头对准了日本帝国主义。

1938 年，蒋介石派其心腹朱绍良、谷正伦分掌甘肃省的军政大权。在其统治之下，吏治黑暗，民不聊生。从 1939 年 12 月至 1943 年，国民党对甘肃省的各族人民实行法西斯独裁统治和敲骨吸髓的剥削。尤其是甘南地区的各族农牧民与国民党地方当局的矛盾，日益激化。因此，各县的农民起义军提出了"官逼民反，不得不反"、"杀官劫富，救济贫民"、"抗兵、抗粮、抗款、抗一切苛捐杂税"等起义的口号，把斗争的矛头对准封建剥削制度和国民党甘南北方当局。

这次起义动摇了国民党甘肃地方当局的统治，迫使其不得不向各族人民作出一些让步。如在起义地区的征兵征粮可"暂缓数月"，取消了鸡税、门差税、懒款等。⑦

这次起义为建立"陇右地下党"和"陇右人民游击队"奠定了基础。王效忠、刘余生、肖焕章、吴健伟、毛德功、夏尚志、杨友伯、肋巴佛、马继祖等起义的骨干以及

---

① 王仲甲，起义军总司令，曾任冯玉祥部二十四师司令部书记官等职。
② 刘明，起义军总参谋长，曾任鲁大昌部骑兵连连长、骑兵营营长等职。
③ 王星垣，王仲甲部总参谋长，曾任上尉副官，少校营长，少校团副等职。
④ 史鼎新，起义的策划者之一，曾任师参谋长等职。
⑤⑦《甘肃革命运动志》下，第 254 页。
⑥《甘肃临岷渭陇榆皋茅县匪乱概况调查专报》，公安部南京档案处存。

烈士的后代不少人加入了"陇右地下党"和"陇右人民游击队"。1949 年 7 月，宁定、和政、康乐、临夏一带参加过甘南各族农民起义的回族、东乡族农民 500 人，在陇右地下党的领导下，被编为"陇右人民游击队回民支队"。

第四节 西南和中东南地区
——抗日游击战争及抗日活动，西南各民族对远征军的支援等

一、藏族人民支援抗战

抗日战争爆发以后，聚居在西藏、青海、甘肃、四川、云南等后方地区的藏族同胞没有沉寂，他们以极大的爱国主义热情，在挫败以英帝国主义为首的外来侵略势力妄图颠覆，吞并西藏的阴谋的同时，积极投入到伟大的抗日救亡运动中去，以各种形式有力地支援中国人民的反法西斯事业。

西藏两位宗教领袖十三世达赖喇嘛土登嘉措和九世班禅罗桑确吉尼玛率先表示抗日。他们于"九一八事变"后分别通电，呼吁中央政府和全国人民团结抗日。1931 年 10 月，为了揭露日本侵略者妄图将内蒙古地区变成其殖民地的阴谋，滞留青海的九世班禅赶赴锡林郭勒盟，号召内蒙古人民奋起抗日，不当亡国奴。1933 年热河沦陷，班禅大师悲愤难已，自 5 月 1 日起召集当地千余名蒙藏喇嘛祈祷和平，并亲赴热河宣传，祈祝抗战胜利。班禅的爱国行动鼓舞了广大蒙藏人民的抗日斗志，也为日本帝国主义所忌恨。他们屡次派人去挑拨、拉拢和煽动班禅背离祖国，均遭到大师的严正拒绝。1932 年"一二八事变"发生，十三世达赖立即命令西藏各大寺院数万名喇嘛同为抗战胜利祈祷，并通过设立在南京的西藏驻京办事处转达西藏人民对抗战的支持。为了表彰班禅和达赖两位宗教领袖的爱国行为，国民政府分别册封他们为"护国宣化广慧大师"和"护国弘化普慈圆觉大师"。

在西藏地方政府的带领下，西藏及四川青海等地的藏族人民掀起了支援抗战热潮。"七七事变"爆发后，主持西藏政务的热振活佛带领僧俗群众，在三大寺举行了 3 次大规模的祈祷活动；甘孜、巴塘一带的藏族僧众同胞在佛事活动"江多丕"中，增加了宣传抗日、诅咒日本帝国主义灭亡的内容。1937 年，甘肃拉卜楞寺嘉木样五世至西藏宣传抗日救国道理，使前后藏僧民"莫不切齿痛恨暴日凌我之奇辱大耻"[①]。1939 年 5 月，喜饶嘉措大师赴各大寺庙，动员僧俗民众团结起来，共赴困难，撰写了宣传抗日救国的文章《白法螺的声音》等。[②] 1938 年 12 月，汪精卫等公开叛国投敌，藏族人民在藏族地区兴起了讨汪运动，并同全国各族人民一起声讨卖国贼汪精卫等。1939 年 3 月，西藏拉萨市全体市民急电国民政府："汪逆兆铭，叛党辱先，迭签丧权之密约，妄组降敌之伪府，阴谋所布，举国痛愤，我拉萨民众，久坚抗战到底之决心，誓不与国贼共立，特电声讨。"[③] 嘉木样五世率领拉卜楞地区 108 寺藏族僧人暨全体民众通电声讨汪

[①]《新华日报》，1938 年 12 月 9 日。
[②]《青海文史资料选辑》第 8 辑，第 36 页，青海人民出版社，1981 年。
[③]《蒙藏月报》11 卷第 1—3 期。

精卫的卖国行为，决心清除汉奸、誓死抗击敌寇。① 这些声讨卖国贼的檄文，充分体现了藏族人民的爱国主义精神，鼓舞了全国各族人民抗日的斗志。

抗日战争全面爆发后，藏族人民时刻关怀着祖国的安危。甘孜白利寺活佛格达时刻牵挂着抗日前线的战情，他派人买回了"山西八路军奋战图"②。西藏拉萨市的僧俗群众，托蒙藏委员会驻藏办事处向中央政府转达他们坚决支持抗战的决心。③

1938年10月28日，九世班禅额尔德尼捐助抗日将士医药费3万元，认购救国公债2万元。是年11月8日，为赈济伤员与难民，他再次捐款2000元。④ 为祈祷抗战胜利，他还捐款数千元，修建坛城。

藏族地区的僧俗群众开展了募捐赈济抗日将士与难民的捐款支前运动。1938年夏，藏族爱国人士青攘呼图克图、贡·呼图克图、格桑泽仁等组织了"康藏民众抗敌赴难宣传团"与"西藏民众慰劳前线将士代表团"，赴各大战区慰问前线的抗日将士。他们将在藏族地区募集的金银首饰（包括银质饰物40斤零10两5钱，金质饰物6件，纱洋85元4角，大洋19元，小洋11元）一并献给国家，以供抗战之需。同时，他们代表康藏民众表示在政府领导下，誓做抗日将士的坚强后盾，继续"倾康藏人力、物力，分期分批贡献国家"。⑤ 返回藏族地区后，他们继续为抗日募捐。1939年，"西康民众慰劳前线将士代表团"团长格桑泽仁等到重庆八路军办事处向周恩来敬献锦旗和哈达，向浴血奋战在前线的八路军将士表示衷心感谢和慰问。不久，他们捐赠上等卫藏氆氇120匹给前线的抗日将士。⑥

1938年8月，甘肃拉卜楞地区的僧俗民众召开了各寺僧官和各部落头人大会，会议一致决定组织赴前线慰问团，慰劳坚持抗战的前线将士。11月，慰问团以阿旺嘉措为团长，携带大批慰劳品，即"薄备牛一百头，羊一千只"，抵达重庆和各大战区进行慰问活动，给前线的将士以极大的鼓舞。⑦

1939年5月，以丁杰佛、拉敏益西楚臣为正、副团长，率领由九世班禅行辕与西藏僧俗组织的"慰问前线将士代表团"，携带医药费5000元，慰劳费若干，由甘孜起程，赶往前线⑧，表达藏族人民的爱国热忱。是年11月，康定各界发起了征募寒衣运动。藏族人民将各种土特产、皮毛、药材等送到征募寒衣分会。分会为了汇总方便，将征集的各种物品折合成款2万元。⑨ 青海藏族和其他各族人民，一次捐献羊皮大衣竟达10万件之多。⑩

藏族人民还积极参加"捐献飞机，支援抗战"的运动。1944年10月，西藏僧俗群

---

① 《新华日报》，1940年4月11日。
② 《民族团结》，1981年第7期。
③ 《康半月刊》第5卷，第2、第3期合刊。
④ 梁伟：《西藏各民族对维护国家统一和领土完整的历史贡献》，载《西藏大学学报》2002年第2期。
⑤ 《新华日报》，1938年7月12日。
⑥ 《蒙藏月报》11卷第2—3期。
⑦⑧ 《蒙藏月报》10卷第2—3期。
⑨ 《新华日报》，1939年11月28日。
⑩ 《新华日报》，1939年1月10日。

众捐赠国币500万元。以这笔捐款可购买25架飞机，组建3个空军大队。① 甘肃拉卜楞藏族地区人民捐的款可购买30架飞机。对此，国民政府明令嘉奖，并颁发"输财卫国"的匾额。②

藏族人民和其他民族人民一样，除了捐款捐物外，还要求参军，奔赴前线抗日。全面抗战爆发后，西藏藏族青年踊跃参军参战，在远征军中有不少藏族青年。1943年春，甘肃省临河潭县冶力关的藏族人民联合汉、回、东乡等族人民，组成了"抗日救国义勇军"，针对国民党消极抗日，提出了"抗日救国，打倒国民党，建立共和国"的革命口号。斗争持续10个月，波及20余县，掀起了抗日的怒潮。尔后，这支义勇军中的许多干部奔赴陕甘宁抗日根据地，参加了中国共产党领导的抗日队伍。1944年冬，拉卜楞藏族地区的青年报名参军，仅12月6日，报名参军者达50余人。11日，又有60名藏、蒙古族青年报名参军。③

西藏人民还以特殊的地理位置与特殊的方式，支援抗战。1940年和1942年，日军相继以重兵切断了滇越铁路和滇缅公路，使云南的三条进出口通道仅剩下云南、四川经西藏入缅甸一条，运输任务十分繁重。由于西藏高原气候寒冷，路程艰险，人员和马匹一般都适应不了西藏高原的运输环境，只有藏族人民和藏族地区的马匹才能将货物由滇西北的丽江、中甸、德钦和四川的康定、巴塘、乡城等地运进西藏，途中须经数次更换马匹，才能运抵印度的噶伦堡，④然后从噶伦堡换回所需的物资。这不仅保障了川、滇、黔抗战后方战时的经济生活和所需的战略物资的供给，而且通过这条国际通道，我国各族人民又以自己拥有的战略物资支援了盟国，⑤从而加速了世界反法西斯战争胜利的进程。

二、琼崖抗日独立队的抗日活动与白沙起义

"七七事变"后，黎族人民与全国各族人民一起，投入了抗日民族解放战争的行列。中共琼崖特委根据中共中央关于建立抗日民族统一战线的指示，曾多次同国民党地方当局谈判，以实现国共合作抗日的主张。至1938年11月，双方达成共同抗日的协议。12月，中共琼崖特委将琼崖红军游击队和各地抗日武装改编为"广东省第十四统率区民众抗日自卫团独立队"，简称"琼崖抗日独立队"，辖3个中队，共约300人，冯白驹任队长。是年12月5日，在琼山县云龙市举行琼崖独立队的成立和宣誓大会。

1939年2月10日，日军大举侵入海南岛。国民党军队不战而退，致使敌人长驱直入，不到一年的时间，便侵占了沿海大小城镇和广大乡村。为了抗击敌人，琼崖抗日独立队派一个中队至海口市以南南渡江边的潭口，阻击企图渡江东进之敌，掩护海口市人民转移，从此拉开了海南各族人民抗战的序幕。琼崖抗日独立队发动群众，英勇地打击敌人，得到了各族人民的拥护。黎、苗等族人民踊跃地参军参战，组织游击队、民兵，密切配合主力部队作战。1939年3月，昌感、乐东边界地区有300余名黎、汉青年参

---

① ② 《蒙藏月报》，16卷第9、第10期合刊。
③ 《蒙藏月报》16卷第11、第12期合刊。
④ 是英国、印度对川、滇进出口商品的集散地。
⑤ 印度、缅甸、泰国、越南属于中国战区，蒋介石任中国战区盟军的最高统帅。

加了抗日游击队。这支抗日武装是由当地各族人民捐献 100 多支枪装备起来的。黎族人民还组织民兵，在昌感、乐东边界地区有 20 多个民兵中队经常配合琼崖独立总队①作战。此外，黎族人民还成立了青年抗日救国会、妇女抗日救国会、儿童团等组织，担任站岗放哨、防奸防特、生产支前等工作。抗日民主政府为了巩固海南抗日民族统一战线，广泛地团结黎族上层人士，吸收其参加抗日民主政权的工作。如昌感、乐东边界的"西北团"、"西南团"② 就是按照 "三三制"③ 原则建立的乡级抗日民主政权。出卖民族利益，充当日本帝国主义走狗的只是一小撮大地主、大恶霸。消极抗日，积极反共反人民的，只是国民党顽固派与黎族上层反动分子。由于坚持了在抗日民族统一战线中"发展进步势力，争取中间势力，孤立顽固势力"④ 的策略总方针，贯彻了"有理、有利、有节"⑤ 的策略原则，加强了抗日民主根据地各民族、各阶层之间的团结，抗日独立部队和抗日民主根据地得以日益巩固与扩大。是年 9 月，琼崖独立总队攻克了日军在儋县的重要据点那大市，鼓舞了抗日军民的士气。是年 12 月，琼崖特委根据中共中央对海南岛抗日的指示精神，召开了特委会议，提出了必须团结黎、苗等族人民，发展和壮大抗日的力量，建立巩固的抗日民主根据地。是年冬，琼崖特委决定将独立部队主力转移到澄迈、临高县交界的美合山区，建立美合抗日中心根据地。美合抗日根据地建立后，各级党组织和独立总队组织了民运工作队，宣传中国共产党团结抗日的政策，建立了农民自卫军和除奸队。同时，建立了乡村抗日民主政权。另外，建立了美合村供销合作社，帮助农民解决生产与生活上的困难，提高了人民的抗日积极性。机关、部队、学校开展生产运动，减轻了人民的负担。此外还创办党校、琼崖抗日公学、农训班和军政干部训练班，培养抗日的骨干。这样美合抗日民主根据地就成为海南岛抗战初期的抗日中心和抗战堡垒。

1940 年夏秋之间，中共中央派庄田、李振亚到海南岛，加强了党的领导和部队的思想政治工作。技术人员来到美合抗日根据地后，帮助建立了电台和军工厂。同时，中国共产党又发动海外华侨捐助大批的药品和物资，解决抗日根据地面临的困难。是年 11 月，中共中央在《对琼崖工作的指示》中指出："认真在 30 余万夷民中进行艰苦联络工作。尊重他们的民族风俗习惯，使他们信任我们，不仅使他们不为敌伪利用，而且要使他们与我们一起抗敌。必须认识他们所在的五指山山脉一带山地，将是我们长期抗战的最后的可靠根据地。其他沿海地方都有敌伪盘踞的可能。只有有了夷民、山地作为我军的巩固后方，我们才能支持长期抗战。"⑥ 党中央的重要指示，给琼崖特委在黎族聚居区开展抗日斗争指明了方向。是年底，除了在美合和各县汉族地区建立了抗日民主根据地，还在黎族、汉族杂居区相继建立了 3 个抗日民主根据地。是年 12 月，国民党顽固派和反动地方武装分别向美合抗日根据地、西部和东部各抗日根据地发起进攻，抗

---

① 1939 年 4 月，琼崖独立队扩编为琼崖独立总队，冯白驹任总队长兼政委。
② 相当于乡的行政单位。
③ 共产党员、"左派"进步分子、中间分子各占 1/3。
④ 《毛泽东选集》第 2 卷，第 709 页，人民出版社，1967 年 1 月第 2 版。
⑤ 《毛泽东选集》第 2 卷，第 713 页，人民出版社，1967 年 1 月第 2 版。
⑥ 中共广东省委党史征委会海南党史办编：《琼崖抗日斗争史料选编》，第 21 页，未刊本，1986 年。

日的军民经过几个月的艰苦斗争，打退了敌人的进攻，抗日的情绪日益高涨。

1941年2月，琼崖特委和独立总队总部由美合抗日根据地转移到琼山、文昌县的咸来、树德一带，领导全岛的抗日游击战争。同月，特委召开了会议，决定要充分发动群众，大力发展武装力量，开展民族工作，建立、巩固和扩大抗日民主政权，在自卫的原则下坚决回击国民党顽固派。是年底，独立总队由6个大队发展为4个支队10个大队。抗日民主根据地亦不断扩大，在琼山县树德乡建立了"琼崖东北区抗日民主政府"，在文昌、琼山、琼东、昌江等县建立了县级抗日民主政府。从1941年年底至1943年年底，在黎族地区又建立了5个抗日民主根据地。

1941年冬，太平洋战争爆发后，日军妄图将海南岛变为东南亚战场的后方基地。1942年5月，日军在海南岛进行大"扫荡"和"蚕食"，实行"三光政策"，使海南岛的抗战进入极端困难的时期。抗日民主根据地的各族人民在琼崖特委的领导下，进行顽强的反"扫荡"、反"蚕食"斗争。黎、苗、汉各族人民以一切武器，配合抗日部队作战。从昌化江下游到崖县西部的望楼河，从甘瑞山到仲田岭，活跃着黎、苗、汉各族人民的抗日武装。在打击敌人时，整乡整村的群众都投入了战斗，歼灭了大量的敌人，缴获了大批武器和军械物资，取得了反"扫荡"、反"蚕食"斗争的胜利。

在抗战的6年多中，海南的各族军民同敌人进行了2000多次的战斗，毙伤日伪军5600余人，击落日机1架，缴获的枪支弹药不计其数①，敌人的机场、港口、仓库、工厂、通讯设备、交通运输均遭到不同程度的破坏。1944年，"琼崖独立总队"改名为"琼崖纵队"，至抗日战争胜利时，琼崖纵队发展到7000余人，解放了海南岛3/5的地区，各族人民流血牺牲终于取得了抗日民族解放战争的最后胜利。

正当海南岛各族军民反"扫荡"、反"蚕食"斗争最激烈之时，白沙县黎族人民爆发了大规模的反抗国民党统治的起义。

白沙县地处琼崖中部的五指山腹地，是黎族聚居的地区。1939年2月，日军侵占琼崖。国民党琼崖守备司令部、保安六团、专员公署、儋县、临高、昌江、感恩、乐东、崖县政府和国民党白沙、保亭、乐东三县联络所及其家属，相继逃至五指山区。他们不抗日，却榨取黎族、苗族人民的血汗。他们规定每保每月交牛肉70斤，鸡40只，笋干70斤，米酒30斤，木耳40斤，蜂蜜120斤，蜂蜡120斤，烟叶120斤，白藤400斤，草席、麻被各5张，壮丁费200元光洋。此外，还摊派"官长粮"、"抗战粮"。开始，黎族人民希望国民党抗日，没有怨言。但是，至1942年，国民党琼崖当局同日军由秘密勾结进而公开合作，订出"划地分防"、"共同防共"的规定，配合日军向琼山、文昌等抗日民主根据地进行"清剿"、"扫荡"。黎、苗、汉民族人民无不切齿痛恨。

1940年11月，日军侵犯白沙县红毛乡等地，黎族人民奋起抵抗，并向国民党驻军求援。但是，国民党驻军以"造谣惑众"的罪名，逮捕了几个求援的黎族爱国青年，激起了黎族人民的愤怒，反抗国民党顽固派的情绪日益高涨。

1942年6月26日，琼崖警备司令王毅以"通日"、"汉奸"的莫须有罪名，下令将白沙、保亭23个村的苗族2000余人，骗至中平、南茂和加略，以机枪扫射苗民。这一

---

① 《琼崖纵队史》，第182页，广东人民出版社，1986年。

暴行更加激起了黎族、苗族人民的无比愤怒。

1943年，白沙县反动政府诬指什阳洞的黎族群众没有替他们管好食盐、勒令各村交出五六百块银元的罚款和木耳、蜂蜜等大批土特产。黎族群众拒不交款。反动政府派100余名官兵来"问罪"，被拒之村外，时间长达9昼夜。最后，琼崖警备司令部将白沙县县长撤职，取消了"罚款"。这次斗争的胜利，揭开了白沙人民反抗国民党的序幕。

早在1942年春，白沙县红毛乡的王玉锦、王高定、王家芳等黎族首领到番响村黎族首领王国兴家拜年时，王国兴说："现在'国贼'（指国民党顽固派）把黎族人民压得太惨了，大家连吃的都没有。怎么办？难道我们能够天天睁着眼睛看国贼来抓人抢粮，杀人放火，坐而待死吗？"王玉锦提出必须发动群众武装起义，与国民党顽固派进行斗争。在座的黎族首领立即表示同意，王国兴决定领导黎族人民起来斗争。

1942年冬和1943年夏，黎族首领王国兴、王玉锦等，联络毛贵、毛栈、番阳、水满、营根等13个乡的代表，相继召开了两次秘密会议，讨论起义计划，决定于1943年农历七月二十日凌晨举行武装起义。8月初，白沙县长曾祥训勒令黎族群众在农历七月十五日前将钱、粮、鸡、木耳等送到县政府，还要在各乡抽壮丁。七月十二日，白沙、牙叉两乡2000多名群众被迫提前起义，袭击白沙乡什空村，向民老村国民党驻军一个中队和白沙县政府进攻，消灭副指挥2人、士兵20余人，缴获步枪20多支、短枪1支。首战告捷的消息传到红毛乡后，王国兴立即通知各地提前于七月十七日举行总起义。七月十六日，国民党白沙、保亭、乐东三县联络所所长兼白沙县二区区长李有美获悉了起义的风声，便通知王国兴、王玉锦、王正义、王其轩等乡保长到什存圩区公所开会。王国兴、王玉锦等到了区公所，李有美命令将他们关押起来。王玉锦设法逃脱。七月十七日凌晨，王玉锦指挥起义群众，分三路靠近什存圩，击溃守敌，救出了王国兴等。是役击毙敌10余人，缴获步枪8支，但王正义和一个群众牺牲，王其轩负伤。接着，他们攻打附近敌人据点，包围了驻什向村的国民党守备二团，经7昼夜激战，守敌趁大雨脱围逃跑。

起义后，毛贵、毛栈的起义队伍分别攻打昌江、感恩、乐东的县政府和什统黑村的敌机枪连；元门的起义队伍攻打敌通讯分队；龙头、光雅的起义队伍攻打白沙县游击大队部；白沙、牙叉的起义队伍攻打儋县、临高县政府。敌人纷纷向外围逃窜。

从七月十二日战斗打响至七月二十六日，国民党琼崖守备二团团部逃出白沙县境，历时半月。参加起义者达2万余人，白沙县的黎族几乎每家都有人参加起义。他们击毙敌人700余人，缴获长短枪300余支、轻机枪1挺和一大批子弹、物资。

1943年10月，国民党琼崖当局为了扑灭黎族人民的斗争烈火，纠集1000余人的兵力，分三路向白沙县反扑。一路由国民党琼崖守备二团团长王弼率300余人，向红毛、毛贵、毛栈反扑；二路由国民党第九区行政专员公署自卫大队队长邱岳观率400余人，从琼山林加乡向细水、元门、牙叉反扑；三路由国民党白沙县游击常备第二大队队长陈交才率200余人，从儋县向七场、光雅、牙叉反扑。国民党军队进入白沙县后，切断一切交通要道，封锁各山头，劫掠村庄，逮捕起义首领和群众。

面对敌人的疯狂反扑,黎族人民勇敢地战斗。白沙、牙叉、元门、细水等乡的1000多名起义群众,在王亚福、王定江、王公护、符尤相等的领导下,和邱岳观所部进行了多次的激烈战斗。但由于武器低劣,缺乏火药,缺少军事知识,他们牺牲200多人,最后转入莫道山和峨剑岭等深山坚持斗争。在红毛下乡番响村,王国兴、王玉锦率领几倍于王㺵所部的起义群众与敌周旋于山头。最后,王国兴率200余人撤到鹦哥岭;王玉锦率100多人撤到什寒山坚持斗争;王老朋、王元喜率毛贵、毛栈的起义群众与王㺵所部多次激战,最后撤到什兵山坚持斗争。

起义失败后,国民党对白沙县黎族人民实行血腥的大屠杀,被杀者达万人以上。红毛乡由2000多户减少到200多户。但是,黎族人民并没有被敌人的屠杀所吓倒。王国兴、王玉锦等最后走上了寻找红军和共产党的革命道路。起义首领王定江独自往儋县寻找中国共产党地方党组织,不幸被儋县国民党顽固派杀害。接着,符尤相、符桂刚、符亚春去找琼崖独立总队,但没有找到。王国兴、王玉锦认为,只有找到共产党才能把斗争坚持下去,于是相继派吉有理、王文聪、王高定从白沙县的西北方向去找共产党。他们备受艰辛,历经险阻,来到琼山县大边村,找到了临儋联县抗日民主政府。县长符英华、琼崖独立总队第四支队队长马白山、政委陈青山接见了3位黎族代表。然后,四支队政治处主任江田带王文聪至澄迈县美厚山区,会见了中共琼崖特委书记冯白驹。王文聪要求共产党支援黎族人民的斗争。

中共中央十分重视建立五指山根据地。白沙县黎族人民的起义,为琼崖特委建立五指山根据地创造了有利的时机和条件。1943年年底,琼崖特委派琼崖独立总队第四支队参谋廖之雄、临儋联县抗日民主政府民政科科长王茂松和琼崖独立总队2名战士组成武装工作组,随黎族代表一起进山,支持黎族人民的革命斗争。武装工作组进山后,会见了白沙起义的领导者王国兴、王玉锦,并和他们一起同散失的各乡首领取得了联系。

1944年2月,琼崖特委又派郑心梓、朱家玖进山,与廖之雄等组成黎民工作委员会,领导黎族群众清除奸细,建立武装,粉碎国民党顽固派的"清剿",选送黎族青年到抗日根据地学习。另外,琼崖特委积极开辟白沙县西北部的阜龙乡、帮溪乡等抗日根据地,为大部队进军白沙创造条件。

1944年夏,琼崖独立总队第四支队的一个主力大队和军政学校100余人,组成先遣部队向白沙县进军。是年冬,王国兴、王玉锦等来到儋县抗日根据地学习。而后,王国兴、王玉锦又到琼崖特委驻地会见了冯白驹书记。为迅速建立五指山根据地,琼崖特委决定,建立一支以白沙起义战士为主的武装,即白保乐人民解放团,王国兴任团长,郑心梓为党组组长兼副团长,许世淮为副团长,王玉锦为参谋长,王正咸(黎族)为武工队队长。

解放团兵分两路回到白沙县发动群众,开展武装斗争。是年12月,建立了儋白边区抗日民主政府、昌白边区抗日民主政府。琼崖特委机关和琼崖独立纵队①从澄迈县迁至白沙县阜龙乡根据地,以重点开辟五指山中心根据地。

1945年6月,琼崖特委组织挺进支队开进白沙县,在白保乐人民解放团的配合下,

---

① 1944年,琼崖独立总队改为琼崖独立纵队。

猛力打击白沙县的顽固势力。8月，挺进支队打垮了国民党琼崖守备二团和保安六团的主力，解放了白沙县，白沙县抗日民主政府诞生。至此，海南岛各县建立了各级抗日民主政府。在琼崖特委的领导下，随着日本无条件投降，海南岛各族军民，终于赢得了抗日民族解放战争的最后胜利。

三、西南各族人民的抗战活动

"九一八事变"爆发后，西南各族人民基于爱国主义热情，纷纷投入到抗日救亡运动中去，及至"七七事变"发生，西南各省从上到下，更是掀起抗日救国的高潮。

川康绥靖公署主任、四川省主席刘湘于"七七事变"后3天，电呈中华民国政府最高当局，力主抗战，请缨杀敌。8月，云南省主席龙云（彝族）出席在南京召开的"国防会议"期间，发表谈话称："现在国难异常严重，已属最后关头，故奉召专程前来。""本人除竭诚拥护既定国策，接受命令外，别无何种意见贡献。""身为地方行政负责者，当尽以地方所有之人力财力，贡献国家，牺牲一切，奋斗到底，俾期挽救危亡。"① 在抗日民族统一战线的领导及民族民主进步人士的努力下，西南各界先后成立了"抗敌后援会"、"抗日救国会"等组织，以讲演、游行、印发报纸、散发传单等形式进行抗日宣传，使越来越多的人积极投入到抗日救亡运动中去，昆明也逐渐成为"抗日民主堡垒"。

在西南各族人民的大力支持下，四川、云南、贵州三省组织了作战队伍，迅速开赴抗日前线。1937年8月，首批川军14个师（一说15个师）挥师东下；10月，云南组建的第六十军循滇黔公路由湘入浙，随后又相继组成第五十八军和新三军投入抗战；黔籍部队11个师也陆续调到前线抗日。抗战8年间，四川、云南、贵州三省参战部队达数十万人，其中川、滇两省即有60万之多。这其中集合了大批少数民族子弟。在多民族居住的云南省，发生了许多少数民族踊跃出征的感人事迹。漾濞、邓川、大理等县，仅一次应征入伍者即达500多人。第六十军中，来自大理、邓川、洱源、剑川、兰坪等县的各族青年达1000多人，其中剑川的白族子弟为300多人，丽江的纳西族子弟也有数百人。② 汉、彝、哈尼、纳西、回、蒙古、傣等各族人民送子送夫应征出战的故事，报纸有许多报道。大姚县的一位彝族老人，在儿子戎装出发之际，立于道旁，按习俗激越凄厉之笛声相送。省政府民政厅为此奖给他"爱国可嘉"的锦旗，并通令各县知晓。③

西南各省出征抗战的队伍士气十分高昂。1937年10月5日，龙云在第六十军誓师出征大会上发表训词称："这次战争，是关系国家民族的存亡，比以往战争显然不同，所以，我们出兵参加抗战，不但毫不痛惜，反倒觉得不参加是将来最大的遗憾。我们是发动自卫战，是神圣的战争。我们为争取自由生存，我们就不得不实行抗战。目前我们所要求的是唯一的争取最后的胜利，国家民族才能生存。"④ 这些部队开赴抗日前线后，

---

① 龚自知：《随节入京记》，转引自谢本书：《龙云传》，第145页，四川民族出版社，1988年。
② 袁林：《云南各族人民在抗日战争中的贡献》，载《中央民族学院学报》1992年第2期。
③ 中国人民政治协商会议西南地区文史资料协作会议编：《西南民众对抗战的贡献》，第19页，贵州人民出版社，1992年。
④ 《云南日报》，1937年10月6日。

以英勇无畏的精神,与日军顽强拼搏,给侵略者以狠狠的打击。他们先后参加了鲁南台儿庄、晋南中条山、武汉保卫战、长沙会战等十数次重大战役,打出了国威军威。第六十军在第二次台儿庄战役中,以全军官兵伤亡2万多人,旅长以下各级指挥官阵亡178人(其中旅长1人,团长5人,营、连、排长172人)①的巨大代价,创造了可歌可泣的战绩。在参加武汉保卫战时,"六十军奋勇歼敌,张师长(张冲,彝族)担任正面,杀敌六七千人,血战经旬,独立支撑博得胜名"。②

抗日战争期间,西南各省除派兵直接参战以外,还征募大批壮丁作为兵员补充前线。8年间,全国征兵1400多万人,其中四川即征募300万人,占总数的五分之一,全省人口平均14人中即有一人直接参战,为国捐躯者达26万余人;少数民族聚居的云南省,8年间征兵38.1593万人,比中央分配的定额多出1.1097万人,奔赴湘、鄂、赣、浙、苏、鲁各战场的滇人子弟,伤亡逾10万余人;③总人口只有1050万人的贵州省,对兵员的征补也做到了"如期如数",1938—1942年,其征兵员达45.7万多人,平均每25名壮丁中有一人在前线杀敌,每3名壮丁中有一人在后方服役。1943年,前线严重缺员,后方兵源也比较枯竭。黄平县政府下令苗族聚居的苗陇乡一个月内完成征兵40名的任务。苗陇乡长、文书及其他公职人员带头报名,结果募得苗族兵员120多名,全部编入第七十四军五十八师,开赴湖南一带与日军作战。④

抗日战争时期,作为国统区的大后方,西南各族人民为抗战贡献了大量的人力、物力和财力。各地的捐款捐物,认购国债等事业开展得轰轰烈烈。1937年,多民族杂居(以彝族和哈尼族为主)的云南省洱源、云龙、弥渡、凤仪县认购救国公债15万余元;⑤丽江的纳西、傈僳、藏、普米等族人民献出半开银(每枚折合"大头"伍角)75000元认购飞机;⑥没有发动过的边疆民族地区的土司、头人,也争着向银行汇款。⑦贵州、四川两省的各族群众为支援抗战也踊跃捐献。黔西北石门坎的苗族同胞主动捐款购置飞机;四川茂县人民1944年即献出国币22532元,一些羌族村子户户捐款。⑧西南各地不仅献金,还开展捐赠实物活动。一到春夏之交,各族人民便为抗日将士募集寒衣。黔北的湄潭县在为八路军募集寒衣时,规定不要穷苦人捐献,以免影响生活,但许多人却非献不可。⑨据估计,8年中云南各族群众捐献的寒衣最少也在200万件以上。⑩

为了保证抗战事业的顺利进行,西南各族人民节衣缩食,勤于生产,以大量的粮

---

① 《云南抗日战争史》,第73页,云南大学出版社,1995年。
② 《云南日报》,1938年10月20日。
③ 孙代兴、吴宝璋编著:《团结抗战——抗日战争中的云南》,第22—23页,云南人民出版社,1995年。
④ 中国人民政治协商会议西南地区文史资料协作会议编:《西南民众对抗战的贡献》,第214页,贵州人民出版社,1992年。
⑤ 《云南日报》,1937年11月14日。
⑥ 《近代云南人民爱国主义和革命斗争史》,第39页,云南人民出版社,1983年。
⑦ 中国人民政治协商会议西南地区文史资料协作会议编:《西南民众对抗战的贡献》,第26页,贵州人民出版社,1992年。
⑧ 李全中等:《四川少数民族对抗战争的贡献》,载《西南民族学院学报》1987年第4期。
⑨⑩ 中国人民政治协商会议西南地区文史资料协作会议编:《西南民众对抗战的贡献》,第36、第27页,贵州人民出版社,1992年。

食、蔬菜、肉类和其他日用品支持了持久抗战。1937年抗战全面爆发之前，云南已有积谷286万多石，抗战爆发后，随着迁入西南地区的同胞人数越来越多，为解决粮食困难，云南省政府下令各县增加积谷数量，同时发动全省农民开荒广种杂粮自给，将换省下来的稻谷，颗粒入仓，以供新增人口之需。仅1941年一年，全省积谷量即为367.876万石。1942—1945年的3年多时间里，数十万中华民国政府军队开赴滇西抗日前线，其军粮有一部分就是滇西各族人民供给的。驻扎于云南的盟军部队，4年中其粮食、肉、蛋、禽、蔬菜的消费绝大部分也有赖于当地人民的勉力供应，至最后山区农民犁地用的一些黄牛亦被宰杀。西南各族人民支援抗战的功绩实当永记。

在后方基地建设中，西南各族人民流下了辛勤的汗水，一些人献出生命。修机场、开公路、劳军运输、支援反攻，上自白须垂胸的老者和没齿的老妇，下至10余岁的少男少女，一齐动员起来，参加建设。抗战时四川修建的33个机场中，有多个建在民族地区，主要由少数民族同胞担任劳力。如1938—1939年修建西昌小庙机场，有彝族、汉族、回族民工5000多人参加；1940—1942年修建秀山机场，开工之初即征调以土家族和苗族为主的民工1.1万多人；康定银官寨、甘孜、理塘的3个机场，也主要是当地藏族同胞修建的。连接川、滇，接通国际通道的重要交通线乐西公路（乐山至西昌）和西祥公路（西昌至祥云）全长1000多公里，由彝、汉等族人民共同修建，彝族土司岭光电亲率2000名彝族民工参加部分工程。① 连接四川和湘西前线的川湘公路，则由四川和湖南的各族人民修建，两省的土家族、苗族群众自带口粮，被褥和工具参战。

修筑滇缅公路，是抗日战争时期西南各族人民支援抗战最为悲壮的事迹之一。这条自昆明经下关到畹町，再由畹町经缅甸的腊戍达仰光港入印度洋的交通线，是当时中国几乎唯一一条通向世界的动脉。滇缅公路在云南境内有959公里，主要穿越少数民族地区，沿途多为高山深谷，地形复杂险峻，由下关至畹町段还为全部新建。从1937年12月开始，以当地少数民族为主的筑路大军投入奋战。他们历尽艰辛，克服饥饿、疾病和劳累，以生命和血汗的巨大代价，齐心协力，仅用9个月的时间就建成通车，举世惊为奇迹。下关到永平段122公里最为复杂，漾濞县县长和县建设局局长（两人均为回族）指挥全县回、汉、彝各族民工2800人，自背干粮出工，依靠双手挖山破石，搬土运泥，终于完成任务。据统计，滇西各县先后有20万左右的各族民工参加修路，一些人献出了生命，负伤致残者逾万。

1942年春，缅甸陷落，滇缅公路运输中断。中华民国政府依靠回、汉、彝、藏各族马帮，组织抢运国际援华物资，创造了西南驿运史上的惊人壮举。在当时的几条驿运线中，叙昆（叙府至昆明）干线千余里，主要由回族马帮担任长途驮运，彝族背夫负责短途运输。最初组织了驮马800余匹，背夫800人，日夜兼程往返，将大量进口物资通过此驿运线转川江航运至重庆。1942年时叙昆干线出现高峰，有回、汉、彝各族马帮锅头1000多人，骡马6000余匹日夜从事运输。滇缅干线基本沿滇缅公路运行，日军进犯滇西以后，下关驿运处在蒙化、永平、漾濞等回民聚居区募得驮马1000多匹，用

---

① 中国人民政治协商会议西南地区文史资料协作会议编：《西南民众对抗战的贡献》，第54页，贵州人民出版社，1992年。

了不到 200 天的时间，把滞留在下关和保山的 1.5 万吨物资抢运出来。抗战期间，这条长约 600 多公里的驿运线共动用驮马 3700 多匹、马车 1000 辆有余，马锅头全部是回族。1944 年，滇西大反攻开始以后，滇西各乡镇都组织了担架队和马帮队，为前沿阵地送粮运弹，救护伤员，马帮穿过山林，渡过激流，忍饥挨饿，从不动用军粮副食，爱国之心实属罕见。当时西南还有一条重要的对外贸易商道，即由昆明或下关经丽江、维西、巴塘至拉萨再至印度噶伦堡的滇藏印交通线，滇缅路断后，此交通线运输重新繁忙起来，主要由滇藏商人的马（牦牛）帮组成。他们不怕道路艰险和运价高昂，积极从事国际贸易和运输，为缓解抗战物资供应之难、稳定后方经济起到了一定作用。

1941 年 12 月，日本发动太平洋战争，妄图夺取美、英、荷在太平洋地区的殖民地，以作为日本新的战略物资供应地，并形成对中国的最后封锁。1942 年 3 月，日军攻占缅甸首都仰光，5 月，侵入我国滇西，怒江以西约 3 万平方公里领土沦陷。中国抗日军队 20 余万人在怒江东岸布防，与日军隔岸形成对峙，云南由大后方转为抗日前线。滇西各族人民或是在国民政府的动员下，或是在中国共产党地下组织的鼓舞下，或是自发地组织起来与日寇抗击。腾冲、龙陵、潞西、南甸、干崖、莲山、陇川、瑞丽、泸水等县的傣、景颇、阿昌、德昂、傈僳、佤和汉等族人民，先后组成了数十支敌后抗日游击队，与日军展开了斗争。盏西景颇族人民用土枪、铜炮、长刀、弓弩、暗箭等武器打击敌人，坚持游击战争达 2 年之久，队伍也扩充到 200 多人，被国民政府地方当局命名为"抗日自卫独立中队"。佤族人民先后组织了"抗日联防协会"、"卡佤山特区自卫队"、"卡佤山游击队"、"耿马抗日游击队"、"班洪自卫队"等抗日武装，抗击日军的侵略。各地土司也纷纷起来守土抗日。干崖土司刀京版组织"滇西边区自卫军"，下辖 4 个大队；龙潞边区土司联合组织抗日自卫支队，配合怒江防守部队，开展游击战，并捐资建立难民接待站；红河南岸的土司、头人组织边防游击队，经常配合正规军修桥梁、战壕、隧道，参与救护和作战。滇西战场出现了正规部队、沦陷区士绅及国民政府基层政权组织的民众抗日队伍和土司抗日武装三种抗日力量，成为正面战场全民动员齐心抗日的典范之一。当时参与指挥远征军进行滇西大反攻的高级将领宋希濂曾撰文说："这场反攻战争，先后参加作战的官兵达十六万多人，吃饭是个大问题。当时绝大部分的粮食是由滇西老百姓拿出来的，从昆明方面运济的只有很少一部分。有了粮，还得送到部队所在地去，同时打仗还需要大批的弹药来补充。滇西仅有一条滇缅公路，其他地方都不能通行汽车和大车。尤以战争是在怒江西岸进行，而怒江两岸全是崇山峻岭，道路崎岖，有些小道甚至连骡马都不能通行，完全依靠人力挑运。好些地方沿途没有村舍，食宿都成问题。当时投入这场运输任务斗争的滇西老百姓，至少有二三十万人。尤以为军队直接运送粮食、弹药、伤兵的几万民夫，真是辛苦万分。粮食在名义上征购，当时重庆军委会确也拿出来了一笔购粮款，但通过地方政府的层层克扣，老百姓到手很少；运输虽按照规定付给一定的运费，但经过层层的盘剥，民夫所得工资也很微薄。但是老百姓都忍受了这一切，因为他们知道对日本帝国主义打仗是一场民族生死存亡的战争，只有把日本强盗消灭了或赶出国土，才能安居乐业。所以他们一方面忍受痛苦，一方面以极大的热情来支援这一次的反攻。这是这场战争所以获得的决定胜利的因素。"①

1944年3月，日本帝国主义为挽救其太平洋战争的败局，发动豫湘桂战役，以打通从中国东北到越南的大陆交通线。到11月中旬，河南、湖南、广西等省的大部已先后沦于敌手。驻守黔桂边境的20万国民政府军队撤退。11月末，日军数千人由广西南丹、思恩、宜北北窜，侵入贵州独山、荔波、三都、丹寨等地。他们在黔南大肆掠夺，实行"三光政策"，给黔南人民以及沿黔桂铁路进入贵州的难民，造成了空前的浩劫，史称"黔南事变"。日军进入独山以后，纵火焚烧独山县城，七昼夜未熄，全城98%的房屋及大量转运该地的物资葬于火海，人民遭受枪杀者达1000多人；② 日军侵犯荔波后，该县人民死亡失踪者达5000多人，粮食畜禽大量损失；三合县城部分建筑遭日军焚毁，大火3日不熄。③

日军在黔南的侵略行径遭到了各族人民的坚决抵抗。他们自发组织起来，以简陋的武器和日军进行斗争。独山的布依族和汉族人民成立了"民众抗日自卫团"和其他组织，到处袭击进入独山的日军，使得侵略者胆战心惊，不敢赴荔波与另一支日军会合。据一个日军后来回忆，他所在的部队原有250人，从独立撤退到广西全州时，仅余21人。④ 荔波县的布依、汉等族群众也组织了8支武装自卫队，寻机射杀敌人。三都和丹寨的水、汉各族群众亦给日军以狠狠的打击。在黔东南，布依、苗、水、汉各族群众成立了"抗日救国协会"，组织了拥有1000多名战士的抗日民主联军。当日军进入湘黔边界的雪峰山，进逼贵阳时，贵州各族人民与抗战部队一起，顽强地阻击日军，日军损失惨重，再也没有向前推进。

四、台湾各族人民的抗战活动

"七七事变"后，台湾各族人民为了反对日本殖民主义的暴政，支援祖国大陆的抗战，抗日的情绪更加高涨。1937年11月，宜兰700多名煤矿工人举行暴动，反抗日本军警的压迫。12月，台湾各地的中华会馆及其直属支部300余人组织了"抗日救国团"。1938年1月，日本统治者在宜兰实行逐户搜查，强迫台胞作战，致使数千名矿工在台湾工党领袖高裴的领导下举行起义，进攻日军司令部。起义者同日本军警激战数小时，烧毁了日军火药库，缴获了大量的武器弹药。接着，撤至阿里山中，同高山族人民一起，建立了阿里山抗日游击根据地，一直坚持斗争。⑤ 2月，日本殖民主义者在台湾强征大批青年妇女充任慰劳队，搜索大量粮食与军用器材，以供军用。台湾各族人民聚众突起反抗，击毙日本军警多名。⑥ 3月13日，被强征的千余名台湾农民在高雄举行暴动，攻击日军。3月14日，台北亦发生了反战暴动。是年夏，台湾各族人民在台湾共产党的领导下，炸毁了日军久留米储油库，炸死日军10余人，重伤20余人，轻伤40

---

① 宋希濂：《远征军在滇西的整训和反攻》，载《德宏史志资料》第2集，内部发行，1985年。
② 《独山劫后》，贵阳《中央日报》，1945年1月11日。
③ 蒙明儒等：《抗日战争中的黔南事变》，载《贵州文史资料选辑》第1辑，贵州人民出版社，1979年。
④ 中国人民政治协商会议西南地区文史资料协作会议编：《西南民众对抗战的贡献》，第123页，贵州人民出版社，1992年。
⑤⑥ 《新华日报》，1938年2月19日。

余人，烧掉了可供日军用 6 年之久的汽油。① 不久，雾社一带的高山族人民举行反征兵暴动。台湾各族人民组织抗日游击队，破坏敌人的军需生产与铁路交通；破坏公路、桥梁；拖延征工、征粮、征税。甚至在日军内部建立了反战的秘密组织。同时，在日本军事机关中有 400 名武装的台湾人杀了千余名日军，在夺取弹药和供应品后，退至山中，开展游击战，继续抗日。10 月 8 日、11 日，高雄、六甲等地继续发生反战暴动，袭击日警数十人，台胞牺牲 200 余人，被捕者达四五百人。② 10 月 10 日，"军夫" 300 余人在基隆港暴动，杀死日军 170 余人。1940 年 3 月，日军从中国大陆战场押回台湾"惩治"的台籍士兵在花莲港、屏东、新竹、高雄等地秘密组织反战团体，进行了英勇的反战斗争，使敌人极为狼狈。③ 1941 年 3 月 14 日，日本统治者为开辟高雄至台东的军用公路，强迫关山一带的人民迁居，并服劳役，激起 200 多民工起义，袭击台东警察派出所 3 处，杀伤日警 20 余人。④ 在太平洋战争期间，被日本殖民主义者强征入伍的台湾各族青壮年，经常发生反抗斗争。1942 年春，日本统治者为加强高雄与东港的海军防卫，将知名人士 400 余人逮捕，诬指其"通敌谋反"，进行严刑逼供，致使大多数人死于毒刑之下。1943 年，敌人又以同样莫须有的罪名逮捕了金瓜山的李建兴等 200 余人入狱。1944 年，敌人又以同样之罪名逮捕苏澳港渔民 50 余人。是年，台北"帝国大学"学生、台湾学生抗日运动领袖蔡怒，准备起义，被敌逮捕近千人，蔡怒受酷刑，卒于狱中。

在祖国大陆的台湾同胞，同样积极地投身于抗日民族解放战争的行列。1937 年 8 月，厦门的台籍同胞组织了"抗日复土总联盟会"。接着，上海的台湾籍同胞相继成立"中华台湾革命党"、"中华台湾革命大同盟"。1939 年，上海的台胞组建了"台湾革命党"。是年春，大陆敌占区的台胞组织了"台湾革命青年大同盟"；在福建成立了"闽台协会"等组织。1940 年 3 月，台湾同胞部分组织派代表共同组成"台湾革命同盟"，相继在闽南、浙东设立"南方执行部"和"北方执行部"，创办《新台湾》和《台湾民声报》等刊物，宣传抗日。1942 年，成立了南方、福建、直属第一区、直属广州区、直属汕头区以及厦门、曲江、上海等 8 个分会，形成了遍及半个中国的台湾民众抗日团体。

台湾革命同盟于 1938 年建立了"台湾抗日义勇队"，人数最多时达 300 余人，分 3 个队，活动在浙江沿海一带，1942 年转移到福建。是年 6 月 17 日，义勇队向日军设在厦门的"兴亚院"投掷了数枚炸弹。6 月 30 日，义勇队又炸毁厦门虎头北日军的油库。7 月 1 日，义勇队又炸死日军伪军数十人。义勇队还在福建、浙江等地办制药厂，制造药品支援抗日前线。

总之，在日本统治台湾的 50 年中，在大陆各族人民抗战的 8 年中，台湾各族人民无论在台湾还是在大陆，始终同仇敌忾，团结抗日，为赢得抗日民族解放战争的胜利作

---

① 《新华日报》，1938 年 2 月 19 日。
② 《申报》，1938 年 10 月 14 日。
③ 《申报》，1949 年 3 月 20 日。
④ 1941 年 3 月 14 日，合众社东京电，载上海 1941 年 3 月 15 日各报。

出了贡献。

五、中东南各族人民的抗战活动

日本帝国主义发动侵华战争以后,中东南各族人民掀起了抗日救亡运动的高潮。统治广西的新桂系首领李宗仁、白崇禧（回族）、黄旭初大力进行抗战动员和备战建设。由于不满蒋介石的不抵抗政策,新桂系于1936年6月1日,与广东的陈济棠联合,发动"两广事变"（又称"六一运动"）,公开宣布抗日。"七七事变"后,李宗仁致电蒋介石,要求全面抗战。7月20日,李宗仁、白崇禧、黄旭初联名发表通电,表示愿率全体广西军民,抗战到底。中共中央肯定了李宗仁、白崇禧等人的抗日主张,派代表到广西工作,成功地建立了抗日民族统一战线。李宗仁、白崇禧、黄旭初同意中共在桂林设立八路军办事处（国民革命军第十八集团军驻桂林办事处）,桂林成为坚持抗战开放民主的城市,大批沦陷区文化界进步人士来到桂林,开展文化抗日运动。

在抗日宣传活动的鼓舞下,广西各民族人民纷纷成立抗日救国会、抗敌后援会、抗日义勇军等组织,并踊跃参加广西政府组织的抗日队伍及共产党领导的新四军及八路军,奔赴前线抗日。由于新桂系于20世纪30年代期间在广西推行民团制度,各县、区、乡（镇）、村（街）的大批青壮年接受过军事训练,所以当广西政府进行抗战动员,号召人们加入抗战队伍时,各县农民踊跃入伍,两个月内即募得新兵10万余人,连同常备军,组成了4个军40个团,嗣后改编为3个集团军,开赴抗日前线。8年中广西各民族征兵96.67万人,分别参加了淞沪会战、台儿庄大战、徐州会战、武汉会战等著名战役,为中国人民的抗日事业作出了不朽贡献。

1939年11月,日军发动桂南战役,侵入广西南宁,南宁及其周围20多个壮族聚居县沦陷,人民遭受日寇蹂躏达1年之久。国民政府调集15万人的（一说30万人）军队,由白崇禧指挥进行桂南会战,桂南各族人民给予很大的支援。宾阳、邕宁、武鸣、扶南、上林、永淳等县壮族纷纷建立军民合作站,组织10余万民工参加运粮送弹,救护伤员、修筑工事等支前活动。敌占区的各族群众还组织游击队,袭扰日军,锄奸肃特,破坏交通,断绝给养,给敌人的侵略活动造成很大的困难。邕宁县八尺区的壮族自卫队改编为"邕宁县第四游击大队"以后,与日军作战50余次,毙伤敌人200多名。中国共产党赵世同、黄举平领导的100多人的红军游击队,则成为桂南人民抗日的骨干队伍。防城县京族群众也在中国共产党的领导下组成游击小组,一直坚持到抗战胜利。

1944年冬,日军发动湘桂战役,广西70多个县相继沦陷。壮、汉、苗、瑶、毛南、京等各族人民不甘屈服于日军的统治,在中共广西省工委的号召下,纷纷拿起武器与敌人作战。1945年1月25日,武宣县东乡壮族抗日义勇队在当地群众的配合下,于黔江下游的红石滩伏击日军船队,歼敌150多人。来宾、迁江的壮汉群众在沦陷的7个月内袭击日军400多次,仅迁江县即毙伤日军1135人,缴获战马52匹、山炮1门、机枪16挺、步枪325支及大批战利品。① 柳州城郊和柳江县、柳城县于沦陷期间也有4837人参加抗日游击队,对日军作战200多次,毙伤和俘虏日军1274人。② 从桂南到桂

---

①② 黄成授:《广西壮族革命史》,第229页,广西民族出版社,1994年。

北，从桂西到桂东，侵入广西各地的日军在各族人民的打击下，犹如陷入深海而无处可逃。

广西各族人民还积极为抗战出力、出物。1938年，为了修筑岳车公路（从中越边境小镇岳墟起，经靖西、东兰到与黔桂公路相接的车河），以接运由越南输进的国际援华物资，中华民国广西地方政府激励广大民众的爱国热情，实行有钱出钱、有力出力的办法，仅用1年多的时间，就修成这条长达494公里，全部经过壮族聚居区的重要新线，为抢运抗战军需起到了很大的作用。据统计，抗战期间广西共征工1450万人次，征粮1497万余担。各族人民还节衣缩食，为抗战献金捐物。玉林、贵县、桂平、容县等壮、汉、瑶人民聚居的4县共捐献财物有现金52334.42元（法币）、寒衣费15121.85元（法币）、金器43.5两、大洋1710元、毫银4767.1元、银器64.1两。①

在湘西，苗族"革屯军"于"七七事变"以后，提出了抗日的口号，并于1939年春改编为新六军暂五师和暂六师，8000多名苗族子弟奔赴前线，参加了1939年9月和1941年秋至1942年初的3次长沙会战、1943年夏的鄂西会战、1943年冬的常德会战、1944年的滨湖会战，等等。在历次战役中，湘西苗族队伍都是战斗在第一线。因连年战斗，暂六师损伤严重。到1944年年底，湘西苗族官兵已寥寥无几。

"九一八事变"发生后，湘鄂川黔边区的中共党组织即在当地开展抗日宣传活动。1938年武汉失陷，这个地区成为抗日前线。居住在这里的土家、苗、汉等各族群众积极请缨杀敌。湖北利川县在征兵中，一次就有700多名土家、苗和汉族青年参加。五峰县忠孝乡的群众送子参军，叮嘱"鬼子没杀完，你莫回家乡"。② 湖南龙山县有8位土家族青年，"见国难日极，痛日寇横行，激于爱国热忱，自动申请上前方杀敌"。③据不完全统计，抗战期间，恩施、来凤两县应征壮丁达2.5万多人，其中恩施县征兵即近2万人，超征662名。在前方的湘鄂川黔边区的土家及苗族子弟作战英勇，不怕牺牲，屡次受到嘉奖。陆军一二八师主要由湘西的土家、苗、汉各族子弟组成，1937年11月他们在浙江嘉善阻击日军时，以苦战七昼夜，伤亡四分之三的代价完成任务，受到中华民国政府最高统帅部的嘉奖。陆军二十八军独立第二营600多人几乎全是湖南龙山县的土家族和苗族，他们参加了淞沪会战，随后又在苏、浙、皖边区等地及滇西抗战，一直战斗在最前线。全营除一人因伤离队而幸存外，全部战死在抗日疆场。

闽东、浙南的畲族人民在中共党组织的领导下，也展开了抗日救亡运动。中共福鼎县委于1938年和1939年，发动数批畲族、汉族青年参加新四军。畲族居住的各地成立了抗日救亡团体及抗日自卫队，积极开展募捐等支援前线的工作。

六、各族人民的反封建斗争

抗日战争时期，面对日本帝国主义的疯狂侵略和亡国的危险，以蒋介石为代表的中华民国政府并没有完全停止对中国共产党革命武装的"围剿"和对全国人民的严酷统治。南方各族群众在积极投入抗日救亡运动的同时，还同以中华民国政府为代表的各种封建统治势力进行了坚决的斗争。

---

① 玉林地委党史办编：《玉林地区党史资料》，第1辑。
②③ 《土家族简史》，第247页，湖南人民出版社，1986年。

在广西壮族地区，1930年11月红七军离开右江革命根据地，北上与中央红军会合后，新桂系军阀乘机进占右江革命根据地的大部分县城，对坚持革命斗争的韦拔群（壮族）队伍及老区人民进行"清剿"，于1931年3月至1932年9月对右江革命根据地发动了3次大"围剿"。根据地军民在中共右江特委和红军部队①党委的领导下，对新桂系军阀的"围剿"进行了艰苦卓绝的斗争。在第三次"围剿"中，新桂系军队实施"斩草除根"计划，②决定"不惜兵力，不惜时间，不惜金钱"③，调集了1万兵力向右江进攻，残酷血洗了革命老区，韦拔群、陈洪涛（壮族）等革命领导人和数千以上的各族群众丧生于敌军的屠刀之下。

在闽东、浙南畲族地区，中共党组织领导农民从1931年开始进行抗捐、抗税、抗租、抗粮、抗债及"打土豪，分粮食"等一系列活动，引起国民政府地方统治势力的不安。1934年10月中共中央红军主力长征以后，国民政府调集军队，对根据地进行反扑，许多革命干部和无辜群众惨遭杀害。在这种严酷的环境下，畲族人民仍千方百计支援红军游击队。霞浦县五斗畲族村被当局的军队摧毁过5次，每次房屋、牛栏都被全部烧光，但该村的群众没有被吓倒，而是想方设法为游击队送去急需的生活物资和日用品。浙南平阳县牛角湾村的畲族群众在家园被毁、身无栖处的情况下，给游击队送去了多方筹集到的1200多斤大米。④

在湖南湘西苗族、土家族地区，长期生活在屯田制下的苗族农民，为了反抗地方统治者沉重的租赋剥削，于1936年6月爆发"革屯"运动，要求政府减轻屯租和废除屯田。1937年年初，永绥县的屯田农民发动武装起义，开仓分粮，提出"废屯归民"和"抗日救国"的口号。中华民国湖南地方政府派兵弹压，"七七事变"爆发后，迫于舆论压力才将军队撤出湘西。苗族"革屯"军乘势发展，攻占当地的乡、县政府，凤凰、乾城、保靖、古丈、泸溪及贵州松桃、铜仁及四川秀山的苗族、汉族人民热烈响应。"革屯"军队伍扩大，分别在凤凰和永绥成立了"湘西苗民革屯抗日义勇军"和"湘西苗民抗日革屯军"。1937年10月，国民政府采取"招抚"政策，提出革屯"改编抗日"，同意废屯。次年3月，8000多名革屯军编入新六军，开赴前线抗日。湘西苗民革屯运动取得了胜利，延续139年的屯田制终于被推翻。

在贵州，1942年秋至1943年夏爆发了黔东松桃、镇远、三穗、施秉、台江、剑河等县各族人民武装反抗国民党统治的事件。

国民党政府的残暴统治和横征暴敛，是黔东事变爆发的原因。1937年年底，吴鼎昌任贵州省主席。他上台后，推行暴政，抓丁、征粮、摊派工役以及各种苛捐杂税，并从中贪污中饱。以征粮为例，由1941年的120万名，增至1942年的290万名，猛增一倍多。各族人民难以负担。吴鼎昌还利用其任贵州省肃清私存烟土督办公署督办的职权，低价收购民间烟土，高价出售，大发鸦片财。省政府以下各级官吏，也假借政令横

---

① 1931年1月，留守右江革命根据地的农民赤卫军扩编为红七军二十一师，1931年秋改称红军独立第三师。
② 《左右江革命史料汇编》第3辑，第135页，未刊本，1978年。
③ 廖磊：《对武篆各界联欢大会训词》，《七军年刊》，1935年。
④ 《畲族简史》，第73—74页，福建人民出版社，1980年。

征暴敛。1939年春，国民党新编第二十八师师长刘伯龙率部进驻黔东，以剿匪、铲烟为名，滥杀无辜。刘伯龙部在台江县诬陷船夫为匪，将船家四五十人以机枪扫射致死。1940年12月，刘伯龙又将苗族上层人士王朝轩、潘致祥、秀中及其随从人员100余人，以开会的名义，骗至台江县施洞大河沙坝杀害。后率全师主力，"清剿"潘致祥的家乡台江县新民乡。他以一个团的兵力，将该乡黄古屯村包围起来，然后将房屋浇上油纵火，致使数百群众被烧死。国民党政府的暴政及刘伯龙在黔东的烧杀，激起了各族人民的反抗。

1942年8月23日，松桃县各族人民4000余人在苗族名宝山等率领下，举行暴动至26日，攻克了盘市、正大、平头、孟溪、普觉、寨英、落塘、大平等地，并相继两次围攻松桃县城。终因众寡悬殊，至10月中旬，暴动失败。

1942年10月23日，吴宗尧、余定国等率领湖南晃县的暴动群众五六百人占领了贵州省镇远县的青溪，并发了文告——《为除暴安良敬告民众书》。号召"正人君子，义夫勇士，荷戈直起，共举义旗"。① 攻占青溪后，暴动群众捣毁区署和警察派出所，处死了巡官董庆有等。10月24日，攻羊坪乡公所，不克。10月25日，暴动群众由青溪转移至岑巩县的白果园、陶家坡、八斗冲、大岭、江古一带活动。10月31日，暴动群众在鳌山遭敌夹击，伤亡30余人。敌人烧毁马鬃岭等村寨，杀害群众30余人，收缴步枪3支、手枪1支。

1942年10月28日，杨树勋、杨玉和等率领苗、侗、汉各族群众1000余人，在镇远举行暴动。他们攻占了松明乡公所，活捉乡长张治中等，处决了劣绅储聘三，开仓济贫。10月31日，杨树勋、杨玉和率部2000余人，猛攻镇远县城，不克。乃决定攻三穗县城。三穗县城攻克后，释放了监犯，捣毁了国民党驻三穗的各机关，然后撤出。接着，在白鸡坡活捉保安一团副大队长朱奎初，缴获机枪2挺、步枪100余支。贵州省政府派了3个团进行"清剿"，烧毁村寨，杀害群众20余人，收缴步枪10余支。1943年4月底，杨树勋及其兄被敌杀害。

1942年11月，朱伯屏等聚集苗族、汉族群众700余人，在施秉县瓮哨暴动，扣押了国民兵团副团长罗天伦等，并向施秉县城和镇远县文德关弹药库进攻。后因失利放弃瓮哨。11月15日，朱伯屏率众攻石阡县城，不克，转移到镇远、施秉、石阡边界活动。12月4日，所部攻占镇远都坪乡公所后，经岑巩县的渡河坪、龙坳、左寨、转移到江口县的大塘、坝盘，攻占铜仁县沙坝、松桃县上坪。由于敌人的围追堵截，起义队伍损失颇大，遂被迫撤退到镇远县龙洞。1943年4月底，朱伯屏自缢身亡。

在施秉暴动的同时，陈信哉、侯教之等集合数千苗族等群众，围攻台江县城。1942年11月15日攻克县城后，捣毁了国民党党政机关。11月25日，侯教之与清江河苗族邰胜江率2000余人，再次攻占台江县城。② 11月27日，在内寨擒杀国民党保安三团刘奕昆大队30余人。11月30日，陈信哉部占领剑河。12月初，敌攻占台江县城。1943年1月，陈信哉部联合杨玉和等部万余人，进攻清水江的施洞，由于敌增援，便从施洞

---

① 刘时范：《黔东事变纪要》（上），第17—18页，贵州省行政督察专员公署印，1943年。
② 《贵州省政府工作报告》（1943年1、2、3月），原件存省档案馆。

撤退。施洞受挫后，敌人清乡，收缴民间枪支1400余支。陈信哉弃家远逃。

1942年秋，以台江县为中心的黔东2万余各族人民武装反抗国民党暴政的斗争，席卷黔东14县，攻克三穗、台江、剑河等5县。国民党的"政治机构，强半摧毁。仅有之县政基础，因以破坏殆尽"。① 但至1943年夏，反抗斗争终于失败了。失败原因在于：敌我力量悬殊，国民党政府的镇压与"安抚"；是自发的斗争，没有争取中国共产党的领导②等。但它显示了贵州各族人民的革命精神，沉重地打击了国民党残暴统治。

---

① 刘时范：《黔东事变纪要》（下），第2页，贵州省行政督察专员公署印，1943年。
② 黔东事变爆发后，中共凯里地下党曾帮助暴动队伍购买枪支弹药，在财政上援助，但没有直接参加领导。

第五章 沿海内地经济文化事业向民族地区的迁移及其影响

第一节 经济文化重心的迁移与西北民族地区经济文化的发展及其影响

一、经济文化重心向西北民族地区的迁移

抗日战争爆发以前，中国的近代工业主要集中在沿海和长江流域各省，广大的内陆地区工业经济基础十分薄弱。1937年，中华民国政府经济部登记注册的3935家工厂（不包括矿场，但包括公用事业和兵工厂）中，有1235家（占30%）设在上海，2063家（占52%）设在沿海各省，637家（占17%）设在内地。① 而另一项大致相同的估计是，到1937年"七七事变"时，广大内陆省份仅有大约全国工厂的6%，产业工人的7%，工业总投资的4%，电力的4%。②

中国少数民族聚居地区之一的陕、甘、宁、青、新等西北各省，长期以来经济文化发展比较缓慢，尤其是近代工业，20世纪30年代初期还处在刚刚起步的初级阶段。1932年，陕西省西安市回民白楚珍等人于渭南创办西安棉花机器打包厂；1933年，绥远开办毛纺厂1家；1935年，宁夏开办电灯厂1家。类似这样的加工工业，各省都有一些，但都规模不大，资金不多。能源工业、电气工业和重工业尚未发展。青海和宁夏的民营工业更是空白。1937年在经济部注册的工厂中，两省没有一家。

1934年，国民政府提出"开发大西北，建设西安"的口号，一些企业家开始把眼光转向比较闭塞的西北地区，陕、甘、宁等地的工业获得一个发展的机会。1935年至1936年，即有玻璃厂从徐州迁到西安，另有银号和面粉公司从河南到西安筹建面粉公司和分公司。

"七七事变"以后，战火逐渐扩大，沿海各省近3000家工厂面临日本侵略者炮火和统治蹂躏的威胁。看到内地工业落后，社会生产力较低，而军需民用方面的要求却大幅度上升，国民政府和广大爱国工商人士及民族资本家，乃共同发起组织了国营与民营工业大迁徙。

工业迁徙的目的地最初定在武汉。早在1936年，隶属于国民政府军事委员会的资

---

① 彭泽益：《中国近代工业史资料》第4辑，第92页，生活·读书·新知三联书店，1957年；《剑桥中华民国史》上卷，第54页，中国社会科学出版社，1994年。

② 李紫翔：《抗战以来四川之工业》，第23页；吴相湘：《第二次中日战争史》下册，第659页；张圣轩：《三十二年四川工业之回顾与前瞻》，载《四川经济季刊》第1卷第2期；《中华志·1937—1943年》，第437页。转引自《剑桥中华民国史》下卷，第676页，中国社会科学出版社，1994年。

源委员会即拟订了工业化的五年计划,把两湖和江西作为工业建设的重心,并开始设厂,生产钢铁、重型机器及无线电和电气设备。为了支援抗战,保存和发展民族工业,上海等地的数百家民族工业,冒着日军的炮火,冲破日军的封锁,一路艰辛,以巨大的人力物力代价和损失从沿海迁到武汉。仅在上海一地,即有150家工厂、1.38万余吨设备、2300多名工人在日军的枪林弹雨之下冒险迁出。①

随着战火的不断扩大和日军的步步内侵,资源委员会不得已改变计划,将其工业建设重心,由湘、鄂、赣逐步转移扩张到川、滇、黔、桂、西康、甘、豫、陕、皖等省,国民政府亦计划在川、滇、黔、桂、湘、陕、西康、藏等内陆省份建造后方根据地,并于1938年初提出《非常时期经济方案》,决定将西南和西北作为后方建设重点。1938年7月1日,经济部等机关奉蒋介石手令,开始拆迁大冶各厂矿。接着,国民政府下令武汉各业工厂内迁,规定各类工厂不论大小,凡对后方、军工、民生有用的,一律内迁;凡在运输、复工方面缺少资金的工厂,一律以低息贷款;凡来不及拆迁者一律炸毁。这样,以一些关键性的工业企业和军事工业(如南京、武汉、广东和山西的兵工厂)为主体,各业工厂大致分成三路,分别迁到了四川、云南、贵州、陕西、广西、湘西等地。

这次从1937年8月开始到1940年左右告一段落的工业大迁徙,除了国营工业企业以外,共有623家私营工厂搬到后方,并有3/4最终复工。随同工厂迁移的有4.2万多名技术工人,其中1.2万多人获得国民政府的财政资助。

国民政府选中西北地区作为后方建设基地。除了从安全的角度考虑以外,也因陕西汉中盛产棉花与小麦,有发展纺织业和面粉加工业的优越条件。从1938年8月底开始,迁往陕西的民营工厂从武汉陆续分批出发。到1940年,经国民政府工矿调整处协助内迁到陕西的工厂即有27家,占该处协助内迁工厂448家的6.1%。迁往陕西的工厂以纱厂和面粉厂居多。一些工厂技术、资金和设备比较雄厚,一些工厂则因行动仓促,途中磨难较多,机件损失严重,到达目的地后只能合作开工。

迁陕民营工厂分类统计②

行业	数量(家)	行业	数量(家)
机器业	8	化工业	3
纺织业	19	其他	4
食品业	8		

抗日战争时期迁往西北的工厂企业主要集中在陕西,尤其是陕中地区。但是随着工业重心的迁移,以资源委员会为首的国民政府有关部门通过独资、合资等多种形式,在大后方举办新的工矿企业,以适应战争的需要。在这种背景之下,甘肃和青海等地也建

---

① 孙果达:《民族工业大迁徙——抗日战争时期民营工厂的内迁》,第51页,中国文史出版社,1991年。关于《上海迁出的民营工厂、工人和设备》的统计,还有其他几种略有差异的说法。
② 根据孙果达《民族工业大迁徙——抗日战争时期民营工厂的内迁》第249—251页表格材料统计,中国文史出版社,1991年。

立了一些厂矿企业。

在工业重心迁移的过程中，各类人才、资金、市场也从沿海和东部部分向西转移。1938年至1940年间，进入陕西的各类技术人员（机械、纺织、化工、文教、电器等）达730人左右。①

经济重心的迁移带动了文化重心的迁移。抗日战争爆发以前，中国的现代教育和文化事业发展也极不平衡。以高等教育为例，1934年至1935年，全国的110所（不包括东北）国立、公立、省立、市立和私立高校中，上海有24所（占21%），北平有17所（占15.5%），河北有9所（占8.2%），广东有8所（占7.2%），新疆、陕西、甘肃、云南等省分别只有1所，而贵州竟一所也没有。"七七事变"爆发后，日军在侵华战争中，重点打击和摧毁中国的文化教育事业。到1938年8月，全国108所国立专科以上高校，遭到日军破坏的便有91所，其中25所因破坏严重而停办，财产损失达3360余万元。学生注册总数和教师总数分别降低了50%和30%，因此，内迁成为保存中国现代文化教育事业的唯一选择。

国民政府对高等学府、科研机构和文化设施的内迁做了一些安排和努力，如增加经济援助和加强管理等。有效地支持了沿海内地文化重心的迁移，从而保存了中国高等教育和科研的精华。据统计，战时共有52所教育机构迁入内地，有25所避入外国租界和中国香港，只有6所留在沦陷区。北方的高校因受日军破坏严重，迁入西部后往往联合成校。其中迁往西北的北平大学、北平师范大学与北洋工学院3所高校，在西安合并组成战时国立西北联合大学。此外，另有太原的私立川至医学专科迁往西安、焦作的私立焦作工学院迁往甘肃天水。

抗日战争时期文化内迁的一个重要表现，是大批中国共产党党员和受中国共产党影响的进步文化人士（如杜重远、沈雁冰、张仲实、赵丹等）纷纷来到新疆，分别从事文化、教育、新闻、戏剧、美术等方面的工作，为抗日救亡运动和新疆各族文化教育的发展，作出了较为显著的贡献。

二、西北民族地区经济文化的发展及其影响

沿海和长江流域工业内迁，给西北民族地区的经济发展提供了一个较好的条件，而战争所造成的消费物资严重不足，市场需求急增和军队装备扩大等，也给战时西北的经济发展以较强的刺激。

首先是工业迅速发展。尤其是陕西省，战争前几年工厂不断增加，工业生产量显著增长。1943年初，国民政府经济部发表的工业报告所提到的3758家工厂中，有3168家是1938年至1942年间创办的，其中有385家在陕西。战时工业主要重视与军事有关的生产资料（如化学制品、金属制品和机器制造）的生产，因此，陕西的重工业得到发展，能源工业发展尤为迅速。全省建立了许多新式煤矿，一些老煤矿也进行了扩建或改造，并普遍采用动力设备和机器设备。在电力工业方面，原有的西京电厂得到扩建并设有分厂，1939年和1943年又分别建成汉中电厂和王曲电厂，使全省的发电能力大为

---

① 中国人民政治协商会议全国委员会文史资料研究委员会：《工商经济史料丛刊》第2辑，第75页，文史资料出版社，1983年。

提高。在石油工业方面，中国共产党组织在陕西省延长地区打井 30 余口，修复了 3 个炼油室，生产出汽油、柴油、机油及凡士林、白蜡等产品。日军侵占海南岛，切断中国的海上交通以后，资源委员会得到中国共产党的配合，在甘肃开发了玉门油矿并很快出油。油矿的大部分技术人员是来自于西北工学院、联合大学、重庆大学等校的毕业生，工人则来自海泉、玉门、金塔 3 县的征兵名额。1942 年油矿计划年底生产汽油 180 万加仑，结果到 11 月份即完成任务。所产油品，大都供应西北军用交通及重庆工业与民用等需要，对支援抗战和发展后方经济作出了贡献。在新疆，乌苏独子山油矿也较著名，1941 年时该矿日产量达 100 吨左右。战时陕西省还发展了一些重化工业，出现一批机制碱、酸、西药、染料及黑火药的工厂，如西安集成三酸厂、西北化学制药厂等。机器制造和机器修配业也相应发展，其中机修业开始于迁陕的 8 家机器厂和 1 家五金厂。这家五金工厂（即上海利用五金厂）是唯一内迁到延安的机器厂家，它为陕甘宁边区的工业建设作出了贡献。在机器制造业有少数民族企业家参与，1939 年西安回民陈亚光等人集资创办的建国机器制造厂，设有机械加工、锻压制造、钳工装配和烧炼 4 个车间，生产手摇电话机、汽车轴承、炼制汽车用的轻质油，一直维持到战争快要结束。

抗日战争时期西北地区轻工业中应数纺织业发展突出。陕西产棉和羊毛，战前即有 2 家棉纺织工厂。以申新纱厂为代表的纺织企业及设备内迁陕西后，使秦陇一带出现了较为先进的工业，并逐步繁荣起来，形成一个小型纺织工业中心。战争结束之际，陕西的纺织工厂已达 19 家，手工工厂更达近千家，[①] 纺织能力突增五六倍。在甘肃，上海民族资本家刘鸿生通过考察，发现西北盛产羊毛，但毛内含沙量大，如创设洗毛厂，就能为建立毛纺厂做好准备。1942 年秋，刘鸿生与富华贸易公司合资在兰州筹办洗毛厂。1943 年 5 月，刘鸿生又与当地官僚、军阀和地方封建势力合作，在兰州筹建西北毛纺织厂。1945 年战争结束前，该厂资本总额已达 1 亿元（当时通货膨胀），其中经济部、甘肃、青海两省政府的官股合计达 1300 万元。在宁夏，因衣料来源断绝，省内又产羊毛和棉花，纺织生产遂普遍受到重视。1936 年冬开办省立初级职业传习所，既传授纺织技艺，又生产产品。1940 年后省城设妇女纺织传习所，部分县设分所。是年省府兴办的省毛纺织工厂也建成投产，以自制木机为主，有职工 600 余人，主产毛毯、地毯、呢料、毛衣、毛袜、毛线、棉线等产品，供应省内及绥西、甘肃等地，1941 年赢利 3.4 万余元，[②] 1942 年后被军阀马鸿逵吞并。战时宁夏还发展了一些纺织及染织厂，资本多在 2 万—5 万元。

轻工业中面粉加工业也有较大发展。1935 年，回民杜秀升在西安创办的华峰面粉公司为西北地区最早的现代化面粉厂。1941 年，杜秀升任陕西省面粉工业同业公会理事长，领导着西安的华峰、成丰、福豫、和会，宝鸡的福新、大新，汉中的大新和蔡家坡面粉厂，统一接受当时国民政府的军粮生产任务，给各个会员厂分配生产指标，协调各会员厂生产关系。其经营的华峰公司也效益大增，日产面粉由 4000 袋提高到 6000

---

① 彭泽益：《中国近代工业史资料》第 4 辑，第 312 页，生活·读书·新知三联书店，1957 年。
② 《十年来宁夏省政述要》第 5 册，"建设篇"，第 166 页，宁夏省政府秘书处印，1942 年。

袋。① 战时陕西全省的机制面粉厂有 12 家，而 1937 年以前仅有 2 家。在新疆，1943 年也成立了伊犁面粉厂。

除了上述产业以外，其他如卷烟、火柴、酒精、造纸、制革等加工业均有不同程度的发展，并有以回族为代表的少数民族企业家积极参与其中。

抗日战争时期西北民族地区的工业成就是比较显著的。据国民政府实业部统计，1937 年陕西近代工业企业只有 10 家，占全国工厂数的 0.25%；资本额仅有 27.5 万元，占全国资本额的 0.74%；工人只有 4635 人，占全国工人总数的 1.01%。到 1942 年，全省已有工厂 385 家，占国统区总数的 10.24%；有动力设备 13855 马力，占国统区总数的 9.63%；有资本额 1.05 亿元，占国统区总额的 5.43%；有工人 2.351 万人，占国统区的 9.74%。② 在中国共产党人的帮助下，新疆的工业也有较大的发展，至 1942 年全省已拥有 43 个企业（不含矿业）。西安、宝鸡、兰州成为后方新工业区之一，彻底改变了战前中国不合理的工业布局。

抗日战争后期，受多种因素影响，快速发展的西北工业经济逐渐走向衰落。

抗日战争初期开始，大量外省难民人口涌入西北，当地的商业贸易遂得以开展，回族在商业活动中占有较大的比重。然而，甘、宁、青地区的对外贸易和市场主要被当地的军阀及官僚资本控制和操纵，回族等少数民族内部的农业、手工业和小商业受到严重扼杀。

作为西北民族地区经济发展的一个标志，当地的交通邮电事业在战时得到一定的改善。西北原有连接兰州和新疆的兰新公路，长 1179 公里，战时为适应需要抢修扩建，东经西兰公路与西安连接，西与新疆境内直达苏联边境的公路接通，全程贯穿陕、甘、宁、新几省，对接受苏联援华物资及开发西北民族地区经济起到了很大的作用。为联结西北与西南交通网，又修缮了川陕公路西线，并开辟川陕、甘新、陕甘等驿运干线。各省内的公路状况也有一定改善。如为了加强对绥远军事的支持，国民政府交通部自 1940 年起统管宁夏公路交通。经逐年施工，宁平、宁兰、宁仓三条干线道路质量得到了提高，各条公路路线基本固定。战时西北民族地区还新兴了起航空运输业，不仅陕西省，像宁夏这样比较闭塞的地方，也修筑了几处机场，开辟了空中航运路线。

高等学校和科研文化机构的内迁同样对西北民族地区文化教育的发展产生了积极的影响。为了保证内迁学校在战争的条件下能够正常运作，国民政府教育部建立专门机构，收容和遣送战区青年学生到后方入学，1938 年起又设置贷金，凡公立学校籍属战区，经济来源断绝者可申请，毕业工作后交还（后一律改为公费），专科以上学生获贷金和公费的学生每年常在 5 万—7 万人。③ 为适应抗战需要，国民政府对文化管理也给予一定的关注，政治部设立第三厅时，由郭沫若任厅长，借以收揽各党和各方面的人才。1940 年又成立文化工作委员会，包容了一大批内迁的各界代表人物，同时对文化组织，宣传及出版发行也给予一定限度的支持。在这种情况下，西北民族地区的文化教

---

① 冯均平：《抗日战争时期的陕西回族》，载《回族抗日战争史论集》，河北人民出版社，1991 年。
② 彭泽益：《中国近代工业史资料》第 4 辑，第 96—97 页，生活·读书·新知三联书店，1957 年。
③ 《第二次中国教育年鉴》，第 13 页，商务印书馆，1948 年。

育事业也活跃起来。

在陕西，回族教育显著发展，各地出现一批新式回族中小学校。如安康伊斯兰小学纳入公办，归西北公学领导，1941年成为一所完全小学；河南回族难民在西安创办私立西安伊斯兰小学校，1940年得到西安私立正光小学的资助，成为一所完全小学；1944年秋，陕西省立第一中学设分校，回汉兼收；1938年至1945年，陕北边区陆续办起38所伊斯兰小学和1所伊斯兰公学。省内成立有"回坊小学教育研究会"、"西安回民教育研究会"等团体。抗日战争时期，全国各地的回族青年纷纷奔赴陕甘宁边区，中国共产党中央十分重视培养少数民族干部，遂在延安的中央党校举办专门的回民班，还有不少回族青年分别在延安的抗日军政大学、陕北公学、鲁迅艺术学院、中国女子大学、马列主义学院及定边的民族学院学习和深造，成为既有文化知识，又具有共产主义思想的少数民族干部，在以后的革命和建设时期发挥了重大作用。

在甘肃，战时有大批知识分子从东北、华北来此从事文化教育活动，对改变当地少数民族的文化现状起到积极作用。兰州、天水、平凉、临夏等地都创办了回族中小学，如兰州的清华、明德、进德、尚德、崇德小学和知行中学、西北中学都是这个时期兴办的。参与兴办回族教育的，包括宗教团体（如临夏穆夫提道堂）、宗教人士（如马重雍）、民族资本家（如马辅臣）、开明绅士（如马全钦）、军阀（如马步青、马鸿逵）等等。战后西北大后方的各类学校大都东迁或停办，甘肃等地的文化发展也受到严重影响。

在青海，从1937年到1945年，都有文艺界的著名人士，如老舍、李朴园、沈逸千、郑君里、韩尚义、吴晓邦、崔超、王云阶、吴越荫、张大千等人，或以个人名义，或率领文艺团体陆续来到这里。他们抱着"拓荒者"的意愿，想把抗日救国和新文化的种子播撒在青海高原上。尽管声势和规模都不大，却把沉睡着的古城西宁唤醒了，并且把一批有为青年和文艺爱好者，引进了抗日救亡宣传队的行列。如"七七事变"后不久，老舍从兰州来到西宁，作了《什么叫新文学?》、《怎样写作?》等讲座，对西宁的文化界震动很大。老舍离开西宁后，学校里学生自办的文艺小报接踵而出，唯一的地方报纸也开辟了文艺副刊，一时文艺写作蔚然成风。李朴园于1941年春率西北抗日戏剧宣传队第八队来到西宁，进行大型话剧《雷雨》、《日出》、《野玫瑰》，小戏《三江好》、《放下你的鞭子》、《打回老家去》，歌曲《保家乡》、《大刀进行曲》、《抗日游击队歌》、《流亡三部曲》、《黄河大合唱》和一些相声、快板等节目的演出，同样震动了古城。使青海人民的眼界大开，对当地抗日宣传工作和新文化的传播，起到了很大的推动作用。[①]

在宁夏，"七七事变"发生后，一些学校开始掀起抗日宣传活动。1937年秋，新安旅行团由北平经绥远来到宁夏，沿途在石嘴山、黄渠桥、平罗、银川等地宣传抗日救国，更加激发了宁夏青年学生的抗日热情。一些学校组成了服务团，到地方上进行抗日宣传活动。后来宁夏政府把学生抗日后方服务团的部分成员组成一个专业性质的抗敌歌剧宣传队，有歌有剧，用宁夏话和地方调进行演出。随着敌占区文化和教育工作者向大后方转移，宁夏也逐渐扩充了文教队伍。1939年秋，在迁入宁夏的文艺工作者的帮助

---

① 参见周宜逵：《抗战时期文艺界著名人士来青活动的片断》，载《青海文史资料选辑》第7辑，青海人民出版社，1980年。

下，宁夏剧坛开始上演纯话剧，到 1940 年，话剧已得到一定的普及。一些剧团不仅在银川，还到各县去免费演出宣传抗日的剧目，激发了各族群众的爱国热情。① 抗日战争期间，为了发展边疆教育，国民政府教育部在宁夏建立了一些国立学校，其中国立宁夏初级职业学校于 1940 年春开始建设，1941 年招生。该校设金木科、纺织科、畜牧科，招收高小毕业生和同等学力的边疆学生，虽然名义上是以少数民族学生为主，但实际上蒙古族、回族学生很少，绝大部分是汉族子弟。课程设置以学习初中文化课程及初级专业知识为主，兼学简单的手工工艺操作和家畜饲养实际操作。学制 3 年，供给伙食及书籍。1942 年，学校更名为国立宁夏实用职业学校。在校学生最多时为 150 人，教职员工 20 余人。国产绥宁师范创办于 1942 年，目的是为宁夏、绥远两省培养师资，校址设在惠农县黄渠桥。宁夏的学生通过招考选拔，全部公费。战争结束时，在校学生有 600 多人。②

在新疆，中国共产党领导主持了当时全省的文化教育工作，使之呈现出蓬勃向上的局面。在教育界，他们对教学内容进行改革，突出马列主义理论的学习和抗日救亡的思想内容。如抗战期间，中国共产党人林基路和进步文化人士杜重远先后在新疆学院任教务长和院长，他们着重宣传抗日爱国思想，使该校成为一所充满革命朝气和活力的新式学院，许多少数民族青年在此受到革命的教育。在新闻、文化、出版、文艺各界，中国共产党人和进步文化人士利用所掌握的领导权和所担任的领导职务，积极宣传抗日，宣传马列主义，努力推动新疆各民族文化事业的发展。如 1939 年新疆文化协会成立后（沈雁冰任协会委员长），举办了文化干部训练班，讲授新哲学、戏剧理论、音乐、舞台技术、化妆等知识，培养各族人才。1939 年 8 月，赵丹、叶露茜等一大批影剧界人士入疆，成立了新疆文化史上第一个专业性话剧团——新疆实验剧团，排练上演抗日及反映新疆现实生活的话剧。在各界各方面人士的共同努力下，1942 年全疆有公立学校 580 所，比 1938 年增加 223 所；公立学校学生人数 9.1065 万人，比 1938 年增加 5.449 万人。③ 1940 年，全省有民众教育馆 4 座，民众图书馆 219 座，民众阅报处 66 处，俱乐部 89 个，电影院 3 座，剧团 31 个，体育场 16 个，各族文化会 295 个，报社 7 个。④

第二节　经济文化重心的迁移与西南民族地区经济文化的发展及其影响

一、经济重心向西南民族地区的迁移

"七七事变"爆发以后，国民政府决定采取以"持久消耗战略"为中心内容的抗日军事战略。在西北和西南等后方建立基地，构成这个抗日军事战略的重要组成部分，其

---

① 祁志彬：《解放前宁夏话剧史略》，载《宁夏文史资料》第 13 辑，1984 年。
② 徐世雄：《解放前宁夏教育情况片断》，载《宁夏文史资料》第 12 辑，1984 年。
③ 参见程东白：《十年来新疆的文化教育事业》，载《新新疆》第 1 卷 1 期，1943 年。
④ 周东郊：《新疆十年》（油印本），第 109 页。

中又以西南为重点。在国民政府拟订的西南、西北工业建设计划中,工业建设的重点明确放在西南,"其地域以四川、云南、贵阳、湘西为主"。① 并指令以川、黔、桂、湘西②为内迁厂矿的主要地区。

国民政府在大后方的开发和建设的战略布局上,之所以采取以西南为中心,先西南后西北的顺序,是因为西南不仅与西北一样工业资源丰富,地理位置优越,还有着相对发达的农业和战时交通线及较好的人文文化背景。1938年3月,国民政府设立工矿调整处。该处成立后的第一件事就是计划在广西、云南等地筹设工业区。这是因为当时有一些上海工厂所订购的外国机器受战事影响,滞留在中国香港、新加坡、马尼拉等地,还有一些工厂的设备暂存在租界和未及迁移,若把这些机器设备通过中国香港、越南海防或广州运入内地,无疑会对后方的工业建设大有裨益。云南是西南国防重地,气候适宜,农产品和矿产都比较丰富,也具有建工业区的条件。因而,工矿调整处打算按这些地区的原料生产情况,把造纸、制糖、麻织、硫酸、橡胶、机械、罐头、印刷、五金、医药、油漆、颜料等工厂设法取道中国香港、越南海防等地,或是直接从内地迁入云南和广西。云南成为川、滇、黔、康西南四省中除了四川以外最重要的经济内迁地区。

以四川为首的西南各省,对沿海内地经济重心的迁移表示极大的关注和热烈的欢迎。川、滇等省多次派代表到上海、汉口等地做劝说工作,并在工厂选址、税捐、运输等方面予以方便和优惠。这样,在各方面的配合下,又造成了一场规模空前的产业、人才、资金、市场的由东向西的再次转移。

从1938年8月开始到1940年年底,上海及东南沿海等地内迁工厂623家,其中大多数分布在西南地区。四川省(尤其是重庆地区)迁入的工厂数最多,达254家,迁入的机器设备也比较先进,迁入云南和贵州的厂矿企业一共23家(包括军事和民用),多是重工业和军事工业,其技术和设备在国内处于领先地位。如中央机器厂是中国第一个大型机械制造厂,1937年建于湖南湘潭,战争爆发后,资源委员会批准该厂迁往云南,随厂迁移的有200名员工和5000多吨器材。1939年6月,新厂房在昆明建成,一共设有7个分厂,至1945年抗日战争结束时,该厂已成为一个拥有623台设备,2500多名员工及40万平方米厂房的实力雄厚的大型机器厂。中央电工器材厂也是国民政府筹建于湘潭的大型重工业企业,因云南盛产铜、铅、锌等金属矿产,乃于1938年至1944年先后将4个分厂迁至昆明。第二十二、第五十一、第五十二兵工厂和第二十一兵工厂的分厂也迁到了云南,它们是国民政府重要的军事工业企业。迁入云南的大型企业还包括两个飞机制造厂。中央飞机制造厂由中美合资于1934年10月建于浙江杭州,1937年9月迁至武汉,1938年10月迁至昆明,1939年7月又迁往云南省边陲瑞丽县的垒允。垒允水陆交通畅达,很适合工厂的建立。半年后,一座现代化的大型工厂便在这个傣族聚居区拔地而起,飞机跑道、厂房、医院、子弟学校、电影院、员工住宅等一应俱全。工厂规模比原先大为扩展,拥有员工2929人。空军第一飞机制造厂原设广东韶

---

① 《西南西北工业建设计划》,中国第二历史档案馆藏。转引自林建曾:《国民政府西南大后方基地战略思想的产生及结果》,载《贵州社会科学》1995年第4期。

② 本节论述的地理范围只包括四川、云南、贵州、西康几省。

关，1938年年底迁到昆明西郊，1940年年初厂房建成投产，有员工600多人。①

迁入云南的其他厂矿一览表

厂名	性质	迁入地点
昆明炼钢厂	官营	昆明
普坪村化工厂	官营	昆明
石咀炼锡厂	官营	昆明
通用机器厂	民营	昆明（未复工）
大中华橡胶厂	民营	昆明（未复工）
上海造纸厂	民营	昆明
湖北水泥厂	民营	昆明
光大瓷业公司	民营	曲靖

贵州省的经济基础较为薄弱，因而迁入的厂矿数量不多，迁入的时间也较晚。1939年，中国煤气机械厂（民营）由武汉迁至长沙再迁贵州，拥有固定资产20万元。1940年，中华橡胶厂（1938年由南洋侨胞庄怡生投资兴建）由昆明迁至贵阳，原因是日军封锁滇缅公路，东南亚橡胶来源断绝。1944年，衡阳楚胜染织厂携500多名技工由桂林迁黔，于贵阳设立铁机织布厂，专织白磅布和花布，促使贵州宽布生产进一步发展。其他迁入贵州的工厂还包括瑞丰汽车修理厂、青年卷烟公司、长兴印刷公司、民营化学工业社和一批玻璃厂及皮革厂。

在西康省，有无锡允利化学厂迁至重庆后，又分迁至康定。

所有迁往西南地区的工厂企业，尤其是民营工厂，都经历了极其艰苦、充满磨难的旅程，一些厂矿损失严重。在迁移过程中，内迁工人发挥了巨大的作用，从拆卸到装运，他们付出了血汗乃至生命，从而有效地保证了这一大规模迁徙的完成。1939年8月，根据对川、滇、黔三省新工业发展情况的调查，三省中新工业资本逾2万元以上的，共达472家，其中四川382家，云南41家，贵州49家。② 到1940年8月，"自沦陷口岸迁移到西南内地的工厂，目前已开工的，便达500家以上"。③

在沿海内地经济重心向西南民族地区迁移的过程中，以资源委员会为首的国民政府有关部门通过各种形式创办了一批新的企业。早在1937年至1938年，资源委员会副主任钱昌照就几次飞赴昆明，与云南省政府主席龙云和其他有关人士商议共同兴办企业，资源委员会在资金、技术和人员方面大力协助。如此先后合办了一批重要厂矿，如个旧锡矿、云南钢铁厂、昆湖电厂、宜良煤矿、东川铜矿等。云南省政府和一些个人也投资兴建了一批规模不等的企业。在贵州，国民党政学系骨干吴鼎昌于1938年被任命为贵州省主席后，蒋、宋、孔、陈四大家族和政学系的垄断资本便随之深入贵州，一批官僚

---

① 孙代兴、吴宝璋编著：《团结抗战——抗日战争中的云南》，第163—174页，云南人民出版社，1995年。
② 《中央日报》，1939年8月29日。转引自谢本书、温贤美主编：《抗战时期的西南大后方》，第161—162页，北京出版社，1997年。
③ 《新蜀报》1940年8月12日社论。

资本企业相继建立,仅四大家族直接投资的企业,1943年即达25家。① 资源委员会也与贵州省政府合办或是独自兴办了贵州矿务局、贵州锰铁厂、南桐煤矿、遵义酒精厂等企业。

沿海内地工厂企业向西南民族地区迁移,不仅在一定程度上改变了中国的工业布局,还给西南地区带来机器、设备、技术、人才和资金,奠定了发展西南工业的基础,并在思想观念方面造成冲击,其意义相当深远。

二、文化重心向西南民族地区的迁移

西南地区被国民政府确立为抗战大后方以后,伴随着工厂企业的内迁,大批的高等学校、科学技术人员、工程技术人员汇集西南,部分未受损失的科研机构和实验设备亦随之迁移。而日本对主要沿海城市的占领,亦迫使中国的作家和文化工作者进入内地。1937年至1938年,武汉与广州取代上海和北平成为文学活动的新中心。武汉和广州失陷后,文学活动进一步深入内地,重庆、延安、香港、桂林分别或先后成为文学活动的中心。随着文化重心向西南民族地区迁移,昆明和贵阳等地曾一度出现文化发展的热潮。

迁入云南的高等院校有10所(一说11所),它们是国立西南联合大学、国立国术体育专科学校、国立中山大学、国立艺术专科学校、国立同济大学、私立华中大学、国立中正医学院、国立上海医学院、私立中法大学、中央政治大学大理分校。这些学校中成绩最突出、影响最深的当为西南联合大学。西南联合大学由北京大学、清华大学和南开大学组成。这三所大学于"七七事变"后迁至湖南长沙,并根据战时需要做了合并、调整,组成联合大学。南京陷落后,长沙危急,三校遂于1938年2月开始分海陆两路再迁云南。1938年5月4日在昆明以西南联合大学名正式开学。为了解决云南地方师资问题,联合大学在原文、理、工、法商4个学院的基础上,增设师范学院。全校共分5个学院,26个系,2个专修科,1个晋修班,1个先修班,成为当时国内规模最大的高等学府之一,并于1938年年初和1940年夏分别在云南蒙自和四川叙永设过分校,不久后撤销。入滇的学校中,中山大学建在澄江,华中大学迁至喜洲,都是少数民族聚居的地区。内迁的学校还在昆明创办了云南省英语专科学校。这样,加上原有的云南大学,昆明成为战时中国教育中心之一。

迁入贵州的高等学校有私立大夏大学、国立唐山工学院、国立浙江大学、国立湘雅医学院、陆军大学、广西师范学院等。中等学校中,有中央大学实验中学由南京经长沙迁到贵阳,并更名为国立十四中。

迁入西南地区的科研机构,部分是独立的,部分归属于高等院校和企业,四川仍是主要迁入地区,但云南和贵州也有分布。出于形势的需要,国民政府和西南各省地方政府也在后方举办了一些新的科研机构,使得西南民族地区的科学技术研究能力大为增强,研究水平也相应提高。如贵州省战时各类研究机构(包括独立科研机构和院校,企业及中央研究部门的所、场、部、处等)达到20多个,比战前增加数倍以上。②

抗日战争爆发以后,北方沦陷区和遭受日军侵略威胁地区的作家及文化工作者先是汇

---

① 周春元等主编:《贵州近代史》,第316页,贵州人民出版社,1987年。
② 参见孔玲:《抗日战争时期贵州的科研机构》,载《贵州文史丛刊》,1997年第1期。

集武汉,后又转移到后方基地,在重庆、成都、昆明、贵阳、桂林等地,从事抗日宣传活动。文学界、戏剧界、音乐界、电影界、美术界、科学界的大批名人来到云南和贵州,从事文化活动和科学研究。一些新闻和文化机构也迁到西南,或是在西南设立机构,如著名的新华日报社在昆明、贵阳等民族地区设有分销处,生活书店、读书出版社和新知出版社也分别在这些城市设立新书店。各种有组织的或是自发的进步文化活动更是层出不穷。

三、西南民族地区经济的发展和影响

抗日战争爆发以前,西南地区经济发展比较缓慢且不平衡。四川省有着比较好的农业基础,然而从1912年到1935年,省内战乱频繁,给生产造成很大的破坏;云南省自1929年以后,在省政府主席龙云的领导下努力进行整顿和建设,社会经济状况有很大改善,但生产力水平和沿海地区相比仍有很大的差异;贵州省和建省前的西康地区基本上仍处在落后状态,人民生活贫困。尤其是各省的工业基础都十分薄弱,没有形成系统的近代工业体系,重工业和许多基础工业都是空白。

抗日战争爆发和沿海内地经济内迁,客观上为西南民族地区经济的发展提供了极好的机遇和条件。

其一是外国商品减少,市场需求激增,十分有利于民族经济的发展。其二是因其重要的战略地位,在西南形成了以昆明、贵阳、重庆、成都为中心的各路交通网(线)。其三是沿海工矿企业大量内迁,给西南地区带来了机器、设备、技术、人才、资金、市场,奠定了西南民族地区工业发展的基础。其四是国民政府采取了一系列的政策和措施,以促进西南后方经济的发展。以上几种因素,共同构成了西南民族地区经济发展的有利环境。

1. 工业

抗日战争时期,国民政府执行一条以重工业建设为主导,大中小企业一起上的开发西南工业经济的政策原则,主要以发展战时所需物资和有关国计民生的大宗商品为宗旨,组织、安排和协调生产,并在战争初期对民营工矿企业实行奖励扶持,以应付战争初期军需民用的巨大要求。随着战时经济的开发,大后方的工业经济获得迅速发展,民营厂矿从战前的270家,发展到1943年的4000余家;国营工矿仅资源委员会所属单位,就从战前的16个,增加到1938年的63个,抗战结束时更是达到118个。大后方逐步形成了重庆、川中、广元、川东、桂林、宝鸡、昆明、贵阳等11个工业区,其中大多数分布在西南。

川、康、滇、黔战时兴办的大中型工厂统计[1]

省份\门类	冶炼	金属	机器	水电	电器	化工	建筑	食品	纺织	文化
四川	29	82	480	29	72	471	25	221	295	169
西康	1			2		4			2	
云南	14	4	14	7	4	39	3	9	25	3
贵州	7	3	12	1	2	101		9	31	3

---

[1] 参见周天豹等:《抗日战争时期西南经济发展概述》,第146页,西南师范大学出版社,1988年。

经过数年的发展,到 1942 年,西南地区已建立健全了包括冶金、机械、化工、电器仪表、纺织、食品等上百种行业,各行业内产品品种繁多,几乎包括了当时中国有能力生产的所有产品,形成了一个基本能够自给的、比较稳定的体系和工业基础结构。以下是西南民族地区工业发展中几个有代表性的方面:

钢铁:中华民国政府根据西南地区煤、铁矿的分布,储量及交通运输等条件,在那里大规模投资新建、改建和扩建钢铁基地,加紧建设了一批官办和民营的大中型企业,其中多数在四川省,但云南的钢铁生产也获得了很大的发展。1941 年 6 月,中央研究院工程研究所与云南合作,在昆明西郊建成中国电力制钢厂,8 月投产。1943 年,资源委员会与云南合作建成云南钢铁厂,其生产的高质量的生铁,除基本满足了抗战时期云南工业生产的需要外,还部分地支援了四川和贵州两省。该厂也生产少量钢材。中国电力制钢厂和云南钢铁厂的建成投产,标志着云南钢铁工业的开端,从此云南结束了不能产钢的历史,基本具备了从冶炼、炼钢、轧钢到制造各种板材、角钢、线材以及各种军工所需钢材品种的能力。他们培养的工程技术人员和技术工人,有一批后来成为中华人民共和国钢铁工业,特别是云南钢铁工业的骨干力量。[①] 1945 年,西南年产钢料已达 1.2 万吨,约占全国产量的 48%。

冶炼:抗日战争以前,西南地区的矿业开采和冶炼即在其工业结构中占有较大的比重。战时,因有色金属成为重要的战略原料,需求量大增,有色冶金工业遂得以发展。官商集资成立的云南炼锡公司和云南矿业公司、资源委员会开设的云南锡矿工程处,其资本都在 500 万元以上。1940 年,资源委员会、中国银行和云南合作成立云南锡业公司,推动了云南锡业的发展,资源委员会还在贵州与贵州省政府合办贵州矿务局、贵州锰铁厂等。西南地区民族资本在此期间也兴办了一批以手工操作为主的小型企业,如云南的金、银、铁等矿产,主要由私人资本开采。因锑的国际需求量增加,价格上涨,贵州省恢复及新建的矿产达到 40 余家。由于有色冶金工业发展,战时云南省有色金属矿产总值位居全国第一。

机械:战时西南地区不仅建立了类如中央机器厂、中央电工器材厂、中国汽车制造公司、中央汽配厂等大中型骨干企业,民营机械工业也发展迅速。能够生产出大如汽车、汽轮机、轧钢机、锅炉、鼓风机、各类机床,小至齿轮、轴承、电焊条、各类工具及仪表等上千种产品。其中设在昆明的中央机器厂是中国第一个大型机械制造厂,它从抗战需要出发进行生产,创造了中国机械工业历史上的许多"第一"(第一台最大的发电机、第一台最大的电动机、第一台最大的发电锅炉、第一次完成装配制造汽车的工作,等等),并培养出大批第一流的机械工业人才。

纺织:西南地区战前只有一些简单的手工纺织机械。1937 年 8 月,云南地方官僚资本投资建成云南纺织厂,正式开创云南纺织工业的历史。1938 年,中国银行、交通银行与云南地方官僚资本缪系财团合办裕滇纺织公司,资本总额达 1200 万元,1940 年建成投产,是当时云南最大的纺织企业。到抗日战争后期,云南全省的纱锭由战前的 0.52 万锭增至 4.8 万余锭;机制棉纱由年产 0.3 万余件增至 3.3 万余件;棉布由年产

---

① 孙代兴、吴宝璋编著:《团结抗战——抗日战争中的云南》,第 176—178 页,云南人民出版社,1995 年。

3.6万匹增至37万匹。① 在贵州省，1938年贵阳市场投资5000元至1万元以上的小型手工棉织厂有16家，1942年全省民营纺织厂达28家。② 由于有衡阳楚胜染织厂迁入，战争末期贵州的宽布生产有很大发展，土布生产进一步下降。即使是偏僻的西康省，战时也于康定筹设毛织厂并建成开工。

战时云南和贵州民族地区工业的发展，可用下列数字来说明：1937年，云南全省注册的工厂数为42家，1945年年底达到226家，增加5.38倍。1945年年底云南全省工业资本为6175.5万元（按战前币值计），是战前的8.23倍；工人数为2.9万余人，是战前的4.9倍。战时全省工业年平均发展速度为126.80%，比战前提高22.60%。从工业生产的增长情况来看，以1938年生产指数为100，增长最高的1943年为520.40%。③抗战8年间，云南工业发展超过了过去几十年的总和，成为"云南工业的极盛时期"。在贵州省，因战时市场需要的刺激，几乎每年都有工厂新建。1937年全省只有两家官僚资本工厂，资本合计约为30万元。1942年全省官僚资本"公营"和"公私合营"的工厂则增至27家，仅21家的资本总额即达9300多万元。同年全省民营资本97家工厂的资本也有4790多万元。④ 1939年成立的贵州企业公司是当时全省最大的官僚资本企业，创立时有资本60万法币，1943年2月增加到300万法币，先后控制过34个企业，是贵州历史上最大的垄断组织。在西康省、战前只有制革工业。战时，该省政府在雅安设立专制军毡的毛织厂及皮革厂、造纸厂、木材干馏厂、制碱厂、利用芒硝并附设肥皂厂、酒精厂、度量衡制造厂、电器厂等；在康定设立机械厂、毛织厂、洗毛厂等。并与经济部合资设立制革、皂烛、玻璃、造纸等示范工厂及纺织制糖指导组。省属屯垦委员会还设立制革厂及实业厂，并设染料厂、植物油厂、电力厂。矿冶工业如金、铜、锌、铁、煤等则与中央合作经营。⑤

战时西部地区的工业迅速发展具有几个特点。一是国家资本主义工业迅速发展，战前的1936年公营工矿业（不含兵工厂）资本在全国（不含东北）是2.06亿元，其中后方为0.185亿元。1945年发展到8.67亿元（1936年币值），是战前全国公营工矿业资本的4.2倍，是战前后方地区公营工矿业资本的46.86倍，年平均增长率分别为17.3%和53.3%。二是重工业优先发展，呈现出快速增长的势头。1937年，重工业资本在工业中只占9.2%，工厂数占18.5%。到了1942年，重工业资本在国统区工业中则占78.86%，工人占48.69%，动力设备占81.85%。三是新建和扩建了大批的矿冶企业，使大后方的工业在能源和原材料方面基本上能自给。四是工业科学技术取得一定进步。主要表现在新产品的研制、代用品的试制、新器材的制造、新原料的利用和新工艺的推广几个方面，形成了一支自主型的科技专家队伍。1938—1944年，专利注册件数为423件，超过战前25年的总和。

从1942年开始，受战争和其他因素的影响，西南各地的工业出现停滞、减产或倒

---

① ③ 孙代兴、吴宝璋编著：《团结抗战——抗日战争中的云南》，第179页，云南人民出版社，1995年。
② 周春元等主编：《贵州近代史》，第322页，贵州人民出版社，1987年。
④ 《贵州财经资料汇编》第63、第119、第120页，贵州省政府经济委员会编印，1950年。
⑤ 刘国良：《中国工业史》（近代卷），第435页，江苏科学技术出版社，1992年。

闭的趋势，生产开始萎缩，直至国民政府的统治结束。

2. 农业

作为战时重要的后方基地，西南地区在粮食和农副产品的供应方面一直担负着艰巨的任务。为了促进后方农业生产的发展，国民政府同样采取了一系列扶持政策，比较重要的有如下几条：

一是增加发放农业贷款。中国银行、中国农民银行、交通银行、农本局在西南所设的分支行处及地方金融机构都办理农业贷款。

二是改良和推广农业新技术。1939年在四川和云南设农业推广委员会，各省县内均设农业推广所，主要进行农作物推广、病虫害防治、畜牧兽医、农具、肥料、农村副业、棉毛麻纺织训练等内容的工作，其中以改良种子的推广和病虫害的防治成效最大。云南和贵州都引进了烤烟新品种并获得推广，成为商品率较高的农产品，1942年贵州的烟税即占统税的65%，1945云南的烤烟税收也达4000多万元。[①] 就是西康省，也设泰宁、雅安、西昌3个农场，作为全省改进畜牧业、推广优良棉种、改良茶叶和蚕桑的试点。

三是大力推进农村合作社的发展。川、滇、黔三省均设有农村合作委员会，规定各乡镇要有一个合作社，每户至少有一人为社员。合作社成为基层农贷对象，通过对农业金融放款控制来实现对分散的小农经济发展的组织和计划，以推进战时农业政策的实施。到1943年9月，云南省建立农村合作社7900余个，贵州省建立1.07万余个。这些合作社90%是信用合作社，其余的是产供销合作社或运输合作社。

四是鼓励垦荒，扩大粮棉种植面积。包括禁种鸦片、推广冬耕、组织难民移垦等多项措施。1942年到1944年，西南地区垦殖面积达333万余亩。随着农垦运动的开展，在西南地区还出现了一些近代农垦企业。它们采用具有资本主义特色的方式经营农业，对传统的小农经济具有一定的冲击作用。

虽然战时对劳动力需求使许多青壮年脱离务农，到工厂、运输业做工，或是到前线服务，但是从整体上看，至少1943年以前的西南地区农业在市场需求刺激和上述措施指导下，总产量是增加的，商品经济也有一定的发展。云南省的农业生产基本满足了战时全省不断增长的粮食需求，军粮和有关农副产品供应也得到了比较可靠的保证。战时国民政府在云南征调的粮食占全省稻谷产量的49%。在各省中，云南提供的农产品仅次于当时的四川。

战时川、桂、滇、黔农作物生产情况[②]　　　单位：千亩、千市担

品种	1937		1938		1939		1940		1941		1942	
	面积	产量	面积	产量	面积	产量	面积	产量	面积	产量	面积	产量
稻	66887	200877	76714	288555	78753	286847	73795	225902	71885	216497	73473	255320
麦	42996	64857	51026	105561	49478	103876	49635	99903	51432	90947	57485	117878
棉	2050	644	3727	971	4816	1546	6005	1450	5397	1261	5378	1529

---

① 谢本书、温贤美主编：《抗战时期的西南大后方》，第208、第200页，北京出版社，1997年。
② 参见陆仰渊、方庆秋主编：《民国社会经济史》，第605—606页，中国经济出版社，1991年。

1943 年以后，由于缺乏劳动力和其他一些政策等不利因素的影响，西南地区农业发展出现阻滞，生产逐渐下降。

3. 交通、金融、商业

抗日战争时期，西南民族地区的交通得到发展，公路建设成绩骄人。为了使国际援华物资能够通过缅甸顺利运到中国，在云南境内先后修成通往国外的滇缅公路和中印公路，有力地支援了抗战和后方经济建设。1939 年年初通车至 1945 年，滇缅公路共计运送进出口物资达 40 多万吨。① 在四川、西康和贵州，公路建设也得到很大发展。西康建省前几乎没有公路，建省后先后修筑了川康、康青、乐西、西祥几条公路，筑路里程仅川康公路和康青公路即超过 1000 公里。在各省道路建设的基础上还建成了西南公路交通网，贵州因地处西南腹心，西通昆明，南接桂、柳，北连重庆、成都，东达芷江、江陵，成为连接西南公路交通网的中心。西南运输管理局、中国运输公司均设于此。西南公路交通网与西北公路交通网也得到了连接。

除了公路以外，驿运、铁路、水运、航空运输也有不同程度的发展。滇缅公路被阻后，驿运发挥了巨大的作用，少数民族群众成为驿运的主要力量。西南各城市之间开辟了航线。另有中印航线连接国外。重庆和昆明成为战时航空中心。许多机场修筑在少数民族聚居地区。

抗日战争以前，西南地区金融业发展极不平衡，少数民族聚居区金融相当落后。四省中，四川金融业较发达，其银行总分支行处（不含重庆）96 家，云南有 21 家，贵州和西康仅分别为 4 家和 3 家。② 抗战开始以后，随着沿海经济内迁，西南地区的金融业迅速膨胀起来，国民政府、各省政府及地方商业、实行银行纷纷迁入和建立，改变了西南地区金融长期薄弱的局面。到 1945 年 6 月，昆明已有银行机构 48 家，下关有 15 家，贵阳有 25 家。昆明的南屏街因聚集了众多银行机构，而被称为"昆明华尔街"。

经济文化内迁和难民人口增加，使得西南民族地区商业一度繁荣起来。商业企业的行业增多，经营规模扩大，商业企业之间和地区之间的联系得到加强。出现了联合经营公司。重庆、成都、昆明、贵阳等城市作为内地货物集散枢纽，逐渐成为战时西南的各种贸易中心，如昆明是对外贸易中心，贵阳是商业转运中心。在沿海内迁的浪潮中，一些商业企业也迁到了西南民族地区，如贵阳迁来了纱布百货店 16 家、餐馆 16 家、汽车材料行 81 家、运输行 27 家、五金行 7 家、图书文具业 26 家、杂业 291 家。③ 有些商行还在贵州开了分店。云南省的下关因处在滇缅公路上，交通繁忙，商店也就增多，1945 年达到 1000 多家，比战前增加三四百家，成为省内仅次于昆明的第二大商业城市。滇西的腾冲也成为商品集散地，被当地人称为"小上海"。迤西三大商帮在战争初期非常活跃，除了继续做黄丝、茶叶、药材、石磺生意外，还经营美国棉纱、棉布、百货的进口和土产品猪鬃、火腿、矿产品钨砂的出口。

---

① 谢本书、温贤美主编：《抗战时期的西南大后方》，第 236 页，北京出版社，1997 年。
② 周天豹等：《抗日战争时期西南经济发展概述》，第 100 页，西南师范大学出版社，1988 年。
③ 参见《贵州省志·商业志》，第 14 页，贵州人民出版社，1990 年。

四、西南民族地区文化的发展和影响

抗日战争爆发以后，西南各省对于沿海内地教育科研机构和文化人士的内迁，给予了积极的配合和安置。龙云后来回忆说："抗战期间，在昆明的民主人士很多，尤其是西南联大的教授和我随时都有接触和交谈的机会，谈到国家大事，所见都大体相同。"[①]国民政府基于抗战与建国并重原则，又为了适应战时环境与实际需求，在高等教育上也多作整顿与兴举，并在文化上给予一定限度的扶持。中国共产党则利用国共合作所赋予的合法地位，在大后方发起支持抗日文化运动。广大的文化教育及科研工作者、青年学生和人民群众亦满怀爱国热情，积极投身抗日文化运动和教育科研事业。所有这些，都促使沿海内地文化重心迁移以后，在西南等民族地区获得了较大的发展。

高等教育发展最为显著。战争爆发以前，西南四省中四川有各类高校10余所，云南有云南大学，贵州和西康则还没有建立起一所高等学校。抗战爆发以后，有64所高等学校先后迁入川、滇、黔三省，促进了西南民族地区教育的发展。尤其是西南联合大学在昆明8年，对云南的政治、经济、文化各个方面产生了重要而深远的影响。当时许多著名的学者和外国专家在联大任教和讲学，如自然科学方面有吴有训、饶毓泰、叶企孙、施嘉炀、江泽涵、杨武之、赵访熊、陈省身、华罗庚、许宝禄、姜立夫、郑华炽、吴大猷、周培源等，社会科学方面有闻一多、朱自清、陈寅恪、杨振声、罗常培、浦江清、冯友兰、王力、罗庸、向达、潘光旦、朱光潜、汤用彤、陈序经、吴晗、吴达元、金岳霖、钱钟书等。联大的教师和学生克服重重困难，在极其艰苦的条件下开展教学，取得了令人瞩目的成绩。一大批优秀人士从这里脱颖而出，许多人后来成为蜚声中外的科学家和学者。许多西南边疆的优秀青年，有了进入第一流高等学府深造的机会。抗战结束以后，联合大学北迁，但是师范学院却留在了云南，同时亦有一批师生留下。华中大学在喜洲的7年中，共招收学生300多人，并邀请联大、云南的教授和外国教师授课，为地方培养了人才。云南省立英语专科学校也为云南输送了大批英语师资。作为云南地方自办的云南大学，战时得到长足发展，全校共设5个学院20个系，门类比较齐全，其师资力量仅排在西南联大之下，一举跨入了中国著名大学的行列。贵州省不仅迁来了多所高校，还先后成立了国立贵阳医学院、国立贵阳师范学院和国立贵州大学，贵州教育史由此翻开新的一页。

中等教育和基础教育也有发展。在云南，入滇高校为该省的中等教育提供了一定数量的师资，其师生也常到各中小学授课。到1945年6月，云南省立中等学校（包括中学、师范和职业学校）已有42所，市立中等学校有128所，私立中学有30所（一说1945年云南各类中等学校为216所）。从1940年开始，全省一律实施国民教育，至1944年有国民学校7655所，比1940年的3079所增加一倍多；受教育儿童110.7万人，占学龄儿童的65%，比1940年增长20%；受教育成人192.4万人，占成人总数的34%，比1940年增长15%。在贵州，1936年全省有中等学校（包括中学、职业学校、师范）39所，学生902人。到1947年，全省中等学校增加到149所，在校学生（137所学校的统计）29173人，小学则由1935年的1700多所增加到1939年的2800多所和

[①] 龙云：《抗战前后我的几点回忆》，载《云南文史资料选辑》第17辑，云南人民出版社，1982年。

1949 年的 7400 多所。贵州省还建立了主要培养少数民族师资的学校——省立青岩乡村师范学校，1939 年冬该校被国民政府教育部改为国立，1940 年 1 月迁至榕江县城小学地址，并更名为国立榕江乡村师范学校。至 1944 年，该校师范部、简师部、初中部、附小部学生逾千人，并在黎平设有分校。①

科学技术取得较大进步。尽管受科研条件限制和经费短缺等因素影响，许多科研人员还是努力钻研，在科学技术的研究与开发上做出了成就。战时的科学研究为了结合抗日战争的实际需要，不仅特别注重科学在国防军事及工业生产的应用研究，而且注意结合开发西南西北大后方资源，支援后方工农业建设的需要，因而战时后方的应用科学技术进步很快，并取得大量成果，直接推动了后方工农业生产的发展。

文化事业更上一层楼。昆明是战时的民主堡垒和教育中心，由于大批的知识分子和文化工作者聚集在这里，所以它的话剧、戏剧、戏曲、歌咏等抗日宣传活动开展得如火如荼。贵阳作为战时交通枢纽，也有许多文化名人（如徐悲鸿、巴金、秦牧、臧克家等）来到过这里。像中华民族解放先锋队（贵州地方部队）、筑光音乐会和沙驼业余话剧社等抗日进步团体组织的各种宣传、讲演、演出活动不仅在省城，也在中小城镇和农村中蓬勃发展。新闻出版业也在抗日宣传活动的推动下向前发展，昆明的报馆由战前的 2 家增加到 10 家，贵阳的报纸也达到 20 种，两地还发行和创办了许多进步的刊物。

第三节 经济文化重心的迁移与中南民族地区经济文化的发展及其影响

一、经济文化重心向中南民族地区的迁移

1938 年夏，武汉地区的工厂再次迁移时，有一部分向南迁到了广西和湖南。

国民政府工矿调整处决定在桂林、南宁等地建立一个新的工业区，是考虑到广西南近海岸，北接湘、黔，物产丰富，国际交通便利，对于各种工业都较适宜。他们计划将各种机器、翻砂、橡胶厂由香港迁到广西，将麻织、制糖、造纸、碾铜、罐头等厂经广州迁到广西。为了协助东南沿海民营工厂迁往云南和广西，工矿调整处开了 6.35 万元的迁移借款预算，另准备了 106.5 万元的复工、建厂及购料借款，以便这些内迁工厂到达目的地后，能够尽快开工生产。②

在这种情况下，上海、武汉、长沙、南昌等地的部分工厂企业陆续迁入广西。到 1940 年年底，经工矿调整处协助迁往广西的工厂有 23 家，占该处协助内迁厂矿的 5.1%。当年复工的工厂有 14 家。民营工厂迁入的较多，到 1942 年年底，迁往桂林的民营工厂已有 88 家，并成立了迁桂工厂联合委员会，使桂林成为广西的工业中心。

迁往广西的主要工厂企业中，中华铁工厂迁到柳州，铸亚铁工厂、中兴铁工厂、华

---

① 周春元等主编：《贵州近代史》，第 403—404 页，贵州人民出版社，1987 年。
② 孙果达：《民族工业大迁徙——抗日战争时期民营工厂的内迁》，第 167—168 页，中国文史出版社，1991 年。

中铁工厂、强华机器厂、六河沟机器厂、怀民实验机器厂、赵金记机器厂、填昌翻砂厂、陈信记翻砂厂、中华碾铜厂、上海制钉厂、中国制钉厂、希孟氏历钟厂、中央棉纺织实验馆、福星染厂、华中染厂、科学印刷厂、国光印刷厂、华美印刷厂、永利电机厂、汉口冰厂、工商谊记橡胶厂、大新荣橡胶厂等，都迁到桂林。

国民政府有关部门也在广西以独资或合营的方式举办新的工矿企业，其目的不独是为了保证战时的物资供给，也是为了扶持地方经济的发展。如资源委员会与广西合办的平桂矿务局利润分配各半，广西省政府所得半数作为发展广西经济事业之用，资源委员会所得半数留作发展广西重工业之用。据统计，战时国民政府军政部、交通部、经济部、中国银行、资源委员会等七部门在广西独营的企业有 16 家，与桂省合营的企业有 5 家。

湖南也是沿海经济内迁的重点地区，迁往这里的工厂数目仅次于四川，经工矿调整处协助内迁的即有 121 家，占该处协助内迁工厂数的 27%。内迁的工厂主要集中在民族聚居区——湘西。早在 1938 年 7 月，工矿调整处即派技术人员到湘西勘察部署。他们认为那里远离战区，交通也还方便，便决定把 100 多家工厂迁到该地。从 9 月下旬开始，许多工厂即陆续从武汉迁往湘西。然而，湘西经济比较落后，给养供给困难，一些工厂只能联合开工。

迁往湘西的工厂中，民营工厂有 70 多家，其中机器五金业 20 多家，化工业 10 多家，纺织业 4 家，其他的则为电器业、面粉业，等等。

地理位置比较偏僻的鄂西地区，战时也迁入和新建了一批工厂企业。据 1944 年《湖北省统计年鉴》记载，计有硫酸、造纸、纺织、机械、陶瓷各业工厂迁入或新建，职工达 1000 多人。各县亦发展了印刷、碾米、砖瓦等手工作坊。闭塞、落后的鄂西工业，因此而发生了一些变化。

在工厂企业向广西和湘鄂西迁移的同时，亦有文化团体、学校和文化界人士向这些地区迁移。

"七七事变"发生以后，统治广西的新桂系即表示支持抗日，并和中国共产党建立了统一战线。广州、武汉相继沦陷后，广西成为抗日大后方之一，桂林成为连接西南、华南、华东及海外的交通枢纽。大批的高校、文化团体和文化界人士纷纷入桂，使桂林等城市成为抗日文化的堡垒。据记载，曾经迁入广西的高校有同济大学（贺县），国术体育专科学校（桂林、龙州）、广东省立教育学院、私立无锡国学专修、浙江大学、江苏省立教育学院、私立华中大学等。

1938 年秋，武汉会战开始后，在武汉的中华民国党政机关全部向鄂西、鄂北和江南后方阵地转移，实行全面军事撤退。湖北省政府和湖南省政府分别迁往鄂西的恩施和湘西的沅陵，由此带动一大批机关、学校、团体、医院及知识分子和难民向这些地区迁移。同时，沿海内地的一些单位和个人，在迁往云贵川的途中，也留在了湘鄂西。据统计，先后有国立湖北师范学院、武汉大学工学院、省立农学院等 25 所大专和中学迁入恩施；有大学 1 所、中等学校 17 所、小学 1139 所迁入湘西（截止到 1941 年 10 月）。[①]

---

① 杨策主编：《少数民族与抗日战争》，第 182 页，北京出版社，1997 年。

仅所里（今吉首市）即有江苏省立银行专科学校，江苏省立旅湘临时中学、国立第十一中学高中第一部、第四部、女中部，战时教师服务团等迁入；泸溪县有文化团体7个、普通中学6所、师范（含附设师范科）2所、职业高中1所、小学5所迁入。①

二、中南民族地区经济的发展和影响

"七七事变"以前，由于新桂系在广西推行一条以经济建设为全部建设中心的路线，并制定了相应的政策和措施来促进经济的发展，所以它的经济建设已经取得一定的成就。湘西和鄂西的经济发展则比较落后，生产力水平较低。沿海内地经济重心的迁移，无论对广西还是对湘鄂西，都产生了积极的影响和推动作用。

1. 工业

沿海工厂内迁以前，广西地方官僚资本兴办的企业已有10多个，民营工厂在1935年时也达到了54家。但与沿海地区相比，这时的广西工业基础仍然比较薄弱，1937年在经济部注册登记的工厂中，广西只有3家，注册资本为91.3万元，工人有174名。

沿海工厂内迁以后，国内物资和人才在桂大量会聚，加上农业、交通运输、商业和对外贸易的发展，广西的工业盛极一时。1942年全省共有工厂292个（不含矿业），占经济部登记的民营工厂（3111家）的8%，其中10个工厂的资本即有15.30万元，全部工人约1.6万名。即使到了1943年，后方工业开始下滑，广西仍有各种工厂287家，资本7000万元。

广西的工厂企业主要集中在桂林、柳州、梧州等城市及桂东地区，公营企业约占15%，规模较大，资金较多，生产技术和设备也较先进。它们代表着广西当时先进的生产力，对广西社会经济的进步起着重要的推动作用。这类企业以广西纺织机械厂、广西面粉厂、桂林炼铁厂等为代表。1941年，国民政府废除省一级财政，广西为保住经济上的半独立，成立了广西企业公司，其经营范围以工业为主，包括农、林、矿各业，是广西官僚资本最集中、力量最大的一个综合性企业。1942年年底，广西20世纪30年代所建的许多工厂都被其接管。至1943年春，该公司股本总额达到了1亿元。

广西民营工业虽然规模较小，但发展迅速。桂林在战前只有2家规模较大的民营工厂，战争爆发后增加到90多家，包括碾米、机器、印刷、铸造、五金等各业。这些民营工厂有的是从外省迁入的，有的是在当地原有手工作坊基础上发展起来的。柳州的民营工厂也几乎是1931年后建立的，到1941年止，该市共有机器、纺织、印刷、糖酒等各业工厂53家。1943年10月，迁移到湘、桂地区的民营工厂在桂林举办了一个工业展览会，被人称为"中国机械工业的缩影"。

除了以上各种工业，广西的矿业在原来的基础更加发展，矿业资本在各类工业资本中最为发达。

抗日战争期间，桂林"工合"为广西工业经济的发展和中国的抗日事业作出了杰出的贡献。"工合"的全称为"中国工业合作协会"，由国际友人路易·艾黎（新西兰人）、埃德加·斯诺（美国人）和中国著名爱国人士胡愈之、陈翰笙等发起组织，1938

---

① 周定方：《抗战时期迁入泸溪的团体和学校》，载《湘西文史资料》第11辑，中国人民政治协商会议湘西土家族苗族自治州委员会文史资料研究委员会编印，1988年。

年 8 月在汉口成立。"工合"的主要使命是在中国大后方组织失业的技术人员、工人等成立工业生产合作社，生产军需民用产品，以支持中国的长期抗战，夺取抗日战争的最后胜利。同时，也解决战时失业工人及其家属的生活问题。管理湘、桂、黔三省事务的"工合"西南办事处于 1938 年 10 成立，最初设在湖南祁阳，1939 年 10 月迁桂林，1940 年改为湘桂办事处，辖湘、桂两省，下面设有桂林、柳州、平乐、全州、宜山及祁阳、邵阳、衡阳、冷水滩、零陵、新化、溆浦等 10 多个事务所。在其鼎盛时期，各种生产合作社曾发展到 300 多个（其中桂林有 20 多个），生产了大量的军需民用产品，如纺织品、皮革、机制卷烟、瓷器、纸张、面粉等。桂林"工合"还成立了盟军服务处和供应盟军日用品合作社，大量供应皮鞋、手帕、衬衣等日用品给驻桂林地区的英美盟军。并与盟军签订合同，为他们制造帐篷、降落伞、行军床等军需品，减少了盟军的许多后顾之忧，支援了抗日战争。①

抗日战争以前，湘西和鄂西没有近代工业和重工业，民营工厂也只是湘西有 2 家。经济文化重心向西迁移以后，湘鄂西得以成为战时新的工业区，各县工业多有发展。如湘西泸溪县的浦市增加各种作坊 60 多家，并办起了造纸厂和纺织厂。② 鄂西北咸丰县办有化工厂，生产机油、皮革、油墨、肥皂；恩施县办有纺织厂，生产棉布、纱布、毛巾、袜子、被面、织毯等；利川县办有硫酸厂，生产硝酸、硫酸、盐酸、明矾、肥皂、牛胶、牛羊皮革、羊皮里革等。③ 这些不仅满足了战时民族地区的一定需要，也为后来这些地区工业经济的建设积累了可贵的经验。

1944 年春，湘桂战役爆发，广西和湖南的工厂向四川等地撤退。由于缺乏援助，民营工厂无法顺利撤退而损失惨重。堆积在广西金城江和贵州独山等地的大批物资，或是落入敌手，或是被火焚毁。据统计，当时从湘桂地区迁往四川的民营工厂有 95 家，内迁物资达 7873 吨，未及搬运的 2973 吨，而运抵重庆等地的只有 201 吨。湘桂地区的民营工业，就此损失殆尽。④

2. 农业

从 20 世纪 30 年代开始，统治广西的新桂系采取了一些发展农业经济的措施和政策，抗日战争爆发以后，为了保证前后方的粮食和其他农副产品的供给，国民政府和广西省政府都加强了对后方农业的建设和投入。

一是加大农业贷款。1937 年，广西银行成立。1938 年，广西省政府与国民政府经济部农林局合办农田水利贷款委员会，当年允拨 200 万国币作发展农田水利之用。至 1941 年，共贷款 600 余万元，完成大小工程 20 余处。⑤

二是推行农村合作社制度，广设农村合作金库。至 1943 年 9 月，广西全省共有合

---

① 参见中共广西壮族自治区委员会党史研究室、广西军区政治部合编：《广西抗战纪实》，第 83—87 页，广西人民出版社，1995 年。
② 刘升焜：《昔日的浦市市场》，载《湘西文史资料》第 11 辑，中国人民政治协商会议湘西土家族苗族自治州委员会文史资料研究委员会编印，1988 年。
③ 《湖北简史》，第 631 页，湖北教育出版社，1994 年。
④ 孙果达：《民族工业大迁徙——抗日战争时期民营工厂的内迁》，第 241 页，中国文史出版社，1991 年。
⑤ 钟文典主编：《二十世纪三十年代的广西》，第 200 页，广西师范大学出版社，1992 年。

作社 1.27 万余个；1942 年 2 月共有合作金库 43 个，以办理合作社放款为主。

三是兴办农事试验场和若干省营农场及林场，改良农作物品种，推广各种农业生产新技术。

四是提倡冬种。从 1938 年起历年提倡并予奖励。1940 年广西冬种面积为 360 万亩，1941 年为 750 万亩，1942 年达 1000 万亩。①

在战争需求的影响下，战时广西的农业虽然获得一定的发展，但同时也存在劳动力不足和土地兼并的问题。1942 年，广西有 21.4% 的农户因征兵役而完全失去壮丁。② 战时日军还两次侵入广西，对广西农业的发展造成较大的摧残。

抗日战争期间，湘西和鄂西各县也普遍设立了由农民银行控制的合作金库，县以下设信用合作社，主要业务是发放低息农贷，扶持农民发展生产。但是，由于各级政府普遍存在腐败行为，各地农民的贷款利息每年仍高达 50%，有的甚至高达 100%。

3. 交通、邮电和商业

抗日战争时期，由于广西和湖南特殊的地理位置，1938 年 10 月，日军占领广州，切断广九、粤汉铁路运输大动脉以后，中国囤积在中国香港的物资，只有转运越南海防，利用越南北部的铁路，经桂越公路和滇越铁路分别进入广西和云南。当时武汉会战结束，国民党军队主力退到湘、赣、鄂、豫等省，急需武器弹药补给；同时重庆是抗战首都，很多兵工厂迁到四川、贵州，急需军工生产原料。所以 1939 年至 1940 年桂越线成为中国重要的国际运输补给线。在这个时期和在此前后，国民政府和湘桂两省政府在广西和湖南都进行了交通方面的建设。

在公路建设方面，两省主要是修筑和改善了湘桂公路，岳车公路和湘川公路。湘桂公路自衡阳至桂林，是中东南国际交通干线之一。此路原为沙石路面，1938 年经过改善，可以接运由海防经河内转至同登的大批军工民用物资。岳车公路自中越边境的岳墟，经靖西、东兰与黔桂公路的车河接通，全长 494 公里，1940 年 2 月建成通车，是接运由越南输进的大批军需民用物资的重要新线，也是广西境内一条全部通过壮族聚居区的交通干线。到日军入侵越南为止，该线共运送进出口物资达 30 多万吨。③ 湘川公路于抗战初期修成，途经泸溪、乾城、花垣、秀山、酉阳、黔江等苗族和土家族聚居县，全靠当地少数民族的支援建成。

广西其他支线公路建设也卓有成效。1931 年至 1941 年 10 年间，广西共改善公路 1500 多公里，新修省道 2000 多公里，县道及村道能通车者 5000 公里。但是，1939 年 10 月日军侵入桂南时，广西省政府下令将可能陷入敌手的公路予以破坏，至 1941 年已破坏省道 2000 公里、县道 4000 公里、乡村道约 8000 公里。④ 10 年的建设几乎毁于一旦。

在铁路建设方面，两省主要修筑了湘桂和黔桂铁路。1938 年冬，中国国际发展运

---

① 陈大宁：《抗战六年来的广西农林建设》，载《广西建设季刊》1943 年第 1 期。
② 《各省农村劳力征调概况》，第 37 页，农村部农产品促委会印行。
③ 余凡：《抗日战争时期国际运输线路的变迁及其作用》，载《中国经济史研究论丛》，四川大学出版社，1986 年。
④ 钟文典主编：《二十世纪三十年代的广西》，第 408 页，广西师范大学出版社，1992 年。

输重心转移到广西境内后，虽然改善了桂越公路，抢修了岳车公路，利用了水道，但汽车动量小，水运曲折费时，不能适应抗战的需要，必须建筑铁路才能担负起紧急繁忙的运输任务。为此，国民政府决定加快修筑湘桂铁路，增筑黔桂铁路。湘桂铁路在抗战前已经酝酿了，1937年开始修筑，由国民政府交通部和两省政府共同投资。该铁路自衡阳至镇南关，广西境干线长1085公里，是一条重要的国际干线铁路。但是受战争影响，该线没有全部修成通车。黔桂铁路从柳州南站起，经柳城、宜山、河池、南丹、独山、都匀、贵定到贵阳，全长608公里，在广西境内302公里，在贵州境内306公里，分别由两省各自征调民工修筑。该铁路自1939年8月开始动工修筑，至1943年2月广西段全部建成通车。

从1937年至1942年，广西共协筑铁路1178公里，征集约80个县民工88.95万人，以平均每人每天0.40元的工价计算，广西耗工钱数为350余万元。① 湘桂、黔桂铁路虽然没能通往海外，但其逐段通车，成了连接中南、西南地区的大动脉，沿海沿江的机关、团体、难民人口、工厂物资向大后方转移，西南、中南地区支援前线的人力物力，大多通过此线运送。湘桂黔铁路和各条公路干线，共同构成了中南、西南交通网络的重要组成部分，对开发这些地区的经济，支持长期抗战，发挥了重大作用。

抗日战争时期，广西加强了邮电建设，至1943年，全省共建成各种等级的邮政局、支局、代办所共474所，形成比较系统的邮政机构网络。

抗日战争爆发以后，由于工矿企业、机关、学校和难民人口的迁入，广西和湘鄂西的商业经济也活跃起来。

在广西，不仅本地商业资本有所扩大，一些商业企业和商业资本也从外地迁入。从桂南克复截止到1944年6月，在广西经国民政府经济部核准的大商业公司由外地迁入的商业公司有26家，资本共1.5亿多元。② 工业资本集中的桂林，商业资本也最为雄厚。

在湘西，难民人口的剧增刺激了商业的发展。仅泸溪浦市的常住人口在1940年5月就增加了3000多人，还不包括无户籍流动的人口，因而商业畸形繁荣起来。街市上新开了40多家茶馆、酒楼和不少的客栈旅社，鸦片馆、妓院和赌场也出现了，以致时人称浦市为"小南京"③。

三、中南民族地区文化的发展和影响

抗日战争时期，随着大批的学校、机关、文化团体和知识分子迁入广西、湘西和鄂西，以新桂系为代表的地方统治者在抗日的形势下也多以开明的政治态度进行合作，中南民族地区的文化教育得以呈现蓬勃发展的局面。

在高等教育方面，广西于1939年8月将广西大学由省立改为国立，同时又兴办了几所新的高等学校。1941年，广西省立桂林师范专科学校建立，1942年改为省立桂林

---

① 《桂政纪实》，第153—158页，广西省政府十年建设编纂委员会编印，1941年。
② 钟文典主编：《二十世纪三十年代的广西》，第390页，广西师范大学出版社，1992年。
③ 刘升焜：《昔日的浦市市场》，载《湘西文史资料》第11辑，中国人民政治协商会议湘西土家族苗族自治州委员会文史资料研究委员会编印，1988年。

师范学院,1943 年改为国立;1942 年,私立西南商业专科学校在桂林建立,设银行、会计、工商管理几科,学制 2 年;1945 年,公立西江学院在百色建立,由周围 35 个县(大多为壮族聚居县)协款筹办,学制 4 年。江苏省银行专科学校于 1938 年 8 月迁到湘西所里后,也有较大发展,1939 年 2 月奉国民政府教育部令改称江苏省立商业专科学校,同年 11 月改为国立,1942 年 8 月又改为国立商学院,所设科目由最初的银行、会计 2 科增加到会计、统计、银行、工商管理、土地经济 5 个系,计政、合作 2 个专修科。该学院于战后并入湖南大学,1946 年 8 月改称湖南大学商学院。[①] 湖北省政府迁到鄂西以后,推行计划教育,中等以上学校实行公费,按需施教,有教必用,并于 1940 年设立了湖北师范学院、湖北农学院,湖北医学院,聘请留法归来的专家主持校务,使各地流亡到鄂西和鄂西本地的优秀青年得以入学深造。

在中等教育(师范和职业学校教育)方面,广西至 1944 年共有职业学校 22 所,包括柳州、南宁、百色等地的高级工业职业学校、高级农业职业学校、高级护工助产学校。为解决师资问题,广西在天保、龙州、南武、柳庆、百色、南宁等壮族聚居县市创办了省立或县立师范学校,在武鸣、东兰、养利、田东等壮族聚居县创办了简易师范学校。湘西泸溪则于 1938 年 9 月迁入湖南省立高级农校,共存 7 年零 8 个月,对湘西影响较大,为培养生源,该校还创办了一所补习中学。为解决从沦陷区内迁的青少年入学问题,以及使内迁的教职人员得以安排,并开发湘川黔边教育,1941 年秋,国民政府教育部于永绥县设立茶洞师范学校,男女兼收,至 1945 年春共招收 8 届,其中湘籍学生人数最多。[②] 1937 年,湖南省教育厅在苗族民众的呼吁下,拨款于所里创办湘西特区师资训练所,同时在训练所内设立湖南屯区各县联立初级中学。1938 年 8 月,训练所改为湖南省立乾城简易师范,主要招收乾城、凤凰、永绥、保靖、古丈、麻阳等有屯田的 7 县学生。1941 年,乾城简易师范改为湖南省立第九师范学校。1942 年 8 月,省立所里师范的原国立八中鸦溪师范部并入第九师范学校,自此该校设有高师班。从 1937 年到 1945 年,该校共培养毕业生 687 人。[③]

在中学教育方面,广西于发展普通中学的同时,努力创造国民中学,至 1940 年已有国民中学 50 所,学生 1 万人,约占全省中学生总数的 1/3。1946 年全省国民中学达到了 77 所,学生 2 万多人。湘西和鄂西迁入的中学比较多,各校之间经常开展教学观摩和文体交流,对当地中学教育的发展产生了良好的推动作用。

在小学教育方面,广西自 1936 年颁布《普及国民基础教育令》和《广西实施强迫教育办法》,规定凡 6 岁以上未足 12 岁的男女学龄儿童及 12 岁以上 45 岁未满的失学男女儿童及成年人,一律免费强迫入学。以后,国民基础教育得到较大发展。1940 年,全省有中心小学和国民基础学校 21571 所,学生 1587097 人,与 1932 年相比,增加学

[①] 陈武全:《原国立商学院概况》,载《湘西文史资料》第 6 辑,中国人民政治协商会议湘西土家族苗族自治州委员会文史资料研究委员会编印,1988 年。

[②] 黎昌林、陆光灿:《茶洞师范校史》,载《湘西文史资料》第 4 辑,中国人民政治协商会议湘西土家族苗族自治州委员会文史资料研究委员会编印,1988 年。

[③] 石华森:《吉首民族师范学校简史》,载《湘西文史资料》第 6 辑,中国人民政治协商会议湘西土家族苗族自治州委员会文史资料研究委员会编印,1988 年。

校 6744 所,增加学生 986443 人。增加的学校多数设在桂西壮族聚居区。湘西不仅迁入了 1000 多所小学,而且在少数民族聚居村寨创办了学校。如 1943 年湖南省教育厅拨款 100 万元法币,在凤凰、永绥、宁远三县创办了 3 所省立边区小学。据不完全统计,从 1938 年到 1939 年,湘西共办特区短期义务小学 200 余所,分布于永绥、凤凰、乾城、古丈、保靖、泸溪、麻阳等县,后来还继续增办。加上苗族民办的乡小、保小、私塾数十所,上述学校共有学生不下万人,并且多数是苗族子弟。①

　　抗日战争时期,中南民族地区的文学、艺术、出版、新闻等文化事业比战前均有较大的发展。桂林由于聚集了众多的文化机构、文化名人和进步人士,各种文化活动空前活跃,因而被人们誉为"文化城"。尤其是它的新闻出版事业发展迅速,其报纸从战前的 1 家增加到战时的 13 家,其书店和出版社也有 179 家,出版发行各类杂志近 200 种。② 在桂林众多的抗日文化活动中,戏剧是最活跃的门类之一。为了配合抗日战场的战略反攻,进一步团结、动员戏剧工作者深入开展抗日戏剧运动,在中国共产党的领导和推动下,1943 年 11 月,当时在桂林的戏剧界知名人士田汉、欧阳予倩、瞿白音等人倡议组织了"第一届西南戏剧展览会"的筹备工作。1944 年 2 月 15 日,展览会按计划在桂林隆重开幕,前来参加剧展的有广西、广东、湖南、江西、云南(只来了代表团,没有参加演出展览)5 省 33 个戏剧团体,计 895 人(包括大会工作人员近千人),持续演出 3 个月,演出剧目 60 多个,观众达 10 万人次。这样规模的戏剧活动,对当时只有 30 多万人的桂林来说,可谓盛况空前。西南剧展使抗日文化名城为之沸腾,其影响及于整个西南乃至全国。美国著名戏剧评论家爱金生,当时曾在《纽约时报》撰文介绍中国西南剧展。他在文中写道:"此宏大规模之戏剧盛会,有史以来,自古罗马时代曾经举行外,尚属仅见。中国处于极度艰困条件下,而戏剧工作者以百折不挠之努力,为保卫文化,拥护民主而战,迭予法西斯侵略者以打击,厥功至伟。此次聚中国西南八省戏剧工作者于一堂,检讨既往,共策将来,对当前国际反法西斯战争,实具有重大贡献。"③

---

　　① 参见《苗族简史》,第 252—253 页,贵州民族出版社,1985 年。
　　② 肖效钦等主编:《抗日战争文化史》,第 323 页,中共党史出版社,1992 年。
　　③ 转引自中共广西壮族自治区党史研究室、广西军区政治部合编:《广西抗战纪实》,第 165 页,广西人民出版社,1995 年。

第六编 解放战争时期（1946—1949）

第一章 中国两种命运的决战与国内民族问题

抗日战争的胜利，是中华民族近百年反帝斗争第一次取得的完全胜利，是中华民族由洗涤屈辱迈向兴盛的重大转折。但是抗日战争取得胜利以后，中国是走向国内和平、人民民主、全民族团结和中华民族的振兴，还是被迫接受全面内战、独裁，重新延续半殖民地半封建的屈辱历史。这是中华民族所面临的两种命运、两种前途的决战。经过3年解放战争，中国各族人民终于取得了基本的胜利，迎来了独立解放和振兴中华民族的新纪元。中国人民政治协商会议第一届全体会议制定了《共同纲领》，标志着这个新纪元的开端。

第一节 中国共产党民族政策与民族理论的成熟与发展

一、《共同纲领》及其意义

《共同纲领》是《中国人民政治协商会议共同纲领》的简称。中国人民政治协商会议第一届全体会议，于1949年9月21日至30日在北平举行。出席会议的有中国共产党、各民主党派、各人民团体、人民解放军、各地区、各民族及海外华侨等45个单位或方面的正式代表511人，候补代表77人，特邀人士75人，共663人。其中，少数民族正式代表和候补代表共33人。大会的任务是制定政协组织法、政府组织法、政协的共同纲领，选举全国政协委员、中央政府委员，确定国旗和国徽，决定首都和纪元。毛泽东主持大会并致开幕词，庄严宣告中国各族人民从此站起来了。会议听取和讨论了《关于中国人民政治协商会议的筹备工作报告》、《关于〈中国人民政治协商会议组织法〉起草经过和主要内容的报告》、《关于草拟中华人民共和国中央政府组织法的经过及其基本内容的报告》和《关于〈中国人民政治协商会议共同纲领〉草案起草的经过和纲领的特点的报告》。在讨论期间，刘少奇还代表中共中央单独邀请少数民族代表座谈，征求他们对《共同纲领》中有关民族政策的意见。会议一致通过了《中国人民政治协商会议组织法》、《中华人民共和国中央人民政府组织法》和《中国人民政治协商会议共同纲领》；通过了定都北京（北平改名北京）、采用公元纪年、以《义勇军进行曲》为国歌、以五星红旗为国旗4项决议案。大会选举毛泽东等180名委员组成中国人民政治协商会议第一届全国委员会；选举毛泽东为中央人民政府主席，朱德、刘少奇、宋庆龄、李济深、张澜、高岗为中央人民政府副主席，周恩来等56人为中央人民政府委员，其中有少数民族乌兰夫、刘格平、赛福鼎·艾则孜、龙云4人，朱德致闭幕词。

9月29日，全体会议一致通过了周恩来同志主持起草的《中国人民政治协商会议共同纲领》，全文共7章50条。总纲规定："中华人民共和国为新民主主义即人民民主主义的国家，实行工人阶级领导的、以工农联盟为基础的、团结各民主阶级和国内各民族的人民民主专政"。"中华人民共和国境内各民族，均有平等的权利和义务"。

《共同纲领》第6章，专门就新中国的民族政策作了明确的规定。如第50—53条分别规定："中华人民共和国境内各民族一律平等，实行团结互助，反对帝国主义和各民族内部的人民公敌，使中华人民共和国成为各民族友爱合作的大家庭。反对大汉族主义和狭隘民族主义，禁止民族间的歧视、压迫和分裂各民族团结的行为。""各少数民族聚居的地区，应实行民族的区域自治，按照民族聚居的人口多少和区域大小，分别建立各种民族自治机关。凡各民族杂居的地方及民族自治区内，各民族在当地政权机关中均有相当名额的代表"。"中华人民共和国境内各少数民族，均有按照统一的国家军事制度，参加人民解放军及组织地方人民公安部队的权利。""各少数民族均有发展其语言、文字、保持或改革其风俗习惯及宗教信仰的自由。人民政府应帮助各少数民族的人民大众发展其政治、经济、文化、教育的建设事业。"①

《共同纲领》在新中国的建国史上具有重大的意义。它是建国的纲领，规定了中华人民共和国是以工人阶级为领导，以工农联盟为基础的人民民主专政的国家；人民行使权利的机关是各级人民代表大会和各级人民政府；人民共和国的军队，受中央人民政府人民革命军事委员会统率和指挥。它规定了新民主主义的经济政策。在五种经济成分中，国有经济处于领导的地位。它也规定文化教育政策，是民族的形式、科学的内容、大众的方向。《共同纲领》所规定的民族政策是新中国的一项基本国策，揭开了民族关系史上新的一页。共同纲领在《中华人民共和国宪法》颁布以前，具有临时宪法的性质，起了临时宪法的作用，代表了我国各族人民的根本利益。

二、民族区域自治理论和政策的制定及实施

中国共产党根据马列主义的民族理论和我国的具体情况，把民族区域自治作为解决国内民族问题的基本政策。马克思列宁主义一贯主张集中统一大国的原则，并提出了区域自治的思想。因为建立集中统一的大的国家，是促进社会发展，实现社会主义的重要条件。在通常的情况下，大的国家往往是一些多民族的国家。那么，在统一的多民族的中国，如何保证各少数民族在国家生活中的平等地位和平等权利？如何保证各少数民族充分发展其经济与文化？如何保证各民族的亲密团结与友好合作？总之，如何处理好国家统一与民族自治，中央集权与地方分权的关系呢？这就需要以民族区域自治的办法来解决。

---

① 中共中央统战部编：《民族问题文献汇编》，第1290页，中共中央党校出版社，1991年。

实行民族区域自治，既能实现国家的统一，又能保障民族的平等权利。这是符合马列主义基本原理的。列宁指出："建立拥有完整的、统一的民族成分的自治州，哪怕是最小的自治州，对于消灭任何民族压迫都有极其重要的意义……"①

在中国实行民族区域自治，是由我国的具体情况与特殊的历史条件所决定的。中国自古是多民族国家，秦汉以来是统一的多民族国家。我国各民族之间经济和文化相互联系和相互依赖，共同发展，根本利益不可分割，使各族人民有团结统一的愿望，这就决定了统一国家中只有实行民族区域自治，才能促进它的发展。我国有56个民族，在中华人民共和国建立时，汉族占全国人口的93%多，少数民族人口不到7%，少数民族居住的地区很广，民族地区约占全国总面积的63.5%。民族地区的自然资源十分丰富，但人口稀少、经济文化比较落后，这就决定了汉族与少数民族唯有团结互助、通力合作，才能共同发展。在少数民族聚居的地区实行民族区域自治，是适应我国民族组成的状况和各民族共同发展的最好形式。我国民族分布杂居的状况尤其显著。各民族的分布纵横交错，形成了大杂居、小聚居的局面。一个民族集中居住在一个地方的很少。这反映了我国各民族的密切关系，是长期进行经济、文化交流的结果，是共同发展的有利条件。这种复杂的分布情况，只有实行民族区域自治才能适应。我国各族人民有着共同的遭遇与命运，尤其近百年在反对帝国主义、封建主义和官僚资本主义的民族民主革命中，各兄弟民族休戚与共，同舟共济，终于在中国共产党的领导下，共同奋斗，获得了整个中华民族的独立和解放。中国革命的主要形式是武装斗争，长期的战斗友谊，使各族人民成为血肉不可分割的整体。我国的大多数自治地方，地处边陲，战略地位十分重要。要巩固边防也必须在统一的中国实行民族区域自治。

总之，我国实行民族区域自治是马列主义的民族理论与我国的具体实际相结合的产物，是历史发展的必然。周恩来指出："历史发展给了我们民族合作条件，革命运动的发展也给了我们合作的基础"，"使我们不需要采取十月革命时俄国所强调的实行民族自决，决不允许民族分立的政策。"②

民族区域自治政策的制定经历了实践—认识—再实践的过程。1931年11月，中华工农兵苏维埃第一次全国代表大会通过的《关于中国境内少数民族问题的决议案》，在承认少数民族自决权的同时，提出了"在中华苏维埃共和国之内成立自治区"③的问题。1941年、1944年陕甘宁边区政府发表了两个施政纲要，根据民族平等的原则，实行蒙古族、回族与汉族在政治、经济、文化上的平等权利，强调建立蒙回民族的自治区。抗日战争时期，在陕甘宁边区相继建立了蒙古族与回族的自治地方。1945年，党中央指出："允许各少数民族有民族自治的权利。"④ 1947年建立了省一级的内蒙古自治区。1949年9月，在《共同纲领》中规定："各少数民族聚居的地区，应实行民族的

---

① 《列宁全集》第20卷，第33页，人民出版社，1989年。
② 《周恩来选集》下卷，第259页，人民出版社，1984年。
③ 中共中央统战部编：《民族问题文献汇编》，第170页，中共中央党校出版社，1991年。
④ 毛泽东：《论联合政府》，《毛泽东选集》合订本，第965页，人民出版社，1967年。

区域自治，按照民族聚居的人口多少和区域大小，分别建立各种民族自治机关。"① 从此，在统一的国家中实行民族区域自治，就成为中国共产党解决国内民族问题的基本政策，并且在《共同纲领》中得到肯定，在中华人民共和国建立以后得到了进一步完善。

第二节 内蒙古自治区的建立及其影响

一、内蒙古自治区的建立及其伟大意义

内蒙古自治区是中国共产党通过自治运动在我国建立的第一个民族自治区，是民族区域自治政策的光辉实践。

抗日战争胜利后，在内蒙古地区举行了蒙古民族运动。1945年8月18日，在兴安盟王爷庙成立了内蒙古人民革命党与东蒙党部，发表了《内蒙古人民解放宣言》，主张内蒙古加入蒙古人民共和国。接着，又组织蒙古族武装，发动"内外蒙合并"的签名运动，但遭到了蒙古人民共和国的拒绝。8月23日，呼伦贝尔部分蒙古族和达斡尔族上层人士，要求呼伦贝尔与蒙古人民共和国合并，也遭拒绝。10月8日，成立了呼伦贝尔自治省，要求实行高度自治，被国民党拒绝。在锡林郭勒盟苏尼特右旗，部分蒙疆政府的高级官员成立了内蒙古临时人民委员会，提出"内外蒙合并"的要求，同样被拒绝。9月9日，又成立了"内蒙古人民共和国临时政府"，并要求苏联、蒙古人民共和国承认其独立。以上这些带有分裂倾向的活动，都因国内各族人民的反对和国际拒绝而遭到彻底失败。这是因为，内蒙古的民族问题纯属中国的内政。

中国共产党以正确的方针、政策和方法，引导蒙古民族运动向着正确的方向发展。10月初，乌兰夫、奎璧、克力更等根据中共中央的指示，向"内蒙古人民共和国临时政府"的人士介绍了中国共产党的民族政策，尤其是以民族区域自治实现民族解放的主张，并指出内蒙古的独立是不可能的，而且不利于蒙古民族的解放与发展。结果争取了蒙古族的青年知识分子与开明上层人士，改组了"临时政府"，乌兰夫被选为临时政府主席，奎璧等5名共产党员当选为政府成员。

1945年10月23日，中共中央批发了《内蒙工作的意见》。文件指出，内蒙古具有极其重要的战略地位，不仅关系到蒙古民族的解放，而且关系到我党我军能否有一个巩固的后方。提出了要在内蒙古实行民族区域自治，开展自治运动，建立自治政府，争取民族上层人士参加；对最反动的伪蒙军以武力解决，一般采取宽大政策，建立蒙古地方武装；培养蒙古族干部，发展经济、文化事业，尊重蒙古族的风俗习惯等政策。中共晋察冀中央局根据党中央对内蒙古工作的方针，提出了成立内蒙古自治运动联合会，统一领导自治运动，准备将来成立内蒙古自治政府的任务，对于如何开展内蒙古的自治运动的问题，中共晋察冀中央局提出：建立各盟旗区域性自治政权，各盟旗的代表参加热、察、绥各省政府，接受各省政府的领导，各省政府帮助各盟旗建立政权，发展经济和文化，改善蒙古族人民的生活；成立内蒙古自治运动联合会，建立和改造各盟旗政权，在

---

① 《中国人民政治协商会议共同纲领》，载《民族问题文献汇编》，第1290页，中共中央党校出版社，1991年。

联合会的基础上成立内蒙古自治政府；在各盟旗组织保安队和民兵，维持地方秩序，改造旧军队与训练军队干部，准备建立内蒙古人民自卫军。

1945年11月6日，内蒙古自治运动联合会筹委会在张家口成立，乌兰夫任主席。11月25日，召开预备会议，选出了乌兰夫、奎璧、克力更等9人为大会主席团成员，并通过了议事与选举办法章程。11月26日，内蒙古自治运动联合会成立大会在张家口召开。出席大会的代表来自8盟36旗共79人。乌兰夫致开幕辞，他说：内蒙古自治运动联合会的成立标志着内蒙古"已经开始获得了解放，并且在大踏步地向全内蒙古地方自治的方向迈进"。① 大会通过了《内蒙古自治运动联合会目前工作的方针意见案》、《内蒙古自治运动联合会会章》、《内蒙古自治运动联合会成立大会宣言》以及经济建设、文化教育、医疗卫生、宗教信仰、组织人民武装等决议案。大会选举产生了由乌兰夫等21人组成的内蒙古自治运动联合会执行委员会。乌兰夫当选为执委会主席兼党委会主席。

内蒙古自治运动联合会是中国共产党领导的内蒙古民族彻底解放的组织，是团结内蒙古各阶层的统一战线性质的组织，既是群众团体，又具政权性质的组织。

内蒙古自治运动联合会成立后，派出大批的干部到锡林郭勒盟、察哈尔盟、巴彦淖尔盟和乌兰察布盟，开展自治运动。相继建立了察哈尔盟分会筹委会和人民政府筹委会并筹备建立各旗支会，锡林郭勒盟各旗支会，巴彦淖尔盟、乌兰察布盟分会，绥东四旗各支会、四子王旗支会。

与此同时，内蒙古自治运动联合会为了培养军政干部，于1945年12月18日在张家口创办了内蒙古军政学院，乌兰夫任院长。不到一年，就培养了大批的蒙古族军政干部。

1946年3月11日，中共中央指出：为了团结内蒙古人民反对国民党，应在内蒙古地区实行统一的民族区域自治。为此，必须首先统一东西蒙的自治运动。

内蒙古自治运动联合会与东蒙古人民自治政府代表，于1946年3月底在承德召开内蒙古自治运动统一会议。3月30日至4月2日举行预备会议。双方的代表一致认为内蒙古自治运动的统一是蒙古人民的愿望，是历史发展的必然趋势，但在自治的道路与领导权问题上存在着分歧。东蒙古自治政府的代表主张"独立自治"，由内蒙古人民革命党来领导内蒙古自治，自治运动统一于东蒙古人民自治政府。内蒙古自治运动联合会的代表主张走"平等自治"②的道路，这是中国共产党解决内蒙古民族问题的正确方向、路线和政策。自治运动必须由中国共产党来领导才能胜利。经过5次预备会议，终于在自治运动的方向、道路和领导权问题上，双方代表有了共识。

4月3日，内蒙古自治运动统一会议正式召开。会议通过了《内蒙古自治运动统一会议主要决议》，其主要内容是：

（1）内蒙古自治运动的方针是区域自治，自治运动由中国共产党领导。内蒙古自治运动联合会为自治运动的领导机关。东、西蒙各盟旗建立联合会分会、支会，并建立

---

① 《内蒙古自治运动联合会档案史料选编》，第17—18页，档案出版社，1989年。
② 即民族区域自治。

各盟旗人民政府。

(2) 解散东蒙古自治政府，建立内蒙古自治运动联合会东蒙总分会，领导东蒙自治运动。

(3) 内蒙古的民族武装部队由内蒙古自治运动联合会领导，各支民族武装部队属八路军各军区领导。

(4) 内蒙古自治运动联合会增设总务部、经济建设部、文化教育部，增加执行委员、候补执行委员和常务委员的人数。

东蒙、西蒙自治运动的统一，为内蒙古自治运动的发展及内蒙古自治政府的建立创造了条件。

1946年12月26日，中共中央指示东北局为建立内蒙古自治政府作准备，东北局提出了建立内蒙古自治政府的具体方案。1947年3月23日，中共中央又明确指出："内蒙古民族自治政府非独立政府，它承认内蒙古民族自治政府仍属中国版图，并愿为中国真正民主联合政府之一部分。"① 4月20日，中共中央在给东北局的指示中，要求立即成立中共内蒙古工作委员会，受东北局领导；同意内蒙古自治政府的施政纲领和暂行组织大纲，并部署参加庆祝内蒙古自治政府成立的同胞。

1947年4月3日至21日，内蒙古自治运动联合会执委扩大会议在兴安盟王爷庙召开。这次会议的召开为建立内蒙古自治政府奠定了思想、方针和政策的基础。4月23日，内蒙古人民代表大会在王爷庙开幕，出席会议的代表来自各族、各阶层和各界，共392人。乌兰夫主持大会并致开幕辞。4月24日，乌兰夫代表内蒙古自治运动联合会作政治报告。其内容包括：内蒙古自治运动的回顾；一年来内蒙古自治运动联合会的工作；内蒙古自治政府成立后的主要任务。他还向大会作了《内蒙古自治政府施政纲领》和《内蒙古自治政府暂行组织大纲》的说明。与会代表经过讨论，一致通过了政治报告、施政纲领、组织大纲及《内蒙古人民代表会议宣言》，选举产生了由121人组成的内蒙古临时参议院。4月27日，会议代表向毛泽东、朱德发了致敬电。

4月29日，召开内蒙古临时参议会，选举乌兰夫为内蒙古自治政府主席，哈丰阿为副主席，特木尔巴根、奎璧、阿思根、高布降博、刘脊等19人为政府委员。博彦满都当选为内蒙古临时参议会议长，吉雅泰为副议长，特古斯朝克图、王海峰、克力更等为驻会参议员。

5月1日，举行内蒙古自治政府成立庆典。内蒙古自治政府主席、副主席和政府委员，内蒙古临时参议会议长、副议长和9名驻会参议员，同时宣誓就职。是日下午，举行了阅兵式，乌兰夫、哈丰阿、博彦满都、吉雅泰等检阅了内蒙古人民自卫军骑兵。

内蒙古自治区的建立是内蒙古历史上划时代的一件大事。中共中央东北局陕甘宁边区政府，晋察冀、冀热辽和晋冀鲁豫等解放区纷纷致电祝贺。毛泽东、朱德来电祝贺，电文称："曾饱受困难的内蒙同胞在你们的领导之下，正在创造自由光明的新历史。我们相信：蒙古民族将与汉族和国内其他民族亲密团结，为着扫除民族压迫与封建压迫，

---

① 《内蒙古自治运动联合会档案史料选编》，第169—171页，档案出版社，1989年。

建设新蒙古与新中国而奋斗。"①

　　内蒙古自治区的建立是内蒙古自治运动的伟大胜利。在中国共产党领导下,由于汉族与其他少数民族地区的支援,内蒙古人民终于推翻了帝国主义、国内反动统治阶级和民族内部封建势力的压迫,初步实现了民族解放的愿望。

　　内蒙古自治区的建立使内蒙古地区各族人民的关系进入了一个新的发展阶段。由于统治阶级的挑拨与煽动而造成的民族隔阂与歧视开始消失,民族压迫与民族争斗的时代一去不复返了,民族平等、民族团结、共同发展和繁荣的时代代之而兴。

　　内蒙古自治区的建立是中国共产党民族区域自治政策的伟大胜利。实行民族区域自治是中国共产党运用马列主义关于民族问题的理论解决我国民族问题基本政策,是中国共产党对马列主义民族理论的新发展。内蒙古自治区的建立,蒙古民族的解放,无可辩驳地证明,中国共产党是全国各族人民的领导者,党的民族政策是使各少数民族获得彻底解放的正确指针。

二、民族区域自治实践的扩大

　　内蒙古自治政府成立后,在解放战争中不断地扩大自治区的管辖范围。1949年5月1日,中共中央、东北局决定,将热河省管辖的昭乌达盟划归内蒙古自治区。5月9日,又把辽北省管辖的哲里木盟划归内蒙古自治区。在中华人民共和国建立以后,于1949年11月23日,乌兰夫为了促进内蒙古统一的民族区域自治和对内蒙古西部地区的领导,呈请中央人民政府政务院将内蒙古自治政府由乌兰浩特迁至张家口。11月24日,周恩来总理批准了这一请求。12月2日,经中央人民政府委员会第四次会议通过,任命乌兰夫为内蒙古自治区人民政府主席,哈丰阿为副主席。从此,内蒙古自治政府改称内蒙古自治区人民政府。12月13日,中共中央决定中共中央内蒙古分局属中共中央华北局领导,撤销了中共内蒙古工作委员会。乌兰夫任中共中央内蒙古分局书记,奎璧、刘春、王逸伦、王再天、王铎、高增培为委员,吉雅泰、克力更、特木尔巴根为候补委员。

　　为了加强绥远地区的蒙古民族工作,中共绥远省委决定,成立省委、省人民政府蒙古工作委员,分别负责蒙古民族工作、贯彻党对蒙古民族的政策和各盟旗的工作。相继成立了伊克昭盟和乌兰察布盟自治政府委员会。1950年1月,绥远省军政委员会呈报了《关于处理绥远境内蒙古民族问题的方案》。5月8日,中央人民政府政务院批准了省委的方案,决定在绥远省人民政府的领导下,建立伊克昭盟人民自治区和乌兰察布盟人民自治区。1950年8月,中央人民政府政务院决定将察哈尔省的多伦、宝昌、化德三县划归内蒙古自治区。1951年10月,在内蒙古自治区建立了第一个其他少数民族的自治地方,即该自治区人口最少的鄂伦春族自治旗。

　　内蒙古民族区域自治的扩大,有利于内蒙古自治区人民政府与绥远省人民政府的密切合作。1952年5月12日,党中央批准了华北局《关于内蒙与绥远工作关系问题的四项解决办法》。四项解决办法为:内蒙古自治区人民政府、中共中央内蒙古分局、内蒙古军区,迁至归绥;乌兰夫兼绥远省人民政府主席,杨植霖、奎璧、孙兰峰任副主席;

---

① 《内蒙古自治报》,1947年5月28日。

绥远省人民政府受中央人民政府政务院和内蒙古自治区人民政府的双重领导，行政事宜由中央领导，各盟旗的民族事务由自治区人民政府领导；苏谦益、杨植霖任中共中央内蒙古分局委员，苏谦益兼分局副书记，乌兰夫兼华北局副书记。这四项解决办法的实施，为内蒙古统一的民族区域自治的实现创造了条件。

1953年10月，中共中央蒙绥分局为了加强民族工作和促进统一，提出内蒙古自治区人民政府和绥远省人民政府合署办公的建议，并经两政府联席会议通过和中央人民政府政务院批准，于11月7日正式合署办公。1954年1月11日至17日，绥远省第一届第三次各界人民代表会议通过了绥远省与内蒙古自治区合并，撤销绥远省建制的决议。其内容是：绥远与内蒙古自治区合并，撤销绥远省建制，统一由内蒙古自治区领导；改集宁、陕坝两专区为平地泉、河套两行政区。平地泉行政区辖丰镇、萨拉齐、集宁、兴和、凉城、卓资、和林格尔、托克托、武东、武川、清水河11县和平地泉镇、土默特旗与东四镇。河套行政区辖五原、临河、安北、狼山4县和陕坝镇，杭锦后旗与达拉特后旗，撤销伊克昭盟驻陕坝办事处。两行政区为内蒙古自治区人民政府领导下的一级政权；将绥东四旗改为三旗，取消陶林县建制，将其东部与集宁东北部划为察哈尔右翼后旗，将其西南部与卓资县北部察哈达尔右翼中旗，将正黄旗改为察哈尔右翼前旗，划归平地泉行政区；取消伊克昭盟和乌兰察布盟自治区，成为内蒙古自治区人民政府的一级政权，改称伊克昭盟和乌兰察布盟人民政府。

1月28日，中央人民政府政务院批准了绥远省与内蒙古自治区合并的报告。3月6日，正式撤销了绥远省的建制，该省辖区统一由内蒙古自治区人民政府领导。4月25日，归绥市改名为呼和浩特市。6月19日，中央人民政府委员会批准将绥远省划归内蒙古自治区并撤销绥远省建制的决定。

1955年2月22日至26日，召开了中国人民政治协商会议第一届内蒙古自治区委员会第一次会议，杨植霖当选为内蒙古政协主席，吉雅泰、孙兰峰、特木尔巴根、陈炳谦为副主席。

7月1日，中共中央决定，撤销内蒙古分局，建立中共内蒙古自治区委员会，乌兰夫任书记，苏谦益、杨植霖、奎璧、王铎任副书记。

1956年1月1日，国务院决定撤销热河省建制，将其所辖的赤峰、宁城、乌丹县和翁尔特、喀喇沁、敖汉三旗划归内蒙古自治区昭乌达盟。4月3日，国务院决定，将甘肃省巴彦浩特蒙古旗自治州与额济纳蒙古族自治旗划归内蒙古自治区，并将其合并为巴彦淖尔盟，辖阿拉善、额济纳西旗、磴口县和巴彦浩特市。至此，实现了内蒙古统一的民族区域自治。

7月5日至17日，召开了中共内蒙古第一届代表大会。大会选举了中共内蒙古自治区第一届委员会。7月20日，举行第一次全体委员会议，选举乌兰夫为第一书记，苏谦益、杨植霖、奎璧、王铎为书记处书记，选出15名常务委员。内蒙古统一的民族区域自治，实现了地域、行政区划、政权机关和党的领导机构的全面统一。

实现内蒙古统一的民族区域自治区，其地域东起大兴安岭、西迄居延海，北与外蒙古、苏联接壤，东、南、西分别与黑龙江、吉林、辽宁、河北、山西、陕西、宁夏、甘肃等省相邻。

内蒙古统一的民族区域自治的实现,证明了中国共产党是蒙古民族解放事业的领导者;使蒙古族和其他各族人民成为国家和自治区的真正主人;确立了蒙古族统一的政治、经济和文化的领导中心;消除了蒙古族内部、蒙汉各民族的隔阂,形成了民族平等、团结互助、共同发展的新型民族关系,具有重大的意义。

第三节 国民政府民族政策的失败

一、国民政府的民族压迫与民族歧视政策

1927年4月28日,南京国民政府成立。从此,开始对全国各族人民实行法西斯统治。出于自身利益的考虑和国防建设的需要,国民政府针对边疆民族地区的特殊情况制定了一些适应社会发展的政策措施和实施办法,为改善边疆民族地区的社会状况进行了一定程度的努力。然而,从总体上来说,受统治阶级思想的指导,他们在各少数民族地区,主要对少数民族实行大汉族主义的民族压迫与民族歧视政策,进行残酷的压迫与剥削。

国民政府继承北洋政府的制度,设蒙藏委员会管理蒙藏等民族事务,同时保留盟旗制度。在新疆、青海、宁夏利用盛世才、马步芳、马鸿达等地方军阀,建立统治机构。

抗日战争胜利后,中国面临着两种命运与两个前途的大决战。全国各族人民渴望和平、民主,重建家园。以蒋介石为首的国民党却要篡夺抗战的胜利果实,建立独裁、内战和半殖民地的法西斯统治。在少数民族地区,推行保甲制度,实行联保联坐法,以加强对少数民族地区的统治。同时,建立国民党、三青团和特务组织,设警察、派军队进行全面控制。

国民政府一贯实行民族压迫与民族歧视政策。"对于少数民族,完全继承满清政府和北洋军阀的反动政策,压迫剥削,无所不至"。"国民党反人民集团否认中国有多民族存在,而把汉族以外的少数民族称为'宗族'。"[①] 蒋介石说我国各民族是"同一血统的大小宗支","我们的各宗族,实为同一民族",全然否定了各少数民族的存在。因此,对各少数民族实行歧视和强迫同化,不准穿民族服装,讲民族语言,过民族节日,唱民族歌、跳民族舞,强行改革各少数民族的风俗习惯。甚至"不让一个民族有不同的服装、文字、语言"。在回族聚居区,国民党军队强迫回民吃猪肉,焚烧清真寺等。国民党蓄意挑拨民族关系,制造民族纠纷与民族矛盾。如挑起傈僳族与回族,哈尼族与白族之间的民族纠纷,使之互相戒备与敌仇;制造羌、藏、回、汉等族之间的矛盾,使各民族之间长期地进行仇杀械斗。松坪沟羌族与松潘藏族的仇杀械斗长达数十年之久,丧生者达数百人,财产损失无法计数,就是典型的事例。

国民政府对各少数民族进行政治压迫的同时,还残酷地进行经济剥削。国民政府《征兵法》规定"三丁抽一,五丁抽二",但各族劳动人民"一丁"、"二丁"者,也要强征入伍。区、乡、保长借征兵之机,敲诈勒索,致使各族人民倾家荡产,家破人亡,流离失所。国民政府的苛捐杂税多如牛毛。湘西和黔东南的捐税竟达50—60余种,计有田赋税及其附加税、筑路费、枪支费、保长、保丁津贴费……国民政府的政治压迫与

---

① 《毛泽东选集》第3卷,第1084页,人民出版社,1991年。

经济剥削，迫使各少数民族人民不得不奋起反抗，走上反抗的革命道路。

二、国民政府民族政策的失败

国民政府实行的大汉族主义民族压迫与民族歧视政策，对国内少数民族的政治、经济、文化和社会各方面的发展，都产生了消极的影响，激起了包括汉族在内的各民族各阶层人民的强烈反对。尤其是抗日战争胜利以后，蒋介石为首的国民党不顾各族人民渴望和平的愿望，发动全面内战，中国人民在中国共产党的领导下掀起了反抗国民党统治的斗争，最终敲响了蒋家王朝灭亡的丧钟，国民政府的民族政策也遭到了彻底的失败。

首先，国民政府建立的边疆民族事务管理机制事权分散，管理活动缺少统筹性和系统性，其主要机构蒙藏委员会的设置以偏概全，实权有限，难以肩负兴革边政的任务，而其他专业部、会对边疆民族地区实行的是分业管理，各部门之间缺乏协调和合作。时人认为："边政的废弛，是由于已定的边疆政策未能见诸实施，而政策的能否贯彻，建设能否完成，又须视机构是否健全以为断"，"蒙藏委员会仅能承袭它由来已久的蒙藏院理藩院的理藩作风，打团结与安定的口号，办招待调处宣慰册封等的事务"。① 这一事权分散的边疆民族管理机制根本无法保障国民党在其党义中宣扬的"扶持弱小民族"的政治承诺。②

其次，国民政府沿袭前代旧制在部分边疆民族地区实行的盟旗制度、土司制度和政教合一制度，严重影响了这些地区政治民主化进程和国家的整合，反映了国民党在处理民族问题上无视广大民众利益，维护王公、土司和少数民族上层封建特权的政治立场。

再次，国民政府在强调巩固边疆的重要性的同时，忽视了民族问题的特殊性，在边疆民族地区继续推行大汉族主义及民族歧视与民族压迫政策，彻底违背了宪法中关于民族平等的规定。虽然国民政府为了解决各种边疆和民族问题，巩固自己的统治，制定了一些促进边疆建设的政策和措施，但这些政策和措施有的不完善，有的停留在计划上，没有得到很好的实施。时人评议："自国父倡导民族主义以来，我政府力行遗教中之民族政策，使五族为一国族，此项工作今日行至何程度？我们试一检查过去，常多愧作。"③ 国民党第六次全国代表大会关于边事之决议中也不得不承认："唯于国内边疆各族之融洽联系工作尚鲜致力，对其政治、经济、文化之发展与自治能力之增进，更未能尽扶植之功，是民族主义中'中国民族自求解放'与'中国境内各民族一律平等'之两重意义，尚未能同时贯彻，有待于今后之继续努力，以期彻底实现自由统一之中华民国"④。

最后，从根本上来说，国民政府代表的是大资产阶级、官僚地主、军阀的利益，是与广大人民的根本利益相矛盾的，其对边疆的统治是为统治集团的利益服务的。这就决定它执行的是一套民族压迫和民族剥削的政策，因此必定会遭到各族人民的反对。

---

① 张汉光：《边政往何处去》，载《边政公论》第3期，1947年9月。
② 周竞红：《南京国民政府初期十年边疆民族事务管理机制与政策》，载《中国边疆史研究》，2005年第3期。
③ 俞湘文：《西北游牧藏区之社会调查》，商务印书馆，1947年。
④ 转引自格桑译仁：《边人刍言》，1945年11月。沈云龙主编：《近代中国史料丛刊》第2辑，文海出版社，1983年。

第二章　各民族共同缔造中华人民共和国

第一节　东北、内蒙古各民族的解放

一、东北、内蒙古地区的土改运动

抗战胜利后，国共两党迅速进行战略调整。国民党的战略意图是建立"热察绥防共隔绝地带"，以便在内蒙古一带占据有利地位；中共中央军委针锋相对，于1945年8月30日作出"力争绥察热全境"的战略政策，9月制定了"向北发展，向南防御"的正确方针，并派2万名干部和10万大军挺进东北。国民党不甘东北落在人民的手中，在美帝的支持下，从陆路、海路迅速进入东北，占领铁路沿线的各大中城市。为避免在不利条件下与国民党发生战争，12月，中共中央把"向北发展，向南防御"战略方针发展为在"距国民党占领中心较远的广大城市和广大农村"建立巩固的根据地和"让开大路，占领两厢"的战略决策，① 集中精力建立东北根据地，把工作重心放在农村。发动和组织东北和内蒙古各族人民，开展社会民主改革，成为解放战争胜利的关键环节。

当时东北和内蒙古农村急需社会民主改造，因为农村和牧区都存在着明显的贫富差别。一般说来东北和内蒙古地区，各民族中都存在着一个共同的现象：占全村人口绝大多数的贫雇农只占有少量的土地，如凤城县后营子村占人口60%的贫雇农只占有约20%的土地；而占人口20%的地主富农却占有50%的土地，其中有为数不少的满族地主富农。在沈阳东陵附近满族人占全村人口56%的满堂乡，满族地主富农占全村土地的62%，而贫雇农人口是地主人口的近10倍。② 在内蒙古地区，占农村人口10%左右的蒙古、汉族地主占有农村土地的70%—80%；占农村人口90%左右的蒙古、汉族农民却只占农村土地的20%—30%。在锡林郭勒、察哈尔、呼伦贝尔、哲里木、昭乌达等牧业区或牧业占优势的地区，牧主和牧工在畜产品的占有和收入方面也是悬殊极大。③ 这些说明当时各民族阶级分化十分明显。

在东北地区，为了提高各民族人民的阶级觉悟，使各族贫雇农联手与各族地主富农进行斗争，中共组织的农村工作队在农村进行了大量的工作。抗战胜利后，中共开始在农村各族人民之中实行"二五减租"；1946年春，派工作组领导广大农民清算地主、富农等剥削分子。通过耐心宣传和召开忆苦大会，群众被发动起来，他们终于认识到自己贫困不是因为自己命不好，也不是地主会过日子，而认识到这是阶级斗争的产物。1947

---

① 《毛泽东选集》合订本，第1076页，人民出版社，1967年。
② 方素梅、蔡志纯等：《中国少数民族革命史》(1840—1949)，第876页，广西民族出版社，2000年。
③ 《蒙古族简史》编写组：《蒙古族简史》，第445—447页，内蒙古人民出版社，1985年。

年5月，中共派来了土改工作队，广大人民群众纷纷组织起农民会、先锋会、妇女会、儿童团等，形成了一支坚强的力量。通过诉苦大会，揭露地主的剥削实质，启发群众的阶级觉悟，他们终于认识到千百年来农民终年劳累却依然生活贫困，其原因是地主阶级的剥削，是封建地主土地所有制的罪恶。各族群众之中不断出现农民会，被地主富农称为"穷棒子会"，这些农民会开始从地下走向公开，要求入会的人也不断增多，成为土地改革的核心力量。

被组织起来的农民通过农民会的力量来捍卫自己的生存权利，他们将地主富农抓起来，迫使他们交出剥削来的财物，同时按照占有财富的多少划分阶级成分，民族差别让位于阶级差别。尤其是1947年10月《中国土地法大纲》颁布后，由于废除了封建性及半封建性剥削的封建土地制度，在中共领导下广大农村掀起了翻天覆地的土改斗争，农民会已成为土地改革的执行机关，并相继建立了贫雇农团、民兵队等组织，封建土地制度被彻底地粉碎了。在沈阳满堂乡的满堂村，同为"黄带子"（皇族宗室）的肇连芳和肇老吉分别被划为贫农和大地主，肇连芳因与其他满族青年一道积极参加土改而分得了土地，做了新主人；而肇老吉则成为被斗倒的大地主。① 黑龙江省瑷珲县大五家子乡大五家子村，满、汉、达斡尔各族农会不仅组织起来进行土改，把地主恶霸的土地财产统统没收分给穷人，还号召穷人向地主算剥削账，有仇报仇，有冤申冤。1948年农历二月初二，他们把当地罪大恶极的坏蛋李天民（汉族，伪警察、保长干事）、何庆禄（达斡尔族，反革命分子、伪保长）、董月斌（满族，土匪）、何克昌（达斡尔族，反革命分子、伪团总）4人当场枪毙。1948年秋，东北各地进行土改复查，经过纠偏，大五家子村原被划为富农的8户人家改为中农。该屯总共只有1户地主和4户富农。4户富农中只有1户是汉族。②

中共的土改政策也同样鼓舞了其他民族的土改斗争。原松江省的朝鲜族贫民平均每人分得2.9亩的水田，五常县民东乐朝鲜族乡的农民也分得了土地和耕牛。黑龙江省瑷珲县西岗子乡的坤河屯由于全村实行了土改，达斡尔族贫农都分到了土地、牲畜和车辆，翻身做了主人。即使在没有地主富农的赫哲、鄂伦春、鄂温克族居住区，土改也使之发生了深刻的社会变革，赫哲族人民从其他民族地主、富农手中得到了土地和财物，鄂伦春、鄂温克族的生活条件得到改善，开始过上了定居生活。

在内蒙古地区，中共各级党组织领导蒙古族农牧民把内蒙古的自治运动和蒙古地区的社会改革结合起来。1946年中共发出"五四指示"之后，昭乌达盟、卓索图盟两盟（今赤峰市）和哲里木盟（今通辽市）分别在冀热辽、西满解放区有关省委、地委统一部署、直接领导下，结合民族特点，在部分地区开展了反奸除霸斗争。如在巴林右旗，清除了称霸一方的三喇嘛葛万巴拉；在喀喇沁中旗镇压、处死了原伪旗长陈子善。12月，中共冀热辽分局发出《关于热河蒙民工作的指示》，提出了对罪大恶极的蒙奸恶霸要发动群众清算、复仇；要发动蒙民进行民主改革，当前的任务是削弱而不是消灭封建势力等基本方针。根据这个指示，牧业区、蒙民区广泛开展了减租减息和增加牧工工资

---

① 方素梅、蔡志纯等：《中国少数民族革命史》（1840—1949），第877页，广西民族出版社，2000年。
② 《满族社会历史调查》，第215—216页，辽宁人民出版社，1985年。

的工作。国民党军队的大进攻基本停顿以后，中共锡察工委决定全面开展反封建和改造旧政权工作。发动群众斗争了锡林郭勒盟旗的札萨克、封建王爷，没收了他们的畜群和财产，分给了贫苦牧民。还清算斗争了几个大喇嘛，查抄、没收了许多银锭等资产。在斗争过程中，出现了打击面过宽、破坏宗教政策、影响畜牧业发展等过"左"行为，哲里木盟也出现过损害民族关系的情况。

《中国土地法大纲》颁布以后，内蒙古共产党工作委员会根据《大纲》的精神，在内蒙古地区普遍开展土地改革和民主改革运动。内蒙古党委进一步提出了基本政策方针：在农业区彻底消灭封建势力，牧业区也要消灭封建势力，但须有一个准备时期；在自治区域民族平等，不应再向汉族农民征收蒙租；蒙古族地主必须发动蒙古族农民来斗争；分配土地时，蒙古族中小地主的土地一般不动，富农一律不动，允许蒙古族农民多分一点土地。这一政策方针是正确的，保证了蒙古地区深刻的社会变革的进行。1947年12月，东北局省委联席会议又提出"蒙族境内之土地，在蒙族边缘地区及蒙汉杂居区完全适应《中国土地法大纲》"。昭乌达盟、卓索图盟、兴安盟等普遍开展了重新深入发动群众、划分阶级、清算牧主、挖分浮财，实行"牧者有其畜"等运动。但在划分阶级、进行社会变革时，没有根据民族特点和农牧经济特点的不同而采取不同的方式和形式，照搬农区土改的做法，在农牧合区和牧区分畜分群，造成了打击面过宽和大量牧畜被宰杀的后果，部分牧区或半牧区出现了未经"必要的准备阶段"即开始分牲畜、分土地的现象。问题出现以后，各盟党政领导及时调整阶级划分标准，缩小打击面。1948年7月，在中共中央东北局指导下，内蒙古党委领导和内蒙古自治政府召开会议，正式提出内蒙古民主改革的基本方针政策：内蒙古境内土地为蒙古民族所公有；废除封建土地所有制度，取消一切封建阶级和寺院的封建土地所有权；废除一切封建阶级的特权。在牧区，充分注意到牧业经济的特性：具有分散性、脆弱性、经不起自然灾害和人为破坏，牲畜既是生产资料又是生活资料，牧民对牧主有一定程度的依附关系。所以在牧区要废除封建特权，即要"牧场公有"，"自由放牧"，基本政策是"不斗、不分、不划阶级"、"牧工牧主两利"，① 即以特殊的方式解决牧区的阶级矛盾。在农区和半农半牧区，农业占优势地区只分大地主的大垄地和耕畜，漫散土地一律不分，不动小地主和富农的土地和耕畜；在牧业占优势的地区，只分大牧主的役畜，财产不动，牧畜（群）不分。由于在农区和半农半牧区纠正了偏差，有些地方重新划分了阶级成分，退还了没收的喇嘛物品，牧区的社会变革不再以激烈的阶级斗争形式展开。经过民主改革后，蒙古地区的农业生产得到了迅速发展，1949年比1946年的生产总量增加了36%，超过了1936年的水平；畜牧业经济也得到了恢复和发展，1949年牲畜总头数比1947年增加了13.6%，超过了1936年的总头数。② 蒙古人民的社会生活和政治生活都发生了重大变化。

东北和内蒙古地区的土改和社会民主改革，铲除了国民党政权赖以生存的社会基础，使东北和内蒙古地区成为解放战争和人民军队的稳固后方，各族人民为解放战争的

---

① 《蒙古族通史》编写组编：《蒙古族通史》下，第475页，民族出版社，2001年。
② 《蒙古族简史》编写组编：《蒙古族简史》，第450页，内蒙古人民出版社，1985年。

最后胜利作出了贡献。

二、东北、内蒙古各族人民参加解放战争

东北和内蒙古地区的土地改革是中共革命力量同各族人民一道与国民党政权及其军队在另一条战线战斗的过程，它的进退是与人民解放力量的进退相一致的。在中共做出"建立巩固的东北根据地"、"力争绥察热全境"的战略决策时，东北和内蒙古地区"反奸清算"，"改造旧政权"的运动蓬勃展开。1946年9—10月，国民党军队进占东北和内蒙古地区时，国民党所依赖的地方社会基础地主富农和各种社会渣滓组成还乡团，向农民进行反攻倒算，疯狂破坏土改工作。国民党所到之处，地富分子猖獗一时，他们与国民党配合，组成"清剿队"，毒打农民，"索回"自己的耕牛、青苗、粮食，还对农民进行残酷掠夺，其至连玉米面、地瓜、寿衣、破被子都不肯放过。[①] 国民党不仅到处抢粮要米，还四处抓兵拉夫，各族人民陷入水深火热之中。为了人民革命胜利，为了保护民主革命的果实，在第二次土改时，各族人民不仅争相参加农会，各族青年也争相参加解放军，参加、支持解放战争。

以辽宁省凤城县后营子屯为例，在解放战争期间，该村的满、汉、朝鲜等族人民争相把自己的优秀儿女送上前线，一个村就有73人参加，其中满族占46人。在行军作战中，在全国解放战场上，他们表现出了勇敢善战的精神和互助友爱的风格，还有不少人多次立功受奖。如该村满族的吴桂信"自参加我军以来，一贯努力为人民服务，深得全军嘉许。尤以最近在北京、安阳作战中，英勇果敢，经评定立大功"，"一人立功，全家光荣"。[②] 除此之外，东北各族人民还以各种方式支持解放战争。凤城县后营子屯村一村就出动担架4次，共达300人次，还在冰天雪地中救护伤员。在物资上，该村也做出了最大的努力，仅1948年该村所交的公粮就达12万斤，草料6万斤，其他慰问品不计其数。辽宁省开原县清河镇郎家屯的满、汉、朝鲜各族人民在解放战争的紧张阶段，热情主动地把自家的房子腾让给路过的官兵住，还热情地为解放军烧开水、做饭，把平时舍不得吃的腌制小菜拿出来给战士们吃，该屯缴纳公粮7.5万斤，军鞋105双，出担架46人，出民工34人。在解放战争4年中，东北解放区共有140万人参军，203万人出民工，出动担架14.9万余副，大车5.59万多辆，马18.63万余匹。[③] 东北各族人民同样用"小车"推出了东北解放战争的胜利。

在东北农村各族人民轰轰烈烈进行土改、支持解放战争的同时，被国民党控制的城市各民族人民也积极进行革命斗争，支持解放战争。青年学生在东北地下党领导下，从事进步思想宣传，以东北大学学生自治会为领导，把各校学生组织起来，抵制国民党企图撤销东北大学的成命，在此基础上，"地下学联"还领导了声势浩大的"反饥饿，反内战、反迫害"的示威游行，沉重地打击了国民党的反动统治。东北各族工人不仅深受国民党"接收大员"克扣工资、生活无着落之苦，也对他们贪污、侵吞国家财产充满义愤。1946年12月，长春重庆路大中皮鞋厂工人开始为厂方拖欠工资而罢工；1947

---

① 《满族社会历史调查》，第66页，辽宁人民出版社，1985年。
② 《满族社会历史调查》，第69页，辽宁人民出版社，1985年。
③ 方素梅、蔡志纯等：《中国少数民族革命史》（1840—1949），第880—882页，广西民族出版社，2000年。

年5月1日，电力局长春分局全体员工为反对国民党强征技术员工入伍而进行总罢工，并举行示威游行，迫使国民党当局答应工人的要求，实行缓役；同年，抚顺煤矿全矿工人团结起来进行"反饥饿、反内战、反迫害"斗争，并通过罢工的形式迫使国民党"接收大员"同意发放工人粮食和工资；1948年，锦州国民党联勤总部第六十五被服厂3000多名工人和以沈阳为中心的2万多名铁路员工为反对拖欠工资而举行总罢工。这些斗争打击了国民党在东北城市的反动统治。

在内蒙古地区，在中共推动民族区域自治、进行土地改革和社会改革的同时，在中国共产党的领导下，蒙古族人民也纷纷建立起自己的武装力量，并积极投入到解放战争洪流中。

抗战胜利不久，中共就在绥蒙地区建立了蒙古骑兵独立旅，内蒙古自治运动联合会成立后，成为内蒙古人民自卫军的第一支武装部队。1946年年底，扩建为内蒙古人民自治军骑兵第十六师、第十一师，并一直战斗在锡察地区。东蒙、西蒙自治运动统一以后，在东蒙自治军基础上组建了骑兵第一、第二、第四师、卓索图纵队，并一直战斗在东蒙地区。1948年1月，内蒙古人民自治军统一整编，改称内蒙古人民解放军，并成立了内蒙古军区，乌兰夫任军区司令员兼政委。该军1949年5月正式编入中国人民解放军序列，为解放内蒙古全境而展开斗争。

内蒙古骑兵为保护和推动内蒙古自治运动，反击国民党的军事进攻，保卫农村改革和牧区的民主改革，改造和建立民主政权，进行了顽强的战斗。1946年12月，内蒙古骑兵第一、第二师参加了东北人民解放军发动的三下江南、四保临江战役。1947年参加和配合了东北人民解放军的夏季攻势、秋季攻势、冬季攻势。第十一、十六师粉碎了国民党军对锡察地区发动的3次军事进攻。1948年长途奔袭苏尼特右旗陶高图庙，一举歼灭了"国民党锡林郭勒盟保安司令部"叛匪。同年9月，骑兵第一、第二师奉命参加辽沈战役中的黑山、大虎山阻击战和围困长春解放沈阳之战；骑兵第十六、第十一师配合华北解放军主力参加了察绥战役。12月，第十一师参加了平津战役中的张家口围攻战。内蒙古骑兵在全国性的战略决战中殊死作战，勇猛顽强，为解放战争的胜利立下了战功。

在历经大战、恶战之后，内蒙古骑兵又发挥自身独特优势，随即投入追剿、肃清战略决战中逃窜国民党骑兵残匪。1948年12月以后，内蒙古骑兵分别肃清了辽沈战役中脱逃西窜锡察及昭乌达盟地区的残匪和在平津战役后从张家口以北地区西逃的国民党骑兵和蒙匪。这些战役给绥远地区的国民党军队以沉重的打击，为绥远地区的和平解放创造了条件。

第二节　新疆三区革命

一、伊宁起义与三区临时政府的成立

1944年8月，盛世才于无奈中被迫辞去新疆省政府委员兼主席兼新疆边防督办等职务，根据国民政府的安排，出任农林部长一职，离开新疆，飞往重庆，从而结束了对新疆长达11年的独裁统治。同时，国民政府任命吴忠信为新疆省政府委员兼新疆省政

府主席。不过,在吴忠信到任之前,所有主席职务由第八战区司令长官朱绍良暂行兼代。1944年9月,朱绍良上任伊始,为稳定新疆局势,恢复社会秩序,厉行新政,出台了一系列新举措,声称:"准备实行军民分治,保障合法人权,以亲仁善邻,在安定中求进步;选贤任能,于考绩寓升黜。"① 然而,盛世才时期遗留下的种种问题,盘根错节,堆积如山,并非朝夕所能解决。就在朱绍良代理主席职务的短短一个月前后,伊犁各族人民首先发动了震动新疆的武装起义,从而拉开了著名的三区(伊犁、塔城、阿山)革命斗争的序幕。

三区革命的发生固然有其复杂的国际国内背景,但盛世才时期业已激化的民族矛盾则是这一事件发生的主要因素。特别是1943年3月,盛世才和国民党政府强令新疆各族人民捐献军马1万匹。并为此在各地成立了专门的献马委员会,规定如无力捐马,则须缴纳高于市价1/2的马价。这样,捐马运动不仅大大加重了各族人民、特别是牧民的负担,而且进一步激化了本来就已十分复杂的民族矛盾。1944年8月,就在盛世才离开新疆前夕,牧民游击队在巩哈县(今尼勒克县)的乌拉斯台山打响了伊犁地区武装暴动的第一枪。

巩哈县位于伊犁地区东北部,三面环山,喀什河由东向西贯穿全境,交通便利,地理位置重要。居民大多为哈萨克族,有2.4万多人,其他为维吾尔、锡伯等民族。1944年8月,被巩哈县警察局通缉的原巩哈县土产公司办事处主任、联共党员、塔塔尔族人法提哈与出逃的哈萨克族牧民艾克拜尔潜回巩哈,在乌拉斯台山区组建了以色依提、库尔班、白求仁、努洛木、乌斯满、艾尼等为骨干道的游击队。游击队以乌拉斯台山为基地,在加勒库尔、库尔巴依、伽尔图干等地散发传单,发动和组织牧民,并联络吸收当地的上层人士加入游击队。游击队的号召得到了广泛且积极的回应,短短的半个月,就有650多人报名参加游击队。附近牧民还送来了300匹马、400只羊、360袋粮食。自然,游击队声势的壮大引起了伊犁当局的恐慌,他们一方面下达通缉令,缉捕所谓的"六贼",同时加强了反宣传,称游击队为贼娃子和土匪造反,对群众威逼利诱,声称抓到土匪者有赏,拥护和支持者杀光全家。8月17日,巩哈县警察局长率50多名武装警察到乌拉斯台山区进行宣传,在返回途中遭到游击队袭击,十几名警察被打死,游击队缴获一批武器。8月20日,游击队在乌拉斯台进行整编,组成3个大队,共200多人,步枪60多支。到9月份,法提哈等人又从苏联购得一批军火,并将队伍进行了扩充。这时,游击队是一支拥有500多名成员、500多支机枪步枪、600多匹马,初具规模的战斗力量。

游击队不断积聚力量,积极准备进攻巩哈县城。而此时国民党在伊犁的守备力量却很薄弱,而且装备较差,加之省政府掉以轻心,对日益严重的伊犁形势一直未能给予足够的重视,所有这一切都为游击队的进攻提供了绝好的时机。

1944年10月5日下午,法提哈向聚集在乌拉斯台山的游击队队员以及当地牧民共1600多人下达了进攻令,兵分三路,直取县城。经过激烈的交战,于10月7日上午攻克巩哈。同时,将总部从乌拉斯台迁到了县城。游击队初战告捷,也使这支队伍迅速壮

---

① 《新疆日报》,1944年9月18日。

大，由原来的 500 多人发展到 800 多人。于是，游击队再次整编，分为 3 个大队：第一大队由艾克拜尔任队长，色依提为队副，队员多为哈萨克族；第二大队由艾尼任队长，队员主要是维吾尔族和蒙古族，还有少数锡伯族；第三大队由俄罗斯族伊万任队长，队员多为俄罗斯族。此后，游击队在巩哈至伊宁沿线的麻扎、苏布台、喀拉苏等地多次打退国民党军的进剿。到 10 月下旬，游击队已逼近精河 30 里处。

巩哈暴动的胜利引起省政府的极大关注，刚上任不久的省政府主席吴忠信急忙召集会议，决定对游击队采取剿抚并用的策略。他们将军事打击的重点放在巩哈县，先后抽调伊宁驻军 1600 多人前往巩哈县，而留守伊宁的军队仅剩 1500 多人，且驻防分散，这样就为伊宁起义创造了有利条件。11 月月初，游击队按照此前由少数民族知识分子成立的秘密组织——"解放组织"的指示，在伊宁驻军东调反攻之际，放弃巩哈县，乘虚向伊宁进军。11 月 3 日，游击队在撤退过程中，艾克拜尔身负重伤，于 10 日去世。11 月 4 日，伊犁地方当局急电省府，称事态已经十分严重，请求速派援军。但这并未引起省府的重视，更没有采取相应的措施。从 11 月 5 日起，"解放组织"加强了宣传攻势，伊宁街头每天都可以看到"解放组织"张贴在电线杆上的维吾尔文或俄文标语，人行道上也随时可以捡到用黑纱包裹着的宣传品，内容有"打倒压迫人民的政府"、"建立东土耳其斯坦政府"、"回教徒联合起来驱逐汉人"、"革命胜利万岁"等。同日，伊犁当局再次急电迪化，称"伊宁暴动即将爆发，为暴动而准备之枪械已运入市内"。①11 月 6 日，巩哈游击队按原定计划分三路抵近伊宁，准备从三面同时发起进攻。第一路主要是哈萨克族，由色依提指挥；第二路主要是维吾尔族，由艾尼指挥；第三路主要是俄罗斯族，由法提哈指挥。随同前往的还有上千名手持各式武器的少数民族群众。但由于种种原因，巩哈三路游击队没能及时到达指定地点。当日晚，伊宁"解放组织"成立了亚历山大·沙德洛夫、赖希木江、阿巴索夫、哈斯木江·坎拜尔等人组成的军事指挥部，决定于 11 月 7 日，即苏联十月革命 27 周年之际，发动武装起义。11 月 7 日凌晨，阿巴索夫率领来自苏联的游击队先期潜入伊宁市区，会同部分群众首先攻打警察局、电厂等机构，并用大火封锁了市府各职能部门之间的交通联系。同时，巩哈游击队第二路在艾尼的指挥下，一举攻克了第一区警察局，释放了 80 多名被关押者。在一些宗教上层人士的号召下，城内哈萨克、维吾尔等族群众纷纷响应，陆续聚集到苏联驻伊宁领事馆前领取武器，投入战斗。经过激烈的交锋，到 11 月 8 日凌晨，实业公司、西沙河子区、六大政策街、苏丹库克等均被游击队控制。同时，游击队又占领了伊宁迪化公路交通的咽喉——果子沟，凭借山险，构筑工事，以阻断国民党的援军。11 月 9 日，战斗更趋激烈，双方均有较大伤亡，后游击队在俄罗斯族波里诺夫的统一指挥下攻克通信中枢之一——伊宁电话局。同时，绥定、惠远、博乐、温泉等地的游击队纷纷配合行动，相继占领芦草沟、广仁、老二台等地。11 月 10 日，守军中的少数民族士兵约 400 多人集体倒戈，杀死守军军官，投向游击队。接着，游击队猛攻空军教导队。11 月 12 日，游击队攻占土产公司，并全歼守军。11 月 13 日，伊犁区警察局和电报局先后失守，警察局局长高炜逃往惠远。11 月 14 日，游击队占领伊宁市大部分地区，守军余部

---

① 1944 年 11 月 5 日伊犁区警察局呈省政府电文，见周东郊：《新疆十年》，第 190 页，油印本。

则全线退守伊宁东北的艾林巴克一带，以鬼王庙、空军教导队和飞机场为依托，孤军死守。至此，游击队在伊宁一战中节节取胜，并迅速掌握了战场上的主动权，从而为后来的更大规模军事行动的实施打开了局面。

就在伊宁起义的第5天，即1944年11月12日，"解放组织"在伊宁召开会议，宣布成立"东土耳其斯坦共和国"临时政府。临时政府决定以绿底，中镶红星、黄弯月的"星月旗"为国旗，下设内务部、财政部、教育部、司法部、宗教事务部、监察部、卫生部、农业部、畜牧部以及军需局、运输局等机构，最高首脑为主席和副主席。其主要成员为：艾里汗·吐烈，临时政府主席，乌孜别克族，是一个宗教家和大土耳其主义者，十月革命后始从苏联来到伊宁；阿奇木伯克，副主席，维吾尔族，70余岁，原为省政府委员，在当地颇有声望，但未到任；赖希木江·沙比尔，内务部长，维吾尔族，约40岁，为麦斯武德之侄；安尼瓦尔·穆沙巴也夫，财政部长，乌孜别克族，曾留学苏联；艾比甫·尤尼切夫，教育部长（死后由赛福鼎接任）；阿合买提江·马合苏木，司法部长，维吾尔族，或谓之系乌孜别克族，35岁，曾留学苏联；艾里木阿洪，宗教事务部长；沙里江巴依，农业部长；阿巴索夫，实业部长，维吾尔族，28岁，曾留学苏联。此外，还有马斯科廖夫、阿不都哈依尔·吐烈等人。

临时政府成立不久，即下令所属各机关撕毁中华民国国旗以及孙中山和蒋介石的画像，并决定出版维吾尔文与俄文的《东土耳其斯坦日报》。同时，将伊犁游击队的地下指挥部改编为正式的司令部，定名为"东土耳其斯坦共和国司令部"。这天，伊宁城一扫往日的沉寂，临时政府的星月旗悬挂在各个机关，少数民族群众高呼"东土耳其斯坦万岁"、"艾里汗主席万岁"、"东苏亲善"、"打倒黑暗专制的汉人政权"等口号，纷纷集会游行。为了应付尚未结束的战事，临时政府成立伊始，即广泛宣传，全面动员，积极备战，并对外努力寻求苏联方面的支援。11月24日，临时政府主席艾里汗·吐烈以政府和人民的名义，致函苏联哈萨克斯坦加盟共和国政府，希望提供武器援助。12月，艾里汗·吐烈在一次群众集会上，公开宣称：新疆应该脱离中国，所谓新疆是中国领土不可分割的一部分纯属谬论。1945年1月5日，"东土耳其斯坦共和国"临时政府委员会第四次公议通过了9项宣言：（1）在东土耳其斯坦领土上，彻底根除中国的专制统治；（2）在东土耳其斯坦境内各族人民一律平等的基础上，建立一个真正解放独立的共和国；（3）为使东土耳其斯坦在经济方面得到全面发展，必须首先发展工业、农业、畜牧业及私营商业，以提高人民的生活水平；（4）由于东土耳其斯坦人民大多信仰伊斯兰教，所以要扶助这个宗教，同时也给其他宗教以自由，并予保护；（5）发展文化教育及保健卫生事业；（6）同全世界各民主国家，尤其是东土耳其斯坦的邻邦苏联政府建立友好关系，同时也促进和中国政府在政治和经济方面的联系；（7）为了保卫东土耳其斯坦和维持和平，吸收东土耳其斯坦各族人民组织一支强大的军队；（8）银行、邮政、电话、电报、森林以及一切地下宝藏收归政府所有；（9）在国家工作人员中消灭个人主义、官僚主义、民族主义以及贪污受贿的恶劣作风。

应该说，9项宣言有着严重的、根本性的错误。它以独立的"东土耳其斯坦共和国"的名义宣布脱离中国，是十分反动和完全违背各族人民根本利益的。这主要是以艾里汗·吐烈为首的一伙大土耳其主义者篡夺领导权的恶果。同时应当承认，所谓的解放组织是一个结构松散、成分复杂、动机各异、良莠不齐的混合体。这样，在起事的初期就难免泥沙俱下，甚至偏离正确的斗争方向。据报道，在伊宁以及绥定、惠远等地，都出现过野蛮仇杀汉族平民的现象。特别是在伊宁起义中，屠杀战俘，杀戮汉族百姓、华侨，抢劫财产，奸污妇女等，种种恶行，不一而足。张治中以其亲身经历，在回忆录中曾这样写道："三区汉人被杀的很多，有些地方只剩下老弱妇孺占大多数，青壮年都被杀光了。"① 这股仇杀汉人的逆流，后来由于阿巴索夫、阿合买提江·马合苏木等有识之士及各族人民的反对，终于得到遏止。1945年年初，临时政府总结了这一教训，惩处了一些杀戮汉族平民的刽子手，包括混进游击队中的拉甫桑等人。总之，宣布独立、试图分离和仇杀汉人，是三区革命早期的两大污点。后来，随着三区斗争形势的发展变化，这种偏差得以逐步矫正。

二、民族军的创建及其军事活动

伊宁起义后，仅仅过了7天，游击队就基本上控制了伊宁城区。11月14日，朱绍良召开紧急军事会议，决定兵分五路，反攻伊宁。在这种形势下，伊宁游击队总司令部一方面加紧对艾林巴克守军的围攻；另一方面抽调部分兵力增援正在攻打绥定、惠远、霍城的游击队。同时不断征兵，扩充军队，并聘请苏军军官担任军事顾问，参与指挥作战。而此时省府的援军除一、二路外，其他三路根本无法行动。虽然两路援军竭力反攻，也曾一度得手，但终因天气严寒，加之苏军骑兵的出击，援军在遭受重创后被迫退回精河。1944年11月下旬，伊犁游击队与失去增援的艾林巴克守军之间的攻守战进入最为困难的时期。游击队方面在苏联人力、物力的支援下，在1945年1月8日对艾林巴克守军发动总攻，激烈的战斗一直持续到2月1日，在游击队与苏军的强大攻势下，弹尽粮绝、疲惫不堪的守军全线崩溃，长官杜德孚、曹日灵被击毙，伊犁区党部书记长张羽被俘，游击队缴获一批武器装备及大量军用物资。1945年2月24日至3月13日，三区临时政府委员会多次举行会议，通过了一系列决议，如嘉奖在政府工作与战斗中立功人员、成立新的领导班子等。4月8日，根据临时政府的决定，统一的武装力量——民族军在游击队的基础上正式成立。当天，临时政府在伊宁西公园举行隆重的集会和阅兵式，庆祝民族军的成立。艾里汗·叶烈在庆祝仪式上讲了话，并将绘有星月图案、上书"为东土耳其斯坦的独立前进"口号和经文的旗帜授予军队。当时，新组建的民族军约有1.5万人，编制为6个团3个营，即绥定步兵一团、伊犁步兵二团、二台骑兵三团、伊犁教导四团、特克斯骑兵团、巩留骑兵团以及蒙古族骑兵营、锡伯族骑兵营、回族骑兵营等。各团设有团长、军务副团长、宗教副团长和参谋长等职，实行一长制。

为了扩大战果，进一步拓展战略空间，民族军成立后不久，很快制订了北、中、南三线出击，协同作战的方案。根据这一方案，北线的任务是攻占塔城和阿山；中线的任务是夺取精河、乌苏两地，直逼迪化；南线的任务则是进军拜城、阿克苏，在南疆发动武装起义，以牵制南疆地区的国民党军队，配合北、中两线的军事行动。显然，这个计划的战略意图就是实现伊犁、塔城、阿山三区的统一，并从南北两翼挤压迪化，进而夺

---

① 张治中：《从迪化会谈到新疆和平解放》，第76页，新疆人民出版社，1987年。

取整个新疆。

塔城位于新疆北部,东接阿尔泰山,南邻伊犁,西与苏联接壤,是民族军北线进攻的第一目标。据1944年省府民政厅统计,塔城全区共有人口17万多,其中哈萨克族有10万多人,维吾尔族有1万多人,其余为汉、回、锡伯、满、达斡尔等民族。1944年8月,受阿山哈萨克族牧民暴动的影响,塔城出现了名为"蒙哈各民族解放委员会"的组织,在群众中广为散发反政府的传单,号召民众起来推翻国民党的统治。1945年3月,伊犁游击队开始进入塔城地区活动。其后不久,在沙湾北面的小拐、吉木乃、克孜别依特山区等地,都发现了游击队的活动。到7月份,塔城地区的游击队已变得十分活跃,力量也迅速增强,如裕民县游击队在7月中旬时只有200多人,到下旬时则已发展到了500多人。其他几支游击队也在不断扩大活动范围,四处打击国民党军队。7月12日,以波里诺夫为首的俄罗斯族游击队100多人,以突然袭击的方式攻陷小拐警察所,夺得枪支22支。7月18日,游击队切断了乌苏至塔城的公路,并于21日攻占公路沿线庙儿沟、汗三台等地。7月20日,伊犁民族军到达马依里山地与当地的游击队会合,攻克军事要地磨房,歼灭守军1个连,并切断了乌苏至额敏之间的联系。7月27日,民族军的前锋已经抵达额敏以南的阿克苏村。7月28日,伊犁民族军与当地游击队合兵一处,对额敏城发起总攻。经过4个小时左右的激战,额敏失守。民族军和游击队占领额敏后,即派人到塔城劝降,条件是:(1)塔城即刻缴械,不杀人;(2)各机关官员如回内地,可以汽车运送,士兵可以解散;(3)愿留当地者听其自由;(4)限24小时内答复。否则,攻城。① 塔城专员平戎得知劝降消息后,连忙召开紧急会议,结果和战意见不能统一。7月31日,波里诺夫指挥的民族军和游击队已经抵达塔城南郊,全城为之震动。经平戎派人与苏联驻塔城领事馆交涉,苏方准许官兵缴械后可以进入苏联境内,民众则留在塔城。但当平戎带领各机关人员动身时,闻讯而来的民众蜂拥随行。这样,包括守城官兵在内,有1.4万多人出巴克图关卡进入苏联境内。随后,民族军和游击队进入塔城,并马上组建行政公署。8月6日,三区临时政府任命了自己的专员、副专员以及各局的局长。

额敏、塔城的陷落震动了新疆政局,裕民县县长、警察局局长率众数百人以及30多名警察弃城出逃,后经沙湾辗转到达迪化。吴忠信、朱绍良联名致电蒋介石"自请议处",省府官员中甚至有主张撤退者。蒋介石一面复电吴忠信、朱绍良,多加慰勉;一面亲下手令,命部队固守各地,不得撤退。并指示,如有擅自撤退不尽职守者,应依律就地处决。尽管如此,仍然未能遏止民族军的攻势。1945年8月12日,民族军独立骑兵第二旅抵近和丰县城,与游击队会师,对和丰城形成合围之势。和丰守军300多人凭借坚固的工事,拒绝劝降,顽强抵抗。8月19日,民族军3000多人在波里诺夫等的指挥下,以重炮猛烈袭击守军要害。8月22日,守军残部百余人在团长薛廷芳的率领下突出重围,民族军占领和丰。至此,除乌苏、沙湾以外,塔城全区均被民族军占领。特别是和丰一役的胜利,不仅为民族军进军阿山创造了有利条件,而且也支援了中线战事。

---

① 张大军:《新疆风暴七十年》第11册,第6337页,(台北)兰溪出版社,1980年。

伊犁、塔城两地的陷落，使阿山的形势变得岌岌可危。为了应付阿山地区日益活跃的乌斯满和达列里汗两股游击队势力和可能的事变，阿山专员高伯玉上任伊始，即按照吴忠信的指示，对游击队采取剿抚兼用的策略。他一面让副专员艾林郡王等人到各部落去"宣慰"，一面将俄罗斯族、蒙古族及汉族淘金者组织起来，形成一支自卫队以加强防御。1945年1月，在官方的安抚下，乌斯满部苏来曼率部归顺。2月，又有乌斯满部马那提率部携带步枪300余支、机枪10挺投奔政府，马那提本人被新疆省保安司令部任为福海县保安大队长。这样，在阿山的正规军、自卫队、保安队、警察等武装力量的人数已达1600多人。尽管如此，面对优势的民族军和游击队，仍然难以挽回颓势。

1945年2月8日，省政府为避免游击队的骚扰，下令阿山东路富蕴、乌河等地的驻军撤回奇台。在冰天雪地中，回撤的军队屡屡遭到游击队的截击，损失惨重。2月22日，游击队攻陷吉木乃县城。这样，承化、布尔津两地的守军实际上就陷入了绝境。5月20日，乌斯满和达列里汗部共约1000人，兵分三路进攻承化，结果与守军相持七昼夜后撤离。6月8日，达列里汗又率1200多人从将军山、红墩渠、卡夏三路围攻承化。不料，将军山一路遭到马那提保安大队的阻击，其他两路则遭到承化驻军和蒙古族军队的抵抗。在这种情况下，达列里汗决定重点攻打红墩渠，结果失利，败逃山中。增援的乌斯满部900多人，在克木奇的遭遇战中也以失败告终。不过，就在达列里汗部围攻承化的同时，其他游击队加紧了兵员的补充和训练，苏联则通过外蒙古用汽车、骆驼等工具，源源不断地将武器弹药运往富蕴。6月间，福海县国民党军政要员迁往布尔津。7月初，游击队占领吉木乃，切断了国民党援军从塔城开往阿山的道路。8月1日，波里诺夫等率民族军攻打哈巴河。8月7日，达列里汗率1000多名游击队和500多名蒙古族军队，配以迫击炮、小钢炮、重机枪等集中于承化东南的喇嘛昭。8月10日，游击队炮轰承化城，占领了部分街道和制高点将军山。8月11日，游击队用迫击炮摧毁了守军在城东北部的阵地，守军伤亡惨重。阿山专员高伯玉、骑十一师师长宛凌云急电迪化，请求给予空中支援，以补充弹药粮饷。8月17日，飞机满载弹药飞抵承化，自卫队与区武装警察重新夺回将军山，游击队被迫退守城外的克木奇、红墩渠、阿苇滩一带。虽然承化之围暂时得以缓解，但城内的粮食危机却日趋严重，军民只能以土豆充饥。而此时，伊犁民族军骑兵旅在波里诺夫的统帅下，正从和丰一带迅速向承化推进。9月2日，民族军占领布尔津，不久又攻克哈巴河。9月5日，民族军与达列里汗的游击队会师，合力猛攻承化城。承化守军兵单力薄，不得已弃城突围，民族军和游击队随之占领承化。阿山区专员兼警备司令高伯玉、骑十一师少将师长宛凌云及以下官兵1800多人，还有许多汉族老百姓被俘，阿山区警察局局长李梦白和团长戴奎拒绝投降，率残部300多人成功突围，后辗转到达迪化。至此，阿山全区已为民族军和游击队控制。9月12日，"东土耳其斯坦共和国"主席艾里汗·吐烈来到阿山，经协商组建了行政公署，任命乌斯满为专员，达列里汗、夏木塞和苏联顾问阿尔拜甫为副专员，同时还任命了各局局长和各县县长，其中包括苏联人和外蒙古人。

当北线战事临近尾声时，1945年8月，民族军集中了绥定步一团、塔城骑六团和蒙古骑兵营的4000多兵力，在波里诺夫的统一指挥下进攻乌苏，从而拉开了中线作战的序幕。乌苏战略地位极其重要，是连接伊犁与塔城、阿山的交通枢纽，也是通往绥来、迪化的必经之地。当时，国民党以重兵在此设防，总兵力达5000多人，由新二军军长谢义锋坐镇指挥。整个防区壕沟纵横，炮台密布，号称固若金汤。1945年9月1日，民族军塔城骑兵团和蒙古骑兵营，从东、西、北三面围攻乌苏以北的重要据点车排子，但遇到守军的顽强抵抗。2日，波里诺夫率领绥定一团到达车排子，会同塔城骑兵团、蒙古族骑兵营以及当地游击队约4000人再次发动进攻，守军失利，趁夜幕突出重围，撤向乌苏。随后，民族军进抵乌苏，切断了乌苏的水源、交通以及通信联络。9月5日，民族军和游击队向乌苏城发起总攻。自拂晓至深夜，民族军调集了10多门重炮和两架飞机猛轰北郊。守军则在两辆坦克的掩护下殊死反攻，战斗异常惨烈。经过激战，民族军突破了守军的三道防线，直逼内城。9月6日，民族军继续用重炮猛轰，到7日晚间，民族军攻克了守军中心碉堡。7日，守军残部在军长谢义锋的率领下弃城退守绥来（今玛纳斯），乌苏失陷。乌苏一役，民族军共击毙守军560人，俘虏1000多人，缴获大批枪支弹药、坦克、汽车等军用物资。接着，民族军在波里诺夫的指挥下乘胜追击，先后占领安集海、三道河子、奎屯、乌苏机场、独山子等地。而民族军塔城骑兵团一部和蒙古骑兵营则向西移动，以配合即将打响的精河战役。

精河时有驻军3000多人，主要布防在以精河城为核心的各交通要塞，如永集湖、沙山子、八家户等一带。乌苏的失陷，无疑使精河失去了战略屏障，精河守军的后勤供应乃至退路也因此被完全切断。1945年9月初，民族军以伊犁二团、伊犁四团、特克斯骑一团及炮兵营、回族营等共4000多人大举进攻精河。

9月3日，民族军首先攻占沙山子、永集湖两地。9月5日，民族军猛攻八家户，遇到守军的顽强抵抗，苏军出动飞机轮番轰炸，守军伤亡惨重。9月8日，八家户陷落，精河县城已无险可守，守军弃城沿乌苏公路东撤，并放火烧毁了精河大桥。当日，民族军占领精河，并乘胜追击，在沙泉子、卡拉吐木秀克以及甫拉塔吉一带歼其大半，除四十五师第一团绕道乌苏到达绥来外，其余全部被歼或被俘。守军长官郭岐率200余人突围后，也在奎屯、安集海之间被俘获。精河一战，民族军共俘虏3400多人，内有少将1名、上校2名、中校4名、少校15名、尉官198名，缴获各种大炮21门、机枪38挺以及大批军用物资。

民族军在北线和中线展开攻势的同时，又陆续派出兵力开辟走南线战场，重点进攻焉耆和阿克苏两地。当时，南疆的布防情况是：库车、喀什、莎车、和阗四地各有驻军一个团，阿克苏专区除一个团驻军外，还有一个补充团，因此阿克苏的兵力较强，装备也好，但驻地分散，联系不便，难以形成有效的防御体系。

1944年12月，伊犁特克斯游击队向东进发，占领了和靖（今和静县）县西北的巴音布鲁克，此后，这里成了民族军向南疆推进的大本营。1945年4月9日，民族军突袭巴音和硕，驻守此地的蒙古自卫队大部被俘。5月下旬，民族军沿开都河进攻哈尔尕图大坂，经过一昼夜的激战，守军一个连被歼灭大半。8月10日，民族军攻克托克逊，缴获军马258匹，大大充实了骑兵力量。9月14日，中线民族军攻克乌苏后，又抽调蒙古骑兵团300多人，在团长戈立登的指挥下，攻打和靖以北的战略要地乌瓦门，由于守军的顽强抵抗，民族军久攻不下，于是绕道进攻和靖西南的察汗乌苏。察汗乌苏北靠天山，面临戈壁，是通向焉耆的门户要道，驻有国民党预七师的一个营。民族军以一个团的兵力，从9月27日开始发起进攻，直到29日，终因伤亡过重，被迫撤军。

阿克苏是民族军进攻的另一重要目标。1945年7月中旬，苏皮阿洪、阿巴索夫、库鲁巴江等率领一支150人的骑兵队伍，携带迫击炮、冲锋枪、机关枪等武器挺进阿克苏，与当地游击队及群众约3000人相配合，分别向库车、拜城、温宿、阿克苏等地发起攻势。8月10日，民族军在库鲁巴江的指挥下，攻占拜城以南的黑鹰山。8月14日夜，民族军千余人从三面围攻拜城，经过激战，于8月15日凌晨占领拜城。民族军召开大会，宣布成立新政权，任命乌斯满大毛拉为县长，牙生阿洪为警察局局长。被俘的少数民族士兵编入民族军。8月17日，库车的援军赶到，经过3天激战，拜城得而复失，民族军被迫撤退到库尔干山口。8月19日夜间，民族军向库尔干的守军发动进攻。库尔干地处木扎特河西岸，扼南北疆交通之咽喉。守军依托坚固的工事顽强抵抗，同时，阿克苏、拜城方面的援军也在移动，试图形成三面合围之势，把民族军消灭在库尔干。民族军置之死地而后生，在阿巴索夫的紧急动员下，经过5天的激战，民族军终于在8月26日攻克库尔干。这一战，民族军缴获轻重机枪17挺、步枪170支、手枪20支、子弹10万多发，击毙55人，俘虏115人。随后，民族军又歼灭了冰大坂哨卡的守军，打通了伊犁至阿克苏一线的交通。8月30日，民族军千余人兵分两路进攻温宿。为了配合这次行动，民族军总部从特克斯调来一个骑兵营参战。9月2日，这支骑兵营攻克拜城。9月6日，占领温宿。9月10日，温宿成立新政权，民族军的队伍也因少数民族青年的加入而得到进一步的扩充。接着，民族军3000多人挥师南下，直取阿克苏，并从伊犁调来4门八一炮助战。民族军一面用大炮轰击城内，一面在炮火的掩护下架设云梯攻城。城内守军则在团长赵汉奇的指挥下，拼死抵抗，并将群众组织起来，编成自卫队配合守城。9月12日，城内守军反击得手，民族军损失惨重，被迫撤到库尔干一带。温宿城也被守军乘机夺回。9月21日，民族军苏皮阿洪团与蒙古骑兵团从冰大坂南下，与库尔干的民族军会师，于23日再次攻克温宿，并以重兵包围阿克苏。从9月24日开始，民族军再次发动攻势，用炮火连日猛轰阿克苏。在守军的顽强抵抗下，民族军的几番攻城均未奏效，锐气大减。10月6日，守军在赵汉奇的率领下，再次出城反击，民族军猝不及防，损失严重，败退温宿、黑鹰山一带。10月12日，守军乘胜反攻，很快收复温宿、拜城、库尔干、冰大坂等地，民族军被迫撤回伊犁。

民族军在南疆活动期间，地处帕米尔高原的蒲犁（今塔什库尔干）也发生了武装起义。蒲犁县有居民1.8万人，主要是柯尔克孜族（约占48%）和塔吉克族（约占40%），也有少量维吾尔族和汉族。该县与苏联、阿富汗、巴基斯坦等国接壤，设有塔合满、哈拉苏、苏巴什、布仑口等边防哨卡。早在1943年夏，伊斯哈克别克在蒲犁就与当地上层人士乌布列哈斯木·马达尤夫、买买提艾沙、西仁伯克等建立了"解放组织"。1943年10月初，100多名游击队越过苏联边境，进攻哨卡，击毙哨兵。后因驻莎车的部队赶到，游击队遂撤回苏联境内。1945年8月，由200多名塔吉克和柯尔克孜族组成的游击队再次越过苏联边境袭击蒲犁，先后攻占布仑口、苏巴什、塔合曼、蒲犁，不久又占领达布太尔、明铁盖等地。当地驻军被迫撤往莎车和叶城。游击队在蒲犁成立了专员公署，任命了正、副专员。又成立了总指挥部，下设柯尔克孜和塔吉克两个骑兵团。三区方面则派遣伊斯哈克别克前来负责军事行动的指挥与协调，并抽调了部分民族军前来增援。根据总指挥部的部署，决定由柯尔克孜团进攻喀什和英吉沙尔，塔吉克团沿叶尔羌河东进，进攻莎车、泽普和叶城。8月30日，游击队占领齐齐里克达坂。8月31日，包围了托依布仑。9月15日，游击队在苏军军官的亲自指挥下，以轻重机枪、迫击炮等猛攻阿克塔拉，击毙守军140多人，攻占依格孜牙，直逼英吉沙尔。9月19日，游击队遭到国民党骑一师二团所属3个连的反攻，损失惨重，苏军指挥官阵亡，被迫退回蒲犁。11月，游击队兵分两路，再次向喀什和莎车进军。11月19日，攻占叶城县乔甫村，12月6日，占领莎车县阿拉塔什。12月7日，攻克卡群等地。12月12日，夺取距叶城170公里的棋盘山。1946年1月2日，游击队攻占叶城。1月4日攻陷泽普，并在两地成立了新的县政府。1月16日，游击队进攻莎车，失利后撤退。1月29日至30日，泽普、叶城相继失守，游击队开始逐步向阿拉塔什一带退却，战局变得对游击队越来越不利。1946年7月，三区方面根据6月6日与国民政府签订的《和平条款》，决定在蒲犁只保留一个连的兵力，其余人员全部解散，武器收回，蒲犁临时政府和军政机构也先后撤销。同时，根据《和平条款》的基本精神，新疆联合省政府于1946年7月1日在迪化正式成立。从此，新疆开始进入一个寻求缓和、稳定与统一的新阶段。

三、包尔汉主新与新疆和平解放

新疆联合省政府的成立，是在苏联方面的斡旋下，双方和平会谈的结果，也是国民政府被迫妥协退让的产物。应该说在当时的历史条件下，它的成立符合各族人民的利益和愿望。然而，联合省政府内部固有的民族矛盾、阶级矛盾以及复杂的国际国内环境，决定了联合省政府的短命性。

1947年5月，联合省政府第一任主席张治中辞职，维吾尔族麦斯武德被南京国民政府任命为主席。麦斯武德是个大土耳其和大伊斯兰主义者，他上任后，三区方面与国民政府的矛盾不仅没有缓和，反而更加尖锐化和表面化。7月，吐鲁番、鄯善、托克逊三县发生维吾尔族农民暴动，遭到镇压。8月，乌斯满进攻阿山等地，一度威胁三区政府，局势日渐恶化。8月中旬，三区方面在联合省政府中的代表阿合买提江、阿巴索夫、赛福鼎·艾则孜、安尼瓦尔·汗巴巴等人陆续离开迪化，返回伊宁。后来经过多次交涉，双方达成共识：三区方面表示并没有放弃和平合作的愿望，也绝无使新疆脱离中国的企图；南京国民政府方面则表示同意免去麦斯武德的职务，任命包尔汉为省政府主席。但事实上，新疆联合省政府已是名存实亡。

1948年年底，南京国民政府撤换了麦斯武德，任命包尔汉为新疆省政府主席。1949年1月，包尔汉正式就任新疆省政府主席，第一副主席仍为阿合买提江·马合苏木（未到任），第二副主席兼建设厅长为穆罕默德·伊敏，财政厅长为贾尼木汗，民政厅长为王曾善，秘书长为刘孟纯。在包尔汉任职期间，基本贯彻了张治中的政治主张。他在就职宣言《告全疆民众书》中明确宣布："本人代表中央政府，作为全疆人民忠实公仆，本着中央意旨，在张长官领导之下，誓为执行和平条款，实行施政纲领而努力。"[①] 表示今后将贯彻执行"和平、民主、统一、团结"的大政方针，革除贪污、赌

---

① 包尔汉：《新疆五十年》，第335—336页，北京文史资料出版社，1984年。

博、吸毒三大祸害，加强中苏亲善，并号召全疆各族同胞要团结、统一、拥护政府，绝不容许反动的宣传与活动。《告全疆民众书》以汉、维吾尔、哈萨克、蒙古四种文字印发全疆。

包尔汉主新期间，国内局势力正经历着重大变化。1948年，中国共产党领导的人民解放战争取得了决定性胜利。经过1948年下半年的辽沈、淮海、平津三大战役，国民党损失了约154万兵力，其主要军事力量被消灭殆尽。1949年1月，蒋介石被迫引退，代总统李宗仁表示愿意在中共提出的八项和平条件的基础上进行和谈。4月，和谈破裂。4月21日，毛泽东、朱德发布进军令，人民解放军百万雄师强渡长江。4月23日占领南京，并继续以排山倒海之势向全国推进，国民党在大陆的统治迅速土崩瓦解。在这种风云突变的形势下，远在新疆的国民党军政官员不得不考虑何去何从。基于对形势的判断，以及个人经历、背景、立场等其他因素的影响，在新疆军政界中逐渐形成了两种对立的派别，即主张和平解决的主和派与反对和平解决的主战派。针对这种情况，中共中央的策略就是争取主和派，努力促成新疆问题的和平解决。

和平解决新疆问题的关键是军队，因此做好军界上层的说服工作就成为重中之重。当时新疆驻有国民党军近10万人，主要部队有整编四十二师、七十八师、骑一师等，警备总司令是陶峙岳，副总司令是驻防南疆的四十二师师长赵锡光，参谋长则是陶峙岳的堂弟陶晋初，这三位是军队中主和派的代表。

陶峙岳为湖南人，早年曾参加武昌起义，后入保定陆军军官学校，参加过北伐和1937年淞沪抗战，历任胡宗南部第一军军长、三十四集团副总司令、总司令等职，在国民党军队中资历较深。但因不属蒋介石嫡系，受到胡宗南的排挤。1945年，陶峙岳出任新疆警备总司令。1946年，复调兰州，任西北长官公署副长官。1948年8月，又兼任新疆警备总司令。同年秋，在赴新疆就职时，保定军校的同学张治中在兰州私邸向他出示了屡次建议蒋介石，力主国内和平的一些函件和谈话记录，并谈到今后的一些安排，对新疆的出路双方已有默契。陶晋初于1948年8月随陶峙岳入新，任警备司令部参谋长。他早年曾留学日本士官学校，思想进步，对国民党统治不满，同情共产党，在重庆时与乔冠华相识。后来，乔冠华受周恩来指示给陶晋初去信，要他在新疆为和平起义做好准备工作。1949年5月，陶晋初致函陶峙岳，劝他为中华民国的前途，为新疆10万官兵的生命考虑。① 为了扫除和平起义的障碍，陶晋初调换了一批干部，掌握了联勤总部供应局的两个汽车团、一个独立汽车营、挽马团、驿运处等运输部队以及部分军事力量。四十二师师长赵锡光则是倾向和平起义的另一位主要人物，他不属蒋介石嫡系，历来受到歧视和排挤，不满于国民党的统治。他不仅掌握着一个师的兵力，还兼任新疆警备总司令副总司令、南疆警备司令等职，与陶峙岳政见相同。

主战派则主要有骑一师师长马呈祥、七十八师师长叶成、一七九旅旅长罗恕人等。马呈祥是马步芳的外甥，他所统领的骑一师在编制上虽然属于新疆警备司令部，但军饷仍由马步芳拨发，因此只听马步芳指挥。该师战斗力较强，驻扎在昌吉、景化（今呼图壁）、奇台、孚远、木垒河一带，是马步芳企图在新疆扩张势力范围的一着棋子。叶

---

① 陶峙岳：《陶峙岳自述》，第93页，湖南人民出版社，1985年。

成是黄埔军校二期毕业生，是蒋介石的同乡和学生，也是胡宗南的嫡系，其兵力主要驻防在迪化、哈密、吐鲁番一带。罗恕人系军统特务，蒋介石的嫡系，其部队重点戍守迪化。这三人掌握作战部队实权，且又结为同盟，成为新疆和平起义的一大障碍。

在省政府中，同样存在主和与主战两派的斗争。1949年4月，国共和谈破裂后，国民党代表团团长张治中留在北平，代表团顾问、迪化市市长屈武受周恩来之托返回新疆，积极准备和平起义，与省政府秘书长刘孟纯一起，成为主和派的重要人物。省政府主席包尔汉同情共产党，后来也走上了和平起义的道路。省政府中反对和平解决的主要有民政厅长王曾善、副主席兼建设厅长穆罕默德·伊敏、财政厅长贾尼木汗，以及尧乐博斯、艾沙等人。

尽管和平解决的道路充满艰辛，但和平解放已是大势所趋，不可阻挡。特别是人民解放军在西北战场的节节胜利，更为和平解放提供了坚实的力量后盾。8月26日，人民解放军攻克兰州，马步芳的主力尽被歼灭。9月5日，解放西宁，摧毁了马步芳的总部。接着兵分两路，进军河西走廊，直逼新疆。人民解放军的迅速推进，鼓舞了主和派，打击了主战派，新疆和平解放的条件日趋成熟。

在军政界主和派力量逐渐取得优势的同时，一些地下组织也十分活跃，他们为新疆的早日解放作出了自己特殊的贡献。这些组织主要有"战斗社"、"先锋社"、"新疆民主同盟"等。战斗社是1944年11月到1949年12月活动在迪化的一个秘密组织，其前身是"新疆共产主义者同盟"和"民主革命党"。1944年11月7日，赵明、张伯中、王韬等一批进步青年秘密成立了"新疆共产主义者同盟"，其成员多为林基路和杜重远的学生，有的曾被盛世才关押，在狱中与中共人员有所接触。该组织参照中国共产党章程制定了《新疆共产主义者同盟章程》，进行反对国民党统治的地下活动。1945年10月，该组织曾派人到重庆，受到中共代表团成员邓发等人的接见。1946年4月，该组织进一步扩大，并影响和支持了《新疆日报》社工人的罢工运动。1947年2月，为了统一新疆各民族进步力量，"新疆共产主义者同盟"与阿巴索夫领导的"人民革命党"合并成立了"民主革命党"，主席为阿巴索夫，副主席为李泰玉和艾斯海提·伊斯合科夫。"民主革命党"的前身则是在阿巴索夫提议下，于1946年4月成立的"东土耳其斯坦革命青年团"。1947年8月，随着联合省政府的破裂，"民主革命党"的领导机关撤往伊宁，部分成员则留在迪化，以"民主革命党迪化区委"的名义继续开展工作。1948年11月，印行地下刊物《战斗》报，故该组织也自称"战斗社"。到1949年11月停刊，该报共发行51期。战斗社从成立到新中国成立前夕，共有正式成员17名，他们以学习小组、青年会、工会等名义广泛开展宣传活动，为新疆的和平解放发挥了积极作用。

先锋社成立于1947年11月7日，最初自称为"中国共产党新疆省支部"，但与中国共产党并无组织关系。成员均为汉族，主要由盛世才时期的军校学生及部分文教人员组成。到新中国成立前夕，该组织共有成员91人。因其印发的刊物名曰《先锋》，故又称"先锋社"。1949年，"先锋社"的工作重点是策反国民党军队的高级军官，并准备一旦和平解放无望即发动武装起义。

"新疆民主同盟"成立于1949年，主要领导人是努斯热提和买合苏德·铁依波夫，成员大部为维吾尔族青年。该组织宣称自己的宗旨是为了"实现十一条和平条款，同阻碍实现和平条款的反动分子和民族主义分子进行斗争"①。该组织经常印发介绍解放区和三区革命成果的传单，还向包尔汉秘密提供了泛土耳其主义者与英、美驻迪化使馆活动的一些有关情报。此外，"新疆保卫和平民主同盟"即新盟于1948年8月1日在伊宁成立，阿合买提江·马合苏木任主席，阿巴索夫、伊斯哈克别克、赛福鼎·艾则孜、赖希木江、达列里汗等35人为中央委员。该组织成立后，原"民主革命党"同时撤销，其成员并入新盟。12月，"东土耳其斯坦革命青年团"并入该组织，改称新疆保卫和平民主同盟青年组织部。新盟在伊犁发行有《同盟》杂志和《前进报》，在塔城和阿山分别有《民主报》和《真理之路报》。1949年5月11日，阿巴索夫在一次会议上发表讲演，指出应以阶级的观点重新认识新疆问题，避免将国民党反动派与整个汉族看成一体的错误。他号召全体人民动员起来，为争取早日解放新疆而奋斗。截止1949年8月，新盟共有5万名成员，在稳定三区秩序方面做出了应有的贡献。

1949年6月，中共中央派出以刘少奇为团长的代表团赴莫斯科会谈，邓立群作为代表团的工作人员一同前往。会谈期间，苏方提出美国可能策划将西北"五马"（马步芳、马步青、马鸿逵、马鸿宾、马呈祥）的力量撤至新疆，组织"大伊斯兰共和国"。在这种情况下，中共中央决定提前进军新疆，并派邓立群以中共联络员的身份赴伊犁。1949年8月10日，邓立群率随员携电台一部离开莫斯科，14日到达伊宁，15日建立了"立群电台"，主要任务是负责三区与中共中央之间的联系。8月17日，阿合买提江、伊斯合克别克、阿巴索夫等与邓立群首次会面，并达成共识。同日，中共中央电告邓立群，要他以中央的名义邀请新疆方面派5位代表赴北平出席即将召开的全国政治协商会议。1949年8月22日，阿合买提江·马合苏木、阿巴索夫、达列里汗、伊斯哈克别克、罗志5人乘汽车从伊宁出发到苏联，24日由阿拉木图换乘飞机，27日飞经伊尔库茨克上空时，因气候恶劣，在外贝加尔湖附近撞山，机上17人不幸全部遇难。根据中共中央指示，经研究决定，由新盟党委赛福鼎·艾则孜、塔城副专员阿里木江和新疆学院涂志3人组成新的代表团，于9月7日从伊宁出发，经苏联境内到满洲里，最终抵达北平。

1949年9月8日，在人民解放军继续向西推进，国民党军节节败退的大好形势下，为了促使新疆军政当局早日起义，中共中央主席毛泽东召见了张治中，希望他致电新疆军政负责人宣布起义。9月10日，张治中致电陶峙岳、包尔汉，希望他们及时表明态度，正式宣布与广州政府断绝关系，归向人民民主阵营。同日，张治中又电告陶峙岳，对有关的9个问题进行了详细的询问和商讨，其中特别指示，对马呈祥部最好能开导和说服，否则可将其调往焉耆、轮台两地，而将钟祖荫旅调到吐鲁番、鄯善、托克逊一带。至于其他驻新将领，也应对之多加开导，倘有顽固到底、无法挽救者，宜先调换。对于少数民族中之保守派，如色依提、尧乐博斯、麦斯武德、穆罕默德·伊敏、贾尼木汗等人，要分别加以引导，以待其转变立场。对伊犁三区的联络，则最好是仍请苏联领事居间保持接触。9月17日，陶峙岳、包尔汉复电张治中，表示他们在保障国家领土、

---

① 包尔汉：《新疆五十年》，第347—348页，北京文史资料出版社，1984年。

维护本省和平以及避免军队无谓牺牲之三项原则下，选择时机，和平转变。同时电告，除马呈祥、叶成、罗恕人等基于个人立场，将于近期率少数亲信乘机飞离迪化外，其所属部队的指挥权将在马呈祥等离开后，由陶峙岳掌握。届时，宣布与广州政府脱离关系，并依照国内和平协定，接受人民革命军事委员会的领导。

在省政府方面，包尔汉、屈武等主和派人物在不同场合均明确表示对和平解决新疆问题的决心和信心，并多次商谈和平起义的具体事宜。在与陶峙岳见面后，他们就军政共同行动达成一致。同时，三区方面也做了积极的配合。为避免双方的武力冲突，经会谈，双方达成口头协议，均保证互不进攻对方，从而为迪化和平起义解除了后顾之忧。

1949年9月15日，邓力群从伊宁抵达迪化，次日与陶峙岳、包尔汉等进行了会谈，并传达了中共中央的指示，要陶峙岳立即派代表赴兰州与彭德怀副司令员谈判河西和新疆的和平起义问题。9月19日，新疆方面派曾震五、屈武、合斯木江三人赴兰州。同时，包尔汉致电毛泽东，表示决意与国民政府脱离关系。这期间，邓力群还会见了"战斗社"、"先锋社"的负责人，对其工作给予鼓励和指导。就在新疆和平起义加紧进行的关键时刻，出现了反复。蒙藏委员会副委员长周昆田到达迪化，试图组织和平起义。原已决定交出军队的马呈祥、叶成、罗恕人等，则准备支持陶峙岳，逮捕主和派领导人，指挥顽抗。在此紧急关头，陶峙岳沉着果断，立即召见马呈祥、叶成、罗恕人三人，推诚相谈，权衡利弊，终于化解了一场事变和可能的流血冲突。9月25日，国民党驻新部队由陶峙岳率领通电起义。9月26日，包尔汉省政府召集紧急会议，决定通电起义，宣布与国民党广州政府断绝一切关系，并要求各机关人员和全体民众切实负责，保护好一切文件、档案和一切公共财产，维护正常的工作秩序。9月27日，新疆省政府召集庆祝和平解放大会，并通电全疆。消息传出，全疆一片欢腾。同日，新盟代主席艾斯海提·伊斯合科夫代表三区各族人民分别致电毛泽东、包尔汉，表示祝贺。毛泽东主席复电感谢，并表示三区人民的奋斗，对于新疆的解放和全中国的解放都是一个重要的贡献。

1949年10月，中国人民解放军第二军和第六军进军新疆。10月20日，先头部队进驻迪化，各族各界群众列队欢迎，欢声雷动。从此，灾难深重的新疆各族人民，终于迎来了一个历史的新时代。

第三节　西藏热振活佛维护祖国统一的努力与"热振事件"

一、"西藏外交局事件"与"泛亚洲会议"风波

热振呼图克图摄政以后，西藏地方政府与中央政府的关系愈来愈密切。热振呼图克图也逐步得到了僧俗民众的信任和支持，巩固了自己的地位。这期间，他在官员的升迁以及财政税收等方面都做了一些改进，西藏政局相对稳定。

英帝分子很清楚热振活佛的威信越高，分裂西藏的阴谋越难得逞。拔掉热振活佛这颗眼中钉自然成了他们当务之急，鉴于热振活佛在西藏的影响，公开发难只会惹火烧

身。于是，一阵阵阴风便刮向了年轻的热振活佛。

1940年年初，一个个有关热振隐私的消息在拉萨街头不胫而走。尤其是热振活佛与其弟媳有染的揭贴出现了。这一手十分阴险，它直接关系到翌年热振活佛能否为达赖喇嘛授沙弥戒，更危及他在西藏的政教地位。热振呼图克图出于无奈，遂求助于西藏古老的占卜术，结果是假如他继续任职，对达赖喇嘛的健康不利，只有辞职静修，才能消除凶兆。热振活佛笃信神意，更是为了维护西藏地方的政局稳定，决定辞去摄政一职。蒙政委员会驻藏办事处处长孔庆宗闻悉后，曾前往热振寓所劝阻。热振活佛向孔庆宗说明了辞职的因由。他认为自己德薄才浅，无功无过，只是仰仗中央政府支持，方使十四世达赖坐床事宜等顺利进行。他深感到自己宿受中央之恩，却因诸多阻碍，未能妥善处理好与中央政府的关系，而西藏诸事复杂，应对不当，恐步第穆活佛之后尘。接到热振活佛的辞呈后，西藏噶厦专门召开僧俗官员会议，代表们均请求热振活佛继续任职，还前往其寓所跪拜挽留，但热振活佛不改初衷。

热振呼图克图辞职暂避一时，自然还有复位的打算。为防止对立面掌握此职，便不能依惯例从四大林①内挑选摄政。他经过慎重考虑后，采纳亲信的建议，由自己的师傅达札活佛代理摄政。于是，全藏会议在一致盛赞热振活佛的政教业绩之后，同意"热振活佛为消除不祥征兆，暂时辞职回寺静修，由达札活佛接任摄政二年至三年，期满后仍由热振呼图克图继任摄政，直至达赖喇嘛亲政为止"。②

达札·阿旺松绕，系堆龙德庆附近打聋札业党寺的小活佛，一向对热振活佛毕恭毕敬，且年近古稀。选他为继任者，完全是热振活佛为3年复出而走的一步棋。③

1941年1月16日，热振呼图克图向国民政府电呈辞职事由，"兹以本衲身体精神诸多羸弱，政务殷繁，更兼才疏学浅，深感不胜"，④并报告"继任人选，亦已由大会公推现任达赖云蒸达札活佛继任"⑤。同年2月18日，新任西藏地方摄政的达札活佛电呈中央，表示"业经达赖喇嘛明令暨西藏大众会议决定，一致推举微末为西藏摄政，再再敦请，无法推卸，特取诹吉于藏历一月一日宣布就职，特电奉闻"。⑥中央政府接报后，"准予备案"。达札接任后，即于罗布林卡格桑颇章设宴款待热振，并以厚礼相赠。热振活佛返寺时，达札还按对摄政的礼节，举行了由全体僧俗官员、三大寺堪布及藏军参加的欢送仪式。

但是，事与愿违。"荣增达札执政以后，西藏政治日益腐败，黎吉生便成为幕后导演人物"。⑦这个黎吉生便是英国驻拉萨的"商务代表"。在英国人的唆使和支持下，达札利令智昏，与热振呼图克图背道而驰，对热振一派的官员采取分化瓦解，首先对高层

---

① 四大林：一般指西藏的四大呼图克图，即丹吉林第穆呼图克图、策墨林呼图克图、功德林呼图克图、锡德林热振呼图克图。

② 西藏自治区政协文史资料研究委员会编：《西藏文史资料选辑》第6辑，第15页，1985年。

③ 蒙藏委员会委员沈宗濂1947年4月分析西藏政变原委并拟处理办法呈国民政府主席签呈原件，台湾"总统府"机要档案。见孙子和：《西藏研究论集》，（台北）商务印书馆，1989年。

④⑤⑥ 《西藏地方是中国不可分割的一部分》，第518页，西藏人民出版社，1985年。

⑦ 罗家伦：《揭开中印间有关西藏的内幕》，载《中国近代史论丛》第2辑，第7册，（台北）正中书局，1997年。

官员作了大调整,将不顺从自己的官员等悉数免职;同时在噶厦的大小岗位上悉心安置亲信;热振活佛及其属下的活动也受到监视,逐渐改变了热振活佛奉行的"内向"政策。

1942年7月6日,西藏地方政府突然宣布成立"外交局",并于次日致函蒙藏委员会驻藏办事处处长孙庆宗,表示所谓西藏外交局"于藏历五月二十三日正式成立机关。今后汉藏间事无巨细,请径向该机关洽办,希查照",不可再直接与噶厦发生关系。①英国"商务代表"黎吉生立即表示接受。其间,美国一个军事代表团也直接同这个"外交局"联系。驻藏办事处洞悉其奸,紧急电告中央,指出"查外交局性质系与外国洽办事件之机关,今噶厦告职须向该局洽办一切事件,是视中央为外国,示西藏为独立国,如我予以承认,则前此国际条约所订西藏为中国领土之文无形消失,而西藏与外国所订明密各约未为中央所承认者,无形有效,事关重大,中央似宜明电噶厦不承认该局,中央驻藏官员仍须照旧与噶厦接洽一切事件",并说明"事关我国对藏领土主权,祈请速决大计,批示应付方针"。②这次事件实际上是达札等人谋求"西藏独立"的一次试探。只要驻藏办事处与这个机构联系,就表明西藏恰逢为一个"国家"的存在。否则,办事处则形同虚设。西藏噶厦选择抗日战争的关键时刻,向中央政府发难,用心可谓险恶。由于蒙藏委员会驻藏办事处对此表示反对,西藏地方政府断绝了对他们的供应,并无故逮捕了一些内地人,以迫使驻藏办事处与这个非法"外交局"联系。驻藏办事处则采取强硬态度,宁愿自筹钱款在市场上购买物品,也不妥协。③

国民政府闻讯,立即汇集军政、外交、交通各部及军事、蒙藏两委员会代表慎重研究对策,终以正值抗战之际,不得不"体念地方特殊困难,从宽处置",经会拟方案,提报行政院第五百四十七次会议修正实施。蒙藏委员会委员长吴忠信即于8月2日复电驻藏办事处转达了国民政府行政院8月1日的训令:"告以藏方……应注意遵守下列两事:甲、有关国家利益问题必须秉承中央意旨处理;乙、中央与西藏一切往还接洽方式,仍应照旧,不得径由上述外务机构办理。"④同时要求驻藏办事处"仍照旧例接洽,不得与'外交局'发生任何联系。西藏既新设此局,以图无形中转变中藏旧有关系,自必坚持到底,虽陷僵局,亦不顾之。"⑤不久,噶厦复电蒙藏委员会委员长吴忠信,辩称:"藏政府新设'外交局',系重视中国政府及各外国提出巨细事务,使不致迟缓之便利,特为和睦计,乃呈请藏王兼征询西藏僧俗民众大会一致同意,设立办理外国事务机关。既经成立,无法变更,此为增进汉藏睦谊,决无妨害之意。谅邀洞悉者也,后一切事务,均须向该机关接洽,并请令知孔处长遵办为祷。"⑥针对这一说法,同年9月17日,行政院再度发布训令:"仰仍遵照本年八月一日机字第一五九号训令办理,此令"⑦。蒋介石还亲自出马,召见西藏驻京办事处,提出如不撤销前议,中央只有动员

---

① ⑤ 蒙藏委员会档案。
② ④ 《西藏地方是中国不可分割的一部分》,第531页,西藏人民出版社,1985年。
③ 见1942年10月蒙藏委员会致外交部仁字第4556号函,转引自孙子和:《西藏研究论集》,第192页,(台北)商务印书馆,1989年。
⑥ 《西藏地方是中国不可分割的一部分》,第532页,西藏人民出版社,1985年。
⑦ 《西藏地方是中国不可分割的一部分》,第533页,西藏人民出版社,1985年。

军队，甚至派飞机轰炸。川、青军队随即作了相应的调动。由于中央政府的明确表态及全国人民的抗议谴责，加之驻藏办事处始终坚持不与"外交局"来往，西藏地方少数人才醒悟到"应与中央保持感情"，不再逼驻藏办事处与"外交局"联系。至此，英帝策划的这一阴谋宣告破产。

1944年，色拉寺戒扎仓大经堂举行"开光仪式"，热振活佛借机重返拉萨，以便与达札就摄政事再行商谈。但达札装聋作哑，一拖再拖。两个月后，热振活佛只得回寺静修。他虽不在位，仍与中央政府保持了一定的联系，曾致函蒋介石称"热振现已辞去摄政职务，居于热振格批岭寺，专研经典并祷祝国事日隆，抗战大业早臻全功，敬请保重政躬，为国珍摄，并恳随时电赐教诲为祷。"① 此时，热振活佛仍希望停靠中央政府再登西藏地方摄政位。

1945年5月，已退位的热振呼图克图当选为中国国民党第六届中央执行委员。热振活佛虽未参加会议，但仍被提名并当选，足见其在蒋介石心目中的位置。

1946年，"泛亚洲会议"即将在印度新德里召开。英国代表黎吉生调唆噶厦"外交局"总管索康汪清次登向达札报告，要求派代表参加。达札等人对此疑惧参半，一度决定不参加。② 黎吉生则煽动说，如能参加"就能体现西藏是一个'独立国家'。从目前世界形势看，正是西藏搞'独立'的好时机，务必要抓住机会。英国政府已经表示要为西藏独立从各方面给予支持。"③ 他还说已经收到邀请西藏代表的信。达札等人欣喜若狂，遂提交民众大会讨论，决定派代表团出席会议，企图利用此次会议大造舆论，进行分裂活动。在黎吉生的授意下，代表团化装成经商的马帮，前往参会。他们出发后，黎吉生又通过噶厦"外交局"向达札建议，让代表团带上"国旗"。"国"系乌有，焉有国旗，不得已最终只好赶制了藏军的"雪山狮子旗"替代，专程送给已经起程的代表团。

不久，黎吉生再度向噶厦献计说，中国政府已得悉西藏地方派人参加"泛亚洲会议"一事，现已发表声明反对，噶厦应立即向该团发报，令其在中央代表到达之前赶到印度新德里，造成既成事实。④

当时，中国代表团曾就印度当局邀请西藏地方政府向印度提出严正抗议，指出"西藏非独立国家，未得我政府之同意，何能派代表参加"。⑤ 印度方面表示，此次会议宗旨在促进亚洲各地区的工业、文教、宗教等事业的发展，是世界福利会领袖尼赫鲁（后为奈都夫人）以私人名义邀请有关人员参加，并未邀请官方代表；此次邀请对象，纯以文化团为主，而非以国家为单位，如苏联方面，此次仅邀请苏联亚洲部分之六七个共和国，苏联中央则未被邀请参加。⑥ 经中国政府申明立场，印度方面同意将西藏人列为西藏地方团体代表，而为中国代表团成员。⑦ 但是会议上，怪事迭出，会议组织者竟把藏军的"雪山狮子旗"与各国国旗并列，继而主席台墙上的巨幅亚洲地图上，西藏

---

① 蒙藏委员会档案。
② 《元以来西藏地方与中央政府关系档案史料汇编》第7册，第2857页，中国藏学出版社，1994年。
③④ 西藏自治区政协文史资料研究委员会编：《西藏文史资料选辑》第2辑，第12页，1984年。
⑤ 《中央日报》，1947年3月24日。
⑥⑦ 《元以来西藏地方与中央政府关系档案史料汇编》第7册，第2858页，中国藏学出版社，1994年。

竟被划出了中国版图。这一切遭到了中国代表团的强烈抗议，迫使印度方面不得不做了更改。在10天的会期中，西藏代表团频繁与英国驻印总督等人接触，还试图要在会议上讲演有关条约，被予以拒绝。这次会议发生的事预示着西藏地方上空一场暴风雨即将到来。

二、"热振事件"

热振活佛辞职后，一直在寺静修。但他对西藏地方的局势仍很关心。眼见达札等人倒行逆施，心里很是不安。他曾就噶厦成立非法的"外交局"以及开办英文学校等事给达札去信劝说告诫。尤其是3年过去，热振活佛复位的期限已到，社会舆论对达札十分不利。至此，热振、达札两人尤其是其幕僚间的矛盾进一步恶化。达札一伙开始寻找最后除掉对手的借口。

热振呼图克图面对西藏地方严峻的形势，唯一的希望便是依靠中央，重图旧业。但他并不同意手下人用武力夺回摄政职位的想法。热振活佛曾对驻藏的中央人员谈道："如果这一状况继续下去，西藏必将为帝国主义所吞并，这是我们无法忍受的，要求中央支持我重新当政。"并表示"如果我能重新当摄政王，一定为增进中央与地方的关系作贡献"。① 他还一度产生到内地的打算。

1946年年底，国民政府召开制宪国民大会，事先曾邀请热振拉章派人参加。因热振活佛无法参加会议，即派其亲信前往南京，并要他们向国民政府面陈热振活佛近况，希望中央政府帮助其重回西藏政坛。

1947年正月，雍乃喇嘛不顾热振活佛的劝阻，擅自派人将装有手榴弹的匣子送往译仓，要求转给达札，不料手榴弹因故提前爆炸。弥漫的硝烟使拉萨的气氛顿时紧张起来。② 黎吉生对热振呼图克图复位将给英侵藏计划带来什么威胁是很清楚的。这一次，他瞅准"炸弹事件"后达札惊恐的心态，把参加国民大会的热振代表在南京的活动，作了夸张的汇报。他说，热振的人会后留在了南京，提出西藏是中国的一部分，要求中央给予支持。中央已同意派大军入藏，帮助热振复位，还可能派飞机轰炸拉萨。黎吉生还无中生有地说，热振拉章与札什伦布寺已联合起来，要在色拉寺建立军事基地，发动叛乱。③ 噶厦闻讯，大惊失色，即电告西藏驻京办事处，详查此事。西藏驻京代表未及彻查，便捕风捉影向噶厦报告说：热振派普顿朗等人和国民政府请求派部队、飞机支援。蒋介石答应5天内答复，望噶厦当机立断。

实际上，此时国民党正忙于反共反人民，无暇西顾，早就对驻藏办事处发出了"以无事为大事，无功为大功"的密令，出兵的可能性几乎等于零。但是，英帝分子的煽惑和渲染，却把这场子虚乌有的战争说活了。

达札一班人匆匆于4月13日召开紧急会议，决定立即派兵逮捕热振活佛。热振在拉萨的拉章首先被包围，其亲朋好友等均被逮捕。与此同时，噶伦索康及拉鲁两人率领

---

① 西藏自治区政协文史资料研究委员会编：《西藏文史资料选辑》第5辑，第6页，1985年。
② 蒙藏委员会委员沈宗濂1947年4月分析西藏政变原委并拟处理办法呈国民政府主席签呈原件，台湾"总统府"机要档案。见孙子和：《西藏研究论集》，（台北）商务印书馆，1989年。
③ 西藏自治区政协文史资料研究委员会编：《西藏文史资料选辑》第6辑，第16页，1985年。

500名藏军直奔热振寺,将毫无防备的热振活佛秘密押解拉萨。

热振活佛被捕引了热振寺及色拉寺戒扎仓僧人的强烈不满。色拉寺僧人企图于半道救出热振活佛,因押解人员临时改道,未获成功。次日,该寺僧人举行了武装暴动。噶厦调集大批士兵围攻寺庙。英帝分子黎吉生对此颇为赞赏,表示英国政府将做噶厦的后盾,希望噶厦在军事行动中不要有顾忌,要速战速决。黎吉生还特地派报务员福克斯协助噶厦架设"在炮轰戒扎仓时使用"的无线电台。藏军的炮火虽然镇压了不屈的色拉寺僧人,但斗争并未结束。

在热振寺,16名留守的藏军被处死,僧人们还与前来镇压的藏军展开枪战,终因寡不敌众,而被迫突围。寺破后,被藏军洗劫一空,热振呼图克图的势力被基本摧毁。

热振呼图克图被关押在布达拉宫孜夏角监狱,遭受了非人的摧残。噶厦专门成立了所谓的"特别法庭",数次提审他。热振活佛被安上了各种莫须有的罪名。在回答为什么要亲汉人的审讯时,热振活佛答道:中国和西藏在地理上、宗教上都无法隔离。1904年,英国人荣赫鹏攻入拉萨,军事赔款一概由中央政府分期代付,如果不是中国的钱,岂能赎回西藏的身。①

5月,恶劣的环境,莫须有的罪名,再加上忧国忧民之心,使热振呼图克图忧愤不已,旧病复发。狱卒多次汇报后,才有人送来几丸药。7日,热振活佛服药后,病情反而加重。次日凌晨,年仅37岁的爱国活佛终于告别了人世。

"热振事件"发生前后,西藏地方政府都与英驻拉萨机构保持了联系。事实上,在逮捕和审讯热振活佛的全过程里,他们都专门向黎吉生等人作了汇报,并听取其意见。②

5月8日,热振呼图克图惨死狱中后,噶厦宣布取消其呼图克图名号,财产亦被没收。③

早在事件之初,蒙藏委员会驻藏办事处便与中央取得联系,屡电在重庆的蒙藏委员会沈宗濂汇报藏情,指出"因此次达札与热振之争,亦即我国与英帝在藏势力相等之关键,不可忽视"。④请中央尽快采取措施,解决此项纠纷。他们还建议:"一面设法调解,一面派军队在西康境内,附近昌都一带地方,往来游弋,遥为声援。"⑤沈宗濂随即签报国民政府主席,除分析政变原委外,还提出中央为维护佛法,安定秩序,对西藏发生的重大变乱不能不管;况且热振活佛为中央所册封,如发生意外,也有损中央威信。⑥

但是,蒋介石正忙于和共产党作战,只是电告陈锡章转告噶厦:"(一)保护佛法,不得炮轰寺院;(二)热振是中央册封的呼图克图,且主持寻觅十四辈达赖喇嘛有功,

---

① 牙含章:《达赖喇嘛传》,第333页,人民出版社,1984年。
② 黎吉生著,李有义译:《西藏简史》,第32页,铅印本。
③ (台湾)《中国边政》第83期,第12页。
④⑤ 西藏自治区政协文史资料研究委员会编:《西藏文史资料选辑》第3辑,第128页,1985年。
⑥ 蒙藏委员会委员沈宗濂1947年4月分析西藏政变原委并拟处理办法呈国民党政府主席签呈原件,台湾"总统府"机要档案。见孙子和:《西藏研究论集》,(台北)商务印书馆,1989年。

应加优待，并从宽发落。"① 噶伦然巴·土丹贡杰等虽面称一定从宽处理，但并未付诸实施。驻藏办事处代处长陈锡章对西藏地方政府"目无中央"之举非常气愤，对中央政府所持态度也有腹议，专门致函沈宗濂痛论此事，并提出辞职。

热振呼图克图逝世后，蒙藏委员会驻藏办事处立即报告中央。蒋介石得知噩耗，立即致电达札和噶厦，对热振活佛的圆寂表示悼念，指出："此次不幸事件之发生，事先既疏于消弭，事后应图补救。"并"饬对热振佛身后事宜妥为办理，对损毁寺院迅筹修复，对波及僧民善加抚慰。"②

西藏地方政府在"热振事件"中，残害忠良，炮轰寺院，洗劫僧舍，自知罪责不小，犹恐中央政府兴师过问，于是按英人黎吉生之意，在对外宣传中，把这场斗争的实质说成是简单的内部权力纠纷，并竭力掩盖英国人所起的作用。西藏驻京办事处也致呈蒙藏委员会，"称有要事急须晋见主席"，请求迅速安排日期。他们所谓要事即转呈西藏地方政府报告及色拉寺"变乱平息"经过及班禅转世事宜。6月23日，蒙藏委员会委员长致函国民政府文官长吴鼎昌，称奉蒋介石命令，定于24日由吴代行接见西藏驻京代表。是日，土丹桑布解释了"热振事件"的经过后，表示已经遵照中央指示，对事件有关人员从轻发落，没有影响汉族、回族及藏族人民的生活，目前拉萨已恢复安宁、平和。文官长吴鼎昌告之"西藏为佛法圣地，中央素来加意维护。此次事变既已了结，甚好。今后地方事务应以和谐安定为第一要义等语。边疆正值多事之秋，安定实乃首要，前事既结，不必多提。"③

这样，轰动一时的"热振事件"始告结束。国民政府对事件的处理显然是不得力的，从一开始便企图息事宁人，未能采取果断措施，致使一位"倾心内向"的藏传佛教领袖人物惨死冤狱。连蒙藏委员会也不得不承认"热振曾多次由侧面非正式向中央请求帮助，均经告以时机未至，切勿急躁从事，徒招无益牺牲。"④这一点也足以让后人看清在帝国主义侵略阴谋面前，蒋介石等人的软弱无力。

三、十世班禅坐床及其通电

这期间，还有一件对西藏地方影响颇大的事，即九世班禅灵童的认定与坐床。

早在1942年3月，为及时寻找九世班禅的转世灵童，国民政府行政院第五百五十五次会议通过了《征认班禅呼毕勒罕办法》，规定，"班禅转世灵童由班禅徒属寻访"，"班禅呼毕勒罕候选人，准由西藏宗教首领就班禅徒属所报灵童中负责认定三名"，然后由"西藏政府呈报中央派员在拉萨大昭寺举行掣签，签定一名为呼毕勒罕"。⑤依照惯例，札什伦布寺、班禅行辕等相继开始了寻找转世灵童的工作。他们跋涉千里，分赴青海、西康各地，先后寻访到10余名相貌非凡、聪颖伶俐的灵童，并将其年庚、姓名及家世先行转报中央，以求核夺。随后还将灵童名册携至拉萨，请予选定候选者。但噶厦以"寻访未周，仍须复访"为由，在昌都八宿地区又找到了一个叫拉玛的灵童。

1944年1月，班禅堪布会议厅"鉴于局势之恶化，班禅转世夜长梦多"，即将5名颇有灵异者接至塔尔寺，再作筛选。按照传统做法，选中的灵童为循化县文都千户的孩

---

①②③④ 蒙藏委员会档案。
⑤ 《九世班禅圆寂致祭和十世班禅转世坐床档案选编》，第214页，中国藏学出版社，1990年。

子官保慈丹。①

1944年5月,达赖十四世在拉萨卜定班禅身、语、意化身3名。第一名便是官保慈丹,第二名为切穹扎喜（亦为班禅堪布会议厅寻获,系塔尔寺附近民众之子）,第三名为拉玛（昌八宿地区之孩童）。卜定后,即电陈中央备查,并告之于班禅堪布会议厅。②

噶厦坚持应将3位灵童迎至拉萨,按旧例采用拈阄方式决定真正的转世灵童,否则不予承认。这一做法是不符合中央政府的《征认班禅呼毕勒罕办法》。③ 该办法明确规定,应在班禅徒属所报灵童名册中卜定,而达赖喇嘛等所卜拉玛等人并非班禅徒属所寻,且拈阄方式又与掣签相违。同时,噶厦"避不答复"中央派员赴藏主持转世事宜一事。蒙藏委员会多次催询,亦无回音。札什伦布寺与班禅堪布会议厅则认为官保慈丹已经多次验证,而且经达赖喇嘛等占卜打卦,乃炯护法喇嘛降神,与其他两童相较,"灵异相差天渊",确为真正的转世灵童。因此,无须进行掣签仪式,可直接报中央政府批准。这一点在过去达赖、班禅转世时,都有先例。

这期间,国民党忙于打内战,自然不愿因班禅灵童转世之事激化与西藏地方政府的矛盾,同时也希望能使班禅堪布会议厅与噶厦间的关系得到缓解,以免平添新的问题。所以,在处理这桩事务时,非常慎重,认为"中央派员赴藏掣签决定谓之合法",如果灵童确实灵异,堪布会议厅及噶厦意见一致,可呈请中央援旧例予以征认,中央届时亦可考虑,"但必须由中央派员赴藏主持坐床典礼,此之谓合理"。④ 但是,达札一伙却在英人的教唆下,拒不理睬中央政府的意见,企图控制班禅灵童转世。光阴荏苒,一晃数年就过去了。

1948年11月,蒙藏委员会委员长许世英再次致电达札摄政,提出3条意见,大意为:西宁灵童未启行前,中央可先行颁布,特派蒙藏委员会委员长同达札主持第十辈班禅转世事宜之明令,但可能派驻藏办事处处长就近代表会商办理一切手续;灵童入藏,中央不派军队;灵童抵藏征认时,应按旧例办理,于大昭寺释迦佛前诵经后,由中央所派人员掣签决定。如执事等认为官保慈丹灵童异昭著,亦可援现辈转世办法,将灵异情形报由中央所派人员转呈总统,免予掣签,明令指定为班禅正身,再由中央所派人员依例照料坐床。噶厦复电却对中央援例派员护送及主持班禅转世之意表示了不同意见。⑤

九世班禅转世灵童的认定、坐床等久未决定,在蒙藏地区引起极大反响。蒙藏委员会经过长时间的慎重考虑,感到"西藏政府拒绝中央主持班禅转世之意已显示无遗","为顺应人心,维持中央威信计,似未便对西藏政府此种违法违理藐视中央之举动再事优容。且班禅在蒙藏佛教上的地位崇高,历辈转世事宜均由中枢主持,档册斑斑可考",加之当时盛传噶厦将把八宿灵童迎入拉萨坐床,因此建议行政院尽快作出正确的

---

① 《九世班禅圆寂致祭和十世班禅转世坐床档案选编》,第244页,中国藏学出版社,1990年。
② 《九世班禅圆寂致祭和十世班禅转世坐床档案选编》,第260页,中国藏学出版社,1990年。
③ 《九世班禅圆寂致祭和十世班禅转世坐床档案选编》,第214页,中国藏学出版社,1990年。
④ 《九世班禅圆寂致祭和十世班禅转世坐床档案选编》,第350页,中国藏学出版社,1990年。
⑤ 《九世班禅圆寂致祭和十世班禅转世坐床档案选编》,第334页,中国藏学出版社,1990年。

决策。①

1949年5月18日，行政院第六十六次会议议决："呈请总统明令公布官保慈丹为第十辈班禅额尔德尼呼勒罕，并准在青海塔尔寺先行坐床，由中央派员前往主持办理。"②

1949年6月3日，国民政府代总统李宗仁颁发训令："青海灵童官保慈丹，慧性澄圆，灵异夙著，查系第九世班禅额尔德尼转世，应即免予掣签，特准继任为第十世班禅额尔德尼。"③

随后，行政院又准蒙藏委员会所请，特派该会委员长关吉玉为主持十世班禅坐床典礼专使，青海省主席马步芳为副使，前往西宁主持坐床大典。8月10日上午11时，十世班禅坐床大典在青海塔尔寺普观文殊殿前大讲经院隆重举行。蒙藏委员会委员长关吉玉与马步芳代办马继融会同主持，并代表李宗仁宣读明令。与会者有中央及地方官员、蒙藏僧俗民众等近5000人。④

典礼结束以后，11岁的十世班禅致电总统李宗仁表达了自己对中央政府的一片诚意，电文曰："班禅世受国恩，备蒙优渥，此次蒙政府颁布明令，特准继承第九辈法统，既承特派关专使吉玉马副使步芳（由马继融代理）莅青主持坐床典礼，复荷礼遇有加，赐颁厚贶，国恩浩荡，良深铭感。遵已于八月十日在青海塔尔寺举行坐床典礼。今后只有一本历辈班禅倾诚中央、庇护众生这一贯意志，竭尽天职，努力以赴，以期仰答优崇无上之德意。肃电申谢，恭颂钧安。"⑤但西藏地方政府对十世班禅按合法手续正式坐床颇为不满，仍我行我素，进一步恶化了与班禅方面的关系。中华人民共和国成立后，中共中央和毛主席作出了解放西藏的决定。1951年5月23日，中央人民政府与西藏地方政府代表团签订《中央人民政府和地方政府关于和平解放西藏办法的协议》，共17条，故又称《十七条协议》。1951年8月，根据《十七条协议》的规定，中国人民解放军分别由四川、青海、新疆、云南四路向西藏进军。1951年10月26日，中国人民解放军胜利抵达拉萨，完成了祖国大陆的统一。

第四节　其他民族地区革命斗争的发展

一、南方各族人民的反"三征"斗争和武装起义

抗日战争胜利以后，蒋介石坚持独裁和内战的政策，中国人民希望战后能休养生息、实现和平民主的愿望化为泡影。为了扩大内战，国民党政府在其统治地区疯狂征兵、征粮、征税，各族人民怨声载道。中国共产党利用这一时机，积极组织和发动各族人民开展反"三征"斗争和武装起义，以推翻国民党政府的统治。1946年11月6日，中共中央在《南方各省乡村工作方针》中指出："在目前全面内战的形势下，南方各省

---

① 《九世班禅圆寂致祭和十世班禅转世坐床档案选编》，第350—351页，中国藏学出版社，1990年。
② 《西藏地方是中国不可分割的一部分》，第523页，西藏人民出版社，1985年。
③ 《九世班禅圆寂致祭和十世班禅转世坐床档案选编》，第359页，中国藏学出版社，1990年。
④ 《西藏地方是中国不可分割的一部分》，第523—524页，西藏人民出版社，1985年。
⑤ 《九世班禅圆寂致祭和十世班禅转世坐床档案选编》，第360页，中国藏学出版社，1990年。

乡村工作,应采取两种不同方针";"凡有可能建立公开游击根据地者,应即建立公开游击根据地……应鼓励原有公开或半公开武装,紧紧依靠群众继续奋斗,不应该采取消极复员政策,长敌人之志气,灭自己之威风。现在南方各省国民党正规军大批调走,征兵征粮普遍施行,正是我党发动游击战争的好机会";"凡条件尚未成熟之地区,则采取隐蔽待机方针,以等待条件之成熟,此种地区在目前当然是占多数,但其目标仍是积极准备发动公开游击战争,建立游击根据地之各种条件,而不管条件是否成熟,一概采取长期隐蔽方针。"1947年3月8日,《中共中央关于在蒋管区发动农民武装斗争问题的指示》又指出:根据形势的发展,"在蒋管区发动与组织农民群众武装斗争的客观条件与时间是完全具有的"。要求蒋管区的党组织"依靠群众,胆大心细地发动群众,既勇敢又谨慎地领导斗争","在群众中建立与组织武装力量与农村游击根据地"。

根据中共中央的上述指示,广西、云南、贵州、四川等南方各省的党组织以"反'三征'"为号召,积极部署和发动各族人民群众,开展了推翻国民党政府统治的武装起义。

在广西壮族地区,从1947年到1948年,各地都举行了大规模的武装起义。如在左江地区,中共广西省工委于1947年3月派黄嘉到这里建立了中共左江工委会,为准备武装起义工作。当时提出武装斗争的方针是:"放手小搞,准备大搞,发动群众,培养干部,摧毁敌人基层政府,建立革命根据地。"经过一番准备,同年7月间,龙津、明江、镇边、凭祥、上金、雷平等县相继举行起义,这是继1930年龙州起义之后左江壮族人民举行的第二次较大规模的起义。新桂系当局于当年8月和10月,分别抽调3000和4000多兵力,两次对左江游击根据地进行"扫荡",均被游击队击败。新桂系急忙从华中前线调回正规军一七四旅,配合地方武装,对左江地区进行更加严酷的"扫荡",使革命势力受到较大损失,雷平县大队副政委、壮族干部农秀等人壮烈牺牲。但革命群众没有被吓倒,房屋被烧了就搭茅棚,茅棚被烧了就住进山洞。其中龙津布局乡的群众扶老携幼,坚持在山头住了两年多。1948年春,左江各县根据中共党组织的指示,采取迂回发展和武工队活动的方式,分散发展游击战争。① 在右江地区,1947年秋,在中共右江地委的领导下,也举行了武装起义。万冈、凤山、果德、田东、那马、武鸣、隆安7个县约3000名农民参加了起义,先后攻占2个县城、20个乡公所,参加者大部分是壮族。其中万冈起义最先爆发,并成为右江地区起义的中心。早在1946年冬,中共地下党即在万冈积极号召反"三征",组织革命武装,准备起义。1947年春复之交,反"三征"活动在广大农村蓬勃开展起来,反"三征"同盟遍布万冈的每一个村落,半数以上的乡、村政权也为中共党组织所掌握。同年9月,万冈起义爆发。起义队伍迅速集结,从四面八方涌向县城。驻守在县志附近的特编队官兵及县城的警察起义反正。② "政府的公枪散失殆尽……整个基层组织业已破坏,是以一切税收任务,均陷

---

① 黄嘉、项伯衡:《从坚持走向胜利的左江革命斗争》,载《广西革命回忆录》,第263—293页,广西人民出版社,1985年。
② 黄钢:《万冈警察反正记》,载《广西革命回忆录》,第292—293页,广西人民出版社,1985年。

于停顿状态,人心亦复极度不安"。① 起义军占领了万冈县城后,成立了万冈县临时民主政府。不久,在敌军的反扑下,起义队伍被打散,一批指战员被俘或牺牲,万冈起义失利。在桂中地区,贵县、武宣、桂平、来宾等县的壮族人民也组织起来,在壮族人廖联原、韦志龙等的领导下,于1947年9月29日发动"中秋起义",并在两三个月的时间内,先后解放了上述"4个县毗邻的20个乡镇的壮族聚居区,约30万人口",② 组织起500多人的骨干队伍,其主要领导干部和80%以上的战士都是壮族。至1949年10月,经过扩充和整编,桂中象县、桂平、平南、武宣、来宾、贵县、修仁、雒容、榴江等县的地方武装合编组成中国人民解放军桂中支队,下辖4个团、2个县中队和1个武工队。全支队共4500多人,从指挥员到战斗员都以壮族为主。在主要领导干部中,司令员兼政委廖联原、副司令韦志龙、副政委兼政治部主任韦纯束、第一团团长廖松和、政委覃肖山、副团长廖毓品,第十五团政治处主任覃家模,第八团团长韦章平、副团长韦宗昭,第二十九团团长韦布煜、政委韦世汶、副团长覃伟民、政治处主任廖鸿亮等人,都是壮族。③

在云南,中共云南省工委带领全省各族人民,加紧准备起义,并在各地建立了武装斗争据点。滇军彝族将领张冲为抗日反蒋筹集的一批武器,存于滇东南弥勒县的圭山、西山,交由地下党掌握。1947年7月,中共云南省工委提出了"开展全省武装斗争,夺取国民党地方政权"的口号;12月底,省工委召开会议,部署发动大规模的武装斗争。1948年2月,起义首先在圭山、西山发动,当地的彝、汉、苗等民族人民多次打退敌军的围攻,建立了人民武装和游击根据地。1948年7月1日,起义部队正式被命名为"云南人民讨蒋自救军第一纵队"。在滇东南地区发动大规模游击战争的同时,滇南地区的中共党组织也在积极组织和发动武装斗争。1947年,中共党组织派范嘉乐在元江撮科建立了秘密武装,并争取傣族上层人士刘土纯合作反蒋。1948年年初,中共党组织通过多种渠道取得了元江哈尼族中影响较大的反蒋上层人士李和才的掩护和资助,在小白木举办军政干部培训班,为各地培养了70多名军政干部。同年3月,中共党组织在撮科起义,揭开了滇南武装斗争的序幕。元江地区的彝、汉、哈尼、傣等族人民纷纷加入斗争的行列。至7月,组成了一支有120多人枪的"云南人民自卫军"。8月,自卫军在奔袭洼垤获胜,国民党派军队由新平至元江进剿。9月,自卫军在当地汉族和哈尼族群众及部分土司的支持下,在猪街将来犯的敌军击败,俘获保安副司令陈宇铭、视察员王力健以下官兵130多人,打死打伤10多人,除1名中队长跳岩逃跑外,无一漏网;缴获捷克式轻机枪12挺、步枪近百支、短枪10余支、掷弹筒6个、手榴弹36个、子弹1.6万多发、骡马和军用物资一批及敌军在猪街勒索的大烟、银圆等物品。自卫军伤亡各1人。④ 猪街的胜利使自卫军声威大震,元江地区反蒋武装更加靠拢自卫军。至1948年底,自卫军在滇南已发展近2000人。1949年2月,自卫军正式组

---

① 《全国解放战争时期的广西武装斗争》下卷,第545页,中共党史出版社,1992年。
② 廖联原:《回忆桂中支队的战斗历程》,载《广西军事志通讯》,1987年第3期。
③ 黄成授:《广西壮族革命史》,第252、第270页,广西民族出版社,1994年。
④ 侯兴福:《滇云风雷——中国共产党领导的云南人民武装斗争》,第86页,云南人民出版社,1995年。

编为"云南人民讨蒋自救军第二纵队",共约 3000 人,彝、哈尼、傣等少数民族子弟占 1/3 以上。组编后,第二纵队向思普和车佛南地区进发。傣族上层人士召存信等掌握的车里、佛海、南峤三县的反蒋武装在第二纵队的策应下,驱逐了国民党势力,进驻上述三县城,思普地区形成 12 县境相连的大块根据地。至此,第二纵队已发展到 6000 余人枪。此外,少数民族聚居的滇中峨山,滇西的剑川、洱源、维西、兰坪、鹤庆、丽江等地都发动了起义,其中有一些起义是少数民族上层人士组织的。在中共云南省工委的指示下,滇西北地区起义的主力部队于 1949 年 6 月下旬组编为滇西人民自卫军,其中后来编入的第三支队辖以纳西族、藏族为主的 4 个大队和 1 个骑兵队。

在贵州,苗、彝、布依、水、侗等族人民也先后多次发动起义。1947 年秋,中共在黔东北的松桃德江一带成立了黔北特委。1948 年春,黔北特委在松桃冷水乡成立地下党支部,以周知群任书记,苗族青年滕久容、滕从戊、滕久光等为支部成员。他们一方面以合法手段,利用各种矛盾争取一切可能团结的人,发展革命力量;另一方面以"抗粮、抗税、抗兵"为号召,发动群众,组织武装。经过努力,他们掌握了冷水乡的政权组织和警察队伍,并组织了有 50 余人枪的乡民武装。他们以冷水乡为中心继续扩大革命队伍,相继取得了一批苗族和汉族地方武装及会党的支持。经过半年多的秘密活动,革命力量很快扩展到松桃、铜仁、印江、秀山、永绥、凤凰 6 县 18 个乡镇,组织了 1500 多人的地下武装,初步具备了武装起义的条件。① 同年冬,黔北特委派人到松桃,宣布成立由松桃、印江、铜仁 3 县武装组成的黔东纵队。纵队下辖 5 个支队,其中第五支队由松桃地区苗族组成,故又称为"边胞支队"。1949 年春,游击队转移到湘西的凤凰、花垣等县苗族地区活动,并到沅陵抗击过国民党宋希濂部队。湘西解放后,边胞支队随二野三兵团第十军,解放了松桃、印江、思南、凤冈等县。② 1949 年秋,关岭县苗族群众建立了一支 800 余人枪的武装。威宁的彝、苗、汉、回等族人民也组成游击团,并控制了该县 1/3 以上的地区。

在四川和西康,当地的彝族和藏族人民在 1945—1947 年进行了 3 次反"进剿"的斗争。1945 年 4 月,普雄彝族群众将"进剿"的国民党军队包围长达数十天,击毙 400 余人,俘虏 300 多人,敌团长、旅长被迫逃到越西。次年 4—9 月,国民党第二十四军一三六师师长刘元瑄率领中央军 3 个团,纠集地方队伍 1 万多人,第二次"进剿"普雄。彝族人民奋起抵抗,消灭和俘虏敌军 200 多人。敌人从西昌增援,并派飞机轰炸,大批彝族人民惨遭杀害,激起了大凉山地区近 10 万人的起义。同时,雅安地区的反抗武装一度占领了雅安等 4 个县城。1947 年春,国民党又以 9 个团的兵力,第三次"进剿"普雄,彝族人民组织 5000 人的队伍反击,取得了反"进剿"的重大胜利。但敌人采取分化瓦解的策略,大举反攻,彝族人民的反"进剿"最后失败了。

二、南方各族人民积极参加中国人民解放军滇桂黔边纵队

1948 年 10 月 10 日,《中共中央关于九月会议的通知》发布。通知中说:"党在国

---

① 龙伯亚:《近代武陵苗族斗争史》,第 261—263 页,贵州民族出版社,1994 年。
② 《苗族简史》,第 273 页,贵州人民出版社,1985 年。

民党区域的工作，有了很大的成绩。……在南方几个大区域内……桂滇边区、云南南部……建立了游击战争根据地，使这些地区的游击部队发展到了三万余人。"12月27日，中共中央在给香港分局的《南方游击区应注意的几个问题》的电报中，同意建立南方三区3个纵队，并指出："1949年应是南方游击战争和游击根据地扩大发展的一年，三区均应建立电台并与中央发生联系。"

根据中共中央的指示，1949年1月1日，中国人民解放军总司令部函令，战斗在桂滇黔边区的云南人民讨蒋自救军第一纵队，广西左右江地区、靖镇区的游击部队，滇东南及黔西南的罗盘区、弥泸区、开广区的游击部队，合编为"中国人民解放军滇桂黔边纵队"（以下简称为"边纵"）。纵队下辖2个支队和5个指挥部，1949年7月经过组编后，发展为12个支队、2个独立团。云南、贵州、广西三省的壮、苗、瑶、彝、布依、白、哈尼等族人民积极参加了滇桂黔边纵队组建前后的武装斗争，他们中的一些人成为边纵的政治军事干部。在边纵的12个支队中，有几个支队是以彝族、苗族、壮族武装为基础分别组建的。

彝族人民主要参加了中国人民解放军滇桂黔边纵队成立前的云南人民讨蒋自救军第一纵队、边纵成立后的第二支队和滇中独立团。云南人民讨蒋自救军第一纵队是在云南省工委领导下，经滇东、滇南、滇东南、滇东北、昆明等几个地区的地下党长期斗争而组建起来的革命武装。1948年春，滇东南各族人民发动大规模武装起义后，西山、圭山、东山、龙海山、罗平钟山乡等地的民兵骨干组建成一支主力部队，番号为"一支人民的军队"，共7个大队、千余人枪。6月上旬，中共云南省工委召开会议，决定这支部队公开使用"云南人民讨蒋自救军第一纵队"的番号，并公布领导人员名单，其中司令员何现龙为彝族。6月中旬，自救军分兵活动，第一、第二支队和第三支队的第七大队经广南南下桂西，前往广西靖镇区会师整训；第三支队约400人返回盘江北岸坚持斗争。7月1日，南下桂西的自救军在地处中越及滇桂边界的里达镇，宣布了"云南人民讨蒋自救军第一纵队"的番号和大队以上领导干部的名单。在这支部队中，干部战士的90%以上是各族贫苦农民和其他劳动群众；10个大队中5个大队的干部战士基本上是山区的彝族群众。

自救军宣布番号后，冲破国民党军队和地方武装的围攻，继续向桂西进发。7月中旬，自救军经长途跋涉，终于在越南的河阳与桂滇边部队会师，开始整训。由于河阳地处热带丛林地区，来自云贵高寒山区的自救军多数水土不服，加上物资匮乏、营养不良，许多人染上恶性疟疾，共有350多名官兵染疾而亡。在回师云南途中，又因旧病复发病故或重病留下被零星捕杀共240多人。整个云南人民讨蒋自救军第一纵队南下河阳会师整训约4个月，非战斗减员达一半以上。① 10月底，自救军入滇后，在各族人民的支持下，其兵力重新得到扩充。

1949年1月1日，云南人民讨蒋自救军第一纵队合编入中国人民解放军滇桂黔边纵队。7月，边纵队发展至12个支队、2个独立团，有6万多人，其中第二支队由何现龙任司令员，干部中1/3为彝族，战士中彝族占50%以上。第二支队第十二团由400

---

① 侯兴福：《滇云风雷——中国共产党领导的云南人民武装斗争》，第84页，云南人民出版社，1995年。

多名彝族青年骨干组成,他们在战斗中冲锋陷阵,勇猛顽强,先后壮烈牺牲的就有216人。① 在滇中独立团中,彝族战士也占到一半以上。第三、第六、第九支队的根据地,也大都建立在彝族聚居的山区,他们不仅得到百万彝族人民物力财力上的支援,还从彝族青年中吸收许多人入伍参军。

苗族人民主要参加了中国人民解放军滇桂黔边纵队的第三、第四、第六支队。在滇东北和黔西北地区,1948年10月成立了中共罗盘地委,统一领导罗盘地区的游击战争。这个地区聚居着苗、彝、布依、汉等民族人口,许多苗族群众参加了中国共产党领导的武装斗争。1949年1月28日,罗盘区人民武装统编为云南人民讨蒋自救军第二支队,亦称罗盘支队,共4600余人。2月,支队编入滇桂黔边纵队罗盘指挥部。5月,罗盘指挥部改为滇桂黔边纵队第三(罗盘)支队,共5000多人。他们在罗盘地区坚持斗争,粉碎了国民党军队组织的夏季"围剿"。1949年年底,第三支队发展到1.3万余人,其中有不少苗族干部和战士。② 在滇东北地区,中共滇东北地委于1948年年底相继组建了永焜支队和一些地方游击队及武工队。8月1日,滇东北地委将永焜支队、宣威支队、沾益支队,合并组建为滇桂黔边纵队第六支队,共2800多人。1949年年底,主力部队发展到3000多人,其中也有不少苗族干部和战士。③ 尤其是在第六支队领导下于1949年8月成立的威宁游击团,集合了不少苗族、彝族和回族的干部与战士。游击团以彝族卢嵩岚为团长,苗族张斐然为政治部副主任。该团第五连中苗族战士占2/3左右。在滇东南地区,1948年圭山起义时即有苗族群众参加,云南人民讨蒋自救军第一纵队回师云南后,滇东南的壮、苗、彝等族人民给予大力支持,使部队兵力得到扩充。仅在广南一地,1个月内即有数百名壮、汉、苗等族群众参军。滇桂黔边纵队成立后,自救军和邱北、西畴、麻栗坡、马关、文山等壮族和苗族聚居县的人民武装编入边纵,组成第四支队。到1949年12月底,除文山县城外,滇东南的马关、麻栗坡、西畴、广南等县,都被人民的武装完全解放。

壮族人民除了积极支持和参加中国人民解放军滇桂黔边纵队活动在云南境内的第四支队等武装外,还参加了边纵活动在广西境内的左江支队和右江支队。左江是壮族聚居区,壮族人民从大革命时期起即坚持同国民党的军队进行武装斗争。解放战争开始后,中共左江工委在这里组建游击队,至1949年年初已打出一个共计10多个县广大乡村的游击区。同年4月,左江部队指挥部以主力部队为基础,从龙州、凭祥、上金、雷平等县大队抽调力量,组建滇桂黔边纵队左江支队主力第三团;从7月底至10月初,又先后组建了左江支队主力第七十四团和第七十五团。第七十四团从龙州、凭祥、上金、雷平、养利等县独立营抽调人员组成,第七十五团由左江上游区主力大队扩建而成。10月下旬,左江部队指挥部在集中主力部队集训后,将之改编为滇桂黔边纵队左江支队。这是"一支壮族人民的子弟兵,从指挥员到战斗员,除少数从外地来的几个干部,百

---

① 李资源:《中国近现代少数民族革命史要》,第372页,中央民族大学出版社,1995年。
②③ 《苗族简史》,第272页,贵州人民出版社,1985年。

分之九十五以上都是左江地区的壮族子弟"。① 至1949年年底，左江支队共拥有3个主力团、11个县独立营、8个县独立大队，共约6000人枪。在支队的主要干部中，副参谋长梁玉金、第三团团长黄抗及政治处主任秦青、第七十四团团长林虎强及政治处主任吴猛云、第七十五团团长农汉华及政治处主任黄志刚均是壮族。②

右江地区也是壮族聚居区，这里的各族人民在中国共产党的领导下，从1947年秋开始不断举行推翻国民党统治的武装斗争。1949年2月，中共右江地委军事部长、壮族干部赵世同在右江成立桂西人民解放军第一指挥所，负责指挥万冈、西山、东兰、田东、田阳、百色、右江北岸的游击斗争，使革命队伍得到发展，先后建立了凤山游击大队、万冈独立大队、峨乐游击总队、武鸣人民抗征团、桂西独立第七大队等，全地区脱产的游击武装达2200多人。他们多次击退新桂系军队的"围剿"，使根据地进一步扩大，并建立了西山县临时民主政府、凤山县革命委员会、东兰县革命委员会及一批乡级临时人民政权。9月10日，中国人民解放军滇桂黔边纵队桂西指挥部（右江支队）在都安县成立，赵世同任指挥员，区镇任政委，黄耿任政治部主任。右江支队由3个主力团组成，另成立有3个县独立团、2个县支队、10个县独立大队及指挥部直属营、民运工作团等部队，共约6000人枪，80%左右是壮族子弟。在3个主力团中，第八十三团副团长黄杰、第八十五团副团长黄成豪及副政委黄建东、第八十八团政治部主任韦金石都是壮族。指挥员赵世同则兼任第八十八团团长及政委。③

在中国人民解放军滇桂黔边纵队的其他部队中，也有大量少数民族子弟参加。如第七支队由几千名纳西、傈僳、彝、白、藏、普米、苗、傣、汉等各族儿女组成，其中以纳西族为主的两个主力团，参加了解放滇西北的游击战争，后又参加了由南下解放军发动的解放西昌的战斗。在第七支队首先成立的三十一团、二十三团、三十五团中，还有一支来自云南、四川、青海、西藏等地的藏族子弟组成的藏族骑兵队。④

1949年11—12月，云南、贵州、广西获得解放。三省中的少数民族为推翻国民党政府在这些地区的统治，作出了巨大贡献和牺牲。1950年1—7月，中国人民解放军滇桂黔边纵队所属各支队、独立团，逐步编入中国人民解放军云南、广西、贵州军区。至此，边纵队完成了它的历史使命，全体指战员走上了新的战斗岗位。

三、海南岛各族人民迎接解放的斗争

抗日战争胜利后，国民党政府急忙于1945年9月派遣叶佩高带领经济部、交通部和空军部等部门的接收人员达到海南岛，准备接收日伪武器装备和物资。10月，国民政府又调派四十六军韩铄成部2万多人进驻海南岛，并授命韩铄成为海南岛接受日本帝国主义投降的代表和兼任海南岛接收委员会主任委员，企图夺取人民抗战的胜利果实，同时"围剿"海南岛红色根据地，以达到消灭各族革命力量，使海南岛成为国民政府在华南后方可靠基地的目的。中共琼崖特委于1945年9月19日和11月8日两次致函

---

① 莫一帆：《左江地区的武装斗争》，转引自黄成授：《广西壮族革命史》，第262页，广西民族出版社，1994年。
② 黄成授：《广西壮族革命史》，第262页，广西民族出版社，1994年。
③ 黄成授：《广西壮族革命史》，第267页，广西民族出版社，1994年。
④ 李资源：《中国近现代少数民族革命史要》，第372页，中央民族大学出版社，1995年。

琼崖国民党当局,指出在战后的海南岛,不应再有痛心的内战,要根据《双十协定》,实现海南岛的全面和平,并向国民党当局提出和平谈判的主张。同时,为了加强对白沙根据地的领导,开辟五指山中心根据地,琼崖领导机关于 1945 年 11 月迁到了白沙县城,直接领导白沙的革命斗争。对于中共琼崖特委的和平主张,国民党琼崖当局根本不予理睬。1946 年 2 月,四十六军联合地方武装共 3 万余人,分四路向五指山革命根据地发起了进攻,琼崖内战全面爆发。琼崖纵队指战员和当地的黎、苗、汉等族群众互相配合,对敌军的来犯进行了英勇的反击,歼灭了大批敌人。连四十六军军长也无可奈何地承认:"半年来损兵三千,民匪不分,不易清剿。"① 1946 年秋,四十六军被调回大陆参战,广东省政府从广东大陆地区调 4 个保安总队到琼接防,继续对五指山革命根据地进行"围剿"。但这时国民党在海南岛的全部武装力量加起来只有 1.5 万人左右,较四十六军在琼的军力减少了 3/5,海南岛敌强我弱的态势发生了变化。

中共琼崖特委利用这一有利形势,领导各族人民开展轰轰烈烈的革命斗争,使五指山革命根据地不断扩大和巩固。1947 年 1 月,中共琼崖特委和琼崖纵队司令部迁入黎族聚居的白沙县红毛乡,受到黎族人民的热烈欢迎和拥护。同年 10 月,琼崖独立纵队召开了第一次全军代表大会,大会确定了全军今后的奋斗方向和主要任务,琼崖独立纵队也被中央军委纳入中国人民解放军编制,命名为"中国人民解放军琼崖纵队"。1948 年 6 月,白沙、保亭、乐东三县获得解放,成为巩固的革命根据地,为海南岛的全面解放打下了坚实的基础。

海南岛各族人民为支援五指山革命根据地建设和海南岛全面解放作出了巨大的贡献。首先是各族青年踊跃参军,使琼崖纵队得以发展壮大。1947 年,中共琼崖特委和琼崖纵队司令部迁入白沙县时,当地一次要求参加琼崖纵队的黎族青年就多达 1000 多人。仅 1948 年,加入琼崖纵队的黎族青年共有 4000 多名,其中乐东县仲强乡要求参军的黎族青年即有 800 多人。② 与此同时,根据地的各族群众还组织了民兵大队或民兵中队,积极协助民主政权开展肃特活动,配合琼崖纵队歼灭来犯的国民党军队。其次是根据地人民积极参加土地改革和民主建政运动,发展生产,支援前线。仅 1948 年,黎族人民就为琼崖纵队筹集粮食 1 万余担、大洋 2 万多元,还捐献了大批的物资。③ 在海南岛各族人民的大力支持下,1948 年 9 月至 1949 年 7 月,琼崖纵队向盘踞在海南岛的国民党军队连续发起 3 次大规模的进攻,先后解放了儋县、昌江、石碌等数十个城镇及广大农村。到 1949 年夏天,解放区已占全岛的 4/5,人口占全岛的 3/5。此外,琼崖纵队在各族民兵的密切配合下,还拔掉沿海地区国民党军队据点多处,给中国人民解放军渡海登陆和海南人民武装对渡海大军的接应创造了有利条件。

1949 年 10 月,中国人民解放军解放了广东。国民党广东政府主席薛岳、广州市长李扬敬等一批官员和十几万国民党军队残部逃到海南岛。10 月 28 日,蒋介石命令东南

---

① 中元秀:《黎族人民领袖王国兴》,第 71 页,民族出版社,1984 年。
② 方素梅、蔡志纯等:《中国少数民族革命史》(1840—1949),第 926、第 927 页,广西民族出版社,2000 年。
③ 李资源:《中国近现代少数民族革命史要》,第 375 页,中央民族大学出版社,1995 年。

行政长官陈诚从台湾飞往海南岛，布置海南岛防务。12月1日，决定成立海南防卫总司令部，任命薛岳为总司令、李扬敬为参谋长。他们在海南岛沿海大肆构筑工事，并配以海陆空部队，企图阻挡中国人民解放军登陆解放海南岛。然而，已经穷途末路的国民党官兵不可能挽救其行将灭亡的命运。为了迎接和配合中国人民解放军渡海作战，海南岛各族人民在中共海南区委的号召下，积极做好各项准备工作。如在1950年1—2月间，便筹集到支前粮食5万余担和大批物资，仅在黎族聚居区之一的乐东县，就征集到1.3万多担粮食和大量猪、牛。此外，还组织了6万多人的支前运输队，并在各地成立了支前供应站和伤病员救护站。①

1950年4月16日晚，中国人民解放军第四野战军渡海作战部队万船齐发，向海南岛前进。17日拂晓，野战军渡海部队在临高和澄迈海岸登陆，并在琼崖纵队和岛内各族人民的密切配合与支援下，摧毁了国民党军队的防线，歼灭了大批敌军。短短的半个月时间便解放了海南岛，海南岛各族人民终于迎来了和平。

---

① 方素梅、蔡志纯等：《中国少数民族革命史》（1840—1949），第929页，广西民族出版社，2000年。

中国近现代民族史　下卷
（1949—2000）

第七编 中华人民共和国成立、社会经济恢复和发展时期
（1949.10—1957）

第一章 少数民族地区的解放

第一节 中华人民共和国成立前的全国形势

一、中国人民政治协商会议第一届会议召开

1945年8月，中国的抗日战争以日本帝国主义的彻底失败而告终。中国人民正在满怀信心地医治战争创伤，建设新中国之际，国民党政府发动了内战，中国共产党领导中国人民进行了解放战争。1949年4月21日，中国人民解放军百万大军横渡长江，23日解放了国民党政府的首都——南京，正式宣告国民党政府在大陆统治的结束。接着，中国共产党召开全国政治协商会议，商讨建立中华人民共和国的大计。1949年6月15日，政治协商会议筹备会正式成立，并于6月15日至19日举行了第一次全体会议，筹备召开中国人民政治协商会议和成立中央人民政府的工作。

1949年9月21日，中国人民政治协商会议第一届全体会议在北平正式召开。同日，《人民日报》发表题为《旧中国灭亡了，新中国诞生了！》的社论，指出中国人民政治协商会议的开幕，是中国光辉灿烂的人民的新世纪的开端。中国人民政治协商会议是一个以工人阶级为领导，以工农联盟为基础，包括工人阶级、农民阶级、小资产阶级、民族资产阶级和其他爱国民主分子、各少数民族及海外华人代表在内的人民民主统一战线的会议。与会者600余人，代表着全国各民主党派、人民团体、人民解放军、各地区、各民族和国外华侨。所以，政协虽然还不是经过普选产生的，但它代表了民意。这次会议，毛泽东致开幕词，周恩来做了全国政协共同纲领（草案）报告，朱德致闭幕词。会议通过了《中国人民政治协商会议共同纲领》、《中华人民共和国和中央人民政府组织法》、《中国人民政治协商会议组织法》，选举了毛泽东为中央人民政府主席，朱德、刘少奇、宋庆龄、李济深、张澜、高岗为副主席，并选出周恩来等56人为中央人民政府委员，任命周恩来为政务院总理兼外交部长。会议决定，中华人民共和国的首都为北京。

出席此次政协会议的少数民族代表，包括正式代表、候补代表及特邀代表共33人，

包含13个民族成分。他们是：刘格平（回族）、张冲（彝族）、奎璧（蒙古族）、朱早观（苗族）、吴鸿宾（回族）、杨静仁（回族）、朱德海（朝鲜族）、王国兴（黎族）、天宝（桑吉悦希，藏族）、白寿彝（回族）、金汉文（蒙古族，候补代表）、多吉才旦（藏族，候补代表）、乌兰夫（云泽，蒙古族）、王悦丰（阿拉宾巴雅尔，蒙古族）、那木济色楞（王再天，蒙古族）、特木尔巴根（蒙古族）、朋斯克（蒙古族，候补代表）、粟裕（侗族）、田富达（高山族）、刘清扬（回族）、翦伯赞（维吾尔族）、齐燕铭（蒙古族）、周保中（白族）、马坚（回族）、罗常培（满族）、龙云（彝族）、沙彦楷（回族）、萨空了（蒙古族）、陈经畲（回族）、萨镇冰（蒙古族）、程砚秋（满族）、赛福鼎·艾则孜（维吾尔族，特邀代表）、阿里木江（乌孜别克族，特邀代表）。出席会议的198名政协委员中，包括10个民族成分的少数民族委员共19人，占全体政协委员总数的9.6%。

召开政治协商会议期间，发生了一件突发的悲剧事件，应邀参加政协会议的新疆保卫世界和平民主同盟中央主席阿合买提江（维吾尔族）、中央组织委员会委员伊斯哈克伯克（柯尔克孜族）、中央委员、情报处处长阿不都克里木·阿巴索夫（维吾尔族）、中苏文化协会新疆分会会长罗志，在前往北平途中，因飞机失事不幸遇难。中共中央、全国政协和毛泽东、周恩来分别致电吊唁。毛泽东在唁电中高度评价阿合买提江等5人为"生前为新疆人民解放事业英勇奋斗，最后又为建立中华人民共和国的事业而牺牲，值得全中国人民的永远纪念。"①

二、《中国人民政治协商会议共同纲领》中有关民族问题的规定

中国人民政治协商会议第一届全体会议代行全国人民代表大会的职权，所以当时会议通过的《中国人民政治协商会议共同纲领》（简称为《共同纲领》）起着临时宪法的作用。《共同纲领》共分为7章60条，其中第6章为民族政策专章，共4条，对少数民族在政治、经济、文化等方面的权利作了明确的规定。

中华人民共和国成立以前，中国各民族深受统治阶级的压迫和剥削，历代反动统治阶级的民族压迫政策造成了民族间的不平等和深重隔阂。为消除民族间的隔阂，建立平等、团结和友爱的民族关系，《共同纲领》规定："中华人民共和国境内各民族一律平等，实行团结互助，反对帝国主义和各民族内部的人民公敌，使中华人民共和国成为各民族友爱合作的大家庭。反对大民族主义和狭隘民族主义，禁止民族间的歧视、压迫和分裂各民族团结的行为。"同时，根据少数民族"大杂居、小聚居"和交错杂居的居住特点和经济、文化的发展情况，规定："各少数民族聚居的地区，应实行民族区域自治"；"各民族杂居的地方及民族自治区内，各民族在当地政权机关中均应有相当名额的代表"；"各少数民族地区均有发展其语言文字、保持或改革其风俗习惯及宗教信仰的自由。人民政府帮助少数民族的人民大众发展其政治、经济、文化、教育的建设事业。"②

《共同纲领》中有关民族问题的规定，确定了中国各少数民族的平等权利和义务，

---

① 《新华社电讯稿》1949年11月25日。
② 《民族政策文件汇编》第一编，第1页，人民出版社，1958年。

体现了中国共产党和人民政府对民族问题的重视。《共同纲领》第一次以法律形式规定民族政策，为当时做好民族工作，解决民族问题提供了法律依据，标志着中华人民共和国民族立法工作的开端。

第二节　西南、西北等民族地区相继解放

一、和平解放云南和西康等地区

1949年下半年，根据中共中央的指示精神，中国人民解放军第二野战军和第一、第四野战军各一部进军西南。1949年11月，第二野战军一部经湖南沅江进入贵州，15日解放贵阳。此后，第二、第四野战军各一部于30日解放重庆。中国人民解放军截断国民党军队向西南逃跑的退路，同时形成了对成都国民党军队的包围。在中国人民解放军的强大军事压力和政治争取下，西南国民党内部发生分化，12月9日，国民党云南省政府主席卢汉在昆明宣布起义。卢汉（1895—1974），彝族，云南省昭通县人。1945年接替统治云南18年的龙云（彝族）任中华民国云南省政府主席，兼滇黔绥署主任和云南省保安司令。在云南解放前夕，政治态度趋向民主，曾支援中国共产党领导的云南人民游击战争，1949年12月9日，率部起义，为云南的和平解放作出了贡献。同日，与卢汉接触密切的国民党西康省政府主席刘文辉、西南军政长官公署副长官邓锡侯、潘文华等，联名发出通电，宣布起义，西康、云南两省和平解放。被围在成都的国民党军队，除一部在突围中被消灭以外，其余宣布起义或投降，自11月1日至12月7日，在中国人民解放军先后进入贵州和成都。历时57天，四川、贵州、云南和西康等西南四省，包括这些省份的少数民族地区都获得解放。

二、中国人民解放军解放湖南、广西、海南等民族地区

1949年下半年，在中国人民解放军挺进西南的强大攻势面前，退缩到华南、西南一带的国民党内部迅速分化瓦解，当中国人民解放军解放武汉逼近长沙时，国民党长沙绥署主任兼湖南省主席程潜、陈明仁于8月4日在长沙宣布起义，湖南和平解放。

1949年10月，中国人民解放军在湖南衡阳、宝庆地区给国民党桂系以重创之后，桂系主力龟缩广西。11月初，中国人民解放军由湖南、广东、贵州兵分三路进军广西，在一个多月的时间里，连续攻克柳州、桂林、南宁等地，国民党桂系部队除一小部分逃出外，其余均被消灭。中国人民解放军向广西进军时，广西各地在当地中国共产党组织领导下的游击队开展武装斗争，壮、汉、瑶、苗、侗、仫佬、毛南、回、京、彝等各族群众积极参加革命武装斗争，有的还建立了单独的民族武装。中国人民解放军在当地革命武装部队的配合下，在各族人民群众的支援下，一个多月便结束了广西战役，广西全境获得解放。

1949年10月，广东大部解放，逃到海南岛的国民党残余部队约10万人，企图长期盘踞海南。中国人民解放军于1950年4月16日发起渡海登陆作战，在琼崖纵队和事先秘密登陆的部队接应下，胜利登陆。登陆部队与琼崖纵队相互配合，共消灭国民党军队3万余人，其余由海上逃跑。1950年5月1日，海南岛获得解放。早在1948年，五指山解放区的4000多名黎族青年就参加琼崖纵队，"直到海南解放时，琼崖纵队的成

员,每5个人当中就有一个少数民族战士";在解放海南的战斗中,黎族、苗族人民同汉族人民一起,不仅踊跃参军杀敌,而且开展热火朝天的接应人民解放军渡海解放海南岛的支前运动。1950年1—2月,仅乐东县就征集了1.3万多担粮食和大量的猪、牛,组织了60000多人的民工运输队,支援前线。①

三、青海、宁夏、新疆等西北地区的解放

青海、宁夏和新疆、甘肃等西北地区是中国少数民族主要聚居地区,这里世代居住着回族、维吾尔族和哈萨克族等20多个少数民族。在国民党统治时期,西北地区为马步芳(回族)、马鸿逵(回族)、马步青(回族)等马家军所控制,他们利用民族、宗教特权,剥削压迫当地少数民族群众,作威作福。中国人民解放军向西北进军之时,蒋介石把西北土皇帝马步芳推上"西北军政长官"的宝座,马步芳等人更是猖獗,他们自恃实力雄厚,负隅顽抗,企图阻止中国人民解放军向西北进军,保住马家王朝在西北地区的统治。

1949年7月,中国人民解放军第一野战军兵分两路向西北国民党统治区进军,右路军于8月26日攻克兰州,左路军于8月23日解放临夏,9月5日解放西宁。紧接着,中国人民解放军兵分三路向宁夏进军,首先争取国民党第八十一军于9月19日起义,接着歼灭国民党一二八军于金积、灵武地区。9月23日促使国民党宁夏兵团残部投降,解放了银川,至此宁夏全境得到解放。挺进西北的中国人民解放军历时两个多月,相继解放了兰州、西宁、银川等地,全部歼灭了国民党的马步芳、马鸿逵部。与此同时,9月19日,国民党西北军政副长官兼国民党绥远省政府主席董其武等,致电毛泽东主席、朱德总司令,宣布起义,绥远全省遂告解放。

进军西北的中国人民解放军一部胜利攻克兰州后,迅速解放酒泉,兵临玉门关,解放新疆指日可待。此时,新疆有国民党驻军8万余人,他们外有中国人民解放军重兵压境,内有"三区"民族军的威胁,进退两难,其内部发生了剧烈的分化。毛泽东主席和周恩来副主席亲自同正在北京的前国民党和平谈判首席代表、国民党西北军政长官张治中谈话,让他致意国民党新疆警备总司令陶峙岳将军和国民党新疆省政府主席包尔汉等人,希望他们认清形势,当机立断,率部起义。同时,中共中央还派邓力群携带中共中央和张治中致陶峙岳和包尔汉的函电,转道莫斯科抵乌鲁木齐,向陶峙岳、包尔汉等人进一步阐明中央和平解放新疆的主张和政策。1949年9月25日和26日,新疆省的陶峙岳将军和包尔汉主席分别致电毛泽东主席、朱德总司令,宣布起义,新疆和平解放。9月28日,毛泽东、朱德复电慰勉陶峙岳、包尔汉及所部全体将士和政府工作人员,对他们的爱国行动表示欢迎,指出"我们认为你们的立场是正确的。你们声明脱离广州反动残余政府,归向人民民主阵营,接受人民政治协商会议的领导,听候中央人民政府及人民革命军事委员会的命令处置,此种态度符合全国人民的愿望,我们极为欣慰。希望你们团结军政人员,维护民族团结和地方秩序,并和现在出关的人民解放军合作,废除旧制度,实行新制度,为建立新新疆而奋斗。"② 1949年12月17日,在中国共产

---

① 《海南黎族苗族自治州概况》,第80—81页,广东人民出版社,1986年。
② 《光明日报》1949年9月29日。

党的领导下，由新疆各族各界代表组成的新疆省人民政府宣告成立，包尔汉任主席，高锦纯、赛福鼎为副主席。在新疆和平解放事业中，包尔汉起了很大作用，并作出了积极贡献。包尔汉是维吾尔族，他很早就投身于革命活动，为维护国家统一和民族团结，争取新疆的繁荣和进步做了许多工作。在准备和平起义的日子里，包尔汉不仅在新疆省政府里进行周密的准备工作，而且为争取军方的支持进行了细致的宣传工作和认真的协商。当包尔汉摸清了国民党新疆警备总司令陶峙岳将军也有和平起义之意图后，就亲自找陶峙岳商谈，为打消陶峙岳惧怕苏联的疑虑，包尔汉对陶峙岳说："只要您支持和平起义，我以八十高龄的母亲作担保，对您不会有什么损害。我说的话是有十分把握的。"① 包尔汉为新疆和平解放做出了重大的贡献。

新疆是一个以维吾尔族为主体的多民族聚居地区，长期以来各民族人民共同开发、建设和保卫了新疆。新疆和平解放以后，为保卫新疆和平解放的成果，1949年10月第一野战军第一兵团司令员王震将军，奉命率第二、第六两个军分数路进军新疆，迅速平息了部分国民党军队在哈密、鄯善、吐鲁番、库车等地发动的暴乱，安定了人心。在第一兵团全体指战员的共同努力和新疆各族人民的大力支援下，先遣支队战车团于10月20日进驻乌鲁木齐，第二军于12月22日前先后进驻南疆和各重要城镇，第六军于1949年11月5日至1950年1月20日进驻乌鲁木齐及北疆各地。至此，进疆部队历时两个多月，胜利地完成了进军新疆的艰巨任务，为保卫和建设新疆奠定了坚实的基础。

在西北民族地区解放过程中，当地各族群众积极支前，各族革命武装积极配合中国人民解放军共同打击敌人。在宁夏，建立于抗日战争中的回民骑兵团，在战斗中不断壮大，到1948年由原来的两个连扩大为四个连，回民骑兵团英勇善战，被陇东地区群众誉为"常胜军"。在解放大西北的战斗中，回民骑兵团奉命配合中国人民解放军第十九兵团，西出三关口，向守敌马鸿逵部队发动进攻，打垮了马家骑兵三十五师，解放了山城固原。在新疆，1944年伊犁、塔城、阿山三区革命爆发后，正式建立了革命武装——民族军。1945年9月，伊犁、塔城、阿山全部为民族军所解放，民族军打到玛纳斯河以西与国民党军队对峙，成为国民党统治新疆的一大威胁。1949年8月，三区革命政府直接接受了中国共产党的领导，民族军配合中国人民解放军进军新疆，不久在玛纳斯河岸与中国人民解放军胜利会师，民族军于1950年1月10日改编为中国人民解放军第五军。三区革命是新疆和各族人民反抗国民党统治的革命斗争，有力地打击了国民党在新疆的统治。三区革命政府及其领导的民族军，对新疆的和平解放做出了很大的贡献。毛泽东和中共中央对此予以很高的评价，指出："伊犁、塔城、阿山三区人民的奋斗，对于全新疆的解放和全中国的解放是一个重要的贡献。"② "民族军是较有训练的维吾尔族的人民军队，在过去数年中以自己的革命行动钳制了国民党反动军队十万人，对于中国革命起了相当大的配合作用。"③

---

① 包尔汉：《新疆50年》，第356—357页，文史资料出版社，1984年。
② 《毛主席对新疆各界人士祝贺中华人民共和国成立来电的复电》（1949年10月22日），《建国以来毛泽东文稿》第一册，第82页，中央文献出版社，1987年。
③ 《中共中央关于团结民族军建设新新疆问题给彭德怀电》（1949年10月23日），《建国以来毛泽东文稿》第一册，第87页，中央文献出版社，1987年。

四、清匪反霸、肃清国民党残余势力

在中国共产党的领导下，在全国各民族群众的支援下，中国人民解放军英勇奋战，相继解放了各民族地区，并且在这些地区逐步建立了人民政权。然而，国民党政权残留下来的特务、恶霸及其他反革命分子仍然不甘心他们的失败，他们互相勾结，纠集残部，进行反革命暴乱，用残酷的手段杀害人民政权干部、战士和无辜群众。为了安定社会秩序，巩固人民政权、保护人民的革命胜利果实，中共中央于1950年3月18日发出了关于剿匪与建立革命秩序的指示。各民族地区广泛发动群众，积极配合中国人民解放军，进行了声势浩大的剿匪斗争。

中国的西南、西北地区均是少数民族聚居地区，当时又是匪患比较严重的地区。这些地区的国民党残余势力、反动土司及惯匪等，趁人民政权立足未稳，欺骗、煽动少数民族群众参与暴乱。

新疆和平解放后，曾任国民党阿山（今阿勒泰专区）、哈密等地专员的乌斯满、贾尼木汗、尧乐博斯等人，坚持与人民为敌，勾结美国特务，策动当地国民党特务和少数国民党军政官员，并欺骗、裹胁2万多名哈萨克族牧民群众，在昌吉一带挑起叛乱。匪徒们无恶不作，1950年3—12月，先后抢劫、残害群众达230多次，共杀害各族群众1175人，抢劫各种牲畜34万多头，粮食5300担以上。① 中国人民解放军进疆部队迅速组建剿匪指挥部，进行剿匪。在一年多的剿匪斗争中，中国人民解放军共作战100多次，除尧乐博斯逃出外，其余重要匪首均被擒获。同时，争取了艾山、哈里克等80多个部落归降，解放牧民23470余人，缴获各类枪支1400多支，牲畜17万多头。② 在剿匪斗争中，中国人民解放军认真贯彻中国共产党的民族政策和宗教政策，对受欺骗、被裹胁的广大哈萨克族牧民进行认真细致的宣传工作，帮助他们摆脱土匪控制，重建家园，把剿匪中缴获的牲畜全部归还给哈萨克牧民。广大哈萨克牧民纷纷摆脱匪帮，投向中国人民解放军，许多牧民自动为剿匪部队带路，当向导，运送给养，报告匪情，加速了新疆地区匪徒的覆灭。

湖南湘西，从军阀混战到解放前夕，土匪横行无忌。1948年年底，国民党在败退湘西之前，企图以湘西作为"反共游击基地"，潜伏特务，留下枪支，搜罗和组织土匪，加官封爵，其中湘黔边境苗族地区凤凰县大匪首龙云飞被封为"反共救国军"总司令。这些匪特占山凭险，活动猖獗，频繁袭击各级人民政府，杀害地方工作人员，抢掠群众财产，破坏交通。为清除匪患，安定社会秩序，中国人民解放军在一年多的时间里，肃清湘西百年匪患，仅湘西北10个县共剿匪4万余人，缴获了数以万计的枪支和大批弹药。在剿匪斗争中，广大少数民族群众积极参与，他们给人民解放军报匪情，当向导，运粮草，并配合作战，搜山捕匪。危害凤凰40多年的苗族大匪首龙云飞在湘西凤凰、麻阳两县的苗、土家、汉等民族群众2.3万多人在联合进行大搜山中被击毙。③

在匪患中，真正与人民政权、人民群众作对的反动分子只是极少数，广大少数民族

---

① 《新疆维吾尔自治区概况》，第46页，新疆人民出版社，1985年。
② 罗元发：《战斗在大西北》，第260页，新疆人民出版社，1983年。
③ 《苗族简史简志合编》（初稿），第152页，中国社会科学院民族研究所，1963年。

群众不愿为反动匪首卖命,就是那些部落头人、土司,经过宣传教育,许多人也积极向人民政府靠拢。1950 年,云南德宏傣族景颇族地区的盏达土司收到境外国民党残余部队的策反信后,及时把信交给工作团领导,表示不受反动派利诱;潞西县勐板土司蒋家杰多次派人送信给人民解放军,报告反动武装的活动情况,1952 年春又亲自带领土司兵,配合人民解放军剿匪;1951 年 12 月,陇川县评选的 20 名剿匪英雄中就有两名景颇族头人。[①]

在少数民族地区剿匪,除了强大的军事攻势之外,还大力展开政治攻势,宣传中国共产党的民族、统战政策,对民族上层分子实行争取、团结和改造的政策,对犯有严重罪恶的也不放弃争取,毛泽东"片言释匪首"即是明例。在贵州匪乱中,布依族女匪首程莲珍,善使双枪,加之所涉案情离奇,被称为贵州"女孟获"。1953 年年初,她被中国人民解放军剿匪部队擒获,因民愤大,人们都认为不杀她不足以平民愤。但是,当贵州省请示中央时,毛泽东主席却专门指示释放程莲珍,说:"好不容易出了一个女匪首,又是少数民族,杀了岂不可惜?人家诸葛亮擒孟获,就敢于七擒七纵。我们擒了程大嫂,为什么就不敢来个八擒八纵?连两擒两纵也不行?总之,不能一擒就杀!"[②] 遵照毛泽东的指示,贵州省委、省军区专门发出一份红头文件《关于释放匪首程莲珍的指示》,并召开数千人大会,由法院院长宣判,当场释放了程莲珍。这样,使得这一极富传奇色彩的女匪首奇迹般地生存下来。当地政府不但给她分了田地和住房,还帮助她特地找回失散多年的女儿。程莲珍感激政府的宽容,翻然悔悟。为报答毛泽东的救命之恩,她在中国人民解放军清剿匪帮中发挥了特殊的作用。她经常身背斗笠,寻访匪队踪迹,以自己的亲身经历宣传中国共产党的宽大政策和民族政策,努力说服他们缴械投降。据统计,她一共劝降了 20 余名土匪和 5 名匪首。

少数民族地区剿匪工作的胜利,为在少数民族地区贯彻中国共产党民族政策和其他各项政策,进行民主改革,扫除了障碍。

第三节 西藏的解放

一、解放前夕西藏上层内部的矛盾及英、美、印阴谋策划的驱汉事件

西藏和平解放前夕,英、美帝国主义和亲帝分裂主义分子仍然没有放弃"西藏独立"分裂中国的阴谋。早在 1947 年,在英国驻拉萨使团团长黎吉生的唆使下,西藏亲帝分裂主义势力派出"西藏代表团"出席了在印度新德里召开的"泛亚洲会议"。此会议由印度国大党召集,英国指使印度当局公开邀请西藏派代表团参加这一国际会议,并且在会议厅悬挂的各国国旗中挂着西藏代表团的"雪山狮子旗",在主席台后墙的巨幅亚洲地图上,还把西藏画在中国疆域之外,以此造成西藏是一个"独立国家"的表象。后经与会中国代表团提出严重抗议,不得不予以更正。同年 10 月黎吉生(此时他任印度驻拉萨使团团长)又指使西藏地方政府组织了一个以亲帝分子孜本夏格巴·旺秋

---

① 《德宏傣族景颇族自治州概况》,第 63 页,德宏民族出版社,1986 年。
② 陶朱问:《毛泽东释放"女孟获"》,《民族团结》,1998 年第 7 期,第 40 页。

德丹为团长的4人"商务考察团",名曰去美、英等国考察商务,实则是要求英美帝国主义公开承认西藏是"独立国家"。该考察团带着西藏自制的"护照",经美国驻华大使司徒雷登得到驻香港总领事馆的签证,英国驻华使馆未经中华民国政府的同意就给予了签证。1948年7月7日,"商务考察团"飞抵美国旧金山,后去华盛顿、纽约等地。12月,考察团乘英国船赴法国停留一个星期后到达英国伦敦,后经印度返回西藏。"商务考察团"在美、英活动期间,进行了一系列反对中国统一、出卖西藏利益的活动,为帝国主义者所"热烈欢迎"。"商务考察团"本想在外交上获得美、英承认西藏是"独立国家",然而他们的目的未能实现。①

帝国主义侵略和分裂西藏的阴谋,也反映在西藏统治集团上层内部的反帝爱国势力与亲帝分裂势力之间的斗争中。1933年,十三世达赖圆寂后,由热振活佛摄政。热振活佛是一个具有爱国思想的上层喇嘛,他掌握西藏政教事务以后,采取了反帝亲中央政府的政策,这引起了帝国主义分子和亲帝分裂势力的不满和仇视,他们造谣诽谤,不仅逼迫热振辞去了摄政的职务,而且制造热振"谋叛"的假借口,举兵去热振生活的藏北热振寺,逮捕热振并带往拉萨,后将其毒死。与热振关系密切的十四世达赖的父亲也被亲帝分子毒死,凡与热振有过关系的僧俗官员均被免职或调任其他闲职。这就是亲帝势力在西藏制造的"热振事件"。由此,西藏地方政府暂时落入亲帝分裂势力的控制之下。帝国主义者和亲帝分裂势力还挑拨离间,破坏达赖喇嘛和班禅额尔德尼之间的团结,造成了西藏两大政教领袖之间的不和。

帝国主义者和西藏上层统治集团中的亲帝分裂分子,临近失败也没有放弃"西藏独立"的阴谋。1949年夏,当中国人民解放军横渡长江,解放江南,并即将向西南各省进军之际,帝国主义分子指使西藏亲帝分裂势力趁国民党政府即将崩溃,中国人民解放军尚未到达西藏之时,在拉萨制造了一起"驱汉事件"。7月8日,西藏地方政府以"反共"为借口,突然通知国民党政府驻拉萨办事处,要求他们及眷属立即离藏内返。同时,派兵占领拉萨无线电台和监视驻藏机关及其人员。不仅如此,就连在藏经商的内地汉人和在寺庙学经的内地喇嘛也被驱逐。西藏地方当局的这一"驱汉事件",目的就是阴谋把西藏从中国领土中分裂出去,并企图阻止中国人民解放军进军西藏,使西藏人民永远不能得到解放。对此,新华社和《人民日报》先后发表社论,揭露帝国主义和西藏地方当局的阴谋,指出中国人民一定要解放自己的领土西藏。

二、昌都战役

1949年年底,中国大陆除西藏以外,绝大多数民族地区均已解放。当时,已获解放的甘肃、青海、四川等地的藏族群众及上层爱国人士,纷纷要求人民解放军及早进军西藏、解放西藏。1950年1月10日,中国人民解放军第十八军接受了进军西藏、解放西藏的任务,西藏解放指日可待。但是,执迷不悟的西藏地方当局,在帝国主义的策划下,一方面组织所谓的"亲善使团",去美、英等国进行游说,表明所谓"独立"。另一方面,还调集10个代本(相当于团)的藏军8000余人,陈兵金沙江畔,企图以武力阻止中国人民解放军的西进。在这种情况下,1950年秋,中央人民政府命令中国人

---

① 杨公素:《中国反对外国侵略干涉西藏地方斗争史》,第229页,中国藏学出版社,1992年。

民解放军向昌都进军，10月6日开始了昌都战役。

昌都是内地通向西藏的门户和战略要地，当时西藏地方当局把能征善战、并由英、美武器装备起来的第三、第九、第十代本等藏军精锐部队投入昌都一带，企图与中国人民解放军对抗。中国人民解放军强渡金沙江，从昌都南北两面实行大包抄，采取迂回战术，歼灭了藏军主力5000余人，于1950年10月19日解放了昌都。其间，藏军第九代本主官格桑旺堆于10月11日在宁静（即芒康）起义。

昌都战役于1950年10月24日结束，这一战役经过大小战斗20多次，歼敌5700余人，占当时藏军总数的三分之一，沉重打击了帝国主义者和西藏亲帝分裂主义势力，为西藏的和平解放铺平了道路。①

三、《中央人民政府和西藏地方政府关于和平解放西藏办法的协议》的签订

昌都战役使西藏地方上层统治集团内部发生了急剧裂变，那些亲帝分裂主义势力遭到沉重的打击，而过去久受压抑的爱国力量得到鼓舞。昌都战役结束后，中央人民政府仍主张和平解放西藏，要求西藏地方政府迅速派代表赴北京进行和谈，同时通知西藏地方政府在谈判协议达成以前，中国人民解放军不进军拉萨。然而，亲帝分裂主义分子的阴谋不断，他们想把达赖喇嘛带出国外。这种行径激起了西藏广大僧俗人民的反对，以阿沛·阿旺晋美为代表的西藏地方政府官员中的爱国人士也反对达赖逃往国外。1950年11月9日，阿沛·阿旺晋美等爱国官员40余人联名致信达赖喇嘛，以亲身经历介绍中国共产党对西藏的政策，并积极建议西藏地方政府派出代表同中央人民政府进行和平谈判。在这种形势下，亲帝分子大扎摄政于11月17日下台，十四世达赖喇嘛开始亲政。但此后不久，达赖喇嘛及部分官员离开拉萨，于1951年1月2日到达亚东，组成"亚东噶厦"，操持重权。1月27日，西藏地方政府派官员到印度新德里，请中国驻印大使袁仲贤转交达赖致中央人民政府的信件。达赖在信中报告了他亲政的情况，表达了谋求和平的愿望。1月29日，中央复电袁仲贤大使转达达赖，祝贺他亲政，欢迎速派代表赴京和谈。2月27日，达赖致函中央人民政府，说西藏地方政府决定派出阿沛·阿旺晋美为首席代表，凯墨·索安旺堆、土丹旦达、土登列门、桑颇·登增顿珠为代表的5人和谈代表团，前往北京进行和平谈判。阿沛·阿旺晋美5人于4月22日、26日分别抵京，在车站他们受到周恩来总理、朱德总司令及各界数千人的欢迎。

西藏地方政府和谈代表到达北京后，中央人民政府委派李维汉、张经武、张国华、孙志远4人为全权代表进行和谈。1951年4月27日，关于和平解放西藏问题的谈判在北京正式开始，双方代表经过近一个月的充分协商，谈判胜利结束。5月23日，中央人民政府代表和西藏地方政府代表在北京举行了隆重的签字仪式，签订了《中央人民政府和西藏地方政府关于和平解放西藏办法的协议》（简称《十七条协议》）。签字仪式在中南海勤政殿举行，由中央人民政府副主席朱德、李济深和政务院副总理陈云主持，签字后，中央人民政府首席代表李维汉和西藏地方政府首席代表阿沛·阿旺晋美致辞，朱德副主席讲了话。

《十七条协议》全文如下：

---

① 西藏军区政治部：《世界屋脊风云录》（1），第230页，解放军文艺出版社，1991年。

一、西藏人民团结起来，驱逐帝国主义侵略势力出西藏，西藏人民回到中华人民共和国祖国大家庭中来。

二、西藏地方政府积极协助人民解放军进入西藏，巩固国防。

三、根据中国人民政治协商会议共同纲领的民族政策，在中央人民政府统一领导之下，西藏人民有实行民族区域自治的权利。

四、对于西藏的现行政治制度，中央不予变更。达赖喇嘛的固有地位及职权，中央亦不予变更。各级官员照常供职。

五、班禅额尔德尼的固有地位及职权，应予维持。

六、达赖喇嘛和班禅额尔德尼的固有地位及职权，系指十三世达赖喇嘛与九世班禅额尔德尼彼此和好相处时的地位及职权。

七、实行中国人民政治协商会议共同纲领规定的宗教信仰自由的政策，尊重西藏人民的宗教信仰和风俗习惯，保护喇嘛寺庙。寺庙的收入，中央不予变更。

八、西藏军队应逐步改编为人民解放军，成为中华人民共和国国防武装的一部分。

九、依据西藏的实际情况，逐步发展西藏民族的语言、文字和学校教育。

十、依据西藏的实际情况，逐步发展西藏的农牧工商业，改善人民生活。

十一、有关西藏的各项改革事宜，中央不加强迫。西藏地方政府应自动进行改革，人民提出改革要求时，得采取与西藏领导人员协商的方法解决之。

十二、过去亲帝国主义和亲国民党的官员，只要坚决脱离与帝国主义和国民党的关系，不进行破坏和反抗，仍可继续供职，不咎既往。

十三、进入西藏的人民解放军遵守上列各项政策，同时买卖公平，不妄取人民一针一线。

十四、中央人民政府统一处理西藏地区的一切涉外事宜，并在平等、互利和互相尊重领土主权的基础上，与邻邦和平相处，建立和发展公平的通商贸易关系。

十五、为保证本协议之执行，中央人民政府在西藏设立军政委员会和军区司令部，除中央人民政府派去的人员外，尽量吸收西藏地方人员参加工作。

参加军政委员会的西藏地方人员，得包括西藏地方政府及各地区、各主要寺庙的爱国分子，由中央人民政府指定的代表与有关各方面协商提出名单，报请中央人民政府任命。

十六、军政委员会、军区司令部及入藏人民解放军所需经费，由中央人民政府供给。西藏地方政府应协助人民解放军购买和运输粮秣及其他日用品。

十七、本协议于签字盖章后立即生效。①

《十七条协议》的签订，为西藏民族的历史以及西藏与祖国关系的历史带来了划时代的变化，标志着帝国主义侵略和分裂阴谋的破产，标志着西藏人民迎来了历史的新纪元。

四、十世班禅额尔德尼·确吉坚赞回归西藏

十世班禅法名确吉坚赞，系青海省循化县人，生于1938年。1937年九世班禅在玉

---

① 《民族政策文件汇编》（第一编），第31—32页，人民出版社，1958年。

树圆寂后,班禅行辕堪布会议厅就派僧俗官员四处寻找九世班禅"转世"的"灵童",并于 1941 年在青海循化找到了乳名为官保慈丹的灵童。堪布会议厅经过各种宗教手续后,认为其确系九世班禅转世的灵童,将其接到西宁塔尔寺供养,同时报告中华民国中央政府。1949 年 6 月 3 日,中央政府代总统李宗仁颁发了承认青海灵童的命令,说"青海灵童官保慈丹,慧性澄圆,灵异夙著,查系第九世班禅额尔德尼转世,应即免予掣签,特准继任为第十世班禅额尔德尼。"① 此后,十世班禅就获得了继承九世班禅职权的合法地位。同年 8 月 10 日,中央政府特派蒙藏委员会委员长关吉立为专使,国民党青海省主席马步芳为副专使,在西宁塔尔寺普观文殊殿举行十世班禅坐床典礼。关吉立代表李宗仁代总统,给十世班禅送了 390 两重的黄金块,表示祝贺。坐床典礼后,十世班禅发电给李宗仁代总统,以表谢意。至此,十世班禅确吉坚赞完成了政治上、宗教上继承九世班禅曲吉尼玛的地位和职权的一切合法手续。

　　班禅与达赖是藏传佛教格鲁派两大活佛转世系统。班禅一直在西藏札什伦布寺,管理后藏事务。在清代,班禅和达赖在宗教上、政治上都是平等的,达赖在"前藏"、班禅在"后藏"都受清朝皇帝直接领导,九世班禅与十三世达赖曾经共同进行过抗击英帝国主义侵略西藏的斗争。九世班禅后期,与十三世达赖关系失和,不得不离开西藏去青海。影响九世班禅与十三世达赖关系恶化的事件有:一是 1914 年达赖在班禅管辖地区日喀则设立了基宗(相当于内地的行政专员公署),基宗的职权很大,他们除管辖达赖在后藏的所有宗豁之外,也管辖班禅所属的四个宗(县)和所有豁卡(庄园);二是设立基宗以后,即向班禅所属的百姓征收与摊派军粮、税款与乌拉,特别是要班禅所属的百姓承担 25% 的军粮。这都侵犯了班禅的固有地位和职权,这是班禅绝对不能接受的。而促成班禅出走的直接原因,是 1922 年 11 月达赖命令下属,未经审问就把去拉萨的几个札什伦布寺的负责官员关起来。九世班禅感到形势严重,就立即作出决定出走内地,1923 年 11 月 15 日夜,九世班禅率一些侍从离开札什伦布寺,此后辗转各地,并几经努力回藏未果,1937 年 12 月 1 日于青海玉树圆寂。十世班禅于 1949 年 8 月 10 日坐床于青海西宁塔尔寺,十世班禅反对西藏分裂,主张西藏密切与祖国的关系。中华人民共和国成立之时,十世班禅致电毛泽东主席和朱德总司令,希望中央人民政府早日解放西藏。1951 年 4 月,西藏地方政府谈判代表团到北京进行和谈时,十世班禅及堪布会议厅②发表声明,表示拥护《十七条协议》。

　　《十七条协议》关于维持达赖喇嘛与班禅额尔德尼的固有地位及职权的规定,即"达赖喇嘛和班禅额尔德尼的固有地位及职权,系指十三世达赖喇嘛与九世班禅额尔德尼彼此和好相处的地位及职权"的规定,正确地解决了他们之间的关系。《十七条协议》签订后不久,十世班禅主动给十四世达赖发了一封祝贺电报,说:"在您亲政之日……派遣了自己的代表来中央谈判,并签订了关于和平解放西藏的协议……这是我们西藏民族僧俗人民的伟大胜利,班禅愿竭绵薄,精诚团结,在中央人民政府和毛主席的

---

①　牙含章编著:《班禅额尔德尼传》,第 285—286 页,西藏人民出版社,1987 年。
②　堪布会议厅:原西藏班禅系统管理政教事务的机构,由班禅所属重要堪布组成。藏语"囊马岗",意为内务处。1923 年始用汉语称堪布会议厅,新中国成立后改称班禅堪布会议厅委员会,1961 年宣告结束。

英明领导下,协助您和西藏地方政府彻底实行协议。为和平解放西藏而奋斗。"① 7月19日(藏历),十四世达赖复电十世班禅,说"……至于此间我卜卦所得良好征兆,您确是前辈班禅化身。决定后已经公布札什伦布讫……现在希望您即速启程回寺,所经道路决定后希先来电为荷。"② 这是十三世达赖和九世班禅失和以后,十世班禅与十四达赖第一次彼此以友好的态度相互联系。

《十七条协议》签订后,十世班禅及堪布会议厅的官员从北京回西宁塔尔寺,立即着手做返藏的各项准备。西北军政委员会根据中共中央的指示,任命范明为西北军政委员会驻班禅行辕的代表,牙含章为助理代表,共同负责护送十世班禅及堪布会议厅官员等全体人员,安全返回札什伦布寺。范明和牙含章会晤班禅和堪布会议厅的负责官员计晋美、拉敏·益喜楚臣等人,共同研究决定班禅回藏分两批返藏。第一批由范明率领先遣部队及班禅行辕的部分人员先到拉萨,做好班禅回藏的各种安排,这一批人于1951年8月1日离开西宁。此后,班禅额尔德尼一行在牙含章陪同、护送下,1951年12月19日,从西宁启程返藏。中国共产党西北局书记、西北军政委员会副主席习仲勋从西安赶到西宁,代表毛主席和西北军政委员会为班禅送行。班禅一行顺利通过唐古拉山,在那曲停留一个多月后,于1952年4月28日,历时4个多月,安全到达拉萨,受到拉萨僧俗各界的隆重欢迎。当天下午,十世班禅赴布达拉宫与十四世达赖举行历史性会见,双方互换哈达,接着举行了碰头礼。班禅在拉萨停留了一个多月,在此期间达赖和班禅各派代表,根据《十七条协议》的规定,举行了恢复班禅固有地位和职权的谈判。双方根据西藏历史文献与资料的查证和研究,同意以藏历第十五饶迥之火鸡年,即清光绪二十三年(1897年)为"彼此和好相处时"的界限,即认为在此之前,是达赖和班禅"和好相处"时期,彼此之间是平等的,并无从属关系。班禅的固有地位和职权问题,得到基本上解决。1952年6月9日,班禅一行离开拉萨,在牙含章等人的护送下,6月23日到达札什伦布寺,实现了班禅回归西藏的夙愿。

五、中国人民解放军和平进藏

和平解放西藏协议签订后,中央人民政府派遣驻西藏代表张经武,前往亚东会见达赖喇嘛,向达赖面交毛泽东主席的亲笔信及协议抄本。毛泽东主席在信中肯定了达赖亲政后开始改变以往的态度,派代表赴京谈判是完全正确的,指出"协议是符合西藏人民的利益的","希望你和你领导的西藏地方政府,认真地实行关于和平解放西藏办法的协议,尽力协助人民解放军和平开进西藏地区。"③ 1951年8月上旬,张经武与达赖一同回到拉萨。

与此同时,中国人民解放军为保卫西藏人民的幸福生活,保卫西南边疆,分四路向西藏各地和平进军。1951年8月,张国华、谭冠三带领十八军由西南地区入藏,经过昌都,于10月26日,抵达拉萨,并于11月间进驻后藏重镇江孜。由云南入藏,参加昌都战役的人民解放军于11月间进驻西藏东南重镇察隅。范明、慕生忠率领的十八军

---

① 牙含章编著:《班禅额尔德尼传》,第321页,西藏人民出版社,1987年。
② 牙含章编著:《班禅额尔德尼传》,第322页,西藏人民出版社,1987年。
③ 《中共西藏党史大事记》(1949—1996),第29页,西藏人民出版社,1990年。

独立大队，于 1951 年 8 月从青海西宁出发，跨越昆仑山、唐古拉山山脉，渡过通天河，全程 5000 华里，历时 120 天，于 12 月 1 日到达拉萨，与十八军进藏部队会师。安子明带领中国人民解放军新疆部队的骑兵支队，从新疆出发，数千里行军，也同时进驻到西部阿里地区的噶大克、普兰等地。

中国人民解放军进藏部队纪律严明，在进军过程中模范地执行了中国共产党的民族政策和宗教政策，受到广大藏族群众的热烈欢迎。同时，中国人民解放军执行了"一面进军，一面建设"的号召，修了通往西藏的青藏公路、康藏（今川藏）公路、新藏公路等，为藏族群众立下了汗马功劳。

随着中国人民解放军进驻西藏，1952 年 1 月成立了中共西藏地方工作委员会，张经武任工委书记，张国华、谭冠三、范明任副书记，统一组织和领导西藏工作。同年 2 月，中国人民解放军西藏军区正式成立，张国华任司令员，阿沛·阿旺晋美为第一副司令员，谭冠三为政治委员，从组织上保证了《十七条协议》的贯彻执行。

第二章　民族工作机构的设置、民族区域自治政策和一些基本政策的制定及其实施

第一节　民族工作机构的设置

一、新中国成立前中国共产党的民族工作机构设置

中国共产党在新民主主义革命时期不仅制定了一系列民族政策，而且在可能的条件范围内开展民族工作，宣传中国共产党的民族政策，并把民族政策付诸于实践。

中国共产党最初设立民族工作机构，是在第二次国内战争时期。1935年10月，中共中央率领工农红军抵达陕北革命根据地延安之后，不久就成立了蒙古工作委员会和定边工作委员会，这是中国共产党第一次正式设立的民族工作机构。随着抗日救国斗争的深入发展，民族工作愈益显示其重要性。为了加强对民族工作领导，1937年7月，中共中央成立少数民族工作委员会，并把原有的蒙古工作委员会和定边工作委员会改为少数民族工作委员会，属下有蒙古工作部和回民工作部。1939年，中共中央成立中共西北工作委员会，这是中国共产党系统而全面地研究中国民族问题的开端。1940年，西北工作委员会先后发表《关于回回民族问题的提纲》、《关于抗战中蒙古民族问题提纲》，以指导抗战中的民族工作。1941年，西北工作委员会与陕甘宁边区中央局合并，成立西北中央局，下设少数民族工作委员会。同时，陕甘宁边区政府成立了少数民族事务委员会，同年9月，边区的部分县、市也设置了民族工作机构和民族工作人员，负责管理境内的民族工作。

二、建立中央人民政府民族事务委员会和地方民族工作机构

1949年10月1日，中华人民共和国宣告成立。中央人民政府成立不久就设置了中央一级的民族工作机构。1949年10月19日，中央人民政府委员会第三次会议，任命李维汉（汉族）为中央人民政府民族事务委员会主任委员，乌兰夫（蒙古族）、刘格平（回族）、赛福鼎·艾则孜（维吾尔族）为副主任委员。10月22日，中央人民政府民族事务委员会（简称中央民委）成立并开始办公。此后，西北、西南、中南、东北、华北等大行政区和一些民族事务较多的省、市、行署、专区以及县级政府，陆续成立了主管民族事务的机构。

1950年1月6日，中央人民政府政务院第十四次会议通过省人民政府组织原则，其中第七条规定，在民族事务较多的地区，设民族事务委员会（或在民政厅下设民族事务委员会）。根据这一规定，有关省建立了民族事务委员会。3月，政务院第二十四次会议，任命马鸿宾（回族）为甘肃省人民政府民族事务委员会主任委员，任命孙殿才为宁夏省人民政府民族事务委员会主任委员，任命马朴（回族）为青海省人民政府民族事务委员会主任委员。8月，贵州省民族事务委员会成立，贵州省委副书记徐运北

兼任主任委员。1951年10月,广西省民族事务委员会成立。1952年2月,广东省成立民族事务委员会,任命李大章为主任委员。

除中央人民政府和各级地方人民政府民族事务委员会以外,全国人民代表大会常务委员会、中共中央统一战线工作部和中国人民政治协商会议等,也都设置了民族工作机构,各级地方也建立有与之相应的部门。另外,政务院于1951年2月5日发布《关于民族事务的几项决定》,"责成中央人民政府各委、部、会、院、署、行等,注意建立有关民族事务的业务。"[①] 根据这一决定,有关部、委先后设立了相应的机构,如中央人民政府贸易部设立了民族贸易处,中央人民政府教育部设置民族教育司,中央人民政府卫生部设置民族卫生处等。1951年10月12日,成立了政务院文教委员会少数民族语言文字研究指导委员会,邵力子任主任委员,陶孟和、刘格平(回族、中央民委副主任委员)任副主任委员。政务院为了加强对民族工作的指导,加强所属有关部门之间的相互配合,1951年3月决定建立政务院民族工作会议制度,每两周举行一次会议,专门讨论、协调并处理有关民族事务方面的问题。

中央及地方各级民族工作机构的建立,为新中国民族工作的顺利展开,打下了良好的组织基础。

三、民族工作机构的任务

中央人民政府民族事务委员会和各级地方人民政府民族事务委员会,是国家和各级地方政府管理民族工作的主要机构。它们的主要任务是,贯彻执行中国共产党和中央人民政府关于少数民族工作的方针、政策,管理民族事务,保障少数民族的平等权利和民族区域自治权利,帮助各少数民族地区发展经济和文化,促进各民族之间的团结,维护国家的统一。具体地说,根据1952年政务院公布的《各级人民政府民族事务委员会试行组织通则》的规定,各级人民政府民族事务委员会是各级人民政府管理民族事务的行政部门,在各级人民政府的统一领导下,执行下列职务:

一、检查和监督中国人民政治协商会议共同纲领民族政策及中央人民政府关于民族事务的各项法令和决定的执行。

二、督促和检查关于民族区域自治及民族民主联合政府政策的实施。

三、协助关于逐步发展各少数民族经济和文化的事宜。

四、办理关于民族团结的事宜。

五、协助少数民族语言文字的研究。

六、领导和管理民族学院及研究、编译工作,并协助有关部门培养民族干部。

七、联系同级各部门,办理其他有关少数民族的事务。

八、指导下级民族事务委员会及各级人民政府部门专管民族事务的机构或专人工作。

九、承办人民政府交办的事项。

十、接受和处理各民族人民对民族事务的意见。[②]

[①]《民族政策文件汇编》(第一编),第19—19页,人民出版社,1958年。
[②]《民族政策文件汇编》(第一编),第888—90页,人民出版社,1958年。

第二节 疏通民族关系，消除民族隔阂

一、中央慰问团、访问团遍访民族地区

中华人民共和国一成立，就宣布废除中国的一切民族压迫剥削制度，由此中国各民族进入了一个新的历史发展时期。然而，历代反动统治阶级的民族压迫政策所造成的民族间不平等和较深的隔阂，尤其是国民党政府的民族同化政策和歪曲的反共宣传，致使少数民族产生对汉族的戒备心理和对中国共产党的不了解，民族不平等和隔阂不可能立刻就会得到有效清除。

为了让广大少数民族群众了解中国共产党及中华人民共和国的民族政策，为了疏通民族关系，1950年6月，中央人民政府政务院作出派中央民族访问团到少数民族地区访问的决定。7月2日，中央民族访问团西南访问团在团长刘格平（回族、中央民委副主任委员），副团长费孝通、夏康农的率领下，离京赴西南地区访问。访问团分三个分团，共120余人，历时7个月，访问了云南、西康、四川、贵州等少数民族地区。继西南访问团之后，8月29日，中央民族访问团西北访问团一行50余人，由团长沈钧儒（汉族，最高人民法院院长），副团长萨空了（蒙古族）、朋斯克（蒙古族）、马玉槐（回族）率领离京，去新疆、甘肃、宁夏、青海等民族地区访问，访问团历时两个半月，访问了西北地区的17个民族。中央民族访问团中南访问团于1951年6月20日由李德全（汉族，卫生部部长）团长，费孝通、曹孟君、马杰、熊寿琪副团长的率领下，离京前往中南各民族地区访问，访问团成员70余人，历时3个多月，访问了广西、广东、湖南等省的各少数民族群众。1952年7月9日，中央民族访问团东北内蒙古访问团以彭泽民为团长，萨空了（蒙古族）、朋斯克（蒙古族）、阿艾沙（维吾尔族）等为副团长，离京赴内蒙古、绥远和东北的少数民族地区访问。访问团历时两个多月，访问了蒙古、朝鲜、回、满、锡伯、赫哲、吉尔吉斯（柯尔克孜）、鄂伦春、索伦（鄂温克）、达斡尔等少数民族地区，分别举行了50次慰问大会。

中央民族访问团肩负的使命，是代表中央人民政府对各少数民族在新中国成立前所遭受的痛苦，致以深切的慰问。同时，宣传《共同纲领》及中国共产党和人民政府的民族政策，并征求少数民族对于中央人民政府实施各种政策的意见，进行社会调查。访问团每到一处，采取个别访问，开座谈会、民族联谊会或少数民族群众大会等多种形式，传达中央人民政府和毛泽东主席对各少数民族的关怀和慰问，宣传《共同纲领》和民族政策。各访问团还通过演戏、放映电影、举办展览、医疗队免费治病、赠送礼品等方式，广泛地与各族群众建立联系。

中央访问团到少数民族地区，受到各族群众的热烈欢迎。如，云南圭山区参加欢迎访问团的群众大会的达4万人，丽江各族群众的欢迎行列长达10里，参加欢迎大会的人数达7万人；[①] 在甘肃，夏河一带的藏族为欢迎访问团，22个部落中的16个部落从几十里至一二里外的地方赶到夏河，两三千人马冒着雨，在野地露营，等了五六天，然

[①]《中央访问团第二分团云南民族情况汇集》（上），第4页，云南民族出版社，1986年。

后以热烈的驰马射击来欢迎中央访问团的到来。①

派遣中央民族访问团,一开始就受到中国共产党和国家领导人的关心和重视。毛泽东主席,朱德、刘少奇副主席,周恩来总理分别为中央民族访问团题词。毛泽东的题词是:"中华人民共和国各民族团结起来!"朱德的题词是:"全国各民族亲密团结起来,为建设独立、民主、和平、统一、繁荣、富强的新中国而奋斗!"刘少奇的题词是:"过去汉族的统治阶级是压迫国内各民族的,但是中华人民共和国必须帮助各少数民族的人民大众发展其政治、经济、文化、教育的建设事业。"周恩来的题词是:"中华人民共和国境内各民族一律平等,团结互助反对帝国主义和人民公敌,实行少数民族区域自治和人民自卫,尊重民族宗教信仰和风俗习惯,发展经济文化,使中华人民共和国成为各族友爱合作的大家庭。"②《人民日报》还专门就中央民族访问团赴西南、西北访问,以《送西南访问团》(1950年7月2日)、《送西北访问团》(1950年8月30日)为题发表了社论。

1950年7月—1952年7月,中央先后派遣西南、西北、中南和东北内蒙古4个访问团,其成员累计300余人,访问时间达15个月,几乎走遍全国各少数民族地区。通过中央和地方访问团的慰问和宣传工作,使各少数民族深深感受到祖国民族大家庭的温暖,沟通了各少数民族与中央人民政府及地方人民政府的联系,历史造成的严重的民族隔阂和民族间的不信任心理有了初步的改变,少数民族地区群众开始理解和相信党和政府的民族平等和民族团结政策。

二、各地方政府派出民族贸易工作队、医疗工作队到少数民族地区开展工作

新中国成立初期,由于历史遗留下来的民族隔阂和民族间不信任,许多少数民族对中华人民共和国的各项政策还不了解。在这种情况下,各地实行了"政权未建,贸易先行"的方针。1952年,中央提出"在一切少数民族地区,均应以等价交换甚至在一定期间内实行补贴的办法大力进行贸易工作"(《中央关于少数民族地区的五年建设计划的若干原则性意见》1952年12月7日),通过民族贸易沟通民族之间的交流和密切民族关系。于是,各地方建立民族贸易公司及其分支机构,从省城、县城派出民族贸易工作队,带着生活必需品到少数民族地区,与各少数民族群众公平交易,并为他们排忧解难。据统计,中华人民共和国成立两年来,各地贸易部门在少数民族地区先后设置了国营贸易公司门市部、采购站、代销店、加工厂等750个企业机构,组织了大批的流动贸易小组,并吸收了1700多个少数民族干部参加贸易工作。③

我国少数民族大多分布于偏僻的山寨和草原牧区,地广人稀,山高林密,交通闭塞。民族贸易工作队用马驮、肩挑,把生活必需物资送到少数民族地区,一方面平价卖出生活品,另一方面合理收购当地少数民族群众的土特产品,并且对那些生活困难的少数民族以低价供给必需的生活用品,如食盐、茶、布匹等。民族贸易工作队送货下乡,

---

① 沈钧儒:《中央民族访问团访问西北各少数民族的总结报告》,《民族工作文件汇编》(一),第18页,中央人民政府民族事务委员会编,1951年8月。
② 《当代中国民族工作大事记》(1949—1988),第10—11页,民族出版社,1990年。
③ 叶季壮:《中央人民政府贸易部关于全国民族贸易会议的报告》,《西南民族工作参考文件》第5辑,第54页,西南军政委员会民族事务委员会编印,1952年9月。

采取"边收边供,购销结合"的形式,供给少数民族生活必需品的同时收购其产品,为少数民族的生产生活带来了方便,并为其增加收入的基础上,使部分少数民族群众的生活得到一定的改善。这些与解放前"几斤茶叶换一斤盐巴,一锅黄连换一铁锅","一只大羊换一块砖茶,一头大牛换一双靴子"的奸商盘剥形成了鲜明的对比。少数民族从实际经济利益中,体会到中国共产党和人民政府的民族政策的正确,深感中国共产党和人民政府对他们的真诚关心和帮助,沟通了人民政府同少数民族的联系。民族贸易工作在当时确实起到了开辟民族工作的"敲门砖"作用。

与此同时,中央人民政府及有关地区人民政府派卫生工作队或巡回医疗队,到少数民族地区防病治病,他们深入山区、牧区为少数民族群众进行免费医疗。

新中国成立前,我国少数民族地区各种疾病广泛流行,性病、疟疾和妇女儿童的疾病蔓延,造成少数民族人口逐年锐减。内蒙古伊克昭盟,在清初有40多万人口,而到新中国成立时已不足8万人,在大约250年间人口减少了80%;云南边疆芒市等地,被称为"超高疟病区",由于疟疾盛行,造成人口大量死亡,有的村寨十室九空;历史上曾有一二百万人口的西双版纳解放前只剩20万人。[①]

中华人民共和国成立后,人民政府非常重视改善少数民族的医疗卫生状况。从1950—1952年,中央人民政府拨专款1000万元用于少数民族地区医疗卫生事业发展,并先后派出8个防疫大队和医疗大队,分赴西南、中南、内蒙古、西北民族地区,进行巡回医疗,开展卫生宣传教育,培养民族医疗卫生干部。各有关省和地区分别派遣各种卫生工作队、巡回医疗队和疟疾防治队等,到少数民族山区、牧区送医送药,免费治病。从1950—1951年的一年时间内,西北、西南地区和绥远、内蒙古等省区就派出了40个医疗队。到1952年,少数民族地区已普遍地建立起县一级卫生医疗机构和组织。这些措施,使少数民族地区的医疗队卫生面貌有了显著的改善。

中华人民共和国成立初期,各种形式的贸易工作队和医疗队作为中国共产党和人民政府在少数民族地区开展工作的先行队,有力地配合了中国共产党和国家民族政策的贯彻落实。特别是参加卫生工作队和巡回医疗队的汉族工作者,深入茫茫草原和深山丛林,不顾个人安危,为群众防病治病的感人事迹,使少数民族群众更加感受到中国共产党和人民政府对他们的关怀和帮助,促进了民族间的了解和团结。

三、少数民族上层参观团、观礼团到国内各地参观

组织少数民族地区的少数民族各方面人士到北京及内地参观,是增进民族间相互了解,密切民族地区和中央人民政府间联系的一个重要形式。

中华人民共和国成立初期,中央政府和有关地方政府向少数民族地区派遣访问团的同时,又组织少数民族各阶层人士到北京及内地参观。1950年,庆祝中华人民共和国成立一周年之际,应政务院总理周恩来的邀请,西南各民族代表团和西南各民族文工团、内蒙古自治区代表团、东北朝鲜族代表、华东高山族和回族代表、天津市回族代表、新疆驻军及中南、华北少数民族代表、西北各民族代表团和文工团等159名各民族代表和222名文艺工作者先后抵京参加了国庆大典。这些来自各民族的代表中,有各级

---

① 李德全:《我国少数民族卫生工作》,《十年民族工作成就》(上),第126页,民族出版社,1959年。

军政人员、工人、农民、牧民、猎人、劳动模范、革命军人家属、革命烈士家属、教师、学生、文艺工作者、活佛、王公、阿訇、堪布、喇嘛、土司、头人等，代表性十分广泛，包括 40 多个少数民族成分。为接待少数民族国庆观礼团，政务院指定李维汉、乌兰夫等 21 人组成招待委员会，负责招待来京参加国庆观礼和参观活动的少数民族代表。1950 年 9 月 29 日，政务院总理周恩来盛宴欢迎各民族代表。翌日，《人民日报》发表社论，欢迎各兄弟民族代表来京参加国庆盛典。这些少数民族代表在北京活动了一个月，他们通过亲身经历，深感祖国大家庭的温暖，深感中国共产党的英明伟大和祖国发展的光明前途。当他们离开北京时，一方面留恋北京，另一方面又急欲回去，以便"尽快地把自己所亲历、亲见、亲闻告诉本民族。"① 这些少数民族代表中，有不少人在来北京以前曾抱有各种怀疑和顾虑，个别人甚至是经过地方人士的担保才敢来京的。

1950 年以后，组织少数民族到北京及内地参观的人数逐年增加，1950—1951 年，仅到北京来的各民族参观团就有 18 个，900 多人，包括 40 多个民族成分；② 1952 年，庆祝中华人民共和国国庆时，来自华东、东北、西北、西南、中南、内蒙古等少数民族地区的观礼代表团和西藏、昌都致敬团共有 300 多名，包括 46 个民族成分，他们在北京参加国庆观礼和参观后，又去外地进行参观；③ 另据 1951—1954 年统计，由中央有关部门接待到内地参观的少数民族代表，即达 6500 多人。④ 1950—1965 年的 15 年中，中央民族事务委员会组织和接待少数民族参观团就达 395 个。⑤ 到北京和内地参观的少数民族代表对增进民族间互相了解，消除民族隔阂，改善民族关系的作用不可低估。他们回到本民族地区以后，以亲身经历宣讲国家的民族平等政策和内地发展景象，很有说服力和感染力。

四、制定实行民族平等的基本政策

中华人民共和国成立以后，中央人民政府根据《共同纲领》关于民族政策原则的规定，为实现和保障国内少数民族在政治上享受民族平等权利和自治权利，发布了一系列指示和决定，制定了许多具体的政策和措施。

1951 年 5 月 16 日，政务院总理周恩来签署公布《中央人民政府院关于处理带有歧视或侮辱少数民族性质的称谓、地名、碑碣、匾联的指示》，明确提出"为加强民族团结，禁止民族间的歧视与侮辱，根据中国人民政治协商会议共同纲领第五十条之规定，对于历史上遗留下来的加于少数民族的称谓及有关少数民族的地名、碑碣、匾联等，如带有歧视和侮辱少数民族意思者，应分别予以禁止、更改、封存或收管。"⑥ 根据这一指示，凡带有歧视或侮辱性质的少数民族的族称和地名，都陆续作了更改，或恢复原来的民族名称。如，将"索伦"改为鄂温克，"僮"改为壮，"佧瓦"改成佤，"夷族"

---

① 李维汉：《中央人民政府民族事务委员会关于各民族代表参加国庆节的报告》，《民族政策文件汇编》，（第一编），第 26 页，人民出版社，1958 年。
② 刘格平：《两年来的民族工作》，《民族政策文件汇编》（第一编），第 55 页，人民出版社，1958 年。
③ 《中华人民共和国民族工作大事记》（1949—1983），第 155 页，民族图书馆编印，1984 年。
④ 《当代中国民族工作》（上），第 70 页，当代中国出版社，1993 年。
⑤ 《兄弟民族进京来》，《中国民族报》2009 年 9 月 4 日。
⑥ 《民族政策文件汇编》（第一编），第 16 页，人民出版社，1958 年。

改为彝族等；将广西"镇南关"改为友谊关，在四川改"懋功"县为小金县，"抚边"乡为和平乡，"达维"乡为纪英乡，"官寨"乡为沃日乡；在新疆，将"迪化"市改为乌鲁木齐市，"迪化"县改为乌鲁木齐县，"乾德"县改为米泉县，"孚远"县改为吉木萨尔县，"绥来"县改为玛纳斯县，"景化"县改为呼图壁县，"承化"县改为阿勒泰县，"镇西"县改为巴里坤县，"巩哈"县改为尼勒克县，"阿山"专区改为阿勒泰专区等；内藏古自治区将首府"归绥"改为呼和浩特等。

1952年2月22日，政务院第125次会议通过了《中华人民共和国民族区域自治实施纲要》（以下简称《纲要》）。8月8日，经中央人民政府委员会第18次会议批准。《纲要》共分总则、自治区、自治机关、自治权利、自治区内的民族关系、上级人民政府的领导原则、附则等七章40条。这项法规，为当时民族区域自治制度的普遍推行和贯彻落实提供规则依据。中国的民族区域自治是"中华人民共和国领土之内的、在中央人民政府统一领导下的、遵循着中国人民政治协商会议共同纲领总道路前进的、以少数民族聚居区为基础的区域自治。"① 实行民族区域自治，少数民族行使当家做主权利，管理本民族的内部事务，少数民族对此深有体会地说："我们能自己管理自己的事，这才是真正的民族平等了"。

在中国这个多民族的国家里，除少数民族人口聚居地区外，还有许多散居于汉族地区和其他少数民族地区，统称为少数民族的杂散居地区，这些杂散居的少数民族成员一部分居住在城市和集镇。为使杂散居少数民族的民族平等权利、宗教信仰和风俗习惯得到尊重，并得到切实保障，政务院第125次会议还通过了《政务院关于保障一切散居的民族成分享有民族平等权利的决定》。它明确规定：一切散居的少数民族成分的人民均与当地汉族人民同样享有《共同纲领》所规定的权利；依法享有选举权与被选举权；有自由保持或改革其民族生活方式、宗教信仰和风俗习惯的权利；有加入当地各种团体及参加各种职业的权利；有其本民族语言、文字者，有在法庭上以本民族语言、文字进行诉辩的权利；如遭受民族的歧视、压迫或侮辱，有向人民政府控告的权利等。

上述政策和措施的贯彻执行，使少数民族的平等权利得到了切实的尊重和保障，因而赢得了少数民族对中国共产党和人民政府的无比信赖。

五、新解放民族地区开展工作

中华人民共和国成立前后，民族地区相继得到解放，1951年和平解放西藏的《十七条协议》和中国人民解放军和平进藏，标志着中国大陆全部解放。然而，在民族地区，历代反动统治者的民族压迫所造成的民族间不平等及很深的隔阂，尤其是国民党的反共宣传导致了少数民族对中国共产党和人民政府的不信任、怀疑和戒备心理。所以，在新解放的民族地区开展工作遇到了较大困难。有的少数民族地区拒绝工作队进入村寨，即使进驻，开始也很难接近少数民族群众，甚至有些少数民族上层人士和代表人物把中国共产党和人民政府邀请其到北京、省城开会或参观访问，视为扣作人质、怕被惩

---

① 乌兰夫：《关于中华人民共和国民族区域自治实施纲要的报告》，《民族政策文件汇编》（第一编），第74—75页，人民出版社，1958年。

处而不敢前往。

开辟新解放民族地区的工作,重要的一点是通过汉族干部、战士的实际行动使少数民族感受到中国共产党和人民政府确实是真心实意地帮助他们翻身解放,实现民族平等。为了达到这一目的,进入民族地区的中国人民解放军和工作队及当地人民政府,不仅通过各种形式向少数民族各阶层反复宣传中国共产党和人民政府的民族平等政策和宗教信仰自由政策,而且采取实际措施,例如,为少数民族群众做好事,开展民族地区贸易,免费为少数民族治病等,解决少数民族群众生产、生活中的具体困难等。各级人民政府还为少数民族及时发放大量的救济粮和救济款,如广西省各级人民政府1950—1952年就拨给当地少数民族群众750万公斤左右的救济粮,在海南仅1950年就发放救济粮、优抚粮280万公斤,救济款15万多元。在西南、中南,鉴于当地少数民族缺少生产工具,各地无偿地发放新式农具,使生产水平显著提高,少数民族群众对此很感激。

此外,中国共产党和人民政府重视培养少数民族干部,除各地开办少数民族干部训练班或训练学校外,根据1950年11月政务院批准的《培养少数民族干部试行方案》,陆续创办了中央民族学院、西北民族学院、贵州民族学院、西南民族学院、中南民族学院、云南民族学院、广西民族学院、新疆民族学院8所专门培养少数民族干部的高等学府,为开展少数民族地区的工作,实行民族区域自治,从组织上做了准备。

中国共产党和人民政府,还十分重视争取团结少数民族上层人士。在少数民族地区,民族上层人士享有较高的威望和地位,人民政府在民族地区的工作如果能得到他们的理解和支持,就能够比较顺利地进行。因此,许多民族地区把争取团结民族上层人士当做开展民族工作的重要环节,尽一切可能争取和团结他们,即使是极少数被国民党政府所利用的民族上层人物以武装相对抗,也还是用极大的耐心和努力来争取团结他们。云南迪庆藏族自治州的汪学鼎当时是迪庆藏区最有实力的人物,解放前夕被国民党政府任命为中甸县副县长。当中国人民解放军进军中甸时,他躲进山中,中国人民解放军通过中甸上层人士多次同他联系,宣传中国共产党的政策,并一再表明只要改过自新,就会得到政府的尊重。汪学鼎表示约定日期愿意同进驻迪庆的中国人民解放军廖师长会面,但他戒心不减,带百余名荷枪实弹的骑兵而来,可是中国人民解放军当地驻军负责人不带一兵一卒,从容地出现在谈判地点。通过有关人员的说服教育和坦率而真诚的意见交换,汪学鼎表示愿意靠拢中国共产党,同人民政府合作,参加人民政权,出任中甸县副县长。然而事隔两年,汪学鼎发动了武装叛乱,中国人民解放军实行军事包围的同时,派民族上层人士上山劝降,最后他献马投降。中国共产党和人民政府以宽大为怀,对他仍然采取"既往不咎"的政策,促使他思想发生较大变化,自1952年起汪学鼎一直同中国共产党和人民政府合作。争取他一人,稳定了大多数,当地的民族统战工作打开了新的局面。[①]

上述政策和措施,对于中华人民共和国成立初期,消除民族隔阂和偏见,疏通民族关系,开辟民族地区工作,都起了重要的作用。

[①] 《迪庆藏族自治州概况》,第87—88页,云南民族出版社,1986年。

六、少数民族地区建立人民政府

中华人民共和国成立前后,民族地区相继获得解放,接着建立起人民政府。

1948年6月,海南岛黎族聚居区五指山地区得到解放。1949年3月,在乐东县成立了琼崖少数民族自治区行政委员会,辖白沙、保亭、乐东三县。

1949年12月17日,以包尔汉为主席,高锦纯、赛福鼎为副主席,由新疆各族各界代表组成的新疆省人民政府宣告成立。随后,开始改造省以下旧政权和建立新政权的工作,除伊犁、塔城、阿勒泰三区革命根据地外,先后在7个专区建立行政专员公署,在54个县(市)建立了人民政府。1950年3月开始在各地开展了废除保甲制度,建立城乡人民基层政权的工作,到年末,在7个专区和乌鲁木齐市共建立了区乡人民政府1533个、街村公所7265个。① 在牧区,通过民主协商方式逐步完成对旧基层政权的改造,废除保甲制度和千百户长制度,② 建立区、乡人民政府,由上级政府委派区长,乡长则由民主选举产生。

宁夏省人民政府于1949年11月初正式成立,随后各地市、县人民政府也相继建立。接着,宁夏省和各地市、县人民政府着手基层政权的建设。在发动群众的基础上,各地首先建立了以贫雇农为骨干、团结中农的农会,代行政权职能。从1950年开始,各地召开了代行各级人民代表大会职权的各界代表会议,完成了村选,建立了各级人民政府。

1949年年底到1950年年初,藏族人口分布区除西藏以外基本解放,解放区立即着手建立民主政权的工作,西康省于1950年3月成立了西康省人民政府,接着县级人民政府也普遍建立起来。四川、云南、青海、甘肃等省的藏族人口分布区,也于1950年逐步建立了县乡人民政府。

各民族地区在建立人民民主政权的过程中,广泛地宣传中国共产党的民族政策、宗教政策和统一战线政策,认真地贯彻执行以工人阶级为领导、以工农联盟为基础、团结各民族各阶层的爱国人士的政权建设方针,并在各级政权中充分考虑少数民族成员所占比例,吸收各民族代表人士参加人民政府工作。据不完全统计,当时西北、西南、中南军政委员会及东北人民政府委员会中,共有少数民族委员100多人;③ 新疆省人民政府31名委员中20人是少数民族,新疆省人民政府主席,甘肃、青海、绥远、云南等省副主席都由少数民族人士担任。④ 甘肃临夏地区建立人民政权时,充分照顾了与人民群众有联系、有威望的民族、宗教界人士,1952—1953年组成的各族各界人民代表会议中,民族、宗教界代表占13.4%。以民族划分,在人民代表会议中,回族代表占44.3%,汉族代表占42.5%,东乡族代表占8.7%,保安族、撒拉族、藏族、土族代表占4.5%,基本上以各民族人口的比例产生代表。⑤ 西康省西昌专区(今四川省凉山彝族自治州)1951年参加各级人民政权工作的少数民族干部共561人,其中专区级2人、县级15人、

---

① ② 《新疆维吾尔自治区概况》,第38页,新疆人民出版社,1985年。
③ 刘格平:《两年来的民族工作》,《民族政策文件汇编》(第一编),第57页,人民出版社,1958年。
④ 杨静仁:《一年来的民族工作》,《民族工作文件汇编》(一),第57页,中央人民政府民族事务委员会编,1951年8月。
⑤ 《临夏回族自治州概况》,第97页,甘肃人民出版社,1986年。

区级 70 人、一般干部 474 人，其中在财政部门工作的少数民族干部有 86 人。[①]

各民族地区建立人民民主政权，实现了各民族当家做主的权利，极大地激发了各民族人民群众的革命积极性，为当时的清匪反霸斗争和民主改革的顺利进行奠定了坚实的政治基础。

第三节 民族区域自治制度的确立和实施

一、实行民族区域自治

中国共产党在探索解决中国民族问题的长期实践中，逐步确立以民族区域自治制度作为中国解决民族问题的一项基本政策。1947 年，内蒙古自治政府的成立标志着中国建立省级民族自治地方成功的尝试。

1949 年中华人民共和国成立前夕，召开了中国人民政治协商会议第一届全体会议，会议通过了《共同纲领》。在《共同纲领》中，规定"各少数民族聚居的地区，应实行民族区域自治"，这是中国在国家根本法中第一次对民族区域自治政策作出的法律规定。这一规定，标志着中国民族区域自治制度的正式确立。

根据《共同纲领》的规定，中央人民政府和各大行政区及有关省，为了尽快地在全国范围内实行民族区域自治，进行了大量的准备工作。1950 年 11 月，西康藏族自治区（1955 年改为四川甘孜藏族自治州）成立，这是新中国成立初期最早建立的地州级民族自治地方。接着，民族区域自治在西北、西南、中南及东北地区的一些省的少数民族聚居地方开始普遍实施。

1952 年始，中央人民政府颁布实施了《中华人民共和国民族区域自治实施纲要》。《纲要》对于民族区域自治的性质和地位，自治区和自治机关的建立原则，自治机关的自治权利，自治区内的民族关系，以及上级人民政府的领导原则，都作了比较明确的规定。《纲要》规定："各民族自治区为中华人民共和国领土的不可分离的一部分。各民族自治区的自治机关为中央人民政府统一领导下的一级地方政权，并受上级人民政府的领导"；"各少数民族聚居的地区，依据当地民族关系，经济发展条件，并参酌历史情况，得分别建立下列各种自治区：（一）以一个少数民族聚居区为基础而建立的自治区；（二）以一个大的少数民族聚居区为基础，并包括个别人口很少的其他少数民族聚居区所建立的自治区；（三）以两个或多个少数民族聚居区为基础联合建立的自治区"。"依据当地经济、政治等需要，并参酌历史情况，各民族自治区得包括一部分汉族居民及城镇"；"各民族自治区的人民政府机关，应以实行区域自治的民族人员为主要成分组成之；同时应包括自治区内适当数量的其他少数民族和汉族的人员"；"各民族自治区自治机关须保障自治区内的各民族都享有民族平等权利；教育各民族人民互相尊重其语言文字、风俗习惯及宗教信仰；禁止民族间的歧视和压迫，禁止任何煽动民族纠纷

---

① 梁文英：《西昌专区民族工作的成就、经验和问题》，《西南民族工作参考文件》第五辑，第 73 页，西南军政委员会民族事务委员会编印，1952 年 9 月。

的行为";"上级人民政府应尊重各民族自治区的自治权利,并帮助其实现"。①

《中华人民共和国民族区域自治实施纲要》是中华人民共和国成立后,在民族区域自治方面的一项重大的民族法规,它有力地保障了民族区域自治制度的实施和发展。

二、全国各地民族自治地方的建立

中国的民族区域自治,是在中华人民共和国之内的各少数民族聚居的地方,在中央人民政府统一领导下,遵照宪法和法律的规定,依据民族自治与区域自治相结合的原则,设立自治机关,行使相应一级地方国家政权和自治权,管理本地区和本民族内部事务的一项政治制度。

继1947年建立省一级的内蒙古自治区之后,1950年5月,甘肃省天祝藏族自治区成立,这是中国第一个县一级民族自治地方,而同年11月成立的西康省藏族自治区是第一个地州级民族自治地方。自中华人民共和国成立到1952年8月,中国共建立了3个地州级民族自治地方和7个县级民族自治地方。

《民族区域自治实施纲要》颁布后,全国的民族区域自治进入普遍推行和健康发展时期。1953年6月,中央人民政府民族事务委员会召开扩大会议,总结了3年来推行民族区域自治的经验,形成了《关于推行民族区域自治经验的基本总结》,为在全国进一步推行民族区域自治提供了宝贵的经验。到1954年9月,两年间全国共建立了53个民族自治地方,其中地州级22个,县级31个。

这一时期民族自治地方的建立,有两个特点。一是先在少数民族地区进行建立民族自治地方的试点。二是在建立自治地方之前先进行筹备工作,待成立自治地方的意见形成草案后,组成包含各有关人士的筹备委员会负责筹备工作。

1954年9月,第一届全国人民代表大会第一次会议通过颁布了《中华人民共和国宪法》(以下简称《宪法》)。《宪法》吸收了《共同纲领》和《民族区域自治实施纲要》的有关条文,对民族区域自治制度作了明确的规定。《宪法》规定:"自治区、自治州、自治县都是民族自治地方";"自治机关的形式可以依照实行区域自治的民族大多数人民的意愿规定";"在多民族杂居的自治区、自治州、自治县的自治机关中,各有关民族都应当有适当名额的代表";"自治区、自治州、自治县的自治机关依照宪法和法律规定的权限行使自治权";"自治区、自治州、自治县的自治机关在执行职务的时候,使用当地民族通用的一种或者几种语言文字";"各上级国家机关应当充分保障各自治区、自治州、自治县的自治机关行使自治权,并且帮助各少数民族发展政治、经济和文化的建设事业"等。此后,中国进一步加快了民族区域自治实施的步伐。到1958年年底,全国共建立了内蒙古、新疆、广西、宁夏等4个自治区和29个自治州、54个自治县(旗),包括35个民族成分。实行自治的民族人口,已占全国有条件建立民族自治地方的少数民族人口的大多数。

在少数民族聚居地区推行民族区域自治的同时,对于杂散居地区的少数民族,中央人民政府同样给予高度的重视。1952年2月,中央人民政府政务院通过《关于保障一切散居的少数民族成分享有民族平等权利的决定》和《关于地方民族民主联合政府实

---

① 《民族政策文件汇编》(第一编),第67—70页,人民出版社,1958年。

施办法的规定》（以下简称《规定》）。《规定》指出，在民族杂居地区，即汉族占多数，少数民族人口占10%以上的省、市、专区、县、区和乡（村），或少数民族人口未达到10%，而民族关系显著，对行政发生多方面影响的地区，都可建立民族民主联合政府。根据这一规定，全国杂居地区普遍建立了民族民主联合政府，到1952年年底，仅西南地区（包括云南、贵州、四川）就建立了各级民族民主联合的政府163个。全国各有关地区民族民主联合政府的建立，保障了民族杂居地区少数民族的民族平等权利。

第四节 民族识别

一、新中国成立初期中国少数民族状况

中国是一个多民族国家，除汉族以外，还有许多少数民族分布于全国大部分地区。中华人民共和国成立时，中国少数民族人口约3400万人。当时，中国少数民族情况非常复杂，发展极不平衡。

从分布上，中国少数民族多数在边疆地区居住。西南边疆有藏族、傣族、壮族等，西北边疆有维吾尔族、哈萨克族、蒙古族，东北边疆有朝鲜族、赫哲族、鄂伦春族等，30多个民族跨国境而居。

从发展水平上，有的民族已进入封建地主制社会，如满、回、壮、朝鲜等民族，其发展水平接近于汉族；有的民族处于封建领主制阶段，包括大部分藏族，部分傣、维吾尔、彝、纳西等民族；有的民族保持奴隶制形态，主要在四川和云南大、小凉山地区的彝族中保留；而居住于云南边疆山区的独龙、怒、傈僳、佤、基诺、景颇等民族和东北地区的鄂伦春、赫哲等民族中，则保留浓厚的原始公社残余。

从人口规模看，有壮族、维吾尔族、回族、彝族、苗族、蒙古族等那样拥有人口几百万的民族；有侗、瑶、白、哈尼、哈萨克、傣等民族那样人口达几十万的民族；也有如柯尔克孜、土、羌、撒拉、锡伯、裕固、塔塔尔、基诺、景颇等民族那样人口只有几万、几千的民族，其中高山族、赫哲族等只有几百人。

中华人民共和国成立之时，民族称谓相当混乱，有些族名属于他称，有些族名属于自称，还有些属于同一族体的若干分支又有各自不同的称谓。在执行中国共产党的民族平等、民族团结政策中，许多少数民族提出自己的民族成分和名称，要求承认其民族地位，民族识别工作势在必行。

二、民族识别的依据

中国进行民族识别，就是要确认一个待识别的人们共同体是汉族还是少数民族，是单一少数民族还是某一少数民族的一部分。

20世纪50年代，开展民族识别工作时，主要是根据马克思、列宁主义关于民族的定义和民族形成的论述，结合中国的具体实际，参考大量的历史文献以及民族学、语言学、历史学和考古学等有关资料，对各个待识别的人们共同体来源和历史发展进行综合性分析研究，逐一进行识别，以明确其民族成分，确定民族名称。具体地说：

第一，斯大林关于民族的四个基本特征的理论是中国当时民族识别的主要理论依

据。斯大林指出:"民族是人们在历史上形成的一个有共同语言、共同地域、共同经济生活以及表现在共同文化上的共同心理素质的稳定的共同体。"① 由于中国少数民族直到中华人民共和国成立之前大多数仍处于前资本主义阶段,各民族之间发展极不平衡,斯大林总结的民族的四个基本特征并不一定完全具备。所以,在具体工作中不是简单地照搬斯大林的民族定义,而要根据中国的实际情况灵活运用。

第二,从民族的现状出发,参酌该"民族"的历史,进行民族识别,识别过程中注意分析其长期的社会历史发展情况,充分利用史料、传说、系谱以及其他一切有关资料,做到历史与现状相结合,为民族识别提供客观历史依据。

第三,尊重本民族大多数人的意愿,遵循"名从主人"的原则,是民族识别工作的又一个依据和原则。民族意愿是一个民族自我意识的重要表现,它不仅是指人们对于自己究竟是不是少数民族,或者是不是单一民族的一种主观愿望,而且是一个民族共同体对本身的历史和特征的自我表达。所以,在民族识别时,除了科学依据,还要征求待识别民族的群众和爱国上层人士的意见,经过充分协商,实事求是地确定民族成分和民族名称。

三、民族识别工作的全面展开

民族识别工作,在中华人民共和国成立之初就提上议事日程。自1950年起,中央人民政府和有关地方的民族事务机构就组织专家、学者和民族工作者进行民族识别工作,而大规模地进行民族识别工作则开始于1953年。据统计,至1953年全国各地的民族集团提出的民族名称达400多个,仅云南一省就有260多个族称。然而,这几百个自报族称的共同体并非都属于单一民族,其中有些族名是自称,有的属于他称,还有些属于同一族体的若干分支各有自己的称谓。后经过民族识别工作者的调查分析和研究,首先列出有待于进行民族识别的几种情况,具体地说:(1)有些汉族迁居到少数民族地区,保留着汉族的特点,但并不知道自己是汉族,而以当地其他人称他们的名称作为自己的族称,被列入少数民族报了上来,如云南的"蔗园人"、贵州的"蓝淀人"、广东的"胥民"等。(2)迁居到少数民族地区的汉族,前后有若干批。早去的汉族曾经长期和内地隔绝,和后去的汉族在语言、风俗习惯上有一定的区别,并且受到后去汉族的歧视,因而自认为和当地汉族有区别,解放后有人要求承认其为少数民族,如广西的"六甲人"等。(3)有些少数民族在民族压迫时代曾经不愿表明和汉族有区别,其中又有一部分民族上层被反动统治者所利用,统治过当地其他少数民族。在被他们统治过的少数民族看来,他们是和汉族一样的,解放后不愿承认他们是少数民族,如湖南的"土家"等。(4)历史上,有些少数民族曾经被分散,各自迁移,在迁移过程中,有些又和汉族接触,受其较深的影响,改变了语言,本民族的特点已不显著,经济上和汉族已分不开,但是受到歧视,自认为是少数民族,如福建、浙江等地的畲民等。(5)原来是同一民族的各部分,迁移到了不同地区,基本上保持相同的语言、风俗习惯、历史传统,但是长期隔离,又被其他民族以不同的名称相称,报了不同的民族名称,例如广西的布壮、云南的布沙、布侬等。(6)有些民族分布于不同地区,各部分分别接受了

---

① 《斯大林全集》第2卷,第294页,人民出版社,1953年。

相邻民族的生活和文化特点，但仍保持共同的语言，并被他族以同一名称相称，如四川、云南旧称的"西番"等。(7) 有些民族集团分散在很广的地区，形成许多互不相连的聚居区，在语言、文化等方面，既有相似之处又有较大的差别，长期以来被其他民族用同一名称相称，又自认为是同一民族，如西南各省的苗人等。(8) 有些民族内部就自己是属于单一民族还是另一民族的一部分，有不同的意见，如东北的达斡尔等。①

上述情况中，不难看出民族识别中的两个问题，即：一是他们是汉族的一部分还是少数民族；二是如果是少数民族，是单一的民族还是某一民族的一部分。为了确定需要识别的各民族单位的民族成分和名称，广大的民族识别工作者经过大量艰苦细致的调查工作，进行了深入的比较、分析、识别、归并，从各地原来自报的 400 多个民族名称中，首先确认了 38 个少数民族。

四、对民族的认定

民族识别工作是政策性很强的工作，中国共产党和中央人民政府组织专家、学者在进行广泛的民族社会历史、语言调查的基础上，进行民族识别，取得了较大的成功。1953 年首先认定的少数民族中，除已得到确认的蒙古、回、藏、维吾尔、苗、彝、朝鲜、满、瑶、黎、高山 11 个民族外，还有壮、布依、侗、白、哈萨克、哈尼、傣、傈僳、佤、东乡、纳西、拉祜、水、景颇、柯尔克孜、土、塔吉克、乌孜别克、塔塔尔、鄂温克、保安、羌、撒拉、俄罗斯、锡伯、裕固、鄂伦春 27 个民族。

1954 年开始将民族识别工作扩展到全国范围，向更广泛、更深入的方向展开，经过进一步的识别工作，从 1953 年人口普查登记中剩下的 183 个民族集团中，又认定了土家、畲、达斡尔、仫佬、布朗、仡佬、阿昌、普米、怒、崩龙（今改称为德昂）、京、独龙、赫哲、珞巴、门巴和毛难（今改称为毛南）16 个民族。到"文化大革命"前，中国已识别出单一的少数民族 54 个，对民族集团的识别工作基本完成。

中国的少数民族在解放前大多数处于前资本主义的各个社会发展阶段，认定这些人们共同体为"民族"还是"部族"在学术上争论较大。这虽然是学术争论，但也涉及中国的民族政策和如何认识与对待中国各民族的问题。毛泽东对"部族"或"民族"的争论十分重视，1953 年，毛泽东在一次中央会议上谈及这场争论时指出，"科学的分析是可以的，但政治上不要区别哪个是民族，哪个是部族或部落"。② 因此，中国的民族识别并未按各民族的社会发展程度去划分不同层次，而是从中国的历史和现实情况出发，只要具备构成单一民族的条件，不管其社会发展水平如何，居住区域大小，人口多少等，都一样承认为一个民族，同样享有民族平等权利。中国的民族识别，为各个少数民族在多民族的社会主义大家庭中享有民族平等权利，建立和发展平等、团结、互助的新型的社会主义民族关系创造了前提条件。

---

① 费孝通：《关于民族的识别问题》，《中国社会科学》，1980 年第 1 期。
② 杨荆楚主编：《毛泽东民族理论研究》，第 52 页，民族出版社，1995 年。

第三章 少数民族地区民主改革与社会主义改造

第一节 不同社会形态和政治制度

一、社会改革前各民族的生产和生活状况

中国少数民族分布地域广、跨度大，其生产生活方式不尽相同。即使是同一民族，有的因居住地区和环境不同，其生产生活方式也有所不同。

居住于青藏高原的藏族和天山山脉、阿尔泰山脉一带的哈萨克族、柯尔克孜族、塔塔尔族、塔吉克族，甘肃的裕固族及分布于内蒙古高原和呼伦贝尔草原的蒙古族、鄂温克族等，主要从事畜牧业。其中藏族以养牦牛、绵羊为主，哈萨克族以养羊、马、牛和骆驼为主，蒙古族以养马、黄牛和羊为主，西北沙漠和半沙漠地带则多养骆驼。此外，在鄂温克族中，养驯鹿也是一种主要生产方式。畜牧业生产方式，主要以游牧为主，牧民逐水草而居。这些民族在生产生活中，一般都组成游牧小集团，即最基本的生产单位，这种生产单位在哈萨克族中称为"阿吾勒"，阿吾勒的各户共同在一个牧场上放牧，并按季节一起转场，但牲畜是私有的。在鄂温克族中，这种生产单位称"尼莫尔"，其规模大小不一，结合时间长短也不一，他们间的关系是互助互利，没有剥削，后变成由贵族和富裕户结合数个贫困牧户所组成的游牧单位，牧场实际上变为富户的所有。

藏南谷地的门巴族、珞巴族，新疆的维吾尔族和居住于大小兴安岭和长白山地区的满族、锡伯族、达斡尔族，还有滇西北的独龙族、怒族、傈僳族、普米族、纳西族以及云、贵、川地区的彝族、苗族和广西的仫佬族、毛南族，福建、浙江的畲族等10多个民族是以旱地农耕为主，其中包括山地农耕，主要农作物为玉米、小麦、高粱、谷子等。而东北地区的朝鲜族，滇西和滇西南的景颇族、阿昌族、傣族、哈尼族、拉祜族、德昂族、布朗族、基诺族及广西、云贵的壮族、布依族、侗族、水族和海南岛的黎族等则以稻作农耕为主，一些地方兼种旱地农作物。在这些农耕民族中，由于发展不平衡，其生产生活方式也不尽相同。如满族、锡伯族、朝鲜族等封建地主经济占主导的地区，生产力比较发展，耕作技术已进入精耕细作阶段，牛耕和灌溉农业已代替刀耕火种。这些民族中已形成地主与农民两大阶级的对立，地主剥削农民的主要形式为实物地租，剥削率一般在50%左右，同时高利贷和苛捐杂税也很严重。独龙族、怒族、佤族、景颇族等处于原始社会末期诸民族的重要耕作方式仍是刀耕火种，广种薄收。这些民族一般在生产上共同劳动，在生活上采取平均分配的共食制。奴隶主占主导地位的彝族地区，由于生产水平不高，土地利用率很低，70%—80%的耕地为轮歇地，耕作粗放，腹心地区亩产仅100斤左右，边缘地区也只有120—130斤，广大奴隶半饥半饱，不得不以糠

菜充饥。

广西南部的京族和黑龙江、乌苏里江流域的赫哲族是以捕鱼为主，兼营农业的民族。京族大部分居住在北部湾的沥尾、山心、巫头等 3 个小岛上，以渔业为主。解放前，其渔业生产包括浅海捕捞、深海捕捞和杂海渔业 3 种。广大京族贫苦渔民占有少量的生产资料，备受地主富户的剥削，终年靠打鱼维持生计。

居住于大、小兴安岭的鄂伦春族，在民主改革前社会生产以狩猎为主，采集和捕鱼为辅，集体狩猎是其狩猎生产的主要形式，猎品在猎手中平均分配。

中华人民共和国成立以前，中国各民族人民的生产力水平低下，生活不安定。加上各民族统治阶级的压迫和剥削，各民族群众生活水平极为低下，很多人贫病交加，低下的生活水平和生活条件使许多民族人口锐减。

二、民族地区的不同社会形态

中华人民共和国成立之时，中国少数民族社会基本处于前资本主义发展阶段，各民族之间的经济、社会发展极不平衡，甚至同一民族内部的经济、社会文化发展也不尽相同。各少数民族的社会发展状况中，存续有多种人类社会发展形态的痕迹。中国少数民族社会经济结构，大致可分如下几种类型。

第一种类型，封建地主经济占统治地位。社会形态属这种类型的民族有壮、回、满、朝鲜、土家、布依、白、侗、苗、瑶、畲等 30 多个民族，还有蒙古、维吾尔、黎等民族生活的大部分地区，当时人口约 3000 万人。他们的社会经济结构与汉族大体相似，其中相当一部分处于初中期封建社会，与汉族地区相比，仍有其自身的不同特点。在这些地区，地主和农民为两个主要阶级，地主、头人、宗教上层和官僚豪绅占有大量土地、牲畜、农具等生产资料，对农民阶级进行残酷剥削和压迫。在这类型中，如回、白、满、维吾尔、壮、布依、朝鲜等社会中，资本主义经济已有不同程度地萌芽和发展。

第二种类型，封建农奴制和封建牧奴制占主导地位。主要包括藏族、门巴族、拉祜族、傣族、哈尼族和一部分维吾尔族、蒙古族，人口约 400 万人。在这类地区，领主与农奴、工公贵族、牧主与牧奴是两个主要阶级。以西藏农奴制为例，在民主改革前的西藏地区，封建领主由官府、寺院、贵族三者构成，统称三大领主，他们虽然只占当时西藏地区总人口的 5％，但他们却拥有西藏的全部土地和大量的牲畜。领主拥有庄园和依附于土地上的农奴，并占有少量的家庭奴隶。农奴每年要用大量时间为领主提供无偿劳役，还要缴纳各种繁重的捐税。封建领主凭借其武装、法庭、监狱和宗教特权，对农奴实行野蛮的统治。牧区的贵族由王公、台吉、上层僧侣构成，他们占有全部牧场和大量的牲畜，对牧奴进行超经济的剥削。

第三种类型，奴隶制占主导地位，主要指居住于四川、云南交界大小凉山地区的彝族社会，当时有 100 万人口。此外，还有西藏的珞巴族，人口不多。奴隶制社会形态是人类历史上第一个阶级社会，彝族奴隶制社会里内部等级森严，分为黑彝、曲诺、阿加、呷西四个等级。黑彝是奴隶主阶级，占总人口的 7％，而他们却拥有 70％以上的土地和大量的牲畜，并占有广大奴隶。曲诺占总人口的 50％，他们有少量的土地和其他生产资料，人身隶属于黑彝奴隶主，不能搬出主子的辖区，每年必须向主子提供一定时间的无偿劳役。阿加占总人口的33%，其人身完全被奴隶主占有，大部分时间为主子服无偿劳役，所生子女的一部或全部被沦为呷西。呷西占总人口的10%，在奴隶中等级最低，人身完全隶属于奴隶主，一无所有，奴隶主对他们有生杀、买卖之权。黑彝奴隶主在政治上、经济上有至高无上的特权，并凭借其地位和特权，对奴隶进行残酷而野蛮的压迫和剥削。

第四种类型，保留浓厚的原始公社制残余。这一类型主要包括西南边疆地区的独龙族、怒族、傈僳族、景颇族、德昂族、佤族、基诺族等和内蒙古、东北地区的鄂伦春族、鄂温克族、赫哲族以及海南岛五指山地区的部分黎族、台湾的部分高山族，当时约有60万人口。在这类中，个体生产在发展，已经出现生产资料的私有制和剥削现象，但还保留着浓厚的生产资料公有，共同劳动、平均分配的原始公社制残余。这些地区，无论农业、渔猎业，还是畜牧业都很落后，生产水平很低，人民生活十分贫困。

三、不同民族中的传统政治制度

中华人民共和国成立前，中国少数民族的社会、经济、文化发展水平极不平衡。与之相适应，其传统政治制度错综复杂。

在西北地区，回族等信仰伊斯兰教的民族中，存在着一种封建家族式的神秘主义派别和宗教政治制度，即门宦制度的"教主"对教徒享有高度的神权和世俗权力。新中国成立前，回族中约有门宦40余支，教徒约40万人，主要集中于甘、宁、青三省区，门宦教主一般又是回族中的大地主。不少门宦教主不仅以其占有的大量土地、山林、草场以及水磨、油坊等生产资料进行剥削，而且还以宗教作幌子，盘剥役使所属教徒群众。例如，1940年沙沟门宦教主马震武在西吉滩过一次大的"尔曼里"（生死祭日），强迫群众献款献物，共敛得牛185头、羊360只、鸡1503只、粮10余石、伪币93000元、银元13000块。①

在内蒙古部分地区，保存着由世袭封建王公统治的盟旗制度。这是清政府在蒙古族地区实行的封建统治制度，是清政府统治制度的组成部分。该制度是根据满族八旗制度的组织原则，清前期蒙古诸部改编为19盟203旗，②分设盟长和"札萨克"（旗长）。札萨克战时动员本旗军队参战，平时执掌行政、司法、征税等事务。蒙古族牧民分隶于札萨克王公和僧俗封建主，当时对牧民的赋役剥削极其沉重，牧民生活贫苦。此外，还有比牧民地位更卑下的奴隶。

在青海、甘肃、四川、湖南、云南、广西一些少数民族地区保留有封建土司制度。这是封建王朝对那些社会经济发展水平较落后的少数民族地区实行的封建统治制度，是由中央政府册封各族各地首领世袭官职，以统治其地区和人民的一种政治制度。该制度始于元代，延续于明清时期，少数土司保留到民主改革时，如云南永宁土司阿氏（纳西族），自明洪武十四年（1381）任土知州后，相传22代，共27个土司，一直延续至民主改革时。土司的统治形式一般是土司下设总管、把事、总伙头、伙头等头目统治人

---

① 《中国少数民族》，第133页，人民出版社，1981年。
② 戴逸主编：《简明清史》（二），第211页，人民出版社，1984年。

民群众,伙头是管辖一个至几个村寨的实权者。土司对边缘区则委派亲信任"管人",去控制伙头。土司有武装、监狱和刑具。

在保留封建农奴制的西藏地区,存在着"政教合一"的僧侣贵族专政制度。在这里,宗教组织发挥政治组织功能,政权是由大活佛、大喇嘛和大贵族,即三大领主联合组成的。在藏族封建农奴制社会,土地是主要生产资料,有无土地和土地多少决定人的地位。在西藏,三大领主及其代理人约占总人口的5%,贵族和寺院各占西藏土地的30%左右,其余大约40%的土地属于地方政府占有,而占人口95%的劳动群众却没有或很少占有土地。农奴主阶级利用手中的权力和生产资料残酷压迫剥削藏族群众,无地的群众则充当农奴。农奴占西藏人口的90%以上,他们隶属于各自的领主,没有土地,也没有人身自由,他们除负担地租之外,更主要的是承担各种繁重的劳役。此外,在西藏总人口中,还有5%的奴隶,他们完全丧失了生产资料和人身自由,终生从事各种沉重的劳动,是受剥削压迫最深的阶层。农奴和奴隶世代被束缚在领主的土地上,除被领主转让、馈赠、布施、陪嫁和交换之外,终其一生并子孙后代,受占有其人身的主子的驱使和奴役。

在大、小凉山的彝族地区,存在着以血缘为纽带的"家支"制度。家支,彝语称为"楚西"或"楚加"。整个凉山地区由100多个黑彝家支分割统治,家支之间互相不统属,一个家支如同一个独立王国。家支内部没有常设的统治机构,只设有数目不等的大小头人,他们按照习惯法处理内外事务,实质上这些头人往往是黑彝奴隶主进行统治的执行工具。黑彝是凉山的主要统治者,其家支制度在彝族奴隶制下起着极为重要的作用。黑彝家支的主要职能是对内维护黑彝的等级特权和统治地位,保障每个黑彝对所属被统治等级成员的统治和剥削,镇压奴隶群众和劳动人民的反抗等,对外组织冤家械斗,掠夺奴隶、土地及其他财物或防御外部掠夺。黑彝一旦被家支开除,就意味着失去一切特权和保障。黑彝奴隶主利用家支制度实行统治,有彝族谚语道:"没有山林在,哪有鸟兽存;没有家支在,哪有黑彝存"。"老虎靠嘴巴,黑彝靠家支"。[①]

彝族的被统治等级包括曲诺、阿加、呷西等。黑彝奴隶主阶级对被统治阶级最主要的剥削方式是无偿劳役,呷西一年到头为奴隶主干各种家务活和农活;阿加是奴隶主从事田间劳动的主力,自带农具并随叫随到,劳役时间占全年农活的二分之一或三分之一以上;曲诺每年每户要出一人,自带耕牛和农具为奴隶主服役,一般几天到十几天。此外,每逢黑彝奴隶主修缮房屋、建筑碉堡、收租运粮、外出护送等,都要由曲诺、阿加担负无偿劳役。奴隶主还出租部分土地,进行地租剥削,提供其租额为收获量的二分之一,租地户自备种子其租额为收获量的三分之一。

在那些保留有原始公社制残余的民族中,还存在着原始的民主政治制度,由最年长或最有威望的人担任头人或首领,重要事情由公社或部落全体成员民主讨论决定。保留类似原始民主制度的有云南基诺族的长老制、广东瑶族的瑶老制和广西瑶族的石牌制、海南黎族的合亩制及云南景颇族的山官制等。

---

① 《彝族简志》(上编),第57页,中国科学院民族研究所,1963年12月。

第二节 各民族的宗教信仰和宗教制度

一、各民族宗教信仰状况

中华人民共和国成立前，中国少数民族地区宗教不仅十分盛行，而且宗教信仰亦显出形式多样、内容繁杂。概括起来，中国少数民族社会常见的宗教信仰有如下五种。

原始宗教信仰。主要有东北和内蒙古地区的赫哲、鄂伦春、鄂温克、达斡尔、满、锡伯等民族信仰萨满教；西南地区的纳西、基诺、佤、傈僳、阿昌、独龙、怒、彝、羌、珞巴、苗、瑶、水、侗、黎、仫佬等民族信仰自然崇拜、图腾崇拜、祖先及灵魂崇拜等。

佛教信仰。形成于青藏高原地区的藏传佛教（俗称喇嘛教），在藏、蒙古、门巴、土、裕固、普米等民族中，几乎达到全民族信仰的程度；此外，德昂、布朗、阿昌、拉祜、佤等民族中，也有受傣族影响而信仰小乘佛教的；大乘佛教主要在白族中较为流行，部分拉祜族和少数壮、布依、侗、纳西、彝、羌、满、朝鲜等民族中也有信仰。

伊斯兰教信仰。在中国信仰伊斯兰教的均是少数民族，其中主要有回、维吾尔、哈萨克、柯尔克孜、乌孜别克、塔塔尔、塔吉克、东乡、保安、撒拉 10 个民族，这些民族人口基本上都信仰伊斯兰教，其人数达 790 多万人。

道教信仰。在中国南方的许多少数民族中，道教也较流行，如白、瑶、壮、侗、苗、黎、京、羌、仫佬、毛南、纳西等民族中，都有信仰道教的。特别是瑶族，大都把道教的三清尊神和许多神纳入本族神灵系统而信奉。

基督教信仰。近代以来，基督教的三大教派对中国少数民族有了程度不同的影响。其中，在苗、彝、景颇、哈尼、傈僳、拉祜、独龙、纳西、怒、白、羌、京、佤、黎、壮、土家、布依、朝鲜等民族中，有信仰天主教和新教（在中国称新教为基督教或耶稣教）的，但人数不多。俄罗斯族信仰东正教。

中国少数民族信仰宗教，有如下几个特点：第一，同一民族同时信仰几种宗教，如蒙古族主要信仰藏传佛教，但也有部分或少部分人信奉伊斯兰教、佛教的其他派别及东正教等。第二，同一民族信仰同一宗教的不同派别，如藏族虽然信仰藏传佛教，但其中就分为宁玛派（称俗红教）、噶举派（俗称白教）、格鲁派（俗称黄教）等不同派别的信仰。第三，不同民族信仰同一宗教，如蒙古族、藏族信仰藏传佛教，回族、维吾尔族、哈萨克族等信仰伊斯兰教等。第四，不同民族信仰同一宗教的不同教派，如藏族信仰藏传佛教，傣族信仰小乘佛教等。

二、寺庙观堂的经济和僧人的生活

在少数民族地区，宗教影响很深，到处是宗教的寺、庙、观、堂。这些寺庙观堂，一般作为当地少数民族的社会、文化中心和宗教活动场所，其经济实力也较雄厚。宗教寺院均占有许多土地、牲畜和高利贷资本，宗教上层和世俗封建领主或大地主合为一体，成为当地的经济统治者。

在西藏地区，寺院集团属三大领主之一，直接占有庄园、牧场、牲畜、农奴或牧奴等。解放前，全西藏共有大小寺院 2700 余座，占有实耕土地约 108 万亩，占实耕土地总数的39%；占有牧场400余个，农奴9万余人。① 西藏最大的藏传佛教寺院——哲蚌寺，占有185个庄园，共有土地5100亩，300多个牧场和2万名农牧奴。这些寺院和宗教上层收地租、畜租、还兼放高利贷，经营商业，并通过布施、捐赠、卜卦等大肆积聚财富。

在信仰伊斯兰教的西北少数民族地区，随处可见清真寺。清真寺不仅是举行宗教活动的场所，而且也是当地政治、经济、文化的中心。清真寺有自己的土地、房产、牲畜和草场等，这些寺产掌握在少数宗教上层手中。新疆喀什的艾提尕清真寺、裕祥巴扎清真寺，均拥有4000多亩土地和许多房产，阿帕克和卓麻扎（香妃墓）则拥有1.6万多亩土地。他们还向教徒征收各种宗教税，如"天课"等。在一些地区出现门宦制度后，各门宦都占有大量的土地、牲畜等生产资料，支使教徒服无偿劳役。

进入近代以来，西方基督教势力开始向一些少数民族地区渗透，传教士、神甫在一些少数民族地区设教堂，划"教区"，侵占土地。以内蒙古西部地区为例，这里曾有过天主教堂265处，占有500多万亩土地，平均每个教堂占有土地2万亩。②

在西藏和内蒙古地区藏传佛教寺院很多，这里有众多的僧人。解放前，西藏僧尼约占西藏总人口的10%以上，蒙古族的大批青壮年当藏传佛教，仅内蒙古达赖罕旗的"百灵庙"就有5000多名藏传佛教。在这些僧尼中，只有少数人属于上层，享有许多特权，而广大普通僧尼作为被统治者，过着清贫的诵经拜佛生活。

藏传佛教庞大的寺庙僧侣集团，因内部分工和地位的不同，划分为不同类层级，其生活状况也不同。处于下层和被统治地位的有：（1）受过各种宗教职业训练，经常在寺外为群众的生老疾病、吉凶婚丧等祈福禳灾、超度亡魂、念经占卜等宗教职业的僧侣。（2）学经的僧侣，他们专门学经，以争取在学经的阶梯上升到宗教上层学位，从而取得僧官地位的僧人，这一阶层也是西藏社会的重要知识分子。（3）具有某种专门知识的"工艺僧人"，他们是专门为寺庙佛殿从事雕塑、铸像、绘画、刻板、印刷等技术的工匠艺人。（4）"杂役僧和兵僧"杂役僧是专为寺庙从事各种体力劳动和差役的僧人。兵僧是专门习武为寺庙和僧官充当侍卫和打手的僧人，他们从不念经。以上类型僧人大多属于中下层，他们占寺庙内的大多数。

属于上层的僧侣有"执事僧"和活佛。"执事僧"，即各级寺庙的执事，包括在行政、司法、财务、总务、经商等方面的人员。活佛，在达赖与班禅之下还有许多等级，凡活佛都有自己原来的寺庙和财产，他们全都用"转世制度"承袭，每一辈活佛转世都需要到三大寺来学经，重新取得被确认的地位。上述两者组成寺庙集团的当权派，他们只占僧侣总数的百分之四左右，但把持寺庙的一切大权，享有很多的封建特权。③ 寺庙僧侣集团内被分为统治阶层和被统治阶级，然而，即使是属于被统治阶层的僧侣也不从事生产劳动，生活相对安闲，吸引了许多年轻人入寺当僧人。这不仅增加当地群众的负担，还对当地社会的生产发展和人口生产带来消极影响。在小乘佛教盛行的傣族地

---

① 覃光广等：《中国少数民族宗教概览》，第154页，中央民族学院出版社，1988年。
② 覃光广等：《中国少数民族宗教概览》，第24页，中央民族学院出版社，1988年。
③ 覃光广等：《中国少数民族宗教概览》，第151—152页，中央民族学院出版社，1988年。

区，入寺僧侣多，而他们的生活完全靠所在村寨的群众供给，负责寺院开支和僧侣生活的义务成为广大农民的沉重负担，许多地区的宗教费用往往占农民全部收入的10%以上。

三、各种宗教组织和宗教制度

在少数民族地区，宗教派别的多样性也使宗教组织和宗教制度表现出多样化。

在西藏，藏传佛教各教派的寺庙，都自成一个系统，以它们的中心寺庙为领导，支寺受宗寺支配。以著名的哲蚌、色拉、甘丹三大寺为例，这里存在严密的寺院组织和僧侣组织，大致分为三级。最基层的一级称"康村"，属于地域性机构，由一个或若干个有传统关系的地域的僧侣组成。康村设有执事委员会，管理一般事务，由一名资历最老的僧人担任"吉根"（长老），主持一切。比康村高一级的称为"扎仓"（僧学院），是由若干个康村组成。扎仓也有会议机构，以"堪布"为主持人。堪布一般由考取"格西"学位（宗教博士），并经西藏地方政府任命的喇嘛担任。最高一级为"拉吉"（又称"蹉钦"，指全寺的正殿，是全寺性活动中心），相当于一个委员会，由所有的扎仓组成，各扎仓的堪布都参加，主管全寺的经济、宗教等事务。上述三级组织都有自己的包括庄园、牧场、属民、牲畜、资金等财产。这三级组织之间有严密的上下属关系，低级的寺庙组织要向高一级的组织承担义务，在政治上要服从最高一级"拉吉"的主张和决定。

在喇嘛中，以活佛的地位最高，而活佛中达赖、班禅的地位最高。活佛与寺庙中担任重要职务的喇嘛构成少数的上层喇嘛，享有各种特权，他们的出身也属于社会上层。上层喇嘛与世俗封建主阶级（农奴主、贵族、土司头人等）相互勾结，把政权与神权紧密结合起来，形成僧侣农奴主阶级联合专政的"政教合一"制度。藏传佛教具有无上权威，数百年来西藏地区的每一重大政治事件和历史运动，无不与喇嘛寺院有关，无不带着宗教色彩。

在蒙古族地区，藏传佛教的一般寺庙也有系统的组织制度。寺庙里，有"德木齐"管庙内庶务及会计，"格思贵"管教务戒律，"泥尔"管财政。一般喇嘛分为"格隆"（已受戒者）和最下层的班第（小喇嘛可役使者）。这些等级的划分和称谓，因地区有所不同，但整个组织系统却是很严密的。

小乘佛教较为流行的西双版纳、德宏等傣族地区，宗教寺庙中有一套层层节制的阶梯形组织。在西双版纳，全区最高的佛寺位于召片领（领主集团的总代表）统治中心的景洪，叫做"哇龙"（主寺），西双版纳最高佛教领袖就住在"哇龙"，主持全境的佛寺活动。各勐土司政权所在地也都有一座大佛寺，管辖该勐的所有佛寺活动。勐以下的陇和火西政权所在地也各有一座中心佛寺，管理各村寨的佛寺。佛寺僧侣内部分为不同的等级，西双版纳的僧侣共分10个等级，如"哈勇、和尚、佛爷、大佛爷、祜巴"等。僧侣的晋升，也按照这些阶梯式的等级进行的。

信仰伊斯兰教的地区，回族主要实行互不隶属的教坊制，这是以清真寺为中心，包括附近教徒，形成一个地域性的宗教组织。每个教坊设有"学董"、"乡老"等管理组织，管理本教坊和清真寺的宗教收入、开支，管理清真寺的土地、房产和清真寺的修缮，筹办各种宗教节日以及决定阿訇的选聘等事项。随着教坊的教长势力扩大，出现了伊斯兰教中的神秘主义和回族封建制度相结合的产物——门宦制度。门宦是指宗教头人的高门世家，教主被神化，教主拥有种种封建特权，教主的"口唤"（命令）教徒必须无条件服从。教主一般是世袭的，一个门宦的教主管辖下的各教坊，其教长由教主委派，教主与教长之间完全是封建隶属关系，这种严密的宗教组织对教徒的控制力极强。

维吾尔族的宗教组织也很严密。教区划分为专区、县、区（乡）三级。除县级教区是完全按行政区划之外，其余两级都不是完全按行政区划分的。大的县区教区都有阿訇办事处和类似组织，负责管理当地的宗教事务和委派各级宗教界人员，这些高级宗教职业者权力极大。维吾尔族宗教制度的一个最显著的特点，是设有宗教法庭。这种宗教法庭，在阿古柏统治时代，就在维吾尔族城乡普遍设立，新中国成立前，维吾尔族聚居的每个县都有一个宗教法庭。宗教法庭可以处理一切民事和刑事案件，可以判处死刑、徒刑、罚款、体罚和其他种种刑罚。

伊斯兰教有一套要求教徒必须遵守的最基本宗教制度，那就是"念经"、"礼拜"、"斋戒"、"天课"、"朝觐"等"五大天命功课"。

此外，藏传佛教、伊斯兰教等宗教系统均重视经法、经文教育。藏传佛教实施经法教育制度，伊斯兰教实行经堂教育制度，以传授宗教教义，培养宗教人才。

四、宗教与少数民族文化、历史、社会、生产和生活的关系

宗教与少数民族社会生活密切相关，少数民族社会政治、经济、生活等无不受到宗教的浓厚影响。尤其是对那些全民信教的民族，宗教更是渗透生活的各个方面，支配着人们价值取向、社会行为及生产、生活等各个方面，这在信仰藏传佛教、伊斯兰教的少数民族中非常显著。

在西藏，藏传佛教占统治地位，宗教上层与世俗封建主阶级联合起来建立"政教合一"的地方封建政权，喇嘛的最高领袖达赖、班禅又是政治上的最高领袖，藏传佛教对藏族社会产生了巨大影响。生产上，藏族群众春耕播种须向寺庙喇嘛打卦占卜，问日期，不是吉日不能下种，秋天收获也要由喇嘛问神选吉日，否则就不能收割。藏传佛教寺院还把许多肥沃的土地、茂密的森林、畅通的河流定为"神山"、"神水"，而严禁人利用。在人的一生中，婴儿的命名礼定请喇嘛来主持，订婚请喇嘛占卜合婚，生病也请喇嘛念经"治病"。藏传佛教对饮食也有种种禁忌，某些教派禁止喇嘛饮酒，许多地区藏族不吃鱼虾、鸡和鸡蛋也与宗教不杀生禁忌有关。

藏传佛教与藏族文化发展也有很大关系。经典中除宗教教义之外，还有许多有关天文、历算、医学等自然知识与哲学、艺术等人文知识的内容，对藏族科技文化的发展起了一定的推动作用。大量的佛法译经给藏语、藏文带来许多新词汇，增添许多新的表现形式，促进了藏语的发展。藏传佛教的寺院建筑和寺院内的绘画、雕塑等工艺非常雄伟、精巧，其艺术魅力深受人们的赞赏，而它们又是作为宗教艺术存在于世的。此外，藏族的戏剧、音乐、舞蹈等，在藏传佛教寺院和宗教艺术之中保存得最丰富，藏族的许多历史文化典籍和各种珍贵文物，也是由寺院保存下来的。

在信仰伊斯兰教的民族那里，其社会生活均带有浓厚的宗教色彩，教徒由生到死，整个一生的活动都受宗教支配。伊斯兰教的"五功"，是教徒必须承担的宗教义务。此外，人一出生就请阿訇取经名，严格禁止教徒与非伊斯兰教徒的婚姻，丧葬仪式也完全按照伊斯兰教的规定进行，人生无不受到宗教的强烈影响。

少数民族的许多节日也与宗教相关，如藏族的"藏历年"、"望果节"、"萨噶达瓦节"，蒙古族的"那达慕"，傣族的"泼水节"，白族的"三月街"，伊斯兰教民族的"开斋"、"宰牲"、"圣纪"等，均是由各种宗教活动或仪式演变而来。很多民族生活习俗也如与宗教信仰相关，一些宗教习惯逐渐变为一个民族的风俗习惯，如伊斯兰教民族忌食一切凶猛禽兽的肉，忌食一切动物的血和自死之物，一般群众结婚多选择"主麻"日等。

第三节 少数民族地区的社会改革

一、实行"慎重稳进"的方针

在中国共产党的领导下，中国各民族人民经过努力，建立了中华人民共和国。然而，新中国成立初期，民族间的压迫制度虽然已废除，可是民族内部和民族之间的压迫剥削制度还没被消灭，地主、王公、贵族、农奴主和奴隶主阶级还仍旧压迫和剥削广大的少数民族群众。为了消灭阶级压迫剥削制度，使少数民族人民得到彻底解放，促进少数民族的社会经济文化的发展，少数民族地区的社会改革势在必行。

社会改革前夕的少数民族地区，情况错综复杂。在社会发展形态上，不仅各民族之间发展极不平衡，而且同一民族内部的不同地区之间也不尽相同，如彝族地区，大小凉山存在的是奴隶制，而其他地方已是封建制；在经济类型上，同一民族因居住环境、地区不同，从事不同的生产，如蒙古族、藏族等，其一部分群众从事农业生产，另一部分则从事牧业生产；地域上，同一个民族分布在不同省区，同一个地区居住许多不同的少数民族，不同地区的同一个民族很难同时进行社会改革。

此外，由于历史上反动统治阶级实行民族压迫、民族同化政策，造成了各民族间不同程度的隔阂。帝国主义者和国内反革命分子利用民族、宗教问题进行各种破坏活动，造成了各民族间甚至同一民族内的矛盾和冲突。

基于少数民族社会的复杂性，中国共产党和人民政府在少数民族地区实行社会改革时，采取了"慎重稳进"的方针。对于这一方针，中国共产党和国家领导人多次予以强调。毛泽东指出："少数民族地区的社会改革，是一件重大的事情，必须谨慎对待。我们无论如何不能急躁，急了会出毛病。"[①] 周恩来在1950年宴请参加国庆观礼的少数民族代表时，说："对于各民族的内部改革，则按照各民族大多数人民的觉悟和志愿，采取慎重稳进的方针。"[②]

在"慎重稳进"方针指导下，在少数民族地区社会改革中，中国共产党和人民政府根据各民族地区不同历史情况和不同的社会特点，分别采取了不同的方式、步骤和具体政策。

---

① 《毛泽东选集》第5卷，第23页，人民出版社，1977年。
② 《民族政策文件汇编》（第一编），第4页，人民出版社，1958年。

二、在封建地主制占主导的地区消灭封建地主制度

属于这类地区的包括30多个少数民族，他们的社会发展水平与汉族大体接近或基本相同。因此，民主改革与汉族地区基本上同时进行，改革方式、方法也与汉族地区大体相同。即，在民主改革中，发动广大的贫下中农和其他劳动群众，与地主阶级进行面对面斗争，废除封建剥削制度，没收地主的土地及其他生产资料，分配给无地或少地的农民。党中央制定的"依靠贫农，团结中农，有步骤地、有分别地消灭封建剥削制度，发展农业生产"的土地改革总路线、总政策基本适应于此类地区，但在具体做法上与汉族地区有所区别。

在内蒙古农村，地主、富农只占农村人口的10%左右，而他们却占有全部耕地的70%—80%，占农村人口90%左右的广大农民仅占有全部耕地的20%—30%。地主采取各种地租、高利贷及强求农民无偿劳动等方法，对农民进行剥削。内蒙古农区土地关系和民族关系交织在一起，其特点是：蒙古族人口少，拥有土地多；蒙古族从事农业时间相对较短，缺乏耕作技术与经验，出租土地现象较多；一些汉族成为"二地主"，从蒙古族王公贵族那里租来土地，再转租给汉族农民，并把全部地租转嫁给汉族农民，造成蒙汉民族间的矛盾。此外，汉族农民交付少量的"蒙租"来租种蒙古族农民的土地，形成蒙汉劳动人民之间不平等的利益关系。于是，在改革时，执行土地改革总方针的同时，内蒙古自治区还制定《蒙旗土地改革实施办法》、《关于蒙民划分阶级成分补充办法》等，对蒙古族的土地改革作了特殊规定。例如，划分蒙古族阶级成分时，对于出租土地者根据其土地占有、剥削收入与生活水平之不同分别对待，以其实际剥削收入为主要依据；凡剥削收入相当于当地汉族一般地主者为小地主，相当于当地汉族一般大地主者为中地主，超过当地汉族一般大地主为大地主；凡出租或雇工经营少量土地，生活程度不超过中农生活水平者均以小土地出租者待遇，不以地主阶级没收土地和财产；允许蒙古族小土地出租者收租，等等。此外，还规定取消"二地主"的剥削，取消蒙租，斗争蒙古族地主要由蒙古族群众参加，而斗争汉族地主时蒙古族、汉族农民一起参加，开展各方面工作注意改善民族关系。经过土地改革，广大农民翻身做主人，使无地少地的农民群众分到了土地。原兴安盟和纳文慕仁盟9个旗县的农民获得445万多亩土地，人均分得15亩；原绥远（内蒙古西部）在拥有150万农业人口的地区，使136万农民分得1132万多亩土地，还分得耕畜、农具、房屋、粮食和衣服等。[①]

在广西，土地改革前占农村人口50%的贫苦农民只占全部耕地的13%，只占农村人口5%的地主阶级却占有全部耕地40%。地主阶级凭借其拥有的大量土地、耕牛、农具等生产资料，通过高地租、高利贷等，对农民进行残酷的经济剥削，各民族群众终年劳累而不得温饱。新中国成立初期，广西进行土地改革，壮族地区基本上与汉族地区同时进行，而对瑶、苗、侗等民族地区的土地改革则稍后单独进行。中共广西省委根据少数民族地区实际和民族特点，制订出《关于少数民族地区土改实施方案》，规定："坚决采取慎重的、温和的、曲折的阶级斗争形式，依靠贫雇农，巩固地团结中农；提高阶级觉悟，贯彻民族政策，加强民族团结；有步骤、有分别地消灭地主阶级封建的土地所

---

① 《内蒙古自治区概况》，第66—69页，内蒙古人民出版社，1983年。

有制，实现农民土地所有制，发挥各民族生产积极性；逐步改善和提高各族人民生活；巩固少数民族地区的人民民主专政。"① 为了帮助瑶、苗、侗等民族地区的土地改革，广西组织了5400多名干部深入民族山区，贯彻中国共产党在民族地区土改路线、方针和政策。经过土地改革，地主阶级经济特权被剥夺，广大的各民族农民做了土地的主人。据1952年统计，广西的汉族、壮族地区共没收、征收土地979.4万多亩，约占全区土改地区耕地面积的42%，没收耕畜32.9万多头，主要农具179.4万多件，没收房屋103.4万间，没收余粮折谷15.3亿多斤；据1955年调查统计，在侗、瑶等民族地区进行土改的361个乡中，共没收、征收土地近15.9万亩，山林4.5万多亩，松木86.4万多株，耕牛1500多头，粮食159.5万多斤，房屋2100多间，解决了10.2万多人口的缺地少地问题。②

各地区在改革过程中，根据民族地区的特点，采取了比较缓和的特殊政策。例如，先做好与人民群众有联系的上层人物和宗教人物的统战工作，尽量缩小打击面；在斗争本民族地主时，以本民族农民为主；土地分配中，与宗教信仰和风俗习惯相关的公共土地不参加分配，等等。凡是严格按照政策进行改革的民族地区都比较顺利。这类地区到1953年基本完成改革。但是，一些民族关系和阶级关系特殊的地区改革则稍后，如云南红河哈尼族彝族自治州的红河南岸四县、江城自治县等边疆民族杂居区，到1956年底完成改革。这些地区的改革采取了更为慎重的、温和曲折的方法，自上而下的民主协商和自下而上的发动群众相结合，对于向群众认罪，交出土地、耕牛等财产的一些地主不进行面对面的斗争，对于地主中与群众有联系的宗教上层人士和民主人士执行没收从宽的原则。只没收地主阶级的土地、房屋、耕畜、农具和多余粮食，其他财产一律不动，没收土地时留给其与当地农民同等的一份土地，一般也不剥夺政治权利，对于接受改革，放弃剥削的上层人士从政治上予以适当安排，个别生活有困难的给予一定照顾，没收少数民族地主的土地优先分给本民族农民等。

通过改革，废除了地主阶级的封建特权，广大的少数民族群众翻身做了主人，分得土地，解放了生产力，加强了民族团结，改善了民族关系。

三、在奴隶制农奴制地区实行和平协商改革

属于这一类地区的少数民族主要包括大小凉山的彝族和藏族、傣族及部分景颇族、哈尼族等。这类地区，民族关系和阶级关系比较复杂，民族上层人士牢牢地控制了本民族劳动群众。鉴于这种情况，在这些地区进行民主改革时，主要采取了和平协商的民主改革和赎买政策。即，自下而上的充分发动群众和自上而下的同民族上层协商相结合，废除剥削制度和各种特权，解放奴隶和农奴。

在云南傣族地区，民主改革以前封建领主制度仍然存在。新中国成立后，经过大量工作，上层的头人有的参加了人民政府工作，逐步放弃了剥削，但下层的头人特别是村寨的头人仍然继续欺压百姓，每户农民所缴纳的官租占其收入的30%，缺乏耕牛的农民不得不向本寨头人和富农租牛，租牛费占其农业收入的20%，此外农民还受高利贷

---

① 《广西壮族自治区概况》，第125—126页，广西民族出版社，1985年。
② 《广西壮族自治区概况》，第127页，广西民族出版社，1985年。

剥削，负担一定的宗教费用。为此，自 1955 年秋开始进行和平协商土地改革，采取自上而下的和平协商和自下而上的发动群众相结合的方式，有步骤、有分别地废除封建剥削制度，变封建领主土地所有制为农民土地所有制。在改革中，只没收领主、地主的土地归农民所有，废除高利贷和领主的一切特权剥削，对领主和地主土地以外，其他财产一律不动；分配土地时，先留给领主，地主与农民同样的一份，领主和地主的公民权不予剥夺；对于放弃剥削的民族上层人士，在政治上予以适当安排，生活上给予必要的照顾；对富农只征收其耕种的领主的私庄田、波朗田、头人田等，其他财产不动；对佛寺的土地财产一律不动。当地各级政府在认真调查研究的基础上，深入发动群众，划分阶级，没收领主土地分配给农民等步骤，有计划地进行民主改革，废除了封建领主土地所有制，这些地区 1956 年底改革基本结束。据德宏傣族景颇族自治州的 89 个傣族乡统计，废除了官租 3320 多万斤稻谷，废除了高利贷折稻谷 2250 多万斤，废除了封建领主的特权、门户捐、杂派、官烟等，没收和征收稻田 14 万多亩，年产 6000 多万斤稻谷，分配给 6 万多无田和少田的农民，人均达两亩多水田，基本解决了当地少数民族农民的土地问题。①

在藏族地区，民主改革前还比较普遍地存在着封建农奴制度。生活在封建农奴制度下的藏族群众，没有或只有很少一点生产资料，无人身自由，领主可以将农奴随意馈赠、布施、转让或交换。中国共产党和人民政府根据藏族各聚居地区发展不平衡和不同社会特点及具体条件，从 1955 年到 1957 年间，先后在甘肃、青海、四川、云南等有条件的藏族地区进行了和平协商改革。在农区，由劳动人民与上层人士协商，对领主、地主的多余的房屋、农具、牲畜、粮食等进行赎买，废除一切封建剥削和特权，废除高利贷，解放和安置大批农奴和少量奴隶娃子，收缴领主的枪支。在牧区，扶助贫苦牧民发展生产，为民主改革和社会主义改造提供经验和条件。由于西藏的特殊情况，中共中央明确规定 1962 年以前暂不进行民主改革。

大小凉山的彝族地区，民主改革前，约占总户数 5% 的奴隶主阶级，是政治上、经济上的绝对统治者。奴隶主占有 70% 以上的土地，主要通过奴隶的无偿劳动进行剥削，奴隶被当做会说话的工具，奴隶主可以任意出卖和屠杀。1956 年，中国共产党和人民政府决定在彝族地区进行民主改革，2 月，四川凉山彝族自治州第三届人民代表会议一致通过《四川凉山彝族自治州民主改革实施办法》（以下简称《实施办法》）。《实施办法》规定"采取和缓方式，经过和平协商，实行民主改革"的方针，有步骤、有计划地消灭奴隶制度，废除奴隶主的特权，解放奴隶，保护奴隶及其他劳动人民人身自由和各种具体权利。对奴隶主，贯彻了"直接斗争与协商谈判相结合"方针，除没收其土地并征购其多余的耕畜、农具、粮食和房屋外，其他财产予以保留，对奴隶主的枪支弹药，根据"枪换肩"的原则，采取借用、没收或由奴隶主自动献缴等办法，归当地彝族武装自卫队掌握管理。在民主改革中，对爱国守法、积极帮助实行民主改革的奴隶主，给予公民权利。对于改革中立功的上层人士，在政治上给适当的地位，在生活上给予妥当的照顾。凉山彝族自治州的民主改革，分三批进行：第一批自 1956 年 11 月底

---

① 《德宏傣族景颇族自治州概况》，第 109 页，德宏民族出版社，1986 年。

开始，涉及约 32 万彝族人口；第二批自 1957 年 2 月底开始，涉及人口约 29 万；第三批，从 1957 年 3 月开始，涉及约 9 万彝族人口。到 1958 年春，彝族地区的民主改革胜利结束。在凉山彝族自治州和原西昌彝族地区，共没收奴隶主土地 182 万亩，征收、征购耕牛 28 万头，农具 3.4 万多件，房屋 88 万间和粮食 1600 万斤以上。① 通过民主改革，彻底摧毁了奴隶制度，废除了奴隶主的一切特权，69 万奴隶和劳动人民从奴隶制度下解放出来成为自由人。

民族地区民主改革曾遇到很大阻力，一些不甘心丧失原有权力和地位的封建农奴主、奴隶主及头人，挑起事端以反抗民主改革。在傣族地区，一些农奴主和头人在民主改革过程中，造谣破坏，威胁群众，甚至纵火行凶，勾结匪特，暗杀改革积极分子，德宏潞西县帕底寨一个反动头人曾三次写匿名信恐吓群众，并指使其子放火烧毁农民谷堆；芒短寨的头人布倖勾结匪徒，三次砍掉中共党员的竹篷以破坏民主改革。②

四、存在浓厚原始社会残余的民族地区采取直接向社会主义过渡的政策

这类地区的特点是，保存大量的原始公有制残余，阶级分化不甚明显，生产力水平又十分低下，人民生活非常贫困。因此，中国共产党和人民政府决定在这些地区不进行民主改革，采取直接过渡的政策。即，在中国共产党的领导下，依靠广大贫困群众，团结和改造一切与群众有联系的头人，在国家的扶持下，大力发展生产，帮助群众解决生产、生活中的急需问题，逐步消除阻碍生产力和社会发展的各种原始落后制度，在此基础上建立互助合作组织，直接过渡到社会主义社会。

居住在东北、内蒙古大兴安岭林区的鄂伦春族，曾长期过着以狩猎为主，采集和捕鱼为辅的原始生活，举族 2000 余人，濒临灭亡的边缘。新中国成立后，中国共产党和人民政府为了提高鄂伦春族群众的生产、生活水平，发给他们枪支弹药，供给米、布、油、盐等生活必需品，帮助他们恢复和发展生产，解决他们的生产生活困难。为加速鄂伦春族地区的发展。1951 年 10 月，成立了鄂伦春自治旗，当时全旗鄂伦春族有 181 户、778 人，是中国人口最少的民族自治地方。此外，在其他鄂伦春族聚居的地方相继建立了 6 个鄂伦春民族乡。鄂伦春族地区在定居的基础上，于 1956 年实现了合作化。

在西南，保留原始社会残余的少数民族大部分居住在边疆山区。他们从事原始农业，刀耕火种，广种薄收，耕作粗放，生产水平很低，生活困难。针对这种状况，各级人民政府大力扶持山区各族人民发展生产，没有耕牛、农具、种子，就发给耕牛、农具和种子；缺乏口粮、食盐、衣被等生活必需品的，人民政府就及时给予救济。各级人民政府发放了大量救济物和救济款，仅 1954 年 6 月送给西双版纳布朗山区各族群众的就有价值两万多元的布匹、食盐、砍刀、锄头和大米 26 万斤；为了扶持山区各族群众生产，人民政府每年都拨给山区改造经费，从 1953—1957 年政府为西双版纳山区各民族共拨给人民币 3918 万元。③ 另外，在这些山区建立贸易小组、粮管所、银行营业所等机构，既保证了生产资料的供应，又保证了农副业产品和土特产品的收购。在帮助山区

---

① 《中国少数民族》，第 314—315 页，人民出版社，1981 年。
② 《傣族简史志合编》（初稿），第 209 页，中国社会科学院民族研究所，1964 年。
③ 《西双版纳傣族自治州概况》，第 97—98 页，云南民族出版社，1986 年。

各民族发展生产、增加收入、改善生活的基础上，建立互助合作组织，逐步使这些民族过渡到社会主义。从 1956—1957 年，西双版纳在过渡区组织了 330 个互助组，参加农户达 2640 户，占过渡区总农户的 16%，试办 11 个合作社，入社农户 436 户，占总农户的 2.76%。① 此外，人民政府先后于 1956 年拨款 46 万元，1957 年拨款 350 万元，1958 年拨款 500 万元，帮助云南边疆山区仍处于原始社会形态的少数民族，加速向社会主义过渡。②

在上述地区，大力扶持生产发展，帮助改善生活，建立人民政权，走互助合作的集体化道路，初步改变了这些地区少数民族经济文化长期落后的局面，把土地原始公有制改造成社会主义合作社所有制，把原始的共同劳动关系变为合作社的集体劳动，把原始的户均分配变为按劳分配，顺利地实现了向社会主义的直接过渡。

五、牧业区民主改革实行"赎买"和"不斗不分不划阶级和牧工牧主两利"的政策

中国的五大牧区，即内蒙古、西藏、新疆、青海和甘、川等牧区等都在少数民族地区。从事牧业的民族主要有蒙古族、藏族一部分和哈萨克、塔吉克、裕固、鄂温克等民族。

民主改革前，牧区封建王公贵族、部落头人、宗教上层构成牧主阶级，他们占有大量牲畜、牧场和草场，依靠无偿劳役、雇工和放高利贷等形式，剥削那些只有很少或没有生产资料的广大贫苦牧民和牧工，牧主阶级还享有许多封建特权，统治和压迫牧民。要解放牧区生产力，发展牧业经济，在牧区必须实行民主改革，废除封建剥削和特权。

另外，牧区经济较之农区经济更具分散性和脆弱性。在牧区，牲畜既是生产资料，又是生活资料，抗风险能力弱，不利于财富的积累，生产力发展水平很低。因此，牧区民主改革必须符合牧区和牧业生产的特点。1947 年，内蒙古自治区最初进行牧区民主改革时，一部分地区不顾牧区特点，照搬农区平分土地的做法，实行划分阶级，斗争牧主，没收牲畜的政策，甚至提出"耕者有其田，牧者有其畜"，结果造成了牲畜的大量损失和死亡，中共内蒙古委员会和政府及时总结了这个经验教训，为其他牧区的改革提供了参考。鉴于牧区特点和民主改革过程中的经验教训，在牧区民主改革中，中国共产党和人民政府"依靠劳动牧民，团结一切可能团结的力量，从上而下地进行和平改造和从下而上的放手发动群众，废除封建特权，发展包括牧主经济在内的畜牧业生产"，实行了"牧场公有，放牧自由"、"不斗不分，不划阶级"和"牧工牧主两利"及扶助贫苦牧民发展生产的政策。各地牧区进行大规模的政策宣传活动，开展广泛的统一战线工作，经常召开牧主、部落头人和宗教人士座谈会，讲解政策，征求对人民政府工作的意见，并在政治上给予他们一定的地位，生活上给予适当的照顾。通过开展大量的工作，稳定了牧主阶级的情绪，消除了他们怕斗、怕分、怕划分阶级的各种顾虑，减少了牧区民主改革的阻力。

在牧区民主改革中，按照牧工牧主两利的原则，通过牧工牧主协商提高了牧工工

---

① 《西双版纳傣族自治州概况》，第 100 页，云南民族出版社，1986 年。
② 《人民日报》，1958 年 5 月 19 日。

资，保障牧工的人身不受虐待，废除了部落头人和牧主的各种封建特权和封建剥削，逐步改造了牧区的旧政权，建立和加强了牧区人民政权。由于减轻了牧主的经济剥削，改善了牧工和贫苦牧民的政治、经济待遇，牧工和牧民的生产积极性大为提高，促进了畜牧业生产的顺利发展。1952年末，内蒙古全区牲畜头数达到1332万头，比1949年增长67.1%，比自治区成立前的1946年增长109.3%；① 新疆1953年全区牲畜总头数由1949年的1182万头增加到1543万头，超过了解放前牲畜头数最多的1942年水平；② 新疆阿勒泰专区牲畜总头数由1949年的432041头增加到1953年的666754头，木垒哈萨克族牧区在1949年有牲畜61711头，到1953年达到116826头，增加了89%。③

青海、甘肃、四川等地的牧业区，由于民族关系和阶级关系更为复杂，民主改革晚于内蒙古和新疆，基本上是20世纪50年代后半期进行民主改革。四川阿坝藏族自治州牧区则在1958年下半年才开始民主改革。

六、废除宗教寺庙的特权和剥削压迫制度

在少数民族地区，宗教渗透当地社会的政治、经济、日常生活等各个方面。作为宗教活动中心的寺庙及宗教上层具有很大的影响力，宗教寺庙和宗教上层不仅拥有大量的土地和牲畜，而且还享有许多特权。他们利用手中的土地、牲畜和各种特权，通过出租、放高利贷、宗教课税、教徒的无偿劳役等形式，剥削和压迫广大教徒，其中信仰藏传佛教、伊斯兰教的地区尤为突出。

在民主改革前，内蒙古全区有2300多座藏传佛教寺庙，僧侣有5万多名。藏传佛教寺庙占有大量的庙仓财产、土地和牲畜，1942年百灵庙拥有2万头以上牲畜，原呼纳盟的22座藏传佛教寺庙各占有土地数十顷甚至数百顷，并拥有大量牲畜。④ 这些藏传佛教寺庙利用地租、牧租，并强制牧民提供无偿劳动，进行封建剥削。在民主改革中，对藏传佛教寺庙占有的土地，根据蒙古族人民的意见，另一部分土地收归公有，一部分土地实行减租减息，把无偿劳役的"苏鲁克"（即租放牲畜）改为合同制的新"苏鲁克"，采取牧工牧主两利的政策。经过民主改革，蒙古族绝大多数信教群众逐步放弃了藏传佛教信仰。

四川甘孜藏族自治州，1956年年初，全州共有寺庙（包括喇嘛寺和觉母寺）495座，喇嘛、扎巴和觉母共约6.4万人，约占全州总人口的13%，其中甘孜、理塘县都占当地人口的30%以上。寺院和上层喇嘛占有大量牲畜和财产，这里出租牲畜、借贷关系均是发生在寺院、上层喇嘛与牧民之间。如，塔公乡朗古保，1949年间全保出租牛67头，其中60头属于寺院、活佛和喇嘛；1955年间出租牛124头，其中106头属于寺院、活佛和喇嘛；借贷关系方面，朗古保共有牧民78户，其中有36户负债，均是欠寺院与活佛的，共欠酥油4672斤，青稞20230斤，茶51包，盐380斤，奶渣770斤。⑤ 在民主改革中，对宗教寺院的封建特权也进行了改革，废除群众的寺院债务，由国家代

---

① 《内蒙古自治区概况》，第73页，内蒙古人民出版社，1983年。
② 《新疆维吾尔自治区概况》，第48页，新疆人民出版社，1985年。
③ 《哈萨克族简史合编》，第63页，中国社会科学院民族研究所，1963年。
④ 洗帆主编：《内蒙古蒙古民族的社会主义过渡》，第140—141页，内蒙古人民出版社，1987年。
⑤ 《四川省甘孜州藏族社会历史调查》，第39—40页，四川省社会科学院出版社，1985年。

群众偿还。

在新疆，形形色色的宗教负担也是压在各族群众头上的一项沉重的大山。通过民主改革，废除了"政教合一"制度，取消了宗教法规、宗教学校和教民服劳役和门宦、口唤制度，取消了"乌守尔"粮、"扎尔提"税等宗教课税，改造了"瓦合甫"土地和房屋。

各地对宗教寺庙的各种特权和剥削压迫制度进行改革时，贯彻执行了中国共产党的宗教信仰自由政策，以保障群众的正常宗教活动，并对宗教上层采取团结、教育的方针，其中对有代表性的宗教上层人士在政治上予以适当安排，生活上也予以应有的待遇；结合各项社会改革，逐渐废除了宗教寺庙的各种封建特权和剥削压迫制度。宗教制度的改革，使广大少数民族群众从宗教封建特权、宗教剥削中摆脱出来，提高了广大信教群众当家做主的地位，保证了宗教信仰的自由。

七、全面实现农业合作化

在少数民族农业区，通过农村土地改革和牧区的民主改革，广大的农牧民从封建制度、奴隶制度的桎梏中解放出来。但是，在民族地区经济形式基本上还是分散的、落后的个体农牧经济，生产水平落后，无法满足当地经济发展和人民生活的需要。同时，个体农牧经济无法有效地抗拒自然灾害和贫富两极分化。为了加速社会主义建设，必须把广大农（牧）民组织起来，走农（牧）业合作化的道路。

与汉族地区社会经济发展基本相同的少数民族农业地区的农业合作化，大体和全国各地一样，经历了互助组、初级农业合作社和高级农业合作社的发展过程。这些地区合作化运动，主要通过农业合作化道路，变土地的农民个体所有制为集体所有制。1954年年初，内蒙古地区建立了1010个农业生产合作社，新疆建有67个农业生产合作社；① 1954年下半年，贵州建立了3067个农业合作社，② 云南省民族地区建立了95个少数民族农业生产合作社。③ 各地除了单一民族的合作社以外，还注意在民族杂居地区根据各民族群众的意愿，组织了两个或两个以上民族的农民参加民族联合社。1956年冬，内蒙古地区由蒙古、汉、满、回、朝鲜、达斡尔等民族组成的民族联合社就达3800多个。④ 上述地区的农业合作化于1956年前后基本完成。1956年1月，延边朝鲜族自治州各民族农民加入了高级农业合作社，成为我国第一个基本实现社会主义农业合作化的民族自治地方。⑤ 1956年春季，内蒙古全区农业生产合作社发展到1.6万多个，平均每个社100户左右，参加各种形式的农业生产合作社的农民已达91%，年底内蒙古农业区已有高级农业合作社9620多个，入社户数占总农户的83%，基本实现了农业合作化。⑥ 新疆于1956年春基本上实现了高级农业合作社，已有70万各族农户加入高级社，

---

① 《人民日报》，1954年3月23日、29日。
② 新华社《新闻稿》，1954年10月14日，第16页。
③ 《人民日报》，1954年8月6日。
④ 《内蒙古自治区概况》，第75页，内蒙古人民出版社，1983年。
⑤ 新华社《新闻稿》，1956年1月27日，第13页。
⑥ 浩帆主编：《内蒙古蒙古民族的社会主义过渡》，第202—203页，内蒙古人民出版社，1987年。

占全区农户的 76%。①

在凉山彝族地区,在民主改革中奴隶分得了土地和生产资料,但他们原来一无所有,土地所有观念比较淡薄,不熟悉或不习惯单家独户地耕种自己的土地。所以,他们非常愿意走合作化道路,因而在民主改革的同时,开展了社会主义合作化运动。1956年 2 月以来,凉山彝族自治州占总人口 80% 的地区完成民主改革,获得解放的 60 多万奴隶和劳动者建立起许多农业社和互助组;② 1956 年 1 月,云南省建立第一个彝、汉两族联合组成的高级农业生产合作社——团结农业生产合作社;③ 至 1957 年 10 月,四川藏族、彝族地区农业区 180 万人口中,80% 的人口走上农业合作化的社会主义道路。④ 1958 年年底,彝族地区基本上实现了高级农业合作社,并试办了 30 多个集体牧场。

在保留原始公社残余的部分少数民族地区,有步骤、有区别地废除各种剥削因素和特权,引导少数民族群众建立互助与合作社,直接过渡到社会主义。1957 年 4 月,海南带有原始民族残余的黎族地区已完成农业合作化组织,改变黎族世代相继的原始"合亩制",从此进入新的历史发展阶段;⑤ 云南怒江傈僳族自治州基本实现农业合作化,85% 的农户参加了合作社,成为云南省第一个实现农业合作化的直接过渡地区。⑥ 这类地区,大多在 1958 年前后实现了农业合作化,完成了向社会主义的直接过渡。

中国少数民族地区的农业合作化运动于 1957 年前后基本完成,据《人民日报》1957 年 7 月 9 日报道,当时全国 3500 万少数民族中已有近 3000 万人口的地区,基本上完成了农业的社会主义改造,包括 40 多个少数民族的农牧民,超越一个或几个社会发展阶段,跨进了社会主义阶段。

八、牧区和私营工商业的社会主义改造

少数民族牧区在民主改革完成以后,畜牧业生产有了较快发展,劳动牧民的生活得到显著的改善。但是,个体牧业经济比个体农业带有显著的不稳定性和脆弱性,同时牧主经济变成了资本主义性质的经济,一部分富裕牧民也开始雇工放债。要解决这些问题,防止两极分化,就必须引导牧民逐步地走合作化道路,变分散游牧的个体经济为集体经济,对牧主的牲畜采取和平赎买政策,进行社会主义改造。为此,中国共产党提出"依靠劳动牧民,团结一切可以团结的力量,在稳步发展畜牧业的基础上,逐步实现畜牧业的社会主义改造"的方针。各牧区遵照这一方针,采取全面规划,典型示范,慎重稳进的政策,稳妥地推进了牧业合作化运动。

内蒙古 1952—1955 年,在昭乌达盟翁牛特旗等地试办了 20 个牧业合作社,充分显示了集体化的优越性。1956 年,在农业合作化高潮的推动下,内蒙古的牧业合作化运动迅速发展,牧业合作社已达 450 个,入社牧民约占总牧户的 19.2%,1958 年 7 月发

---

① 《人民日报》,1957 年 2 月 17 日。
② 《人民日报》,1957 年 1 月 16 日。
③ 新华社《新闻稿》,1956 年 1 月 25 日,第 22 页。
④ 《四川日报》,1957 年 10 月 20 日。
⑤ 新华社《新闻稿》,1957 年 4 月 15 日,第 19 页。
⑥ 《云南日报》,1958 年 5 月 16 日。

展到 2083 个，85%的牧户入了社，基本实现了牧业合作化。①

1955 年，新疆在南北疆试办了 3 个初级牧业合作社，1956 年春季全区试办的牧业合作社已达 82 个，包括参加各类互助组的牧民在内，组织起来的牧户约占牧户总数的 50%。1958 年秋季，新疆全区建立了 1716 个初级牧业合作社，组织起来的劳动牧民占牧民总数的 80% 以上，基本上实现了牧业初级合作化。②

对牧业经济的改造，是畜牧业社会主义改造的重要组成部分。中国共产党采取和平改造和说服教育的方式，将牧主的牧畜折价入股，建立公私合营牧场。牧主入场的牲畜，原则上每年都付给定息，参加分红，并可保留较多的自留畜；对牧主本人，区分不同情况，并根据需要适当安排职务，做到不降低其政治待遇和生活水平，这些措施得到了大多数牧主的拥护。在新疆，经过 1956—1957 年的改造工作，绝大多数富裕牧户都加入了公私合营牧场；在内蒙古，至 1958 年全区办起了 77 个公私合营牧场，绝大多数牧主接受了社会主义改造。

在少数民族地区，民主改革和社会主义改造不是截然分开的。从各少数民族牧区看，内蒙古和新疆的民主改革进行得较早，都是先经过民主改革，然后进行社会主义改造。但是，青海、甘肃、四川等省的牧区由于民主改革起步较晚，没有把民主改革作为一个独立阶段，而在民主改革的同时，进行了社会主义改造，其时间在 1958 年前后。

中国共产党和人民政府在民族地区进行农牧业的社会主义改造的同时，加强了对资本主义工商业的社会主义改造。对民族地区私营工商业的改造，在经济上实行了赎买政策，对私营工业进行清理估价，核定私股的股额，按股实行定期付息；在政治上，对一些有代表性的私营工商业者给予适当的安排，担任各级人民代表、政协委员和工商联委员，并为资产阶级分子和工商业者都安排了适当的工作。在内蒙古，1956 年春季，随着农业合作化高潮的出现，私营工商业也出现了全行业公私合营的高潮，全区已有 67 个市、县（旗）的私营工商业户全部实现公私合营，占全区私营工商业总户数的 91%，基本上实现了对私营工商业的社会主义改造；③ 在新疆，从 1955 年下半年到 1956 年年初，全区城镇公私合营迅速发展，批准进行公私合营及加入合作社（组）的共 68 个行业，占私营工商业总数的 82%。④

通过对私营工商业的社会主义改造，许多城镇的工商业面貌焕然一新，显示了社会主义改造的成效。

---

① 《内蒙古自治区概况》，第 79 页，内蒙古人民出版社，1983 年。
② 《新疆维吾尔自治区概况》，第 64—65 页，新疆人民出版社，1985 年。
③ 《内蒙古日报》，1956 年 3 月 16 日。
④ 《新疆维吾尔自治区概况》，第 71 页，新疆人民出版社，1985 年。

第四章 少数民族地区经济文化的恢复与发展

第一节 国家对民族地区的开发与扶持

一、中国共产党和人民政府帮助少数民族发展生产，改善生活

在新中国成立初期，中国的许多少数民族生产落后，生活贫困。中国共产党和人民政府的当务之急，就是帮助少数民族恢复和发展生产，改善生活。为此，20世纪50年代初，中央和各级地方人民政府从财力、物力上大力扶持少数民族，同时派大量汉族干部深入少数民族地区，帮助少数民族发展生产。

帮助少数民族地区兴修水利，建设改造许多水利工程。1953年4月，新疆第一座现代化灌溉工程，蓄水量为5千万立方米的红雁池水库竣工放水；5月，海南黎族苗族聚居地区当时最大的水利工程——都总灌溉水利工程动工；5月底，云南保山专区大盈江防洪工程竣工；8月，宁夏秦渠改建工程基本竣工，改建后可扩大灌溉面积19万亩；11月，青海省当时最大的水利工程，东原渠水利工程竣工放水。①

派遣农业科学队，建立农业技术站，改进农业生产技术，改良品种。1952年10月，政务院文教委员会西藏工作队农业科学组到拉萨，调查研究康藏地区农林、畜牧业情况；②1953年6月，桂西僮（壮）族自治区邕宁、百色、宜山等10个县建立了农业技术指导站，到当年7月内蒙古农业区各旗县先后成立了49个农业技术指导站。③在人民政府的帮助和农业技术站的指导下，各地农业生产水平大为提高。1952年4月，西康省藏族自治区（今四川省甘孜藏族自治州）泸定县新兴乡彝族、汉族群众在康藏高原试用骡马拉犁耕地成功，1953年4月，康定地区建成一个全部使用新式马拉农具的农场——西康省国营新都桥农场；④云南西部的保山、昌宁等7县的傣、彝等少数民族农民学会了植棉技术，1952年当年种棉3.6万多亩。⑤同时，在牧区帮助牧民防治兽疫，1951年西康省藏族自治区为牧民防治了9万多头牲畜的疫病，并培养了藏族兽医干部130名。⑥

无偿提供种子、农具以及生活救济品。1952年3月，中央人民政府和广西省人民政府为扶持广西少数民族发展生产，拨款80.9万元；1951—1952年，西康省藏族自治

---

① 参见《中华人民共和国民族工作大事记》（1949—1983），第300—301页，民族图书馆1984年编印。
② 《人民日报》，1952年10月22日。
③ 新华社《新闻稿》，1953年6月24日，第641页；1953年7月15日第394页。
④ 新华社《新闻稿》，1952年4月12日，第345页；1953年5月6日第132页。
⑤ 新华社《新闻稿》，1952年6月19日，第482页。
⑥ 新华社《新闻稿》，1952年5月26日，第653页。

区为当地各族农民提供的铁制农具达 9.57 多万件；1953 年 6 月，西南地区发放价值 400 多万元的铁制农具以帮助少数民族人民发展生产，4—7 月，贵州省政府为少数民族聚居和杂居的 72 个县无偿提供了 25.5 万多件农具；1953 年，桂西僮（壮）族自治区为少数民族群众发放了救济款及贷款 2280 万元，帮助各民族农民购买耕牛 10 多万头、各种农具 60 多万件、肥料 2100 多万斤和大量种子等生产资料。1954 年年初，又拨给救济费 32 万元，帮助苗、瑶等民族农民改变"刀耕火种"、"广种薄收"的落后生产状况，发展生产；1954 年，贵州省各地人民政府发放给少数民族地区的无偿农具达 30 多万件；20 世纪 50 年代的前几年，国家无偿发放给四川省少数民族农业地区各族群众的铁制农具达 120 多万件，改变了这些地区历史上"刀耕火种"的落后生产现状。①

中央和地方各级人民政府的大力扶持，使少数民族地区生产、生活落后的局面大为改观。

二、大量的汉族干部、技术人员和工人到民族地区参加经济文化建设

中国共产党和人民政府从财力、物力上扶持帮助少数民族的生产、生活的同时，还组织大量的汉族干部、技术人员和工人去民族地区参加经济文化建设，驻在少数民族地区的人民解放军部队也积极参加当地的工农业生产和交通运输等各项建设。

据报道，1953 年 4 月，四川省重庆市 4000 多名工人前往康藏地区支援藏族人民发展工业经济；② 1954 年 4 月底，江苏省支援新疆发展丝绸工业的第一批缫丝女工 73 人到达和田丝绸厂；③ 1955 年 8 月中旬至 9 月中旬，国务院派遣的首批 300 多名干部陆续到达拉萨和昌都，支援西藏的各项建设；④ 1956 年 3 月，山西省太原市欢送山西省 1040 名青年组成的垦荒队，赴内蒙古河套地区和固阳县支边垦荒；⑤ 1956 年 7 月，由河南到新疆的首批 2200 多名男女青年志愿垦荒队员到天山和阿尔泰山之间的苏兴滩开始建设新农场。⑥

少数民族地区的中国人民解放军驻军也为当地发展工农业生产和交通运输业作出了贡献。例如，1952 年 4 月前，新疆军区生产部队在天山南北创建了 4 个完全机械化农场，这在新疆地区是破天荒的；⑦ 1953 年 10 月，西藏军区部队在西康省藏族自治区甘孜县修建的一座火力发电站开始发电；⑧ 至 1953 年 12 月，西藏军区部队先后在拉萨、日喀则、昌都等 8 个地区建立兽疫防治机构，帮助牧民防治兽疫，发展牧业生产；⑨ 到 1954 年 5 月，中国人民解放军驻康藏部队已开垦 4 万亩耕地，试种了 300 多种农作物；⑩ 同年 12 月，以中国人民解放军入藏部队为主力修筑的康藏、青藏公路全线通车，

---

① 《中华人民共和国民族工作大事记》（1949—1983），第 299—302、第 306 页，民族图书馆 1984 年编印。
② 新华社《新闻稿》，1953 年 4 月 22 日，第 543 页。
③ 《人民日报》，1954 年 5 月 26 日。
④ 新华社《新闻稿》，1955 年 9 月 17 日，第 8 页。
⑤ 《人民日报》，1956 年 3 月 23 日。
⑥ 《人民日报》，1956 年 7 月 12 日。
⑦ 《人民日报》，1952 年 4 月 4 日。
⑧ 新华社《新闻稿》，1953 年 12 月 21 日，第 722 页。
⑨ 新华社《新闻稿》，1953 年 12 月 18 日，第 609 页。
⑩ 《人民日报》，1956 年 5 月 22 日。

打开了内地和西藏的通道。① 自1950—1956年的7年间，新疆建设兵团在新疆各地建立的拖拉机和汽车修配、发电、煤炭、面粉、榨油、皮革、糖果副食等各种厂矿企业达97个，支援了当地经济建设，为国家积累了2.4亿多元资金。②

三、人民政府在政策、资金、物力等方面对少数民族地区的照顾与支援

为了促进少数民族经济文化的发展，逐步改变其贫困落后的状况，中国共产党和人民政府采取多方面措施，尽可能地给少数民族地区以大力支援和帮助。

中央人民政府在基本投资方面给予少数民族地区以特别照顾。中华人民共和国成立以后，多年来对少数民族地区的预算增长进度总是高于全国平均增长速度。1956年国家预算中经济建设费类的支出比1955年增长17.04%，而内蒙古自治区增长了65.46%，新疆维吾尔自治区增长了54.31%，青海省增长了118.14%，西藏自治区也增长了27.27%；社会文教费类支出在国家预算中，全国平均比1955年增长了18.36%，而内蒙古自治区增长了50.36%，新疆维吾尔自治区增长了25.96%，青海省增长了71.22%，西藏自治区增长了28.72%。③

国家在基本建设投资、各类低息无息贷款方面也向少数民族地区倾斜，并且为少数民族地区拨巨额财政补助及生产、教育、医疗等补助费。1952—1958年，国家对少数民族地区的工业基本建设投资共有34.19亿多元，同时期国家银行仅贷出的农业贷款就达13.7亿多元；④ 1950—1958年新疆维吾尔自治区基本建设投资总额为25.07亿元，其中国家投资即达18.44亿元，占总投资额的73.55%。此外，为农牧业和工商业的贷款，历年累计达139.8亿元；⑤ 据甘肃1950—1958年不完全统计，发给少数民族的社会救济贷款5545万元，各种补贴8473万多元；1958年宁夏回族自治区财政收入中，中央人民政府补贴就占70%；⑥ 1953—1958年，国家对甘肃省阿克塞哈萨克族自治县的各种补贴达1743826元，而该自治县的各种收入（包括工商税、事业企业收入、公债收入和牧业税等）总计为135735元，只相当于国家补贴的十三分之一。⑦ 另据《内蒙古日报》（1957年2月3日）报道，8年来国家帮助内蒙古牧民发展生产，拨出相当于14万两黄金的贷款，增设牧区防灾保畜设备，购置一批较新式的生产工具，建设了一批为牧业生产和牧民生活服务的工厂，修建6000多公里的公路，创办了237所牧区小学。

在税务上，实行减免政策。在牧区实行轻于农业区和城市的税收政策，在一些生产特别落后的地区在一定时间内免去税收。

在物力支援方面，国家从物资方面，包括工农业产品、机器设备等，给少数民族地区以大力支援，如从1949—1957年，国家调往新疆维吾尔自治区的物资达200万吨，

---

① 《人民日报》，1954年12月25日、26日。
② 《人民日报》，1956年8月3日。
③ 乌兰夫：《民族工作的成就和若干政策问题》，《民族政策文件汇编》（第二编），第29页，人民出版社，1958年。
④ 《十年民族工作成就》（1949—1959）（上），第96页，民族出版社，1959年。
⑤ 《人民日报》，1959年10月25日。
⑥ 《十年民族工作成就》（1949—1959）（上），第885、179页，民族出版社，1959年。
⑦ 《哈萨克族简史简志合编》，第70页，中国社会科学院民族研究所，1963年。

而由新疆调往内地的物资只有 5 万吨左右。

第二节 少数民族地区经济的恢复与发展

早在 1950—1952 年国民经济恢复时期，中央人民政府和有关地方的各级人民政府就十分重视扶持少数民族地区恢复和发展农牧业生产，发展交通运输和商业贸易，并在有条件的地方开始建立一些工业企业。

1952 年 12 月，中共中央发出的《中央关于少数民族地区的五年计划的若干原则性意见》中，指出"发展少数民族的经济，应以农业、牧业、贸易、交通为重点"，同时指出"除国家选定建设的重要工矿企业外，在少数民族的中心区或某些人口集中地区，应建立某些为人民生活所必需与发展人民生产密切联系的不同规模的工业。"1953 年，随着中国第一个五年计划的全面实施，少数民族地区的经济进入较快的发展阶段。周恩来总理在《伟大的十年》中讲道：从 1950 年到 1958 年，国家对少数民族地区的投资超过 70 亿元，许多少数民族地区已经建设了新的工业基地，修通了铁路和公路。少数民族地区的工业总产值，在 1958 年等于 1949 年的 10 倍，粮食产量和牲畜也比 1949 年增长了一倍以上。[①]

一、民族地区的基础工业初步建立起来

中华人民共和国成立前，中国少数民族地区几乎没有现代工业，只有几百个设备十分简陋，以半机械或手工操作为主的小型采矿业、轻纺工业和修配制造业及加工业。例如，畜牧业生产比重较大的内蒙古自治区只有一个半机械化的毛纺厂，而甜菜和甘蔗的主要产地新疆和广西，在新中国成立前没有一个机械生产的榨糖厂或制糖加工厂。为了改变中国少数民族地区工业落后的状况，从新中国成立到"一五"计划期间（1953—1957），国家在内蒙古、新疆、广西、青海等少数民族地区建设了一批重点项目和一些较大规模的基础工业设施，其中包括内蒙古包头钢铁工业基地、新疆克拉玛依石油工业基地等。此外，在少数民族地区先后建立了火电、水电、煤炭等能源工业，面粉、制糖、奶粉、榨油等加工企业和一批现代化的毛纺厂、钢铁厂、汽车修配厂、印刷厂、农具厂等。

新疆曾经只有 14 个设备陈旧的小型工厂，到 1958 年已建立起 1166 个现代化的大型工厂，再加上县乡办的中小型企业，全区已有 1.85 万个工矿企业。1958 年同 1949 年相比，其工业（包括手工业）总产值在工农业总产值中的比重由 17.9% 增加到 40.8%；内蒙古地方国营工业企业，由 1949 年的 95 个增加到 1467 个，工业产值占工农业总产值的比重由 9.4% 提高到 41.0%。[②] 另据《人民日报》（1958 年 5 月 6 日）报道，湖南省湘西土家族苗族自治州 8 年来建成投产的小厂矿达 2253 个，初步改变了新中国成立前没有一个工厂的落后状况。据统计，全国民族自治地方的工业总产值，由 1949 年的 5.4 亿元增长至 1957 年的 29.5 亿元（按 1952 年不变价格计算），增长了 4 倍

[①]《民族政策文件汇编》（第三编），第 209 页，人民出版社，1960 年。
[②]《十年民族工作成就》（1949—1959）（上），第 299、第 133 页，民族出版社，1959 年。

多。①

随着少数民族地区的资源开发和钢铁、机械、石油等工业企业的建成和发展，结束了少数民族地区"手无寸铁"的历史，初步改变了单一农牧业经济结构，为少数民族地区经济发展打下了基础。

二、交通运输业有了较快的发展

新中国成立前，少数民族地区的交通运输十分落后。中国铁路虽然有60多年的建设历史，但只限于内蒙古、广西和延边等几个地区，通车里程只有3000多公里。少数民族地区的公路总里程1.14万公里，并且大多数属晴通雨阻的低等级公路；新疆平均每500平方公里才有1公里公路；大多数牧区、山区和边疆地区几乎没有公路，运输靠人背畜驮。

中国共产党和人民政府在国民经济恢复时期就十分重视发展少数民族地区的交通运输业，在第一个五年计划期间，把发展少数民族地区的交通运输业作为重点之一。全国新建的8条铁路干线中，有5条在少数民族地区或直接与少数民族地区相连，例如1952年动工兴建的兰新铁路贯通甘肃和新疆，宝成铁路连接西北和西南地区，1954年12月完工的内蒙古集二铁路（集宁—二连浩特），1958年8月接轨通车的内蒙古包头经宁夏至兰州的包兰铁路，1955年7月通车的由广西黎塘至广东湛江的黎湛铁路等。此外，至1958年8月，贯通贵州的5条铁路——黔桂、川黔、湘黔、滇黔和内昆路贵州段，先后动工建设。②

第一个五年计划中，修建公路的重点放在西南少数民族地区和边疆、沿海地区。1954年12月全长2255公里的川藏公路和全长2100公里的青藏公路全线通车，1957年10月全长1179公里的新藏公路通车。此外，各少数民族地区也修筑了许多地方公路，如1952年通车的新疆迪库公路（乌鲁木齐—库尔勒）和1954年12月通车的青海省西宁至玉树的公路等。据1954年统计，西南地区各级政府几年来在少数民族地区新修、整修了9000多公里公路和驿道、便道；西北少数民族地区几年来新建、改建和恢复通车的公路线长达4300公里，通车里程比新中国成立前增加120%以上。③西藏过去是一个交通极其闭塞的地区，全区没有一条畅通的公路，到1958年已修筑了3000多公里的公路干线和1000多公里的汽车便道，川藏、青藏、新藏公路打通了西藏连接内地的通道。四川省凉山彝族自治州新中国成立前只有羊肠小路，到1958年年底，全州公路通车里程达751公里，同时还修筑了架车道1700多公里，驿道1100多公里，过去交通闭塞的状况有所改善。④ 至1958年，全国少数民族地区铁路通车里程达6300多公里，公路通车里程达9.4万多公里。⑤

在少数民族地区大力修筑铁路和公路，使少数民族地区交通闭塞的状况有了较大改变，增进了各地区间的物资交流和各民族间的往来，为少数民族地区经济文化的发展创

---

① 《当代中国的民族工作》（上），第121页，当代中国出版社，1993年。
② 《贵州日报》，1958年8月11日。
③ 新华社《新闻稿》，1954年4月15日，第6页；10月12日，第6页。
④ 《十年民族工作成就》（1949—1959）（上），第100页，民族出版社，1959年。
⑤ 《十年民族工作成就》（1949—1959）（上），第99页，民族出版社，1959年。

造了有利的条件。

三、农牧业的发展

中国少数民族主要从事农牧业生产,新中国成立前除了一部分与汉族地区相邻的民族地区的农业水平接近于汉族以外,多数民族地区耕作粗放,"广种薄收",生产工具落后,水旱灾害频繁,农作物产量极低。素称"塞上江南"的宁夏、内蒙古河套灌区,水利长年失修,土地盐碱化严重,粮食产量不高;西北黄土高原,"三年两头旱,十种九不收";西南少数民族山区,大雨大灾,小雨小灾,无雨旱灾。1949 年,民族地区粮食亩产平均不到 100 斤,而沙化地、盐碱地和贫瘠红壤地平均亩产只有 50—60 斤。人民政府为了改变少数民族地区农业落后的状况,从人力、物力、财力上大力支援少数民族地区农业的发展,帮助少数民族群众开展技术革新,建立农业技术站,兴建水利,改良土壤,改良种子,改革农具,加强田间管理和防治灾害,少数民族地区农业生产大为改观。1956 年,青海省粮食平均亩产量,由 1952 年的 140 多斤提高到 230 多斤;云南、贵州等省的民族地区,新中国成立前亩产平均不到 100 斤,到 1957 年达到 300 多斤。[①]全国少数民族地区的粮食产量,1957 年与 1949 年相比,增长了 62.9%。[②]

少数民族地区的畜牧业在新中国成立前也已面临严重的危机,靠天养畜,牲畜靠自然繁殖,抗灾能力弱,生产低而不稳,牲畜不仅没有增加,反而日渐减少。1949 年,全国少数民族牧区、半农半牧区存栏牲畜头数只有 2916.5 万头(不包括猪)。内蒙古从 1936—1946 年的 10 年中,牲畜减少了 180 万头,青海省 1949 年的牲畜总头数比 1937 年减少了一半以上。[③] 新中国成立以来,国家从技术、财力等方面予以扶持,资助畜牧业生产,防治兽疫,改良品种,帮助少数民族牧民从游牧逐步转向定居和半定居,建立饲料基地,鼓励牧民兼营农业和副业。从新中国成立到 1954 年,为扶助各族牧民发展畜牧业生产,国家银行在内蒙古、新疆、青海、甘肃共发放了 1460 多万元的牧业贷款。[④] 经过多方努力,少数民族地区畜牧业生产得到稳定而迅速的发展,据统计,1956 年年底,内蒙古、新疆、甘肃、青海等四大牧业区的牲畜(不包括猪)已达 7400 多万头,其中牛、马等大牲畜比 1949 年增加近 1 倍,羊增长了 1.2 倍。[⑤] 在牲畜数量增加的同时,牲畜的质量得到了明显提高。新疆维吾尔自治区到 1957 年年底,已改良杂交新疆羊 300 多万只;内蒙古自治区仅在 1957—1958 年的两年间,改良的绵羊就达 220 多万只。[⑥]

第三节 少数民族生产、生活方式的变化

中华人民共和国成立以来,中国共产党和人民政府大力扶持和帮助少数民族地区经

[①] 《十年民族工作成就》(1949—1959)(上),第 97—98 页,民族出版社,1959 年。
[②] 《当代中国的民族工作》(上),第 121 页,当代中国出版社,1993 年。
[③] 马寅主编:《中国少数民族常识》,第 550 页,中国青年出版社,1984 年。
[④] 《大公报》,1955 年 5 月 23 日。
[⑤] 《人民日报》,1957 年 2 月 18 日。
[⑥] 《十年民族工作成就》(1949—1959)(上),第 98 页,民族出版社,1959 年。

济的发展，使少数民族的生产、生活方式发生了重大变化。生产发展了，少数民族群众的生活得到改善，人口数量稳步增长。

一、部分少数民族走出深山老林，部分游牧游猎民族开始定居

在西南地区，许多少数民族地区居住在山区，这里生存环境恶劣，交通闭塞。这些少数民族地区生产方式落后，"刀耕火种"、"广种薄收"，粮食产量极低，少数民族群众长期过着吃不饱，穿不暖的贫苦生活。新中国成立后，中国共产党和人民政府无偿发放大量的新式农具和生产救济金，扶持帮助山区少数民族群众发展生产。同时，动员一部分居住于深山老林里的少数民族群众走出山林，在平坝上建村定居。例如，云南南部哀牢山原始森林里的苦聪人，到1956年12月，已陆续在红河哈尼族自治州茨通坝的几座新村定居。①

在西北广大牧区，少数民族牧民基本上过着游牧生活，他们逐水草而居，靠天养畜，生产单一，生活很不稳定。为了解决牧民的游牧问题，中国共产党和人民政府积极帮助他们发展牧业生产的同时，为他们建村盖房，引导他们定居游牧。1958年，千百年来逐水草游牧的蒙古、鄂温克、达斡尔等少数民族牧民，大多数实现了定居游牧和半定居游牧。②青海、新疆、甘肃等地的少数民族牧民，也不同程度地实现了定居游牧。在牧区，随着定居游牧，改变了单一牧业生产，在以牧业为主，兼搞农副业的多种经营有了可能。

新中国成立前，中国东北、内蒙古地区的鄂伦春族，长期游猎于大小兴安岭林区，他们逐野兽而徙，过着游猎原始生活，哪里有原始森林和野兽，"仙人柱"（鄂伦春人过去的房屋，是一种用许多木杆搭起来的圆锥形房屋，冬天以兽皮围盖，夏天多以桦树皮围起来。仙人柱易拆建，便于游猎生活）就搭在哪里。新中国成立后，中国共产党和人民政府帮助鄂伦春族提高生产生活的同时，从1952年开始进行了宣传动员鄂伦春族定居的工作，到1957年国家拨款20多万元，共建立了16个定居点，建土木结构房1000多间，鄂伦春族全部实现了定居。③

二、少数民族生活水平的改善与提高

中国共产党和人民政府在新中国成立以后，针对少数民族地区生活困难的情况，采取多方面的措施，帮助少数民族改善生活和提高生活水平，取得了较大成效。少数民族的物质生活得到改善，基本上解决了"半年糠菜半年粮"、"饱一顿饿一顿"的状况，少数民族的商品购买力有了显著提高。

内蒙古自治区从成立到1958年，全区人民购买力提高了4倍半，人均粮食占有量近1000斤；青海省1950年人民购买力只有41元，到1955年达到82元；四川省凉山彝族群众新中国成立前，十分之六以上的人在四五年间吃不上一次盐或穿不上一身土布衣，新中国成立后，生活得到了改善，1958年凉山彝族自治州粮食产量达6.5亿多斤，

---

① 《人民日报》，1956年12月26日。
② 《人民日报》，1958年5月10日。
③ 杨荆楚主编：《东北渔猎民族现代化道路探索》，第67页，民族出版社，1994年。

人均粮食785斤。① 新疆维吾尔自治区人均占有粮食由1949年的447斤增加到1958年的1000多斤，农村购买力1958年达3亿元，比1949年增长了387%。② 1958年，甘肃省少数民族地区群众购买力比1949年增加4倍以上，人民生活水平一般都达到或超过了新中国成立前中等农牧民水平。③ 贵州全省少数民族地区商品零售额1957年比1952年增加了173%，1958年少数民族农民购买力比1952年增加了2.5倍左右。④ 宁夏回族自治区1958年全区平均购买力比1950年增长两倍左右，第一个五年计划时期同新中国成立初期相比，主要商品方面人均消费量增长的情况为：棉布1.5倍，毛巾、袜子、纸烟3倍多，食糖、肥皂2倍多，茶叶10倍多，食油50%以上，粮食、肉类20%以上；1958年呢绒销售量比1950年增加了27倍，自行车增加了10倍，手表增加了24倍，收音机增加了46倍。⑤

生产发展了，购买力提高了，少数民族的生活水平普遍得到提高。内蒙古锡林郭勒盟的牧民郭都布在1945年解放时，只有五六头牲畜，而到1957年已经有300多只羊、13匹马、40头牛，经常吃到白面、挂面、肉和奶食品。⑥ 长期以游猎为生的鄂伦春族群众，随着生产的发展和定居的实现，不再以兽肉为主食，不再终年穿兽皮，也不再仅住"仙人柱"，逐步过渡到以粮食为主食，穿布衣、住进新式房屋的生活。

三、少数民族人口稳步增长

随着少数民族地区经济的发展和人民生活水平的改善，少数民族人口也有了稳步的增长。

过去，少数民族地区各种疾病广泛流行。性病、疟疾和妇女病蔓延，缺医少药，生活贫困，造成了少数民族人口的大量下降。民国初年，赫哲族人口尚有3000人，到新中国成立前夕，只剩300余人；鄂伦春族1895年统计有18000人，解放初期下降到2262人。⑦ 少数民族地区的儿童死亡率也很高，内蒙古草原曾流行的"大海里明珠易找，草原上娃娃难见到"和云南少数民族地区流行的"只见娘怀胎，不见儿赶街"的民歌是它的真实写照。

新中国成立后，中国共产党和人民政府大力发展民族地区的医疗卫生事业，各地派遣医疗队、防疫队到少数民族地区开展爱国卫生运动，为少数民族群众防病治病，控制和消灭各种传染病和地方病，大大提高了广大少数民族群众的健康水平，妇女病和婴儿死亡率大为减少，许多少数民族地区的人口由过去的下降转为逐步上升趋势。内蒙古自治区从成立到1958年止，蒙古族人口增加了30多万人，相当于自治区原有蒙古族人口的36%。呼伦贝尔盟新巴尔虎左旗由过去人口自然下降率9.4‰转为1958年人口自然

---

① 《十年民族工作成就》（1949—1959）（上），第101—102页，民族出版社，1959年。
② 《十年民族工作成就》（1949—1959）（上），第402页，民族出版社，1959年。
③ 《十年民族工作成就》（1949—1959）（上），第885页，民族出版社，1959年。
④ 《十年民族工作成就》（1949—1959）（上），第905页，民族出版社，1959年。
⑤ 《十年民族工作成就》（1949—1959）（上），第835—836页，民族出版社，1959年。
⑥ 《蒙古族简志》（初稿），第178页，中国科学院民族研究所，1963年。
⑦ 杨荆楚主编：《东北渔猎民族现代化道路探索》，第47、第64—65页，民族出版社，1994年。

增长率23.3‰。① 广西人口自然增长率，由1948年2.8‰到1957年上升至22.3‰，大苗山、大瑶山等7个少数民族自治县，1958年人口自然增长率已由1955年的10.4‰提高到15.5‰。② 新疆少数民族人口，从1950—1957年增加了58万多人，相当于原有人口的13%。③

第四节 少数民族的教育和文化

一、少数民族基础教育的发展

中华人民共和国成立前，广大少数民族地区经济不发达，生活困难，少数民族几乎没有受教育的机会。许多少数民族地区没有学校，没有本民族文字，有的民族在日常生活中采取原始的结绳、刻木记事，用手指和玉米粒计数等。少数民族的文盲率高，一些民族的文盲率高达95%以上。新中国成立前，赫哲族只有3名小学生。新中国成立后，中国共产党和人民政府非常关心和重视发展少数民族教育。1950年1月，中央人民政府民族事务委员会邀请参加全国教育会议的西北、东北、内蒙古等地代表及有关人士举行少数民族教育问题座谈会，就少数民族教育发展交换了意见。1951年5月，政务院批准的《关于1950年全国教育工作总结和1951年全国教育工作的方针和任务的报告》中，要求"在1951年要与民族事务委员会密切配合，了解少数民族教育状况，召开少数民族教育会议"。1951年9月，教育部召开首次全国少数民族教育会议。1955年10月，教育部与中央民族事委员会联合召开了牧区民族教育会议。1956年6月，教育部与中央民族事务委员会联合召开第二次全国民族教育会议，提出要在整个国民教育事业的发展过程中，使少数民族的教育事业逐步接近和赶上汉族发展水平，在民族地区有步骤地开展扫盲工作和实行普及小学义务教育。

为了发展少数民族教育，中国共产党和各级人民政府采取了许多具体措施。如，中央到地方均设立管理民族教育的专门机构或专职人员；除一般教育经费外，增设了少数民族教育补助费，用以解决因民族特点而产生的必需开支；组织少数民族调查队，帮助10个民族创制或改革了文字。据报道，20世纪50年初期的几年，中央人民政府拨给广西的少数民族教育补助费共达347.8万元；④ 1953年7月，广西省拨出少数民族教育补助费810多万元，帮助少数民族地区发展教育事业。⑤ 在中国共产党和人民政府的关心和帮助下，少数民族地区的教育事业得到迅速发展，许多世世代代没有本民族学校和学生的少数民族建立了本民族学校，培养了本民族的中、小学生，有的还有了本民族的大学生。

内蒙古自治区到1958年年底，学校总数达14839所，在校学生已发展到130多万人，比自治区成立前各增加了9倍多；60%以上的各族青壮年文盲摘掉了文盲帽子，

---

① 《十年民族工作成就》（1949—1959）（上），第128页，民族出版社，1959年。
② 《十年民族工作成就》（1949—1959）（上），第664页，民族出版社，1959年。
③ 《十年民族工作成就》（1949—1959）（上），第4页，民族出版社，1959年。
④ 《光明日报》，1956年2月17日。
⑤ 新华社《新闻稿》，1953年7月25日，第667页。

90%以上的学龄儿童能够入学读书。①

宁夏回族自治区到 1958 年，已有小学 3500 所，在校学生 273500 名，儿童入学率达 95.4%，基本普及了小学教育；普通中学在校学生达 15397 名，相当于新中国成立初期中学生人数的 15 倍。②

广西壮族自治区 1958 年中等专业学校学生已达 27750 人，比新中国成立前 1949 年的 550 多人增加了 49 倍多；中等师范学校学生由 1949 年的 1370 多人增加到 6770 多人，增长了近 4 倍；中学生由 25100 多人增加到 372100 多人，增加了 13 倍多；小学生由 1419300 多人增加至 2975500 多人，适龄儿童入学率达 80% 以上，全区基本上普及了小学教育。③

1958 年，青海省各自治州、自治县，共有各类学校 1231 所，比 1949 年增加了 4.8 倍；在校学生 95964 名（包括高等学校 103 人），比 1949 年增长 18.7 倍。其中，中等学校（包括专业技校）50 所，全部为新中国成立后所建，学生 3941 人；小学 1178 所，增长 4.2 倍，学生 91920 人，增加了 17.8 倍。④

据统计，1958—1959 年度，全国共有少数民族小学生 420 多万名，普通中学学生 39 万名，与新中国成立前相比，小学生增加了 8 倍，中学生增加了 110 倍，许多民族自治地方基本普及了小学教育，延边朝鲜族自治州普及了初中教育。⑤

二、中央和地方建立一批民族学院

中国共产党和人民政府在发展少数民族地区的基础教育的同时，重视少数民族地区的高等教育，建立了多所民族学院。1950 年 11 月，政务院第六十次政务会议批准通过的《培养少数民族干部试行方案》中指出："在北京设立中央民族学院，并在西北、西南、中南各设中央民族学院分院一处，必要时还可增设"。此次政务会议同时批准通过了《筹办中央民族学院试行方案》，该方案提出了中央民族学院办院的具体任务，即，主要是为国内各少数民族实行区域自治以及发展政治、经济、文化建设培养高级和中级的干部；研究中国少数民族问题以及各少数民族语言文字、历史文化、社会经济，发展并介绍各民族的优良历史文化；组织和领导关于少数民族方面的编辑和翻译工作等。⑥

根据这两个试行方案，从 1950 年开始有关部门着手建立中央民族学院和地方民族学院。

1951 年 6 月 11 日，中央民族学院在北京举行开学典礼。中央人民政府副主席朱德、李济深和政务院副总理董必武等出席开学典礼，朱德发表了重要讲话。中央人民政府民族事务委员会副主任委员乌兰夫（蒙古族）兼任第一任院长，首批包括 25 个民族成分的 262 名学员，校址在北京东城国子监，1952 年迁至北京西郊白石桥。

与此同时，有关地方还先后建立了地方民族学院。1950 年 6 月，西北民族学院在

---

① 《十年民族工作成就》（1949—1959）（上），第 252 页，民族出版社，1959 年。
② 《光明日报》，1958 年 10 月 16 日。
③ 《十年民族工作成就》（1949—1959）（上），第 649 页，民族出版社，1959 年。
④ 《十年民族工作成就》（1949—1959）（上），第 875 页，民族出版社，1959 年。
⑤ 《十年民族工作成就》（1949—1959）（上），第 105—106 页，民族出版社，1959 年。
⑥ 《民族政策文件汇编》第 1 编，第 14 页，人民出版社，1958 年。

甘肃省兰州市正式成立，同年11月，全国院校系科调整时，西北大学民族系和兰州大学少数民族语文系并入西北民族学院，西北军政委员会民族事务委员会主任汪锋兼任第一任院长；1951年5月，贵州民族学院在贵阳市成立，贵州省委副书记、省民族事务委员会主任委员徐运北兼任院长。1951年6月，西南民族学院在四川省成都市成立，西南军政委员会副主席王维舟兼任第一任院长。8月，云南民族学院在昆明成立，云南省军政委员会副主席周保中（白族）兼任第一任院长。11月，中央民族学院中南分院在武汉成立并举行开学典礼，1952年10月改为中南民族学院，第一任院长由孟夫唐担任。1952年3月，中央民族学院广西分院在南宁市正式成立，1953年改为广西省民族学院，1958年正式定名为广西民族学院，第一任院长由覃应机（壮族）兼任。1956年9月，青海民族学院在西宁市成立，该院是由1949年12月成立的青海省干部训练班，并于1950年改名为青海省人民公学及民族公学的基础上所建，第一任院长是老红军扎西旺徐（藏族）。1958年9月，经国务院批准，广东民族学院在广州市成立，第一任院长为罗明。当年9月，经中央批准的西藏公学在陕西省咸阳市正式开学，1965年7月在此基础上改建为西藏民族学院，中共西藏工作委员会书记张国华兼任第一任院长。此外，1950年9月，经中央人民政府批准，新中国成立前新疆唯一的高等学校新疆学院改为新疆民族学院。

民族高等院校从无到有，培养了许多少数民族大学生。到1958年，中央民族学院和地方民族学院，培养训练了各民族干部3万多名；在各高等院校和民族学院就读的在校学生达2.2万多名，比新中国成立前增加了35倍。[①]

三、继承、整理与弘扬民族传统文化，加强民族研究

中国少数民族都有着悠久的历史和文化、艺术传统，他们在长期的社会历史发展过程中，创造了绚丽多彩的文化。在许多少数民族中流传不衰的民间文学、民间艺术作品以其富有的民族特色，丰富了中华民族的文化宝库。

新中国成立后，中国共产党和人民政府十分重视继承和弘扬优秀的民族传统文化，组织人力发掘和整理少数民族文化艺术，及时抢救了濒于失传的优秀民间文学、艺术等传统文化。1950年，全国成立了中国民间文艺研究会，组织和领导开展民间文学、艺术等传统文化。20世纪50年代初期，中央和各省、市相继成立了民间文学调查组、采风工作队，分赴各少数民族地区开展搜集整理工作，取得了丰硕的成果。1953年上半年，新疆民间文学采访工作组到天山以南广大农村采访，搜集了100多种民间故事和200多首民歌，发现了许多民间诗人、歌唱家、琴手和讲故事的人。同年8月，西南民族学院藏、彝、回、维吾尔、汉等民族学生55人组成文工队，深入西康藏族地区和西昌少数民族地区，搜集少数民族文化艺术资料，并为少数民族演出。1955年，西双版纳傣族自治州历史文物研究室搜集到11部傣族历史传说，历书和经典。1956年，红河哈尼族彝族自治州民间歌舞队，搜集到100多首流行于红河南岸哈尼族、彝族人民中间的管弦乐曲、小调和许多民间舞蹈、传说、诗歌。1958年，中共云南省委宣传部发出《立即组织搜集民歌》的通知，要求各地搜集20多个少数民族的新民歌。西双版纳傣

[①]《十年民族工作成就》（1949—1959）（上），第105页，民族出版社，1959年。

族自治州和晋宁、墨江、玉溪等 10 多个县搜集到近 10000 首民歌。民族地区除搜集整理民族文艺作品以外，还搜集大量民族文物举办各种展览、民间音乐舞蹈会演或观摩大会，以继承、弘扬少数民族传统文化。1950 年 6 月，中央人民政府民族事务委员会举办的中国少数民族文物展览在北京展出。1951 年 2 月，中央民族访问团第三分团在贵州举办了少数民族文物展览会。同年 5 月，湖南省在长沙举办了兄弟民族生活文物展览会。1953 年 10 月，中央民族学院举办少数民族文物展览，展出蒙古、藏、回、维吾尔、壮、苗、彝、傣、瑶、朝鲜、高山 11 个民族的文物 300 件。1955 年 3 月，云南省博物馆筹备处在昆明举办《云南省少数民族文物展览》，共展出 1700 多套（件）文物。

1953 年 4 月，文化部在北京举办了首届全国民间音乐舞蹈会演，与会的汉、回、维吾尔、哈萨克、乌孜别克、彝、侗、朝鲜等 10 个民族的 308 名民间艺人，演出 27 场 100 多个音乐舞曲节目。1955 年 1 月，桂西僮（壮）族自治区举行首次民间文艺观摩会演，与会的 327 名壮族、瑶族、侗族、苗族和汉族艺人演出 86 个歌舞戏曲。1956 年 1 月，新疆维吾尔自治区南疆山区举办首届民间歌舞会演，100 多名维吾尔、柯尔克孜、塔吉克等民族的民间艺人、业余文工团员共演了 240 多个节目。1957 年 2 月，四川省举办第三届音乐舞蹈会演，一批从藏、彝、苗、羌、傈僳等 8 个民族中发掘出来的流传数十年甚至数百年的音乐舞蹈，重新搬上了舞台。1958 年 12 月，内蒙古自治区文化局协同教育厅等 9 个单位举办百万民歌展览歌唱运动日，展出蒙古、汉、回、达斡尔、鄂伦春、鄂温克等民族创作的 149 万多首民歌。

四、建立民族医疗卫生机构

中华人民共和国成立前，中国少数民族地区缺医少药，许多少数民族地区医疗卫生设施寥寥无几，除了城市里有一些医疗机构外，广大农牧区几乎没有医疗机构。少数民族群众有病除用些民间秘方外，只能听天由命，疾病发生率和死亡率都高得惊人。新中国成立以后，中国共产党和人民政府十分关心少数民族群众的健康，一方面大量派遣医疗队、防疫队深入少数民族地区治病防病；另一方面在民族地区迅速建立医疗卫生设施，配备了大量的医务人员，培养了许多民族医疗卫生干部。到 1958 年年底，全国少数民族地区有医院 750 所，床位 31900 多张；疗养院 25 所，床位 2200 多张；医疗保健所（站）14200 多处，专科防治所 84 处，卫生防疫站 281 处。妇幼保健所（站）572 处，医疗防疫队 70 个。另外，还设有许多简易病床，农村医院和农村产院；各少数民族地区的卫生技术干部达 179300 多人，其中高级医务人员 5300 余人[①]。为培养少数民族医疗卫生干部，先后在民族地区设立医学高等院校，如延边医学院、新疆医学院、内蒙古医学院和宁夏医学院等。

内蒙古自治区，截至 1959 年 6 月，全区卫生医疗机构有 3637 所，比 1949 年增加了 109 倍；病床 16586 张（包括简易病床 7283 张），比 1946 年增加了 41 倍多；各人民公社普遍建立卫生院，还有作业区卫生所、生产队保健站 1185 处，全区医疗卫生网已基本形成；全区有医药卫生人员 35300 多人，另有不脱产的卫生人员 8000 多人[②]。

---

① 《十年民族工作成就》（1949—1959）（上），第 127 页，民族出版社，1959 年。
② 《十年民族工作成就》（1949—1959）（上），第 289 页，民族出版社，1959 年。

据不完全统计，新疆维吾尔自治区到1959年8月（不包括兵团系统），设置医疗卫生机构1530个，病床（包括简易病床）10630张，各级卫生人员10000多名，这与解放初期相比，机构增长了27倍多，病床增长了14倍多，医务人员增长了13倍。[①]

1947年，广西全区只有187个公立卫生事业机构，1930张病床，1100多名卫生技术人员，80台显微镜和15部X光机。到1958年年底，全区各类卫生事业机构增加到17136个（包括接生站），病床（包括简易病床和农村产床）增加至44750张，卫生技术人员增加至53680名（包括脱产的中医和接生员）。大型医疗器械也有了显著的增加，1958年底全区各级卫生机构及医药院校共有1220多台显微镜和50多部X光机。此外，从1950年到1959年夏季，全区共培养了医师630名，中级卫生技术人员4155名。[②]

新中国成立前，宁夏回族自治区只有5所卫生机构，28名医务人员。1959年，全区已有各类医疗机构590个，比新中国成立前增加了196.6倍；病床2766张，比新中国成立前增加了138.3倍；1319所产院和3966张产床，均是新设置的。各类卫生技术人员2643名，比新中国成立前增加了94.3倍。全区基本上实现了县、社有医院，大队有产院和保健站、小队有保健员、接生员和保育员，从城市到乡村建立了普遍的预防医疗网。宁夏解放时，有中医284名，中药从业人员116名。到1959年，中医增加至670余名，中药从业人员增加到440余名，各种中医、中药机构有70余处。[③]

中国少数民族地区各级医疗卫生机构的迅速建立和发展以及爱国卫生运动的展开，及时控制了危害少数民族人民身心健康的严重疾病，保证了少数民族群众的身体健康和少数民族人口的繁衍。

五、开展民族体育运动

新中国成立前，中国少数民族体育事业十分落后。广大少数民族群众疲于生活之苦，参加体育活动的人很少，体质普遍孱弱。少数民族的体育运动技术水平低，民族传统体育项目也未能得到发展。

新中国成立后，随着少数民族地区经济、文化事业的发展，少数民族体育运动的广泛开展有了可能。群众性体育运动日益活跃，民族传统体育项目得到健康发展，各种体育运动逐渐成为少数民族群众生活中不可缺少的组成部分。

内蒙古自治区1953年参加体育活动的人只有11万多人，到1958年年底达120多万人，建立基层体育协会3400多处，其会员达56.8万多人[④]。宁夏回族自治区在1911—1949年的38年中，只开过9次体育运动会，参加的运动员有2500名，而新中国成立后的10年间，全区除基层小型运动会以外的大、中型体育运动会就举办了262次，参赛的运动员达21729名。[⑤]

在少数民族地区群众性体育运动的广泛开展，也使民族传统体育活动得到发展。中

[①] 《十年民族工作成就》（1949—1959）（上），第498页，民族出版社，1959年。
[②] 《十年民族工作成就》（1949—1959）（上），第661—662页，民族出版社，1959年。
[③] 《十年民族工作成就》（1949—1959）（上），第830—833页，民族出版社，1959年。
[④] 《十年民族工作成就》（1949—1959）（上），第285页，民族出版社，1959年。
[⑤] 《十年民族工作成就》（1949—1959）（上），第828页，民族出版社，1959年。

国少数民族的传统体育活动很多,这些体育活动一般与民间文娱活动密切相连。在内蒙古牧区,经常举行全盟、全旗性的那达慕大会,这是集文艺、体育和物资交易为一体的蒙古族传统节日,在这里蒙古族传统体育项目——摔跤、赛马等比赛尤为引人注目,如锡林郭勒盟东西乌珠穆沁旗每年举行全旗那达慕大会时,参加摔跤比赛的运动员多达500多名,赛马300多匹。[1] 民族传统体育项目在各种竞技场上一显神威,1953年全国田径运动会上,内蒙古自治区蒙古族运动员获得重量级、次量级摔跤冠军和男子射箭冠军。

另外,各地各级政府重视民族传统体育活动的开展,举行民族形式体育表演、竞赛大会。1953年8月,在西康省藏族自治区举行藏族人民历史上第一次文化体育运动会,在乌兰浩特举行内蒙古自治区首届田径赛和民族体育运动大会。10月,西北行政区在西安市举行了民族形式体育表演竞赛大会,西北5省的汉、回、藏、蒙古、维吾尔、哈萨克、塔塔尔、锡伯、土、撒拉、满11个民族的110名运动员参加了表演和竞赛。11月,在天津市举行了全国民族形式体育表演竞赛大会,汉、回、蒙古、维吾尔、哈萨克、塔塔尔、苗、傣、朝鲜、满10个民族的397名运动员进行了表演和竞赛。[2]

在少数民族地区民族体育运动的广泛开展,增强了少数民族群众的体质。同时,民族传统体育活动也得到改进和继承。

第五节 开展少数民族的社会历史和语言的大调查

一、少数民族社会历史调查

从1956年开始到1959年,中国政府组织了一次大规模的对少数民族历史、社会和语言文字的大调查。

中国是一个多民族国家,中华各民族共同创造了灿烂的历史文化。新中国成立初期,中国到底有多少个民族?这些民族社会发展达到什么程度?各民族到底有多少种语言文字?对这些重要的基本情况还没有一个全面的、科学的认定,情况十分混乱。为了弄清这些问题和正确识别民族,政府相关部门组织了若干个专门的民族调查队(组),长期深入少数民族地区对各少数民族进行社会历史和语言调查。

1956年开始,全国人大民族委员会组织了大规模的少数民族社会历史调查,这个工作是"根据党中央和毛主席的指示组织和领导进行的"[3]。1956年8月,中共中央批转全国人大民委《关于在少数民族地区进行各民族社会历史情况的调查研究工作的初步规划》时,指出:"这一工作对于了解少数民族社会历史情况和进行民族的科学研究是十分必要的,望各有关省和自治区党委,加强对此工作的领导,争取按期完成任务。"

少数民族社会历史调查最初由全国人民代表大会民族委员会负责,设立了全国少数

---

[1] 《十年民族工作成就》(1949—1959)(上),第284页,民族出版社,1959年。
[2] 《中华人民共和国民族工作大事记》(1949—1983),第614页,民族图书馆1984年编印。
[3] 国家民委党组:《关于在今后一年内完成少数民族社会历史调查工作的报告》,1958年7月28日。

民族社会历史调查办公室。1956年年初,根据彭真同志关于"确定以大力在少数民族地区进行调查研究工作,要求于4年到7年内基本弄清楚各主要少数民族的社会经济结构和阶级情况"的指示,[①] 按地区组织了内蒙古、东北、新疆、两广(广西、广东)、四川、云南、贵州和西藏8个少数民族社会历史调查组,深入各民族地区进行社会历史调查。1956年10月,全国人大民委少数民族社会历史调查组内蒙古东北分组,由秋浦、萨嘎拉扎布率领分赴巴彦淖尔盟、呼伦贝尔盟和黑龙江等地,调查蒙古族、鄂温克族、鄂伦春族等社会历史情况;同月,全国人大民委少数民族社会历史调查组,由费孝通等率领分批离开昆明到德宏、怒江、西盟等地区调查景颇族、傈僳族、佧佤(佤)族的社会、经济、政治、文化和历史。

到1958年,此项工作由中国科学院民族研究所具体负责。调查组除扩充原有的8个调查组以外,又增加了宁夏、甘肃、青海、湖南、福建、辽宁、吉林、黑龙江8个调查组,各调查组人员最多时达1000人。1958年8月,中国科学院民族研究所组织中央与地方有关机关、高等院校和科研机构的工作人员及大学生共500人的16个调查组,分赴各民族地区开展了民族大调查。

在调查期间,全国人大民委多次召开少数民族历史调查工作汇报会,听取调查报告,及时掌握调查进展情况。1958年6月,全国人大民委、中国科学院民族研究所和中央民族学院联合召开了全国民族研究工作科学讨论会,对展开全国少数民族社会历史调查和编写少数民族简史、简志作了具体规划。到1959年,各调查组基本完成了各少数民族社会历史的初步调查,并写出调查报告、简史、简志等三种民族问题丛书的大部分初稿。

二、少数民族语言调查

中国少数民族发展情况复杂,少数民族的语言文字也很复杂。新中国成立前,中国50多个少数民族中存在60—70种语言,而有自己文字的民族只有21个,其余民族只有语言,没有文字。新中国成立后,中国共产党和人民政府十分重视少数民族语言文字问题,为加强少数民族语言工作,早在1951年10月成立了政务院文教委员会少数民族语言文字指导委员会。1953年10月,中共中央宣传部召集语言工作者及有关人员举行会议,讨论如何帮助尚无文字的民族创制文字的问题,并对语言文字的调查研究、文字设计方案、培养干部、推行文字等项工作,做出了决定。1954年颁布中华人民共和国第一部宪法,在宪法中明确规定"各民族都有使用和发展自己的语言文字的自由"。不仅如此,还组织少数民族语言调查工作,帮助无文字民族创制文字,帮助文字不完备的民族改革文字。

中国少数民族语言调查开始于1950年,当时由于语言工作者力量不足,规模比较小。到1956年,少数民族语言调查规模逐渐扩大,5月中国科学院和中央民族事务委员会组织了少数民族语言研究所,中央和地方民族学院,地方语文机构及有关单位的700多人,组成7个少数民族语言调查工作队,分赴云南、内蒙古、广东、广西、贵

---

① 全国人大民委:《关于在少数民族地区进行各民族社会历史情况的调查研究工作的初步规划》,1956年4月19日。

州、甘肃、青海、新疆等地,开展了少数民族语言调查。到1959年上半年,少数民族语言调查队已在16个省、自治区调查了壮、布依、侗、傣、水、黎、毛南、仫佬、苗、瑶、仡佬、藏、羌、彝、傈僳、哈尼、拉祜、纳西、白、阿昌、景颇、土家、佤、蒙古、达斡尔、东乡、土、保安、维吾尔、哈萨克、柯尔克孜、塔塔尔、乌孜别克、撒拉、裕固、锡伯、鄂温克、鄂伦春、赫哲、京、塔吉克、畲等42个民族的语言。

在少数民族语言调查的同时,开展了创制或改革一些民族文字的工作。1950年年底至1951年年初,中央西南各民族访问团、西康省西昌专区军管会和彝族彝文工作者,经过了4个月的研究,完成了西康彝族拼音文字的设计工作。1952年,云南省民族工作队和中国科学院语言研究所云南工作队傣语组到云南保山专区进行调查研究,与当地傣族知识分子、寺庙佛爷共同制订了傣文修正草案,并成立了傣族文字改革委员会。1954年6月,中央人民政府派遣语言学家和民族语文干部到西南各地帮助少数民族整理、改进和创立民族文字。帮助少数民族改革和创制文字的工作于1956年普遍展开,2月3日《人民日报》发表题为《加速完成创立少数民族文字的工作》的社论,指出少数民族迫切希望有自己的文字,要加速完成创立少数民族文字的工作,使中国各民族文化迅速发展起来。1957年9月30日《光明日报》报道,七年来,中国少数民族语文工作者为壮、彝(四川)、傈僳、傣、维吾尔、苗、布依、景颇、拉祜、达斡尔、锡伯、纳西、哈尼、黎、佤15个民族设计了20种文字方案,其中苗文4种,傣文2种,景颇文中还包括载瓦文。在创制、改进和改革少数民族文字时,还得到了苏联顾问和专家的许多帮助。他们来华参与此项工作,系统介绍了苏联创制、改革少数民族文字的经验,并对中国民族语文工作的开展提出了许多有益的意见和建议。中国少数民族语言调查工作,到1958年基本完成。

三、少数民族社会历史语言调查的丰硕成果

20世纪50年代,中国根据少数民族的实际情况和为适应民族工作的需要,进行了规模较大的少数民族社会历史调查和语言调查。数以千计的调查工作者深入少数民族地区,遵循与少数民族群众同吃、同住、同劳动的"三同"原则,建立友好感情,使调查工作顺利开展,取得了丰硕的成果。

通过少数民族社会历史调查,了解了中国各少数民族社会、历史、文化发展的现状,搜集了大量的文献资料和文物,摄制了一些记录少数民族社会形态的科学纪录影片。例如,1956年内蒙古、东北少数民族社会历史调查组,搜集了许多蒙古族、达斡尔族的清代文献资料,包括蒙古族清同治年间以来的账册、文书底稿等和达斡尔族历史书籍10本及地图8张。[①] 新疆调查组在和田一带搜集到300多件民族历史文献,其中有16世纪80年代到20世纪30年代的维吾尔文、阿拉伯文、波斯文、土耳其文、印度文等书籍、契约和法令等。[②] 1958年,内蒙古调查组完成了鄂伦春、达斡尔、鄂温克3个民族的社会历史调查工作,搜集的资料达500万字以上,拍摄图片近千张,并完成了3

---

① 《内蒙古日报》,1957年1月15日。
② 《人民日报》,1957年2月13日。

个民族的简史、简志的初稿。① 到1958年6月，少数民族社会历史调查已经搜集了数千万字的资料，其中已整理付印的有400多万字。此外，还摄制了云南佤族、凉山彝族和海南岛黎族3部纪录影片，以及后拍的鄂温克、苦聪人和西藏等纪录影片，如实地再现了中国少数民族中曾存在过的原始公社残余、奴隶制和封建农奴制等社会面貌。这些资料和影片，无疑是民族学、人类学和中国民族研究的极为宝贵的资料。一些科学研究部门，还将这些调查资料作为研究中国古代史、东方民族发展史的重要参考资料。少数民族社会历史调查的另一个重大贡献，是直接参与中国的民族识别工作，并为中国解决民族问题，做好民族工作提供了重要的素材。

少数民族语言调查，不仅积累了大量珍贵的语言资料，而且对大多数语言的系属、方言划定和各个语言的语音系统、语句结构、词汇和文字等，进行了比较深入的研究。根据语言调查，到1958年8月已为壮、布依、苗、彝、侗、哈尼、傈僳、佤、黎、纳西10个民族创制了文字，为傣、拉祜、景颇、维吾尔、哈萨克5个民族改革了文字。少数民族语言调查和研究，还为民族识别提供了较翔实的语言学依据。

中国的少数民族社会历史调查和语言调查，不仅为中国共产党和国家了解少数民族历史、语言，把握少数民族现状，确定正确的民族政策，顺利进行民族工作提供了大量的参考资料，而且通过类似的社会实践和科学研究培养了一批民族研究和民族语言研究的骨干力量。

值得指出的是，由于当时社会政治环境，在少数民族社会历史和语言调查工作中难免受到"左"的思想的影响。例如，在社会历史调查中过分注重划分阶级，强调阶级矛盾和阶级斗争，否认客观历史，把正常的学术研究当作是资产阶级的东西，错误地将某些符合历史发展规律的观点认为是资产阶级反动观点，以致当时对费孝通关于景颇族"阶级分化不明显"、岑家梧关于海南黎族中的合亩制性质、杨成志关于大瑶山瑶族的石碑制度等都予以否认；在语言调查中不顾一些民族的实际情况，主观地为一些民族创制或改革文字，致使一些新创制的文字和改革的文字没有生命力，在一些民族中迟迟不能普及，有的还恢复了老文字。

第六节 民族政策大检查和民族政策教育

一、中共中央发出学习民族政策的通知

中华人民共和国成立以后，中国共产党和人民政府十分重视少数民族的权益保障。为解决中国民族问题，发展少数民族社会经济文化，中国共产党和政府制定出许多行之有效的民族政策。各少数民族地区在正确的民族政策指导下，在解决民族问题方面取得了显著的成就。但是，一些地区在执行民族政策中发生不少错误和缺点，有些是比较严重的。其中，比较突出的是一些汉族干部中还存在着大汉族主义思想残余，工作中忽视民族特点，急躁冒进或机械搬用汉族地区经验，一些干部在实际工作中，自觉或不自觉地违反党的民族政策，引起少数民族群众的不满。

---

① 《内蒙古日报》，1958年12月9日。

为了认真贯彻中国共产党的民族平等政策，政务院于 1952 年 8 月 18 日发出《关于学习民族政策的通知》，8 月 23 日中共中央批发这个通知，规定《共同纲领》的民族政策和上述几个文件为学习的中心内容，揭开民族政策学习和教育运动的序幕。

二、1952 年、1956 年的两次民族政策大检查

中国共产党十分重视民族政策的宣传教育和贯彻执行，在 20 世纪 50 年代就进行了两次民族政策教育和执行情况的大检查。

1952 年 9 月，中共中央批转中共甘肃省定西地委就《靖远县的一个回汉杂居乡在执行民族政策中所存在问题的检查报告》，指出不管民族聚居或杂居地区，都要以严肃认真的精神去检查民族政策的执行情况，并要求各地在切实检查之后，向中共中央写一个报告。由此，开始了第一次民族政策教育和民族政策执行情况的检查。此后，中共中央不断发出指示，以指导这项工作。1952 年 12 月，中共中央转发河北省委《关于开展民族政策学习和加强培养民族干部的报告》，报告提出要在县以上机关开展民族政策的学习运动，并结合进行普遍深入的宣传工作；同月，中共中央发出《中央关于少数民族较少地区必须检查民族政策执行情况的指示》，指出在少数民族较少的地区最容易发生不尊重少数民族风俗习惯，忽视或侵犯少数民族利益的事情，因此必须引起注意。1953 年 3 月，中共中央转发西北局《关于甘肃临夏县检查民族政策执行情况的报告》的批复中，指出凡是领导机关注意了民族工作和民族政策执行情况的检查，及时予以指导的，那里的民族关系就比较好，各项工作就进行得比较顺利；反之，凡是领导机关或领导人员中存在轻视或忽视民族问题的错误思想或对民族工作采取官僚主义态度的，那里的民族关系一定会有很多问题，就不免发生乱子，甚至发生大乱子。

根据中央指示，各地普遍进行了民族政策学习和民族政策执行情况的检查，收效很大。在这一次民族政策执行情况的检查之后，各级党委向中共中央写出检查报告共 192 份；其中大地区 8 份、省 46 份、县 75 份、市 12 份。[①] 1953 年 10 月，《人民日报》发表以《贯彻民族政策，批判大汉族主义思想》为题的社论，肯定大多数地区执行中央民族政策的基本正确性，指出要经常地进行民族政策和民族团结的教育，宣布历时一年的各地检查民族政策执行情况的工作胜利结束。

经过第一次民族政策大检查后，民族关系得到改善。但在一些地区的民族工作中，仍然存在大汉族主义思想倾向与地方民族主义思想倾向。在一些汉族干部中轻视少数民族干部的职权和意见，忽视各少数民族在社会主义建设中的作用，不积极耐心地帮助少数民族当家做主，而是由自己在那里包办代替，此外急躁冒进倾向仍然存在。

鉴于这种情况，1956 年 4 月中共中央发出《关于检查民族政策执行情况的指示》指出，少数民族地区党委对当地的工作必须继续保持清醒的头脑，既要看到少数民族地区各项工作向前发展和进行改革的有利条件，也还要看到少数民族地区和汉族地区的不同情况，制定政策措施必须从实际出发，充分照顾民族特点；同时指出，大汉族主义思想倾向现在仍然是影响在少数民族地区的各项政策不能正确贯彻执行的主要危险。因此，全国各有关地区的各级党委和少数民族地区的驻军，很有必要像 1952—1953 年那

---

① 《当代中国的统一战线》，第 264 页，当代中国出版社，1996 年。

样进行一次关于民族政策各方面执行情况的检查。于是,第二次民族政策执行情况的检查工作正式开始。

1956年10月,中共中央转发中央统战部《关于民族工作安排的报告》,该报告提出准备在1956年冬和1957年春在民族工作方面抓两件事,其中之一即是依照中共中央4月指示,推动民族政策执行情况的检查工作。中共中央批复同意上述安排的同时,责成中央统战部在1957年春季召开一次民族工作专门会议,就以上内容进行讨论。12月,中共中央发出《关于进一步开展统一战线工作检查和民族政策执行情况检查的指示》,指出党的统一战线工作和民族工作几年来虽然取得很大成绩,但还存在许多缺点和错误;在民族关系方面,许多同志不尊重少数民族的地位和自治权利,这已经引起少数民族很大的不满,需要加以注意。因此,有必要进一步深入开展统战工作的检查和民族政策执行情况的检查,反对主观主义、宗派主义、骄傲情绪和大汉族主义,提高思想认识,纠正各种不良现象,进一步加强统战工作和民族工作。

根据中共中央的指示精神,全国各有关地区开展了进一步检查民族政策执行情况的工作。这次检查和第一次检查一样,包括民族政策执行情况的各个方面,但重点是少数民族地区执行土地改革和合作化政策中发生的问题。在检查过程中,为了更多地发现问题,不少地方还专门召开少数民族代表会议或各方面人士座谈会,广泛征求意见和批评。这次民族政策执行情况的检查,至1957年7月底8月初结束。这一工作的顺利开展,对于克服民族工作中存在的缺点和错误,克服和防止大汉族主义和地方民族主义倾向,加强民族团结,发挥各民族人民的社会主义建设积极性起了重要的作用。

1952年和1956年进行的两次民族政策执行情况的检查,有力地制止了民族工作中的急躁、骄傲情绪,批判了大汉族主义思想倾向,促进了20世纪50年代民族工作的向前发展。

三、总结民族工作经验教训和青岛民族工作座谈会

中华人民共和国成立至1957年,中国在民族工作方面取得了很大的成就。全国已经有85%以上的少数民族人口地区基本实现了社会主义改造,少数民族地区经济文化得到较快发展,人民生活得到初步改善。全国少数民族聚居的地区大部分已建立了民族自治地方和自治机关,少数民族干部由新中国成立初期的1万多名增加到34万名,并且发展了40多万名少数民族共产党员和60万名少数民族共青团员。民族关系已经大为改善,各民族间的团结、互助得到加强。

为了总结民族工作的经验教训,进一步发展民族工作,全国人大民族委员会和中央民族事务委员会于1957年7月20日—8月6日在山东省青岛市联合召开了民族工作座谈会。座谈会邀请了出席第一届全国人民代表大会第四次会议的包括29个民族成分的105名代表,会议期间,毛泽东主席和周恩来总理接见了与会代表,并合影留念。

座谈会检查了民族政策执行情况,交流了民族工作经验,批评了民族工作中的缺点与错误,讨论了今后民族工作中的一些重大问题。8月4日,周恩来总理到会做了题为《关于我国民族政策的几个问题》的长篇讲话,就关于两种民族主义、民族区域自治、民族繁荣与社会改革、民族自治权利与民族化等问题,作了全面的阐述。周恩来指出:我们反对两种民族主义,就是既反对大民族主义(在中国主要是反对大汉族主义),也

反对地方民族主义,特别要注意反对大汉族主义。在民族问题上的这两种错误态度、两种倾向问题,是人民内部矛盾的问题,要运用毛主席提出的公式,从民族团结的愿望出发,经过批评和斗争,在新的基础上达到我们各民族进一步团结。而这个新的基础,就是我们各民族要建设社会主义的现代化国家。我们反对两种民族主义,必须从建设强大的社会主义祖国这个共同目标出发,如果没有这个共同目标,就反对不了两种民族主义;实行民族区域自治是我们新中国成立以后在民族问题上实行的一个根本性政策。这种民族区域自治,是民族自治与区域自治的正确结合,不仅使聚居的民族能够享受自治权利,而且使杂居的民族也能享受到自治权利。我们采取民族区域自治政策,是为了经过民族合作、民族互助,求得共同的发展、共同的繁荣;我们这个多民族的大家庭要建设成为一个强大的社会主义国家,必须在民族繁荣的基础上前进。各民族繁荣是我们社会主义在民族政策上的根本立场。我们新中国就是要帮助各民族发展,这就必须实行一个根本性的措施,就是进行社会改革。不改革,民族就要贫穷;民族自治权利必须受到尊重。凡是宪法规定的民族自治权利,以及根据宪法规定的有关民族自治权利的各种法规、法令,统统应该受到尊重。我们是多民族国家,民族化问题就必须重视,因为经过民族化,民族自治权利才会被尊重。民族的语言文字,就要尊重它。既是民族自治,就要培养民族干部。既然承认民族,各民族的风俗习惯要受到尊重。民族自治权利问题,民族化问题,政府机关要多注意。

1957年8月5日,国务院副总理、中央民族事务委员会主任乌兰夫做了总结性发言,指出这次座谈会对于民族关系发展和民族工作有着重要的意义。[①] 8月6日,青岛民族工作座谈会胜利闭幕。

---

① 《当代中国民族工作大事记》,第105页,民族出版社,1990年。

第八编　全面建设社会主义时期
（1958—1965）

第一章　部分民族地区武装叛乱的平息及西藏社会改革

第一节　平息四川、云南、青海等部分地区的叛乱

一、民主改革和社会主义改造中部分民族地区发生武装叛乱

为了迅速推进少数民族地区社会发展，1950—1961年，在中国共产党和政府的领导下，少数民族地区进行了民主改革和社会主义改造。民主改革和社会主义改造是民族地区社会前所未有的社会大变革，这种变革的目标就是使社会的发展有利于劳动大众，改革无疑会触动少数民族上层和剥削阶级的利益。其中一小部分反动上层不能认识历史发展的大趋势，不甘心失去其剥削阶级的统治地位和利益，他们利用手中的武器和少数民族群众中民族宗教感情，利用部分少数民族群众对共产党和人民政府的改革政策缺乏了解，煽动、蒙骗一部分群众参与武装叛乱，抵制民主改革和社会主义改造。因此，青海、甘肃、四川、云南等省均发生了不同规模的叛乱。

民主改革和社会主义改造前，四川省境内约有110万的彝族，社会发展基本处于奴隶社会发展阶段。中华人民共和国成立以后，中国共产党和人民政府在政治、经济、文化、卫生等各方面开展了大量的工作，改善群众的生产和生活条件，受到广大群众的欢迎，为民主改革奠定了基础。

1955年，四川省省委按照中央的既定方针，决定对凉山彝族地区进行民主改革，部分彝族奴隶主发动武装叛乱。阿侯家是凉山地区最大的奴隶主，他所带领的一些奴隶主家支于当年12月底在凉山普雄地区开始发动叛乱，随后美姑、布拖、昭觉、瓦岗等地区也参加了武装叛乱，仅美姑、天喜至雷波、屏山西宁一线就有恩扎、石图、吼普等家支的不法奴隶主纠集的武装叛乱5000余人，他们持有3000多支枪。叛乱期间杀害干部群众255人，烧毁房屋328间，抢劫粮食2万余公斤、牲畜2788头和群众及国家财物近3万余元，破坏了5座桥梁和多处电话线路①。其他地区的反动奴隶主也闻风而

---

① 《雷波县志》，第242页，四川民族出版社，1997年。

动,叛乱迅速蔓延到凉山各地,以至波及原西昌专区金矿、盐边、马边、峨边等各县。叛乱分子提出"与土地共存亡,谁改革就打谁"的口号。他们袭击和包围人民政府机关和部队、工作队、杀害国家干部,杀害不愿意参加叛乱的彝族群众。当时,普雄附近在叛乱后的一个月内,被杀害的地方干部达40余人,全家被杀害的积极分子有五六十户①。峨边县当时共有5股600余人参与了武装叛乱,这些叛乱分子有200多支枪,他们以"赶走汉人"为号召,全县有21.72%的奴隶主参加了叛乱。②

与此同时,四川康定藏族地区也发生了反动上层抗拒民主改革的武装叛乱。1956年2月25日,甘孜州色达等地19个县的藏族反动上层在国民党残余特务、西藏反动上层直接煽动和策划下发动叛乱。叛乱者打着"保护宗教、保护民族"的幌子,围攻人民政府、杀害干部和群众积极分子,袭击解放军,破坏交通运输,叛乱蔓延到甘孜州全境。阿坝州的少数土司、头人在绰斯甲、马尔康日部地区、若尔盖、黑水、毛儿盖等地发动叛乱。绰斯甲县(1959年撤销)共有9个乡参叛,参叛者1100余人,有800余支枪;马尔康日部地区有8个乡参叛,约1600人参叛,800余支枪;若尔盖地区叛乱以阿西茸土官阿旺达为首,串联了柯西、瓦沙等15个部落,纠集了3500余人;黑水叛乱以安波为首,共有11个乡起叛,参叛者达5000余人,其中有近3000人属被裹胁者,叛乱分子有1500多支枪;毛儿盖叛乱以毛儿盖寺为首,共15个乡2200余人参加叛乱,叛乱者有1500余支枪;壤塘也有12股3500余人参与武装叛乱,有枪支1500余支③。

为了抵制社会改革,1956—1959的四川省德格县共发生17起较大规模武装叛乱,有3224人参加叛乱,叛乱者拥有各类枪支3000支,制造了112起谋杀、暗害、抢劫、伏击等恶性事件,杀死38名藏汉干部、18名积极分子,致伤致残36人,破坏2座公路桥梁,击毁4辆汽车,焚毁40余幢房屋,有2.8万头(匹)牲畜被抢劫,毁坏国家财产100余万元。④云南维西六县、德钦、中甸也相继发生武装叛乱。

甘肃、青海藏族地区的反动分子,提出"决不走社会主义道路"、"和共产党非打不可"的口号。1958年年初,甘肃省的碌曲、玛曲、夏河、卓尼等县,青海省的海南、黄南、海东、果洛、玉树部分地区发生了武装叛乱,叛乱分子包围袭击当地驻军和政府机关,屠杀干部,抢劫枪支弹药,胁迫群众参加叛乱。有些反动民族宗教上层甚至私设公堂,审理诉讼,直接干预政治和法令,破坏生产,变寺院为反动法庭。1958年4月18—25日,循化县7个乡镇的撒拉族、藏族反动头人挑起武装叛乱,以韩乙奴为首组织了"反共救国军",叛乱分子拥有大量的枪支,他们裹胁三四千人围攻县城长达两天三夜,不少人乘机抢劫国家财产。据统计,此次围攻造成的国家财物损失折合人民币90余万元,致使13位干部牺牲,4位干部受伤,该县党、团组织遭到严重破坏;5月18日,玉树的扎武部落增达树叛乱分子枪杀了在此宣传互助合作的县委书记项谦(藏族);6月4日,玉树称多县白日麦马百户在定玉公路清水河至竹节寺之间庞智沟伏击

---

① 《凉山彝族自治州概况》,第153页,四川民族出版社,1985年。
② 《峨边彝族自治县县志》,第491页,四川民族出版社,1997年。
③ 《阿坝藏族羌族州志》(上),第766—778页,四川民族出版社,1997年。
④ 《德格县志》,第311页,四川民族出版社,1995年。

西宁开往结古的汽车队，打死党政干部和民警40余人，毁坏汽车8辆，抢走大批物资。①

反动分子的武装叛乱，严重破坏了社会秩序，威胁着人民群众的生命财产安全。叛乱的主要原因是一小部分反动的地主、奴隶主、民族宗教上层分子为了维护自己的利益，利用自己昔日的政治、社会及军事力量纠集反动武装，对抗民主改革和社会主义改造；另外，当时这些少数民族地区政治形势相当复杂，除了反动头人、奴隶主势力外，还有一些潜逃在此的反动分子和国民党特务，这些反动势力在反对中国走社会主义道路方面有着一致的利益，他们以此为基础，相互勾结。据统计，1958年年初的甘肃甘南就有从内地逃来的地主、反动分子3000余人，台湾的国民党也曾给此地空投和派遣特务；②藏族地区的武装叛乱得到了西藏上层反动分子的支持，西藏上层的反动分子对到拉萨朝佛的上层人物策动叛乱，并以"学经"为名，派喇嘛到甘肃、青海一些藏族地区进行煽动、指挥叛乱，达赖喇嘛副官长帕拉·土登为登给青海省玉树地区叛乱首领写信说"你们不要怕共产党，我们支持你们，你们打不过，就来西藏"。当四川康区理塘寺和甘孜大金寺发生叛乱后，帕拉·土登为登则派人同叛乱分子保持密切的联系，给叛乱分子提供弹药，指示他们"迅速扩大武装，外国将有帮助"③。

叛乱分子还利用了党和政府对这些地区宽缓的民主改革政策，如，在民主改革过程中，对藏族地区的寺庙封建特权采取"暂时不动"政策，于是反动的奴隶主和反动民族宗教上层便以寺庙为据点，利用自己仍然保有的经济、军事实力，反对和破坏民主改革。比如，甘孜县在民主改革结束后的两个月内，有的寺庙就制造了20多起杀害人民群众的事件，新民等县的一些寺庙的反动上层杀害群众121人，还有遭受挖眼、割鼻、抽筋，甚至剥皮酷刑的群众多达138人。④

从1955年始，直到1959年，在西北、西南的一些少数民族地区都发生过反动的奴隶主、农奴主或宗教上层发动的叛乱，这些叛乱的目的就是为了维护统治阶级的利益，维护人剥削人的社会制度。反动的奴隶主、农奴主和宗教上层分子充分利用了其原有的社会地位和群众的民族宗教感情，对新的社会制度进行顽抗，给这些民族地区的社会稳定、群众生活和生命财产造成了极大的破坏。

二、叛乱的平息

面对反动分子发动的武装叛乱，中国共产党和政府采取了坚决有力的措施。1956年7月，中共中央专门召开会议，讨论四川省甘孜地区和凉山地区的民主改革和平息叛乱问题，中央指出："改革是完全必要的，改革的决心下的对"，要"边平叛边改革"。周恩来总理代表中央对四川省平叛工作做出指示："对现在还在山上叛乱的武装的办法是停战和谈。要反复和叛乱的地主、奴隶主和谈，允许来去自由。要他们来和谈，和谈不成，还要回去打，我们也不杀害他们。和谈一次不行，再来第二次，如果他们硬打，

---

① 《玉树藏族自治州概况》，第89页，青海民族出版社，1985年。
② 《当代中国的甘肃》（上），第88页，当代中国出版社，1992年。
③ 《当代中国的西藏》（上），第245页，当代中国出版社，1991年。
④ 《民族团结的历程》，第51页，四川民族出版社，1989年。

我们就自卫。诸葛亮对孟获七擒七纵，我们要十擒十纵，百擒百纵。只要叛乱分子停止叛乱，一律宽大处理，一个不杀"。四川省省委和成都军区党委根据中央的指示，制定了"以政治争取为主与必要的军事打击相结合"、"不打第一枪"、"顽抗者坚决消灭，胁从者不问，放下武器宽大处理，立功者受奖"的平叛方针和政策，中央军委派粟裕将军到四川少数民族地区具体指导平叛工作。

凉山地区的平叛工作基本分成三个阶段。第一阶段，在1955年12月—1956年1月间，集中优势兵力，打击重点地区的主要敌人和气焰最嚣张的叛匪，经过普雄、竹核、布拖等较大的战斗，集中打击了最早挑起武装叛乱的申（申果庄）侯（侯播乃拖）地区的阿侯、苏呷等家支最反动的奴隶主。第二阶段，从1956年2月—1957年1月，在军事打击的基础上，开展政治争取，此间停战和谈，以宽大政策对待叛乱分子，争取其放下武器，停止叛乱。据1956年12月雷波、喜德反映，两县30人以上的叛乱力量有40股，其中达成和谈协议与要求和谈的有31股，最后通过开展一些规劝活动使叛乱力量迅速瓦解，1956年3—4月，瓦解叛乱力量5000余人，其中纯属分化自动回家者有3000余人，参加叛乱的人员70%被争取回来，同时在搞军民联防，净化乡村，使叛乱力量失去生存条件。第三阶段，从1957年2月—10月，平叛只在局部地区进行，平息一块，巩固一块，取得了显著的成效。① 四川藏族地区的平叛方针和政策相同，广大藏族干部和群众被动员起来，与解放军平叛部队密切配合，对最顽固的叛乱分子予以必要的军事打击，同时开展强大的政治攻势，与叛乱的上层停战和谈。因此，到1958年年底，四川省少数民族地区的叛乱基本被平息，只有康区的平叛工作直到1960年才基本结束。云南省藏族地区的平叛工作采取了与四川省基本相同的平叛方针与政策，使迪庆的24个喇嘛寺主动交出枪支、弹药、反动徽章、火头印信、土地契约执照、奴隶卖身契、刑具等，并且边平叛边改革，对于参加叛乱的首恶、骨干，坚决没收他们的土地、财产，宽大处理自首悔过者，保证了平叛改革工作的顺利进行。②

甘肃、青海省的藏族地区平叛工作的方针和政策与四川的基本相同，经过多次的军事较量和积极的政治争取，打击和孤立了顽抗的敌首。在平叛过程中，广大群众积极支持部队的行动，他们为平叛部队当向导、探索敌情、报信息、争取受骗上当的群众，为瓦解敌人的力量做出了突出的贡献，有的藏族民兵还为平息叛乱献出了宝贵的生命。一些民族宗教上层爱国人士为平叛献计献策，协助当地人民政府收马收枪，保护干部和战士，如果洛的民族宗教上层爱国人士康万庆、然洛、俄合保、昂欠多杰等，都为平叛胜利作出了贡献。青海省循化县的反革命武装叛乱在1958年4月25日就基本被平息，最终击毙叛匪435人，俘虏叛匪2499人，缴获各种枪支408支，刀矛801把。

四川、云南、甘肃、青海等省藏族地区的叛乱被平息，但其中有些反动首领逃往西藏，特别是从四川藏族地区逃到拉萨的恩珠·公布扎西、夏格朗多士、甲马·桑培等叛乱首领，在西藏地方政府噶伦柳霞·土登塔巴等人纵容支持下，在拉萨成立了"四水六岗"反动组织（藏语为"曲珠岗珠"，意为"四条河、六座山"，泛指甘肃、青海、四川、云

---

① 《凉山彝族自治州概况》，第154—155页，四川民族出版社，1985年。
② 《迪庆藏族自治州概况》，第117页，云南民族出版社，1986年。

南等省藏族聚居的地方)。他们向达赖喇嘛献"金宝座",请求达赖喇嘛领导该组织,让这些地区都在六年内不进行民主改革,还成立了反革命武装"卫教军",提出"西藏独立"、"保卫宗教"等反对中国共产党、反对民主改革,① 并且烧杀抢掠,给群众生产生活带来极大的损失,反革命活动十分猖獗,成为西藏地区武装叛乱的一股力量。

上述少数民族地区叛乱的胜利平息,一方面是因为有了正确的平叛方针;另一方面有着广大解放军指战员的英勇作战和群众及上层爱国人士的积极支持。边平叛边民主改革大大推进了这些少数民族地区民主改革和社会主义改造的进程,废除了这些少数民族地区的剥削制度,促进了社会秩序的安定。但是,在平叛过程中一些地区犯了扩大化的错误,如青海省在平叛过程中出现了严重的扩大化问题,其突出表现于:(一)有些地方在平叛过程中,对叛乱分子和被裹胁群众未进行分别,都按叛乱武装予以镇压,甚至牵连了未参加叛乱的人、有功的少数民族干部、积极分子、劳动群众和上层爱国人士。(二)有些地方对上层人士不分是否参加叛乱,造成了错捕、错判和乱戴帽子的现象。(三)有些地区平叛后对一般少数民族干部、群众进行集训和审查,错误地打击了一大批少数民族干部和群众。如青海省的黄南地区,在平叛过程中对敌情估计过于严重,因此放松了政治争取,过多地使用了军事打击,由此扩大了打击面,造成了很坏的影响。在废除宗教寺院的封建特权和压迫剥削制度过程中,上述少数民族地区大都存在着一些"左"的行为造成的错误,其中最突出的问题就是未能很好地区别宗教封建特权和宗教信仰自由、宗教职业者正常的宗教活动与对群众的敲诈勒索,并且不恰当地在群众中开展有神论和无神论的大辩论,伤害了群众的民族宗教感情,正常的宗教活动受到限制,正常的宗教活动场所也大多被封,正如李维汉指出的"在某些地方,忽视了宗教信仰自由政策,干涉和限制群众的正常宗教活动,寺庙也留的太少,喇嘛、阿訇也留的太少……这些做法,上层不满意,群众也不满意"。②

第二节 平息西藏叛乱

一、西藏叛乱的起因

西藏和平解放以后,中国共产党和人民政府根据《十七条协议》的规定,积极推进西藏经济发展和提高人民生活水平,并对西藏上层人士进行耐心细致的宣传工作,以提高他们对社会改革的认识。中央政府针对西藏复杂的民族宗教状况,以最大的诚意和耐心等待西藏地方政府觉悟,以便于在西藏顺利地进行民主改革。1956 年 9 月 4 日,中共中央在《对西藏民主改革问题的指示》中指出:"西藏地方的民主改革,必须是和平改革。要做到和平改革,对西藏上层一定要做好准备工作,以后再去进行。这里所说的准备工作主要有两条:一是同他们的各方面领导人协商好。要认真地反复同他们协商,取得他们真正的同意,而不是勉强同意。二是把上层安排好,即在不降低上层的政治地位和生活水平的原则下,把所有的僧侣贵族的工作和生活,特别是他们的代表人物

---

① 《迪庆藏族自治州概况》,第 117 页,云南民族出版社,1986 年。
② 李维汉:《统一战线问题与民族问题》,第 245、第 648 页,人民出版社,1981 年。

的生活和生活待遇，经过协商，作出适当的安排"，并做出了六年不改革的决定（1957年—1962年不进行改革）。1957年2月27日，毛主席在最高国务院会议第十一次会议上所做的《关于正确处理人民内部矛盾的问题》报告中指出："西藏由于条件不成熟，还没有进行民主改革。按照中央和西藏政府的《十七条协议》，社会制度的改革必须实行，但是何时实行，要待西藏大多数人民群众和领袖人物认为可行的时候，才能作出决定，不能性急。现在已决定在第二个五年计划期间不进行改革。在第三个五年计划期内是否进行改革，要到那时看情况才能决定。"但是随着四川、青海、甘肃、云南等藏族地区民主改革的完成，西藏上层反动分子从敌视民主改革发展为公开的叛乱，1956年7月开始就在昌都、当雄、黑河、日喀则、山南等地挑起局部的武装叛乱，提出："根本不改"、"永远不改"的口号，无视《十七条协议》的规定和中央政府的耐心等待，竭力阻挠和破坏西藏的工作，造成了十分严重的局势。1959年西藏地方政府派堪穷欧喜·土丹桑确、孜本朗林巴·班觉晋美、三大寺堪布代表色拉寺上密院堪布强白赤列等人到山南，他们于1959年藏历元月28日在此召开了有98个宗（溪）的头人参加的会议，会上孜本朗林巴说："康区德格一带搞民主改革，寺庙受到毁坏，贵族财产遭到掠夺，使得人民无法生存。康区很多人扶老携幼，背井离乡，他们大概正陆续逃往印度。我们根本不需要搞什么改革，只求人地安，心情舒畅。为此，噶厦政府决定上书中央与其进行交涉。你们是否同意这一筹措。"在他的鼓动下，会议同意了地方政府的举措，会议表示，这个问题在没有得到中央批准之前，将采取文武并用的手法，斗争到底，与会头人还在《大严盟约》上签名。当月29日举行第二次会议，决定把第一次会议的情况通报三大寺，并请求僧方的支持；把呈报噶厦政府的情况送日喀则、阿里三部，并送去鼓动信；同时还将报告抄送藏北地区、工布江达、嘉黎、边坝、庆卓等地；会议结束后，参加会议的大小头目返回各地开始招收一定数量的僧人当兵。[①]

西藏工委和军区本着民族团结、消除武装叛乱的愿望，不断将各地发生叛乱的情况告诉噶厦，要求他们负起责任，平息叛乱，但西藏地方政府和上层反动集团站在封建农奴主立场上，错误地估计了形势，认为汉人一打就跑，如果不跑，就把达赖喇嘛逼往南山，聚集力量举行反攻，夺回拉萨；最后不行就跑到印度[②]。因此，他们把中央政府的宽容和让步视为软弱可欺，对中央提出的让西藏地方政府负起责任平息叛乱的指示阳奉阴违。1958年11月2日，达赖喇嘛召集噶厦开会，要求全体官员对平叛采取积极的态度，认真负起责任，但西藏地方政府和反动上层却变本加厉地支持和参加叛乱。1958年12月5日，西藏地方政府连续召开官员会议，名义上是研究平息叛乱，实则为煽动全区性武装叛乱作准备，官员会议结束后，成排的藏军参与叛乱武装。

1959年2月6日，即藏历12月29日，是西藏传统的驱鬼跳神会，达赖喇嘛请西藏工委和军区领导人前往观看，工委派军区副司令员邓少东、工委秘书长郭锡兰参加这一活动。当达赖喇嘛知道军区文工团排了一些新节目后，就提出要看文工团的节目，工委十分重视这件事，并指示工委统战部副部长何祖荫、梁洪具体负责安排。3月8日下

---

① 《西藏文史资料选辑》（十七），第131页，民族出版社，1995年。
② 《当代中国的西藏》（上），第249页，当代中国出版社，1991年。

午,代理基巧讨堪布噶章正式通知工委统战部:"达赖喇嘛到军区看戏已定在藏历二月初一下午1点(公历3月10日北京时间下午3点)。"3月9日,统战部处长李佐民又到噶章处告诉他有关达赖喇嘛看戏的安排情况,并且交给噶章一份接待计划,这个计划详细说明了在军区礼堂里接待达赖喇嘛的礼节、仪式、休息时间、地点、节目内容等,甚至连进入礼堂时乐队演奏的乐曲等细节都在计划中作了说明,并得到了噶章的同意。此前,梁洪与噶章曾具体商定了陪同达赖喇嘛看演出的名单,这个名单包括达赖喇嘛的两位经师,他的亲属,五位噶伦,三大寺的堪布以及噶章及达赖喇嘛身边的随行人员。

与此同时,3月9日西藏地方政府就做好了借达赖喇嘛到军区看演出发动叛乱的准备。据原藏军警卫营长色新·洛桑顿珠回忆,这天代本彭措扎西回到营部说:"达赖喇嘛已经接受邀请,明天去军区观看文艺演出。明天清晨派100名全副武装的士兵,按惯例布置在罗布林卡外的大道两边。此事情不是好兆头。况且军区告之达赖的随行警卫不得带枪,倘或少数警卫要入内,也不得携带武器。根据此情况,大家想想如何是好?"①此前几日西藏地方政府多次召开会议加以部署,并大肆宣传"军区要毒死达赖喇嘛"等谣言。3月10日,就在军区开始了迎接达赖喇嘛的准备工作时,上午11点左右,罗布林卡骚动起来,传召法会结束后,达赖喇嘛就住在罗布林卡的"永恒不变宫"里,这时有几千人聚集在罗布林卡东大门前面,要阻挡达赖喇嘛前往军区,开始了大规模的武装叛乱。中午,自治区筹委会工作人员堪穷·索朗降措(帕巴拉活佛的哥哥,普通僧官)脱去袈裟,穿普通藏袍、戴口罩出现在罗布林卡,他是昌都人,一些康巴汉子认出了他,并说"他是汉人的奸细",于是在混乱中,人们用土块、石头将他打死。下午2点半(北京时间下午4点半),噶厦政府派索康、柳霞、夏苏三位噶伦到军区拜会当时代表中央政府驻西藏代理代表、全面主持西藏工作的谭冠三,说明罗布林卡发生的事件是噶厦没料到的,达赖因此不能来军区看节目了,索康等人还没离开军区,数百名妇女聚集在军区东大门,高呼口号:"不许伤害达赖佛!"、"汉人有阴谋!"、"汉人滚出西藏去!"②当时西藏有贵族、头人634户,大小寺庙2672座,其中参加叛乱的贵族、头人462户,参加叛乱的寺庙1436座,农奴主及其代理人的30%参加了叛乱(共约1200多人),此外还有国民党残余分子600多人参加了叛乱。③

西藏的叛乱是西藏上层反动集团为了反对在西藏实行民主改革,幻想永远保持封建农奴制而进行的有组织、有预谋的武装叛乱,得到了帝国主义外国势力的支持,也是近代以来所谓的"西藏独立"的继续。美国《新闻周刊》1998年4月19日载文显示,1957—1960年,美国共进行了40多次空投活动,美国用的C—130飞机从泰国某秘密基地起飞,将武器、弹药和美国培训的藏族人空投到西藏,为西藏叛乱分子提供物资400多吨。从1957年及其以后几年,大约共有300多名藏族受到美国人的培训,就是在达赖出走时,也有受过美国情报局培训的人跟随。④1959年3月26日,盘踞台湾的

---

① 《西藏文史资料》,第137页,民族出版社,1995年。
② 降边嘉措:《雪山将军谭冠三》,第172页,中国藏学出版社,1996年。
③ 傅崇兰主编:《拉萨史》,第224页,中国社会科学出版社,1994年。
④ 《美国中央情报局曾秘密策划颠覆西藏》,《参考消息》1997年2月14日、2月15日,第8版。

蒋介石发表所谓"告西藏同胞书",要叛匪"不能仅仅注意于拉萨一城的得失",台湾要"集中一切力量",给西藏叛乱分子以"继续有效的援助。"①

西藏地方政府和反动上层的行为堵死了和平解决西藏的道路,迫使中央采取了"边平叛边改革",特别是西藏地方政府大多数噶伦和官员参与和指挥了全面的武装叛乱。1959年3月28日,国务院宣布命令,解散了西藏地方政府,由西藏自治区筹备委员会行使地方政府职权。一贯阻挡和破坏西藏民主改革的道路被扫清,西藏地方政府和反动上层的武装叛乱加速了西藏地区民主改革的进程。

二、平息叛乱的过程

面对西藏全区约2万余人的叛乱武装,② 人民解放军于1959年3月20日10时奉命讨伐叛乱分子。首先,迅速平息拉萨地区的叛乱。到3月19日,拉萨的叛乱分子已达7000余人,他们主要有藏军、三大寺喇嘛和邻省逃入的叛乱分子。叛乱分子分别占据布达拉宫、药王山、罗布林卡及市内各要点和坚固建筑物,对西藏军区、工委机关和中央驻西藏代表驻地,形成西、北、东三面包围之势,制造了一系列流血事件。3月20日,解放军西藏军区平叛部队面对当时的形势,首先以攻占药王山为目标,控制了制高点。当日下午至傍晚便攻占罗布林卡,歼灭了拉萨叛乱武装的主力和指挥中心。3月21日凌晨,歼灭了据守大昭寺、小昭寺、木鹿寺、恩珠分宅等处的叛乱武装。3月22日9时,布达拉宫平叛告捷,俘获拉萨叛军4000余名,缴获各种枪支8000余支,轻重机枪81挺,八二迫击炮27门,山炮6门和子弹1000万发。许多叛匪在解放军包围后,成股投降,拉萨局势很快恢复正常。

4月4—9日,平叛部队挥师南下,平息山南地区的叛乱。山南是叛乱分子长期盘踞的重要据点,他们有西藏地方政府和上层反动集团的支持,还有外国势力运入的武器和空投物资的接济,长期围攻山南分工委机关和驻泽当部队,气焰十分嚣张。鉴此,平叛部队分五路进击,第一路,从曲松、哲古方向进击;第二路,分左右两翼在隆子宗、达马宗、错那宗一线切断叛乱南逃之路;第三路,从正面进击;第四路,歼灭白地、浪卡子、打隆地区的叛乱武装;第五路,为了防止叛乱分子武装越过川藏公路逃窜,担任机动任务。③ 经过10余天的战斗;平叛部队先后攻占雅鲁藏布江以南、江孜以东、喜马拉雅山以北、则拉宗以西的30多个宗(溪)和村庄,歼灭了叛乱武装,控制了山南地区和喜马拉雅山北部地区所有边境要点,打掉了西藏叛乱集团的根据地,为彻底平息全区的叛乱奠定了基础。

平叛的最后阶段主要是平定聚集在纳木湖、麦地卡和昌都地区的叛乱武装。1959年7月底,肃清了纳木湖地区的叛乱分子,从8月下旬开始,围剿麦地卡地区的叛乱武装,经过七个昼夜的政治争取和军事打击,歼灭了这里的叛乱武装,至9月中旬,基本肃清了麦地卡地区叛乱武装,从而确保了青藏公路这一地区运输的安全。昌都的叛乱活

---

① 《卖国贼叛乱分子狼狈为奸·蒋介石集团与西藏叛乱分子早有勾结》,《人民日报》1959年3月30日,第1版。
② 杨公素:《所谓"西藏独立"活动的由来》,第110页,中国藏学出版社,1990年。
③ 《当代中国的西藏》(上),第251—264页,当代中国出版社,1991年。

动也十分猖獗，驻昌都地区的人民解放军奉命平息这一地区的武装叛乱。从1959年4月中旬至10月底，歼灭了江达、拉多、类乌齐地区、盐州地区的几股主要叛乱武装，平息了贡觉、察雅、左贡、洛隆、丁青等地区的叛乱，结束了昌都地区由于叛乱造成的长期动荡的局面。

1960年，人民解放军先后歼灭了丁青、嘉黎、扎木等地之间，温泉、黑河、巴青之间，申扎、萨噶、定日之间的叛乱武装，抓获了一批从国外空投来的特务，缴获了大量枪支弹药和通讯器材，到1961年，平叛斗争取得了彻底的胜利。

在平息叛乱过程中，除了有力的军事打击外，政治争取也发挥了十分重要的作用。政治争取孤立、打击了叛首、骨干和顽固分子，争取了被胁迫的群众。据统计，通过政治争取而投降的叛乱分子占被歼灭的叛匪40%还多。①

大量被动员起来的藏族群众在平叛过程中组成自卫队、联防队、保畜队等组织以自保，同时积极参加支前运输、修路、为解放军当向导、送信、站岗等行动。在整个平叛过程中，西藏各族人民随军支前的民工达1.58万人次，工日43.9万个；出动民畜10.44万余头（匹）。在西藏各族群众强有力的支持下，平叛部队只调用了几万人就迅速平息了西藏地方政府和反动上层的全面叛乱。②

三、十四世达赖喇嘛出走

1959年3月9日晚，叛乱分子就控制了达赖喇嘛。"藏历2月1日（即3月10日）以后，罗布林卡四面大门紧闭，只留侧门出入。侧门有叛乱武装分子看守，不准外人进入。达赖喇嘛在这期间，只能在他自己住的院子里转转，不能到院子外边去。"③ 叛乱分子使达赖喇嘛与外界失去联系，在这种情况下，西藏工委先后通过阿沛、嘉措林活佛、卸任噶伦噶雪巴三人秘密给达赖喇嘛送去中央驻西藏代理代表谭冠三于3月10日、11日、15日写给达赖喇嘛的三封信，信的主要内容是体谅达赖喇嘛的处境，关心他的安全，指出反动分子公开地狂妄地进行军事挑衅，要求西藏地方政府立即予以制止，"否则由此引起恶果，完全由他们自己负责"，信中还指出："西藏一部分上层反动分子所进行的叛国活动，已经发展到不能容忍的地步……中央过去一向宽大为怀，责成西藏地方政府认真处理，而西藏地方政府则一贯采取阳奉阴违的态度，实际上帮助了他们的活动，以致发展到现在这样严重的局面。现在中央政府仍然希望西藏地方政府改变错误态度，立即负起责任，平息叛乱，严惩叛国分子。否则，中央只有自己出面来维护祖国的团结和统一"。达赖喇嘛于3月11日、12日、16日先后给谭冠三代理代表复信三封，3月11日的信中写道："昨天（3月10日）我决定去军区看戏，但由于少数坏人的煽动，而僧俗人民不解真相追随其后，进行阻拦，确实无法去访"，"反动分子正在借口保护我的安全而进行着危害我的活动"。3月12日的信中写道："昨天我通知噶厦，责令非法的人民会议必须立即解散，以保卫我为名而狂妄地驻进罗布林卡的坏分子必须立即撤走"。3月16日的信中又

---

①② 《当代中国的西藏》（上），第265—268页，当代中国出版社，1991年。
③ 《许多接近达赖喇嘛的人列举之实证实叛乱分子劫持达赖喇嘛的情况》，《新华半月刊》，1959年第9期，第122页。

表示:"我已向西藏地方官员进行了教育,几天之后可以到军区去"。①

但是,西藏上层反动集团加紧了出逃的准备,他们从布达拉宫金库中取出大量的印度卢比和所有金砖金币,征集骡马鞍具。3月17日下午,达赖喇嘛按着传统的习惯请"乃烱"神汉降神占卜决吉凶,当时处于癫狂状态的神汉说:"快快走!快走!今晚!"于是,当天夜晚,达赖喇嘛换成便服,装扮成普通藏民,从罗布林卡后院出走,乘牛皮船,渡过拉萨河外逃,随行的有噶伦索康、柳霞、夏苏、副官长帕拉、副经师赤江和他的母亲、姐姐、姐夫和弟弟阿里活佛等人。他们走得十分仓促,达赖喇嘛黄缎被子放在床上来不及收拾;披风还扔在禅座上,甚至达赖喇嘛母亲和姐姐的金耳环、金制"呷乌"——护身符等平时随身的装饰品都没来得及带走。② 3月26日,到达山南的隆子宗后,首席噶伦索康·旺清格勒代表达赖喇嘛宣布:3月10日那天"西藏独立了……现在准备把译仓、噶厦也搬到国外去。暂时拉萨无法作为国都,决定隆子宗为国都并称为玉结隆子。由司伦鲁康娃和洛桑扎西负责,以前他们是司曹,现在正式宣布为司伦"③。此后,达赖喇嘛一行取道错那、沙则进入印度占区。实际上达赖喇嘛一行出逃时,中国人民解放军对拉萨已经形成合围之势,完全能够阻止达赖喇嘛一行的出逃,"1959年3月17日夜,达赖他们在拉萨河北岸沙滩上准备渡河时,我们早已将大炮对准了他们,只要我们的炮一响,他们没有一个能活着离开沙滩的。但是,中央没有命令阻截他们,我们是静静地坐在林子中,凭着明月之光看着他们惊忙地用牛皮船一船一船地往拉萨河南岸渡人的"。当时,军队之所以未收到阻截的命令,是由于毛泽东的"军事上采取守势,政治上采取攻势"策略的具体化。早在叛乱开始的第二天,毛泽东主席在给中央西南局、西南军区、西藏军区的急电中就特别指出:如果达赖喇嘛及其随从逃走时,我军"一概不要阻截他们",并指出"无论他们去山南还是印度,都让他们去"。④ 正是由于有毛泽东的指示,人民解放军才"网开一面",使他们得以出境。

在达赖喇嘛出逃过程中,一路上都有安排好的迎接,到了印度占区,印度外交部派遣在拉萨任过总领事的司长梅农亲自到边境迎接,并一直陪伴到新德里。4月18日,达赖喇嘛等一到印度的提斯浦尔,就散发了鼓吹"西藏独立"的所谓《达赖喇嘛的声明》。4月22日,到达穆索里,这是印度政府为达赖喇嘛安排的住地。6月20日,达赖喇嘛第一次公开出面举行记者招待会,说"要恢复在1950年中国入侵以前西藏所享有的自主和独立地位"。⑤ 在达赖喇嘛出逃过程中还裹胁了数以万计的藏族僧俗群众,据西藏浪子卡宗桑顶寺活佛桑顶·多吉帕姆·德庆曲珍回忆:"我们从桑顶寺到不丹边境的参巴地方……所到之处,到处都可以看到叛匪的暴行,许多叛匪的马上驮着抢劫来的财物。在参巴地方,我们碰到了被叛匪裹胁出境的一万多西藏难民,因为不丹政府一度拒绝这批人进入境内,叛匪又不许他们返回家乡,这一万多人既无帐篷,又无铺盖,在荒山野地里日晒雨淋,由于粮断柴尽,只有靠挖野菜充饥,以致有误食毒草,口舌红

---

① 《评所谓"达赖喇嘛的声明"》,《新华半月刊》,1959年第9期,第117页。
② 降边嘉措:《雪山名将谭冠三》,第165—183页,中国藏学出版社,1996年。
③ 《当代中国的西藏》(上),第255页,当代中国出版社,1991年。
④ 《民族》,1995年第5期,第44页。
⑤ 《当代中国的西藏》(上),第256页,当代中国出版社,1991年。

肿，肚痛腹胀。个别人思亲想家，偷偷逃跑，被叛匪发现后，惨死在枪弹之下……"达赖集团和印度在阿萨姆为入境西藏人发放护照，到印度的西藏人分为两部分，一部分由达赖集团负担；另一部分一为生活自理。当时依靠达赖集团负担的一些活佛、喇嘛、尼姑，全被安顿在阿萨姆一座英国人用过的监狱里，其中一部分到了炎热的玛索麻，另一部分到穆索里和岗托修路。许多人因气候不适、水土不服、劳动量大、吃不饱而生病，每天几乎都有一二十人死亡。①

此后，达赖喇嘛开始了长期流亡生活，并在印度组织了"流亡政府"，从事分裂、破坏中国统一的活动。

四、印度及美国政府借西藏问题干涉中国内政

早在英国殖民者统治印度时期，英印政府就插手西藏事务，叫嚷"西藏独立"。1947年印度独立，但它继承了英帝国主义英印政府时在西藏的一切特权，原英印政府任命的驻拉萨代表理查逊（英国人）得到印度政府的继续任用，成为印度驻拉萨代表。1949年，理查逊怂恿西藏地方政府的达扎摄政进行所谓反对共产党的"驱汉事件"。当中国人民解放军决定进军西藏完成统一祖国大业时，印度驻拉萨代表理查逊想方设法怂恿西藏地方政府进行军事部署，企图抵抗解放军。当中国人民政府决定进军西藏，把西藏人民从封建主义、帝国主义的压迫中解放出来，印度驻华大使潘尼迦向中国政府提出西藏问题，劝中国不要进军西藏。当中国人民解放军开始向西康进军时，印度政府于1950年10月21日、28日、11月1日连续向中国政府提出三项照会，主要内容为："1. 以威胁的口吻反对中国进军西藏，说什么对西藏采取军事行动，将使国际上有借口进行反华宣传；2. 联合国即将讨论中国参加问题，这时采取军事行动，必将引起严重后果；3. 对西藏采取军事行动，会引起世界的紧张局势和导向大战的趋势；4. 要求和平谈判以调整所谓西藏在中国宗主权范围内的自治的合法要求，西藏自治是一事实，忠告中国和平解放；5. 除非中国命令其军队停止向西藏推进，印度政府不再劝告西藏代表团前往北京；6. 印度由于惯例和协定在西藏享有特权，即印度政府在拉萨派有代表，在江孜与亚东有商务代表，到江孜的商务路上有邮政及电讯机关，为了保护这一商路，40多年来，就一向在江孜驻扎了一小队卫兵等。印度政府切望这些机构应该继续存在。"② 印度政府依仗帝国主义势力，毫不掩饰地干涉中国内政，但中国政府严词拒绝了印度政府的要求，并指出：西藏是中国领土的一部分，不得分割，中国内政不容干涉；不论在任何情况下，中国人民解放军进军西藏，保卫祖国边疆都是坚定不移的。

印度政府除了采取外交手段干涉中国内政外，还采取了一些见不得人的卑劣手法，如向藏军支援军火，帮助调动藏军到昌都阻止解放军进藏；派人在前线设电台，搜集情报，阻止西藏代表到北京，等待国际干涉；印度当局甚至企图指使西藏亲英印分子将时年17岁的达赖喇嘛移住到亚东，以备其逃往印度；印度国内的报纸也大造所谓西藏是独立国家，解放军进军西藏是"侵略"的欺骗性舆论。美国指使中美洲一些小国，在

---

① 《西藏文史资料选辑》（第二十辑），内部发行，1984年。
② 杨公素：《所谓"西藏独立"活动的由来》，第96页，中国藏学出版社，1990年。

联合国提出所谓的中国侵略西藏的提案①,以制造国际压力,阻止中国解放西藏。1951年中国人民解放军和平解放了西藏,一切外国势力阻止解放军进军西藏的阴谋都遭到了可耻的失败。

1956年11月,达赖喇嘛、班禅额尔德尼应邀到印度参加释迦牟尼涅槃2500周年纪念活动,印度、美国、英国等外国势力企图乘机策动"西藏独立"。印度总理尼赫鲁于11月27日、28日两次与达赖会面,表示:西藏和中国签订协议,承认西藏属于中国,但是如果中国超出协议范围,西藏有困难时,印度政府将帮助西藏。周恩来总理向尼赫鲁提出交涉。当时,达赖喇嘛在美国的亲属也来到印度,鼓动达赖喇嘛到美国去;在印度的噶伦堡,聚集着英、美等国的各种人物50余人,美国的"自由亚洲会"为他们提供经费,指使他们对西藏进行所谓"匈牙利"式活动,并偷偷向西藏运输小型武器,准备在西藏搞武装闹事。在此期间,周恩来总理访问印度,进行了多方面的工作,不仅同尼赫鲁进行了较长时间的谈话,促成印方对噶伦堡的特务分子活动采取了一些限制措施,同时,周恩来总理还同达赖喇嘛进行重要的谈话,坚定了达赖喇嘛返回西藏的立场,使印度、英国、美国等外国势力的阴谋再遭失败。

虽然,印度、美国等外国势力借中国西藏问题一再干涉中国内政,且一再遭到失败,但他们策动"西藏独立"的活动一天也没有停止过,他们不断地大造国际舆论,并从经济、军事上支持西藏反动分子的分裂活动,西藏地方政府和反动上层发动全面的武装叛乱后,印度国大党总书记公然要求把西藏问题提交联合国,要求召开印度、西藏和中国三方参加的"西姆拉"式会议,解决中国的西藏问题,并积极在被裹胁出境的难民中大做"西藏独立"的宣传。1959年3月26日,美国国务院发言人称:"西藏内阁已废除了同中国签订的条约,理由是,中国人一贯违反这个条约,它并宣布西藏独立"、"美国的立场是清楚的,美国从未承认或者宽恕这项所谓的协定,根据这个协定,中国共产党剥夺了西藏人民长期享有的自治权利"②。总之,随着西藏反动上层和地方政府发动全面的武装叛乱,印度、美国等外国势力对西藏分裂的支持更加公开化,直接干涉中国内政,但是武装叛乱迅速平息,又一次宣布了他们干涉中国内政阴谋的失败。

五、平息叛乱的善后工作

西藏反动上层集团的武装叛乱在一年多的时间内被迅速平息,但是在一些边远地区尚有残余的叛乱分子的顽抗,为了确保民主改革的顺利进行,恢复社会生产生活秩序,西藏自治区筹备委员会和西藏工委发动群众,开展了一些有针对性的工作:一、对外逃回窜的内部潜藏的叛乱分子,依靠治保小组、联防队、打猎保备队和自卫队等群众治安组织,继续贯彻"积极发动群众,大力开展政治争取,结合有力的军事打击"的方针,肃清叛乱残余分子。二、按"不关、不杀、不斗、不判"的原则,做好投诚归降分子的工作。投诚归来者,不问罪恶大小、职位高低,一律既往不咎;其中有率众归来和持枪归来者,按照规定给予奖励,妥善安排他们的生产生活。外逃人员的土地由互助组代耕,牲畜由互助组代放。三、对极少数公然拉拢腐蚀干部的篡夺基层领导权的反动农奴

---

① 杨公素:《所谓"西藏独立"活动的由来》,第97页,中国藏学出版社,1990年。
② 杨公素:《所谓"西藏独立"活动的由来》,第97—124页,中国藏学出版社,1990年。

主进行说理斗争,揭露了他们的罪行,提高了群众的觉悟。四、积极扶持、照顾边境居民的生产生活,给他们贷款、贷粮、贷货等,发展生产。这些工作的开展,团结了广大群众,争取了大多数上层人士,孤立和打击了最反动的分子,一批外逃的叛乱分子在中国政府政策的感召下回归,一些被利诱和裹胁的边民也回到了故乡。但是,在平叛过程中出现过扩大化的错误,当时未能及时纠正。

第三节　西藏的社会改革

一、废除"政教合一"制度

"政教合一"的政治制度是从元朝(公元1246年)开始全面推行的,到五世达赖喇嘛阿旺罗桑嘉措时,特别是清朝中央政府1750年正式授权七世达赖喇嘛格桑嘉措领导新建立的噶厦①管理西藏地方事务后,这一政治制度更加完善,并得到加强。此后,僧官和寺院的力量不断壮大,达赖喇嘛即是格鲁派的宗教领袖,又是西藏地方政府的首脑,在达赖喇嘛和驻藏大臣的直接领导下,设"噶厦",噶厦有噶伦4人,由中央政府任命,统一处理西藏政务,而首席噶伦则是僧官,噶厦下属主要办事机构为译仓(秘书处)和孜康(人事审计处)。译仓由4名僧官仲译钦波(秘书长)和若干僧官组成,管理寺院教务和僧官培训等,其形式上属噶厦,实际上由噶厦和达赖堪布双重领导,而孜康则由4名四品俗官"孜本"和若干俗官组成,管理地方财务、发布命令,负责俗官的事务和培训等。噶伦、秘书长、"孜本"组成噶厦官员会议,办理政务。此外,噶厦还有一些管理西藏具体事务的直属机构,达赖喇嘛还有自己的内侍系统等。"政教合一"制度的实质就是僧俗农奴主用以对农奴和其他劳动阶层实行联合专政的工具。西藏地方政府直接拥有大量土地,经营庄园和牧场,西藏地方政府、贵族(指获有贵族封号的政府官员及历世达赖、班禅的家属)、寺院上层僧侣构成了西藏的三大领主,三大领主及其代理人构成了西藏农奴主阶级。三大领主拥有绝对的政治、经济权力,藏军、法律、法庭和监狱是维护三大领主利益的重要工具,他们宣称农奴受统治是神的意志,不得反抗。不仅如此,他们还倚仗特权对广大农奴进行超经济剥削和残酷的压迫。据统计,在西藏农村,占人口不到2%的农奴主占有全部的土地和农奴、奴隶;占人口不到3%的农奴主代理人,代表农奴主直接统治农奴;占人口90%以上的农奴无土地所有权,人身依附于农奴主,劳动收入的一半、甚至70%以上为农奴主所剥削;占人口5%左右的奴隶,人身完全为农奴主所占有。② 农奴无起码的生存权,不仅要遭受超经济剥削,还常常受到鞭打、挖眼、断肢等酷刑。西藏地方政府和上层反动集团称其为"美妙的"制度,而百万农奴却过着非人的生活,因此,在西藏地方政府发动全面武装叛乱后,中央政府首先宣布解散西藏地方政府,"政教合一"政治制度亦被废除,代表广大农奴利益的西藏自治区筹备委员会得以行使地方政府的职权,此后广大农村、牧区实行了民主改革,"政教合一"制度失去了其存在的社会基础,农奴对三大领主的人身

---

① 噶厦:俗称西藏地方政府。
② 《当代中国的西藏》(上),第269页,当代中国出版社,1991年。

依附关系被废除，终生为奴的朗生也获得了人身自由。农奴的解放使他们破天荒有了自己的土地、牲畜和生产资料，成为社会的主人。对寺庙的民主改革主要是废除了其封建特权和剥削，实行了政教分离，各寺院成立了寺庙管理委员会，民主管理寺庙内部事务，彻底废除了"政教合一"的社会制度，西藏各族人民开始向政治解放、生产发展、文明和富裕的新西藏迈进。

二、实行"三反两减"和"三反两利"政策

1959年6月，西藏农村的民主改革进入第一阶段，在这一阶段实行了"三反两减"政策。"三反"即反对叛乱、反对乌拉差役、反对人身奴役和封建特权。"两减"即减租减息。叛乱是背叛祖国和人民的行为，因此，在平叛基础上继续清剿和深挖残余和暗藏的叛乱分子，从而进一步发动群众，为民主改革的顺利进行扫清道路。乌拉差役是西藏三大领主剥削农奴的主要形式，名目繁多，是徭役、赋税、地租等许多差役的总称，它给广大农奴带来了沉重的负担，只有反对乌拉差役，广大农奴才能获得经济上的解放。西藏农奴分属于不同的封建领主，在封建领主的封建特权下，农奴没有人身自由，失去了起码的做人权利。在这个过程中，区别对待叛乱与未叛乱的农奴主，对叛乱农奴主的土地实行"谁种谁收"政策，无条件地解放农奴主的家奴朗生，废除农奴对农奴主的人身依附关系。对未叛乱的农奴主及其代理人实行"二八减租"，即农奴主和农奴二八分成，在"三反两减"期间，农产品八成归农奴，二成归农奴主。高利贷是西藏三大领主剥削农奴的重要手段之一，其中有些成为农奴永远还不清的子孙债和联保债，对农奴剥削惨重，在"三反两减"期间，废除了三大领主在1958年以前贷给劳动人民的一切债务，对未参加叛乱的农奴主在1959年以后贷给劳动人民的债务，一律实行减息，按月息一分计算。为了确保"三反两减"的顺利进行，不仅下派了民主改革工作组，在发动群众的基础上，还成立了农民协会，这个群众组织对进一步发动群众、贯彻政府的政策法令发挥了积极的作用。据统计，在短短的几个月中，西藏农村51个县650个相当于乡的45万人口的地区顺利完成了"三反两减"工作，山南、塔工、江孜、拉萨、日喀则几个完成"三反两减"的地区共废除高利贷粮850万克，①减息折粮2.6万克，实行谁种谁收，群众得粮2000多万克，约2万朗生得以安家，得到安家粮18万克，这几个地区以上各项合计粮3亿多公斤，平均每人可得粮700多公斤，实际得粮70余公斤。②

从1960年开始，西藏牧区实行了"三反两利"政策，这是牧区改革的第一步，和农村地区一样，牧区也开展了反叛乱、反对乌拉差役、反对人身奴役和封建特权，减租减息政策。在平息叛乱的前提下，清除残余叛乱分子，摧毁封建农奴制基层政权，建立了保畜委员会，没收了叛乱农奴主、代理人和牧主的牲畜，分给原牧主家牧奴、本部落的其他牧民，对叛乱分子的家属也分配给相当于当地牧民维持一般生活所需要的牲畜。未参加叛乱的农奴主和牧主牲畜仍归其所有，不分不斗。废除三大领主的封建特权和剥削，草牧场归牧民集体使用，禁止征收草头税和草场的买卖行为；废除人身依附制度，

---

① 克：藏语，量词，面积、容积、重量单位。能播种14公斤青稞或小麦的地称为1克，约等于1市亩；藏计容量单位，1克约为14公斤；重量单位1克约等于3.5公斤。

② 《当代中国的西藏》（上），第277页，当代中国出版社，1991年。

解放奴隶；废除三大领主利用封建特权强行摊派的"计美其美"租（即领主将一定数量的牲畜租给牧奴，牧奴每年向牧主交纳畜产品，牲畜数量必须永远保持原有数目，不生也不死，牲畜若是病老淘汰或意外死亡，税租也不减少，并且永远不得退租。）这是牧民遭受严重剥削的租税；允许"计约其约"（一种双方自愿的租佃形式，牧主和牧奴双方自愿大体按"二八减租"的比例商定租额）。在实行"三反"基础上，限制牧主对牧工的剥削，适当提高牧工的工资待遇，保证牧工的政治权利，即"牧工牧主两利"政策。这一项政策通过牧工牧主协商，订立合同来实现，合同兼顾牧工牧主双方的利益，规定牧主不得随意解雇牧工，要使牧工的生活得到改善，政治权利得到保障，牧工则要履行好合同条件，管理好畜群，保护牧主经济，鼓励牧主发展经济的积极性。这些政策的实施，有利于牧区社会秩序的安定和牧业经济的发展，有利于团结一切可以团结的力量，打击叛乱的三大领主及其代理人。正确的政策也促进了牧区经济的迅速恢复，特别是克服了由于叛乱分子大量宰杀牛羊造成的经济困难。据统计，到1961年，全区牲畜总数达1161万头（只），超过了平叛前任何一年。①

三、民主改革与和平"赎买"

西藏的民主改革是由三部分组成的，即农村、牧区和寺庙的民主改革。农村、牧区实行了"三反两减"和"三反两利"政策后，又进行了土地改革，废除封建农奴主土地所有制，实行农民土地所有制。在土地分配前，首先划分和明确了农村阶级阵线，即农奴主阶级（包括占农村总人口不到2%的农奴主和不到3%的农奴主代理人）、农奴阶级（农奴阶级中有四个阶层：富裕农奴、中等农奴、贫苦农奴和奴隶），未划分富农阶级。而后，按政策规定没收了叛乱农奴主及其代理人的土地和其他生产资料，对未叛乱农奴主及其代理人多余的生产资料进行赎买，所有赎买和没收的土地及其他生产资料，除按规定归国家所有外，均由乡农民协会接收，在尽可能满足贫苦农奴和奴隶的要求、适当照顾中等农奴（包括富裕农奴）的利益原则下，公平合理地进行分配，农奴主及其代理人亦可分得同样一份土地。牧区则继续实行"两利"政策，不斗不分。

寺庙的民主改革和牧区的民主改革同步。首先是区别叛乱与未叛乱的寺庙，区别对待。对参加叛乱的寺庙的生产资料一律没收，分配给农奴；对未参加叛乱的寺庙的生产资料经过协商实行赎买，寺庙还开展了"三反"（反对叛乱、反对奴役、反对封建特权）、"三算"（算政治迫害账、算等级压迫账、算经济剥削账），在此基础上提高普通僧尼的觉悟，废除寺庙的封建剥削和封建特权，贫苦僧尼和爱国守法的宗教界上层人士组成了民主管理委员会，对各寺庙的经济、行政和宗教事务进行民主管理。在寺庙改革中，执行宗教信仰自由政策，严格区分宗教信仰与寺庙的封建特权和封建剥削制度，实行政治统一、政教分离，不准许宗教干预行政、司法、教育。

为了分化农奴主阶级，团结未叛乱农奴主，有力地打击叛乱分子，在民主改革过程中，对未参加叛乱的农奴主及其代理人占有的多余生产资料实行赎买政策，这一政策适当照顾了西藏爱国上层人士的利益，符合西藏人民的利益，特别是有利于西藏的稳定和社会生产力的发展。在执行这一政策过程中，首先，要明确参加叛乱与未参加叛乱，调

---

① 《当代中国的西藏》（上），第286页，当代中国出版社，1991年。

查统计未参加叛乱领主、代理人所占土地、房屋、耕畜、农具等生产资料的数量,对其进行价格估算。为了有利于团结、教育和改造上层,赎买的价格以使贵族上层和多数农奴都觉得比较合理为原则,采取协商的办法估定,一般取中间价。按当时物价折算,耕地每克30元;骡马每头平均100元,耕牛、母犏牛每头50元,母黄牛、母牦牛每头30元;房屋分上、中、下三等,上等每柱6元、中等每柱5元、下等每柱4元;农具每套20元,折算下来,合计需款4575万元。① 其次,进入土地分配阶段时,采取未参加叛乱领主及其代理人分别向县以上人民政府申报赎买项目、数量和分布地点,经所在地方农会核实,报县以上人民政府批准,统一办赎买手续,支付给未参加叛乱的农奴主赎买金,按5万元以下、5万—10万元、10万元以上三种情况,分8年、10年、13年付清。据当时统计,未参加叛乱的农奴主及其代理人2300余户,全部办理了赎买手续,采取分期付款的方式支付赎金2000万元。②

西藏的民主改革在两年多的时间里完成,到1960年,全区基本上完成了土地改革,共没收、赎买了农奴主所占有的耕地280万克,分给20万户、80万人的无地农奴和奴隶。到1961年1月,全区有寺庙2676座,僧尼11万余人,其中2379座寺庙完成"三反三算",牧区的"三反两利"也接近完成,西藏的民主改革取得了决定性的胜利,三大领主和近700年的"政教合一"政权被彻底摧毁,延续11个世纪严重束缚西藏社会发展的封建农奴主所有制被废除,农牧民拥有了自己的土地和牲畜,百万农奴获得了民主权利和生存权利,成为西藏真正的主人。

四、西藏合作化和人民公社的建立

民主改革完成后,广大翻身农奴分得了土地,生产积极性空前高涨,互助生产形成热潮。在这种形势下,西藏工委起初以为翻身农奴革命热情高、听党的话,而且他们原来又在领主的庄园里一起劳动,比内地的农民更容易组织起来进行集体劳动,想"趁热打铁",尽快进行社会主义改造。在这种思想指导下,1960年7月20日,西藏工委在发出必须彻底进行土改复查工作的紧急指示中,曾提出下半年各分工委选择8个试点办农业生产合作社。当年10月,西藏工委在第四季度工作的安排中决定试办合作社,要求当年冬季进行农业生产合作社的重点试办,有条件的可试办一两个,边境地区暂不试办。此前,在第一季度加查县已经办起了5个农业生产合作社,于是几个月内,全区试办了一批农业生产合作社。到1960年下半年,全区已经有了七八十个合作社③,同时各地普遍以办合作社的思想指导互助组工作,以致一些地方出现了明组暗社的情况。许多互助组将一些农民刚从土改中分得的生产资料又收回,大多数互助组都有了数量不等的公共财产、公共积累。在生产劳动组织上,也效法合作社搞统一劳动,不按照互助组自愿互利的原则办事。④ 由于西藏各地农业生产互助组制度尚未健全,生产方式落后,牧业生产处于原始状态,社会主义改造条件远未成熟,办社使部分中等农牧民生产

---

① 《当代中国的西藏》(上),第291页,当代中国出版社,1991年。
② 傅崇兰主编:《拉萨史》,第227页,中国社会科学出版社,1994年。
③ 《当代中国的西藏》(上),第302页,当代中国出版社,1991年。
④ 江村罗布主编:《西藏经济史略》,第92页,中国藏学出版社,1995年。

积极性受挫伤,有鉴于此,1960年10月,西藏工委将关于试办农业生产合作社的工作安排报告了中央,中央指示,根据西藏的实际,几年内不进行社会主义改造,不试办农业生产合作社。1961年4月,中央在《关于西藏工作方针的指示》中进一步指出:今后西藏工作必须采取稳定发展的方针,五年内不搞社会主义改造,不搞合作社,更不搞人民公社,而是集中精力让劳动人民的个体所有制稳定下来,让农牧民的经济得到发展①。根据中央的指示,西藏工作以"发展生产,繁荣经济"为中心,并逐渐将该项工作落实到农村、牧区、寺庙和边境地区的工作中,大力发展农业、牧业互助组,到1965年全区已有农业生产互助组22195个,占农户总数的95%,牧业生产互助组4150个,占牧业户总数的34.2%。②

经过稳定发展,西藏的政治、经济面貌有了很大的改变,民族干部队伍日益扩大,人民生活水平逐步提高,虽然如此,实际上仍未发展到可以进行社会主义改造的程度,但由于当时全国各项工作中"左"的思潮未得到彻底纠正,对西藏工作的影响十分明显。1964年7月,西藏工委又提出西藏地区进行社会主义改造问题,并就此在林芝专门召开会议,会议指出:西藏革命已进入建设社会主义的新阶段,要求到1970年基本完成社会主义改造,变个体所有制为集体所有制。这次会议强调了社会主义改造,变个体所有制为集体所有制。这次会议强调了社会主义改造,并过分地强调了阶级斗争,于是西藏出现了脱离客观实际,开始试办人民公社的行动。1964年冬,西藏工委就在拉萨市郊的堆龙德庆县通嘎乡冲色村试办了一个初级社,1965年7月在此试办人民公社。1965年3月15日中央书记处也指示:"西藏农业合作化原定五年内不搞,现在已经过了五年,同时情况已有变化,可以着手搞一点人民公社的试点。第二步如何办,待试点后再定"。1965年7月,达孜县在邦堆乡也试办了人民公社,同年8月29日,中共中央复电西藏工委同意试办人民公社,中央复电指出:同意在西藏有领导、有计划、有步骤地试办人民公社(先办初级社),但暂时不要在报纸上宣传,也不必提到这次自治区代表大会上决定。"建立人民公社的时候,宁可时间用得长些,准备得充分些。因此要特别注意防止一哄而起,打被动仗,应该先在专区领导下和少数强县的领导下搞少数试点"。③到1966年年底,全区共试办了150多个人民公社,牧区由于其特殊性,西藏工委决定三年内不办人民公社。最初,西藏工委在工作方针上是符合西藏实际的,但随着林芝会议的结束和试办人民公社工作的开展及人民公社的建立,劳动人民个体所有制经济未得充分的发展,西藏经济继续发展受到阻碍。

五、西藏社会改革的善后工作

平叛改革,彻底摧毁了封建农奴制度,给西藏带来了新生。为了进一步推动西藏发展,做好社会改革的善后工作,根据中央有关指示精神,西藏工委开展一系列工作:

(1)集中力量发展生产、繁荣经济、改善人民生活。由于长期的封建农奴制统治,西藏社会生产力十分落后,经济基础薄弱,为此在民主改革基础上制定了一系列以发展生

---

① 《当代中国的西藏》(上),第299页,当代中国出版社,1991年。
② 《当代中国的西藏》(上),第306页,当代中国出版社,1991年。
③ 江村罗布主编:《西藏经济史略》,第107—108页,中国藏学出版社,1995年。

产为中心的政策措施。1961年，西藏工委制定了《关于牧区当前若干政策的规定（草案）》（又称《牧区30条》）中，强调稳定的牧民个体所有制和牧主所有制，增产保畜，发展牧业。1962年2月，西藏工委制定了《关于农村若干具体政策的规定》（又称《农村26条》）明确规定加强互助组建设，五年内不办合作社，稳定农民个体所有制，活跃农村经济，发展农业生产。这些政策方针符合西藏实际，加快了西藏农牧业的发展。在农业方面，通过实施大力改善生产条件、提高生产技术、推广新式步犁、兴修水利、扩大耕地面积、提高单位面积产量等措施。经过五年的努力，西藏各地农村不同程度地改造了370多万亩低产田，每亩单位面积产量较原来提高了20%—30%。从1960—1964年，整修和新修各种水利工程8969万处，扩大了灌溉面积，各地普遍改进生产技术和耕作技术，采用精耕细作和施肥等措施，使各地农业生产面貌发生了很大的变化。牧业方面，通过加强草原建设、开展草原灌溉、修筑棚圈、贮备冬季用草、加强畜群疫病防治，提高了牧业生产抗灾能力，取得了显著的成就。

（2）向藏族群众宣传民主改革的必要性，对其进行阶级教育、爱国主义教育和社会主义前途教育。1960年，中共西藏工委发出《关于对农民开展社会主义教育运动的指示》，要求在完成民主改革的地区，有领导、有计划地向农民开展社会主义教育，同时还开展阶级教育和形势任务教育等。1963年6月，又在农村牧区开展了"三教"工作（即阶级教育、社会主义前途教育、爱国主义教育），为此，中共西藏工委抽调2300多名干部，到农牧区511个乡进行"三教"试点，轮训了1.5万余名干部。1964年，正式开展此项工作，拉萨、山南、日喀则、昌都、那曲等地区先后组成"三教"办公室，并于本年1月4日始，在全区各机关、企事业单位开展"四清"运动（即清政治、清经济、清组织、清思想）运动，这些工作对于提高广大农牧民的阶级觉悟、爱国主义觉悟和对社会主义前途的认识有着积极的作用，对于巩固农牧区的革命阵地，改进干部工作作风和提高管理能力有着重要作用。但是，在这一过程中，出现了阶级斗争扩大化的错误，在一定程度上影响了中国共产党民族政策和宗教政策的正确执行。

（3）进一步做好民族、宗教上层的统战工作。民主改革后，西藏民族、宗教上层人士中大多数有了不同程度的进步，但是进一步做好他们的工作对巩固改革成果，推动西藏发展有着重要作用。为了做好他们的工作，首先，要进一步重视安置他们的学习、生活、工作，对未参加叛乱的上层人士，特别是上层中的进步人士，不仅安排他们的工作，重大问题同他们商量，还要使他们有职有权，帮助他们在工作中取得成就，政治有所进步、生活上受到照顾。其次，依据"政治统一、信仰自由、政教分离"原则，中共西藏工委与宗教界人士反复协商，制定了《寺庙民主管理试行章程》，并在僧尼中进行以"反帝、爱国、守法"为中心的爱国主义教育和社会主义前途教育，尊重大多数僧尼意愿和信仰群众的需要，妥善保护文物、古迹和寺庙，初步整理文物11万余件，修缮古迹10余处，布达拉宫、拉萨三大寺、大昭寺、札什伦布寺、藏王墓等被列为国家重点文物保护单位。1964年，西藏共保留寺庙553座，留僧尼7000人（改革前全区有寺庙2627座，僧尼11万人）。① 群众传统的宗教活动——祈祷大法会和一些重要的

---

① 《当代中国的西藏》（上），第315页，当代中国出版社，1991年。

宗教节日活动按期举行，但是1960年以后这些正常的宗教活动则受到影响。为了培养宗教人才，从1961年下半年开始，在日喀则的札什伦布寺、拉萨三大寺、山南的昌珠寺、那曲的孝登寺等相继建立了5个佛教经典研究班。这些工作，大大提高了群众对社会变革的认识，促进了民族团结，巩固和加强了中国共产党的领导和工农联盟的人民政权，为西藏社会主义改造的顺利进行和西藏自治区的建立创造了一定的条件。

第四节　建立西藏自治区

一、西藏自治区建立的历史背景和条件

西藏实行民族区域自治在《十七条协议》中就有明确的规定，同时规定达赖喇嘛的固有地位和职权不予变更；维持班禅额尔德尼的固有地位及职权；有关西藏的国防、外交等重大事宜由中央驻西藏代表代表中央统一管理。1950年，昌都解放后，成立了中华人民共和国昌都地区人民解放委员会，由政务院直接领导，这是一个统战性质的过渡阶段的政权形式。因此，西藏和平解放后一段时间里，西藏存在两种形式政权并存的局面。1952年9月6日，依据《十七条协议》，成立了中央人民政府驻西藏代表外事帮办办公室，统一处理西藏地区涉外事宜（由中央人民政府外交部领导）。此后，中央人民政府花费大量的精力，消除历史上造成的中央与西藏地方之间、汉族与藏族之间、藏族内部的矛盾，并取得了显著的成效。在此基础上，1956年4月22日，在拉萨成立了西藏自治区筹备委员会，这也是一个统一战线性质的政权，西藏地方政府、班禅堪布会议厅和昌都地区人民解放委员会除接受自治区筹备委员会的领导进行工作外，在行政事宜方面保持着独立性，于是西藏形成了性质不同的几个政府并存的局面。1959年3月，西藏地方政府和反动上层发动全面的武装叛乱，国务院宣布解散西藏地方政府，由西藏自治区筹委会行使西藏地方政府职权，改组后的西藏自治区筹委成为西藏地区人民民主政权实体。在平叛过程中，建立了一些群众组织，如平叛生产委员会、平叛保畜委员会、居民委员会等，随着叛乱的平息，各地陆续建立了各级农民协会，为全区人民政权的建立创造了条件。

1959年10月，西藏开始民主建政工作，到1960年4月，昌都、江孜、日喀则、塔工、黑河、山南、阿里7个专署和拉萨市7个县人民政府均建立起来，还建立了20个区、30个乡人民政府和西藏地区及各专区级政治协商会议。此后，又开展了普选工作，到1965年有567个乡、镇召开人民代表会议代行人民代表大会职权，建立了农奴占绝对优势的乡人民政权。随着全区各级人民政府的建立，班禅堪布会议厅的爱国人士先后参加了工作，有的还担任了领导职务。1961年4月，班禅堪布会议厅提出申请，经国务院批准，班禅堪布会议厅宣告结束。

少数民族干部队伍已逐步建立起来，西藏工委从实际出发，一方面从实际工作中物色、选拔、培养干部；另一方面积极创造条件，把干部或学员送到内地各大专院校和各类干部学校培训和学习。1956年，到中央民族学院和西南民族学院学习的西藏青年超过1000人。到1965年，中央民族学院为西藏培养了1100名干部和专业人才。西藏地方干校从平叛改革到1965年共培养1400多名藏族干部。到西藏自治区成立前，西藏拥

有藏族和其他少数民族干部 1.6 万余人，其中有 1000 多人担任各级领导职务。基层党组织建立和发展起来，在平叛改革的基础上，西藏工委经过试点，有计划、有步骤地建立起共产党的基层组织，发展了一批新党员。1965 年西藏农村、牧区 40% 以上的乡有了共产党员，建立起党支部，从而为西藏自治区的建立提供了组织、干部保障。①

民主改革的彻底进行，解放了西藏的生产力，农牧业生产在民主改革后连续六年增产丰收。1965 年全区粮食总产量达 29.67 万吨，牲畜总头数达 1701 万头（只）。西藏地区基础设施建设有了显著发展，到 1965 年，全区公路通车里程达 14 公里，90% 以上的县有了公路。商业发展迅速，商业网点大增，供销社、消费社的建立大大方便了群众的生活。经济的稳定发展改善了群众的生活，促进了文教卫生事业的发展，到 1965 年全区中等专业学校和普通中学发展到 5 所，公办、民办小学 1822 所，一改昔日受教育机会为贵族和僧侣垄断的局面。到 1965 年，医疗机构发展到 193 个，卫生人员达 2747 人，为改善西藏缺医少药的局面作出了贡献。这些为西藏建立自治区奠定了物质基础。

二、成立西藏自治区筹备委员会

根据《十七条协议》，西藏应该成立军政委员会，但是，时至 1955 年，中国已颁布宪法，各大行政区军政委员会已被撤销，加之西藏和平解放以来，中央与西藏地方政府的关系逐步密切，汉族与藏族内部的团结得到了加强，同时，经过耐心细致的大量工作，在中央政府的直接关心和安排下，十世班禅及其会议厅返回西藏，达赖喇嘛与班禅额尔德尼的矛盾得以化解，建立自治区筹备委员会的条件已经成熟。1955 年 3 月，由中央人民正政府代表、西藏地方政府代表、班禅堪布会议厅委员会代表、昌都地区人民解放委员会代表共同组成西藏自治区筹备小组，经过充分协商，提出了关于成立西藏自治区筹备委员会具体方案的工作报告。1955 年 3 月 9 日，国务院全体会议第七次会议通过了成立西藏自治区筹备委员会的决定，并对筹备委员会的性质、任务、机构人员作了明确的规定，即筹备委员会是受国务院领导的具有政权性质的机关，其主要任务是创造条件，筹备在西藏实现民族区域自治。筹备委员会由 51 人组成，其中西藏地方政府方面 15 人，班禅堪布会议厅方面 10 人，昌都人民解放委员会 10 人，中央派驻西藏地区工作干部 5 人，其他方面（包括各主要寺庙、各主要教派、社会贤达、群众团体）11 人。筹备委员会主任委员 1 人，副主任委员 2 人，达赖喇嘛丹增嘉措任主任委员，班禅额尔德尼·确吉坚赞任第一副主任委员，张国华任第二副主任委员。筹备委员会内设秘书长 1 人，副秘书长 3 人，阿沛·阿旺晋美（西藏军区副司令员）任秘书长，副秘书长拉益·益喜楚臣（堪布会议厅札萨）、邦达多吉（昌都地区人民解放委员会副主任）、陈竞波（中共西藏工委统战部副部长）。筹备委员会设常务委员会，常务委员会下设办公厅、财政经济委员会、宗教事务委员会、民政处、财政处、建设处、文教处、卫生处、公安处、农林处、畜牧处、工商处、交通处等办事机构。② 经过一年的准备，1956 年 4 月 22 日，西藏自治区筹备委员会在拉萨正式成立，国务院副总理陈毅率中央代表团到西藏祝贺，并在成立大会上讲话。筹备委员会的成立是西藏实行民族区域自治的一个重大步骤。

---

① 《当代中国的西藏》（上），第 356 页，当代中国出版社，1991 年。
② 《当代中国的西藏》（上），第 214 页，当代中国出版社，1991 年。

西藏自治区筹委会的建立，使西藏有了一个带有政权性质的协商办事机构，在中央政府的直接指导下，在西藏工委的领导以及爱国进步力量的支持下，藏汉工作人员密切合作，为西藏自治区的建立做出了积极的努力。筹备委员会成立后就有关西藏建设、培养干部、改善人民生活等问题作出了一系列决议，并在山南、拉萨、日喀则、昌都、江孜、塔工、黑河、阿里等地先后成立了筹备委员会派出机构。随着一些工作的开展，筹备委员会的影响不断扩大，但是，由于西藏地方政府一些官员和上层反动分子对筹备委员会的工作采取阳奉阴违的手段，有的还暗中破坏、阻碍筹备委员会工作的开展，如鲁康娃（被撤职的前任藏王，藏语称司曹）、索康（西藏地方政府噶伦）等人借口金沙江东藏族地区改革的所谓"偏差"，极力反对在西藏地区进行民主改革，并继续支持江东地区的武装叛乱，策划西藏地区的局部叛乱。达赖喇嘛的三哥洛桑三旦在自治区筹备委员会成立期间，支持昌都地区江达宗解放委员会主任、江达地区头人齐美公布所谓"昌都地区应按江东地区行动（即在昌都地区发动武装叛乱）"。由于这些因素的存在，筹备委员会未能更好地发挥其应有的作用。

三、西藏自治区正式成立

西藏自治区筹备委员会成立后，开展了一系列的工作，随着西藏民主改革的彻底完成，西藏经济文化事业有了长足的发展，人民生活水平逐步提高，民族干部队伍日益壮大，西藏成立自治区的条件基本成熟。1965年6月28日，西藏工委正式向中央报告，拟定于1965年9月1日，在拉萨召开首届西藏自治区人民代表大会，选举自治区人民委员会，成立西藏自治区。西藏工委的报告得到中央、国务院和全国人大的批准。同年9月1—9日，西藏自治区第一届人民代表大会第一次会议在拉萨隆重召开，出席大会的代表301人，其中藏族226人，门巴族、珞巴族、回族、纳西族、怒族等16人，藏族和其他少数民族的代表占总数的80%。党中央和国务院派中共中央委员、国务院副总理谢富治为团长，中央人民政府驻西藏代表张经武、国家民委副主任刘春为副团长的中央代表团到会祝贺，代表团成员包括中央各部门、27个省市自治区、16少数民族自治地方的代表76人。开幕式上，谢富治代表党中央、毛泽东主席发表祝贺西藏自治区成立的讲话，中共西藏自治区委员会第一书记张国华作了《高举毛泽东思想的伟大旗帜，为争取社会主义革命的伟大胜利，为建设社会主义的新西藏而奋斗》的报告，西藏自治区筹备委员会代理主任阿沛·阿旺晋美作了《关于西藏自治区筹备委员会工作》的报告。

大会代表经过对候选人的认真讨论，选举产生了西藏自治区人民委员会，阿沛·阿旺晋美（藏族）当选为自治区人民委员会主席，周仁山（汉族）、帕巴拉·格列朗杰（藏族）、郭锡兰（汉族）、协绕顿珠（杨东生、藏族）、朗顿·贡噶旺秋（藏族）、崔科·顿珠才仁（藏族）、生钦·洛桑坚赞（藏族）当选为副主席，达瓦·仁钦索朗（藏族）、扎西平措（藏族）等37人当选为自治区人民委员会委员。9月9日，西藏自治区第一届人民代表大会第一次会议通过了一系列决议后胜利闭幕，宣告西藏自治区正式成立。[①]

[①] 《当代中国的西藏》（上），第339—342页，当代中国出版社，1991年。

第二章 民族地区人民公社化与社会变革

第一节 民族地区"大跃进"和"人民公社化"

一、民族地区"大跃进"和"人民公社化"的开展

1958年春中国进入"大跃进"年代，少数民族地区（除西藏外）都积极参与了这一运动。"大跃进"首先在农业领域开展起来，其最大的特点就是高指标和浮夸风的盛行。由于过高的指标要求及急于求成的心理作用，到处都在"放卫星"。在修建农田水利方面，内蒙古号称水浇地翻一番，甘肃固原回族自治州（1958年宁夏回族自治区成立后划归宁夏，成立固原地区）这个干旱地区，也号称兴修水浇地40万亩，新疆维吾尔自治区则称农田灌溉由1949年的16.2万亩，扩大到1959年的3700万亩，增加了230多倍；粮食产量方面，甘肃省1959年10月就宣布粮食总产量由1957年的47.5亿公斤跃进到1958年的100亿—110亿公斤，并推出洋芋亩产8.21万公斤、小麦亩产1021公斤、水稻亩产6350公斤的"典型"，武威县放出一颗小麦亩产2600公斤的"卫星"，民乐县放出一颗青稞豌豆亩产3500公斤的"卫星"，敦煌县放出一颗亩产500公斤籽棉的"卫星"。于是，在这些卫星的鼓励下，"人有多大胆，地有多高产"、"无雨大增产，大旱大增产"、"思想上有粮就有粮"等严重违背客观规律的口号广泛流行。

随着农业"大跃进"的发展，从中央到地方，有一部分人认为中国的农业问题已经得到了解决，全党的工作重点应当转移到工业，首先是钢铁工业要上去，于是，全党全民开始大规模地炼钢铁。少数民族地区也不顾当地自然资源状况和技术条件限制，纷纷土法上马办工厂，小工矿企业遍地开花。1957年宁夏有31个小厂，8位工程师，就是在这样的条件下，在1958年3—7月，办起工厂近2000个（当然此中数字肯定有很大的水分），有8个县办起了土法炼铁厂，组成10万大军上山炼铁炼钢，将群众的生活必需品——铁锅、锅铲等生活用具拿来炼铁成为十分普遍的现象。

随之而来的就是农村经济管理体制的"大跃进"。"1957年冬到1958年春，全国出动几千万到上亿劳动力，大搞农田水利基本建设，从而揭开了'大跃进'的序幕……促使毛主席和其他中央领导同志萌生出改变农村基层组织结构的火花。"[①] 在实践过程中，首先是小社并大社，最初是河南省在1958年7月迅速掀起人民公社化高潮，此后在一些地区也开始大搞人民公社，1958年8月17日，在北戴河召开的政治局扩大会议上，讨论了关于人民公社问题，作出了农村建立人民公社的决议，于是人民公社化除了西藏自治区外，在全国大规模地开展起来，广大少数民族地区也不例外地步入人民公社

---

① 薄一波：《若干重大决策与事件的回忆》（下），第728页，中共中央文献出版社，1993年。

化潮流中,各地一律小社并大社。甚至在尚未完成民主改革或虽然完成民主改革,但刚刚建起初级合作社或互助组的少数民族地区的农村、牧区实现了"人民公社化"。宁夏回族自治区从 1958 年 9—10 月,在仅一个月时间内,将全区 1700 余个农村生产合作社合并为 152 个人民公社;内蒙古自治区 1958 年 7 月才完成初级合作化,9 月便在全区各地开展了人民公社化运动,全区农村 1958 年把 1.1 万多个农业生产合作社合并成 682 个人民公社,牧区到 1959 年 1 月将原来 2000 多个牧业生产合作社合并成 152 个人民公社;云南省德宏傣族景颇族自治州,在 8 个月的时间里,将全州三县一镇的区、乡、社全部合并,建成 24 个人民公社,在这一过程中,所有农民强制入社,1957 年入社农民仅占 20%,1958 年春达 64%,云南迪庆藏族自治州的合作化尚未全部完成,便开始建立人民公社。甘肃省未经过彻底的民主改革的少数民族地区也在短期内实现了人民公社化。

二、"大跃进"和"人民公社化"对少数民族地区经济建设的冲击

"'大跃进'和农村人民公社化两大运动的发动,有着共同的急于求成和夸大主观能动性等思想根源,在运动进程、发动方式、影响和后果方面,也有着不可分割的关系。但性质有所不同,前者主要表现在生产力发展方面的盲目冒进,而后者主要表现在生产关系和社会制度变革等方面的盲目冒进"。① 这两方面的冒进给经济发展原本缓慢的少数民族地区带来了很大的冲击。

少数民族地区农业生产受到了严重的破坏,大规模的农田水利基本建设,虽然在表面上表现为少数民族地区农田灌溉条件的改善,但是由于在建设过程中很多少数民族地区都严重脱离了实际,投入劳力过多,影响了农业生产的正常进行。广西提出"把江河水拦起来,把山水堵起来,把天水蓄起来,把地下水挖出来,把低水抽上来",千军万马大战水利,最高峰时,水利工地上劳动力达 500 余万人;青海互助土族自治县提出"叫水上山就上山"等口号,这些不切实际的口号是当时人们盲目冒进行为的真实写照。当时,少数民族地区的大多数水利工程是在无前期技术工作条件下,仓促上马,从而造成很多工程后期效益低,甚至没有效益的后果,也造成了劳动力、物资的极大浪费,正常的农业生产秩序被打破,对农业生产产生了直接的影响。

农业生产中严重的浮夸,造成少数民族地区争攀高指标,与高指标伴生的是高征购,人民群众生活的安排被忽视,劳动者的生活水平下降,生产积极性受到严重的挫伤,阻碍了农业生产发展。1959 年,广西壮族自治区征购粮高达 32.4 亿斤贸易粮,纯调出区外 6.13 亿斤,使农民口粮大幅度减少。

人民公社化,使公社成为总揽农村大权的经济实体,"政社合一"为农业经济和农村工作中的瞎指挥提供了条件。单一的公社所有制、供给制和工资制结合的分配方式,加上无偿平调生产队和社员的生产资料及部分生活资料,大办公社食堂和集体福利事业,实行组织军事化、生活战斗化、集体化,不仅超越了农村生产力发展水平,混淆了社会主义与共产主义、社会主义集体所有制和全民所有制的界限,违背了按劳分配的原则,给群众生活造成了极大的困难,严重挫伤了群众的生产积极性,社员消极怠工、生

---

① 薄一波:《若干重大决策与事件的回顾》(下),第 727 页,中共中央文献出版社,1993 年。

产劳动出工不出力的现象普遍存在,农村经济日益困难。

"一大二公"的人民公社,劳动力使用大集中,使1958年农业丰产不丰收,内蒙古自治区、广西壮族自治区、贵州等少数民族地区农村都存在着强壮劳力大炼钢铁,弱劳力留在农村搞农业生产,或者大兵团式收割的现象,结果秋季作物要么因劳力不足未收割完,要么就是大兵团收割粗糙,因而损失了大量的粮食和经济作物。生产中的瞎指挥造成农业生产的大倒退,有的地区大搞"土地大翻身"、"高度密植"等,使土地资源遭到严重的破坏。

草原牧区、林区在"大跃进"中大面积开荒,严重破坏了草场和林区的生态平衡。青海省在"大跃进"和"人民公社化"过程中,错误地提出了"牧民不吃亏心粮"、"使牧区成为主要农业基地"的口号,在不适宜农作物生长的高寒草原开垦,草原沙化面积扩大,农牧业生产均受到严重破坏。1958年,青海省滥垦草原达573万亩,① 其中弃荒耕地面积403万亩,植被遭到严重破坏,成为不毛之地。而甘肃省滥垦草场120万亩,甘南藏族自治州提出开荒1万亩的口号。② 1959年,内蒙古自治区锡林郭勒盟白音锡勒牧场,耕地面积32742亩,到1960年耕地面积陡增至80030亩,播种面积达52325亩,1961年耕地100026亩,播种面积86630亩,③ 由于播种面积的扩大过于迅速,对新垦区耕地的选择不太严格,更谈不上科学合理的利用,加之劳动力、机具和栽培技术水平跟不上及自然灾害的影响,至1961年播种面积虽然比1959年增加了1.7倍,而粮食作物的总产量和单产量下降了1.48倍和5.76倍。1962年虽然进行了调整,但很多不宜开垦的耕地大片荒芜,沙漠化不断扩大,这是新中国历史上最严重的破坏生态环境。

云南省1958年提出"两年绿化全省",造林放"卫星",结果有的地方种子、苗木不足,挖野生树苗移植,造成"一山造林两山空"的恶果。一些少数民族地区在大办食堂、大炼钢铁铜、烧柴量大增,食堂办到哪里,钢铁冶炼到哪里,砍树就砍到哪里,加之云南一些少数民族素有毁林开荒、刀耕火种的生产传统,云南省的森林覆盖率由新中国成立初期的50%迅速下降至20世纪60年代初的22.6%。黑龙江省自20世纪60年代以来,由于过量采伐,采育失调,木材蓄积量以每年1.5%的速度下降,森林覆盖率以每年0.5%的速度下降。四川省原本是中国主要的林区之一,但是这一时期后,森林覆盖率由20世纪50年代的19%下降到20世纪60年代的9%。由于一系列的"跃进"和瞎指挥,少数民族地区农牧业生产大幅度下降,有很多地方粮食供应不足,内蒙古自治区从1959年粮食产量下降7.07%,1960粮食总产量甚至低于1950年的水平。少数民族畜牧业生产也面临困难,特别是"跃进"步伐比较大的地区,如青海,1960年全省牲畜总头数比1958年下降38%。

"大跃进"使少数民族地区的工业发展大起大落,农、轻、重比例失调。特别是以牺牲农业为代价发展工业,给民族地区的经济发展带来了严重的损失。内蒙古自治区1957年工业总产值在工农业总产值中的比重为55.2%,1960年上升至65.1%。贵州省

---

① 《当代中国的青海》(上),第163页,当代中国出版社,1991年。
② 马江主编:《甘南藏族自治州畜牧志》,第107页,甘肃民族出版社,1993年。
③ 潘乃谷、周星主编:《多民族地区:资源贫困与发展》,第36页,天津人民出版社,1995年。

在1958—1960年的三年中全省工业产值增长2.4倍（按可比价计算，下同），轻工业产值增长57.5%，农业产值下降24.2%。云南省1957年工农业比例为40.3∶59.7，1958年为53.6∶46.4，1960年为66.2∶33.8，工业比重迅速上升。与此同时，工业内部轻、重工业的比重严重失调，与人民生活密切相关的轻工业产品大幅度减少，日用品严重短缺。① "大跃进"和"人民公社化"还打破了少数民族地区基本建设的正常秩序，使少数民族地区重点建设项目难以按期按质完成，由于投资过快，战线过长，造成盲目建设，一哄而上的社队企业，生产技术不过关，产品质量达不到要求，造成了人力、物力、财力的巨大浪费，特别是小工矿企业的发展，破坏了少数民族地区的矿业资源。生产率低下，产品成本高、质量低，品种减少，使刚刚发展起来的少数民族地区的工业发展遭受严重的挫折。

三、少数民族群众生活水平下降

在"大跃进"和"人民公社化"期间，少数民族地区社会经济发展盛行高指标，工农业生产中瞎指挥、浮夸风、"一平二调"、"共产风"十分普遍。各少数民族地区群众生活水平不但没有跃进，反而普遍下降。

"大跃进"、"人民公社化"严重破坏了少数民族地区生产力。由于农牧业生产连年减产，国民经济发生困难，加之官僚主义、主观主义盛行，忽视人民群众生活安排，少数民族群众生活水平下降最突出的是粮食匮乏。1958年大办食堂，吃饭不要钱时，号召"敞开肚子吃饭"，出现了不注意统筹计划，造成粮食的大浪费。据统计，全国人民公社总人口中72.6%的人参加了吃食堂，其中少数民族人口分布较多的省区：云南省达96.5%，四川省为96.7%，新疆维吾尔自治区为85.1%，广西壮族自治区为81%，宁夏回族自治区为52.9%，甘肃省为47.7%，青海省为29.9%，内蒙古自治区为16.7%。② 云南省在边疆民族地区办公共食堂，甚至造成有的人一天要来回三十里路忙着吃两餐。③ 在办食堂过程中由于条件差、管理不善，不仅浪费了粮食，还使群众饮食缺乏自主性，加剧了缺粮的困难。生产的大倒退对人民生活水平下降有着更直接的影响，很多少数民族地区由于浮夸风，放"卫星"，在征购粮食过程中搞高征购，加重了农民的负担，使广大农民在"低标准口粮"、"瓜菜代"的情况下艰难度日。甘肃省1958年实际打粮38亿公斤，但当年征购粮达12.7亿公斤，造成群众口粮严重不足，到1960年，甘肃省缺粮地区人均月口粮只有7公斤，上百万群众生活困难，④ 该省的临夏回族自治州从1959年后粮食生产连续三年减产，到1961年人均产粮仅140公斤，加之农民留粮减少，农民口粮严重缺乏，出现大量人口外流，耕畜日益减少。⑤ 1958年，广西壮族自治区人均占有粮食指标为611斤，到1960年则规定人民公社基本口粮低的不少于稻谷400斤，高的不超过460斤稻谷，当时全国粮食人均年消费量也仅为327斤。由于缺粮，不少地区农牧民中，特别是农民出现了浮肿和非正常死亡。1959年

---

① 《当代中国的云南》（上），第153页，当代中国出版社，1991年。
② 《农业集体化重要文件汇编》（1958—1981年），第382页，中共中央党校出版社，1982年。
③ 王连芳：《云南民族工作的一段曲折岁月》，载《云南民族工作》，1998年第9期。
④ 《当代中国的甘肃》（上），第94页，当代中国出版社，1992年。
⑤ 《当代中国的甘肃》（上），第253页，当代中国出版社，1992年。

年初，广东省崖县、南雄、罗定、钦县约有10930人得浮肿病，其中有134人死亡。①1959年夏，甘肃省45个县、市中，粮食基本没有问题的有19个县市，部分有问题的有7个县市，严重缺粮的有7个县市，严重缺粮的人口达154万人，不仅饿死人的现象时有发生，缺粮浮肿的人更多，大量人口外流②。云南省首先是在曲靖地区的一些县出现了浮肿病和饿死人现象，其中以陆良最为严重。一开始，由于从上到下的干部不承认是因营养不良发生的问题，个别反映实情的干部遭到打击，问题得不到解决且日益严重，以至于全省的大部分县都发生浮肿病和非正常死亡的情况，有的县还非常严重。③1958年11月25日，中共中央主席毛泽东对18日云南省委写的关于陆良等地因营养不良、劳动过度，发生浮肿病及饿死人的检查报告作了重要批示，"一、任务不要提的太重，不要超过群众精力负担的可能性，要为群众留点余地；二、生产、生活同时抓，两条腿走路，不要片面性"。④

一些牧区由于违反生产关系要适合生产力发展水平的客观规律、违反自然规律，造成了牧民生产生活的困难。如甘肃省甘南藏族自治州，急于改变生产关系，1958年9月，"一步登天"建起47个人民公社，忽视了当地的客观条件和少数民族地区的特点。随后在高指标、浮夸风的条件下，大搞"开光平滩，牛羊上山"，开垦120余万亩牧场搞种植，以牧转农，几乎将牧区较好的冬季牧场全部开垦，造成严重的植被破坏，结果农业没搞上去，牧业又受到严重损失，因此，牧民生活靠农未打粮，靠牧无牛羊，到1960年牧民生活发生了严重困难。

在"大跃进"和"人民公社化"过程中，平调了群众的部分生产、生活资料。据云南省委估计，在"大跃进"和"人民公社化"过程中，全省各级、各部门通过各种形式无偿调用的农民个人和集体的劳动力、牲畜、房屋及其他各种生产资料和生活资料，折合人民币在6亿元以上，相当于1960年全省农业总产值的一半稍弱些，或相当于1960年全省财政收入的三分之二。⑤从实现人民公社化到1960年间，宁夏平调农民的土地、房屋、牲畜、劳动力及生产生活用具共约合人民币0.5亿元，超过全自治区农民一年的收入。⑥平调如同剥夺，成为少数民族群众生活水平下降的重要原因之一。此外，军事化的生产组织方式，特别是大会战、夜战频繁，甚至经常化，使很多农村劳动力劳动负荷过重。"大跃进"和"人民公社化"还造成了少数民族地区国民经济发展比例严重失调，少数民族地区农副产品的供应严重不足，特别是人民生活日常消费品奇缺，少数民族群众生活进入新中国成立以来最严重的困难时期。

四、"民族融合风"及其影响

1958年9月，在广西三江侗族自治县，中共中央统战部、国家民委主持召开了全国民族工作现场会议。参加会议的代表有全国各省、市、自治区的138人。正是在这次

---

① 《农业集体化重要文件汇编》（1958—1981年），第152页，中共中央党校出版社，1982年。
② 《当代中国的甘肃》（上），第91页，当代中国出版社，1992年。
③ 《当代中国的云南》（上），第146页，当代中国出版社，1991年。
④ 《当代中国的云南》（下），第658页，当代中国出版社，1991年。
⑤ 《当代中国的云南》（上），第151页，当代中国出版社，1991年。
⑥ 《当代中国的宁夏》，第125页，当代中国出版社，1990年。

会上部分领导人批判了少数民族地区"条件论"、"落后论"、"特殊论",否定民族特点和地区特点,违背了中国共产党一贯倡导的实事求是、一切从实际出发的思想路线和工作路线,直接促成了"左"的思想和行为在民族工作部门的泛滥。同年12月,中共中央统战部召开第十一次工作会议,认为"我国社会主义民族关系,正在迅速形成和发展。各民族之间的共同性越来越多,差别性越来越少,民族融合的因素正在逐步增长"。对少数民族地区的形势作了不切实际的估计,提出要"加速少数民族地区的社会主义建设,争取在今后15年、20年或者更长一点的时间内,使少数民族在经济和文化方面先后赶上或接近汉民族的发展水平,共同建成社会主义"。① 于是在生产"大跃进"、生产关系"大跃进"之后,便出现了民族关系的"跃进"。基于"左"的思想日益泛滥的全社会的形势,"民族融合风"自上而下刮起来,造成了民族工作忽视各少数民族的民族特点和地区特点,各项行之有效的民族政策得不到有效实施,各民族的自治权利得不到尊重。

思想理论上的混乱直接影响着人们的行为。一些少数民族地区过于强调共性越来越多,差别越来越少,不加分析地将少数民族的风俗习惯也视为落后。在未经与各民族干部和群众协商的情况下,硬性改革。四川省一些少数民族地区甚至提出少数民族群众生活实现"十化",即居住集体化,房屋新式化,睡觉床铺化、吃饭食堂化、碗筷化,衣服改良化、新式化,生活卫生化、环境清洁化、美观化。② 这"十化"脱离了当地少数民族群众的生活传统、经济状况,遭到各少数民族群众的反对。川南有些地方认为,少数民族群众穿麻布就是落后,有的地方进一步提出了不许穿民族服装。西昌有的部门明文规定"回民结婚不许念伊扎尔(喜经)"③。宁夏回族自治区有的地方还强迫回族改变传统的风俗习惯,强迫群众养猪。

"民族融合风"最直接的危害在于造成了民族工作中理论和思想上的混乱,也伤害了少数民族干部、群众的民族感情,在很大程度上破坏了新中国成立以来汉族与少数民族间的相互尊重、相互信任的关系。"民族融合风"刮起来后,云南省便取消了少数民族地区"慎重稳进"以及政策上区别边疆与内地的分类指导方针,强迫收兑少数民族妇女喜爱的金银首饰、腰带、日常生活必需的铜壶、铜盆、铜锅、铁锅和农具,当成"废铜烂铁"收购回炉。④ 在"和平改造地区"大搞民主补课,没收领主地主的底财、浮财。在"直接过渡"地区,搞民主补课,没收民族上层多余土地,强调划分阶级,并把划出的"地主"、"富农"斗臭。这些政策从根本上混淆了民族问题和阶级问题,不符合少数民族利益,使民族干部在工作过程中既害怕上级批评,又怕脱离群众,感到左右为难,有的干脆自动离职回家了。

"民族融合风"的实质就是人为地消灭民族特点,是强制实行民族同化的大汉族主义倾向的表现,其根本原因在于"左"倾冒进,它给新中国的民族团结带来了极大的后患。

---

① 《当代中国的云南》(上),第131页,当代中国出版社,1993年。
②③ 《民族团结的历程》,第61页,四川民族出版社,1989年。
④ 王连芳:《云南民族工作的实践和理论探讨》,第486页,云南人民出版社,1995年。

第二节 民族地区反右、反地方民族主义斗争扩大化

一、民族工作中"左"倾思想及其影响

全国开始整风后,1957年下半年至1958年之间,少数民族地区也普遍开展了整风和反对地方民族主义运动。同时在群众中进行了一些重大问题的辩论,如关于少数民族地区发展道路问题的讨论,关于建设社会主义路线问题的讨论,关于少数民族地区能否参加"大跃进"的讨论等,"左"倾思想在全国各个领域迅猛发展,少数民族地区何能幸免。在全国总体形势的直接影响下,民族工作中"左"倾思想日益抬头,并对民族工作形成了十分严重的干扰。

中央最初制定了全国反右和整风形势下对少数民族地区的方针:在那些已经完成三大改造的地区进行整风和适当的反右;在基本完成民主改革开始进行社会主义改造和直接向社会主义过渡地区不进行反右斗争,只进行整风和社会主义教育运动。由于"左"的干扰,党中央的方针并未得到真正的落实,反而在少数民族地区迅速地开展反右和反地方民族主义运动,最终运动还出现了严重扩大化。

从1958年起,少数民族地区的整风和反地方民族主义斗争逐步由党内扩大到党外,并涉及少数民族宗教人士。中共云南省委1958年10月批转《省委边委在边疆民族上层中整风的意见》中提出:要和民族上层"最后摊牌","揭开他们的老底,彻底剥夺他们的政治资本",把县以上民族上层人士集中到昆明进行"整风反右"。民族工作中"左"的思想的抬头并逐步泛滥,使"左"的思想观念、"左"的行为方式渗透于民族工作的各个领域,严重损害了党的民族宗教及统一战线政策,造成了民族工作的很多重大损失。

二、错划一批"右派"和"地方民族主义分子"

"中国共产党在1957年反右斗争期间及以后的几年内,在一些少数民族地区,进行了批判地方民族主义的斗争。当时,在一些少数民族中,地方民族主义倾向有所滋长,进行这场斗争,对加强民族团结,巩固祖国统一,是必要的,但是,也存在着扩大化的倾向,各地在批判地方民族主义斗争中,划了一批地方民族主义分子,有的戴了右派分子的帽子,有的戴了地方民族主义的帽子"。[①] 大量的人民内部矛盾被当做敌我矛盾来处理,在少数民族干部中错划了一批"右派"和"地方民族主义分子",在少数民族地区"挖出"了不少"右派集团"。内蒙古1957年揭发"右派分子"达3700余人;[②] 广西则"揪出"陈再励等"右派集团";新疆在这一时期"挖"出孜牙·赛买提、依不拉音吐尔的、阿不都拉热依木·艾沙、阿赛德、阿不列孜·卡里等地方民族主义分子、"右派"分子,还有2300多位干部被划为"地方民族主义分子",有3200多位干部被划为"右派";[③] 到1959年7月,甘肃省已定"右派"11132人,其中有党员1405人、

---

① 《新时期民族工作文献选编》,第22页,中央文献出版社,1990年。
② 《内蒙古大事记》(1947—1987年),内蒙古人民出版社,1988年。
③ 《中国共产党新疆维吾尔自治区组织史资料》(1937—1987年),第74—75页,新疆组织部、区党史工作委员会、区档案局编印。

团员 1924 人、党外各界人士 7823 人。1957 年夏季后，在当时甘肃管辖的银川专区、吴忠回族自治州（1955 由甘肃省河东回族自治区改此称，1958 年归宁夏回族自治区，为自治区直辖市）、固原回族自治州（1953 年成立，1955 年改称自治州，1958 年并入宁夏治区为地区）等地区的国家机关、企事业单位、科技文教部门、民主党派中开展反"右"斗争，共批判确定了 1855 名"右派"分子。宁夏回族自治区成立后，又于 1960 年开展了"反地方民族主义"和"反坏人坏事运动"，首先"挖出"了所谓"以刘格平为首地方民族主义反党集团"，刘格平成为"地方民族主义分子"、"资产阶级的民族宗教上层在共产党内部的代理人"，因此株连自治区主要领导人及有关厅局负责人和大批回族干部，特别是此后不久开展的"清除刘格平地方民族主义影响，清除刘格平地方民族主义基础"的"反坏人坏事"运动，已经抛开了正常的法律程序，将捕人权下放，并下达了捕人指标，大捕大抓，于是在这一运动中全区打击处理和批判斗争职工群众就达 27000 余人，在这一运动中有数以千计的人员死亡和失踪。① 虽然这些被错划的"右派"、地方民族主义分子中有的不久得到平反，但有的一直到 1978 年以后才得到彻底平反。在少数民族地区进行反"右"和反地方民族主义斗争及其扩大化，使中国共产党的民族政策遭到了前所未有的严重破坏，也严重破坏了业已建立的良好民族关系。

三、反右和反地方民族主义斗争扩大化造成的损失

少数民族地区的反右斗争和反地方民族主义斗争的严重扩大化，造成了巨大的损失。

严重破坏了中国共产党民主生活的原则，对阶级斗争形势估计过于严重。党员干部的一些思想倾向也一概被划入右派之列，大多数的党员干部不能通过正常的民主生活形式倾吐自己的真实思想，正确的批评意见无法表达，由此为官僚主义、主观主义的滋生提供了最为适宜的条件，使之泛滥成灾，也使盛行一时的"浮夸风"、"共产风"畅行无阻。

严重破坏了中国共产党事实求是的思想路线。政治高压使各级少数民族地区的汉族或少数民族干部中相当一部分人思想长期处于紧张状态，人们不能实事求是地开展工作，甚至相当一部分人们宁"左"勿"右"，"左"比"右"好。因此少数民族地区干部不能实事求是地开展工作，给党的民族工作和少数民族地区的发展、建设造成了难以数计的损害。

伤害了一大批少数民族地区的干部和群众。在反右派和反地方民族主义过程中，由于混淆了两类不同性质的矛盾，对被定为"右派"和地方民族主义者，不仅进行政治上的批判，还对他们进行捕办、劳动教养、监督劳动、降职降薪等处罚，不少干部的家属受到牵连。甘肃省在反"右"过程中捕办了 391 人，劳动教养 1600 人，监督劳动 2050 人，留用察看 2157 人，撤职 1391 人，降职、降级 1208 人。更为严重的是，到 1961 年，这些人中有 1165 人由于饥饿、疾病和过度劳累而死亡。② 被定为"右派"和

---

① 《宁夏回族自治区概况》，第 130 页，宁夏人民出版社，1986 年。
② 《甘肃统战史略》，第 165 页，甘肃人民出版社，1988 年。

地方民族主义分子的干部群众,正常的工作和生活秩序被打破,身心承受着巨大的压力,直接损害了广大干部群众的利益,也使新中国成立以来日益扩大的民族干部队伍遭到破坏。临夏回族自治州的民族干部比例 1957 年为 41.8%,经过反"右派"和反地方民族主义,民族干部的比例仅为 14.5%。① 由此,中国共产党干部队伍损失了一批实事求是的汉族和少数民族干部。

直接影响了少数民族地区正常的经济发展秩序。反"右派"和反地方民族主义扩大化,助长了少数民族地区社会经济发展中"左"倾冒进和蛮干之风,使少数民族地区经济发展日益脱离实际,造成了严重的后果。特别是一些违反自然规律的行为后患无穷,如违背牧区以牧业为主的方针,青海省牧区滥垦草原 573 万亩,盲目开垦草原造成牧畜群冬春草场缺乏,牧业生产陷入困境,而且引起草场沙化。毁林开荒、毁草开荒在"大跃进"时极为盛行,严重破坏了自然生态平衡,致使自然灾害日益频繁,人们的生存环境恶化。

党的一系列有利于民族团结的政策遭到不同程度的破坏,也破坏了新中国成立以来建立起来的新型民族关系。反"右派"和反地方民族主义扩大化,严重破坏了党的一些行之有效的民族宗教政策,一些少数民族干部、群众及民族宗教人士受到无辜伤害,也使汉族与少数民族逐步建立起来的前所未有的信任关系受到损害。

此外,反"右派"和反地方民族主义扩大化,未能及时甄别,错划人员纠正过晚,加重了中国共产党政治上的失误,比如,对宁夏民族宗教上层人士马震武,在西北回民群众中影响极大。新中国成立后曾任西海固回族自治州(1953 年成立,1955 改为固原回族自治州,1958 年划归宁夏,为固原地区)州长、宁夏回族自治区筹委会委员。1952 年策动过西吉地区"四·二叛乱",但在平叛过程中协助人民政府做了一些有益的工作,当时做出不予处理的决定。1958 年马震武无"右派"言论,但还是被划为右派,真可谓"让你当右派没商量",他直到 1984 年才得到改正,造成的负面影响很大。

四、中共中央着手纠正民族工作中"左"的错误

针对"大跃进"和人民公社出现的问题,中央于 1960 年 9 月提出对国民经济实行调整。翌年,八届九中全会确立了对国民经济进行"调整、巩固、充实、提高"的方针。1960 年 11 月发出了《关于农村人民公社当前政策问题的紧急通知的指示》。1961 年 3 月,中央制定了《农村人民公社工作条例(草案)》。这些文件成为中共中央纠正"左"的错误,调整国民经济的重要文件。根据这些文件的精神,从调整民族地区国民经济入手,少数民族地区的工作和相关民族工作和民族政策开始纠正"左"的错误。

调整了人民公社的所有制和分配关系。新政策规定生产队和社员个人的一切生产资料,公社和大队不得调用。生产大队或生产队有经营自主权,公社不得干涉。正式宣布解散吃大锅饭的公共食堂,恢复自留地、自留畜。允许社员发展家庭副业和手工业、恢复集市贸易。为了减轻农民负担,国家从 1961 年起减少征购粮任务,同时提高农副产品收购价,以促进恢复和发展农业生产。

1961 年 7 月 11 日—8 月 4 日,根据中共中央八届九中全会的精神,中共中央西北

---

① 《甘肃统战史略》,第 165 页,甘肃人民出版社,1988 年。

局,在兰州召开西北地区第一次民族工作会议。会议针对民族工作中"左"的错误泛滥,特别是西北地区反"右派"、反地方民族主义、反对宗教界坏人坏事斗争扩大化造成的严重后果而召开。这次会议主要就解决西北民族问题和牧区工作问题提出了重要政策和措施。会议决定大力发展畜牧业生产,安定社会秩序,纠正平调错误并彻底退赔。提出了正确解决青海、甘肃藏族地区平息叛乱和反封建斗争中遗留的问题,调整牧区人民公社的所有制和组织规模等方面的方针和政策。同时,还讨论了保障少数民族的平等权利和自治权利、保护宗教信仰自由问题,加强培养少数民族干部、巩固和发展党的基层组织、克服民族主义、开展学习等问题。

1961年12月6日,中共中央批转了这次会议纪要。批示指出:"在社会主义革命和建设中忽视民族问题是错误的,有的地方不认真贯彻执行党的民族政策,甚至在工作中违反这些政策,更会给工作造成损失……必须让同志们知道,民族问题是长期的,不同时期有不同时期的内容和任务,一般说来只要有民族差别,就应该注意民族问题。现在我国各民族不仅在民族特点方面还存在着差别,在经济、文化发展水平以及人民群众的觉悟水平方面也存在着程度不同的差别,而且各民族间的历史隔阂也没有完全消除。在我国各民族共同的社会主义事业中,民族问题这一重要因素绝不容许忽视,如果忽视了这个问题,不做好民族工作,在工作中不坚决地按照党的民族政策办事,就会使我们犯错误"。① 这次会议给民族工作纠正"左"的错误开创了一个良好的开端。

1961年,中央民族事务委员会起草了《关于少数民族牧区工作和牧区人民公社若干政策的规定(草案)》(简称《牧区工作40条》),对少数民族牧区和山区的生产给予了更多的关注,使之成为牧区和山区调整和整顿的依据。

1962年4月21日,全国民族工作座谈会召开,由全国人民代表大会民族委员会和中央民族事务委员会联合主持。参加会议的主要是出席全国人民代表大会的少数民族代表、委员和有关民族地区负责人。在这次会议上,全面检查了"大跃进"以来执行民族政策、宗教政策、统一战线政策和民族工作中存在的问题,② 并研究了解决问题的方针、政策、具体措施。会议认为,过去几年民族工作中所以发生严重的缺点和错误,主要是由于不重视社会主义革命和社会主义建设过程中的民族问题,即忽视了民族特点、民族宗教问题、少数民族地区经济问题、少数民族平等权利和自治权利问题以及民族宗教上层人士的统战问题。会议提出今后五年内对少数民族地区的工作方针:依照中共中央的政策调整民族关系,加强民族团结,调整各民族内部各阶级和阶层间的关系,加强工农联盟,加强同一切爱国民主人士的团结,以便调动和发挥各少数民族人民的积极性,集中力量恢复和发展农业生产,牧区发展牧业生产,林区发展林业生产,逐步恢复和发展经济,改善人民生活。调整民族关系及其他各种关系,是少数民族地区在调整期间压倒一切的任务,其他方面的事业都要服从这个总目的。③

中央在对全国民族工作座谈会批示中进一步指出:"民族问题的彻底解决,是长期

---

① 《当代中国的民族工作》(上),第137页,当代中国出版社,1993年。
② 《当代中国的统战工作》,第392页,当代中国出版社,1993年。
③ 《当代中国的民族工作》(上),第136页,当代中国出版社,1993年。

的，必须进行长期的经常工作，才能逐步实现。如果看不到这种长期性，不重视社会主义革命和建设过程中的民族问题，不照顾民族特点和地区特点，不按政策办事，在工作中势必犯错误"。① 中央还提出，"在干部和人民中重申民族政策、宗教政策、统一战线政策和其他方针政策，并且要经常认真地检查政策的执行情况"②。针对当时全国各地正在进行的精简机构、下放干部情况，中央在批示中指出："在这次精简中，管理民族工作的机构不要取消，干部不要精简，要适当加强"。③

两次民族工作会议，初步纠正了"大跃进"以来民族工作中出现的"左"的错误，调整了民族关系和其他方面的关系。会议强调了民族问题的长期性、重要性，重申了民族政策、宗教政策和统战政策。全国民族工作座谈会之后，贵州省民委于当年6月30日、云南省民委于7月2日、宁夏回族自治区民委于8月6日、广西壮族自治区民委于8月16日、辽宁省民委于8月23日、内蒙古自治区民委于12月10日先后召开了民族工作会议。各地主管民族事务部门传达了全国民族工作座谈会和中共中央的有关精神，检查和总结了几年来民族政策执行情况，总结了经验和成就。1962年，云南省先后部分落实党的民族宗教政策，到1965年，边疆民族地区安排民族上层人士1372人，其中67人担任县级以上的领导职务，有1159人评定了工资级别或单独领取定期生活补贴。1964年前，省财政每年拨给民族上层的专项经费都在130万元以上。④ 但由于历史的局限性，未能从根本指导思想纠正"左"的错误和认真贯彻两个会议提出的纠正错误的措施。

1962年在贯彻执行中共中央《关于进一步巩固集体经济，发展农业生产的决策（草案）》时，开始在全国纠正单干，8000多个一度包产到户的生产队被指责为单干，受到不应有的批判。1965年5月以后，根据中央指示经过试点分期分批在全国300个公社、3068个大队、15198个生产队开展农村社会主义教育运动（即"四清"）。在这一过程中，再一次严重混淆了两类不同性质的矛盾，打击伤害了一批干部，助长了"左"的思潮泛滥。⑤ 云南随着社会主义教育运动的开展及其后开展的整"党内走资本主义道路当权派"，使国民经济在调整中的成果亦未能得到较好的巩固，一些"左"的行为也日益严重。在这一时期，云南民族自治地方数量有所增加，但"民族区域自治问题，这几年虽未取消，但已名存实亡，实际上无事可办"⑥。随着民族问题的实质是阶级问题的提出，民族工作中"左"的错误和影响日益扩大。

第三节 新疆伊犁、塔城事件和中印之战

一、云南省边民外流

云南省地处我国的西南边陲，它的西部、南部与东南亚的缅甸、老挝、越南三国交

---

① ② ③ 《当代中国的民族工作》（上），第137页，当代中国出版社，1993年。
④ 王连芳主编：《云南民族工作的实践和理论探讨》，第421页，云南人民出版社，1995年。
⑤ 《当代中国的甘肃》（上），第112页，当代中国出版社，1992年。
⑥ 《当代中国的云南》（上），第172页，当代中国出版社，1991年。

界，国境线长达 4000 多公里。云南省民族众多，有彝族、白族、哈尼族、佤族、德昂族、基诺族、壮族、傣族、苗族、傈僳族、回族、拉祜族、纳西族、瑶族、藏族、景颇族、布朗族、普米族、怒族、阿昌族等 24 个少数民族，其中有 15 个少数民族与国外相同民族跨境而居。解放初期，由于在这些少数民族地区实行了正确的政策和方针，各民族的生产有了一定的发展，生活有了很大改善。

1958 年的"大跃进"中，大炼钢铁，大办生产队集体食堂，大搞"一大二公"，"一平二调"，刮起了一股"共产风"和"民族融合风"。云南边疆民族地区在全国"左"的思想影响下，大批所谓"三论"（边疆特殊论、民族落后论、条件论）和"三派"（促退派、观潮派、秋后算账派），在和平协商土改地区和"直接过渡"的少数民族中，进行民主革命补课和镇压反"安全运动"，打击民族宗教上层，"净化边境"。强行收兑少数民族妇女喜爱的金银首饰、腰带，将少数民族群众生产生活必需的铁制农具、铜壶、铜盆、铁锅强制收购回炉，搞得边疆各民族群众人心慌乱，提心吊胆，部分少数民族边民被迫流亡境外。①

德宏傣族景颇族自治州瑞丽县国境线长 145 公里，所辖乡镇几乎都在边境线上，其中很多村落与缅甸阡陌相连，边境通道多达 20 余处，双方边民之间来往极为便利，加之有通婚、互市的历史传统及相同的民族文化，在其生产发生困难后，许多人流向缅甸投亲靠友。据调查，1958 年瑞丽县傣、景颇等少数民族约有一半人流入缅甸，近万名边民外流的状况一直持续到 20 世纪 60 年代初，云南全省边疆少数民族人口外流一时达 13 万余人。② 1960 年 1—4 月，西双版纳景洪县大勐龙区就外流 1150 人。③ 据称最大的一次边民外流是 1961 年临沧地区孟定坝子在坚持搞公社化过程中，全坝子一万余人一夜之间外逃过半。④ 随着国民经济实行"调整、巩固、充实、提高"政策后，民族工作也进行了初步纠正"左"倾错误。云南省委对边境地区采取了一些纠正政策主要有：生产合作社的生产关系和组织规模适合于当地民族的生产力水平和觉悟，从 1961 年起，至少七年不变；有些戴了人民公社的帽子，仍按高级合作社的政策办事；对边沿一线的单干户，维持现状，不去动员他入社；耕牛和其他大牲畜都不再实行折价入社；生猪实行公私并举，以私养为主；允许社员长期保留多于内地数量的自留地、零星果木、小块竹林和小鱼塘；边疆地区一律不办食堂；有些地区无办社条件的，仍采取互助组办法；合作社规模一般一寨一社，凡几个民族合办一社的，如群众有意见，应予分开；多民族的社，应有民族的社管委员；认真实行劳逸结合，照顾民族的节日、赶街、赶摆、串亲等习俗；保护出境群众的牲畜、房屋及其他财产；回归人员生产生活有困难的，由当地政府和合作社妥善安置等。⑤ 同时，清查处理了许多遗留问题，比如退回平调牲畜和物资等。经过这一系列的调整、整顿，边境村落的生产生活秩序得到逐步恢复，各族群众思想逐步稳定，从而外流人员渐渐回归。这一时期少数民族地区纠正"左"的错

---

① 马曜主编：《云南民族工作 40 年》，第 190 页，云南民族出版社，1994 年。
② 《当代中国的云南》（上），第 147 页，当代中国出版社，1991 年。
③ 《当代中国的云南》（上），第 150 页，当代中国出版社，1991 年。
④ 王连芳：《云南民族工作的一段曲折岁月》，《云南民族工作》，1998 年第 9 期。
⑤ 《当代中国的云南》（上），第 161 页，当代中国出版社，1991 年。

误仍是以"左"纠正"左",因而"左"的错误未能从根本上得到纠正。

二、伊塔事件①

早在20世纪50年代末,中国同苏联之间的关系就开始恶化,苏联中止执行一系列同中方的经济合同,成为加剧中国经济困难的一个重要的国际因素。同时,苏联在外交政策上对中国施加种种压力,军事上加紧了对中苏边境地区的军备,并制造了一系列挑衅性边境流血事件。

伊犁哈萨克自治州地处新疆维吾尔自治区的西北边陲,西北边境紧邻苏联的哈萨克斯坦共和国,塔城、裕民、霍城三县是伊犁最靠边境的县。这里边境通道广阔,主要居住的是哈萨克族等民族的牧民,他们同境外的居民在语言、文化方面有很多共同性,属跨境而居的民族,历史上就有密切的关系,成为其相互接近的重要条件。由于"大跃进"、"人民公社化"对这一地区影响甚深,新疆少数民族地区一些民族群众生活生产遇到了严重困难,特别是生活必需品的短缺、政策不稳带来一系列不安定因素及思想上的压力,都成为苏联制造边境事件可以利用的条件。苏联驻伊犁领事馆借机大肆活动,通过领事馆及其控制的苏侨协会,以各种方式在中国公民中非法发展苏侨,建立情报关系,通过报刊、广播、信件、邮寄食品和衣物等进行渗透活动。宣传到苏联可过"幸福生活",并竭力挑拨中国民族关系,掀起"反汉"浪潮。1962年1—4月,苏联驻伊宁领事馆副领事多次到塔城非法接见中国群众6000余人,公然宣称:"塔城地区的群众很多是从苏联来的,现在苏联还把他们当做自己的公民看待,苏联的大门为他们敞开着"。不仅如此,他们还在群众中大量散发"召唤书"、"邀请书"、"出生证"、"侨民证"等,并在中国边民少量非法越境时,先后在塔城、裕民、霍城、额敏等县的边境上敞开口子,组织接收或运送中国出境群众,并给予安排工作,于是从4月16日起,伊塔地区大批边民非法出境,当地政府多方劝阻无效,被策动离境到苏联的人多达56000人。据《苏中关系史》记载:从1962年4月22日至6月初,有67000人迁往苏联,而后在1962年10月15日到1963年5月1日又有46000人从新疆迁往苏联。在国内外敌人的煽动下,一些群众哄抢国家、集体财产,仅牲畜我方就损失30余万头(只),大批群众离境还造成40余万亩农田无人耕作,对该地区的生产、生活造成了很大的破坏。5月29日,聚集在伊宁市等候坐班车到霍城边境的群众,在阿不都卡尔的煽动下,破坏车站站房,冲击自治州人民委员会机关和自治州党委办公大楼,破坏办公设施,劫走伊宁外事分处的部分文件和档案,夺走人民武装部的一些枪支,打伤州委书记、州长和公安局副局长等多人,参与暴乱者得到了苏联驻伊宁领事馆的支持,特别是我方采取措施平息暴乱时,部分暴徒涌入领事馆,苏联领事亲自接见他们。

虽然暴乱被迅速平息,但边民外流并未就此停止,中国政府就此向苏联政府提出抗议和交涉,要求允许诱迫出境的中国居民返回中国境内,苏联政府无理地拒绝了中国政府的要求。事实上,伊塔事件是苏联利用中国当时的经济困难和群众生活困难,推行其大国霸权主义的结果。

---

① 李福生、方英楷:《新疆生产建设兵团简史》,第173页,新疆人民出版社,1997年。

三、中印边境之战

"中国西藏地方与印度间的东部边界从中国、不丹、印度三国交界点,东至中国、印度、缅甸交界处存在着一条传统的习惯边界线。这条边界线的大致走向是沿喜马拉雅山脉南麓和布拉马普特拉河北岸平原交界线而行,直到察隅河下游,再向东南行到达中印缅三国交界处,这条传统习惯线是中国西藏地方多年来实行行政管辖而形成的"。① 中印两国边界一直遵循这一习惯线而未曾划过边界线,但是1914年西姆拉会议期间,英国代表在会外,背着中华民国政府代表,同西藏地方代表用秘密换文方式划出所谓的"麦克马洪线",但这是非法的,历届中国政府都未曾承认过这条边界线,由于印度对西藏存有野心,因而执行了一条扩张主义的政策,特别是西藏和平解放和实行社会改革,使其对西藏的野心难以实现,于是他们便在边境问题上制造事端。从1961年起,印度军队不断向中国境内入侵,在东段边界已越过非法的"麦克马洪线",在西段也开始设立新的侵略据点,到中印边界冲突爆发之前,印度在中印边境西段的中国境内已设立43个侵略据点,其中有的据点仅距中国哨所几米远,有的据点甚至已设到中国的哨所的后方,切断了中国哨所的后路,中国的边防哨所与印度的侵略据点形成了犬牙交错之势。对此,中国政府始终从促进中印友好的大局出发,一再忍让,并要求印度遵从"和平共处五项原则"② 和本着互谅互让的精神和平解决两国的边界问题。中国政府为此作出了极大的忍让与努力,但印度政府视此为中国政府软弱可欺,拒绝了中国的和平建议,开始更大规模的军事行动。从1962年9月20日午夜起,盘踞在非法的"麦克马洪线"以北中国扯冬地区的印度侵略军不断武装进攻中国边防部队,在多次进攻中打死打伤中国边防人员数十人。与此同时,印度还不断入侵中国的领空。10月12日,印军又开始了大规模的进攻,并称要"消除"中国的军队,中国政府在要求和平解决边境冲突无效,忍无可忍的情况下,于1962年10月20日7时30分,命令边防部队进行自卫还击。首先,取得了克节朗战役胜利,打败了集结在克节朗、棒山口、达旺地区的印度陆军第四师战术司令部指挥的"王牌"军第七旅及第四旅6000余人。中国边防部队采用战役追击之策,分别抵达东新桥、达旺等地。至此,为了珍惜中印两国人民的友谊,缓解由印度政府挑起的紧张局势,中国政府于10月24日发表声明,提出停止冲突,郑重提出为了停止边境冲突重开和平谈判和解决中印边界问题的《三项建议》:(一)双方确认中印边界问题必须通过谈判和平解决,在和平解决以前,双方尊重1959年11月7日存在于双方间的实际控制线。双方武装部队从这条线各自后撤20公里,脱离接触。(二)如果印度同意前项建议,中国愿意通过协商,把边界东移的中国边防部队撤回到实际控制线以北,同时把边界向中移和西移,中印双方保证不超过实际控制线。(三)为了谋求边界问题的友好解决,两国总理再一次举行会谈,③ 并指示边防部队停止前进,以示中国政府重开谈判的诚意。周恩来总理也致函尼赫鲁,希望印度政府

---

① 杨公素:《所谓"西藏独立"活动的由来》,第85页,中国藏学出版社,1990年。
② 和平共处五项原则:1954年4月《中华人民共和国和印度共和国关于中国西藏地方和印度之间的通商和交通协定》中首次提出,主要内容为:互相尊重主权和领土完整;互不侵犯;互不干涉内政;平等互利;和平共处。同年6月,中印、中缅总理联合声明重申并确认该五项原则为国际关系的指导原则。
③ 《中华人民共和国对外关系史》,第147页,北京大学出版社,1994年。

对中国的三项建议作出积极的反应。但印度政府当日便拒绝了中国政府的建议，要求恢复 1962 年 9 月 8 日以前的边界状态，即印度方面侵占了中国大片领土后的边界状态。并宣布全国处于"紧急状态"，成立新军团，组织"紧急内阁"，扩充"国民军"、"国防义勇军"等武装组织，调遣大量印军向边境地区迅速推进，继续武装进攻中国边防部队，中国边防部队被迫继续进行自卫还击。

在反击中，中国边防部队先后收复了被印军侵占的领土。11 月 16 日，中国边防部队进驻瓦弄，18 日进驻西山口，19 日进驻德让宗东南重镇邦迪拉，20 日进驻比里山口，21 日进驻梅楚卡、打拢等地，逼近了传统习惯边界线，完成反击任务，与此同时，在西藏地区边防部队的配合下，新疆地区边防部队胜利击退了中印边界中段、西段印军的全面进攻，清除了中印边境西段中国境内印军所设 43 个侵略据点和其在中印边境中段中国境内所设的侵略据点。

为了维护中印两国悠久的传统友谊，继续促进《三项建议》的实现，11 月 20 日 8 时，中国做出了关于中印边界的中国边防部队全线后撤的决定，中国边防部队从 11 月 22 日零时起在中印边界全线停火，并从 12 月 1 日撤到 1959 年 11 月 7 日实际控制线后 20 公里。经过三个月的努力，1963 年 2 月 28 日中国边防部队全部完成后撤计划，但是，为了确保边境地区人民正常往来和边境的安宁，西藏和新疆地方政府根据中央指示，在 1959 年 11 月 7 日实际控制线中国一侧 20 公里地区若干地点设立了民政检查站，而中印双方停止安排存在争议的东段扯冬、朗久和中段的乌热、西段印度曾设过据点的地区，中国决定后撤，不再设立民政检查站，至此，中印之战结束。

中国在中印之战能够迅速取得胜利，西藏党政军民的全力支持是一个十分重要的因素。据统计，在边防部队作战过程中，西藏共出动支前民工 32237 人，还有大量民畜和 876 辆汽车，支援前线 112 万公斤的糌粑、3 万公斤的酥油、16 万公斤的牛羊肉、48 万公斤的马料、15 万公斤的蔬菜等。西藏人民发扬了不畏强暴、保家卫国的光荣传统，与边防部队并肩作战，用鲜血和生命保证了自卫反击战的胜利。

第四节　全面推行民族区域自治政策

一、广西、宁夏建立省级民族自治区

壮族是我国少数民族中人口最多的一个民族，1953 年，全国第一次人口普查，壮族总人口为 686.4 万人，居住地区也很集中，适于建立省一级的自治区。1956 年 9 月，国务院总理周恩来代表中共中央召集在京出席第八次代表大会的广西省常委陈漫远、韦国清、覃应机等 9 人就建立广西壮族自治区问题座谈，他们对壮族实行区域自治的方案和步骤提出了意见。经过充分的前期准备工作，1956 年 10 月，中共中央倡议建立省一级的壮族自治区。这一倡议得到了广西省各族各界的一致赞同。

建立壮族自治区的方案有两个：一为将当时的广西省分为两部分，在壮族居住的西部地区，即以已经建立的桂西壮族自治州为基础建立壮族自治区；在东部的汉族地区仍保留广西省的建制；二为将广西全省改建为广西壮族自治区。广西省组织各方面人士对此进行了热烈的讨论，中共中央也做了大量的工作。1957 年 3 月，中国人民政治协商

会议全国委员会邀请广西省各族各界代表和在京广西籍人士协商建立广西壮族自治区方案。李维汉在分析两个方案后指出：广西汉族人口较多，文化技术水平较高，壮族居住地区工业资源丰富，各民族联合在一个行政单位内，有利于资源开发和共同发展。经过这次认真的协商和讨论，在原则问题上取得了一致意见。最后，经过自上而下和自下而上的广泛讨论和协商，改建广西全省为广西壮族自治区的方案被采纳。

1957年7月15日，第一届全国人民代表大会第四次会议通过了《关于建立广西壮族自治区的决议》，撤销了广西省建制，以原广西行政区为广西壮族自治区的行政区域，并成立了筹备委员会，韦国清（壮族）任主任委员，李任仁等五人任副主任委员。

1957年9月18日，筹备委员会召开了第一次会议，开始围绕宣传民族政策、广西各少数民族尤其是壮族革命历史传统、民族团结和社会主义这一中心，积极开展工作。筹备委员会下设办公室、宣传处、法制处、人事处、基建筹建处等机构。经过半年的努力，1958年3月4日，广西壮族自治区正式成立。

广西壮族自治区第一届人民代表大会第一次会议选举了自治区主席韦国清（壮族）、副主席贺希明、李任仁、覃应机（壮族）、莫乃群（壮族）、卢绍武（壮族）及43名委员，选举了自治区高级、中级人民法院院长7人和出席全国人民代表大会代表38人，并确定每年的3月15日为广西壮族自治区建立的纪念日。

回族是人口数仅次于壮族、满族的少数民族，1953年人口普查时，回族人口为350余万人。1956年2月，中共中央根据有关民族区域自治的精神，提出建立回族省级自治区的倡议。由于回族居住分散，唯有当时的甘肃境内有回族120余万人，于是中央便倡议在甘肃回族人口较集中的地区建立一个省级回族自治区，中共中央的倡议得到了广大回族干部群众的热烈响应，也得到了当时甘肃省各界的积极支持。1957年5月13日，甘肃省人民委员会、省政协举办联席会议，根据各方面意见，正式通过了建立回族自治区的方案，建议将当时甘肃的银川专区（9个县市）、吴忠回族自治州（5个县市）、固原回族自治州（3个县市）、泾源回族自治县、隆德县等19个市、县划出，作为宁夏回族自治区辖区。这一方案，一方面考虑到回族人口较为集中，对回族的发展有利；另一方面，这里北有银川、吴忠一带黄河自流灌溉之便，农业生产条件极为优越，南有山区广阔的草山和草场，可以大量发展牧业经济；同时，区内又有着丰富的矿产资源，有着良好的发展前景。1957年6月，第一届全国人民代表大会第四次会议通过了成立宁夏回族自治区的决议。

此后，各方面人士经过认真协商，在取得一致意见的基础上，宁夏回族自治区筹备委员会于1958年6月中旬正式成立，刘格平（回族）任筹备委员会主任，马玉槐（回族）、吴生秀任副主任。

为了便于宁夏回族自治区尽快建立起来，全国各地开始支援宁夏，中共中央国务院从中央各部门和全国各地抽调了一批干部和各方面人才，以及各种建设物资。从1958年年初到自治区成立之前仅10个月的时间里，从中央及全国20多个省市调宁夏的汉、满、朝鲜等民族的干部职工就达7万人，他们中有领导干部、工程技术人员、教师、医生和文艺工作者，也有建筑工人和知识青年。为了加速自治区煤炭建设，国家煤炭部派来20多名工程建设人员，辽宁、甘肃等省派来近千名技术熟练的建井工人。

1958年10月24日，宁夏回族自治区第一届人民代表大会第一次会议召开，次日，正式成立。刘格平任自治区主席、马玉槐、吴生秀、王金璋、马腾霭、郝玉山、黄执中为副主席。宁夏回族自治区的成立，增强了回汉民族的团结。

二、撤销或新建民族自治地方，调整行政区划

　　《民族区域自治纲要》和1954年宪法颁布实施后，民族区域自治有了很大的发展。1958—1965年，尽管民族工作中"左"的思潮干扰日益抬头，民族区域自治的具体政策落实不力。但仍先后建立了壮族、回族、藏族3个民族的省级自治区，在云南、四川、广东、辽宁、吉林、河北等地建立了州县级的民族自治地方，相应的进行了一系列行政区划的调整。

　　1958年4月，云南省成立了文山壮族苗族自治州和楚雄彝族自治州，两州州长分别为罗运通（壮）、普贵忠（彝）。文山壮族苗族自治州位于云南省东部，居民主要是壮、苗、彝、瑶、回、傣、白、蒙古、汉等民族，自治州首府驻文山县，下辖文山、广南、马关、西畴等八县。楚雄彝族自治州位于云南金沙江南岸，境内居有傈僳、苗、回、傣、哈尼、白、纳西、汉等民族与彝族共同生活。州首府驻楚雄市，下辖一市十县。同年，还成立了喀喇沁左翼蒙古族自治县和阜新蒙古自治县。喀喇沁左翼蒙古族自治县位于辽宁省西南部，县政府驻大城子镇、境内生活着蒙古、回、汉等民族。阜新蒙古族自治县，位于辽宁省阜新市郊，县政府驻阜新镇，境内生活着蒙古、满、朝鲜、汉等民族。同年5月，广东省成立钦北壮族自治县（1964年12月改为钦州壮族自治县）和东兴各族自治县。钦北壮族自治县位于原广东省钦县的北部，1965年又划归广西壮族自治区，居民主要为壮族和汉族等。东兴各族自治县也于1965年划归广西壮族自治区（今防城港市）。7月，四川省成立茂汶羌族自治县（1963年，国务院第126次会议将并于该自治县的汶川县、理县行政区域划出，恢复两县建制），位于四川省岷江上游，县政府驻凤仪镇，境内生活着羌、回、藏、汉等民族。1958年8月，内蒙古自治区成立鄂温克自治旗、莫力达瓦达斡尔族自治旗。鄂温克区自治旗位于内蒙古自治区东北部，属呼伦贝尔盟管辖，旗人民政府位于巴彦托海镇，境内居民除鄂温克族外，还有达斡尔、蒙古、汉等民族。莫力达瓦达斡尔族自治旗，位于内蒙古自治区呼伦贝尔盟东北部的嫩江河畔，旗人民政府驻尼尔基镇，境内有达斡尔、鄂伦春、鄂温克、满、蒙古、汉等民族共同居住。9月，吉林省成立长白朝鲜族自治县。该自治县位于吉林省东南部，县人民政府驻长白镇，居民有朝鲜族、满族、蒙古族、汉族等。12月，国务院决定撤销河北省孟村回族自治县，划归盐山县；撤销河北大厂回族自治县，划归蓟县；撤销甘肃张家川回族自治县和清水县，合并设立清水回族自治县（1961年恢复张家川回族自治县，1962年又分别恢复了孟村，大厂回族自治县建制）。

　　1959年，除西藏自治区的筹建工作继续进行外，未有新建民族自治地方。直到1960年9月，国务院召开第103次会议，对云南地区进行了区划调整，具体为：撤销路南彝族自治县，原行政区域归并宜良县（1964年6月，该自治县建制得以恢复，仍以原行政区域合并为该自治县行政区域）；设立寻甸县，撤销寻甸回族自治县和嵩明县，两县原行政区域合并为寻甸县行政区域，设立巍山彝族回族自治县，撤销巍山彝族自治县和永建回族自治县，原两县内行政区域，合并为巍山彝族回族自治县行政区域。

同年1月，撤销新疆维吾尔自治区的库尔勒专区，其所属的库尔勒、尉犁、轮台、且末、若羌并入巴音郭勒蒙古自治州；在内蒙古自治区设立巴彦高勒市、宁夏回族自治区设立石嘴山市；将西藏原有83个宗和64个相当于宗的独立谿卡合并划分为1个市、72个县、设立7个专员公署。

1961年4月，云南省成立丽江纳西族自治县，该县位于滇西北，县政府驻大研镇，境内居住着纳西族、白族、傈僳族、彝族、普米族、苗族、回族、藏族、水族、汉族10个民族。同年，甘肃恢复酒泉、武威、庆阳、武都4个专员公署和35个县、1个自治县（即张家川回族自治县），在恢复古浪县时将合并于天祝藏族自治县的原古浪行政区域划归古浪县。

1962年，广东省成立连山壮族瑶族自治县，该县9月成立，县政府驻吉田镇，境内生活着壮族、瑶族、回族、满族、黎族、京族、苗族、汉族等。同年，恢复连南瑶族自治县，该县于1955年由连南瑶族自治区改为连南瑶族壮族自治县，县政府驻三江镇，境内生活着瑶族、壮族、汉族等，撤销连南瑶族壮族自治县。河北省商都县划归内蒙古自治区管辖；果洛藏族自治州的同德县划归海南藏族自治州，同年又将海南藏族自治州的玛多县划归果洛藏族自治州。

1963年，云南成立屏边苗族自治县和河口瑶族自治县，屏边苗族自治县7月1日成立，该县位于云南省南部，县政府驻玉屏镇，境内居民有苗族、彝族、壮族、瑶族、汉族等。河口瑶族自治县7月11日成立，地处云南省南缘，县人民政府驻城关镇，境内生活着瑶族、苗族、壮族、彝族、布依族、傣族、汉族等。贵州成立镇宁布依族苗族自治县，该县4月11日成立，位于贵州省西南部，县政府驻城关镇，居民中不仅有布依族、苗族，还有侗族、仡佬族、彝族、回族、汉族等。广东乳源瑶族自治县10月1日成立，县人民政府驻乳城镇，居民有瑶族、壮族、汉族等。

1964年，新建四川盐源彝族自治县、云南沧源佤族自治县。盐源彝族自治县，位于现四川凉山彝族自治州西南部，县政府驻盐井镇，境内居民有彝族、汉族、蒙古族、回族、苗族、藏族、傈僳族等（1978年又改为盐源县）。同年，成立了沧源佤族自治县，该县位于滇西南角，县政府驻勐董镇，是佤族的主要聚居区，境内还有拉祜族、傣族、回族、汉族等。

1965年，云南成立西盟佤族自治县和南涧彝族自治县。西盟佤族自治县3月5日成立，位于云南西南阿佤山东部的西盟山区，县政府驻西盟镇，境内有佤族、拉祜族、傣族、汉族等居住。南涧彝族自治县11月27日成立，属大理白族自治州管辖，县政府驻南涧镇，境内生活着彝族、回族、白族、苗族、布朗族、傈僳族、纳西族、汉族等居民。同年，广东湛江专区管辖的合浦县、灵山县、钦州壮族自治县、东兴各族自治县、北海市划归广西（这些地区1955年由广西划入广东），并撤销钦州壮族自治县，改建为钦州县。8月，贵州黔南自治州所辖紫云县划归安顺专区管理，后于12月撤销紫云县，设立紫云苗族布依族自治县，该县位于贵州省西南部，县人民政府驻松山镇，境内有苗族、布依族、壮族、回族、瑶族、彝族、汉族等居住。随后黔南自治州所辖望谟、册亨、安龙、贞丰划归兴义专区管理，并分别设立望谟布依族苗族自治县、册亨布依族自治县、安龙市布依族苗族自治县、贞丰布依族苗族自治县。

1958—1965年，共设立了2个自治区、2个自治州、18个自治县，一些行政区域进行了调整。通过这一系列工作，民族自治地方数量增加，由于"左"的思潮对民族工作的干扰，民族自治地方建立后，自治权利难以落实。

三、民族自治地方制定自治条例和单行条例

1952年，中国颁布的《民族区域自治法实施纲要》规定，民族自治地方的自治机关"在中央人民政府和上级人民政府法令所规定的范围内，依其自治权限，得制定本自治区单行法规，层报上两级人民政府核准"。1954年《中华人民共和国宪法》规定：自治区、自治州、自治县的自治机关可以依照当地民族的政治、经济和文化特点，制定自治条例和单行条例；报请全国人民代表大会常务委员会批准。根据这些规定，民族自治地方从1955年开始进行制定自治条例和单行条例的工作。自治条例和单行条例是一种规范性的法律文件，在中国的法律体系中属自治法规，这一法规只适于本民族自治地方。自治条例是民族自治地方综合性法规，单行条例是规范某项事务、某专门问题的法规。各民族自治地方大都是从制定单行条例入手的，如民族自治地方组织条例、民族自治地方各级人民代表大会和各级人民委员会组织条例。

1958—1965年，经民族自治地方的人民代表大会制定，报经全国人民代表大会常务委员会批准而颁布单行条例共31个，其中组织条例29个，选举条例1个，主要有：

1958年3月批准的《贵州省松桃苗族自治县人民代表大会组织条例》、《贵州省三都水族自治县人民代表大会和人民委员会组织条例》。1958年9月全国人民代表大会常务委员会批准的《广西壮族自治区人民代表大会和人民委员会组织条例》。1958年3月批准的《吉林省延边朝鲜族自治州各级人民代表大会和各级人民委员会组织条例》。1958年9月批准的《甘肃省临夏回族自治州各级人民代表大会和各级人民委员会组织条例》、《甘肃省甘南藏族自治州人民代表大会和人民委员会组织条例》。1958年6月批准的《新疆维吾尔自治区伊犁哈萨克自治州各级人民代表大会和各级人民委员会组织条例》。

1959年4月批准的《湖南省城步苗族自治县人民代表大会和人民委员会组织条例》、《湖南省通道侗族自治县人民代表大会和人民委员会组织条例》、《湖南省新晃侗族自治县人民代表大会和人民委员会组织条例》。1959年11月批准的《宁夏回族自治区人民代表大会和人民委员会组织条例》、《湘西土家族苗族自治州人民代表大会和人民委员会组织条例》。1959年11月批准的《云南省红河哈尼族彝族自治州人民代表大会和人民委员会组织条例》和《云南省怒江傈僳族自治州人民代表大会和人民委员会组织条例》、《云南省文山壮族苗族自治州人民代表大会和各级人民委员会组织条例》、《云南省楚雄彝族自治州人民代表大会和人民委员会组织条例》、《辽宁省喀喇沁左翼蒙古族自治县人民代表大会和人民委员会组织条例》、《辽宁省阜新蒙古族自治县人民代表大会和人民委员会组织条例》。

1962年11月批准的《云南省丽江纳西族自治县人民代表大会和人民委员会组织条例》。

1963年3月批准的《西藏自治区各级人民代表大会选举条例》。

1964年12月批准的《内蒙古自治区鄂温克族自治旗人民代表大会和人民委员会组

织条例》、《内蒙古自治区莫力达瓦达斡尔族自治旗人民代表大会和人民委员会组织条例》。1964年12月批准的《广东省连山壮族瑶族自治县人民代表大会和人民委员会组织条例》、《贵州省镇宁布依族自治县人民代表大会和人民委员会组织条例》、《云南省屏边苗族自治县人民代表大会和人民委员会组织条例》、《云南省河口瑶族自治县人民代表大会和人民委员会组织条例》。

1965年批准的《西藏自治区人民代表大会和各级人民委员会组织条例》。1965年8月批准的《四川省甘孜藏族自治州人民代表大会和各级人民委员会组织条例》和《四川省凉山彝族自治州人民代表大会和各级人民委员会组织条例》。

各民族自治地方颁布的组织条例可分出下列类型：一、对民族自治地方内各级人民代表大会和各级人民委员会组成的规范，这类组织条例主要由总则、民族自治地方各级人民代表大会、民族自治地方各级人民委员会、附则几部分构成；二、只对民族自治地方作为自治机关这一级的人民代表大会和人民委员会组织进行规范，这类组织条例有总则、自治区、自治州或自治县人民代表大会、自治区、自治州或自治县人民委员会、附则几部分；三、对民族自治地方自治机关这一级人民代表大会和人民委员会组织分别加以规范，这类组织条例一般不分章节，只写若干条款。所颁布的组织条例都是以组织法的内容为基础，结合本地具体情况制定的，也就是说，这些组织条例都以全国的组织法为蓝本，遵照宪法关于民族自治地方和关于自治机关的自治规定，尽可能依据地方实际加以具体化。① 《广西壮族自治区人民代表大会和人民委员会组织条例》中将组织法中规定的都写了进去，而增写的内容则根据宪法规定民族自治地方自治机关的自治权利和宪法规定的使用当地民族通用的语言文字，举行会议和执行职务。此外，一些具体的事项则具体地加以规定，如《新疆维吾尔自治区伊犁哈萨克自治州各级人民代表大会和各级人民委员会组织条例》，根据本州管辖三个专区的特点，作出有地方特性的规定："自治州人民委员会在必要的时候，经新疆维吾尔自治区人民委员会报请国务院批准，可以设立若干专员公署，作为它的派出机构。"

另外，在一些民族自治地方组织条例的总则中，较广泛地规定了建设民族自治地方的方针、任务；调整民族关系，加强民族团结的指导原则、婚姻制度、宗教政策、经济发展、民族干部的培养等，在实际工作中这些规定起到了自治条例的作用。例如，宁夏回族自治区、云南大理白族自治州、文山壮族彝族自治州的组织条例都有这样的实际作用。《宁夏回族自治区人民代表大会和人民委员会组织条例》的"总则"共有十四条，其中第四条规定"逐步将自治区建设成为一个具有现代工业、现代农业和现代科学文化的自治地方。"第七条则规定了保障民族平等权利和加强民族团结问题，第十一条规定了妇女在政治、经济、文化、家庭生活上享有与男子一样的平等权利，禁止虐待妇女，及实行一夫一妻制，婚姻自由等；第十四条规定了保障公民宗教信仰自由。

民族自治地方的人民代表大会依照当地民族的政治、经济和文化特点，制定自治条例和单行条例是宪法赋予民族自治地方自治机关的一项重要自治权利，从这一时期一些民族自治地方的自治条例和单行条例来看，总体上来说缺少创新，未能紧密联系不同少

---

① 史筠：《民族法律法规概述》，第271—279页，民族出版社，1988年。

数民族地区的民族关系和经济文化建设的需要。特别是广西、宁夏、西藏等自治地方虽起草了自治条例，但均未能通过施行。所以民族地区自治条例在这一时期并未形成，只有单行条例，出现这一状况的原因，客观上，由于各地实行民族区域自治的时间还短，民族立法尚无经验，因此，单行条例的制定只能从较易操作的组织条例入手。同时受当时历史条件所限，人们的法制观念淡薄，民族自治地方的干部群众对依法保障自身的权益没有深刻的认识。另外，由于"左"倾思想在民族工作中的深刻影响，全国性的民族区域自治法的起草工作被搁置，工作难以展开。

第三章　少数民族和民族地区经济文化建设

第一节　民族地区的农业和牧业

一、独龙、基诺、佤等民族改变传统生产方式

独龙族、基诺族、佤族、布朗族、怒族、傈僳族等大都地处云南省的边远山区，直到 20 世纪 50 年代还处在原始社会末期发展阶段，社会生产力水平极低，以刀耕火种的山地农业为主。这几个民族的民族发展进程及所处地理环境略有差别，其刀耕火种农业也各有特点。独龙族的刀耕火种农业已有数百年历史，他们传统的生产工具是竹木器，如尖木棍和天然树杈削成的小木锄，铁制农具虽然已从外界传入，但尚未完成替代竹木器具的过程，在传统的生产条件下，他们春天砍树烧荒播种，秋天收获所得只够几个月的口粮，因而采集和狩猎在传统经济中占有相当重要的地位，农业与手工业尚未分化，没有商人、工匠，生产极为单一，基诺族亦以刀耕火种农业为主，但大多种旱谷，杂以棉花，农业生产中铁制农具和竹木工具并用，每个劳动力除维持自身最低生活所需，尚有一定剩余，因此在民族公社、家庭公社和村社公有制外，还出现了以个体家庭为单位的私人占有制，劳动组合有了新的方式，即除了家族公社公有共耕外，还出现了三四家乃至十一二家公有共耕。可见，这些依赖于传统落后生产方式的民族之间发展程度上也有一定的差别。中华人民共和国成立后，中央和地方政府便开始致力于改善这些民族经济生活的面貌，通过"直接过渡"政策①的实施，引导各族人民改革传统的生产方式，发展其经济文化，取得了显著成就。

为了迅速改善这些少数民族的生产生活条件，中国共产党和人民政府采取了多方面积极有效的措施。首先，发放大批粮食、种子、农具、耕牛、衣服、救济款，以提高其扩大再生产能力和生活水平。1956 年，中国共产党和人民政府为了帮助这些少数民族发展生产拨款 46 万元，1957 年增加到 350 万元，1958 年达到 500 万元。② 此外，1954 年以后，政府除了大量的物质支援外，还派遣了大批干部到这些少数民族地区，帮助他们提高耕作技术、兴修农田水利、改火山地为固定耕地，开发水田，扩大耕地面积，这些工作最终对这些少数民族传统生产方式的变革起到了关键性的作用。

独龙、基诺等民族过去没有一亩水田，只有与汉族、傣族杂居的部分佤族、景颇族等民族有少量水田，但是随着这些少数民族地区水利的兴修和水田的开发，这些以刀耕

---

① 即中华人民共和国成立前，在中国一些少数民族地区由于阶级分化不十分明显，生产力发展水平极低，在很大程度上还保留着原始公社制度残余，中华人民共和国成立后，中国共产党和人民政府在这些少数民族中，未进行民主改革，而是实行大力扶持其发展经济、文化，组织互助合作的政策，帮助其向社会主义直接过渡。

② 《当代中国的民族工作》，第 119 页，民族出版社，1989 年。

火种农业为主的少数民族也种上了水田，农业生产技术得到逐步提高。这些少数民族开始由原始粗放的刀耕火种农业向精耕细作的水田农业过渡。与此同时，过去的火山地也开始向固定耕地转变，特别是在干部的引导下，群众逐渐接受对土地施肥和精耕细作的方法，大大提高了单位面积的产量。

上述少数民族的生产管理方式也发生了巨大的变化，为产品分配方式的变革提供了良好的条件。首先，建立了互助组，由于这些少数民族有公有共耕的习惯，所以较易于接受这一组织方式。1957年，岳宋、芒享、班帅三个佤族寨子试办5个互助组，实行小规模经营，按劳分配，在这一过程中培养了一批少数民族自己的干部，提高了这些少数民族的生产管理水平，推动了其经济的发展。

中央和地方政府对这些少数民族地区实行的政策和措施，不仅使其传统的生产方式发生了根本性的转变，也带动了其社会面貌变革，生产力水平有所提高。西盟佤族自治县20世纪50年代初粮食总产量约为1000万斤，到1965年已达2600万斤，人均可得粮食600斤。沧源佤族自治县20世纪50年代初粮食总产量为2000万斤，1965年达到6200公斤，农业人口人均可得粮食750余斤。[①] 但是，由于"大跃进"和人民公社化的开展，大搞"一刀切"，忽视民族特点，在这些生产力水平仍然不高，生产发展还很脆弱的少数民族地区也实行了"一大二公"的大集体生产，大大延误了这些少数民族地区生产发展的进程，以至于到20世纪80年代，云南省的碧江县怒族、傈僳族等少数民族地区仍有2000余亩的火山地。

二、内蒙古、甘肃、新疆、青海、四川等牧区少数民族开始多种经营

内蒙古、甘肃、新疆、青海、四川等牧区少数民族主要有蒙古族，部分鄂温克族、达斡尔族、藏族、裕固族，部分维吾尔族，大多数的哈萨克族、柯尔克孜族、塔吉克族等，这些少数民族传统的牧业生产方式为"逐水草而居"的游牧经济，生产力水平低，生产分散，结构单一，牧民生活贫困。

中华人民共和国成立后，中央和地方政府采取了一系列措施发展畜牧业生产，改善群众生活，特别是民主改革解放了牧业生产力。在牧区广泛试行的"定居放牧"，不仅改革了粗放经营的牧业生产方式，还为牧民开展多种经营创造了有利条件。到1959年12月，全国已有2000多万名牧民基本上实现定居或半定居，国家为其建设了大量定居点，新疆牧民定居点有2000个左右。甘肃省20余万少数民族牧民的70%实现了定居，而内蒙古的少数民族牧民早在1958年就有90%实现了"定居放牧"和"半定居放牧"。

在积极促进牧民定居放牧的同时，各级政府还大力抓好草原建设、畜群管理、牲畜品种改良和兽医工作，以促进牧业经济的发展，并根据不同牧区的特点，开展农牧结合、农林结合，帮助农牧民开展多种经营，改变牧区单一的经济结构。牧区的多种经营基本上是从农业入手的，因为这些牧区的少数民族牧民大都有经营粗放农业的经历。所以很多地方首先从引导牧民种植饲草料开始，逐步推动牧区农业发展。在这一过程中，改革了牧区昔日种地不锄草、不施肥、无田间管理的传统，传播了农业生产技术，提高了农业生产水平。

---

① 田继周、罗之基：《佤族》，民族出版社，1985年。

积极开展畜产品的初加工,主要是对乳制品、皮革等进行初步的加工,发展地方工业,但是进入1958年后,直到1960年期间,牧区的经济工作受到"左"倾思想的严重干扰,大都放弃了"以牧为主"的生产方针,片面强调多种经营,甚至采取了以农挤牧的措施,造成了一些牧区提出不切实际的口号,如"牧民不吃亏心粮,要改变牧区的只听牛羊叫,不闻五谷香"的状况等。一些牧区出现了滥垦草原现象,多种经营变成了另一种单一的经营。据统计,青海牧区1958—1965年共开垦草原570万亩,其中210万亩因全无收成而弃耕。内蒙古1960年仅呼伦贝尔盟新建扩建国营农牧场就有18个,开垦草原239万亩,其中不宜耕的就有39万亩,对牧业生产影响较大的有184万亩。这些不顾客观规律而盲目开垦的行为,不仅未能解决牧民的粮食问题,而且对牧业生产造成灾难性的恶果,牧区大量的优质草原沙化、退化,严重阻碍了牧业经济的发展。

1960年冬,中共中央和国务院开始纠正农村工作中"左"的错误,对国民经济进行调整,同时,对牧区经济发展采取了一定的措施,特别是1962年12月中共中央批转的《西北地区第一次民族工作会议纪要》中明确提出:"以牧为主,发展牧业,是牧区工作的中心任务,也是牧区贯彻执行党的社会主义建设总路线的基本内容"。牧区工作,千条万条,增加牲畜是第一条,并进一步提出:"以牧为主,结合畜牧业生产因地制宜地发展多种经营,逐步实现牧业和农业、副业、林业、猎业相结合"的方针,初步纠正了"左"的错误,使牧区多种经营初步回到正确轨道上来,对牧业经济的恢复和发展起到了良好作用。但是,公社化的普遍推行,群众生产积极性受到极大损害,因而牧区的多种经营在牧民生产生活中未能起到应有作用。

三、少数民族地区的三年困难时期

"大跃进"、"人民公社"、反右倾运动对国民经济发展产生了极大的负面影响,加之部分地区的自然灾害以及中国与苏联关系恶化,苏联拒不执行已签订的援助合同,造成了中国国民经济1959—1961年的严重困难时期,习惯上称这一时期为"三年困难时期"。

在这一期间,少数民族地区经济发展停滞,农牧林各业遭到严重破坏。农牧业生产中实行"一大二公"的管理体制,严重超越了少数民族生产力发展水平,大大挫伤了少数民族地区农牧民的生产积极性,使大多数地区的农业经济受到严重的损失。在"左"倾思想的影响下,生产严重违反了自然规律,农业生产中实行所谓的"三三制",[①]农田基本建设搞大兵团作战,大量劳动力浪费,大搞耕地深翻,高度密植、"卫星"上天。

牧业生产中则以农代牧,开垦草原种田,林业生产中则乱砍滥伐,甚至毁林开荒。一切都体现了"以粮为纲"的原则,严重破坏了牧、林区的自然生态环境,直接影响了农牧业生产。1959年,甘肃甘南藏族自治州提出"开光平滩、牛羊上山",大搞移民垦荒,全州共开垦120万亩草场,牧区较好的冬季牧场几乎被开垦殆尽,结果只能是粮畜俱失。

---

① 耕地的1/3种庄稼,1/3种树种草,1/3休闲。

全国少数民族地区在"大跃进"中也积极参与了大办工业、地方工业、社队企业，绝大多数的地方和社队工业企业由于缺乏技术、管理等多方面条件，产品质次价高，甚至没有使用价值，造成了极大的浪费，也给少数民族地区的经济发展造成了严重损失。

少数民族地区农牧林各业生产大幅度下降。据统计，1961年民族自治地方农业完成的主要生产指标（包括农业生产总产值）都低于1957年，大部分牧区牲畜锐减，1958—1961年，新疆牲畜头数平均每年递减1.8%，青海高达14.7%，甘肃为5.5%，四川为4.2%。

这期间的各种政治运动都是在"左"的思想指导下进行的，特别是反"右派"和反地方民族主义，使一批民族干部受到冲击，伤害了一些干部和群众，一些有利于少数民族发展生产、改善生活的政策得不到认真落实。如与少数民族地区群众密切相关的民族贸易工作几乎被取消，各级民族贸易机构或被撤并，大量民族特需商品或特产被取消，民族贸易企业"三项照顾"政策或停止或不能严格执行。1960年，甘肃省经销的民族特需商品由原来的440多种减少到10种，贵州省则由原来的3000多种减少到200多种，青海省由原来的1000多种减少到200多种，甚至一些少数民族生活必需品，如砖茶等经常脱销。

由于少数民族地区国民经济严重困难，少数民族群众生活水平下降，片面强调"一大二公"、实行"一平二调"，不合理地征购粮食、牲畜，增加了群众负担，使生活水平本来就低的群众更加贫困。如1959年后，甘肃临夏回族自治州粮食生产连年减产，到1961年全州人均产粮仅为140公斤，而高征购使农民自留粮、畜日益减少，最终导致粮食严重缺乏，人口大量外流，耕畜大量下降，少数民族地区群众生活贫困面扩大。在三年困难期间，1961年青海省棉布销售仅为1959年的20.16%，粮食仅为59.85%，食用油仅为14.89%，盐、蛋、猪分别为1959年的78.31%、16.69%、6.35%，详情见下表。

三年困难时期青海省粮油布匹销售状况表①

项目 年份	粮食（万斤）	食用油（万斤）	棉布（万米）	盐（万吨）	蛋（万斤）	猪（万斤）
1959	60948	71200	4678	189	600	315
1960	5223	37900	3233	272	110	111
1961	36479	10600	943	148	100	20

三年困难时期，少数民族地区也大都出现了粮荒，大办食堂造成了大量粮食的浪费，而生产的停滞状态加剧了粮食的严重缺乏，很多地方的群众吃不饱，以"瓜菜"代粮，有很多地方的群众由于缺粮而得了水肿病，有的地方因此饿死不少人。1958—1960年，云南省呈贡县因饥饿得水肿病死亡者达万余人，② 甘肃1959年严重缺粮地区人口达154万，因缺粮和浮肿致死者2260余人，全省得浮肿病者9.6万余人。广西在

---

① 引自《青海省社会经济统计年鉴》，青海省统计局，1985年。
② 《呈贡县志》，第77页，山西人民出版社，1992年。

此期间，饥荒严重，连续几年粮荒使一些农民因营养不良，健康状况恶化，1961年全自治区患浮肿、干瘦等病症的人达100万人，非正常死亡人数达30万人，其中，环江县饿死1.9万人，非正常死亡人数的增加，加上人口体质下降，生育减少，广西人口1960年比上年下降1.49%，1961年又下降0.6%，出现了新中国成立以来的首次人口的负增长。① 三年困难时期，民族地区经历了严重的经济困难。

四、内蒙古草原蒙古族牧民抚育3000名上海孤儿

1959—1961年，中国连续三年遭受严重的自然灾害，各族人民进入了三年困难时期，粮食匮乏，食品短缺。上海、江苏、浙江、安徽等地几十个孤儿院里3000多名孤儿因食品不足，严重营养不良，患病、夭亡时有发生。各地孤儿院领导纷纷向全国妇联主席康克清告急，请求支援。康克清当即请示周总理。周总理说：你直接与内蒙古自治区乌兰夫主席商量，看他是否有办法从内蒙古调些奶粉过去，乌兰夫是解决困难的能手！正巧乌兰夫来北京开会，康克清当面向乌兰夫求援，问他能否从内蒙古调些奶粉支援上海、华东挨饿的一批孤儿。乌兰夫痛快地回答，"可以！"但他转念一想，支援一些奶粉不能从根本上解决孤儿的饮食问题。乌兰夫建议"内蒙古牧民很喜欢孩子，把这批孤儿转送牧民收养，不是两全其美"！转送3000名孤儿到内蒙古草原是一件大事，乌兰夫考虑到这批孤儿将来都变成蒙古族牧民的后代，涉及民族关系和民族政策的大问题，当即报告了周恩来总理。周总理高兴地说："内蒙古地广人稀，特别是牧区缺少孩子，多收养些南方孤儿，帮助解决燃眉之急。"并一再叮咛："要把工作组织好，把孩子安排好！"乌兰夫回内蒙古后，当做一件大事亲自抓，他责令由自治区卫生厅牵头，向有接待孤儿任务的盟旗成立保育院，要求必须做到："接一个，活一个，壮一个。"1960年春夏之间，内蒙古精心安排，组织专人到上海、江苏、浙江、安徽等地孤儿院，接运3000名孤儿到内蒙古草原。年龄大一点，身体好一点的孤儿直接送到牧民的蒙古包，年幼患病的孤儿先到呼和浩特、集宁、锡林浩特、包头等城市的幼婴院抚养治疗，康复后全部送到牧区。草原牧区非常喜欢领养这批南方孤儿。不少牧民从几百里之外骑着马，赶着勒勒车到公社福利院领养孤儿，有的牧民一家收养两三个，甚至五六个孤儿。在锡林郭勒盟镶黄旗哈音哈瓦尔保育院，牧民纷纷抱走自己选中的孩子。最后剩下6个瘦弱的上海孤儿，其中4个男孩，两个女孩无人认领。蒙古族牧民张凤仙，一个不到30岁的妇女，抱领了剩下的6个孤儿。牧民将领回家的孤儿当成亲生的孩子，精心照料，用最好的牛羊奶和珍贵的大米、白面喂养孩子，教他们说蒙语、唱歌、跳舞、骑马、打猎、供他们上学念书。乌兰夫亲自到草原看望这批孤儿，了解他们的的生活状况。

后来扎根内蒙古草原的3000名南方孤儿，许多人当上了工程师、干部、教师，不少人走上了各级领导岗位。鄂温克族牧民高力根、南吉勒夫妇领养的上海女婴，取名叫敖德巴拉（意为菊花），早已成长为秀丽的鄂温克族姑娘，丈夫是达斡尔族。她精通汉语、蒙古语、鄂温克语、达斡尔语4种语言。由于工作成绩突出，先后评为"三八红旗手"、"先进工作者"、"劳动模范"、"优秀共产党员"，成为呼伦贝尔盟草原上一朵

---

① 《当代中国的广西》，第106页，当代中国出版社，1992年。

凌霜傲雪的菊花。后来担任二连浩特粮食局干部巴德玛,在履历表上"民族"一栏填写"蒙古族",籍贯一栏填写"上海"。一位上海孤儿担任了苏尼特左旗宣传文化部门的领导,16次拒绝记者采访,他说:"我是牧人之子,草原是我的母亲!"张凤仙领养的6个孤儿。有两个考上了大学,两人参军晋升为团级军官,还有两个留在草原上当了干部。道尔基、张凤仙夫妇与6个子女孙辈们安享幸福的晚年。① 内蒙古草原牧民,在新中国最艰难的时期,用乳汁、汗水和亲情抚育了3000多名孤儿,充分体现了各族人民患难与共、血肉相连的联系,谱写了历史的新篇章。

五、包产到户和少数民族地区农牧业生产的恢复

1960年冬,中共中央国务院开始纠正农村工作中的"左"的错误,1961年1月,中共中央八届九中全会通过了对国民经济"调整、巩固、充实、提高"八字方针。在这一方针指导下,全国各地农村积极采取措施发展生产。在中央的号召下,各级干部大兴调查研究之风,干部群众共同努力创造了一些发展和恢复农村经济的好形式。包产到户就是当时合民意、顺民心、符合各民族农民的切身利益,它否定了人民公社"一大二公"的经营方式,强调了个人利益与集体利益的直接协调,对克服当时农村经济困难有着十分重要的意义,因此,这一形式在全国农村许多地方得以实行,当时"搞各种形式包产到户的,安徽全省达80%,甘肃、宁夏地区达74%,浙江新昌县、四川江北县达70%,广西龙胜县达42.3%,福建连城县达42%,贵州全省达40%,广东、湖南、河北和东北三省也都出现了这种形式。据统计,当时全国实行包产到户的约占20%。"②

包产到户有很多形式,如广西就有7种形式:一、分田到户;二、包产到户;三、"公私合营",即早稻私人种,晚稻集体种;四、"井田制",即征购粮集体种,口粮田个人种;五、"抓大头",即畲地③作物分到户,水田集体种;六、山田、远田、坏田分到户,谁种谁收;七、划小生产队。④ 当时,这些灵活多样的生产组织形式都被斥为分田单干,有悖于人民公社所强调的集体化原则,因此,1962年9月中国共产党的八届十中全会后便否定了这些形式,并且指出这是反对"三面红旗"的政治事件,所以强行取消。尽管包产到户实行的时间很短,但对促进生产发展和克服当时的生活困难具有积极的意义,加上这一时期重申了农村养畜政策,即"公养私养并举,私养为主",以及允许社员自由买卖私养牲畜及畜产品,纠正了平调错误,调整公社体制,实行以生产队为基本核算单位等,从而调动了群众的生产积极性,一定程度上活跃了农村经济,使农村政治在严重困难的情况下逐步恢复起来。甘肃临夏回族自治州1965年粮食总产量达到26442万公斤,平均亩产119.5公斤,农业总产值7930万元,比1956年增长27.6%。据统计,经过三年的调整,少数民族地区经济得到了较快的恢复,1965年,全国民族自治地方农业总产值为88.4亿元,比1962年增长了84%,粮食443.4亿

---

① 马剑:《三千孤儿和他们的草原母亲》,《人民日报》1997年8月13日,第11版。
② 薄一波:《若干重大历史决策与事件的回顾》(下),第1078页,中共中央出版社,1993年。
③ 即开垦了三年的熟地。
④ 《中华人民共和国实录》(第二卷),第658页,吉林人民出版社,1994年。

斤，比1962年增长29%。①

牧区实行包产到户以内蒙古自治区为先，1959年9月，内蒙古自治区党委做出《关于牧区人民公社推广"三包一奖"制的意见》的决定，以推动牧业的发展。1960年，内蒙古自治区党委在《关于牧区人民公社当前政策问题若干规定》中进一步指出：生产大队对生产队必须实行包产、包工、包成本超产奖励制度。生产队对生产小组或社员三定，即定人、定畜群、定设备；五保证，即保成畜、保育畜、保仔畜繁殖率、促成活率、保畜膘、保畜产品，对完成定额或超产者给予奖励，从而做到了指标到群、责任到人，内蒙古畜牧业得到了稳定发展。甘肃、青海等牧区在1961年以后，根据"以牧为主"的方针，加强了牧业生产第一线的劳动力分配，草原退耕，畜群划小，合理安排了畜产品收购比例，实行"定产、定工、超产奖励"的政策，群众生产积极性得到提高。这期间，除青海外，其他牧区生产都较快地恢复起来。甘肃地区随着牧区生产的恢复，到1966年，大牲畜发展到318.06万头，猪201.72万口，羊926.44万只，分别比1961增长36.4%、212.2%、49.41%。② 经过调整后的牧业生产扭转了萎缩的局面，草原建设得到加强，牧区的科学养畜得到发展，到1965年年底，全国少数民族牧区、半农半牧区大小牲畜达1.41亿万头（只），比1962年增长35.5%。③

农村工作中"左"的错误被初步纠正，以及以往许多行之有效的发展经济措施的恢复、人民公社制度的局部调整、包产到户等可以充分调动群众生产积极性的生产管理形式的实施，都成为少数民族地区农牧业生产由下降走向恢复和发展的重要因素，但是，由于纠正"左"的错误不彻底，很多有效措施难以真正落实和持续执行，使少数民族地区已恢复起来的经济在发展上受很大的限制。

第二节　工业和交通运输业

一、"三线"建设促进了少数民族地区工业发展

1964年中共中央提出要"三线建设"的决定，这是中央根据当时的国际形势所进行的改变工业布局，加强国防建设的一项重大战略部署。所谓"三线"是按中国地理区域不同的战略地位划分的区域，沿海地区为一线，中部地区为二线，后方地区为三线。三线分两大片，二是包括云南省、贵州省、四川省三省的全部或大部分和湘西、鄂西地区的西南三线；一是包括陕西省、甘肃省、宁夏回族自治区、青海省的全部或大部分，以及豫西、晋西地区的西北三线。西南、西北三线为大三线，中部及沿海地区省内腹地为小三线。

"三线"建设目的就是建立后方工业基地，在加强农业生产，解决人口的吃穿用的同时，加强战备，这也是毛泽东主席战略思想的具体体现，得到了中国共产党中央的认同。从1964年8月开始，各有关部门迅速展开了西南、西北三线的部署。部署从三个

---

① 《当代中国民族工作大事记》，第195页，民族出版社，1990年。
② 《当代中国的甘肃》（上），第193页，当代中国出版社，1992年。
③ 《当代中国的民族工作大事记》，第195页，民族出版社，1990年。

方面展开，一是由国家计委负责组织在三线建设新工厂、扩建部分工厂；二是由国家建委负责将一线的全国独有的重要工厂和配合后方建设所必需的工厂迁至三线；三是国家经委负责组织好全国的工业生产，为三线建设提供设备和材料。随后成立了西南、西北三线建设指挥部，西南三线指挥部由李井泉、程子华、阎秀峰负责，1965 年后，彭德怀在西南三线建设指挥部担任过一段时间的副总指挥。西北三线建设指挥部由刘澜涛、王林、安志文、宋平负责。三线建设指挥部负责组织中央有关部门在三线地区新建、扩建、迁建项目的计划协调和物资供应工作。同年10月，一线、二线各省、自治区也按照党中央的有关指示，根据本省的需要和可能，在自己的后方部署了一批新建和迁建项目，包括军工、民用、支援农业的工厂及交通、电力、通信、文教、卫生等事业的建设，从而使大小三线共同发展。

据不完全统计，1964 年下半年到 1965 年间，在西南、西北三线部署的新建和扩建、续建大中型项目达 300 余项，其中钢铁工业 14 项、有色金属工业 18 项、石油工业 2 项、化学工业 14 项、化肥工业 10 项、森林工业 11 项、建材工业 10 项、纺织工业 12 项、轻工业 8 项、铁道工程 26 项、交通工程 11 项、民航工程 2 项、水利工程 2 项，此外还有农业、林业、邮电、商业、广播、教育等项目。这期间，由一线迁入三线的第一批工厂有 49 家。①

由于"三线"建设按"山、散、洞"为原则进行企业布点，大中型企业多在山区和少数民族地区，于是少数民族地区工业在这一时期有了空前的发展，这些少数民族地区的经济获得了更多的现代化的生产要素。贵州在 1964 年下半年不到两个月的时间里，中央各部委正式通知和部长口头表态迁到这里的民用工业项目就有 20 多项，同时还有铁路建设，川黔、滇黔铁路都是这一时期开工的。到 1965 年年底，贵州全部实际完成基本建设投资 8.63 亿元。"三线"建设的投资和项目大大增强了少数民族地区工业的实力，同时也改变了少数民族地区工业结构和布局。"三线"建设项目不仅有重工业的和军事工业的，随着这些项目的建设，少数民族地区还建立了一系列配套的原材料工业企业，如当时贵州的黔东南、黔南两个自治州，电子部就建立了几十个军工企业，形成了相当规模的电子工业体系，并相应建立了几个配套的原材料工业企业。在西南"三线"建设中还兴起了一个现代化的城市——攀枝花市，这是由四川凉山彝族自治州和楚雄彝族自治州划出的 3 区 2 县构成，总面积达 7434 平方公里，这一地区居住大量的少数民族人口，作为大西南最大的钢铁基地，为带动和促进周围少数民族地区的发展作出了重要的贡献。

"三线"建设也大大促进了少数民族地区工业产品结构的改变。甘肃的化工工业，有色金属产品都是从"三线"建设后才从无到有逐步发展起来的。贵州从 1965—1966 年，不仅开展了铁路和国防建设，还建成了烧炭基地，冶金、机械、电力、化工等部门，另外还进行了一批搬迁、新建、改建、扩建项目，使贵州的工业产品种类丰富起来。"三线"建设的项目实施也带动了少数民族地区中小型工业、能源建材等基础工业的迅速发展。不仅如此，随着"三线"建设的大规模展开，一大批科技人才和建设人

---

① 薄一波：《若干重大决策与事件的回顾》（下），第 1023 页，中共中央出版社，1993 年。

才也到了少数民族地区。据统计，1965年，从全国各地调到贵州的建设人员（不包括内迁职工）达18万余人，这些人员在建设工业企业的同时，也带来了生产技术和管理技术，促进了少数民族地区企业技术和管理水平的提高。大批建设人员来到少数民族地区，生产和生活都与当地少数民族建立了密切的联系，促进民族地区兴建了一批工业企业和生活基础设施，无形中也加快了少数民族地区的发展，如邮电、商业服务、文教卫生等设施的建立。从1964年开始的"三线"建设，到1965年已取得了相当的成就，大大促进了少数民族地区工业的发展。1962年宁夏回族自治区工业总产值仅为1.53亿元，到1965年已增加到2.03亿元。甘肃1965年工业总产值达到20.14亿元，比1957年增长2.17倍，平均每年增长15.5%。

"三线"建设，国家先后投入资金2000多亿元，其中70%为工业投资，基本建成了以国防工业为重点，以交通、煤炭、电力、钢铁、有色金属工业为基础，以机械、电子、化工为先导的门类比较齐全的工业体系。但"三线"建设也存在着投资规模过大、结构不合理、服务行业和后勤工作没有跟上，对当地少数民族利益照顾不够等弊端，削弱了"三线"建设带动少数民族地区经济社会发展应有的作用。

二、工、交、邮电全面发展

帮助少数民族地区搞好经济建设是中国共产党民族政策的重要内容，而提高少数民族地区工业发展水平是党和政府的重要任务。从1958年起，少数民族地区进入大规模建设时期，在国家帮助和少数民族地区自力更生相结合的原则下，少数民族地区建设了一批煤炭、电力、冶金、建材、化工、机械、轻纺工业等大中型企业和一批中小型地方工业。但是，1958—1960年的"大跃进"和大炼钢铁，少数民族地区的工业建设损失严重。1960年以后，经过调整和整顿，坚决关、停了一批技术落后和原材料缺乏、开工不足、严重亏损的企业。各民族自治地方普遍重视了增加支农工业投资，建设了一批化肥、农药生产企业。轻工业企业中安排了一些提高产品质量，增加花色品种，降低成本，适应需求的项目，因而少数民族地区电力、煤炭、建材、机械、钢铁、化工和轻工业有了很大的发展，一批少数民族职工、技术人员成长起来，加之大小"三线"建设项目，少数民族地区工业得到了很大发展。据统计，民族自治地方工业总产值1962年为39.8亿元，1965年为68.8亿元，分别是1957年工业总产值的1.35倍和2.33倍。从内蒙古自治区、宁夏回族自治区、广西壮族自治区、新疆维吾尔自治区工业总产值的增加状况可知少数民族地区工业发展之一斑。1957年，以上4个民族自治区的工业总产值分别为6.33亿元、0.46亿元、9.19亿元、4.75亿元，到1965年则进一步提高到26.9亿元、2.03亿元、15.59亿元、13.77亿元，这4个民族自治地方1965年的工业总产值分别是1957年的4.23倍、4.41倍、1.70倍、2.90倍。

随着少数民族地区经济建设的发展，交通运输业也迅速发展起来。少数民族地区的铁路、公路开始形成网络，特别是连贯内地与少数民族地区的重要铁路、公路干线的建成，大大改善了少数民族地区的交通运输面貌。西北铁路以兰州为中心，1958年建成的北经宁夏回族自治区到达内蒙古包头的包兰线，与京包铁路衔接，成为北方横贯东西的重要铁路干线；1959年又建成了西通青海省西宁的兰青线；1963年建成穿越大戈壁和天山山脉到达新疆的乌鲁木齐的兰新线。三年调整时期，西南建成了重庆至贵阳的川黔铁路。东北在1958—1960年分别动工建成了大兴安岭林区加格达奇通往齐齐哈尔的嫩林线，通辽通往大庆的通让线。与此同时，少数民族地区的公路建设也日新月异，如广西1958年公路通车里程已达8800公里，全省70个县城已有46个通汽车，而内蒙古1962年全区公路通车里程达2.28万公里。经过一系列的投资建设，少数民族地区交通运输有了很大的发展，据1965统计，民族自治地方铁路通车里程达7170公里，是1957年的1.31倍，公路通车里程约127500公里，是1957年的2.03倍。一些少数民族地区还开通了空中航线，1958年北京—包头—银川—兰州航线开通，1959年北京—呼和浩特、北京—赤峰—通辽航线开通，1961年昆明—思茅、昆明—昭通航线开通，1966年开通乌鲁木齐—塔城航线。经过疏通、炸礁，少数民族地区整治开辟了大量内河运输航道，广西1958年治理右江，疏通河道350公里，成为桂西南一条重要的水运线。

少数民族地区交通运输业的全面发展，加强了各民族间的联系，加快了少数民族地区自然资源的开发利用，推动了少数民族地区社会经济文化的发展。

民族地区的邮电信通信事业在中华人民共和国建立后也有了很大的发展。到这一时期，县以上地区普遍设立了邮电局，在有厂矿和乡以上地区大部分设立了邮电代办所。在"大跃进"过程中，普及了农村邮电机构，如广西到1958年通邮的乡达99.77%，通邮的农业社达99.44%，98.5%的乡通了电话，并有170个农业社架有专线。新疆到1959年年底，全区自办邮局发展到733个，其中设立农村的自办邮局达511个。到1965年，民族自治地方的邮电局（所）5272个，是1957年的1.18倍，邮路及农村投递线路里程业已达到36.37万公里，乡村邮电信通信网基本形成。

发展工业是少数民族地区发展的必由之路，交通、邮电是少数民族地区社会经济文化发展的基本设施，1958年以来，少数民族地区工业、交通运输、邮电通讯事业的全面发展，巩固和加强了新型的社会主义民族关系，为少数民族地区进一步发展奠定了基础。

第三节 民族地区教育文化事业的发展

一、基础教育开始普及

1956年6月，教育部和中央民委在北京联合召开第二次全国民族教育会议，会议讨论和制定。1956—1967年全国民族教育事业规划纲要，要求在12年内，使少数民族的教育，在数量和质量上逐渐接近和赶上汉族的发展水平。在这一方针指导下，1958—1965年，少数民族的基础教育开始普及。这一时期，少数民族地区基础教育的发展可分为两个阶段：第一阶段是"大跃进"时期，教育领域也进了"大跃进"，一些地区提出了"全党办教育，全民办教育"的口号。许多少数民族地区从内地和汉族地区抽调一批教师充实少数民族地区的教师队伍，增加学校数量，提高学生入学率。甘肃省小学校1960年比1957年增加3886所，在校学生增长38.6%；内蒙古赤峰市到1960年，小学校增加到3649所，比1957年的2335所增加0.56倍，在校学生359841人，比1957年学生数增加近两倍。全国少数民族中学生从1957年的27万余人猛增到1958年的39万余人，增长了44.5%，小学生从1957年的319万余人猛增到1958年的424万人，增长了32.9%。很多少数民族地区提出"三年"或"一年"普及小学教育口号，有的地方甚至超越当时少数民族地区经济发展的承受力，挤占小学，大力发展中学。内蒙古赤峰市1958年将赤峰县在平庄、老府、建昌营和喀喇沁旗的公爷府、翁牛特旗的海日苏、敖汉旗下洼6个人民公社小学附设的初中班扩建为初级中学。1959年，赤峰镇民办中学在接官厅成立，当年全市民办中学达8所，到1960年，全市普通中学发展到48所，在校生22315人，3年时间里，学校增加两倍，学生增加近一倍。宁夏则创出了许多"奇迹"，贺兰县，苦战15天，实现了"文化县"；海原县一个月基本普及了小学教育；银川市、中宁县、灵武县、同心县、永宁县、隆德县等，号称"田间是课堂，农具是课本，指头是笔杆，大地是纸张"，① 短期内实现了"无文盲"市县。这些行为，使正常的教学秩序被打乱，而且在"大跃进"中，一些少数民族地区的师生要参加工农业生产的"大跃进"，学校的教学时间不能得到充分保障。因此，这一时期基础教育发展的特点是学校数量迅速增加，但学校设置结构不符合少数民族地区实际，教学秩序不正常，教学质量低，学生数量大增，教师数量不足。不过"大跃进"时期，对基础教育人力、物力投入相对增加，所以一些地区的基础教育办学条件有一定的改善。

  第二阶段是国民经济整顿时期。在这一时期，农村工作中纠正"左"的错误带动了其他行业，从而使得少数民族地区办学过程中的"左"倾行为也得到一定纠正。在贯彻"调整、整顿、巩固、提高"的方针中，少数民族地区在办学中控制了学校的盲目增长，恢复和建立了以教学为中心的学校秩序，按照教学规律，完成教学任务，提高教学质量，一些少数民族地区认真试办了一些重点中、小学。经过调整和整顿，基础教育逐步普及并得到一定的发展。据统计，到1956年民族自治地方小学有14万余所，少数民族在校生521.9万人，占全国在校小学生总数的4.5%，该年度普通中学少数民族在校生为37万余人，占全国普通中学在校生总数4.0%。同时，少数民族教师队伍也有所发展，到1965年全国普通中学少数民族专任教师1.4万余人，小学专任教师13万余人，分别是1957年的1.25倍和1.64倍；在全国专任教师中分别占3.2%和3.5%。

  1958年以前，民族地区举办的基础教育由于能够处理好重点和一般、数量与质量的关系，因此，发展比较健康。随着"大跃进"的兴起，"左"的思潮日益泛滥，民族地区基础教育受到的影响很大，使民族地区基础教育在底子薄、起点低、面临许多特殊情况和问题的条件下，发展更为艰难。就办学方式和学制、课程设置等方面而言，大多是照搬汉族地区的做法，过多强调汉语文教学，而忽视民族语言文字教学，不仅影响了少数民族学生的学习，还挫伤了他们的积极性。这一时期，为适应民族地区居住特点而设置的"马背小学"、"帐篷小学"等，在浮夸和形式主义泛滥的社会环境下，也大多流于形式，教学效果很差。由于基础教育未能得到更有效的发展，内蒙古、西藏、贵州等少数民族地区文盲和半文盲率居高不下，多在90%左右。扫除文盲成为普及基础教育推动民族教育发展的一项重要任务，但在"大跃进"的历史条件下，这项工作以突击式、运动式扫盲，不讲求实效而追求大场面，造成了新的文盲尚未扫除，旧的文盲又复盲，工作难以取得实质性进展，加之经费的短缺、师资数量不足和质量不高，造成教

---

① 《当代中国的宁夏》，第112页，当代中国出版社，1990年。

学质量低下。总体来说,民族地区的基础教育在这一历史时期的特点就是数量有所增加而质量未能提高,从而难以满足少数民族地区经济社会发展的需求,少数民族地区基础教育落后的状况远未得到解决。比如西藏到 1962 年适龄儿童入学率仅达 5%,文盲半文盲占总人口的 95% 以上。

二、文化卫生事业的发展

中国共产党和人民政府十分重视少数民族地区文化卫生事业的进步和发展,并加强政策和资金的投入,在 1958—1965 年,少数民族地区的文化卫生事业有了一定的发展,取得了一些成就。

少数民族地区广播出版事业从无到有的长足发展。1959 年 7 月 16 日,全国少数民族地区广播电台首次协作会议在呼和浩特召开,会议交流了以民族语进行广播宣传,培养少数民族广播干部和发展少数民族地区广播事业的经验,讨论确定了发展任务。到 1965 年,全国民族自治地方建立了 14 座广播电台、726 座有线广播站、广播喇叭 75.06 万只,用蒙古语、藏语、维吾尔语、朝鲜语等 16 种少数民族语言进行播音。中央人民广播电台、四川省、青海省、甘肃省、云南省、贵州省等此时也开展了用少数民族语言播音工作。出版事业发展较快,与少数民族传统文字密切相关的出版印刷业等不断发展。1958 年 1 月 4 日,中国第一个黎文印刷厂在海南黎族自治州首府通什建成投产;1 月 8 日,贵州省贵阳市成立民族出版社。1960 年 4 月 4 日,内蒙古成立教育出版社,专门编辑出版蒙文教材和教育图书。1962 年 1 月 1 日,乌鲁木齐出版了以拉丁字母为基础的维吾尔文《新文字报》;12 月,广西出版了《花山崖壁画资料集》。1963 年 1 月 15 日,民族出版社成立十周年。10 年来民族出版社出版了蒙古文、藏文、维吾尔文、朝鲜文、哈萨克文等少数民族文字的图书和汉文图书共 2900 多种,发行图书 2470 多万册;创办期刊 16 种,共发行 1460 多万册。在职民族语文编译干部 200 多名,其中蒙古族、回族、藏族、维吾尔族、壮族、朝鲜族、哈萨克族、满族、纳西族、土族、达斡尔族、锡伯族 12 个少数民族的干部占干部总数的 52%。到 1964 年 11 月《西藏日报》藏文版的发行量由创刊时的几百份发展到 5400 份,各个专区和一些县设立了有线广播站并设立了一所专门印刷藏文书报的印刷厂,到 1965 年全国少数民族文字出版的图书达 1694 种、2480 万册,杂志 36 种、268 万册,报纸 36 种、3955 万份。

少数民族传统的文学艺术形式成为新时代文化事业发展的重要内容。国家和地方政府加强对少数民族传统的民间文学艺术的整理和挖掘,并在新的时代赋予其新的生命力。1958 年,云南省委宣传部组织了 120 多人的 7 个调查队对少数民族地区进行了历时半年多的调查,搜集到了 1 万余篇民族民间文艺作品,毕摩经、贝叶经、东巴经 100 余卷,选编长诗、民歌、故事等达 500 多万字,并整理发表了一些长诗,如纳西族的《创世纪》、《相会调》,彝族的《梅葛》、《阿细的先基》,傣族的《松帕敏和嘎西娜》、《娥并与桑洛》、《葫芦信》、《苏文纳和她的儿子》等,还出版一些文集,有《云南歌谣》、《云南民族民间故事选》、《纳西族民歌》、《白族民歌集》、《白族民间故事传说集》、《阿一旦的故事》等,引起了很大的反响,成为研究这些少数民族文化的重要资料。1960 年 3 月 19 日,贵州省歌舞团根据苗族民间故事改编的舞剧《蔓萝花》,在贵阳公演,次年该剧由上海海燕电影制片厂拍摄成彩色戏剧艺术片在全国上映。1961 年 3

月6日文化部、中央民族事务委员会在民族文化宫举行座谈会,研究设立民族文化指导委员会和民族历史研究工作指导委员会的组织和工作问题。到此时,西藏已初步整理文物1.1万余件、修缮古迹10多处,国务院将布达拉宫、大昭寺、甘丹寺、藏王墓等10多项古迹列为国家重点文件保护单位。同年6月,16个少数民族文学史或文学概况已经由有关部门编写完成,其中白族、纳西族、藏族文学史出版发行,蒙古族、苗族、壮族、傣族、土家族等民族文学史和佤族、侗族、布依族、瑶族、哈尼族、赫哲族等民族文学概况已印成初稿。1961年8月15日《贵阳日报》报道,1958年以来,贵州省文化部门根据发掘出的苗族、侗族、布依族等民族的大量民间文艺资料,编成《苗族民间文艺资料》、《侗族大歌》、《布依族文艺资料》等,并已出版。内蒙古出版了古典文学名著《格萨尔传》的蒙文版和部分汉文译本。12月,柯尔克孜族长诗《玛纳斯》初步整理完毕,并译成汉文。凉山彝族自治州也搜集了近万件的民族民间文学作品,并出版了44集,达百万字的《民族民间文学选集》。1962年2月20日,青海美术家协会和有关单位联合组成"五光佛教艺术调查组",在同仁县五屯调查发现历代画家作品近10万件,其中一些图案绘图精美,具有广泛的实用价值。维吾尔族传统民间古典音乐文献《十二木卡姆》,由音乐出版社和民族出版社联合出版,该书是根据维吾尔族民间艺人吐尔地阿洪的传谱记录,通过整理而成,共有十二大套,包括序歌、叙事歌曲、叙事组歌、舞蹈组歌、间奏曲等,分两册出版。4月16日《十二木卡姆》部分节目在乌鲁木齐首次专场演出。从6月4日起,藏族民间长诗《格萨尔》将由青海民族出版社和上海文艺出版社分别用汉、藏两种文字陆续出版。10月,汉族、藏族文艺工作者共同努力将一批优秀藏戏传统剧目整理改编出来,其中有《郎萨姑娘》、《卓娃桑姆》、《文成公主》、《苏吉尼玛》、《白玛温巴》等10多部。1963年2月27日《光明日报》报道,中央音乐学院、中国音乐研究所几年来搜集整理了各民族歌舞、说唱、器乐、戏曲等音乐艺术大量资料,出版了《苗族民歌》、《苗族芦笙》、《西藏古典歌舞——囊玛》和《西藏民间歌舞——堆谢》等书,6月10日,云南丽江纳西族自治县文化部门完成120多卷《东巴经》译为汉文工作。

代表着新时代文化活动的组织——各级专业和业余的文艺团体逐步建立,特别是"乌兰牧骑"式文化团体的出现,丰富了少数民族地区的文化生活,而国家和有关部门组织的多种形式的全国性大型文化活动也为少数民族文化艺术的展示提供了有利条件。1964年11月26日,文化部和中央民族事务委员会联合举办的全国少数民族业余艺术观摩演出会在北京举行,12月29日结束,19个省市、自治区53个少数民族700多位代表演出了200多个音乐、舞蹈、曲艺、戏剧节目,内蒙古代表团的"乌兰牧骑"得到了肯定和赞扬。郭沫若、陆定一、沈雁冰等出席开幕式,周恩来、乌兰夫等出席闭幕式。在此期间,中国共产党和国家领导人毛泽东、周恩来、朱德、邓小平、宋庆龄、董必武等接见了全体代表。1965年2月20日,内蒙古艺术剧院组成"乌兰牧骑"文化工作队奔赴各地农村、牧区演出,工作队成员包括蒙古族、汉族、满族、朝鲜族、达斡尔族、鄂温克族等170多名文艺工作者。12月22日,国务院总理周恩来在中南海紫光阁接见内蒙古自治区的乌兰牧骑、新疆和田专区文工团和中国大学生七人演出小组,并作了重要讲话,指出"文艺必须民族化、大众化,你们这是万里长征的第一步,还要提高","望你们保持不锈的'乌兰牧骑'称号,把革命的音乐、舞蹈传遍在全国土地上,去鼓舞人民……"①

具有新时代思想与觉悟的少数民族的文艺工作者队伍日益壮大,他们中间有著名的诗人、作家、歌唱家、舞蹈家、戏曲家等,他们以自己的智慧和才能为丰富少数民族地区的文化事业,发展少数民族现代文化作出了贡献。彝族作家李乔、藏族歌唱家才旦卓玛、赫哲族剧作家乌·白辛等,他们以自己具有民族特色的作品赢得了全国各族人民的喜爱。1963年5月10日,中央文化部举行授奖大会,嘉奖在中印边境自卫反击战中出色完成摄影任务的中央新闻纪录电影制片厂的几位摄影师,其中有4名藏族摄影师。

传播现代文化的公共文化设施在少数民族地区建立起来。如新华书店、文化馆、农村俱乐部、电影院、电影放映队等,这里成为传播新时代文化思想的重要场所,为促进少数民族地区群众观念的进步作出了贡献,成为宣传新中国民族政策和经济文化政策的重要渠道。到1965年少数民族地区的电影院已有452个,影剧院139个,电影放映队2743个,分别是1957年的3.28倍、1.49倍、3.02倍。1964年8月21日,在吉林省延边朝鲜族自治州首府延吉召开了第一次全国少数民族地区电影宣传工作现场会,会议介绍和推广了延边朝鲜族聚居区的41个电影放映单位用民族语解说的经验。少数民族地区活跃着一批有一定文化知识和专业特长的文化工作者。

少数民族体育事业初步发展,特别是一些体育人才的成长,不仅为其本民族争了光,也为国家争了光。1960年5月25日,藏族运动员贡布和汉族运动员王富洲、屈银华在北京时间4时20分,集体安全从北坡登上世界第一峰——珠穆朗玛峰,还有33名汉族、藏族登山队员先后到达珠穆朗玛峰北坡7600米以上高度,打破了中国男子登上海拔7590米的最高纪录。9月11日,在呼和浩特举行了全国马术、马球锦标赛,有11个省、市、自治区,包括汉族、蒙古族、回族、藏族、维吾尔族、哈萨克族、柯尔克孜族、塔塔尔族、达斡尔族、鄂温克族10个民族的296名运动员参加了比赛。12月7日,广州回族运动员马秀霞、马志斌在全国武术比赛中分别获得全国南拳女子冠军和优胜奖。1961年6月17日,中国女子登山运动员西德(藏族)、潘多(藏族)登上新疆境内海拔7595米的公格尔九别峰山顶峰,打破女子登山高度的世界纪录。

少数民族医药卫生条件得到改善。这一时期,少数民族地区传统的医药得到进一步发展。1960年2月15日,内蒙古医药工作四级干部会议闭幕,乌兰夫到会讲话指出:发展繁荣人口,特别是蒙古族及区内少数民族人口是一项重要任务。1961年7月6日,云南中医学院组成医疗队深入边疆少数民族地区,发掘整理少数民族民间医药经验,搜集到验方、单方600多种,发现未见记载的中草药200多种,撰写成《滇南本草续》和《云南民族民间方药选》。《人民日报》10月28日报道,内蒙古数千名蒙古族新老蒙医,经过五年努力,用蒙古文整理出版了古典医学文献《四部医典》,发掘了300多年前的《但教经》和其他大量古代医学史料。1963年10月,新疆用维吾尔文出版了反映维吾尔族医学成就的《卡农且》(医学法规)和《维吾尔民族医常用复方制剂手

---

① 文化部文学艺术研究院编:《周恩来论文艺》,第218页,人民文学出版社,1979年。

册》。1964年6月10日,蒙古族医生占布拉绍奴编著完成《蒙药药理学概要》一书,对少数民族地区医学典籍的挖掘和出版,推动了少数民族传统医学成果的继承,为提高少数民族地区群众的医疗水平创造了条件。

国家加大了对少数民族地区医疗卫生事业的投入,代表着时代医疗水平的国家医疗卫生系统开始逐步建立,其中包括医院、专科防治所、药品检验等一系列的医学科研机构,而且一批少数民族医药卫生人员成长起来,成为发展少数民族地区医疗卫生事业新生力量。1962年4月29日《人民日报》报道:从1948年到1960年,国家用于内蒙古自治区医药卫生事业的经费达1.7亿元。自治区各类医疗机构设置增加了62倍,病床增加40.3倍,各级医药卫生人员增加4.1倍,其中少数民族医药卫生人员增加5倍。婴儿死亡率由1949年的31.2%降到10%,有的牧区降至3%,14年来,蒙古族人口增加48%、达斡尔族增加89.9%、鄂温克族增加50.2%、鄂伦春族增加26.3%。这一时期,西藏地区的医疗卫生机构比平叛前增加了7倍多,7个专区都有综合医院,73个县(市)中有68个县建立了卫生院,山南、江孜、林芝等专区的许多乡村都设立了保健站,藏族医务人员已有500多名。同期,云南少数民族聚居的边疆地区已建立县医院、卫生所、防疫站等卫生机构230个,病床近2000张,少数民族医务人员达980多人。广西到1963年,有壮族、瑶族、苗族、侗族、仫佬族、毛南族、回族等少数民族医疗卫生干部已达到3300多名,占全区医疗卫生人员总数的18%。到1965年民族自治地方卫生机构,有25306个,医院6275个,床位120781张,卫生技术人员156889人,医生72822人。

1958—1965年,少数民族地区的文化事业有了一定的发展,但总体看来,这种发展还十分缓慢,未能把文化的发展同提高劳动者素质和促进民族经济发展结合起来,因此这种发展结构不合理,收效不大,就广播事业而言,由于当时特有的历史环境,广播主要宣传的是当时以阶级斗争为中心,与人民生活密切的经济、技术甚少,出版事业日益发展,但出版界主要是为当时的政治服务的,出版的大多是政治、文学等方面的书,而对少数民族地区生产力发展有推动作用的实用技术等出版较少,医药卫生事业有所发展,为广大少数民族地区提供了服务,但由于当时国家和少数民族地区财力和人才的缺乏,并未从根本上改变少数民族地区缺医少药的困境。到1965年,民族自治地方总人口7739.20万人,医生72822万人,平均每1062.7657个人中才拥有1个医生。特别是偏远的农村、牧区、山区严重缺医少药,有的地区虽然具有相应的医疗机构,但医疗技术水平不高,不能充分发挥作用。另外,少数民族群众中文盲、半文盲十分普遍,大大影响了人口整体文化素质的提高和少数民族地区文化的发展。

三、少数民族地区科技和高等教育的奠基与发展

20世纪50年代,一些少数民族地区开始设立地方科技管理机构,1958—1959年,云南省成立了省科技委员会和科协,部分地、州、市、县也成立了科技委员会。宁夏,1958年后相继成立了自治区、市、县的科学技术委员会,随后成立了自治区科学技术协会和各级科学技术协会组织。1959年,四川阿坝藏族羌族自治州和甘南藏族自治州成立科学技术委员会。

各级政府和有关部门在少数民族地区还成立了一批科研机构,主要以农、林、牧业

科研为主,水电、工业、医学、粮食等方面的研究所先后建立。

1958年8月17日,中科院云南分院成立。这期间,云南对热带生物、地质矿产、药物等自然资源进行了科学考察,其中,对生物资源进行了比较系统的调查和分类研究,取得了一些有价值的科研成果,特别是植物区系研究在国际上产生了一定的影响,橡胶开发进展较快,紫胶由仅能提供少量种源发展成为国内生产紫胶的主要省份;农业技术推广主要集中在对土壤普查、良种选育、深耕施肥、防病虫害等方面。同年10月,宁夏成立了自治区第一个综合性科研机构——宁夏农业科学研究所,并筹建了中国科学院宁夏分院,下设物理、化学、电子研究所。1959年,青海畜牧兽医科学研究所、新疆畜牧兽医研究所和西藏农业科研所成立。1963年4月13日,内蒙古草原科学研究所在呼和浩特成立。同年,西藏自治区农牧学院畜牧兽医研究所建立,设有草原、畜牧、兽医3个研究室。随着科研院所的成立,大量学有专长的内地科研人员进入少数民族地区,而少数民族自己的科研工作者队伍也开始成长起来。

少数民族地区的高等院校进一步发展,一批少数民族的专业人才成长起来。1958年9月1日,广东民族学院在广州成立;9月15日,西藏民族学院在陕西咸阳成立;10月2日,广西壮族自治区第一所以理工科为主的大学——广西大学正式开学。同年成立的高等学校还有昆明农林学院(1960年改为云南林学院)、内蒙古林学院、包头医学院、右江民族医学院、桂林医学院、广西民族学院、青海工学院、青海农牧学院、青海畜牧兽医学院、青海医学院、宁夏师范学院、宁夏农学院、宁夏医学院、新疆建工大学和塔里木农垦大学等。1959年,建立了云南艺术学院、新疆石河子农学院和财经学院。1960年10月1日,新疆维吾尔自治区第一所综合大学——新疆大学成立,该校是在新疆学院基础上建立的,有学生1000多名,少数民族学生占75%,教师290余名。12月1日,青海省第一所综合大学——青海大学成立,该校是1958年以来创办的青海工学院、农牧学校、医学院、财经学院合并而成,同年还建立了内蒙古财经学院及在广西建立的中等专业学校,如广西商业学校、桂林电子工业学校等。1962年9月30日,宁夏大学成立,这是由1958年以来建立的宁夏师范学院、宁夏农学院、宁夏医学院合并而成。共有汉族、回族学生1170人。1965年1月20日,国家拨给新疆5640余万元,扩建新疆大学、新疆医学院、新疆农学院、新疆工学院。当年5月21日,内蒙古农牧学院在呼和浩特成立。少数民族地区高等院校的建立,得到了内地许多大学的大力支持,宁夏大学在成立时就从内地调入了大量的干部和教师。当然,这一时期,高等教育的发展也受到了"大跃进"的影响,办学质量不高,宁夏较为突出,1958年9月,宁夏同时建立了3所大学,结束了宁夏没有大学的历史,同时各地还纷纷举办各种形式的地方大学和红专学校,仅中宁、平罗、永宁3个县在没有校舍、合格的师资、起码的教学设施的情况下,就办了12所大学和2个科学研究院。[①]

到1965年,民族自治地方的高等学院已由1952年的11所,发展到37所,增长了3.36倍。很多少数民族有了自己历史上的第一个大学生。1965年,全国高等学校少数民族学生在校生为21870人,占全国在校大学生的3.2%,是1950年的17倍。

---

① 《当代中国的宁夏》,第112页,当代中国出版社,1990年。

四、少数民族语言文字的使用与发展

中央政府和地方政府都十分重视少数民族语言文字的使用与发展，但是由于这一时期，中国政治经济政策的多变，少数民族语言文字的使用和推广受到了一定的影响。

1958年1月10日，周恩来在中国人民政治协商会议全国委员会举行的报告会上做了关于《当前文字改革的任务的报告》，指出：汉语拼音方案可以作为各少数民族创造和改革文字的共同基础，应该确定这样一条原则：今后各民族创造或改革文字时候，原则上应该以拉丁字母为基础，并且应该在字母的读音和用法上尽量跟汉语拼音取得一致。1月20日，广西省人民委员会公布壮文方案。3月19日，内蒙古自治区人民委员会第三十一次会议讨论通过《关于停止新蒙文，继续大力学习与使用旧蒙文的决定》和蒙古文字改革委员会改为蒙古语文工作委员会的决议。3月28日，中央民委与中国科学院哲学社会科学部在北京联合召开全国第二次少数民族语文科学讨论会。同年8月14日，中央统战部向中共中央转报了《民委党组关于少数民族语言工作问题的报告》。报告肯定了少数民族语文工作的成绩，还就少数民族创造文字问题，少数民族文字字母形式问题，少数民族语文制定新词术语问题等提出意见。1958年11月，中共中央批转了这个报告。1959年11月24日，疆维吾尔自治区在乌鲁木齐召开了第二次民族语文科学讨论会。会议全面总结了第一次民族语文科学讨论会以来语文工作方面取得的成就和经验；讨论维吾尔、哈萨克两个民族现行文字的改革；少数民族文字语言的规范；统一少数民族语文新词术语，并确定今后的借词方针；以及解决其他民族的文字等问题。会议通过了关于废除现行的以阿拉伯字母为基础的维吾尔、哈萨克文字，采用以汉语拼音方案为基础的拉丁化新文字的建议书。

1958年以前，各民族地区的自治机关都能较好地使用少数民族语言，一些少数民族中还试行了新创制的文字，少数民族使用和发展民族语言文字的权利受到尊重，在日常生活、生产劳动、通信联系以及社会交往中都注意使用了民族的语言文字，在有本民族通用文字的少数民族地区，中小学都有民族语言文字的教学；一些有条件的民族自治地方建立了使用本民族语言文字的新闻、广播、出版事业；民族自治地方自治机关在执行职能时，也把民族语言文字作为主要的工具之一，一方面尊重了少数民族的自治权利；另一方面也满足了少数民族生活习惯的需要。为了加强少数民族语文工作，国家先后在中央和一些少数民族地区建立了少数民族语文的研究机构；在民族学院和其他民族院校，开办了民族语文专业，培养了大批从事民族语文的教学、科研和翻译人才。"大跃进"中随着"民族融合风"的盛行，停止了一些少数民族文字的使用、推广工作和少数民族地区的民族语广播节目，中断了教学中的双语教学，有的民族语文教材被取消，有的是在教材编译过程中，过分强调新词一律改成汉语文译音，只有1960年3月公布了新疆维吾尔自治区的维吾尔、哈萨克新文字方案（草案）。与此同时，用少数民族文字翻译有关著作的工作仍在进行，1961年9月—1962年1月，文化部和中央民委先后举行9次座谈会，邀请毛泽东选集编辑委员会、在京语言学家、《毛泽东选集》外文版及民族文字版翻译组负责人，就《毛泽东选集》第4卷各民族文字版翻译中提出的问题，座谈讨论少数民族语言文字的翻译问题。

1961年以后，受到国民经济调整政策的影响，民族政策得到重视，恢复使用和发

展少数民族语言文字。1962 年 1 月 10 日,内蒙古自治区召开民族语文、民族教育工作会议。此时,内蒙古自治区已经用蒙文扫除文盲约 24 万人,中小学接受蒙文教学的学生有 18 万余人,并已有从小学一年级到高中二年级的全蒙文教材。8 月 12 日,内蒙古自治区人民委员会公布自治区语文工作委员会制定的《关于蒙古语名词术语的制定和统一办法》。1963 年,云南召开了全省民族教育工作会议,提出了在民族小学中继续加强民族语文教学的意见,取得了成效。但是随着"文化大革命"的开始,这项工作受到更为严重的破坏。

第九编 "文化大革命"十年动乱时期（1966—1976）

第一章 民族地区的社会与政治动乱

第一节 民族地区全面动乱

1966年5月4—26日，中共中央政治局在北京召开扩大会议。会上批判了彭真、罗瑞卿、陆定一、杨尚昆的所谓"反党错误"，并撤销其职务。通过了毛泽东主持制定的中共中央通知（即"5·16通知"）。重新设立由陈伯达任组长的"中央文化革命小组"，康生任顾问，江青、张春桥任副组长。

6月1日，毛泽东批准向全国广播聂元梓等人攻击北京大学党委、北京市委的"造反"的大字报。8月18日至11月下旬，毛泽东在天安门先后8次接见来自全国各地的"红卫兵"，在全国掀起了大串联、"踢开党委闹革命"、到处揪斗"走资派"的"文化大革命"，出现全国乃至边疆民族地区的大混乱。9月3日，新疆维吾尔自治区首府乌鲁木齐市上千名学生包围和冲击自治区党委、并静坐绝食，煽动全市停水、停电、停交通，局势开始失去控制，自治区及各单位均处于半瘫痪状态。① 多民族的云南省，在中央文化革命小组的鼓动下，造反派的矛头直接指向云南省委和省人民政府。1967年1月8日，云南省委第一书记兼昆明军区第一政委阎江彦上将，惨遭迫害致死。②

藏族、回族、蒙古族、撒拉族、土族等少数民族聚居的青海省，1967年2月23日，"八一八红卫兵战斗队"，抗拒对《青海日报》实行军管，双方发生武装冲突，共伤亡377人。③

内蒙古自治区是"文化大革命"中的反修防修的前沿阵地。1967年4月13日，中共中央作出《关于处理内蒙古问题的决定》，指责内蒙古军区在支左工作中"犯了方向路线错误"，对所谓"党内走资本主义当权派乌兰夫问题，要在内蒙古公开揭露"，并

---

① 《中华人民共和国实录》第3卷，第158页，吉林人民出版社，1994年。
② 《中华人民共和国实录》第3卷，第206页，吉林人民出版社，1994年。
③ 《中华人民共和国实录》第3卷，第244页，吉林人民出版社，1994年。

对乌兰夫做了不公正的指责和处理。① 内蒙古开始处于混乱状态。

1967年间，新疆武斗由乌鲁木齐市扩展到全疆。以哈密、喀什、和田的武斗最为激烈，时间最长。全疆共发生武斗事件117起，死亡700余人，伤残5000多人，造成重大的经济损失。②

1967年8月间，民族众多的贵州省铜仁县，发生了严重的武斗，死21人，受伤多人。贵州工学院武斗死亡1人，伤91人。③

广西壮族自治区"文化大革命"中，先后成立了"广西红总"、"南宁八·三一"、"新工总"等数十个群众造反组织，形成了"广西四·二二革命行动指挥部"和"广西无产阶级革命派联合指挥部"两大派群众造反组织，发生了多次武斗，造成了成千上万的群众伤亡。④ 从1977年7月中旬开始，"联指"等组织包围、攻打由"四·二二"占据的南宁市解放路和展览馆等地，武斗于8月8日结束。据不完全统计，围攻解放路和展览馆打死1470人，抓获俘虏9845人。被俘人员被作为"杀人放火"、"四类分子"、"国民党残渣余孽"、"反团"等交各县拉回去处理的7012人，其中有2324人被打死，被当做要犯长期关押的有246人。攻打解放路一带，共烧毁33条街（巷），其中烧毁机关、学校、工厂、商店和民房2820多座（间），建筑面积达46万平方米，使街道5个公社，5万多居民无家可归，仅国家财产损失达6000万元以上。⑤

第二节 民族区域自治名存实亡

在"文化大革命"混乱时期，林彪、江青反革命集团及其在各地的代理人，公开否定党的民族区域自治的基本政策。1968年2月10日，江青在接见内蒙古自治区群众代表时说："利用民族问题，人为地制造民族分裂。广西壮族本来和汉人一样，搞壮族自治区，把几个世纪以前衣服穿上了。"黄永胜否定中国共产党建立的第一个自治区——内蒙古自治区，他说："不能让少数人统治多数人。"林彪在新疆的代理人说："搞那么多民族自治地方，是'独立王国'，是人为制造矛盾。"在极"左"思潮影响下，民族自治地方受到前所未有的冲击。1967年1月，上海造反派头目王洪文，篡夺了上海市党政大权，在全国刮起了篡党夺权的"一月风暴"。各级民族自治地方，先后被各地造反派篡夺了党政大权，建立全国统一模式的"革命委员会"。经由中共中央、国务院、中央军委、中央文化革命小组批准，1967年11月1日，内蒙古自治区率先成立了革命委员会，腾海清担任革命委员会主任。11月2日，《人民日报》、《解放军报》联合发表社论《红太阳照亮了内蒙草原》，表示祝贺。⑥

1968年4月10日，成立宁夏回族自治区革命委员会，康健民任主任。宣布杨静

---

① 《中华人民共和国实录》第3卷，第262页，吉林人民出版社，1994年。
② 《中华人民共和国实录》第3卷，第266页，吉林人民出版社，1994年。
③ 《中华人民共和国实录》第3卷，第271页，吉林人民出版社，1994年。
④ 《中华人民共和国实录》第3卷，第265页，吉林人民出版社，1994年。
⑤ 《中华人民共和国实录》第3卷，第410页，吉林人民出版社，1994年。
⑥ 《中华人民共和国实录》第3卷，第332页，吉林人民出版社，1994年。

仁、马玉槐是刘少奇等"在宁夏的代理人"。

1968年8月26日，广西壮族自治区革命委员会成立，韦国清担任主任。① 1968年9月5日，新疆维吾尔自治区革命委员会成立，龙书金任主任。公开指责习仲勋、包尔汉、伊敏诺夫等人，妄图把新疆变成修正主义的基地，复辟资本主义。

8月26日，西藏自治区革命委员会成立，曾雍雅担任革命委员会主任，会上批判周仁山、王其梅勾结达赖、班禅叛国集团，妄图复辟封建农奴制度和资本主义。②

多民族的贵州省、青海省、云南省先后于1967年2月13日、11月1日和1968年8月13日建立了革命委员会。上述8个多民族省区的革命委员会主任，除广西壮族自治区革命委员会主任韦国清是自治民族干部担任之外，其余7个省区的革命委员会主任都已换人。在"全国山河一片红"的统一部署下，各少数民族自治州、自治县的革命委员会相继成立。1967年3月10日，贵州黔南布依族苗族自治州建立了革命委员会，张梓任主任③。11月10日，青海互助土族自治县革命委员会成立，刘振海任主任。④ 1968年1月9日，四川省茂汶羌族自治县革委会成立。⑤ 10月1日，云南西双版纳傣族自治州革命委员会成立，郝生智任主任⑥。民族自治地方各革命委员会主任大多数为非自治民族干部担任，少数民族干部的比例显著下降。据统计，1971年，广西壮族自治区8个地区和4个区辖市的革命委员会60名正、副主任中，少数民族干部只占2%。自治区革命委员会所属的行政机关正、副厅局长中，少数民族干部只占9.7%，比自治区成立时下降了18个百分点。⑦ 民族自治地方各级革命委员会成立后，在林彪、江青反革命集团的极"左"思潮的干扰下，贯彻"文化大革命"的"左"倾错误路线，怀疑一切，否定一切。1967年10月28日，青海省革命委员会下令，废除牧区实行的生产责任制。批判"包产到户"和"两定一奖"。规定"再不搞奖赔，取消定息和牲畜"，严重干扰和破坏了全省的牧业生产。⑧ 1967年11月3—5日，内蒙古革命委员会召开首次全体会议，通过自治区关于"文化大革命"形势和任务的决议，号召彻底揭批所谓"以乌兰夫为首的反革命修正主义、民族分裂主义集团"。⑨ 1968年1月6—18日，内蒙古自治区革命委员会第二次全体委员（扩大）会议，通过落实毛主席关于整党指示的决定，开展大批判和斗批改，打一场"彻底挖掉乌兰夫黑线，彻底肃清乌兰夫流毒的人民战争。"⑩ 1968年9月8—14日，新疆维吾尔自治区革命委员会举行首次全体会议，讨论和确定了今后的工作方针和任务是：大力开展所谓"三查一清"工作。"三查"即："查叛徒、特务、死不悔改的走资派幕后活动"；"一清"即："清理阶级队伍，把

---

① 《中华人民共和国实录》第3卷，第414页，吉林人民出版社，1994年。
② 《中华人民共和国实录》第3卷，第418—419页，吉林人民出版社，1994年。
③ 《新贵州报》1967年3月11日，第1版。
④ 《青海日报》1967年11月11日，第1版。
⑤ 《红色战线》（原《岷江报》）1968年1月20日，第1版。
⑥ 《云南日报》1968年10月13日，第1版。
⑦ 《当代中国的广西》，第384页，当代中国出版社，1992年。
⑧ 《中华人民共和国实录》第5卷（上），第331—332页，吉林人民出版社，1994年。
⑨ 《内蒙古日报》1967年11月6日，第1版。
⑩ 《内蒙古日报》1968年1月21日，第1版。

隐藏在各条战线、各个角落里的一切叛徒、特务、顽固不化的走资派、里通外国分子、民族分裂主义分子……统统挖出来。"① 同年 11 月 28 日—12 月 13 日，新疆维吾尔委员会第二次全体（扩大）会议，通过了会议《纪要》，号召所谓"彻底揭开自治区和各专、州、县阶级斗争盖子"。②

在极"左"思潮和极"左"路线的破坏下，不经中共中央和国务院批准，各地革命委员会擅自撤销民族自治地方和变更民族自治地方的行政区划。1967—1968 年，云南省先后撤销德宏傣族景颇族自治州、西双版纳傣族自治州、怒江傈僳族自治州、迪庆藏族自治州，被周恩来总理发现后，下令予以恢复。③ 河北省孟村回族自治县、甘肃省肃南裕固族自治县一度被取消。新疆维吾尔自治区革命委员会主要负责人，擅自将伊犁哈萨克自治州所属的阿勒泰和塔城两个地区划出来，使该州管辖的区域缩小到八县一市。

1969 年 3 月，中苏边境黑龙江珍宝岛地区和新疆铁列克提地区发生武装冲突，中国面临苏联的战争威胁。中共中央（1969）136 号文件规定，自 1969 年 7 月 5 日起，内蒙古自治区的呼伦贝尔盟划归黑龙江省；哲里木盟划归吉林省；昭乌达盟划归辽宁省；巴彦淖尔盟的阿拉善左旗划归宁夏回族自治区，阿拉善右旗、额济纳旗归甘肃省。简称为内蒙古自治区的东三盟、西三旗划归周边各省区。④

随着各级民族自治地方建立全国统一的革命委员会，民族自治地方变成了空架子，普遍出现"六少"和"五个一样"，即：宣传民族政策少，召开民族工作会议少，帮助少数民族干部职工少，外出参观学习机会少，关心民族群众生活少，民族地区建设少。民族自治地方与汉族地区"五个一样"，即：工作一样，政策一样，干部职工编制一样、财政收支政策一样，山区与平原地区一样。民族区域自治名存实亡。

第三节 推行极"左"路线，制造大量冤假错案

一、大搞"政治边防"和"划线站队"

1966 年 8 月 14 日，林彪在一次会议上提出："我们的边防，是搞政治边防。"1968 年 2 月 26 日，黄永胜、吴法宪、李作鹏、邱会作等人，听取昆明军区负责人谭甫仁、田维扬汇报云南边防工作情况时，指责"云南是在搞礼貌边防，搞修正主义的边防，和平过渡的边防，就是过渡到资本主义去啦，你们怕跑人，怕什么，坏人跑了就算啦。"3 月 21 日，中央军委办事组下达一个文件中说："刘少奇、阎红彦在边防工作中推行一套修正主义路线，强调昆明地区边防斗争特殊，走上层路线，不搞对敌斗争，搞和平过渡，不发动群众，不抓政治边防建设。因此，长期以来，阶级斗争盖子揭不开，反动的封建土司头人没有受到打击，阶级阵线不明，敌我不分，长期处于和平共处的状

---

① 《新疆日报》1968 年 9 月 17 日，第 1—2 版。
② 《新疆日报》1968 年 12 月 18 日，第 1 版。
③ 王连芳主编：《云南民族工作的实践和理论探讨》，第 276 页，云南人民出版社，1995 年。
④ 《当代中国民族工作大事记》，第 207 页，民族出版社，1990 年。

态。"要求各地在发动群众的基础上,搞好边境地区的清理阶级队伍工作,把清理出来的"坏人",遣送到内地进行劳动改造。①

中共昆明军区委员会、云南省革命委员会于1969年3月17日—4月3日召开了全省"政治边防"会议。会上批判所谓刘少奇、彭德怀、罗瑞卿和阎红彦"边防工作上的反革命修正主义路线",他们借口"'边疆特殊'和'民族落后',走民族上层路线,反对阶级斗争和无产阶级专政,搞和平过渡。和平共处,搞'生产中心'、'文化决定论',发展和复辟资本主义。"会议提出"加强政治边防建设,搞好对敌斗争"的具体内容和措施:1. 活学活用毛泽东思想,是建设"政治边防"的中心任务;2. 放手发动群众,狠抓阶级斗争,集中力量清理阶级队伍,解决边疆地区划分阶级成分问题,分清阶级阵线;3. 热情支持、积极领导边疆各族人民走社会主义道路;4. 发动群众,在政治上把封建土司、头人斗倒、斗臭,经济上取消原有的生活补贴。对居住在省、专、县的民族上层,要送回原地交群众进行批斗;5. 对隐藏在归侨、侨眷中的叛徒、特务、死不改悔的走资派、资产阶级反动学术权威、没有改造好的地、富、反、坏、右"九种人"进行彻底清理。

根据会议精神和决定,边疆各地、州层层设立政治边防领导小组,开办"政治边防"学习班,组织"政治边防"宣传队进入村寨,开展以阶级斗争为中心的"政治边防"和"划线站队"的政治运动,给边疆少数民族干部群众带来了灾难,百分之七八十的党员、干部、群众划为"站错队的",进行残酷的斗争。仅马关、麻栗坡、富宁三县,被揪斗的干部、群众就达11566人,其中打死逼死的180人,打伤致残的807人。在深挖"敌特"、"拔钉子"中,仅澜沧、江城、西盟、孟连4个县被打伤致残者达239人,非正常死亡的718人。②

二、重划阶级成分

1968年10月31日,青海省革命委员会颁布《关于牧区划分阶级成分的安排意见》,将过去青海牧区实行的"不斗不分,不划阶级,牧工牧主两利"的和平改革的政策,认定为修正主义投降路线进行批判。提出牧区应重新划分"牧主、富牧、中牧、贫牧"4个阶级成分,"牧主和富牧是打击对象"。规定"牧主和富牧以县为单位计算,一般应占牧民总人口的10%,总户数的8%为宜。"同时还规定牧区普遍推行体制调整,将原来的牧业乡一律改为公社,实行政社合一的管理体制。③

1970年6月11日,中共西藏自治区革命委员会核心小组向中共中央呈报《关于实现西藏农牧业社会主义改造的请示报告》,提出要在1971年实现人民公社化。同时结合农牧业的社会主义改造,在牧区补划阶级成分,在农区调整阶级政策。1970年12月8日,中共中央发出《关于西藏社会主义改造问题的指示》,认为西藏社会主义改造高潮已经出现,要求西藏的各级党组织依靠贫下中农(牧),联合中农(牧),消灭农奴主、

---

① 马曜主编:《云南民族工作40年》上卷,第215—216页,云南民族出版社,1994年。
② 马曜主编:《云南民族工作40年》上卷,第216—217页,云南民族出版社,1994年。
③ 《中华人民共和国实录》第3卷,第437页,吉林人民出版社,1994年。

牧主和富农（牧）阶级的剥削制度，在两三年内基本实现人民公社化。①

1971年8月24日，中共中央对新疆、云南关于少数民族地区和牧区划分阶级成分问题的请示报告作出指示，原则同意两个省、区在没有划过阶级成分或过去虽然划过但没有划清的少数民族地区，参照西藏社会主义改造中执行的原则和政策划分阶级成分。②

中共云南省委核心小组、昆明军区党委，为推进"政治边防"建设，曾于1971年2月9日呈报中央的请示报告中提出：由于边疆民族地区民主改革不彻底，划分阶级问题一直没有得到很好地解决，阶级界限不清。要求在云南边疆和平协商土改地区和"直接过渡"地区，把地主、富农、中农、下中农、贫农几个主要阶级划分出来，对已经划过的地区进行一次全面的复查。1971年8月24日，云南省委在接到中共中央批示同意上述报告后，组织大批力量，从1972年10月—1975年6月，边疆民族地区的36个县中，对29个县全面复查，7个县部分复查，搞"二次土改"，共复查的56万多户中，地主、富农和其他剥削阶级，复查前为44792户，占总户数的7.8%；复查后，下降为29051户，占总户数的5.1%，贫农、下中农由374358户增加为421050户，占总户数的比重由65.7%上升为74%。这次复查阶级成分，对于全省"文化大革命"初期乱划阶级成分，起到了一定的纠偏作用。③但是，复查阶级成分，是在"政治边防"建设和加强阶级斗争的"左"倾思想指导下进行的，实际上否定了边疆民族地区和平协商土改与"直接过渡的"正确方针政策，在局部边疆民族地区仍然造成严重的恶果和极大的混乱。据云南西盟佤族自治县、孟连傣族拉祜族佤族自治县统计，当时被错定为地主、富农的就有746户。澜沧拉祜族自治县的13个公社中，就有2291户农民被查抄、没收财产达48.47万元。云南边疆民族地区在"二次土改"中，被查抄和没收的私人财物，受损失较大的就有4.5万多户，造成了新中国成立后第二次边民大量外流。④

三、人为制造大批冤、假、错案

"文化大革命"动乱时期，林彪反革命集团和"四人帮"在民族地区，人为制造了一批冤、假、错案，打击、迫害了大批少数民族干部和群众。

吉林省延边朝鲜族自治州制造了"朱德海案"、"暴乱案"、"特务案"、"地下国民党案"。朱德海同志是朝鲜族老一辈无产阶级革命家，他于1930年加入中国共产党，1936年赴莫斯科学习，1939年回到延边历任延边公署专员、地委书记。新中国成立后，担任延边朝鲜族自治州委第一书记、州长，吉林省副省长、中共八大候补中央委员。"文化大革命"初期，周恩来总理代表中央明确表示："朱德海是好同志。"1967年1月，林彪、江青反革命集团派人到延边朝鲜族自治州，煽动造反，篡夺了自治州的党政大权，遭到部分朝鲜族干部群众的抵制，捏造所谓延边"朱德海案"、"暴乱案"、"特

---

① 《中华人民共和国实录》第3卷，第656页，吉林人民出版社，1994年。
② 《中华人民共和国实录》第3卷，第656、第743页，吉林人民出版社，1994年。
③ 马曜主编：《云南民族工作40年》上卷，第221—222页，云南民族出版社，1994年。
④ 马曜主编：《云南民族工作40年》上卷，第217页，云南民族出版社，1994年。

务案"、"地下国民党案"。诬陷朱德海是"叛徒"、"特务"、"卖国贼"、"地方民族主义分子",进行残酷的斗争。1972年7月3日,朱德海同志被迫害致死。在四大冤案中,延边被迫害致死、致残的达数千人。①

宁夏青铜峡"反革命叛乱事件"。1967年8月16日,康生在谈话中,将宁夏回族自治区的一派群众组织封为造反派,令驻宁夏的解放军部队坚决支持这一派。还说"必要时可发枪自卫。"将另一派群众组织打成"保守派"。28日,康生胡说"保守派"群众要搞"反革命政变","性质变了",下令调动宁夏驻军进行武装镇压,当场打死101人,打伤133人。②

内蒙古"内人党案"。"内人党"是内蒙古人民革命党的简称。经中共中央、共产国际批准,成立于1925年。1927年大革命失败后,该党不复存在。1968年2月初,康生、江青听取内蒙古自治区革命委员会核心小组汇报时提出:"内人党至今还有地下活动,一定要揪。开始揪得宽点,不要怕。"1969年2月4日,康生又说:"军队里也有内人党,这个问题很严重。"谢富治胡说什么"内人党明里是共产党,暗里是内人党,要把它搞掉"。在康生等人的直接指挥下,内蒙古自治区革命委员会在电台广播、在全区张贴布告,勒令"内人党"党员,在3天之内(后延期至10天)到各级革命委员会登记,否则,一律按敌我矛盾处理。内蒙古各级革命委员会将"挖内人党"作为清理阶级队伍的重点内容。不少地方把整个共产党组织都说成了"内人党",大批共产党员被打成"内人党员"。军队里也到处挖内人党。有些地方,利用下乡落户的汉族知青充当挖"内人党"的骨干,严重破坏蒙汉友好的民族关系,弄得蒙汉各族军民人人自危。毛主席发现后,于1969年5月22日批示:"内蒙已经扩大化了",要求制止和纠正。由于"四人帮"的干扰和破坏,毛主席的批示未能真正执行落实。在"内人党"的冤案中,受到诬陷打击的达34.6万余人,其中1.6万多人被迫害致死。③

广西"'四·二二'农总宁明反革命案"、"凤山'七·二九'革命造反大军案"、"地下党案"。

1968年3月15日,广西壮族自治区革命委员会筹备小组、广西军区向中央军委、中央文革小组上呈武力解决宁明县上石"农总"反动组织的《请示报告》,称上石"农总"是"坏人"当权和聚集的组织,该组织反对毛主席、林副主席;抢夺枪支;制定"反革命纲领",等等。4月16日,再次向毛泽东、中共中央、中央军委和中央文革小组提出调查报告,列举该组织种种"罪行",要求"用4个连的兵力和直属营全部,以迅速突然的动作歼灭这股反革命土匪武装"。4月30日,部队8个连和民兵奉命对宁明县上石"农总"组织进行武装"围剿"。5月1日,攻克上石"农总",俘虏数十人,4人被判处死刑立即枪毙,劳改关押中死亡4人,在"围剿"和批斗中打死和迫害致死的108人,此外还有大批群众受到牵连和迫害。④

---

① 《延边朝鲜族自治州概况》第101—103页,延边人民出版社,1984年。
② 《中华人民共和国实录》第3卷(上),第369页,吉林人民出版社,1994年。
③ 《中华人民共和国实录》第3卷(上),第316页,吉林人民出版社,1994年。
④ 《中华人民共和国实录》第3卷(上),第373—374页,吉林人民出版社,1994年。

1968年8月10日，广西河池军分区召开会议，研究决定武力解决"凤山县七·二九革命造反大军"问题。商定调集附近9县及3个兵工厂的"联指"武装力量，会同部队和凤山人民武装中队进驻凤山，收缴武器。会后，对逃散在南山和北山的"七·二九"人员，全部包围清剿，共抓捕了1万多人。占全县总人口的1/10。在"围剿"中，全县枪杀打死1016人。被杀害的人员中，有国家干部、工人246人，参加过红军的20人，参加过赤卫队的12人，参加游击队的117人。①造成了严重的流血惨案。

"广西地下党案"。1969年，广西壮族自治区革命委员会在"清队"工作中，将为革命事业作出过重大贡献的广西中共地下组织作为清理阶级队伍的"大案要案"，把在少数民族地区地下党组织及其领导下的游击队武装活动过的村寨，诬蔑为"地主党"、"土匪村"进行"全面审查"，深挖所谓"叛徒"、"特务"，使大批地下党员、干部、游击队员遭受不白之冤。仅1969年全自治区有3300多名领导干部被当做"叛徒"、"特务"、"死不改悔的走资派"、"反革命分子"被关进了监狱和"牛棚"。②

云南的"赵健民特务案"、"瑶山事件"、"沙甸事件"。

云南在"文化大革命"中，制造了多起冤案，伤害了各民族干部和群众多人。

1967年年初，中共八届中央候补委员，云南省委书记处书记赵健民，在北京同康生谈了自己对"文化大革命"的看法，要求尽快召开九大或类似1962年的七千人大会，讨论"文化大革命"问题。1967年1月21日，在北京京西宾馆，康生同谢富治，利用造反派组织捏造的材料，采取突然袭击的手法，当面诬陷赵健民同志是"叛徒"、"特务"。康生说："你是个叛徒……混进我们党里来，想乘文化大革命把边疆搞乱。国民党云南特务组，我看了他们的计划，你的行动就是执行他们的计划……我凭40多年的革命经验，有这个敏感"。"你对我们有刻骨的阶级仇恨"。赵健民据理反驳，当场写了便条，说明自己没有问题，要求中央审查，康生指使谢富治，立即将赵健民逮捕，关进监狱达8年之久。云南省大批干部、群众被诬陷"执行赵健民特务计划"的罪名，1.4万余人被迫害致死。③

"瑶山事件"。1969年发生在云南省河口瑶族自治县瑶族聚居的山区公社，当时有1.37万瑶族人。在清理阶级队伍中，强迫瑶族改服装、剪头发，收缴瑶族的首饰、猎枪，引起了瑶族干部群众的不满和抵制。1969年4月初，红河哈尼族彝族自治州革命委员会发出了收缴群众手中刀、枪的通知，限定瑶山公社于4月8—15日，把群众的火药枪收完。当时，基层干部和群众反映，瑶族的火药枪是群众生产、生活的必需品，要求州革命委员会改变决定。但是，州革命委员会人保组电话通知瑶山公社，"必须坚决执行"！4月14日，强行收缴火药枪600多支。当晚，瑶族群众把正在动员群众交火药枪的工作队和公社革命委员会副主任邓才安（瑶族）包围起来，要求停止收缴火药枪。工作队干部首先开枪威胁群众，并"突围"逃跑。群众中有人向工作队开枪，工作队干部负伤逃脱。邓才安被群众抓住，要他打电话通知各大队停止收枪，把已收的枪退还

---

① 《中华人民共和国实录》第3卷（上），第421页，吉林人民出版社，1994年。
② 黄海坤主编：《同舟论》，第61—62页，广西民族出版社，1998年。
③ 《中华人民共和国实录》第3卷（上），第366页，吉林人民出版社，1994年。

给群众。邓才安打电话向公社汇报。革命委员会主任坚决执行收缴火药枪的通知,并要追究带头闹事的人。4月15日,公社逮捕了两个带头人后,即有3000多群众上了山。经过武装镇压平息后,错误地判处了一大批人,其中判处死刑的10人,严重伤害了瑶族群众的民族感情。①

"沙甸事件"。沙甸是云南红河哈尼族彝族自治州蒙自县鸡街公社一个回族聚居的生产大队。全村有回族1578户,7549人。"文化大革命"初期,被极"左"思潮煽动起来的造反派,以"破四旧"为名,强行关闭清真寺,查抄焚毁伊斯兰典籍,引起了回族群众的强烈不满。1968年12月,派工作队进村,在回族群众中"划线站队",将80%以上的回族群众划成"站错队",列为"清队"对象,并抓了280人,强迫他们戴猪头、学猪叫和猪爬,工作队在清真寺内吃猪肉,严重践踏了党的民族、宗教政策,激化了沙甸回民的民族宗教感情。回族群众要求工作队开放清真寺和纠正"划线站队"中的错误做法,遭到云南省各级领导的拒绝并采取了高压政策,造成了民族之间和群众之间的武斗,工作队被迫撤出沙甸。以后,沙甸回族群众拒绝部队进村,少数坏人乘机散布谣言,说"共产党要杀回灭教",矛盾日益激化。云南省革命委员会、昆明军区报请中央军委批准,1975年7月29日—8月4日,采取军事"围剿"手段,平息"沙甸反革命武装叛乱",造成了严重的"沙甸事件"②。在这一事件中,毁房4451间,死亡870人,伤残604人,错判死刑4人,重点审查400多人。后果严重,影响极为恶劣。

新疆、西藏在"文化大革命"中,制造了不少的冤案。

1970年3—9月,新疆维吾尔自治区革命委员会在"一打三反"中,全自治区被打成各种所谓"反革命集团"多达592人,涉及21500多人。伊犁哈萨克自治州直属5个县市,挖出了63个"集团"。和田地区搞了以奴尔约夫(专员)为首的"外逃集团",地、县、社的大批少数民族干部群众遭到迫害。

西藏自治区在"文化大革命"中,人为制造了"小班禅集团"、"回族叛国集团"、"七星党"等冤、假、错案,伤害一批少数民族干部和群众。

四、大批少数民族干部、知识分子、民族、宗教代表人物被迫害致死

"文化大革命"是新中国历史上一场空前的灾难,刘少奇、彭德怀、贺龙、陶铸等一批开国元勋和老一辈无产阶级革命家被林彪、江青反革命集团迫害致死,大批少数民族干部、民族上层和代表人物在这场浩劫中死于非命,造成了不可挽回的重大损失。

1967年1月8日,中共云南省委第一书记兼昆明军区第一政委阎红彦上将,被逼含冤去世。他于1925年加入中国共产党,1932年担任红军陕甘宁游击大队长、总指挥。抗日战争和解放战争期间,历任旅长、兵团副司令员、副政委等要职。参加了淮海、渡江和解放大西南等重大战役。新中国成立后,历任中共西南局书记处书记,四川省省委副书记、成都部队政委,中共八届候补中央委员。在担任云南省委第一书记期间,深受云南各族人民的爱戴。"文化大革命"开始后,横加种种罪名,惨遭迫害,阎

---

① 王连芳主编:《云南民族工作的实践和理论探讨》,第487—488页,云南人民出版社,1995年。
② 《中华人民共和国实录》第3卷(下),第1247页,吉林人民出版社,1994年。

红彦在临终的遗书中说明自己是被陈伯达、江青逼死的。①

1967年4月，藏族的优秀领导干部沙纳，遭受"四人帮"的打击迫害，不幸逝世，终年49岁。沙纳是四川马尔康县人，1935年参加红军，1937年加入中国共产党，经历过二万五千里长征。曾任中共四川省委委员、中央民委委员、中共甘孜藏族自治州州委书记、州长等职。②

1967年3—11月，蒙古族优秀领导干部吉雅泰、高布泽博、达理扎雅，因受林彪、"四人帮"的残酷迫害，含冤去世。

吉雅泰、高布泽博，1924参加中国共产党，是蒙古族青年第一批入党的少数人之一。1925年年底，李大钊、赵世炎在张家口成立了内蒙古工农兵大同盟，李大钊、赵世炎分别担任书记、副书记，吉雅泰等当选为中央执行委员。1947年5月1日，成立了内蒙古自治政府，吉雅泰当选为第一届临时参议会的副议长。"文化大革命"前，吉雅泰当选为中共内蒙古自治区党委常委、自治区人民委员会副主席，1968年3月12日被迫害致死。③

高布泽博曾任内蒙古自治区首届政府委员，第三届全国人民代表大会代表，中央民委委员等职，同年6月被迫害致死，终年63岁。

达理扎雅当选为内蒙古自治区人民委员会副主席，巴彦淖尔盟盟长，1968年11月1日，因遭受林彪、"四人帮"残酷迫害去世。④

"文化大革命"期间，海南岛黎族人民的杰出代表人物王国兴、新疆塔塔尔族的革命领导干部伊斯哈科夫、回族优秀的妇女活动家刘清杨等，都因遭受林彪、"四人帮"残酷迫害先后逝世。

少数民族中一批优秀知识分子、科学家、艺术家被迫害致死。

1968年8月24日，著名的满族作家，戏剧家老舍，不堪"四人帮"的摧残迫害，被逼投湖自尽，终年67岁。周恩来总理对老舍自尽痛心疾首。老舍原名舒庆春，字舍予。先后赴英国和美国讲学，1949年回国。先后担任过中国文艺界联合会副主席、中国作家协会副主席、全国人大代表、政协全国委员会委员、常务委员等职，曾获"人民艺术家"称号。他的优秀代表作有《骆驼祥子》、《四世同堂》、《茶馆》、《龙须沟》等，在中国现代文学史上产生深刻的影响，深受全国各族人民的喜爱。⑤

我国著名的京剧表演艺家马连良，"文化大革命"中，惨遭林彪、"四人帮"的迫害，1966年12月16日被迫害致死，终年65岁。马连良出生于北京，回族。他在长期的舞台艺术实践中，善于全面运用唱、做、念、舞的综合表演形式，创造了独特风格的"马派"艺术，在丰富和发展老生行当的表演技巧上作出了独特的贡献，成为一代京剧大师，在国内外享有盛名。他演出的"借东风"、"徐策跑城"等一批优秀京剧节目，

---

① 《中华人民共和国实录》第3卷（上），第206页，吉林人民出版社，1994年。
② 《当代中国民族工作大事记》（1949—1988年），第202页，民族出版社，1996年。
③ 《内蒙古自治区概况》，第37页，59页，内蒙古人民出版社。
④ 《当代中国民族工作大事记》（1949—1988年），第204—205页，民族出版社，1990年。
⑤ 《中华人民共和国实录》第3卷（上），第153页，吉林人民出版社，1994年。

至今仍然深深地印在人民心目中。①

1968年12月18日,我国著名的维吾尔族历史学家翦伯赞教授,拒绝诬陷刘少奇所谓的"叛徒"罪行,遭受林彪、"四人帮"的残酷迫害,他同夫人戴宛含冤离开人世,终年70岁。翦伯赞是湖南桃源县人,1926年参加北伐军政工作,大革命失败后,开始研究中国社会和中国历史。1937年加入中国共产党,先后在重庆、南京、上海和香港等地从事统一战线和理论宣传工作。中华人民共和国成立后,历任中国科学院哲学社会科学部学部委员、北京大学教授、副校长等职。他是第一、第二、第三届全国人大代表,第一届全国政协委员。他与郭沫若、范文澜等人一道,筹建了中国历史学会。他的代表作有《历史哲学教程》、《中国史纲》(第一、第二卷)、《中国史论集》、《历史问题》等,是中国史学界的权威代表人物之一。②

---

① 《中华人民共和国实录》第3卷(上),第198页,吉林人民出版社,1994年。
② 《中华人民共和国实录》第3卷(上),第446页,吉林人民出版社,1994年。

第二章 "文化大革命"期间的民族工作

第一节 林彪、"四人帮"批判党的民族政策，否定十七年民族工作的成就

"文化大革命"中，林彪、江青反革命集团公开宣扬"都是社会主义了，还有什么民族不民族"，"民族问题已经解决了"。"民族隔阂、民族冲突、民族矛盾可以说没有了"。"少数民族问题，就是阶级斗争问题"。"民族平等是搞阶级调和"；尊重少数民族风俗习惯，就是保护"原始"、"落后"和"陋习"；民族教育是"培养修正主义的温床"，民族学院是"资本主义复辟的黑据点"；丰富多彩的少数民族歌舞是"轻歌曼舞"、"阿哥阿妹，下流的东西"、"异国情调"、"有悲无壮"、"泛滥成灾"；使用少数民族语言文字是"倒退"和"不科学"、"不要再提了"。民族语言继续讲下去，"祖国就不能统一"。① 按照不同的民族和地区特点开展民族工作就是"条件论"、"落后论"和"特殊论"、少数民族群众宗教信仰自由是维护"封建迷信"，等等。"民族"二字成为"禁区"，民族特点被当做"禁忌"，全面批判和否定党的民族政策。② 因此，"文化大革命"一开始，各级民委机关被扣上执行"投降主义、修正主义"的大帽子，大批从事民族工作的汉族和少数民族干部遭受了残酷的斗争和无情的打击。从中央民族事务委员会到地方上各级民委机关全部被撤销；民族自治地方的民族中小学，民族寄宿学校绝大多数被撤并。全国10所民族学院，8所被撤销或停办；大量少数民族文艺作品和民族歌舞被停播、停演。各地在破"四旧"极"左"思潮的冲击下，强迫少数民族改穿汉族服装、剪头发、剪裙子，禁止过民族节日；强制收缴少数民族首饰、生产生活必需的刀和猎枪；强迫信仰伊斯兰教的回族养猪；大量的宗教寺庙被毁、被封或改作他用，各种宗教典籍、佛像、法器、文物遭到严重的毁坏，大批僧尼强迫还俗，绝大多数爱国的少数民族宗教上层代表人物被打成"牛鬼蛇神"，进行"无产阶级专政"。著名的藏族宗教人士、中国佛教协会会长喜饶嘉措，傣族爱国宗教人士中国佛教协会副会长松溜、阿夏牟尼，云南德宏景颇族爱国宗教上层人士司拉山等一批宗教人士，被林彪、"四人帮"迫害致死。③ 20世纪60年代末，凡是带"民"字号的单位，几乎被取消；民族特需品生产企业停产；民族商店改售普通日用品。牧区草原开荒种粮，牧民弃牧从农，大面积的草原沙化，造成民族地区农牧业生产停滞不前，局部地区农牧业生产大幅度下降。云南西双版纳勐海县，属于平坝粮食高产区，1965年全县产粮7189万公斤，

---

① 《贵州民族地区四十年》，第270页，贵州民族出版社，1991年。
② 马曜主编：《云南民族工作40年》，第112—113页，云南民族出版社，1994年。
③ 《当代中国民族工作大事记》（1949—1988年），第205、第271、第282页，民族出版社，1996年。

人均占有粮食564公斤。"文化大革命"中,粮食总产下降为6500万公斤,余粮县变成缺粮县,每年从外地调进返销粮达581万公斤。① 新疆"文化大革命"10年中(1966—1976),工农业总产值只增长16.8%,年均增长速度为1.6%;其中农业总产值10年增长2.4%,年均增长0.2%;工业总产值10年增长43.6%,年均增长3.7%;10年中,国年收入增长4.2%,而新疆人口却增长41.5%,人均占有粮食下降29.8%。到1975年度,从内地调入粮食达3.42亿公斤,而1966年度新疆向内地调出粮食9350万公斤。10年中,国民经济比例严重失调,经济效益大幅度下降。市场物资奇缺,人民生活水平明显下降,一些贫困地区出现了饥馑。②

第二节 进行民族政策检查,开展民族政策再教育

1971年9月13日,林彪叛逃,摔死在蒙古人民共和国境内的温都尔汗(简称"9·13事件")。周恩来总理在毛泽东主席的支持下,主持中央日常工作。针对林彪、江青一伙践踏党的民族政策,否定党的民族工作,造成民族地区社会动乱,周恩来在极为困难的条件下,逐步恢复党的民族工作,开展民族政策检查教育。

1971年7月,中共中央政治局在听取宁夏回族自治区党的代表大会准备工作汇报时指出:宁夏对党的政策落实得不好,农业生产发展缓慢,特别是固原地区的平叛扩大化必须迅速纠正。③

1972年1月24日—2月12日,根据周恩来的指示,中共中央、国务院在北京召开了宁夏固原地区工作座谈会。会议研究了固原地区执行民族政策和平叛扩大化等问题,明确提出,必须认真落实党的民族政策,在一切工作中坚持民族平等和民族团结;要挑选懂得民族政策的同志到少数民族地区工作;要尊重少数民族的宗教信仰和生活习惯;积极培养少数民族干部,满腔热情地帮助少数民族得到发展和进步。同年7月2日,中共中央在批转座谈会报告的通知中指出,近几年来,在某些同志中间,由于极"左"思潮的影响,对党的民族政策的观念十分淡薄,有的甚至发生了严重违反党的民族政策的情况。因此,应当对执行民族政策的情况进行一次检查。④ 在党中央的重视和支持下,宁夏回族自治区革命委员会对在历次处理的"叛乱"案件中,错杀、错关、错戴、错划的干部群众,先后平反了一万余人;恢复了一批清真食堂,纠正了牛羊肉与猪肉混装、混运的错误,发展一批回族党员,提拔了一批回族干部。⑤

1972年3月2日,中共中央指示检查贯彻民族政策情况。公安部、农林部根据中央的指示,组成联合调查组,赴宁夏隆德县调查。同月,按照周恩来的建议,农林部派出4个调查组,分赴内蒙古、新疆、西藏、云南等少数民族地区,调查了解民族政策执行情况和当地群众生产生活中存在的问题。7月2日,中共中央在联合调查组报告的通

---

① 《云南民族工作40年》,第220页,云南民族出版社,1994年。
② 《中华人民共和国实录》第3卷(下),第1276页,吉林人民出版社,1994年。
③ 《当代中国民族工作大事记》(1949—1988年),第212页,民族出版社,1990年。
④ 《当代中国民族工作大事记》(1949—1988年),第214—215页,民族出版社,1990年。
⑤ 丁国勇主编:《宁夏回族》,第182页,宁夏人民出版社,1993年。

知中强调：落实党的民族政策，对于社会主义革命和社会主义建设，都是极其重要的。中央希望各地对执行民族政策的情况进行一次检查，要认真学习和坚决贯彻执行党的民族政策，在少数民族地区工作的同志，尤应注意。8月，周恩来又指示农林部派专人到青海，调查了解青海农牧业生产停滞不前的问题。① 10月31日，广西壮族自治区党委遵照中共中央的电报指示，派出工作组深入基层，调查民族政策执行情况，向中央上报题为《广西壮族自治区执行民族政策情况的报告》。报告肯定民族工作的成绩，同时，对在培养选拔民族干部、尊重民族风俗习惯、民族关系、民族贸易、财经等方面存在的问题作了检查。② 在全国各地检查执行民族政策情况报告上报中央后，毛泽东主席极为关心民族工作。1973年1月10日，李德生传达毛泽东关于民族政策的指示："政策问题多年不抓了，特别是民族政策。现在地方民族主义少些，不突出了，但大汉族主义比较大，需要再教育。"③ 毛泽东的指示，有力地推动了党的民族工作。1973年8月10日，西藏自治区在那曲召开了第三次牧区工作会议，讨论和研究了牧业社会主义改造和加速牧区建设等问题④。9月22日，广西壮族自治区党委决定恢复广西壮族自治区民族事务委员会。⑤ 12月21日，广西壮族自治区统战民族工作会议在南宁召开。出席会议的有地、市、县、区相关单位和大专院校负责人共126人出席会议，共同商讨，研究民族政策教育、培养民族干部和民族地区经济建设等重大问题。⑥

在党中央，毛泽东主席的直接关心支持下，各部门的民族工作也有所进展。

恢复部分民族特需商品的生产和供应。1972年5月23日，商业部向国务院上报关于少数民族特需商品生产和供应情况。报告中提到，由于受极"左"思潮的影响，有的地区把绝大部分民族特需用品视为"封、资、修"的东西，加以封存。有的地区不敢经营，生产民族特需商品的厂社，大部分停产转产。民族贸易机构普遍合并或撤销。报告建议：1. 加强领导少数民族特需商品生产和供应；2. 各省、区自力更生，积极组织生产民族特需商品；3. 优先安排民族特需商品生产的原材料；4. 专人负责少数民族特需商品的生产和供应。国务院在批转该报告中指出：近几年来，由于受"左"的思潮影响，有些地方不考虑少数民族的特殊需要，任意取消少数民族特需商品的生产和供应，这种做法是错误的。要教育干部，认真执行民族政策，尊重少数民族的风俗习惯，切实搞好对少数民族特需商品的生产和供应。⑦

1973年3月30日，李先念在关于建立民族特需商品生产基地的批示中指出：国内民族商品，现在大部分仍在沿海城市生产，这是不合理的。建议经过调查研究之后，在呼和浩特、兰州、成都、拉萨、昆明、乌鲁木齐或者其他地方逐步建立工厂；主要是扩

---

① 《中华人民共和国实录》第3卷（下），第803页，吉林人民出版社，1994年。
② 《当代中国民族工作大事记》（1949—1988年），第216—217页，民族出版社，1990年。
③ 《中华人民共和国实录》第3卷（下），第886页，吉林人民出版社，1994年。
④ 《当代中国民族工作大事记》（1949—1988年），第220页，民族出版社，1990年。
⑤ 《当代中国民族工作大事记》（1949—1988年），第221页，民族出版社，1990年。
⑥ 《当代中国民族工作大事记》（1949—1988年），第222页，民族出版社，1990年。
⑦ 《当代中国民族工作大事记》（1949—1988年），第215—216页，民族出版社，1990年。

建现有的厂子,生产民族商品。不但品种要多,而且质量要好。①

1973年4月23日,财政部、商业部发出《关于重申对边远山区、边远牧区民族贸易企业三项照顾问题的联合通知》。重申实行三项照顾的范围和地区,仍按过去有关规定执行;经批准为三项照顾地区的民贸企业,按月从实现利润中提20%利润留成;自有流动资金,由财政部按规定标准逐步补足;工业品最高限价和农副产品最低保护价,报请主管部门审批。②

8月25日,轻工业部和商业部根据李先念3月30日的批示,联合向国务院报告,要在呼和浩特、兰州、成都、昆明、乌鲁木齐、贵阳、西宁、延吉、海拉尔9个城市,建立发展民族特需用品生产基地。争取今后两三年内,做到大部分少数民族特需用品基本满足本省、自治区和毗邻省、自治区的需要。12月2日,国务院批转了该报告。同意在1974年和1975年两年中,安排基本建设投资1000万元,改建和扩建9个城市的民族特需用品生产基地。③ 在党中央和国务院领导支持下,民族特需用品生产得到部分恢复和发展。

落实使用维吾尔、哈萨克、蒙古、藏、朝鲜5种少数民族文字政策。1973—1975年,通过检查和落实民族政策,少数民族语言文字和民族教育工作取得了一定程度的进展。1973年6月15日,新疆维吾尔自治区革命委员会,在检查落实民族政策中,召开维吾尔、哈萨克新文字推行工作会议,决定在最短时间内,完成推行维吾尔、哈萨克新文字。④

1973年7月6日,国务院科教组委托内蒙古自治区在呼和浩特召开黑龙江、辽宁、吉林、宁夏、甘肃、青海、新疆、内蒙古8省、区中小学教材工作座谈会。会议决定成立8省、区中小学蒙古文教材协作组。其任务是:制定有关学科的教学大纲,协作编译修订一套十年制的中小学蒙古文教材,商请有关部门解决出版、印刷、发行等问题,保证蒙古文教材的及时供应。⑤

1974年11月4日,国家出版事业管理局,在北京召开少数民族文字图书、翻译出版工作座谈会。内蒙古、吉林、黑龙江、辽宁、新疆、甘肃、青海、宁夏、西藏、四川、云南、贵州、广西13个省、区,中央有关部门和北京、上海有关出版单位共90人出席了会议。与会代表就少数民族文字图书、教材翻译出版工作的方针任务、分工协作及队伍建设等问题进行座谈。拟订了1975—1977年用蒙古、藏、维吾尔、哈萨克、朝鲜5种文字翻译出版各类图书的规划。1975年3月29日,国务院批转了《关于少数民族文字图书、翻译出版座谈会的报告》。报告对加强编译出版少数民族各种主要教材提出了多方面的意见。⑥

1975年10月14日,青海、甘肃、四川、云南、西藏5省、区,首次藏文图书翻译出版协作会议在拉萨举行。会议总结交流了翻译出版和发行工作的经验,协调今后的任

---

①② 《当代中国民族工作大事记》(1949—1988年),第219页,民族出版社,1990年。
③ 《当代中国民族工作大事记》(1949—1988年),第219—220页,民族出版社,1990年。
④ 《当代中国民族工作大事记》(1949—1988年),第221页,民族出版社,1990年。
⑤ 《当代中国民族工作大事记》(1949—1988年),第220页,民族出版社,1990年。
⑥ 《当代中国民族工作大事记》(1949—1988年),第225—226页,民族出版社,1990年。

务，提出了进一步加强藏文图书翻译、出版、发行工作的意见，决定尽快出版中小型《藏语词典》，并成立了藏文协作小组。①

第三节 民族工作初步恢复

1973年3月10日和12月12日，根据毛泽东提议，恢复邓小平国务院副总理职务，出任中国人民解放军总参谋长。邓小平协助周恩来总理做了大量的工作，民族教育部分得到恢复。6月14日，广西壮族自治区革命委员会批准恢复桂林、南宁两所民族师范学校，新建百色民族师范学校，增办巴马民族师范学赐福分校。② 同年11月16日，内蒙古自治区革命委员会召开全区民族教育会议，总结民族教育工作的经验，讨论民族教育的方向、任务和措施。③

1974年6月4日，国务院科教组发出通知，恢复和新建27所高等院校，其中包括西南民族学院和贵州民族学院，年内恢复和新建了广东民族学院和西藏师范学院。④

1975年1月，在中国共产党十届二中全会上，邓小平当选为中共中央副主席，中央政治局常务委员，主持中央政治局会议和党政日常工作。1975年4月10日，国务院批转教育部《关于边疆和少数民族地区普及小学五年教育问题的请示报告》（以下简称《报告》）。国务院在批语中指出，普及农村小学五年教育，是关系到我国亿万农民文化翻身的一项大政。各地、各部门要切实解决边疆、少数民族地区普及教育工作中的实际问题，力争尽早实现普及农村小学五年教育。《报告》提出，重视在边疆、少数民族地区特别是边境沿线普及小学教育的工作，加速培养少数民族师资，把教育规划纳入边防建设或各个地区的建设计划，并同贯彻执行民族政策结合起来。⑤ 1975年12月24日，新疆各大专院校首届工农兵大学毕业生787名，包括维吾尔、哈萨克、汉、回、蒙古、锡伯、满、塔塔尔、乌孜别克、达斡尔、柯尔克孜等10多个民族的毕业生。⑥

开展西藏工作。在"文化大革命"的动乱岁月，中央仍然关心和支持西藏的革命与建设，1970年12月8日，中共中央发出《西藏社会主义改造问题的指示》，对西藏公社所有制、生产规模、自留地（畜）等问题作出明确的规定，并要求改革步伐应稳一些。

1973年9月17日，上海、江苏、湖南、湖北、山东、辽宁、四川、河南8个省、市，组织8个医疗队，440多名医务工作者，分别深入西藏拉萨、山南、日喀则、那曲、昌都等地区防病治病，帮助藏族卫生人员提高医疗技术水平，调查研究当地常见病、多发病的有效防治措施和西藏地区的特殊药材。⑦

1974年4月26日，国务院批转科教组《关于内地支援西藏大学、中学、专科师资

---

① ⑥ 《当代中国民族工作大事记》（1949—1988年），第232页，民族出版社，1990年。
② 《当代中国民族工作大事记》（1949—1988年），第220页，民族出版社，1990年。
③ 《当代中国民族工作大事记》（1949—1988年），第222页，民族出版社，1990年。
④ 《当代中国民族工作大事记》（1949—1988年），第224页，民族出版社，1990年。
⑤ 《中华人民共和国实录》第3卷（下），第1205—1206页，吉林人民出版社，1994年。
⑦ 《中华人民共和国实录》第3卷（下），第957页，吉林人民出版社，1994年。

问题的请示报告》（以下简称《报告》）。《报告》提出：由于历史原因，西藏教育事业基础薄弱，师资缺乏。中央决定，对西藏要求配备的8所中学和1所师范学校的师资，由上海、江苏、四川、湖南、河南、辽宁6省、市和中央国家机关定区、定校包干支援。并对支援教师的任务、分工、条件、年限、待遇等提出了具体意见。7月，6省、市和中央国家机关选派了大中学教师和干部398人进藏支援教学工作，协助在拉萨市筹办一所师范学院。1976年4月11日，国务院又发出了支援西藏师资的通知：免除原由中央国家机关各部委轮换派出的任务，决定由山东、湖北两省在1976年和1978分两批派出援藏教师，每期每批各派45人。① 1975年5月17日，卫生部、北京市、中国医学科学院、中医研究院和新疆派出医务人员组成医疗队，赴西藏阿里地区进行巡回医疗，同时培养藏族"赤脚医生"和协办一所卫生学校。

据新华社报道，西藏全面完成社会主义改造，自治区私营商业纳入国营商业轨道，90%以上的手工业建立了生产合作社。② 1975年9月9日，中共中央、国务院派出以华国锋为团长，以司马义·艾买提、宝日勒贷等人为副团长的中央代表团，参加西藏自治区成立十周年的庆祝活动。③ 华国锋转达周总理对西藏工作的指示：在少数民族地区，民族政策要执行好，干部要培养好，人民要团结好，生产建设要发展好，物质生活要搞好，工作就能搞起来。④

54个少数民族代表出席第四届全国人民代表大会。1975年1月13日，在北京召开第四届全国人民代表大会第一次会议。出席会议的代表共2885人，其中少数民族代表270人，占代表总数的9.36%。大会选举了韦国清（壮族）、赛福鼎·艾则孜（维吾尔族）、乌兰夫（蒙古族）、阿沛·阿旺晋美（藏族）等少数民族为全国人民代表大会常务委员会副委员长。⑤ 1月17日，通过修改后的《中华人民共和国宪法》，与1954年宪法比较，有关少数民族内容的条文，大大压缩，但仍然肯定"实行民族区域自治"。《宪法》24条规定："自治区、自治州、自治县都是民族自治地方，它的自治机关是人民代表大会和革命委员会。民族自治地方的自治机关除行使宪法第二章第三章规定的地方国家机关的职权外，可以依照法律规定的权限行使自治权。"⑥

1971年"9·13事件"后，批判和清算林彪反革命集团的罪行，在毛泽东、周恩来、邓小平等中央领导的关心支持下，"左"倾错误思潮受到抑制，部分落实了党的民族政策，但"四人帮"极力干扰和破坏。1972年，中央指示认真检查民族政策执行情况。1973年，毛主席指示需要进行民族政策"再教育"，"四人帮"在辽宁、吉林、青海、宁夏的代理人拒不传达、不执行。1975年8月，8省区蒙古语文协作小组根据国务院文件精神，召开协作小组会议，拟定了关于加强蒙古语文工作意见的文件上报国务院，张春桥长期扣押不批。1976年2月，姚文元收到一份攻击该文件的材料，如获至

---

① 《当代中国民族工作大事记》，第223—224页，民族出版社，1990年。
② 《当代中国民族工作大事记》，第235页，民族出版社，1990年。
③ 《当代中国民族工作大事记》，第231页，民族出版社，1990年。
④ 《中华人民共和国实录》第3卷（下），第1262页，吉林人民出版社，1994年。
⑤ 《当代中国民族工作大事记》，第228页，民族出版社，1990年。
⑥ 《中华人民共和国第四届全国人民代表大会第一次会议文件》，第15页，人民出版社，1975年。

宝，立即在材料上批示，责令新华社进行"调查"。以"复辟倒退"、"右倾翻案"的罪名，打击迫害坚持使用民族语文的干部和群众。① 在所谓"反击右倾翻案风"的运动中，民族政策再次遭到破坏，许多民族地区又一次陷入混乱。多民族云南省，"四人帮"的帮派分子，把落实民族政策，整顿社会秩序的各级干部打成"复辟势力"、"还乡团"，进行"第二次夺权"。围攻各级党政部门，冲击公安机关，强行释放在押犯，再次造成云南全省社会治安混乱，经济大幅度下降。1976 年，云南工业总产值下降24.9%，全民所有制企业每百元固定资产提供的工业产值由 1966 年的 69 元，降为 38.2 元，全省财政收入只有 5.08 亿元，比 1975 年下降 40.8%，不得不向中央财政借款 3 亿元来支付职工的工资。②

---

① 《光明日报》1977 年 2 月 21 日。
② 《中华人民共和国实录》第 3 卷（下），第 1342—1343 页，吉林人民出版社，1994 年。

第三章 "文化大革命"期间民族自治地方的经济与文化

第一节 民族地区工农（牧）业生产有一定的发展

一、工农业生产略有增长

"文化大革命"动乱期间，工农（牧）生产受到"左"倾思潮的干扰破坏。1971—1975年，中央进行民族政策检查教育，部分落实了党的民族政策，工农业生产略有起色。其中民族自治地方农田有效灌溉面积由1965年的4431.25万亩，1975年增至10442.46万亩，增加6011.21万亩，增长了1.35倍。①

表一 1965—1975年民族自治地方工农业总产值　　　　　　单位：亿元

年份 类别	1965年 按1957年不变价计算	1975年 按1970年不变价计算	（扣除价格变动因素） 净增（亿元）	年均增长%
工农业总产值	157.2	306.5	149.3	5.6
农业总产值	88.4	152.2	63.8	2.1
工业总产值	68.8	154.3	85.5	5.6

资料来源：《中国民族统计》，第19页，中国统计出版社，1991年。

表二 1965—1975年主要农产品产量　　　　　　单位：万吨

年份 类别	1965年	1975年	年均增长 （单位：吨）	%
粮食	2217.00	3669.50	852.5	3.8
棉花	8.87	5.39	-3.48	-3.9
油料	27.49	32.01	4.52	1.6
烟叶	5.47	10.62	5.15	9.4
甜菜	39.43	56.83	17.4	4.4
甘蔗	232.56	360.87	128.31	5.5

资料来源：《中国民族统计》，第68页，中国统计出版社，1991年。

从表一、表二中看出，"文化大革命"期间的10年，工农业总产值净增149.3亿元，1975年与1965年相比增长了94.9%（扣除价格变动因素，下同）；农业总产值增长了42.9%；工业总产值增长124.2%。农业主要粮食与作物相比，除棉花产量下降之

---

① 《中国民族统计》，第311页，中国统计出版社，1991年。

外，十年中，粮食增加 852.5 万吨，油料增加 4.52 万吨，烟叶增加 5.15 万吨，甜菜、甘蔗分别增加 17.4 万吨和 128.31 万吨。主要工业产品产量有较大的增长。

表三　主要工业品产量
单位：万吨

品种＼类别	1965 年	1975 年	净增量（万吨）	年均增长 %
生铁	55.8	89.90	34.1	6.1
钢	39.4	66.20	26.8	6.8
原煤	2029.00	4561.00	2532	12.47
原油	97.30	440.90	343.6	35.3
发电量（万千瓦/小时）	334,000	12,56,500	922500	27.6
木材（万立方米）	858.20	1034.40	176.2	2.0
纱（混合数）（吨）	29278	45542	16264	5.5
布（混合数）（万米）	18200	25700	7500	4.1
糖	22.20	32.72	10.52	4.7
水泥	91.01	334.98	243.97	26
化肥（折吨）	36.43	48.67	12.24	3.36

资料来源：《中国民族统计》，第 116—117 页，中国统计出版社，1991 年。

表三中的主要工业品产量年均增长都超过 3%，原煤、原油、发电量、水泥年均增长分别达到 12.47%、35.3%、27.6%、26%。

二、兴建一批工业和基础设施建设项目

1966—1975 年，国家向民族自治地方全民所有制单位基本建设投资 242.17 亿元，一些生产建设项目先后建成投产。攀枝花钢铁基地是"三线"建设的重点项目，位于四川与云南边界的彝族地区，1965 年开始筹建，1967 年，攀钢一期工程破土动工。1969 年 11 月 14 日，国务院指示冶金部主持召开攀枝花钢铁基地建设问题联席会议。与会人员听取了渡口市关于攀枝花工业区的汇报，传达冶金部加快建设攀钢的报告，提出攀钢要建成年产 1350 万吨铁矿山，160 万吨的炼铁厂，150 万吨炼钢厂及相应的轧钢厂，280 万吨的煤矿，180 万吨的洗煤厂，装机 29 万千瓦，需投资 15 亿元。施工的职工已有 3 万人，冶金部计划增调 1.5 万人分批参加。涉及加快交通运输、铁路、煤矿建设所需的钢材等原材料，报请国务院，要求国家计委及有关部门协助解决。① 1969 年 12 月 4 日，国务院总理周恩来，号令四川省和攀枝花军民"以大局为重，以'三线'建设为重，全力以赴，保证 1970 年'七·一'前出铁。"1970 年 6 月 29 日，一号高炉顺利出铁；1971 年 10 月 1 日，出钢；1972 年，生产出钢坯；1974 年 8 月，生产出钢材，标志着一个新兴的钢铁工业基地在西南地区基本建成。②

1970 年 6 月 6 日，我国自行设计、制造、施工的第一座现代化大型矿井——内蒙古乌达矿务五虎山煤矿建成投产。新疆维吾尔自治区在戈壁滩上建成雅满露天铁矿。③

---

① 《中华人民共和国实录》第 3 卷（上），第 538—539 页，吉林人民出版社，1994 年。
② 《攀面裂谷上的生长点》，第 27 页，四川民族出版社，1995 年。
③ 《当代中国民族工作大事记》，第 208、第 211、第 231 页，民族出版社，1990 年。

新疆克拉玛依至乌鲁木齐输油管道于1972年3月动工。1993年10月1日投产一次成功。全长295.6公里，年输油能力达300万吨。① 1973年11月28日，贵州省建成一座年产120万吨现代化大型煤矿，该矿储量大、品种多、煤层厚、煤质好，是钢铁工业需要的主焦煤。矿井的采煤、运输、提升、通风、排水和地面生产系统，全部机械化操作。② 宁夏回族自治区"文化大革命"期间，工业有一定的发展。先后建成石嘴山第二矿务局卫东煤矿，年产120万吨的现代化大型无烟煤矿和宁夏第一座生产焦煤的乌兰煤矿。③ 其他工业也有相应的发展，初步形成有原盐、地毯、卷烟、皮革、合成洗涤、农用塑料薄膜、纺织、印染、造纸、火柴、化工等20多个行业，535个企业。④

西藏和平解放前没有现代化工业，"文化大革命"期间，在昌都建成了西藏历史上第一座化肥厂。⑤《人民日报》1970年7月20日报道，西藏自治区已建成煤炭、水力发电、机械、化工、建筑材料、森工、造纸、纺织、皮鞋、火柴等几十种地方工业。全区30%以上的县有了中小型水电站，拉萨、日喀则、那曲、山南、昌都等地有了农业机械修造工业。⑥

铁路、公路建设取得了进展。1975年与1965年相比，通车里程铁路增加1268公里，公路增加55906公里。⑦ 1970年7月1日，西南运输大动脉成昆铁路建成通车。这条铁路北起四川成都，南抵云南昆明，穿越四川南部和云南北部广大少数民族地区，全长1085.8公里，总投资33亿元。1964年9月全面施工，凿穿几百座大山，修通427座隧道，架设653座桥梁。全线的桥梁和隧道长达400多公里，占全长的36.8%。修建工程之艰巨，为世界铁路史上所罕见，对于促进西南民族地区经济的发展有重要的意义。⑧

1972年10月13日，湘黔铁路建成通车。这条铁路东起湖南湘潭，西至贵州贵阳市，全长902公里，总投资16亿元。与中国南部陇海线平行，是横贯中国东西部的第二条交通干线，对于连接中南和西南地区，特别是对云南、贵州两省的煤炭、磷矿石的外运，具有重要作用。⑨

1975年7月1日，我国第一条全电气化铁路——宝成铁路建成运营，宝成铁路所经地区80%为山区，地势险峻，地形构造复杂，勘测设计施工难度大，要求高，为我国山区铁路建设提供了成功的经验。宝成电气化铁路建成通车，成为大西南咽喉要道的高效运输线，为国民经济发展作出了重要的贡献。⑩

公路、桥梁一些工程项目建设先后竣工。1970年12月30日，宁夏回族自治区第

---

① 《中华人民共和国实录》第3卷（下），第969页，吉林人民出版社，1994年。
② 《中华人民共和国实录》第3卷（下），第992页，吉林人民出版社，1994年。
③ 《当代中国民族工作》，第217页，民族出版社，1994年。
④ 《当代中国民族工作》，第230页，民族出版社，1994年。
⑤ 《当代中国民族工作》，第208页，民族出版社，1994年。
⑥ 《当代中国民族工作》，第209页，民族出版社，1994年。
⑦ 《中国民族统计》，第314页，中国统计出版社，1991年。
⑧ 《中华人民共和国实录》第3卷（上），第606页，吉林人民出版社，1994年。
⑨ 《当代中国民族工作大事记》，第216页，民族出版社，1990年。
⑩ 《中华人民共和国实录》第3卷（下），第1235页，吉林人民出版社，1994年。

一座黄河公路大桥建成通车，全长660多米。① 1973年9月22日，由西藏公路桥梁建设部门设计和施工的岗嘎大桥建成通车。这是横跨雅鲁藏布江的第二座大桥，全长416米，桥面可并行两辆载重汽车。雅鲁藏布江下游第一座双曲拱大型公路桥是1966年建成通车的。② 1976年7月6日，新华社报道，滇藏公路建成通车。这是继川藏、青藏、新藏公路之后，内地通往西藏的第4条公路干线。滇藏公路南起云南下关，北至西藏自治区芒康，全长716公里，横跨金沙江和澜沧江，同川藏公路南线接头，通往拉萨。滇藏公路1967年开工，国家投资2810万元。③

一批水利、电力工程建成投产。20世纪70年代初，新疆维吾尔自治区最大防冲防渗渠道——叶尔羌河东岸引洪大渠竣工。④ 此后不久，新疆塔里木垦区大型水利枢纽工程——塔里木河拦河闸建成。⑤

内蒙古自治区水利建设取得一定成绩。1975年3月1日，内蒙古最大的电力扬水站——磴口扬水站扩建工程竣工放水。⑥ 1976年5月25日，内蒙古哈素海灌区水利枢纽主体工程建成，可灌溉内蒙古著名的粮川土默特左旗和托克托县的29万亩农田。⑦

黄河中上游地区建成几个大型水电站。1974年9月15日，新华社报道，坐落在宁夏回族自治区境内的青铜峡水利枢纽工程基本建成并发挥显著效益。该工程1958年动工兴建，1960年发挥灌溉功能，1967年年底开始发电。工程包括1座长697米，高42米的混凝土拦河大坝，6个河床闸墩电站，两个渠首电站，7孔溢流坝，3孔泄洪闸和开关站。是新中国成立后在少数民族地区较早开工兴建的大型水利工程之一。全国32个大中城市支援了大量技术力量和器材，保证了工程的顺利进行。⑧

1975年2月4日，新华社报道，中国最大的水电站——刘家峡水电站建成发电。该水电站坐落在甘肃省临夏回族自治州永靖县境内，以黄河水为动力，总发电能力122.5万千瓦，年发电量57亿千瓦时。刘家峡水电站1958年动工兴建，1974年发电机组全部建成投产，总投资6.15亿元，是我国水电建设史上第一个装容量百万千瓦以上的大型水电站。⑨

1976年1月28日，国务院批准兴建龙羊峡水电站。龙羊峡水电站位于黄河上游青海省境内，是黄河梯级水电站建设的起点。国家规划从龙羊峡到青铜峡分阶段建设15个梯级电站，从而改写中华民族母亲河多灾多难的历史。该规划在长达1023公里地段的龙羊峡至青铜峡的首部，建设龙羊峡水电站，总库容247亿立方米，设计4台单机容量为32万千瓦，总装机容量为128万千瓦，年发电量为60亿千瓦时。龙羊峡水电站水

---

① 《中华人民共和国实录》第3卷（上），第961页，吉林人民出版社，1994年。
② 《当代中国民族工作大事记》，第221页，民族出版社，1990年。
③ 《当代中国民族工作大事记》，第236页，民族出版社，1990年。
④ 《当代中国民族工作大事记》，第209页，民族出版社，1990年。
⑤ 《当代中国民族工作大事记》，第216页，民族出版社，1990年。
⑥ 《当代中国民族工作大事记》，第229页，民族出版社，1990年。
⑦ 《当代中国民族工作大事记》，第236页，民族出版社，1990年。
⑧ 《中华人民共和国实录》第3卷（下），第1126页，吉林人民出版社，1994年。
⑨ 《中华人民共和国实录》第3卷（下），第1183页，吉林人民出版社，1994年。

库，可与刘家峡水库补充调节水量，提高下游一些水电站的发电量。[①]

"文化大革命"期间，西藏兴建中、小型水电站近百座。1970年全自治区的发电量比1965年增长了一倍。[②]

第二节 民族地区社会发展的进步

一、民族自治地方教育、卫生事业在困境中求发展

表一　全国民族自治地方大、中、小学（所）在校学生，专任教师数　　单位：人

类别	年份	1965年	1975年	1975年比1965年增长%		备注
				绝对值（人）	增长%	
普通高等院校	所	37	35	-2（所）	-5.4	
	在校学生	30511	31077	446	1.63	
	专任教师	6232	7914	1678	26.9	
中等学校	所	4777	8353	3576	74.85	
	在校学生	954137	3624594	2670457	4.49倍	
	专任教师	53045	274670	221625	4.18倍	
小学	所	140056	121110	-18946	-13.52	
	在校学生	1124.44	1416.10	291.66	25.90	
	专任教师	330048	456433	126385	38.29	

资料来源：《中国民族统计年鉴》（1949—1994），第327—329页，民族出版社，1994年。

表中说明，"文化大革命"中，大学、小学数量减少，中学数量增加了74.85%，在校学生、专任教师1975年比1965年有所增加，但教学质量明显下降；教师中民办教师比例高，教师素质普遍偏低。

民族自治地方的卫生事业得到一定程度的发展。

表二　全国民族自治地方卫生事业发展情况表

类别	年份	1965年	1975年	1975年比1965年增长	
				绝对值	增长 %
卫生事业机构（个）		22366	22960	594	2.6
床位数（张）		122900	229537	106637	86.79
专业卫生技术人员（人）		171865	244598	72733	42.31

资料来源：《中国民族统计》，第317—320页，中国统计出版社，1994年。

"文化大革命"期间，相对重视农村医疗卫生事业，农村基本上建立了县、公社、生产大队医疗卫生网，实行合作医疗，各生产大队有"赤脚医生"，农村的医疗条件有

---

① 《中华人民共和国实录》第3卷（下），第1321页，吉林人民出版社，1994年。
② 《西藏日报》1971年2月17日。

了一定程度的改善。

邮电通讯事业相对发展较快。全国民族自治地方 1965 年邮电局（所）5840 个，1975 年增加到 7496 个；邮路由 519505 公里增长到 949142 公里，分别比 1965 年增长了 28.35% 和 82.7%。

二、民族自治地方财政赤字增加，各族人民实际生活水平和质量下降

表一　5个自治区人口、财政收支、社会商品零售额情况表

地区	人口（万人）				财政收入（亿元）				财政支出（亿元）			社会商品零售总额（亿元）				
年份	1965年	1975年	增加额	增长%	1965	1975	增加额	增长%	1965年 总额	1975年 总额	赤字	1965年 总额	人均(元)	1975年 总额	人均(元)	人均增长(元)
内蒙古	1296.4	1737.9	441.5	34	4.6	2.74	-1.86	-40.4	5.18	12.9	0.58	14.25	109.9	29.7	170.9	61元
广西	2245	3201	956	42.58	4.89	11.10	6.24	126.9	6.15	13.16	1.26	17.16	76.4	32.59	101.8	254元
宁夏	226.79	327.92	101.73	44.59	0.64	2.23	1.59	248.4	1.12	3.71	0.48	2.12	934.7	5.00	1524	589元
新疆	789.10	1154.53	365.43	46.3	4.53	1.01	-3.52	-77.7	4.89	8.85	0.36	12.06	152.8	18.63	161.3	8.5元
西藏	137	169	32	23.3	0.22	-0.30	-0.52	-2.36	1.13	2.4	0.91	1.1	802	2.39	1414	612元

资料来源：《中国民族统计》，第 321—395 页，中国统计出版社,1991 年。

表二　5个自治区人均国民收入、粮食、职工年工资情况表

地区	国民收入（亿元）				粮食总产量（万吨）				职工年均工资（元）			
年份	1965年 总额	人均(元)	1975年 总额	人均(元)	1965年 总产	人均(公斤)	1975年 总产	人均(公斤)	1965	1975	增长额	增长%
内蒙古	29.68	229	39.93	230	325.5	251	519.5	298.9	728	667	-61	-8.37
广西	28.29	126	58.5	183	666.7	272.6	1126.9	352	446	539	93	19.95
宁夏	3.62	160	9.41	287	83.33	367.4	109.47	333.8	669	708	39	5.82
新疆	21.75	276	24.99	216	261.74	327.9	310.96	269.3	657	688	29	4.4
西藏	2.88	210	4.53	268	29.07	212	44.58	264	839	806	-33	-3.93

资料来源：《中国民族统计》，第 321—395 页，中国统计出版社,1991 年。

从上面表格数字看,"文化大革命"10年中,5个自治区,财政收入有3个呈负增长,而财政支出不断扩大,1965年5个自治区财政赤字为3.59亿元;1975年增加到24.26亿元,增加了6.75倍。内蒙古财政赤字从1965年的0.58亿元,增加到10.18亿元;新疆的财政赤字由0.36亿元,增加到7.84亿元,加重了中央政府的财政负担。

　　由于"文化大革命"对民族自治地方生产的干扰和破坏,生产发展缓慢,人口增幅较大。据统计,1965年,全国民族自治地区总人口8830.02万人,1975年增至11829.65万人,10年净增2999.63万人,年均增长3.39%。[①] 全国民族自治地方人均占有粮食1965年为251公斤,1975年为259公斤,10年人均只增加8公斤,宁夏、新疆人均占有粮食分别下降33.6公斤和103.6公斤。5个自治区职工年均工资,内蒙古下降61元,西藏自治区下降了33元,分别下降8.37%和3.93%。贵州、云南、青海3个多民族省区全民所有制单位职工年均工资,贵州增加43元,云南增加31元,青海由947元下降为889元,下降了58元。[②] 5个自治区,人均社会商品零售额,1975年普遍高于1965年。其中宁夏和西藏分别增加589元和612元。各民族人民购买力不同程度地有所提高,反映出人民生活水平略有改善。1975年年底和1976年,全国掀起"批邓"、"反击右倾翻案风"运动,1971年以来部分落实党的民族宗教政策,被当成"右倾翻案风"加以批判,民族自治地方生产再次遭到破坏,各族人民的生产、生活陷入困境,生活质量明显下降。

[①] 《中国民族统计》,第310页,中国统计出版社,1991年。
[②] 《中国民族统计》,第206页,中国统计出版社,1991年。

第十编　恢复和调整时期
（1976—1984）

第一章　中国共产党十一届三中全会重新确立正确的路线、方针、政策及其实施

1976年10月6日，以华国锋、叶剑英、李先念为代表的中共中央政治局采取了果断措施，粉碎了王洪文、张春桥、江青、姚文元"四人帮"反革命集团，全国各族人民欢欣鼓舞，坚决拥护党中央打倒"四人帮"。1977年7月16日，中共中央十届三中全会恢复了邓小平的职务。同年8月12—18日，在北京召开了中国共产党第十一次全国代表大会，出席大会的代表共1510名，其中少数民族党员代表占9.3%，韦国清（壮族）、乌兰夫（蒙古族）当选为中共中央政治局委员，赛福鼎·艾则孜（维吾尔族）当选为政治局候补委员。大会正式宣布结束"文化大革命"。[①]

1978年2月26日，全国人民代表大会五届一次会议在北京召开，出席大会的代表3497人，其中少数民族代表381人，占代表总人数的10.9%，包括54个民族成分。乌兰夫（蒙古族）、韦国清（壮族）、赛福鼎·艾则孜（维吾尔族）、阿沛·阿旺晋美（藏族）当选为副委员长。[②]

1978年12月18—22日，中国共产党在北京召开了具有重大历史意义的十一届三中全会，批评了"两个凡是"的错误，高度评价了实践是检验真理的唯一标准，全会决定停止使用"以阶级斗争为纲"，把全党的工作重点转移到现代化建设的道路上来，撤销"反击右倾翻案风"和"天安门反革命事件"的错误决定，纠正过去对彭德怀、陶铸、薄一波、杨尚昆等人的错误结论，增选陈云为中央委员会副主席，邓颖超、胡耀邦、王震为中央政治局委员。[③]党的十一大特别是十一届三中全会以后，全面制定了解决民族问题正确的路线、方针和政策。

第一节　恢复各级民族工作机构

一、恢复国家民族事务委员会

1978年2月26日，全国人大五届一次会议，决定恢复国家民族工作机构，将"文

[①] 《当代中国民族工作大事记》，第242页，民族出版社，1990年。
[②][③] 《当代中国民族工作大事记》，第249、第246页，民族出版社，1990年。

化大革命"中被撤销的中央民族事务委员会,重新设立为国家民族事务委员会,简称国家民委,任命杨静仁(回族)为主任。同年5月26日,国务院发出《关于国家民族事务委员会工作任务和机构设置的通知》(以下简称《通知》)。《通知》规定国家民委的工作任务为:在党中央、国务院的领导下,贯彻执行党的十一大路线和新时期的总任务,党的民族政策和国家有关民族事务方面的法令、法规;管理全国民族事务,加强民族团结,巩固祖国统一。《通知》明确规定国家民委13项具体职权和下设各司、厅的职责。①

根据新形势发展需要,1988年10月,中央机构编制委员会原则同意国家民委"三定"方案,国家民委增加两项新的职能:1. 调查研究少数民族地区体制改革中的特殊情况和问题,参与制定有关特殊政策和措施;2. 协同中央组织部、人事部做好少数民族干部培养、教育和使用工作。1994年5月,经国务院批准,国家民委转发国家民委"三定"方案的通知。《通知》规定国家民委转变职能,强化宏观管理,"坚持以经济建设为中心,积极参与研究制定有关社会管理和发展经济与文化教育事业的政策,促进少数民族和民族地区改革开放和现代化建设事业的发展,促进各民族的平等、团结、互助和共同繁荣,维护国家的统一和稳定。""三定"方案规定国家民委的12项主要职责,下设办公厅、经济司、政法司、文化宣传司、教育司、政策研究室、外事司、计划财务司、人事司、机关党委。国家民委机关行政编制230人,民委主任1名,副主任4名,司局级领导职数30名。②

二、恢复建立全国人大民族委员会

1979年6月18日—7月1日,五届全国人民代表大会第二次会议,决定恢复全国人大民族委员会(简称全国人大民委)。大会选举了阿沛·阿旺晋美(藏族)为人大民委主任委员,张冲(彝族)、白寿彝(回族)、李贵、杰尔格勒(蒙古族)、杜易(壮族)、阿木冬·尼牙孜(维吾尔族)、吴运昌(苗族)、赵南赳(朝鲜族)、伊尔哈力(哈萨克族)为副主任委员,马克苏米(女,保安族)等81名为全国人大民委委员。委员中包括藏、彝、回、蒙古、壮、维吾尔、苗、满、朝鲜、哈萨克、保安、崩龙(德昂)、黎、锡伯、纳西、独龙、塔塔尔、高山、畲、景颇、傣、珞巴、土、朝鲜、达斡尔、傈僳、哈尼、拉祜、布依、赫哲、塔吉克、东乡、水、裕固、布朗、京、瑶、羌、鄂伦春、鄂温克、普米、佤、怒、门巴、阿昌、仡佬、柯尔克孜、土家、撒拉、仫佬、侗、毛难(毛南)、白、乌孜别克、汉55个民族。③ 充分体现民族不分大小,都有参与全国民族立法的平等权利。

1979年9月8日,全国人大五届常委会第十一次会议通过了《关于省、自治区、直辖市可以在1979年设立人民代表大会常务委员会和将革命委员会改为人民政府的决议》,依据《决议》,内蒙古、新疆、广西、宁夏、西藏5个自治区陆续设立自治区人

---

① 《当代中国民族工作大事记》,第250—251页,民族出版社,1990年。
② 《中华人民共和国民族政策法规选编》,第84—87页,中国民航出版社,1997年。
③ 《新闻稿》1979年7月2日。

大常委会，各级民族自治地方革命委员会先后改为人民政府。①

10月12日，全国人大民委在北京召开了第一次办公会议，阿沛·阿旺晋美主任报告了关于全国人大民委工作任务和当前主要工作。中共中央政治局委员、全国人大常委副委员长乌兰夫关于全国人大民委的职权作了重要讲话。乌兰夫指出，全国人大民委的职权包括：审查全国人大或常委会交付的关于民族事务的议案；审查民族自治地方报请全国人大常委批准的自治条例和单行条例；向全国人大或其常委会提出关于民族事务的议案和意见；调查研究有关民族事务问题；检查督促国家的民族政策、法令执行情况。②

恢复建立国家民委和全国人大民委之后，中国人民政治协商会议全国委员会建立了民族委员会（简称全国政协民委），国家教委建立了民族教育司，文化部建立了少数民族文化司。国内贸易部消费品流通司设立特需民贸处，中国轻工总会行业管理指导部设立少数民族用品处，负责调查研究和解决国内各少数民族涉及部门有关的特殊问题，反映多民族社会主义中国对少数民族人民切身利益的高度重视与关注。各省、市、区和各级民族自治地方，先后恢复了各级民族工作机构。

第二节 全面恢复民族工作

一、为统战、民族、宗教工作部门"执行投降主义路线"平反

1979年2月3日，中共中央批准中央统战部建议为全国统战、民族、宗教工作部门摘掉"执行投降主义路线"帽子的请示报告。《报告》指出：1964年12月，中央统战部向中央作了《关于李维汉同志问题报告》中，提出李维汉长期坚持在统战、民族、宗教工作中执行"修正主义、投降主义"路线。林彪、"四人帮"在"文化大革命"中，利用这一错误观点，使统战、民族、宗教工作部门遭到了空前的浩劫，大批干部遭到残酷地打击迫害。现经研究，1964年的《报告》是个错误的文件，提请中央批准撤销、摘掉全国统战、民族、宗教工作部门"执行投降主义路线"的帽子，中央批准了中央统战部的报告。同年3月16日，中央统战部召开统战、民委、宗教系统十部大会，乌兰夫在会上宣布过去对李维汉的批判是错误的，凡是受牵连的，一律平反，恢复名誉。被林彪、"四人帮"迫害致死的徐冰、张经武、高崇民、吴晗、车向忱、阎宝航等同志彻底平反，恢复名誉。③

二、召开全国民族工作会议

1979年4月25日，中共中央在北京召开全国边防工作会议，乌兰夫在报告中，总结了新中国成立以来民族工作的经验教训，提出认真落实党的民族政策，增强各族人民的大团结，加速发展边疆民族地区的经济和文化。④

---

① 《当代中国民族工作大事记》，第283页，民族出版社，1990年。
② 《当代中国民族工作大事记》，第286页，民族出版社，1990年。
③ 《人民日报》1979年3月19日，第1版。
④ 《当代中国民族工作大事记》，第271—272页，民族出版社，1989年。

5月22日—6月7日，国家民委在天津召开恢复工作后第一次民委委员（扩大）会议。出席会议的共71人，其中有蒙古、回、藏、维吾尔、壮、朝鲜、苗、彝、布依、傣、满、瑶、哈萨克、哈尼、侗、黎、白、土家、达斡尔、锡伯、高山、羌、汉族23个民族成分。会议总结了新中国成立以来民族工作的经验，批判了林彪、"四人帮"破坏民族工作的罪行，研究确定了新时期民族工作的任务，检查部署了民族政策的再教育，讨论了少数民族杂居、散居地区的民族问题，国家民委主任杨静仁在会上作了重要讲话。6月3日，乌兰夫、李维汉、刘澜涛等同志接见了全体与会代表，乌兰夫在接见时强调指出：在民族工作上特别要发扬民主和解放思想，尊重少数民族的平等自治权利。坚持少数民族的工作必须从实际出发，照顾地区特点和民族特点。①

1979年12月16日，全国民族政策宣传工作座谈会在北京召开。会议着重讨论如何开展民族政策再教育。十年浩劫中，民族工作受到林彪、"四人帮"的严重干扰和破坏，民族政策再教育十分必要。再教育的重点是克服大汉族主义，这是搞好民族团结的关键，同时也要防止和克服大民族主义和地方民族主义。教育的对象包括各民族的干部和群众，主要是汉族干部和群众。再教育要同检查民族政策执行情况和解决实际问题结合起来。要充分利用报刊、广播、电视和其他各种宣传工具，加强民族政策的宣传教育。1980年1月16日，中央统战部、中央宣传部、国家民委党组共同批转会议纪要，由各有关单位研究执行。②

三、中共中央书记处听取西藏、云南、新疆、内蒙古民族工作汇报

1980年3月14日—15日，中共中央书记处听取了西藏工作的汇报。4月7日，中共中央转发《西藏工作座谈会纪要》的通知。通知指出，在新的历史条件下，西藏自治区的中心任务和奋斗目标是：以藏族干部和藏族人民为主，加强各族人民的团结，医治林彪、"四人帮"造成的创伤，发展国民经济，提高各族人民的物质生活和文化科学水平，有计划有步骤地使西藏兴旺发达、繁荣富裕起来，逐步实现藏汉各族人民在经济和文化上的事实上的平等。通知还指出：在我国各民族都已实行了社会主义改造的今天，各民族间的关系都是劳动人民间的关系。因此，所谓"民族问题实质是阶级问题"的说法是错误的。中央着重强调，巩固汉族同藏族、维吾尔族、蒙古族和其他边疆以及内地的各少数民族的团结，改善各少数民族的政治经济文化状况，是一个具有伟大历史意义和战略意义的重要任务。通知在总结过去的基础上，对今后西藏的工作提出了八项方针。③

1980年7月15日，《人民日报》发表了特约评论员文章，《评所谓"民族问题的实质是阶级问题"》，对于当时解放思想，理论上的拨乱反正，落实党的民族政策，起到了重大的推动作用。

西藏工作座谈会后，中共中央书记处听取了云南、新疆、内蒙古民族工作汇报。

1981年7月6日，中央书记处批转了《云南民族工作汇报会纪要》，《纪要》指出，

---

① 《新闻稿》1979年5月28日、6月5日。
② 《当代中国民族工作大事记》，第289—290页，民族出版社，1989年。
③ 《新时期民族工作文献选编》，第34—37页，中央文献出版社，1990年9月。

五十年代末开始,党的民族政策和民族工作,逐渐受到"左"倾错误的严重干扰,忽视甚至否认各少数民族的特点,不认真执行甚至歪曲、抵制党的民族政策,特别是区域自治政策。不顾各少数民族群众的意愿,主观唯心地强行一刀切,强求一个样,损害了各少数民族人民的切身利益。《纪要》提出了新时期民族工作的总方针:坚定不移地关心、帮助各少数民族的政治、经济和文化的全面发展,沿着社会主义道路不断前进,逐步实现各民族事实上的平等。①

新疆是我国面积最大的民族自治区,地处西北的边陲,民族众多,战略地位十分重要。1981年7月6日,中共中央书记处讨论了新疆工作问题。7月16日,中共中央转发《中央书记处讨论新疆工作问题的纪要》,《纪要》主要论述了七个问题。指出在民族问题上,犯过阶级斗争扩大化的严重错误,伤害了许多少数民族干部和群众;搞好民族关系,加强民族团结,是进一步做好新疆各项工作的关键。中央首次提出:汉族干部要确立,离开了少数民族干部,新疆各项工作搞不好;少数民族干部也要确立,离开了汉族干部,新疆各项工作也搞不好。以后简称为"两个离不开"。②

同日,中央书记处听取了内蒙古工作情况汇报,形成了《中央书记处讨论内蒙古自治区工作的纪要》,8月3日,中共中央批准转发。《纪要》肯定内蒙古自治区在五六十年代是全国的先进地区,"文化大革命"期间成为全国的"重灾区"之一;内蒙古自治区的经济建设方针,要因地制宜,走出一条以林牧业为主的多种经营的路子;今后不向内蒙古移民,但从外省区自然流动到内蒙古去的,内蒙古也不要堵;要加强民族团结,既要照顾200万人口的"主体"民族蒙古族,又要照顾到1600万人口的汉族和其他民族;要特别重视科学研究,发展教育事业。③

从上述《纪要》中,充分反映出中共中央对民族问题和民族工作的高度重视。

第三节 慎重处理民族地区"反右"和"平叛"中的遗留问题,平反"文化大革命"中的冤、假、错案

一、处理"反右"和"平叛"中的遗留问题

1958年,在"左"的思想影响干扰下,民族地区先后出现了"反右"、"反地方民族主义"和"平叛"扩大化错误,未能彻底纠正。1979年10月14日,中共中央批转了中央统战部《关于全部摘掉右派分子帽子的请示报告》,《报告》指出:凡是当时划为地方民族主义分子的,不论是按敌我矛盾或者人民内部矛盾对待的,都应根据中央的精神,全部摘掉地方民族主义分子的帽子;对确实划错了的,也要实事求是地改正过来。④ 1980年7月,中共中央书记处批准了中央统战部《关于加强少数民族上层爱国人士统战工作的意见》,提出对"文化大革命"以前的问题,包括反右派、批判地方民族主义和平叛中的问题,如果确属搞错了的,也应当进行复查纠正。对被株连的少数民族

---

① ② 《新时期民族工作文献选编》,第86—87、第147—149页,中央文献出版社,1990年。
③ 《当代中国民族工作大事记》,第336页,民族出版社,1989年。
④ 《新时期民族工作文献选编》,第21—22页,中央文献出版社,1990年9月。

上层人士的子女和被迫逃往国外的上层人士，要落实政策，积极争取他们回归，并妥善安置。①

据1958年7月贵州黔东南苗族侗族自治州统计，全州有37名少数民族领导干部和知识分子，被错划为右派，②进行了彻底平反。

1979年4月14日，新华社报道，四川省甘孜、阿坝两个藏族自治州的司法机关在大会上宣布，宽大释放1960年前参加武装叛乱的588名服刑在押犯，对刑满就业仍然戴反革命叛乱分子帽子监督改造的363人，一律摘帽，四川藏族地区参与叛乱的人员，全部宽大处理。与此同时，四川凉山彝族自治州司法机关在大会上宣布，宽大释放1961年前参加武装叛乱的109名服刑在押犯，对刑满就业仍戴叛乱分子、奴隶主分子帽子监督改造的92名人员一律摘帽，凡参加凉山彝族地区叛乱人员全部宽大处理。

1979年6月，青海省高级人民法院宣布：宽大释放参加1958年反革命武装叛乱的112名全部在押人员，省公安局同时决定，刑满留场就业的277名参加叛乱人员，全部送回原籍，一律恢复公民权，另行安排就业。

1979年10月，甘肃省肃北蒙古族自治县召开平反大会，为1958年反封建斗争中制造的所谓"以尕布增（原自治县县长）为首的阴谋叛乱"冤案彻底平反，被株连的393人及其受害亲属、子女一律恢复名誉，对开除或被迫离职的国家职工和被迫害致死的32人的家属，按政策进行妥善安置。③

1982年5月12日，西藏自治区人民政府决定，对20世纪70年代初被错误没收的未参加1959年叛乱的1158户领主、牧主和寺庙的牧业生产资料实行赎买，发放赎买金和赎买证。共支付赎买金314.65万元。④

1983年8月，广西壮族自治区党委作出《关于对广西反地方主义和地方民族主义问题的平反决定》，撤销1958年6月30日中共广西壮族自治区第一届代表大会第三次会议关于对陈再励、骆明、廖联原、黄荣、陈岸、区镇等同志的处分决定，为他们受株连的同志彻底平反，恢复名誉。⑤

二、平反"文化大革命"中的冤、假、错案

1. 纠正"文化大革命"中重划阶级的错误

1978年6月28日，中共新疆维吾尔自治区委员会向中共中央上报《关于新疆牧区划阶级成分问题的请示报告》，提出1970年在牧区划定的阶级成分应该推倒，不予承认；牧区的阶级成分仍以1956年牧区改革时和"四清"试点时所划定的成分为准。对1970年划定为牧主、富牧成分而被没收、征收的财物，进行适当退还。1979年2月27日，国务院批准了这份报告。⑥

1980年6月19日，西藏自治区党委发出通知：凡是在牧业社会主义改造中，被划为富农、富牧阶级成分的，或富裕农奴被划为领主、牧主代理人成分的，一律予以纠

---

① 《当代中国民族工作大事记》，第311页，民族出版社，1990年。
② 《贵州民族地区四十年》，第207页，贵州民族出版社，1991年。
③④ 《当代中国民族工作大事记》，第270—271、第274、第286、第359页，民族出版社，1990年。
⑤ 《广西日报》1983年8月28日，第1版。
⑥ 《当代中国民族工作大事记》，第252页，民族出版社，1990年。

正,恢复原来的阶级成分。被定为富农(牧)分子或反动富农(牧)分子的,一律平反。同时对1975年全区城镇错划的200户资本家全都予以纠正,恢复其原来的成分。①

2. 彻底平反冤、假、错案

1978年5月,中共吉林省委作出《关于平反延边"四大冤案"的决定》,为"文化大革命"中人为制造的延边朝鲜族自治州"朱德海案"、"暴乱案"、"特务案"、"地下国民军案"彻底平反。8月中旬,延边朝鲜族自治州党委召开13万人收听的广播大会,公开宣布为四大冤案平反,为2900名受害致死者昭雪,为5000多名受害致伤致残者落实政策。同时,由司法部门依法逮捕了四大冤案的策划者和害人致死、民愤极大的打、砸、抢分子。②

1978年8月25日,新疆昌吉回族自治州党委和革命委员会,召开5000多人参加的群众大会,为昌吉县"中国青年救国党"假案平反,为受害人刘军、兰吉兴、张润芝、王致远平反昭雪,恢复名誉。对于制造假案的主谋、凶手等依法惩处。宣读了李先念副主席和王震副总理对这起冤案的批示和新疆维吾尔自治区党委对昌吉回族自治州党委关于平反"中国青年救国党"假案的批复。③

1979年1月23日,经中央批准,内蒙古自治区党委在全自治区召开有线广播大会,由自治区党委书记王铎宣读为"乌兰夫反党叛国集团"、"内蒙古二月逆流"、"新内人党"三大冤案彻底平反的决定。明确宣布,这些冤案是林彪、"四人帮"反革命篡党夺权的组成部分。④

1979年2月11日,广东省海南行政区(现为海南省)各级党委为"文化大革命"期间及其以前遗留的1543宗冤假错案平反,为4471人落实政策。对黎族苗族自治州的"叛徒集团"、"地方主义翻案集团"和"民族造反兵团"3个假案作出了正确的结论。6月11日,海南黎族苗族自治州保亭县,为林彪、"四人帮"制造的"国民党残渣余孽"、"地方主义集团"、"民族主义集团"3条黑线冤案平反,并为44名少数民族干部恢复名誉,落实了政策。⑤

多民族的云南省,"文化大革命"期间,制造了多起冤假错案。中共云南省委先后作出决定为其平反。

1978年2月,经中央批准为"赵建民特务案"平反,该冤案被打伤致残的38500余人,致死的1400多人,株连了成千上万的家属、子女和朋友。⑥

1979年2月15日,中共中央批准中共云南省委《关于沙甸事件平反的通知》。通知指出:"沙甸事件"并不是反革命叛乱,采取军事解决是错误的。原定"以沙甸为中心的反革命武装叛乱"的结论和在那段时间里下发的错误文件,应予撤销。对于被打

---

① 《西藏日报》1980年6月20日,第1版。
② 《吉林日报》1978年8月20日,第1版。
③ 《新疆日报》1978年9月19日。
④ 《内蒙古日报》1979年2月20日,第1版。
⑤ 《南方日报》1979年2月11日、6月11日。
⑥ 《纵横》杂志1996年第10期。

死和错杀的群众要一律平反,并给予家属、子女抚恤,伤残的给予治疗或救济。①

4月,中共云南省委批准,为"文化大革命"制造的楚雄彝族自治州武定县苗族聚居区"小石桥事件"平反。小石桥苗族群众信仰基督教,"文化大革命"中表示他们只信上帝,拒绝强制参加"三忠于"活动,被定为"反对毛主席","披着宗教外衣的现行反革命分子",生产队会计和6位苗族群众被判刑,没收了土地。②

1979年10月29日,云南省红河哈尼族彝族自治州州委,为"文化大革命"期间制造的"瑶山事件"等冤假错案和乱划阶级、禁止哈尼族、瑶族招女婿,迫使屏边苗族大搬家等案件进行平反落实政策。③

经中央批准同意,中共西藏自治区委员会平反和纠正"文化大革命"重大案件中的错误。

1980年7月4日,西藏自治区党委作出关于切实纠正1969年平叛扩大化问题的批示。指出1969年尼木、比如、边坝、丁青四县一些地方发生了反革命武装叛乱,在平叛中发生了扩大化的错误。对于错划叛乱面、打击面过宽,处理过重的要予以纠正。

7月22日,中共西藏自治区委员会作出关于给"小班禅集团案"、"复叛组织案"、"地下寺庙案、地下经堂案"、"回族叛国集团案"、"七星党案"、"中华民主党案"彻底平反的决定。④

广西、宁夏、青海、贵州、四川、甘肃等多民族省区,先后对"文化大革命"中制造的冤假错案进行了纠正和平反。

3. 认真落实党的民族干部和爱国宗教人士的政策

党的十一届三中全会以后,各级民族自治地方和民族地区,先后平反了一大批"文化大革命"中的冤假错案,许多少数民族干部和民族宗教上层落实了政策,重新走上了工作岗位。被迫害致死的,公开恢复名誉,家属子女得到妥善的安置。

我国最早建立的内蒙古自治区是"文化大革命"中的重灾区。1978年以后,自治区党委先后为内蒙古自治区党委常委、自治区人委副主席吉雅泰,自治区党委常委、自治区高级法院院长特木尔巴根,自治区人委副主席、巴彦淖尔盟盟长达理扎雅,自治区妇联副主任金允诚(满族),原自治区副主席、第四届全国政协常委哈丰阿等人举行追悼会,推倒"文化大革命"中林彪、"四人帮"对他们诬陷不实之词,彻底平反昭雪,恢复名誉;对内蒙古原军区副司令员孔飞、副政委廷懋、司令部参谋长塔拉等彻底平反,恢复工作。⑤

1979年2月16日,中共青海省委召开扩大会议。会议提议并报请中央批准,撤销1967年3月24日《关于青海问题的决定》,对这一决定造成的冤、假、错案,一律予以平反昭雪。会议对青海"文化大革命"中所涉及的11个遗留问题,作出正确的处理。

---

① ③ 《当代中国民族工作大事记》,第266、第286页,民族出版社,1990年。
② 《云南民族工作实践和理论探讨》,第488页,云南人民出版社,1995年。
④ 《当代中国民族工作大事记》,第309、311—312页,民族出版社,1990年。
⑤ 《内蒙古日报》1979年1月5日、10日、2月21日。

1979年8月30日，为"文化大革命"中迫害致死的青海省原政协副秘书长、省妇联副主任、河南蒙古族自治县原世袭亲王扎西才让举行追悼会，恢复名誉。①

1979年10月6日，青海省委为原青海省副省长、中国佛教协会会长、著名藏族爱国宗教人士喜饶嘉措活佛举行隆重的追悼会。省委副书记扎西旺徐致悼词，高度评价喜饶嘉措一生爱国爱教，为民族团结作出了重大的贡献。喜饶嘉措在"文化大革命"中受林彪、"四人帮"的迫害，于1968年病逝。②

1979年1月27日，中共四川省委为遭受林彪、"四人帮"残酷迫害致死的原凉山军分区司令员、凉山彝族自治州委常委、副州长陈占英，原四川省政协副主席、中央民委委员、藏族爱国人士华尔功臣烈，原阿坝藏族自治州副州长、藏族爱国人士索观瀛等分别举行追悼会和骨灰安放仪式，平反昭雪，恢复名誉。③

中共云南省委为一大批各少数民族代表人物、民族宗教上层人士平反恢复名誉。1979年4月18日，中共云南省委统战部召开落实政策大会。何晓光代表省委统战部宣布：为惨遭林彪、"四人帮"迫害致死的第三届全国人大代表、原民建昆明市委副主任刘淑清（女）、第三届全国人大代表胡忠华（佤族）、裴阿欠（傈僳族）、更觉（藏族）、李扎克（拉祜族）、第四届全国政协委员松谋（藏族）、高耀星（佤族）、西双版纳傣族自治州副州长刀承宗（傣族）、吴忠烈（苗族）、第三届省政协常委尚自贵（景颇族）、原云南省工商联副主任委员李政泽、多永安（傣族）、原云南省政协副秘书长、省民盟秘书长丁维泽13位爱国民主人士和少数民族上层人士平反昭雪。此外，为被诬陷遭受迫害的9位爱国人士恢复名誉。他们是：杨明（白族，原民盟云南省委副主委、代主委）、司拉山（景颇族，原云南省政协常委、第五届全国人大代表、云南省政协副主席）、项朝宗（苗族，原云南省政协常委、第五届全国政协常委）、罕富有（傣族，第三届全国人大代表、第五届全国政协委员）、孔志清（独龙族，第三届全国人大代表、第五届全国政协委员）、衎景泰（傣族，原云南省政协委员、第五届全国政协委员）、胡玉堂（佤族，第三、第四届全国政协委员）、张相时（汉族，原云南省政协常委、云南省侨联副主席、全国侨联常委、第四届云南省政协常委）、李济五（汉族，民革云南省秘书长、云南省政协副秘书长）。过去诬陷迫害的文字材料清理销毁，家属子女受到株连和影响的，分别予以解决。④

1979年9月8日，中共云南省西双版纳傣族自治州州委和革命委员会，为"文化大革命"中被迫害致死的中国佛教协会副会长、佛教协会云南分会会长松溜·阿戛谋尼（傣族）举行隆重的追悼会，彻底平反昭雪。同时平反昭雪的还有原自治州副州长车罗，原州政协副主席白腊兹，原州政协委员刀自强，原中国佛教协会理事、中国佛教协会州分会副会长松溜布朗等人。⑤

新疆在"文化大革命"中，一批少数民族干部和民族宗教上层人士被迫害致死。

---

① 《青海日报》1979年2月17日、9月18日。
② 《新闻稿》1979年10月8日。
③ 《当代中国民族工作大事记》，第265页，民族出版社，1990年。
④ 马曜主编：《云南民族工作40年》（上），第227页，云南民族出版社，1994年。
⑤ 《云南日报》1979年9月16日，第1版。

1980年11月1日，原新疆维吾尔自治区人委副主席艾斯海提·伊斯哈科夫（塔塔尔族）追悼会在乌鲁木齐举行。追悼会由司马义·艾买提主持，阿木冬·尼亚孜致悼词。伊斯哈科夫受林彪、"四人帮"迫害含冤逝世。①

新疆各级人民法院，至1979年年底，复查、纠正冤、假、错案2.9万多件，已占应复查案件的95%。②

青海省黄南藏族自治州党委，结合进行民族政策再教育，为236名民族干部和66名爱国民族、宗教人士落实政策，恢复名誉。③

西藏自治区"文化大革命"中制造的冤、假、错案逐步得到平反，落实政策。1979年7月8日，西藏自治区政协在首府拉萨召开追悼会，由中国佛教协会西藏分会会长帕巴拉·格烈朗杰大活佛主持，为"文化大革命"中迫害逝世的詹东·计普美、恩久·洛桑群培、顿吉·索朗多吉三位爱国上层人士举行追悼会，为他们平反昭雪，恢复名誉，并为他们的家属子女落实了政策。④

西藏自治区党委，按照中央的指示，认真落实党的民族、宗教政策。至1981年2月，复查的案件已占全部立案数的95.7%。其中"文化大革命"中的冤、假、错案已基本上被纠正和平反。⑤

西藏自治区党委十分重视安排藏族干部和民族宗教上层爱国人士参加实际工作。到1980年1月底，自治区党委和统战部门，先后安排有工作能力和技术专长的550名爱国人士到各部门工作。其中任全国人大代表、全国政协委员、自治区各级人大常委会副主任、常委委员，自治区政府副主席和各级地方政府负责人，自治区政协副主席、常委和委员的达258名；任全国妇联副主席、全国工商联常委和全国文联委员等职务的有多名；安排在自治区文史编写委员会或小组的达100余名；安排在自治区人民政府各部门工作的爱国人士50多名。同时还安排一些有专长的爱国人士，在各院校、医院、银行和文物管理委员会等单位工作。⑥

---

① 《新疆日报》1980年11月4日，第1版。
② 《新疆日报》1980年1月7日，第1版。
③ 《青海日报》1980年7月6日，第1版。
④⑤ 《新闻稿》1980年7月11日、2月17日。
⑥ 《当代中国民族工作大事记》，第296页，民族出版社，1990年。

第二章 执政党民族理论的发展和创新

第一节 否定社会主义时期
"民族问题的实质是阶级问题"

"民族问题实质是阶级问题",是1958年中共中央在关于青海循化撒拉族自治县反革命叛乱事件的批语中首次提出的。原文为"要时刻记住,在阶级社会里,民族问题的实质是阶级问题,不把握阶级实质,是不能够彻底解决民族问题的。"① 1962年,中国共产党八届十中全会的公报中认定:整个社会主义历史阶段,阶级矛盾和阶级斗争仍然是中国社会的主要矛盾。此后"以阶级斗争为纲"成为全党、全国一切工作的指导思想。因此,"民族问题的实质是阶级问题"被宣传为"马克思主义的普遍原理",是马克思主义与修正主义在民族问题上的分水岭和试金石,是神圣不可侵犯的马克思主义民族理论的"绝对权威"和"天条",无人敢于怀疑或提出不同意见。"文化大革命"十年内乱中,林彪、"四人帮"将"民族问题的实质是阶级问题"推向了极端,认为民族问题就是阶级问题,否认民族问题的特殊性,造成了极为严重的恶果。正如十一届六中全会决议中所指出的:"在民族问题上,过去,特别是在'文化大革命'中我们犯过把阶级斗争扩大化的严重错误,伤害了许多少数民族干部和群众。"② 党的十一届三中全会以后,1980年4月4日,中共中央在《关于转发〈西藏工作座谈会议纪要〉的通知》中,首次否定了"社会主义时期民族问题的实质是阶级问题"的错误观点。1980年7月15日,《人民日报》发表了特约评论员文章,《评所谓"民族问题的实质是阶级问题"》,文章认为这个说法"没有时间、地点、条件的限制","把民族问题和阶级问题混为一谈",是"林彪、'四人帮'一伙在民族地区推行极'左'路线,实行封建法西斯专政的理论基础。"评论员的文章,从理论上批判了民族工作中"左"倾错误的思想根源,在学术理论界产生了重大而深远的影响,是一次新的思想解放和理论上的重大突破,为彻底平反民族地区大量的冤、假、错案提供了思想理论基础,使大批少数民族干部恢复了正常的工作或重新走上领导岗位,全面落实党的民族、宗教政策,民族地区的教学科研工作开始走上了正轨。评论员文章在批判"民族问题的实质是阶级问题"时,引发了民族理论学界一场新的争论。大家在否定社会主义时期民族问题的实质是阶级问题上的看法一致,争论的焦点在于阶级社会民族问题的实质是否是阶级问题?《人民日报》特约评论员的文章认为,阶级社会民族问题的实质是阶级问题也是错误的,"应当全盘否定"。著名的民族问题理论家牙含章对此提出不同意见。他在《中国社会

---

① 牙含章:《民族问题与宗教问题》,第135页,中国社会科学出版社,1984年。
② 《中国共产党中央委员会关于建国以来党的若干历史问题的决议》,第57页,人民出版社,1981年。

科学》1983年第1期上，发表了《论社会主义时期的民族关系》，认为"在阶级社会里，民族问题的实质是阶级问题"的观点是马克思主义的，用阶级观点去"观察和分析阶级社会民族问题的实质，处理阶级社会的民族关系，还是完全正确的。"这两篇文章，都是经过中共中央政治局委员、当时主管理论宣传工作的胡乔木同志审定发表的，具有一定的权威性和代表性。民族理论界经过较长时期的争论，基本上达成共识：社会主义改革、改造完成之后，消灭了私有制和剥削阶级，坚持社会主义时期民族问题的实质是阶级问题是完全错误的，应当彻底否定；在私有制的阶级社会，民族问题的实质是阶级问题的观点是马克思主义的，应当坚持。上述观点，已经写进了民族理论与民族政策教科书，成为中国特色民族理论的重要组成部分。[①]

第二节　民族问题的长期性、重要性

一、民族问题的概念与内涵

马克思和恩格斯在《共产党宣言》中有一段名言："人对人的剥削一消灭，民族对民族的剥削就会随之消灭。民族内部阶级对立一消灭，民族之间的敌对关系就会随之消失。"[②] 这是马克思和恩格斯对私有制阶级社会的民族问题和民族关系的高度概括，是无产阶级政党解决民族问题的理论依据。所以，长期以来，学术界认为，民族问题是反对民族歧视、民族压迫、争取民族解放和实现民族平等的问题。这个定义只适合私有制阶级社会的民族问题。社会主义国家消灭了私有制和民族压迫，实现了民族平等，还有没有民族问题？苏联在社会主义公有制条件下，宣布苏联彻底地、一劳永逸地解决了民族问题，苏联各民族开始形成了新的人们共同体——苏联人民。在实际工作中，忽视、抹杀非俄罗斯民族的差别和特殊的民族利益，变相实行民族同化政策，造成俄罗斯人和非俄罗斯人关系紧张，互不信任，隔阂加深。最终爆发了深刻的民族危机和社会动乱，导致苏联解体。"文化大革命"期间，林彪、"四人帮"从根本上否认社会主义中国存在民族和民族问题，用阶级斗争和专政手段去处理民族问题，造成了民族工作中的严重"左"倾错误。党的十一届三中全会后，民族学界认真研究了国内外社会主义国家民族问题理念上的种种失误，重新反思民族问题的概念与内涵。不少学者认识到，在多民族的社会主义国家，除了极少数敌我性质的民族问题之外，不同民族之间因民族差别和利益不同，产生大量非对抗性的民族问题，不一定带有阶级内容，基本上属于人民内部矛盾问题，因此，民族差别是产生民族问题内在的根本原因，只要有民族存在，就会存在民族问题，从理论上解决了社会主义多民族国家民族问题长期性的根本问题，为党和国家解决民族问题提出了理论依据。

二、民族问题的重要性和长期性

中国自秦汉以来就是一个统一的多民族国家，民族问题历来关系到国家安危和民族的兴衰。新中国处理民族问题正反两个方面的深刻的经验教训，深化了人们对民族问题

[①] 杨荆楚：《中国特色民族理论学科的发展与繁荣》，载《民族研究》，1998年第5期。
[②] 《马克思恩格斯选集》第1卷，第270页，人民出版社，1972年。

重要性和长期性的认识。1980年4月，中共中央关于转发《西藏工作座谈会纪要》的通知中认为，由于"文化大革命"十年浩劫，党的民族宗教政策受到了极大的摧残，汉族和各少数民族之间隔阂加深。"加以目前国际形势复杂，我们如再不抓紧时间迅速大力改善民族关系，就将犯极大的错误。"① 1982年9月，胡耀邦总书记在中国共产党第十二次全国代表大会上的政治报告中指出："民族团结、民族平等和各民族的共同繁荣，对于我们这个多民族的国家来说，是一个关系到国家命运的重大问题，我们一定要提高全党对民族问题的认识……教育全党努力完成党在民族工作中的任务。"② 这是中国共产党自成立以来，首次提出民族问题"是一个关系到国家命运的重大问题。"1987年4月17日，中共中央、国务院批转《关于民族工作几个重要问题的报告》的通知中强调："我国是一个多民族国家，民族问题将长期存在，民族工作是党和国家整个工作的组成部分。""党的各级组织和全党同志一定要提高对民族问题的认识，切实解决存在的问题……推动民族工作不断前进。"《报告》分为6个部分：（一）民族工作的形势和新时期民族工作的指导思想、根本任务；（二）切实把经济工作放在民族工作的首位；（三）大力搞好社会主义文明建设；（四）认真贯彻执行《民族区域自治法》；（五）做好杂居、散居少数民族的工作；（六）加强各级民委的建设，充分发挥民委的作用。③ 这是改革开放新时期，党中央、国务院关于加强民族工作一个纲领性的文件，明确了新时期民族问题、民族工作在整个党和国家工作中的重要地位，民族地区在四个现代化建设中的重要作用和需要解决的实际问题，有力地推动了新时期的民族工作和民族问题的解决。

第三节 社会主义民族关系的形成、特征和性质

一、社会主义民族关系的形成

社会主义民族关系是相对于阶级社会民族之间的剥削压迫关系而言的。因此新型的社会主义民族关系必须具备两个前提条件：一是政治上彻底废除民族压迫制度，实行真正的民族平等；二是经济上消灭私有制和剥削阶级，根除民族之间的剥削与掠夺。中华人民共和国一成立，公开宣布废除一切民族压迫制度，实行民族不分大小，政治一律平等。以后，根据各少数民族和民族地区的特点，先后进行了民主改革和社会主义改造，使中国的民族关系发生了根本性的变化。从新中国成立初期到1953年，就在全国大部分少数民族中，进行了民主改革。到1959年，全国除西藏外，全面完成了民主改革和社会主义改造。推翻了剥削阶级的统治和消灭了经济剥削制度。各民族劳动人民在中国共产党的领导下，真正成为国家和民族的主人，主宰了民族的命运和民族关系的走向。"在这个基础上，形成了……新型的社会主义民族关系。"④ 1961年12月6日，中共中

---

① 《中华人民共和国民族政策法规选编》，第16—17页，中国民航出版社，1997年。
② 胡耀邦：《全面开创社会主义现代化建设的新局面》，第33页，人民出版社，1982年。
③ 《新时期民族工作文献选编》，第303—321页，中共中央文献出版社，1990年。
④ 《人民日报》特约评论员：《评所谓"民族问题的实质是阶级问题"》，载《人民日报》1980年7月15日。

央在批转《西北地区第一次民族工作会议纪要》的批语中指出,我国各民族开始成为社会主义民族,我国的民族关系成为社会主义民族关系。

二、社会主义民族关系的特征和内涵

社会主义民族关系初步形成后,其内涵与特征的提法开始并不一致。20世纪50年代末,党和国家领导人讲话报告中,主要有平等、互助、友爱等不同提法;20世纪60年代,有平等、团结、友爱、互助等多种提法。1979年6月15日,邓小平在《新时期的统一战线和人民政协的任务》讲话中说:"我国各兄弟民族经过民主改革和社会主义改造,早已陆续走上社会主义道路,结成了社会主义的团结友爱、互助合作的新型民族关系。"[①] 上面提到的《人民日报》特约评论员的文章中将新型的社会主义民族关系特征概括为:"团结友爱、平等互助"。1982年9月6日,中国共产党第十二次全国代表大会通过的《中国共产党章程》总纲中界定:"中国共产党维护和发展平等、团结、互助关系。"1982年12月4日,第五届全国人民代表大会第五次会议通过的《中华人民共和国宪法》序言中明确规定:"平等、团结、互助的社会主义民族关系已经确立,并将继续加强。"党章和宪法准确的界定了社会主义民族关系的特征和内涵为"平等、团结、互助"6个字,具有最高的法律权威性。此后,党和国家领导人的讲话、中共中央文件、报刊发表的文章,统一了对社会主义民族关系的提法。

1990年12月30日,发表了《中共中央关于制定国民经济和社会发展十年规划和"八五"计划的建议》,对社会主义民族关系的内涵与特征,作了重大的改动,改为"建立和发展平等互助、团结合作、共同繁荣的社会主义民族关系"。由原来的"平等、团结、互助"6个字,变成了"平等互助、团结合作、共同繁荣"12个字,由此引起了理论界一场争论。支持者认为,"平等团结、互助合作、共同繁荣",符合市场经济条件下民族关系的实际,是对"平等、团结、互助"的社会主义民族关系的发展和创新,有利于加速各少数民族和民族地区社会经济文化的发展。不同意见者认为,"平等、团结、互助的社会主义民族关系",是经过最高权力机关全国党代表大会和全国人民代表大会通过的,已经写进了党章和宪法,具有最高的权威性和法律效力,党和政府的文件、决议和领导人的讲话,都应当遵循党章和宪法的规定。如原规定需要改动,只有经过全国党代表大会修改《党章》和全国人民代表大会修改《宪法》,才能变更原有的规定。另外,将"共同繁荣"列入社会主义民族关系的内涵和特征,就等于说,只有各民族实现"共同繁荣",才能建立和发展社会主义民族关系。而现阶段各民族之间的发展差距正在拉大,距离各民族"共同繁荣"相差甚远,很难说"社会主义民族关系已经确立。"理论界的争论,造成了报刊宣传上的混乱,在同一个报刊上,出现了多种社会主义民族关系的提法,引起了理论界以及党和国家权力机关的高度重视。1993年3月29日,中华人民共和国第八届全国人民代表大会第一次会议,讨论通过《中华人民共和国宪法修正案》,对1982年《宪法》作了8个方面重要修改,但仍然保留"平等、团结、互助的社会主义民族关系已经确立"的原文。至此,社会主义民族关系内涵与特征恢复宪法中原有的规定。1996年3月17日,第八届全国人民代表大会第四

[①] 《邓小平文选》第2卷,第186页,人民出版社,1994年。

次会议通过《关于国民经济和社会发展"九五"计划和2010年远景目标纲要及关于〈纲要〉报告的决议》中明确提出:"要维护和发展平等、团结、互助的社会主义民族关系,加大对民族地区的扶持力度……促进全国各民族的共同繁荣。"①

三、社会主义民族关系的性质

20世纪50年代末60年代初,理论上认为社会主义虽然消灭了私有制和剥削阶级,但剥削阶级的意识形态和思想影响仍长期存在,所以社会主义民族关系在一定程度上仍然是阶级关系。"文化大革命"中,林彪、"四人帮"认定社会主义社会的民族关系完全是阶级关系,把拥护共产党的领导和社会主义制度的民族、宗教上层人士统统打成"牛鬼蛇神",实行封建法西斯专政,严重破坏了社会主义民族关系。党的十一届三中全会后,对社会主义民族关系性质进行反思和再认识。中共中央关于转发《西藏工作座谈会纪要》的通知中指出:"各民族的存在,多数是千百年历史形成的,在今后很长时间也将继续存在。在我国各民族都已实行了社会主义改造的今天,各民族间的关系都是劳动人民间的关系。"②《人民日报》特约评论员的文章认为,中华人民共和国一成立,实行了人民民主专政,从根本上废除了民族压迫制度,各民族直接处在人民政权之下,"从基本上说,已不存在少数民族剥削阶级的政权。在部分地区,解放初期虽然还存在土司、头人制度,但它们已处在人民政权的管辖之下。""上述这些变化,从阶级实质来说,就是掌握政权的工人阶级建立和发展同少数民族人民(主要是农、牧民)的联盟关系"。③对于各民族经过了社会主义改造,"民族之间的关系都是劳动人民之间的关系",这种提法不完全确切,因为社会主义初级阶段,"阶级斗争还将在一定范围内长期存在,在某种条件下还有可能激化"。④在民族关系上,还会长期存在极少数民族分裂主义分子,破坏民族团结,分裂祖国统一,各民族人民与极少数民族分裂主义分子的矛盾属于敌我矛盾。因此,1981年11月27日,十一届六中全会的决议中,对于社会主义民族关系的性质进一步作出了科学的论断:"必须明确认识,现在我国的民族关系基本上是各族劳动人民之间的关系。"⑤社会主义民族关系的性质由"都是劳动人民之间的关系",修改为"基本上是各族劳动人民之间的关系",更为准确,更加符合社会主义初级阶段民族关系的实际。

第四节 重新探索民族之间事实上的不平等

20世纪50年代,毛泽东、周恩来和中央有关文件都明确提出,要消灭历史上遗留下来的各民族之间的事实上的不平等,并在民族地区的社会改革和经济建设中,制定各种优惠政策和措施,加速发展各少数民族和民族地区的政治、经济和文化,促进了民族地区的全面进步。20世纪五六十年代,汉族与少数民族地区的发展差距开始缩小,消

---

① 李鹏:《关于国民经济和社会发展"九五"计划和2010年远景目标纲要的报告》,第6页,人民出版社,1996年。
②③《新时期民族工作文献选编》,第34、第54—55页,中央文献出版社,1990年。
④⑤《中国共产党关于建国以来党的若干历史问题的决议》,第56—57页,人民出版社,1981年。

除民族事实上的不平等取得了很大的进展和成绩。"文化大革命"中,林彪、"四人帮"一伙否定民族之间存在事实上的不平等,认为是人为制造"少数民族落后论和特殊论"进行批判。推翻"四人帮"之后,有人建议,党中央应重新提出消灭民族间的事实上的不平等。当时主持中央宣传工作的胡耀邦同志委托中央党校,系统地研究事实上不平等提法的科学性和理论依据。中共中央党校理论研究室经过认真研究后,于1979年8月30日,向中央提出专题报告,报告认为,"消灭历史上遗留下来的各民族间事实上的不平等,是无产阶级解决民族问题的根本任务之一,是一个马克思主义的提法。"①中央采纳了这个意见。1981年4月21日,中共中央办公厅转发的《云南民族工作汇报纪要》中提出,"党的民族工作的总方针是,坚定不移地关心、帮助各少数民族的政治、经济和文化的全面发展,沿着社会主义道路不断前进,逐步实现各民族事实上的平等。"② 20世纪80年代,学术界对民族间事实上的不平等进行了广泛、深入的探讨,对事实上不平等的概念、内涵、产生的根源、消灭的标准、时间以及在市场经济条件下是否应坚持"民族间事实上的平等"这一提法,均存在某些原则性的分歧。1983年,在讨论《民族区域自治法》修改稿时,有的学者向全国人民代表大会常务委员会写信建议,"事实上不平等"这一提法,概念模糊,争论很大,可操作性差,作为法律用语不准确,建议从序言中删除"事实上不平等"的语句。中央采纳了这一建议。1984年,阿沛·阿旺晋美副委员长在六届全国人民代表大会第二次会议上《关于〈中华人民共和国民族区域自治法草案〉的说明》中,强调了民族间存在事实上的不平等,《民族区域自治法》条文中删除了"事实上不平等"的提法。此后,学术界对此分歧越来越大,对某些民族自治地方产生了消极作用,影响了民族团结,引起了中央领导和有关部门的重视。1987年4月17日,中共中央、国务院批转《关于民族工作几个重要问题的报告》的通知,提出"新时期民族工作总的指导思想和根本任务是:……以经济建设为中心,全面发展少数民族的政治、经济和文化,不断巩固社会主义的新型民族关系,实现各民族的共同繁荣。"③ 此后,中央的文件,党和国家领导人的讲话,不再提消灭民族间事实上的不平等,而强调实现各民族的共同繁荣。

第五节 民族关系新发展,"两个离不开"到"三个离不开"

改革开放以来,境外的"藏独"分子、新疆的艾沙集团、"东突"等民族分裂组织,乘中国对外开放之机,加强民族分裂活动,与国内极少数民族分裂主义分子相互勾结,散布谣言,挑拨汉族与少数民族的关系,不断制造民族矛盾和民族纠纷,严重影响西藏、新疆地区的民族团结和经济社会的发展。西藏工作座谈会议后,1981年7月16日,中共中央转发《中央书记处讨论新疆工作问题的纪要》,首次提出"两个离不开"。

---

① 《新时期统一战线文献选编》,第42页,中共中央党校出版社,1985年。
② 《新时期民族工作文献选编》,第85页,中共中央文献出版社,1990年。
③ 《新时期民族工作文献选编》,第304页,中共中央文献出版社,1990年。

强调"搞好民族关系,加强民族团结,是进一步做好新疆各项工作的关键。""处理好民族关系,首先要求汉族干部同少数民族干部及各少数民族之间要相互信任,相互尊重,相互支持,相互谅解。在处理汉族同少数民族及各少数民族之间的关系问题时,一定要非常慎重。"《纪要》明确提出:"新疆的汉族干部要树立这样一个正确观点,即离开了少数民族干部,新疆各项工作搞不好;新疆的少数民族干部也要树立这样一个正确观点,即离开了汉族干部,新疆各项工作也搞不好。"① 《纪要》中首次明确提出"两个离不开",是理论上的重要创新。

首先,科学地总结了中国民族关系发展的历史规律。中国自秦汉以来就形成了集中统一的多民族国家,国内各民族在中国的疆域内,都有悠久的历史,在维护国家统一上程度不同地作出了贡献。历史上,中国许多少数民族在建立地方独立政权后,都将入主中原,建立统一国家为己任。蒙古族建立的元朝,满族建立的清朝,统一了中国,奠定了中国的版图。1840 年,英帝国主义对中国发动侵华的鸦片战争,帝国主义列强在中国划分势力范围,多次策划民族分裂活动,都因遭到各民族的反抗而失败。

其次,中国各民族在长期的相互交往中,相互吸收,相互融合,一些民族在历史上消失,另一些民族在相互融合中产生。中国许多民族在血缘关系上"你中有我,我中有你"。汉族就是历史上多民族大融合而形成世界上的第一大民族。

最后,各民族在地域上相互杂居,经济文化上不断交流。历史上汉族与少数民族的"茶马互市"、"盐马互市",北方和南方的"丝绸之路",使各民族在经济上形成民族交往联系的强大纽带。各民族文化交往十分密切,形成中华民族多元一体的民族凝聚力和向心力。

"两个离不开"理论上的突破,有力地推动了新时期的民族工作,增强了民族团结。新疆维吾尔自治区党委、人大和政府,认真贯彻《纪要》精神,把民族团结当做头等大事来抓。决定每年 5 月份作为新疆"民族团结教育月",广泛开展民族政策、民族团结的宣传教育。1982 年 11 月,自治区召开盛大的民族团结表彰大会,这是党的十一届三中全会以来,全国第一次民族团结表彰大会。中共中央书记处候补书记乔石、全国人大民委副主任李贵、国家民委副主任黄光学出席了会议。会议总结了新疆在贯彻执行民族政策,加强民族团结所取得的成绩,交流了经验,讨论开创民族团结新局面的任务和措施。大会表彰了 183 个民族团结先进集体、322 个先进个人。②

新疆开展"两个离不开"的宣传教育和进行民族团结表彰活动的经验,很快在全国推广。许多省、市、自治区,先后开展民族团结宣传教育,进行多种形式的民族团结先进集体和先进个人表彰活动,汉族与少数民族的关系进一步改善,团结日益增强。随着改革开放和社会主义市场经济进一步深入发展,少数民族之间政治、经济、文化上的矛盾时有发生,民族自治地方的不同自治民族、自治民族与非自治民族之间利益上不时产生矛盾和纠纷;不同宗教信仰各少数民族宗教方面的矛盾影响了民族团结,少数民族之间的团结互助非常重要。1990 年 9 月,江泽民总书记视察新疆时讲话中首次指出:

---

① 《新时期民族工作文献选编》,第 148—149 页,中共中央文献出版社,1990 年。
② 《新疆维吾尔自治区概况》,第 61 页,新疆人民出版社,1985 年。

"我们伟大的中华民族,是由 56 个民族构成的,在我们祖国的大家庭里,各民族之间的关系是社会主义的新型民族关系,汉族离不开少数民族,少数民族离不开汉族,少数民族之间相互离不开。新疆的历史,就是包括汉族在内的各民族人民共同抵御外侮,共同艰苦奋斗,共同开发建设的历史。"①

1994 年 7 月,江泽民总书记在中央第三次西藏工作座谈会上的讲话中,进一步阐述了"三个离不开"的观点。他说:"随着商品生产的发展和社会主义市场经济体制的建立,藏族内部和藏族同其他民族之间,相互帮助,相互依存,共同进步,谁也离不开谁的关系必将日益增强。这是经济社会发展和民族进步的客观需要和必然趋势,我们应该欢迎和促进这种趋势。"②

由"两个离不开"发展到"三个离不开",更为全面地总结社会主义民族关系发展的新特点和新趋向。在实行民族政策、民族团结宣传教育和民族工作中,既重视处理好汉族与各少数民族的利益关系,又重视少数民族之间利益协调和民族团结。近些年来,虽然有"藏独"分子和"东突"民族分裂组织的种种分裂活动,中国边疆民族地区仍然出现了前所未有的社会稳定、经济发展和民族团结的新局面。

---

① 《中国共产党主要领导人论民族问题》,第 237—238 页,民族出版社,1994 年。
② 《人民日报》1994 年 7 月 27 日。

第三章　继续开展民族识别，重建民族科研机构，民族研究取得了重大的新进展

第一节　继续开展民族识别

一、确立基诺族为单一民族

"文化大革命"中，受"左"倾错误干扰，中断了民族识别工作。1976年结束"文化大革命"，许多少数民族群众要求识别和恢复自己的民族成分。多民族的云南省，率先恢复民族识别。早在1977年11月，云南省革命委员会决定有关部门组织民族识别调查组，首先深入到西双版纳傣族自治州景洪县基诺克公社基诺人聚集区进行调查。基诺人当时有1万余人，古称"攸乐"，自称"基诺"，属藏缅语系。历史上受汉族、傣族文化的影响较深，但仍保留自己的民族语言、文化特点、共同心理，古老的"寨母"和"氏族长老制"习俗。实行共耕制，处于原始社会末期。经过全面调查研究，1979年3月8日，云南省革命委员会向国务院报告，基诺人已基本具备单一民族的条件，同年5月31日，国务院批复基诺人为单一的少数民族。① 此后，民族识别工作逐步开展。

二、民族识别的有关文件和政策规定

1979年11月3日，国家民委向川、藏、滇、黔、粤等省、自治区发出《关于抓紧进行民族识别工作的通知》，要求有关省、自治区民族事务部门，采取积极措施，解决民族识别中的遗留问题。②

1981年11月28日，国务院人口普查领导小组、公安部、国家民委联合发出《关于恢复或改正民族成分处理原则的通知》，通知规定："凡属少数民族……申请恢复其民族成分的，都应予以恢复"；不同民族结婚生育的子女或再婚双方的幼儿，18岁以前由父母双方商定申报民族成分，18岁以后，由子女本人决定；隔代要求恢复民族成分的，本人可依据生祖父母或生外祖父母一方的民族成分申报变更；国家机关、学校、企事业单位的工作人员、城镇居民、农村社员，须持本人单位人事部组织部门、街道办事处、农村公社开具证明，到户籍管理部门办理更改民族成分手续；一村或一个地区的居民恢复或更改民族成分，需经县以上人民政府调查认可方可办理；对尚未识别的民族成分，待识别后恢复或更改民族成分。③

1982年4月19—23日，国家民委邀请有关地区、部门、单位的领导和专家、学者，在京召开恢复部分群众土家族成分座谈会，会议形成并下发《湘鄂川黔四省边境

---

① 马曜主编：《云南民族工作40年》（下）第198—199页，云南民族出版社，1994年。
② 黄光学主编：《中国的民族识别》，第152页，民族出版社，1995年。
③ 《中华人民共和国民族政策法规选编》，第106—107页，中国民航出版社，1997年。

邻近地区部分群众恢复土家族成分座谈会纪要》。《纪要》规定，不能以巴人、五溪诸"蛮"作为今天的土家族，不能以姓氏、族谱、地方志认定族别，而是主要根据有一定的土家语言、民族特征、民族意识进行识别。恢复民族成分要坚持个人自愿申报与群众举荐相结合的原则，不能由少数人包办代替。①

1982年5月11日，国家民委又发出《关于民族识别工作的几点意见》，提出应根据马列主义民族形成问题的理论，结合我国各少数民族的实际情况进行民族识别，以民族特征为重要依据，综合对民族历史和民族关系进行全面综合考察与分析；要进行全面认真的调查研究。组织民族工作单位和科研部门的综合调查组，在经过全面考察，比较分析的基础上，广泛听取少数民族干部群众的意见，最后提出识别的结论。《意见》还强调在民族识别中，既要反对片面强调差异性，否定共同性；又要反对不看事实，否认民族差异和民族特征的两种不良倾向。民族识别要做到有利于民族发展繁荣和民族团结。②

上述文件和政策规定，加速各地开展民族识别工作和正确处理识别中的遗留问题。

三、民族识别工作的继续开展

1981年6—7月，广西壮族自治区由区民委组织民族识别调查组，分别赴18个县（包括自治县）的部分地区，对民族成分不清的3.4万人进行调查，并对大部分人的民族成分做了甄别和确定。③

1981年7月3日，贵州省在贵阳召开贵州民族识别工作座谈会，会议指出：贵州自报待识别的族称达80多个，约有90万人，要求各级领导部门组织和做好民族识别工作。会后，全省在8个地、州、市和60多个县市区建立民族识别领导小组或办公室，抽调汉、回、苗、布依、侗、彝、水、壮等民族的知识分子、干部共287人，全面开展省内民族识别工作。至1982年，对需要识别自报的23个少数民族族称，经过深入的调查识别，2个确定为汉族；13个分别归属于9个少数民族；其余8个经过反复调查协商，广泛征求和听取各方面的意见，将自称"绕家"、"东家"、"南龙"、"龙家"归并于苗族；将自称为"𠊎僙"归并于毛南族；有60多万人的"穿青"仍归属于汉族。湖南在民族识别中，将自称为"哇乡人"、"本地人"、"梧州瑶人"，经过调查识别，认定为汉族。

新疆阿勒泰地区一部分蒙古族，自称是"图瓦人"，苏联境内有一个图瓦共和国，要求成为单一的图瓦族，经过调查识别，图瓦人不具备单一民族的条件，而是蒙古族的一部分。

云南的"苦聪人"、"摩梭人"一直要求成为单一的民族，经过重新识别，正式确定"苦聪人"是拉祜族的一个支系，"摩梭人"是纳西族的一部分。④

四、民族识别工作的成就和不足

1979年重新开始民族识别，认定"基诺族"为单一的少数民族，中国少数民族由54个增加到55个。另外，经过识别，解决了过去民族识别中的若干遗留问题和成千上万人的民族归属问题，其中有260多万人恢复和更改了民族成分。还有一大批人以后逐

---

① ② 黄光学主编：《中国的民族识别》，第153—154页，民族出版社，1995年。
③ 《当代中国民族工作大事记》，第334页，民族出版社。
④ 黄光学主编：《中国的民族识别》，第159页，民族出版社，1995年。

渐由汉族变更为少数民族。据统计，全国 1982 年人口普查时，少数民族为 6643.43 万人，占全国人口的 6.62%。到 1990 年第四次全国人口普查时，少数民族人口达 9056.72 万人，8 年中，净增人口 2413.29 万人，增长率达 36.32%。而同期汉族人口增长率仅为 10.94%，少数民族人口增长率比汉族高出 25.38 个百分点，少数民族占全国人口的比重为 8.01%，比 1982 年上升 1.39 个百分点。其中满族人口净增 554.18 万人，增长了 1.287 倍；土家族人口净增 288.82 万人，增长 1.02 倍；苗族净增 236.24 万人，增长了 45.4%；侗族净增 108.22 万人，增长了 75.87%；白族净增 46.58 万人，增长 41.14%；俄罗斯族净增 10583 人，增长了 3.63 倍。上述数据说明，许多少数民族人口增长率大大高于汉族。除了少数人口生育率总体上高于汉族新增加的人口外，大部分是由原来的汉族恢复或变更为少数民族，多数变更是合理的。俄罗斯族 1982 年只有 2917 人，1990 年达 13500 人。主要是因为俄罗斯人与汉族和其他民族通婚的比例较高，过去由于中苏关系紧张，许多俄罗斯人的后裔均报汉族或其他民族成分。中苏关系改善之后，许多人恢复了俄罗斯族称。但确实有部分汉族群众虚报或乱改民族成分，很大部分是由于对少数民族优惠政策或实际工作失误造成的。党的十一届三中全会后，国家在计划生育、招工、招生、参军、入党、提干、经费补助等多方面对少数民族实行特殊的照顾政策；有些地区对汉族更改为土家族、满族政策掌握偏宽；社会上和党内不正之风，助长少数汉族人弄虚作假，乱改民族成分，干扰执行党的民族政策，影响了民族内部和民族之间的团结。① 为此，1986 年 2 月 8 日，国家民委经与公安部协商同意，发出《关于恢复或改正民族成分问题的补充通知》，《通知》指出："我国恢复或改正民族成分的工作，除个别情况外，已基本完成。"有的民族特征已经消失，不恰当地以牒、姓为依据；有的弄虚作假，更改民族成分。《通知》规定："凡个人恢复或改正民族成分的，由县级民族工作部门审批；一个村或街道的相当一些户，集体要求恢复或改正民族成分的，由地区（自治州、地级市）的民族工作部门审批；一个较大范围的地区的群众要求恢复或改正民族成分的，由省、自治区有关部门进行调查，经省、自治区人民政府审定后，报请国务院有关部门核准。"《通知》还规定："隔代要求恢复或改正民族成分的，首先改变父或母的民族成分……生祖父母和生外祖父母均已亡故的，则不再纵向追溯或横向援引。""凡带有一定群众性的要求恢复或改正民族成分的，必须具有作为某一民族的明显特点，如语言、文化和风俗习惯等，特点已消失的，一般不再变更民族成分。"② 《通知》下达后，逐步纠正民族识别中某些错误倾向。

第二节 恢复和组建民族科研、教学机构

一、民族研究机构的恢复和发展

新中国民族研究始于 20 世纪 50 年代的少数民族社会历史调查和少数民族语言调

---

① 黄光学主编：《中国的民族识别》，第 158 页，民族出版社，1995 年。
② 《中华人民共和国民族政策法规选编》，第 113—114 页，中国民航出版社，1997 年。

查。当时有近 2000 人的调查队员，成为后来民族研究的基干队伍。① 1956 年和 1958 年，中国科学院哲学社会科学部先后建立了少数民族语言研究所、少数民族研究所。1962 年，两所合并为民族研究所，当时只有少数民族历史研究室和少数民族语言研究室。中央民族学院成立了研究部，部分民族省区建立了民族研究机构。"文化大革命"中，民族研究机构被撤销，大部分民族科研人员改行或下放劳动，民族研究成果被斥责为"封、资、修"加以批判，许多有价值的调查资料和科研成果散失或被毁。"文化大革命"结束后，逐步恢复社会科学研究工作。1977 年，经中央批准，在原中国科学院哲学社会科学部的基础上，新建了中国社会科学院，哲学社会科学（包括民族研究）进入了前所未有的恢复和发展时期。国家最高社会研究机构中国社会科学院新建了少数民族文学所和中国边疆史地研究中心，民族研究所新增加了民族问题理论室、民族学室、世界民族室和民族经济室，成为中国社会科学院研究人员最多的研究所。研究人员中，少数民族科研人员占 38%，包括 25 个民族成分，少数民族学者中，多人担任研究所、研究室的领导，一大批受聘高级专业职称的少数民族学者成为学科带头人和骨干力量。国家民委建立了民族问题研究中心，首都北京新建了中国藏学研究中心。全国民族院校最高学府——中央民族大学，新成立了少数民族经济研究所、民族理论与民族政策研究所、民族教育研究所、藏学研究所、民族宗教研究所。

西部多民族省、自治区的社会科学院，大多建有民族史、民族语言、民族宗教、民族文学、民族研究所。许多省、自治区的民族事务委员会和各大专院校，建立了民族研究所或民族宗教研究所。各地民族研究机构大多突出地方特色和民族特色。内蒙古大学建立了蒙古史、蒙古语文、蒙古文学研究所；新疆突出中亚、突厥语系、民族考古研究；宁夏建立伊斯兰教研究所和西夏学研究中心；云南建立东南亚所、彝族研究所和东巴文研究所，等等。其他地区的民族研究机构，重点研究本地区的少数民族历史、语言和文化。各级民族研究机构，大多数都有自己的学术期刊。中国社会科学院民族研究所有《民族研究》、《民族语文》、《世界民族》；中国边疆史地研究中心有《中国边疆史地研究》，少数民族文学所有《民族文学研究》，中国藏学研究中心有《中国藏学》，国家民委主办有《民族团结》（现已改为《中国民族》）。全国民族自治地方主办和出版了大量的民族杂志和学术期刊，据《中国民族统计年鉴》统计，1978 年，民族自治地方的杂志期刊只有 78 种，1990 年上升到 544 种。其中大多数是民族研究机构的学术期刊，及时发表民族研究的学术科研成果。随着民族研究机构的恢复和建立，国家加大了对民族研究工作的支持力度。1979 年 4 月 25 日—5 月 6 日，中国社会科学院和国家民委在云南昆明召开了全国民族研究工作规划会议，中国社会科学院党组书记、秘书长梅溢和国家民委副主任杨东生（藏族）到会作了重要讲话。会议就民族研究工作如何为四个现代化服务和一些重大的学术理论问题进行了探讨，制定了《全国民族研究工作一九七九至一九八五规划》，全国民族研究工作开始按照国家规划进行系统研究。

1983 年 4 月上旬，全国民族研究规划会议在四川成都召开。会议落实了部分"六五"规划社科重点项目，签订了"六五"期间民族研究重点项目议定书。"六五"期间

---

① 《当代中国民族工作大事记》，第 272、第 387 页，民族出版社，1990 年。

民族研究重点项目包括：《当代中国的少数民族》、《民族问题五种丛书》、《中国大百科全书·民族卷》以及民族区域自治、社会主义民族关系、民族经济、民族史、民族语言、民族教育等方面的 18 个重点项目。① 国家社会科学规划（基金）会，下设民族课题评审组，每年通过评审组评定一批民族研究重点项目予以资助，有力地推动了民族研究工作，科研学术成果累累，先后出版了大量的学术专著，不少成果在国内外产生了重大的影响。《民族问题五种丛书》，即《中国少数民族》、《中国少数民族简史丛书》、《中国少数民族语言简志丛书》、《中国少数民族自治地方概况丛书》、《中国少数民族社会历史调查资料丛书》，从调查到公开出版，历时近 40 年，全套丛书 400 余本，约 8000 万字，1769 人次参加编写，实现了每一个民族有一本简史、一本语言简志，每一个民族自治地方一本概况。② 这是新中国民族研究最大的工程项目，为民族研究各个学科的发展奠定坚实的基础，具有重大的学术价值和深远的历史意义。从"六五"开始，民族研究各个学科承担和完成数十项国家重点科研项目，在中国民族史、民族问题理论、民族学、民族经济、民族宗教、民族教育、民族语言、民族文学、民族人口等领域的研究，出版了大量的科研学术成果，不少方面有了突破和创新。

二、民族科研工作重大的新进展

（一）民族问题理论研究

党的十一届三中全会以后，民族问题理论研究形成具有中国特色的国家二级学科。在中共中央统战部和国家民委的领导与支持下，编辑出版了《马克思、恩格斯、列宁、斯大林论民族问题》，全套书分 5 册，160 万字。《中国共产党主要领导人论民族问题》，16 万字。全面系统地汇集马恩列斯及中国共产党主要领导人关于民族问题的基本原理和主要观点，是民族研究、教学和民族工作干部的基本指导思想。集中一批专家学者编辑出版了《民族问题文献汇编》，全面收集中国共产党 1921—1949 年有关民族问题的文件、决议、纲领、社论、领导人的讲话、文章、电报、信函等重要文字材料，全书 126 万字。其中大部分是中央档案馆收藏的珍贵的文献资料，首次与读者见面，为民族研究工作者提供了极为重要的历史档案资料。民族问题理论研究工作成果丰硕，至 1994 年，出版了 60 余部学术专著，共 300 多万字。其中有《统一战线与民族问题》、《论民族问题》、《民族问题与宗教问题》、《中国民族问题理论与实践》、《中国的民族识别》、《论社会主义民族关系》、《民族理论基础》、《中国民族区域自治的理论与实践》、《民族理论通论》、《毛泽东民族理论研究》等。1950—1993 年，全国各种报刊发表民族问题理论方面的论文有 1000 多篇，1500 多万字。全国民族地区院校、党校和民族干校，编辑出版的民族理论与民族政策教材多达数十种。国家民委组织民族理论专家学者，编辑出版普通高等教育国家重点教材《中国民族理论与实践》，作为全国民族理论与民族政策通用的教科书。上述论著和教材，对马列主义民族问题基础理论，其中包括民族自决权、联邦制、集中统一的共和制、民族形成、民族和民族问题发展规律、民族区域自治、中国民族识别、社会主义初级阶段民族问题、中国特色民族理论的形成与

---

① 《当代中国民族工作大事记》，第 272、第 387 页，民族出版社，1990 年。
② 《民族工作五十年》，第 68—69 页，民族出版社，1999 年。

发展等一系列重大理论问题，进行了深入系统地研究，许多方面有重大的发展和创新。

（二）民族经济学

中国少数民族经济创建于 20 世纪 70 年代末，是全国以经济建设为中心诞生的新学科。民族经济适应少数民族地区经济发展的迫切需要，因此得到国家民委和民族地区的大力支持与重视。中央民族大学建立了少数民族经济所和经济系，全国一些多民族省和自治区，先后建立了民族经济研究所或研究室，集中了一批民族经济研究人员，广泛开展民族地区实地调查研究，很快出版《中国少数民族经济问题研究》、《民族经济学和民族地区的四个现代化》及多部民族经济《调查研究报告》。中央民族大学民族经济所牵头、动员民族地区民族研究力量，承担和完成"七五"、"八五"规划国家社科基金重点课题：《中国少数民族地区经济发展问题研究》、《中国少数民族地区市场经济发展问题研究》，出版了《中国西部民族地区经济开发研究》、《起飞前的战略构想》、《少数民族地区经济体制改革探索》、《中国民族地区市场经济的理论与实践》、《中国少数民族和民族地区九十年代发展战略探讨》等一批学术专著；出版了 6 部《民族经济学研究》论文集，还出版了多部民族经济学教科书。以上论著在东西部发展差距、民族经济发展中的非经济因素、民族地区实施加速发展战略等重大理论问题研究上取得了重大进展，理论上有所突破和创新。

（三）世界民族研究

世界民族始建于 20 世纪 70 年代末，适应于中国对外开放的需要。世界民族研究机构一建立，就与联合国教科文组织、国际都市人类学联合会，共同举办过 5 次国际学术讨论会。先后与美国、加拿大、墨西哥、澳大利亚、日本、印度、泰国、斯里兰卡、俄罗斯、瑞士、波兰、英国、荷兰、德国建立了联系，开展学术交流。在学术交流上，取得了一系列科研成果，承担并完成"七五"、"八五"国家社科基金重点课题，集中研究了苏联解体和南斯拉夫内战及第三次世界民族主义浪潮等"重点"、"热点"问题。先后出版《苏联民族危机与联盟解体》、《中国与前苏联民族问题对比研究》、《南斯拉夫联邦解体中的民族危机》、《旷日持久的波黑内战——冷战后民族冲突最惨烈的一幕》。世界民族研究室承担"八五"规划国家社科基金重点课题《世纪之交世界民族主义泛滥及其发展趋势》，"九五"国家重点项目《当代国际政治与跨界民族研究》。从 1997 年开始，组织全国世界民族研究力量，撰写 10 卷本的《世界民族》，全书 350 万字，2000 幅彩图，不久将公开出版，与读者见面。

（四）中国民族学

西方民族学形成于 19 世纪中期，20 世纪 20 年代传入中国，少数学者从事中国民族学研究。新中国 20 世纪 50 年代，在全国民族地区开展大规模的少数民族社会历史调查，民族学研究进入上升时期。民族学在中国成为独立学科是 1980 年以后，民族学分为广义民族学与传统（狭义）民族学。传统民族学从 1980 年以后逐步建立民族学研究所或研究室，积极开展学术研究，取得了一系列重要成果。先后出版了《民族学概论》、《民族学通论》、《广义民族学》、《永宁纳西族的阿注婚姻和母系家庭》、《共夫制与共妻制》，对少数民族社会制度研究取得了重要的进展，出版了《原始社会史》、《凉山彝族奴隶社会》、《西藏农奴制社会形态》等。另外，编辑出版《民族学研究》，共

12期,达 300 万字。汇集了民族学研究一批有影响和学术价值的论文和调查研究报告。

最为珍贵的是中国社会科学院民族研究所独家拍摄的近 30 部少数民族科学研究影视片。这些影视片实地拍摄各民族处在原始社会、奴隶制社会、封建农奴制社会、封建社会的不同社会发展历史阶段,大多拍摄于 20 世纪 50 年代至 60 年代初期,是极为珍贵的原始资料片,有极高的历史和科研学术价值,已得到国内外民族学、社会学、人类学界的重视和好评。

从 20 世纪 90 年代开始,中国社会科学院民族所承担中国社科院重大项目《中国少数民族现状与发展调查》,现已出版 12 部学术专著,总数超过 300 万字。

(五) 民族史学

中国民族史学是历史学和民族学的分支学科。中国历史学界长期以汉族为中心,轻视和排斥中国各少数民族史。新中国的民族历史学,是在马克思主义民族平等原则基础上建立起来的独立学科。民族史研究取得了重大的成就,先后出版了《中国民族史》、《中国民族关系史纲要》、《中国历代民族政策研究》、《中国历代民族史丛书》、《中国少数民族法制史》、《中国少数民族文化史》等。除全国综合性民族史外,地区民族史大量问世。《中国西北少数民族史》、《中国西南民族史》、《云南各族古代史略》、《中南民族史》、《东北民族史》等。同时大量出版单一族别史专著。在民族边疆史学研究中,冲破了"禁区",出版了《中国历史地图集》、《中国历代少数民族分布与迁徙地图》、《中国古代边疆政策研究》、《中国边疆史地研究丛书》等一批重要研究成果。

在民族史学研究中,学术界对中国历史上民族关系主流、历代民族政策、中华民族凝聚力形成与发展,少数民族历史人物的评价等重大史学理论研究取得了重大进展和新的突破,有利于增强民族团结和维护祖国的统一。

(六) 民族语言学

中国是一个多种民族语言并存的国家,民族语言在民族研究领域较早形成一个独立学科。新中国成立以来,新发现 120 多种少数民族语言,出版了一大批民族语文的学术专著。除《中国少数民族语言简志丛书》外,还出版了《中国语言地图集》、《中国少数民族语言方言研究丛书》、《中国少数民族语言概况》、《中国新发现语言研究丛书》、《中国少数民族语言使用情况》等。民族语文研究专家、学者先后承担和完成"七五"、"八五"、"九五"规划国家社科基金重点课题:《我国少数民族语言使用情况和文字调查研究》;《我国创新与改进少数民族文字试验推行经验总结和理论研究》、《中国少数双语教育研究》;《我国跨境民族语言问题研究》、《汉语和少数民族语言关系问题研究》、《世界各国民族语言政策比较研究》。全国人大和国家民委委托项目《中国少数民族语言文字立法研究》等。

民族语言学科率先运用高科技电脑,开展词典库、语言知识库、语料库、语言信息处理计算法和模型为主要内容的研究工作,建立蒙古语、藏语基本词语数据库和文本数据库;藏缅、壮侗、苗瑶等语族静态数据库;研制民族语文信息处理平台、设计民族文学基本编码字符集、字模集及语言机器翻译系统和各种特殊用途语文应用系统,加速实现民族语文科研手段现代化。[①]

---

① 《民族研究》,1998 年第 5 期。

三、建立各级学会和研究会

20世纪70年代末,全面恢复科研工作,广泛开展各种学术活动,各学科在全国各地区相继建立不同名称的学会和研究会,民族研究领域各种学会也先后成立。

1979年4月下旬至5月初,全国民族研究工作规划会议在云南昆明召开,经过与会代表、专家和学者协商,一致同意成立中国民族研究会,推选理事129人(包括22个民族成分),常务理事29人。中国社会科学院民族研究所所长牙含章当选为理事长,白寿彝(回族)、方国瑜(纳西族)、张养吾、傅懋勣、翁独健、费孝通当选为副理事长。1983年4月,根据形势发展需要,改名为"中国民族研究团体联合会",选举国家民委副主任黄光学(朝鲜族)为理事长,牙含章为常务副理事长,民族研究所副所长黄静涛(蒙古族)为秘书长,民族研究领域各个学会都可自愿加入民族研究团体联合会,作为团体会员。到20世纪80年代末,民族研究领域有18个学会参加民族研究团体联合会。

中国民族理论研究会(后改为学会)1979年5月在昆明成立,著名的民族问题理论家牙含章当选为理事长。马寅(回族)、黄静涛(蒙古族)、宗群等人当选为副理事长。到1988年,会员发展到600多人,分布在全国26个省、市、自治区。会员有37个民族成分,少数民族会员占60%以上。

1979年5月,成立中国民族语言学会,少数民族语言学家傅懋勣当选为理事长,马学良、季羡林、清格尔泰、德林、王均、阿不都萨拉木为副理事长。

中国世界民族研究学会,1979年5月在昆明成立。中国社会科学院副院长宦乡为名誉理事长,中国社会科学院民族所世界民族研究室主任李有义为理事长,会员约有500人。

中国民族学研究会(后改为中国民族学学会),成立于1980年10月,民族学家秋浦当选为理事长,现有会员1000余人。经国家民政部批准,学会之下建立3个分会,即汉民族分会、影视人类学分会、回族分会。

中国少数民族经济研究会成立于1981年12月,张养吾(中央民族学院副院长)当选为理事长,著名的民族经济学家施正一当选为常务副会长兼秘书长,现有15个团体会员,个人会员有500多人。

中国民族史学会,1983年4月在成都召开的全国民族研究规划会议期间成立,著名的蒙古史学家翁独健教授担任首任理事长。会员遍及全国各地,边疆民族地区会员众多。全国性的史学会还有中国古代铜鼓学会、中国百越民族史研究会、中国辽金及契丹女真史研究会、中国蒙古史学会。其他全国性学会有:中国民族法学会、中国北方少数民族哲学及社会思想研究会、中国西南民族研究学会、中国古文字研究会、中国突厥语研究会、中国民俗学会等。此外,各省、市、自治区还建立了一批地方性的民族研究会或学会。绝大多数学会(研究会)都能定期召开学术会议,开展学术活动。有的学会还组织会员承担国家和省部委重点课题,定期出版学会通讯、期刊和各种论文集。各群众性的学术团体,能够充分发扬学术民主,深入探讨一些重大的学术理论问题,培养、锻炼、聚集一批学术专业人才,有力地促进和带动民族研究工作。

第四章　全面恢复宗教信仰自由政策

第一节　纠正"文化大革命"中的"左"倾错误，实施宗教信仰自由政策

"文化大革命"期间，在"破四旧"、"横扫一切牛鬼蛇神"的运动中，撤销了各级宗教机构，停止一切宗教活动，查封、侵占、拆毁宗教活动场所，毁坏各种宗教设施。所有的宗教人士和神职人员统统打成"残渣余孽"、"牛鬼蛇神"和"专政对象"，进行游斗、抄家和关进"牛棚"。群众正常的宗教活动被迫转入地下，部分宗教上层人士流亡境外，严重伤害了各民族信教群众的民族、宗教感情。

打倒"四人帮"后，广大信教群众强烈要求恢复正常的宗教活动。中共中央于1978年10月和1979年2月，先后批转了中央统战部《关于当前宗教工作中急需解决的两个政策性问题的请示报告》、《第八次全国宗教工作会议纪要》、《为全国统战民族宗教工作部门摘掉"执行投降主义路线"帽子的请示报告》，为全国各级宗教工作部门正名平反。上述文件要求在全国范围内，全面认真地贯彻执行宪法规定的宗教信仰自由政策，尊重信教群众正当的宗教生活，逐渐开放寺观庙堂，杜绝秘密的地下宗教活动。1979年全国五届人大二次会议上，通过的刑法条款中规定："凡是故意破坏宗教信仰自由政策、破坏宗教徒正常宗教活动及进行这种活动的教堂、寺庙等宗教场所者，处以三年以下徒刑、拘役或管制。"①

1980年4月7日，中共中央转发的《西藏工作座谈会纪要》中指出："全面贯彻执行党的宗教政策。信奉喇嘛教，是历史上长期形成的，在西藏人民群众中有深远影响，必须慎重对待……既要尊重信教群众的正常宗教生活，又要对他们进行思想政治工作和科学文化教育……对现有寺庙要保护、维修；对佛教和宗教经典有研究、造诣的喇嘛，应作为知识分子对待。"②

1982年3月31日，中共中央印发《关于我国社会主义时期宗教问题的基本观点和基本政策》的通知，这是新时期关于宗教问题和宗教工作的一个纲领性的文件，系统地总结了新中国成立以来，中国共产党在宗教问题上正反两个方面的历史经验及对宗教问题的基本观点和基本政策。其主要内容为：（1）宗教是人类社会发展的一种历史现象，有其自身发生、发展和消亡的过程；（2）中国是一个有多种宗教的国家，社会主义时期的宗教具有长期性、群众性、民族性、国际性和复杂性；（3）中国社会主义时期的宗教状况已经发生了根本性的变化，宗教问题上产生的矛盾主要属于人民内部矛

---

① 《人民日报》1979年7月6日。
② 《新时期民族工作文献选编》，第49页，中央文献出版社，1990年。

盾；（4）坚定贯彻执行宗教信仰自由政策，主要反对"左"的错误倾向，同时要防止和克服放任自流的错误倾向，坚持保障各民族群众有信仰宗教的自由和不信仰宗教的自由；（5）社会主义国家政权绝对不能推行或禁止某一种宗教，绝不允许宗教干预国家行政、司法、教育，绝不允许强迫18岁以下少年儿童入教、出家和到寺庙学经，绝不允许恢复已经被废除的封建宗教特权和剥削压迫制度；（6）实事求是地平反宗教界人士和信教群众中冤假错案，团结各种宗教界人士和宗教职业人员，妥善安置他们的生活；（7）合理安排宗教活动场所，有计划有步骤地恢复一些寺观庙堂；（8）充分发挥爱国宗教组织的作用，开展正常的宗教活动，使爱国宗教团体成为党和政府联系团结宗教人士、信教群众的桥梁；（9）帮助办好宗教院校，培养一大批爱国守法、坚持社会主义道路、具有一定的文化水平和宗教学识年轻宗教职业人员；（10）共产党员不得信仰宗教，不得参加宗教活动。在基本上全民信教少数民族中的共产党员，只要在思想上同宗教信仰划清界限，可以适当参加某些含有宗教色彩和宗教传统的婚丧仪式及群众性的节日活动；（11）政府坚决保障一切正常的宗教活动，同时坚决打击在宗教外衣掩盖下的一切违法犯罪活动和反革命破坏活动。① 上述规定，明确了新时期宗教工作的指导思想和方针任务，保障宗教人士和信教群众在政策法律规定的范围内进行正常的宗教活动。

第二节 恢复各级宗教机构，开展正常的宗教活动

一、恢复各级宗教机构

"文化大革命"结束后，国务院恢复了宗教事务管理局，各省、市、自治区、地（州）、县先后恢复宗教行政机构。云南省人民政府1983年设立了宗教事务处。到1987年年底，全省有5个地、州、市，30多个县分别建立了宗教事务处（局）或宗教事务科，其余地、州、市、县和一部分乡（镇）设有专职的宗教工作干部，具体负责宗教事务管理工作。②

二、开展正常的宗教工作

国家恢复各级宗教行政机构后，逐步开展宗教工作。1979年6月29日，国务院宗教事务局举行了全国人大代表和政协委员中的宗教界人士座谈会，批判了林彪和"四人帮"破坏宗教政策迫害宗教人士的罪行。肖贤法局长在会上重申党的宗教信仰自由政策，希望宗教界朋友和信教群众进一步发扬爱国的光荣传统，为四个现代化建设作出贡献。③ 上海、河南、甘肃、青海、新疆、宁夏、云南等省、市、自治区都召开了宗教人士座谈会，揭发、批判"四人帮"破坏宗教政策的罪行，逐步落实各项宗教政策。学术界开始重视研究宗教问题。1979年2月12日，在云南昆明市召开了全国第一次宗教学研究规划会议。会上讨论了宗教学的研究对象、任务和措施以及人才培养、学风和

---

① 《新时期民族工作文献选编》，第55—171页，中央文献出版社，1990年。
② 马曜主编：《云南民族工作40年》（上），第450页，云南民族出版社，1994年。
③ 《新闻稿》1979年6月30日。

百家争鸣等问题，制定了 1979—1985 年全国宗教研究规划，成立了中国宗教学学会。①全国许多民族省区，恢复了宗教研究机构，系统地研究宗教问题。

在党和政府的支持下，恢复和建立各级宗教团体，并开展正常工作。1980 年 4 月 6—15 日，中国伊斯兰教协会第四次代表大会在北京召开，中国伊斯兰教协会主任包尔汉致开幕词，张杰作工作总结报告，国务院宗教事务局局长肖贤法和国家民委副主任江平到会讲话。会议讨论确定中国伊斯兰教协会今后的工作任务，修订了协会章程，选举包尔汉为中国伊斯兰教协会名誉主任，张杰为主任，白寿彝、言木力哈·阿木提大毛拉、安士伟、马腾霭、沈遐熙、马松亭、刘品一、王赛音阿吉、马进成、张秉锋、马贤为副主任。乌兰夫、彭冲副委员长接见了全体代表。②

1980 年 6 月 16—22 日，新疆伊斯兰教协会第二次代表大会在乌鲁木齐举行。会议总结了新疆伊斯兰教协会成立以来的工作，讨论确定了今后的工作任务，传达了中国伊斯兰教协会第四次代表大会会议精神，修订新疆伊斯兰教协会简章。与会代表选举了牙合甫·沙得尔阿吉大毛拉为新疆伊斯兰教协会主任。③

1980 年 10 月 6—14 日，宁夏伊斯兰教协会二届二次委员（扩大）会议在银川举行。会上传达了中国伊斯兰教协会第四次代表会议的主要文件，讨论自治区伊斯兰教协会成立一年来的工作和今后的任务，修改和通过了宁夏伊斯兰教协会简章，增选了委员、常委和副主任。④ 河南、黑龙江、江苏、上海、四川、贵州、甘肃等省、市伊斯兰教协会，先后召开了代表大会，选举了伊斯兰教协会主任和副主任，修改和通过了新的章程。

1980 年 12 月 16—23 日，中国佛教协会第四次代表大会在北京召开。会议总结了过去的工作，修改和通过了中国佛教协会章程，讨论了佛教关心的重大问题。与会代表选举了班禅额尔德尼·确吉坚赞为中国佛教协会名誉会长，赵朴初为会长。帕巴拉·格烈朗杰、坚白赤列、嘉木样·洛桑久美、图丹却吉尼玛、夏茸尕布、巨赞、正果、官明、明真、姜巴曲日木为副会长。12 月 24 日，乌兰夫、阿沛·阿旺晋美、班禅额尔德尼·确吉坚赞会见了出席中国佛教协会第四次会议的全体代表。中共中央统战部举行了茶话招待会。⑤

1981 年 7 月 28 日，内蒙古佛教协会召开座谈会，自治区党委统战部副部长、区民委主任赵俞廷出席会议，决定恢复内蒙古佛教协会工作。⑥

1981 年 8 月 3—12 日，青海省佛教协会第一届代表大会在西宁举行。会议研究了青海省佛教协会今后的工作任务，制定了省佛教协会章程，成立了青海省佛教协会，选举夏茸尕布为省佛教协会会长。中共青海省委书记、省政协主席扎西旺徐出席会议，就

---

① 《当代中国民族工作大事记》，第 267 页，民族出版社，1990 年。
② 《人民日报》1980 年 4 月 8 日、17 日。
③ 《新疆日报》1980 年 6 月 18 日、30 日。
④ 《宁夏日报》1980 年 10 月 19 日。
⑤ 《新闻稿》1980 年 12 月 20 日、24 日、25 日。
⑥ 《内蒙古日报》1981 年 8 月 4 日。

当前青海省的宗教问题和今后宗教工作应当注意的问题作了报告。①

1982年10月20—31日，中国佛教协会西藏分会在拉萨召开第四次代表大会。会议选举了146名理事，成立西藏佛教协会，聘请帕巴拉·格烈朗杰为名誉会长，结巴堪苏·坚白赤列为会长。西藏自治区党委第一书记阴法唐看望了与会全体代表，并在闭幕会上发表了讲话。② 新疆、云南、四川、甘肃等省、自治区先后成立了佛教协会，选举了会长、副会长。

至1990年，已恢复全国性的中国佛教协会、中国道教协会、中国伊斯兰教协会、中国天主教爱国会、中国天主教教务委员会、中国天主教主教团、中国基督教"三自"爱国委员会、中国基督教协会8个宗教团体，164个省级宗教团体，2000余个县级宗教团体。③

第三节　全面恢复和落实党的宗教政策

一、实事求是地平反冤假错案

中央为宗教工作部门摘掉"执行投降主义"的帽子后，各地开始为宗教界各种冤假错案平反。1979年1月9日，上海市宗教界人士800多人集会，批判林彪、"四人帮"破坏宗教政策，迫害宗教界人士的罪行。上海市委统战部负责人在大会上宣布，推翻林彪、"四人帮"及其党羽强加给宗教界爱国人士一切诬陷不实之词，对受到打击迫害的人予以平反，恢复名誉。

1979年8月2日，甘肃省甘南藏族自治州党委为全州爱国宗教人士的冤假错案彻底平反，并安排了适当的工作。

1979年以来，中共云南省委先后为在"文化大革命"中因宗教信仰引发的"沙甸事件"、"小石桥事件"等一批冤假错案平反，为一大批宗教界人士恢复名誉。据统计，云南省认真复查了全省宗教界在"文化大革命"中的冤假错案和20世纪50年代错划右派等问题有500余件，到1986年年底已基本上平反纠正，补发"文化大革命"中停发的生活补助费92万多元。政治上给予适当的安排。到1984年，全省宗教界人士有4人当选全国人大代表，3人担任全国政协委员，120余人当选为省、地、州、市、县人大代表或政协委员。④

新疆恢复伊斯兰教协会、佛教协会以来，平反了宗教界一批冤假错案，补发了"文化大革命"中停发宗教人员的工资，同时提高宗教人士生活补贴标准和扩大发放面，由1983年的70多万元增加到120多万元。在政治上提高宗教人士的地位。1981—1982年，新疆1800多名宗教人士分别被补选为各级人大代表、政协委员和全国及自治区伊斯兰教协会委员。⑤ 西藏从1980年以来，为宗教界人士平反了冤假错案，恢复和

---

① 《青海日报》1981年8月4日。
② 《新闻稿》1982年11月2日。
③ 《中国的人权状况》，第42页，中央文献出版社，1991年。
④ 马曜主编：《云南民族工作40年》，第450、453页，云南民族出版社，1994年。
⑤ 《新疆维吾尔自治区概况》，第58页，新疆人民出版社，1985年。

成立了宗教工作机构,提高宗教人士的政治地位,当选为各级人大代表、政协委员、佛教协会理事以及在政府中任职的宗教界人士有 615 人参政、议政,致力于西藏的各项建设事业。①

1984 年,宁夏回族自治区党委决定,为 1958 年在宗教制度改革中被错划为右派分子的宁夏伊斯兰教大教主马震武平反,恢复名誉。② 宗教界人士中的冤、假、错案全部得到平反和纠正。自治区对 130 多名有影响的宗教界人士,在政治上和生活上都作了妥善的安排。③ 其他各省、自治区都先后平反了宗教界人士中的冤、假、错案,全面落实了团结宗教人士的政策。

二、开放宗教活动场所,维修宗教寺庙

开放宗教活动场所是恢复宗教信仰自由的前提条件。党的十一届三中全会后,逐步开放宗教活动场所。20 世纪 80 年代,全国各地的宗教活动场所全面开放。基本上为全民信仰宗教的西藏自治区,开放和修复的宗教活动场所达 1400 多处,常住在各个寺院的僧尼 34000 多人。中央政府向西藏地方拨出 2 亿多元的专款,修复"文化大革命"中被毁的甘丹寺,全面维修大昭寺、桑耶寺、哲蚌寺、色拉寺、札什伦布寺。为了维修布达拉宫,国家一次拨款 4000 多万元。1984 年,中央资助专款 670 万元,黄金 111 公斤,白银 2000 多公斤及大量珠宝。修复了五世至九世班禅灵塔和祀殿。④

青海塔尔寺为藏传佛教格鲁派创始人宗喀巴的诞生地,已有 600 多年的历史,是全国著名的六大格鲁派寺庙之一。因年久失修,多处墙裂柱倾,险象环生。报经国务院批准,1991—1996 年,进行规模最大的一次全面维修。这是经国务院批准的继布达拉宫之后第二次大规模藏传佛教维修工程,共耗资 4300 万元(国务院财政部直接拨出专款 3700 万元)。维修中共投入劳动力 30 万个工日,动用钢材、木材、水泥 9200 吨,黄金 40 公斤。班禅行宫、大金瓦殿、大经堂、宗喀巴殿等著名建筑得到全面维修。⑤

新疆维吾尔自治区开放的清真寺 2.3 万座(包括 4185 个活动点),藏传佛教寺庙(点)36 座,汉地佛教寺庙(点)10 座,基督教堂(点)152 座。新疆全区有伊玛目以上的教职人员 325 人,基督教牧师、长老、执事 129 人;天主教神甫、执事 24 人;道士 1 人。⑥

广西壮族自治区于 1982 年年底开放教堂寺庙 88 处,全区信仰宗教群众有 8 万多人。其中天主教徒 4 万余人,基督教徒 1 万余人,伊斯兰教约 1 万人,佛教 5000 余人,信仰其他宗教的 1 万多人,各种宗教职业人员 217 人。⑦

宁夏回族自治区开放清真寺 1400 多座,自治区人民政府拨出专款,支助维修银川市和同心县大清真寺。

---

① 《西藏的主权归属与人权状况》,第 44 页,民族出版社,1992 年。
② 丁国勇主编:《宁夏回族》,第 185 页,宁夏人民出版社,1993 年。
③ 《宁夏回族自治区概况》,第 103 页,宁夏人民出版社,1986 年。
④ 《西藏的主权归属与人权状况》,第 44 页,民族出版社,1992 年。
⑤ 马应珊:《沧桑古刹换新颜——青海塔尔寺全面维修竣工》,《人民日报》1996 年 8 月 26 日。
⑥ 金炳镐主编:《中国共产党民族纲领政策通论》,第 651 页,黑龙江教育出版社,2002 年。
⑦ 《广西壮族自治区概况》,第 56 页,广西民族出版社,1985 年。

云南省 1980 年以来，全省先后恢复和开放寺观教堂 3000 余所。各级政府拨出专款 200 多万元，帮助各宗教团体维修重点寺观教堂。汉语系佛教的昆明圆通寺、筇竹寺、华亭寺进行维修，重建宾川鸡足山祝圣寺、铜瓦寺。上述 5 座寺院被国务院列为重点文物保护单位。另外，修复藏语系佛教的中甸归化寺、德钦县东竹林寺。小乘佛教的寺庙大都修复或重建。1989 年，仅西双版纳傣族自治州已有佛寺 474 座，大小和尚 4980 名。①

甘肃临夏回族自治州 1979 年一年中就开放了 100 多个宗教活动场所。其余各省、市、自治区都先后开放与修复一批宗教活动场所。截至 1989 年年底，经各级政府正式批准开放的寺观庙堂 4 万多处，全国职业宗教人员约有 20 万人，其中当选为各级人大代表和政协委员近 9000 人。据不完全统计，1980 年以来，中央财政拨给全国寺观庙堂的维修补助费达 1.4 亿元以上。各级地方也拿出相当一部分资金，用于维修各地的寺观庙堂。②

三、开办宗教学校，培养年轻职业宗教人员

"文化大革命"中，所有的宗教学校被撤销或停办。为了培养爱国爱教的宗教职业接班人，国家同意恢复宗教院校。在各级政府的支持帮助下，先后恢复了一批宗教院校。

1980 年 12 月 22 日，中国佛学院举行开学典礼，招收学僧 40 名。全国人大副委员长班禅额尔德尼·确吉坚赞、全国政协副主席帕巴拉·格烈朗杰、中央统战部副部长张执一、国务院宗教事务局局长肖贤法、中国佛教协会会长赵朴初等到会讲话。

1982 年 11 月 16 日，恢复后的中国伊斯兰教经学院，在京举行隆重的开学典礼，42 名学生入学。③

1983 年 3 月 17 日，沈阳伊斯兰教经学院在沈阳清真南寺举行开学典礼。首批 60 名学员将进行为期 4 年的学习。④

1983 年，经国务院批准，创办第一所西藏佛学院，并在各教派的一些寺庙中开办了学经班，已有学僧近 3000 名。另外，每年还推荐一定数量的活佛、学僧到北京，进入中国藏语系高级佛学院进修深造。⑤

1985 年，经国务院批准，正式成立宁夏伊斯兰教经学院并开展招生。

1987 年 11 月，云南省伊斯兰教协会开办的昆明伊斯兰教经学院正式开学。面向云南、贵州、四川三省招生，学制 3 年，当年招收 45 名穆斯林进校学习。毕业后，将授予阿訇职称，返回各地从事伊斯兰教教务工作。中国佛教协会云南分会，筹办了云南巴利语系（小乘佛教）佛学院，培养小乘佛教的青年僧侣。另外，云南省先后选送 100 多名年轻、有一定文化基础的各民族宗教信徒到全国和地方性宗教院校学习，已有 50 多人回到各地从事宗教教务工作。各级宗教组织分别举办各种宗教培训班，培训 1000

---

① 马曜主编：《云南民族工作 40 年》，第 451—452 页，云南民族出版社，1994 年。
② 《中国的人权状况》，第 42 页，中央文献出版社，1991 年。
③ 《新闻稿》1980 年 12 月 20 日、25 日，1982 年 11 月 17 日。
④ 《辽宁日报》1983 年 3 月 19 日。
⑤ 《西藏的主权归属与人权状况》，第 44 页，民族出版社，1992 年

多名宗教职业人员。① 全国各地省、市、自治区还开办了一批宗教院校，全国除中国佛学院和中国伊斯兰教经学院之外，还有中国基督教南京金陵协和神学院、中国天主教神哲学院和中国道教学院等 47 所宗教院校。1980 年后，从宗教院校毕业的年轻职业宗教人员共有 2000 余人。各宗教院校还向世界上 12 个国家和地区派出宗教留学生 100 余人。②

四、出版宗教书刊，开展对外交流

各级宗教机构和宗教学校出版了一批宗教书刊。首都北京有《宗教研究》，中国佛学院、中国伊斯兰教经学院都有校刊。西藏佛教协会创办了《西藏佛教》。为了满足信教群众的需要，各地出版了一批宗教书籍。新疆出版了《古兰经》9 万多册，《布哈里圣训实录精华》10 万多册。翻译出版维吾尔文《圣训》14 万册。每个清真寺平均有 10 本《古兰经》、10 本《圣训》。③ 西藏自治区人民政府将档案馆保存的《甘珠尔》藏文大藏经拉萨版赠给自治区佛教协会，并资助 50 万元开办拉萨印经院。几年来，已印出 1000 多部《甘珠尔》藏文大藏经，供给区内各藏语系佛教寺庙。1990 年，自治区佛教协会又得到政府 50 万元资助，在拉萨木如寺开始刻制十三世达赖喇嘛想要刻制而未能付诸实施《丹珠尔》藏文大藏经拉萨版。④

从 1981 年起，云南各宗教团体和部分寺观教堂出版发行一批经书。云南基督教"三自"爱国会先后出版发行苗、彝、傈僳、拉祜、佤、景颇等 6 种少数民族的《圣经》10 万册、《赞美诗》15 万册。云南伊斯兰教协会印行阿拉伯文《古兰经》2000 册。一些宗教团体和寺观庙堂还设立经书、宗教用品流通处，销售经书及宗教用品。⑤ 全国各地宗教团体和部分寺观庙堂，都出版发售大量宗教书刊。

宗教界对外交流日趋活跃。1983 年 10 月下旬，由中国佛教协会副会长巨赞法师为团长的护送大藏经代表团，赴香港出席清版大藏经的展览仪式。参观访问了香港佛教协会和一些寺庙，会见了佛教界人士。巨赞法师进行了学术讲演，介绍内地佛教近况。⑥

1983 年 11 月上旬，由中国伊斯兰教副主席萨利赫·安士伟率领中国穆斯林代表团先后访问苏丹、突尼斯、摩洛哥、阿尔及利亚等国家，进行了友好交流。⑦

新疆穆斯林及各宗教团体组团先后访问日本、巴基斯坦、孟加拉、尼泊尔、伊朗、阿拉伯联合酋长国等国家。热情接待了来新疆访问的"世界伊斯兰教联盟"和巴基斯坦、日本、利比亚、美、英、法、意等宗教友好团体，进行学术交流，对于国外宗教团体和宗教人士了解中国宗教信仰自由政策起到良好的作用。⑧

中国佛教协会西藏分会，多次组织宗教人士出国进行友好访问、参观、考察和学术

---

① 马曜主编：《云南民族工作 40 年》（上），第 452—453 页，云南民族出版社，1994 年。
② 《中国的人权状况》，第 42 页，中央文献出版社，1991 年。
③ 《新疆维吾尔自治区概况》，第 59 页，新疆人民出版社，1985 年。
④ 《西藏的主权归属与人权状况》，第 44 页，民族出版社，1992 年。
⑤ 马曜主编：《云南民族工作 40 年》（上），第 453 页，云南民族出版社，1994 年。
⑥⑦ 《新闻稿》1982 年 11 月 2 日，1983 年 11 月 7 日。
⑧ 《新疆维吾尔自治区概况》，第 59 页，新疆人民出版社，1985 年。

交流，热情接待了几十个国家前来西藏朝佛、参观、考察的团体和个人，共计 1 万多人次。①

1982 年以来，云南宗教界人士，先后三次随团出访泰国、巴基斯坦、英国；分别赴肯尼亚和尼泊尔出席国际性宗教会议；一次自行组团访问泰国。1989 年，云南有 36 名穆斯林赴麦加朝觐。与此同时，云南各宗教团体和寺观教堂先后接待了许多外国宗教代表团和宗教人士来访参观。1986 年 9 月，摩洛哥议会副议长穆罕默德·赛尔德率领了 5 人代表团，访问了云南省伊斯兰教协会，加强了中摩两国穆斯林多方面合作与交流。②

宁夏有组织地赴麦加圣地朝觐，人数逐年增多。20 世纪 80 年代初只有少数人赴麦加朝觐，1990 年达 101 人，1992 年超过 200 人，自治区人民政府协助朝觐穆斯林解决所需的外汇问题。③

近些年来，中国各种宗教已与世界 70 多个国家和地区建立和发展了友好关系，多次派遣代表团出席国际宗教会议和宗教学术会议。1955—1990 年（"文化大革命"时期除外）赴麦加朝觐的中国穆斯林有 1.1 万人，1989 年达到 2400 人。④

"文化大革命"结束后，恢复了宗教信仰自由，得到了全国宗教界人士和广大信教群众的衷心拥护和欢迎。在全面落实宗教政策过程中，在基本上全民信教的部分少数民族地区，曾经一度出现宗教过热的倾向，主要表现在以下几个方面。

首先，大修寺庙，加重了信教群众的负担。"文化大革命"中，毁坏了一批宗教场所，有计划地修复一部分宗教场所是必要的、合理的。但部分地区出现了乱修寺庙，一个生产队（行政村）几百米之内修建两处以上的寺庙。新修的寺庙是当地最好的建筑物，与许多破旧的中小学校舍形成了不协调的对照。新修寺庙主要靠信教群众摊派"捐公德"集资，加重了信教群众的负担。有的地区农牧民捐公德的钱物占当年纯收入的 1/4。云南"沙甸事件"中，毁掉了一座清真寺；"沙甸事件"平反后，新修了 7 座漂亮的清真寺，沙甸大清真寺礼禅殿的面积达 5000 平方米，可同时容纳数千人做礼拜。青海循化撒拉族自治县新建一座清真寺，大殿面积 1200 多平方米，2000 多人可以同时做礼拜，成为西北地区最大的清真寺之一。⑤ 1989 年年底，政府正式批准开放的寺观庙堂 4 万余处，而全国各地实际设立的宗教活动场所达 8.5 万多处，教职人员超过 30 万人，信教人数约有 1 亿人，宗教团体 3000 多个，各种宗教院校 74 所。⑥ 均超过官方公布的数据。

其次，强制人们信仰宗教和儿童入寺庙学经。国家政策、法律规定，公民有信教和不信教的自由；不准强迫 18 岁以下的少年儿童入寺庙学经或出家当僧尼。在基本上全民信教的地区，谁不信仰宗教，就会遭到宗教势力的歧视、排斥与非难，实际否定了公

---

① 《西藏的主权归属与人权状况》，第 45 页，民族出版社，1992 年。
② 马曜主编：《云南民族工作 40 年》，第 454 页，云南民族出版社，1994 年。
③ 丁国勇主编：《宁夏回族》，第 333 页，宁夏人民出版社，1993 年。
④ 《中国的人权状况》，第 44 页，中央文献出版社，1991 年。
⑤ 《新闻稿》1983 年 12 月 7 日。
⑥ 梅周：《借宗教问题反华不得人心》，载《人民日报》1997 年 8 月 2 日。

民有不信仰宗教的自由。在一些较大的寺庙中，都有一批少年儿童入寺庙学经或出家当僧尼，不到学校读书学习现代科学文化，严重影响劳动力素质的提高。

最后，部分地区宗教势力恢复宗教封建特权，干预司法、行政事务。有的地区和寺庙，早已在民主改革时废除的宗教封建特权和剥削制度又死灰复燃；名目繁多的宗教摊派时有发生；有的农牧民教徒，变卖家庭财产或牲畜朝圣捐公德，靠政府救济求生存；有的地区利用宗教，干预行政、司法、教育和婚姻自由，严重违反国家规定政教分离的原则。[①] 随着国家宗教政策法规日益完善，各级政府宗教部门加强对宗教事务的管理，积极引导宗教与社会主义现代化建设相适应，充分发挥各级宗教组织团体的作用，逐步克服宗教过热的不良倾向。广大信教群众在国家政策法律规定的范围内，进行正常的宗教活动。

---

① 金炳镐主编：《中国共产党民族纲领政策通论》，第652页，黑龙江教育出版社，2002年。

第五章 恢复和完善民族区域自治制度

第一节 民族自治地方区划变动情况

一、内蒙古行政区划三次重大变动

1947年5月1日，中国第一个省级自治区——内蒙古自治政府宣告成立。当时管辖的行政区划只有呼伦贝尔、纳文慕仁、兴安、锡林郭勒、察哈尔5个盟，面积为54万平方公里。1949年，当时属辽北省哲里木盟和热河省的昭乌达盟划归内蒙古自治区。1952年，察哈尔省的多伦、宝昌、化德3个县划入自治区。1954年撤销的绥远省建制归并自治区，归绥市改称呼和浩特市。1956年，撤销热河省，将赤峰等6个旗划入昭乌达盟，将乌丹县并入翁牛特旗。同年甘肃省所辖的巴彦浩特蒙古族自治州和额济纳蒙古族自治旗划归自治区，设巴彦淖尔盟。经过上述的多次归并，内蒙古自治区行政区面积达到118万平方公里，仅次于新疆、西藏，居全国区域面积的第3位。从而结束了几百年来内蒙古地区被分割和民族纷争的历史。①

1967年7月，林彪、"四人帮"以加强战备为名，将内蒙古自治区的呼伦贝尔盟划归黑龙江省；哲里木盟划归吉林省；昭乌达盟划归辽宁省；巴彦淖尔盟的阿拉善左旗划归宁夏回族自治区；阿拉善右旗、额济纳旗划归甘肃省。以下简称"文化大革命"中从内蒙古自治区划出西3旗和东3盟。

十一届三中全会后，全面落实民族区域自治政策。1979年7月1日，中共中央、国务院决定，恢复内蒙古自治区1969年7月以前的原行政区划。辽宁、吉林、黑龙江、甘肃、宁夏、内蒙古6省、自治区为落实中央的决定，在呼和浩特举行会议，商定恢复内蒙古自治区原行政区划的交接事宜。会后，内蒙古自治区党委第一书记周惠、书记王铎、副书记杰尔格勒、革命委员会副主任王逸伦及自治区各部、委、办、院、局的负责人，分赴东3盟（呼伦贝尔、哲里木、昭乌达）、西3旗（额济纳、阿拉善左、阿拉善右）调查研究，慰问当地各族干部、群众和各界人士。自治区文化局还派出内蒙古歌舞团二队、直属乌兰牧骑二队、内蒙古京剧团、内蒙古杂技团和伊克昭盟杂技团，分别赴东3盟、西3旗进行慰问演出，深受各族干部群众的热烈欢迎。②

二、四川、新疆、广西民族自治地方行政区划的变动

四川凉山彝族自治州成立于1952年10月1日。当时管辖的行政区划有昭觉、布拖、金阳、美姑、喜德、普雄、普格7个县,12351平方公里,758280人,昭觉为自治州首府。1955年3月,将原属乐山地区雷波、峨边、马边县和原属西昌地区的越西县、甘洛县划归凉山彝族自治州。③

---

① 《内蒙古自治区概况》，第59—60页，内蒙古人民出版社，1983年。
② 《内蒙古日报》1979年7月15日。
③ 《凉山彝族自治州概况》，第144页，四川民族出版社，1985年。

1978年10月4日，国务院决定撤销四川省西昌地区建制，将西昌县、德昌县、冕宁县、会理县、宁南县、会东县、盐源彝族自治县、木里藏族自治县合并归凉山彝族自治州，州首府由昭觉迁至西昌市。相应撤销盐源彝族自治县，改设盐源县。① 1984年10月，马边县和峨边县建立了马边彝族自治县、峨边彝族自治县，划归乐山市管辖。至1996年，凉山彝族自治州总面积60115平方公里，人口达360.72万人，比建州初期，行政区划面积增加了3.87倍，人口增加了3.76倍。②

新疆维吾尔自治区境内的生产建设兵团，成立于1954年。遵照中共中央、国务院、中央军委的命令，驻疆的中国人民解放军10余万官兵，脱下军装，在准噶尔盆地和塔克拉玛干大沙漠边缘地带，经过艰苦创业与奋斗，建立起强大的生产建设兵团。兵团在屯垦戍边，发展工农业生产和保卫祖国西北边疆的安全，发挥了重大的作用。1975年，宣布撤销兵团建制，兵团所属的各事业单位、农牧场划归自治区统一领导。兵团撤销后，工农业生产大幅度下降。工农业生产总值由撤销前的1974年的9.4亿元，1977年下降到5.7亿元，下降了40%。财务亏损额高达6.6亿元，兵团处境极为困难。1981年12月3日，中共中央、国务院、中央军委决定恢复新疆生产建设兵团，迅速扭转生产持续下降的局面，加快了兵团的发展。1983年年底，兵团总人口达225.59万人，其中职工104.88万人。兵团成立30年来，兴建了169个农林牧渔场，耕地面积达1395.5万亩，工业企业729个，修建大、中、小水库93座，开挖水渠25236公里，人工造林多达55.93万亩，治理了兵团范围内62.5%的盐碱地。③ 每年向国家提供20多万吨商品粮、4万吨棉花、5000吨羊毛、6000吨油料作物、5000多吨肉、蛋及大量的瓜果、蔬菜。农业产值占全自治区农业总产值的25%。④

1987年，国务院决定建立海南省，撤销海南黎族苗族自治州，分别建立保亭黎族苗族自治县、琼中黎族苗族自治县、白沙黎族自治县、陵水黎族自治县、昌江黎族自治县、乐东黎族自治县。⑤

1987年12月23日，国务院批准建立广西大化瑶族自治县，从都安瑶族自治县划出大化、六也、百马、江南、都阳、雅龙、七百弄、板升8个乡；巴马瑶族自治县的板兰乡及东山、凤凰、羌圩3个乡镇的22个村为大化瑶族自治县的行政区域、县人民政府驻大化镇。⑥

第二节 新建一批民族自治地方

一、建立黔西南和鄂西两个自治州
（一）建立贵州黔西南布依族苗族自治州

黔西南建州前，属于贵州兴义地区，是布依族、苗族、回族、彝族、仡佬族等少数

---

① 《中国民族工作大事记》，第256页，民族出版社，1990年。
② 《中国民族统计》，第24页，中国统计出版社，1991年。
③ 《新疆维吾尔自治区概况》，第292—293页，新疆人民出版社，1985年。
④ 《当代中国民族工作大事记》，第360页，民族出版社，1990年。
⑤ 《当代中国民族工作大事记》，第568—5969页，民族出版社，1990年。
⑥ 《当代中国民族工作大事记》，第567页，民族出版社，1990年。

民族聚居区，少数民族人口占总人口的40%。1953—1955年，建立了51个民族乡。1966年，建立了安龙、贞丰、册亨、望谟4个自治县。1981年9月21日，国务院批准撤销兴义地区，设立黔西南布依族苗族自治州。以原兴义地区的行政区域为自治州的行政区域。撤销安龙、贞丰、册亨、望谟布依族苗族自治县，改设安龙县、贞丰县、册亨县和望谟县。经过充分的筹备，1982年4月22日，黔西南布依族苗族自治州召开了第一届人民代表大会。各民族、各阶层的代表共568名，其中布依族206名，苗族49名，其他民族40名，少数民族代表共295名，占代表总数的51.94%。代表们经过充分酝酿协商，投票选举李学书（苗族）为州人大常务委员会主任；王安泽（布依族）当选自治州人民政府州长；乐光芳（苗族）当选为自治州中级人民法院院长；王昌周（布依族）当选为自治州人民检察院检察长。

1982年5月1日，黔西南布依族苗族自治州正式成立，举行了大规模的庆祝活动，全国人大常委会和国务院发来贺电，省内外38个地、州、县、驻军代表团参加祝贺，国家民委副主任文正一、中共贵州省委书记兼省长苏钢在会上分别致祝辞，并作了重要讲话。贵州黔西南布依族苗族自治州是中国共产党十一届三中全会落实民族政策以来成立的第一个自治州。①

（二）建立湖北鄂西土家族苗族自治州

湖北恩施地区历史上就是土家族、苗族等少数民族聚居区。由于历代统治阶级实行民族压迫歧视政策，新中国成立初期，许多少数民族群众不敢申报自己的民族成分。经过20世纪50年代和80年代的两次民族识别登记，恩施地区土家族1167103人，苗族177573人，侗族21145人，回、蒙古等其他少数民族9346人，全地区少数民族人口达1375105人，占人口的42.69%，为鄂西实行民族区域自治奠定了基础。1980年4月，国务院批准成立来凤土家族自治县、鹤峰土家族自治县，在鄂西引起了极大的反响。咸丰、宣恩、恩施、利川4个县强烈要求建立自治县。恩施地委、行署向省人民政府申请成立鄂西土家族苗族自治州，1983年7月，湖北省人民政府转报国务院，8月19日，国务院批准同意建立鄂西土家族苗族自治州。以恩施地区行政区域为自治州的行政区域，撤销恩施地区行政公署和来凤、鹤峰两个土家族自治县，恢复来凤县和鹤峰县建制。1983年11月，鄂西土家族苗族自治州召开了首届人民代表大会，各民族代表552人，其中自治民族代表288人，其他少数民族代表11人，汉族代表253人，少数民族代表占代表总数的54.16%。经协商选举，选出州人大常委会委员31人，其中土家族、苗族11人，占35.48%。田恩波（土家族）当选为人大常委会主任；李辉轩（土家族）当选为州长。1983年12月1日，召开鄂西土家族苗族自治州成立大会，全国人大常委会和国务院发了贺电。国家民委副主任洛布桑、武汉军区副政委任荣、中共湖北省委书记关广富、省人大常委会主任韩宁夫、省长黄知真等人出席会议祝贺。4500余人的文艺队伍，表演了丰富多彩的文艺节目。②

---

① 《黔西南布依族苗族自治州概况》，第124—125页，贵州民族出版社，1985年。
② 《鄂西土家族苗族自治州民族志》，第28—29、第58—59页，四川民族出版社，1993年。

（三）四川阿坝藏族自治州改为阿坝藏族羌族自治州

四川阿坝藏族自治州成立于1953年1月1日。阿坝是藏族、羌族的主要聚居区。其中藏族30.8万人，占全州总人口的42.38%；羌族有10.05万人，占总人口的13.81%；回族1.86万人，占总人口的2.57%；汉族29.9万人，占总人口的41.19%。1958年7月，成立了茂汶羌族自治县，苏新担任自治县县长。据1982年全国人口普查统计，全国羌族人口为102815人，其中阿坝藏族自治州羌族人口占全国羌族总人口的97.7%。① 为了满足羌族在更大范围内自治的要求，经国务院批准，1987年7月24日，四川阿坝藏族自治州更名为阿坝藏族羌族自治州。同时撤销茂汶羌族自治县，恢复茂汶县建制，以原茂汶羌族自治县的行政区域为茂汶县的行政区域。②

二、新建61个民族自治县

1966年"文化大革命"前，我国已建立了5个自治区、29个自治州、63个自治县（旗），37个少数民族建立了民族自治地方，实现自己当家做主。满族是中国少数民族中的大民族，1964年的全国第二次人口普查统计，满族有270万人，人口居全国少数民族人口的第6位，但在全国尚未建立满族自治地方。20世纪80年代，满族人民强烈要求实行民族区域自治。在党中央和国务院的关心支持下，1985—1990年，在满族发祥地辽宁省建立了8个满族自治县；河北省建立4个满族自治县（其中围场自治县与蒙古族合建）；吉林省建立伊通满族自治县，共建立了14个满族自治县，自治民族——满族人口约为349万人（1990年全国满族人口984.6万人）。③ 云南省新建了14个自治县，其中1985年建立了双江拉祜族佤族布朗族傣族自治县。1988年建立了南坪普米族自治县。广西壮族自治区新建了5个自治县，其中1984年、1987年分别建立了罗城仫佬族自治县和环江毛南族自治县。1987年贵州省建立了务川仡佬族苗族自治县和道真仡佬族自治县；浙江省建立了全省唯一的景宁畲族自治县；甘肃省建立积石山保安族东乡族撒拉族自治县。满族、布朗族、普米族、仫佬族、毛南族、仡佬族、畲族、保安族8个民族先后建立了本民族的自治地方，建有自治地方的民族由原来的37个增加到45个。到1990年年底，全国建立了5个自治区、30个自治州、124个自治县（旗），新建了2个自治州、61个自治县。民族自治地方面积达617万平方公里，占全国总面积的64.3%；人口15295万人，占全国总人口的13.5%。其中少数民族6879.58万人，占自治地方总人口的44.97%，占全国少数民族总人口的75.4%。④ 1993—1997年，辽宁凤城满族自治县、广西防城各族自治县、辽宁镇北满族自治县、海南东方黎族自治县撤县建市，至2000年底，民族自治县（旗）为120个。

三、恢复和新建民族乡（镇）

20世纪50年代，建立了一批民族乡。1958年在人民公社化运动中，取消了民族乡，全部改为人民公社，使散居、杂居地区的部分少数民族失去了当家做主的平等权

---

① 《阿坝藏族自治州概况》，第11、第131页，四川民族出版社，1985年。
② 《当代中国民族工作大事记》，第551页，民族出版社，1990年。
③ 《中国民族统计》，第26—28页，中国统计出版社，1991年。
④ 《中国民族统计》，第13页，中国统计出版社，1991年。

利。中国历史上形成了各民族大杂居、小聚居的格局。据1990年第四次全国人口普查统计,全国散居、杂居的少数民族人口近2900万人,占全国少数民族总人口的31%。散居在非民族自治地方的2200万人,占散居少数民族人口的76%;散居在民族自治地方700万人,占24%。农村散居少数民族人口2200万人,城市散居少数民族人口约700万人。① 散居、杂居的少数民族有其明显的特点:

(一)民族成分多,民族人口比重小

全国31个省、自治区、直辖市都有多种民族成分杂居。首都北京有55个少数民族,上海、天津、广州、深圳、宁波许多大中城市都是多民族共居;各个省、自治区都有几十个民族成分,但少数民族人口所占的人口比重很少。山西省少数民族人口仅占全省总人口的0.29%;江苏省占0.23%;江西省占0.27%。陕西省占0.47%,是西部12个省、自治区、直辖市少数民族人口比例最低的。

1990年第四次全国人口普查少数民族人口分布情况②

地区	少数民族人口绝对数(万人)	占该地区总人口的比重(%)	占全国少数民族人口的比重(%)	地区	少数民族人口绝对数(万人)	占该地区总人口的比重(%)	占全国少数民族人口的比重(%)
全国总计	911.54	8.06	100.00	河南	100.78	1.18	1.11
北京	41.38	3.82	0.45	湖北	213.60	3.96	2.34
天津	20.07	2.28	0.22	湖南	481.33	7.93	5.28
河北	240.09	3.93	2.63	广东	35.04	0.56	0.38
山西	8.19	0.29	0.09	广西	1650.89	39.08	18.11
内蒙古	415.80	19.38	4.56	海南	111.50	17.00	1.22
辽宁	616.46	15.62	6.76	四川	488.80	4.56	5.36
吉林	251.76	10.21	2.76	贵州	1123.65	34.69	12.33
黑龙江	199.07	5.65	2.18	云南	1234.35	33.39	13.54
上海	6.15	0.46	0.07	西藏	211.48	96.30	2.32
江苏	15.27	0.23	0.17	陕西	15.56	0.47	0.17
浙江	21.14	0.51	0.23	甘肃	185.61	8.30	2.04
安徽	32.24	0.57	0.35	青海	187.65	42.10	2.06
福建	46.38	1.54	0.51	宁夏	154.80	33.25	1.70
江西	10.03	0.27	0.11	新疆	946.01	62.42	—
山东	50.31	0.60	0.55				

从表中可以看出,全国30个省、市、自治区,少数民族人口超过当地总人口50%以上的,只有西藏和新疆,超过总人口30%的有广西、贵州、云南、青海、宁夏;少数民族占总人口10%以上的有内蒙古、辽宁、吉林、海南,其余19个省、市均在10%

---

① 图道多吉主编:《中国民族理论与实践》,第169—170页,山西教育出版社,2001年12月。
② 《中国民族统计》,第44页,中国统计出版社,1991年。

以下。

（二）散居少数民族人口分布

在全国31个省、自治区、直辖市（包括重庆市）的97%的县、市，据统计，31个省、市、区中，居住50个以上民族的有8个，40个以上的16个，30个以上的有7个。新疆是全国最大的少数民族聚居区，有40多个民族成分，散居的少数民族人口有230多万人。江苏省少数民族15万多人，有55个民族成分。

（三）散居各民族交错杂居，若干地区又形成小聚居

现已实行民族区域自治的44个少数民族中，回、满、畲、朝鲜、苗、瑶、土家、傈僳、东乡、土等民族中仍有大量的散居人口与其他民族交错杂居。回族、满族有2/3的人口散居全国各地；壮族、蒙古族散居全国有100多万人；藏族有20多万人散居在全国2000多个县、市；维吾尔族主要聚居在新疆，现有10多万人散居在全国1100多个县、市。全国尚有阿昌族、基诺族、德昂族、门巴族、珞巴族、塔塔尔族、俄罗斯族、乌孜别克族、赫哲族、高山族、京族11个民族没有建立自治地方，总人口达16万多人。①党的十一届三中全会后，全面落实党的民族区域自治政策，散居的少数民族、特别是11个未建立自治地方民族，不具备建立民族自治地方的条件，所以需要探索保障其权益。

1983年10月12日，中共中央、国务院根据《中华人民共和国宪法》第30条规定，发出《关于实行政社分开建立乡政府的通知》，各地先后撤销人民公社建制，建立乡人民政府。1983年12月29日，下发了《国务院关于建立民族乡问题的通知》，《通知》规定：凡是相当于乡的少数民族聚居的地方，应当建立民族乡。可以在一个、两个或几个少数民族居住的地方建立民族乡；民族乡的少数民族人口占总人口的比例一般以30%左右为宜，个别特殊情况，可以低于这个比例；民族乡的乡长由建立民族乡的少数民族公民担任；民族乡依照法律和有关规定，可以结合本地区的具体情况和民族特点，因地制宜地发展经济、文化、教育和卫生等事业；上级人民政府应注意照顾当地民族的特点和少数民族人民的需要。《通知》强调："建立民族乡是一件重要的工作，是关系到加强民族团结、保障少数民族实现平等权利的大事，各省、市、自治区应当予以重视。"②国务院《通知》下达后，各地先后建立了一批民族乡镇。到1990年年底，全国建立了1401个民族乡，建民族乡的少数民族人口755万人，占民族乡总人口的52.13%；新建民族镇62个，少数民族人口56.5万人，占民族镇总人口的38.69%。全国30个省、自治区、直辖市（未包括重庆市）中，除山西、上海、宁夏3个省、市、自治区没有民族乡镇之外，其余27个省、市、自治区都有民族乡，8个省市建立了民族镇。民族乡最多的是西部贵州省，民族乡共有454个，占全国民族乡总数的32.4%；云南省195个；东部辽宁省建立了97个民族乡，32个民族镇，民族镇占全国民族镇的51.6%；江苏省只有一个民族乡。

---

① 图道多吉主编：《中国民族理论与实践》，第170—171页，山西教育出版社，2001年。
② 《中华人民共和国民族政策法规选编》，第31—32页，中国民航出版社，1997年。

1990 年全国民族乡（镇）基本情况表①

地区	民族乡 个数	民族乡 年末人口（万人）	民族乡 其中：少数民族人口（万人）	民族镇 个数	民族镇 总人口（万人）	民族镇 其中：少数民族人口（万人）	备注
全国	1401	1438.50	775.00	62	146.02	56.50	
北京	5	3.65	1.39				
天津	2	1.70	0.53				
河北	84	89.92	42.77				
内蒙古	17	12.24	3.30				
辽宁	97	164.10	86.19	32	66.86	31.70	
吉林	28	32.02	12.52	4	12.09	5.34	
黑龙江	59	80.27	32.64	8	18.30	7.55	
江苏	1	2.27	0.66				
浙江	17	9.90	2.78	1	0.9	0.23	
安徽	3	3.89	1.73				
福建	16	31.26	10.12				
江西	2	0.32	0.14				
山东	4	7.61	1.06	3	7.41	1.89	
河南	12	15.72	5.54	8	32.40	5.75	
湖北	10	9.14	4.27	1	2.28	0.31	
湖南	82	69.36	40.86				
广东	6	5.35	2.43				
广西	58	77.08	52.12				民族乡人口缺5个乡统计数字
海南	7	5.25	3.81	5	5.78	3.44	
四川	117	43.70	19.80				
贵州	454	396.61	232.59				
云南	195	301.88	169.26				人口为1998年统计数
西藏	8	0.32	0.24				
陕西	3	1.39	0.77				
甘肃	38	24.48	13.68				缺1个民族乡统计数
新疆	42	22.23	17.53				

民族乡不是民族自治地方，而是民族区域自治的补充形式。国务院《通知》规定："民族乡的乡长由建立民族乡的少数民族公民担任。" 11 个没有建立民族自治地方的少数民族，都建立了民族乡（镇），为保障这些民族的权益创造了条件。赫哲族只有4254人，主要分布在黑龙江省，先后建立了3个赫哲族乡，每一届全国人大会议和全国政协

---

① 《中国民族统计》，第 56 页，中国统计出版社，1991 年。

会议，由3个乡轮流选出1名人大代表、1名政协委员，参与国家大事。多民族云南省建立了8个自治州，29个自治县，占全国民族自治地方23.9%，实行民族区自治的少数民族人口806.53万，占全省少数民族总人口的65.3%。散居的少数民族人口仍有427.8万人，先后建立了195个民族乡，其中彝族乡58个，傈僳族乡12个，白族、哈尼族、回族乡各9个，傣族、苗族乡各7人，佤族、拉祜族乡各4个。没有建立民族自治地方的阿昌族建立了3个民族乡，德昂族、基诺族新建了单一的民族乡。全省建立单一民族乡134个，两个民族以上联合建立的民族乡61个。据1989年统计，全省民族乡共有290多万人，占全省总人口的8.3%，其中民族乡少数民族人口163.7万人，占全省少数民族人口的11.8%。①

一些没有民族自治地方的省、市，均把民族乡（镇）作为民族工作的重点，适度加大人力、物力和财力的投入，加快民族乡（镇）的发展。福建省有17个民族乡，省委、省政府把各少数民族和民族乡作为扶贫攻坚的重点和难点。民族乡享受贫困乡待遇，省直各部门对口挂点重点扶植。把边远高寒山区、零星分散的少数民族搬迁到条件较好的地方安家落户。17个民族乡都通了水泥、柏油路和程控电话，通电率达100%。1998年，农民人均纯收入2787元，高于全国平均水平。适龄儿童入学率达到99%，巩固率、升学率、毕业率接近当地汉族的水平。中原地区的河南省有20个民族乡镇，1998年国内生产总值达38.5亿元，利税4.3亿元。洛阳市瀍河回族乡农民人均收入3002元。该乡特种耐火材料厂，生产5大系列20多种产品，行销全国6个省市，填补了国内一项空白，当年实现销售收入2000多万元，上交税金106万元，成为"河南省科技新星企业"。

西部少数民族人口最少的陕西省建立了3个回族乡，地处秦岭以南、关中以北，常年旱涝成灾，少数民族群众生活困难，属于贫困乡。在省民族宗教委员会的关心帮助下，1997—1998年，筹集资金87.9万元，用于人畜饮水、基础设施和医疗卫生事业建设；民族宗教委员会各级领导带头包户扶贫，帮助少数民族群众解决生产生活中的具体困难，基本上解决了困难群众的温饱问题。②

第三节 加强民族自治地方和散杂居地区民族法制建设

一、制定实施《民族区域自治法》

（一）《民族区域自治法》的制定过程

1979年6月，全国五届人大二次会议决定，恢复人大民族委员会（简称全国人大民委）。中央明确全国人大民委的3项任务：起草《宪法》关于民族问题部分；起草《民族区域自治法》；协助民族自治地方起草自治条例。1980年，全国人民代表大会常务委员会委员长叶剑英在全国人大五届三次会议上提出"要加强民族立法"。经中央批准，成立了由全国人大常委会副委员长乌兰夫主持的民族区域自治法起草领导小组，负

---

① 马曜主编：《云南民族工作40年》（上），第311页，云南民族出版社，1994年。
② 《中国民族统计年鉴》，第174、第177—178、第197页，民族出版社，1999年。

责自治法的起草工作。1981年6月,中国共产党十一届六中全会通过的《关于建国以来党的若干历史问题的决议》中指出:"必须坚持实行民族区域自治,加强民族区域自治的法制建设。"同年8月,邓小平视察新疆时讲话强调:"我们和苏联不同,不搞共和国,我们是自治区。法律上要解决这个问题,要有民族区域自治法。"[①]《决议》和讲话,加快了民族区域自治法起草工作的进程。全国人大民委进行了重点调查、研究和座谈;总结《民族区域自治实施纲要》颁布执行中的经验教训;新时期民族区域自治存在的主要问题。在此基础上拟出了自治法的草稿。1982年12月4日,全国人大五届五次会议,通过了《中华人民共和国宪法》,新《宪法》与1954年第一部《中华人民共和国宪法》相比,对民族区域自治的法律规定更加完善和具体,民族自治地方的自治机关自治权由6条增加到11条,是对1954年《宪法》的继承和发展。五届人大五次会议还讨论了《中华人民共和国地方各级人民代表大会和地方各级人民政府组织法》、《中华人民共和国全国人民代表大会和地方各级人民代表大会选举法》。《组织法》规定:采取适合民族特点的具体措施,保障少数民族聚居的乡、民族乡、旗的人民代表大会行使职权。《选举法》第四章规定了各少数民族的选举事宜。[②]《宪法》、《组织法》、《选举法》为修改《民族区域自治法》(草案)提供了基本原则和法律依据。起草小组根据以上法律对自治法草案进行多次反复大修改,形成了征求意见稿,两次发往中央国家机关的有关部门、有关省市和民族自治地方的自治机关,以多种形式听取征求各方面的意见,又进行了多次修改,形成了正式草案。1984年3月和5月,经过全国人大常委会两次审议修改后,5月22日,在全国人大六届二次会议上,全国人大民委主任阿沛·阿旺晋美向大会作了《中华人民共和国民族区域自治法(草案)的说明》。阿沛阐述了民族区域自治是我国的一项基本的政治制度;关于制定民族区域自治法的基本原则;关于自治机关的组成;关于民族自治地方自治机关的自治权;关于大量培养、配备少数民族干部、专业人才和技术工人;关于加强和发展社会主义民族关系等问题。5月31日,大会通过了《中华人民共和国民族区域自治法》,李先念主席命令公布,1984年10月1日起实施。

(二)《民族区域自治法》的基本内容

《民族区域自治法》是我国关于民族区域自治的基本法律,正文共7章67条,其主要内容包括以下几个方面:

第一,规定了民族区域自治的内涵和性质。序言规定:"民族区域自治是在国家统一领导下,各少数民族聚居的地方实行区域自治,设立自治机关,行使自治权。实行民族区域自治,体现了国家尊重和保障各少数民族管理本民族内部事务权利的精神,体现了国家坚持实行各民族平等、团结和共同繁荣的原则。"

"民族区域自治是中国共产党运用马克思列宁主义解决我国民族问题的基本政策,是国家的一项重要政治制度。"

中国的民族区域自治就是在少数民族聚居区设立民族自治机关,行使自治权。让各

---

① 《新疆人民永远怀念邓小平》,载《人民日报》1982年2月19日。
② 《当代中国民族工作大事记》,第376页,民族出版社,1990年。

少数民族在民族自治地方管理本民族、本地区的内部事务，行使当家做主的平等政治权利。民族区域自治是中国共产党解决国内民族问题的基本政策，是中华人民共和国的人民代表大会制、多党合作制、民族区域自治制的三大基本政治制度之一，是政体的重要组成部分。故此，《民族区域自治法》"是实施《宪法》规定的民族区域自治制度的基本法律。"

第二，规定民族自治地方的建立和自治机关的组成。第十二条规定："少数民族聚居的地方，根据当地的民族关系、经济发展等条件，并参酌历史情况，可以建立一个或几个少数民族聚居区为基础的自治地方。"根据少数民族聚居区地域大小、少数民族人口的多少，"民族自治地方分为自治区、自治州、自治县。""民族自治地方内其他少数民族聚居的地方，建立相应的自治地方或者民族乡。""民族自治地方的区域界线一经确定，不得轻易变动"，如必须变动，经自治地方民族代表协商同意，"报国务院批准"，杜绝任意变更民族自治地方的行政区划。

凡建立民族自治地方，就可以设立民族自治机关。《民族区域自治法》第十五条规定："民族自治地方的自治机关是自治区、自治州、自治县的人民代表大会和人民政府。""各自治地方的人民政府都是国务院统一领导下的国家行政机关，都服从国务院。"

"民族自治地方的自治机关的组织和工作，根据宪法和法律，由民族自治地方的自治条例或单行条例规定。"第十六条、第十七条规定："民族自治地方的人民代表大会常务委员会中应当有实行区域自治的民族的公民担任主任或副主任。"

"自治区主席、自治州州长、自治县县长由实行区域自治的民族的公民担任。"

"自治区主席、自治州州长、自治县县长，分别主持本级人民政府的工作。"第四十六条规定，"民族自治地方的人民法院和人民检察院对本级人民代表大会及其常务委员会负责……人民法院和人民检察院的领导成员和工作人员中，应当有实行区域自治的民族的人员。"

上述法律条文，规定了建立民族自治地方的条件、级别、自治机关的组成和政府实行行政首长负责制。

第三，规定了民族自治机关的自治权利与义务。《民族区域自治法》的第十九至第四十五条规定，民族自治机关享有27条自治权利。其主要权利有：行使同级地方国家机关的职权，同时依照法律规定行使自治权；依照自治地方政治、经济、文化和民族特点，制定自治条例和单行条例；经上级国家机关批准，上级国家机关的决议、决定、命令和指示，不适合自治地方实际情况的，可以变通或停止执行；经省或自治区批准，州、县企事业单位直接从农村、牧区招收职工；经国务院批准，可以开展对外经贸活动与边境贸易；组织本地方维护社会治安的公安部队；根据国家法律和有关规定，在自治区域内，自主制订发展规划、管理保护自然资源、安排使用财政收支、发展教育、科学技术、语言文化、计划生育和医疗卫生事业。自治法规定自治机关的主要义务有："民族自治地方的自治机关要把国家的整体利益放在首位"，禁止任何民族压迫、歧视和"制造民族分裂的行为"；维护民族团结和国家的统一，反对大民族主义和地方民族主义；自力更生，艰苦奋斗，在努力发展本地区经济文化建设中，"为国家建设作出贡献。"

第四，规定民族自治地方内的民族关系。全国各级民族自治地方区域内，都有两个以上的民族居住。民族区域自治法规定，民族自治机关必须"保障本地方内各民族都享有平等权利"；"教育和鼓励各民族的干部互相学习语言文字"；"保障本地方内各民族公民都享有宪法规定的公民权利"；"对本地方内各民族公民进行爱国主义、共产主义和民族政策教育……共同维护国家的统一和各民族的团结。"

《民族区域自治法》还具体规定上级国家机关对民族自治地方的领导和帮助。其中有："上级国家机关有关民族自治地方的决议、决定、命令和指示，应当适合民族自治地方的实际情况"。"上级国家机关从财政、物资和技术等方面，帮助各民族自治地方加速发展经济建设和文化建设事业。""国家在民族自治地方开发资源、进行建设的时候，应当照顾民族自治地方的利益"；"上级国家机关隶属的在民族自治地方的企业、事业单位，在招收人员的时候，应当优先招收当地少数民族人员"，"接受当地自治机关的监督。"国家举办的"高等学校和中等专业学校招收新生的时候，对少数民族考生适当放宽录取标准和条件。"①

《民族区域自治法》颁布实施后，民族自治地方的人大常委会主任、自治区主席、自治州州长、自治县（旗）县长均由自治民族的公民担任，一大批少数民族干部走上了各级领导岗位。据1989年年底统计，全国各省、自治区、直辖市级机构里，人大常委会正、副主任中，少数民族干部占总数的17.27%，正副省（市）长、自治区正副主席中，少数民族干部占总数的12.66%；直辖市、地区、自治州一级机构里，人大常委会正、副主任中，少数民族干部占总数的14.2%，正市长和副市长、专员、州长职务中，少数民族干部占11.9%；县（县级市）一级机构里，人大常委会正、副主任中，少数民族干部占17.3%，正、副县（市）长中，少数民族干部占15.16%，都高于少数民族人口占全国总人口8%的比例。② 1998年西藏、新疆、广西、内蒙古、宁夏5个自治区县处级以上干部中，少数民族干部占32.5%，其中，省部级、地厅级、县处级的少数民族干部分别占同类干部总数的47.5%、35.9%和32.1%。③

（三）《民族区域自治法》的修改历程和主要内容

1984年颁布的《民族区域自治法》，是在计划经济体制下制定的。随着改革开放的进一步深入和社会主义市场经济体制的逐步确立，自治法的某些方面不能适应新形势发展的需要，各级民族自治地方和广大少数民族干部，强烈要求修改和完善民族区域自治法。1993年3月，全国人大常务委员会委员长李鹏批准成立《民族区域自治法》修改小组。全国人大民委先后召开10多次会议，同中央20多个部门多次协商，派出7个调研、检查组，到10个省区听取征求对《民族区域自治法》的修改意见和要求。在广泛听取各方面意见的基础上，起草了《民族区域自治法》修正草案，提交全国人大常委会进行审议，后经过多次反复修改，2000年12月28日，第九届全国人大常委会第20

---

① 《中华人民共和国民族政策法规选编》，第38—47页，中国民航出版社，1997年。
② 《中国的人权状况》，第48页，中央文献出版社，1991年。
③ 《托起民族地区的栋梁》，载《民族团结》1998年第12期。

次会议表决通过了《民族区域自治法》修正草案。修正案在《民族区域自治法》的基本原则和框架的基础上，对民族区域自治内容做了多处改动。修改后的《民族区域自治法》，序言部分修改了3个自然段，正文修改涉及31条，其中删除2条，新增加9条，总条文由原来的67条增至74条。修改的重点是自治法有关经济、社会发展的规定和上级国家机关对民族自治地方的帮助。

在经济和社会发展方面，删掉了体现计划经济体制要求的原来第三十一条和第五十八条，对原条文进行修改的共有23条，新增写的有3条。经济体制改革对原来的27条做了补充规定：在坚持社会主义公有制的前提下，鼓励发展非公有制经济。在资源开发上，原第六十二条规定，国家开发资源时，照顾民族自治地方的利益，修改后补充规定：国家采取措施，对于输出自然资源的民族自治地方给予一定的利益补偿。比原规定更为明确具体。

新增写的第六十一条规定：国家制定优惠政策，扩大民族自治地方生产企业对外贸易经营自主权，鼓励发展地方优势产品出口，实行优惠的边境贸易政策。

鉴于民族自治地方生态环境恶化的现状，新增加的第六十六条规定："民族自治地方为国家的生态平衡、环境保护作出贡献的，国家给予一定的利益补偿。任何组织和个人在民族自治地方开发资源、进行建设的时候，要采取有效措施、保护和改善当地的生活环境和生态环境，防治污染和其他公害。"新增加的第六十五条，关于对口支援作出新的规定："国家引导和鼓励经济发达地区的企业按照互惠互利的原则，到民族自治地方投资，开展多种形式的经济合作。"

关于教育、文化方面，修正案作了补充规定。原第三十七条规定：民族自治地方开办的寄宿制学校、民族中小学，因经费困难而难以为继。修改后补充规定："当地财政困难，上级财政根据情况给予补助。"对原第六十五条新增加："高等学校和中等专业学校招收新生的时候，对少数民族考生适当放宽录取标准和条件，对人口特少的少数民族给予特殊照顾。"对于文化发展滞后的民族自治地方，第三十八条补充规定："加大对文化事业的投入，加强文化设施建设，加快各项文化事业的发展。""继承和发展优秀的传统文化。"

《民族区域自治法》修正案加大了上级国家机关帮助民族自治地方加快发展的职责。《民族区域自治法》第六章原文为"上级国家机关的领导和帮助"，修改为"上级国家机关的职责"。原文有13条，其中修改和删除了7条，新增写了6条。原第二十条规定，经上级国家机关批准，民族自治地方对上级国家机关的决议、决定、命令、指示不符合本地区实际的，有停止或变通执行权。在实际执行中，上级国家机关对民族自治地方的请示往往拖延或不予回答，修改后新增加规定：该上级国家机关应当在收到报告之日起60日内予以答复。原第五十八条规定上级国家机关对民族自治地方财政收支"合理核定基数"过于原则，修改为："随着国民经济的发展和财政收入的增长，上级财政逐步加大对民族自治地方财政转移支付力度。"新增加第五十六条规定：国家优先在民族自治地方合理安排资源开发项目和基础设施建设项目。国家在重大基础设施投资项目中适当增加投资比重和政策银行贷款比重。新增写的六十九条规定："国家和上级人民政府应当从财政、金融、物资、技术、人才等方面加大对民族自治地方的贫困地区的扶植力度，帮助贫困人口尽快摆脱贫困状况，实现小康。"

为了保障《民族区域自治法》的实施，新增写了第七十三条规定，"国务院及有关部门应当在职权范围内，为实施本法分别制定行政法规、规章、具体措施和办法。自治区和辖有自治州、自治县的省、直辖市人民代表大会及其常务委员会结合当地实际情况，制定实施本法的具体办法。"① 修改后的《民族区域自治法》，更加有利于加速民族自治地方的全面发展与繁荣。

二、全面贯彻《民族区域自治法》

（一）12个辖有民族自治地方的行政省，制定实施《民族区域自治法》若干规定

1984—1994年，四川、青海、广东、云南、甘肃、湖北、辽宁、湖南、河北、贵州、吉林、海南12个省，根据本省的具体情况，先后制定了实施《民族区域自治法》若干规定，对民族自治地方的自治权利加以具体化。西北地区甘肃省辖有2个自治州，8个自治县。1988年9月20日，甘肃省七届人大常委会四次会议通过了《甘肃省实施民族区域自治法若干规定》。第三条规定："对民族自治地方的基本建设和技术改造投资，应当高于全省平均投资水平。""每年从中央拨给我省的支援不发达地区资金中，划出不少于30%的资金，同省财政筹集的支援民族自治地方的资金，一并作为开发基金用于帮助民族自治地方发展经济文化事业。"第七条规定："凡宜下放给民族自治地方的森林，应交给民族自治地方经营管理。"第十一条规定："民族自治地方的上级国家机关所属企业在上缴的利润或所得税中，给民族自治地方返还9%，作为发展地方工业和乡镇企业的专项资金，不列入民族自治地方的财政包干基数，不抵减上级财政补贴。"对于加快发展民族自治地方教育事业，第二十一条规定："上级教育主管部门要帮助民族自治地方在牧区、林区和边远山区办好寄宿制中、小学，并解决所需经费、师资、设备。办好省属高、中等院校的民族班。"对加快发展民族自治地方的科技、文化、医疗卫生等方面都做了具体规定。

中部地区湖南省建立了1个自治州和7个自治县，面积有3.1万平方公里。1990年湖南省七届人大常委第十九次会议通过了《民族区域自治法》若干规定。因林业在民族自治地方占有重要地位，故第七条规定："林业部门提取的育林基金、更改资金应优先安排民族自治地方用于更新造林和林区建设。民族自治地方退耕还林需要的粮食销售指标和差价款，由省给予定额补助。"为鼓励发展外贸商品生产，第十四条规定："民族自治地方提供的出口商品所得的外汇留省部分，全部给民族自治地方使用。"民族自治地方教育经费和人才严重不足，第十八条和第二条规定："民族教育补助费应按财政收入增长比例逐年增加。""省计划和教育行政部门每年安排一定指标，对民族自治地方实行定向招生、定向分配。"为扩大少数民族职工队伍，第二十四条规定："上级国家机关要在国家核定的编制总额内，按国家计划给民族自治地方安排招收少数民族干部、工人指标。经省人民政府批准，可以适当放宽条件，从农村招收少数民族人员。"

广东省是东部经济发达地区，全省只有3个瑶族自治县（其中1个与壮族合建）。1988年4月1日，制定了广东省实施《民族区域自治法》若干规定。第四条规定：上

---

① 王戈柳主编：《民族区域自治制度的发展》，第16—22页，民族出版社，2001年。

级国家机关"在作出涉及民族自治地方的有关规定时,应事先征求自治机关的意见,尊重和维护民族自治地方的合法权益。"在财政上给予大力扶植,省人民政府"对民族自治地方实行'收支包干,定额补贴,逐年增加,超收留用'的财政体制","对生产少数民族特需品的企业出现政策性亏损由企业隶属的同级财政部门按政策规定给予补贴。"为民族自治地方加大培养专业技术人才的力度,第十八条规定:"广东民族学院和省内各理、工、农、医、师范等大专院校和中等专业学校,采取定向、定额招生的办法,积极为民族自治地方培养师资和各类专业人才。""在部分院校开办民族班";"适当放宽入学条件,降低收费标准";"培训经费纳入地方各级财政计划,省有关部门给予适当帮助。"为鼓励和稳定各类人才在民族自治地方工作,第二十二条规定:"对在民族自治地方工作的国家干部、职工,给予民族地区补贴,大专毕业生和在乡(镇)基层工作的中专毕业生,可享受向上浮动一级工资的岗位津贴,工作满5年转为固定工资。"①

(二) 民族自治地方制定自治条例和单行条例

《宪法》和《民族区域自治法》规定,民族自治地方根据当地的政治、经济和文化的特点,制定自治条例和单行条例,自治州、自治县(旗)的自治条例和单行条例报省、自治区人大常委会批准后实施。据统计,到2000年年底,按照法定程序,全国已有133个民族自治地方制定实施自治条例和384个单行条例,有68个民族自治地方对上级国家机关颁布的法律、法规做了变通或补充执行的相关规定。②1986年5月,四川阿坝藏族自治州的自治条例经四川省人大常委会批准后实施。1987年7月,国务院批准阿坝藏族自治州更改为阿坝藏族羌族自治州。1988年1月5日,阿坝藏族羌族自治州第六届人大一次会议通过修改后的阿坝藏族羌族自治州自治条例,四川省人大常委会讨论通过。广西防城各族自治县,1991年6月8日,自治县第十届人大二次会议通过了防城各族自治县的自治条例。1994年,国务院决定防城各族自治县撤县改市,自治条例自行失效。

各级民族自治地方制定的单行条例,涉及当地的政治、经济、文化、教育、卫生、语言文字、土地、草原、森林、资源、环保、禁毒、计划生育等多方面的内容。内蒙古自治区和广西壮族自治区制定了计划生育条例。内蒙古计划生育条例规定:"蒙古族公民,一对夫妻可以生育两个子女。""非城镇户籍的蒙古族公民……经批准可以生育第三个子女。""蒙古族、达斡尔族、鄂温克族、鄂伦春族以外其他少数民族公民,一对夫妻可只生育两个子女,不准生育三个子女。""汉族公民,一对夫妻只生育一个子女。"广西壮族自治区情况与内蒙古有很大的不同,壮族是中国少数民族中人口最多的民族。1990年,全国壮族达1548.96万人,广西壮族人口超过1000万人。《广西壮族自治区计划生育条例》规定:"夫妻双方为瑶、苗、侗、仫佬、毛南、回、京、彝、水等一千万以下人口少数民族的","经过县、市计划生育部门批准,可以有计划地安排

---

① 《中华人民共和国民族政策法规选编》,第1145—1147、第965—967、第992—994页,中国民航出版社,1997年。
② 《中华民族团结进步的历史新篇章》,载《光明日报》2004年10月12日,第1—2版。

生育第二个孩子。"

新疆维吾尔自治区世居 13 个少数民族，全自治区建立了 5 个自治州，6 个自治县，使用多种语言文字。1993 年 9 月 25 日，新疆维吾尔自治区第八届人大常委会第四次会议通过了《新疆维吾尔自治区语言文字工作条例》，第八、第九条规定："自治区的自治机关执行职务时，同时使用维吾尔、汉两种语言文字，根据需要，也可以使用其他民族的语言文字；自治州、自治县的自治机关执行职务时，在使用自治区通用的维吾尔、汉语言文字的同时，使用实行区域自治的民族语言文字。"各种公章、门牌、证件及自治区境内的各种公文、函件、学习宣传材料等，"都应同时使用规范化、标准化的少数民族、汉文字。"

西藏自治区是少数民族人口比例最高的自治区。1990 年，少数民族人口占总人口的 96.91%，其中藏族占总人口 95% 以上，全自治区主要通用藏语藏文。1988 年 10 月 29 日，西藏自治区人民政府印发的《西藏自治区学习、使用和发展藏语文的若干规定（试行）的实施细则》，其中第四条规定："区内县以上（含县）党政机关、人民团体和事业单位的所在区内行文，都要以藏文为主，藏汉文并用"；"各种来文的拟办意见、批示、处理结果等用藏汉两种文字记载。"第七条规定："认真组织藏族干部、职工学习藏文……同时鼓励藏族以外的各民族干部、职工学习藏语文。"第十四条规定"考核干部、职工文化素质时，要把藏文文化程度作为一项重要内容；在同等条件下，对能熟练使用藏、汉两种文字的干部、职工优先晋职、晋级。"

宁夏是信仰伊斯兰教的回族聚居区，回族青年男女有早婚、结婚举行宗教仪式和一般不许与异族通婚的习俗。《中华人民共和国婚姻法》颁布后，宁夏回族自治区四届人大三次会议，通过了执行《中华人民共和国婚姻法》的补充规定："回族男女的结婚年龄，男不得早于二十周岁，女不得早于十八周岁。""禁止用宗教仪式代替法定的结婚登记。信奉伊斯兰教的男女结婚，自愿举行宗教仪式的，只能在领取结婚证后进行。"对于回族与其他民族通婚，第六条明确规定："回族同其他民族的男女自愿结婚，任何人不得干涉。"[①]

多民族的云南省有 37 个民族自治地方，每一个民族自治地方，都先后制定了自治条例。还根据当地的不同特点，制定了若干个单行条例。德宏傣族景颇族自治州制定了《禁毒条例》；大理白族自治州制定了《洱海管理条例》；楚雄彝族自治州制定了《森林管理条例》；西双版纳傣族自治州制定了《澜沧江管理条例》。7 个民族自治地方制定了执行《中华人民共和国婚姻法》变通或补充规定。[②]

三、民族立法保障散居地区少数民族的平等权利

（一）制定《民族乡工作条例》

1993 年 8 月，国务院批准实施《民族乡工作条例》规定："少数民族人口占全乡总人口 30% 以上的乡，可以按照规定申请设立民族乡。""民族乡人民政府配备工作人员，

---

① 《中华人民共和国民族政策法规选编》，第 765—766、第 999、第 1100—1102、第 1168、第 1200 页，中国民航出版社，1997 年。
② 马曜主编：《云南民族工作 40 年》（上），第 295 页，云南人民出版社，1994 年。

应当尽量配备建乡的民族和其他少数民族人员。""县级以上各级人民政府应当在师资、经费、教学设施等方面采取优惠政策","牧区、山区以及经费困难的民族乡,在上级人民政府的帮助指导下,可以设立寄宿制和助学金为主的学校。""对长期在边远地区的民族乡工作的教师、医生和科技人员,应当给予优惠待遇。"①

已建立民族乡的省、自治区分别制定民族乡条例或暂行规定。1988年1月7日,黑龙江省六届人大常委会第31次会议通过了《黑龙江民族乡条例》(以下简称《条例》)。1995年10月,黑龙江省八届人大常委会第18次会议通过条例修正案。《条例》共6章39条。《条例》规定:"上级政府和各有关部门,对民族乡各项事业应给予支持,促进民族乡的发展。""民族乡乡长应由建立民族乡的少数民族公民担任,副乡长中应至少有一名建乡民族的公民担任。""民族乡的编制,应略多于同等规模的其他乡。""民族乡人民政府工作人员中,少数民族应占30%以上。""国家指定少数民族护林员,由林业部门按规定发给护林员补助费。""民族乡财政超收部分全部留用。"

1991年11月26日,四川省人民政府发布实施《四川省民族乡暂行规定》,共23条,其中规定:"民族乡国家机关在执行职务时,使用当地民族通用的一种或几种语言文字。""民族乡财政实行定额上解、增收全留或定额补助等办法,并按核定的包干基数2%至3%设置民族机动金和预备费。对民族乡超收和节余的资金,全部留民族乡自主安排使用。""对民族乡新办的集体企业酌情减税和免税。"

以上两个省的民族乡条例或规定,都对民族乡做了可操作的具体规定,确保民族乡少数民族的平等、合法权益。②

(二) 实施《城市民族工作条例》

改革开放以来,城市的少数民族成分和人口逐步增多,许多城市都是多民族杂居。但少数民族人口所占城市人口的比重低,大多数少数民族人员在城市各工厂企业打工、从事餐饮服务业或小商贩,总体上属于城市中的弱势群体,保障城市少数民族的合法权益势在必行。1989年12月,黑龙江省第七届人大常委会第十二次会议通过了《黑龙江省城市民族工作条例》,共34条。《条例》规定,城市"各级国家机关在处理城市少数民族的特殊问题时,必须与他们的代表和民族工作部门充分协商,尊重他们的意见。"政府各部门"在录取公务员时,在同等条件下,对少数民族应考人员应优先录用。""城建部门对少数民族比较聚居的市辖区旧房改造、翻建,应优先安排。""居住在城市的具有清真饮食习惯的少数民族在外地的配偶进城落户,有关部门应给予照顾。""少数民族较聚居的城市应建立单独的少数民族幼儿园。""有关部门应对传统的少数民族文化艺术,加以发掘、整理和保护。""民族学校的校办企业享受给予民族企业的优惠待遇。"

1993年8月29日,经国务院批准,国家民委发布《城市民族工作条例》,共有30条,制定该条例的宗旨:"保障城市少数民族的合法权益,促进适应城市少数民族需要的经济文化事业的发展。"城市各级政府,"加强对少数民族教育事业的领导和支持",

---

① 《中华人民共和国民族政策法规选编》,第77—79页,中国民航出版社,1997年。
② 《中华人民共和国民族政策法规选编》,第807—809、第1039—1040页,中国民航出版社,1997年。

"对义务教育后阶段的少数民族考生，招考时给予适当照顾。""城市人民政府应当教育各民族干部、群众相互尊重民族风俗习惯。宣传、报道、文艺创作、电影电视摄制，应当尊重少数民族风俗习惯、宗教信仰和民族感情。""保障少数民族使用本民族语言文字的权利"；"发展少数民族传统医药科学"；"保护和建设具有民族风格的建筑物。"条例还规定："少数民族职工参加本民族重大节日活动，可以按照国家有关规定放假，并照发工资。"

1995年11月，四川省人民政府发布《城市民族工作条例》实施办法。规定省内"所有单位和个人应当遵守《城市民族工作条例》。"任何单位和个人，"不得因风俗习惯和宗教信仰不同而歧视少数民族。"城市人民政府"对少数民族职工人数占全部职工人数三分之一以上的生产加工企业，在贷款、税收方面给予扶植。""城市少数民族人员合法权益受到侵犯时……对情节严重构成犯罪的，依法追究刑事责任。"

1996年，吉林省人民政府颁布实施《城市民族工作条例》的办法，第十四条规定："对义务教育后阶段使用民族语言文字参加考试的考生，可以降低10分录取。"第十七条规定："严禁在新闻、出版、广告和文艺作品中，出现歧视、侮辱少数民族和违反民族政策、伤害民族感情的语言、文字和图像。"①

上海、北京、云南等省、市先后通过实施了《城市民族工作条例》。

（三）制定散居少数民族权益保障法律、法规

散居、杂居地区少数民族的合法权益容易被忽视。河北、河南、上海、北京等省、市制定和实施《少数民族权益保障条例》。1991年河北省人民政府制定实施《河北省散居少数民族权益保障条例》，共7章41条。《条例》全面规定保障散居少数民族政治平等权利和发展经济、科教、文化、卫生事业的合法权益；尊重散居少数民族的风俗习惯和宗教信仰自由；具体规定"对民族团结进步事业作出显著成绩的单位和个人，给予表彰或者奖励"；对于"损害散居少数民族公民合法权益，情节较轻的，由本单位和上级部门给予批评或行政处分；情节较重……构成犯罪的，由司法机关依法追究刑事责任。"

地处中原腹地的河南省，回族人口近100万人，散居在全省城镇和农村，经常因风俗习惯和宗教信仰不同而产生民族矛盾。1994年9月8日，河南省八届人大常委会第九次会议，审议通过了《河南省少数民族权益保障条例》，《条例》共7章53条，对于保障散居地区少数民族政治平等；加快发展民族经济、文化、教育、科技、卫生事业；尊重民族风俗习惯和宗教信仰自由作了具体规定。"各级国家机关保障少数民族公民宗教信仰自由"和"正常的宗教活动。""凡发生涉及民族关系的事件，当地人民政府……及时调查处理，不得拖延。""对处理不及时或处理不当造成严重后果的，由当地或上级人民政府给予有关责任人行政处分。""民族区、乡（镇）长，由建立民族区、乡（镇）的少数民族公民担任。"对于加快发展少数民族经济，《条例》做了11条规定，发展科技、文教、卫生事业做了13条规定。《条例》第五十条规定：违反本条例有关规定，

---

① 《中华人民共和国民族政策法规选编》，第80—83、第812—814、第1049—1051、第805页，中国民航出版社，1997年。

"损害少数民族合法权益的，由本单位和上级部门给予批评教育或行政处分；违反《治安管理处罚条例》的，由公安机关在依法处罚；构成犯罪的，依法追究刑事责任。"

1994年，上海市人大常委会制定通过的《上海市少数民族权益保障条例》（以下简称《条例》），共6章36条。《条例》规定："任何组织和个人应当尊重少数民族的风俗习惯，不得侵犯少数民族的合法权益。""严禁在各类出版物、广播、影视、音像、戏曲和其他活动中出现歧视、侮辱少数民族，伤害民族感情的语言、文字和图像。"在发展少数民族经济中，"合理增配民族事业专项资金"，"设立少数民族事业发展基金"。民贸和"民族用品定点生产企业按照国家规定享受优惠待遇"。在发展民族教育方面规定，适当提高民族班和少数民族学生的"助学金、奖学金、生活补助的比例"。"清真食品单位的领导成员和职工中，应当保持适当比例的有清真饮食习惯的少数民族公民。"上海是国际大都市，每天都有许多少数民族进入上海，所以条例规定："宾馆、旅社、招待所和公共场所等不得以生活习俗和语言不同为理由拒绝接待少数民族公民。""少数民族的丧葬习俗应当受到尊重。""回民墓地……不得随意侵占。""在本市合法临时居住的少数民族公民可参照本条例有关规定执行。"

湖南、山东、广东等省也制定了保护少数民族合法权益的相关条例。

（四）颁布加强民族工作的决定

海南省少数民族人口占全省总人口的六分之一，聚居或杂居的少数民族地区占全省陆地总面积的一半以上。1988年10月，《中共海南省委、省人民政府颁布关于加强民族工作的决定》。《决定》提出："省政府及所属有关部门要把民族地区发展经济，摆脱贫困，走向富裕，作为实现我省经济发展战略目标的重要任务。""民族乡财政以1987年为包干基数，超收部分全部留给当地。""各市、县要抓好寄宿制的中、小学民族班"；"在省会筹建一所民族中学和小学，其招生和经费分别列入全省教育计划和财政预算。""各自治县、三亚市、通什市要设立民族干部学校。"为"建立和健全民族工作机构"，"成立海南省民族工作领导小组"；日常工作"由省民族宗教事务委员会负责"；"有关县、市设立民族委员会。"

少数民族人口比例很少的安徽和江西省，重视民族工作。1993年，安徽省人民政府通过《安徽省民族工作暂行规定》。"少数民族人口达到总人口的30%以上的乡"、"村或居民委员会"，"可以建立民族乡"、"民族村、民族居民委员会"。民族村、民族居民委员会的"主要负责人中，应有少数民族公民。"此外，还对发展少数民族经济、各项社会事业、尊重少数民族风俗习惯和宗教信仰自由作出具体规定。

1996年12月1日发布的《江西省民族工作办法》共5章40条，对全省的民族关系、少数民族经济、文教、卫生、宗教信仰和风俗习惯作出了具体规定，确保"少数民族公民平等权利"和"宗教信仰自由。"[①]

从1984年颁布实施《中华人民共和国民族区域自治法》以来，到20世纪末，逐步形成较为完善的民族法制体系，确保了少数民族的平等、自治和共同发展繁荣的权益。

---

① 《中华人民共和国民族政策法规选编》：第736—741、第829—833、第927—934、第829—833、第1022—1026、第858—862、第881—886页，中国民航出版社，1997年。

第十一编 改革开放和全面发展时期（1984—2000）

第一章 民族地区的改革开放与发展（1984—1991）

第一节 民族地区的改革

一、少数民族农业区的改革

（一）第一阶段：实行家庭联产承包制

1982年1月1日，中共中央批转《全国农村工作会议纪要》指出，对边远山区和少数民族地区在政策上要比其他地区更加放宽。到1983年，全国民族自治地方农村2000万户中，98%的农户实行各种形式的生产责任制，其中实行大包干的占96%。①

家庭联产承包制的实施在一些少数民族地区产生了良好的效果。赫哲族较集中的八岔乡一户农民，1987年承包十里泡（水面3375亩），办起赫哲族人第一个家庭饲养场，到1990年共投放鱼苗120万尾，成活率达80%。此外，他还利用泡子周围的荒地草场，植树养牛，把养鱼场办成一种综合性渔场，取得了成功。他的成功鼓舞其他渔民也积极承包集体水泡办渔场。②大量个体商贩涌现，特别是1984年以后，渔船实现机械化，动力水平提高，经济效益不断提高，绝大多数渔民人均年收入逐步增加。③

在贯彻生产责任制的过程中，也有些民族地区忽视民族特点，搞"一刀切"。在实践中产生了消极后果。黑龙江省黑河市新生鄂伦春乡新生村鄂伦春族占全村人口36%。38户鄂伦春族承包了3191亩耕地，人均22.5亩。3户过去机耕队的驾驶员承包了大型农机具，除了耕种自己承包的土地外，还为一部分人代耕。9户鄂伦春族的土地请人代耕，21户将土地转让给本村的汉族去耕种，另外5户既没耕种，也没转让，让土地撂荒。全村撂荒地达728亩，其中这5户占了517.5亩。真正继续从事农业生产的鄂伦春族只有3户人，多数人"弃农归猎"。一些不会打猎的人则靠原始采集为生，有的人甚

---

① 《当代中国的民族工作》（下），第61页，当代中国出版社，1993年。
② 杨荆楚主编：《东北渔猎民族现代化道路探索》，第37页，民族出版社，1994年。
③ 杨荆楚主编：《东北渔猎民族现代化道路探索》，第52页，民族出版社，1994年。

至变成无所事事的无业游民,致使贫困面迅速扩大。到 1985 年年终结算时,21 户转让土地的鄂伦春族农户人均收入不足 150 元。①

(二) 第二阶段:少数民族农业区改革的深入与发展

1987 年 1 月 22 日,中共中央政治局印发《把农村改革引向深入》,进一步提出,农村经济体制改革的根本出发点,是发展有计划的社会主义商品经济,促进农业现代化,使农村繁荣富裕起来。民族地区农业改革逐步深入发展。

首先,民族地区农村的经济结构由单一的种养业逐步转向发展多种经营和乡镇企业逐步向多元化发展。1. 种植业的内部结构继续调整,经济作物比重不断提高,经济效益显著增长。1984 年与 1991 年相比,民族自治地方粮食作物播种面积的比重由 80.18% 下降到 73.54%。经济作物播种面积的比重由 19.72% 上升到 27.83%。2. 大农业内部即农(种植业)、林、牧、副、渔的结构比例得到调整,农业总产值显著增长。1984 年与 1991 年相比,民族自治地方种植业总产值占农业总产值的比重由 60.20% 下降到 55.99%,林业由 7.90% 上升到 8.19%,牧业由 21.56% 上升到 26.64%,副业由 9.59% 上升到 17.19%,渔业由 0.75% 上升到 1.99%。调整后的各业总产值都得到增长②。3. 乡镇企业逐步发展。全国民族自治地方 1988 年乡镇工业总产值比 1984 年增长了 157.7%。③ 1984 年与 1991 年相比,民族自治地方乡村工业产值占工业总产值的比重由 7.44% 上升到 14.87%。④ 为进一步帮助民族地区发展乡镇企业,"八五"期间每年设立了 1 亿元"少数民族地区乡镇企业专项贴息贷款"⑤。

其次,农业现代化水平有所提高。1984 年与 1991 年相比,民族自治地方农业机械总动力从 1964.5 万千瓦上升到 3569 万千瓦;机耕地面积从 424.71 万公顷上升到 732.08 万公顷;灌溉面积从 673.01 万公顷上升到 749.83 万公顷;农村用电量从 328503 万千瓦时上升到 691599 万千瓦时,化肥施用量从 140.87 万吨上升到 307.51 万吨。⑥ 西藏已初步改变"二牛抬杠,刀耕火种"的原始农业状态,开始了农业现代化的进程。1990 年年底,农业机械总动力近 50 万千瓦,平均每 15 户农民拥有一台拖拉机。全区机耕、机播面积分别达到 25% 和 65%。良种播种面积 210 万亩,占耕地总面积的 65%,有效灌溉面积占 60%。⑦

最后,农业的基础地位加强。民族地区 1988 年与 1984 年相比,除新疆等地外,人均占有粮食普遍下降。⑧ 1988 年,中共十三届三中全会重新强调把加强农业生产放在国民经济中的首要地位,农业的基础地位在民族地区重新得到重视和加强。青海省 1990 年比 1985 农业总产值增长 17.1%,年均增长 3.2%。农业生产连续四年增产,1990 年

---

① 杨荆楚主编:《东北渔猎民族现代化道路探索》,第 155—156 页,民族出版社,1994 年。
② 《中国民族统计年鉴 1949—1994》,民族出版社,1994 年。
③ 《当代中国的民族工作》(下),第 61 页,当代中国出版社,1993 年。
④ 1984 年按 1980 年不变价格计算,1991 年按 1990 年不变价格计算。《中国民族统计年鉴 1949—1994》,民族出版社,1994 年。
⑤ 文精:《党的民族政策的伟大胜利》,载《民族经济》1994 年第 4 期。
⑥ 《中国民族统计年鉴 1949—1994》,民族出版社,1994 年。
⑦ 杨荆楚、张敏:《民族工作纪事(1990 年 10—12 月)》,第 87 页,载《民族研究动态》1991 年第 2 期。
⑧ 《当代中国》丛书编辑部,《当代中国的民族工作》(下),第 57 页,当代中国出版社,1993 年。

粮食、油料总产量分别达到 114.56 万吨和 12.04 万吨。①

二、少数民族牧业区的改革

（一）第一阶段：初步实施牧区承包责任制

改革开放后，一些牧区初步实施了承包责任制。1982 年 3 月 16 日，内蒙古自治区党委和人民政府决定：现有的草牧场所有权固定为国营农牧场、人民公社的基层核算单位；使用权按不同的牧业生产责任制形式，分别固定到作业组、专业养畜户，长期不变。② 7 月 21 日起，在全区实行新的《草原管理条例》。条例规定：可将草原的使用权承包给所属的基层生产单位或个人长期使用，落实草原管理、保护利用、建设责任制，使其同牲畜的承包责任制统一起来。草原的所有权和使用权受法律保护，任何单位和个人不得侵犯。③ 到 1983 年，内蒙古自治区 404 个牧区公社的 7900 多个生产队，实行了以集体牲畜分户包养的联产承包责任制。1984 年 7 月 4 日，内蒙古自治区党委和人民政府在呼和浩特召开牧区工作会议，确定改革人和畜的关系，把牲畜由按群承包到户改为"作价承包，比例分成"或"作价归户"；改革牲畜和草原的关系，把草原分片承包到户与联户、浩特（村）以及苏木（乡），由他们自用自管、保护和建设，使牧民不仅有发展牲畜的自主权，也有管理、保护、使用和建设草原的主动权。④ 在青海省，至 1983 年年底，全省牧区已有 1667 个牧业生产队将天然草场固定到户，占牧业队总数的 63%。⑤

牲畜折价归户后，减轻了牧民的经济负担，从根本上解决了牧业上的大锅饭和集体牲畜与自留畜的矛盾。但在牲畜折价过程中，也出现了一些矛盾和问题，主要体现在：作价不够合理，有些地方变相将集体财产无偿转让给私人；折价归户，牧民间贫富差距拉大；畜草矛盾加剧，超载和鼠害加重，造成草原的退化、沙化；拖欠牧业税款，影响了地方财政收入；草原纠纷加剧；牧民子女入学率降低。⑥

（二）第二阶段：牧区承包责任制的调整和完善发展

1987 年 6 月 4—9 日，全国牧区工作会议在北京召开。田纪云副总理在会上作了《争取我国牧区经济有个较大的发展》的报告。会议总结交流了牧区工作经验，讨论了牧区经济工作的指导方针，研究了进一步发展牧区畜牧业的政策和措施。会议认为，中国共产党十一届三中全会以后，牧区各级人民政府认真贯彻执行党的路线，因地制宜地实行了责、权、利相结合和畜、草、服务相统一的牧业生产责任制，初步改革了畜产品的收购制度，明确了牧区经济的发展方向，从而调动了牧民的生产积极性，使牧区社会经济面貌发生了较大变化。牧区畜牧业产值和畜产品商品率都有所提高，多种经营和乡镇企业有了发展，牧民收入有较大幅度增加。特别是《草原法》的颁布和实施，为管理、保护和建设提供了法律保证。会议提出，牧区经济的根本出路是由传统畜牧业向现

---

① 青海省统计局编：《青海省社会经济统计年鉴》，第 19 页，中国统计出版社，1992 年。
② 《当代中国民族工作大事记 1949—1988》，第 354 页，民族出版社，1989 年。
③ 《当代中国民族工作大事记 1949—1988》，第 400 页，民族出版社，1989 年。
④ 《当代中国民族工作大事记 1949—1988》，第 443 页，民族出版社，1989 年。
⑤ 《当代中国民族工作大事记 1949—1988》，第 427 页，民族出版社，1989 年。
⑥ 杨荆楚：《青海省发展牧业生产的几个问题》，载《民族理论研究》1987 年第 1 期。

代畜牧业转化,由自给、半自给生产向较大规模的商品生产转变;要进一步稳定和完善"草场公有,承包经营;牲畜作价,户有户养;服务社会化"和"专业承包,包干分配"等多种形式和生产责任制。要明确草场管理使用权,防止发生草场纠纷。允许多种经济形式和多种经营方式存在;要疏通畜产品流通渠道,逐步完善购销体制,建立市场体系。允许试办自由购销的畜产品交易市场。提倡工牧直交、工贸直交、工牧联营、牧工商联营,逐步建立多层次、多形式、多渠道、少环节的商品流通体制。在这次会议方针政策的指导下,牧区承包责任制得到进一步调整和完善。

首先,牧区普遍实行了畜草双承包责任制。大部分牧区采取了将集体公有畜群以"作价归户"、"无偿归户"等形式变为牧民家庭私有,使牧民有了生产经营自主权,逐步成为独立的商品生产经营者。某些生产水平和管理水平较高的牧业县、乡基本实行专业承包,即将集体的牲畜按畜种、品种分成不同规模的专业畜群,承包给牧场职工或牧民。在落实双承包的过程中,一些地方的牧民根据传统的经验,又以各种互助联合的形式合并畜群,组织生产。在锡林郭勒盟,特别是北部牧区,有的以亲属关系、有的以血缘关系为纽带,三四户或四五户自愿合并了畜群,共同管理畜群,从事牧业生产,形成了一个牧业生产单位。自发克服个体承包的弊端。锡林郭勒盟东苏旗白音乌拉苏木白音塔拉嘎查在落实双承包时,采取了独特的做法。他们没有采取打乱畜群的做法,而是在保持畜群的基础上承包,建立了畜群专业户;保留集体固定资产和公共积累,用于草原建设、引进良种、抗灾保畜、智力投资以及其他公益福利事业;草原承包以水源为中心,按人口和畜群合理划分,明确使用管理权和建设受益相一致。①

其次,建立草场有偿使用制。过去内蒙古草原长期超载放牧,草原单位产草量降低1/3,70%的草原退化。1989年内蒙古自治区在阿鲁科尔沁试行草原有偿使用制度,在测定单位草原面积产量的基础上,确定合理载畜量,养户在承包草原上,交纳一定的费用,对于超负荷引起的草原退化、沙化的,要加倍收费,以限制草原超载滥牧,缓解草畜矛盾。1990年后,这一经验在全区推广实行。② 到1991年内蒙古自治区已有6600多万公顷草场,牲畜已达5000多万头,牧民年人均纯收入900多元,比改革前提高3倍多。10年来牧民用于草原建设资金2亿多元,是国家和地方投资的3倍。③

最后,牧区普遍建立了包括生产、经营、流通、管理及畜种改良、牲畜防疫灭病、畜产品加工销售、资金、畜牧业机械化的畜牧业综合服务体系。④ 在此基础上,牧区又逐步改革了畜产品统派购制度,调整畜产品价格,完善市场体系,牧区畜牧业生产进入了相对稳定的发展时期。

(三) 建立草地畜牧业综合试点

1978年以来,农牧渔业部与各有关省、自治区合作,在不同类型的牧区、半农半

---

① "中国边疆民族地区稳定与发展的重要问题及对策"内蒙古课题组编:《关于内蒙古传统民族畜牧业生产发展中存在的问题与对策》,第1—4页,1993年3月20日。
② 杨荆楚、张敏:《民族工作纪事(1989年1—3月)》,《民族研究动态》1989年第3期。
③ 杨荆楚、张敏:《民族工作纪事(1992年1—3月)》,《民族研究动态》1992年第3期。
④ 陈虹、哈经雄主编:《当代中国经济大辞库——少数民族经济卷》,第314—317页,中国经济出版社,1993年。

牧区建立了草地畜牧业综合试点。1979年农业部协同9个有关省（区）建立了18个包括4种类型的牧业现代化试点。这18个试点是：黑龙江杜尔伯特蒙古族自治县和河北的沽源县现代化草原建设试点；内蒙古镶黄旗、正镶白旗、乌审旗、鄂温克族自治旗，四川石渠县，新疆新源县，青海泽库县、海晏县，甘肃夏河县和宁夏盐池县等畜牧业现代化综合试点；四川若尔盖县，内蒙古巴林右旗、科尔沁左翼后旗和新疆富蕴县等牧工商联合企业试点；内蒙古翁牛特旗示范牧场和湖南城步苗族自治县南山示范牧场等国外援建项目试点。其中11个试点是在1978年筹办的草原建设试点基础上续办的。① 后来又继续在新疆的阜康，内蒙古的呼伦贝尔盟和伊克昭盟达拉特旗、杭锦旗，四川凉山彝族自治州，宁夏吴忠等地区开展了一批草地牧业综合发展示范项目，发展以家庭牧场为基础，草地畜牧业技术服务实体为中心的经济联合体试点。这些试点取得了较好效果。内蒙古自治区在牧区推广了适度规模的家庭牧场，发展适度规模的牧业专业户、农牧结合户、科技服务户（通称"一场三户"）以家庭为单位的适度规模经营，具有发展商品生产的特点。这些专业户都有一定的经营规模，一般家庭牧场拥有牲畜200头以上，专业化程度高，畜种单一，品质好，具备先进生产手段，商品率高。祖辈"逐水草而牧"的内蒙古乌审旗牧民，通过兴办"家庭牧场"，综合运用科技成果，收入大大提高。1989年乌审旗的341户家庭牧场，人均收入1700元，是全旗人均纯收入的2.4倍。到1990年乌审旗已建设家庭牧场1000户，自动仿效的1600户，"家庭牧场"已发展到牧户总数的37%。改变了靠天养畜和沙进人退的局面。②

总之，改革促进了牧区的进一步发展，牲畜数量和畜牧产品产量增长，1984年与1991年相比，全国牧区、半农半牧区县（旗）年末牲畜总头数从9678.9万头/只上升到10568.0万头/只（不包括生猪头数，下同），其中大牲畜从2624.5万头上升到2872.2万头；羊从7054.4万只上升到7695.8万只。牧区、半农半牧区主要畜产品和副产品都有所增长。1985年与1991年相比，牛、羊奶产量从92.6万吨上升到145.9万吨；绵羊毛产量从10.2万吨上升到11.7万吨；猪牛羊肉产量从86.3万吨上升到142.2万吨。③

（四）牧区改革过程中的问题

家庭联产承包责任制的实行，总体上促进了牧区的发展，但在改革过程中也出现了一些问题。主要表现在：1. 一些牧业区简单照搬农业区改革的做法，在改革过程中，将畜群结构打乱，分户承包，对过去发展牧业生产中行之有效的"三包一奖"和"六固定"形式未加以继承采用，牧业生产的活力遭到破坏。内蒙古呼伦贝尔盟1978—1984年的6年中，全盟牲畜头数由264万头下降到163万头，其存栏数相当于20世纪50年代初期的水平，造成了占呼伦贝尔盟牧区总牧户的10%左右的牧户成为靠社会救济才能生活的无畜户。2. 畜牧区的产业结构未能得到调整，第二产业、第三产业尚未形成。一些地区实行牲畜家庭联产承包责任制以后，传统的牧业生产内部分工被取消，

---

① 《当代中国民族工作大事记1949—1988》，第296—297页，民族出版社，1989年。
② 杨荆楚、张敏：《民族工作纪事（1990年10—12月）》，《民族研究动态》1991年第2期。
③ 《中国民族统计年鉴1949—1994年》，民族出版社，1994年。

而更大的社会分工尚未形成,未能实现围绕畜牧业发展的种植业、林业、畜产品加工,以及第二产业、第三产业的转变。1979年内蒙古自治区纯牧业的放养劳动力为39.8万人,各种辅助劳动力1.7万人;到1984年时放养劳动力增加到了54.8万人,辅助劳动力减少到6113人,牧区劳动越来越集中到放养牲畜的单一产业上。牧民的绝大部分收入来自纯牧业收入。1991年,牧民家庭收入中牧业收入占87%以上,而锡林郭勒盟镶黄旗占到96%;锡林郭勒盟的苏尼特左旗受表彰的16个富裕嘎查(村)中,只有1户牧民有少量运输收入。反映出畜牧区的产业结构未得到调整,第二产业、第三产业尚未形成。根据内蒙古自治区党委农村牧区政研室党委农村牧区政研室所作的1988年农业牧区固定观察点的447户牧民抽样调查资料看,牧民收入中91.76%来自畜牧业,畜牧业的收入又主要由出售活畜和畜产品原料所构成,乡镇企业和家庭各种经营发展缓慢。6个牧业嘎查(村)1988年从事畜牧业的劳动力为1002人,占牧区总劳动力的84.13%,比1986年的78.59%上升了5.54个百分点;从事第二产业、第三产业的劳动力为106人,占牧区劳动力的8.9%,与全国产业结构优化背道而驰。从牧民收入的比重方面看,在牧民畜牧业收入的91.76%中,出售牲畜极其产品的收入占到75.74%,而畜产品原料的加工增值率极低,据估算在10%以下。[①]

三、少数民族地区财政改革

国务院1980年2月1日发布《关于实行"划分收支、分级包干"的财政管理体制的暂行规定》,决定从1980年起,对省、市、自治区实行"划分收支、分级包干"的财政管理体制。主要内容包括:按照经济管理体制规定的隶属关系,明确划分中央和地方财政的收支范围;地方财政收支的包干基数,以1979年财政收支预计执行数为基础,经过适当调整后,计算确定;对于边远地区、少数民族自治地方、老革命根据地和经济基础比较差的地区,中央财政根据国家财力的可能,设立支援经济不发达地区的发展基金,由财政部掌握分配,实行专案拨款,重点使用;民族自治区仍然实行民族自治地方的财政管理体制,保留原来对民族自治地区财政所作的某些规定。根据这一规定,民族地区以1979年预算数3.69亿元为基数,列入财政支出包干基数,并随着财政经济的增长,相应地增加了"少数民族地区补助费"(1955年设立)、"民族地区财政预备费"(1964年设立)和"民族地区机动金"(1964年设立)等三项财政补助数额。[②]

1980年9月,国务院批转财政部《关于执行农业税起征点办法的情况报告》中提出,允许各地在国家统一的政策原则下,因地制宜核定农业税的起征点。凡符合起点以下免税条件的可以从1980年开始,实行免税一定3年的办法。各民族自治区的农、牧业税减免政策可以适当放宽。

1982年12月4日国务院发出《关于改进(1980年)"划分收支、分级包干"的财政管理体制的通知》,决定从1983年起除广东、福建两省外,对其他省、自治区一律实行收入按固定比例总额分成的包干办法。这样从1983年起,在总结各种试点办法经验

[①] "中国边疆民族地区稳定与发展的重要问题及对策"内蒙古课题组编印:《关于内蒙古传统民族畜牧业生产发展中存在的问题与对策》,第1—4页,1993年3月20日。

[②] 《中国民族统计年鉴1949—1994》,第49—50页,民族出版社,1994年。

的基础上，全面实行了"以税代利，税利并存"的制度。1984年9月18日，国务院批准颁布《国营企业第二步利改税试行办法》，在利改税的基础上，通过划分税收的办法，规定中央与地方的划分办法，并对民族自治地方的特殊问题做了规定。

根据实行利改税第二步改革后出现的新情况，1985年3月21日，国务院发布《关于实行"划分税种、核定收支、分级包干"财政管理体制的规定的通知》，决定从1985年开始实行。为照顾民族自治地区发展经济和各项文化教育事业的需要，对民族自治区和视同民族自治区待遇的省，按照中央财政核定的定额补助数额，在最近5年内，继续实行每年递增10%的办法。[①]

在进行上述财政改革的过程中，少数民族地区享受到国家的特殊扶持政策。1980年财政体制改革，在全国实施"包干制"体制过程中，中央财政对民族地区保留了财政补助制度，补贴数额1980—1987年每年递增10%，1988年以后改为定额补助，将每年递增10%改为按1987年的补助数额固定下来。1980—1991年，12年共补助800多亿元；中央在专项拨款的分配使用上也注意了对民族地区的照顾，中央政府从1980年起设立了"支援经济不发达地区发展资金"，到1991年中央财政共分配8个多民族省区近40亿元，占这项资金总数的一半以上。从1977年设立的"边境建设事业补助费"，分配给6个边境民族省区近6亿元，占总数的58%。1990年起，中央财政设置"少数民族贫困地区温饱基金"，专门用于扶持全国142个少数民族贫困县发展经济。此外，民族地区还享受到国家规定的一些财政、税收的优惠政策。"七五"期间，民族8省区共计减免农业税1.5亿元。[②] 在国家信贷计划中，1983—1984年，每年安排专项低息贷款3亿元，用于发展少数民族自治区的经济。从1985年起，这种专项贷款每年增加到10亿元，贷款范围扩大到其他全国省市的少数民族自治州、县和贫困地区。另外还增加了每年扶贫贴息专项贷款，贫困牧区专项贷款等。到1990年年初，上述几项贷款已累计安排134亿元。[③] 1984—1992年，实施"以工代赈"计划，国家和地方投入价值94亿元的粮、棉、布和中、低档工业品，中、西部地区和少数民族贫困地区是这项计划的投放重点。对于生产生活困难的少数民族地区，实行"休养生息"的政策。

四、民族商贸企业改革

受国务院委托，国家民委等11个政府部门于1981年5月20日—6月1日联合召开了全国民族贸易和民族用品生产工作会议，研究了进一步发展民族贸易和民族用品生产问题。会议提出：要做好民族贸易和民族用品的生产工作，要统一思想，明确方针任务，要照顾少数民族特点，从民族地区实际情况出发，继续放宽政策，促进生产发展，照顾少数民族需要，保障供应，改善人民生活，增强民族团结。要认真贯彻扶持和发展民族地区经济，尊重少数民族风俗习惯，培养、使用和选拔少数民族干部以及民族贸易的"三项照顾"等政策。特别要做好加强农副土特产品和中草药材收购，以促进各种经营的发展，要大力加强民族用品生产，搞好商品供应。坚持实行"三项照顾"政策。

---

① 杨侯弟、郭承康、黄凤祥、谭伟主编：《新时期民族工作概览》，第408页，华文出版社，1993年。
② 《中国民族统计年鉴1949—1994》，第49—50页，民族出版社，1994年。
③ 杨荆楚、张敏：《民族工作纪事（1990年4—6月）》，《民族研究动态》1990年第4期。

要加强对民族贸易和民族用品生产的领导。并提出了需要解决的几个问题，主要包括：关于扶持资金的问题；关于民族用品生产、经营亏本问题；关于减征所得税和低息贷款问题；关于吉林、辽宁两省要求恢复与朝鲜的地方边境小额贸易问题；关于封山育林与靠山吃山的矛盾问题；关于商业、供销人员和网点问题。①

1985年7月，国务院批转商业部《关于进一步发展少数民族地区商业若干问题的报告》。提出继续给予必要的支援，实行特殊优惠政策。主要措施有：对受照顾县（旗）的商业企业继续实行减税、免税；对少数民族重要工业品和农牧土特产品继续实行价格补贴；对流动资金不足、经营困难的民族贸易企业，各地尽可能给予照顾；对民族贸易企业继续给予低息贷款；商品计划管理体制改革后，对名牌自行车、缝纫机和手表等商品，继续实行由商业部专项安排调拨供应的办法；有些少数民族地区商业网点少、设施简陋，各地在安排商业建设时统筹考虑，予以照顾；各地要充分利用各级学校，采取多种形式培训商业职工；要积极发展集体、个体商业和运销专业户；要鼓励经济比较发达地区的商业人员到少数民族地区从事商业活动，扩大经济技术交流；并要求尊重少数民族的风俗习惯，尽量满足少数民族生产、生活上的特殊需要。

这一阶段，促进民族贸易和民族用品生产供应的优惠政策被进一步完善。"八五"期间，国家对426个民族贸易县（指国家确定的享受民族贸易政策的县）的商业、供销、医药企业和2300多家民族用品定点生产企业在信贷、投资、税收和商品供应等方面给予优惠照顾，并设立专项贴息贷款用于民族贸易网点建设和民族用品生产企业的技术改造。1990年民族用品生产产值达30多亿元，比1980年增长近3倍。②

五、少数民族地区改革的成就与问题

少数民族地区的改革促进了民族地区生产力的发展，8个多民族省区（内蒙古、广西、新疆、宁夏、西藏、云南、贵州、青海）1990年国民生产总值比1980年增长1.4倍，平均每年增长9.13%；工农业总产值增长1.5倍，平均每年增长9.4%；国民收入增长1.4倍，平均每年增长8.79%。③

但改革过程中也出现许多特殊情况和问题。主要有：1. 一些改革措施与《民族区域自治法》衔接不够，一些过去对民族地区行之有效的优惠政策被取消或自行消失。财政三项照顾、民族贸易三项照顾、对口支援等政策，也因体制的变化，难以落实。2. 一些改革的政策和措施出台，民族地区一时难以承受和适应。建设资金实行拨改贷后，民族地区承贷能力差，信贷资金投入不足，利改税后，资金得税率低的民族企业留利少，难以积累资金扩大再生产。国家紧缩银根和压缩基建规模，使刚刚起步的乡镇企业受到限制，一些资金、物资自求平衡又急需发展的建设项目也受到规模限制。调整产业结构，使一些达不到规模，经济效益不高，但又是地方财政的主要来源、且发挥当地资源优势、社会效益较好的小型企业或计划外小厂面临关停并转的困境等。所以民族地

---

① 《新时期民族工作文献选编》，第111—120页，中央文献出版社，1990年。
② 国家民委经济司财贸处：《发展民族贸易，促进民族用品生产》，《中国民族统计年鉴1949—1994年》，第50—51页，民族出版社，1994年。
③ 乐长虹、兰步锦：《少数民族地区经济体制改革情况综述》，《民族经济》1992年第4期。

区的许多经济指标的增长速度高于全国平均水平,在全国总量中的份额也有所提高,但由于基数小,绝对值少,人均占有量与全国的差距继续拉大。8个民族省区人均社会总产值、人均工农业总产值、人均国民收入与全国相比,1989年分别比1980年扩大差距3.3倍、2.9倍和2.3倍。少数民族地区解决温饱的速度慢,与全国贫困地区的差距拉大,从1985—1988年,全国贫困县农民人均纯收入年递增10.7%,而少数民族贫困县年均递增9.9%;同期全国贫困县中为解决温饱的贫困人口减少了60%以上,而少数民族贫困县仅减少29%。①

第二节 民族地区的开放

一、开放的历史背景

(一) 国际环境的变化

中国同俄罗斯、朝鲜、蒙古、哈萨克斯坦、塔吉克斯坦、吉尔吉斯斯坦、不丹、尼泊尔、锡金、印度、阿富汗、巴基斯坦、缅甸、老挝、越南15个国家接壤,内陆边境线2.2万公里,有143个边境县,其中113个为少数民族聚居县,35个民族跨境而居。中国改革开放后,周边各国陆续不同程度地对中国开放边境,加强了同中国的关系。

1. 苏联方面。从1986年起,苏联提出加速远东地区的经济和社会发展。1988年6月8日,中苏两国政府就两国地方之间建立直接经济贸易关系签署了协定,为中苏之间的企业开展直接的经济贸易联系奠定了法律基础。1988年,苏联再次提出亚太地区的新建议,宣布同中国接壤的滨海地区实行进出口物资关税全免等的六项优惠措施。1980年,苏联决定建立3个自由经济区,其中之一是在远东兴建的位于西伯利亚铁路终端的纳霍德卡港。俄罗斯共和国还将赤塔州和萨哈林州(库页岛)辟为边疆自由经济区。吉尔吉斯、哈萨克两个加盟共和国从1991年起,也分别将纳伦州、卡拉干达州辟为自由经济区。为加速开发西伯利亚和远东地区,苏联向中国开放了劳务、农畜产品、轻工、科技等四大市场。

2. 朝鲜方面。1988年年初,朝鲜宣布该国的新义州从4月开始向中国开放。1989年,朝鲜决定在中、朝、苏三国边境的哈山岛地区设立经济特区。

3. 蒙古方面。1985年中蒙两国恢复边境贸易,1986年签订中蒙处理边境问题条约;1989年签署关于成立中蒙经济、贸易、科技合作委员会及双方公民相互往来的协定。从1988年起,蒙古国内开始走向改革之路,下放外贸经营权。1990年,中蒙两国政府代表团就开辟6个边境口岸达成一致协议,并签署了中蒙边境口岸及其管理制度会议第一次会议纪要。

4. 巴基斯坦方面。1988年10月1日,中巴公路国内段(喀什至红其拉甫山口)经复修全线竣工通车,可由喀什通往巴基斯坦北部重镇吉尔吉特,巴基斯坦方提出该地区边境贸易与国家对外贸易同等发展。1990年,采取了一系列外贸经济新政策,加强对

---

① 国家民委经济司扶贫办公室:《制定优惠政策,推动扶贫攻坚》,《中国民族统计年鉴1949—1994》,第52—54页,民族出版社,1994年。

中国的对外开放。

5. 缅甸方面。1988年7月，缅甸改变了视边境贸易为"非法交易"的封闭状态。7月底，中国云南省贸易代表团应邀访问缅甸，同缅方就在面对中国德宏地段建立一个以木姐为中心的150平方公里的自由贸易区有关问题达成协议，使中缅边贸进一步纳入正常化和合法化。9月以后，缅甸宣布对缅中、缅泰、缅印、缅老边境实行全方位开放。

6. 越南方面。自1988年开始，越南为缓和国内经济困难，把过去在边境上的"净化"和封锁政策改为在部分地区开放，鼓励边民出境与中国进行互市贸易，并在其边境一侧设立了以边境贸易为中心的海关、税务等管理机构，修复通向中国的公路，开放一些边境贸易点。允许在15公里以内活动不受限制等。随着苏越关系形势的变化，越方要求扩大同中方的边境贸易。从1990年开始采取了一系列鼓励边贸的政策措施。越南重新开设了对中国的贸易点，1990年2月在高原省及边境县开设5个贸易点，允许双方边民自由往来。随着柬埔寨问题的全面政治解决，1991年11月5日，中越两国高级代表团在北京会晤，标志着两国关系的正常化。11月7日，两国就贸易和边境事务签署协议，商定两国实行现汇贸易、相互给予最惠国待遇和在中越边境逐步开放21对边境口岸。

7. 老挝方面。自1986年12月中老两国副外长在万象举行会晤以后，老挝对中老边民的互市从过去的阻拦，转变为默许和支持。1988年12月22日，中老两国签署了开展边境贸易的换文。1990年12月16日，李鹏总理与凯山主席会谈，双方确认扩大包括边境贸易在内的两国经贸合作。1991年10月24日，中老签署了边界条约。为开辟中老边贸市场，老挝政府给北部3省下放中小型企业对外贸易和投资项目自主权。中老边贸得到发展。

8. 印度方面。印度在与中国的边境小额贸易停顿了29年之后，于1991年年初，双方就近早恢复两国边境贸易原则上达成了协议。1991年年底，签署了《中国政府和印度政府关于恢复边境贸易的备忘录》。

9. 尼泊尔、不丹、锡金三国与中国关系一直比较友好。尼泊尔与中国的边境贸易采取官方、半官方、民间等多种形式。[①]

（二）国内开放的进程

从中国国内的环境来看，20世纪80年代以后，少数民族地区的对外开放成为中国对外开放总体格局的重要组成部分。20世纪70年代末，在邓小平的倡导下，中国实行开放政策。开放首先始于沿海地区，1979年7月建立了深圳、珠海、汕头和厦门4个经济特区，1984年又决定开放14个沿海城市，随后又建立了海南省特区，并陆续开放了珠江、长江、闽江3个三角洲（区）和辽东、山东半岛，从而形成了从南到北的沿海开放带，使沿海经济迅速发展。

沿海地区倾斜开放，经济发展迅速，而集中于西部的民族地区经济虽纵向比较有较大幅度的发展，但与沿海地区相比，经济发展差距呈现不断扩大趋势。在陆地边境线上

[①] 杨德颖：《中国边境贸易概论》，第30—39页，中国商业出版社，1992年。

的8个省区，再加上宁夏、青海、贵州等少数民族聚居的边远省区的少数民族人口约占全国少数民族人口的90%，5个自治区、30个自治州、120个自治县及1700多个民族乡大多数分布在边疆民族地区。20世纪80年代后，中国民族地区加快了开放的步伐。随着横穿西部的第二座欧亚大陆桥的贯通，独联体国家及东欧市场的开拓和西亚、中亚、南亚国家的改革开放，西部边境民族地区逐步由闭塞的内陆腹地成为欧亚大陆的新兴市场。因此，开放西部民族地区，成为中国开拓欧亚大陆新市场，逐步形成中国海陆齐开、东西互补的对外开放的新格局。①

中国经过10年改革开放，为沿边开放创造了较好的物质基础和对外贸易、经济技术交流及商品市场。周边国家多为发展中国家，与中国相邻的大多是边远落后地区，他们受发达国家贸易壁垒的排斥和不等价交换的盘剥，都有发展区域经济和贸易合作的强烈愿望。而且，中国边区同周边国家在资源、产业、商品需求结构方面有较强的互补性。②另外，民族地区有丰富的自然资源，历史上与周边国家跨境民族同源同宗教同习俗，加上源远流长的边贸关系，也为对外商贸和经济技术的合作提供了有利的条件。③

二、民族地区的沿边开放

民族自治地方与15个国家相邻，拥有陆地边境线1.9万公里，占全国陆地边境线的86%；在全国陆地边境县中，民族自治地方有112个，占全国陆地边境县的79%，国家级陆地边境口岸中，有40个在民族地区，这一比重约占全国陆边口岸总数的77%。民族自治地方还拥有地方口岸近200个。此外还有昆明、乌鲁木齐两个国际机场和桂林、南宁两个特殊机场。新中国成立以后，陆路交通条件也有很大改善：有经过内蒙古满洲里通往俄罗斯的宾洲铁路；有经过内蒙古二连浩特通往蒙古人民共和国的集二铁路；有通过新疆阿拉山口连接从连云港到荷兰鹿特丹欧亚大陆桥的北疆铁路；有经过广西凭祥通往越南的湘桂铁路；有从云南河口到越南海防的滇越铁路；还有通往印度、巴基斯坦、尼泊尔、缅甸等国的10多条公路，数十个渡口，上百条通道，以及连接中朝的铁路、公路等。还有澜沧江等国际河流。民族地区的沿边开放优势非常突出，④已经成为中国对外开放的重要组成部分。

（一）国家制定沿边逐步开放政策

为了鼓励支持边贸的开展和健康发展，国务院有关各部门和各省区各级政府先后制定了一系列关于边贸管理的具体政策和措施。1984年12月15日，国务院批准对外经贸部发布的《边境小额贸易暂行管理办法》共12条，明确了边境贸易"自找货源、自找销路、自行谈判、自求平衡、自负盈亏"的方针，促进和初步规范了边境贸易的开展，民族地区边境贸易日趋活跃，1989年，中国少数民族地区边境贸易总额达10.6亿美元。⑤在总结边贸开展经验的基础上，1991年，国务院办公厅以国办发［1991］25

---

①② 王福临：《谈谈发展边境贸易的意义与作用》，《民族经济》1992年第1期。
③ 中越边民能直接用当地"白话"交流，广西防城县的京族人与越南人原为同一种民族，二者能直接用越南语交流。
④ 国家民委经济司外经处：《开放正未有穷期》，《中国民族统计年鉴1949—1994》，第51—52页，民族出版社，1994年。
⑤ 杨荆楚、张敏：《民族工作纪事（1990年10—12月）》，《民族研究动态》1991年第2期。

号文转发了经贸部等部门《关于积极发展边境贸易和经济合作促进边疆繁荣稳定意见的通知》，制定了边贸的有关扶持政策，包括减免有关税收、简化出国手续、鼓励与邻国开展经济技术合作等。1991年中国边境贸易进出口总额近20亿美元，比1990年增长50%。内蒙古自治区已建成水、陆、空口岸11个，临时过货点3个。云南、广西、西藏等民族省区先后建成数十个边境口岸。1990年边境民族省区新签外资协议共138项，金额达2.17亿美元。①

(二) 各民族地区的沿边开放

1. 云南

云南与越南、老挝、缅甸毗邻，有80多条陆上通道通往周边国家，国境线长4061公里。随着同周边国家关系的正常化，云南确立了以边贸为先导，促进全线开放的战略。20世纪80年代初，云南的边境地区利用历史上边民互通有无的传统优势，"七五"期间陆续在沿边地区开设了国家级口岸5个（昆明机场航空口岸，瑞丽公路口岸，畹町公路口岸，河口铁路、公路、水陆三栖口岸，勐腊公路口岸），省级口岸12个（打洛、耿马、腾冲、盈江、思茅、景洪、章凤、南伞、孟连、孟定、金水河、麻栗坡），发展与周边国家的边境贸易。1980年以前，云南边贸总额每年2000万—3000万元，到1991年上升为16.4亿元，其中，中缅段144377万元，中老段3159万元，中越段16958万元，而尤以德宏、河口、西双版纳、麻栗坡、腾冲等州、县发展最为迅猛。②

(1) 德宏傣族景颇族自治州的中缅边境贸易

德宏位于滇缅公路，与缅甸的掸邦、克钦邦毗邻。十一届三中全会以后，云南在中缅边境的瑞丽、畹町一带率先恢复了边境贸易。1984年德宏州边贸总额为3788万元，1985年增长到10972万元，至1991年全州边境小额贸易达到13.2亿元，占全省边贸总额的80.49%。1991年德宏傣族景颇族自治州地方财政收入13.3亿元，其中来自边贸的税利占60%左右。德宏傣族景颇族自治州建立边贸市场后，集市市场、边民互市市场、专业市场、批发市场大量涌现。经过德宏傣族景颇族自治州的边境贸易，国内商品已经覆盖缅北曼德勒60%-70%的地区，不少商品进入缅甸仰光一带，有的商品转口到泰国、孟加拉、印度和巴基斯坦。

(2) 红河哈尼族彝族自治州中越边贸发展状况

云南红河哈尼族彝族自治州南部河口、金平、绿春三县与越南山水相连，国境线长848公里。1982年2月，云南省政府批准开放金平县十里村边民互市点。1987年10月开放了金平县的西北和绿春县坪河互市点。从全州的范围看，当时的边民互市更多的是以传统的"草皮街"方式进行。这些草皮街由边民自发形成，以中方境内居多，以现货交易和易货交易为主，各类进出境物资品种和价格不受限制。1988年中方境内草皮街达40多个，边民出入境通道103条，越南边民入境人数达50多万人次，边民互市贸易额约2700多万元。1990年，红河哈尼族彝族自治州边贸进出口总额7000多万元。

---

① 杨荆楚、张敏：《民族工作纪事（1992年4—6月）》，《民族研究动态》1992年第4期。
② "中国边疆民族地区稳定与发展的主要问题和对策"云南分课题组编：《云南省边疆民族地区的基本情况》，第38—39页，1992年12月20日。

已注册边贸商行47家,河口边贸总额6256万元。到1991年年底,红河哈尼族彝族自治州的边贸总额从1990年的7000万元增加到1.44亿元。

(3) 云南沿边开放过程中存在的问题与困难

1985—1991年是云南边贸迅猛发展的时期。七年间,全省边贸总额达到112484万美元,其中进口额46625万美元,出口额65859万美元。① 改革开放促进了云南发展,但在发展中也面临着许多困难,主要表现在边贸的整体发展水平不高,边贸商号利润普遍较低。例如1991年德宏泰族景颇族自治州近300家商号,平均利润为0.67%,瑞丽县约有三分之一的商号不同程度地亏损。周边国家经济贫困,与云南省毗连的越南、老挝、缅甸三国均属贫穷之国,工业基础薄弱,人均国民生产总值不足200美元。尤其是与云南相连地区又是三国的贫困山区,三国财政收入连年入不敷出,债台高筑,外汇支付能力差,贸易逆差大,从而限制了中国边贸出口商品销售市场的扩大。随着东南亚各国由封闭走向开放,日本、欧洲共同体、东盟、亚洲"四小龙"产品、资金、技术开始被投入越南、老挝、缅甸等,与中国形成激烈的竞争。而且云南的边境口岸大多只起到中转贸易的中介作用,边境贸易对当地企业生产、加工能力的促进作用不大,甚至还形成冲击。在云南开展边贸之初,昆明生产的电池、洗衣粉、胶鞋、肥皂等在边贸市场上是畅销货,而后来在外来商品的冲击下,昆明市商品在边贸总额中的比例逐年下降,从原来的80%下降到1992年的20%。而且基础设施落后,交通、通讯不便,边贸政策缺乏系统性,管理方法落后及边贸人才缺乏,制约了云南边贸的发展后劲。②

2. 西藏

西藏与印度、尼泊尔、锡金、不丹、缅甸和克什米尔地区接壤。在3800多公里的边境线上,共有22个边境县(含樟木口岸镇),69个边境区、203个边境乡、770个边境村。西藏历史上边境地区较大的通外商道和边贸市场有27个。1986年《西藏自治区边民互市贸易暂行管理办法》出台,从此樟木、普兰等口岸开始开放,边境互市贸易日趋活跃。③ 直到20世纪90年代初,西藏贸易量最大的是中尼边境上的樟木镇。樟木口岸的国营外贸1979年为689万元,1989年增加到4008万元,边境互市贸易额增加到近1亿元,1991年从樟木进出境的人员来自64个国家和地区,达31万余人次,货物232个品种,2.2万吨,进出口总额1.8亿元人民币。中尼贸易95%以上是通过樟木口岸吞吐的。自樟木口岸率先作为国家级口岸对外开放后,又开放了吉隆、日屋、普兰、亚东等口岸。到1992年,已有10个县和口岸设立了边贸区和外向型经济开发区,西藏与邻国的边境贸易已形成个体、集体、国营多层次经营的格局,并由传统的边民互市贸易迅速走向政府间经贸合作。

1988—1992年,5年中西藏的对外贸易取得长足进展,进出口总额达1.8亿美元,

---

① "中国边疆民族地区稳定与发展的主要问题和对策"云南分课题组编:《云南边境贸易中的主要问题与对策》,第7—8页,1992年12月10日。

② "中国边疆民族地区稳定与发展的主要问题和对策"云南分课题组编:《云南边境贸易中的主要问题与对策》,第11—12页,1992年12月10日。

③ "中国边疆民族地区稳定与发展的主要问题和对策"西藏课题组编:《西藏商贸调查》,第15—20页,1993年3月。

利用外资 2510 万美元。5 年中出口创汇 5985 万美元，旅游业营业额 5 年累计达 3.38 亿元人民币，经营利润 4000 多万元人民币，创汇收入达 3400 万美元，分别比 5 年前提高 28%、58.9% 和 78.2%。①

3. 新疆

新疆与俄罗斯、蒙古、哈萨克斯坦、塔吉克斯坦、吉尔吉斯斯坦、阿富汗、巴基斯坦、印度等国接壤，边境线长 5400 多公里，约占中国陆地国界线的四分之一。随着中苏关系的改善，1983 年，经中央批准，开放了霍尔果斯和吐尔特两个对苏口岸。1986 年开展对苏贸易，由此开始，新疆对周边国家的贸易开始恢复发展。20 世纪 80—90 年代自治区政府提出"全方位开放，向西倾斜，外引内联，东联西出"以及"贸易兴边"的开放战略。相继恢复和开放了 9 个口岸，其中乌鲁木齐机场和红其拉甫为向第三国开放的口岸。1988 年 1 月，国务院批给新疆九条优惠政策，特别对新疆的贫困地区边贸进出口给予优惠。从 1979 年起，新疆相继开放了 25 个县市，几乎包括了全区主要城市及古"丝绸之路"上的要道重镇。1983 年，新疆恢复了中断 20 年的对苏联的地方贸易，恢复了南北疆吐尔戈特和霍尔果斯两个交接口岸，对苏贸易又发展起来。1989 年又开展了与蒙古人民共和国的边境贸易。同时，与西亚各国的贸易往来和经贸合作也比较密切。从而初步形成了沿"丝绸之路"从东西两翼走向世界的全方位开放新格局。1986 年新疆进出口总额为 444 万美元，1990 年增至 6550 万美元。②

4. 内蒙古

内蒙古与俄罗斯、蒙古国交界，边境线长 4200 多公里。1982 年，中苏两国对外贸易部达成协议，恢复了中断多年的地方边境贸易，并确定双方进行边境贸易的业务机构为全苏远东国外贸易公司与内蒙古贸易公司。1983 年、1985 年内蒙古自治区先后与苏联、蒙古人民共和国恢复和建立了边境易货贸易关系。1983 年，内蒙古自治区对苏联远东、西伯利亚地区的边境贸易正式恢复，当年完成进出口贸易额 273 万瑞士法郎。此后，贸易额逐年增长，1990 年达 23029 万瑞士法郎，增长了 83 倍。

在发展对苏联、蒙古边境易货贸易的基础上，1988 年又进入经济技术合作领域。到 1990 年 8 月底，同苏联签订了各类合同 64 项，合同金额 15300 多万瑞士法郎，派出各类人员 7000 多人次。合作项目大多为中小型项目，合同金额不大，主要是森林采伐、建筑装修、种植蔬菜、小型加工厂等项目。1989 年，在引进苏、蒙资金方面也开始起步。到 1989 年，对苏联、蒙古边境贸易总额达 4.67 亿元，与全国 26 个省市实施了 3400 多个经济技术合作项目，引进资金 9 亿多元。③

1991 年随着苏联的解体，内蒙古与苏联各国的经贸关系有了进一步发展，进出口贸易总额剧增，1990 年进出口总额为 23009 万瑞士法郎，1991 年增长到 33968 万瑞士法郎。

---

① 张敏：《民族工作纪事（1993 年 1—6 月）》，载《民族研究动态》1994 年第 1 期。
② 文精：《在国家民委 1992 年度第一次民族八省区经济形势分析会上的讲话》，载《民族经济》1993 年第 1 期。
③ 杨荆楚、张敏：《民族工作纪事（1990 年 10—12 月）》，《民族研究动态》1991 年第 2 期。

1991年《内蒙古自治区鼓励外商投资条例》颁布，1992年《关于进一步加快外引内联步伐的八条优惠政策》颁布，1992年4月，自治区人民政府又通过了《关于进一步扩大对外开放加快经济发展的若干问题的决议》。至1991年年底，内蒙古自治区累计批准利用外资及技术贸易项目合同349项，总金额17.6亿美元，对外发展合作项目协议合同168项，金额2.73亿瑞士法郎；115家三资企业累计出口创汇4000多万美元。合作伙伴已扩展到日本、美国、意大利、独联体、英国、德国和中国的香港及台湾等10多个国家和地区。①

5. 吉林

吉林与俄罗斯和朝鲜人民共和国相邻，边界线长1430公里。1981年，中国政府批准吉林省恢复对朝鲜的小额贸易。从1982年开始，由延边朝鲜族自治州同朝鲜咸镜北道开展边境贸易，当年进出口额为103万瑞士法郎。

1987年，中国政府正式批准吉林省与俄罗斯远东地区进行边境贸易。1988年，吉林省与苏联开展了直接易货贸易和经济合作。1991—1992年4月，吉林省与苏联所进行的边境地方易货贸易进出口总额为22883.5万美元，其中吉林出口为13232.7万美元，进口为9650.79万美元。

1982年，吉林省与朝鲜恢复了边境易货贸易。1982—1990年，吉林省与朝鲜边境易货贸易进出口总额累计91616万瑞士法郎，1991—1992年3月末，为11355万美元，其中吉林省出口额为5873万美元，进口额为5482万美元。1990年，吉林已通过韩国向国外输出船工劳务。1992年，吉林省开始向韩国本土输出劳务人员。②

1991年，吉林省颁布了《关于鼓励外商投资的优惠办法》。1991年，延边朝鲜族自治州边境贸易进出口额达到11193万美元，贸易伙伴由改革开放初的十几个发展到100多个，贸易品种从40多种增加到170多种。1991年，延边朝鲜族自治州与韩国的直接贸易达387万美元，占全部贸易额的34%，出口品种51种。延边牧业开发总公司与韩国万光开发株式会社在延吉合资兴办的依兰牧场，总投资额为1.1亿美元，年出栏加工6万头肉牛，合资期限为50年，成为带动延边全州畜牧业的龙头项目。

地处中、俄、朝三国交界处的图们江三角洲，包括吉林省延边朝鲜自治州的珲春市、俄罗斯的哈桑区，朝鲜的先锋（雄基）郡三个行政区。1990年夏，在吉林省长春市举行的国际学术讨论会上，图们江作为东北亚各国合作的关键项目被提上议事日程，并受到了出席会议的联合国开发计划署官员的高度重视。1991年7月，该署在乌兰巴托召开了开发图们江的首次国际会议，此后便组成专家小组进行实地考察。1991年10月24日，联合国开发计划署在纽约总部向全世界公布了庞大的图们江开发计划，这个计划的蓝图是：在联合国开发计划署的赞助下，用20年时间，投资300亿美元，在图们江三角洲地区，兴建一个多国经济技术合作开发区。③

---

① 杨荆楚、张敏：《民族工作纪事（1992年4—6月）》，《民族研究动态》1992年第4期。
② 刘宝荣、廖//生主编：《中国沿边开放与周边国家市场》，第143—145页，法律出版社，1993年。
③ "中国边疆民族地区稳定和发展的主要问题与对策"吉林省分课题组编：《吉林省边疆民族地区边贸和扶贫问题》，第2—11页，1993年5月。

三、民族地区的沿海开放

（一）广西

广西壮族自治区是5个民族自治区中唯一拥有海岸线的自治区，海岸线总长1600多公里，约占全国海岸线的十分之一。1984年，北海市（含防城港区）被国家批准为对外开放的14个沿海港口城市之一，并成为民族地区唯一的沿海开放城市。享受和实施国家给予的沿海开放城市和沿海开放区的一系列优惠政策，使北海和防城得到迅速发展。1984—1991年，国家向北海投资6亿多元，完成了交通、市政工程、能源、通信等城市基础设施的建设，使北海成为大西南重要的出海通道。之后，梧州、玉林、防城、钦州、苍梧、合浦、东兴、凭祥、南宁等县市也相继列为沿海开放区、边境开放城镇和沿海开放城市。到1991年，广西沿海开放区总面积21295平方公里，占全区国土面积的9%，总人口768.4万人，占全区人口的17.77%。1991年，沿海开放区国民生产总值125.8895亿元，工业总产值125.442亿元，国民总收入达到103.16亿元。①

（二）海南

1988年4月海南建省，成为中国最大的经济特区。海南省有7个民族自治县（白沙、昌江、乐东、琼中、东方、保亭、陵水）和2个享受民族自治县待遇的三亚市、通什市。全省有36个少数民族，人口111万多，占全省总人口的17%（1990年全国人口普查数字），民族自治地方土地面积占全省总面积的一半以上。建省伊始，省委、省政府鉴于少数民族地区经济社会相对落后于汉族地区的现状，在政策上对民族地区的经济发展给予了指导和支持。先后制定了一系列发展民族地区经济的优惠政策和措施。各民族市县则把加快基础设施建设，作为改善投资环境、扩大对外开放的重要措施来抓。政策优势的发挥和投资环境的改善吸引了投资者。②

四、民族地区的内陆开放

（一）宁夏

宁夏利用外资和引进技术始于1983年，随后相继成立伊斯兰国际信托投资公司和宁夏伊斯兰国际经济技术合作公司。1984年，在银川兴办了首次国际经济技术合作洽谈会，吸引14个国家和地区的商人参加，签署利用外资、技术引进合同18项，投资成交额1800万美元。1985年，在银川举行了伊斯兰国际技术合作洽谈会，与19个国家和地区的客商签署技术引进合同19项。③"七五"期间，宁夏与29个省、市、自治区确立了经济协助关系，与40多个国家建立了经济联系，签订经济技术协作项目3000多个，吸引资金2亿多元人民币。④ 1990年11月，由世界伊斯兰发展银行援建的同心阿拉伯语学校在宁夏回族自治区同心县落成。世界伊斯兰发展银行提供近80万美元援助校舍建设，新建校舍面积为6200多平方米，主要培养阿拉伯语翻译和民族干部。⑤

---

① "中国边疆民族地区稳定和发展的主要问题与对策"广西壮族自治区分课题组编：《广西壮族自治区基本情况》，第78页，1993年5月。
② 海棠、王天津：《海南特区民族经济发展的新特点》，《民族经济》1993年第3期。
③ 《当代中国的民族工作》（下），当代中国出版社，第263—264页，1993年。
④⑤ 杨荆楚、张敏：《民族工作纪事（1991年1—3月）》，《民族研究动态》1991年第3期。

1991—1992年5月，宁夏与上海、天津、福建、广东等省市广泛开展经济技术协作，完成技术协作和经济联合项目184项，引进资金5000多万元人民币，引进和培训人才1220人次，还在深圳投资8747万元，兴建生产、经营企业22家，初步形成了以电子工业为主干的实业型、外向型企业群体。① 为加速改革开放步伐，1992年建立了银川高新技术产业开发区和湖陵扶贫经济开发区。回族人口占56%的吴忠市建立了当时全国最大的民族经济发展试验区，来自全国24个省市区的厂家和客商在此设点。1991年，吴忠集市贸易成交额占当地社会商品零售总额的近一半，比1979年增长50多倍②。在劳务输出方面，1980年以来，宁夏向北也门、埃及、科威特、伊拉克等国派出大批建设者进行工程承包。宁夏采取全方位、多层次、跳跃式战略，初步形成了"宁夏—沿海—海外"三点一线的外向型经济格局，在出口创汇和利用外资方面都取得了较大的进展。1984年与1991年相比，进口总额从3128万美元上升到9029万美元；出口总额从1013万美元上升到1257万美元。③ 1988年与1991相比，签订利用外资项目从3个上升到9个；实际利用外资额从312万美元上升到1214万美元。④

（二）甘肃

甘肃积极创立民族地区经济开发区，加快民族地区改革开放的步伐。根据甘肃省委、省政府关于进一步加快改革开放步伐的意见和具体安排，甘肃省民委于1992年成立了民族地区改革开放试验区领导小组。省政府批准临夏回族自治州首府临夏市为甘肃民族经济开发试验区，临夏回族自治州将永靖县确定为旅游开发小区，武威地区将天祝藏族自治县列为经济开发试验区，以促进甘肃民族地区全方位开放和经济发展。利用外资方面，甘肃积极加强与加拿大驻华使馆项目基金会的联系，1992年已争取资金21万元，同时举办了"加拿大基金项目官员"培训班。1992年利用外资240万元，占投资总额的1.5%。⑤

（三）青海

青海省委提出了"改革开放、治穷致富、开发资源、振兴青海"的经济发展战略，并作出了"开发一线（兰青、青藏线）、带动两翼（海南、海北）、稳定青南"的部署。继民和县成立民族经济改革试验区之后，1989年10月，青海省又建立了格尔木市资源开发区，探索民族地方经济改革和资源开发的途径，对外开放有所扩大。1985—1990年五年中，青海省对外贸易迅速发展，进出口贸易总额累计为2.85亿美元，其中，1990年出口总额6805万美元，比1985年增长2.2倍，硅铁、金属硅、地毯等成为青海省出口创汇的主要产品。⑥

（四）四川

四川省已建立民族自治地方的有3个州，55个县（市）。1991年有少数民族人口

---

① 杨荆楚、张敏：《民族工作纪事（1992年4—6月）》，《民族研究动态》1992年第4期。
② 杨荆楚、张敏：《民族工作纪事（1990年4—6月）》，《民族研究动态》1992年第4期。
③ 出口总额包括外贸部门和供销社统计数，包括自营出口和调拨出口；进口总额包括直接进口和委托进口。宁夏统计局编：《宁夏统计年鉴1992》，中国统计出版社，1992年。
④ 宁夏统计局编：《宁夏统计年鉴1992》，中国统计出版社，1992年。
⑤ 甘肃统计局编：《甘肃统计年鉴1993》，中国统计出版社，1994年。
⑥ 青海省统计局编：《青海省社会经济统计年鉴》，第20页，中国统计出版社，1992年。

约491.55万人,在全国各省区中居第6位。民族地区积极开展横向经济联合,到1992年,全省民族地区已与国内外上百个地区和部门建立了经济协作关系,参加了8个省际及国内区域经济合作组织,达成各类协议项目500多个,引进人才3000余人,引进资金5亿元。①

（五）贵州

贵州民族地区在平等互利、互利互惠、团结协作、共谋发展的原则下,积极引进外资。1991年,由亚洲开发银行向中国政府援助的"中国西南少数民族地区乡村综合发展规划"项目（TA1356项目）在贵州进行规划和模拟。这是新中国成立以后贵州民委系统引进并独立承办的第一个外资援助项目。②

五、民族地区初步形成开放的新格局

民族地区已经形成海陆齐放、东西互补、内陆进行各种形式的改革开放试验的多方位开放格局。到1993年,民族地区沿海开放7个市县:北海、梧州、合浦、苍梧、玉林、防城、钦州;陆地边境开放了11个市县:内蒙古满洲里、二连浩特,吉林珲春,新疆塔城、博乐、伊宁,云南瑞丽、畹町、河口,广西凭祥、东兴;开放省会城市7个:内蒙古呼和浩特、新疆乌鲁木齐、青海西宁、云南昆明、贵州贵阳、广西南宁、宁夏银川;边境经济合作区3个:内蒙古满洲里和二连浩特、吉林珲春;农村经济改革试验区2个:内蒙古镶黄旗、广西玉林市;高新技术产业开发区1个:广西玉林市;改革开放试点单位7个:内蒙古呼伦贝尔盟、乌海市,吉林延边朝鲜族自治州,新疆伊犁哈萨克自治州,甘肃临夏回族自治州,青海格尔木市,贵州黔东南苗族布依族自治州。这一改革开放格局的形成促进了民族地区经济发展。1993年,民族8省区进出口总额达57亿美元,边贸进出口总额达50亿美元,利用外资11.9亿美元。尽管民族地区从开放时间层次到具体内容都与全国特别是东南沿海地区差距甚大,但已经取得了阶段性成果,初步形成了以边贸为先导,以开放促开发,以开发促发展的发展模式。③

第三节 改革开放促进民族地区的发展

一、民族地区产业结构日趋合理

20世纪80年代以后,民族地区产业结构调整步伐加快,1980年民族8省区社会总产值中第一、第二、第三产业的比例为1:1.1:0.3,到1993年,民族8省区完成国内生产总值2938.3亿元,其中第一、第二、第三产业分别完成940.0亿元、1213.0亿元和785.3亿元,三种产业的结构比例为1:1.29:0.84,第一、第二、第三产业结构日趋合理。到20世纪90年代初,工业在民族地区经济发展中占重要地位,已经形成了以冶金、机械、建材、石油、化工、电子、轻纺、烟草、制糖、食品等产业为龙头的现代化

---

① 数据来源四川年鉴编辑委员会编:《四川年鉴1993年》,四川年鉴编辑委员会出版,1993年。
② 数据来源贵州年鉴编辑部编:《贵州年鉴1992》,贵州人民出版社,1992年。
③ 国家民委经济司外经处:《开放正未有穷期》,《中国民族统计年鉴1949—1994》,第51—52页,民族出版社,1994年。

工业结构。1993年，全国民族地区实现工业总产值达2731.3亿元，占工农业总产值的67.5%，第三产业在国民经济中的地位明显上升，农、牧业生产持续发展，基础地位进一步加强。①

二、民族地区农、牧、林业稳步发展

1984年以来，民族地区农村经济得到全面发展。到1992年，民族自治地方的农业总产值达1208.5亿元（按当年价格计算），耕地面积达1766万公顷，粮食总产量达5612万吨，棉花产量达67.9万吨，油料总产量达235.2万吨。②

畜牧业稳定发展，到1992年，民族自治地方大牲畜年末头数达5392万头，羊年末只数10922万只，猪年末头数6726万头。③

林业生产稳步发展，民族自治地方的造林面积和林产品产量逐年增加。到1992年木材产量达到1868万立方米。④1978年11月，国务院批准，建设西北、华北、东北防护林工程体系，这一重大工程包括新疆、青海、甘肃、宁夏、内蒙古、辽宁、吉林、黑龙江等12个省、自治区的民族地区，总面积39亿亩。将西北、华北北部和东北西部的农田防护林、固沙林，黄河中、上游的水土保持林以及东北、内蒙古的基本牧场防护林联系在一起，构成一个宏伟的防护林体系。第一期工程从1978年开始至1985年，规划造林9000万亩。第二期工程规划造林9700万亩。这一工程，包括新中国建立以来营造的防护林，初步形成一条跨地区的连片的地域性防护林体系。⑤

三、公交和通信事业的发展

在改革开放方针指引下，民族地区通过简政放权和转换企业经营机制，增强企业活力，加上投资和需求的迅速扩大和消费需求增长的拉动，工业生产持续高速增长。1993年民族自治地方共有工业企业单位99.8万个，其中乡及乡以上工业5万个。工业总产值为2245.7亿元（1990年不变价），其中国有工业、集体工业和城乡个体工业所占的比例分别为61.51%、23.05%和11.71%。轻工业产值为988.65亿元，重工业产值为1257.05亿元（1990年不变价），能源、原材料等基础产业不断加强，轻纺工业花色品种增加，产品结构有所调整。

随着工业发展速度的加快，民族自治地方的企业经济效益有所改善。1993年国有独立核算工业企业市、县利税191.67亿元，平均每百元固定资产原值实现的工业总产值73元（1990年不变价），每百元工业总产值实现利税14.9元（1990年不变价）。

交通运输部门不断改善运输条件，挖掘潜力，提高运输能力。1993年民族自治地方铁路营运里程1.45万公里，比1980年增长27.3%，公路里程30.84万公里，比1980年增长32.6%。

邮电事业发展迅速，1993年完成邮电业务量25.7亿元（按当年价格），电话机总数

---

① 国家民委经济司计划科技处：《不断调整产业结构，促进民族地区经济发展》，《中国民族统计年鉴1949—1994》，第48—49页，民族出版社，1994年。
② 《中国民族统计年鉴1949—1994》，第179页，民族出版社，1994年。
③ 《中国民族统计年鉴1949—1994》，第184页，民族出版社，1994年。
④ 《中国民族统计年鉴1949—1994》，第119页，民族出版社，1994年。
⑤ 《当代中国的民族工作》（下），第105—106页，当代中国出版社，1993年。

达1560多万部，邮路投递线路总长度85.6万公里，邮局（所）比1980年增长11.7%。

四、民族自治地方财政收入增加，金融和商业日趋繁荣

改革开放以来，少数民族地区财政经济发展进入了一个新的历史时期。1993年，民族地区财政收入达296.6亿元，比1980年增长8倍多。

民族自治地方金融、商业日趋繁荣。城乡居民储蓄存款年末余额由1980年的38.3亿元增长到1993年的1316.3亿元，其中，城镇居民储蓄由1980年的24.2亿元增长到1993年的1078.2亿元，农村居民储蓄由14.1亿元增长到1993年的238.1亿元。国家银行信贷中各项存款由1980年的824.2亿元增加到2044.8亿元，各项贷款由1041.3亿元增加到2451.7亿元。1993年，民族自治地方全年社会商品零售总额1057.4亿元，比1980年增长近4倍。1993年，民族自治地方国内纯购进总额为1056.6亿元，比1980年增长6.5倍。

五、逐步消除贫困，各族人民生活水平提高，传统生产生活方式开始发生变化

1992年国家重点扶持的142个少数民族贫困县，农村人均纯收入由1985年的180.4元增加到390.7元，一些集中连片的贫困民族地区也已基本解决温饱问题。土家苗族聚居的武陵山区的4个地州，农民人均纯收入由1985年的251元增加到335元。宁夏西海固农村人均纯收入由1983年的126.5元增加到1992年的364元，人均占有粮食由92.8公斤增加到231公斤，初步解决了温饱问题。

再以渔猎民族为例，渔猎民族大力发展民族经济，开展农林牧副猎渔多种经营，改变内蒙古莫力达瓦达斡尔族自治旗，由贫困县变成全国100个先进售粮旗县之一。1992年，全旗产粮5.64亿公斤，其中年产大豆2亿公斤以上，人均占有粮食1000多公斤。全旗财政收入2300多万元，农民人均纯收入700多元。以牧业为主的鄂温克自治旗，1992年大小牲畜35万头（只），其中奶牛4.4万头，年产奶量3.6万吨，居内蒙古自治区旗县之首。鄂温克牧民户均拥有牲畜500—1000头（只），牧民人均纯收入1183元，其中牛奶收入占牧民总收入的62%。全旗涌现出72户牧业模范户，户均年收入超过2万元。

1993年是鄂伦春定居40周年，黑龙江省黑河地区有鄂伦春1683人，人均年纯收入1295元，人均住房面积8平方米（均为砖瓦房），电视机、录音机、洗衣机、电冰箱、放像机的入户率达到40%，有相当一部分家庭安装了电话，购买了摩托车和汽车。赫哲族开始转变单一的捕捞渔业生产，先后建立了15个冷冻加工厂和日产500吨的罐头厂，形成了生产、加工、销售一条龙的经济格局。①

---

① 杨荆楚主编：《东北渔猎民族现代化道路探索》，第7—8页，民族出版社，1994年。

第二章 少数民族文化、教育、卫生事业的发展

第一节 少数民族艺术节与民族文化的发展

一、建立健全民族文化工作机构，举办全国少数民族艺术节

1985年8月，四川凉山彝族奴隶社会博物馆在西昌市建成。占地面积60亩，建筑面积4450平方米。有6个展厅和一个电影录像放映厅。展厅陈列内容分3部分：凉山自然概貌和凉山彝族历史沿革；民主改革前的凉山彝族奴隶社会；奴隶的反抗斗争和民主改革。博物馆收藏彝族重要文物数千件，翻译整理了上百万字老彝文文献。这是中国唯一的一座少数民族社会形态类的专门博物馆。1986年，中南民族学院建成了中国第一个民族学博物馆。1988年3月4日，贵州省黔东南苗族侗族自治州民族博物馆在州府凯里市落成，这是20世纪80年代末中国地州级最大的博物馆。该馆总建筑面积为7421平方米，它集侗家鼓楼和苗家吊脚楼风格为一体，富有苗家村寨依山傍水的韵味。1988年3月11日，在贵州著名名胜区飞云崖建立了飞云崖民族节日博物馆，这是中国第一个民族节日博物馆。1990年11月，全国唯一的赫哲族博物馆在黑龙江开馆，博物馆有4个展厅，展出面积250多平方米，展出出土文物78件，其中有6000年前赫哲人使用过的石斧、陶罐等，还有鱼皮衣裤、桦树皮船、狗拉雪橇等。1993年10月，北京中华民族园建成，它位于北京国家奥林匹克体育中心两侧，园内有36个民族村寨和民族博物馆、民族展览馆、雕塑广场以及若干自然景观，是一座露天的少数民族人文博物馆。1994年2月，云南民族文化传习馆建成。馆长是中央乐团著名作曲家田丰。田丰首先从红河两岸、哀牢山中挑选出30多名能歌善舞的彝族男女青年，让他们全面学习本民族的传统文化，从而长期活生生地保存和展示人类原始文化的生活状态。传习馆成立一年后就先后接待了10多名外国专家，他们高度评价说："你们在重建文化的森林"，"为人类传统文化的保存做了100年、1000年以后的事情。"1995年12月5日，中国最大的民族博物馆在云南建成。全馆建筑面积3万平方米，包括主展馆、藏品库、科研楼和手工作坊以及相关配套服务设施。展厅面积为6000平方米，收藏品数量已达12万件。建筑群和广场交相辉映，古朴典雅，是一座现代化、多功能、综合性的新型博物馆。

图书馆的建设也受到了各地的重视。过去文化落后的宁夏回族自治区已建起公共图书馆20多所，总藏书近300万册，已经县县有了图书馆，这在我国少数民族自治区中是第一个，人均拥有图书数在全国各省区中也居于前列。

到2000年，民族自治地方共建文物保护管理机构444个，职工2422人；博物馆

151个,职工2206人。①

民族地区还先后建成了一些文化艺术学会及基金会。1985年6月成立了中国翻译家协会民族语文翻译学术委员会,为少数民族的语文翻译的评审提供了权威机构。1986年8月,中国少数民族音乐学会在黑龙江齐齐哈尔成立,来自全国19个省区24个民族的近百名音乐工作者代表参加了大会,学会旨在将我国各民族音乐工作者组织起来进行少数民族的音乐研究。1986年12月18日,蒙古族作家玛拉沁夫和回族企业家王琦在北京首倡创建了少数民族文学基金会。1988年9月14日,中国少数民族文化艺术基金会在人民大会堂举行成立大会,基金会工作的重点是在少数民族地区兴建重要的文化设施,搜集整理优秀的文化遗产,培养艺术人才和开展文化交流等。1989年6月3日,藏文少儿低幼读物出版基金会在北京成立,这个基金会的宗旨是联络国际友好人士、国内外藏胞和国内的有关团体、组织和民主人士,为出版藏文少儿低幼读物筹集资金。

据统计,到2000年12月止,全国民族自治地方共有文化事业机构9839个,从业人员有61635人;民族地区有艺术表演团体511个;艺术表演场所182个,文化馆656个,文化站7093个。②

在民族文化工作机构不断增多的同时,民族文化工作获得很大发展。各地纷纷举办艺术节,展示多姿多彩的民族文化。1988年9月,为期两周的首届云南民族艺术节在昆明开幕,24个少数民族举行了丰富多彩的文艺演出和传统体育表演,《云南风物志》等6个展览也陆续开始展出,艺术节展示了云南各民族绚丽多彩的民族文化艺术。1990年11月,闽东畲族文化艺术节在福建宁德市开幕,广东、浙江、江西、安徽、福建等省和中央民族歌舞团等21个代表队,17个民族的700多名艺术家和演员表演了精彩的节目。1991年5月,首届大理三月街及首届滇西民族艺术节在云南大理举行。来自大理、丽江、迪庆、临沧、怒江5个地州的300多名各族文艺工作者,为海内外来宾献上反映各民族人民生活的10台122个歌舞节目,藏族演员的独唱、白族舞蹈《白子白母》等7个民族歌舞获滇西民族艺术节的一等奖。1991年7月21日至22日,在河北省丰宁满族自治县举办首届"满族艺术节",这在全国尚属首次,艺术节以文化项目为主体,辅以经济产品展销、商品交易会及经济项目洽谈等,广泛开展民族文化、艺术和经济技术合作交流活动。1991年8月至10月,"中华民俗风情百乐艺术节"在北京圆明园举行,30个民族的12支歌舞、民俗表演队每天吸引观众逾万人。

1992年2月18日,第三届中国艺术节在昆明隆重开幕。江泽民、李鹏分别为艺术节题词,江泽民的题词为"建设有中国特色的社会主义文化",李鹏的题词为"团结、繁荣、进步"。万里、李铁映等领导人出席了开幕式。在这次艺术节上,56个民族的8000多名代表表演了本民族最精彩的舞蹈。来自朝鲜、泰国、缅甸、老挝、越南、墨西哥等国的文艺团体也登台献艺。观众达17万人次。艺术节上,40台168场文艺节目具有浓郁的民族特色。西藏代表队的重头戏,是根据18世纪西藏文学名著改编的话剧《意翁玛》。内蒙古直属乌兰牧骑给观众献上了一台具有浓郁蒙古族特色的文艺节目。

---

① 《中国民族工作年鉴》编辑部:《中国民族工作年鉴2001》,第603页,民族出版社,2001年。
② 《中国民族工作年鉴》编辑部:《中国民族工作年鉴2001》,第604页,民族出版社,2001年。

新疆代表队推出大型主题歌舞晚会《万紫千红满天山》。广西的大型乐舞是以铜鼓、石琴、羊角编钟、芦笙等少数民族乐器为主的。宁夏歌舞团推出再现回族生活习俗的大型歌舞——《九州新月》。这些节目都以洋溢着民族精神的歌舞展现我国各民族大团结、共欢乐的胜景，赢得了广大观众的普遍赞誉。①

二、举办少数民族传统体育运动会，发展民族体育事业

1953年11月8日至12日，在天津市举行了首届全国民族形式体育运动会，又称第一届少数民族传统体育运动会，中央有关部门和天津市负责人及天津市各机关团体、人民群众1万多人参加了开幕式，有汉、蒙古、维吾尔、哈萨克、塔塔尔、苗、傣、朝鲜、满等10个民族的397名运动员参加了运动会。表演竞赛的项目共483项，其中包括武术、摔跤、赛马、踩绳、跳板、马上技巧等精彩项目。②

1982年9月2日，全国第二届少数民族传统体育运动会在呼和浩特市举行。万里、乌兰夫、阿沛·阿旺晋美等党和国家领导人出席了大会。这届运动会是历史上第一次有全国29个省、自治区、直辖市派代表团参加，第一次有55个少数民族的863名运动员参加了比赛和表演，标志着少数民族传统体育在新的历史时期有了新的发展。③

1986年8月10日，在乌鲁木齐市举行了第三届全国少数民族传统运动会。万里、刘澜涛、江华、杨静仁等党和国家领导人出席了大会。在这次运动会上，除台湾省外的29个省、自治区、直辖市都派出代表队，5个自治区和云南、贵州、青海各派两个代表队参加。这次运动会确定了会徽、会旗，并明确了运动会设置表演项目和比赛项目两大类，以表演项目为主。各表演项目在重视民族风格和特点的同时，强调了内容健康，有竞技特点。运动会还安排了摔跤、赛马、抢花炮、秋千、射弩、叼羊6个比赛项目。这届运动会在少数民族传统体育史上第一次规定了少数民族传统体育竞赛项目的规程、规则，标志着少数民族传统体育运动已迈向科学化、规范化和社会化。④

1991年11月11日至18日，在广西壮族自治区首府南宁市举行了第四届全国少数民族传统体育运动会。有30个省、自治区、直辖市55个少数民族的运动员参加。台湾省高山族同胞的首次亮相引起了各方关注。运动会分设表演项目和竞赛项目两大类：表演项目有反映民族历史、文化、生产、生活的传统体育120项；竞赛项目有富有民族特色的抢花炮、秋千、射弩、珍珠球、龙舟、木球、摔跤、赛马和武术这9项。表演项目采取评判方法评出一、二、三等奖，开始步入规范化。这次运动会与往届不同之处在于：这次运动会与经贸洽谈会相结合，"体育搭台，经贸唱戏"，产生了较大的经济效益，标志着在市场经济机制下的少数民族传统体育更加充满生机与活力。⑤

1995年11月5日至12日，在昆明举行了第五届全国少数民族传统体育运动会。来自全国55个少数民族的运动员和包括汉族在内的工作人员7000多人参加了民族运动会。运动会设有表演项目和竞赛项目两大类。表演项目有反映各民族历史、文化、生

---

① 《人民日报》1992年2月19日。
② 《人民日报》1953年11月9日。
③ 《人民日报》1982年9月3日。
④ 《人民日报》1986年8月10日。
⑤ 《人民日报》1991年11月12日。

产、生活的传统体育 100 多项。竞赛项目有富有民族特色的抢花炮、秋千、龙舟、射弩、珍珠球、木球、民族式摔跤、打陀螺、毽球、武术和马上项目 11 大类,其中,毽球、打陀螺是这届新增竞赛项目。①

1999 年 9 月 24 日,第六届全国少数民族传统体育运动会,分别在首都北京和西藏自治区首府拉萨举行。中共中央总书记、国家主席江泽民为本届运动会题词"发展民族体育,增强民族体质"。第六届全国少数民族传统体育运动会是 20 世纪中国举办的最后一次大型综合性体育运动会。1999 年是中华人民共和国成立 50 周年,是西藏自治区民主改革 40 周年,又是 20 世纪的最后一年。因此,在祖国的首都北京和西藏自治区的首府拉萨举办本届运动会具有十分重要的意义。本届运动会的会徽是由 6 字形的凤凰和布达拉宫与天坛的图案共同组成的。运动会设竞赛项目和表演项目两大类。竞赛项目有:抢花炮、珍珠球、木球、毽球、蹴球、秋千、武术、射弩、龙舟、打陀螺、"押加"、民族式摔跤、马上项目共 13 项,表演项目 150 多项。其中射弩、打陀螺、"押加"、部分马上项目和部分表演项目在拉萨分会场进行。本届运动会有 56 个民族的 6000 多名运动员参加 13 个项目的比赛和 100 多个项目的表演,充分体现了民族大团结、政通人和、国富民安的盛世景象,向世人展示了中华民族的凝聚力,而且创造了在世界屋脊举办运动会的奇迹。②

全国民族地区先后举办多种形式的民族运动会,挖掘出 600 多个少数民族传统体育项目,涌现出一批少数民族优秀运动员。朝鲜族的林明燮获得过全国摔跤冠军。哈尼族摔跤运动员高文和五次蝉联全国自由式摔跤 48 公斤级冠军。锡伯族射箭运动员郭梅珍、汝光,藏族登山运动员贡布、潘多,优秀射手鄂伦春族运动员葛畏列,白族运动员董复,壮族体操运动员李宁、黄群,回族游泳运动员穆祥雄等,创造了优秀成绩,为国家争光立功。

三、"民族问题五种丛书"的编辑出版和民族图书出版事业的发展

1979 年,在国家民委的领导下,2000 多名各族专家、学者和长期从事民族工作的干部,着手整理、编写《中国少数民族》、《中国少数民族简史丛书》、《中国少数民族语言简志丛书》、《中国少数民族自治地方概况丛书》和《中国少数民族社会历史调查资料丛刊》,简称"民族问题五种丛书"。为这项浩繁的民族文化建设工程,国家拨出专款 3000 多万元,2000 多名专家、学者、民族工作者付出巨大的劳动,共出版了 403 卷,完成了近 1 亿字,32 家出版社参加了编辑出版工作。③ 至此,我国 55 个少数民族的历史和现状,都有了精确、真实的文字记录,这不仅在中国,就是在世界上也是前所未有的。

"民族问题五种丛书"的完成,标志着民族图书出版事业的繁荣,同时,一大批民族类图书的出版更是大大丰富了少数民族文化。1986 年,四川人民出版社和香港和平图书有限公司联合出版,向世界发行了《中国民族服饰》,为研究各民族的文化发展史

---

① 《人民日报》1995 年 11 月 6 日。
② 《光明日报》1999 年 9 月 25 日。
③ 《光明日报》1990 年 3 月 1 日。

提供了丰富、可靠的依据。从 1981 年开始的 4 年多时间里，中央民族学院（现为中央民族大学）少数民族文艺研究所的音乐研究人员对各民族的乐器进行实地考察，将考察成果编撰成《中国少数民族乐器志》（中文版）和包括汉族乐器在内的《中国民族乐器志》（英文版）。为抢救少数民族艺术，文化部会同国家民委和中国文联有关协会发起编纂的《中国民间歌曲集成》、《中国民族民间舞蹈集成》、《中国戏曲志》、《中国曲艺志》和《中国民间故事集成》等 10 部大型系列丛书，于 1995 年前陆续出齐。为了让古典名著在少数民族群众中广为流传，民族出版社和其他民族自治地方的出版社分别用蒙古、藏、维吾尔、哈萨克、朝鲜等民族语文出版发行了一批古典名著，有《红楼梦》、《三国演义》、《水浒传》、《西游记》、《史记》、《唐诗三百首》等。

1993 年 4 月 6 日，民族出版社庆祝建社 40 周年。这个专门为各少数民族服务的出版社共出版各类书刊 1.4 万多种，2.15 亿册。这些书刊除发行全国各民族地区外，还远销海外 70 多个国家和地区。云南民族出版社是全国出版民族图书文种最多的出版社，能出版德宏傣文、西双版纳傣文、傈僳文、佤文、拉祜文、景颇文等 12 种文字的图书，从 1979—1989 年的 10 年间共出书 823 种。贵州人民出版社至 1992 年为止，已编辑出版民族民间出版物 2000 余万字，自 1986 年以来，已出版这类读物 116 种。该社出书重点突出，属民族民间学术、文化的挖掘、整理、研究的热点、难点、空白点的选题在80% 以上。广西民族出版社建社至 20 世纪 90 年代初期，共出版了各类图书 2800 多种，向全国发行 5600 万册。宁夏人民出版社、青海人民出版社出版了《〈古兰经〉哲学思想》、《回族文学史》、《中国的伊斯兰教》等一批伊斯兰教文化及回族文化方面的书籍。

到 2000 年年底，全国民族自治地方共出版图书 11402 种，42310 万册；杂志 650 种，8332 万册；报纸 356 种，123277 份。[①]

为推动中国民族出版事业的发展，1993 年 1 月，由国家民委和新闻出版署共同主持的首届中国民族图书奖颁奖大会在京举行。共有 29 家民族类出版社 18 种文字（包括汉文）的 52 种图书分获一、二、三等奖，另有 20 种图书荣获提名奖。1994 年 12 月，第二届中国民族图书奖颁奖大会在北京召开。这届评奖会议评出一等奖 10 名；二等奖 15 名；三等奖 25 名；提名奖 27 名。民族图书奖的创立体现了党和政府对少数民族文化事业的关怀和重视，标志着我国民族出版工作的水平正在提高，少数民族群众文化素质正在提高，民族地区精神文明建设正在发展到前所未有的文明程度和发展阶段。

四、民族古籍的挖掘、整理和保护

1982 年 3 月，国务院召开了古籍整理出版规划会议。会议根据中共中央和陈云关于整理古籍的指示，在讨论和布置全国古籍整理工作的同时，提出了整理少数民族古籍的任务。1983 年 6 月和 1985 年 12 月，国家民委先后两次召开全国少数民族古籍工作座谈会，决定有关省、市、自治区建立少数民族古籍整理出版规划领导小组，国家民委转发了《全国少数民族古籍整理工作会议纪要》的通知。两次会议的召开推动了古籍整理工作机构及协作组织的建立。在北京、辽宁、吉林、黑龙江、内蒙古、甘肃、宁夏、新疆、青海、云南、贵州、四川、广西、广东、海南、河北、河南、西藏、浙江、福

[①]《中国民族工作年鉴》编辑部：《中国民族工作年鉴 2001》，第 616 页，民族出版社，2001 年。

建、山东、湖南、湖北等省、自治区、直辖市,相继建立了少数民族古籍整理出版规划小组、古籍办公室、民族古籍研究所、民族古籍出版社及相应的机构。跨省、自治区、直辖市的民族古籍整理工作也得到发展,成立了五省(区)满文,四省(区)彝文,八省(区)蒙古文、达斡尔文、鄂伦春文,六省(区)回族等民族古籍协作小组。

到 1989 年为止,全国北方少数民族古籍整理工作成绩显著,已整理出版文献类 14 种,42 本,共 1470 万字。交出版社的各类古籍书有 14 种 16 本,约 560 万字。[①] 其中,有关回族史和中国伊斯兰教经史的书目 500 多种,古籍资料近 200 种,有不少是价值较高的孤本、善本,还有部分濒临绝版的研究回族和中国伊斯兰教的外文资料。收集、整理土族、撒拉族、锡伯族的文献资料工作也取得了很大进展。蒙古文古籍在少数民族古籍中占有较重要的位置。自 1990 年以来,内蒙古自治区少数民族古籍办公室搜集、整理、出版了近百种沉睡多年的元、明、清时期和民国年间的蒙古文古籍。这些书籍内容包括政治、历史、语言文字、文学艺术、宗教和医药等。其中不少书是国内外首版。蒙古文《清实录》便是一份珍贵的文献资料。

南方各省的少数民族文献整理工作也受到地方各级政府的极大关注。曾被称作"四旧"和"巫师文学"的彝文古籍,从 1983 年至 20 世纪 90 年代初,已被陆续整理出版了各种文献 6700 多种。[②] 彝文古籍向来以学术价值高而被人称道。《西南彝志》是研究彝族历史的重要著作。《宇宙人文论》对宇宙人类的形成和古代彝族天文历算有着详细的记载。医药书《齐书苏》被彝族人民誉为"哀牢明珠"。自 20 世纪 80 年代末至 90 年代初,仅云南民族出版社就出版了大量的彝汉对照的古籍,其中,"云南省民族古籍系列译丛"中包括的《夷僰榷濮》、《尼苏夺节》、《洪水泛滥》、《裴妥梅妮》、《普兹楠兹》(彝族祭祀词),均是彝族古代文献中的佼佼者。四川凉山收集了近 400 种彝文古籍,20 世纪 90 年代初又收集了包括口碑文献在内的上百种彝文古籍,其中一些已经重新整理出版。四川列入《全国彝文古籍书名编目》的几百部书,均已完成。四川古彝文单字的收集工作也有新发现。20 世纪 70 年代以前收集的古彝文单字 8000 多个,到 20 世纪 90 年代初增至 1 万多字,并整理成册。到 2000 年,仅四川雷波县已收集整理和复制雕刻了《毕摩经书》中的《尼木戈朵》、《尼木金洛》、《乌鸦语》、《玛嫫特衣》各 1 部,复制彝文甲骨文、竹简、皮书、布书、木牍图片 42 张,并挖掘、抢救彝族古籍 87 卷,1700 多万字,上交凉山彝族自治州语言委员会 58 卷,内部整理出版 1 册,译成汉文 2 册。[③] 为了加强民族文化大省的建设,自 1999 年至 2000 年,云南省加大了抢救力度,共征得古籍 1300 多册,出版了 8 部少数民族古籍。其中有一批古籍精品,如彝族古籍《祭龙经》、哈尼族古籍《哈尼族礼仪习俗歌》、傈僳族的《祭天古歌》、白族《大理历代名碑》等,共计 400 多万字,并采用国际音标注音。[④]

纳西东巴古籍是古代纳西族先民对其历史和社会的真实写照和艺术反思。它形象地

[①] 《人民日报》1989 年 8 月 12 日。
[②] 《人民日报》1988 年 6 月 27 日。
[③] 《凉山日报》2001 年 6 月 27 日。
[④] 《云南日报》2000 年 6 月 19 日。

记录了古代纳西族的生产生活和思想意识。其中,有很多纳西族早期社会的历史资料,汉文献都没有记载,通过对东巴文化的研究,可以了解中国西北、西南民族的迁徙、演变。1913年,法国的巴克教授出版了第一本研究纳西东巴文化的专著《麽些研究》,此后的近百年中,无数中外学者开始了对东巴文化的研究工作。20世纪60年代,云南丽江纳西族自治县文化馆曾组织人员从事专门的译经活动,译出了几百本东巴经书,这是有史以来第一次有组织有领导的较大规模的译经活动。"文化大革命"期间此项工作中断,大量译本散失。1980年6月,云南丽江地区成立了"丽江东巴经翻译整理委员会"。1981年5月,又成立了"云南省社会科学院东巴文化研究室",从此,开始了大规模有计划、有领导、有目的的东巴经古籍的翻译工作。东巴古籍的研究工作取得了很大进展,先后由云南人民出版社出版了三集《纳西东巴古籍译注》(由东巴文、国际音标、汉文对照相结合),其中,有关舞蹈的专谱,被舞蹈界誉为"国宝",是迄今为止世界上独一无二的最古老的图画象形文字舞谱。从近两千册东巴经译本中精选出来的千册百卷本《纳西东巴古籍译注全集》也由云南人民出版社向全世界公开出版。

在民族古籍的挖掘整理中,三大史诗的抢救整理引起世人瞩目。藏族史诗《格萨尔》、蒙古族史诗《江格尔》和柯尔克孜族史诗《玛纳斯》是中国优秀的文化遗产。《格萨尔》是藏族民间说唱体英雄史诗,是世界上最长的一部史诗,被誉为"东方的伊利亚特"。《江格尔》是由数万行诗组成的大型史诗。这部史诗篇幅浩大,内容丰富,语言优美,民族特色浓郁,引起世界各国的重视,除汉文的部分译文和5种蒙古文版本外,还被译成德、日、俄、乌克兰等多种文字。"江格尔学"已成为一门世界性的学科。《玛纳斯》是千百年来流传在柯尔克孜族的著名民间史诗,是一部内容丰富、风格粗犷的民间文学巨著。至1991年为止,全国已搜集到的《格萨尔》藏文抄本、刻本200多部,蒙古文分章本近30种,并为藏族、蒙古族、土族、裕固族民间说唱艺人的200多部作品录制了7000多盘磁带。全国已出版藏文《格萨尔王传》近70部,译成汉文的约40部。全国已有《格萨尔》专业人员600多名。① 中国对"江格尔学"的研究是从1979年开始的,有关方面成立了《江格尔》搜集、整理、出版领导小组和工作组,派人深入南疆、北疆24个县市,采集了19万行诗,搜集了与《江格尔》有关的民间文学作品及民族习俗、乐曲等大量资料,陆续出版了托忒蒙古文、胡都木蒙文、汉文等各类版本的《江格尔》以及《江格尔论文集》等。对《玛纳斯》的挖掘整理也受到各方关注,《玛纳斯》首次用柯尔克孜文印刷成书。

仅自1984年至1999年,据不完全统计,已抢救、搜集少数民族古籍达12万种(部、件、册)。已整理11万种(部、件、册),出版古籍、书籍(不包括馆藏书籍)5000余种(部、件、册)。②

到2000年为止,全国共有25个省、自治区、直辖市,130个自治州、地(市)、盟建立了民族古籍整理机构,民族院校也建有古籍整理机构。已抢救、整理少数民族古

---

① 《人民日报》(海外版)1991年8月14日。
② 国家民族事务委员会《中国民族工作五十年》编委会:《中国民族工作五十年》,第56页,民族出版社,1999年。

籍几十万种（部、件、册），其中包括许多珍贵的孤本、珍本和善本，出版了大批有价值有影响的包括三大史诗在内的少数民族古籍，并有几十种少数民族古籍和研究专著获得诸如国家图书奖等大量奖项。从1998年开始，由全国少数民族古籍整理研究室组织编写了《中国少数民族古籍总目提要》，这是一个跨世纪的民族文化宏伟工程，预计出版55卷，111册，每册3000个词条，100万字，总计11000万字。该总目录收录的范围包括：1949年以前成书并已流传使用的民族古籍；1949年以后按原文抄录或复制的古籍；原无本民族文字的民族的口头文献；历史上存留下来的民族文字碑铭和文书；在国内出土、保存、流传、现已流失在国外的古籍文献。计划在2008年全部完成。①

五、开展国际文化交流

中国的56个民族，都有自己多姿多彩的文化艺术。西藏古老的文化艺术——藏戏，也成功地冲出高原，走向了世界。藏戏是藏族的古典戏剧，共有600余年的历史和独树一帜的艺术风格。它表现的故事多为降妖伏魔，逢凶化吉，有着古朴、单纯的舞蹈，多流派、多风格的唱腔、服装、面具。当今世界上面具剧种所剩无几，古老的藏戏却仍然魅力不减。

1983年夏，西藏自治区藏戏团首次访问日本演出取得成功，1986年再访日本，又是誉满东瀛。1984年3月，应美国亚洲协会演出部的邀请，藏戏团赴美演出，在美一个多月里，藏戏团在纽约、圣卡鲁斯等14个城市演出26场，观众达2万多人。《纽约时报》、"美国之音"、"ABC广播公司"等权威新闻机构争相报道。藏戏团在纽约刮起了一阵阵"西藏风"。1987年7月，伦敦的"国际宫廷音乐艺术节"上，西藏艺术家的表演使观众如痴如狂，深为藏戏的魅力所倾倒。② 1994年，西藏藏戏团访问西欧再次引起轰动。2000年，甘南藏戏艺术团一行26人，赴韩国参加国际假面舞艺术节。③

自改革开放以来，西藏、青海两省区有数百人次的藏族演职人员到50多个国家出访演出。藏族传统文化展先后到法、日、英、美、尼泊尔等几十个国家和地区展出。1991年，西藏歌舞团在法国参加马尔提格艺术节，被称作是本届艺术节百花园里最为鲜艳的一朵。1987年，藏传佛教文物展览和西藏唐嘎珍宝展分赴香港、法国展出，被称为"西藏艺术、宗教中最美好的东西"，"达到了成功的顶峰"。④ 1988年，西藏文物珍宝展览赴日本东京等5个城市展出，参观者平均每天达3000人次。1994年，应英国克兰丘公司的邀请，我国著名藏族画家、十世班禅画师尼玛泽仁先生在英国伦敦、曼彻斯特等5个城市举办了藏画个人绘画艺术展。这是在英国首次举办的藏画展。从尼玛泽仁的1200多幅作品中精选的40多幅画受到英国女王以及众多官员、艺术家及普通观众的热烈欢迎和高度评价。他们说："这个画展是英国最精彩的画展之一，令人震撼折服。"一些华侨和藏胞说，尼玛泽仁的画说明藏族艺术在中国不断发展，令藏族人在西方人面前感到骄傲。2000年9月29日，中国藏族文化艺术展在韩国举办。艺术展分为

---

① 李晋有：《民族文化进入新的发展时期》，《中国民族》2002年第8期。
② 《西藏传统文化艺术走向世界》，《民族团结》1988年第5期。
③ 《中国民族工作年鉴》编辑部：《中国民族工作年鉴2001》，406页，民族出版社，2001年。
④ 《青海日报》1993年2月9日。

"历世达赖、班禅敬献中央礼品展"、"中国藏族生活用品展"、"西藏自治区博物馆文物展"和"中国藏族文化艺术彩绘大观"4个部分。①

维吾尔族的"木卡姆"也是少数民族艺术园中独放异彩的鲜花。这部组曲已传唱1000多年，它包括12大套，因而习惯上称为"十二木卡姆"。每套"木卡姆"均由3部分组成。新疆木卡姆演出团多次在国内外演出，1987年参加英国的"宫廷艺术节"，震撼了伊丽莎白音乐厅。1988年在中国香港十二届亚洲艺术节上演出，又轰动一时。

1990年5月下旬至7月上旬，以内蒙古自治区呼伦贝尔盟民族歌舞团为主组成的中国少数民族艺术团，应邀参加了荷兰、瑞典国际民间艺术节。一行30人中有蒙古、达斡尔、回、鄂伦春、鄂温克、朝鲜、满、汉8个民族的演员。他们的演出，以其特有的民族艺术魅力和浓郁的草原气息打动了3000多万观众。2000年6月4日至12日，内蒙古艺术团在菲律宾马尼拉进行了6场大型文艺演出，在当地引起了极大反响。2000年12月15日至2001年1月2日，内蒙古杂技团一行19人赴法国演出，受到欢迎。②

除了各省、自治区自己组团进行民族文化的对外交流外，国家有关部门也常组织对外文化交流，向世界展示我国多民族的文化。1989年7月13日，以国家民委文化司长殷海山为团长的一行30人，包括苗、布依、侗、彝、壮、水、仡佬、土家、回、汉10个民族成分的中国少数民族艺术团应加拿大和美国国际民间艺术组织的邀请，先后参加加拿大和美国举办的世界民间艺术节。他们以精湛的技艺、绚丽多彩的音乐舞蹈，反映了中国南方少数民族的传统文化和独特的生活风貌。1991年7月15日，中国少数民族服装展览在阿尔及尔举行，共展出蒙古、藏、彝、黎、景颇、高山、维吾尔等16个民族近80套服装以及鞋帽和部分饰物。人们对中国少数民族服装的丰富多彩、富有特色表示赞赏。

自1988年至1994年由文化部、文联、对外友协及各省、市、自治区派出去的文化团体有300多个、7000余人次，蒙古、藏、维吾尔、哈萨克、壮、水、朝鲜、白、土家、傣、侗、回、满等20多个民族的艺术家足迹遍及60多个国家和地区。③绚丽多彩的少数民族文化艺术在对外文化交流中发挥了重要作用，并以其独特的艺术感染力，受到世界各国人民的欢迎。

第二节　建立民族教育体系

一、国家对民族教育制定特殊政策

1981年2月和1992年3月，先后召开了第三次、第四次全国民族教育工作会议，国家从以下几个方面实行了特殊政策：

（一）恢复新建民族教育行政领导机构

1980年1月，经国务院批准，教育部恢复了民族教育司的设置。国家教委建立后，仍继续保留民族教育司。有关地方各级人民政府的民族教育行政机构也逐步恢复和健全

---

① ②　《中国民族工作年鉴》编辑部：《中国民族工作年鉴2001》，第405页，民族出版社，2001年。
③　《每日电讯》1994年2月19日。

起来。不少省、市、自治区在省一级教育厅、局下设立了民族教育处,一些州、县也设立了民族教育行政机构或派专人负责民族教育工作。各市、县、州还加强了各级各类民族学校领导班子的建设。

(二) 实行倾斜政策,增加教育投入

经费、师资、校址是教育的三要素,缺一不可。为了支持老少边穷地区发展基础教育,从1985年起,国家每年拨出1亿元作为普及小学教育基建专款。1990年,又设立了少数民族教育补助经费,每年安排2000万元用于少数民族教育发展。1995年,国家设立"贫困地区义务教育工程"共投入39亿元(加上地方配套款共100亿元)主要用于5个自治区及青、甘、滇、黔9个多民族省区。1997年,又设立了"国家贫困地区义务教育助学金",四年累计拨款1.3亿元,用于资助家庭经济困难而失学、辍学的儿童,特别规定优先资助少数民族儿童和女童。此外,师范教育、职业技术教育等专项经费的分配,也向民族地区倾斜。1996年至2001年,国家利用国债和其他专项经费,通过实施国家扶贫教育工程、"211工程"、西部每个省和区重点建设一所高校、西部校园网建设、西部中等职业教育发展、高校扩招资助、普通高中发展、高校基础设施建设、内地西藏班和新疆高中班等项目,对西部地区投入的经费达53.68亿元。①

除了国家投入外,民族地区还接受了大量的捐赠用于发展民族教育事业。1988年日本向新疆和田地区赠款670万美金,折合人民币2485.7万元,用于建设小学和幼儿园。邵逸夫等侨胞捐资数百万元人民币用于发展新疆、宁夏等地的教育事业。1990年3月初,新疆维吾尔自治区教育基金会召开捐资助学动员大会,不到两个小时,就捐资67万元。中国民族信托投资公司捐赠近百万元人民币,用于扶持民族地区的基础教育发展。云南省教育厅先后向世界银行贷款160万美元,用于发展民族教育。20世纪90年代以来,中国政府利用世行贷款连续四次实施了贫困地区基础教育发展项目,对11个省、自治区的近200个少数民族人口较多的县安排了近2亿美元的软贷款。②

(三) 加强民族教师队伍建设

为了加强民族教师队伍的建设,国家采取了许多措施:对民办教师经过考试,合格者转为公办教师;优先发展师范教育,培养合格的教师;对在岗教师,采取在岗与脱产培训相结合的办法培训提高;开展智力支边,对口支援;组织内地教师到少数民族地区讲学,吸收少数民族地区的教师到内地进行培训;举办短训班、组织教育管理及教学改革经验交流等。经过各种形式的培训学习,民族教师的质量得到不同程度的提高。如内蒙古鄂温克自治旗中小学教师的学历合格率已由1985年的36.6%上升到1993年的74%,小学生双科考试及格率由1985年的60%,上升到1993年的86.13%,民族教育水平有了显著的提高。自2000年起,实施了民族贫困地区中小学教师综合素质培训,到2001年已有17个省、区近40万名教师参加了培训,教师的综合素质显著提高。截止2001年,全国各级各类学校少数民族专任教师已达95万人,形成了在数量和质量上

---

①② 陈至立:《高举邓小平理论伟大旗帜 认真实践"三个代表"重要思想 努力开创民族教育工作新局面——在第五次全国民族教育工作会议上的讲话》,《中国民族教育》2002年第4期。

基本适应教学需要的少数民族专任教师队伍。①

(四) 鼓励民族地区采取多种形式办学

国家根据民族地区的特点，采取了多种办学形式。

办寄宿学校。全国民族自治地方已有寄宿制小学10万多所，寄宿制中学1.2万所。

开办民族班。国家教育部下发的《关于1980年在部分全国重点高校试办少数民族班的通知》中规定，北京大学、清华大学、北京师范大学、大连工学院、陕西大学5所重点高校试办民族班。1989年以后，国务院22个部委所属的50余所高校为新疆举办民族班。"九五"期间，继续实施第三期内地高等学校支援新疆培养少数民族本、专科生协作计划，5年累计招收了4000多名新疆少数民族本专科学生，并制定了2001年至2005年第四期培养5000名新疆少数民族本、专科学生的规划。从2000年起，在北京、上海、天津、大连、青岛、南京、无锡、苏州、宁波、广州、深圳等12个东部发达城市举办内地新疆高中班，首批招收了1000名新疆各民族初中毕业生。②

开办预科班。2001年，在全国已有17个省区和部委所属的100多所高校办有民族预科班和民族班，年招生已达1.1万多人。③

大力发展职业教育和成人教育。到1998年，民族自治地方有普通中等专业学校597所，职业中学1401所，成人教育学校20646所，各级各类在校学生621.21万人，当年招生人数560.26万人。④ 民族地区已初步建立起了以独立设置的各级各类职业学校、成人学校为主体，其他教育机构共同参与的，多渠道、多规格、多形式的培养和培训中初级实用人才的民族职业教育、成人教育体系。

(五) 突出民族特点，进行"双语"教学

国家规定，各民族按自愿原则，采用汉语文或本民族语言进行"双语"教学，民族教材特别是文、史、地应突出民族特点。允许自编本民族语文教材与民族补充教材，并要加强民族教材的翻译、出版、印刷、发行工作。《中华人民共和国民族区域自治法》第37条规定：招收"少数民族学生为主的学校"有条件的应当采用少数民族文字的课本，并用少数民族语言讲课；小学高年级或者中学设汉文课程，推广全国通用的普通话。⑤

经过多年努力，中国教育系统从小学到中学已建立起以本民族语文为主，汉文为辅的双语教育体制。云南省有14个民族的21种民族文字进入686所学校1249个班级用于双语教学。"九五"期间，云南省中小学教材审定委员会正式审定了8个民族的59本民族文字教材，正式出版了4个民族6种文字的10本教材。贵州省有57个县，1000多所学校，3000多个班开展"双语"教学，还因地制宜开展学前"双语"教学试点。新疆维吾尔自治区普通中小学分别采用维吾尔、汉、哈萨克、柯尔克孜、蒙古、锡伯、

---

① ③ 陈至立：《高举邓小平理论伟大旗帜　认真实践"三个代表"重要思想　努力开创民族教育工作新局面——陈至立在第五次全国民族教育工作会议上的讲话》，《中国民族教育》2002年第4期。

② 冬月：《蓬勃发展的少数民族教育》，中国教育和科研网。

④ 国家民族事务委员会《中国民族工作五十年》编委会：《中国民族工作五十年》，第45—50页，民族出版社，1999年版。

⑤ 《中华人民共和国民族政策法规选编》，第44页，中国民航出版社，1997年。

俄罗斯 7 种语言进行教学,大专、中专院校分别采用汉、维吾尔、哈萨克、蒙古 4 种语言授课。全区使用少数民族语言授课的普通中学有 872 所,占 51.0%,小学有 4581 所,占 68.2%,还有 461 所民汉合校的中小学。① "九五"期间,逐步形成了"民族语授课为主,加授汉语"、"汉语授课为主,加授民族语"以及"民族语授课为主,逐步过渡到汉语"的三种基本教学模式,并积极展开"三语"(民族语、汉语和外语)教学实验。到 2000 年,全国有 13 个省、自治区共有 1 万多所学校使用 21 个民族的语言文字开展民、汉双语教学,在校生达 600 多万人。②

为加强民族文字教材编译、审定、出版和发行工作,以保证民族语文教育教学的顺利进行,中央和地方各级政府从人、财、物方面对民族文字教材的编译、审定和出版给予了支持。"九五"期间,国家专门设立了民族文字教材审查专项补助经费。到 2000 年,共有 10 个省、自治区建立了相应的民族文字教材编译、出版机构,每年编译、出版中小学各科教材近 3000 种,总印数达 1 亿多册。③

二、民族教育体系初步形成

为加强学前教育,1979 年召开了全国托幼工作会议,同时成立了国务院托幼工作领导小组。此后,各民族省区相继成立了托幼领导机构,逐步健全了幼儿教育管理体制。经过 10 多年的发展,少数民族儿童教育已初具规模。多民族聚居的 8 个省区都有了学前教育机构,除西藏外,其他 7 省区以及延边、湘西、鄂西等自治州都形成了以城镇为中心向乡村辐射的学前教育网络。

至 1989 年,民族省区已有 181 万余名 3—6 岁幼儿接受了不同层次的学前教育。各民族省区的幼儿入园率比 10 年前有了大幅度的增长。特别是广西、内蒙古的学前教育发展十分迅速,到 20 世纪 90 年代初期,两个自治区已有百万幼儿进入幼儿园或学前班。

遍布城乡的民族基础教育网络初步形成,全国少数民族聚居的大多数村寨有小学,乡有中心小学,县有民族中学。为了解决女童入学难的问题,宁夏、甘肃、青海三省区在 15 个贫困县建起 22 所女童教育实验学校。到 1993 年,回、藏、土、蒙古、撒拉等少数民族女童就学状况有了明显改善,在校女生一年中增长 24.5%,学龄女童入学率由实验前的 47.7% 提高到 66.1%,1992 年到 1993 学年末巩固率达 96.4%,其中 7 所实验学校年巩固率达 100%。④ 西藏教育有了很大的发展,2000 年,全区拥有各类学校 956 所,在校学生 38.11 万人;适龄儿童入学率 85.8%,文盲率 32.5%。⑤

据统计,截至 2000 年,全国民族自治地方已有小学 84710 所,在校学生 1886 万人,学校专任教师 89.94 万人;中等学校 12841 所,在校学生 978.33 万人,中等学校专任教师已达 54.50 万人。⑥

---

① 国家民委文宣司语文室:《加强双语教学 切实提高民族教育质量》,《民族团结》2002 年第 10 期。
② 冬月:《蓬勃发展的少数民族教育》,中国教育和科研网。
③ 图道多吉:《民族教育大发展——"九五"期间民族教育发展回顾》,《中国民族》2002 年第 8 期。
④ 《光明日报》1994 年 2 月 22 日。
⑤ 《西藏的现代化发展》,《人民日报》2001 年 11 月 9 日。
⑥ 《中国民族工作年鉴》编辑部:《中国民族工作年鉴 2001》,第 580—582 页,民族出版社,2001 年。

从 1950—2000 年，全国已建立了 12 所民族院校，它们分布于北京、湖北、云南、贵州、四川、广西、辽宁、青海、甘肃、宁夏、西藏等省、市、自治区。这些民族院校已经培养出少数民族干部和各类人才近 20 万人。成立于 1951 年 6 月 11 日的中央民族大学，建校 50 年来，创造了许多少数民族人才培养的第一：第一位少数民族大学生、第一位少数民族硕士、博士生，共为少数民族和民族地区培养了 6 万多名毕业生，他们当中有 80% 在民族地区工作，绝大多数已成为国家特别是民族地区各条战线的骨干力量。据不完全统计，中央民族大学毕业生中，有国家领导人（全国人大副委员长）1 人，部、省级以上干部 60 多人，地、州、盟厅局级干部达 500 多人，县、旗处级干部 8000 多人，仅在新疆维吾尔自治区担任县级以上干部的就有 700 余人。① 是全国 12 所民族院校中唯一一所首批进入"211 工程"的重点高等学府。中央民族大学现有本科专业 41 个，硕士点 24 个，博士授权点 9 个，博士后流动站 2 个。② 建立于 1950 年的西北民族学院现有 11 个系，16 个专业，2 个硕士授权点。1951 年创建的中南民族学院（现为中南民族大学），校园面积 1258 亩，现有大学本科专业 35 个，专科 10 个，硕士授权点 16 个，在职教职工 1400 余人，全日制学生 1.1 万人。③ 同年建立的还有云南民族学院和西南民族学院，现均改为民族大学。云南民族大学现有 16 个学科类学院（部），9 个硕士授权点，32 个本科专业，4 个专科专业，6 个省级重点学科，全日制在校生 8000 人，成人教育学生 7000 余人。④ 西南民族大学，现有 36 个大学本科专业，41 个成人高校本科、专科专业，全日制学生 1.1 万人。现已建成 14 万平方米现代化全数字程控新校区，占地面积达 1000 亩。⑤ 广西民族学院现有 36 个大本专业，41 个成人高校本专科专业，在校学生 15000 人。延边大学成立于 1949 年 3 月，是我国朝鲜族聚居区第一所综合性大学，1996 年进入国家"211 工程"，建校 50 多年来，为国家培养 6 万多名大学生，其中少数民族 4 万多人。全校现有教职员工 3111 人，在校全日制学生 14665 人，本科专业 65 个，博士授权点 5 个，硕士授权点 55 个，形成了朝鲜语言文学学科从学士、硕士到博士的完整课程教学体系和具有民族特色的人才培养模式。⑥ 其他民族学院经过多年发展，都已具备较强的教学科研实力。据统计，2000 年民族自治地方的高等学校已有 97 所，在校学生 336437 人，在校研究生 5546 人，专任教师 36391 人。⑦

为了加强民族地区高校学科建设和高层次人才培养能力，历次学位授予审核工作中，充分考虑民族地区的特点，在授权的学科范围和增列指标上对民族地区高校和民族院校采取了倾斜政策，同时授权西部有关省、区自行审批硕士点。到 2000 年，西部有关省、区高校已有博士点 59 个，硕士点 640 个，有博士学位授予权的高校 15 所，硕士授予权的高校及科研机构 53 个；8 个民族省区中，有内蒙古大学、云南大学、广西大

---

① 荣仕星：《新世纪再创中央民族大学的特色和优势》，《中国民族教育》2001 年第 1 期。
② 《人民日报》2001 年 6 月 13 日。
③ 《光明日报》2001 年 11 月 18 日。
④ 《光明日报》2003 年 6 月 20 日。
⑤ 《光明日报》2003 年 6 月 26 日。
⑥ 《光明日报》2003 年 7 月 25 日。
⑦ 《中国民族工作年鉴》编辑部：《中国民族工作年鉴 2001》，第 584 页，民族出版社，2001 年。

学、新疆大学 4 所高校进入"211 工程"。

民族成人教育和民族职业教育也是民族教育体系中重要的环节。2000 年民族自治地方中等专业学校 515 所，在校学生 52.71 万人，专任教师 3.33 万人；2000 年民族自治地方职业中学 1118 所，在校学生 526542 人，专任教师 32849 人。①

三、召开全国民族语言文字工作会议

1991 年 12 月 3 日至 7 日，全国民族语文工作会议在北京召开。全国人大常委会副主任阿沛·阿旺晋美、赛福鼎·艾则孜、全国政协副主席杨静仁、国务委员司马义·艾买提以及国家民委负责人、国家语言文字工作委员会负责人出席了开幕式。国家民族事务委员会副主任伍精华在总结了我国 40 多年民族语文工作取得的显著成绩后指出，40 多年来，我国民族语文工作正反两个方面的经验告诉我们，做好民族语文工作，对于处理好民族问题，维护和促进民族平等、民族团结和各民族共同繁荣，维护民族地区的稳定，乃至全国的稳定都有重要意义。当前和今后一个时期民族语文工作的主要任务是：贯彻党和国家的民族语文政策；加强民族语文法制建设；进行马克思主义民族语文理论、政策的宣传；搞好民族语文的规范化、标准化和信息化；促进民族语文的翻译、出版、教育、新闻、广播、影视、古籍整理；推进民族语文的学术研究、协作交流和人才培养，鼓励各民族互相学习语言文字。②

全国民族语文工作会议召开后，党和国家更加重视民族语文工作。在中国共产党全国代表大会、全国人民代表大会和全国政协的会议上，除了汉文文件外，还向有关少数民族的代表和委员提供大会主要文件的蒙古、藏、维吾尔、朝鲜、哈萨克、彝、壮 7 种文字的译本，并配置了上述 7 种语言的同声传译。在有关省、自治区以及自治州、自治县的会议上，也都根据需要配备翻译人员，使各少数民族的代表通过自己民族的语文了解会议内容，表达自己的意见。

民族语言文字出版宣传和人才培养工作得到加强。到 1994 年，已有 11 个省、自治区办起了民族语广播，有 50 个民族语言及方言的电影译制点每年分别用 24 种少数民族语译制影片 3400 多部次，观众年平均达 1800 多万人次；许多省、自治区成立了电影制片厂和译制片厂；一些民族地区的电视台还开办了民族语言节目；科研教学部门研制开发了蒙古文、藏文、维吾尔文、哈萨克文、朝鲜文、傣文、彝文的信息处理系统，使少数民族文字进入了新技术开发和应用的领域。仅云南省就有省级和德宏傣族景颇族自治州两个出版社，1994 年出版了 14 个民族 16 个文种的各类图书 2000 多种，近 2000 万册；还创办了 8 个民族 12 个文种的 17 种报纸和 3 个民族 4 个文种的 5 种刊物，出版发行上万册。从云南省级到地州县有 33 个广播台（站）用 11 个民族的 18 个语种进行广播，用 17 个民族的 20 个语种译制电影、录像近 800 部。③ 1994 年新疆维吾尔自治区用维吾尔、汉、哈萨克、蒙古、柯尔克孜和锡伯文出版的公开报纸 84 种，其中少数民

---

① 《中国民族工作年鉴》编辑部：《中国民族工作年鉴2001》，第 588 页，民族出版社，2001 年。
② 国家民委办公厅、国家民委政策研究室编：《国家民委文件选编》（上），第 712 页，中国民航出版社，1996 年。
③ 《云南民族报》1994 年 7 月 18 日。

文字的占50%；出版的154种公开发行的期刊中，少数民族文字的占55%。用维吾尔、汉、哈萨克、蒙古4种文字出版的《新疆日报》，是我国各省区使用文种最多的日报，发行量居5个自治区党委机关报之首。①新疆人民广播电台分别用维吾尔语、汉、哈萨克语、蒙古语、柯尔克孜语5种语言播音。内蒙古自治区累计出版蒙古文图书5700种，6800万册，已基本满足了蒙古文图书读者的不同需要。青海省用少数民族语言译制电影500多部，发行拷贝1600部，翻译电视片200部。2000年，民族自治地方使用民族语言的广播机构共有102个，它们分别用蒙古语、藏语、维吾尔语、苗语等语言制作民族语言节目111套，广播人口覆盖率达81.18%；使用民族语言的电视机构共有65个，全年制作民族语言节目67套，电视人口覆盖率达85.64%；民族自治地方全年生产民族语文故事片12部，全年完成民族语翻译片234部。②

在中央和各省区的12所民族学院和许多民族师范学院都设有民族语文系或专业。这些民族高等院校和一些民族语文研究机构50年来为国家培养了大批从大学生到博士生的少数民族语言专业研究教学人才。仅中央民族大学、西北民族学院、西南民族学院等，每年向社会输送数百名高级双语人才。各民族地区的中等专业学校培养的双语人才多达成千上万，如内蒙古自治区1996年中等专业学校毕业的双语人才就有1960人。③

第三节 民族地区医疗卫生事业日益发展

一、建立医疗体系

民族地区医疗卫生事业关系到民族人口的整体健康素质。1983年，卫生部和国家民委联合召开了全国少数民族卫生工作会议，会议总结了过去的工作和经验教训，提出了新的任务和政策、措施，会议还讨论了《关于加速培养少数民族高级医学人才的实施方案》、《关于继承发展民族医药的意见》、《关于经济发达省市对口支援边疆民族地区卫生事业建设的实施方案》。国务院批准并颁布了《全国少数民族卫生工作会议纪要》，卫生部、国家民委、教育部、劳动人事部就加强少数民族地区卫生建设等问题发布了相应的文件和通知。

民族医药界人士及民族地区卫生工作部门的同志也开展了一系列活动。四川、云南、贵州、广东、吉林、黑龙江等省及5个自治区的109家民族地区卫生部门，本着"联谊、交流、研讨、发展"的方针进行横向联合，积极开展民族卫生改革的研究和促进工作并先后成立了延边朝医研究所、中蒙医研究所、广西壮医研究所、新疆民族医药研究所、青海民族医药研究所、黔东南民族医药研究所、西双版纳傣医研究所、思茅传统民族医药研究所、成都军区民族民间医药研究所。西藏、内蒙古、新疆、云南、辽宁、吉林、广西、甘肃、贵州等地相继建立了一批民族医药科研机构，其中有独立编制

---

① 《新疆日报》1994年10月25日。
② 《中国民族工作年鉴》编辑部：《中国民族工作年鉴2001》，第608—612页，民族出版社，2001年。
③ 中国少数民族双语教学研究会：《中国少数民族双语使用和双语教学备忘录》，《中国民族》2002年第10期。

的县级以上机构就有15所。从20世纪80年代中期到90年代中期，民族医药科研机构列入各级科研课题228项，其中省部级以上课题92项。全国已获得各级科研成果283项，其中省部级以上的科研成果32项。①

经过多年发展，民族地区的医疗卫生事业形成了一定的规模。1995年年底，全国有民族医院123所，床位6090张，民族医药人员10442人，县以上有独立编制民族医药科研机构15所，生产十几种剂型，其中藏药350个品种，蒙药300多个品种，维药192个品种。②国家在西藏、青海、内蒙古、新疆、云南、广西、贵州等十几个少数民族集中的省、区，先后设立了民族医药的医疗、教学、科研机构。到2000年年底，民族自治地方共有卫生机构16009个，医院12492个，床位381979张，专业卫生人员485181人，其中少数民族专业卫生人员有186494人。③

二、少数民族医疗卫生技术人员的成长

卫生部、国家民委、教育部于1980年联合发出了《关于加强少数民族地区医学教育的意见》和《关于内地省、市对口支援少数民族地区发展医学教育试行方案》，在此基础上，三部委于1983年又联合发出《关于全国重点高等医学院校培养少数民族高级医学人才的意见》。意见下发以后，北京医学院、中山医学院、四川医学院、上海第一医学院和北京中医学院5所重点医科大学从1984年起每年从5个自治区招收一定数量的少数民族学生。中央民族学院、西南民族学院、西北民族学院、中南民族学院4个民族学院从1983年各办一个医学预科班，为上述5所医学院培养预科生。内地医学院仅为西藏一地就培养了大批人才。20世纪60年代，北京、兰州等地为西藏培养了300多名正规中专医士、助产医士人员，1971年到1989年，沈阳、开封、重庆军医学校为西藏培养了1200名专业人才。1989年以后，山东、江苏等地卫校都开设了西藏班，为西藏培养放射、药剂、检验、公共卫生等方面的中专人才。④

民族地区的医学院校也发展较快。贵州省从1981年起，在7所中等卫生学校各办一个民族医士班，每班40人，毕业后回当地卫生院工作。云南的17所中等卫校，共培养少数民族学生6719人。广西壮族自治区建立了3所民族卫校，另有3所卫校办民族班，共同培养少数民族医护人才。青海、新疆、内蒙古等省区也都开设了民族医学中专等专业班。

1985年4月29日，青海省首届藏医医士专业班的39名学员，经过3年的专业培训，在黄南藏族自治州民族卫生学校毕业，这是青海省依靠自己的力量培养出的第一批藏医专业人才。西藏自治区也已形成完善的医学教育体系。新中国成立40多年来，这里已培养起一支拥有上万名高、中级技术人员的民族医药卫生队伍。1951年开始，由随军进藏医务人员和中央民族卫生大队医务人员培养了第一代藏族医护人员。20世纪

---

① 王居：《让民族医药的瑰宝大放异彩》，《民族团结》1998年第10期。
② 《我国民族医药蓬勃发展》，《人民日报》1996年12月13日。
③ 国家民族事务委员会经济发展司、国家统计局国民经济综合统计司：《中国民族统计年鉴2001》，第634页，民族出版社，2001年。
④ 国家民族事务委员会经济发展司、国家统计局国民经济综合统计司：《中国民族统计年鉴1995》，第749页，民族出版社，1996年。

70年代以来,在内地援藏医疗队的支援下,西藏相继开办了3所中专卫校。1983年,西藏自治区成立了藏医学校,1985年在西藏大学设立了藏医系,1989年又成立了藏医学院,20世纪80年代共培养了6000多名高、中级卫生人才。昌都、山南、那曲等地市的卫生干部进修学校还承担起培训农牧区基层医疗、卫生在职人员和赤脚医生的任务,培养出数千名赤脚医生,他们均获得"乡村医生"证书。西藏自治区藏医院还先后为新疆、内蒙古、青海、甘肃等省市培养了数百名藏医药专业技术人才,为普及藏医药作出了贡献。20世纪90年代以来,西藏自治区卫生厅和美国纽约中华医学基金会合作,在自治区卫生学校的基础上,筹建一所新型医学专科学校,首期160万美元援助资金已经启动。1993年9月,筹建中的西藏医专招收了第一期医学大专班。① 1987年4月27日,我国第一所培养蒙医药高级人才的医学院校——内蒙古蒙医学院正式成立,十几年来培养了几批蒙医药人才,分赴全区各地民族医药科研部门及制药行业,起到了骨干作用。内蒙古中蒙医院也培养了大批中蒙医人才,到1994年,该院参加长期进修学习的有47人次,请外地专家来院讲学10余人次。学院通过派人出去进修学习、参加短期培训班、请外地专家来院讲学等方式,提高了医务人员的整体素质。② 到1995年,内蒙古已有蒙医医疗机构47所,其中旗(县)级以上蒙医医院37所、蒙医专科医院1所,蒙医门诊部9所,盟(市)级蒙医研究所4所,自治区级中蒙医研究所1所,市级中蒙医研究所1所,有蒙医、中医合署的中蒙医院24所。

编写合适的民族医药教材,也是发展民族卫生事业、培养民族医疗技术人员所必不可少的。1986年,由青海省卫生厅组织西藏、甘肃、四川、云南、青海五省区有关人员编写的《全国中等藏药学校试用教材》完稿。1987年,由西双版纳傣族自治州民族医药研究所同州卫生学校编写的云南省第一部傣医临床课试用教材出版。一些优秀的民族医药教材还在国际上获了奖。云南省中医学院助理研究员关祥祖(彝族)出版了《彝族医药学》等15部医药著作,他主持的彝族医药学成果于1994年4月在美国拉斯维加举行的首届世界传统医学优秀成果大奖赛上荣获金杯一等奖。③

民族医药事业的发展,加速了少数民族医疗卫生技术人员的成长。西医吴英恺(满族)、藏医贡嘎平措(藏族)、蒙古医金巴(蒙古族)、中医赵炳南(回族)等一大批杰出的少数民族医药人才涌现出来。到2000年为止,民族自治地方共有蒙古医3386人,有藏医2169人,有维医934人,有傣医255人,共计6744人。④ 全国已有民族医医院134所,其中藏医医院56所,蒙医医院41所,维医医院30所,其他民族医医院7所。还有一批民族医专科医院和门诊部。西藏藏医医学院、内蒙古蒙医学院、新疆维吾尔医专科学校,培养了大批民族医疗卫生人员。⑤

三、少数民族传统医药得到发展

中国的少数民族地区地域辽阔,海拔高度相差很大,气候各异,蕴藏着丰富的民族

---

① 《中国民族统计年鉴1995》,第749页,民族出版社,1996年。
② 《内蒙古日报》1994年4月3日。
③ 《云南日报》1994年8月12日。
④ 《中国民族统计年鉴2001》,第639页,民族出版社,2001年。
⑤ 杨盛龙:《发展民族传统医药 建设西部生态文化》,《中国民族》2002年第6期。

医药资源。特别是民族成分众多的滇、黔、川、桂地区,自然环境奇特,立体气候明显,药材种类多,质量好。据统计,中国民族传统药物有12800种,其中,蒙古、藏、维吾尔、傣4个民族医药体系使用的药物在5000种以上,其中有名贵的三七、冬虫夏草、雪莲、天麻、贝母、麝香、灵芝、云木香、肉苁蓉等。[①]

1995年,国家中医药管理局与国家民委联合召开了第二次全国民族医药工作会议,下发了《关于进一步加强民族医药工作的意见》。此后,以蒙医、藏医、傣医为代表的民族医药进入了新的发展阶段。

蒙医主要分布于内蒙古、黑龙江、辽宁、吉林、新疆等省区。蒙医以藏医的《四部医典》为基础,创立了六基症理论——由赫依、希拉、巴干达、奇素、希拉乌素、好日玄六因引致相应的六种基本病症,可以出现二合症和四十余种聚合症,蒙药有六味、八性、十七效之别,主要药物有动、植、矿三种。成立于1989年的辽宁省阜新蒙医药研究所,结束了数百年来蒙医分散行医的历史,使蒙医药的应用和研究走上了新的阶段。"再生障碍性贫血"被医学界称为"软癌",该所主任蒙医师邢鹤林继承父业,潜心研制成功了再障1—7号系列蒙药,对治疗这种病总有效率达94.2%。在蒙医药学理论的研究和挖掘中,该所取得许多成果,已出版了《蒙医金匮》、《蒙医方剂选》,编辑整理出蒙藏《四部医典》、《玛那生占巴》、《蒙医药简史》、《蒙医妙诊》、《蒙古药集》、《名医列传》、《祖传秘方》等百余万字的资料。该所所属药厂生产的3个剂型42个品种的蒙药,有12种已纳入国家药典。其中蒙药嘎日迪—13获省优秀产品金鹰奖,并打入日本、蒙古、美国等地。

藏医主要分布在西藏、青海、甘肃、四川、云南等省区,已有1000多年的历史。《四部医典》、《月王药诊》、《晶珠本草》等都是藏医的重要著作。藏医认为人体的正常生理活动是"龙"、"赤巴"、"培根"三者作用的结果,把饮食精微、血、肉、骨、脂肪、髓和精七大物质称为"绿送顿",把大、小便及汗水称为"泽马宋"。当"龙"、"培根"、"赤巴"偏盛、偏衰时就会发生病变。近年来,根据西藏自然环境的特点,以防治常见病、多发病、疑难病为主题展开的藏医科研工作取得了可喜的成就。西藏自治区藏医院结合藏西医,运用藏成药治疗萎缩性胃炎,疗效显著,获卫生部1988年科技进步三等奖。采用传统的藏成药处方治疗细菌性痢疾,临床疗效达94%以上。治疗神经系统疾病的藏医成药"珍珠七十味"两次获国家医药银牌奖。在医药人员的努力下,藏药剂型和加工工艺得到不断提高,传统的名贵藏药"然纳桑塔"荣获1991年国际传统医药大会金奖。藏药"坐台"获国家专利。1993年,卫生部在拉萨召开中国藏药标准研讨会,西藏已完成11种藏药材、40种藏成药标准的制定工作,为藏医藏药逐步走上国内国际市场迈出关键一步。[②]

傣医、傣药也是少数民族医药库中的宝藏。为继承发展傣药,西双版纳自治州首府景洪已成立傣族民族医药研究所。傣药包括当地特有的野生植物、动物,动物药中包括风猴骨、犀牛、象皮、熊胆等,其用药方法和剂型也很有特色,除使用鲜品外,有散、

---

① 杨盛龙:《发展民族传统医药 建设西部生态文化》,《中国民族》2002年第6期。
② 《每日电讯》1994年4月12日。

丸、酒剂、汤剂、油剂及"芬"、"烘"、"烘雅"、"沙雅"等特殊剂型。傣医要求热疾用寒药，寒疾用热药。

彝医主要分布在云南、贵州、四川。彝医主张就地取材，使用大量动物药、植物药，治疗以内治外包为主，方剂多以酒为引经药。近些年来，一批彝族医药古籍被翻译出版，其中有贵州仁怀县发现的《启谷署》，云南双柏县发现的《明代彝医书》，云南禄劝彝族苗族自治县发现的《医病好药书》，云南新平彝族傣族自治县发现的《三头马彝医书》、《老五斗彝医书》等。

黎族医药在我国医药中也占有重要地位。《中药大辞典》中，收有海南药用植物500多种，其中专治蛇毒的有310种，专治癌症的有50多种。海南省的黎族医生，充分利用占当地植物总数86.2%的药用植物和珍奇的动物资源，用草药槌药敷贴法等传统方法治疗各种内、外、妇、儿科疾病及疑难杂症，获得了良好的疗效。

民族地区还办起了一批民族医药生产企业。西藏自治区有藏药生产企业22家，年产值3亿元，其中奇正藏药1.3亿元。青海省有藏药生产企业12家，年产值1亿元。贵州省有中药民族医药企业183家，生产中成药、民族药250多种，年产值20多亿元，由占全省医药工业产值的0.22%上升到41.5%。云南、新疆、广西、内蒙古、辽宁阜新的民族医药生产都取得了一定的成绩。①

四、少数民族健康水平提高，人均寿命延长

十年动乱期间，传染病、地方病发病率上升。十一届三中全会后，民族卫生事业进入了健康和全面发展的新阶段。各地地方病、传染病得到了有效控制。内蒙古防氟治水累计受益人口达174.7万人，地甲病已达到控制标准；克山病降到了历史最低水平；大骨节、肺结核等地方病和传染病得到了有效的控制。孕产妇及婴儿死亡率持续下降。人均寿命比新中国成立前提高近1倍。鄂伦春族、赫哲族结核病患病率也开始下降，1987年鄂伦春自治旗对结核病进行了万人抽样普查，结果表明，患病率为1.06%，接近国家的控制指标。人口出生率和婴儿成活率也大为提高，鄂伦春族人口呈上升趋势。到1990年，全国鄂伦春族人口数近7000人，比新中国成立初增长了3倍多。曾被人们称为"蛮夷孳障之地"的四川秀山土家族苗族自治县是历史上血吸虫病流行区，经该县几代卫生防疫人员的艰苦努力，到1994年已达到卫生部规定的消灭血吸虫病标准。

据人口学家分析，1981年各少数民族聚居区婴儿死亡率除朝鲜族和满族以外，普遍较高，到1990年均有明显下降，下降趋势最明显的如维吾尔族、满族、哈萨克族、布依族、藏族等，分别下降了56和38个千分点。1990年全国第四次人口普查表明，我国少数民族人口已从1982年第三次人口普查时的6643.4万人增至9056.7万人。8年净增2413.3万人，净增率为12.6%，少数民族人口净增率为全国同期平均数的2.89倍，占全国总人口的比重由6.6%增至8.01%。②

西藏自治区人口的数量和质量也有明显提高，西藏自治区第四次人口普查结果表

---

① 杨盛龙：《发展民族传统医药 建设西部生态文化》，《中国民族》2002年第6期。
② 国家民族事务委员会经济发展司、国家统计局国民经济综合统计司编：《中国民族统计年鉴1999》，第298—401页，民族出版社，1999年。

明，全区总人口为2196011人，其中藏族人口为2096346人，占总人口的95.46%。近20年来，西藏儿童平均每10年身高增加约5厘米，体重增加约2公斤，人均寿命由新中国成立前的35岁延至65岁以上。云南各少数民族人口平均寿命由20世纪40年代末的30岁延长到1998年的66.4岁。①

在许多少数民族聚居地区还出现了长寿村。辽宁省的阜新蒙古族自治县的东窑屯，多年来人均寿命为83.7岁。这个小屯60岁以上老人占全屯总人口的28%，大大高于全国水平。1991年国际自然医学会把新疆列为世界第四个长寿区，因为在中国3765名百岁以上寿星中，新疆占了865名，约占22.97%。广西1994年有百岁及百岁以上寿星共1007人，年龄最大的是苗族农妇王候奶和壮族农妇陆惠珍，两位老人都已120岁。广西河池市巴马瑶族自治县的长寿现象，在日本东京举行的国际自然医学会第15次年会上成为热门话题。该县有22.6万人，其中百岁以上老人69人，90岁至99岁的长寿老人226人，80岁至89岁的老人1724人。1992年以来，美国、英国、加拿大、日本等10多个国家及国内25个省、市的医学专家、学者150余人次到该县进行了考察研究，140多篇关于巴马长寿现象的研究文章在国际国内学术研讨会上宣读并发表。巴马日益成为全球长寿研究的热点，并被确认为世界第五长寿乡。

目前我国百万以上民族人口的生活质量普遍提高，综合指数绝大多数处于中等水平，其中朝鲜族和满族的零岁婴儿死亡率低于汉族和全国平均水平，朝鲜族、满族和蒙古族的文化教育综合值已经超过汉族，从而显示这些民族人口聚居区有较好的物质生活、医疗卫生和教育水平。

---

① 《中国人口报》1998年7月10日。

第三章 中央民族工作会议的召开和社会主义民族关系的巩固与发展

第一节 中共中央国务院召开全国民族工作会议

一、中央召开首次全国民族工作会议

20世纪80年代末90年代初,世界掀起了第三次民族主义浪潮,东欧剧变,苏联解体,民族问题引发的政治动荡、军事冲突、国家分裂不断出现。1989年以后,西方某些敌对势力企图利用中国的民族宗教问题对中国进行"西化"和"分化"。国内外极少数民族分裂主义分子内外勾结,加紧进行民族分裂活动,引起了党中央、国务院对民族工作的高度重视,1992年1月14日至18日在北京召开了新中国成立后首次中央民族工作会议,中共中央政治局常委全体出席。

中共中央总书记江泽民在《加强各民族大团结,为建设有中国特色的社会主义携手前进》的报告中,回顾了中华人民共和国成立40多年来,我国民族工作取得的巨大成就。深刻地论述了"民族、阶级、国家都有自己产生、发展和消亡的客观规律……只要有民族存在,就有民族问题存在"。"在历史发展长河中,民族问题对过去、现在和未来社会,都有重大的影响。"

"历史发展表明:国家统一、民族团结,则政通人和,百业兴旺;国家分裂、民族纷争,则丧权辱国、人民遭殃。中国是这样,外国也是这样。"在谈到社会主义时期民族问题和民族工作时指出:"尤其值得我们警惕的是,国际敌对势力明目张胆地支持我国内部的极少数分裂主义分子,正在加紧对我们进行渗透、破坏和颠覆活动。利用民族问题打开缺口,是国内外敌对势力进行和平演变的重要手段。在这种错综复杂的情况下,我们更应该高度重视民族问题,采取正确的方针政策,认真妥善地加以解决。"

江泽民在讲话中,还提出了20世纪90年代民族工作的五项主要任务,概括起来就是:加快少数民族和民族地区经济发展,逐步与全国的发展相适应;大力发展少数民族和民族地区的社会事业,促进各民族的全面进步;坚持改革开放,不断增强少数民族和民族地区的自我发展活力;坚持与完善民族区域自治制度,全面贯彻落实《民族区域自治法》,大力培养少数民族干部;进一步加强各民族的大团结,坚决维护祖国的统一。江泽民指出,这些任务能否胜利完成,关系到少数民族和民族地区能否持续发展和繁荣,也关系到能否胜利地实现我国社会主义现代化建设的第二步战略目标,关系到祖国的强大和昌盛。我们一定要从振兴中华民族这个宏伟目标出发,认识到新的历史条件下民族工作的重要性,认真按照党中央和国务院的部署,采取切实可行的措施,全面完成这些任务。

李鹏总理在讲话中指出:加快民族地区经济和社会的发展,主要靠三条:一是国家的继续扶持;二是经济比较发达地区的对口支援;三是民族地区自身的奋斗。这三个方

面要统筹规划，有机结合，形成合力，这样就能发挥更大的作用。但是，归根结底要依靠民族地区各族人民进一步发扬自力更生、艰苦奋斗的精神，不断增强自我发展的能力。讲话进一步强调加强民族团结，加快民族地区改革开放，大力培养少数民族干部及全面落实民族工作会议精神的重要意义。

这次会议深刻认识了民族问题的长期性、复杂性和重要性，将民族问题与民族工作提到前所未有的战略高度，明确了新时期的民族工作的方向和任务，对于指导20世纪90年代中国的民族工作具有重要意义。[①]

二、中央召开第二次民族工作会议

1999年，以美国为首的北约，借南斯拉夫联盟的科索沃问题，对南斯拉夫进行野蛮轰炸。美国打着"人权"的幌子，粗暴干涉别国民族问题的做法引起了包括中国在内的许多国家的谴责。

1999年9月29日，在北京召开了第二次中央民族工作会议暨国务院第三次全国民族团结进步表彰大会，同时举办了第六届全国少数民族运动会。江泽民、李鹏、朱镕基、李瑞环、胡锦涛、尉健行、李岚清等党和国家领导人出席大会。

这次民族工作会议的任务是：在邓小平理论和党的基本路线指引下，通过回顾50年来我国民族工作的伟大成就，进一步认识和把握社会主义初级阶段民族问题的规律，深入研究民族工作面临的新形势，全面部署跨世纪的民族工作，以便更好地团结全国各族人民努力实现党的十五大确定的宏伟目标。

中共中央总书记、国家主席、中央军委主席江泽民发表了重要讲话。江泽民指出，新中国的成立，开创了中华民族历史的新纪元。毛泽东同志、邓小平同志等老一辈无产阶级革命家，审时度势，高瞻远瞩，创造性地把马克思主义的民族理论与中国民族问题的实际相结合，确立了平等、团结、互助的社会主义民族关系，建立了符合我国国情和各民族根本利益的民族区域自治制度，制定了一系列促进各民族共同发展繁荣的方针政策，领导我们走出了一条具有中国特色的处理民族问题的正确道路。

江泽民强调，新中国的民族工作主要有两大历史任务：一是通过进行社会制度的变革，引导翻身解放的各民族人民走上社会主义道路。二是通过进行社会主义建设，加快各民族特别是少数民族和民族地区的经济社会发展，促进各民族的共同繁荣。在党的领导下，第一项任务早已胜利完成，第二项任务也已取得举世瞩目的伟大成就。事实充分说明，我们的民族政策是完全正确的，与世界其他国家相比，我们处理民族问题也是最成功的。

江泽民指出，"纵观全球一些热点地区发生的冲突和战争，大都与民族问题处理不当或外国势力插手民族纠纷有关系"。"全党同志必须把加强民族团结，促进各民族共同发展和共同繁荣，作为整个社会主义初级阶段民族工作的行动纲领"。讲话中首次明确提出"实施西部大开发是我国下个世纪的一项重大战略任务，也是民族地区加快发展的重要历史机遇，从现在起有关部门应加紧进行研究。要进一步明确民族地区发展的主要目标、基本任务和重要方针政策。"

---

① 《中国民族统计年鉴1994》，第3—14页，民族出版社，1994年。

朱镕基总理在讲话中指出:"以美国为首的北约空袭南斯拉夫联盟共和国,就是一个利用民族矛盾武力入侵一个主权国家的恶劣事例。西方敌对势力亡我之心不死,利用民族宗教问题加紧对我国进行'西化'、'分化',支持极少数民族分裂主义分子进行分裂活动。因此,在当今复杂多变国际环境下,切实做好民族工作,对于增强中华民族凝聚力、维护祖国统一尤为重要。"朱镕基着重强调,我们应当正确认识和贯彻中央关于实施西部大开发和加快民族地区发展的战略决策。明确提出要加强民族地区基础设施建设;努力为加快民族地区发展创造有利条件;坚持维护国家统一和各民族大团结。

参加中央民族工作会议的有384名代表,中央和国家机关各部门主要负责同志以及首都各界代表共4000多人出席了全国民族团结进步表彰大会,423名民族团结进步先进个人受到国务院的表彰。①

这次中央民族工作会议,提出全面实施西部大开发和加快民族地区发展的战略决策,是21世纪中国民族工作的新的里程碑。

第二节 中央召开西藏工作座谈会议

西藏有120多万平方公里,260多万人口,藏族占95%,地广人稀。中央对西藏人民十分关心,在改善群众的生产生活等方面采取了一系列措施。20世纪80年代以来,中央就西藏的发展进步问题专门召开过四次会议,1980年3月14日、15日,中央书记处召开第一次西藏工作座谈会,讨论西藏建设的方针、任务和若干政策问题。中共中央转发了《西藏工作座谈会纪要》。

1984年2月27日至3月28日,中央书记处在北京召开第二次西藏工作座谈会,西藏及有关部门代表70余人出席。会议决定,进一步解放思想,放开手脚,一切从西藏实际出发,充分发挥西藏自身优势,制定符合西藏实际的方针、政策;实行以家庭经营为主,以市场调节为主的生产经营政策;逐步从封闭式经济转变为开放式经济;在家庭经营责任制上实行"两个长期不变"的政策,即土地归户使用、自主经营长期不变和牲畜归户、私有私养、自主经营长期不变。会议期间,国务院确定9个省市承担43项重点援藏项目,总投资达10亿元,大部分工程在1985年西藏自治区20周年大庆之前竣工。具有浓郁藏族风格的西藏宾馆、人民会堂、拉萨体育场等一批现代化建筑群建成投入使用,古城拉萨市的规模和面貌发生了历史性变化。43项工程全部竣工后,西藏经济和社会发展前进了一大步。

1994年7月20日至23日,中共中央、国务院在京召开第三次西藏工作座谈会。这次会议是党中央、国务院在新的历史条件下召开的研究西藏工作的重要会议,会议制定了新时期西藏工作的指导方针:在邓小平建设有中国特色社会主义理论和党的基本路线指引下,在全国人民的支持下,依靠藏族人民和其他各族人民,抓住机遇,迎接挑战,深化改革,扩大开放,以经济建设为中心,紧紧抓住发展经济和稳定局势两件大事,确

---

① 《中央民族工作会议暨国务院第三次全国民族团结进步表彰大会文件集》,第2—4、第13—15页,人民出版社,1999年。

保西藏经济的加快发展,确保社会的全面进步和长治久安,确保人民生活水平的不断提高。

会议作出了中央政府关心西藏、全国各地支援西藏的重大决策,制定了一系列加快西藏发展的特殊优惠政策和措施。为迎接西藏自治区成立30周年,这次座谈会上落实了西藏经济和社会发展急需的62项援藏建设项目。其中包括能源、交通、邮电、农、牧、林、水、粮油加工及社会发展重点项目,总投资48.6亿元。15个对口支援省(市)和中央各部无偿援建716个项目,投入资金达31.6亿元;全国先后派遣援藏干部1900多名。2001年8月,62项工程全部竣工,极大地改善了西藏地区的生产生活条件,提高了西藏人民的生活水平。据统计,1994年至2000年,西藏自治区国内生产总值增长了1.3倍,年均增长12.4%,大大高于同期全国平均增长速度。同期城镇居民人均可支配收入和农牧民平均纯收入分别增长62.9%和93.6%,贫困人口由20世纪90年代初的48万人,减少到7万多人。

西藏的能源、交通等基础产业蓬勃兴起。电力发展迅速,形成了以水电为主,地热、风能、太阳能等多能互补的新型能源体系。到2000年,全区共有各类电站401座,总装机容量达到35.62万千瓦,年发电量达到6.61亿千瓦时。与和平解放前仅有一座125千瓦、只供少数上层贵族享受,断断续续发电的小电站相比,简直是天壤之别。以公路运输为主,航空、管道运输协调发展的立体交通运输网络已经形成,结束了旧西藏连一条公路都没有的历史。现已建成以拉萨市为中心,以青藏、川藏、新藏、滇藏和中尼公路为骨架,包括15条干线公路、375条支线公路,四通八达的公路网,公路总里程达2.25万公里,基本实现了县县通公路,80%以上的乡通上了公路。现已拥有拉萨贡嘎、昌都邦达两个民用机场,开辟了拉萨至北京、成都、重庆、西安、西宁、上海、云南迪庆、昆明、香港和尼泊尔加德满都等国内、国际航线。建成了总长为1080公里、世界上海拔最高的格尔木至拉萨输油管道,目前承担着西藏80%以上的油料运输。①

2001年6月25日至27日,中共中央、国务院在北京召开第四次西藏工作座谈会。江泽民总书记在讲话中指出:我们在西藏工作中取得的基本经验,归纳起来,主要有以下几个方面:一是坚持以经济建设为中心,紧紧抓住发展经济和稳定局势两件大事,确保西藏经济加快发展和社会全面进步,确保国家安全和西藏长治久安,确保西藏各族人民生活水平不断提高的指导方针。二是坚持深化改革,扩大开放,把全区各族干部群众的智慧和力量凝聚到经济建设这个中心任务上来。三是坚持全面贯彻党的民族政策和宗教政策,在西藏各族群众中不断巩固和发展平等、团结、互助的社会主义民族关系,坚持和发展壮大爱国统一战线。四是全党高度重视西藏工作,全国大力支持西藏工作,增强西藏各族人民对祖国的向心力。五是深入开展反对达赖集团分裂活动和国际反华势力渗透破坏活动的斗争,坚决维护西藏的稳定和祖国的统一、安全。六是不断加强党的建设,加强领导班子和干部队伍建设,为西藏的改革、发展、稳定提供坚强政治保证。我们要继续运用好这些成功经验,创造性地开展工作,努力开创西藏工作的新局面。

中共中央政治局委员、国务院总理朱镕基在会上就如何加快发展西藏经济发表了讲

---

① 国务院新闻办公室:《西藏的现代化发展》,《人民日报》2001年11月9日。

话。他说，我们要站在战略全局高度，看待加快西藏经济发展问题，增强使命感和责任感，共同努力，积极促进西藏经济的振兴和繁荣。基础设施薄弱是西藏经济发展的主要制约因素，必须加快铁路、公路、机场、电力、通信、水利等设施建设。充分发挥资源优势，形成既有优势又有市场的支柱产业和特色经济。巩固和加强农牧业基础地位，以调整农牧区和经济结构重点，搞好农牧业综合开发，千方百计提高农牧民收入。必须高度重视和切实加快发展旅游业，一定要把旅游业作为西藏的支柱产业。认真实施"科教兴藏"战略，大力培养各类人才，大力推进科技进步和创新，努力采用先进适用的技术，使现代科学技术在经济发展中发挥更大的作用。①

会议确定"十五"期间中央将为西藏投资 312 亿元，建设 117 个重点工程。与此同时，中央将给西藏财政补贴 369 亿元。另外，截至目前，中央对西藏追加申报的项目投资已超过 80 亿元，因此估计整个"十五"期间，中央对西藏的投资至少将超过 900 亿元。中央第四次西藏工作会议还给予西藏一个特殊政策，只要涉及西藏人民利益的工程，有一个报一个、批一个。在追加的项目中，包括拉萨市贡嘎机场两座桥和一个隧道的道路建设工程、拉萨直贡水电站以及林芝地区民用机场建设等，这些项目即将开工。截至 2002 年上半年，中央确定的 117 个重点建设项目已完工的有 18 个，在建的有 69 个，还有 30 个项目正在积极筹建中。②

第三节 社会主义民族关系日益加强

一、东西部横向经济联合不断发展

东西部横向经济联合经历了四个发展阶段：

第一阶段，从 1979 年到 1983 年，为探索起步阶段。

1979 年，中国确立了"对外开放，对内搞活经济"的方针，党中央、国务院就横向经济联合提出，要"发挥优势，保护竞争，促进联合"。1979 年 7 月，中共中央批准了全国边防工作会议的报告，确定组织内地发达省、市对口支援边疆地区和少数民族地区，即北京支援内蒙古，上海支援云南、宁夏，江苏支援新疆、广西，山东支援青海，全国支援西藏。对口支援的方式，包括技术支援和协作、物资支援和协作、经济联合等。③ 对口支援开始把民族地区与发达地区之间的横向联合纳入正常化、规范化的轨道。

1980 年，国务院发布了《关于推动经济联合的暂行规定》。在此精神的鼓舞下，内蒙古自治区于 1981 年 10 月加入华北经济技术协作区。

1982 年 10 月，国家计委和国家民委在银川召开了经济发达省、市同少数民族地区对口支援和经济技术协作工作座谈会。会议强调对口支援要坚持互惠互利、共同发展的方针，也要将经济利益和互助风格结合起来。

---

① 中国西藏信息网。
② 新华网：2002 年 9 月 16 日。
③ 《人民日报》1979 年 7 月 31 日。

1982年12月，全国19个省、市、自治区检查总结了1979年中央在全国边防工作会议上确定的对口支援实施情况，并向国务院报送了《经济发达省、市同少数民族地区对口支援和经济技术工作座谈会纪要》。这个纪要经国务院批转后，明确此项工作由当时的国家经贸委牵头，由国家计委和国家民委共同负责。

这一时期对口支援和经济技术协作初见成效。1983年10月，天津一次就支援西藏民族礼帽1000顶、名牌自行车1000辆、缝纫机3000台。四川则支援西藏薄钢板100吨。宁夏固原服装厂长期经营不善，产品质量差，花样单调，销路困难。1984年，上海师傅进厂后，不仅在裁样和缝制上传授技艺，而且在经营管理上帮助进行一系列改革，建立健全管理制度，工厂面貌为之一新，服装畅销自治区内外。内蒙古巴林右旗食品厂在北京师傅的帮助下，从未上等级的酱油达到了二级、三级，还学会制作45种北京糕点。上海"凤凰"牌自行车、"回力"牌轮胎在新疆乌鲁木齐"落户"；上海的皮鞋在宁夏银川"落户"，都成为畅销自治区内外的名牌产品。对口支援使民族地区的一批工厂扭亏为盈，提高了经济效益，救活了一批企业。

1983年，民族地区以各种形式初步成立了一批区域性合作组织。1983年1月，宁夏回族自治区、内蒙古自治区与山西等省组建了晋陕蒙宁能源基地（后改为国务院能源基地规划办公室），内蒙古三盟一市即呼伦贝尔盟、兴安盟、哲里木盟和赤峰市与东北三省在沈阳成立了东北经济区。1983年12月，中央领导同志视察西南，倡导西南省（区）成立经济协调会。与此同时，川、黔的13个毗邻县成立川黔边区经济技术协作区。

第二阶段，从1984年到1987年，为横向联合发展时期。

横向联合被列为经济体制改革的重要内容之一。一方面，对口支援和经济技术协作仍以较快速度发展；另一方面，大量的企业联合体开始涌现，突破对口支援、打破条块分割的区域性经济协作开始活跃起来。

1984年，《中华人民共和国民族区域自治法》第61条和60条规定"国家机关应当组织和支持经济发达地区与民族自治地方开展经济技术协作，帮助和促进民族自治地方提高经营管理水平和生产技术水平，"[1]"上级国家机关在投资、贷款、税收以及生产、供应、运输、销售等方面，扶持民族自治地方合理利用本地资源发展地方工业，发展交通、能源，发展和改进少数民族特需商品和传统手工业品的生产。"[2]这些规定，促进了沿海和内地经济发达地区与民族地区开展联合协作。同时，内蒙古、广西、宁夏和新疆等七个省区，也都相继制定了鼓励对口支援和经济技术协作的各项优惠政策和更加灵活的办法，使民族地区的对口支援和经济技术协作按照"扬长避短、形式多样、互利互惠、共同发展"的要求向更深层次发展。

《民族区域自治法》出台后，1985年，宁夏回族自治区人民政府主席黑伯理率领代表团同上海、浙江、江苏三个省市广泛接触、洽谈，达成了338个协作项目，引进资金5200万元。新疆维吾尔自治区的18个地州市和厅局先后组织58个专业代表团和考察团，前往兄弟省市考察、学习、洽谈、落实经济技术协作项目和人才培训计划。从

---

[1][2]《中华人民共和国民族政策法规选编》，第46页，中国航空出版社，1997年。

1985年到1986年，民族地区同发达地区落实协作项目12837个，人才交流24463人次，引进资金20.86亿元。同时国家援藏的43项工程顺利竣工。

1984年，《中共中央关于经济体制改革的决定》出台，提出"经济发达地区和比较不发达地区，沿海、内地和边疆，以及各行业和企业之间，要打破封闭……大力促进横向经济联系。"1984年4月，四川、云南、贵州、西藏、广西、重庆组建西南五省区六方经济协作区；1984年6月，新疆、陕西、甘肃、宁夏、青海组建西北五省区经济技术协作联席会。1984年9月，乌鲁木齐、西宁、银川、兰州、西安联合成立西北五城市经济技术联席会。

1986年3月，国务院发布《关于进一步推动横向经济联合的若干规定》。1986年4月，内蒙古东部三盟一市与东北四大城市联合成立东北五市三盟市盟长联席会议。1986年5月，川滇九地州市经济技术协作联席会成立。1986年6月，陕西、甘肃、宁夏、内蒙古毗邻地区经济协作会成立。1986年10月，乌兰察布盟与山西、河北组成晋冀盟八地盟市经济协作区。1986年12月，内蒙古东部五盟市经济协作区成立。①

第三阶段，1988年到20世纪90年代初，这一时期横向联合速度放慢并进入治理整顿的时期。

这一时期产生的新的区域性经济合作组织明显少于前一时期。成立较大的经济协作区是1988年由山东、河南、河北、山西、内蒙古、宁夏、甘肃、新疆组建的八省区经济协作区。

同时，前一时期成立的一些经济协作组织仍在发挥作用，有些还取得了较大的成果。如西南五省区七方（四川、云南、贵州、广西、西藏、重庆、成都）实施协作项目380多个，新增产值8.14亿元，利税1.62亿元，商贸和物资协作85.2亿元，有力地推动了西南经济的发展。如今，一个以农业、能源、交通为重点，商品流通为突破口，金融为纽带，中心城市为依托，企业之间的联合为基础的全方位的西南地区经济联合协作的新格局已初步形成。②

这一时期的对口支援仍在发挥作用。全国有北京、上海、天津、河北、江苏、山东、辽宁、湖北、浙江、广东等22个省、市参加了对口支援工作。仅广西、新疆、青海、云南、宁夏、贵州、甘肃等受援省区经济协作部门的不完全统计，到1990年年底，落实对口支援项目已达5000多个，新增产值10多亿元，新增利税2亿多元，交流各类人才1.8万多人次，其中为受援省、区代培各种专业人才1.5万多人次。受援民族地区向发达省市提供了钢材、有色金属、棉花、建材等30多种原材料。③

第四阶段，是20世纪90年代初党的十四大以后的一段时期。

1992年，党的十四大召开，决定建立社会主义市场经济体制。1993年，党的十四届三中全会召开，通过了《中共中央关于建立社会主义市场经济体制若干问题的决

---

① 吴兴旺：《市场经济下民族地区区域经济合作组织发展的基本走向》，《中央民族学院学报》1993年第3期。
② 《人民日报》（海外版）1989年7月1日。
③ 《人民日报》1992年1月27日。

定》。从此，中国的经济建设进入新时期，东西横向经济联合在新的体制基础上深入发展。

这一时期的对口支援依然存在。1993年，中央各部委纷纷采取措施，对口支援民族地区发展经济。国家计委决定将少数民族聚居的西南、西北地区的区域性发展规划列入全国总体发展规划。国家教委、外经委、财政部、卫生部、农业部等单位，都提出了支援民族地区的具体措施。

20世纪90年代初，内蒙古、宁夏、新疆、西藏、广西五个自治区，先后与内地和沿海省市签订各类经济技术协作合同1.9万多个，引进资金和物资总额达100多亿元，初步形成了纺织、制糖、机械、电子、物资和矿产开发等行业的协作网络。

1993年9月，国务院召开的全国乡镇企业工作会议提出要搞"乡镇企业东西合作示范工程"。1994年，全国优秀农民企业家、万向集团公司总经理鲁冠球决定在几年内向西部投入1亿元资金，通过公开招标的方式，择优选择一批开发项目和投资对象，以兼并、合资、收购等市场手段联合一批西部的骨干乡镇企业，开发新产业，在西部再造若干个万向集团。山东烟台市乡镇企业局制订了"西进3—100"计划，即用3年时间，组织100家企业，向西部投资3亿元，三年后为当地增加税收1亿元。①

自1995年以来，东西部经济协作出现了新的特点，一是协作项目层次提高，规模扩大。1995年，上海纺织系统已向新疆转移6万纱锭，投资规模达数亿元。上海白猫集团在四川万县一地的项目投资就达1700万元。1995年，上海向中西部各省市的投资总额达6亿多元，是历史上最多的一年。二是对口支援向多元化方向发展。上海援建的西藏日喀则上水工程已经完工，拉萨传染病医院建设进展顺利，上海教育、卫生、邮电、公用部门也出资出力，支援西部四省区建立"希望小学"。

二、智力支边与干部双向交流

智力支边工作取得了很大成就，主要表现在：

1. 国家在党校、团校、干部学校以及少数民族人才培训中心举办民族干部培训班，培养跨世纪的中青年干部

1980年，根据中央的指示精神，中央党校正式开办西藏民族干部培训班。至1998年2月，党校共办有不同学制的培训班18期，培训学生731人，其中藏族干部占80%以上。西藏班的学员主要是来自西藏自治区40岁左右的县（处）级干部和部分50岁以下的地（厅）级干部及少量的35岁以下的优秀科级干部。据统计，经过中央党校培训后的干部，已有5人成为自治区领导，地专级干部有250人左右，其余大部分是县处级干部。中央党校曾于1954年开办新疆班，1980年3月重新开班。40多年来，中央党校为新疆培训各少数民族地、县（处）级以上党政领导干部、理论宣传干部1473人次，对于维护各民族的团结和边疆的稳定，推动新疆的改革开放和现代化建设，发挥了重要作用。1993年，中央党校开办了短期民族班，其中西双版纳傣族自治州少数民族干部班30人、云南少数民族干部班37人、延边朝鲜族自治州民族干部班80人、内蒙古锡林郭勒盟少数民族干部班42人、贵州少数民族干部班45人、内蒙古呼伦贝尔盟少

---

① 杨荆楚：《当前民族地区发展的几个问题》，《中南民族学院学报》1995年第1期。

数民族干部班41人、青海少数民族干部班47人、呼和浩特市民族干部班46人、广西少数民族干部班47人，共计415人。中央团校是各民族青年干部成长的摇篮，到1993年年底，为内蒙古、新疆、西藏、广西、宁夏以及云南、贵州、四川、青海等民族地区举办培训班17期，培训各民族青年干部1400多人。2000年5月16日至6月5日，国家民委和中国国际人才交流协会在香港联合举办了中国高级公务员经济管理民族干部研讨班。来自西部13个省区、19个民族的34名学员参加了研讨，他们大部分是近两年来在中央机关和经济相对发达地区挂职锻炼过的地（州）、县（旗）少数民族党政领导干部。①

2. 在内地开办西藏班

1984年，中央作出"在内地办学，帮助西藏培养人才"的战略决策。从1985年开始，在京、津、沪等全国18个省、市开办内地西藏班（校），每年选送1300名藏族和其他少数民族小学毕业生到内地学校学习，学制七年，国家每年投资100多万元专款作为西藏班的学生服装、医药、学习、取暖等费用。国家分别在北京和四川成都新建了两所西藏中学，在26个省、市、区的大中专学校开办西藏班。数千名藏族本专科学生，分别在内地57所高校和西藏区内的3所高校里学习。他们所学的专业涉及经济、教育、管理、外贸、建筑、地质、农业、牧业、轻工、电力、气象、司法、卫生、邮电、交通、机械、税务、财经、商业等36个专业。"九五"期间，国家进一步扩大了内地西藏班办学规模，到2000年9月为止，累计招收22700余名西藏小学毕业生，已有8200余名大、中专毕业生返回西藏参加当地社会主义建设。到2000年，全国各类内地西藏班（校）在校生总数有14500余名，分布在全国26个省、市、自治区和有关部委所属的150多所各级各类学校。②

3. 智力对口支援

1979年，国家确定上海与宁夏为对口支援省区，至1991年，上海市组织专家、教授、工程技术人员共186批960多人次赴宁，到1992年，上海市为宁夏代培大中专学生800多名，培训各类专业技术骨干3000多人次。1981年到1991年10年间，江苏帮助新疆、广西培训技术人员6000多人次。1992年4月，国家又在全国28个省、自治区、直辖市和三个部委选调了128名各类专业技术人员和党政干部援藏，其专业范围涉及经济管理、翻译、导游、财会、审计等10多个专业，所有专业技术人员将在自治区一级的专业部门工作，党政干部到县里任职。20世纪90年代初，中国十大明星村之一的江苏华西村，无偿为西部培养100多名乡村干部。北京市回族聚居的首富村窦店村，免费为西部民族地区培训200名脱贫致富的专业技术人才。

民主党派和工商联也为智力支边做了许多工作。1988年3月21日，民主党派和工商联智力支边协调小组正式成立。1994年，天津市工商联咨询培训部被中共中央统战部和国家民委评为"智力支边扶贫先进集体"。自1983年以来，他们为老、少、边、穷地区提供咨询293项，派出咨询人员331人次，累计实现利税3036万元，为工商企

---

① 《中国民族工作年鉴2001》，第253页，民族出版社，2001年。
② 冬月：《蓬勃发展的少数民族教育》，中国教育和科研网。

业培训各类人才 2195 人。

4. 选派优秀教师对口支援

1980 年 3 月,教育部发出《关于继续派遣援藏教师的通知》,据此,四川、江苏、河南、湖北、山东、辽宁、上海等八省、市派出 500 多名中学教师到西藏各地中学任教。1981 年 10 月,教育部和国家人事局发出通知:支援西藏大学教师的工作由教育部负责办理,人事部予以协助。西藏师范学院由天津、吉林支援;西藏农牧学院由四川、陕西支援;西藏民族学院由上海、浙江支援。1992 年,国家教委采取了配套措施进行智力支边;动员发达县市对口支援民族地区 143 个特困县的教育事业;挑选全国最好的高等院校对口支援全国 110 所民族师专,指派教委系统重点大学定向培养民族师范人才。从 2000 年起,教育部实施了东西部地区校对校对口支援及城乡对口支援的"两个工程",加大了对民族教育的扶持力度。从 1992 年到 2001 年,内地省市教育对口支援民族地区的资金、教学设备及培训费总计达 1.6 亿元;救助民族地区失学儿童 38000 余名;培训中小学教师 15000 余人次,培训教育管理干部 4898 人次。①

在智力支边的同时,汉族干部和少数民族干部之间的双向交流工作也取得了重要进展。从 20 世纪 50 年代初到 1995 年,全国共派出干部 11 万人次支援西藏建设。在这些干部中,涌现出孔繁森、蒋筑英、王玉山、龚巧明、田文等一大批优秀援藏干部。他们有力地促进了各民族之间的相互了解与相互往来,更有利于促进民族地区经济发展和社会进步。

为了培养和提高少数民族干部的素质,中央组织部、中央统战部和国家民委共同商定选调一批少数民族优秀干部到中央国家机关和发达地区挂职锻炼。从 1990 年至 1993 年,已有四批共 95 名少数民族中级以上干部,分别到中央办公厅、中央宣传部、国家教委、国家科委、国家民委、农业部、林业部、卫生部和北京市委、天津市委以及首都钢铁公司挂职锻炼。其中地州级领导干部 45 人,县处级领导干部 50 人。他们来自 14 个省、自治区,共有 21 个民族,锻炼时间为半年至一年。从 1994 年 5 月起,又选调 100 名少数民族优秀中青年干部到中央国家机关和北京、天津、广东、江苏、山东、厦门、宁波、大连等发达地区挂职锻炼,这些干部分别担任相应的实职或助理职务,各地专门指派负责同志具体帮助和指导他们的工作和学习。从 1990 年到 1999 年,分期分批参加挂职锻炼的少数民族和民族地区干部人数达到 1000 名。通过 10 年的挂职锻炼,共培养少数民族干部和民族地区干部 1135 人,他们分别来自全国 19 个省、区、直辖市,41 个民族。②

2000 年,中央组织部、中央统战部、国家民委制定下发了《2000—2009 年选派西部地区和其他少数民族地区干部到中央国家机关和经济相对发达地区挂职锻炼工作规划》,规划的目标是:从 2000 年到 2009 年,每年选派 400~500 名西部地区和其他少数民族地区干部到中央国家机关和经济相对发达地区挂职锻炼。2000 年干部挂职锻炼主

---

① 陈至立:《高举邓小平理论伟大旗帜 认真实践"三个代表"重要思想 努力开创民族教育工作新局面——在第五次全国民族教育工作会议上的讲话》,《中国民族教育》2002 年第 4 期。
② 李英爱:《少数民族干部挂职锻炼工作 13 年》,《中国民族》2002 年 11 期。

要采取两种形式:一是由中央三部委直接组织,安排在中央、国家机关挂职锻炼;二是中央三部委协调,由有关省区市组织,安排在经济相对发达地区挂职锻炼。①

三、汉族与少数民族人口双向流动,族际婚姻增多

改革开放以来,沿海一带飞速发展的商品经济使竞争日益激烈。一些精明的汉族商人、个体户,把目光瞄向了西部地区的广阔市场,他们有的携儿带女,有的成群结伴来到了西部民族地区。他们在这里搞服装加工、设摊位、做家具、开商店、开发廊、开餐馆等,为民族地区的经济发展带来了活力,方便了少数民族的生活。一些汉族个体商贩,与当地青年结了婚,在民族地区扎了根。据统计,20世纪90年代初,全国跨省区的流动人口达8000万人,汉族到少数民族地区从事经商、办企业、修理、建筑、种地、承包工程、开旅馆、开饭店等各行各业的人数有1000多万人,仅全国各地到新疆的鞋匠、木工、缝纫工、泥瓦匠、修理工就达200多万人。据贵州黔南、黔东南、黔西南3个自治州有关部门不完全统计,1991年年底,来自浙江、广东、四川、湖南、湖北、福建、广西、安徽等10多个省、市、自治区的个体户和私营企业者约有3万人,仅黔南州都匀市,外来个体户达3000多人。②新疆伊犁、黑龙江黑河、广西东兴等地,有不少沿海及内地汉族在那里经商、开办公司。西藏也有不少外地劳工、小商贩大量流入,到1989年年初,仅拉萨外来人口就达1万多人。这些流动人口为民族地区的发展作出了贡献。

改革开放和社会主义市场经济加快了少数民族群众走出牧区、山寨,到东部沿海地区下海弄潮和到全国各汉族地区打工赚钱的步伐。内蒙古百万农牧民已开始走向市场,参加族际交流。回族聚居的甘肃临夏回族自治州人多地少,资源贫乏。20世纪90年代以来,全州从农村转移出来的剩余劳动力有13万多人,其中有7.5万人到全国各地从事建房、修路等工程,有近万人在全国各省区搞汽车客货运输,有1.2万人外出从事铁、木、油漆等专业。劳动力的外向型流动,使他们学到了各种技能,看到了更多的致富门路,回到原籍后,他们开工厂、办商业,促进了当地经济的发展。贵州黔东南苗族侗族自治州的苗族侗族姑娘,在沿海"三资"企业做工的就有2500多人。其中在东莞市做工的就有1578名,每年寄回家的现金达180多万元。③黑龙江省五常县1982—1990年约有8000朝鲜族人口流动到省内外地区经商、办企业。20世纪90年代初,湖南江华2000多名瑶族同胞走出深山到外省外县传艺,新疆的3000多名维吾尔族同胞在首都北京卖烤羊肉串和从事小商贩,北京魏公村和甘家口两地已形成京城闻名的"新疆村"。更可喜的是,北京街头开始出现身穿藏袍的藏胞,他们或是出售藏刀,或是出售藏红花、牛鞭等,说明改革开放之风已吹遍全国每个角落,市场经济的意识已深入人心。据统计,到1990年年底,边疆民族地区到内地发达地区务工经商的少数民族共有几十万人。

人口的双向流动改变了各地的民族成分,东南沿海、开放城市的民族成分和少数民族人口明显增多。新中国成立前没有少数民族的浙江省宁波市、慈溪市,到20世纪90

---

① 《中国民族工作年鉴》编辑部:《中国民族工作年鉴2001》,第251页,民族出版社,2001年。
②③ 杨荆楚:《论改革开放中汉族和少数民族关系问题》,《云南社会科学》1993年第1期。

年代初已有 18 个民族成分，其中人口最多的少数民族是壮族，有 1665 人。20 世纪 90 年代以来，塔塔尔族、乌孜别克族、鄂温克族、赫哲族、基诺族等来到上海求学和工作，使上海的民族成分增加到 44 个。鄂伦春族、门巴族、珞巴族等许多少数民族来到改革开放的窗口深圳、珠海和汕头等经济特区。深圳市最初少数民族人口极少，渐渐已增至 1 万多人。广东到 20 世纪 90 年代初期已有 52 个少数民族，常住人口 35.04 万人，流动少数民族人口有几十万人。①

20 世纪 90 年代以来，中国都市民族成分不断增多，少数民族人口急剧上升。全国 630 个城市中，每个城市都有少数民族人口居住和流动，尤其以大中城市为多。北京的民族成分最全，有 56 个。上海民族成分 44 个，武汉 43 个，郑州 43 个，西安、南京各 42 个，沈阳 38 个，天津 33 个。②

北京市第四次人口普查资料表明，在全市总人口中，汉族人口为 1040.5 万人，占总人口的 96.2%，少数民族人口为 41.4 万人，占 3.8%。与 1982 年第三次人口普查相比，汉族人口增长了 16.8%，少数民族人口增长了 28.3%，③速度快于汉族，原因之一是迁移来北京的少数民族人口增长较快。随着改革开放的深入发展，少数民族进京的成人人口逐年增加。如维吾尔族常住人口从 1982 年的 755 人增加到 1990 年的 2021 人，增长率为 166.97%，平均每年增长 13.06%，这些增加的人口中大多为进京经商务工的人。来京读书的青年人中也有一部分是少数民族。中央民族大学的 7000 多名在校生，多为少数民族。北京有 16 所大学为边疆少数民族培训学员。设有民族班，在校生约有 500 人，这些人毕业后一部分留在北京，成为北京的常住人口。通过婚配关系进京的人数也逐渐增加，以平谷县、顺义县最多。平谷县 1990 年有 656 名壮族。顺义县 1990 年有 409 名壮族。

在东部地区的一些中等城市，少数民族人口的增长速度更是惊人。据 1990 年全国第四次人口普查统计，青岛 1982 年只有 26 个少数民族，1990 年增加到 39 个，8 年间汉族人口增长 9.27%，少数民族人口则增长 43.83%。宁波 1953 年第一次人口普查时，只有 6 个少数民族成分，现在已发展到 30 个。④

在蒙古、维吾尔、壮、傣等民族中，分布状况的变化有一定的规律性或倾向性，即聚居区民族人口比重下降，散杂区民族人口上升，原因之一即改革开放、商品经济发展而产生人口流动。如 1982—1990 年，朝鲜族向非聚居区的流动速度比较快，并且主要集中于经济相对发达的地区。

人口双向流动促进了不同民族间的通婚。历史上中国有些少数民族限制与外族通婚，实行民族内婚。例如凉山彝族，根据当地的习惯法，不允许彝族和其他民族通婚。尤其在黑彝统治阶级中，为维护其"血统高贵纯洁"，实行严格的族内婚和等级内婚制。还有一些民族允许与外族人通婚，但有一定的限制条件，即本族妇女不可以外嫁。一些信仰伊斯兰教的民族规定，若外族人与本族人通婚，外族人必须遵守伊斯兰教规。族内婚不利于少数民族的优生优育，影响了少数民族身体素质的提高。

---

① 杨荆楚：《族际大交流在当今中国》，《民族团结》1995 年 12 期。
②③④ 李苏幸：《中国大都市面对族际交流》，《民族团结》1995 年 12 期。

改革开放以来，由于中国经济文化飞速发展，各民族之间的来往、交流和接触不断扩大，民族之间的通婚也就呈上升趋势。仅从1990年的人口普查资料来看，当年7月1日未满1周岁的少数民族人口中，就有近16万为汉族妇女所生，占同龄少数民族人口总数的7%以上。从1982年到1990年的8年间，蒙古、藏、维吾尔、瑶、黎等民族人口由于与异族通婚（仅限于该民族的男子与其他民族女子的通婚）增加了20%左右。[①] 俄罗斯族由于与汉族联姻和民族成分变更，人口增长很快，1982年只有2900多人，1990年已达到13504人，新增人口多为族际婚的后代，平均年增长率为21.02%。具有新的血缘关系的俄罗斯人在身体素质和智力水平上都有很大的提高。全国各族人口中年均增长率最高的仡佬族，由于经济文化和交通的发展，族际婚的范围愈加扩大。与其他民族通婚使仡佬族人口迅速增加，1982年为54164人，1990年已发展到438192人。随着经济的发展，赫哲族打破了族际界限，与异族通婚盛行，大多数是赫哲族与汉族通婚，也有一部分是赫哲族与满族、朝鲜族、蒙古族通婚。通过对赫哲族聚居的黑龙江省同江市街津口乡、八岔乡和饶河县的四排乡三个民族乡的族际婚的调查数据，赫哲族族际婚率平均达70%。从年龄段上看，50岁以上族际婚率平均为19.25%，40—49岁族际婚率平均为75.51%，30—39岁族际婚率平均为87.03%，20—29岁族际婚率平均为81.20%。总之，20—39岁的年轻人族际婚率都超过80%。[②] 族际婚使赫哲族人口素质和智力水平得到优化，劳动技能大大提高，促进了生产力及经济文化和社会的发展。在鄂伦春族的当代婚姻关系中，族内婚逐渐减少，族际婚逐渐成为主流，20世纪90年代初期，鄂伦春族族际婚已占到总户数的32%。鄂温克族与蒙古族、达斡尔族、鄂伦春族、朝鲜族、汉族通婚家庭也已占总户数的24.39%。海南岛上的黎族虽与苗族、回族、汉族生活在一个岛上，但由于各种原因，改革开放前黎苗、黎汉、黎回之间基本上不通婚。随着经济文化的发展，黎汉之间通婚逐渐增加。黎汉通婚，对黎族的发展起了很大的促进作用。都市异族通婚的较为常见，生活在大城市中的少数民族，既保持了本民族的文化传统，又受到现代文明的影响，因此，越来越多的民族成员打破了民族界限，建立起异族婚的和睦幸福的家庭。

根据2000年第五次人口普查结果，大陆31个省、自治区、直辖市人口中，汉族人口为113738.61万人，占91.53%；各少数民族人口为10449.07万人，占8.41%。同1990年第四次人口普查相比，10年间汉族人口增长9.45%；少数民族人口却增长了14.42%。少数民族人口较快增长的原因之一，即汉族与少数民族通婚后其后代加入少数民族中，增加了少数民族人口。族际婚姻在提高少数民族人口的数量和比例的同时，也对家庭或社区的经济文化产生了直接的影响，其中包括生产技能的传播、生活经验的学习、风俗习惯的改变、异质文化的认同等。族际婚提高了少数民族素质，加强了各民族间的团结，改善和发展了社会主义民族关系。

四、全面开展民族团结进步表彰活动

民族团结进步表彰活动始于吉林省延边朝鲜族自治州。1952年，延边朝鲜族自治

[①] 方素梅：《细说族际婚》，《民族团结》1995年12期。
[②] 杨荆楚主编：《东北渔猎民族现代化道路探索》，第144页，民族出版社，1994年。

州将每年九月定为"民族团结宣传月",后因多种原因未能坚持。

1982年11月10日,新疆维吾尔自治区召开全国首次民族团结先进集体、先进个人表彰大会,中央书记处候补书记乔石率中央代表团到会祝贺。向500多名为民族团结进步事业作出贡献的先进集体的代表及先进个人颁发了奖状、奖旗和奖品。1983年4月,中共新疆维吾尔自治区委员会和人民政府决定将每年的5月定为"民族团结教育月"。

1983年5月,国家民委向中共中央书记处和国务院作了《关于召开全国民族团结先进集体和先进个人表彰大会的请示报告》。1983年6月,中央发出指示:对于某些在维护和加强民族团结方面有突出贡献的集体和个人,有关省、自治区可以自行召开会议进行表彰。

1983年9月15日,内蒙古自治区召开了首次民族团结进步表彰大会,中共中央书记处候补书记郝建秀率中央代表团到会祝贺。202个先进集体和560个先进个人受到表彰。同年10月23日,宁夏回族自治区召开首次民族团结进步表彰大会,中共中央书记处候补书记乔石率中央代表团到会祝贺,250个民族团结先进集体和个人受到表彰。

1984年9月25日,广西壮族自治区召开首次民族团结表彰大会,中共中央委员、中央书记处书记宋任穷率中央代表团前往祝贺,并代表中共中央、国务院在会上讲了话,165个先进集体和840名先进个人受到表彰。

1987年11月20日,新疆维吾尔自治区召开了第二次民族团结表彰大会。中央书记处书记、中共中央统战部部长阎明复到会祝贺。在这次会议上,140个先进集体、271名先进个人受到了表彰,泽普县和布尔津县被命名为自治区民族团结模范县。

在全国各地广泛深入地开展民族团结进步表彰大会活动的基础上,1988年4月25日至29日,国务院召开首次全国民族团结先进集体、先进个人表彰大会在北京隆重举行。赵紫阳、李鹏、杨尚昆、万里和全国人大常委会副委员长、国务院副总理、国务委员、全国政协副主席等共32位领导人出席了大会开幕式。中共中央总书记赵紫阳就我国民族工作讲了四点:第一,必须高度重视民族问题,充分认识我国民族问题的特点;第二,维护祖国统一,坚持民族平等、民族团结和各民族共同繁荣,是党和国家的民族工作基本方针和政策;第三,坚持改革开放,大力促进少数民族地区经济、文化的发展;第四,更好地坚持民族区域自治制度,坚决贯彻执行民族区域自治法。① 国务委员陈俊生代表国务院在会上做了题为《沿着民族团结和共同繁荣的道路前进》的报告。在这次会议上,中央领导同志向为民族团结进步事业作出贡献的565个先进集体和601个先进人物中的部分代表颁发了奖状、奖章和荣誉证书。

这次大会是新中国成立以来第一次全国性的民族团结进步表彰大会,对于推进民族团结进步事业,具有重要的政治意义。

大会结束后,创建民族团结模范单位、争做民族团结先进个人的活动,在全国各地广泛开展起来。

1990年9月2日,西藏自治区首届民族团结先进集体、先进个人表彰大会在拉萨

---

① 《人民日报》1988年4月26日。

举行,大会表彰了104个先进集体和298个先进个人。全国政协副主席、国家民委主任司马义·艾买提出席了大会,代表中央统战部、全国人大民委、国家民委向大会表示热烈祝贺。西藏自治区党委书记胡锦涛在会上说,西藏各族人民在社会进步和社会主义建设中,结成了同呼吸、共命运,各族人民心连心的新型民族关系。国家的统一,人民的团结,这是过去、现在和今后西藏事业必定胜利的基本保证。

1991年,宁夏回族自治区召开了第三次民族团结先进集体和先进个人表彰大会。1993年,新疆和广西分别召开了第三次民族团结进步表彰大会;同年,内蒙古和宁夏分别召开了第四次民族团结进步表彰大会。

民族团结的青年模范人物越来越多,为了对他们进行鼓励,1993年6月28日,首次全国各族青年团结进步先进集体、先进人物表彰大会在人民大会堂隆重举行。

1994年9月29日,国务院第二次全国民族团结进步表彰大会在人民大会堂隆重举行。江泽民、李鹏、乔石、李瑞环、朱镕基、刘华清、胡锦涛、荣毅仁等领导人出席了大会。大会授予全国民族团结进步模范单位644个,模范个人615人,模范单位和个人包括全国30个省、市、自治区、中央各部委及中国人民解放军和武警部队。

江泽民总书记在讲话中强调各级党委和政府要切实加强领导,把民族团结进步事业继续推向前进。每个共产党员和领导干部,都要做民族团结进步的模范。李鹏总理在讲话中指出,我们国家正处在一个重要的历史发展时期。实现社会主义现代化的宏伟目标,需要各族人民团结奋斗,同时也要把各族人民更加紧密地凝聚在一起。①

第二次全国民族团结进步表彰大会与第一次相比,具有许多新的特点:一是规模大,表彰先进集体、先进个人1255名。二是范围广,包括全国30个省、自治区、直辖市、党中央和国务院各部委及直属机构,中国人民解放军和武警部队,各人民团体,各民主党派和工商联以及各族各界和各个行业。三是注重代表地域的广泛性,特邀代表不仅包括各省(自治区)各民族代表,还邀请了港澳地区的代表出席了大会。四是强调时代感,那些帮助和支持少数民族和民族地区发展经济、文化,为促进各民族发展繁荣作出贡献的先进集体和先进个人要占相当比例。五是注意推荐和评选在汉族和少数民族散杂居地区中涌现出来的民族团结进步先进集体和先进个人。

1999年,国务院召开了第三次全国民族团结进步表彰大会,表彰了民族团结进步模范集体626个,模范个人628人。

在创建民族团结进步事业的活动中,全国各地涌现出许多自觉维护民族团结的先进集体和成千上万的英雄模范人物。

驻守在青藏高原的中国人民解放军59264部队,自1972年以来,承担和支援地方许多工程建设。他们克服了高山缺氧等许多艰难困苦,经过四年奋战,铺设了从格尔木到拉萨全长1000多公里的输油管道,在世界屋脊上创造了一项奇迹。为完成这项工程,126名战士献出了宝贵的生命,用自己的血肉凝铸了这条"油龙"。

民族团结进步表彰活动促进了民族团结进步事业。孔繁森和赛尔江就是其中最优秀的代表人物。他们用自己的鲜血和生命为民族团结进步事业增添了光辉。

---

① 《人民日报》1994年9月30日。

孔繁森，1944年7月出生于山东省聊城市，1979年和1988年两次进藏工作，在西藏高原奋斗了10个春秋。1991年，他主动选择到条件十分艰苦的阿里地区担任地委书记。3年时间，阿里地区共106个乡，他到98个乡调查研究，了解藏族人民在生产生活中各种困难和问题。他经常身背药箱，为藏族农牧民看病送药。1993年，他为了抚养3个藏族孤儿，先后三次共卖血900毫升。1994年2月26日，在风雪严寒中，孔繁森脱下身上的一套毛衣毛裤送给一位冻得发抖的藏族老阿妈。1994年11月29日，孔繁森不幸以身殉职，身上唯一留下的是8.6元钱和亲自起草的关于发展阿里经济的12条建议，他用行动实践了自己写下的"青山处处埋忠骨，一腔热血洒高原"的誓言。

地处阿勒泰山南麓的富蕴县，聚居着哈萨克、维吾尔等20多个少数民族。1994年9月9日夜，一位哈萨克族民警赛尔江，为了救一位汉族县委书记叶维湘，双手紧抱携带炸药包的歹徒，用自己的身躯挡住了歹徒拉响的3公斤重的炸药包，他与歹徒同归于尽，叶维湘和联防队脱险了，周围群众的生命财产被保护了。赛尔江牺牲时年仅30岁。他投身公安工作7年，几次在与持枪歹徒搏斗中，冲锋在前，他用鲜血谱写了民族团结的颂歌。英雄的父亲麦米拉含泪对记者说："赛尔江不仅是我的儿子，也是各族人民的儿子，他死得光荣。"1995年7月26日，在赛尔江事迹报告会上，国家民委追授他为"全国民族团结模范"。①

第四节 反对民族分裂斗争

一、西藏拉萨骚乱事件的起因及平息②

1987年9月19日，达赖喇嘛抵达美国访问。1987年9月23日，达赖喇嘛在美国众议院人权小组会议上发表演讲，提出所谓"西藏地位"问题的"五点计划"，要求将西藏变为"和平区"，"放弃中国在西藏的人口迁移政策"、"尊重西藏人民的基本人权和民主自由"、"放弃把西藏作为核武器的生产地和核废料的倾泻地"。达赖的讲话得到了美国国会一些议员的支持。

1987年9月27日上午10时，拉萨21名喇嘛和其他5个人举着"雪山狮子旗"，喊着"西藏要独立"等口号，在拉萨市八角街、人民路一带游行，并在大昭寺广场向周围的人发表煽动性演讲。这伙人还动手打伤了一些维持秩序的公安人员，区党委及时采取措施，公安部门将这伙人收容审查。事件不到一小时就平息下来。

中国外交部和国家民委于1987年9月28日就达赖在美国国会鼓吹"西藏独立"发表声明，郑重指出，任何想把西藏从祖国分裂出去，破坏中国各民族团结的企图都是包括藏族人民在内的全中国各族人民所坚决反对的，是绝对不能得逞的。

1987年10月1日上午，正当拉萨市民在欢度国庆佳节时，10多名披着袈裟的喇嘛和数十名身份不明的人，又到闹市区八角街游行。他们举着"雪山狮子旗"，呼喊"西藏独立"的口号。当公安人员制止他们这种破坏祖国统一，破坏安定团结的违法行为

---

① 杨荆楚：《立足民族平等，建设社会主义新西藏》，载《民族研究》1996年第2期。
② 有林主编：《中华人民共和国国史通鉴》（第四集），第67—68页，当代中国出版社，1993年。

时，他们公然殴打公安人员，纵火烧了八角街公安派出所的房子，烧毁和破坏了一些汽车。闹事者还用石块砸公安人员和在场的群众，并有人抢了公安人员的枪支，向公安人员和群众开枪。在骚乱过程中，有6人死亡，19名公安人员受重伤，还有更多的人受了轻伤。即使在这种情况下，党和政府对少数分裂主义分子的罪恶活动仍然采取了忍让、克制的态度。公安人员在此次事件中严守上级命令，没有开枪。公安机关根据自治区人民政府的通告和拉萨市人民政府的公告，对极少数违法分子进行了审查，很快这次骚乱事件又得到了平息。

10月7日，中华人民共和国外交部、国家民委再次举行新闻发布会，指出10月1日的骚乱，是一小撮分裂分子为配合达赖集团分裂祖国的活动而蓄意制造的。10月8日班禅额尔德尼·确吉坚赞副委员长在青海发表谈话，严厉谴责少数分裂主义分子在拉萨制造骚乱事件，"要依照法律严惩首恶，深挖幕后操纵者"。

1988年3月5日和12月10日，少数分裂主义分子又一次在拉萨制造骚乱流血事件。在拉萨祈祷大法会的最后一天，上午举行隆重的迎请强巴活佛的仪式即将结束时，混在喇嘛里的少数分裂主义分子开始起哄，要求释放被收审的犯有反革命宣传煽动罪的雨洛·达娃次仁活佛，围攻党政领导干部，无理纠缠，并呼喊"西藏独立"等分裂口号。接着他们向值勤的公安干警投掷石块，并开始游行，一路乱喊乱掷，不断向西藏佛协传召办公室投掷石块，当闹事者游行至第二圈时，再次用石块袭击传召办公室。这时，约有五六十名分裂主义分子开始疯狂地向公安干警和围观的人群中投掷石块。大昭寺内的分裂主义分子也立即配合行动，从楼上向地面的公安干警打石头，同时冲击传召办公室。自治区有关领导、区内外部分新闻记者和传召办公室的工作人员近百人都被围困在传召办公室里，闹事者从外面砸门，从上面砸窗户，企图制造更严重的事件，近百人的生命一时处在极度危急之中。

在紧急的关头，公安武警人员奉命向传召办公室方向发起二次冲击，接应党政领导和工作人员。由于公安干警采取了坚决有力的措施，控制了局势，保护了自治区领导和工作人员的安全，避免了一场更加严重的流血事件。

在八角街的周围，闹事者还继续围攻公安派出所，砸汽车、焚烧汽车，并砸毁了西藏电视台的转播车和采访车，他们还砸、抢、烧了粮店和饭馆，殴打维持秩序的公安干警和群众。正在值勤的武警战士袁石生和杨玉成被闹事者用钢筋、棒子打倒在地，用刀子捅伤多处后从二楼扔到楼下。杨玉成身受重伤，送进医院抢救。袁石生被送进医院后，因伤势过重，当即死亡。这场对公安派出所的冲击，从上午10点多钟一直延续到下午4点多，长达6个多小时之久，严重破坏了社会秩序和人民的正常生活。

1988年3月9日，西藏自治区党委书记伍精华同志在全区专员市长会议上强调对分裂主义分子要严惩，决不手软。当天上午拉萨市公安局正式逮捕了犯有反革命宣传煽动罪和破坏交通工具罪的3名罪犯。4月14日，公安机关依法逮捕了杀害袁石生烈士的4名凶手。公安部领导和武警部队领导联合签署命令，授予藏族武警战士袁石生烈士"西藏高原的忠诚卫士"称号。公安机关依照《中华人民共和国刑法》以及有关法规，先后收审了少数参与骚乱事件的人员。

1988年12月10日，有几十名喇嘛、尼姑又在拉萨游行闹事，引起骚乱。上午10

点半，人们在拉萨市的大街上发现鼓吹西藏独立的传单。30 多名喇嘛、尼姑打着"雪山狮子旗"，沿街游行，影响了正常秩序，执勤民警上前劝阻，闹事者不仅不听劝阻，反而向值勤民警和公安干警扔石头和酒瓶，警察警告无效，被迫鸣枪示警，混乱中有一喇嘛死亡，13 人受伤。事态由此平息。

1989 年 3 月 5 日至 7 日，少数分裂主义分子再次制造了极其严重的骚乱事件。3 月 5 日 12 时，13 名喇嘛、尼姑打着"西藏独立"的旗子，沿八角街游行。行至第二圈时，游行队伍及尾随者达数百人，边走边喊"西藏独立"口号，向八角街派出所砸石头。15 时左右，600 多个骚乱分子在北京东路继续游行。沿途打、砸、抢、烧，他们四次冲砸城关区委和区政府机关，摘下城关区机关的牌子砸毁，并砸毁了交通警岗楼和指示灯，还砸坏了公安、武警、消防用车 20 多辆。更为严重的是，在这次骚乱中，分裂主义分子向武警战士开枪射击。在劝阻无效的情况下，公安干警被迫开枪，并采取了果断措施。骚乱中，1 名武警战士牺牲，40 多名公安武警受伤，其中 11 名受伤住院，60 多名骚乱分子和围观群众受伤，10 人死亡。3 月 6 日，骚乱分子继续围攻城关区党政机关和所属基层办事处，14 时，五六百名骚乱分子沿北京东路西段、八角街西街一带游行，边走边打、砸、抢、烧个体户的商店和饭馆。这伙暴徒中的多数都蒙着面，只露出两只眼睛。17 时左右，1000 多名暴徒围攻八角街公安派出所、吉崩岗公安派出所。公安武警人员先采取忍让克制态度，在制止无效的情况下，被迫开枪。骚乱分子 1 人被打死，6 人受伤，2 名公安武警受伤。

1989 年 3 月 6 日，中共西藏自治区党委召开厅、局级以上党员干部大会和自治区爱国上层人士会议，通报了少数分裂分子在拉萨制造骚乱的情况。3 月 7 日，数百名骚乱分子继续在八角街一带游行，沿街打、砸、抢、烧。许多机关、工厂、学校都无法正常上班、上课。广大人民群众对骚乱分子深恶痛绝，强烈要求政府采取强硬措施，平息骚乱，惩处分裂主义分子。为了避免流血和给人民生命财产带来更大损失，国务院决定自 3 月 8 日零点开始在拉萨实施戒严。这是党中央和国务院为稳定拉萨局势采取的一个重大措施。

根据国务院的戒严令，自治区人民政府从 3 月 8 日零点开始实施了对拉萨市区的戒严。自治区人民政府主席多吉才让于 3 月 7 日晚发表了电视讲话，并相继发布自治区人民政府关于拉萨市的 6 条戒严令。戒严令发布后，公安、武警部队和人民解放军驻拉萨部队迅速进驻戒严各执勤点。由于党和政府果断采取了强有力的措施，很快平息了拉萨的骚乱，控制了局势。拉萨市的生产、生活秩序恢复正常，市场呈现出昔日的繁荣景象。

二、平定新疆阿克陶县巴仁乡反革命武装叛乱[①]

20 世纪 80 年代，新疆每年都有大批穆斯林去沙特阿拉伯朝觐或去土耳其探亲访友，一些国外的宗教势力和新疆逃亡国外的民族分裂主义分子利用民族宗教问题进行分裂活动。早在 1989 年，极少数人就利用信教群众在清真寺做"乃玛孜"的机会，向教

---

① 李新光：《巴仁乡平暴战斗纪实》，《喀什文史资料》（第 14 辑），第 38 页，中国人民政治协商喀什市委员会史资料委员会，1999 年。

民们特别是年轻人宣传"我们不相信社会主义","我们就是要反对社会主义","过去马列主义压宗教,现在宗教要压马列主义"。"我们要进行战斗,把汉族人从新疆赶出去","要成立东土耳其斯坦共和国",煽动群众分裂祖国。

为策划武装暴乱,极少数分裂主义分子从1989年就开始串联,拼凑反动组织,成立了所谓"东土耳其斯坦伊斯兰党"。1990年,这个分裂组织先后召开了4次秘密会议,从组织、武器装备、人员分工方面为暴乱作了具体筹划,并加紧发展队伍,进行格斗训练。

1990年4月5日,阿克陶县巴仁乡正逢集市,一伙暴徒纠集和胁迫200多名不明真相的群众闹事,他们不听劝告,把干部、武警和公安干警围困在乡政府院内,闹事者向院内扔石头,毒打在外面执行任务的司机。他们还疯狂堵截和袭击前往执行任务的公安干警和武警,公开抢夺武器弹药和警服,绑架、毒打、残害公安干警,6名武警官兵被暴徒惨无人道地活活杀死,其惨状令人发指,他们又打伤武警官兵13人,毁坏警车4辆。被围在乡政府大院的干部和武警,仍然坚持克制忍让,用有线广播宣传政策,劝他们散去。暴徒们把这种态度视为软弱可欺,更加蛮横,提出许多无理要求,限时答复。6日凌晨,暴徒们向大院内投掷了10余枚手榴弹和炸药包,并首先开枪扫射,打伤武警3人,接着又伤2人。武警战士和公安干警仍然保持克制,对空鸣枪警告,暴徒们仍不收敛,继续疯狂地向乡政府院内射击、投弹,并将大院的围墙炸开三个口子。在鸣枪警告无效的情况下,武警、公安干警为保护人民群众的安全,开始予以还击,一枪击毙暴乱总指挥则丁·玉素甫,还将另一名爬在树上对我射击的暴徒击落,为了取得平息暴乱的彻底胜利,消除隐患,保护群众安全和人民的利益,人民解放军某部奉命乘胜追击出逃的暴徒,武警官兵和公安干警协同作战,他们昼夜兼程,顽强战斗,英勇歼敌,很快将逃窜的暴徒全部生擒和击毙,无一漏网,共击毙暴徒15人,收容、抓获暴乱骨干和被裹胁人员200余人,收缴一批武器、弹药等。

发生在阿克陶县巴仁乡的"四·五"反革命武装暴乱,从4月5日发生,到4月6日上午便被平息。到4月10日凌晨,又取得了追剿斗争的彻底胜利。

三、挫败达赖阴谋,第十一世班禅继任

班禅转世是藏传佛教特有的传承方式。1989年1月28日,十世班禅大师在西藏日喀则札什伦布寺因突发心脏病圆寂。班禅圆寂前四天,即1989年1月24日,在五省区部分宗教人士座谈会上谈到活佛转世问题时提出:"应先找出三个预选灵童,然后逐一进行调查。""我想到在释迦牟尼跟前,采用'金瓶掣签'的办法来确定是最好的。因为释迦牟尼是大家公认的。"在班禅大师圆寂三天后,国务院作出《关于十世班禅大师治丧和转世问题的决定》。中央决定成立班禅转世灵童寻访工作领导小组,通过"金瓶掣签"认定班禅转世灵童。这是一项符合宗教仪轨和历史定制的决定。

1989年6月,札什伦布寺孜贡查仓琼布·洛桑顿由活佛、比龙·白玛旦曾活佛等人前往日喀则地区仁布县境内的雍杂绿措观湖。1989年7月,这两位活佛又前往山南加查县曲果加拉姆拉措观湖。1989年8月,经中央批准,成立了班禅转世灵童寻访工作领导小组,成员有十世班禅大师的经师嘉雅活佛、札什伦布寺民管会的部分成员及藏传佛教界的高僧活佛,严格按照宗教仪轨寻访转世灵童。通过诵经祈祷、卜算、观湖,

确定转世灵童出生的方位、属相，进行密访。1991年4月，在北京召开寻访工作会议，调整充实寻访班子，明确寻访工作的原则，必须尊重宗教仪规和历史定制，接受中央政府的领导。1991年6月，俄钦·边巴等人前往山南曲果加拉姆拉措湖观湖。结合两次观湖情况及班禅大师圆寂时的朝向，寻访工作领导小组最后确定了转世灵童降生的方位、属相、住地。据此，寻访工作领导小组自1994年2月至1995年1月共进行了三次重大的秘密寻访工作，在五省区46个县境内寻访出灵异儿童28名。1995年1月，寻访人员在拉萨集中分析了寻访情况，根据观湖确定的方位、属相、住地特征，结合到实地反复寻访的情况，反复比较各个男童的不同吉兆，从寻访到的28名儿童中，经过反复遴选确定重点对象名单，最后筛选出三名班禅转世灵童候选人。寻访工作领导小组将寻访工作及候选儿童的情况上报中央后，中央决定依据宗教仪轨和历史定制办事，通过"金瓶掣签"认定十世班禅转世灵童。

长期身居国外的达赖喇嘛于1995年5月14日在印度突然宣布西藏境内一名儿童为"班禅真正转世灵童"，此举违反了历史惯例，践踏了宗教仪轨，干扰了寻访认定班禅转世灵童的正常进程。

达赖喇嘛声称"班禅转世纯属宗教事务，不需中央批准"。这是不符合历史事实的。自元代对大活佛实行册封制度后，明、清又逐步将大活佛转世纳入中央政府管辖和国家典章法制范围之内。清政府为体现中央权威、维护国家统一，杜绝在转世过程中营私舞弊，专为此建立起以"金瓶掣签"为中心环节的较为完整的制度。这一制度自1792年颁行，为历代中央政府所坚持，为藏传佛教界所公认，成为不可更逾的历史定制。流亡国外的十四世达赖喇嘛即由国民政府批准认定，1940年2月22日由蒙藏委员会委员长吴忠信赴拉萨主持坐床典礼的。

1995年11月10日，在北京召开了班禅转世灵童寻访领导小组第三次会议。全国政协主席李瑞环在讲话中指出：这次会议是在十世班禅大师转世灵童寻访工作的关键时刻召开的。达赖与班禅之间所谓"互为师徒"，是不符合历史事实的。据记载，十位班禅大师中有7位没有拜达赖为师，十世班禅与十四世达赖从来没有"师徒关系"。这次会议通过以"金瓶掣签"的方式认定十世班禅转世灵童并报中央政府批准。

1995年11月29日，认定十世班禅大师转世灵童的"金瓶掣签"仪式在拉萨大昭寺释迦牟尼像前，严格按照藏传佛教仪轨举行。这次盛典在国务院代表罗干和特派专员江村罗布、叶小文的主持下进行。通过"金瓶掣签"，西藏那曲地区嘉黎县6岁男童坚赞诺布中签，被认定为第十世班禅额尔德尼转世真身。当天上午由西藏自治区人民政府电请国务院批准。下午4时，在拉萨班禅大师的行宫雪林多吉颇章，举行了册立第十一世班禅额尔德尼典礼。国务院代表、国务委员罗干宣布国务院于当日发出的《关于特准经金瓶掣签认定的坚赞诺布继任为第十一世班禅额尔德尼的批复》。国务院批复全文如下：

西藏自治区人民政府：

你区1995年11月29日关于《请国务院批准经金瓶掣签认定的坚赞诺布继任为第十一世班禅额尔德尼的请示》悉。国务院特准经金瓶掣签认定的1990年2月13日（藏历第十七饶迥土蛇年十二月十九日）出生的西藏自治区嘉黎县坚赞诺布第十世班禅额尔德尼转世灵童，继任为第十一世班禅额尔德尼。

1995年12月8日，国务院代表、国务委员李铁映，西藏自治区人民政府主席江村罗布，特派专员、国务院宗教事务局局长叶小文负责主持和督察了十一世班禅的坐床典礼。国务委员李铁映代表国务院向第十一世班禅颁受金册，宣读册文。册文如下：

授第十一世班禅额尔德尼金册
国务院特准经金瓶掣签认定的第十世班禅额尔德尼·确吉坚赞转世灵童坚赞诺布继任为第十一世班禅额尔德尼。盖历世班禅额尔德尼，皆倾心内向，捍卫国家统一，维护民族团结，潜修内典，明心见性，为佛门众望之所归，为世人之所崇敬。今班禅转世业已法定，特依历史定制，为第十一世班禅额尔德尼举行坐床典礼，并授汉藏两体文金印金册，用示荣褒，以期继续发扬爱国爱教之历史传统，广结善缘，以利西藏发展进步，人民富裕幸福，国家繁荣昌盛。

公元一九九五年十一月二十九日
中华人民共和国国务院颁

罗干向第十一世班禅颁授金印，金印上镌刻着汉藏"班禅额尔德尼之印"两种文字。李铁映宣读了中华人民共和国主席江泽民题赠第十一世班禅尔德尼驻锡地札什伦布寺的金字匾的匾文："护国利民——江泽民一九九五年十二月八日"。在坐床典礼上，叶小文宣布了国务院向第十一世班禅赠送礼品的礼单。第十一世班禅说："感谢中央，感谢江主席、李鹏总理，感谢国务院代表。我一定要好好学习，爱国爱教。"坐床典礼仪式结束后，1200多名僧俗群众在札什伦布寺举行了庆贺大会。

达赖企图通过反对中央政府在班禅转世灵童问题上的最后决定权来否认中国对西藏拥有的主权，在西藏制造混乱，遭到西藏宗教人士和广大群众的强烈反对。

十一世班禅的认定，对藏传佛教界正常宗教生活和西藏的稳定和发展，产生了积极而深远的影响。

四、反对"东突"恐怖主义

"东突厥斯坦"（简称"东突"），这一名词出现于19世纪末期。"斯坦"原为"地方"、"区域"之意，但"东突厥斯坦"不是一个单纯的地理概念，而是某些老殖民主义者为肢解中国提出的一个政治概念。

突厥最初是一古代游牧民族的专称。公元5世纪，它活跃在阿尔泰山一带。公元6世纪中叶至8世纪中叶，它活跃于我国北方草原，与中原地区自西魏至隋唐诸王朝发生了多渠道、多层面的交往。公元552年，突厥建立汗国，其鼎盛时辖境辽阔。在隋朝和唐朝初期，突厥曾是称霸于中国北部的一大势力。尔后，分裂为东、西两部的突厥，为争夺汗权而争斗不休。公元8世纪中叶，东、西突厥汗国相继灭亡，其后裔逐渐融入了其他民族之中。而公元11世纪以后在国外有的史籍中使用的"突厥"，已经不限定于原先的突厥人，而是对一切操阿尔泰语系突厥语族诸民族的共称。到了19世纪末，有人主张把生活在博斯普鲁斯海峡至阿尔泰山脉之间的所有操突厥语的民族联成一体，组成一个国家。但在历史上，一些人声称的由所有突厥人组成的统一国家从来没有存在过。

某些老殖民主义者为了达到分裂和控制新疆的目的，进而把新疆称为"东突厥斯坦"（与之相对应，今天的中亚诸国被称之为"西突厥斯坦"），编造所谓新疆是"东突厥"人的家园的谬论。

从公元前60年汉朝设置西域都护府起，新疆就是中国疆土的一部分。此后，中央政权对新疆的管辖没有间断。但在公元20世纪初以后，一小撮狂热的新疆分裂分子与宗教极端分子，根据老殖民主义者制造的歪理邪说，编造了一套所谓的"东突"理论。鼓吹"东突厥斯坦自古以来就是一个独立的国家，"其民族有近万年历史；鼓噪所有操突厥语和信奉伊斯兰教的民族联合起来，组成一个"政教合一"的国家；否认中国各民族共同缔造伟大祖国的历史。叫嚣"要反对突厥民族以外的一切民族"，消灭"异教徒"。

"东突"理论形成后，形形色色的分裂分子都打着"东突"的旗号进行活动，企图实现其建立"东突厥斯坦国"的妄想。

从20世纪初至40年代末，"东突"势力在外国势力的怂恿、支持下，多次制造动乱。1933年11月，沙比提大毛拉等在喀什建立了所谓"东突厥斯坦伊斯兰国"，这是分裂分子把其理论变为现实的一次尝试，但在新疆各族人民的反对下，不到三个月便瓦解了。

新疆和平解放以后，各族人民团结奋斗，共同建设美好的家园。新疆社会稳定，经济不断发展，人民生活迅速改善，形势整体是好的。但是逃亡国外的艾沙集团等"东突"势力并不甘心失败，他们违背各族人民的根本愿望，在国际反华势力的支持下，伺机从事分裂破坏活动。

进入20世纪90年代，在极端主义、分裂主义和国际恐怖主义的影响下，境内外部分"东突"势力转向以恐怖暴力为主要手段的分裂破坏活动。一些"东突"组织公开宣扬要通过恐怖暴力手段达到分裂目的。在警方查获的"东突伊斯兰党"、"东突反对党"等组织的纲领中明确提出，要"走武装斗争道路"、"在人口集中的地区制造各种恐怖活动"。他们编印的小册子《我们的独立是否有希望》，毫不掩饰地宣称要不惜代价在幼儿园、医院、学校等场所制造恐怖气氛。

"东突"分子还在新疆秘密地建立"基地"，培训恐怖骨干分子。1990年"伊斯兰改革者党突击队"在叶城县伯西热克乡建立培训基地，开办三期训练班，培训60名恐怖骨干分子。境外"东突厥斯坦伊斯兰运动"头目艾山·买合苏木，派遣了数十名恐怖分子入境，在新疆秘密建立10多处训练基地，培训恐怖分子150多人。还秘密制造武器弹药和爆炸装置，先后在新疆制造了一系列血腥恐怖事件。

1991年2月28日，"东突"恐怖组织在新疆阿克苏地区库车县客运站录像厅制造的一起爆炸案，造成1人死亡、13人受伤。同日，恐怖分子还在县城一个商店安置了炸弹，爆炸未遂。

1992年2月5日,正当中国各族人民欢度春节时,恐怖组织在新疆首府乌鲁木齐市52路、30路公共汽车上制造了两起爆炸事件,两辆公共汽车被炸毁,造成3人丧生、23人受伤。他们还在一影剧院和居民住宅楼中各安置了一枚定时炸弹,发现后被排除。

1993年6月17日至9月5日,"东突"恐怖组织相继在新疆南部地区的商场、集贸市场、饭店、文化场所等地制造了10起爆炸案,造成2人丧生、36人受伤。其中,6月17日在喀什市农机公司办公楼爆炸案,造成大楼坍塌、2人丧生、7人受伤;8月1日在喀什地区莎车县外贸公司录像厅爆炸案,造成15人受伤;8月19日在和田市文化宫前的爆炸,造成6人受伤。

1997年2月25日,"东突"恐怖组织再次将恐怖活动引向新疆首府,制造了乌鲁木齐市2路、10路、44路公共汽车爆炸案,造成3辆公共汽车被炸毁,包括维吾尔族、回族、柯尔克孜族、汉族群众在内的9人丧生,68名乘客被炸得腿断肢残,严重受伤。

1998年2月22日至3月30日,"东突"恐怖组织在喀什地区叶城县连续制造了6起系列爆炸案,致使3人受伤,天然气输送管道被炸坏引起大火,直接经济损失100多万元。

1998年4月7日凌晨,恐怖组织在叶城县公安局负责人住房窗台、县政协副主席和喀什地区行署副专员住宅门前等处,连续制造8起爆炸事件,炸伤8人。

除了制造爆炸案件,"东突"恐怖主义分子还大肆进行暗杀活动。为了破坏民族团结,制造恐怖气氛,恐怖势力不但把矛头对准汉族群众,也对准维吾尔族干部群众和爱国宗教人士,把他们当做"异教徒"杀害。

1993年8月24日,两名"东突"恐怖分子将喀什地区叶城县政协常委、大清真寺主持阿不力孜大毛拉刺成重伤。

1996年3月22日,两名恐怖分子蒙面持枪闯入阿克苏地区新和县伊协副主席、清真寺副主持阿克木司地克阿吉家中,将其枪杀。

1996年4月29日凌晨,10余名全副武装的恐怖分子分别闯入库车县阿拉哈格乡库纳斯村的全国政协委员、自治区人大代表卡吾力·托卡和当地的3名维吾尔族基层干部家中,采取爆炸、枪击、刀刺等手段,制造了血腥的恐怖事件。恐怖分子向卡吾力·托卡家投掷了2枚炸弹,致使卡吾力·托卡及其妻重伤;卡吾力·托卡的弟弟阿吾力·托卡被恐怖分子连刺7刀致死,其妻被刀刺后又遭枪击身亡;卡吾力·托卡的儿子艾尼瓦尔卡吾力被恐怖分子连刺9刀、头部遭枪击身亡,其妻也身中8刀、头部中弹两枪身亡;村干部加如甫买买提明被刺成重伤。

1996年5月12日,"东突"恐怖组织策划了对全国伊斯兰教协会常委、新疆政协副主席、喀什伊协主席阿荣汗阿吉的暗杀。当日清晨,阿荣汗阿吉和其儿子在去艾提尕清真寺做礼拜的途中遭4名恐怖分子袭击,恐怖分子对阿荣汗阿吉连刺21刀,其儿子被刺13刀,两人均致重伤。

1997年3月23日凌晨,以吐尔逊吐地为首的一伙恐怖分子,闯入阿克苏地区金银川垦区负责人艾买尔江家中,将艾买尔江夫妇杀害;同年7月3日凌晨,这伙恐怖分子又闯入阿瓦提县拜什力克乡一村干部吐尔地尼牙孜家中,将其夫妇2人杀害。

1997年11月6日凌晨,以买买提吐尔逊为首的恐怖组织,秉承境外"东突"组织的旨意,将全国和新疆伊协委员、阿克苏伊协主席、拜城县清真寺主持尤努斯·斯迪克大毛拉枪杀于去清真寺做礼拜的途中；1998年1月27日，这伙恐怖分子又将去清真寺做礼拜的叶城县政协常委、县大清真寺主持阿不力孜阿吉枪杀。

1997年6月4日，4名恐怖分子闯入和田地区墨玉县恰其克乡荒地村干部买买提肉孜·买买提家，对买买提肉孜·买买提连捅11刀致其死亡。

1999年8月23日，以牙生买买提为首的10余名恐怖分子闯入喀什地区泽普县波斯喀木乡派出所指导员胡达拜尔迪·托乎提家中，将胡达拜尔迪·托乎提及其儿子杀害，胡达拜尔迪·托乎提身中38刀，其子头部中枪。杀人后，恐怖分子又纵火，其妻被烧成重伤。

2001年2月3日，一伙恐怖分子闯入喀什地区疏附县法院干部买买提江·亚库甫家中，对买买提江·亚库甫连捅38刀，将其残酷杀害。

据不完全统计，从1990年到2001年，境内外"东突"分子在中国新疆境内制造了200多起恐怖暴力事件，造成各民族群众、基层干部、宗教人士等162人丧生，440多人受伤。

大量证据表明，在新疆境内发生的大多数恐怖暴力事件是由境外"东突"组织直接策划、指挥，境内一小撮分裂主义分子积极参与，共同制造的。新疆境内"东突"恐怖势力与国际恐怖势力有着密切的联系。

在南亚活动的"东突"恐怖组织不但得到了本·拉登的大力支持，同时又是本·拉登恐怖势力的重要力量。本·拉登曾与中亚、西亚的恐怖组织头目多次密谋，要帮助"东突"恐怖势力在新疆进行"圣战"，要把中国新疆建成一个标准的"伊斯兰"政教合一的国家。本·拉登基地组织不仅为"东突"恐怖势力提供了大量的活动经费和物资援助，还直接为"东突"恐怖势力培训人员。

"东突"恐怖分子的活动不但对中国国内的稳定构成了威胁，而且严重影响了周边国家的安全。2000年5月，境外"东突解放组织"为了筹集资金，在吉尔吉斯斯坦绑架了一名新疆商人并纵火烧毁了比什凯克中国商品市场。5月25日，恐怖分子策划袭击了中国赴吉尔吉斯斯坦处理绑架、纵火案的工作组，造成一人丧生，两人受伤。行凶后，恐怖分子逃往哈萨克斯坦，并于同年9月在阿拉木图枪杀了3名哈萨克斯坦警察。①

对于"东突"恐怖分子，中国政府采取了坚决打击的态度。中国建立了反恐怖工作的协调机制，在公安部成立了反恐怖局，为了防范和打击有可能发生的大规模恐怖袭击，制定了相关的预案和方案，同时，在各省，特别是大城市，主要的城市，也建立了反恐怖工作的协调机制，公安、国家安全、卫生、军队、武警等部门，也都建立了装备精良、素质较高的专业队伍，准备了应对恐怖暴力活动的方案。新疆成立了专门的反恐怖特别侦查队，凡发现有破坏线索的，有恐怖活动动向的案件，都由他们侦查和处理。另外，在新疆的各个地区，都有相应的防范和制止突发事件的队伍。几年来，新疆警方先后捣毁了44处"东突"恐怖组织的窝点，缴获了大量的枪支弹药；已抓获100多名受境外恐怖组织派遣回国的恐怖分子。②

---

① 国务院新闻办：《"东突"恐怖势力难脱罪责》，《人民日报》2002年1月22日。
② 《中央电视台——焦点访谈》，人民网2002年9月16日。

"东突"恐怖分子的暴行不仅激起了中国各族人民的愤怒,也在国际上引起了公愤。2002年9月11日,联合国安理会正式将东突伊斯兰运动列入恐怖组织。同时,美国、阿富汗、吉尔吉斯斯坦等国也将"东突"势力列为恐怖组织。中国政府打击恐怖主义的行动也得到了国际上的支持。在上海合作组织的框架之内,按照签订的各项协议,中方同有关国家已经进行了实质性的合作,已经从周边国家如吉尔吉斯斯坦、巴基斯坦及其他国家遣送过来的一批恐怖分子,同时中国对这些国家反恐需要的支持也给予了实质性的合作,如情报信息的交流,案件线索的互相协助调查、取证,缉捕与遣返恐怖分子,还包括培训、互派联络官、互访,甚至举行联合的反恐演习等。

五、正确处理民族地区两类不同性质的矛盾

发生在西藏拉萨的多起骚乱和新疆阿克陶县巴仁乡的暴乱事件,政治问题与民族、宗教问题交织在一起,敌我矛盾和人民内部矛盾交织在一起,情况十分复杂。

西藏和新疆少数分裂主义分子呼喊了"西藏独立"、"伊斯兰教要压倒马列主义"、"要进行战斗,把汉人从新疆、西藏赶出去"等分裂口号,他们搞打、砸、抢、烧、杀、绑架、毒打、残害公安干警,目的就是想把西藏和新疆从伟大祖国分裂出去。这是违反宪法的犯罪行为,属于敌我矛盾。

骚乱和暴乱不是宗教问题,也不是民族问题,更不是所谓的"人权问题"。但参加骚乱与暴乱的大多数群众是受蒙蔽或被威逼的,属于人民内部矛盾。真正搞分裂、搞骚乱和暴乱的人只有极少数。西藏和新疆各族人民是热爱党、热爱社会主义、反对分裂、维护民族团结的。寺庙里的许多喇嘛和活佛多次收到国内外分裂主义分子传送的反动刊物和反动传单,他们不但没有传播,而且还立即送交公安机关。当一伙披着宗教外衣的喇嘛鼓动在八角街转经的一些群众参加到他们的游行队伍里去的时候,得到的回答是:"我们是转经的",拒绝参与他们的骚乱行动。在巴仁乡的反革命暴乱中,少数分裂主义分子威逼群众手摸《古兰经》宣誓,并恫吓说:"谁要背叛伊斯兰,就把他杀掉。"群众稍有不满,轻则遭辱骂,重则遭毒打。

对不同性质的矛盾,国家采取了不同方法加以处理。敌我矛盾必须用专政的办法来解决。对那些坚持反动立场的分裂主义分子和罪行严重的打、砸、抢、烧、杀分子,公安机关依照《中华人民共和国刑法》以及有关法规先后收审了一批参与闹事的人。在强大威慑、政策攻心和宣传教育的感召下,许多参与闹事的人投案自首,有的还主动检举揭发了一些骚乱和暴乱分子。根据党的坦白从宽、抗拒从严和区别对待的政策,公安司法部门对认罪态度好,有悔改表现的参加闹事的骨干分子作了宽大处理,解除审查。

凡属于被骗、被逼参加的群众,党和政府都根据具体情况,进行了大量争取教育的工作,严格区分两类不同性质的矛盾。拉萨骚乱后,街道办事处、居委会和居民小组的工作人员在戒严后每天任劳任怨,尽心尽责,把工作做到每一座大院,每一个家庭,每一个群众的心里,帮助他们提高认识,分清是非,与少数分裂主义分子划清界限,团结了一切可以团结的人,化消极因素为积极因素,把绝大多数群众争取到了爱国统一的旗帜下,中国人民解放军和武警公安人员用自己的生命和热血捍卫了祖国的统一和民族的团结。

第四章　民族地区社会主义市场经济的建立和发展

第一节　邓小平南巡讲话促进了民族地区全面的改革开放

1992年1月邓小平南巡讲话之后，中国正式确定了沿海、沿边、沿江全方位开放战略。

1992年1—5月，国务院相继批准黑河市、绥芬河市、珲春市、满洲里、二连浩特市、伊宁市、博乐市、塔城市、凭祥市、东兴镇、畹町市、瑞丽市、河口县13个沿边开放城镇，并制定了8项优惠政策。其中包括：边境开放城市人民政府有权审批边贸加工、劳务合作等方面的经济合同；为出口创汇需要进口的种子、种苗、饲料、技术、机械、设备免征进口关税和产品税；外贸兴建的企业征收24%的所得税；边境邻国投资者以生产资料、机械、器材等实物作为投资资本的，减收50%的关税和工商统一税；鼓励内资到边境开放城市兴办出口加工企业和第三产业；内资企业收取24%的所得税，投资方利润转回本地收9%的所得税；边境城镇外引内联企业生产的产品允许自由销售，进口时减半征收关税和工商统一税；边境经济合作区内基础设施建设所需进口的机械设备、基本建设物资及合理数量的办公用品免征进口关税和产品税。①

1992年8月，国务院发出通知，呼和浩特、昆明、贵阳、西宁、银川等20多个沿边和内陆省会（首府）城市实行沿海开放城市的政策。这些政策归纳起来有4个主要方面：1.扩大开放城市对外经济合作的权限。2.支持开放城市引进国外先进技术和管理经验，改造老企业和开发现代农业。3.鼓励吸收外资，对外商投资企业实行优惠政策。4.具备一定条件后，经国务院批准，可以举办一个经济技术开发区。进一步加快了民族地区开发与开放的步伐。

1994年年初，经国务院批准，新疆的伊犁哈萨克自治州、青海的格尔木市、内蒙古的呼伦贝尔盟和乌海市、贵州的黔东南苗族侗族自治州、甘肃的临夏回族自治州、吉林的延边朝鲜族自治州为民族自治地方改革开放实验区。

新疆维吾尔自治区确立了以边境沿线开放为前沿、以铁路沿线开放为后盾、以两线城市开放为重点的经济发展新战略。伊宁、博乐、塔城三市行使相当于自治区级的管理权；通过边境陆路口岸出口，南疆自产商品全部放开；进一步开放乌鲁木齐，增强乌鲁木齐商贸中心城市和国际航空港的功能。改革开放使新疆成为中亚的购物中心和内地省份西出国门的桥头堡。

---

① 乐长虹：《我国民族地区改革开放政策概述》，《民族经济》1995年第2期。

宁夏扩大了对外开放：1. 全面实施宁夏—沿海—海外三点一线的开放战略，立足宁夏，"借船出海"，初步形成外向型经济体系。2. 改善投资环境，实行优惠政策。3. 加快银川高新技术产业开发区建设，充分发挥示范带头作用。4. 大力推进沿黄河经济带和包兰铁路、宝中铁路沿线的开发，实行开放与开发相结合。① 宁夏先后在深圳、珠海、海南、天津等沿海经济特区和城市办起了20多家企业，还在新加坡、泰国、中国香港等地设立贸易窗口，并同一大批包括伊斯兰国家在内的58个国家建立了经济贸易关系。

地处中国北部边疆的内蒙古自治区，1992年年初就响亮地提出，敞开大门，服务全国，把内蒙古建成中国北部的开放带。

广西壮族自治区是全国唯一既沿边又沿海的自治区。至1996年，经国务院批准，广西对外开放区域14个，各类开发区18个，对外开放一类口岸16个，二类口岸12个，边境口岸12个，其中国家级4个，地方级8个，边民互市点25个。实行对外开放特殊政策的地域面积1.9万平方公里，人口约673万人，开放面积占全自治区总面积的8%，占自治区总人口的14.8%。② 广西壮族自治区出台了3个配套改革的文件，并规划了全区经济发展的新布局：以北海、钦州、防城三个滨海城市为重点，抓好沿海、沿江、沿边的进一步对外开放，办好玉林、桂林、柳州三个改革试验区，搞好右江河谷和红水河两个开发带，简称"322战略"，以此带动全区的发展。自治区还提出了"东引西联，北放南开"的全方位开放方针，即东引广东改革开放经验和资金技术，西与云贵川联合，北与湖南、湖北携手，南向越南及东南亚国家开放，并与西南以及华南、中南部分地区联合建设好广西"三沿"开放的门户，为其提供进出口贸易加工基地和通道，搞好服务，以联合促开放，开放促开发，求得共同的经济振兴和发展。

西藏以市场为导向，实行全方位开放，在沿边几个县和口岸设立边境贸易区及外向型特殊经济开发区，开辟了新的国际旅游线路，培育和建立各类市场，大力加强边境地区的能源、交通、通信等基础设施建设，大力吸引区内外经济实体、贸易部门和个体商户参与边境贸易，允许生产资料和生活资料进入边贸市场，并实行边贸与旅游、商业、工业、农业、牧业、技术和劳务输出相结合的战略，以带动全区经济的发展。西藏还颁布了鼓励外商投资的21条规定，并在沿海和其他省区独资、联办企业129家，还开放了一批国家口岸和地方口岸。这些都加大了西藏对外开放的步伐。1992年，由意大利、德国、日本等五国的10家银行组成的考察团飞抵拉萨，了解西藏投资环境情况；美国、尼泊尔和中国香港等国家和地区的客商与西藏洽谈了旅游、轻工、冶金、电子等合资项目。

1994年确定的民族地区改革开放试验区在各项改革开放试验中也取得了一定进展。贵州黔东南苗族侗族自治州在抓好山区综合开发的同时，积极进行了林业活立木转让试验，州政府公布了《活立木有偿转让办法》。1995年，转让面积和成交额为前10年总额的60%以上。土地使用制度改革和乡村林场股份合作制改革也取得了较好的效果。青海格尔木市在交通、能源、通信等基础设施建设及重点工程建设方面有了明显进展。1995年，国家计委、青海省人民政府和有关部委对以格尔木市为主的柴达木地区进行

---

① 《人民日报》1992年7月19日。
② 黄海坤：《同舟论——当代广西民族关系研究》，第130页，广西人民出版社，2000年。

了考察，使柴达木的资源开发进入新的阶段。内蒙古呼伦贝尔盟和乌海市系统整理了试验区建设以来陆续出台的优惠政策，重新制定了更具可操作性的试验区优惠政策，上报后由自治区人民政府正式批转下发。甘肃临夏回族自治州以基础设施建设作为试验区建设的重点和突破口，广泛动员和发动社会各行各业，进行基础设施建设。在以临夏市广河县为试点取得成功经验后，向全州其他6个县推广。到1995年年底，全州在基础设施建设方面总投资6.62亿元，其中社会集资成为主体投资。在旧城改造中，拆迁各类房屋26.55万平方米，新建楼房495栋，拓宽改造街道43条，新建市场35处，改扩建市场48处。吉林延边朝鲜自治州的图们江地区在国际合作方面取得较大进展，1995年12月6日，中、俄、朝、韩、蒙五国政府在美国纽约正式签署了《关于建立图们江地区开发协商委员会的协定》和《图们江经济开发区及东北亚环境准则谅解备忘录》等5个文件，标志着图们江地区的开发由研究论证阶段进入具体实施阶段。新疆伊犁哈萨克自治州充分发挥伊宁市作为开放城市及国家3个一类口岸在地区境内的优势，实施边贸战略，外贸进出口总额显著增长，经济技术合作十分活跃。

通过全方位开放，民族地区初步形成东北、西北和西南三大沿边开放带。

5个自治区全方位开放，加速了民族地区的发展，2000年民族自治地方进出口贸易总额完成85.64亿美元，比上年增长37.71%。其中，出口额完成49.68亿美元，比上年增长31.81%；进口额完成35.96亿美元，比上年增长46.79%。"九五"期间，广西壮族自治区对外贸易逐年扩大。同世界建立了经济技术合作及贸易关系的国家和地区由"八五"期末的120个增加到140多个。投资环境得到改善，招商引资规模和效益不断提高，5年累计利用外资52.44亿美元，比"八五"期间增长61.9%。边境贸易稳步发展，国际经济技术合作规模扩大，国内横向经济联合与协作得到加强。"九五"期间，宁夏回族自治区进出口总额达到16.9亿美元，比"八五"期间增长103%，年均增长15.3%。贸易往来的国家由"八五"期末的60多个增为90多个，出口商品结构向高科技和附加值高的工业产品转移，出口商品达400多种，出口额超过1000万美元的有钽及钽制品、煤炭、金属镁、羊绒、硅铁等8种商品，出口总值19486万美元，占全区出口总额的61%。旅游业成为经济发展中的新亮点。自治区不断加大旅游基础设施的投资力度，名牌旅游点知名度不断提高，来宁夏旅游观光、访问的客人逐年增多。"九五"期间，全区接待海外游客2.8万人次，比"八五"期间增长69%，年均增长11.1%，来旅游的海外游客停留天数由1995年的1.93天上升到1999年的2.42天，人均每天消费119美元；"九五"期间，旅游外汇收入达到780万美元，比"八五"期间增长98.5%，年均增长14.7%。新疆维吾尔自治区与国内外经济联系日益密切，对外贸易和对外经济交流与合作规模不断扩大，已同99个国家和地区建立了经贸关系。5年累计外贸进出口额83.5亿美元，年均增长9%。实际利用外资8.27亿美元。经济技术开发区、高新技术开发区、边境经济合作区稳步发展。加强了与兄弟省、市、自治区的交流和协作。成功举办了5届"乌洽会"。国际旅游日趋活跃，2000年共接待海外游客25.6万人次，创汇9494万美元，分别比1995年增长25.8%和80.2%。[①] 改革开放

[①] 《中国民族工作年鉴》编辑部：《中国民族工作年鉴2001》，第98页，民族出版社，2001年。

推动了西藏商业、对外贸易和旅游产业的空前发展,增强了西藏与内地以及世界的相互联系与合作。西藏地方的区域市场体系初步形成,与全国乃至世界市场体系正在逐步实现接轨。国家制定了一系列优惠政策,鼓励和吸引国内外企业到西藏投资办企业,扩大对内对外经济交流与合作。西藏自 1996—2000 年五年间,协议利用外资 1.25 亿美元。到 2000 年,全区进出口总额已经达到 1.3 亿美元,其中出口总额 1.13 亿美元。西藏得天独厚的自然景观和人文景观,吸引着越来越多的国内外游客,进藏旅游已经成为一条黄金旅游线路。2000 年,西藏接待国内外游客达 59.83 万人次,其中,海外旅游人数 14.89 万人;旅游直接收入 7.8 亿元人民币,间接收入 29.8 亿元人民币,分别占全区国内生产总值的 6.6% 和 25.38%。[①]

第二节 民族地区市场经济的现状与发展

一、民族地区国有企业的改革与发展

我国少数民族地区国有企业在民族地区的经济中占有比率一直高于全国平均水平,直至 2001 年,全国工业总产值为 86772.70 亿元,其中国有及国有控股企业产值为 34466.05 亿元,占 39.72%。而西部少数民族主要聚居的 12 个省、市、自治区当年国有及国有控股企业产值占工业总值的比重平均值为 68.80%,比全国高出 29 个百分点,比东部浙江省(11.7%)、广东省(21.67%)等分别高出 57.1 个和 47.13 个百分点。西部 12 个省、市、自治区国有及国有控股企业工业产值占总产值的比重如下:青海 82.23%、陕西 76.60%、新疆 76.17%、云南 73.82%、贵州 73.69%、内蒙古 71.46%、西藏 67.92%、甘肃 66.74%、宁夏 62.30%、广西 60.07%、重庆 58.71%、四川 55.81%。[②] 国有企业的改革和发展在民族地区的经济建设中占有重要地位。国有企业、特别是国有大中型企业的改革一直是民族地区的经济体制改革的重要内容之一。改革开放以来,政企分开、转换经营机制、由计划经济逐步转向市场经济的国有企业改革,成为民族地区经济体制改革的主要内容之一。

从 20 世纪 90 年代开始,民族地区大中型企业的外部环境和经营机制得到一定程度的改善,企业活力有所增强,在工业生产中的主导和骨干作用日益显著。到 20 世纪 90 年代中期,仅西北五省区已形成 150 多个销售收入超亿元的拳头产品;在西北工业经济的增长中,通过产品结构调整形式的利税占全部利税的 50% 以上,一批主导产业如机械、汽车、电子、纺织、冶金、石油化工等行业得到有效调整。大西北不仅拥有克拉玛依石油管理局,金川、白银有色金属公司,刘家峡水电厂,西安电业机械制造公司,彩虹工业集团等 900 个大中型企业,而且西北地区形成了五大产业群;以乌鲁木齐—兰州—克拉玛依等为中心的石油化工产业群;以兰州为中心,西安、银川为两翼的黄河上游资源开发带和有色冶金工业群;以西安—宝鸡—兰州为联结点的机械、军工、电子产业群;以兰州、西安、乌鲁木齐为核心的棉纺、毛纺、化纤产业群及神府—彬长—银川

---

① 《人民日报》2001 年 11 月 9 日。
② 中华人民共和国统计局编:《中国统计年鉴 2002》,第 425 页,中国统计出版社,2002 年。

煤炭工业带。

十四届三中全会以后，以建立现代企业制度为重点，转换企业经营机制的国有大中型企业改革工作逐步展开。广西制定了《全民所有制工业企业转换经营机制实施办法》，企业自主权逐步得到落实，企业股份制改造有了发展。"九五"期间，以机制创新、产品创新、制度创新为主要内容的企业改革整顿进一步向纵深发展，建立现代企业制度步伐加快，国有企业改革与脱困如期实现。内蒙古各级政府紧紧围绕国有大中型企业这个中心环节，重点抓现代企业制度试点，组建企业集团，小型企业产权重组工作等。到20世纪90年代中期，除国家确定的包头纺织总厂外，选择了13户大中型企业作为自治区级首批现代企业试点单位；以优势企业为龙头，组建各类企业集团93户；区别不同情况，在中小企业实行了多种形式的改革，转制率达50%以上。"九五"期间，国有企业改革取得突破性进展。通过采取"抓大放小"和鼓励兼并、规范破产、下岗分流、减员增效等一系列重大措施，使国有企业的机制发生了较大变化。2000年年底，列入国家考核的70户国有大中型骨干企业初步建立了现代企业制度，80户国有大中型亏损企业摆脱了困境，国有大中型企业改革和脱困的目标基本实现。以提高经济运行质量和经济效益为目标的工业改革，使宁夏大中型企业跃上了新台阶。"九五"期间，全区各地对国有企业通过兼并、破产、重组、租赁、股份制、股份合作制等多种形式的产权制度改革，使企业经营状况大为改观。到2000年，全区国有企业改制率已达90%，国有企业实现整体扭亏为盈。2000年全部工业增加值增长速度达13.8%，比上年提高6个百分点。新疆的国有企业改革也取得较大进展，大多数国有大中型骨干企业初步建立现代企业制度，改革和脱困三年目标基本实现。西藏自治区也抓了企业改革问题。自治区确立拉萨啤酒厂作为全国"百家试点企业"之一。经过几年努力，该厂的改制工作已经全部完成，原厂已脱胎为按照《公司法》规范组织的新的有限责任公司。股份制、公司制企业得到了发展。西藏明珠股份有限公司作为首家上市股份公司，已获国家证监会批准，向社会公开发行股票。随着《公司法》的颁布实施，凡新建公司制企业均按照《公司法》规范要求进行了规范。

二、乡镇企业快速发展

民族地区乡镇企业起步较晚，20世纪90年代初，整个西部各省区乡镇企业产值在全国的比重不足10%，只相当于浙江省的规模。1992年，在中国共产党第十四次全国代表大会上，江泽民代表十三届中央委员作了题为《加快改革开放和现代化建设步伐，夺取有中国特色社会主义事业的伟大胜利》的报告。报告指出："继续大力发展乡镇企业，特别要扶持和加快中西部地区和少数民族地区乡镇企业的发展。"并提出要制定一系列政策和措施给予支持。在1993年的中央农村工作会议上，中西部地区和少数民族地区乡镇企业被列为国家对农业和农村投入的四个重点之一。1993年9月，国务院召开的全国乡镇企业工作会议提出要搞"乡镇企业东西合作示范工程"，并决定从1993—2000年，每年增加的50亿元扶持乡镇企业专项贷款中，大部分也将用于中西部地区和少数民族地区。各级地方政府也从信贷资金、财政资金中增加乡镇企业投入比重，有的地方还建立了乡镇企业发展基金。从中央到地方对乡镇企业的投入，都比以前有所增加，从资金上给予大力支持。① 1995 年，国务院批准乡镇企业东西合作示范工程，有力地推动了西部民族地区乡镇企业的发展。

乡镇企业东西合作示范工程启动后取得了良好的社会、经济、生态效益。到 2000 年为止，经农业部批准命名的全国乡镇企业东西合作示范区达 208 个（县以下），基础设施累计投入 40 多亿元，实现营业收入 1300 多亿元，利税 155 亿元，分别占中西部地区乡镇企业总量的 7.7% 和 8.3%，增长速度高出中西部地区乡镇企业平均增长速度的 10 个百分点以上，成为乡镇企业新的增长点。②

1999 年，民族地区乡镇企业数达到 3.6 万个，比 1995 年增长 46.5%；完成增加值将近 1600 亿元，占民族地区国内生产总值的 20.5%，比 1995 年增加 8.3 个百分点。③ "九五"期间，西部地区乡镇企业共吸纳劳动力 427 万人，5 年平均增长 6.9%，增幅高于东部地区。"九五"期间，东部地区乡镇企业增加值年均增长 15%，西部平均增长 20.6%，中部平均增长 9%。2000 年，东部同比增长 11.4%，西部增长 15.6%，西部地区乡镇企业增加值占全国乡镇企业经济总量的比重呈上升趋势，增幅甚至超过了东部地区。④

由于加大了结构调整、科技创新和开拓市场的工作力度，2000 年内蒙古自治区乡镇企业呈现出良好的发展态势，各项经济指标稳定增长。全区乡镇企业引进资金约 32 亿元，创产值 869.9 亿元，实际入库税金 30.6 亿元，农牧民人均从乡镇企业得到的纯收入达 1020 元。四川省凉山彝族自治州抓住西部大开发的历史机遇，将乡镇企业与农村产业化相结合，并发挥县市优势将乡镇企业与农村小城镇建设相结合，在改造与创新相结合的基础上，2000 年实现 87.70 亿元的总产值目标，比 1999 年增长 15%；完成工业总产值 45.81 亿元，完成营业收入 85.70 亿元，均比 1999 年增长 15%。甘肃临夏回族自治州依托小城镇优势，大力发展具有地方民族特色的乡镇企业，2000 年，全州农民人均来自乡镇企业的纯收入达 223.32 元，比 1999 年净增 23.32 元。临夏回族自治州结合西部大开发，确定广河县三甲集、和政县三合、临夏县双城、积石山保安族东乡族撒拉族自治县大河家、东乡族自治县达板等 14 个小城镇为乡镇企业密集区，采取政策引导和扶优扶强的办法，建成畜产品、农副土特产品、绿色清真食品、民族特需用品加工龙头企业。并通过招商引资建成一批骨干企业，不但使民族特色主导产品开发形成规模优势，而且使全州乡镇企业出口创汇能力大为增强，2000 年仅完成民族地毯等出口产品交货值就达 1966 万元。青海省海西蒙古族藏族自治州围绕西部大开发，引导乡镇企业以质量效益为中心，积极推进经济增长方式的转变，使乡镇企业正在成为全州农牧区经济的主体。2000 年该州乡镇企业总数达 1175 个，完成总产值 2.56 亿元，实现利税 3068 万元，实现增加值 1.422 亿元，同比分别增长 25%、14%、15.6%。全州乡镇企业 2000 年共完成固定资产投资 1005 万元，其中贷款 522 万元，自筹 485 万元，实施

---

① 张定龙：《把民族地区乡镇企业推上一个新台阶》，《民族团结》1994 年第 1 期。
② 新华网 2000 年 6 月 6 日。
③ 《中国民族工作年鉴》编辑部：《中国民族工作年鉴 2001》，第 67 页，民族出版社，2001 年。
④ 《光明日报》2001 年 11 月 19 日。

了乌兰县中藏药材种植基地、德令哈麝鼠综合养殖等3个新建项目和格尔木天龙酒店、格尔木宏伟餐饮娱乐城等3个续建项目一系列工程建设。①

三、加快发展私营个体经济

随着市场经济的发展，个体经济在民族地区崛起，并迅速发展成为兴边富民、振兴民族地区经济的一支重要力量。到1993年9月底，5个自治区的个体工商户已达百万户，私营企业6000余家，从业人员150万人之多，注册资金70亿元。这些个体工商业者在国家优惠政策的支持下，在广阔的私营经济领域大显身手，不仅自身走出一条致富之路，还为当地创造了相当可观的财政收入。仅内蒙古、新疆的个体商业者1992年就向国家缴纳税金分别为2.7亿元和2.6亿元，占当地全年工商税总额的8.4%和8.9%。

民族地区个体私营经济改变了城镇、农村、牧区的产业结构。新疆个体工商户多选择了与人民生活密切相关的商业、饮食、服务等第三产业，网点遍及天山南北的城乡牧区；私营企业以生产型、科技型为主。西藏个体工商户和私营企业从事工业、建筑业、交通运输业的较多。内蒙古个体私营经济开始突破商业、饮食、服务等八大传统行业，进入教育、交通、家庭服务等领域，并开辟了电子计算机、生物工程、热能转换等高科技领域。

"九五"期间，是民族地区个体私营经济发展较快的时期。到2000年年末，内蒙古个体工商户达757178户，全区私营企业户数达29505家，个体私营经济实现增加值达286亿元左右，占全区国内生产总值的比重为20.7%，比1995年提高了10.4个百分点。全区个体工商户达80.65万户，从业人员159.7万人，私营企业达2.95万户，从业人员41.4万人，分别比1995年增长了104.8%、143.7%、343.1%、297.8%；私营企业集团已发展到30个。"九五"期间，内蒙古自治区个体私营经济纳税平均年递增20%，到2000年年末，税收达15.5亿元，已占全区工商税收的27%。内蒙古个体私营企业还积极参与国企改革，吸纳下岗职工再就业。全区个体私营企业购买、兼并、参股、租赁国有、集体企业达4497家，注入资金14.73亿元，盘活国有资产134.1亿元，吸纳和安置下岗职工达23.3万人。2000年，广西壮族自治区个体工商户达89.55万户，从业人员127.87万人，注册资本67.28亿元，创产值30.74亿元，营业收入188.64亿元，社会消费品零售额132.46亿元；私营企业1.83万户，从业人员26.66万人，注册资本127.16亿元，创产值41.41亿元，销售总额35.79亿元，社会消费品零售额28.29亿元；个体工商户、私营企业出口创汇达2.32亿元。西藏的民营经济也迅速崛起，成为全区经济的新的增长点。到2000年年底，西藏共有个体私营企业4.3万户，从业人员6.9万人，2000年纳税额占全区税收收入的13.5%。2000年西藏个体私营企业的社会消费品零售额和销售额分别达6.6亿元、19.9亿元。2000年，新疆维吾尔自治区个体私营经济共创产值75.9亿元，实现销售收入245.3亿元。全自治区私营企业的户数、从业人员和注册资本3项指标，分别比全国平均增幅高出13个、10个和12个百分点。一个多种投资主体、多个经济成分相互依存的复合型经济正在全自治区逐步形成。2000年全自治区有1115户国有集体企业被个体私营经济兼并、收购、参股

---

① 《中国民族统计年鉴2001》，第255—256页，民族出版社，2001年。

或实施了内部改制。私营企业户均注册资金达到81.3万元，同比增长8.7%，比全国私营企业户均注册资金高出15%。其中，注册资金在500万—1000万元的企业194户，1000万元以上的企业198户，全自治区现有私营企业集团达16户，股份公司2户，上市公司1户，资产上亿元的企业已达14户。2000年个体私营企业吸纳安置国有企业下岗职工6997人，累计安置4.1万人。

四、民族地区初步建立市场体系

改革开放以来，随着国家农副产品价格的陆续放开及工业品价格的放开，民族地区形成了多种经营成分、多种经营方式、多种流通渠道相交融的开放式流通格局，初步建立起农副产品、生产资料等购销结合的多层次的市场体系。甘肃广河县祁家集牲畜交易市场、三甲集皮毛综合市场及张家川县龙山镇皮毛综合市场等具有较大规模和较强辐射能力的专业市场的形成和发展，对促进民族地区企业经营机制的转换，带动本地皮毛加工业的兴起以至整个城乡经济的发展，起了十分重要的作用。

为加快市场步伐，20世纪90年代前期，西北地区先后投资5亿多元，有计划、有重点地新建、改建各类市场627个，总面积达68万多平方米，使过去西北地区长期存在的以街为市、以路为集、露天摆摊、场地狭小等状况得到很大改观，促进了市场效益的提高。1993年，陕、甘、宁、青、新五省区城乡集贸市场交易额分别达到15亿元、13亿元、11亿元、9亿元、17亿元，占各省区社会商品零售总额的47%、45%、43%、38%、48.5%。一些城市还出现了专门的商业步行街，如内蒙古自治区首条商业步行街——赤峰市红山区新华路商业步行街于2000年8月18日一次性通过质检验收，正式投入使用。这条街实行全封闭管理，设计停车位355个；自行车停车场2处，可停车7500辆。2000年1月19日，云南省西双版纳傣族自治州开工建设景洪商贸旅游步行街，该项目由天城企业集团投资1.5亿元兴建，建筑面积达10万平方米。商贸旅游步行街建成后将集旅游、购物、休闲、居住为一体，成为景洪地区最大的商贸旅游中心。

在加快市场建设步伐的同时，民族地区还努力完善市场的种类和结构。民族地区不仅建起了一大批骨干集贸市场，而且部分专业市场、生产资料市场和综合市场也得到了一定的发展。中药材、畜产品、木材、钢材、汽车等市场取得较为可观的收益；证券、房地产市场也开始起步。如云南省大理白族自治州巍山彝族回族自治县已发展成为全国最大的红花交易市场。巍山彝族回族自治县一直以种植生产花卉药物红花闻名全国，到2000年，该县逐步形成了全国最大的红花交易市场和集散地，每年成交红花达500余吨，成交额达1000余万元。巍山彝族回族自治县红花市场的发展带动了怒江、保山、临沧以及弥渡、南涧等地的红花生产经营，这些地方生产的红花也都运往巍山，再经巍山销往外地。[①] 内蒙古的生产资料市场建设也取得了很好的效果，截止到1999年，内蒙古全区物资系统拥有物资贸易（交易）中心54个，物资商城74个，经营网点1754个，其中农牧区网点296个，基本形成了覆盖全区，沟通城乡的物资销售网络。为扩大物资企业的辐射面，内蒙古还先后在北京、天津、上海、沈阳、大连、海口、广州、兰州以及蒙古国、俄罗斯等城市和国家增设了经营窗口。到2000年，内蒙古物资企业的

---

① 《中国民族统计年鉴2001》，第269页，民族出版社，2001年。

辐射范围已扩大到全国40多个大中城市。2000年内蒙古包头物资总公司建设的几个重点市场都被市政府列为区域性生产资料市场。物资城占地10万平方米，建筑面积18万平方米，投资1.05亿元，建设分三期进行；建材市场建设已完成工程量的70%，投入800万元；钢材市场改造已投入200万元，总投入1200万元。在粮食流通领域，内蒙古初步建立起了以区域性粮食批发市场为龙头，以旗县粮食批发市场为骨干，以众多的粮食集贸市场为基础的三级粮食市场网络体系，以国有粮食购销企业为主，多种经济成分、多渠道经销粮油的格局已经形成。到1999年，内蒙古全区商品市场已达1824个，成交额达241亿元，其中日用消费品市场1637个，成交额逾百亿元。海拉尔畜产品批发市场、通辽批发城、锡林郭勒牛羊肉批发市场、乌兰察布盟马铃薯批发市场、呼和浩特市东瓦窑农副产品批发市场、临河农副产品批发市场、乌海食品公司农副产品批发市场等以其经营品种多、辐射面广、客流量大等特点，成为自治区资源转换和生产与消费连接的重要支点。①

过去一向封闭的牧区也积极培育市场体系，加快了由计划经济向市场经济转轨的步伐。青海省不断加大市场的开放度，已将全省农畜产品收购变为市场调节，在牧区建起了百余处农牧市场。西藏农牧民商品观念淡薄，农牧区商品流通不畅，福建援藏干部大胆引入内地集市贸易，将日益发展的小城镇建设与农牧区市场建设有机结合起来。米林县投资140多万元建成同安集贸市场，并在多卡、里龙、派镇、卧龙4个小集镇建立集贸市场，先后组织了4次物资交流活动，交易额60多万元，定期集市交易日制度逐渐形成。朗县建成仲达小集镇后，又投资150万元建成洞嘎小集镇，两镇举行的物资交流会吸引了当地和拉萨、山南、昌都等地的客商以及农牧民群众2万多人次，成交额超过150万元。新疆打破了畜产品经营的行业垄断，外贸、畜牧、商业各部门将一群群活牛活羊赶到国境，几十万只活羊进入边贸市场。

新疆市场体系的变化是民族地区市场体系发展的缩影。1979年，乌鲁木齐只有位于偏僻马路、巷道、自发形成的简易农副产品市场15个，年成交额395万元。1981年以来，通过一条群众集资、企业联合、个人合股和引进外资等形式的新路子，到1999年全市已建各类市场191个，其中消费品市场169个、生产资料市场18个、生产要素市场4个，组建于1992年8月的新疆商贸城，建筑面积3万多平方米，有3200个经营摊位，7000平方米的停车场，可容纳经营户3200户。经营品种有日用百货、服装鞋帽、纺织品、五金交电、洗涤用品、化妆品等数千种，年货物吞吐量1400吨，平均年成交额20亿元，日均客流量5万多人次，年上缴利润200多万元，上缴税金3600万元。市场还提供了金融、仓储、货运、托幼、医院、通讯、娱乐、治安商务、广告宣传、法律咨询等服务行业以方便经营者足不出城就可得到的全方位系列服务，并为6000多人提供了就业机会，已成为目前新疆最大的商品集散地之一，享誉区内外及周边国家。新疆第一家由个人筹建的西北地区最大的华凌集团主体企业华凌市场，占地面积33万多平方米，建筑总面积60万平方米，总投资6亿元。仅一期工程建成投入运营面积20万平方米，已进驻经营户7500户，从业人员上万人。来自全国二十几个省市及

---

① E56民族网—中国西部—内蒙古。

地区的国有、集体及合资企业占 10%，日均客流量达 10 万多人次，年成交额 30 亿元，仅 1997 年营业收入 7000 万元，是集商贸、餐饮、宾馆、娱乐、办公、公寓为一体的市场，主要经营装饰材料、建材、中高档家具、家电、日用百货、机电产品等，目前，已正式开通了二级口岸。①

随着西部地区经济的发展，资金、劳动力、技术、信息市场也得到了快速发展。2000 年 6 月 1 日，河北省丰宁满族自治县旅游局和北京亚太博信科技有限公司联合投资建成的坝上草原旅游风光信息网，正式联网开通。网站向世人推介坝上风光，提供网上旅游信息，咨询服务和电子商务平台。2000 年 8 月 8 日，内蒙古信息港举行了开业庆典仪式，首次开通了全国第一家少数民族双语（蒙汉）平台及区内首家电子商务平台，同时建立起自治区内首家信息产业创业园和电子配套市场。2000 年 8 月 28 日，内蒙古智胜企业工程咨询公司开业及内蒙古企业信息网开通仪式新闻发布会在呼和浩特市举行。智胜公司是由内蒙古地区 10 余家大型企业集团和上市公司共同出资创建的企业咨询机构，主要为企业提供深层次、系统工程的咨询、培训、策划、评估服务，并在此基础上创办了自治区唯一一家为企业服务的专门性网站——内蒙古企业信息网。经国家经贸委授权，该公司全面负责自治区企业信息化、电子商务的推广和应用工作，充分发挥咨询服务与信息服务的系统整合优势，网站一开通，即有百余户企业免费入网。2000 年 12 月 18 日，中国第一家松香行业专业网站在广西壮族自治区梧州市开通。网站由梧州松脂股份有限公司属下的华讯网络信息有限公司创办，为广西乃至全国的松香生产和流通企业的松香及系列产品提供一个现代化的电子商务交易平台。

五、市场观念的转变

少数民族地区多年来形成重生产轻流通的旧观念。内蒙古、新疆、甘肃、西藏、四川康巴牧区以放开畜产品流通为突破口，引导成千上万不善经商的蒙古、藏、哈萨克、裕固等少数民族牧民经商和兴办牧区畜产品加工经销企业；在内蒙古、新疆、青海、甘肃等草原牧区，牧民在蒙古包、毡房边盖起了塑料牲畜棚，生产市场好销的冬羔，过去牛羊的头、蹄、骨、血作为废物丢弃，现在有的牧区牧民兴办加工企业，将其开发为明胶等高附加值产品。牧区新兴起的畜产品交易市场引来了各地客商，买卖活跃。

市场机制向草原牧区推进，开始改变了北方游牧民族传统的生产经营和生活方式。少数民族由注重增加年末存栏头数转向重视商品率和经济效益。1995 年，内蒙古自治区牧民定居已达 50%，累计人工种草和改良围栏草场 3000 多万亩，并种植部分草料，相当一部分牧民改四季逐水草游牧为暖季放牧，冬季暖圈饲养。1995 年同"八五"初期的 1990 年相比，内蒙古牲畜年末存栏数增加 5.84%，出栏数却增加 12.7%，商品率提高 8 个百分点，达到 66%，出栏数增长幅度远大于存栏增长。与此同时，农区养殖业迅速发展，养殖业已成为农民的主要商品生产项目之一。

市场经济不仅冲击了牧区，也冲击了山区。宁夏山区的山里人已摆脱了"等靠要"的依赖思想和陈旧观念的束缚，每年有 10 万左右的人跻身于流通领域，占农村劳动力的 16%，其中常年经商的约 6000 人，形成了以县城为依托的绒毛、发菜、木材集散中

---

① 《中国工商报》1999 年 9 月 18 日。

心。同心县集市贸易额接近固原地区6县之和，居宁夏各县之首，地方财政收入和农民人均纯收入以年约递增18%和16%的速度发展，成为宁夏西海固地区第二个基本解决温饱的县。1993年，同心县加工出口发菜40多吨，创汇200多万美元。1992年同心县产羊毛20万公斤，市场成交量则达55万公斤；产羊绒4万公斤，上市量24万公斤。1993年，同心集市贸易额已达5500万元，相当于1987年的两倍多。源源不断的商品从甘肃、新疆、西藏等地进入同心市场，又由同心运往沿海各地。20世纪90年代以来，同心县有40%的农民靠流通走上了致富路，其中年收入10万元以上的回族商贩已不下百人，有的年上缴税金就达30多万元。1986—1994年，同心县财政收入由120万元增加到700多万元，其中来自流通领域的占77%，走出了一条以流通促脱贫的致富新路。①

第三节 边境贸易带动了民族地区的发展

一、边境贸易搞活了边疆民族地区经济

中国民族自治地方有113个边境县，1995年，已开放国家级陆地边境口岸43个，地方边境口岸200多个，边民互市点近百个，同周边15个国家的不同民族进行边境贸易和技术交流。② 随着边境贸易的发展，大部分沿边开放城市的人均收入水平进入所在省和自治区的前列，有的已经赶上或接近全国的平均水平。边贸也使边境城市的建设速度加快，许多边境小城规模扩大几倍。

黑龙江省黑河市是国务院批准的首批沿边开放城市之一。经过十几年的发展，黑河边境贸易已初具规模，形成了小额贸易、边民互市贸易、边境旅游、对外经济技术合作等共同发展的多元化边境贸易的格局。黑河口岸进出口商品种类16大类，千余个品种。黑河先后与独联体10个国家的36个州、市的2000多家企业及国内29个省、市的3000多家企业有过贸易往来。黑河市与布拉戈维申斯克市是中国与独联体国家7000多公里边境线上唯一一对规模最大、距离最近、规格最高、功能最全、最有比较效应的对应城市，具有得天独厚的发展对外贸易和国际经济技术合作的口岸优势。自1987年中俄恢复边境贸易以来，中俄两国客商在发展贸易与经济技术合作以及劳务输出方面进行了广泛的合作，通过优势互补与需求互补，促进了两地的经济快速发展。

1997年3月，黑龙江省省政府正式批准设立大黑河岛中俄边贸互市贸易区，赋予更加开放的政策。中俄两国外交部签署了简化俄公民进入互市贸易区中方一侧手续的协议，为边民互市贸易注入了新的活力。中方在大黑河岛建设了占地约12万平方米的国际商贸城，是大黑河岛边民互市贸易区的贸易中心、洽谈中心和信息中心。2000年，黑河市政府把果蔬批发市场列为重要发展项目之一，黑河果蔬批发市场是由黑河地方铁路局承建的大型蔬菜、水果批发市场。该市场享有独家出口代理权，将以对俄出口果蔬产品为主，兼营市内果蔬产品批发。它是中俄边境线上档次最高、规模最大、功能最

---

① 《每日电讯》1994年5月8日。
② 《中国民族统计年鉴1996》，第64页，民族出版社，1996年。

全、政策最宽松的市场之一。

边境贸易的发展带动了黑河市基础设施的建设，黑河市的交通越来越便利，已形成铁路、公路、水运、航空立体效能网络；备受瞩目的中俄黑龙江大桥、机场扩建以及铁路、公路升级改造等项交通建设工程即将实施。黑河市邮电通信设施也日益完善，已开通程控交换机，可直拨180个国家和地区以及国内各城市的长途电话；建立了移动通信系统，自动查寻系统；实现了对俄微波通信、电传的扩容和计算机咨询网络，建立了国际邮政互换站。①

新疆在发展边境贸易方面有着得天独厚的地缘、人文优势：新疆与俄罗斯、哈萨克斯坦等8个国家接壤，有33个边境县，拥有国家一类口岸16个，其中陆路口岸14个，航空口岸2个；二类开放口岸11个。新疆与周边国家和地区在语言文字、宗教信仰、生活习俗等方面都非常接近，双方开展边境贸易的条件十分优越。

1986年，外经贸部正式批准新疆开展地方边境贸易，主要是对苏联及东欧。

1991—2000年，新疆与中亚5国的双边贸易总额达68.925亿美元，年均增长45%。其中哈萨克斯坦、吉尔吉斯斯坦、塔吉克斯坦三国的边境贸易占其总体边境贸易的70%。边境贸易主要集中在伊宁、博乐、塔城等一类边境经济合作区。为方便边境贸易进行，减少经商人士的旅途劳顿与经营风险，乌鲁木齐市也建成二类边贸口岸，旅游购物贸易可在乌鲁木齐市内进行，直接用美元或人民币现金支付。设在乌鲁木齐市边疆宾馆内的边疆商贸城是新疆贸易量最大的旅游购物交易市场。

为了充分发挥新疆桥头堡的作用，自治区党委和政府为华凌集团建成建材市场，招徕客商2000多户，95%为内地厂商直销，建材市场每天有7000车次和10万人次，就地解决1万多人就业。1998年，上缴国家税收4000多万元，内地建材源源不断地打入中亚、西亚市场，为内地商品进入中亚、东欧、西欧市场提供场地、服务和中介，带动了新疆第二、第三产业和商品市场的发展。②

新疆边贸出口以轻工产品为主，70%以上为工业制成品，包括食品、鞋、纺织品、服装、日用产品、家用电器等。过去大部分出口商品的档次较低，现在一部分中亚商人开始购买较高档次的产品。通过新疆边贸出口的产品基本上由浙江、河北、福建、东北、广东等省区的乡镇企业、民营企业和个体企业生产。这些产品由独联体商人运到中亚后，进入各级批发市场。1988年，边贸进出口额仅为3599万美元，占新疆维吾尔自治区当年对外贸易进出口额的8.8%。进入20世纪90年代，新疆的边贸发展较快，已由1991年的9436万美元发展到2001年的9.81亿美元，连续九年占据新疆外贸的"半壁江山"，成为新疆对外贸易的重要支柱和主要增长点，是仅次于黑龙江的第二大边贸省区。③

内蒙古自治区1992年以来，经国务院批准，相继开放了一批新口岸。对俄罗斯新开的口岸有：黑山头、室韦；对蒙古新开放的口岸有阿日哈沙特、珠恩嘎达布其、甘其毛道，还有呼和浩特、海拉尔两个航空港，加上原有的满洲里、二连浩特铁路口岸等，

---

① http://www.hh.hl.cn/zf.htm.
② 《人民日报》1999年11月30日。
③ 乌洽会电子商务网，http://www.urumqifair.com/cn/infomation/xj_economy/fzz_xjbm.htm.

一类口岸共 11 个。经自治区批准开放的二类临时过货点有二卡、胡烈也吐、额布都格、阿尔山、满都拉、策克、巴格毛都 7 个，合计开放口岸 18 个。内蒙古自治区 19 个边境旗、市中有 10 个有自己的口岸，成为多口岸省区。10 多年来，通过这些口岸过货 3000 万吨以上，进出境人员达 447.9 万人次。到 1999 年，全区边境贸易总额达到 6.6 亿美元，占全区对外贸易总额的 41%，使边境贸易成为内蒙古自治区对外贸易的重要组成部分。10 年间，边境进口化肥 200 多万吨，钢材 50 万吨，木材 801 万立方米，各种车辆 5200 多辆，解决了自治区工农牧业生产的急需；边境贸易出口玉米 43.5 万吨，食糖 14.3 万吨，还有大量的纺织品、日用品、机电产品和其他粮油食品。通过劳务输出到独联体国家和蒙古等国从事种菜、建筑、维修的劳动力和各种技术人员累计达到 25.6 万人次，创汇额（用实物折合）20759 万美元。这些劳务人员大多是来自贫困农村的农民，通过培训，提高了劳动技能，通过参加劳动，增加了收入，很快脱贫致富，取得了明显的经济效益和社会效益。同时，随着边境口岸进出口贸易的迅猛发展，边境城镇基础设施建设加快，经济环境和市场条件不断改善，边疆城镇的商业、旅游业、服务业、加工业、种植业等欣欣向荣。边境地区的群众扩大了劳动就业，增加了收入，有相当数量职工的生活水平提前达到或超过了小康水平。①

云南拥有国家一类、二类国际口岸 20 个，对外通道 90 多条，已日渐成为中国陆路联系东南亚、南亚市场的重要通道。2000 年，云南对缅甸、越南、老挝的边境贸易总额达到 3.56 亿美元。②

广西的东兴曾经是遍布地雷的"死亡地带"——别说是人，就是牲畜也不敢往这里多迈一步。经过数年的发展，这里已经是店铺林立、人头攒动的货物集散地，不仅有众多中国人和越南人在交易，而且还活跃着西方国家一些商人的身影。东兴市从陆路到越南首都河内只有 356 公里，水路到越南胡志明市仅 820 海里，被认为是中国与越南和东南亚联系最便捷的水陆门户和枢纽地带。2000 年前后，东兴市与越南的边贸交易额每年均保持在 20 亿元左右，约占广西边贸交易额的一半以上。

1983 年，中越边境的硝烟未散，双方的边民就在边境山坳口自发形成互市点，使昔日的地雷场变成了两国商品交易的商场。1991 年，中越关系恢复正常化，国家先后批准广西在边境上建立了 25 个规范管理的边民互市贸易点，边境贸易从此便越来越火。东兴的边境贸易经历了一个波浪式发展过程，最红火的时候是 1992 年和 1993 年，那时在防城港市（东兴是防城港市的一个县级市，原来是一个镇，1996 年才成立县级市）找一个床位住都很难。现在东兴已成为中越边境最繁华的旅游商品集散地和货物交易中心，一年四季都有毛荔枝、火龙果、榴莲等东南亚特色水果和海产品从这里进口，来自中国重庆、四川、广东、浙江等地的彩电、摩托车、空调、毛毯、布品等产品也从这里源源不断地运出。

二、边境贸易带动了第三产业的发展

民族地区大都从事农牧业生产，过去由于经济文化和科学技术比较落后，第三产业

---

① E56 民族网—中国西部—内蒙古。
② http://www.yunnanhb.com/zoujin.htm.

极不发达。改革开放以后,边境贸易的发展促进了商品生产和商品交换。民族地区不仅加快了第一、第二产业的发展,也相应地发展了商业、饮食服务业、交通运输业、邮电通信业、金融保险业、旅游业、房地产业、科技、教育和医疗保健事业,还发展了信息、广告和咨询等新兴产业,第三产业得以全面发展。

边境贸易开展最早的云南省,1980—1990 年,第三产业增加值年均递增 15.7%,高于同期全国 10.7%的速度,也快于同期云南省国民生产总值平均年递增 10.6%的速度。1991 年,云南省第三产业增加值达 82.83 亿元,占国民生产总值的 19.4%,从业人员 209 万人,占社会劳动者人数的 10.5%。

进入 20 世纪 90 年代,云南省的边境贸易向纵深发展,由在边境地区进行发展到深入周边国家投资办企业、承包工程、劳务输出等。云南客车厂和国际技术合作公司,在老挝乌多姆赛省开办餐馆;勐腊县 40 家私人商行在老挝投资建贸易大厦,开办旅社、饭馆、商店;云南省国际技术合作公司与缅甸曼德勒誉信公司合资开发缅甸水泥资源;云南省还派技术人员和工人去老挝、缅甸承包工程和进行技术指导。边境贸易的发展也引来国内外众多客商到云南边境城镇投资、经商或办企业。云南边境地区以举行边境商品交易会、洽谈会、投资洽谈会等形式,吸引了老挝、泰国和国内 20 多个省、市、自治区众多的客商。至 1993 年年初,有 600 多家客商到云南边境城镇开发房地产和投资办企业、公司,投资金额 20 多亿元人民币。新加坡的客商还在边境的经济开发区投资建成一座现代化的商业大厦,促进了云南省的第三产业的发展。河口瑶族自治县与越南接壤,20 世纪 90 年代中期,在这个不大的县城里,已有 127 家公司、商号和商行,37 家旅社、宾馆和招待所,3000 多个床位,33 家餐馆。仅个体商户就多达 1362 家。畹町市人口不到 1 万人,过去只有一家商号,20 世纪 90 年代中期发展到 60 多家,建成了一批饭店、旅馆、制药厂、虫胶厂、珠宝首饰厂等。还建成一批高级饭店和宾馆以及金融大楼、交通大楼、联检大楼、民族活动中心等。1995 年,已有 4000 多门程控电话投入使用。瑞丽市的电力、建材、制鞋、造纸、医药、食品、农机、家具、服装、制糖、制革等工业都发展很快,新建的宾馆、饭店、旅社等,每日可以接待来往人员 1 万—2 万人。云南省还对周边三国开辟了多条旅游路线,河口县开辟了到越南的"一日游"、"两日游",每日游客上千人,汽车四五十辆,形成了一支浩荡的出国旅游购物队伍。瑞丽市开辟的到缅甸境内的"一日游",一年接待中外游客上百万人次。畹町市组织到缅甸的九谷、木姐、南坎的"一日游",一年接待的游客、客商 10 多万人次。同时,国内外游客前往云南的人数也逐年增加。2000 年 1—6 月,云南接待海外游客 52.26 万人次,旅游外汇收入 1.95 亿美元,国内旅游收入 123.8 亿元人民币。①

新疆维吾尔自治区的边境贸易促进了房地产业、金融保险、信息咨询、旅游、市政环卫等第三产业和基础产业的发展,改善了投资环境。边贸还带动了购物旅游热,伊宁市每年接待俄罗斯、吉尔吉斯斯坦、亚美尼亚、白俄罗斯、乌克兰、哈萨克斯坦等旅游团 1 万多人次,离境时购买的商品额达 1000 多万元人民币,创汇 130 多万美元。2000 年,新疆仅旅游业收入已达 70 多亿元人民币。

---

① 《人民日报》2001 年 8 月 24 日。

广西壮族自治区边境贸易发展迅速。第三产业增加值早已突破百亿元,从业人员达320多万人。由于边境全面开放,来边境从事边贸、旅游、洽谈生意、出国旅游等人员猛增,凭祥市和东兴镇每年的流动人口多达几百万人次。这些带动了凭祥市交通业的发展,使凭祥市铁路、公路、水运四通八达,仅火车站市内就有5个。凭祥的贸易开发区已投资600多万元,建成了总面积60亩的浦寨边贸市场,建成了面积1万多平方米的金融、商贸、娱乐、观光为一体的综合集市贸易大厦,拥有600多个摊位。广西山清水秀,四季常青,常年可以旅游,已开发旅游资源400多处。主要有以桂林为代表的岩溶地貌形成的奇异山水,10多个少数民族多姿多彩的风土人情、民间艺术、文物古迹,北海等海滨、岛屿风光,柳州的白莲洞、南宁的白龙湖、花山崖壁画等自然、人文景观。这些奇异的山水每年都吸引着成千上万的游人。

第四节 全国形成统一的社会主义市场

社会主义市场经济逐步形成全国统一的社会主义大市场。

地处西南内陆的贵州省,先后在沿海城市设立了100多个经济"窗口",与10多个省区组建一批生产、贸易的科技联合体。在商品流通和竞争中,上海产品进入宁夏市场,而宁夏在上海开办了4个"窗口"和两家工厂,提高了产品质量,宁夏的部分轻纺产品和农副土特产品进入了上海市场。1995年,先后有30多个中西部地区的城市在上海举行招商洽谈会和产品展销会。乌鲁木齐市有300多名来自江、浙、川、陕等地的个体商贩,该市的"商务"代表遍布广州、深圳、上海等大城市。宁夏同心县是全国闻名的羊毛集散地,从甘肃、新疆、西藏等地来的羊毛、羊绒等商品源源不断地进入同心市场,然后流通到全国各地。通过现代通讯系统,广东、河北等地的市场行情当天便能反馈到同心市场,而同心市场的潮起潮落也对其他地方市场产生影响。人称"小上海"的新疆伊宁市塔西来普开工业品市场,是新疆十大工业品市场之一。半封闭式的商场足有1公里长,店铺很小,满满的货架与顶棚相连,密密麻麻,五光十色。货是从深圳、珠海、福建石狮运来的。伊宁市常驻石狮的维吾尔族多达1000余人,信息网络非常发达,塔西来普开市场的13部国内、国际长途直拨电话随时为商贩们提供来自全国甚至世界各地的信息。在一个530户的回民村的基础上发展起来的河北定州市怀德营的穆斯林牛羊大世界,招徕了来自北京、天津、深圳、陕西、山西、内蒙古、山东、河南、湖北、新疆以及东三省的牧场、育肥厂、肉联厂、冷冻厂、外贸购物等单位的主顾。四川石柱土家族自治县建成了全国最大的兔毛交易中心,这里的兔毛产品行销全国10多个省市。这里已建起4个兔毛专业市场和12个乡级简易交易市场,还新建一座兔毛纺纱厂,形成了生产加工一条龙的配套服务,开始成为一座集经营、加工、批发、仓储及娱乐、食宿、旅游为一体的兔毛城。昔日简易、狭小的兰州东部综合批发市场已发展成为西北地区最大的服装和百货集散地。来自广东、福建、江苏等地的2218户客商在这里坐地经商,与全国17个省市、47个地区建立了经营协作关系,年交易额达5亿多元。

在大市场的建设中,省际、区域间的合作不断加强。地处我国腹地的湘鄂川黔边区地理位置相近,习俗相似,经济条件基本相同,但由于行政区划的分割和各自不同利益的驱动，一些地方半开城门，采取地方保护主义，某些农副产品出省收取培植费高达30%，川猪不能入湘，湘烟不能进黔，蚕茧、苎麻、烟叶等商品大战此起彼伏。在市场经济的大潮中，他们达成了共识，只有拆掉篱笆墙，共建协作网，建立大市场，才能带来各自的繁荣。他们首先在政策上进行接轨，如农副产品收购、工商税收等政策的接轨，减少相互间的贸易摩擦。同时，修通断头路，拆掉关卡100多处，架通了多头线路，在交通、邮电、金融等行业实行协作。他们利用当地资源优势，先后组建工业品、茶叶、桐油、食品、矿产、板栗、果品七大经贸集团。被称为中国锰资源"金三角"的湘黔川边区的花垣、松桃、秀山三县，锰矿储量超亿吨，历史上为争夺锰矿，边界纠纷频繁，还发生过械斗流血事件。20世纪90年代中期，三县在平等互利的原则上，联合组建武陵山区锰业开发集团，开发系列产品10多种，实现产值1亿多元，利税3000多万元。湘鄂川黔边区还以大庸、恩施、黔江等县市为支点，构建统一大市场。发挥了山区与全国市场间的商品信息等的集散地作用。据初步统计，七大集团到1993年贸易总额已达20多亿元，协作物资30多亿元，融通资金3亿多元。湘鄂川黔边区协作不仅在四省展开，还扩大到上海、广东、黑龙江、广西等二十几个省市。七大经贸集团已成为山区农民与大市场连接的纽带，不仅扩大了当地产品在全国统一大市场的覆盖率，而且促进了民族地区资源开发，带动群众脱贫致富。到1993年，在集团协作区内，已连片开发优质茶叶40万亩、油桐300万亩、杂交大板栗2.5万亩、柑橘105万亩、牲畜800万头，并建起两个万头牲畜场，初步形成了规模经营的商品基地。①

市场经济使四川、云南、贵州、广西、西藏五省区联合闯市场，大西南已成为我国经济较为活跃的地区。他们坚持按市场商品、资金、信息等的自然流向和市场经济的自然取向，由五省区平等协商、联合实施培育和建立西南区域性市场体系。从20世纪80年代中期到90年代中期，五省区纷纷取消限制，撤掉关卡，相互向对方开放市场。大西南区域性商品、资金、技术、劳务、边贸等大市场体系网络逐步形成。到1993年，以大中城市、边境口岸、交通汇集点、省际集贸市场为依托的统一的区域性批发、零售市场已有1000多个。为了寻求更高层次的合作，振兴西南经济，1994年，五省区决定联合兴建一批边贸市场，联办国内首家跨省区的股份制银行——中国西南发展银行。联建的大市场均根据五省区独特的资源和产业优势而定。在四川兴建西南电子产品市场、西南证券市场、西南机电产品市场、专业性摩托车市场、汽车市场、钢材市场。在贵阳兴建西南煤炭市场和西南铝材专业批发市场。在昆明兴建中国烟草市场、西南木材市场和专业性的橡胶市场、有色金属市场。在广西兴建西南水果批发市场、食糖批发市场、海产品市场和外汇调剂市场。在西藏的亚东、日喀则，云南的瑞丽、畹町、勐腊、腾冲、耿马、麻栗坡，广西的北海、防城、凭祥等地分别建立12个西南边贸经济开发区，联合共建一批西南边贸大市场。自1984—1995年大西南五省区经济协调会成立10多年来，各方共签订合作项目11122项，实施6478项，内联外引资金50多亿元，商贸物资协作达400多亿元，人才交流上万人次，通过联合协作新增产值62.5亿元，新增税利15亿多元，创造出可观的经济效益和社会效益。

---

① 《贵州日报》1994年2月21日。

西北各省区也联手利用对外开放，促进了内部省区间的区域经济合作。1992年8月，新疆、陕西、甘肃、青海、宁夏和国家有关部委以及西安市的有关部门负责人，在乌鲁木齐召开西北经济规划座谈会，借沿边开放机会，制定优惠政策，联合起来"走西口"。随后，由上述各省区及新疆生产建设兵团共同举办了"1992年乌鲁木齐边境地方经济贸易洽谈会"。这是继广交会、上海交易会、哈尔滨交易会之后，又一个大型交易会。这次交易会获圆满成功，对外经贸成交金额11.67亿美元，国内贸易和经济技术合作项目共同成交52.59亿元。1992年9月，首届丝绸之路节在兰州举办。在此期间，地方工业产品经销、内外贸易、资金融通、科技成果转让和国内外经济技术合作等合同协议总成交额达87亿元。其中，地方工业品成交28.93亿元，商品物资成交达19.30亿元；银行融资22.48亿元；外贸出口成交1.49亿元；旅游收入0.067亿元；瓜果销售0.34亿元；科技成果转让3.85亿元；国内外经济技术合作11.3亿元。此外，签订各类意向性合作项目73项，总投资额54.12亿元。

陕甘川宁毗邻地区"唇齿相依"、"山水相连"，境内川陕、川甘、西兰、西宝、银宝等干线公路连接，陕海、宝成、襄渝、宝中铁路四通八达，区内自然资源丰富，人才荟萃，初步形成的机械、电子、冶金、轻纺、食品、建材等支柱工业，给经济区联合打下坚实基础。陕甘宁川毗邻地区经济联合会发起的一个跨地区、跨行业，以商品交易和技术合作为宗旨的大型经济活动——中国西部商品交易会，已在甘肃天水、陕西汉中和宝鸡、四川绵阳成功地举办了四届。累计实现成交额达120亿元。1993年6月，在陕西宝鸡市举办的第4届"西部商品交易会"上，四川绵阳代表团成交的4.2亿元贸易额，购销各占一半，充分体现了西北、西南市场的互相依赖和补充。在电子产品上，绵阳的长虹彩电被西北客户订购了近2000万元，而西南也订了宝鸡大批长岭冰箱。在机械产品方面，绵阳的小型柴油机、水泥辅助设备供不应求，而宝鸡的机床等也深受西南市场的欢迎。在食品方面，四川的酒肉制品异常抢手，而陕西宝鸡市场上的玉米、高粱、杂豆等也成了四川客商的追逐目标。"西交会"对陕甘川宁毗邻地区内统一市场的形成起"催化剂"作用。

黄河流域各省区也联合发展区域经济，初步形成开放型多功能社会化市场体系。1988年，山东、河南、山西、陕西、内蒙古、宁夏、甘肃、青海等省区组成黄河流域经济协作区。至1993年，协作区内各省区纷纷出台新措施，打破地区封锁，共签订经济技术合作项目4200多项，独资协作额50多亿元，商品成交额27亿元，相互拆借资金11亿多元，人才交流1万多人次。沿黄河省区已建立起30多对以经济利益为纽带的协作对子、4个行业联席会和一些区域协作组织。黄河经济协作区在区内拆除毗邻边际区域的关卡共2000多个，先后开发了近千个自由贸易区，积极培育区域市场，在许多中心城市联建商品集散地和交易中心。青海、宁夏、内蒙古等省区联建民族用品市场和畜产品市场；陕西、山西、河南联建商品交易市场和进行物资交流交易。不少地方还开展了工商、税务、物价、商检、司法和外汇管理等部门的全面协作，使各地简化手续，促进商品互相流通。

统一大市场的建设，打破了民族地区的行政壁垒，促进了民族关系的改善，也使民族地区的经济有了较快的发展。

第五章 全面实施西部大开发战略

西部地区主要是指陕西、甘肃、青海、宁夏、内蒙古、新疆、四川、重庆、广西、云南、贵州和西藏12个省、市、自治区。西部地区拥有土地面积685万平方公里，占全国国土面积的71%；人口3.6亿人，占全国总人口的28%。西部12个省、市、自治区的国内生产总值只占全国国内生产总值的17%，东西部地区发展差距日益拉大。

第一节 中央决定实施西部大开发

西部地区拥有得天独厚的自然资源和文化资源优势，水能蕴藏总量和开发水能资源分别占全国的82.5%和77%，煤炭储量占全国的35%，石油占12%，天然气占53%，一些稀有金属储量名列全国前茅。丰富的矿藏资源对发展冶金工业、重化工、煤化工、盐化工、石油化工工业提供了极为有利的条件。到21世纪初，东南沿海50%以上的电需要西部输送，60%以上的原材料要依赖西部供给。

西部经过新中国成立后50年的建设发展，已具备一定的工业、科技、人才基础。在中央召开的第二次民族工作会议上，江泽民总书记在讲话中明确提出："加快西部的发展特别是实施西部大开发战略，条件已基本具备。实施西部大开发是我国下个世纪发展的一项重大的战略任务，也是民族地区加快发展的重要历史机遇。"朱镕基在中央民族工作会议闭幕时的讲话中强调："没有少数民族和民族地区的现代化，就没有全中国的现代化。"实施西部大开发，"这是党中央高瞻远瞩，把握大局，审时度势作出的一个重大决策。我国少数民族和民族地区主要集中在西部地区，实施西部大开发战略，也就是要加快少数民族和民族地区的发展。这对于逐步缩小各地区发展差距，促进全国经济的振兴和发展，实现全国各民族共同富裕，巩固和推进我国民族团结进步事业，都具有重大而深远的意义"。[①] 会后国务院成立了西部开发领导小组并召开了西部开发工作会议，部署了西部基础设施建设和退耕还林还草试点工作，这标志着西部大开发战略开始进入实施阶段。

第二节 加大基础设施建设的投入

一、铁路建设八纵八横

铁路"八纵""八横"是"十五"期间中国基础设施建设的重大项目。"八纵"即八条纵向铁路通道：京哈线，东部沿海通道，京沪高速铁路，京九线，京广线，大

---

① 《中央民族工作会议暨国务院第三次全国民族团结进步表彰大会文件集》，第5页、第13—14页，人民出版社，1999年。

（同）湛（江）线，包（头）柳（州）线，兰（州）昆（明）通道。"八横"即八条横向通道：京兰（西藏）线，煤运北通道（包括大秦线，神木—朔州—黄骅铁路），煤运南通道，陆桥（连云港至阿拉山口），南京至西安铁路，沿江通道（重庆至南京），沪昆线，西南出海通道。

"八纵八横"的营运里程，只占全国路网总里程的43%，但却承担了全国铁路80%的客货运输周转量，对铁路运输具有全局性影响。

在2001年1月举行的全国铁路工作会议上，铁道部副部长孙永福郑重宣布：铁路"十五"计划的一个最重要内容，是强化"八纵八横"路网主骨架。强化"八纵八横"路网主骨架，首先要新建铁路3800公里，占"十五"建成新线总规模7000公里的54.28%。其中即包括已经开工建设的宁西线，2001年开工的青藏铁路格尔木至拉萨段，以及沿海通道、大湛通道、西南入海通道上的某些区段。强化"八纵八横"路网主骨架，还要在既有线建复线2500公里，占"十五"复线总规模3000公里的83.3%，其中西部既有铁路复线1300公里。强化"八纵八横"路网主骨架的另一个重要措施，是加强快速客运系统建设。因为城市是客流产生和聚集的中心，目前铁路客运量的93%左右集中于城市，其中81个大城市所产生的铁路客运量占全部客运总量的66%。"十五"提出逐步建成以北京、上海、广州为中心，连接各省会城市和其他大型城市，由客运专线和客货混跑快速线组成的快速客运系统，力争绝大部分繁忙干线列车最高运行时速普遍达到140—160公里，主要干线时速达到120公里以上。到2005年，要形成北京—哈尔滨、北京—上海、北京—广州、北京—南昌—深圳、徐州—兰州—乌鲁木齐、上海—重庆—成都"四纵两横"快速客运主通道雏形，线路总长达到14000公里，实现主要干线城市间铁路旅行500公里范围"朝发夕归"，1200—1500公里范围"夕发朝至"，2000—2500公里左右范围内"一日到达"。①

"八纵八横"中的一些线路在西部大开发中意义重大，战略地位和地理环境决定其具有不可代替性，如京兰（西藏）、兰昆、包柳、西南出海通道等，它们涵盖了中国西部的许多城市、重要旅游点和原材料产地，是西部地区未来客运快速网、货运快速网、重载网、集装箱网等现代化铁路运输网络的重要载体。同时，对西部地区生产力布局和产业结构调整具有重要影响。

二、公路建设五纵七横

公路建设也是基础设施的重要方面。到2010年，国家计划投资7000亿—8000亿元，在西部地区建设35万公里的公路。② 国道主干线布局的"五纵七横"共12条，总长约3.5万公里，预计于2010年建成。

"五纵"路线是：

1. 黑龙江省同江—海南省三亚（含长春—珲春支线），长约5200公里；
2. 北京—福州（含天津—塘沽支线和泰安—淮阴连接线），长约2500公里；
3. 北京—珠海，长约2400公里；

---

① 《人民日报》2001年1月11日。
② 《人民日报》2001年3月31日。

4. 内蒙古自治区二连浩特—云南省河口，长约 3600 公里；

5. 重庆—湛江，长约 1400 公里。

"七横"路线是：

1. 绥芬河—满洲里，长约 1300 公里；
2. 丹东—拉萨（含天津—唐山支线），长约 4600 公里；
3. 青岛—银川，长约 1600 公里；
4. 连云港—霍尔果斯，长约 4400 公里；
5. 上海—成都（含万县—南充—成都支线），长约 2500 公里；
6. 上海—瑞丽（含宁波—杭州—南京支线），长约 4000 公里；
7. 衡阳—昆明（含南宁—友谊关支线），长约 2000 公里。①

国家规划建设的"五纵七横"总长 3.5 万公里国道主干线中，有 1.7 万公里处于西部地区，国道主干线有 9 条涉及西部。同时，西部地区省与省之间规划建设 8 条通道，即兰州到云南磨憨、包头到北海、阿勒泰到红其拉甫、银川到武汉、西安到合肥、长沙到重庆、西宁到库尔勒、成都到西藏樟木。"十五"计划中，较大幅度增加了西部地区的建设项目和建设规模。西部大开发以来，连通西部地区的 9 条国道主干线和 8 条省际通道建设步伐明显加快，2001 年公路建设投资规模同比增长约 23%，截至 2001 年年底，我国东部地区十二省公路里程达 54.66 万公里，中部地区九省公路里程达 57.76 万公里，西部地区九省公路里程达 57.38 万公里，分别占全国公路总里程的 32.2%、34.0%、33.8%，西部地区公路总量已与东、中部基本持平。② 2001 年以来，国家组织实施了西部地区通县公路建设工程。工程涉及西部 12 个省区市及湖南、湖北、吉林的 3 个少数民族自治州和黑龙江大兴安岭地区的 1100 个县级单位、252 个项目，建设里程 26098 公里，总投资 310.1 亿元。这项工程建设，将为每一个县提供一条通向地区中心城市的等级公路，被西部地区人民群众称为实实在在的"民心工程"、"德政工程"。③

西部大开发以来宁夏的公路建设实现了历史性飞跃，到 2002 年，全区公路通车里程已达 1.12 万公里，比 1997 年年底增加 2150 多公里。宁夏的公路密度已达每百平方公里 21.62 公里，比 1997 年增长 4.15 个百分点，居全国第 20 位。宁夏的所有乡镇和 92.8% 的行政村都通了公路。与此同时，宁夏的公路技术等级明显提高，公路基础设施的结构调整步伐加快。目前已建成高速公路 360 公里，一级公路 147 公里，二级公路 1677 公里，二级以上公路所占比例达 18.9%，居全国第 10 位，高级次高级路面所占比例达 55.4%。公路密度、二级以上公路所占比例、高级次高级路面所占比例、每万人拥有公路里程等主要公路技术指标均超过全国平均水平，在西北地区位居前列。宁夏的公路建设完成投资连续 5 年居全区各行业之首，5 年共完成公路建设投资 118.6 亿元，仅 2002 年 1 年完成的公路建设投资就达 33 亿元，是 1997 年完成投资的 7.37 倍。④ 贵

---

① 人民网 2000 年 9 月 15 日。
② 《人民日报》2002 年 9 月 9 日。
③ 《人民日报》2002 年 10 月 27 日。
④ 人民网 2002 年 12 月 5 日。

州省 2000—2002 年这 3 年来增加高等级公路 1555 公里，还实施了近万公里公路的改造。① 西部大开发以来，新疆的公路建设日新月异：仅 2001—2002 年两年，全区新建改建公路 3584 公里，是前 15 年的总和。② 2001 年，西藏公路通车里程比 1993 年增加了 1.36 万公里。③ 云南高速公路通车 500 公里，在建的有 300 公里，公路通车已达十几万公里，居全国各省、自治区前列。④ 甘肃最近 5 年公路投资总额相当于新中国成立后前 40 年的总和。截至 2001 年年底，全省通车里程 39844 公里，99.74% 的乡镇、83.97% 的行政村通了公路。目前，甘肃在建公路总里程 3600 多公里，总投资规模 320 亿元。到 2002 年年底，甘肃建成和建设中的高速公路超过 800 公里。⑤

第三节 西部大开发三大标志性工程

一、西电东送

"西电东送"工程是西部大开发的标志性工程之一，也是西部大开发的骨干工程。"西电东送"是指开发贵州、云南、广西、四川、内蒙古、山西、陕西等西部省区的电力资源，将其输送到电力紧缺的广东、上海、江苏、浙江和京、津、唐地区。

2000 年 11 月 7 日，国家发展改革委员会和国家电力公司在贵阳联合主持召开华南地区"西电东送"工作会议。会议部署了"西电东送"各项工程的规划设计，明确了保证"十五"期间从贵州、云南、广西和三峡向广东输电 1000 万千瓦时的各项措施。这些项目包括，新建 500 千伏交流、直流输电线路 5 条，分别为天生桥至广东第三条交流线路，湖南衡阳至广东韶关交流输电线路，三峡至广东直流输电线路，贵州至广东交流直流输电线路。

2000 年 11 月 8 日，贵州省洪家渡水电站、引子渡水电站、乌江渡水电站扩机工程同时开工建设。这 3 个水电站均在乌江流域，总装机容量 149 万千瓦时，总投资 73.53 亿元，从 2003 年 5 月开始陆续发电。这三个水电站扩机工程的开工标志着我国"西电东送"工程全面启动。中共中央政治局常委、国务院总理朱镕基对首批"西电东送"工程项目开工作了重要指示："'西电东送'工程是西部地区大开发的重点骨干项目，必须全力以赴，按时完成，力争到'十五'计划期末新增向广东送电能力 1000 万千瓦，这对于开发西部地区电力资源，满足广东经济发展用电需要，提高双方整体经济效益，都有重要作用。'西电东送'工程的开工标志着西部地区大开发拉开序幕，我代表国务院表示祝贺。"⑥ 到 2002 年，贵州已开工建设 4 个火电、4 个水电项目。按计划，这批项目都将在"十五"期间投入营运，以保证 2005 年年底以前形成向广东输电 400

---

① 《人民日报》（海外版）2002 年 12 月 4 日。
② 人民网 2002 年 11 月 25 日。
③ 人民网 2002 年 11 月 13 日。
④ 新华网 2002 年 11 月 5 日。
⑤ 人民网 2002 年 10 月 25 日。
⑥ 《人民日报》2000 年 11 月 9 日。

万千瓦时的能力。①

根据有关部门规划,"西电东送"将形成三大通道:一是将贵州乌江、云南澜沧江和桂、滇、黔三省区交界处的南盘江、北盘江、红水河的水电资源,以及黔、滇两省坑口火电厂的电能开发出来送往广东,形成南部通道,2002年送电能力为300万千瓦时。二是将三峡和金沙江干支流水电送往华东地区,形成中部通道,2002年送电能力为120万千瓦时。三是将黄河上游水电和山西、内蒙古坑口火电送往京、津、唐地区,形成北部通道,2002年送电能力为250万千瓦时。"十五"期间,三大通道将新建500千伏交直流线路2.8万公里,500千伏交流变电容量4000万千瓦时,直流输电容量2000万千瓦时。②

在全国"西电东送"的整体格局中,以贵州、云南、广西、广东四省区为主的南线建设速度最快,已经形成了四条大的输电通道。有关资料显示,自参与"西电东送"以来,广东是参与投资最多、接收西电最多的省份,到2005年年底,从云南、贵州两省送电广东的输电能力将增加到700万千瓦时,加上三峡送至广东的300万千瓦时,基本可以满足广东"十五"期间的电力需要。随着广西龙滩水电站和云南小湾水电站的投产,在"十五"期间还可再增加送电广东能力400万千瓦时。根据全国联网规划,到2010年,我国将基本形成北、中、南3个跨区互联电网,预计到2010—2020年,将基本形成覆盖全国的统一联合电网,实现更大范围内的资源优化配置。③

"西电东送"同时开工的工程之多是史无前例的。单个工程的规模之大也是罕见的。按规划,仅"十五"期间,"西电东送"电源项目开工总规模就约有5800万千瓦时,约占我国目前总装机容量的17%。2002年已开工的工程达1800万千瓦时,这其中不少工程是"世纪级"和"世界级"的,比如广西红水河上的龙滩水电站、云南澜沧江上的小湾水电站和糯扎渡水电站总装机都超过400万千瓦时,而20世纪我国建成的最大水电站二滩电站才330万千瓦时。④

开发西部地区电力资源,实施"西电东送"工程,对东西部地区发展都具有积极的促进作用。对西部地区来讲,可以尽快把资源优势变为经济优势,带动地区经济和社会的全面发展,有利于促进边疆地区的繁荣和稳定;对东部地区来讲,由于西部提供的是清洁能源,电价又低,有利于东部地区改善环境质量,增强经济竞争力,还可以把资金更多地转向高新技术产业,促进产业结构调整升级。因此,"西电东送"是提高东西部地区双方整体经济效益、促进共同发展的双赢战略。"西电东送"工程开工以后这一双赢效益已开始显现。2002年,建在云南省境内澜沧江上的漫湾电站、大朝山电站等所发出的强大电力,通过长达1800余公里的输电线路,源源不断地输往广东省。仅2002年1—7月,由云南向广东的送电量达到11.7亿千瓦时。2001年,云南省通过向广东送电,共取得经济收益28亿多元。⑤ 随着贵州"西电东送"工程首批"四水四火"电源点项目建设工程全面启动,2002年上半年,该省全网发电量完成157亿千瓦时,

---

① 人民网2002年7月14日。
②④ 《人民日报》2002年7月14日。
③ 人民网2002年9月14日。
⑤ 人民网2002年8月31日。

比 2001 年同期增长 14.8%，其中送往广东等地的售电完成 22.66 亿千瓦时，比 2001 年同期增长 84.7%。由于电力增长的强力拉动，2002 年上半年全省 GDP 同比增长 9.3%。① 据专家测算，龙滩电站建设期内每投资 100 元，广西经济就获得 132 元的增量。按龙滩工程总投资 243 亿元计算，相当于广西人均增加了近 700 元的国内生产总值。2011 年，龙滩全部机组投运后，对广西当年全区国民经济的拉动作用为 8.3%，专家还预计，龙滩水电站建设期间可提供直接就业机会 5.8 万个，这还不包括相当数量的从属就业机会。② 东部地区同样在"西电东送"中得到了好处。广东每年已经从西部获得了约为 115 亿千瓦时的电量，大大缓解了电力紧张局面。又如北京市民，也已经从"西电东送"中受益。由于经济建设的发展和城市居民生活水平的提高，北京的用电量一直在增加。2001 年 7 月 17 日，北京市电力负荷曾骤升至 700 万千瓦时，比上年最高负荷还高出 24 万千瓦时。但是，用电量增加的同时，北京为了治理环境，拆停了不少老发电机组，发电量不但没有增加，反而减少了。如果没有"西电东送"，没有从内蒙古、山西送来的电，很难想象北京如何解决电力需求增长和保护环境的矛盾。

二、西气东输

2000 年 3 月，党中央、国务院正式宣布启动"西气东输"工程。为贯彻落实中央确定的西部大开发战略，国务院于 2000 年 12 月召开会议，听取国家计委和中国石油天然气集团公司关于"西气东输"工程方案的论证汇报，对工程从资源、市场及技术经济可行性等方面进行了研究。"西气东输"工程将建设 4200 公里左右管道，西起新疆巴音郭楞蒙古自治州的轮南，经甘肃、宁夏进入陕西，在陕西的靖边与长庆气田连接，再穿越黄河经山西、河南、安徽、江苏、浙江，东抵上海，把塔里木盆地储量丰富的天然气源源不断地送抵我国经济最发达的东南沿海地区。初期年供气 120 亿立方米左右，以后将随着资源勘探的深入和下游用气市场的开拓，逐步增加供气量。③

中国西部地区的天然气储量占 70% 以上，塔里木盆地、柴达木盆地、鄂尔多斯盆地发现了大量天然气和石油资源，川渝盆地的天然气也很多。20 世纪 90 年代以来，新疆塔里木、准噶尔、吐哈三大盆地大规模石油会战全面展开，天然气勘探不断取得新的发现和突破。到 1995 年，累计探明天然气地质储量达到 3500 亿立方米。到 2002 年，新疆三大盆地累计探明天然气地质储量 6800 亿立方米，成为陆上四大天然气区之一。从 1999—2001 年，新疆天然气年产量已连续 3 年在全国各产油气省区中名列第二位，成为我国天然气生产大区。特别是 2000 年 4 月，塔里木油田公司探明了全国最大的单个整装高压、高产天然气田——克拉 2 气田，其天然气地质储量达 2800 多亿立方米，使塔里木成为"西气东输"工程的主气源。④

"西气东输"工程包括油气资源勘探开发、输气管道以及城市管网、工业利用等相关项目建设，第一期投资达到 1200 亿元左右。

---

① 人民网 2002 年 8 月 12 日。
② 《人民日报》2002 年 7 月 14 日。
③ 《人民日报》2000 年 12 月 23 日。
④ 《新疆日报》2002 年 11 月 24 日。

中央决定"西气东输"工程包括管道建设经营和城市管网建设改造,全线对外开放,全面对外合作,这一开放战略更为"西气东输"工程的顺利实施提供了坚实的保证。"西气东输"工程是改革开放以来我国最大的对外合资项目,备受外国投资者青睐。2002年7月,中方和外方投资商签署了《西气东输工程合营框架协议》,外方是壳牌投资集团。其中壳牌集团牵头,包括埃克森美孚、俄罗斯有关企业。中方包括中国石油天然气股份有限公司、中国石化股份有限公司。中方占55%的股份,外方占45%,中方控股,合资期限45年。①

"西气东输"管道将穿越太行山、太岳山、吕梁山和黄土高原,三次过黄河、一次过长江、一次过淮河,还要穿越江南水网。全线地形复杂,施工难度非常大。2002年2月5日,"西气东输"管道施工周期较长的江河穿越段及江南水网地段的5个试验性工程先行开工。265公里的江南水网段施工难度最大,但工程进展顺利,年底全部完成;淮河穿越工程也已顺利完成。"西气东输"管道工程分轮南—靖边、靖边—上海两段建设。2002年7月4日,总投资约1500亿元的"西气东输"工程全线开工。到2002年年底,全线已开工标段长度为1828公里。2004年1月1日,靖边到上海的1537公里贯通,先用长庆气田的天然气送气;2005年全线贯通,开始送塔里木天然气。为了充分发挥"西气东输"管道的辐射作用,除建设4000公里干道外,还将新建郑州—周口、焦作—新乡—安阳、定远—合肥、南京浦口—六合—仪征—扬州、南京—马鞍山—芜湖、常州—宜兴—湖州—杭州等多条支线,初步估算东输之气将覆盖东部地区8500万户居民生活用气。

"西气东输"工程是我国进入新世纪后启动的最大工程:上游气田勘探开发投资273亿元,管道建设投资435亿元,下游用气项目及城市管网建设投资688亿元,投资规模不亚于三峡工程,对西部大开发带动作用巨大。

"西气东输"工程是把新疆的天然气资源优势变成造福新疆各族人民的经济优势的大好事,也是促进沿线8个省、区、市产业结构和能源结构调整、经济效益提高的重要举措。"西气东输"工程将大大加快新疆地区以及中西部沿线地区的经济发展,相应增加财政收入和就业机会,带来巨大的经济效益和社会效益。新疆气田的投入开发,可为新疆每年增加10多亿元的财政收入。西气"气源"塔里木,10多年开发建设的各项支出已达上百亿元。油田所在地巴音郭楞蒙古自治州作过统计,石油会战开始后,该州大批企业走进了这个大市场,濒临倒闭的企业起死回生,长期亏损的企业成了赢利大户,该州国内生产总值和财政收入10年增加3倍多。油气是伴生的,年产120亿立方米天然气,塔里木每年即可增产上百万吨凝析油,这就为新疆石化工业提供了宝贵的优质原料。今后的建设仍将给当地带来增值效应。新疆之外的西部沿线地区也将获益匪浅。全长4000公里的输气管道,投资435亿元,其中67%在西部地区建设。因此,具有重大带动作用的西气东输工程,被西部称为千载难逢的机遇,西部大开发的标志性工程。

这一重大工程的实施,还将促进我国能源结构和产业结构的调整,带动钢铁、建材、石油化工、电力等相关行业的发展。据初步估算,仅西气东输的管道工程就将使用

---

① 新华网2002年11月12日。

钢材 174 万吨，挖填土石方量超过 3000 万立方米，同时需要相当数量的配套设备和仪器仪表等；下游城市管网建设、改造的费用按各国的经验，每立方米气需投资 7 元左右；由于燃料结构变化，将引起发电、化工、工业燃料行业的升级换代及各种以节能和环保为特点的家用燃气产品的升级换代等。① 同时，沿线城市可用清洁燃料取代部分电厂、窑炉、化工企业和居民生活使用的燃油和煤炭，将有效改善大气环境，提高人民生活质量。②

三、青藏铁路

青藏铁路是目前世界上海拔最高的铁路，也是世界铁路建设史上最艰难、最伟大的工程。

早在 20 世纪 50 年代初，党和国家就着手研究进藏铁路建设问题。1958 年，在毛泽东、刘少奇、周恩来、邓小平等同志的关怀下，青藏铁路西宁至格尔木段开工建设，1979 年铺轨到格尔木。限于当时的经济实力和高原、冻土等筑路技术问题尚未解决，青藏铁路格尔木至拉萨段缓建。此后，铁道部和有关部门对青藏铁路高原、冻土问题的科学研究工作一直没有停止，进行了大量科研试验和前期工作。2001 年 2 月，国务院审议青藏铁路建设方案时，朱镕基总理指出，修建青藏铁路意义重大，条件已经具备，时机已经成熟。2001 年 6 月，国家批准青藏铁路格拉段开工建设。

2001 年 6 月 29 日，举世瞩目的青藏铁路开工典礼在青海省格尔木市和西藏自治区首府拉萨市同时举行。中共中央总书记、国家主席江泽民为青藏铁路开工发来贺信。中共中央政治局常委、国务院总理朱镕基亲临格尔木市出席开工典礼，发表重要讲话并宣布青藏铁路全线开工。中共中央政治局委员、国务院副总理吴邦国在拉萨出席开工典礼。

青藏铁路西宁至拉萨全长 1956 公里，其中，西宁至格尔木 814 公里已于 1979 年铺通，1984 年投入运营。新开工修建的青藏铁路格尔木至拉萨段，北起青海省格尔木市，经纳赤台、五道梁、沱沱河、雁石坪，翻越唐古拉山，再经西藏自治区安多、那曲、当雄、羊八井，南至西藏自治区首府拉萨，全长 1142 公里，其中新建线路 1110 公里，动态总投资 262.1 亿元。格拉段沿途经过海拔 4000 米以上的地段有 960 公里，翻越唐古拉山的铁路最高点海拔 5072 米。沿线地质条件复杂，经过多年连续冻土地段 550 公里。根据设计，青藏铁路施工总工期为 6 年，2007 年 7 月 1 日投入运营。设计输送能力为客车 8 对，单向货流密度 500 万吨。③ 届时从北京到拉萨只需 48 小时。实际投入运营时间提前一年，即 2006 年 7 月 1 日。

青藏铁路自开工以来平均每日铺轨 1 公里，2002 年青藏铁路投资计划提前超额完成，全线完成投资 53.2 亿元，占年度计划的 106%，全年累计完成路基土石方 2348 万立方米，桥梁 51825 延米，涵洞 10786 横延米，隧道 4412 延米，新建正线铺轨 121 公里。

青藏铁路"六桥、两隧、两路"重点控制工程 2002 年均获突破性进展，大部分工

---

①② 《人民日报》2002 年 7 月 4 日。
③ 《人民日报》2001 年 6 月 30 日。

期有所提前。全线头号重点控制工程昆仑山隧道于9月26日胜利贯通,年底全面完成。世界海拔最高隧道风火山隧道于10月19日胜利贯通。三岔河、雪水河特大桥保证了铺轨按期通过。长江源、清水河特大桥分别于9月25日和10月29日完成主体工程。望昆至楚玛尔河段路基工程基本完成,楚玛尔河至望唐段线下主体工程已完成设计量的80%以上。

青藏铁路的修建,将在青藏高原上开辟一条经济、快速、大运量、全天候的运输大通道,这不仅对密切青海、西藏与内地经济、文化的联系,增强民族团结,保持社会稳定,加快两省区开放开发具有重大作用,而且对国家实施西部大开发战略,促进各地区协调发展,有着极其重要的意义。

四、生态环境建设

西部大开发拉开了再造秀美山川的序幕。中央从西部地区的实际出发,把加强生态建设和环境保护,作为实施西部大开发的根本和切入点。两年多来组织实施了退耕还林、天然林资源保护、京津风沙源治理、天然草原恢复与建设试点等生态建设工程。其中退耕还林工程是中国涉及面最广、政策性最强、群众参与度最高的生态建设工程,主要解决重点地区的水土流失问题。工程覆盖了中西部所有省、区、市及部分东部省、区。规划在2001—2010年,完成退耕还林2.2亿亩,宜林荒山荒地造林2.6亿亩。工程建成后,工程区增加林草覆盖率5个百分点,水土流失控制面积13亿亩,防风固沙控制面积15.4亿亩。1999年起,民族地区开始实行退耕还林试点。对退耕还林,国务院明确了五条主要扶持政策:(1)国家向退耕户无偿提供粮食。每退耕1亩,长江流域每年补助粮食300斤,黄河流域每年补助粮食200斤;补助年限,营造经济林的为5年,营造生态林的暂定为8年。(2)国家对退耕户给予适当的现金补助,每退耕1亩每年补助20元,补助年限与粮食补助年限相同。(3)国家向退耕户提供种苗补助费,每造林1亩补助50元。(4)鼓励个体承包和其他多种形式推进工程建设。(5)采取中央财政转移支付形式,对因退耕还林还草造成的地方财政减收给予适当补偿。

2002年1月10日国务院西部开发办公室召开的退耕还林工作电视电话会议确定,2002年中国全面启动退耕还林工程,抓住目前粮食库存较多的有利时机,在两年试点工作的基础上,加快实行"退耕还林、开仓济贫"。2002年计划新增退耕还林面积3400万亩,宜林荒山荒地造林面积3993万亩。据初步统计,到2001年年底,累计完成退耕还林1867.3万亩,宜林荒山荒地造林1635.1万亩,合计3502.4万亩。① 2000—2001年,国家用于西部地区生态环境建设的投资达300多亿元。到2002年,退耕还林工程在24个省、自治区、直辖市和新疆生产建设兵团全面进行。到2002年7月,累计完成退耕还林4327万亩,宜林荒山荒地造林3926万亩。② 2000年开始实施天然草原恢复与建设试点,三年投入专项资金20亿元,从2003年起,实施退牧还草工程,先期工程拟用5年时间重点治理10亿亩退化的草原。③ 14.2亿亩天然林资源将得到保护,完

---

① 《人民日报》2002年1月10日。
② 人民网2002年11月10日。
③ 《法制日报》2002年11月13日。

成人工造林、封山育林 1.9 亿亩。①

第四节 民族地区发展加快，人民生活水平提高

西部大开发战略的实施推动了民族地区的经济发展，少数民族人民群众的生活水平进一步提高。自 2000—2002 年这 3 年来，国家在西部地区先后安排了 36 个重大项目，总投资 6000 多亿元，已开工 34 个。2000 年，国家在西部地区新开工 10 大项目，总投资 1000 多亿元；2001 年，新开工了 12 大项目，总投资 2000 多亿元；2002 年，新开工 14 个重点项目，总投资 3000 多亿元。② 2002 年 1—3 季度，西部固定资产投资增长 24.5%，比 2001 年同期增幅提高 5.4 个百分点，比东部和中部分别高出 7.2 个和 3.4 个百分点，西部投资增长较快的省是贵州（54.9%）、青海（32.7%）、宁夏（34.3%）和新疆（29.5%）。配合西部大开发战略，2002 年，国家在发行的 1500 亿元建设国债中，专门拨出 300 亿元用于西部大开发，国家投资倾斜、地方配套投资增加以及东部资金适时介入，共同促进了西部地区固定资产投资的快速增长。③

西部大开发的各项标志性工程进展顺利，"西电东送"已初步形成南、中、北三大通道，青藏铁路进展顺利，"西气东输"全线开工。在抓好重大项目的同时，加强了农村人畜饮水、贫困县公路、农村乡镇通电、广播电视村村通和农村沼气等工程建设，西部地区农村生产生活条件有了较大改善。在农村实施"油路到县"、"送电到乡"、"广播电视到村"工程等，2002 年解决了 699 个无电乡镇的通电问题，西部乡镇通电率达到 98% 以上，西部行政村通广播电视的比例达到 97% 以上。三年投资 28 亿元，解决了 1300 万农民的饮水问题。④ 民族地区的特色经济和优势产业获得长足发展。初步形成了棉花、糖料、烟叶、水果、肉类、中药材等特色农业生产基地，培育了一批农副产品加工的龙头企业。水电、天然气、煤炭、稀土、钾盐、磷矿、有色金属等优势资源的开发力度加大，能源矿产基地及骨干企业的建设进一步加强。

由于基础设施的完善和国家实施了一系列的优惠政策，西部地区开始成为境外投资的乐土。到 2000 年，世界 500 强中已有 100 家在西部投资或设立办事处。⑤ 其中包括可口可乐、百事可乐、福特汽车等，投资领域正从日用消费品向汽车、IT 等技术密集型产品领域扩展。⑥

民族地区经济总量持续增加，取得历史性突破。2001 年民族地区国内生产总值已达到 9160 亿元，按可比价格计算，比 1997 年增长了 33.1%。1998—2001 年四年累计完成国内生产总值 32698 亿元，年平均增长 7.4%。2001 年人均国内生产总值 4977 元，比 1997 年增加 962 元。截至 2001 年年底，内蒙古、广西、西藏、宁夏、新疆以及云

---

① 《人民日报》2002 年 11 月 29 日。
② 《人民日报》2002 年 9 月 17 日。
③ 人民网 2002 年 10 月 8 日。
④ 《法制日报》2002 年 11 月 13 日。
⑤ 《信息早报》2002 年 11 月 16 日。
⑥ 人民网 2002 年 10 月 15 日。

南、贵州、青海等民族地区的经济发展开始驶上快车道，连续5年高于全国平均水平。2001年，广西实现GDP2200亿元人民币，2002年上半年，GDP同比增长11.8%，高于全国平均水平4个百分点，经济发展达到了"九五"以来的最高水平。2002年上半年，广西三大产业都表现了少有的增长速度，其中第二、第三产业增长均为12.8%，投资和消费增长也好于预期。① 2002年1—3季度，青海、宁夏GDP（国内生产总值）分别增长12.4%、10.3%，增速超过许多东、中部省份，增幅分别居全国首位和第5位。②

西部大开发以来西藏的现代化建设取得巨大成就。1990—2001年，全区国内生产总值年均增长11.3%，高于全国平均水平。2001年全区粮食总产量达98.25万吨，比1990年增长61.5%。广播、电视人口覆盖率分别达81.7%和80.1%，比1990年分别增长55.7%和45.1%，农牧民人均纯收入是1990年的2倍多。③ 西藏人均国内生产总值由1993年的第29位提升到2001年的第23位。城乡居民收入水平稳步提高。2001年，西藏农牧民的人均纯收入达1404元，城镇居民人均可支配收入7119元，城乡居民不仅可以满足基本生活消费需要，还有一定的结余。2001年，西藏城乡居民人均储蓄存款达到1908元，比1993年增加1574元。2001年，西藏社会消费品零售总额达到49.04亿元，比1993年增长1.7倍。④

西部大开发战略实施以来的3年，是新疆历史上经济社会发展最好的时期，也是新疆各族群众得到实惠最多的时期。3年来，新疆累计完成全社会固定资产投资2119亿元人民币。产业结构的调整加快，在大农业方面，以棉花为主体的特色经济作物种植面积占48.6%，比1998年提高了4个百分点，林果业面积3年来以92万亩的速度在增长，工业结构得到优化，特别是石油和石化工业发展迅速。3年来，居民收入水平显著提高，2000年和2001年新疆城市居民可支配收入分配分别为5817元和6590元，这两个数字分别增长了7.2%和13.3%，新疆的农民人均纯收入在2000年和2001年分别为1618元和1710元，同比分别增长9.8%和5.7%。⑤

2001年，重庆市实现国内生产总值1750亿元，比建立直辖市前的1996年增加571亿元，按可比价格计算，平均每年增长8.9%，高于全国同期增幅1.1个百分点；从1998—2001年，陕西完成全社会固定资产投资2760多亿元，相当于"八五"期间的2.5倍；新疆2000年和2001年国内生产总值同比分别增长8.2%、8.1%，地方财政收入同比分别增长28.3%和21.2%。⑥ 西部12个省、市、自治区，自1999年以来，生产总值年均增长8.5%以上，超过全国平均增长速度，各民族群众的生活水平及生活质量逐步得到改善和提高。

---

① 《人民日报》2002年9月18日。
② 人民网2002年10月8日。
③ 《法制日报》2002年11月13日。
④ 人民网2002年11月13日。
⑤ 新疆新闻网2002年11月17日。
⑥ 《人民日报》2002年11月13日。

后　记

本书是国家哲学社会科学基金"八五"规划重点项目"中国近现代民族史"的最终成果。

中国民族史自其形成一门独立的现代学科以来，至今走过了百年的发展历程。经过几代学人的努力，中国民族史研究领域得到很大的开拓，研究内容和范围十分丰富和广泛。特别是进入20世纪80年代以后，随着经济的发展和社会的进步，中国民族史研究出现了迅猛发展的局面，其所取得的史学创获足以令人瞩目。其中，以王锺翰先生主编的《中国民族史》在1994年出版，成为学术界一大盛事。这部由国家民族事务委员会发起、中国社会科学院民族研究所（现为民族学与人类学研究所）和中央民族大学十几位专家学者共同撰述的著作，上起中华民族起源时代，下至1949年中华人民共和国建立，对五千多年的中国民族发展史及统一多民族国家的形成过程进行了综合全面的论述。该书以马克思主义唯物史观为指导，坚持民族平等的原则，重点突出了中国有史以来各民族特别是少数民族在创造中华文明过程中所起的作用，并在许多理论问题上进行了重要的阐述，是一部集数十年中国民族史研究之大成的重要著作。该书出版后产生了良好的学术反响和社会效益，先后获得多项国家级和省部级奖项，极大地推动了中国民族史学的发展。

然而，由于历史的原因和各种条件的制约，中国近现代民族史研究至今还处于一个比较滞后的阶段，存在许多不足和问题。王锺翰先生主编的《中国民族史》对1840年以后中华民族共同反抗帝国主义侵略和封建主义压迫的斗争有一定篇幅的反映，但是关于近代以来的内容尚显缺略和单薄。在这种情况下，撰写一部1840年鸦片战争爆发以后中国少数民族的通史，全面反映各民族人民在现代民族国家建构和近代化过程中的地位和作用，就成为中国民族史研究十分必要和紧迫的任务。1991年，在国家民族事务委员会、中央民族大学、中国社会科学院民族学与人类学研究所有关专家学者的联合组织下，由著名民族史学家王辅仁教授主持申报国家哲学社会科学基金"八五"规划重点项目并获得批准，随后组成了由上述多个单位学者参与的项目课题组。本项目的组织开展，无疑是改革开放以来学术界的又一重大举措，对推动中国近现代民族史研究深入开展具有极为重要的作用和意义。

本项目的完成经历了相当曲折的过程。特别是几位项目主持人的变故，令人扼腕叹息，也给本项目乃至中国民族史研究带来不可估量的损失。1995年，王辅仁先生突发脑溢血不幸过世。刘先照先生继任项目主持人，带领课题组继续进行研究，即使是在查明身患绝症的情况下，他也坚持主持工作，在病榻上一直牵挂着本项目的进展。1999年，刘先照先生不幸与世长辞，临终前嘱托由陈连开先生承担主持人重任。为了便于组织和开展工作，经过不断的调整，陈连开先生作为本项目的总负责人，杨荆楚、胡绍华、方素梅参与主持工作，最终形成了目前的项目主持人队伍。

陈连开先生长期从事中国民族史研究和教学工作，在学术界声誉卓著。他不仅参加了王锺翰先生主编的《中国民族史》的编写，而且自费孝通先生提出中华民族多元一体格局理论开始，就协助费孝通教授主编《中华民族多元一体格局》和《中华民族研究新探索》，并出版《中华民族研究初探》和主编《中华民族史纲要》等著作，在中国民族史研究方面有较高的造诣。在主持本项目的过程中，陈连开先生尽心尽力，为推动项目顺利进行倾注了大量心血。不幸的是，陈连开先生自1998年以来亦因脑梗塞身患重症。在与病魔斗争的过程中，陈先生不忘刘先照先生的重托，始终关心本书的进展，及其完稿后的修订和出版等事宜。经历了多重波折和磨难以后，本项目终于在进入21世纪之际完成，形成了150多万字的书稿。然而，陈先生来不及看到他晚年倾注心血的成果面世，就因病情恶化于2010年4月19日溘然长逝。

对于这一重要的研究成果，学术界和出版界都给予了极大的关心。中州古籍出版社最先将这一出版选题报送国家新闻出版局并获得立项批准，这是对课题组全体人员的极大鼓励。后由于各种因素影响，本项目成果的出版一再延期。为了让这一民族史研究的重要成果尽早付梓，以慰已故主持人在天之灵，经过胡绍华先生的多方努力，中央民族大学历史文化学院批准本项目成果列入该院"211工程"第三期出版资助计划，终于使本书经历了一波三折之后得以面世。

在长达10余年的编撰过程中，先后有30多位学者参与了本书的撰写、审核、统稿等工作。本书得以完成出版，完全是在有关方面的关心指导下，在项目主持人的组织下，通过全体编撰人员共同努力的结果。因此，它是一部厚重的、凝结了集体心血的结晶。

本书绪论由陈连开、方素梅撰写，陈明杰、高翠莲提供了部分资料。其他各卷编纂人员分工如下：

一、上卷撰写分工

苏发祥：第一编第一章。

严圣钦：第一编第二章第一节，第三章第一节。

祁惠君：第一编第二章第二节，第三章第二节；第三编第一章第一、第六节。

姚胜、程适良：第一编第二章第三节。

程适良：第二编第二章第一、第二、第三、第八、第九节；第三编第一章第二、第三节。

曾国庆：第一编第二章第四节，第三章第四节；第二编第二章第四节；第三编第一章第五节。

刘祥学：第一编第二章第五、第六节。

康基柱：第二编第三章第一节；第二编第一章，第二章第七节；第三编第二章。

林海萍：第一编第三章第三节。

杨筑慧：第一编第三章第五、第六节；第二编第二章第五、第十节。

杨胜勇：第二编第二章第六节，第三章。

胡绍华、东人达：第三编第一章第四节。

本卷由胡绍华主编定稿。东人达、马廷中参与了本卷的统稿、审稿和定稿工作，付出了大量的劳动；尚衍斌对部分稿件进行了审核，曾超为本卷核对了部分材料。

后　记

二、中卷撰写分工

高翠莲：第四编第一章，第三章第一、第三、第四节，第五章；第五编第一章第一、第二节；第六编第二章第一节。

石亚洲：第四编第二章。

郭卫平：第四编第三章第二节；第五编第二章第一节，第二节之二、第三节；第六编第二章第三节。

袁锋：第四编第四章；第五编第三章，第四章第一、第二节，第三节之五，第四节之一、二、四。

吴玉珍：第五编第一章第三节之一、三，第四章第三节之一、二、三、四；第六编第二章第二节。

方素梅：第五编第一章第三节之二、第四节，第二章第二节之一、三、四及第三节，第四章第四节之三、五、六，第五章；第六编第二章第四节。

陈连开：第六编第一章。

本卷由方素梅主编定稿。古清尧参加了本卷的前期工作，并提供了第四编第三章第一节，第五编第一章第一节之一、第二节的初稿。

三、下卷撰写分工

郑信哲：第七编第一、第二、第三、第四章。

周竞红：第八编第一、第二、第三章。

杨荆楚：第九编第一、第二、第三章；第十编第一、第二、第三、第四、第五章。

良警宇：第十一编第一章。

杨华：第十一编第二、第三、第四、第五章。

本卷由杨荆楚主编定稿，刘先照审阅了部分初稿并提出修改意见。

本书在编写过程中，参阅和吸收了许多专家学者的相关研究成果，并得到了来自各方面的关心和鼓励。其中，中国社会科学院学部委员郝时远研究员拨冗为本书作序，中央民族大学历史文化学院主任苍铭教授对本书的出版予以了大力支持，责任编辑黄修义先生审阅本书后提出了宝贵的修改意见。在此，我们均一一表示衷心的感谢。由于我们的水平有限，加之书稿在数年前已经完成，学术的发展日新月异，因此书中的缺点和错误在所难免，欢迎读者批评指正。

作　者
2010 年 10 月 1 日